Hans Schiefelbein

RIESEN KREUZ WORT RÄTSEL LEXIKON

- **Neu: Mit alter und neuer Rechtschreibung**
- **Über 300.000 Begriffe**

ISBN 3-8094-1431-X

Redaktion + Satz: Redaktionsbüro Böck Emmering
Umschlaggestaltung: Horst Rothe, Niedernhausen
Herstellung: JUNG MEDIENPARTNER, Niedernhausen

Druck: Alföldi, Debrecen
Printed in Hungary

817 2635 4453 6271

Vorwort

Kreuzworträtsel sind immer noch die beliebteste Rätselart. Durch ihre stetige Weiterentwicklung seit Beginn unseres Jahrhunderts und ihre wachsende Beliebtheit gibt es heute kaum noch eine Zeitung oder Zeitschrift, in der kein Kreuzworträtsel enthalten ist.

Dieses Buch soll Ihnen ein Helfer beim Lösen aller Rätselfragen sein. Viele Jahre lang wurden vom Autor systematisch Wörter und Begriffe, nach denen in Rätseln immer wieder gefragt wird, gesammelt und zusammengetragen. Die Zusammenstellung wurde nicht nach Sachgebieten vorgenommen, sondern sämtliche Fragen wurden alphabetisch geordnet, sodass Sie in diesem Buch die gleiche Fragestellung vorfinden, wie in Ihrem Rätsel. Dadurch ersparen Sie sich das mühsame Suchen und kommen schneller zu Ihrer Antwort.

Die Antworten zu jeder Frage sind nach der Anzahl der Buchstaben geordnet, sodass Sie leicht den für die Rätselfrage zutreffenden Begriff finden können. Beginnen mehrere Fragebegriffe mit dem gleichen Wort, so wird dieses nicht wiederholt, und die anschließenden Begriffe stehen in kursiver Schrift.

Abels
Bruder
4 Kain, Seth
Vater
4 Adam

Finden Sie trotzdem einen Begriff nicht auf Anhieb, ist manchmal nur eine Umstellung des Wortes erforderlich, um die Antwort zu erhalten.

Das Lexikon enthält auch die Schreibweisen der Begriffe, die sich nach der Rechtschreibreform geändert haben oder die als neue Varianten hinzugekommen sind. Alle Lösungswörter, deren Schreibung sich aufgrund der neuen deutschen Rechtschreibung geändert hat, sind mit einer Raute (◆) gekennzeichnet.

Obwohl über 300 000 Begriffe in diesem Lexikon enthalten sind, besteht kein Anspruch auf Vollständigkeit. Mit diesem Buch soll die eigene Denkarbeit nicht ausgeschaltet, sondern das Rätselraten vielseitiger und abwechslungsreicher gestaltet werden.

Aa
8 Bergbach
Aach
12 Donauabfluss
Aachener
Gebäckspezialität
6 Printe
Sehenswürdigkeit
3 Dom
7 Ponttor
9 Kaiserdom
12 Karlsschrein
13 Elisenbrunnen
Sportstätte
6 Tivoli
Wahrzeichen
13 Elisenbrunnen
Aal
11 Speisefisch
des Mittelmeeres
7 Muraene
aalartiger
Fisch
7 Muraene, Sandaal
8 Lamprete, Neunauge
11 Butterfisch
12 Steinbeisser
14 Schlammbeisser
Meeresfisch
5 Inger
Aalbeere
13 Johannisbeere
Aalbutt
8 Rotzunge
aalen
8 ausruhen, strecken
Aalfanggerät
4 Sack
5 Eisen, Elger, Flete, Gabel, Hamen, Reuse
7 Stachel, Stecher
aalförmiger
Meeresraubfisch
7 Muraene
Schwanzlurch
8 Aalmolch
Aalgabel
5 Elger
Aalmutter
12 Knochenfisch
Aalquappe
5 Rutte
Aalraupe
5 Ruppe, Rutte
6 Quappe, Ruette
8 Truesche
Aaltier, Aaltierchen
8 Rundwurm
9 Fadenwurm
Aar
5 Adler
Aare-Tal
im Kanton Bern
5 Hasli
Aare-Zufluss
4 Emme, Orbe, Suhr
5 Reuss, Saane, Simme
6 Kander, Limmat, Wigger
Aas
5 Luder
6 Koeder
7 Kadaver
8 Scheusal
10 Tierleiche
des Wildes
5 Luder
Aasblume
8 Stapelie
aasen
7 prassen
12 verschwenden
aasfressender
Fisch
4 Wels
Storch
6 Marabu
Vogel, Aasvogel
5 Geier
6 Kondor, Marabu
aasfressendes
Raubtier
6 Hyaene
7 Schakal
Aasgeier
6 Kondor
Aasinsekt
11 Speckkaefer
Aaskäfer
12 Totengraeber
Abakus
11 Rechenbrett
17 Saeulendeckplatte
abändern
9 variieren
10 modulieren
12 modifizieren
Abänderung
5 Umbau
9 Umformung, Variation
10 Modulation
12 Modifikation
von Verträgen
8 Revision
Abart
8 Spielart, Variante
9 Spielform, Variation, Varietaet
10 Abweichung
der Braunkohle
6 Lignit
des Basalts
7 Dolerit
des Iltisses
9 Frettchen
des Kabeljaus
6 Dorsch
des Sauerstoffs
4 Ozon
eines chem. Elements
6 Isotop
abartig
6 abnorm, anomal
7 pervers
abartige körperliche Erscheinung, Missgeburt
8 Monstrum
Abasie
15 Gehunfaehigkeit
Abbasidenresidenz
7 Samarra
Abbau
7 Abbruch
9 Demontage, Zerlegung
10 Abruestung
12 Demontierung
an der Oberfläche
7 Tagebau
metallhaltiger Mineralien
10 Erzbergbau
militärischer Rüstung
10 Abruestung
nutzbarer Mineralien an der Erdoberfläche
7 Tagebau
von Maschinen
9 Demontage
abbaubare
Gesteinsschicht
5 Floez
abbauen
8 zerlegen
11 demontieren
Abbauprodukt
des Indigos
6 Isatin
Abbauraum
im Bergwerk
5 Streb
Abbaustoff
des Eiweißes
6 Pepton
abbauwürdige
Schicht im Bergbau
3 Erz
5 Floez
Vorkommen von metallhaltigen Mineralien
8 Erzlager
Abbild, Abbildung
3 Dia
4 ◆ Foto
5 Kopie, Photo, Repro
6 Abguss, Grafik
7 Ansicht, Graphik
8 Ebenbild, Portraet, Portrait
9 Faksimile, ◆ Fotokopie, Konterfei, Zeichnung
10 ◆ Fotografie, Photokopie, Wiedergabe
12 Illustration, Photographie, Reproduktion
der Erde
5 Atlas
6 Globus
9 Landkarte
abbilden
11 konterfeien
13 portraetieren
Abbitte
14 Entschuldigung
Abbrechen
der Gletscher ins Meer
6 kalben
Abbringen
von einem Laster
11 Entwoehnung
Abbruch
6 Abriss
9 Demontage
eines Raumfluges
5 Abort
Abbruchwerkzeug
10 Brecheisen
abbrühen
11 blanchieren
Abc
8 Alphabet
15 Buchstabenfolge
Abc-Buch
5 Fibel

ABC-Staat
5 Chile
9 Brasilien
11 Argentinien
Abdachung
7 Neigung
8 Schraege
9 Boeschung
10 Dossierung
Abdampf
6 Brodem
7 Bruedem
Abdankung
9 Demission
10 Abdikation, Ruecktritt
eines Monarchen
12 Renunziation
Abdecker
8 Schinder
Abdichten
der Fugen hölzerner Schiffswände
9 Kalfatern
Abdichtung
9 Isolation
10 Isolierung
Abdichtungsmittel
4 Kitt, Pech, Teer, Werg
5 Gummi
7 Asphalt
8 Isolator
9 Glaswolle, Kautschuk
11 Fensterkitt
Abdikation
9 Abdankung
Abdomen
9 Unterleib
Abdruck
4 Spur
5 Kopie, Mater, Repro
6 Siegel
7 Faehrte, Moulage, Stempel
8 Praegung
9 Fotokopie
10 Photokopie, Stampiglie, Wiedergabe
11 Durchschlag
12 Reproduktion
eines Stahlstichs
7 Estampe
eines Stempelbildes
6 Siegel
eines Stichs
7 Estampe
von geschnittenen Steinen
5 Pasta, Paste
Abels
Bruder
4 Kain, Seth
Mutter
3 Eva
Vater
4 Adam
Abend
bis Morgen
5 Nacht
vor der Hochzeit
11 Polterabend
Abendandacht
6 Vesper
Abendanzug
3 Cut
5 Frack
6 Tuxedo
7 Smoking
Abendbrot, -essen
6 Dinner, Souper, Vesper
9 Nachtmahl
Abendgesellschaft
6 Soiree
Abendkleid
4 Robe
Abendland
6 Europa
8 Okzident
abendliche
Demonstration
9 Fackelzug
Sportbekleidung
8 Apres-Ski
abendlicher
Umtrunk
15 Daemmerschoppen
Abendmahl
9 Kommunion
11 Eucharistie
Abendmahlgefäß
5 Kelch
Abendmahlsbrot
6 Hostie, Oblate
Abendmahlsfeier
5 Agape
der Kommunikanten
9 Kommunion
Abendmusik
8 Serenade
10 Staendchen
Abendsignal
beim Militär
13 Zapfenstreich
Abendständchen
8 Serenade
Abendstern
5 Venus
7 Luzifer
8 Hesperos, Hesperus
10 Phosphorus
Abendtrunk
15 Daemmerschoppen
Abendveranstaltung
6 Soiree
Abenteuer
6 Risiko, Wagnis
8 Erlebnis
9 Aventiure
11 Robinsonade
12 Seitensprung
Abenteuerbuch
von Melville
3 Omu
abenteuerlicher
Frauenheld
7 Don Juan
8 Casanova
Abenteuerlust
7 Fernweh, Wagemut
Abenteuerroman
11 Robinsonade
Abenteurer
6 Vagant
7 Don Juan, Waghals
8 Casanova
9 Desperado, Hasardeur
12 Draufgaenger, Globetrotter
13 Gluecksritter, Weltenbummler
aber
6 dafuer, jedoch
7 dagegen, Einwand, sondern
8 Bedenken, freilich, hingegen, indessen
10 allerdings
Aberglaube
4 Wahn
8 Wahnidee
9 Hexenwahn
15 Wahnvorstellung
aberkennen
10 absprechen
Aberkennung
wegen Regelverstoß
16 Disqualifikation
abermals
6 dacapo, erneut, wieder
8 nochmals
9 nochmalig
Aberration
9 Ablenkung
10 Abweichung
Abessinien
10 Aethiopien
Abfahrt
5 Start
6 Abgang
7 Abreise, Tallauf
8 Aufbruch, Talfahrt
9 Fortreise
10 Rueckreise
Abfahrtslauf
6 Slalom
12 Riesenslalom
in Wengen
16 Lauberhornrennen
Abfall, Abfallprodukt
4 Hede, Rest, Span, Werg
5 Abhub, Kleie, Muell, Spreu, Unrat
6 Abraum, Fetzen, Fussel, Hadern, Lumpen, Schutt, Spaene
7 Schrott
8 Kehricht, Schlacke
9 Ausschuss, Geruempel, Makulatur, Saegemehl
10 Rueckstand
bei der papierverarbeitenden Industrie
9 Makulatur
bei der Stahlproduktion
10 Thomasmehl
beim Hobeln
6 Spaene
vom Glauben
9 Apostasie
Abfallabladeplatz
7 Deponie
12 Muelldeponie
Abfallbehälter
9 Container
10 Mistkuebel, Muelleimer, Muelltonne
14 Muellcontainer
im Büro
10 Papierkorb
Abfalldeponie
10 Muellhalde
Abfallen
einer Fläche
7 Neigung

abfallende
Bergseite
4 Hang
abfallendes
Gelände
4 Hang
5 Leite
9 Steilhang
Abfallfasern
4 Hede, Werg
Abfallmaterial
zur Wiederverwertung
17 Sekundaerrohstoff
Abfallplatz
5 Grube, Halde
7 Deponie
10 Muellplatz
12 Muelldeponie
Abfallprodukt
beim Dreschen
5 Spreu
beim Mahlen
5 Kleie
beim Nähen
5 Faden
6 Fussel
beim Sägen
9 Saegemehl
Abfallseide
7 Schappe
abfassen
10 redigieren
11 konzipieren
Abfassung
7 Konzept
eines Textes
9 Redaktion
abfertigen
8 bedienen
9 erledigen
10 expedieren
Abfertigung
9 Bedienung
10 Expedition
Abfertigungsfenster
8 Schalter
Abfertigungshalle
für Fluggäste
8 Terminal
Abfertigungsstelle
8 Schalter
Abfeuern
von Waffen
6 Schuss
9 Schiessen
Abfindung
7 Abstand, Apanage
9 Abgeltung, Ausgleich, Pauschale
11 Nachzahlung
12 Befriedigung
14 Entschaedigung
abflachen
11 abschraegen
abfliegen
7 starten
Abflug
5 Start
Abflugpiste
9 Startbahn
Abfluss
4 Rohr, Siel
5 Gosse, Gully, Kanal, Rille, Rinne
6 Graben, Kloake, Roehre
7 Ausguss
8 Kuenette, Senkloch
9 Rinnstein
11 Senkschacht
Abflussbehinderung
4 Stau
Abfluss des
Ammersees
5 Amper
Baikalsees
6 Angara
Balatonsees
3 Sio
Bieler Sees
4 Aare
Bodensees
5 Rhein
Brienzer Sees
4 Aare
Chiemsees
3 Alz
Comer Sees
4 Adda
Dambecker Sees
5 Havel
Eriesees
7 Niagara
Gardasees
6 Mincio
Genezarethsees
6 Jordan
Genfer Sees
5 Rhone
Ilmensees
7 Wolchow
Imanchrosees
7 Niwasee
Ladogasees
4 Newa
Lago Maggiore
6 Tessin, Ticino
Mauersees
8 Angerapp
Müggelsees
5 Spree
Müritzsees
4 Elde
Neuenburger Sees
4 Zihl
5 Ziehl
Njassasees
6 Schire
Onegasees
4 Swir
5 Savir
Ontariosees
13 St.-Lorenz-Strom
16 Sankt-Lorenz-Strom
Peipussees
5 Narwa
Plattensees
3 Sio
Schluchsees
8 Schwarza
Sempacher Sees
4 Suhr
Skutarisees
6 Bojano
Starnberger Sees
5 Wuerm
Tanganjikasees
6 Lukuga
Thuner Sees
4 Aare
Vänersees
9 Goetaaelf
Victoriasees
3 Nil
Vierwaldstätter Sees
5 Reuss
Walchensees
4 Isar
6 Jachen
Wannsees
5 Havel
Zuger Sees
5 Lorze
Zürichsees
6 Limmat
Abflusskanal
5 Rinne
Abflussöffnung
5 Gully
Abflussrinne
5 Gosse
Abflussrohr
5 Draen, Drain
Abflussvorrichtung
5 Rinne
7 Ausguss
Abfolge
5 Serie
7 Sequenz
allen Geschehens
4 Zeit
beim Funk
9 Sendeplan
Abformung
des Gesichts eines Verstorbenen
10 Totenmaske
eines Kunstwerkes
6 Abguss
abführen
9 purgieren, sistieren
Abführmittel
4 Agar, Aloe
5 Alvin
6 Laxans, Sennes
7 Laxativ, Rizinus
8 Agar-Agar, Latwerge, Laxantia, Paraffin
10 Belladonna, Bittersalz, Rizinusoel
13 Faulbaumrinde
Abfüllgerät
8 Trichter
Abgabe
4 Maut, Onus, Zins, Zoll
6 Obolus, Steuer, Tribut
7 Beitrag, Gebuehr, Praemie, Verkauf
an den König im Mittelalter
5 Medem
an Staat oder Gemeinde
7 Gebuehr, Steuern
10 Biersteuer, Fettsteuer, Lohnsteuer, Salzsteuer
11 Grundsteuer, Hundesteuer, Tabaksteuer
12 Ertragsteuer, Kaffeesteuer, Umsatzsteuer, Zuckersteuer
13 Gewerbesteuer, Kirchensteuer, Wechselsteuer

14 Lotteriesteuer, Mehrwertsteuer, Rennwettsteuer, Urkundensteuer
15 Einkommensteuer, Getraenkesteuer, Vermoegensteuer
16 Branntweinsteuer, Erbschaftssteuer, Lohnsummensteuer, Mineraloelsteuer, Schenkungssteuer, Wertpapiersteuer, Zuendwarensteuer
18 Grunderwerbssteuer, Vergnuegungssteuer
19 Befoerderungssteuer, Boersenumsatzsteuer, Kapitalertragsteuer, Koerperschaftsteuer, Kraftfahrzeugsteuer, Kraftverkehrssteuer, Versicherungssteuer
21 Kapitalverkehrssteuer
für das Auto
19 Kraftfahrzeugsteuer
für Handelsgüter
4 Zoll
in Badeorten
7 Kurtaxe
Abgang
3 Kot
9 Abschnitt
von einer Hochschule
15 Exmatrikulation
Abgangszeugnis
einer Hochschule
10 Exmatrikel
Abgasentgifter
3 Kat
Abgasleiter
7 Auspuff
Abgasreinigungsgerät
3 Kat
11 Katalysator
abgearbeitetes
Pferd
4 Gaul
abgebaute
Strecke (Bergwerk)
6 Altung
abgebrannt
3 arm
5 blank
6 pleite
9 mittellos
abgebrochen
6 abrupt
unzusammenhängend
6 abrupt
abgebrochene
Keule
4 Eule
abgebröckeltes
Stückchen
5 Krume
abgebrüht
3 roh
4 kalt
6 listig
7 herzlos
8 gerissen
9 abgefeiht, abgefeimt
abgedichtete
Stromleitung
5 Kabel
abgedroschen
3 fad
4 fade
5 banal, platt
7 hornalt, trivial
8 geistlos
9 stereotyp
abgefeimt
6 listig
8 gerissen
9 tueckisch
10 raffiniert
abgegrenzte
Viehweide
6 Koppel
abgegrenzter
Klosterraum
7 Klausur
abgegrenztes
Areal
11 Grundstueck
Feldstück
4 Camp, Kamp
Gebiet
4 Bann
6 Bezirk
8 Distrikt
abgehobeltes
Holzteilchen
4 Span
abgeholzt
4 kahl
abgeholzte
Stelle
8 Lichtung, Schneise
abgeholztes
Waldstück
8 Kahlhieb
10 Kahlschlag
abgeklärt
4 reif
5 ruhig, weise
8 gelassen
abgeklärte
Lebenserfahrung
8 Weisheit
Abgekochtes
3 Sud
5 Absud
6 Dekokt
abgelagertes
Gesteinsmaterial
8 Sediment
abgelaichter
Hering
4 Ihle
Abgeld
7 Disagio
abgelegen
3 oed
4 fern
6 einsam
8 abseitig, entlegen
abgelegene
Gegend
7 Einoede
Grotte
9 Eremitage
abgelegte
Eier von Wassertieren
5 Laich
Vogeleier
6 Gelege
abgeleiert
5 platt
abgeleitetes
Wort
7 Derivat
abgelten
10 begleichen
13 entschaedigen
abgemacht
5 basta, genug
7 perfekt
abgemessene
Menge
5 Dosis
6 Ration
7 Einheit, Portion
abgeneigt
6 unhold
8 unwillig
11 distanziert
Abgeordnetenbezüge
7 Diaeten
Abgeordnetengruppe
8 Fraktion
Abgeordnetenhaus
6 Plenum
8 Kongress
9 Parlament
15 Volksvertretung
Abgeordneter
8 Mandatar
11 Delegierter, Deputierter
14 Parlamentarier, Volksvertreter
abgerichteter
männlicher Jagdfalke
6 Terzel
abgerichtetes
Suchtier
9 Spuerhund
abgerissenes
Stück Stoff
6 Fetzen
abgerundete
Gesteinsfragmente
4 Kies
abgerundeter
Berggipfel
4 Kolm
Abgesandter
8 Emissaer, Sendbote
9 Missionar
11 Delegierter
13 Unterhaendler
Abgesang
5 Epode
7 Kehraus
8 Ausklang
abgeschieden
6 einsam
8 isoliert
abgeschlossen
2 zu
7 perfekt, separat
8 isoliert, komplett
10 verriegelt
abgeschlossener
Bereich
8 Distrikt

Klosterteil
5 Cella, Zelle
6 Klause
7 Klausur
Raum
5 Gaden
Stadtteil
5 Getto
6 Ghetto
abgeschlossenes
Wachstum
5 Reife
abgeschmackt
3 fad, lau
4 fade
5 banal, platt, schal
6 albern
8 kitschig
Abgeschmacktheit
6 Kitsch
7 Fadheit
10 Banalitaet, Platituede
abgeschnittene
Zweige
6 Reiser
abgeschnürter
Meeresteil
6 Lagune
abgeschrägte
Kante
4 Fase
abgesondert
6 allein
7 diskret, separat
8 getrennt, isoliert
9 separiert
11 distanziert, partikulaer
abgesonderte
Flüssigkeit
6 Sekret
Gesellschaftsschicht
5 Kaste
Glaubensgemeinschaft
5 Sekte
Verdauungsflüssigkeit
8 Speichel
Verwahrung von Gefangenen
14 Isolationshaft
abgesonderter
Stadtteil
5 Getto
6 Ghetto
Abgesottenes
3 Sud
5 Absud, Siede
6 Auszug, Dekokt
7 Extrakt
abgespaltenes
Blättchen
4 Span
abgespannt
4 matt
5 muede
6 fertig
7 schlaff, schlapp
8 ermattet
10 erschlafft, erschoepft
abgesperrter
Klosterraum
6 Klause
7 Klausur
abgestanden
5 schal
abgesteckte Linie, Strecke
4 Bahn, Kurs
5 Loipe, Piste, Route, Runde
6 Etappe, Trasse
8 Rennbahn, Rennkurs, Rundkurs
9 Abschnitt
Straßenführung
6 Trasse
abgestecktes
Goldgräberfeld
5 Claim
abgestorbener
Teil der Baumrinde
5 Borke
abgestreifter
Geweihbast
6 Gefege
abgestumpft
5 dumpf
10 dickfellig, gefuehllos
11 lethargisch
Abgestumpftheit
9 Lethargie
14 Dickfelligkeit
16 Gefuehllosigkeit
20 Empfindungslosigkeit
abgestützter
Balkon
5 Altan
abgestützter Balkon, Söller
5 Altan
abgetan
3 aus, out
5 passe
6 fertig
7 beendet
abgeteilte
Gartenfläche
4 Beet
abgeteilter
Raum
7 Separee
abgeteiltes
Grundstück
8 Parzelle
abgetönt
6 dezent
abgetrennter
Raum eines Reisewagens
6 Abteil
Strandsee
6 Lagune
abgetriebenes
Pferd
4 Gaul
abgewonnenes
Marschland
4 Koog
abgezehrt
5 hager, mager
12 ausgemergelt
abgezogen
als Begriff
8 abstrakt
abgezogene
Kopfhaut
5 Skalp
Tierhaut
4 Balg
Abglanz
6 Reflex
10 Spiegelung
11 Widerschein
Abgott
4 Idol
6 Goetze
7 Fetisch
Abgottschlange
3 Boa
8 Anakonda
14 Boa Constrictor
abgrenzen
10 limitieren
13 determinieren
Abgrenzung
4 Ecke, Rand, Zaun
5 Bande, Kante, Limes, Limit, Mauer, Pfahl
6 Sperre
8 Barriere
11 Demarkation
des Eishockeyfeldes
5 Bande
Abgrund
5 Kluft, Leere, Tiefe
6 Hoelle, Kessel, Krater, Nichts, Spalte
7 Schlund
8 Schlucht
9 Verderben
10 Verderbnis
Abgunst
4 Neid
Abguss
7 Moulage
Abgussform
5 Model
7 Matrize
Abhaltung
8 Stoerung
abhanden
3 weg
4 fort
8 verloren
Abhandenkommen
7 Verlust
Abhandlung
5 Essay
6 Arbeit, Expose
7 Artikel, Aufsatz, Beitrag, Traktat
10 Feuilleton, Monografie
11 Denkschrift, Monographie
in allgemeinverständlicher Form
5 Essay
über einen Einzelgegenstand
10 Monografie
11 Monographie
Abhang
5 Halde, Leite, Neige
7 Neigung
8 Gefaelle, Schraege
9 Boeschung
abhängig
6 hoerig, unfrei
8 gebunden, indirekt, suechtig
abhängiger
Staat
8 Satellit
Abhängiger, Lehnsmann
6 Vasall
abhängiges
Satzglied
6 Aktand

Abhängigkeit
5 Sucht
10 Hoerigkeit
abhärten
8 staehlen
abhauen
6 kappen
Abheben
im Kartenspiel
5 Coupe
Abhilfe
7 aendern, Heilung, Remedur
9 Besserung, Linderung
10 verbessern
12 Verbesserung
Abhobelung
der Küsten
8 Abrasion
Abholung
11 Abtransport
abholzen
5 roden
7 faellen
abirren
9 abweichen
Abirrung
6 Laster
10 Aberration, Abweichung, Perversion
Abitur
3 Abi
6 Matura
7 Maturum
12 Baccalaureat, Reifezeugnis
13 Reifepruefung
14 Hochschulreife
Abiturient
vor Studienbeginn
5 Mulus
abkanzeln
8 schelten
Abkanzelung
12 Moralpredigt
Abkapselung
9 Isolation
11 Absonderung, Quarantaene
Abkehr
8 Verzicht
10 Wegwendung
von kriegerischen Auseinandersetzungen
10 Pazifismus
Abklatsch
5 Abzug
6 Abbild
7 Abdruck
8 Klischee
abklingende *Windwellen*
7 Duenung
Abknickung
7 Flexion
Abkochbrühe
3 Sud
Abkochung
5 Absud
6 Dekokt
Abkommen
4 Bund, Pakt
7 Vertrag
8 Buendnis, Kontrakt
9 Abmachung, Agreement
10 Konvention
12 Vereinbarung
13 Uebereinkunft
über Vermögensbildung
19 Praemiensparvertrag
Abkömmling
4 Erbe, Kind, Sohn
5 Enkel
6 Spross
7 Derivat, Enkelin, Tochter, Urenkel
9 Nachfahre, Nachkomme, Urenkelin
10 Deszendent
11 Sproessling
der Titanen
8 Titanide
des Harnstoffes
5 Ureid
einer chemischen Verbindung
7 Derivat
romanischer Einwanderer
6 Kreole
Abkömmlinge
8 Parentel
Abkunft
8 Ursprung
10 Deszendenz
Abkürzung
11 Abbreviatur
Abkürzung für/von
Abbildung
3 Abb
Abfahrt
3 Abf
Abgeordneter
3 Abg
Abhandlung
3 Abh
Abitur
3 Abi
Abkommen
3 Abk
Abkürzung
3 Abk
Abonnement
3 Abo
Absatz
3 Abs
Abschnitt
6 Abschn
Absender
3 Abs
absolute Atmosphäre
3 ata
Abteilung
3 Abt
5 Abtlg
a conto
2 ac
4 acto
ad acta
2 aa
a dato
2 ad
ad infinitum
3 adi
ad interim
2 ai
Adjektiv
3 Adj
Adjutant
3 Adj
ad libitum
3 adl
5 adlib
Administration
3 Adm
ad rem
2 ar
Adresse
3 Adr
Adressiermaschine
6 Adrema
Adverb
3 Adv
afrikanisch
3 afr
Air France
2 AF
akademischer Titel
2 Dr
4 Prof
Akkumulator
4 Akku
Akkusativ
3 Akk
Aktiengesellschaft
2 AG
Aktienkapital
2 AK
Alabama (USA)
2 Al
3 Ala
Alaska (USA)
2 Ak
4 Alas
allgemein
4 allg
Allgemeine Ausführungsbestimmungen
3 AAB
Allgemeine Deutsche Gebührenordnung
4 ADGO
Allgemeine Elektrizitäts-Gesellschaft
3 AEG
Allgemeine Ortskrankenkasse
3 AOK
Allgemeiner Deutscher Automobil-Club
4 ADAC
Allgemeiner Deutscher Nachrichtendienst
3 ADN
Allgemeiner Studenten-Ausschuss
4 AStA
als Gast
2 aG
Alter Herr
2 AH
Altes Testament
2 AT
althochdeutsch
3 ahd
am angeführten Ort
3 aaO
amerikanisch
4 amer
8 amerikan
amerikanische Bundespolizei
3 FBI
amerikanische Militärpolizei
2 MP

amerikanische Münze
2 ct
amerikanische Sendergruppe in Europa
3 AFN
amerikanisches Gewicht
2 ib, oz, tn
3 cwt
amerikanisches Hohlmaß
2 bu, pk, pt, qt
3 gal
amerikanisches Längenmaß
2 ft, yd
amerikanisches Nachrichtenbüro
2 AP, UP
3 UPI
amerikanische Zustimmung
2 ok
4 okay
Ampere
3 Amp
Amperesekunde
2 As
Amperestunde
2 Ah
Amt für Kernforschung und Kerntechnik
3 AKK
Amtsgericht
2 AG
Angebot
3 Ang
Angström-Einheit
2 AE
Anhang
3 Anh
Ankunft
3 Ank
Anlage
3 Anl
Anmerkung
3 Anm
Anno Domini
2 AD
Anrecht, Anrede
3 Anr
Antiblockiersystem
3 ABS
Antwort
4 Antw
Anweisung
3 Anw
April
3 Apr
arabisch
4 arab
Arbeitsbeschaffungsmaßnahme
3 ABM
Arbeitseinheit
2 AE
Arbeitsgemeinschaft der Rundfunkanstalten Deutschlands
3 ARD
Arbeitsstudienverband
4 REFA
arbeitsverwendungsfähig
2 av
Arizona (USA)
2 Az
4 Ariz
Arkansas (USA)
2 Ar
3 Ark
Armeekorps
2 AK
Artikel
3 Art
Artillerie
3 Ari
ärztliche Gehilfin
3 MTA
Assessor
3 Ass
6 Assess
Assistent
3 Ass
Associated Press
2 AP
Astronomische Einheit
2 AE
Atlantikpakt
4 NATO
Atmosphäre
2 at
3 ata, atm
Atmosphärenüberdruck
4 atue
auf Gegenseitigkeit
2 aG
Auflage
4 Aufl
auf Zeit
2 aZ
August
3 Aug
Ausführungsbestimmung
2 AB
Ausführungsverordnung
3 AVO
Ausgabe
4 Ausg
außer Dienst
2 aD
außerordentlich
2 ao
außer Plan
2 aP
außerplanmäßig
3 apl
Auswärtiges Amt
2 AA
Auszubildender
5 Azubi
automatische Handfeuerwaffe
2 MG, MP
3 IMG, SMG
Automobilclub von Deutschland
3 AvD
Bahnhof
2 Bf
3 Bhf
Band
2 Bd
Bank Deutscher Länder
3 BDL
Bank für Internationalen Zahlungsverkehr
3 BIZ
Bataillon
3 Bat
Batterie
4 Batt
bayerisch
4 bayr
Bayerischer Rundfunk
2 BR
bedeutend
3 bed
Behörde
3 Beh
bei
1 b
beiliegend
4 beil
Belgien, Niederlande, Luxemburg
7 BENELUX
belgischer Franc
3 bFr
Bemerkung
3 Bem
berühmt
3 ber
besonders
3 bes
bestimmt
4 best
Bestimmung
4 Best
betreffend, betrifft
4 betr
Betriebsunfall
2 Bu
Bevollmächtigter
3 Bev
bezahlt
2 bz
3 bez
Bezeichnung
3 Bez
beziehungsweise
3 bzw
4 resp
Bezirk
2 Bz
3 Bez
bezüglich
3 bez
4 bezl
Bibelteil
2 AT, NT
bis
1 b
bitte wenden
2 bw
Blatt
2 Bl
Bogen
2 Bg
Breite
2 Br
Brief
2 Bf
britisch
4 brit
Britische Luftverkehrsgesellschaft
3 BEA
4 BOAC
Britische Luftwaffe
3 RAF
British Broadcasting Corporation
3 BBC
broschiert
6 brosch
Bruder
2 Br
brutto
3 bto
4 btto

rutto für netto
3 bfn
ruttoregistertonne
3 BRT
uch
3 Bch
ulgarische Währung
2 Lw
und der Heimatvertriebenen
3 BHE
und Deutscher Architekten
3 BDA
Bundesautobahn
3 BAB
Bundesbahn, Deutsche Bahn
2 DB
Bundesgesetzblatt
4 BGBl
Bundesheer
2 BH
Bundeskriminalamt
3 BKA
Bundespost, Deutsche Bundespost
2 BP
3 DBP
Bundesregierung
2 BR
Bundesrepublik Deutschland
3 BRD
Bundesverfassung, Grundgesetz
2 GG
Bundesverfassungsgesetz
3 BVG
Bürgerliches Gesetzbuch
3 BGB
California (USA)
2 Ca
3 Cal
Cent, Centime
2 ct
Central Intelligence Agency
3 CIA
Cents, Centimes
3 cts
chemisch
4 chem
Christlich-Demokratische Union
3 CDU
Christlicher Verein junger Männer
4 CVJM, YMCA
Christlich-Soziale Union
3 CSU
Christusmonogramm
3 IHS
Christussymbol
2 XP
circa, ungefähr
2 ca
Colorado (USA)
2 Co
3 Col
Columbia (USA) Bundesdistrikt
2 DC
Compagnie, Company
2 Co
3 Cie
Connecticut (USA)
2 Ct
4 Conn
Corps consulaire
2 CC
Corps diplomatique
2 CD
Counter Intelligence (US-Abwehrdienst)
3 CIC
Criminal Investigation Division
3 CID
cum tempore
2 ct
da capo, von vorne
2 dc
Dakota (USA)
3 Dak
dänische Krone, Münze
3 dkr
das heißt
2 dh
das ist
2 di
das Maß von Seestrecken
2 Sm
das Maß von Strumpfgarnen
3 DEN
das westliche Verteidigungsbündnis
4 NATO
Datenverarbeitung
3 EDV
datiert
3 dat
Dativ
3 Dat
Datum
3 Dat
Dekagramm
2 Dg
3 Dkg
Dekaliter
2 Dl
3 dkl
Dekameter
2 Dm
3 dkm
Delaware (USA)
2 De
3 Del
Denier
3 den
der Ältere
3 dAe
dergleichen
3 dgl
der Große
3 dGr
der Jüngere
2 dJ
der Obige, oben Genannte
2 dO
der Reserve
2 dR
der Unterfertigende, Unterzeichnende
2 dU
derzeit
2 dz
desgleichen
3 dto
5 desgl
des Ruhestandes
2 dR
deutsch
2 dt
5 dtsch
Deutsche Angestellten-Gewerkschaft
3 DAG
Deutsche Bahn
2 DB
Deutsche Demokratische Republik
3 DDR
Deutsche Industrie-Norm
3 DIN
Deutsche Kriegsauszeichnung
2 EK
Deutsche Landwirtschaftsgesellschaft
3 DLG
Deutsche Lebensrettungsgesellschaft
4 DLRG
Deutsche Mark
2 DM
3 DEM
Deutsche Olympische Gesellschaft
3 DOG
Deutsche Post
2 DP
Deutsche Presse-Agentur
3 dpa
deutscher Automobilklub
3 AvD
4 ADAC
Deutscher Beamtenbund
3 DBB
Deutscher Bundes-Gebrauchs-Musterschutz
4 DBGM
Deutscher Entwicklungsdienst
3 DED
Deutscher Fußball-Bund
3 DFB
Deutscher Gewerkschaftsbund
3 DGB
Deutscher Normen-Ausschuss
3 DNA
deutscher Rundfunksender
3 MDR, NDR, ORB, SDR, SFB, WDR
4 RIAS
Deutscher Touring Automobil Club
3 DTC
Deutsches Arzneibuch
3 DAB
Deutsches Bundespatent
3 DBP
Deutsche Schlafwagen- und Speisewagen-Gesellschaft
3 DSG
Deutsches Familienkaufhaus
6 Defaka
Deutsches Reichspatent
3 DRP
Deutsches Reisebüro
3 DER
Deutsches Rotes Kreuz
3 DRK
Deutsche Welle
2 DW
Deutschlandfunk
3 DLF
Dezember
3 Dez
Dezigramm
2 dg
Deziliter
2 dl
Dezimeter
2 dm

Diapositiv
3 Dia
Dienstordnung
2 Do
dienstuntauglich
2 du
dieser Monat
2 dM
dieses Jahr
2 dJ
Dinar
3 din
Diplom
4 Dipl
Diplomatisches Korps
2 CD
Diplom-Ingenieur
7 Dipling
Diskothek
5 Disco, Disko
dito, desgleichen
2 do
3 dto
diverses
3 div
Division
3 Div
Doktor
2 Dr
Doppelzentner
2 dz
Drachme
2 DR
durch
3 dch
Durchscheinbild
3 Dia
Dutzend
4 Dtzd
Dysprosium
2 Dy
ebenda
3 ebd
Edition
2 Ed
ehemals
3 ehm
Ehrenbürger
2 Eb
ehrenhalber
2 eh
eigentlich
5 eigtl
eine deutsche Anrede
2 Fr, Hr
3 Frl
eine deutsche Kriegsauszeichnung
2 EK
eine frühere deutsche Währung
2 RM
eine Gesellschaftsform
2 AG, KG
3 OHG
4 GmbH
eine Gewichtseinheit
2 cg, dg, dz, kg, mg
3 Pfd, Ztr
eine Himmelsrichtung
2 NO, NW, SO, SW
3 NNO, NNW, ONO, OSO, SSO, SSW, WNW, WSW
einen akademischen Grad
2 Dr
4 Prof
einen Monatsnamen
3 Apr, Aug, Dez, Jan, Nov, Okt
4 Febr, Sept
einen Rundfunksender
2 BR, DF, HR, SR
3 MDR, NDR, ORB, SDR, SFB, SWF, WDR
4 RIAS
einen Sprengstoff
3 TNT
einer Hochschule Berlins
2 TH
eine Winkelfunktion
2 tg
3 cos, cot, ctg, sin
4 cotg, tang
eingetragene Genossenschaft mit beschränkter Haftung
5 eGmbH
eingetragener Verein
2 eV
einschließlich
4 incl
7 einschl
Einzahl
2 Ez
Eisernes Kreuz
2 EK
elektrisch
2 el
6 elektr
elektrische Lokomotive
4 ELok
Elektrizität
3 Elt
Elektrizitätswerk
2 EW
5 EWerk
Elektroakustik
3 Ela
Elektroenzephalogramm
3 EEG
Elektrokardiogramm
3 EKG
Elektronenvolt
2 eV
emeritus
2 em
englisch
4 engl
englisch-amerikan. Gewicht
2 ib, oz
3 cwt
englisch-amerikan. Hohlmaß
2 bu, pk, qt
3 gal
englische Anrede
2 Mr
3 Mrs
englische Münze
2 sh
Entwicklungsprogramm der UN
4 UNDP
Erdgeschoss
2 EG
4 Erdg
Ersatz
3 Ers
Ersatzkasse
2 EK
Erzbischof
2 EB
Escudo
3 Esc
Esquire
3 Esq
et cetera, und so weiter
3 etc
Eurocheque
2 EC
Eurocity
2 EC
europäisch
3 eur
Europäische Atom-Gemeinschaft
7 EURATOM
Europäische Freihandelszone
4 EFTA
Europäische Gemeinschaft
2 EG
Europäischer Wirtschaftsrat
4 OEEC
Europäisches Fernsehen
10 Eurovision
Europäisches Wiederaufbauprogramm
3 ERP
Europäische Union
2 EU
Europäische Verteidigungsgemeinschaft
3 EVG
Europäische Zahlungsunion
3 EZU
Europäische Zentralbank
3 EZB
evangelisch
2 ev
Evangelische Kirche in Deutschland
3 EKD
Evangelium
2 EV
eventuell
4 evtl
exclusive, exklusive
4 excl, exkl
Exemplar
2 EX
4 Expl
ex libris
2 EL
ex officio
2 eo
Expedition
3 Exp
Exzellenz
3 Exz
Fachhochschule
2 FH
Fahrenheit
1 F
Familie
3 Fam
Februar
3 Feb
4 Febr
Federal Bureau of Investigation (Bundeskriminalpolizei der USA)
3 FBI
feminin
3 fem
Ferngespräch
3 TEL

Fernschreiben, Fernschreibdienst
2 FS
5 TELEX
Fernsehanstalt
3 ARD, ZDF
Fernsehen
2 FS, TV
Fernsprecher
3 Fsp
Festmeter
2 fm
finnische Münze
2 mk
3 Fmk
Firma
2 Fa
Flächenmaß
2 ha, qm
3 qcm, qdm, qkm, qmm
Florida (USA)
2 Fl
3 Fla
Flugabwehrkanone
4 Flak
Fluss
2 Fl
folgende
1 f
2 ff
Folioblatt
3 Fol
Forint
2 Ft
Forschungsraum
5 Labor
forte
1 f
forte fortissimo
3 fff
fortissimo
2 ff
Franc, Franken
2 Fr
franko
2 fr
französisch
3 frz
8 franzoes
französische Anrede
1 M
3 Mme
4 Mlle
französische Münze
2 ct, FF, Fr, NF
Frau
2 Fr
Fräulein
3 Frl
free on board, frei an Bord
3 fob
Freie Demokratische Partei
3 FDP
Freiherr
3 Frh
4 Frhr
Freikörperkultur
3 FKK
freundlich
4 frdl
für/von Eurocity
2 EC
für/von Krone (Münze)
2 Kr

Fußballverein
2 FC, FK, FV
Fußball-Weltverband
4 FIFA
geboren
3 geb
Gebrüder
4 Gebr
gebunden
3 geb
gefallen
3 gef
gefällig
4 gefl
gegebenenfalls
3 ggf
gegen
3 geg
gegründet
4 gegr
geheftet
3 geh
geheime Kommandosache
7 GEKADOS
Gemeinde
3 Gem
genannt
3 gen
General
3 Gen
Generalmusikdirektor
3 GMD
Genossenschaft
3 Gen
Georgia (USA)
2 Ga
germanisch
4 germ
geschieden
5 gesch
Geschwister
6 Geschw
gesehen
3 ges
Gesellschaft für musikalische Aufführungsrechte
4 GEMA
Gesellschaft mit beschränkter Haftung
4 GmbH
Gesellschaftsform
2 AG, KG
3 OHG
4 GmbH
5 eGmbH
gestorben
4 gest
getauft
3 get
Gewerbeordnung
2 GO
4 GewO
Gewerkschaft
3 Gew
Gewichtseinheit
1 g, t
2 cg, dg, dz, kg, mg
3 Pfd, Ztr
4 Kilo
gezeichnet
3 gez
Glasbild für Projektionszwecke
3 Dia

Goldmark
2 GM
Graf
2 Gf
Gräfin
3 Gfn
Grafschaft
7 Gfschft
Gramm
1 g
Grammkalorie
3 cal
Gran Turismo
2 GT
Greenwich
2 Gr
griechisch
2 gr
4 grch
6 griech
griechische Münze
2 Dr
gross
2 gr
größter anzunehmender Unfall
3 GAU
Grundgesetz
2 GG
Gulden
2 FL
Haltepunkt, Haltestelle
2 Hp, Hs
3 Hst
Handelsgesetzbuch
3 HGB
Handelsregister
2 HR
Handels- und Entwicklungsrat der UN
6 UNCTAD
Hauptbahnhof
3 Hbf
Hauptkampflinie
3 HKL
Hauptmann
4 Hptm
Hauptstadt
5 Hptst
Hawaii (USA)
2 TH
hebräisch
4 hebr
Hefnerkerze
2 Hf
heilig
2 hl
Heilsarmee
3 TSA
Hektar
2 ha
Hektogramm
2 hg
Hektoliter
2 hl
Hektometer
2 hm
Hektoster
2 HS
Herausgeber
2 Hg
4 Hrsg
Herr
2 Hr

Herrn
3 Hrn
Hertz
2 Hz
Herzog
3 Hzg
Herzogtum
4 Hzgt
Hessischer Rundfunk
2 HR
High Fidelity
4 HiFi
Himmelsrichtung
2 NO, NW, SO, SW
3 NNO, NNW, ONO, OSO, SSO, SSW, WNW, WSW
Hohlmaß
2 cl, dl, fm, hl, ml, RT
3 BRT, cbm, ccm, cdm, dkl, NRT
4 cbkm
holländisch
4 holl
holländische Münze
1 c
2 ct, Fl
3 hfl
Honorar
3 Hon
honoris causa
2 hc
Idaho (USA)
2 Id
idem
2 id
Ihre Hoheit
2 IH
Ihre Majestät
2 IM
Illinois (USA)
2 Il
3 Ill
illustriert
3 ill
im Auftrag
2 iA
im Bau
2 iB
im Haus
2 iH
im Jahre
2 iJ
Imperativ
3 Imp
Imperator
3 Imp
Imperator Rex
2 IR
imprimatur
3 imp
4 impr
im Ruhestand
2 iR
inclusive, inklusive
4 incl, inkl
in der Kurzschrift
5 Sigel
in der Trockenmasse
3 iTr
Index
3 Ind
Indiana (USA)
2 In
3 Ind
Indikativ
3 Ind
indische Münze
2 iR
indonesische Münze
2 Rp
Industriegewerkschaft
2 IG
Industrie- u. Handelskammer
3 IHK
Infanterie
3 Inf
Infanteriedivision
2 ID
Infanterieregiment
2 IR
Ingenieur
3 Ing
Inhaber
3 Inh
Inhaberpapier
2 IP
Inland
3 Inl
in Pension
2 iP
Intercity
2 IC
Interessengemeinschaft
2 IG
international
3 int
Internationale Fernmeldeunion
3 ITU, UIT, UTU
Internationale Flüchtlingsorganisation
3 IRO
Internationale Gartenbauausstellung
3 IGA
Internationale Handelsorganisation
3 ITO
Internationale Kulturorganisation
6 UNESCO
Internationale Organisation für Atom-Energie
4 IAEO
Internationale Polizei-Organisation
8 INTERPOL
Internationaler Artistenverband
3 IAL
Internationaler Automobilverband
3 FIA
Internationaler Fußballverband
4 FIFA
Internationaler Genossenschaftsverband
3 ICA
Internationaler Hilferuf
3 CQD, SOS
Internationaler Kinderhilfsfonds
6 UNICEF
Internationaler Luftverkehrsverband
4 IATA
Internationaler Motorradsportverband
3 FIM
Internationaler Philatelistenbund
3 FIP
Internationaler Schriftstellerverband
3 PEN
Internationaler Schwimmverband
4 FINA
Internationaler Skiverband
3 FIS
Internationales Komitee vom Roten Kreuz
4 IKRK
Internationales Olympisches Komitee
3 IOC, IOK
Internationales Rotes Kreuz
3 IRK
in Vertretung
2 iV
Iowa (USA)
2 Ia
iranische Münze
2 RI
Irrtum vorbehalten
2 Iv
isländische Krone
3 ikr
isländische Münze
2 kr
3 ikr
italienisch
2 it
4 ital
italienische Lira
3 Lit
Italienischer Rundfunk
3 RAI
Jahr
1 J
Jahrgang
2 Jg
Jahrhundert
2 Jh
Jahrtausend
3 Jtd
Januar
3 Jan
Jesuitenorden
2 SJ
Jesus
3 IHS
jordanische Münze
2 JD
jugoslawische Münze
3 Din
junior
2 jr
3 jun
Jurisprudenz
3 jur
kaiserlich-königlich
2 kk
3 kuk
Kalifornien (USA)
2 Ca
3 Cal
Kalorie
3 cal, Kal
Kandidat
4 cand
Kansas (USA)
2 Ks
4 Kans
Kanton
2 Kt

Kapitalgesellschaft
2 AG, KG
4 GmbH
Kapitän
3 Kpt
Kapitänleutnant
5 Kaleu
Kapitel
3 Kap
Kaptialgesellschaft
4 GmbH
Kartellverband
2 KV
kartoniert
4 kart
Kassiopeium
2 CP
katholisch
4 kath
Kavallerie
3 Kav
Kentucky (USA)
2 Ky
Kilogramm
2 kg
Kilohertz
3 kHz
Kilokalorie
4 kcal
Kilometer
2 km
Kilopond
2 kp
Kilovolt
2 kV
Kilovoltampere
3 kVA
Kilowatt
2 kw
Kilowattstunde
3 kWh
Klasse
2 Kl
klein
2 kl
Kleinkaliber
2 KK
knock-out
2 ko
Knoten
2 kn
Kommandant
3 Kdt
Kommandeur
3 Kdr
Kommanditgesellschaft
2 KG
Kommanditgesellschaft auf Aktien
4 KGaA
Kommando
3 Kdo
Kommission
4 Komm
Kompanie
2 Kp
König
2 Kg
Königin
3 Kgn
königlich
3 kgl
Königreich
3 Kgr
Konjunktiv
4 Konj
Konsularisches Korps
2 CC
Konto
3 Kto
Konzentrationslager
2 KZ
Kopeke
3 Kop
Kosekans
5 cosec
Kosinus
3 cos
Kotangens
3 cot, ctg
4 cotg
Kraftfahrzeug
3 Bus, Cab, Kfz, Lim, Lkw, Pkw
4 Krad, Mofa, Obus
5 Combi, Kombi, Moped
6 Mokick
Kraftrad
4 Krad
Kreis
3 Krs
Kreuzesinschrift
4 INRI
kriegsverwendungsfähig
2 kv
Kriminalpolizei
5 Kripo
Kubikdezimeter
3 cdm
Kubikkilometer
4 cbkm
Kubikmeter
3 cbm
Kubikmillimeter
3 cmm
Kubikzentimeter
3 ccm
Kulturhaus
2 KH
künftigen Jahres
2 kJ
künftigen Monats
2 kM
kurant
3 crt
Kurven der Herzströme
3 EKG
kurzerhand
2 kH
Land
2 Ld
Landeskriminalamt
3 LKA
Landesversicherungsanstalt
3 LVA
Landeszentralbank
3 LBZ, LZB
Landgericht
2 LG
Landrat
2 LR
landwirtschaftlich
3 ldw
Landwirtschaftsorganisation der UN
3 FAO
lang
2 lg
Länge
3 Lge
Längenmaß
1 m
2 cm, dm, km, mm, My, sm
3 dkm
Langspielplatte
2 LP
Lastenausgleich
3 LAG
Lastkraftwagen
3 LKW
lateinisch
3 lat
laufend
3 lfd
laufenden Jahres
2 lJ
laufenden Monats
2 lM
laut
2 lt
ledig
3 led
leichtes Maschinengewehr
3 lMG
Leinen
2 Ln
Leutnant
2 Lt
limited
3 ltd
links
1 l
Liter
1 l
Literatur
3 Lit
Logarithmus
3 log
Louisiana (USA)
2 La
Luftschiff Zeppelin
2 LZ
Lumen
2 lm
lutherisch
4 luth
Lux
2 lx
Luxemburger Franc
3 lfr
luxemburgische Münze
2 ct, fr
3 lfr
Mac
2 Mc
Mache-Einheit
2 ME
Madame
3 Mme
Mademoiselle
4 Mlle
Magister
3 Mag
Magnetbildaufzeichnung
3 MAZ
Maine (USA)
2 Me
Männergesangverein
3 MGV
männlich
1 m

Manuskript
2 Ms
4 Mskr
Mark
1 M
Markka
2 mk
3 Fmk
marokkanische Münze
2 DH
Marshall-Plan
3 ERP
Maryland (USA)
2 Md
Maschine
5 Masch
Maschinenfabrik Augsburg-Nürnberg AG
3 MAN
Maschinengewehr
2 MG
Maschinenpistole
2 MP
maskulin
4 mask
Massachusetts (USA)
2 Ma
4 Mass
Maßeinheit
2 ME
mathematisch
4 math
Maul- und Klauenseuche
3 MSK
medizinisch-technische Assistentin
3 MTA
Medizin, medizinisch
3 med
Megahertz
3 MHz
Megawatt
2 MW
mehrfach
4 mhrf
Mehrzahl
2 Mz
meiner Ansicht nach
3 mAn
meines Erachtens
2 mE
meines Wissens
2 mW
Meister
4 Mstr
Mesdames
4 Mmes
Mesdemoiselles
5 Mlles
Messieurs
2 MM
Meter
1 m
Meterkilogramm
3 mkg
mezzoforte
2 mf
mezzopiano
2 mp
Michigan (USA)
2 Mi
4 Mich
Mikrometer
2 My
militärisch
5 milit
Militärischer Abschirmdienst
3 MAD
Military-Police
2 MP
Milliampere
2 mA
Milliarde
2 Md
3 Mrd
Millibar
2 mb
Milligramm
2 mg
Milliliter
2 ml
Millimeter
2 mm
Million
3 Mio
4 Mill
minderjährig
2 mj
Ministerium des Innern
3 MDI
Minister, Ministerium
3 Min
Minnesota (USA)
2 Mn
4 Minn
Minute
3 min
Mississippi (USA)
2 Ms
4 Miss
Missouri (USA)
2 Mo
Mister
2 Mr
Mistress
3 Mrs
mit anderen Worten
3 maW
Mitglied des Bundestages
3 MdB
Mitglied des Landtages
3 MdL
Mittelalter
2 MA
Mitteldeutscher Rundfunk
3 MDR
Mitteleuropäische Schlaf- und Speisewagen-AG
7 Mitropa
Mitteleuropäisches Reisebüro
3 MER
mitteleuropäische Zeit
3 MEZ
mittelhochdeutsch
3 mhd
mittellateinisch
4 mlat
mittelniederdeutsch
3 mnd
Molekulargewicht
3 Mol
Monatsname
3 Apr, Aug, Dez, Jan, Nov, Okt
4 Febr, Sept
mongolische Münze
2 Tg
Monseigneur
3 Mgr
4 Msgr
Monsieur
1 M
Monsignore
3 Mgr
4 Mgre, Mons, Msgr
Mont
2 Mt
Montag
2 Mo
Montana (USA)
2 Mt
4 Mont
Monte
3 Mte
motorisiert
3 mot
Motorschiff
2 MS
Mount
2 Mt
mundartlich
4 mdal
Nachbemerkung
2 NB
nach Christus
3 pCn
4 nChr
nach Ermessen
2 nE
Nachfolger
2 Nf
4 Nchf
5 Nachf
nachmittags
2 nm
5 nachm
Nachschrift
2 NS, PS
nächsten Monat
2 nM
nächstes Jahr
2 nJ
Name unbekannt
2 NN
Nationales Olympisches Komitee
3 NOK
Nationalität
3 Nat
Natur
3 Nat
natürlich
3 nat
nautisches Maß
2 kn, sm
Nebenbemerkung
2 NB
Nebenfluss
4 Nbfl
Nebraska (USA)
2 Nb
4 Nebr
negativ
3 neg
netto
3 nto
Nettoregistertonne
3 NRT
Neuer Franc
2 NF

Neues Testament
2 NT
neuhochdeutsch
3 nhd
neulateinisch
4 nlat
Nevada (USA)
2 Nv
3 Nev
New Hampshire (USA)
2 NH
New Jersey (USA)
2 NJ
New Mexico (USA)
2 NM
Newtonsekunde
2 NS
New York (USA)
2 NY
Nichteisenmetalle
9 NE-Metalle
nicht tauglich
2 nt
niederdeutsch
2 nd
Niederfrequenz
2 NF
niederländische Münze
2 ct, Fl
3 hfl
Nordatlantik-Pakt
4 NATO
Norddakota (USA)
2 ND
4 NDak
Norddeutscher Rundfunk
3 NDR
Nordkarolina (USA)
2 NC
nördlicher Breite
3 nBr
Nordrhein-Westfalen
3 NRW
Normalhöhenpunkt
2 NH
Normalkerze
2 NK
Normalnull
2 NN
North Carolina (USA)
2 NC
North Dakota (USA)
2 ND
norwegische Münze
2 kr
3 nkr
notabene
2 NB
November
3 Nov
Numero, Nummer
2 No, Nr
oben angeführt
2 oa
oben erwähnt
2 oe
Oberbayern
3 OBB
Oberbürgermeister
2 OB
Oberfinanzkasse
3 OFK
Oberlandesgericht
3 OLG
Oberleutnant
4 Oblt
Oberpostdirektion
3 OPD
Objekt
3 Obj
obligat
3 obl
oder
2 od
oder ähnlich
3 oae
Offene Handelsgesellschaft
3 OHG
offiziell
4 offz
Ohio (USA)
1 O
2 Oh
ohne Befund
2 oB
ohne Jahr
2 oJ
ohne Obligo
2 oO
ohne Ort
2 oO
ohne Umsatz
2 oU
ohne Wert
2 oW
okay
2 ok
Oklahoma (USA)
2 Ok
4 Okla
Oktober
3 Okt
Operationssaal
2 OP
Opus
2 op
ordentlicher Professor
2 oP
Oregon (USA)
2 Or
3 Ore
4 Oreg
Organisation
3 Org
Organisation amerikanischer Staaten
3 OAS
Organisation der Vereinten Nationen
3 UNO
Organisation für Erziehung, Wissenschaft und Kultur der UN
6 UNESCO
Organisation für industrielle Entwicklung der UN
5 UNIDO
Originalton
4 OTON
Ostdeutscher Rundfunk Brandenburg
3 ORB
Österreichischer Rundfunk
3 ORF
osteuropäische Zeit
3 OEZ
pädagogisch
4 paed
Pagina
3 Pag
pakistanische Münze
2 pR
Palästinensische Befreiungsorganisation
3 PLO
Panzerabwehrkanone
3 Pak
Panzerdivision
2 PD
Pappband
2 Pp
Parapsychologisches
3 Psi
Parterre
4 Part
Pecletzahl
2 Pe
Pennsylvania (USA)
2 Pa
per Adresse
2 pA
per mille
2 pm
per procura
2 pp
3 ppa
Personalcomputer
2 PC
Personengesellschaft
2 KG
3 OHG
Personenkraftwagen
3 Pkw
persönlich
4 pers
Peseta
3 Pta
Pfennig
2 Pf
3 Pfg
Pferdestärke
2 HP, PS
Pfund
2 Pf
3 Pfd
philosophisch
4 phil
pianissimo
2 pp
piano
1 p
piano pianissimo
3 ppp
Plural
2 pl
4 plur
polnische Währung
2 Zl
Polyesterseide
3 Pes
Polytechnisches Zentrum
3 PTZ
Pond
1 P
portugiesische Münze
3 Esc
Position
3 Pos

positiv
3 pos
Post Exchange
2 PX
Postgiroamt
6 PgiroA
Postscheckamt
5 PSchA
Postskriptum
2 PS
Präsident, Präsidium
5 Praes
Preis
2 Pr
Preußische Gebührenordnung
6 Preugo
Prima
2 Pa
Professor
4 Prof
Promille
2 pm, vT
Provinz
4 Prov
Provision
4 Prov
Prozent
2 pc, vH
4 Proz
Publicrelations
2 PR
Punkt
3 Pkt
Quadratdezimeter
3 qdm
Quadratkilometer
3 qkm
Quadratmeter
2 qm
Quadratmillimeter
3 qmm
Quadratzentimeter
3 qcm
Rabatt
3 Rab
Radio Bremen
2 RB
Radius
1 r
Rappen
2 rp
Raummaß für Schiffe
3 BRT
Raummeter
2 rm
rechts
1 r
recipe
2 Rp
3 Rec
recommande
3 rec
Redakteur, Redaktion
3 Red
Referendar, Referent
3 Ref
reformiert
3 ref
Regierung
3 Reg
Regierungsbezirk
5 RegBz
Regiment
3 Reg, Rgt
4 Regt
Regionalbahn
2 RB
Regionalexpress
2 RE
Registertonne
2 RT
Reichsmark
2 RM
Reifeprüfung
3 ABI
rekommandiert
3 rek
Relation
3 Rel
Religion
3 Rel
Reparatur
3 Rep
Republik
3 Rep
Republique Francaise
2 RF
Reserve
3 Res
respektive
4 resp
Rezept
2 Rp
3 Rec
Rhein
2 Rh
Rheinland
4 Rhld
Rhesusfaktor
2 Rh
Rhode Island (USA)
2 RI
ritardando
3 rit
Rotes Kreuz
2 RK
3 DRK
Royal Air Force
3 RAF
Ruderclub
2 Rc
Rudersportverein
3 RSV
rund
2 rd
russisch
4 russ
russische Währung
3 Kop, Rbl
Saarländischer Rundfunk
2 SR
sächlich
1 s
Sainte
3 Ste
Samstag
2 Sa
Sankt
2 St
Santa
3 Sta
Santo
3 Sto
saudi-arabische Münze
3 SRI
Schilling
3 Sch
Schnellzug
4 DZug
Schnellzug zwischen Großstädten
2 IC
Schnellzug zwischen Grossstädten
9 InterCity
schwedische Münze
3 skr
Schweizer Franken
3 sFr
schweizerische Münze
2 Rp
3 sFr
Schweizerische Post
3 PTT
Schweizerische Radio- und Fernsehgesellschaft
3 SRG
Schweizer Nachrichtenbüro
3 STS
schweres Maschinengewehr
3 sMG
Schwester
4 Schw
Seemeile
2 sm
Seenotruf
3 CQD, SOS
Segelschiff
2 SS
Segerkegel
2 SK
sehr fein
2 ff
sehr selten
2 rr
Seine Exzellenz
2 SE
Seine Majestät
2 SM
Seiner Majestät Schiff
3 SMS
seinerzeit
2 sZ
3 sZt
Sekunde
3 sec, Sek
selig
3 sel
Sender Freies Berlin
3 SFB
Senior
2 sr
3 sen
September
4 Sept
Service module
2 SM
Shilling
2 sh
Sicherheitsdienst
2 SD
Sichtbarrieren des Fernsehsprechers
2 ON
Siedepunkt
2 SP
siehe oben
2 so
siehe unten
2 su

sine loco
2 sl
Sinfonie
4 Sinf
Singular
4 Sing
Sinus
3 sin
sogenannt
3 sog
South Carolina (USA)
2 SC
South Dakota
2 SD
soviel als
3 sva
soviel wie
3 svw
Sowjetische Besatzungszone Deutschlands
3 SBZ
Sowjetunion
2 SU
5 UdSSR
sozial
3 soz
Sozialdemokratische Partei Deutschlands
3 SPD
Sozialistische Einheitspartei Deutschlands
3 SED
Spalte
2 Sp
spanisch
4 span
spanische Währung
3 Pta
Sportclub
2 SC
Sportvereine
2 FC, FK, SC, SK, SV, TV
3 MTV, SpV, TSV, TuS
4 SpVg
5 SpVgg
Sportvereinigung
2 SV
Sprengstoff-Art
3 TNT
Staatssicherheitsdienst
3 SSD
5 STASI
Stereophonie
6 stereo
Strafgesetzbuch
4 StGB
Strafprozessordnung
4 StPO
Straße
3 Str
Straßenverkehrsgesetz
4 StVG
Straßenverkehrsordnung
4 StVO
Straßenverkehrs-Zulassungs-Ordnung
5 StVZO
strategische Verteidigungsinitiative
3 SDI
Stück
2 St
Stunde
3 Std
stündlich
4 stdl
Süddeutscher Rundfunk
3 SDR
südlicher Breite
3 sBr
Südwestfunk
3 SWF
summa
2 sa
Summe
2 Se
Tabelle
3 Tab
Tafel
3 Taf
Tagebuch
3 Tgb
Tangens
2 tg
4 tang
tansanische Münze
3 EAs
Tarifordnung
2 TO
tausend
3 tsd
technisch
5 techn
Technische Hochschule
2 TH
technische Maßeinheit
2 PS
Technische Nothilfe
2 TN
Technisches Hilfswerk
3 THW
Technische Universität
2 TU
Telefax
3 FAX
Telefon
3 Fsp, Tel
Television
2 TV
Tennessee (USA)
2 Tn
4 Tenn
Texas (USA)
2 Tx
3 Tex
theologisch
5 theol
Titel
3 Tit, Ttl
Tonne
1 t
Tonträger
2 LP
Totalisator
4 Toto
Trans-Europa-Expresszug
3 TEE
Trappistenorden
3 OGR
4 OSSO
Trinitrotoluol
3 TNT
Tschechoslowakei
4 CSFR
Tuberkulose
2 Tb
3 Tbc
tunesische Münze
2 tD
Turbinenantrieb
5 Turbo
Turbinenschiff
2 TS
türkische Münze
2 TL
3 Ltq
Türkisches Pfund
2 TS
Turnerschaft
2 TS
Turn- und Sportverein
3 TuS
über dem Meeresspiegel
4 uedM
ultimo
3 ult
Ultrakurzwelle
3 UKW
Ultraviolett
2 UV
um Antwort wird gebeten
4 uAwg
unbekanntes Flugobjekt
3 Ufo
und ähnlich
3 uae
und andere
2 ua
und andere mehr
3 uam
und dergleichen
4 udgl
und folgende
3 uff
und so fern
3 usf
und so weiter
2 pp
3 etc, usw
und viele andere
3 uva
und zwar
3 uzw
ungarische Münze
2 Ft
Union der Sozialistischen Sowjetrepubliken
5 UdSSR
United Nations
2 UN
3 UNO
United Press
2 UP
United Press International
3 UPI
United States
2 US
United States of America
3 USA
Universität
3 Uni
4 Univ
Universitätsprofessor
2 UP
8 Univ-Prof
unseres Erachtens
2 uE
unseres Wissens
2 uW

unter anderem
2 ua
unter dem Meeresspiegel
2 uM
Unteroffizier
4 Uffz
Unteroffizier vom Dienst
3 UvD
unter Rückerbittung
2 uR
unter Umständen
2 uU
ursprünglich
5 urspr
US-Abwehrdienst
3 CIA, CIC
Utah (USA)
2 Uh, Ut
Valuta
3 val
Variation
3 Var
Verband der Kriegsbeschädigten
3 VdK
Verband Deutscher Elektrotechniker
3 VDE
Verband Deutscher Ingenieure
3 VDI
Vereinigte Staaten von Amerika
2 US
3 USA
Vereinte Nationen
2 UN, VN
3 UNO
Verfassung
4 Verf
Verfügung
3 Vfg
vergleiche
3 vgl
verheiratet
4 verh
Verlag
3 Vlg
vermählt
4 verm
Vermont (USA)
2 Vt
Verordnung
2 VO
Verwaltung
4 Verw
verwitwet
4 verw
Veterinär
3 Vet
Virginia (USA)
2 Va
Vitamin
3 Vit
Volksrepublik
2 VR
Volkswagen
2 VW
Volt
1 V
Voltampere
2 VA
Volumen
3 vol
vom Hundert
2 pc, vH
4 Proz
von oben
2 vo
von Rechts wegen
3 vRw
von Tausend
2 pm, vT
von unten
2 vu
vor Christi Geburt
5 aChrn, vChrG
vor Christus
2 aC
4 aChr, vChr
vorgelesen, genehmigt, unterschrieben
3 vgu
vorigen Jahres
2 vJ
vorigen Monats
2 vM
vormals
4 vorm
vormittags
4 vorm
Vorsitzender
4 Vors
Vorstand, Vorsteher
5 Vorst
waffenlose Selbstverteidigung
4 Judo
Wärmeeinheit
2 WE
3 cal
Washington (USA)
2 Wa
4 Wash
Wasserklosett
2 WC
Wasserwerk
5 WWerk
Wechselgesetz
2 WG
weiblich
1 w
Weltarbeitsorganisation
3 IAO, ILO
Weltgesundheitsorganisation
3 WHO
Weltkinderhilfswerk
6 UNICEF
Weltorganisation
2 UN
3 UNO
Weltorganisation f. Erziehung, Wissenschaft, Kultur
6 UNESCO
Weltpostverein
3 UPU
weltraumgestützte Raketenabwehr
3 SDI
Weltwetterorganisation
3 WMO
Westdeutscher Rundfunk
3 WDR
Westeuropäische Union
3 WEU
Westeuropäische Zeit
3 WEZ
westliches Verteidigungsbündnis
4 NATO
West-Virginia (USA)
2 WV
3 WVa
wiederhole
3 wdh
Wiederholung
4 Whlg
wie oben
2 wo
Winkelfunktion
2 tg
3 cos, cot, ctg, sin
4 cotg, tang
Wirtschafts- und Sozialrat der UN
6 ECOSOC
Wisconsin (USA)
2 Wi
3 Wis
wissenschaftlich
4 wiss
Witwe
3 Wwe
Wyoming (USA)
2 Wy
3 Wyo
Yard
2 Yd
Zahlenlotterie
5 Lotto
Zeitung
2 Zt
Zentigramm
2 cg
Zentiliter
2 cl
Zentimeter
2 cm
Zentner
3 Ztr
Zentraleinheit
2 ZE
Zentralkomitee
2 ZK
Ziffer
4 Ziff
zirka
2 ca
zivil
3 ziv
Zivilprozessordnung
3 ZPO
Zloty
2 Zl
zu den Akten
3 ZdA
zugleich
4 zugl
zu Händen
2 zH
zum Beispiel
2 zB
zum Exempel
2 zE
zum Teil
2 zT
zur besonderen Verwendung
3 zbV
zur Disposition
2 zD
zur See
2 zS
zur weiteren Verwendung
3 zwV
zur Wiederverwendung
3 zWV

zur Wiedervorlage
3 zWv
zur Zeit
2 zZ
3 zZt
zusammen
3 zus
zuzüglich
3 zuz
4 zzgl
Zweites Deutsches Fernsehen
3 ZDF
zwischen
2 zw
Ablage
4 Bord
5 Aktei, Regal
6 Archiv, Podest
7 Magazin
9 Garderobe
11 Registratur
Ablagemappe
6 Ordner
11 Aktendeckel
Ablagerung
4 Satz
5 Loess, Staub
6 Sinter
8 Sediment
9 Bodensatz
12 Akkumulation, Niederschlag
in der Eiszeit
5 Loess
in der Medizin
5 Depot
in einem inneren Organ
11 Nierenstein
in Quellen
6 Sinter
Ablass
9 Indulgenz
Ablassprediger
6 Tetzel
Ablauf
4 Zeit
5 Folge, Rinne
7 Prozess, Verlauf
8 Handlung, Programm
9 Geschehen
11 Mechanismus
auf Schiffen
4 Gatt
8 Speigatt
bei einem Rennen
5 Start
des Geschehens
4 Zeit
für Grubenwasser
5 Seige
Ablaufänderung
10 Umstellung
Ablaufkehle
5 Rinne
Ablaufstelle
5 Start
Ableben
3 Tod
6 Exitus
Ablegemappe
6 Hefter
Ablegen
eines Ordensgelübdes
7 Profess
Ableger
6 Senker, Spross
11 Sproessling
Ablegespiel
mit Steinen
6 Domino
ablehnen
6 tadeln
8 abweisen, negieren
9 verachten, verwerfen
10 verweigern
11 ausschlagen, refuesieren
12 missbilligen, verschmaehen
13 zurueckweisen
ablehnendes
Wort
4 nein
Ablehnung
3 nie
4 nein
5 nicht
6 Absage, Refues
7 niemals
8 Negation
der Kenntnisnahme
8 Ignoranz
des Krieges
10 Pazifismus
des Waffendienstes
24 Kriegsdienstverweigerung
ableisten
11 absolvieren
ableiten
10 deduzieren
in den Boden
5 erden
ableitend
8 deduktiv
Ableitung
8 Nachweis
9 Deduktion
10 Herleitung
ablenken
8 umleiten
11 divergieren
12 umdirigieren
Ablenkung
7 Abdrift, Abtrift, Beugung
8 Brechung
9 Diversion
10 Aberration
11 Zerstreuung
Ablesemarke
(Skala)
5 Index
ableugnen
6 Abrede
Ablieferung
9 Uebergabe
Ablieferungsstelle
5 Depot
Ablösung
9 Abfindung
10 Revirement
Abmachung
4 Pakt
7 Vertrag
8 Abkommen, Einigung, Kontrakt, Regelung
9 Absprache, Agreement
11 Verabredung
12 Vereinbarung
13 Uebereinkunft
über Gewinn o. Nichtgewinn
5 Wette
Abmagerung
8 Atrophie, Slimming
10 Entfettung
Abmagerungsmaßnahme
9 Fastenkur
13 Reduktionskur
abmalen
8 kopieren
11 konterfeien
Abmarsch
6 Auszug
Abmessung
4 Mass
5 Tiefe
6 Format
7 Groesse
9 Dimension, Dosierung, Zuteilung
10 Begrenzung
Abmessungsbegriff
5 Hoehe, Tiefe
6 Breite, Laenge, Umfang
7 Volumen
Abnäher
8 Keilnaht
Abnahme
4 Kauf
6 Erwerb
7 Schwund, Verlust
9 Dekrement, Minderung, Nachfrage, Rueckgang
10 Degression, Dekreszenz
12 Verminderung
abnehmbares
Kfz-Verdeck
7 Hardtop
Abnehmen
des Bartes
5 Rasur
abnehmend
9 degressiv
Abnehmer
5 Kunde
7 Kaeufer
9 Besteller, Konsument
11 Verbraucher
12 Auftraggeber
Abnehmerwalze
an der Krempel
5 Filet
Abneigung
4 Hass
5 Unmut
6 Degout, Unlust
7 Abscheu
8 Aversion
10 Antipathie, Widerwille
11 Animositaet
12 Widerstreben
abnorme
Verhaltensweise
8 Hysterie
abnutzen
8 abtragen
11 verbrauchen
12 strapazieren
13 verschle[illegible]
Abnutzung
11 Verschleis[illegible]
von Reifen
6 Abrieb

Abodritenfürst
(12. Jh)
6 Niklot
Abonnement
5 Bezug
7 Anrecht
9 Stammiete
10 Dauerbezug, Dauerkarte, Dauermiete, Stammmiete, Stammrecht
Abonnent
5 Leser
Abonnentin
7 Leserin
Abordnung, Auftrag
7 Mission
8 Legation
10 Delegation, Deputation, Vertretung
Abort
2 WC
5 Lokus
7 Abtritt, Klosett, Latrine, Pissoir
Abprodukt
der Tierhaltung
6 Guelle
Abrahams
Frau
4 Sara
5 Sarah
Sohn
5 Isaak
Abraum
6 Abfall, Schutt
Abraumaufschüttung
5 Halde
Abraumhalde
5 Kippe
Abrechnung
5 Fazit, Rache
6 Bilanz
9 Ausgleich
11 Liquidation
12 Rechenschaft
Abrechnungstermin
7 Zahltag
Abrechnungsverkehr
8 Clearing
Abrede
5 Luege
7 Dementi
8 Leugnung, Widerruf
11 Verabredung
12 Vereinbarung
abreiben
10 frottieren
Abreiben
der Geweihhaut
5 fegen
Abreibung
4 Haue
5 Senge
7 Pruegel, Schelte
8 Frottage
11 Frottierung
Abreißblätter
5 Block
abreißen
8 abtragen
demolieren
[illegible]ten
[illegible]en
[illegible]nen
9 baendigen
10 dressieren
Abrichter
8 Dompteur, Dresseur
10 Tierlehrer
13 Tierbaendiger
17 Raubtierbaendiger
Abrichtung
von Tieren
7 Dressur
Abriegelung
5 Kette
6 Kordon, Sperre
Abriss
4 Bild, Plan
6 Auszug, Layout, Lay-out, Skizze, Umriss
7 Entwurf
8 Lehrbuch
9 Demontage, Leitfaden, Zeichnung
10 Abhandlung, Kompendium
11 Darstellung
12 Bauzeichnung, Beschreibung, Demontierung
der Erdoberfläche
9 Landkarte
abrunden
9 ergaenzen
11 arrondieren
abrüsten
14 demobilisieren
Abrüstung
15 Demobilisierung
Absage
4 Nein
8 Verzicht
9 Ablehnung, Abweisung
Absatz
5 Markt
6 Alinea, Hacken, Passus, Sockel
7 Verkauf
8 ◆ Paragraf
9 Abschnitt, Nachfrage, Paragraph
Gesetzesabschnitt
8 ◆ Paragraf
9 Paragraph
im Druck
6 Alinea
im Schriftstück
6 Alinea
in Quellen
6 Sinter
von Waren
5 Markt
Absatzgestein
6 Sinter
8 Sediment
Absatzkartell
8 Syndikat
absatzloser
Schuh
6 Opanke
8 Mokassin
Absatzpolitik
9 Marketing
Absauger
9 Exhaustor
Absauggerät
8 Absorber
9 Exhauster
abschälen
6 pellen
der obersten Bodenschicht
9 abplaggen
Abschattung
6 Nuance
9 Schraffur
13 Schraffierung
abschätzen
8 taxieren
9 zensieren
Abschätzer
7 Taxator
abschätziges Wort für
Beamter
9 Buerokrat
Brief
7 Schrieb
Gedicht
4 Poem
Geistlicher
6 Pfaffe
Gesicht
6 Visage
Greisin
4 Alte
Hund
5 Toele
6 Koeter
Kleidung, Sachen
7 Gelumpe
Mann
4 Kerl
Pferd
4 Gaul
Reichtum, Geld
6 Mammon
Schriftsteller
8 Skribent
Tonkünstler
8 Musikant
uneheliches Kind
7 Bankert
Zeitung
7 Gazette
Abschaum der Menschheit
3 Mob
6 Poebel
7 Auswurf
8 Gesindel
Abscheren
des Haarkleides der Schafe
5 Schur
Abscheu
4 Ekel
5 Graus
6 Grauen, Greuel, Horror
7 ◆ Graeuel, Grausen
8 Schauder
9 Abneigung, Entsetzen
10 Missfallen, Widerwille
11 Widerwillen
abscheuerregend
8 ekelhaft
9 widerlich
abscheulich
5 eklig, uebel
8 ekelhaft, greulich
9 ◆ graeulich, widerlich
10 abominabel, graesslich
11 entsetzlich, schaendlich, scheusslich
12 widerwaertig

Abschied
7 Weggang
8 Laufpass, Lebewohl, Scheiden, Trennung
10 Entlassung
Abschiedsgruß, -wort
3 ade
4 ciao
5 adieu, valet
6 Servus, Tschau
7 good bye
8 Lebewohl
14 auf Wiedersehen
abschirmen
9 isolieren
abschirmende
Scheibe
6 Blende
Abschirmung
9 Isolation
Abschirmvorrichtung
gegen Energieströme
8 Isolator
abschlachten
12 massakrieren
Abschlag
6 Dekort, Rabatt, Skonto
7 Disagio
beim Fußball
7 Abstoss
abschlägige
Antwort
4 Nein
Abschlagzahlung
4 Rate
9 Vorschuss
abschließen
7 sperren
9 absperren, zusperren
10 verriegeln, versperren
abschließend
9 definitiv
abschließendes
Nachwort
6 Epilog
Abschluss
4 Coda, Ende
5 Reife
6 Bilanz, Finale, Finish, Sperre
7 Endziel
8 Ausklang, Ergebnis, Resultat
11 Endergebnis
12 Vereinbarung, Wohnungstuer
der Choranlage einer Kirche
5 Apsis
eines Heuervertrages
11 Anmusterung
eines Raumes
4 Wand
Abschlussbalken
des Schiffes
6 Steven
Abschlussergebnis
9 Endeffekt
Abschlussfaden
an Textilerzeugnissen
6 Franse
Abschlusslinie
6 Grenze
Abschlussprüfung
6 Abitur, Examen
Abschlussrand
5 Kante
Abschlussraum
in Kirchen
5 Apsis
Abschmelzung
am Gletscher
8 Ablation
abschneiden
6 kappen
8 kupieren
Abschnitt
4 Teil
5 Kupon, Phase, Talon, Titel
6 Absatz, Coupon, Etappe, Partie, Passus, Pensum, Rubrik, Sektor, Spanne
7 Kapitel, Segment, Sektion, Stadium
8 ◆ Paragraf
9 Paragraph
10 Zeitspanne
12 Streckenteil
beim Ballsport
8 Halbzeit
beim Boxen
5 Runde
der Altsteinzeit
9 Acheuleen
11 Aurignacien
der Bühnenwerke
3 Akt
der Eierproduktion
8 Legezeit
der Eisenbahnstrecke
5 Block
der Erdformation
4 Jura, Lias, Perm
5 Devon, Silur, Trias
6 Karbon, Kreide
7 Eiszeit
8 Kambrium, Quartaer, Tertiaer
9 Algonkium, Archaikum
10 Ordovizium
der Geschichte
11 Mittelalter
der Jetztzeit
13 Atomzeitalter
der Tertiärformation
6 Eozaen
der Urgeschichte
7 Eiszeit
der Woche
3 Tag
des Korans
4 Sure
des Lebens
5 Alter
einer Bahnlinie
7 Strecke
einer Entwicklung
5 Phase
einer Schrift
5 Titel
8 ◆ Paragraf
9 Paragraph
eines Arbeitstages
7 Schicht
eines Buches
7 Kapitel
eines Gesetzes
7 Artikel
8 ◆ Paragraf
9 Paragraph
eines Liedes
7 Strophe
eines Rennens
6 Etappe
eines Schriftsatzes
6 Passus
eines Theaterstückes
3 Akt
eines Wettkampfes
4 Lauf
5 Runde
8 Halbzeit
9 Durchgang
eines Zinsscheins
5 Kupon
6 Coupon
im Schulbetrieb
17 Unterrichtsstunde
im Sport
4 Bahn, Lauf, Satz
5 Runde, Spiel
6 Umlauf
7 Drittel
8 Halbzeit
9 Durchgang
12 Spieldrittel, Spielhaelfte
16 Spielzeithaelfte
im Verlauf einer Sache
7 Stadium
in fremdsprachlichen Lehrbüchern
7 Lektion
Tabellenspalte
6 Rubrik
Zinsschein
5 Kupon
6 Coupon
Abschrägen
scharfer Kanten
7 abfasen
Abschrägung
einer scharfen Kante
4 Fase
im Holz
4 Fase
abschreckend
12 exemplarisch
abschreiben
7 spicken
8 kopieren
12 amortisieren
16 vervielfaeltigen
Abschreibung
12 Amortisation
Abschrift
5 Kopie
6 Doppel
8 Duplikat
11 Durchschlag
12 Zweitschrift
Abschürfung
8 Hautriss, Schramme
Abschuss
aus mehreren Waffen
5 Salve
abschüssig
4 jaeh
5 steil
7 schraeg, schroff
Abschwächung
9 Rueckgang
10 Maessigung
12 Deeskalation,

Abschweifung
6 Exkurs
9 Absetzung, Abstecher, Enthebung
10 Digression, Entlassung
11 Disgression
13 Unterbrechung
abseits
4 fern
5 neben
8 entfernt, entlegen
9 abgelegen
10 unberuehrt
absenden
10 expedieren
Absender
9 Adressant, Expedient
Absenker
9 Steckling
Absetzung
9 Enthebung
10 Entlassung
durch Stimmabgabe
6 Abwahl
Absicherung
beim Kapitalverleih
13 Risikopraemie
Absicht
4 Idee, Plan, Ziel
5 Wille, Zweck
6 Sinnen, Taktik
7 Bedacht, Gedanke, Methode, Tendenz, Vorsatz
8 Begehren, Vorhaben
9 Intention, Verlangen
10 Konzeption
Absichten
haben
12 reflektieren
absichtlich
7 bewusst
10 vorbedacht
11 willentlich
12 demonstrativ, vorsaetzlich
13 ausdruecklich
absichtliche
Zerstörung von Maschinen
8 Sabotage
absichtslos
13 unabsichtlich
14 unwillkuerlich
Absinken
der Pulszahl
11 Bradykardie
des Meeresspiegels
4 Ebbe
absolut
4 ewig, ganz
7 restlos, voellig
8 durchaus
9 gaenzlich, unbedingt
13 bedingungslos
absolute
Atmosphäre
3 ata
absoluter
Superlativ
6 Elativ
Zieltreffer (Schießen)
6 Mouche
solution
ossprechung

Absolutismus
16 Alleinherrschaft
Absolvent
9 Pruefling
einer Hochschule
10 Akademiker
absonderlich
7 abstrus, seltsam, skurril
11 exzentrisch, merkwuerdig, verschroben
absondern
7 trennen
9 isolieren
10 abscheiden, freisetzen
11 internieren, sekretieren, sezernieren
12 abstrahieren
Absonderung
4 Harn
5 Eiter, Galle
6 Inkret, Sekret
7 Abszess, Schleim
8 Schweiss, Speichel, Trennung
9 Isolation, Sekretion, Sezession
10 Isolierung, Separation
11 Abstraktion, Quarantaene
12 Ausscheidung, Internierung
der Bienen
5 Wachs
der Leber
5 Galle
der Speicheldrüse
8 Speichel
des menschlichen Körpers
4 Harn
5 Galle
8 Schweiss, Speichel
des Wals
5 Ambra
von einer Gemeinschaft
9 Sezession
von Infektionsverdächtigen
11 Quarantaene
Absonderungsorgan
5 Galle, Leber, Niere
6 Druese
Abspaltung
9 Sezession
Abspannung
9 Ermattung, Ermuedung
10 Muedigkeit
12 Erschoepfung
Absperrarmatur
6 Ventil
Absperrorgan
einer Rohrleitung
7 Armatur
Absperrung
4 Zaun
6 Gatter, Gitter, Klappe, Kordon, Riegel, Ventil
8 Barriere, Blockade, Schieber
10 Abzaeunung, Schlagbaum, Umzaeunung
11 Abriegelung, Postenkette
Absperrvorrichtung
4 Zaun
5 Kette
6 Gatter, Gitter, Klappe, Riegel, Ventil
8 Barriere, Schieber
9 Barrikade
10 Abzaeunung, Schlagbaum, Umzaeunung
an Bahnübergängen
8 Schranke
Abspielgerät
17 Kassettenrekorder
für Schallplatten
14 Plattenspieler
Absprache
8 Abkommen, Einigung
9 Abmachung
11 Verabredung
12 Vereinbarung
13 Uebereinkunft
14 Uebereinkommen
absprechendes
Urteil
5 Tadel
7 Verweis
Absprung, Ablauf
5 Start
Absprunganlage
(Skisport)
13 Sprungschanze
Absprunggerät
10 Fallschirm
Absprungpodest
im Schwimmbad
10 Startblock
Abstammung
7 Abkunft, Gebluet
8 Herkunft
9 Herkommen
10 Deszendenz, Herleitung, Provenienz
Abstammungsbezeichnung
im Feudalrecht
4 Mage
Abstammungsgemeinschaft
5 Sippe
Abstammungslehre
9 Ontogenie
11 Darwinismus
12 Phylogenetik
17 Deszendenztheorie
Abstammungsnachweis
8 Herdbuch
9 Stammbaum, Zuchtbuch
Abstand
6 Luecke
7 Distanz
9 Intervall
10 Entfernung
12 Zwischenraum
13 Distanzierung
14 Zurueckhaltung
Abstandszahlung
7 Apanage
9 Abfindung
der Fechter
6 Mensur
eines Gebäudes vom Nachbargrundstück
7 Bauwich
eines schwingenden Körpers von seiner Ruhelage
10 Elongation
in der Geometrie
8 Ordinate
von der Abszissenachse
8 Ordinate
von unserem Planeten
8 Erdferne

zwischen Basis und Prämienkurs im Börsengeschäft
5 Ekart
zwischen zwei Tönen
9 Intervall
Abstandsminderung
11 Annaeherung
Abstandspunkte
in der Astronomie
7 Apsiden
Abstandszahlung
7 Apanage
9 Abfindung
Abstecher
4 Trip
5 Umweg
6 Exkurs
7 Ausflug
9 Exkursion
Absteckpfahl
5 Jalon
absteigender
Luftstrom
6 Abwind
Absteigequartier
5 Hotel, Logis, Motel
6 Hospiz
7 Gasthof, Pension
8 Gasthaus, Herberge, Rasthaus
10 Unterkunft
Abstellen
von Fahrzeugen
6 Parken
Abstellplatte
für Gefäße
9 Untersatz
Abstellraum
6 Garage, Kammer, Keller, Remise
7 Abseite
8 Schuppen
9 Verschlag
12 Rumpelkammer
Abstellvorrichtung
5 Raste
Absterben
7 Nekrose
Abstieg
10 Niedergang
abstimmen
7 stimmen
8 anpassen, votieren
10 ausrichten, intonieren
11 ausgleichen
12 koordinieren
Abstimmender
7 Waehler
Abstimmung
4 Wahl
8 Wahlgang
9 Anpassung, Ballotage, Befragung, Plebiszit
11 Akklamation
12 Hammelsprung, Koordination
14 Volksbefragung
durch Abgabe verschiedener Kugeln
9 Ballotage
Abstimmungsart
4 Wahl
6 Ballot
9 Ballotage
11 Akklamation
12 Hammelsprung
abstimmungsberechtigte
Person
7 Waehler
Abstimmungsbeschluss
10 Resolution
Abstinenz
6 Askese
10 Enthaltung
14 Enthaltsamkeit
abstoßen
10 missfallen
abstoßend
8 ekelhaft, repulsiv
9 widerlich
häßliches Wesen
8 Scheusal
abstoßende
ekelhafte Scheußlichkeit
13 Widerlichkeit
Abstoßen des Geweihs
8 abwerfen
abstrahieren
7 folgern
8 ableiten
abstrakt
6 irreal
10 unwirklich
11 begrifflich, theoretisch
14 gegenstandslos
Abstraktion
15 Begriffsbildung
Abstreicher
5 Rakel
8 Abtreter
Abstreifen
des Bastes von Gehörn und Geweih
5 fegen
abstreiten
7 leugnen
8 negieren
9 verneinen
Abstufung
3 Ton
4 Grad
6 Nuance
7 Toenung
8 Kontrast
9 Gradation
Absturz
von Felsstücken
11 Steinschlag
Absud
3 Sud
6 Dekokt
7 Extrakt
9 Abkochung
absurd
6 albern
7 grotesk
8 toericht
9 ungereimt
10 sinnwidrig
11 widersinnig
13 hirnverbrannt
15 unverstaendlich
Absurdität
6 Unding
Abszess
8 Furunkel
Abt
von Cluny
5 Berno, Odilo
Abtauung
9 Enteisung
Abtei
7 Kloster
12 Klosterstift
an der Donau
4 Melk
bei Garmisch
5 Ettal
bei Rouen
3 Bec
im Schwarzwald
10 Sankt Peter
12 Sankt Blasien
in Oberbayern
5 Ettal
in Oberfranken
4 Banz
in Österreich
4 Melk
13 Kremsmuenster
Abteil
5 Coupe, Kupee
6 Kabine
Abteilung
4 Fach, Teil
5 Rotte
6 Gruppe, Rubrik, Sparte
7 Artikel, Gattung, Ressort, Sektion
8 Dezernat, Distrikt, ◆ Paragraf
9 Paragraph
der Kriminalpolizei
8 Fahndung
10 Ermittlung
14 Mordkommission
der Polizei zur Aufklärung von Verbrechen
15 Kriminalpolizei
einer Behörde, Truppe oder Organisation
7 Sektion
einer Druckerei
8 Setzerei
einer griech. Phalanx
6 Lochos
eines grafischen Betriebes
8 Setzerei
eines Schachtes
4 Trum
im Stall
3 Box
Abteilungsleiter
einer Druckerei
6 Faktor
Abtönung
6 Nuance
9 Schraffur
13 Schraffierung
abtragende
Tätigkeit des Wassers
7 Erosion
Wirkung der Meeresbrandung
8 Abrasion
Abtragung
der Erdoberfläche
7 Erosion
durch Meeresbrandung
8 Abrasion
einer Schuld
7 Tilgung
12 Amortisation

von Lockermaterial durch Wind
9 Deflation
Abtransport
6 Abfuhr
8 Abholung
abtrennbare
Blätterlage
5 Block
abtrennen
10 amputieren
11 sezernieren
Abtrennung
eines Körperteils
10 Amputation
Abtreter
9 Fussmatte
Abtretung
7 Abandon, Zession
12 Ueberlassung
Abtrieb
9 Abholzung
10 Kahlschlag
Abtritt
3 Klo
5 Abort
7 Latrine
8 Toilette
12 Donnerbalken
Abtropfgebilde
gefrorenen Wassers
9 Eiszapfen
Abtropfstein
9 Stalaktit
abtrünnig
6 untreu
7 treulos
8 ungetreu
10 abgefallen, haeretisch, ketzerisch
12 wortbruechig
15 fahnenfluechtig
Abtrünniger
6 Ketzer, Rebell
7 Apostat, Renegat
9 Verraeter
10 Haeretiker
12 Schismatiker
abtun
9 erledigen
abwägen
8 bedenken
10 ueberlegen
14 ausbalancieren
abwägsam
10 bedaechtig
Abwägung
8 Bedenken
11 Ueberlegung
abwandelbar
8 variabel
abwandeln
7 aendern
8 variabel
9 variieren
10 modulieren, veraendern
11 deklinieren
12 modifizieren
Abwanderung
der Landbevölkerung in die Stadt
10 Landflucht
Abwandlung
5 Abart
8 Variante
9 Aenderung, Variation
10 Abweichung, Modulation
11 Modulierung
12 Modifikation
des Adjektivs
6 Motion
abwärts
5 herab, hinab
6 bergab, nieder
8 hinunter
Abwärtsneigung
8 Gefaelle
abwaschbare
Papiertapete
9 Linkrusta
Abwasser
ziehen
10 abwaessern
Abwässerablauf
5 Gully
Abwasseranlage
5 Kanal
10 Rieselfeld
12 Kanalisation
Abwässeranlage
4 Siel
5 Kanal
10 Rieselfeld
12 Kanalisation
Abwasserkanal
4 Siel
6 Kloake
Abwässerkanal
4 Siel
6 Kloake
Abwasserreinigung
11 Klaeranlage
Abwässerreinigung
11 Klaeranlage
Abwasserrinnstein
5 Gosse
Abwässerrinnstein
5 Gosse
abwechseln
9 variieren
11 alternieren
abwechselnd
10 alternativ
11 umschichtig
Abwechslung
7 Wechsel
9 Ablenkung, Alternanz, Variation
15 Diversifikation
abwechslungslos
3 oed
5 trist
8 einerlei
Abwechslungslosigkeit
8 einerlei
abwegig
6 falsch
Abwehr
6 Parade
9 Defensive, Gegenwehr, Resistenz
10 Widerstand
12 Verteidigung
13 Gegenspionage
beim Boxen
8 abducken
im Sport
6 Parade
Abwehrbereitschaft
5 Wacht
abwehren
8 parieren
11 verteidigen
Abwehrstoff
im Körper
11 Antikoerper
abweichen
7 abirren
9 variieren
11 differieren
im Segelsport
6 gieren
abweichend
6 abnorm, anomal
7 deviant
8 abnormal
9 different
abweichende
Drehbewegung
5 Effet
Spielart
5 Abart
8 Variante
Textfassung
6 Lesart
Abweichler
9 Dissident
Abweichung
5 Abart, Abweg
6 Exkurs, Nuance
7 Abdrift, Version
8 Abirrung, Spielart, Variante, Verstoss
9 Aenderung, Parallaxe
10 Aberration
11 Abnormitaet, Deklination, Unterschied
Verschiebung des Sehwinkels
9 Parallaxe
vom Ebenmaß
7 Ametrie
vom Gebot
6 Suende
vom Normalen
8 Anomalie
vom Richtigen
6 Fehler
von der Ruhelage
9 Ausschlag
von einer Geraden
5 Kurve
9 Kruemmung
abweichungsfrei
5 genau
11 sorgfaeltig
abweisen
6 zeigen
8 ablehnen, abwehren, befehlen, zuweisen
9 abstossen, abwimmeln, nein sagen, verwehren
10 verweigern
12 vorschreiben
14 zurueckstossen
abweisend
5 eisig, kuehl
12 verschlossen, widerborstig
abwenden
8 abkehren
Abwendung
6 Abfall, Abkehr

abwertend für
Deutscher
6 Piefke
Geistlicher
6 Pfaffe
Hund
5 Toele
6 Koeter
Polizist
5 Bulle, Polyp
Schwarzafrikaner
6 Nigger
Abwertung
9 Minderung
11 Devalvation
abwesend
3 weg
4 fort
6 absent
9 unterwegs, zerstreut
12 unaufmerksam
14 unkonzentriert
sein
6 fahren
Abwesenheit
6 Absenz
13 Zerstreutheit
Abwesenheitsnachweis
5 Alibi
abwickeln
3 tun
8 abrollen, meistern, schaffen
9 aufrollen, entrollen, erledigen, vollenden
11 liquidieren
12 durchfuehren
Abwickler
10 Liquidator
Abwicklung
11 Liquidation
Abwurfgeschoss
5 Bombe
abzahlen
12 amortisieren
Abzählen
vor dem Start
9 Countdown, ◆ Count-down
Abzahlung
4 Rate
7 Tilgung
12 Amortisation
Abzeichen
5 Fahne, Nadel
6 Bouton, Devise, Emblem, Symbol, Wappen
7 Kokarde, Merkmal
8 Plakette, Schleife, Sinnbild
9 Insignien, Insignium
10 Ehrennadel
12 Anstecknadel, Ehrenzeichen
an Uniformmützen
7 Kokarde
der römischen Liktoren
6 Faszes
des Judentums
10 Davidstern
von Macht und Würde
9 Insignien
abziehen
7 haeuten, mindern
8 absetzen, kopieren
9 abrechnen, abruecken
11 abschreiben
12 subtrahieren
Abziehen
11 Subtraktion
Abzug
5 Kopie
6 Dekort, Doppel, Rabatt, Skonti, Skonto
7 Diskont
8 Abschlag, Kuerzung
vom Nennwert eines Darlehens
5 Damno
6 Damnum
abzüglich
4 ohne
5 minus
7 weniger
Abzugsgraben
4 Dole
5 ◆ Draen, Drain
6 Rigole
7 Abfluss
Abzugskanal
5 Kamin
6 Kloake
11 Schornstein
abzuziehende
Zahl
10 Subtrahend
Abzweigung
3 Ast
5 Gabel
8 Gabelung, Kreuzung, Kreuzweg
Abzweigungen
des Geweihs
8 Sprossen
Accessoire
der Dame
10 Handtasche
Acetylenkohlenwasserstoffe
6 Alkine
Achämenidenkönig
7 Dareios
Achse
am Koordinatensystem
8 Abszisse
Achsel
8 Schulter
achselständige
Kurztriebe
6 Geizen
Langtriebe (Rebe)
6 Lotten
Achselstück
8 Epaulett
9 Epaulette
13 Schwalbennest
14 Schulterklappe
Achsendrehung
des Geschosses
5 Drall
Achsenpunkt
3 Pol
Achsenrichtung
5 axial
Achsenschnittpunkt
5 Origo
Achsnagel
(vorm Rad)
6 Luense
acht
Tagzeiten der kirchl. Gebete
5 Horen
Acht
4 Bann
6 Verruf
8 Aechtung
10 Ausschluss, Verdammung
11 Ausstossung, Verstossung
12 Proskription
14 Aufmerksamkeit
achtbar
6 ehrsam
9 ehrenhaft
10 ansehnlich
12 reputierlich
14 respektierlich
achtbare
Würde
10 Ehrsamkeit
achtbarer
Mensch
9 Ehrenmann
achtbeiniges
Pferd Odins
8 Sleipnir
achte
Tonleiterstufe
6 Oktave
Achteck
7 Oktogon
8 Oktaeder
Achtelbogengröße
5 Oktav
Achtelkreis
6 Oktant
achten
5 ehren
6 merken, sorgen
9 ◆ Acht geben, achthaben, aufpassen, wuerdigen
10 anerkennen
11 achtenswert
12 respektieren
achtenswert
6 ehrbar
achter
Ton der Tonleiter
6 Oktave
Achtergruppe
von Elektronen
6 Oktett
Achtflächner
8 Oktaeder
Acht geben
9 aufpassen
achtlos
12 leichtfertig, unaufmerksam, unvorsichtig
14 oberflaechlich
achtsam
9 umsichtig
10 vorsichtig
achtstimmiges
Musikstück
6 Oktett
achttägige
kath. Feier
6 Oktave
achtteilige
Strophenform
6 Stanze
Achtung
4 Ehre
6 Obacht, Wuerde
7 Ansehen, Geltung, Pietaet,

Respekt, Umsicht
8 Renommee, Vorsicht
10 Vorbedacht
Achtungserweis
6 Ehrung
achtungsvolle
Haltung
6 Wuerde
Rücksicht
7 Pietaet
achtzeiliges
Gedicht
8 Triolett
Acker
4 Feld, Land
Ackerbau
10 Agrikultur
und Viehzucht
14 Landwirtschaft
Ackerbaubetrieb
(USA)
4 Farm
Ackerbaukunde
9 Agronomie
Ackerbaukundiger
7 Agronom
Ackerbaulehre
9 Agronomie
Ackerblume
4 Mohn
9 Kornblume
Ackerboden
4 Erde
Ackerbohne
8 Saubohne
9 Puffbohne
Ackerertrag
5 Ernte
Ackerfläche
4 Feld
Ackerflur
6 Gewann
Ackerfrucht
6 Rueben
7 Gemuese
10 Kartoffeln
Ackergerät
4 Egge
5 Forke, Hacke, Harke, Pflug, Roder, Sense, Walze
6 Binder, Fraese, Rechen, Reiter, Reuter, Sichel
7 Traktor, Trecker
8 Drescher, Heugabel
9 Heureiter, Heureuter, Heuwender, Mistgabel
10 Kultivator, Maehbinder, Motorpflug
11 Dengeleisen, Miststreuer, Saemaschine
12 Maehdrescher, Scheibenegge
14 Duengerstreuer
Ackergrenze
4 Rain
Ackergrund
der Heide
9 Eschboden
Ackerknecht
3 Enk
Ackerknolle
5 Ruebe
8 Erdapfel
9 Kartoffel
Ackerkrume
5 Humus
10 Muttererde
11 Mutterboden
Ackerland
4 Erde, Feld, Land
Ackermaß
4 Rute
5 Acker
6 Hektar, Morgen
7 Juchart, Juchert, Tagwerk
8 Tagewerk
Ackernahrung
7 Duenger
Ackerpferd
4 Gaul
Ackerpflanze
9 Mohnblume
Ackerrand
4 Rain
8 Feldsaum
10 Feldgrenze, Flurgrenze
Ackerrettich
8 Hederich
Ackerrinne
6 Furche
Ackerschachtelhalm
5 Duwak
6 Duwock
9 Zinnkraut
Ackerschädling
15 Kartoffelkaefer
Ackersegen
5 Ernte
Ackerstreifen
6 Gewann
Ackerunkraut
4 Mohn, Rade
5 Lolch, Melde, Miere, Segge, Simse, Winde
6 Distel, Quecke, Trespe, Twalch
8 Hederich, Kornrade, Wegwarte
9 Gauchheil
10 Ackerroete, Huflattich, Knoeterich, Kreuzkraut, Loewenmaul
11 Klatschmohn, Ochsenzunge
Ackervogel
6 Kraehe
Adam
und Eva
8 Ureltern
Adams
Frau
3 Eva
6 Lilith
Frau im Talmud
6 Lilith
Adaption
9 Anpassung
10 Gewoehnung
addieren
10 aufrechnen
14 zusammenziehen
15 zusammenzaehlen
Additionsergebnis
5 Summe
6 Betrag
Additionszeichen
4 plus
ade
5 adieu
8 Lebewohl
Adebar
6 Storch
Adel
8 Noblesse
10 Nobilitaet
11 Vornehmheit
12 Aristokratie
im alten Athen
10 Eupatriden
adelige
Wegelagerer des Mittelalters
10 Raubritter
Adelsgeschlecht
der Römer
5 Chigi
6 Medici, Orsini
7 Colonna
8 Borghese
im Mittelalter
9 Rittertum
Adelskalender
5 Gotha
Adelskaste
im alten Peru
4 Inka
Adelsprädikat
2 zu
3 von
Adelstitel
in Deutschland und Österreich
4 Edle, Graf
5 Baron, Edler, Prinz
6 Freiin, Fuerst, Herzog, Ritter
7 Baronin, Graefin, Komtess
8 Baroness, Burggraf, Edeldame, Freifrau, Freiherr, Fuerstin, Herzogin, ◆ Komtesse, Landgraf, Markgraf
9 Baronesse, Kurfuerst, Pfalzgraf
10 Prinzessin
11 Burggraefin, Durchlaucht, Kurfuerstin, Landgraefin, Markgraefin
12 Pfalzgraefin
in England
3 Sir
4 Duke, Earl, Lady, Lord, Peer
5 Count
6 Knight
7 Baronet, Duchess
8 Countess, Marquess, Viscount
11 Viscountess
in Frankreich
3 Duc
4 Pair
5 Baron, Comte
6 Prince
7 Baronne, Marquis, Vicomte
8 Comtesse, Duchesse, Marquise
9 Baronesse, Chevalier, Princesse
10 Vicomtesse
in Italien
4 Duca
5 Conte
8 Contessa, Marchesa, Marchese, Principe, Visconte
11 Principessa
Ader
4 Vene
5 Aorta
7 Arterie
11 Blutgefaess

Aderlassgerät
des Veterinärs
6 Fliete
Aderschlag
4 Puls
Aderverhärtung
8 Sklerose
Adjektiv
7 Beiwort
Adjunkt, Adlatus
6 Helfer
7 Famulus, Gehilfe
11 Amtsgehilfe
Adlatus
6 Helfer
7 Adjunkt, Famulus, Gehilfe
Adler
3 Aar
Adlerart
7 Harpyie
8 Seeadler
10 Fischadler, Steinadler, Zwergadler
11 Kaiseradler, Schreiadler
14 Schlangenadler
Adlernest
5 Horst
Adlerstein
5 Aetit
adlig
4 edel
5 nobel
7 vornehm
adlige
Dame
8 Edeldame, Edelfrau
Landesherren
8 Fuersten
Adlige
im mittelalt. Italien
6 Nobili
adliger
römischer Reiter
5 Eques
Adliger
8 Edelmann
10 Aristokrat
im alten Peru
4 Inka
Administration
10 Verwaltung
Administrator
9 Verwalter
Admiral
Alexander des Großen
8 Nearchos
britischer
6 Nelson
russischer
8 Nachimow, Uschakow
von Flandern
5 Hoorn
Admiralität
14 Marinekommando
Admiralitätsinsel
5 Manus
Adoration
8 Anbetung
Adressant
8 Absender
Adressat
10 Empfaenger
Adresse
9 Anschrift
Adressiermaschine
6 Adrema
adrett
4 nett
6 sauber
8 gepflegt
10 ordentlich
11 sympathisch
Adriahafen
4 Bari, Pola, Pula
5 Fiume, Kotor, Split, Trani
6 Ancona, Durres, Pesaro, Ragusa, Rijeka, Rimini, Triest, Trogir
7 Durazzo, Pescara, Spalato, Venedig, Venezia
8 Barletta, Brindisi, Molfetta
9 Dubrovnik
Adriahalbinsel
7 Istrien
Adriainsel
2 Iz
3 Ali, Ist, Krk, Lab, Pag, Rab, Vir, Vis, Zut
4 Brac, Brah, Cres, Hvar, Olib
5 Cazza, Lissa, Mljet, Prvic, Silba, Solta, Susak, Uljan, Unije, Zirje
6 Ilorik, Kornat, Losinj
7 Korcula, Lastovo, Pianosa, Plavnik, Premuda, Tremiti
8 Dugiotok, Pelagosa
Adriaküstenstadt
8 Illyrien
Adriastadt
4 Bari, Pola, Pula
5 Fiume, Kotor, Split, Trani
6 Ancona, Durres, Pesaro, Ragusa, Rijeka, Rimini, Triest, Trogir
7 Durazzo, Pescara, Spalato, Venedig, Venezia
8 Barletta, Brindisi, Molfetta
9 Dubrovnik
Adriawind
4 Bora
Adriazufluss
5 Esino
6 Ofanto
7 Rubikon
adrig
7 geadert
8 geaedert
Adstringens
5 Alaun
Adventsmesse
6 Rorate
Adverb
2 da
3 nie, nun, oft
4 bald, dann, dort, eher, ganz, hier, mehr, noch, sehr, viel
5 einst, frueh, heute, immer, jetzt, lange, nicht, schon, spaet, stets, wenig, zuvor
6 damals, danach, selten
12 Umstandswort
Advokat
6 Anwalt
12 Fuersprecher, Rechtsanwalt
14 Rechtsbeistand
französischer
6 Danton
Advokatur
12 Anwaltschaft
Aerometer
10 Luftmesser
Aeronaut
10 Luftfahrer
12 Luftschiffer
Aeroplan
8 Flugzeug
Affäre
7 Skandal, Vorfall
9 Sensation
10 Streitfall
11 Kontroverse, Streitsache
12 Streitigkeit
13 Angelegenheit
17 Skandalgeschichte
18 Auseinandersetzung
Affe, Affenart
3 Lar
4 Lori, Maki, Vari
5 Drill, Indri, Katta, Lemur, Magot, Makak, Potto
6 Babuin, Gibbon, Pavian, Rhesus
7 Gorilla, Mangabe, Siamang
8 Mandrill, Wollaffe
9 Gruenaffe, Kapuziner, Meerkatze, Ohrenmaki, Orang-Utan
10 Bruellaffe, Fingertier, Koboldmaki, Rhesusaffe, Satansaffe, Schimpanse
11 Baerenmakak, Klammeraffe, Krallenaffe
12 Baerenpavian, Mantelpavian, Schweinsaffe
13 Kapuzineraffe
14 Pinselaeffchen
Affekt
7 Gefuehl, Wallung
8 Erregung
9 Aufregung
10 Erregtheit
12 Leidenschaft
15 Gemuetsbewegung
affektiert
5 eitel
7 geziert
11 aufgeblasen, gekuenstelt
12 unnatuerlich
Affektion
7 Reizung
8 Erregung
Affenbrotbaum
6 Baobab
Affentanz
der Balinesen
6 Barong, Ketjak
affig
5 eitel
6 albern
8 arrogant
10 affektiert
11 eingebildet
14 gefallsuechtig
15 selbstgefaellig
Affinität
14 Verwandtschaft
Affront
4 Tort

7 Schande, Schimpf, Schmach
11 Beleidigung
12 Beschimpfung
15 Herausforderung
afghanische
Goldmünze
3 Pul
5 Amani
7 Afghani
Hauptstadt
5 Kabul
Münze
3 Pul
4 Puls
7 Afghani
Stadt
5 Farah, Haleb, Herat, Kabul, Tagab
6 Gardes, Ghasni, Kundus
7 Baghlan, Maimana, Maimene
8 Faisabad, Kandahar
Wüste
8 Registan
afghanischer
Fluss
5 Kabul
7 Heri Rud, Hilmend
9 Arghandab
König
5 Habib, Zahir
8 Padischa
9 Aman Ullah
Volksstamm
6 Abdali, Afridi, Durani
afghanisches
Hochgebirge
10 Hindukusch
Afrikaforscher
5 Barth
6 Peters, Rohlfs
7 Stanley
8 Wissmann
9 Bernatzik, Nachtigal
11 Livingstone
12 Schweinfurth
Afrikaner
5 Maure, Neger
afrikanisch-arabischer
Spindelbaum
5 Catha
afrikanisch-asiatische
Steppenpflanze
6 Oscher
afrikanisch-asiatisches
asiatisches Muschelgeld
5 Kauri
asiatisches Raubtier
6 Hyaene
Huftier
8 Antilope
afrikanische
Antilope
4 Kudu
Bastpalme
6 Raphia
Baumsteppe
7 Savanne
Bucht
8 Tafelbai, Tigerbai
9 Biafrabai, Mosselbai
10 Coriscobai, Delagaobai, Morgansbai
11 Golf von Aden, Grosse Syrte, Kleine Syrte, Walfischbai
12 Golf von Tunis, Tadschurabai
13 Bucht von Benin, Golf von Guinea, Santa Lucia Bai
14 Luederitzbucht, Plettenbergbai, Santa Helena Bai
Buschkatze
6 Serval
Commelinenpflanze
6 Elegia
Dorfform
4 Kral
Eiche
5 Iroko
Eidechsenart
5 Skink, Waran
Flussmündung
8 Nildelta
Gazellenart
5 Addra
6 Nanger
Getreidepflanze
5 Hirse
Giftschlange
5 Mamba
9 Puffotter
Hafenstadt
3 Eil
4 Bata, Bone, Ehil, Ifni, Lome, Oran, Safi, Sfax, Sues, Suez, Susa
5 Accra, Beira, Ceuta, Dakar, Derna, Duala, Kribi, Lagos, Merka, Obbia, Rabat, Sirte, Tunis
6 Agadir, Algier, Annaba, Bissau, Durban, Luanda, Meregh, Tanger, Tetuan, Tobruk
7 Bengasi, Bizerta, Conagry, Hurgada, Kenitra, Larache, Mombasa
8 Bathurst, Kapstadt, Misurata, Monrovia, Port Said, Tripolis
9 Dschibuti
10 Alexandria, Casablanca, Daressalam, East London, Libreville, Mogadischu, Swakopmund
13 Philippeville, Port Elizabeth
Halbinsel
5 Sinai
Hauptstadt
3 Boe
4 Lome
5 Accra, Dakar, Kairo, Lagos, Niamy, Rabat, Tunis, Zomba
6 Algier, Bamako, Bangui, Banjul, Bissau, Harare, Jaunde, Kigali, Luanda, Lusaka, Maputo, Maseru, Niamey
7 Abidjan, Conakry, Djibuti, Entebbe, Kampala, Karthum, Mbabane, Nairobi, St. Denis, Windhuk
8 Bathurst, Fort Lamy, Freetown, Kinshasa, Lilongwe, Mafeking, Monrovia, Ndjamena, Pretoria, Tripolis, Usumbura, Wagadugu, Windhoek
9 Bujumbura, Dschibuti, Gaberones, Porto Novo, Salisbury
10 Addis Abeba, Libreville, Mogadischu, Nuakschott, Tananarive
11 Brazzaville, Daressalaam, Ouagadougou, Santa Isabel
13 Villa Cisneros
Heilpflanze
4 Aloe
Hochebene
5 Barka
Insektenart
6 Ameise
7 Termite
8 Sandfloh
12 Fiebermuecke, Tsetsefliege
17 Wanderheuschrecke
Insel, Halbinsel
4 Mahe
5 Barka, Ferro, Mafia, Palma, Pemba, Sinai
6 Bolama, Gomera, Mombas, Philae
7 Aldabra, Annabon, Canaria, Kanaren, Kerkena, Komoren, Madeira, Massaua, Reunion, Sao Tome, Sokotra
8 Principe, Sansibar
9 Amiranten, Ascension, Kerguelen, Lanzarote, Mauritius, Rodriguez, San Thomas, Sao Thiago, Teneriffa
10 Fernando Po, Madagaskar, Maskarenen, Seychellen
11 Bouvetinsel, Fernando Poo, Gran Canaria, Ile de France, Sankt Helena, Sesse-Inseln
13 Aldabrainseln, Fuerteventura, Prinzeninseln
Kobra
5 Aspis
Kuhantilope
3 Gnu
5 Konzi
6 Lelwel
Landschaft
5 Sudan
6 Nubien
8 Kalahari, Usambara
13 Otavibergland
Leierantilope
5 Tiang
6 Jimela
Lilie
4 Aloe
Meeresbucht am Indischen Ozean
10 Delagoabai
Myrtenpflanze
6 Olinia
Palmenart
3 Ita
Panzerechse
8 Krokodil
Pythonschlange
6 Assala
Reisegesellschaft
6 Safari
Riesenschlange
6 Assala
Schleichkatze
9 Ichneumon

Schopfantilope
6 Ducker
Schraubenantilope
5 Nyala
Sprache
3 Edo, Edu, Ewe, Ful, Gur, Ibo, Kru, Kwa, Lur, Pul, Tem, Vai
4 Afar, Agau, Bari, Gola, Kafa, Kuku, Nama, Nuba, Nuer, Nupe, Saho, Sara, Soto, Susu, Tebu, Teda, Wute, Xosa, Zulu
5 Bamba, Bamum, Bantu, Barea, Batta, Benue, Bilin, Dinka, Duala, Fulbe, Galla, Ganda, Gurma, Gurme, Kaffa, Konde, Kongo, Lunda, Mamba, Mande, Ngala, Nyoro, Rundi, Sango, Schir, Senga, Sotho, Tanga, Tonga, Wadai, Wenda
6 Amhara, Damara, Haussa, Herero, Joruba, Kanuri, Kilina, Kunama, Lafofa, Massai, Moschi, Somali, Tuareg, Yoruba, Zenaga, Zigula
7 Bagirmi, Bedscha, Kikamba, Kirundi, Lybisch, Madingo, Malinki, Sandawe, Songhai, Suaheli, Turkama, Zanhawa
8 Arabisch, Hadendoa, Mandingo, Mangbetu, Maschona, Niambara, Schilluk
9 Afrikaans, Amharisch, Kabylisch, Kisuaheli
10 Negritisch
11 Kinjaruanda
14 Buschmaennisch, Hottentottisch
Stadt
3 Ede, Fes, Ibo, Imi, Kef, Kim, Kus, Mir, Nur, Oyo, Sar, Say, Tao, Tor, War, Woi, Wum, Yal
4 Adua, Atar, Bebo, Bisi, Bone, Buki, Daka, Deir, Dell, Djen, Dodo, Edea, Egga, Fulu, Gasa, Jola, Lome, Oran, Sais, Sues, Suez, Tuli
5 Abome, Accra, Akkra, Beira, Dakar, Duala, Giseh, Gizeh, Kairo, Kodok, Kubra, Lagos, Menuf, Saffi, Singa, Tanta, Tunis, Zeila
6 Abukir, Agadir, Aleppo, Algier, Asmara, Assuan, Banana, Banjul, Durban, Harare, Harrar, Heluan, Ibadan, Jaunde, Kankan, Kigali, Kindia, Loanda, Luanda, Maputo, Meknes, Minjeh, Mursuk, Sennar, Suakin, Tabora, Tanger, Tetuan, Theben, Tobruk
7 Abidjan, Bengasi, Berbere, Biserta, Bizerta, Conakry, Entebbe, Kairuan, Kampala, Karibib, Karthum, Kasanga, Mascara, Memphis, Mombasa, Nairobi, Nangoki, Njangwe, Rosette, Udschda, Ukalaja, Umzinto, Wadelei, Windhuk
8 Bulawayo, Diredaua, Dschimma, Freetown, Ismailia, Kapstadt, Kinshasa, Lilongue, Monrovia, Ndjemena, Port Said, Pretoria, Sansibar, Tamatave, Timbuktu, Tripolis, Windhoek
9 Dschibuti, Gaberones, Granville, Jamestown, Kimberley, Kisangani, Mahallaal, Okahandja, Port Louis, Porto Novo, Quelimane, Salisbury
10 Addis Abeba, Alexandria, Casablanca, East London, Heliopolis, Lubumbashi, Marrakesch, Mogadischu, Mostaganem, Mozambique, Saint Louis, Swakopmund, Tananarive
11 Brazzaville, Constantine, Daressalaam, Debra Markos, Diego Suarez, Grahamstown, Krugersdorp, Livingstone, Otjiwarongo, Tamanrasset
12 Antananarivo, Bloemfontein, Grootfontein, Johannesburg, Marsa Matruch, Neu Antwerpen, Sidibel Abbes
13 Keetmannshoop, Ponthierville, Port Elizabeth, Villa Cisneros
14 Coquilhatville
Stechfliege
6 Tsetse
12 Tsetsefliege
Viehseuche
6 Nagana
Völkergruppe
3 Edo, Ewe, Ibo, Kru
4 Akka, Nama, Zulu
5 Banda, Bantu, Bongo, Duala, Mossi
6 Araber, Batuti, Berber, Haussa, Herero, Joruba, Kanuri, Libyer, Massai, Obongo, Ovambo, Owambo, Somali, Tuareg, Ubangi
7 Amakosa, Kabylen, Kaffern, Niloten, Suaheli, Watussi
8 Aschanti, Niam-Niam, Pygmaeen
11 Betschuanen
12 Buschmaenner, Hottentotten
Waldgiraffe
5 Okapi
Welwitschiapflanze
5 Tumbo
Wildkatze
6 Serval
Wüste
3 Lut
5 Namib
6 Sahara
8 Kalahari
Zwergantilope
5 Behra

afrikanischer

Affe
6 Babuin, Pavian
7 Gorilla, Mangabe
9 Meerkatze
10 Schimpanse
Berg
3 Kon, Sil, Ulu, Zab
4 Kibo, Meru
5 Dendi, Kenia, Kollo, Tahat
7 Kirunga, Mawensi
8 Komsberg, Kuroworo
9 Brandberg, Nimbaberg, Ras Dedjen, Ruwenzori, Tafelberg, Waterberg
10 Keeromberg, Schneeberg, Zwarteberg
11 Cathkin Peak, Clarence Pic, Drakensberg, Kamerunberg, Kompassberg, Sarandaberg, Tsaratanana, Uluguruberg
12 Magaliesberg
13 Bokkeveldberg, Dschebel Marra, Langkloffberg
14 Dschebel Sebara, Kilimandscharo, Nieuweveldberg
15 Champagne Castle, Dschebel Ajaschi
Birnbaum
5 Njabi
Dichter
8 Apuleius
Dickhäuter
7 Elefant, Nashorn
8 Nilpferd
10 Flusspferd, Rhinozeros
Fasan
8 Perlhuhn
Feigenbaum
8 Sykomore
Fluss, Strom
3 Dja, Fie, Nia, Nil, Omo, Omu, Zou
4 Adar, Bani, Juba, Noun, Sebu, Tana, Ugab, Vaal
5 Akobo, Asrak, Benue, Djuba, Ituri, Kasai, Komoe, Kongo, Kotto, Mbomu, Niger, Ogowe, Sanga, Sobat, Uelle, Volta, Zaire
6 Bahrel, Gambia, Kunene, Lomani, Lukuga, Muluja, Oranje, Rovuma, Sanaga, Schari, Sokoto, Swakop, Ubangi
7 Aruwimi, Bandama, Dschuba, Kingani, Kubango, Lakdera, Limpopo, Lulonga, Mangoki, Pangani, Sambesi, Sankuru, Semliki, Senegal, Takasch
8 Komadugu, Okavango, Scheliff, Tschuapa
9 Blauer Nil, Brak River, Matsiatra, Sassandra
10 Bahrel Arab, Medscherda, Weisser Nil
11 Bahrel Abiad
12 Bahrel Djebel, Bahrel Ghazal, Webi Schebeli, Weisser Volta
13 Gazellenfluss
14 Schwarzer Volta
Geheimbund
6 Mau-Mau
Gepard
6 Fahhad
Graupapagei
4 Jako
Halbaffe
5 Potto
Jagdausflug
6 Safari
Kanal
4 Sues, Suez

Klettervogel
14 Bananenfresser
Krieger
5 Moran
Kropfstorch
6 Marabu
Kuckuck
6 Didrik
Laufvogel
7 Strauss
Marder
7 Zorilla
Nager, Kammfinger
5 Gundi
Nashornvogel
4 Toko
Negerstamm
7 Niloten
8 Aschanti
Paarhufer, Paarzeher
3 Gnu
10 Flusspferd
11 Hartlaeufer
13 Warzenschwein
Raubvogel
9 Sekretaer
Reihervogel
9 Abu Markub
Salzsumpf
6 Schott
Samentalg
5 Adika
Sandsturm
6 Haboob
See
6 Malawi
7 Abaisee, Debosee, Edkusee, Kiwusee, Merusee, Tanasee
8 Ngamisee, Rukwasee, Tafelbai
9 Albertsee, Bittersee, Burlussee, Dilolosee, Edwardsee, Kwaniasee, Manokasee, Mariutsee, Njassasee, Nyassasee, Rudolfsee, Totes Meer, Tschadsee
10 Leopoldsee, Schirwasee
11 Mensalehsee, Viktoriasee
12 Bangweolosee
13 Santa-Lucia-See, Tanganjikasee, Tanganyikasee
Staat
4 Mali, Togo
5 Benin, Gabun, Ghana, Kenia, Kenya, Kongo, Niger, Sudan, Zaire
6 Angola, Dahome, Gambia, Guinea, Libyen, Malawi, Ruanda, Sambia, Tschad, Uganda
7 Burundi, Eritrea, Kamerun, Lesotho, Liberia, Marokko, Namibia, Nigeria, Senegal, Somalia
8 Aegypten, Algerien, Botswana, Simbabwe, Tansania, Tunesien
9 Dschibuti, Mauritius, Obervolta, Rhodesien, Swasiland
10 Abessinien, Aethiopien, Basutoland, Madagaskar, Mocambique, Suedafrika
11 Côte d'Ivoire, Mauretanien, Sierra Leone
12 Guinea Bissau
13 Zentralafrika
14 Suedwestafrika
15 Elfenbeinkueste
17 Aequatorialguinea
18 Kongo Volksrepublik
24 Suedafrikanische Republik
27 Zentralafrikanische Republik
Stamm, Volksstamm
3 Ado, Dor, Edo, Ewe, Fan, Ibo, Kru, Yao
4 Afar, Agau, Akka, Baia, Bali, Bari, Dama, Dasa, Gola, Igbo, Koto, Kroo, Maba, Madi, Nama, Nuba, Saho, Susu, Tibu, Zulu
5 Abaka, Afifi, Baele, Banda, Bantu, Bongo, Dinka, Duala, Fanti, Fulbe, Galla, Glebo, Grebo, Habak, Hamit, Masai, Mossi, Ngala, Somal, Swasi, Swazi, Tibbu, Ubisa, Watua, Wayao
6 Bakuba, Bakutu, Basuto, Bateke, Batuti, Berber, Dahome, Damara, Dualla, Gedebo, Haussa, Herero, Joruba, Kanori, Kanuri, Kololo, Kopten, Krumir, Libyer, Massai, Mauren, Nilote, Nubier, Obongo, Ovambo, Ovampo, Owambo, Pahuin, Paugwe, Somali, Tuareg, Ubangi
7 Bangala, Basundi, Bedscha, Budscha, Ghanaer, Kabylen, Kaffern, Oscheba, Suaheli, Wagunya, Wambugo, Watussi
8 Aschanti, Babuckur, Beduinen, Mandingo, Mandinka, Pygmaeen, Tukuloer, Watatura
9 Bachtiari, Bischarin, Sakalaven
10 Abessinier, Aethiopier, Madagassen, Madegassen, Nigerianer, Wagwangara
11 Betschuanen, Senegalesen
12 Buschmaenner, Hottentotten
Steinfruchtbaum
5 Aramo
Steppenhufer
5 Zebra
Storchenvogel
4 Ibis
6 Marabu
8 Flamingo
10 Nimmersatt
Strom
3 Nil
5 Kongo, Niger
6 Oranje, Schari
7 Limpopo, Sambesi, Senegal
Vogel
4 Ibis, Jako
6 Marabu
7 Trongon
8 Bandfink, Flamingo
9 Goldweber, Sekretaer
10 Feuerweber
11 Graupapagei, Madenhacker
Vulkan
4 Fako, Meru
Wasserfall
8 Victoria
Webervogel
11 Witwenvogel
Wüstensturm
5 Samum

afrikanisches
Baldriangewächs
5 Fedia
Bergland
8 Usambara
Bier
5 Pombe
6 Panibe
Brotgetreide
5 Hirse
Buckelrind
4 Zebu
Flussmündungsgebiet
8 Nildelta
Furnierholz
6 Abachi, Ilomba
Gebirge
3 Rif
5 Atlas, Elgon, Kenia
7 Ahaggar, Habesch, Tibesti
8 Mfumbiro
9 Ankaratra, Antiatlas, Roggeveld, Ruwenzori
10 Kapgebirge
11 Auasgebirge
12 Atlasgebirge
13 Kettengebirge, Saharaplateau, Witwatersrand
14 Kamerungebirge
Guttibaumgewächs
5 Oboto
Hartholz
6 Makore
Hochland
10 Basutoland
Horntier, Huftier
3 Gnu
4 Kudu, Zebu
5 Okapi, Zebra
6 Ducker, Quagga
7 Bueffel, Gazelle, Giraffe, Nashorn
8 Antilope
10 Hartebeest
11 Kuhantilope
12 Elenantilope
14 Saebelantilope
Jagdunternehmen
6 Safari
Klettertier
6 Pavian
Land, Provinz, Gebiet
3 Rif
4 Lado, Tell, Witu
5 Agame, Aussa, Barka, Fayum, Gabon, Kaffa, Keneh, Natal, Nguru, Schoa, Sudan, Tembu, Tigre, Volta, Wadai
6 Amhara, Assuan, Fessan, Harrar, Nubien, Ogaden, Ruanda, Sahara, Sokoto, Tanson, Urundi
7 Bagirmi, Beherah, Dongola, Eritrea, Kalabar, Kapland, Komoren, Reunion, Samhara, Sao Tome
8 Aschanti, Bautschi, Botsuana,

Gasaland, Kalahari, Kordovan, Namaland, Numidien, Sululand, Usambara
9 Kyrenaika, Pondonland, Transvaal, Unjambesi
10 Basutoland, Damaraland, Njassaland, Seychellen, Zahnkueste
11 Senegambien
12 Maschonaland
13 Pfefferkueste, Sklavenkueste, Tripolitanien
15 Betschuanenland, Oranje Freistaat, Spanische Sahara
16 Kanarische Inseln
17 Kapverdische Inseln

Liliengewächs
4 Aloe

Möbelhartholz
6 Makore

Muschelgeld
5 Kauri

Musikinstrument
5 Sanga
7 Marimba

Naturschutzgebiet
8 Kalahari
9 Serengeti
19 Krueger Nationalpark

Nutzgras
7 Esparto

Pappelholz
5 Abura

Raubtier
5 Loewe
6 Serval

Runddorf
4 Kral

Säugetier
8 Nilpferd
9 Erdferkel

Siedlervolk
5 Buren

Tier, auch Säugetier
3 Gnu
4 Affe, Kudu, Zebu
5 Loewe, Okapi, Zebra
6 Ducker, Gepard, Hyaene, ◆ Panter, Pavian, Quagga, Serval
7 Bueffel, Elefant, Gazelle, Giraffe, Gorilla, Leopard, Nashorn, Panther, Schakal, Strauss
8 Antilope, Krokodil, Nilpferd
9 Erdferkel
10 Flusspferd, Hartebeest, Schimpanse
11 Kuhantilope
12 Elenantilope
13 Warzenschwein
14 Saebelantilope

Urwaldhospital
9 Lambarene

Wildpferd, Tigerpferd
5 Zebra

Wildreservat
9 Serengeti

Wildschwein
13 Pinselschwein

Zupfinstrument
5 Zanza

Zwergvolk
3 Efe
4 Akka, Doko
5 Afifi, Basua, Batua, Batwa, Moriu, Watua, Watwa
6 Abongo, Batuti, Mbongo, Obongo
7 Bambuti
8 Batschwa, Pygmaeen

afroamerikanischer

Autor
5 Fanon

Jazzmusiker
5 Hines, Norvo
6 Blakey, Garner, Hodges, Oliver

Tanz
5 Stomp

After
4 Anus

Agamemnons

Frau
13 Klytaemnestra

Königsort
6 Mykene

Sohn
5 Orest
7 Orestes

Tochter
7 Elektra
9 Iphigenie

Agave
4 Aloe

Agavenbranntwein
6 Meskal

Agavenfaser
5 Sisal
8 Aloehanf
9 Sisalhanf

Agavengewächs, Palmlilie
5 Yucca

Agende
6 Ritual
19 Gottesdienstordnung

Agent
5 Spion
7 Spitzel
9 Vertreter
10 Vermittler
11 Mittelsmann
12 Kundschafter
13 Unterhaendler

Agentengruppe
12 Spionagering

Agententätigkeit
8 Spionage

Agentin
7 Spionin
11 Vertreterin
12 Vermittlerin
15 Unterhaendlerin

Agentur
10 Vertretung
11 Nebenstelle, Zweigstelle

Aggression
7 Angriff, Attacke
9 Offensive, Ueberfall

aggressiv
6 rabiat, zornig

Aggressor
8 Eroberer
9 Angreifer

agieren
7 handeln
10 darstellen
13 schauspielern

agil
4 rege

Agio
7 Aufgeld

Agitation
5 Hetze
7 Werbung
10 Aufreizung
12 Aufwiegelung

Agonie
10 Todeskampf

Agraffe
5 Haken
6 Spange
7 Brosche, Klammer

Agram
6 Zagreb
7 Balzrad

Agreement
8 Abkommen
9 Abmachung
13 Uebereinkunft

Agrikultur
8 Ackerbau
14 Landwirtschaft

Agronom
5 Thaer

ägyptische

Augenkrankheit
7 Trachom

Bäuerin
6 Falaha
9 Fellachin

Baumwolle
4 Mako

Bilderschrift
12 Hieroglyphen

Brillenschlange
14 Uraeusschlange

Erdgöttin
4 Isis

Exkönigin
8 Narriman

Flussmündung
8 Nildelta

Götter, Göttinnen, Gottheit, Sagengestalt
2 Ra, Re
3 Bes, Ese, Geb, Hor, Mat, Min, Mut, Nil, Nut, Seb, Tum
4 Amon, Amun, Apis, Aton, Atum, Bast, Isis, Maat, Neit, Ptah, Schu, Seth, Thot, Toth
5 Ammon, Anher, Athor, Belos, Chnum, Chons, Horos, Horus, Jusas, Mentu, Month, Neith, Nilus, Sebak, Sobek, Sokar, Soker, Thoth, Usiri
6 Anubis, Bastet, Chnemu, Chonsu, Chunum, Danaoe, Hathor, Mendes, Neilus, Onuris, Osiris, Pachet, Sechee, Tefnut, Typhon, Upuaut
7 Canobus, Nephtys, Sachmet, Sechmet, Serapis
8 Bubastis, Haroeris, Nephthys

Grabkammer
7 Mastaba

Hafenstadt
4 Daba, Sues, Suez
6 Abukir, el Duba, Kosser

7 Kosseir, Rosetta
8 Ismailia, Port Said
10 Alexandria
Halbinsel
5 Sinai
Handpauke
6 Rappel
Hauptstadt
5 Kairo
Himmelsgöttin
4 Isis
Königin
4 Teje
8 Berenike
9 Kleopatra, Nofretete
Münze
7 Piaster
Oase
4 Siwa
6 Dachla, Kargeh, Kharga
8 Baharije, Farafrah
Pyramiden
6 Cheops
7 Chefren
9 Mykerinos
Ruinenstätte am Nil
6 Abydos
Schicksalsgöttin
6 Hather, Hathor
Schlangengöttin
3 Uto
Seerose
10 Lotosblume
Sonnengöttin
5 Neith
Stadt
2 On
3 Kus
4 Edfu, Esne, Gisa, Gise, Kena, Kene, Sais, Sues, Suez
5 Asjut, Aswan, Banha, Giseh, Gizeh, Kairo, Luxor, Tanta, Zifte
6 Abukir, Abydos, Assiut, Assuan, Dakhla, El Duba, Erment, Heluan, Imhaba, Karnak, Kharga, Kosser, Kuseir, Luksor, Sollum, Theben
7 El Fayum, El Minya, Farafra, Hurgada, Mansura, Memphis, Rosetta, Sagasig
8 Beni Suef, Damanhur, Damietta, Damiette, Ismailia, Port Said
9 El Alamein, El Mansura
10 Alexandria, El Mahallet, Heliopolis
11 Marsa Matruh, Sidi Barrani
Steinplastik bei Giseh
6 Sphinx
Totengöttin
6 Hather, Hathor
Unterweltschlange
5 Kethi
Urne
6 Kanope
Wahrheitsgöttin
3 Mat
Wasserstraße
3 Nil
9 Sueskanal, Suezkanal

ägyptischer
Architekt
4 Omar
5 Fahti, Habib, Karim
Astronom
10 Ptolemaeus
Bauer
6 Fellah
7 Fellach
8 Fellache
Beamter
5 Mudir
Bezirksvorsteher
5 Mudir
Exkönig
5 Faruk
Feigenbaum
8 Sykomore
Felsentempel
9 Abu Simbel
Fluss
3 Nil
6 Atbara
Frauenschleier
5 Burko
Friedensnobelpreisträger
5 Sadat
Geheimbundleiter
6 Kophta
General
5 Nagib
Gott der aufgehenden Sonne
4 Schu
Gott der Dürre und Stürme
4 Seth
Gott der untergehenden Sonne
3 Tum
Gott der Unterwelt
7 Serapis
Gott der Viehherden und Weiden
4 Amun
5 Ammon
Gott der Weisheit
4 Thot
Gott der Zeugung
6 Mendes
Gott in Stiergestalt
4 Apis
Gott mit Falkenkopf
5 Horos, Horus
Gott mit Widderkopf
5 Chnum
Gott, siehe ägyptische Gottheit, Sagengestalt
heiliger Stier
4 Apis
heiliger Vogel
4 Ibis
Herrscher, König
4 Fuad, Teje
5 Faruk, Menes, Necho, Zoser
6 Amasis, Apries, Cheops, Hophra, Pharao, Ramses, Sethos
8 Chephren, Echnaton, Tutmosis
9 Amenhotep, Amenophis, Kleopatra, Mykerinos, Nofretete, Sesostris, Thutmosis
10 Psammetich
11 Tutanchamon, Tutenchamon
Himmelsgott
3 Geb

Kanal
4 Sues, Suez
König
4 Titi
5 Menes, Necho, Zoser
6 Amasis, Apries, Cheops, Hophra, Ramses
8 Chephren, Echnaton, Tutmosis
9 Amenophis; sEsostris
10 Psammetich
11 Tutanchamon, Tutenchamon
Königstitel
6 Pharao
Kriegsgott
5 Month
Künstler (Bildhauer, Maler und Grafiker)
4 Issa, Nagi, Said
5 Mussa, Osman, Owais, Sabri, Sirri
7 Brugsch, Muchtar
Maulbeerfeigenbaum
8 Sykomore
Ministerpräsident
5 Sadat
6 Nasser
Mondgott
5 Chons, Thot
6 Chonsu
Naturgott
7 Canobus
Nilgott
3 Nil
5 Nilus
6 Neilus
7 Serapis
Nobelpreisträger (Frieden)
5 Sadat
Nobelpreisträger (Literatur)
7 Machfus
Ort im Nildelta, Sieg Nelsons über die franz. Flotte
6 Abukir
Pass
5 Mitla
Politiker, Staatsmann
5 Nagib, Sadat
6 Nasser
7 Mubarak
Sagenvogel
7 Phoenix
Schöpfergott
5 Phta
Schriftsteller
6 Taimur
7 Hussein, Machfus
Schwingbrunnen
7 Schaduf
Sonnengott
2 Ra, Re
3 Hor, Tum
4 Akon, Aton, Atum, Schu
5 Horos, Horus, Month
6 Amon-Re, Chepre, Osiris
7 Serapis
Staudamm
6 Assuan
Strom
3 Nil
Sultan
5 Kamil
7 Saladin, Soliman

Tempeleingang
5 Pylon
Titel
5 Mudir
Totengott
5 Soker
6 Anubis, Osiris
Vizekönig
7 Khedive
Wassergott
5 Sebak, Sobek
Weiser
6 Kophta
Weisheisgott
4 Thot
Wüstenwind
6 Kamsin
ägyptisches
Bauwerk
6 Sphinx
7 Mastaba, Obelisk
8 Pyramide
14 Stufenpyramide
Flächenmaß
6 Feddan
Gebirge
5 Sinai
Getreidemaß
5 Ardeb
Gewicht
3 Oka
6 Rottel
Grabdenkmal
8 Pyramide
Großbauwerk
14 Assuanstaudamm
Herrschergeschlecht
10 Ptolemaeer
Längenmaß
5 Usbaa
Schriftzeichen
11 Hieroglyphe
Steinbild in Löwengestalt
6 Sphinx
Ägyptologe
5 Erman
6 Petrie
7 de Rouge, Lepsius, Maspero
11 Champollion
Ahle
6 Pfriem
Ahn
7 Vorfahr
10 Stammvater, Vorgaenger
der Germanen
6 Mannus
eines griech. Stammes
5 Doros
6 Aiolos, Hellen
ahnden
7 raechen, strafen
9 vergelten
Ahndung
eines Vergehens
6 Strafe
Ahne
10 Stammutter, Stammvater, Vorgaenger
11 ◆ Stammmutter
der Reifriesen
4 Ymir
Ahnenforscher
9 Genealoge
Ahnenforschung
10 Genealogie
Ahnenmütter
der Gallier
6 Matres
Ahnentafel
9 Stammbaum
Ahnentier
und Stammeszeichen nordamerikanischer Indianer
5 Totem
Ahnenverehrung
8 Manismus
Ahnfrau
10 Stammutter
11 ◆ Stammmutter
Ahnherr
10 Stammvater
aller griech. Götter
6 Uranus
der Herminonen
5 Irmin
der Kapetinger
5 Capet
der Reifriesen in der nordischen Mythologie
4 Ymir
des Romulus
6 Aeneas, Aineas
Ahnung
4 Idee
8 Instinkt, Verdacht
9 Vermutung, Vorahnung
10 Mutmassung, Vorgefuehl
11 Voraussicht
ahnungslos
6 arglos
9 unwissend
Akademie
10 Hochschule
11 Lehranstalt, Vereinigung
14 Fachhochschule
15 Sporthochschule
17 Forschungsanstalt
18 Forschungsinstitut
akademische
Abkürzung
2 ao, Dr, em, hc, ju, MA
3 jur, Lic, med, oec
4 Dipl, phil, Prof
5 habil, Sc nat, theol
6 med vet, rer nat, rer oec, rer pol
7 med dent, oec publ, phil nat, rer bibl
8 rer techn
9 scient pol
Behörde
5 Senat
Examensnote
4 Rite
8 cum laude
13 magna cum laude, summa cum laude
Position
7 Dekanat
8 Dozentur
9 Lehrstuhl, Professur
Vorlesung
6 Kolleg
akademischer
Grad
6 Diplom, Doktor
8 Magister
12 Bakkalaureus
Rang, Titel
5 Dekan
6 Doktor, Dozent, Rektor
7 Senator
8 Magister
9 Professor
11 Magnifizenz
akademisches
Studienhalbjahr
8 Semester
Akazie
7 Robinie
12 Cassiaakazie, Silberakazie
14 Falsche Robinie, Gemeine Robinie
Akelei
5 Aglei
8 Goldwurz
9 Elfenfuss
Akklimatisation
9 Anpassung
Akkordeon
13 Handharmonika, Ziehharmonika
15 Schifferklavier
Akkordfolge
in Instrumentalkonzerten
6 Kadenz
Akkordlohn
7 Gedinge
Akkumulator
7 Sammler
akkurat
5 exakt, genau
7 praezis
11 sorgfaeltig
12 gewissenhaft
Akkuratesse
8 Sorgfalt
18 Gewissenhaftigkeit
Akkussativpronomen
5 ihnen
Akne, Hautpustel
6 Pickel
8 Mitesser
akquirieren
6 werben
Akquisiteur
6 Werber
Akquisition
4 Kauf
6 Erwerb
7 Einkauf
11 Anschaffung
Akrobat
6 Artist
Akrobatik
10 Wendigkeit
16 Geschicklichkeit
Akt
5 Szene
6 Aufzug
7 Vollzug, Vorgang
8 Handlung, Vorgehen
9 Massnahme, Verfahren
10 Dramenteil
11 Darstellung
16 Kunstdarstellung, Nacktdarstellung
der Eigentumsübertragung (germanisches Recht)
6 Gewere

der Volksjustiz
6 federn
Akte
6 Papier
7 Urkunde
8 Dokument
9 Beschluss, Protokoll
13 Schriftstueck
Aktenaufschrift
6 Rubrum
Aktenband, -bündel
5 Mappe
7 Dossier
8 Faszikel, Konvolut
Aktenhefter
6 Ordner
Aktenhengst
9 Buerokrat
Aktensammlung
5 Aktei
6 Archiv
11 Registratur
13 Dokumentation
Aktenschrank
11 Registratur
Akten-, Schriftrolle (alemann.)
5 Rodel
Aktentasche
5 Mappe
Akteur
4 Mime
7 Spieler
10 Darsteller, Teilnehmer
12 Schauspieler
Aktie
5 Share
6 Anteil
10 Wertpapier
12 Anteilschein
Aktienabschnitt
5 Kupon
6 Coupon
Aktienaufdruck
8 Nennwert
Aktiengewinn
9 Dividende
Aktienmarkt
6 Boerse
Aktienminderwert
7 Disagio
Aktion
3 Tat
4 Werk
7 Vorgang
8 Ereignis, Ergebnis, Handlung
9 Geschehen, Verfahren
10 Taetigkeit
11 Unternehmen
12 Unternehmung
Aktionär
9 Teilhaber
14 Aktienbesitzer, Gesellschafter
Aktionsradius
10 Reichweite
11 Fahrbereich
15 Wirkungsbereich
aktiv
4 agil, rege
6 eifrig, taetig
7 lebhaft, wirksam
8 lebendig
9 beweglich, energisch
11 tatkraeftig
Aktiva
5 Haben
6 Besitz
8 Guthaben
9 Vermoegen
11 Besitzwerte
12 Barvermoegen
aktive
Handlung
6 Aktion
aktiver
Vulkan in Japan
5 Asama
aktives
Bewegungsorgan des Körpers
6 Muskel
aktivieren
11 unternehmen
12 mobilisieren, vorantreiben
13 beschleunigen
Aktivität
5 Eifer
10 Taetigkeit
11 Wirksamkeit
13 Einsatzfreude
Aktivkonto
5 Haben
aktivster
Vulkan der Welt
12 Klatschetzki
Aktrice
5 Mimin
11 Kuenstlerin
12 Darstellerin
14 Schauspielerin
Aktualität
9 Zeitnaehe
15 Gegenwartsnaehe, Zeitbezogenheit
aktuell
2 in
3 neu
6 jetzig
7 wichtig, zeitnah
8 dringend
9 dringlich
11 zeitgemaess
13 gegenwartsnah
aktuelle
Fernsehsendung
5 Heute
10 Tagesschau
Nachricht
9 Neuigkeit
aktueller
Bericht
9 Reportage
Lesestoff
10 Lesezirkel
Akustik
3 Ton
5 Klang
6 Schall
10 Schallehre
11 ◆ Schalllehre
12 Klangwirkung
akustisch
9 klanglich
12 klangmaessig
15 schalltechnisch
akustischer
Begriff
3 ◆ Fon, Ton
4 Echo, Hall, HiFi, Mono, Phon
5 Klang, Krach, Sound
6 Schall, Stereo
8 Nachhall, Resonanz
9 Geraeusch, Widerhall
11 ◆ Quadrofonie, Schallmauer, ◆ Stereofonie
12 Quadrophonie, Schallgrenze, Stereophonie
Signalapparat auf Schiffen
9 Nebelhorn
Verstärker
12 Lautsprecher
Wiedergabestreifen
7 Tonband
akustisches
Naturereignis
6 Donner
Signalgerät
6 Sirene
Verstärkergerät
12 Lautsprecher
akut
4 reif
6 scharf
7 wichtig
8 brennend
10 bedrohlich
12 entscheidend
Akzent
3 Ton
4 Note
7 Gewicht, Tonfall
8 Betonung, Tonfarbe
9 Nachdruck
10 Aussprache, Tonzeichen
akzeptabel
9 annehmbar
Alands-Insel
(Finnland)
5 Korpo
Alaunstein
6 Alunit
Albaner
8 Skipetar
Albanesenstamm
5 Hotti
Albanien
historisch
8 Illyrien
albanische
Hafenstadt
5 Vlore
6 Durres, Valona
7 Durazzo, Sarande
Hauptstadt
6 Tirana
Insel
5 Sasan
6 Saseno
Münze, Währung
3 Lek
7 Quinder, Quintar
Nationaltracht
10 Fustanella
Nobelpreisträgerin (Frieden)
7 Bojaxiu (Mutter Teresa)
Stadt
5 Berat, Korce, Lezha, Vlore
6 Berati, Durres, Elbsen, Tirana
7 Durazzo, Sarande, Shkoder, Shkodra, Skutari

albanischer
Berg
4 Deja, Guka, Naim, Noli
5 Gjata, Krrab, Mjeda
6 Cajupi, Jakova, Kadare, Koniza, Spasse
7 Grameno, Migjeni, Musaraj
8 Frasheri, Poradeci, Valamare
Dichter und Schriftsteller
4 Rada
6 Fishta
Exkönig
4 Zogu
10 Achmed Zogu
Fluss
4 Drin, Osum
5 Devol, Vjose
6 Semeri, Skumbi
Königsname
6 Achmed
Nationalheld
9 Kastriota
10 Skanderbeg
Politiker und Staatsmann
4 Alia
5 Meksi
6 Lieshi
7 Berisha, Mejdani
See
10 Skutarisee
Volksheld
9 Kastriota
10 Skanderbeg
albanisches
Nachrichtenbüro
3 ATA
albern
3 fad
4 dumm, fade
5 affig
8 daemlich, kindisch, toericht
9 naerrisch
10 einfaeltig
lachen
6 feixen
alberner
Mensch
4 Narr
6 Kasper
8 Witzbold
9 Bloedmann, Hanswurst
10 Hampelmann
Streich
5 Unfug
albernes
Benehmen
9 Bloedelei
Albernheit
8 Allotria, Kinderei, Schnurre
9 Firlefanz
14 Kinkerlitzchen
Albino
5 Dondo
8 Kakerlak
9 Weissling
Albinoform
des Iltisses
5 Frett
9 Frettchen
Album
9 Stammbuch
10 Gedenkbuch, Sammelbuch
11 Sammelmappe
15 Erinnerungsbuch
16 Erinnerungsmappe
Alchimist
5 Adept
8 Boettger
Aldermann
8 Ratsherr, Stadtrat
9 Aeltester, Vorsteher
alemannischer
Schriftsteller
5 Boppe, Busse, Fleck
Alepponuss
8 Pistazie
alert
6 frisch, munter
10 aufgeweckt
Aleuteninsel
4 Atka
6 Unimak
8 Unalaska
alexandrinischer
Mathematiker
6 Euklid
10 Apollonios, Apollonius
Philosoph
6 Philon
Priester
5 Arius
Algenfisch
8 Seenadel
12 Seepferdchen
Algenforscher
8 Algologe
Algenpflanze
4 Tang
9 Gruenalge
Algen-, Pilzspore
4 Tang
5 Chara
6 Akinet
Algerische
Geröllwüste
3 Reg
Hafenstadt
4 Bone, Oran
5 Skida
6 Algier, Annaba, Bejaia
Hauptstadt
6 Algier
Münze
5 Dinar
8 Centimes
Stadt
4 Bone, Oran
5 Batnba, Blida, Kolea, Medea, Setif, Tenes
6 Abadla, Algier, Al-Wald, Annata, Bechar, Bejaia, Bistra, Guelfa, Skikda
7 Tiemcen
9 Tizi Ouzu, Touggourt
10 Mostagenem
11 Constantine, Tamanrasset
12 Sidibel Abbes, Sidi-Bel-Abbes
algerischer
Berberstamm
6 Zuaven
7 Kabylen
Berg
5 Tahat
Fabeldichter
5 Aesop
Freiheitskämpfer
8 Ben Bella
Herrschertitel
3 Dei
Kabylenstamm
6 Zuaven
Maler und Grafiker
5 Buzid, Hadda, Ranem, Rasim
6 Kessus
8 Benantger
Politiker und Staatsmann
4 Kafi
7 Ghozali, Zeroual
9 Bendjedid
10 Bouteflika
11 Bommedienne
Schriftsteller
3 Dib
6 Haddad
Sportler, Sportlerin
6 Bvrahmi
7 Morceli
9 Boulmerka
algerisches
Gebirge
5 Atlas
7 Ahaggar
Algonkin-Indianer
6 Ojibwa, Piegan
Algonkin-Indianerbund
6 Abnaki
alias
4 oder
5 sonst
6 anders
Alibi
7 Ausrede
11 Abwesenheit
14 Entschuldigung, Rechtfertigung
18 Abwesenheitsbeweis
Alkalimetall
6 Kalium
7 Caesium, Lithium, Natrium, Zaesium
8 Francium, Rubidium
alkalische
Lösung
5 Lauge
alkalisches
Mittel
6 Natron
12 Bullrichsalz
Alk, Alke, Alkvogel
4 Lund
5 Lumme
6 Eisalk, Teiste
7 Tordalk
8 Hornlund
9 Polarente, Riesenalk
11 Grylltteiste, Ringellumme
12 Trottellumme
14 Krabbentaucher
16 Papageientaucher
Alkaloid
4 Cola, Kola, Tein
5 Opium, Taxin, Teein, Thein
6 Chinin, Codein, Eserin, Kodein, Kokain, Koniin, Kurare
7 Atgropin, Coffein, Koffein, Morphin, Nikotin, Phasein, Solanin, Zytisin
8 Akonitin, Meskalin,

Morphium, Narkotin, Yohimbin
9 Kolchizin, Papaverin, Strychnin
10 Skopolamin, Theobromin
14 Narzein Nikotin
der Bohne
7 Phasein
der Brechnuss
9 Strychnin
der Chinarinde
6 Chinin
der Eibe
5 Taxin
der Herbstzeitlose
9 Kolchizin
der Kartoffel
7 Solanin
der Kolanuss
4 Kola
der Tollkirsche
7 Atropin
des Goldregens
7 Zytisin
des Kaffees
7 Koffein
des Kakaos
10 Theobromin
des Kokastrauchs
6 Kokain
des Mohns
5 Opium
des Schierlings
6 Koniin
des Tabaks
7 Nikotin
des Tees
4 Tein
5 Thein
Alkan
5 Nonan, Oktan
6 Heptan
Alkenvogel
5 Lumme
Alkohol
5 Sprit
6 Sterin
8 Spiritus
9 Weingeist
alkoholfreie
Gaststätte
7 Tearoom
alkoholfreies
Getränk
7 Selters
8 Limonade
9 Apfelmost
11 Traubenmost
Alkoholgegner
12 Temperenzler
Alkoholgehalt
8 Promille
alkoholhaltiges
Milchgetränk
6 ◆ Kumyss
Alkoholiker
7 Saeufer, Trinker
alkoholische
Getränke
11 Spirituosen
alkoholisches
Einreibemittel
15 Franzbranntwein
Eisgetränk
5 Sling
Erfrischungsgetränk
5 Julep
Getränk der Polynesier
4 Kawa
Heißgetränk
4 Grog
6 Punsch
9 Gluehwein
Mixgetränk
4 Fizz, Flip, Grog
5 Bowle, Daisy, Drink, Julep, Sling
6 Cooler, Crusta
7 Cobbler, Collins, Egg Nogg
8 Cocktail, Highball, Sangaree
12 ◆ Cherrybrandy
Alkoholverbindung
5 Ester
Alkoholverbot
11 Prohibition
Alkvogel
4 Lund
6 Teiste
All
4 Welt
5 Natur
6 Kosmos
8 Weltraum
9 Universum
13 Unendlichkeit
in der chines. Philosophie
3 Tao
allbekannt
9 notorisch
11 offenkundig
allbekannte
Wahrheit
14 Binsenwahrheit
alle
4 jede
5 jeder
10 saemtliche
Akten zu einer Sache
7 Dossier
Angehörigen
14 Verwandtschaft
Bakterien eines Körperorgans
5 Flora
Fahrzeuge eines Unternehmens
8 Fuhrpark
in der Musik
5 tutti
Innenorgane
10 Eingeweide
zusammen
6 gesamt
zwei
5 beide
zwei Jahre stattfindende Veranstaltung
8 Biennale
Allee
6 Avenue
11 Baumstrasse, Parkstrasse
in Berlin
14 Unter den Linden
in Düsseldorf
3 Koe
12 Koenigsallee
in Paris
13 Champs Elysees
in Wien
4 Ring
11 Ringstrasse
Alleebaum
6 Akazie
7 Platane
Allegorie
6 Symbol
8 Sinnbild
9 Gleichnis
15 Personifikation
allegorisch
12 sinnbildlich
13 gleichnishaft
Alleinerbe
13 Universalerbe
von Landbesitz
6 Anerbe
Alleinherrschaft
8 Diktatur
9 Monarchie
10 Monokratie
12 Absolutismus
Alleinherrscher
6 Tyrann
7 Monarch
8 Autokrat, Diktator
alleiniger
Anspruch
7 Monopol
alleinstehender
Glockenturm
8 Belfried
Alleinunterhalter
11 Entertainer
Alleinverkaufsrecht
7 Monopol
Alleinvortrag
4 Solo
allemal
5 immer
allenthalben
8 ueberall
Allerbarmer
8 Christus
allerdings
4 zwar
8 freilich
allererster
Entstehungsort
8 Urquelle
Allergie
15 Empfindlichkeit
allergische
Erkrankung
9 Heufieber
12 Heuschnupfen, Nesselfieber
allerhand
8 allerlei
9 vielerlei
10 kunterbunt, mancherlei, mannigfach
Allerheiligstes
6 Abaton, Adyton
12 Sanctissimum
Allerlei
5 Varia
9 Potpourri, Quodlibet
10 Kunterbunt
allerletzter
Aufschub
11 Galgenfrist

allerliebst
7 reizend
11 entzueckend
allerorts
8 ueberall
allerseits
8 generell
9 allgemein
Allerweltskerl
12 Tausendsassa
Allerzufluss
3 Aue, Ise
4 Ihma, Ilme, Ilse, Oker
5 Ecker, Fuhse, Fusse, Leine, Wiehe
6 Boehme, Lachte, Lehrde, Oertze, Wietze
alles
Stoffliche
7 Materie
allesfressender
Rabenvogel
11 Nebelkraehe
Allesfresser
8 Omnivore
allezeit
4 ewig
5 immer, stets
allgemein
5 vulgo
8 allseits, generell
9 gemeinsam, umfassend, universal
10 allerseits, summarisch, universell
11 gewoehnlich, oekumenisch, schlechthin
Allgemeinbegriff
für einen Truppenverband
7 Einheit
Allgemeinbetäubung
7 Narkose
allgemeine
Angelegenheit
8 Generale
Beachtung
8 Aufsehen
Bezeichnung für Staat
4 Land
Blutvergiftung
7 Pyaemie
Wetterlage
5 Klima
allgemeiner
Entfernungsbegriff
3 nah
4 fern, weit
Grundsatz
6 Maxime
kultureller Verfall
8 Dekadenz
Schrecken
5 Angst, Panik
Straferlass
8 Amnestie
Allgemeiner
Studenten-Ausschuss
4 AStA
allgemeines
Ansehen
4 Ehre
Streben zum Selbermachen
20 Do-it-yourself-Bewegung

allgemein gültig
8 generell
Allgemeinheit
8 Publikum
14 Universalitaet
15 Oeffentlichkeit
allgemein verständlich
8 populaer
Allgewalt
10 Omnipotenz
Allgottlehre
11 Pantheismus
Allheilmittel
7 Arkanum, Panazee, Theriak
Allianz
4 Bund, Liga, Pakt
8 Buendnis
9 Koalition
11 Vereinigung
15 Zusammenschluss
Alligatorenart
6 Kaiman
7 Schakar
11 Hechtkaiman
13 Brillenkaiman
Alliteration
8 Stabreim
alljährlicher
Festtag
6 Ostern
11 Weihnachten
12 Fronleichnam
Allmacht
4 Gott
10 Omnipotenz
allmählich
6 gemach
7 langsam
8 graduell
10 sukzessive
allmähliche
Abtragung einer Schuld
12 Amortisation
Neugliederung
14 Strukturwandel
allmählicher
Fieberabfall
5 Lysis
allmähliches
Entstehen
11 Entwicklung
Allmutter
5 Natur
Alltag
7 Werktag
9 Wochentag
10 Arbeitstag
Alltägliches
8 Einerlei
10 Banalitaet
Alltagsablauf, -rhythmus
5 Trott
10 Tretmuehle
allumfassend
9 universal
10 universell
Allüre
4 Gang
8 Gangart, Haltung
8 Betragen
Allüren
8 Benehmen
9 Auftreten

10 Erscheinen
allwissend
9 superklug, ueberklug
Alm
4 Alpe
5 Senne
9 Bergweide, Bergwiese
Alma
mater
10 Hochschule
12 Universitaet
Almanach
8 Jahrbuch, Kalender
Almbäuerin
8 Sennerin
Almbewohner, Senner
4 Mahr
5 Almer
Almrausch
9 Alpenrose
Almhirt
4 Senn
5 Senne
6 Senner
Almhirtin
6 Sennin
8 Sennerin
Almosen
4 Gabe
6 Obolus, Spende
10 Bakschisch, Liebesgabe
im Orient
10 Bakschisch
Almosenempfänger
7 Bettler
Almosenheischen
8 Bettelei
Almosen heischender Landstreicher
7 Bettler
Almrausch
9 Alpenrose
Almwirtschaft
8 Sennerei
Alp, Alpe
5 Senne
9 Bergweide, Bergwiese
Alpdruck
5 Angst
7 Inkubus
12 Angstgefuehl
Alpen
betreffend
5 alpin
Alpenausläufer
in Österreich
10 Wienerwald
Alpenbergstock
bei St. Moritz
3 Err
Alpenblume, -pflanze
5 Speik
6 Akelei, Enzian
7 Aurikel
8 Eisenhut, Gemswurz
9 Almrausch, Alpenhelm, Alpenmohn, Alpenrose, Edelweiss, Taumantel
10 Alpenlilie, Alpennelke, Bergkiefer, Edeltraute, Gemskresse, Silberwurz, Soldanelle, Steinnelke
11 Wucherblume

12 Glockenblume, Loeffelkraut, Troddelblume
13 Alpenveilchen, Taeschelkraut, Teufelskralle
14 Zwergalpenrose
15 Alpengloeckchen
19 Gletscherhahnenfuss

Alpengebirgsstock
4 Rigi
5 Albis, Sella
6 Moench, Tauern
7 Arlberg, Bernina
9 Dolomiten, Karwendel, Marmolata, Monte Rosa, Silvretta
10 Hohe Tauern, Karawanken
11 Berner Alpen, Wetterstein
12 Glarner Alpen
13 Kaisergebirge, Stubaier Alpen, Tennengebirge
14 Lechtaler Alpen, Steinernes Meer

Alpengipfel
2 Ot
3 Err
4 Isel
5 Eiger, Mythe, Toedi
6 Moench, Niesen, Ortler, Titlis
7 Ankogel, Pilatus, Saentis, Schlern
8 Hochobir, Jungfrau, Pfaender, Watzmann
9 Dachstein, Hochstuhl, Langkofel, Marmolata, Montblanc, Mont Cenis, Monte Rosa, Nebelhorn, Sonnblick, Venediger, Zugspitze
10 Drei Zinnen, Matterhorn, Piz Bernina, Wetterhorn, Wildspitze
11 Aletschhorn
13 Grossglockner, Kitzsteinhorn
14 Finsteraarhorn, Grossvenediger
16 Dreiherrenspitze

Alpengletscher
5 Roseg
6 Ferner, Gorner
7 Aletsch
8 Pasterze, Raetikon

Alpengruppe
7 Bernina
8 Raetikon

Alpenhase
10 Schneehase

Alpenhirt
4 Senn

Alpenhirtin
8 Sennerin

Alpenhütte
8 Sennerei

Alpenjäger
6 Alpini

alpenländischer
Eierkuchen
8 Schmarrn

Alpenmurmeltier
8 Marmotte

Alpenort
4 Lana

Alpenpass
3 Foo
4 Fern, Jaun, Lueg, Ofen
5 Achen, Furka, Gemmi, Loibl, Pyhrn, Stein, Strub, Tenda, Thurn, Turlo
6 Albula, Gerlos, Greina, Iseran, Jaufen, Julier, Maloja, Mendel, Pordoi, Predil, Susten, Tauern, Tonale
7 Arlberg, Bernina, Brenner, Bruenig, Cayolle, Flueela, Forclas, Glandon, Grimsel, Klausen, Montets, Morgins, Nufenen, Oberalp, Predeal, Reschen, Schober, Seeberg, Simplon, Theodul, Toblach, Umbrail
8 Galibier, Karersee, Lautaret, Ploecken, Septimer, Spluegen
9 Lukmanier, Sellajoch, Semmering
10 Bernardino, Campolongo, Croix de Fer, Falzaregen, Katschberg, Penserjoch
11 Loetschberg, Montgenevre, Timmelsjoch
12 Berner Klause, Groednerjoch, Hochtannberg, Stilfserjoch
13 San Bernardino, Sankt Bernhard, Sankt Gotthard, Seebergsattel
20 Grosser Sankt Bernhard, Kleiner Sankt Bernhard

Alpenrandsee
10 Luganer See

Alpenrepublik
11 Oesterreich

Alpenrose
9 Almrausch
11 Almenrausch

Alpensänger
6 Jodler

Alpenschilderer
3 Noe

Alpensee
4 Iseo
5 Ritom
6 Eibsee, Irrsee
7 Mondsee
8 Achensee, Ammersee, Attersee, Bodensee, Comersee, Gardasee, Wuermsee, Zugersee
9 Genfersee, Kochelsee, Tegernsee, Woerthsee, Zellersee
10 Forggensee, Koenigssee, Schliersee, Schwarzsee, Staffelsee, Walchensee, Weissensee, Zuerichsee
11 Woerthersee, Wolfgangsee
12 Lago Maggiore
14 Starnberger See
19 Vierwaldstaetter See

Alpentier
4 Gams
5 Gemse
6 ◆ Gaemse
8 Kolkrabe
9 Hornviper, Steinbock, Steinhuhn
10 Alpendohle, Murmeltier, Schneefink, Schneehase, Schneehuhn, Schneemaus, Steinadler
13 Gletscherfloh
14 Alpenspitzmaus
15 Alpensalamander

Alpenübergang
4 Pass
im Kanton Wallis
14 Simplonstrasse

Alpenveilchen
7 Zyklame

Alpenvolk
mit eigener romanischer Sprache
12 Raetoromanen

Alpenvorland
7 Allgaeu

Alpenweide
3 Alb, Alm, Alp
4 Alpe
5 Senne

Alpenwild
4 Gams
5 Gemse
6 ◆ Gaemse
9 Steinbock

Alpenwind
5 Foehn

Alpenwirtschaft
8 Sennerei

Alphabet
3 Abc
15 Buchstabenfolge

alphabetisch
oder sachlich geordnetes Verzeichnis
7 Katalog

alphabetisches
Inhaltsverzeichnis
8 Register

Alphateilchen
vom Atomkern
6 Helion

alpine
Disziplin
7 Torlauf
Skisportdisziplin
6 Slalom
Skisportveranstaltung
14 Kandaharrennen

alpiner
Buntsandstein
5 Scyth

alpines
Eisspiel
12 Eisschiessen

Alpinist
11 Bergsteiger

alsbald
4 bald
6 sofort

alt
5 antik
6 betagt
7 bejahrt, ergraut, hutzlig
8 abgelebt
9 gebraucht, vergangen
12 antiquarisch
werden
6 altern

altafrikanisches
Reich
5 Benin

altägyptische
Bilderschrift
11 Hieroglyphe

Königin
9 Nofretete
Stadt
4 Sais
5 Luxor, Tanis
6 Abydos, Karnak, Theben
7 Dendera, Memphis
8 El Armana
10 Heliopolis
Steingrabkammer
7 Mastebe
altägyptischer
Gott
6 Osiris
heiliger Stier
4 Apis
König
5 Chufu, Menes
6 Menses
Königstitel
6 Pharao
Krug
6 Kanope
Sonnengott
4 Aton
altägyptisches
Blasinstrument
8 Phontinx
Königsgrabmal
8 Pyramide
Rasselinstrument
7 Sistrum
Reich
4 Adal
Schreibmaterial
7 Papyrus
altaischer
Volksstamm
8 Tungusen
altalgerischer
Titel
3 Dei
altamerikanische
Münze
3 Bit
4 Dime
5 Eagle
Altan
6 Balkon
7 Soeller
altarabische
Gedichtsammlung
6 Hamasa
altarabisches
Reich
4 Saba
Altaraufsatz
7 Retabel
mit Bildern
6 Ancona
Altarbaldachin
8 Ziborium
10 Tabernakel
Altargerät
5 Kelch, Kreuz
9 Monstranz
Altargewand, -tuch
8 Parament
altarischer
Lichtgott
6 Mithra
7 Mithras

Altarnische
5 Apsis
6 Koncha, Konche
Altarplatte
5 Mensa
Altarraum
4 Chor
6 Abatojn
11 Sanktuarium
in den orthodoxen Kirchen
6 Abaton
Altarsakrament
9 Abendmahl
11 Eucharistie
Altarstaffel
8 Predella
Altartisch
5 Mensa
Altartuch
5 Mappa
8 Parament
Altarüberbau
8 Ziborium
10 Tabernakel
Altarverkleidung
11 Antependium
altasaitisches
Reitervolk
6 Hunnen
8 Mongolen
altassyrische
Stadt
5 Assur
6 Ninive
altathenischer
Gesetzgeber
5 Solon
Philosoph
5 Timom
altathenisches
Gericht
7 Areopag
Heiligtum
8 Theseion
altbabylonische
Stadt
5 Akkad
altbabylonischer
König
8 Belsazar
9 Hammurabi
12 Nebukadnezar
altbabylonisches
Gewicht
5 Sekel
7 Schekel
Volk
7 Sumerer
Altbekanntes
7 Kamelle
Altberliner
Original
5 Nante
Altbewährter
7 Veteran
Altbuchhändler
8 Antiquar
Altbuchhandlung
11 Antiquariat
altbyzantinischer
Statthalter
6 Exarch

altchinesischer
Philosoph
6 Laotse, Lautan
8 Konfutse
9 Konfuzius
altchinesisches
Abendmahl
5 Feier
6 Agapen
Gewicht
4 Tael
altchristliche
Schriftstgeller
6 Hermas
8 Ignatius, Polykarp
Sekte
8 Katharer
altchristliches
Liebesmahl
5 Agape
altdänische
Bezeichnung für Monat August
9 Erntemond
altdänischer
König
3 Dan
4 Gorm
altdeutsche
Abgabe
4 Bede
Evangeliendichtung
7 Heiland
Januar
7 Eismond
März
7 Lenzing
Münze
5 Albus, Taler
6 Batzen, Gulden, Heller, Nickel
7 Dukaten, Kreuzer
8 Brakteat, Groschen, Guldiner
10 Scherflein
12 Weisspfennig
Narrenfigur
4 Till
12 Eulenspiegel
16 Till Eulenspiegel
altdeutscher Name für
April
9 Ostermond
10 Ostermonat
August
7 Ernting
Dezember
7 Julmond
Februar
7 Hornung
Januar
7 Hartung
Juli
6 Heuert
Juni
7 Brachet
Mai
9 Wonnemonat
November
8 Nebelung
Oktober
8 Gilbhard
September
9 Scheiding

altdeutsches
Apothekergewicht
4 Gran, Unze
Bier
4 Gose, Jope
5 Mumme
Flächenmaß
4 Hufe, Joch, Rute
6 Morgen
7 Tagwerk
8 Tagewerk
Flüssigkeitsmaß
5 Anker, Quart
Freigericht
4 Feme
Gebäck
6 Brezel
Getreidemaß
4 Last
6 Malter
Gewicht
3 Lot
4 Mark
5 Pfund, Quent
7 Zentner
9 Quentchen
10 ◆ Quaentchen
Heldenepos, -gedicht
6 Gudrun
10 Nibelungen
14 Nibelungenlied
15 Hildebrandslied
Hohlmaß
3 Ohm
4 Mass
5 Anker, Fuder, Metze, Quart
6 Oxhoft
8 Scheffel
Längenmaß
4 Elle, Fuss, Rute, Zoll
5 Linie, Meile
6 Spanne
7 Klafter
Laufspiel
7 Barlauf
Mengenmaß
6 Mandel, Schock, Stiege
Raummaß
5 Meste
7 Klafter
Rechtsbuch
12 Laienspiegel
alte
Anredeform
2 Er
3 Ihr, Sie
4 Dero
8 Erlaucht
9 Majestaet
11 Durchlaucht, Wohlgeboren
arabische Reichsform
7 Kalifat
arabische Stegreifdichtung
6 Makame
Aristokratie
6 Uradel
Arzneipflanze
8 Angelika
assyrische Stadt
6 Kalach
athenische Münze (mit Eule)
5 Glaux
Bewohner Italiens
6 Italer
8 Etrusker, Italiker
Bewohner von Wales
6 Kymren
Brillenform
7 Kneifer
chinesische Münze
4 Tael
deutsche Kaiserstadt
6 Aachen
deutsche Münze
5 Albus, Taler
6 Batzen, Gulden, Heller
7 Dukaten, Kreuzer, Pistole
8 Groschen, Guldiner
10 Scherflein, Silberling
11 Reichstaler
12 Weisspfennig
13 Friedrichsdor
deutsche Scheidemünze
10 Scherflein
englische Münze
4 Real
8 Sterling
9 Rosenobel
Erzählung
4 Maer, Saga, Sage
Feuerwaffe
7 Muskete
11 Vorderlader
Form des Klaviers
7 Cembalo, Spinett
Form eines Kornmahlbetriebes
10 Windmuehle
französische Anrede
4 Sire
französische Grafschaft
5 Anjou, Blois, Maine, Rodez
6 Poitou
8 Auvergne, Touraine
9 Champagne
französische Landschaft
9 Normandie
französische Münze
3 Ecu, Sou
5 Angle, Blanc, Livre
6 Denier, Double
7 Turnose
8 Louisdor
11 Napoleondor
Frau
7 Greisin
Geschichten
8 Kamellen
Getreidepflanze
4 Reis
Gewichtseinheit
4 Gran
Goldzmünze
5 Eagle
6 Gulden
7 Dukaten, Pistole, Zechine
8 Louisdor, Maravedi
Goldmünze in den USA
5 Eagle
griechische Sportschule
9 Palaestra
Hakenbüchse
8 Arkebuse
Handfeuerwaffe
7 Muskete
11 Vorderlader
Handschrift
5 Codex
9 Pergament
Hansestadt
6 Bremen
7 Hamburg, Luebeck
Hauptstadt Ägyptens
10 Alexandria
Hauptstadt Assyriens
4 Asur
5 Assur
6 Ninive
Hauptstadt Äthiopiens
5 Aksum
Hauptstadt der Inka
5 Cuzco
Hauptstadt der Sumerer
2 Ur
Hauptstadt in China
4 Sian
heilige Sprache der Inder
8 Sanskrit
holländische Münze
4 Deut, Duit
6 Gulden, Rijder
7 Dukaten, Kreuzer
indische Gewichtseinheit
5 Tanka
italienische Münze
5 Scudo
7 Testone, Zechnie
Jagdwaffe
5 Bogen, Pfeil, Speer
Kanone
8 Kartaune
Kaste in Peru
4 Inka
Kettentanzform
6 Reigen
Kirchenstrafe
4 Bann
Klavierform
7 Spinett
kleine Münze
4 Deut
Kopfbedeckung
6 Hennin
7 Kapotte
9 Dreispitz, Zweispitz
Kultur Griechenlands
6 Antike
Kunstgegenstände
13 Antiquitaeten
Kupfermünze
6 Heller
7 Kreuzer
Landschaft in Arabien
4 Saba
Landschaft in Italien
8 Etrurien
lateinische Bibelübersetzung
5 Itala
lettische Währung
3 Lat
Münze
4 Deut
5 Taler
6 Batzen, Heller, Nickel
7 Blaffer, Dukaten, Kreuzer
8 Dreiling
Münzwaage
6 Seiger

Nennbezeichnung für Deutschland
9 Germanien
niederrheinische Münze
7 Stueber
oft erdichtete Erzählung
4 Maer
ostasiatische Kleinmünze
4 Anna
portugiesische Münze
4 Real
7 Milreis
römische Münze
2 As
5 Denar
7 Sesterz
8 Denarius
römische Provinz in Kleinasien
4 Asia
russische Gewichtseinheit
3 Pud
russische Längeneinheit
5 Werst
Schlagwaffe
5 Keule
Schusswaffe
5 Bogen, Pfeil
8 Arkebuse, Armbrust, Balliste
Schutzwaffe
6 Schild
8 Ruestung
Silbermünze
5 Taler
6 Batzen
8 Blaffert, Groschen
Spießwaffe
4 Pike
9 Partisane
10 Hellebarde
Sprache
6 Latein
10 Griechisch, Hebraeisch
Stadt in Ägypten
4 Sais
5 Luxor
6 Abydos, Theben
7 Memphis
10 Heliopolis
Stadt in Mesopotamien
5 Larsa
Stadt in Persien
4 Susa
8 Ekbatana
10 Persepolis
Stadt in Syrien
6 Balbek
Stichwaffe
6 Spiess
Straßenleuchte
10 Gaslaterne
Tonschrift
9 Tabulator
tropische Kulturpflanze
6 Batate
türkische Münze
4 Para
ungarische Münze
6 Pengoe
venezianische Goldmünze
7 Zechine
Waffe
4 Pike
5 Keule, Lanze, Pfeil
6 Rapier
7 Korseke, Schwert
8 Armbrust, Balliste
9 Faustkeil, Langbogen, Partisane, Schleuder, Streitaxt
10 Hellebarde, Pfeilbogen
11 Morgenstern
Wasserhebemaschine
10 Schoepfrad
Wurfwaffe
9 Schleuder
Zither
7 Psalter

altehrwürdiges
Fahrzeug
8 Oldtimer

Alteisen
7 Schrott

Altenburger
Bäuerinnenkopfputz
5 Hormt

altenglische
Münze
6 Guinee
9 Rosenobel

altenglischer
Bauernführer
3 Ket
Sagenheld
9 Robin Hood

altenglisches
Heldengedicht
7 Beowulf

Altenteil
10 Ausgedinge

alter
abgelagerter Wein
9 Firnewein
algerischer Titel
3 Dei
asiatischer Volksstamm
6 Hunnen
9 Mongolen
deutscher Schreittanz
6 Reigen
Feldzugteilnehmer
7 Veteran
französischer Tanz
7 Menuett, Musette
9 Quadrille
germanischer Stamm
5 Goten, Ubier
6 Angeln, Katten, Quaden, Sueben, Sweben
7 Bataver, Chatten, Chauken, Friesen, Kimbern, Sachsen
8 Ostgoten, Semnonen, Teutonen, Usipeter, Wandalen
9 Alemannen, Bajuwaren, Brukterer, Burgunder, Cherusker, Westgoten
11 Hermunduren, Langobarden
Gewehrtyp
6 Flinte
7 Muskete
8 Arkebuse
9 Karabiner
11 Hinterlader, Vorderlader
12 Hakenbuechse
Grafentitel
8 Erlaucht
Hafen Roms
5 Ostia
Helmbusch
7 Panasch
Herr
6 Senior
iberischer Adelstitel
7 Hidalgo
irischer Volksstamm
6 Pikten, Skoten
italienischer Herrschertitel
4 Doge
Junggeselle
9 Hagestolz
Kampfschutz
4 Helm
6 Panzer, Schild, Visier
7 Bruenne, Kuerass
8 Harnisch, Topfhelm
12 Kettenpanzer
kirchlicher Lobgesang
6 Tedeum
körniger Gebirgsschnee
4 Firn
Krieger
7 Veteran
8 Haudegen
lateinischer Name Wiens
9 Vindobona
mesopotamischer Stadtstaat
5 Larsa
Name der Bretagne
8 Armorika
Name der Chemie
12 Scheidekunst
Name der Dardanellen
10 Hellespont
Name der Donau
8 Danuvius
Name der Drau
6 Dravus
Name der Elbe
5 Albis
Name der Ems
6 Amisia
Name der Etsch
7 Athesis
Name der Kelten in Kleinasien
7 Galater
Name der Krim
6 Tauris
Name der Loire
5 Liger
Name der Maas
4 Mosa
Name der Mosel
7 Mosella
Name der Oder
6 Viadua
7 Viadrus
Name der Rhone
8 Rhodanus
Name der Saale
4 Sala
Name der Scheide
7 Scaldis
Name der Seine
7 Sequana
Name der syrischen Stadt Homs
5 Emesa
Name der Themse
6 Tamesa
7 Tamesis
Name der Weichsel
7 Vistula

Name der Weser
8 Visurgis
Name der Wolga
3 Rha
Name des Ebro
6 Iberus
Name des Griechen
7 Hellene
Name des Himalaya
5 Imaus
Name des Iran
7 Persien
Name des Mains
6 Moenus
Name des Marmarameeres
9 Propontis
Name des Neckars
5 Nicer
Name des Stillen Ozeans
7 Suedsee
Name des Tiber
7 Tiberis
Name des westlichen Balkans
8 Illyrien
Name für Ägäisches Meer
11 Mare Aegaeum
Name für Ägypten
8 Aegyptus
Name für Athen
7 Athenae
Name für Äthiopien
10 Abessinien
Name für Barcelona
7 Barcino
Name für Basel
7 Basilia
Name für Bonn
5 Bonna
Name für Bozen
8 Bauzanum
Name für Bregenz
9 Brigantia
Name für den Zuidersee
10 Flevo Lacus
Name für Djakarta
7 Batavia
Name für Edelknabe
4 Page
6 Knappe
Name für Edirne
10 Adrianopel
Name für England
6 Albion
9 Britannia
Name für Florenz
9 Florentia
Name für Gerichtsbote
7 Buettel
Name für Gott Jupiter
5 Jovis
Name für Griechenland
6 Hellas
Name für Großbritannien
6 Albion
Name für Ionisches Meer
11 Mare Ionicum
Name für Irland
4 Eris
7 Ivernia
8 Hibernia
9 Hibernien
Name für Istanbul
6 Byzanz
14 Konstantinopel
Name für Izmir
6 Smyrna
Name für Januar
8 Eismonat
Name für Jerusalem
5 Ariel
11 Hierosolyma
Name für Koblenz
11 Confluentes
Name für Köln
16 Colonia Agrippina
Name für Lissabon
7 Olisipo
Name für London
9 Londinium
Name für Luxemburg
11 Luetzelburg
Name für Mailand
10 Mediolanum
Name für Mainz
12 Mongantiacum
Name für Marmarameer
9 Propontis
Name für Neapel
8 Neapolis
Name für Nizza
6 Nicaea
Name für November
8 Nebelung
Name für Oslo
10 Kristiania
Name für Ostsee
12 Mare Suebicum
Name für Paris
7 Lutetia
17 Lutetia Parisiorum
Name für Pyrenäenhalbinsel
7 Iberien
Name für Rom
4 Roma
Name für Schottland
9 Caledonia
Name für Schwarzes Meer
13 Pontus Euxinus
Name für Sri Lanka
6 Ceylon
Name für Straße von Dover
14 Fretum Gallicum
Name für Südasien
9 Ostindien
Name für Syrien
7 Aramaea
Name für Thailand
4 Siam
Name für Tokio
3 Edo
Name für Triest
8 Tergeste
Name für Troja
5 Ilion, Ilios, Ilium
Name für Wien
9 Vindobona
Name Kylimantans
6 Borneo
ostpreußischer Groschen
8 Dittchen
poetischer Name für England
6 Albion
römischer Grenzwall
5 Limes
Rundtanz
6 Reigen
Schiffskörper
5 Wrack
Schiffstyp
10 Raddampfer
Schiffsvorbau
6 Galion
Schlager
5 Oldie
Schnee
4 Firn
6 Ferner, Firner
Schreibschrank
9 Sekretaer
Schreittanz
6 Pavane, Reigen
9 Allemande
schwedischer Volksstamm
5 Svear
spanischer Tanz
9 Sarabande
Städtebund
5 Hanse
Stadtstaat
7 Babylon
Strafrechtsgrundsatz
6 Talion
südbabylonischer Volksstamm
7 Sumerer
Tanz
5 Gigue
6 Abtanz, Hopser, Reigen
7 Gavotte, Menuett
8 Chaconne, Courante
9 Allemande, Sarabande
türkischer Krummsäbel
7 Jatagan
venezianischer Golddukaten
7 Zechine
Volksstamm am Rhein
5 Ubier
Volksstamm in Böotien
6 Minyer
Volksstamm in Frankreich
7 Gallier
Volksstamm in Italien
5 Osker
6 Italer, Umbrer
7 Sabiner, Volsker
8 Etrusker, Italiker, Samniten
Volksstamm in Kleinasien
5 Lyder
6 Luwier
7 Galater, Phryger
8 Hethiter, Isaurier
9 Kimmerier
Volksstamm in Nordeuropa
8 Germanen
Volksstamm in Schottland
6 Pikten, Skoten
Volksstamm in Südarabien
7 Sabaeer
Volksstamm in Westeuropa
6 Basken, Iberer, Kelten
7 Gallier
Volkstanz
6 Reigen
Vorname (männlich)
9 Helmfried, Willebrod
10 Friedemann, Friederich, Gottschalk, Helmbrecht, Warnefried
Vorname (weiblich)
9 Haarlinde

10 Friederike, Gebhardine, Mechthilde, Wilhelmine
Wein
9 Firnewein
weiser Ratgeber
6 Nestor
Wurfspieß
3 Ger
Alter
11 Lebensabend
alternativ
9 wahlweise
12 wechselweise
Alternative
12 Entscheidung
Alternsforschung
12 Gerontologie
Alterprobter
7 Veteran
Altersgeld
5 Rente
7 Pension
8 Ruhegeld
Altersgeldempfänger
7 Rentier, Rentner
10 Pensionaer
Altersheilkunde
9 Geriatrie
Altersheim
5 Stift
6 Spital
7 Spittel
altersschwach
5 senil
Altersschwäche
8 Marasmus
10 Senilitaet
Altersversorgung
5 Rente
7 Pension
9 Leibrente
18 Lebensversicherung
Altertum
6 Antike
Altertümer
13 Antiquitaeten
altertümlich
5 antik
9 archaisch
10 antiquiert
altertümliche
Dinge
13 Antiquitaeten
Landschaft am Schwarzen Meer
9 Bithynien
Landschaft an der Westküste Kleinasiens
6 Mysien
Landschaft im östlichen Kleinasien
11 Kappadokien
Stadt in Ägypten
4 Sais
Stadt in den Albaner Bergen
8 Tusculum
Stadt Kleinasiens
5 Milet
altertümlicher
Gegenstand
11 Antiquitaet
Held
5 Recke
7 Krieger
nordischer König
5 Asoka
altertümliches
eidechsenähnliches Reptil
13 Brueckenechse
Land in Südarabien
4 Saba
Land in Vorderindien
5 Sumer
leichtes Geschütz
9 Falkonett
Volk in Mittelitalien
8 Etrusker
Altertumsforscher
11 Archaeologe
Altertumsforschung
12 Archaeologie
altes
Ackermaß, Feldmaß
4 Hufe, Joch, Rute
6 Morgen
7 Juchart, Juchert, Tagwerk
Apothekergewicht
4 Gran, Unze
5 Graen
7 Skrupel
asiatisches Reitervolk
6 Hunnen
8 Mongolen
astronomisches Instrument
6 Gnomon
8 Astrolab, Dreistab
10 Triquetrum
15 Armillarsphaere
athenisches Adelsgeschlecht
12 Alkmaeonjden
Automobil
8 Oldtimer
Beil, Streitaxt
5 Barte
Belagerungsgeschütz
8 Bombarde
Blasinstrument
4 Lure
6 Ranket, Zinken
7 Rackett, Serpent
8 Schalmei
9 Dudelsack
11 Bassetthorn
Buch
8 Schwarte
9 Scharteke, Schmoeker
Buchdruckerwort für Seitenzahl
6 Pagina
deutschblütiges Fürstengeschlecht in Italien
4 Este
deutsches Flüssigkeitsmaß
3 Ohm
4 Mass
5 Anker, Fuder, Liter, Metze, Quart
6 Oxhoft, Seidel
8 Schoppen
deutsches Freigericht
4 Feme
deutsches Fürstenhaus
6 Nassau
deutsches Gewicht
5 Quent
deutsches Längenmaß
4 Elle, Fuss, Rute, Zoll
5 Meile, Meter
7 Klafter
deutsches Weinmaß
5 Anker
deutsches Zählmaß
6 Mandel
Feingewicht
4 Unze
Flachdruckverfahren
7 Umdruck
Florentiner Geschlecht
6 Medici
7 Strozzi
französisches Herrschergeschlecht
7 Bourbon
Geschoss
5 Pfeil
Geschütz
5 Basse
8 Basilisk, Bombarde
9 Falkonett, Feuertopf
12 Feldschlange
Getreidemaß
5 Metze
6 Malter, Simmer, Wispel
7 Sechter
8 Scheffel
Gewehr
7 Muskete
8 Arkebuse
11 Hinterlader, Vorderlader
12 Hakenbuechse
Gewicht, Feingewicht
3 Lot
4 Unze
5 Graen
Goldgewicht
3 Ake
Handflächenmaß
4 Palm
Hanseschiff
5 Kogge
Hausgerät zur Herstellung von Fäden
8 Spinnrad
Heldenepos
5 Ilias
6 Aeneis, Iliade
7 Odyssee
Hohlmaß
5 Fuder, Metze, Pinte, Quart, Zuber
6 Oxhoft, Sester
7 Klafter
8 Scheffel
Holzblasinstrument
8 Schalmei
Holzmaß
4 Ster
7 Klafter
indianisches Kulturvolk
4 Inka, Maya
5 Inkas, Mayas
7 Azteken, Olmeken
8 Mixteken, Tolteken
9 Huaxteken, Totonaken
irisches Volk
6 Skoten
Kaufherrengeschlecht
6 Fugger, Welser
Kleidungsstück
8 Klamotte
Kleingewicht
5 Grain

Kloster in Georgien
6 Gelati
Königreich an den Pyrenäen
7 Navarra
Königreich Burgund
6 Arelat
Königreich in Nordafrika
8 Numidien
Körpermaß
5 Zuber
Kraftfahrzeug
8 Oldtimer
Kriegsschiff
6 Triere
Kugelspiel
6 Kegeln
Kulturvolk in Kleinasien
5 Lyder
6 Luwier
7 Phryger
8 Hethiter
9 Kimmerier
Kulturvolk in Mittelamerika
5 Inkas, Mayas
7 Azteken
8 Tolteken
9 Zapoteken
Kunstwerk
11 Antiquitaet
Land am Mittelmeer
10 Phoenizien
Längenmaß
4 Elle, Fuss, Rute, Zoll
6 Spanne
7 Klafter
litauisches Fürstengeschlecht
9 Radziwill
Malaienvolk auf Sumatra
5 Batta
Maß für Rundhölzer
4 Palm
Mengenmaß
4 Gros
Mengenmass
5 Gross
Mengenmaß
6 Ballen, Mandel, Metzen, Schock
7 Klafter
minderwertiges Buch
7 Scharte
9 Schmoeker
Möbelstück
5 Truhe
7 Schrein
Musikinstrument
8 Spieluhr
niedriges Liegesofa
5 Diwan
österreichisches Längenmaß
5 Faust
ostindisches Gewicht
3 Mes
Papierformat
5 Folio
Papierzählmaß
4 Ries
Pferd
6 Kracke, Maehre
Rathaus in Frankfurt/M.
6 Roemer
Raummaß
5 Eimer, Meste
7 Klafter
Reich am Tigris
4 Elam
Reich in Vorderasien
8 Assyrien
10 Babylonien
römisches Geschlecht
6 Julier
7 Flavier
8 Claudier
römisches Kastell
6 Taunus
russisches Handelsgewicht
3 Pud
5 Werst
7 Arschin, Saschen
russisches Parlament
4 Duma
russisches Saiteninstrument
5 Domra
russisches Wegemaß
5 Werst
Saiteninstrument
4 Lyra
5 Domra, Fidel, Gambe, Harfe, Laute, Leier
6 Fiedel, Sister
7 Bariton, Bassett, Cembalo, Kithara, Psalter
10 Aeolsharfe, Trumscheit
Schneidermaß
4 Elle
Schriftzeichen
4 Rune
11 Hieroglyphe
schwedisches Adelsgeschlecht
4 Wasa
Schweizer Hohlmaß
5 Emine
Spinngerät
6 Rocken
Stoffstück, Fetzen
6 Lumpen
Streichinstrument
5 Fidel
süddeutsches Hohlmaß
3 Imi
Trockenmaß
5 Meste
6 Metzen
Tuchmaß
4 Elle
tunesisches Getreidemaß
3 Saa
ungarisches Adelsgeschlecht
7 Bathory, Rakoczi
9 Batthyany, Esterhazy
ungarisches Feldmaß
4 Arpa
Volk am Rhein
5 Ubier
Volk im Irak
7 Sumerer
Volk in Frankreich
7 Gallier
Volk in Italien
6 Italer
7 Sabiner, Volsker
8 Etrusker, Italiker
Volk in Kleinasien
7 Galater
8 Hethiter, Isaurier
Volk in Nordeuropa
8 Germanen
Volk in Schottland
6 Pikten, Skoten
Volk in Südarabien
7 Sabaeer
Volk in Westeuropa
6 Basken, Iberer, Kelten
7 Gallier
Wandervolk
8 Zigeuner
Wegemaß
5 Meile
Weinmaß
3 Ohm
8 Dreiling
wertloses Buch
9 Scharteke
Wort für Abhilfe
7 Remedur
Wort für Aufseher
4 Wart
Wort für Bürgersteig
8 Trottoir
Wort für Dienstbereich
5 Rayon
Wort für einen Verwandten
5 Eidam, Oheim
Wort für Grundbuch
5 Urbar
Wort für Hafen
4 Port
Wort für Hemd
7 Chemise
Wort für Intrige
6 Kabale
Wort für jetzt
4 iteo, itzo, itzt
Wort für Kennzahl
6 Numero
Wort für Lehrer
8 Magister
Wort für Leinen
6 Linnen
Wort für Petroleum
8 Steinoel
Wort für Schwiegersohn
5 Eidam
Wort für Tabak
5 Tobak
Wort für Witwe
5 Witib
Wort für Zoll
4 Maut
Zählmaß
4 Gros
6 Mandel, Schock
Zeug
7 Plunder

altfranzösische
Dichtung
11 Rolandslied
Münze
3 Ecu, Sou
5 Agnel, Livre
6 Denier, Double
7 Turnose
11 Napoleondor

altfranzösischer
Tanz
7 Gavotte, Menuett

altfranzösisches
Kunstgedicht
3 Lai
Längenmaß
5 Toise
Lied
3 Lai
Papiergeld
10 Assignaten
Spielmannslied
3 Lei
altfriesischer
Rechtssprecher
5 Asega
altfriesisches
Rechtsbuch
5 Aseaa
altgedienter
Soldat
7 Veteran
Altgeige
5 Viola
8 Bratsche
altgeliebter
Schlager
9 Evergreen
altgermanische
Dichtung
4 Edda, Saga
Dichtungsform mit Gesang und Tanz
5 Leich
Feier der Wintersonnenwende
7 Julfest
Gefallenenhalle
7 Walhall
8 Walhalla
Götterbotin
3 Gna
Göttermutter
5 Freia, Freya
Gottheit
3 Ase
4 Dise, Wane
5 Norne
Göttin
3 Hel, Ran, Sif, Syn, Urd, Var, War
4 Asin, Erke, Frea, Idun, Laga, Lofn, Nott, Saga, Sygn, Vara, Wara
5 Freia, Freya, Frigg, Frija, Iduna, Nanna, Rinda, Skadi, Skuld
6 Frigga, Gefjon, Loeffa, Ostara
7 Sjoefna
Göttinnen des Nordens
7 Asynien
göttliche Jungfrau
8 Walkuere
Grabstätte
10 Huenengrab
Heldensage
4 Edda, Saga
Hiebwaffe
5 Keule
Sagengestalt
3 Ask, Nix, Ran
4 Egil, Geri, Gnom, Hate, Hati, Heid, Neck, Nixe, Surt, Ullr, Ymir
5 Alfar, Aslak, Baugi, Eldir, Embla, Freki, Fylla, Galar, Holde, Hugin, Lodin, Noeck, Nunin, Skoll, Uller
6 Fenris, Fjalar, Mirmir, Njoerd, Quaser, Widolf
7 Alfadur, Gungnir, Wieland
8 Alberich, Farbaute, Managarm, Neidhard, Sleipnir
Schicksalsgöttin
3 Urd
6 Nornen
Volksversammlung
5 Thing
Waffe
3 Ger, Sax
5 Keule
Weissagerin
4 Wala
altgermanischer
Asen-Wohnsitz
6 Asgard
Asgardwächter
8 Heimdall
Burgunderkönig
6 Gernot
7 Gunther
8 Giselher
Drache
6 Fafner, Fafnir
Drachentöter
9 Siegfried
Erbbesitz
4 Odal
Feldherr
5 Armin
Gott
3 Ali, Ase, Fro, Nix, Tiu, Tyr, Ziu
4 Frey, Loki, Odin, Thor, Wali
5 Aegir, Braga, Bragi, Donar, Widar, Wodan, Wotan
6 Balder, Baldur, Hoedur
7 Forseti
8 Thuiskon
Götterbote
7 Skirmir
Göttervater
4 Odin
5 Wodan, Wotan
Heerführer
7 Odoaker
Höllenhund
4 Garm
Hunnenkönig
5 Etzel
Kobold
5 Troll
Lichtgott
6 Baldur
Sänger
6 Skalde
Stammvater der Menschen
3 Ask
Trank
3 Met
Wassergeist
4 Neck
5 Noeck
Wurfspieß
3 Ger
Zwerg
4 Dain
Zwergenkönig
6 Laurin
altgermanisches
Blasinstrument
4 Lure
Göttergeschlecht
4 Asen
5 Disen, Wanen
Jagdhorn
4 Lure
Reich der Riesen
6 Utgard
Schlachtfeld
8 Walstatt
Schriftzeichen
4 Rune
Seefahrervolk
8 Wikinger
Totenreich
3 Hel
altgewohnte
Weise
5 Trott
altgriechische
Bergnymphe
6 Oreade
Buhlerin
7 Hetaere
Dichterin
6 Sappho
7 Korinna
Dichtung
5 Epode
Friedensgöttin
6 Eirene
Geldeinheit
6 Talent
Geliebte
7 Hetaere
Götterbotin
4 Iris
Göttermutter
4 Hera
Göttin
2 Ge
3 Ate, Bia, Deo, Eos, Nyx
4 Aura, Dike, Enyo, Eris, Gaea, Gaia, Hebe, Hera, Hore, Iris, Klio, Leto, Nike, Ossa, Rhea, Styx
5 Elpis, Erato, Metis, Moira, Prnia, Tyche
6 Aglaia, Athene, Charis, Eirene, Hekate, Hestia, Peitho, Phoebe, Psyche, Selene, Tethys, Thalia, Themis, Thetis, Urania
7 Artemis, Astraea, Demeter, Erinnye, Euterpe, Hygieia, Nemesis
8 Aletheia, Charitin, Harmonia, Illihyia, Kalliope, Lachesis
9 Aphrodite, Mnemosyne
10 Amphitrite, Persephone
12 Pallas Athene
Göttin der Gerechtigkeit
7 Nemesis
Göttin der Jagd
7 Artemis
Göttin der Jugend
4 Hebe
Göttin der Morgenröte
3 Eos
Göttin der Schönheit
9 Aphrodite

Göttin der Weisheit
6 Athena, Athene
Göttinnen der Jahreszeit
5 Horen
Grabsäule
5 Stele
Hafenstadt
5 Aulis
Helden
10 Argonauten
Insel des Odysseus
6 Ithaka
Kolonie auf Sizilien
5 Mylae
Kolonie in Unteritalien
4 Elea
Landschaft
4 Elis
5 Doris, Malis
6 Achaia, Aeolis, Attika, Epirus, Ionien, Lokris, Phokis
7 Argolis, Laurion
8 Aetolien, Arkadien, Boeotien, Lakonien, Magnesia, Thrakien
9 Messenien
10 Makedonien, Thessalien
Liebesgötter
6 Eroten
Liebesgöttin
9 Aphrodite
Meernymphe
6 Thetis
7 Galatea, Nereide
Meerschlange
5 Hydra
Mondgöttin
6 Selene
Münze
4 Mine
6 Lepton, Obolos, Stater, Talent
Muse der Astronomie
6 Urania
Muse der Epik
8 Kalliope
Muse der Geschichte
4 Klio
Muse der Komödie
6 Thalia
Muse der Liebesdichtung
5 Erato
Muse der Lyrik
7 Euterpe
Muse der Musik
10 Polyhymnia
Muse der Tragödie
9 Melpomene
Muse des Tanzes
11 Terpsichore
Nereide
7 Galatea
Nymphe
4 Echo
6 Dryade, Egeria, Najade, Oreade
7 Galatea, Kalypso, Nereide
8 Galateia, Okeanide
10 Hamadryade
Opfer-, Trinkschale
6 Phiale
Orakelstätte
5 Delos
6 Delphi, Klaros
Pferderennbahn
9 Hippodrom
Philosophenschule
4 Elea, Stoa
8 Akademie
Provinz
4 Elis
5 Doris, Malis
6 Achaia, Attika, Epirus, Phokis
7 Aetolia, Argolis, Arkadia, Boeotia
8 Aeniania, Lakonika, Messenia
9 Akarnania, Makedonia, Thessalia
10 Lokopuntia
Rachegöttin
6 Alekto
7 Erinnye, Megaere, Megaira
8 Eumenide
9 Tisiphone
Rennbahn
9 Hippodrom
Ringerschule
9 Palaestra
Ruinenstadt
6 Mistra
7 Mistral
Sagengestalt
3 Ino
4 Ajax
5 Argus, Atlas, Danae, Gorgo, Jason, Medea, Midas, Niobe, Orest, Paris, Titan
6 Achill, Aeneas, Atreus, Augias, Baucis, Charon, Europa, Hektor, Helena, Ikaros, Ikarus, Nestor, Pollux, Sirene, Sphinx, Zyklop
7 Ariadne, Elektra, Jokaste, Kentaur, Oedipus, Orestes, Orpheus, Theseus, Zentaur
8 Antigone, Daedalos, Daedalus, Eurydike, Herakles, Herkules, Odysseus, Penelope, Tantalus
9 Achilleus, Agamemnon, Iphigenie, Pygmalion
10 Amphitryon, Kassiopeia, Prokrustes, Prometheus
Schalmei
5 Aulos
Schildbürgerstadt
6 Abdera
Siegesgöttin
4 Nike
Silber- und Kupfermünze
6 Obolus
Sprache
5 Koine
Stadt
4 Abae, Elea
5 Argos, Milet
6 Abdera, Abydos, Aktium, Delphi, Himera, Mistra, Mykene, Smyrna, Sparta, Theben
7 Eleusis, Mistral, Stagira, Tanagra
8 Pergamon
9 Chaeronea
Stadtburg
9 Akropolis
Tempelsäule in Mädchengestalt
9 Karyatide
Tempelstadt
6 Delphi
Todesdämonen
5 Keren
Trinkschale
5 Kylix
Trompete
7 Salpinx
Unterwelt
5 Hades
6 Erebus
8 Tartarus
Volksversammlung
5 Agora
Weissagerin
4 Agon
6 Pythia
Zauberin
5 Circe, Kirke

altgriechischer
Arzt
11 Hippokrates
Bildhauer
6 Skopas
7 Antenor, Phidias
8 Polyklet
10 Praxiteles
Chorlyriker
6 Alkman
Dichter
5 Aesop, Aoede, Arion, Homer, Lasos
6 Hesiod, Lukian, Pindar, Sappho
7 Thespis
8 Anakreon, Menander, Philemon, Pindaros, Plutarch, Theokrit, Xenophon
9 Aeschylos, Aeschylus, Aischylos, Euripides, Sophokles
10 Thukydides
12 Aristophanes
Erfinder
5 Heron
8 Archimed
10 Archimedes
Fabeldichter
5 Aesop
fahrender Sänger
8 Rhapsode
Fährmann der Unterwelt
6 Charon
Fluss der Unterwelt
4 Styx
5 Lethe
7 Acheron
Fußsoldat
6 Hoplit
Geschichtsschreiber
7 Herodot, Zosimus
8 Polybios, Xenophon
10 Thukydides
Gesetzgeber
5 Solon
6 Drakon
Gott
3 Pan
4 Ares, Eros, Libs, Zeus
5 Apoll, Hades, Hymen, Ladon, Momos, Pluto, Titan
6 Aeolos, Aeolus, Apollo, Asopos, Boreas, Erebos, Helios, Hermes, Hypnos, Ikelos, Kratos, Kronos, Nereos,

Nereus, Triton, Uranos, Zephyr
7 Anteros, Apollon, Bacchus, Bakchos, Chronos, Ganymed, Okeanos, Peneios, Phoebus, Priapos, Proteus
8 Aeskulap, Alpheios, Dionysos, Hephaest, Hyperion, Morpheus, Poseidon, Thanatos
9 Asklepios, Hymenaeos, Phantasos
10 Hephaestos, Hephaistos

Gott der Arzneikunst
8 Aeskulap
9 Asklepios

Gott der Ehe
5 Hymen
9 Hymenaeos

Gott der Liebe
4 Eros

Gott der Unterwelt
5 Pluto
6 Pluton

Gott der Winde
6 Aeolos, Aeolus

Gott der Zeit
6 Kronos
7 Chronos

Gott des Krieges
4 Ares

Gott des Weines
7 Bacchos, Bacchus, Bakchos

Götterberg
5 Olymp

Götterbote
6 Hermes

Göttervater
4 Zeus

Hafen
5 Aulis

Hauptstamm
5 Dorer

Heerführer
9 Agamemnon

Held
4 Ajax
6 Achill, Nestor
8 Achilles, Argonaut, Diomedes, Herakles, Odysseus, Tantalus
9 Achilleus, Agamemnon, Idomeneos, Idomeneus, Patroklos, Patroklus

Hirtengott
3 Pan

Historiker
7 Herodot, Ktesias
10 Herodianus

Jubelruf
4 Evoe

Jüngling
6 Adonis, Ephebe

König von Theben
7 Oedipus

Kriegsgott
4 Ares

Kultort
7 Eleusis

Kunsttöpfer
6 Amasis

Liebesgott
4 Eros

Lustspieldichter
8 Menander
12 Aristophanes

Lyriker
6 Ibykus
8 Anakreon

Mantel
8 Himation

Marktplatz
5 Agora

Mathematiker
5 Heron
6 Euklid, Pappus, Thales
7 Hippias, Pytheas
8 Archimed, Archytas
10 Apollonius, Archimedes, Pythagoras
11 Hippokrates
12 Eratosthenes

Meergeist
6 Nereos, Nereus

Meergott
8 Poseidon

Musiktheoretiker
5 Damon

Name der Dardanellen
10 Hellespont

Name für Maritza
6 Hebros

Naturgott
3 Pan

Philosoph
4 Bias, Zeno
5 Plato, Solon, Zenon
6 Chilon, Epikur, Euklid, Platon, Thales
7 Epiktet, Gorgias, Hippias, Leukipp, Phaedon, Phaidon
8 Aristipp, Demokrit, Diogenes, Heraklit, Plutarch, Sokrates, Xenophon
9 Kleanthes, Periander
10 Anaxagoras, Anaximenes, Aristippos, Demokritos, Empedokles, Pythagoras, Xenokrates, Xenophanes
11 Aristoteles
12 Theophrastus

Philosophenschüler
5 Eleat
7 Eleaten, Stoiker

Physiker
5 Heron
10 Archimedes

Rundbau
6 Tholos

Sagenheld
5 Iason, Orest
6 Nestor
7 Orestes, Theseus
8 Herakles, Tantalus

Sänger
5 Arion
7 Orpheus

Schalmeienspieler
5 Aulet

Seher
8 Tiresias
9 Teiresias

Staatsmann
6 Kineas
8 Perikles
9 Aristides
10 Alkibiades
11 Kleisthenes
12 Themistokles

Stadtstaat
5 Polis
6 Sparta

Stamm, Stammesverband
5 Phyle

Stamm, Stammverband
5 Dorer, Thyle
6 Dorier, Ionier
7 Achaeer, Aeolier

Tempelbezirk
7 Temenos

Theaterbau, Musikhalle
6 Odeion

Tragödiendichter
9 Aeschylus, Aischylos, Euripides, Sophokles

Umtrunk, Festumzug
5 Komos

Unterweltsfluss
5 Lethe

Vasenmaler
5 Duris

Volksstamm
5 Dorer

Wächter
5 Argus

Waldgeist
5 Satyr

Wasserkrug
6 Hydria

Weinmischkrug
6 Krater

Weiser
4 Bias
5 Solon
6 Thales

Wettkampf
4 Agon

Zweikampf
10 Pankration

altgriechisches

Bauwerk
9 Parthenon
11 Erechtheion

Blasinstrument
5 Aulos

Danklied
5 Paean

Deckelgefäß
6 Kanope

Dichterross
7 Pegasus

Gewand
6 Chiton, Peplon, Peplos
7 Chlamys
8 Himation

Gewicht
4 Mina, Mine
6 Talent
7 Drachme

Heldenepos
5 Ilias
6 Iliade
7 Odyssee

Kriegsschiff
6 Triere

nationales Fest
9 Olympiade

Nationalheiligtum
7 Olympia

Paradies
7 Elysion, Elysium

Sagenschiff
4 Argo
Saiteninstrument
4 Lyra
7 Kithara
8 Barbiton
10 Aeolsharfe
Salbengefäß
8 Lekythos
Turnier
4 Agon
Umschlagtuch
6 Peplon, Peplos
Ungeheuer
5 Hydra
6 Skylla
9 Charybdis
10 Minotaurus
Unterkleid
6 Chiton
Versammlungshaus
6 Lesche
Viergespann
8 Quadriga
Volk
6 Ionier, Lokrer
Volksgericht
15 Scherbengericht
Weihopfer, Götterbild
6 Agalma
Zupfinstrument
7 Psalter
Altgut
4 Kram
5 Muell
7 Plunder, Troedel
11 Troedelkram, Troedelzeug
althamitisches
Volk
6 Tuareg
Althändler
8 Troedler
althebräische
Münze
5 Sekel
althebräisches
Gewicht
5 Sekel
althergebracht
11 ueberkommen
12 traditionell, ueberliefert
althochdeutsche
Dichtung
11 Ludwigslied
altindianisches
Kulturvolk
5 Inkas, Mayas
7 Azteken
8 Tolteken
altindische
Dichtung
4 Veda, Weda
6 Mantra
7 Rigweda
8 Ramajana, Ramayana, Samadeva
9 Kamasutra
10 Kathasarit
11 Gitogovinda, Mahabharata, Matangalila, Pancatantra, Sukasaptati
12 Bhagavadgita, Hitopadescha, Upanischaden
14 Katharatnakara, Pantschatantra
Erzählung
7 Puranas
Göttergruppe
5 Asura
Gottesdienerin
8 Bajadere
Göttin
4 Diti, Maja
5 Aditi
8 Lakschmi
9 Saraswati
heilige Schrift
4 Veda, Weda
Lebensklugheit
4 Niti
Lebenslehrbücher
5 Sutra
religiöse Schriften
11 Upanishaden
Sprache
4 Pali
7 Prakrit
8 Sanskrit
Tempeltänzerin
8 Bajadere
altindischer
Dichter
5 Amaru
8 Kalidasa
Gewitter-, Kriegsgott
5 Indra
Gott
4 Agni, Jama, Rama
5 Brami, Indra, Surja
6 Brahma, Schiwa, Skanda
7 Kasjapa, Wischnu
8 Kamadewa
9 Kartikeja
König
5 Asoka, Manda
7 Aschoka
Lyriker
5 Amaru
Sagenheld
3 Nal
4 Nala, Rama
altindisches
Adelsgeschlecht
5 Sakja
Epos
8 Ramajana
Fabelbuch
14 Pantschatantra
Lebenslehrbuch
5 Sutra
altiranischer
König
5 Kyros
6 Darius, Xerxes
7 Dareius
8 Kambyses
10 Artaxerxes
Lichtgott
6 Ormuzd
10 Ahuramazda
Prophet
11 Zarathustra
altiranisches
Land
6 Medien
Volk
5 Meder
7 Parther
altirische
Kriegerkaste
5 Fiann
altisländische
Dichtung
4 Saga
Sagensammlung
4 Edda
10 Schrifttum
altisraelischer
Priesterdiener
5 Levit
Altitaliener
6 Italer
altitalienische
Göttin
5 Fauna, Palas
6 Matuta
8 Mephitis, Tutilina
Landschaft
6 Latium
7 Samnium
8 Etrurien
Münze
4 Tari
5 Scudo, Soldo
Quellnymphe
6 Kamene
Weingöttin
6 Libera
altitalienischer
Gott
5 Liber, Picus
6 Faunus
altitalienisches
Gebiet
8 Etrurien
Volk
5 Osker
6 Aequer, Apuler, Italer, Marser, Umbrer
7 Latiner, Sabiner, Umbrier, Volsker
8 Etrusker, Herniker, Italiker, Samniten
Altjahresabend
9 Silvester
altjapanische
Kaiserstadt
5 Kioto
altjapanisches
Krieger- und Adelsgeschlecht
7 Samurai
altjüdische
Geheimsekte
7 Essener
altjüdischer
König
3 Ela
altjüngferlich
7 spinoes
altkastilische
Stadt
5 Avila
altkaukasischer
Volksstamm
8 Lesghier
altkeltische
Sagengestalt
5 Artus
6 Isolde
7 Tristan

altkeltischer Dichter, Sänger
5 Barde
6 Ossian
altkirchlicher
Lobgesang
6 Tedeum
altkirchliches
Liebesmahl
5 Agape
altklug
7 vorlaut
8 naseweis
Altmalaie
6 Igorot
altmalaiischer
Stamm
5 Alune, Batak
altmalaiisches
Volk
5 Batak
altmärkische
Stadt
5 Calbe
7 Stendal
9 Salzwedel
10 Gardelegen
altmärkisches
Adelsgeschlecht
8 Bismarck
Altmeister
6 Nestor, Senior
des deutschen Motorflugs
5 Grade
Altmetall
7 Schrott
altmexikanisches
Volk
4 Maja, Maya
5 Nahua
7 Azteken, Olmeken
8 Mixteken, Tolteken
9 Totonaken
altmodisch
5 passe
6 zopfig
7 obsolet
8 unmodern
9 ueberholt, ueberlebt
13 altfraenkisch
altmodische
Kopfbedeckung
12 Zipfelmuetze
altmodischer
Damenhut
7 Kapotte
9 Kapotthut
altmodisches
Fahrzeug
7 Vehikel
Sofa
7 Kanapee
altniederländische
Münze
4 Deut, Duit
6 Rijder
7 Ducaton, Dukaten, Kreuzer, Stueber, Stuiver
altnordische
Dichtung
4 Edda, Saga
Totengöttin
3 Hel
altnordischer
Dichter
3 Tiu
6 Skalde
Gott
3 Tin
4 Odin, Thor
5 Bragi, Hoedr
Volksglauben
9 Berserker
altnordisches
Jagdhorn
3 Tiu
4 Lure
Schrifttum
4 Edda
Schriftzeichen
4 Rune
Seefahrervolk
8 Wikinger
altorientalische
Hauptstadt
4 Susa
5 Akkad
Kopfbedeckung
5 Mitra
altorientalischer
Geist
6 Asmodi
Gott
4 Baal
Stadtstaat
4 Mari
Volksstamm
5 Juden, Lyder, Meder, Syrer
6 Perser
7 Akkader, Assyrer, Minaeer, Parther, Sabaeer
8 Amoriter, Aramaeer, Elamiter, Hebraeer, Hethiter, Hurriter, Kassiten, Moabiter
9 Churriter, Kimmerier, Nabataeer
10 Aethiopier, Babylonier, Kanaanaeer, Phoenizier
Altpapier
9 Makulatur
altpersische
Dynastie
12 Achaemeniden
Fee
4 Peri
Gedichtform
6 Gasele
Landschaft
8 Baktrien
Religion
9 Parsismus
Rohrflöte
3 Nei
Silbermünze
8 Dareikos
Stadt
4 Susa
8 Ekbatana
10 Persepolis
altpersischer
König
5 Kyros
6 Darius, Xerxes
7 Dareios
8 Kambyses
10 Artaxerxes
Priester, Zauberer
6 Magier
Religionsstifter
9 Zoroaster
11 Zarathustra
Statthalter
6 Satrap
Volksstamm
5 Meder
altpersisches
heiliges Buch
6 Awesta
Wegemaß
9 Parasange
altperuanische
Adelskaste
4 Inka
altperuanischer
Herrscher
4 Inka
Altphilologe
6 Hartke
8 Lachmann
altpolnischer
Tanz
7 ◆ Masurka, Mazurka
altportugiesische
Münze
4 Real
altpreußische
Goldmünze
13 Friedrichsdor
altrömische
Befestigungslinie
11 Trajanswall
Burg
7 Kapitol
Bürgerschaftsversammlung
8 Komitien
Geister Verstorbener
5 Laren
7 Lemuren
Geldeinheit
6 Talent
Göttin
3 Nox, Ops, Pax
4 Cura, Fama, Juno, Luna, Roma, Spes
5 Ceres, Copia, Diana, Flora, Furie, Parze, Suada, Venue, Vesta
6 Aurora, Tutela
7 Fortuna, Majesta, Minerva, Veritas
8 Justitia, Juventas, Libertas, Victoria
9 Concordia
10 Proserpina
Halbgötter
7 Nymphen
Hauptmahlzeit
4 Cena
Hausgötter
5 Laren
7 Penaten
Heereseinheit
6 Legion, Region
Herdgöttin
5 Vesta
Kalendertage
4 Iden, Idus
Leibwache
12 Praetorianer

17 Praetorianergarde
Liebesgötter
9 Amoretten
Liebesgöttin
5 Venus
Militäreinheit
6 Legion
7 Cohorte, Kohorte, Manipel
8 Centurie, Zenturie
Mondgöttin
4 Luna
Münze, Gewicht
2 As
3 Aes
5 Denar, Libra, Semis, Uncia
6 Aureus, Quinar
7 Sesterz, Siliqua, Solidus
9 Argenteus
Patrizierfamilie
6 Scipio
Priesterin
7 Sibylle
8 Vestalin
Provinz
4 Asia
6 Apulia, Dacien, Latium, Raetia, Umbria
7 Aemilia, Etruria, Liguria, Lucania, Noricum, Picenum, Samnium, Sicilia, Venetia
8 Bruttium, Calabria, Campania, Pannonia
10 Mauretania
11 Transpadana
Quellnymphe
6 Egeria
Rachegöttinnen
6 Furien
Rednertribüne
6 Rostra
Sammlung von Weissagungen
20 Sibyllinische Buecher
Schaufechter
11 Gladiatoren
Schicksalsgöttin
5 Parze
Schutzgeister
5 Laren
Stirnbinde
5 Inful
Straßenkarte
8 Itinerar
Totengeister
7 Lemuren
Totenklage
6 Naenie
Totenseelen
5 Manen
Trommel
5 Nabat
Unterwelt
5 Orkus
Wasserleitung
9 Aquaedukt
Wurfmaschine
6 Onager

altrömischer

Amtsadel
6 Orsini
10 Nobilitaet
Amtsdiener
6 Liktor
Angehöriger des »Rates der Alten«
7 Senator
Beamter
5 Aedil
6 Konsul, Tribun, Zensor
7 Praetor
8 Praefekt, Quaestor
Dichter, Denker
4 Cato, Ovid
5 Horaz, Nepos
6 Caesar, Catull, Cicero, Ennius, Katull, Livius, Lukrez, Seneca, Sueton, Terenz, Tibull, Vergil
7 Plautus, Plinius, Sallust, Statius, Tacitus
8 Apuleius
Fechter
9 Gladiator
Feldherr
5 Varus
6 Caesar, Marius, Narses
7 Agrippa, Belisar
Frauenname
7 Oktavia
Gerichtsplatz
5 Forum
Gesandter
5 Legat
Geschichtsschreiber
5 Nepos
6 Livius
7 Sallust, Tacitus
Gott
3 Sol
4 Amor, Faun, Mars, Mors
5 Cacus, Janus, Jokus, Pluto
6 Apollo, Cupido, Erebus, Faunus, Merkur, Neptun, Saturn, Somnus
7 Bacchus, Jupiter, Pluvius
8 Favonius, Pilumnus, Silvanus, Terminus, Vulcanus
9 Mercurius, Vertumnus
11 Aesculapius
Götterbote
6 Merkur
Grenzwall
5 Limes
Gruß
3 Ave
Hauptmann
8 Centurio, Zenturio
Hausgeist
5 Laren
Historiker
7 Sisenna, Tacitus
8 Appianus, Plutarch
Justizbeamter
7 Praetor
Kaiser
4 Nero, Otho
5 Galba, Nerva, Titus
6 Decius, Julian, Probus, Trajan, Valens
7 Gratian, Hadrian, Severus
8 Augustus, Aurelian, Caligula, Claudius, Commodus, Domitian, Galerius, Honorius, Oktavian, Tiberius, Valerian
9 Antoninus, Caracalla, Mark Aurel, Vespasian
10 Diokletian, Konstantin, Theodosius
11 Constantius, Valentinian
13 Antoninus Pius
14 Marcus Aurelius
16 Septimius Severus
Kalendertag
4 Idus
König
7 Romulus
10 Tarquinius
12 Ancus Martius
13 Numa Pompilius
14 Servius Tullius, Tulla Hostilius
17 Tarquinius Priscus
18 Tarquinius Superbus
Königstitel
3 Rex
Lanzenreiter
4 Ulan
Liebesgott
4 Amor
Lustspieldichter
6 Terenz
Marktplatz
5 Forum
Oberpriester
8 Pontifex
Polizist
5 Aedil
Priester
5 Augur
8 Haruspex
Provinzstatthalter
10 Prokurator
Rechtslehrer
5 Gajus
Redner
6 Cicero
Schaukämpfer
9 Gladiator
Schauspieler
9 Histrione
Schriftsteller, Dramatiker
4 Ovid
5 Horaz
6 Caesar, Cicero, Ennius, Lukrez, Seneca, Sueton, Terenz, Tibull, Vergil
7 Martial, Plautus, Properz
8 Apulejus
9 Petronius
Soldat
9 Legionaer
Sonnengott
3 Sol
Staatsmann, Heerführer
4 Cato
5 Sulla, Varus
6 Brutus, Caesar, Cicero, Drusus, Marius, Narses, Scipio
7 Agrippa, Cassius, Crassus, Lepidus
8 Antonius, Octavian, Pompejus
Sturmbock
5 Aries
Titel
6 Caesar, Consul, Konsul, Tribun, Zensor
7 Praetor
8 Praefekt, Quaestor
9 Imperator, Proconsul, Prokonsul
Totengeist
5 Lemur

Volksführer
6 Quirin, Tribun
Volksteil
8 Plebejer, Quiriten
9 Patrizier
Waldgeist
4 Faun
Weissager
5 Augur
Wettkämpfer
9 Gladiator
Zensor
4 Cato
altrömisches
Ärmelgewand
5 Stola
Bauwerk
7 Capitol, Kapitol, Kastell
8 Pantheon
9 Aquaedukt, Colosseum, Kolosseum
12 Amphitheater, Triumphbogen
Fest
11 Saturnalien
Geschlecht
6 Iulier, Julier
7 Flavier
Gewand
4 Toga
5 Stola
6 Tunica, Tunika
Gewicht, Münze
2 As
5 Denar, Libra, Uncia
6 Aureus, Quinar
7 Sesterz
Grußwort
3 Ave
5 Salve
7 Salvete
Hirtenlied
6 Ekloge
jährliches Totenfest
8 Feralien
Klagelied
6 Naenie
Obergewand
4 Toga
Schlafzimmer
9 Cubiculum
Stadttor von Trier
10 Porta Nigra
Unterkleid
6 Tunica, Tunika
altrussische
Dorfgemeinde
3 Mir
Volksvertretung
4 Dume
altrussischer
Adliger
5 Bojar
Halsschmuck
6 Griwna
altrussisches
Längenmaß
5 Werst
Altsachse
6 Saxone
altsächsische
Evangeliendichtung
7 Heliand
altsächsischer
Gott
4 Baal
6 Saxnot
altsächsisches
Adelsgeschlecht
12 Liudolfinger
Altschnee
im Gebirge
4 Firn
6 Ferner, Firner
Altschrift
7 Antiqua
altsemitische
Gottheit
4 Baal
Göttin
7 Astarde
Liebesgöttin
5 Istar
7 Astarte
altsemitisches
Königreich
4 Saba
altspanische
Bevölkerung
6 Iberer
Münze
4 Real
5 Dobla, Medio
6 Doblon, Reales
7 Dublone, Pistole
9 Cuartillo, Excelente
altspanischer
Tanz
9 Sarabande
altsprachlich
12 humanistisch
altsprachliches
Schulfach
6 Latein
10 Griechisch
Altstadt
Istanbuls
7 Stambul
orientalischer Städte
6 Medina
von Kairo
5 Muski
Altsteinzeit
14 Palaeolithikum
altsteinzeitliche
Wohnstelle
4 Abri
5 Abrit
altsteinzeitlicher
Mensch
12 Neandertaler
altsyrische
Stadt
9 Antiochia
alttürkischer
Provinzstadthalter
9 Beglerbeg
alttürkisches
Gewicht
4 Okka
altväterlich
10 ehrwuerdig
15 patriarchalisch
altvenezianische
Münze
7 Zechine
altwalisische
Königssage
4 Epos
9 Artussage
Altwaren
7 Troedel
11 Altmaterial
Altwarenhändler
8 Troedler
13 Lumpensammler
Altware, Schleuderware
6 Ramsch
Altwelt-, Hundskopfaffe
5 Makak
aluminiumähnliches
Metall
6 Indium
Aluminiumerz
6 Bauxit
Aluminiumfolie
8 Stanniol
Aluminiumlegierung
5 Dural
6 Aldrey, Aludur, Aluman, Alusil, Lautal
Aluminiumoxid
7 Tonerde
Aluminiumsilikat
6 Kyanit
Aluminiumverbindung
8 Aluminat
Alzette-Zufluss
(Luxemburg)
6 Attert
am
Arm getragene Schutzwaffe
6 Schild
Boden
5 unten
Hals getragener Anhänger
7 Amulett
Meer liegende Stadt
12 Lagunenstadt
Tagesanfang, vor der Zeit
5 frueh
Tag vorher
7 gestern
Amarelle
12 Sauerkirsche
Amaryllengewächs
5 Agave
Amaryllisgewächs
6 Clivia, Nerine
8 Narzisse
11 Osterglocke
16 Schneegloeckchen
Amateur
4 Laie
9 Dilettant, Liebhaber
10 Autodidakt, Nichtprofi
13 Nichtfachmann
14 Sportliebhaber
Amateursängergruppe
9 Laienchor
Amazonenkönigin
11 Penthesilea
Ambition
7 Ehrgeiz, Streben
9 Bestreben, Interesse
ambrosianischer
Lobgesang
6 Tedeum

ambulante
Händlerin
9 Marktfrau
Ambulanz
11 Hilfsstelle, Unfallwagen
12 Feldlazarett, Krankenwagen
Ambulatorium
15 Behandlungsraum
Ameise
4 Emse
ameisenartiges
Insekt
7 Termite
Ameisenbär
8 Pangolin
Ameisenbeutler
6 Numbat
Ameisenigel
12 Schnabeligel
Ameisensäurerest
6 Formyl
Amerikaner
6 Yankee
amerikanisch
in Ordnung
2 ok
4 okay
amerikanische
Agavenfaser
5 Ixtle
Altistin
4 West
6 Bumbry
7 Hoffman
8 Anderson, Troyanos
Anthropologin
4 Mead
8 Benedict
Automarke
4 Ford
5 Buick, Dodge
7 Lincoln, Mercury, Pontiac, Rambler
8 Cadillac, Chrysler, Plymouth
9 Chevrolet, Oldsmobil
Autostadt
7 Detroit
Baumart
10 Seifenbaum
Berühmtheit
4 Ford
5 Astor
6 Gallup, Hilton, Morgan
7 Pullman
8 Carnegie
10 Vanderbilt
11 Rockefeller
Beutelratte
7 Opossum
Bezeichnung für Jugendliche
8 Teenager
Bucht, Golf, Sund
8 Fundybai, Penasbai, Tampabai, White Bai
9 Baffinbai, Blancabai, Hudsonbai, Ungavabai
10 Boothiabai, Fonsecabai, Trinitybai
11 Delawarebai, Montereybai
12 Amundsengolf, Melvillesund, Monterreybai, Pamplicosund
13 Golf von Alaska, Golf von Darien, Golf von Mexiko, Golf von Panama
14 Coronationgolf, Cumberlandsund
15 Golf von Campeche, Golf von Honduras, San-Francisco-Bai, Sankt-Lorenz-Golf
16 Allerheiligenbai, Golf von Guayaquil
18 Golf von Kalifornien
Bundespolizei
3 FBI
Chemiefaser
5 Orlon
Dichterin, Schriftstellerin
4 Buck, Dood
5 Bogan, Bowen, Moore
6 Alcott, Ferber, Graham, Hobart, Keller, Millay, Parker, Porter
7 Beecher, Smedley
8 Caldwell, McCarthy, Mitchell
9 Dickinson, Doolittle, McCullers
Echse
5 Agame
Echsenart, Leguan
6 Iguana
Fächerpalme
5 Sabal
Farm
5 Ranch
Filmgattung
7 Western
Filmmetropole
9 Hollywood
Filmschauspielerin
3 Day, Loy
4 Page
5 Baker, Davis, Kelly, Novak, O'Hara, Wyman, Young
6 Bacall, Baxter, Hobson, Lamarr, Monroe, Ottava, Prowse, Russel, Seberg, Taylor, Turner
7 Allyson, Colbert, Darnell, deCarlo, Gardner, Garland, Hayward, Hepburn, McLaine, Russell, Swanson, Winters
8 Clarisse, Crawford, Fontaine, Gardener, Hayworth, Williams
9 Mansfield
11 de Havilland
Flagge
13 Sternenbanner
Fledermaus
5 Furie
Folklore
9 Bluegrass
12 Country-music, ◆ Countrymusic
Geheimpolizei
3 FBI
Giftschlange
15 Klapperschlange
Gitarre
5 Banjo
Glaubenssekte
7 Quaeker
8 Mormonen
Goldmünze
5 Eagle
Halbinsel
5 Gaspe
6 Alaska, Avalon, Nocoya, Valdes
7 Boothia, Florida, Nugsuak, Yucatan, Yukatan
8 Labrador, Melville
9 Manhattan, Paraguana
10 California, Cornwallis, Cumberland, Long Island, Patagonien
11 Kalifornien
Hauptstadt
4 Lima
5 La Paz, Quito, Sucre
6 Belize, Bogota, Habana, Ottawa, Panama
7 Caracas, Cayenne, Havanna, Managua, San Jose, San Juan
8 Asuncion, Brasilia, Kingston, Santiago
9 Guatemala
10 Georgetown, Mexico City, Montevideo, Panama City, Paramaribo, Washington
11 Buenos Aires, Port of Spain, San Salvador, Tegucigalpa
12 Port-au-Prince, Santo Domingo
14 Ciudad Trujillo
15 Santiago de Chile
Insel, Inselgruppe
4 Cuba, Kuba
5 Coiba, Haiti
6 Chiloe, Tobago
7 Bahamas, Bermuda, Curaçao, Jamaica, Jamaika, Tortuga
8 Antillen, Barbados, Trinidad
9 Feuerland, Galapagos, Groenland, Vancouver
10 Baffinland, Cornwallis, Martinique, Puerto Rico
11 Neufundland
14 Falklandinseln
Jazzsängerin
10 Fitzgerald
Jungferninseln
6 St John
7 St Croix
8 St Thomas
Kanonierpflanze
5 Pilea
Kartoffelart
6 Batate
Konzession
6 Lizenz
Krötenart
3 Aga
Lyrikerin
6 Lowell
Malerin
5 Moses
Marderart
5 Skunk
9 Stinktier
Mezzosopranistin
5 Horne
6 Bumbry
Mondfähre
5 Eagle
Mondrakete
6 Saturn
Münze
3 Bit, Sol
4 Cent, Dime, Peso
5 Colon, Eagle, Sucre
6 Balboa, Dollar, Escudo,

Gourde
7 Bolivar, Centime, Cordoba, Guarani, Lempira, Quetzal
8 Cruzeiro
9 Centesimo
Musikgattung
4 Jazz, Rock
5 Blues
6 Gospel
9 Dixieland, Spiritual
10 Rock Ôn' Roll
11 Rock and Roll
Orchideengattung
6 Laelia
Panterkatze
6 Jaguar
Panzerfaust
7 Bazooka
Pfirsichsorte
6 Amsden
Philanthropin
6 Addams
Pianistin
6 Pierce
Publizistin
6 Fuller
rackenartige Vogelfamilie
5 Todis
Raubkatze
4 Puma
6 Ozelot
Raumfähre (Transporter)
8 Columbia
9 Discovery
10 Challenger
Raumfahrtbehörde
4 NASA
Raumfahrt-Startbasis
10 Kap Kennedy
Raumkapsel
7 Mercura
Raumsondenserie
6 Ranger
7 Mariner
Riesenschildkröte
3 Aga
Riesenschlange
8 Anakonda
Schlankboa
5 Aboma
Schnellstraße
7 Highway
Seekuh
6 Manati
8 Lamantin
Selbstladepistole
8 Browning
Silbermünze
3 Bit
4 Dime
Sonnensonde
6 Helios
Sopranistin
4 Davy, Lear
5 Gayar, Grist, Moffo, Price, Sills
6 Arroyo, Curtin, Donath, Farrar, Kuchta, Norman, Peters, Varnay, Watson
7 Carroll
8 Marshall
12 Stich-Randall
Stadt
3 Ica, Rio, Uba, Ytu
4 Erie, Gary, Hull, Leon, Lima, Napa, Nome, Para, Paya, Pina, Reno, Tome, York, Yuma
5 Akron, Bahia, Belem, Colon, Dover, Fargo, Flint, La Paz, Macon, Miami, Omaha, Quito, Salem, Sucre, Tampa, Tulsa, Tunja, Utica
6 Albany, Austin, Balboa, Bogota, Boston, Callao, Camden, Campos, Canton, Colima, Dallas, Dayton, Denver, Duluth, Easton, El Paso, Fresno, Habana, Helena, Joplin, Lowell, Manaos, Mexiko, Mobile, Newark, Newton, Panama, Parana, Pierre, Potosi, Puebla, Quebec, Recife, Santos, St Paul, Sydney, Tacoma, Toledo, Toluca, Topeca, Tucson
7 Atlanta, Augusta, Bristol, Buffalo, Chatham, Chelsea, Chester, Chicago, Chikago, Clinton, Cordoba, Detroit, Halifax, Hoboken, Houston, Jackson, Key West, La Plata, Lincoln, Madison, Memphis, Mendoza, Milford, Newport, New York, Norfolk, Oakland, Olympia, Palmira, Pontiac, Raleigh, Reading, San Jose, Santa Fe, Seattle, Spokane, St Louis, Tampico, Toronto, Trenton, Tucuman, Ventura, Wichita, Yonkers
8 Amarillo, Appleton, Asuncion, Berkeley, Blumenau, Bradford, Brasilia, Cardenas, Columbia, Columbus, Freeport, Hamilton, Las Vegas, Lawrence, Marlboro, Montreal, New Haven, Pamplona, Pasadena, Portland, Richmond, San Diego, San Pedro, Santa Ana, Santiago, Sao Paulo, Savannah, Scranton, Syracuse, Valdivia, Valencia, Veracruz, Winnipeg
9 Anchorage, Angostura, Annapolis, Baltimore, Cambridge, Cartagena, Charlotte, Cleveland, Davenport, Des Moines, Elizabeth, Fall River, Fort Wayne, Fort Worth, Galveston, Guayaquil, Hollywood, Knoxville, Lakehurst, Lancaster, Lexington, Long Beach, Mansfield, Milwaukee, Nashville, Palm Beach, Pensacola, Pittsford, Princeton, Rochester, South Bend, Vancouver, Waterbury, Worcester
10 Birmingham, Bloomfield, Bridgeport, Charleston, Cincinnati, Evansville, Greenville, Harrisburg, Jersey City, Kansas City, Los Angeles, Louisville, Manzanillo, Montgomery, New Bedford, New Orleans, Paramaribo, Pernambuco, Pittsburgh, Providence, Sacramento, San Antonio, Shreveport, Somerville, Valparaiso, Vina del Mar, Washington, Wilmington, Youngstown
11 Buenos Aires, Chattanooga, Grand Rapids, Minneapolis, San Salvador, Springfield
12 Indianapolis, Jacksonville, Oklahoma City, Philadelphia, Port au Prince, Rio de Janeiro, Salt Lake City, San Francisco
Süßkartoffel
6 Batate
Tänzerin
5 Baker
Universitätsstadt
5 Omaha, Tulsa
6 Dallas, Denver, Ithaka, Tacoma, Toledo
7 Lincoln, Memphis, New York, San Jose, Seattle, Spokane, Wichita
8 New Haven, Richmond, Syracuse
9 Des Meines, Knoxville, Lexington, Milwaukee, Nashville, Princeton, Worcester
10 Cincinnati, Forth Worth, Little Rock, Los Angeles, Louisville, Pittsburgh, Providence, San Antonio, Washington
11 Minneapolis
12 Philadelphia, Salt Lake City, San Francisco
Urbewohner
5 Indio
8 Indianer
Viehfarm
5 Ranch
Vogelbeere
6 Aronia
Volkswirtschaftlerin
5 Balch
Währungseinheit
6 Dollar
Wasserstraße
11 Panamakanal
Wegwespe
6 Pepsis
Weltraumbehörde
4 NASA
Wühlmaus
10 Bisamratte
Wüste
6 Nevada
7 Atacama
Zierpflanze
5 Loasa, Loase

amerikanischer

Admiral
4 Byrd
6 Nimitz
Ansiedler
8 Squatter
Anthropologe
6 Dalton
Arbeiterführer
4 Hall
6 Dennis, Foster

7 Haywood, Winston
Arbeiterführerin
5 Flynn
Architekt u. Baumeister
6 Abrams, Neutra, Wright
Arzt
4 Cook, Salk
5 Minot
6 Graham, Murphy
7 Jackson, Robbins
ärztlicher Forscher
4 Best
7 Macleod
Astronaut
4 Bean, Duke
5 Brand, Evans, Glenn, Haise, Irwin, Roosa, Scott, Weitz, White, Young
6 Aldrin, Anders, Borman, Cernan, Conrad, Cooper, Eisele, Gordon, Kerwin, Lousma, Lovell, Worden
7 Bormann, Collins, Grissom, Schirra, Schmitt, Shepard, Slayton, Swigert
8 Garriott, McDivitt, Mitchell, Stafford
9 Armstrong, Carpenter, Mattingly
10 Cunningham
11 Schweickart
Astronom
4 Hale, Hall
5 Gould
6 Hubble, Lowell
7 Newcomb, Russell, Shapley
8 Campbell
Astrophysiker
5 Abbot
Bakteriologe
4 Salk
6 Enders
Bankier
6 Morgan
Baptistenprediger
6 Graham
Bär
6 Grisly
7 Grizzly
10 Grislybaer
Bariton
6 Bailey, Milnes
7 Stewart
8 McDaniel
Basketballer, Basketballerin
4 Bird, Wood
5 Curry, Davis, Ewing, Henry, Jones, Joyce, McGee, Noble
6 Alford, Bantom, Brewer, Forbes, Jordan, Kleine, Koncak, Malone, Menken, Miller, Mulkey, Mullin, Pippen, Turner
7 Barkley, Boswell, Collins, Danovan, Drexler, Edwards, Fleming, Johnson, Perkins, Ratleff, Russell, Schaudt, Tisdale, Woodard
8 Burleson, Lawrence, McMillan
9 Henderson, Robertson
11 Chamberlain
12 Weatherspoon
Bass
5 Engen
7 Robeson
Bauernhof
4 Farm
5 Ranch
Baumwollbaum
5 Ceiba
Berg
4 Poas
5 Huila, Irazu, Misti
6 Colima, Cumbal, Isluga, Sajama, Sangay, Sorata, Telica, Tolima, Tuxtla, Volcan
7 Atitlan, Cataaca, Huascan, Iliniza, Illampu, Orizaba, Roroima
8 Antisana, Coropuna, Cotopaxi, Illimani, McKinley, Pikes Pik
9 Aconcagua, Black Dome, Blue Ridge, Cotacachi, Eliasberg, Forelberg, Huascaran, Itacolumi, MacKinley, Monte Tina, Mont Pelee, Paricutin, Pichincha, Silillica, Tajumulco, Villarica, Zuckerhut
10 Chimborazo, Parinacota
11 Mount Darwin, Moun Whitney
12 Citlaltepetl, Iztaccihuatl, Mount Harward, Mount Rainier, Popocatepetl, Tinguiririca
13 Mount Columbia, Mount McKinley, Mount Mitchell, Pico de Orizaba
15 Mount Washington, Petermannspitze
Berglöwe
4 Puma
Bezirks-Polizeichef
7 Sheriff
Bildhauer
4 Ward
5 Smith
6 Bufano, Calder, Ferber, Lipton, Milles, Palmer, Powers
7 Lippold, Roberts
8 Crawford
9 Greenough, Lipschitz
Biochemiker
5 Bloch, Doisy, Ochoa, Tatum
6 Palade, Sanger
8 Kornberg
Biologe
5 Doisy
6 Carver, Kinsey, Morgan, Muller, Pincus, Watson
7 Stanley, Waksman
8 Northrop
Botaniker
4 Gray
Boxer
2 Sp
3 Bor, Fee, Lee
4 Baer, Bowe, Boyd, Byrd, Clay, Conn, Egan, Hart, Hill, Horn, Kirk, Nunn, Page, Tate
5 Banke, Barth, Biggs, Brown, Burke, Crook, Daley, David, Davis, Dawin, Dokes, Eagan, Ellis, Feary, Flynn, Garza, Gould, Grove, Jones, Lopez, Louis, Lydon, Mayer, Moore, Salas, Tyson, Young
6 Adkins, Austin, Berger, Brooks, Cooper, Fields, Genero, Haller, Harris, Hearns, Holmes, Laurie, Liston, Mercer, Mooney, Norris, Salica, Seales, Spinks, Taylor, Torres, Tunney, Valdez, Wilson
7 Baldwin, Blocker, Breland, Carmody, Charles, Colberg, Corbett, Daniels, Dempsey, Douglas, Foreman, Frazier, Halaiko, Herring, Johnson, Ketchel, La Barba, Lampkim, Leonard, Marbley, Maynard, McClure, McCrory, Mosberg, Quiroga, Sanders, Sharkey, Spadley
8 Braddock, Carbajal, Carreras, de la Hoya, Finnegan, Gonzales, Jeffries, Marciano, McKinney, Randolph, Robinson, Sullivan, Whitaker, Williams
9 Armstrong, Canizales, Holyfield, Patterson, Stribling
10 Rademacher, Rosenbloom, Wallington
11 Muhammed Ali
Brüllaffe
6 Aluata
Bundesstaat (USA)
4 Iowa, Ohio, Tenn, Utah
5 Idaho, Maine, Texas
6 Alaska, Hawaii, Kansas, Nevada, Oregon, Panama
7 Alabama, Arizona, Florida, Georgia, Indiana, Montana, New York, Seattle, Vermont, Wyoming
8 Arkansas, Colorado, Delaware, Illinois, Kentucky, Maryland, Michigan, Missouri, Nebraska, Oklahoma, Virginia
9 Louisiana, Minnesota, New Jersey, New Mexico, Tennessee, Wisconsin
10 California, Washington
11 Connecticut, Mississippi, North Dakota, Rhode Island, South Dakota
12 New Hampshire, Pennsylvania, West Virginia
13 Massachusetts, North Carolina, South Carolina
18 District of Columbia
Chemiker
4 Urey
5 Bloch, Doisy, Flory, Libby, Moore, Ochoa, Stein
6 Calvin, Conant, Holley, Sanger, Summer, Teller
7 Acheson, Giauque, Onsager, Pauling, Seaborg
8 Anfinsen, Goodyear, Kornberg, Langmuir, Lipscomb, Mulliken, Northrop, Richards, Vigneaud, Woodward
Choreograf und Tänzer (auch Tänzerin)
5 Mille
6 Graham

7 Robbins
Dichter, Schriftsteller
2 Ye
3 Day, Poe
4 Baum, Buck, Fast, Gold, Page, Reed
5 Adams, Aiken, Albee, Allen, Anais, Benet, Cable, Crane, Eliot, Frost, Green, Harte, Henry, Himes, Iwain, James, Jones, Lewis, Locke, Maltz, Moody, Mundt, Odets, O'Hara, Olson, Payne, Pound, Pratt, Raabe, Ruark, Segal, Simms, Stein, Trine, Twain, Wolfe
6 Algren, Arendt, Asimov, Bellow, Bessie, Bierce, Bowles, Capote, Cather, Cooper, Cullen, Gibson, Gruber, Harris, Hersey, Hobart, Holmes, Hughes, Irving, Jarrel, Keller, Knight, Leland, London, Mailer, Miller, Morley, Morton, Norris, O'Neill, Parker, Porter, Warner, Warren, Wilder
7 Baldwin, Bellamy, Bonosky, Bristow, Cadwell, Copland, Dreiser, Emerson, Erskine, Farrell, Godfrey, Heyward, Howells, Kerouac, Masters, Mencken, Ostenso, Robbins, Roberts, Saroyan, Thoreau, Thurber, Whitman
8 Anderson, Caldwell, Faulkner, Franklin, MacLeish, Marquant, Melville, Mitchell, Robinson, Salinger, Sandburg, Sherwood, Sinclair, Whittier, Williams
9 Bromfield, Dickinson, Doolittle, Dos Passos, Habberton, Hawthorne, Hemingway, Mark Twain, Steinbeck, Stevenson
10 Fitzgerald, Longfellow, Tarkington, Washington
12 Beecher Stowe, Hergesheimer
Diplomat
6 Bunche, Kennan, Murphy
9 Kissinger
Dirigent
4 Foss, Husa
5 Dixon, Szell
6 Dorati, Levine, Maazel, Muench, Previn, Reiner, Thomas, Walter
7 Fiedler, Ormandy, Stiedry, Whitman
8 Damrosch
9 Bernstein, Leinsdorf, Rodzinski, Schippers, Steinberg, Stokowsky
10 Horenstein
Doldenblütler
6 Garrya
Entdecker
6 Wilkes
Entertainer
7 Sinatra
Erd-, Grabhügel
5 Mound
Erdsatellit
6 Syncom
7 Telstar
8 Explorer, Vanguard
Erfinder, Techniker
4 Bell, Colt, Ford
5 Morse
6 Edison, Fulton, Morton, Wright
8 Franklin
9 Remington
12 Weetinghouse
Erzähler
4 Page
6 London
7 Garland, Malamud, Roberts
8 Sandburg
9 Hawthorne, Steinbeck
Farmer (18. Jh.)
5 Lynch
Fernsehchoreograf
4 Reed
Filmkomiker
4 Hope, Kaye
5 Hardy, Lewis, Lloyd
6 Keaton, Laurel
7 Chaplin, Skelton
Filmpreis
5 Oscar
Filmregisseur
4 Ford, King, Wood
5 Capra, Hawks, Kazan, Mille, Wyler
6 Disney, Huston, Koster, Kramer, Litvak, Welles, Wilder
7 Chaplin, Fleming, Siodmak
8 Dieterle, Griffith, Hathaway
9 Hitchcock, Negulesco
Filmschauspieler
4 Dean, Hope, Kaye, Ladd, Peck
5 Allen, Arlen, Beery, Berry, Clift, Crane, Davis, Flynn, Fonda, Gable, Grant, Lloyd, Mason, Power, Quinn, Tracy, Wayne
6 Bogart, Brando, Cooper, Cotten, Crosby, Curtis, Ferrer, Heston, Holden, Hopper, Hudson, Keaton, Laurel, Marvin, Mature, Menjou, Murphy, Murray, Newman, Welles
7 Astaire, Bronson, Brynner, Chaplin, Connery, Douglas, Granger, Hoffman, Perkins, Redford, Sinatra, Skelton, Stewart, Widmark
8 Chandler, Eastwood
9 Barrymore, Fairbanks, Lancaster, Valentino
Finanzmann
4 Ford
5 Dawes, Young
6 Baruch, Morgan
8 Carnegie
10 Morgenthau, Vanderbilt
11 Rockefeller
Flieger, Flugpionier
4 Byrd
9 Lindbergh
Flugzeugtyp
6 Boeing
Fluss, Strom
3 Ene, Ica
4 Gila, Jary, Meta, Napo, Ohio, Para, Paru
5 Apure, Cauca, Jurua, Miami, Owens, Plata, Purus, Snake, Xingu, Yukon
6 Albany, Atrato, Biobio, Carson, Chubut, Dakota, Fraser, Hudson, Japura, Javari, Kansas, Manamo, Morona, Oranje, Ottawa, Parana, Sonora
7 Abitibi, Alabama, Araguay, Berbice, Bermejo, Guapore, La Plata, Madeira, Maranon, Niagara, Orinoco, Potomac, Ribeira, Rio Beni, San Juan, Schingu, Surinam, Tapajoz, Ucayali, Uruguay
8 Amazonas, Apurimac, Arkansas, Chukamba, Colorado, Delaware, Guaviare, Huallaga, Humboldt, Illinois, Klondike, Merri Mac, Missouri, Paraguay, Parahyba, Pastassa, Red River, Rio Chico, Rio Negro, Rio Pecos, Rio Yaqui, St Lorenz
9 Athabaska, Des Moines, Mackenzie, Parnahyba, Pilcomayo, Rio Grande, Rio Salado, Saint John, Tennessee, Tocantins, Vilcamayo, Wisconsin
10 Flint River, James River, Paraguassu, Peace River, Rio Jamundo, Sacramento, White River, Yazzo River
11 Hudson River, Kansas River, Lorenzstrom, Mississippi, Nelson River, Ottawa River, Sabine River, Saint Lorenz, Stikin River, Susquehanna, Wabash River, Yellowstone
12 Bighorn River, Potomac River, Rio de la Plata, Roanoke River, Saskatchewan, Stewart River
13 Amazonenstrom, Arkansas River, Big Black River, Canadian River, East Main River, Humboldt River, Illinois River, Kentucky River, Nebraska River, Savannah River
14 Churchill River, Mackenzie River, Schlangenfluss, Tennessee River
15 Cumberland River, Magdalenenstrom
Forscher und Erfinder
4 Colt, Hall, Urey
5 Maxim, Morse
6 Cooper, Edison, Fulton, Wright
7 Acheson, Compton
8 Anderson, Franklin, Goodyear, Roebling
9 Remington
12 Westinghouse
Frauenname
3 Ann, Ima, Liz, Mab, Mae, May, Pat
4 Bess, Jane, Jean, Joan, Kate, Lana, Lucy, Mary, Maud

5 Bessy, Betty, Dolly, Emily, Fanny, Janet, Jenny, Kitty, Molly, Nancy, Nelly, Paddy
6 Billie, Elinor, Hannah, Isabel, Ottily, Vivian
7 Dorothy, Felicia, Harriet
8 Caroline, Margaret
9 Catharine, Elizabeth

Fußball
6 Soccer

Fußballspieler
4 Auld, Bahr, Dick, Wood
5 Banks, Bliss, Brown, Doyle, Macca, Meola, Ramos, Souza
6 Balboa, Borghi, Florie, Harkes, Keough, McGhee, McLean, Murray, Nilsen, Tracey, Vermes, Walace
7 Colombo, Donelli, Douglas, Hjulina, Pariani, Pietras, Wynalda
8 Craddock, Gaetjens, Sullivan
9 Armstrong, Caligiuri, Gallagher, Gonsalvez, McIlvenny, Moorhouse, Patenande, Valentini
10 Stollmeyer, Trittschuh
11 Czerkiewicz
12 Windischmann

Geheimbund
10 Ku-Klux-Klan

Geheimdienst
3 CIA, FBI

Geigenvirtuose
7 Heifetz, Menuhin

Geiger
5 Elman, Rabin, Stern

Geländewagen
4 Jeep

General
3 Lee
4 Clay
5 Grant
6 Patton
7 Norstad, Ridgway, Sherman
8 Marshall
9 MacArthur
10 Eisenhower

Genetiker
6 Beadle

Geograf
5 Guyot
7 Stanley

Geologe
4 Dana, Hall
5 Davis, Guyot
6 Powell
7 Jackson

Geschichtsschreiber
5 Adams
8 Bancroft

Gewerkschaftsbund
3 AFL, CIO

Goldhase
5 Aguti

Golfer
4 Kite, Mize
5 Brown, Floyd, Irwin, Pavin
6 Donald, Goetze, Huston, Morgan, O'Meara, Palmer
7 Azinger, Couples, Harwood, Simpson, Stewart, Trevino, Wadhuis, Wadkins
8 Nicklaus
12 Calcavecchia

Großindustrieller
4 Ford
5 Astor
8 Pullmann
10 Guggenheim, Vanderbilt
11 Rockefeller

Gutsbesitzer
7 Rancher

Hirsch
6 Wapiti

Historiker
6 Durant, Motley, Nevins, Sparks
7 Boyesen, Ticknor, Vignaud
8 Prescott

Hormonforscher
5 Hench

Hotelier
6 Hilton

Hühnervogel
10 Schopfhuhn

Imbiss
12 Cheeseburger

Indianer
4 Hopi, Maya, Tupi
5 Arnak, Aruak, Indio, Nahua, Omaha, Sioux
6 Apache, Azteke, Dakota, Hurone, Mohawk, Navajo, Pueblo
7 Chibcha, Guarani, Irokese, Maskoki
8 Algonkin, Atapaske, Comanche, Delaware, Ketschna, Tlinkite
9 Araukaner, Athabaske, Mohikaner, Pueltsche, Winnebago, Zapoteken
10 Cherokeese, Komantsche, Schoschone

Ingenieur
5 Field, Maxim
6 Cooper, Edison, Fulton
8 Goethals, Roebling
12 Westinghouse

Inselstützpunkt im Pazifik
7 Okinawa

Instrumentalvirtuose
7 Carreno, Cliburn, Menuhin
8 Gershwin

Instrumentenbauer
8 Steinway

Intellektueller
7 Egghead

Jagddolch
11 Bowiemesser

Jazzmusiker
5 Prima, Tatum, Young
6 Mingus, Morton, Parker, Pollak, Powell
7 Goodman, Hampton
9 Armstrong, Ellington

Jazztanz
9 Jitterbug

Journalist
6 Kantor

Kanal
11 Panamakanal

Kapok-, Baumwollbaum
5 Ceiba

Karikaturist
5 Price
6 Disney
9 Steinberg

Kerzenkaktus
6 Cereus

Kleinhirsch
4 Pudu

Komiker der Stummfilmzeit
5 Lloyd
6 Keaton
7 Chaplin

Komponist
4 Kern, Rome
5 Friml, Grofe, Handy, Loewe, Sousa, Styne
6 Barber, Berlin, Cowell, Foster, Hadley, Hanson, Harris, Piston, Porter
7 Chadwik, Copland, Rodgers, Schuman, Youmans
8 Gershwin
9 Bernstein
10 Blitzstein
11 Hammerstein

Kraftfahrzeugfabrikant
4 Ford

Kriminalist
6 Hoover

Krösus
5 Astor

Kuckucksvogel
3 Ani

Landwirtschaftsbetrieb
4 Farm
5 Ranch

Leichtathlet, Leichtathletin
2 Hi, Wo
3 Coe, Dee, Eby, Fre, Laz, May, Nix
4 Bell, Bray, Brix, Budd, Byrd, Carr, Dees, Drew, Dunn, Enck, Ewry, Foss, Gray, Gunn, Hahn, Hall, Hamm, Hare, Hart, Held, Hill, Horr, Hoyt, King, Koch, Kuck, Laut, Lieb, Long, Mann, Pope, Rose, Ryan, Ryun, Sime, Tork, Tyus, Volz, Wolf
5 Adams, Babka, Bacon, Baker, Banks, Bates, Beard, Black, Blake, Bragg, Brown, Burke, Butts, Casey, Cason, Clark, Cooke, Corey, Craig, Crist, Cuhel, Davis, De Mar, Deniz, Dixon, Dumas, Evans, Ewell, Fitch, Flynn, Frank, Fritz, Fuchs, Hayes, Hearn, Hicks, LeGen
6 Austin, Babers, Barnes, Batton, Bausch, Baxter, Beamon, Beeson, Benoit, Biffle, Biller, Bolden, Bonhag, Boston, Brophy, Burell, Carlos, Carney, Carter, Cawley, Childs, Colett, Conley, Conway, Corson, Cregan, Cronan, Curtis, Davies, Decker, de Hart, Devers
7 Ahearne, Ashford, Babcock, Barbuti, Barnard, Benneth, Bradley, Burrell, Calhoun, Campell, Cochran, Colkett, Conolly, Cushman, Delaney, DeLoach, Dillard, Dillion,

Doherty, Donahue, Drayton, Eastman, Everett, Farrell, Ferrell, Forshaw, Fosbury, Frazier
8 Anderson, Attlesey, Baptiste, Billiter, Bonthron, Campbell, Cantello, Cartnell, Cloughen, Coachman, Connolly, Copeland, Courtney, Doehring, Flanagan, Fonville, Gourdine, Griffith, Gutowski, Hamilton, Harrison, Hillmann, Hogensen, Jennings, Larrabee
9 Albritton, Carpenter, Caruthers, Castleman, Culbreath, Davenport, Dellinger, Didrikson, Feuerbach, Gallagher, Gutterson, Hartranft, Jefferson, Lightbody, McCracken, Murchison, Petranoff, Pettigrew, Prinstein, Robertson, Robinzine, Silvester, Stanfield, Stangland, Sternberg, Tewskbury, Valentine, Warmerdam, Whitfield
10 Cunningham, Englehardt, Kraenzlein, Lippincott, Liversedge, MacWilkens, McCollouch, Washington
11 Ashenfelter, Breitkreutz, Brisco-Hooks, Leatherwood, Vanderstock
12 Joyner-Kersee
13 Cheeseborough, Droegemueller
14 Griffith-Joyner
15 Fitzgerald-Brown

Luftschiffhafen
9 Lakehurst

Maler
4 Kent
5 Bloom, Lewis, Marin, Morse, Ryder, Still, Tobey
6 Benton, Demuth, Durand, Guston, Hopper, Noland
7 Pollock, Sargent, Sheeler, Simmons
8 Whistler
9 Feininger

Männername
3 Ben, Bob, Dan, Gus, Guy, Jim, Joe, Mac, Nat, Ray, Sam, Ted, Tim, Tom
4 Bill, Dick, Eric, Fred, Hugh, Jack, John, Mark, Pete, Will
5 Allan, Benny, Dicky, Harry, Henry, James, Jimmy, Jonny, Lewis, Louis, Teddy, Tommy
6 Andrew, Antony, Buster, Charly, Edward, Ernest, Freddy, George, Godwin, Harold, Johnny, Mathew, Milton, Norman, Oliver, Ronald
7 Anthony, Bernard, Charles, Charlie, Douglas, Francis, Geoffry, Gregory, Lincoln, Matthew, Patrick, Tankred, Timothy, William
8 Frederic, Laurence, Lawrence, Nicholas
9 Frederick

Marder
5 Skunk

Marschkomponist
5 Sousa

Mathematiker
6 Wiener

Mechaniker
5 Pratt
7 Gatling

Mediziner
4 Cori, Duve, Rous, Salk, Wald
5 Bloch, Doisy, Evans, Hench, Kruif, Luria, Minot, Ochoa, Smith, Tatum, Temin, Yalow
6 Beadle, Gasser, Graham, Holley, Morgan, Muller, Murphy, Watson, Weiler, Weller
7 Axelrod, Cushing, Edelman, Flexner, Hershey, Huggins, Kendall, Lipmann, Nathans, Robbins, Schally, Theiler, Waksman, Whipple
8 Blumberg, Cournand, Erlander, Hartline, Kronberg, Richards
9 Baltimore, Delbrueck, Guillemin, Lederberg, Nirenberg
10 Sutherland
11 Landsteiner

Meteorologe
5 Rotch

Methodistenbischof
5 Oxnam

Mikrobiologe
5 Luria

Militärkraftwagen
4 Jeep

Militärsender
3 AFN

Mormonenführer
5 Young

Multimillionär
5 Astor

Musikforscher, -wissenschaftler
4 Apel, Lang
5 Brown, Chase, David, Grout, La Rue, Meyer, Nettl, Reese
6 Austin, Boyden, Ferand, Haydon, Hughes, Kerman, Landon, Mendel, Newman, Ringer, Strunk, Thayer, Werner, Zillur
7 Duckles, Palisca
8 Bukofzer, Densmore, Einstein, Lockwood, Lowinsky
9 Feininger, Geiringer, Kinkeldey, Stevenson
10 Winternitz
12 Leichentritt

Mystiker
6 Thomas

Nachrichtendienst
2 AP, UP

Nachrichtensatellit
9 Early Bird

Nat.-Ökonom
5 Arrow
6 Fisher, George

Naturwissenschaftler
5 Henry
7 Acheson
9 Michelson, Priestley

Nobelpreisträger, Nobelpreisträgerin (Chemie)
3 Lee
4 Cram, Curl, Olah, Urey
5 Boyer, Brown, Corey, Flory, Libby, Moore, Stein, Taube
6 Calvin, Harden, Molina, Mullis, Summer
7 Giauque, Onsager, Pauling, Seaborg, Smalley, Stanley
8 Anfinsen, Hoffmann, Langmuir, Lipscomb, McMillan, Mulliken, Northrop, Richards, Vigneaud, Woodward

Nobelpreisträger, Nobelpreisträgerin (Frieden)
4 Hull, King, Lama, Mott, Root
5 Arrow, Balch, Dawes
6 Addams, Bunche, Butler, Wilson
7 Borlaug, Kellogg, Pauling
8 Marshall
9 Kissinger, Roosevelt
10 Herschbach

Nobelpreisträger, Nobelpreisträgerin (Literatur)
4 Buck
5 Lewis
6 Bellow, O'Neill, Singer
8 Faulkner, Morrison
9 Hemingway, Steinbeck

Nobelpreisträger, Nobelpreisträgerin (Medizin)
4 Cori, Duve, Rous, Wald
5 Bloch, Cohen, Doisy, Hench, Hubel, Krebs, Lewis, Luria, Minot, Ochoa, Sharp, Smith, Tatum, Temin, Yalow
6 Beadle, Enders, Gasser, Gilman, Holley, Morgan, Muller, Murphy, Murray, Palade, Sperry, Thomas, Watson, Weller
7 Axelrod, Cormack, Edelman, Fischer, Hershey, Huggins, Kendall, Khorona, Lipmann, Sanchez
8 Blumberg, Cournand, Erlander, Gajdusek, Hartline, Kronberg, Prusiner, Richards
9 Baltimore, Delbrueck, Guillemin, Lederberg, Nirenberg
10 McClintock, Sutherland
11 Landsteiner

Nobelpreisträger, Nobelpreisträgerin (Physik)
3 Lee
4 Lamb, Perl, Rabi, Ting, Yang
5 Bethe, Bloch, Esaki, Hulse, Kusch, Pauli, Segre, Shull, Stern
6 Barden, Cooper, Fowler, Glaser, Reines, Taylor, Townes, Wigner, Wilson, Yukawa
7 Alvarez, Bardeen, Compton, Feynman, Giaever, Glashow, Penzias, Purzell, Richter
8 Anderson, Brattain, Bridgman, Davisson, Gell-Mann, Lawrence, Millikan, Osheroff,

Schawlow, Shockley, van Vleck, Weinberg
9 Michelson, Rainwater, Schwinger
10 Hofstadter, Schrieffer
11 Bloembergen, Chamberlain
12 Goepper-Mayer
13 Chandrasekhar

Nobelpreisträger, Nobelpreisträgerin (Wirtschaft)
5 Hicks, Simon, Solow, Tobin
6 Debreu, Merton
7 Kuznets, Merton, Schultz, Stigler
8 Buchanan, Friedman, Koopmans, Leontief
9 Samuelson

Nordpolfahrer
6 Greely

Nordpolflieger
4 Byrd

Novellist
3 Poe

Nussbaum
7 Hickory

Organist
5 Foote

Ozeanflieger
9 Lindbergh

Pädagoge
6 Harris
8 Goodrich

pädagogischer Reformer
6 Alcott

Panterkatze
6 Jaguar

Papagei
3 Ara

Pelzjäger
7 Trapper

Pfefferfresser
5 Tukan

Philanthrop
4 Howe
5 Child
7 Peabody
8 Garrison
11 Wilberforce

Philosoph
4 Hook
5 Dewey, Hedge, James, Munro, Perry, Quine, Royce
6 Butler, Peirce, Watson
7 Emerson
9 McDongall, Santayana, Whitehead

Physiker
4 Lamb, Rabi, Ting, Yang
5 Bethe, Bloch, Brown, Esaki, Gamow, Gibbs, Henry, Kusch, Libby, Lyman, Pauli, Segre, Stern, Tesla
6 Barden, Cooper, Forest, Glaser, Townes, Wigner, Wilson, Yukawa
7 Alvarez, Bardeen, Compton, Feynman, Giaever, Glashow, Goddard, Penzias, Purcell, Purzell, Richter
8 Anderson, Brattain, Bridgman, Davisson, Gell-Mann, Langmuir, Lawrence, Millikan, Schawlow, Shockley, van Vleck, Weinberg
9 Michelson, Rainwater, Schwinger
10 Hofstadter, Schrieffer
11 Bloembergen, Chamberlain, Oppenheimer
13 Goeppert-Mayer

Physiologe
7 Kendall, Macleod

Pianist
5 Gould, Janis, Ponti, Rosen, Watts
6 Balsam, Cazden, Frager, Levine, Serkin
7 Antheil, Cliburn, Istomin, Katchen, Ohlsson, Peruhia
8 Firkusny, Horowitz, Ornstein
9 Fleischer
10 Rubinstein

Polarforscher
4 Byrd, Cook
5 Peary

Politiker und Staatsmann
4 Bush, Clay, Dole, Ford, Gore, Hull, Root
5 Baker, Dawes, Dewey, Lodge, Nixon
6 Byrnes, Carter, Dulles, Kellog, McCloy, Motley, Quayle, Reagan, Wright
7 Acheson, Clayton, Clinton, Kellogg, Kennedy
8 Franklin, Hamilton, Marshall
9 Stevenson

Polizeichef
7 Sheriff

Polizist
3 Cop
6 Ranger

Polizist zu Pferd
9 Cop Ranger

Präsident
4 Bush, Ford, Polk, Taft
5 Adams, Buren, Grant, Hayes, Nixon, Tyler
6 Arthur, Carter, Hoover, Monroe, Pierce, Reagan, Taylor, Truman, Wilson
7 Clinton, Harding, Jackson, Johnson, Kennedy, Lincoln, Madison
8 Buchanan, Coolidge, Fillmore, Garfield, Harrison
9 Cleveland, Jefferson, MacKinley, Roosevelt
10 Eisenhower, Washington

Psychiater
6 Moreno

Psychologe
5 Rhine
6 Gesell, Watson
7 Skinner

Radierer
8 Whistler

Radsportler, Radsportlerin
4 Hack, Hegg, Lake, Nitz
5 Twigg, Vauls, Wiley, Young
6 Gorski, Grewal, Hurley, Lemond, Rogers, Schlee, Weaver
7 Andrews, Downing, McCarty, Phinney, Schutte
8 Hamilton, Hampston, Hartwell
9 Carpenter
10 Billington

Raketenforscher
8 von Braun

Raketentyp
5 Titan
7 Polaris

Raumgleiter
12 Spaceshuttle

Regenbaum
5 Saman

Regisseur
6 Huston

Reiter, Reiterin
4 Argo, Best, Burg, Burr, Doak, Lear, Page
5 Dover, Henry, Hough, Kitts, Moore, Plumb, Sloan, Smith
6 Chapot, Coffin, Fargis, Kusner, Lavell, Morris, Poulin, Russel, Staley, Stives, Tuttle
7 Bredahl, Freeman, Homfeld, Jacquin, Shapiro, Thomson, Wofford
8 Andersen, Davidson, McCushin
9 Dello Joio, Kursinski
10 Chamberlin, Montgomery, Steinkraus
11 Fleischmann

Revolver
4 Colt

Rinderhirt
6 Cowboy

Romanautor
5 Poole
6 Mailer

Rumbakönig
5 Cugat

Rundfunksender
3 AFN

Sachbuchautor
6 Asimow

Sänger
5 Lanza
6 Crosby, Dupree
7 Sinatra
9 Armstrong, Belafonte

Satellit
5 Relay, Triad
6 Lageos
7 Telstar

Schallplattenpreis
6 Grammy

Schauspieler
5 Booth, Quinn
6 Hudson, Marvin, Newman

Schlagzeuger
5 Krupa

Schlankbär
6 Olingo

Schmarotzerstrauch
6 Clusia

Schneesturm
8 Blizzard

Schnellkäfer
6 Cucujo

Schwanzlurch
7 Axolotl

Schwimmer, Schwimmerin
3 Ely, Job, Lee, Mit, Moe, Ris, Ryd
4 Ball, Bush, Carr, Coan, Fall, Ford, Hall, Hohn, Holm, Ivey,

King, Kolb, Lang, Mann, Nall, Rapp, Ross, Roth, Shaw, Troy
5 Bartz, Bauer, Boggs, Breen, Bruce, Burke, Carey, Cohen, Davis, Evans, Graef, Gregg, Heath, Heddy, Henke, Henne, Henry, Irwin, Jager, Jezek, Kojac, Konno, Kuehn, Leary, Lenzi, McKee, Meany, Meyer, Mills, Naber, Nevid, Norel, Olsen, Rawls, Robie, Rocca, Rouse
6 Ahmann, Almann, Atwood, Becker, Belote, Biondi, Bottom, Bruner, Burton, Cooper, Crabbe, Cristy, Curtis, Dalbey, Daniel, Demont, Dickey, Diebel, Draves, Ederle, Ferris, Fetter, Gailey, Gaines, Genter, Harlan, Harris, Hebner, Jacobs, Jorzik, Kiefer, Lackie
7 Andrews, Brunner, Burgess, Colella, Coleman, Daniels, Degener, Dicarlo, Duenkel, Furniss, Goodell, Gossick, Gribble, Hackett, Hencken, Hickcox, Huszagh, Jackson, Jersley, Johnson, Kealoha, Kimball, Lincoln, Lineham, Madison, Martino, McBreen, Meagher
8 Anderson, Backhaus, Berkhoff, Boglioli, Browning, Caulkins, Chandler, Ferguson, Galitzen, Gestring, Gjertsen, Haislett, Harrigan, Hogshead, Hudepohl, Kinsella, Louganis, Loveless, McKenzie, McKinney, Merriott, Mitchell, Mulliken, Mykkanen, Namesnik
9 Babashoff, Bleibtrey, Borrowman, Cetlinski, Forrester, Greenwood, Gustavson, Hedgepeth, Henderson, Jagenburg, Jorgensen, Krumpholz, Lundquist, McCormick, McFarlane, McIngvale, Osipovich, Wrightson
10 Buckingham, Clotworthy, Desjardins, Jastremsky, Kahanamoku, Montgomery, Pennington, Rothhammer, Schoenfeld, Sitzberger, Wunderlich
11 Harshbarger, Heidenreich, Schoenfield, Schollander, Steinseifer
12 Weissmueller

Schwirrvogel
7 Kolibri

Seefahrer
8 Dahlgren

Sexualforscher
6 Kinsey
7 Masters

Siedler
8 Squatter

Silberlöwe
4 Puma

Singvogel
5 Pipra
6 Bolink
7 Tangare
8 Kardinal
9 Paperling

Soldat
2 GI

Soldatensender
3 AFN

Sportler, Sportlerin
3 Lee
4 Kono, Lane, Nash
5 Allen, Greer, Kelly, Myers, Owens, Smith, Spero, Titus
6 Aarons, Barrow, Barton, Connor, Fisher, Gurney, Miller, Moffat, Osburn
7 Donahue, Fischer, Gilmore, Gregory, Haywood, Jackson, Juvenal, Spencer, Spooner
8 Anderson, Andretti, McCready

Staat
3 USA
4 Cuba, Kuba, Peru
5 Chile, Haiti
6 Belize, Guyana, Hawaii, Kanada, Mexico, Mexiko, Panama, Tobago
7 Ecuador, Guayana, Jamaika, Surinam, Uruguay
8 Bolivien, Honduras, Kentucky, Paraguay, Trinidad
9 Brasilien, Costa Rica, Guatemala, Kolumbien, Nicaragua, Venezuela
10 El Salvador
11 Argentinien
17 Vereinigte Staaten
22 Dominikanische Republik

Stahlkönig
8 Carnegie

Statistiker (Institut)
6 Gallup

Stummfilmkomiker
5 Fatty

Südstaatengeneral
3 Lee

Swingmusiker
5 Brown, James
6 Miller

Tanz
3 Fox, Jig
5 Blues, Mambo, Raspa, Rumba, Samba, Tango, Twist
6 Boston
7 Onestep
8 Foxtrott
9 Jitterbug, RocknRoll
10 Charleston, Rock Ôn' Roll
11 Black Bottom
12 Boogie-Woogie

Tänzer
5 Kelly
7 Astaire

Tanzkönig
8 Travolta

Techniker, Erfinder
4 Bell, Ford
5 Morse
6 Edison, Fulton, Morton, Wright
8 Franklin
9 Remington
12 Westinghouse

Tennisspieler, Tennisspielerin
2 Ho
3 Fry
4 Ashe, Bell, Betz, Dunn, Hart, Keil, King, Mako, Pate, Pugh, Wade, Wild, Wood
5 Adams, Bryan, Budge, Chang, Davis, Evert, Flach, Grabb, Jones, Leach, Lendl, LeRoy, Moody, Patty, Riggs, Rubin, Smith, Stark, Vines, Weiss, White, Wilis, Wills
6 Agassi, Austin, Brough, Cannon, Cioffi, Curren, Gibson, Harvey, Hautze, Hunter, Jacobs, Jessup, Keller, Kramer, Marble, Martin, McNair, McNeil, O'Brien, Savitt, Seguso, Seixas, Susman, Sutton, Tanner, Tilden, Wright
7 Brinker, Cocotos, Connors, Conolly, Courier, de Vries, di Lucia, Emburgh, Fendick, Gilbert, Leonard, Mayotte, McEnroe, Moffitt, Montana, Osborne, Randall, Raymond, Sampras, Sampson, Shriver, Stewart, Tarango, Trabert, Wheaton
8 Annacone, Benjamin, Capriati, Fairbank, Garrison, Grossman, Johnston, McKinley, Reneberg, Richards, Rostagno, Stafford, Wightman, Williams
9 Fernandez, Schroeder
10 Falkenburg, Harvey-Wild, Washington, Wills-Moody
11 de Garmendia, King-Moffitt, Layendecker, Matuszewski, Navratilova
12 Susman-Hautze
15 Connolly-Brinker

Tenor
3 Cox
4 King
5 Grobe, Lanza
6 Peerce, Thomas
7 Kiepura, Vickers
8 Driscoll, Piccaver

Theologe
7 Bennett
8 Channing

Theosoph
6 Olcott

Tiefseeforscher
5 Beebe

Trickfilmproduzent
6 Disney

Turner, Turnerin
4 Duha, Kriz, Lenz, Merz
5 Dimas, Eyser, Glass, Grieb, Heida, Lynch, Mayer, Mills
6 Barone, Bilick, Bixler, Conner, Dalton, Denton, Gulack, Hennig, Jochim, Korman, Miller, Retton, Vidmar, Voight, Waller
7 Daggett, Duserre, Gaylord, Hartung, Haubold, Johnson
8 Emmerich, Lenhardt, McNamara, Schifano, Talavera
10 Carmichael

TV-Choreograf
4 Reed
Unpaarzeher
5 Tapir
Urbewohner
5 Indio
8 Indianer
Verkaufsladen
9 Drugstore
Violinist und Violoncellist
5 Flesh, Ricci, Stern
7 Bustabo, Dushkin, Heifetz, Kolisch, Menuhin, Moorman, Szigeti
10 Odnoposoff
Virusforscher
5 Sabin
Völkerrechtler
6 Jessup
Volkstanz
3 Jig
11 Squaredance
Vollzugsbeamter
7 Sheriff
Waldvogel, Sägeracke
5 Momot
Wapitihirsch
3 Elk
Wasserfall
7 Niagara
Wettersatellit
5 Tiros
6 Nimbus
Wintersportler, Wintersportlerin
4 Cook, Gray, Hoye, Kidd, Mead, Sand, Shea, Silk, Thys, Wood
5 Allen, Blair, Brown, Casey, Eagan, Fiske, Flaim, Heiss, Henga, Henry, Holum, Klein, Lindh, Lynch, Mahre, Mason, Myler, Parke, Roffe, Smith, Tyler, Voris, Wasko, White, Wylie, Young, Zayak
6 Benham, Bowman, Butler, Button, d'Amico, Frazer, Hamill, Heiden, Jaffee, Jansen, Martin, Miller, Nelson, O'Brien, Poulos, Rinkus, Thomas, Tocker, Turner, Warner, Watson
7 Boitano, Cochran, Donohue, Dornhol, Fleming, Gardner, Gregory, Gretzky, Harding, Henning, Jenkins, Jewtraw, Johnson, Kuchiki, Mueller, Rushlaw, Sambert, Stennes, Stevens, Sumners, Tickner, Trenary
8 Albright, Ashworth, Atkinson, Eldredge, Flemming, Hamilton, Kerrigan, Lawrence, McIntyre, Oppegard, Parisien, Petersen, Semanick, Waggoner, Washbond
9 Armstrong, Babilonia, Fratianne, McDermott, Sheffield, Wachsmann, Yamagudin, Yamagushi
10 Carmichael, Twardokens, Weinbrecht
11 Biesiadecki, Ziegelmayer
12 Mead-Lawrence
Wirbelsturm
7 Tornado
8 Hurrikan
Wirtschaftler
4 Ford
5 Astor, Young
6 Gallup, Hilton, Morgan
7 Pullman
8 Carnegie
10 Vanderbilt
11 Rockefeller
Wolf
6 Kojote
Zeichner
6 Disney
Zeitungskönig
6 Hearst
Zimtapfel
6 Pawpaw
Zirkuskönig
6 Barnum
Zoologe
5 Beebe
6 Kinsey
7 Audubon
9 Davenport

amerikanisches

Atom-U-Boot
8 Nautilus
Backenhörnchen
6 Hackee
Ballspiel
6 Soccer
8 Baseball, Football, Lacrosse, Pushball
10 Basketball
Baumhuhn, Helmhokko
5 Pauxi
Baumstachelschwein
5 Urson
Feldmaß
4 Acre
Gebirge
5 Anden
6 Alaska
7 Anahuac
8 See-Alpen
9 Blue Ridge
10 Blaue Berge
11 Alleghanies, Kordilleren, Sierra Madre
12 Sierra Nevada
14 Black Mountains, Green Mountains, Ozark Mountains, Rocky Mountains, Sierra de Perija, White Mountains
Getreidemaß
6 Bushel
Gewässer
7 Eriesee, Monosee
8 Fundybai, Huronsee, Limonbai, Penasbai, Tampabai
9 Baffinbai, Hudsonbai, Mohavebai, Oberer See, Oneidasee, Saltonsee, Simcoesee
10 Abilibisee, Bristolbai, Fonsecabai, Managuasee, Nortonsund, Ontariosee
11 Beaufortsee, Delawarebai, Manitobasee, Michigansee, Panamakanal, Titicacasee, Winnipegsee
12 Amundsengolf, Athabaskasee, Columbusgolf, Galvestonbai, Lake Superior, Mackenziebai, Melvillesund, Nicaraguasee
13 Golf von Alaska, Golf von Darien, Golf von Mexiko, Golf von Panama, Hudsonstrasse
14 Cumberlandsund, Grosser Salzsee, Yukatanstrasse
15 Golf von Campeche, Golf von Honduras, San-Francisco-Bai, Sankt-Lorenz-Golf
16 Grosser Baerensee
17 Grosser Sklavensee
Gewicht
3 Ton
4 Unze
11 Avoirdupois
giftiges Reptil
15 Klapperschlange
Glücksspiel
5 Poker
Hacksteak
9 Hamburger
Himmelslabor
6 Skylab
Hohlmaß
4 Gill, Pint
6 Bushel, Gallon
7 Gallone
Kap
5 Hoorn
Kartenspiel
5 Poker
Korbballspiel
10 Basketball
Kriegsministerium
8 Pentagon
Krokodil
6 Kaiman
Landgut, Farm
8 Hazienda
Land, Verwaltungsgebiet
4 Lara, Para, Puno
5 Aqure, Aruba, Aurak, Bahia, Ceara, Chaco, Junin, Maule, Nuble, Sucre
6 Aragua, Belize, Cautin, Colima, Falcon, Merida, Parana, Potosi, Puebla, Quebec, Sonora, Zamora
7 Alagoas, Alberta, Bahamas, Bolivar, Cojedes, Cordoba, Curacao, Durango, Jalisco, Linares, Malleco, Mendoza, Miranda, Monagas, Ontario, Paraiba, San Juan, Santa Fe, Surinam, Tachira, Tucuman
8 Amazonas, Barbados, Bermudas, Campeche, Carabobo, Columbia, Labrador, Manitoba, Maranhao, Santiago, Sao Paulo, Tarapaca, Trujillo, Valdivia
9 Aconcagua, Colchagua, Feuerland, Gran Chaco, Groenland, San Martin, Santa Cruz
10 Guadeloupe, Martinique, Patagonien, Pernambuco,

Westindien
11 Antofagosta, Buenos Aires, Matto Grosso, Minas Geraes, Turksinseln
12 Caicosinseln, Caimaninseln, Rio de Janeiro, Santo Domingo, Saskatchewan
13 Espirito Santo, Neuschottland
14 Falklandinseln
15 Neubraunschweig, Panamakanalzone
22 Dominikanische Republik
Längenmaß
4 foot, inch, line, mile, yard
Lärchenholz
7 Tamarak
Liliengewächs
5 Agave
Militärfahrzeug
4 Jeep
Mischgetränk
4 Fizz, Flip
5 Shake
7 Cobbler
8 Cocktail
Mittelmeer
13 Golf von Mexiko
15 Karibisches Meer
Musical von Bernstein
13 Westsidestory
Nabelschwein
6 Pekari
Nationalspiel
8 Baseball, Football
Negerinstrument
5 Banjo
Normenzeichen
3 asa
Pferd
7 Mustang
Raubtier
4 Onza, Puma
6 Jaguar, Kojote, Kuguar, Ozelot
Raummaß
6 Barrel
Reiterspiel
5 Rodeo
Scheidungsparadies
4 Reno
Schlagballspiel
8 Baseball
Seebad
5 Miami
Singspiel
7 Musical
Stachelschwein
6 Kuandu
Stinktier
5 Skunk
Verteidigungsministerium
8 Pentagon
Wasseropossum
5 Yapok
Wildpferd
7 Mustang
Wildrind
5 Bison
Wildschwein
6 Pekari
Zuchthaus
8 Sing Sing
Zupfinstrument
5 Banjo

Amid
der Allophansäure
6 Biuret
Aminosäure
5 Lysin
6 Alanin, Betain, Glycin, Glyzin, Leuzin
Amme
5 Bonne
10 Kinderfrau
11 Naehrmutter
12 Pflegemutter
Ammer
7 Ortolan
Ammoniaklösung
12 Salmiakgeist
Ammoniakverbindung
4 Amid, Amin
7 Salmiak
Ammonshorn
7 Ammonit
Amnestie
9 Gnadenakt
11 Begnadigung, Straferlass
13 Strafnachlass
Amok, Amoklaufen
7 Mordwut
9 Mordsucht, Todeslauf
Amoretten
6 Eroten, Putten
13 Liebesgoetter
amorph
7 formlos
9 ungeformt
10 gestaltlos
Amortisation
7 Tilgung
9 Loeschung
12 Abschreibung
amortisieren
6 tilgen
8 abtragen, loeschen
11 abschreiben
Amouren
12 Liebschaften
amourös
8 verliebt
Ampelfarbe
3 Rot
4 Gelb
5 Gruen
Amper-Zufluss
in Bayern
5 Glonn
Amphibie
5 Lurch, Molch
12 Schwanzlurch
Amphibienfahrzeug
12 Schwimmwagen
13 Schwimmpanzer
Amphitheater
9 Kolosseum
Amsel
5 Merle
14 Schwarzdrossel
Amsterdamer
Wasserstraße
6 Gracht
Amt
6 Charge, Charte, Posten
8 Behoerde, Funktion, Stellung
an der Hochschule
7 Dekanat

des Kantors
8 Kantorat
des Papstes
10 Pontifikat
des Staatsanwalts
9 Anklaeger
für Astronautik
17 Raumfahrtbehoerde
in Dänemark
5 Soroe
6 Alborg, Odense
8 Juetland
in Norwegen
5 Troms
6 Opland
7 Hedmark, Ostfold
8 Akershus, Buskerud, Finnmark, Nordland, Rogaland, Telemark, Vestfold
9 Aust Agder, Hordaland, Vest Agder
12 Sor Trondelag
13 Moreog Romsdal, Nord Trondelag
14 Sognof Fjordane
niederlegen
10 quittieren
und Würde des Papstes
5 Papat
und Würde eines Fakultätsvorstehers
7 Dekanat
amtlich
9 offiziell
10 dienstlich, urkundlich
11 behoerdlich
aufbewahrte Sachen
9 Asservate
beglaubigtes Schriftstück
7 Urkunde
8 Dokument
bestellter Vertreter Minderjähriger
7 Vormund
gesellschaftlich
9 offiziell
amtliche
Anordnung
5 Edikt
6 Dekret, Erlass
10 Bestimmung, Verfuegung, Verordnung
Beglaubigung
11 Beurkundung
Bekanntgabe
8 Aufgebot, Bulletin
Bekanntmachung
12 Proklamation
Bescheinigung
10 Zertifikat
14 Geburtsurkunde
Bescheinigung der Mittellosigkeit
13 Armutszeugnis
Bezeichnung der Republik Indien
6 Bharat
Bezeichnung für Hilfsorganisation
4 Care
Festsetzung
8 Bescheid
Form des Gottesdienstes
8 Liturgie
Mitteilung
10 Kommunique

Niederschrift einer Aussage
9 Protokoll
Sicherstellung
15 Beschlagnahmung
Sprache in Pakistan
4 Urdu
Untersuchung, Erhebung
7 Enquete
Verfügung
6 Dekret, Erlass
Wettstelle
11 Totalisator
Zuschrift, Verfügung
8 Reskript
amtlicher
Aushang vor der Eheschließung
8 Aufgebot
Erlass
5 Edikt
6 Dekret
9 Anordnung
10 Verfuegung, Verordnung
Name Irlands
4 Eire
Name von Griechenland
6 Hellas
Name von Indien
6 Bahrat
Name von Japan
6 Nippon
Name von Lissabon
6 Lisboa
Name von Swasiland
6 Ngwana
Personalausweis
4 Pass
Rechtsanwalt
5 Notar
Tagesbericht
8 Bulletin
amtliches
Dokument
7 Ausweis
Grundbuch
8 Kataster
Schriftstück
4 Akte
6 Diplom
7 Urkunde
Studentenverzeichnis
8 Matrikel
Amtsabzeichen
der Bischöfe
4 Stab
Amtsanwärter
8 Aspirant
Amtsbereich
7 Ressort
8 Dezernat
eines Bischofs
6 Bistum
8 Dioezese, Sprengel
Amtsbestätigung
9 Exequatur
Amtsbewerber
8 Kandidat
Amtsbewerbung
10 Kandidatur
Amtsbezeichnung
5 Titel
Amtsbezirk
des Bischofs
6 Bistum
8 Dioezese, Sprengel
eines Geistlichen
7 Dekanat
eines Vogtes
6 Vogtei
Amtsbote
6 Herold, Weibel
8 Ausrufer
amtsbrüderlich
9 kollegial
Amtsdauer
einer Volksvertretung
17 Legislaturperiode
Amtsdiener
im antiken Rom
6 Liktor
Amtsenthebung
10 Suspension
Amtsgebäude
des päpstlichen Botschafters
9 Nuntiatur
Amtsgehilfe
7 Adjunkt, Adlatus
8 Adjutant
Amtsgenosse
7 Kollege
Amtskleidung
4 Robe
5 Habit, Talar
Amtsniederlegung
9 Abdankung, Demission
Amtsräume
des Hochschulleiters
8 Rektorat
Amtssiegel
7 Stempel
Amtssprache
der Indischen Union
5 Hindi
in Afghanistan
5 Farsi
in der Transkei
5 Xhosa
in Israel
6 Iwrith
in Togo
3 Ewe
Amtsstube
5 Buero
6 Office, Revier
7 Kanzlei
10 Dienstraum
12 Dienstzimmer
Amtsstunden
15 Parteienverkehr
Amtstitel
in einer Gemeinde
14 Buergermeister
Amtstracht, Ordenstracht
4 Albe, Gala, Robe
5 Cappa, Habit, Haube, Kasel, Kutte, Mitra, Ornat, Stola, Talar
6 Barett, Birett, Kapuze, Quaste, Tonsur, Weihel
7 Kukulle, Manipel, Sandale, Soutane
8 Beffchen, Chorrock, Humerale, Pelerine, Pluviale, Schleier, Schleife, Schuerze, Zingulum
9 Amtskette, Brusttuch, Pektorale, Skapulier
10 Amtsgewand, Brustkreuz, Halskragen, Halskrause, Lutherrock, Messgewand
12 Fluegelhaube
Amtsübertragung
10 Anstellung
Amtsvordruck
8 Formular
Amtsvorgänger
des Dekan
8 Prodekan
Amtszeichen
6 Siegel
7 Stempel
9 Insignien
Amtszimmer
5 Buero
Amulett
8 Talisman
9 Anhaenger
10 Skarabaeus
12 Zaubermittel, Zauberschutz
13 Schutzzeichen
14 Gluecksbringer
Amundsens
Luftschiff
5 Norge
amüsant
6 lustig
7 spassig
10 kurzweilig
12 unterhaltend, unterhaltsam, vergnueglich
Amüsement
5 Spass
10 Vergnuegen
12 Zeitvertreib
amüsieren
10 belustigen
11 unterhalten
amusischer
Mensch
7 Banause
an
das
3 ans
das Meerufer gespülte Gegenstände
9 Strandgut
den Meeresboden gebundene Zier- und Pflanzenwelt
7 Benthos
der Luft verwitterter Spateisenstein
7 Blauerz
der Oberfläche
3 auf
der Rückseite befindliche Haustür
13 Hintereingang
der Spitze
4 oben, vorn
5 vorne
6 droben
diesem Tage
5 heute
dieser Stelle
2 da
4 dort, hier
Fäden gebildetes Zuckerkristall
6 Kandis
Hochschulen Ausgebildeter
10 Akademiker
Jugend verlieren
6 altern

keiner Stelle
8 nirgends
9 nirgendwo
keine Tonart gebunden
6 atonal
organischer Substanz reiche Bodenschicht
5 Humus
An-
und Verkauf von Altmetallen
13 Schrotthandel
analog
7 gemaess
8 aehnlich
11 sinngemaess
12 entsprechend
Analogie
12 Aehnlichkeit, Entsprechung, Seitenstueck
16 Uebereinstimmung
Analyse
9 Darlegung, Zerlegung
10 Aufloesung
12 Untersuchung
13 Aufgliederung
Anämie
9 Blutarmut
Anarchie
15 Gesetzlosigkeit
Anarchist
6 Rebell
9 Desperado
10 Aufruehrer
11 Umstuerzler
Anatolien
10 Kleinasien
anatolische
Stadt
4 Urfa
anatolischer
Teppich
6 Uschak
anatomisch:
Nasenloch
5 Naris
zerlegen
8 sezieren
anbahnen
5 ebnen
11 vorbereiten
anbändeln
7 flirten
Anbau
5 Annex, Erker
6 Kultur, Vorbau
9 Pflanzung
10 Dependance
11 Erweiterung
13 Pflanzenzucht
anbauen
8 pflanzen
anbaufähig
5 urbar
Anbauten
13 Erweiterungen
anbeißen
5 nagen
anberaumen
9 festlegen
10 festsetzen
Anbetung
6 Latrie
9 Adoration, Verehrung
anbieten
8 antragen
9 anpreisen, kredenzen
10 offerieren
13 praesentieren
Anblick
4 Bild
5 Schau, Szene
6 Aspekt
8 Eindruck
anbrennen
6 sengen
9 versengen
anbringen
9 montieren
10 befestigen, vorbringen
12 installieren
Anbringung
von Löchern
7 Bohrung
Andacht
5 Gebet
8 Inbrunst
10 Versenkung
12 Gottesdienst
13 Versunkenheit
andächtig
5 fromm, innig
9 ergriffen, feierlich
Andächtiger
5 Beter
andächtiges
Nachdenken
10 Meditation
andalusische
Stadt
6 Huelva, Malaga
7 Almeria, Granada, Sevilla
andalusischer
Tanz
8 Flamenco
andauernd
4 stet
5 immer, lange, stets
6 stetig
7 immerzu
9 permanent
12 fortwaehrend
Anden
11 Kordilleren
Andengeier
6 Kondor
Andengipfel
6 Sajama
7 Illampu
8 Arequipa, Coropuna, Illimani
9 Aconcagua, Huascaron
10 Chimborazo
Andenindianer
5 Kolla
6 Aimara, Aymara
Andenkamel
4 Lama
Andenken
8 Reliquie, Souvenir
10 Erinnerung
17 Erinnerungsstueck
Andenvulkan
in Chile
6 Isluga
andere Bezeichnung für:
Amsel
5 Merle
Biene
4 Imme
Böttcher
10 Schaeffler
Distelfink
9 Stieglitz
Dompfaff
6 Gimpel
Fernsehen
10 Television
Geigen
7 Fiedeln
Geld
6 Mammon, Zaster
7 Moneten
Globus
7 Erdball
Griechenland
6 Hellas
halb
4 semi
Komponist
9 Tonsetzer
Lachs
4 Salm
Osterglocke
8 Narzisse
Pocken
8 Blattern
Sekt
10 Schaumwein
Sorben
6 Wenden
Türken
7 Osmanen
Ulme
7 Ruester
Unteroffizier
8 Korporal
Weh
3 Ach
anderer
Name der Amsel
5 Merle
Name der Arnika
15 Bergwohlverleih
Name der Biene
4 Imme
Name der Dardanellen
10 Hellespont
Name der Geige
7 Violine
Name der Griechen
8 Hellenen
Name der Insel Formosa
6 Taiwan
Name der Karthager
6 Punier
Name der Narzisse
11 Osterglocke
Name der Nase
10 Riechorgan
Name der Normannen
8 Wikinger
Name der Pocken
8 Blattern
Name der Pyrenäen-Halbinsel
7 Iberien
Name der Sorben
6 Wenden
Name der Türken
7 Osmanen

Name der Ulme
7 Ruester
Name der Venus
10 Abendstern
11 Morgenstern
Name des Apostels Paulus
6 Saulus
Name des Lachses
4 Salm
Name des Mai
10 Wonnemonat
Name des Storches
6 Adebar
anderer Name für/von
Agram
6 Zagreb
Ägypten
8 Aegyptus
Dezember
10 Christmond
Ehrenpreis
11 Maennertreu
England
9 Britannia
Geige
6 Fiedel
Kiefer
6 Foehre
Kustes
7 Kustode
Niederlande
7 Holland
Nizza
6 Nicaea
Österreich
7 Austria
Persien
4 Iran
Petersilie
4 Silk
Schottland
9 Caledonia
10 Kaledonien
Siam
8 Thailand
Skunk
9 Stinktier
Turku
3 Abo
Zagreb
5 Agram
anderes Wort für
Gebirge
3 Alb
Geige
6 Fiedel
Globus
7 Erdball
Komponist
9 Tonsetzer
Kopf
5 Haupt
andernfalls
5 sonst
anders
5 alias
9 different, heterogen
11 verschieden
15 unterschiedlich
machen
7 aendern
andersartig, ungewohnt
5 fremd
Andersdenkender
9 Dissident
andersgläubig
9 heterodox
Andersgläubigkeit
8 Ketzerei
anderthalbmastiges
Segelschiff
8 Galeasse
Segelsportschiff
4 Yawl
andeuten
9 markieren
10 skizzieren
Andeutung
3 Tip
4 ◆ Tipp, Wink
6 Schein, Skizze
7 Hinweis
10 Fingerzeig
andeutungsweise
3 vag
4 vage
10 unbestimmt
andine
Höhenstufe (S-Amerika)
6 Paramo
Andrang
5 Sturm
6 Fuelle, Zulauf
7 Ansturm, Zustrom
9 Gedraenge
10 Draengelei
14 Menschenmassen
Andruck
10 Probeabzug, Pruefdruck
anecken
9 anstossen, auffallen
11 brueskieren
aneignen
6 lernen, nehmen
11 annektieren
Aneignung
8 Annexion
9 Erwerbung
13 Inbesitznahme
16 Besitzergreifung
Aneinanderhaften
verschiedener Stoffe
9 Adhaesion
Anekdote
11 Historoerchen
13 Geschichtchen
anekeln
11 degoutieren
Anemone
12 Windroeschen
17 Buschwindroeschen
Anemonengattung
10 Kuhschelle
14 Kuechenschelle
Anerbieten
7 Offerte
anerkannt
7 gueltig
9 arriviert, notorisch, offiziell
10 zugelassen
11 autorisiert, verbindlich
anerkannte
Bibelübersetzung
7 Vulgata
anerkanntes
Ansehen
4 Ruhm
10 Autoritaet
anerkennen
5 loben
6 achten, danken
7 zugeben
8 billigen
9 wuerdigen
10 honorieren
11 beglaubigen
12 legitimieren, ratifizieren
erkunden
14 rekognoszieren
Anerkennung
3 Lob
4 Dank, Ehre, Lohn
6 Ehrung, Nimbus
7 Applaus, Beifall
9 Zuwendung
10 Belobigung, Wuerdigung
12 Bestaetigung, Ratifikation
Anerzogenes, Gewohnheit
5 Habit
anfachen
7 beleben
9 ermuntern
11 hochbringen, instigieren, verstaerken
12 vergroessern
anfahren
7 starten
Anfahrt
5 Start
8 Hinreise
anfallartiger
Schmerz
5 Kolik
Anfälligkeit
8 Allergie
anfallsweise
Atemnot
6 Asthma
Anfang
5 Start
6 Beginn
7 Auftakt
8 Ursprung, Vorspiel
10 Einleitung, Eroeffnung, Grundstein, Ouvertuere
eines lateinischen Lobgesanges
7 Laudate
eines Zeitraumes
12 Jahresbeginn
Anfänge, Anfangsgründe
4 Tiro
7 Initien
anfangen
7 starten
8 beginnen
9 einleiten, eroeffnen
Anfänger
5 Neuer
7 Neuling
8 Beginner, Lehrling, Newcomer, Schueler
9 Debuetant, Greenhorn, Gruenling, Youngster
13 Gruenschnabel
anfänglich
6 zuerst
7 erstens, primaer

9 zunaechst
13 urspruenglich
Anfangsbuchstabe
6 Versal
7 Initial, Unziale
8 Initiale, Majuskel
des griechischen Alphabets
5 Alpha
des hebräischen Alphabets
5 Aleph
Anfangsbuchstaben
des Namens als Kennzeichen
9 Monogramm
Anfangsform
5 Urtyp
10 Archetypus
Anfangskapital
10 Grundstock
Anfasser
5 Griff
Anfassvorrichtung
5 Griff, Stiel
9 Handgriff
Anfechtung
8 Berufung
9 Einspruch
10 Verlockung, Versuchung
11 Appellation, Verfuehrung
anfertigen
6 machen
8 bereiten, schaffen
10 herstellen, zubereiten
11 aufbereiten, fabrizieren, produzieren
Anfertigung
7 Produkt
10 Produktion
11 Fabrikation, Herstellung
anfeuchten
6 netzen
7 naessen
8 benetzen
11 betraeufeln
anfeuern
6 heizen
7 treiben
8 anheizen
9 antreiben, ermuntern
10 aufmuntern, begeistern, entzuenden
11 instigieren
Anflug
5 Hauch, Touch
8 Schimmer
11 Kleinigkeit
Anfluggenehmigung
14 Landeerlaubnis
anfordern
8 erbitten, ersuchen
9 ausbitten, bestellen, verlangen
Anforderung
5 Abruf, Bitte
6 Gesuch
8 Ersuchen
9 Verlangen
einer Lieferung
7 Anfrage
10 Bestellung
11 Erkundigung
14 Interpellation
Anfressung
9 Korrosion

Anfügung
7 Beigabe
Anfuhr
9 Lieferung
11 Anlieferung, Antransport
anführen
6 leiten, narren
8 beweisen, zitieren
9 erwaehnen
10 befehligen
Anführer
4 Boss, Chef
6 Leiter
10 Haeuptling, Kommandeur
12 Befehlshaber
14 Raedelsfuehrer
der Angelsachsen
5 Horsa
der Argonauten
5 Iason, Jason
der Donkosaken
5 Rasin
der Hugenotten
5 Rohan
der Hussiten
6 Prokop
eines Kreuzzuges
8 Bouillon
10 Barbarossa, Loewenherz
im Bauernkrieg
5 Geyer, Goetz
6 Ratgeb
8 Muentzer
12 Berlichingen
Anführung
6 Beweis
Anführungsstriche
12 Gaensefuesse
15 Gaensefuesschen
Angabe
7 Anzeige, Aussage
8 Auskunft
auf Postsendungen
8 Absender
beim Tennis
9 Aufschlag
vor einer amtlichen Stelle
7 Aussage
Angaben
zur Person
11 Personalien
angängig
8 passabel
Angara-Zufluss
in Sibirien
5 Irkut
Angeber
4 Beau, Snob
5 Protz
6 Piefke
7 Blender, Prahler
9 Prahlhans, Renommist
10 Gernegross, Windmacher
12 Aufschneider, Besserwisser
15 Schaumschlaeger
Verräter
5 Petze
6 Petzer
Angeberei
9 Prahlerei, Protzerei, Snobismus
12 Aufspielerei
14 Aufschneiderei

angeblich
eierlegendes Tier
9 Osterhase
angebliche
Gründerin Prags
7 Libussa
Körperausstrahlung
2 Od
angeblicher
Ausruf des Archimedes
7 Heureka
angeboren
6 genuin
8 konnatal
10 hereditaer, kongenital
angeborene
Fähigkeit
6 Anlage, Talent
8 Begabung
11 Naturtalent, Veranlagung
angeborener
Naturtrieb
8 Instinkt
Schwachsinn
7 Idiotie
angeborenes
Fehlen der Gliedmaßen
6 Amelie
Angebot
6 Antrag
7 Offerte
9 Vorschlag
10 Anerbieten, Submission
angebracht
8 opportun
angebundenes
Haustier
10 Kettenhund
angefault
7 karioes
angefügter
Wortteil
5 Affix
angeführte
Schriftstelle
5 Zitat
angefüllt
4 voll
Angeglichenheit
8 Ebenmass
angegriffen
4 matt
6 marode
8 ermattet
angeheitert
7 trunken
9 berauscht, betrunken
10 beschwipst
angehender
Hochschüler
5 Mulus
Angehörige
5 Sippe
7 Familie
9 Verwandte
18 Familienmitglieder
einer Theatertruppe
8 Ensemble
eines katholischen Ordens
11 Ursulinerin
Angehörigenkreis
14 Verwandtschaft

Angehöriger

der deutschen Minderheit im Ausland
14 Volksdeutscher

der Herrenschicht im antiken Rom
9 Patrizier

der herrschenden Klasse im alten Peru
4 Inka

der indischen Kaste
5 Paria

der Lehre Darwins
9 Darwinist

der nordischen Rasse
5 Arier

der Salzsiederzunft
7 Hallore

der Turkstämme in Russland
5 Tatar

des Adels
8 Edelmann
10 Aristokrat

des engl. Hochadels
4 Peer

des franz. Hochadels
4 Pair

des grafischen Gewerbes
6 Setzer

des hohen Adels in Russland
6 Bojare

des ital. Hochadels
6 Nobile

des japanischen Adels
6 Daimio
7 Samurai

des niederen span. Adels
7 Hidalgo

des öffentlichen Dienstes
7 Beamter
8 Arbeiter
12 Angestellter

des Parlaments
11 Deputierter
12 Abgeordneter
14 Parlamentarier, Volksvertreter

des schwedischen Herrschergeschlechts
4 Wasa

des span. Hochadels
6 Grande

einer afrikanischen Stammes-, Völkergruppe
3 Edo, Ewe
4 Zulu
5 Banda, Bantu, Duala, Hamit, Hausa, Masai, Neger
6 Araber, Berber, Haussa, Joruba, Kabyle, Kaffer, Kololo, Massai, Ovambo, Owambo, Somali
9 Buschmann
10 Betschuane
11 Hottentotte

einer altgriechischen Philosophenschule
5 Eleat

einer amerikanischen Gruppe
7 Beatnik

einer asiatischen Stammes-, Völkergruppe
3 Tai
4 Thai
5 Syrer
6 Araber, Iraner, Tuerke
7 Chinese, Japaner, Mongole, Siamese, Tibeter
8 Koreaner, Mandschu
9 Ceylonese, Tibetaner
10 Singhalese, Vietnamese

einer belgischen Volksgruppe
5 Flame
7 Wallone

einer christlichen Glaubensgemeinschaft
6 Hussit
7 Baptist, Maronit, Mormone, Quaeker
8 Katholik, Mennonit, Unierter
9 Adventist, Calvinist, Hugenotte, Methodist, Puritaner, Waldenser
10 Herrnhuter, Lutheraner, Protestant
11 Herrenhuter, Zwinglianer
12 Reformierter

einer europäischen Völkergruppe
4 Pole
5 Balte, Baske, Gaele, Kelte, Slawe, Sorbe
6 Romane
7 Bretone, Germane, Grieche, Rumaene
12 Skandinavier

einer indischen Glaubensgemeinschaft
4 Sikh
5 Hindu, Jaina, Parse

einer indischen Kaste
5 Paria, Sudra
8 Brahmane, Vaischya
10 Kschatriya

einer indischen Religionsgemeinschaft
4 Sikh
5 Hindu, Jaina, Parse

einer indoeuropäischen/ indogermanischen Völkerfamilie, -gruppe
5 Alane, Arier, Balte, Baske, Gaele, Inder, Kelte, Slawe
6 Italer, Ossete, Perser, Romane, Skythe
7 Afghane, Germane, Grieche, Hellene, Illyrer, Iranier, Phryger, Thraker

einer indoeuropäischen/indo- germanischen Völkerfamilie, -gruppe
8 Albanier

einer indoeuropäischen/ indogermanischen Völkerfamilie, -gruppe
8 Armenier, Etrusker, Hethiter, Italiker

einer islamischen Sekte
6 Imamit, Schiit, Sunnit
8 Ismaelit, Wahhabit

einer Jugendbewegung
11 Wandervogel

einer kath. Kongregation
6 Marist

einer leichten Reitergruppe
5 Husar

einer Mannschaft
7 Spieler

einer mohammedanischen Rechtsschule
9 Schaffiit

einer reichen Gesellschaftsschicht
6 ◆ Jetset

einer Sprachvölkergruppe
5 Semit
6 Araber
7 Akkader, Assyrer
8 Amoriter
9 Phoeniker
10 Babylonier, Israeliten

einer verbreiteten täuferischen Freikirche
8 Mennonit

einer Waffengattung
6 Funker
7 Flieger, Matrose, Pionier
8 Kanonier
9 Grenadier
10 Feldjaeger
11 Artillerist, Infanterist, Kavallerist
12 Panzerjaeger
13 Gebirgsjaeger
14 Gebirgspionier, Panzerschuetze
15 Panzergrenadier

einer Weltreligion
4 Jude
5 Hindu
6 Christ, Daoist, Moslem, Moslim, Taoist
7 Islamit
8 Buddhist, Muselman
10 Schintoist
11 Konfuzianer
12 Mohammedaner

eines afrikanischen Volkes
7 Suaheli

eines altitalienischen Volkes
7 Latiner

eines altnordischen Göttergeschlechts
3 Ase

eines antiken Nomadenvolkes, Reitervolkes
4 Sake
5 Avare, Aware
6 Skythe
7 Sarmate

eines arabischen Kalifengeschlechts
8 Abbaside

eines arktischen Volkes
6 Eskimo

eines asiatischen Reitervolkes
5 Hunne

eines äthiopischen Volkes
6 Massai

eines ausgestorbenen Indianerstammes
9 Mohikaner

eines baltischen Volksstammes
4 Este, Live, Liwe, Lure, Sele
5 Lette

eines deutschen Fürstenhauses
5 Welfe
6 Salier
7 Staufer
8 Askanier, Wettiner
10 Karolinger
11 Ludolfinger
13 Wittelsbacher

eines deutschen Volksstammes
5 Baier, Bayer, Hesse
6 Franke, Friese, Pommer, Sachse
7 Ostfale, Preusse, Schwabe
8 Alemanne, Westfale
9 Ostfriese, Schlesier
10 Nordfriese, Obersachse, Ostpreusse, Thueringer
12 Niedersachse
13 Mecklenburger, Siebenbuerger
eines ehemaligen Turkstammes
5 Aware
eines englischen Herrscherhauses
11 Plantagenet
eines Feudalstandes
6 Ritter
eines germanischen Stammes, Volksstammes
4 Gote
5 Baier, Flame, Juete, Marse, Quade, Skire, Suebe, Ubier
6 Chatte, Chauke, Cimber, Gepide, Kimber
7 Bataver, Ostgote, Semnone, Teutone, Vandale, Wandale
8 Alemanne, Bastarne, Hermione, Normanne, Waraeger, Westgote, Wikinger
9 Burgunder, Cherusker, Ingvaeone, Ingwaeone, Istwaeone
10 Hermundure, Langobarde, Markomanne
eines Hirtenvolkes
3 Rom
5 Sinto, Targi
6 Nomade
eines Hottentottenstammes
4 Nama
eines indianischen Volkes
6 Azteke
eines indoeuropäischen Volkes
6 Ossete
eines iranischen Stammes
4 Sake, Tate
5 Alane, Kurde, Meder
6 Ossete, Perser, Skythe
7 Afghane, Baktrer, Parther, Sarmate
9 Sauromate
eines italienischen Ordens
9 Theatiner
eines italienischen Volkes
7 Sabiner
eines jüdischen Stammes
5 Levit
eines keltischen Volksstammes
3 Ire
5 Belge, Gaele, Pikte, Skote
7 Bretone, Galater, Gallier, Nervier, Schotte, Waliser
eines litauisch-polnischen Königsgeschlechts
9 Jagellone
eines mittelamerikanischen Indianerstammes
4 Maya
6 Azteke, Karibe
7 Karaibe, Karribe, Tolteke
8 Zapoteke
eines nichtsesshaften Hirtenvolkes
6 Nomade
eines niederländischen Fürstengeschlechts
7 Oranier
eines Nomadenvolkes
5 Alane, Hunne
eines nordafrikanischen Mischvolkes
5 Maure
eines nordamerikanischen Indianerstammes
5 Sioux
6 Apache, Dakota, Hurone, Navaho, Navajo
7 Irokese
8 Algonkin, Apatsche, Delaware
9 Athapaske
10 Komantsche, Schoschone
eines nordamerikanischen Ordens
9 Kapuziner
eines nordeuropäischen Volkes
5 Lappe
6 Eskimo
12 Skandinavier
eines ostgermanischen Volkes
4 Gote
eines poln. Bergvolkes
6 Gorale
eines poln. Geschlechts
5 Piast
eines Pyrenäenvolkes
5 Baske
eines Saharavolkes
6 Tuareg
eines sibirischen Volksstammes
5 Nenze
6 Ewenke
eines slawischen Volksstammes
4 Pole
5 Leche, Russe, Serbe, Wende
6 Kroate
7 Abodrit, Bulgare, Kassube, Obotrit, Ruthene, Slowake, Slowene
8 Kaschube, Obotrite, Tscheche, Ukrainer
9 Jugoslawe
10 Makedonier, Weissrusse
eines südamerikanischen Indianerstammes
3 Ona
4 Inka
6 Aimara, Karibe
7 Karaibe, Karribe
eines untergegangenen Nomadenstammes
5 Aware
eines Volkes in Belgien
5 Flame
eines Volkes in Sri Lanka
6 Tamile
eines wandernden Volkes
3 Rom
5 Sinto
6 Nomade
8 Zigeuner
eines Zwergvolkes
7 Pygmaee
im Norden
5 Lappe
angekeimtes
Getreide
4 Malz
Angeklagter
6 Taeter
10 Delinquent
13 Beschuldigter
Angel
5 Haspe
9 Scharnier
Angelegenheit
4 Fall
5 Chose, Sache, Thema
6 Handel, Passus, ◆ Schose
7 Affaere
8 Anliegen, Ereignis
10 Gegenstand, Vorkommnis
angelegentlich
6 eifrig
angelegte
Gelder
9 Depositen
Angelgerät
4 Netz, Rute
5 Hamen, Reuse
7 Kescher
Angelköder, Kragenschleife
6 Fliege
7 Blinker
angeln
6 locken
7 fischen, greifen
9 einfangen, schnappen
Angelsachse
5 Brite
angelsächsisch
8 britisch
angelsächsischer
König
6 Eduard, Herold
angelsächsisches
Königreich (8. Jh.)
6 Mercia
Längenmaß
4 Inch, Yard
Angelstock
4 Rute
angemessen
8 adaequat, gehoerig
9 geziemend, zustehend
10 angebracht
11 gebuehrlich
12 entsprechend
angenähert
4 etwa
5 ◆ circa, zirka
9 ungefaehr
12 approximativ
angenehm
4 lieb, nett
6 bequem, kommod
7 anmutig, passend
8 passabel
9 annehmbar, behaglich, gefaellig
10 erfreulich
11 sympathisch
12 plaesierlich
warm
6 mollig
würziger Geruch
5 Aroma
angenehme
Empfindung
6 Genuss
Gerüche
6 Duefte

Überraschung
6 Freude
angenehmer
Zeitvertreib
12 Unterhaltung
angenehmes
Äußeres
12 Gepflegtheit
angenommen
4 wenn
5 falls
6 fiktiv
angenommene
Eigentümlichkeit
12 Angewohnheit
angenommener
Name
9 Pseudonym
Träger von Erbanlagen
3 Gen
Wechsel
6 Akzept
angeordnete
Blumen
5 Wiese
7 Gesteck
Anger
9 Dorfwiese
13 Gemeindewiese
angeregt
4 froh
6 kregel, munter
7 lebhaft
8 animiert
9 froehlich
angereichert
12 konzentriert
angerührt, verdickt
7 legiert
angeschlagen
6 groggy
8 verletzt
11 beschaedigt, mitgenommen
12 erschuettert
Angeschuldigte
12 Beschuldigte
angeschwemmter
Küstenboden
6 Marsch
angesehen
7 namhaft
8 beruehmt, geachtet, populaer
10 geschaetzt, renommiert
11 respektabel, respektiert
angesehene
Ortseinwohner
12 Honoratioren
Personen
8 Notabeln
Angesicht
7 Antlitz
angespannte
Aufmerksamkeit
13 Konzentration
angespitzte
Schanzpfahlreihe
8 Palisade
angespitzter
Balken
5 Pfahl
Angestellte
im Einzelhandel
12 Verkaeuferin
in einer Bücherei
14 Bibliothekarin
Angestellter
12 Arbeitnehmer
eines Verkehrsbetriebes
11 Eisenbahner
im Gaststättengewerbe
7 Kellner
in der Ausbildung
10 Praktikant
angestrebter
Endpunkt
4 Ziel
7 Endziel
9 Abschluss
Endzustand des gläubigen Buddhisten
7 Nirwana
angestrengt
lernen
6 pauken
angetrunken
4 blau
10 beschwipst
angetrunkener
Wanst
9 Bierbauch
angewandte
Naturwissenschaft
6 Physik
7 Technik
angewebtes
Futter
7 Abseite
angewiesen
9 abhaengig
Angewohnheit
6 Manier, Spleen
7 Marotte
angezeigt
9 indiziert
angleichen
12 assimilieren
13 harmonisieren
15 akklimatisieren
Angleichung
9 Anpassung
12 Assimilation
13 Assimilierung
14 Harmonisierung
Angler
12 Petrijuenger
Anglergruß
9 Petri Dank, Petri Heil
anglikanischer
Kardinal
6 Newman
anglo-amerikanische
Verwaltungseinheit
6 County
anglo-amerikanischer
akademischer Grad
6 Master
Verwaltungs-Beamter (Gericht)
5 Clerk
anglo-amerikanisches
Längenmaß
5 Chain
anglo-irische
Dichterin
5 Tynan
anglo-irischer
Autor
5 Banim
Dramatiker
4 Shaw
5 Synge
angolanische
Stadt
5 Argos
6 Lobito, Luanda
8 Benguela
9 Mocamedes
10 Nova Lisboa
angolanischer
Politiker und Staatsmann
4 Neto
7 Savimbi
9 Dos Santos
Angorawolle, Ziegenhaar
6 ◆ Mohaer, Mohair
angreifen
11 attackieren, losschlagen
angreifend
8 korrosiv, offensiv
9 aggressiv
Angreifer
9 Aggressor
angrenzend
7 nebenan
10 benachbart
angrenzendes
Ausland
12 Nachbarstaat
Angrenzer
7 Nachbar
8 Anrainer, Anwohner
Angriff
5 Sturm
7 Ansturm, Attacke, Einfall
8 Anschlag, Invasion, Vorstoss
9 Offensive, Ueberfall
10 Aggression
angriffsbetonter
Kampf beim Boxen
5 Fight
Angriffslust
14 Aggressivitaet
angriffslustig
8 offensiv
9 aggressiv
Angriffspunkt
11 Zielscheibe
Angriffsreihe
beim Fußball
5 Sturm
Angriffsspiel
beim Eishockey
9 Powerplay
Angriffsspieler
beim Fußball
8 Stuermer
14 Aussenstuermer, Mittelstuermer
Angriffsstellung
beim Fechten
7 Ausfall
Angriffsziel
beim Fußball
3 Tor
Angst
3 ◆ Alb, Alp
5 Bange, Scheu, Sorge
6 Bammel, Furcht, Phobie

10 Beklemmung
11 Herzklopfen
vor Nebenbuhlern
10 Eifersucht
angsterfüllt
7 panisch
Angsthase
8 Bangbuex, Feigling
9 Hasenfuss
11 Duckmaeuser
Angsttraum
3 ◆ Alb, Alp
anhaften
6 kleben
anhaftend
9 inhaerent
Anhaftendes
7 Merkmal
11 Eigenschaft
anhalten
6 dauern, mahnen
7 bremsen, stoppen
8 anleiten
10 arretieren, festhalten, fortdauern
Anhalten
zur Pflichterfüllung
9 Ermahnung
anhaltend
6 stetig
7 dauernd
9 andauernd, permanent
10 persistent
anhaltende
Krankheit
4 Qual
6 Leiden
anhaltender
Lärm
8 Gedroehn
Anhaltevorrichtung
6 Bremse
Anhaltspunkt
4 Merk
7 Zeichen
8 Handhabe, Verdacht
Anhang
5 Adnex, Annex
7 Beilage, Familie
8 Appendix, Nachtrag, Nachwort
11 Nachschrift
12 Gefolgschaft
des Blinddarms
12 Wurmfortsatz
Anhänger
3 Fan
6 Anhang, Tender
7 Amulett, Trailer
8 Beiwagen
10 Anhaengsel, Mitlaeufer, Nachfolger
11 Gefolgsmann
12 Gefolgschaft
der Freikörperkultur
6 Nudist
der Geisterlehre
9 Spiritist
der Idee des Königtums
8 Royalist
10 Monarchist
der Kriegsgegnerschaft
8 Pazifist
der Lehre Jesu
6 Christ
der Lehre Laotses
6 Daoist, Taoist
der Lehre Mao Tse-tungs
6 Maoist
der Lehre Mohammeds
6 Moslem, Muslim
7 Islamit
8 Muselman
12 Mohammedaner
der Lehre Moses
4 Jude
8 Israelit
der Lehre von Übersinnlichem
9 Okkultist
der Lehre Zarathustras
5 Parse
der Monarchie
8 Royalist
10 Monarchist
der Parapsychologie
9 Okkultist
der Vielgötterei
5 Heide
der Weltfriedensidee
8 Pazifist
des Arius
7 Arianer
des Franz von Assisi
6 Celano
des Islam
6 Moslem, Muslim
12 Mohammedaner
des Königtums
8 Royalist
10 Monarchist
des Marxismus
7 Marxist
9 Kommunist, Sozialist
des Papsttums
6 Papist
des Parsismus
5 Parse
des Sozialismus
7 Marxist
9 Sozialist
des Weltfriedens
8 Pazifist
des Zoroaster
5 Parse
einer bejahenden Weltanschauung
8 Optimist
einer Einheitslehre
6 Monist
einer engl. Glaubensbewegung
9 Puritaner
einer Glaubenssekte in Amerika
7 Mormone, Quaeker
einer griechischen Philosophenschule
6 Eleate
7 Stoiker
9 Epikureer
10 Platoniker
einer holländisch-antibürgerlichen Bewegung
5 Provo
einer jüdischen Bewegung
7 Zionist
einer Kirchenspaltung
12 Schismatiker
einer kommunistischen Lehre
6 Maoist
7 Marxist
8 Leninist
9 Stalinist, Trotzkist
einer Kunstrichtung
6 Kubist
7 Dadaist
11 Pointillist
12 Fiktionalist
13 Expressionist, Impressionist
einer Lehre, Schüler
5 Adept
einer Lokomotive
6 Tender
einer nationaljüdischen Bewegung
7 Zionist
einer negativen Weltanschauung
8 Nihilist
9 Pessimist
einer Philosophenschule
5 Eleat
6 Stiker
9 Epikureer
10 Platoniker
13 Neuplatoniker
einer philosophischen Richtung
5 Eleat
einer philosophischen Weltanschauung
7 Realist
8 Idealist, Nihilist, Pazifist
10 Pragmatist
11 Materialist
einer politischen Weltanschauung
6 Maoist
7 Marxist
8 Demokrat, Faschist, Leninist, Pazifist, Royalist
9 Anarchist, Kommunist, Liberaler, Sozialist, Stalinist
10 Chauvinist, Monarchist
11 Nationalist
einer positiven Weltanschauung
8 Optimist
einer religiösen Weltanschauung
5 Deist
6 Moslem, Theist
7 Atheist
8 Mystiker
9 Freigeist, Gnostiker, Pantheist
10 Freidenker, Monotheist, Polytheist
12 Konfuzianist
einer theoretischen Anschauung
8 Ideologe
einer tibetanischen Religion
5 Bon Po
einer verneinenden Weltanschauung
8 Nihilist
9 Pessimist
einer Weltreligion
4 Jude
5 Hindu
6 Christ, Moslem, Muslim, Taoist
8 Buddhist, Hinduist, Islamist, Muselman
9 Muselmane, Muselmann, Shintoist
10 Schintoist
eines deutschen Reformators
10 Lutheraner

eines franz. Politikers
8 Gaullist
eines Kunststils
13 Impressionist
eines mohammedanischen Ordens
7 Senussi
eines Religionsstifters
7 Apostel, Juenger
8 Bekenner
9 Maertyrer, Missionar
10 Glaeubiger, Verkuender
eines schweizerischen Reformators
9 Calvinist
11 Zwinglianer
eines tschech. Reformators
6 Hussit
von Überlieferungen
14 Traditionalist
anhänglich
4 treu
7 ergeben
Anhänglichkeit
5 Treue
11 Ergebenheit
12 Freundschaft
Anhängsel
4 Ullr
5 Annex
7 Allonge
8 Appendix
Anhangsgebilde
der Haut
4 Haar
von Körperorganen
5 Adnex
anhäufen
7 sammeln
9 speichern
12 akkumulieren
13 agglomerieren
Anhäufung
4 Pulk
5 Halde, Masse, Menge
7 Ballung, Hortung
8 Sammlung
10 Agglomerat, Ansammlung
11 Aggregation
12 Akkumulation
13 Agglomeration
anheimelnd
5 traut
10 gemuetlich
anhimmeln
8 verehren
Anhöhe
4 Berg, Hang
5 Kegel, Kuppe
6 Huegel
8 Erhebung
13 Bodenerhebung
Anilin-Säure-Verbindung
6 Anilid
animalisch
8 tierisch
animalische
Kost
4 Eier
5 Fisch, Kaese, Milch, Wurst
6 Butter
7 Fleisch, Schmalz
8 Tierfett
animieren
7 anregen, beleben
9 ermuntern, verlocken
11 instigieren
Anisbranntwein
4 Raki
7 Anisett
8 Anisette
Anis, Fenchel
8 Baldrian
Ankauf
6 Erwerb
9 Erwerbung
Anker
hochziehen
6 katten
Ankerplatz
3 Kai
4 Mole, Pier
5 Hafen, Reede
Ankertonne
4 Boje
Ankervorrichtung
6 Muring
Ankerwinde
5 Spill
8 Bugspill
9 Gangspill
Anklage
13 Anschuldigung, Inkrimination
Ankläger
12 Staatsanwalt
Anklagerede
vor Gericht
9 Plaedoyer
Anklagevertreter
12 Staatsanwalt
Anklagezustand
4 Reat
Anklang
7 Beifall
8 Aufnahme, Resonanz
9 Sympathie
11 Reminiszenz
Ankleideraum
8 Toilette
9 Garderobe
Ankleiderin
im Theater
12 Garderobiere
anknüpfen
8 anbahnen
ankommen
6 landen
9 erreichen
10 eintreffen
Ankömmling
4 Gast
ankreiden
9 vorwerfen
11 ◆ uebel nehmen
ankündigen
6 melden
8 anzeigen
9 avisieren, einleiten
11 vorhersagen
Ankündigung
4 Avis
5 Aviso
6 Ansage
7 Anzeige
8 Programm, Prospekt
11 Bekanntgabe
12 Plakatierung
Ankunft
6 landen
7 Landung
9 Einlaufen
10 Eintreffen, Erscheinen
von Flugzeugen
7 Landung
von Schiffen
9 Einlaufen
von Weihnachten
6 Advent
ankurbeln
9 einleiten
10 aktivieren, initiieren
12 mobilisieren
Anlage
4 Keim
5 Boden, Natur
6 Talent
7 Habitus, Kapital
8 Begabung, Naturell
11 Investition
12 Installation, Investierung
13 Etablissement
der elektrischen Energieversorgung
11 Umspannwerk
für Pferdesport
9 Hippodrom
12 Trabrennbahn
14 Galopprennbahn
für Pflanzenzucht
9 Treibhaus
für Prüfzwecke
11 Teststrecke
von Straßen
7 Wegebau
zum Ausbessern und Bauen von Schiffen
4 Dock
5 Werft
11 Trockendock
zum Transport von Energie
7 Leitung
zur Anzucht von Holzgewächsen
10 Baumschule
zur Autoreinigung
12 Waschstrasse
zur Erdölförderung im Meer
9 Bohrinsel
zur Erwärmung von Räumen
7 Heizung
zur Erzeugung von Elektroenergie
9 Kraftwerk
zur Förderung von Grundwasser
7 Brunnen
zur Gewinnung von Bodenschätzen
8 Bergwerk
zur Gewinnung von Kernenergie
7 Reaktor
zur Hautbräunung
8 Solarium
zur Hebung des Wasserspiegels
4 Stau
zur Holzkohlengewinnung
6 Meiler
zur Nachrichtenübermittlung
10 Funkgeraet
zur Roheisengewinnung
8 Hochofen
17 Niederschachtofen
zur Salzgewinnung
6 Saline

zur Steuerung von Kernspaltungen
7 Reaktor
zur Umspannung von Wechselströmungen
11 Umspannwerk
zur Wärmeerzeugung
7 Heizung
zur Wasserspeicherung
4 Stau
Anlagerung
an Oberflächen
10 Adsorption
Anlass
5 Grund, Motiv
7 Anstoss, Ursache
9 Auslosung
11 Gelegenheit
Anlasser
beim Auto
7 Starter
beim Motorrad
11 Kickstarter
Anlauf, Beginn
5 Start
7 Versuch
Anlegebrücke
4 Pier
anlegen
6 landen
9 errichten
10 festmachen
11 investieren
Anlegen
von Fahrtwegen
11 Strassenbau
Anlegeschutzkissen
(Schiff)
6 Fender
Anlegestelle
für Schiffe
3 Kai
4 Mole, Pier
5 Hafen, Reede
anlehnen
8 stuetzen
9 nachahmen
Anleihe
4 Borg, Pump
6 Kredit
8 Aufnahme, Darlehen
Anleihen
5 Fonds
Anleihepapier
4 Bond
10 Obligation, Pfandbrief
anleiten
6 lehren
7 beraten
8 anhalten, anweisen
9 einweisen
11 informieren, instruieren
12 unterrichten
Anleitung
3 Tip
4 ◆ Tipp
7 Hinweis
8 Beratung
9 Anweisung, Leitfaden
10 Unterricht
11 Instruktion
12 Vorschriften
zum Zubereiten von Speisen
8 Kochbuch
10 Kochrezept
Anliegen
5 Bitte
6 Wunsch
8 Ersuchen
Anlieger
7 Nachbar
8 Anrainer, Anwohner
Anlockmittel
6 Koeder
anmahnen
8 monieren
Anmahnung
10 Erinnerung
anmaßend
5 frech
8 arrogant, insolent
9 vermessen
11 impertinent
12 praetentioes, ueberheblich, unverschaemt
Anmaßung
8 Arroganz, Insolenz
11 Impertinenz
anmelden
8 anzeigen
9 avisieren
11 deklarieren
Anmelderaum
im Büro
9 Vorzimmer
Anmeldung
zu einem Wettbewerb
7 Nennung
anmerken
8 notieren
9 ergaenzen
10 glossieren
12 kommentieren
Anmerkung
4 Nota, Note
5 Notiz
6 Glosse
8 Fussnote
9 Bemerkung, Kommentar
10 Ergaenzung, Marginalie
12 Erlaeuterung
Anmut
4 Reiz
6 Charme, Grazie, ◆ Scharm, Zauber
8 Liebreiz
13 Holdseligkeit
anmutig
5 apart
6 grazil
7 huebsch, reizend
8 charmant, grazioes, reizvoll
9 gefaellig, ◆ scharmant
10 bezaubernd
11 entzueckend, liebreizend
anmutige
weibl. Naturgeister
4 Elfe, Nixe
5 Elfen, Nixen
Wesen
7 Grazien
Anmutsgöttin
6 Grazie
annähernd
4 etwa, rund
5 ◆ circa, zirka
8 ziemlich
9 ungefaehr
12 approximativ
16 schaetzungsweise
luftleerer Raum
6 Vakuum
Annäherung
6 Konnex
10 Konvergenz
13 Approximation
Annäherungsgraben
5 Sappe
Annäherungskraft
verschiedener Körper
9 Anziehung
Annäherungsversuch
11 Anbiederung
Annahme
6 Zusage
7 Empfang, Fiktion, Meinung
8 Aufnahme
9 Hypothese, Rezeption, Vermutung
10 Mutmassung
11 Praesumtion
13 Unterstellung
an Kindes Statt
8 Adoption
des gezogenen Wechsels
6 Akzept
Erdichtung
7 Fiktion
Annahmeerklärung
6 Akzept
Annalen
11 Jahrbuecher
12 Erinnerungen
14 Aufzeichnungen
annehmbar
8 passabel, zusagend
9 plausibel
10 akzeptabel
annehmen
9 mutmassen
11 akzeptieren
Annehmlichkeit
4 Reiz
6 Genuss
14 Bequemlichkeit, Gemuetlichkeit
annektieren
8 aneignen, besetzen
12 einverleiben
Annexion
9 Aneignung, Besetzung
10 Okkupation
Annoben
6 Pagalu
Annonce
7 Anzeige, Inserat, Offerte
Annoncenaufgeber
8 Inserent
Annonengewächsgattung
5 Papau
annullieren
8 aufheben
10 widerrufen
13 zurueckziehen
Anode
9 Elektrode
anomal
7 abartig
10 abweichend
11 regelwidrig

12 missgebildet
14 unregelmaessig
anomaler
Hohlgang im Körper
6 Fistel
Anomalie
des Auges
6 Myopie
10 Presbyopie
13 Astigmatismus, Hypermetropie
15 Kurzsichtigkeit, Weitsichtigkeit
anonym
8 namenlos
9 ungenannt
Anorak
9 Windbluse, Windjacke
11 Schneebluse, Schneejacke
12 Kapuzenbluse, Kapuzenjacke
mit Kapuze
5 Parka
anordnen
8 befehlen
Anordnung
3 Bau
5 Edikt, Gebot, Order
6 Aufbau, Befehl, Dekret, Erlass, ◆ Lay-out, Layout
7 Geheiss
9 Direktive, Regulativ
10 Gliederung, Verfuegung
11 Arrangement, Disposition
Anordnungslehre
10 Taxiologie
anorganische
Grundchemikalie
4 Soda
Säure
10 Salzsaeure
14 Salpetersaeure, Schwefelsaeure
Verbindung
6 Dioxid, Dioxyd
anorganischer
Stoff
7 Mineral
Teil der Erdrinde
7 Mineral
anpassen
10 adaptieren
13 akkommodieren
Anpassen an die jeweilige Lage, Zweckmäßigkeitshandeln
13 Opportunismus
Anpasser
11 Opportunist
anpasserisch
15 opportunistisch
Anpassung
7 Mimikry
8 Adaption
10 Adaptation, Gewoehnung
11 Adaptierung
12 Akkomodation, Assimilation
13 Opportunismus
15 Akklimatisation
16 Akklimatisierung
Anpassungsfähigkeit
13 Flexibilitaet
Anpassungsvorrichtung
7 Adapter
Anpfiff
5 Ruege, Tadel
7 Schelte, Zigarre
8 Anranzer
Anpflanzung
5 Anbau
6 Kultur
8 Plantage
für Raucherrohstoff
13 Tabakplantage
Anprall
5 Stoss
9 Aufschlag
anprangern
11 brandmarken
Anpreisung
7 Reklame
Anprobierdame
9 Mannequin
Anrainer
7 Nachbar
8 Anlieger
anraten
9 empfehlen
anrechnen
12 gutschreiben
Anrecht
8 Anspruch
10 Abonnement, Dauerkarte
12 Passepartout
Anrede
2 Du, Er
3 Ihr, Sie
4 Frau, Herr
5 Titel
9 Fraeulein
eines Kardinals
7 Eminenz
eines Universitätsdekans
14 Spektabilitaet
eines Universitätsrektors
12 Magnifizienz
für Europäer in Indien
5 Sahib
für Fremde
3 Sie
für Geistliche
10 Ehrwuerden
11 Hochwuerden
für Herren in der Türkei
6 Efendi
7 Effendi
für Kardinäle
7 Eminenz
für kath. Geistliche
11 Hochwuerden
für kath. Ordensangehörige
10 Ehrwuerden
für Männer
4 Herr
6 Herren
für Marxisten
8 Genossen
für Mutter
4 Mama
im diplomatischen Verkehr
9 Exzellenz
im Iran
3 Aga
von Kaiser oder König
9 Majestaet
Anredefall
7 Vokativ
Anredeform
5 Titel
anreden
10 titulieren
anregen
7 beleben
8 anreizen
9 animieren
10 aufheitern
11 inspirieren, instigieren, stimulieren, veranlassen
anregend
8 belebend
10 animierend
12 stimulierend
anregendes
Getränk
3 Tee
6 Kaffee
Mittel
9 Stimulans
13 Aphrodisiakum
Anreger
8 Animator
9 Initiator
10 Stimulator
Anregung
3 Tip
4 Idee, ◆ Tipp
6 Anreiz, Impuls
7 Anstoss, Antrieb, Hinweis
9 Vorschlag
10 Initiative
11 Ermunterung, Inspiration
12 Aufmunterung, Stimulierung
Anreißplättchen
für Zupfinstrumente
5 Penna
Anreiz
6 Impuls
7 Ansporn, Antrieb
Anrichte
6 Buffet
7 Buefett, Bueffet, Kredenz
9 Sideboard
auf Schiffen und in Flugzeugen
6 Pantry
Anrichtfräulein
7 Mamsell
anrüchig
7 ominoes
11 zweifelhaft
Anrüchigkeit
8 Hautgout
Anruf
2 he
5 hallo
9 Telefonat
Anrufung
Gottes
5 Gebet
ans
Meer grenzender Uferstreifen
6 Kueste
Ansage
4 Avis
6 Diktat
10 Conference
ansagen
9 diktieren
10 moderieren
Ansager
7 Speaker
8 Sprecher
9 Moderator
12 Conferencier, Praesentator

Ansagertext
10 Conference
Ansammlung
4 Hauf, Pulk
5 Bande, Haufe, Masse, Menge, Meute, Rotte, Schar
6 Gruppe, Haufen
7 Auflauf, Ballung
12 Akkumulation
13 Konzentration
von Schädlingen auf Pflanzen
6 Befall
Ansammlung, Kumulation
12 Akkumulation
13 Agglomeration
kleiner Mineralien
4 Sand
ansässig
6 hiesig
8 heimisch, sesshaft
11 eingesessen, einheimisch
Ansässiger
5 Sasse
9 Einwohner
Ansatz
6 Anfang
13 Verlaengerung
Ansatzborte
mit Ösen für Gardinen
5 Gimpe
Ansatzstück
5 Muffe
7 Stutzen
ansaugen
11 adsorbieren
anschaffen
6 kaufen
8 erwerben
11 akquirieren
Anschaffung
4 Kauf
6 Erwerb
7 Einkauf
11 Akquisition
anschauen
7 besehen
anschaulich
6 farbig
7 evident, konkret
8 bildlich, deutlich, lebendig
9 plastisch
11 illustrativ
12 eindringlich
13 eindruecklich, verstaendlich
anschauliche
grafische Darstellung
6 Schema
Schilderung
10 Erzaehlung
anschaulicher
Beweis
13 Dokumentation
Anschaulichkeit
12 Plastizitaet
Anschauung
4 Idee
6 Glaube
7 Ansicht, Glauben, Meinung
9 Denkweise, Intuition
10 Auffassung
11 Betrachtung, Einstellung, Vorstellung
Anschauungsart
11 Mentalitaet
Anschauungsform
9 Kategorie
Anschein
3 Air
5 Miene
8 Aussehen
anscheinend
10 vermutlich
11 mutmasslich
Anschlag
6 Plakat, Raenke
7 Affiche, Aushang
8 Attentat, Sabotage
14 Bekanntmachung
des Bierfasses
7 Anstich
Ränke
6 Kabale
Anschlagsäule
12 Litfassaeule
Anschleichen
des Jägers
6 Birsch, Pirsch
Anschluss
7 Kontakt
10 Verbindung
12 Installation
an Wasserleitung
7 Hydrant
Anschlussklemme
bei Stromquellen
3 Pol
Anschlussstück
für Rohrleitungen
7 Fitting
anschmiegsam
4 zart
5 weich
9 zaertlich
10 zutraulich
16 anpassungsfaehig
Anschrift
7 Adresse
Anschriftenverzeichnis
10 Adressbuch
11 Telefonbuch
anschuldigen
8 anklagen
10 verleumden
12 anschwaerzen, beschuldigen
13 inkriminieren
Anschuldigung
5 Klage
7 Anklage, Vorwurf
11 Verleumdung
13 Inkrimination
anschwärzen
11 denunzieren
Anschwärzer
10 Denunziant
Anschwellung
5 Beule
im Hals
5 Kropf
ansehen
10 betrachten
11 besichtigen
Ansehen
3 Ruf
4 Ehre, Ruhm
6 Nimbus, Wuerde
7 Achtung, Geltung, Leumund, Renomme
8 Prestige, Renommee
10 Autoritaet, Reputation
11 Beliebtheit, Distinktion
12 Beruehmtheit, Popularitaet
Beliebtheit
5 Vogue
ansehnlich
9 bedeutend, stattlich
11 respektabel
12 reputierlich
13 betraechtlich
14 repraesentativ
Ansicht
4 Bild
6 Aspekt
7 Anblick, Fassade, Meinung
8 Erachten, Prospekt
10 Anschauung, Auffassung, Standpunkt
11 Betrachtung, Einstellung
12 Ueberzeugung
13 Gesichtspunkt
Ansiedler
8 Kolonist
Ansiedlung
3 Ort
4 Dorf
5 Stadt
6 Weiler
7 Kolonie
8 Gemeinde
13 Niederlassung
Ansinnen
8 Zumutung
9 Verlangen, Vorschlag
Ansitz
10 Jagdkanzel
Anspannung
9 Intension
Anspiel
beim Hockey
5 Bully
anspielen
8 andeuten
anspielend
10 anzueglich
Ansporn
5 Drang
6 Anreiz
7 Vorbild
8 Auftrieb, Beispiel
10 Triebfeder
11 Ermunterung
anspornen
9 ermuntern
11 instigieren, stimulieren
Ansprache
4 Rede
5 Toast
6 Speech
8 Festrede
des Papstes
10 Allokution
ansprechen
7 anreden
8 gefallen
Ansprechen
auf einen Reiz
6 Reflex
ansprechend
4 nett

6 adrett
11 sympathisch
Anspruch
5 Claim, Recht
6 Anteil
7 Anrecht
9 Forderung, Verlangen
10 Ehrenrecht
12 Anwartschaft, Berechtigung
anspruchslos
6 simpel
7 einfach
8 primitiv, schlicht
9 genuegsam
10 bescheiden
11 spartanisch
anspruchsvoll
8 kritisch
9 ambitioes, anmassend
11 waehlerisch
12 praetentioes, unbescheiden
anstacheln
6 reizen
Anstalt
4 Heim
5 Stift
6 Schule
8 Institut, Internat
9 Pensionat
bei Bielefeld
6 Bethel
für Geisteskranke
9 Irrenhaus
11 Heilanstalt
für Unterricht und Forschung
8 Institut
mit Kost
7 Alumnat
mit Unterkunft
8 Internat
zur Beseitigung von Tierkadavern
10 Abdeckerei
zur Pferdezucht
7 Gestuet
Anstaltsschüler
5 Eleve
6 Alumne, Eleven
7 Alumnen, Alumnus, Interne
8 Interner
9 Elevinnen
Anstaltsschülerin
6 Alumna, Elevin
7 Interne
Anstaltsschüler, -zögling
7 Alumnat
Anstand
4 Ehre
5 Moral, Mores, Sitte
6 Dehors, Tugend, Wuerde
7 Dekorum, Schliff
8 Benehmen, Betragen, Hochsitz, Jagdsitz
11 Sittsamkeit
14 Schicklichkeit
anständig
3 gut
4 fair, nett
5 solid
6 adrett, dezent, ehrbar, honett, sauber
7 honorig, integer, korrekt, sittsam
8 gehoerig, sittlich
10 schicklich
11 einwandfrei
12 reputierlich
13 rechtschaffen
Anständigkeit
5 Guete
8 Fairness
10 Lauterkeit, Sauberkeit
11 Integritaet, Korrektheit
Anstandsbuch
6 Knigge
Anstandsdame, Erzieherin
6 Duenja
Anstandsregeln
8 Etikette
anstarren
8 fixieren
anstecken
10 infizieren
ansteckend
8 virulent
10 infektioes
ansteckende
Eutererkrankung
4 Galt
Krankheit
4 AIDS, Lues, Pest, Ruhr
5 Lepra, Mumps
6 Grippe, Masern, Pocken, Typhus
7 Aussatz, Cholera, Malaria, Roeteln, Tollwut, Tripper
8 Blattern, Syphilis
9 Influenza, Milzbrand, Scharlach
10 Diphtherie, Gelbfieber, Paratyphus, Windpocken
11 Fleckfieber, Keuchhusten, Spitzpocken, Starrkrampf, Stickhusten, Tuberkulose
12 Genickstarre
13 Wechselfieber
14 Kinderlaehmung
15 Rueckfallfieber, Schlafkrankheit
Ansteckknopf
6 Bouton, Button
Anstecknadel
5 Fibel
7 Agraffe, Brosche, Klammer
8 Plakette
9 Abzeichen
Ansteckplakette
6 Button
Ansteckung
6 Infekt
9 Infektion
11 Infizierung
durch Krankheitserreger
8 Virulenz
Ansteigen
der Börsenkurse
6 Hausse
ansteigend
5 steil
an Stelle
5 statt
anstellen
10 engagieren
Anstellerei
5 Getue
6 Gehabe
7 Geziere
8 Ziererei
9 Pruederie
anstellig
6 begabt
9 geschickt
Anstellung
3 Job
6 Arbeit
10 Engagement
als Beamter
10 Bestallung
beim Theater
10 Engagement
Anstieg
8 Bergpfad
10 Kletterweg
anstiften
10 verfuehren
11 instigieren, veranlassen
Anstifter
7 Urheber
9 Initiator
10 Hintermann, Verfuehrer
14 Spiritus rector
anstimmen
10 intonieren
Anstoß
5 Grund, Motiv
6 Anlass, Impuls, Quelle, Signal
7 Ansporn, Antrieb, Ursache
8 Anregung
10 Beweggrund
anstoßen
7 rempeln
8 antippen, schubsen
9 beruehren
anstößig
6 frivol, lasziv
7 obszoen
8 shocking
9 schockant
10 skandaloes
12 unanstaendig
anstößiger
Witz
4 Zote
anstößiges
Ereignis
7 Skandal
9 Aergernis
Vorkommen
7 Skandal
anstreben
12 reflektieren
anstreichen
5 malen, oelen
7 bemalen, weissen
8 notieren, tuenchen, weisseln
9 auftragen, lackieren
Anstreicher
5 Maler
Anstreichmaterial
3 Oel
4 Kalk, Lack, Teer
5 Beize, Farbe
6 Firnis, Glasur, Kreide
7 Leinoel, Politur, Tuenche
8 Oelfarbe
9 Lackfarbe
13 Kunstharzlack, Spachtelmasse
16 Dispersionsfarbe
anstrengend
7 muehsam
9 muehevoll

11 strapazioes
Anstrengung
5 Eifer, Muehe
6 Arbeit
7 Ehrgeiz, Einsatz
8 Bemuehen, Strapaze
9 Bemuehung
im Endkampf
5 Spurt
Anstrich
5 Farbe
7 Politur
8 Faerbung
9 Aeusseres
Ansturm
3 Run
7 Andrang, Attacke
8 Vorstoss
anstürmen
7 branden
8 anrennen
Ansuchen
5 Bitte
6 Wunsch
7 Eingabe
8 Petition
Ansucher
6 Petent
11 Bittsteller
antarktische
Halbinsel
6 Erebus
10 Grahamland
antarktischer
Schwimmvogel
7 Pinguin
Vulkan
6 Erebus
Anteil
3 Kux
4 Part, Teil
5 Aktie, Claim, Quote, Rolle
6 Ration
7 Beitrag, Portion, Quantum
9 Interesse, Provision
10 Kontingent, Teilbesitz
am Nachlass
7 Erbteil
an Glyzeriden
10 Fettgehalt
anteilig
8 partiell
Anteilnahme
5 Guete
6 Trauer
7 Beileid, Mitleid
9 Interesse
10 Mitgefuehl
Anteilpapier, -schein
3 Kux, Los
4 Bond
5 Aktie, Share
10 Obligation, Pfandbrief, Wertpapier
Anteilsabschnitt
einer Aktie
5 Kupon
6 Coupon
Anteilschein
3 Kux, Los
4 Bond
5 Aktie, Share
10 Obligation, Pfandbrief, Wertpapier
Antennenart
5 Dipol
12 Richtantenne
13 Ferritantenne
20 Gemeinschaftsantenne
Antennenträger
4 Mast
Anthrazit
10 Glanzkohle, Steinkohle
Anthroposophie-Begründer
7 Steiner
anti
5 gegen, wider
Antialkoholiker
12 Abstinenzler, Blaukreuzler, Temperenzler
Antibabypille
16 Ovulationshemmer
Antibiotikum
10 Aureomyzin, Penicillin
Antibürgerlicher
4 Punk
6 Hippie
antik
13 altertuemlich
antikapitalistische
Gesellschaftsordnung
11 Sozialismus
antike
Bezeichnung der Meerenge von Gibraltar
18 Saeulen des Herkules
Bezeichnung für Jüngling
6 Ephebe
Büste auf pfeilartigem Schaft
5 Herme
Filzmütze
5 Pilos
Göttin
5 Attar
Grenzbefestigung
5 Limes
griech. Landschaft
5 Doris
6 Attika, Epirus, Lokris, Phokis
7 Argolis
8 Aetolien, Arkadien, Boeotien, Kilikien, Lakonien, Phrygien
9 Messenien
10 Mazedonien
griech. Philosophenschule
4 Elea, Stoa
griech. Stadt
5 Argos, Athen, Milet
6 Abdera, Kroton, Mykene, Olynth, Priene, Smyrna, Sparta, Theben
7 Chalkis, Ephesos, Ephesus, Miletos, Mykenae, Stagira, Sybaris, Tanagra
9 Epidauros, Epidaurus
Hafenstadt in Kleinasien
5 Issos
6 Abydos
8 Phaleron
Hafenstadt in Palästina
4 Acco, Akka, Akko
5 Akkon
Hafenstadt Roms
5 Ostia
Handelsstadt an der Küste Kleinasiens
5 Milet
Handschrift auf Tierhaut
9 Pergament
Hauptstadt der Kyrenaika
6 Kyrene
Hirtenpfeife
9 Panfloete
ionische Stadt
5 Milet
Kirchenbauform
8 Basilika
Kulthandlung
5 Orgia
Küstenstadt in Pontos
6 Amisos
Landschaft am Schwarzen Meer
7 Kolchis
Landschaft in Griechenland
4 Elis
5 Doris
6 Achaia, Attika, Epirus, Lokris, Phokis
7 Argolis
8 Aetolien, Arkadien, Boeotien, Lakonien
9 Messenien
10 Makedonien, Mazedonien
Landschaft in Italien
6 Latium
7 Samnium
8 Etrurien
Landschaft in Kleinasien
5 Troas
6 Karien, Lydien, Lykien, Mysien
7 Aeolien
8 Kilikien, Phrygien, Pisidien, Zilizien
9 Bithynien
10 Pamphylien
12 Paphlagonien
Landschaft in Palästina
6 Judaea
7 Idumaea, Samaria
8 Galilaea
Landschaft in Persien
6 Medien
8 Baktrien
Landschaft in Südarabien
4 Saba
Landschaft in Syrien
10 Phoenizien
Lehrstätte
6 Lyzeum
8 Akademie
9 Gymnasium
Orakelstätte
5 Cumae, Delos
6 Delphi, Didyma, Dodona
Pferderennbahn
9 Hippodrom
Redekunst, Schwätzer
5 Topik
römische Flöte
5 Tibia
Ruinenstadt am Tigris
6 Ninive
Ruinenstadt in Italien
7 Pompeji, Stabiae
11 Herculaneum, Herkulaneum
Ruinenstadt in Syrien
6 Tadmur

7 Palmyra
Ruinenstätte in Argolis
5 Lerna
Schicksalsgöttin
5 Parze
Sonnenuhr
6 Gnomon
Sprache
6 Latein
10 Griechisch, Lateinisch
Stadt
5 Atria, Babel, Milet, Troja
6 Nicaea, Ninive, Sikyon, Theben
7 Ephesus
8 Philippe, Plataeae
13 Halikarnassos
Stadt am Euphrat
7 Babylon
Stadt am Maeander
5 Milet
6 Priene
8 Magnesia
Stadt am Vesuv
7 Pompeji, Stabiae
11 Herculaneum, Herkulaneum
Stadt auf Chalkidike
6 Olynth
Stadt auf Kreta
6 Gortyn, Gurnia
7 Knossos, Segesta
8 Selinunt
Stadt auf Sizilien
6 Himera
Stadt auf Zypern
6 Paphos
7 Salamis
Stadt bei Athen
7 Eleusis, Salamis
Stadt bei Babylon
4 Kutu
Stadt bei Tunis
8 Karthago
Stadt der Taurisker
6 Noreia
Stadt im Libanon
5 Sidon, Tyrus
Stadt in Ägypten
4 Sais
5 Luxor, Ombos
6 Abydos, Karnak, Theben
7 Memphis
Stadt in Arkadien
8 Mantinea
Stadt in Bithynien
6 Nicaea, Nikaea
Stadt in Böotien
8 Plataeae
Stadt in Griechenland
5 Argos, Athen
6 Abdera, Croton, Mykene, Olynth, Sikyon, Sparta, Theben, Tiryns
7 Chalkis, Eleusis, Stagira, Tanagra
9 Epidaurus
Stadt in Italien
4 Elea
7 Pompeji, Stabiae, Sybaris
8 Tusculum
11 Herculaneum
Stadt in Kleinasien
4 Kyme
5 Milet, Troja
6 Abydos, Knidos, Nikaea, Sardes
7 Ephesos, Ephesus
8 Kolophon, Magnesia, Pergamon
Stadt in Lydien
8 Kolophon
Stadt in Mazedonien
5 Pydna
8 Philippi
Stadt in Mesopotamien
7 Babylon
8 Seleucia
13 Halikarnassos
Stadt in Nordafrika
4 Zama
5 Utica
8 Karthago
Stadt in Palästina
5 Gerar, Pella
Stadt in Persien
4 Susa
8 Ekbatana
10 Persepolis
Stadt in Phönizien
5 Sidon
Stadt in Phrygien
6 Nicaea
8 Kolossae
Stadt in Spanien
8 Namantia
Stadt in Süditalien
5 Locri
6 Croton
7 Rhegium, Sybaris
Stadt in Syrien
5 Emesa
6 Abdera, Tadmur
7 Palmyra, Thraien
Stadt in Tunesien
8 Karthago
Stadt in Vorderasien
5 Assur, Ninau
6 Kalach, Ninive
Tempelstadt
6 Delphi
türkische Landschaft
5 Troas
Urne
5 Zista, Ziste
Vase
7 Amphora
wachsüberzogene Schreibtafel
5 Kodex
Wasserleitung
9 Aquaedukt
Weissagerin
6 Pythia
9 Kassandra
Weissagung
6 Orakel

Antike
8 Altertum

antiker
Abgesang
5 Epode
Ausruf
7 Heureka
Badeort bei Neapel
5 Bajae
Deutscher
7 Germane
Dreiruderer
6 Triere
Ehrentempel
8 Pantheon
Epos
5 Ilias
6 Aeneis
7 Odyssee
Fluss zwischen Lydien und Medien
5 Halys
Fünfkampf
10 Pentathlon
Götterbildraum (Tempel)
5 Cella
Grenzstein
6 Zippus
griechischer Volksstamm
5 Dorer
6 Dorier, Ionier
7 Achaeer, Achiver, Aeolier
8 Aetolier, Boeotier
Hafen Athens
8 Phaleron
Hafen in Böotien
5 Aulis
Hafen in Makedonien
5 Pydna
Hafen Roms
5 Ostia
Hallenbau
8 Basilika
Heilgott
8 Aeskulap
Hochzeitsgesang
5 Hymen
9 Hymenaeus
Kampfort
5 Issos
Korb, Gefäß
5 Zista
Krug mit Doppelhenkel
7 Amphora
kultischer Festzug
5 Pompe
Kultort
7 Eleusis
Leuchtturm
6 Pharos
Name der Dardanellen
10 Hellespont
Name der Donau
5 Ister
6 Istros
Name des Balkangebirges
6 Haemus
Name des Ostwinds
5 Euros
Name des Po
5 Padus
Name Deutschlands
9 Germanien
Name Frankreichs
7 Gallien
Name Griechenlands
6 Hellas
Name Istanbuls
6 Byzanz
Name Italiens
6 Italia
Name spanischer Flüsse
6 Iberus
Name Trojas
5 Ilion, Ilium

olympischer Allkampf
10 Pankration
Ort auf Kreta
7 Knossos
Ort in Babylonien
6 Kunaxa
peruanischer Volksstamm
4 Inka
römischer Grenzfluss
7 Rubikon
Schaukämpfer
9 Gladiator
Schlachtenort
5 Issos, Issus
7 Salamis
8 Marathon
11 Thermopylae, Thermopylen
Tempel
4 Naos
Versfuß, Versmaß
5 Jambe, Paeon
6 Daktyl, Jambus
8 Anapaest, Daktylos, Daktylus
9 Hexameter, Trochaeus
10 Heptameter, Pentameter
Volksstamm in Italien
8 Etrusker
Wettkampf
4 Agon
Wettkämpfer
9 Gladiator
Zweiruderer
6 Bireme

antikes

Bauwerk in Rom
8 Pantheon
9 Colosseum, Kolosseum
10 Engelsburg, Titusbogen
12 Amphitheater
13 Trajanssaeule
Bauwerk in Trier
8 Basilika
10 Porta Nigra
13 Kaiserthermen, Roemerbruecke
beckenförmiges Gefäß
5 Lebes
Bühnenbauwerk
12 Amphitheater
Dichterross
7 Pegasos, Pegasus
Doppelreihenboot
5 Diere
Epos
5 Ilias
6 Aeneis, Iliade
7 Odyssee
flachbauchiges Gefäß
5 Askos
Gedicht
5 Epode
Gefäß
5 Ziste
7 Amphore
Gefilde der Seligen
7 Elysion, Elysium
Gerichtsgebäude
8 Basilika
Gewand
4 Toga
6 Chiton, Tunica, Tunika
7 Chlamys
Hirtenlied
6 Ekloge
Hohlmaß
6 Kotyle
Holzblasinstrument
9 Panfloete
Inselreich im Norden
5 Thule
Instrument
5 Aulos
kleinasiatisches Gebiet
6 Ionien
Königreich auf Zypern
6 Paphos
Königreich in Arabien
4 Saba
Kriegsschiff
6 Bireme, Triere
7 Galeere, Pentere, Trireme
10 Quadrireme
Kunstwerk in Berlin
13 Pergamonaltar
Kupfergeld
3 AES
Küstenland
8 Illyrien
Land im Iran
6 Medien
Land in der Türkei
5 Nairi
Musik-, Schauspielhaus
5 Odeum
Nomadenvolk
10 Massageten
Rechenbrett, Spielbrett
6 Abakus
Reich am Tigris
4 Elam
Reich in Arabien
4 Saba
Reich in Kleinasien
6 Lydien, Pontos, Pontus
8 Phrygien
Reich in Mesopotamien
5 Akkad, Sumer
8 Assyrien
10 Babylonien
Reitervolk
5 Saken
7 Skythen
Ruderschiff
6 Triere
Rundtheater
12 Amphitheater
Saiteninstrument
4 Lyra
5 Leier
7 Psalter
8 Barbiton
10 Aeolsharfe
Schiff
6 Bireme, Triere
7 Galeere, Pentere, Trireme
10 Quadrireme
Schreibmaterial
6 Stilus
7 Papyrus
9 Diptychon, Pergament
Schriftwerk
5 Ilias, Staat
6 Aeneis, Iliade
7 Gorgias, Odyssee
8 Anabasis, Apologie, Gastmahl
Schriftzeichen
4 Rune
11 Hieroglyphe
Seeungeheuer
6 Scylla, Skylla
9 Charybdis
Speichergefäß
6 Pelike
Spielbrett
6 Abakus
Theaterstück
5 Medea
6 Orstie
7 Elektra
8 Alcestis, Alkestis, Antigone
9 Iphigenie
10 Amphitryon, Andromache, Hippolytos, Hippolytus, Lysistrata, Oedipus Rex
13 Koenig Oedipus
Umschlagtuch
6 Peplon, Peplos
Versmaß
6 Jambus
8 Anapaest, Daktylus
9 Hexameter, Trochaeus
10 Heptameter, Pentameter
versunkenes Land
8 Atlantis
Volk im Iran
5 Meder
Volk in Griechenland
5 Dorer
6 Dirier, Ionier
7 Achaeer, Aeolier
Volk in Italien
5 Osker
6 Aequer, Italer, Umbrer
7 Latiner, Lukaner, Sabiner, Senonen, Volsker
8 Aurunker, Etrusker, Herniker, Samniter
9 Tyrrhener
Volk in Kleinasien
5 Lyder
6 Luwier, Lydier
7 Assyrer, Galater, Sumerer
8 Hethiter, Phrygier
9 Kimmerier
Volk in Nordafrika
8 Numidier
Volk in Spanien
6 Iberer
Volk in Südosteuropa
7 Illyrer, Thraker
8 Thrazier
Volk in Syrien
10 Phoenizier
Volk in Vorderasien
5 Meder
7 Assyrer, Parther, Phryger, Sumerer
8 Hethiter
9 Chaldaeer, Churriter
Werk der Philosophie
5 Menon, Staat
6 Physik, Poetik
7 Gorgias, Phaidon
8 Apologie, Gastmahl
10 Metaphysik, Protagoras
Wurfgeschütz
8 Balliste

Zweigespann
4 Biga
antikommunistischer Pakt
5 SEATO
Antillenbewohner
6 Karibe
Antilleninsel
3 Ios
4 Cuba, Kuba, Saba
5 Aruba, Haiti, Nevis
6 Aroeba, Tobago
7 Bahamas, Barbuda, Curacao, Grenada, Jamaica, Jamaika, Tortuga
8 Anguilla, Barbados, Dominica, Trinidad
10 Guadeloupe, Martinique, Montserrat, Puerto Rico, Santa Lucia
12 Kieferninsel
Antilopenart
3 Gnu, Goa
4 Afar, Kama, Kudu, Oryx, Pala, Tora
5 Addax, Beisa, Gemse, Goral, Kaama, Nyala, Oribi, Saiga, Sassa, Sassi
6 Dseren, Ducker, ◆ Gaemse, Impala, Nilgau, Passan
7 Adenota, Dibatag, Gazelle, Gerenuk, Kongoni
8 Buntbock, Korrigum, Riedbock, Waldbock
9 Blessbock, Buschbock, Chousinga, Onoteagus, Sitatunga, Sumpfbock
10 Hartebeest, Pferdebock, Spiessbock, Springbock, Wasserbock, Wildebeest
11 Damagazelle, Edmegazelle, Kuhantilope, Lamagazelle, Streifengnu
12 Addragazelle, Bergriedbock, Damara-Dik-Dik, Grantgazelle, Kropfgazelle, Lodergazelle, Moorantilope, Oryxantilope, Tibetgazelle, Waldantilope, Weissbartgnu
13 Blauboeckchen, Burenantilope, Dorkasgazelle, Duenengazelle, Gabelantilope, Klippspringer, Leierantilope, Sumpfantilope, Ziegengazelle, Zwergspringer
14 Hirschantilope, Mendesantilope, Pferdeantilope, Rappenantilope, Saebelantilope
15 Bleichboeckchen, Giraffengazelle, Isabellantilope, Maehnenantilope, Tschirrantilope, Weissschwanzgnu
16 Bueschelohrbeisa, Moschusboeckchen, Soemmeringazelle, Vierhornantilope
17 Przewalskigazelle, Schwarzschwanzgnu, Senegalwasserbock, Windspielantilope
18 Ellipsenwasserbock
20 Hirschziegenantilope
21 Schwarzfersenantilope
Antipathie
9 Ablehnung, Abneigung
Antiquar
11 Althaendler
Antiquaschrift
7 Etienne
9 Italienne
Antiquität
2 Re, Ta
3 Tap, Uhr
4 Bord, Dose, Glas, Korb, Krug, Ofen, Sofa, Topf, Urne, Vase
5 Cuppa, Diwan, Kanne, Kelch, Kelim, Kreuz, Krone, Lampe, Pokal, Stuhl, Tasse, Tisch, Truhe, Waffe, Zibor
6 Alpaka, Becher, Bueste, Buette, Flakon, Glocke, Gutter, Hocker, Humpen, Kachel, Kessel, Koffer, Kuebel, Lavabo, Moebel, Mosaik, Muenze, Pfanne, Schale, Sessel, Silber, Teller, Tiegel, Wappen, Ziegel
7 Amphora, Armband, Buefett, Eisglas, Etagere, Fayence, Flasche, Fliesen, Gobelin, Karaffe, Kommode, Kredenz, Laterne, Loeffel, Luester, Moerser, Pendule, Pitsche, Samowar, Sanduhr, Schmuck, Schrein, Service, Spiegel, Teppich, Terrine, Vitrine, Wanduhr
8 Baklitza, Credenza, Dreifuss, Dressoir, Duchesse, Fauteuil, Geschirr, Gewichte, Hohlglas, Kassette, Kochtopf, Kruzifix, Lesepult, Leuchter, Majolika, Marquise, Oellampe, Ottomane, Reiseuhr, Salzfass, Salznapf, Staender, Steingut, Stutzuhr, Taburett, Tischglo, Tischuhr, Vasenuhr, Verduere
9 Albarello, Anhaenger, Aryballos, Bauernuhr, Coiffeuse, Faesschen, Faltstuhl, Geldtruhe, Girandole, Globusuhr, Grabkreuz, Kerzenuhr, Koerbchen, Kupolofen, Messkanne, Milchglas, Monstranz, Naehtisch, Pendeluhr, Portaluhr, Poudreuse, Pressglas, Prunkbett
10 Altarkreuz, Aquamanile, Bierhumpen, Brauttruhe, Brustkreuz, Caquetoire, Damentisch, Eckschrank, Goldbecher, Grabplatte, Hansekanne, Hausgeraet, Jardiniere, Kachelofen, Kandelaber, Lotgewicht, Messgeraet, Prismenuhr, Schluessel, Sitzmoebel, Spiegeluhr
11 Alabastrone, Astrolabium, Balsamarium, Blumentisch, Buckelpokal, Chiffoniere, Deckelpokal, Dorfteppich, Eichgefaess, Gebaeckkorb, Halsschmuck, Handspiegel, Kaffeekanne, Massgefaess, Schenkkanne, Schreibpult, Sparbuechse, Spiegelglas, Tafelsilber
12 Ambarina-Glas, Bischofsstab, Chaiselongue, Deckelbecher, Eisenschmuck, Gartenmoebel, Gedenkschale, Glasleuchter, Kaffeemuehle, Kristallglas, Kronleuchter, Kupferteller, Rasierbecken, Reisebesteck, Schmucktruhe, Schreibtisch, Silberschale, Sitzgarnitur
13 Altarleuchter, Baldachinbett, Bronzegefaess, Chanukkalampe, Devotionalien, Figurengruppe, Gebetsteppich, Henkelgefaess, Kastenschloss, Knuepfteppich, Kuechengeraet, Kuechenmoebel, Messinggeraet, Nachtleuchter, Nautiluspokal, Perserteppich, Pilgerflasche
14 Bowlengarnitur, Buecherschrank, Delfter Fayence, Dessertservice, Drachenteppich, Haengeleuchter, Kleiderschrank, Kupfergeschirr, Petroleumlampe, Porzellanfigur, Raeucherschale, Spieltischchen, Toepferscheibe, Vorlegeloeffel
15 Abendmahlskelch, Kabinettschrank, Kinderspielzeug, Kirchenleuchter, Messingleuchter, Raeuchergefaess, Schreibgarnitur, Strassenlaterne, Terrakottafigur, Weihrauchkessel
16 Apothekergefaess, Manikuerenhuelle, Reliquienschrein, Toilettenspiegel, Vorhaengeschloss, Vorratsbehaelter, Weihrauchgefaess, Weihwasserbecken
17 Porzellanleuchter
Antiseptikum
8 Jodoform
Antithese
15 Gegenbehauptung
Antlitz
7 Gesicht
9 Angesicht
Antrag
5 Bitte
6 Gesuch
7 Eingabe
8 Ersuchen, Petition
9 Vorschlag
im Schweizer Parlament
6 Motion

Antrieb, Antriebskraft
3 Gas
4 Reiz, Wind
5 Dampf, Drang, Druck, Kraft, Motiv, Motor, Schub
6 Impuls, Wasser
7 Ansporn
zur Aufnahme von Flüssigkeit
5 Durst
Antriebsgeschoss
6 Rakete
Antriebshebel
6 Kurbel
Antriebskraft
3 Gas
5 Dampf
6 Wasser
13 Elektrizitaet
Antriebsmaschine
5 Motor
6 Dynamo
7 Turbine
9 Generator, Ottomotor, Triebwerk
11 Dieselmotor
12 Elektromotor
13 Viertaktmotor
Antriebsmittel
für das Auto
3 Gas
6 Benzin, Diesel
Antriebsschraube
9 Propeller
Antriebsteil
der Zeitmessgeräte
7 Uhrwerk
Antritt
einer Fahrt
7 Abreise
Antrittsansprache
12 Jungfernrede
Antwerpener
Maler
6 Massys
Antwort
4 Echo
6 Replik
8 Bescheid
10 Entgegnung, Erwiderung
auf Contra
2 Re
8 Rekontra
Erwartender
6 Frager
antworten
7 kontern
8 erwidern
9 entgegnen
Antworthandlung
5 Reakt
8 Reaktion
antwortheischender
Satz
5 Frage
anvisierte
Marke beim Schießen
4 Ziel
Anwalt
7 Advokat, Berater
8 Beistand, Diplomat, Sprecher
9 Konsulent
12 Fuersprecher
13 Rechtsberater
14 Rechtsbeistand
Anwaltskunde
6 Klient
Anwaltsrede
9 Plaedoyer
Anwärter
8 Aspirant, Assessor, Bewerber, Kandidat
9 Volontaer
10 Referendar, Reflektant
Anwartschaft
10 Kandidatur
Anweisung
3 Rat
5 Order, Regie
6 Befehl, Rezept
7 Auflage
9 Anordnung, Belehrung, Direktive
10 Wegleitung
11 Instruktion
anwenden
11 applizieren
12 praktizieren
Anwendung
6 Nutzen
7 Praktik
8 Gebrauch
11 Applikation
anwerben
6 heuern
8 anheuern
10 engagieren
12 verpflichten
Anwerber
6 Koeder
9 Lockvogel
Anwesen
3 Gut, Hof
6 Besitz
8 Hofstadt
9 Besitztum
11 Grundbesitz, Grundstueck
anwesend
2 da
4 hier
5 dabei
7 zugegen
8 greifbar, praesent
9 vorhanden
12 gegenwaertig
Anwesenheit
6 Dasein
7 Beisein
8 Praesenz
9 ◆ dabei sein, Dabeisein, Gegenwart, Teilnahme, Vorkommen
10 Aufenthalt
anwidern
5 ekeln
7 anekeln
11 degoutieren
Anwohner
7 Nachbar
8 Anlieger, Anrainer
Anwurf
5 Ruege, Tadel
8 Nachrede
Anzahl
4 Gros
5 Haufe, Herde, Masse, Menge, Rudel, Schar, Summe
6 Gruppe, Haufen, Schock
7 Dutzend, Quantum
der Lebensjahre
5 Alter
gleicher Erzeugnisse
5 Serie
Anzahlung
6 Vadium
8 Handgeld
9 Draufgabe, Draufgeld, Vorschuss
anzapfen
8 anpumpen
9 anstechen
Anzapfung
7 Anstich
11 Pumpversuch
Anzeichen
4 Omen
5 Indiz
7 Merkmal, Symptom
10 Indikation
Anzeige
4 Avis
6 Insert
7 Annonce, Inserat, Offerte
8 Delation
9 Insertion
12 Ankuendigung
des Luftdruckmessers
14 Barometerstand
einer strafbaren Handlung
12 Denunziation
Anzeigenaufgeber
8 Inserent
anzeigend
13 symptomatisch
Anzeigenwerber
11 Akquisiteur
Anzeiger
an Maschinen
9 Indikator
aus persönlichen Gründen
10 Denunziant
eines Stoffes durch Farbumschlag
9 Indikator
anzetteln
9 anstiften
10 verfuehren
anziehen
7 kleiden
anziehend
9 attraktiv
10 magnetisch
11 interessant, sympathisch
anziehendes
Eisen
6 Magnet
Anziehmuskel, Schließmuskel
8 Adduktor
Anziehung
4 Reiz
6 Zauber
10 Attraktion
Anziehungskraft
4 Reiz
6 Appeal, Erotik
9 Sexappeal
10 Attraktion
11 Gravitation, Magnetismus, Schwerkraft
14 Attraktivitaet

auf das andere Geschlecht
9 Sexappeal
der Erde
7 Schwere
11 Gravitation, Schwerkraft
der Moleküle
9 Kohaesion
Anzugform
9 Einreiher
10 Zweireiher
anzüglich
5 spitz
6 pikant
10 zweideutig
anzügliche
Erwähnung
10 Anspielung
Anzüglichkeit
5 Spott
10 Pikanterie
Anzugstoff
in Atlasbindung
5 Drape
Anzugteil
4 Hose
5 Jacke, Sakko, Weste
6 Kragen, Revers, Tasche
7 Jackett
9 Aufschlag, Beinkleid
Anzug, Uniform
5 Dress, Tenue
anzünden
9 anbrennen, anstecken, entfachen
10 entflammen, entzuenden
Anzünder
7 Fidibus
9 Feuerzeug, Zuendholz
11 Streichholz
Aorta
15 Hauptschlagader
apart
4 nett
5 eigen
6 adrett
7 reizend
8 reizvoll
9 besonders
10 eigenartig
11 eigenwillig
13 geschmackvoll
Apathie
17 Gleichgueltigkeit
18 Teilnahmslosigkeit
apathisch
11 unbeteiligt
12 teilnahmslos
13 gleichgueltig, unempfindlich
Apenninenhalbinsel
7 Italien
Apennin-Gebirge
4 Meta
8 Abruzzen
aper
10 schneefrei
Aperitif
5 Byrrh, Cynar, Picon
6 Gancia, Pernod, Ricard
7 Campari, Cinzano, Martini
8 Dubonnet, Vermouth
Apfelbranntwein
8 Calvados
Apfelsine
5 Navel
6 Orange
7 Satsuma
9 Mandarine, Pomeranze
10 Bergamotte, Clementine, Klementine
Apfelsorte
6 Boskop, Rambur
7 Boskoop, Kalvill, Ontarie, Rambour, Renette
8 Delicius, Jonathan, Kalville, Parmaene
9 Cox Orange, Delicious, Klarapfel, Spitzling, Taeubling
10 Morgenduft, Streifling
11 Goldrenette, Guelderling, James Grieve, Landsberger, Maschansker
12 Goldparmaene, Wachsrenette
13 Bismarckapfel, Gravensteiner
15 Golden Delicious
Apfelwein
4 Most
5 Cider, Zider
aus Frankreich
5 Cidre
Aphrodite
5 Venus
10 Anadyomene
apodiktisch
10 endgueltig
14 unumstoesslich, unwiderleglich
Apogäum
8 Erdferne
Apokalypse
11 Offenbarung
Apokryph
5 Tobit
6 Baruch, Judith
Apollopriesterin
6 Pythia
Apostel
7 Juenger
8 Sendbote, Sendling
Buddhas
5 Lohan
der Alemannen
5 Pirim
der Angelsachsen
10 Augustinus
der arian. Goten
7 Ulfilas
der Bayern
7 Emmeram
der Deutschen
10 Bonifatius
der Eskimos
5 Egede
der Franken
6 Kilian
der Friesen
9 Willibrod
10 Willibrord
der Gallier
6 Martin
der Grönländer
5 Egede
der Inder
5 Xaver
der Iren
7 Patrick
10 Columbanus
der Noriker
9 Severinus
der Pommern
4 Otto
der Preußen
5 Bruno
8 Adalbert
der Slawen
6 Kyrill
8 Cyrillus
9 Methodius
der Wenden
9 Vicelinus
des Nordens
6 Ansgar
Jesu
5 Judas, Lukas, Simon
6 Jakobi, Markus, Paulus, Petrus, Thomas
7 Alphaei, Andreas, Jakobus
8 Johannes, Matthias
9 Matthaeus, Philippus, Thaddaeus
13 Bartholomaeus
14 Jakobus Alphaei
von Armenien
6 Gregor
von Grönland
5 Egede
von Irland
7 Patrick
10 Columbanus
von Kärnten
7 Modestu
von Schottland
7 Columba
Apostelamt
9 Apostolat
Apostelbrief
7 Epistel
apostolischer
Nuntius
6 Bafile
Apotheke
7 Offizin
Apotheker
8 Provisor
10 Pharmazeut
Apothekerbuch
12 Dispensorium
Apothekergefäß, auch Geschütz
7 Moerser
Apothekergehilfe
8 Provisor
Apothekergewicht
4 Gran, Unze
5 Graen
7 Skrupel
Apothekerkunde, -kunst
9 Pharmazie
Apotheose
11 Schlussbild, Verklaerung
14 Verherrlichung
15 Vergoettlichung
Apparat
4 Werk
6 Geraet
8 Maschine
10 Instrument
11 Mechanismus, Vorrichtung
zum Absaugen von Gasen
9 Aspirator

zum Messen der Strahlung von Lichtquellen
11 Aktinometer
zum Verbinden von Stoffen
12 Naehmaschine
zur Entkeimung ärztlicher Instrumente
12 Sterilisator
zur plastischen Schau von Bildern
10 Stereoskop
Apparatur
8 Maschine
11 Maschinerie
12 Geraetschaft
15 Instrumentarium
Appartement
6 Zimmer
7 Wohnung
8 Wohnraum
12 Einzelzimmer, Kleinwohnung, Luxuswohnung, Zimmerflucht
Appeal
8 Zugkraft
9 Anziehung
12 Ausstrahlung
Appell
6 Aufruf
7 Mahnruf, Mahnung
8 Antreten
9 Ermahnung
12 Aufforderung
appellieren
7 anrufen
8 aufrufen
Appendix
6 Anhang, Ansatz
8 Fortsatz
9 Blinddarm
10 Anhaengsel
12 Wurmfortsatz
Appetit
4 Lust
5 Gusto
6 Hunger
7 Esslust
8 Begierde
9 Verlangen
13 Essbeduerfnis
appetitanregendes
Getränk
8 Aperitif
Appetithäppchen
9 Kostprobe
appetitlich
6 frisch, lecker
9 delizioes, einladend, koestlich
10 verlockend
Appetitlosigkeit
9 Essunlust
Applaus
7 Beifall
11 Akklamation
Apposition
10 Beifuegung
Appretur
5 Glanz
7 Schliff
10 Zurichtung
11 Versteifung
Appreturverfahren
6 Sengen
Aprikose
7 Marelle, Marille
Aprikosenbrand
6 Barack
Aprikosenhaut
8 Duvetine
Aprikosenlikör
13 Apricotbrandy
April
9 Ostermond
11 Wandelmonat
apropos
9 uebrigens
15 nebenbei bemerkt
Apside
5 Aphel
7 Perihel
8 Apastron, Apogaeum
9 Perigaeum
10 Periastron
Aquamarin
6 Beryll
Aquarienfisch
5 Barbe, Guppy, Gupsy, Platy, Tetra
6 Skalar
7 Salmler
9 Goldfisch, Makropode, Roter Neon
10 Kampffisch
12 Segelflosser, Sumatrabarbe
15 Schleierschwanz
Aquarienpflanze
6 Alisma, Elisma, Elodea, Riccia
7 Helodea, Wolffia
8 Salvinia
10 Sagittaria
Aquarium
6 Bassin
9 Behaelter
10 Glasbassin
11 Fischbassin
Araberfürst
4 Emir
Araberhengst
bei Karl May
3 Rih
Arabermantel
3 Aba
Araber, mittelalterlicher
8 Sarazene
Araberstamm
4 Asra
7 Senussi
8 Beduinen
10 Amalekiter
Araberviertel
nordafrikanischer Städte
6 Kasbah
Arabeske
8 Ornament
9 Tanzfigur
arabisch:
Berggipfel
3 Ras
Boden
4 Ardh
Brunnen
3 Bir
Dorf
4 Duar
Erde
4 Ardh
Feldherr
4 Emir
Glaube, Gipfel
4 Iman
Häuptling
3 Ras
Haus
3 Dar
Knecht
3 Abd
Land
3 Dar
Markt
3 Suk
arabisch
Meer
4 Bahr
arabisch:
Meerenge
3 Bab
Nichtmohammedaner
5 Kafir
Paradies
4 Adan
Quelle
3 Bir
Satan
8 Schaitan
Sohn
3 Ben, Ebn, Ibn
Tor
3 Bab
Ungläubiger
5 Giaur
Vater
3 Abu
Vorgebirge
3 Ras
Wüstenbrunnen
3 Bir
arabische
Dynastie
7 Ibn Saud
8 Omajaden
9 Fatimiden
Gedichtform
5 Gasel
6 Makame
Gedichtgattung
7 Kasside
Geige
6 Kissar
Getreidepflanze
5 Darra, Durra
Goldmünze
5 Dinar
Grützebreispeise
6 Kuskus
Hafenstadt
4 Aden
6 Kuwait
7 Hodaida, Hodeida, Makalla
Halbinsel
5 Katar, Qatar, Sinai
7 el Katar
8 Mosandam
Hauptstadt
4 Aden, Baku, Riad, Sana
5 Amman, Kairo, Rabat, Tunis
6 Algier, Bagdad, Beirut, Eriwan, Kuwait, Maskat, Tiflis
7 Jerewan
8 Ash Shaab, Damaskus, Tripolis
Kopfbedeckung
3 Fes, Fez

7 Tarbuch
8 Tarbusch
Kurrentschrift
6 Neschi
Landschaft
4 Asir, Oman, Saba
5 Jemen, Tiham, Yemen
6 Dhofar
7 Nedschd
8 Hedschas
9 Hadramaut
Nomaden
8 Beduinen
Oase
3 Ain, Idd
4 Arik
5 Kasfa, Sabla, Sufuk
6 Bugàra, Gardam
Provinz
4 Asir
Schreibschrift
5 Talik
6 Neschi
sozialistische Partei
5 Baath
Stadt
3 Sur
4 Aden, Doha, Hama, Homs, Maan, Riad, Sana
5 Akaba, Amman, Basra, Haleb, Kairo, Mekka, Mokka, Mosul, Risut, Riyad, Sanaa
6 Aleppo, Bagdad, Beirut, Djidda, Kirkuk, Kuwait, Kuweit, Maskat, Medina, Mossul, Nedjef, Risnut
7 Dhahran, er Riyad, Hodaida, Hodeida, Kerbela, Makalla
8 Damaskus
Tänzerinnen
5 Almen
Volksliedersammlung
6 Hamasa
Wüste
5 Akkaf, Nefud, Rimal
6 Rkubeh
7 Hammada
14 Nubische Wueste

arabischer

Artikel
2 al, el, il
Arzt im Mittelalter
5 Mesue
8 Avicenna
Astronom
6 Alsufi
7 Battani
Bauer
7 Fellach
Dichter
5 Antar
6 Damiri, Hariri
9 Abu Tamman
10 Omar Kayyam
Feldherr
5 Tarik
Frauenname
4 Rana, Sema, Sule, Wega
5 Amina, Farah, Rabea, Rabia, Rueya, Sarah, Selma, Vedat
6 Aischa, Fatima, Halima, Jamila, Miriam, Rabiye, Refika, Ruhiye, Sachra, Samira, Talibe, Uelfet, Uemran, Vahdet, Zambak, Zarife, Zatiye
7 Ellinor, Suekran, Suleika, Vasfiye
8 Eleonora, Eleonore
9 Yuemniyye
10 Chadidscha
Fürstentitel
3 Aga, Ras
4 Emir
Gebetsrufer
7 Muezzin
Geistlichentitel
5 Abuna
Geistlicher, Richter
5 Molla, Mulla
6 Mullah
Gelehrter
5 Hakim
Geograf
6 Edrisi, Idrisi
9 Ibn Batuta
Geschichtsschreiber
8 Abulfeda
Gruß, Grußwort
5 Salam, Salem, Selam
Häuptlingstitel
3 Ras
Kapuzenmantel
6 Burnus
König
4 Saud
5 Talal
6 Faisal
7 Hussein
Kopfschleier
6 Litham
Küstensegler
3 Dau
Männername
3 Ali, Job
4 Abbo, Musa, Omar, Ruhi, Said, Taip, Taki, Ulvi, Zati
5 Abbas, Abdul, Adnan, Ahmed, Daoud, Halef, Hamid, Harun, Hatem, Mahdi, Murad, Nihad, Nihat, Recep, Refik, Resat, Resmi, Resul, Sabri, Sarif, Sedat, Selim, Sinan, Tahir, Tarek, Tarik, Vasfi, Vedat, Yaver, Yusuf, Zafer, Zarif, Zihni
6 Abboud, Achmed, Hassan, Jussuf, Mahmud, Mehmed, Memnun, Tahsin, Tayyip, Uemran, Vahdet
7 Abraham, Hussein, Ibrahim, Mustafa, Saladin, Suekran, Yuemnue
8 Abdullah, Mohammed
Mantel
3 Aba
4 Haik
6 Burnus
Mantelumhang
5 Abaya
Märchenvogel
3 Rok
4 Roch
Mathematiker
7 Al Kindi
8 Abubacer
Mediziner
8 Avicenna
Monatsname
5 Safar
Name für Jerusalem
6 Elkuds
Name für Jesu
3 Isa
Name für Jordanien
5 Urdun
Name Gottes
5 Allah
Name Jesu
3 Isa
Nomade
7 Beduine
Philosoph
8 Averroes, Avicenna
Politiker
5 Sadat
6 Arafat, Hassan, Nasser
7 Burgiba, Hussein, Mubarak
8 Ben Bella
11 Boumedienne
Rechtsgelehrter
5 Mufti
Richter
4 Kadi
5 Mulla
Sackmantel
3 Aba
Sagenvogel
3 Rok
Schriftsteller (der Gegenwart)
5 Akkad
6 Damiri, Husain, Masini, Mutran, Taimur
7 as-Sabur, Machfus
8 Darwisch
Schwarzkümmel
3 Git
Staat
4 Irak, Oman
5 Jemen, Katar, Qatar, Sudan, Yemen
6 Kuwait, Kuweit, Libyen, Syrien
7 Bahrain, Libanon, Marokko
8 Aegypten, Algerien, Tunesien
9 Jordanien
12 Saudi-Arabien
13 Maskat und Oman
17 Vereinigte Emirate
Stamm, Volksstamm
4 Asra, Slul
5 Anese
7 Senussi
8 Beduinen, Beni Asra
10 Amalekiter, Ismaeliten, Joktaniden, Kahtaniden
Statthalter
5 Mudir
Sultanatsbewohner
6 Omaner
Theologe
6 Damiri
Titel
3 Ras
4 Emir, Iman
5 Mudir
6 Sultan
Vorbeter
4 Imam

Weltreisender
9 Ibn Batuta
10 Ibn Battuta
Windhund
5 Sluki
Wollmantel
3 Aba
Wüstenbrunnen
3 Bir
Wüstenwind
5 Samum
zweirädriger Karren
5 Araba
arabisches
Fürstentum
6 Emirat
Getränk
3 Kat
Gewand
3 Aba
6 Burnus
Grußwort
5 Salam, Salem, Selam
Hackbrett
6 Santir, Santur
Handelsgewicht
6 Frasil
Herrschergeschlecht
8 Omajaden
9 Fatimiden
Königreich
9 Jordanien
12 Saudi Arabien
Königreich im Altertum
4 Saba
Kopftuch
6 Kefija
Krummschwert
4 Seif
Küstengebiet
4 Asir
8 Hedschas
Musikinstrument
4 Rbab
Nomadenvolk
5 Kedar
Ochsengespann
5 Araba
Ornament
8 Arabeske
Reiterkampfspiel
8 Fantasia
Schiff, Segelschiff
3 Dau
4 Dhau
7 Baggala
Schwert
4 Seif
Streichinstrument
5 Rebab
Sultanat
4 Oman
5 Katar, Qatar
6 Maskat
Tamburin
4 Tarr
Zupfinstrument
6 Tanbur
Araguaia-Zufluss
(Brasilien)
5 Manso
Araliengewächs
4 Efeu
5 Panax
aramäisch:
Vater
4 Abba
Arbeit
3 Job, Tun
4 Fron, Werk
6 Dienst, Posten, Stelle
7 Aufgabe
8 Leistung, Stellung
10 Engagement, Taetigkeit
14 Beschaeftigung
an einer Inszenierung
5 Probe
beim Kunden (südd t.)
5 Stoer
der Leibeigenen
4 Fron
der Vertreter
12 Aussendienst
des Winzers
7 keltern
für einen Lehnsherrn
4 Fron
in bestimmter Zeit
6 Pensum
in der Flachsrösterei
5 boken
in der Milchwirtschaft
6 melken
in der Textilbranche
6 naehen
arbeiten
6 ackern, werken, wirken
8 schaffen
10 herstellen
arbeitender
Körperteil
5 Organ
Arbeiter
8 Werkmann
12 Arbeitnehmer, Arbeitskraft, Werktaetiger
an der Vorspinnmaschine
5 Flyer
in der Metallindustrie
6 Dreher, Former, Nieter
Arbeiterpartei
Israels
5 Mapam
Arbeitgeber
11 Unternehmer
Arbeitnehmer
8 Arbeiter
12 Angestellter
14 Lohnempfaenger
Arbeitnehmerin
10 Arbeiterin
11 Angestellte
Arbeitnehmerorganisation
12 Gewerkschaft
Arbeitnehmervertretung
im Betrieb
11 Betriebsrat
arbeitsam
5 emsig
8 fleissig, tuechtig
Arbeitsanleitung
10 Einweisung
Arbeitsanzug
6 Kittel
7 Overall
Arbeitsausstand
6 Streik
10 Warnstreik
13 Generalstreik
Arbeitsbeginn
7 Antritt
Arbeitsbiene
4 Imme
Arbeitseifer
6 Fleiss
Arbeitseinheit
3 Erg
Arbeitsentgelt
4 Gage, Lohn
6 Gehalt, Salaer
7 Honorar
8 Tagelohn
10 Akkordlohn, Hungerlohn, Monatslohn, Wochenlohn
11 Stundenlohn
Arbeitsergebnis
7 Produkt
arbeitsfreier
Tag
7 Sonntag
Wochentag
8 Feiertag
Arbeitsfreude
5 Eifer
Arbeitsgang
7 Prozess
9 Operation
im Motor
4 Takt
Arbeitsgebiet
6 Sparte
7 Domaene
15 Aufgabenbereich
16 Betaetigungsfeld
Arbeitsgefährte
7 Kollege
11 Mitarbeiter
Arbeitsgemeinschaft, -gruppe
2 AG
4 Team
5 Rotte
6 Partie
7 Kolonne, Schicht
9 Kollektiv
11 Belegschaft
Arbeitsgerät
8 Werkzeug
12 Gabelstapler
am Kran
7 Greifer
der Kammacher
4 Iler
des Webers
4 Riet
Arbeitshose
5 Jeans
9 ◆ Blue Jeans
Arbeitsinspektion
15 Gewerbeaufsicht
Arbeitskahn, Lastkahn
5 Prahm
Arbeitskamerad
7 Kollege
11 Mitarbeiter
im Bergbau
6 Kumpel
Arbeitskameradin
8 Kollegin

Arbeitskarte
für Computer
9 Lochkarte
Arbeitskluft
6 Kittel, Montur
7 Overall, Uniform
14 Mantelschuerze
Arbeitskollektiv
7 Brigade
Arbeitskraft
im Versandhandel
6 Packer
Arbeitsleistung
6 Dienst
Arbeitsmantel
6 Kittel
Arbeitsmaschine
6 Bagger
7 Roboter
zur Förderung von Flüssigkeiten
5 Pumpe
Arbeitsmaterial
des Töpfers
3 Ton
Arbeitsmittel
9 Werkstoff
11 Rohmaterial
Arbeitsniederlegung
6 Streik
10 Warnstreik
Arbeitsnorm
6 Akkord
Arbeitspapier
11 Steuerkarte
des Seemanns
13 Seefahrtsbuch
Arbeitspferd
4 Gaul
Arbeitsplatz
3 Job
4 Werk
5 Buero, Firma, Labor
6 Fabrik, Praxis, Stelle
7 Betrieb, Kanzlei
8 Stellung
9 Baustelle, Geschaeft, Werkstatt
11 Werkstaette
12 Laboratorium
19 Mechanikerwerkstatt
Arbeitsraum
des Chemikers
12 Laboratorium
des Handwerkers
9 Werkstatt
des Künstlers
6 Studio
7 Atelier
des Lichtbildners
11 ◆ Fotoatelier
für naturwissenschaftliche Untersuchungen
5 Labor
12 Laboratorium
arbeitsscheu
4 faul
6 traege
Arbeitsscheuer
7 Bettler
8 Faulpelz
13 Drueckeberger
Arbeitsschicht
6 Turnus
Arbeitsschluss
10 Feierabend
Arbeitssklave
4 Kuli
Arbeitssong
farbiger Südstaatler
6 Holler
Arbeitsstoff
8 Material
Arbeitstag
7 Werktag
Arbeitstagung
8 Enquette
arbeitstechnischer
Begriff
4 Lohn
5 Tarif
6 Akkord, Gehalt, Gruppe
7 Entgelt
10 Fliessband
Arbeitstisch
des Schreiners
9 Hobelbank
Arbeitsuchender
8 Bewerber
Arbeitsumfang
6 Pensum
arbeitsunfähig
5 krank
8 invalide
Arbeitsunfähiger
7 Kranker
8 Invalide
Arbeitsunterbrechung
4 Rast
5 Pause
6 Streik
8 Stoerung
9 Ruhepause
Arbeitsunwilliger
9 Faulenzer
Arbeitsverfahren
zum Umformen
6 biegen
Arbeitsweise
6 Akkord, System
7 Methode, Schicht, Technik
9 Verfahren
Arbeitszeit
7 Schicht
Arbuse
12 Wassermelone
archäologische
Freilegung
10 Ausgrabung
Archenbauer
4 Noah
Archipel
im südlichen Atlantik
14 Falkland Inseln
im südlichen Pazifik
11 Tongainseln
Architekt
10 Baumeister
12 Baukuenstler
der Dresdner Oper
6 Semper
architektonischer Ausdruck, Begriff
2 Ob
3 Bad, Bau, Dom, Hof, Kat, Lot, Roh, Ste, Tor, Zwi
4 Aula, Burg, Chor, Dach, Ecke, Esse, Flur, Fort, Fuge, Gips, Haus, Herd, Holm, Holz, Joch, Kalk, Keil, Kies, Kitt, Lack, Lehm, Lift, Luke, Ofen, Putz, Raum, Saal, Sand, Sieb, Silo, Sims, Stil, Stoa, Teer, Trog, Tuer, Turm, Walm, Wand, Zaun
5 Abort, Altan, Anbau, Apsis, Arena, Basis, Beton, Block, Boden, Bogen, Bohle, Brett, Cella, Daube, Decke, Diele, Erker, Etage, Fiale, First, Forum, Foyer, Fries, Front, Halle, Kamin, Kappe, Kiosk, Kreuz, Latte, Laube, Mauer, Pilas, Pylon, Rampe, Rinne, Spund
6 Arkade, Aufzug, Balken, Balkon, Bewurf, Binder, Blende, Duebel, Empore, Fliese, Gesims, Giebel, Gitter, Kachel, Kammer, Kanzel, Keller, Klinke, Krypta, Kuppel, Loggia, Nische, Palast, Pforte, Podest, Polier, Portal, Quader, Remter, Saeule, Schiff, Schlot
7 Alkoven, Baracke, Bastion, Bauhaus, Bauzaun, Estrich, Fassade, Fenster, Festung, Galerie, Gebaelk, Geruest, Heizung, Hochbau, Kapelle, Kastell, Klammer, Klinker, Klosett, Konsole, Laterne, Lettner, Moertel, Parkett, Pergola, Pfeiler, Pfosten, Plafond
8 Anstrich, Bauplatz, Bungalow, Dachluke, Dipteros, Fachwerk, Flachbau, Gebaeude, Geschoss, Gewoelbe, Glasdach, Haustuer, Jalousie, Kantholz, Kapitell, Lageplan, Lichthof, Mansarde, Maskaron, Minarett, Muenster, Ornament, Parterre, Pavillon, Pechnase, Spitzsae
9 Aquaedukt, Bandeisen, Belletage, Bergfried, Betonguss, Bruestung, Dachboden, Dachfirst, Dachpappe, Dachstuhl, Fahrstuhl, Flachdach, Frontwand, Fundament, Fussboden, Gelaender, Gloriette, Grundriss, Isolation, Katakombe, Kolonnade, Mauerwerk, Mausoleum
10 Auditorium, Balustrade, Brandmauer, Dachgarten, Dachgesims, Dachkammer, Dachpfanne, Dachreiter, Durchfahrt, Eisenbeton, Feuermauer, Flacheisen, Freitreppe, Frontmauer, Giebelwand, Grundmauer, Grundstein, Halbsaeule, Hohlziegel, Holzduebel, Isolierung
11 Betonplatte, Bodenkammer, Brandgiebel, Dachfenster, Dachsparren, Erdgeschoss, Fensterbank, Flachgiebel,

Flachziegel, Fluchtlinie, Flurfenster, Grundwasser, Mauersockel, Richtbalken, Schleppdach, Schnuerdach, Schwibbogen, Sockelmauer, Spannbalken
12 Abwaesserung, Baptisterium, Bodenfenster, Dachgeschoss, Eisentraeger, Fensterkreuz, Fensterladen, Hintertreppe, Hochparterre, Konstruktion, Lichtschacht, Netzgewoelbe, Obergeschoss, Schalloecher, Schieferdach, Schindeldach, Trockenboden, Wendeltreppe
13 Blitzableiter, Fensterrahmen, Kreuzgewoelbe, Sterngewoelbe, Zementmoertel, Zwiebelkuppel
14 Geruestklammer, Kellergeschoss, Muldengewoelbe, Schamottestein, Schiebefenster, Tonnengewoelbe
15 Faechergewoelbe, Spiegelgewoelbe

architektonischer Begriff
5 Stein, Stiel, Stock, Stube, Stuck, Stufe, Tenne, Villa, Waage, Wange, Zinne
6 Sockel, Tempel, Treppe, Tunnel, Vorbau, Zement, Ziegel, Zimmer
7 Rohputz, Schacht, Schloss, Soeller, Sparren, Stuetze, Terrain, Tiefbau, Traeger, Veranda, Verputz, Wohnung
8 Pilaster, Rundholz, Schalung, Schamott, Schiefer, Schindel, Schotter, Schwelle, Speicher, Synagoge, Terrasse, Unterbau, Vorhalle, Windfang, Zeltdach
9 Plattform, Rauchfang, Richtbaum, Richtfest, Richtmass, Rundbogen, Sakristei, Stockwerk, Trennwand, Tuerbogen, Verschlag, Vestibuel, Vortreppe, Zitadelle
10 Katakomben, Kathedrale, Mittelwand, Richtkrone, Satteldach, Souterrain, Spitzbogen, Tuerrahmen, Ziegeldach, Ziergiebel
11 Spitzsaeule, Treppenhaus, Ventilation, Verschalung, Wandpfeiler, Waschkueche, Wasserwaage, Zwiebeldach

architektonisches
Gepräge
4 Stil
7 Baustil
Wissensgebiet
6 Statik

Architektur
8 Baukunst

architekturgeschichtlicher
Begriff
3 Rom, tek
4 Burg, Chor, Kore, Kyma, Loge, Naos, Nase, Rose, Stil
5 Abtei, Achse, Agora, Apsis, axial, Basar, Corso, Fiale, Forum, Fries, ◆ Getto, Gotik, Kuros, Modul, Odeon, Palas, Pfalz, Platz, Rippe, Ruine, Stele, Stupa, Trakt, Tumba
6 Arkade, Atrium, Attika, Barock, Concha, Exedra, Flucht, Ghetto, Giebel, Hirsau, Knagge, Koncha, Krabbe, Krypta, Lisene, Pagode, Palais, Portal, Rokoko, Saeule, Serail, Statik, Tempel, Therme, Traufe, Trombe, Tympan, Volute
7 Alcazar, Aufriss, Bauhaus, Belevue, Bruecke, Dienste, Dirnitz, dorisch, Echinus, Epistyl, Fassade, Fliesen, Glasbau, Grabmal, Holzbau, ionisch, Kacheln, Kloster, Lettner, Lukarne, Megaron, Moschee, Obelisk, Oktogon, Ordnung, Passage, Pfeiler, Polygon, Redoute
8 Alhambra, Basilika, Beinhaus, Dreipass, Eisenbau, Fachwerk, Gewoelbe, Kapitell, Kassette, Kemenate, Marstall, Masswerk, Mezzanin, Monolith, Monument, Pantheon, Paradies, Peristyl, Portikus, Pyramide, roemisch, Scheitel, Stabwerk, Stylobat
9 Akropolis, Architrav, Barbakane, Bauhuette, Belvedere, Boulevard, Campanile, Eremitage, Fuenfpass, Interieur, Kartusche, Karyatide, klassisch, Kragstein, Kreuzgang, Mausoleum, Orangerie, pittoresk, Profanbau, Promenade, Prostylos, Sakralbau, Triforium, Tuchhalle, Tudorstil, Umgebinde, Vestibuel, Vierblatt
10 Albertinum, Fischblase, Flamboyant, Flechtwerk, Freitreppe, Frontispiz, Gewandhaus, Idealstadt, Kathedrale, Kehlbalken, Kreuzblume, Laubengang, Magistrale, Peripteros, Proportion, Propylaeen, Querschiff, Spitzbogen, Stabkirche, Staedtebau, Tabernakel
11 Bauakademie, Gartenkunst, Glockenturm, Historismus, kannelieren, korinthisch, Lotossaeule, Muschelwerk, Querschnitt, Renaissance, Strebebogen, Wendelstein
12 Amphitheater, Backsteinbau, Dreischneuss, Gruenderzeit, Hallenkirche, Industriebau, Ingenieurbau, Jesuitenstil, Klassizismus, Kolonialstil, Presbyterium, Schlussstein, Stiftskirche, Triumphbogen, Zwerggalerie
13 Laengsschnitt, Strebepfeiler, Zisterzienser
14 Amphiprostylos, cluniazensisch, Palladianismus, Saeulenordnung, Trabantenstadt
15 eklektizistisch, Funktionalismus, Skelettbauweise, Stuetzenwechsel
16 Collegiatskirche, Englischer Garten

Archivalien
8 Urkunden
12 Aktenstuecke

Archivbeamter
8 Archivar

Ardennenfluss
in Belgien
5 Wiltz

Arena
4 Oval, Rund
6 Buehne, Zirkus
7 Stadion, Theater
8 Rennbahn, Rundkurs
9 Hippodrom, Kampfbahn
10 Kampfplatz, Sportplatz
13 Wettkampfbahn

arg
5 boese, uebel
7 schlimm
8 schlecht

arge
Bedrängnis
3 Not

argentinische
Bucht, Golf
11 Bahia Blanca, Blancabucht
12 San-Jorge-Golf
13 San-Matias-Golf
Halbinsel
6 Valdez
Hauptstadt
10 Bueno Aires
Landschaft
5 Anden, Monte
6 Pampas
9 Feuerland, Gran Chaco
10 Patagonien
12 Ostfeuerland
Meerenge
15 Magellanstrasse
Münze
4 Peso
7 Centavo
9 Argentino
Provinz
5 Chaco, Jujuy
7 Mendoza, Santa Fe, Tucuman
8 Misiones
9 Entre Rios
11 Buenos Aires
Stadt
5 Anelo, Junin, Salta
6 Arenas, Atucha, Parana, Viedma
7 Cordoba, Deseado, La Plata, Medanos, Mendoza, Neuquen, Rosario, San Juan, Santa Fe, Tucuman, Ushuaia
8 Porvenir
9 Santa Cruz
10 Corrientes
11 Bahia Blanca, Buenos Aires,

Mar del Plata
12 Puerto Madryn
13 Puerto Deseado
Steppenlandschaft
5 Pampa
Tierart
4 Puma
6 Jaguar
10 Pampashase, Wuehlratte
11 Guerteltier
13 Wasserschwein
argentinischer
Berg
9 Aconcagua
Besitzloser
11 Descamisado
Biochemiker
6 Leloir
Dichter, Schriftsteller
6 Marmol, Sabato, Varela
7 Andrade
8 Cortazar, Obligado
9 Guiraldes, Sarmiento
10 Echeverria
Diktator
5 Peron
Dirigent
6 Castro, Pahlen
Fluss
5 Teuco
6 Chubut, Parana, Salado
7 Bermejo, San Juan
8 Colorado, Rio Chico, Rio Negro
9 Rio Salado
Fußballspieler
2 Sa
3 Mas, Rua
4 Avio, Capp, Cruz, Diaz, Paez, Roma, Rosi, Sosa
5 Ayala, Balbo, Belen, Belis, Lopes, Lopez, Luque, Monti, Onega, Ortiz, Pando, Prado, Rojas, Rossi, Sainz, Simon, Squeo, Telch, Vairo, Villa, Wilde, Wolff
6 Alonso, Artime, Barbas, Boggio, Borgas, Bossio, Calics, Cherro, Fabbri, Fillol, Galvan, Giusti, Gloria, Kempes, Monzon, Muttis, Olguin, Oviedo, Pagani, Rattin, Sacchi, Solari, Suarez
7 Ardiles, Batista, Bertoni, Botasso, Carrizo, Delgado, Demaria, Dezotti, Facundo, Freschi, Galateo, Gallego, Heredia, Herrera, Iraneta, Labruna, Larrosa, Lorenzo, Navorro, Oleniak, Perfumo, Pumpido, Ruggeri, Sensini, Spadaro, Stabile, Troglio, Urbieta, Valdano, Varacha, Varallo, Yazalde, Zumelzu
8 Albrecht, Balbuena, Basualdo, Brindisi, Calderon, Caniggia, Corbatta, Dellacha, Evaristo, Ferreiro, Ferreyra, Gonzales, Gonzalez, Houseman, Lombardo, Maradona, Menendez, Peucelle, Scopelli, Valencia, Vincenzi
9 Babington, Carnevali, Chividini, di Stefano, Dominguez, Goycochea, Marzolini, Orlandini, Pedevilla, Perinetti, Tarantini
10 Burruchaga, Carrascosa, Chazarreta, della Torre, Passarella, Sanfilippo, Santamaria, Serrizuela
11 Paternoster
13 Olarticoechea
Gebirgszug
5 Anden
16 Sierra von Cordoba
Geschichtsschreiber
8 Abulfeda
Hülsenfrüchtler
6 Chanar
Indianer
9 Araukaner
Komponist
5 Kagel
Künstler (Bildhauer, Maler und Grafiker)
4 Soto, Vigo
5 Berni, Bonet, Bries, Fader, Guido, Soldi
6 Forner, Forrea, Gnecco, Sivori
7 Bigatti, Onofrio
8 Malharro
9 Curatella, Pettoruti, Riganelli, Sibellino
10 Fioravanti, Pueyrredon, Schiaffino
11 Spilimbergo
Mediziner
7 Houssay
Nationaltanz
5 Tango
Nobelpreisträger (Chemie)
6 Leloir
Nobelpreisträger (Physik)
7 Houssay
Pampashase
4 Mara
Pampaswind
7 Pampero
Pianist
6 Gelber
Politiker, Staatsmann
4 Roca
5 Illia, Menem, Mitre, Ortiz, Peron, Rosas
7 Lonardi, Ongania, Ramirez
8 Alfonsin, Aramburu, Belgrano, Hipolito, Irigoyen
9 Rivadavia
Rinderhirt
6 Gaucho
See
9 Viedmasee
12 Argentinosee
14 Buenos-Aires-See
Sportler, Sportlerin
3 Paz
4 Azar, Luza, Pena
5 Davin, Frana, Fulco, Gorno, Jaite, Labat, Risso, Vilas
6 Fangio, Zabala
7 Bruneto, Cabrera, Demiddi, Mancini, Menotti, Zorilla
8 Campbell, Gonzalez, Minuissi, Sabatini
9 Hossinger, Simonetto
11 Perez-Roldan
Sturm
7 Pampero
Viehhirt
6 Gaucho
argentinisches
Feldmaß
4 Area
Gebirge
5 Anden
Gewicht
5 Gramo
Meerschweinchen
4 Mara
Nationalgericht
7 Puchero
Weinmaß
6 Barril
Arglist
6 Malice, Tuecke
arglos
4 naiv
7 harmlos
10 einfaeltig, zutraulich
14 leichtglaeubig
argloses
Verhalten
13 Harmlosigkeit
Vertrauen
15 Gutglaeubigkeit
Arglosigkeit
18 Leichtglaeubigkeit
Argonautenführer
5 Iason, Jason
Argonautenschiff
4 Argo
Argonaut, Sohn der Boreas
6 Kalais
Argument
5 Grund, Motiv
6 Beweis
11 Begruendung, Beweisgrund
12 Beweismittel
Argumentation
14 Beweisfuehrung
Argwohn
7 Skepsis
8 Verdacht
10 Eifersucht, Misstrauen, Mutmassung
14 Verdaechtigung
arid
5 duerr
7 trocken
13 ausgetrocknet
arischer
Volksstamm
5 Dardu
6 Darden
Aristokrat
7 Adliger
8 Edelmann
Aristokratie
4 Adel
15 Adelsherrschaft
Aristokratin
7 Adelige
arithmetisches
Mittel
12 Durchschnitt
Arkade
5 Bogen
10 Mauerbogen

Arkadenreihe
8 Laufgang
9 Bogengang, Kreuzgang
10 Bogenreihe, Laubengang, Wandelgang
11 Wandelhalle
12 Saeulenhalle
Arktis
10 Polarkreis
11 Polargebiet
betreffend
5 polar
Arktisbewohner
6 Eskimo
12 Groenlaender
arktische
Dauerfrostdecke
8 Polareis
Hirschart
3 Ren
Naturerscheinung
9 Nordlicht
10 Polarlicht
Schneehütte
4 Iglu
Vogelart
5 Lumme
arktischer
Meeresvogel
3 Alk
5 Lumme
7 Tordalk
8 Albatros
Ozean
9 Polarmeer
Sturmvogel
6 Fulmar
Tauchvogel
3 Alk
7 Tordalk
Vogel
5 Lumme
arktisches
Jagdtier
3 Wal
5 Robbe
7 Eisbaer, Seehund
Nutztier
3 Ren
7 Rentier
Raubtier
7 Eisbaer
10 Polarfuchs
Volk
6 Lappen
7 Eskimos
arm
4 karg
5 knapp
8 duerftig, primitiv
9 besitzlos, mittellos
10 beduerftig, notleidend
11 unbemittelt
15 hilfsbeduerftig
an Fett
5 mager
armselig
5 power
Arm
der Memel
5 Gilge
11 Scheschuppe
der Weichsel
5 Nogat
des Schiffsankers
6 Flunke
des Turmdrehkrans
8 Ausleger
Armaturenbrett
11 Schalttafel
Armbeuge, Armbiegung
8 Ellbogen
10 Ellenbogen
Armbrust
zum Verschießen von Kugeln
8 Balester
Armee
4 Heer
6 Truppe
11 Streitmacht
13 Streitkraefte
Armeesanitätseinrichtung
8 Lazarett
armenische
Filzmütze
6 Kalpak, Kolpak
Hauptstadt
6 Erewan, Eriwan
7 Jerewan
Ruinenstadt
3 Ani
Sackpfeife
8 Zuggarah
Stadt
5 Artik, Sewan
6 Ararat, Eriwan, Rasdan, Spitak
7 Jerewan, Kumajri
8 Alawerdi, Karaklis
9 Artaschat, Kirowakan
12 Alexandropol, Etschmiadsin
Stadt im Mittelalter
3 Ani
armenischer
Berg
6 Ararat
Dichter
7 Abowjan
Fluss
4 Aras, Kura
Kirchenvater
6 Mesrop
Mathematiker
8 Abubacer
Priester
6 Derder
See
8 Sewansee
Armenpflege
9 Fuersorge
11 Sozialhilfe
Armenpfleger
10 Fuersorger
12 Sozialhelfer, Streetworker
Armensteuer
im Islam
5 Zakat
Armenwesen
9 Fuersorge
armer
Teufel
8 Hascherl
9 Schlucker
armes
Mädchen
9 Griseldis
Armflosser
9 Seeteufel
Armfüßer
11 Brachiopode
Armgelenk
8 Ellbogen
10 Ellenbogen
Armknochen
4 Elle
7 Speiche
8 Ellbogen
Armkraft
14 Brachialgewalt
Armleuchter
8 Flambeau
9 Girandola, Girandole
10 Kandelaber
Armmuskel
6 Beuger, Bizeps
Armpolyp
5 Hydra
Armring
4 Reif
6 Reifen
7 Manille
armselig
8 duerftig
9 miserabel
11 erbaermlich, jaemmerlich
armselige
Ortschaft
4 Kaff
armseliger
Raum
4 Bude, Loch
armseliges
Haus
4 Kate
6 Huette
9 Bruchbude
Armseligkeit
3 Not
5 Armut, Elend
6 Misere
12 Duerftigkeit, Schaebigkeit
Armstuhl
8 Fauteuil
Armstütze
5 Lehne
Armut
3 Not
5 Elend
6 Dalles, Mangel, Misere
9 Verarmung
12 Duerftigkeit
14 Beduerftigkeit
15 Mittellosigkeit
Arnika
11 Wohlverleih
Arnozufluss
3 Era
4 Elsa, Pesa
5 Greve, Sieve
6 Chiana, Ombone, Pescia
Aroma
4 Duft
5 Blume
6 Bukett
9 Geschmack
10 Wohlgeruch
des Weines
5 Blume

aromatisch
duftendes Kraut
5 Minze
aromatische
Flüssigkeit
6 Essenz
Gewürzpflanze
7 Vanille
Verbindung
6 Aromat, Phenol
aromatischer
Kohlenwasserstoff
5 Pyren
aromatisches
Getränk
3 Tee
4 Mate
5 Kakao
6 Kaffee
Gewürz
4 Zimt
10 Zimtstange
Harz
5 ◆ Myrre
6 Balsam, Myrrhe
9 Weihrauch
Aronstabgewächs
5 Calla, Kalla
6 Kalmus
8 Monstera
11 Drachenwurz
14 Schlangenkraut
Arrangement
9 Anordnung
13 Uebereinkunft
arrangieren
6 ordnen
8 anordnen
12 veranstalten
Arrest
4 Haft
6 Karzer
10 Nachsitzen
13 Beschlagnahme
Arrestant
9 Haeftling
Arrestgebäude
6 Karzer
10 Gefaengnis
11 Haftanstalt
Arrestraum
5 Zelle
arrogant
9 anmassend
10 hochmuetig
11 duenkelhaft, eingebildet
14 herausfordernd
Arroganz
7 Duenkel, Hochmut
8 Insolenz
9 Anmassung, Eitelkeit, Frechheit
16 Ueberheblichkeit
Arsenal
8 Zeughaus
11 Waffendepot, Waffenlager
Arsenmineral, rotes
7 Realgar
Art
3 Typ
4 Form, Stil
5 Genre, Genus, Natur, Rasse, Sippe, Sorte, Typus, Weise, Wesen
6 Fasson, Muster, System
7 Gattung, Methode, Spezies
8 Benehmen, Betragen, Naturell
9 Verfahren, Verhalten
Atomkern
6 Isoton, Isotop
Baumwollgewebe
5 Pikee, Pique
Billardspiel
6 Chasse
Bohrdiamant
6 Ballas
Boykott in den USA
5 Label
Deckname
6 Geonym
der Entlohnung
6 Gehalt
der Farbengebung
7 Toenung
der Formgebung
6 Duktus
der Fortbewegung
7 Gangart
der Haarbehandlung
10 Dauerwelle
der Jazzmusik
3 Rag
der Malerei
5 Genre
der Messe
7 Hochamt
der Samenkapsel
6 Schote
der Selbstverteidigung
4 Judo
8 Jiu-Jitsu
des Auftretens
5 Tritt
des Bahnrennens
6 Omnium
des Bleiglases
9 Flintglas
des Farbauftrags
7 Tempera
des Fischfangs
6 Angeln
des Fliegens
8 Flattern
des Forstbetriebes
5 Femel
des Gehens
8 Trippeln
des Geldeinzugs
9 Nachnahme
des Kochens
6 Braten
7 Grillen
8 Daempfen
des Schwimmens
5 Brust, Kraul
7 Ruecken
8 Freistil
13 Schmetterling
des Tierfangs
9 Treibjagd
des Vorgehens
5 Weise
7 Methode
einer Heilverordnung
3 Kur
einer Lok
10 Triebwagen
einer Tischdecke
9 Wachstuch
einer Ziehharmonika
9 Bandoneon
15 Schifferklavier
eines Gasthauses
8 Absteige
eines Hausfestes
9 Namenstag
10 Geburtstag
12 Hochzeitstag
eines Schienenverkehrsmittels
3 Zug
4 D-Zug, O-Bus, Tram
5 U-Bahn
6 Eilzug
8 Draisine
9 Eisenbahn
10 Allwegbahn, Einwegbahn, Schnellzug, Triebwagen
11 Personenzug
12 Strassenbahn
14 Untergrundbahn
eines Sportflugzeuges
9 Eindecker
12 Doppeldecker
eines Tonträgers
7 Tonband
12 Schallplatte
14 Magnetofonband
Golfschläger
5 Wedge
6 Jigger, Mashie
Gruppe
9 Kategorie
Handgriff an Fenstern, Türen
5 Olive
Heilbehandlung
6 Gasbad
Klingenhaltung (Fechten)
5 Quart
Orgelregister
6 Mixtur
Tontaubenschießen
5 Skeet
und Weise bezeichnend
5 Modal, Modus
6 Fasson, Manier
7 Methode
10 Modalitaet
Verfahren
5 Weise
Verkaufsstand
6 Gondel
von Bewusstseinszustand
7 Hypnose
von Energie
13 Elektrizitaet
von Katastrophenwarnung
8 Oelalarm
von Popmusik
4 Beat
von Schlafdecke
8 Oberbett
von Vollmachtschein
8 Blankett
von Werbeträgern
6 Medium
zu leben
12 Modus vivendi

arteigen
10 spezifisch
artenreiche
Gattung der Leguane
6 Anolis
Gruppe schlangenförmiger Fische
4 Aale
artenreichste
Tiergruppe
8 Insekten
Arterie
4 Ader
8 Pulsader
10 Schlagader
Arterienerweiterung
9 Aneurysma
Arterienverkalkung
15 Arteriosklerose
Arterienverschluss
7 Infarkt
artfremder
Eiweißstoff im Körper
7 Antigen
Arthritis
17 Gelenkentzuendung
artig
4 brav, lieb, nett
7 folgsam, sittsam
8 gehorsam, gesittet, hoeflich
10 manierlich
11 wohlerzogen
Artigkeit
10 Kompliment, Nettigkeit
14 Freundlichkeit, Manierlichkeit
Artikel
3 das, der, die, ein
4 eine, Ware
5 eines
7 Aufsatz, Bericht, Produkt
8 Warenart
9 Abschnitt, Erzeugnis
10 Abhandlung, Gegenstand
15 Geschlechtswort
zur Verzierung von Textilien
8 Posament
Artikulation
7 Sprache
10 Aussprache
Artillerieeinheit
8 Batterie, Regiment
9 Abteilung
Artilleriegeschoss
7 Granate
mit Kugelfüllung
11 Kartaetsche
Artilleriegeschütz
6 Kanone
7 Moerser
8 Haubitze
Artillerist
8 Kanonier
Artist
7 Akrobat, Gaukler
8 Jongleur
9 Kaskadeur
11 Seiltaenzer
Artistenbühne
6 Zirkus
7 Variete
Artistenfahrzeug
6 Einrad
Artistengerät
8 Hochseil
Artistenschaukelreck
6 Trapez
Artistensprunggerät
9 Trampolin
artistische
Vorführung
11 Kunststueck
artistischer
Todessprung
12 Salto mortale
artistisches
Bodenturnen
17 Parterreakrobatik
Artunterteilung
5 Rasse
Artusritter
4 Erek
5 Gawan, Iwein
6 Gawein, Merlin
7 Tristan
8 Lancelot, Parzifal, Parzival
9 Lohengrin
artverschieden
9 heterogen
artverwandt
8 aehnlich
Aruak-Indianerstamm
5 Taino
Arve
12 Zirbelkiefer
Arznei
5 Pille, Salbe
6 Dragee
7 Medizin
8 Tablette
9 Praeparat
10 Heilmittel, Medikament
arzneiartiges
Fischfettprodukt
9 Lebertran
Arzneiauszug
7 Tinktur
Arzneibehälter
6 Kapsel, Phiole, Roehre
7 Ampulle
Arzneiberater
10 Pharmazeut
15 Pharmavertreter
Arzneiextrakt
7 Tinktur
Arzneifläschchen
7 Ampulle
Arzneiform
3 Tee
5 Pille, Salbe
6 Dragee, Kapsel
7 Tropfen
8 Granulat, Tablette
9 Zaepfchen
Arzneigabe
5 Dosis
Arzneigrundstoff
5 Droge
Arzneikügelchen
5 Pille
Arzneikunde
9 Pharmazie
Arzneikundiger
9 Apotheker
10 Pharmazeut
Arzneimenge
5 Dosis
Arzneimischung
6 Mixtur
Arzneimittel
5 Manna, Opiat, Pille, Salbe
6 Dragee, Kodein, Mixtur, Pulver
7 Medizin
8 Tablette
9 Pharmakon, Praeparat
10 Heilmittel, Medikament
12 Antibiotikum
14 Pharmazeutikum
zum Auftragen
9 Heilsalbe
Arzneimittelfläschchen
7 Ampulle
Arzneimittel-Geschäft
8 Apotheke
Arzneimittel-Herstellung
9 Pharmazie
12 Pharmazeutik
Arzneimittelkunde
9 Pharmazie
13 Pharmakologie
Arzneimittelkundiger
12 Pharmakologe
Arzneimittelmenge
5 Dosis
Arzneimittelrohstoff
5 Droge
Arzneipflanze
3 Vog
4 Aloe, Anis, Dill, Dost, Iris, Mohn, Ysop
5 Alant, Linde, Malve, Polei, Porst, Raute
6 Akelei, Andorn, Arnika, Attich, Enzian, Kalmus, Salbei, Wermut
7 Beifuss, Eibisch, Fenchel, Giersch, Ginseng, Kamille, Melisse, Sanikel, Schlehe, Thymian
8 Baerlapp, Baldrian, Beinwell, Blutwurz, Eberwurz, Eisenhut, Erdrauch, Faulbaum, Holunder, Labkraut, Lavendel, Rainfarn, Rosmarin, Sanddorn, Wegerich, Wegwarte, Wundklee
9 Borretsch, Digitalis, Eberraute, Engelwurz, Fingerhut, Hagebutte, Hamamelis, Hauhechel, Kreuzdorn, Leinkraut, Sandsegge, Steinklee, Steinwurz, Wacholder
10 Augentrost, Baerendill, Belladonna, Berberitze, Bibernelle, Bitterklee, Bitterwurz, Brennessel, Ehrenpreis, Eisenkraut, Eukalyptus, Gundelrebe, Huflattich, Kuhschelle, Loewenzahn, Nelkenwurz, Odermennig, Schafgarbe, Schierling, Springwurz, Taubnessel
11 Bohnenkraut, ◆ Brennnessel, Herzgespann, Knabenkraut, Meisterwurz, Seifenkraut, Tollkirsche
12 Baerentraube, Frauenmantel, Koenigskerze, Liebstoeckel,

Pfefferminze
13 Bockshornklee, Brunnenkresse, Johanniskraut, Schachtelhalm, Spitzwegerich
14 Veilchenwurzel
15 Benediktenkraut
17 Gaensefingerkraut
19 Tausendgueldenkraut

Arzneipille
6 Dragee

Arzneirohstoff
5 Droge

Arzneirohstoffkunde
14 Pharmakognosie

Arzneiverordnung
6 Rezept

Arzneivorrat
für unterwegs
13 Reiseapotheke

Arzneivorschrift
6 Rezept

Arzneizäpfchen
13 Suppositorium

Arzt
7 Chirurg, Dentist, Medikus, Urologe
8 Allopath
9 Internist, Mediziner, Neurologe, Paediater
10 Homoeopath, Kardiologe, Nephrologe, Orthopaede, Psychiater
11 Dermatologe, Gynaekologe
12 Heilkundiger
15 Psychotherapeut
am byzantinischen Hof
6 Aetios
aus Ephesos
5 Rufus
im Altertum
5 Galen
11 Dioskurides, Hippokrates
im Mittelalter
8 Avicenna
9 Eisenbart
10 Paracelsus
im negativen Sinn
8 Pfuscher
10 Scharlatan
11 Kurpfuscher, Quacksalber
12 Wunderdoktor
in der Türkei
5 Hakim
König Ludwigs II.
6 Gudden

Arzt-, Anwaltsarbeitsraum
6 Praxis

Arztbesuch
6 Visite

Arzthelfer
9 Feldscher

Asbestart
6 Amiant
9 Serpentin

Asbestzementschiefer
7 Eternit

Aschenbehälter
4 Urne
6 Ascher
12 Aschenbecher

Aschenbrödel
12 Aschenputtel

Aschenlaugensalz
6 Alkali

Ase
7 Heimdal
8 Heimdall

Asenjungfrau, Meergöttin
6 Gefion

aserbaidschanische
Stadt
4 Baku
5 Achsu, Agdam, Barda
7 Agdasch, Gandsha, Sumgait
9 Kjurdamir, Puschkino, Sabirabad, Schamchor, Schemacha
10 Chatschmas
11 Stepanakert

aserbaidschanische Hauptstadt
4 Baku

aserbaidschanischer
Dichter
7 Nessimi

Asgardwächter
8 Heimdall

Asiat
4 Anar, Thai
5 Inder, Laote, Syrer, Tatar
6 Araber, Iraker, Iraner, Malaie, Malaye, Perser, Syrier, Tuerke, Usbeke
7 Afghane, Birmane, Burmese, Chinese, Japaner, Jemenit, Kasache, Kirgise, Mongole, Siamese, Tibeter, Yemenit
8 Armenier, Buthaner, Filipino, Georgier, Koreaner, Libanese, Nepalese, Sibirier, Taiwaner, Turkmene
9 Ceylonese, Jordanier, Pakistani, Singalese, Tadschike, Tibetaner
10 Indonesier, Pakistaner, Philippino, Vietnamese
11 Philippiner, Thailaender
13 Kambodschaner
15 Aserbaidschaner

asiatisch-afrikanische
Steppenpflanze
5 Bagel

asiatisch-australische
Wasserrose
5 Lotos

asiatische
Antilope
5 Saiga
Bastfaser
4 Jute
Bucht, Golf, Sund
8 Datukbai, Tasbusen
10 Anadyrgolf
11 Golf von Bone, Golf von Siam, Golf von Tolo, Olenekbucht, Taimyrbucht
12 Golf von Hopeh, Penschinabai, Tschaunbucht
13 Chatangabucht, Golf von Kambay, Golf von Katsch, Golf von Mannar, Jenisseibucht, Selljachbucht, Westkoreagolf
14 Penschinabucht, Persischer Golf
15 Golf von Bengalen, Golf von Liaotung, Golf von Martaban, Golf von Tongking, Kiautschoubucht, Tatarischer Sund
17 Obischer Meerbusen
19 Peter der Grosse-Bucht
Dosenschildkröte
5 Cuora
Echse, Gecko
5 Tokee
Eselart
6 Onager
Filzzelt-Hütte
5 Jurte
Giftnatter, -schlange
5 Kratt
6 Bungar
15 Brillenschlange
Gitarre
5 Banjo, Sitar
Göttin
7 Astarte
Großkatze
5 Tiger
Großregion
9 Ostindien
Halbinsel
5 Jamal, Korea, Sinai
6 Malaya, Sagami, Taimyr
7 Arabien, Gujerat, Malakka
8 Kwantung
9 Schantung
10 Kleinasien
11 Kamtschatka
12 Hinterindien, Vorderindien
Harzart
5 Asant
Hauptstadt
4 Aden, Riad, Sana
5 Amman, Dakka, Delhi, Hanoi, Kabul, Lhasa, Sanaa, Seoul, Tokio
6 Ankara, Bagdad, Beirut, Er Riad, Kuwait, Kuweit, Manila, Maskat, Peking, Quezon, Rangun, Saigon, Taipeh
7 Bangkok, Colombo, Karachi, Punakha, Rangoon, Teheran, Tel Aviv
8 Bischbek, Damaskus, Djakarta, Katmandu, Neu Delhi, Pnompenh, Singapur, Victoria
9 Duschanbe, Islamabad, Jerusalem, Karatschi, Singapore, Taschkent, Ulan Bator, Vientiane
10 Aschchabad, Pjoengjang, Rawalpindi
11 Kuala Lumpur
Heilpflanze
7 Ginseng
Hirschart
4 Buru, Sika
6 Sambar
Insel, Inselgruppe
4 Bali, Buru, Cebu, Java, Nias, Symi
5 Banda, Banka, Ceram, Hondo, Jesso, Luzon, Macao, Panay, Perim, Samar, Sumba, Timor
6 Batjan, Borneo, Ceylon, Flores, Guinea, Hainan,

Imbros, Lombok, Lubuan, Madura, Negros, Penang, Rhodos, Riu Kiu, Taiwan, Zypern
7 Amboina, Bahrein, Celebes, Formosa, Kiushiu, Kurilen, Mindoro, Okinawa, Palawan, Sokotra, Sumatra, Sumbawa, Talawan
8 Belitung, Hokkaido, Honschiu, Karafuto, Kiuschiu, Mindanao, Molukken, Sachalin, Schikoku, Singapur, Sporaden, Sri Lanka, Tambelan
9 Andamanen, Aruinseln, Halmahera, Insulinde, Malediven, Nikobaren, Tsuschima
10 Indonesien, Lakkadiven, Pescadores
11 Bonininseln, Philippinen, Sundainseln
12 Farsaninseln, Merguiinseln, Vulkaninseln, Wrangelinsel
13 Fischerinseln, Keelinginseln, Wrangelinseln
14 Henriettainsel, Mentaweiinseln

Kletterpflanze
6 Rotang

Kopfbedeckung
6 Kalpak

Körnerfrucht
4 Reis

Landschaft des Altertums
5 Troas
6 Lydien, Lykien
8 Kilikien, Phrygien, Pisidien, Zizilien
12 Paphlagonien

Nesselpflanze
5 Ramie

Ölsamenpflanze
5 Sesam

Raubkatze
5 Tiger

Religion
10 Buddhismus

Rindergemse, Gnuziege
5 Takin

Sagenkönigin
9 Semiramis

Schleichkatze
5 Mungo

Schwalbenart
9 Salangane

Seerose
5 Lotos

Selbstmordart
8 Harakiri

Sprache
6 Nepali

Stadt, Hafenstadt
2 Jo, La, Lu, Te, Wu, Ye
3 Ava, Bam, Bir, Dir, Diu, Ghe, Hue, Kia, Kum, Oni, Pal, Tsu, Ufa, Wan
4 Aden, Agra, Ajon, Aksu, Amoy, Baku, Deir, Elur, Gaza, Gifu, Hama, Kobe, Mito, Oman, Omsk, Riad, Sana, Sian, Tais, Tura
5 Adana, Amman, Basra, Batum, Bursa, Chiwa, Delhi, Fusan, Haifa, Hanoi, Herat, Ismir, Izmir, Jaffa, Kabul, Kelat, Kioto, Lhasa, Mekka, Mokka, Osaka, Salem, Sanaa, Seoul, Tokio, Tomsk, Wuhan
6 Abadan, Aleppo, Ankara, Bagdad, Beirut, Bombay, Djidda, Eriwan, Igarka, Kanton, Lahore, Madras, Madura, Manila, Maskat, Medina, Mukden, Nagpur, Peking, Penang, Rangun, Saigon, Smyrna, Taipeh, Tiflis
7 Alma Ata, Amboina, Bandung, Bangkok, Batavia, Benares, Bodaibo, Buchara, Charbin, Colombo, Fuschun, Hamadan, Irkutsk, Isfahan, Jakutsk, Karachi, Lucknow, Mandale, Manipur, Manissa, Mansura, Nanking, Ochotsk, Peiping, Sapporo, Schiras, Taebris, Teheran
8 Damaskus, Djakarta, Ekbatana, Faisabad, Ghasipur, Hongkong, Istanbul, Jokohama, Kalkutta, Kandahar, Katmandu, Mirzapur, Nagasaki, Neu Delhi, Pawlodar, Pnompenh, Rourkela, Shanghai, Singapur, Tientsin, Tsingtau, Yokohama
9 Ahmedabad, Allahabad, Antiochia, Bangalore, Halmahera, Hiroshima, Jerusalem, Karatschi, Krasnodar, Samarkand, Schanghai, Singapore, Takamatsu, Taschkent, Trapezunt, Tschengtu, Ulan Bator
10 Bahawalpur, Darjeeling, Faruchabad, Haidarabad, Hiroschima, Kiautschou, Nikolskoje, Pjoengjang, Port Arthur, Rawalpindi, Staninabad
11 Krasnojarsk, Kwangtungfu, Nowosibirsk, Wladiwostok
12 Luang Prabang, Mandschurija, Trichinopoli
13 Bandjermassin, Hatschi Otschi, Kantschipuram, Muzaffarnagar, Petropawlowsk, Semipalatinsk, Tscheljabinsk
14 Tritschinopoli, Ust Kamenogorsk

Steppenkatze
5 Manul

Tiere
3 Beo, Jak, Yak
4 Affe, Arni, Baer, Pfau, Sika, Wolf, Zebu
5 Fasan, Fuchs, Luchs, Tapir, Tiger, Varan, Waran
6 Argali, Marder, Onager, Tarpan
7 Bankiva, Elefant, Lemming, Rentier
8 Buelbuel, Eisfuchs, Flughund, Salangne, Schlange
9 Orang-Utan, Vielfrass
11 Bengaltiger
15 Brillenschlange

Völkergruppe
4 Thai
6 Iraner

Volksrepublik
5 China, Korea

Waldziege
5 Serau, Serou

Wasserrose
5 Lotos

Wüste
3 Lut
4 Gobi, Thar
5 Kawir, Nefud, Tharr
6 Hanhai
7 Karakum, Nedschd
14 Indische Wueste, Syrische Wueste

asiatischer

Affe
9 Orang-Utan

Berg
3 Apo, Gya, Ida, Nia, Tur
5 Makau, Sinai, Tabor
6 Ararat, Elbrus, Karmel, Kasbek, Semeru, Uschba
7 Alagoes, Belucha, Dansang, Everest, Nilgiri, Sawelan
8 Adamspik, Afmajana, Blagodat, Demawend, Kerintji, Kini Balu, Krakatau, Pik Lenin
9 Indrapura, Rakapushi
10 Chantengri, Dhaulagiri, Mustaghala
11 Fudschijama, Gaurisankar, Nanga Parbat, Pik Kaufmann
12 Mount Everest

Büffel
4 Arni

Eroberer
5 Etzel, Timur
6 Attila
8 Tamerlan
10 Temudschin
13 Dschingis Khan

Fluss, Strom
2 Ik, Ob, Ui
3 Amu, Ili, Ket, Kur, Tas, Tom, Uil
4 Aksu, Amur, Aras, Assa, Buna, Hida, Ilim, Jalu, Jana, Kuma, Kura, Lena, Mahi, Maja, Moma, Onon, Oxus, Rion, Seja, Tura, Ural, Urup
5 Aldan, Argun, Atrai, Atrek, Gogra, Halys, Indus, Irgis, Jumna, Kabul, Karun, Katun, Kuban, Menam, Nonni, Okawa, Peiho, Purna, Samba, Sindh, Tapti, Tarim, Tarna, Terek, Tobol, Tschu, Usbej, Weiho, Witim
6 Abakan, Anabar, Anadyr, Angara, Barito, Bureja, Ganges, Ghagra, Goeksu, Hagari, Ingoda, Ischim, Jordan, Kapuas, Karasu, Kistna, Kolyma, Kuaiho, Mekong, Olekma, Olenek, Omolon, Orchon, Pahang, Saleph, Saluen, Salwen, Sangpo, Songka, Taimyr, Tigris, Ussuri, Wiljui

7 Abukuma, Alaseja, Bjelaja, Euphrat, Ghaggar, Hilmend, Hoangho, Hwangho, Irawadi, Irtysch, Jarkand, Kerulen, Krishna, Kumgang, Narbada, Orontes, Pekiang, Sakaria, Schilka, Selenga, Sungari, Tschuja, Wukiang
8 Amudarja, Brahmani, Chatanga, Dschamma, Godawari, Hankiang, Jaxartes, Jenissei, Krischna, Mahanadi, Menderes, Minkiang, Sinkiang, Syr Darja, Tschinab, Tschulym, Tunguska, Tunkiang
9 Indigirka, Indragiri, Indrawadi, Julukiang, Ling Kiang, Madhumati, Mahananda, Menam Ping, Satledsch, Tschambal
10 Serafschan, Skamandros
11 Brahmaputra
12 Heilungkiang, Jangtsekiang, Jeschillrmak, Kinschakiang, Lantsankiang, Schattel Arab
14 Hungschuikiang
16 Schwarzer Irtysch

Fürstentitel
4 Chan, Khan

Glanzfasan
6 Monaul

Halbesel
5 Kulan
6 Onager

Herrschertitel
4 Chan, Khan
5 Kalif, Mogul, Schah, Tenno
6 Sultan
11 Maharadscha

Hirsch
4 Sika

Hühnervogel
4 Pfau
5 Fasan
9 Goldfasan

Kaisertitel
5 Tenno

Kletterfisch
6 Anabas

Kranich
5 Sarus

Lastenträger
4 Kuli

Lippenbär
5 Bhalu

Paarhufer, Halbschaf
5 Nahur

Prachtfink, Reisvogel
5 Nonne

See, Gewässer
4 Aral
5 Hamun, Onega
6 Baikal, Lopnor, Tai See, Tas See, Wan See
7 Aralsee, Biwasee, Datusee, Issykul, Kukunor, Salzsee, Savusee, Sulusee, Ubsasee
8 Bandasee, Isniksee, Issykkul, Kaspisee, Nirissee, Sundasee, Timorsee, Tonlesap, Tsiaosee,Tungting, Urmiasee
9 Baikalsee, Balchasch, Chankasee, Floressee, Kirilisee, Pojangsee, Rotes Meer, Suezkanal, Taimyrbai, Tengrinor, Totes Meer, Tungtiang
10 Anakusabai, Arafurasee, Gelbes Meer, Gudi Sirreh, Paujuensee, Saissansee
11 Babel Mandab, Bahrel Benat, Balkaschsee, Baschikanal, Beeringmeer, Dardanellen, Molukkensee
12 Balchaschsee, Chantangabei, Dschas Moorin, Goektschasee, Krassnojesee, Terpjengabai, Ukinskajabai
13 Beringstrasse, Karisches Meer, Schwarzes Meer, See Genezareth, Tus Tschoellue
14 Formosaatrasse, Kaspisches Meer, Malakkastrasse, Mindorostrasse
15 Aegaeisches Meer, Balingtangkanal, Molukkenstrasse

Seidenwollbaum
5 Semal

Singvogel
8 Buelbuel

Staat
3 GUS
4 Irak, Iran, Laos, Oman, Siam
5 Birma, Burma, China, Japan, Jemen, Katar, Khmer, Korea, Nepal, Sabah, Tibet, Yemen
6 Bhutan, Ceylon, Cypern, Indien, Israel, Kuwait, Kuweit, Malaya, Maskat, Nippon, Quatar, Sikkim, Syrien, Taiwan, Zypern
7 Bahrain, Formosa, Libanon, Myanmar, Persien, Sarawak, Tuerkei, Vietnam
8 Abu Dhabi, Georgien, Kaschmir, Malaysia, Mongolei, Pakistan, Rotchina, Russland, Singapur, Sri Lanka, Thailand
9 Jordanien, Kirgisien, Malediven, Nordkorea, Suedjemen, Suedkorea
10 Bangladesh, Indonesien, Kambodscha, Kasachstan, Turkmenien, Usbekistan
11 Afghanistan, Bangladesch, Ostpakistan, Philippinen
12 Saudi Arabien, Turkmenistan, Westpakistan
13 Aserbaidschan, Maskat und Oman, Nationalchina, Tadschikistan
16 Arabische Emirate
24 Mongolische Volksrepublik

Strauch
9 Hamamelis

Stufentempel
8 Zikkurat

Sturm
6 Taifun

Subkontinent
6 Indien

Tagelöhner
4 Kuli

Teil der Türkei
9 Anatolien

Tempelbau, -turm
6 Pagode

Titel im Mittelalter
5 Yabgu

Überrock
6 Kaftan

Vogel, Singvogel
8 Buelbuel

Vulkan
3 Apo
4 Gede, Taal
5 Mayon
6 Ararat, Merapi, Semeru
7 Alagoes, Fujisan
8 Kerintji, Krakatau
9 Asamajana
10 Fudschisan
11 Fudschijama

Wasserbüffel
4 Arni

Wildpfad
6 Tarpan

Wirbelsturm, Wind
5 Buran, Samum
6 Taifun
7 Tornado
8 Hurrikan

Zauberpriester
8 Schamane

Zierbaum
6 Ginkgo, Ginkjo

zweirädriger Wagen
7 Rikscha

asiatisches

Buckelrind
4 Zebu

Fahrzeug
7 Rikscha

Gebirge
4 Alai, Ghat
5 Altai, Pamir, Sinai
6 Alatau, Elbrus, Elburs, Kunkun, Taurus
7 Kasdagh, Kwenlun, Libanon, Nilgiri
8 Himalaja, Kaukasus, Nanschan
9 Karakorum, Tienschan, Transalai
10 Antitaurus, Hindukusch, Tarbagatai
11 Antilibanon
12 Hedingebirge, Khasigebirge, Sinaigebirge, Tannugebirge
13 Baikalgebirge, Ceylongebirge, Kolymagebirge, Tanglagebirge, Transhimalaja
14 Argaeosgebirge, Changaigebirge, Chingangebirge, Himmelsgebirge, Windhaygebirge
15 Cardamongebirge, Stanowojgebirge, Suleimangebirge

Gebirgsrind
3 Jak, Yak

Gecko
5 Tokee

Genussmittel
5 Betel

Gewürzkraut
9 Basilikum
13 Basilienkraut

Glanzhuhn, -fasan
6 Manaul
Hauptnahrungsmittel
4 Reis
Hochgebirgsrind
3 Jak, Yak
Hochland
4 Iran
5 Dekan, Pamir, Tibet
6 Dekhan
7 Juennan
8 Armenien, Mongolei
Horntier
7 Gazelle
8 Antilope
Kaiserreich
4 Iran
5 Japan
Kau- und Genussmittel
5 Betel
Kleidungsstück
6 Kaftan
Königreich
4 Laos, Siam
5 Nepal
8 Thailand
9 Jordanien
12 Saudi-Arabien
Liliengewächs, Funkie
5 Hosta
Lorbeergewächs
6 Litsea
Nomadenvolk
8 Kirgisen
Nordkap
12 Tscheljuskin
15 Kap Tscheljuskin
Ostkap
8 Deschnew
11 Kap Deschnew
Pfeilwurzgewächs
5 Donax
Raubtier
5 Tiger
Reitervolk
6 Avaren, Awaren, Hunnen
7 Tataren
Steppenmurmeltier
5 Bobak
Steppenschaf
5 Arkal
Volk, Volksgruppe
2 Ho, Li, Mo
3 Kah, Lao, Man, Meo, Moi, Mon, Tai, Yao
4 Ainu, Akit, Bhil, Bugi, Gond, Juit, Komi, Kuki, Lolo, Lubu, Mari, Miao, Moso, Naga, Nung, Paii, Rade, Sikh, Thai
5 Badju, Bicol, Dajak, Inder, Jaken, Jakun, Kafir, Karen, Khmer, Khond, Luren, Mansi, Meder, Moken, Moros, Nanak, Newar, Nuyer, Oraon, Oriya, Ossen, Pnong, Punan, Sakai, Samal, Schan, Selon, Senoi, Syrer, Tamil, Toala, Udehe, Wedda
6 Alanen, Araber, Awaren, Bagobo, Bihari, Bisaya, Brahni, Djarai, Drusen, Finnen, Galela, Gurier, Gurkha, Hunnen, Kurden, Lappen, Manoto, Parsen, Perser, Raglai, Santal, Sarten, Semang, Sherpa, Sindhi, Syrier, Teluga, Tobelo, Tschin, Ugrier
7 Alfuren, Altaier, Assyrer, Bhutija, Ilocano, Itelmen, Jakuten, Japaner, Javaner, Jesiden, Lamuten, Luschai, Malaien, Miautse, Mundari, Oiraten, Palaung, Skythen, Tataren, Tibeter, Tingian, Tuerken, Uiguren, Usbeken, Wogulen
8 Abchasen, Afghanen, Armenier, Birmanen, Burjaten, Burmesen, Chinesen, Georgier, Kacheten, Kasachen, Kirgisen, Koreaner, Korjaken, Leptscha, Mandschu, Manipuri, Mongolen, Ostjaken, Siamesen, Thuschen, Torgoten, Torguten, Tungusen
9 Adscharen, Ambonesen, Andamaner, Assamesen, Bachtiare, Burjaeten, Filipinos, Inguschen, Jukagiren, Kandresen, Kaschmiri, Kaukasier, Samojeden, Turkmenen
10 Bachtiaren, Baschkiren, Belutschen, Jenissejer, Kabardiner, Kalmuecken, Karagassen, Karalpaken, Makassaren, Pandschabi
11 Gudscherati, Philippinos, Radschputen, Seldschuken, Singhalesen, Vietnamesen
12 Tscherkessen, Tschuktschen, Tschuwaschen
13 Tschetschenen
Westkap
5 Babal
8 Kap Babal
Wildhuhn
7 Bankiva
Wildrind
3 Jak, Yak
7 Bueffel
Wildschaf
6 Argali
Wolfsmilchgewächs
6 Kroton
Zelt
5 Jurte
asiatisch-türkische
Provinz
5 Hatay
Asin, Botin der Frigg
3 Gna
Askese
9 Entsagung
10 Enthaltung
14 Enthaltsamkeit
Asket
4 Jogi, Yogi
7 Buesser
Aspekt
5 Blick
7 Anblick, Ansicht
10 Standpunkt, Vorzeichen
11 Beurteilung
13 Gesichtspunkt
Asphalt
7 Bitumen, Erdpech
Aspik
6 Suelze
Aspirant
8 Bewerber, Kandidat
9 Anwaerter
Aspis
11 Hutschlange
15 Brillenschlange
Ass
beim deutschen Kartenspiel
4 Daus
Assekuranz
12 Versicherung
Assessor
9 Anwaerter, Beisitzer
Assistent
6 Helfer
7 Famulus, Gehilfe
8 Beistand
10 Hilfskraft
11 Mitarbeiter
Assistentin
8 Helferin
Assistenz
5 Hilfe
8 Beistand, Zuarbeit
9 Mitarbeit
assistieren
6 helfen
11 beispringen
13 unterstuetzen
Assoziation
9 Koppelung
10 Verbindung
11 Annaeherung, Vereinigung
12 Verknuepfung
assyrische
Gottheit
2 Ea
3 Anu, Bel, Sin, Utu
4 Adad, Baal, Nabo, Nabu, Nebo, Nebu
5 Assur, Enlil, Istar, Samas, Tamuz
6 Damuzi, Marduk, Nergal
7 Astarte, Ischtar, Ninurta
8 Annunaki, Ningersu
9 Bel Marduk, Schamasch
Hauptstadt
5 Akkad, Assur
6 Ninive
Sagenkönigin
9 Semiramis
Stadt
5 Assur
6 Kalach, Ninive
9 Dur Sargon
assyrischer
Feldherr
10 Holofernes
Gott
5 Assun
Hochtempel
8 Zikkurat
König, Königsname
6 Sargon
8 Sanherib, Sarrukiu
9 Hammurabi
10 Adadninari, Sardanapal
11 Assurninari, Salmanassar, Sennacherib, Tiglatninib

12 Assurachidin, Assurbanipal, Assuruballit, Nebukadnezar
13 Assurnasirpal, Tiglatpileser
Name der Göttin Astarte
7 Ischtar
Name Ninives
5 Ninua
Stufentempel
8 Zikkurat
Volksstamm
7 Sumerer
assyrisches
Gewicht
5 Sekel
Ast
5 Zweig
Asteroid
5 Diana
Asteroiden
15 Kleinstplaneten
Asthma
7 Atemnot
10 Beklemmung
astrein
6 sauber
7 ehrlich
8 tadellos
10 ordentlich
11 einwandfrei
Astrologe
11 Sterndeuter
des Königs Louis XI.
8 Galeotti
des Mittelalters
11 Nostradamus
Wallensteins
4 Seni
Astrologie
12 Sterndeutung
13 Kosmobiologie
17 Schicksalsdeutung
astrologischer
Aspekt
6 Trigon
11 Konjunktion
astrologisches
Gestirnsschema
8 Horoskop
Astronaut
10 Raumfahrer
14 Weltraumfahrer
Astronautik
9 Raumfahrt
13 Weltraumfahrt
astronautische
Aktion
11 Mondlandung
13 Erdumkreisung
14 Mondumkreisung
Astronom
4 Abbe, Hale, Hall, Witt, Wolf
5 Adams, Baade, Brahe, Brake, Brown, Encke, Euler, Galle, Gauss, Havel, Meton
6 Bessel, Halley, Kepler, Lowell, Newton, Olbers, Piazzi, Roemer, Struve, Thales
7 Barnard, Bradley, Buergel, Cassini, Celsius, Galilei, Laplace
8 Alembert, Herschel, Hipparch, Humboldt, Huyghens, Lagrange, Leverier, Riccioli, Seeliger
9 Aristarch, Arrhenius, Bredichin, Fessenkow
10 Archenhold, Argelander, Fraunhofer, Hipparchos, Kopernikus, Koppernigk, Ptolemaeus
11 Amberzumjan, Aristarchos, Coppernicus, Hoffmeister
12 Schiaparelli
13 Regiomontanus
im alten Alexandria
10 Ptolemaeus
Astronomie
10 Sternkunde
12 Himmelskunde
astronomische
Beobachtungsstelle
10 Sternwarte
11 Planetarium
13 Observatorium
Einheit
6 Parsec, Parsek
9 Lichtjahr
Tafeln
11 Ephemeriden
Zahl
6 Epakte
astronomischer/astrologischer
Begriff
3 All, Hof, Neb, Ort, Ost, Pol, Tag, Uhr
4 Aera, Apex, Bahn, Jahr, Kern, Luft, Mond, Nord, Nova, Reif, Ring, Sued, West, Zeit, Zone
5 Abend, Achse, Basis, Klima, Komet, Kranz, Licht, Masse, Monat, Nacht, Nadir, Nebel, Osten, Phase, Sonne, Stern, Teles, Woche, Wolke, Zenit
6 Aether, Albedo, Aspekt, astral, Azimut, Breite, Globus, Himmel, Korona, Kosmos, Krater, Laenge, Meteor, Minute, Norden, Planet, Radius, Strahl, Stunde, Sueden, Umlauf
7 Galaxis, Gestirn, Kompass, Neumond, Nordpol, Perikel, Quadrat, Quartal, Radiant, Schweif, Sekunde, Sphaere, Suedpol, Tendenz, Trabant, Weltall
8 Aequator, Aerolith, Apogaeum, Asteroid, Astronom, Ekliptik, Eruption, Fixstern, Halbmond, Horizont, Horoskop, Irrstern, Kalender, Meridian, Meteorit, Nutation, Ortszeit, Planetar, Polhoehe, Prognose, Rotation, Satellit, Solitaer, Spektrum, Sterntag, Tagkreis, Teleskop, Vollmond, Weltraum, Windrose
9 Anziehung, Aszendent, Firmament, Haarstern, Halbkugel, ◆ Heliograf, Heliostat, Lichtjahr, Lichtzeit, Mondphase, Nordlicht, Parallaxe, Perigaeum, Planetoid, Polarzone, Ringnebel, Sternbild, Sternjahr, Supernova, Tellurium, Tierkreis, Universum
10 Abendstern, Astrograph, Astrometer, Astronomin, Blinkstern, Brennpunkt, Ephemeride, Finsternis, Fliehkraft, Heliograph, Helligkeit, Jahreszeit, Kohlensack, Leitstrahl, Lufthuelle, Luftsaeule, Luftwaerme, Magnetfeld, Meteorring, Mondsichel, Nebelfleck, Peripherie, Polarachse, Polarkreis, Polarlicht, Polarnacht, Schaltjahr, Sonnenjahr, Sonnenring, Sonnenzeit, Sternkarte, Sternwarte, Umlaufbahn, Umlaufzeit, Weltenraum, Wendekreis
11 Astrallicht, Astrognosie, Astrolabium, Astrometrie, Astrophysik, Atmosphaere, Breitengrad, Doppelstern, Hoehenkreis, Konjunktion, Koronograph, Kugelhaufen, Kulmination, Laengengrad, Magnetnadel, Metagalaxis, Meteorstaub, Meteorstein, Mondgebirge, Schwerkraft, Sonnenfleck, Sonnenlicht, Sonnenregen, Spiralnebel, Sterndeuter, Sternenzelt, Sterngruppe, Sternhimmel, Wandelstern
12 Astrographie, Astrokompass, Doppelsterne, Dunkelwolken, Kernschatten, Meteorologie, Milchstrasse, Mittagshoehe, Mittagslinie, Nullmeridian, Perturbation, Schweifstern, Sonnensystem, Sternkatalog, Stundenkreis, Zeitrechnung
13 Konstellation, Observatorium, Scheitelkreis, Scheitellinie, Scheitelpunkt, Schnuppenfall, ◆ Spektrografie, Steinmeteorit, Sternschnuppe, Sternspektrum, Stratosphaere, Stundenwinkel, Verfinsterung, Vertikalkreis
14 Himmelskoerper, Mondfinsternis, Spektrographie
15 Anziehungskraft, Himmelsgewoelbe, Spektralanalyst
16 Astrophotometrie, Sonnenfinsternis, Umlaufsimulation
17 Asteroidenguertel, Astrophotographie, Spektroheliograph
18 Astrospektroskopie
Richtungswinkel
6 Azimut
astronomisches
Instrument
4 Mire, Rohr
6 Globus, Oktant
7 Bussole, Kompass, Sextant, Spiegel
8 Fernrohr, Teleskop, Windrose
9 Bolometer, ◆ Fotometer, ◆ Heliograf, Reflektor,

Regulator, Theodolit
10 Astrograph, Heliograph, Heliometer, Mikrometer, Photometer, Sternkarte, Theodolith
11 Koronograph, Spektroskop
14 Blinkmikroskop
15 Spiegelteleskop
Längenmaß
6 Metron
Astwerk
6 Geaest, Reisig
Asyl
4 Heim
6 Bleibe, Obdach
8 Herberge
9 Freiplatz, Freistatt
12 Zufluchtsort
13 Notunterkunft
asymmetrisch
8 ungleich
14 unregelmaessig
15 ungleichmaessig
asynchron
8 getrennt, ungleich
15 entgegenlaufend, ungleichmaessig
Atelier
6 Studio
10 Filmstudio
Atem
4 Luft, Odem
5 Hauch, Puste
8 Spiritus
atembares
Gasgemisch
4 Luft
Atemlähmung
5 Apnoe
Atemmesser
10 Spirometer
Atemnot
6 Asthma
10 Beklemmung, Bronchitis
Atempause
4 Rast
8 Erholung
11 Entspannung
12 Verschnaufen
13 Unterbrechung
Atemröhre
der Weichtiere
5 Sipho
Atemstillstand
bei Ohnmacht
8 Asphyxie
Athener
Stadtburg
9 Akropolis
athenische
Göttin
6 Athene
12 Pallas Athene
Hetäre
6 Phyrne
Königstochter, Mutter der Ion
6 Kreusa
Säulenhalle, Wandelhalle
4 Stoa
athenischer
Adel
10 Eupatriden
Bildhauer
5 Myron
6 Lysipp
7 Phidias
8 Lysippos
10 Praxiteles
11 Athenodoros
Feldherr, Heerführer
5 Kimon
6 Nikias
9 Aristides, Miltiades
10 Alkibiades
12 Themistokles
Flottenbefehlshaber
5 Konon
Gerichtshof
7 Areopag
Geschichtsschreiber
8 Xenophon
Gesetzgeber
5 Solon
6 Drakon
Komödiendichter
12 Aristophanes
König der Sage
6 Kodros
7 Theseus
Mathematiker
5 Meton
Name der Erinnyen
6 Semnai
Philosoph
4 Zeno
6 Platon
8 Sokrates
10 Anaxagoras
Rhetoriker
9 Aeschines, Isokrates
10 Hypereides
Sonderling, -Menschenfeind
5 Timon
Staatsmann
5 Kimon, Kleon, Solon, Timon
6 Lykurg, Nikias
8 Perikles
9 Aristides, Miltiades
10 Alkibiades
11 Kleisthenes
12 Peisistrator, Themistokles
Tempel
9 Parthenon
11 Erechtheion
Tyrann
11 Pisistratus
Tyrannenmörder
9 Harmodius
11 Aristogiton
athenisches
Blutgericht
7 Areopag
Fest
12 Panathenaeen
Flächenmaß
5 Aruba
Wahrzeichen
9 Akropolis
Atherom
14 Talggeschwulst
Athlet
5 Boxer
6 Ringer, Werfer
7 Laeufer
8 Sportler, Springer, Sprinter
11 Kraftmensch
12 Gewichtheber, Wettkaempfer
athletisch
8 kraeftig
9 muskuloes
Atlant
Baukunst
14 Gebaelktraeger
Atlantikbad
in Irland
6 Kilkee
Atlantikhafen
in Marokko
6 Agadir
in Spanien
6 Ferrol
Atlantikinsel, -Inselgruppe
3 Yen
4 Fogo
5 Fayal, Ferro, Meloe, Palma
6 Azoren, Gomera, Irland, Island, St. Paul
7 Bahamas, Kanaren, Madeira
8 Antillen, Bermudas, Bissagos, Boavista, Kap Verde, Sao Tiago, St. Helena
9 Ascension, Teneriffa
10 Porto Santo
11 Gran Canaria, Sankt Helena
14 Falklandinseln, Tristanda Cunha
15 Grossbritannien
16 Kanarische Inseln
Atlantikpakt
4 NATO
Atlantik-Seebad
in Frankreich
6 Pornic
Atlas
10 Kartenwerk
atlasartiger
glänzender Stoff
5 Satin
atlasbindiger
Textilstoff
5 Satin
Atlasgebirge
13 Faltengebirge
Atlasgewebe
5 Satin
8 Duchesse
Atman
4 Atem
11 Lebenshauch
Atmometer
18 Verdunstungsmesser
Atmoskessel
11 Dampfkessel
Atmosphäre
4 Luft
5 Druck, Flair
6 Umwelt
8 Luftraum, Stimmung
9 Gashuelle, Luftdruck
10 Lufthuelle
11 Masseinheit
12 Druckeinheit
Atmosphären-Überdruck
4 atue
atmosphärische
Druckeinheit
3 ata

Funkenentladung
5 Blitz
Lichterscheinung
5 Blitz
9 Nordlicht
10 Polarlicht, Regenbogen
Spiegelung
11 Fata Morgana
Strahlenbrechung
10 Refraktion
atmosphärischer
Niederschlag
5 Hagel, Regen
6 Schnee
atmosphärisches
Schallergebnis
6 Donner
Atmung
11 Respiration
Atmungsgerät
10 Respirator
Atmungsorgan
5 Lunge
der Fische
6 Kiemen
Atoll
13 Koralleninsel
der Marshallinseln
6 Bikini, Jaluit, Majuro
8 Eniwetok
in Mikronesien
5 Nauru
nördlich der Insel Iran
4 Asia
Atolle
13 Korallenriffe
Atollgewässer, Strandsee
6 Lagune
Atom
3 Ion
7 Neutron
15 Materieteilchen
Atomanlage
4 Pile
6 Meiler
7 Reaktor
8 Uranofen
9 Atommotor
10 Atommeiler
11 Atombrenner, Kernreaktor, Uranbrenner
12 Atombatterie
13 Kernkraftwerk
16 Schneller Brueter
18 Siedewasserreaktor
atomar
7 nuklear
atomare
Teilchen mit der Ladung 0
9 Neutronen
atomares
Teilchen
3 Ion
Atomart
6 Isotop, Nuklid
Atombatterie, Atommeiler
4 Pile
7 Reaktor
Atombestandteilchen
17 Elementarteilchen
Atome
betreffend
6 atomar

Atomenergieanlage
13 Kernkraftwerk
Atomgruppe
7 Radikal
chemischer Verbindungen
6 Benzyl
atomisieren
12 zertruemmern
Atomkern
6 Isobar, Isotop, Nuklid
7 Nukleus
bestimmter Eigenschaft
6 Isobar
betreffend
7 nuklear
Atomkernlehre
10 Kernphysik
13 Nuklearphysik
Atomkernspaltung
7 Fission
Atomkernverbrenner, -meiler
7 Reaktor
10 Uranmeiler
15 Versuchsreaktor
16 Hochdruckreaktor, Schneller Brueter
19 Leichtwasserreaktor
21 Hochtemperaturreaktor
Atomkernverschmelzung
6 Fusion
Atomkraft
11 Kernenergie
Atommeiler
7 Reaktor
11 Kernreaktor
Atompilz
9 Rauchpilz
Atomreaktor
6 Meiler
Atomreaktorart
7 Brueter
Atomteilchen
17 Elementarteilchen
Atom-U-Boot
der USA
8 Nautilus
Atomverbindung
7 Molekel
8 Molekuel
Atomwaffe
6 A-Bombe, H-Bombe
9 Kernwaffe
11 Kobaltbombe
14 Neutronenbombe
16 Wasserstoffbombe
Atomzerfall
15 Radioaktivitaet
Atomzertrümmerung
7 Fission
12 Kernspaltung
14 Kernumwandlung, Kettenreaktion
15 Nuklearspaltung
18 Atomkernumwandlung
Atonie
12 Erschlaffung
Atout
6 Trumpf
atoxisch
8 ungiftig
Atride
8 Menelaos
9 Agamemnon

Atrium
8 Innenhof
Atropa
11 Tollkirsche
Atrophie
7 Schwund
10 Abmagerung
13 Muskelschwund
Atrozität
6 Greuel
7 ◆ Graeuel
11 Grausamkeit
Attaché
9 Begleiter
13 Beigeordneter
21 Gesandtschaftsbeamter
Attachement
9 Abteilung, Zuneigung
15 Anhaenglichkeit
Attacke
7 Angriff
beim Fechten
14 Klingenangriff
attackieren
9 angreifen
Attentat
8 Anschlag
9 Gewalttat, Ueberfall
12 Mordanschlag
Attentatswaffe
5 Bombe, Dolch
6 Gewehr, Messer
7 Pistole
8 Revolver
11 Handgranate
12 Sprengladung
13 Sprengkoerper
15 Hoellenmaschine
Attention
6 Ausruf
7 Achtung
8 Vorsicht
14 Aufmerksamkeit
Attentist
11 Abwartender
Attest
7 Zeugnis
9 Gutachten
12 Beglaubigung
13 Bescheinigung
Attich
11 ein Holunder
Attila
5 Etzel
11 Husarenrock
attische
Göttin der Früchte
5 Karpo
attischer
Bildhauer
9 Alkamenes
Erzgießer
7 Antenor
Komödiendichter
6 Krates
Maler
5 Mikon
Redner
6 Lysias
Rhetoriker
6 Isaios, Lysias
8 Antiphon

Töpfer
5 Myson
6 Hieron
Attitüde
7 Haltung
8 Gebaerde, Stellung
11 Einstellung
Attraktion
3 Hit
4 Clou
8 Schlager, Zugkraft
9 Anziehung, Zugstueck
11 Glanznummer
12 Prachtnummer
15 Anziehungskraft
der Frauenkirche in Meißen
21 Porzellanglockenspiel
des Wiener Praters
9 Riesenrad
eines Vergnügungsparks
10 Achterbahn
attraktiv
8 reizvoll
9 anziehend
10 verlockend
11 interessant, zugkraeftig
Attrappe
5 Dummy, Falle
11 Nachbildung
12 Schaupackung
Attribut
7 Beigabe, Beiwort, Merkmal
9 Abzeichen
10 Beifuegung
11 Eigenschaft, Kennzeichen
atypisch
10 abweichend
14 unregelmaessig
Atzvögel
16 Nesthockervoegel
Aubergine
10 Eierfrucht
11 Eierpflanze
auch
genannt
5 alias
Audienz
6 Gehoer
7 Empfang
9 Anhoerung, Zulassung
11 Unterredung, Verhandlung
12 Unterhaltung
14 Aufmerksamkeit
Audion
16 Elektronenroehre
Audiphon
11 Hoerapparat
Auditeur
15 Rechtsgelehrter
Auditor
7 Richter
Auditorium
8 Hoersaal
12 Hoererschaft
14 Zuhoererschaft
Auerochse
2 Ur
8 Wildrind
Auerochsen
3 Ure
auf
allen vieren gehen
8 kriechen
Antrag stattfindende Erneuerung eines Prozesses
23 Wiederaufnahmeverfahren
Biber zugerichtetes Kaninchenfell
9 Biberette
das Atom bezüglich
6 atomar
7 nuklear
das Weltall bezogen
8 kosmisch
dem Feld angebaute Pflanzenkost
15 Freilandgemuese
dem Körper getragener Zauberschutzgegenstand
7 Amulett
dem laufenden
5 a jour
den Meridian bezogene Zeit
8 Ortszeit
den Mond bezogen
5 lunar
den Mund bezogen
4 oral
der anderen Seite
7 drueben
der Höhe
4 oben
der Route
3 via
der Sonnenoberfläche ausbrechende Gasmassen
13 Protuberanzen
der Spitze stehendes Viereck
4 Karo
der Stelle bleiben
6 stehen
die Dauer (franz.)
9 a la longue
die eigene Person bezogen
6 selbst
die Form bezogen
6 formal
die Grundzahl bezogen
7 dezimal
die Mitte einstellen
10 zentrieren
die Nase bezogen
5 nasal
diese Art und Weise
2 so
6 derart
8 derartig
die Sonne bezogen
5 solar
die Spitze gestellte Rhombe
5 Raute
die Sterne bezogen
6 astral
eigenen Nutzen und Vorteil bedachter Mensch
6 Egoist
11 Materialist
eine Achse bezogen
5 axial
eine Doktorprüfung Vorbereitender
9 Doktorand
eine Herzklappe bezogen
6 mitral
einen Grundton bezogen
5 tonal
einer Fläche hervortretendes Bildwerk
6 Relief
ein Ziel gerichtet
11 tendenzioes
ein Ziel lossteuern
7 streben
etwas eingehen
9 reagieren
frischer Tat
11 in flagranti
Füßen ruhendes Grabmal
5 Tumba
keinen Fall
3 nie
5 nicht
7 niemals
Kosten anderer leben
11 schmarotzen
Kufen gleitendes Fahrzeug
9 Schlitten
mehrere verteilter Betrag
6 Umlage
Pfeilern und Säulen ruhender Bogengang
6 Arkade
Rädern bewegen
6 fahren
Schlammboden wurzelnder Urwald
5 Igapo
Sinnesreize reagierend
6 animal
Stangen gedörrter Fisch
10 Stockfisch
Umwegen
8 indirekt
9 mittelbar
Unheil Hinweisender
6 Warner
aufarbeiten
8 erneuern
9 erledigen, nachholen
10 renovieren
aufatmen
12 verschnaufen
Aufbahrungsgerüst
8 Katafalk
Aufbau
3 Bau
4 Plan
6 System
7 Gefuege, Geruest, Montage
8 Struktur
10 Gliederung, Konzeption
11 Arrangement, Aufstellung, Disposition, Entwicklung
12 Konstruktion, Organisation
15 Zusammenfuegung
auf dem Schiffsvordeck
4 Back
einer technischen Anlage
7 Montage
einer Verbindung
8 Synthese
im Kirchenchor
5 Altar
von Kraftwagen
10 Karosserie
von Maschinen
7 Montage
12 Konstruktion
von Waren
7 Etalage
Aufbauchung, Verdickung
5 Wulst

aufbauen
6 ordnen
9 errichten
aufbauend
11 konstruktiv
Aufbaustoff
der Knochen
4 Kalk
Aufbaustoffwechsel
betreffend
6 anabol
aufbegehren
6 maulen, murren
7 meutern, trotzen
9 auflehnen
11 rebellieren, revoltieren
12 protestieren
aufbegehrend
5 frech
6 kiebig
9 zaenkisch
aufbereiteter
Kraftstoff
7 Gemisch
aufbessern
7 zulegen
11 auffrischen
Aufbesserung
der Monatsbezüge
16 Gehaltserhoehung
aufbewahren
6 horten, lagern
7 sammeln
9 einlagern, speichern, verwahren
10 deponieren
11 reservieren
15 zurueckbehalten
aufbewahrte
Sachen
8 Asservat
Aufbewahrung
8 Lagerung
Aufbewahrungsgefäß
für Hostien
8 Ziborium
Aufbewahrungsort
5 Akten, Depot, Lager
6 Ablage
11 Registratur
für das Allerheiligste
10 Tabernakel
für Ernteprodukte
4 Silo
8 Speicher
10 Kornkammer
12 Getreidesilo
16 Getreidespeicher
für Wertsachen
5 Lager
von Wertsachen
4 Hort, Safe
5 Depot
6 Tresor
11 Geldschrank
12 Schatzkammer, Schliessfach
Aufbewahrungsraum
auf einem Schiff
8 Hellegat
9 Hellegatt
für das Allerheiligste der katholischen Kirche
10 Tabernakel
für kirchliche Gegenstände
9 Sakristei
für Schriftstücke
11 Registratur
Aufbewahrungsstelle
6 Ablage
Aufbietung
10 Aufwendung
aufbinden
6 loesen
7 lockern
aufblasen
7 blaehen
aufbrauchen
8 abnutzen
9 verzehren
11 konsumieren
13 verschleissen
aufbrausend
6 hitzig
10 cholerisch, jaehzornig, moussieren
aufbrausender
Ärger
3 Wut
4 Rage, Zorn
Mensch
10 Choleriker
aufbrechen
7 oeffnen
8 losgehen, sprengen
9 fortgehen
aufbringen
6 kapern
10 auftreiben
11 erschwingen
14 herbeischaffen
Aufbruch
5 Start
6 Abgang
7 Abfahrt, Abreise, Weggang
9 Gescheide
aufdecken
10 enthuellen
11 dekuvrieren, demaskieren
aufdrängen
10 aufzwingen
11 oktroyieren
aufdringlich
5 frech
6 dreist
7 laestig
8 insolent
9 anmassend, penetrant
11 impertinent, zudringlich
12 unverschaemt
aufdringliche
Reklame
6 Tamtam
aufdringlicher
Kundenwerber
9 Anreisser
Aufdringlichkeit
9 Anmassung, Frechheit, Penetranz
12 Dreistigkeit
16 Unverschaemtheit
Aufdruckbetrag
auf Aktien
8 Nennwert
aufeinander
bezogen
8 reziprok
10 korrelativ
Aufeinanderfolge
5 Reihe, Serie
7 Sequenz
zweier Vokale
4 Hiat
6 Hiatus
aufeinanderfolgend
9 sukzessiv
10 konsekutiv
Aufeinanderprallen
13 Zusammenstoss
Aufenthalt
4 Halt, Rast, Stop
5 Logis, Pause, ◆ Stopp
6 Besuch, Visite
7 Station, Wohnung
8 Quartier, Stockung
10 Stillstand
11 Anwesenheit
als Gast
6 Besuch
der Asen
6 Asgard
der Gefallenen
8 Walhalla
der gestürzten Titanen
8 Tartarus
der griechischen Götter
5 Olymp
der Helden nach dem Tode
6 Avalun
8 Walhalla
der Seligen
7 Elysium
des Minetaurus
9 Labyrinth
Aufenthalts-
und Speiseraum für Offiziere
6 Kasino
Aufenthaltsnachweis
5 Alibi
Aufenthaltsort
der Schiffsbesatzung
5 Messe
der Seelen im Jenseits
9 Fegefeuer
der Seligen
7 Elysium
des Birkwildes
5 Stand
für Geistesgestörte
12 Irrenanstalt
von Martin Luther
8 Wartburg
Aufenthaltsraum
auf Schiffen
7 Kajuete
auferlegen
9 diktieren
auferlegte
Bürde
9 Belastung
Zwangssteuer
12 Kontribution
Auferstehungsfest
6 Ostern
auffahren
10 aufbrausen, auftischen
11 erschrecken
15 zusammenstossen
Auffahrt
5 Korso, Rampe

6 Perron
9 Bergfahrt
10 Schaufahrt
auffallen
10 wahrnehmen
auffallend
6 bizarr
7 markant
8 deutlich, eklatant, frappant, merklich
9 besonders
10 beachtlich
11 phaenomenal
13 ungewoehnlich
17 aussergewoehnlich
auffallende
Gesichtsfarbe
5 Roete
auffallender
Unterschied
10 Diskrepanz
auffällig, elegant
7 mondaen
Auffangbehälter
für Wasser
8 Zisterne
auffassen
8 urteilen
9 begreifen
10 beurteilen
Auffassung
7 Ansicht, Begriff, Meinung, Theorie
8 Verstand
9 Auslegung
10 Standpunkt
11 Einstellung, Vorstellung
12 Dafuerhalten, Ueberzeugung
14 Interpretation
Auffassungsgabe
5 Grips
11 Intelligenz
Auffassungskapazität
11 Gedaechtnis
Auffassungsweise
11 Mentalitaet
Auffindung
von Unbekanntem
10 Entdeckung
auffordern
6 bitten, mahnen, reizen
8 aufrufen
11 appellieren
Aufforderung
5 Bitte, Gebot
6 Appell, Wunsch
7 Auftrag, Mahnung
8 Ersuchen, Postulat
9 Ultimatum
zum Anhalten eines Fahrzeugs
4 Stop
5 ◆ Stopp
zum Besuch
9 Einladung
zum Eintreten
6 Herein
zum Erscheinen
6 Ladung
zur Zahlung
7 Mahnung
auffrischen
6 putzen
8 erneuern, reinigen
10 renovieren
11 wiederholen
12 regenerieren, restaurieren
aufführen
8 benehmen
9 errichten, erwaehnen
10 aufzaehlen, vorfuehren
11 wiedergeben
12 veranstalten
Aufführung
8 Benehmen
10 Darbietung, Wiedergabe
11 Vorstellung
zu Gunsten eines Künstlers
7 Benefiz
Aufführungsvorbereitung
5 Probe
Aufgabe
3 Amt
5 Thema
6 Pensum
7 Auftrag, Exempel, Lektion, Pflicht, Problem
8 Funktion, Raeumung, Verzicht
9 Lernstoff, Preisgabe
10 Bestimmung
12 Obliegenheit
13 Verpflichtung
der Eisenbahn
20 Personenbefoerderung
der Verkehrsmittel
20 Personenbefoerderung
des Arbeitsamtes
14 Berufsberatung
des Geistlichen
9 Seelsorge
des Kampfes
12 Kapitulation
des Pädagogen
9 Erziehung
des Schauspielers
5 Rolle
20 Charakterdarstellung
des Spielleiters
5 Regie
im Schulwesen
7 Lektion
ohne Entgelt
8 Ehrenamt
Schwierigkeit
7 Problem
Aufgabenbereich
3 Amt
7 Ressort
9 Abteilung
10 Fachgebiet
14 Zustaendigkeit
15 Taetigkeitsfeld
Aufgang
5 Rampe
6 Treppe
10 Freitreppe
11 Treppenhaus
12 Wendeltreppe
Aufgangspunkt
eines Gestirns
9 Aszendent
aufgebautes
Hindernis
11 Drahtverhau
aufgeben
8 abfinden
9 aufhoeren
10 expedieren, quittieren, verzichten
11 ausscheiden, resignieren
12 kapitulieren
einer Zeitungsanzeige
9 Insertion
Aufgeber
einer Zeitungsanzeige
8 Inserent
aufgeblasen
5 eitel, frech
6 patzig
8 arrogant, blasiert
10 affektiert, geckenhaft, hochnaesig
11 duenkelhaft, stutzerhaft
15 wichtigtuerisch
22 eingebildet prahlerisch
Aufgebot
7 Einsatz
zum Kriegsdienst
8 Heerbann
aufgebracht
4 wild
6 erbost, erregt, rasend, zornig
7 fuchtig, gereizt, wuetend
10 entruestet, indigniert
aufgebrachte
Masse
3 Mob
aufgebrachtes
Schiff
5 Prise
Aufgebrachtsein
3 Wut
6 Aerger
8 Erregung
aufgebraucht
4 alle
aufgedonnert
5 affig
10 auffaellig, ueberladen
13 herausgeputzt
aufgedreht
5 fidel
6 lustig
9 froehlich
11 aufgekratzt, uebermuetig
13 stimmungsvoll
aufgedruckter
Aktienbetrag
8 Nennwert
aufgedunsen
11 geschwollen
12 aufgetrieben, verschwollen
aufgehen
6 keimen, loesen
7 knospen, oeffnen, stimmen
8 scheinen
aufgehendes
Gestirn
9 Aszendent
aufgeklärt
7 wissend
8 gebildet
14 vorurteilsfrei
Aufgeld
bei Börsengeschäften
4 Agio
9 Zuzahlung
Aufgelegtheit
5 Laune
8 Stimmung

aufgenähte
Kleiderzier
6 Blende
11 Applikation
aufgeplatzt
6 rissig
aufgepresste
Farbschicht
5 Folie
aufgeräumt
6 heiter, sauber
10 ordentlich
aufgerautes
Gewebe
7 Flanell
aufgeregt
6 erregt
7 nervoes, reizbar, unruhig, zittrig
9 alteriert, exaltiert, kribbelig
11 echauffiert
aufgeregte
Eile
4 Hast
aufgeregtes
Gerede
8 Gestuerm
Aufgeregtsein
12 Lampenfieber
Aufgeschichtetes
4 Feim
5 Dieme, Feime
6 Haufen, Stapel
aufgeschlossen
5 offen
8 tolerant
12 empfaenglich
aufgeschütteter
Erdkörper
4 Damm
aufgeschwollen
10 schwulstig
aufgesetzter
Getreidehaufen
5 Hocke
aufgespeichert
6 latent
aufgestaute
Autoreihe
16 Fahrzeugschlange
aufgetürmtes
Eis
7 Packeis
aufgeweckt
3 vif
4 klug, wach
5 alert
6 munter
7 lebhaft
11 intelligent
12 interessiert
aufgeweichte
Erde
6 Morast
7 Schlamm
aufgeworfene
See vor dem Schiff
6 Bugsee
aufgezwungene
Verpflichtung
6 Diktat
aufgliedern
14 differenzieren
Aufgliederung
10 Einteilung
15 Differenzierung
auf Grund
5 wegen
7 infolge
Aufgussgetränk
3 Tee
4 Mate
6 Kaffee
12 Filterkaffee
Aufgusstierchen
10 Infusorien
Aufguss, wässriger Pflanzenauszug
5 Infus
aufhalten
7 bremsen, hindern
8 anhalten
10 verzoegern
Aufhänger
5 Haken
6 Buegel
aufheben
9 kassieren, streichen, verwahren
10 beseitigen, widerrufen
11 annullieren, reservieren
aufhebend
9 suspensiv
12 peremtorisch
13 peremptorisch
Aufhebens
5 Trara
Aufhebung
8 Negation
9 Kassation
11 Annulierung
der Geschäftsfähigkeit
13 Entmuendigung
einer Mitgliedschaft
8 Austritt
einer Verpflichtung
7 Dispens
eines Urteils
9 Kassation
12 Annullierung
aufhetzen
9 agitieren, kassieren
aufhören
5 enden
6 lassen
7 beenden
10 innehalten, schliessen
11 unterlassen
Aufkäufergruppe
6 Corner, Korner
aufklären
8 belehren, erhellen
11 informieren
12 unterrichten
Aufklärer
8 Agitator
Aufklärung
9 Belehrung
10 Aufhellung
11 Information
13 Unterrichtung
Aufklärungsarbeit
9 Agitation
Aufklärungsfahrzeug
5 Aviso
Aufklebebild
7 Collage, Kollage
Aufkleber
7 Etikett
10 Abziehbild
aufknüpfen
6 henken
7 haengen
10 aufhaengen
Aufkommen
6 Anfall
8 Genesung, Leistung
aufkommende
Erkenntnis
8 Einsicht
plötzliche Wünsche
8 Geluested
Auflader
5 Lader
Auflage
5 Belag, Decke, Gebot, Menge
6 Abgabe, Erlass, Steuer
7 Pflicht
8 Ueberzug
9 Anordnung, Bedingung
10 Bestimmung, Richtlinie
13 Verpflichtung
Auflauf
6 Tumult
7 Souffle
9 Getuemmel
10 Ansammlung
11 Suessspeise
13 Demonstration
15 Zusammenrottung
auflaufen
8 stranden, zunehmen
eines Schiffes
8 Stranden
9 Strandung
aufleben
7 erholen
8 gedeihen
auflebender
alter Schlager
5 Oldie
Auflehnung
5 Trotz
6 Fronde, Putsch
7 Revolte
8 Aufstand, Meuterei
9 Rebellion
10 Revolution, Widerstand
Aufleuchten
unter Strahleneinwirkung
11 Fluoreszenz
auflösbar
7 solubel
8 solvabel
auflösen
8 zerlegen
9 solvieren
11 analysieren, liquidieren
Auflösung
7 Analyse
8 Ergebnis, Resultat
10 Erklaerung
11 Liquidation, Zerstreuung
14 Desintegration
einer bewaffneten Streitmacht
15 Demobilisierung
einer Ehe
9 Scheidung
einer Verbindung
8 Trennung

von Sitte und Ordnung
14 Demoralisation
Aufmachung
5 Staat
11 Ausstattung
Aufmarsch, Kundgebung
5 Umzug
11 Versammlung
aufmerksam
3 vif
4 hell, rege, wach
6 galant
7 achtsam, wachsam
8 hoeflich
11 sorgfaeltig
12 interessiert, konzentriert, konzentrisch, zuvorkommend
14 liebenswuerdig
Aufmerksamkeit
4 Acht
6 Obacht
7 Achtung
8 Praesent, Sorgfalt, Wachheit
9 Augenmerk, Interesse, Teilnahme
11 Wachsamkeit
12 Hoeflichkeit
13 Gefaelligkeit, Konzentration
14 Vorsichtigkeit
aufmucken
7 erheben
11 widersetzen
12 protestieren
aufmuntern
7 anregen
9 animieren, anspornen, erheitern, ermutigen
Aufnäharbeit
11 Applikation
Aufnahme
4 Bild, ◆ Foto
5 Photo
7 Empfang
8 Akkolade, Beitritt
9 Betreuung, Bewirtung, Rezeption
10 Belichtung, ◆ Fotografie
11 Begruessung
12 Photographie
13 Einschreibung
15 Immatrikulation
der lebenserhaltenden Stoffe
10 Ernaehrung
einer Geldschuld
7 Anlehen, Anleihe
in eine Freimaurerloge
11 Affiliation
in einer Sportkampfliste
7 Nennung
Aufnahmeatelier
10 Filmstudio
Aufnahmefähigkeit
10 Kapazitaet
17 Fassungsvermoegen
Aufnahmegerät
6 Kamera
8 ◆ Mikrofon, Orthikon, Recorder
11 Magnetophon
Aufnahmeraum
6 Studio
7 Atelier
Aufnahmeverzeichnis
von Studenten
8 Matrikel
aufnehmen
5 heben
6 filmen, leihen
8 anfangen
9 einreihen
10 aufgreifen
aufnehmend
8 rezeptiv
Aufnehmer
13 Scheuerlappen
Aufopferung
7 Hingabe
aufpassen
6 achten, wachen
Aufpasser
5 Wache
6 Hueter, Posten
8 ◆ Cerberus, Wachmann, Waechter, Zerberus
Aufpassversteck
5 Lauer
aufpeitschender
Redner
8 Agitator
aufplatzen
7 bersten
Aufprall
5 Stoss
Aufprallschutz
im Auto
6 Airbag
Aufputschen
im Sport
6 Doping
aufraffen
8 ermannen
10 aufrappeln
aufragende
Gesteinsklippe aus dem Inlandeis
7 Nunatak
aufräumen
6 ordnen
aufrechnen
8 addieren
9 saldieren, summieren
12 kompensieren
Aufrechnung
8 Addition
12 Kompensation
aufrecht
6 gerade
8 lotrecht
9 senkrecht
stehender Dachstein am antiken Tempel
11 Stirnziegel
stehende Tafel mit Inschrift und Reliefschmuck
5 Stele
aufregen
8 empoeren
10 alterieren
11 beunruhigen
aufregend
9 empoerend, turbulent
10 dramatisch
12 beunruhigend, sensationell
13 abenteuerlich, erschuetternd
16 nervenaufreibend
aufregender
Krimi
8 Thriller
aufregendes
Erlebnis
9 Abenteuer
Aufregung
5 Trara
6 Unruhe, Wirbel
7 Emotion, Theater
9 Agitation, Turbulenz
10 Alteration, Exaltation
11 Nervositaet
12 Lampenfieber
aufreiben
8 ermueden
9 abrackern, verletzen, verzehren
10 vernichten
11 erschoepfen, verbrauchen
17 ueberbeanspruchen
Aufreizung
9 Agitation
11 Provokation
Aufrichten
der Pferde
6 Levade
aufrichtig
5 offen, reell
6 gerade
7 ehrlich
10 freimuetig, universell, wahrhaftig
16 wahrheitsliebend
aufrichtiges
Bedauern
4 Reue
Aufrichtigkeit
12 Herzlichkeit
Aufrichtung
im Leid
5 Trost
Aufriss
4 Plan
6 Abriss, Muster, Schema, Skizze
7 Entwurf, Konzept
9 Zeichnung
10 Konzeption
aufrollbarer
Vorhang
5 Rollo
aufrollbares
Längenmessgerät
8 Bandmass
Aufroller
für Elektroleitungen
12 Kabeltrommel
aufrücken
10 avancieren
Aufruf
6 Appell
8 Manifest
12 Proklamation
zur Bereitschaft bei Gefahr
5 Alarm
Aufruhr
5 Krach, Laerm
6 Emeute, Tumult, Unruhe, Wirren
7 Getoese, Krawall, Revolte
8 Aufstand, Meuterei
9 Empoerung, Rebellion
10 Revolution
12 Insurrektion, Proklamation

Aufrührer, Aufsässiger
6 Rebell
8 Agitator, Empoerer, Meuterer
9 Insurgent
13 Revolutionaer
aufrührerischer
Lärm
7 Krawall
aufs
Beste
6 optime
12 vortrefflich
aufsagen
9 vortragen
10 rezitieren
11 deklamieren
aufsässig
5 frech
7 trotzig
8 renitent
10 abtruennig, feindselig, rebellisch, ungehorsam
13 revolutionaer, widerspenstig
14 aufruehrerisch
aufsässiger
Meuterer
8 renitent
Aufsässigkeit
8 Renitenz
Aufsatz
5 Essay
6 Aufbau
7 Artikel, Beitrag, Bericht
9 Erhoehung, Reportage
10 Abhandlung, Dekoration
11 Darstellung
12 Tafelschmuck
Aufsatzteil
5 Thema
aufsaugen
11 absorbieren, resorbieren
Aufsaugung
10 Absorption
aufschauen
9 anhimmeln, bewundern
10 aufblicken
aufschaukeln
10 eskalieren
Aufschaukelung
10 Eskalation
aufschieben
8 vertagen
12 suspendieren
aufschiebend
9 suspensiv
11 dilatorisch
Aufschlag
4 Agio
5 Stoss
8 Aufprall
an Kleidungsstücken
5 Stoss
6 Krempe, Revers, Stulpe
aufschließen
7 oeffnen
Aufschluss
8 Klaerung
aufschlussreich
10 instruktiv
11 interessant
aufschneiden
6 luegen
7 oeffnen, prahlen
12 uebertreiben
aufschneidende
Reden
6 Getoen
Aufschneider
7 Angeber, Blender, Prahler
9 Bramarbas, Prahlhans
10 Gernegross, Scharlatan, Windmacher
12 Muenchhausen
Aufschneiderei
6 Angabe, Humbug
9 Flunkerei, Geflunker
12 Jaegerlatein, Seemannsgarn
14 Muenchhausiade
Aufschnitt
5 Belag, Wurst
7 Fleisch
Aufschnittwurst
8 Balleron
aufschreiben
8 notieren
10 festhalten, skizzieren
Aufschrift
4 Memo
5 Notiz, Titel
7 Adresse, Epitaph, Hinweis, Vermerk
8 Epigraph
9 Inschrift
Aufschub
5 Frist, Pause
6 Indult
8 Dilation, Stundung
9 Vertagung
10 Aussetzung, Moratorium
11 Galgenfrist, Prorogation
12 Prolongation, Verzoegerung
13 Zahlungsfrist
Aufschüttung
4 Damm, Wall, Wehr
5 Halde, Warft
für Wasserrückhaltebecken
8 Staudamm
Aufschwung
6 Avance, Erfolg
8 Aufstieg
an der Börse
6 Hausse
Aufsehen
5 Eklat, Glanz
6 Furore, Gewese
7 Skandal
9 Sensation, Spektakel
Aufsehen erregend
7 epochal
8 eklatant
10 skandaloes
12 sensationell, spektakulaer
13 bemerkenswert
16 unwahrscheinlich
Aufsehen erregender
Vorfall
5 Eklat
7 Skandal
Aufseher
4 Baas, Vogt, Wart
7 Waerter
8 Wachmann, Waechter
9 Inspektor
11 Bademeister
am Meer
12 Hafenmeister
beim Billard
7 Markoer
8 Marqueur
im Bergbau
7 Steiger
11 Obersteiger
im Zoo
7 Waerter
11 Tierwaerter
in Anlagen
12 Parkwaechter
in katholischen Kirchen
9 Schweizer
Aufsetzen
des Flugzeuges
7 Landung
Aufsicht
3 Hut
5 Obhut, Wache
6 Dienst, Schutz
7 Kuratel
9 Kontrolle
10 Inspektion
12 Ueberwachung
zum Schutz
9 Bewachung
Aufsichtsbeamter
6 Kustos
7 Kurator, Steiger
8 Waechter
9 Inspektor, Verwalter
10 Inspekteur
11 Kontrolleur
12 Wachhabender
bei Bahnen
16 Fahrdienstleiter
Aufsichtsbehörde
7 Eichamt
10 Kuratorium
14 Kontrollstelle
im Bergbau
7 Bergamt
Aufsichtsbezirk
9 Inspektur
Aufsichtsführender
4 Wart
6 Ordner
Aufsichtsperson
6 Ordner
aufspüren
6 finden
9 entdecken
11 aufstoebern
12 aufscheuchen
aufstacheln
6 reizen
7 erregen
9 anspornen, aufhetzen, aufreizen, verhetzen
10 aufmuntern
11 instigieren
Aufstand
6 Putsch
7 Aufruhr, Krawall, Revolte
8 Erhebung, Meuterei
9 Empoerung, Rebellion
10 Revolution
12 Insurrektion
13 Volkserhebung
Aufständischer
6 Rebell
8 Empoerer
9 Insurgent

der Don Kosaken
5 Rasin
aufsteigende
Straße in Bergen
10 Serpentine
aufsteigender
Dampf oder Nebel
7 Broedel
9 bestellen
aufstellen
9 aufbieten, errichten, postieren
10 statuieren
Aufstellung
5 Konto, Liste
7 Katalog, Tabelle
8 Rechnung
9 Formation, Spielplan
10 Errichtung, Uebersicht
11 Nominierung, Verzeichnis
hintereinander
5 Reihe
sämtlicher Werke Mozarts
18 Koechelverzeichnis
Aufstieg
8 Karriere
9 Gipfelweg
10 Gipfelpfad
11 Fortschritt
17 Hoeherentwicklung
aufstöbern
6 finden
aufstocken
8 erhoehen
12 vergroessern
auftakeln
9 aufputzen
Auftakt
6 Anfang, Beginn
10 Eroeffnung
aufteilen
8 dosieren, gliedern
11 disponieren
13 distribuieren
Aufteilung
9 Dosierung
10 Gliederung
11 Disposition
12 Distribution
der Einnahmen und Ausgaben eines Staates
14 Staatshaushalt
auftischen
9 servieren
Auftrag
5 Belag, Order
6 Befehl, Mandat
7 Aufgabe, Mission, Schicht, Sendung, Weisung
8 Anstrich
9 Anweisung
10 Bestellung, Kommission
12 Beschichtung
rückgängig machen
10 stornieren
Aufträge
erteilen
6 ordern
Auftragebrett
7 Tablett
auftragen
8 anweisen, befehlen
9 servieren
11 beschichten

von Farbe
8 Anstrich
Auftraggeber
5 Kunde
6 Klient
7 Mandant
8 Abnehmer
9 Besteller
10 Hintermann, Kommittent
11 Drahtzieher, Interessent
Auftragserteilung
10 Bestellung
auftragshalber
13 kommissarisch
Auftragsrückbuchung
6 Storno
Auftragsrücknahme
12 Abbestellung, Annullierung
Auftragszuteilung
7 Vergabe
Auftreten
der Wundmale Jesu
14 Stigmatisation
unter fremden Namen
9 Inkognito
von Schädlingen
6 Befall
von Wirbeln im Luftstrom
9 Turbulenz
Auftrieb
7 Ansporn
11 Ermunterung
Auftritt
4 Zank
5 Krach, Szene
6 Streit
7 Vorgang
8 Ereignis
10 Darbietung
11 Kontroverse
18 Auseinandersetzung
Auftrittsfläche
im Theater
6 Buehne
im Zirkus
6 Manege
Auftropfstein
9 Stalagmit
auftrumpfen
12 triumphieren
Aufwand
4 Pomp
5 Glanz, Luxus, Prunk, Regie, Staat
6 Kosten, Pracht, Spesen
7 Einsatz
8 Sporteln, Unkosten
9 Verbrauch
13 Verschwendung
15 Repraesentation
Aufwandsentschädigung
6 Spesen
11 Spesenfixum
Aufwartefrau
8 Putzfrau
aufwarten
6 dienen
8 bedienen, huldigen
Aufwärter, Schmeichler
6 Diener
7 Kellner
9 Kalfaktor

aufwärts
4 hoch
5 empor, hinan
6 bergab, herauf, hinauf
7 bergauf
8 steigend
Aufwärtsbewegung
7 Anstieg
Aufwärtsentwicklung
9 Besserung
10 Fundierung
11 Fortschritt
14 Stabilisierung
aufwärtsgerichtete
Warmluftbewegung
7 Thermik
Aufwärtshaken
beim Boxen
8 Uppercut
Aufwärtsschlag
beim Taktieren
5 Arsis
Aufwärtssteigen
7 Anstieg
Aufwartung
9 Bedienung
Aufwendung
7 Einsatz
von Geld
7 Ausgabe
Aufwickler
5 Spule
aufwiegeln
9 agitieren, aufhetzen
11 aufstacheln, provozieren
Aufwiegelung
5 Hetze
9 Agitation, Demagogie
Aufwiegler
6 Hetzer, Rebell
8 Agitator, Demagoge
Aufwischer
(seemänn.)
5 Dweil
aufwühlen
7 erregen
aufzäumen
8 halftern
aufzeichnen
8 notieren
9 eintragen, vermerken
10 festhalten
12 registrieren
14 protokollieren
Aufzeichnung
5 Notiz
6 Skizze
7 Annalen, Chronik, Notizen, Vermerk
9 Protokoll
10 Stenogramm
13 Niederschrift
beim Fernsehen
3 FAZ, MAZ
16 Filmaufzeichnung
18 Magnetaufzeichnung
der Erdbebenwelle
11 Seismogramm
der Herzaktionsströme
3 EKG
des Leidens Christi
7 Passion

geschichtlicher Ereignisse nach ihrer Zeitfolge
7 Chronik
in Kurzschrift
5 Steno
10 Stenogramm
in Notenschrift
8 Notation
von Filmen
3 FAZ
16 Filmaufzeichnung
von Musik, Sprache
12 Bandaufnahme
14 Bandbespielung
15 Tonbandaufnahme
18 Magnetbandaufnahme
von Tanzbewegungen
12 ◆ Choreografie
13 Choreographie
Aufzeichnungsgerät
8 Recorder
13 Videorecorder
für Fernsehsendungen
13 Videorecorder
Aufzeichnungszettel
9 Merkblatt
aufziehen, pflegen
5 hegen
Aufzug
3 Akt
4 Lift
5 Szene
6 Gewand
8 Elevator, Kleidung
9 Fahrstuhl, Garderobe
10 Bekleidung
11 Paternoster, Szenenfolge
für Getreide
8 Elevator
für Wintersportler
7 Skifuni, Skilift
11 Schlepplift
Aufzugführer
7 Liftboy
aufzwingen
11 oktroyieren
Auge
6 Gucker
8 Keimling, Sehorgan
11 Sehwerkzeug
betreffend
6 okular
des Gesetzes
7 Polizei
des Wildes
5 Seher
im Würfelspiel
4 Daus
5 Point
Augen
des Wildes
7 Lichter
Augenarzt
7 Okulist
13 Ophthalmologe
Augenausdruck
5 Blick
Augenblick
2 Nu
5 Jetzt
6 Moment
9 Gegenwart, Zeitpunkt
augenblicklich
3 nun
5 jetzt
6 gerade, jetzig, soeben, sofort
7 aktuell
8 momentan
10 ploetzlich
12 gegenwaertig
augenblickliche
Gemütsbestimmung
5 Laune
Verfassung
7 Zustand
augenblicklicher
Zustand
4 Lage
6 Status
9 Situation, Status quo
11 Gegebenheit, Verhaeltnis
Augenblicksbedeutung
11 Aktualitaet
Augenbrauenstift
6 Crayon
Augendeckel
3 Lid
Augendrüse
12 Traenenkanal
augenfällig
7 evident
8 deutlich, eklatant, offenbar
10 auffaellig
11 anschaulich
14 offensichtlich
Augenfalter
11 Schachbrett
Augenflüssigkeit
6 Traene
Augenglas
6 Brille
7 Binokel, Kneifer, Lorgnon, Monokel, Zwicker
8 Haftglas
9 Lorgnette
10 Haftschale
11 Stielbrille
Augenhaar
6 Wimper
Augenheilkunde
14 Ophthalmiatrie, Ophthalmiatrik, Ophthalmologie
Augenhornhaut
6 Cornea, Kornea
Augenkrankheit
4 Star
6 Iritis
7 Glaukom, Trachom
9 Granulose
10 Grauer Star
11 Gruener Star
15 Kurzsichtigkeit, Weitsichtigkeit
17 Netzhautabloesung
Augenlinse
am optischen Gerät
6 Okular
Augenmerk
9 Beachtung
14 Aufmerksamkeit
Augennass
6 Traene, Zaehre
Augenprüfung
7 Sehtest
Augenschaden
9 Sehfehler
Augenschein
7 Anblick, Evidenz
8 Autopsie
12 Feststellung
augenscheinlich
7 evident
Augenschließfalte
3 Lid
Augenschminke
11 Lidschatten
Augenschutz
10 Augenleder
11 Augenklappe, Scheuklappe
Augenspiegel
13 Ophthalmoskop
Augenteil
3 Lid
4 Iris
5 Braue, Linse
6 Retina, Wimper
7 Pupille, Sehnerv
8 Aderhaut, Augapfel, Hornhaut, Netzhaut
9 Bindehaut, Lederhaut, Sehpurpur
11 Glaskoerper
12 Ziliarmuskel
13 Traenendruese, Ziliarkoerper
14 Regenbogenhaut
Augenwassertropfen
6 Traene
Augenweide
6 Freude, Genuss, Labsal
10 Entzuecken, Vergnuegen
Augenwimper
5 Zilie
Augenzeuge
9 Zuschauer
10 Beobachter, Betrachter
Augenzeugenbericht
9 Reportage
14 Rekonstruktion, Tatschilderung
Augsburger
Kaufherren
6 Fugger, Welser
Kupferstecher
6 Kilian
Maler
7 Holbein
Patrizierfamilie
6 Fugger, Welser
Reichsgraf
6 Fugger
Schutzgöttin
4 Cisa
Siedlung
8 Fuggerei
August
7 Ernting
9 Erntemond
10 Erntemonat
Augustiner, Botaniker
6 Mendel
Auktion
4 Gant
13 Versteigerung
Auktionator
12 Versteigerer
Aula
6 Palast, Vorhof
8 Festsaal, Innenhof

13 Schulfestsaal
Aulner
7 Toepfer
Aulos
14 Blasinstrument
Aura
3 Air
5 Hauch
8 Charisma
9 Strahlung
12 Ausstrahlung
Aureole
14 Heiligenschein
Aurikel
6 Primel
Aurora
10 Polarlicht
11 Morgenroete
Aurum
4 Gold
aus
Bronze
5 ehern
buntem Papier geklebtes Bild
7 Collage
bunten Steinen, Glas oder Marmor zusammengesetztes Bild
6 Mosaik
China stammendes Hausmittel
13 Hienfonessenz
dem Altertum
5 antik
dem Sonneninnern aufschießende Gasmassen
13 Protuberanzen
dem Wasser ragender Fels
6 Klippe
der Art schlagen
8 entarten
12 degenerieren
der Länge des Daseins erworbenes Wissen
14 Lebensweisheit
Draht geflochtene Zierarbeit
8 Filigran
eigenem Antrieb
7 spontan
einem Edelmetall
6 golden
7 silbern
einem Flaschenkürbis hergestelltes Gefäß
9 Kalebasse
einer Fläche plastisch hervortretendes Bild
6 Relief
England stammender Tanz
5 Gigue
Erz oder Eisen
5 ehern
freier Regung
7 spontan
Früchten gepresste Flüssigkeit
4 Saft
früherer Zeit
5 uralt
gebranntem Ton
7 toenern
gebrannter Erde
5 irden
gesäuerter Milch destillierter Branntwein
5 Arrak
Jade bestehend
5 jaden
Jamaika stammende Musikrichtung
6 Reggae
Kreuzungen entstandener Bastard
7 Hybride
Melodien zusammengesetztes Musikstück
9 Potpourri
Metall
8 metallen
normaler Flugbahn abgelenktes Geschoss
13 Querschlaeger
Opal bestehend
6 opalen
Pflanzen- oder Tierteilen ausgekochte Flüssigkeit
5 Absud
Rohstoffen abgeschiedener Stoff
5 Edukt
Sanddünen bestehende Wüste
4 Areg
Schaf- und Ziegendarm hergestellte Fäden zur Wundnaht
6 Katgut
Schienen aufgebaute Fahrbahn
7 Geleise
Schnüren zusammengesetztes Steiggerät
12 Strickleiter
spaltbarem Material gewonnene Leistungskraft
11 Atomenergie
Strauchwerk bestehende Umzäumung
5 Hecke
tiefstem Herzen
5 innig
Ton
5 irden
verschiedenem Material geklebtes Bild
7 Collage
Volksweisen zusammengesetztes Musikstück
9 Rhapsodie
voller Kehle
8 lauthals
Vulkanen geschleuderte Gesteinsstücke
13 Auswuerflinge
Werg gemacht
5 heden
Zucker hergestellte Süßware
6 Bonbon
zwei Einheiten bestehend
5 binar
ausarbeiten
9 entwerfen, gestalten, verfassen
Ausarbeitung
6 Skript
7 Entwurf
8 Elaborat, Skriptum
9 Expertise
10 Manuskript
11 Komposition
ausarten
8 entarten
9 abgleiten
10 entgleisen
ausatmen
10 exhalieren, expirieren
Ausatmung
10 Exhalation, Expiration
ausbacken
in Fett
9 fritieren
10 ◆ frittieren
ausbaden
7 buessen
Ausbauchung
der Säule
6 Entase
ausbessern
7 flicken, richten, stopfen
10 reparieren
12 kunststopfen, restaurieren
13 instandsetzen, zurechtmachen
Ausbessern
von Lichtbildern
8 Retusche
Ausbesserung
9 Reparatur
12 Restauration
Ausbesserungsstätte
4 Dock, Werk
5 Werft
6 Garage
9 Werkstatt
11 Schwimmdock, Trockendock
13 Reparaturwerk
Ausbeulung
7 Bombage
Ausbeute
6 Ertrag, Gewinn, Profit
8 Ergebnis, Resultat
9 Einnahmen
ausbeuten
7 abbauen
9 ausnutzen, ausrauben
10 schroepfen
12 auspluendern
Ausbeutungsanspruch
(bergm.)
6 Mutung
ausbilden
5 ueben
6 formen, lehren
7 schulen
9 gestalten
10 entwickeln, trainieren
11 kultivieren, unterweisen
12 weiterbilden
14 vervollkommnen
Ausbilder
6 Lehrer
7 Meister, Trainer
8 Erzieher
10 Instruktor, Tanzlehrer
11 Lehrmeister
für Autolenker
10 Fahrlehrer
für Pferde
8 Bereiter
Ausbildung
5 Lehre
8 Schulung, Training
10 Gestaltung
11 Entwicklung
Ausbildungsanstalt
für Lehrer
7 Seminar

Ausbildungsgerät
9 Simulator
Ausbildungszeit
5 Lehre
ausblasen
8 loeschen
Ausblick
5 Sicht
8 Panorama
11 Perspektive
ausbooten
9 entfernen
11 ausschiffen, verdraengen
ausborgen
6 leihen, pumpen
ausbrechen
9 ausfallen, entfernen, entstehen
ausbreiten
6 dehnen
8 auslegen
9 ausdehnen, entfalten
10 grassieren, verbreiten
11 expandieren
Ausbreitung
9 Expansion
10 Entfaltung
Ausbruch
6 Anfall, Anfang
8 Eruption
der Radiowellen
5 Burst
von Massenangst
5 Panik
von Naturkräften
17 Elementarereignis
von Vulkanen
8 Eruption
Ausbuchtung
5 Beule, Delle
ausbuddeln
9 ausgraben
13 herauswuehlen
ausbürgern
12 expatriieren
Ausbürgerung
16 Denaturalisation
Ausdauer
6 Geduld
9 Gleichmut, Resistenz
10 Zaehigkeit
11 Duldsamkeit
14 Bestaendigkeit
16 Unermuedlichkeit
19 Beharrungsvermoegen
ausdauernd
8 geduldig, konstant
10 beharrlich, bestaendig
12 unermuedlich
(botanisch)
12 perennierend
ausdauernde
krautige Pflanze
6 Staude
ausdauernder
Fleiß
9 Emsigkeit
Spaziergänger
8 Wanderer
ausdauerndes
engl. Pferd
3 Kob
ausdehnbar
10 expansibel
ausdehnen
9 erweitern, schwellen
11 expandieren, verbreitern, verlaengern
12 vergroessern
Ausdehnung
4 Raum
5 Hoehe, Tiefe, Weite
6 Breite, Gebiet, Kuerze, Laenge, Umfang
7 Ausmass, Flaeche, Groesse
9 Dimension, Expansion, Extension
11 Erweiterung, Extensitaet, Territorium
Ausdehnungsbegriff
4 hoch, kurz, lang, tief, weit
5 breit
Ausdehnungsbestreben
13 Imperialismus
Ausdehnungsenergie
6 Waerme
Ausdruck, Ausdrucksform
3 Art
4 Ekel, Form, Pfui, Stil, Wort
5 Geste, Miene, Mimik, Wesen
6 Formel
7 Begriff, Deutung, Diktion, Floskel, Zeichen
8 Gepraege, Praegung
9 Ausspruch, Charakter
10 Auffassung, Expression, Wiedergabe
11 Darstellung
13 Gestikulation
14 Expressivitaet
beim Ballspiel
3 Aus, Tor
7 Abseits
8 Elfmeter, Halbzeit
9 Strafraum
beim Bergsteigen
8 Abseilen
beim Boxen
2 ko
5 Haken
6 Gerade
beim Fechten
5 Finte
6 Ligade, Mensur, Parade
7 Ausfall, Auslage, Riposte
8 Retirade
beim Fußballspiel
3 Aus, Tor
7 Abseits
8 Elfmeter, Halbzeit
9 Freistoss, Strafraum
10 Strafstoss
beim Skatspiel
2 As, Re
4 Bock, Null
6 Kontra, Ramsch
besonderer Hochachtung
14 Ehrenbezeigung
des Ekels
4 Pfui
des Missfallens
5 Ruege, Tadel
für Bier
11 Gerstensaft
geistiges Gebaren
6 Gestus
im Pocker
4 Ante
von Gedanken
7 Sprache
ausdrücken
8 aeussern, bedeuten
9 gestalten
ausdrücklich
5 extra
6 betont, eigens
7 express, formell
8 deutlich, explizit
9 besonders, explizite, foermlich
15 expressis verbis
Ausdrucksbewegung
5 Geste
8 Gebaerde
13 Gestikulation
Ausdruck (Schlagwort, Vereinigung)
8 Republik
11 Bundesstaat
13 Frauenpolitik
ausdrucksfähig
9 expressiv, plastisch
Ausdrucksform
4 Stil
von Gedanken in Worten
7 Sprache
Ausdruckskunst
5 Mimik
11 Mienenspiel
ausdruckslos
3 tot
4 kalt
8 erstarrt
12 ◆ nichts sagend
13 gleichgueltig
Ausdruckssteigerung
6 Klimax
ausdrucksvoll
6 sinnig
8 hymnisch, poetisch
9 expressiv
10 pathetisch
(Musik)
9 cantabile
10 espressivo
ausdrucksvolle
Stellung im Ballett
9 Attituede
Ausdrucksweise
4 Form, Stil
6 Pathos
7 Diktion
8 Gepraege, Praegung
12 Formulierung
17 Darstellungsweise
Ausdünstung, Duft
6 Geruch
13 Transpiration
auseinander gehen
8 scheiden
9 abweichen
Auseinandergehen
von Meinungen
9 Divergenz
Auseinanderklaffen
10 Diskrepanz
auseinanderlaufen
11 divergieren
auseinanderlaufend
9 divergent

auseinandernehmbares
Schmuckstück
6 Parure
auseinander nehmen
8 zerlegen
11 demontieren
auseinanderschwinden
7 trennen
Auseinandersetzung
4 Zank
5 Duell, Fehde, Kampf, Krach, Krieg, Szene, Zwist
6 Disput, Rezess, Streit
7 Debatte, Polemik, Prozess
8 Auftritt, Konflikt
9 Rededuell, Zwiespalt
10 Diskussion
11 Kontroverse, Liquidation, Widerstreit, Wortgefecht
12 Streitigkeit
13 Konfrontation
Auseinanderstreben
9 Divergenz
auserlesen
4 edel
5 prima
7 delikat, elitaer
8 exquisit
11 erstklassig
12 hervorragend
Auserlesenes
5 Elite
6 Spitze
7 Auslese, Auswahl
11 Delikatesse
Ausfächerung
8 Streuung
Ausfahrt
3 Tor
6 Portal
7 Abreise, Ausflug
12 Spazierfahrt
Ausfahrtshafen
der Griechen nach Troja
5 Aulis
Ausfall
5 Manko, Minus
7 Verlust, Wegfall
8 Versagen
10 Fehlbetrag
der Vogelfedern
6 Mauser
ausfallend
6 rabiat
Ausfertiger
9 Expedient, Expeditor
10 Abfertiger
eines Wechsels
10 Aussteller
Ausfertigung
10 Zertifikat
Ausfindigmachung
einer Person
11 Auftreibung
Ausfließen
von Lava
8 Effusion
Ausflucht
5 Finte
6 Flause
7 Ausrede, Evasion, Vorwand
8 Notluege

Ausflüchte
5 Faxen
7 Flausen
10 Umschweife
11 Sperenzchen
12 Fisimatenten
Ausflug
3 Tur
4 Ritt, Tour, Trip
5 Fahrt, Reise
6 Partie
9 Abstecher, Exkursion, Wanderung
zu Pferd
4 Ritt
Ausflügler
7 Tourist
8 Urlauber, Wanderer
Ausflugswagen
7 Kremser
Ausflugsziel
der Berliner
5 Tegel
6 Erkner
7 Gruenau, Wannsee
9 Grunewald
in den neuen Bundesländern
6 Buckow
9 Hiddensee, Rennsteig, Schmuecke, Spreewald
10 Rosstrappe
12 Mueggelberge, Plaenterwald
Ausfluss
7 Abfluss
12 Ausscheidung
aus Vulkanen
4 Lava
ausforschen
8 erkunden, eruieren
9 sondieren
Ausforschung
8 Spionage
9 Erkundung
Ausfuhr
6 Export
ausführbar
7 machbar
8 moeglich
11 praktikabel
ausführen
3 tun
6 machen
9 erledigen
11 exportieren
ausführende
Gewalt
9 Exekutive
Ausfuhrkaufmann
9 Exporteur
ausführlich
5 exakt, genau
9 haargenau, umfassend
11 detailliert
12 erschoepfend
ausführliche
Erläuterung
9 Kommentar
Ausfuhrsperre, -verbot
7 Embargo
Ausführung
10 Erledigung
Ausführungsart
10 Modalitaet

Ausgabe
7 Auflage, Edition, Zahlung
8 Emission
10 Mitteilung, Verleihung, Verteilung
11 Bekanntgabe
12 Distribution
17 Veroeffentlichung
einer Anleihe
8 Begebung
eines Literaturwerkes
7 Edition
von Büchern
7 Edition
von Wertpapieren und Banknoten
8 Emission
Ausgaben
6 Kosten
8 Unkosten
Ausgabenanstieg
15 Kostenexplosion
Ausgabenkürzung
10 Einsparung
Ausgang
6 Anfang, Exitus, Urlaub
8 Ergebnis, Oeffnung
11 Spaziergang
Ausgangsgebilde
4 Keim
Ausgangsgestein
5 Edukt
Ausgangsleistung
(Elektronik)
6 Output
Ausgangsort
beim Rennen
5 Start
Ausgangspunkt
5 Basis, Hafen, Start
6 Anfang, Ansatz, Beginn, Quelle
7 Prinzip
8 Fixpunkt, Ursprung, Zentrale
9 Fundament, Grundlage
10 Startplatz
des Lebens
4 Keim
Ausgangsstelle
11 Ansatzpunkt
Ausgangsstellung
beim Fechten
7 Auslage
Ausgangsstoff
der Petrolchemie
6 Erdgas, Erdoel
für Farben und Heilmittel
6 Anilin
für Kunstharzprodukte
6 Phenol
ausgebaggerte
Menge von Erde
6 Aushub
Ausgebaggertes
6 Abraum
ausgebauter
Landeplatz
5 Hafen
ausgebautes
Dachgeschoss
8 Mansarde
ausgebildeter
Soldat
9 Reservist

ausgebratener
Speck
6 Griebe
ausgedehnt
4 lang, tief, weit
5 breit, gross
8 extensiv
9 bedeutend, geraeumig
ausgedehnte
Zecherei
6 Gelage
ausgedehnter
Landbesitz
11 Laendereien
ausgedehntes
Gastmahl
6 Gelage
Ausgedehntheit, Abstand
5 Weite
ausgedient
3 alt, out
5 passe
8 veraltet
10 antiquiert
11 unbrauchbar
ausgedienter
Soldat
7 Veteran
Ausgedinge
9 Altenteil
ausgedroschene
Getreidehalme
5 Stroh
ausgefallen
6 bizarr, kurios
7 abwegig
10 verstiegen
11 extravagant, merkwuerdig
13 ungewoehnlich
ausgefallene
Sehenswürdigkeit
11 Kuriositaet
ausgefräste
Rille
3 Nut
ausgefüllt
6 massiv
ausgeglichen
5 quitt, ruhig
8 gelassen
10 harmonisch
11 apollinisch
Ausgeglichenheit
9 Gleichmut
12 Gelassenheit
ausgegrabene
italien. Stadt
7 Pompeji
11 Herculaneum, Herkulaneum
Wikingerstadt
8 Haithabu
ausgehaltene
Geliebte
9 Maetresse
Ausgehbekleidung
6 Mantel
10 Pelzmantel
ausgehobene
Erdrinne
6 Graben
ausgehöhlter
Kürbis
9 Kalebasse

Ausgehverbot
10 Hausarrest
ausgeklügelt
10 raffiniert
11 sophistisch
ausgeklügelte
Bosheit
8 Teufelei
Ausgeklügeltes
7 Finesse
10 Raffinesse
ausgekocht
6 listig, schlau
8 gerissen
10 raffiniert
11 verschlagen
12 durchtrieben
ausgelassen
4 toll
6 albern
11 uebermuetig
12 bacchantisch, unbekuemmert
ausgelassene
Fröhlichkeit
8 Uebermut
ausgelassenes
Fest
5 Orgie
Ausgelassenheit
5 Gaudi
7 Alberei, Gaudium
8 Uebermut
ausgelernt
7 perfekt
ausgelernter
Handwerker
7 Geselle, Meister
ausgeliehenes
Geld
6 Kredit
8 Darlehen
ausgelöster
Juckreiz
6 Kitzel
ausgemergeltes
Pferd
7 Klepper
ausgeprägt
7 markant, typisch
9 schnittig
10 profiliert
11 prononciert
16 charakteristisch
ausgeprägte
Persönlichkeit
6 Format
ausgerechnet
4 just
ausgerotteter
Indianerstamm
9 Mohikaner
Vogel Neuseelands
3 Moa
ausgeruht
3 fit
6 erholt
ausgeschnitten
12 dekolletiert
ausgeschnittene
Vorlage
9 Schablone

ausgesetztes
Kind
10 Findelkind
ausgestanzte
Vorlage
9 Schablone
ausgestochenes
Rasenstück
4 Sode
ausgestorbene
Echsenart
7 Saurier
11 Dinosaurier
12 Pterosaurier
14 Ichthyosaurier
Schachtelhalme des Karbons
9 Kalamiten
ausgestorbener
Elefant
6 Mammut
8 Mastodon
Feuerländer
3 ONA
Indianerstamm in Nordamerika
9 Mohikaner
Kopffüßer
7 Ammonit
Riesenechse
10 Dinosaurus
12 Brontosaurus
Riesenvogel
3 Moa
6 Dronte
13 Archaeopteryx
Taubenvogel
6 Dronte
Tauchvogel
9 Riesenalk
Vogel
6 Dronte
Westslawe
7 Obotril
ausgestorbenes
Tier
2 Ur
3 Moa
6 Dronte, Mammut, Quagga
7 Saurier
9 Auerochse
11 Dinosaurier
Volk in Mittelamerika
6 Mangue
Wildpferd
6 Quagga, Tarpan
7 Tarpane
Wildrind
2 Ur
8 Auerochs
9 Auerochse
ausgestoßen
7 verfemt
9 geaechtet
Ausgestoßener
5 Paria
ausgestrahltes
Rundfunkprogramm
7 Sendung
12 Uebertragung
ausgestreuter
Samen
4 Saat
ausgesucht
7 elegant, elitaer, erlesen

8 exklusiv, exquisit, gewaehlt
9 exzellent
11 vorzueglich
ausgesuchte
Sportmannschaft
7 Auswahl
ausgetrocknet
4 arid
5 duerr
ausgetrocknetes
Wüstenflusstal
4 Wadi
ausgeübte
Macht
6 Gewalt
Tätigkeit
5 Beruf
ausgewachsen
4 reif
ausgewachsenes
Insekt
5 Imago
ausgewalztes
Metall
5 Blech, Folie
Ausgewogenheit
8 Harmonie
ausgezeichnet
4 toll
5 famos, prima, super
6 klasse
7 bestens, erlesen
8 exquisit
9 exzellent, fulminant, picobello, praechtig, praemiert
10 praemiiert
11 erstklassig, vorzueglich
12 hervorragend, vortrefflich
13 preisgekroent
auf englisch
10 first class
ausgiebig
9 reichlich
11 ertragreich
Ausgießer, Topfschnabel
5 Zotte
Ausgleich
6 Ersatz
7 Balance, Entgelt
8 Handicap, Handikap
9 Abfindung, Vergleich
10 Kompromiss
11 Aequivalent
12 Egalisierung, Kompensation
13 Gleichgewicht
ausgleichen
9 saldieren
10 wettmachen
11 temperieren
12 kompensieren
ausgleichende
Übereinkunft
10 Kompromiss
Ausgleichsgetriebe
12 Differential, ◆ Differenzial
ausgraben
10 exhumieren
Ausgrabung
von Toten
11 Exhumierung
Ausgrabungsstätte
bei Schleswig
8 Haithabu

Ausguck
3 Lug
5 Warte
6 Auslug
8 Mastkorb
11 Kraehennest
Ausguss
5 Gosse
6 Spuele
7 Abfluss
Ausgussröhrchen
6 Tuelle
Aushändigung
9 Uebergabe
Aushang
6 Plakat
7 Affiche
8 Anschlag
14 Schwarzes Brett
vor der Eheschließung
8 Aufgebot
Aushebegerät
6 Bagger, Spaten
8 Schaufel
13 Loeffelbagger
Ausheben
von Rekruten
7 mustern
10 einberufen
11 rekrutieren
Aushelfer
9 Vertreter
Aushilfe
6 Behelf, Ersatz
7 Reserve
9 Assistenz, Vertreter
10 Vertretung
11 Ersatzkraft
12 Ersatzperson, Reservekraft
Aushilfsstoff
6 Ersatz
8 Surrogat
Aushöhlung
7 Bohrung
10 Exkavation
Aushorcher
7 Spitzel
9 Kalfaktor
Aushub
für Fundament
8 Baugrube
auskehren
5 fegen
Ausklang
4 Coda, Ende
6 Epilog, Finale, Finish
7 Kehraus
8 Abgesang, Nachrede, Nachwort
9 Abschluss, Nachspiel
10 Beendigung
11 Schlusswort
Auskochflüssigkeit
5 Absud
auskommen
7 reichen
Auskommen
4 Brot
8 Existenz
9 Unterhalt
auskristallisierter
Zucker
6 Kandis

Auskugelung
10 Verrenkung
auskundschaften
6 suchen
8 forschen
9 baldowern, ermitteln
10 spionieren
12 ausbaldowern
14 rekognoszieren
Auskundschafter
5 Spion
Auskundschaftung
8 Spionage
12 Werkspionage
Auskunft
3 Tip
4 ◆ Tipp, Wink
6 Angabe
7 Antwort, Hinweis
8 Bescheid, Referenz
10 Aufschluss, Fingerzeig
11 Information
12 Anhaltspunkt
20 Rechenschaftsbericht
erteilen
11 informieren
Auskunftei
8 Detektei
13 Detektivbuero
16 Ermittlungsbuero
Auskunftseinholung
9 Nachfrage
11 Erkundigung
Auskunftsersuchen
5 Frage
7 Anfrage
ausladen
8 loeschen
Auslage
7 Etalage
10 Dekoration
12 Schaufenster
Auslagen
6 Kosten, Spesen
8 Unkosten
Auslagenbezahlung
10 Erstattung
Auslagengestalter
10 Dekorateur
Ausländer
4 Exot
7 Fremder
9 Fremdling
ausländische
Geldwährung
6 Sorten, Valuta
ausländischer
Militärstützpunkt
5 Basis
Unterrichtsteilnehmer
17 Austauschschueler
ausländisches
Geld
7 Devisen
auslassen
9 elidieren
Auslassung
eines Lautes
7 Synkope
eines Tones
7 Elision
Auslassungszeichen
9 Apostroph

Auslauf
für Hunde
7 Zwinger
Ausläufer
der Haar
5 Ardey
des französischen Jura
6 Lomont
Auslauffeld auf Flugplätzen
5 Piste
8 Rollbahn, Rollfeld
9 Landebahn
10 Landepiste
Auslaufventil
10 Wasserhahn
auslaugen
9 erodieren
11 extrahieren
Auslaugung
7 Erosion
10 Extraktion
auslegen
6 deuten
9 erklaeren
11 explizieren
14 interpretieren
Ausleger
6 Deuter
8 Traverse
9 Erklaerer, Interpret
Auslegung
6 Glosse, Lesart
7 Analyse, Deutung, Exegese
9 Kommentar
10 Erklaerung
12 Erlaeuterung
14 Interpretation
Auslese
5 Elite
9 Selektion
Ausleseklasse
7 Selekta
auslesen
9 sortieren
11 selektieren
Auslichtung
des Baumbestandes
13 Durchforstung
Auslieferung, Verkauf
6 Abgabe
auslöschen
6 tilgen
13 exterminieren
Auslöschung
7 Tilgung
12 Amortisation
auslösende
Ursache
5 Grund, Motiv
6 Anlass, Quelle
10 Beweggrund
12 Veranlassung
Auslöser
4 Reiz
5 Grund, Motiv
6 Anlass, Quelle
7 Erreger
8 Stimulus
10 Beweggrund
12 Veranlassung
Auslösevorrichtung
an Waffen
5 Abzug
10 Abzughebel
12 Abzugsbuegel
Auslosung
5 Lotto
7 Tombola
8 Lotterie
11 Zahlenlotto
Auslösung
4 Reiz
9 Induktion
der Explosion
8 Zuendung
ausmalen
10 kolorieren
Ausmaß
6 Format
7 Groesse
9 Abmessung, Dimension
10 Ausdehnung
Ausmessungsbegriff
5 Hoehe, Tiefe, Weite
6 Breite, Laenge
Ausnahme
8 Exceptio
9 Exzeption, Vorbehalt
10 Sonderfall
Ausnahmebewilligung
7 Dispens
Ausnahmeerscheinung
8 Anomalie
Ausnahmezustand
18 Belagerungszustand
ausnahmsweise
12 exzeptionell
Ausnutzung
der Kursunterschiede
9 Arbitrage
Auspuffemission
4 Russ
6 Abgase
Auspuffentgifter
16 Abgaskatalysator
Auspuffgeräusch
8 Knattern
Auspuffstoffe
6 Abgase
Ausputz
6 Zierat
7 ◆ Zierrat
ausrauben
8 fleddern
Ausrede
5 Alibi, Luege
6 Flause
7 Vorwand
8 Notluege
9 Ausflucht, Schwindel
ausreichend
5 genug
9 genuegend
10 suffizient
11 zulaenglich
12 befriedigend
ausreichendes
Können und Vermögen
10 Suffizienz
ausreißen
5 roden
6 jaeten
7 fliehen
9 entfernen
10 entfliehen
Ausreißer
11 Fluechtling
Ausrichter
11 Organisator
Ausrichtung
(Kirchenbau)
6 Ostung
ausrotten
6 jaeten, toeten
9 vertilgen
10 beseitigen, vernichten
11 liquidieren
Ausruf
1 i, u
2 ah, au, ei, na, nu, oh
3 ach, aha, aua, hei, oho, oje
4 nanu, oweh, pfui
5 auweh, hallo
7 ojemine
11 Exklamation
bei Lösung eines Problems
7 heureka
der Bewunderung
4 toll
der Empörung
2 he
der Freude, des Ansporns
5 heisa
6 heissa
des Ekels
4 Pfui
des Erstaunens
2 oh
3 ach, aha
4 nanu
des Staunens
6 Jemine
Ausrufer
6 Herold
7 Ansager, Buettel
13 Marktschreier
14 Gemeindediener
Ausrufwort
12 Interjektion
Ausruhemöglichkeit
9 Rastplatz
ausruhen
6 rasten
7 erholen
9 pausieren
ausrüsten
8 armieren
10 ausstatten
Ausrüstung
6 Geraet, Outfit
7 Armatur, Gepaeck
8 Zubehoer
9 Armierung, Ruestzeug
11 Einrichtung
des Segelschiffs
8 Takelage
Handwerkzeug
7 Geraete
Ausrüstungsstück
des Feuerwehrmannes
9 Hakengurt
Aussackung
am Dickdarmanfang
9 Blinddarm
der Speiseröhre bei Vögeln
5 Kropf
Aussage
6 Angabe

7 Zeugnis
9 Bekundung
10 Aeusserung, Behauptung, Mitteilung
11 Gestaendnis, Proposition
des Verdächtigen
10 Einlassung
Aussagebekräftigung
3 Eid
6 Schwur
Aussagender
vor Gericht
5 Zeuge
Aussageweise
5 Modus
9 Kategorie
Aussatz
5 Lepra
aussaugen
10 schroepfen
Ausschachtung
10 Exkavation
ausschalten
11 eliminieren
der Scheinwerfer
9 abblenden
Ausschank
3 Bar
5 Theke
6 Buffet
7 Buefett, Bueffet
Ausschankgefäß
6 Siphon
Ausschankvorrichtung
8 Zapfhahn
Ausschau
3 Lug
Ausscheid
von Laiengruppen
20 Volkskunstwettbewerb
ausscheiden
7 sichten
9 absondern
11 eliminieren
16 disqualifizieren
Ausscheidung
3 Kot
6 Sekret
7 Auswurf, Schleim
8 Schweiss, Speichel
9 Exkrement, Exkretion
11 Absonderung
der Nadelhölzer
4 Harz
des Pottwals
5 Amber, Ambra
Ausscheidungsorgan
5 Blase, Niere
Ausscheidungsspiel
13 Viertelfinale
19 Qualifikationsspiel
Ausschlag
auf der Haut
4 Akne
5 Ekzem
7 Flechte
8 Exanthem
11 Guertelrose
14 Guertelflechte
des Pendels
10 Elongation
ausschlagen
7 knospen
8 ablehnen
9 spriessen
10 abschlagen
ausschließen
9 auslassen
10 beseitigen
11 ausscheiden
16 disqualifizieren
ausschließend
8 exklusiv
9 exklusive
ausschließlich
3 nur
4 ganz, ohne
6 allein, ausser, eigens, einzig
7 vornehm
8 alleinig, exklusiv
9 lediglich
Ausschließlichkeit
13 Exklusivitaet
Ausschluss
4 Acht, Bann
9 Exklusion
10 Relegation, Verbannung
11 Verstossung
15 Exkommunikation
16 Disqualifikation
ausschmieren
6 narren
9 betruegen, taeuschen
ausschmücken
9 garnieren, verzieren
10 dekorieren
ausschmückende
Verzierung
8 Ornament
10 Drapierung
Ausschmückung
4 Zier
5 Dekor
6 Zierat, Zierde
7 Beiwerk, ◆ Zierrat
8 Ornament
10 Dekoration, Verzierung
Ausschneidemaschine
für Bleche
6 Stanze
ausschneiden
10 dekupieren
Ausschneidewerkzeug
6 Stanze
Ausschnitt
4 Teil
6 Luecke, Sektor
7 Segment
9 Abschnitt, Dekollete
Ausschreibung
von Arbeiten der öffentlichen Hand
10 Submission
Ausschreitung
6 Exzess, Terror
7 Krawall
Ausschuss
6 Abfall, Beirat, Ramsch, Schund
7 Gremium, Komitee
10 Fachgruppe, Kommission
bei Kaffeebohnen
6 Triage
Ausschussware
5 Bafel
6 Ramsch, Schund
ausschütten
6 leeren
ausschweifend
8 exzessiv
lebender Mensch
9 Wuestling
ausschweifender
Mensch
8 Libertin
ausschweifendes
Fest
5 Orgie
9 Bacchanal
Ausschweifung
5 Orgie
6 Exzess, Laster
8 Debauche
11 Libertinage
Aussehen, Haltung
3 Air
7 Gestalt, Habitus
11 Erscheinung
außen
6 extern
8 peripher
entstehend
6 exogen
Außenanlage
einer Festung
7 Vorwerk
Außenbegrenzung
4 Rain, Rand, Zaun
5 Bande, Kante
6 Grenze
7 Bankett
Aussendung
8 Emission
Außenhülle
der Zigarre
9 Deckblatt
Außenlinie
4 Rand
5 Kante
Außenseite
9 Aeusseres, Exterieur
11 Oberflaeche
Außenseiter
4 Kauz
5 Freak
7 Outcast
8 Outsider
10 Sonderling
11 Schrullkopf
Außenstände
6 Aktiva
7 Aktiven
8 Guthaben
9 Debitoren, Forderung
Außenteil
des Buches
5 Decke
6 Deckel
7 Einband
8 Umschlag
14 Schutzumschlag
außer
Atem
7 atemlos
Dienst
7 inaktiv
außeramtlich
6 privat
außerdem
4 auch, noch
5 extra

6 ferner
7 daneben
8 notabene
9 obendrein
11 zusaetzlich
außerdienstlich
11 inoffiziell
außerehelich
9 illegitim
außereheliche
Geschlechtsgemeinschaft
10 Konkubinat
außergewöhnlich
5 enorm
6 genial
7 eminent
8 gewaltig, grandios, imposant, unsagbar
9 bedeutend, fabelhaft
10 exorbitant
11 phaenomenal
12 exzeptionell, sensationell, vortrefflich
13 eindrucksvoll, extraordinaer
außergewöhnliches
Ereignis
9 Phaenomen, Sensation
außerhalb
6 aussen, ausser
außerordentlich
5 enorm
7 eminent
8 unsagbar
10 gigantisch
11 phaenomenal
12 hervorragend
außerordentliche
Beglückung
10 Hochgenuss
außerordentlicher
Professor
15 Extraordinarius
außerparlamentarische
Interessenvertretung
17 Buergerinitiative
außerstädtisch
7 Domizil
8 Landhaus
13 Wochenendhaus
außerstädtisches
Domizil
8 Landhaus
aussetzen
10 exponieren
Aussicht
4 Omen
5 Blick
6 Aspekt, Chance
7 Anblick, Zukunft
8 Hoffnung, Prognose, Prospekt
9 Auspizium
10 Standpunkt, Vorzeichen
11 Perspektive
12 Moeglichkeit
13 Konstellation
auf Erfolg
6 Chance
Aussichtsberg
im Lausitzer Gebirge
7 Lausche
aussichtslose
Lage
12 Verzweiflung
Aussichtspunkt
6 Bastei
8 Bellevue
Aussichtsturm
5 Warte
in Paris
10 Eiffelturm
Aussiedler
8 Kolonist
Aussiedlung
11 Evakuierung
aussondern
11 eliminieren
14 diskriminieren
ausspannen
5 ruhen
7 erholen
10 abhalftern, abschirren
Ausspannung
8 Erholung
aussperren
12 boykottieren
14 durchschiessen
Ausspiegelung
10 Endoskopie
Ausspielung
5 Lotto
7 Tombola, Ziehung
8 Lotterie
Aussprache
3 Dee
4 Rede
6 Akzent, Disput
7 Beichte, Debatte, Hearing, Tonfall
8 Betonung, Klaerung
9 Gespraech
10 Diskussion, Kolloquium
11 Eroerterung
12 Artikulation, Klarstellung
Aussprachezeichen
5 Tilde, Trema
6 Akzent
7 Cedille
Aussprechen
eines Wunsches
5 Bitte
Aussprengsel
7 Exklave
Ausspritz-Mundstück
5 Duese
Ausspruch
4 Wort
5 Zitat
6 Bonmot, Diktum, Spruch
7 Sentenz
9 Bemerkung
10 Aeusserung, Behauptung, Erklaerung
12 Feststellung
Cäsars beim Überschreiten des Rubikon
12 alea iacta est
Ausspruchssammlung
3 Ana
13 Zitatenschatz
Ausstand
6 Streik
Ausstattung
6 Ehegut
7 Aufwand, Mitgift
8 Dotation, Staffage
9 Aussteuer, Interieur
10 Dekoration, Heiratsgut
11 Einrichtung, Moeblierung
Ausrüstung
6 Outfit
Ausstattungsgut
(Theater)
6 Fundus
Ausstattungsstück
4 Show
5 Revue, Schau
7 Musical
8 Operette
ausstechen
7 stanzen
9 gravieren
12 uebertreffen
Aussteller
von Testamenten
8 Testator
von Wechseln
8 Kreditor, Trassant
10 Glaeubiger
Ausstellung
4 Show
5 Messe, Schau
6 Boerse
9 Fachmesse
10 Exposition
11 Mustermesse
für absonderliche Dinge
18 Raritaetenkabinett
in Markkleeberg
4 agra
Ausstellungsgebäude
6 Museum
8 Pavillon
Ausstellungsgegenstand
7 Exponat
Ausstellungsraum
5 Salon
7 Galerie
Ausstellungsschrank
7 Vitrine
Ausstellungsstand
4 Koje
Ausstellungsstück
7 Exponat
Aussteuer
6 Ehegut
7 Mitgift
8 Dotation
10 Heiratsgut, Morgengabe
11 Ausstattung
Ausstocken
des Waldbodens
5 Roden
Ausstoß
8 Emission
ausstoßen
9 elidieren
Ausstoßung
aus der Kirche
4 Bann
15 Exkommunikation
Ausstrahlung
2 Od
4 Aura
5 Flair, Licht, Odium
6 Schein
7 Fluidum, Sendung
8 Charisma, Eindruck, Emission
9 Emanation
11 Atmosphaere, Irradiation

des menschlichen Körpers
2 Od
Ausstrahlungskraft
8 Charisma
Ausstrahlungspunkt
7 Radiant
Ausstrahlungszeitpunkt
11 Sendetermin
Austausch
6 Ersatz
diplomatischer Schriftstücke
12 Notenwechsel
austauschbar
10 permutabel
austauschbare
Funktionseinheit (EDV)
5 Modul
Austauschspielkarte
5 Joker
Austauschverhältnis
zwischen Währungen
8 Paritaet
Auster
5 Naive
Austernprodukt
5 Perle
Austragungsort
für Boxkämpfe
4 Ring
7 Boxring
für Skispringen
7 Schanze
australische
Araukarie
5 Bunya
Bucht, Golf
8 Kingsund
10 Sharkbucht
11 Herveybucht, Jervisbucht, Limmenbucht
13 Melvillebucht, Van Diemen-Golf
15 Carpentariagolf, Geographenbucht
Buschvegetation
5 Scrub
Hafenstadt
5 Derby, Perth
6 Albany, Cairns, Darwin, Sydney
7 Bumbury, Wyndham
8 Adelaide, Brisbane
9 Carnarvon, Esperance, Geraldton, Melbourne, Newcastle
10 Townsville
11 Rockhampton
Hauptstadt
8 Canberra
Insel, Inselgruppe, Halbinsel (mit Ozeanien)
3 Epi, Nui, Ono
4 Beru, Cato, Huon, Lifu, Mare, Ngau, Tana, Uvea, Wake, York
5 Adele, Bauro, Bigge, Efate, Elcho, Kuria, Maewo, Mitre, Moala, Nauru, Ndeni, Samoa
6 Ambrim, Arorei, Barrow, Bikini, Cherry, Curtis, Matuku, Sunday, Tahiti, Tarawa, Torres, Totoya
7 Bellona, Kandavu, Loyalty, Norfolk, Rendova, Rennell
8 Aneityum, Eniwetok, Eromanga, ◆ Kaenguru, Lord Howe, Malekula, Melville, Starbuck, Viti Levu
9 Kaenguruh, Kinginsel, Marquesas, Tasmanien, Tongatabu, Vanua Levu
10 Cookinseln, Havre Rocks, Melanesien, Mornington, Neuseeland, Polynesien
11 Barrowinsel, Guadalcanar, Mikronesien, Santa Isabel
12 Bougainville, Elliceinseln, Neue Hebriden, San Cristobal
13 Chathaminseln, Fidschiinseln, Gilbertinseln, Neukaledonien, Tokelauinseln
14 Kermadecinseln, Marshallinseln
15 Dirk Hartog-Insel, Fourneauxinseln, Santa Cruz Inseln
19 Admiralitaetsinseln
Inselwelt
10 Melanesien
Landschaft
14 Nullarborebene
16 Barkly Taffelland
17 Kimberley Hochland
Mezzosopranistin
6 Minton
Münze
5 Cents
6 Dollar
Papageienart
3 Kea
Schwimmerin
5 Gould
Seekuh
6 Dugong
Sopranistin
5 Melba
10 Sutherland
Staatssprache
8 Englisch
Tiere
3 Emu
4 Kusu
5 Dingo, Koala
6 Kasuar, Wombat
7 Strauss
8 ◆ Kaenguru
9 Kaenguruh
11 Beuteltiere
12 Kloakentiere, Leierschwanz, Schnabeltier
Wüste
10 Sandwueste
12 Gibsonwueste, Tanamiwueste
14 Victoriawueste
Wüstenagame
5 Molch
australischer
Arbeiterführer
5 Aavon
Berg, Gebirge
5 Mt Isa
6 Mt Hann
7 Mt Bruce, Mt Cooke
8 Mount Isa, Musgrave
9 Kosciusko, Mount Hann
10 Blaue Berge, Capoompeta, Mount Bruce, Mount Cooke
11 Mount Magnet
12 Mount Seaview, Mount William
13 Flinderskette, Mount Augustus, Mount Lindesay, Musgravekette
14 Liverpoolkette, Mac Donell Berge, Mac Donell Kette, Mount Kosciusko
Bergsteiger
7 Hillary
Beutelbär
5 Koala
Beuteldachs
5 Bilby
Beutelfuchs
4 Kusu
Bundesstaat, Staat
8 Victoria
9 Tasmanien
10 Queensland
12 Neusuedwales
14 Nordaustralien, Suedaustralien, Westaustralien
Buschwald
5 Scrub
Dichter und Schriftsteller
4 Boyd
5 Hardy, Stead, White
6 Browne, Clarke, Cusack, Furphy, Gordon, Harpur, Lawler, Wright
7 Kendall, Lindsay, Stewart, Tennant
8 Kingsley, Prichard
Dirigent
7 Bonynge
Eingeborenenstamm
5 Dieri
Entdecker
4 Cook
5 Burke
6 Hartog, Taeman, Torres
10 Leichhardt
Fettschwanzgecko
6 Oedura
Fluss
4 Lora
5 Bogan, Finke, Roper, Sepik
6 Barcoo, Cooper, Murray
7 Alberga, Darling, Fitzroy, Lachlan, Thomson
8 Flinders, Georgina, Victoria
9 Condamine, Fortescue, Mackenzie, Murchison
11 Barwon River, Norman River, Palmer River
12 Darling River, Fitzroy River, Gilbert River, Murrumbidgee
13 Flinders River, Gascoyne River, Mitchell River
14 Ashburton River
15 Diamantina River, Hawkeburry River
Flusslauf zur Regenzeit
5 Creek
Geologe
6 Mawson
Hund
5 Dingo
Kletterbeutler
5 Kusus
7 Kuskuse
Laufvogel
3 Emu

4 Kiwi
6 Kasuar
Leichtathlet, Leichtathletin
3 Orr
4 Kerr, Lamy, Nunn, Ryan, Watt
5 Avery, Baker, Black, Boyle, Brown, Bruce, Caird, Clark, Cripp, Flack, Healy, Honey, Hunty, Jones, Landy, Moore, Power
6 Amoore, Barker, Browne, Clarke, Elliot, Martin, Mellor, Norman, O'Brien, Parker, Pazera, Porter, Rowley, Willis, Winter
7 Boegman, Clayton, Costian, Crocker, Doubell, Elliott, Freeman, Hoffman, Jackson, Johnson, Kilborn, Mathews, Ondieki, Pollock, Rendina, Thrower
8 Castella, Cuthbert, Flintoff, Forsythe, Lawrence, Lorraway, Metcalfe
10 Hasenjager, Moneghetti, Strickland
11 Chamberlain
12 Flintoff-King
Mediziner
6 Burnet
Myrtenbaum
10 Eukalyptus
Nobelpreisträger (Literatur)
5 White
Nobelpreisträger (Medizin)
6 Burnet, Eccles
7 Doherty
Polarforscher
6 Mawson
Politiker und Staatsmann
5 Hawke
6 Fraser, Gorton, Howard
7 Keating, McMahon, Menzies
Schachtelhalmbaum
9 Kasuarine
Schafzüchter
8 Squatter
Schriftsteller
4 West
5 White
Schwimmer, Schwimmerin
3 Eve, Nay
4 Bell, Dale, Ford, Lane, Mark, Rose, Wood
5 Berry, Brown, Bruce, Crapp, Curry, Evans, Foley, Frame, Gould, Hayes, Healy, Kerry, Leech, Lewis, Lyons, Moras, Neall, Riley, Thorn, White, Wylie
6 Andrew, Beddoe, Brooke, Brooks, Brough, Cooper, Davies, Dennis, Devitt, Durack, Elford, Fasala, Fraser, McKeon, McVann, Meehan, Murphy, O'Brien, O'Neill, Orbell, Palmer, Parkes, Rogers, Russel, Sieben, Stocks, Theile, Wenden, Widrum, Wilson, Windle
7 Chapman, Delaney, Gardner, Holland, Housman, Kellett, Konrads, Lassing, Lemberg, Overton, Pearson, Perkins, Tibbets, Turrall, Wickham
8 Beringen, Boardman, Buchanan, Champion, Charlton, Hardwick, Henricks, Landells, Marshall, McDonald, Monckton, Phillips, Windeatt
9 Armstrong, Colquhoun, O'Halloran, Stevenson, Stockwell, Whitfield, Woodhouse
10 Clatworthy, McClements
11 Beaurepaire, Livingstone, Mastenbroek, Shillington
See (mit Ozeanien)
7 Eyresee, Salzsee, Sawusee
8 Cowansee, Fromesee, Mooresee, Rossmeer, Timorsee, Woodssee
9 Austinsee, Barleesee, Golden Bai, Lefroysee, Mongersee, Tasmansee, Te Anausee, Wanakasee
10 Amadeussee, Bontanybai, Collierbai, Everardsee, Sharkbucht, Torrenssee
11 Gairdnersee, Haifischbai, Wakatipusee
12 Encounterbai, Korallenmeer, MacDonald See
Singvogel
13 Paradiesvogel
14 Staffelschwanz
Sportler, Sportlerin
3 Hoy
4 Gray, Rose, Ryan, Watt, Wood
5 Caird, Clark, Davis, Grady, Green, Kelly, Lavis, Parry, Woods
6 Bylsma, Doohan, Grenda, Hoobin, Lawson, Martin, Morgan, Norman, Pearce, Renner, Rolton, Sefton, Turtur
7 Brabham, Harwood, Neiwand, Nichols
8 McKenzie
9 Armstrong, Kingsland, Mockridge, Nicholsen
10 Baker-Finch, Vinnicombe
Straußenvogel
3 Emu, Moa
4 Kiwi
6 Kasuar
Tennisspieler, Tennisspielerin
4 Cash, Hoad
5 Adams, Laver, Masur, Roche, Smith
6 Cawley, Cooper, Fraser, Hewitt, Lehane, Morgan, Provis, Smylie, Stolle, Turner
7 Borwick, Brookes, Emerson, Sedgman, Wilding
8 Bromwich, Crawfort, Cuthbert, Fairbank, Fletcher, Fromberg, McGregor, McQuilan, Melville, Mulligan, Newcombe, Rosewall, Turnbull
9 Goolagong, Kratzmann, Limberger, McQuillan, Patterson, Woodforde
10 Court-Smith, Fitzgerald, MacPherson, Woodbridge
15 Cawley-Goolagong
Ureinwohner
10 Aborigines
Vogel, Leierschwanz
6 Menura
Wildhund, Windhund
5 Dingo

australisches
Außengebiet
11 Heardinseln, Kokosinseln
12 Cartieinseln
13 Ashmoreinseln, Norfolkinseln
14 Christmasinsel, Koralleninseln
15 MacDonaldinseln
16 Weihnachtsinseln
Beuteltier
4 Kusu
5 Koala
6 Kuskus, Wombat
8 ◆ Kaenguru
9 Kaenguruh
Holzgewächs
5 Mugla
9 Kasuarine
10 Eukalyptus
Nesselgewächs
5 Urera
Raketenversuchsgelände
7 Woomera
Säugetier
5 Dingo
8 ◆ Kaenguru
9 Kaenguruh
10 Beuteltier
Schafleder
5 Basil
Wurfholz
8 Bumerang

australisch-ozeanische
Stadt
4 Eyre, Omeo, Suva, Thio
5 Ajana, Bowen, Derby, Eucla, Numea, Olary, Perth, Taree
6 Albany, Cairns, Darwin, Hobart, Madang, Nelson, Rabaul, Sydney, Timaru
7 Bendigo, Bunbury, Dunedin, Fanning, Honiara, Ipswich, Maytown, Russell, Winston, Wyndham
8 Adelaide, Auckland, Bathurst, Brisbane, Canberra, Cooktown, Hamilton, Hokitika, Somerset, Wangarai, Windorah
9 Burketown, Carnarvon, Ditzingen, Esperance, Fremantle, Geraldton, Granville, Longreach, Marble Bar, Melbourne, New Castle, Normanton, Nukualofa, Port Pirie
10 Birdsville, Broken Hill, Kalgoorlie, Launceston, Oodnadatta, Palmerston, Parramatta, Port Darwin, Townsville, Wellington
11 Barrow Creek, New Plymouth, Port Augusta, Port Moresby, Rockhampton
12 Alice Springs, Christchurch, Invercargill

Austreibung
9 Expulsion

von bösen Geistern
10 Exorzismus
austrischer
Sprachstamm
5 Kamuk
Austrittsstelle
für elektr. Ladungen
9 Elektrode
von Wasser aus der Erde
6 Quelle
ausübende
Wirkung
8 Einfluss
Ausübung
6 Praxis
7 Praktik
der Berufspflicht
6 Dienst
Auswahl
5 Elite, Probe, Reihe
6 Muster
9 Potpourri, Selektion, Sortiment
10 Kollektion
11 Querschnitt
der Besten
5 Elite
auswählen
7 sichten
11 selektieren
14 selektionieren
auswählend
8 selektiv
Auswahlsammlung
9 Sortiment
Auswanderer
8 Emigrant
auswandern
10 emigrieren
Auswanderung
5 Treck
6 Auszug
10 Emigration
Mohammeds
6 Hegira
8 Hedschra
auswärtig, auswärts
6 extern
8 draussen
auswärtige
Besitzung
7 Kolonie
Vertretung einer Regierung
8 Konsulat
9 Botschaft
13 Gesandtschaft
Auswärtiger
7 Fremder
Auswaschung
7 Erosion
auswechseln
8 erneuern, tauschen
Ausweg
5 Hilfe
6 Flucht
7 Loesung
Ausweglosigkeit
4 Irre
Ausweichen
von Unangenehmem
7 kneifen
ausweichend
6 evasiv
Ausweichverkehrsweg
9 Umleitung
Ausweis
4 Pass
5 Beleg
6 Papier
7 Urkunde
8 Dokument, Nachweis
9 Kennkarte, Reisepass
10 Zertifikat
12 Bezugsschein, Legitimation
13 Bescheinigung
14 Personalpapier
15 Personalausweis
16 Identitaetskarte
18 Berechtigungskarte
ausweisen
6 zeigen
8 beweisen
10 abschieben, vertreiben
11 exmittieren
12 legitimieren
Ausweispapier
(Gaunersprache)
6 Flebbe
Ausweisung
9 Exmission
Ausweitung
9 Expansion
auswendig
lernen
10 memorieren
Auswerfer
beim Gewehr
7 Ejektor
auswiegen
11 balancieren
14 ausbalancieren
Auswirkung
6 Erfolg
8 Ergebnis, Resultat
10 Konsequenz
Auswuchs
5 Knorz
Auswüchse
am Baum
7 Knorren
Auswurf
6 Schund, Sputum
Auswurfgestein, -masse
4 Bims, Lava, Tuff
Auszehrung
8 Atrophie
12 Schwindsucht
auszeichnen
5 ehren
Auszeichnung
3 Lob
4 Ehre, Grad, Rang
5 Orden, Preis, Titel
6 Ehrung
8 Medaille
10 Dekoration, Ehrenpreis, Ehrentitel, Nobelpreis
11 Distinktion
12 Ehrenzeichen, Goldmedaille
13 Etikettierung
14 Verdienstorden
für hervorragende Leistungen in der Wissenschaft
10 Nobelpreis
Auszeichnungszettel
an Waren
7 Etikett
ausziehbare
Backmasse
11 Strudelteig
Kamerahülle
6 Balgen
ausziehbares
Sehrohr der U-Boote
8 Periskop
ausziehen
11 extrahieren
Auszubildende
12 Praktikantin
auszubildender
Soldat
6 Rekrut
Auszubildender
5 Azubi, Stift
8 Lehrling
10 Praktikant
auszufüllendes
Testpapier
10 Fragebogen
Auszug
5 Infus, Probe, Treck, Zitat
6 Essenz, Exodus
7 Elixier, Extrakt, Exzerpt, Tinktur, Weggang
8 Ausreise, Beispiel, Raeumung
9 Leseprobe
10 Wiedergabe
12 Auswanderung
13 urspruenglich
aus einem Werk
7 Epitome
aus Naturstoffen
6 Essenz
7 Extrakt
aus Rohstoffen
5 Edukt
aus Schriften, Hauptinhalt
7 Extrakt
autark
11 unabhaengig
12 selbstaendig
14 ◆ selbststaendig
Autarkie
15 Eigenversorgung, Unabhaengigkeit
16 Selbstaendigkeit
18 ◆ Selbststaendigkeit
19 Selbstgenuegsamkeit
authentisch
4 echt
9 verbuergt
11 massgeblich
12 zuverlaessig
13 rechtsgueltig, urspruenglich
Auto
13 Kraftfahrzeug
für viele Mitfahrer
3 Bus
7 Autobus, Omnibus
Auto-
und Motorradmarken
2 MG, MZ, UT, VW
3 BMW, BSA, DAF, DKW, MAG, MAN, NAG, NSU, Sto
4 Aero, Ardi, Audi, Benz, Daag, Dixi, Fiat, Ford, Glas, Jeep, Lada, Lanz, Mars, Nash, Opel,

Puch, Rixe, Seat
5 Adler, Anker, Argus, Ariel, Audie, Buick, Deutz, Dodge, Essex, Evans, Grade, Guzzi, Hansa, Horch, Horex, Kombi, Krupp, Lloyd, Maico, Mazda, Miele, Minor, Moped, Pamag, Praga, Quick, Roehr, Skoda, Steyr, Stock, Tatra, Tempo, Vespa, Vomag, Walba, Wolga
6 Abarth, Auburn, Austin, Delius, Deluxe, Durant, Hudson, Indian, Jaguar, Kadett, Lancia, Mabeco, Marmon, Morris, Nissan, Norton, Panther, Presto, Protos, Saurer, Simson, Singer, Spyker, Suzuki, Talbot, Taunus, Tornax, Walter
7 Admiral, Bastert, Bentley, Buecker, Bugatti, Citroen, Douglas, Ferrari, Goliath, Gutbrod, Hanomag, Hyundai, Imperia, Kaelble, Libelle, Lincoln, Magirus, Maybach, Minerva, Olympia, Packard, Panther, Peugeot, Phoenix, Pontiac, Porsche, Renault, Rollfix, Sarolea, Trabant
8 Borgward, Buessing, Cadillac, Chandler, Chrysler, Crossley, Goericke, Gritzner, Henschel, Hercules, Kleinbus, Kreidler, Lorraine, Maserati, Ohampion, Overland, Roadster, Standard, Superior, Wanderer, Wartburg, Zuendapp
9 Alfa Romeo, Auto Union, Brennabor, Chevrolet, Duerrkopp, Excelsior, Henderson, Hotchkiss, Lambretta, Rabeneick, Tempo Pony, Universal
10 Austro Fiat, Hansa Lloyd, Mitsubishi, Oldsmobile, Puch Touren, Rolls Royce, Studebaker, Volkswagen, Zyklonette
11 Buessing NAG, Daimler Benz, Hutchkinson, Motorroller
12 Mercedes Benz, Walter Junior
13 Austro Daimler
14 Harley Davidson

Auto
zu Sportzwecken
9 Rennwagen

Autoabgasreiniger
11 Katalysator

Autoabstellfläche
9 Parkplatz

Autoabstellraum
14 Laternengarage

Autoanhalter
7 Tramper

Autoanhaltestrecke
8 Bremsweg

Autobahneinrichtung
4 Bake
7 Bankett
8 Gasthaus, Rasthaus
9 Leitlinie, Parkplatz, Standspur
10 Blinklicht, Kriechspur, Leitplanke, Leitschild
11 Leitpfosten, Raststaette
12 Notrufsaeule, Ueberholspur, Vorwegweiser
13 Gruenstreifen, Hinweisschild
15 Gefahrenzeichen

Autobeleuchtung
12 Halogenlampe

Autobiografie
8 Memoiren
10 Lebenslauf
17 Selbstdarstellung

Autobus
7 Omnibus

Autobusmarke
6 Ikarus

Auto-Cross-Wagen
5 Buggy

Autodefekt
17 Karosserieschaden

Autoeinstellraum
6 Garage

Autogestell
7 Chassis

Autogramm
7 Widmung
9 Namenszug
10 Schriftzug
12 Unterschrift

Autohotel
5 Motel

Autolampe
12 Scheinwerfer

Autolenkexamen
12 Fahrpruefung

Autoluftreifen
4 Pneu

Automat
5 Geber

automatisch
12 selbsttaetig
14 unwillkuerlich

automatische
Bewegung
6 Reflex
Steuerungsanlage
9 Autopilot
Zapfsäule
9 Muenztank

automatischer
Einsteller
6 Regler

Automobil
10 Kraftwagen, Motorwagen
13 Kraftfahrzeug

Automobilclub
3 AvD
4 ADAC

Automobilsportveranstaltung
6 Rallye

Automobiltyp
3 Bus, Lkw, Pkw
4 Jeep, Taxe, Taxi
5 Coupe, Kombi, Wagen
6 Cabrio, Laster, Spyder
7 Autobus, Caravan, Lastzug, Omnibus
8 Lastauto, Liftback, Rennauto
9 Cabriolet, Lastwagen, Limousine, Rennwagen, Taxameter, Wohnmobil
10 Kabriolett, Kraftwagen, Motorwagen, Sportwagen, Trolleybus
11 Tourenwagen, Transporter
12 Schwimmwagen
13 Gelaendewagen, Kraftfahrzeug
15 Autotransporter, Sattelschlepper
16 Kleintransporter

Automobilwettbewerb
mit Sonderprüfungen
6 Rallye

Automodell
der Frühzeit
8 Oldtimer

autonom
11 unabhaengig
12 selbstaendig
13 eigenstaendig
14 eigenstaatlich, ◆ selbststaendig
15 eigengesetzlich

autonomes
Gebiet in China
5 Tibet
9 Neimenggu
Gebiet in Serbien
6 Kosovo
italienisches Alpengebiet
5 Aosta
8 Aostatal
jüdisches Gebiet in Russland
12 Birobidschan

Autonomie
13 Selbstsatzung
15 Unabhaengigkeit
16 Selbstaendigkeit, Selbstverwaltung
18 ◆ Selbststaendigkeit

Autopsie
9 Selektion
11 Augenschein
14 Leichenbeschau
15 Leichenoeffnung

Autor
6 Texter
7 Dichter, Urheber
8 Reporter
9 Romancier, Schreiber, Verfasser
10 Dramatiker, Journalist, Librettist
14 Schriftsteller
einer Buchbesprechung
9 Rezensent

Autoraum
3 Box

Autoreifen
4 Pneu

Autoren-Club
3 PEN

Autorennbahn, -rennstrecke
4 Avus
5 Monza
6 Le Mans, Zolder
7 Daytona, Kyalami, Sebring, Zeltweg
8 Motodrom, Solitude
9 Monthlery, Norisring, Zandvoort
10 Hockenheim, Interlagos, Monte Carlo
11 Silverstone
12 Indianapolis, Nuerburgring, Schottenring, Watkins Glenn
in Berlin
4 Avus

in Südafrika
7 Kyalami
Autorenschutzverband
4 Gema
6 VG Wort
14 VG Wissenschaft
Autoriemen
4 Gurt
15 Sicherheitsgurt
Autorin von:
Cherie
7 Colette
Das Wunschkind
6 Seidel
Der Fall Deruga
4 Huch
Die Clique
8 McCarthy
Die gute Erde
4 Buck
Die Parasiten
9 du Maurier
Ein gewisses Lächeln
5 Sagan
Gigi
7 Colette
Gösta Berling
9 Lagerloef
Mary Anne
9 du Maurier
Vom Winde verweht
8 Mitchell
Autorisation
9 Vollmacht
13 Ermaechtigung
autorisieren
12 ermaechtigen
16 bevollmaechtigen
Autorität
3 Ruf
6 Nimbus
7 Achtung, Ansehen, Geltung
8 Renommee
9 Obrigkeit
14 Fuehrungsrolle
15 Persoenlichkeit
Autor von:
Agnes Bernauer
6 Hebbel
Aku-Aku
9 Heyerdahl
Alraune
5 Ewers
Amphitryon
6 Kleist
7 Moliere, Plautus
9 Giraudoux
Andromache
9 Euripides
Ansichten eines Clowns
5 Boell
Antigone
7 Anouilh
9 Sophokles
Ariane
4 Anet
Auferstehung
7 Tolstoi, Tolstoj
Babbitt
5 Lewis
Barbara Blomberg
9 Zuckmayer
Bekenntnisse des Hochstaplers Krull
4 Mann
Bellum Gallicum
6 Caesar
Berlin Alexanderplatz
7 Doeblin
Candida
4 Shaw
Cesar
6 Pagnol
Cherie
7 Colette
Cherlock Holmes
5 Doyle
Cid
9 Corneille
Clavigo
6 Goethe
Colombe
7 Anouilh
Crusoe
5 Defoe
Dame Kobold
8 Calderon
17 Calderon de la Barca
Dantons Tod
8 Buechner
Das Buch von San Michele
6 Munthe
Das einfache Leben
8 Wiechert
Das Glasperlenspiel
5 Hesse
Das Konzert
4 Bahr
Das Schloss
5 Kafka
Das Wunschkind
6 Seidel
Decamerone, Dekameron
9 Boccaccio
Der alte Mann und das Meer
9 Hemingway
Der arme Heinrich
6 von Aue
9 Hauptmann
14 Hartmann von Aue
Der Arzt am Scheideweg
4 Shaw
Der Biberpelz
9 Hauptmann
Der Diener zweier Herren
7 Goldoni
Der Erstgeborene
3 Fry
Der Familientag
5 Eliot
Der gallische Krieg
6 Caesar
Der Geizige
7 Moliere
Der Gewissenswurm
11 Anzengruber
Der Glöckner von Notre-Dame
4 Hugo
Der Graf von Monte Christo
5 Dumas
Der grosse Regen
9 Bromfield
Der Hauptmann von Köpenick
9 Zuckmayer
Der Heiratsantrag
9 Tschechow
Der Hungerpastor
5 Raabe
Der Idiot
11 Dostojewski
12 Dostojewskij
Der Kaufmann von Venedig
11 Shakespeare
Der kaukasische Kreidekreis
6 Brecht
Der Kreidekreis
7 Klabund
Der lachende Diplomat
4 Vare
Der Lügner
7 Goldoni
Der Menschenfeind
7 Moliere
Der Misanthrop
7 Moliere
Der Mord im Dom
5 Eliot
Der Name der Rose
3 Eco
Der Prinz von Homburg
6 Kleist
Der Privatsekretär
5 Eliot
Der Prozess
5 Kafka
Der Revisor
5 Gogol
Der Richter von Zalamea
8 Calderon
17 Calderon de la Barca
Der Schelm von Bergen
9 Zuckmayer
Der seidene Schuh
7 Claudel
Der Sohn der Magd
10 Strindberg
Der Strom
5 Halbe
Der Sturm
11 Shakespeare
Der Tunnel
10 Kellermann
Der Turm
12 Hofmannsthal
Der Untertan
4 Mann
12 Heinrich Mann
Der Vater
10 Strindberg
Der verlorene Sohn
8 Wiechert
Der Werwolf
5 Loens
Der Widerspenstigen Zähmung
11 Shakespeare
Der Zauberberg
4 Mann
10 Thomas Mann
Des Teufels General
9 Zuckmayer
Die Ahnen
7 Freytag
Die Ahnfrau
11 Grillparzer
Die Bekenntnisse des Hochstaplers Felix Krull
4 Mann

Autor von:

A

10 Thomas Mann
Die Blechtrommel
5 Grass
Die Bluthochzeit
11 Garcia Lorca
Die Buddenbrooks
4 Mann
10 Thomas Mann
Die Clique
8 McCarthy
Die Cocktail Party
5 Eliot
Die drei Musketiere
5 Dumas
Die drei Schwestern
9 Tschechow
Die dunkle Blume
10 Galsworthy
Die ehrbare Dirne
6 Sartre
Die Ehre
9 Sudermann
Die Feuerzangenbowle
6 Spoerl
Die Fliegen
6 Sartre
Die Frösche
12 Aristophanes
Die Geheimnisse von Paris
3 Sue
Die gelehrten Frauen
7 Moliere
Die Gespenster
5 Ibsen
Die Glasmenagerie
8 Williams
Die Göttliche Komödie
5 Dante
14 Dante Alighieri
Die Heimat
9 Sudermann
Die Hochzeit der Feinde
6 Andres
Die Hose
9 Sternheim
Die Irre von Chaillot
9 Giraudoux
Die Jüdin von Toledo
11 Grillparzer
Die Kameliendame
5 Dumas
Die Majorin
8 Wiechert
Die Möwe
9 Tschechow
Die Mutter
5 Gorki
6 Gorkij
Die Pest
5 Camus
Die Ratten
9 Hauptmann
Die Räuber
8 Schiller
Die Schatzinsel
9 Stevenson
Die Troerinnen
9 Euripides
Die Verlobten
7 Manzoni
Die Vögel
12 Aristophanes
Die Weber
9 Hauptmann
Die Wildente
5 Ibsen
Die Wolken
12 Aristophanes
Doktor Schiwago
9 Pasternak
Don Carlos
8 Schiller
Don Juan und Faust
6 Grabbe
Don Quijote, Don Quichotte
9 Cervantes
Effi Briest
7 Fontane
Egmont
6 Goethe
Ehre
9 Sudermann
Eine amerikanische Tragödie
7 Dreiser
Eine kleine Stadt
6 Wilder
Ein gewisses Lächeln
5 Sagan
Ein Glas Wasser
6 Scribe
Ein Kampf um Rom
4 Dahn
Ein Sommernachtstraum
11 Shakespeare
Ekkehard
8 Scheffel
Elektra
9 Giraudoux, Hauptmann, Sophokles
El Hakim
7 Knittel
Emilia Galotti
7 Lessing
Emil und die Detektive
8 Kaestner
Endstation Sehnsucht
8 Williams
17 Tennessee Williams
Erdgeist
8 Wedekind
Eurydike
7 Anouilh
Fanny
6 Pagnol
Faust
6 Goethe
Fiesco
8 Schiller
Florian Geyer
9 Hauptmann
Fräulein Julie
10 Strindberg
Fuhrmann Henschel
9 Hauptmann
Germania
7 Tacitus
Germinal
4 Zola
Gespenster
5 Ibsen
Gigi
7 Colette
Glasmenagerie
8 Williams
Gösta Berling
9 Lagerloef
Götter, Gräber und Gelehrte
5 Ceram, Marek
Göttliche Komödie
5 Dante
14 Dante Alighieri
Gullivers Reisen
5 Swift
Hamlet
11 Shakespeare
Hannibal
6 Grabbe
Hedda Gabler
5 Ibsen
Helden
4 Shaw
Hermann und Dorothea
6 Goethe
historisch zeitlicher Abfolge
8 Chronist
Holocaust
5 Green
Hunger
6 Hamsun
Hyperion
10 Hoelderlin
Ilias
5 Homer
Im Westen nichts Neues
8 Remarque
Iphigenie in Aulis
6 Goethe
9 Euripides, Hauptmann
Ivanhoe
5 Scott
Jedermann
12 Hofmannsthal
Jenseits
10 Galsworthy
Judith
6 Hebbel
Jugend
5 Halbe
Julius Caesar
11 Shakespeare
Katharina Knie
9 Zuckmayer
Kean
5 Dumas
8 Edschmid
Kim
7 Kipling
König Lear
11 Shakespeare
König Ödipus
9 Sophokles
Krieg und Frieden
7 Tolstoi, Tolstoj
Lady Chatterley
8 Lawrence
Lady Windermeres Fächer
5 Wilde
Lausbubengeschichten
5 Thoma
Lederstrumpf
6 Cooper
Leonce und Lena
8 Buechner
Libussa
11 Grillparzer
Liebelei
10 Schnitzler

Lili Marleen
4 Leip
Liliom
6 Molnar
Love Story
5 Segal
Lulu
8 Wedekind
Lumpazivagabundus
7 Nestroy
Lysistrata
12 Aristophanes
Macbeth
11 Shakespeare
Madame Bovary
8 Flaubert
Maria Stuart
8 Schiller
Marius
6 Pagnol
Maß für Maß
11 Shakespeare
Max und Moritz
5 Busch
Medea
7 Anouilh
9 Euripides
11 Grillparzer
Meines Vaters Pferde
4 Laar
Michael Kohlhaas
6 Kleist
Minna von Barnhelm
7 Lessing
Moral
5 Thoma
Nachtasyl
5 Gorki
Nana
4 Zola
Nathan der Weise
7 Lessing
Nora
5 Ibsen
Odyssee
5 Homer
Oliver Twist
7 Dickens
Othello
11 Shakespeare
Peer Gynt
5 Ibsen
Penthesilea
6 Kleist
Phädra
6 Racine
Professor Unrat
4 Mann
12 Heinrich Mann
Pygmalion
4 Shaw
Robinson Crusoe
5 Defoe
Romeo und Julia
11 Shakespeare
Rose Bernd
9 Hauptmann
Salammbo
8 Flaubert
Sappho
11 Grillparzer
Schinderhannes
9 Zuckmayer
Schuld und Sühne
11 Dostojewski
12 Dostojewskij
Autor von
Sommernachtstraum
11 Shakespeare
Autor von:
Später Sieg
6 Cronin
Spiel im Schloss
6 Molnar
Spottgeschichten
9 Satiriker
Stalingrad
7 Plivier
Stella
6 Goethe
Stiller
6 Frisch
Tartuffe
7 Moliere
Tolldreiste Geschichten
6 Balzac
Torquato Tasso
6 Goethe
Totentanz
10 Strindberg
Tote Seelen
5 Gogol
Turandot
5 Gozzi
Uli der Knecht
8 Gotthelf
Unsere kleine Stadt
6 Wilder
Vater Goriot
6 Balzac
Venus im Licht
3 Fry
Verdi
6 Werfel
Via mala
7 Knittel
Viel Lärm um nichts
11 Shakespeare
Vom Winde verweht
8 Mitchell
Wallenstein
8 Schiller
Was ihr wollt
11 Shakespeare
Weh dem der lügt
11 Grillparzer
Wem die Stunde schlägt
9 Hemingway
Wilhelm Meisters Lehrjahre
6 Goethe
Wilhelm Tell
8 Schiller
Winnetou
3 May
Woyzeck
8 Buechner
Autoschuppen
6 Garage
Autosonderzubehör
5 Extra
Autosternfahrt
6 Rallye
Autosteuerung
12 Servolenkung
Autostopper
7 Tramper
8 Anhalter
10 Hitchhiker
Autostraßenlokal
11 Raststaette
Autoteil, -zubehör
3 Rad, Zug
4 Bank, Dach, Fond, Gurt, Heck, Horn, Hupe, Nabe, Pneu, Sitz, Tank, Tuer
5 Achse, Duese, Feder, Felge, Haube, Hebel, Kabel, Kerze, Kette, Motor, Pedal, Pumpe, Welle
6 Airbag, Bremse, Kardan, Klappe, Kolben, Lenker, Rahmen, Reifen, Relais, Steuer, Ventil, Volant, Winker
7 Armatur, Auspuff, Blinker, Chassis, Heizung, Kuehler, Lenkrad, Lenkung, Leuchte, Schloss, Starter, Verdeck, Wischer
8 Anlasser, Batterie, Federung, Gaspedal, Geblaese, Getriebe, Kuehlung, Kupplung, Lueftung, Oelwanne, Radkappe, Vergaser, Wasserpu, Zuendung, Zylinder
9 Anhaenger, Bereifung, Ersatzrad, Heckmotor, Hinterrad, Kipphebel, Oelfilter, Schaltung, Schwimmer, Sicherung, Steuerrad, Steuerung, Tuergriff, Verteiler, Vorderrad
10 Blattfeder, Blinklicht, Bremsbacke, Bremsbelag, Bremspedal, Entfroster, Fahrersitz, Fussbremse, Handbremse, Karosserie, Keilriemen, Kofferraum, Kolbenring, Kompressor, Kotfluegel, Kugellager, Lenksaeule, Luftfilter, Motorblock, Reserverad, Ruecklicht, Schonbezug, Spurstange, Stirnblech, Tachometer, Trittbrett, Wagenheber, Zierleiste, Zuendkabel, Zuendkerze, Zuendspule
11 Akkumulator, Auspuffrohr, Auspufftopf, Benzinpumpe, Fahrgestell, Hinterachse, Kardanwelle, Kurbelwelle, Lenkschloss, Nockenwelle, Parkscheibe, Rampenkette, Schalthebel, Schleppseil, Schneekette, Schutzblech, Stossstange, Vorderachse, Warndreieck, Wasserpumpe
12 Achsschenkel, Bremstrommel, Halogenlampe, Kuehlerhaube, Pleuelstange, Rueckspiegel, Scheinwerfer, Schwingachse, Sommerreifen, Winterreifen, Zuendschloss, Zylinderkopf
13 Abschleppseil, Beifahrersitz, Bremszylinder, Drosselklappe, Lichtmaschine, Nummernschild, Rueckstrahler, Stossdaempfer
14 Armaturenbrett,

Bremskreislauf, Impulszuendung, Kupplungspedal, Scheibenbremse
15 Scheibenwischer, Tachometerwelle, Warnblinkanlage, Wischerblaetter
16 Hydraulikleitung, Sicherungskasten
17 Kardangelenkwelle, Nebelscheinwerfer, Windschutzscheibe
18 Dachgepaecktraeger, Kardangelenkswelle
20 Einzelradaufhaengung

Autotour
5 Fahrt

Autotramp
8 Anhalter

Autotyp
6 Kabrio

Autounfallschutzvorrichtung
6 Airbag

Autounterkunft
5 Motel
6 Garage, Remise
8 Gasthaus, Parkhaus, Schuppen
10 Hochgarage, Tiefgarage
12 Parkhochhaus

Autoversicherung
5 Kasko
9 Teilkasko, Vollkasko
11 Haftpflicht

Avance
6 Erfolg, Gewinn
7 Vorteil
8 Hoffnung
9 Vorschuss, Vorsprung

avancieren
10 aufruecken, vorruecken
11 vorankommen
12 weiterkommen

Avantgarde
6 Spitze, Vorhut
8 Vortrupp
9 Vorreiter

Avantgardist
7 Neuerer, Pionier
9 Initiator, Vorreiter
11 Bahnbrecher, Vorkaempfer, Wegbereiter
13 Schrittmacher
22 Trendsetter Vorkaempfer

Avena
5 Hafer

Avenue
5 Allee
12 Hauptstrasse
13 Prachtstrasse

Averrhoa
10 Gurkenbaum

Aversion
9 Abneigung
10 Antipathie
11 Widerwillen

Aversum
9 Abfindung
15 Abfindungssumme

Aviatik
9 Flugwesen
11 Flugtechnik

Avis
7 Anzeige
9 Nachricht
10 Mitteilung
12 Ankuendigung
16 Benachrichtigung

avisieren
8 anmelden, anzeigen
11 ankuendigen
15 benachrichtigen

Axiom
8 Lehrsatz
9 Grundsatz

Axt
4 Beil
5 Barte
9 Streitaxt

Azephale
9 Kopfloser
10 Missgeburt

Azidimetrie
17 Saeuregradmessung

Azoreninsel
4 Pico
5 Corvo, Fayal
6 Flores
8 Graciosa, Sao Jorge, Terceira
9 Sao Miguel
10 Santa Maria

aztekische
Götter
4 Xipe
8 Tonatiuh
9 Coatlicue
10 Huehuetotl
11 Ixcozauhqui
12 Quetzalcoatl
Könige
8 Itzcoatl
9 Moctezoma, Moctezuma, Montezuma
10 Cuauhtemoc, Cuitlahuac, Quauthemoc
Sprachfamilie
5 Nahua

aztekischer
Feuer- und Himmelsgott
11 Ixcozauhqui

azur
10 himmelblau

Azur
11 Himmelsblau

Azurit
11 Kupferlasur

azyklisch
14 unregelmaessig

Baas
4 Chef, Herr
7 Meister
12 Vorgesetzter
babbeln
8 plaudern
9 schwatzen
10 schwaetzen
Babel
7 Babylon
Babusche
9 Hausschuh, Pampusche, Pantoffel
Baby
9 Kleinkind, Saeugling
11 Kleinstkind
12 Neugeborenes
Babybett
5 Wiege
Babyflaschenschnuller
6 Sauger
Babykost
3 Mus
4 Brei, Saft
5 Milch
11 Muttermilch
Babylon
5 Babel
7 Caldaea
babylonisch-assyrische
Totengöttin
6 Alluta
babylonische
Gewichtseinheit
5 Sekel
7 Schekel
Göttin
5 Istar, Nintu
6 Alluta, Nanaea
7 Astarte, Ischtar
Hauptstadt
5 Akkad
Münzeinheit
5 Sekel
Muttergöttin
5 Nintu
Stadt
5 Babel
7 Babylon
Stadt, Kultort Enlils
6 Nippur
Sturmdämonin
6 Lilith
babylonischer
Feldherr
10 Holofernes
Götterkönig
6 Marduk
Gott, Gottheit
2 Ea
3 Anu, Bel, Era, Sin
4 Apsu, Baal, Nabo, Nabu, Nebo, Nebu
5 Assur, Belus, Enlil, Kingu, Samas, Tamuz
6 Lachmu, Marduk, Moloch, Namtar, Nergal, Nimrod, Tiamat
9 Schamasch
Herrscher, König
6 Turmes
8 Belsazar
9 Hammurabi
12 Nabopolassar, Nebukadnezar
Himmelsgott
3 Anu
Hochtempel
8 Zikkurat
Priester
5 Beros
Stufentempel
8 Zikkurat
babylonisches
Epos
10 Gilgamesch
Volk
7 Sumerer
babylonisch-persische
Göttin
6 Nanaea
Babymundtuch
4 Latz
9 Laetzchen
Babysauger
9 Schnuller
Babyschaukelbett
5 Wiege
Babyschnuller
6 Nuckel
Babyserviette
4 Latz
Babysitter
4 Amme
5 Bonne, Nurse
10 Kinderfrau
14 Kindermaedchen
15 Kinderfraeulein
Babyspeise
4 Brei
Babyspielzeug
6 Rassel
Babywickeltuch
6 Windel
Bacchanal
5 Orgie
6 Gelage
8 Kultfest
11 Trinkgelage
Bacchantenstab
7 Thyrsus
bacchantisch
4 wild
7 trunken
10 freudetoll
Bacchus-
Begleiter
3 Pan
5 Satyr
7 Nymphen
Verehrerin
7 Maenade
Bach
5 Fluss
6 Fliess
7 Rinnsal
9 Gewaesser
10 Wasserlauf
Tal, Wald bei Jerusalem
6 Kidron
Bache
7 Wildsau
11 Wildschwein
Bachstelze
9 Wippsterz
Bachtrompete
7 Clarino
Back
auf Schiffen
8 Esstisch
9 Bordtisch
11 Essgeschirr
backbord
5 links
Backe
5 Wange
Backenbart
6 Fraese
10 Koteletten
Backenknochen
8 Jochbein
Backenstreich
7 Dachtel, Schelle, Watsche
8 Ohrfeige, Watschen
11 Maulschelle
Backenzahn
5 Molar
8 Mahlzahn
Backfett
8 Frituere
9 ◆ Frittuere
Backfisch
4 Girl
8 Maedchen, Teenager
Backform
5 Model
Backgewürz
4 Anis, Zimt
6 Safran
7 Vanille
8 Orangeat, Zitronat
Background
11 Hintergrund
Backhand
beim Tennis
9 Rueckhand
15 Rueckhandschlag
Backhefe
4 Gest
Backhohlraum
im Küchenherd
6 Roehre
Backmasse
4 Teig
8 Germteig, Hefeteig
12 Blaetterteig
Backmittel
2 Ei
4 Hefe, Mehl
Backschaft
(niederdeutsch)
17 Tischgemeinschaft
Backstein
6 Ziegel
7 Klinker
9 Hartbrand
11 Mauerziegel
Backsteinblattern
7 Rotlauf
Backsteinbrennerei
8 Ziegelei
Backsteinkäse
9 Limburger
Backtreibmittel
4 Germ, Hefe
6 Baerme, Natron
9 Pottasche, Sauerteig
10 Backpulver
14 Hirschhornsalz

Backtrog, Futtertrog
5 Molle, Mulde
Backutensil
9 Nudelholz
10 Teigroller
12 Dressiersack
Backware, Backwerk
4 Brot, Keks, Kipf, Laib, Weck
5 Stute, Torte
6 Brezel, Brezen, Kipfel, Kuchen, Printe, Semmel, Stuten, Waffel, Wecken
7 Brioche, Einback, Kipferl, Krapfen, Kringel, Nockerl
8 Marzipan, Mutschel, Schrippe, Zwieback
9 Broetchen, Hoernchen, Lebkuchen, Toertchen, Weissbrot
10 Amerikaner, Baumkuchen, Mehlspeise, Salzstange
11 Honigkuchen, Knaeckebrot
12 Pumpernickel
13 Pfefferkuchen
14 Streuselkuchen
aus Blätterteig mit Füllung
7 Pastete
11 Nusskipferl
Backzutaten
4 Eier, Fett, Hefe, Mehl
5 Milch
6 Aromen, Mandel, Rosine
8 Rosenoel, Zitronat
9 Backaroma
11 Rosenwasser
Bad
im Taunus
7 Selters
in Österreich
5 Isell
Bad, Badeart
5 Bidet, Sauna
6 Armbad, Bassin, Becken, Brause, Dusche, Jodbad, Kurbad, Kurort, Oelbad, Seebad, Solbad, Therme
7 Freibad, Fussbad, Halbbad, Handbad, Heilbad, Kaltbad, Lehmbad, Luftbad, Moorbad, Sandbad, Sitzbad, Teilbad, Vollbad, Warmbad
8 Dampfbad, Dauerbad, Fangobad, Flussbad, Giessbad, Lichtbad, Milchbad, Regenbad, Standbad, Tauchbad, Tropfbad, Weihebad
9 Brausebad, Einzelbad, Fixierbad, Marmorbad, Radiumbad, Schaumbad, Sonnenbad, Strandbad, Wannenbad, Wasserbad, Wellenbad, Zusatzbad
10 Brunnenbad, Mineralbad, Schlammbad, Schwimmbad, Schwitzbad, Thermalbad, Wechselbad
11 Familienbad, Kraeuterbad, Moorsalzbad, Schwefelbad
12 Heissluftbad, Soledampfbad, Swimmingpool
13 Reinigungsbad, Sauerstoffbad, Schwimmbassin, Schwimmbecken, Vierzellenbad, Wechseldusche
14 Tuerkisches Bad
15 Fichtennadelbad, Kohlensaeurebad
16 Medizinisches Bad
Badeanlage
(islam. Baukunst)
5 Hamam
Badeanstalt
7 Freibad
9 Hallenbad
10 Schwimmbad
Badeanzug
5 Tanga
6 Bikini, Trikot
9 Einteiler
Badegefäß
5 Wanne
Badegelände
3 See
4 Lide, Meer, Ufer
5 Fluss, Teich
6 Kueste, Strand, Weiher
7 Gestade
9 Binnensee
Badeknecht
5 Bader
baden
7 duschen, spuelen, tauchen, waschen
8 reinigen
9 planschen, schwemmen, schwimmen
baden-württembergische
Stadt
3 Ulm
4 Aach, Calw, Enge, Horb, Isny, Kehl, Lahr, Ruit, Weil
5 Aalen, Buehl, Lorch, Urach
6 Achern, Asperg, Buchen, Hirsau, Inzell, Mengen, Nagold, Singen, Wangen
7 Ebingen, Ehingen, Haslach, Heubach, Lauffen, Marbach, Mosbach, Rastatt, Saulgau, Triberg, Wildbad, Wimpfen, Wolfach
8 Backnang, Balingen, Biberach, Breisach, Bruchsal, Fellbach, Freiburg, Gaggenau, Hornberg, Konstanz, Leonberg, Loerrach, Mannheim, Neustadt, Rottweil, Sinsheim, Stockach, Tettnang, Waldshut, Weinheim, Wertheim, Wiesloch
9 Besigheim, Duerrheim, Eislingen, Ellwangen, Esslingen, Ettlingen, Hechingen, Heilbronn, Karlsruhe, Maulbronn, Meersburg, Metzingen, Muellheim, Oberkirch, Oehringen, Offenburg, Pforzheim, St Blasien, Stuttgart, Tuebingen, Vaihingen, Villingen, Weinsberg
10 Baden Baden, Bietigheim, Blaubeuren, Boeblingen, Crailsheim, Furtwangen, Geislingen, Gengenbach, Goeppingen, Heidelberg, Heidenheim, Hockenheim, Kuenzelsau, Muehlacker, Muensingen, Neckarsulm, Nuertingen, Pfullingen, Plochingen, Radolfzell, Ravensburg, Reutlingen, Rottenburg, Saeckingen, Schorndorf, Schramberg, Tailfingen, Tuttlingen, Waiblingen, Weingarten
11 Emmendingen, Ludwigsburg, Mergentheim, Rheinfelden, Sigmaringen, Ueberlingen
12 Freudenstadt, Kornwestheim, Schwenningen, Schwetzingen, Sindelfingen
13 Kirchheim Teck
14 Bad Mergentheim, Donaueschingen
15 Friedrichshafen, Schwaebisch Hall
17 Schwaebisch Gmuend
18 Tauberbischofsheim
21 Villingen-Schwenningen
Badeort
3 Bad
6 Kurort, Seebad
7 Heilbad
an der Ostsee
5 Rerik
auf Rügen
5 Prora
in Bulgarien
5 Varna
8 Nessebar
Badeort, Kurort
3 Aix, Bex, Ems, Orb, Spa, Wyk
4 Arco, Babe, Bath, Binz, Boll, Daun, Deep, Hain, Hall, Hela, Leba, Lenk, Lido, Linz, Lohr, Nest, Oker, Rain, Riva, Roda, Saig, Suhl, Sulz, Sylt, Unna, Vals, Werl, Wiek, Wyck, Zell
5 Amrum, Arosa, Baden, Berka, Bibra, Bozen, Cranz, Dahme, Davos, Dobel, Elend, Elmen, Flims, Foehr, Glowe, Graal, Grado, Gries, Heyst, Horst, Imnau, Ischl, Juist, Kranz, Laboe, Laehn, Lienz, Lohme, Lorch, Mehrn, Melle, Meran, Meura, Miami, Nervi, Nizza, Oelze, Plaue, Ragaz, Soden, Sulza, Thale, Toelz, Treis, Unkel, Urach, Vichy, Vitte, Wanne, Waren, Wieda
6 Aachen, Abbach, Andeer, Artern, Aussee, Bansin, Bergen, Blexen, Borkum, Breege, Buckow, Buesum, Cammin, Cannes, Cochem, Dachau, Dargun, Dieppe, Dueben, Duhnen, Dunbar, Eilsen, Einoed, Eldena, Elster, Erbach, Gribow, Heluan, Hirsau, Honnef, Ischia, Kampen, Kochel, Koenig, Koesel, Koesen, Kreuth, Kudowa, Lauban, Lindau, Lubmin, Luckau, Lugano, Luzern, Murnau, Muskau, Nassau, Neuhof, Ording, Passig, Pillau, Polzin, Prerow,

Putbus, Ragusa, Rewahl, Rimini, Saarow, Sachsa, Salzig, Seewen, Seewis, Sellin, Singen, Sooden, Stabio, Steben, Suelze, Tabarz, Tarasp, Uerzig, Urfeld, Velden, Vilbel, Wangen, Wartha, Weggis, Wippra, Zingst, Zoppot

7 Abazzia, Ahlbeck, Aibling, Ajaccio, Allrode, Altenau, Antibes, Baltrum, Bexhill, Broesen, Burhave, Dangast, Doberan, Driburg, Durlach, Fiesole, Fulpmes, Gardone, Gastein, Gmunden, Goehren, Hofheim, Homburg, Ilmenau, Kappeln, Kolberg, Koserow, Krumbad, Labaule, Landeck, Lausick, Ledesma, Livadia, Locarno, Malchin, Malchow, Meurren, Misdroy, Mosbach, Mueritz, Nauheim, Neeheim, Neuhaus, Oberhof, Ostende, Perugia, Portici, Pyrmont, Rapallo, Rehburg, Reinerz, Ristbad, Samaden, Seeheim, Selters, St Peter, Teinach, Teplitz, Teterow, Titisee, Toblach, Todtnau, Triberg, Tutzing, Wemding, Wiessee, Wildbad, Wimpfen, Wustrow, Zermatt

8 Altenahr, Alt Gaarz, Althagen, Altheide, Antogast, Arendsee, Bensheim, Bentheim, Bentlage, Bernburg, Bertrich, Biarritz, Boerssum, Brambach, Brighton, Cuxhaven, Dievenow, Dirsdorf, Dobelbad, Eichwald, Eisenach, Garmisch, Gernrode, Goegging, Goldberg, Grenzach, Harzburg, Hassfurt, Hastings, Hersfeld, Hocksiel, Innichen, Kahlberg, Karlsbad, Kiedrich, Kipsdorf, Kohlgrub, Langenau, Langeoog, Meinberg, Miesbach, Moedling, Montreux, Muenster, Nenndorf, Neuenahr, Neustadt, Niendorf, Noordwyk, Oberdorf, Oderberg, Oldesloe, Osterode, Rappenau, Rauschen, Rohrbach, Roisdorf, Rottweil, Sassnitz, Schandau, Schierke, Schwarza, Seebruch, Segeberg, St Moritz, Stolberg, Suderode, Sulzbach, Sulzburg, Thiersee, Thiessow, Todtmoos, Toenning, Wienrode, Wilsnack, Wittduen, Wittlich

9 Ahrweiler, Alexisbad, Allendorf, Altefaehr, Altenberg, Altenbrak, Andermatt, Bramstedt, Braunfels, Braunlage, Campiglio, Cellerina, Deauville, Duerkheim, Duerrheim, Eckwarden, Einsiedel, Engelberg, Falsterbo, Faulensee, Flinsberg, Giersdorf, Godesberg, Grafenort, Griesbach, Heilbronn, Helgoland, Hiddensee, Ilsenburg, Jagstfeld, Jordanbad, Juliusruh, Kissingen, Koestritz, Kreuznach, Lauchheim, Luebbenau, Lueneburg, Marienbad, Maulbronn, Meersburg, Neuenburg, Neuendorf, Niedernau, Nienhagen, Norddeich, Norderney, Peterstal, Salzbrunn, Salzuflen, Salzungen, Schwangau, Schwartau, Semmering, Starnberg, Steinhude, Stuttgart, Sulzbrunn, Tegernsee, Tennstedt, Treseburg, Ueckeritz, Villingen, Warmbrunn, Wiesbaden, Wiesenbad, Wildungen, Windsheim, Wunsiedel, Zinnowitz

10 Adelholzen, Ahrenshoop, Albersdorf, Altenbruch, Baden Baden, Beatenberg, Bellinzona, Bergzabern, Berncastel, Bodenfelde, Bodenhagen, Brueckenau, Carlshafen, Carlshagen, Ditzenbach, Faulenbach, Gelnhausen, Glotterbad, Goeggingen, Greifswald, Hahnenklee, Heidelberg, Hirschberg, Hoenningen, Hofgastein, Hofgeismar, Hohensalza, Interlaken, Karlsbrunn, Kitzbuehel, Koelpinsee, Kuenzelsau, Lauchstedt, Lauenstein, Lautenbach, Lauterberg, Liebenzell, Lindenburg, Lobenstein, Mittenwald, Nesselwang, Oberstdorf, Oeynhausen, Oppelsdorf, Petersdorf, Raffelberg, Riessersee, Rilchingen, Rippoldsau, Ruhpolding, Saeckingen, Salzgitter, Salzhausen, Salzkotten, Schliersee, Schluchsee, Schoemberg, Schwalbach, Spiekeroog, Tiefenbach, Traunstein, Vlissingen, Wangerooge, Westerland, Ziegenhals

11 Agnetendorf, Altschmecks, Augustusbad, Badenweiler, Ballenstedt, Blankenburg, Blankenhain, Blankenheim, Boltenhagen, Brandenburg, Dorfgastein, Duerrenberg, Elbingerode, Franzensbad, Freienwalde, Gandersheim, Gluecksburg, Graefenberg, Grindelwald, Grosskarben, Gross Kuhren, Henkenhagen, Heringsdorf, Hoehenstadt, Hubertusbad, Ingelfingen, Johannisbad, Kellenhusen, Klampenborg, Krummhuebel, Langenargen, Liebenstein, Liebenwerda, Lippspringe, Mergentheim, Neuschmecks, Oberschlema, Oberstaufen, Paulinzella, Peissenberg, Poertschach, Reichenbach, Reichenhall, Rothenfelde, Ruestersiel, Ruestringen, Salzschlirf, Schmeckwitz, Schoenebeck, Schoenecken, Schoenheide, Schwarzbach, Schwarzburg, Stolpmuende, Swinemuende, Travemuende, Ueberlingen, Waltersdorf, Warnemuende, Woerishofen, Ziegenrueck

12 Bayrischzell, Brunshaupten, Eckernfoerde, Finale Ligure, Grossmoellen, Heiligendamm, Maegdesprung, Noeschenrode, Oberammergau, Salzdetfurth, Sankt Blasien, Scheveningen, Schlangenbad, Schmiedeberg, Schoenfliess, Schreiberhau, Stecklenberg, Stotternheim

13 Alexandersbad, Berchtesgaden, Carolinensiel, Frankenhausen, Friedrichroda, Neufahrwasser, Niederbreisig, Oberlahnstein, Partenkirchen, Reiboldsgruen, Salzderhelden, St Andreasberg, Wilhelmshoehe

14 Assmannshausen, Donaueschingen, Friedensweiler, Friedrichshall, Konstantinsbad, Neckarsteinach, Salzhemmendorf, Traben-Trarbach

15 Charlottenbrunn, Friedrichsbrunn, Reinhardsquelle

16 Langenschwalbach

Bader

7 Barbier
11 Heilgehilfe

Bäderkunde

11 Balneologie

Badestrand

4 Lido, Ufer
7 Gestade

in Honolulu

7 Waikiki

in Venedig

4 Lido

Badetracht

6 Bikini
8 Badehose
9 Badeanzug
10 Bademantel

Badeufer

6 Strand

Badezelle

6 Kabine

Badezutat

8 Rosenoel

badische

Insel im Bodensee

6 Mainau

Landschaft

8 Breisgau

badischer
Freischarenführer
6 Hecker
Ingenieur
6 Gerwig
badisches
Weinbaugebiet
7 Ortenau
8 Breisgau
9 Kraichgau
11 Bergstrasse, Kaiserstuhl
16 Markgraeflerland
19 Badische Bergstrasse
Badminton
9 Federball
baff
7 perplex
10 verbluefft
Bagage
4 Pack
5 Bande, Tross
7 Gepaeck
8 Gesindel
9 Gelichter
Bagagetruppe
5 Tross
Bagatelle
8 Lappalie
9 Kleinkram
10 Banalitaet, Nebensache
11 Kleinigkeit
Bagger
7 Greifer
8 Scrapper
9 Bulldozer, Schrapper
Baggermaschine
11 Paternoster
Baggersee
9 Kiesgrube
Baguette
16 Stangenweissbrot
Bahama-Insel
3 Cat, Lee
5 Abaco, Exuma
6 Acklin, Andros, Caicos, Inagua
9 Eleuthera, Mariguana
12 Watlinsinsel
Bahn
3 Weg, Zug
4 Kurs, Rund, Spur, Tram
5 Linie, Loipe, Piste, Route, Runde
7 Tramway
8 Rundkurs, Streifen, Zeltteil
11 Elektrische, Stoffstueck
13 Stoffstreifen
für Pferderennen
9 Hippodrom
von Himmelskörpern
5 Orbit
Bahnabteil
5 Coupe, Kupee
Bahnanlage
5 Gleis
6 Signal
7 Bahnhof
9 Stellwerk
Bahnbediensteter
9 Schaffner
bahnbrechend
6 genial
8 saekular
13 revolutionaer
16 avantgardistisch
bahnbrechende
Leistung
10 Pioniertat
Bahnbrecher
7 Pionier
11 Vorkaempfer, Wegbereiter
12 Avantgardist
13 Schrittmacher
bahnbrecherische
Aktion
10 Pioniertat
bahnen
5 ebnen
6 spuren
10 freimachen
12 freikaempfen
Bahngleisquerholz
8 Schwelle
Bahnhof
7 Station
10 Haltepunkt
11 Haltestelle
Bahnhofseinrichtung
5 Halle
9 Bahnsteig, Stellwerk
10 Wartehalle
17 Fahrkartenausgabe
18 Bahnhofswirtschaft, Gepaeckabfertigung
19 Gepaeckaufbewahrung
Bahnkupee
6 Abteil
Bahnradrennen
6 Omnium
Bahnschiene
5 Gleis
6 Strang
7 Geleise
Bahnsteig
6 Perron
Bahnwagencoup
6 Abteil
Bahnzugmaschine
10 Lokomotive
Bahre
5 Trage
Bai
4 Golf
5 Bucht
9 Meerbusen
11 Meeresbucht
Baikal-Amur-Magistrale
3 Bam
Baisse
9 Kurssturz
10 Preissturz
Bajazzo
5 Clown
9 Hanswurst
11 Spassmacher
13 Possenreisser
Bajonett
12 Seitengewehr
Bajuware
5 Bayer
bajuwarisch
8 bayrisch
9 bayerisch
Bakel
5 Stock
11 Lehrerstock
Bakschisch
4 Gabe
7 Almosen
8 Geschenk
9 Trinkgeld
11 Schmiergeld
15 Bestechungsgeld
Bakterie, Bakterienart
4 Koli
6 Kokken, Kokkus, Vibrio
8 Bazillus, Spirille, Tuberkel, Vibrione
9 Einzeller, Gonokokke, Spaltpilz, Spirillen
10 Gonokokkus, Salmonelle
11 Spirochaete
bakterielle
Blutvergiftung
6 Sepsis
Infektionskrankheit
5 Lepra
Bakteriengift
5 Toxin
8 Exotoxin
9 Endotoxin
10 Bakterizid
Bakterienzüchtung
6 Kultur
Bakterium
8 Bazillus
9 Einzeller, Spaltpilz
Balance
5 Waage
7 Schwebe
13 Gleichgewicht
balancieren
9 auswiegen
10 jonglieren, seiltanzen
11 ausgleichen
bald
4 fast
5 frueh
6 gleich, schier, sofort, zeitig
7 beinahe
8 ehestens
10 demnaechst
Baldachin
6 Himmel
9 Stoffdach
10 Betthimmel, Schirmdach, Traghimmel
11 Altarhimmel, Thronhimmel
Baldriangewächs
5 Narde
8 Rapunzel
Baleareninsel, Inselgruppe
5 Ibiza
7 Cabrera, Menorca, Minorca
8 Mallorca, Pityusen
9 Dragonera
10 Formentera
Balg
4 Haut, Leib
5 Bauch, Goere, Wanst
8 Luftsack, Tierhaut
10 Puppenleib, Quaelgeist
13 Puppenkoerper
Balge
5 Priel
balgen
6 raufen, ringen
7 rangeln
8 pruegeln, schlagen

Balgerei
8 Rangelei, Rauferei
9 Pruegelei
Balggeschwulst
5 Zyste
balinesischer
Tanz
6 Legong
Balkanbewohner
5 Serbe
6 Kroate, Serben
7 Albaner, Bosnier, Bulgare, Grieche, Illyrer, Kroaten, Rumaene, Slowene, Thraker
8 Albanier, Bulgaren, Griechen, Kosovare, Mazedone, Rumaenen, Slowenen
9 Jugoslawe, Mazedonen
0 Jugoslawen, Mazedonier
3 Montenegriner
Balkanfluss
3 Sau
4 Drin, Save
5 Donau, Drina
6 Morawa, Wardar
7 Maritza
Balkangebirge
6 Balkan, Pindus
7 Rhodope, Welebit
Balkanhauptstadt
5 Athen, Sofia
6 Skopje, Tirana, Zagreb
7 Belgrad
8 Bukarest, Lubljana, Sarajevo
9 Ljubljana, Podgorica
Balkanlandschaft
0 Makedonien, Mazedonien
Balkanstaat
8 Albanien, Kroatien
9 Bulgarien, Rumaenien, Slowenien
1 Jugoslawien
2 Griechenland
Balkanvolk
6 Serben
7 Albaner, Kroaten
8 Bulgaren, Griechen, Rumaenen, Slowenen
9 Bosniaken, Makedoner, Mazedoner
Balken
5 Bohle
6 Strebe
7 Stuetze, Traeger
8 Kantholz, Langholz
im Dachstuhl
6 Pfette
Balkenstütze
7 Konsole
Balkenwerk
7 Gebaelk
Balkon
5 Altan, Erker
6 Altane, Empore, Vorbau
7 Soeller
8 Terrasse
balkonartiger
Vorbau
5 Altan, Erker
Balkondach
7 Markise
Balkonpflanze
4 Efeu
5 Wicke
6 Azalee, Reseda, Salvie, Zinnie
7 Begonie, Fuchsie, Geranie, Lobelie, Petunie, Verbene, Zyklame
8 Clematis, Eiskraut, Gloxinie, Portulak, Weinrebe
9 Balsamine, Heliotrop, Hortensie
10 Buntnessel, Feuerbohne, Geissblatt, Immergruen, Pelargonie, Prunkwinde
11 Glockenrebe, Kaiserwinde, Kletterrose, Maennertreu, Zierkuerbis
14 Studentenblume, Wandelroeschen
15 Kapuzinerkresse
Ball
4 Fest
5 Kugel, Leder, Party
6 Globus
7 Bal pare
8 Tanzfest
9 Balmasque, Spielzeug, Tanzparty
10 Maskenfest
11 Sportgeraet
Ballade
7 Gedicht
8 Tanzlied
10 Erzaehlung, Geschichte
von Bürger
6 Lenore
von Goethe
9 Erlkoenig
14 Zauberlehrling
balladenähnliche Gedichtform
7 Romanze
von Schiller
9 Die Glocke
10 Der Taucher
Balldrehung
5 Effet
Ballen
4 Pack
5 Kollo
7 Klumpen
12 Frachtstueck
ballenförmiges
Druckpolster
7 Pelotte
Ballerina
9 Taenzerin
13 Solotaenzerin
Ballerino
7 Taenzer
11 Solotaenzer
Ballett
9 Schautanz
10 Tanzgruppe, Tanztruppe
11 Buehnentanz, Buehnenwerk, Gruppentanz
12 Tanzensemble
14 Tanzdarbietung
15 Tanzvorfuehrung
Ballettaufzeichnung
12 ◆ Choreografie
13 Choreographie
Ballettfigur
9 Attituede
Ballettgestalter
10 ◆ Choreograf
11 Choreograph
Ballettgruppe
12 Corpsballett
Ballettmitglied
7 Taenzer
9 Ballerina, Ballerino, Taenzerin
11 Balletteuse
14 Primaballerina, Primaballerino
Ballettpose
8 Arabeske
Ballettröckchen
4 Tutu
Ballettschüler
5 Eleve
Ballettschülerin
6 Elevin
Ballettsolistin
9 Ballerina
Balletttanz
9 Pasdedeux
Ballettübung
6 Spagat
Ballett von:
Adam
6 Korsar
7 Giselle
Assafjew
14 Flamme von Paris
22 Der Gefangene im Kaukasus
26 Fontaene von Bachtschissarai
Bartok
21 Der wunderbare Mandarin
23 Der holzgeschnitzte Prinz
Basner
17 Die drei Musketiere
Bayer
9 Puppenfee
Berlioz
21 Phantastische Sinfonie
Blacher
6 Hamlet
8 Chiarina
9 Quadrille
10 Lysistrata
11 Harlekinade
12 Der erste Ball
17 Der Mohr von Venedig
Bochsa
6 Korsar
Borodin
16 Polowetzer Taenze
Bruns
11 Neue Odyssee
16 Das Recht des Herrn
Burghauser
18 Diener zweier Herren
Casella
13 Der grosse Krug
Chailley
20 Die Dame und das Einhorn
Chatschaturjan
6 Gayane
7 Gajaneh
9 Spartacus
Cohen
14 Der gruene Tisch
16 Der verlorene Sohn
Copland
5 Rodeo
Dallapiccola
7 Marsyas

B

7 Knoedel
Ballkleid
4 Robe
Ballon
5 Kugel
6 Kolben, Reifen
7 Flasche
10 Glaskolben
11 Korbflasche
12 Kugelflasche, Luftfahrzeug
Ballonkorb
6 Gondel
Ballspiel
4 Golf, Polo
5 Rugby
6 Boccia, Hockey, Kegeln, Pelota, Soccer, Squash, Tennis
7 Billard, Bowling, Cricket, Indiaca, Kricket, Krocket, Radball, Radpolo
8 Baseball, Burgball, Flugball, Football, Fussball, Handball, Korbball, Lacrosse, Minigolf, Pingpong, Pushball, Softball
9 Badminton, Faustball, Federball, Prellball
10 Basketball, Feldhockey, Ringtennis, Rollhockey, Schlagball, Volleyball, Wasserball
11 Rasentennis, Tischtennis, Voelkerball
12 Feldhandball
14 Hallenhandball
der Basken
6 Pelota
zu Pferde
4 Polo
Ballspielbegriff
3 Aus, Tor
7 Abseits
8 Halbzeit
11 Linksaussen
Ballspieler
7 Torwart
Ballsportanlage
11 Tennisplatz
Ballzuspiel
4 Pass
Balsam
5 Salbe
6 Labsal
11 Pflanzenoel
16 Linderungsmittel
verschiedener Nadelhölzer
9 Terpentin
Balsamharz
5 Elemi, ◆ Myrre
6 Myrrhe
balsamisch
duftendes Harzgemisch
9 Weihrauch
Balte
4 Este
5 Lette
7 Litauer
baltendeutscher
Schriftsteller
5 Taube
6 Thiess
Baltenland
7 Estland, Litauen
8 Lettland
Baltenvolk
5 Esten, Selen
6 Letten
7 Litauer
baltische
Hauptstadt
4 Riga
5 Reval, Wilna
7 Tallinn, Vilnius
Inseln
4 Moon
5 Dagoe, Oesel
Landschaft
7 Livland
Randstaaten
8 Baltikum
Stadt
4 Riga
5 Memel, Reval, Wilna
6 Kaunas
8 Klaipeda
baltischer
Erzähler
6 Thiess
11 Bergengruen
Geologe
6 Pander
Staat
7 Estland, Litauen
8 Lettland
Zoologe
4 Baer
baltisches
Land
7 Estland, Litauen
8 Lettland
Meer
6 Ostsee
Balustrade
9 Bruestung, Gelaender
Balz
11 Liebesspiel
12 Paarungszeit
balzen
6 werben
8 umwerben
Bambusbär
5 Panda
banal
4 fade
5 flach, platt
7 trivial
9 laeppisch
11 alltaeglich, gewoehnlich
12 abgedroschen, ◆ nichts sagend
Banalität
9 Plattheit
10 Platituede
11 Plattituede
12 Trivialitaet
16 Abgedroschenheit
Bananenart
4 Musa
6 Pisang
Bananenfaser, Manilahanf
5 Abaka
Bananenfresser, Bananenfresserart, -vogel
6 Turako
9 Helmvogel
10 Laermvogel
12 Riesenturako
13 Pisangfresser
14 Bananenfresser, Weissohrturako
17 Guertellaermvogel, Weisswangenturako
Bananengewächs
6 Ensete
Banause
8 Ignorant, Spiesser
10 Kleingeist
12 Ungebildeter
13 Spiessbuerger
Band
3 Ehe
4 Gurt
5 Combo, Faden, Litze
6 Fessel, Gruppe, Kordel, Schnur, Spagat, Tresse
7 Kapelle, Strippe
8 Borduere, Streifen
9 Bindfaden, Orchester
10 Verbindung
12 Freundschaft
eines Schriftwerkes
7 Volumen
in der katholischen Kirche bei der Messe
7 Manipel
um Taille oder Schulter
8 Schaerpe
und Mütze einer Studentenverbindung
7 Couleur
zu Steuerzwecken
9 Banderole
Bandage
5 Binde
7 Verband
10 Handschutz
13 Schutzverband
bandartiges
Bauglied
4 Sims
Bande
4 Gang, Pack, Rand
5 Horde, Meute, Schar
6 Clique
7 Fesseln
8 Gesindel
9 Beziehung, Umrandung
10 Begrenzung, Verbindung
11 Verhaeltnis
Bandenangehöriger
6 Rocker
Bänder
an der Mitra
5 Inful
Banderilla
10 Wurfspiess
Banderillero
13 Stierkaempfer
Banderole
10 Steuerband
14 Steuerstreifen
Bandfisch
des Atlantiks
6 Espada
bandförmige
Meeresalgen
4 Tang
bandförmiges
Element
8 Streifen

Gewinde
8 Girlande
bändigen
7 fesseln, zaehmen, zuegeln
11 beherrschen
von Tieren
7 Dressur
Bandit
7 Raeuber
8 Gangster
9 Desperado
10 Verbrecher
11 Wegelagerer
15 Strassenraeuber
Bandmuster
8 Arabeske
Bandschleife
7 Rosette
8 Schleife
Bandschlinge
4 Oese
8 Schleife
Bandwurm
6 Ligula
bange
9 furchtsam
10 aengstlich
Gefühle
5 Sorge
6 Sorgen
Bange
5 Angst, Sorge
6 Furcht
9 Besorgnis
banges
Gefühl
5 Scheu
Bangigkeit
5 Angst, Scheu
Bankangestellter
9 Kassierer
Bankansturm
3 Run
4 Agio, Bond
Bankbegriff
4 Agio, Giro, Mise, Pari, Zins
5 Aktie, Bonus, Debet, Depot, Konto, Saldo
6 Aktiva, Akzept, Bilanz, Coupon, Kredit, Scheck, Skonto, Storno, Tratte, Valuta, Zinsen
7 Allonge, Bargeld, Debitor, Devisen, Disagio, Diskont, Einlage, Passiva, Rendite, Rimesse, Solvenz, Trassat, Wechsel, Zession
8 Agiotage, Bonitaet, Clearing, Darlehen, Effekten, Emission, Festgeld, girieren, Guthaben, Hypothek, Kreditor, Nennwert, Promesse, Trassant
9 Akzeptant, Bezogener, Dividende, Falliment, Girokonto, Sparkonto
10 Einzahlung, Gutschrift, Verzinsung
11 Spareinlage
12 Dauerauftrag, Kontokorrent
Bänkelsängerlied
7 Moritat
Bankett
8 Festmahl
9 Ehrenmahl, Seitenweg
14 Seitenstreifen
Bankfach
4 Safe
6 Tresor
Bankhalter
8 Croupier
Bankierfamilie
10 Rothschild
Bankkunde
6 Sparer
Banknote
5 Sorte
6 Schein
10 Geldschein
14 Zehnmarkschein
15 Fuenfmarkschein
17 Tausendmarkschein
der 1. französ. Republik
9 Assignate
Bankorder
für regelmäßige Zahlungen
12 Dauerauftrag
Bankpanik
3 Run
bankrott
4 matt
6 kaputt
7 entzwei
16 zahlungsunfaehig
Bankrott
4 Ruin
6 Fiasko, Pleite
7 Konkurs
20 Zahlungsunfaehigkeit
Bankschalter
5 Kasse
Bankwesen
6 Boerse
Bankzentrum
in New York
10 Wallstreet
Bann
4 Acht
6 Verruf
8 Aechtung
9 Verfemung
10 Ausschluss
11 Ausstossung, Verstossung
bannen
7 aechten
10 ausstossen
Banner
5 Fahne
6 Panier
7 Stander
9 Faehnlein, Standarte
11 Feldzeichen
Bannmeile
9 Sperrzone, Weichbild
10 Schutzzone
11 Sperrbezirk, Sperrgebiet
Bannspruch
8 Anathema
Bannware
11 Konterbande
Bantamgewichtler
12 Schwerathlet
Bantuhamiten
5 Djaga, Kamba
Bantuland
in Transvaal
6 Lebowa
Bantuneger
4 Luba
Bantusprache
6 Nyanja
Bantustamm
6 Owambo
Bantustamm, -volk
3 Ewe
4 Ambo, Ekoi, Sulu, Zulu
5 Abaha, Babua, Bafia, Bundu, Duala, Hereo, Konde, Kongo, Luhya, Lunda, Makua, Ngala, Pondo, Songo, Sotho, Swasi, Tonga, Xhosa, Zulus
6 Ababva, Bahutu, Bakuba, Baluba, Basuto, Galloa, Herero, Jaunde, Kaffer, Kikuju, Mafiti, Ovambo, Wahutu, Waluta
7 Barotse, Kaffern, Suaheli, Waganda
8 Muongoni
10 Wanjamwesi
11 Betschuanen
Baobabgewächs
13 Affenbrotbaum
bar
4 frei, rein
5 bloss, ledig, nackt
Bar
5 Theke, Tisch
6 Tresen
8 Schranke
9 Ausschank, Nachtclub, Nightclub
10 Nachtlokal, Trinkstube
11 Meisterlied, Schanktisch
17 Meistersingerlied
Bär
in China
9 Pandabaer
Baracke
10 Holzhuette
11 Behelfshaus, Behelfsheim, Lagerhuette
13 Notunterkunft
17 Behelfsunterkunft
Barbar
7 Rohling, Wandale
barbarisch
3 roh
7 grausam
10 wandalisch
12 unbarmherzig
Barbarossa
7 Rotbart
Barbesitzer
9 Barkeeper
Barbier
5 Bader
6 Figaro
7 Friseur
8 Coiffeur
bare
Münze
8 Hartgeld
Bareinschuss
bei Termingeschäften
5 Marge
bärenähnliches
Beuteltier
6 Wombat

Bärenart
5 Coati, Panda
6 Grisly, Schupp
7 Baribal, Eisbaer, Grizzly, Kinkaju
9 Alpenbaer, Andenbaer, Binturong, Braunbaer, Cacomixtl, Honigbaer, Kakamizli, Kleinbaer, Nasenbaer, Waschbaer
10 Alaskabaer, Bambusbaer, Beutelbaer, Grislybaer, Kragenbaer, Lippenbaer, Sonnenbaer, Wickelbaer
11 Brillenbaer, Hoehlenbaer, Katzenfrett, Malaienbaer, Riesenpanda, Ruesselbaer, Schlankbaer, Schwarzbaer
13 Bergnasenbaer
15 Kamtschatkabaer
16 Krabbenwaschbaer
20 Katzenbaer Kragenbaer
Bärengöttin
der Gallier
5 Artio
Bärenrobbe
4 Seal
Bärenspinner
10 Purpurbaer
Barett
5 Toque
Bargeld
in der Umgangssprache
7 Moneten
bargeldlos
5 unbar
bargeldloser
Zahlungsverkehr
4 Giro
12 Ueberweisung
Bargetränk
4 Flip
5 Drink
6 Crusta
9 Longdrink
Bargewinn
6 Erloes
Bariumsulfat
5 Baryt
Barkarole
10 Gondellied, Liebeslied
12 Schifferlied
Barkasse
7 Beiboot
9 Hafenboot, Motorboot
Barke
4 Boot, Kahn
6 Nachen
Barkeeper, Barmann
5 Mixer
Barmeister
5 Mixer
barmherzig
6 guetig
7 gnaedig
9 mitleidig
barmherziger
Helfer
9 Samariter
Barmherzigkeit
7 Pietaet

Barockbau
in Dresden
7 Zwinger
Barock-Bauwerk
11 Kloster Banz, Nymphenburg
12 Superga Turin
13 Pommersfelden
14 Maison-Laffitte, Zeughaus Berlin, Zwinger Dresden
15 San Lorenzo Turin
16 Hofkirche Dresden, Vierzehnheiligen
17 Invalidendom Paris, Schloss Versailles
19 Frauenkirche Dresden
22 Petit Trianon Versailles
Barockbildhauer
5 Glume
Barockkloster
in Niederschlesien
8 Gruessau
Barock-Künstler
4 Asam, Hals, Reni
5 Baehr, Fuchs, Pozzo, Puget
6 Guardi, Lebrun, Ribera, Rigaud, Rubens
7 Algardi, Bernini, Guarini, Lorrain, Murillo, Neumann, Poussin, Santini, Vermeer, Vignola
8 Bellotto, Carracci, Coyzevox, Giordano, Girardon, Permoser, Zurbaran
9 Borromini, Elsheimer, Rembrandt, Schlueter, Velasquez
10 Caravaggio, Dinglinger, Zimmermann
11 Domenichino, Hildebrandt, Maulbertsch, Poeppelmann
12 Knobelsdorff
13 Dientzenhofer
15 Hardouin-Mansart, Vermeer van Delft
16 Fischer von Erlach
Barockverzierung
9 Kartusche
Barometer
7 Aneroid
10 Wetterglas
15 Luftdruckmesser
zum Aufzeichnen des Luftdrucks
8 ◆ Barograf
9 Barograph
Baron
8 Freiherr
Baronesse
6 Freiin
13 Freifraeulein
Baronin
8 Freifrau
Barosmablätter, Droge
5 Bucco
Barras
7 Kommiss
8 Militaer
Barre
6 Riegel, Stange
8 Sandbank, Schranke
9 Hindernis
10 Querstange, Schlagbaum
11 Schlammbank, Sperrstange

Barreninsel
8 Steriles
Barrenstange
4 Holm
Barriere
6 Sperre
8 Schranke
9 Hindernis
10 Schlagbaum
Barrikade
6 Sperre
7 Schanze
14 Strassensperre
barsch
3 ◆ rau
4 grob, rauh
5 eckig
6 bruesk, scharf
12 unfreundlich
Barschart
6 Sander, Schill, Zander
10 Kaulbarsch
14 Papageienfisch
Barsoi
8 Windhund
Bartabnahme
5 Rasur
Bartanflug
5 Flaum
Bart, Barttracht
6 Fliege, Fraese
8 Kinnbart, Vollbart
9 Schnauzer, Spitzbart, Stutzbart
10 Backenbart, Kaiserbart, Knebelbart, Koteletten
11 Henriquatre, Schnauzbart, Schnurrbart, Zwirbelbart
Bartenwal
6 Seiwal
7 Blauwal, Edelwal, Finnwal, Grauwal, Nordwal
8 Brydewal, Glattwal, Zwergwal
9 Buckelwal, Nordkaper, Suedkaper
10 Biskayawal, Furchenwal
12 Groenlandwal
13 Zwergglattwal
14 Langflossenwal, Riesenglattwal
Bartfäden
bei Fischen
7 Barteln
Bartform, Fliege
6 Mouche
Bartpfleger
5 Bader
7 Balbier, Barbier
Bartschergerät
12 Rasiermesser
13 Rasierapparat
Bartschzufluss
in Schlesien
5 Horle
Barutensil
15 Flaschenoeffner
Barzahlungsnachlass
6 Skonto
Basaltart
7 Tephrit
Basar
5 Markt
8 Kaufhaus
9 Kaufhalle, Warenhaus

nordafrikanischer Städte
6 Fonduk
Base
5 Lauge
6 Kusine
7 Cousine
Baseballspieler
7 Faenger
Basilisk
5 Echse
6 Leguan
9 Fabeltier, Geschuetz, Sagentier
Basis
5 Hafen
6 Sockel
7 Flaeche
8 Standort, Unterbau
9 Flughafen, Fundament, Grundlage, Grundzahl, Plattform
10 Grundlinie
11 Saeulenfuss, Stuetzpunkt
12 Grundflaeche
13 Ausgangspunkt
17 Marinestuetzpunkt
bildend
5 basal
des Rechnens
10 Einmaleins
basische
Wirkung eines Stoffes
10 Alkalitaet
Basisstück
eines Ganzen
9 Unterteil
Baskenmütze
6 Barett
Basketball
8 Korbball
baskische
Schellentrommel
7 Pandero
baskisches
Nationalspiel
6 Pelota
Basse
4 Eber
6 Keiler
8 Wildeber
Bassethorn
13 Altklarinette
Bassgeige
7 Violine
10 Kontrabass
Bassin
6 Becken
7 Gefaess
8 Aquarium
9 Behaelter, Hafenteil, Schuessel
12 Swimmingpool, Wasserbecken
13 Schwimmbecken
Basslaute
7 Theorbe
Basstrompete, Basstuba
7 Helikon
9 Bombardon
basta
4 halt
5 genug
Bastard
7 Bankert, Hybride
9 Blendling, Mischling
von Pferdehengst und Eselin
8 Maulesel
Bastardhund
6 Koeter
Bastardierung
11 Artkreuzung
Bastei
6 Verlag
7 Bastion
8 Bollwerk
Bastelarbeit
9 Steckbild
Bastelmaterial
9 Sperrholz
Bastelwerkzeug
9 Laubsaege
Bastfaser
4 Jute
5 Ramie
Bastfaserbündel
5 Bimli
Bastion
5 Feste
6 Bastei
7 Festung
8 Bollwerk
12 Festungswall, Festungswerk
14 Festungsanlage
Bastlerwerkzeug
4 Leim
5 Feile, Saege, Zange
6 Hammer, Raspel
9 Laubsaege, Sperrholz
10 Sandpapier
12 Schraubstock
15 Schraubenzieher
Basutoland
7 Lesotho
Bataille
5 Kampf
7 Gefecht
8 Schlacht
batavischer
Volksstamm
11 Kaninefaten
Bathyscapheforscher
14 Tiefseetaucher
Batterie
4 Akku
11 Akkumulator, Stromquelle
13 Flaschenreihe, Stromerzeuger, Stromspeicher
14 Geschuetzstand, Truppeneinheit
17 Artillerieeinheit
18 Geschuetzabteilung
Batzen
6 Muenze, Stueck
7 Klumpen
Bauabfall
6 Schutt
Bauarbeiter
6 Maurer
Bauart
3 Typ
4 Stil
12 Konstruktion
Bau, Bauwerk
3 Dom, Tor
4 Burg, Haus, Oper, Silo, Turm, Wehr
5 Feste, Grube, Halle, Knast, Mauer, Villa, Zelle
6 Hoehle, Karzer, Kirche, Pagode, Palais, Palast, Saeule, Tempel
7 Bruecke, Denkmal, Festung, Gefuege, Kaserne, Koerper, Obelisk, Schloss, Stadion, Theater, Wohnung
8 Bungalow, Gebaeude, Hochhaus, Miethaus, Minarett, Monument, Muenster, Parkhaus, Pavillon, Staudamm, Struktur, Wohnhaus
9 Buerohaus, Kraftwerk, Wohnblock, Zuchthaus
10 Doppelhaus, Errichtung, Gefaengnis, Kathedrale, Reihenhaus, Sanatorium, Tierhoehle
11 Fernsehturm, Haftanstalt, Krankenhaus, Planetarium, Spielkasino
12 Mietskaserne
13 Kernkraftwerk, Wolkenkratzer
16 Zweifamilienhaus
Bauch
4 Leib
5 Wamme, Wampe
7 Abdomen
8 Hohlraum, Laderaum, Woelbung
9 Unterleib
Bauchfeder
5 Flaum
Bauchfell
10 Peritoneum
Bauchfellentzündung
11 Peritonitis
Bauchfellfalte
8 Gekroese
Bauchfett, Nierenfett
4 Flom
5 Flaum
6 Flomen
vom Schwein
6 Liesen
Bauchhöhlenschwangerschaft
20 Abdominalgraviditaet
bauchige
Flasche
7 Karaffe
11 Bocksbeutel
bauchiges
Gefäß
4 Krug
5 Kanne
6 Phiole
7 Ampulle, Karaffe
11 Bocksbeutel
Hanseschiff
5 Kogge
Weinglas
6 Roemer
Bauchmitte
5 Nabel
Bauchnarbe
5 Nabel
Bauchpilz
6 Bovist
8 Erdstern
10 Staeubling
12 Stinkmorchel
Bauchredner
13 Ventriloquist

Bauchspeicheldrüse
8 Pankreas
Bauchteil
des Felles
5 Wampe
Bauchweh
7 Grimmen
Baude
6 Huette
10 Berghuette, Schutzhaus, Sennhuette
11 Berggasthof
12 Bergherberge, Schutzhuette
Baueinheit
5 Modul
Bauelement
7 Traeger
der Elektronik
10 Transistor
der Fernmeldetechnik
9 Verteiler
bauen
6 mauern
7 zimmern
12 konstruieren
Bauer
4 Bube
6 Farmer, Kaefig
7 Oekonom
8 Agrarier, Landmann, Landwirt
10 Spielfigur, Spielkarte
11 Kartenfigur, Schachfigur, Vogelkaefig
im Vorderen Orient
8 Fellache
im zaristischen Russland
8 Muschnik
in Max und Moritz
5 Mecke
bäuerlich
5 rural
8 rustikal
9 laendlich
bäuerliche
Dienerschaft
7 Gesinde
Dorfgemeinde in Russland
3 Mir
Fußbekleidung
6 Opanke
Herbstarbeit
5 Ernte
Prachtstube
5 Pesel
bäuerlicher
Alleinerbe
6 Anerbe
bäuerliches
Anwesen
3 Gut, Hof
6 Erbhof
Erntegerät
14 Dreschmaschine
Fahrzeug
11 Leiterwagen
Bauernangriffsart (Schach)
5 Gabel
Bauernanwesen
6 Hofgut
Bauernbesitz
4 Odal
Bauernbühne
bei Innsbruck
3 Exl
Bauernfang
4 Nepp
Bauernfänger
6 Gauner, Nepper
7 Luegner
8 Heuchler
9 Betrueger
13 Falschspieler
Bauerngut
3 Hof
6 Heimet
Bauernhaus
ohne Landbesitz
4 Kate
Bauernhof
3 Gut
4 Kate
7 Gehoeft
Bauernhütte
4 Kate
Bauernkarpfen, Karausche
6 Gareis
Bauernkriegsführer
5 Geyer
Bauernmagd
4 Dirn
Bauernrose
7 Paeonie
11 Pfingstrose
Bauernschuh
9 Bundschuh
baufällig
6 morsch
8 bruechig
Baufeier
8 Hebfeier
9 Richtfest
Bauführer
6 Polier
Baugelände
7 Terrain
Bauglas
14 Fensterscheibe
Bauhandwerker
5 Maler
6 Gipser, Glaser, Maurer
8 Klempner, Spengler, Tischler, Zimmerer
9 Rohrleger, Schlosser, Schreiner, Steinmetz
10 Dachdecker, Elektriker, Ofensetzer, ◆ Stuckateur, Stukkateur, Tapezierer, Verschaler, Zimmermann
11 Anstreicher, Erdarbeiter, Kaminsetzer
12 Betongiesser, Fliesenleger, Installateur, Parkettleger
15 Heizungsmonteur
Bauhaus-Künstler (Architekten, Bildhauer, Kunsthandwerker)
4 Klee, Mies, Stam
5 Bayer, Itten, Meyer
6 Albers, Breuer, Marcks, Stoelz
7 Gropius, Scheper, Schmidt, Wittwer
8 Bartning
9 Feininger, Kandinsky, Schlemmer
10 Moholy-Nagy
12 Hilberseimer
14 Mies van der Rohe
Bauherr
7 Erbauer
Bauhilfsarbeiter
10 Handlanger
Bauhilfsstoff
4 Kalk
Bauholz
5 Bohle, Brett, Diele, Latte
6 Balken, Pfette
8 Kantholz, Rundholz
9 Schalholz
Bauholz, Möbelholz
5 Rauli
Bauhütte, Behelfsheim
7 Baracke
Baukunst
11 Architektur
Baukunstlehre
13 Architektonik
Baukünstler
9 Architekt
bauliche
Erweiterung
6 Vorbau
Grundlage
9 Fundament
Veränderung
5 Anbau, Umbau
Baum
4 Mast
5 Stamm, Walze
6 Balken, Stange
7 Pflanze
8 Deichsel, Gewaechs, Lademast, Rundholz
10 Hebegeraet, Ladegeraet
12 Holzgewaechs
der afrikanischen Trockenwälder
14 Leberwurstbaum
der Erleuchtung (Buddh.)
5 Bodhi
der Mittelmeerländer
5 Pinie
8 Zypresse
der warmen Zonen
5 Palme
mit roten Früchten
9 Eberesche
mit stacheligen Früchten
8 Kastanie
Baumart
4 Arve, Eibe, Erle, Espe, Ilex, Ulme
5 Ahorn, Anome, Birke, Buche, Eiche, Esche, Linde, Palme, Pinie, Tanne, Taxus, Weide, Zeder
6 Akazie, Baobab, Citrus, Fichte, Foehre, Ginkgo, Kiefer, Mispel, Pappel, Quitte, Zirbel
7 Laerche, Latsche, Lorbeer, Oelbaum, Platane, Ruester, Teebaum
8 Hornbaum, Kastanie, Kornelle, Magnolie, Nussbaum, Pistazie, Ravenale, Sadebaum, Zimtbaum, Zypresse
9 Amberbaum, Ambrabaum, Araukarie, Buchsbaum, Eberesche, Gummibaum, Hagebuche, Hainbuche,

Judasbaum, Judenbaum, Kakaobaum, Legfoehre, Livistone, Mangobaum, Tamarinde, Tamariske, Wacholder
10 Feigenbaum, Ginkgobaum, Kaffeebaum, Lebensbaum, Mammutbaum, Papayebaum, Sassafrans, Stechpalme, Teestrauch, Tulpenbaum, Weissbuche, Zurgelbaum
11 Drachenbaum, Gleditschie, Goetterbaum, Schirmpalme
12 Maulbeerbaum
13 Kornelkirsche
14 Muskatnussbaum, Palisanderbaum

baumartige
Tropenpflanze
5 Palme
Zimmerpflanze
6 Aralie

baumartiges
Gras
6 Bambus

Baumaschine
4 Kran
5 Ramme
6 Bagger
7 Huetter
8 Radlader
9 Bulldozer
10 Fallhammer
12 Betonmischer, Planierraupe
13 Loeffelbagger

Baumbehang
7 Lametta

Baumbestand
4 Hain, Wald
7 Gehoelz, Waldung
8 Dickicht
9 Waeldchen
10 Waldstueck

baumbestandene
Straße
5 Allee

baumbestandenes
Grasland
7 Savanne

baumbewohnender
Säuger
4 Affe

baumbewohnendes
Nagetier
9 Eichkatze
13 Eichhoernchen, Eichkaetzchen

Bäume
des Libanon
6 Zedern
umschlagen
7 faellen

Baumeidechse
6 Iguana, Leguan
10 Chamaeleon

Baumeister
9 Architekt
des Barocks
11 Poeppelmann

Baumfaser
4 Bast

Baumfrucht
4 Nuss, Obst
5 Apfel, Birne, Ecker
6 Eichel, Marone, Quitte
7 Kirsche, Pflaume
8 Kastanie, Pfirsich
9 Buchecker
11 Esskastanie, Tollkirsche

Baumgarten
9 Arboretum

Baumgeäst
5 Krone

Baumgruppe
5 Horst

Baumharz
5 Elemi

Baumkunde
11 Dendrologie

Baumland
4 Wald

baumlose
Landschaft
6 Steppe
Steppe
6 Tundra
südamerikanische Grassteppe
5 Pampa

baumloser
Waldstreifen
8 Schneise

Baumnymphe
der griech. Sage
6 Dryade

baumreich
6 waldig

Baumreptil
10 Chamaeleon

Baumrinde
zum Gerben
4 Lohe

Baumrinde, Schorf
5 Borke

Baumschädling
12 Borkenkaefer

Baumschaft
5 Stamm

Baumschale
5 Rinde

Baumschmuck
4 Laub

Baumschule
4 Kamp
9 Arboretum

Baumspitze
6 Wipfel

Baumstammschneidegerät
11 Gattersaege

Baumsteppe
7 Savanne

Baumstraße
5 Allee

Baumstumpen
5 Knorz

Baumstumpf
7 Stubben

Baumteil
3 Ast
4 Laub
5 Blatt, Gabel, Krone, Rinde, Stamm, Zweig
6 Wipfel, Wurzel
8 Astgabel

Baumtier
4 Affe

Baumtrieb
11 Schoessling

Baumüll
6 Schutt

Baumumhüllung
5 Rinde

Baum- und Gehölzkunde
11 Dendrologie

Baumuster
6 Modell
8 Maquette

Baumverzweigung
8 Astgabel

Baumvogel
4 Rake

Baumwolle
5 Koton

Baumwollfutterstoff
9 Sarsenett

Baumwollgarn
5 Twist

Baumwollgewebe, -produkt
3 Boi, Boy
4 Mako, Mull, Samt, Zitz
5 Kapok, ◆ Krepp, Linon, Pikee, Pique, Twill, Watte
6 Chintz, Cotton, Croise, Etamin, Gingan, Inlett, Kaliko, Kattun, Nessel, Oxford, Perkal, Sammet, Velvet, Wallis, Zephir, Zephyr
7 Frottee, Kambrik, Mollino, Organdy, Velours
8 Barchent, Cretonne, Kretonne, Moleskin, Musselin, Popeline, Renforce, Tarlatan
9 Modapolam, Schirting
10 Mousseline
für Federbetten
6 Inlett

Baumwollgewicht
6 Ballen

Baumwollhemd
5 Shirt

Baumwollhose
5 Jeans

Baumwollpulli
5 Nicki

Baumwollsamt
6 Velvet

Baumwollstoff
5 Drell, Drill
für Jeans
5 Denim

Bauplanung
11 Bauvorhaben

Bauplatz
der Schiffswerft
6 Helgen
eines Schiffes
5 Werft

Bauschfalte, Kleiderwulst
5 Puffe

bauschig
6 puffig

Baustein
6 Quader, Ziegel
7 Klinker
aller Organismen
7 Eiweiss, Neutron
8 Atomkern
der Materie
4 Atom
8 Molekuel

des Atomkerns
7 Nukleon
des Knochengewebes
6 Osteon
Baustelle
8 Parzelle
Baustil
6 Rokoko
des Mittelalters
5 Gotik
7 Romanik
Baustoff
der Bienen
5 Wachs
der Insektenhülle
6 Chitin
Baustoff, Bauteile, Baubeteiligte
3 Bad, Bau, Ern, Hof, Lot, Nut, Ton, Tor
4 Aula, Band, Bock, Bund, Chor, Dach, Ecke, Eren, Esse, Fach, Falz, Filz, Flur, Fuge, Gips, Glas, Herd, Holm, Holz, Joch, Kalk, Keil, Kies, Kitt, Kork, Lack, Lehm, Lift, Luke, Ofen, Putz, Raum, Saal, Sand, Sieb, Siel, Sims, Teer, Trog, Tuer, Turm, Walm, Wand, Zaun
5 Abort, Altan, Anbau, Anker, Apsis, Basis, Begum, Beton, Block, Boden, Bogen, Bohle, Brett, Buege, Daube, Decke, Diele, Dobel, Dolle, Erker, Etage, Fiale, First, Front, Gosse, Grube, Halle, Haspe, Herme, Kamin, Kappe, Kehle, Kelle, Kreuz, Latte, Mauer, Pylon, Rampe, Rinne, Spund, Stake, Stein, Stiel, Stock, Stube, Stuck, Stufe, Tenne, Torus, Trage, Umbau, Waage, Wange, Wulst, Zelle, Zinne
6 Abakus, Arkade, Atlant, Atrium, Aufzug, Ausbau, Balken, Balkon, Becken, Bewurf, Binder, Concha, Diebel, Dippel, Duebel, Empore, Fliese, Gesims, Giebel, Gitter, Halber, Kachel, Kammer, Keller, Klinke, Knagge, Knolle, Kuppel, Leiste, Leiter, Lisene, Loggia, Maurer, Mergel, Moench, Neubau, Nische, Paneel, Pfette, Pforte, Pinsel, Planke, Platte, Podest, Polier, Portal, Putzer, Quader, Remter, Rohbau, Saeule, Sattel, Schlot, Sockel, Splint, Splitt, Strebe, Tapete, Traufe, Treppe, Vorbau, Zement, Ziegel, Zimmer
7 Abfluss, Abseite, Abtritt, Ausguss, Balatum, Baubude, Bauherr, Bauholz, Bauwerk, Bauzaun, Bettung, Bohrung, Bossage, Bruecke, Ceresit, Closett, Estrade, Estrich, Eternit, Fassade, Fenster, Furnier, Galerie, Gebaelk, Gehrung, Geruest, Heizung, Hochbau, Kantine, Keramik, Klammer, Klinker, Klosett, Laeufer, Laibung, Leibung, Lettner, Moertel, Parkett, Parlier, Pfeiler, Pfosten, Plafond, Plinthe, Risalit, Ruborit, Rustika, Schacht, Schelle, Schloss, Schwamm, Senklot, Soeller, Sparren, Spliess, Stuetze, Terrain, Tiefbau, Traeger, Veranda, Verband, Verputz, Wimberg, Wimperg, Wohnung
8 Anstrich, Baluster, Baugrube, Baugrund, Bauplatz, Baustein, Betonbau, Dachbock, Dachluke, Fachwerk, Faeustel, Findling, Flachbau, Gebaeude, Gemaeuer, Geschoss, Gewoelbe, Glasdach, Haustuer, Hirnholz, Hofmauer, Jalousie, Kaempfer, Kalktrog, Kantholz, Kapitael, Kapitell, Kunstbau, Lageplan, Lichthof, Linoleum, Lohstein, Majolika, Mansarde, Ornament, Pappdach, Parterre, Pilaster, Pilotage, Radiator, Riemchen, Rohrputz, Ruberoid, Ruboleum, Rundholz, Schalung, Schamott, Scheitel, Schiefer, Schindel, Schlacke, Schotter, Schwelle, Sohlbank, Speicher, Stampfer, Strecker, Terrasse, Terrazzo, Turmdach, Unterbau, Vorhalle, Walmdach, Werkzeug, Windfang, Zeltdach, Zimmerer
9 Architekt, Backstein, Bandeisen, Bauplanke, Bauschild, Betonguss, Bruestung, Dachboden, Dachfirst, Dachpappe, Dachstein, Dachstuhl, Fahrstuhl, Flachdach, Frontwand, Fundament, Fussboden, Gelaender, Grundriss, Gussbeton, Heizkanal, Hohlkehle, Kalkgrube, Keilstein, Kielbogen, Korbbogen, Kreuzholz, Laufbohle, Laufbrett, Linkrusta, Lochstein, Mauerwerk, Oberstock, Pfahlrost, Plattform, Reibbrett, Richtbaum, Richtfest, Richtmass, Ruestloch, Ruestzeug, Rundbogen, Rundeisen, Saegedach, Schamotte, Sohlbrett, Spundwand, Steinholz, Stockwerk, Stossfuge, Strohdach, Teerpappe, Trennwand, Tuerbogen, Verschlag, Vestibuel, Vortreppe, Wachtturm, Wasserbau, Weisskalk, Wurfbrett
10 Ankereisen, Ausschacht, Balkenkopf, Balustrade, Baumeister, Baupolizei, Bogensturz, Brandmauer, Dachgarten, Dachgesims, Dachkammer, Dachpfanne, Dachreiter, Durchfahrt, Eisenbeton, Falzziegel, Feuermauer, Flacheisen, Freitreppe, Frontbogen, Frontmauer, Giebelwand, Grundmauer, Grundstein, Haengewerk, Hauskeller, Hausnummer, Haustreppe, Hohlziegel, Isolierung, Kalkkasten, Katakomben, Kronendach, Mittelwand, Netzriegel, Rabitzwand, Richtkrone, Richtlatte, Satteldach, Schalbrett, Senkkasten, Souterrain, Spitzboden, Spitzbogen, Stahlbeton, Terrakotta, Tuerfutter, Tuerrahmen, Tuffziegel, Verblender, Wulststein, Ziegeldach, Ziergiebel, Zimmermann
11 Betonbalken, Betonplatte, Bindemittel, Bodenkammer, Brandgiebel, Dachfenster, Dachsparren, Erdgeschoss, Fensterbank, Flachziegel, Flurfenster, Gesimsstein, Giebelfigur, Glasveranda, Grundwasser, Hauptportal, Karbolineum, Kleinschlag, Leichtstein, Lichtanlage, Mauersockel, Mauerziegel, Moniereisen, Profileisen, Richtbalken, Rohrgeruest, Rohrschelle, Schelleisen, Schleppdach, Schnuerdach, Schornstein, Schubkarren, Sockelmauer, Spannbalken, Spannriegel, Spitzsaeule, Stampfbeton, Treppenhaus, Treppenturm, Treppenwand, Ventilation, Verschalung, Versteifung, Wandpfeiler, Waschkueche, Wasserwaage, Winkeleisen, Ziegelstein, Zinnenkranz, Zirkelbogen
12 Abwaesserung, Betonbrocken, Blockverband, Bodenfenster, Dachgeschoss, Eisenklinker, Eisentraeger, Fensterkreuz, Fensterladen, Fenstersturz, Haengebalken, Hintertreppe, Hochparterre, Konstruktion, Kreuzverband, Lichtschacht, Mauerverband, Netzgewoelbe, Obergeschoss, Richtschmaus, Schieferdach, Schindeldach, Schlussstein, Schwemmstein, Schwertlatte, Stahltraeger, Trockenboden, Wendeltreppe, Ziegelsplitt, Zwiebelhaube
13 Blitzableiter, Drahtgeflecht, Fensterfutter, Fensterrahmen, Isoliermittel, Kalksandstein, Kellerfenster, Leitergeruest, Schamottemehl, Scheuerleiste, Sterngewoelbe, Verblendstein, Vorstossblech, Wasserleitung, Zementmoertel, Ziegeltraeger, Zwiebelkuppel, Zyklopenmauer
14 Dorische Saeule, Geruestklammer, Hartbrandstein,

Holzzementdach, Ionische Saeule, Kellergeschoss, Muldengewoelbe, Schamottestein, Schiebefenster, Schlackenstein, Sockelgeschoss, Tonnengewoelbe, Wandbekleidung
15 Bruchsteinmauer, Dreiecksverband, Faechergewoelbe, Fensteranschlag, Spiegelgewoelbe, Zementsandstein
16 Gelaenderstuetze, Mansardenfenster, Oberlichtfenster, Stahlsaitenbeton
17 Eisenkonstruktion, Fledermausfenster
18 Dachgartenterrasse, Grundwasserspiegel, Korinthische Saeule

Bautechniker
8 Statiker

Bauteil
aus elastischem Werkstoff
5 Feder

Bautrümmer
6 Schutt

Bauvorarbeiter
12 Maurerpolier

Bauweise
4 Stil

Bauwerk
3 Dom, Tor
4 Burg, Damm, Haus, Turm, Wall
5 Halle, Hotel, Kanal, Kreml, Mauer, Tower, Villa
6 Bastei, Kirche, Palais, Palast
7 Bahnhof, Bruecke, Denkmal, Galerie, Kaserne, Postamt, Rathaus, Schloss, Stadion, Theater
8 Domstift, Ehrenmal, Funkturm, Gebaeude, Pyramide
11 Mathiasturm
14 Michaelskirche

am Rhein
17 Niederwalddenkmal

aus Stein zur Abgrenzung
5 Mauer

bei Eisenach
8 Wartburg

einer Gottheit
6 Tempel

in Ägypten
14 Cheopspyramide

in Athen
9 Akropolis, Parthenon

in Berlin
8 Funkturm, Zeughaus
9 Reichstag
11 Fernsehturm
12 Siegessaeule
14 Olympiastadion
16 Brandenburger Tor, Deutschlandhalle
17 Gedaechtniskirche

in Brüssel
7 Atomium

in Budapest
9 Parlament

in China
16 Chinesische Mauer

in Danzig
7 Krantor
8 Artushof
12 Marienkirche

in Dessau
8 Georgium

in Dresden
7 Zwinger

in Florenz
8 Uffizien

in Frankfurt/Main
6 Roemer
11 Paulskirche

in Gotha
12 Friedenstein

in Hamburg
9 Elbtunnel

in Istanbul
11 Hagia Sophia

in Leipzig
10 Gewandhaus
20 Gohliser Schloesschen

in London
5 Tower
11 Towerbridge

in Lübeck
10 Holstentor

in Meißen
13 Albrechtsburg

in Moskau
5 Kreml

in Paris
6 Louvre
10 Eiffelturm
12 Invalidendom, Triumphbogen
13 Arc de Triomphe

in Rom
7 Kapitol
9 Colosseum, Kolosseum, Petersdom
10 Engelsburg, Titusbogen
12 Peterskirche

in Straßburg
8 Muenster

in Trier
8 Basilika
10 Porta Nigra
13 Roemerbruecke

in Ulm
8 Muenster

in Venedig
11 Dogenpalast
12 Markuskirche
13 Rialtobruecke

in Washington
7 Capitol, Kapitol
11 Weisses Haus

in Weimar
9 Belvedere

in Wien
11 Stephansdom

von Gontard
12 Marmorpalais

zum Stauen fließenden Wassers
4 Wehr
8 Staudamm
9 Talsperre

zur Überführung eines Verkehrsweges
7 Bruecke

Bauzeichnung
7 Aufriss

bayerisch:
ausgelassener Mensch
8 Hallodri

Bube
3 Bua

Dummkopf
4 Depp

Felskopf
4 Nock

Gedenkbild
7 Marterl

Geldbeutel
8 Saeckerl

Grasland
5 Egart

Junge
3 Bua

junges Mädchen
6 Dirndl

Kesseltal
6 Gunkel

Kirchweih
5 Kirbe

lautes Vergnügen
5 Gaudi

Loch, Kerker
6 Keiche

Mehlhändler
6 Melber

Nichtsnutz, Flegel
6 Gfrast

Rettich
4 Radi

Rückentrage
5 Kraxe

ruhig
4 stad

Stoffrand
5 Endel

Sumpf
4 Moos

Vergnügen, Spass
4 Hetz
5 Gaudi

Verkaufstisch
5 Budel

Weide
5 Senne

bayerisch-böhmisches
Grenzgebirge
11 Boehmer Wald

bayerische
Abtei
5 Ettal

Bodenseestadt
6 Lindau

Dichterin
6 Christ

Dynastie
13 Wittelsbacher

Flusslandschaft
7 Isartal

Goldmünze
6 Maxdor

Hauptstadt
8 Muenchen

Künstlerfamilie
4 Asam

Landeshauptstadt
8 Muenchen
Landschaft
8 Chiemgau
Lederhose
5 Wichs
Porzellanstadt
4 Selb
Singart
6 Jodeln
Stadt
2 Au
3 Hof, Lam
4 Cham, Lauf, Lohr, Rohr, Rott, Saal, Seeg, Selb
5 Bogen, Bruck, Ebern, Naila, Regen, Rehau, Stein, Toelz
6 Alfeld, Amberg, Coburg, Dachau, Erding, Fuerth, Landau, Laufen, Lindau, Neu Ulm, Ornbau, Passau, Roding, Weiden
7 Aibling, Aichach, Altdorf, Alzenau, Ansbach, Arzberg, Bamberg, Fuessen, Gefrees, Hofheim, Kelheim, Kempten, Kronach, Nabburg, Neuburg, Pegnitz, Simbach, Zwiesel
8 Auerbach, Augsburg, Bad Toelz, Bayreuth, Erlangen, Freising, Garching, Garmisch, Grafenau, Hassfurt, Kehlheim, Kraiburg, Krumbach, Kulmbach, Landshut, Lauingen, Mainburg, Miesbach, Muenchen, Neumarkt, Neunburg, Neustadt, Parsberg, Penzberg, Schongau, Steinach, Sulzbach, Weilheim, Zirndorf
9 Abensberg, Dillingen, Ebersberg, Forchheim, Friedberg, Gemuenden, Griesbach, Guenzburg, Hersbruck, Karlstadt, Kissingen, Kitzingen, Koetzting, Landsberg, Leutkirch, Memmingen, Muehldorf, Nuernberg, Obernburg, Plattling, Rosenberg, Rosenheim, Schwabach, Sonthofen, Starnberg, Straubing, Trostberg, Uffenheim, Vilshofen, Wegscheid, Wertingen, Wolfstein, Wuerzburg, Wunsiedel
10 Altoetting, Bad Aibling, Beilngries, Brueckenau, Deggendorf, Dingolfing, Eichstaett, Eschenbach, Hammelburg, Hoechstadt, Immenstadt, Ingolstadt, Kaufbeuren, Miltenberg, Mindelheim, Muenchberg, Neuoetting, Oberstdorf, Ochsenfurt, Ottobeuren, Regensburg, Riedenburg, Rothenburg, Scheinfeld, Schwandorf, Traunstein, Vilsbiburg, Wasserburg
11 Donauwoerth, Eggenfelden, Illertissen, Lichtenfels, Mallersdorf, Noerdlingen, Reichenhall, Schweinfurt, Taufkirchen, Weissenburg
12 Dinkelsbuehl, Feuchtwangen, Gunzenhausen, Hilpoltstein, Koenigshofen, Marktredwitz, Pfaffenhofen, Pfarrkirchen, Staffelstein, Waldmuenchen
13 Aschaffenburg, Berchtesgaden, Ebermannstadt, Mellrichstadt, Oberviechtach, Tirschenreuth
14 Bad Reichenhall, Burglengenfeld, Schrobenhausen, Schwabmuenchen, Wolfratshausen
15 Marktheidenfeld
21 Garmisch Partenkirchen
Symbolgestalt
7 Bavaria
Universitätsstadt
6 Passau
7 Bamberg
8 Augsburg, Bayreuth, Erlangen, Muenchen
9 Nuernberg
10 Regensburg

bayerischer

Alpenschilderer
3 Noe
Architekt u. Baumeister
4 Asam
13 Dientzenhofer
Barockkünstler
4 Asam
Berg
5 Arber, Osser
8 Watzmann
9 Zugspitze
11 Kreuzspitze, Risserkogel, Wendelstein
12 Soiernspitze
Bierkrug
4 Mass
8 Masskrug
Bierrettich
4 Radi
Bildhauer
10 Feichtmayr, Lainberger
15 Riemenschneider
Dramatiker
5 Lippl
Feldhauptmann
13 Schweppermann
Feldmarschall
5 Merci
Fluss
3 Alz, Ilm, Inn
4 Isar, Lech, Main, Naab, Paar, Rott, Vils
5 Ammer, Amper, Donau, Iller, Regen, Traun, Wuerm
6 Laaber, Mindel
7 Rednitz, Salzach, Wertach
8 Altmuehl, Mangfall, Pregnitz, Woernitz
Geschichtsschreiber
9 Aventinus
Grenzort am Inn
13 Kiefersfelden
Heerführer
5 Wrede
Herzog
5 Odilo
7 Tassilo
Historiker
6 Aretin, Maurer
Humorist
8 Valentin
10 Weissferdl
Hutschmuck
8 Gamsbart
Kirchenmusiker
3 Ett
Klosterlikör
7 Ettaler
Kriegsgott
3 Eru
Maler
4 Asam
6 Haider
8 Spitzweg
Napfkuchen
9 Gugelhupf
Politiker
4 Ertl
5 Ehard
6 Goppel
7 Stoiber, Strauss
Puppenspieldichter
5 Pocci
Räuberhauptmann
12 Klostermeier
Regierungsbezirk
7 Franken
8 Schwaben
9 Oberpfalz
10 Oberbayern
11 Oberfranken
12 Niederbayern, Unterfranken
13 Mittelfranken
Schriftsteller
5 Thoma
9 Ganghofer
See, Alpensee
6 Eibsee
7 Riegsee, Simssee
8 Achensee, Ammersee, Badersee, Chiemsee, Kirchsee, Ostersee, Wuermsee
9 Hintersee, Hopfensee, Kochelsee, Tegernsee, Woerthsee
10 Forggensee, Koenigssee, Schliersee, Staffelsee, Walchensee, Weissensee
11 Speichersee, Spitzingsee, Waginger See
14 Starnberger See
Sport
12 Fingerhakeln
Volkstanz
13 Schuhplattler
Vorname
4 Toni
5 Seppl, Vroni

bayerisches

Benediktinerkloster
5 Ettal
Herrschergeschlecht
11 Wittelsbach
Herzogsgeschlecht
11 Agilofinger
Klosterdorf
5 Ettal

Schloss
9 Linderhof
11 Nymphenburg
12 Schleissheim
14 Herrenchiemsee, Hohenschwangau, Neuschwanstein
Volksfest
11 Oktoberfest
Wort für Meerrettich
4 Kren
Wort für Sahne
5 Obers
bayerisches Vergnügen
5 Gaudi
bayerisch-schwäbisches
Feldmaß
5 Jurte
bayrisch-österreichisch
für süße Sahne
6 Olbers
Bazille, Bazillus
8 Bakterie
9 Spaltpilz
beabsichtigen
6 planen, wollen
7 streben
8 vorhaben
9 anstreben, hinzielen, wuenschen
11 intendieren
12 projektieren
beabsichtigt
7 geplant, in petto
10 intendiert
beabsichtigte
Zerstörung eines Gebäudes
6 Abriss
beachtlich
4 sehr, toll
8 grandios, imposant
9 bedeutend, bedeutsam
10 grossartig
11 imponierend
13 eindrucksvoll
Beachtung
aller Umstände
7 Umsicht
Beamtenanwärter
8 Assessor
10 Referendar
Beamtenentgelt
6 Gehalt
Beamtenherrschaft
11 Buerokratie
Beamtenschwur
8 Treueeid
Beamtenwechsel
10 Revirement
Beamter, Beamtentitel
3 Rat
6 Baurat, Hofrat, Rektor
7 Amtmann, Amtsrat, Attache, Kanzler, Landrat, Postrat
8 Assessor, Direktor, Dirigent, Foerster, Minister, Schulrat, Stadtrat
9 Assistent, Inspektor, Intendant, Kommissar, Professor, Sekretaer, Staatsrat, Vorsteher
10 Gouverneur, Praesident, Referendar, Studienrat
11 Kriminalrat
12 Forstmeister, Oberschulrat, Sanitaetsrat, Staatsanwalt, Wachtmeister
13 Administrator, Kommerzienrat, Oberinspektor, Regierungsrat
14 Buergermeister, Ministerialrat, Oberstudienrat, Superintendent
15 Generaldirektor, Staatsintendant, Staatssekretaer, Studiendirektor
17 Oberregierungsrat
19 Ministerialdirektor
eines ungarischen Komitats
6 Gespan
im alten Rom
5 Aedil
6 Consul, Konsul, Lictor, Liktor, Tribun, Zensor
7 Auditor, Praetor
8 Quaestor
im Bergbau
7 Steiger
im Mittelalter
6 Bailli
beamteter
Mediziner
9 Kreisarzt
Ordnungshüter
8 Polizist
Ordnungshüter in Küstenorten
13 Hafenkapitaen
Wald- und Wildhüter
8 Foerster
beanspruchen
7 fordern
9 verlangen
11 postulieren
12 reflektieren
beanstanden
6 ruegen, tadeln
8 monieren
11 kritisieren, reklamieren
Beanstandung
5 Ruege, Tadel
6 Kritik, Mangel
7 Einwand, Monitum, Vorwurf
9 Einspruch
10 Beschwerde
11 Reklamation
13 Missbilligung
bearbeiten
10 redigieren
11 kultivieren
Bearbeiter
eines Musikstücks
9 Arrangeur
bearbeitete
Tierhaut
5 Leder
bearbeiteter
Natursteinblock
6 Quader
bearbeitetes
Holzstück
5 Bohle, Brett, Diele, Latte
6 Balken, Leiste
beaufsichtigen
6 hueten, warten
11 inspizieren
Beaufsichtiger
10 Inspizient
Beaufsichtigung
5 Obhut
9 Kontrolle
10 Inspektion
12 Ueberwachung
Beauftragter
5 Agent, Organ
9 Kommissar, Vertreter
11 Abgesandter, Funktionaer
eines Staates im Ausland
6 Konsul
8 Diplomat
bebaubar
5 urbar
bebaute
Gemarkungsfläche
5 Etter
bebautes
Feld
5 Acker
Land am Haus
6 Garten
Ortsgebiet
5 Etter
beben
7 zittern
9 vibrieren
Beben
5 Trema
6 Tremor
9 Vibration
bebildern
12 illustrieren
bebilderte
Zeitschrift
7 Magazin
12 Illustrierte
bebildertes
Jahrbuch
8 Almanach
Bebilderung, Erläuterung
12 Illustration
13 Illustrierung
Becher
4 Glas
5 Kelch, Pokal
7 Gefaess
12 Fruchthuelle, Trinkgefaess
13 Blaetterkelch
Becherkeim
8 Gastrula
Becherpilz
8 Hasenohr
Becherwerk
8 Conveyer
11 Paternoster
becircen
8 verhexen
9 bezaubern
10 verfuehren, verzaubern
Becken
5 Mulde, Senke, Wanne
6 Bassin, Kessel, Schale, Zimbel
7 Stausee
8 Aquarium
9 Staustufe, Tiefebene
10 Bodensenke
11 Koerperteil
13 Koerperpartie, Schwimmbassin
16 Schlaginstrument

für den Abfluss des Wassers
7 Ausguss
u. Strom Mittelasiens
5 Tarim
zwischen Fränk. u. Schwäb. Alb
4 Ries
Bedacht
4 Ruhe
7 Umsicht
8 Sorgfalt, Vorsicht
11 Ueberlegung
Bedachung
des Schiffes
4 Deck
Bedarf
3 Not
6 Fehlen, Mangel
9 Nachfrage
11 Anforderung
bedauerlich
6 schade
bedauerlicher
Zustand
3 Not
5 Elend
bedauerlicherweise
6 leider
Bedauern
4 Reue
7 Mitleid
8 Einsicht
9 Leidwesen, Teilnahme
10 Mitgefuehl
11 Anteilnahme
bedauernswert
3 arm
7 elendig, unselig
8 aermlich, armselig, duerftig
9 miserabel
11 kuemmerlich
bedeckt
6 wolkig
8 bewoelkt
bedeckter
Abzugsgraben
4 Dole
Bedeckung
6 Geleit, Schutz
7 Eskorte
des Himmels
10 Bewoelkung
des Messkelchs
5 Palla
des Mondes durch Erdschatten
14 Mondfinsternis
Bedenken
6 Kritik
7 Einwand, Reserve, Skepsis, Skrupel, Zweifel
12 Ungewissheit, Unsicherheit
bedenklich
6 dubios, heikel, mulmig
7 dubioes, ominoes, prekaer, suspekt
8 kritisch, misslich
11 verdaechtig, zweifelhaft
Bedenkzeit
5 Frist
bedeuten
6 gelten, lauten
7 besagen, heissen
bedeutend, bedeutsam
5 gross
7 eminent, epochal, wichtig
8 beruehmt, grandios, imposant, relevant, wertvoll
9 gewichtig, prominent
10 grossartig
11 imponierend, signifikant
12 hervorragend
13 ausgezeichnet, eindrucksvoll
bedeutende
Augenblicke
11 Hoehepunkte
Fachkraft
10 Kapazitaet
Großstadt
9 Metropole
Persönlichkeit
6 Mensch
Sportveranstaltung
5 Derby
9 Olympiade
17 Weltmeisterschaft
19 Europameisterschaft
bedeutender
Augenblick
10 Hoehepunkt
Baumeister der Osmanen
5 Sinan
Gelehrter der Antike
10 Archimedes
Mediziner
7 Virchow
Zeitabschnitt
6 Epoche
bedeutendes
Geschehen
8 Ereignis
Gotteshaus
11 Karlskirche
bedeutendste
italienische Schauspielerin
4 Duse
bedeutsamer
Einschnitt
6 Zaesur
Bedeutsamkeit
6 Belang
Bedeutung
3 Ruf
4 Idee, Sinn, Wert
6 Belang, Gehalt
7 Ansehen, Geltung, Gewicht, Meinung
8 Relevanz, Renommee, Substanz
9 Interesse, Tragweite
für die Gegenwart
11 Aktualitaet
Bedeutungsinhalt
7 Begriff
bedeutungslos
4 fade
5 banal, platt
6 gering
9 unwichtig
10 irrelevant
bedeutungsvolle
Persönlichkeit
9 Prominenz
Religion (Christen)
9 Orthodoxe
10 Katholiken
12 Protestanten
Religion (Nichtchristen)
5 Juden
6 Hindus
8 Taoisten
10 Buddhisten
11 Konfuzianer
12 Mohammedaner, Schintoisten
Bediener
8 Operator
einer Feuerung
6 Heizer
Bedienstete
im Hospital
16 Krankenschwester
Bedienstetentracht
6 Livree
Bediensteter
6 Kustos
7 Beamter
einer Benzinstation
8 Tankwart
von Fürsten
12 Kammerdiener
Bedienung
4 Ober
7 Kellner, Service
9 Kellnerin
Bedienungsanlage
für Eisenbahnsignale
9 Stellwerk
Bedienungsgeld
6 Servis
7 Service
Bedienungsteil
im Auto
8 Gaspedal
von Maschinen
7 Armatur
bedingt
7 relativ
bedingter
Straferlass
10 Bewaehrung
16 Bewaehrungsfrist
Bedingtheit
12 Relativitaet
Bedingung
4 Aber
5 Regel
7 Auflage
9 Kondition, Reglement, Vorbehalt
10 Vorschrift
11 Erfordernis
13 Voraussetzung
Bedingungsform
11 Konditional
bedingungslos
7 absolut
11 kategorisch
bedingungslose
Ergebung eines Truppenteils
12 Kapitulation
bedrängen
7 rempeln
Bedrängnis
3 Not
4 Leid
5 Armut, Elend, Noete
6 Klemme, Misere
7 Engpass, Notlage
8 Drangsal
10 Bredouille

12 Komplikation
13 Schwierigkeit
bedrängte
Lage
5 Armut, Elend
Bedrängung
5 Zwang
8 Rempelei
bedrohlich
5 ernst
Bedrohung
6 Gefahr
bedrückend
6 genant
bedrückendes
Schlaferlebnis
8 ◆ Albtraum, Alptraum
bedruckter
Kleiderstoff
5 Laina
bedrucktes
Baumwollgewebe
6 Chintz, Kattun
Bedruckung
mit Punktmuster
9 Rasterung
Bedrückung
8 Drangsal
Bedschavolk
in Ägypten
6 Ababde
Beduinenhäuptling
6 Scheik
7 Scheich
Beduinenmantel
6 Abbaye, Burnus
Beduinenstamm
6 Aneseh
Bedürfnis
5 Drang
6 Mangel
8 Notdurft
9 Verlangen
bedürfnislos
7 einfach
8 schlicht
9 asketisch
10 bescheiden
bedürftig
3 arm
5 elend
9 mittellos
10 notleidend
Bedürftigkeit
3 Not
5 Armut
7 Notlage
15 Mittellosigkeit
beeilen
7 tummeln
beeindrucken
7 blenden
10 imponieren, verzaubern
11 faszinieren
14 ◆ gefangen nehmen
beeindruckend
8 imposant
12 faszinierend
beeindruckender
Glanz
6 Pracht
Vorgang
8 Erlebnis
beeinflussbar
5 labil
11 suggestibel
beeinflussen
6 lenken
7 anregen, steuern
9 animieren, einwirken, verleiten
10 ueberreden, verfuehren
11 insinuieren, suggerieren
12 manipulieren
13 hypnotisieren
22 inspirieren suggerieren
Beeinflussung
7 Hypnose
9 Steuerung
10 Suggestion
11 Inspiration
12 Manipulation
des Erblassers
15 Erbschleicherei
Beeinflussungsmittel
12 Massenmedien, Massenmedium
beeinträchtigen
6 hemmen
7 hindern, stoeren
Beeinträchtigung
6 Abtrag
8 Handikap
Beenden
einer Mahlzeit
7 Abessen
beendet
3 aus
6 fertig, finite, vorbei
8 vorueber
Beendigung
7 Einhalt
einer Zeitspanne
6 Ablauf
beengen
7 hindern
beerdigen
8 begraben
9 beisetzen, bestatten
Beerdigung
10 Begraebnis, Beisetzung, Bestattung
beerenartige
Steinfrucht
9 Hagebutte
Beerenernte
4 Lese
8 Weinlese
Beerenobst, Beerensorte
8 Erdbeere, Himbeere
9 Blaubeere, Brombeere, Moosbeere
10 Kronsbeere
11 Heidelbeere, Kroatzbeere
12 Preiselbeere, Schwarzbeere, Stachelbeere
13 Johannisbeere
Beerensaft, Getränk
6 Agrest
Beerenstrauch
8 Holunder
Beeteinfassung
7 Rabatte
Beethovens
Geburtsstadt
4 Bonn
Lehrer
5 Neefe
Oper
7 Fidelio
Symphonie
6 Eroica, Eroika, Neunte
9 Pastorale
Beetplastik
11 Gartenzwerg
befähigt
6 begabt
8 geeignet
9 veranlagt
10 talentiert
12 qualifiziert
Befähigung
5 Reife
6 Anlage, Talent
7 Eignung, Koennen
8 Begabung, Fakultas
9 Qualitaet
10 Fertigkeit
11 Veranlagung
13 Qualifikation
14 Qualifizierung
befangen
5 scheu
7 gehemmt
8 verlegen
9 einseitig
10 aengstlich
11 schuechtern
14 voreingenommen
Befangenheit, Zwang
4 Gene
Befehl
4 Ukas
5 Gebot, Order
6 Dekret, Erlass
7 Auftrag, Weisung
8 Kommando
9 Anordnung, Anweisung
10 Verfuegung, Verordnung, Vorschrift
an Hunde
6 apport
des Zaren
4 Ukas
befehlen, befehligen
8 gebieten
12 kommandieren
Befehlsbefolgung
8 Gehorsam
Befehlsform
9 Imperativ
Befehlsgewalt
8 Kommando
Befehlshaber
10 Kommandant, Kommandeur
19 Regimentskommandeur
befestigen
6 kleben, nageln
8 armieren, fixieren
9 schrauben
13 konsolidieren, stabilisieren
befestigte
Fahrbahn
4 Damm
Grenzstraße der alten Römer
5 Limes
Stadtanlagen der Kelten
6 Oppida
befestigter
Platz
7 Kastell

Weg
7 Strasse
befestigtes
Hafenufer
3 Kai
4 Mole
mittelalterliches Schloss
4 Burg
Schloss
8 Bastille
Befestigung
4 Wehr
7 Fassung
Befestigungsanlage
4 Burg, Fort
5 Feste
7 Kastell
9 Zitadelle
Befestigungsdrehstifte
9 Schrauben
Befestigungseisen
an Bauteilen
5 Anker
Befestigungsmittel
3 Tau
4 Band, Clip, Film, Gips, Keil, Kitt, Leim, Niet, Ring, Seil
5 Anker, Faden, Folie, Hafte, Haken, Nadel, Nagel, Stift
6 Duebel, Haftel, Halter, Kleber, Klemme, Knoten, Spange, Zement
7 Brosche, Klammer
8 Kleister, Schlinge, Schraube
9 Klebeband, Klebstoff, Kunstharz
10 Heftzwecke, Klebefolie, Reissnagel, Stecknadel
11 Heftklammer
12 Klammernadel
14 Waescheklammer
16 Sicherheitsnadel
Befestigungsorgan
bei Kletterpflanzen
5 Ranke
Befestigungspfahl
8 Palisade
Befestigungspflock
bei Schiffen
6 Klampe
Befestigungstau
auf Schiffen
4 Stag
Befestigungsvorrichtung
9 Halterung
Befestigungswerk
4 Fort
befeuchten
8 benetzen
Befinden
7 Ergehen, Zustand
10 Verfassung
beflissen
5 emsig
6 eifrig
7 bemueht
8 fleissig
9 eilfertig, gefaellig
12 dienstfertig
Beflissenheit
5 Eifer
16 Dienstfertigkeit
Befolgung
von Befehlen
8 Gehorsam
beförderbar
13 transportabel
befördern
6 senden
9 spedieren
14 transportieren
befördert
werden
10 avancieren
Beförderung
8 Aufstieg, Berufung
9 Ernennung, Spedition, Transport
10 Avancement
zur Doktorwürde
9 Promotion
Beförderungsgebühr
5 Porto, Tarif
6 Fracht
Beförderungsgut, Ladung
5 Fuhre
6 Fracht
Beförderungsmittel
3 Bus, Jet, Lkw, Pkw, Rad, TEE, Zug
4 Auto, Bahn, Boot, D-Zug, Kahn, Kanu, Krad, Lift, Obus, Post, Taxe, Taxi, Tram
5 Floss, Moped, S-Bahn, U-Bahn, Wagen
6 Airbus, Aufzug, Ballon, Faehre, Laster, Mokick, Rakete, Schiff
7 Autobus, Clipper, Dampfer, Fahrrad, Omnibus, Postbus, Skilift, Tramway
8 Bergbahn, Droschke, Flugzeug, Hochbahn, Jumbo Jet, Lastauto, Motorrad, Seilbahn, Zeppelin
9 Eisenbahn, Fahrstuhl, Lastwagen, Taxameter
10 Freiballon, Helicopter, Helikopter, Kraftwagen, Luftschiff, Rolltreppe, Schnellzug, Triebwagen, Trolleybus
11 Paternoster, Postautobus, Postomnibus, Schwebebahn, Zahnradbahn
12 Fesselballon, Hubschrauber, Strassenbahn
13 Drahtseilbahn, Kraftfahrzeug
14 Luftkissenboot, Untergrundbahn
15 Seilschwebebahn
18 Transportbehaelter
im Fernen Osten
7 RiksCha
im Gebirge
10 Sessellift
befragen
12 konsultieren
Befragung
4 Test
7 Umfrage
9 Interview, Recherche
10 Vernehmung
12 Konsultation
von Persönlichkeiten
9 Interview
befreien
6 loesen, retten
7 lockern
8 erloesen
9 entbinden, entlassen
12 dispensieren
Befreier
6 Retter
8 Erloeser
Südamerikas
7 Bolivar
Befreiung
6 Ablass, Indult
7 Dispens, Rettung
8 Exemtion
9 Erloesung
10 Absolution, Degagement
12 Emanzipation
von einer Last
13 Erleichterung
von Qualen
9 Erloesung
von Sünden
9 Erloesung
10 Absolution
von Sündenstrafen
6 Ablass
befremdend
8 frappant
befriedigen
7 stillen
8 abfinden
9 erfuellen
11 entsprechen
befriedigt
4 satt
8 erfuellt
9 zufrieden
10 abgefunden
13 einverstanden
Befriedigung
12 Satisfaktion
befristen
11 terminieren
befristete
Mahnung
9 Ultimatum
Transaktion
15 Termingeschaeft
befruchtete
Eizelle
4 Keim
Befruchtung
10 Konzeption, Kopulation
11 Empfaengnis, Fekundation
12 Insemination
13 Impraegnation
des menschlichen Eies durch eine Samenzelle
11 Empfaengnis
Befruchtungsstoff
6 Gamone
bei Grünalgen
6 Krozin
Befruchtungsvorgang
(biolog.)
6 Kopula
befugen
11 berechtigen, lizensieren
12 ermaechtigen

Befugnis
5 Recht
6 Lizenz
8 Anspruch
9 Erlaubnis, Kompetenz, Vollmacht
11 Genehmigung
12 Autorisation, Berechtigung, Legitimation
13 Autorisierung, Ermaechtigung
befugt
9 kompetent
10 berechtigt, lizensiert, zustaendig
11 autorisiert, ermaechtigt
Befund
7 Zeugnis
8 Diagnose, Ergebnis, Resultat
9 Gutachten
12 Begutachtung, Feststellung
Befürchtung
5 Sorge
Befürchtungen
von Gefahren
7 Aengste
befürworten
7 zuraten
9 empfehlen
begabt
4 klug
6 faehig, genial
8 begnadet, geeignet
9 veranlagt
10 talentiert
11 intelligent
begabter, schöpferischer Mensch
5 Genie
Begabung
5 Genie
6 Anlage, Talent
7 Eignung
8 Ingenium
10 Faehigkeit
11 Befaehigung
Begebenheit
3 Tat
5 Kasus
7 Episode, Vorfall
8 Ereignis, Erlebnis
9 Geschehen
13 Angelegenheit
Begegnung
5 Match, Spiel, Treff
7 Meeting, Treffen
10 Rendezvous
13 Zusammenkunft
15 Zusammentreffen
eines Angriffs
6 Abwehr
begehren
7 fordern
8 ersehnen
9 erstreben, geluesten, wuenschen
Begehren
5 Drang, Trieb
6 Wunsch
7 Geluest
8 Begierde, Draengen, Postulat
9 Forderung, Verlangen
12 Leidenschaft
etwas zu erfahren
9 Neugierde

Begehr, Forderung
9 Verlangen
begehrlich
6 gierig
8 luestern
Begehung
eines Treuebruchs
12 Ehrlosigkeit
begeistern
10 entflammen, entzuecken, hinreissen, mitreissen
15 enthusiasmieren
begeisternd
4 toll
begeistert
3 weg
9 entzueckt
11 hingerissen
14 enthusiastisch
16 leidenschaftlich
begeisterter
Anhänger
3 Fan
10 Enthusiast, Schwaermer
Begeisterung
4 Elan
5 Eifer, Jubel, Verve
6 Freude, Furore, Taumel
7 Beifall, Ekstase, Hingabe, Schwung
8 Inbrunst
10 Entzuecken
12 Enthusiasmus
Begeisterung, Verzückung
7 Ekstase
Begierde
4 Gier, Lust
5 Drang, Sucht, Trieb
6 Begehr, Libido, Wunsch
8 Begehren
Begierden
8 Gelueste
begierig
7 erpicht
Beginn
5 Anhub, Start
6 Anfang, Ansatz
7 Anbruch, Auftakt
8 Ursprung
10 Eroeffnung
13 Ausgangspunkt
der islamischen Zeitrechnung
8 Hedschra
der Karwoche
11 Palmsonntag
der kirchlichen Fastenzeit
14 Aschermittwoch
des Lebens
6 Geburt
des Mittelalters
14 Volkswanderung
des Strafverfahrens
20 Eroeffnungsbeschluss
einer Fahrt
7 Abreise
eines Menüs
6 Entree
9 Vorspeise
eines neuen Dienstes
8 Einstand
eines Rückwegs
6 Umkehr

eines Wettkampfes
5 Start
beginnen
7 starten
8 anfangen, loslegen
10 initiieren
beginnender
Zusammenbruch
7 Verfall
Beginnsignal
11 Startschuss
beglaubigen
9 testieren
11 attestieren
12 legitimieren
13 akkreditieren
beglaubigt
9 offiziell
Beglaubigung
6 Attest, Diplom, Schein, Testat
7 Urkunde
8 Dokument
10 Akkreditiv, Vidimation, Zertifikat
12 Legitimation, Verifikation
Beglaubigungsbüro
8 Notariat
Beglaubigungsschreiben
9 Vollmacht
10 Akkreditiv
begleichen
6 tilgen, zahlen
8 abgelten, abzahlen, bezahlen, loeschen
10 bereinigen
begleiten
6 folgen
8 geleiten, mitgehen
11 eskortieren
begleitender
Mond
8 Satellit
Begleiter
6 Freund, Kumpan, Sozius
7 Kamerad, Trabant
8 Satellit
9 Gefaehrte
10 Vertrauter
11 Gefolgsmann
12 Leibwaechter
der Aphrodite
4 Amor, Eros
6 Cupido, Kupido
der höchsten röm. Beamten
8 Liktoren
der Telemach
6 Mentor
der Toten in den Hades
6 Hermes
der Venus
4 Amor
6 Cupido, Kupido
des Achill
9 Patroklos, Patroklus
des Amor
9 Amoretten
des Apollo
5 Greif
des Apostels Paulus
5 Titus
8 Barnabas
des Bacchus, Dionysos
4 Faun

5 Satyr, Silen
7 Silenos
8 Bacchant, Maenaden
des Dionysos
4 Faun
5 Satyr, Silen
des Don Giovanni
9 Leporello
des Don Quichote
11 Sancho Pansa
des heiligen Nikolaus
8 Ruprecht
14 Knecht Ruprecht
des Patroklos
6 Achill
8 Achilles
9 Achilleus
einer Touristengruppe
11 Reiseleiter
eines Planeten
4 Mond
in der Sternkunde
7 Trabant
Telemachs
6 Mentor
von Iason, Jason
6 Kastor, Neleus, Peleus
7 Admetos, Telamon, Theseus
8 Argonaut, Euphemos, Herakles
10 Argonauten
von Karl dem Großen
6 Alcoin, Alkuin
7 Einhard, Paladin
8 Paladine
von Karl May im Orient
5 Halef
von Orest
7 Pylades
von Robinson
7 Freitag
von Wallenstein
4 Seni
Begleiterin
der Artemis
4 Aura
von Reisegesellschaften
7 Hostess
Begleiterscheinung
beim Gewitter
5 Blitz, Regen
6 Donner
Begleitmannschaft
7 Eskorte
Begleitschiff
6 Tender
des Kolumbus
4 Nina
5 Pinta
Begleitschutz, Geleitschiff
6 Konvoi
Begleitstern
7 Trabant
Begleitung
6 Geleit
7 Eskorte, Gefolge
8 Hofstaat
9 Leibgarde, Leibwache
10 Mannschaft
Begleitwort
zu Gesangsstücken
4 Text
beglücken
8 erfreuen
beglückt
5 selig
beglücktes
Aufnehmen
6 Genuss
Beglückung, Frohgefühl
6 Freude
beglückwünschen
11 gratulieren
Beglückwünschung
11 Gratulation
Begnadigung
6 Pardon
8 Amnestie
9 Vergebung
10 Absolution, Verzeihung
11 Straferlass
Begnadung
8 Charisma
begraben
9 beerdigen, beisetzen, bestatten
Begräbnis
8 Exequien
10 Beerdigung, Beisetzung, Bestattung, Funeralien
13 Einaescherung
Begräbnisessen
3 Ims
14 Leichenschmaus
Begräbnisgabe
5 Kranz
Begräbnisstätte
4 Grab
5 Gruft
6 Krypta
8 Friedhof, Kirchhof
9 Katakombe, Mausoleum
11 Kolumbarium, Ruhestaette
der spanischen Könige
8 Escorial
im Altertum
9 Nekropole
10 Nekropolis
begreifen
8 erfassen, erkennen, kapieren
9 verstehen
begrenzen
10 limitieren
12 beschraenken
13 determinieren, einschraenken
begrenzend
12 determinativ
begrenzender
Streifen
4 Rand
begrenzendes
Gebiet
6 Bezirk
begrenzt
3 eng
5 knapp
9 limitiert
11 beschraenkt
begrenzte
militärische Operation
4 Raid
begrenzter Raum, Leib
7 Koerper
Begrenzung
4 Rand, Saum, Zaun
5 Bande, Kante, Limes, Limit, Mauer, Seite
6 Grenze, Umfang
7 Maximum, Minimum
10 Limitation
11 Demarkation
eines Körpers
7 Flaeche
von Spielanlagen
5 Bande
Begrenzungsfläche
5 Seite
Begrenzungslinie
6 Kontur, Umfang, Umriss
zwischen Himmel und Erde
8 Horizont
Begriff
4 Sinn
5 Wesen
6 Gehalt, Inhalt
7 Gedanke, Meinung, Vokabel
8 Ausdruck, Terminus
10 Abstraktum
11 Vorstellung
aus dem Badminton
4 Ball, Feld, Netz
6 Abwehr, Schlag, setzen
7 Angriff, Vorhand
9 Aufschlag, Federball, Flugdauer, Flugkurve, Rueckhand, Schlaeger, Stoppball, Treibball
11 hohe Vorhand, Schlagarten, Schlagpunkt
12 tiefe Vorhand
13 Aufschlagfeld, hohe Rueckhand, Schlagflaeche, Schmetterball, Ueberflugball, Vorhandschlag
14 Aufschlagrecht, tiefe Rueckhand
15 mittlere Vorhand, Rueckhandschlag
16 Begrenzungslinie
17 mittlere Rueckhand
aus dem Baseball
3 Aus, Mal, Run
4 Ball, Base, Lauf, Wurf
5 Drall, Keule
6 Batter, fangen, werfen, Werfer
7 Baseman, Catcher, Faenger, Innings, Laeufer, Laufmal, Pitcher, Wurfmal
8 Fehlwurf, Flugbahn, Kernwurf, schlagen
9 Handschuh, Laufrecht, Malkissen, Schlaeger, Schlagmal
10 Fangpartei, Feldpartei, Malquadrat, Malspieler, Schlagfeld, Schlagholz, Schlagmann
11 Einschenker, Feldspieler, Halbspieler, Schlagrecht
12 Faengerlinie, Innenspieler, Schlagpartei, Werferplatte
13 Aussenspieler, Schlagflaeche
15 Schlaegerfelder
17 Aussenfeldspieler
aus dem Basketball
4 Foul, Korb, Pass, Ring
6 Center, halten, Punkte
7 Auszeit, blocken, Dunking, Einwurf, pressen, Rebound
8 dribbeln, Freiwurf, Kernwurf, Korbwurf

9 Bodenpass, Druckpass, Druckwurf, Hakenpass, Korbleger, Presszone, Rueckfeld, Zielbrett
10 Ballabgabe, Doppelfoul, Grundlinie, Spielbrett, Sprungball, Sprungwurf
11 Ballannahme
12 Freiwurfraum, Pressdeckung, Sternschritt
13 Doppeldrippel, Freiwurflinie, Unterhandwurf
16 Positionsangriff
17 Zonenverteidigung

aus dem Dressurreiten
4 Trab
5 Frack, Noten
6 Galopp, Hilfen, Levade, Meziar, Parade, Pesade, Piaffe
7 Gangart, Lancade, Lektion, Passade, Passage, Schritt
8 Gehorsam, Kapriole, Kruppade, Parcours, Zylinder
9 Ballotade, Courbette, Diagonale, Pirouette, Schulsitz
10 Hinterhand, Kreuzhilfe, versammeln, Vorderhand
11 Linksgalopp, Uebergaenge, Zuegelhilfe
12 Rechtsgalopp, Tempowechsel
13 Galoppwechsel, Schenkelhilfe, Trabpirouette
14 Dressurviereck, Galoppirouette

aus dem Eishockey
4 Helm, Pass, Puck
5 Bande, Break, Bully, Haken, mixen, Stock
6 halten
7 Abseits, Drittel, Penalty, Scheibe, Torraum
8 Schaufel
9 Body Check, Powerplay, Schlaeger, Strafbank, Strafzeit
10 Abwehrzone, blaue Linie, blockieren, Cross Check, hoher Stock, Kopfschutz, Stockcheck, Stockstich
11 Bandencheck, Beinstellen, Matchstrafe, Strafschuss
12 Angriffszone, Forechecking, neutrale Zone, Schlagschuss, Schlittschuh, Spieldrittel
13 Beinschuetzer, Gesichtsmaske, Stockschlagen, Vorhandschuss
15 Rueckhandschuss
16 Scheibenfuehrung
21 unerlaubter Weitschuss

aus dem Handball
6 Anwurf, Sperre, tippen
7 Einwurf, sperren, Torraum, Torwurf, Wurfarm
8 Fallwurf, Freiwurf, Spielzug
9 Aufsetzer, Bodenpass, Hueftwurf, Strafwurf
10 Manndecker, Schlagwurf, Sprungwurf, Zeitstrafe
11 Freisperren, Kreissperre, Laufangriff, Manndeckung, Matchstrafe, Raumdeckung, Schusskreis, Siebenmeter
12 Aussensperre, Kreislaeufer, Seitfallwurf, Vorgezogener
13 Achsenspieler, Aufbauspieler, Aussenspieler, Fallknickwurf, Freiwurflinie, Rueckhandwurf
14 Sprungfallwurf
16 Positionsangriff, Rueckraumspieler, Ueberlaufangriff

aus dem Hockey
5 Bully, Keule, Stock
7 Abseits, sperren
8 dribbeln, Korkball, schieben, schlagen
9 Ballfinte, einrollen, kurze Ecke, lange Ecke, Schlaeger, schlenzen, Strafecke
10 Freischlag, Stockkeule, Zeitstrafe
11 Ballannahme, handstoppen, Mittellinie, Schusskreis, Strafschlag
12 Beinschienen, Einrollinien, Koerperfinte, Viertellinie
13 Vorhandschlag
14 Vorhandstoppen
15 Rueckhandschlag
16 rueckhandstoppen

aus dem Postwesen
3 Amt, Fax, OPD
4 Code, frei, Mail, Post
5 Brief, Kabel, Karte, Paket, Porto, Radio
6 Bezirk, franko, Hoerer, Inland, Siegel, unfrei
7 Adresse, Ausland, Chiffre, Eilbote, Eilpost, Gebuehr, Postamt, Postgut, Stempel, Stephan, Telefax, Telefon, Zeitung
8 Absender, Adressat, Bahnpost, Datapost, Depesche, Eilbrief, Feldpost, Flugpost, Landpost, Luftpost, Ortsnetz, Postauto, Postbote, Postfach, Postgiro, Posthorn, Rohrpost, Rundfunk, Schalter, Telephon, Zeittakt
9 Adressant, Anschrift, Anweisung, Frankatur, Freimarke, Ganzsache, Hilfspost, Kraftpost, Kreuzband, Lochkarte, Nachnahme, Paeckchen, Paketpost, Postillon, Postkarte, Postpaket, Postrecht, Postregal, Postwagen, Postwesen, Telebrief, Telegramm, Telegraph, Wertbrief, Wertpaket, Zahlkarte
10 Aufgabeort, Aufschrift, Bestellung, Briefmarke, Brieftaube, Briefwaage, Bundespost, Drucksache, Eilsendung, Einzahlung, Empfaenger, Lagerkarte, Landespost, Laufzettel, Nahverkehr, Paketkarte, Postbezirk, Postgesetz, Postscheck, Poststelle, Postverein, Reichspost, Strafporto, Streifband, ◆ Telegrafie, Warenprobe, Wertangabe, Zustellung
11 Briefkasten, Dienstmarke, Ferndrucker, Fernverkehr, Freigebuehr, Freimachung, Freistempel, Gedenkmarke, Geldsendung, Kartenbrief, Nachgebuehr, Ortsverkehr, Postagentur, Postanstalt, Postauftrag, Postgiroamt, Posthaftung, Postsendung, Poststempel, Postverkehr, Rueckschein, Schiffspost, Schnellpost, Telegraphie, Wertsendung, Wertzeichen, Wurfsendung
12 Ausweiskarte, Briefsendung, Brieftraeger, Einschreiben, Fernsprecher, Flaschenpost, Freistempler, Hauptpostamt, Meistgewicht, Mischsendung, Nahgespraech, Paketsendung, Postkutscher, Postminister, Postschalter, Postsparbuch, Schalterraum, Schliessfach, Telefonzelle, Ueberweisung, Warensendung
13 Antwortschein, Bahnhofsbrief, Bildtelegramm, Briefumschlag, Eilzustellung, Ferngespraech, Fernschreiber, Landzusteller, Ortsgespraech, Postanweisung, Postgeheimnis, Postscheckamt, Postsparkasse, Postsparkonto, Rohrpostbrief, Rohrpostkarte, Standardbrief, Standardpaket
14 Begleitadresse, Bestimmungsort, Briefpaeckchen, Brieftelegramm, Fernmeldewesen, Gewichtsgrenze, Landbestellung, Muster ohne Wert, Teildrucksache, Volldrucksache, Weltpostverein, Zwischenschein
15 Auslandsverkehr, Fernsprechzelle, Luftpostverkehr, Paketzustellung, Postkreditbrief, Postreisescheck, Postscheckkonto, Postwertzeichen, Postwurfsendung, Postzeitungsamt, Postzeitungsgut, Rohrpostsendung, Rundfunkgebuehr, Selbstanschluss, Tarifentfernung, Vorzeigegebuehr, Wohlfahrtsmarke
16 Briefmarkengeber, Einzahlungskarte, Gebuehreneinheit, Geldbrieftraeger, Landbrieftraeger, Nachnahmesendung, Postausweiskarte, Postschliessfach, Telegrammadresse
17 Einlieferungsbuch, Einschreibsendung, Einzahlungsschein,

Fernsprechverkehr, Frankaturmaschine, Geschaeftspapiere, Muenzfernsprecher, Postscheckverkehr, Postsparkassenamt, Ueberseetelegramm
18 Telegraphenverkehr

aus dem Ringsport
3 Zug
4 Wurf
5 Finte, Griff, Matte, Wende
6 fassen, Gegner, Wuerfe
7 Angriff, Bruecke, Schwung, Waelzer
8 abtasten, ausheben, Ausheber, Freistil, Kaempfer, Manoever, Oberlage, Obermann, umfassen
9 Kopfgriff, Punktsieg, Ringkampf, Unterlage, Untermann, Zwiegriff
10 beinhakeln, Bodenkampf, Hebelgriff, schleudern, Standkampf, Untergriff, Wendegriff
11 Armdurchzug, Beinsteller, eindruecken, Genickhebel, Nackenhebel
12 Bankstellung, Beinausheber, Beinschraube, Hebelwirkung, Hueftschwung, Kopfdurchzug, Rueckenhebel, Rumpfhaltung, Schultersieg, Schwunggriff, Verteidigung
13 Armschluessel, Kampfstellung
15 Beindrehschwung, Diagonalausfall, Genickfanghebel, Parallelausfall, Schulterschwung
16 Brueckenstellung
17 Brueckenbefreiung, Brueckenfesthalte, Schulterdrehgriff
19 Rueckengriffschwung

aus dem Springreiten
4 Oxer, Rick, Wall
5 Gerte, Mauer
6 Abwurf, Gatter, Sporen, Sprung, Stange, Trense
7 Kandare
8 Parcours, Zaeumung
9 Hindernis
10 Doppelrick, Springsitz, Weitsprung
11 Kombination, Steilsprung
12 Verweigerung, Wassergraben
14 Hochweitsprung

aus dem Verlagswesen
7 Auflage, Ausgabe

aus dem Volleyball
4 Netz, Satz
5 Block, Punkt
6 Abwehr, Angabe, Fehler
7 Angriff, Annahme, Aufgabe, Auszeit, baggern, Ballweg, Laufweg, stellen, Steller, Zuspiel
8 Position, Satzball
9 Aufschlag, Matchball, Schlagarm
10 Angaberaum, blockieren, Grundlinie, schmettern
11 Angaberecht, Ballannahme, Blockabwehr, Hakenangabe, Mittellinie, Netzpfosten, Netzspieler, Punktgewinn
12 Angriffszone, Blockbildung, Platzwechsel
13 Angabeverlust, Angriffslinie, Blockschatten, Flatterangabe, Laeufersystem, oberes Zuspiel
14 Blocksicherung, unteres Zuspiel
15 Schmetterschlag
16 Grundaufstellung
17 Angriffssicherung, verdecktes Zuspiel, Verteidigungszone
18 Grundlinienspieler
20 Hakenschmetterschlag
21 Bereitschaftsstellung

aus der Buchhaltung
5 Debet

aus der (Druck-)Grafik
4 Rand
5 Abzug, Blatt, Druck, Feder, Lasur, Litho, Sepia, Stich, Tinte, Titel
6 Bister, Kreide, Papier, Partie, pausen, Pinsel, Plakat, Platte, Presse, Roetel, Siegel, Skizze, Tusche, Verlag
7 Abdruck, Adresse, Aetzung, Auflage, Auktion, Ausgabe, Gouache, Pastell, Sammler, Stempel, Tempera, Umdruck
8 Aquarell, lasieren, lavieren
9 Aetzgrund, Aquatinta, Bleistift, Blockbuch, Buntstift, Deckweiss, druckreif, Farbdruck, Fehldruck, Hochdruck, Inkunabel, Makulatur, Monogramm, Monotypie, Nachdruck, Radierung, Siebdruck, Tiefdruck, Zeichnung
10 ◆ Autografie, Blinddruck, Druckstock, Flachdruck, Gegendruck, kolorieren, Probedruck, Schabkunst, ◆ Serigrafie, Stahlstich, Steindruck, Tonaetzung, ◆ Xylografie
11 Anlegemarke, Autographie, Crayonstich, Druckgrafik, Einzelblatt, Heliogravur, Holzschnitt, Kupferstich, ◆ Lithografie, Punzenstich, Seidendruck, Serigraphie, Stereotypie, Wasserfarbe, Xylographie, Zinkaetzung
12 Beschriftung, Graphitstift, Linolschnitt, Lithographie, Mischtechnik, Vorzugsdruck
13 Einblattdruck, Metallschnitt, Strichaetzung, Wasserzeichen
14 Kohlezeichnung, Kuenstlerabzug, Originalgrafik
15 Zwischenschnitt
16 Farblithographie
18 Kaltnadelradierung

aus der Drucktechnik
5 Print, Proof
9 Siebdruck
10 Flexodruck

aus der Erblehre
5 Rasse

aus der Kunst
3 Akt
4 Form, Jade, Stil
5 Achse, Album, Altar, Avers, axial, Batik, Codex, Email, Farbe, Fibel, Gemme, Gotik, Herme, Ikone, Kamee, Kanon, Kelch, Kohle, Kopie, Lasur, Nabis, Naive, Op art, Pieta, Putte, Raute, Salon, Stele, Stich, Torso, Tumba
6 Abakus, Abguss, Antike, Atlant, Barock, Bueste, Design, Diadem, en face, Eroten, Fauves, Firnis, Fresko, Glasur, Glorie, ◆ Grafik, Karton, Kitsch, Kontur, Kreide, Modell, Mosaik, Museum, Nuance, Oeuvre, Paneel, Patina, Plakat, Pop art, profan, Raster, Relief, Revers, Roetel, Rokoko, sakral, Signet, Skizze, Sphinx, Statue, Symbol, Umriss, Unikat, Vedute, versal, Wappen
7 Adorant, Amphora, Amulett, Archaik, Assunta, Astwerk, Atelier, Aureole, Bildnis, Bruecke, Collage, Denkmal, Diorama, Donator, Epitaph, Fayence, Fleuron, Galerie, Glyptik, Gobelin, Grabmal, Impasto, Katalog, Keramik, Kolorit, Legende, Missale, Montage, Notname, Offizin, Palette, Passion, Plastik, Romanik, Rosette, Tanagra
8 abstrakt, Akanthus, Amorette, Aquarell, Arabeske, Attribut, Beau Dieu, Bozzetto, Draperie, Ecce homo, Ensemble, Epigramm, Exlibris, Faltwerk, Figurine, Filigran, Girlande, Groteske, Heraldik, Illusion, Initiale, Inventar, Kapitell, koptisch, Kubismus, lasieren, lavieren, legieren, Maeander, Majolika, Malgrund, maurisch, Medaille, Miniatur, Monolith, Ornament, Panorama, Plakette, Pleinair, Portraet, Prospekt, Quadriga, Rocaille, roemisch, Romantik, Signatur, Staffage, Trecento, Verismus, Vignette, Werkbund
9 Alabaster, alla prima, Allegorie, Apotheose, Aquatinta, Baldachin, Banderole, Betsaeule, Blattwerk, Blockboch, Dadaismus, Diptychon, documenta, ◆ dublieren, Enkaustik, Faksimile, Fauvismus, Flugblatt, Graffiato, gravieren, Grisaille, Happening, Holzstich, Ikonostas, Inkunabel, Intarsien, Interieur, Karikatur, kinetisch, Lackkunst, Malerbuch, Medaillon, Monogramm, Monotypie,

mykenisch, Nazarener, Oelfarben, Orphismus, ottonisch, Pasticcio, Radierung, Realismus, Sarkophag, Sgrafitto, Siebdruck, Spielbein, Standbein, Stilleben, Symmetrie, Tachismus, Tafelbild, Tiefdruck, Totentanz, Typologie, vergolden, Zeichnung

10 Apokalypse, Armenbibel, Art nouveau, Assemblage, Directoire, doublieren, etruskisch, Evangeliar, Faelschung, Flachdruck, Frontispiz, Futurismus, Glyptothek, Gnadenbild, grundieren, Idealismus, Jugendstil, Kandelaber, Kolorismus, Kontrapost, laminieren, Louis seize, Monatsbild, Muenzkunst, Musterbuch, Numismatik, Oelmalerei, Pantograph, Pinakothek, Proportion, Psalterium, ◆ Serigrafie, Silhouette, Stahlstich, ◆ Stillleben, Tapisserie, Terrakotta, Triptychon, ◆ Typografie, Vesperbild, Votivkunst, ziselieren

11 Antiquarium, Applikation, Art informel, Biedermeier, Bilderbogen, Chinoiserie, Chippendale, Cinquecento, Delfter Zeug, Donauschule, Druckgrafik, Environment, Fin de siecle, Freiplastik, Glasmalerei, Grundfarben, Heimatkunst, Historismus, Holzschnitt, ◆ Ikonografie, ◆ Kalligrafie, Komposition, Kupferstich, ◆ Lithografie, Manierismus, Mittelalter, Mudejarstil, Perspektive, Renaissance, Rundplastik, Serigraphie, Stifterbild, Stundenbuch, transparent, Uebermalung, Untermalung, Wandmalerei, weicher Stil, Wiegendruck

12 Andachtsbild, Blauer Reiter, byzantinisch, Early English, Evangelistar, Fluegelaltar, Genremalerei, Heiligenbild, Ikonographie, illuminieren, Inkrustation, Kalligraphie, karolingisch, Klassizismus, Kleinmeister, konservieren, Linolschnitt, merowingisch, Naturalismus, Passepartout, pompejanisch, restaurieren, Schattenriss, Seccomalerei, Surrealismus, Wasserfarben

13 Anna Selbdritt, Deckenmalerei, Deutschroemer, Divisionismus, Eklektizismus, Elisabethstil, Handzeichnung, hellenistisch, Marinemalerei, Metallschnitt, Milieumalerei, Paysage intime, Pointillismus, Suprematismus, Wasserzeichen, Zwiebelmuster

14 Action painting, Biblia pauperum, Decorated Style, Emaillemalerei, Gouachemalerei, Pastellmalerei, Scherenschnitt, Schlachtenbild, Sezessionsstil, Temperamalerei

15 Dedikationsbild, Expressionismus, Funktionalismus, Goldener Schnitt, Impressionismus, Praeraffaeliten, Transfiguration

16 Freilichtmalerei, Historienmalerei, ideale Landschaft, Konstruktivismus, Neue Sachlichkeit

17 Goldschmiedekunst, Helldunkelmalerei, Hinterglasmalerei, Pittura metafisica

18 Landschaftsmalerei

aus der Literatur

3 Ode, PEN

4 Edda, Epik, Epos, Held, Lied, Poem, Poet, Rede, Reim, Saga, Sage, Stil, Text, Vers

5 Barde, Diwan, Drama, Eloge, Essay, Fabel, Fibel, Figur, Genre, Hymne, Idiom, Komik, Lyrik, Motiv, Posse, Prosa, Rebus, Roman, Stoff, Story, Thema, Zitat

6 Akzent, anonym, Appell, Aufzug, Bonmot, Digest, Elegie, Epilog, Exkurs, Glosse, Hybris, Idylle, Ironie, Jargon, Kadenz, Kitsch, Kuerze, Lesart, Maxime, Metrik, Mystik, Mythos, Pathos, Phrase, Poesie, Poetik, Prolog, Satire, Sketch, Skizze, Slogan, Sonett, Tragik, Triade, Utopie, Xenien, Zaesur, Zyklus

7 Apparat, Chanson, Collage, Comedia, Dialekt, Dichter, Diktion, Episode, Epistel, Exzerpt, Feature, Fiction, Gedicht, Gestalt, Glossar, ◆ Ich-Form, Ichform, Kalauer, Kapitel, Klassik, Kontext, Legende, Lexikon, Monolog, Moritat, Novelle, Parabel, Parodie, Plagiat, Predigt, Referat, Refrain, Romanze, Sentenz, ◆ Sketsch, Strophe, Terzine, Traktat, Western

8 Adaption, Analogie, Anekdote, Antiheld, Apologie, Appendix, Auftritt, Burleske, Dekadenz, Dichtung, Dramatik, Drehbuch, Einakter, Elaborat, Epigramm, Fragment, Groteske, Handlung, Happy-End, Harlekin, Historie, hoefisch, Kabarett, Komoedie, Konflikt, Lesebuch, Libretto, Limerick, Madrigal, Maerchen, Manifest, Memoiren, Metapher, Nekrolog, Pamphlet, Pastiche, Postille, Sachbuch, Semantik, Spannung, Stabreim, Struktur, Tagebuch, Thriller, Trilogie, Variante, Verismus

9 Allegorie, Arztroman, Aufgesang, Bergroman, ◆ Biografie, Blankvers, Erzaehler, Flugblatt, Hexameter, Hoerspiel, Humoreske, Inversion, Lustspiel, Minnesang, Miszellen, Paradoxon, Praeambel, Pseudonym, Reportage, Rezension, Rezeption, Sarkasmus, Schmoeker, Stilistik, Szenarium, Tragoedie, Volksbuch, Volkslied, Zeitroman

10 Ambivalenz, Annotation, Anspielung, Antagonist, Anthologie, Antiphrase, Aphorismus, Apokryphen, Avantgarde, Bestseller, Bilderbuch, Briefroman, Comic strip, Erzaehlung, Feuilleton, Heldensage, Humanismus, Kinderlied, Lehrstueck, Longseller, ◆ Monografie, Naturlyrik, Non-fiction, Paraphrase, Pentameter, Periphrase, Persiflage, Pleonasmus, Short story, Sprichwort, Stilbluete, Tautologie, Tetralogie, Troubadour, Vierzeiler

11 Anglizismus, Biedermeier, Dialogroman, Gassenhauer, Germanistik, Ghostwriter, Hirtenspiel, Knittelvers, Liebesroman, Marginalien, Meistersang, Monographie, Nonsensvers, ◆ Pornografie, Protestsong, Robinsonade, Simpliziade, Verfremdung

12 Alexandriner, Antizipation, Apostelspiel, Belletristik, ◆ Bibliografie, Fernsehspiel, Gegenspieler, Groschenheft, Inszenierung, Kauderwelsch, Nachdichtung, Nationalepos, Nouveau roman, Paralipomena, Pornographie, Raeuberroman, Stilisierung, Uebersetzung

13 Artusdichtung, ◆ Autobiografie, Bibliographie, Bildungsroman, Chrestomathie, Detektivroman, Enzyklopaedie, Exilliteratur, Familienroman, Faustdichtung, Kriminalroman, Musenalmanach, Passionsspiel, Schelmenroman, Streitschrift, Weltliteratur

14 Abenteuerroman, Bauerndichtung, Dorfgeschichte, Dramatisierung, Funkerzaehlung, Heldendichtung, Kanzleisprache, Kuenstlerroman, Kurzgeschichte, Raeuberballade,

Ritterdichtung, Schriftsteller, ◆ Sciencefiction, Science-fiction, Understatement
15 Erziehungsroman, Fastnachtsspiel, Heimatliteratur, Horrorliteratur, Jugendliteratur, Mundartdichtung, Personifikation, Schundliteratur
16 Bildergeschichte, Professorenroman, Schaeferdichtung, Tatsachenbericht, Vagantendichtung
17 Entwicklungsroman, Fortsetzungsroman, Nationalliteratur
18 Kalendergeschichte
19 Kolportageliteratur, Schluesselliteratur

aus der Physik
6 Arbeit

aus der Raumfahrt
16 Schwerelosigkeit

aus der Vektorrechnung
5 Dyade

aus der Verkaufspolitik
9 Marketing

beim Ballsport
3 Aus

beim Bankwesen
8 Leitzins

beim Boxen
6 Clinch
9 Punktsieg

beim Brettspiel
4 Feld

beim Druckgewerbe
9 Lichtsatz

beim Farbdruck
6 Passer

beim Fechten
5 Volte

beim Fußball
6 Flanke
7 Abseits, Eckball
8 Elfmeter, Halbzeit
12 Rechtsaussen

beim Golfspiel
4 Loft

beim Handballspiel
6 Abwurf
8 Fallwurf
11 Siebenmeter

beim Judo
3 Uke

beim Kartenspiel
5 Stich
7 stechen

beim Knobeln
5 Pasch

beim Pferderennsport
9 Rennstall

beim Roulett
4 Noir, Pair, Zero
5 Rouge
7 Dutzend

beim Schachspiel
4 Patt

beim Skat
5 Stich

beim Sparwesen
19 Praemiensparvertrag

beim Tennis
2 As
5 Cross
6 Doppel, Einzel
8 Einstand
9 Aufschlag

beim Wetterbericht
18 Niederschlagsmenge

der Analysis
21 Infinitesimalrechnung

der antiken Rhetorik
5 Topos

der Biologie
12 Pflanzenwelt

der Bruchrechnung
6 Nenner, Teiler
7 Zaehler
11 Hauptnenner

der Buchbinderei
4 Falz

der chinesischen Philosophie
3 Jin, Tao, Yin
4 Jang, Yang

der Datenverarbeitung
3 Bit
4 Data, Term
5 ALGOL, BASIC, COBOL, Datei, Datex, Input
7 FORTRAN, Rechner
8 Codewort, Compiler, Computer, Hardware, Operator, Programm, Software, Terminal
9 Operation
13 Programmierer, Rechenzentrum
14 Datentechniker, Programmierung, Prozessrechner

der Elektronik
8 Reduktor

der Fotografie
15 Ueberbelichtung

der Grammatik
10 Superlativ
11 Deklination

der japanischen Philosophie
3 Zen

der Jazzmusik
5 Stomp

der katholischen Moraltheologie
6 Epikte

der Kosmonautik
3 All
5 Lunik, Sojus
6 Wostok
8 Weltraum

der Medizin
17 Herzschrittmacher

der Meteorologie
9 Witterung

der modernen Technik
4 Chip
6 Sensor

der Musik
6 Tonart
9 Tonleiter

der Philosophie
4 Sein

der Psychologie
12 Verdraengung

der Raketentechnik
4 Echo, Juno, Nike, Thor
5 Atlas, Baker, Duese, Haber, Laika, Lunik, Midas, Samos, Schub, Stufe, Tiros
6 Falcon, Kurier, Oberth, Rakete, Singer
7 Aerobee, Alkohol, Jupiter, Matador, Patrick, Pionier, Polaris, Regulus, Roboter, Saenger, Sputnik, Trabant, Transit
8 Atomkopf, Babymond, Corporal, Hydrazin, Klapokte, Satellit, Vanguard
9 Ballistik, Triebwerk, Zuendsatz
10 Atomrakete, Discoverer, Dornberger, Druckanzug, Erdtrabant, Gasbildung, Honest John, Postrakete, Raumschiff, Rueckstoss, Russenmond, Sauerstoff, Treibstoff, White Sands, Zuendbesen
11 Druckkammer, Erdsatellit, Gravitation, Raketenofen, Raumstation, Schwerkraft, Stichflamme, Stuetzpunkt
12 Brennschluss, Cap Canaveral, Raketenmotor, Viking Rakete
13 Abschussbasis, Abschusstisch, Raketenkammer, Traegerrakete, Versuchsstart
14 Atomsprengkopf, Paddelsatellit, Photonenrakete, Salpetersaeure, Sonnenbatterie, Weltraumschiff, Wettersatellit
15 Feststoffrakete, Weltraumstation, Wernher von Braun
16 Interkontinental, Mehrstufenrakete
18 Langstreckenrakete, Raketenstuetzpunkt
19 Fluessigkeitsrakete, Nachrichtensatellit

der seligen Ruhe in der indischen Philosophie
7 Nirwana

der Sternkunde
9 Tierkreis

der Stromversorgung
16 Ueberlandleitung

der Tanzmusik
4 Beat

der Verslehre
7 Endreim
8 Abgesang

der Weltwirtschaft
6 Export, Import
12 Aussenhandel

der Wetterkunde
4 Hoch, Tief
5 Regen
8 Millibar
9 Kaltfront, Warmfront
11 Regengebiet

der Wortlehre
6 Inlaut

der Zahlentheorie
5 Modul

des Anerbenrechts
6 Erbhof
des Billardspiels
5 Effet
des germanischen Erbrechts
5 Allod
des Kfz-Wesens
12 Frontantrieb
des mittelalterlichen Rechts
7 Urfehde
des Schachspiels
4 matt, patt
5 remis
im Bankwesen
10 Aufwertung
im Bergbau
7 Erzader
im Fußball
3 Aus, Tor
4 Ecke
7 Abseits, Abstoss, Anstoss, Ausball, Einwurf
8 Elfmeter, Halbzeit
9 Freistoss, Strafraum
10 Strafstoss
13 Unentschieden
im Jazz
6 Bounce
im Skisport
8 Telemark
im Wechselrecht
5 Girat
in der Elektrizitätslehre
8 Influenz
in der Erblehre
5 Dimer
in der Fechtkunst
5 Volte
in der Reitkunst
6 Parade
räumlichen Abstands
5 Naehe, Tiefe, Weite
10 Entfernung
begrifflich
8 abstrakt
Begriffsbestimmung
7 Analyse, Deutung
10 Definition, Erklaerung
Begriffsfanatiker
8 Ideologe
Begriffsform, -gattung
3 Art
5 Reihe
6 Gruppe, Klasse, System
7 Gattung, Ordnung
9 Kategorie
Begriffskunde
11 Ideographik
Begriffslehre
9 Ideologie
Begriffsschrift
10 ◆ Ideografie
11 Ideographie
Begriffszeichen
9 Ideogramm
begründen
9 erklaeren, fundieren
10 erlaeutern, etablieren, motivieren
13 argumentieren, verdeutlichen
begründend
6 kausal
Begründer
der Anthroposophie
7 Steiner
der Bakteriologie
4 Koch
der Bergbaukunde
8 Agricola
der Berliner Akademie
7 Leibniz
der Berliner Universität
8 Humboldt
der britischen Macht in Indien
5 Clive
der chinesischen Staatsreligion
8 Konfutse
9 Konfuzius
der deutschen Reformation
6 Luther
der deutschen Turnbewegung
4 Jahn
der Elektrotechnik
7 Siemens
der Gesteinskunde
8 Agricola
der Grafologie
6 Michon
der Hochfrequenztechnik
5 Hertz
der Hochseefischerei
5 Busse
der Homöopathie
9 Hahnemann
der kath. Gesellenvereine
7 Kolping
der klassischen Medizin
11 Hippokrates
der Landerziehungsheime
5 Lietz
der Landwirtschaftslehre
5 Thaer
der Lehre vom Sozialismus
4 Marx
der Mengenlehre
6 Cantor
der Mineralogie
8 Agricola
der modernen Hygiene
11 Pettenkofer
der modernen Türkei
8 Atatuerk
der neuen olympischen Spiele
9 Coubertin
der Optik
4 Abbe
6 Schott
der optischen Werke in Jena
5 Zeiss
der Oratorianer
4 Neri
der Pockenschutzimpfung
6 Jenner
der Psychoanalyse
5 Freud
der Relativitätstheorie
8 Einstein
der Religion der Perser
9 Zoroaster
11 Zarathustra
der schlesischen Bergwerksindustrie
5 Reden
der Shingon-Sekte
5 Kukai
der Sowjetunion
5 Lenin
der Sternwarte in Berlin
10 Archenhold
der Zuckerrübenindustrie
6 Achard
des Berliner Tageblattes
5 Mosse
des deutschen Postwesens
7 Stephan
des Eisenbahnwesens
10 Stephenson
des ersten Reisebüros
4 Cook
des Jesuitenordens
6 Loyola
des Neukantianismus
5 Cohen
des politischen Zionismus
5 Herzl
des Pragmatismus
5 James
des russischen Reiches
5 Rurik
des Tierparks Stellingen
9 Hagenbeck
des Völkerbundes
6 Wilson
des Wasserheilverfahrens
6 Kneipp
des Weltpostvereins
7 Stephan
des wissenschaftlichen Vogelschutzes
9 Berlepsch
des Zeichentrickfilms in den USA
10 Walt Disney
des Zionismus
5 Herzl
einer modernen Türkei
5 Kemal
einer Universität
8 Humboldt
Begründerin
der Bedeutung von Lourdes
10 Bernadette
begründet
8 fundiert
begründeter
Tatbestand
5 Indiz
Begründung
8 Argument
11 Motivierung
Begrüßen
durch Schiffsflaggen
6 Dippen
Begrüßung
7 Empfang
Begrüßungsschießen
5 Salut
begünstigen
8 foerdern
9 vorziehen
11 erleichtern, protegieren
12 favorisieren
Begünstigung
7 Benefiz
10 Benefizium, Foerderung, Protektion
der Unzucht
8 Kuppelei

von Verwandten
10 Nepotismus
17 Vetternwirtschaft
Begutachtung
9 Expertise
begütert
5 reich
9 bemittelt
10 vermoegend, wohlhabend
begüterte
Menschen
6 Reiche
11 Millionaere
begütigen
8 troesten
9 beruhigen
10 versoehnen
behaarte
Haut auf dem wachsenden Geweih
4 Bast
Tierhaut
4 Fell, Pelz
behäbig
4 dick, fett
5 feist, traeg
6 massig, mollig, traege
8 dicklich
9 korpulent
13 schwerfaellig
behagen
6 passen
8 gefallen
behaglich
5 traut
6 bequem, mollig
8 angenehm, wohnlich
10 gemuetlich
11 komfortabel
Behälter, Gefäß
3 Box
4 Dose, Etui, Fass, Glas, Korb, Krug, Lade, Napf, Sack, Safe, Sarg, Tank, Topf, Trog, Tube, Urne, Vase
5 Butte, Eimer, Kanne, Kelch, Kiepe, Kiste, Kruke, Mappe, Mulde, Pokal, Pulle, Tasse, Tonne, Truhe, Tuete, Wanne, Zuber
6 Ballon, Bassin, Becher, Becken, Beutel, Boiler, Buette, Huelse, Humpen, Kapsel, Karton, Kasten, Kessel, Koffer, Kuebel, Roemer, Schale, Seidel, Siphon, Tasche, Tiegel, Tresor
7 Amphora, Ampulle, Bottich, Buechse, Flasche, Gefaess, Karaffe, Koecher, Oeltank, Schrank, Schrein, Seesack, Terrine, Trommel
8 Aquarium, Brotkorb, Futteral, Gehaeuse, Kanister, Kassette, Kochtopf, Mehlsack, Naehkorb, Obstglas, Oelkanne, Rucksack, Sandsack, Schoppen, Weinfass, Ziervase, Zisterne
9 Container, Fressnapf, Gasometer, Gummisack, Kaestchen, ◆ Portmonee, Puderdose, Reservoir, Schachtel, Schatulle, Schubfach, Schublade, Schuessel, Strohsack, Tabatiere, Terrarium, Tornister, Waschfass, Waschkorb
10 Blumentopf, Geldbeutel, Giesskanne, Handtasche, Kuchenform, Messbecher, Muelleimer, Pappkarton, Postbeutel, Schulmappe, Seifendose, Tintenfass, Weidenkorb, Zementsack
11 Aktentasche, Briefkasten, Feldflasche, Muellkasten, Nylonbeutel, Schmalztopf, Zerstaeuber
12 Balkonkasten, Blechbuechse, Blumenschale, Einholtasche, Geigenkasten, Portemonnaie, Praesentkorb, Reisetaschen, Stahlflasche, Zigarrenetui
13 Fussbadewanne, Klammerbeutel, Nachtgeschirr, Zigarrenkiste
14 Thermosflasche, Werkzeugkasten
15 Zellophanbeutel
16 Konservenbuechse
17 Botanisiertrommel
20 Streichholzschachtel
aus Stoff
4 Sack
für Briefe
8 Postsack
für Eingelegtes
13 Konservendose
für Erfrischungen
9 Eisbecher
für Flüssigkeit
5 Eimer
für Kriechtiere
9 Terrarium
für Pasten
4 Tube
für Pfeile
7 Koecher
für Regenwasser
8 Zisterne
für Stimmzettel
4 Urne
für Tee oder Kaffee
5 Kanne
für Tinte
7 Patrone
für Toilettengegenstände
10 Necessaire, ◆ Nessessaer
für Wassertiere
8 Aquarium
für Zahnkrem
4 Tube
im Haushalt
5 Eimer
zum Aufbewahren der Hostien
5 Pyxis
Behältnis
aus Brettern
5 Kiste
für kleine Rücklagen
11 Sparschwein
für Reptilien
9 Terrarium
mit Schraubverschluss
4 Tube
behände
4 agil
5 alert, flink, rasch
7 gewandt, schnell
behandeln
7 pflegen
8 kurieren
10 traktieren
12 praktizieren
behandelnder
Arzt
9 Therapeut
behandelter
Stoff
5 Thema
Behändigkeit
9 Agilitaet
11 Gewandtheit
13 Schnelligkeit
Behandlung
3 Kur
6 Pflege
7 Methode, Wartung
8 Prozedur, Therapie
9 Verfahren
von Textilien
8 Appretur
Behandlungsart
10 Allopathie
Behandlungsraum
12 Ambulatorium
Behandlungsweise
7 Methode
8 Prozedur
Behang
8 Draperie
beharrlich
4 fest, stur, zaeh
5 ruhig
6 stetig
7 stoisch
8 gelassen, konstant
9 standhaft, unentwegt
10 ausdauernd, konsequent, persistent
11 hartnaeckig
Beharrlichkeit
8 Ausdauer
10 Konsequenz
beharrsam
11 konservativ
Beharrungsvermögen
8 Ausdauer
Behauptung
5 These
6 Angabe
7 Ansicht, Aussage, Meinung
Behausung
6 Huette
aus Stoff
4 Zelt
der Eskimos
4 Iglu
der Hexe in Hänsel und Gretel
16 Knusperhaeuschen
der Hoftiere
11 Hundehuette
der Indianer
4 Tipi
6 Wigwam
von Tieren
3 Bau

beheben
6 heilen
9 abstellen
10 ausbessern, beseitigen, reparieren, verbessern
beheizbares
Gebäude für Pflanzen
9 Treibhaus
Behelf
5 Hilfe
6 Ausweg, Ersatz
7 Vorwand
8 Aushilfe, Surrogat
10 Notloesung
11 Provisorium
Behelfsheim
7 Baracke
behelfsmäßig
11 notduerftig
12 provisorisch
14 interimistisch
Behelfsstück
6 Ersatz
Behelfsverkaufsstelle
5 Stand
Behelfswohnung
4 Zelt
5 Lager, Laube, Ruine
6 Bunker
7 Baracke
beherbergen
8 logieren
9 aufnehmen
11 einlogieren
12 unterbringen
Beherbergungsbetrieb
5 Hotel, Motel
7 Gasthof, Pension
8 Gasthaus, Herberge
10 Hotel garni
11 Raststaette
Beherbergungsgewerbe
10 Hotellerie
Beherbergungsunternehmen
12 Hotelbetrieb
beherrschen
8 meistern, regieren
9 bezwingen
10 dominieren
13 kontrollieren, unterdruecken
beherrschend
8 dominant
Beherrscher
der Unterwelt in der römischen Sage
5 Orkus
beherrscht
7 gefasst
8 besonnen
13 diszipliniert
Beherrschtheit
9 Disziplin
15 Selbstdisziplin
Beherrschung
des Körpers in Indien
4 Joga
beherzt
5 kuehn, mutig
6 tapfer
7 resolut
9 wagemutig
10 couragiert
12 entschlossen
13 unerschrocken
Beherztheit
3 Mut
7 Courage
9 Kuehnheit
10 Tapferkeit
behexen
8 becircen, bezirzen
10 verzaubern
behilflich
9 gefaellig
Behinderer
7 Stoerer
behindern
6 halten, hemmen
7 bremsen, stoeren, stoppen
9 aufhalten
10 festhalten
behindert
4 lahm
11 gehandikapt
Behinderung
7 Hemmnis
8 Handicap, Handikap
des Eishockeygegners
5 Check
behorchen
12 auskultieren
Behorchung
12 Auskultation
Behörde, Behördenstelle
3 Amt
4 Bahn, Post
5 Buero, Forum, Kurie, Senat
6 Bauamt, Fiskus, Kammer, Seeamt, Synode
7 Eichamt, Fundamt, Gericht, Instanz, Kanzlei, Leihamt, Passamt, Pfarrei, Polizei, Postamt, Rathaus, Zollamt
8 Forstamt, Gemeinde, Hafenamt, Kongress, Konsulat, Kreisamt, Meldeamt, Pfarramt, Vikariat
9 Botschaft, Bundestag, Eisenbahn, Feuerwehr, Finanzamt, Jugendamt, Kulturamt, Magistrat, Parlament, Patentamt, Regierung, Sozialamt, Steueramt, Waisenamt
10 Arbeitsamt, Baupolizei, Bezirksamt, Gewerbeamt, Hochbauamt, Kirchenrat, Ordinariat, Stadtkasse, Standesamt, Tiefbauamt, Verwaltung
11 Amtsgericht, Bahnpolizei, Institution, Katasteramt, Landgericht, Landratsamt, Ministerium, Sekretariat, Strafkammer, Verkehrsamt, Wohnungsamt
12 Dienststelle, Friedhofsamt, Fuersorgeamt, Grundbuchamt, Rechnungshof
13 Fernsprechamt, Finanzgericht, Gesandtschaft, Handelskammer, Landespolizei, Postscheckamt, Schwurgericht
14 Arbeitsgericht, Gesundheitsamt, Versorgungsamt, Verwaltungsamt
15 Bundesregierung, Handwerkskammer, Nachlassgericht
16 Buergermeisterei, Bundeskanzleramt, Landesarbeitsamt, Landeskirchenamt, Schoeffengericht, Sozialverwaltung
17 Bundesgerichtshof, Familienfuersorge, Gerichtsfuersorge, Staatsgerichtshof
18 Staatsanwaltschaft, Verfassungsgericht
der Regierung
11 Ministerium
für Stellenvermittlung
10 Arbeitsamt
in Badeorten
13 Kurverwaltung
Behördenstelle
7 Instanz
Behördenzuständigkeit
9 Kompetenz
12 Instanzenweg
behördlich
eingesetzter Verwalter einer Sache
9 Sequester
zugelassen
10 approbiert
behördliche
Aktion
12 Amtshandlung
Erlaubnis
6 Lizenz
Genehmigung
6 Lizenz
10 Konzession
Lebenshilfe
11 Eheberatung
Maßnahme
12 Amtshandlung
Verfügung
6 Erlass
Würde
11 Magistratur
Zuständigkeit
9 Kompetenz
behördliches
Prüfen von Zuchttieren
6 koeren
Zugeständnis
5 Recht
behüten
9 schuetzen
10 beschirmen
Behütetsein
12 Geborgenheit
behutsam
4 fein, lind, zart
5 sacht
6 sachte
7 achtsam, langsam, sorgsam
8 schonend, taktvoll
10 vorsichtig
13 schonungsvoll
bei
der Eheschließung anwesende Person
9 Trauzeuge

icht oder Vorlage zahlbar
6 a vista
Beiboot
3 Gig
5 Dingi, Jolle, Moses
6 Dinghi, Kutter
7 Pinasse
8 Barkasse
beibringen
6 lehren
11 applizieren
Beichte
10 Bekenntnis
11 Gestaendnis
beichten
7 zugeben
8 bekennen, gestehen
10 offenbaren
Beichtvater
12 Poenitentiar
beidäugig
9 binokular
beide
4 alle, zwei
beiderseitig
9 bilateral
beidlebig
10 amphibisch
Beifahrer
6 Sozius
Beifahrerin
(Motorrad)
5 Sozia
Beifall
3 Lob
5 Jubel
6 Furore
7 Applaus, Ovation
9 Huldigung, Klatschen
10 Zustimmung
11 Akklamation, Anerkennung
12 Begeisterung
15 Haendeklatschen
klatschen
12 applaudieren
Beifallklatscher
8 Claqueur
Beifallskundgebung
7 Ovation
Beifallsruf
5 Bravo, Cheer
6 Dakapo
10 Bravissimo
Beifallssturm
7 Ovation
Beifügung
6 Anlage
8 Attribut
10 Apposition
Beifußgewächs
6 Wermut
7 Absinth
8 Estragon
9 Almrausch, Eberraute
11 Mutterkraut
Beigabe
5 Adnex
6 Anhang
beige
10 sandfarben
beigefügt
5 anbei
Beigefügtes
6 Anhang, Anlage
8 Beiblatt
beigeordneter
Diplomat
7 Attache
Fachmann
7 Experte
Offizier
8 Adjutant
Beigeschmack
4 Gout
5 Stich
8 Hautgout
Beiguss
5 Sosse, Tunke
Beihilfe
9 Assistenz
10 Subvention
Beil
3 Axt
5 Barte
der Urgeschichte
4 Kelt
Beilage
6 Anhang, Anlage, Zugabe
8 Beiblatt
10 Ergaenzung
beilartige
Hiebwaffe
9 Enterbeil
beiläufig
4 etwa
8 nebenbei
9 en passant
beiläufiger
Einfall
12 Nebengedanke
beilegen
10 schlichten
11 vergleichen
Beilegung
eines Streites
9 Ausgleich, Vergleich
11 Schlichtung
Beileid
9 Kondolenz, Teilnahme
10 Mitgefuehl
11 Anteilnahme
Beileidsbekundung
9 Kondolenz
beim
Nachbarn
7 nebenan
Bein
des Wildes
4 Lauf
beinahe
4 fast
5 ◆ circa, zirka
6 nahezu, schier
9 ungefaehr
10 annaehernd
Beiname
8 Kognomen
Achills
6 Pelide
altgriech. Philosophen
7 Eleaten
Buddhas
6 Gotama
7 Gautama
Christi
8 Erloeser
Dantes
9 Alighieri
der Aphrodite
6 Kypris
10 Anadyomene, Kallipygos
der Artemis
6 Phoebe
der Athene
6 Ergane, Pallas, Polias
der Demeter
5 Chloe
der Heilgötter
5 Paean
der Juno
6 Moneta
des Apoll
7 Musaget, Phoebus
des Janus
6 Bizeps
des Judas
9 Ischariot
des Mars
5 Ultor
des Petrus
5 Simon
6 Kephas
des Räuberhauptmanns Johann Bückler
14 Schinderhannes
Friedrich Wilhelms I.
14 Soldatenkoenig
für Erlösergestalten
5 Soter
Jesu
7 Heiland
8 Christus
9 Nazarener
Kaiser Friedrichs I.
7 Rotbart
10 Barbarossa
Ludwigs XIV.
12 Sonnenkoenig
Richards I.
10 Loewenherz
Weimars
8 Ilm-Athen
zweier italienischer Maler
9 Canaletto
Beinbekleidung
6 Socken
7 Strumpf, Stutzen
8 Gamasche
11 Kniestrumpf, Strumpfhose
Beine
des Federwildes
8 Staender
Beingelenk
4 Knie
8 Knoechel
Beinhaus
6 Karner, Kerner
8 Ossarium
Beinkleid
4 Hose
8 Niethose
9 Hosenrock
mit Bruststück
8 Latzhose
beinlose
Larve
4 Made

beinloser
Schlüpfer
4 Slip
Beinmuskel
4 Wade
Beinpartie
6 Fessel
Beinschutzkleidung
8 Gamasche
Beinspreizen
6 Spagat
9 Graetsche
Beinteil
3 Zeh
4 Fuss, Knie, Wade, Zehe
5 Ferse
8 Knoechel, Meniskus, Schenkel
9 Kniekehle, Wadenbein
10 Kniegelenk, Schienbein
11 Kniescheibe
12 Oberschenkel, Sprunggelenk
13 Unterschenkel
Beinverkrümmung
6 O-Beine
beiordnen
11 assoziieren
12 koordinieren
Beiordnung
12 Koordination
beipflichten
8 billigen
9 zustimmen
10 rechtgeben
beirren
10 irritieren
beisammen
7 vereint
Beisammensein
5 Party
12 Geselligkeit
Beisatz
10 Apposition
Beischlaf
6 Koitus
Beischlafunfähigkeit
8 Impotenz
Beischluss
6 Anlage
beisetzen
8 begraben
9 beerdigen, bestatten
Beisetzung
10 Beerdigung, Begraebnis, Bestattung
13 Einaescherung
Beisitzer
8 Assessor
Beispiel
4 Fall
6 Modell, Muster
7 Exempel, Vorbild
9 Paradigma
Beispielfall
10 Praezedens
beispielhaft
11 vorbildlich
12 exemplarisch
13 mustergueltig
beispringen
6 helfen
11 assistieren
beißen
5 kauen, nagen
6 jucken
8 knabbern
beißend
6 bissig, scharf
8 ironisch
9 hoehnisch, kaustisch, penetrant, satirisch
11 sarkastisch
beißender
Spott
4 Hohn
6 Ironie
9 Sarkasmus
Beißschutz
für Hunde
8 Maulkorb
Beißverletzung
4 Biss
Beißwerkzeug
4 Zahn
Beißzange
7 Kandare
Beistand
4 Aide
5 Hilfe, Trost
6 Anwalt, Dienst, Helfer
7 Adlatus, Berater
8 Ratgeber
9 Assistent, Assistenz, Sekundant
14 Unterstuetzung
eines Duellanten
9 Sekundant
im Zweikampf
9 Sekundant
vor Gericht
6 Anwalt
11 Verteidiger
beistehen
6 helfen
11 assistieren, sekundieren
13 unterstuetzen
Beistehender, Handlanger
6 Helfer
beistimmender
Zuruf
11 Akklamation
Beistrich
5 Komma
7 Kommata
Beitel
10 Stecheisen
Beitrag
5 Hilfe
6 Abgabe, Anteil, Obolus, Spende, Umlage
7 Gebuehr, Praemie
8 Zuschuss
10 Kontingent, Scherflein
Beitreibung
7 Inkasso
10 Einziehung
12 Kontribution
Beiwagen
6 Sozius, Tender
9 Anhaenger
Beiwerk
4 Zier
5 Zutat
8 Staffage, Zubehoer
10 Nebensache
11 Accessoires
Beiwort
8 Adjektiv
9 Epitheton
Beize
9 Holzfarbe
Beizung
7 Aetzung
Beizvogelmännchen
6 Terzel
bejahen
6 nicken
8 billigen
9 zustimmen
10 gutheissen
bejahend
7 positiv
bejahrt
3 alt
bejahrter
Mann
5 Greis
Bejahung
9 Billigung
10 Zustimmung
11 Affirmation
Bejammernswerte
6 Elende
bekannt
6 publik
7 namhaft, ruchbar
8 beruehmt, offenbar, populaer, vertraut
9 angesehen, notorisch, prominent
10 renommiert
bekannte
Persönlichkeit
12 Beruehmtheit
Stadt im alten Hellas
8 Marathon
Bekanntentreffpunkt
9 Stammbeiz
10 Stammlokal
11 Stammkneipe
bekannter
Ausspruch
5 Zitat
Clown
5 Grock
deutscher Flieger
4 Udet
deutscher Luftschifffahrer
7 Eckener
8 Zeppelin
Kinderchor
18 Dresdener Kreuzchor
19 Wiener Saengerknaben
21 Bielefelder Kinderchor, Leipziger Thomanerchor
22 Regensburger Domspatzen
Rheinfelsen
7 Lorelei
Zeichner und Maler des Berliner Milieus
5 Zille
bekanntes
Gebäude in Venedig
11 Dogenpalast
Musical
4 Cats, Hair
Pariser Nachtlokal
5 Maxim
7 Pigalle
Zuchthaus in New York
8 Sing Sing

ekanntgabe
2 Ankuendigung
es letzten Willens
0 Testamentseroeffnung
es Namens
7 Nennung
iner Darbietung
6 Ansage
ekannt machen
9 kundgeben, mitteilen
0 verbreiten, verkuenden, vorstellen
2 proklamieren
3 praesentieren
ekanntmachung
5 Edikt
6 Erlass, Plakat
8 Bulletin
0 Kommunique, Mitteilung
1 Verkuendung
2 Proklamation
ekanntschaft
6 Konnex
ekehrungslehre
2 Metaneologie
ekennen
7 zugeben
8 beichten, gestehen
0 offenbaren, versichern
ekenner
iner Weltreligion
6 Christ, Moslem
8 Buddhist, Katholik
ekenntnis
5 Dogma, Lehre
6 Glaube
7 Glauben
8 Religion
0 Anschauung, Konfession
1 Gestaendnis
2 Ueberzeugung
ekenntnisschriften
8 Symbolische Buecher
ekleidung
9 Garderobe
ekleidungsstück
3 Cut, Hut
4 Cape, Hemd, Hose, Jupe, Kilt, Latz, Muff, Pelz, Robe, Rock, Slip, Toga, Wams
5 Anzug, Bluse, Dress, Frack, Haube, Jabot, Jacke, Jeans, Joppe, Kappe, Kleid, Knopf, Kutte, Muffe, Ornat, Pulli, Sakko, Schal, Schuh, Stola, Talar, Weste
6 Anorak, Bikini, Binder, Blazer, Bolero, Burnus, Dirndl, Fliege, Gewand, Jakett, Janker, Jumper, Kaftan, Kapuze, Kasack, Kimono, Kittel, Kragen, Livree, Mantel, Mieder, Montur, Muetze, Pyjama, Raglan, Sarong, Schuhe, Schurz, Socken, Sutane, Tracht, Trikot, Tunika, Turban, Ulster, Umhang
7 Corsage, Cutaway, Gehrock, Guertel, Haenger, Jackett, Kamisol, Kleider, Komplet, Korsett, Kostuem, Litewka, Neglige, Opanken, Overall, Paletot, Sandale, Schlips, Smoking, Soutane, Spenzer, Stiefel, Strumpf, Sweater, Uniform, Waesche
8 Badehose, Breeches, Bundhose, Galosche, Gamasche, Halstuch, Hemdhose, Kniehose, Kopftuch, Krawatte, Leibchen, Littewka, Mantille, Oberhemd, Pelerine, Polohemd, Puffhose, Pullover, Pumphose, Reithose, Schleier, Schleppe, Schuerze, Strohhut, Zylinder
9 Badeanzug, Badekappe, Ballkleid, Beinkleid, ◆ Blue Jeans, Chemisett, Covercoat, Einreiher, Galoschen, Gamaschen, Garderobe, Handschuh, Hausanzug, Hausjacke, Hemdbluse, Hosenrock, Klubweste, Korselett, Lederhose, Nachthemd, Pelzjacke, Petticoat, Sporthemd, Ueberrock, Unterhemd, Unterrock, Windbluse, Windjacke
10 Bademantel, Badeschuhe, Blackjeans, Dufflecoat, Faltenrock, Lederjacke, Lederweste, Lumberjack, Morgenrock, Nietenhose, Pantoffeln, Pelzmantel, Pluderhose, Schlafrock, Schluepfer, Sportdress, Sportjacke, Trenchcoat, Unterkleid, Zweireiher
11 Dirndlkleid, Glockenrock, Gummischuhe, Huefthalter, Kombination, Ledermantel, Lodenmantel, Plisseerock, Regenmantel, Schlafanzug, Strickjacke, Strickkleid, Strumpfband, Strumpfhose, Taschentuch, Traegerrock, Ueberzieher
12 Baskenmuetze, Hosentraeger, Hueftguertel, Kostuemjacke, Unterwaesche, Wintermantel
13 Buestenhalter, Knickerbocker, Matrosenanzug, Strumpfhalter
14 Manchesterhose, Trainingsanzug
der Hindufrauen
4 Sari
primitiver Völker
12 Lendenschurz
Beklemmung
3 ◆ Alb, Alp
5 Angst
6 Furcht
8 ◆ Albdruck, ◆ Albtraum, Alpdruck, Alptraum
11 ◆ Albdruecken, Alpdruecken
bekommen
6 ◆ gut tun
7 kriegen
8 erhalten
bekömmlich
3 gut
6 gesund, labend
7 heilsam
8 nahrhaft
11 zutraeglich
beköstigen
7 naehren, speisen
8 bewirten
10 verpflegen
16 verproviantieren
Bekräftigung
3 Eid
6 Schwur, Siegel
10 Handschlag
bekränzen
8 umwinden
10 dekorieren
bekunden
8 aussagen, bezeugen
13 dokumentieren
Belag
6 Zukost
7 Schicht
10 Aufschnitt
im Zimmer
12 Teppichboden
Belagerung
8 Blockade
Belang
9 Bedeutung, Interesse
11 Wichtigkeit
belanglos
6 gering
9 unwichtig
10 irrelevant
11 unerheblich
12 unwesentlich
14 nebensaechlich
belanglose
Angelegenheit
5 Farce
Belanglosigkeit
8 Lappalie
9 Bagatelle
10 Banalitaet, Irrelevanz
11 Kleinigkeit
18 Nebensaechlichkeit
belastend
10 gravierend
11 erschwerend
belästigen
6 plagen
7 aergern, stoeren
9 sekkieren
10 behelligen
11 molestieren
13 inkommodieren
Belästigung
6 Insult
7 Anmache
15 Zudringlichkeit
Belastung
des Kontos
4 Soll
5 Debet
beleben
7 anregen
8 staerken
9 animieren, ankurbeln, ermuntern
10 erfrischen
11 stimulieren
12 mobilisieren
belebend
8 anregend
11 erfrischend
12 stimulierend

wirkende Lösung
9 Riechsalz
belebendes
Moment
8 Staffage
belebt
9 organisch
belebte
Tonfigur der jüdischen Sage
5 Golem
Belebung
toter Gegenstände
9 Animation
Belebungsmittel
11 Pfefferminz
Beleg
4 Akte
6 Beweis, Testat
7 Urkunde
8 Dokument, Nachweis, Quittung
9 Unterlage
Belege
8 Material
belegen
8 beweisen
10 nachweisen
11 reservieren
Belegschaft
7 Schicht
8 Personal
9 Besatzung
10 Mannschaft
belegt
6 heiser
10 ausgebucht, reserviert
12 dokumentiert, nachgewiesen
belegte
Brotschnitte
5 Bemme
Weißbrotschnitte
8 Sandwich
belegtes
Brot
6 Stulle
7 Kanapee
8 Sandwich
belehren
11 informieren, instruieren
12 unterrichten
belehrend
10 informativ, instruktiv
16 schulmeisterlich
belehrende
Erzählung
5 Fabel
belehrendes
Erlebnis
9 Erfahrung
Gleichnis
7 Parabel
Belehrung
7 Lektion
11 Information, Instruktion
13 Unterrichtung
beleibt
4 dick, fett, rund
5 feist
6 mollig
8 dicklich, pummelig
9 korpulent, kugelrund
beleidigen
11 insultieren
beleidigend
9 kraenkend
10 verletzend
12 ehrenruehrig
beleidigt
7 pikiert
9 gekraenkt, verstimmt
Beleidigung
4 Tort
6 Insult
7 Affront, Injurie, Sotisse
9 Invektive, Kraenkung
10 Schmaehung
14 Verunglimpfung
beleihen
12 lombardieren
Beleihung
7 Lombard
beleuchten
8 darlegen, erhellen
9 erklaeren
10 anstrahlen, bestrahlen, darstellen
11 analysieren
12 illuminieren
beleuchtet
4 hell
Beleuchtung
5 Licht
Beleuchtungskörper
4 Spot
5 Ampel, Kerze, Lampe, Licht
6 Fackel, Funzel, Roehre
7 Blinker, Lampion, Laterne, Leuchte, Luester, Wandarm
8 Gaslampe, Kienspan, Leuchter, Notlicht, Oellampe, Strahler, Zuglampe
9 Flurlampe, Leselampe, Naehlampe, Neonlicht, Stablampe, Stehlampe, Talglicht, Tuerlampe, Warnlampe, Warnlicht, Windlicht
10 Blinklicht, Blitzlicht, Bogenlampe, Bremslicht, Gaslaterne, Gasstrumpf, Glimmlicht, Gluehbirne, Gluehlampe, Hoflaterne, Kandelaber, Kienfackel, Kugellampe, Leuchtstab, Nachtlicht, Neonroehre, Pechfackel, Quarzlampe, Wachskerze, Wachslicht, Wachsstock
11 Armleuchter, Bordlaterne, Grubenlampe, Haengelampe, Karbidlampe, Leuchtfeuer, Lichtbuegel, Pendellampe, Rampenlicht, Stallaterne, Wetterlampe
12 Arbeitslampe, Blendlaterne, Fahrradlampe, Kronleuchter, Kuechenlampe, Kugelleuchte, Leuchtroehre, Scheinwerfer, Schlusslampe, Schlusslicht, ◆ Stallaterne, Stearinkerze, Stocklaterne, Sturmlaterne, Taschenlampe, Tiefstrahler, Wandleuchter
14 Deckenstrahler, Magnesiumlicht, Petroleumlampe
15 Nachttischlampe, Strassenlaterne
17 Bengalisches Feuer, Deckenbeleuchtung, Schreibtischlampe
zur Überprüfung
12 Kontrollampe
13 ◆ Kontrolllampe
Belgier
5 Flame
7 Wallone
belgische
Festung am Dender
3 Ath
Festungsstadt
5 Namur
Hafenstadt
4 Gent
7 Bruegge, Ostende
9 Antwerpen
Hauptstadt
8 Bruessel
Industriestadt
8 Luettich
9 Charleroi
Königin
5 Paola
7 Fabiola
Landschaft
5 Fagne
7 Brabant, Campine, Condroz, Hesbaye, Limburg
8 Ardennen, Borinage, Flandern Hageland, Hennegau, Marlagn
9 Haspengau
10 Kempenland
Luftfahrtgesellschaft
6 SABENA
Münze
5 Franc
7 Centime
Nationalhymne
11 Barbanconne
Provinz
5 Namur
7 Brabant, Campine, Limburg
8 Flandern, Hennegau, Luettich
9 Antwerpen
11 Ostflandern
12 Westflandern
Rennstrecke
6 Zolder
Stadt
3 Alh, Ans, Ath, Hal, Huy, Spa
4 Arel, Asse, Gand, Genk, Gent, Lier, Mons
5 Aalst, Alost, Arlon, Dison, Eeklo, Eupen, Gheel, Halle, Herve, Ieper, Jumet, Leuze, Menen, Namur, Oiege, Ronse, Tielt, Ypern
6 Aarlen, Bergen, Binche, Boussu, Deurne, Dinant, Duffel, Izegem, Landen, Leuven, Lierre, Loewen, Lommel, Meenen, Ninove
7 Bruegge, Hoboken, Limburg, Lokeren, Louvain, Malmedy, Mecheln, Ostende, Tournai
8 Bastogne, Bruessel, Kortrijk, Luettich, Mechelen, Turnhout, Verviers
9 Antwerpen, Charleroi,

Dixmulden, Roeselare
0 Anderlecht, Borgerhout, Maastricht
1 Dendermonde
3 Blankenberghe
Iniversitätsstadt
4 Gent
6 Loewen
8 Bruessel, Luettich
Volksgruppe
6 Flamen, Vlamen
8 Wallonen
elgischer
Architekt, Baumeister und Bildhauer
4 Suys
5 Horta, Hoste, Kroll, Minne, Velde, Vigne
6 Hankar, Negker
7 Berlage, Lalaing, Meunier, Simonis
8 Lambeaux, Poelaert
10 Francquart, Godecharle
12 Vantongerloo
Astronom
8 Quetelet
Badeort
3 Spa
7 Ostende
Bakteriologe
6 Bordet
Bariton
8 Ghiaurov, Van Damme
Baumeister
4 Suys
5 Minne, Velde, Vigne
6 Bourla, Negker
7 Berlage, Lalaing, Meunier, Simonis
8 Lambeaux, Poelaert, Roelandt
Bildhauer
5 Minne
7 Mennier
Chemiker
6 Solvay
9 Backeland
Dichter u. Schriftsteller
5 Claes, Moens
6 Coster, Mockel
7 Eekhoud, Simenon
8 De Coster, Herreman
9 Rodenbach, Streuvels, Verhaeren
10 Timmermans, Verschaeve
11 Maeterlinck, Maeterlingk
Fluss
3 Lys
4 Dyle, Maas, Yser
5 Demer, Nethe
6 Dender, Ourthe, Sambre
7 Schelde
Forscher und Erfinder
6 Gramme, Solvay
7 Plateau
Fußballspieler
4 Boer, Elst, Grun, Houf, Jeck, Mees, Moer, Piot, Puis, Wolf
5 Adams, Anoul, Binst, Bosch, Buyle, Carre, Coeck, Colls, Daele, Demol, Dockx, Dries, Gruen, Himst, Pfaff, Sayes, Scifo, Vries
6 Albert, Alphen, Badjou, Baecke, Braine, Brandt, de Wolf, Emmers, Eycken, Gerets, Linden, Meeuws, Plovis, Stynen, Wouwer
7 Capelle, Claesen, Coppens, Custers, de Clerq, de Deken, de Greef, Degryse, Delbeke, de Vries, Diddens, Dolmans, Gernaey, Heylens, Joachim, Lambert, Leekens, Martens, Mermans, Mommens, Munaron, Nouwens, Peerear, Renquin, Teugels, Thissen, Thyssen, van Gool, van Moer, Versijp, Wellems
8 Devrindt, Dewalque, de Winter, Huysmans, Moeschal, Paverick, Plessers, Staelems, van Binst, van Himst, Verhayen, Verheyen, Versavel, Vervoort, Voorhoof
9 Ceulemans, Claessens, Clijsters, Hellemans, Hoydonckx, Polleunis, Schrijver, Semmeling, van Alphen, van Brandt
10 Isenborghs, Lambrichts, Millecamps, Preud'homme, Smellinckx, van der Elst, Vandeweyer
11 Grimmonprez, Seeldrayers, Vandenbergh, van den Bosch, van den Daele, Vercauteren
12 van den Wouwer, van der Eycken, van der Linden, Welkenhuysen
13 Czerniatynski, Vandersmissen
Geiger
5 Ysaye
6 Beriot
Geschichtsschreiber
6 Hymans
Grafiker
8 Baertson, Masereel
Historiker
6 Rooses
7 Pirenne, Stecher, Willems
Holzschneider
8 Masereel
Instrumentalvirtuose
5 Ysaye
6 Beriot
10 Vieuxtemps
Komponist
5 Absil
6 Benoit, Beriot, Dupuis, Franck, Gretry
8 Gassmann
10 Schoemaker
König
6 Albert
7 Leopold
8 Baudouin
Kriminalschriftsteller
7 Simenon
Maler
4 Leys, Rops
5 Ensor
6 Cantre, Keyser, Malpas, Wiertz
7 Delvaux, Meunier, Permeke, Wappers, Wauters
8 Courtens, Laermans, Magritte, Masereel, Vlaminck
9 Margritte
Mediziner
6 Claude
7 Heymans
Musikforscher, -wissenschaftler
7 Closson
8 Lenaerts
Nobelpreisträger (Chemie)
9 Prigogine
Nobelpreisträger (Frieden)
4 Pire
9 Beernaert
10 La Fontaine
32 Institut fuer internationales Recht
Nobelpreisträger (Literatur)
11 Maeterlinck
Nobelpreisträger (Medizin)
6 Bordet, Claude
7 Heymans
Pazifist
10 Lafontaine
Pianist
8 Askenase
Politiker und Staatsmann
5 Acker, Claes, Spaak
6 Jaspar
7 Dehaene, Eyskens, Lefevre, Zeeland
9 Brouckere, Tindemans
Radierer
4 Leys
Radsportler
4 Dyck, Fore, Impe, Kint, Looy, Maes, Sels, Thys, Wolf
5 Aerts, Deman, Devos, Eynde, Goens, Hevel, Kaers, Leman, Prost, Rebry, Roman, Saeve, Sercu, Wilde
6 Beheyt, Bomans, Bracke, Buysse, Caluwe, Cerami, Decock, Deloor, Desmet, de Wolf, Dewolf, Dhooge, George, Lambot, Masson, Mathey, Merckx, Mulder, Nihaut, Ockers, Ronsse, Roosen, Schott, Scieur, Tourne, Werckx
7 Berghen, Bonduel, Debaets, Defraye, Dervaes, Dewaele, de Wilde, Duerloo, Garnier, Gyssels, Hermans, Ilegems, Impanis, Lancker, Mertens, Monsere, Museeuw, Noyelle, Pintens, Schotte, Sterckx, Vaarten, van Impe, van Looy, Wellens, Willems, Wouters
8 Bruyneel, Ceyssens, Debecque, Debruyne, Delcroix, de Muynck, Derijcke, Dhaenens, Dierickx, Goessens, Grysolle, Hooydonk, Huysmans, Keteleer, Maertens, Schepers, Scherens, Verbeeck, Verreydt, Wesemael
9 Debougnie, Faignaert, Genechten, Godefroot, van Cauter, Vannitsen, Vermandel, Vlaeminck
10 Decabooter, Demeersman, Hardiquest, Hoevenaers, Holenweger, Leerberghe, Meulenberg, Planckaert,

Pollentier, Rijckeghen, van Lancker, Wersbrouck
11 Criquielion, Daghelinckx, Delathouwer, Devlaeminck, Grondelaers, Steenbergen, van den Bosch, van den Eynde, van Hooydonk, Verschueren
12 Braeckeveldt, Vanderaerden
13 van den Berghen
Reformator
4 Bray
Schlachtenort
8 Waterloo
13 Belle Alliance
Sopran
5 Danco
Sportler, Sportlerin
4 Ickx
5 Blitz, Damme, Innis, Masso, Mathy, Moens, Pimek, Reiff, Thuys, Wuyts
6 Addams, du Pont, Gailly, Gevers, Lannoy, Mignon, Monami, Reding, Roosen
7 Anspach, Arnould, Boutsen, Clerckx, de Combe, Lismont, Veirman
8 Baugniet, Delporte, Herbrand, Mairesse, Roelants, Vandamme, van Dijck
9 Appelmans, Ceulemans, Gendebien, Lempereur, Puttemans
10 de Beaulieu, Verbruegge, Zimmermann
Techniker
6 Gramme
Teil des Schiefergebirges
8 Ardennen
Violinist
5 Dando
7 Gertler, Marsick, Massart
8 Grumiaux
Volksstamm in Gallien
5 Remer
Volksteil
6 Flamen
8 Wallonen
Zoologe
7 Beneden
belgisches
Bergbaugebiet
8 Borinage
Bier
4 Faro, Mars
6 Lambic
Gebiet
8 Flandern
Industriegebiet
8 Borinage
Königsschloss
6 Laeken
Seebad
3 Spa
6 Knokke
7 Ostende
13 Blankenberghe
belichten
10 exponieren
beliebig
9 ad libitum
12 willkuerlich
beliebt
7 begehrt, gaengig, gefragt
8 geachtet, populaer
9 anerkannt, angesehen
10 geschaetzt, renommiert, willkommen
beliebte
Freizeitbeschäftigung
5 Lesen
Schnittblume
7 Freesie
Wettkampfart im Altertum
11 Wagenrennen
beliebter
alter Schlager
5 Oldie
Nachtisch
3 Eis
7 Pudding
beliebtes
Ausflugsgefährt
7 Kremser
Kartenspiel
4 Skat
Weihnachtsgeschenk
9 Eisenbahn
Beliebtheit
5 Gunst
7 Achtung, Ansehen
8 Renommee
12 Popularitaet
Belieferung
10 Zufuehrung
bellen
7 belfern
8 klaeffen
10 anschlagen
Belobigung, Ehrung
7 Praemie
12 Auszeichnung
belohnen
11 praemiieren
Belohnung
5 Preis
7 Praemie
10 Verguetung
12 Auszeichnung
eines ehrlichen Menschen
10 Finderlohn
belorussische Hauptstadt
5 Minsk
Belüfter
10 Ventilator
belustigen
9 erheitern
10 vergnuegen
11 delektieren
belustigend
7 komisch, spassig
8 amuesant
10 erheiternd
belustigender
Unterhalter
11 Entertainer
Belustigung
4 Hetz
5 Gaudi, Party, Spass, Spiel
10 Amuesement, Vergnuegen
11 Erheiterung
Bemächtigung
4 Raub
7 Zugriff
9 Aneignung
10 Okkupation
12 Konfiskation
bemalte
kleine griechische Tontafel
5 Pinax
Töpferware
7 Fayence
bemängeln
6 tadeln
7 maekeln, meckern
8 monieren
11 beanstanden, kritisieren, reklamieren
bemänteln
9 verdecken
12 beschoenigen
bemäntelter
Spott
6 Ironie
bemerken
8 gewahren, notieren
10 wahrnehmen
11 feststellen
12 konstatieren, registrieren
bemerkenswert
7 wichtig
9 bedeutend, bedeutsam
11 interessant
15 aufschlussreich
Bemerkung
4 Wort
5 Notiz
6 Glosse, Kritik
8 Fussnote
9 Ausspruch, Kommentar
10 Erklaerung
bemittelt
5 reich
7 betucht
9 beguetert
10 vermoegend, wohlhabend
Bemühung
5 Eifer
7 Einsatz
11 Anstrengung
um Wiederingangbringung der Atmung
22 Wiederbelebungsversuch
benachbarte
Sterne
12 Doppelsterne
benachbarter
Raum
11 Nebenzimmer
benachrichtigen
6 melden
9 avisieren, mitteilen, schreiben
11 informieren
12 unterrichten
13 fernschreiben, telegrafieren
14 telegraphieren
Benachrichtigung
3 Btx
4 Avis, Post
5 Anruf, Brief, Karte, Kunde, Telex
7 Meldung, Telefax
9 Schreiben, Telegramm
10 Mitteilung
11 Information
13 Fernschreiben
der Feuerwehr
6 Notruf

enachteiligt
1 gehandikapt
enachteiligung
8 Handikap
enässen
6 netzen
enedeien
6 segnen
2 ◆ selig preisen
enediktenkraut
botanisch)
6 Cnicus
enediktiner
nd Heiliger
5 Rasso
enediktinerabtei, -stift
4 Melk
5 Cluny, Emaus, Ettal, Farfa
6 Beuron, Bobbio, Corvey, Regino
0 Einsiedeln, Maria Laach, Wessobrunn
1 Sankt Martin
2 Monte Cassino
5 Mont Saint Michel
m Main
4 Banz
ei Rom
5 Farfa
n Italien
6 Bobbio
9 Camaldoli
2 Monte Cassino
n Prag
5 Emaus
n Prüm
6 Regino
enediktion
5 Segen, Weihe
7 Segnung
enefizium
5 Lehen
7 Wohltat
8 Pfruende
3 Beguenstigung
enehmen
3 Art
4 Stil
6 Manier
7 Alluere, Anstand, Gebaren, Haltung
8 Allueren, Betragen, Etikette, Fuehrung, Manieren
9 Auftreten, Verhalten
0 Courtoisie
1 Umgangsform
eneluxstaaten
7 Belgien
9 Luxemburg
1 Niederlande
enennen
7 angeben
0 bezeichnen, nominieren
enennung
4 Name
5 Titel
6 Angabe
1 Nominierung
engalischer
ichter
3 Rai
bengalisches
Flächenmaß
5 Kauri
Bengel
3 Bub
5 Junge, Range
6 Flegel, Knirps, Schelm
7 Bursche, Lausbub, Luemmel, Steppke
8 Wildfang
9 Schlingel
10 Lausejunge
13 Dreikaesehoch
Benimm
8 Betragen
Benimmbuch
6 Knigge
benommen
5 dumpf
8 betaeubt, taumelig
9 somnolent
10 schwindlig
Benommenheit
4 Tran
5 Sopor
6 Taumel
9 Schwindel
benötigen
8 brauchen
9 beduerfen
benötigte
Menge
6 Bedarf
Mittel
7 Aufwand
benötigtes
Werkzeug
6 Geraet
Benotung
6 Zensur
benutzbar
11 praktikabel
Benutzer
von Fahrzeugen
6 Fahrer
7 Insasse
8 Fahrgast
9 Passagier, Radfahrer
Benzin
5 Sprit
7 Gasolin
10 Kraftstoff, Treibstoff
Benzinbehälter
4 Fass, Tank
8 Kanister
15 Reservekanister
Benzingemisch
12 Petrolaether
Benzinstation
10 Tankstelle
Benzolalkohol
6 Karbol
beobachten
5 sehen
6 peilen
7 zusehen
8 belauern, erkennen
9 kiebitzen, verfolgen, zuschauen
10 beschatten, bespitzeln, wahrnehmen
11 feststellen, observieren
Beobachter
5 Zeuge
6 Posten
7 Kiebitz, Spaeher
9 Zuschauer
10 Augenzeuge
11 Abgesandter, Wachtposten
Beobachtung
10 Verfolgung
11 Observation
Beobachtungsgerät
8 Fernglas, Fernrohr, Teleskop
9 Mikroskop
Beobachtungsmarke
an Messinstrumenten
4 Mire
Beobachtungsplatz
auf einem Schiff
8 Mastkorb
Beobachtungsposten, -station
5 Wache, Warte
6 Pikett
7 Ausguck
10 Sternwarte
11 Wetterwarte
12 Kontrollturm
13 Observatorium
Beobachtungszeit
11 Quarantaene
bepflanzte
Beeteinfassung
7 Rabatte
bequem
4 faul
6 kommod, leicht, traege
7 laessig, passend
8 angenehm, behaebig, guenstig, handlich, muehelos
10 gemuetlich
11 komfortabel, sympathisch
bequeme
Morgenkleidung
7 Neglige
Sitzgelegenheit
4 Sofa
5 Couch, Diwan
6 Sessel
8 Ottomane
9 Lehnstuhl
10 Clubsessel, Klubsessel, Lehnsessel, Ohrenstuhl
12 Polsterstuhl
13 Schaukelstuhl
bequemer
Schuh
6 Treter
7 Slipper
Sessel
9 Faulenzer
Straßenschuh
8 Mokassin
Stuhl
6 Sessel
13 Schaukelstuhl
Bequemlichkeit
7 Komfort
9 Traegheit
10 Konvenienz
berappen
6 zahlen
10 begleichen
beraten
12 konsultieren
beratend
11 konsultativ

beratende
Körperschaft
6 Beirat
Versammlung
9 Konferenz
beratendes
Gremium eines Monarchen
7 Kronrat
Berater
4 Pate
5 Tutor
6 Mentor
8 Ratgeber
10 Konsultant
des japanischen Kaisers
5 Genro
eines Fürsten
7 Paladin
Wallenstein
4 Seni
beratschlagen
11 konferieren
Beratung
7 Debatte, Session
9 Konferenz, Konsilium
11 Eroerterung
12 Konsultation, Kundendienst
einer Gesetzesvorlage
6 Lesung
Beratungsbeleg
9 Protokoll
Beratungsraum
8 Kabinett
Beraubung
feindlicher Landesbewohner
11 Pluenderung
Beräucherung
mit Weihrauch
11 Inzensation
berauschend
10 narkotisch
Berber
der Sahara
5 Targi
Berberaffe
5 Magot
berberischer
Hirtennomade
5 Targe
6 Tuareg
Berberstamm
5 Shilh, Targi
6 Brakna, Tuareg
7 Beraber, Kabylen
8 Beni Mzab, Guanchen, Schelluh, Schloech
10 Rifkabylen
13 Hirtennomaden
Berchtesgadener
Alpenberg
5 Goell
berechnen
8 abwaegen, bewerten, fixieren, taxieren
9 abzirkeln, ermitteln, schaetzen
10 festsetzen
11 kalkulieren, kombinieren
12 einschaetzen
13 veranschlagen
berechnend
12 diplomatisch
berechnende
niedere Gesinnung
7 Arglist
10 Gemeinheit
berechnete
Zuteilung
6 Ration
Berechnung
4 Plan
7 Absicht, Kalkuel, Vorsatz
10 Schaetzung
11 Kalkulation, Kombination, Voranschlag
gewagtes Geschäft
11 Spekulation
Berechnungsgrundlage
bei Bauwerken
6 Statik
Berechnungsmaß
des Raumgehalts von Schiffen
13 Registertonne
berechtigen
7 befugen
8 erlauben, zulassen
12 autorisieren, ermaechtigen
berechtigt
5 legal
6 befugt
9 anerkannt, motiviert
11 autorisiert, legitimiert
13 verstaendlich
15 bevollmaechtigt
berechtigte
Forderung
8 Anspruch
Berechtigung
7 Anrecht
8 Anspruch, Befugnis
9 Vollmacht
12 Legitimation
13 Ermaechtigung
Berechtigungsausweis
12 Legitimation
für Verkehrsmittel
9 Fahrkarte
beredsam
6 beredt
8 eloquent
Beredsamkeit
5 Suada, Suade
8 Eloquenz, Rhetorik
beredt
8 beredsam, eloquent
11 redegewandt, wortgewandt
12 zungenfertig
14 deklamatorisch
Bereich
4 Raum, Teil, Zone
5 Rayon
6 Bezirk, Gebiet, Gegend, Partie, Region, Sektor
7 Domaene, Sektion, Sphaere
8 Distrikt
9 Abschnitt, Abteilung, Dimension
Bereifung
4 Pneu
5 Pneus
6 Reifen, Spikes
12 Ersatzreifen, Sommerreifen, Winterreifen
13 Guertelreifen, Reservereifen
14 Diagonalreifen
15 Austauschreifen
bereinigen
7 klaeren
8 beilegen
10 schlichten
bereit
4 klar
5 parat
6 fertig, willig
7 gewillt, willens
8 gesonnen
9 geruestet, startklar
11 startfertig
bereiten
6 machen
8 fertigen
9 anrichten, zurichten
10 anfertigen, herstellen
11 fabrizieren
bereithaben
7 in petto
bereits
5 schon
7 laengst
Bereitschaft
zur Buße
4 Reue
Bereitschaftsruf
5 Alarm
bereitwillig
4 gern
Beresina-Zufluss
3 Ola, Spa
4 Bobr, Olsa, Ussa
5 Jessa, Klewa, Uscha
6 Plisse
9 Olschanka, Sergutsch
10 Swislotsch
Berg
3 Pik, Ras
6 Huegel
7 Anhoehe
8 Erhebung
am Königssee
8 Watzmann
am Vierwaldstättersee
4 Rigi
12 Buergenstock
auf Bali
5 Agung
auf Borneo
4 Raja
5 Besar, Murud
6 Tebang
8 Kinabalu
auf Ceylon
8 Adamspik
9 Adams Peak
12 Pidurutagala
16 Pedurutallagalla
auf den Philippinen
3 Apo
5 Mayon
9 Malaspina
auf Formosa
6 Yushan
auf Grönland
5 Forel
auf Ischia
6 Epomeo
auf Island
5 Askja, Hekla
11 Bardarbunga

auf Java
5 Kalut
6 Merapi, Semeru
auf Korsika
3 Oro
5 Cinto
auf Kreta
3 Ida
auf Kuba
8 Turquino
auf Luzon
5 Mayon, Pulog
auf Madeira
5 Ruivo
auf Mallorca
9 Puig Mayor
auf Mindanao
3 Apo
auf Sardinien
3 Ala
auf Sizilien
5 Aetna, Lauro
auf Sri Lanka (Ceylon)
8 Adamspik
9 Adams Peak
12 Pidurutagala
14 Piturutalagala
16 Pedurutallagalla
auf Sumatra
5 Dempo
6 Leuser
8 Kerintji
auf Zypern
7 Troodos
aus Eisenerz in Schweden
6 Taberg
bei Aalen
3 Ipf
bei Athen
8 Hymettos
bei Baden-Baden
6 Merkur
bei Berchtesgaden
7 Bregenz
8 Pfaender, Watzmann
10 Hochkalter, Hoher Goell
12 Obersalzberg
bei Bregenz
8 Pfaender
bei Frankfurt/Main
8 Feldberg
bei Garmisch-Partenkirchen
4 Wank
8 Kreuzeck
9 Alpspitze, Zugspitze
bei Görlitz
11 Landeskrone
bei Goslar
11 Rammelsberg
bei Heidelberg
11 Koenigstuhl
bei Innsbruck
4 Isel
9 Hafelekar
13 Patscherkofel
bei Jerusalem
7 Oelberg
8 Golgatha
bei Kapstadt
9 Tafelberg
bei Kassel
8 Meissner
bei Königswinter
11 Drachenfels
bei Landsberg/Warthe
5 Klams
bei Lugano
3 Bre
bei Luzern
4 Rigi
7 Pilatus
bei Monte Carlo
4 Agel
bei Oberstdorf
9 Nebelhorn
bei Rio de Janeiro
9 Zuckerhut
bei Salzburg
8 Gaisberg
10 Untersberg
bei Samaden
2 Ot
bei Sankt Moritz
2 Et
3 Err
bei St Petersburg
7 Pulkowo
bei Wien
10 Kahlenberg
12 Leopoldsberg
bei Zell am See
9 Hundstein
13 Grossglockner, Kitzsteinhorn
14 Schmittenhoehe
bei Zermatt
10 Matterhorn
bei Zürich
5 Albis
der Berninagruppe
8 Piz Palue
der Everestgruppe (Nepal)
6 Makalu
der Gesetzgebung Mosis
5 Horeb
der Glarner Alpen
5 Toedi, Vorab
der Gottesoffenbarung
5 Horeb
der Haardt (Pfalz)
6 Kalmit
der Hohen Tauern
6 Hafner
7 Ankogel
der Klöster
5 Athos
der Ostsudeten
8 Altvater
der Salzburger Kalkalpen
11 Moenchsberg
der Schobergruppe
6 Petzek
der Waldkarpaten (Polen)
6 Halicz
der Zillertaler Alpen
7 Olperer
des Ida-Gebirges (Kreta)
5 Leuka
im Allgäu
8 Gruenten
9 Hoher Ifen, Nebelhorn
im Altei
7 Chuitun
im Antilibanon
6 Hermon
im Balkangebirge
3 Kom
im Bayerischen Wald
5 Arber, Lusen, Osser
im Berner Oberland
5 Eiger
6 Moench
8 Jungfrau
10 Wetterhorn
11 Schreckhorn
14 Finsteraarhorn
im Böhmerwald
5 Arber, Lusen, Susen
6 Rachel
im Breisgau
11 Kaiserstuhl
im Elbrus
8 Demawend
im Engadin
3 Lad
im Erzgebirge
7 Geising
8 Keilberg
9 Auersberg
11 Fichtelberg, Rammelsberg
im Fichtelgebirge
10 Ochsenkopf, Schneeberg
im Fulda-Werra-Bergland
8 Meissner
im Glatzer Bergland
10 Heuscheuer
im Grazer Bergland
5 Osser
im Harz
4 Asse
7 Brocken
8 Wurmberg
11 Rammelsberg
im Hegau
10 Hohentwiel
im Himalaja
3 Api
5 Kamet
6 Makalu
7 Dapsang, Everest
9 Annapurna, Nand a Devi
10 Dhaulagiri
11 Gaurisankar, Nanga Parbat
12 Mount Everest
13 Kangchenjunga
im Hunsrück
9 Erbeskopf
im Iran
6 Keeper
7 Brandon, Errigal
im Jordantal
4 Neba, Nebo
im Kanton Bern
6 Gurten
im Karakorum
7 Dapsang
im Kaukasus
6 Ararat, Elbrus, Kasbek
im Lausitzer Gebirge
7 Lausche
9 Czornebog, Czorneboh
im Mangfallgebirge
11 Wendelstein
im Odenwald
7 Malchen
9 Melibokus
11 Koenigstuhl

im Pindos
6 Lakmos
im Riesengebirge
6 Kynast
10 Sturmhaube
11 Schneekoppe
im Rothaargebirge
10 Langenberg
11 Kahler Asten
im Salzkammergut
10 Traunstein
im Säntisgebirge
7 Saentis
im Schwarzwald
6 Blauen, Kandel
7 Belchen, Kniebis, Obereck
8 Feldberg, Hornkopf
9 Bloessing
10 Vogelskopf
12 Herzogenhorn, Hornisgrinde, Schauinsland
im Siebengebirge
11 Drachenfels
im Spessart
10 Geiersberg, Hahnenkamm
im Taunus
8 Feldberg
im Taurus
3 Ala
im Teutoburger Wald
7 Illampu
8 Bolivien
9 Bielstein
10 Grotenburg
im Thüringer Wald
8 Beerberg
10 Inselsberg, Kickelhahn
im Ural
3 Obe
im Wettersteingebirge
8 Kreuzeck
9 Alpspitze, Zugspitze
in Afghanistan
8 Koh-i-Baba, Tiritsch
in Afrika
3 Kon, Sil, Ulu, Zab
4 Kibo, Meru
5 Dendi, Kenia
7 Kirunga, Mawensi
8 Kuroworo
9 Ruwenzori, Tafelberg
10 Karissimbi, Ras Daschan
11 Kamerunberg, Tsaratanana
14 Kilimandscharo
in Albanien
4 Deja
in Algerien
3 Sab
5 Tahat
in Amerika
8 Cotopaxi, Illimani, McKinley
9 Aconcagua, Tajumulco
10 Chimborazo
12 Popocatepetl
in Anatolien
3 Ala
5 Akdag
6 Ararat, Uludag
in Antarktika
6 Erebus
in Armenien
6 Ararat
in Asien
3 Apo
6 Ararat
7 Belucha, Everest, Nilgiri
8 Demawend, Kuh-i-Dena
10 Chantengri
11 Fudschijama, Nanga Parbat
in Äthiopien
6 Belaia
10 Ras Daschan
in Bhutan
10 Kula Langri
12 Tschomolhari
in Bolivien
6 Sorata
7 Illampu
8 Illimani
in Bulgarien
3 Kom
7 Musalla, Perelik
in den Abruzzen
9 Gran Sasso
in den Alpen
2 Ot
3 Err
4 Isel, Rigi
5 Albis, Eiger, Mythe, Sella, Toedi
6 Moench, Ortler, Titlis
7 Ankogel, Arlberg, Bernina, Pilatus, Saentis, Schlern
8 Hochobir, Jungfrau, Pfaender, Watzmann
9 Dachstein, Hochstuhl, Marmolata, Montblanc, Mont Cenis, Monte Rosa, Nebelhorn, Sonnblick, Venediger, Zugspitze
10 Drei Zinnen, Matterhorn, Wetterhorn, Wildspitze
13 Grossglockner, Kitzsteinhorn
14 Finsteraarhorn, Grossvenediger
16 Dreiherrenspitze
in den Anden
9 Ausangate
11 Chimborasso
in den Karawanken
8 Hochobir
in den Karpaten
4 Ineu
6 Nemira
in den Kordilleren
7 Illampu
in der Bucht von Rio de Janeiro
9 Zuckerhut
in der Rhön
11 Wasserkuppe
in der Schwäbischen Alb
12 Hohenstaufen
in der Schweiz
4 Rigi
in der Toskana
6 Amiata
in der Türkei
3 Kaz
6 Ararat, Bozdag
in der Venedigergruppe
16 Dreiherrenspitze
in Graubünden
2 Ot
3 Alv, Err
5 Arber
6 Bayern
in Griechenland
4 Ossa
5 Athos, Elias, Olymp
in Indien
3 Abu
in Indonesien
3 Awu
5 Tabor
6 Israel
in Irland
6 Nephin
in Japan
3 Aso
in Jerusalem
4 Zion
in Jordanien
3 Ram
in Kalifornien
11 Mount Wilson
12 Mount Palomar
in Kanada
5 Logan
in Mittelitalien
12 Monte Cassino
in Oberschlesien
8 Annaberg
in Ostafrika
4 Meru
in Palästina
5 Tabor
in Rumänien
6 Nemira
in Sarajevo
5 Igman
in Schottland
6 Lomond
in Spanien
6 Felipe
in Telemark (Norwegen)
6 Gausta
mit der Gralsburg
13 Montsalwatsch
östlich von Jerusalem
7 Oelberg
bergab
7 Abstieg
Bergabhang
5 Halde, Leite
Bergarbeiter
5 Hauer, Miner
6 Knappe, Kumpel, Mineur
7 Hallore, Steiger
8 Bergmann
10 Bergknappe
11 Obersteiger
bergauf
7 Anstieg
Bergbahn
4 Lift
6 Aufzug
7 Skilift
8 Babylift, Seilbahn
10 Gondellift, Haengelift, Sesselli[ft]
11 Kabinenbahn, Schlepplift, Schwebebahn, Zahnradbahn
13 Drahtseilbahn
14 Materialaufzug
15 Seilschwebebahn
Bergbau
betreffend
6 montan
Bergbauanlage
4 Kaue, Mine

5 Floez, Grube, Halde, Lutte, Pumpe, Streb, Zeche
7 Querbau, Rutsche, Schacht, Stollen, Tagebau, Versatz
8 Bausohle, Bohrloch, Strebbau, Tuebbing
9 Berghalde, Bremsberg, Sohlenbau, Tuerstock
10 Querschlag
11 Foerderband, Foerderkorb, Foerderturm, Tiefbohrung
12 Bergschmiede, Foerdersohle, Grubenausbau, Hilfsschacht, Untertagebau
13 Wetterschacht

Bergbaubezirk
6 Revier

Bergbaugebiet
in Afrika
7 Katanga

Bergbaugerät
4 Haue
5 Eisen, Picke
6 Bohrer
8 Faeustel, Schaufel, Schlegel
9 Bergbarte, Schlaegel
10 Bohrhammer, Paradebeil
11 Wetterlampe
12 Pickelhammer
15 Schraemmaschine

bergbaulich
6 montan

Bergbauort
in Frankreich
4 Ales
in Gabun
6 Moanda
in Israel
5 Timna
in Rumänien
5 Anina

Bergbesteigung
8 Aufstieg

Bergblume
6 Arnika, Enzian
9 Alpenrose, Edelweiss

Bergdrache
10 Tatzelwurm

Bergdurchstich
6 Tunnel

Bergeinschnitt
3 Kar, Tal
5 Canon, Klamm, Tobel
8 Schlucht

bergen
6 retten

Bergerbse
4 Erve, Orbe

Bergfenchel
5 Sesel

Bergfeste
in Messenien
3 Ira

Bergform
5 Kegel

Bergfried
6 Donjon
8 Belfried, Burgturm, Wehrturm
9 Hauptturm

Berggasthof
5 Baude
6 Huette
10 Schutzhaus
12 Schutzhuette

Berggeist
4 Gnom
5 Troll
6 Kobold
des Riesengebirges
9 Ruebezahl

Berggipfel
5 Hoehe, Kuppe

Berggipfelform
3 Ras
5 Kegel, Kofel, Kogel, Koppe, Kuppe

Berggruppe
7 Gebirge
bei Budapest
5 Matra
des Pfälzer Berglandes
11 Donnersberg
im Berner Oberland
11 Bluemlisalp
in den Dolomiten
5 Sella
10 Drei Zinnen
11 Rosengarten
in den französischen Alpen
7 Pelvoux
in den österreichischen Alpen
6 Tauern
9 Dolomiten
in der Pfalz
11 Donnersberg
in der Schweiz
11 Churfirsten
in Graubünden
5 Adula

Berghang
5 Leite

Berghütte
5 Baude

Bergkamm
4 Grat

Bergkegel
bei Reutlingen
6 Achalm
bei Singen
10 Hohentwiel
im Hegau
10 Hohentwiel

Bergkiefer
4 Arve
7 Latsche

Bergkloster
in Bulgarien
4 Rila
in der Türkei
6 Sumela
in Griechenland
5 Athos
7 Meteora
in Italien
12 Monte Cassino

Bergkristall
6 Morion, Zitrin
8 Amethyst

Bergkuppe
5 Kofel, Kogel, Koppe
6 Gipfel
an der Adria
8 Albanien
westlich des Jordans
8 Galilaea

Bergland
am Oberrhein
8 Odenwald
der USA
10 Black Hills
im Mainviereck
8 Spessart
im Saarland
6 Warndt
in Belgien
8 Ardennen
in Frankreich
6 Morvan
in Jugoslawien
5 Raska
in Namibia
5 Otavi, Otawi
in Niedersachsen
7 Suental
in Ostdeutschland
19 Elbsandsteingebirge
in Schottland
5 Morar
zwischen Erzgebirge und Lausitz
19 Elbsandsteingebirge

Berglöwe
4 Puma

bergmännisch:
Ausdehnung nach unten
5 Teufe

bergmännischer
Begriff
3 Bau, Gas, Gor, Gut, Kux, Ort
4 Ader, Berg, Feld, Gang, Guss, Haue, Hund, Hunt, Kamm, Kaue, Korb, Last, Mine, Nest, Rost, Seil, taub, Trum
5 Abbau, Barte, Bruch, Fahrt, Ferch, First, Floez, Gagat, Gumpe, Halde, Hauer, Kunst, Lager, Lampe, Liese, Lutte, Parte, Picke, Senke, Sohle, Streb, Teufe, Tonne, Zeche
6 Abraum, Fimmel, Firste, Galmei, Gezaeh, Glauch, Haeuer, Huette, Knappe, Knauer, Mutung, Schurf, Schurz, vor Ort, Wetter, Wipper
7 ablegen, Anfahrt, Bergrat, Blaeser, Fueller, Galerie, Gebrech, Gezaehe, Huthaus, Kaukamm, Lachter, Luefter, Meissel, Mofette, Querbau, Schicht, Stempel, Strecke, Stuerze, Tagebau, Versatz
8 abteufen, Abzieher, Auffahrt, Ausfahrt, Bausohle, Bergmann, Bergwerk, Bohrloch, Fahrturm, Fuellort, Geleucht, Gestuebe, Hochofen, Keilhaue, Kuvelage, Saugkorb, Saugrohr, Scharung, scheiden, Schwaden, Seilkorb, sprengen, Strebbau, Tuebbing, ueber Tag, unter Tag
9 Abteufung, Bergeisen, Berghalde, Bergleder, Bergparte, Bergrecht, Bergregal, Drahtseil, Geleuchte, Gewinnung, Glaucherz, Grubenbau, Grubengas, Kohlenzug,

Pechkohle, Pochjunge, Sohlenbau, Sprengung, Strebebau
10 Abdaemmung, Anemometer, Berghoheit, Bergknecht, Bergmaurer, Bergschule, Braunkohle, Bremsklotz, Firstenbau, Grubenluft, Kohlenader, Paradebeil, Pfeilerbau, Pulsometer, Schachtbau, Schuerfung, Ventilator, Verschluss, Verwerfung, Wetterturm, Zechenhaus, Zimmerling
11 Anschlaeger, Ausrichtung, Belegschaft, Bergmeister, Bewetterung, Blasversatz, Foerderturm, Grubenbrand, Grubenjunge, Grubenlampe, Grubenlicht, Grubenwagen, Knappschaft, Kohlenfloez, Markscheide, Obersteiger, Schachtkaue, Schachtring, Seilfahrung, Seilstrecke, Spannsaeule, Wetterkanal, Wetterlampe
12 Abteufkuebel, Ausschlaeger, Bergakademie, Bergeversatz, Foerderleute, Foerdersohle, Grubenwasser, Grubenwetter, Markscheider, Richtstrecke, Schachtsumpf, Scheidejunge, Schlagwetter, Untersteiger, Untertagebau
13 Bergverwalter, Foerdergeraet, Foerderhaspel, Wetterschacht, Zwischensohle
14 Foerderschacht, Markscheiderei, Spuelverfahren, Wetterbohrloch, Wetterfuehrung
15 Foerdermaschine, Schraemmaschine
16 Abbaubeleuchtung, Berggeschworener, Foerderdrahtseil, Grubenlokomotive, Schlagende Wetter
17 Foerderquerschlag, Luftstrahlapparat, Verwerfungsspalte

Beruf, Funktion
5 Hauer
6 Haeuer, Knappe, Kumpel
7 Bergrat, Steiger
8 Bergmann
9 Orthaeuer
10 Bergknappe, Bergmaurer, Ganghaeuer, Lehrhaeuer, Ortshaeuer
11 Anschlaeger, Bergmeister, Fahrsteiger, Foerdermann, Oberbergrat, Obersteiger, Zimmerhauer
12 Ausschlaeger, Bergassessor, Hilfssteiger, Markscheider
13 Berghauptmann, Bergverwalter, Reviersteiger, Rottenmeister, Wettersteiger
14 Elektrosteiger, Schachtsteiger, Schiesssteiger
16 Maschinensteiger
17 Oberberghauptmann

Förderwagen
4 Hunt

Gruß
9 Glueckauf

bergmännisches

Gewinnungsverfahren
8 Strebbau

Längenmaß
7 Lachter

Bergmannsbaderaum
4 Kaue

Bergmannsgruß
9 Glueckauf

Bergmassiv
5 Stock

am Isonzo
3 Kru

im Kanton Wallis
6 Collon

in der Schweiz
4 Rigi

in Südtirol
9 Dolomiten

Bergmatte

am Vierwaldstättersee
6 Ruetli

Bergnymphe
6 Oreade

Bergpfad
5 Steig, Stieg

Bergrettungsschlitten
4 Akia, Akja

Bergrücken
4 Grat, Kamm
5 Kegel, Kuppe

am Rhein
10 Niederwald

am Züricher See
5 Albis

an der Weser
7 Suentel

bei Braunschweig
3 Elm

bei Hannover
7 Deister

bei Rüdesheim
10 Niederwald

der Dolomiten
5 Sella

der Glarner Alpen
5 Etzel

in Niederösterreich
13 Leitha-Gebirge

zwischen Weser und Leine
3 Ith

Bergschloss

in Thüringen
8 Wartburg

Bergschlucht
5 Klamm

Bergseite
6 Abhang

Bergspitze
3 Pic, Pik, Piz
4 Horn, Peak, Pico
5 Hoehe, Kegel, Kofel, Kogel, Kuppe
6 Gipfel

Bergstadt

in der Steiermark
8 Eisenerz

Bergstädtchen

bei Dippoldiswalde
7 Geising
9 Altenberg

Bergstamm

in Burma
4 Naga

in Ostindien
5 Kondh

in Vietnam
5 Chema

Bergsteigen

im Hochgebirge
10 Alpinismus

Bergsteiger
8 Alpinist
9 Kletterer
11 Hochtourist

Bergsteigergerät
8 Eishaken
9 Eispickel

Bergsteigergruppe
10 Seilschaft

Bergsteppe

in Kamerun
7 Adamaua

Bergstock

am Vättersee
4 Rigi
6 Omberg

der Berner Alpen
6 Altels, Titlis

der Dolomiten
5 Sella

der nördlichen Kalkalpen
3 Rax
7 Raxalpe
10 Schneeberg

der Salzburger Kalkalpen
10 Untersberg

der Silvretta-Gruppe
5 Tasna

der Stubaier Alpen
5 Saile

des Schwarzwaldes
7 Kniebis

im Salzkammergut
9 Schafberg

in Bulgarien
4 Lila

in der Schweiz
3 Err
4 Rigi
5 Moron, Pisoc
6 Alvier
8 Axenberg

in Spanien
10 Montserrat

Bergtataren

im Kaukasus
5 Taulu

Bergtier
5 Gemse
6 ◆ Gaemse

Bergübergang
4 Joch, Pass
5 Toerl
7 Scharte

Berg- und Talbahn
10 Achterbahn

Bergung
6 Hebung

aus Gefahr
7 Rettung
der Früchte
5 Ernte
Bergungsschlitten
4 Akia, Akja
Bergvolk
in Afrika
4 Dama
in Assam
4 Naga
in China
4 Lolo, Miao
5 Kiawa
in Ostindien
5 Kondh
in Sri Lanka
6 Wedela
in Vietnam
5 Chema
Bergweg
4 Pfad
5 Steig, Stieg
Bergweide
3 Alb, Alm, Alp
4 Alme, Alpe
5 Matte
Bergwerk
6 Huette
Bergwerksanlage
4 Gang, Mine
5 Grube, Puett, Zeche
7 Schacht, Stollen
Bergwerksanteil
3 Kux
Bergwerksform
7 Tagebau
Bergwerksgang
7 Stollen
Bergwiese
3 Alb, Alm, Alp
4 Alpe
5 Matte
am Vierwaldstätter See
6 Ruetli
Bergwild
4 Gams
5 Gemse
6 ◆ Gaemse
9 Steinbock
Bergzacke
5 Zinne
Bergziege
3 Tur
Bergzug
an der Weser
3 Ith
12 Wesergebirge
13 Weserbergland
bei Braunschweig
3 Elm
in der Steiermark
16 Fischbacher Alpen
in Rheinland-Pfalz
6 Haardt
Bericht
4 Avis
6 Expose, Report
7 Aussage, Rapport, Referat
8 Bulletin
9 Reportage
10 Erzaehlung, Mitteilung
11 Darstellung, Information, Schilderung
von alters her
4 Maer
berichten
9 erzaehlen, mitteilen, schildern
10 darstellen, referieren
11 informieren
Berichterstatter
8 Chronist, Referent, Reporter, Sprecher
9 Erzaehler
10 Journalist
13 Korrespondent
Berichterstattung
7 Referat, Vortrag
9 Reportage
11 Information
berichtigen
7 aendern
9 abaendern, klarieren
10 ausbessern, verbessern
11 dementieren, klarstellen, korrigieren
13 rektifizieren, zuruecknehmen
Berichtigung
6 Storno
7 Dementi
8 Klaerung
9 Korrektur
13 Rektifikation
eines falsch oder lückenhaft überlieferten Textes
10 Emendation
Berieselung
zum Feuerschutz
9 Sprinkler
Berieselungsgerät
6 Regner
berittene
Eingeborenentruppe
5 Spahi
Söldner im Mittelalter
7 Reisige
berittener
Stierkämpfer
7 Picador
Berittener
4 Ulan
6 Reiter
Berline
7 Kutsche
10 Reisewagen, Viersitzer
Berliner
14 Schmalzgebaeck
Architekt
5 March
8 Schinkel
Arzt
4 Bier
7 Virchow
8 Hufeland
10 Sauerbruch
Ausflugsziel
7 Wannsee
9 Grunewald
10 Mueggelsee
Autorennbahn
4 Avus
Baumeister
5 Engel, Hasak
6 Messel
8 Schinkel
Bauwerk
8 Funkturm, Zeughaus
9 Reichstag
10 Staatsoper
11 Fernsehturm
12 Siegessaeule
14 Olympiastadion
16 Brandenburger Tor, Deutschlandhalle
17 Gedaechtniskirche
Bauwerk in einem Museum
13 Pergamonaltar
Bierart
6 Weisse
Bildhauer
7 Schadow
8 Reinhold
9 Schlueter
Bühnenleiter
5 Brahm
Bürgermeister
4 Suhr
6 Brandt, Momper, Reuter
7 Albertz, Diepgen
Chemiker
6 Achard
Eckensteher, Witzfigur
3 Ede
5 Nante
Filmregisseur
3 Ode
Flughafen
5 Gatow, Tegel
9 Tempelhof
11 Schoenefeld
Fluss
5 Havel, Spree
Glas Bier
5 Molle
Hautarzt
6 Lassar
Hotel
5 Adlon
9 Kempinski
Kabarettist
5 Neuss
6 Gruner
Komiker
5 Carow
Komponist
5 Kollo
6 Lincke, Meisel, Nelson
8 Kuenneke
Krankenhaus
7 Charite
Kritiker
4 Kerr
Maler und Zeichner
5 Kolbe, Zille
6 Koenig
7 Blechen
8 Hosemann, Kollwitz
10 Liebermann
Operettenkomponist
5 Kollo
6 Lincke
8 Kuenneke
Pfannkuchen
7 Krapfen
Platz
4 Alex
14 Potsdamer Platz

Promenadenstraße
6 Kudamm
14 Unter den Linden
15 Kurfuerstendamm
Regierung
5 Senat
Rennbahn
4 Avus
Schauspieler
5 Fritz
Schauspielerin
5 Wieck
Sender
3 SFB
18 Sender Freies Berlin
Spezialität
5 Molle
6 Weisse
7 Bulette, Eisbein
9 Weissbier
15 Weisse mit Schuss
Spitzname
3 Ede
4 Atze
5 Nante
Sportanlage
4 Avus
14 Olympiastadion
Stadtteil, Verwaltungsbezirk
5 Mitte, Tegel
6 Pankow
7 Marzahn, Spandau, Treptow, Wedding
8 Steglitz
9 Koepenick, Kreuzberg, Neukoelln, Tempelhof
10 Mariendorf, Tiergarten, Weissensee, Zehlendorf
11 Lichtenberg, Schoeneberg, Wilmersdorf
12 Blankenfelde, Lichterfelde
13 Reinickendorf
14 Charlottenburg, Friedrichshain, Prenzlauer Berg
17 Hohenschoenhausen
Symbolfigur
4 Baer
8 Berolina
Wahrzeichen
8 Funkturm
16 Brandenburger Tor
Wappentier
4 Baer
Witzfigur
3 Ede
5 Nante
Wort für naseweises kleines Mädchen
5 Goere
Zeichner
5 Zille
berlinerisch
fein
6 knorke
Berner
Alpenpass
5 Gemmi
Landschaft
8 Emmental
Bernina-Alpengipfel
5 Palue
8 Jungfrau, Piz Palue
Bernina-Alpengletscher
5 Roseg
bernsteinähnlicher
Harz fossiler Tropenbäume
5 Kopal
bersten
7 brechen, krachen, platzen
8 springen
9 krepieren
10 detonieren
11 explodieren, zerspringen
berüchtigt
5 uebel
6 gemein
8 schlecht, verrufen
9 notorisch
11 gefaehrlich
Berücksichtigung
10 Anrechnung
Beruf
3 Job
4 Fach
5 Stand
6 Arbeit, Metier, Praxis
7 Gewerbe
10 Profession, Taetigkeit
bei Bühne, Fernsehen, Film, Funk und Theater
4 Mime
5 Autor, Clown
6 Akteur, Artist, Cutter, Magier, Solist
7 Ansager, Chorist, Diseuse, Komiker, Musiker, Saenger, Statist, Taenzer
8 Chordame, Chorherr, Dirigent, Dresseur, Humorist, Komparse, Reporter, Sprecher
9 Arrangeur, Dramaturg, Intendant, Komponist, Moderator, Operateur, Pantomime, Produzent, Redakteur, Regisseur, Repetitor, Souffleur, Spielwart, Verleiher
10 Ausstatter, Beleuchter, ◆ Chansonier, ◆ Choreograf, Darsteller, Impresario, Inspizient, Kameramann, Librettist, Quizmaster, Scriptgirl, Tonmeister, Vorfuehrer
11 Bildmischer, Chansonnier, Choreograph, Chorsaenger, Garderobier, Kabarettist, Requisiteur, Solotaenzer, Spielleiter, Tanzmeister
12 Buehnenmaler, Conferencier, Korrepetitor, Liedermacher, Opernsaenger, Schauspieler, Toningenieur, Tonschneider, Tontechniker, Trickmeister
13 Bildregisseur, Bildschneider, Bildtechniker, Drehbuchautor, Gewandmeister, Kapellmeister, Maskenbildner, Radiosprecher
14 Aufnahmeleiter, Ballettmeister, Buehnenbildner, Konzertmeister, Notenschreiber, Regieassistent
15 Fernsehreporter, Logenschliesser
17 Produktionsleiter
der Feinmechanik
9 Justierer, Uhrmacher
16 Fernsehtechniker
17 Rundfunktechniker
der Gastronomie
4 Koch, Ober
7 Kellner, Koechin
8 Barmixer
9 Gastronom
im Baufach, Baugewerbe
5 Maler
6 Gipser, Glaser, Maurer, Polier
7 Monteur, Toepfer
8 Klempner, Spengler, Statiker, Tischler, Zimmerer
9 Architekt, Bauglaser, Bauleiter, Ingenieur, Rohrleger, Schlosser, Schreiner, Steinmetz
10 Baufuehrer, Baumeister, Dachdecker, Elektriker, Handwerker, Ofensetzer, ◆ Stuckateur, Stukkateur, Tapezierer, Zimmermann
11 Anstreicher, Bauarbeiter, Bautischler, Kaminsetzer, Kranfuehrer, Steinsetzer
12 Bauschlosser, Betongiesser, Fliesenleger, Geruestbauer, Installateur, Maurerpolier, Parkettleger, Plattenleger, Zimmerpolier
14 Elektromonteur
15 Heizungsmonteur
im Filmwesen
13 Filmregisseur
14 Aufnahmeleiter
im Gesundheitswesen
4 Arzt
6 Anatom
7 Chirurg, Dentist, Drogist, Hebamme, Masseur, Pfleger, Urologe
8 Allopath, Chefarzt, Facharzt, Hausarzt, Laborant, Oberarzt, Tierarzt, Vieharzt, Wundarzt, Zahnarzt
9 Apotheker, Augenarzt, Bandagist, Internist, Irrenarzt, Mediziner, Neurologe, Operateur, Paediater, Prosektor
10 Frauenarzt, Homoeopath, Orthopaede, Pharmazeut, Psychiater, Sanitaeter, Veterinaer
11 Dermatologe, Gynaekologe, Magnetiseur
12 Anaesthesist, Pharmakologe
13 Assistenzarzt, Roentgenologe
14 Lungenfacharzt
15 Glasaugenmacher, Psychotherapeut
16 Krankenschwester
im Immobiliengeschäft
6 Makler
im Nahrungsgewerbe
7 Fischer
im Presse-, Verlagswesen
5 Autor
6 Lektor, Setzer

7 Drucker, Metteur
8 Archivar, ◆ Fotograf, Kritiker, Layouter, Reporter, Verleger, Zeichner
9 Disponent, Expedient, Kolumnist, Korrektor, ◆ Lithograf, Publizist, Redakteur, ◆ Stenograf
10 Handsetzer, Hersteller, Journalist, Kolporteur, Lithograph, Photograph, Retuscheur, Stenograph
11 Akquisiteur, Buchdrucker, Galvaniseur, Ghostwriter, Illustrator, Sortimenter
12 Bildreporter, Buchhaendler, Karikaturist, Lichtbildner
13 Bildberichter, Bildredakteur, Feuilletonist, Korrespondent, Schriftleiter, Schriftsetzer
14 Anzeigenleiter, Lokalredakteur, Schriftsteller, Sportredakteur
15 Maschinensetzer, Verlagskaufmann, Vertriebsleiter
17 Rundfunktechniker

im Rechtswesen
5 Notar
6 Anwalt, Jurist
7 Advokat, Richter
8 Assessor, Syndikus
9 Beisitzer
10 Referendar
11 Treuhaender
12 Bundesanwalt, Patentanwalt, Rechtsanwalt, Staatsanwalt
14 Gerichtsdiener
15 Kriminalbeamter

im Tourismus
11 Reiseleiter
14 Fremdenfuehrer

im Transport-, Verkehrswesen
5 Lotse, Pilot
6 Fahrer, Fiaker, Reeder
7 Flieger, Monteur, Seemann, Steward
8 Fuhrmann, Kutscher, Schiffer
9 Chauffeur, Schaffner, Spediteur
10 Dienstmann, Fahrlehrer, Fernfahrer, Taxifahrer, Zugfuehrer
11 Bahnbeamter, Bordmonteur, Eisenbahner, Kontrolleur, Kraftfahrer, Wehrfuehrer, Zollbeamter
12 Parkaufseher, Parkwaechter, Strassenwart, Transporteur, Zugbegleiter
14 Bordmechaniker, Gepaecktraeger, Strassenbahner, Weichensteller
15 Fuhrunternehmer
16 Verkehrspolizist

in der Chemie
8 Laborant

in der Datenverarbeitung
13 Programmierer

in der Holzindustrie
6 Beizer
7 Fraeser
8 Floesser, Foerster, Polierer, Tischler
9 Boettcher, Drechsler, Forstwart, Schnitzer, Schreiner
10 Fassbinder, Zimmermann
11 Holzfaeller, Stellmacher
12 Forstmeister, Oberfoerster, Parkettleger, Waldarbeiter
14 Revierfoerster
21 Instrumentenschleifer

in der Kunst
5 Maler
6 Geiger, Kantor
7 Cellist, Dichter, Literat, Musiker, Pianist, Saenger, Statist, Taenzer
8 Dirigent, Essayist, Kritiker, Organist
9 Architekt, Arrangeur, Bildhauer, Komponist, Regisseur, Repetitor, Romancier
10 ◆ Choreograf, Kunstmaler, Librettist, Tanzlehrer
11 Choreograph, Restaurator
12 Gesanglehrer, Opernsaenger, Schauspieler, Tonkuenstler
13 Feuilletonist
14 Ballettmeister, Schriftsteller
15 Instrumentalist

in der Lederindustrie
6 Gerber
7 Lederer, Sattler
8 Schuster
9 Lohgerber, Taeschner, Zurichter
10 Kuerschner
11 Schuhmacher

in der Metallindustrie
6 Dreher, Former, Nieter, Walzer
7 Fraeser, Giesser, Monteur, Schmied, Wickler
8 Klempner, Spengler
9 Emailleur, Justierer, Lackierer, Schleifer, Schlosser
10 Schweisser
11 Feilenhauer, Galvaniseur
13 Autoschlosser
14 Werkzeugmacher

in der Nahrungsmittelindustrie
7 Baecker, Metzger, Mueller, Selcher
8 Konditor
9 Fleischer
10 Schlachter
11 Schlaechter
12 Fleischhauer

in der Textilindustrie
5 Weber
6 Naeher, Wirker
7 Buegler, Faerber, Spinner, Stepper, Sticker
8 Stricker
9 Appreteur, Hutmacher, Kloeppler, Leinweber, Schneider, Zurichter
11 Knopfmacher, Zuschneider
14 Hutformenbauer

in der Werbung
10 ◆ Fotomodell

in der Wirtschaft
6 Planer

in Forschung, Unterricht und Wissenschaft
6 Dozent, Lehrer
7 ◆ Geograf, Geologe, Oekonom, Zoologe
8 Astronom, Chemiker, Erfinder, Erzieher, Forscher, Geograph, Laborant, Physiker, Theologe
9 Astrologe, Botaniker, ◆ Grafologe, Ingenieur, Mediziner, Paedagoge, Philologe, Soziologe
10 Graphologe, Historiker, Mineraloge, Psychiater
11 Archaeologe, Biochemiker, Gynaekologe, Statistiker
12 Atomphysiker, Bibliothekar, Konstrukteur, Privatdozent
15 Diplomingenieur, Wissenschaftler

berufener
Laienrichter
8 Schoeffe

beruflich
13 professionell
Tätiger
7 Beamter
8 Arbeiter
12 Angestellter
14 Selbstaendiger
16 ◆ Selbststaendiger
tätiger Zeitungsschriftsteller
10 Journalist

berufliche
Arbeit
6 Dienst
Fachhelferin
9 Beraterin

beruflicher
Fachhelfer
7 Berater
Mitarbeiter
7 Kollege

Berufsanwärter
9 Volontaer

Berufsausbildung
5 Lehre
10 Ausbildung

Berufsbandit
5 Bravo

Berufsbekleidung
6 Kittel

berufsbezogene
Kopfbedeckung
4 Helm
5 Haube
10 Schutzhelm

Berufserfahrung
6 Praxis

Berufsfahrer
9 Chauffeur

Berufsfußballspieler
5 Profi
13 Lizenzspieler

Berufsgeheimnis
15 Schweigepflicht

Berufskamerad
7 Kollege

Berufskleidung
der Soldaten
7 Uniform

Berufskraftfahrer
9 Chauffeur

berufsmäßig
13 professionell

berufsmäßige
Beschäftigung
7 Gewerbe
berufsmäßiger
Be- und Entlader von Schiffen
6 Stauer
Freistilringer
7 Catcher
Rennreiter
6 Jockei, Jockey
Berufsschriftsteller
7 Literat
Berufssoldat
8 Soeldner
10 Kapitulant
Berufsspieler
9 Hasardeur
Berufssportler
5 Profi
12 Professional
Berufsstand, praktisch Tätiger
10 Handwerker
Berufssymbol
der Ärzte
12 Aeskulapstab
Berufstätigkeit
6 Arbeit, Erwerb
17 Erwerbstaetigkeit
Berufstitel
7 Meister
Berufsverband
2 AG, IG
4 Bund
5 Gilde, Zunft
6 Innung
7 Verband
11 Vereinigung
12 Gemeinschaft, Gewerkschaft
14 Genossenschaft
19 Arbeitsgemeinschaft
Berufsvorbereitungsdienst
9 Praktikum
Berufung
6 Rekurs
7 Hinweis
8 Charisma
9 Ernennung
10 Bestallung, Einsetzung
11 Appellation
auf ein Recht
7 Einrede
beruhigen
7 lindern
8 glaetten
beruhigt
7 sorglos
Beruhigungsmittel
4 Brom
6 Kodein
7 Quietiv, Sedativ
8 Baldrian, Laudanum, Morphium
9 Sedativum
12 Tranquilizer
16 Hoffmannstropfen
Beruhigungsmittel, Rauschgift
5 Opium
6 Kokain
8 Morphium
berühmt
7 namhaft
8 illuster, populaer
9 prominent
10 renommiert
berühmte
Brücke in Venedig
6 Rialto
deutsche Fliegerin
7 Reitsch
8 Beinhorn
ehemalige französische Benediktinerabtei
5 Cluny
englische Rockgruppe
13 Rollingstones
Figur am Naumburger Dom
3 Uta
Gemäldegalerie in Florenz
8 Uffizien
Gemäldegalerie in Madrid
5 Prado
Kathedrale in Paris
9 Notre-Dame
Kirche auf dem Montmartre
10 Sacre Coeur
spanische Flotte
6 Armada
Straße in Berlin
15 Kurfuerstendamm
Straße in Düsseldorf
12 Koenigsallee
Straße in Hamburg
10 Reeperbahn
Straße in New York
10 Wallstreet
Straße in Paris
13 Champs-Elysees
Terrasse in Dresden
18 Bruehlsche Terrasse
Venezianerin
7 Cornaro
Versammlungsstätte in Frankfurt/Main
11 Paulskirche
berühmter
antiker Ringer
5 Milon
Berggeist
9 Ruebezahl
Bergsteiger
7 Trenker
Bildhauer
9 Pygmalion
Brunnen in Rom
5 Trevi
deutscher Arzt
10 Sauerbruch
deutscher Boxer
9 Schmeling
deutscher Flieger
4 Udet
deutscher Physiker und Weltraumfahrer
7 Merbold
Diamant
5 Orlow
8 Cullinan, Kohinoor
10 Grossmogul
Dirigent
7 Karajan
engl. Filmkomiker
14 Charlie Chaplin
flämischer Maler
6 Rubens
italienischer Dirigent
9 Toscanini
italienischer Geigenbauer
5 Amati
10 Stradivari
Jäger der Sage
9 Meleagros
Knabenchor
8 Thomaner
Komponist
4 Bach
5 Haydn, Reger
6 Brahms, Mozart
8 Schubert
9 Beethoven
niederländischer Maler
7 van Gogh
9 Rembrandt
Operettenkomponist
5 Kollo, Lehar
6 Dostal, Lanner, Lincke
7 Strauss
Physiker
8 Einstein
Rubin
5 Timur
Sänger
7 Orpheus
Seher der Sage
6 Mopsos
10 Amphiaraos
Tenor
5 Gigli, Lanza
6 Caruso
Tierpark in Hamburg
9 Hagenbeck
Verhaltensforscher
6 Lorenz
Wahrsager der Sage
7 Kalchas
Wassersturz in Nordamerika
13 Niagarafaelle
berühmtes
Berliner Hotel
5 Adlon
9 Kempinski
Bild
9 Totentanz
Frauenbild von Leonardo da Vinci
8 Mona Lisa
Gebäude in Frankfurt
10 Goethehaus
Museum in St. Petersburg
9 Eremitage
Schloss bei Madrid
8 Escorial
berühmteste
Bücherei des Altertums
25 alexandrinische Bibliothek
Berühmtheit
7 Weltruf
9 Prominenz
berühren
8 anfassen, betasten
9 tangieren
Berührung
7 Kontakt
13 Fuehlungnahme
Berührungslinie
8 Tangente
Berührungsverbot
4 Tabu
Besatz
4 Gorl, Saum
5 Biese, Borte, Galon, Gimpe,

Litze
6 Franse, Galone, Paspel, Quaste, Schnur, Solant, Spitze, Tresse, Volant
7 Ruesche
8 Borduere, Garnitur, Posament
Besatzschnur
5 Gimpe, Litze
Besatzstreifen
an Uniformen
6 Tresse
Besatzung
4 Crew
8 Garnison
9 Bemannung
10 Mannschaft
beschädigen
9 laedieren, ruinieren, verletzen, versehren
11 ramponieren
beschädigt
6 defekt, kaputt
8 laediert, versehrt
10 ramponiert
beschädigtes
Buch
10 Remittende
Schiff
5 Wrack
8 Havarist
Beschädigung
4 Leck, Loch, Riss
5 Bruch, Fleck
6 Defekt
7 Havarie, Schaden
10 Laedierung, Verletzung
11 Sachschaden
oder Zerstörung von Maschinen als Kampfmittel
8 Sabotage
beschaffen
8 besorgen, erwerben
12 organisieren
Beschaffenheit
3 Art
5 Guete, Weise, Wesen
7 Zustand
9 Charakter, Qualitaet, Wesenheit
11 Eigenschaft
12 Konstitution
beschaffenheitsanzeigender
Stoff
9 Indikator
Beschaffungsart
7 Barkauf
Beschäftigtenverminderung
5 Abbau
Beschäftigung
3 Job, Tun
6 Arbeit, Erwerb, Metier
8 Handwerk
10 Broterwerb, Taetigkeit
beschämen
9 blamieren
12 blossstellen
beschämend
8 blamabel
beschatten
8 belauern
9 verfolgen
11 ueberwachen
Beschau
8 Pruefung, Revision
9 Kontrolle, Musterung
10 Inspektion
12 Besichtigung, Untersuchung
beschaulich
5 ruhig, still
9 idyllisch
10 besinnlich
12 kontemplativ
Beschaulichkeit
5 Musse, Otium
13 Kontemplation
Bescheid
4 Avis, News, Post
5 Anruf, Kunde
7 Antwort
8 Auskunft
9 Nachricht
10 Mitteilung
11 Information
bescheiden
6 gering, modest
7 einfach, maessig, sittsam, sparsam
8 duerftig
9 genuegsam
11 spartanisch
12 anspruchslos
13 beduerfnislos
Bescheidenheit
5 Demut
11 Maessigkeit, Sittsamkeit
13 Genuegsamkeit
18 Anspruchslosigkeit
19 Beduerfnislosigkeit
bescheinigen
9 testieren
10 quittieren
11 attestieren, beglaubigen, bestaetigen
13 zertifizieren
Bescheinigung
4 Pass
5 Beleg
6 Attest, Papier, Testat
7 Ausweis, Urkunde, Zeugnis
8 Dokument, Quittung
9 Kennkarte
10 Zertifikat
12 Beglaubigung, Bestaetigung, Reifezeugnis
13 Fuehrerschein
15 Personalausweis
16 Identitaetskarte
der Mittellosigkeit
13 Armutszeugnis
Beschichtung
einer Unterlage
5 Belag
Beschießung
8 Kanonade
9 Zielfeuer
10 Sperrfeuer
12 Bombardement, Trommelfeuer
beschimpfen
9 schmaehen
Beschimpfung
6 Insult
10 Schmaehung
11 Beleidigung
Beschirmerin
der Kunst
4 Muse
beschlagen
4 firm
6 kundig
8 versiert
Beschlagnahme
6 Arrest, Kaptur
7 Embargo
8 Kaperung
10 Einziehung
11 Aufbringung
12 Konfiskation
13 Sequestration
14 Sicherstellung
beschlagnahmen
7 sichern
8 pfaenden
9 einziehen, enteignen
11 requirieren
12 konfiszieren
Beschleuniger
für Elementarteilchen
9 Zyklotron
beschleunigt
5 eilig, rasch
7 eilends, express, schnell
beschleunigte
Bahnfracht
6 Eilgut
10 Expressgut
beschleunigter
Personenzug
6 Eilzug
beschleunigtes
Wachstum
13 Akzelleration
Beschleunigung
4 Eile, Hast
5 Spurt, Tempo
8 Eiltempo, Endspurt
13 Zwischenspurt
15 Temposteigerung
beschließende
Körperschaft
3 Rat
9 Parlament
Beschluss
6 Dekret
9 Anordnung, Entscheid
10 Resolution, Verfuegung, Verordnung
12 Entscheidung
Beschlussvorschlag
6 Antrag
beschmutzte
Stelle
5 Fleck
beschneiden
6 kappen
7 kuerzen, stutzen, trimmen
8 kupieren
beschönigender
Name der griech. Rachegöttinnen
9 Eumeniden
beschränken
9 begrenzen
10 limitieren, reduzieren
beschränkend
10 restriktiv
beschränkt
3 eng

4 doof, dumm
5 knapp
6 schmal, stupid
8 borniert
9 limitiert
11 philistroes
beschränkte
Studienzulassung
7 Einhalt
14 Numerus clausus
Beschränktheit
7 Einfalt
Beschränkung
4 Mass
5 Limit
6 Grenze
7 Maximum, Minimum
9 Einengung, Reduktion
10 Konklusion, Limitation
11 Eindaemmung, Limitierung, Restriktion
beschreiben
9 schildern
beschreibende
Völkerkunde
11 ◆ Ethnografie
12 Ethnographie
Beschreibung
4 Bild, Text
6 Report
7 Bericht
10 Definition, Erklaerung, Uebersicht
11 Darstellung, Deskription, Schilderung, Signalement
des eigenen Lebens
13 ◆ Autobiografie
14 Autobiographie
von Heiligenleben
11 ◆ Hagiografie
12 Hagiographie
von Tanzbewegungen
12 ◆ Choreografie
13 Choreographie
Beschriftung
4 Text
7 Legende
10 Definition, Erklaerung
11 Inskription
beschuldigen
8 anklagen
9 vorwerfen
11 bezichtigen
13 inkriminieren
Beschuldiger
7 Klaeger
Beschuldigtenplatz
11 Anklagebank
Beschuldigter
11 Angeklagter
Beschuldigung
5 Klage
7 Anklage
12 Bezichtigung
13 Inkrimination
beschützen
11 protegieren
Beschützer
7 Goenner, Sponsor
9 Protektor
10 Schirmherr, Schutzherr
Beschützerin
8 Patronin
von Kunst und Wissenschaft
4 Muse
Beschwerde
4 Last, Veto
5 Klage, Muehe, Uebel
6 Leiden, Rekurs
7 Eingabe, Muehsal, Schmerz
9 Einspruch
11 Reklamation
im Rechtswesen
6 Rekurs
vor Gericht
5 Klage
Beschwerdeführer
9 Reklamant
beschweren
6 klagen
beschwerlich
7 laestig, muehsam
9 muehevoll
11 anstrengend, strapazioes
Beschwerlichkeit
5 Muehe
8 Strapaze
beschwichtigen
9 beruhigen
beschwören
6 bannen, bitten, mahnen
7 zaubern
beschworene
Vermögensabgabe
15 Offenbarungseid
Beschwörung
und Austreibung von bösen Geistern
10 Exorzismus
Beschwörungsformel
11 Abrakadabra
beseitigen
6 toeten
9 ausmerzen, ausrotten, entfernen, umstossen
10 abschaffen, vernichten
11 ausschalten, eliminieren
Beseitigung
7 Abhilfe
9 Aufhebung
11 Abschaffung, Elimination
12 Ausscheidung, Eliminierung
eines Schadens
8 Behebung
Besen
5 Feger
Besenginster
10 Brahmbusch
besessen
6 gierig
7 gebannt, manisch
9 triebhaft, verrueckt, verzueckt
Besessenheit
4 Gier, Tick
5 Manie, Sucht
7 Ekstase, Passion
11 Verzueckung
12 Leidenschaft
besetzen
7 belegen, erobern
9 verzieren
10 okkupieren, schmuecken
11 verschoenen
Besetzer
8 Okkupant
besetzt
4 voll
6 belegt
8 verziert
9 okkupiert
10 verschoent
11 geschmueckt
Besetzung
8 Einnahme
9 Eroberung
10 Okkupation
16 Rollenverteilung
besichtigen
7 ansehen
10 betrachten
Besichtigung
7 Beschau
8 Autopsie
10 Inspektion, Visitation
einer Ausstellung
8 Rundgang
eines Toten
12 Leichenschau
Besichtigungsweg
8 Rundgang
besiedeln
10 bevoelkern
12 kolonisieren
besiegen
9 bezwingen
11 ueberwinden, unterwerfen
besiegt
werden
10 Niederlage
Besiegter
9 Verlierer
besinnlich
11 beschaulich
12 kontemplativ, nachdenklich
besinnliches
Ende einer Feier
8 Ausklang
Besinnung
8 Vernunft
11 Bewusstsein
besinnungslos
11 ohnmaechtig
besinnungsloser
Schrecken
5 Panik
Besitz
3 Gut, Hof
4 Habe
5 Beute, Eigen, Werte
7 Anwesen
8 Eigentum, Reichtum
9 Habschaft, Vermoegen
11 Grundstueck, Territorium
12 Habseligkeit
von Kenntnissen
6 Wissen
besitzanzeigendes
Fürwort
3 ihm, ihr, mir
4 dein, euer, mein, sein
5 deine, meine, unser
Besitzer
4 Erbe, Herr
6 Eigner, Mieter, Patron
7 Inhaber
8 Hausherr, Hauswirt, Paechter
11 Eigentuemer

des Nibelungenhorts
9 Siegfried
industrieller Anteilscheine
9 Aktionaer
Besitzergreifung
4 Raub
9 Aneignung, Diebstahl
10 Erbantritt, Okkupation, Usurpation
Besitzerwechsel
6 Tausch
Besitzform
im Mittelalter
5 Lehen
besitzlos
3 arm
Besitzlosigkeit
5 Armut
Besitznachfolger
4 Erbe
Besitznahme
9 Erwerbung
Besitztitel
5 Claim
Besitztum
3 Gut
4 Habe
5 Lehen
8 Eigentum
eines Winzers
8 Weinberg
Besitzwerte
6 Aktiva
besolden
7 loehnen
9 entlohnen, vergueten
Besoldung
4 Gage, Lohn
6 Gehalt, Salaer
7 Honorar
8 Wehrsold
9 Einkommen, Verdienst
10 Verguetung
besondere
Anlage
4 Gabe
6 Talent
Ausstrahlung
8 Charisma
Begabung
6 Talent
Eigenart
8 Spezifik
Form der Religiosität
6 Mystik
Form des Sauerstoffs
4 Ozon
geistige Fähigkeit
11 Intelligenz
Kleidungsweise
6 Tracht
sprachliche Ausdrucksweise
6 Jargon
Vereinbarung
7 Klausel
besonderer
Teil der Woche
7 Festtag
Besonderheit
5 Abart
7 Merkmal, Version
8 Ausnahme, Eigenart, Original, Raritaet, Variante
9 Eigenheit, Varietaet
10 Abweichung, Seltenheit
11 Spezifitaet
12 Spezialitaet
13 Exklusivitaet, Originalitaet, Singularitaet
15 Individualitaet
besonders
4 sehr
5 apart, extra, zumal
6 betont, eigens
8 exklusiv, reizvoll, speziell
9 ausserdem
11 partikulaer
13 eigentuemlich
ausgebildeter Schiffsführer
5 Lotse
begabt
10 talentiert
gelegenes Staatsgebiet
7 Enklave
gereinigter Zucker
9 Raffinade
gute Qualität
7 Auslese
kleine Menschen
11 Liliputaner
schweres Verbrechen
17 Kapitalverbrechen
verehrte Verstorbene in der katholischen Kirche
7 Heilige
besonnen
7 gesetzt
8 gelassen
9 umsichtig
bespanntes
Landfahrzeug
8 Fuhrwerk
bespitzeln
8 belauern
11 ueberwachen
besprechen
7 beraten, klaeren
9 eroertern
10 beurteilen, verhandeln
11 diskutieren, kritisieren, rezensieren, ventilieren
Besprechung
6 Kritik
7 Debatte
8 Beratung
9 Gespraech, Konferenz, Rezension
10 Wuerdigung
11 Eroerterung, Unterredung, Verhandlung
Besprühung
mit Wasser
11 Berieselung
besser
machen
8 veredeln
11 meliorieren
bessere
Situation
7 Vorteil
bessern
5 heben
8 laeutern
Besserwisser
8 Noergler
10 Rechthaber, Staenkerer
Bestallung
11 Approbation
Bestallungsurkunde
6 Patent
Bestand
3 Ist
5 Dauer, Fonds, Lager, Masse
6 Fundus, Status, Vorrat
8 Inventar
beständig
4 stet, treu
6 stabil, stetig
8 konstant
9 dauerhaft
10 ausdauernd
12 zuverlaessig
13 gleichmaessig, unaufhoerlich
14 gleichbleibend
beständige
Anhänglichkeit
5 Treue
Beständigkeit
5 Dauer, Stete
11 Stabilitaet
Bestandsaufnahme
8 Inventur
10 Uebersicht
Bestandsverzeichnis
8 Inventar
Bestandteil
5 Glied, Zutat
6 Anteil, Detail, Stueck
8 Substanz, Zubehoer
10 Einzelheit, Ingrediens, Ingredienz, Komponente
ätherischer Öle
6 Terpen
der Erdatmosphäre
4 Luft, Neon, Ozon
5 Argon, Xenon
6 Helium
7 Edelgas, Krypton
10 Sauerstoff, Stickstoff
11 Wasserdampf, Wasserstoff
12 Kohlendioxid, Kohlensaeure
der Erdrinde
7 Mineral
der fetten Öle
5 Olein
der Frisur
4 Haar
der Galle
5 Bilin
der Gerberlauge
6 Ascher
der Körperflüssigkeit
5 Serum
der Luft
10 Sauerstoff
der Milch
4 Rahm
der Muskulatur von Wirbeltieren
7 Kreatin
der Öle
8 Geraniol
der Ölfarbe
6 Firnis
9 Terpentin
der Pflanzen
9 Zellulose
der Röhrenknochen
4 Mark

der Schokolade
5 Kakao, Milch
6 Zucker
der Waschmittel
12 Detergenzien
der Zelle
4 Kern
des Atomkerns
7 Neutron
des Bestecks
5 Gabel
6 Messer
7 Loeffel
10 Obstmesser, Teeloeffel
11 Fischmesser, Tortengabel
13 Dessertmesser
des Bienenwachses
5 Zerin
des Bieres
4 Malz
6 Hopfen
des Blutes
4 Fett, Salz
5 Eisen, Serum
6 Fibrin, Hormon, Plasma, Wasser, Zucker
7 Albumin, Eiweiss, Ferment
8 Leukozyt
9 Farbstoff, Fettstoff, Lymphozyt
10 Erythrozyt, Sauerstoff, Thrombozyt
11 Haemoglobin
12 Kohlensaeure
13 Blutfarbstoff
15 Blutkoerperchen
des Eies
6 Dotter, Eigelb, Schale
des Erdöls
6 Benzin
7 Ligroin
des Fettes
11 Linolsaeure
des Kaffees, Kakaos
7 Coffein, Koffein
des Kamillenöls
6 Azulen
des Kokablattes
6 Kokain
des Magensaftes
6 Pepsin
des Opiums
6 Codein, Kodein
7 Morphin
8 Morphium, Narkotin
des Pfefferminzöls
7 Menthol
des Tabaks
7 Nikotin
des Tees
4 Tein
7 Coffein, Koffein
des Zellkerns
9 Chromosom
eines Ganzen
10 Komponente
von Früchten
4 Kern, Saft
6 Schale
von schottischen Namen
2 Mc
3 Mac
Bestärkung
11 Affirmation
12 Bestaetigung, Versicherung
13 Bekraeftigung
bestätigen
7 bejahen
9 besiegeln, zustimmen
10 genehmigen, quittieren
bestätigendes
Wort im Funkverkehr
5 roger
Bestätigung
4 Amen
6 Attest, Placet, Plazet
8 Quittung, Sanktion
11 Affirmation, Approbation
12 Konfirmation, Ratifikation
bestatten
8 begraben
9 beerdigen, beisetzen
Bestattungsgefäß, -behälter
4 Sarg, Urne
Bestattungsunternehmen
19 Beerdigungsinstitut
bestäuben
6 pudern
Bestbewertung
9 Traumnote
bestechen
12 korrumpieren
bestechlich
7 korrupt
9 kaeuflich
Bestechung
10 Korruption
im Geschäftsverkehr
13 Schmiergelder
Bestechungsgeld
im Orient
10 Bakschisch
Besteckteil
5 Gabel
6 Messer
7 Loeffel
10 Obstmesser, Teeloeffel
11 Kuchengabel
13 Dessertmesser
bestehen
4 sein
6 dasein
7 fordern
8 meistern, schaffen
9 verlangen
10 existieren
11 absolvieren
bestehend
8 existent
9 vorhanden
bestehende
Gesellschaftsordnung
13 Establishment
Bestehendes
4 Sein
Besteller
8 Abonnent
12 Auftraggeber
bestellte
Gartenfläche
4 Beet
bestellter
Mörder
6 Killer
Pfleger
7 Kurator
bestelltes
Land
4 Feld
5 Acker
Bestellung
5 Order
7 Auftrag
9 Lieferung, Nachricht
10 Feldarbeit, Kommission
11 Anforderung
Bestenauslese
5 Elite
bestens
5 prima
7 optimal
8 herrlich
9 exzellent
10 primissima
11 erstklassig
bestes
Rennpferd
5 Crack
Bestfall
7 Optimum
Bestform
6 topfit
7 Fitness
bestialisch
3 roh
6 brutal, gemein
7 grausam
8 viehisch
10 wandalisch
12 unmenschlich
13 fuerchterlich
Bestie
6 Untier
7 Rohling
8 Raubtier, Unmensch
9 Ungeheuer
bestimmen
7 berufen, waehlen
8 anordnen, befehlen, fixieren
9 einsetzen
10 definieren, statuieren
13 determinieren, konstituieren
bestimmend
12 determinativ
bestimmender
Erbfaktor
3 Gen
bestimmt
3 fix
4 fest
6 gewiss, sicher
7 dezisiv, fixiert, fraglos
9 abgemacht, definitiv, energisch
10 festgelegt, garantiert, konsequent, vereinbart
11 festgesetzt, kategorisch
14 unabaenderlich
bestimmte
Abgasmaschine
12 Abgasturbine
Arzneimenge
5 Dosis
Aufgabe
6 Pensum
Buchstelle
4 Text
Gruppe von Rüsseltieren
14 Elefantenherde

Menge
4 Mass, Teil, Zahl
5 Dosis
6 Anteil, Anzahl, Betrag, Partie, Posten, Umfang
7 Einheit, Quantum
10 Quantitaet
Obstdiät
10 Traubenkur
politische Bewegung
9 Irredenta
Stelle
3 Ort
5 Platz
Zahl einer Reihe
6 Nummer
Zeitspanne
5 Dauer
bestimmter
deutscher Artikel
3 das, der, die
englischer Artikel
3 the
französischer Artikel
2 la, le
3 les
Geschäftsbereich
3 Amt
italienischer Artikel
1 i
2 il, la, le, lo
3 gli
Kalendertag
5 Datum
Meister im Sport
12 Titeltraeger
Ort
4 Ziel
5 Punkt, Start
6 Stelle
9 Zielpunkt
10 Lokalitaet, Startpunkt, Treffpunkt
12 Oertlichkeit, Sammelstelle
spanischer Artikel
2 el, la
3 las, los
Stand der Aristokratie
8 Landadel
Zeitpunkt
5 Datum, Frist
6 Moment, Schlag, Termin
10 Augenblick
13 Glockenschlag
Zuruf
11 Akklamation
bestimmtes
Forstgebiet
8 Laubwald
Gremium
6 Beirat
Nutzungsrecht
8 Erbpacht
Stück vom Ganzen
7 Zehntel
Bestimmung
3 Los
4 Ziel
5 Fatum, Regel, Zweck
6 Dekret, Erlass, Gesetz, Kismet
7 Analyse, Aufgabe, Deutung, Fuegung, Satzung
9 Anordnung, Bedingung, Reglement, Regulativ, Schicksal
10 Definition, Erklaerung, Verfuegung, Verordnung, Vorschrift
11 Destination
15 Praedestination
Auftrag, innere Sendung
7 Mission
einer Krankheit
8 Diagnose
Bestimmungsinstrument
der Himmelsrichtung
7 Kompass
Bestimmungswort, 3. Potenz einer Zahl
5 Kubik
Bestleistung
6 Rekord, Spitze
7 Maximum, Optimum
10 Weltrekord
bestmöglich
7 optimal
Bestplazierter, Gewinner
6 Sieger
bestrafen
6 ahnden
10 massregeln, zuechtigen
Bestrahlungsgerät
7 UV-Lampe
10 Quarzlampe
11 Hoehensonne
Bestreben
9 Bemuehung
bestreiten
7 abreden, leugnen
8 negieren
9 ableugnen, anfechten, verwehren
bestricken
8 becircen, bezirzen
9 bezaubern
Bestseller
3 Hit
6 Renner
7 Reisser
8 Knueller, Schlager
14 Verkaufserfolg
16 Verkaufsschlager
bestücken
8 armieren
Bestückung
9 Armierung
bestürzt
5 starr
6 ratlos
7 perplex
9 betroffen
11 fassungslos
12 konsterniert
Bestürzung
13 Betroffenheit, Konsternation
Bestwert
7 Optimum
Besuch
5 Logis
6 Visite
7 Empfang
10 Aufenthalt
12 Besichtigung
besuchen
9 gastieren
13 frequentieren
Besucher
4 Gast
6 Gaeste
8 Publikum
9 Ehrengast, Zuschauer
10 Teilnehmer
einer Studienanstalt
7 Student
10 Seminarist
Besuchsticket
14 Eintrittskarte
betagt
3 alt
betagte
Frau
4 Alte
7 Greisin
Betätigung
3 Job, Tun
4 Werk
6 Arbeit
im Schnee
8 Skisport
Betätigungsdrang
5 Eifer
betäuben
7 laehmen
10 berauschen
13 einschlaefern, narkotisieren
14 anaesthesieren
15 chloroformieren
16 anaesthetisieren
betäubt
8 benommen
10 bewusstlos
Betäubung
7 Narkose
11 Anaesthesie
Betäubungsmittel
5 Opiat, Opium
6 Aether, Evipan, Kokain
7 Lachgas, Prokain
8 Halothan, Morphium, Novocain
9 Narkotika
10 Chloroform, Narkotikum
11 Chloraethyl
13 Chloralhydrat
bete
(lat.)
3 ora
Beteiligter
10 Teilnehmer
11 Interessent
Beteiligung
9 Teilnahme
13 Partizipation, Partnerschaft
am Gewinn
8 Tantieme
Betelnußpalme
5 Areca, Areka
Betelnusspalme
6 Pinang
Betende
in der Kunst
5 Orans, Orant
Beteuerung
3 Eid
6 Schwur
9 Geloebnis
12 Versicherung
betiteln
8 benennen

Betitelung
6 Anrede
betonen
10 pointieren
11 hervorheben
12 akzentuieren
14 unterstreichen
betont
4 sehr
5 extra
6 eigens
8 deutlich
9 besonders, pointiert
10 auffallend, ostentativ
11 akzentuiert
13 hervorgehoben
betonte
Zurückhaltung eines Menschen gegenüber der Gemeinschaft
15 Individualismus
betonter
Taktteil
5 Arsis
Betonung
5 Iktus
6 Akzent, Hebung
7 Emphase, Gewicht, Tonfall
8 Unterton
13 Akzentuierung
Betonungszeichen
4 Akut
6 Akzent, Gravis
7 Cedille
10 Zirkumflex
Betonunterstand
6 Bunker
betören
8 becircen, bezirzen
9 beruecken
10 verfuehren
betörend
7 reizend
8 reizvoll
10 bezaubernd
11 entzueckend
14 verfuehrerisch
betrachten
7 ansehen
betrachtend
12 kontemplativ
beträchtlich
4 sehr, viel
5 enorm, gross
8 merklich
9 bedeutend, erheblich
10 ansehnlich
11 erklecklich, umfangreich
Betrachtung
9 Reflexion
Betrachtungsweise
6 Aspekt
11 Blickwinkel, Perspektive
Betrag
5 Preis, Summe
6 Posten, Umlage
7 Quantum
8 Ergebnis
11 Kostenpunkt
für Spielerwechsel
12 Abloesesumme
Betragen
7 Anstand
8 Benehmen, Konduite
betreiben
8 ausueben
9 nachgehen
Betreten
eines Staates
8 Einreise
betreuen
6 hueten
7 pflegen
Betreuer
4 Pate
5 Coach
6 Mentor
7 Manager, Pfleger, Stewart, Trainer
10 Impresario
einer Jugendherberge
13 Herbergsvater
einer Sammlung
7 Kustode
im Boxkampf
9 Sekundant
von Studienanfängern
5 Tutor
von Tierherden
6 Hueter
Betreuerin
auf Ausstellungen
7 Hostess
Betreuung
4 Hort
5 Obhut
6 Pflege, Schutz
7 Service, Wartung
9 Fuersorge
10 Versorgung
Betrieb
4 Werk
5 Buero, Firma
6 Fabrik, Rummel, Trubel, Zulauf
7 Andrang, Filiale, Treiben
9 Geschaeft
10 Vertretung, Zweigbuero
11 Unternehmen, Zweigstelle
13 Etablissement, Niederlassung
15 Geschaeftigkeit
der Bierherstellung
8 Brauerei
der Fischindustrie
10 Raeucherei
der Getreideverarbeitung
6 Muehle
der Metallindustrie
8 Hochofen
9 Giesserei
der Milchverarbeitung
8 Molkerei
der Textilindustrie
7 Weberei
9 Spinnerei
zur Förderung von Bodenschätzen
8 Bergwerk
betrieblicher
Arbeitsbereich
7 Ressort
9 Abteilung
betriebsam
4 rege
5 aktiv, emsig
6 eifrig
7 ruehrig
8 fleissig, hektisch
11 geschaeftig
Betriebsamkeit
6 Hektik
10 Aktivitaet
15 Geschaeftigkeit
Betriebsführung
10 Management
Betriebsleiter
4 Boss, Chef
8 Direktor
Betriebslokal
7 Kantine
Betriebsratsvorsitzender
6 Obmann
Betriebsräume
des Winzers
8 Kellerei
betriebssichernder
Angestellter
13 Nachtwaechter
Betriebsstörung
5 Panne
Betriebszusammenschluss
8 Kombinat
betroffen
8 entsetzt, verwirrt
9 bestuerzt
11 erschrocken
12 konsterniert
betrogener
Ehemann
7 Hahnrei
Betrübnis
6 Trauer
betrübt
7 traurig
10 deprimiert
11 enttaeuscht
Betrug
3 Lug
4 Nepp
5 Luege, Schmu
6 Humbug
7 Mogelei
8 Gaunerei
9 Blendwerk, Prellerei, Schiebung, Schwindel
10 Faelschung, Taeuschung
11 Machination
12 Manipulation, Unterschleif
betrügen
6 mogeln, neppen
7 prellen
9 duepieren, taeuschen
11 hintergehen
14 uebervorteilen
Betrüger
5 Filou
6 Ganeff, Ganove, Gauner, Mogler
7 Gaukler, Halunke
9 Faelscher, Taeuscher
10 Defraudant, Scharlatan, Schwindler
15 Beutelschneider
betrügerisch
6 falsch
betrunken
3 dun
4 blau
7 bezecht
9 berauscht
10 beschwipst

Betrunkenheit
6 Rausch
Betschuanenstamm
9 Makalsaka
Bett
4 Koje
5 Lager, Liege
8 Pritsche
der Antike
5 Kline
oder Mund in der Umgangssprache
6 Klappe
Bettbekleidung
9 Nachthemd
11 Schlafanzug
Bettbezug
6 Zieche
Bettelmönch
6 Servit
9 Mendikant
im Islam
5 Fakir
8 Derwisch
bettelnder
Armer in Neapel
9 Lazzarone
Bettfeder
5 Daune
Bettfedernhülle
6 Inlett
Betthimmel
9 Baldachin
Bettler
9 Schnorrer
in Neapel
9 Lazzarone
Bettlersprache
5 Argot
9 Rotwelsch
Bettnische
7 Alkoven
Bettpolster
8 Aufleger, Matratze
Bettsofa
5 Diwan
Betttuch
5 Laken
Bettverschlag
4 Koje
Bettwäschestück
5 Bezug, Laken
6 Kissen
10 Kopfkissen
12 Couvertbezug
16 Ueberschlaglaken
17 Nackenrollenbezug
Beugefall
5 Dativ, Kasus
7 Ablativ, Genitiv
9 Akkusativ, Nominativ
Beugemuskel
6 Bizeps
beugen
5 knien
6 biegen, ducken, neigen
10 flektieren
11 deklinieren, konjugieren
Beugung
5 Knick
7 Biegung, Flexion
9 Kruemmung
10 Abwandlung, Abweichung, Verletzung
11 Deklination, Konjugation
Beugungsfall
5 Dativ, Kasus
7 Ablativ, Genetiv, Genitiv, Vokativ
9 Akkusativ, Nominativ
Beugungsform
der Nennform
9 Gerundium
Beule
5 Delle
7 Hoecker
8 Woelbung
10 Geschwulst, Schwellung
Beunruhigung
5 Sorge
beurkunden
9 testieren
13 dokumentieren
14 protokollieren
beurkundet
8 testiert
12 dokumentiert
Beurkundung
5 Beleg
6 Testat
7 Zeugnis
8 Nachweis
9 Protokoll
10 Zertifikat
12 Verifikation
13 Dokumentation
Beurkundungsbeamter
5 Notar
Beurkundungskanzlei
8 Notariat
beurlaubt
7 inaktiv
Beurlaubung
9 Befreiung
beurteilen
6 werten
9 wuerdigen, zensieren
11 kritisieren, rezensieren
12 einschaetzen
15 diagnostizieren
beurteilende
Besprechung
6 Kritik
Beurteiler
6 Zensor
8 Kritiker
9 Rezensent
Beurteilung
4 Note
6 Kritik, Zensur
7 Wertung, Zeugnis
8 Diagnose, Ermessen
9 Bewertung, Gutachten, Praedikat, Rezension
10 Einstufung, Judikation
12 Abschaetzung
13 Einschaetzung, Qualifikation
von Grundstücken
7 Bonitur
Beute
4 Fang, Raub, Sore
5 Kaper, Prise
7 Raubgut
9 Diebesgut
11 Requisition
12 Kontribution
Beutel
4 Sack
5 Tuete
6 Boerse, Tasche
7 Saeckel
8 Futteral, Stanitzl
9 ◆ Portmonee, Stanitzel
10 Geldtasche
12 Portemonnaie
beutelartige
Handtasche
9 Pompadour
Beuteltier
4 Kusu, Tafa
5 Koala, Yapok
6 Casaca, Kuskus, Quokka, Wombat
7 Beutler, Opossum, Potoruh, Wallaby
8 Bandikut, ◆ Kaenguru, Wallaruh
9 Fuchskusu, Hundskusu, Ilangurra, Kaenguruh, Pademelon, Parameles, Zebrahund
10 Beutelbaer, Beutelhund, Beutelmaus, Beutelmull, Beutelwolf, Erdwuehler
11 Aeneasratte, Beutelbilch, Beuteldachs, Beuteliltis, Beutelratte, Handfuesser, Opossummaus, Ratonruncho, Raubbeutler
12 Beutelmarder, Beutelteufel, Bilchbeutler, Honigbeutler, Krebsbeutler, Nasenbeutler, Opossumratte, Plumpbeutler, Schweinsfuss, Stutzbeutler
13 Baumkaenguruh, Fingerbeutler, Fleckenkuskus, Irmakaenguruh, Springbeutler, Tuepfelkuskus
14 Ameisenbeutler, Beuteleichhorn, Beutelmaulwurf, Buschkaenguruh, Grosskaenguruh, Hasenkaenguruh, Kletterbeutler, Krabbenbeutler, Ruesselbeutler, Schwimmbeutler, Zwergkaenguruh
15 Baerenkaenguruh, Beutelspitzmaus, Felsenkaenguruh, Haarnasenwombat, Mittelkaenguruh, Rattenkaenguruh, Riesenkaenguruh, Zuegelkaenguruh
16 Bennettkaenguruh, Greiffusshuepfer, Nacktnasenwombat, Nasenbeuteldachs, Ohrenbeuteldachs, Rothalskaenguruh, Zwergbeutelratte
17 Bindenbeuteldachs, Halbmondkaenguruh, Schlafmausbeutler
18 Handschuhkaenguruh, Riesenbeutelmarder

19 Beutelflughoernchen, Federschwanzbeutler, Schuppenschwanzkusu, Tuepfelbeutelmarder, Wollhaarbeutelratte
20 Beutelspitzhoernchen, Felsengrosskaenguruh, Kurznasenbeuteldachs, Zwergfelsenkaenguruh
21 Huebschgesichtwallaby, Nagelschwanzkaenguruh
22 Dickschwanzbeutelratte, Moschusrattenkaenguruh

Beutestück
8 Trophaee

Bevölkerung
7 Buerger
9 Einwohner
10 Population
11 Eingeborene, Einwanderer, Ureinwohner
12 Landeskinder
Borneos
5 Dajak, Dayak
des oberen Niltals
6 Nubier

Bevölkerungsgesuch
7 Eingabe

Bevölkerungsgruppe
in Indien
3 Uru

Bevölkerungslehre
10 ◆ Demografie
11 Demographie

Bevölkerungsteil
11 Mittelstand
Jugoslawiens
6 Serben
7 Albaner
8 Slowenen
10 Makedonier, Mazedonier
13 Montenegriner

bevollmächtigen
12 autorisieren

bevollmächtigt
6 befugt
11 autorisiert

Bevollmächtigter
7 Delegat
9 Disponent, Prokurist, Vertreter
10 Prokurator
14 Stellvertreter

Bevollmächtigung
12 Autorisation

bevor
3 ehe
6 vorher

Bevormundung
9 Gaengelei

bevorrechten
13 privilegieren

bevorrechtigter
Stand
4 Adel

bevorzugen
8 foerdern
9 vorziehen
10 verwoehnen
12 beguenstigen, favorisieren

bevorzugter
Begriff im Sprachgebrauch
17 Lieblingsausdruck
Favorit
10 Guenstling

bevorzugtes
Wesen
8 Liebling

bewachen
6 hueten
7 sichern
9 absichern, aufpassen
10 abschirmen
13 kontrollieren

Bewacher
Asgards
8 Heimdall
der Io
5 Argus
des Hades
8 ◆ Cerberus, Kerberos, Zerberus
des Nibelungenhorts
6 Fafner, Fafnir

bewachter
Durchgang
6 Sperre

Bewachung
5 Obhut
6 Schutz

bewaffnen
8 armieren
10 ausruesten

bewaffnete
Auseinandersetzung
5 Krieg
Bürgerwehr
5 Miliz
Landmacht
4 Heer
5 Armee
Seemacht
6 Armada, Marine
12 Kriegsmarine

bewaffneter
Gangster
6 Gunman
Handelsdampfer
12 Hilfskreuzer
Ritter im Mittelalter
7 Reisige
Widerstandskämpfer im Feindesland
8 Partisan

Bewaffnung
8 Ruestung

bewahren
7 sichern
8 erhalten
9 schuetzen
12 konservieren

bewähren
6 taugen
8 beweisen, erproben

bewahrend
11 konservativ

Bewahrer, Wächter
6 Hueter

Bewahrheitung
12 Verifikation

bewährt
6 probat
7 erprobt

bewährter
Diener
8 Faktotum

Bewährungsversuch
4 Test
5 Probe

bewältigen
8 meistern
11 vollbringen

bewandert
4 firm
6 kundig
8 versiert
10 beschlagen, sattelfest

bewanderte
Person auf einem bestimmten Gebiet
17 Sachverstaendiger

Bewässerungsgebiet
im Sudan
6 Gezira

bewegen
5 regen
7 ruehren, treiben

bewegende
Kraft
7 Antrieb, Dynamik

Beweggrund
5 Motiv
6 Anlass, Movens
7 Ursache
10 Motivation
12 Veranlassung

beweglich
4 agil
5 flink, labil, mobil
7 gewandt, lebhaft
8 ambulant, flexibel, lebendig
9 elastisch
13 transportabel
in der Musik
6 mobile

bewegliche
Habe
6 Moebel
7 Hausrat
8 Mobiliar, Mobilien
Knochenverbindung
6 Gelenk
Plastik
6 Mobile
starke Lichtquelle
16 Drehscheinwerfer
Verbindung
6 Gelenk

beweglicher
Verschluss
6 Klappe
Zimmerschmuck
6 Mobile

bewegliches
Fest
6 Ostern
9 Pfingsten
Gewebsorgan
6 Muskel
Vermögen
7 Fahrnis
Wehr
7 Schuetz
8 Schuetze

Beweglichkeit
7 Schwung
9 Agilitaet
10 Mobilitaet, Vitalitaet
12 Elastizitaet, Gelenkigkeit

13 Flexibilitaet
bewegt
in der Musik
5 mosso
bewegte
Wasseroberfläche des Meeres
7 Seegang
bewegter
Ablauf
8 Dramatik
Bewegung, Bewegungsart
4 Eile, Gang, Hast, Lauf, Tanz, Trab
5 Fahrt, Geste, Hetze, Tempo, Trott
6 Galopp, Regung, Unruhe, Wanken
7 Betrieb, Bummeln, Gangart, Pendeln, Schritt, Schwung
8 Bummelei, Erregung
9 Troedelei, Vibration
10 Schlendern, Schleudern
11 Langsamkeit
12 Geruhsamkeit
13 Schnelligkeit
der Meeresoberfläche
5 Drift
der Pferde auf der Stelle
6 Piaffe
der Wasseroberfläche
5 Welle
des modernen Judentums
9 Zionismus
um eine Achse
7 Drehung
von Flüssigkeiten
9 Stroemung
von Pflanzenorganen
6 Nastie
zu Pferd
4 Ritt
Bewegungsablauf
7 Motorik
beim Tanz
5 Figur
Bewegungsänderung
eines Schiffes
8 Manoever
Bewegungsart
4 Flug
Bewegungsform
der Materie
5 Leben
Bewegungsgleichmaß
9 ◆ Eurythmie
10 Eurhythmie
bewegungshemmende
Kraft
7 Reibung
Bewegungslähmung
8 Paralyse
Bewegungslänge
eines Kolbens
3 Hub
Bewegungslehre
7 Dynamik, Kinetik
8 Mechanik
9 Kinematik
10 Phoronomie
bewegungslos
3 tot
5 starr, steif
6 leblos, reglos
8 erstarrt
Bewegungslosigkeit
4 Ruhe
6 Starre
9 Starrheit, Steifheit
12 Reglosigkeit
Bewegungsorgan
4 Band, Bein, Fuss
5 Sehne
6 Gelenk, Muskel
der Fische
6 Flosse
Bewegungsreaktion
von Organismen
5 Taxis
Bewegungsspiel
6 Fangen
7 Haschen
9 Ballspiel, Blindekuh, Federball, Tauziehen
10 Verstecken
11 Sackhuepfen
Bewegungstraining
9 Dauerlauf
Bewegungsübung
9 Gymnastik
Bewegungswiderstand
sich berührender Körper
7 Reibung
bewehren
8 armieren
Beweis, Beweisstück
5 Beleg, Indiz
7 Zeichen, Zeugnis
8 Argument, Asservat, Ausdruck, Dokument, Nachweis, Quittung
9 Deduktion, Unterlage
13 Demonstration, Dokumentation
auf Grund von Tatsachen
14 Indizienbeweis
beweisen
6 dartun
7 belegen
9 erhaerten
13 demonstrieren, dokumentieren
beweisend
12 demonstrativ
Beweisführung
8 Belegung
9 Deduktion
13 Argumentation, Demonstration
Beweisgegenstand
einer strafbaren Handlung
13 Corpus delicti
Beweisgrund
8 Argument
beweiskräftig
11 apodiktisch
Beweismittel
8 Argument
Beweisperson
5 Zeuge
Beweisstück
5 Beleg
8 Asservat, Dokument, Quittung
Beweisunterlage
5 Beleg
Bewerber
6 Freier
8 Aspirant, Kandidat
9 Anwaerter, Postulant
10 Reflektant, Submittent
11 Interessent, Praetendent
Bewerbung
6 Antrag, Gesuch
10 Kandidatur
12 Anwartschaft
um ein Amt
10 Kandidatur
Bewertung
4 Note
6 Kritik, Zensur
9 Praedikat
von Leistungen
7 Zeugnis
Bewertungseinheit
5 Punkt
bewilligen
8 erlauben
9 gewaehren
11 konzedieren
Bewilligung
2 Ja
6 Jawort, Lizenz, Plazet, Zusage
9 Billigung, Erlaubnis
10 Gewaehrung, Konzession
11 Genehmigung
bewirtschaftetes
Grünland
5 Weide
Bewirtungsgewerbe
11 Gastronomie
bewohnbares
Dachgeschoss
8 Mansarde
Bewohner
6 Mieter
7 Buerger, Insasse
9 Einwohner
11 Ansaessiger, Untermieter
12 Eingeborener
13 Einheimischer
Afrikas
5 Neger
6 Araber
9 Afrikaner
Albaniens
7 Albaner
10 Skipetaren
Amerikas
5 Indio
8 Indianer
10 Amerikaner
Asiens
5 Asiat, Inder
6 Iraker, Iraner
7 Burmese, Chinese, Japaner
8 Indonese, Koreaner
auf der entgegengesetzten Seite der Erde
8 Antipode
Bangladeshs
7 Bengale
Belgiens
5 Flame
7 Wallone
der Arktis
6 Eskimo
der Bretagne
7 Bretone
der britischen Hauptstadt
8 Londoner
der deutschen Hauptstadt
6 Bonner

8 Berliner
der ehemaligen Sowjetunion
4 Este
5 Lette, Russe, Tatar
6 Ossete, Usbeke
7 Kasache, Kirgise, Litauer, Ruthene
8 Armenier, Georgier, Turkmene, Ukrainer
der entgegengesetzten Seite der Erde
9 Antipoden
der französischen Hauptstadt
7 Pariser
der griechischen Hauptstadt
7 Athener
der Insel Korfu
7 Korfiot
der italienischen Hauptstadt
6 Roemer
der malaiischen Inselwelt
10 Indonesier
der Nebenwohnung
7 Nachbar
der nördl. Polargebiete
8 Arktiker
der österreichischen Hauptstadt
6 Wiener
der Pyrenäenhalbinsel
6 Iberer
der Schweizer Hauptstadt
6 Berner
der Stadt Tessin
7 Luganer
des alten Mexiko
6 Azteke
des Baltikum
5 Esten
6 Letten
7 Litauer
des Morgenlandes
9 Orientale
einer Antilleninsel
7 Haitier
einer englischen Halbinsel
7 Waliser
einer europäischen Hauptstadt
7 Athener
einer historischen Provinz
9 Aragonier
einer Landschaft
10 Thueringer
einer Mittelmeerinsel
5 Korse, Sarde
6 Araber, Cyprer, Zyprer
7 Cypriot, Kretaer, Zyprier, Zypriot
8 Balinese, Malteser
9 Sardinier
10 Sizilianer
einer Straße
8 Anlieger
eines Alpenlandes
7 Tiroler
eines amerikanischen Staates
7 Chilene, Kubaner
8 Kanadier, Peruaner
9 Mexikaner
11 Argentinier, Brasilianer, Venezolaner
eines Balkanstaates
5 Serbe
6 Kroate
7 Albaner, Bulgare, Grieche, Rumaene, Slowene
eines Erdteils
5 Asiat
9 Afrikaner, Europaeer
10 Amerikaner, Australier
eines europäischen Staates
4 Este, Pole
5 Daene, Finne, Lette, Russe, Ungar
7 Albaner, Belgier, Bulgare, Grieche, Litauer, Rumaene, Schwede, Spanier
8 Franzose, Norweger, Tscheche
9 Deutscher, Italiener, Schweizer
10 Andorraner, Portugiese
11 Luxemburger, Sanmarinese
15 Liechtensteiner
eines Gebäudes
16 Hausgemeinschaft
eines Schweizer Kantons
5 Urner
eines Staates am Persischen Golf
8 Kuwaiter
eines Staates im Himalaja
7 Nepaler
eines Staates in Nahost
7 Israeli
heißer Länder
6 Exoten
unseres Erdteils
9 Europaeer
von Arabien
6 Araber
von Argos
6 Danaer
7 Argeier, Argiver
von Asgard
4 Asen
von Babylon
9 Chaldaeer
von Belgien
5 Flame
7 Wallone
von Etrurien
8 Etrusker
von Grönland
6 Eskimo
von großen Orten
8 Staedter
von Istanbul
5 Perot
von Italien
6 Itaker
von Jütland
5 Juete
von Karien
5 Karer
von Laos
5 Laote
von Lydien
5 Lyder
von Madagaskar
4 Howa
9 Madagasse, Makassare
von Medien
5 Meder
von Mittelasien im Altertum
8 Etrusker
von Monaco
9 Monegasse
von Nordbelgien
6 Flamen
von Ostpreußen
6 Masure
von Siam
8 Siamesen
von Südbelgien
8 Wallonen
von Thailand
3 Lao
von Troja
5 Troer
8 Trojaner
von Wasser umgebenem Land
9 Insulaner

bewohnter
Teil der Erde
8 Oekumene

Bewuchs
des Kopfes
5 Haare

bewundernswert
9 admirabel

bewurzelte
Jungpflanze
7 Ableger

bewurzelter
unterirdischer Spross
6 Rhizom

bewusst
11 absichtlich, willentlich

bewusste
Einleitung einer Fehlgeburt
10 Abtreibung
Täuschung
4 List

bewusstes
Erfahren
7 Erleben

bewusstlos
11 ohnmaechtig

Bewusstlosigkeit
4 Koma
8 Ohnmacht

Bewusstsein
5 Geist
6 Wissen
7 Absicht
8 Einsicht, Klarheit, Verstand
9 Sensorium
10 Erkenntnis
11 Gedaechtnis
des Handelns
7 Absicht
in der Medizin
9 Sensorium

Bewusstseinsspaltung
13 Schizophrenie

Bewusstseinstrübung
14 Daemmerzustand

bezahlen
7 loehnen
8 abgelten, berappen
9 vergueten
10 honorieren

bezahlter
Tanzpartner
6 Gigolo

Bezahlung
4 Gage, Lohn
5 Heuer, Preis
6 Gehalt, Kosten, Salaer
7 Entgelt, Honorar, Tilgung
10 Verguetung
11 Begleichung

der Seeleute
5 Heuer
für freiberufliche Tätigkeit
7 Honorar
bezaubern
7 blenden
8 becircen, betoeren, bezirzen, umgarnen
9 beruecken
10 bestricken, entzuecken
11 faszinieren
bezaubernd
4 chic
5 apart
6 ◆ schick
7 reizend
8 charmant, reizvoll
9 ◆ scharmant
10 berueckend
11 entzueckend
12 faszinierend
bezaubernde
Anmut
6 Charme, ◆ Scharm
Bezauberung
10 Berueckung
11 Faszination
bezeichnen
6 nennen
9 markieren, signieren
10 nominieren
11 designieren
14 apostrophieren
bezeichnend
4 echt
7 markant, typisch
13 symptomatisch
16 charakteristisch
17 charakterisierend
bezeichnende
Eigenschaft
16 Charakteristikum
Bezeichnung
4 Name, Text
5 Titel
6 Angabe, Signum
7 Hinweis, Vermerk
9 Inschrift
10 Aufschrift
11 Designation
der Apostelbriefe im NT
7 Epistel
der Elendsviertel
4 Slum
der Falkner für das Greifvogelmännchen
6 Terzel
der französischen Polizisten
4 Flic
der Gesamtstreitkräfte des Deutschen Reiches
9 Wehrmacht
des Alphabets
3 Abc
des päpstlichen Kabinetts
5 Kurie
einer Textlücke
5 Vakat
eines Deutschen zur Römerzeit
7 Germane
für Adler, Geier usw.
9 Raubvogel
für Araber
8 Sarazene
für ausgelernten Lehrling
7 Geselle
für Barsch und Zander
5 Seden
für Bayern
7 Bavaria
für Belgien, die Niederlande und Luxemburg
14 Beneluxstaaten
für besonders kleine Menschen
11 Liliputaner
für britische Währungseinheit
5 Pfund
15 Englisches Pfund
für Bronze
3 Erz
für Christus
7 Heiland
für das Abendmahlsbrot
6 Hostie
für das Amt des Bundeskanzlers
14 Regierungschef
für das Gesamtwerk eines Künstlers
6 Oeuvre
für das Küstengebiet von Nord- und Ostsee
9 Waterkant
für das zweihöckrige Kamel
11 Trampeltier
für Deckel, Klappe, Pfropfen
10 Verschluss
für den 27. Juni
15 Siebenschlaefer
für den 3. November
11 Hubertustag
für den amerikanischen Spießbürger
7 Babbitt
für den Anfang eines Flusslaufes
8 Oberlauf
für den Bezirksvorsteher der Schweizer Kantone
6 Ammann
für den Deutschen Staat bis 1945
14 Deutsches Reich
für den Düsenmotor
9 Triebwerk
für den Kaiser von Japan
5 Tenno
6 Mikado
für den Nichtmohammedaner im Islam
5 Giaur
für den Rennsport
4 Turf
für den Schwermetallkern der Erde
4 Nife
für den Unteroffizier
8 Korporal
für desgleichen
4 dito
für die 12 Sternbilder
9 Tierkreis
für die altägyptischen Könige
9 Pharaonen
für die altgriechische und altrömische Kultur
6 Antike
für die arabische Welt
6 Orient
für die britische Flagge
9 Union Jack
für die Druckschriftgröße
5 Kegel
für die dunklen Flächen auf Mars und Mond
4 Mare
für die Gebiete Mittel- und Südamerikas
13 Lateinamerika
für die Gesamtheit des Zeitungswesens
6 Presse
für die Griechen
8 Hellenen
für die größten Sportfestspiele
9 Olympiade
für die inneren Organe
10 Eingeweide
für die Inseln des Stillen Ozeans
8 Ozeanien
für die Kirchentonart
5 Modus
für die Mittelmeerküste
7 Riviera
für die Ozeane
9 Weltmeere
für die Pazifikinseln
8 Ozeanien
für die Planeten
12 Wandelsterne
für die Schweizer
11 Eidgenossen
für die Seestreitkräfte
6 Marine
für die Südstaaten der USA
9 Dixieland
für die Türken
7 Osmanen
für die Untersuchung des Blutes
8 Blutbild
für die vorderasiatischen Länder
6 Nahost
für Dresden
10 Elbflorenz
für ein Einzelwesen
4 Name
für einen Dichter
9 Musensohn
für einen Geizhals
14 Pfennigfuchser
für einen Menschen der schwarzen Rasse
4 Mohr
5 Neger
8 Farbiger
für einen Verkaufsschlager
10 Bestseller
für einen vorgeschichtlichen Menschen
12 Neandertaler
für ein Enzym
7 Ferment
für ein Schienenverkehrsmittel
9 Eisenbahn
12 Strassenbahn
für Erlass, Verordnung
5 Edikt
für Esel und Kamel
8 Lasttier
für Europäische Gemeinschaft für Kohle und Stahl
11 Montanunion

für fahrenden Schüler
7 Scholar
für Fernseher
10 Television
für fruchtbare Ebene
6 Boerde
für frühchristliche Einsiedler
9 Anachoret
für Gänschen
7 Goessel
für gedroschenes Getreide
4 Korn
für Gehirn und Rückenmark
19 Zentralnervensystem
für Geldverdiener in der Familie
9 Ernaehrer
für gleich, einerlei
4 egal
für Gold und Silber
10 Edelmetall
für gutes Benehmen
7 Anstand
für Heimatvertriebene
9 Umsiedler
für Himmelswesen
5 Engel
für Jahrbuch
8 Almanach
für Jesus Christus
7 Heiland
für Knospe
4 Auge
für Künstler
9 Musensohn
für Lehrlinge
6 Stifte
für Lungen und Kiemen
13 Atmungsorgane
für Maus und Ratte
8 Nagetier
für Monaco und Liechtenstein
11 Fuerstentum
für nicht zu verwirklichende Ideen
6 Utopie
für Nutztiere
4 Vieh
für Olefin
5 Alken
für orientalische Bauern
9 Fellachen
für Ostsee
14 Baltisches Meer
für Panzerwagen
4 Tank
für Pappel
5 Abele
für Priester der Ostkirche
4 Pope
für Raumfahrer
9 Astronaut, Kosmonaut
für Rundfunk
5 Radio
für russisches Raketengeschütz
11 Stalinorgel
für Schiff, Boot oder Kahn
14 Wasserfahrzeug
für Schriftsteller des Altertums
9 Klassiker
für See- und Luftkrankheit
6 Nausea
für Sesterz (röm. Münze)
6 Nummus
für Sommerende und Herbstanfang
15 Altweibersommer
für spanischen Bürgermeister
7 Alkalde
für Spitzenkönner
2 As
für Sprühregen
7 nieseln
für Straßenbahn
4 Tram
für sumpfige Bucht
5 Liman
für Teiche, Seen, Flüsse
9 Gewaesser
für Tierheilkunde
17 Veterinaermedizin
für Tiger, Löwe, Leopard
9 Raubkatze
für trichterförmige Luftwirbel
6 Trombe
für üblen Verbrecher
11 Galgenvogel
für Ulme
7 Ruester
für Universität
9 Alma mater
für unseren Planeten
7 Erdball
für unsere Zeit
13 Atomzeitalter
für Vasallen
6 Mannen
für Vater und Mutter
6 Eltern
für verzweigte Flussmündung
5 Delta
für viele Menschen
5 Leute
für Vierteljahr
7 Quartal
für Wein
9 Rebensaft
für Wildschafe
10 Muffelwild
für Wirbelsturm
5 Orkan
6 Taifun
7 Tornado
8 Hurrikan
im Wetterdienst
4 Hoch, Tief
7 Isobare
8 Millibar
9 Kaltfront, Luftdruck, Okklusion, Warmfront
10 Bodenfrost, Temperatur
12 Niederschlag
Bezeigung (Dank, Teilnahme)
6 Erweis
Bezeugung
6 Testat
Bezieher
5 Kunde
8 Abnehmer, Abonnent
einer Pension, Rente
7 Rentner
10 Pensionaer
Beziehung
5 Bezug, Draht, Faden
7 Betreff, Kontakt
8 Referenz, Relation
9 Konnexion
10 Verbindung
11 Korrelation, Verhaeltnis
herstellen
9 verbinden
beziehungslos
5 fremd
6 einsam
Beziehungspunkt
6 Anhalt
beziehungsweise
10 respektive
Beziehungswort
12 Praeposition
beziffern
10 numerieren
11 ◆ nummerieren
Bezirk
3 Gau
4 Zone
5 Kreis, Rayon
6 Gebiet, Gegend, Region, Revier, Sektor
7 Bereich, Provinz, Terrain, Umkreis
8 Distrikt, Gelaende, Ortsteil, Umgegend
9 Stadtteil
10 Landesteil
11 Territorium
des Deutschen Ordens
6 Ballei
des Pastors
7 Pfarrei
in der Schweiz
6 Kanton
in Frankreich
11 Departement
in Ostdeutschland
4 Gera, Suhl
5 Halle
6 Erfurt
7 Cottbus, Dresden, Leipzig, Potsdam, Rostock
8 Chemnitz, Schwerin
9 Frankfurt, Magdeburg, Ostberlin
14 Neubrandenburg
Bezirkspolizeichef
in den USA
7 Sheriff
Bezug
4 Kauf
6 Huelle
7 Betreff
8 Hinsicht
von Zeitungen auf bestimmte Zeit
10 Abonnement
Bezüge
9 Einkommen
bezüglich
7 relativ
8 reziprok
Bezüglichkeit
12 Relativitaet
Bezugsbasis
für Höhenangaben
13 Meeresspiegel
Bezugsstoff
für Betten
6 Inlett
bezwingbar
9 koerzibel
Bezwinger
6 Sieger

8 Eroberer
des Mount Everest
7 Hillary
bhutanische
Stadt
6 Thimbu
7 Punakha
8 Bumthang
Bibelauslegung
7 Exegese
Bibelteil
2 AT, NT
5 Psalm
7 Psalmen
10 Apokalypse, Evangelium
14 Altes Testament, Neues Testament
Bibelübersetzer
3 Hus
4 Perk
5 Buber, Judae, Menge
6 Calvin, Luther, Parker
7 Allioli, Ulfilas, Wulfila
8 Kautzsch, Olivetan
10 Hieronymus, Rosenzweig
11 Henne Roesch, Weizsaecker
13 Riessler Storr
Bibelübersetzung
5 Itala
7 Vulgata
8 Peschita
11 Septuaginta
13 Zuercher Bibel
15 Sixto Clementina
Bibelwort
6 Losung
Biberratte
6 Nutria
Biberschwanz
5 Kelle
Bibliothek
9 Buecherei
15 Buechersammlung
biblische
Gestalt
2 Uz
3 Ada, Dan, Ela, Eli, Eri, Eva, Gad, Ger, Ham, Hul, Ira, Job, Kis, Lea, Lot, Lud, Ner, Noe, Put, Ram, Sem, Usa
4 Abel, Abia, Adam, Ahas, Ahia, Ammi, Amoz, Anna, Aram, Boas, Chus, Edom, Ehud, Elam, Elga, Elia, Elon, Enak, Enos, Esau, Esra, Esri, Heth, Hiob, Iddo, Ilai, Isai, Jair, Jeus, Joab, Joah, Joas, Joel, Joha, Juda, Kain, Levi, Mesa, Moab, Mose, Noah, Obed, Obil, Oded, Omri, Onan, Orpa, Ozem, Ruth, Sama, Sara, Saul, Seba, Sela, Seth, Sisa, Uria, Usia, Ziba
5 Aaron, Abdon, Abiam, Abiel, Abihu, Abner, Abram, Achsa, Adina, Ahiam, Amnon, Amram, Annas, Arodi, Asaja, Asaph, Asser, Assur, Asuba, Barak, Bilha, Chusa, Chusi, David, Dodai, Eliab, Elias, Eliel, Elihu, Elisa, Enoch, Felix, Gajus, Gareb, Gomer, Hadad, Hagar, Haman, Hanan, Hanna, Haran, Hegai, Heled, Helez, Hezro, Hosea, Hulda, Hurai, Husai, Isaak, Ithai, Jaiel, Jakob, Jason, Jassi, Javan, Jehia, Jehus, Jeiel, Jesse, Jesus, Jonas, Josua, Jubal, Judas, Kaleb, Kenan, Kezia, Korah, Laban, Lydia, Madai, Magog, Maria, Merab, Milka, Moses, Nabal, Nadab, Naema, Naemi, Nahor, Noemi, Perez, Rahab, Rahel, Rhode, Ruben, Sabad, Sabdi, Sabud, Saham, Sarah, Sebak, Serah, Seres, Sidon, Silas, Simea, Simei, Simon, Sobab, Tabea, Thola, Titus, Urias, Uriel, Zadok, Zelek, Zibja, Zilla, Zodok
6 Abisag, Abital, Adinia, Adonia, Adoram, Aeneas, Agabus, Aquila, Arioch, Asahel, Asarja, Atthai, Baruch, Benaja, Bildad, Bileam, Dalila, Daniel, Debora, Delila, Elkana, Esther, Festus, Gersom, Gether, Gideon, Hanani, Hannas, Heldai, Henoch, Hepher, Hezron, Hilkia, Hophni, Isebel, Ismael, Jairus, Japhet, Jealam, Jedida, Jehiel, Jemima, Jerusa, Jethma, Jethro, Jojada, Joseba, Joseph, Josias, Judith, Kamech, Kanaan, Ketura, LoAmmi, Lysias, Maacha, Manoah, Martha, Mesach, Michal, Miriam, Mirjam, Naboth, Naeman, Naerai, Nathan, Nimrod, Pashur, Raddai, Raguel, Reguel, Salome, Salomo, Samgar, Samson, Samuel, Saulus, Sebuda, Semaja, Silpas, Simeon, Simson, Sirach, Sisera, Thamar, Tharah, Theres, Thiras, Thubal, Vasthi, Zeruja, Zophar
7 Abieser, Abigail, Abihail, Abinoam, Abraham, Absalom, Ananias, Apollos, Asareel, Aspenas, Athalia, Basmath, Batseba, Bethuel, Bigthan, Damaris, Eleasar, Elhanan, Elieser, Eliphal, Eliphas, Eliseba, Eljahba, Eljakim, Eljasib, Elrasar, Ephraim, Ethbaal, Gedalja, Gemarja, Goliath, Haggith, Hamutal, Hananja, Harbona, Hasabja, Hathach, Herodes, Iezabel, Ithamar, Jaesiel, Jediael, Jephtal, Jeribai, Jesreel, Jethros, Jismaja, Johanna, Josawja, Kaiphas, Krether, Krispus, Lazarus, Manasse, Matthan, Mizraim, Naherei, Nehemia, Nehusta, Othniel, Pethuel, Pilatus, Pinehas, Plether, Rebekka, Rehebam, Sadrach, Salomon, Sammoth, Saphira, Sebadja, Sebalon, Sebulon, Semarja, Sophach, Susanna, Zippora, Zubalon
8 Abinadab, Abischag, Abjathar, Asmaveth, Barabbas, Barnabas, Bathseba, Belsazar, Benjamin, Drusilla, Ezechias, Hananias, Herodias, Isaschar, Jecholja, Jeremoth, Jerobeam, Jethream, Jochebed, Jonathan, Josabeam, Josaphat, Lapidoth, LoRuhama, Mahalath, ObedEdom, Onesimus, Philemon, Potiphar, Rehabeam, Sacharja, Samehuth, Sapphira, Sekundus, Selomith, Sephatja, Sulamith, Zachaeus
9 Abimelech, Ahasverus, Ahimelech, Amminadab, BaalHanan, Bathsabee, Bethsabee, Dionysius, Elimelech, Elisabeth, Hephzibah, Jerahmeel, Jerubbaal, Josabeath, Kornelius, Malachias, Malchisua, Mardochai, Mikodemus, Naphthali, Nathanael, Oholibama, Priscilla, SearJasub, Serubabel, Sibbechai, Stephanus, Timotheus, Zacharias, Zebedaeus, Zorubabel
10 Ahithophel, Arphachsad, Bartimaeus, Mahalaleel, Matthithja, Methusalah, Methusalem, Semiramoth
11 Aristarchus, Jesus Sirach, Melchisedek, Nebusaradan
Heldengestalt
6 Samson, Simson
Landschaft, Land
4 Edom, Juda, Moab, Saba
5 Endor
6 Israel, Judaea, Kanaan
7 Aramaea, Idumaea, Jesreel, Samaria
8 Galilaea
9 Bethanien
Landschaft östlich des Jordans
6 Galaad
Prophetin
6 Debora
Quelle bei Jerusalem
5 Gihon
Riesengestalt
4 Enak
7 Goliath
Silbermünze
10 Silberling
Stadt des Lasters
5 Endor
Stadt, Stätte
3 Lod
4 Akko, Dora, Enon, Kana, Naim, Nain, Silo, Siph
5 Asdod, Ekron, Emaus, Endor, Hadid, Hazor, Joppe, Kedes, Lydda, Salem, Sidon, Socho, Sodom, Tyrus
6 Bethel, Emmaus, Gibeon, Hebron, Modein, Sichem
7 Askalon, Jericho, Samaria
8 Bethesda, Caesarea, Golgatha, Gomorrha, Nazareth, Tiberias
9 Bethabara, Bethanien,

Bethlehem, Beth Semes, Bet Safata, Jerusalem, Kapernaum
10 Betdschala, Gethsemane
Stammutter
3 Eva
Sündenstadt
5 Sodom
8 Gomorrha
Überschwemmungskatastrophe
8 Sintflut
Wüstennahrung
5 Manna
biblischer
Berg, Hügel
4 Nebu, Zion
5 Horeb, Sinai, Tabor
6 Gilboa, Hermon, Karmel
7 Garizim, Oelberg
8 Golgatha
Deckname für Jerusalem
5 Salem
Dulder
4 Hiob
Fluss
6 Jordan
Garten
4 Eden
8 Paradies
10 Gethsemane
Gesetzgeber
5 Moses
Götze
4 Baal
Hoherpriester
3 Eli
5 Annas
6 Hyrkan
Jäger
6 Nimrod
König
2 Og
3 Asa, Ela, Gog
4 Agag, Ahab, Amon, Amri, Bela, Jehu, Joas, Mesa, Omri, Phul, Saul, Thou
5 Abiam, Achab, Achis, Baesa, Balak, Cyrus, David, Eglon, Hanon, Hiram, Hosea, Jabin, Jareb, Joram, Josia, Kyros, Magog, Nahas, Nahum, Nehum, Pekah, Reson, Sihon, Simri, Sisak, Ussia
6 Ahasja, Amazia, Asarja, Darius, Haggai, Hasael, Hiskia, Joahas, Sallum, Salomo, Sargon, Xerxes
7 Athalja, Ethbaal, Herodes, Jeremia, Manasse, Menahem, Nehemia, Pekahja, Salomon
8 Belsazar, Benhadat, Jerobeam, Jojachin, Rehabeam, Sacharja, Sanherib
9 Abimelech, Ahasverus, Aristobul, Hadateser, Serubabel
10 Asar-Haddon
12 Nebukadnezar
14 Herodes Agrippa
Männername
6 Ismail
Monatsname
2 Ab
4 Adar, Elul, Ijar
5 Nisan, Sebat, Sivan
6 Tammus, Tebeth
7 Chislev, Tischri
12 Marcheschwan
Name für Jerusalem
5 Ariel
Name Gottes
5 Jahve
6 Adonai, Jehova
7 Zebaoth
Nomadenstamm
9 Ammoniter
Paradiesgarten
4 Eden
Patriarch
6 Henoch
Priester
3 Eli
Prophet
4 Amos, Esra, Hiob, Joel, Jona, Osee
5 Elias, Elisa, Hosea, Isaia, Jonas, Micha, Nahum
6 Abdias, Baruch, Daniel, Habaku, Haggai, Isaias, Jesaia, Jesaja, Josias, Nathan, Obadja, Samuel
7 Habakuk, Jeremia, Nehemia
8 Ezechiel, Hesekiel, Jeremias, Maleachi, Sacharja, Zephania, Zephanja
9 Malachias, Sophonias
Riese
4 Enak
7 Goliath
See
10 Genezareth
11 Tiberiassee
Stammvater
3 Ham, Noe, Sem
4 Adam, Noah
5 David, Isaak, Jakob
6 Ismael
7 Abraham
Unglücksbringer
4 Uria
Urvater
4 Adam
biblisches
Babylonien
8 Chaldaea
Buch
4 Amos, Esra, Hiob, Joel, Jona, Mose, Ruth
5 Hosea, Josua, Micha, Nahum
6 Baruch, Daniel, Esther, Exodus, Haggai, Jesaja, Judith, Numeri, Obadja, Salomo, Samuel, Sirach
7 Chronik, Genesis, Habakuk, Jeremia, Koenige, Nehemia, Psalter, Richter
8 Hesekiel, Maleachi, Sacharja, Zephanja
9 Hohes Lied, Levitikus
13 Deuteronomium
Fabeltier
7 Behemot
Gewicht
4 Beka, Gera, Mine
6 Talent
7 Schekel
Goldland
5 Ophir
Golgatha, Kreuzigungsort Christi
13 Kalvarienberg
Himmelsbrot
5 Manna
Königreich
4 Saba
Land, Landschaft
4 Edom, Moab, Saba
6 Israel, Judaea, Kaanan
7 Idumaea, Jesreel, Samaria
8 Galilaea
9 Bethanien
Lied
5 Psalm
Maß
3 Bat, Hin, Kab, Kor, Log
4 Epha, Rute, Seah
5 Homer, Meile
6 Letech
7 Issaron, Stadion
9 Sabbatweg
Reich
4 Elam
Riesenvolk
8 Enakiter
Traumland
5 Ophir
Volk
5 Magog
8 Amoriter, Aramaeer, Enakiter, Idumaeer, Moabiter
9 Ammoniter, Chaldaeer, Philister, Samariter
10 Amalekiter, Hasmonaeer, Israeliten, Kanaaniter, Makkabaeer, Pharisaeer, Phoenizier
bieder
4 brav
5 artig, plump
6 ehrbar, wacker
9 ehrenwert
10 anstaendig, einfaeltig
Biederkeit
8 Bonhomie
Biedermann
8 Bonhomme
Biedermeier-Künstler
5 Pforr
6 Kobell, Krafft
7 Olivier, Richter, Wasmann
8 Spitzweg
9 Defregger, Gruetzner
11 Waldmueller
biegsam
4 rank
7 schwank
8 flexibel
9 beweglich, elastisch
11 geschmeidig
biegsame
Latte
5 Sente
Stoßwaffe
7 Florett
biegsamer
Stab zum Muskeltraining
8 Impander
Zweig
5 Gerte

biegsames
Stützgewebe
7 Knorpel
Biegung
5 Beuge, Knick, Kurve
Biene
4 Imme
6 Drohne
Bienenart
6 Hummel
Bienenerzeugnis
5 Honig, Wachs
12 Bluetenhonig
bienenfleißig
5 emsig
Bienengott
5 Zosim
Bienenhaus, -korb
10 Immenstock
Bienenkönigin
6 Weisel
Bienenkrankheit
12 Nosemaseuche
Bienenmännchen
5 Drohn
6 Drohne
Bienenpflanze
9 Steinklee
Bienenprodukt
5 Honig, Wachs
Bienenwachs
4 Cera
Bienenwohnung
5 Stock
Bienenzelle
4 Wabe
Bienenzucht
7 Imkerei
9 Beutnerei
Bienenzüchter
5 Imker
7 Beutner, Zeidler
Bier
herstellen
6 brauen
Bierbetrieb
8 Brauhaus
Biergefäß
4 Fass, Glas, Lase, Mass
5 Molle, Tulpe
6 Humpen, Seidel, Stange
7 Stiefel
8 Masskrug, Schoppen
Biergetränk
6 Crusta
Bierhersteller
6 Brauer
Bierkäppchen
7 Zerevis
Bierkrug
6 Seidel
Bierlage
5 Runde
Bierlokal
6 Kneipe
Bierrettich
4 Radi
Bierrückstand
7 Trester
Bierschaum
5 Tulpe
Biersorte
3 Ale, Alt
4 Gose, Pils
5 Lager, Mumme, Stout
6 Porter, Weisse
7 Altbier, Maerzen, Pilsner
8 Bockbier, Malzbier, Pilsener
9 Rauchbier, Starkbier, Weissbier
10 Weizenbier
11 Gerstenbier, Maerzenbier
14 Hefeweizenbier
Bierwürze
6 Hopfen
7 Lupulin
Bierzutat
4 Malz
6 Hopfen
Biese
6 Galone
Biesezufluss
5 Uchte
Biest
4 Tier, Vieh
6 Bestie
bieten
10 offerieren
Bigamie
9 Doppelehe
bigott
10 froemmelnd
12 heuchlerisch, scheinheilig
Bilanz
5 Fazit, Stand
8 Ergebnis
9 Abschluss
10 Abrechnung, Rueckblick, Ueberblick
12 Soll und Haben
Bilanzseite
6 Aktiva
Bild
4 ◆ Foto
5 Figur, Kopie, Photo
6 ◆ Grafik, Skizze
7 Anblick, Ansicht, Graphik
8 Aquarell, Aufnahme, Eindruck, Gemaelde, Metapher, Portraet, Portrait
9 Abklatsch, Konterfei, Medaillon
10 Wiedergabe
11 Darstellung, Oelgemaelde
12 Illustration
13 Illustrierung
beschaulicher Ansicht
6 Idylle
des Körperinneren
16 Roentgenaufnahme
friedlicher Lebenszustände
5 Idyll
6 Idylle
im Tiefdruckverfahren
5 Stich
in bester Farbtechnik
7 Pastell
in kleiner Form
8 Miniatur
ländlichen Friedens
5 Idyll
Mariä mit Leichnam Christi
5 Pieta
mit lebensnahen Motiven
5 Genre
ohne Rahmen
6 Poster
plus Ton
11 Audiovision
Bildabmaler
6 Kopist
Bildaufnahmegerät
6 Kamera
10 Filmkamera
11 ◆ Fotoapparat
13 Fernsehkamera
Bildband
5 Album
Bildbandgerät
13 Videorecorder
Bildbeiwerk
8 Staffage
Bildberichter
12 ◆ Fotoreporter
13 Photoreporter
Bilddruckgitternetz
6 Raster
Bildeinfassung
6 Rahmen
Bildelement
6 Raster
bilden
6 formen, lehren
8 erziehen
11 kultivieren
bildende
Kunst
6 ◆ Grafik
7 Graphik, Malerei, Plastik
8 Skulptur
11 Architektur, Bildhauerei
12 Nadelmalerei
Umschreibung (altnord. Dicht.)
5 Heiti
bildender
Künstler
5 Maler
8 ◆ Grafiker, Radierer, Zeichner
9 Architekt, Bildhauer, Graphiker
10 Ausstatter
13 Kupferstecher
14 Buehnenbildner
Bilderfaltbuch
9 Leporello
Bildergalerie
in St. Petersburg
9 Eremitage
Bilderrahmen
12 Passepartout
Bilderrätsel
4 Ebus
5 Rebus
10 Vexierbild
Bildersammlung
5 Album
7 Galerie
10 Pinakothek
15 Gemaeldegalerie
Bilderschmuck
8 Vignette
12 Illustration
Bilderschrift
der alten Ägypter
12 Hieroglyphen
Bilderserienfigur
bei Busch
8 Baehlamm
Bildersprache
8 Symbolik

Bilderstürmer
10 Ikonoklast
Bilderteppich
7 Gobelin
Bildgeschichten
6 Comics
11 Comic strips
bildhaft
8 lebendig
9 plastisch
11 anschaulich
bildhafte Erzählung
9 Gleichnis
bei Kästner
3 Ede
bildhafter Ausdruck
5 Trope
bildhafte Redewendung
8 Metapher
Bildhaftigkeit
12 Plastizitaet
Bildhauer
9 Plastiker, Schnitzer, Skulpteur, Steinmetz
10 Erzgiesser
11 Bildgiesser, Goldschmied
13 Bildschnitzer, Holzschnitzer
18 Elfenbeinschnitzer
der Renaissance
3 Ate
des Neubarocks
8 Reingold
Bildhauerarbeit, -kunst
4 Guss
5 Figur
6 Bronze, Bueste, Mobile, Modell, Relief, Statue
7 Plastik
8 Skulptur
9 Bildnerei, Standbild, Statuette
11 Modellieren, Rundplastik, Schnitzerei
Bildhauerfamilie
10 Feichtmayr
Bildhauermaterial
3 Erz, Ton
4 Bein, Gips, Gold, Holz, Zink
5 Eisen, Stein, Wachs
6 Bronze, Granit, Marmor, Metall
7 Messing
9 Bimsstein, Elfenbein, Kalkstein, Porzellan, Sandstein
10 Kunststoff, Terrakotta
Bildhauerporträt
6 Bueste
Bildhauerwerkzeug
3 Lot
6 Bohrer, Bueste, Hammer, Raspel, Relief, Statue, Zirkel
7 Meissel
8 Faeustel, Schlegel, Skulptur
9 Faustkeil, Schlaegel
12 Tasterzirkel
13 Modellierstab
Bildkapsel
9 Anhaenger, Medaillon
Bildkünstler
8 Radierer
bildlich
10 figuerlich, symbolisch
11 allegorisch
12 metaphorisch
13 gleichnishaft
Unheil
7 Unstern
bildliche
Begriffsdarstellung
9 Allegorie
Redewendung
5 Trope
Wendung
8 Metapher
bildlicher
Ausdruck
5 Trope
8 Metapher
Gedankenblitz
5 Funke
bildliches
Erinnerungsvermögen
7 Eidetik
Bildloch
der Kamera
6 Blende
bildlose
Tarockkarte
5 Laton
Bildnachbesserung
8 Retusche
Bildnis
6 Abbild
8 Gemaelde, Portraet, Portrait
9 Abbildung, Konterfei
11 Nachbildung
Bildpunkt
6 Raster
Bildreihe
in Harmonikafaltung
9 Leporello
bildsam
9 plastisch
Bildsäule
6 Statue
Bildschirm
7 Monitor
Bildschmuck
12 Illustration
Bildseite
einer Medaille
5 Avers
Bildspeicher
10 Bildplatte, Magnetband
Bildständer
des Malers
9 Staffelei
Bildstickerei
12 Nadelmalerei
Bildstock
8 Klischee
Bildstreifen
4 Film
5 Comic, Strip
6 Stripe
10 Comic strip
Bildteppich
5 Kelim
7 Gobelin
10 Tapisserie
Bildung
5 Geist
6 Aufbau, Genese, Kultur, Niveau, Wissen
8 Klugheit
9 Formation
10 Entstehung, Gestaltung, Urbanitaet
11 Aufstellung, Intelligenz
15 Zusammenschluss
Bildungsform
7 Studium
Bildungsstand
6 Niveau
Bildungsstätte
6 Kolleg, Lyzeum, Schule
7 Anstalt, College, Seminar, Theater
8 Akademie, Institut, Internat
9 Gymnasium, Technikum
10 Hochschule, Oberschule, Realschule
11 Volksschule
12 Berufsschule, Mittelschule, Universitaet
13 Gewerbeschule, Handelsschule, Klosterschule, Kunstakademie, Polytechnikum, Realgymnasium
14 Fachhochschule
15 Volkshochschule, Werkkunstschule
der weißen Blutkörperchen
4 Milz
Bildunterschrift
7 Legende
Bildwerfer
7 Diaskop, Episkop
9 Projektor
10 Epidiaskop
14 Vorfuehrgeraet
18 Projektionsapparat
Bildwerk
6 Mosaik, Relief, Statue
7 Plastik
8 Aquarell, Gemaelde, Skulptur
11 Holzschnitt, Kupferstich, ◆ Lithografie
12 Lithographie
am Naumburger Dom
3 Uta
aus bunten Steinchen
6 Mosaik
plastischer Art
6 Relief
bildwirksam
7 ◆ fotogen
8 photogen
Bildzeichen
8 Signatur
9 Ideogramm
Billardausdruck
5 Bande, Cadre, Effet, Point, Queue, Stoss
9 Fehlstoss, Kopfstoss
11 Contrestoss, Karambolage, Mittelstoss
Billardrand
5 Bande
Billardspielart
5 Cadre
6 Chasse
Billardstock
5 Queue
Billardstoß
6 Dublee
Billett
5 Brief, Karte
6 Ticket, Zettel

9 Fahrkarte, Schreiben
10 Fahrschein
12 Einlasskarte
14 Eintrittskarte

billig
6 simpel
7 einfach, gerecht
8 ordinaer, primitiv, wohlfeil
9 preiswert

einkaufen
8 ramschen

billigen
7 bejahen
8 zulassen
10 genehmigen, gutheissen
12 beipflichten, legitimieren
13 sanktionieren

billiges
Kleid
6 Fummel

Billigung
8 Sanktion

einer Sache
7 Annahme

Billionstel
4 Pico

Bimssteintuff
5 Trass

binäre
Einheit
3 BIT

Binde
4 Band, Tuch
7 Bandage, Verband
8 Streifen
10 Wundschutz

Bindegewebe
4 Tela

Bindegewebestrang
5 Sehne

Bindegewebsgeschwulst
6 Fibrom, Sarkom

Bindegewebsleim
der Wirbeltierknochen
6 Ossein

Bindehautentzündung
6 Xerose

Bindemittel
3 Oel
4 Gips, Kitt, Lehm, Leim
6 Binder, Zement
7 Moertel, Tragant
8 Kleister
9 Klebstoff
13 Kontaktkleber

binden
6 heften, kleben, knoten, loeten
7 fesseln, liieren
8 flechten, knuepfen, legieren
9 schnueren
10 engagieren
11 broschieren

bindend
13 obligatorisch

bindende
Richtlinie
4 Plan

bindender
Auftrag
6 Befehl

Binder
7 Schlips
8 Krawatte
12 Maehmaschine

Bindestrich
5 Divis
6 Hyphen

Bindewort
2 da, ob, so, wo
3 als, bis, ehe, und
4 aber, also, auch, dann, denn, doch, oder, seit, weil, wenn, zwar
5 bevor, daher, damit, darum, desto, falls, indem, somit, sonst, sowie, woher, wohin, zudem
6 darauf, ferner, jedoch, obwohl, sobald
7 dennoch, deshalb, nachdem, solange
8 deswegen, trotzdem, waehrend, zugleich
9 ueberdies, uebrigens
10 gleichwohl
11 Konjunktion

Bindfaden
5 Zwirn
6 Bendel, Kordel, Schnur, Spagat
7 ◆ Baendel, Strippe

Bindung
6 Fessel
7 Heftung, Ligatur
9 Beziehung
10 Engagement
12 Freundschaft

an das Göttliche
6 Glaube
8 Religion

ohne Kitt und Leim
3 Ehe

binnen
9 innerhalb

Binnengewässer
3 See

bei Neubrandenburg
11 Tollensesee

in Armenien
8 Sewansee

in Belorussland
11 Narotschsee

in Japan
7 Biwasee

in Kanada
9 Hudsonbai

in Kasachstan
7 Aralsee
10 Saissansee
12 Balchaschsee

in Kirgisistan
8 Issyk Kul

in Russland
8 Onegasee, Wodlasee
9 Baikalsee, Ladogasee, Peipussee
10 Latschasee, Weisser See

in Ungarn
7 Balaton

in Usbekistan
7 Aralsee

Binnenmeer
des Indischen Ozeans
9 Rotes Meer

in Amerika
9 Hudsonbai

zwischen Europa, Afrika und Asien
10 Mittelmeer

Binokel
6 Brille
8 Fernglas, Fernrohr
9 Augenglas, Mikroskop

Binse
5 Rusch

Binsengewächs
9 Hasenbrot

biochemischer
Wirkstoff
5 Enzym
7 Ferment

Biograf
Goethes
9 Eckermann

Hebbels
3 Kuh

Karls des Großen
7 Einhard

Biografie
8 Memoiren
10 Lebensbild
18 Lebensbeschreibung

Biologie
11 Lebenskunde

biologisch
Chromosomenabschnitt
5 Muton

eierlegend
6 ovipar

Gruppe von Lebewesen
6 Isolat

schlammig, sumpfig
6 limoes

unreife Eizelle
5 Oozyt

biologische
Erbeinheit
2 Id

Neubildung
12 Regeneration

Stärke und Tüchtigkeit
6 Valenz

biologischer
Begriff
2 Id
3 Art, Gen
4 Keim, Same
5 Rasse, Reife, Samen, Spore, Stamm, Wuchs
6 Plasma
7 Familie, Gattung
12 Degeneration, Pflanzenwelt

Einteilungsbegriff
3 Art
5 Rasse, Stamm
7 Familie, Gattung

Entwicklungsrückschlag
9 Atavismus

Wirkstoff
11 Antibiotika

birkenähnlicher
Baum
4 Erle

Birkengewächs
5 Hasel

Birkengrün
4 Maie
5 Maien

birmanische
Hauptstadt
6 Rangun
7 Rangoon
Münze
3 Bat
4 Kyat
birmanischer
Fluss
6 Saluen
7 Irawadi
8 Chindwin
Tempelbau
6 Pagode
Volksstamm
3 Mro
4 Kadu, Lahu, Lisu
5 Karen
birnenförmiges
Glasgefäß
6 Phiole
Birnensorte
5 Lucas
8 Gellerts
9 Alexander, Gute Luise
10 Bergamotte
11 Butterbirne, Christbirne
13 Pastorenbirne
14 Clapps Liebling, Williamschrist
16 Pastorenschenkel
bis
zum Knie reichender Schottenrock
4 Kilt
zum Zusammenbruch geführte Debatte
7 Debakel
Bisam
7 Moschus
Biscayahafen
in Spanien
6 Aviles
Biscayakap
in Spanien
5 Penas
Biscayazufluss
in Frankreich
6 Seudre
Bischof
8 Oberhirt
der Westgoten
7 Ulfilas, Wulfila
eines Landes
6 Primas
von Bamberg
6 Lupold
von Cäsarea
8 Eusebius
von Freising
5 Arbeo
von Hierapolis
6 Papias
von Meißen
5 Benno
von Münster
5 Galen
von Ypern
6 Jansen
bischöfliche
Insignie
8 Krumstab
bischöfliches
Rundschreiben
11 Hirtenbrief

Bischofsaffe
5 Mbega
Bischofsamt
9 Episkopat
Bischofskirche
3 Dom
Bischofsmütze
5 Infel, Inful, Mitra
Bischofssprengel
6 Bistum
8 Dioezese
Bischofsstab
5 Pedum
9 Krummstab
10 Hirtenstab
Bischofstitel
9 Patriarch
Bischofsversammlung
6 Konzil
Bischofswürde
9 Episkopat
Bismarcks
Geburtsort
12 Schoenhausen
Sterbeort
13 Friedrichsruh
Bison
6 Wisent
bisschen
5 etwas
Bissen
6 Happen, Imbiss, Stueck
bissig
6 scharf
7 boshaft, zynisch
9 zaenkisch
14 streitsuechtig
bissiges
Sinngedicht
5 Xenie
Bistumsverleihung
10 Investitur
bisweilen
8 manchmal, mitunter
12 gelegentlich
Bitte
5 Gebet
6 Gesuch, Wunsch
8 Anliegen, Ansuchen, Ersuchen, Petition
an Gott
5 Gebet
um Antwort
5 Frage
um Verzeihung
14 Entschuldigung
bitter
4 hart, herb
5 sauer
6 scharf
8 beissend
11 schmerzlich
kalt
5 eisig
bittere
Absonderung der Leber
5 Galle
Apfelsine
9 Pomeranze
10 Grapefruit
Gefühlserregung
4 Zorn

Pflanze
6 Wermut
bitterer
Hohn
5 Spott
Bittererde
8 Magnesia, Talkerde
13 Magnesiumoxid
bitteres
Heilmittel
5 Amara
Sekret des Hopfens
7 Lupulin
Bitterkeit
5 Groll
Bitterkraut
Südarabiens
3 Cat
Bittermandelöl
11 Benzaldehyd
Bittermittel
(Medizin)
6 Amarum
Bitterwein
6 Wermut
Bittgang
10 Prozession
Bittgebet
7 Litanei
Bittschrift
6 Gesuch
7 Eingabe, Supplik
8 Petition
Bittsteller
6 Petent
10 Supplikant
Blähhals
5 Kropf
Blähsucht
8 Tympania
9 Flatulenz
Blamage
6 Fiasko, Pleite
7 Schande, Schimpf, Schmach
8 Reinfall
9 Durchfall
13 Blossstellung
16 Kompromittierung
blamieren
12 blossstellen
15 kompromittieren
blank
4 rein
5 glatt, nackt
6 sauber
9 glaenzend
blanker
Schimmer
5 Glast
blanko
4 leer
13 unausgefuellt
Blankovordruck
8 Formular
Bläschenausschlag
11 Guertelrose
14 Guertelflechte
bläschenförmige
Krankheit der Mundhöhle
4 Soor
Blase
5 Bande, Zyste
6 Beutel

Blasebalgtreter
an der Orgel
7 Kalkant
blasen
5 tuten, wehen
6 dudeln, pusten
Blasenbildung
6 Schaum
Blasenentzündung
8 Zystitis
Blasenkeim
8 Blastula
Blasenspiegel
9 Cystoskop, Zystoskop
Blasenwurm
5 Quese
Blasen ziehendes
Heilmittel
12 Senfpflaster
Bläser
7 Hornist
Bläserensemble
des 15. Jh.
4 Alta
Bläsergruppe
im Orchester
5 Blech
Blashorn
4 Tute
blasiert
8 arrogant
10 hochmuetig, hochnaesig
11 aufgeblasen, eingebildet, snobistisch
blasierter
Angeber
4 Snob
Blasinstrument
4 Horn, Lure, Oboe, Tuba, Zink
5 Auloi, Hoboe, Zinke
6 Cornet, Fagott, Floete, Pfeife, Piston, Pommer, Zinken
7 Alphorn, Althorn, Altoboe, Bassett, Bomhart, Bommert, Clairon, Clarino, Cornett, Fanfare, Helikon, Kornett, Okarina, Pikkolo, Posaune, Saxhorn, ◆ Saxofon, Serpent
8 Basshorn, Basstuba, Hautbois, Jagdhorn, Saxophon, Schalmei, Trombone, Trompete, Waldhorn
9 Bombardon, Dudelsack, Harmonika, Krummhorn, Naturhorn, Panfloete, Panpfeife, Sousaphon, Tenorhorn
10 Altposaune, Bombardino, Flageolett, Heckelphon, Klarinette, Kontrabass, Oboedamore, Querfloete, Querpfeife, Rohrfloete, Sackpfeife
11 Blockfloete, Fluegelhorn
12 Englischhorn, Kontrafagott, Waldhorntuba
13 Handharmonika, Mundharmonika, Pikkolofloete
14 Bassklarinette
15 Quartklarinette
auf Borneo
6 Kleddi
der amerikanischen Neger
5 Kazoo
der Germanen
4 Lure
Blasmusiker
7 Hornist
9 Posaunist
10 ◆ Saxofonist
11 Saxophonist
Blasorchester
5 Banda
Blasphemie
16 Gotteslaesterung
blass
4 fahl
6 bleich
7 blutlos, farblos
8 blutleer
blassblau, fahl
6 livide
Blässe
8 Fahlheit
10 Bleichheit
blassgelb
5 creme
blassgrüner
Schmuckstein
4 Jade
Blässhuhn
5 Ralle
6 Lietze
blassrot
4 rosa
blassroter
Wein
4 Rose
7 Clairet
Blatt
4 Bild, Kamm
5 Bogen, Karte, Seite, Stich
6 ◆ Grafik, Karten, Klinge, Papier, Zettel
7 Graphik, Zeitung
8 Schulter
9 Zeichnung
10 Spielkarte
12 Pflanzenteil
der Blätterpilze
7 Lamelle
der franz. Spielkarte
4 Bube
einer Konifere
11 Tannennadel
Papier
5 Bogen
Blattader
4 Nerv
blattartige
Fläche zum Lenken von Booten
5 Ruder
Blättchen
5 Folie
7 Lamelle, Zeitung
blattdünnes
Metall
5 Folie
Blätter
der Pflanzen
4 Laub
der Tanne
6 Nadeln
um den Spross, Wirtel
5 Quirl
Blätterbude
5 Laube
Blätter fressendes
Landwassertier
10 Laubfrosch
Blätterkelch
6 Becher
Blättermagen
6 Omasus
der Wiederkäuer
6 Loeser
7 Psalter
Blatternarbe
5 Pocke
Blätterpilz
5 Panus
7 Maipilz, Reizker
8 Egerling, Perlpilz
10 Champignon
15 Austernseitling
Blätterpilzgattung
7 Amanita
Blätterteiggebäck
7 Plunder
Blätterteighörnchen
9 Croissant
Blätterwald
6 Presse
Blätterwerk
4 Laub
Blattfaser
der Zwergpalme
5 Afrik
Blattgemüse
4 Kohl
5 Kraut, Salat
6 Spinat
7 Mangold
9 Chinakohl
Blattgrün
11 Chlorophyll
blattgrünfreie
Pflanze
4 Pilz
Blatthalter
7 Tenakel
Blattholz
7 Furnier
Blatthornkäfer
9 Maikaefer
10 Junikaefer, Mistkaefer, Rosskaefer, Skarabaeus
11 Brachkaefer, Rosenkaefer
12 Hirschkaefer, Pillendreher
13 Nashornkaefer
14 Johanniskaefer
16 Sonnenwendkaefer
Blattkäfer
7 Erdfloh
Blattlausart
7 Reblaus
Blattlaushonig
6 Meltau
Blattnerv
4 Ader
Blattnervatur
8 Aederung
Blattpfeife
5 Fiepe
Blattpflanze
6 Aralie
8 Monstera

blattreiche
Pflanze
5 Kraut
blättriges
Mineral
4 Talk
Blattrückseite
5 Verso
6 Revers
Blattschneiderameise
5 Sauba
Blattvorderseite
5 Avers, Rekto
Blattwerk
4 Laub
Blattyp
der Schachtelhalmgewächse
9 Annularia
Blattzinn
8 Stanniol
Blaubeere
9 Bickbeere
11 Heidelbeere
blau blühende
Staude des Waldes
14 Leberbluemchen
blaue
Farbe
4 azur, bleu
6 Indigo, kobalt
7 eisblau
8 azurblau
10 ultramarin
11 koenigsblau
12 Berliner Blau
14 kornblumenblau, Preussischblau
blauer
Kohlenwasserstoff
6 Azulen
Schmuckstein
11 Lapislazuli
Teerfarbstoff
6 Azurin
blaues
Mineral
5 Lasur
Blaufelchen
5 Renke
6 Balche
Blaujacke
7 Matrose, Seemann
9 Seefahrer
bläulichgrüner
Beryll
9 Aquamarin
Blausäure
15 Zyanwasserstoff
Blausäuregift
8 Zyankali
Blauspat
8 Lazulith
Blauspecht
7 Kleiber
Blechbehälter
4 Dose, Fass
7 Buechse
8 Kanister
17 Botanisiertrommel
Blechblasinstrument
4 Horn, Tuba
6 Piston
7 Fanfare, Helikon, Posaune
8 Trompete
Blechner
8 Klempner, Spengler
bleiähnliches
Metall
8 Thallium
Bleibe
4 Asyl, Heim
5 Logis
6 Obdach
7 Wohnung, Zuhause
8 Herberge, Quartier
10 Nachtlager, Unterkunft
13 Nachtquartier
bleibend
7 durabel, haltbar, zeitlos
8 remanent
9 dauerhaft
10 stationaer
bleich
4 fahl
5 blass
7 farblos
8 blutleer
9 waechsern
Bleichböckchen
5 Oribi
bleiche
Gesichtsfarbe
7 Blaesse
Bleicherde
6 Podsol
Bleichflüssigkeit
für Textilien
6 Flotte
Bleichgesicht
7 Weisser
Bleichmittel
5 Chlor
9 Chlorkalk
20 Wasserstoffsuperoxid
Bleichsucht
8 Chlorose
bleiern
4 grau
6 schwer
11 unbeweglich
Bleifarbe
7 Mennige
Bleiglanz
7 Galenit
Bleiglas
6 Strass
Bleikugel
6 Schrot
Bleioxid
7 Mennige
Bleisiegel
6 Plombe
Bleistifteinlage
4 Mine
Bleistiftmine
6 ◆ Grafit
7 Graphit
Bleistiftstadt
9 Nuernberg
Bleiverbindung, Mennige
6 Minium
blenden
9 taeuschen
11 verblueffen
blendend
5 grell
9 strahlend
blendende
Lichtfülle
6 Grelle
Blendwerk
4 Trug
6 Schein
7 Tarnung
8 Gaukelei, Trugbild
10 Hokuspokus, Taeuschung
Blesshuhn
5 Ralle
Blessur
10 Verletzung, Verwundung
Blick
5 Miene, Sicht
8 Ausdruck, Aussicht
9 Fernsicht, Weitsicht
13 Augenausdruck
nach allen Seiten
7 Umschau
blicken
5 lugen, sehen
6 gucken
7 schauen
Blickwinkel
6 Aspekt
11 Perspektive
blind
7 achtlos
Blinddarm
6 Coecum
Blinddarmentzündung
12 Appendizitis
Blinddarmfortsatz
8 Appendix
blinde
Leidenschaft
10 Fanatismus
Mordwut
4 Amok
Blindenschrifterfinder
7 Braille
blinder
Ase (nord. Sage)
6 Hoedur
Gehorsam
15 Kadavergehorsam
Gott der nord. Sage
5 Hoedr
Seher
8 Tiresias
9 Teiresias
Zorn
3 Wut
4 Rage
Blindfisch, Schleimaal
5 Inger
Blindgänger
5 Niete
8 Versager
blindgläubig
6 bigott
Blindheit
7 Anopsie
Blindschacht
im Bergbau
6 Gesenk
Blindwiderstand
8 Reaktanz
Blindwühle
5 Apoda

olindwütig
9 fanatisch
Tobender
9 Berserker
blindwütige
Mordraserei
4 Amok
olindwütiger
Zerstörer
7 Wandale
Blinkfeuer
10 Seezeichen
Blinkleuchte
9 Blaulicht
Blinkzeichen
11 Lichtsignal
blinzeln
8 zwinkern
Blitzart
10 Kugelblitz
11 Linienblitz
15 Perlschnurblitz
blitzen
6 zucken
7 wettern
blitzend
9 fulminant
Blitzschleuder
des Gewittergottes
10 Donnerkeil
olitzschnell
5 rapid
olitzschnelle
Bewegung
4 Zuck
Blitzschutz
8 Ableiter
Block
5 Klotz
6 Kloben
7 Brocken, Klumpen
von zwei Kontinenten
8 Eurasien
Blockade
6 Sperre
7 Embargo
10 Belagerung
11 Abriegelung
12 Abschnuerung
14 Einschliessung
Blockflöte, Schnabelflöte
6 Flauto
Blocksberg
7 Brocken
Blocksbergfest
14 Walpurgisnacht
Blockschrift
7 Antiqua
olöd, blöde
3 irr
4 dumm
6 albern, dement, stupid
7 stupide
8 borniert
9 idiotisch
Blödling
3 Tor
5 Idiot
7 Trottel
8 Dummkopf
14 Einfaltspinsel
Blödsinn
6 Demenz, Unsinn
7 Idiotie, Nonsens, Quatsch
Blödsinniger
5 Idiot
blonde
Frau
8 Blondine
bloß
3 bar, nur
4 aber, kahl
5 nackt
6 allein, einzig, jedoch
9 lediglich
10 huellenlos
11 unbekleidet
bloße
Theorie
5 Ismus
Blöße
6 Luecke, Mangel
9 Schwaeche
bloßstellen
9 blamieren, entlarven
11 demaskieren
12 desavouieren
14 diskreditieren
15 kompromittieren
Bloßstellung
7 Blamage, Schande, Schimpf, Schmach
10 Entlarvung
11 Beschaemung
12 Demaskierung
16 Kompromittierung
Blüchers
Generalstabschef
9 Gneisenau
Bluff
5 Mache
7 Theater
10 Hokuspokus, Taeuschung
12 Irrefuehrung
13 Vorspiegelung
bluffen
9 taeuschen
11 irrefuehren, vorspiegeln
14 einschuechtern
blühen
7 prangen
8 gedeihen
9 florieren
blühende
Heidepflanze
5 Erika
Pflanze
5 Blume
Salweide
13 Palmkaetzchen
Zierstaude
8 Geranium
blühendes
Pflanzengeflecht
8 Girlande
13 Blumengewinde
blühend, voll entwickelt
6 florid
Blume
4 Duft
5 Aroma, Buket
6 Bluete, Bukett, Wuerze
7 Pflanze
Blume, Gartenblume
4 Eibe, Hoya, Iris, Mohn, Rose
5 Aster, Erika, Ixora, Lilie, Malve, Nelke, Phlox, Pilea, Piper, Rhoeo, Tulpe, Vanda, Winde
6 Akelei, Aukube, Cabaea, Cissus, Citrus, Coffea, Cosmea, Croton, Dahlie, Datura, Fatsia, Gynura, Hedera, Kentie, Klimme, Krokus, Laurus, Limone, Lupine, Myrtus, Nerium, Oxalis, Primel, Pteris, Punica, Reseda, Rhodea, Rochea, Scilla, Zinnie
7 Aechmea, Aeonium, Alyssum, Anemone, Aurikel, Begonie, Brassia, Cyperus, Cytisus, Episcia, Fuchsie, Gazanie, Geranie, Gerbera, Helxine, Ipomoea, Iresine, Lantana, Levkoje, Lobelie, Luzerne, Maranta, Nertera, Opuntie, Papyrus, Parodia, Petunie, Phoenix, Rizinus, Senecio, Skimmia, Solanum, Tagetes, Teerose, Tolmiea, Vallota, Vriesea, Zebrina
8 Abutilon, Acalypha, Adiantum, Ageratum, Anthurie, Baumlieb, Blechnum, Bleiwurz, Bromelie, Buntwurz, Caladium, Camellia, Capsicum, Codiaeum, Columnea, Crassula, Cyclamen, Drazaene, Efeutute, Einblatt, Erdstein, Euonymus, Gardenie, Gasteria, Geldbaum, Georgine, Gesneria, Gladiole, Gloxinie, Goldfarn, Goldlack, Goldwurz, Guzmania, Hibiskus, Jakobine, Ministar, Monstera, Narzisse, Nestfarn, Oleander, Orchidee, Pandanus, Plumbago, Ranunkel, Rubiazee, Saumfarn, Veilchen, Waldrebe
9 Achimenes, Aglaonema, Allamanda, Amaryllis, Anthurium, Asparagus, Asplenium, Bergpalme, Blutblume, Bogenhanf, Braunelle, Browallia, Brutblatt, Buntlippe, Buschrose, Campanula, Ceropegia, Chinarose, Cinerarie, Colchicum, Cordyline, Cucurbita, Cymbidium, Cyrtomium, Dickblatt, Duftwicke, Echeveria, Eisenfarn, Eselskopf, Euphorbie, Ewigblatt, Geissklee, Grevillea, Hanfpalme, Haworthia, Hortensie, Hyazinthe, Hypoestes, Impatiens, Jacaranda, Jacobinia, Judenbart, Juniperus, Kahnorche, Kalanchoe, Kiemblatt, Lackblatt, Medinille, Mininelke, Mondwinde, Mooskraut, Palmlilie, Pellefarm, Peperomia, Pfeilwurz, Pharbitis, Phyllitis, Reineckia, Samtblume,

Saxifraga, Senningia, Syngonium, Tigeraloe, Venushaar, Wurzellob, Zahnzunge, Zypergras
10 Ampelkraut, Ampelopsis, Aphelandra, Aronskelch, Aspidistra, Ballprimel, Baumfreund, Beloperone, Bergkaffee, Billbergia, Blattfahne, Borsigiana, Brunfelsie, Buntnessel, Crossandra, Dichtaehre, Dipladenia, Doldenrebe, Drehfrucht, Efeuaralie, Eisbegonie, Elchgeweih, Epiphyllum, Fatshedera, Feigenbaum, Flamboyant, Geweihfarn, Gruenlilie, Haemanthus, Hartriegel, Immortelle, Lebensbaum, Leberblume, Loewenmaul, Montbretie, Nachtkerze, Nestfichte, Nidularium, Ophiopogon, Osterblume, Passiflora, Pelargonie, Phlebodium, Poinsettie, Purpurtute, Rachenrebe, Rexbegonie, Rippenfarn, Schamblume, Schefflera, Scheinrebe, Schildfarn, Silberfarn, Sparmannia, Steinbrech, Steinkraut, Strelitzia, Strohblume, Thompsonii, Thunbergia, Tillandsia, Veltheimia, Venusschuh, Vinca Wicke, Watsoniana, Wunderbaum, Zebrakraut
11 Aschenblume, Baumfuchsie, Blattkaktus, Blutpflaume, Brautprimel, Bryophyllum, Calceolaria, Callistemon, Chamaedorea, Cosmosblume, Cryptanthus, Dattelpalme, Dizygotheca, Dornenkrone, Drachenbaum, Efeugeranie, Farnbegonie, Fluegelfarn, Geigenfeige, Glockenrebe, Gluecksklee, Granatapfel, Herbstaster, Hippeastrum, Hirschzunge, Kentiapalme, Kerchoveana, Keulenlilie, Koenigswein, Kolbenfaden, Kosmosblume, Kugelfichte, Leberbalsam, Leuchtstern, Lorbeerbaum, Micrococlum, Mittagsgold, Nephrolepis, Nestrosette, Osterkaktus, Pfeifenlack, Platycerium, Polystichum, Prachtwinde, Puderquaste, Riemenblatt, Ringelblume, Rittersporn, Ritterstern, Saintpaulia, Samtpflanze, Sansevieria, Schiefblatt, Schildblume, Schneeheide, Schoenmalve, Schwertfarn, Seideneiche, Selaginella, Silbereiche, Silberkerze, Silberpilea, Smithiantha, Sonnenblume, Stephanotis, Sternschild, Tetrastigma, Tuepfelfarn, Walzenlilie, Wasserranke, Wucherblume, Zierpaprika, Zimmerhafer, Zimmerkalla, Zwergorange
12 Ampelbegonie, Becherprimel, Blattbegonie, Blattpfeffer, Blumennessel, Bostoniensis, Chlorophyton, Christusdorn, Chrysantheme, Drachenlilie, Elefantenohr, Federspargel, Feigenkaktus, Fensterblatt, Fingeraralie, Flammenblume, Gauklerblume, Glockenblume, Goldtrompete, Greisenhaupt, Kaukasusefeu, Kissenprimel, Kletterficus, Kletterphilo, Kletterwinde, Koenigskerze, Korallenmoos, Massliebchen, Mittagsblume, Mottenkoenig, Namenspatron, Nesselschoen, Pachystachys, Philodendron, Plectranthus, Princesswein, Raphidophora, Rhododendron, Roseneibisch, Rosengeranie, Rosenlorbeer, Sauerzitrone, Scheinquitte, Schiefteller, Schopfcereus, Schwertlilie, Streifenfarn, Tempelglocke, Trachycarpus, Tradeskantie, Vanilleblume, Winterrakete, Zantedeschia, Zimmeraralie, Zimmerbalsam, Zimmerdistel, Zimmerhopfen, Zwergpfeffer
13 Aeschynanthus, Bastardaralie, Blausternchen, Bougainvillea, Bubikoepfchen, Cephalocereus, Cleistocactus, Dieffenbachia, Felsenstrauch, Flamingoblume, Fliederprimel, Fransenbeutel, Garnelenblume, Gliederkaktus, Harfenstrauch, Kaenguruhwein, Kaffeestrauch, Kanonierblume, Kaplandklimme, Kastanienwein, Katzenschwanz, Korallenbeere, Kranzschlinge, Kussmaeulchen, Lanzenrosette, Leuchterblume, Louisianamoos, Mosaikpflanze, Muehlenbeckia, Paphiopedilum, Passionsblume, Pfauenradfarn, Schlangenbart, Schleierkraut, Schraubenbaum, Schuppengruen, Schusterpalme, Spathiphyllum, Streptocarpus, Tausendschoen, Trichterblume, Vogelnestfarn, Zimmerginster, Zwergkonifere
14 Adonisroeschen, Bluetenbegonie, Chinesenprimel, Drillingsblume, Engelstrompete, Flammenschwert, Fliederfuchsie, Frauenhaarfarn, Glanzkoelbchen, Guertelgeranie, Herbstzeitlose, Knollenbegonie, Kokospaelmchen, Lorbeerkirsche, Pantoffelblume, Papageienwinde, Paradiesnessel, Pfeffergesicht, Schattenroehre, Scheinzypresse, Schmuckpfeffer, Schosskindchen, Spanischesmoos, Spindelstrauch, Strahlenaralie, Strauchbegonie, Studentenblume, Wassergeranium, Zwergapfelsine, Zwergmargerite, Zwergwacholder, Zylinderputzer
15 Ampelbuntnessel, Dschungelglocke, Fuchsienbegonie, Gaensebluemchen, Kaenguruhklimme, Korallenkirsche, Riotradeskantie, Schlafmuetzchen, Sommeramaryllis, Spornbuechschen, Stechpalmenfarn, Weihnachtsstern, Zimmeramaryllis, Zuckerhutfichte, Zwergkokospalme
16 Koenigin der Nacht, Madagaskarjasmin, Ruehrmichnichtan, Schlaechterpalme, Stiefmuetterchen, Strauchmargerite, Usambaraveilchen, Vergissmeinnicht
17 Guertelpelargonie, Korallenbaeumchen
18 Fleissiges Lieschen, Gebirgshaengenelke, Nierenschuppenfarn, Paradiesvogelblume, Silberfleckbegonie, Streichholzpflanze
19 Flammendes Kaethchen, Zwergpantoffelblume
20 Fliegender Hollaender, Steppdeckenpeperomia
21 Schwarzaeugige Susanne
22 Schiffchentradeskantie

Blumenarrangement
7 Gebinde

Blumenbänder
9 Girlanden

Blumenbeet
7 Rabatte

Blumenbindearbeit
5 Kranz

Blumenfülle
4 Flor

Blumengebinde
4 Bund
5 Buket, Kranz
6 Bukett, Feston
7 Strauss

Blumengefäß
4 Topf, Vase
6 Schale

Blumengeschenkvermittlung
7 Fleurop
Blumengewinde
5 Kranz, Ranke
8 Girlande
13 Rankenschmuck
Blumengöttin
5 Flora
Blumenkind
6 Hippie
Blumenkohl
7 Karfiol
Blumenkönigin
4 Rose
Blumenkranz
7 Gewinde
Blumenmeer
13 Bluetenpracht
Blumenrohr
5 Canna
Blumensteckkunst
7 Ikebana
Blumenstengel
5 Stiel
Blumenstrauß
5 Buket
6 Bukett
Blumentier
7 Koralle
Blumenwelt
5 Flora
blümerant
4 flau
10 schwindlig
blusenartiger
Frauenkittel
6 Kasack
Uniformrock
7 Litewka
Blut
der Götter (Homer)
5 Ichor
des Jagdwildes
8 Schweiss
Blutabnahme
8 Aderlass
10 Schroepfen
Blutader
4 Vene
5 Aorta
7 Arterie
Blutandrang
7 Wallung
10 Kongestion
Blutarmut
7 Anaemie
9 Oligaemie
11 Bleichsucht
Blutaustritt
10 Bluterguss
Blutbad
8 Gemetzel, Massaker, Metzelei
Blutbahnen
des Körpers
5 Adern, Venen
8 Arterien
Blutbestandteil
6 Plasma
Blutdorn
10 Berberitze
Blüte
4 Kauz, Witz
5 Blume, Fleur, Glanz
6 Jugend, Pracht, Schalk
9 Glanzzeit
10 Falschgeld, Jugendzeit
vor der Entfaltung
6 Knospe
Blutegelwirkstoff
7 Hirudin
Blütenansatz
6 Knospe
Blütenblatt
der Schmetterlingsblütler
3 Ala
Blütenform
22 Schmetterlingsbluetler
Blütenfülle
5 Flora
Blütenhonig, -saft
6 Nektar
Blütenhüllblatt
5 Lippe
7 Perigon
Blütenknospen
zum Würzen
6 Kapern
Blütenlese
7 Exzerpt
10 Anthologie
blütenlose
Waldpflanze
4 Farn
Blütenpflanze
5 Blume
Blütenpracht
4 Flor
Blütensaft, Göttertrank
6 Nektar
Blütenstand
5 Aehre, Dolde, Krone, Rispe
6 Glocke, Kolben, Pollen, Spirre, Traube, Wickel
8 Geschein
9 Kaetzchen, Koepfchen, Koerbchen, Schraubel, Trugdolde
12 Infloreszenz
der Nadelhölzer
6 Zapfen
der Weintraube
8 Geschein
Blütenstaub
6 Pollen
Blütenstrauch
8 Gardenie
Blütenteil
5 Blatt, Kelch, Krone, Narbe
6 Knospe
7 Griffel, Perigon, Pistill, Stempel
8 Perianth
9 Kronblatt
10 Huellblatt, Staubblatt, Staubfaden
11 Fruchtblatt, Staubbeutel
12 Bluetenboden, Fruchtknoten
Blütenzierpflanze
6 Azalee
Bluterguss
8 Haematom
Bluterkrankheit
11 Haemophilie
Blütezeit
einer Pflanze
10 Floreszenz
Blutfarbstoff
11 Haemoglobin
Blutfaserstoff
6 Fibrin
Blutflüssigkeit
5 Serum
6 Plasma
Blutgefäß
4 Ader, Vene
5 Aorta
7 Arterie
10 Schlagader
Blutgefäßverengung
8 Stenosis
Blutgefäßverschluss
7 Infarkt
Blutgefäßverstopfung
7 Embolie
Blutgerinnsel
6 Pfropf
8 Pfropfen, Thrombus
10 Blutpfropf
Blutgerinnselbildung
9 Thrombose
Blutgerüst
8 Schafott
Blutgeschwür
8 Furunkel
9 Karbunkel, Karfunkel
Blutgruppenmerkmal
12 Rhesusfaktor
Blutkanal
zwischen den Hirnhäuten
5 Sinus
Blutkörperchen
8 Leukozyt
10 Erythrozyt
Blutkrankheit
7 Anaemie, Leukose
9 Leukaemie
11 Haemophilie
13 Polyzythaemie
Blutkraut
11 Wiesenknopf
Blutkreislauf
11 Zirkulation
Blutleere
9 Ischaemie
Blutplättchen
10 Thrombozyt
Blutrache
8 Vendetta
blutreiche
Geschwulst
6 Fungus
Blut saugender
Wurm
4 Egel
Blut saugendes
Gespenst
6 Vampir
Ungeziefer
4 Floh, Laus
5 Wanze, Zecke
6 Bremse
7 Schnake
8 Holzbock
Blutsauger
6 Vampir
8 Blutegel
Blutschande
6 Inzest

Blutschwamm
10 Haemangiom
Blutstauungen
6 Stasen
Blutstein
9 Hasematit
10 Eisenglanz
13 Roteisenstein
blutstillendes
Mittel
5 Alaun
7 Clauden
10 Topostasin
11 Adstringens
blutsverwandte
Person
4 Base, Sohn
5 Ahnen, Enkel, Neffe, Onkel, Tante, Vater
6 Bruder, Eltern, Mutter, Nichte, Vetter
7 Tochter
9 Schwester
Blutsverwandter
5 Agnat
6 Kognat, Nepote
Bluttat, Gemetzel
4 Mord
Blutüberfüllung
eines Körperteils
10 Hyperaemie
Blutübertragung
11 Transfusion
15 Bluttransfusion
blutunterlaufene
Stelle
8 Striemen
Blutvergiftung
6 Sepsis
Blutwasser
5 Serum
6 Plasma
Blutwurz
10 Tormentill
Blutzeuge
9 Maertyrer
Blutzirkulation
9 Kreislauf
Boaschlange
8 Anakonda
15 Koenigsschlange
Bobakfell
6 Murmel
Bobbahn
8 Eiskanal
Boberzufluss
in Schlesien
5 Queis
Bock
3 Reh
4 Kitz
5 Ziege
6 Fehler, Geraet, Hammel, Widder
7 Fauxpas, Gestell
8 Kerbtier, Spiesser
9 Fehltritt, Maennchen
10 Turngeraet
bocken
7 stossen, trotzen
Bockkäfer, Bockkäferart
6 Gerber
8 Hausbock, Heldbock
9 Saegebock, Schreiner
10 Eichenbock, Pappelbock, Spiessbock, Zimmerbock
11 Moschusbock
Bockkäfergattung
6 Oberea
Bocksdorngewächs
6 Lycium
Bocksprung
8 Kapriole
Boden
5 Basis, Grund
6 Buehne, Kammer
8 Speicher
9 Fundament, Grundlage
10 Dachkammer
für Törtchen
10 Tortelette
Bodenabtragung
7 Erosion
Bodenbearbeitungsgerät
6 Fraese
7 Grubber
Boden bedeckende
Staude
24 Kaukasusvergissmeinnicht
Bodenbelag
3 PVC
5 Matte
7 Bruecke, Laeufer, Parkett, Teppich
8 Linoleum, Stragula
13 Bettumrandung
15 Haargarnteppich
Bodenbestandteil
5 Humus
Bodenbestellungsart
7 Hackbau
Bodenbewachsung
4 Gras
Boden, Bodenart
3 Ton
4 Erde, Kies, Klei, Lehm, Sand
5 Acker, Basis, Grund, Humus, Loess
6 Mergel, Podsol
9 Ackerland, Fundament, Grundlage, Moorboden
Bodendunst
5 Nebel
Bodenentwässerung
8 ◆ Draenage, Draenung, Drainage
11 Draenierung
Bodenerhebung
4 Berg
5 Hoehe, Kegel, Kuppe
6 Huegel
7 Anhoehe
8 Schwelle
Bodenerschütterung
8 Erdbeben
Bodenertrag
5 Ernte
Bodenerzeugnis
9 Naturalie
Bodenfenster
4 Luke
Bodenfisch, Meergrundel
4 Wels
6 Gobius
Bodenfläche
5 Areal
Bodenform
3 Tal
4 Berg
5 Ebene, Mulde, Senke
6 Huegel
7 Gebirge, Hochtal, Plateau
9 Niederung
Bodengüte, -klasse
8 Bonitaet
Bodenkultivierung
14 Nutzbarmachung
Bodenkunde
9 Pedologie
Bodenlockerer
des Gartens
9 Regenwurm
bodenlos
4 tief
10 abgruendig
Bodenmasse
8 Heilerde
Bodennahrung
4 Dung, Kali, Kalk, Mist, Odel
6 Jauche
7 Duenger
8 Salpeter
12 Kalisalpeter
Bodennebel
(schweiz.)
5 Brint
Bodennutzung
5 Anbau
8 Ackerbau
9 Gartenbau
12 Kultivierung
14 Landwirtschaft
15 Forstwirtschaft
Bodenplatte
6 Fliese, Kachel
Bodenprodukte
10 Naturalien
Bodenraum
5 Gaden
6 Buehne, Kammer
8 Speicher
10 Dachkammer
Bodenregion
der Tiefsee
7 Abyssal
Bodensatz
5 Grund
6 Drusen
8 Abschaum, Residuum, Sediment
9 Sinkstoff
10 Ablagerung
12 Niederschlag
im Rotwein
5 Depot
Bodenschatz
3 Erz
4 Gold
5 Kohle
6 Erdgas, Erdoel, Kupfer, Metall, Platin, Silber
7 Mineral
9 Edelstein
10 Braunkohle, Edelmetall, Steinkohle
Bodenschatzgewinnung
7 Bergbau

odenschützendes
Material
5 Mulch
Bodensee
17 Schwaebisches Meer
Bodenseefisch
11 Blaufelchen
Bodenseehafen
6 Lindau
7 Bregenz
8 Konstanz
9 Meersburg, Rorschach
10 Romanshorn
11 Ueberlingen
15 Friedrichshafen
Bodenseeinsel
6 Lindau, Mainau
9 Reichenau
Bodenseelandschaft
5 Hegau
Bodensenke
3 Tal
5 Mulde
6 Graben
8 Talsohle
bodenständig
8 heimisch
10 autochthon, urwuechsig
Bodenturnübung
3 Rad
5 Rolle, Salto
6 Spagat
8 Radwende, Schraube
9 Flugrolle, Handstand, Kopfstand
11 Liegestuetz, Ueberschlag
12 Spreizsprung, Strecksprung
Bodentyp
aus Kalk und Dolomitgestein
8 Rendzina
Bodenverbesserung
11 Melioration
Bodenverbesserungsmittel
4 Kalk
Bodenvertiefung
5 Mulde, Senke
Bodenvorkommen
3 Erz
Bodenzusatz
7 Duenger
Bodenzustand
4 Gare
Bogen
3 Tor
5 Blatt, Kurve, Waffe
6 Fornix, Papier, Portal
7 Biegung, Rundung
8 Gewoelbe, Woelbung
9 Kruemmung
auf Pfeilern
6 Arkade
bogenförmige
Kantenverzierung an Stoffen
8 Langette
Überdeckung eines Raumes
8 Gewoelbe
bogenförmiger
Verlauf
11 Auswoelbung
Bogengang
5 Laube
6 Arkade
7 Arkaden
8 Kurbette
in Gärten
7 Pergola
Bogengeschoss
5 Pfeil
10 Brandpfeil
Bogenhalle
6 Loggia
Bogenhanf
11 Sansevieria, Sansevierie
Bogenlänge
5 Arcus, Arkus
Bogenmaß
3 Are
eines Winkels
5 Arcus, Arkus
Bogenreihe
auf Pfeilern
6 Arkade
Bogensprung
8 Kurbette
eines Pferdes
7 Lancade
Bogenverzierung
(Stickerei)
6 Feston
Bohle
4 Bord
5 Brett, Diele
6 Planke
böhmische
Landschaft
8 Egerland
böhmischer
Erfinder, Forscher
6 Mendel
Holzbildhauer
11 Morgenstern
Humanist
4 Saaz
Komponist
7 Smetana
Königsname
6 Wenzel
7 Ottokar
Reformator
3 Hus
Ritter
7 Dalibor
Volkstanz
5 Polka
6 Redowa
8 Rundtanz
böhmisches
Bier
7 Pilsner
Industriewerk
5 Skoda
Uradelsgeschlecht
6 Chotek, Kinsky
Bohnenkraut
7 Saturei
12 Pfefferkraut
Bohnerbesen
3 Mop
4 ◆ Mopp
bohnern
7 wichsen
bohren
6 graben
7 drillen, stechen
Bohrgerät
6 Knarre
Bohrmaschine
7 Airotor
Bohrmuschel
6 Pholas
Bohrschnecke
der Meere
6 Natica, Nerita
Bohrung, Vertiefung
4 Loch
böiger
Landwind Arabiens
5 Belat
Boiler
18 Warmwasserbereiter
bolivianische
Hauptstadt
5 La Paz
Münze
7 Centavo
9 Boliviano
Stadt
5 Apolo, La Paz, Oruro, Sucre
6 Camiri, Potosi, Turija
7 San Jose, Sta Cruz
8 Cochabam, Corocoro
9 Riberalta, Santa Cruz
10 Cochabamba
11 Villa Montes
12 Puerto Suarez
15 Trinidad de Mojos
19 Santa Cruz de la Sierra
bolivianischer
Berg
6 Sorata
7 Illampu
8 Illimani
Fluss
4 Beni
5 Abuna
6 Mamore
9 San Miguel
Künstler (Bildhauer, Maler und Grafiker)
5 Kemer, Nunez
6 Guzman, Ibanez, Romero
7 Nogales
8 Berdecio
9 Iturralde
10 Garcia Mesa
Politiker und Staatsmann
6 Banzer, McLean, Tejada, Torres, Zamora
7 Bolivar
8 Gonzales, Torrelio
bolivianisches
Lasttier
4 Lama
6 Alpaka
Bolle
7 Zwiebel
Böller
4 Fass
6 Pflock
7 Moerser
12 Wurfmaschine
Bollwerk
3 Kai
4 Mole, Pier, Wall, Wand, Wehr
5 Buhne, Mauer
6 Bastei, Schutz
7 Bastion, Schanze
11 Befestigung

Bolokäfer
8 Totenuhr
bolschewistischer
Umsturz
17 Oktoberrevolution
Bolzenteil
8 Nietkopf
Bombardement
8 Beschuss
11 Luftangriff
12 Beschiessung
Bombardon
8 Basstuba
Bombast
8 Schwulst
bombastisch
7 pompoes
11 hochtrabend, schwuelstig
Bombe
12 Sprengladung
13 Sprengkoerper
Bombenaufprall
9 Einschlag, Explosion
10 Detonation
bombensicherer
Raum
6 Bunker
9 Kasematte
10 Unterstand
Bon
8 Quittung
9 Anweisung, Gutschein
12 Kassenzettel
Bonbon
5 Drops
9 Karamelle, Naschwerk, Suessware
10 Plaetzchen, Zuckerware
11 Suessigkeit
16 Fruchtplaetzchen
Bond
10 Obligation, Wertpapier
12 Staatspapier
19 Schuldverschreibung
Bonifatius'
Name
7 Winfrid
8 Winfried
Bonität
3 Ruf
4 Wert
5 Guete
6 Ertrag
10 Bodenguete
18 Zahlungsfaehigkeit
Bonmot
4 Witz
6 Pointe
7 Wendung
9 Ausspruch, Wortspiel
12 Geistesblitz
Bonus
6 Anteil, Gewinn, Rabatt, Zugabe
7 Praemie
8 Nachlass
9 Dividende
10 Verguetung
11 Ueberschuss
12 Gewinnanteil
Bonvivant
8 Lebemann

Boom
6 Bluete, Hausse
10 Aufschwung, Hochbluete, Konjunktur
14 Hochkonjunktur
Boot, Bootsart
3 Dau, Gig
4 Dhau, Ewer, Kahn, Kanu, Prau
5 Barke, Dingi, Einer, Jacht, Jolle, Kajak, Moses, Yacht, Zille
6 Achter, Dinghi, Gondel, Nachen, Piroge, Schiff, Vierer, Zweier
7 Einbaum, Pinasse
8 Barkasse, Canadier, Dschunke, Faltboot, Kanadier
9 Einmaster, Katamaran, Ruderboot, Schinakel, Segelboot
10 Paddelboot
12 Schlauchboot
aus Binsen
9 Balsaboot
aus einem Baumstamm
7 Einbaum
der Araber
3 Dau
der Chinesen
8 Dschunke
der Eskimos
5 Kajak, Umiak
der Malaien
4 Prau
der Naturvölker
7 Einbaum
ohne Mast
5 Barke
zum Öffnen zugefrorener Fahrrinnen
10 Eisbrecher
zum Transport von Flüssigkeiten
6 Tanker
bootförmiger
Lappenschlitten
5 Pulka
Bootsanlegestelle
4 Steg
7 Bruecke
Bootsantriebsmittel
9 Heckmotor
Bootsführer
in Venedig
10 Gondoliere
Bootsgast
7 Matrose
Bootsgattung
12 Doppelzweier
Bootshebelarm
10 Ruderpinne
Bootskörper
5 Rumpf
Bootsmann
12 Deckoffizier
Bootsrand
4 Bord
Bootsrennen
7 Regatta
Bootsruder
6 Riemen
Bootsschutzhülle
10 Persenning

Bootsstange
5 Pinne
Bootsteil, -zubehör
3 Bug
4 Heck, Kiel, Mast
5 Anker, Dolle, Ducht, Kette, Motor, Pinne, Ruder, Segel, Skull, Spake, Stake
6 Fender, Klampe, Paddel, Planke, Riemen, Steuer, Steven
7 Schwert
8 Dollbord
9 Ruderbank
10 Bootshaken, Dollenbord, Kielplatte, Ruderblatt, Ruderpinne
Bord
4 Deck, Rand
5 Brett, Regal
6 Leiste
7 Gestell
9 Wandbrett
12 Buecherbrett
Bordeauxwein
5 Medoc, Palus
6 Graves
8 Bazadais
9 Haut Brion, Sauternes
12 Saint Emilion, Saint Estephe
14 Chateau Margaux
Bordell
10 Eroscenter
11 Freudenhaus
Bordüre
6 Besatz
Borg
4 Pump
7 Anleihe
borgen
6 leihen, pumpen
11 kreditieren
Borke
4 Kork
5 Rinde
6 Kruste, Schorf
Borkenkäfer
5 Weber
8 Ruessler
Born
5 Bronn, Quell
6 Quelle
7 Brunnen
10 Heilquelle
11 Jungbrunnen
borniert
10 engstirnig
Borretschgewächs
6 Cordia, Onosma
7 Alkanna
8 Beinwell
9 Heliotrop
10 Hundszunge, Natterkopf
16 Vergissmeinnicht
borsaures
Salz
5 Borat
Börse
9 ◆ Portmonee
10 Geldbeutel
12 Portemonnaie
Börsenansturm
3 Run

örsenaufgeld
Agio
Agien, Agios
Zuzahlung
örsenauftrag
Order, Ordre
örsen-, banktechnischer Begriff
Agio, Geld, Giro, Kurs, Pari, Zins
Brief, Depot, Ekart, Fixer, Fixum, Konto, Limit, Saldo, Sicht, Talon
Aktiva, Akzept, Baisse, Bilanz, blanko, Fixing, Hausse, Kredit, Kurant, Obligo, Scheck, Skonto, Trafik, Tratte, Ultimo, Valuta, Zinsen
Allonge, Angebot, Bankier, Debitor, Disagio, Diskont, Kapital, Lombard, Passiva, Rimesse, Transit, Trassat, Wechsel, Zession
Courtage, Emission, Exchange, Hypothek, Kreditor, Nennwert, Tantieme
Abtretung, Aktionaer, Akzeptant, Depositen, Dividende, Insolvenz, Kaufpreis, Nachfrage, Notierung, Provision
Glaeubiger, Immobilien, Kommission, Moratorium, Verzinsung
Spekulation
Fixgeschaeft
Lokogeschaeft, Majorisierung
Kassageschaeft
Termingeschaeft
Investmentzertifikat
örsenbericht
Kurstafel
Kurszettel
örsenkaufmann
Makler, Sensal
örsenkurs
Hausse
Exchange
Steigerung
örsenkursunterschied
Ekart
örsenmakler
Agioteur
örsenpanik
Run
örsenpapier
Kux
Aktie, Fonds, Share
Devise, Valeur
Einlage, Wechsel
Effekten
Kleinaktie, Namenaktie, Obligation, Pfandbrief, Stammaktie, Volksaktie, Wertpapier
Aktienpaket, Namensaktie
Inhaberaktie, Konnossement, Vorzugsaktie
örsenpreis
Kurs
Kassakurs
Mengenkurs, Mittelkurs, Terminkurs, Zwangskurs

Börsenspekulant
5 Fixer
6 Jobber
10 Boersianer
Börsenspekulation
8 Agiotage
Borste
4 Haar
7 Stachel
borstenartige
Ährenspitze
6 Granne
Borstenbüschel
5 Quast
Borstenhaar
4 Seta
Borstenigel
6 Tanrek
Borstentier
7 Schwein
Borstenwurm
4 Pier
6 Palolo, Serpel
8 Sandwurm
9 Regenwurm
11 Roehrenwurm
Borte
4 Band
5 Galon, Litze
6 Besatz, Galone, Schnur, Tresse
8 Borduere, Pasement, Posament
9 Passement
Borusse
7 Preusse
Borverbindung
5 Borax
Borwasserstoff
5 Boran
bösartig
5 infam
7 maligne
10 pernizioes
bösartige
Geschwulst
5 Gliom, Krebs, Tumor
6 Sarkom
7 Melanom
8 Karzinom, Malignom
11 Glioblastom
Seuche
4 Pest
5 Lepra
Tierfalle
11 Tellereisen
bösartiges
Tier
6 Bestie
Böschung
4 Hang
5 Halde, Leite
6 Abhang
10 Grabenwand
Böschungsabsatz
5 Berme
böse
3 arg
5 uebel
7 boshaft, garstig, ruchlos, schlimm
9 teuflisch
Absicht, List
5 Dolus

Geister bei Zarathustra
5 Daiwa
Geister im römischen Glauben
6 Larven
Schlange
8 Neidhard
böser
Geist
5 Satan
6 Daemon, Teufel, Unhold
8 Mephisto
14 Mephistopheles
Geist der persischen Sagenwelt
6 Akuman
Mensch
6 Bandit, Ganove, Gauner, Schuft, Unhold
7 Halunke, Raeuber
8 Gangster
9 Betrueger
10 Verbrecher
Spott
4 Hohn
Zwerg
5 Galar
6 Fjalar
böses
Geschick
7 Unstern
Märchenwesen
4 Hexe
Treiben
7 Unwesen
Weib
4 Hexe
5 Furie
7 Megaere
9 Xanthippe
11 Klatschbase
Böses, Unangenehmes
5 Uebel
boshaft
5 boese, infam
6 gemein, giftig
8 haemisch
9 gehaessig, malizioes, tueckisch
10 schikanoes
12 ◆ uebel wollend
13 heimtueckisch
boshafte
Gehässigkeit
5 Haeme
Handlung
7 Streich
Bosheit
3 Arg, Wut
4 Hohn, List, Zorn
6 Aerger, Malice, Tuecke
7 Infamie, Unwille
8 Rankuene, Schikane
10 Gemeinheit, Heimtuecke, Hinterlist
12 Niedertracht
13 Schadenfreude
bosnische Hauptstadt
8 Sarajevo
Boss
4 Chef
6 Leiter
11 Arbeitgeber
12 Vorgesetzter
13 Parteifuehrer

Bossel
5 Kugel
böswillig
bereitete Schwierigkeit
8 Schikane
böswillige
Äußerung
5 Luege
7 Affront, Rufmord
8 Nachrede
11 Beleidigung, Verleumdung
12 Diffamierung
Zerstörung
8 Sabotage
11 Demolierung, Verwuestung
Botanik
13 Pflanzenkunde
botanisch:
Ampfer
5 Rumex
Bartflechte
5 Usnea
Blütenkelch
5 Calyx
Buche
5 Fagus
Buchsbaum
5 Buxus
Eibisch
5 Alcea
Feige
5 Ficus
Flachs
5 Linum
Hafer
5 Avena
Kiefer
5 Pinus
Kornblume
5 Zyane
Kümmel
5 Carum
Linde
5 Tilia
Prachtkerze
5 Gaura
Sellerie
5 Apium
Veilchen
5 Viola, Viole
Weinrebe
5 Vitis
Zittergras
5 Briza
botanische
Anlage
4 Beet, Park
6 Garten
9 Treibhaus
10 Baumschule, Obstgarten
12 Gewaechshaus
Bezeichnung für Ahorn
4 Acer
Sammlung
9 Herbarium
botanischer
Begriff
3 Ast
4 Alge, Auge, Bast, Baum, Beet, Dorn, Farn, Gras, Hain, Halm, Harz, Holz, Keim, Kern, Kien, Kohl, Kork, Korn, Laub, Mark, Moos, Nuss, Obst, Park, Pilz, Rebe, Reis, Rohr, Saat, Same, Tang, Wald
5 Achse, Aehre, Beere, Blatt, Blume, Bohne, Borke, Busch, Dolde, Faser, Flora, Hecke, Kelch, Kraut, Krone, Lippe, Nadel, Narbe, Ranke, Raute, Rinde, Rispe, Ruebe, Samen, Spore, Sporn, Stamm, Staub, Stiel, Trieb, Tuete, Wedel, Zelle, Zweig
6 Bluete, Eichel, Frucht, Garten, Geaest, Gewebe, Huelle, Huelse, Kapsel, Klette, Knolle, Knospe, Knoten, Kolben, Mandel, Pollen, Reisig, Roehre, Schaft, Schale, Schote, Sporen, Spross, Staude, Stumpf, Traube, Wickel, Wipfel, Wurzel, Zapfen
7 Ableger, Aussaat, Buendel, Flechte, Griffel, Knorren, Lamelle, Pflanze, Schuppe, Spindel, Stachel, Stempel, Stengel, Strauch, Unkraut, Zwiebel, Zwitter
8 Bakterie, Gehaeuse, Getreide, Gewaechs, Keimling, Kernhaus, Nutzbaum, Obstbaum, Pfropfen, Rundbeet, Saatkorn, Saemling, ◆ Staengel, Zellwand, Zierbaum
9 Deckblatt, Haarkranz, Herbarium, Kaetzchen, Keimblatt, Koepfchen, Kronblatt, Milchsaft, Samenkern, Schraubel, Steckling, Treibhaus, Trugdolde, Urpflanze
10 Baumgrenze, Blattgruen, Blattnarbe, Blattranke, Blattstiel, Huellblatt, Jahresring, Keimwurzel, Kelchblatt, Kernfrucht, Luftwurzel, Nebenblatt, Randbluete, Staubblatt, Staubfaden, Teilfrucht
11 Befruchtung, Bestaeubung, Bluetenkorb, Bluetenlose, Blumenkrone, Brutzwiebel, Chlorophyll, Fruchtboden, Fruchtstand, Keimpflanze, Samenkapsel, Samenmantel, Schoessling, Spaltfrucht, Spitzkeimer, Staubbeutel, Staubbluete, Steinfrucht, Streufrucht, Wurzelstock, Zierstrauch
12 Blattrosette, Blattscheide, Bluetenachse, Bluetenaehre, Bluetenblatt, Bluetenstand, Bluetenstaub, Bohnenstange, Deckelkapsel, Doldentraube, Fruchtbluete, Fruchthuelle, Fruchtknoten, Fruchttraube, Fruchtzapfen, Samenfluegel, Sammelfrucht, Scheinfrucht, Springfrucht, Staubgefaess, Zungenbluete
13 Bluetenhuelle, Bluetenknospe, Bluetenkolben, Bluetentraube, Fluegelfrucht, Fruchtfleisch, Huelsenfrucht, Mutterpflanze, Rankenpflanze, Roehrenbluete, Sporenpflanze, Stachelspitze
14 Gefaessbuendel, Kletterpflanze, Lippenbluetler, Schliessfrucht, Schlingpflanze, Strahlenbluete
botanisches
Album
9 Herbarium
Bote
3 Boy
6 Herold, Kurier, Melder
7 Abholer
9 Zusteller
10 Austraeger, Dienstmann
11 Laufbursche
12 Brieftraeger, Ueberbringer
Gottes
5 Engel
im diplomatischen Dienst
6 Kurier
im Orient, Wächter
6 Kawass
Botin
der Frigga
3 Gna
des Grals
7 Kundrie
Botmäßigkeit
5 Macht, Zwang
6 Gewalt
10 Herrschaft
Botschaft
4 News
5 Kunde
7 Auftrag, Meldung, Mission
9 Ambassade, Nachricht, Neuigkeit
10 Kundgebung, Mitteilung
des Christentums
10 Evangelium
Botschafter
5 Legat
7 Nuntius
8 Diplomat
9 Gesandter
11 Abgesandter, Ambassadeur
des Papstes bei weltlichen Regierungen
7 Nuntius
Botschaftsangehöriger
7 Attache
Botschaftsgebäude
9 Ambassade
Böttcher
6 Kuefer
7 Kuebler
8 Buettner
10 Fassbinder, Schaeffler
Böttcherbeil
6 Segerz
Böttcherwerkzeug
5 Beuge
Bottich
5 Wanne, Zuber
6 Buette, Kuebel
8 Holzfass
9 Holzwanne
Bouillabaisse
10 Fischsuppe

Bouillon
11 Kraftbruehe
13 Fleischbruehe
Boulevard
6 Avenue
11 Ringstrasse
13 Prachtstrasse
Boutique
4 Bude, Shop
5 Laden, Stand
9 Geschaeft, Kaufladen, Kramladen
13 Modegeschaeft
Bouton
9 Abzeichen
12 Schmuckknopf
Bowlenzusatz
11 Waldmeister
Box
4 Fach, Raum
5 Stand
6 Garage, Kamera, Kasten
8 Postfach
9 Verschlag
11 ◆ Fotoapparat, Pferdestand
12 Garagenplatz, Photoapparat
Boxarena, -kampfstätte
4 Ring
Boxausdruck, -begriff
2 ko
3 aus, fit
4 Ecke, Gong, Hieb, Netz, Ring, Seil
5 Break, Fight, Haken, Linke, Match, Punch, Runde
6 Bantam, Clinch, Ducken, Finish, Gerade, groggy, Rechte
7 Auslage, Bandage, blocken, Deckung, Distanz, Fighter, Infight, kontern, stoppen, Wirkung
8 abducken, Betreuer, klammern, ◆ knock-out, knockout, parieren, Sidestep, Sparring, Uppercut
9 Doublette, Kinnhaken, Punktsieg, Schwinger
10 auszaehlen, Leberhaken, Tiefschlag
11 ausgezaehlt, Ringrichter
12 Guertellinie, Niederschlag
13 Linksausleger, Technischer ko
14 Aufwaertshaken, Gewichtsklasse, Rechtsausleger
Boxcalf
9 Kalbleder
Boxen
Gewichtsklassen
12 Federgewicht
13 Bantamgewicht, Leichtgewicht, Mittelgewicht, Schwergewicht, Weltergewicht
14 Fliegengewicht
17 Halbmittelgewicht, Halbschwergewicht, Halbweltergewicht
18 Halbfliegengewicht, Superschwergewicht
Boxer
mit enormer Schlagkraft
7 Puncher
Boxhieb
5 Haken, Linke
6 Rechte
7 Auslage
8 Uppercut
9 Kinnhaken
Boxkampfstätte
4 Ring
Boxtraining
8 Sparring
Boxtrennkommando
5 Break
Box-Weltmeister
4 Baer, Clay, Hart
5 Burns, Ellis, Louis
6 Corbet, Liston, OBrien, Tunney
7 Carnera, Charles, Dempsey, Frazier, Sharkey, Walcott, Willard
8 Braddock, Jeffries, Johnsohn, Marciano, Sullivan
9 Johansson, Patterson
10 Schmerling
Boy
3 Bub
4 Bote, Page
5 Junge
6 Diener
9 Laufjunge
10 Hausdiener
11 Hoteldiener
Scout
10 Pfadfinder
Boykott
6 Entzug, Sperre, Strafe, Verruf
7 Embargo
11 Aussperrung
Brachialgewalt
5 Zwang
7 ◆ Rohheit
8 Armkraft
12 Koerperkraft
Brachland
5 Egart
brachliegen
5 ruhen
Brachse
4 Blei
6 Brasse
Brachvogel
6 Goiser
9 Brachhuhn, Keilhaken
14 Doppelschnepfe, Kronenschnepfe
Bracke
8 Jagdhund, Laufhund, Querholz
9 Spuerhund
brahmanischer
Gelehrtentitel
6 Bandit
Bramme
10 Eisenblock
Branche
3 Arm, Ast
4 Fach
5 Zweig
6 Gebiet, Sektor, Sparte
9 Abteilung
10 Fachgebiet
11 Berufszweig
16 Wirtschaftszweig
Branchenkenner
7 Experte
8 Fachmann
Brand
4 Glut, Lohe
5 Durst, Feuer
7 Nekrose
8 Nekrosis
Brandabgase
5 Rauch
brandenburgische
Dynastie
7 Zollern
8 Askanier
12 Hohenzollern
Stadt
5 Forst, Guben, Lebus, Nauen
6 Belzig, Bernau, Ketzin, Kyritz, Luckau, Mahlow, Seelow, Teltow, Werder, Zossen
7 Beeskow, Cottbus, Crossen, Luebben, Potsdam, Putlitz, Schwedt, Templin
8 Prenzlau, Rathenow
9 Frankfurt, Jueterbog, Landsberg, Luebbenau, Neuruppin, Perleberg, Schwiebus, Spremberg, Sternberg
10 Eberswalde, Fehrbellin, Strausberg
11 Angermuende, Brandenburg, Freienwalde, Grossbeeren, Liebenwerda, Luckenwalde, Oranienburg, Wittenberge
12 Finsterwalde, Wusterhausen
13 Frankfurt/Oder, Fuerstenwalde
14 Bad Freienwalde, Treuenbrietzen
brandenburgischer
Bezirk
7 Cottbus, Potsdam
13 Frankfurt/Oder
18 Frankfurt an der Oder
Höhenzug
8 Flaeming
Brandente
9 Fuchsgans
Branderscheinung
6 Flamme
Brandfackel, Feuerzeichen
5 Fanal
Brandgefahr
20 Feuergefaehrlichkeit
Brandmal
6 Stigma
brandmarken
7 aechten
8 verfemen
9 verpoenen
10 anprangern
Brandrückstand
4 Russ
5 Asche
8 Schlacke
Brandschatzung
10 Erpressung
12 Kontribution
Brandstifter
8 Pyromane
Brandstiftungstrieb
9 Pyromanie
Brandung
6 Gischt, Schaum
7 Brecher

Brandungswelle
7 Brecher
Brandwache
9 Feuerwehr
13 Feuerwehrmann
Brandy
10 Branntwein
Branntwein, Branntweinsorte
3 Gin, Rum
4 Koem, Korn, Raki, Sake
5 Arrak, Fusel, Gilka, Wodka
6 Brandy, Cassis, Cherry, Cognac, Enzian, Kirsch, Kognak, Likoer, Meskal, Whisky
7 Absinth, Allasch, Anisett, Aquavit, Curacao, Genever, Kuemmel, Obstler, Ratafia, Schnaps, Whiskey
8 Anisette, Armagnac, Calvados, Tagnilia
9 Angostura, Apfelkorn, Machandel, Slibowitz, Sliwowitz, Wacholder, Weinbrand
10 Anislikoer, Baerenfang, Chartreuse, Doppelkorn, Goldwasser, Maraschino, Obstwasser
11 Magenbitter, Steinhaeger
12 Benediktiner, ◆ Cherrybrandy, Himbeergeist, Kirschlikoer, Kirschwasser
Branntweinbrennerei
12 Destillation
Branntweinschenke
8 Destille
brasilianische
Amtssprache
13 portugiesisch
Erdnuss
7 Arachis
Goldmünze
7 Milreis
Hauptstadt
8 Brasilia
Insel
8 Sao Paulo, Trinidad
9 Trinidade
17 Fernando de Noronha
Kaffeestadt
6 Santos
Lagunenstadt
6 Recife
Münze
4 Reis
7 Centavo, Milreis
8 Cruzeiro
Stadt
3 Acu, Ipu, Itu, Rio, Uba
4 Naru, Para
5 Araxa, Bahia, Bauru, Belem, Ceara, Goyaz, Irati, Minas, Natal
6 Campos, Caxias, Cuyaba, Ilheus, Maceio, Manaus, Recife, Santos
7 Alagoas, Arakaju, Camocim, Corumba, Miranda, Niteroi, Pelotas, Sao Luiz, Vitoria
8 Belmonte, Blumenau, Boa Visto, Braganca, Brasilia, Campinas, Curitiba, Parahyba, Piranhas, Rio Petro, Santarem, Sao Paulo, Teresina
9 Alcantara, Cabedello, Caratinga, Caravelas, Fortaleza, Guarabira, Joinville, Petrolina, Rio Grande
10 Diamantina, Juiz de Fora, Novalgnacu, Pernambuco
11 Divinopolis, Porto Alegre, Sao Salvador
12 Cruz das Almas, Rio de Janeiro, Teofilo Otoni
13 Belo Horizonte, Florianopolis
Steppenlandschaft
6 Llanos
Umgangssprache
4 Tupe
brasilianischer
Arbeiterführer
7 Prestes
Architekt
4 Leao, Levi
5 Costa, Reidy
6 Bratke, Mendez
7 Bolonha, Moreira, Roberto
8 Korngold, Niemeyer
9 Bernandes, Libeskind
11 Warchavchik
Bakteriologe
6 Chagas
Berg
8 Itatiaia
13 Pico da Neblina
Fluss, Strom
3 Ica
4 Acre, Poti
5 Iriri, Jurua, Manso, Purus, Xingu
6 Parana
7 Madeira, Pelotas
8 Amazonas, Rio Negro
9 Rio Branco, Tocantins
12 San Francisco
Fußballspieler
3 Edu, Ely, Gil, Jacœ, Luz, Rui, Tim
4 Dida, Didi, Dino, Eder, Guia, Jair, Joel, Leao, Lima, Pele, Vava, Zeze, Zico, Zito
5 Bauer, Braga, Brito, Britt, Chico, Costa, Dunga, Felix, Gomez, Indio, Leite, Lopes, Manga, Mauro, Mazzi, Mozer, Nariz, Netto, Oscar, Paolo, Perez, Pinga, Rildo, Rocha, Romen, Silas, Silva, Sordi, Valdo, Vilas
6 Ademir, Alemao, Altair, Amaral, Bebeto, Bigode, Branco, Britto, Careca, Cerezo, Chicao, Danilo, Dirceu, Edinho, Falcao, Friaca, Galvao, Gerson, Gilmar, Junior, Maneca, Martim, Muller, Parana, Piazza, Renato, Santos, Tinoco, Tostao, Walter, Zagalo, Zarate, Zozimo
7 Alberto, Alcindo, Alfredo, Antonio, Augusto, Barbosa, Batista, Bellini, Brandao, Canalli, Fidelis, Fonseca, Fontana, Isidoro, Julinho, Juvenal, Leandro, Machado, Marinho, Mazinho, Mazzola, Meneses, Nelinho, Norouka, Orlando, Patesco, Pedrosa, Peracio, Pereira, Queiros, Ribeiro, Roberto, Romario, Toninho, Velloso, Zagallo, ZeMaria, Zizinho
8 Amarildo, Argemiro, Baltazar, Batatais, Castilho, Denilson, Edevaldo, Everaldo, Henrique, Hercules, Humberto, Jorginho, Leivinha, Leonidas, Luizinho, Maurinho, Mendonca, Monteiro, Oliveira, Pinheiro, Reinaldo, Revelino, Serginho, Socrates, Taffarel
9 Afonsinho, Clodoaldo, Garrincha, Gervasoni, Jairzinho, Rodriguez, Valdomiro
10 Armandinho, Guidicelli, Mirandinha, Paulo Cesar
11 Wisentainer
12 Brandaozinho
Gummisucher
11 Serengueiro
Indianer
8 Botokude
Indianerstamm
4 Pano, Tupi
5 Aruak, Taino
6 Tukano
7 Goajiro, Guarani, Kariben
8 Arawaken, Karaiben
Kaisername
5 Pedro
Künstler (Bildhauer, Maler und Grafiker)
4 Katz
5 Clark, Cravo
6 Amaral, Flexor, Segall, Taunay
7 Almeida, Camargo, Mancuso, Oiticia
8 Gerchman, Krajberg, Meireles, Palatnik, Visconti
9 Brecheret, Goncalves, Mavignier, Portinari
10 Bianchetti, Cavalcanti
Mischling
6 Cafuso
7 Caboclo
Pianist
6 Freire, Gelber
7 Cardoso
Politiker und Staatsmann
5 Costa, Dutra, Menem
6 Geisel
7 Cardoso, Quadros
10 Kubitschek
Raubfisch
7 Piranha
roter Brüllaffe
6 Aluata, Aluate
Sago
7 Tapioka
Schriftsteller
5 Amado, Ramos
7 Alencar
Sportler, Sportlerin
4 Cruz
5 Bueno, Prado, Roese, Senna, Silva, Souza

6 Borges, Bruder, Jabali, Mattar, Oncins, Pessoa, Piquet
7 Barbosa, da Silva
8 Oliveira
9 dos Santos, Prudencio
0 Fittipaldi, Souza-Silva
1 da Conceicao
5 Ferreira da Silva
rockenwald und Busch
6 Sertao
rasilianisches
aubtier
6 Jaguar
ier
2 Ai
Vasserschwein
5 Tapir
Vohnhaus
6 Maloka
rasilkastanie
8 Paranuss
rasse
7 Brachse
raten
7 grillen, roesten, toasten
8 brutzeln, schmoren
0 schmurgeln
raten
erlegen
1 tranchieren
2 ◆ transchieren
ratenaufguss
5 Sosse, Souce, Tunke
ratenrock
7 Gehrock
ratensaft
3 Jus
5 Beize, Sosse, Souce, Tunke
2 Bratenbruehe
ratenstück
5 Filet, Steak
8 Kotelett
9 Karbonade, Rumpsteak, Schnitzel
ratgefäß
6 Pfanne, Tiegel
0 Bratpfanne
2 Schmortiegel
ratgitter
4 Rost
ratrohr, Bratröhre
8 Backofen
ratrost
5 Grill
8 Barbecue
0 Bratgitter
ratsche
4 Alto
5 Viola
8 Altgeige, Armviola
rauchbar
6 patent
8 geeignet
9 nuetzlich, praktisch
1 praktikabel
rauch, Brauchtum
3 Uso
4 Mode, Sage, Usus
5 Regel, Riten, Ritus, Sitte
6 Usance
7 Komment
8 Folklore
9 Herkommen, Tradition

10 Konvention
13 Gepflogenheit
14 Ueberlieferung
im Geschäftsverkehr
6 Usance
brauchen
10 benoetigen
Brauer
14 Bierhersteller
Brauerei
5 Braeu
Brauereianlage
7 Sudhaus
9 Maelzerei
10 Abfuellung, Gaerkeller
11 Lagerkeller
Brauereibehälter
4 Fass
7 Flasche
Brauereiberuf
7 Maelzer
11 Braumeister
Braugerste
4 Malz
Braumischung
7 Maische
Braunalge
7 Seetang
10 Blasentang
braune
Erdfarbe
5 Siena
Farbe
5 Sepia, Umber, Umbra
6 Bister
Hornblende
5 Ophit
Braunelle
6 Gunsel
7 Guensel
8 Brunelle
9 Singvogel
brauner
eisenhaltiger Stoff
6 Haemin
Farbstoff
5 Sepia, Siena, Umber, Umbra
6 Bister
Braunfisch
8 Tuemmler
braungelbe
Orchidee der Wälder
8 Nestwurz
braungraues
Nichtmetall
3 Bor
braunhaarig
8 bruenett
Braunkohlenart
5 Gagat
6 Lignit
Braunkohlenerzeugnis
7 Brikett
Braunkohlenkoks
5 Grude
Braunkohlenteeröl
5 Masut
Braunkohlenzeit
8 Tertiaer
bräunlichgelbes
Pferd
8 Isabelle

braunrote
Malerfarbe
5 Ocker
Braunschweiger
Biersorte
4 Gose
5 Mumme
Burg
13 Dankwarderode
Dynastie
6 Welfen
Höhenzug
3 Elm
Sehenswürdigkeit
3 Dom
4 Burg
5 Loewe
7 Rathaus
10 Gewandhaus
13 Dankwarderode, Loewendenkmal
Braunschweigs
früherer Name
8 Brunswik
9 Bruneswik
Braunwurzelgewächs
10 Ehrenpreis
Braurückstand
6 Treber
Brause
6 Dusche
7 Sprudel
8 Limonade
Brausebad
6 Dusche
brausen
5 rasen, tosen
6 sausen, wallen
8 rauschen, sprudeln
Braut
8 Verlobte
11 Zukuenftige
von Goethe
11 Schoenemann
von Grillparzer
9 Froehlich
von Kleist
5 Zenge
Bräutigam
9 Verlobter
12 Zukuenftiger
Brautpreis
afrikanischer Völker
6 Lobola
bei den Türken
5 Kalym
Brautschaft
7 Mitgift
9 Aussteuer
10 Heiratsgut
Brautschau
6 Freite
7 Werbung
Brautschmuck
5 Kranz, Myrte
11 Myrtenkranz
13 Jungfernkranz
Brautwerber
6 Freier
Brautwerbung
6 Freite
brav
5 artig

6 bieder, tapfer, wacker
7 folgsam, fuegsam, sittsam
10 manierlich
11 wohlerzogen
13 rechtschaffen
Bravur
3 Mut
4 Elan
5 Verve
7 Hingabe, Schneid, Schwung
9 Kuehnheit
10 Tapferkeit
Bravurstück
11 Glanznummer
12 Paradenummer
13 Glanzleistung
Break
7 Wechsel
9 Jagdwagen
11 Kutschwagen, Pferdewagen
12 Konterschlag
15 Rhythmuswechsel
brechen
7 bersten
11 zerspringen
Brecher
3 See
4 Woge
5 Welle
8 Sturzsee
10 Sturzwelle
Brechmittel
8 Emetikum
Brechnussbaumgift
9 Strychnin
Brechreiz
6 Nausea
Brechruhr
7 Cholera
Brechstange
9 Geissfuss
Brechtinterpretin
3 May
Brechung
10 Refraktion
Brechungsmittel
6 Medium
Brechwurzel
5 Ipeka
6 Kuahna
Bredouille
11 Bedraengnis
12 Verlegenheit
Brei
3 Mus
4 Papp
5 Masse
6 Mixtur, Pueree, Speise
8 Babykost, Mischung
breiartiges
Gericht
7 Gruetze
breiförmige
Arznei
8 Latwerge
breiige
Tubenmasse
5 Paste
breit
4 weit
5 largo
breite
Erhöhung
6 Podium
Fähre
5 Ponte
klobige Hand
6 Pratze
Leib- und Schulterbinde
8 Schaerpe
Leiste
5 Latte
Meeresbucht
3 Bai
Straße
5 Allee
6 Avenue
7 Highway
8 Autobahn, Rollbahn
9 Boulevard
10 Autostrada
Breite
9 Dimension
10 Ausdehnung
breiter
Pfad
3 Weg
Pinsel
6 Quaste
Schal
5 Stola
breites
Liegemöbel
4 Bett, Sofa
5 Couch, Diwan
8 Ottomane
breitkrempiger
Hut
8 Sombrero
10 Kalabreser
11 Florentiner
Breitling
7 Sprotte
breittreten
12 kolportieren
Breitwandprojektionsverfahren
8 Cinerama
11 Cinemascope, Vistavision
Bremens
Wahrzeichen
6 Roland
bremsen
6 hemmen
7 mindern, stoppen
8 anhalten, drosseln
9 aufhalten, maessigen
10 arretieren, verringern
11 herabsetzen
12 verlangsamen
Bremsschwung
beim Skilauf
8 Telemark
Bremsvorrichtung
9 Hemmschuh
brennen
5 lohen
6 beizen, gieren, jucken, lodern, sengen
7 flammen, glimmen, gluehen, roesten
8 flackern
Brennen
in der Speiseröhre
10 Sodbrennen
brennend, vordringlich
4 akut
8 flagrant
Brenner
12 Destillateur
Brennfläche
7 Kaustik
Brenngas
5 Butan
6 Propan
Brennholzstück
6 Scheit
Brennpunkt
5 Fokus, Mitte
7 Zentrum
betreffend
5 fokal
Brennstoffauflage
in Öfen
4 Rost
Brennstoffbehälter
4 Tank
8 Kanister
Brennstoff, -material
3 Gas, Oel
4 Holz, Koks, Span, Torf
5 Butan, Grude, Kohle, Sprit
6 Benzin, Erdgas, Erdoel, Propa
7 Brikett, Heizgas, Heizoel, Kerosen, Kerosin
8 Kienspan, Spiritus
9 Anthrazit, Eibrikett, Grudekoks, Holzkohle, Leichtoel, Petroleum
10 Braunkohle, Presskohle, Steinkohle
11 Eierbrikett, Fluessiggas
13 Brennspiritus
Brennstoffzuleiter
am Zylinder des Motors
13 Einlassventil
brenzlig
6 heikel
10 bedenklich
Bresche
4 Loch, Riss
5 Spalt
6 Luecke
9 Durchlass
10 Einschnitt, Mauerbruch
Bretagnehafen
in Frankreich
5 Brest
bretonisches
Lied
3 Lai
Brett, Brettl
3 Ski
4 Bord, Holz
5 Bohle, Diele, Latte, Skier, Taf
6 Ablage, Buehne, Planke, Platte, Podium
7 Bauholz, Cabaret, Tableau, Theater
8 Kabarett
11 Schneeschuh, Schnittholz
Brettchen
als Dachdeckung
8 Schindel
Bretterbau
4 Bude
7 Baracke
9 Schaubude

Brettergerüst
6 Buehne
Brettergestell
5 Regal
7 Tableau
Bretterhütte
4 Bude
Bretterschuppen
9 Verschlag
Bretterstoß
6 Stapel
Bretterverkleidung
8 Schalung
Bretterzaun
6 Planke
Brettfuge
3 Nut
Brettspiel
2 Go
4 Dame, Puff, Rava
5 Halma, Salta, Snake
6 Gammon, Muehle, Schach
7 Eckdame, Malefiz, Pachisi
8 Blockade, Monopoly, Seefahrt, Solitaer, Trictrac
9 Damespiel, Fuchsjagd, Tokadille
10 Backgammon, Fang den Hut, Toccadille, Tricktrack
11 Gluecksshaus, Has und Hunde
12 Wolf und Schaf
13 Festungsspiel, Wolf und Schafe
Brettspielbegriff
3 Zug
4 Feld
5 Figur, Stein
Brettverkleidung
8 Schalung
Breve
des Papstes
5 Bulle
Brevier
6 Auszug
9 Gebetbuch
12 Stundengebet
Brezel
7 Gebaeck, Kringel
Bricke
8 Neunauge
Brief
4 Post
7 Billett, Epistel, Urkunde
9 Nachricht, Schreiben, Zuschrift
10 Mitteilung, Wertpapier
13 Begleitschein, Schriftstueck
der Apostel
7 Epistel
des Paulus im NT
14 Korintherbrief
Briefabsender
9 Adressant
Briefanfang
6 Anrede
Briefchen
6 Billet
10 Billetdoux
Briefempfänger
8 Adressat
Briefgebühr
5 Porto
Briefkuvert
6 Huelle
8 Umschlag
Briefmarke
15 Postwertzeichen
Briefmarkenkunde
10 Philatelie
Briefmarkensammler
11 Philatelist
Briefordner
11 Ablegemappe
Briefpartner
13 Korrespondent
Brieftasche
12 Portefeuille
Briefträger
8 Postbote
9 Zusteller
Briefumschlag
6 Kuvert
Briefverschluss
6 Siegel
Briefwechsel
13 Korrespondenz
Bries
10 Kalbsmilch
Brikett
5 Kohle
10 Presskohle
brillant
8 grandios
9 glaenzend
10 grossartig
Brillant
7 Diamant
9 Edelstein
Brillantine
8 Haarfett
Brillanz
5 Glanz
8 Feinheit
Brille, Brillenart, -form
4 Glas, Ring, Sitz
7 Binokel, Einglas, Klemmer, Kneifer, Lorgnon, Monokel, Zwicker
8 Haftglas, Pincenez
9 Augenglas, Lorgnette
10 Haftschale
11 Augenschutz, Haftglaeser
Brillenfutteral
4 Etui
Brillenschlange
3 Ara
4 Haie
5 Aspis, Kobra
11 Hutschlange, Schildotter
12 Speischlange
13 Ringhalskobra
14 Uraeusschlange
Brillenteil
4 Glas, Rand, Steg
6 Buegel, Klemme
7 Fassung, Glaeser
brillieren
8 glaenzen
bringen
7 liefern
11 apportieren
brisant
8 explosiv
9 sprengend
11 hochaktuell
Brise
4 Wind
7 Seewind
8 Fahrwind
9 Segelwind
Britannien
7 England
Brite
7 Schotte
10 Englaender
britische
Altistin
5 Baker
7 Ferrier
Arbeiterpartei
11 Labour Party
Festung auf Malta
5 Mdina
Festung im Mittelmeer
9 Gibraltar
Flagge
9 Union Jack
Hafenstadt, Seebad
4 Hull
5 Dover, Hythe, Leith, Poole
6 Dundee
7 Belfast, Bristol, Cardiff, Glasgow, Grimsby, Harwich, Ipswich, Newport, Rhondda, Swansea
8 Aberdeen, Brighton, Carlisle, Hastings, Newhaven, Plymouth, Ramsgate, Yarmouth
9 Blackpool, Edinburgh, Liverpool, Newcastle, Rochester
10 Birkenhead, Eastbourne, Folkestone, Portsmouth, Sunderland
11 Bournemouth, Southampton
12 South Shields
13 Middlesbrough
16 Kingston upon Hull
17 Newcastle upon Tyne
Halbinsel
5 Wales
Insel
3 Man
5 Lundy, Wight
6 Wright
7 Bardsey
8 Anglesey
9 Eddystone
Insel der kleinen Antillen
7 Antigua
Inselgruppe in Westindien
7 Bahamas
Insel im Atlantik
7 Bermuda
9 Ascension
14 Falklandinseln
Jungferninsel
7 Anegada, Tortola
11 Jost van Dyke, Virgin Gorda
Kronkolonie
9 Gibraltar
Luftwaffe
3 RAF
13 Royal Air Force
Mezzosopranistin
8 Reynolds
Parade
5 Tatoo
Rundfunkgesellschaft
3 BBC

Seefestung
9 Gibraltar
Sopranistin
5 Jones, Price
6 Garden
britischer
Admiral
6 Nelson
Arbeiterführer
4 Dutt, Mann
6 Gollan
Archäologe
5 Emery
Astrophysiker
6 Hewish
Atomforscher
9 Cockeroft
Australienforscher
5 Giles
Bariton
5 Evans
7 Glossop
Berg
7 Snowdon, The Peak
9 Leith Hill, The Wrekin
Besitz in Spanien
9 Gibraltar
Chemiker
5 Crick, Dewar, Krebs, Synge
6 Martin, Perutz, Porter
7 Kendrew
Choreograf und Tänzer (auch Tänzerin)
5 Dolin
6 Ashton, Carter, Cranko
7 Fonteyn
Dirigent
4 Wood
5 Boult, Davis, Rankl, Solti
6 Del Mar, Gibson
7 Bantock, Beecham, Leppard, Malcolm, Sargent
8 Lockhart, Marriner
9 Mackerras, Pritchard
10 Barbirolli
11 Lockspeiser
Erzbischof
6 Coggan
Feldmarschall
10 Montgomery
Fluss
3 Cam, Dee, Taw, Wye
4 Arun, Avon, Brue, Hull, Nene, Ouse, Test, Towy, Tyne
5 Stour, Trent
6 Humber, Kennet, Medway, Rother, Severn, Themse, Witham
7 Derwent, Parrett, Waveney, Welland
Geschichtsschreiber
6 Gildas
Hauptgott
2 Hu
Kolonialpolitiker
6 Rhodes
Königshafen
8 Ramsgate
Kriegshafen
10 Portsmouth
Leichtathlet, Leichtathletin
3 Coe, May, Sly
4 Adam, Budd, Cook, Cram, Gunn, Head, Hill, Lowe, Mafe, Odam, Owen, Rand, Reid, Robb, Webb
5 Baker, Black, Board, Boxer, Brown, Green, Hodge, Hyman, Jones, Leahy, Nokes, Oakes, Ovett, Pirie, Regis, Reitz, Royle, Smith, Tyler, Tysoe, Voigt, Welch, Wells
6 Bailey, Bunney, Butler, Cahill, Cawley, Connor, Cooper, Cornes, Davies, Diemer, Disley, Edward, Elliot, Exeter, Ferris, Finlay, Foster, Gmelin, Grandt, Gunnel, Hagger, Hanlon, Harper, Hemery, Horgan, Hutson, Inkpen, Jacobs, Jarett, Larner, London, Manley, McKean, McLeod, Murray, Nichol, Nihill, Ottley, Packer, Peters, Rimmer, Russel, Sharpe, Stoute, Strong, Wilson
7 Ahearne, Akabusi, Backley, Bedford, Bennett, Benning, Brasher, Buckner, Douglas, Edwards, Elliott, Evenson, Gardner, Goodwin, Gunnell, Hallows, Hampson, Hawtrey, Heatley, Hopkins, Jackson, Jarrett, Johnson, Learner, Lerwill, Liddell, McCalla, McGough, O'Connor, Pilgrim, Quinton, Radford, Redmond, Ridgeon, Ritchie, Rowland, Sanders, Shirley, Simpson, Spencer, Staines, Stewart, Tremeer, Vickers
8 Abrahams, Burghley, Chataway, Christie, Goulding, Grindley, Grunnell, Halswell, Herriott, Hutchins, Ibbotson, Longmuir, Matthews, McColgan, McDonald, Rangeley, Richards, Robinson, Sherwood, Spedding, Stallard, Stirling, Thompson, Whitlock
9 Albritton, Bannister, Bradstock, Callender, Hearnshow, McFarlane, Moorcroft, Moorhouse, Noel-Baker, Odam-Tyler, Robertson, Sanderson, Whitbread, Wooderson
10 Applegarth, Williamson
11 Braithwaite
14 McDonald-Bailey
Motorsportler
3 Ivy
4 Cobb, Duke, Hill, Hunt, Moss, Read, Wigg
5 Clark, Frith, Gould, Lomas, Smith
6 Brooks, Dibben, Foster, Graham, Hewitt, Oliver, Redman, Seaman, Sheene
7 Brundle, Collins, Dobelli, Jenkins, Mansell, Parnell, Stewart, Surtees, Tyrrell, Webster
8 Anderson, Birchall, Campbell, Clements, Hailwood, Hawthorn, Robinson, Sandford
10 Rutterford
Musikforscher, -wissenschaftler
4 Blom, Dart, Dent, King
5 Engel, Gallo, Lewis, Sadie, Tyson, Young
6 Arnold, Carner, Colles, Farmer, Galpin, Hughes, Reaney
7 Abraham, Hawkins, Kastner, Redlich, Westrup
8 Cudworth, Fellowes, Harrison
9 Dolmetsch
Nobelpreisträger (Chemie)
4 Klug
5 Kroto
6 Walker
Nobelpreisträger (Literatur)
7 Golding
Nobelpreisträger (Medizin)
4 Vane
Organist
5 Allen
Ozeanograf
6 Murray
Pianist
5 Moore
6 Curzon
11 Dannreuther
Polarforscher
5 Nares, Parry
Politiker und Staatsmann
4 Eden, Hurd
5 Bevan, Bevin, Blair, Brown, Heath, Ismay, Major, Smith
6 Attlee, Wilson
7 Kinnock
8 Thatcher
9 Churchill, Gaitskell, Heseltine, Macmillan
11 Beaverbrook
Polizist
9 Constable
Reiter, Reiterin
4 Carr, Hill, Leng, Rook, Sopp
5 Dixon, Green, Grubb, Jones, Meade, Moore, Scott, Smith, Stark, White
6 Bartle, Broome, Coakes, Nicoll, Parker, Powell, Smythe, Walker, Weldon
7 Clapham, Holgate, Longden, Piggott, Robeson, Saywell, Skelton, Stewart, Straker
8 Allhusen, Fanshawe, Phillips, Richards, Whitaker
9 Llewellyn
10 Howard-Vyse
12 Gordon-Watson
Sagenkönig
4 Lear
5 Artus
6 Arthur
Schauspieler
6 Burton
Schwimmer, Schwimmerin
3 Fox
4 Brew, Hill, King, Rose, Webb
5 Caron, Croft, Snode, White
6 Carson, Cooper, Davies, Ferris, Foster, Gibson, Gordon, Holman, Jarvis, Morton, Phelbs, Purvis, Taylor, Wilkie, Wilson

7 Cochran, Deakins, Edwards, Goodhew, Grinham, Hartung, Jameson, Mealing, Steward
8 Brinkley, Fletcher, Hatfield, McGregor, Robinson
9 Armstrong, Battersby, Haresnape, Moorhouse, Woodroffe
10 Gillingham, Hardcastle, Lonsbrough

Seefahrer, Seeheld
4 Back, Cook, Howe, Ross
5 Blake, Davis, Drake
6 Hudson, Nelson
7 Raleigh

Soldatensender
3 BFN

Sportler, Sportlerin
3 Lee
4 Figg, Lyle, Pett, Ryan, Webb
5 Alden, Broad, Durie, Faldo, Grubb, Hoban, James, Jones, Laing, Leach, Marsh, Perry, Wills
6 Battel, Boxall, Foster, Godwin, Harris, Hilton, Turpin, Waters
7 Andrews, Barrett, Collett, Collins, Gilford, Jackson, Johnson, Kinnear, Simpson, Wallace, Woosnam
8 Abrahams, Bartlett, Bergmann, Bouffler, Broadman, Crowther, Goodhart, Southall, Sturgess, Torrance
9 Bannister, Beresford, Broughton, Hodkinson, Kingsbury, Pattisson, Saint-Ashe
10 Backstaffe, Chichester, Hammersley, McCollough, Montgomery, Radmilovic

Staatenbund
6 Empire
12 Commonwealth

Stützpunkt in Südeuropa
9 Gibraltar

Südpolarforscher
5 Fuchs

Südpolfahrer
5 Scott

Tennisspieler, Tennisspielerin
3 Dod, Pim
4 Gore, Rice, Robb, Wade
5 Bates, Dixon, Eaves, Hadow, Jones, Parke, Perry, Roper, Round, Smith, Winch
6 Austin, Bardon, Barret, Berret, Colyer, Cooper, Covell, Greene, Hannam, Haydon, Holman, Mahony, McKane, McNair, Parton, Ropert, Simond, Sterry, Watson
7 Beamish, Bingley, Boothby, Brookes, Caridia, Cazalet, Doherty, Douglas, Godfree, Hartley, Lambert, Lawford, Renshaw, Ritchie, Turnbul, Wilding, Winslow, Woosnam
8 Baddeley, Chambers, Douglass, Eastlake, Hamilton, Hillyard, Larcombe, Mortimer, Shephard, Turnbull
9 Aitchison
11 Jones-Haydon, Roper-Barret
13 Eastlake-Smith
14 Shephard-Bardon
15 Hillyard-Bingley, Lambert-Chambers

Tenor
5 Craig, Dicki, Pears
6 Deller

Überseedampfer
7 Titanic

Verdienstorden
9 Bathorden
14 Hosenbandorden

Violinist und Violoncellist
3 Pre
6 Rostal
7 Haendel

Wintersportler, Wintersportlerin
4 Dean, Ford, Nash, Paul, Tout
5 Black, Curry, Demmy, Denny, Dixon, Green, Jones, Nicks, Sharp, Syers
6 Locker, McEvoy, Taylor, Thomas, Towler, Weight
7 Altwegg, Cousins, Edwards, Johnson, Markham, Phyllis, Sherman, Torvill
8 Colledge, Phillips, Pinching, Westwood
9 Mackinnon, Syers-Cave
10 Mackintosh

britisches

Antarktis-Territorium
10 Grahamland

Reich
6 Empire

Überseegebiet
4 Oeno
5 Ducie
7 Bermuda
8 Anguilla, St. Helena
9 Henderson
10 Montserrat
11 Turksinseln
12 Caicosinseln, Kaimaninseln
14 Falklandinseln, Jungferninseln, Pitcairninseln

Weltreich
6 Empire

Britisch-Honduras

(ehem.)
6 Belize

bröckeln
7 brechen
8 kruemeln

Brocken
5 Block, Klotz
11 Bruchstueck

brodeln
6 kochen, sieden, wallen
7 dampfen

Brodem
4 Atem, Luft
5 Dampf, Dunst, Hitze, Nebel, Qualm, Wasen
6 Wrasen
8 Schwaden

Brokattuch

zur Bedeckung der Kaaba
5 Kiswa

Bromaceton
10 Traenengas

Bromverbindung
6 Bromat, Bromit

Bronchienspiegel
11 Bronchoskop

bronzenes

Schlagbecken
4 Gong

Bronzeposaune
4 Lure

Brosame
5 Krume
7 Kruemel

Brosche
4 Clip
5 Klipp, Nadel
6 Spange
7 Agraffe
12 Anstecknadel

Broschüre
4 Buch, Heft
7 Schrift
8 Heftchen
9 Druckheft
11 Flugschrift

Brösel
7 Kruemel
10 Semmelmehl

Brotaufschnitt
5 Belag

Brotaufstrich, Brotbelag
3 Mus
4 Fett
5 Belag, Gelee, Honig, Kaese, Quark, Sirup, Speck, Wurst
6 Butter
8 Schinken
9 Margarine, Marmelade
10 Aufschnitt, Konfituere
11 Pflaumenmus
14 Diaetmargarine

Brotbaumfrucht
12 Johannisbrot

Brötchen
4 Kipf, Weck
5 Wecke
6 Kipfel, Semmel, Wecken
7 Gebaeck, Kipferl
8 Knueppel, Schrippe
9 Hoernchen, Weissbrot
10 Rundstueck

mit Würstchen
6 ◆ Hotdog

Brotform
4 Kipf, Laib, Zopf
6 Wecken
7 Stollen

Brotfrüchte
9 Zerealien

Brotgetreide
4 Korn
6 Dinkel, Gerste, Roggen, Weizen
9 Zerealien

Brotkante
5 Knast, Knust, Ranft, Rinde

Brotkörper
4 Laib

Brotrest, -krümel
5 Krume
7 Broesel

Brotrinde
5 Kante
6 Kruste

Brotröster
7 Toaster
Brotscheibe
5 Bemme
6 Stulle
8 Schnitte
für Kommunion und Abendmahl
6 Hostie
Brotsorte
6 Fladen
7 Knaecke
8 Baguette, Zwieback
9 Mischbrot, Weissbrot
10 Bauernbrot, Roggenbrot, Weizenbrot
11 Gewuerzbrot, Knaeckebrot, Kommissbrot, Kuemmelbrot, Schwarzbrot
12 Holzofenbrot, Pumpernickel, Vollkornbrot
14 Weizenkeimbrot
16 Sonnenblumenbrot
Brotstück
5 Krume
Brotzeit
5 Essen
Brotzutat
5 Belag
Browning
7 Pistole
Bruch
4 Keks, Luch, Moor, Moos, Riss
5 Fehde, Knick, Panne, Sumpf, Zweig
6 Knacks, Spalte, Sprung, Streit, Stueck, Waffel
7 Fraktur, Stuecke, Waffeln
8 Truemmer
9 Kleinholz
10 Entzweiung
Bruch, Falte
5 Kniff
brüchig
4 lose
6 locker, morsch, muerbe
Bruchrechnungsbegriff
6 Nenner, Teiler
7 Zaehler
Bruchschrift
7 Fraktur
Bruchsteinblock
11 Quaderstein
Bruchstück
4 Teil
5 Torso
7 Scherbe
8 Fragment, Rudiment, Splitter, Truemmer
Bruchteil
6 Achtel
7 Neuntel
Brücke
4 Steg
7 Kontakt, Teppich, Viadukt
9 Uebergang
10 Verbindung, Zahnersatz
13 Ueberfuehrung
bei San Franzisco
10 Golden Gate
16 Golden Gate Bridge
in Frankfurt/Main
12 Eiserner Steg
in London
11 Tower Bridge
in Österreich
13 Europabruecke
in Prag
12 Karlsbruecke
in Venedig
6 Rialto
14 Seufzerbruecke
über ein Tal
7 Viadukt
Brückengewölbe
5 Bogen
Brückenschiff
6 Ponton
Brudermörder
4 Kain
Bruderschaft
12 Kongregation
Bruder-, Schwestertochter
6 Nichte
Bruder von:
Aaron
5 Moses
Abel
4 Kain, Seth
Abraham
5 Haran
Agamemnon
8 Menelaos, Menelaus
Apoll, Apollo, Apollon
4 Ares, Mars
6 Hermes, Merkur, Vulkan
8 Hephaest, Vulcanus, Vulkanus
9 Mercurius
10 Hephaestos, Hephaistos
Ares
4 Mars
5 Apoll
6 Apollo, Hermes, Merkur, Vulkan
7 Apollon
8 Hephaest, Vulcanus, Vulkanus
9 Mercurius
10 Hephaestos, Hephaistos
Arminius
6 Flavus
Artemis
5 Apoll
6 Apollo
7 Apollon
Atlas
10 Prometheus
Atreus
8 Thyestes
Attila
5 Bleda
Baldur
5 Hoedr
6 Hoedur
Baudouin
6 Albert
Castor
6 Pollux
10 Polydeukes
Demeter
4 Zeus
5 Hades
8 Poseidon
Diana
5 Apoll
6 Apollo
7 Apollon
Egil
7 Wieland
Elektra
5 Orest
7 Orestes
Esau
5 Jakob
Etzel
7 Bloedel
Fafnir
3 Otr
5 Regin
Gernot
7 Gunther
8 Giselher
Giselher
6 Gernot
7 Gunther
Gretel
7 Haensel
Gunther
6 Gernot
8 Giselher
Hades
4 Zeus
8 Poseidon
Hagen
8 Dankwart
Hannibal
4 Mago
9 Hasdrubal
Hasdrubal
8 Hannibal
Hektor
5 Paris
Hephaest
4 Ares, Mars
5 Apoll
6 Apollo, Hermes, Merkur
7 Apollon
8 Vulcanus, Vulkanus
9 Mercurius
Hera
4 Zeus
5 Hades
8 Poseidon
Hermes
4 Ares, Mars
5 Apoll
6 Apollo, Merkur, Vulkan
7 Apollon
8 Hephaest, Vulcanus, Vulkanus
9 Mercurius
10 Hephaestos, Hephaistos
Hestia
4 Zeus
5 Hades
8 Poseidon
Hödur
5 Baldr
6 Balder, Baldur
Iphigenie
5 Orest
7 Orestes
Isis
6 Osiris
Jakob
4 Esau
Juno
5 Orkus
6 Neptun
Kain
4 Abel, Seth

'assandra
5 Paris
6 Hektor
'astor
6 Pollux
:riemhild
6 Gernot
7 Gunther
8 Giselher
una
3 Sol
1aria
7 Lazarus
1ars
4 Ares
5 Apoll
6 Apollo, Hermes, Merkur, Vulkan
7 Apollon
8 Hephaest, Vulcanus, Vulkanus
9 Mercurius
0 Hephaestos, Hephaistos
1artha und Maria
7 Lazarus
1enelaus
9 Agamemnon
1erkur
4 Ares, Mars
5 Apoll
6 Apollo, Hermes, Vulkan
7 Apollon
8 Hephaest, Vulcanus
0 Hephaestos, Hephaistos
1oses
5 Aaron
Iapoleon
5 Louis
6 Jerome, Joseph, Lucian, Lucien
Ieleus
6 Pelias
Ieptun
5 Orkus
7 Jupiter
Odin
2 Ve, We
4 Vili, Wili
Osiris
4 Seth
'aris
6 Hektor
'eleus
7 Telemon
'elias
6 Neleus
'etrus
7 Andreas
'ollux
6 Castor, Kastor
'oseidon
4 Zeus
5 Hades
'rometheus
5 Atlas
Rebekka
5 Laban
Remus
7 Romulus
Romulus
5 Remus
Seth
4 Abel, Kain
6 Osiris
Telamon
6 Atreus, Peleus
Vulcanus
4 Ares, Mars
5 Apoll
6 Apollo, Hermes, Merkur
7 Apollon
8 Hephaest
9 Mercurius
10 Hephaestos, Hephaistos
Wieland
4 Egil
5 Egill
Wotan
2 Ve, We
4 Vili, Wili
Zeus
5 Hades
8 Poseidon
Brühe
5 Absud, Beize, Sosse, Suppe
6 Jauche
von Abgekochtem
3 Sud
Brühsäckchen
für Getränke
9 Teebeutel
Brühwurst
6 Wiener
10 Mortadella
Brüllender
6 Heuler
brummiger
Mensch
6 Muffel
Brunnen
4 Born
5 Bronn, Quell
6 Quelle, Wasser
7 Schacht
8 Ursprung, Zisterne
10 Heilquelle
12 Wasserstelle
in der Sahara
3 Toh
in Rom
5 Trevi
Brunnentempel
9 Nymphaeum
Brunst
6 Brunft
8 Begierde
Brunstperiode
der Stute
5 Rosse
Brunstschrei
des Hirsches
7 roehren
brüsk
4 jaeh
6 abrupt, barsch
7 schroff
12 unvermittelt
14 ruecksichtslos
Brust
5 Busen
des Rindes
3 Bug
Brustdrüse
6 Thymus
des Kalbes
5 Bries
7 Briesel
Brustfell
6 Pleura
10 Rippenfell
Brustfellentzündung
9 Pleuritis
Brustharnisch
7 Kuerass
8 Plastron
Brusthöhlenspiegel
11 Thorakoskop
Brustknochen
5 Rippe
9 Brustbein
Brustkorb
6 Thorax
Brustkrause, Spitzenkrause
5 Jabot
Brustkreuz, Brustschmuck
9 Pektorale
Brustpanzer
7 Kuerass
8 Harnisch
Brustriemen
am Pferdegeschirr
5 Siele
Brustschutz
des Fechters
8 Plastron
Bruststück
des Geflügels
5 Filet
Brüstung
6 Reling
9 Gelaender
10 Balustrade
12 Fensterbrett
Brustwarze
der Säugetiere
5 Zitze
Brut
5 Fasel
6 Gelege
von Federvieh
6 Geheck
brutal
3 roh
6 gemein, rabiat
7 grausam
9 gewaltsam
10 gefuehllos
11 bestialisch
12 gewalttaetig, unmenschlich
14 ruecksichtslos
brutaler
Mensch
7 Rohling
Brutalität
6 Gewalt, Roheit
7 ◆ Rohheit
10 Gemeinheit
12 Bestialitaet
brütende
Henne
6 Glucke
Brutgut
2 Ei
4 Eier
Bruthenne
6 Glucke
Brutkörper
niederer Pflanzen
5 Gemme

Brutsack
6 Beutel
Brutschrank
9 Inkubator
Brutstätte
3 Bau
4 Nest
6 Hoehle
9 Nistplatz
Bruttoerlös
9 Rohertrag
Bruttogewicht
6 Sporko
Bub, Bube
3 Boy
5 Junge, Karte, Knabe, Unter
6 Knirps
10 Frechdachs, Spielkarte
13 Dreikaesehoch
Bubenstreich
3 Jux
5 Unfug
6 Scherz
7 Streich
11 Schabernack
Buch
der Bibel, des Alten und Neuen Testaments
4 Amos, Esra, Hiob, Joel, Jona, Mose, Ruth
5 Brief, Hosea, Josua, Judas, Lukas, Micha, Nahum, Tobit
6 Baruch, Briefe, Daniel, Esther, Exodus, Haggai, Jesaja, Judith, Markus, Numeri, Obadja, Paulus, Petrus, Salomo, Samuel, Sirach, Tobias
7 Chronik, Genesis, Habakuk, Jakobus, Jeremia, Koenige, Nehemia, Psalter, Richter
8 Ezechiel, Hesekiel, Johannes, Maleachi, Prediger, Sacharja, Zephanja
9 Hexatheus, Hohes Lied, Levitikus, Matthaeus, Timotheus
10 Apokalypse, Evangelium, Heptateuch, Judasbrief, Pentateuch, Titusbrief
11 Klagelieder, Offenbarung, Petrusbrief, Roemerbrief
12 Epheserbrief, Jakobusbrief, Paralipomena
13 Deuteronomium, Galatherbrief, Johannesbrief, Kolosserbrief, Philemonbrief
14 Korintherbrief, Philipperbrief
17 Apostelgeschichte
der Juden
6 Talmud
der jüdischen Mystik
5 Bahir
der Psalmen
7 Psalter
des Islam
5 Koran
des Pentateuch
6 Exodus, Numeri
7 Genesis
9 Leviticus
13 Deuteronomium
mit besonders hoher Auflage
10 Bestseller
über Umgangsformen
6 Knigge
Buchabschnitt
7 Kapitel
Buchaufbau
6 Layout, ◆ Lay-out
10 Gestaltung, Gliederung
Buchaufschrift
5 Titel
Buchausgabe
7 Edition
Buchbindergerät
6 Presse
8 Falzbein, Heftlade
9 Leimwalze
11 Pressbalken
Buchbinderleim
6 Rakiko
Buchbinderleinen
6 Kaliko
7 Buckram
Buch, Buchart
4 Band, Werk
5 Atlas, Fibel, Roman
7 Ausgabe, Foliant, Fuehrer, Katalog, Lexikon, Waelzer
8 Bildband, Fachbuch, Sachbuch, Schwarte
9 Druckwerk, Hardcover, Kunstbuch, Scharteke, Schmoeker
10 Bilderbuch, Broschuere, Kompendium, Pocketbook
11 Gedichtband, Taschenbuch, Woerterbuch
13 Enzyklopaedie
das auf jedem Schreibtisch liegen sollte
5 Duden
das hohe Auflagen erreicht
10 Bestseller
Buchdruckerberuf
6 Aetzer, Faktor, Setzer
7 Anleger, Graveur, Metteur
8 ◆ Grafiker, Kolorist, ◆ Typograf, Ziseleur
9 Graphiker, Korrektor, Typograph
10 Chemigraph, Handsetzer, Retuscheur
13 Metallstecher, Offsetdrucker
15 Maschinensetzer
19 Druckformhersteller
Buchdruckerei
7 Offizin
Buchdruckerkunst
10 ◆ Typografie
11 Typographie
Buchdruckerzeichen
6 Signet
Buchdruckverfahren
6 Offset
8 Rotation
9 Hochdruck, Rotaprint, Siebdruck, Tiefdruck, Zinkdruck
10 Flachdruck, Gummidruck, Lichtdruck, Manuldruck, Steindruck
11 Kupferdruck, Offsetdruck, Tiegeldruck
12 Rollenoffset
14 Rakeltiefdruck
15 Kupfertiefdruck
Bucheignerzeichen
8 Exlibris
Bucheinband
6 Kaliko
aus Karton
9 Paperback
Bucheinbandschmuck
5 Semis
Buchenfrucht
5 Ecker
6 Buchel
8 Buchnuss
Buchenland
8 Bukowina
Buchenspinner
10 Rotschwanz
Buchenwaldpflanze
11 Waldmeister
Bücherbord
5 Regal
Bücherbrett
4 Bord
Bücherei
10 Bibliothek
Büchereimitarbeiter
12 Bibliothekar
Büchereiverwalter
12 Bibliothekar
Bücherfreund
5 Leser
Büchergestell, -brett
4 Bord
5 Regal
Bücherkunde
12 ◆ Bibliografie
13 Bibliographie
Bücherliebhaberei
12 Bibliophilie
Büchernarr
10 Bibliomane
11 Bibliophile
Büchersammlung
9 Buecherei
10 Bibliothek
Bücherverzeichnis
12 ◆ Bibliografie
13 Bibliographie
Bücherwurm
9 Leseratte
Bücherzeichen
8 Exlibris
Buchformat
5 Folio, Oktav, Quart, Sedez
6 Duodez
Buchführungsbegriff
3 EDV
4 Etat, Soll, Wert
5 Beleg, Bonus, Debet, Frist, Haben, Konto, Saldo
6 Adrema, Bilanz, Ertrag, Gewinn, Kredit, Skonto
7 Ausgabe, Verlust
8 Darlehen, Einnahme, Guthaben
9 Abschluss, Belastung, Grundbuch, Hauptbuch
10 Aufwendung, Gutschrift, Kontenplan, Uebersicht, Verbuchung
11 Buchhaltung
12 Kontenrahmen
13 Schlussbilanz

14 Gewinnrechnung
15 Soll-Ist-Rechnung, Verlustrechnung
17 Datenverarbeitung
Buchhalter
5 Clerk
buchhalterischer
Begriff
4 Soll
5 Debet, Haben, Saldo
6 Kredit
Buchhaltung
12 Buchfuehrung
Buchhändler
in Tübingen
5 Cotta
Buchhandlungszweig
6 Grosso, Verlag
9 Sortiment
11 Antiquariat, Kunsthandel
Buchherausgeber
6 Editor
8 Verleger
9 Publizist
Buchhersteller
7 Drucker
Buchhülle
7 Einband
Buchkapitel
5 Caput
Buchleinwand
6 Kaliko
7 Buckram
Buchmacherkurse
4 Odds
8 Vorgaben
Buchmacherunternehmen
9 Wettbuero
Buchprüfer
7 Revisor
Buchprüfung
8 Revision
Buchschutz
7 Einband, Schuber
Buchschutzhülle
8 Kassette
Buchse
8 Zylinder
9 Steckdose
Büchse
4 Dose
6 Flinte, Gewehr
7 Gefaess, Stutzen
9 Behaelter
10 Jagdgewehr
für Geldrücklagen
8 Spardose
11 Sparschwein
für Hautpflegemittel
9 Puderdose
Buchseite
5 Blatt
6 Pagina
Buchseitennummerierung
11 Paginierung
Buchseitenüberschrift
13 Kolumnentitel
Büchsenfleisch
10 ◆ Cornedbeef
Buchspalte
6 Rubrik
7 Kolumne
Buchstabe
6 Letter, Litera, Versal
8 Majuskel, Minuskel
12 Kapitaelchen
im ältesten griech. Alphabet
7 Digamma
Buchstabenfolge
3 Abc
8 Alphabet
Buchstabenrechnung
7 Algebra
Buchstabenreihe
5 Zeile
Buchstabenschlüssel
(Noten)
6 Klavis
Buchstabenverbindung
7 Ligatur
Buchstabenversetzrätsel
8 Anagramm
buchstäblich
5 exakt, genau
Bucht
3 Bai, Bay
4 Golf, Haff
5 Busen, Fjord
6 Becken, Bodden, Foerde
9 Meerbusen
an der Emsmündung
7 Dollart
des Atlantischen Ozeans
7 Biskaja
im Mittelmeer
5 Syrte
in der Nordsee
9 Jadebusen
von Clare (Irland)
6 Malbay
von Ecuador
5 Manta
von Südafrika
5 Algoa
6 Alagoa
von Westengland
12 Bristolkanal
Buchteil
4 Bild, ◆ Foto
5 Blatt, Bogen, Decke, Karte, Photo, Seite, Titel
6 Deckel, Epilog, ◆ Grafik, Inhalt, Pagina, Prolog
7 Einband, Graphik, Ruecken, Titelei, Vorsatz, Vorwort
8 Nachwort, Register, Umschlag
9 Impressum, Zeichnung
10 Einleitung, Geleitwort, Kaptalband, Seitenzahl
11 Einfuehrung, Kapitalband
12 Illustration, Schmutztitel, Ueberschrift
13 Inhaltsangabe
14 Schutzumschlag
18 Inhaltsverzeichnis
Buchtentyp
des Schwarzen Meeres
5 Liman
Buchüberschrift
5 Titel
Buchung
7 Eintrag
Buchungsergebnis
5 Saldo
Buchungsnummer
12 Aktenzeichen
Buchungsunterlage
5 Beleg
Buchunternehmerin
10 Verlegerin
Buchvertrieb
6 Grosso, Verlag
9 Sortiment
11 Antiquariat
Buchweizen
9 Heidekorn, Taterkorn
Buckel
5 Beule
7 Hoecker, Ruecken
8 Schulter
Buckelrind
4 Zebu
Bückling
5 Fisch
6 Diener, Hering
10 Verbeugung
13 Raeucherfisch
14 Raeucherhering
Buddel
7 Flasche
buddeln
6 graben
Buddha
der Chinesen
2 Fo
voraussagender Weiser
5 Asita
Buddha-Heiligtum
auf Java
9 Boro-Budur
Buddhas
indischer Name
6 Gotama
7 Gautama
10 Siddhartha
Lieblingsjünger
6 Ananda
Buddhismus
in Japan
3 Zen
buddhistische
Schriftsprache
4 Pali
Tempelfahnen
5 Tanka
buddhistischer
Glaubenssatz
5 Karma
6 Karman
7 Nirwana
indischer Kultbau
5 Stupa
Priester
4 Lama
5 Bonze
Sakralbau
5 Stupa
Tempel
6 Pagode
Wallfahrtsort in Birma
5 Prome
buddhistisches
Grabmal
4 Tope
Heiligtum auf Java
9 Boro Budur

Kloster
6 Vihara
Symbol
5 Lotos
Budget
4 Etat
8 Anschlag, Haushalt
11 Voranschlag
13 Haushaltsplan
14 Staatshaushalt
Budike, Butike
4 Bude
5 Laden, Lokal, Stand
6 Kneipe
8 Krambude
9 Geschaeft, Kramladen
10 Wirtschaft
Büfett
5 Theke
8 Anrichte
9 Sideboard
11 Schanktisch
15 Geschirrschrank
Büfettfräulein
11 Kaltmamsell
Büfettier
6 Zapfer
Buffa, Opera buffa
5 Posse
7 Schwank
8 Groteske
Büffel
4 Anoa, Arni
5 Bison
6 Wisent
7 Buffalo, Kerabau, Mindoro
büffeln
6 lernen, ochsen, pauken
9 studieren
Buffo
7 Komiker, Saenger
12 Opernsaenger
16 Operettensaenger
Bug
9 Vorschiff
12 Vorderschiff
13 Schiffsspitze, Schulterblatt
Bugbalken
6 Steven
Bügelmaschine
11 Heissmangel
bügeln
7 mangeln
8 glaetten, plaetten
Bugschmuck
am Vorbau älterer Schiffe
12 Galionsfigur
Bugspill
10 Ankerwinde
Bugzufluss
3 Lug
4 Rata
5 Ingul, Lesna, Narew, Navar
6 Kodyma, Ljesna, Nurzec
8 Sjnjucha
Buhle
5 Kebse
7 Hetaere
8 Geliebte
9 Geliebter
buhlen
6 werben
8 umwerben
13 umschmeicheln
Buhlerin
9 Kurtisane
Buhne
4 Damm
5 Hoeft, Mauer
6 Hoefte, Kribbe, Stacke
8 Uferdamm
10 Uferschutz
13 Wellenbrecher
Bühne
6 Podium
Bühnenauftritt
5 Szene
Bühnenaufzug
3 Akt
Bühnenausstattungsstück
5 Revue
Bühnenbeleuchtung
11 Rampenlicht
Bühnenberühmtheit
4 Diva, Star
9 Superstar
10 Primadonna
Bühnenbild, Dekoration
5 Szene
7 Kulisse
8 Prospekt, Szenerie
Bühnendarbietung
5 Revue
Bühnendichter
10 Dramatiker
Bühnendichtung
5 Drama
Bühnenfach
4 Alte
5 Buffo, Naive
6 Charge
9 Bonvivant
bühnenfachlicher Ausdruck, Begriff
3 Akt, Run
4 Alte, Bild, Chor, Diva, Gage, Gast, Held, Loge, Mime, Oper, Part, Pose, Rang, Solo, Star
5 Autor, Buffo, Debut, Drama, Eleve, Farce, Foyer, Geste, Maske, Mimik, Naive, Pause, Posse, Probe, Rampe, Regie, Revue, Rolle, Szene
6 Akteur, Aufzug, Balkon, Buehne, Charge, Claque, Debuet, Dialog, Elevin, Empore, Entree, Epilog, Finale, Fundus, Heldin, Maezen, Nuance, Partie, Podium, Prolog, Saison, Sketch, Solist, Studio, Trikot, Truppe
7 agieren, Akustik, Applaus, Ballett, Beifall, Benefiz, Billett, Bretter, Cabaret, Chanson, Chorist, Couplet, Diseuse, Einlass, Ensuite, Galerie, Heroine, Komiker, Kulisse, Matinee, Monolog, Musical, Parkett, Parodie, Partner, Reprise, Saenger, Schwank, ◆ Sketsch, Statist, Theater, Tournee, Variete, Vorhang
8 Auftritt, Blackout, ◆ Black-out, Einakter, Ensemble, Figurant, Groteske, Handlung, Harlekin, Kabarett, Komoedie, Komparse, Libretto, Melodram, Novitaet, Operette, Parterre, Peruecke, Premiere, Programm, Prospekt, Requisit, Schmiere, Soffitte, Solistin, Szenerie, Tribuene, Vorspiel
9 Ballerina, Bonvivant, Choristin, Debuetant, Dramaturg, Ehrenloge, ex tempore, Festspiel, Freikarte, Garderobe, Gastrolle, Gastspiel, Hanswurst, Intendant, Intendanz, Liebhaber, Lustspiel, Melodrama, Mysterium, Opernhaus, Orchester, Pantomime, Quodlibet, Regisseur, Rezensent, Rezitativ, Rezitator, Saengerin, Singspiel, Soubrette, Souffleur, Sperrsitz, Stehplatz, Szenarium, Tragoedie
10 Abonnement, Aktschluss, Beleuchter, Brandwache, ◆ Chansonier, ◆ Choreograf, Darsteller, Deklamator, Dekoration, Dramatiker, Drehbuehne, Engagement, Hauptprobe, Hauptrolle, Inspizient, Komoediant, Laienspiel, Marionette, Nebenrolle, Notausgang, Ouvertuere, Primadonna, Proszenium, Repertoire, Rezitation, Schauspiel, Souffleuse, Subvention, Tetralogie, Versenkung, Vorverkauf
11 Ausstattung, Buehnenhaus, Chansonette, Chansonnier, Choreograph, Chorsaenger, debuetieren, Deklamation, Garderobier, inszenieren, Kammerspiel, Komparserie, Probebuehne, Rampenlicht, Requisiteur, Rollenboden, Schaubuehne, Solotaenzer, soufflieren, Spielleiter, Statisterie, Trauerspiel, Unterbuehne, Volksstueck, Wandelhalle, Zwischenakt
12 Amphitheater, applaudieren, Buehnenmusik, Buehnenprobe, Buehnenwagen, ◆ Choreografie, Conferencier, Darstellerin, Garderobiere, Generalprobe, Hinterbuehne, Inszenierung, Introduktion, Jupiterlampe, Korrepetitor, Kulissenhaus, Lampenfieber, Naturtheater, Opernsaenger, pantomimisch, Rundhorizont, Schauspieler, Scheinwerfer, Schnuerboden, Theaterkarte, Wanderbuehne
13 Choreographie, extemporieren, Improvisation, Kapellmeister, Orchesterloge, Passionsspiel, Puppenspieler, Puppentheater, Schattenspiel, Schiebebuehne,

Solotaenzerin, Szenenwechsel, Tragikomoedie, Urauffuehrung, Zuschauerraum
4 Ballettmeister, Buehnenbildner, Dramatisierung, Mysterienspiel, Passionsspiele, Primaballerina, Schauspielerin
5 Besetzungsbuero, Eiserner Vorhang, Erstauffuehrung, Freilichtbuehne, Kasperletheater, Neuinszenierung, Proszeniumsloge, Souffleurkasten, Tourneeensemble
6 Requisitenfundus, Zwischenaktmusik
9 Charakterdarsteller

ühnenfigur
ei Wedekind
4 Lulu

ühnengröße
4 Star

ühnenhaus
7 Theater

n antiken Theater
5 Skene

ühnenheldin
7 Heroine

ühnenkante
5 Rampe

ühnenkünstler
4 Mime
8 Parodist
2 Schauspieler

ühnenkünstlerin
3 Solotaenzerin

ühnenleiter
9 Intendant

ühnenmagier
1 Illusionist

ühnenmäßig
2 theatralisch

ühnenneuling
9 Debuetant

ühnenpart
5 Rolle

ühnenprogramm
it Musik
7 Estrade

ühnenschau
5 Revue

ühnenschiebewand
7 Kulisse

ühnenshow
5 Revue

ühnenstück
4 Oper
5 Drama, Posse, Revue
7 Musical, Schwank
8 Komoedie, Operette
9 Lustspiel, Melodrama, Mysterium, Pantomime, Singspiel, Tragoedie
10 Schauspiel
11 Trauerspiel

ühnenstück von:
nouilh
5 Medea
7 Colombe
8 Antigone, Eurydike

Anzengruber
15 Der Meineidbauer
16 Der Gewissenswurm
19 Die Kreuzelschreiber

Aristophanes
9 Der Friede, Die Ritter, Die Voegel, Die Wolken
10 Lysistrata
11 Die Froesche

Bahr
10 Das Konzert

Brecht
16 Dreigroschenoper

Büchner
7 Woyzeck
10 Dantons Tod
13 Leonce und Lena

Calderon
10 Dame Kobold
20 Der Richter von Zalamea

Claudel
12 Mittagswende
15 Der seidene Schuh
17 Christoph Columbus

Corneille
5 Cinna, El Cid
7 Oedipus

Eliot
12 Der Mord im Dom
14 Der Familientag
16 Die Cocktailparty
18 Der Privatsekretaer

Euripides
5 Medea
8 Anomache
13 Die Troerinnen
16 Iphigenie in Aulis

Faulkner
20 Requiem fuer eine Nonne

Frisch
7 Andorra
9 ◆ Biografie
13 Graf Oederland

Fry
12 Venus im Licht
15 Der Erstgeborene

Garcia Lorca
15 Die Bluthochzeit

Gide
13 Koenig Oedipus

Giraudoux
6 Judith, Undine
7 Elektra
16 Sodom und Gomorrha
18 Die Irre von Chaillot

Goethe
5 Faust, Tasso
6 Egmont, Stella
7 Clavigo
13 Torquato Tasso
18 Iphigenie auf Tauris
20 Goetz von Berlichingen

Gogol
10 Der Revisor

Goldoni
10 Der Luegner
13 Das Kaffeehaus
21 Der Diener zweier Herren

Grabbe
8 Hannibal, Napoleon
19 Die Hermannsschlacht

Grillparzer
5 Medea
6 Sappho
7 Libussa
10 Die Ahnfrau
14 Weh dem der luegt
18 Die Juedin von Toledo

Halbe
6 Jugend
8 Der Strom
10 Mutter Erde

Hauptmann
7 Elektra
8 Die Weber, Griselda
9 Die Ratten, Rose Bernd
12 Der Biberpelz, Florian Geyer
13 Michael Kramer, Schluck und Jau
16 Fuhrmann Henschel, Iphigenie in Aulis, Vor Sonnenaufgang

Hebbel
6 Judith
8 Genoveva
9 Demetrius
13 Agnes Bernauer
14 Maria Magdalena
16 Gyges und sein Ring

Hofmannsthal
7 Der Turm, Elektra
9 Jedermann
15 Der Tor und der Tod

Ibsen
4 Nora
8 Peer Gynt
10 Gespenster
11 Die Wildente, Hedda Gabler
13 Der Volksfeind

Kafka
10 Das Schloss, Der Prozess

Kleist
10 Amphitryon
11 Penthisilea
14 Robert Guiskard
18 Der Prinz von Homburg, Der zerbrochene Krug

Lessing
13 Emilia Galotti
14 Nathan der Weise
16 Minna von Barnhelm

Moliere
8 Tartuffe
10 Amphitryon, Der Geizige
13 Der Misanthrop
15 Schule der Frauen
16 Der Menschenfeind
18 Der Arzt wider Willen

Molnar
6 Liliom
14 Spiel im Schloss

Nestroy
11 Der Talisman
17 Lumpazi Vagabundus

Pagnol
5 Cesar, Fanny
6 Marius
16 Zum Goldenen Anker

Sartre
10 Die Fliegen
15 Die ehrbare Dirne
19 Die Eingeschlossenen
20 Die schmutzigen Haende

Schiller
6 Fiesco
9 Don Carlos
10 Die Raeuber

11 Maria Stuart, Wallenstein, Wilhelm Tell
14 Kabale und Liebe
18 Die Braut von Messina
21 Die Jungfrau von Orleans
Schnitzler
6 Anatol
8 Liebelei
9 Der Reigen
Scribe
13 Ein Glas Wasser
Shakespeare
6 Hamlet
7 Macbeth, Othello
8 Der Sturm
10 Koenig Lear
11 Was ihr wollt
12 Julius Caesar, Mass fuer Mass
13 Romeo und Julia, Timon von Athen
17 Viel Laerm um nichts, Wie es euch gefaellt
18 Koenig Richard (II/III), Troilus und Cressida
20 Ein Sommernachtstraum
23 Koenig Heinrich (IV/V/VI/VIII)
Shaw
6 Helden
7 Candida
9 Pygmalion
12 Major Barbara
15 Die Millionaerin
18 Caesar und Cleopatra, Frau Warrens Gewerbe
19 Der Arzt am Scheideweg
Sophokles
4 Ajas, Ajax
7 Elektra
8 Antigone
13 Koenig Oedipus
Strindberg
8 Der Vater
9 Totentanz
10 Traumspiel
12 Nach Damaskus
14 Fraeulein Julie
Sudermann
7 Die Ehre
9 Die Heimat
13 Johannisfeuer
Thoma
5 Moral
11 Die Medaille
12 Die Lokalbahn
Tolstoj
18 Der lebende Leichnam
21 Die Macht der Finsternis
Tschechow
8 Die Moewe
10 Onkel Wanja
15 Der Kirschgarten
16 Der Heiratsantrag
17 Die drei Schwestern
Wedekind
4 Lulu
8 Bismarck, Erdgeist, Herakles
18 Der Marquis von Keith
Wilde
6 Salome
15 Ein idealer Gatte
Wilder
17 Unsere kleine Stadt
Williams
13 Glasmenagerie
Zuckmayer
13 Katharina Knie
14 Schinderhannes
15 Barbara Blomberg
17 Des Teufels General
18 Der Schelm von Bergen
20 Der Gesang im Feuerofen
21 Der froehliche Weinberg

Bühnenszene
8 Auftritt

Bühnentanz
4 Step
5 ◆ Stepp
7 Ballett
8 Steptanz
9 ◆ Stepptanz

Bühnenteil
5 Rampe

Bühnenwart
10 Inspizient

Bühne, Schauplatz
5 Szene

Bukett
4 Duft
5 Blume
7 Strauss
13 Blumenstrauss

Bukoliker
4 Voss
6 Vergil
8 Theokrit

bulgarische
Gurkenkaltschale
7 Iarator
Hafenstadt
5 Varna, Warna
6 Burgas
Hauptstadt
5 Sofia
Luftverkehrsgesellschaft
6 Balkan
Münze
3 Lev, Lew
4 Lewa
8 Stotinka
Stadt
3 Lom
4 Ruse
5 Aitos, Elena, Kotel, Madan, Sofia, Stara, Varna, Warna, Wraza
6 Burgas, Jambol, Kurilo, Melnik, Mezdra, Pernik, Pleven, Plevna, Sliven, Trnovo
7 Gabrovo, Haskowo, Plovdiv, Razgrad, Samokov, Tarnava
8 Kazanlak
9 Pazardzik
10 Asenovgrad
11 Stara Sagora
12 Dimitrovgrad
Volksvertretung
8 Sobranje
Währungseinheit
3 Lew

bulgarischer
Arbeiterführer
7 Blagoew, Kolarov
9 Dimitroff
Bass
9 Christoff, Ghiauroff
Berg
5 Botew
6 Vitosa
7 Mussala, Perelik
8 Muss Alla
Dichter und Schriftsteller
5 Boter, Botew, Dimov, Dimow Lamar, Talew, Wasow
6 Jovkov, Liliew, Stanew, Velko
7 Jaworow
8 Poljanov, Stamatow, Wapzaro
9 Elin Pelin, Karawelow, Slawejkow
10 Karaslawow, Smirnenski
12 Konstantinow
Dirigent
7 Marinow
Fußballspieler
5 Bonew, Danew, Denew, Dijew Iljew, Iwkow, Jekow, Kitow, Kolew, Panew, Panow, Penew, Popow
6 Boskow, Kostow, Kotkow, Largow, Mitkow, Woinow, Wutzow
7 Aladjow, Dawidow, Goranow, Jakimow, Rakarow, Sokolow, Stajkow
8 Bonissow, Dimitrow, Jetschew Jordanow, Naidenow, Simeonow, Stojanow, Wassilev
9 Bontschew, Gaganelow, Gajdarski, Michailow, Nikodimow
10 Asparuchow, Kostadinow, Kowatschew
11 Dermendjiew, Schalamanow, Welitschkow
12 Maratschliew
Herrschername
5 Boris
6 Simeon
9 Alexander, Ferdinand
Komponist
9 Strojanow
Mädchenname
6 Rosiza
Maler in Paris
6 Pascin
Maler und Grafiker
5 Mitow, Vesin, Wenew, Zokew
6 Kirkow, Petrow, Zograf
7 Angelow, Marinow
8 Christow, Detschew, Mladenow, Mrkvicka
9 Balkanski, Dospewski, Michajlow, Panajotow
10 Stantschew
11 Angeluschew, Dobrowitsch, Pawlowitsch
Name der Maritza
6 Marica, Mariza
Politiker und Staatsmann
5 Ganew
7 Schelew, Todorow, Widenow
8 Stojanow
9 Dimitroff
Sportler, Sportlerin
6 Dudewa, Markov, Nunewa, Stoewa
7 Donkova, Jorgova, Maleewa, Mitkowa, Mollova, Petkowa, Slateva, Stojewa, Vergowa,

Zlatewa
8 Alexiewa, Andonowa, Blagoewa, Cristowa, Dunawska, Frenkewa, Todorowa
9 Blagojewa, Christowa, Dimitrowa, Gueraskow, Hristozov, Khristova, Schtereva
10 Mavrodieva, Schkodrewa
11 Dangalakowa, Kostadinova
bulgarisches
Gebirge
4 Rila
5 Pirin
6 Balkan
7 Rhodope, Witosch
11 Sarnena Gora, Srednja Gora
Kloster
4 Rila
Seebad
5 Warna
bulgarisch: See, Teich
5 Esero
Bulle
5 Stier
6 Erlass, Kapsel
7 Urkunde
11 Papsterlass
Bullenbeißer
9 Bulldogge
Bulletin
7 Bericht
12 Tagesbericht
13 Verlautbarung
14 Bekanntmachung
Bumerang
8 Wurfholz
15 Kehrwiederkeule
Bummel
9 Promenade
10 Spazierweg
11 Spaziergang
Bummelei
11 Schlendrian
bummeln
9 flanieren
11 promenieren
Bummelstreik
im Flugwesen
6 Goslow
Bummler
7 Flaneur
im Freien
14 Spaziergaenger
Bund
3 Ehe
4 Gurt, Liga, Rand, Ring
5 Garbe, Union
6 Ballen
7 Buendel, Gebinde, Liaison, Strauss, Verband, Vertrag
8 Buendnis
10 Verbindung
11 Foederation, Vereinigung
15 Zusammenschluss
der Frontsoldaten
9 Stahlhelm
fürs Leben
3 Ehe
Bündel
6 Gebund, Packen, Wickel
politischer Pläne
5 Paket
Sammelband
8 Konvolut
von Rohstahlstangen
5 Garbe
von Schriftstücken
5 Akten
von Zeitungen
6 Packen
von Zweigen
4 Rute
Bundesdistrikt
der USA
8 Columbia
Bundeshauptstadt
der BRD
6 Berlin
der Schweiz
4 Bern
der USA
10 Washington
Bundeskriminalamt
der USA
3 FBI
Bundesland
der Schweiz
6 Kanton
in Hinterindien
5 Birma, Burma
in Südasien
8 Malaysia
Bundestrainer
des DFB
5 Vogts
6 Schoen
7 Derwall
9 Herberger
11 Beckenbauer
bündig
9 stringent
Bündner
Alpengipfel
5 Kesch
Bündnis
4 Liga, Pakt
5 Union
7 Allianz, Entente
9 Koalition
im Westen
4 NATO
16 Nordatlantikpakt
in Südostasien
5 SEATO
Bunker
5 Depot
8 Sandloch
9 Kasematte
10 Schutzraum, Unterstand
bunt
6 farbig
7 lebhaft
8 ungleich
9 koloriert, polychrom
10 farbenfroh, mehrfarbig, vielfarbig
11 vielfaeltig
bemalen
10 kolorieren
bunte
altweltliche Echsen
6 Agamen
Bühne
7 Variete
Papierschnitzel
8 Konfetti
bunter
Kattun
4 Zitz
Klettervogel
7 Papagei
Papagei
3 Ara
Rabenvogel
12 Eichelhaeher
Spechtvogel
5 Tukan
Streifen an Uniformen
5 Biese
Ton
6 Letten
Waldvogel
6 Haeher
buntes
Papierblättchen
8 Konfetti
Treiben
6 Trubel
bunt gestreifter
Schürzenstoff
8 Siamosen
Buntheit
8 Spektrum
bunt karierter
Rock der Schotten
4 Kilt
Buntmarder
6 Charsa
Buntmetall
4 Zink, Zinn
6 Bronze, Kupfer
7 Messing
Bürde
4 Last, Leid
7 Ballast, Pflicht
9 Belastung
13 Verantwortung, Verpflichtung
Bure
11 Afrikaander
13 Suedafrikaner
Burenführer, -general
5 Botha, Dewet, Smuts
7 Krueger
9 Pretorius
Burg
5 Feste
7 Festung, Kastell, Schloss
8 Biberbau
10 Rittersitz
11 Befestigung
12 Festungswerk
14 Festungsanlage
18 Befestigungsanlage
am Main
8 Wertheim
10 Miltenberg
am Rhein
4 Katz, Maus
5 Pfalz
7 Lahneck, Nolling
8 Rheineck
9 Gutenfels, Marksburg, Rheinfels
10 Rheinstein, Treuenfels
11 Drachenfels, Stolzenfels
15 Ehrenbreitstein

an der Elbe
13 Albrechtsburg
an der Lahn
4 Diez
6 Runkel
8 Weilburg
an der Mosel
4 Eltz
5 Alkas, Alken, Arras
6 Cobern, Cochem, Kobern, Kochem
an der Nahe
9 Ebernburg
an der Nogat
10 Marienburg
an der Saale
7 Saaleck
10 Rudelsburg
an der Salzach
10 Burghausen
13 Hohensalzburg
auf der Schwäbischen Alb
12 Hohenzollern
bei Apolda
10 Sonnenburg
bei Arnstadt
11 Wachsenburg
bei Aschersleben
11 Falkenstein
bei Bad Kösen/Thüringen
7 Saaleck
10 Rudelsburg
bei Belzig/Brandenburg
10 Rabenstein
bei Chemnitz
10 Rabenstein
bei Eisenach
8 Wartburg
bei Göppingen
12 Hohenstaufen
bei Göttingen
6 Plesse
10 Hardenberg
bei Jena
12 Leuchtenburg
bei Naumburg
10 Schoenburg
bei Worbis
10 Bodenstein
13 Gleichenstein
der Goldenen Stadt
9 Hradschin
des alten Rom
7 Capitol
des Nestor bei Homer
5 Pylos
im Aargau
8 Habsburg
im Apennin
7 Canossa
im Elsass
14 Hohkoenigsburg
im Hegau
10 Hohentwiel
im Taunus
8 Saalburg
11 Koenigstein
in arabischen Städten
5 Kasba
in Bad Langensalza
7 Dryburg
in Bad Salzungen
13 Schnepfenburg
in Bautzen
9 Ortenburg
in Bayern
9 Nuernberg, Trausnitz
10 Burghausen, Marienberg
in Belgien
10 Wynendaele
in Belzig
10 Eisenhardt
in Blankenburg/Harz
10 Regenstein
in Blankenburg/Thüringen
12 Greifenstein
in Bonn-Bad Godesberg
9 Godesburg
in Braunschweig
13 Dankwarderode
in Coburg
5 Veste
in der Eifel
4 Eltz
8 Nuerburg
in der Pfalz
9 Ebernburg
in der Schwäbischen Alb
12 Hohenstaufen
in der Schweiz
6 Schwyz
7 Sargans
in der Südeifel
4 Eltz
in Deutschland
4 Diez, Eltz, Katz, Maus, Saba
5 Alken, Pfalz
6 Cobern, Cochem, Kobern, Kochem, Kynast, Plesse, Runkel
7 Lahneck, Nolling, Saaleck
8 Habsburg, Nuerburg, Rheineck, Sababurg, Wartburg
9 Gutenfels, Marksburg, Ortenburg, Rheinfels, Trausnits
10 Hardenberg, Hohentwiel, Marienberg, Marienburg, Miltenberg, Rudelsburg, Treuenfels
11 Drachenfels, Stolzenfels
12 Hohenzollern, Lichtenstein
13 Albrechtsburg, Dankwarderode
15 Ehrenbreitstein
in Eichstätt
14 Willibaldsburg
in Frankreich
4 Metz
5 Laval, Niort
6 Angers, Chalus, Chinon, Lassay, Luynes
7 Falaise, Grignan
8 Langeais, Tarascon
11 Carcassonne
12 Aigues Mortes
13 Chatellerault, Saintes Maries
in Freyburg/Unstrut
9 Neuenburg
in Halle
15 Griebichenstein
in Halle/Saale
10 Moritzburg
14 Giebichenstein
in Italien
5 Nurag
6 Trient
7 Canossa, Capitol, Kapitol
10 Engelsburg
11 Campidoglio
14 Castel del Monte
in Kassel
10 Loewenburg
in Krakau
5 Wawel
in London
5 Tower
in Meißen
13 Albrechtsburg
in Ostdeutschland
10 Marienburg
in Österreich
12 Kreuzenstein
13 Forchtenstein, Hochosterwitz, Hohensalzburg
in Passau
13 Veste Oberhaus
in Plauen/Thüringen
9 Ehrenburg
in Sachsen
7 Wildeck
9 Ortenburg, Rochsburg
10 Gnandstein, Kriebstein, Rabenstein
13 Albrechtsburg
in Sachsen-Anhalt
7 Saaleck
9 Neuenburg
10 Moritzburg, Rudelsburg, Schoenburg
14 Giebichenstein
in Schlesien
6 Kynast
in Spanien
6 Malaga, Toledo
7 Alcazar, Alkazar, Granada, San Juan
8 Alcazaba, Alhambra
9 Salobrena
in Theben
6 Kadmea
in Thüringen
7 Saaleck
8 Wartburg
9 Ehrenburg, Maienluft
10 Rudelsburg
11 Wachsenburg
12 Greifenstein, Leuchtenburg
in Toledo
7 Alkazar
in Wasungen
9 Maienluft
in Wettin
10 Wettinburg
in Würzburg
10 Marienberg
in Zschopau
7 Wildeck
von Athen
9 Akropolis
von Bautzen
9 Ortenburg
von Belgrad
10 Kalimegdam
von Braunschweig
13 Dankwarderode
von Eichstätt
14 Willibaldsburg
von Eisenach
8 Wartburg

on Granada
8 Alcazaba, Alhambra
on Koblenz
5 Ehrenbreitstein
on Korinth
1 Akrokorinth
on Krakau
5 Wawel
on Landshut
9 Trausnitz
on London
5 Tower
on Meißen
3 Albrechtsburg
on Moskau
5 Kreml
on Paris
8 Bastille
on Prag
9 Hradschin
on Rom
7 Capitol, Kapitol
10 Engelsburg
11 Campidoglio
on Salzburg
13 Hohensalzburg
on Würzburg
10 Marienberg
ürge
4 Pate
6 Garant
12 Gewaehrsmann
nit Leib und Leben
6 Geisel
ürgen
6 haften
9 einstehen
11 garantieren
14 ◆ Gewaehr leisten
Bürger
6 Person
8 Staedter
9 Bourgeois, Einwohner
der den Staat finanziert
12 Steuerzahler
einer Hansestadt
7 Hanseat
einer Thüringer Stadt
6 Jenaer
in Uniform
6 Soldat
ürgerlich
5 zivil
6 bieder
ürgerliche
Kleidung
5 Zivil
Leistung an den römischen Staat
6 Munera
bürgerlicher
Name von Ceram
5 Marek
Name von Fallada
6 Ditzen
bürgerliches
Recht
10 Zivilrecht
Bürgermeister
7 Schulze
11 Schultheiss
14 Stadtoberhaupt
17 Gemeindevorsteher

der Slowenen
5 Zupan
in England und den USA
5 Mayor
9 Lord Mayor
in Frankreich
5 Maire
in Italien
7 Podesta, Sindaco
in Polen
7 Starost
in Spanien
7 Alcalde, Alkalde
Bürgerschaftsvertretung
9 Magistrat
der Hansestädte
5 Senat
Bürgersteig
7 Fussweg
8 Gehsteig, Trottoir
Bürgerwahl
9 Patriziat
Bürgerwehr
5 Miliz
Burggemach
5 Palas
6 Remter
7 Rempter
8 Kemenate
Burggraben
7 Zwinger
Burgherr
6 Ritter
8 Edelmann
Burgherrin
8 Edelfrau
Burgklostersaal
6 Remter
Burgruine
in den Vogesen
6 Nideck
Bürgschaft
4 Aval
6 Obligo
7 Gewaehr, Haftung, Kaution
8 Garantie
10 Sicherheit
15 Gewaehrleistung
Leistender
6 Garant
Bürgschaftsbrief
10 Akkreditiv
Bürgschaftsgefangener
6 Geisel
Bürgschaftsgegenstand
5 Pfand
Burgunderfürst
6 Gernot
7 Gunther
8 Giselher
Burgunderkönigin
8 Brunhild
9 Bruenhild, Brunhilde
Burgunderreich
6 Arelat
Burgunderwein
4 Ruly
5 Givry, Macon
6 Beaune, Morgon
7 Chablis, Fleurie, Musigny, Pommard
8 Montagny
9 Maconnais, Meursault
10 Beaujolais, Chalonnais, Chambertin, Richebourg
11 Clos Vougeot
12 Vosne Romanee
burgundische
Frauenhaube
6 Hennin
Residenz
5 Arles
Stadt
4 Dole, Sens
5 Autun, Bourg, Dijon, Macon, Nancy
6 Beaune, Chalon, Epinal
7 Auxerre, Belfort, Moulins
8 Besancon
9 Le Creusat
burgundisches
Königreich
6 Arelat
Burgverlies
6 Kerker
Burgwächter
8 Burgvogt
Burleske
5 Posse
7 Schwank
8 Groteske, Schnurre
Büro
3 Amt
6 Kontor, Office
7 Kanzlei
10 Amtszimmer
12 Dienststelle, Schreibstube
16 Geschaeftsstelle
Büroangestellter
10 Buchhalter
Büroartikel
4 Heft
Bürogerät
6 Locher
8 Computer, ◆ Diktafon
9 Diktaphon
12 Heftmaschine
13 Diktiergeraet, Kleincomputer
14 Rechenmaschine
15 Schreibmaschine
Bürohaus
19 Verwaltungsgebaeude
Bürokrat
6 Pedant
11 Aktenmensch
Büromöbelstück
12 Aktenschrank, Schreibtisch
21 Schreibmaschinentisch
Bursche
3 Boy
4 Bote, Kerl
5 Junge, Knabe
6 Diener
7 Genosse, Geselle
8 Laufbote
Burschenschaft
4 Bund
10 Verbindung
13 Studentenbund
burschikos
4 kess
5 flott
6 frisch
7 formlos
10 natuerlich
11 ungezwungen

Bürste
11 Kardaetsche
burundische
Münze
5 Franc
8 Centimes
Bürzel
5 Sterz
Busch
4 Bund, Wald
5 Zweig
6 Urwald
7 Strauch, Strauss
8 Bueschel, Dickicht, Gebuesch
9 Dschungel, Unterholz
10 Niederholz, Niederwald
Büschel
4 Bund
5 Quast, Tolle
6 Bausch, Schopf
büschelförmige
Entladungen an Mastspitzen
9 Elmsfeuer
Büschelkiemer
des Meeres
8 Seenadel
Buschklepper
11 Strauchdieb, Wegelagerer
Buschmeisterschlange
8 Surukuku
Buschmesser
7 Machete
Buschneger
in Westindien
5 Maron
Buschwald
3 Loh
der Mittelmeerländer
7 Macchia
Buschwindröschen
7 Anemone
Busen
7 Brueste
busenfrei
7 topless
Busenfreund
5 Spezi
7 Intimus
Bussard
10 Honigfalke
Bußbereitschaft
4 Reue
Buße
6 Strafe, Suehne
7 Auflage
9 Ausgleich, Poenitenz
13 Schadenersatz
16 Wiedergutmachung
Büßer
5 Asket
9 Poenitent
bußfertig
5 reuig
Bußfertigkeit
4 Reue
Bussole
7 Kompass
Bußpsalm
8 Miserere
Bußübung
5 Aszet
6 Askese, Aszese
9 Kasteiung, Poenitenz
Büstenpfeiler
5 Herme
Butike
4 Bude, Shop
5 Laden, Stand
9 Geschaeft, Kaufladen, Kramladen
Butte, Bütte
5 Wanne, Zuber
7 Bottich
Büttel
7 Scherge
8 Haescher
12 Gerichtsbote
Butterblume
10 Hahnenfuss, Loewenzahn
16 Sumpfdotterblume
Butterersatz
9 Margarine
Butterfass
4 Karn
buttern
6 kirnen
Butterschnitte
6 Stulle
byzantinische
Kaiserin
3 Zoe
5 Irene
6 Eirene
8 Theodora
Prinzessin
9 Theophano, Theophanu
Theologie
9 Bessarion
byzantinischer
Feldherr
6 Narses
7 Belisar
Geschichtsschreiber
7 Zonares
9 Prokopios
Historiker
6 Prokop
7 Zonares
9 Hesychios, Prokopius
Humanist
9 Bessarion
Kaiser
3 Leo
4 Leon
5 Zenon
6 Justin, Manuel
7 Balduin, Michael, Romanos
8 Basilios, Basilius, Tiberios
9 Basileios, Justinian
10 Konstantin, Nikephoros, Theodosius
11 Constantius
Statthalter
6 Exarch
byzantinisches
Kaiserhaus
8 Komnenen
Reich
6 Ostrom
18 ostroemisches Reich
Byzanz
8 Istanbul
14 Konstantinopel

Cab
7 Kutsche
8 Droschke
11 Einspaenner
Caddie
9 Golfjunge
Café
8 Eisdiele
10 Kaffeehaus
11 Kaffeestube
Caisson
10 Senkkasten
Camp
5 Lager
9 Zeltlager
15 Gefangenenlager
18 Internierungslager
campen, campieren
6 zelten
10 biwakieren
Camper
7 Zeltner
Camping
5 Biwak
9 Zeltlager
10 Lagerleben
11 Ferienlager
15 Gefangenenlager
18 Internierungslager
Campinggegenstand, -ausrüstung
4 Zelt
5 Decke, Kerze
6 Hering, Kessel, Kocher, Messer, Spaten
7 Besteck, Seesack
8 Geschirr, Hauszelt, Kanister, Kochtopf, Matratze, Schaufel, Zeltstab
9 Blasebalg, Windlicht, Wohnmobil, Wohnwagen
10 Holzhammer, Klappstuhl, Kochplatte, Liegestuhl, Schlafsack, Sturmleine, Wassersack, Zeltpflock, Zeltstange
12 Kochgeschirr, Luftmatratze, Taschenlampe, Wasserkessel
13 Gummimatratze
14 Spirituskocher, Wasserkanister
Campingobdach
4 Zelt
9 Wohnwagen
Cape
6 Umhang
caritative
Anstalt
5 Stift
9 Altenheim, Wohlfahrt
10 Rotes Kreuz
Cello
9 Kniegeige
Ceylon
8 Sri Lanka
Ceylonese
10 Singhalese
ceylonesische
Hauptstadt
7 Colombo
Inselgruppe
9 Malediven
Münze
5 Cents, Rupie
ceylonesischer
Berg
9 Adams Peak
14 Piturutalagala
Ceylons
offizieller Name
8 Sri Lanka
Chacoindianer
Südamerikas
6 Abipon
Chaiselongue
4 Sofa
5 Couch, Diwan, Liege
9 Liegesofa
Chaldäa
10 Babylonien
Chalet
8 Landhaus
Chalkidike-Halbinsel
5 Athos
Champagner
4 Sekt
10 Schaumwein
Champignon
8 Edelpilz, Egerling, Weidling
9 Brachpilz
10 Speisepilz
12 Anisegerling, Blaetterpilz
Champion
7 Favorit, Meister
9 Rekordler
10 Rekordmann
12 Rekordhalter, Sportmeister
13 Weltrekordler
14 Weltrekordmann
Championat
13 Meisterschaft
Chance
6 Trumpf
8 Aussicht, Hoffnung, Okkasion
11 Gelegenheit, Gluecksfall
12 Moeglichkeit
Change
7 Wechsel
11 Geldwechsel
Chanson
4 Lied, Song
7 Couplet
10 Brettllied
12 Kabarettlied
Chaos
4 Wust
6 Gewirr, Wirbel
7 Urstoff
8 Wirrwarr
9 Unordnung
10 Tohuwabohu, Verwirrung
13 Durcheinander
15 Desorganisation
Charakter
3 Art, Typ
4 Form, Rang
5 Titel, Typus, Wesen
7 Merkmal
8 Gepraege
9 Sinnesart, Wesensart
10 Stetigkeit
11 Temperament
15 Persoenlichkeit
einer Person
5 Natur
Charakterbild
5 Image
Charaktereigenschaft
3 Mut
4 Geiz, Neid
5 Treue
6 Anlage, Geduld
7 Ehrgeiz, Neugier
8 Egoismus, Eigenart, Fairness, Feigheit, Naturell, Toleranz
9 Eigensinn, Gesinnung, Neugierde, Traegheit
10 Stetigkeit
11 Duldsamkeit, Mentalitaet, Veranlagung
13 Engherzigkeit
charakterisieren
12 kennzeichnen
Charakteristik
7 Merkmal
13 Kennzeichnung
charakteristisch
7 typisch
9 praegnant
11 bezeichnend
13 kennzeichnend
charakteristisches
Merkmal
11 Eigenschaft
Charakterkundiger
14 Menschenkenner
charakterlos
5 infam
6 ehrlos, gemein
9 unehrlich, unredlich
10 schurkisch
12 unaufrichtig
15 niedertraechtig
Charakterrolle
6 Charge
Charakterzug
6 Tugend
Charentezufluss
6 Seugne
Charge
3 Amt
4 Grad, Last, Rang
6 Ladung, Wuerde
10 Dienstgrad, Fuellstoff, Nebenrolle
11 Beschickung
12 Vorgesetzter
beim Theater
10 Mitspieler, Nebenrolle
12 Schauspieler
14 Charakterrolle
Charisma
9 Begnadung
12 Ausstrahlung
Charite
6 Aglaia, Thalia
10 Euphrosyne
Charme
5 Anmut
6 Grazie
8 Liebreiz
Charta
7 Urkunde
8 Leitsatz
9 Grundsatz
11 Grundgesetz
chartern
6 leasen, leihen, mieten
7 pachten

Chassis
6 Rahmen
7 Gestell
11 Fahrgestell
12 Wagengestell
Chatten
6 Hessen
Chauffeur
6 Fahrer, Lenker
11 Kraftfahrer
Chaussee
5 Allee
7 Strasse
11 Landstrasse
16 Ueberlandstrasse
Chef
4 Boss
6 Leiter
7 Inhaber, Meister
8 Besitzer, Direktor
9 Oberhaupt, Vorsteher
10 Amtsleiter
12 Filialleiter, Vorgesetzter
15 Generaldirektor
16 Abteilungsleiter
der deutschen Heeresleitung
6 Seeckt
der NASA
5 Paine
einer Familie
17 Haushaltsvorstand
eines Geschwaders
9 Kommodore
eines Tierparks
11 Zoodirektor
Chefpilot
8 Kapitaen
Chefvorzimmer
11 Sekretariat
Chemie
des Mittelalters
8 Alchemie, Alchimie
Chemiefaser
3 PAN
4 Rhoa
5 Acryl, Arnel, Dolan, Fiber, Lycra, Nylon, Orlon, Redon, Regan, Reyon, Saran
6 Azetat, Dacron, Diolen, Dralon, Grilon, Perlon, Rhovyl, Tergal, Tricel, Vestan
7 Acrilan, Cupresa, Helanca, Leacril, Nyltest, Phrilon, Trevira
8 Meraklon, Terylene
9 Courtelle, Crimplene, Zellwolle
10 Customagic, Kunstseide
Chemieseide
5 Enant
Chemikalie
für die Landwirtschaft
12 Duengemittel
Chemikalienhandlung
8 Drogerie
chemische
Elemente mit gleichen chemischen Eigenschaften, aber verschiedener Masse
7 Isotope
Flüssigkeit
5 Lauge
6 Saeure
Grundstoffe in fester Form
7 Metalle
Haarumformung
10 Dauerwelle
Lauge
4 Base
Stromquelle
8 Batterie
Umsetzung
8 Reaktion
Untersuchung
7 Analyse
Veränderung bei Metallen
9 Korrosion
Verbindung
4 Amid, Amin, Base, Salz
5 Amine, Elain, Ester, Indol, Keton, Lauge
6 Alkali, Epoxid, Epoxyd, Isomer, Karbid, Laktam, Natron, Saeure
7 Derivat, Silikat
8 Alkaloid, Anhydrid
Verwandtschaft
10 Affinitaet
Werkstatt
5 Labor
12 Laboratorium
Zerlegung
7 Analyse
chemischer
Grundstoff
4 Azid
7 Element
Grundstoff mit guter Leitfähigkeit
6 Metall
Kampfstoff, Giftgas
4 Lost
5 Sarin, Soman, Tabun
6 Pikrin
7 Adamsit, Giftgas, Lewisit, Phosgen
9 Blaukreuz, Gelbkreuz
10 Gruenkreuz
Salzbildner
7 Halogen
Vorgang
7 Gaerung
Zusatz
7 Additiv
chemischer, chemikal., chemotechnischer Begriff
3 Eis, Erz, Gas, Ion, Jod, Mol, Oel, Sud, Ton
4 Amid, Amin, Atom, Azid, Base, Blei, Brom, Buna, Cyan, Form, Gips, Glas, Gold, Harz, Hefe, Holz, Horn, Kali, Kalk, Kies, Koks, Lack, Lava, Leim, Luft, Onyx, Opal, Oxid, Ozon, Rost, Russ, Salz, Sand, Satz, Soda, Sole, Teer, Uran, Zyan
5 Achat, Alaun, Alkyl, Arsen, Asche, Beize, Biose, Borax, Butan, Chlor, Chrom, Druck, Duese, Eisen, Email, Ester, Faser, Fiber, Guano, Gummi, Kette, Kohle, Lauge, Nylon, Opium, Orlon, Phase, Purin, Pyrit, Quarz, Rubin, Seife, Selen, Stahl, Stoff, Topas, Toxin, Tubus
6 Acetat, Aceton, Aether, Aethyl, Alkali, Anilin, Asbest, Basalt, Bauxit, Benzin, Benzol, Beryll, Bronze, Chinin, Cyanid, Dioxid, Dralon, Erdoel, Essenz, Ferrit, Filter, Firnis, Formel, Glutin, Glykol, ◆ Grafit, Gruppe, Haerte, Hydrat, Hydrit, Jaspis, Kaolin, Kasein, Kiesel, Kobalt, Kokain, Kolben, Kreide, Kresol, Marmor, Mastix, Metall, Methan, Methyl, Natron, Nickel, Nitrat, Osmose, Pepsin, Perlon, Phenol, Phenyl, Prisma, Propan, Propyl, Pulver, Saeure, Silber, Sulfat, Sulfid, Sulfit, Tannin, Valenz, Wasser, Zellon, Zement
7 Albumin, Aldehyd, Alkalie, Alkohol, Amalgam, Analyse, Arsenik, Asphalt, Atropin, Bakelit, Chlorat, Chlorid, Dextrin, Dialyse, Diamant, Dynamit, Ekrasit, Element, Energie, Ferment, Fluorid, Fluorit, Gaerung, Gasolin, Gemenge, Glukose, Graphit, Halogen, Holzgas, Isopren, Kalorie, Kampfer, Karneol, Keratin, Koerper, Koffein, Kolloid, Lachgas, Lanolin, Legumin, Loesung, Maltose, Melasse, Mennige, Nikotin, Nitrose, Nuklein, Pipette, Protein, Reagens, Reagenz, Retorte, Salmiak, Schicht, Selenat, Silikat, Smaragd, Staerke, Stearin, Tonerde, Trevira, Vaselin, Versuch, Vitriol, Zeolith
8 Acetylen, Aethylen, Aetzkali, Alkaloid, Amethyst, Ammoniak, Ammonium, Bleioxid, Dextrose, Dreifuss, Eisenerz, Emulsion, Feldspat, Flusspat, Formalin, Gaskohle, Gelatine, Glykogen, Glyzerin, Hartguss, Hydrazit, Hydrogen, Hydroxid, Hydroxyl, Jodoform, Kalkspat, Karbonat, Katalyse, Kleesalz, Knallgas, Kochsalz, Kristall, Messglas, Mischung, Molekuel, Naphthen, Naphthol, Narkotin, Nitrogen, Novocain, Paraffin, Phosphat, Phosphid, Phosphin, Phosphor, Reaktion, Sacharin, Salpeter, Schlacke, Schwefel, Spaltung, Spektrum, Spiritus, Sublimat, Substanz, Sumpfgas, Synthese, Turmalin, Vanillin, Vaseline, Zinkbase, Zinkoxid, Zinkspat, Zyankali
9 Adhaesion, Aluminium, Anthrazit, Antitoxin, Aquamarin, Arsenkies, Bleiblech, Bleiglanz, Borsaeure, Chlorkalk, Coelestin, Diffusion, Eisenkies, Eisenoxid, Exhaustor, Explosion, Flintglas, Generator, Gerbstoff, Gleichung, Grubengas,

Gruenspan, Harnstoff, Holzgeist, Holzkohle, Hypothese, Indikator, Kalkblase, Kalkstein, Kautschuk, Kohaesion, Komponent, Konverter, Legierung, Leuchtgas, Magnalium, Metalloid, Milchglas, Molybdaen, Oelsaeure, Oxydation, Petroleum, Plastilin, Porzellan, Pottasche, Quarzglas, Quarzsand, Raffinade, Reduktion, Sandstein, Schellack, Siebboden, Steinsalz, Strychnin, Tafelspat, Terpentin, Verwesung, Wassergas, Weingeist, Weinstein, Weissglut, Zellstoff, Zelluloid, Zellulose, Zellwolle, Zerlegung, Zinkweiss, Zinnasche, Zinnstein

10 Abkuehlung, Abraumsalz, Absorption, Abspaltung, Aetznatron, Affinitaet, Becherglas, Bikarbonat, Bittersalz, Blausaeure, Bleichkalk, Bleinitrat, Bleipapier, Bleisulfat, Bromsilber, Chloroform, Einwirkung, Eisenglanz, Entwickler, Experiment, Feinsilber, Fettsaeure, Filtration, Flusseisen, Gasgemisch, Gerbsaeure, Grundstoff, Hornblende, Jodtinktur, Kalkwasser, Knochenoel, Kohlenoxid, Kunstfaser, Kunstseide, Kupferkies, Kupferoxid, Lasurstein, Meerschaum, Metalloxid, Naphthalin, Natronkalk, Nickelbase, Oxalsaeure, Pechblende, Rohrzucker, Saeuretest, Salzsaeure, Sauerstoff, Siedepunkt, Speckstein, Stickstoff, Sulfonamid, Temperatur, Thomasmehl, Wasserglas, Weinsaeure, Wertigkeit, Zinkblende, Zyankalium

11 Aequivalenz, Aminobenzol, Aminosaeure, Arsensaeure, Asbestpappe, Atomgewicht, Atomtheorie, Beschickung, Blattsilber, Bleichlorid, Bleiglaette, Chlorophyll, Chlorsilber, Chlorwasser, Chromsaeure, Darstellung, Elektrolyse, Essigsaeure, Fluessiggas, Flusssaeure, Glaubersalz, Hydrogenium, Kaliumalaun, Katalysator, Kesselstein, Knallsilber, Kohlehydrat, Kohlenstoff, Kupferglanz, Kupferstein, Luftzutritt, Milchsaeure, Milchzucker, Mutterlauge, Natriumbase, Natriumoxid, Nickelglanz, Nickelstahl, Nitrobenzol, Nitrogenium, Normelement, Paraffinoel, Quecksilber, Reagenzglas, Rohsalpeter, Seifenstein, Silberglanz, Spektroskop, Staerkemehl, Sublimation, Verbrennung, Verdampfung, Verdunstung, Vereinigung, Wasserdampf, Wasserstoff, Zinkchlorid, Zinkvitriol, Zirkonweiss, Zitronenoel

12 Aethylaether, Aetzammoniak, Antiseptikum, Assimilation, Benzolsaeure, Bitterwasser, Bleichmittel, Bleischwefel, Buttersaeure, Destillation, Eisenglimmer, Eisenvitriol, Filterpresse, Fluessigkeit, Gefrierpunkt, Generatorgas, Hoellenstein, Kalifeldspat, Kalisalpeter, Kaliumnitrat, Kaliumnitrit, Kaliumsulfat, Kaliumsulfid, Kalksalpeter, Karbolsaeure, Kieselsaeure, Knochenasche, Knochenkohle, Kohlendioxid, Kohlensaeure, Kondensation, Kristallsoda, Kupfernickel, Kupfernitrat, Kupfersulfat, Mangansaeure, Messzylinder, Methylaether, Modifikation, Natriumalaun, Natriumlauge, Pikrinsaeure, Platinasbest, Schmelzkegel, Schmelzpunkt, Schwefelkies, Silberbromid, Silbernitrat, Silbersulfid, Spiegeleisen, Terpentinoel, Thermochemie, Wassergehalt, Winderhitzer, Zuckersaeure

13 Aethylalkohol, Aethylchlorid, Aluminiumoxid, Ameisensaeure, Antimonsaeure, Antimonsulfid, Bessemerbirne, Bunsenbrenner, Chilesalpeter, Gasentwickler, Gewichtsmenge, Halogengruppe, Jodstickstoff, Kaliumglimmer, Kaliumsilikat, Kalksandstein, Kieselzinkerz, Kohlenmonoxid, Komprimierung, Kupfervitriol, Lackmuspapier, Methylalkohol, Nitroglycerin, Nitroglyzerin, Porzellanerde, Retortenkohle, Roestreaktion, Salizylsaeure, Scheidewasser, Schmelztiegel, Schwarzkupfer, Schwarzpulver, Schwefelblume, Schwefeleisen, Stearinsaeure, Traubenzucker, Trockenroehre, Waermebindung, Waermetoenung

14 Blutlaugensalz, Brechweinstein, Hirschhornsalz, Jodwasserstoff, Kaliumkarbonat, Kalkstickstoff, Kristallwasser, Loesungsmittel, Magneteisenerz, Natronsalpeter, Neutralisation, Phosphorsaeure, Polymerisation, Reduktionszone, Salpetersaeure, Schwefelsaeure, Spateisenstein, Stickstoffoxid, Strukturformel, Thomasschlacke, Zitronensaeure

15 Aggregatzustand, Brauneisenstein, Quecksilberoxid, Radioaktivitaet, Siedetemperatur, Spektralanalyse, Weinsteinsaeure, Zyanwasserstoff

16 Oxidationsmittel, Reduktionsmittel

chemisches

Element

3 Bor, Cer, Jod, Zer

4 Azid, Blei, Brom, Gold, Neon, Niob, Uran, Zink, Zinn

5 Argon, Arsen, Astat, Aurum, Chlor, Chrom, Eisen, Fluor, Niton, Radon, Selen, Titan, Xenon

6 Barium, Curium, Erbium, Ferrum, Helium, Indium, Kalium, Kobalt, Kupfer, Mangan, Neodym, Nickel, Osmium, Platin, Radium, Silber, Tantal, Tellur, Wismut

7 Antimon, Astatin, Gallium, Hafnium, Holmium, Iridium, Kadmium, Kalzium, Krypton, Lanthan, Lithium, Natrium, Niobium, Rhenium, Rhodium, Terbium, Thorium, Thulium, Wolfram, Yttrium, Zaesium

8 Aktinium, Argentum, Europium, Francium, Lutetium, Nobelium, Phosphor, Polonium, Rubidium, Samarium, Scandium, Schwefel, Silizium, Skandium, Thallium, Vanadium

9 Aluminium, Americium, Berkelium, Beryllium, Germanium, Magnesium, Molybdaen, Neptunium, Palladium, Plutonium, Praseodym, Ruthenium, Strontium, Ytterbium, Zirkonium

10 Dysprosium, Gadolinium, Lawrentium, Promethium, Sauerstoff, Stickstoff, Technetium

11 Californium, Einsteinium, Kassiopeium, Kohlenstoff, Mendelevium, Quecksilber, Wasserstoff

12 Protactinium, Protaktinium

14 Kurtschatowium

Erkennungsmittel

7 Reagens, Reagenz

Experimentiergefäß

7 Retorte

8 Kochglas

11 Reagenzglas

Kurzzeichen

6 Formel

Lösungsmittel

6 Azeton

Prüfmittel
7 Reagens, Reagenz
Reagens
7 Lackmus
Reagenz
7 Lackmus
Zeichen
6 Formel
chemisches Element
einer bestimmten Gruppe
7 Edelgas
chemisches Zeichen für:
Actinium
2 Ac
Aluminium
2 Al
Americium
2 Am
Antimon
2 Sb
Argon
2 Ar
Arsen
2 As
Astat
2 At
Barium
2 Ba
Berkelium
2 Bk
Beryllium
2 Be
Blei
2 Pb
Bor
1 B
Brom
2 Br
Cadmium
2 Cd
Californium
2 Cf
Calzium
2 Ca
Cäsium
2 Cs
Cer
2 Ce
Chlor
2 Cl
Chrom
2 Cr
Curium
2 Cm
Dysprosium
2 Dy
Einsteinium
2 Es
Eisen
2 Fe
Erbium
2 Er
Europium
2 Eu
Fermium
2 Fm
Fluor
1 F
Francium
2 Fr
Gadolinium
2 Gd
Gallium
2 Ga
Germanium
2 Ge
Gold
2 Au
Hafnium
2 Hf
Hahnium
2 Ha
Helium
2 He
Holmium
2 Ho
Indium
2 In
Iridium
2 Ir
Jod
1 J
Kalium
1 K
Kalzium
2 Ca
Kobalt
2 Co
Kohlenstoff
1 C
Krypton
2 Kr
Kupfer
2 Cu
Kurtschatowium
2 Ku
Lanthan
2 La
Lawrencium
2 Lr
Lithium
2 Li
Lutetium
2 Lu
Magnesium
2 Mg
Mangan
2 Mn
Mendelevium
2 Md
Molybdän
2 Mo
Natrium
2 Na
Neodym
2 Nd
Neon
2 Ne
Neptunium
2 Np
Nickel
2 Ni
Niob
2 Nb
Nobelium
2 No
Osmium
2 Os
Palladium
2 Pd
Phosphor
1 P
Platin
2 Pt
Plutonium
2 Pu
Polonium
2 Po
Praseodym
2 Pr
Promethium
2 Pm
Protactinium
2 Pa
Quecksilber
2 Hg
Radium
2 Ra
Radon
2 Rn
Rhenium
2 Re
Rhodium
2 Rh
Rubidium
2 Rb
Ruthenium
2 Ru
Rutherfordium
2 Rf
Samarium
2 Sm
Sauerstoff
1 O
Scandium
2 Sc
Schwefel
1 S
Selen
2 Se
Silber
2 Ag
Silizium
2 Si
Stickstoff
1 N
Strontium
2 Sr
Tantal
2 Ta
Technetium
2 Tc
Tellur
2 Te
Terbium
2 Tb
Thallium
2 Tl
Thorium
2 Th
Thulium
2 Tm
Titan
2 Ti
Uran
1 U
Vanadium
1 V
Wasserstoff
1 H
Wismut
2 Bi
Wolfram
1 W
Xenon
2 Xe

tterbium
2 Yb
ttrium
1 Y
er
2 Ce
ink
2 Zn
inn
2 Sn
irkonium
2 Zr
hemotechniker
8 Laborant
heruskerfürst
5 Armin
7 Hermann, Segimer
8 Arminius, Segestes
heruskerfürstin
9 Thusnelda
hiffre
4 Zahl
6 Ziffer
7 Zeichen
8 Kennwort
9 Monogramm, Namenszug
0 Geheimwort, Kennziffer, Schluessel
3 Geheimschrift, Geheimzeichen
hilenische
ichterin
7 Mistral
albinsel
6 Taitao
auptstadt
8 Santiago
5 Santiago de Chile
nsel, Inselgruppe
5 Mocha
6 Chiloe, Chonos
7 Campana, Hanover, Rapanui
8 San Felix
9 Santalnes
0 Osterinsel, Salay Gomez, Wellington
3 Juan Fernandez
4 Desaventuradas
andessprache
8 Spanisch
ünze
4 Peso
7 Centavo
ünzeinheit
6 Condor
rovinz
5 Aysen, Maule, Nuble
6 Arauco, Bio-Bio, Cautin, Chiloe
7 Atacama, Malecco
8 Coquimbo, Tarapaca
9 Aconcagua, Colchagua
0 Lianquihue
1 Antofagasta
tadt
4 Lebu, Lota
5 Ancud, Angol, Arica, Pucon, Talca
6 Calama, Curico, El Tofo, Huasco, Osorno, Ovalle, Taltal, Temuco
7 Caldera, Chillan, Illapel, Linares, Pisagua
8 La Serena, Rancagua, Santiago, Valdivia
9 Cauquenes, Tocopilla, Vina de Mar
10 Concepcion, Talcahuano, Valparaiso
11 Antofagasta, Puerto Montt, Punta Arenas
15 Santiago de Chile
Währung und Münze
6 Escudo
9 Centesimo
Wasserfälle
10 Pilmaiquen
Wüste
7 Atacama
chilenischer
Autor
5 Rojas
Berg
6 Osorno
9 El Calbuco
Besitzloser
5 Rotos
Dichter
6 Neruda
Dünger
5 Guano
8 Salpeter
Fluss
3 Loa
4 Lebu
5 Bueno, Maipo
6 Bio-Bio
9 Aconcagua
Indianer
9 Araukaner
Instrumentalvirtuose
5 Arrau
Landbesitzer
8 Criollos
Lyriker
6 Neruda
Magnolienbaum
5 Boldo
Nobelpreisträger (Literatur)
6 Neruda
7 Mistral
Pianist
5 Arrau
Politiker und Staatsmann
4 Frei
6 Aylwin
7 Allende
8 Pinochet
Vulkan
6 Osorno
9 Al Calbuco
chilenisches
Ausfuhrprodukt
3 Jod
4 Gold
5 Borax, Kohle
6 Erdoel, Kupfer, Silber
7 Bleierz
8 Eisenerz, Salpeter
9 Manganerz
Furnierholz
6 Laurel
Getreidemaß
6 Almude
Weinmaß
6 Barril
Chiletanne
9 Araukarie
Chinaforscher, -kundiger
8 Sinologe
Chinagras
5 Ramie
Chinakundiger
8 Sinologe
Chinarindenbaum
8 Cinchona
Chinchilla
8 Nagetier
9 Hasenmaus
chinesische
Bucht, Golf
5 Pohai
12 Golf von Hopeh
13 Westkorea-Golf
15 Golf von Liautung, Golf von Tongking, Hangtschou-Bucht, Kiautschou-Bucht
Delikatesse
7 Trepang
Dynastie
2 Wu
3 Han, Hia, Kin, Sin, Sui
4 Chin, Chou, Hsia, Ming, Sung, Tang, Tsin
5 Ching, Juean, Shang, Tsing, Wutai, Yuean
6 Sankuo, Schang, Tschou
8 Mandschu
10 Nanpeichao
Ehrenbezeugung
5 Kotau
Erfindung
6 Papier
9 Porzellan
Flöte
2 Yo
Geheimorganisation
5 Boxer
Geldeinheit
4 Tael
5 Liang
Halbinsel
8 Liaotung, Liautung
9 Laitschou, Schantung
Hauptstadt (Formosa, Nationalchina, Taiwan)
6 Taipeh
Hauptstadt (VR China)
6 Peking
Hunderasse
8 Chow-Chow
Insel
6 Hainan, Quemoy, Taiwan
7 Formosa
10 Tschuschan
Kunst, auf Papier und Seide zu malen
12 Tuschmalerei
Landschaft
11 Mandschurei
Laute
3 Kin
4 Pipa
Meerenge
13 Fukienstrasse
Münze
4 Cent, Tael, Yuan
5 Fying, Tsjao
6 Dollar, Kaesch

12 Drachentaler
17 Neuer Taiwandollar
Nachrichtenagentur
6 Sinhua, Xinhua
Partei
10 Kuomintang
Philosophie
3 Tao
8 Taoismus
Porzellanfigur
6 Pagode
Provinz und Region
4 Hope, Hupe
5 Henau, Honan, Hopeh, Hopei, Hunan, Hupeh, Jehol, Kansu, Kirin, Tibet
6 Anhwei, Fukien, Sikang
7 Hsikang, Juennan, Kiangsi, Kiangsu, Kuangsi, Kwangsi, Ningsia, Schansi, Schensi, Tonking, Yuennan
8 Dschehol, Liaoning, Sinkiang, Tongking, Tsinghai
9 Kuangtung, Kwangtung, Schantung, Singkiang, Sungkiang
10 Kueitschou, Kweitschou, Szetschuan, Tschekiang, Tschinghai
12 Heilongijang, Heitungkieng, Taliangschan
14 Innere Mongolei
Religion
3 Tao
8 Taoismus
14 Konfuzianismus
Riesentrommel
3 Kou
Selbstverteidigung
6 Tai Tji
Staatsreligion
8 Taoismus
Stadt
3 Kia, Lin
4 Amoy, Anda, Ansi, Aral, Hami, Sian, Taku, Wuhu, Wusi
5 Aihun, Dalni, Golmo, Hofei, Hsian, Hukou, Jenan, Jenki, Kalun, Kirin, Lhasa, Lueda, Lueta, Paoki, Pautu, Penki, Tihwa, Tsepo, Wuhan, Wuhsi, Wuwei
6 Anking, Antung, Dairen, Haikou, Hankou, Harbin, Juemen, Kalgan, Kanton, Kuefow, Linhai, Lojang, Minhou, Mukden, Ningpo, Pangpu, Pautou, Peking, Pengpu, Schasi, Sining, Swatou, Tainan, Taipeh, Tsinan, Wosung, Yangku, Yentai
7 Anschan, Charbin, Fuschun, Hanyang, Jarkand, Kaifeng, Kunming, Kutscha, Kweilin, Kweisui, Mengtse, Nanking, Nanning, Nantung, Naujing, Taijuan, Tschifu, Wanhien, Yungkia
8 Fatschan, Futschou, Hangjang, Hsingtai, Pinkiang, Schantou, Shanghai, Sotschou, Taiyuean, Tientsin, Tsingtau, Wutschou
9 Kintschou, Lantschou, Ninghsien, Schanghai, Schenyang, Suetschau, Tangschan, Tschengtu, Uruntschi, Weihaiwei, Wentschou, Wutschang
10 Hangtschou, Kiautschou, Kingtschou, Nantschang, Yangtschou
11 Liangtschou, Tschinkiang, Tschungkink
13 Tschangtschun, Tschengtschou
tiefe Verbeugung
5 Kotau
Volksliedersammlung
8 Schiking
Währungseinheit
4 Cent, Tael, Yuan
5 Tsjao, Yuean
6 Dollar
Würdenträger
8 Mandarin
Zierpflanze
5 Hosta
Zither
3 Kin

chinesischer

Beamter
8 Mandarin
Berg
5 Gambu
6 Tangla
11 Niitakajama, Niitakayama
12 Minya Gongkar, Wutschischan
Dichter u. Schriftsteller
4 Tu Fu
6 Mengzi, Po Kuei
7 Li Taipo
9 Lin Yutang
14 Wang Tschingwei
Fischfangvogel
8 Kormoran
Fluss, Strom
3 Lli
5 Hanho, Paiho, Tarim
6 Hweiho, Liaoho, Liauho, Schaho, Wusung
7 Hoangho, Huangho, Hwangho, Jangtse, Sikiang, Takiang
8 Hankiang, Hsikiang, Juekiang, Yuekiang
9 Perlfluss
10 Hsiankiang, Jueankiang, Siangkiang
11 Gelber Fluss, Hsiangkiang
12 Jangtsekiang, Yangtsekiang
14 Hungschuikiang
Gelehrter
10 Lin Yuetang
General
16 Tschiang Kaischek
Grenzfluss
4 Amur
hoher Beamter
8 Mandarin
Kaiser
7 Kiaking
8 Kienlung, Kuangsue, Taukuang
12 Jungtschoeng
Kleinbär
5 Panda
Lastenträger
4 Kuli
Lyriker
4 Tu Fu
5 Li Tai
7 Li Tai Po
Maler
10 Ku Kaitschi
Name für Buddha
2 Fo
Nobelpreisträger (Physik)
3 Lee
4 Yang
11 Tsung Dao Lee
Obstbaum
11 Litschibaum
Philosoph
5 Mehti
6 Laotse
7 Mengtse, Tschu Hi
8 Konfutse
9 Konfuzius, Kung Futse
11 Tschuangtse
Philosophiebegriff
3 Tao
Politiker und Staatsmann
3 Mao
6 Li Peng
7 Limpiao
9 Sun Jatsen, Sun Yatsen
10 Jiang Zemin, Mao Tsetung, Tschu Enlai
12 Deng Xiaoping, Yang Shangkun
16 Tschiang Kaischek
Revolutionär
3 Mao
9 Sun Yat sen
10 Mao Tsetung
See
6 Lobner, Poyang, Taisee
7 Kukunor
8 Dalainor, Tsaiosee, Tungting
9 Pojangsee, Poyangsee, Tengrinor
10 Hungtsesee
11 Tungtingsee
spitzähnlicher Hund
8 Chow-Chow
Staatsbeamter
8 Mandarin
Tagelöhner
4 Kuli
Weiser
6 Laotse
8 Konfutse
9 Konfuzius, Kung Futse
Würdenträger
8 Mandarin
Zwerghund
8 Pekinese

chinesisches

Bauwerk
5 Mauer
11 Grosse Mauer
Bergvolk
4 Lolo
Buch der Wandlungen
5 Iging
Feld, -Flächenmaß
2 Li, Pu
3 Hao, Mau, Meu, Mow
4 Kung
5 Ching, Tschi

Gesellschaftsspiel
7 Ma Jongg
8 Mah Jongg
Gewicht, Maß
2 Ho, Hu, Li, Pu
3 Fan, Fen, Jin, Kin, Lei, Mow, Tan, Yin
4 Chin, Kung, Mehs, Tael
5 Chang, Ching, Liang, Picul, Pikul, Tschi, Tsien
7 Tschang, Tsching
Grün zum Stoffärben
5 Lokao
Hausboot
6 Sampan
Heilverfahren
10 Akupunktur
Hohlmaß
2 Ho, Hu
3 Tan
5 Sheng
Längenmaß
2 Li, Pu, Tu
3 Fan, Fen
4 Tsun
5 Ghang, Tschi
7 Tschang
Musikinstrument
2 Yo
3 Kin, Kou
4 King
Nahrungsmittel
4 Reis
7 Trepang
Schlaginstrument
4 King
Schuppentier
5 Manis
Segelschiff
8 Dschunke
Sonnendachstier
5 Pahmi
Wege-, Streckenmaß
2 Li
Wohnboot
6 Sampan
chinesisch für:
Berg, Gebirge
5 Schan
Formosa
6 Taiwan
Harakiri
7 Seppuku
Wirbelsturm
6 Taifun
chininhaltiges
Getränk
5 Tonic
Chip
5 Jeton, Marke
10 Spielmarke
Chirurg
4 Arzt
8 Facharzt, Wundarzt
9 Mediziner, Operateur
chirurgisch
8 operativ
Haut glätten
6 liften
chirurgische
Abtrennung eines Körperteils
10 Amputation
chirurgischer
Eingriff
9 Operation
10 Amputation
15 Transplantation
Nähfaden
6 Katgut
chirurgisches
Instrument
6 Kauter
8 Lanzette, Skalpell
Chlorophyll
10 Blattgruen
chlorsaures
Salz
7 Chlorat
Chlorverbindung
7 Chloral, Chlorat, Chlorid
8 Chloruer
Chlorwasserstofflösung
10 Salzsaeure
cholerisch
10 jaehzornig
11 aufbrausend
Chor
6 Empore
9 Altarraum, Singschar
10 Singgruppe
11 Komposition, Musikstueck, Vokalgruppe
13 Gesangsgruppe, Saengergruppe
18 Saengervereinigung
Choral
4 Lied
6 Gesang
11 Kirchenlied
12 Gemeindelied
14 Gemeindegesang
Choreograf
3 Eck, Kun
4 Bolm, Buch, Haas, Hynd, Lahs, Page, Smok, Wolf
5 Aumer, Blank, Brada, Dolin, Fokin, Genee, Hanff, Jooss, Korty, Laban, Legat, Lifar, Marcu, Petit, Russu, Spies, Staff, Tudor
6 Albert, Alonso, Ashton, Bausch, Bejart, Cranko, Georgi, Gorski, Gruber, Iwanow, Kylian, Lander, Machov, Perrot, Petipa, Seregi, Swaine, Tetley, Tornew, Valois, Vigano, Wittig
7 Boerlin, Braeuer, Charrat, Cholfin, Coralli, Didelot, Fenster, Gsovsky, Hinzert, Kraetke, Krueger, Lacotta, Lemanis, Mandrik, Massine, Memecek, Merante, Milloss, Mueller, Noverre, Richter, Robbins, Rudolph, Sanders, Saxelin, Skibine, Wandtke, Ziegler
8 Clustine, Cullberg, Danovski, Helpmann, Hoffmann, Jacobson, Jaetzlau, Koskinen, Kroeller, Leontjew, Lopuchow, Mankwart, Mazilier, Neumeier, Radunski, Ryshenko, Sabovcik, Sacharow, Schwezow, Sergejew, Seyffert, Skeaping, Steinweg, Swedlund, Taglioni, van Manen, Wainonen
9 Dauberval, Harangozo, Hillebron, Kreuzberg, Lawrowski, MacMillan, Moissejew, Monticini, Nishinska, Nishinski, Poestenyi, Reisinger, Saint-Leon, Schilling, Stahlberg, Wassiljew
10 Anissimowa, Burmeister, Kassatkina, Kretschmar, Orlikowski, Sonnenfeld, Tichomirow, Uhlendorff, Winogradow
11 Plissezkaja
12 Bournonville, Kretzschmann, Tschabukiani
13 Grigorowitsch
14 Koehler-Richter
Choreografie
9 Tanzregie
11 Tanzschrift
12 Ballettregie
15 Tanzeinrichtung
16 Tanzaufzeichnung, Tanzbeschreibung
Chorfrau
10 Kanonissin
Chorhemd
der Priester
4 Albe
Chorherr
9 Kanoniker, Kanonikus
chorischer
Gesang
6 Choral
Chorist
7 Saenger
11 Chorsaenger
Chorlied
8 Madrigal
Chorraum
12 Presbyterium
Chorsänger
6 Altist
Chorschranke
7 Lettner
Chorwerk
5 Messe, Missa
6 Tedeum
7 Kantate, Passion
9 Oratorium
von A. Schönberg
11 Gurrelieder
Chose
5 Sache
13 Angelegenheit
Chrisma
7 Salboel
Christbaum
10 Tannenbaum
14 Weihnachtsbaum
Christbaumschmuck
4 Nuss
5 Kerze, Kette, Kugel, Licht, Stern
7 Lametta
9 Glaskugel
10 Engelshaar, Schneeball
12 Tannenzapfen
Christblume, Christrose
8 Nieswurz

16 Schwarze Nieswurz
Christfest
11 Weihnachten
christliche
Glaubensbewegung des 16. Jahrhunderts
11 Reformation
Heilsbotschaft
10 Evangelium
Herberge
6 Hospiz
Kardinaltugend
5 Liebe
6 Glaube
Konfession, Sekte
7 Quaeker
8 Hussiten, Mormonen
9 Baptisten, Maroniten, Puritaner, Waldenser
10 Donatisten, Herrnhuter, Hugenotten, Katholiken, Lutheraner, Mennoniten
11 Adventisten, Calvinisten, Methodisten, Reformierte, Zwinglianer
12 Protestanten
Nachkommen der Ägypter
5 Kopte
6 Kopten
Sekte in Amerika
8 Mormonen
christlicher
Apostel
13 Bartholomaeus
Apostel der Friesen
10 Willibrord
Dankgottesdienst
6 Tedeum
Einsiedler
9 Anachoret
humanistischer Schriftsteller
8 Peterich
christliches
Fest
6 Ostern
7 Busstag, Firmung
9 Kommunion, Pfingsten, Weihnacht
10 Christfest, Einsegnung, Karfreitag
11 Allerseelen, Heiligabend, Himmelfahrt, Weihnachten
12 Fronleichnam, Herz-Jesu-Fest, Konfirmation, Totensonntag
13 Allerheiligen, Buss- und Bettag, Heiliger Abend
15 Dreikoenigsfest, Gruendonnerstag
16 Reformationsfest
22 Heiligabend Himmelfahrt
Gasthaus
6 Hospiz
Glaubensbekenntnis in 12 Artikeln
11 Apostolikum
Liebesmahl
5 Agape
Mitleid
8 Erbarmen
Sakrament
5 Taufe
9 Abendmahl
Sinnbild
5 Kreuz
Symbol
5 Kreuz
christlich-soziale
Bewegung
10 Heilsarmee
Grundhaltung
14 Naechstenliebe
Christmond
8 Dezember
Christus
5 Jesus
7 Heiland, Messias
8 Erloeser
im Johannisevangelium
5 Logos
Christusmonogramm
2 XP
3 IHS
6 Chirho
Christwurz
6 Germer
chromatische
Handharmonika
9 Akkordeon
Chromosomensatz
einer Zelle
5 Genom
Chronik
7 Annalen, Bericht
8 Jahrbuch, Tagebuch
10 Erzaehlung, Uebersicht
12 Aufzeichnung
13 Jahresbericht
14 Geschichtswerk, Nacherzaehlung
Chronikschreiber
8 Chronist
chronisch
7 dauernd
8 staendig
9 anhaltend
chronisches
Gelenkleiden
8 Arthrose
Chronologie
9 Zeitfolge, Zeitkunde
12 Zeitrechnung
chronologische
Rechnung in der Buchführung
5 Konti
Chronometer
3 Uhr
10 Schiffsuhr, Taktmesser, Zeitmesser
Chrysantheme
9 Goldblume, Margarite, Margerite
10 Marguerite
11 Gaenseblume, Winteraster, Wucherblume
12 Frauenbalsam, Massliebchen
Ciceros
Privatsekretär
4 Tiro
Cincazufluss
v. d. Pyrenäen
5 Esera
Cineast
7 Filmfan
circa
4 etwa, rund
6 nahezu
9 ungefaehr
Cissus
6 Klimme
City
5 Mitte, Stadt
7 Zentrum
8 Altstadt
9 Stadtkern
10 Innenstadt, Stadtmitte
12 Stadtzentrum
Clerk
7 Gehilfe
9 Schreiber, Sekretaer
10 Buchhalter
clever
5 smart
6 listig, schlau, wendig
8 gerissen
9 geschickt
Clinch
beim Boxen
8 Klammern
12 Umklammerung
Clique
4 Gang
5 Bande, Rotte
6 Gruppe
8 Kluengel
10 Grueppchen, Sippschaft
Clou
9 Sensation
10 Hoehepunkt
11 Glanznummer, Knalleffekt
12 Paradenummer
13 Glanzleistung
Clown
7 Bajazzo
8 Harlekin
9 Hanswurst
10 Hampelmann, Komoediant, Spassvogel
11 Spassmacher
12 Dummer August
Club, Klub
11 Vereinigung
Coach
4 Auto
5 Wagen
7 Kajuete, Trainer
8 Betreuer
Cockpit
10 Fahrersitz
13 Pilotenkabine
Cocktail
4 Dash, Fizz, Flip, Sour
5 Daisy, Julep, Sling
6 Cooler, Crusta
7 Cobbler, Collins, Eggnogg
8 Getraenk, Highball
9 Manhattan
11 Bargetraenk, Mixgetraenk
13 Hahnenschwanz, Mischgetraenk
Coda
in der Musik
4 Ende
7 Schluss
9 Abschluss
Code
10 Gesetzbuch, Schluessel
College
10 Hochschule
Colombostaat
4 Laos

5 Birma, Japan, Nepal
6 Indien, Kanada
8 Malaysia, Pakistan, Singapur, Sri Lanka, Thailand
0 Australien, Indonesien, Kambodscha, Neuseeland
1 Philippinen
5 Grossbritannien
ombo
4 Band
6 Gruppe
7 Kapelle
8 Ensemble
omicstrip
7 Cartoon
ommonwealth
6 Empire
1 Staatenbund
omputer
2 Rechenanlage
6 Elektronengehirn
7 Elektronenrechner
diener
8 Operator
ndringling
6 Hacker
ngabe
5 Input
chmann
Analytiker
hler
5 Error
lfsmittel
Lochkarte
formationsspeicher
3 Ram
eichereinheit
4 Byte
eicherinhalt
Datei
rache
5 Basic
onference
Ansage
onferencier
Ansager
8 Sprecher
Moderator
ookinsel
Pazifik
Mauke

costaricanische
Stadt
5 Limon
7 Cartago, Heredia, San Jose
8 Alajuela
10 Puntarenas
costaricanischer
Fußballspieler
4 Jara
5 Gomez
6 Chaves, Chavez, Conejo, Flores, Obando
7 Cayasso, Gayasso, Medford, Montero, Ramirez
8 Gonzales, Marchena
9 Barrantes, Chavarria, Guimaraes
Count
4 Graf
Count-down
12 Endkontrolle
13 Vorstartphase
Coup
4 Hieb, Wurf
5 Kniff
6 Erfolg, Schlag
7 Streich
10 Kunstgriff
11 Handstreich
Couplet
7 Chanson
Cour
3 Hof
10 Aufwartung, Hofhaltung
Courage
3 Mut
7 Schneid
9 Kuehnheit
10 Tapferkeit
11 Beherztheit
couragiert
5 mutig
6 tapfer
7 beherzt
9 schneidig
Courtoisie
12 Hoeflichkeit
Cousin
6 Vetter
Cousine
4 Base
6 Kusine
Cowboy
10 Rinderhirt
Cowboyfest
5 Rodeo
Cowboyhut
7 Stetson
Cowboywettkampf
5 Rodeo
Crack
12 Spitzenpferd
15 Spitzensportler
Creme
4 Rahm
5 Paste, Sahne, Salbe
6 Likoer
9 Hautsalbe
11 Oberschicht
12 Schaumspeise
cremeartige
Masse
5 Paste
cremeartiges
Medikament
5 Salbe
cremefarben
8 mattgelb
9 blassgelb
Crew
4 Team
5 Bande, Schar
6 Gruppe
9 Besatzung
10 Mannschaft
Croupier
10 Bankhalter
cubanischer Politiker
6 Castro
11 Fidel Castro
Cutter
beim Film
12 Tonschneider
14 Schnittmeister
Cutterin
beim Film
14 Tonschneiderin
16 Schnittmeisterin

da
4 dort, hier, weil
5 zumal
7 zugegen
8 anwesend
dabei
sein
7 erleben
Dach
der Mundhöhle
6 Gaumen
der Welt
5 Pamir, Tibet
6 Himmel
9 Firmament
Dachabschluss
6 Giebel
Dachaufbau
6 Attika
für stehende Fenster
5 Gaube, Gaupe
Dachbalken
6 Sparre
Dachboden
7 Soeller
Dachdeckergerät
7 Haubank
9 Deckstuhl
Dachdeckermaterial
4 Blei, Glas, Reet, Ried
5 Stroh
6 Pfanne, Schilf, Ziegel
7 Eternit
8 Schiefer, Schindel
9 Teerpappe, Wellblech, Zinkblech
Dachdichtungsart
7 Teerung
Dachfenster
4 Luke
5 Gaube, Gaupe
Dachfläche
4 Walm
Dachform
6 Kuppel
8 Walmdach
9 Flachdach
10 Satteldach
Dachgeschoss
8 Mansarde
Dachgesellschaft
eines Konzerns
7 Holding
Dachhase
5 Katze
Dachkammer, -raum
5 Boden
6 Buehne
8 Mansarde, Speicher
12 Trockenboden
dachlose, antike Vorführstätte
12 Amphitheater
Dachöffnung
4 Luke
Dachrinne
6 Kandel, Traufe
7 Kaennel
Dachs
in der Fabel
8 Grimbart
Dachsfell
8 Schwarte
Dachshund
6 Basset, Dackel, Teckel
Dachspitze
5 First
Dachstuhl
7 Gebaelk
Dachstuhlbalken
7 Sparren
Dachteil
4 Luke, Walm
5 First, Haube, Raehm, Rinne
6 Binder, Giebel, Kandel, Pfette, Sparre, Strebe, Traufe
10 Regenrinne
Dachterrassenwohnung
9 Penthouse
Dachwinkel
3 Oke
Dachziegelart
12 Biberschwanz
Dachzimmer
8 Mansarde
Dackel
6 Teckel
dadaistischer
Künstler
3 Arp, Ray
4 Ball
5 Ernst, Grosz, Tzara
6 Breton
7 Cocteau, Duchamp, Picabia
10 Heartfield, Schwitters
11 Huelsenbeck
dafür
3 pro
Dafürhalten
7 Meinung
dagegen
sein
8 ablehnen
9 verwerfen
10 opponieren
dagegen, dennoch
4 aber, anti
Daheim
6 Bleibe
7 Zuhause
Dahlienart
8 Georgine
Dajakstamm
in Borneo
5 Dusun
dalmatinische
Hafenstadt
5 Kotor
Insel
3 Krk, Pag, Rab, Vis
4 Brac, Cres, Hvar, Olib
5 Cazza, Lissa, Mljet, Molat, Susac, Susak, Unije
6 Brazza, Brioni, Kornat, Losinj, Melita, Murter
7 Korcula, Lastovo
8 Dugi Otok
Stadt
4 Omis, Senj
5 Kotor, Split, Zadar
6 Ragusa, Trogir
7 Sibenik
9 Dubrovnik
dalmatinisches
Küstengebiet
6 Kotari
dalmatische
Stadt
4 Omis, Senj
5 Split, Zadar
6 Ragusa, Trogir
7 Sibenik
9 Dubrovnik
damals
5 einst
6 ehedem
7 dazumal, frueher, vormals, weiland
9 einstmals
10 seinerzeit
Damastgewebe
6 Lampas
Damenbadeanzug
6 Bikini
Damengewand
aus schwerem Seidenstoff
10 Atlaskleid
damenhaft
8 ladylike
Damenhut
4 Bibi
5 Kappe, Toque
6 Muetze, Schute
7 Kapotte, Topfhut
8 Strohhut
9 Pelzkappe
10 Pelzmuetze
11 Florentiner
Damenkleid
7 Komplet
Damenmantel
8 Mantille
9 Redingote
mit Kapuze
8 Capuchon
Damenreitpferd
6 Zelter
Damenschuh
5 Clogs, Pumps
6 Opanke
7 Sandale, Slipper, Stiefel
8 Stoeckel, Trotteur
9 Bottilons, Lackschuh, Pantoffel, Pelzschuh, Sandalin
10 Sandalette, Sportschuh
11 Lackstiefel
Damenstrickbluse
6 Jumper
Damenstrümpfe
6 Nylons
Damenunterkleidung, -wäsche
4 Hemd, Jupe, Slip
5 Jupon
6 Mieder
7 Dessous, Korsett
8 Garnitur, Hemdhose, Leibche
9 Korselett, Petticoat, Trikotage, Unterrock
10 Miederhose, Miederslip, Schluepfer, Unterkleid
11 Kombination, Strumpfhose, Untertaille
13 Buestenhalter, Strumpfhalter
Damenzimmer
7 Boudoir
Damhirsch
9 Schaufler
dämlich
4 dumm

5 bloed
6 albern
11 toelpelhaft
Damm
3 Kai
4 Mole, Pier, Wall, Wehr
5 Buhne, Deich
zum Uferschutz
5 Buhne
6 Kribbe
dammartige
Erhebung aus Sand und Kies
4 Oser
dämmen
6 stauen
9 abdichten, isolieren, pflastern
Dämmerung
9 Zwielicht
10 Halbdunkel
Dammkrone
5 Haupt
Dämmung
9 Isolation
Dämon
5 Geist
6 Teufel
7 Ungeist
im Alten Testament
6 Asasel
im arabischen Glauben
5 Jinni
im nordischen Volksglauben
5 Troll
im vorislamischen Glauben
5 Marid
von Petersburg
8 Rasputin
Dämonen-
und Riesenreich in der nord. Mythologie
6 Utgard
Dämongestalt
im nordischen Volksglauben
4 Loki
5 Troll
dämonisch
8 besessen
9 teuflisch
dämonisches
Wesen (germ. Sage)
5 Thurs
Dampf
5 Dunst, Wasen
6 Brodem, Wrasen
8 Schwaden
Dampfbad
5 Sauna
10 Schwitzbad
dampfen
6 kochen
9 schwitzen
Dampfer
7 Steamer
mit Schaufelrädern
10 Raddampfer
Dämpfer
der Geige
7 Sordine, Sordino
Dampferfahrt
8 Seereise
Dampfklappe
6 Ventil
Dampfmaschine
10 Lokomobile
Dampfmaschinenteil
6 Kolben, Regler, Ventil
8 Exzenter, Schieber, Zylinder
9 Kreuzkopf
10 Schwungrad
11 Dampfkessel, Kondensator, Kurbelwelle, Pendelkugel
12 Kolbenstange, Pleuelstange
13 Drosselklappe
Dampfniederschlag
(Chemie)
5 Blume
Dampfschiff
7 Dampfer, Steamer
Dämpfungsmaß
3 Bel
5 Neper
danach
7 nachher
8 folglich
Danaer
8 Griechen
Dandy
4 Beau, Geck, Snob
7 Angeber, Stutzer
8 Modegeck, Modenarr
Dänemark
in der Landessprache
7 Danmark
Dänenprinz
6 Hamlet
dänische
Bucht, Fjord, Meerenge
4 Belt, Sund
8 Isefjord, Limfjord
10 Faksebucht, Koegebucht
11 Grosser Belt, Jammerbucht, Kleiner Belt, Tannisbucht
12 Aalborgbucht, Randersfjord
14 Langelandsbelt
Erzählerin
6 Dinsen
Färöer-Insel
6 Hestur, Nolsoy
Flagge
8 Danebrog
Goldmünze
12 Christiandor
Hafenstadt
4 Hals
5 Albog, Arhus
6 Aarhus, Gedser, Nyborg, Roedby, Roenne
7 Aalborg, Esbjerg, Korsoer
8 Hirthals, Roskilde
9 Nykoebing
10 Helsingoer, Koebenhavn, Kopenhagen, Sonderburg
13 Frederikshavn
Halbinsel
7 Jylland
8 Juetland
Hauptstadt
10 Koebenhavn, Kopenhagen
Inselgruppe im Atlantik
7 Faroeer
8 Faeroeer
Insel im Belt
3 Omo
Insel im Kattegat
6 Anholt, Laesoe, Samsoe
8 Hesseloe
Insel im Öresund
6 Amager
8 Saltholm
Insel in der Arktis
9 Groenland
Insel in der Nordsee
4 Roem
5 Fanoe, Manoe
6 Mandoe, Roemoe
Insel in der Ostsee
3 Als, Fyn
4 Moen
5 Aeroe, Alsen
6 Fuenen, Samsoe
7 Falster, Laaland, Lolland, Seeland
8 Bornholm
9 Langeland, Sjaelland
Königin
6 Ingrid
10 Margarethe
Meerenge
4 Belt
Meeresbucht
5 Fakse, Koege
8 Ise Fjord, Lim Fjord
Münze
4 Oere
5 Krone
Nordseeinsel
4 Roem
5 Fanoe, Manoe
6 Roemoe
Ostseeinsel
4 Moen
5 Aaroe, Aeroe, Alsen
6 Fuenen, Samsoe
7 Falster, Laaland, Lolland, Seeland
8 Bornholm
9 Langeland
Prinzessin
9 Benedikte
Sagengestalt
5 Ogier
6 Hamlet
Schauspielerin
7 Nielsen
Schlagersängerin
5 Gitte
Schriftstellerin
6 Blixen
Silbermünze
9 Rigsdaler
Stadt
3 Bov
4 Aars, Asaa, Hals, Ribe, Tarm
5 Aarup, Arhus, Fakse, Hobro, Koege, Ringe, Skive, Thule, Varde, Vejle
6 Aarhus, Abenra, Alborg, Assens, Brande, Gedser, Lemvig, Maribo, Nusted, Nyborg, Odense, Roedby, Roenne, Scagen, Skagen, Viborg
7 Aalborg, Esbjerg, Horsens, Kolding, Korsoer, Randers, Tondern
8 Apenrade, Godthaab, Hirthals, Holbaeck, Roskilde, Slagelse
9 Nykoebing, Silkeborg,

Svendborg
10 Fredericia, Helsingoer, Kalundborg, Koebenhavn, Kopenhagen, Middelfart, Sonderburg
11 Hadersleben, Skanderborg, Soenderborg, Vordingborg
13 Frederikshavn, Stubbekoebing

Währungseinheit
5 Krone

Zither
5 Humle

dänischer

Archäologe
4 Rafn
5 Zoega
6 Ussing

Architekt u. Baumeister
5 Nyrop
6 Hansen
7 Malling
8 Petersen

Arzt
6 Finsen

Asienforscher
6 Bering

Astronom
5 Brahe
6 Roemer

Atomphysiker
4 Bohr

Berg
10 Himmelberg
13 Ejer Bavnehoej

Bildhauer
11 Thorwaldsen

Biochemiker
3 Dam

Botaniker
6 Hansen

Chemiker
7 Thomsen
10 Broenstedt

Dichter u. Schriftsteller
4 Abel, Bang, Munk, Soya
5 Ewald
6 Blixen, Jensen, Larsen
7 Brandes, Branner, Fleuron, Heiberg, Holberg, Knudsen, Lauesen, Sibbern
8 Andersen, Freuchen, Jacobsen, Pedersen, Scherfig
9 Drachmann, Gjellerup, Grundtvig, Michaelis
10 Joergensen
11 Kierkegaard, Pontoppidan
13 Andersen-Nexoe
14 Paludan-Mueller
15 Oehlenschlaeger

Dirigent
4 Gade
6 Klenau

Filmkomiker
3 Pat
8 Patachon

Forscher und Erfinder
4 Bohr
9 Bartholin

Frauenname
4 Asta
6 Dorthe

Fußballspieler
4 Busk, Dahl, Lund, Tune
5 Kjaer, Lerby, Olsen, Qvist
6 Brylle, Hansen, Jensen, Larsen, Madsen, Moelby, Morten, Preben, Thorst, Wolkar
7 Ahlberg, Arnesen, Bastrup, Eekjaer, Elkjaer, Elstrup, Heintze, Laudrup, Nielsen, Nielson, Nygaard, Povlsen, Trulsen, Vilfort
8 Goldbaek, Lindberg, Piechnik, Roentved, Simonsen, Sivebaek, Vamelsen
9 Berggreen, Bertelsen, Danielsen, Lauridsen, Mortensen, Rasmussen, Soerensen
10 Bjoernmose, Christofte, Kristensen, Munk-Jensen, Schmeichel, Steffensen
11 Christensen, Flindt-Bjerg, Therkildsen
12 Christiansen
14 Moeller-Nielson

Geograf
5 Hedin
9 Rasmussen

Geologe
5 Cohen

Geschichtsschreiber
8 Thorsoee
15 Saxo Grammaticus

Grenzwall
8 Danewerk

Held
3 Dan

Herrschername, Königsname
4 Erik, Gorm, Knud, Knut, Olaf, Sven
5 Kanut, Niels
6 Harald, Johann, Magnus
7 Godfred
8 Frederik, Kristian, Valdemar, Waldemar
9 Christian, Friedrich, Gottfried

Historiker
6 Ersley
7 Brandes
8 Arentzen
9 Jorgensen

Komponist
4 Enna, Gade
6 Klenau, Lassen
9 Boerreson

Lyriker
5 Lange, Wivel

Maler und Grafiker
4 Juel
5 Kobke, Salto, Tuxen
6 Kroyer
7 Isakson, Nielsen
8 Bidstrup
9 Abilgaard
10 Eckersberg

Männername
4 Knud
5 Malte
8 Kristian

Märchendichter
8 Andersen

Mathematiker
6 Kroman

Mediziner
3 Dam
4 Worm
5 Krogh
6 Finsen
8 Fibinger, Jacobson

Meteorologe
6 La Cour

Mineraloge
5 Cohen

Musikforscher, -wissenschaftler
4 Laub
6 Larsen
8 Jeppesen, Maegaard
10 Schiorring

Nobelpreisträger (Chemie)
4 Skou

Nobelpreisträger (Frieden)
5 Bajer

Nobelpreisträger (Literatur)
6 Jensen
9 Gjellerup
11 Pontoppidan

Nobelpreisträger (Medizin)
3 Dam
5 Krogh
6 Finsen
8 Fibinger

Nobelpreisträger (Physik)
4 Bohr
9 Mottelsen

Philosoph
7 Sibbern
9 Hoeffding
11 Kierkegaard

Physiker
4 Bohr
7 Oersted

Physiologe
5 Krogh

Polarforscher
6 Bering
9 Rasmussen

Politiker und Staatsmann
4 Hall
5 Bajer, Zahle
7 Brandes
8 Berntsen
9 Rasmussen, Schlueter, Struensee
10 Bernstorff, Joergensen
14 Ellemann-Jensen

Prinz, Sagenprinz
6 Hamlet

Sagenheld
4 Toko
5 Ogier, Tokko
6 Holger

Sagenkönig
5 Krake
6 Hawart, Hettel

Sänger
9 Rosvaenge

Seefahrer
6 Bering

Seeheld
4 Juel
13 Tordenskioeld

Sportler, Sportlerin
4 Frey
5 Frost, Harup, Kjaer, Thiim
6 Hansen, Hartel, Hveger, Jensen, Osiier, Ritter, Rodian

7 Carlsen, Lunding, Moeller, Nielsen, Nielson, Paulsen, Poulsen, Puggard, Schmidt, Schultz, Svarrer
8 Andersen, Fredborg, Isaksson, Jacobsen, Lachmann, Pedersen, Petersen
9 Carlstedt, Ellegaard, Elvstroem, Groenberg, Lykkeberg, Morgensen, Mortensen, Soerensen
10 Dunkerbeck, Frey-Jensen, Heckschner, Kirkebjerg, Schandorff
11 Falck-Hansen, Smidt-Jensen
12 Castenschild
13 Bojsen-Moeller
14 Christoffersen
16 Holst-Christensen
Techniker
7 Poulsen
Tenor
8 Melchior
9 Rosvaenge
Volkskundler
5 Olrik
dänisches
Abgeordnetenhaus
9 Folketing
Hohlmaß
3 Ahm
Kap
6 Skagen
Längenmaß
4 Alen
Nebenland
8 Faeroeer
Parlament
7 Rigsdag
9 Folketing, Landsting
Dankgebet
6 Tedeum
7 Gratias
Dank- oder Bittgang
10 Prozession
Dantes
Beiname
9 Alighieri
Geliebte
8 Beatrice
Hölle
7 Inferno
Dantes Hauptwerk
14 Divina Commedia
19 Goettliche Kommoedie
Danziger
Kloster
5 Oliva
Kümmellikör
5 Lachs
Likör
10 Goldwasser
Sehenswürdigkeit
7 Krantor
8 Artushof, Zeughaus
12 Marienkirche
Spezialgetränk
5 Lachs
10 Goldwasser
Wacholderbranntwein
9 Machandel

daraus
schließen
7 folgern
darbieten
13 praesentieren
Darbietung
4 Show
5 Schau
6 Nummer
7 Vortrag
8 Auftritt
11 Vorstellung
13 Praesentation
18 Theaterauffuehrung
darbringen
6 opfern
Darbringung
5 Opfer
Dardanellen
10 Hellespont
Dargebrachtes
4 Gabe
5 Opfer
dargestellter
Humor
5 Komik
darlegen
6 zeigen
9 erklaeren, vortragen
10 darstellen
13 demonstrieren
darlegend
12 demonstrativ
Darlegung
6 Expose
10 Erklaerung, Exposition
13 Demonstration, Manifestation
17 Charakterisierung
in Umrissen
7 Entwurf
Darlehen
5 Leihe
6 Kredit
7 Anleihe
8 Leihgabe
Darlehensbetrag
6 Kredit
Darling-Zufluss
(Australien)
5 Paroo
Darmausgang
4 Anus
5 After
Darmeinlauf, Klistier
6 Klysma
Darmentzündung
9 Enteritis
Darmkrankheit
bei Pferden
5 Kolik
Darmschmarotzer
8 Bandwurm, Spulwurm
9 Madenwurm
Darmspülung
8 Klistier
Darmträgheit
11 Obstipation, Verstopfung
Darmüberfunktion
8 Diarrhoe
9 Durchfall
Darmverschluss
5 Ileus

darstellen
5 mimen
7 agieren, spielen
11 konterfeien, verkoerpern
13 portraetieren
Darsteller
4 Mime
6 Akteur
7 Statist
8 Figurant, Komparse
9 Interpret
11 Kabarettist
12 Schauspieler
in Nebenrollen
7 Statist
8 Komparse, Tragoede
Darstellung
4 Bild, Plan
5 Karte
6 ◆ Grafik, Skizze
7 Graphik, Plastik, Version
8 Gemaelde
9 Schaubild, Zeichnung
10 Ueberblick, Wiedergabe
11 Schilderung
12 Illustration, Konstruktion
13 Demonstration
14 Interpretation
aller Vorfahren
10 Ahnentafel
der Himmelfahrt Mariä
7 Assunta
der Maria
6 Maesta
des duldenden Christi
8 Ecco-Homo
des gekreuzigten Christi
8 Kruzifix
des nackten Körpers
3 Akt
einer chem. Verbindung
6 Formel
in Linien
9 Zeichnung
toter Sachen
9 Stilleben
10 ◆ Stillleben
von Christi Geburt
6 Krippe
Darstellungsweise
4 Stil
darüber
4 oben
8 oberhalb
hinaus
5 zudem
darum
7 deshalb
darunter
5 unten
das Abendland
6 Europa
8 Okzident
dasein
5 leben
8 bestehen
9 vorkommen
10 existieren
Dasein
8 Existenz
9 Gegenwart
Daseinsabschnitt
11 Lebensmitte

daseinsbejahend
10 lebensfroh
12 optimistisch
Daseinskosten
15 Lebensunterhalt
dasselbe
4 dito
Dasselfliege
6 Bremse
Daten
für Ausweise
11 Personalien
Datenausgabe
(Computer)
6 Output
Dateneingabe
in die Rechenanlage
5 Input
Datenendgerät
8 Terminal
Datenentschlüsseler
in der Elektronik
7 Decoder
Datenspeicherwerk
5 Datei
Datenträger
5 Beleg
8 Diskette
9 Lochkarte
Datenübertragung
auf Fernmeldeleitungen
5 Datel
Datenverarbeitung
3 EDV
Datum
3 Tag
4 Zeit
6 Termin
9 Zeitpunkt
10 Zeitangabe
Datumsanzeiger
8 Kalender
Dauer
4 Zeit
5 Frist, Weile
6 Laenge, Spanne
7 Bestand
8 Zeitraum
9 Permanenz
10 Ausdehnung, Zeitspanne
der Ferien
11 Urlaubszeit
daueransässiger
Bürger
9 Einwohner
Dauerbackware
der Weihnachtszeit
9 Lebkuchen
Dauerbezieher
8 Abonnent
Dauerbezug
10 Abonnement
Dauereinlasskarte
12 Passepartout
Dauerfrostdecke
8 Polareis
Dauergebäck
4 Keks
8 Zwieback
11 Knaeckebrot
dauerhaft
4 ewig, fest
5 solid
6 solide, stabil
7 durabel, haltbar
9 langlebig
10 bestaendig
machen
12 konservieren
dauerhafte
Anhänglichkeit
5 Treue
Kleidung
10 Lederjacke
dauerhaftes
Gewebe
6 Leinen
Dauerhaftigkeit
11 Stabilitaet
14 Bestaendigkeit
Dauermagnetwerkstoff
6 Alnico
dauernd
5 immer, stets
6 stetig
8 bleibend, konstant, staendig
9 chronisch, permanent
10 bestaendig, persistent
12 fortwaehrend
13 unaufhoerlich
14 ununterbrochen
dauernde
Arbeitsunfähigkeit
12 Invaliditaet
dauernder
Körperschaden
9 Gebrechen
Nörgler
9 Querulant
Dauer-Verkaufserfolg
10 Longseller
12 Steadyseller
Dauerware
8 Konserve
Dauerwurst
6 Salami
8 Cervelas, Servelat, Zervelat
9 Cabanossi, Hartwurst
10 Landjaeger, Mortadella, Plockwurst
12 Schlackwurst
13 ◆ Servelatwurst, Zervelatwurst
Daumenballen
6 Thenar
Daune
10 Flaumfeder
14 Erstlingsfeder
Daunenvogel
9 Eiderente
Dauphin
9 Kronprinz
11 Thronfolger
Daus
2 As
6 Teufel
Davids
Feldherr
4 Uria
5 Urias
Frau
6 Michal, Michol
7 Abigail
8 Bathseba, Bethseba
Gegner
7 Goliath
Sohn
6 Salomo
7 Absalom, Salomon
Vater
4 Isai
Davidshirsch
4 Milu
davon
4 fort
davonbleiben
6 meiden
davonhasten
8 enteilen
dazumal
6 damals
dazwischentreten
10 eingreifen
13 intervenieren
Debakel
4 Pech, Ruin
6 Fiasko, Pleite
7 Konkurs
8 Einbruch, Unglueck
10 Misserfolg
13 Zusammenbruch
Debatte
6 Dialog
10 Aussprache, Diskussion
11 Eroerterung, Kontroverse, Wortgefecht
18 Auseinandersetzung
Debet
4 Soll
6 Schuld
9 Belastung
Debitor
9 Schuldner
Debitoren
11 Forderungen
13 Aussenstaende
Debüt
5 Start
12 Antrittsrede, Erstauftritt
Debütant
7 Neuling
9 Anfaenger
Deck
4 Bord
Deckblatt
6 Tektur
im Schuhausschnitt
5 Zunge
Decke
4 Fell
5 Matte, Plaid
7 Woilach
9 Tischtuch
der Mundhöhle
6 Gaumen
Deckel
6 Klappe
7 Stuelpe
des Tankstoffbehälters
14 Tankverschluss
und Rücken des Buches
7 Einband
Deckelbehälter, -gefäß
4 Dose, Etui, Korb, Sarg, Topf, Trog
5 Kanne, Kiste, Truhe
6 Karton, Kasten
7 Buechse
8 Kassette, Kochtopf

Schachtel, Schatulle
kendekoration
Soffitte
kender Teil, Haube
Kappe
kengemälde
Freskomalerei
:kengewölbe
Kuppel
:kenholz
rgwerk)
Kappe
:kenverzierung
Gipsmischung
Stuck
ckmantel
Tarnung
ckname
Pseudonym
Hermann Frey
Greif
Logau
Golau
ckoffizier
Bootsmann
ckőffnung
Luke
:ckschicht
Belag
Ueberzug
Torflager
Buelte
er Bodenschätzen
Abraum
:ckstreifen
Tektur
eckung
Tarnung
:ckungsgleich
kongruent
eduktion
Beweis
Ableitung
Herleitung
:fekt
kaputt
entzwei
schadhaft, zerstoert
fehlerhaft
beschaedigt
efekt
6 Fehler, Leiden, Luecke, Mangel
7 Havarie, Schaden
8 Nachteil
9 Gebrechen
m Fahrzeug
5 Panne
elektrischer Leitung
3 Wackelkontakt
efekte Stelle
n Glas
6 Sprung
n der Bekleidung
4 Loch, Riss
Defensive
6 Abwehr
2 Verteidigung
lefinieren
9 bestimmen, erklaeren, festlegen, klarlegen
10 erlaeutern
lefinitiv
8 bestimmt

10 endgueltig, massgebend
12 entscheidend
Defizit
5 Manko
6 Mangel
7 Verlust
8 Einbusse, Passivum
10 Fehlbetrag
Defloration
13 Entjungferung
Deformation
10 Verformung
11 Entstellung, Missbildung
13 Verunstaltung
deftig
4 derb
Degen
6 Rapier
des Stierkämpfers
6 Espada
degenähnliche
Fechtwaffe
5 Spada
Degeneration
7 Abstieg, Verfall
9 Entartung
10 Niedergang
12 Rueckschritt
degenerieren
8 entarten
Degengehänge, -quaste
8 Portepee
Degradation, Degradierung
12 Erniedrigung, Herabsetzung
15 Herabwuerdigung
dehnbar
6 duktil
7 biegsam
8 flexibel
9 beweglich, elastisch
dehnbares
Gewebe
7 Elastik, Stretch
Material
5 Gummi
9 Kautschuk
dehnen
6 weiten
8 strecken
9 ausweiten
Dehnung, Ausdehnung
7 Tension
10 Dilatation
Dehnungsbuchstabe
1 h
Dehnungslaut
2 aa, ah, ee, eh, ie, ih, oh, oo, uh
3 aeh, oeh, ueh
6 Ektase
10 Selbstlaut
Dehnungszeichen
10 Zirkumflex
Deich
4 Damm
deichgeschütztes
Land
3 Kog
4 Koog
Deichschleuse
4 Siel
Deichselstern
im Großen Wagen
5 Alkor

Dekade
8 Zehnzahl
dekadent
9 verkommen
Dekadenz
7 Verfall
9 Entartung
Dekan
7 Dechant
14 Superintendent
19 Fakultaetsvorsteher
Deklamation
7 Vortrag
10 Rezitation, Wiedergabe
deklamieren
9 vortragen
10 rezitieren
Deklaration
10 Erklaerung, Wertangabe
11 Zollmeldung
13 Inhaltsangabe
deklarieren
8 anmelden, anzeigen
9 erklaeren
Deklination
7 Beugung
deklinierbares
Wort
5 Nomen
deklinieren
6 beugen
9 abwandeln, abweichen
Dekokt
5 Absud
Dekolletee
10 Ausschnitt
14 Halsausschnitt
Dekor
4 Zier
5 Motiv
6 Muster, Zierat, Zierde
7 Schmuck, ◆ Zierrat
10 Verzierung
Dekoration
3 Bau
5 Orden
7 Kulisse
8 Medaille
10 Gestaltung
11 Ausstattung, Buehnenbild
12 Auszeichnung, Ehrenzeichen
14 Ausschmueckung
im Theater
7 Kulisse
Dekorationsart
der japanischen Lackkunst
5 Makie
Dekorationsbild
6 Poster
Dekorationspflanze
6 Aralie
Dekorationsstück
über der Bühne
8 Soffitte
dekorieren
6 zieren
9 verzieren
10 schmuecken
11 auszeichnen
13 ausschmuecken
Dekret
3 Act
6 Erlass

Delegation
9 Abordnung
10 Deputation
delegieren
8 abordnen
9 entsenden
Delegierter
11 Abgesandter
12 Abgeordneter
Delfinart
3 Nar
6 Beluga, Narwal
7 Zahnwal
8 Grindwal, Tuemmler, Weisswal
10 Braunfisch, Schwarzwal, Schwertwal, See-Einhorn
11 Meerschwein
delikat
6 heikel, lecker
9 koestlich
10 auserlesen, bedenklich
11 appetitlich
14 wohlschmeckend
Delikatesse
4 Takt
6 Genuss
8 Feinheit, Feinkost
10 Hochgenuss
11 Feingefuehl
12 Leberpastete, Leckerbissen
Delikt
3 Tat
7 Unrecht
8 Straftat, Vergehen, Verstoss
10 Verbrechen
Delinquent
6 Taeter
10 Verbrecher
11 Angeklagter, Missetaeter, Uebeltaeter
Delirium
6 Rausch
8 Wahnsinn
10 Verwirrung
deliziös
9 koestlich
11 schmackhaft
Delle
5 Beule, Latte
8 Schlucht
10 Vertiefung
dem
Blitz folgendes Geräusch
6 Donner
Geschmack entsprechend
6 modern
9 gefaellig
Gläubiger haftender Gegenstand
5 Pfand
7 Kaution
10 Sicherheit
Lehnsherr zu leistende Arbeit
4 Fron
11 Handdienste
12 Spanndienste
Meer abgerungenes Land
4 Koog
6 Polder
Tennis ähnliches Spiel
9 Badminton, Federball
Wasserleben angepasste Marderart
5 Otter
10 Fischotter
Wind abgewandte Schiffsseite
3 Lee
Wind zugekehrte Seite
3 Luv
Demarkation
6 Grenze
10 Abgrenzung, Begrenzung
12 Grenzziehung
Demarkationslinie
6 Grenze
demaskieren
9 aufdecken, entlarven
10 enthuellen, offenbaren
Dementi
8 Widerruf
12 Berichtigung
15 Richtigstellung
Demer-Zufluss
in Belgien
5 Geete
Demission
10 Entlassung, Ruecktritt
demnach
5 somit
8 folglich
demnächst
4 bald
7 alsbald
10 naechstens
Demokratie
15 Volksherrschaft
demokratische
Forderung
17 Chancengleichheit
demolieren
10 vernichten, verwuesten, zerstoeren
Demonstrant
9 Kundgeber
Demonstration
6 Beweis
7 Drohung
9 Darlegung
10 Erklaerung, Kundgebung
11 Versammlung, Vorfuehrung
12 Erlaeuterung
Demontage
5 Abbau
7 Abbruch
9 Zerlegung
Demoralisation
11 Entmutigung
14 Entsittlichung, Zuchtlosigkeit
demoskopische
Untersuchung
7 Umfrage
Demut
11 Ergebenheit
demütig
7 ergeben
demütige
Ehrerweisung
5 Kotau
Demütigung
12 Erniedrigung
Demutsgeste
8 Kniefall
den
Atomkern betreffend
7 nuklear
Fetus betreffend
5 fetal
6 foetal
Genüssen lebender
8 Lebemann
9 Geniesser, Schlemmer
12 Genussmensch
Gottesdienst betreffend
6 sakral
Jagdvorschriften entsprechend
11 waidgerecht
Monarchen vertretendes Oberha
6 Regent
Mond betreffend
5 lunar
Mund betreffend
4 oral
Schiffszoll entrichten
9 klarieren
Stand eines Flugzeuges oder Schiffes bestimmen
5 orten
Stromübergang vermittelnder Leiter
9 Elektrode
Tod erleiden
7 sterben
Wert abschätzen
8 taxieren
Dengel
8 Schneide
Denkart
7 Ansicht, Meinung
9 Gesinnung
10 Auffassung, Standpunkt
11 Einstellung, Mentalitaet
12 Pragmatismus
denkbar
8 moeglich
denken
6 meinen, sinnen
8 erwaegen, urteilen, vermuten
9 sinnieren
10 meditieren, ueberlegen
Denken, Erkennen
6 Noesis
Denker
9 Philosoph
15 Geistesarbeiter
Denkfähigkeit
11 Intelligenz
Denkfehler
6 Irrtum
11 Trugschluss
Denkform
11 Mentalitaet
Denkhilfe
12 Eselsbruecke
Denklehre
5 Logik
6 Noetik
Denkmal
8 Monument
in Dresden
10 Semperoper
11 Schwebebahn
12 Großer Garten
14 Tuerkenbrunnen
18 Bruehlsche Terrasse
Säule aus einem Steinblock
8 Monolith
Denkmalpodest
6 Sockel
Denkmünze
8 Medaille

Denkorgan
6 Gehirn
denkrichtig
7 logisch
Denkschrift
4 Memo
6 Expose
7 Eingabe
8 Memoiren
9 Weissbuch
10 Memorandum
Denkspiel
4 Quiz
Denksport
5 Raten
9 Ratespiel
Denksportaufgabe
5 Raten, Rebus
7 Raetsel
9 Quizfrage
10 Mixraetsel, Vexierbild
12 Wabenraetsel
13 Silbenauswahl, Silbenraetsel, Zahlenraetsel
14 Spinnenraetsel, Zahlenknobelei
15 Brueckenraetsel, Diagonalraetsel, Kreuzwortpuzzle, Schwedenraetsel, Suchbildraetsel, Versteckraetsel
16 Kreuzwortraetsel, Magisches Quadrat, Pyramidenraetsel, Spruchergaenzung
17 Flechtwortraetsel
20 Besuchskartenraetsel
Denksportler
5 Rater
Denksportzeitung
11 Raetselheft
Denkspruch
5 Gnome, Motto
6 Devise
7 Paroemi, Sentenz
10 Aphorismus
Denksubstanz
(Sanskrit)
5 Manas
Denkungsart
11 Mentalitaet
Denkvermerk
10 Memorandum
Denkvermögen
5 Ratio
8 Verstand
9 Intellekt
11 Intelligenz
17 Urteilsfaehigkeit
Denkweise
9 Gesinnung, Ideologie, Sinnesart
11 Einstellung, Mentalitaet
14 Weltanschauung
Denkwissenschaft
11 Philosophie
denkwürdig
7 epochal, wichtig
Denkwürdigkeiten
8 Memoiren
12 Memorabilien
Denkzentrum
6 Gehirn
Denkzettel
5 Lehre
6 Strafe
7 Verweis
8 Notabene
Dentist
8 Zahnarzt
13 Zahntechniker
Denunziant
7 Spitzel
9 Verraeter
12 Anschwaerzer
denunzieren
8 anzeigen, verraten
12 anschwaerzen
Departement
in Frankreich
3 Ain, Lot, Var
4 Aube, Aude, Cher, Eure, Gard, Gers, Jura, Nord, Oise, Orne, Tarn
5 Aisne, Corse, Doubs, Drome, Indre, Isere, Loire, Marne, Meuse, Rhone, Seine, Somme, Yonne
6 Allier, Ariege, Cantal, Cot d' Or, Creuse, Landes, Loiret, Lozere, Manche, Nievre, Sarthe, Savoie, Vendee, Vienne, Vosges
7 Ardeche, Aveyron, Bas Rhin, Belfort, Correze, Gironde, Herault, Mayenne, Moselle
8 Ardennes, Calvados, Charente, Dordogne, Haut Rhin, Morbihan, Vaucluse
9 Finistere, Puy de Dome
10 Deux Sevres, Eure et Loir, Haute Loire, Haute Marne, Haute Saone
11 Basses Alpes, Cotes du Nord, Hautes Alpes, Haute Savoie, Haute Vienne, Loire et Cher, Pas de Calais, Seine et Oise
12 Haute-Garonne, Indre-et-Loire, Lot-et-Garonne, Maine-et-Loire, Saone-et-Loire, Seine-et-Marne
13 Ille-et-Vilaine, Tarn-et-Garonne
14 Alpes-Maritimes, Basses-Pyrenees, Bouches-du-Rhone, Hautes-Pyrenees
15 Loire-Inferieure, Seine-Inferieure
16 Meurthe-et-Moselle
in Kolumbien
4 Meta
5 Cauca, Choco, Huila
6 Boyaca, Caldas, Narino, Tolima, Vaupes
7 Bolivar, Caqueta, Guajira, Vichada
8 Amazonas, Putumayo
9 Antioquia, Atlantico, Magdalena, Santander
11 Cudinamarca
Dependance
11 Zweigstelle
13 Nebengebaeude, Niederlassung
Depesche
9 Telegramm
10 Funkspruch
13 Funknachricht
14 Drahtnachricht
depeschieren
7 drahten
13 telegrafieren
deponieren
9 verwahren
11 hinterlegen
Deportation
10 Verbannung
13 Verschleppung
deportieren
9 verbannen
12 verschleppen
17 zwangsverschicken
Depot
5 Lager
7 Bahnhof, Einlage, Filiale
10 Niederlage
12 Aufbewahrung, Sammelstelle
13 Niederlassung
Depression
4 Tief
5 Krise, Senke
9 Schwermut, Tiefdruck, Tiefpunkt
12 Mutlosigkeit
20 Niedergeschlagenheit
bei Drogenmangel
6 Manque
deprimiert
6 mutlos
9 gedrueckt
16 niedergeschlagen
Deputation
9 Abordnung, Ausschuss
10 Vertretung
Deputierter
12 Abgeordneter
der
achte Ton
6 Oktave
älteste einer Familie
6 Senior
9 Oberhaupt, Patriarch
17 Familienoberhaupt
Apfelsine verwandte Südfrucht
9 Pomeranze
ärmste Teil der Bevölkerung Roms
5 Plebs
8 Plebejer
11 Proletariat, Proletarier
Atem in der Umgangssprache
5 Puste
äußere Mantel der Bäume
5 Rinde
biblische Paradiesgarten
4 Eden
10 Garten Eden
Buddha der Chinesen
2 Fo
Dichter der Loreley
5 Heine
13 Heinrich Heine
Engel von Augsburg
8 Bernauer
13 Agnes Bernauer
Erde anvertrautes Gut
4 Saat
7 Aussaat
Erlöser
7 Heiland, Messias
erste fliegende Mensch
10 Lilienthal

erste Mensch
4 Adam
erste Mensch auf dem Mond
9 Armstrong
erste Mensch im Weltall
7 Gagarin
erste Versuch
6 Anhieb
Frosch des Unheils
4 Unke
Frühling des Lebens
6 Jugend
Geliebte Julias
5 Romeo
Götterbote der Griechen
6 Hermes
Gottheit geweihtes Bauwerk
6 Tempel
9 Heiligtum
15 Allerheiligstes
größte Erdteil
5 Asien
größte Landblock der Erde
8 Eurasien
Halbmesser des Kreises
6 Radius
Heiland
5 Jesus
8 Christus
13 Jesus Christus
hölzerne Teil des Gewehrs
6 Kolben, Schaft
im Gegensatz zur Regierung stehende Teil des Parlaments
10 Opposition
in Geld ausgedrückte Wert
5 Preis
jeweilige Nachfolger eines Königs oder Kaisers
6 Infant
7 Dauphin
9 Kronprinz
jüdische Samstag
6 Sabbat
kaiserliche Krönungsmantel
7 Pallium
kleinste Erdteil
10 Australien
Kosmos
3 All
9 Universum
längsgerichtete Hauptraum einer Kirche
10 Querschiff
leere lutleere Raum
6 Vakuum
letzte Tag des Monats
6 Ultimo
Löwe als König der Tiere
3 Leu
5 Nobel
Mann der Isis
6 Osiris
niedere polnische Adel
9 Schlachta
offene Ozean
3 See
4 Meer
öffentlich von den christlichen Kirchen geübte Ritus
8 Liturgie
Okzident
6 Europa
9 Abendland
Präriewolf
6 Kojote
Predigtstuhl der Geistlichen
6 Kanzel
Regel entsprechend
5 legal
6 normal
Retter, Erlöser
7 Heiland, Messias
rote Kampfflieger
10 Richthofen
rote Planet
4 Mars
schöne Geliebte der Venus
6 Adonis
Storch in der Fabel
6 Adebar
Teufel
5 Satan, Urian
8 Mephisto
14 Mephistopheles
unbewohnte Teil der Erde
10 Anoekumene
Vorderste einer Reihe
6 Erster
weiße Sport
6 Tennis
Wissenschaft dienende Anstalt
3 Uni
8 Institut
12 Universitaet
Wolf in der Fabel
7 Isegrim
zweite Sohn Adams
4 Abel
zwölfte Teil des Jahres
5 Monat
derart
2 so
derb
3 ◆ rau, roh
4 grob, hart, rauh
5 drall, plump, prall, ruede, stark
6 deftig, kernig, robust, stramm
7 unsanft
8 kraeftig, ordinaer
9 drastisch
10 konsistent
11 hanebuechen
für Essen, Speise
5 Frass
derbe
Beschaffenheit
8 Grobheit
Meeresalge
4 Tang
Wassertaufe
9 Gautschen
derber
Ausdruck für Gesicht
6 Visage
Mensch
7 Grobian
Spaß
3 Ulk
Streich
5 Posse
derbes
Gewebe
5 Drell, Drill
8 Drillich
Derbheit
7 Drastik
derbkomische
Prosaerzählung
8 Groteske
derbkomisches
Bühnenstück
5 Farce, Posse
7 Schwank
8 Burleske
Derby
6 Rennen
11 Flachrennen, Zuchtrennen
12 Galopprennen, Pferderennen
Derivation
10 Abweichung
Derwisch
5 Fakir
12 Bettelmoench
Derwischorden
7 Rufaija, Senussi
9 Bektaschi
derzeit
3 nun
5 jetzt
derzeitiger
Stand
6 Status
des
Lesens und Schreibens Unkundiger
10 Analphabet
Menschen Innerstes
5 Seele
Desaster
7 Debakel, Unstern
Deserteur
12 Ueberlaeufer
17 Fahnenfluechtiger
Desertion
12 Fahnenflucht
desgleichen
4 auch, dito
6 ebenso
9 ebenfalls
deshalb
4 drum
5 daher, darum
7 dadurch
8 deswegen, insofern
13 infolgedessen
Desillusion
13 Enttaeuschung, Ernuechterung
Desinfektion
9 Abtoetung
10 Entgiftung, Entkeimung
11 Entseuchung
Desinfektionsmittel
3 Jod
4 Kalk, Tego
5 Borax, Chlor, Lysol
6 Karbol, Kresol, Phenol
7 Alkohol, Kreosot, Rivanol
8 Formalin, Jodoform, Sagrotan, Sublimat
9 Chloramin, Chlorkalk
11 Formaldehyd
Desinfektor
12 Kammerjaeger
desinfizieren
9 entkeimen
10 entseuchen
13 sterilisieren

Desperado
6 Bandit
7 Raeuber
10 Abenteurer
Despot
6 Tyrann
8 Diktator
10 Rechthaber
15 Gewaltherrscher
Despotie
6 Terror
8 Diktatur, Tyrannei, Willkuer
12 Rechthaberei
16 Gewaltherrschaft
despotische
Machtgier
12 Caesarenwahn
Dessert
3 Eis
6 Speise
7 Kompott, Pudding
9 Nachtisch
10 Nachspeise, Suesspeise
Dessertwein
5 Samos
6 Malaga, Sherry
7 Madeira, Marsala, Tokaier, Tokajer
8 Jenerodi, Portwein
9 Tarragona
Dessin
4 Plan
6 Muster
7 Entwurf, Vorlage
Dessous
7 Waesche
12 Damenwaesche, Unterwaesche
Destillationsbehälter
5 Blase
7 Retorte
Destillationsprodukt
4 Teer
6 Benzin, Gasoel
9 Petroleum
destillieren
7 trennen
8 erhitzen, reinigen
9 abdampfen
Destruktion
7 Verfall
Detail
4 Teil
6 Stueck
7 Umstand
10 Einzelheit, Einzelteil
11 Bestandteil, Kleinigkeit
12 Einzelposten, Einzelstueck, Nebenumstand
14 Begleitumstand
Detektei
14 Auskunftsbuero
16 Ermittlungsbuero
Detektiv
8 Polizist
9 Ermittler
11 Kriminalist
14 Geheimpolizist
15 Kriminalbeamter
Detektivfigur
bei C. Doyle
6 Holmes
determinieren
8 fixieren
9 abgrenzen, begrenzen, bestimmen, festlegen
11 entscheiden
Detonation
5 Knall, Krach
8 Zerknall
9 Entladung, Explosion
detonieren
7 platzen
10 zerbersten
11 explodieren
deuten
8 auslegen
9 erklaeren, hinweisen
10 erlaeutern
14 interpretieren
Deuter
9 Interpret
deutlich
4 klar
6 betont
8 flagrant, lebendig
9 eindeutig, explizite, plastisch
10 auffallend, profiliert
11 anschaulich, artikuliert
12 ueberzeugend
13 verstaendlich
19 unmissverstaendlich
Deutlichkeit
7 Drastik, Evidenz
deutsch-amerikanischer
Anthropologe
4 Boas
Autor
5 Maass
6 Lieber
Biochemiker
5 Bloch
Biologe
4 Loeb
Maler
5 Zerbe
Pharmakologe
5 Loewi
Physiker
5 Stern
8 Einstein
Psychoanalytiker
5 Fromm
Psychologe
6 Koffka
Raketen-Ingenieur
5 Braun
Revolutionär
6 Schurz
deutsch-böhmischer
Historiker
8 Werunsky
Komponist
5 Benda
deutsch-böhmisches
Grenzgebirge
10 Erzgebirge
19 Elbsandsteingebirge
deutsche
Altistin
5 Fuchs, Karen, Klose
6 Ludwig, Onegin
7 Fischer, Leisner
8 Hoeffgen
9 Fleischer
Anrede
4 Frau, Herr
9 Fraeulein
Ärztin
8 Erxleben
Automarke
2 VW
3 BMW
4 Audi, Ford, Opel
7 Porsche
8 Borgward, Mercedes
9 Auto Union
10 Volkswagen
12 Mercedes Benz
Autorennfahrerfamilie
5 Stuck
Autorennstrecke
4 Avus
8 Solitude
10 Hockenheim
12 Nuerburgring, Schauinsland
14 Hockenheimring
Baumeisterfamilie
6 Parler
Bildhauerfamilie
5 Cauer
Bodenstation für Fernmeldesatelliten
8 Raisting
Bucht, Meerbusen
4 Haff
6 Bodden
7 Dollart
9 Jadebusen
11 Fehmarnbelt, Fehmarnsund, Kieler Bucht, Wismarbucht
12 Frisches Haff, Saaler Bodden
13 Deutsche Bucht, Stettiner Haff
14 Luebecker Bucht, Stettiner Bucht
15 Pommersche Bucht
17 Flensburger Foerde, Helgolaender Bucht
18 Eckernfoerder Bucht, Greifswalder Bodden
Bundeshauptstadt
6 Berlin
Dichterfamilie
4 Mann
Druckschrift
7 Fraktur
Endsilbe
3 ung
Erzählerin
5 Boy-Ed
Fernuniversität
5 Hagen
Feste gegen die Sorben
6 Ilburg
Filmfestspiele
9 Berlinale
Fliegerin
5 Beese
7 Reitsch
8 Beinhorn
Flusslandschaft
8 Rheintal
Frauenrechtlerin
5 Cauer, Lange
9 Schwarzer
Grafikerin, Malerin
6 Bachem
8 Kollwitz
9 Modersohn

Großfunkstation
9 Norddeich
Großstadt
4 Bonn, Gera, Kiel
5 Essen, Hagen, Halle, Herne, Koeln, Mainz, Neuss, Trier
6 Aachen, Berlin, Bochum, Bremen, Erfurt, Kassel
7 Bottrop, Dresden, Hamburg, Koblenz, Krefeld, Leipzig, Luebeck, Potsdam, Rostock, Zwickau
8 Augsburg, Chemnitz, Dortmund, Duisburg, Freiburg, Hannover, Mannheim, Muelheim, Muenchen, Muenster, Solingen
9 Bielefeld, Darmstadt, Frankfurt, Heilbronn, Karlsruhe, Magdeburg, Nuernberg, Offenbach, Oldenburg, Remscheid, Stuttgart, Wiesbaden, Wuerzburg, Wuppertal
10 Goettingen, Heidelberg, Leverkusen, Oberhausen, Osnabrueck, Regensburg, Salzgitter
11 Bremerhaven, Duesseldorf, Wanne Eickel
12 Braunschweig, Ludwigshafen, Saarbruecken
13 Gelsenkirchen, Wilhelmshaven
14 Kaiserslautern, Recklinghausen
16 Moenchengladbach
Gymnastikpädagogin
5 Medau
Hafenstadt
4 Kiel
5 Emden, Husum
6 Bremen, Wismar
7 Hamburg, Luebeck, Rostock
8 Cuxhaven
9 Flensburg
11 Bremerhaven, Travemuende
13 Wilhelmshaven
Hallig
5 Habel, Hooge, Oland
6 Groede
7 Neuwerk
8 Pellworm, Suedfall
9 Langeness, Norderoog, Suederoog
Hauptstadt
4 Bonn
6 Berlin
Heldendichtung
7 Sigenot
10 Gudrunlied, Nibelungen
14 Nibelungenlied
Insel, Halbinsel
3 Oie
4 Hela, Poel, Sylt, Vilm
5 Amrum, Foehr, Hooge, Juist, Riems, Ruden
6 Angeln, Borkum, Hallig, Mainau, Mellum, Ruegen, Ummanz, Usedom, Werder, Wittow, Wollin, Zingst
7 Baltrum, Fehmarn, Gristow, Jasmund, Memmert, Neuwerk, Samland
8 Halligen, Langeoog, Maasholm, Pellworm, Trischen
9 Fischland, Helgoland, Hiddensee, Langeness, Moenchgut, Norderney, Reichenau, Trieschen, Wangeroog
10 Alte Mellum, Eiderstedt, Nordstrand, Scharhoern, Spiekeroog, Wangerooge
11 Billwaerder, Nonnenwerth
12 Frauenwoerth
13 Finkenwaerder
14 Frische Nehrung
interplanetarische Sonde
6 Helios
Jugendautorin
5 Pages
Jugendorganisation
10 Pfadfinder
Kabarettistin
4 Geri, Vita
5 Hanke, Lenya, Noack
6 Hancke, Wieder
7 Herking, Lorentz, Waldoff
8 Waldorff
9 Karlstadt, Schlueter
Kaiserin
5 Agnes
7 Augusta
8 Adelheid, Viktoria
13 Maria Theresia
Kaiserstadt
6 Aachen
Kirche in Rom
5 Anima
Kriegsauszeichnung
2 EK
11 Ritterkreuz
13 Eisernes Kreuz
14 Deutsches Kreuz
Landeshauptstadt
4 Kiel
5 Mainz
6 Berlin, Bremen, Erfurt
7 Dresden, Hamburg, Potsdam
8 Hannover, Muenchen, Schwerin
9 Magdeburg, Stuttgart, Wiesbaden
11 Duesseldorf
12 Saarbruecken
Landschaft
4 Baar, Ries
5 Baden, Hegau, Lippe, Pfalz, Senne
6 Angeln, Anhalt, Barnim, Bayern, Boerde, Hadeln, Hessen, Wische
7 Allgaeu, Altmark, Emsland, Ermland, Franken, Hellweg, Lausitz, Linzgau, Masuren, Neumark, Ortenau, Sachsen, Schwalm, Wagrien
8 Breisgau, Flaeming, Grabfeld, Holledau, Holstein, Lechfeld, Odenwald, Prignitz, Rheingau, Saarland, Schwaben, Spessart, Stormarn, Vogtland, Westrich, Wetterau
9 Altes Land, Ammerland, Friesland, Hallertau, Jeverland, Kraichgau, Loessnitz, Nordbaden, Oberpfalz, Oldenburg, Rheinland, Sauerland, Schlesien, Schleswig, Suedbaden, Uckermark, Westfalen
10 Geestlande, Goldene Aue, Jagstkreis, Oberbayern, Oberhessen, Soederland, Thueringen
11 Brandenburg, Butjadingen, Mainfranken, Mecklenburg, Neckarkreis, Oberfranken, Oberlausitz, Rheinhessen, Schwarzwald, Senner Heide
12 Dithmarschen, Hessen Nassau, Hohenzollern, Muensterland, Niederbayern, Ostfriesland, Unterfranken, Wuerttemberg
13 Mittelfranken, Niederlausitz, Niedersachsen, Nordfriesland, Sachsen Anhalt, Westfriesland
14 Bayrischer Wald
15 Bayerischer Wald, Schaumburg-Lippe
16 Lueneburger Heide
Lyrikerin
5 Sachs
6 Karsch
8 Bachmann
Malerfamilie
9 Tischbein
Malerin
6 Bachem
8 Kollwitz
9 Modersohn
Meeresbucht
4 Haff
6 Bodden, Foerde
7 Dollart
9 Jadebusen
11 Kieler Bucht
12 Frisches Haff
13 Deutsche Bucht
14 Luebecker Bucht
17 Flensburger Foerde
Mehrkämpferin
4 John, Mack
5 Braun, Exner, Laser, Siegl, Wilms
6 Becker, Behmer, Bodner, Everts, Grieme, Krause, Pollak, Sander, Scharf, Schulz
7 Clarius, Dressel, Mickler, Pollack
8 Eppinger, Hoffmann, Tischler
9 Domagalla, Rosendahl
10 Mauermayer
11 Braumueller
13 Mickler-Becker
Mezzosopranistin
5 Ahlin
6 Henius
11 Fassbaender
Münze
2 As, DM, RM
4 Mark
5 Krone, Taler
6 Batzen, Heller
7 Dukaten, Kreuzer, Pfennig, Pistole
8 Groschen
10 Reichsmark, Rentenmark
11 Kaisertaler, Silbertaler
12 Deutsche Mark

13 Kupferpfennig
14 Silbergroschen
Mystikerin
5 Ebner
Nordseeinsel
4 Sylt
5 Amrum, Foehr, Hooge, Juist
6 Borkum, Hallig, Mellum
7 Baltrum, Neuwerk
8 Langeoog, Pellworm, Trischen
9 Helgoland, Langeness, Norderney, Wangeroog
10 Alte Mellum, Nordstrand, Scharhoern, Spiekeroog, Wangerooge
Normenbezeichnung
3 DIN
Opernsängerin
5 Moedl
Ostseeinsel
3 Oie
4 Poel, Vilm
5 Ruden
6 Ruegen, Ummanz, Usedom
7 Fehmarn
9 Hiddensee
Pianistin
3 Ney
Politikerin
5 Weber
9 Schroeder, Suessmuth
politische Partei
3 CDU, CSU, FDP, NPD, PDS, SPD
10 Die Gruenen
Porzellanmanufaktur
4 Selb
6 Berlin
7 Arzberg, Hoechst, Meissen
9 Krautheim, Rosenthal
11 Frankenthal, Ludwigsburg, Nymphenburg
12 Fuerstenberg
Rundfunkanstalt
12 Suedwestfunk
Sagenfigur, Sagenheld
3 Ute
4 Mime, Till
5 Etzel, Hagen, Iwein, Wotan
6 Gernot, Gudrun, Laurin, Roland, Volker
7 Gunther, Lorelei, Loreley, Wieland
8 Alberich, Brunhild, Dietrich, Giselher, Ruediger, Siegmund
9 Bruenhild, Kriemhild, Ruebezahl, Siegfried, Sieglinde
10 Hildebrand
13 Rattenfaenger
14 Schimmelreiter
15 Dietrich von Bern
16 Till Eulenspiegel
Schnellfahrstraße
14 Bundesautobahn
Schreibschrift
7 Kurrent
10 Suetterlin
Schrift
7 Fraktur
Schwanksammlung
9 Lalenbuch
Sopranistin
4 Kern, Otto, Sack
5 Ebers, Goltz, Koeth, Loeth, Loose, Moedl, Moser, Silja
6 Arnold, Beilke, Berger, Buckel, Giebel, Hempel, Kupper, Leider, Werner
7 Ameling, Fischer, Hollweg, Ivoguen, Lehmann, Lemnitz, Streich
8 Eipperle, Gruemmer, Jonowitz, Schumann
9 Eisenfeld, Hallstein, Pilarczyk
11 Bindernagel, Hillebrecht, Schwarzkopf
12 Rothenberger, Teschemacher
Spielkarte, -kartenfarbe
3 Rot
4 Daus, Herz, Laub, Ober
5 Blatt, Ecker, Gruen, Kreuz, Unter
6 Eckern, Eichel, Herzen, Wenzel
8 Eckstein, Schellen, Schippen
9 Schueppen
Sportfliegerin
7 Reitsch
8 Beinhorn
Sprach- und Literaturwissenschaft
11 Germanistik
Staatsführung
15 Bundesregierung
Stadt
2 Au
3 Aub, Aue, Auw, Elm, Epe, Hau, Hof, Lam, Oos, Orb, Ulm
4 Aken, Arys, Auma, Bonn, Buer, Burg, Calw, Cham, Gera, Goch, Haan, Hamm, Horb, Jena, Kehl, Kiel, Lage, Lahr, Leck, Leer, Lohr, Luhe, Marl, Noer, Olpe, Plau, Porz, Rees, Rohr, Saal, Salm, Seeg, Selb, Suhl, Tost, Unna, Werl
5 Aalen, Ahlen, Beuel, Borna, Bruck, Celle, Emden, Essen, Eutin, Fulda, Gotha, Greiz, Hagen, Halle, Hanau, Herne, Husum, Jever, Kamen, Kleve, Koeln, Laage, Labes, Lagow, Lemgo, Mainz, Mayen, Moers, Nauen, Neuss, Oelde, Pausa, Pirna, Ploen, Regen, Rheda, Riesa, Rotha, Soest, Stade, Stein, Tanne, Taxis, Trier, Varel, Weida, Werne, Wesel, Worms, Zeitz
6 Aachen, Alfeld, Amberg, Apolda, Aurich, Berlin, Bernau, Bingen, Bochum, Bremen, Coburg, Coswig, Dachau, Dessau, Dueren, Erfurt, Fuerth, Gronau, Hameln, Hilden, Honnef, Kamenz, Kassel, Kempen, Landau, Lehrte, Lindau, Lingen, Luenen, Meppen, Minden, Moelln, Norden, Passau, Plauen, Rheydt, Siegen, Singen, Soltau, Speyer, Taucha, Torgau, Uelzen, Velten, Verden, Vilbel, Walsum, Weiden, Weimar, Witten, Xanten, Zerbst, Zittau
7 Aibling, Alsfeld, Ansbach, Bamberg, Bendorf, Bocholt, Bottrop, Cottbus, Datteln, Detmold, Dresden, Freital, Fuessen, Giessen, Hamborn, Hamburg, Hoexter, Homberg, Homburg, Ilmenau, Itzehoe, Juelich, Kelheim, Kempten, Koblenz, Koethen, Krefeld, Leipzig, Limbach, Limburg, Luebeck, Malente, Marburg, Meerane, Meissen, Neuburg, Neuwied, Oberhof, Opladen, Oschatz, Potsdam, Rastatt, Rondorf, Rostock, Schwelm, Stendal, Velbert, Waltrop, Wetzlar, Zwickau
8 Arnstadt, Augsburg, Bayreuth, Bensberg, Bensheim, Bernburg, Biberach, Bruchsal, Cuxhaven, Dortmund, Duisburg, Eisenach, Eisleben, Elmshorn, Erlangen, Eschwege, Fellbach, Freiberg, Freiburg, Gernrode, Gladbeck, Goerlitz, Guestrow, Hannover, Hersfeld, Iserlohn, Konstanz, Kulmbach, Landshut, Loerrach, Mannheim, Muelheim, Muenchen, Muenster, Naumburg, Neustadt, Nienburg, Nordhorn, Radebeul, Ratingen, Rottweil, Saalfeld, Schoenau, Schwerte, Siegburg, Solingen, Waldheim, Walsrode, Weidenau, Weilheim, Weinheim, Wiesloch
9 Altenburg, Andernach, Bielefeld, Buxtehude, Darmstadt, Delitzsch, Dinslaken, Dudweiler, Edenkoben, Eisenberg, Emsdetten, Esslingen, Ettlingen, Flensburg, Frankfurt, Friedberg, Gernsheim, Godesberg, Hattingen, Heilbronn, Heilsberg, Helmstedt, Herringen, Karlsruhe, Kissingen, Kitzingen, Lengerich, Lippstadt, Lueneburg, Magdeburg, Meersburg, Meiningen, Memmingen, Merseburg, Mittweida, Muehldorf, Nordenham, Nuernberg, Oberursel, Offenbach, Offenburg, Oldenburg, Paderborn, Pforzheim, Pinneberg, Pirmasens, Remscheid, Rendsburg, Rosenheim, Rotenburg, Saarlouis, Salzwedel, Schleswig, Schwabach, Soemmerda, Starnberg, Stassfurt, Stralsund, Straubing, Stuttgart, Tuebingen, Villingen, Wiesbaden, Wuerselen, Wuerzburg, Wuppertal
10 Altoetting, Baden-Baden, Bitterfeld, Bueckeburg, Deggendorf, Eichstaett, Eschweiler, Geesthacht, Geislingen, Goeppingen,

Goettingen, Greifswald, Guetersloh, Heidelberg, Heidenheim, Heppenheim, Hildesheim, Ingolstadt, Kaufbeuren, Kohlscheid, Leverkusen, Neuoetting, Nuertingen, Oberhausen, Oberstdorf, Osnabrueck, Ravensburg, Regensburg, Reutlingen, Rothenburg, Ruedesheim, Schneeberg, Schorndorf, Schwandorf, Strausberg, Tuttlingen, Waiblingen, Wittenberg, Zeulenroda
11 Angermuende, Brandenburg, Bremerhaven, Cloppenburg, Delmenhorst, Duesseldorf, Frankenthal, Freienwalde, Glueckstadt, Gummersbach, Koenigstein, Lichtenfels, Luckenwalde, Ludwigsburg, Mergentheim, Muehlhausen, Neu-Isenburg, Noerdlingen, Oranienburg, Quedlinburg, Rheinhausen, Schulpforta, Schweinfurt, Sigmaringen, Travemuende, Ueberlingen, Voelklingen, Wanne Eickel, Weissenburg, Wernigerode, Wittenberge, Zella Mehlis
12 Aschersleben, Braunschweig, Eckernfoerde, Finsterwalde, Freudenstadt, Grevenbroich, Johannisburg, Kornwestheim, Ludwigshafen, Luedenscheid, Marienwerder, Ruesselsheim, Saarbruecken, Schluechtern, Schmalkalden, Schwenningen, Schwetzingen, Sindelfingen, Wattenscheid, Wiedenbrueck, Zweibruecken
13 Aschaffenburg, Berchtesgaden, Bischofswerda, Frankfurt/Main, Frankfurt/Oder, Fuerstenwalde, Gelsenkirchen, Idar Oberstein, Koenigslutter, Koenigswinter, Oberlahnstein, Sangershausen, Sondershausen, Wilhelmshaven, Wolfenbuettel
14 Assmannshausen, Bernkastel Kues, Donaueschingen, Kaiserslautern, Neubrandenburg, Recklinghausen, Traben Trarbach, Treuenbrietzen, Wermelskirchen
15 Friedrichshafen
16 Moenchengladbach, Oer Erckenschwick

Tänzerin
5 Hoyer, Litto
6 La Jana

Ulknudel
7 Steeger

Universitätsstadt
3 Ulm
4 Bonn, Jena, Kiel
5 Halle, Koeln, Mainz, Trier
6 Aachen, Berlin, Bochum, Bremen, Kassel, Passau
7 Bamberg, Dresden, Giessen, Hamburg, Leipzig, Marburg, Potsdam, Rostock
8 Bayreuth, Dortmund, Erlangen, Freiburg, Hannover, Konstanz, Muenchen, Muenster
9 Bielefeld, Frankfurt, Karlsruhe, Magdeburg, Stuttgart, Tuebingen, Wuerzburg
10 Goettingen, Greifswald, Heidelberg, Regensburg
11 Duesseldorf
12 Saarbruecken
14 Kaiserslautern

Vogelwarte
9 Rossitten

Volksvertretung
9 Bundestag

Vorsilbe
2 an, ge, um
3 ant, ent, ver, zer

Währung
2 DM
4 Mark
5 D-Mark
7 Pfennig
12 Deutsche Mark

Währung bis 1948
2 RM

Weinanbaugebiete
3 Ahr
4 Nahe, Saar
5 Baden, Mosel, Pfalz, Ruwer
7 Franken
8 Bodensee, Rheingau, Schwaben
10 Rheinpfalz
11 Mainfranken, Mittelrhein, Rheinhessen
12 Saale-Unstrut, Wuerttemberg

deutsch-englischer

Komponist
5 Brade

deutscher

Abenteurer
3 Wit
6 Dorten, Neuhof

Adelskalender
5 Gotha

Adelstitel
4 Graf
5 Baron, Prinz
6 Freiin, Fuerst, Herzog, Ritter
7 Baronin, Graefin, Komtess
8 Baroness, Burggraf, Freifrau, Freiherr, Fuerstin, ◆ Komtesse, Landgraf, Markgraf
9 Baronesse, Kurfuerst, Pfalzgraf
10 Prinzessin
11 Burggraefin, Kurfuerstin, Landgraefin, Markgraefin
12 Pfalzgraefin

Admiral
4 Heye, Spee
6 Hipper, Raeder, Scheer
7 Canaris, Doenitz, Krancke, Tirpitz
8 Hennecke
9 Gneisenau, Puttkamer
10 Friedeburg, Schniewind, Zimmermann

Afrikaforscher
5 Barth, Boehm, Vogel
6 Peters, Rohlfs, Vogels
7 Overweg
8 Wissmann
9 Bernatzik, Frobenius, Nachtigal
10 Schomburgk
12 Schweinfurth

Ägyptologe
5 Ebers, Sethe
6 Morenz

Alchimist
5 Brand
6 Dippel
7 Glauber, Schwarz
8 Boettger

Altertumsforscher
6 Keller
7 Mueller

Altsozialist
6 Engels

Anatom
5 Wolff

Anthropologe
5 Ammon, Baelz, Ecker, Lucae, Meyer, Ploss, Ranke, Waitz
6 Stratz, Wilser
7 Bastian, Buschan, Fischer, Fritsch, Platner, Virchow
8 Neuhauss
9 Thilenius
10 Blumenbach
13 Schaaffhausen

Arabienforscher
6 Glaser

Arbeiterdichter
5 Gruen
7 Barthel
8 Broegner

Arbeiterführer
5 Bebel, Pieck
7 Heckert
8 Buchwitz
9 Thaelmann
10 Liebknecht

Archäologe
3 Mau
4 Ross, Uhle, Voss
5 Brunn, Budde, Conze, Grimm, Heyne, Kraus, Lecoq, Meyer, Noack, Piper, Rohde, Sarre
6 Andrae, Bittel, Boeckh, Gerkan, Humann, Koerte
7 Andreae, Bossert, Buschor, Curtius, Koehler, Lepsius, Mommsen, Panifka, Preller, Welcker, Wiegand, Wolters
8 Herzfeld, Koldeweg, Lachmann, Rossbach, Schulten, Wieseler, Winckler
9 Doerpfeld, Grotefeld, Hilprecht, Oppenheim, Peutinger
10 Borchhardt, Hirschfeld, Schliemann, Schoepflin, Steindorff
11 Schuchhardt, Winckelmann
12 Furtwaengler, Lindenschmit
13 Messerschmidt

Architekt u. Baumeister
3 Ebe, Gau, May
4 Asam, Durm, Egle, Ende, Holl, Orth, Paul, Taut
5 Adler, Arler, Baehr, Boehm, Engel, Erwin, Gedon, Gentz,

Gilly, Holey, Klotz, Krebs, Kreis, Lange, Laves, Leins, Licht, March, Nirop, Quast, Seidl, Skell, Speer, Stier, Unger
6 Bonatz, Bueren, Helmer, Hetsch, Heyden, Hoeger, Jansen, Klenze, Kuehne, Lotter, Manger, Nering, Oppler, Pankok, Parler, Riedel, Schoch, Seidel, Semper, Strack, Wallot, Wickop
7 Baensch, Behrens, Demmler, Ebhardt, Fischer, Gontard, Grasser, Gropius, Gurlitt, Hittorf, Hoetger, Kleiner, Lipsius, Neumann, Olbrich, Persius, Poelzig, Saliger, Schlaun, Schmitz, Stueler, Weinlig, Zwirner
8 Bartning, Dollmann, Eiermann, Ensinger, Floetner, Foerster, Gaertner, Hoffmann, Langhans, Littmann, Ridinger, Roritzer, Schaedel, Scharoun, Schinkel, Schultze, Tessenow, Thiersch
9 Doerpfeld, Essenwein, Koeberger, Langevelt, Muthesius, Schlueter, Schroeder, Wenzinger
10 Fahrenkamp, Lilienthal, Neureuther, Ohlmueller, Schumacher, Stethaimer, Wislicenus, Zimmermann
11 Bestelmeyer, Hildebrandt, Knobelsdorf, Poeppelmann, Schickhardt, Stettheimer, Weinbrenner
12 Erdmannsdorf, Hilberseimer, Knobelsdorff, Riemerschmid
13 Dientzenhofer, Schmitthenner
14 Mies van der Rohe
17 Erwin von Steinbach

Arzt am jap. Kaiserhaus
5 Baelz

Arzt im Mittelalter
9 Eisenbart
10 Paracelsus

ärztlicher Forscher
4 Koch
5 Borst
7 Behring, Ehrlich, Warburg, Windaus
8 Kussmaul
9 Uhlenhuth
11 Pettenkofer

Arzt, Mediziner
3 Erb
4 Aeby, Beck, Bier, Bock, Bumm, Gall, Haas, Jung, Kehr, Koch, Moll, Much, Rose, Ruge, Weil
5 Adler, Baelz, Braus, Carus, Crede, Ewald, Gurlt, Hasse, Hegar, Henle, Moeli, Nissl, Nocht, Remak, Roser, Runge, Stahl, Unger, Wolff
6 Arnold, Becker, Domagk, Eberth, Finckh, Freund, Gudden, Hippel, Hueppe, Leyden, Lydtin, Martin, Mayers, Meckel, Meibom, Mesmer, Michel, Olbers, Riedel, Rieger, Roloff, Ziehen
7 Basedow, Behring, Bilharz, Brugsch, Doeblin, Ehrlich, Esmarch, Heister, Hertwig, Jaspers, Leopold, Ludloff, Neisser, Pernice, Schedel, Spemann, Virchow, Warburg
8 Ahlfeldt, Axenfeld, Bergmann, Billroth, Bischoff, Flechsig, Flemming, Gusserow, Hormeier, Hufeland, Kuestner, Kussmaul, Pfeiffer, Reichert, Schleich, Schmaltz, Schreber, Uhlenhut, Volkmann
9 Bollinger, Borchardt, Eulenburg, Forssmann, Gegenbaur, Hahnemann, Kraepelin, Nachtigal, Oppenheim, Prinzhorn
10 Autenrieth, Bardeleben, Bindwanger, Dettweiler, Hirschfeld, Kretschmer, Langerhans, Paracelsus, Sauerbruch, Schweitzer, Wassermann, Wertheimer
11 Dieffenbach, Leidenfrost, Pettenkofer, Schweninger, Thurneysser, Weizsaecker
12 Baumgaertner, Herrigkoffer
13 Herrligkoffer, Schlagintweit
14 Recklinghausen

Asienforscher
5 Erman

Astronaut
7 Merbold
13 Messerschmidt

Astronom
4 Abbe, Gaus, Wolf
5 Biela, Encke, Galle, Gauss, Haber
6 Arnold, Bessel, Kepler, Olbers, Pahlen, Peters, Struve
7 Buergel, Krueger, Maedler, Moebius, Ruemker
8 Albrecht, Herschel, Scheiner, Seeliger
10 Archenhold, Kopernikus, Koppernigk
11 Bauschinger, Reichenbach
13 Regiomontanus

Astrophysiker
6 Kienle

Atomforscher
4 Born, Hahn, Laue
5 Bothe
6 Geiger, Jensen, Jordan, Lenard, Planck
7 Ardenne
8 Einstein
10 Heisenberg

Augenarzt
6 Graefe

Automobilclub
3 AvD
4 ADAC

Automobilpionier
4 Benz
7 Daimler

Autorennfahrer
6 Melkus
10 Caracciola

Bachforscher
6 Spitta

Bakteriologe
4 Koch
8 Loeffler
9 Uhlenhuth
10 Wassermann

Bandleader
4 Last

Bankier
3 Abs

Bankjurist
5 Vocke

Bariton
4 Betz, Gura, Prey
5 Crass
6 Frantz, Hotter, Huesch, Kusche
8 Aderhold, Devrient, Feinhals
9 Anheisser, Schlusnus
10 Bockelmann, Neidlinger, Schoeffler
11 Ahlersmeyer, Stockhausen
12 Schellenberg
13 Scheidemantel, Schmitt-Walter
14 Fischer-Dieskau
18 Domgraf-Fassbaender

Barockbaumeister
7 Neumann

Barockkomponist
4 Bach
7 Haendel, Schuetz
9 Buxtehude

Barockmaler
8 Rottmayr

Basketballspieler
4 Ampt, Blab, Gnad, Koch, Sowa, Welp
5 Baeck, Degen, Roedl, Sauer, Thimm, Uhlig
6 Behnke, Brauer, Jackel, Jeckel, Kadlec, Keller, Mendel, Peters, Pollex, Schulz, Zander
7 Koerner, Krueger, Pappert, Pethrau, Weinand, Wohlers
8 Harnisch, Kuprella, Oeztuerk, Schrempf
9 Linnemann, Machowski
11 Geschwinder, Nuernberger, Schmittchen

Bass
4 Adam, Frei, Moll
5 Alsen, Asmus, Frick, Sotin, Vogel
6 Boehme, Bohnen
7 Greindl, Polster, Rebroff
11 Ridderbusch

Bassbariton
3 Nau
4 Adam

Bassist
3 Nau
4 Frei

Bauernführer
6 Hipler

Berg, Gebirge, Höhenzug, Mittelgebirge
3 Alb, Elm, Ith
4 Ebbe, Haar, Hard, Hart, Harz, Hils, Jura, Teck, Wank
5 Alpen, Arber, Eifel, Hardt, Rhoen
6 Haardt, Kalmit, Kandel, Kynast, Lupfen, Osning, Rachel, Taunus, Zobten
7 Belchen, Brocken, Deister,

Heuberg, Kniebis, Malchen, Solling, Suentel
8 Auerberg, Beerberg, Ederkopf, Feldberg, Flaeming, Hohe Acht, Hohe Eule, Kreuzeck, Meissner, Odenwald, Rauhe Alb, Spessart, Wallberg, Watzmann
9 Alpspitze, Altkoenig, Auersberg, Erbeskopf, Hainleite, Hassberge, Hochfirst, Hochvogel, Hohe Eifel, Hohe Rhoen, Hoher Ifen, Hohes Venn, Hunsrueck, Inselberg, Kalkalpen, Kreuzberg, Melibokus, Milseburg, Nebelhorn, Schurwald, Taufstein, Wetzstein, Zugspitze
10 Bauersberg, Blocksberg, Erzgebirge, Galtgarben, Haarstrang, Hahnenkamm, Hesselberg, Hochkalter, Hohentwiel, Hoher Goell, Hohes Licht, Niederwald, Ochsenkopf, Petersberg, Regenstein, Rosstrappe, Schneekopf, Sturmhaube, Vogelsberg, Westerwald, Winterberg
11 Boehmerwald, Donnersberg, Drachenfels, Ebbegebirge, Eggegebirge, Fichtelberg, Frankenwald, Herzogstand, Heuchelberg, Hoerselberg, Kahler Asten, Kaiserstuhl, Koenigstuhl, Krottenkopf, Kruellbrink, Kyffhaeuser, Landeskrone, Rammelsberg, Schnee-Eifel, Schwarzwald, Steigerwald, Wasserkuppe, Wendelstein, Wetterstein
12 Einoedriegel, Eulengebirge, Habichtswald, Hohenstaufen, Hornisgrinde, Katzenbuckel, Koenigsstuhl, Lennegebirge, Leupoldstein, Maedelegabel, Obersalzberg, Predigtstuhl, Schauinsland, Soiernspitze, Wesergebirge, Wilseder Berg
13 Elstergebirge, Hoher Meissner, Kaufunger Wald, Knuellgebirge, Reinhardswald, Siebengebirge, Stubbenkammer, Weserbergland, Wiehengebirge
14 Allgaeuer Alpen, Bayrischer Wald, Benediktenwand, Braunarlspitze, Fichtelgebirge, Fraenkische Alb, Lippischer Wald, Parseierspitze, Rothaargebirge, Thueringerwald
15 Kahler Astenberg, Pfaelzer Gebirge, Rheingaugebirge, Schwaebische Alb, Teutoburger Wald
16 Lauensteiner Kopf

Biathlet, Biathletin
4 Disl, Hoos, Luck, Tang, Wudy
5 Bauer, Gross, Hoeck, Jacob, Krass, Speer, Stede, Tengg, Wirth
6 Achatz, Anders, Kasper, Moring, Reiter, Schaaf, Wenzel
7 Angerer, Fischer, Hermann, Heymann, Roetsch, Schroll, Schwaab, Siebert, Ullrich, Zellner
8 Burkhard, Kirchner, Misersky, Sehmisch, Zirngibl
9 Schindler, Schneider, Steinigen
10 Hoerburger, Kruschwitz, Rossberger, Steiningen
13 Fritzenwenger

Bildhauer, Bildhauerin
4 Apel, Asam, Behn, Gaul, Otto
5 Begas, Beyer, Cauer, David, Drake, Egell, Esser, Hajek, Harth, Hofer, Kluge, Kolbe, Kraft, Notke, Oeser, Rauch, Seger, Seitz, Stoss, Stuck, Tieck, Unger, Wauer, Wolff
6 Am Ende, Balden, Bandel, Brandt, Breker, Cremer, Donner, Fehrle, Geyger, Goertz, Habich, Herlin, Herter, Kasper, Klauer, Knappe, Koenig, Krafft, Kricke, Marcks, Matare, Mettel, Miller, Pacher, Parler, Schott, Sergel, Seyfer, Straub, Syrlin, Thorak, Wittig, Wredow
7 Afinger, Barlach, Belling, Bleeker, Gerstel, Grasser, Haehnel, Hartung, Klimsch, Klinger, Launitz, Lederer, Reichel, Schadow, Scharff, Vischer
8 Baumbach, Danneker, Donndorf, Eberlein, Echteler, Fernkorn, Floetner, Guenther, Heiliger, Kaendler, Kollwitz, Penzoldt, Permoser, Sintenis, Strassen, Taschner, Volkmann, Wichmann, Zumbusch
9 Backhofen, Dannecker, Engelmann, Hagenauer, Labenwolf, Lehmbruck, Lipschitz, Magnussen, Multscher, Rietschel, Schaumann, Scheurich, Schlueter, Wenzinger
10 Antokolski, Bitterlich, Blumenthal, Feichtmayr, Hildebrand, Liebermann, Schweinitz, Wagmueller
11 Brueggemann, Echtermeier
12 Finkenberger, Muenstermann, Schwanthaler
13 Schnitthenner, Wandschneider
14 Schreitmueller
15 Riemenschneider

Bildschnitzer
6 Breuer
15 Riemenschneider

Binnensee
6 Eibsee
7 Dieksee, Duemmer, Ebnisee, Edersee, Kalksee, Lebasee, Mueritz, Riegsee, Simssee, Titisee, Wannsee, Wildsee, Wilmsee
8 Ammersee, Arendsee, Badersee, Bodensee, Boetzsee, Chiemsee, Dobensee, Lopausee, Maduesee, Maschsee, Mauersee, Ostersee, Stocksee, Ukleisee, Untersee, Wuermsee
9 Behlersee, Kalmarsee, Kellersee, Kochelsee, Krakowsee, Lankersee, Mummelsee, Plauersee, Schaalsee, Seddinsee, Tegernsee, Uecker See, Woerthsee
10 Blankensee, Dratzigsee, Drausensee, Duemmer See, Eutiner See, Fleesensee, Forggensee, Guelper See, Jamudersee, Koelpinsee, Koenigssee, Kuestensee, Laacher See, Lansker See, Lehnitzsee, Mueggelsee, Mueritzsee, Nikolassee, Ploener See, Rietzer See, Schliersee, Schluchsee, Staffelsee, Tegeler See, Teupitzsee, Virchowsee, Walchensee
11 Buckower See, Dassower See, Geserichsee, Grimnitzsee, Heiligensee, Jungfernsee, Kaputher See, Krakower See, Liepnitzsee, Ploetzensee, Ruppiner See, Sakrower See, Selenter See, Soldiner See, Speichersee, Spirding See, Spitzingsee, Stoessensee, Tollensesee, Vietzker See, Waginger See
12 Daemeritzsee, Dammscher See, Dargainer See, Griebnitzsee, Grunewaldsee, Liebucher See, Loewentinsee, Malchiner See, Plessower See, Primenter See, Saaler Bodden, Schwielowsee, Templiner See, Werbellinsee
13 Glienicker See, Kummerower See, Schlachtensee, Schlaenitzsee, Schweriner See, Schwielochsee
14 Fahrlaender See, Grosser Zern See, Paarsteiner See, Ratzeburger See, Starnbergersee, Ueberlingersee
15 Scharmuetzelsee
16 Falkenhagener See, Rummelsburger See
17 Grosser Ploener See

Biologe
6 Fliess, Mendel
7 Correns, Driesch, Hertwig, Spemann
8 Hartmann, Uexkuell, Weismann
11 Goldschmidt

Bobfahrer
3 Rex
4 Bock, Bonk, Coch, Eger, Hinz, Jang, Kuhn, Roos, Voge, Zahn
5 Babok, Bader, Bauer, Floth, Goebl, Hoppe, Hoyer, Huber, Jacob, Kuehn, Leitl, Rogge, Ruehr, Speer, Valta, Weber, Wiese, Woelm
6 Bethge, Busche, Czudaj,

Dauber, Gruber, Haller, Hammer, Hampel, Kemser, Kilian, Langen, Musiol, Nehmer, Ostler, Roesch, Sterff, Szelig, Wagner, Wetzig, Wurzer
7 Benesch, Fischer, Gebhard, Gerlach, Hoering, Joeckel, Kohlert, Lassler, Lehmann, Lochner, Mueller, Nieberl, Querner, Schelle, Schmidt, Schmutz, Schwarz, Seifert, Siebert
8 Dietrich, Eberhart, Gartmann, Gerhardt, Kirchner, Schebitz, Schoenau, Schumann, Schwartz, Truebner, Zimmerer, Zischang
9 Bernhardt, Crutziger, Hannemann, Thielecke, Wieczorek, Zieschang
10 Falkenberg, Gaisreiter, Hinterfeld, Kratschmer, Penzberger, Poessinger, Steinbauer, Zimmermann
11 Geisreither, Schamberger
12 Germeshausen, Utzschneider
13 Schauerhammer

Botaniker
4 Bary, Baur, Bock, Cohn, Koch, Mohl
5 Appel, Braun, Esser, Frank, Fuchs, Klebs, Regel, Rumpf, Sachs
6 Dippel, Engler, Gmelin, Goebel, Migula, Panzer, Prantl, Preuss, Reinke
7 Brefeld, Correns, Eichler, Hallier, Karsten, Klebahn, Kotschy, Martius, Naegeli, Pfitzer
8 Dietrich, Gaertner, Goeppert, Hanstein, Hasskarl, Kirchner, Kuetzing, Ledebour, Leuckard, Luerssee, Oehlkers, Roehling, Schimper
9 Gleditsch, Langethal, Schleiden, Wettstein
10 Haberlandt, Hofmeister, Koelreuter, Pringsheim, Rabenhorst, Schomburgk
11 Moldenhawer, Reichenbach, Strasburger

Boxer
3 May
4 Berg, Blin, Bott, Eder, Edis, Elze, Fink, Flor, Gies, Hess, Hinz, Hogh, Joos, Loch, Otto, Renz, Rott, Tews, Vogt, Zech
5 Abend, Basel, Bauch, Bauer, Beyer, Brors, Campe, Dagge, Flint, Hecht, Heese, Huber, Klein, Kubat, Lange, Lazek, Lexow, Loewe, Maehs, Maske, Meier, Miner, Mloch, Mundt, Ottke, Quast, Runge, Vural, Wolke
6 Berger, Besken, Diener, Dieter, Furcht, Gerber, Gertel, Heuser, Hornig, Hubert, Jaeger, Jarmer, Kaiser, Kreitz, Langer, Menkow, Murach, Neusel, Nispel, Pepper, Prause, Prosch, Rostek, Rudhof, Saeger, Schade, Schenk, Scholz, Schulz, Soares, Stretz, Ulrich, Wilmes, Zuelow
7 Doering, Fischer, Gumpert, Hainzer, Heydeck, Hoepner, Homberg, Hussing, Krueger, Maczuga, Mueller, Neuhaus, Nieroba, Piseddu, Prenzel, Quatuor, Rascher, Reisner, Rudolph, Schmidt, Schmitt, Schmitz, Schultz, Skricek, ten Hoff, Tiepold, Wagener, Weiland, Zettier
8 Bachfeld, Behrendt, Duebbers, Fuhrmann, Kaestner, Kalbfell, Koelbein, Koelblin, Kottysch, Kuenzler, Kurschat, Mattheis, Oezcobau, Pistulla, Platzack, Schaefer, Schubert, Siegmund, Teuchert, Velensek, Westphal, Zielonka
9 Freistadt, Heidemann, Nuernberg, Schmeling, Schmidtke, Schoberth, Smetovius, Ziglarski
10 Besselmann, Breitbarth, Domgoergen, Fanghaenel, Kosedowski, Labinschus, Nowakowski, Schnieders, Schoeppner, Stettinger
11 Heidenreich, Hildebrandt
12 Mildenberger, Schleinkofer
13 Michalczewski
15 Breitenstraeter

Buchdrucker
4 Fust
5 Cotta, Lufft, Unger
6 Lotter
7 Thanner
8 Ballhorn, Drugulin, Poeschel, Voegelin
9 Breitkopf, Gutenberg, Landsberg
10 Kachelofen

Bühnenbildner
5 Neher

Bundeskanzler
4 Kohl
6 Brandt, Erhard
7 Schmidt
8 Adenauer
9 Kiesinger

Bundespräsident
3 Rau
5 Heuss
6 Herzog, Luebke, Scheel
8 Carstens
9 Heinemann
14 von Weizsaecker

Chemiker
4 Auer, Caro, Hahn, Kuhn, Mohr, Munk, Otto
5 Alder, Bosch, Bunte, Chain, Diels, Eigen, Frank, Haber, Klare, Knorr, Kolbe, Krebs, Lunge, Lynen, Maass, Meyer, Reppe, Runge, Stahl
6 Achard, Baeyer, Bunsen, Dafert, Engler, Fittig, Gmelin, Graebe, Heeren, Liebig, Loewig, Magnus, Meissl, Miethe, Nernst, Schott, Werner
7 Balling, Behring, Bergius, Buchner, Classen, Clusius, Curtius, Erdmann, Fehling, Fischer, Geitner, Hofmann, Lambert, Landolt, Lepsius, Martius, Ostwald, Wallach, Wieland, Windaus, Winkler, Woehler, Ziegler
8 Boettger, Duisberg, Klaproth, Knietsch, Marggraf, Mittasch
9 Butenandt, Fresenius, Lampadius, Zsigmondy
10 Erlenmeyer, Lemmermann, Obernetter, Schoenbein, Staudinger, Strassmann
11 Doebereiner, Goldschmidt, Pettenkofer, Rammelsberg
12 Euler Chelpin, Mitscherlich, Willstaetter

Chemotherapeut
6 Giemsa

Chirurg
4 Beck, Bier, Kehr, Rose
5 Bruns, Derra, Roser
6 Riedel
7 Albinus, Esmarch, Ludloff
8 Bergmann, Billroth, Hofmeier, Volkmann
9 Forssmann
10 Sauerbruch

Dichter aus Nürnberg
5 Sachs

Dichter der Freiheitskriege
5 Arndt
6 Fichte
7 Koerner

Dichter der Romantik
5 Arnim, Lenau, Tieck
7 Novalis
8 Brentano
11 Eichendorff

Dichter, Dichterin, Schriftsteller, Schriftstellerin
3 Hey, May, Ott
4 Apel, Ball, Bamm, Baum, Benn, Benz, Blei, Boie, Brod, Dach, Dahn, Eich, Eyth, Flex, Fock, Hein, Heym, Holz, Huch, Juho, Kant, Kolb, Kurz, Leip, Lenz, Mann, Molo, Noll, Otto, Renn, Roth, Ruge, Spee, Uhse, Voss, Welk, Wolf
5 Apitz, Arnau, Arndt, Arnim, Baete, Barth, Bauer, Beste, Bloem, Boell, Bohse, Braun, Brust, Bruyn, Burte, Busch, Busse, Campe, Ceram, Chezy, Dexel, Diers, Dorst, Ebers, Engel, Erler, Ernst, Ewers, Falke, Flake, Fleck, Frahm, Frank, Fries, Fulda, Gerok, Gleim, Goett, Goetz, Goltz, Graff, Grass, Greif, Grimm, Groth, Gruen, Hacks, Halbe, Hardt, Hauff, Hebel, Heine, Herzi, Hesse, Heyse, Jahnn, Jatho, Jungk, Kafka, Kinau, Kirst, Klein, Kluge, Kneip, Knoop, Kraft, Kunze, Kyber, Lange, Laube, Ledig, Lenau, Lerbs, Lingg, Loens, Loest, Logau, Maass, Marek, Merck, Meyer, Mosen, Mundt, Musil, Nabor, Nebel, Nowak, Opitz,

Otten, Prutz, Raabe, Rilke, Rothe, Sachs, Seitz, Seume, Sexau, Sorge, Stach, Stahl, Stehr, Storm, Sturm, Taube, Thoma, Tieck, Trakl, Troll, Ulitz, Unger, Unruh, Vring, Weber, Weise, Weiss, Wellm, Wendt, Wille, Wolde, Wolff, Zweig

6 Ahlsen, Alexis, Anders, Andres, Bachem, Becher, Becker, Berger, Bernus, Besser, Bethge, Blunck, Bodmer, Boerne, Boveri, Brecht, Bredel, Brezan, Celtis, Dehmel, Dreyer, Fichte, Fouque, Franck, Gagern, Gaiser, Geibel, George, Gmelin, Goethe, Grabbe, Griese, Grosse, Harbou, Harden, Harich, Hauffe, Hauser, Hebbel, Heinse, Hensel, Herder, Herwig, Herzog, Heymel, Hippel, Hoelty, Hohoff, Holtei, Ilberg, Jacobi, Jensen, Jordan, Kahlan, Kaiser, Karsch, Kasack, Keller, Kerner, Kessel, Kinkel, Kirsch, Kleist, Knebel, Knigge, Kobell, Kortum, Krolow, Kugler, Kunert, Le Fort, Lersch, Lettau, Lewald, Lindau, Loerke, Ludwig, Mackay, Maurer, Mechow, Mereau, Miegel, Moeser, Moritz, Mostar, Murner, Nebhut, Oliven, Ortner, Panitz, Paquet, Pechel, Perutz, Platen, Pludra, Polenz, Ponten, Reuter, Rinser, Salten, Schack, Schlaf, Schmid, Scholz, Schwab, Seidel, Spoerl, Stinde, Supper, Thiess, Toller, Tralow, Uhland, Wagner, Walser, Werner, Wittig

7 Baeumer, Barlach, Barthel, Bastian, Belzner, Benrath, Bertram, Beseler, Binding, Boehlau, Bonsels, Brockes, Broeger, Buerger, Carossa, Conradi, Doeblin, Dominik, Dwinger, Emmrich, Engelke, Fallada, Fechter, Fleming, Fontane, Freytag, Geisler, Gellert, Gerlach, Goerres, Gundolf, Gutzkow, Haensel, Hermlin, Herwegh, Hoecker, Iffland, Johnson, Juenger, Kapherr, Kassner, Kaysler, Klabund, Klinger, Koerner, Kopisch, Kreuder, Kroeger, Krueger, Lessing, Luserke, Mehring, Moerike, Mombert, Mueller, Musaeus, Nachbar, Neutsch, Nicolai, Nossack, Novalis, Nowotny, Ompteda, Reinick, Ruecker, Schaper, Schnack, Schuder, Schuetz, Seghers, Simpson, Simrock, Stadler, Steiner, Stieler, Stifter, Strauss, Vischer, Vulpius, Watzlik, Weinert, Wichert, Wickram, Wieland, Ziegler, Zillich

8 Alverdes, Auerbach, Bachmann, Baumbach, Bierbaum, Boelsche, Borchert, Brentano, Britting, Buechner, Chamisso, Claudius, Doerfler, Edschmid, Eggerath, Endrikat, Fechtner, Fischart, Francois, Frenssen, Fuehmann, Geissler, Gerhardt, Gryphius, Guenther, Hagedorn, Hanstein, Hatzfeld, Hausmann, Heiseler, Hochhuth, Hoffmann, Hohlbaum, Jean Paul, Jentzsch, Kaestner, Kayssler, Kotzebue, Langbehn, Leonhard, Lienhard, Meissner, Muschler, Naogeorg, Penzoldt, Pfeiffer, Plievier, Remarque, Rinckart, Rueckert, Sakowski, Schaefer, Scheffel, Schiller, Schlegel, Schleich, Schnabel, Schubart, Selbmann, Vegesack, Wedekind, Weiskopf, Wiechert, Winckler, Wolzogen, Zschokke

9 Avenarius, Bechstein, Bernstein, Billinger, Bobrowski, Boettcher, Borchardt, Cornelius, Ebermayer, Eckermann, Erpenbeck, Findeisen, Fuernberg, Ganghofer, Gottsched, Hansjakob, Hartleben, Hauptmann, Hollander, Holzapfel, Immermann, Kaschnitz, Klopstock, Kuegelgen, Lamprecht, Leisewitz, Meysenbug, Muthesius, Ossietzky, Plenzdorf, Rauchfuss, Reinfrank, Reventlow, Rodenberg, Schaeffer, Schaumann, Schickele, Schlosser, Schneider, Schroeder, Stegemann, Steguweit, Steinberg, Sternheim, Sudermann, Tucholsky, Varnhagen, Wagenfeld, Wolfskehl, Zuckmayer

10 Beumelburg, Blumenthal, Bodenstedt, Brachvogel, Brinckmann, Dauthendey, Guenderode, Hoelderlin, Hollaender, Kellermann, Kuerschner, Liliencron, Lohenstein, Matthisson, Niebergall, Oberkofler, Ringelnatz, Schallueck, Schuecking, Spielhagen, Strachwitz, Waiblinger, Wangenheim, Wassermann, Weisenborn, Weismantel, Wildermuth

11 Bergengruen, Eichendorff, Freiligrath, Gerstaecker, Gregorovius, Hagelstange, Harsdoerfer, Hasenclever, Hausenstein, Kolbenheyer, Langgaesser, Lichtenberg, Mendelssohn, Morgenstern, Moscherosch, Rollenhagen, Schenzinger, Schmidtbonn, Stavenhagen, Wackenroder, Weizsaecker, Wildenbruch

12 Enzensberger, Fallersleben, Feuchtwanger, Hildesheimer, Hofmannsthal, Jung Stilling, Muenchhausen, Schenkendorf, Strittmatter

13 Courths Mahler, Schreckenbach

14 Feuchtersleben, Grimmelshausen, Lasker Schueler

15 Droste Huelshoff

17 Beheim-Schwarzbach

18 Platen-Hallermuende

20 Wolfram von Eschenbach

21 Ulrich von Lichtenstein

22 Gottfried von Strassburg

23 Walther von der Vogelweide

Diplomat

8 Holstein

Dirigent, Orchesterleiter

4 Agop, Dorn, Ette, Klee, Koch, Kuhn, Last, Lehn, Levi, Muck, Puls, Wand

5 Abert, Adler, Alwin, Arenz, Benda, Blech, Boehm, Bruch, Busch, Esser, Hasse, Heger, Kegel, Kempe, Kraus, Liszt, Lohse, Masur, Papst, Stein, Trunk

6 Albert, Allers, Bahner, Buelow, Decker, Fricke, Gielen, Greger, Hanell, Herbig, Jochum, Kopsch, Ludwig, Mahler, Mattes, Moralt, Mottel, Reuter, Rieger, Rother, Schuch, Wagner, Wallat, Walter, Zender

7 Berking, Brecher, Czernik, Dressel, Drewanz, Gurlitt, Karajan, Kertesz, Leitner, Lessing, Maderna, Mueller, Neuhaus, Nicolai, Nikisch, Richter, Roegner, Rosbaud, Schmitz, Strauss

8 Albrecht, Bongartz, Dohnanyi, Eichhorn, Foerster, Gierster, Haenchen, Janowski, Pfitzner, Pflueger, Strasser, Wallberg, Wuellner

9 Abendroth, Cannabich, Edelhagen, Hauschild, Hausegger, Kaempfert, Keilberth, Klemperer, Marszalek, Matzerath, Scherchen, Schuricht, Tennstedt, Zacharias, Zanstelli

10 Elmendorff, Hollreiser, Methfessel, Pringsheim, Ristenport, Sanderling, Sawallisch, Wangenheim, Weinberger

11 Auenmueller, Konwitschny, Muenchinger

12 Buschkoetter, Furtwaengler

14 Knappertsbusch

17 Schmidt-Isserstedt

20 Mendelssohn-Bartholdy

Diskuswerfer, Diskuswerferin

3 Neu

4 Jahl, Lotz

5 Milde
6 Galler, Gansky, Hennig, Maneke, Riedel, Schult, Wagner
7 Hommola, Kreutel, Manecke, Reimers, Reinsch, Schlaak, Schmidt, Thorith, Wyludda
8 Dietzsch, Hartmann, Hellmann, Hinzmann
9 Berendonk, Danneberg, Hannecker, Meszynski, Schroeder, Spielberg
10 Mauermayer, Westermann, Wippermann
11 Mollenhauer

Dombaumeister
6 Parler

Eishockeyspieler
4 Blum, Egen, Funk, Mayr, Merk, Raaf, Zach
5 Amann, Buder, Claus, Franz, Hegen, Heiss, Koepf, Kopka, Kreis, Rampf
6 Brandl, de Raaf, Hiemer, Hilger, Kummer, Nickel, Reindl, Schulz, Sikora, Unsinn, Ustorf
7 Bresagk, Friesen, Kienass, Medicus, Rumrich, Schmitz, Steiger, Volland
8 Holzmann, Jaenecke, Schloder, Stuempel
9 Brockmann, Draisaitl, Kiessling, Meitinger, Schreiber
10 Kuehnhackl, Truntschka
11 Kuehnhauser
12 Niederberger
13 Schneitberger

Eiskunstläufer, Eiskunstläuferin
4 Buck, Falk, Groh, Gude, Horn, Koch, Lang, Paul, Witt
5 Baess, Baier, Baran, Bomba, Busch, Cerne, Fuchs, Goebl, Halke, Kreft, Krick, Neske, Rauch, Stein, Weiss, Wolff
6 Barass, Burger, Degler, Eilers, Errath, Herber, Kilius, Koenig, Maletz, Ningel, Pflaum, Rausch, Steuer, Wagner, Zander, Zeller
7 Bassler, Caprano, Dechert, Fischer, Glaeser, Gorecki, Huebler, Kessler, Matysik, Mueller, Schramm, Schwarz, Seyfert, Wetzler, Winkler, Woerner, Woetzel
8 Baeumler, Becherer, Eichhorn, Golovine, Goolsbee, Hoffmann, Kielmann, Leistner, Matzdorf, Pfrengle, Poetzsch, Staehler
9 Authorsen, Burkhardt, Grossmann, Koch-Knake, Pfersdorf, Reinhardt, Thierbach
10 Blumenberg, Rittberger, Sigurdsson
11 Baier-Herber, Goebl-Ningel, Schamberger, Zelechovsky
12 Rauschenbach
13 Schnelldorfer, Schoenmetzler

Eisschnelläufer, Eisschnelläuferin
3 Mey
4 Enke, Kumm
5 Baier, Ehrig, Haase, Hauck, Kania, Pflug, Streb, Tonat, Traub, Zange, Zinke
6 Baltes, Becker, Jeklic, Keller, Kessow, Luding, Schenk, Seyler
7 Adeberg, Boerner, Holzner, Mischke, Niemann, Schoene, Stahnke, Teeuwen, Troeger, Voelker
8 Dittrich, Hoffmann, Kleemann, Warnicke
9 Enke-Busch, Garbrecht, Oberhuber, Pechstein
10 Zimmermann
11 Reyes-Loredo, Schoenbrunn
12 Holzner-Pflug, Rothenburger
14 Holzner-Gawenus, Schleiermacher

Energiewirtschaftler
6 Nedden

Entdecker, Erfinder, Forscher und Techniker
3 Ohm
4 Abbe, Arco, Benz, Eith, Hahn, Hess, Just, Koch, Korn, Opel, Otto, Reis
5 Bosch, Brand, Braun, Drais, Ebers, Fuchs, Gauss, Grade, Haber, Hertz, Knorr, Krupp, Lebel, Linde, Runge, Slaby, Sorge, Stark, Vogel, Weber
6 Achard, Albert, Baader, Borsig, Bremer, Bunsen, Diesel, Domagk, Dreyse, Elster, Geiger, Goebel, Gruson, Halske, Hausen, Jacobi, Keller, Kepler, Koenig, Langen, Lieben, Mauser, Miethe, Miller, Nernst, Nesper, Nipkow, Planck, Rauter, Ritter, Robert, Schrey, Segner, Stolze, Ulrich, Wankel
7 Ardenne, Behring, Bergius, Bischof, Boelkow, Chladni, Daimler, Deimann, Dornier, Eckener, Ehrlich, Fischer, Geitner, Heinkel, Henlein, Hittorf, Junkers, Kaempfe, Koepche, Krische, Lambert, Lehmann, Leibniz, Litfass, Maybach, Mertens, Messter, Ostwald, Porsche, Schulze, Schwarz, Seebeck, Siemens, Spitzer, Ursinus, Wegener, Winkler, Woehler
8 Agricola, Berliner, Boettger, Borgward, Chamisso, Eberhard, Einstein, Filchner, Flettner, Frischen, Geissler, Guericke, Heilmann, Heinrich, Kammerer, Klaproth, Kotzebue, Loeffler, Marggraf, Meissner, Parseval, Pentzold, Pfeiffer, Pluecker, Rathenau, Roentgen, Scheiner, Scholler, Stampfer, Steinach, Zeppelin
9 Anschuetz, Gutenberg, Helmholtz, Kirchhoff, Nachtigal, Ploennies, Schaudinn, Steinheil, Zacharias
10 Fahrenheit, Lilienthal, Mannesmann, Mannlicher, Meisenbach, Praetorius, Ruehmkorff, Schillings, Schoenbein, Senefelder, Siedentopf
11 Eichengruen, Goldschmidt, Klingenberg, Reichenbach, Tschirnhaus, Unverdorben
12 Gabelsberger, Mergenthaler, Mitscherlich, Schwankhardt
13 Messerschmitt
15 Schuetzenberger

Epigrammatiker
5 Logau

Erzähler
5 Amery, Bauer, Boree, Erath, Gaudy, Hesse, Kluge
6 Griese, Helwig

Erzgießer
5 Wolff
6 Jacobi, Miller
7 Howaldt, Vischer
9 Labenwolf
10 Stiglmayer
11 Burgschmiet, Wurzelbauer

Fabeldichter
3 Hey
7 Gellert

Fechter, Fechterin
3 Bau, Gey
4 Bach, Beck, Behr, Hass, Heer, Hehn, Heim, Hein, Jack, Jung, Klug, Koch, Mees, Nass, Volz
5 Jauch, Krapf, Maier, Mayer, Nolte, Pulch, Pusch, Spory, Weber, Weiss
6 Becker, Brecht, Casmir, Eifler, Endres, Gerull, Geuter, Gnaier, Hoehne, Ittner, Lerdon, Nickel, Oertel, Proske, Rompza, Schmid, Scholz, Wagner, Wessel
7 Borucki, Fichtel, Fischer, Flegler, Hanisch, Mangold, Michels, Oelkers, Ophardt, Schmidt, Schmitt, Schreck, Weidner
8 Bethmann, Bischoff, Borrmann, Convents, Dobmeier, Duschner, Felisiak, Koestner, Reichert, Schaeper, Strzalka, Wellmann
9 Ackermann, Broniecki, Grundmann, Huchwajda, Kempenich, Schneider, Stratmann, Wischeidt
10 Eisenecker, Gerresheim, Kuehnemund, Pflaumbaum, Sens-Gorius
11 Giesselmann, Theuerkauff, Thoennessen, Weissenborn
12 Funkenhauser
13 Resnitschenko
14 Fichtel-Mauritz, Riebandt-Kaspar

Feldherr, General, Heerführer
4 Beck, Jodl, Leeb, List, Roon
5 Dietl, Geyer, Goltz, Kluck, Kluge, Tilly, Yorck
6 Buelow, Halder, Keitel, Kleist, Moltke, Paulus, Rommel, Schill, Seeckt, Zieten
7 Fritsch, Wrangel, Ziethen
8 Blomberg, Bluecher, Guderian, Haeseler, Litzmann,

Manstein, Olbricht, Seydlitz
9 Gneisenau, Heeringen, Heusinger, Mackensen, Rundstedt, Waldersee, Witzleben
10 Clausewitz, Falkenhayn, Frundsberg, Hindenburg, Kesselring, Ludendorff, Manteuffel, Schlieffen
11 Derfflinger, Scharnhorst, Wallenstein
13 Lettow Vorbeck

Fernsehautor
6 Asmodi, Flatow

Festspielort
8 Bayreuth
11 Bad Hersfeld
12 Oberammergau
14 Bad Gandersheim

Filmkomiker
6 Lingen, Platte

Filmpreis
5 Bambi

Filmregisseur
4 Lang
6 Berger, Herzog
7 Staudte, Wenders
8 Kaeutner, Schamoni
12 Schloendorff

Flieger, Flugpionier
4 Graf, Udet
5 Grade, Hirth, Klemm, Koehl, Rudel
6 Gronau, Rasche
7 Bertram, Boelcke, Dornier, Eckener, Galland, Klasing, Lehmann, Loerzer, Reitsch
8 Abercron, Beinhorn, Fieseler, Hartmann, Moelders, Parseval, Zeppelin
9 Huenefeld, Immelmann, Plueschow, Reichmann, Steinhoff
10 Lilienthal, Richthofen
12 Christiansen
13 Messerschmitt

Flugzeugbauer
5 Euler, Focke, Gross, Hirth, Klemm
6 Gronau
7 Dornier, Heinkel, Junkers, Rumpler
8 Fieseler, Schuette
10 Lilienthal
13 Messerschmitt

Fluss, Strom
2 Aa
3 Ahe, Ahr, Alb, Alf, Alz, Elz, Ems, Enz, Ill, Ilm, Ilz, Inn, Ise, Itz, Nab, Oos, Rur
4 Aach, Albe, Alle, Alme, Auma, Bode, Breg, Dill, Eder, Elbe, Elde, Eltz, Erft, Este, Gera, Glan, Hase, Ihle, Ihna, Ilme, Ilse, Isar, Isen, Iser, Jade, Kyll, Lahn, Leba, Lech, Leda, Main, Murg, Naab, Nahe, Obra, Oder, Ohra, Ohre, Oker, Oppa, Oppo, Orla, Oste, Paar, Rega, Rems, Rhin, Riss, Rott, Ruhr, Russ, Saar, Sieg, Taun, Urft, Vils, Wied, Wurm
5 Abens, Achen, Agger, Aisch, Aland, Aller, Ammer, Amper, Argen, Biela, Bigge, Bille, Bober, Dahme, Deime, Donau, Dosse, Drage, Eider, Finow, Fulda, Gilge, Guenz, Hamme, Havel, Helme, Hunte, Iller, Jagst, Jeeze, Leine, Lenne, Lesum, Liebe, Lippe, Loeba, Memel, Mosel, Mulde, Nette, Netze, Nidda, Niers, Nogat, Nuthe, Peene, Pfinz, Pissa, Plane, Regen, Rhein, Ruwer, Saale, Sauer, Spree, Stoer, Swine, Traun, Trave, Uchte, Ucker, Weide, Werra, Werse, Weser, Wiese, Wuerm
6 Ablach, Alster, Diemel, Ebrach, Elbing, Elster, Ennepe, Geeste, Gutach, Inster, Jeetze, Kinzig, Kocher, Moehne, Nagold, Neckar, Neisse, Pregel, Queich, Randow, Rodach, Stober, Stolpe, Tauber, Trebel, Uecker, Vechte, Warnow, Warthe, Wipper, Wuemme, Wupper, Wutach
7 Bartsch, Baunach, Brigach, Dreisam, Emscher, Ilmenau, Loisach, Pegnitz, Pleisse, Radaune, Rednitz, Regnitz, Schwalm, Sprotte, Unstrut
8 Altmuehl, Angerapp, Dievenow, Holtemme, Innerste, Kalzbach, Klodnitz, Krueckau, Malapane, Passarge, Persante, Pulsnitz, Recknitz, Schwarza, Stockach, Tollense, Wakenitz, Woernitz, Zschopau
9 Gersprenz, Roter Main, Schmutter, Weistritz
10 Weisseritz
11 Schwarzbach, Weisser Main
12 Weisse Elster
13 Schwarzwasser
14 Schwarze Elster

Freiheitsdichter
12 Schenkendorf

Freiheitskämpfer
6 Schill
7 Luetzow

Funkpionier
4 Arco

Fußballspieler
3 Loy, Lux, Mai, Olk
4 Auer, Bast, Beer, Bein, Binz, Croy, Doll, Fath, Foda, Geye, Groh, Held, Kalb, Kipp, Lutz, Mill, Mock, Paul, Rahn, Reck, Ripp, Roth, Rupp, Seel, Sing, Thom, Thon, Waas, Worm, Zapf, Zewe, Zorc
5 Bauer, Busch, Conen, Dietz, Ducke, Dumke, Eckel, Eilts, Erler, Flohe, Fuchs, Heiss, Immel, Jakob, Janes, Kaltz, Kempe, Kleff, Klodt, Koegl, Kotte, Kraus, Kress, Krieg, Kruse, Kulik, Kuntz, Lauck, Loehr, Loewe, Maier, Mathy, Mebus, Meier, Noack, Nogly, Nowak, Pfaff, Raftl, Reich, Rohde, Rolff, Sobek, Stein, Stroh, Sturm, Surau, Turek, Urban, Vogel, Vogts, Weber, Weise, Wosab, Zobel
6 Allofs, Aumann, Balogh, Baltes, Becker, Bender, Berndt, Binder, Bommer, Bonhof, Brehme, Brungs, Criens, Danner, Franke, Funkel, Glaser, Haller, Hamann, Hannes, Hansen, Harder, Heesen, Helmer, Hempel, Hensel, Herget, Herzog, Hidien, Hiller, Hoenig, Hornig, Jacobs, Jaeger, Jordan, Kargus, Kische, Koepke, Kohler, Kupfer, Kurrat, Laband, Lameck, Lehner, Libuda, Lienen, Lorant, Lorenz, Ludwig, Magath, Netzer, Neumer, Nickel, Patzke, Pesser, Rebele, Redder, Retter, Reuter, Riedel, Riedle, Riegel, Sammer, Schaaf, Schoen, Scholl, Scholz, Schulz, Seeler, Seguin, Sobeck, Stinka, Strehl, Strunz, Szepan, Votava, Walter, Wewers, Weymar, Wimmer, Woerns, Wolter, Wunder, Wuttke
7 Assauer, Barufka, Baumann, Borowka, Bransch, Briegel, Bruells, del'Haye, Doerfel, Doerner, Dorfner, Dressel, Erhardt, Fahrian, Fichtel, Fischer, Frenzel, Ganzera, Gauchel, Grosser, Haefner, Hartwig, Heidler, Hermann, Hoeness, Hofmann, Hohmann, Illgner, Kessler, Kirsten, Kobluhn, Koeppel, Koerbel, Konopka, Kraemer, Kremers, Kuzorra, Lindner, Moeller, Morlock, Mueller, Overath, Posipal, Reichel, Reimann, Schmaus, Schmidt, Schmuck, Schuetz, Schwabl, Skoumal, Streich, Taeuber, Voeller, Volkert, Wegmann, Wenauer, Wohlers
8 Albrecht, Berthold, Bongartz, Borchers, Breitner, Buchwald, Cullmann, Dremmler, Eckstein, Emmerich, Foederer, Foerster, Fritsche, Gellesch, Gramlich, Haessler, Haringer, Herrmann, Heynckes, Hoettges, Hoffmann, Horsmann, Hrubesch, Irmscher, Junghans, Kelbassa, Knoepfle, Kostedde, Koulmann, Kreische, Kueppers, Kurbjuhn, Liebrich, Lohrmann, Memering, Milewski, Neubarth, Noeldner, Reinders, Riediger, Sawitzki, Schaefer, Schreier, Schuster, Schwartz, Siffling, Stielike, Streitle, Vollborn, Wehmeyer, Wittkamp
9 Abramczik, Allgoewer, Bensemann, Blochwitz, Burdenski, Effenberg,

Eppenhoff, Frontzeck, Giesemann, Grabowski, Grahammer, Hahnemann, Heidemann, Herberger, Juskowiak, Kalwitzki, Kitzinger, Klinsmann, Kobierski, Kohlmeyer, Koslowski, Lindemann, Matthaeus, Michallik, Mielewski, Nachtweih, Neuberger, Ohlhauser, Pfluegler, Reinhardt, Ruessmann, Schricker, Schroeter, Stielicke, Szymaniak, Tilkowski, von Heesen, Waetzlich, Wohlfarth, Zielinski
10 Baumgarten, Bockenfeld, Brenninger, Grapenthin, Herkenrath, Hochgesang, Kapellmann, Kurbjuweit, Leinberger, Littbarski, Ordenewitz, Pommerenke, Rummenigge, Schnuphase, Schumacher, Sparwasser, Stuhlfauth, Zimmermann
11 Augenthaler, Beckenbauer, Cieslarczyk, Dickgiesser, Duernberger, Falkenmeyer, Goldbrunner, Hoelzenbein, Klinkhammer, Kwiatkowski, Muenzenberg, Schlindwein, Schuhmacher, Stollenwerk, Toppmoeller, Weilbaecher, Willomowski
12 Baumgaertner, Beiersdorfer, Brunnenmeier, Burgsmueller, Schnellinger, Steffenhagen
13 Kupferschmidt, Schwarzenbeck
15 Schatzschneider

Fußballtrainer
3 Olk
4 Daum, Nerz
5 Bruch, Fuchs, Fuhry, Loehr, Vogts, Weise, Zobel
6 Berger, Cramer, Funkel, Huelss, Kremer, Lattek, Magath, Osieck, Saftig, Sammer, Schock, Schoen, Schult, Szepan
7 Derwall, Gerland, Hartwig, Kessler, Koeppel, Piontek, Reimann, Ribbeck, Schmidt, Schulte, Wohlers
8 Bongartz, Feldkamp, Gelsdorf, Heynckes, Hitzfeld, Hrubesch, Kloetzer, Knoepfle, Multhaup, Neururer, Rehhagel, Reinders, Schaefer, Tenhagen
9 Entenmann, Herberger, Konietzka, Kronsbein, Lorkowski, Trautmann
10 Schafstall, Schlappner, Weisweiler
11 Beckenbauer, Lieberwirth, Stollenwerk
12 Ruthemoeller

Gartenarchitekt
5 Lange, Lenne
6 Schell

Geher, Geherin
4 Born, Ihly, Mayr
5 Noack, Thust, Weber, Wesch
6 Anders, Gauder, Hoehne, Magnor, Scholz, Selzer, Weigel, Wieser, Zervas
7 Frenkel, Gummelt, Huehmer, Kollorz, Lindner, Mueller, Reimann, Schwarz, Weidner, Winkler
8 Sperling, Trampeli
10 Brueckmann, Kannenberg
12 Stadtmueller

Geigenbauer
5 Klotz

Geiger in den USA
5 Busch

Geldreformer
6 Gesell

Gelehrter
5 Klotz
6 Hraban

Generalpostmeister
7 Stephan

Genremaler
5 Knaus

Geograf
5 Banse, Barth, Cloos, Klute, Krebs, Maull, Penck, Varen
6 Behaim, Decken, Ermann, Jaeger, Peters, Ratzel, Ritter, Schott, Wagner
8 Humboldt, Mercator

Geologe
4 Mohr, Rose, Roth, Volz
5 Abich, Dames, Desor, Fraas, Frech, Fuchs, Haast, Linck, Oppel, Penck, Pfaff, Sauer
6 Deecke, Kayser, Ratzel, Raumer, Roemer, Sapper
7 Alberti, Berendt, Bischof, Gredner, Guembel, Lasaulx, Lepsius, Muehlen, Neumayr, Paulcke, Salomon
8 Jentzsch, Leonhard, Schimper
9 Beyschlag, Rothpletz
10 Rosenbusch, Sandberger
11 Hauchecorne

Germanist
5 Grimm, Leyen, Wrede
6 Neckel, Panzer
7 Simrock

Geschichtsforscher
5 Ehrle, Meyer, Pertz, Waitz
6 Jaeger
7 Mommsen, Mueller, Niebuhr, Riezler
8 Dahlmann, Schaefer
9 Obermaier
11 Schuchhardt

Geschichtsmaler
5 Kampf

Geschichtsschreiber
4 Dahn, Ihne, Niem
5 Dehio, Klopp, Ranke, Spahn
6 Fester, Grisar, Haller, Heeren, Jaeger, Koepke, Marcks, Oncken, Preuss, Quidde, Ritter
7 Helmolt, Hoefler, Kloeden, Lambert, Mommsen, Niebuhr, Stenzel
8 Aschbach, Barthold, Dahlmann, Duemmler, Gatterer, Gebhardt, Gundling, Haeusser, Heinrich, Herrmann, Meinecke, Woltmann
9 Delbrueck, Lamprecht, Pufendorf, Schiemann, Schloezer, Varnhagen
10 Archenholz, Handelmann, Hillebrand, Poschinger, Treitschke, Winkelmann
11 Domaszewski, Giesebrecht, Ratzeberger
15 Erdmannsdoerfer

Gewichtheber
3 Leh
4 Behm, Bonk, Groh, Guse, Kunz, List, Lutz, Mang
5 Brehm, Heuer, Kempe, Klein, Legel, Losch, Meyer, Rondi
6 Ciezki, Deffke, Helbig, Heller, Heuser, Ismayr, Jansen, Klicke, Kuhles, Mandra, Manger, Mantek, Masala, Mavius, Milser, Moerke, Muckle, Pawlik, Peters, Radtke, Rieger, Schoen, Scholz, Schult, Thamme, Wagner, Wahler, Weller, Wenzel, Winter, Wolper, Zander
7 Abraham, Ambrass, Deutsch, Fechter, Koehler, Liebsch, Mueller, Petzold, Piekorz, Pinkert, Ruhland, Schmidt, Schraut, Seipelt, Spanehl, Walther, Zawieja
8 Bergmann, Gdanietz, Hoffmann, Rauscher, Risterer, Schubert, Walentin, Wiedmann, Woelpert, Zielecke
9 Anschuetz, Bachfisch, Doerrzapf, Gruetzner, Nerlinger, Schwedeck, Schweizer, Zebrowsky
10 Feldhoffer
11 Herchenheim, Immesberger, Muehlberger, Radschinsky, Steinhoefel
12 Schneidereit, Strassberger

Glasmaler
7 Lechter
10 Fraunhofer

Golfer
4 Koch
5 Cejka, Eckes, Thuel
6 Gehlen, Jansen, Langer, Reiter
7 Fischer, Giedeon
8 Fehlauer, Petersen, Schapman, Struever
9 Schieffer, Steegmann
10 Guetermann
12 Thannhaeuser

Grafiker
4 Duda, Marc, Rink
5 Ebert, Ernst, Grosz, Nolde, Thoma, Weber, Weiss
6 Balden, Cremer, Dillis, Duerer, Ehmsen, Heckel, Herbig, Klemke, Marcks, Muench, Rethel, Rohlfs
7 Barlach, Bondzin, Corinth, Cranach, Holbein, Klinger, Lachnit, Mommsen, Neubert, Slevogt
8 Beckmann, Kirchner, Kollwitz, Ridinger, Sandberg

9 Baluschek, Bergander, Mattheuer, Nerlinger, Pechstein, Schaumann
10 Grieshaber, Heartfield, Hegenbarth, Liebermann, Preetorius, Senefelder, Suetterlin
12 Schaeufelein

Großadmiral
6 Raeder
7 Doenitz, Tirpitz

Großindustrieller
5 Krupp
7 Stinnes

Hammerwerfer
4 Hein, Kobs, Weis
5 Beyer, Blask, Haber, Klein, Riehm
6 Sachse, Sahner, Storch
8 Dethloff, Ploghaus
10 Christmann

Handballer, Handballerin
4 Bode, Bohn, Bram, Croy, Erbs, Hahn, Harz, Hoey, Huhn, Huth, Lang, Leis, Paul, Roch, Roos, Roth, Vick, Wahl
5 Boelk, Brand, Ehret, Erler, Happe, Hartz, Hauck, Kater, Kempa, Klemm, Kunze, Loehr, Munck, Nowak, Ochel, Oster, Palme, Ratka, Rauin, Sturm, Thiel, Warns, Zerbe
6 Axmann, Bahrdt, Baruth, Becker, Clages, Cordes, Fitzek, Fraatz, Fuhrig, Hecker, Klemme, Leonte, Meffle, Mudrow, Platen, Putzke, Quarti, Scholz, Schulz, Singer, Wagner
7 Bartels, Deckarm, Doering, Duerkop, Dyllong, Hofmann, Holpert, Jonsson, Kaesler, Koester, Krieter, Krueger, Kuerbis, Neitzel, Rastner, Schmidt, Schmitt, Schoene, Schwalb, Woeller, Woerner
8 Beuchler, Bohrmann, Feldhoff, Freisler, Ganschow, Heckmann, Herrmann, Hoffmann, Kaufmann, Kohlhaas, Luebking, Micheler, Muehlner, Plohmann, Schubert, Schwenke, Spengler, Springel, Stelberg, Stolletz, Stoschek, Westebbe
9 Blaumauer, Borchardt, Dahlinger, Handschke, Kaellmann, Koschella, Krewinkel, Krokowski, Schwarzer, Schwenker
10 Bredemeier, Doerhoefer, Mroczynski, Muehleisen, Winselmann, Wunderlich
11 Kluehspiess
12 Fischer-Kuehl
13 Hoffmann-Warns

Heidedichter
5 Loens

Heldentenor
5 Knote

Hirnanatom
5 Nissl

Historiker
3 Roh
4 Benz, Bode, Dahn, Fest, Hase, Haym, Hehn, Kurz, Mann, Muth, Reck, Voss
5 Arndt, Bauer, Below, Biese, Dehio, Dohme, Engel, Falke, Grimm, Hampe, Hauck, Heise, Justi, Klemm, Knapp, Kosch, Kuehn, Lortz, Luden, Mundt, Nagel, Noack, Pauli, Prutz, Ranke, Reich, Riehl, Ruehl, Sarre, Sybel, Voege, Waitz, Weber, Weech
6 Alewyn, Besson, Bezold, Brandl, Brecht, Freyer, Gelzer, Grisar, Gruber, Haller, Hamann, Hefele, Jaeger, Kayser, Kehrer, Kugler, Luebke, Marcks, Menzel, Michel, Nadler, Nissen, Oncken, Pastor, Pfandl, Pinder, Quidde, Raumer, Ritter, Schack, Scherr, Schulz, Seidel, Semper, Sickel, Siegen, Simson, Stieve, Struve, Suphan, Thieme, Waagen, Walzel, Werner, Wilken
7 Bertram, Buecken, Conrady, Conring, Curtius, Diercks, Dilthey, Droysen, Duncker, Floegel, Frenzel, Freytag, Gfoerer, Goedeke, Gothein, Gundolf, Gurlitt, Harnack, Hartung, Hettner, Hofmann, Janssen, Jastrow, Joachim, Kaemmel, Koehler, Koester, Leibniz, Lessing, Martini, Mehring, Mommsen, Muncker, Niebuhr, Noorden, Riemann, Riezler, Rotteck, Scherer, Schmidt, Schmied, Schoene, Schoeps, Schultz, Sieglin, Stadler, Staelin, Theiner, Wachler, Warburg, Wilcken, Wolters
8 Bachofen, Bernheim, Dahlmann, Einstein, Gaedertz, Gebhardt, Gervinus, Haftmann, Joederns, Juergens, Karpeles, Kaufmann, Kautzsch, Kossinna, Kutscher, Laistner, Lassberg, Litzmann, Meinecke, Panofsky, Petersen, Rhenanus, Rueckert, Sandrart, Schaefer, Scheiner, Schering, Schlegel, Schnabel, Sedlmayr, Seiffert, Seuffert, Spengler, Spittler, Springer, Staehlin, Valentin, Weisbach, Woermann, Wustmann, Zoozmann
9 Brueckner, Delbrueck, Essenwein, Fleischer, Glasenapp, Heinemann, Kemmerich, Kluckhohn, Kommerell, Lamprecht, Meusebach, Oettingen, Olshausen, Passavant, Poehlmann, Rethwisch, Schloezer, Schlosser, Schreiber, Wachsmuth, Woelfflin, Worringer, Zinkeisen
10 Bellermann, Biedermann, Creizenach, Eschenburg, Gruenhagen, Gruenwedel, Hartfelder, Hillebrand, Kircheisen, Koberstein, Liliencron, Lotheissen, Sauerlandt, Schnitzler, Treitschke, Wattenbach, Weilbrecht, Wimpheling, Windelband, Zimmermann
11 Brandenburg, Giesebrecht, Goldschmidt, Gregorovius, Hanfstaengl, Hausenstein, Steinhausen, Wackernagel
12 Bielschowsky, Eppelsheimer, Friedlaender, Schirrmacher, Westenrieder
13 Oechelhaeuser
14 Reichensperger

Hochspringer, Hochspringerin
4 Kaun, Sonn
5 Arens, Balck, Getek, Junge, Kirst, Nagel
6 Aigner, Henkel, Magerl, Rueger, Wessig
7 Kaehler, Liesche, Schmidt, Wessing
8 Freimuth, Gaertner, Goldkamp, Meyfarth, Redetzky, Sieghart, Witschas
9 Ackermann, Holzapfel, Mundinger, Weinstein
10 Hirschmann, Moegenburg
11 Beilschmidt, Thraenhardt
12 Schillkowski

Hockeyspieler, Hockeyspielerin
3 Ott
4 Dopp, Hahn, Koch, Metz, Nonn, Reck, Roth
5 Appel, Blunk, Frank, Fried, Gunst, Hagen, Kurtz, Moser, Peter, Reitz, Tewes
6 Becker, Blunck, Delmes, Doerry, Druell, Galvao, Haenel, Keller, Knauth, Krause, Kruell, Lignau, Lissek, Schley, Schmid, Slawyk, Zander
7 Breiken, Fischer, Hilgers, Huerter, Michler, Saliger, Schmidt
8 Bassemir, Bloecher, Budinger, Landgraf
9 Aichinger, Brinkmann, Deininger, Hentschel, Meinhardt
10 Blumenberg, Scherbarth, Thielemann
11 Mayerhoefer
12 Schmidt-Opper
13 Wollschlaeger
14 Lietz-Weiermann

Holzbildhauer, -schneider
5 Beham, Braun, Huber, Notke, Pencz, Solis, Stoss, Unger
6 Duerer, Erhart, Heckel, Syrlin
7 Cranach, Holbein, Schwarz, Weiditz
8 Buerkner, Schiestl, Wolgemut
9 Altdorfer, Burgkmair, Multscher, Schaffner, Unzelmann
10 Brendamour, Preetorius
15 Riemenschneider

Homer-Übersetzer
4 Voss
Hormonforscher
9 Butenandt
Humanist
3 Eyb
5 Bebel, Brant, Sturm
6 Celtes, Herder, Hessus, Hutten, Jacobs, Oeltis, Reuter, Zasius
7 Neander, Sabinus, Schedel
8 Eichrodt, Reuchlin, Rhodeman, Tritheim
9 Cellarius, Peutinger
10 Camerarius, Mosellanus, Pirkheimer
Humorist
5 Busch
Hürdenläufer, Hürdenläuferin
3 Abt, Ilg, Itt
4 Bach, Beck, Buhl, Denk, Diel, Janz, John, Jung, Karl, Oker, Roth
5 Brand, Busch, Gastl, Heist, Hense, Karst, Klier, Knabe, Lauer, Lippe, Losch, Maier
6 Balzer, Berkes, Dunker, Gelius, Herwig, Melzer, Nickel, Rieger, Sander, Savari, Schmid, Steuer, Wagner, Winter
7 Dompert, Erhardt, Fiedler, Goehler, Hennige, Koehler, Meisner, Munkelt, Rossley, Schmitt, Siebeck, Siebert, Trzmiel, Ziegler
8 Buettner, Ehrhardt, Kisabaka, Meissner, Patzwahl, Schaller, Schiller, Schubert, Schulten, Schumann, Volkmann
9 Baumgartl, Domagalla, Engelhard, Koszewski, Krumpholz, Oschkenat, Schueller
10 Birkemeyer, Koschinski
11 Koehrbrueck, Schwarthoff, Zaczkiewicz
12 Schoenberger
Hygieniker
5 Kolle
6 Gaffky
Indologe
6 Benfey, Kirfel
Industrieller
5 Krupp
6 Gruson
7 Schlick
Ingenieur
4 Arco, Benz, Eyth, Hirn, Lueg, Otto
5 Bauer, Boost, Duerr, Etzel, Grade, Hoyer, Intze, Klemm, Knorr, Linde, Plank, Wirth
6 Baader, Brandt, Daumer, Diesel, Dresel, Gerber, Halske, Huebbe, Imhoff, Langen, Lueger, Miller, Nipkow, Perels, Zeuner
7 Ardenne, Brandau, Culmann, Daimler, Grashof, Riefler, Schlick, Schmidt, Siemens, Woehler
8 Dircksen, Feldhaus, Flettner, Franzius, Schichau
9 Eytelwein, Launhardt, Matschoss
10 Lilienthal
11 Bauernfeind, Heinzerling
Instrumentalvirtuose
3 Ney
5 Busch, David, Ramin, Sauer, Spohr
6 Buelow, Kempff, Quantz
7 Distler, Joachim, Scheidt, Schuetz, Straube
8 Backhaus, Kreutzer
9 Buxtehude, Gieseking
10 Eschenbach
11 Kulenkampff
Instrumentenbauer
4 Kaps
5 Gerle, Ibach, Klotz, Sauer
6 Denner
7 Walcker
8 Ladegast
9 Bechstein, Bluethner
10 Silbermann
14 Tieffenbrucker
Internist
5 Jores
Jagdflieger
4 Udet
6 Boelke
8 Hartmann, Moelders
10 Richthofen
Jesuit, Bibliothekar
5 Ehrle
Judoka
4 Dott, Hess, Kutz, Loll, Reeh
5 Barth, Dietz, Egger, Glahn, Jupke, Rhode, Weber
6 Emrich, Hausch, Heinke, Koppen, Lorenz, Mutatz, Schell, Stoehr, Stranz, Ultsch
7 Brechot, Classen, Groeben, Hoetger, Hofmann, Knorrek, Krueger, Lehmann, Meiling, Neuhaus, Philips, Schuler, Sigmund, Spittka, Tosseng, Wieneke
8 Ahnefeld, Eickhoff, Herrmann, Hoelperl, Hoffmann, Preschel, Ritschel, Rohleder, Schnabel, Wienecke, Wylenzek
9 Friedrich, Neureuter, Quellmalz, Schreiber, Trautmann
10 Bickenbach, Bouchibane, Doerrbandt, Engelmeier, Lobenstein, Neureuther, Schumacher
11 Freudenberg
13 Schuettenhelm, von der Groeben
Jugendbuchautor
3 May
6 Prager
Jurist
6 Hippel, Nagler
Kabarettist
4 Polt
5 Finck, Lenya, Neuss
6 Huesch, Manger
7 Erhardt, Stiefel
8 Kreisler, Valentin
9 Schneider, von Manger
10 Degenhardt, Havenstein, Ringelnatz, Weissferdl
11 Hildebrandt
Kaisername, Königsname
4 Karl, Otto
5 Franz
6 Alfons, Arnulf, August, Joseph, Konrad, Lothar, Ludwig, Rudolf, Wenzel
7 Leopold, Philipp, Wilhelm
8 Albrecht, Heinrich, Matthias, Ruprecht
9 Ferdinand, Friedrich, Sigismund
10 Barbarossa, Maximilian
14 Adolf von Nassau
15 Johann Friedrich
16 Friedrich Wilhelm
Kammersänger
5 Frick, Hoppe
Kanal
9 Haffkanal, Ihlekanal, Ruhrkanal
10 Finowkanal, Stoerkanal
11 Neckarkanal, Plauer Kanal, Teltowkanal
12 Ems-Jade-Kanal, Kuestenkanal, Ludwigskanal
13 Hadelner Kanal, Hunte-Ems-Kanal, Klodnitzkanal, Ruppiner Kanal
14 Elbe-Trave-Kanal, Oder-Spree-Kanal
15 Mittellandkanal, Nord-Ostsee-Kanal, Rhein-Donau-Kanal, Rhein-Herne-Kanal
Kanute, Kanutin
4 Baum, Bull, Eich, Guse, Helm, Hitz, Horn, Idem, Kitz, Lang, Leue, Lewe, Roth, Seck, Wahl, Wolf, Zenz
5 Amend, Appen, Bauch, Baues, Berge, Blass, Bluhm, Blunk, Briel, Bunke, Dajek, Davik, Deppe, Drews, Eiben, Eicke, Eller, Esser, Faust, Feder, Geist, Gurzo, Heinz, Hoppe, Kegel, Klatt, Krebs, Kurth, Lange, Lilie, Loose, Lucht, Mathe, Papke, Pasch, Roese, Rogge, Roock, Rutar, Seack, Simon, Utess, Weise, Weist
6 Albers, Arendt, Becker, Bednar, Bender, Bergen, Berger, Berndt, Bittel, Blasek, Boehle, Breuer, Bueker, Fricke, Gebert, Gimpel, Glaser, Harich, Hemmer, Hennes, Hessel, Heuser, Kander, Kauder, Kenitz, Kennel, Kilian, Kleine, Klimek, Koenig, Krasch, Krause, Krentz, Kreutz, Landen, Laudan, Libuda, Martin, Montag, Muench, Oertel, Peters, Pfrang, Roeder, Rozema, Sander, Scholl, Schuck, Schulz, Seller, Singer, Skibbe, Soltau, Sommer, Spelly, Steuer, Stumpf, Tilker, Tuchel, Utecht, Wagner, Wewers, Zander, Zielke,

Zirzow
7 Bahmann, Behling, Bittner, Bloemer, Brzoska, Dittmer, Dobesch, Duemmel, Eschert, Fischer, Gerlach, Gickler, Gutsche, Haegele, Hanisch, Hofmann, Joestel, Knittel, Koehler, Koerner, Koester, Koschik, Kubicek, Kuebler, Lengyel, Loemker, Lubrich, Manthey, Mattern, Mueller, Musmann, Nerlich, Nillies, Nuesing, Rabenow, Redweik, Reimann, Reineck, Richter, Scheuer, Schmidt, Schulze, Schwarz, Seibert, Sendker, Skolnik, Slatnik, Slatnow, Sohnrey, Staehle, Stelzer, Trummer, Wentzke, Wienand, Zereske
8 Bentmann, Bisinger, Bondroit, Borchert, Druschke, Foerster, Froehlke, Glismann, Gloeckle, Goedecke, Grothaus, Hartmann, Heukrodt, Hoermann, Hoffmann, Kaschube, Kieseler, Koelmann, Kuendelt, Lettmann, Micheler, Olbricht, Portwich, Reinmuth, Reneiski, Schubert, Schumann, Skripale, Suhrbier, Vierkant, Wallpott, Wohllebe, Zentgraf
9 Bliesener, Brueckner, Caemmerer, Dennewitz, Eberhardt, Ellwanger, Fahlbusch, Faulstich, Grabowsky, Heinemann, Nothnagel, Ostermann, Pepinhege, Perleberg, Schneider, Schoeffel, Skrzipale, Sosmowski, Stegemann, Wohlleben
10 Domgoergen, Hollerieth, Kretschmer, Oesterheld, Schumacher, Simanowski, Striepecke, Ulaszewski, Wiedenmann, Willscheid, Winkelmann, Wunderlich, Zimmermann
11 Christepein, Schuettpelz, Steinhauser
12 Miltenberger
13 Messelhaeuser, Tscherniewski
15 Riemenschneider

Kapellmeister
4 Ette, Exte

Kardinal
3 Bea
5 Galen
6 Frings, Jaeger
8 Doepfner, Hoeffner
9 Faulhaber

Karikaturist
5 Busch, Trier, Zille
6 Loriot, Plauen, Simmel
7 Schmidt

Kartenstecher
6 Homann

Kernphysiker
6 Jensen

Kinderliederdichter
5 Guell

Kirchenarchitekt
5 Boehm

Kirchenmusiker
3 Ett
5 Quack, Ramin
6 Kienle

Klassiker
6 Goethe, Herder, Kleist
7 Lessing, Wieland
8 Schiller

Klavierbauer
9 Bechstein, Bluethner

Kliniker
6 Naunyn

Komiker
4 Otto
6 Graetz

Komponist
3 Abt, Egk, Fus
4 Bach, Berg, Diez, Fall, Gast, Haas, Jary, Kaun, Knab, Marx, Nick, Nier, Orff, Raff, Rein, Rink, Toch, Wolf
5 Benda, Blech, Bloch, Borck, Bruch, Burck, Busch, David, Degen, Einem, Finck, Franz, Genee, Gluck, Goetz, Graun, Grell, Grimm, Hasse, Haydn, Heger, Heiss, Henze, Klebe, Klose, Kollo, Krebs, Liszt, Loewe, Maasz, Neefe, Olias, Reger, Seitz, Senfl, Spohr, Trunk, Weber, Weigl, Weill
6 Ahrens, Albert, Asriel, Becker, Bialas, Bleyle, Borris, Brahms, Bromme, Cramer, Delius, Dostal, Eisler, Eysler, Flotow, Geiser, Goetze, Grothe, Hartig, Hiller, Hummel, Jensen, Jessel, Keiser, Kempff, Klenau, Kopsch, Kuhlau, Kuhnau, Kullak, Kusser, Lincke, Lothar, Mahler, Mattes, Meisel, Mohler, Muffat, Noetel, Quantz, Rethel, Schein, Schulz, Sczuka, Thomas, Wagner, Zelter, Zillig
7 Abraham, Blacher, Bresgen, Bruehne, Butting, Crueger, Distler, Dressel, Fortner, Genzmer, Gerster, Gilbert, Graener, Haendel, Hassler, Hoeffer, Hoeller, Kreuder, Krieger, Lachner, Lischka, Loehner, Messner, Nessler, Nicolai, Niemann, Pepping, Raymond, Reimann, Reutter, Scheidt, Schuetz, Schwaen, Silcher, Stamitz, Strauss, Thuille, Werzlau, Winkler, Zilcher
8 Benatzky, Benedict, Bochmann, Bruckner, Goldmark, Graupner, Hartmann, Hoffmann, Kaminski, Kreutzer, Kuenneke, Lortzing, Pfitzner, Reznicek, Richartz, Schreker, Schubert, Schultze, Schumann, Telemann, Volkmann, Weismann, Wuellner, Zumsteeg
9 Beethoven, Braunfels, Buxtehude, Cornelius, Dellinger, Hausegger, Hindemith, Holzbauer, Killmayer, Marschner, Meyerbeer, Offenbach, Pachelbel, Reichardt, Schroeder
10 Eisbrenner, Hessenberg, Liebermann, Othegraven, Praetorius, Schillings, Schoenberg, Schuermann, Schweitzer, Seydelmann, Waldteufel
11 Brueggemann, Dittersdorf, Humperdinck, Mendelssohn, Natschinksi, Rheinberger, Scheinpflug, Schmidseder, Weingartner
12 Wagner Regeny
13 Waltershausen
20 Mendelssohn Bartholdy

König
4 Otto
6 Arnulf, Konrad, Ludwig, Rudolf
7 Philipp, Richard
8 Albrecht, Heinrich, Ruprecht

Kosmonaut
5 Jaehn

Kraftfahrerbund
3 AvD
4 ADAC

Kriegsorden
2 EK
11 Ritterkreuz
13 Eisernes Kreuz
14 Deutsches Kreuz

Kritiker
4 Kerr, Luft

Kugelstoßer, Kugelstoßerin
4 Adam, Gies, Halt, Pufe
5 Beyer, Buder, Konya, Lange, Losch, Stolz, Storp, Wilms
6 Gummel, Neimke, Stoeck, Urbach, Werner
7 Garisch, Hartwig, Luettge, Mueller, Schmidt, Woellke
8 Hoffmann
9 Gloeckner, Slupianek
10 Birlenbach, Briesenick, Hirschfeld, Kumbernuss, Mauermayer, Plotzitzka, Timmermann
11 Reichenbach
13 Schulze-Entrup
15 Gummel-Helmboldt

Kunstautor
3 Bie
5 Boehn
6 Osborn

Kunstflieger
4 Udet
7 Reitsch
8 Fieseler

Kunstgeschichtler
5 Pauli
6 Luebke

Kunsthistoriker
3 Eye
5 Dehio, Thode

Kunstkritiker
5 Brock
6 Nemitz

Kunst- und Turmspringer, Kunst- und Turmspringerin
4 Huda, Sapp, Walz
5 Bauer, Doerr, Finke, Haase, Kuehn, Luber, Meyer, Stork
6 Baldus, Guthke, Hempel, Hoelzl, Killat, Pecher
7 Behrens, Fiedler, Herweck, Janicke, Koehler, Konzorr, Kraemer, Lindner, Matthes, Michael, Proeber, Zuerner
8 Aderhold, Guenther, Hoffmann, Jaeschke, vom Bauer
9 Meinrichs, Schwemmer
10 Muehlbauer
12 Engel-Kraemer
13 Wucherpfennig
14 Braunschweiger
Kupferstecher
4 Hess, Raab, Rode
5 Beham, Pencz, Solis, Stang, Stoss, Voltz, Weber, Weger, Wille
6 Duerer, Eilers, Gruner, Jacoby, Keller, Kilian, Leblon, Mandel, Siegen
7 Buechel, Cranach, Felsing, Forberg, Forster, Thaeter
8 Brosamer, Geissler, Sandrart
9 Altdorfer, Jamnitzer, Luederitz, Sibmacher
10 Aldegrever, Kohlschein, Lautensack, Schongauer
12 Riepenhausen
Kurienkardinal
3 Bea
Landsmann
5 Bayer, Hesse
6 Bremer, Franke, Friese, Pommer, Sachse
7 Badener, Maerker, Preusse, Schwabe
8 Badenser, Bajuware, Berliner, Pfaelzer, Westfale
9 Hamburger, Schlesier
10 Ostpreusse, Thueringer
11 Saarlaender, Westpreusse
12 Niedersachse, Rheinlaender
13 Mecklenburger
Landwirt
6 Lochow
Langstreckler, Langstrecklerin
3 Mai, May
4 Biba, Eich, Ertl, Hudy, Paul, Reeh, Wolf
5 Brand, Bruns, Haase, Herle, Kopka, Kraus, Kunze, Peter, Teske
6 Dobler, Doerre, Franke, Herold, Mielke, Nabein, Pippig, Schade, Syring, Ulrich, Warnke, Wenzel
7 Baumann, Hueglin, Karrass, Norpoth, Philipp, Steffny, Stenzel, Ullrich
8 Dittmann, Freigang, Herrmann, Kruzycki, Lennartz, Orthmann, Pressler, Salzmann, Schaefer, Uhlemann
9 Grodotzki, Kuschmann, Letzerich, Michallek, Riesinger
10 Bittermann, Cierpinski, Jerschabek, Vahlensiek
11 Angenvoorth, Borgschulze, Fuhlbruegge, Hildenbrand, Klapczynski, Schildhauer, Schinkoreit
12 Moenckemeyer
13 Wachenbrunner
Liedermacher
3 Mey
Liedersammler
3 Erk
Literaturhistoriker
7 Goedeke
Lokomotivbauer
6 Borsig
Luftfahrtpionier
10 Lilienthal
Luftschiffbauer
5 Duerr
Luftschiffer
7 Eckener
8 Parseval, Zeppelin
Lyriker
5 Droem, Linde, Weiss, Zesen
6 Bender, Hoelty, Huchel, Loerke
11 Morgenstern
Maler, Malerin, Grafiker, Grafikerin
3 Arp, Dix, Nay
4 Adam, Asam, Baum, Duda, Fohr, Fuhr, Klee, Koch, Marc, Moll, Tamm, Uhde, Veit, Witz, Wols, Zick
5 Beham, Berke, Bruyn, Busch, Carus, Catel, Eberz, Emele, Erler, Ernst, Eysen, Girod, Graff, Grien, Grosz, Hagen, Hofer, Huber, Kampf, Kluge, Kraus, Kruse, Kubin, Leibl, Macke, Mengs, Moser, Muche, Nagel, Nauen, Nesch, Nolde, Notke, Oelze, Oeser, Ophey, Paris, Pforr, Runge, Sitte, Sterl, Stuck, Thoma, Unold, Voltz, Weiss, Zille
6 Bachem, Camaro, Caspar, Cavael, Denner, Dillis, Duerer, Gilles, Gotsch, Haider, Heckel, Hecker, Heisig, Heller, Herbig, Herbst, Herlin, Heyden, Hoehme, Holzer, Hummel, Imkamp, Jessen, Kobell, Koenig, Mahlau, Marees, Matare, Mathey, Menzel, Nissen, Oldach, Pankok, Piloty, Rethel, Rohlfs, Schick, Sikora, Werner, Weyden
7 Baldung, Bertram, Blechen, Bondzin, Corinth, Cranach, Francke, Genelli, Hartung, Hoelzel, Holbein, Kanoldt, Klinger, Koening, Kopisch, Krueger, Lachnit, Lenbach, Lingner, Lochner, Memling, Mueller, Neubert, Preller, Reinick, Richter, Schnorr, Schwind, Slevogt, Stengel, Stieler, Vogeler
8 Amberger, Beckmann, Boecklin, Carstens, Gebhardt, Hosemann, Kaulbach, Kersting, Kirchner, Kollwitz, Nithardt, Overbeck, Penzoldt, Ridinger, Rottmann, Rottmayr, Sandrart, Schinkel, Schrimpf, Spitzweg, Truebner, Willmann, Wolgemut, Zeitblom
9 Altdorfer, Baluschek, Burgkmair, Cornelius, Elsheimer, Feininger, Feuerbach, Friedrich, Kandinsky, Kauffmann, Kokoschka, Kuegelgen, Modersohn, Multscher, Nerlinger, Pechstein, Schaumann, Schlemmer, Tischbein
10 Aldegrever, Baumeister, Campendonk, Gruenewald, Hegenbarth, Kalckreuth, Liebermann, Schongauer, Schwitters, Wunderlich
11 Chodowiecki, Hasenclever, Oberlaender, Schaeufelin, Waldmueller
12 Schaeufelein
13 von Carolsfeld
15 Modersohn Becker, Schmidt-Rottluff
16 Niemeyer-Holstein
Märchenerzähler
5 Grimm, Hauff
Marschall in Afrika
6 Rommel
Marxist
6 Engels
Mathematiker
5 Bense, Cranz, Euler, Frege, Gauss, Hesse, Klein, Pfaff, Riese, Study, Weber
6 Achard, Bessel, Cantor, Ceulen, Kepler, Landau, Oberth, Peschl, Planck
7 Friesen, Hilbert, Lambert, Leibniz, Neumann, Riemann
8 Dedekind, Einstein, Kaestner, Scheiner, Schering, Schoener
9 Minkowski
11 Tschirnhaus, Weierstrass
13 Regiomontanus
Mechaniker
5 Zeiss
6 Goebel, Halske
7 Henlein, Maelzel, Repsold
8 Kaufmann
9 Lambrecht
10 Breithaupt, Ruehmkorff
11 Reichenbach
Medizinhistoriker
5 Pagel
Mehrkämpferin
4 Beer
Meteorologe
4 Dove
5 Dorno
6 Berson, Muehry, Rebber, Wagner
7 Assmann, Georgii, Kassner, Prestel
8 Hellmann
9 Hergesell
10 Boernstein
Mineraloge
4 Mohs, Rose
5 Bauer, Fuchs, Klein, Pfaff,

Rinne, Sauer
6 Kobell, Werner
7 Arzruni, Karsten, Lasaulx, Naumann, Schrauf
8 Agricola, Leonhard, Liebisch, Scheerer
9 Quenstedt
10 Breithaupt, Noeggerath, Rosenbusch, Sandberger

Minnesänger
6 Konrad, Oswald, Ulrich
7 Reinmar, Walther, Witzlav, Wolfram
8 Heinrich, Neidhart
9 Friedrich, Gottfried
10 Kuerenberg

Missionsarzt
6 Binder
10 Schweitzer

Mittelstreckler, Mittelstrecklerin
3 Mai, May
4 Grau, Haas, Honz, Koch, Lueg, Ranz, Zinn
5 Adams, Brand, Braun, Falck, Fromm, Herle, Kraus, Kunze, Lesch, Radke
6 Becker, Bruhns, Donath, Ferner, Gerdes, Harbig, Herold, Justus, Kemper, Kinzel, Kovacs, Melzer, Merten, Radtke, Rueter, Schenk, Schmid, Straub, Tittel, Wilden, Wodars, Zerbes
7 Baumann, Brehmer, Hahmann, Harries, Klinger, Metzner, Norpoth, Peltzer, Schmidt, Stenzel, Wachtel, Zwiener
8 Bussmann, Eplinius, Giessing, Kaufmann, Tuemmler, Wellmann
9 Burneleit, Engelhard, Kallensee, Kiessling, Michallek, Schloeske, Udelhoven, Ulzheimer, Woellheim, Wuehlbeck
10 Gleichfeld, Grau-Wodars, Mauermayer, Schoenlebe, Wartenberg
11 Borgschulze, Ellenberger, Fuhlbruegge, Hoffmeister, Jellinghaus, Klapezynski, Wessinghage
12 Klapeczynski, Matuschewski, Moenckemeyer, Richtzenhain

Motorenbauer
4 Benz, Otto
6 Diesel, Wankel
7 Daimler, Maybach

Motorflieger
5 Wirth

Motorsportler (Auto und Motorrad)
4 Asch, Butz, Cron, Fath, Haas, Herz, Holz, Koch, Lamy, Lang, Lohr, Maas, Mang, Mass, Merz, Moll, Noll, Riss, Roth, Will
5 Abold, Barth, Baumm, Boehm, Bradl, Braun, Faust, Henne, Huber, Jehle, Kling, Kraus, Maier, Meier, Moore, Oettl, Prein, Riess, Stief, Stuck, Sturm, Trips, Weber
6 Beirer, Cyffka, Degner, Delius, Deubel, Enders, Herweh, Hiller, Joerns, Kumano, Lacher, Lausch, Leuthe, Ludwig, Mitter, Morgen, Owesle, Pingel, Raudis, Roehrl, Schmid, Schock, Seidel, Seiler, Siegle, Thelen, Wagner, Waibel, Werner, Wimmer
7 Baumann, Diepold, Gerlach, Grahler, Hoerner, Kalauch, Kassner, Lenherr, Mueller, Raudies, Remmert, Scherer, Schuetz, Sponsel, Stadler, Stoelze, Strauss, Winkler
8 Grunwald, Hanstein, Herrmann, Jasinski, Neubauer, Stoelzle, Theuring, Waldmann, Weinmann
9 Anscheidt, Bernhardt, Boettcher, Bohnhorst, Garhammer, Helferich, Momberger, Oestreich, Roesinger, Rosemeyer, Schneider, Schreiner, Steenbock, Stommelen, Zitzewitz
10 Bieberbach, Boehringer, Braeutigam, Caracciola, Engelhardt, Niedermayr, Niedzwiedz, Schumacher, Winkelhock, Wohlgemuth
11 Brauchitsch, Fleischmann, Hillebrandt, Steinhausen
12 Geissdoerfer, Netterscheid
14 Lautenschlager

Mundartdichter
5 Groth
6 Holtei, Reuter

Musikerzieher
5 Joede

Musikforscher, -wissenschaftler
3 Alt
4 Arlt, Baum, Beck, Bohn, Bose, Dehn, Feil, Geck, Jahn, Kahl, Laux, Oehl, Pohl, Rehm, Wolf
5 Abert, Adrio, Ameln, Apfel, Blume, Braun, Croll, Dauer, Duerr, Eller, Engel, Feder, Fuchs, Huber, Hucke, Klotz, Komma, Kunze, Laaff, Louis, Moser, Sachs, Smend, Vogel, Weber, Wiora, Wolff
6 Becker, Commer, Ehmann, Eitner, Forkel, Gerber, Johner, Kinsky, Kroyer, Ludwig, Riedel, Ruhnke, Sahnen, Seidel, Vetter, Wagner, Werkur
7 Abraham, Altmann, Becking, Buecken, Dammann, Doflein, Draeger, Gottron, Guempel, Gurlitt, Husmann, Jammers, Kaemper, Mahling, Marpurg, Neumann, Osthoff, Riemann, Schmitz, Schrade, Serauky, Stephan, Strobel, Woerner, Wolfrum
8 Besseler, Dadelsen, Dahlhaus, Danckert, Ewerhart, Feldmann, Fellerer, Finscher, Forchert, Gennrich, Goellner, Gottwald, Gudewill, Guenther, Heckmann, Hickmann, Hueschen, Mersmann, Muenster, Reinecke, Schering, Seiffert, Steglich, Stephani, Ursprung, Valentin
9 Brennecke, Brinkmann, Brockhaus, Fellinger, Fleischer, Frotscher, Hausswald, Jadassohn, Lipphardt, Nottebohm, Preussner, Schneider, Staeblein, Steinecke, Stockmann
10 Bellermann, Boetticher, Chrysander, Eggebrecht, Englaender, Georgiades, Gradenwitz, Hoerburger, Jacobsthal, Krummacher, Liliencron, Mahrenholz, Massenkeil, Niemoeller, Sandberger, Winterfeld
11 Badura-Skoda, Dorfmueller, Gerstenberg, Goldschmidt, Hammerstein, Schuenemann
12 Schmidt-Georg
16 Siegmund-Schultze

Mystiker
4 Suso
5 Seuse
6 Boehme, Eckart, Eitner, Kempis, Tauler, Weigel
7 Gichtel

Name für Champignon
8 Egerling

Name für Zagreb
5 Agram

Name von Lugano
5 Lauis

Nationalökonom
4 List
5 Baade, Pesch, Pohle, Salin, Weber
6 Eucken
7 Sombart

Naturforscher
4 Baer
8 Humboldt
9 Helmholtz
10 Paracelsus
11 Senckenberg

Naturheilkundiger
6 Kneipp
7 Schroth

Naturwissenschaftler
4 Oken, Spix, Zell
5 Brehm, Bronn, Dohrn, Erman, Knorr, Koken, Perty, Remak, Wolff
6 Bunsen, Engler, Leunis, Miethe, Miller, Pallas, Wagner
7 Fechner, Forster, Haeckel, Lambert, Mueller, Schmeil, Seemann
8 Chamisso, Ditfurth, Erichson, Guericke, Havemann, Humboldt
9 Ehrenberg, Eversmann, Fresenius, Helmholtz, Schleiden
10 Blumenbach, Burmeister, Camerarius, Ehrenreich, Fraunhofer, Kopernikus,

Paracelsus
11 Reichenbach
12 Mitscherlich
13 Schlagintweit
Nobelpreisträger
4 Born, Hahn, Hoff, Koch, Kuhn, Laue, Mann, Paul, Wien
5 Alder, Boell, Bosch, Bothe, Braun, Debye, Diels, Eigen, Grass, Haber, Hertz, Hesse, Heyse, Huber, Kusch, Lynen, Neher, Ruska, Stark
6 Baeyer, Binnig, Brandt, Domagk, Eucken, Franck, Jensen, Kossel, Lenard, Michel, Nernst, Planck, Quidde, Wittig
7 Bednorz, Behring, Bergius, Buchner, Ehrlich, Fischer, Mommsen, Ostwald, Sakmann, Spemann, Wallach, Warburg, Wieland, Windaus, Ziegler
8 Einstein, Meyerhof, Roentgen
9 Butenandt, Forssmann, Hauptmann, Ossietzky, Zsigmondy
10 Heisenberg, Moessbauer, Schweitzer, Staudinger, Stresemann
11 Deisenhofer
12 Schroedinger, Willstaetter
16 Nuesslein-Volhard
nordischer Kombinierer
4 Pohl
5 Beetz, Frank, Thiel, Thoma
6 Deimel, Dilger, Dufter, Keller, Wagner
7 Abratis, Berauer, Mueller, Prenzel, Schwarz, Wehling, Winkler
8 Weinbuch
9 Leonhardt
Nordseehafen
5 Emden, Husum
6 Bremen
7 Hamburg
8 Cuxhaven
11 Bremerhaven
13 Wilhelmshaven
Nordseezufluss
3 Ems
4 Elbe, Jade, Oste
5 Eider, Weser
Obstforscher
5 Lucas
Opernsänger
4 Frei
Orden
2 EK
11 Ritterkreuz
13 Eisernes Kreuz
Organist
4 Otto
5 Kraft, Prost, Ramin
6 Ahrens, Collum, Kempff, Zacher
7 Distler, Koehler, Straube
8 Albrecht, Heitmann, Kaestner
10 Webersinke, Wunderlich
13 Buschnakowski
Orgelbauer, -meister
5 Jahnn, Kerll
Ornithologe
6 Koenig
Ostseehafen
4 Kiel
6 Wismar
7 Luebeck, Rostock
9 Flensburg
11 Travemuende
Ostseezufluss
4 Oder
5 Peene, Trave
6 Grabow, Schlei, Warnow
10 Strelasund
Ozeanflieger
5 Koehl
7 Eckener
9 Huenefeld
Pädagoge
4 Kehr, Kroh, Litt, Nohl, Otto, Raff, Rein, Tews, Zahn
5 Campe, Lietz, Picht, Uhlig, Wenke, Wiese, Zeune
6 Denzel, Dittes, Fricke, Gaudig, Geheeb, Graser, Jaeger, Klumpp, Lueben, Penzig, Raumer, Weigel
7 Basedow, Flitner, Froebel, Huebner, Kehrein, Paulsen, Steiner
8 Foerster, Niemeyer, Petersen, Salzmann, Schrader, Spranger, Stephani, Willmann, Wychgram
9 Blochmann, Doerpfeld, Friedland, Hinzpeter, Schoedler, Stallbaum, Zerrenner
10 Diesterweg
15 Kerschensteiner
Parodist, Imitator
5 Kroll
Patriot
4 Jahn
Pazifist
6 Quidde
7 Gerlach, Heymann
Philologe
5 Diels, Duden, Rohde
6 Jaeger, Norden
Philosoph
4 Haym, Kant, Litt, Mach, Much, Nohl, Oken, Otto, Wust
5 Bense, Bloch, Carus, Cohen, Dempf, Drews, Engel, Flake, Frege, Fries, Hegel, Huber, Lange, Lipps, Locke, Lotze, Misch, Riehl, Stahl, Stern, Vries, Weber, Wenke, Wenzl, Wolff, Wundt
6 Adorno, Ahrens, Baader, Bavink, Beneke, Boehme, Carnap, Dacque, Daumer, Eucken, Fichte, Franck, Freyer, Gabler, Gehlen, Geyser, Hamann, Hefele, Herder, Jacobi, Klages, Knigge, Krause, Krings, Kuelpe, Mehlis, Natorp, Nelson, Penzig, Prantl, Simmel, Stumpf, Zeller
7 Bahnsen, Breysig, Crusius, Dessoir, Deussen, Dilthey, Dingler, Driesch, Fechner, Fischer, Gadamer, Haeckel, Haecker, Herbart, Husserl, Jaspers, Lambert, Leibniz, Lessing, Ostwald, Paulsen, Rickert, Scheler, Stirner, Strauss
8 Brentano, Buechner, Dessauer, Duehring, Foerster, Guardini, Habermas, Hartmann, Hertling, Mauthner, Mittasch, Pannwitz, Reimarus, Schiller, Schlegel, Spengler, Spranger, Stammler, Steffens, Ueberweg, Willmann
9 Avenarius, Deutinger, Feuerbach, Friedmann, Heidegger, Holzapfel, Leonhardi, Nietzsche, Pufendorf, Schelling, Thomasius, Troeltsch, Vaihinger, Vierkandt, Weininger
10 Baumgarten, Horkheimer, Keyserling, Paracelsus, Schweitzer, Windelband
11 Mendelssohn
12 Schopenhauer, Teichmueller
13 Trendelenburg
14 Schleiermacher
Physiker
3 Ohm
4 Abbe, Arco, Aron, Auer, Born, Hahn, Korn, Laue, Mach, Reis, Reye, Wien
5 Arons, Beetz, Bothe, Braun, Bronk, Budde, Eigen, Erman, Frank, Fuchs, Gaede, Gauss, Hertz, Jolly, Justi, Kundt, Lande, Linde, Luest, Mayer, Slaby, Stark, Stern, Vogel, Voigt, Weber
6 Baeyer, Bunsen, Eucken, Franck, Geiger, Geitel, Graetz, Hankel, Jacobi, Jensen, Jordan, Kayser, Kossel, Lenard, Lommel, Lummer, Magnus, Miethe, Miller, Nernst, Oberth, Planck, Ritter, Segner
7 Ardenne, Assmann, Chladni, Clusius, Fechner, Gerlach, Hilbert, Hittorf, Karolus, Karsten, Lehmann, Lorentz, Ostwald, Prandtl, Regener, Siemens, Warburg, Wegener, Wehnelt
8 Clausius, Dessauer, Einstein, Flettner, Guericke, Pluecker, Roentgen, Scheiner
9 Helmholtz, Kirchhoff, Meidinger, Steinheil
10 Barkhausen, Fahrenheit, Fraunhofer, Heisenberg, Kohlrausch, Moessbauer, Poggendorf, Sommerfeld
11 Lichtenberg, Weizsaecker
15 Auer von Welsbach
Physikochemiker
6 Bunsen, Magnus
Physiologe
6 Hering, Kossel
7 Warburg
Pianist
3 Ney
4 Rapp

5 Ander, Arens, Berge, Fesca, Knorr, Kootz, Kraus, Liszt, Pauer, Sauer, Stech
6 Buelow, Cortot, Cramer, Frantz, Giesen, Hansen, Kempff, Kullak, Roesel, Roloff, Schmid
7 Ansorge, Erdmann, Fischer, Georgii, Goebels, Musulin, Philipp, Puchelt, Rebling, Reimann, Rudorff, Schmidt, Zechlin
8 Backhaus, Neumeyer
9 Dahlgruen, Friedberg, Gieseking, Peinemann, Stoeckigt, Zacharias
10 Burmeister, Eschenbach, Raucheisen, Scharwenka
11 Aeschbacher, Stavenhagen, Weissenborn
12 Bohnenstingl, Teichmueller

Polarforscher
7 Wegener

Politiker der NS-Zeit
4 Hess
6 Hitler
7 Bormann, Goering
8 Goebbels, Heydrich, Schirach

Politiker, Staatsmann
3 Rau
4 Apel, Auer, Bahr, Beck, Bell, Cohn, Cuno, Ertl, Heck, Held, Kahr, Kapp, Kiep, Kohl, Lutz, Marx, Solf, Suhr, Zinn
5 Arndt, Balke, Bauer, Bebel, Benda, Beust, Blank, Braun, Breit, Ebert, Ehard, Ehmke, Erler, Focke, Geiss, Heuss, Kogon, Leber, Loebe, Maier, Mathy, Mende, Papen, Pieck, Seite, Stein, Stoph, Sybel, Sydow, Vogel, Wirth
6 Arendt, Arnold, Bachem, Barzel, Bodman, Brandt, Bunsen, Dehler, Ehlers, Eichel, Eisner, Engels, Eppler, Erhard, Gagern, Geiler, Goppel, Hassel, Hermes, Herzog, Jordan, Katzer, Lorenz, Luebke, Reuter, Riemer, Roeder, Scheel, Scherf, Schmid, Schurz, Simson, Stolpe, Storch, Teufel, Ulrich, Wehner
7 Albertz, Bazille, Caprivi, Curtius, Dalwigk, Diepgen, Duncker, Fischer, Francke, Friesen, Gerlach, Groener, Hoegner, Hoepper, Kautsky, Lagarde, Mahunke, Mommsen, Naumann, Schmidt, Schuetz, Stoiber, Strauss, Twesten, Zedlitz
8 Adenauer, Albrecht, Altmeier, Bismarck, Bluecher, Brentano, Bruening, Carstens, Dahlmann, Genscher, Hellpach, Hertling, Hoecherl, Hoeppner, Hoffmann, Honecker, Humboldt, Lassalle, Rathenau, Schiller, Strasser, Ulbricht, Watzdorf
9 Amelunxen, Bamberger, Bangemann, Bennigsen, Bernstein, Delbrueck, Ehrenberg, Erzberger, Filbinger, Goerdeler, Grotewohl, Heinemann, Hohenlohe, Hugenberg, Kiesinger, Lambsdorf, Reventlow, Scharping, Schroeder, Thaelmann, Voscherau
10 Armansperg, Biedenkopf, Hardenberg, Helfferich, Hindenburg, Liebknecht, Ollenhauer, Schleicher, Schumacher, Stresemann, Windthorst
11 Baumgartner, Breitscheid, Danckelmann, Scheidemann, Stoltenberg
12 Friedensburg, Gerstenmaier, Stauffenberg
13 Wintzingerode
14 Bethman-Hollweg, Bischoffwerder

Porzellantechniker
5 Seger

Prähistoriker
5 Wahle

Psychiater
5 Bumke
6 Berger

Psychologe
5 Adler, Bondy, Lipps, Wundt
6 Klages, Lersch

Publizist
4 Habe
5 Heine, Kogon, Kolle, Sethe
6 Harden, Hoefer, Pechel
7 Goerres
10 Reifenberg

Radierer
4 Koch
5 Stuck
6 Kobell, Scharf
7 Greiner, Klinger, Scharff
8 Kollwitz
11 Chodowiecki

Radsportler, Radsportlerin (Bahn-, Straßen- und Kunstradfahrer)
3 May
4 Henn, Hess, Huck, Ihbe, King, Kirn, Knab, Kurz, Lehr, Link, Lutz, Mane, Marx, Marz, Maue, Nepp, Otto, Pohl, Raab, Rein, Renz, Rich, Rick, Robl, Rohr, Rust, Weil, Wolf
5 Adler, Alber, Aldag, Altig, Arend, Barth, Bautz, Boden, Braun, Diehl, Dietz, Durst, Egner, Engel, Flaig, Fulst, Gaida, Geyer, Goelz, Greil, Grone, Hagen, Kluge, Knust, Lange, Liese, Meier, Metze, Meyer, Nagel, Reitz, Rhode, Ruett, Schur, Simon, Thoms, Trott, Vopel, Vosen, Vrugt, Weber, Weida, Zabel
6 Albert, Ampler, Audehm, Berndt, Berner, Bickel, Bodner, Boelts, Daehne, Dekker, Diebel, Dippel, Donike, Drogan, Duerst, Egerer, Goetze, Groene, Gruber, Guethe, Haritz, Harter, Hempel, Hennes, Hennig, Hernig, Joerns, Kajzer, Kappes, Karsch, Katzer, Kemper, Kilian, Klieme, Koslar, Kummer, Lorenz, Luding, Ludwig, Marsel, Matwew, Mauthe, Neumer, Pensel, Raasch, Radtke, Ranger, Rausch, Rudolf, Sawall, Schink, Schoen, Stauff, Streng, Stumpf, Thaler, Thurau, Tschau, Vonhof, Vranka, Waibel, Walzer, Weibel, Werner
7 Altweck, Beitzel, Boepple, Bugdahl, Christl, Colombo, Dietzen, Dittert, Doerich, Dummert, Fiedler, Fischer, Geschke, Gombert, Gruenke, Heppner, Huebner, Huschke, Kissner, Kobusch, Koehler, Koether, Krieger, Kruenke, Kuebler, Lebsaft, Lechner, Lehmann, Lehnert, Lohmann, Malchow, Marsell, Martens, Meister, Merkens, Metzger, Moeller, Mueller, Neumann, Niehaus, Paulitz, Peffgen, Peschel, Pfeifer, Pokorny, Prieler, Richter, Rossner, Schulze, Sievers, Stadler, Staeber, Stiefel, Stoepel, Stoltze, Strenge, Thissen, Ullrich, Vranken, Wueller, Ziegler
8 Augustin, Barleben, Beikirch, Berkmann, Buchholz, Claesges, Dorausch, Eckstein, Eichholz, Fuggerer, Gieseler, Goedrich, Groening, Guenther, Hartnick, Henrichs, Hesslich, Holzmann, Huertgen, Kuesters, Lebsanft, Liesewar, Marklein, Podlesch, Reichert, Scheller, Schlecht, Schuetze, Sprenger, Steinweg, Tischler
9 Bernhardt, Blochwitz, Buchtmann, Danneberg, Degenkolb, Engelmann, Enzenauer, Gloeckner, Landsmann, Muddemann, Ostendorf, Preissler, Reichling, Rodenbeck, Rotermund, Schlosser, Schmidtke, Thierbach, Tumheller, Varenkamp, Weissmann, Wolfshohl
10 Buchwieser, Bueschmann, Czarnowski, Gluecklich, Goernemann, Junkermann, Krakenbaum, Schleicher, Schumacher, Tramheller, Weckerling, Wittenborn, Zimmermann
11 Freienstein, Hillenbrand, Kastenhuber, Kuepferling, Potzernheim, Rellensmann, Unterwalder, Weispfennig
12 Hundertmarck, Oleknavicius, Rothenburger
13 Messerschmidt

18 Luding-Rothenburger
Raketenforscher
5 Braun, Haber
6 Oberth
7 Saenger
Raketenkonstrukteur
5 Braun
Rangierbahnhof
7 Maschen
Rechenmeister (16. Jh.)
5 Riese
Rechtsgelehrter
6 Gierke, Gneist
Rechtshistoriker
5 Amira, Wilda
Rechtslehrer
4 Wolf
6 Kohler
7 Ihering, Savigny
8 Jellinek
9 Feuerbach
Reeder
6 Ballin
8 Woermann
Reformator
5 Brenz, Bucer
6 Honter, Luther
7 Basedow, Muenzer
8 Cruciger
9 Karlstadt, Olevianus
10 Bugenhagen, Draconites
11 Melanchthon
Regisseur (Bühne und Film)
5 Antel, Braun, Deppe, Ebert, Engel, Nagel
6 Barlog, Franck, Gliese, Harlan, Jugert, Oertel, Oswald
7 Benedix, Hilbert, Hilpert, Ophuels, Sellner, Staudte, Stemmle
8 Kaeutner, Lubitsch
9 Weidemann
10 Gruendgens
11 Felsenstein, Liebeneiner
Reichsfreiherr
5 Stein
Reichskanzler
4 Cuno, Marx
5 Bauer, Ebert, Papen, Wirth
6 Buelow, Hitler, Luther
7 Caprivi, Mueller
8 Bismarck, Bruening, Hertling
9 Hohenlohe, Michaelis
10 Fehrenbach, Schleicher, Stresemann
11 Max von Baden, Scheidemann
15 Bethmann Hollweg
Reichspräsident
5 Ebert
10 Hindenburg
Reichsritter
6 Hutten
9 Sickingen
Reitergeneral
6 Zieten
8 Seydlitz
10 Pappenheim
Reiter, Reiterin (Dressur-, Spring- und Militaryreiten)
3 Rau
4 Cohn, Haug, Hoff, Huck, Koof, Krug, Momm, Zehe
5 Beine, Boldt, Dietz, Haase, Hasse, Kroth, Nagel, Rothe, Sauer, Snoek, Werth, Wolff
6 Becker, Bollow, Brandt, Deloch, Erhorn, Franke, Freyer, Gundel, Hetzel, Kemmer, Klimke, Langen, Ligges, Loerke, Loheit, Luther, Niehls, Pollay, Rochow, Roenne, Schulz, Spreti, Tebbel, Uphoff, Wagner
7 Baumann, Behring, Buesing, Gerhard, Hogrefe, Hohenau, Karsten, Koehler, Lippert, Mueller, Neumann, Printen, Remmert, Schmidt, Schmitz, Schultz, Weygand, Winkler
8 Barnekow, Beerbaum, Beerbohm, Bloecker, Brohmann, Bruckner, Goessing, Guenther, Handrick, Klugmann, Kroecher, Kueppers, Lotzbeck, Luetcken, Mitzlaff, Mysegaes, Overesch, Schridde, Starosta, Steenken, Tesdorpf, Weinberg, Wewering, Wiltfang, Zehmisch
9 Balkenhol, Brinkmann, Buchwaldt, Froemming, Kaspareit, Knippling, Oppenheim, Schlueter, Schneider, Sloothaak, Suermondt
10 Brinckmann, Ehrenbrink, Jarasinski, Linkenbach, Linsenhoff, Neckermann, Schultheis, Thiedemann, Wangenheim
11 Hafemeister, Richter-Kals, Tecklenborg, Theodorescu
12 Brockmueller, Rothenberger, Stubbendorff, Unterholzner
13 Schockemoehle
14 Luetke-Westhues
17 Oppeln-Bronikowski
19 Schaesberg-Thannheim
Revolutionär
10 Liebknecht
Ringer
3 Abs
4 Balz, Behl, Ehrl, Ertl, Fehr, Haun, Koch, Krug, Maas, Matz, Metz, Neff, Oeme, Otto, Rost, Trik, Veil
5 Boehm, Cetin, Gries, Hoppe, Huber, Huser, Jelen, Kiehl, Knoll, Knosp, Kothe, Lemke, Loban, Mayer, Polky, Sachs, Seger, Tusch, Weber
6 Biller, Brandt, Cakici, Eberle, Germer, Gorski, Hecher, Himmel, Hucker, Krauss, Kubiak, Kuhner, Lacour, Leucht, Lyding, Nibler, Rieger, Stange, Tutsch, Vesper, Wagner, Yildiz, Zander
7 Bremmer, Brendel, Buehler, Dybiona, Gabriel, Gehring, Helbing, Herbert, Kissner, Leipold, Neumair, Neupert, Niebler, Petzold, Pfister, Scheibe, Scherer, Schmitt, Seibold, Siebert, Stohner, Strauss, Wehling, Werheid
8 Albrecht, Bergmann, Brachert, Buettner, Bullmann, Dietrich, Edfelder, Foeldeak, Hartmann, Helmdach, Herbster, Heugabel, Horschel, Lukowski, Miklosch, Nitschke, Patalong, Rauscher, Ruggaber, Sabatini, Sawadsky, Schaefer, Schiekel, Schrader, Schumann, Sperling, Stuebner
9 Dickmeiss, Dodrimont, Holtzmann, Kaczmarek, Schneider, Schroeder, Schroeter, Schuhmann, Steinbach
10 Gerdsmeier, Gerstacker, Gstoettner, Hirschland, Kornprobst, Kowalewski, Nettekoven, Nettesheim, Passarelli, Schweikert
11 Gerstaecker, Hornfischer, Schweickert
12 Maritschnigg, Schoendorfer, Schwabenland, Seelenbinder, Stottmeister, Weisenberger, Zamanduridis
13 Mittermueller
Rodler, Rodlerin
4 Bode, Hahn, Otto, Paar, Rinn, Skel
5 Fendt, Glass, Hackl, Jacob, Jakob, Plenk, Zettl
6 Berndt, Bredow, Eggert, Friedl, Krause, Mankel, Martin, Reindl, Rudolf, Schwab, Tietze, Walter
7 Bilgeri, Bonsack, Erdmann, Fiedler, Geisler, Ilanker, Koehler, Krausse, Mueller, Pietsch, Rudolph, Schedel, Schmidt, Schwarm, Woeller
8 Barnekow, Behrendt, Brandner, Guenther, Hoffmann, Ilsanker, Kohlisch, Nachmann, Pietsche, Pietzsch, Schaller, Scheidel, Schettel, Schubert, Schumann, Sollmann, Tierlich
9 Enderlein, Hoernlein, Kraushaar, Wembacher
10 Demleitner, Dostthaler, Groesswang, Staudinger
11 Oberhoffner, Rosenberger, Strillinger
14 Stanggassinger
15 Burghartswieser
Rokokomaler
4 Zick
Rollkunstläufer, Rollkunstläuferin
5 Haber, Loche, Otten, Stein
6 Kaiser, Rausch, Walter, Weimer
7 Bassler, Friedel, Gebauer, Kienzle, Obrecht, Tietjen
8 Frommann
9 Karbowski
11 Schamberger
Ruderer, Ruderin
3 Neu, Ott, Rom
4 Adam, Auer, Baar, Bogs, Dehn, Gaza, Gust, Haas, Held, Hess, Hild, Hill, Hohn, Hopp, Karl, Lenk, Litz, Mehl, Mund,

Noll, Obst, Opel, Rabe, Rose, Vogt
5 Arend, Arndt, Barth, Bauer, Beblo, Bierl, Boron, Bothe, Buhtz, Cichy, Cintl, Dimke, Ehrig, Eller, Ertel, Felle, Frank, Gaber, Gasch, Grahn, Gress, Gross, Hajek, Hampe, Hecht, Heyne, Hoeck, Huber, Jakob, Jobst, Klein, Kolbe, Korte, Lange, Lehle, Lucke, Mager, Maier, Menne, Meyer, Mundt, Noack, Oelke, Padge, Peter, Rieck, Ruehl, Runge, Siech, Thiem, Uhrig, Volle, Volls, Waldi, Weber, Zerta
6 Aeffke, Ahrens, Banthe, Becker, Berger, Bertow, Beuter, Borzym, Bradel, Brauch, Brudel, Bruehe, Daehne, Domian, Finger, Gelpke, Grabow, Gunkel, Hoenig, Hornig, Kaidel, Keller, Kiefer, Knubel, Krause, Kremtz, Kuhnke, Kumitz, Ludwig, Mahlow, Neusel, Peters, Pirsch, Pyritz, Radach, Rehaag, Reiche, Reiher, Reinke, Rensch, Reuter, Ruehle, Rulffs, Scholz, Schwan, Streit, Thiede, Thieme, Vetter, Wagner, Werner, Wilker, Willms, Woddow, Zander, Zender
7 Adamski, Aletter, Althoff, Balster, Behrens, Bittner, Boehmer, Boehner, Broeske, Dreifke, Duersch, Effertz, Eicholz, Faerber, Fischer, Flinsch, Galandi, Goehler, Gossler, Greiner, Griener, Gruener, Grunert, Haacker, Haendle, Hartung, Henckel, Henning, Heppner, Hornung, Karches, Kellner, Kersten, Kesslau, Klawonn, Koeppen, Kubicki, Kuschke, Liebing, Loeckle, Maennig, Manchen, Martens, Mathiae, Mederow, Mueller, Neubert, Neumann, Neunast, Plottke, Rheders, Richter, Schepke, Schmelz, Schmidt, Schmied, Schramm, Schultz, Schwarz, Siebert, Sorgers, Steiner, Strauch, Strauss, Thienel, Tiersch, Volkert, von Gaza, von Roye, Walther, Warburg, Zeidler, Ziegler, Zobeley, Zuehlke
8 Agrikola, Behrendt, Brietzke, Britting, Buchheit, Buchholz, Dickmann, Dietrich, Eckbauer, Eckstein, Eichholz, Eichhorn, Einoeder, Foerster, Goepfert, Groddeck, Gustmann, Hassmann, Heinhold, Hoermann, Jordache, Kaufmann, Klapheck, Markwort, Meissner, Mussmann, Niesecke, Puttlitz, Reichelt, Ringwald, Schaefer, Schmorde, Schreyer, Schubert, Schuster, Semetzky, Soellner, Spittler, Tietgens, Ulbricht, Ungemach, Voelkner, Wessling, Weyrauch
9 Arnheiter, Boetzelen, Borkowsky, Fickeisen, Forberger, Habermann, Haetscher, Hannemann, Hedderich, Kindlmann, Kirchhoff, Konermann, Landvoigt, Moeschter, Petermann, Plagemann, Renneberg, Riekemann, Schmeling, Schneider, Schreiber, Schroeder, Schroeter, Sennewald, Spremberg, Steinbach, Twittmann, Wendemuth, Woestmann
10 Eichwurzel, Harzendorf, Hinkelmann, Hottenrott, Kreuzinger, Kroeverath, Malinowski, Petersmann, Plueckhahn, Scheiblich, Schroepfer, Seijkowski, Ulrich-Wolf, Wallbrecht, Werremeier, Wiedenmann
11 Bartholomae, Doerdelmann, Katzenstein, Mellinghaus, Moellenkamp, Schwerzmann, Steffes-Mies, Truschinski, von Groddeck
12 Doberschuetz, Funnekoetter, Hirschfelder, Hoeltzenbein, Riesenkoenig, Streppelhoff
13 Ettingshausen
14 Gueldenpfennig, Hahn-Scheiblich, Kleine-Kullmann

Rundfunkpionier
5 Braun
6 Magnus

Rundtanz
6 Walzer

Sagenheld
6 Roland
7 Wieland
9 Siegfried
14 Hagen von Tronje
15 Dietrich von Bern

Sänger
3 Erb
4 Prey
5 Heino, Quinn, Sauer
6 Anders, Lagger, Schock, Tauber
7 Greindl
9 Schlusnus
14 Fischer-Dieskau

Satiriker
6 Liscow
8 Fischart
11 Lichtenberg

Schachspieler, Schachspielerin
6 Lasker
7 Huebner
8 Steinitz, Tarrasch, Unzicker
9 Anderssen, Zukertort

Schalksnarr
12 Eulenspiegel
16 Till Eulenspiegel

Schauspieler, Schauspielerin
2 Im
3 Dor
4 Baal, Eyck, Glas, Gold, Graf, Held, Helm, Hinz, Holt, Horn, John, Kemp, Kinz, Knef, Koch, Kowa, Lenz, Loos, Matz, Mell, Piel, Rahl, Rose, Sais, Sima, Todd, Vita, Wenk
5 Adorf, Bildt, Boehm, Diehl, Drews, Egger, Esser, Ewert, Felmy, Forst, Frank, Goetz, Grimm, Gross, Haack, Hardt, Hasse, Hesse, Holst, Hoppe, Hoven, Kainz, Kerst, Knuth, Krahl, Lange, Leibl, Loeck, Lorre, Neuss, Ponto, Prack, Quinn, Staal, Stahl, Stolz, Treff, Trowe, Tukur, Uhlen, Veidt, Vogel, Wicki, Wieck, Wuest
6 Albers, Andree, Angely, Balser, Bendow, Berger, Birgel, Boehme, Breuer, Bruehl, Caspar, Clarin, Dahlke, de Kowa, Diessl, Dongen, Dorsch, Feiler, Fendel, Fernau, Froebe, George, Gerron, Giehse, Giller, Gobert, Godden, Gruner, Haagen, Hansen, Harvey, Hebbel, Heuser, Holtei, Horney, Juhnke, Kinski, Klarin, Krauss, Lieven, Lingen, Locker, Loebel, Lommel, Lothar, Lowitz, Marian, Markus, Maurus, Meisel, Meysel, Moissi, Neuber, Odemar, Palmer, Platte, Porten, Preiss, Pulver, Remond, Schell, Sessak, Sieber, Slezak, Sommer, Stuewe, Thimig, Tiller, Waldau, Wangel, Weigel, Weiser, Werner, Wieder, Wieman, Wimmer, Wolter, Wussow
7 Bennent, Bergner, Borsche, Dagover, Deltgen, Deutsch, Doermer, Durieux, Eggerth, Fischer, Forster, Fritsch, Gebuehr, Girardi, Grabley, Gutwell, Herking, Huebner, Hussels, Iffland, Kampers, Kieling, Klinger, Koczian, Koerber, Kortner, Krueger, Leibelt, Liedtke, Lukschy, Minetti, Moehner, Mueller, Paulsen, Peitsch, Raddatz, Regnier, Richter, Riemann, Roberts, Schmitz, Schroth, Sebaldt, Steppat, Theimer, Ullrich, Valente, Valetti, Wegener, Wessely, Windeck, Ziemann
8 Ambesser, Benkhoff, Bethmann, Bollmann, Borchers, Buchholz, Collande, Devrient, Dietrich, Hartmann, Hatheyer, Hellberg, Hoeflich, Jannings, Juergens, Kayssler, Kirchner, Kloepfer, Leuwerik, Ruehmann, Sandrock, Schoener, Soehnker, Thomalla, Tressler, Valentin, Waescher
9 Ackermann, Alexander,

Andergast, Bleibtreu, Froehlich, Frydtberg, Fuetterer, Hielscher, Hoerbiger, Holtzmann, Hubschmid, Meyerinck, Mosbacher, Quadflieg, Schneider, Schollwer, Schygulla, Speelmans, Thellmann, Wischmann
10 Bassermann, Gruendgens, Hesterberg, Hubschmidt, Junkermann, Pallenberg, Schoenhals, Schoenherr, Soederbaum, Stankowski, Tschechowa, Vespermann, Wohlbrueck
11 Albach Retty, Falckenberg, Fuchsberger, Hildebrandt, Kueckelmann, Liebeneiner, Matterstock, Reismueller, Schoenboeck, Schwarzkopf, Weissgerber, Westermeier, Zesch Ballot
12 Biederstaedt, Brausewetter, Finkenzeller, Kuhlenkampff, Schafheitlin
14 Flickenschildt

Schlagerkomponist
5 Olias
6 Siegel

Schütze, Schützin
3 Hax
4 Eder, Haas, Kani, Kriz, Lang, Lind, Oyen, Rink, Wenk
5 Bauer, Beyer, Damme, Danne, Engel, Giese, Glock, Heinz, Hoppe, Imhof, Klaar, Klepp, Leher, Raabe, Radke, Soden, Stein, Stich, Suess, Vogel
6 Breker, Holmer, Kaspar, Kohnke, Kurzer, Mertel, Oeckel, Sailer, Seeger, Sonnet, Wegner, Wiefel, Winter, Wittig, Wrigge, Zeiske
7 Baumann, Bichler, Blecher, Dachner, Draheim, Goeldel, Hofmann, Kahlert, Knipfer, Koehler, Krempel, Lippold, Meserth, Pfeffer, Potteck, Reschke, Ruecker, Seibold, Siemers, Sperber, van Oyen, Voelker, Vollmar, Zeisner
8 Bergmann, Buchheim, Czekalla, Elbrecht, Fudickar, Hartmann, Heilfort, Jakosits, Klingner, Lippoldt, Riederer, Schanzer, Schumann, Smieszek, Wirnhier
9 Berninger, Fretwurst, Hartstein, Kiermayer, Ladendorf, Leibinger, Schroeder, Seeberger, Trautwein
10 Garnreiter, Kalinowski, Kustermann, Wunderlich, Zaehringer, Zimmermann
11 Hemmersbach, Hillenbrand, Stuetzinger, Weissenberg
17 Goeldel-Bronikowen

Schutzverband für musikalische Urheberrechte
4 GEMA

Schwimmer, Schwimmerin
4 Anke, Baer, Beck, Betz, Bude, Dahm, Eife, Fahr, Frey, Haas, Hase, Hetz, Kutz, Lang, Mack, Nord, Nows, Otto, Pape, Reha, Rupf, Sitt
5 Aretz, Badel, Baehr, Balke, Bathe, Beier, Beyer, Brack, Braun, Bruch, Bruha, Bruhe, Dicke, Diers, Elsen, Ender, Esser, Grabs, Grein, Gross, Grote, Haase, Happe, Hasse, Henke, Jacob, Jaeke, Klees, Klein, Klenz, Kober, Kraus, Kuehl, Kusch, Lampe, Lenze, Luder, Mayer, Meeuw, Meier, Meyer, Muehe, Nagel, Nimtz, Noack, Nocke, Peter, Polit, Poser, Rasch, Sader, Seibt, Seick, Sirch, Stork, Unger, Vogel, Wanja, Weber, Weiss, Wetzo, Wiese, Wirth
6 Arendt, Bermel, Berndt, Bludau, Bremer, Daehne, Diegel, Eberle, Eggers, Goebel, Gregor, Grozaj, Haenel, Hainle, Henkel, Henter, Herbst, Hladky, Hunger, Justen, Katzur, Keller, Kleber, Knacke, Kother, Krause, Kueper, Kynast, Legler, Letzin, Lohmar, Nieder, Ortwig, Osygus, Pielen, Pielke, Pinger, Pufleb, Pyttel, Rausch, Remmel, Riedel, Sierck, Sietas, Stindt, Szigat, Tauber, Wagner, Wegner, Wessel, Wetzko, Woithe, Zegler, Zeruhn, Zesner, Zoller
7 Aizpors, Almsick, Behrend, Behrens, Bormann, Brendel, Brunner, Buenger, Dassler, Dressel, Faerber, Fahrner, Fischer, Gabriel, Gerasch, Gessner, Grunert, Guenzel, Hadding, Haeckel, Hanisch, Hartung, Hellmer, Hermann, Hoerner, Huebner, Hustede, Kalenka, Kellner, Knetter, Koehler, Krueger, Lindner, Lohberg, Luetzow, Malisch, Matthes, Moerken, Mueller, Pfuetze, Pollack, Poswiat, Priemer, Reineck, Renther, Richter, Rodenow, Rudolph, Schiele, Schmidt, Schmitt, Schmitz, Schmuck, Schoene, Schuetz, Schulze, Sievert, Siewert, Steffin, Strauss, Thuemer, Treiber, Troeger, Voelker, Weigang, Wiegand, Zierold, Zindler, Zuerner
8 Beckmann, Boernike, Bretting, Dahlmann, Dittmann, Doerries, Flemming, Fritsche, Fuhrmann, Gaertner, Geissler, Gemenger, Guenther, Hackmann, Hausmann, Hellmann, Herrmann, Hickmann, Hochstep, Hoffmann, Holthaus, Jacobsen, Kielgass, Knipping, Korthals, Kueppers, Langenau, Loeffler, Luderitz, Mahlisch, Meinecke, Meissner, Metschuk, Moehring, Pfeiffer, Poellack, Reinisch, Reissner, Scheller, Schiller, Schlicht, Schnabel, Schowtka, Schrader, Schuster, Sehmisch, Smollich, Stoklasa, ten Elsen, Tuelling, Verweyen, Vosseler, Warnecke, Wedekind, Zikarsky, Zscherpe
9 Bahnmeyer, Baltrusch, Beyermann, Domagaler, Eichhorst, Fassnacht, Floeckner, Friedrich, Frommater, Geweniger, Halbsguth, Henninger, Himmeburg, Hochstein, Klapkarek, Kowalczyk, Oberglock, Pechstein, Rosenberg, Schilling, Schneider, Steinbach, Stellmach, Strohback, Urselmann, Ustrowski, Zacharias
10 Bosserhoff, Hieronimus, Hoppenberg, Lodziewski, Rademacher, Rosenkranz, Schoenrock, Thielemann, van Almsick, Zimmermann
11 Bieberstein, Hoffmeister, Huelsenbeck, Petersdorff, Vandenhirtz, Vierkoetter, Voitowitsch
12 Hermannspann, Marcinkowski, Schwarzfeldt
13 Schmidt-Neuber
14 von Petersdorff

Seefahrer, Seeheld
6 Behaim, Pining
7 Fischel, Heusner

Seehafen
4 Kiel
5 Emden
6 Bremen, Wismar
7 Hamburg, Luebeck, Rostock
8 Cuxhaven
9 Flensburg, Stralsund
11 Bremerhaven
13 Wilhelmshaven

Seemann
10 Nettelbeck

Seeräuber
12 Stoertebeker

Segelflieger
5 Hirth

Segler, Seglerin
3 Mai, May
4 Beyn, Bier, Bode, Bohn, Fahr, Geis, Gerz, Girr, Glas, Huth, Kroh, Lang, List, Sach, Thun, Vogt, Wolf
5 Aldag, Below, Boder, Boese, Buell, Etten, Flach, Fritz, Fuchs, Haase, Hagen, Kanov, Knabe, Knuth, Libor, Loell, Loewe, Mares, Meier, Mense, Meyer, Mulka, Nauck, Nowka, Pfohe, Puppe, Rinne, Stark, Stein, Tusch, Voigt, Weise, Wrede
6 Adolph, Berndt, Bredow, Diesch, Eggers, Fricke, Griese,

Hoesch, Hunger, Jaekel, Koenig, Kuehne, Lorenz, Manuel, Montau, Parlow, Pinnow, Preuss, Reusch, Sauter, Scheel, Schmid, Schulz, Siebel, Thieme, Wagner, Werner, Wieser, Willim, Winter
7 Ahrendt, Batzill, Beilken, Braasch, Budzien, Deubzer, Diercks, Dittmar, Eckardt, Fischer, Gaebler, Gerlach, Hofmann, Huebner, Jaeckel, Krueger, Kryszak, Kuchler, Laprell, Lehmann, Marcour, Mertens, Natusch, Naumann, Neufing, Philipp, Schauss, Schmall, Schmidt, Schuetz, Schwall, Schwarz, Stadler, Starken, Thomsen, Winkler, Zwicker
8 Adlkofer, Auracher, Bischoff, Borowski, Fellmann, Froeschl, Hoeppner, Huettner, Illbruck, Jungblut, Kemmling, Kornelli, Krogmann, Kuhweide, Lenkmann, Maedicke, Schrader, Spengler, Stemmler, Suchanek, Weichert, Zachries
9 Adelkofer, Diedering, Engelhard, Hagemeyer, Hannemann, Hardwiger, Haverland, Heilmeier, Kadelbach, Kaphengst, Lixenfeld, Reichmann, Rohatzsch, Schroeder, Schuemann, Seeberger, von Bredow, Wehofsich
10 Engelhardt, Falkenthal, Hellriegel, Huetschler, Merkelbach, Muschenich, Scheibmair, Schlimbach, Schuckmann, Theylingen, Wunderlich
11 Adamczewski, Bornhaeuser, Oesterreich, Powarzynski
12 Bachschuster

Sender, Sendergruppe
2 BR, DW, HR, RB, SR
3 ARD, DFF, DLF, MDR, NDR, ORB, SDR, SFB, SWF, WDR, ZDF
4 NWDR, RIAS
13 Radio Bremen (RB)
14 Rias Berlin (RIAS)
15 Deutsche Welle (DW), Suedwestfunk (SWF)
18 Deutschlandfunk (DLF)
20 Hessischer Rundfunk (HR)
21 Bayerischer Rundfunk (BR), Sender Freies Berlin (SFB)
24 Norddeutscher Rundfunk (NDR), Sueddeutscher Rundfunk (SDR), Westdeutscher Rundfunk(WDR)
25 Saarlaendischer Rundfunk (SR)
26 Mitteldeutscher Rundfunk (MDR)
28 Zweites Deutsches Fernsehen (ZDF)

Skilangläufer, Skilangläuferin
4 Apel, Buhl, Hagg, Hess, Kopp, Kuss, Rein, Wahl
5 Behle, Braun, Demel, Kraus, Maier, Opitz, Wezel, Wille
6 Jaeger, Moring, Roedel, Wagner, Zipfel
7 Barthel, Bauroth, Dotzler, Fiedler, Fischer, Greiner, Grimmer, Kuemmel, Lantner, Petzold, Pichler, Raupach, Wehling
8 Bellmann, Hartmann, Muehlegg, Paetzold
9 Bauknecht
10 Czech-Blasl
13 Fritzenwenger, Greiner-Petter

Skiläufer, Skiläuferin
4 Beck, Gerg, Roth, Vogt
5 Bauer, Biebl, Cranz, Drexl, Epple, Fiala, Huber, Kiehl, Lanig, Lesch, Meier, Resch, Stein, Stolz, Veith
6 Bogner, Dedler, Eigler, Ferstl, Gersch, Hurler, Krauss, Pfnuer, Rieger
7 Bartels, Bittner, Buchner, Daeuber, Haecher, Leitner, Proxauf, Woerndl
8 Pfeiffer, Reichert, Tauscher, Wasmeier
9 Antretter, Grasegger, Gutensohn, Jennewein, Kinshofer, Osterried, Seizinger, Zehentner
10 Barnerssoi, Doleschell, Faerbinger, Lantschner, Neureuther, Reitberger
11 Henneberger, Mittermaier, Mittermayer, Mittermeier, Schmid-Biebl
12 Wagnerberger
13 Moesenlechner
14 Buchner-Fischer, Gutensohn-Knopf, Stanggassinger

Skispringer
4 Buse, Eder, Ihle
5 Bauer, Glass, Thoma
6 Hunger, Keller, Kleise, Lesser, Weiler
7 Bolkart, Duffner, Gehring, Heumann, Klauser, Klopfer, Rohwein, Roscher, Scherer
8 Gebstedt
9 Bratscher, Leonhardt, Recknagel, Weissflog
10 Aschenbach
11 Kiesewetter, Wegscheider
12 Hohenleitner

Söldnerführer
9 Sickingen
11 Wallenstein

Sozialist
4 Marx
5 Bebel
6 Engels
7 Mehring
8 Lassalle, Weitling
10 Liebknecht, Schumacher

Soziologe
5 Weber
6 Adorno

Speerwerfer, Speerwerferin
4 Hohn, Koch, Renk
5 Blank, Felke, Fuchs, Hecht, Henry, Meier, Weiss
6 Becker, Forkel, Gambke, Graefe, Graune, Nerius, Peters, Stoeck, Stolle, Todten
7 Hadwich, Hanisch, Koloska, Krueger, Thyssen
8 Gerhards, Glasauer
9 Fleischer, Reichardt
10 Meier-Felke, Steinhauer, Tafelmeier, Wolfermann
11 Braumueller

Sportflieger
6 Gronau

Sportorganisator
3 Rau
4 Diem, Halt
5 Daume

Sprachforscher
3 Ast
4 Bopp, Dorn, Ebel, Haug, Hirt, Jens, Levy, Mahn, Otto, Paul, Roth, Weil, Wolf
5 Blass, Bosch, Duden, Erman, Ewald, Grein, Grimm, Hagen, Heyne, Justi, Kluge, Krehl, Lehrs, Mayer, Nauck, Rohde, Rosen, Siebs, Uhlig, Weber, Wiese, Zumpt
6 Becker, Benfey, Braune, Christ, Clajus, Frings, Fuerst, Gering, Gesner, Hommel, Jacobi, Jaeger, Keller, Lobeck, Ludolf, Martin, Nestle, Oppert, Raumer, Reiske, Rieder, Riemer, Roethe, Sachau, Sauppe, Schade, Schott, Sittig, Traube, Trumpp, Uhland, Zacher
7 Bartsch, Benecke, Bernays, Buehler, Burdach, Creuzer, Curtius, Dindorf, Ernesti, Fluegel, Freytag, Fuehrer, Golther, Groeber, Kuehner, Lagarde, Leibniz, Leskien, Luebben, Lueders, Meineke, Moeller, Mueller, Naumann, Osthoff, Pischel, Radloff, Ritschl, Sanders, Scherer, Schmidt, Schoene, Schwabe, Sievers, Simrock, Spiegel, Stengel, Stenzel, Stieler, Tychsen, Vossler, Vullers, Weigand, Wuelker, Zarncke, Zimmern, Zupitza
8 Andresen, Brugmann, Duentzer, Gesenius, Graevius, Jeremias, Klaproth, Koelbing, Koerting, Lachmann, Massmann, Pfeiffer, Rassmann, Roediger, Rossbach, Rueckert, Schipper, Seelmann, Seyffert, Weinhold, Wendland, Wilmanns, Windisch
9 Borchardt, Brockhaus, Buechmann, Delbrueck, Delitzsch, Feuerbach, Firmenich, Fleischer, Grassmann, Holtzmann, Meidinger, Nipperdey, Oldenberg, Petermann, Schmeller, Schneider, Schoemann, Schroeder, Stallbaum, Steinthal,

Studemund, Trautmann, Wachsmuth, Wechssler, Willmanns
10 Derenbourg, Eichstaedt, Ettmueller, Gruenwedel, Kretschmer, Krumbacher, Liliencron, Praetorius, Schneegans, Steindorff, Steinmeyer, Streitberg
11 Brockelmann, Foerstemann, Hillebrandt, Muellenhoff, Vollmoeller, Wackernagel
12 Bezzenberger, Friedlaender, Gildemeister, Goldstuecker, Zangemeister
13 Reifferscheid, Schlagintweit
14 Schweighaeuser

Sprinter, Sprinterin
3 Abt, Ehl, Itt, Rau
4 Adam, Derr, Haas, Hary, Heer, Honz, Just, Kern, Knab, Koch, Krug, Maul, Metz, Oker, Pohl, Salz, Zenk
5 Albus, Borth, Braun, Busch, Corts, Eicke, Evers, Falck, Fisch, Frese, Goehr, Hagen, Heine, Janke, Klein, Klier, Klotz, Knoll, Kokot, Krebs, Lange, Lauer, Lippe, Loewe, Mayer, Meyer, Ommer, Reske, Roehr, Rohde, Simon, Storz, Thimm, Thoma, Voigt, Zaske, Zehrt
6 Arendt, Balzer, Becker, Berger, Biechl, Breuer, Collin, Doerry, Eckert, Gaugel, Germar, Hamann, Harbig, Helten, Houben, Jonath, Junker, Kaiser, Kanter, Kaufer, Kauter, Kinder, Kinzel, Knebel, Kofler, Krabbe, Krause, Krauss, Kuebel, Kuehne, Kurrat, Lathan, Lieder, Luebke, Nathan, Raepke, Reiger, Sander, Savari, Seiler, Streit, Thiele, Thomas, Wilden, Zerbes
7 Bombach, Brehmer, Geister, Goermer, Grosser, Guenter, Heinich, Hendrix, Hennige, Hermann, Hirscht, Hofmann, Kellner, Koehler, Koernig, Lammers, Leichum, Matthes, Metzner, Mickler, Moeller, Mueller, Neumann, Oelsner, Philipp, Richter, Rohmann, Ruebsam, Ruecker, Rueckes, Sarvari, Schenke, Schmidt, Schmitt, Schulte, Seidler, Stecher, Steines, Streidt, Wachtel, Wallach, Walther, Weppler, Woeckel
8 Behrendt, Boedding, Buechner, Bussmann, Cullmann, Dobeleit, Gierling, Gladisch, Guenther, Heinrich, Herrmann, Hoffmann, Holdmann, Kaesling, Kaufmann, Kisabaka, Knoerzer, Kroniger, Langbein, Loeffler, Maletzki, Meissner, Neubauer, Nueckles, Petersen, Schaffer, Scheppau, Schuster, Skamrahl, Stropahl, Stubnick, Trieloff, Weigeldt, Wichmann, Wucherer
9 Auerswald, Bodendorf, Brinkmann, Carlowitz, Dollinger, Domagalla, Drechsler, Eigenherr, Emmelmann, Engelmann, Fuetterer, Koeninger, Leinemann, Rosendahl, Schersing, Schloeske, Schneider, Steinbach, Stratmann, Struppert, Ulzheimer, Vaihinger
10 Birkemeyer, Borchmeyer, Doerffeldt, Hornberger, Mahlendorf, Mallendorf, Pensberger, Rohlaender, Schabinger, Schlepuetz, Schoenlebe
11 Erbstoesser, Gillmeister, Hesselbarth, Jellinghaus, Koehrbrueck, Stuelpnagel
12 Schittenhelm, Schweisfurth
14 Mattler-Schulte

Staatsdenker
6 Frantz

Staatsrechtler
5 Apelt, Stahl
6 Piloty
8 Jellinek

Stabhochspringer
3 Ohl
4 Holl
5 Lohre, Zintl
7 Nordwig
8 Kuretzky, Lehnertz
9 Atzbacher, Preussger, Reinhardt
10 Langhammer
11 Kozakiewicz, Schiprowski

Städtebund
5 Hansa, Hanse

Stausee
13 Edertalsperre

Strafrechtslehrer
6 Mezger
9 Feuerbach

Stratege
6 Moltke
10 Hindenburg, Ludendorff, Schlieffen

Südseeforscher
6 Finsch

Tänzer und Choreograf (auch Tänzerin)
3 Bey
4 Cain, Haas, Mank
5 Hauff, Hoyer, Jooss, Thiel, Weidt
6 Ambros, Dreyer, Gawlik, Georgi, Gruber, Hurtig, Lubitz, Preuss, Spiess, Walter, Wigman
7 Huetter, Luipart, Palucca
8 Heinrich
9 Hillebron, Schilling
10 Kreutzberg
12 Baumgaertner

Tanzkapellmeister, -musiker
4 Ette, Kuhn
5 Glahe, Hause, Joost
6 Greger, Lutter

Tanzkomiker
6 Feindt

Tennisspieler, Tennisspielerin
4 Baur, Graf, Haas, Hack
5 Babel, Bunge, Cramm, Cueto, Huber, Jelen, Kohde, Maier, Meier, Mronz, Peter, Pfaff, Steeb, Stich, Sturm, Traun
6 Aussem, Becker, Buding, Franke, Frankl, Galvao, Henkel, Kochta, Kuhnke, Meiler, Menzel, Naewie, Nickel, Porwik, Probst, Singer, Sinner, Tambue, Zoecke
7 Arriens, Begerow, Braasch, Bungert, Ecklebe, Koering, Kreuzer, Kuehnen, Nielsen, Niessen, Porwick, Rittner, Saceanu, Sanders
8 Buljevic, Goellner, Jaenecke, Martinek, Masthoff, Prinosil, Schultze, Schwaier, von Gramm, Westphal, Windisch
9 Karbacher, Koslowski, Kschwendt, Nicklisch, Parringer, Riglewski
10 Froitzheim, Gollwitzer, Krahwinkel, Schomburgk, Schuerhoff, Zivec-Skulj
11 Kohde-Kilsch
12 Schildknecht
13 Elschenbroich, Hoesl-Schultze
18 Sperling-Krahwinkel

Tenor
3 Erb
4 Hopf, Vogl
5 Knote, Kollo, Konya, Krebs, Witte
6 Anders, Apreck, Enders, Lorenz, Ludwig, Nocker, Schock, Stolze
7 Hofmann, Niemann, Voelker, Wohlers
8 Goldberg, Heesters, Melchert, Schreier
9 Aldenhoff, Jerusalem, Schlusnus
10 Laubenthal, Windgassen, Winkelmann, Wunderlich
11 Fehenberger

Theaterkritiker
4 Kerr, Luft

Theaterregisseur
4 Arpe, Ehre, Koch, Mann, Monk
5 Bauer, Haugk, Heinz, Heyme, Karge, Legal, Minks, Stein, Zadek
6 Berger, Brecht, Bremer, Gobert, Martin, Noelte, Perten, Schall, Solter, Stroux, Weigel, Wisten
7 Erfurth, Fehling, Harnack, Hartung, Hilpert, Huebner, Hurwicz, Kortner, Lietzau, Lueders, Mittler, Muethel, Peymann, Schalla
8 Berghaus, Devrient, Dieterle, Everding, Hellberg, Henckels, Hetterle, Hollmann, Langhoff, Weichert, Wekwerth
9 Bennewitz, Bornemann, Kronacher, Lindemann,

Neuenfels, Palitzsch, Tenschert, Vallentin
10 Fassbinder, Hollaender
11 Falckenberg, Martersteig, Schoenemann
12 Mueller-Stahl

Theologe

4 Cusa, Suso
5 Bauer, Bleck, Faber, Hauck, Kraus, Lemme, Pfaff, Piper, Reuss, Rogge
6 Arnold, Cremer, Dorner, Heiler, Herder, Hurter, Nestle, Spener, Wittig
7 Andrese, Ehrhard, Ernesti, Francke, Frommel, Klepper, Koerner, Naumann, Niebuhr, Rohling, Strauss, Wichern, Wiggers
8 Dibelius, Fliedner, Guardini, Kliefoth, Niemeyer, Reimarus
9 Deissmann, Deutinger, Hunzinger, Schroeder
10 Doellinger, Gollwitzer, Niemoeller, Schweitzer
11 Spangenberg, Weizsaecker

Theoretiker des Sozialismus

4 Marx
6 Engels

Tiervater

5 Brehm

Tischtennisspieler, Tischtennisspielerin

4 Alke, Gaeb, Rowe
5 Arndt, Harst, Nemes, Simon, Wosik
6 Lersow, Prause, Pritzi, Strube, Struse
7 Dauphin, Fetzner, Fischer, Forster, Gomolla, Krueger
8 Boehning, Buchholz, Bussmann, Matthias, Michalek, Rosskopf, Schoeler
11 Faltermaier, Freundorfer, Teller-Kruse
12 Kriegelstein

Triathlet, Triathletin

4 Graf
5 Zaeck
6 Krolik
7 Basting, Mortier
8 Dittrich, Schaefer
10 Aschmoneit

Turner, Turnerin

3 Iby
4 Abel, Baum, Frey, Golz, Huth, Jahn, Janz, Kern, Kobs, Koch, Lyhs, Volz, Weyh
5 Altes, Bantz, Beier, Boley, Dathe, Gross, Heine, Klotz, Koppe, Kroll, Loges, Meyer, Noack, Paeke, Pfann, Roesl, Weber
6 Becker, Brehme, Effing, Flatow, Franke, Fuelle, Fuerst, Geiger, Gerdes, Gnauck, Hempel, Japtok, Kiefer, Klumpp, Koeste, Kouril, Kurrle, Langer, Michel, Ritter, Rychly, Santer, Schorn, Spiess, Spieth, Stadel, Stangl, Starke, Thuene, Wecker, Weller, Winter
7 Aguilar, Banzhaf, Beckers, Beckert, Behrend, Bischof, Brzeska, Buerger, Dickhut, Dombeck, Gienger, Hofmann, Jaschek, Jentsch, Joechle, Kersten, Kormany, Kraeker, Lehmann, Neumann, Nikolay, Peitsch, Reuther, Schepan, Schmidt, Schmitt, Schoeck, Schwarm, Schwarz, Stadler, Tippelt, Vollmer, Walther, Wilhelm, Winkler, Ziegler, Zuchold
8 Beckmann, Behrendt, Bohrwick, Buechner, Dietrich, Drissler, Froelian, Guenther, Hellmann, Hoffmann, Krafczyk, Milbradt, Poehlsen, Radochla, Rohrwick, Rothhaar, Schumann, Spinnler, Steffens, Wuensche
9 Baerwirth, Brueckner, Budenberg, Faehnrich, Haeussler, Luedemann, Radochala, Scharmann, Schuhmann, Sohnemann, Thuemmler, Winzinger, Wuerschig, Zellekens
10 Billerbeck, Moessinger, Neikiferow, Oltersdorf, Schmeisser, Schmiemann, Wardelmann
11 Niederheide, Schwarzmann, Simmelbauer
12 Bauerschmidt, Kluessendorf, Schoenfelder, Weingaertner
14 Schieferdecker, Walther-Dumbsky

Turnvater

4 Jahn

Verleger

4 Beck, List
5 Barth, Bauer, Burda, Dietz, Meyer, Piper, Reich, Ulmer, Urban, Wolff
6 Hanser, Hirzel, Langen, Meiner, Reclam, Reimer, Thieme
7 Fischer, Mueller, Rowohlt, Seemann, Teubner
8 Baedeker, Cassirer, Goeschen, Niemeyer, Springer, Suhrkamp, Ullstein
9 Breitkopf, Brockhaus, Bruckmann, Gleditsch, Hinstorff, Tauchnitz
10 Diederichs, Hiersemann, Kippenberg, Oldenbourg
11 Bertelsmann, Kiepenheuer

Violinist, Violoncellist

3 May
4 Amar, Palm, Ries, Timm
5 Bosse, Busch, David, Fesca, Geczy, Rietz, Strub
6 Diener
7 Borries, Joachim, Schmahl
8 Davisson, Havemann, Klingler, Koeckert, Kreisler, Kuechler, Scherzer, Taschner, Wilhelmj
9 Burmester, Eberhardt, Lenzewski, Marschner, Morbitzer, Zacharias
11 Doebereiner, Kulenkampff
12 Schneiderhan

Völkerkundler

5 Weule
6 Meurer

Volkshumorist in München

8 Valentin

Volkskundler

5 Meier

Volksliedersammler

5 Pinck

Volksstamm

6 Bayern, Hessen
7 Franken, Friesen, Pommern, Sachsen
8 Ostfalen, Schwaben
9 Alemannen, Schlesier, Westfalen
10 Ostfriesen, Thueringer
11 Nordfriesen, Ostpreussen
13 Mecklenburger, Niedersachsen

volkstümlicher Sänger

5 Heino

Volkswirtschaftler

5 Baade, Harms, Knapp
6 Gossen

Volleyballer, Volleyballerin

3 Ohe
4 Hild, Lepa, Riek
5 Hagen, Loewe, Maune, Meetz, Nolte, Peter, Puetz, Simon, Weber, Weise, Witte
6 Grozer, Heucke, Lorenz, Paulus, Rimrod, Schulz, Staden, Vossen
7 Brandel, Buehler, Buschle, Endrich, Hankers, Maibohm, Poerner, Richter, Ruehmer, Stender, Tuetken
8 Drechsel, Pietzsch, Sauvigny, Schaefer, Schumann, Tscharke, Westphal
9 Grasshoff, Schneider, Terstegge, von der Ohe, Zitranski
10 Holzhausen, Kemperdink
11 Ellerbracke, Ruschenburg
12 Place-Brandel

Waffentechniker

6 Mauser

Wärmetechniker

6 Balcke

Wasserballspieler

4 Otto, Wolf
5 Gunst, Hoppe, Huber, Loebb, Simon, Stamm, Weeke
6 Baehre, Cordes, Freund, Jacoby, Nossek, Olbert, Roehle
7 Benecke, Kuepper, Schulze, Stiefel, Teicher
8 Schepers
9 Fernandez, Haverkamp, Osselmann, Schroeder, Schuhmann, Theismann
10 Chalmovsky, Rademacher
11 Hoffmeister
12 Obschernikat

Weit- und Dreispringer, Weitspringerin

4 Beer, Haaf, Long
5 Braun, Claus, Fries, Huehn, Jaros, Knabe, Siegl, Voigt, Wujak
6 Becker, Klauss, Olfert, Radtke,

Schulz, Thomas, Vokuhl
7 Brehmer, Drehmel, Kolmsee, Leichum, Mickler, Mueller, Paschek, Schwarz, Tiedtke, Wolters
8 Bouschen, Hoffmann
9 Bartschat, Drechsler, Gloerfeld, Hannemann, Rosendahl, Rueckborn, Schueller, Steinbach
10 Dombrowski, Hirschberg, Wartenberg
11 Baumgartner
13 Mickler-Becker

Weltraumfahrer (Physiker)
7 Merbold

Wunderdoktor
9 Eisenbart

Xylofonvirtuose
5 Engel

Zehnkämpfer
4 Bock, Halt, Perk, Voss
5 Beyer, Dauth, Meier, Stark, Walde, Wentz
6 Eberle, Floder, Kohnle, Moltke, Schenk, Schmid
7 Bendlin, Hingsen, Holdorf, Mueller, Sievert
8 Schreyer
10 Kratschmer, Sonnenberg

Zeichner
5 Busch, Grosz, Heine, Zille
6 Menzel
7 Baldung, Cranach, Janssen, Richter
8 Carstens, Hoffmann, Hosemann
10 Hegenbarth

Zellforscher
6 Boveri

Zoodirektor
4 Heck
7 Grzimek

Zoologe
4 Chun, Frey, Heck, Hess
5 Altum, Brehm, Bronn, Carus, Claus, Dohrn, Hesse, Meyer, Plate
6 Ehlers, Finsch, Frisch, Giebel, Haacke, Hermes, Jaeger, Krauss, Leydig, Meigen, Roerig, Semper
7 Cabanis, Doflein, Grzimek, Haeckel, Hertwig, Heuglin, Ihering, Landois, Martens, Moebius, Naumann, Nehring, Nitsche, Schmidt, Spemann
8 Baldanus, Guenther, Leuckard, Marshall, Rhumbler, Weismann
9 Bechstein, Berlepsch, Buetschli, Fabricius, Gegenbaur, Ratzeburg, Reichenow, Schaudinn
10 Blumenbach, Klunzinger, Kuekenthal, Schillings
11 Eschscholtz, Goldschmidt, Reichenbach
12 Lichtenstein, Pagenstecher, Rossmaessler

deutsches

Adelsgeschlecht
4 Wied
6 Nassau, Welfen
8 Askanier, Habsburg, Stolberg, Wettiner
9 Hohenlohe
10 Bernstorff
11 Loewenstein
12 Hohenstaufen, Hohenzollern
13 Thurn und Taxis

Adelsprädikat
3 von

Alpenvorland
7 Allgaeu

Bad, Badeort, Kurort
3 Ems, Orb
5 Essen, Soden, Toelz
6 Abbach, Sachsa, Vilbel
7 Aibling, Berneck, Homburg, Nauheim, Pyrmont, Teinach, Waldsee, Wimpfen, Wurzach
8 Harzburg, Hersfeld, Kohlgrub, Muenster, Neuenahr, Neustadt, Rappenau, Segeberg
9 Duerkheim, Godesberg, Kissingen, Kreuznach, Krozingen, Niedernau, Peterstal, Salzuflen, Schwartau, Steinbeck, Wildungen
10 Baden-Baden, Bergzabern, Hoenningen, Lauterberg, Liebenzell, Oeynhausen, Schwalbach
11 Badenweiler, Gandersheim, Gleisweiler, Lippspringe, Mergentheim, Reichenhall, Woerishofen
14 Friedrichshall

Bundesland
6 Bayern, Berlin, Bremen, Hessen
7 Hamburg, Sachsen
8 Saarland
10 Thueringen
11 Brandenburg
13 Niedersachsen, Sachsen-Anhalt
14 Rheinland-Pfalz
17 Baden-Wuerttemberg, Schleswig-Holstein
18 Nordrheinwestfalen
21 Mecklenburg-Vorpommern

Eisschnellaufzentrum
6 Inzell

Epos
14 Nibelungensage

Erbrittergeschlecht
6 Andlaw

Farbfernsehsystem
3 PAL

Flächen-, Feld-, Gewichts-, Zeitmaß, Maß
2 Ar
3 Lot, Ohm
4 Elle, Fuss, Grad, Gran, Hube, Hufe, Joch, Kufe, Mass, Rute, Sack, Zoll
5 Acker, Fuder, Graen, Gramm, Hufen, Kanne, Liter, Meile, Meter, Metze, Pfund, Quart, Quent, Quint, Spint, Stein, Tonne
6 Ballen, Hektar, Mandel, Minute, Morgen, Oxhoft, Schock, Seidel, Simmer, Stunde, Wispel
7 Dutzend, Juchart, Juchert, Klafter, Sekunde, Tagwerk, Zentner
8 Scheffel
9 Dekagramm, Dezigramm, Deziliter, Dezimeter, Kilogramm, Kilometer
10 Hektogramm, Hektoliter, Kubikmeter, Mikroliter, Milligramm, Milliliter, Millimeter, Zentigramm, Zentiliter, Zentimeter
12 Meterzentner, Quadratmeter
13 Doppelzentner, Metersekunden, Sekundenmeter
14 Kubikdezimeter
15 Kubikmillimeter, Kubikzentimeter
16 Kilometerstunden, Quadratkilometer, Stundenkilometer
17 Quadratmillimeter, Quadratzentimeter

Flugzeug vor 1914
5 Taube

Forschungsschiff
6 Meteor

Fürstenhaus
6 Salier, Welfen
7 Staufer
8 Askanier, Wettiner
10 Karolinger
11 Ludolfinger
12 Hohenstaufen, Hohenzollern
13 Wittelsbacher

Industriegebiet
6 Berlin
8 Saarland
10 Ruhrgebiet

Kaisergeschlecht
6 Salier
7 Staufer

Kartenspiel
4 Skat
5 Romme
6 Bridge, Ramsch, Tarock
7 Canasta
8 Quartett
9 Schafkopf
10 Doppelkopf
13 Einundzwanzig
14 Kartenlotterie, Schwarzer Peter
15 Sechsundsechzig

Land, Provinz, Kreis, Gau
5 Baden, Hegau, Lippe, Pfalz
6 Barnim, Bayern, Berlin, Bremen, Goerde, Hadeln, Hessen, Zerbst
7 Altmark, Bautzen, Hamburg, Hellweg, Lausitz, Sachsen, Zwickau
8 Arnsberg, Bernburg, Breisgau, Chemnitz, Hannover, Holstein, Prignitz, Rheingau, Saarland, Schwaben, Vogtland, Wetterau
9 Altes Land, Ammerland, Jevarland, Kraichgau, Loessnitz, Lueneburg, Magdeburg, Merseburg, Oberpfalz, Rheinland, Sauerland, Schleswig, Uckermark, Westfalen, Wiesbaden

10 Geestlande, Oberbayern, Oberhessen, Saargebiet, Thueringen, Vorpommern
11 Brandenburg, Mecklenburg, Neckarkreis, Oberfranken, Oberlausitz, Rheinhessen
12 Dithmarschen, Hessen-Nassau, Hohenzollern, Muensterland, Niederbayern, Ostfriesland, Unterfranken, Wuerttemberg
13 Harlingerland, Mittelfranken, Niederlausitz, Niedersachsen, Nordfriesland, Rominter Heide, Sachsen-Anhalt
14 Rheinland-Pfalz
15 Niederschlesien, Schaumburg-Lippe
16 Sachsen-Altenburg, Sachsen-Meiningen, Schwarzwaldkreis
17 Baden-Wuerttemberg, Schleswig-Holstein
18 Nordrhein-Westfalen

Luftverkehrsunternehmen
9 Lufthansa

Normenzeichen
3 DIN

Ostseebad
5 Dahme

Parlament
9 Bundestag

Rechtschreibebuch
5 Duden

Rotes Kreuz
3 DRK

Volksbuch
8 Melusine
9 Griseldis

Weinbaugebiet
3 Ahr
4 Nahe, Saar
5 Baden, Mosel, Pfalz, Ruwer
7 Franken
8 Bodensee, Rheingau, Schwaben
10 Rheinpfalz
11 Mainfranken, Mittelrhein, Rheinhessen
12 Wuerttemberg

Wort für Minorität
10 Minderheit

Zirkusunternehmen
4 Renz
5 Busch, Krone
6 Barnum
7 Althoff
9 Hagenbeck, Sarrasani

deutsch-französischer

Komponist
9 Offenbach

Maler
5 Ernst

Deutschkunde
11 Germanistik

Deutschland

zur Römerzeit
8 Germania
9 Germanien

Deutschlandlied-Dichter
23 Hoffmann von Fallersleben

Deutschlandlied-Komponist
5 Haydn

Deutschlands

älteste Stadt
5 Trier

größte Insel
6 Ruegen

höchster Berg
9 Zugspitze

deutsch-niederländischer

Grenzort
5 Elten

Deutschordensmeister
11 Plettenberg

deutsch-ostafrikanischer

Soldat
6 Askari

deutsch-österreichischer

Autor
5 Jacob

Dichter
5 Laube

Germanist
6 Newald

Geschichtsschreiber
5 Nowak

Historiker
5 Klopp

Opernkomponist
5 Gluck

Strafrechtler
5 Liszt

deutsch-polnischer

Kinderarzt
6 Cherny

deutschstämmiger

General im amerikan. Unabhängigkeitskrieg
7 Steuben

deutsch-ungarischer

Komponist
5 Keler

Musiker
5 Geczy

Physiker
6 Karman

Deutung
6 Lesart
7 Version
9 Auslegung
10 Erklaerung
12 Erlaeuterung
14 Interpretation

der Gestirnsstände
8 Horoskop

Devalvation
9 Abwertung

Devise
5 Motto, Tenor
6 Losung, Parole, Slogan
10 Schlagwort, Sinnspruch, Wahlspruch
12 Wappenspruch
14 Zahlungsmittel

devot
5 fromm
7 ergeben
8 demuetig
12 kriecherisch, unterwuerfig

Devotion
7 Andacht

Dezember
7 Julmond
10 Christmond, Wintermond

dezent
4 zart
9 gedaempft, verhalten
10 schicklich
14 unaufdringlich, zurueckhaltend

Dezernat
11 Sachbereich
17 Geschaeftsbereich

Dezernent
13 Beigeordneter
14 Sachbearbeiter

dezidieren
6 widmen
8 zueignen

dezimieren
10 verringern

diabolisch
9 hoellisch, satanisch, teuflisch

Diadem
4 Reif
5 Krone
9 Stirnband, Stirnreif
10 Stirnbinde, Stirnkrone

Diadoche
8 Seleukos
9 Antigonos, Antipatos
10 Lyrimachos, Ptolemaeus

Diagnose
10 Bestimmung, Erkenntnis
12 Feststellung

Diagonale
5 Linie
6 Gerade
8 Schraege
10 Verbindung
13 Ueberecklinie

Diagramm
3 EEG
9 Schaubild
11 Hirnstroeme

diakritisches

Zeichen
7 Cedille

Dialekt
5 Idiom, Slang
7 Mundart, Sprache

Dialektik
13 Haarspalterei
14 Diskutierkunst
15 Spitzfindigkeit

Dialog
6 Disput
7 Debatte
9 Gespraech
11 Eroerterung, Unterredung, Wechselrede
13 Zwiegespraech

Diamant

berühmter
5 Orlow
7 Soliaer
8 Cullinan, Kohinoor
10 Grossmogul

Diamantenreinheitsgrad
5 Pikee, Pique

Diamantenschleifpulver
5 Boort

Diamantenstadt

in Südafrika
9 Kimberley

Diamantensucher
6 Digger

Diameter
11 Durchmesser
Diarium
4 Buch, Heft
6 Kladde
8 Tagebuch
9 Notizbuch
Diät
9 Schonkost
Diäten
10 Tagegelder
dicht
3 eng
4 fest, nahe
7 kompakt
8 kompress
10 konsistent
anliegend (Billard)
5 Colle
dabei
3 nah
fest in sich geschlossen
7 kompakt
verschlossen
10 hermetisch
dichte
Baumanpflanzung
4 Wald
Dichtemaß
im Fernsprechverkehr
6 Erlang
Dichtemesser
10 Pyknometer
Dichten
der Schiffswände
9 kalfatern
dichtender
Sänger
8 Rhapsode
dichter
Abstand
5 Naehe
Baumbestand
4 Wald
Nebel
3 Fog
Urwald
9 Dschungel
Dichter
4 Poet
5 Autor
6 Epiker
7 Lyriker
8 Traeumer
9 Musensohn, Verfasser
10 Dramatiker, Librettist
14 Schriftsteller
der amerikanischen Nationalhymne
3 Key
der deutschen Frühromantik
7 Novalis
der Heidelberger Romantik
5 Arnim
der Ilias
5 Homer
der italienischen Nationalhymne
6 Mameli
der Lorelei
5 Heine
des Deutschlandliedes
23 Hoffmann von Fallersleben
des Faust
6 Goethe
des Weihnachtsliedes Stille Nacht, heilige Nacht
4 Mohr
epischer Werke
6 Epiker
ländlicher Idyllen
9 Bukoliker
Dichterbund
8 Hainbund
Dichtergott
6 Apollo
Dichterheimat
10 Hippokrene
dichterisch
7 lyrisch
8 poetisch
dichterisch:
Adler
3 Aar
Ameise
4 Emse
Arbeit
3 Tun
Atem
4 Odem
Befestigung
4 Wehr
Brunnen
4 Born
5 Bronn, Quell
7 Bronnen
Diamant
6 Demant
Dichter
4 Poet
drohen
7 draeuen
edel
4 hehr
ehrlich
6 lauter
erhaben
4 hehr
Erquickung
5 Letze
Fährmann
5 Ferge
Felder
7 Gefilde
fliehen
8 fleuchen
11 entfleuchen
Flügel
7 Fittich
Flüssigkeit
4 Nass
Freund
8 Gevatter
Frühling
4 Lenz
Fuchs
7 Reineke
für alle Zeiten
8 immerdar
gebietet
6 gebeut
Gedicht
4 Poem
Gefahr
7 Faehrde
8 Faehrnis
gegen
3 gen
5 wider
Geruch
4 Ruch
Glanz
5 Glast
6 Gleiss
golden
7 guelden
Hafen
4 Port
Hase
5 Lampe
12 Meister Lampe
Hauch
4 Odem
Hecke
3 Hag
Held
5 Recke
Himmel
8 Jenseits
9 Firmament
hübsch
4 hold
Kahn
6 Nachen
Kämpfer
6 Kaempe
Kissen
6 Pfuehl
Kleid, Kleidung
6 Gewand
Knochen
6 Gebein
Krieger
5 Recke
Labe
5 Letze
Lebenshauch
4 Odem
Liebe
5 Minne
Lied
5 Weise
Löwe
3 Leu
Lustwäldchen
4 Hain
Mädchen
4 Maid
mild
4 lind
Monat
4 Mond
nach
3 gen
Nadelwald
4 Tann
nie
6 nimmer
Pferd
4 Ross
Polster
6 Pfuehl
Quelle
4 Born
5 Bronn
7 Bronnen
Rene
3 Ren

Russen
7 Reussen
Saatgut
4 Same
Schlaf
9 Schlummer
Schmuck
10 Geschmeide
Schmuckstück
7 Kleinod
Schutz
4 Hort
Schwanz
7 Schweif
Storch
6 Adebar
Träne
6 Zaehre
Ufer
7 Gestade
Unterwelt
5 Hades
6 Hoelle
Wald
3 Hag
4 Hain, Tann
Wasser
4 Nass
Welt
3 All
Wiese
2 Au
3 Aue
Zufluchtsort
4 Port
dichterische
Wortreihe
4 Vers
dichterischer
Zauber
6 Poesie
Dichterling
9 Poetaster
Dichterross
7 Pegasos, Pegasus
Dichtersitz
7 Parnass
dichtes
Fell
4 Pelz
Gehölz
6 Bokett
Gewebe
6 Damast
Seidengewebe
4 Taft
dichtgedrängt
3 eng
Dichtigkeit
10 Konsistenz
Dichtkunde
6 Poetik
Dichtkunst
4 Epik
5 Lyrik
6 Poesie, Poetik
Dichtung
der althebräischen Literatur
4 Hiob
Homers
5 Ilias
6 Iliade
7 Odyssee
in ungebundener Form
5 Prosa
Salomos
8 Hohelied
Vergils
6 Aeneis
7 Aeneide
Dichtung, Dichtungsart
3 Ode
4 Epik, Epos, Fama, Lied, Maer, Poem, Saga, Sage
5 Drama, Eloge, Essay, Fabel, Hymne, Lyrik, Posse, Prosa, Roman
6 Elegie, Jambus, Mythos, Poesie, Satire, Sketch, Stueck, Xenion
7 Ballade, Fiktion, Gedicht, Legende, Novelle, Romanze, Schwank, ◆ Sketsch
8 Epigramm, Groteske, Historie, Komoedie, Libretto, Maerchen, Stabreim
9 Humoreske, Lustspiel, Rhapsodie, Tragoedie, Volkslied
10 Erzaehlung, Schauspiel, Shortstory
11 Trauerspiel
12 Knueppelvers
13 Buehnenstueck, Tragikomoedie
14 Kurzgeschichte
Dichtungsmaterial, -mittel
4 Kitt, Pech, Teer, Werg
5 Gummi, Pappe
9 Glaswolle
dick
4 fett
5 drall, feist, stark
6 massig, mollig, mopsig, ueppig
7 beleibt, fuellig
8 pummelig
9 fleischig, korpulent, stattlich
10 fettleibig
11 vollschlank
Dickbauch
5 Wanst
dickbauchiges
Hanseschiff
5 Kogge
Dickbein
vom Schwein
7 Eisbein
Dickblattpflanze
4 Aloe
5 Sedum
9 Fetthenne
10 Sukkulente
dickblättriges
Liliengewächs
4 Aloe
dickbreiige
Masse
3 Mus
4 Teig
Dickdarmentzündung
7 Colitis, Kolitis
Dickdarmspiegelung
12 Enteroskopie
dicke
Baumrinde
5 Borke
Haut
8 Schwarte
Schnur
6 Strick
Schuhsohle aus Rohkautschuk
5 ◆ Krepp
zähe Flüssigkeit
4 Seim
dicker
Bauch
5 Wampe, Wanst
6 Ranzen
Brei
3 Mus
Brei aus Kartoffeln
6 Pueree
Brei, wäßriges Essen
6 Mansch
Farbauftrag
7 Impasto
Likör
5 Creme
Metallstift
6 Bolzen
Nebelrauch
4 Smog
Pfahl zum Anbinden
6 Pflock
Pflanzenstengel ohne Blätter
6 Strunk
Prahlhans
8 Falstaff
Saft
4 Seim
5 Sirup
Strick
4 Seil
Zweig
3 Ast
dickes
Brett
5 Bohle, Diele
Buch
7 Waelzer
Papier
5 Pappe
Schreibheft
6 Kladde
Seil
3 Tau
6 Strick, Trosse
Steppgewebe
9 Matelasse
dickfellig
4 stur
11 lethargisch
12 phlegmatisch
13 unempfindlich
Dickfelligkeit
7 Phlegma
9 Lethargie
dickfleischige
Pflanze
4 Aloe
6 Kaktee, Kaktus
Wurzel
5 Ruebe
dickflüssig
4 zaeh
6 breiig, saemig, seimig, teigig, viskos
10 konsistent

er Gastronomie
pastos
.flüssige
onderung
Schleim
'se
Brei
ke
◆ Majonaese
Mayonnaise
‹flüssiger
'
Seim
Sirup
:kfuß
Triel
:khäuter
Tapir
Elefant, Nashorn
Nilpferd
Flusspferd, Rhinozeros
ckhäuterschar
Elefantenherde
ckicht
Geaest
Gebuesch
Buschwerk, Gestruepp,
Unterholz
Gestraeuch
s Schilf und Ried
Roehricht
ckkopf
Eigensinn
:kköpfig
· stur
cklich
› mollig
ckschalige
'trone
› Limone
icktuer, Prahler
' Angeber
ickungsmittel
3 Gelatine
ickwurzel
5 Ruebe
5 Knolle
ie
bfolge aller Geschehnisse
4 Zeit
llgemeinheit der Menschen
5 Masse
5 Oeffentlichkeit
lten Griechen
8 Hellenen
lteste Dorfgeschichte
8 Wernher der Gaertner
n den Himmel versetzten Töchter
'es Atlas
8 Plejaden
ntike
8 Altertum
rktis betreffend
5 polar
ste des Geweihs
5 Enden
tmosphäre
4 Luft
6 Aether
usführende Staatsgewalt
9 Exekutive
18 Vollziehende Gewalt

Auswahl der Besten
5 Elite
Bausteine der Materie
5 Atome
17 Elementarteilchen
Bewohner der entgegengesetzten Seite der Erde
9 Antipoden
Bienenkönigin
6 Weisel
Blutbahnen des Körpers
5 Adern, Venen
8 Arterien
10 Kapillaren
16 Kapillargefaesse
Blutsverwandten
5 Ahnen, Enkel
6 Eltern
11 Grosseltern
Dänische Fahne
8 Danebrog
drei Eisheiligen
8 Mamertus
9 Servatius
10 Pankratius
drei griechischen Schicksalsgöttinnen
6 Parzen
drei Weisen aus dem Morgenlande
6 Kaspar
8 Melchior
9 Balthasar
Eier der Läuse
6 Nissen
eigene Person
3 Ego, Ich
Einzahl
8 Singular
Einzelentscheidung der Wahl
6 Stimme
Erdgebiete zwischen den Wendekreisen
6 Tropen
Erdüberflutung im Alten Testament
8 Sintflut
erste Frau
3 Eva
ersten Erdsatelliten
8 Explorer
ersten Pulvergechütze
14 Donnerbuechsen
erste Tänzerin
9 Ballerina
14 Prima Ballerina
essbaren Organe der Schlachttiere
9 Innereien
ewige Stadt
3 Rom
Feldherren Alexanders
9 Diadochen
Flammenwelt der nordischen Göttersage
10 Muspelheim
französische Riviera
10 Côte d´Azur
Frau Jakobs
3 Lea
6 Rachel
Frucht der Buche
5 Ecker
9 Buchecker

Frucht der wilden Rose
10 Hagebutten
fünf Bücher Mose
5 Thora
10 Pentateuch
für Menschen essbaren Dinge
4 Eier, Obst
5 Fisch
7 Fleisch, Gemuese, Nahrung
8 Fruechte
12 Lebensmittel
14 Nahrungsmittel
gemeinsame Abendmahlfeier der Kommunikanten
9 Kommunion
16 heilige Kommunion
gesamte staatliche Rechtspflege
6 Justiz
10 Judikative
Gesamtheit der Witterung
5 Klima
gewählten Abgeordneten
14 Parlamentarier
20 Parlamentsmitglieder
Grenze eines Grubenfeldes
11 Markscheide
griechische Unterwelt
5 Hades
8 Tartaros
großen Buchstaben im Buchdruck
9 Versalien
großen und kleinen Antillen
18 Westindische Inseln
grüne Insel
6 Irland
Gunst Gottes
5 Gnade, Segen
Haare aus Schweif und Mähne des Pferdes
8 Rosshaar
Heilige Schrift
5 Bibel
herrschenden Geschlechter im alten Rom
9 Optimaden, Patrizier
inneren Organe
4 Darm, Herz, Milz
5 Bauch, Galle, Leber, Lunge, Magen, Niere
10 Eingeweide
Inselwelt des Pazifiks
8 Ozeanien
Jünglinge im alten Griechenland
7 Epheben
katholischen Geistlichen
6 Klerus
Länder östlich des Mittelmeeres
6 Orient
10 Morgenland
Larven der Schmetterlinge
6 Raupen
Lederhaut des Auges
6 Sklera
Lehre von den Knochen
10 Osteologie
letzte Liebe Goethes
8 Levetzow
Mannen Siegfrieds
10 Nibelungen
männlichen Bienen
7 Drohnen
männlichen Blutsverwandten
7 Agnaten

Mutter der Kompanie
6 Spiess
17 Kompaniefeldwebel
Mutter Jesu
5 Maria
Nachlassnehmer eines Toten
5 Erben
negative Elektrode
7 Kathode
8 Minuspol
Neue Welt
7 Amerika
neun Töchter des Zeus und der Mnemosyne
4 Klio
5 Erato
6 Thalia, Urania
7 Euterpe
8 Kalliope
9 Melpomene
10 Polyhymnia
11 Terpsichore
offenen Ozeane
5 Meere
9 Weltmeere
Ohren der Jagdhunde
6 Behang
östlichen Mittelmeerländer
6 Orient
7 Levante
10 Morgenland
päpstliche Zentralbehörde
5 Kurie
Parlamente der deutschen Länder
6 Senate
8 Landtage
Pest
12 Schwarzer Tod
rechtliche Grundlage eines Staates
10 Verfassung
11 Grundgesetz
richtige Jahreszeit
6 Saison
Schöpfung
5 Natur
Schrift unserer Vorfahren
5 Runen
See
4 Meer
5 Ozean
sieben geistigen Werke der Barmherzigkeit
3 Rat
5 Gebet, Trost
6 Suehne
9 Belehrung
10 Verzeihung
14 Zurechtweisung
sieben Hügel Roms
7 Aventin, Caelius, Kapitol, Palatin, Viminal
8 Quirinal
sieben leiblichen Werke der Barmherzigkeit
12 Tote begraben
14 Kranke besuchen
15 Hungrige speisen, Nackte bekleiden
16 Durstige traenken
17 Fremde beherbergen, Gefangene troesten
sieben sagenhafte Könige von Rom
7 Romulus
12 Ancus Martius
13 Numa Pompilius
14 Servius Tullius
15 Tullus Hostilius
17 Tarquinius Prisens
18 Tarquinius Superbus
sieben Todsünden
4 Geiz, Neid, Zorn
7 Hochmut, Wollust
10 Trunksucht
19 Traegheit des Herzens
sieben Tugenden
5 Liebe
6 Glaube
7 Staerke
8 Hoffnung, Klugheit
11 Maessigkeit
13 Gerechtigkeit
sieben Weisen des Altertums
4 Bias
5 Solon
6 Chilon, Thales
8 Pittakos
9 Kleobulos, Periander
sieben Weltwunder
9 Pyramiden
15 Koloss von Rhodos, Tempel in Ephesos
17 Haengenden Gaerten, Zeusbild in Olympia
18 Leuchturm von Pharos
20 Grabmal in Halikarnass
sittliche Würde des Menschen
4 Ehre
spartanischen Staatssklaven
7 Heloten
Tasten eines Klaviers
8 Tastatur
Tonkunst
5 Musik
tragenden Pfeiler einer Hängebrücke
7 Pylonen
tropischen Regenwälder des Amazonas
6 Selvas
Truppe mit Verpflegung und Munition versorgender Wagenpark
5 Train, Tross
umliegenden Landschaften
6 Umland
8 Umgebung
unsterblich gewordenen Helden in Walhalla
9 Einherier
Unwahrheit sagen
6 luegen
unzertrennlichen Zwillinge der griechischen Sage
9 Dioskuren
Ureinwohner Griechenlands
8 Pelasger
Versammlung der Bürgerschaft im alten Rom
8 Komitien
Vollendung in der buddhistischen Religion
7 Nirwana
Vorfahren
5 Ahnen
vornehmen Altrömer
9 Patrizier
wandernden Musikanten
10 Spielleute
12 Spielmaenner
15 fahrende Musiker
Wehrmacht eines Staates
4 Heer
5 Armee
7 Truppen
8 Militaer
11 Streitmacht
Weltesche in der nordischen Götterlehre
9 Yggdrasil
zehn Gebote
7 Dekalog
Zeit nach der Hochzeit
13 Flitterwochen
Zeit nach Dienstschluss
8 Freizeit
10 Feierabend
Zweige des Weinstocks
5 Reben
Dieb
6 Ganove, Gauner
7 Stehler
9 Spitzbube
10 Einbrecher, Kleptomane, Langfinger
Diebesfalle
9 Fussangel
Diebesgut
4 Sore
5 Beute
Diebesgutabnehmer, -helfer
6 Hehler
Diebeshaken
8 Dietrich
14 Nachschluessel
Diebesschlüssel
8 Dietrich
diebischer
Vogel
6 Elster
Diebshelfer
6 Hehler
8 Komplize
Diebstahl
4 Raub
8 Einbruch, Wegnahme
10 Entwendung
12 Unterschleif, Veruntreuung
13 Hinterziehung
14 Unterschlagung
geistigen Eigentums
7 Plagiat
Diele
4 Flur, Gang
5 Brett, Latte, Tenne
6 Entree
7 Vorraum
8 Hausflur, Korridor
9 Fussboden, Tanzboden, Vorzimmer
11 Tanzparkett
14 Fussbodenbrett
Dielektrikum
8 Elektret
dienende
indische Kaste
5 Paria
6 Shudra
Dienender, Gutsarbeiter
6 Knecht

Diener
3 Boy
5 Groom, Lakai
6 Butler
7 Bursche, Famulus
8 Domestik, Faktotum
9 Bueckling
10 Verbeugung
der Obrigkeit im alten Rom
6 Liktor
des Don Juan
9 Leporello
des Don Quichotte
5 Pansa
11 Sancho Pansa
des Elfenkönigs
4 Puck
Dienerin
4 Magd, Zofe
10 Kammerzofe
Dienerkleidung, Tracht, Uniform
6 Livree
dienernde
Treue
11 Ergebenheit
Dienerschaft
8 Personal
12 Hauspersonal
Dienst
3 Amt
4 Kult
5 Beruf, Hilfe
6 Arbeit, Kultus
7 Einsatz, Pflicht, Service
8 Aufsicht, Leistung
9 Assistenz
12 Baerendienst
14 Unterstuetzung
ausüben
8 amtieren
dienstältester
Diplomat
5 Doyen
Dienstanweisung
11 Instruktion
Dienstanzug
der Soldaten
7 Uniform
Dienstbarkeit
8 Servitut
dienstbeflissen
9 eilfertig
Dienstbereich
7 Ressort
Dienstbezeichnung
5 Titel
9 Kommissar
Dienstbezüge
9 Besoldung
Dienstbote
8 Domestik
9 Domestike
Dienstenkommen
9 Besoldung
Dienstenthebung
10 Suspension
Dienstentlassung
9 Kassation
Dienstflagge
am Auto
7 Stander
Dienstgrad
4 Rang
5 Stufe
6 Charge
9 Rangstufe
Dienstkleidung
4 Robe
5 Talar
6 Livree, Montur
7 Uniform
10 Amtstracht
Dienstleistung
6 Servis
7 Gewerbe, Service
8 Funktion
Dienstleistungsbetrieb
4 Bahn, Post
9 Eisenbahn
16 Verkehrsbetriebe
dienstliche
Meldung
7 Rapport
dienstlicher
Bericht
7 Meldung
Ungehorsam
15 Insubordination
Dienstmädchen
4 Magd, Zofe
Dienstmann
6 Vasall
7 Traeger
8 Hoeriger
9 Lehnsmann
14 Gepaecktraeger
Dienstordnung
9 Reglement
Dienstregelung
11 Stellenplan
Dienstschwur
7 Amtseid
Dienstsiegel
7 Stempel
in Österreich
10 Stampiglie
Dienststelle
3 Amt
5 Buero
6 Office
7 Kanzlei
8 Behoerde
9 Amtsstube
zur Prüfung von Messgeräten
7 Eichamt
Dienststellenwechsel
10 Versetzung
Dienststellung
8 Funktion
Dienststempel
6 Siegel
Dienststrafverfahren
20 Disziplinarverfahren
dienstuntauglich
5 krank
7 invalid
8 invalide, versehrt
Dienstvorschrift
7 Ordnung
9 Anweisung, Direktive, Reglement
11 Hausordnung
15 Betriebsordnung
Dienstweg
7 Instanz
12 Instanzenweg
Dienstzimmer
5 Buero
diesig
5 trueb
6 neblig
7 dunstig
diesige
Luft
5 Nebel
diesjährig
6 heurig
Dietrich
von Bern
10 Theoderich
diffamieren
9 schmaehen
10 beleidigen, verleumden
11 beschimpfen, herabsetzen
12 anschwaerzen
13 verunglimpfen
different
8 ungleich
10 abweichend
11 verschieden
15 unterschiedlich
Differenz
4 Rest
5 Krach, Zwist
6 Streit
7 Abstand
10 Fehlbetrag, Restbetrag, Restposten
11 Kontroverse, Uneinigkeit, Unterschied
13 Unstimmigkeit
23 Meinungsverschiedenheit
differenzieren
13 unterscheiden
diffizil
6 heikel
9 schwierig
diffus
4 wirr
6 unklar
8 unscharf
9 nebelhaft, zerstreut
10 undeutlich
12 verschwommen
13 weitschweifig
Dijle-Zufluss
in Belgien
5 Demer
Diktat
5 Zwang
6 Ansage, Befehl, Gewalt
8 Aufnahme
11 Nachschrift
13 Niederschrift
Diktator
6 Despot, Tyrann
10 Machthaber
11 Gewalthaber
12 Gewaltmensch
13 Unterdruecker
15 Gewaltherrscher
von Paraguay
5 Lopez
diktatorisch
10 totalitaer
Diktatur
8 Despotie, Tyrannei
14 Totalitarismus
16 Gewaltherrschaft,

Zwangsherrschaft
Diktierapparat
8 ◆ Diktafon
9 Diktaphon
Diktion
4 Stil
14 Ausdrucksweise
Dilemma
3 Not
5 Krise
6 Klemme
7 Notlage
10 Zwangslage
11 Zwickmuehle
Dilettant
4 Laie
7 Amateur
8 Stuemper
9 Liebhaber
11 Kunstfreund
13 Nichtfachmann
14 Kunstliebhaber
dilettantisch
9 laienhaft
12 stuemperhaft
dilettantische
Arbeit
9 Flickwerk
Dill
10 Baerenwurz
11 Gurkenkraut
Dimension
5 Hoehe, Tiefe, Weite
6 Breite, Laenge, Umfang
7 Ausmass, Bereich, Groesse
10 Ausdehnung, Ausmessung
dimorphes
Mineral
6 Leucit
Diner
5 Essen
9 Festessen
11 Mittagessen
12 Speisenfolge
Ding
3 Ens
4 Kram, Zeug
5 Sache
6 Objekt
7 Koerper
10 Gegenstand
13 Angelegenheit
des Gebrauchs
6 Geraet
Dinge
mit übernatürlicher Kraft (Inkaglaube)
5 Huaca
dinglich
4 real
Dingwort
10 Substantiv
dinieren
6 tafeln
Dinosaurier
10 Diplodocus
11 Ign1uanodon, Stegosaurus
12 Brontosaurus
13 Tyrannosaurus
Dionysos
als Sorgenbrecher
6 Lyaios
Dionysos' Enkel, Heros des süßen Weins
5 Maron
Diözese
6 Bistum
8 Sprengel
12 Kirchenkreis
15 Kirchensprengel
Diphthong
8 Zwielaut
10 Doppellaut
Diplom
7 Urkunde, Zeugnis
10 Ehrenbrief
12 Auszeichnung, Ehrenurkunde
Diplomat
5 Doyen, Legat
6 Konsul
7 Attache, Nuntius
9 Gesandter, Vertreter
11 Botschafter
17 Geschaeftstraeger
Diplomatie
8 Geschick
11 Gewandtheit, Staatskunst
18 Verhandlungstaktik
Diplomatik
13 Urkundenlehre
diplomatisch
4 klug
8 taktisch
9 geschickt, umsichtig
10 berechnend, urkundlich, vorsichtig
diplomatische
Vertretung
7 Mission
9 Botschaft
13 Gesandtschaft
diplomatischer
Berater
7 Attache
Eilbote
6 Kurier
Schritt
8 Demarche
Vertreter des Papstes
7 Nuntius
diplomatisches
Schriftstück
4 Note
7 Dossier
Diplomlandwirt
7 Agronom
direkt
10 geradewegs, unumwunden
11 unmittelbar
verbunden arbeitend
6 online
direkter
Volksentscheid
10 Referendum
Direktion
4 Kurs
7 Leitung
8 Richtung, Vorstand
Direktive
7 Weisung
8 Massgabe
9 Anordnung, Anweisung
10 Richtlinie, Vorschrift
11 Richtschnur
Direktor
6 Leiter
9 Vorsteher
11 Schulleiter
Direktorium
7 Leitung
8 Vorstand
Direktrice
8 Leiterin
11 Vorsteherin
Direktübertragung
4 Live
11 Livesendung
Dirigent
10 Chorleiter
13 Kapellmeister
15 Orchesterleiter
am Südwestfunk
5 Smola
der Dresdner Philharmonie
8 Bongartz
der Semperoper
5 Boehm
6 Schuch
des Gewandhausorchesters
5 Masur
Dirigentennotenheft
8 Partitur
Dirigentenstab
9 Taktstock
dirigieren
6 leiten, lenken
7 fuehren
Dirigismus
7 Lenkung
18 Wirtschaftslenkung
Dirne
4 Hure
5 Metze
7 Kokotte
8 Erotesse, Grisette
13 Prostituierte
im alten Griechenland
7 Hetaere
Disharmonie
7 Misston
9 Missklang
11 Uneinigkeit
13 Unstimmigkeit
Diskant
6 Fistel
10 Oberstimme
11 Gegenstimme
12 Fistelstimme
Diskantpart
(Klavierspiel)
5 Primo
Diskont
5 Abzug
7 Vorzins
9 Zinsabzug
Diskothek
9 Tanzlokal
15 Plattensammlung
Diskrepanz
9 Zwiespalt
10 Abweichung
11 Uneinigkeit
13 Unstimmigkeit
15 Missverhaeltnis
diskret
6 geheim
8 heimlich, schonend, taktvoll

12 feinfuehlend, unauffaellig, verschwiegen
Diskretion
4 Takt
6 Dezenz
16 Verschwiegenheit
diskriminieren
10 verleumden
11 herabsetzen
Diskus
11 Wurfscheibe
Diskussion
7 Debatte
9 Gespraech
10 Aussprache
11 Eroerterung
Diskussionsleiter
9 Moderator
Diskussionstagung
9 Symposion, Symposium
Diskussionsteilnehmer
17 Gespraechspartner
Dispens
6 Urlaub
9 Befreiung
10 Entbindung
Disposition
4 Form, Plan
7 Entwurf, Planung, Zustand
8 Befinden, Stimmung, Vorsorge
9 Anordnung, Kondition
10 Einteilung, Gliederung, Verfassung, Verfuegung
12 Vorbereitung
Disput
9 Rededuell
10 Redestreit, Wortstreit
11 Wortgefecht, Wortwechsel
Disqualifikation
10 Ausschluss
Dissertation
12 Doktorarbeit
dissertieren
11 promovieren
Dissident
10 Abweichler, Freidenker
15 ◆ anders Denkender
16 Konfessionsloser
Dissonanz
7 Misston
9 Missklang
11 Uneinigkeit
13 Unstimmigkeit
Distanz
7 Abstand, Strecke
10 Entfernung
14 Reserviertheit, Zurueckhaltung
Distanzmesser
9 Telemeter
Distelfink
9 Stieglitz
Distelgewächs
5 Karde
8 Eberwurz
11 Artischocke
Distribution
10 Verteilung
Distrikt
3 Gau
5 Jagen, Kreis
6 Bezirk, Gebiet
7 Bereich
9 Abteilung
10 Landstrich
Disziplin
4 Fach
5 Zucht
7 Ordnung
10 Fachgebiet
11 Selbstzucht
12 Beherrschung
14 Beherrschtheit
15 Unterrichtsfach
18 Selbstbeherrschung
beim Wurftaubenschießen
4 Trap
5 Skeet
der Leibesübungen
5 Sport
der Leichtathletik
10 Hammerwurf
des modernen Fünfkampfes
12 Gelaendelauf
im Gewichtheben
7 Reissen
Disziplinarmaßnahme
5 Tadel
dito
4 auch
6 ebenso
11 desgleichen, gleichfalls
Divergenz
10 Abweichung
divergieren
9 abweichen
divers
11 verschieden
diverse
7 mehrere
Dividend
7 Zaehler
Dividende
6 Anteil, Gewinn
12 Gewinnanteil
Dividendenschein
5 Kupon
6 Coupon
dividieren
6 teilen
Divis
11 Bindestrich
14 Teilungsstrich
Division
7 Teilung
14 Truppenverband
Divisionsergebnis
8 Quotient
Divisor
6 Nenner, Teiler
kongruenter Zahlen
5 Modul
Diwan
4 Bett, Sofa
5 Couch, Liege
8 Bettsofa, Wandsofa
9 Liegesofa
Dixieland
(Kurzwort)
5 Dixie
Dockanlage
7 Helling
Docke
4 Zopf
5 Puppe
7 Buendel
Dodekanes-Insel
5 Leros, Saria, Tilos
6 Patmos, Rhodos
Doge
7 Dandolo
Dogenstadt
7 Venedig
Dogge
7 Mastiff
Dogma
8 Lehrsatz
10 Anschauung
12 Glaubenssatz
Dogmatik
13 Glaubenslehre
Doktor
4 Arzt
werden
11 promovieren
Doktorarbeit
12 Dissertation
Doktorwürde
8 Doktorat
Doktrin
5 Lehre
8 Lehrsatz
9 Grundsatz
10 Auffassung, Standpunkt
11 Lehrmeinung
Dokument
5 Beleg
6 Beweis
7 Urkunde
8 Nachweis
9 Unterlage
12 Beweisstueck
13 Schriftstueck
Dokumentarbericht
in Funk oder Fernsehen
6 Report
7 Feature
9 Reportage
dokumentieren
7 belegen
8 beweisen
10 beurkunden
dokumentiert
6 belegt
8 belegbar, bewiesen
9 beweisbar
10 beglaubigt, beurkundet, urkundlich
11 feststehend
12 nachweislich
Dolch
4 Kris
7 Stilett
10 Stichwaffe
dolchartiges
Schwert der Skythen
8 Akinakes
Dolde
12 Bluetenstand
Doldengewächs
4 Ammi, Anis, Dill, Merk
5 Berle, Silge
6 Aralie, Berula, Ferula, Kerbel
7 Fenchel
8 Sellerie
9 Mannstreu
10 Baerenklau, Pimpinelle, Waldkerbel
11 Kaelberkopf

12 Kaelberkropf, Liebstoeckel, Stranddistel
der Meeresdünen
12 Stranddistel
des Mittelmeergebietes
9 Koriander
Dolerit
6 Basalt
Dolle
5 Gabel, Lager
6 Bolzen, Duebel
10 Rudergabel, Ruderlager
11 Riemengabel
Dolmetsch, Dolmetscher
8 Dragoman, Sprecher
9 Interpret
11 Uebersetzer
12 Fuersprecher
14 Sprachkundiger
Dom
8 Muenster
10 Kathedrale
Domäne
9 Staatsgut
10 Fachgebiet
11 Arbeitsfeld
12 Staatsbesitz
13 Arbeitsgebiet, Wirkungskreis
Domherr
6 Propst
9 Kanoniker, Kapitular
dominieren
10 ueberragen
11 beherrschen, hervorragen, ueberwiegen
12 vorherrschen
dominikanische
Hauptstadt
12 Santo Domingo
Münze
4 Peso
8 Centavos
Dominostein
mit Doppelzahl
5 Pasch
Domizil
4 Heim
7 Wohnung
8 Wohnsitz
11 Zahlungsort
Dompfaff
6 Gimpel
Dompteur
8 Dresseur
10 Tierlehrer
13 Tierbaendiger
Domstadt
8 Naumburg
Donar
4 Thor
Donars
Hammer
9 Mjoellnir
Donaudurchbruch
11 Eisernes Tor
Donau-Ebene
in Bayern
6 Dugnau
Donauhafen
6 Braila
in Bulgarien
3 Lom
Donau-Insel
bei Budapest
6 Csepel
Donaulachs
6 Huchen
Donau-Landschaft
5 Banat, Lobau
6 Wachau
Donau-Mündungsarm
5 Kilia
Donauquellfluss
4 Breg
7 Brigach
Donautal
6 Wachau
Donez-Zufluss
5 Oskol
Donkosakenführer
5 Rasin
Donnergott
4 Thor
5 Donar
Donnerwetter
8 Gewitter
11 Wolkenbruch
Don Quichottes
Begleiter
11 Sancho Pansa
Pferd
9 Rosinante
Doppel
5 Kopie, Match, Mixed
6 Partie
8 Dublette, Duplikat
9 Abschrift, Doublette
11 Durchschlag, Spielsystem
12 Tennispartie, Zweitschrift
Doppelbildung
11 Duplikation
Doppelbuchstabe
7 Ligatur
Doppeldecker
6 Diplan
doppeldeutig
10 ambivalent
Doppelehe
7 Bigamie
Doppelfahrrad
6 Tandem
Doppelgänger
6 Double
8 Ebenbild
des Eros
4 Amor
doppelgeschlechtlich
8 androgyn, zwittrig
9 bisexuell
doppelgeschlechtliches
Lebewesen
7 Zwitter
doppelgesichtiger
röm. Gott
5 Janus
Doppelgipfel
im Bayerischen Wald
5 Osser
im Böhmerwald
5 Arber
Doppelglas
für die Augen
6 Brille
Doppelheit
11 Duplizitaet
Doppelhornvogel
6 Homray
Doppelkegelfangspiel
6 Dibolo
7 Diabolo
doppelkohlensaures
Natrium
6 Natron
Salz
10 Bikarbonat
Doppelkonsonant
13 Doppelmitlaut
Doppelkontinent
7 Amerika
doppelköpfiger
Haltebolzen
4 Niet
Doppelkringel
6 Brezel
Doppellaut
8 Geminata, Zwielaut
9 Diphthong
Doppelpartie
beim Whist oder Bridge
6 Robber
Doppelpunkt
5 Kolon
über Vokalen
5 Trema
Doppelreihe
als Ehrengasse
7 Spalier
Doppelrumpfboot
9 Katamaran
Doppelsalz
5 Alaun
doppelschneidige
kurze Steinhaue
5 Bille
Doppelseite
des Geschäftsbuches
5 Folio
Doppelselbstlaut
11 Doppelvokal
Doppelsinn
10 Amphibolie
doppelsinnig
7 homonym
8 aequivok
10 zweideutig
Doppelspiel
beim Tennis
5 Mixed
Doppelspieler
6 Double
Doppelstern
im Bild der Zwillinge
6 Castor
im Orion
5 Rigel
im Perseus
5 Algol
Doppelstück
4 Paar
8 Dublette, Duplikat
doppelt
7 zweimal
8 zweifach
doppelte
Buchführung
6 Doppik

doppeltes
Filetstück
13 Chateaubriand
Vorkommen
11 Duplizitaet
Doppeltreffer
beim Boxen
8 Dublette
9 Doublette
beim Lotto
4 Ambe
doppelwandige
Glasflasche
14 Thermosflasche
doppelwertig
8 bivalent
10 ambivalent
Doppelwertigkeit
8 Bivalenz
10 Ambivalenz
Doppelzug
beim Schach
7 Rochade
Dorade
10 Goldbrasse
Dorado
8 Goldland, Paradies
9 Traumland
15 Schlaraffenland
Dordognezufluss
4 Isle
6 Vezere
Dorf
3 Ort
4 Kaff
6 Weiler
8 Siedlung
9 Ortschaft
12 Marktflecken
afrikanischer Stämme
4 Kral
am Gotthardtunnel
6 Airolo
bei Breslau
7 Leuthen
bei Luxor (Ägypten)
6 Karnak
bei Moskau
8 Borodino
bei Pirna (7jähr. Krieg)
5 Maxen
im Schwarzwald
7 Kniebis
in der Schweiz
6 Airolo
in Judäa
6 Emmaus
und Kloster bei Garmisch
5 Ettal
Dorfbarbier
5 Bader
Dörfer und Städte
4 Orte
Dorfgemeinschaft
im alten Russland
3 Mir
dörfliche
Gegend
4 Land
Siedlung
6 Weiler
Dorfplatz, -wiese
5 Anger
Dorfschenke
4 Krug
Dorfschulze
11 Schultheiss
Dorfsiedlung
der Turkvölker
3 Aul
Dorn
7 Stachel
Dorneidechse, Agame
6 Hardun
Dornenblume
4 Rose
Dorngebüsch
5 Hecke
dorniger
Heckenstrauch
7 Schlehe
Dörrfrüchte
8 Backobst
11 Trockenobst
Dörrgerät
5 Darre
Dörrobstschnitzel
6 Hutzel
Dorsch
5 Torsk
8 Kabeljau, Laberdan
10 Klippfisch, Stockfisch
11 Schellfisch
dorschartiger
Meeresfisch
8 Seehecht
dort
2 da
Dortmunder
Sehenswürdigkeit
11 Hohensyburg, Rombergpark
14 Reinoldikirche
Sportpalast
14 Westfalenhalle
Dose
4 Etui
7 Buechse
9 Behaelter, Schachtel
dosieren
8 abmessen, abwiegen, zumessen
9 aufteilen
Dosis
4 Gabe
5 Menge, Prise
Dossier
3 Akt
4 Akte, Heft
7 Buendel
8 Faszikel
9 Aktenheft
10 Aktenstoss, Geheimakte
11 Aktendeckel, Aktenstueck
12 Aktenbuendel
Dotation
7 Mitgift
8 Stiftung
9 Aussteuer, Ehrengabe, Schenkung, Zuwendung
11 Ausstattung
Dotter
6 Eigelb
Double
6 Doppel
13 Doppelspieler, Ersatzspieler
für gefährliche Szenen
8 Stuntman
Douro-Zufluss
(Portugal)
5 Sabor
Dozentur
9 Lehrstuhl
11 Lehrauftrag
dozieren
6 lehren
9 vortragen
Drache, Drachen
6 Fafner, Fafnir, Phyton
8 Lindwurm, Nidhoegg
9 Fabeltier, Sagentier, Segelboot, Ungeheuer
10 Fluggeraet, Tatzelwurm, Tazzelwurm
11 Bootsklasse, Flugapparat
14 Wikingerschiff
Bewacher der goldenen Äpfel
5 Ladon
Drachenechse
5 Waran
Drachenviereck
7 Deltoid
Dragee
5 Pille
6 Arznei
7 Konfekt
8 Tablette
11 Suessigkeit
Drahtanschrift
16 Telegrammadresse
Drahtbügel
6 Krampe
drahten
12 depeschieren
13 telegrafieren
14 telegraphieren
Drahtgeflecht
6 Rastel
Drahthaube
beim Fechten
5 Maske
Drahthindernis
6 Verhau
drahtlose
Nachricht
10 Funkspruch
Telegrafie
4 Funk
drahtloses
Übertragungsgerät
5 Radio
14 Fernsehapparat
Drahtnachricht
5 Telex
8 Depesche
9 Telegramm
13 Fernschreiben
Drahtplastik
6 Mobile
Drahtschlinge
4 Oese
Drahtseil
6 Trosse
zum Befestigen von Masten
4 Stag
Drahtstift
5 Nagel
Drahttauwerk
(Schiff)
5 Brook

Drahtzaun
4 Fenz
5 Etter
Drahtzieher
7 Urheber
9 Anstifter
10 Hintermann
Drahtziergeflecht
8 Filigran
drakonisch
6 streng
Drall
7 Drehung, Neigung, Torsion, Windung
8 Drillung, Fuehrung
10 Drehimpuls
eines Balles, Kugel
5 Effet
Drama
8 Dichtung, Ereignis, Komoedie, Unglueck
9 Geschehen, Lustspiel, Tragoedie
10 Geschehnis, Schauspiel
11 Buehnenwerk, Trauerspiel
13 Tragikomoedie
von Anzengruber
15 Der Meineidbauer
von Arbusow
5 Tanja
11 Der weite Weg
19 Großvater und Enkelin
von Babel
5 Maria
15 Sonnenuntergang
von Brecht
9 Die Mutter
18 Das Leben des Galilei
19 Die Dreigroschenoper
23 Die Gewehre der Frau Carrar
von Euripides
7 Alkeste
von Goethe
5 Faust, Tasso
6 Egmont, Stella
7 Clavigo
9 Iphigenie
von Gorki
6 Feinde
von Grillparzer
5 Medea
von Gutzkow
6 Acosta
von Halbe
6 Jugend
8 Der Strom
10 Mutter Erde
von Hauptmann
4 Elga
9 Biberpelz, Rose Bernd
13 Armer Heinrich
von Hofmannsthal
9 Jedermann
von Ibsen
4 Nora
5 Brand
8 Peer Gynt
von Immermann
6 Merlin
von Körner
5 Zriny
von Laube
16 Die Karlsschueler
von Sachs
6 Florio
von Schiller
6 Fiesko
11 Wallenstein
von Schnitzler
6 Anatol
von Shakespeare
6 Hamlet
7 Macbeth, Othello
von Shaw
9 Pygmalion
18 Der Teufelsschueler, Frau Warrens Gewerbe
von Sudermann
4 Ehre
6 Heimat
von Turgenjew
5 Steno
dramatisch
8 erregend, spannend
9 aufregend
dramatische
Gedichte
8 Balladen
dramatischer
Begriff
3 Akt
5 Szene
6 Aufzug
8 Handlung
Konflikt zwischen Verheirateten
12 Ehetragoedie
Sprechgesang
9 Rezitativ
dramatisches
Tonstück
9 Oratorium
Dramaturgie
12 Buehnenkunde, Theaterkunde
15 Schauspiellehre
dramaturgischer
Begriff
3 Akt
5 Szene
6 Aufzug
8 Handlung
Dramenabschnitt
3 Akt
Dramengestalt
bei Goethe
5 Goetz, Tasso
6 Egmont
bei Hauptmann
5 Bernd, Geyer
bei Lessing
6 Nathan
bei Schiller
4 Karl, Tell
bei Shakespeare
4 Lear
bei Tschechow
5 Wanja
Dramenheld
Goethes
20 Goetz von Berlichingen
Dramenteil
3 Akt
5 Szene
6 Aufzug
8 Auftritt
Drang
5 Druck, Trieb
7 Ehrgeiz, Streben
9 Bestreben, Sehnsucht, Verlangen
zum schnellen Handeln
4 Eile
zur Aktivität
10 Tatendurst
drängen
5 eilen
6 hasten
10 pressieren
11 insistieren
Drangsal
3 Not
4 Pein, Qual
6 Haerte
7 Muehsal
13 Muehseligkeit
drapieren
6 raffen
10 schmuecken
13 ausschmuecken
drastisch
7 wirksam
8 deutlich
11 anschaulich, unverbluemt
drastische
Heilbehandlung
7 Rosskur
Draufgabe
8 Handgeld
9 Anzahlung, Vorschuss
Draufgänger
7 Fighter
8 Haudegen
draufgängerisch
4 kess
Drawidavolk, -stamm
5 Khond, Oraon, Palli
drawidische
Sprache
5 Gondi, Tamil
6 Teluga
9 Malayalam
Dreck
3 Kot
4 Mist
5 Muell, Unrat
7 Schlamm, Schmutz
8 Kehricht
Dreh
4 List
5 Drall, Finte, Kniff, Trick
9 Handgriff
10 Handhabung
Drehachse
bei Türen
5 Angel
drehbare
Walze
5 Rolle
drehbarer
Schiffskran
5 Davit
Drehbuch
6 Skript
drehen
8 rotieren
11 zirkulieren
Drehflügel
des Hubschraubers
5 Rotor

Drehgelenk
9 Scharnier
Drehgriff
3 Rad
6 Kurbel
Drehimpuls
4 Spin
5 Effet
rotierender Körper
5 Drall
Drehkörper
5 Rotor
7 Kreisel
Drehkran
7 Derrick
Drehkuppel
3 Dom
Drehlinie
5 Achse
Drehofen
zur Stahlherstellung
5 Rotor
Drehorgel
5 Leier
11 Leierkasten
Drehorgelspieler
9 Leiermann
15 Leierkastenmann
Drehpunkt
3 Pol
5 Mitte
7 Zentrum
Drehschwung
9 Pirouette
Drehstab
5 Achse
Drehstange
5 Achse
6 Reitel
Drehstrom
12 Wechselstrom
Drehteil
an Maschinen
5 Rotor
Drehung
4 Tour
5 Drall, Wende
7 Wendung
8 Rotation
9 Pirouette
Drehungszahl
(Spinnerei)
5 Drall
Drehung, Wendung (Musik)
5 Volta
Drehzahlmesser
13 Tourenzaehler
drei
Berner Alpengipfel
5 Eiger
6 Moench
8 Jungfrau
Töne im Taktteil
6 Triole
weibliche Ungeheuer der griechischen Sage
8 Gorgonen
Weisen aus dem Morgenland
6 Kaspar
8 Melchior
9 Balthasar

dreiatomiger
Sauerstoff
4 Ozon
Dreibeingestell
6 Stativ
Dreieck
5 Delta
8 Triangel
dreieckige
Dachfläche
4 Walm
Flagge
6 Wimpel
7 Stander
Harfe
7 Psalter
dreieckiger
Offiziershut
10 Dreimaster
dreieckiges
Beisegel
9 Spinnaker
Schlaginstrument
8 Triangel
Vorsegel
5 Jager
Dreieckmuschel
5 Donax
Dreiecksberechnung
13 Trigonometrie
Dreiecksegel
3 Aap
9 Spinnaker
Dreieckslinie, -seite
7 Kathete
10 Hypotenuse
Dreiecksmessung
13 Trigonometrie
Dreieinigkeit, Dreifaltigkeit
9 Trinitaet
Dreiergruppe
(Musik)
4 Trio
7 Terzett
Dreierherrschaft
10 Triumvirat
dreifache
Papstkrone
5 Tiara
dreifacher
Erfolg
8 Hattrick
dreifaches
Warnzeichen vor Bahnübergängen
5 Baken
Dreifachgewinn
6 Tripel
Dreifaltigkeit
9 Trinitaet
Dreifaltigkeitsfest
10 Trinitatis
dreifarbige
französische Fahne
9 Trikolore
Dreifingerfaultier
2 Ai
Dreiflüssestadt
in Bayern
6 Passau
in Niedersachsen
7 Muenden
Dreigespann
5 Triga

6 Troika
dreigliedrige
Zahlengröße
6 Trinom
Dreiheit
5 Trias
Dreiheit, -klang (Musik)
6 Triade
dreijährliche
Veranstaltung
9 Triennale
dreikantige
Holzschalenfrucht
8 Paranuss
dreikantiger
Dolch
7 Stilett
Dreikäsehoch
3 Bub
5 Junge
6 Knirps
7 Steppke
9 Hosenmatz
10 Gernegross
Dreiklangstoß
5 Tusch
Dreiklangtrompete
7 Fanfare
Dreikönigsfest
10 Epiphanias
dreileibiger
Riese
6 Geryon
dreimaliger
Torerfolg
8 Hattrick
Dreimännerherrschaft
10 Triumvirat
Dreimarkstück
5 Taler
dreimastiges
Segelschiff
4 Bark, Hulk
5 Barke
9 Karavelle
Dreiphasenstrom
9 Drehstrom
Dreipolröhre
6 Triode
Dreiruderer
6 Triere
7 Trireme
Dreisatz
10 Regeldetri
dreiseitige
Pyramide
9 Tetraeder
dreist
4 kess
5 frech
11 impertinent, unverfroren
12 unverschaemt
dreiste
Irreführung
5 Bluff
dreistes
Auftreten
6 Aplomb
dreistimmiges
Gesangsstück
7 Terzett
Tonstück
4 Trio

dreiteiliger
Altaraufsatz
10 Triptychon
dreiteiliges
Bild
10 Triptychon
Literaturwerk
8 Trilogie
Dreitonintervall
4 Terz
dreiviertellanger
Frauenkittel
6 Kasack
Mantel
7 Paletot
10 Dufflecoat
dreiwertiger
Alkohol
8 Glyzerin
Dreizack
7 Trident
Dreizackträger
8 Poseidon
Dreizahl
6 Triade
ausdrückender Numerus
5 Trial
Menschen
4 Trio
Dreizehenfaultier
2 Ai
dreizeilige
Strophe
9 Ritornell
dreizipfliges
Schultertuch
5 Fichu
Drellgewebe
8 Drillich
Dreschabfall
5 Spreu
bei Getreide
5 Stroh
Dreschboden, Dreschplatz
5 Tenne
Dresche
4 Haue
5 Senge
6 Tracht
7 Pruegel
dreschen
8 pruegeln, schlagen
Dreschergebnis
6 Drusch
Dreschertrag
6 Drusch
Dreschwerkzeug
6 Flegel
Dresden
10 Elbflorenz
Dresdener
Architekt
5 Baehr
6 Semper
7 Erlwein
8 Knoeffel
11 Poeppelmann
12 Riemerschmid
Arzt
5 Carus
Bauwerk
7 Schloss, Zwinger
8 Landhaus
9 Hofkirche
10 Albertinum, Semperoper
11 Kreuzkirche
12 Blaues Wunder, Frauenkirche, Kulturpalast
15 Schloss Pillnitz
18 Bruehlsche Terrasse
Beiname
10 Elbflorenz
Bildhauer
8 Permoser
Dirigent
5 Kempe
6 Ladwig
7 Suitner
8 Bongartz
9 Keilberth
11 Scheinpflug
Flughafen
9 Klotzsche
Komponist
5 Weber
6 Wagner
Philosoph
5 Carus
Stadtteil
5 Cotta, Gruna, Reick
6 Leuben, Plauen
7 Buehlau, Loebtau, Trachau, Uebigau
8 Altstadt, Hellerau, Neustadt, Pieschen, Pillnitz, Strehlen, Striesen, Wachwitz
9 Blasewitz, Coschuetz, Gittersee, Klotzsche, Laubegast, Leutewitz, Loschwitz, Tolkewitz
10 Hosterwitz
11 Johannstadt, Oberpoyritz, Tachenberge
13 Weisser Hirsch
14 Friedrichstadt
16 Grosszschachwitz, Kleinzschachwitz
Theaterleiter
6 Schuch
8 Hellberg
9 Allmeroth
Wissenschaftler
7 Ardenne
Dresseur
8 Dompteur
9 Abrichter
10 Tierlehrer
13 Tierbaendiger
dressieren
9 abrichten
Dressur
10 Abrichtung
Dressurhund
11 Lawinenhund
Dressurleine
5 Longe
Dressurübung
5 Volte
6 Levade, Pesade
8 Kapriole
9 Courbette, Pirouette
Drift
9 Stroemung
Drill
7 Schliff
drillen
9 schleifen
10 exerzieren
Drillich
5 Drell
Drillung
7 Torsion
Drina-Zufluss
3 Lim
4 Piva, Tara
5 Draca, Jadar, Praca
dringend
4 akut
5 eilig
6 noetig
7 wichtig
8 pressant
9 notwendig
14 nachdruecklich, unaufschiebba
dringende
Nachricht, Sendung
5 Telex
6 Eilgut
8 Eilbrief, Eilpaket
9 Telegramm
10 Expressgut
12 Expressbrief, Schnellpaket
13 Fernschreiben
14 Blitztelegramm, Brieftelegramm
dringlich
4 akut
7 aktuell
8 pressant
Dringlichkeitsvermerk
4 eilt
dritte
Frau des Kaisers Claudius
9 Messalina
Hauptstadt des antiken Saba
5 Zafar
Partie beim Bridge
5 Belle
Potenz
5 Kubik, Kubus
Sinfonie Beethovens
6 Eroica
Stufe der Tonleiter
4 Terz
Stufe des Yoga
5 Asana
dritter
Fall
5 Dativ
Fastensonntag
5 Okuli
Generalsekretär der UNO
6 U Thant
Kalif
6 Othman
Sohn Adams
4 Seth
Sonntag nach Ostern
8 Jubilate
Sonntag vor Ostern
7 Laetare
Teil der Messe
5 Credo, Kredo
Ton der C-Dur-Tonleiter
1 E
Ton vom Grundton
4 Terz

drittes
Buch Mose
9 Levitikus
drittgrößte
Insel der Erde
6 Borneo
drittgrößter
Planet
6 Uranus
Droge
10 Rauschgift
14 Arzneirohstoff
aus ostasiatischen Algen
8 Agar Agar
Drogenauszug
6 Essenz
7 Tinktur
Drogenbenutzer
4 User
Drogenhändler
6 Dealer, Pusher
7 Drogist, ◆ Puscher
9 Apotheker
Drogenrausch
4 Trip
Drogensüchtiger
4 User
5 Fixer
7 Hascher
drogenunabhaengig
5 clean
drohender
Rat
7 Warnung
drohendes
Unheil
6 Gefahr
dröhnender
Lärm
8 Gepolter
Drohung
5 Zwang
9 Noetigung, Ultimatum
10 Erpressung
13 Demonstration
drollig
5 ulkig
6 lustig, putzig
7 komisch, spassig
9 schnurrig
11 possierlich
drollige
Kinderbuchserie
5 Comic
Dromedar
5 Kamel
11 Trampeltier
Droschke
3 Cab
4 Taxe, Taxi
6 Fiaker
7 Kutsche
8 Mietauto
9 Mietwagen, Taxameter
11 Einspaenner
12 Zweispaenner
Droschkenpferd
5 Zosse
Drossel, Absperrvorrichtung
6 Ventil
drosselartiger
Singvogel
5 Merle
Vogel
11 Steinroetel
drosseln
7 bremsen, laehmen, mindern
9 maessigen
10 verringern
drüben
8 jenseits
Druck
5 Drang, Zwang
8 Pression
Druckabsatz
6 Alinea
Druckberichtigung
9 Korrektur
Druckbuchstabe
4 Type
6 Letter
Drückeberger
5 Memme
8 Feigling
Druckeinheit
4 Atue
Druckeinheitsmaß
3 Bar
4 Torr
6 Pascal
11 Atmosphaere, Hektopascal
Druckerei
7 Offizin
Druckereiarbeiter
6 Setzer
7 Anleger
Druckerlaubnis, -freigabe
10 Imprimatur
Drucker-, Verlagszeichen
6 Signet
Druckerzeugnis
4 Buch, Heft
7 Annalen, Annonce, Anzeige, Chronik, Inserat, Journal, Katalog, Lexikon, Magazin, Traktat, Zeitung
8 Almanach, Kalender, Prospekt
9 Flugblatt
10 Bilderbuch, Broschuere, Flugzettel, Handzettel, Preisliste
11 Flugschrift, Taschenbuch, Wurfsendung, Zeitschrift
12 Besuchskarte, Visitenkarte, Werbekatalog, Werbeschrift
13 Enzyklopaedie
Druckfehler
6 Errata
7 Erratum
druckfertig
machen
10 redigieren
Druckform
für Zeugdruck
5 Model
Druckgerät
7 Stempel
druckgerechte
Setzvorlage
5 Maket
Druckgitter
6 Raster
Druckgrafik
9 Radierung
Druckhebel
5 Taste
Druckheft
10 Broschuere
Druckkolonne
6 Spalte
Druckmaschine
6 Presse
Druckmaß
3 Ata, Bar
4 Atue, Torr
11 Atmosphaere
Druckmesser
9 Manometer
Druckmittel, Vergeltung
11 Repressalie
Drucknachbildung
einer Unterschrift
9 Faksimile
Druckplatte
7 Estampe
aus Metall
6 Gravur
für Textildruck
5 Model
Druckregler
6 Ventil
Druckschrift
5 Kanon
6 Kursiv, Mittel
7 Fraktur, Kolonel
Druckschriftgröße
6 Korpus
Druckspalte
7 Kolonne, Kolumne
Druckstock
8 Klischee
drucktechnischer
Begriff
4 Band, Bund, Falz, fett, Perl, Satz, Text, Type
5 Abzug, Druck, Fahne, Fisch, Folio, mager, Mater, Notiz, Oktav, Petit, Quart, Seite, Serie, Thema
6 Absatz, Borgis, Cicero, Duodez, Einzug, Faktor, Format, Glosse, Korpus, Kritik, kursiv, Layout, ◆ Lay-out, Letter, Litera, Mignon, Mittel, Platte, Presse, Raster, Rubrik, Schiff, Setzer, Signet, Spalte, Tertia, versal
7 Affiche, Andruck, Antiqua, Anzeige, Auflage, Ausgabe, Buckram, Colonel, Edition, Einband, Elzevir, Feature, Fraktur, Galvano, Garmond, Geviert, Initial, Inserat, Kapitel, Kolonel, Kolumne, kontern, Konzept, kuerzen, Kurrent, Legende, Ligatur, Matrize, Meldung, Metteur, Negativ, Normand, Positiv, Spatium, Spiegel, Titelei, Umbruch, Umdruck, Vorsatz
8 Akzidenz, Bildtext, Bleisatz, Broschur, ◆ Fotosatz, Fuellsel, Gravuere, halbfett, Initiale, Kalander, Klischee, kompress, Majuskel, Praegung, Rotation, Signatur, Versalie, Vorspann
9 Aufmacher, ausbinden, Autotypie, Buchstabe, Copyright, Faksimile,

Franzband, Ganzleder, Halbfranz, Halbleder, Impressum, Inkunabel, Karikatur, Kommentar, Korrektor, Korrektur, Leerzeile, Lichtsatz, Makulatur, Monogramm, Photosatz, Pseudonym
10 Aufmachung, austreiben, Broschuere, einbringen, einruecken, einspaltig, Hauptzeile, Hochformat, Imprimatur, Konkordanz, Manuskript, Planobogen, Querformat, Unterzeile, Widerdruck
11 dreispaltig, Durchschuss, imprimieren, korrigieren, Nonpareille, Offsetdruck, Satzspiegel, Schoendruck, Schriftgrad, Stereotypie, Winkelhaken, zweispaltig
12 Doppelmittel, Maternpresse, Perforierung
13 Buerstenabzug, Maschinensatz, Schnellpresse, Schriftmuster, Spaltenbreite, Strichaetzung, Zwischentitel, Zwischenzeile
14 durchschiessen

drucktechnisches
Gerät
5 Rakel
6 Presse, Raster
7 Tenakel

Drucktype
6 Letter

Druckverfahren
6 Offset
8 Rotation
9 Buchdruck, Hochdruck, Rotaprint, Siebdruck, Tiefdruck, Zinkdruck
10 Flachdruck, Flexodruck, Lichtdruck, Steindruck
11 Anilindruck, ◆ Lithografie
12 Lithographie, Rollenoffset
14 Rakeltiefdruck, Rotationsdruck
15 Kupfertiefdruck
20 Mehrfarbensteindruck
durch Zeichnung auf Stein
11 ◆ Lithografie
12 Lithographie

Druckverlegerzeichen
6 Signet

Druckvermerk
9 Impressum

Druckvorlage
10 Manuskript

Druckwerk
4 Buch
6 Aldina, Aldine

Drude
4 Hexe
5 Geist
6 Kobold
8 Zauberin
10 Nachtgeist, Plagegeist

Drudenfuß
8 Diagramm
10 Pentagramm

Drüse
7 Grandel

Drüsenabsonderung
6 Sekret

Drüsengeschwulst
6 Adenom

Drüsenknötchen
8 Follikel

Drüsensaft
6 Inkret, Sekret

Drüsenwirkstoff
6 Hormon

Drygalskis
Südpolarschiff
5 Gauss

Dschungel
6 Urwald

Dschungelheld
6 Tarzan

Dublee
10 Vergoldung
11 Goldauflage
12 Versilberung
13 Silberauflage

Duckmäuser
6 Mucker
8 Feigling, Heuchler, Kriecher
9 Hasenfuss
11 Leisetreter
12 Schwaechling
13 Drueckeberger

Duckmäuserei
9 Muckertum

Duckstein
4 Tuff

dudeln
6 blasen, leiern
7 floeten

Dudelsack
7 Musette
10 Sackpfeife
der Sorben
5 Kozlo
mit 2 Pfeifen
5 Gaida

Duell
9 Zweikampf

Duellzeuge
9 Sekundant

Duerozufluss
4 Elsa
6 Tamega, Tormes

Duett
10 Zwiegesang

Duft
4 Arom
5 Aroma, Blume, Hauch, Odeur
6 Bukett, Geruch
10 Wohlgeruch
des Weines
6 Bukett

duftende Blume, Pflanze
4 Iris, Rose
5 Lilie, Nelke, Viole, Wicke
6 Arnika, Jasmin, Primel, Reseda, Salvie
7 Flieder, Kamille, Levkoje
8 Edelrose, Gardenie, Goldlack, Lavendel, Oleander, Rosmarin, Tuberose, Veilchen
9 Heliotrop
10 Seidelbast

duftendes
Harzgemisch
9 Weihrauch

Duftgewächs
5 Narde

Duftharz
3 Asa

duftreich
10 aromatisch

Duftstoff, Riechstoff
5 Amber, Ambra, Bisam, ◆ Myrre, Odeur, Zibet
6 Myrrhe, Parfum
7 Juchten, Kumarin, Moschus, Parfuem
8 Lavendel, Rosenoel, Vanillin
15 Bittermandeloel
der Veilchen
4 Iron
des Balsambaumes
5 ◆ Myrre
6 Myrrhe
des Maiglöckchens
7 Kumarin
des Moschustieres
5 Bisam
des Pottwals
5 Amber, Ambra
des Waldmeisters
7 Kumarin

dulden
6 leiden
8 billigen, ertragen, zulassen
10 einstecken, tolerieren

duldsam
7 liberal
8 tolerant
11 nachsichtig

Duldsamkeit
8 Toleranz
9 Nachsicht
12 Liberalitaet

Dult
5 Markt, Messe
6 Rummel
9 Jahrmarkt, Kirchweih

dumm
4 doof
5 bloed
6 stupid
7 stupide
8 daemlich, ignorant, toericht
9 unwissend
daherreden
9 quatschen

dummdreist
5 frech
11 impertinent
12 unverschaemt

dumme
Späße
5 Faxen

dummer
August
4 Narr
5 Clown
7 Bajazzo
8 Harlekin
9 Hanswurst
ungebildeter Mann
6 Kaffer

dummes
Gerede
10 Geschwaetz
Zeug
6 Tinnef, Unsinn

7 Nonsens, Quatsch
8 Larifari
Dummheit
5 Unart
6 Betise, Eselei, Unsinn
7 Torheit
8 Ignoranz
9 Toelpelei
10 Unverstand
11 Stupiditaet
12 Unwissenheit
Dummkopf
3 Tor
4 Depp, Narr
5 Dusel, Idiot, Nauke, Nulpe, Tropf
6 Dussel, Kaffer, Pinsel, Simpel
7 Toelpel, Trottel
8 Ignorant
9 Bloedling, Tolpatsch
10 Kleingeist, ◆ Tollpatsch
14 Einfaltspinsel
dummlustig
6 albern
dummstolzer
Prahler
5 Protz
Dummy
8 Attrappe, Maquette
10 Buchmuster
12 Schaupackung
dumpfer
Schlag
4 Bums, Fall
Dünengebiet
in Algerien
5 Igidi
Dünengras
11 Strandhafer
Dung
4 Mist
Düngemittel
4 Kali, Kalk, Mist, Odel
5 Guano
6 Jauche
7 Kompost
8 Blutmehl, Salpeter
10 Hornspaene, Stickstoff
11 Knochenmehl
12 Kalksalpeter, Knochenasche
13 Chilesalpeter
Dünger
6 Guelle
Düngesalz
4 Kali
dunkel
6 obskur, unklar
7 duester, finster, schwarz
8 mystisch, ungewiss, unsicher
14 undurchsichtig
Dünkel
7 Hochmut, Hoffart
8 Arroganz
9 Snobismus
10 Einbildung
dunkelbraun
5 Umber, Umbra
dunkelbraune
Malkreide
6 Bister
dünkelhaft
8 arrogant
10 hochmuetig, sueffisant
11 eingebildet, snobistisch
dunkelhäutiger
Mensch
4 Mohr
5 Neger
7 Negride
8 Negroide
9 Schwarzer
Dunkelheit, Unbekanntheit
5 Nacht
10 Finsternis
11 Obskuritaet
Dunkelnebel
7 Globule
dunkelroter
Farbstoff
7 Amarant
dunkle
Teile der Mondoberfläche
4 Mare
Weissagung
6 Orakel
dunkler
Kern der Sonnenflecken
5 Umbra
Männeranzug
7 Gehrock, Smoking
dunkles
basisches Gestein
6 Basalt
englisches Bier
5 Stout
6 Porter
Kernholz
8 Ebenholz
Männergewand
7 Gehrock, Smoking
Tiefengestein
5 Urtit
dünn
4 fein, zart
5 duerr, hager, licht, mager
6 schmal
7 schwach
8 fluessig, zierlich
9 schuetter
dünne
Brühe
5 Lorke
Deckschicht
5 Belag
Gewebsschicht
6 Lamina
Holzplatte
6 Leiste
Metallplatte
5 Blech
Nudeln
8 ◆ Spagetti
9 Spaghetti
Oberfläche
4 Haut
Platte zum Bedecken von Holzplatten
7 Furnier
Scheibe aus verschiedenen Werkstoffen
7 Lamelle
Schicht
5 Belag
Teigplätzchen
7 Oblaten
wacklige Schreibweise
9 Gekritzel
dünne, biegsame Latte
5 Sente
dünner
Ast
5 Zweig
Kalkanstrich
7 Tuenche
Lederstreifen
5 Keder
Pfannkuchen
5 Crepe, ◆ Krepp
Pflanzenstiel
7 Stengel
8 ◆ Staengel
Weidenstock
5 Gerte
Zweig
4 Rute
dünnes
Bauelement
6 Platte
Baumwollgewebe
4 Mull
Blättchen
5 Folie
7 Lamelle
Deckblatt
7 Furnier
Edelholzblatt
7 Furnier
Gebäck
6 Oblate
Gewebe
4 Flor, Gaze, Taft
5 Seide
6 Etamin
7 Chiffon, Organdy
9 Georgette
Häutchen
4 Film
Holzstück
4 Span
medizinisches Röhrchen
7 Kanuele
Metallplättchen
6 Lamina
Seil
6 Strick
Stahllineal
5 Rakel
Tau
4 Seil
5 Leine
Zweigholz
6 Reisig
dünngewalztes
Zinn
8 Stanniol
dünnschalige
Zitrusfrucht
7 Limette
Dunst
4 Dust
5 Dampf, Nebel, Staub
6 Ahnung, Brodem, Schrot, Wrasen
8 Schwaden
Dunstgebilde
am Himmel
5 Wolke

Dunstglocke
über Städten
4 Smog
dunstig
6 diesig, neblig, truebe
Duo
5 Duett
düpieren
6 narren
9 betruegen
Duplikat, Abschrift
6 Duplum
12 Zweitschrift
durch
3 per
7 mittels
Alter unbrauchbar gewordenes Schiff
5 Wrack
Armkraft bewegte Schiffe
6 Armade
bestimmte Lebewesen gekennzeichneter Lebensraum
6 Biotop
Bücher bewandert
7 belesen
die Nase sprechen
7 naeseln
Elution herausgelöster Stoff
5 Eluat
Erbschaft erhalten
7 ererben
Erhebungen gewonnenes Zahlenmaterial
9 Statistik
Frost erstarrtes Wasser
3 Eis
Gefäßverschluss abgestorbener Gewebeteil
7 Infarkt
Gegenaktion abwehren
7 kontern
Hausbau sesshafter
7 Siedler
Länge und Breite bestimmter Ort eines Schiffes auf See
7 Besteck
Lichtzerlegung entstandene Farbenskala
8 Spektrum
Luftspiegelung verursachte Täuschung
11 Fata Morgana
Messen erhaltene Größe
4 Mass
Muskelkraft betriebenes Fortbewegungsmittel
7 Fahrrad
Nehrung vom Meer abgeschnürter Meeresteil
6 Lagune
Orkan verursachter Wasserstau
9 Sturmflut
Pilze erzeugte Krankheit
6 Mykose
Selbstunterricht sich Bildender
10 Autodidakt
Sieden erhaltene Lösung
3 Sud
Spott verletzender Mensch
7 Zyniker
Stöße hervorgerufene Bewegung
14 Erschuetterung
Tierbiss übertragene Infektionskrankheit
7 Tollwut
Zaubermittel schützen
5 feien
Zugtiere betätigte Antriebsvorrichtung
6 Goepel
durchaus
7 absolut, partout
durchbilden
10 trainieren
Durchblick
11 Perspektive
durchbohren, -stoßen
6 lochen
11 perforieren
Durchbohrung
11 Perforation
durchbrochen
5 ajour
durchbrochenes *Gewebe*
6 Spitze
9 Grenadine
Durchbruch
7 Bresche
Durchbruchtal
der Donau in Österreich
6 Wachau
der Weser bei Minden
15 Porta Westfalica
durchdacht
10 methodisch
durchdachte *Vorbereitung*
7 Planung
durchdringbar
9 permeabel
durchdringend
5 grell, stark
6 scharf
7 schrill
8 beissend, stechend, strident
9 penetrant, stringent
durchdringende *Feuchtigkeit*
6 Naesse
Durcheinander
4 Wust
5 Chaos
6 Gewirr, konfus, Rummel, Tumult, Wirbel, Zirkus
7 Gemenge, Gewuehl, Krawall
8 Gewimmel, Menkenke, Wirrwarr
9 Charivari, Getuemmel, Konfusion, Labyrinth, Quodlibet
10 Kunterbunt, Mischmasch, Tohuwabohu, Verwirrung
12 Kuddelmuddel
durcheinanderbringen
9 verwirren
Durchfahrt
6 Portal, Tunnel
7 Passage
von Waren und Passagieren
7 Transit
Durchfall
8 Diarrhoe
9 Dysentrie
11 Darmkatarrh
durchfeuchtet
4 nass
Durchfuhr
6 Tunnel
7 Transit
durchführbar
8 moeglich
11 praktikabel
Durchführer
einer Nachlassverfügung
22 Testamentsvollstrecker
einer Reform
10 Reformator
Durchführung
10 Erledigung
Durchgang
3 Tor
4 Flur
5 Gasse
6 Notweg, Portal, Rennen, Umlauf
7 Passage, Stechen, Transit
8 Korridor, Oeffnung
9 Durchlass
Durchgangshindernis
6 Sperre
8 Barriere, Schranke
Durchgangsverkehr
7 Transit
durchgeführte *Handlung*
3 Tat
durchgehend
5 immer, stets
7 dauernd
8 staendig
9 permanent
14 ununterbrochen
durchgeistigt
10 aetherisch
durchgezeichnete *Kopie*
5 Pause
Durchguß
4 Sieb
Durchhaltevermögen
8 Ausdauer
durchkreuzen
9 vereiteln
10 verhindern
Durchlass
6 Sperre
durchlässig
6 poroes
durchlaufend
14 kontinuierlich
durchleuchten
8 roentgen
11 analysieren, untersuchen
15 roentgenisieren
durchlochen
11 perforieren
Durchlüfter
10 Ventilator
durchmachen
7 erleben
Durchmesser
5 Linie, Sehne
6 Gerade
7 Kaliber
8 Diameter
durch, mittels
3 per

durchnässt
6 feucht
durchpausen
8 kopieren
12 nachzeichnen
durchqueren
9 passieren
Durchreise
7 Transit
Durchschaubild
7 Diorama
Durchscheinbild
3 Dia
10 Diapositiv
Durchscheinen
11 Transparenz
durchscheinend
7 diaphan
11 transparent
durchscheinende
Lackschicht
5 Lasur
Tonware
9 Porzellan
durchscheinender
Gips
9 Alabaster
Durchschlag, Durchschrift
5 Kopie, Kraft
6 Doppel
8 Duplikat
9 Blaupause
12 Zweitschrift
Durchschlag, Sieb
5 Seihe
Durchschlupf
4 Loch
6 Ausweg
Durchschnitt
4 Norm
5 Mitte, Regel
6 Mittel
10 Mittelmass, Mittelwert
durchschnittlicher
Ablauf der Witterung
5 Klima
durchschreiben
8 kopieren
durchschreitbare
Flussstelle
4 Furt
Durchschrift
5 Kopie
8 Duplikat
Durchsicht
8 Pruefung, Revision
9 Kontrolle
10 Visitation
13 Ueberpruefung
Durchsichtbild
3 Dia
10 Diapositiv
durchsichtig
4 klar
11 transparent
14 vordergruendig
durchsichtige
Gipsart
9 Alabaster
durchsichtiger
Farbüberzug
4 Lack
5 Lasur
Werkstoff
4 Glas
durchsichtiges
Gewebe
4 Flor, Gaze
5 Tuell, Voile
7 Bobinet, Chiffon
Harz
6 Dammar
Mineral
4 Opal
Durchsichtigkeit
11 Transparenz
durchsuchen
6 filzen
Durchsuchung
6 Razzia
einer Person
10 Visitation, visitieren
durchtrainiert
3 fit
durchtrieben
5 smart
6 clever
7 gewieft
10 raffiniert
durchtriebener
Bursche
5 Filou
Durchtriebenheit
10 Cleverness, Raffinesse
durchwatbare
Stelle im Fluss
4 Furt
durchweg
8 generell
Durchzeichnung
5 Pause
dürftig
4 karg
5 knapp
7 mickrig
8 aermlich, armselig, primitiv
9 spaerlich
11 kuemmerlich
dürr
4 arid
5 hager, mager
7 trocken
8 verdorrt
dürres
Zweigwerk
6 Reisig
Durstgaben
9 Getraenke
Durstlöscher
8 Getraenk
Dusche
6 Brause
Düsenflugzeug
3 Jet
5 Jumbo
8 Jetliner
Düsseldorfer
Belustigung
11 ◆ Rad schlagen
Karnevalsruf
5 Helau
Promenadenstraße
3 Koe
12 Koenigsallee
Sehenswürdigkeit
11 Ratinger Tor, Schlossturm
12 Sankt Andreas
14 Sankt Lambertus, Schloss Benrath
düster
6 dunkel
7 finster
Dutt
6 Knoten
7 Chignon
10 Haarknoten
Dwina-Zufluss
4 Waga
6 Pinega
Dyle-Zufluss
in Belgien
5 Senne
Dynamik
4 Elan
7 Schwung, Wechsel
10 Triebkraft
12 Lebendigkeit
14 Bewegungslehre
dynamisch
5 vital
7 lebhaft
11 schwungvoll
15 temperamentvoll
Dynamo
9 Generator
13 Stromerzeuger
Dynamoteil
5 Anker
Dynast
6 Fuerst
9 Herrscher
Dynastie
10 Geschlecht
12 Fuerstenhaus
13 Herrscherhaus
18 Fuerstengeschlecht
im alten Peru
4 Inka
in China
3 Han, Hia, Sui
4 Ming, Sung, Tang
5 Juean, Tsing
6 Schang
in den Niederlanden
7 Oranien
in Deutschland
12 Hohenzollern
13 Wittelsbacher
in England
5 Anjou, Tudor
7 Windsor
11 Plantagenet
in Frankreich
5 Anjou
7 Orleans
9 Bourbonen
10 Capetinger
in Indien
5 Gupta
in Italien
7 Savoyen
in Österreich
10 Habsburger
in Polen
7 Piasten
in Russland
7 Romanow
in Schweden
4 Wasa

E

Ebbe
4 Tide
6 Fallen
9 Tiefstand
und Flut
5 Tiden
8 Gezeiten
eben
4 plan
5 flach, glatt
Ebenbild
6 Abbild
9 Konterfei
ebenbürtig
6 gleich
9 kongenial
12 gleichwertig
Ebene
7 Flaeche
8 Tiefland
9 Flachland
bei Augsburg
8 Lechfeld
in Hessen
8 Wetterau
in Jugoslawien
9 Amselfeld
in Niederösterreich
9 Marchfeld
in Oberitalien
17 Ronkolische Felder
um Rom
8 Campagna
ebene Kurve
eines Kegelschnittes
8 Hyperbel
ebenes
Viereck
14 Parallelogramm
ebenfalls
4 auch, dito, item
6 ferner
9 ausserdem
11 desgleichen
Ebenmaß
7 Numerus
8 Harmonie, Rhythmus
9 Symmetrie
10 Gleichmass, Proportion
14 Ausgewogenheit
17 Gleichmaessigkeit
ebenmäßig
10 harmonisch
11 symmetrisch
ebenso
4 auch, dito, item
Eber
6 Keiler
7 Schwein
Eberesche
10 Teufelbaum
11 Elsbeerbaum, Sperberbaum, Teufelsbaum
13 Vogelbeerbaum
Eberwurz
6 Distel
9 Saudistel
10 Golddistel, Sonnenrose
11 Sonnenblume
12 Silberdistel, Wetterdistel
ebnen
6 bahnen
8 glaetten
9 planieren
Echo
4 Hall
6 Nymphe, Schall
7 Anklang
8 Nachhall, Resonanz
9 Widerhall
Echse, Echsenart
4 Teju
5 Agame, Anoli, Gecko, Skink, Tokee, Waran
6 Leguan
8 Basilisk, Eidechse, Jacruaru, Krokodil
9 Schleiche
11 Kragenechse, Walzenechse
12 Bergeidechse, Perleidechse, Zauneidechse
13 Brueckenechse
14 Blindschleiche
15 Smaragdeidechse
17 Peitschenschlange
mit Farbwechselvermögen
10 Chamaeleon
echt
4 edel, wahr
6 genuin
7 ehrlich, primaer, typisch
8 original
9 dauerhaft, originaer, originell, verbuergt
10 aufrichtig, bestaendig, natuerlich, urwuechsig
11 authentisch, bezeichnend
13 unverfaelscht, urspruenglich
Echtheit
14 Authentizitaet
Echtheitserklärung
12 Legitimation
Ecke
6 Winkel
eines Tuches
6 Zipfel
Eckfeld
des Halmabretts
3 Hof
eckig
geschliffene Edelsteinfläche
7 Facette
8 ◆ Fassette
Eckpfeiler
7 Stuetze
Eckzahn
des Keilers
5 Hauer
des Rotwildes
6 Graene
7 Grandel
des Wildschweines
6 Gewehr
ecuadorianische
Hauptstadt
5 Quito
Münze
5 Sucre
7 Centavo
Sprache
8 Ketschua, Spanisch
Stadt
4 Loja
5 Macas, Quito
6 Ambato, Cuenca, Ibarra
8 Rio Bamba, Santa Ana
9 Guayaquil
10 Portoviejo
ecuadorianischer
Berg
8 Cotopaxi
10 Chimborazo
11 Chimborasso
Indianerstamm
4 Cara
6 Kechua
7 Jivaros, Separos
8 Ketschua
Vulkan
6 Sangay
8 Antisana, Cotopaxi
edel
4 echt, hehr
5 adlig, human, nobel
7 vornehm
Edelapfel
7 Renette
Edelblume
4 Rose
5 Nelke
8 Orchidee
12 Chrysantheme
Edelfalter
5 Fuchs
6 Apollo
7 Admiral
8 Eisvogel
12 Kaisermantel, Trauermantel
13 Landkaertchen, Tagpfauenauge
14 Scheckenfalter, Schillerfalter
16 Perlmutterfalter
Edelfisch
3 Aal
4 Salm
5 Lachs, Renke, Stoer
6 Huchen
7 Felchen, Forelle, Karpfen, Maraene
8 Seezunge
9 Rheinsalm, Schnaepel
10 Donaulachs, Maiforelle, Rheinlachs, Seeforelle
11 Bachforelle, Blaufelchen, Meerforelle
12 Weissfelchen
17 Regenbogenforelle
Edelfrau
10 adlige Dame
Edelgas
4 Neon
5 Argon, Niton, Radon, Xenon
6 Helium, Thoron
7 Aktinon, Krypton
Edelgemüse
7 Spargel
Edelhirsch
7 Rotwild
Edelholz
4 Teak
6 Makore
8 Ebenholz, Mahagoni
10 Palisander, Sandelholz
Edelholzblatt
7 Furnier
Edelkastanie
6 Marone
Edelknabe
4 Page
6 Knappe

Edelmann
6 Junker, Ritter
7 Adliger
(französisch)
11 Gentilhomme
(spanisch)
9 Caballero
Edelmetall
4 Gold
6 Osmium, Platin, Silber
7 Iridium, Rhenium, Rhodium
9 Palladium, Ruthenium
Edelmetallgewicht
4 Gran
5 Graen
Edelmetallstange
10 Goldbarren
Edelmut
8 Noblesse
edelmütig
8 generoes
Edelpelz
3 Feh
4 Lamm, Nerz, Seal
5 Bisam, Fuchs, Iltis, Otter, Skunk, Zobel
6 Marder, Murmel, Nutria, Ozelot
7 Hamster, Opossum, Seehund
8 Hermelin, Rotfuchs
9 Blaufuchs, Persianer
10 Chinchilla, Weissfuchs
11 Platinfuchs, Silberfuchs
12 Breitschwanz
Edelpilz
8 Trueffel
10 Champignon
Edelrost
6 Patina
edelste
Tonware in Europa
9 Porzellan
Edelstein
im Rundschliff
8 Cabochon
Edelsteingewicht
5 Karat
Edelsteinglanz
5 Feuer
Edelstein, Halbedelstein, Schmuckstein
3 Jet
4 Hope, Jade, Jett, Onyx, Opal, Pitt
5 Achat, Aplom, Gagat, Juwel, Lapis, Lydit, Orlow, Pyrit, Pyrop, Quarz, Rubin, Sancy, Schah, Silex, Topas
6 Adular, Amaryl, Apatit, Axinit, Azurit, Beryll, Calcit, Citrin, Demant, Dravit, Epidot, Euklas, Granat, Hyalit, Jadeit, Jaspis, Korund, Kunzit, Morion, Nassak, Pigott, Plasma, Prasem, Regent, Saphir, Strass, Thulit, Zirkon, Zitrin, Zoisit, Zyanit
7 Achroit, Diamant, Diopsid, Dioptas, Fluorit, Girasol, Heureka, Idokras, Jubilee, Kallait, Karneol, Lasurit, Melanit, Nephrit, Peridot, Schoerl, Siderit, Smaragd, Spinell, Stewart, Tiffany, Tuerkis
8 Almandin, Amazonit, Amethyst, Aragonit, Braganza, Brillant, Cabochon, Cerussit, Cullinan, Edelopal, Haematit, Heliodor, Hessonit, Hiddemit, Hyazinth, Imperial, Kaprubin, Karbonat, Kohinoor, Labrador, Magnesit, Malachit, Markasit, Obsidian, Phenakit, Rhodonit, Rubellit, Sardonyx, Sodalith, Tansanit, Toskaner, Turmalin, Uwarowit, Vesuvian
9 Aquamarin, Aventurin, Bernstein, Bildstein, Blutstein, Brasilian, Chalcedon, Demantoid, Edelquarz, Edeltopas, Excelsior, Exzelsior, Feueropal, Fischauge, Flussspat, Goldtopas, Grossular, Heliotrop, Hornstein, Hydrophan, Kapgranat, Karfunkel, Mondstein, Moosachat, Oligoklas, Rosatopas, Serpentin, Tigerauge, Wolfsauge
10 Alexandrit, Chrysolith, Chrysopras, Falkenauge, Grossmogul, Hypersthen, Indigolith, Katzenauge, Labradorit, Lasurstein, Meerschaum, Milchquarz, Rauchquarz, Rauchtopas, Rosenquarz, Speckstein, Spessartin, Wasseropal
11 Brasilianit, Florentiner, Lapislazuli, Mandelstein, Nierenstein, Rheinkiesel, Sonnenstein
12 Azurmalachit, Bergkristall, Chrysoberyll, Edelfeldspat, Rhodochrosit
13 Amazonenstein, Labradorstein
mit bildlicher Darstellung
5 Gemme
mit erhaben geschnittenem Bild
5 Kamee
mit Prismenkristallen
6 Beryll
Edelsteinimitation
5 Talmi
6 Simili, Strass
Edelsteinmetropole
6 London
9 Antwerpen
Edelsteinnachahmung
5 Talmi
6 Simili, Strass
9 Imitation
Edelsteinschnittfläche
7 Facette
8 ◆ Fassette
Eden
8 Paradies
14 Paradiesgarten
Edikt
5 Gebot
6 Befehl, Erlass
9 Anordnung
10 Verfuegung, Verordnung
Edition
6 Verlag
7 Ausgabe
10 Herausgabe
edle
Gesinnung
5 Guete
14 Hochherzigkeit
15 Grossmuetigkeit
Menschlichkeit
10 Humanitaet
edles
Pferd
4 Ross
6 Araber
EDV-Ausdruck
Begriff der elektronischen Datenverarbeitung
3 APL, Bit, End, Get, Put, Ram, Rem, Run
4 Band, Call, Data, Feld, Next, Read, Real, Stop, Term, Wort
5 ALGOL, BASIC, Blank, Close, COBOL, Datei, Datex, Gosub, Index, Input, Liste, Pause, Print, Reset, Start, ◆ Stopp, Write
6 Befehl, Format, Locher, Platte, Radius, Return, Suchen, Tausch, Umfang
7 Ausgabe, Display, Drucker, Eingabe, Endwert, Flaeche, FORTRAN, Groesse, Integer, Plotter, Rechner, Restore, Stanzer, Tabelle
8 Codewort, Compiler, Computer, Continue, Dualzahl, Feldname, Funktion, Halbwort, Hardware, Leitwerk, Locherin, Negation, Operator, Programm, Schleife, Software, Speicher, Terminal, Variable
9 Anweisung, Assembler, Erfassung, Hochkomma, Konstante, Lochkarte, Operation, Parameter, Zuweisung
10 Bildschirm, Detailtest, Doppelwort, Gesamttest, Magnetband, Rechenwerk, Steuerwerk, Subroutine
11 Abschneiden, Algorithmus, Anfangswert, Dezimalzahl, Disjunktion, Feldelement, Grundsymbol, Information, Kompilierer, Konjunktion, Magnetkarte, Organisator, Ruecksprung, Speicherung, Verzweigung
12 Adressierung, Datentraeger, Lochstreifen, Magnetplatte, Programmtest, Tabellenwert
13 Datenarchivar, Datentypistin, Einzelschritt, Funktionswert, Hauptprogramm, Lochprueferin, Magnettrommel, Programmierer, Rechenzentrum, Schreiblocher, Unterprogramm
14 Datentechniker, Programmierung,

Prozessrechner, Schluesselwert, Transformation, Zentraleinheit
16 Handschriftbeleg, Klarschriftbeleg
17 Lochstreifenkarte

Effekt
4 Ziel
5 Folge
6 Erfolg
7 Wirkung
8 Eindruck, Leistung
10 Auswirkung, Konsequenz

Effekten
11 Wertpapiere
14 Boersenpapiere

Effektgarn
6 Boucle

Effekthascher
6 Poseur

Effekthascherei
6 Angabe

effektiv
7 lohnend, wirksam
8 greifbar, wirklich
9 vorhanden
12 tatsaechlich

effektvoll
7 wirksam

effektvoller
Einfall
3 Gag

Effektzwirn
6 Boucle

Effet
5 Drall, Stoss
7 Drehung, Schwung, Wirkung

egal
6 gleich
7 schnurz
8 einerlei
13 gleichgueltig

Egerling
8 Eierkopf
10 Champignon

Egoismus
8 Ichsucht, ◆ Ich-Sucht
9 Eigennutz, Eigensinn
10 Eigenliebe
11 Selbstsucht

Egozentrik
14 Ichbezogenheit

ehe
5 bevor

Ehe
zwischen Angehörigen verschiedener Konfessionen
8 Mischehe

Eheaussteuer
7 Mitgift

ehedem
5 einst

Ehefrau
4 Weib
6 Gattin
8 Gemahlin
16 Lebensgefaehrtin
nach dem Tode des Mannes
5 Witwe

Ehegefährte
5 Gatte
6 Gemahl

ehelich
7 legitim
11 verheiratet

ehelichen
6 freien
8 heiraten

ehelos
5 ledig
13 unverheiratet

Ehelosigkeit
8 Zoelibat
12 Ledigenstand

ehemalig
7 frueher

ehemalige
Benediktinerabtei in Oberbayern
10 Wessobrunn
brasilianische Münze
4 Reis
6 Pataca
7 Milreis
britische Besitzung
4 Aden
10 Goldkueste
deutsche Kolonie
4 Togo
5 Samoa
7 Kamerun
9 Neuguinea, Ostafrika
10 Kiautschou
14 Suedwestafrika
16 Deutsch Ostafrika
deutsche Kupfermünze
6 Dreier
deutsche Münze
5 Taler
6 Batzen, Gulden, Heller
7 Kreuzer
8 Groschen
11 Kaiseradler
deutsche Währung
2 RM
10 Reichsmark, Rentenmark
Druckeinheit
4 Torr
Fadenstärkeeinheit
3 DEN
6 Denier
französische Adelswürde
6 Pairie
französische Goldmünze
8 Louisdor
11 Napoleondor
Funkstation bei Potsdam
5 Nauen
Goldmünze
5 Eagle
6 Aureus, Guniea
7 Dublone, Dukaten, Pistole, Solidus, Zechine
8 Dareikos, Louisdor
11 Christandor, Golddukaten, Napoleondor
Hauptstadt Brasiliens
3 Rio
12 Rio de Janeiro
Hauptstadt der Azteken
12 Tenochtitlan
Hauptstadt von China
7 Nanking
Hauptstadt von Spanisch-Marokko
6 Tetuan
Hauslehrerin
11 Gouvernante
Herrscher in Venedig
5 Dogen
indische Dynastie
5 Mogul
8 Tansania
10 Daressalam
indische Münze
5 Mohul
internationale Flüchtlingsorganisation
3 IRO
italienische Kolonie
6 Libyen
7 Eritrea
10 Somaliland
Kaiserresidenz
5 Pfalz
Kirchenstrafe
4 Bann
Königsburg in London
5 Tower
lettische Münze
3 Lat
litauische Münze
3 Lit
niederländische Münze
4 Deut, Duit
persische Kaiserin
5 Farah
6 Soraya
persische Münze
4 Kran
5 Keran, Toman
Popgruppe
4 Abba
portugiesische Besitzung in Indien
3 Goa
portugiesische Münze
5 Coroa
6 Tostao
preußische Provinz
5 Posen
7 Pommern, Sachsen
8 Hannover
9 Westfalen
11 Brandenburg, Ostpreussen, Stadt Berlin
12 Hessen Nassau, Hohenzollern, Rheinprovinz, Westpreussen
13 Oberschlesien
15 Niederschlesien
17 Schleswig Holstein
russische Dorfgemeinschaft
3 Mir
schwedische Popgruppe
4 Abba
spanische Königin
3 Ena
spanische Kriegsflotte
6 Armada
spanische Münze
4 Real
südvietnamesische Hauptstadt
6 Saigon
12 Saigon Cholon
Sultansresidenz
6 Serail
thailändische Münze
5 Tikal
venezianische Münze
7 Zechine

Vereinigung selbstständiger Handwerker
6 Innung
ehemaliger
abessinischer Fürstentitel
3 Ras
abessinischer Herrschertitel
5 Negus
12 Negus Negesti
abessinischer Kaiser
13 Haile Selassie
ägyptischer König
5 Faruk
arabischer Fürstentitel
4 Asir
argentinischer Staatschef
5 Peron
äthiopischer Kaisertitel
5 Negus
Beamtentitel
9 Geheimrat
Bundespräsident
5 Heuss
6 Herzog, Luebke, Scheel
8 Carstens
9 Heinemann
11 Weizsaecker
Bund niederländischer Freiheitskämpfer
6 Geusen
Champion
9 Exmeister
chinesischer Staatsbeamter
8 Mandarin
deutscher Fußballspieler
6 Seeler
Direktor des Berliner Tierparks
5 Dathe
englischer Premierminister
4 Eden
5 Major
9 Churchill
finnischer Langstreckenläufer
5 Nurmi
französischer Thronfolgertitel
7 Dauphin
größter Staat des Deutschen Reiches
8 Preussen
Grundeigentümer
5 Sasse
Hausangestellter
6 Diener
Herrschertitel im Orient
5 Kalif
japanischer Ritter
7 Samurai
Kalender
20 Julianischer Kalender
Kavallerist
4 Ulan
5 Husar
8 Dragoner
Kolonialsoldat
6 Askari
König der Saudis
6 Feisal
König von Libyen
5 Idris
Kriegsteilnehmer
7 Veteran
Leiter des Berliner Tierparks
5 Dathe
Luxuswagen
8 Equipage
Manager vom HSV
6 Netzer
Musikant
9 Spielmann
Name des Iran
7 Persien
Name Thailands
4 Siam
Name von Istanbul
6 Byzanz
14 Konstantinopel
orientalischer Herrschertitel
5 Kalif, Mogul
österreichischer Adelstitel
5 Edler
Papstpalast in Rom
7 Lateran
polnischer Adel
9 Schlachta
portugiesischer Besitz
3 Goa
Postkutscher
10 Postillion
preußischer Infanteriehelm
11 Pickelhaube
Reichspräsident
5 Ebert
10 Hindenburg
Reitersoldat
5 Husar
Reiterstreifzug
4 Raid
russischer Adliger
5 Bojar
russischer Großbauer
5 Kulak
russischer Herrschertitel
3 Zar
russischer Kronprinz
10 Zarewitsch
Schutztruppensoldat
6 Askari
schwedischer Tennisstar
4 Borg
Sitz der Landgrafen von Thüringen
9 Wuerzburg
slawischer Herrschertitel
8 Gospodar, Hospodar
spanischer Prinzentitel
6 Infant
Staat des Deutschen Reiches
8 Preussen
Stabsoffiziersrang
6 Obrist
türkischer Minister
5 Wesir
türkischer Sultanspalast
6 Serail
türkischer Titel
3 Aga, Beg, Bei
6 Pascha
ungarischer Fußsoldat
6 Pandur
ungarischer Würdenträger
3 Ban
5 Banus
Volksstamm in Griechenland
5 Dorer, Ioner, Joner
6 Aioler
7 Achaeer, Achaier, Aeolier, Arkader
Volksstamm in Italien
6 Italer, Umbrer
7 Latiner, Lukaner, Sabiner, Volsker
8 Aurunker, Campaner, Etrusker, Italiker, Samniten
Volksstamm in Kleinasien
5 Lyder
6 Luwier
7 Phryger
8 Hethiter
9 Kimmerier
Volksstamm in Spanien
6 Iberer
Zahntechniker
7 Dentist
ehemaliges
Apothekergewicht
4 Gran
britisches Weltreich
6 Empire
burgundisches Königreich
6 Arelat
chinesisches Gewicht
4 Tael
deutsches Gewicht
3 Lot
5 Quent
deutsches Königreich
6 Bayern
7 Sachsen
8 Preussen
12 Wuerttemberg
Deutsch-Südwestafrika
7 Namibia
Druckmaß
3 ATM
4 Atue, Torr
englisches Königshaus
5 Tudor
Festland im Nordatlantik
4 Eria
Fürstentum in Schlesien
5 Pless
Gewicht
5 Pfund
größtes deutsches Filmunternehmen
3 Ufa
indisches Fürstentum
6 Indora
Jagdschloss bei Dresden
10 Moritzburg
Königreich in Spanien
6 Aragon
7 Granada, Navarra
9 Aragonien, Kastilien
orientalisches Fürstentum
7 Kalifat
peruanisches Herrschergeschlecht
4 Inka
Residenzschloss der französischen Könige
9 Tuilerien
russisches Zarengeschlecht
7 Romanow
Sultanat auf Sumatra
4 Deli
US-Mondprogramm
6 Apollo
US-Raumfahrtprogramm
6 Gemini
venezianisches Oberhaupt
4 Doge

Wort für Widerspruch
6 Rekurs
ehemals
4 olim
5 einst
7 dazumal, frueher
deutsche Ostgebiete
7 Pommern
9 Schlesien
11 Ostpreussen
Ehemann
5 Gatte
6 Gemahl
15 Lebensgefaehrte
Ehepartner
5 Gatte
6 Gattin, Gemahl
8 Gemahlin
15 Lebensgefaehrte
16 Lebensgefaehrtin
eher
6 lieber, vorher
7 frueher
8 vielmehr
als
3 vor
5 bevor, zuvor
6 vordem, vorher
9 vorzeitig
ehern
4 fest, hart
6 eisern
8 metallen
9 unbeugsam
11 hartnaeckig
Eheschließung
6 Heirat
7 Mariage, Trauung
8 Hochzeit
11 Vermaehlung
Ehesymbol
4 Ring
Eheverfehlung
7 Untreue
Eheversprechen
9 Verlobung
10 Verloebnis
13 Heiratsantrag
Ehrabschneider
10 Verleumder
Ehrabschneidung
7 Rufmord
11 Verleumdung
12 Diffamierung
ehrbar
6 bieder, honett
7 honorig, sittsam
9 honorabel
10 anstaendig
11 achtenswert, respektabel
13 rechtschaffen
Ehre
3 Ruf
4 Ruhm
5 Stolz
6 Gloria, Wuerde
7 Achtung, Ansehen, Geltung, Respekt
11 Anerkennung, Hochachtung
12 Auszeichnung
ehren
6 achten
9 wuerdigen
10 anerkennen, honorieren
11 auszeichnen
Ehrenabzeichen
5 Orden
ehrenamtlicher
Richter
8 Schoeffe
Ehrenbezeichnung
für Gandhi
7 Mahatma
Ehrenbezeigung, -bezeugung
5 Gruss, Salut, Salve
7 Ovation, Spalier
8 Honneurs, Reverenz
12 Flaggengruss
13 Flaggenaufzug
Ehrenbrief
6 Diplom
7 Urkunde
ehrendes
Gedenken
8 Nachruhm
Ehrenerklärung
14 Rehabilitation
Ehrenerweisung
7 Achtung
8 Reverenz
12 Ehrerweisung
Ehrengabe
13 Gratifikation
Ehrengasse
7 Spalier
Ehrengeleit
7 Eskorte, Kondukt, Kortege
Ehrengruß
5 Salut, Salve
ehrenhaft
6 honett
7 honorig
9 honorabel
13 rechtschaffen
ehrenhaftes
Spiel oder Verhalten
8 Fairplay
ehrenhalber
12 honoris causa
Ehrenmann
9 Gentleman
11 Gentilhomme
Ehrenname
für Gandhi
7 Mahatma
für Jesus
8 Christus
für Mekkapilger
7 Hadschi
Ehrenpreis
3 Cup
5 Pokal
8 Medaille
Ehrenrettung
14 Rehabilitation
15 Rehabilitierung
ehrenrührig
6 ehrlos
Ehrensalve
5 Salut
Ehrensold
7 Honorar
Ehrenstrafe
im Mittelalter
7 Pranger
Ehrentag
9 Jubilaeum
Ehrentempel
für die Götter
8 Pantheon
Ehrentitel
7 Eminenz, Senator
9 Exzellenz
älterer Kapitäne
9 Kommodore
frommer Inder
5 Sadhu
für verdiente Bürger
12 Ehrenbuerger
jüdischer Gesetzeslehrer
5 Rabbi
Ehrenurkunde
6 Diplom
ehrenvoll
9 honorabel
Ehrenvorsitzender
9 Protektor
Ehrenvorstellung
7 Benefiz
ehrenwert
7 achtbar
Ehrenzeichen
5 Kreuz, Orden, Stern
8 Medaille, Plakette
10 Dekoration
Ehrerbietung
5 Gruss
6 Diener, Knicks
7 Honneur, Respekt
8 Reverenz
9 Bueckling, Kratzfuss
10 Kompliment, Verbeugung
Ehrergiebigkeit
7 Pietaet
Ehrfurcht
7 Achtung, Pietaet, Respekt
8 Reverenz
9 Verehrung
ehrfurchtsvoll
5 devot
Ehrgeiz
5 Eifer
7 Streben
8 Ambition
13 Geltungstrieb
18 Bestaetigungssucht
ehrgeizige
Frau
9 Streberin
Ziele
10 Ambitionen
Ehrgeizling
7 Streber
ehrlich
3 gut
4 fair
5 reell
6 lauter, sauber
7 redlich
10 anstaendig, aufrichtig
13 rechtschaffen
Ehrlichkeit
14 Wahrheitsliebe
ehrlos
5 infam
6 falsch, gemein
12 ehrvergessen, unanstaendig, unaufrichtig

13 nichtswuerdig
15 niedertraechtig
ehrlose
Frau
8 Schurkin
ehrloser
Mensch
4 Lump
Ehrlosigkeit
7 Infamie, Schande, Schimpf
ehrsame
alte Dame
7 Matrone
Ehrung
3 Lob
4 Dank
7 Lobrede
10 Wuerdigung
12 Auszeichnung
ehrwürdig
8 erlaucht
15 patriarchalisch
ehrwürdige
Frau
7 Matrone
Ei
der Laus
5 Nisse
Eibe
5 Taxus
Eibisch, Ibisch
5 Malve
6 Althee
7 Althaea
8 Hibiskus
12 Wetterroesel
15 Chinesische Rose
Eichelschwamm
12 Stinkmorchel
eichen
7 pruefen
8 visieren
9 justieren
11 adjustieren, einstempeln
12 kennzeichnen
Eichenrinde
4 Kork
Eichhörnchenfell
3 Feh
Eichhörnchennest
5 Kobel
Eichmaß, Mustergewicht
6 Etalon
Eichmeister
6 Eicher
Eid
6 Schwur
Eidbruch
7 Meineid
9 Falscheid
Eidechse
5 Agame, Anoli, Gecko, Skink, Tokeh, Waran
6 Leguan, Tockee
7 Lazerte
10 Chamaeleon, Flugdrache, Mauergecko
11 Dornschwanz, Flugdrachen, Kragenechse, Schildechse
eidesstattliche
Beurkundung
9 Affidavit
Eidgenosse
9 Schweizer
Eidgenossenschaft
7 Schweiz
Eidotter
6 Eigelb
Eier
der Läuse
6 Nissen
des Fisches
5 Rogen
des Vogelnestes
6 Gelege
von Wassertieren
5 Laich
Eierauflauf
7 Souffle
Eierfrucht
9 Aubergine
Eierkuchen, -speise
6 Plinse
7 Omelett
8 Frittate, Omelette
12 Palatschinke
Eierkunde
7 Oologie
Eier legend
6 ovipar
Eierlieferantin
4 Huhn
5 Henne
Eierlikör
7 Advokat
8 Advokaat
10 Knickebein
Eierlikörfüllung
in Pralinen
10 Knickebein
Eierpflanzenfrucht
7 Obajine
9 Aubergine
Eierspeise
7 Omelett, Ruehrei
8 Omelette
Eierspenderin
4 Huhn
5 Henne
Eierteigware
5 Nudel
8 ◆ Spagetti
9 Makkaroni, Spaghetti
eieruhrförmige
Trommel mit Schellen
4 Bata
Eifel
4 Erft
Eifelkratersee
4 Maar
10 Laachersee
Eifellandschaft
4 Daun
6 Ahrtal
Eifelstädtchen
am Nürburgring
6 Adenau
Eifer
4 Elan
5 Drang
6 Fleiss
9 Emsigkeit, Intension
11 Ruehrigkeit
12 Strebsamkeit
Eiferer
3 Fan, Fex
5 Zelot
9 Fanatiker
10 Schwaermer
Eifersucht
4 Neid
7 Argwohn
9 Missgunst
10 Rivalitaet
eiförmig
4 oval
5 ovoid
eifrig
5 emsig
7 ruehrig
8 fleissig, strebsam
9 arbeitsam, beflissen
Eigelb
6 Dotter
8 Eidotter
eigen
6 proper
Eigenart
3 Typ
4 Note, Tick
5 Typus, Wesen
6 Manier
7 Marotte
8 Naturell
9 Charakter
11 Kennzeichen, Veranlagung
13 Originalitaet
15 Individualitaet
mancher Tiere
12 Winterschlaf
eigenartig
5 apart
7 ominoes, seltsam
8 reizvoll
9 originell
11 merkwuerdig
13 bemerkenswert
eigenartiger
Mensch
6 Unikum
Eigenbezeichnung
der Eskimo
6 Innuit
des Schweizers
10 Eidgenosse
Eigenbrötler
4 Kauz
8 Original
10 Sonderling
12 Aussenseiter
13 Einzelgaenger
Eigendrehimpuls
des Elementarteilchens
4 Spin
eigene
Lebensbeschreibung
13 ◆ Autobiografie
14 Autobiographie
Person
3 ich
Vorsorge
12 Versicherung
eigenes
Staatsgebiet
6 Inland
eigengesetzlich
7 autonom

11 unabhaengig
12 selbstaendig
14 ◆ selbststaendig
eigenhändig
6 selbst
eigenhändige
Unterschrift
6 Signum
8 Signatur
9 Autogramm, Namenszug
Eigenheim
5 Villa
8 Bungalow
10 Reihenhaus
15 Einfamilienhaus
16 Eigentumswohnung
Eigenliebe, Eigennutz
8 Egoismus, ◆ Ich-Sucht, Ichsucht
11 Selbstsucht
eigenmächtig
14 selbstherrlich
Eigenmasse
eines Fahrzeugs
7 Totlast
Eigenname
Buddhas
7 Gautama
Eigennutz
8 Egoismus
11 Selbstsucht
eigennützige
Absicht
10 Berechnung
eigens
5 extra
8 speziell
9 besonders
10 namentlich
Eigenschaft
3 Art, Zug
5 Wesen
6 Anlage, Talent, Tugend
7 Merkmal
8 Attribut
9 Charakter, Qualitaet, Wesenszug
10 Faehigkeit
11 Befaehigung, Veranlagung
einiger Elemente, sich unter Strahlenaussendung in andere Elemente zu verwandeln
15 Radioaktivitaet
Eigenschaftswort
8 Adjektiv
Eigensinn
5 Trotz
15 Halsstarrigkeit
eigensinnig
4 stur
7 trotzig
8 obstinat
10 kaprizioes
11 dickkoepfig, halsstarrig, hartnaeckig
12 starrkoepfig, widerborstig
13 widerspenstig
eigenständig
6 autark
7 autonom
17 nonkonformistisch
Eigensucht
8 Egoismus, ◆ Ich-Sucht, Ichsucht
11 Selbstsucht

eigentlicher Name
von Mark Twain
7 Clemens
von Voltaire
6 Arouet
Eigentum
4 Habe
6 Besitz
9 Vermoegen
Eigentümer
6 Eigner
7 Inhaber
8 Besitzer
eigentümlich
7 typisch
8 speziell
9 besonders, originell
eigentümliche
Sprechweise
5 Idiom
Eigentümlichkeit
6 Cachet
12 Spezialitaet
Eigentumsdelikt
4 Raub
6 Betrug
8 Einbruch
9 Diebstahl
10 Entwendung
12 Veruntreuung
13 Hinterziehung
14 Unterschlagung
eigenwillig
10 kaprizioes
Eignung
13 Qualifikation
Eignungsprüfung
4 Test
Eignungszeugnis
20 Befaehigungsnachweis
Eihaut
6 Ammion
Eiklar
7 Eiweiss
Eiland
5 Insel
im Pazifik
10 Osterinsel
Eilandbewohner
9 Insulaner
Eilbote
6 Kurier
8 Stafette
11 Expressbote
Eile
4 Hast
5 Hetze, Tempo
6 Rasanz
7 Zeitnot
13 Schnelligkeit
eilen
5 jagen, rasen
6 hasten, hetzen, laufen, rennen
8 preschen
eilig
3 fix
5 flink, rasch
6 hastig, hurtig
8 pressant
eilige
Postsendung
9 Telegramm

eiliger
Rückzug
8 Retirade
Eilnachricht
5 Telex
8 Depesche
9 Telegramm
12 Expressbrief
13 Fernschreiben
14 Blitztelegramm, Brieftelegramm
Eilpostkutsche
9 Diligence
Eimer
6 Kuebel
ein
Aguti
8 Goldhase
altes Buch
8 Schinken
Baum, der seine Blätter nicht verliert
5 Tanne
bisschen
5 etwas
Erdteil
9 Kontinent
Fernschreibsystem
5 Telex
Ganzes in der Mathematik
6 Eintel
Hundertstel
7 Prozent
Langohr
4 Esel, Hase
Manuskript druckreif machen
10 redigieren
Mensch
6 Person
Satz Zusammengehöriges
3 Set
4 Paar
Schiff erobern
6 entern
Schiff mieten
8 chartern
Sonntag nach Ostern
6 Exaudi, Rogate
7 Kantate
Sonntag vor Ostern
5 Okuli
8 Estomihi, Palmarum
Tausendstel Millimeter
6 Mikron
Testament errichten
9 testieren
Umzug für Schaulustige
5 Korso
Verkäufer
8 Haendler
wenig
5 etwas
8 bisschen
Zehntel Meter
9 Dezimeter
Einakter
von Donizetti
4 Rita
einäschern
9 kremieren
10 verbrennen
Einäscherung
9 Kremation

11 Verbrennung
Einäscherungsanlage
11 Krematorium
einatmen
10 inhalieren
Einatmung
10 Inhalation
einäugiger
Riese
4 Oger
6 Kyklop, Zyklop
8 Polyphem
einbalsamierte
Leiche
5 Mumie
Einband
mit Lederrücken und Lederecken
13 Halbfranzband
Einbau
12 Installation
Einbaum
der Naturvölker
4 Kanu
5 Kanoe
6 Piroge
einbegriffen
8 implizit
9 implizite, inclusive, inklusive
einberufen
8 ausheben
12 mobilisieren
Einberufung
10 Gestellung
12 Mobilmachung
Einbeulung
5 Delle
Einbildung
4 Trug, Wahn
7 Duenkel, Hochmut
8 ◆ Fantasie, Illusion
9 Phantasie, Schimaere
10 Suggestion
11 Imagination, Spekulation, Vorstellung
13 Halluzination
14 Erfindungsgabe
Einbildungskraft
8 ◆ Fantasie
9 Phantasie
11 Imagination
Einblicklinse
der Kamera
6 Okular
Einbrecher
4 Dieb
7 Raeuber
Einbrenne
8 Schwitze
Einbringen
der Baumfrüchte
9 Obsternte
der Feldfrüchte
5 Ernte
Einbruch
8 Invasion
Einbruchsicherung
11 Alarmanlage
Einbuchtung
5 Beule, Delle
einbürgern
14 naturalisieren
Einbürgerung
14 Naturalisation, Nostrifikation
15 Naturalisierung
Einbuße
7 Schaden, Verlust
Eindämmen
eines Flussbettes
11 Regulierung
eindampfen
11 evaporieren
eindeutig
4 klar
8 praezise
12 unumstritten, zweifelsfrei
19 unmissverstaendlich
eindringen
12 infiltrieren
von Krankheitserregern
9 Infektion
eindringlich
5 ernst
6 betont
8 bestimmt, intensiv, rentabel
10 instaendig
13 ausdruecklich
14 nachdruecklich
Eindringlichkeit
9 Nachdruck
11 Intensitaet
Eindringling
7 Invasor
Eindruck
4 Spur
7 Wirkung
8 Anschein
10 Empfindung, Impression, Vertiefung
machen
10 imponieren
eindrucksvoll
7 wirksam
8 imposant
11 imponierend
eindrucksvolles
Ereignis
8 Erlebnis
Naturereignis
14 Mondfinsternis
16 Sonnenfinsternis
eine
der Ausdehnungen
5 Hoehe, Tiefe
6 Breite, Laenge
der Baleareninseln
5 Ibiza
7 Cabrera, Menorca
8 Mallorca
10 Formentera
der Begründer der SPD
5 Bebel
11 August Bebel
der bildenden Künste
4 Tanz
5 Musik
7 Malerei
8 Dichtung
10 Dichtkunst
der Chariten
6 Aglaia, Thalia
10 Euphrosyne
der drei Erinnyen
6 Alekto
7 Megaera, Megaira
9 Tisiphone
der drei Gorgonen
6 Medusa, Meduse
7 Euryale, Stheino
der drei Horen
4 Dike
6 Eirene
7 Eunomia
der drei Nornen
3 Urd
5 Skuld
8 Werdandi
der Fidschiinseln
4 Koro
der Frauen Abrahams
4 Sara
6 Ketura
der Frauen Jakobs
3 Lea
5 Rahel
der Gezeiten
4 Ebbe, Flut, Tide
der Gorgonen
6 Medusa
7 Euryale, Stheino
der göttlichen Tugenden
5 Liebe
6 Aglaia, Grazie
der Grazien
6 Aglaia, Thalia
10 Euphrosyne
der größten Schmetterlingsarten
12 Atlasspinner
der Halligen
6 Oeland
der Haupttugenden
4 Spes
5 Liebe
6 Glaube
7 Caritas, Glauben, Staerke
8 Hoffnung, Justitia, Klugheit, Weisheit
9 Fidelitas, Fortitudo, Prudentia
10 Fidelitaet, Fidulitaet, Tapferkeit
11 Maessigkeit, Temperentia
12 Besonnenheit
13 Gerechtigkeit
der höchsten Gerichtsbehörden
24 Bundesverfassungsgericht
der Horen
4 Dike
6 Eirene
7 Eunomia
der Ionischen Inseln
5 Korfu
6 Ithaki, Leukas, Zantes
7 Kythira
9 Zakynthos
11 Kephallinia
der Kardinal-Tugenden
4 Spes
5 Fides, Liebe
6 Glaube
7 Caritas, Glauben, Staerke
8 Hoffnung, Justitia, Klugheit
9 Fortitudo, Prudentia
11 Maessigkeit, Temperentia
13 Gerechtigkeit
der keltischen Sprachen
6 Irisch
der Kleinen Antillen
4 Saba

der Kleinen Sundainseln
4 Alor, Bali
der Kunstsprachen
3 Ido
der Liparischen Inseln
6 Lipari, Salina
7 Vulcano
9 Stromboli
der Mahlzeiten
6 Kaffee, Vesper
10 Abendessen
11 Fruehstueck, Mittagessen
der Matrix zugeordnete Zahl
12 Determinante
der Musen
4 Klio
5 Erato
6 Thalia, Urania
7 Euterpe
8 Kalliope
9 Melpomene
10 Polyhymnia
11 Terpsichore
der Nornen
3 Urd
5 Skuld
8 Werdandi
der Nymphen
6 Dryade, Egeria, Najade, Oreade
7 Galatea, Nereide
8 Galateia, Okeanide
der schönen Künste
4 Tanz
5 Musik
7 Malerei
8 Dichtung
10 Dichtkunst
der seltensten Briefmarken
9 Mauritius
der sieben Todsünden
4 Geiz, Neid, Zorn
7 Hochmut, Wollust
9 Traegheit
10 Trunksucht
16 Herzenstraegheit
19 Traegheit des Herzens
der Sozialhilfen
20 Hinterbliebenenrente
Eins mit 12 Nullen
7 Billion
Eins mit 15 Nullen
9 Billiarde
Eins mit 18 Nullen
8 Trillion
Eins mit 24 Nullen
11 Quadrillion
Eins mit 36 Nullen
10 Sextillion
Faschingsveranstaltung
4 Ball
7 Redoute
10 Maskenball
Frau ohne Modesorgen
3 Eva
Leiche öffnen
8 sezieren
Menge
4 viel
5 viele
6 Anzahl
9 zahlreich
10 zahlreiche
Naturwissenschaft
6 Chemie, Physik
7 Botanik
8 Biologie, Geologie, Zoologie
9 ◆ Geografie
10 Astronomie, Geographie, Mathematik
11 Mineralogie
Rolle spielen
7 agieren
Schachspieleröffnung
6 Gambit
Seite der Buchführung
4 Soll
5 Haben
6 Credit, Kredit
Seite des Dreiecks
7 Kathete
10 Hypotenuse
unter Vormundschaft stehende Person
7 Muendel
Windseite
3 Lee, Luv
einebnen
9 planieren
11 nivellieren
12 gleichmachen
Einehe
9 Monogamie
einem
Gelübde entsprechen
5 Votiv
Verbrechen dienendes Stück Stoff
6 Knebel
einen
beschränkten Vorrat verteilen
11 rationieren
Entschluss ausführen
7 handeln
einengend
10 restriktiv
einer
der ältesten Tänze
6 Reigen
der Apostel
5 Lukas, Simon
6 Markus, Paulus, Petrus, Thomas
7 Andreas, Jakobus
8 Johannes, Matthias
9 Matthaeus, Philippus
13 Bartholomaeus
der Argonauten
4 Idas
5 Iason
6 Kastor, Neleus, Peleus
7 Admetos, Telamon, Theseus
8 Euphemos, Herakles
der Artusritter
4 Erek
5 Gawan, Iwein
6 Gawein, Merlin
7 Tristan
8 Lancelot, Parzival
9 Lohengrin
der Begründer des Marxismus
4 Marx
6 Engels
der beiden Raben des Gottes Odin
5 Hugin
der Burgunderkönige
6 Gernot
7 Gunther
8 Giselher
der Eisheiligen
8 Mamertus
9 Servatius
10 Pankratius
der Erstbesteiger des Mount Everest
7 Tensing
der ersten Automobilbauer
4 Benz
7 Daimler
der Erzengel
5 Uriel
7 Gabriel, Michael, Raphael
der Erzväter
7 Abraham
der Evangelisten
5 Lukas
6 Markus
8 Johannes
9 Matthaeus
der freien Berufe
4 Arzt
6 Anwalt
9 Kuenstler
14 Schriftsteller
der Göttinger Sieben
5 Ewald, Grimm, Weber
8 Albrecht, Dahlmann, Gervinus
der großen Richter Israels
6 Gideon
der Heiligen Drei Könige
6 Kaspar
8 Melchior
9 Balthasar
der höchsten Himmelswesen
8 Erzengel
der Raben Odins
5 Hugin, Munin
der sagenhaften Gründer Roms
5 Remus
7 Romulus
der sieben Epigonen
8 Alkmaion, Diomedes, Euryalos
9 Aegialeus, Promachos, Sthenelos
11 Thersandros
der sieben Hügel Roms
7 Aventin, Caelius, Kapitol, Palatin, Viminal
8 Esquilin, Quirinal
der Sieben Weisen
4 Bias
5 Solon
6 Chilon, Thales
8 Pittakos
9 Kleobulos, Kleobulus, Periander
10 Periandros
der Sinne
6 Gehoer, Geruch
7 Gesicht
8 Tastsinn
9 Geschmack
13 Gleichgewicht
der Sozialpartner
11 Arbeitgeber
12 Arbeitnehmer
der Titanen
5 Andes, Koios, Krios
6 Adanos, Anytos, Kreios, Kronos, Ophion

7 Aigaion, Japetos, Okeanos, Ostasos
8 Hyperios, Olymbros
10 Prometheus
der vier großen Propheten
6 Daniel, Jesaja
8 Hesekiel, Jeremias
der vierzehn Nothelfer
5 Georg, Vitus
7 Barbara, Blasius, Erasmus
8 Achatius, Aegidius, Cyriakus
9 Dionysius, Katharina, Margareta, Pantaleon
10 Eustachius
13 Christophorus
der Vornamen Mozarts
7 Amadeus
8 Wolfgang
der Wölfe Odins
4 Geri
5 Freki
der zwölf kleinen Propheten
4 Amos, Joel, Jona
5 Hosea, Micha, Nahum
6 Haggai, Obadja
7 Habakuk
8 Maleachi, Sacharja, Zephanja
im anderen
10 ineinander
einerlei
4 egal
Einerlei
5 Trott
9 Monotonie
eines
der Massenmedien
9 Fernsehen
der Sieben Weltwunder
15 Koloss von Rhodos
16 Haengende Gaerten
19 Leuchtturm auf Pharos, Zeusstatue in Olympia
20 Aegyptische Pyramiden
22 Artemistempel zu Ephesos, Mausoleum zu Halikarnass
einfach
6 frugal, simpel
8 primitiv, schlicht
9 elementar
10 bescheiden
11 spartanisch, unscheinbar
12 anspruchslos
einfache
Geländezeichnung
5 Kroki
Holzfackel
4 Kien
Holzhütte
11 Bretterbude
Lagerstätte
8 Pritsche
Lösung einer Aufgabe
13 Ei des Kolumbus
Mahlzeit
7 Eintopf
14 Eintopfgericht
Unterkunft
6 Huette
einfacher
Bau
7 Baracke
Eiweißkörper
7 Protein
Schlüssel
8 Dreikant, Vierkant
Schrank
5 Spind
Soldat
8 Gemeiner
Türverschluss
6 Riegel
Wagen
5 Karre
Zeitmesser
7 Sanduhr
einfaches
Boot
7 Einbaum
Bretterhäuschen
4 Bude
Essen
7 Eintopf
Gefährt
5 Karre
Haus
7 Baracke
Indianerboot
6 Piroge
Segelflugzeug
7 Gleiter
Wasserfahrzeug
4 Boot
5 Floss
7 Einbaum
Werkzeug
5 Hebel, Saege, Zange
6 Hammer, Spaten
Zimmer
4 Bude
Einfachheit
12 Simplizitaet
Einfachzucker
7 Tetrose
Einfahrt
3 Tor
4 Flur
6 Portal
7 Ankunft, Landung
Einfall
3 Gag
4 Idee
7 Gedanke
8 Invasion
9 Eingebung, Intuition
11 Erleuchtung, Inspiration
12 Geistesblitz
einfallsreich
6 findig
Einfallsreichtum
8 ◆ Fantasie
9 Phantasie
14 Erfindungsgabe
Einfalt
8 Bonhomie, Dummheit
9 Naivitaet
15 Beschraenktheit
einfältig
4 doof, dumm, naiv
6 albern, arglos, simpel
7 harmlos
8 toericht
einfältiger Mensch
3 Tor
4 Depp, Narr
5 Heini, Tropf
6 Gimpel
7 Trottel
Einfaltspinsel
3 Tor
4 Depp, Narr
6 Dussel, Gimpel, Simpel
7 Abderit, Trottel
8 Dummkopf
Einfamilienhaus
5 Villa
8 Bungalow
9 Eigenheim
10 Reihenhaus
einfarbig
3 uni
9 monochrom
einfassen
6 rahmen
7 saeumen
9 einrahmen, garnieren
Einfassung
4 Rand, Saum, Zaun
5 Borte, Kante, Litze, Zarge
6 Besatz, Krause, Rahmen
8 Borduere, Garnitur
9 Umrandung
10 Umzaeunung
an Türen
5 Zarge
der Reitbahn
5 Bande
Einfassungsbeet
7 Rabatte
einfetten
5 oelen
9 schmieren
Einflieger
9 Testpilot
Einfluss
3 Ruf
5 Macht
7 Geltung, Wirkung
8 Influenz, Renommee
Einflussnahme
10 Einwirkung
12 Manipulation
einflussreich
6 patent
einflussreiche
Spitze der int. High Society
6 Jet-set, ◆ Jetset
einflüstern
8 vorsagen
11 souffIieren
einförmig
7 monoton, uniform
Einförmigkeit
8 Einerlei
9 Monotonie
12 Uniformitaet
Einfriedung
4 Fenz, Zaun
5 Hecke, Knick, Mauer
6 Gatter, Pferch
Einfühligkeit
13 Sensibilitaet
Einfühlsamkeit
20 Fingerspitzengefuehl
Einfuhr
6 Import
einführen
10 initiieren
11 importieren

einführend
14 programmatisch
Einfuhrerlaubnis
17 Importgenehmigung
Einfuhrgebühr
4 Maut, Zoll
Einfuhrhändler
9 Importeur
Einführung
6 Prolog
7 Vorrede, Vorwort
8 Neuerung
9 Anleitung, Leitfaden
10 Initiation, Investitur
12 Introduktion
Einfuhrware
7 Importe
Eingabe
6 Antrag, Gesuch
8 Petition
10 Memorandum
11 Bittschrift, Denkschrift
Eingang
3 Tor
4 Tuer
5 Tuere
6 Anfang, Beginn, Entree, Portal
7 Einlass, Empfang, Zutritt
8 Oeffnung
10 Eintreffen, Zustellung
eingängige
Melodie
7 Ohrwurm
Eingangsformel
9 Praeambel
Eingangshalle
7 Vorraum
9 Vestibuel
eingearbeitete
Mannschaft
4 Team
eingebildet
5 eitel
6 irreal
8 arrogant, blasiert
9 imaginaer
10 hochmuetig, unwirklich
11 duenkelhaft, illusorisch, snobistisch
12 ueberheblich
eingebildeter
Kranker
11 Hypochonder
Mensch
4 Geck, Snob
5 Protz
6 Fatzke
7 Angeber
Eingebildetheit
6 Spleen
eingeboren
8 heimisch
Eingeborenenboot
4 Kanu
Eingeborenensoldat
6 Askari
Eingeborenentanz
auf Hawaii
4 Hula
Eingeborener
Afrikas
5 Neger
Amerikas
5 Indio
8 Indianer
der Südseeinseln
6 Kanake
von Neuguinea
5 Papua
von Neuseeland
5 Maori
eingebügelte
Falte
7 Plissee
Eingebung
4 Idee
7 Einfall, Gedanke
9 Intuition
11 Erleuchtung, Inspiration
12 Geistesblitz
eingedeichtes Marschland
3 Kog
4 Koog
6 Polder
eingedickte
Flüssigkeit
4 Seim
Lösung
10 Konzentrat
eingedickter
Saft
5 Gelee, Sirup
Saft von Süßholz
7 Lakritz
8 Lakritze
eingefleischter
Junggeselle
9 Hagestolz
eingefräste
Rille
3 Nut
eingeführte
Ware
7 Importe
eingehen
9 krepieren
Eingehen
einer Zweitehe
7 Bigamie
eingehend
8 speziell
eingehende
Besprechung
11 Eroerterung
eingeknickte
Buchseite
8 Eselsohr
eingekochte
Fische
8 Marinade
eingekochtes
Fruchtmark
9 Marmelade
eingelegte
Gemüsefrucht
10 Essiggurke
11 Perlzwiebel
12 ◆ Mixedpickles
kleine Gurke
9 Cornichon
Knospe
5 Kaper
Sardelle
8 Anchovis
9 ◆ Anschovis
eingelegter
Hering
4 Sild
8 Rollmops
10 Salzhering
14 Bismarckhering
Weißkohl
10 Sauerkraut
eingelegtes
Tierprodukt
5 Solei
Eingemachtes
4 Obst
8 Fruechte, Konserve
9 Marmelade
10 Konfituere
eingepresste
Fabrikmarke in Papier
13 Wasserzeichen
eingerissene
Haut am Fingernagel
9 Neidnagel
eingeritzte
Verzierung
6 Gravur
eingerückte
1. Absatzzeile
6 Alinea
eingesalzener
Heringsfisch
8 Sardelle
Kabeljau
8 Laberdan
eingesäuertes
Viehfutter
6 Silage
eingeschaltet
2 an
eingeschlossener
Teil eines Staates
7 Enklave
eingeschnittenes
Flusstal
5 Canon
eingeschüchtert
6 mutlos
eingesetztes
Stoffstück
4 Keil
eingetragene
Schweizer Firma
7 Regione
eingetragenes
Warenzeichen
11 Schutzmarke
eingewebte
Kante
8 Borduere
Eingeweide
vom Tier
6 Daerme, Inster
7 Kutteln
8 Gedaerme, Gekroese
9 Innereien, Kaldaunen
Eingeweihter
5 Adept
7 Inliner, Insider
8 Komplize
9 Mitwisser
10 Vertrauter
eingezäunte
Fläche
6 Garten

Fläche für Tiere
6 Pferch
Weide
6 Koppel
eingezuckerte
Apfelsinenschale
8 Orangeat
Zitronenschale
8 Zitronat
Eingitterröhre
6 Audion
Einglas
7 Monokel
Eingliederung
11 Integration
eingreifen
13 intervenieren
Eingriff
9 Massnahme, Operation
10 Verletzung
12 Intervention, Nichtachtung
13 Einflussnahme
am lebenden Tier
11 Vivisektion
Einhaltung
des Kurses
10 Navigation
einhäusiger
Baum
4 Erle
Einhegung
6 Pferch
einheimische
Echse
14 Blindschleiche
Getreidesorte
5 Hafer, Hirse, Spelt, Spelz
6 Dinkel, Gerste, Roggen, Weizen
10 Buchweizen
Giftpflanze
4 Aron, Eibe
5 Porst
6 Germer
7 Gleisse
8 Aronstab, Einbeere, Eisenhut, Nieswurz, Sturmhut
9 Fingerhut
10 Belladonna, Schierling, Stechapfel, Wolfsmilch
11 Bilsenkraut, Taumellolch, Tollkirsche
12 Schoellkraut
13 Nachtschatten, Wasserlobelie
14 Herbstzeitlose
16 Wasserschierling
Giftschlange
10 Kreuzotter
Kletterpflanze
4 Efeu
Öl- und Faserpflanze
4 Lein
Orchidee
5 Orant
6 Orchis
7 Ragwurz
8 Nestwurz
9 Sumpfwurz, Zweiblatt
11 Frauenschuh, Knabenkraut
einheimischer
bunter Rackenvogel
9 Wiedehopf
Farn
12 Natternzunge
Giftpilz
8 Erdstern, Perlpilz, Risspilz
9 Faelbling
10 Satanspilz, Speiteufel
11 Fliegenpilz, Giftreizker, Pantherpilz
12 Giftegerling
13 Birkenreizker, Speitaeubling
15 Gallenroehrling, Kartoffelbovist, Tigerritterling
19 Knollenblaetterpilz
Rabenvogel
6 Elster
Singvogel
5 Amsel
Straßenvogel
5 Spatz
8 Sperling
Vogel
4 Rabe
Einheimischer
8 Hiesiger
9 Inlaender
11 Ansaessiger
einheimisches
Kriechtier
8 Eidechse
Nachtschattengewächs
5 Tabak
6 Tomate
7 Solanum
9 Kartoffel, Tollbeere
10 Hundsbeere, Stechapfel
11 Bilsenkraut, Tollkirsche
Nagetier
13 Eichhoernchen
Primelgewächs
15 Schluesselblume
Raubtier
5 Dachs, Fuchs, Iltis, Kuder, Otter
6 Marder, Wiesel
8 Hermelin
9 Frettchen, Wildkatze
10 Fischotter
11 Steinmarder
Reptil
8 Eidechse
Wildtier
3 Reh
4 Hase
6 Hirsch
11 Wildschwein
einheimsen
6 ernten
9 kassieren
Einheit
der Arbeit und Energie
3 Erg
der Artillerie
8 Batterie
der elektrischen Kapazität
5 Farad
der elektrischen Leistung, Spannung
4 Volt, Watt
der Energie
3 Erg
der Kraft
4 Pond
der Landstreitkräfte
9 Bataillon
der Länge
5 Meter
10 Millimeter, Zentimeter
der Leuchtdichte
5 Stilb
der Leuchtstärke
3 Lux
4 Phot
der Messskala
4 Grad
der physikalischen Leistung
14 Kilowattstunde
der Schallgeschwindigkeit
4 Mach
der Stoffmenge
3 Mol
der Wärmemenge
7 Kalorie
der Winkelmessung
4 Grad
der Zeit
6 Minute, Stunde
7 Sekunde
des Druckes
4 Torr
des elektrischen Widerstandes
3 Ohm
des Lautstärkepegels
3 ◆ Fon
4 Phon
des Lichtstromes
5 Lumen
im System der Organisation
7 Ordnung
von drei Noten
6 Triole
einheitlich
6 gleich
7 genormt, homogen, uniform
9 allgemein, einmuetig
10 harmonisch
11 geschlossen
13 gleichmaessig
festsetzen
6 normen
gegliedertes lebendiges Ganzes
10 Organismus
zusammenfassen
14 zentralisieren
einheitliche
Dienstkleidung
6 Livree, Montur
7 Uniform
8 Drillich
Spielkleidung
5 Dress
16 Mannschaftsdress
Einheitslehre
8 Monismus
Einheitsmuster
4 Norm
Einhelfer
9 Souffleur
einhöckriges
Kamel
8 Dromedar
Einholen
von Auskünften
11 Erkundigung
Einhufer
4 Esel, Muli

5 Mulus, Pferd, Zebra
8 Maultier
einig
5 innig
7 konform
9 friedlich
einige
6 manche
7 diverse, etliche, mehrere
12 verschiedene
Einigung
13 Uebereinkunft
Einigungsbewegung
der Christenheit
8 Oekumene
einjährig
7 annuell
einjährige
Gartenpflanze
7 Tagetes
einjähriges
Fohlen
5 Enter
Gartengewächs
7 Kuerbis
Einkauf
11 Akquisition, Anschaffung
Einkaufsbehälter
4 Korb, Netz
6 Beutel, Tasche
Einkaufsbummel
8 Shopping
Einkaufsquittung
3 Bon
Einkaufsstätte
8 Kaufhaus
9 Warenhaus
10 Supermarkt
Einkehr
4 Reue
9 Besinnung
einkehren
8 besuchen
9 absteigen
einkeimblättrige
Pflanze
4 Gras
5 Binse, Lilie
Einkerbung
3 Nut
4 Nute
5 Kehle
7 Inzisur
Einklang
7 Unisono
8 Harmonie
16 Uebereinstimmung
Einkommensart
4 Gage, Lohn, Sold, Zins
5 Fixum, Rente
6 Gehalt, Salaer
7 Bezuege, Entgelt, Honorar, Pension, Revenue
8 Loehnung, Pfruende, Tantieme
9 Besoldung, Bezahlung, Dividende, Verdienst
10 Entlohnung
11 Honorierung
Einkommensbasis
14 Einnahmequelle
Einkorn
6 Dinkel
Einkreisungsjagd
13 Kesseltreiben
einkufiger
Schlitten
4 Akia, Akja
Einkünfte
aus einem Kirchenamt
8 Pfruende
einladend
11 appetitlich
Einladung
12 Aufforderung
Einlage
6 Inhalt
8 Fuellung
im Schreibstift
4 Mine
in ein Bühnenwerk
10 Intermezzo
Einlass
6 Pforte
7 Zutritt
8 Oeffnung
Einlasskarte
6 Billet
7 Ausweis, Billett
12 Passepartout
Einlauf
8 Klistier
Einlegearbeit
6 Mosaik
8 Intarsia
9 Intarsien
10 Marketerie
11 Intarsiatur, Ledermosaik, Marqueterie, Steinmosaik
12 Tauschierung
einleiten
10 initiieren
Einleitung
6 Prolog
7 Entrata, Intrade, Vorrede, Vorwort
8 Vorspann, Vorspiel
9 Introitus, Praeambel
10 Ouvertuere
12 Introduktion
14 Praeliminarien
eines strafgerichtlichen Verfahrens
7 Anklage
zu Bühnenwerken
8 Vorspiel
einleuchtend
4 klar
7 evident
9 glaubhaft, plausibel
12 augenfaellig, ueberzeugend
13 verstaendlich
Einlösen
einer Erwartung
10 Erfuellung
einmachen
12 konservieren
13 sterilisieren
Einmachgerät
9 Entsafter
einmalig
11 einzigartig
einmalige
Geldleistung
9 Abfindung
Einmaliges
6 Unikum
Einmalprämie
(Lebensversicherung)
4 Mise
Einmannruderboot
5 Skiff
Einmarsch
6 Einzug
Einmaster
4 Slup
5 Tjalk
6 Kutter
einmastiges
Fischereifahrzeug
4 Slup
5 Sloop
Flussschiff
5 Mutte
Einmischung
12 Intervention
Einmütigkeit
8 Harmonie
9 Eintracht
10 Konkordanz
16 Uebereinstimmung
Einnahme
6 Erloes
einnehmen
7 erobern
9 kassieren
10 okkupieren
Einöde, Einöd
6 Wueste
7 Wildnis
9 Wuestenei
10 Einsamkeit
einordnen
9 rangieren, sortieren
11 rubrizieren, subsumieren
12 registrieren
Einordnung
9 Disziplin
14 Klassifikation
einpassen
9 justieren
Einpauker
9 Repetitor
12 Korrepetitor
einprägbar
7 lernbar
einprägsam
7 markant
9 plastisch
einprägsamer
Gedanke
6 Spruch
Sinnspruch
7 Sentenz
einrädriges
Fahrzeug
5 Karre
10 Schubkarre
Transportgefährt
8 Radkarre
einräuchern
8 umnebeln
einräumen
11 konzedieren
einräumiges
Haus
5 Gaden
Einrede
4 Veto
7 Einwand, Einwurf

9 Einspruch
einreden
11 suggerieren
Einreibemittel
3 Oel
5 Creme, Paste, Salbe
6 Balsam
7 Kampfer, Tinktur
einreihen
10 gruppieren
11 rubrizieren
14 klassifizieren
Einreihung
10 Klassement
einreißen
10 demolieren
einrichten
10 moeblieren
12 installieren
Einrichter
9 Justierer
Einrichtung
8 Institut, Inventar, Mobiliar
9 Anordnung
10 Gestaltung
11 Ausstattung, Bearbeitung, Institution, Moeblierung
12 Installation, Konstruktion, Organisation
13 Etablissement
an Schreibmaschinen
9 Tabulator
für Bahnfahrgäste
9 Liegesitz
für Himmelsbeobachtungen
10 Sternwarte
im Geldinstitut
9 Bankkonto
zum Camping
9 Zeltplatz
zum Skispringen
7 Schanze
zur Holzverkohlung
6 Meiler
zur Kinderbetreuung
4 Hort
12 Kindergarten, Kinderkrippe
zur Übernachtung
5 Hotel
Einrichtungsfachmann
14 Innenarchitekt
Einrichtungsgegenstand
4 Bank, Bett, Sofa
5 Couch, Diwan, Lampe, Liege, Regal, Stuhl, Tisch
6 Buffet, Hocker, Kissen, Moebel, Sessel
7 Bruecke, Buefett, Bueffet, Eckbank, Gestell, Kanapee, Laeufer, Schrank, Teppich, Vertiko, Vorhang
8 Anrichte, Inventar, Vorleger
9 Regalwand, Stehlampe
10 Clubsessel, Klubsessel, Nachttisch, Raumteiler
11 Rauchsessel, Wandschrank
12 Chaiselongue
14 Kleiderschrank
einritzen
9 gravieren
einsagen
11 soufflieren
Einsager
auf der Bühne
9 Souffleur
Einsagerin
auf der Bühne
10 Souffleuse
einsalzen
7 poekeln
einsam
3 oed
4 oede
6 allein, Wueste
8 entlegen, solitaer
9 abgelegen, verlassen
12 menschenleer
einsames
Inselleben
11 Robinsonade
Einsamkeit
4 Oede
6 Wueste
7 Einoede
10 Alleinsein
13 Verlassenheit
einsatzbereit
3 fit
Einsatzfähigkeit
17 Alarmbereitschaft
Einsatzsumme
3 Lot
einsaugen
11 resorbieren
Einschätzung
6 Kritik
7 Wertung
8 Ermessen
Einschiebsel
7 Episode
Einschienenbahn
9 Abwegbahn
einschläfern
13 narkotisieren
Einschlafsingweise
10 Wiegenlied
einschließlich
4 samt
7 mitsamt
8 implizit
9 implizite, inclusive, inklusive
11 inbegriffen
12 einbegriffen
Einschließung
8 Blockade
9 Okklusion
10 Zernierung
Einschmelzgläschen
für Arzneimittel
7 Ampulle
einschmieren
5 oelen
6 fetten
einschneiden
6 kerben
Einschnitt
3 Nut, Tal
4 Kerb, Nute
5 Kerbe, Kimme
6 Luecke, Wandel, Zaesur
7 Inzisur, Scharte, Wechsel
8 Inzision, Oeffnung
9 Durchlass
12 Veraenderung
in die Baumrinde zur Harzgewinnung
6 Lachte
Einschnürung
11 Kontraktion
einschränken
7 mindern
10 dezimieren, limitieren, reduzieren, verringern
einschränkend
10 restriktiv
einschränkendes
Wort
3 nur
5 bloss
6 allein, ausser, einzig
9 lediglich
11 ausgenommen
Einschränkung
7 Klausel
9 Vorbehalt
11 Reduzierung, Restriktion
12 Modifikation
des Geldumlaufs
9 Deflation
Einschreiben
an der Uni
12 inskribieren
15 immatrikulieren
Einschüchterungsversuch
7 Drohung
Einsegnung
12 Konfirmation
einsehbar
9 plausibel
12 intelligibel
einseitig
8 partiell
9 subjektiv
10 doktrinaer, parteiisch, unilateral
gerautes Gewebe
8 Barchent
überspitzte Vaterlandsbegeisterung
12 Chauvinismus
einsetzen
11 investieren
12 instituieren
13 konstituieren
Einsicht
4 Reue
5 Ratio
6 Raeson
8 Vernunft
10 Erkenntnis
12 Verstaendnis
einsichtig
4 klug
8 tolerant
11 intelligent
16 verstaendnisvoll
einsickern
12 infiltrieren
Einsickerung
12 Infiltration
Einsiedelei
6 Klause
8 Kartause
9 Eremitage, Karthause
Einsiedler
6 Eremit
8 Klausner
9 Anachoret

Einsiedlerorden
10 Kartaeuser
Einspänner
3 Cab, Gig
7 Dogcart
8 Droschke
einspännige
engl. Droschke
3 Car
einspritzen
10 injizieren
Einspritzung
9 Injektion
Einspruch
4 Veto
6 Rekurs
7 Einrede, Einwand, Protest
8 Demarche
10 Beschwerde
11 Reklamation
12 Intervention
14 Interpellation
einst
4 olim
6 ehedem
7 ehemals, frueher, vormals
8 vormalig
einstehen
6 haften
7 buergen
11 garantieren
Einsteiner
8 Solitaer
einstellen
6 dingen, heuern
7 beenden
9 justieren
10 engagieren, regulieren
12 verpflichten
der Parameter von Geräten
10 abgleichen
Einstellmarke
für Fernrohre
4 Mire
Einstellraum
6 Garage, Kammer, Remise
8 Schuppen
9 Verschlag
Einstelltaste
an der Schreibmaschine
9 Tabulator
Einstellung
9 Gesinnung
Einstieg
3 Luk
4 Luke, Tuer
5 Tuere
einstimmig
7 unisono
einstöckiges
Gebäude
5 Halle
7 Baracke
8 Bungalow, Pavillon
Einstudierung
9 Einuebung
einstufen
11 rubrigieren, rubrizieren
14 klassifizieren
Einstufung
4 Rang
Einsturz
4 Ruin
Einsturztrichter
im Karst
6 Doline
einstweilig
12 provisorisch
14 interimistisch
einstweilige
Amtsenthebung
10 Suspension
Regelung
7 Interim
eintägig
7 ephemer
Eintagsfliege
10 Ephemeride
Eintänzer
6 Gigolo
Eintauchkochvorrichtung
9 Wasserbad
einteilen
8 abmessen, dosieren
11 disponieren, rationieren
14 klassifizieren
einteiliger
Anzug
7 Overall
Einteilung
für eine Messung
5 Skala
Einteilungsbegriff
3 Art
5 Kreis, Rasse, Reihe, Sorte, Stamm, Typus
6 Klasse
7 Familie, Gattung, Ordnung
9 Kategorie
eintönig
5 banal, trist
6 stupid
7 farblos, monoton, stupide
9 ermuedend
10 langweilig
12 ◆ nichts sagend
eintönige
Aufzählung
7 Litanei
Musik
7 Dudelei, Ohrwurm
eintöniger
Vortrag
7 Geleier
eintöniges
Gerede
6 Sermon
7 Geleier, Litanei
Eintönigkeit
8 Einerlei
9 Monotonie
Eintopfgericht
8 Labskaus
9 Irishstew
11 Erbsensuppe, Linsensuppe
13 Pichelsteiner
Eintracht
6 Friede
7 Frieden
8 Harmonie
10 Konkordanz
16 Uebereinstimmung
einträchtig
9 kollegial
Eintrag
5 Notiz
eintragen
8 notieren
12 registrieren
einträglich
7 lohnend
8 lukrativ, rentabel
14 ◆ Gewinn bringend
Einträglichkeit
13 Rentabilitaet
Eintragungsliste
8 Matrikel
Eintreffen
6 Kommen
7 Ankunft, Landung
10 Erscheinen
eintreten
9 geschehen, passieren
Eintritt
6 Anfang, Beginn, Entree, Zugang
Eintrittsgeld
6 Entree
Eintrittskarte
6 Ticket
7 Billett
Eintrittstelle
für elektrische Ladungen
9 Elektrode
einüben
6 lehren, lernen, pauken
7 drillen
10 exerzieren, trainieren
Einüber
6 Pauker
7 Trainer
12 Korrepetitor
Einverleibung
8 Annexion
9 Aneignung
11 Besitznahme
13 Inbesitznahme
Einvernahme
7 Verhoer
10 Vernehmung
Einvernehmen
7 Entente
Einverständnis
2 Ja
4 Amen
6 Jawort, Placet, Plazet, Zusage
7 Konsens
9 Billigung, Erlaubnis
10 Zustimmung
11 Genehmigung
Einwand
4 Aber
7 Einrede
8 Bedenken
10 Opposition
11 Widerspruch
13 Gegenargument
Einwanderer
9 Immigrant
10 Neubuerger
einwandern
11 immigrieren
Einwanderung
11 Immigration
einwandfrei
4 fair
6 sauber
7 astrein, korrekt
8 makellos, tadellos

9 fehlerlos, untadelig
10 ordentlich
Einweichmittel
4 Soda
Einweihung
10 Initiation
einwertige
Atomgruppe
6 Phenyl
Einwirkung
8 Einfluss
von außen
8 Eingriff
Einwohner
eines Staates
7 Buerger
Thailands
4 Thai
von Hawaii
6 Kanake
Einwohnerverzeichnis
10 Adressbuch
Einzahl
8 Singular
Einzahlung
bei der Bank
12 Ueberweisung
Einzahlungsformular
9 Zahlkarte
13 Postanweisung
einzäunen
9 einfenzen
Einzäunung
4 Fenz, Zaun
5 Hecke
6 Gatter, Gitter, Pferch
10 Umfriedung
12 Umfriedigung
Einzelaufzählung
13 Spezifikation
Einzelbuch
8 Exemplar
Einzeldarbietung
4 Solo
Einzeldarsteller
6 Solist
Einzeldarstellung
4 Solo
10 ◆ Monografie
11 Monographie
Einzelentscheidung
bei der Wahl
6 Stimme
Einzelfaktum
4 Item
Einzelfrachtstück
9 Stueckgut
Einzelfruchtform
6 Huelse
Einzelgänger
4 Kauz
10 Sonderling
12 Aussenseiter, Subjektivist
13 Eigenbroetler, Individualist, Nonkonformist
Einzelgesang
7 Monodie
Einzelhandelsgeschäft
8 Drogerie
Einzelhändler
10 Detaillist
Einzelheit
6 Detail
Einzeljagd
6 Pirsch
Einzeller
4 Alge
6 Amoebe, Urtier
7 Protist
8 Bakterie
9 Protozoon
11 Protophyten, Protophyton
einzelliges
Lebewesen
6 Amoebe
7 Mikrobe
8 Bakterie
Einzelmensch
6 Person
10 Individuum
einzeln
5 apart
6 allein
7 separat
8 speziell
9 gesondert, singulaer
11 partikulaer
aufführen
13 spezifizieren
gefasster Edelstein
8 Solitaer
einzelne
Druckbuchstaben
7 Lettern
Erbanlage, -faktor
3 Gen
Vertragsbestimmung
7 Klausel
einzelner
Spieler
6 Solist
einzelnes
Bauernhaus ohne Landbesitz
4 Kate
Stück
8 Exemplar
Teil
6 Stueck
Wort
7 Vokabel
Einzelposten
8 Position
Einzelraum
5 Stube, Zelle
6 Kammer, Zimmer
7 Separee
8 Kabinett
14 Chambre separee
Einzelrede
7 Monolog
Einzelstück
6 Unikat
8 Exemplar
Einzelverkauf
12 Detailhandel
Einzelvortrag
4 Soli, Solo
Einzelwesen
10 Individuum
Einzelzimmer
mit Zubehör
9 Apartment
11 Appartement
einziehen
9 kassieren
10 einberufen
12 konfiszieren
14 beschlagnahmen
Einziehen
von Geld
7 Inkasso
Einziehung
12 Konfiskation
einzigartig
8 einmalig
9 originell
einzigartiger
Fall
12 Einmaligkeit
Einzigartiges
6 Unikum
einzige
Ausfertigung eines Schriftstückes
6 Unikat
einziger
englischer Papst
7 Hadrian
Einzigkeit
7 Unitaet
einzuarbeitende
Hilfskraft
10 Anlernling
Einzug
9 Einmarsch
Eipulver
9 Trockenei
eirund
4 oval, ovid
Eisbahn
bei Alma-Ata
5 Medeo
Eiscreme
7 Softeis
Eisen
der Kammmacher
4 Iler
Eisenabfälle
7 Schrott
Eisen anziehendes
Metall
6 Magnet
Eisenbahnabteil
5 Coupe, Kupee
6 Kabine
Eisenbahner(beruf)
6 Heizer
7 Bremser
9 Rangierer, Schaffner
10 Lokfuehrer, Zugfuehrer
11 Kontrolleur
14 Weichensteller
16 Aufsichtsbeamter, Fahrdienstleiter, Lokomotivfuehrer, Schrankenwaerter
Eisenbahnfähre
7 Trajekt
Eisenbahnfahrplan
8 Kursbuch
Eisenbahnfahrzeug
3 Lok
4 E-Lok, Lore
5 ◆ Wagon
6 Tender, Waggon
8 Draisine
9 Diesellok, Postwagen, Tieflader
10 Elektrolok, Kuehlwagen, Lokomotive, Rangierlok, Salonwagen, Triebwagen

11 Gueterwagen, Schlafwagen, Speisewagen
Eisenbahnschiene
5 Gleis
Eisenbahnsignalanlage
9 Stellwerk
eisenbahntechnischer
Begriff
2 IC
3 ICE, Lok, TEE, Zug
4 Bake, D-Zug, E-Lok, E-Zug, Gang, Halt, Netz
5 Block, Gleis
6 Eilzug, Signal, Weiche
7 Abfahrt, Ankunft, Bahnhof, Express, Fernzug, Geleise, Mitropa, Schiene, Station, Strecke
8 Barriere, Blitzzug, Dampflok, Einfahrt, Fahrplan, Fahrzeit, Gegenzug, Kupplung, Kursbuch, Schranke, Unterbau
9 Fahrkarte, Gueterzug, Intercity, Kontrolle, Laeutwerk, Netzkarte, Notbremse, Uebergang, Vorortzug, Warnkreuz
10 Endstation, Interregio, Laeutewerk, Lokomotive, Platzkarte, Rangierlok, Signalmast, Verbindung
11 Abfertigung, Bahnkoerper, Gepaecknetz, Gleisanlage, Kopfbahnhof, Oberleitung, Sackbahnhof, Verspaetung
12 Gleisanlagen, Streckennetz, Zugbegleiter
13 Gueterbahnhof, Triebwagenzug, Ueberfuehrung, Unterfuehrung
14 Bahnsteigkarte, Nahverkehrszug, Schienenstrang, Zugbegleiterin
15 InterCityEuropa, Streckenwaerter
16 Schrankenwaerter
17 Containerterminal
18 Fahrkartenschalter, Streckenstillegung, TransEuropaExpress
19 Fahrkartenkontrolle
20 Fahrkartenverkaeufer
22 Fahrkartenverkaeuferin
Eisenbahnwagen
mit Eigenantrieb
10 Triebwagen
Eisenbeschlag
beim Pferd
8 Hufeisen
Eisenbeton
10 Stahlbeton
Eisenblock
6 Bramme
zum Schmieden
6 Amboss
Eisen-Chrom-Legierung
7 Kanthal
Eisenerz
5 Pyrit
7 Minette, Siderit
8 Haematit, Magnetit, Markasit, Rasenerz
9 Eisenkies, Eisenspat
10 Eisenstein
12 Schwefelkies
13 Roteisenstein
15 Brauneisenstein, Raseneisenstein
16 Magneteisenstein
Eisenfraß
4 Rost
Eisenfresser
5 Protz
7 Angeber
9 Bramarbas, Grosstuer, Prahlhans
11 Wichtigtuer
12 Aufschneider
13 Grosssprecher
eisenhaltiges
Mineral
3 Erz
Eisenhowers
volkstümlicher Name
3 Ike
Eisenhut
3 Hut
4 Helm
6 Akonit
8 Aconitum, Sturmhut
10 Hahnenfuss, Kopfschutz
Eisenhut-Gift
8 Aconitin
Eisenhütte
9 Giesserei, Stahlwerk
Eisenkies
5 Pyrit
Eisenklumpen
5 Luppe
Eisenkraut
7 Verbena, Verbene
10 Verbenazee
Eisen-Nickel-Legierung
5 Invar
Eisenoxid
4 Rost
6 Zunder
ansetzen
6 rosten
Eisensalz
6 Ferrit
Eisenspat
7 Siderit
Eisenstift
4 Niet
5 Haken, Nagel, Niete
10 Nietbolzen
Eisenwerk
6 Huette
eisern
5 ehern
12 unerbittlich
13 kompromisslos
eiserne
Geldreserve
10 Notpfennig
Hiebwaffe
10 Schlagring
Eisgetränk
6 Sorbet
9 Scherbett
Eisgipfel
bei Zermatt
6 Pollux
Eisheilige, Eisheiliger
6 Servaz, Sophie
7 Bonifaz, Pankraz
8 Mamertus
9 Servatius
10 Bonifatius, Pankratius
11 Boese Sophie, Kalte Sophie
Eishockeyanspiel
5 Bully
Eishockeyart
5 Bandy
Eishockeybehinderung
5 Check
Eishockeyscheibe
4 Puck
Eishockeyspieletappe
7 Drittel
eisiger
Niederschlag
5 Hagel
Schneesturm
8 Blizzard
Überzug
4 Reif
7 ◆ Raureif
8 Rauhreif
Eiskraut, Eispflanze
10 Zaserblume
12 Mittagsblume
Eiskunstlauf
Figur
4 Mond
5 Bogen, Wende
6 Achter, Dreier, Mohawk, Zirkel
7 Flieger, Libelle, Spirale
8 Raedchen, Schlinge
9 Pirouette
10 Amerikaner, Gegenwende
11 Bogenachter, Gegendreier
12 Doppeldreier, Todesspirale
13 Hockpirouette, Sitzpirouette
14 Kreuzpirouette, Schlangenbogen, Waagepirouette
Sprung
4 Axel, Flip, Lutz
5 Euler
6 Thoren
7 Salchow, Toe Loop
8 Oppacher
9 Rehsprung
10 Doppel-Axel, Rittberger
11 Axel Paulsen
12 Dreiersprung, Spreizsprung, Strecksprung
Wettbewerb
4 Kuer
7 Eistanz, Pflicht
Eislaufstar
der 30er Jahre
5 Henie
Eismeerhafen
Russlands
11 Archangelsk
Eismond, -monat
6 Januar
Eisniederschlag
5 Hagel
Eisprung
9 Ovulation
Eisschießen
7 Bosseln, Curling
Eisschlitten
14 Segelschlitten

Eisschützenmannschaft
10 Moarschaft
Eisschützenziel
5 Daube
Eisspiel
7 Curling
Eisstrom, Geröllfeld
9 Gletscher
Eisturm
5 Seral
Eiszeit
7 Glazial
8 Diluvium
11 Pleistozaen
eiszeitlich
7 glazial
eiszeitlicher
Höhenrücken
4 Oser
eiszeitliches
Faultier
11 Megatherium
Eiszeittier
6 Mammut
8 Mastodon
eitel
4 inan
5 affig
6 kokett
10 affektiert, geckenhaft
11 stutzerhaft
12 putzsuechtig
Eitelkeit
10 Koketterie
Eiteransammlung
im Gewebe
7 Abszess
Eiterbläschen
6 Pustel
Eitergeschwür, -beule
7 Abszess
8 Furunkel
eitern
9 schwaeren
eitler
Fant
4 Geck, Snob
Mann
4 Geck, Snob
Mensch
5 Laffe
Eiweiß
6 Eiklar
Eiweißfuttermittel
9 Fischmehl
eiweißhaltiges
Ferment
3 Lab
Eiweißkörper, -substanz
5 Muzin
6 Globin, Glutin, Kasein, Myosin
7 Albumen, Albumin, Antigen, Keratin, Nuklein, Proteid, Protein
8 Globulin, Kollagen, Lecithin, Lezithin
10 Aminotaere, Fibrinogen
11 Haemoglobin
Eiweißsubstrat
der Hülsenfrüchte
7 Legumin
Eizelle
4 Keim

Ekel
5 Graus
6 Degout, Furcht, Greuel, Unlust
7 Abscheu, ◆ Graeuel, Grausen
8 Aversion, Noergler, Scheusal
9 Abneigung, Entsetzen, Schrecken, Uebelkeit
10 Miesmacher, Ueberdruss, Widerwille
ekelhaft
4 fies
9 degoutant, widerlich
10 abstossend
11 abscheulich, scheusslich
12 widerwaertig
ekelhafter
Kerl
9 Widerling
ekeln
8 anwidern
9 abstossen
Eklat
5 Glanz, Knall, Krach
6 Pracht, Schein
7 Skandal
8 Aufsehen, Schimmer
eklatant
8 offenbar
11 offenkundig
15 augenscheinlich
Ekzem
13 Hautausschlag
Elan
3 Pep
7 Schwung
8 Auftrieb
10 Vitalitaet
12 Begeisterung, Enthusiasmus
elastisch
8 flexibel
steife Masse aus Säften
7 Gallert
elastische
Rinde der Eiche
4 Kork
Stützsubstanz
7 Knorpel
elastischer
Stahldraht
5 Feder
Werkstoff
5 Gummi
elastisches
Gewebe
5 Natte
Elastizität
8 Federung
11 Aufhaengung, Biegsamkeit
Elb-Florenz
7 Dresden
Elbinsel
bei Hamburg
12 Finkenwerder
Elch
3 Elk
4 Elen
8 Elentier
10 Elenhirsch
Elchbulle
9 Schaufler
Elchgeweih
8 Schaufel

Eldorado
8 Goldland, Paradies
9 Traumland
10 Wunschland
Elefant
der Vorzeit
6 Mammut
8 Mastodon
Elefantenführer
5 Mahut
6 Kornak
Elefantenstoßzahn
9 Elfenbein
Elefantentreiber
5 Mahut
elegant
4 chic, fein
5 fesch, flott, nobel
6 ◆ schick
7 modisch, mondaen, schmuck, vornehm
13 geschmackvoll
Elegant
4 Geck
5 Dandy
7 Stutzer
10 Schoenling
elegante
Kutsche
7 Karosse
8 Equipage
Eleganz
4 Chic
5 Anmut
6 ◆ Schick
8 Feinheit
9 Geschmack
elegisch
9 wehmuetig
12 schwermuetig
Elektras
Bruder
5 Orest
7 Orestes
Mutter
13 Klytaemnestra
Schwester
9 Iphigenie
Vater
9 Agamemnon
elektrifizierter
Fluss
5 Strom
elektrisch
geladener Grundstoff
6 Metall
geladenes Atom
3 Ion
5 Anion
6 Kation
8 Elektron
geladenes Teilchen
3 Ion
negativer Pol
7 Kathode
elektrische
Anschlussstelle
9 Steckdose
13 Verteilerdose
Beleuchtungskörper
6 Lampen
Energie, Kraft
5 Strom

Entladung
5 Blitz
Fernleitung
20 Hochspannungsleitung
Kraftstation
8 Zentrale
Leistungseinheit
8 Kilowatt
Leiter
9 Konduktor
Leitung
5 Kabel, Litze
Lichterscheinung
9 Elmsfeuer, Nordlicht
10 Polarlicht
Lichtquelle
10 Gluehbirne
Maschine
9 Generator
Maßeinheit
3 Ohm
4 Volt, Watt
5 Farad
6 Ampere
8 Kilowatt
Schalteinrichtung
6 Relais
Schutzeinrichtung
6 Erdung
9 Isolation, Sicherung
10 Isolierung
Schwingung
8 Frequenz
Stromleiter
9 Elektrode
Elektrische
4 Tram
7 Tramway
8 Trambahn
12 Strassenbahn
elektrischer
Anschluss
6 Buchse
7 Kontakt, Stecker
9 Steckdose
Ausgleich bei Gewitter
9 Entladung
Baustein
5 Modul
Blindwiderstand
8 Reaktanz
Fisch
9 Zitteraal
10 Zitterwels
12 Zitterrochen
Fühler
6 Erdung, Schutz, Sensor
Generator
6 Dynamo
Heißluftapparat
4 Foen
Kontaktführer
7 Stecker
Nebenschlusswiderstand
5 Shunt
Pol
5 Anode
7 Kathode
Schwingungszustand
5 Phase
Strom
9 Drehstrom
10 Mischstrom
11 Gleichstrom
12 Wechselstrom
15 Dreiphasenstrom
Stromerzeuger
4 Akku
5 Trafo
6 Dynamo
7 Turbine
8 Batterie
9 ◆ Fotozelle, Generator, Umspanner
10 Photozelle
Stromspeicher
4 Akku
11 Akkumulator
Vorgang
12 Polarisation
Widerstand
8 Rheostat
elektrisches
Bauteil
6 Roehre
Dämpfungsmaß
5 Neper
Messgerät
7 Zaehler
8 Ohmmeter
9 Voltmeter
10 Drehmagnet, Stromwaage, Voltameter
11 Amperemeter, Elektroskop, Galvanoskop
12 Elektrometer, Galvanometer
Musikinstrument
7 Pianola
9 Consonata, Heliophon, Polychord
10 Trautonium
11 Synthesizer
12 Hammondorgel
Röstgerät
7 Toaster
Schutzrelais
9 Sicherung
Trockengerät
4 Foen
Versorgungsgebiet
4 Netz
9 Stromnetz
Elektrizitätsmenge
6 Ladung
Elektrizitätsspeicher
4 Akku
8 Batterie, Blei-Akku
9 Babyzelle, Monozelle
10 Knopfzelle
11 Akkumulator
12 Autobatterie
15 Blei-Akkumulator
17 Nickel-Kadmium-Akku
19 galvanisches Element
24 Nickel-Kadmium-Akkumulator
Elektrizitätsteilchen
8 Elektron
Elektrizitätsträger
3 Ion
5 Ionen
elektroakustische
Maßeinheit
3 Bel
elektrochemischer
Stromspeicher
11 Akkumulator
Vorgang
11 Elektrolyse
elektrochemisches
Verfahren
13 galvanisieren
Elektrode
5 Anode
7 Kathode
Elektro-Enzephalogramm
3 EEG
Elektrokardiogramm
3 EKG
elektromagnetischer
Schalter
6 Relais
Elektromaterial
5 Draht
Elektronengehirn
8 Computer
Elektronenröhre
5 Diode
6 Audion, Hexode, Oktode, Triode
7 Heptode, Pentode, Tetrode
Elektronenschleuder, -beschleuniger
7 Gigator
8 Betatron, Bevatron, Calutron, Rheotron
9 Cosmotron, Zyklotron
15 Synchro-Betatron
16 Synchro-Zyklotron, Zyklo-Synchrotron
18 Luftspulen-Betatron
elektronisch
gesteuerte Maschine
7 Roboter
elektronische
Bildwiedergabe
5 Video
Datenverarbeitung
3 EDV
Hörhilfe
10 Hoergeraet
Ziffer
7 Digital
elektronisches
Klangerzeugungsgerät
11 Synthesizer
Lesegerät
7 Scanner
elektrostatische
Einheit
3 ESE
Element
7 Urstoff
10 Grundstoff, Naturkraft
11 Bestandteil, Naturgewalt
13 Wesensmerkmal
der Jazzmusik
3 Rag
für die Stromzuführung
9 Elektrode
mancher Bauwerke
10 Balustrade
Nichtmetall
5 Chlor
zur Kraftübertragung
5 Hebel
elementar
11 fundamental

elementarer
Umweltvorgang
13 Naturereignis
elementares
Bauelement
4 Chip
Elementarlehrbuch
5 Fibel
Elementarteilchen
3 Ion
4 Atom, Myon, Pion
5 ◆ Foton, Meson, Quant, Quark
6 Baryon, Lepton, Photon, Proton
7 Hyperon, Neutron, Nukleon, Tachyon
8 Elektron, Mesotron, Negatron, Neutrino, Positron
10 Antiproton, Lichtquant
Elementarteilchenbeschleuniger
9 Zyklotron
Elementengruppe
7 Edelgas
Elen
4 Elch
elend
4 mies
9 miserabel
Elend
3 Not
4 Qual
5 Armut, Plage, Uebel
6 Jammer, Misere
7 Notlage
8 Unglueck
Elendsviertel
4 Slum
5 Slums
Elevator
4 Lift
6 Aufzug
8 Hebewerk, Saugrohr
9 Fahrstuhl
10 Becherwerk
14 Foerderspirale
Eleve
8 Lehrling, Schueler, Zoegling
9 Anfaenger
Elevin
10 Schuelerin
11 Anfaengerin
17 Ballettschuelerin
Elfeck
10 Hendekagon
Elfenkönig
3 Erl
6 Oberon
9 Erlkoenig
Elfenkönigin
7 Titania
Elfenschuh
6 Akelei
Elfmeter
beim Fußball
7 Penalty
10 Strafstoss
eliminieren
9 entfernen
10 beseitigen
11 ausschalten, ausscheiden
Elite
7 Auslese, Auswahl
Elitetruppe
5 Garde
Elliceinseln
6 Tuvalu
Eloge
3 Job
6 Ehrung
7 Lobrede
10 Kompliment
Eloquenz
12 Beredsamkeit
Elritze
7 Pfrille
Elsässer
12 Strassburger
elsässische
Stadt
6 Colmar, Zabern
7 Hagenau
8 Markirch
10 Lauterburg, Muelhausen, Strassburg
11 Weissenburg
12 Schlettstadt
elsässischer
Dichter
9 Schickele
Maler, Zeichner
3 Arp
7 Baldung
Philanthrop
7 Oberlin
Satiriker
8 Fischart
Wein
11 Edelzwicker
Eltern
und Kinder
7 Familie
elternloses
Kind
5 Waise
Elternteil
5 Vater
6 Mutter
Emanationseinheit
5 Curie
Emanzipation
8 Freigabe
9 Befreiung
14 Gleichstellung
18 Gleichberechtigung
Embargo
20 Ausfuhrbeschraenkung
Emblem
6 Symbol, Wappen
7 Kokarde
8 Sinnbild
9 Abzeichen
11 Kennzeichen, Wahrzeichen
Embryo
5 Fetus
6 Foetus
embryonales
Haarkleid
6 Lanugo
Embryonalhülle
6 Amnion
höherer Wirbeltiere
6 Serosa
Emigrant
11 Auswanderer
Emigration
12 Auswanderung
emigrieren
10 auswandern
Emirat
im persischen Golf
7 Bahrain
Emissär
11 Abgesandter
Emission
7 Ausgabe
10 Aussendung
11 Ausstroemen
Emotion
8 Erregung
9 Aufregung
15 Gemuetsbewegung
Empfang
4 Cour
6 Erhalt
7 Annahme, Audienz
8 Aufnahme
9 Rezeption
11 Begruessung
bei Fürsten
5 Lever
6 Levers
bei Hofe
6 Cercle
empfangen
10 rezipieren
11 konzipieren
empfangend
8 rezeptiv
Empfänger
6 Nehmer
8 Adressat
einer Schenkung
7 Donator
von Ruhegeld
7 Rentier, Rentner
10 Pensionaer
Empfängerin
von Ruhegeld
9 Rentnerin
12 Pensionaerin
empfänglich
7 geneigt
8 rezeptiv
9 anfaellig
14 aufgeschlossen
Empfängnis
10 Konzeption
11 Befruchtung, Fekundation
13 Impraegnation
Empfängnisverhütung
13 Kontrazeption
Empfangsbescheinigung
8 Quittung
Empfangsdraht
7 Antenne
Empfangseinrichtung
für den Hör- und Bildfunk
7 Antenne
Empfangserklärung
6 Akzept
8 Quittung
Empfangsgebäude
7 Bahnhof
9 Flughafen
Empfangsgerät
5 Radio
9 Fernseher

12 Radioapparat
14 Fernsehapparat
Empfangsraum
5 Salon
Empfangsschalter
im Hotel
9 Rezeption
Empfangsschein
8 Quittung
Empfangstag
4 Jour
8 Jour fixe
Empfangszimmer
5 Salon
empfehlen
5 raten
7 zuraten
11 vorschlagen
14 rekommandieren
empfehlenswert
6 ratsam
Empfehlung
3 Rat, Tip
4 ◆ Tipp
5 Gruss
7 Angebot, Anraten, Offerte, Zeugnis
8 Auskunft, Referenz
9 Vorschlag
13 Befuerwortung
Empfinden
6 Gemuet
empfindliche
Zierpflanze
6 Mimose
empfindlich, empfindsam
4 zart
7 penibel, reizbar
8 fuehlbar, pingelig, sensibel, sensitiv
11 feinfuehlig, gefuehlvoll, mimosenhaft, schmerzhaft, sentimental, suszeptibel
Empfindlichkeit
8 Allergie
13 Sensibilitaet
empfindsam
8 sensibel
11 sentimental
Empfindsamkeit
11 Feingefuehl
13 Sensibilitaet
16 Sentimentalitaet
Empfindung
4 Reiz
5 Organ
6 Ahnung
7 Gefuehl, Gespuer
8 Eindruck
9 Sentiment
10 Impression
11 Wahrnehmung
Empfindungsart
11 Mentalitaet
Empfindungsleitbahn
des Körpers
4 Nerv
Empfindungsorgan
4 Sinn
Empfindungsstrang
4 Nerv
Empfindungsursache
4 Reiz
Empfindungsvermögen
12 Sensualitaet
Empirie
9 Erfahrung
empirisch
17 erfahrungsgemaess
empirische
Verhaltensforschung
9 Ethologie
empor
9 aufwaerts
Empore
4 Rang
6 Buehne, Podium
7 Galerie
empörend
10 skandaloes
Empörer
6 Rebell
8 Meuterer
10 Aufruehrer
15 Aufstaendischer
emporgekommen
9 arriviert
emporgeschleuderte
Gasmassen der Sonnenoberfläche
13 Protuberanzen
Emporhebung
9 Elevation
Emporkömmling
8 Arrivist, Parvenue
empört
10 indigniert
Empörung
3 Wut
4 Rage, Zorn
7 Aufruhr, Revolte
8 Aufstand, Erhebung, Meuterei
9 Rebellion
11 Entruestung
Emse
6 Ameise
emsig
4 rege
5 aktiv
6 eifrig
7 ruehrig
8 fleissig, tuechtig
9 beflissen
emsiges
Streben
5 Eifer
Emsigkeit
5 Eifer
6 Fleiss
10 Aktivitaet
11 Ruehrigkeit
Emszufluss
3 Ahe
4 Hase, Leda
5 Werse
Endausscheidung
7 Stechen
Endbetrag
5 Summe
Ende
3 Aus, Tod
4 Fine, Rest
5 Kante, Neige
6 Exitus, Finale, Finish, Grenze, Spitze, Stueck
7 Schluss
8 Ausklang
9 Abschluss, Untergang
der Arbeitszeit
10 Feierabend
der Entwicklung
5 Reife
der Erdachse
3 Pol
der Rennstrecke
4 Ziel
des irdischen Lebens
3 Tod
des Karnevals
14 Aschermittwoch
des Lebens
3 Tod
einer Luftreise
7 Landung
eines Hafendamms
9 Molenkopf
eines Laufwettbewerbes
4 Ziel
eines Wasserlaufs
8 Muendung
Endergebnis
5 Fazit
11 Quintessenz
Endglied
des Fußes
3 Zeh
4 Zehe
endgültig
9 definitiv
endgültige
Absage
3 nie
Anerkennung eines Abkommens
12 Ratifikation
Endivie
8 Eskariol
Endkampf
im Sport
5 Spurt
6 Finale, Finish
7 Stechen
8 Endspurt
12 Entscheidung, Schlussrunde
endlich
7 zuletzt
endlos
4 ewig
7 uferlos
endlose, eintönige Aufzählung
7 Litanei
endloses
gehaltloses Sprechen
6 Gerede
Gerede
7 Palaver
Endpunkt
4 Ziel
der Bagdadbahn
5 Basra
der Erdachse
3 Pol
der Urlaubsreise
10 Ferienziel
Endrundenteilnehmer
8 Finalist
Endspiel
6 Finale
Endstellung
beim Schach
4 Matt, Patt

5 Remis
Endstück
des Brotes
5 Knust
6 Kanten
Endsumme
5 Fazit
8 Ergebnis, Resultat
Endzustand
der gläubigen Buddhisten
7 Nirwana
Endzweck
11 Destination
Energie
5 Eifer, Kraft
6 Fleiss
7 Strenge
8 Tatkraft
9 Nachdruck
12 Willenskraft
Energieeinheit
3 Erg
Energieengpass
12 Energiekrise
Energieerzeuger
9 Generator
Energieform
6 Waerme
Energiemenge
5 Quant
Energiequelle
3 Gas, Oel
4 Holz, Torf, Wind
5 Kohle, Sonne, Strom
6 Benzin, Erdgas, Erdoel, Waerme, Wasser
9 Kernkraft
11 Wasserkraft
12 Kernspaltung
13 Elektrizitaet
Energiesammler
4 Akku
11 Akkumulator
Energieteilchen
5 ◆ Foton, Quant
6 Photon
Energieträger
6 Erdgas, Erdoel
Energieübertragung
13 Antriebskraft
Energieversorger
9 Verteiler
energisch
7 resolut
11 tatkraeftig
enervieren
9 entnerven, entwerfen
11 entkraeften
eng
5 dicht, knapp
6 schmal
8 begrenzt
anliegendes Gewebe
6 Trikot
anliegendes Kleidungsstück
6 Trikot
7 Blouson
11 Strumpfhose
anliegendes Leibchen
6 Mieder
begrenzter Teil
6 Stelle
liebevoll
5 innig
umzäunte Schafweide
6 Pferch
vertraut
5 intim
vertrauter Freund
7 Intimus
Engagement
10 Anstellung
engagieren
10 einstellen
12 verpflichten
enge
Ausströmöffnung
5 Duese
Berührung
12 Tuchfuehlung
gleichmäßige Faltung von Stoff
7 Plissee
Kammer
11 Kabaeuschen
Lebensgemeinschaft
7 Familie
Männerjacke
4 Wams
Straße
5 Gasse
Verbindung
7 Kontakt
8 Liierung
Enge, Engpass
5 Klamm
6 Klemme
7 Defilee, Hohlweg, Raumnot
8 Schlucht
9 Gedraenge
10 Draengelei, Gedraengel
Engel
5 Ariel, Uriel
6 Cherub, Seraph
7 Angelus, Gabriel, Michael, Raphael
8 Erzengel
10 Gottesbote
von Augsburg
8 Bernauer
von Sibirien
11 Brandstroem
12 Braendstroem
Engelfigur
5 Putte
Engelfisch
6 Rochen
Engelkraut
9 Sonnentau
Engelwurz
7 Theriak
8 Angelika
enger
Durchgang
3 Gat
4 Gatt
Raum
6 Klause
werdendes Rohrstück
5 Duese
enges
Tal
5 Canon, Klamm
eng gepresste
Menschenmasse
9 Gedraenge
enghalsige
Arzneiflasche
7 Ampulle
engherzig
7 penibel
8 pingelig, spiessig
9 kleinlich
10 intolerant, pedantisch
11 philistroes, provinziell
13 philisterhaft
Engherzigkeit
4 Geiz
England
6 Albion
7 Britain
9 Britannia
10 Britannien
Engländer
5 Brite
englisch:
Aal
3 eel
Abend
7 evening
Abendessen
6 dinner, supper
aber
3 but
acht
5 eight
Acker
5 field
Aktie
5 share
alt
3 old
Alter
3 age
Amme
5 nurse
an, auf
2 on
Anfang
5 start
Anführer
6 leader
angeschlagen
6 groggy
Anhänger
3 fan
Arbeit
4 work
6 labour
Attrappe
5 dummy
auf dem neuesten Stand
8 up to date
Auge
3 eye
Ausflug
4 trip
Außenseiter
8 outsider
Auto
3 car
Bad
4 bath
Baum
4 tree
Baumwolle
6 cotton
Behinderung
8 handicap

Bein
3 leg
belegte Weißbrotscheibe
8 sandwich
Berg
5 mount
Berggipfel
4 peak
Bett
3 bed
Bier
4 beer
blau
4 blue
Blut
5 blood
Bogen
3 arc
Boot
4 boat
Boxkämpfer
7 fighter
Brauch
3 use
Brief
6 letter
Brot
5 bread
Bruder
7 brother
Buch
4 book
Büro, Amtsstelle
6 office
Creme
5 cream
Dame
4 lady
damenhaft
8 ladylike
Dampf
5 steam
Dampfer
7 steamer
Darlehen
4 loan
Dekan
4 dean
deutsch
6 german
Deutschland
7 Germany
Dieb
5 thief
drei
5 three
du
3 you
durch Lebensform geprägtes Milieu
5 scene
Ecke
6 corner
Ehe
8 marriage
Ehemann
7 husband
Ei
3 egg
Eiche
3 oak
eins
3 one
Eis
3 ice
Eisen
4 iron
Elendsviertel
4 slum
Elle
3 ell
Ende
3 end
er
2 he
es
2 it
essen
3 eat
fangen
5 catch
Feder
3 pen
Feldlager
4 camp
Fenster
6 window
Feuer
4 fire
Film
5 movie
Fläche
4 area
Flughafen
7 airport
Fluss
5 river
Frau
4 wife
5 woman
8 mistress
Fräulein
4 Miss
9 young lady
frei
4 free
Freiheit
7 freedom, liberty
fremd
7 strange
Friede
5 peace
Fruchtgelee
3 jam
Frühstück
9 breakfast
fünf
4 five
für
3 for
Furcht
4 fear
Fuß
4 foot
Fußballtor
4 goal
Gabelfrühstück
5 lunch
Galopprennen
5 Derby
Gebrauch
3 use
Gedicht
4 poem
Geschäft
8 business
geschickt
6 clever
Gesetz
3 law
Gesicht
4 face
Gesundheit
6 health
gewandt
5 alert, smart
Gipfel
3 top
Glück
4 luck
7 fortune
8 goodluck
9 happiness
Gold
4 gold
Goldgräber
6 digger
Goldgräberanteil
5 claim
Gott
3 god
Graf
4 earl
Gräfin
7 comtess
groß
3 big
5 great
grün
5 green
gut
4 good
Gutschein
5 scrip
Haar
4 hair
Hafen
4 port
7 harbour
Hafendamm
4 pier
Hafer
4 oats
Handel, Geschäft
4 deal
Hauptmahlzeit
6 dinner
Hauptstadt
7 capital
Haus
5 house
Haushofmeister
6 butler
Haut
4 skin
Heim
4 home
Herr
3 sir
6 master, mister
Herzog
4 duke
Himmel
3 sky
6 heaven
Hitze
4 heat
Hochruf
5 cheer

Hohlmaß für Wein
4 pipe
Holz
4 wood
Hut
3 hat
in Form
3 fit
Ingwer
6 ginger
in Ordnung
8 all right
interessant
11 interesting
Irland
4 Eire
7 Ireland
Irrtum
7 mistake
ist
2 is
ja
3 yes
Jahr
4 year
jetzt
3 now
Jugendliche
8 teenager
jung
5 young
Junge
3 boy
Kabeljau
3 cod
Kampf
5 fight
Kap
4 cape
Kartoffel
6 potato
Katze
3 cat
Kaugummi
3 gum
Keller
6 cellar
Kind
5 child
Kinderpflegerin
5 nurse
Kino
6 cinema
Kleidung
5 dress
klug
6 clever
7 prudent
Knabe
3 boy
Knie
4 knee
König
4 king
Königin
5 queen
krank
3 ill
Krawatte
3 tie
Kreuz
5 cross
Küche
7 kitchen
Kunst
3 art
kurz
5 short
Land
7 country
Landstraße
4 road
lang
4 long
leichtes Mittagessen
5 lunch
Licht
5 light
lieb
4 dear
Liebe
4 love
Liebling
7 darling
Lied
4 song
Löwe
4 lion
Luft
3 air
luxuriöse Kleinstwohnung
9 apartment
machen
2 do
4 make
Macht
5 power
Mädchen
4 girl
Magen
7 stomach
Mahlzeit
4 meal
5 lunch
6 dinner
Mann
3 man
7 husband
Männer
3 men
Mannschaftsarbeit
8 teamwork
Marmelade
3 jam
Marotte
6 spleen
Meer, See
3 sea
5 ocean
mehr
4 more
mein
2 my
Meinung
4 mind, view
7 opinion
mieten, pachten
6 leasen
Mittagszeit
9 lunchtime
Mond
4 moon
Morgen
7 morning
Mund
5 mouth
Mutter
6 mother
Nacht
5 night
Name
4 name
Narr
4 fool
Nase
4 nose
Nebel
3 fog
Neger
6 nigger
Neid
4 envy
nein
2 no
Netz
3 net
neu
3 new
Neuigkeit
4 news
Neuling
9 greenhorn
neun
4 nine
Niederlage
6 defeat
niemand
6 nobody
Not
4 need
6 misery
Nuss
3 nut
Oberst
7 colonel
Obst
5 fruit
Obus
10 trolleybus
oder
2 or
offen
4 open
Ohr
3 ear
Öl
3 oil
Osten
4 east
Paar
4 pair
6 couple
Pastete
3 pie
Pferderennbahn
4 turf
pfiffig
5 alert, smart
Pokal
3 cup
Polizei
6 police
Preis
5 price
Puder
6 powder

Punkt
5 point
Rakete
6 rocket
raues Leinen für den Bucheinband
8 Artlinen
Recht
5 right
Rede
6 speech
Regel
4 rule
Regen
4 rain
Reh
3 roe
Reise
6 travel
7 journey
Reitknecht
5 groom
Rindfleisch
4 beef
roh
4 rude
rosa
4 pink
rot
3 red
Rücken
4 back
Rückkehr
6 return
Ruhm
5 glory
Rute
3 rod
Sache
5 thing
Sankt
5 saint
Schatten
6 shadow
Schiedsrichter
7 referee
Schiene
4 rail
Schlange
5 snake
Schnee
4 snow
Schneider
6 tailor
Schreibfeder
3 pen
Schwester
6 sister
sechs
3 six
See
3 sea
4 lake
sein
2 be
sie
3 she
sieben
5 seven
Sieg
7 victory
Sitz
4 seat
Sohn
3 son
Sonne
3 sun
Sorge
4 care
spannende Handlung
6 action
spät
4 late
Spiegel
6 mirror
spielen
4 play
Spion
3 spy
Spitze
3 top
Spitzenschlager
3 hit
Sportgröße
5 crack
Staat
5 state
Steckenpferd
5 hobby
Stein
5 stone
Steuer
4 taxe
Stimme
5 voice
Strand
5 beach
Straße
4 road
6 street
Strolch
5 rowdy
Stutzer
5 dandy
Süden
5 south
süß
5 sweet
Tag
3 day
Tasche
3 bag
Tee
3 tea
Teufel
5 devil
tief
4 deep
Tinte
3 ink
Tisch
5 table
Tochter
8 daughter
Tonband
4 tape
Topf
3 pot
Tor
4 goal
Traum
5 dream
Treffen
7 meeting
trocken
3 dry
Tross
5 train
Übereinkunft
9 agreement
Uhr
5 clock, watch
Umgangssprache
5 slang
und
3 and
Vater
5 Daddy
6 father
Verabredung
4 date
Verbrechen
5 crime
Verkauf
4 sale
verkaufen
4 sell
Verkaufsladen
5 store
Verneinung
2 no
5 never
Verrat
7 treasen
Versuch
4 test
5 trial
vier
4 four
Vorschrift
4 rule
Wagen
3 car
Warenlager
5 store
Weg
3 way
weich
4 soft
Welt
5 world
wenn
2 if
wer
3 who
Wette
3 bet
Wetter
7 weather
Wettkampf
5 match
wir
2 we
Woche
4 week
Wochenende
7 weekend
Wohnung
4 home
Wunder
6 wonder
wunderbar
9 wonderful
Zahl
6 number
zehn
3 ten
Zeile
4 line

Zeit
4 time
Zitrone
5 lemon
zu
2 to
Zucker
5 sugar
Zug
5 train
Zugkraft
6 appeal
Zukunft
6 future
Zusammenstoß
5 crash
Zustand
5 state
Zutritt verboten
9 off limits
zwanzig
6 twenty
zwei
3 two
zweirädriger Jagdeinspänner
7 Dogcart
zweiter Flugzeugführer
7 Copilot
Zwiegesang
5 Gymel

englisch abgekürzt:
Firma
2 Co
3 Inc, Ltd
4 Comp
Frau
3 Mrs
Herr
2 Mr
Pferdestärke
2 HP
Weihnachten
4 Xmas

englische
Anrede
3 Sir
4 Miss
5 Madam
6 Mister, Mylady, Mylord
Anwaltskammer
3 Bar
Arbeiterpartei
11 Labour Party
Auszeichnung
14 Hosenbandorden
Automarke
2 MG
5 Lotus, Riley, Rover
6 Austin, Humber, Jaguar, Jensen, Morris
7 Bentley, Bristol, Hillman, Sunbeam, Triumph
8 Vauxhall, Wolseley
10 Rolls Royce
Bejahung
3 yes
Bezeichnung für Bier
3 Ale
5 Stout
6 Porter
Bezeichnung für dicken Nebel
3 Fog
Bezeichnung für ein Landhaus
7 Cottage
Bezeichnung für Zählwerk im Rechner
5 Adder
Biersorte
3 Ale
5 Stout
6 Porter
Briefanrede
4 Dear
Derbystadt
5 Epsom
Dogge
7 Mastiff
Droschke
3 cab
Dynastie
5 Anjou, Tudor
7 Windsor
11 Plantagenet
Frauenrechtlerin
11 Suffragette
Gaststätte
3 Pub
Gaunersprache
4 Cant
Goldmünze
6 Guinea, Guinee
9 Rosenobel, Sovereign
Grafschaft
3 Ely
4 Kent, York
5 Berks, Derby, Devon, Essex, Shire, Wight, Wilts
6 Dorset, Durham, Essese, London, Radnor, Surrey, Sussex
7 Bedford, Denbigh, Heshire, Lincoln, Norfolk, Rutland, Suffolk, Warwick
8 Anglesey, Cardigan, Cheshire, Cornwall, Hereford, Monmouth, Pembroke, Somerset, Stafford
9 Berkshire, Carnarvon, Glamorgan, Hampshire, Isle of Ely, Lancaster, Leicester, Middlesex, Wiltshire, Worcester, Yorkshire
10 Carmarthen, Cumberland, Derbyshire, Devonshire, East Sussex, Gloucester, Huntingdon, Lancashire, Montgomery, Shropshire, West Sussex
11 Befordshire, Dorsetshire, East Suffolk, Isle of Wight, Northampton, Oxfordshire, Westmorland, West Suffolk
12 Bedfordshire, Lincolnshire, Peterborough, Rutlandshire, Warwickshire
13 Herefordshire, Hertfordshire, Somersetshire, Staffordshire
14 Cambridgeshire, Leicestershire, Northumberland, Worcestershire
15 Buckinghamshire, Gloucestershire, Huntingdonshire, Nottinghamshire
16 Northamptonshire
18 Soke of Peterborough
Grafschaftsstadt
6 Exeter
7 Newport
Halbinsel
5 Wales
8 Cornwall, Portland
12 Portland Bill
Hauptstadt
6 London
Herrenanrede
3 Sir
4 Sirs
Herrscherdynastie
4 York
5 Anjou, Tudor
6 Stuart
7 Windsor
8 Hannover
9 Lancaster
11 Plantagenet
16 Anjou Plantagenet
Hochschulstadt
4 Eton
Hornpfeife
8 Hornpipe
Hunderasse
3 Fox
6 Setter
7 Airdale, Bobtail, Griffon, Sheltie, Terrier, Whippet
9 Greyhound
10 Foxterrier
Insel, Kanalinsel
3 Man
4 Aran, Sark
5 Lundy, Sercq, Wight
6 Jersey, Scilly
7 Bardsey
8 Alderney, Anglesey, Guernsey
9 Eddystone
Kanalinsel
4 Sark
5 Sercq, Wight
6 Jersey
8 Alderney, Guernsey
Käsesorte
7 Chester
Käsestadt
7 Chester
Kinderpflegerin
5 Nurse
Königin
4 Anna, Mary
5 Maria
8 Victoria, Viktoria
9 Elisabeth, Elizabeth, Katharina, Margareta
Königsdynastie
5 Tudor
Krankenpflegerin
5 Nurse
Krankheit
8 Rachitis
Kriminalpolizei
4 Yard
12 Scotland Yard
Kriminalschriftstellerin
14 Agatha Christie
Kutsche
3 Cab

Luftfahrtgesellschaft
3 BEA
Mietdroschke
3 Cab
Mittagsmahlzeit
5 Lunch
Münze
5 Pence, Penny, Pfund, Pound
8 Farthing, Sterling
Musikkapelle
4 Band
Nachrichtenagentur
6 Reuter
Nordseebucht
4 Wash
Parlamentskammer
8 Oberhaus
Pferderennbahn
5 Ascot
Politikerin
8 Thatcher
Popgruppe
7 Beatles
Porzellanmanufaktur
8 Wedgwood
Präposition
2 to
Primaballerina
7 Fonteyn
Prinzessin
4 Anne
8 Margaret
Rosinenspeise
11 Plumpudding
Rundfunkgesellschaft
3 BBC
Schulstadt
4 Eton
6 Oxford
9 Cambridge
Sekte
7 Quaeker
Silbermünze
6 Florin
Sportmannschaft
4 Crew
Sprach- und Literaturwissenschaft
9 Anglistik
Stadt
4 Bath, Eton, Hull, York
5 Blyth, Crewe, Derby, Dover, Epsom, Ewell, Goole, Grays, Hedon, Hythe, Leeds, Leigh, Leith, Lewes, Louth, Luton, Poole, Risca, Rugby, Ryton, Selby, Stoke, Truro, Wells
6 Alston, Ashton, Bolton, Dudley, Dundee, Durham, Elford, Exeter, Harlow, Heanor, Hetton, Hexham, Huyton, Ilford, Ilkley, Kendal, Loftus, London, Maltby, Marple, Morley, Nelson, Neston, Oldham, Ossett, Oxford, Penryn, Settle
7 Bedford, Bristol, Cardiff, Chatham, Chelsea, Chester, Grimsby, Halifax, Harwich, Ipswich, Margate, Newport, Norfolk, Norwich, Reading, Rhondda, Salford, Swansea, Swindon, Telford, Warwick, Westham, Windsor
8 Aberdare, Barnsley, Beverley, Bradford, Brighton, Coventry, Hastings, Kingston, Plymouth, Ramsgate, Richmond, Rochdale, Stafford, Stockton, Wallasey, Yarmouth
9 Aylesbury, Blackburn, Blackpool, Cambridge, Doncaster, Gateshead, Greenwich, Lancaster, Leicester, Liverpool, Newcastle, Rochester, Rotherham, Salisbury, Sheffield, Southport, Stockport, Stratford, Tottenham, Tynemouth, Wakefield, Worcester
10 Accrington, Birkenhead, Birmingham, Canterbury, Darlington, Eastbourne, Folkestone, Manchester, Nottingham, Portsmouth, Shrewsbury, Sunderland, Twickenham, Warrington
11 Bournemouth, Northampton, Southampton
12 Chesterfield, Gainsborough, Huddersfield, Southhampton, South Shields
13 Middlesbrough, Wolverhampton
14 Middlesborough
16 Kingston upon Hull
17 Newcastle upon Tyne
Tageszeitung
5 Times
Tänzerin
7 Fonteyn
Umgangssprache
5 Slang
Universität
6 Oxford
9 Cambridge
Verfassung
11 Magna Charta
Verneinung
2 no
5 never
Währungseinheit
13 Pfund Sterling
Weihnachtsspeise
11 Plumpudding
Zeitung
5 Times
englischer
Abschiedsgruß
8 farewell
Adelsstand
7 Peerage
Adelstitel
3 Sir
4 Duke, Earl, Lady, Lord, Peer
5 Count
6 Gentry, Knight
7 Baronet, Duchess
8 Countess, Marquess, Viscount
12 Viscountesse
Admiral
4 Byng, Ross
6 Beatty, Carden, Duncan, Hornby, Nelson, Parker
7 Russell, Seymour, Sturdee
8 Jellicoe
9 Backhouse
10 Battenberg, Inglefield
11 Mountbatten
12 Saint Vincent
Afrikaforscher
5 Bruce
7 Stanley
11 Livingstone
Allroundkünstler
7 Ustinov
Anatom
6 Harvey
Anthropologe
5 Tyler
Archäologe
5 Evans, Leake
6 Layard, Newton, Petrie
8 Hamilton, Stephens
Architekt u. Baumeister
4 Tite, Wren
5 Barry, Jones, Pugin, Scott, Wyatt
6 Inwood, Paxton, Savage, Smirke, Street, Thorpe, Wilkin
7 Pearson
8 Hardwick, Sherwood
9 Cockerell
10 Waterhouse
Artikel
3 the
Arzt
6 Jenner, Wilson
7 William
ärztlicher Forscher
7 Fleming
Astronom
4 Airy, Wren
5 Adams
6 Halley
7 Bradley, Challis, Huggins
8 Herschel
9 Eddington
Astrophysiker
9 Eddington
Autorennfahrer
4 Moos, Moss
Bakteriologe
3 Kat
5 Bruce
7 Fleming
Baustil
6 Arudor
Berg
7 Snowdon, The Peak
8 Ben Attow, Ben Nevis
9 Leith Hill, The Wrekin
Bergsteiger
4 Hunt
7 Hillary
Bildhauer
5 Moore
6 Bewick, Butler, Gibson
7 Dalwood, Epstein, Flaxman, Meadows
8 Armitage, Chadwick, Hepworth, Leighton, Richmond, Wedgwood
9 Calverley
10 Westmacott
11 Thornycroft
Biologe
6 Huxley
7 Wallace

Bischof
4 Laud, Pole
6 Becket, Fisher, Parker, Temple, Thomas
7 Crammer, Dunstan, Langton, Manning, Wiseman
8 Gardiner, Lanfranc
10 Bradwardin

Botaniker
4 Grew
5 Brown, Hales
6 Hooker, Knight
7 Bentham, Fortune, Lindley

Branntwein
6 Whisky

Bühnentanz
4 Step
5 ◆ Stepp

Chemiker
4 Abel, Davy, Todd
5 Aston, Dewar, Marsh, Soddy, Synge
6 Barton, Dalton, Draper, Farady, Graham, Harden, Howard, Martin, Perkin, Perlin, Perutz, Porter, Ramsay, Sanger, Talbot
7 Beckett, Crookes, Faraday, Guthrie, Haworth, Hopkins, Kendrew, Mitchel, Norrish
8 Bessemer, Chadwick, Mitchell, Playfair, Robinson
9 Cavendish, Cornforth, Priestley, Wilkinson, Wollaston
10 Rutherford
11 Hinshelwood
15 Crawfoot Hodgkin

Chirurg
4 Bell
6 Cooper, Lister

Dekan
4 Dean

Dichter und Schriftsteller
3 Ash, Fox, Fry, Gay, Kyd, Map, Mee
4 Amis, Beda, Ford, Gray, Lamb, Lyly, More, Owen, Pope, Rowe, Shaw, Snow, Webb
5 Auden, Bacon, Blair, Blake, Burke, Burns, Byron, Defoe, Donne, Doyle, Eliot, Green, Hardy, James, Joyce, Keats, Kelis, Lewis, Moore, Paine, Scott, Shute, Swift, Waugh, Wells, Wilde, Woolf, Yeats, Young
6 Angell, Austen, Braine, Bronte, Bulwer, Bunyan, Butler, Conrad, Coward, Cowley, Cronin, Dryden, Dunbar, Greene, Huxley, Jerome, Jonson, Malory, Milton, Morgan, Morris, Nerval, Norton, Orwell, Pinter, Ruskin, Sayers, Sidney, Spring, Steele, Sterne, Thomas, Wyclif
7 Addison, Aelfric, Aldrige, Barbour, Beckett, Bennett, Burnett, Carlyle, Chapman, Chaucer, Deeping, Dickens, Durrell, Forster, Garrick, Gaskell, Haldane, Herbert, Heywood, Hopkins, Johnson, Kipling, Lessing, Lindsay, Marlowe, Marryat, Maugham, Maurier, Osborne, Raleigh, Roberts, Shelley, Southey, Spenser, Ustinov, Wallace, Walpole, Webster
8 Beaumont, Browning, Campbell, Christie, Congreve, Cynewulf, Disraeli, Fielding, Fletcher, Forester, Geoffrey, Gollancz, Kaestner, Kingsley, Langland, Lawrence, Macauley, Marshall, Meredith, Rattigan, Reynolds, Rossetti, Sheridan, Sillitoe, Tennyson, Thompson, Tressell
9 Beardsley, Coleridge, Du Maurier, Goldsmith, Isherwood, Mansfield, Masefield, Priestley, Sachville, Stevenson, Swinburne, Thackeray, Wodehouse
10 Chesterton, Drinkwater, Galsworthy, MacPherson, Richardson, Sealsfield, Wordsworth
11 Bolingbroke, Chamberlain, Shakespeare

Diener
6 Butler

Diplomat
6 Temple
12 Westmoreland

Dirigent
4 Wood
5 Boult
7 Beecham, Bennett, Sargent
9 Barenboim, Stokowski
10 Barbirolli

Dramenkönig
4 Lear

Dudelsack
7 Bagpipe

Einspänner
5 Buggy
7 Dogcart

Entdecker
4 Bass, Cook
5 Baker, Davis, Drake, Parry, Scott
6 Baffin, Burton, Fraser, Hudson
7 Stanley
8 Flinders
10 Shackleton
11 Livingstone

Erdumsegler
5 Drake

Erfinder, Forscher, Techniker
3 Lee
4 Bell, Cort, Davy, Gray, Watt
5 Braid, Cooke, Darby, Evans, Shore
6 Atwood, Barlow, Bramah, Cocker, Dalton, Dunlop, Garden, Graham, Halley, Harvey, Hughes, Jenner, Newton, Parker, Perkin, Ramsay, Talbot
7 Crookes, Faraday, Fleming, Johnson, Murdock, Parsons, Perkins, Roberts, Thomson
8 Atkinson, Bessemer, Chadwick, Drummond, Rayleigh, Wedgwood
9 Arkwright, Armstrong, Cavendish, Hopkinson, Priestley
10 Cartwright, Rutherford, Stephenson, Wheatstone
11 Braithwaite

Feldherr, Heerführer
4 Haig
6 Talbot
8 Cromwell
9 Kitchener
10 Cumberland, Montgomery, Wellington
11 Marlborough

Feldmarschall, Marschall
4 Haig, Wood
6 Reglan, Tedder, Wavell
7 Allenby, Harding, Roberts, Simmons
9 Cambridge, Kitchener, Robertson
10 Auchinleck, Gloucester, Montgomery

Filmkomiker
7 Chaplin

Filmproduzent
4 Rank

Filmregisseur
4 Lean, Reed
7 Olivier
8 Goulding
9 Hitchcock

Flieger, Luftschiffer
7 Coxwell

Fluss zum Wash
3 Nen

Forscher
6 Wilson

Forschungsreisender
4 Cook

Frauenname
2 Em, Jo, My, Su
3 Amy, Ann, Bab, Dot, Emi, Emy, Eva, Fan, Fay, Fee, Ivy, Jin, Joy, Kay, Lea, Lil, Liz, Luc, Mae, Mag, Mat, May, Meg, Nan, Pam, Pat, Pay, Peg, Sad, Sib, Sue, Una, Ute, Viv
4 Adda, Aggy, Ally, Alwy, Anne, Anny, Baby, Bess, Cary, Ciss, Dawn, Doll, Dory, Edda, Edna, Elly, Elsy, Emmy, Enid, Ezra, Faye, Gill, Jane, Jean, Jill, Joan, Judy, June, Kara, Kate, Lana, Livy, Luce, Lucy, Mady, Mary, Maud, Meta, Mete, Mona, Moni, Nike, Nona, Oona, Page, Roda, Rosa, Tess, Theo, Tony, Usle, Vida, Zena, Zizi
5 Aggie, Alice, Amaly, Amber, Aylin, Becky, Beryl, Bessy, Betsy, Betta, Bette, Betty, Biddy, Bride, Candy, Caren, Carol, Carry, Chris, Cindy, Cissi, Cissy, Clare, Conni, Conny, Corny, Corry, Daisy, Debby, Debra, Denny, Diana, Dolli, Dolly, Doris, Dorit, Edith, Edyth, Eliza, Ellen, Elsie, Emily, Emmie, Ethel,

Fanny, Gerty, Grace, Gussy, Hatty, Helen, Henny, Jacky, Janet, Jeane, Jenny, Jerry, Jessy, Jinny, Joyce, Julia, Julie, Junia, Katty, Ketty, Kitty, Laura, Liddy, Lilly, Linda, Lindy, Lissy, Lizzi, Lizzy, Lucie, Mabel, Maddy, Madge, Magga, Maggi, Maggy, Maidi, Mandy, Marie, Matty, Maude, Maura, Meggy, Merle, Merve, Metje, Moira, Molly, Monty, Nancy, Nanon, Naomi, Nelly, Noomi, Norma, Olive, Padge, Patsy, Patty, Paula, Pearl, Peggy, Penny, Perry, Polly, Relly, Rhoda, Ronny, Sally, Sandy, Sarah, Sibyl, Sinah, Sophy, Susan, Sybil, Tessa, Tessy, Trudy, Ursly, Vicky, Vilma, Viola, Wally, Wanda, Wilja, Willa, Wilma, Zelda, Zelma, Zenab
6 Agatha, Alison, Alwyne, Anabel, Angela, Arabel, Arlene, Audrey, Benita, Bennet, Bertha, Brenda, Candie, Careen, Carrie, Cecily, Cicely, Cinnie, Claire, Corrie, Daphne, Debbie, Debora, Denice, Doreen, Doriet, Dorita, Dorrit, Editha, Eileen, Elinor, Ellice, Esther, Eunice, Evelyn, Fannie, Flower, Frauke, Garnet, Gladys, Glenda, Gracia, Grizel, Hester, Imogen, Isabel, Isobel, Jessie, Joanna, Jovita, Judith, Juliet, Laurel, Lauren, Leonia, Lesley, Leslie, Lilian, Lorena, Maddie, Maggie, Maidie, Malina, Maline, Malkin, Maudin, Mauren, Merlin, Mervyn, Monica, Muriel, Nadina, Nadine, Nooren, Olivet, Olivia, Orania, Oriane, Pamela, Pascal, Petula, Rachel, Regina, Rendel, Robina, Rowena, Selena, Selina, Sheila, Sherin, Shirin, Sondra, Teresa, Tressa, Ursula, Violet, Vivian, Vivien, Winnie, Zinnia
7 Abigail, Annabel, Belinda, Bendine, Bridget, Candida, Chrissy, Clarice, Cornela, Cornell, Deborah, Delilah, Dorothy, Eleanor, Elfreda, Ellinor, Eveline, Evelyne, Felicia, Fenella, Frances, Francie, Francis, Georgia, Gillian, Gwyneth, Harriet, Heather, Herneid, Jacinth, Jessica, Jessika, Jocelyn, Joyvita, Juditha, Juditta, Justina, Laureen, Laurena, Lavinia, Lisanne, Lizanne, Madelin, Malinda, Malinde, Margery, Marilyn, Marjory, Marylin, Marylou, Maudlin, Maureen, Mildred, Minette, Mirabel, Miranda, Ophelia, Patrice, Rebecca, Roberta, Rosalie, Rosilda, Sabrina, Scarlet, Selinda, Shirley, Susanna, Suzanne, Valeria, Vanessa, Vidette, Violett, Viviane, Yolande, Zenaida, Zenobia, Zuleika
8 Adelaide, Amrosine, Beatrice, Berlinde, Bernarda, Caroline, Cathleen, Chrissie, Dominica, Eleanora, Emmeline, Fabienne, Florence, Georgina, Gertrude, Jennifer, Kateline, Kathleen, Laurence, Madeline, Magdalea, Magdalen, Margaret, Marjorie, Maryline, Marylise, Michelle, Patricia, Philippa, Raymonde, Rosalind, Roseline, Rosellen, Roselyne, Rosemary, Roshelen, Scarlett, Theodora, Victoria, Virginia
9 Benedicta, Catharine, Celestina, Charlotte, Christine, Constance, Elizabeth, Ermengild, Ethelgard, Felicitas, Frederica, Geraldine, Gwendolin, Jeannette, Josephine, Katherine, Marierose, Rosehelen
10 Bernadette, Christabel, Frideswide, Jacqueline

Friedenskämpfer
5 Pritt

Frühstücksspeck
5 Bacon

Fußballspieler
3 Lee, Rix
4 Ball, Bell, Bull, Dean, Hill, Howe, Hunt, Jack, Neal, Owen, Todd, Webb
5 Adams, Astle, Aston, Baily, Banks, Batty, Byrne, Clamp, Cohen, Court, Drake, Gates, Hurst, Kevan, Marsh, Mills, Moore, Nicol, Osman, Paine, Payne, Platt, Royle, Speed, Wodds
6 Barnes, Bastin, Bowles, Cherry, Clarke, Cooper, Currie, Dorigo, Finney, Gidman, Haynes, Hector, Hoddle, Hughes, Hunter, Keegan, Labone, Lawton, Morley, Mullen, Newton, Norman, Osgood, Parker, Pearce, Peters, Ramsey, Robson, Samson, Slater, Steven, Stiles, Storey, Taylor, Tueart, Waddle, Walker, Watson, Whelan, Wilson, Wright
7 Beattie, Bentley, Birtles, Bonetti, Broadis, Butcher, Channon, Chapman, Chivers, Clement, Coppell, Douglas, Flowers, Francis, Greaves, Kennedy, Knowles, Lineker, Madeley, Mannion, Mariner, McGarry, McMahon, Merrick, Milburn, Mullery, Peacock, Pearson, Shilton, Souness, Stevens, Whymark, Wilkins, Wilshaw
8 Anderson, Armfield, Brabrook, Brooking, Charlton, Clemence, Connelly, Hitchens, Linecker, Matthews, McDonald, Robinson, Thompson, Williams, Woodcock
9 Beardsley, Broadbent, Callaghan, Dickinson, Eckersley, Gascoigne, Greenhoff, Latchford, Linnecker, Lofthouse, McDermott, McFarland, Mortensen, Springett, Summerbee, Trautmann, Whittaker
10 Cunningham, Fairclough, McAllister, Staniforth

Gasthof
3 Pub

Gehrock
3 Cut
7 Cutaway

Geistlicher
4 Dean
8 Reverend

geistlicher Titel
4 Dean

General
4 Byng, Hunt
5 Ismay, White
6 Elliot, Gordon, Warren
7 Allenby, Chatham, Douglas, Fairtax, Maxwell, Simmons
8 Burgoyne, Havelock, Townsend
9 Beresford, MacCreery, Robertson
10 Abercromby, Cornwallis
11 Baden Powell

Geograf und Forschungsreisender
6 Philby
8 Flinders
10 Cunningham
11 Livingstone

Geologe
5 Lyell
6 Hutton, Mallet, Ramsay

Geschichtsschreiber
6 Camden, Gibbon, Gildas
8 Gardiner, Macaulay

Getreidebranntwein
6 Whisky

Graf
4 Earl

Grafiker
5 Blake, Moore

Grafschaftsrichter
7 Sheriff

Gutsherr
6 Squire

Haushofmeister
6 Butler

Henker des 17. Jh.
7 Derrick

Herzog
4 Duke

Historiker
3 Lee
4 Hume
5 Acton, Bryce, Percy, Tylor
6 Buckle, Dowden, Finley, Morris, Roscoe, Ruskin, Saints, Seeley, Stubbs, Warton
7 Carlyle, Hazlitt, Herford, Ingleby, Toynbee, Walpole

8 Disraeli, Kinglake, Strachey
9 Creighton, Rawlinson, Trevelyan
10 Saintsbury

Hochadel
8 Nobility

Hochadliger
4 Peer

Hochruf
5 cheer

Höflichkeitstitel
7 Esquire

Humanist
4 More
6 Burton

Ingenieur
4 Penn, Reed, Watt
5 Clark, Elder
6 Fowler, Mallet, Sankey
7 Everest, Murdoch, Roberts
8 Bessemer, Congreve, Crampton
9 Armstrong
10 Stephenson

Instrumentalvirtuose
7 Gibbons

Instrumentenbauer
9 Broadwood

Intendant, Theaterdirektor
4 Tree
6 Kemble

Jugendschriftsteller
3 Mee
6 Blyton

Jurist
5 Pritt

Kardinal
4 Pole
6 Fisher, Newman, Wolsey
7 Langton, Manning, Wiseman
8 Beaufort

Karikaturist
3 Low

Kirchenlehrer
4 Beda

Komponist
3 Gay
4 Arne, Biss, Bush, Byrd
5 Balfe, Bliss, Elgar, Jones, Parry, Scott
6 Delius, Purell, Walton
7 Britten, Gibbons, Purcell
8 Sullivan
9 Dunstable

König, Herrschername
4 Karl
5 Georg, Henry, Jakob, James
6 Alfred, Eduard, Edward, George, Harald, Johann
7 Charles, Richard, Wilhelm
8 Heinrich

Königshafen
8 Ramsgate

Kriminalschriftsteller
7 Wallace
10 Chesterton

Kunsttischler
11 Chippendale

Kupferstecher
5 Blake, Green, Smith
6 Earlom
7 Hogarth, Keating
8 Herkomer, Landseer

Landadel
6 Gentry

Landarzt
6 Jenner

Landschaftsmaler
9 Constable

langhaariger Hühnerhund
6 Setter

Lyriker
4 Read
5 Donne
6 Arnold, Cowper
7 Hopkins
8 Rossetti
9 Swinburne

Maler, Zeichner
3 Cox
4 Hunt, Lely, Nash, Opie
5 Bacon, Blake
6 Morris, Romney, Turner
7 Hogarth, Millais
8 Lawrence, Reynolds, Rossetti
9 Constable, Nicholson
10 Burne-Jones
12 Gainsborough

Männername
2 Jo
3 Ben, Bob, Dan, Edy, Gus, Guy, Hal, Hob, Ian, Ivo, Jan, Jim, Joe, Jon, Kay, Kim, Kit, Lee, Len, Les, Mac, Mat, Men, Nat, Ned, Nic, Odo, Pat, Pel, Pit, Pop, Ray, Rex, Rob, Ron, Roy, Sam, Tam, Ted, Tom, Viv, Wok
4 Adam, Alan, Alec, Andy, Beda, Bill, Burt, Cary, Dany, Dave, Davy, Dean, Dick, Eddi, Eddy, Edin, Eric, Ewen, Fred, Gene, Geno, Hick, Hobe, Hugh, Jack, Jaff, Jeff, Jill, Joel, Joey, John, Jona, Jose, Kitt, Lary, Laud, Levi, Levy, Lion, Luke, Marc, Mark, Mick, Mike, Nick, Nike, Noel, Ossy, Paul, Pete, Phil, Pitt, Popp, Rick, Robb, Rody, Roll, Stan, Toby, Tomy, Tony, Walt, Watt, Will, Wolf, Xeno, Yale, York, Yule
5 Allan, Amber, Amery, Basil, Benny, Bobby, Brian, Brown, Bruin, Bryce, Cecil, Chris, Clark, Clerk, Cliff, Clint, Colin, Conny, Cyril, Cyrus, Dandy, Danny, David, Davis, Dicky, Dobby, Donet, Eddie, Edgar, Edwin, Elias, Ellis, Elmer, Elton, Elvis, Errol, Fawke, Feddy, Fowke, Frank, Gavin, Giles, Glenn, Grant, Harry, Henri, Henry, Hobby, Hodge, Irvin, Irwin, Isaac, Jacky, Jacob, James, Jason, Jerry, Jimmy, Jocey, Jonah, Jonny, Jossy, Joyce, Keith, Kerry, Kevin, Larry, Lenny, Lewis, Louis, Marlo, Matty, Monte, Monty, Neddy, Nicki, Oscar, Paddy, Percy, Perry, Peter, Phipp, Poppo, Ralph, Regis, Richo, Richy, Ricky, Robby, Robin, Roche, Roger, Rolof, Rolph, Romeo, Ronny, Sammy, Sandy, Scott, Serge, Simon, Steen, Steve, Taffy, Teddy, Thady, Tobie, Tommy, Ulric, Waldo, Walty, Watty, Welty, Wilma, Xenox, Xeres, Xerus, Xylon
6 Achill, Adolph, Albert, Alfred, Andrew, Antony, Archie, Arthur, Austin, Balwin, Barnes, Barnet, Bennet, Blacky, Blaise, Buster, Cedric, Charly, Christ, Clerke, Conrad, Corell, Curtis, Daniel, Dennis, Dobbin, Donald, Dorian, Duncan, Edmond, Edmund, Edward, Egmund, Ernest, Esmond, Eugene, Fabian, Fergus, Foster, Freddy, Garnet, George, Gerald, Gerard, German, Gerret, Gerrit, Gervas, Gideon, Gilian, Godwin, Godwyn, Gordon, Graham, Harold, Harvey, Hector, Herman, Horace, Howard, Hughes, Irving, Jasper, Jeremy, Jerome, Jervis, Jethro, Johnny, Jordan, Joseph, Joyces, Julian, Julien, Julius, Justin, Kermit, Lazare, Leonce, Leslie, Lester, Lionel, Lucius, Marlin, Marlon, Martin, Marvin, Mathew, Merlin, Mervin, Merwin, Milton, Morgan, Morris, Morton, Nelson, Niclas, Norman, Oberon, Oliver, Paride, Pascal, Philip, Popkin, Randal, Reuben, Robert, Ronald, Ronnie, Rupert, Samuel, Sander, Sidney, Steven, Stuart, Thomas, Tibald, Tobias, Valery, Victor, Virgil, Vivian, Vivien, Walter, Wilken, Wilkin, Wilson, Xavier, Yorick
7 Almeric, Ambrose, Amelric, Andrews, Anthony, Baldwin, Barnabe, Barnaby, Bernard, Bertram, Cassius, Charles, Charley, Charlie, Clement, Denholm, Derrick, Dominic, Donatus, Douglas, Eliezer, Emanuel, Emilian, Eustace, Francis, Fulbert, Gabriel, Garrard, Garrett, Gilbert, Godfrey, Gregory, Gustave, Haldane, Harding, Herbert, Horatio, Jackson, Jeffrey, Joachim, Kenneth, Lambert, Leonard, Mathias, Matthew, Maurice, Modesto, Nicolas, Orville, Paridam, Patrick, Philipp, Quentin, Quintin, Randall, Raymond, Ricardo, Richard, Rickard, Roderic, Roderik, Rowland, Rudolph, Stanley, Stephen, Tankred, Terence, Thorold, Timothy, Tristan, Ulysses, Vincent, Wallace, Wickard, Wilfred, Wilfrid, Willard, William, Winfred, Winston, Wishart, Wolfert, Yorrick

8 Benedict, Benjamin, Bernhard, Bertrand, Clifford, Emmanuel, Faramond, Franklin, Frederic, Geoffrey, Grimbald, Gustavus, Haratius, Humphrey, Jonathan, Justinus, Lancelot, Lanfranc, Lanzelot, Laurence, Lawrence, Mortimer, Nicholas, Percival, Randolph, Reginald, Reinhart, Roderick, Salvador, Theobald, Theodore, Valentin, Valerien, Winefred
9 Alexander, Archibald, Bernardin, Broderick, Christian, Ferdinand, Frederick, Nathaniel, Paschalis, Peregrine, Willibord
11 Bartholomew, Christopher

Mathematiker
4 Wren
5 Bragg, Green, Jeans
6 Briggs, Hutton, Napier, Newton, Stokes
7 Babbage, Russell, Simpson
8 Briggius, Hamilton

Mechaniker
6 Bramah
7 Boulton
9 Arkwright

Mediziner
4 Bell, Hall, Ross
5 Braid, Dover, Ellis
6 Barlow, Bright, Cooper, Darwin, Harvey, Hunter, Jenner, Lister
7 Addison, Eysenck, Fleming, Gilbert, Hodgkin, Simpson
8 Maudsley
9 Arbuthnot, Parkinson, Silvester

Meteorologe
4 Reid
6 Howard
7 Fitzroy

Mietwagen, Reisewagen
5 Coach

Möbelstil
11 Chippendale

Modeheld
8 Brummell

Nationalökonom
5 Smith
7 Malthus

Naturwissenschaftler
3 Ray
4 Owen, Wren
5 Allen, Bacon, Hooke
6 Darwin, Galton, Murray, Newton
7 Crookes, Daniell, Faraday, Gilbert, Lubbock, Romanes, Thomson
9 Carpenter

Nebel
3 fog

Nobelpreisträger (Chemie)
4 Todd
5 Aston, Kroto, Soddy, Synge
6 Barton, Harden, Martin, Perutz, Porter, Ramsay, Sanger, Walker
7 Haworth, Kendrew, Norrish
8 Mitchell, Robinson
9 Cornforth, Wilkinson
10 Rutherford
11 Hinshelwood
15 Crawfoot-Hodgkin

Nobelpreisträger (Frieden)
6 Angell, Cremer
7 Boyd-Orr, Rotblat
8 Algernon
9 Henderson, Noel Baker
11 Chamberlain

Nobelpreisträger (Literatur)
4 Shaw
5 Eliot, Yeats
7 Kipling, Russell
9 Churchill
10 Galsworthy

Nobelpreisträger (Medizin)
4 Dale, Hill, Katz, Ross
5 Chain, Crick, Krebs
6 Adrian, Florey, Huxley, Porter
7 Fleming, Hodgkin, Hopkins, Medawar, Wilkins
9 Robertson
10 Hounsfield
11 Sherrington

Nobelpreisträger (Physik)
4 Mott, Ryle
5 Bragg, Dirac, Gabor
6 Barkla, Hewish, Powell, Wilson
7 Thomson
8 Appleton, Blackett, Chadwick, Cockroft, Rayleigh
9 Josephson
10 Richardson

Nobelpreisträger (Wirtschaft)
5 Coase, Lewis, Meade
8 Mirrlees

Oberst
7 Colonel

Ökonom
5 Petty
7 Ricardo

Orden
14 Hosenbandorden

Ozeanriese
7 Titanic

Pädagoge
6 Arnold
9 Lancaster

Paläontologe
8 Falconer

Papst
7 Hadrian

Patron
5 Georg

Pazifist
8 Gollancz

Pfadfinder
8 Boyscout

Pfarrer, Prediger
3 Lee
6 Irving
7 Aelfric

Pferderennplatz
5 Ascot

Philanthrop
3 Fry
7 Barnado, Vaughan
8 Hobhouse

Philologe, Literatur-, Sprachforscher
4 Lane, Muir, Rhys
5 Jones, Moore, Sayce, Smith
6 Newman, Palmer, Petrie, Renouf, Stokes, Wilson
8 Caldwell, Eastwick, Gardiner, Morrison, Williams
9 Rawlinson
10 Colebrooke

Philosoph
4 Hume, Mill, More
5 Bacon, Dewey, James, Locke, Moore, Smith
6 Butler, Clarke, Dawson, Hobbes, Huxley, Keynes, Newman, Peirce, Russel, Toland
7 Addison, Bentham, Carlyle, Hartley, Russell, Spencer, Toynbee
8 Berkeley, Sidgwick
10 Cumberland, Mandeville
11 Chamberlain, Shaftesbury

Physiker
4 Bell, Dale, Davy, Gray, Kerr, Mott, Ryle
5 Aston, Boyle, Bragg, Clark, Dirac, Gabor, Hales, Hooke, Jeans, Joule, Lodge, Soddy, Young
6 Atwood, Barkla, Barlow, Dalton, Duddel, Hewish, Hughes, Kelvin, Newton, Powell, Sabine, Stokes, Talbot, Wilson
7 Andrews, Crookes, Faraday, Lockyer, Maxwell, Moseley, Thomson
8 Appleton, Blackett, Brewster, Chadwick, Cockroft, Herschel, Rayleigh, Reynolds, Sidgwick
9 Eddington, Josephson, Wollaston
10 Richardson, Rutherford, Wheatstone

Physiologe
4 Bell, Hall, Hill
5 Bragg, Young
6 Adrian, Draper, Harvey
9 Pettigrew

Polarforscher
4 Ross
5 Fuchs, Scott
6 Baffin
8 Franklin
10 Shackleton

Politiker, Staatsmann
3 Fox, Pym
4 Eden, Grey, More, Peel, Pitt
5 Astor, Bacon, Bevan, Bevin, Blair, Crewe, Derby, Heath, Hoare, Homes, Leeds, Lesly, Major, North, Simon
6 Attlee, Cripps, Curzon, Keynes, Rhodes, Wilson, Wolsey
7 Asquith, Baldwin, Balfour, Bowring, Canning, Chatham, Halifax, Jameson, Ritchie, Walpole
8 Aberdeen, Burleigh, Cromwell, Disraeli, Gardiner, Hastings, Macaulay, Richmond, Stanhope, Thatcher
9 Alexander, Beveridge, Cavendish, Churchill, Clarendon, Gladstone,

Henderson, Lansdowne, MacDonald, MacMillan, Melbourne, Wellesley
10 Palmerston
11 Beaverbrook, Chamberlain, Douglas Home, Marlborough, Polingbroke
12 Beaconsfield, Chesterfield

Polizist
5 Bobby
10 Konstabler

Quäker
4 Penn

Rechtsanwalt
9 Barrister

Reformator
6 Wiclif, Wyclif
7 Cranmer, Latimer, Tyndale

Rennort, Rennplatz
5 Ascot, Epsom

Sagenheld
4 Hood
9 Robin Hood

Sagenkönig
4 Lear
5 Artus
6 Arthur

Schauspieler, -spielerin
4 Kean, Kerr, Todd, Tree
5 Craig, Diven, Donat, Grant, Leigh, Mason, Moore, Niven, Terry
6 Burton, Howard, Kemble, Taylor
7 Calvert, Chaplin, Garrick, Granger, Hepburn, Milland, Olivier, Siddons, Simmons
8 Guinness, Harrison, Laughton, Lockwood
9 Heinemann

Schnaps
6 Brandy

Scholastiker
5 Occam
11 Bradwardine

Schutzmann
10 Konstabler

Seemann, -fahrer, -held
4 Back, Cook, Howe, Ross
5 Blake, Davis, Drake, Keith, Nares, Scott
6 Baffin, Drakel, Hudson, Nelson
7 Jackson, Raleigh
8 Cochrane, Franklin, Scoresby
9 Frobisher, Vancouver
10 Chichester

Sozialpolitiker
9 Beveridge

Stutzer
5 Dandy

Stützpunkt im Mittelmeer
9 Gibraltar

Südpolforscher
5 Scott

Tanz
4 Step
5 ◆ Stepp
7 Onestep, Twostep
8 Anglaise, ◆ Twostepp

Theologe
6 Wesley

Thronfolgertitel
13 Prince of Wales

Titel
3 Sir
4 Earl

Unteroffiziersdienstgrad
8 Sergeant

Vorgesetzter
5 chief

Wacholderschnaps
3 Gin

Weltumsegler
4 Cook

Wollstoff
5 Tweed
8 Homespun

Zeichner
3 Low
7 Flaxman
9 Beardsley

Zoologe
4 Bell, Gray
5 Gould
6 Allman, Huxley, Morgan
7 Balfour, Wallace

englisches

Adelsgeschlecht
5 Essex

Ballspiel
5 Rugby
7 Kricket, Krocket
9 Badminton

Bier
3 Ale

Bleigewicht
6 Fudder

Edelmetallgewicht
11 Troygewicht

Feld, -flächenmaß
4 acre, rood
7 furlong

Flüssigkeitsmaß
4 pipe

Fruchtmus
3 jam

Fürwort
2 he, it
3 she

Gabelfrühstück
5 lunch

Garnmaß
3 Lea

Getreidemaß
3 Bag
6 bushel

Gewicht, Maß
3 mil, ton, tub
4 acre, dram, foot, inch, line, pint, rood, yard
5 chain, ounce, pound, quart
6 barrel, bushel, cental, fathom, gallon
7 furlong, quarter
13 hundred weight

Glücksspiel
5 Bingo

Goldgewicht
11 pennyweight

grogähnliches Getränk
5 Sling

Großbürgertum
6 gentry

Heldengedicht
7 Beowulf

Herrscherhaus
4 York
5 Anjou, Tudor
6 Stuart
10 Buckingham

Herzogsgeschlecht
10 Buckingham

Hohlmaß
4 bole, coom, gill, pint
6 barrel
7 gallone, quarter

Kartenspiel
5 Quart, Whist
6 Bridge

Kindermädchen
5 Nurse

Königsgeschlecht
4 York
5 Anjou, Tudor
6 Stuart
11 Plantagenet

Korbballspiel
10 Basketball

Kugelspiel
7 Krocket

Landhaus
7 cottage

Längenmaß
3 ell
4 foot, inch, mile, nail, rute, yard

Nationalgericht
8 porridge

Nationalspiel
4 Golf
7 Kricket

Perlengewicht
11 pennyweight

Pferderennen
5 Derby

Schatzamt
8 Treasury

Schlagballspiel
7 Kricket

Seebad am Kanal
8 Brighton
11 Bournemouth

Signalhorn
5 bugle

Staatsgefängnis
5 Tower

Staatsgrundgesetz
16 Habeaskorpusakte

Starkbier
6 Porter

Taxi
3 cab

Teegewicht
3 tub

Wegemaß
4 link, mile

Wiegenlied
7 lullaby

Wirtshaus
3 pub

Witzblatt
5 Punch

Wollgewicht
5 clove

Wort für Fabrik und Handelsmarke
9 trademark

Wort für Neuling
9 greenhorn

Zahlwort, Zahl
3 one = 1, six = 6, ten = 10, two = 2
4 five = 5, four = 4, nine = 9
5 eight = 8, fifty = 50, forty = 40, seven = 7, sixty = 60, three = 3
6 eighty = 80, ninety = 90, thirty = 30, twenty = 20
7 hundred = 100, seventy = 70
8 thousand = 1000
engmaschig
5 dicht
Engpass, Enge
6 Klause
7 Defilee, Hohlweg
in Griechenland
11 Thermopylen
engstirnig
8 borniert, spiessig
9 kleinlich
11 beschraenkt
engstirniger
Mensch
7 Banause
8 Spiesser
13 Spiessbuerger
Engtal
der Donau
6 Wachau
Enkel
7 Epigone
9 Nachkomme
10 Kindeskind
des Tantalus
6 Atreus
Theoderichs des Großen
9 Amalarich
enorm
8 gewaltig
11 erstaunlich
16 ausserordentlich
17 aussergewoehnlich
enorme
Menge
5 Masse
Ensemble
ohne eigenes Haus
12 Wanderbuehne
entarten
12 degenerieren
entartet
7 pervers
8 dekadent
11 degeneriert
Entartung
8 Dekadenz
10 Perversion
12 Degeneration
entbehren
6 darben
entbehrlich
8 unnoetig
13 ueberfluessig
Entbehrung
3 Not
6 Karenz, Mangel
11 Frustration
Entbindung
6 Geburt, Partus
7 Dispens
10 Degagement
11 Niederkunft
13 Entpflichtung

entblößt
4 kahl
5 bloss, nackt
Entblößung
10 Exhibition
Entblößungszwang
15 Exhibitionismus
Entdecken
einer Sache
4 Fund
Entdecker
Amerikas
5 Colon
8 Columbus, Kolumbus
der Alkalimetalle
4 Davy
der Chloroformnarkose
7 Simpson
der elektr. Induktion
7 Faraday
der elektromagnetischen Wellen
5 Hertz
der elektr. Stromstärke
6 Ampere
der Fall- und Pendelgesetze
7 Galilei
der Harnstoffsynthese
7 Woehler
der Kathodenstrahlen
8 Pluecker
der Keimblätter
4 Baer
der Kernreaktionen
10 Rutherford
der Kernspaltung
4 Hahn
10 Strassmann
der künstlichen Seide
10 Chardonnet
der Lichtgeschwindigkeit
6 Roemer
der Molekularbewegung
5 Brown
der Philippinen
8 Magallan, Magellan
9 Magalhaes
10 Magallanes
der Planeten Pallas und Vesta
6 Olbers
der Polarisation des Lichts
5 Malus
der Protonen
10 Rutherford
der Quantentheorie
6 Planck
der Schallgeschwindigkeit im Wasser
5 Sturm
8 Colladon
der Schilddrüsenkrankheit
7 Basedow
der sogenannten Marskanäle
12 Scgiaparelli
der Spektralanalyse
6 Bunsen
9 Kirchhoff
der Sulfonamide
6 Domagh
der Thermoelektrizität
7 Seebeck
der Uran-Strahlen
9 Becquerel

der Verbrennungsregeln
6 Mendel
der Vererbungsregeln
6 Mendel
der X-Strahlen
8 Roentgen
des Anilins
5 Runge
des Atommodells
4 Bohr
des Blutkreislaufes
6 Harvey
des Chloroforms
6 Liebig
7 Guthrie
9 Soubeiran
des Cholerabazillus
4 Koch
des Diphtherieserums
7 Behring
des Elektromagnetismus
7 Oersted
des Elektrons
7 Thomson
des Gravitationsgesetzes
6 Newton
des Insulins
4 Best
7 Banting
des magnetischen Drehfeldes
8 Ferraris
des Penicillins
7 Fleming
des Pergamonaltars
6 Humann
des Phenols
5 Runge
des Radiums
5 Curie
des Saccharins
6 Remsen
8 Fahlberg
des Sauerstoffs
9 Priestley
des Seewegs nach Ostindien
4 Gama
11 Vasco da Gama
des Seewegs um Südafrika
4 Diaz
des Starrkrampf-Serums
7 Behring
des Stickstoffs
10 Rutherford
des Südpols
8 Amundsen
des Transhimalaja
5 Hedin
des Tuberkelbazillus
4 Koch
des Vitamin K
3 Dam
des Wasserstoffs
9 Cavendish
von afrikanischen Gebieten
4 Lenz
5 Barth
6 Batuta, Peters, Rohlfs
7 Stanley
8 Wissmann
9 Nachtigal
11 Livingstone
12 Schweinfurth

von amerikanischen Gebieten
5 Colon
6 Caboto, Cabral, Cortes, Cortez
7 Almagro, Pizarro
8 Columbus, Kolumbus, Vespucci
von asiatischen Gebieten
3 Huc
5 Gabet, Hedin, Pinto
6 Koslow
7 Semenow
8 Filchner, Trinkler
10 Richthofen
12 Prschewalski
von Australien und südpazifischen Gebieten
4 Cook
5 Burke, Sturt
6 Hartog, Stuart, Tasman
7 Lindsay
8 Brockman, Carnegie, Mendanas, Schouten
10 Leichhardt
12 Bougainville
von Brasilien
6 Cabral
von Chile
7 Almagro
von China
4 Polo
9 Marco Polo
von grönländischen Gebieten
5 Peary, Raudi
6 Nansen
7 Wegener
9 Rasmussen
13 Nordenskjoeld
von Japan
5 Pinto
von Kolumbien
5 Ojeda
von Labrador
3 Low
5 Cabot
6 Caboto
von Mexiko
6 Cortes, Cortez
von Neufundland
6 Bjarne
von Neuseeland
4 Cook
6 Tasman
von Ostindien
4 Gama
von Peru
7 Pizarro
von Tasmanien
6 Tasman
von Tibet
5 Gabet, Hedin
von Troja
9 Doerpfeld
10 Schliemann
Entdeckung
4 Fund
Entdeckungsreisender
9 Marco Polo
entehren
9 schaenden
enteignen
13 depossedieren, expropriieren
Enteignung
12 Konfiskation
13 Expropriation

Entengattung
6 Saeger
Entenvogel
des hohen Nordens
5 Lumme
Enterich
5 Erpel
Entern
eines Schiffes
8 Abordage
Entertainer
11 Unterhalter
entfernen
9 entnehmen
10 beseitigen
11 eliminieren, fortbringen, sezernieren, wegschaffen
12 distanzieren
entfernt
4 weit
6 weitab
8 entlegen
entferntes
Gewitter
14 Wetterleuchten
Entfernung
7 Abstand, Distanz
8 Entnahme
der Außenschicht
8 schaelen
9 Schaelung
von Wald
6 Rodung
Entfernungsbegriff
3 nah, Weg
4 fern, kurz, weit
5 Ferne, Naehe, Route, Weite
7 Abstand, Distanz, Strecke
9 Kilometer, Luftlinie
10 Wegstrecke
11 Kurzstrecke
Entfernungsmaß
5 Meile
Entfernungsmesser
9 Telemeter
Entfernungsmessung
10 Telemetrie
Entfernungsstufe
4 Zone
Entfettungsmaßnahme
8 Slimming
13 Reduktionskur
14 Abmagerungskur
Entfremdung
12 Abalienation
Entführer
9 Kidnapper
der Europa
4 Zeus
der Helena
5 Paris
Entführung
4 Raub
10 Kidnapping
entgaste
Steinkohle
4 Koks
entgegen
5 wider
6 contra, kontra
7 zuwider
10 gegenueber

entgegenarbeiten
10 sabotieren
entgegengesetzt
5 polar
6 kontra
8 kontraer
9 diametral, umgekehrt
entgegenkommend
6 kulant
10 freundlich, konziliant
Entgegennahme
an Ort und Stelle
8 Abholung
entgegenstehend
6 widrig
entgegnen
7 kontern
8 erwidern
9 antworten
10 opponieren
Entgegnung
6 Replik
7 Antwort
10 Erwiderung
Entgelt
4 Gage, Lohn, Sold
5 Miete
6 Gehalt, Salaer
7 Honorar, Zahlung
8 Loehnung
9 Besoldung, Bezahlung, Verdienst
für Gutes
4 Dank
Entgeltaufbesserung
13 Lohnerhoehung
Entgleisung
7 Fauxpas
enthalten
8 immanent
enthaltsam
6 keusch
9 abstinent, asketisch
lebender Mensch
5 Asket
enthaltsame
Lebensweise
6 Askese
8 Zoelibat
Enthaltsamkeit
6 Askese, Karenz
8 Verzicht, Zoelibat
9 Abstinenz
11 Bescheidung
von Nahrung
6 Fasten
entheben
8 absetzen
9 entbinden, entlassen
12 suspendieren
enthüllen
11 dekuvrieren, demaskieren
enthülste
Weizenkörner
7 Graupen
Enthusiast
3 Fan
9 Anhaenger, Liebhaber
10 Bewunderer, Schwaermer
enthusiastisch
10 begeistert
11 hingerissen

Entjungferung
11 Defloration
entkeimen
13 desinfizieren, sterilisieren
Entkeimung
12 Desinfektion
13 Sterilisation
entkleiden
8 strippen
9 ausziehen
Entkleidungsnummer
10 Striptease
entkommen
7 fliehen
Entkommen
6 Flucht
Entkräftung
8 Marasmus
Entladeeinrichtung
auf Schiffen
8 Ladebaum
Entladung
an Mastspitzen
9 Elmsfeuer
der Luftelektrizität
8 Gewitter
entlarven
11 dekuvrieren, demaskieren
12 ueberfuehren
entlassen
8 absetzen
9 kuendigen
Entlassung
8 Abschied, Freigabe
9 Demission
10 Kuendigung, Ruecktritt
eines Schiffmanns nach dem Seemannsgesetz
11 Abmusterung
Entleerungsrohr
7 Abfluss
Entlohnung
7 Sportel
des Soldaten
4 Sold
Entlüfter
9 Exhaustor
10 Ventilator
Entlüftungsanlage
5 Abzug
entmachtete
chinesische Politikergruppe
11 Viererbande
entmannen
10 kastrieren
Entmannter
6 Eunuch
7 Kastrat
Entmannung
10 Kastration
entmutigen
11 deprimieren
14 demoralisieren
entmutigt
7 verzagt
10 deprimiert
13 demoralisiert
Entnahme
von Flüssigkeit
8 Punktion
entnerven
10 enervieren
entpflichten
12 dispensieren
Entpflichtung
7 Dispens
enträtseln
6 loesen
entrechten
13 depossedieren
entrechteter
Mensch
5 Paria
6 Sklave
7 Outcast
Entrechteter
5 Paria
6 Sklave
7 Outcast
Entree
4 Flur
6 Anfang, Beginn
7 Eingang, Einlass, Vorraum, Zutritt
8 Aufnahme, Eintritt
9 Vorzimmer
11 Einfuehrung
entrichten
6 zahlen
10 begleichen
Entrückung
7 Ekstase
entrüstet
5 boese
6 zornig
7 empoert
10 indigniert, veraergert
11 aufgebracht
Entrüstung
9 Empoerung
11 Indignation
entsagen
10 verzichten
11 resignieren
Entsagung
8 Verzicht
11 Resignation
Entschädigung
6 Ersatz
9 Abfindung, Ausgleich, Rekompens
10 Reparation, Verguetung
11 Aequivalent
12 Kompensation
13 Gratifikation
16 Wiedergutmachung
Entschädigungsgelder
7 Diaeten
Entscheid
des Papstes
9 Dekretale
entscheidend
7 dezisiv
entscheidender
Handgriff
4 Dreh
Umstand
6 Moment
Wendepunkt
9 Peripetie
Entscheidung
4 Wahl
5 Krise, Votum
6 Krisis, Urteil
8 Klaerung
9 Anordnung, Beschluss, Machtwort
10 Entschluss, Hoehepunkt, Verfuegung
11 Alternative
durch das Los
9 Auslosung
durch Stimmen
4 Wahl
für eine bestimmte Staatsbürgerschaft
6 Option
zwischen zwei Möglichkeiten
11 Alternative
Entscheidungsfreiheit
für eine Staatsangehörigkeit
12 Optionsrecht
Entscheidungsrecht
6 Option
entschieden
7 resolut
12 determinativ
Entschließung
10 Resolution
entschlossen
5 kuehn, mutig
6 bereit, tapfer
7 beherzt, gewillt, resolut, willens
9 energisch
11 tatkraeftig, zielstrebig
12 determinativ
Entschlossenheit
8 Tatkraft
Entschluss
5 Wille
6 Willen
7 Vorsatz
10 Resolution
12 Entscheidung
entschlüsseln
10 dekodieren
13 dechiffrieren
Entschlusskraft
10 Initiative
entschuldigen
8 vergeben
9 verzeihen
13 rechtfertigen
Entschuldigung
6 Absage, Pardon
9 Vergebung
10 Verzeihung
14 Rechtfertigung
Entschuldigungslüge
7 Ausrede
entseelt
3 tot
Entsendung
von Personen
11 Delegierung
Entsetzen
5 Angst, Graus
6 Furcht, Grauen, Horror
7 Abscheu, Grausen, Schreck
8 Schauder
9 Schrecken
entsetzlich
10 grauenhaft
entseuchen
13 desinfizieren
Entseuchung
12 Desinfektion

entsittlichen
14 demoralisieren
Entspannung
4 Ruhe
5 Musse
6 Siesta
7 Detente
8 Erholung
9 Lockerung
13 Erleichterung
entsprechend
6 analog
7 gemaess, homolog
8 adaequat
der Regel
6 normal
Entsprechung
7 Pendant
8 Analogie
11 Gegenstueck
entstehen
6 werden
Entstehung
6 Anfang, Beginn, Genese, Quelle, Werden
7 Genesis
8 Ursprung
10 Schoepfung
entstellen
9 verzerren
11 deformieren
12 verfaelschen, verunstalten
entstellte
Abbildung
8 Zerrbild
Entstellung
5 Luege
10 Verdrehung, Verzerrung
11 Deformation
13 Verfaelschung
enttäuschen
11 frustrieren
16 desillusionieren
Enttäuschung
5 Frust
6 Kummer
8 Reinfall
10 Misserfolg
11 Desillusion, Frustration
13 Ernuechterung
entwässern
7 rigolen
10 ◆ draenieren, drainieren
Entwässerung
8 ◆ Draenage, Draenung, Drainage
11 Draenierung, Drainierung
Entwässerungsanlage, -gerät
4 Fuge, Rohr, Siel
5 ◆ Draen, Fleet, Gosse, Gully, Kanal, Rinne
6 Furche, Graben, Rigole, Roehre
8 Faschine
9 Rohrpflug, Tonroehre
10 Draenpflug, Hohlfurche
12 Abflusskanal, Kanalisation, Zementroehre
13 Abflussroehre
entweihen
9 schaenden
11 profanieren
Entweihung
10 Schaendung
11 Profanation
12 Profanierung
entwenden
6 rauben
7 stehlen
12 hinterziehen
13 unterschlagen
entwendeter
Gegenstand
5 Beute
Entwendung
4 Raub
8 Mundraub, Wegnahme
9 Diebstahl
13 Hinterziehung
14 Unterschlagung
entwerfen
6 planen
9 umreissen
10 skizzieren
11 konzipieren
entwickelter
Film
7 Negativ
Entwicklung
6 Genese
7 Bildung, Prozess, Tendenz
9 Evolution
Entwicklungsabschnitt
5 Phase
7 Stadium
der Erde
4 Aera
Entwicklungsbeschleunigung
12 Akzeleration
Entwicklungsbild
beim Foto
7 Negativ
Entwicklungsfarbstoff
5 Ursol
Entwicklungsform
bei Insekten
5 Larve
Entwicklungsjahre
9 Pubertaet
Entwicklungslinie
7 Tendenz
Entwicklungsprogramm
der UN
4 UNDP
Entwicklungsprozess
8 Wachstum
Entwicklungsrichtung
5 Trend
7 Tendenz
Entwicklungsstadium
vielzelliger Tiere
8 Gastrula
Entwicklungsstand
5 Reife
Entwicklungsstufe
5 Phase
7 Stadium
bestimmter Tiere
5 Larve
des Schmetterlings
5 Raupe
Entwicklungszeit
5 Reife
6 Werden
7 Prozess, Reifung
8 Karriere, Laufbahn, Wachstum
9 Evolution, Pubertaet, Reifezeit, Werdegang
10 Entfaltung, Ontogenese
12 Reifeprozess
Entwurf
4 Idee, Plan, Riss
6 Abriss, Design, Expose, Kladde, Layout, ◆ Lay-out, Modell, Muster, Schema, Skizze, Studie
7 Aufriss, Konzept, Projekt
8 Maquette
9 Brouillon
10 Konzeption
12 Konstruktion
zu einem Wandgemälde
6 Karton
entziffern
5 lesen
11 uebersetzen
13 dechiffrieren
Entzifferungsschlüssel
4 Kode
entzogenes
Wohlwollen
7 Ungnade
Entzücken
5 Wonne
6 Freude
7 Ekstase
9 Seligkeit
entzückend
5 apart
7 huebsch, reizend
8 charmant, reizvoll
9 bezaubend, ◆ scharmant
10 berueckend, bezaubernd, zauberhaft
11 bestrickend
entzückt
5 selig
entzündbar
11 inflammabel
Entzündbarkeit
20 Feuergefaehrlichkeit
entzündliche
Hautrötung
5 Rubor
entzündliches
Wundsekret
5 Eiter
Entzündung
6 Infekt, ◆ Katarr
7 Katarrh
12 Inflammation
der Bronchien
10 Bronchitis
15 ◆ Bronchialkatarr
16 Bronchialkatarrh
der Haut
5 Ekzem
9 Geschwuer
der Huflederhaut
4 Rehe
der Regenbogenhaut
6 Iritis
des Wurmfortsatzes
12 Appendizitis
von Gelenken, Muskeln
6 Rheuma
12 Rheumatismus

entzwei
6 defekt, kaputt
9 schadhaft
11 beschaedigt
Entzweiung
8 Spaltung
Enzian
8 Gentiana
Enzyklopädie
7 Lexikon
11 Woerterbuch
15 Nachschlagewerk
Enzym
7 Ferment
8 Katalase
des Magensaftes
6 Pepsin
im Speichel
7 Ptyalin
Enz-Zufluss
5 Eyach, Glems, Wuerm
6 Metter, Nagold
Epidemie
4 Pest
5 Lepra
6 Pocken, Seuche
7 Aussatz, Cholera
epidemieartige
Krankheit
6 Grippe
Epidiaskop
10 Bildwerfer
Epigone
9 Nachahmer
10 Nachfolger
Epigraf
9 Inschrift
Epigramm
4 Vers
6 Spruch
7 Gedicht
9 Spottvers
10 Aufschrift, Sinnspruch
11 Sinngedicht
Epiker
7 Dichter
9 Erzaehler
Epilepsie
9 Fallsucht, Veitstanz
epileptischer
Anfall
7 Hautmal
8 Grandmal, Petitmal
Epilog
7 Nachruf
8 Ausklang, Nachwort
9 Nachspiel
11 Schlusswort
Epingle
9 Nadelrips
episches
Gedicht
7 Ballade
Episkop
10 Bildwerfer
Episkopat
11 Bischofsamt
14 Bischofswuerde
Episode
5 Flirt
8 Liebelei
13 Nebenhandlung, Zwischenspiel
Epistel
5 Brief
7 Mahnung
9 Mahnbrief
12 Apostelbrief, Strafpredigt
13 Sendschreiben
Epoche
4 Aera
7 Periode
8 Zeitraum
9 Abschnitt, Zeitpunkt
10 Wendepunkt, Zeitspanne
13 Zeitabschnitt
Epode
7 Gedicht
8 Abgesang
Epos
der Antike
5 Ilias
6 Aeneis, Iliade
7 Odyssee
des Mittelalters
8 Parzival
10 Gudrunlied
11 Rolandslied
14 Nibelungenlied
von Dante Alighieri
14 Divina commedia
18 Goettliche Komoedie
von Goethe
12 Reineke Fuchs
18 Hermann und Dorothea
von Hartmann von Aue
4 Erek
von Homer
5 Ilias
6 Iliade
7 Odyssee
von Klopstock
7 Messias
von Platen
9 Abbasiden
von Spitteler
10 Prometheus
von Vergil
6 Aeneis
von Wolfram von Eschenbach
7 Titurel
8 Parsifal, Parsival, Parzival
9 Willehalm
Epos des Mittelalters
8 Parsifal, Parsival
Epoxydharz
7 Araldit
Eppich
4 Efeu
Equipage
7 Kutsche
Equipe
10 Mannschaft
Erbanlage, -einheit
2 Id
3 Gen
4 Gene
6 Erbgut
Erbarme dich
7 eleison
Erbarmen
7 Mitleid
10 Mitgefuehl
erbärmlich
9 klaeglich, miserabel
11 jaemmerlich
Erbauer
9 Architekt
10 Baumeister
12 Konstrukteur
Bagdads
8 Almansor
der Arche
4 Noah
der ersten Lokomotive
10 Stephenson
des Bismarckdenkmals in Hamburg
7 Lederer
des Brandenburger Tores
8 Langhans
des Eiffelturms
6 Eiffel
des ersten Benzinkraftwagens
4 Benz
des ersten Dampfschiffes
6 Fulton
des lenkbaren Luftschiffes
8 Zeppelin
des Panama- und Suezkanals
7 Lesseps
eines Dampfautomobils
5 Bozek
eines Pariser Wahrzeichens
6 Eiffel
von halbstarren Luftschiffen
8 Parseval
Erbauung
10 Errichtung
Erbauungsschrift
7 Traktat
8 Postille
Erbbild
7 Genotyp
9 Genotypus
Erbbiologie
7 Genetik
Erbe, Erbschaft
5 Legat
8 Nachlass
9 Nachkomme
10 Nachfolger
12 Vermaechtnis
18 Hinterlassenschaft
erbetene Mitteilung
8 Auskunft
erbeuten
7 erlegen
Erbeuten
von Wild in Fallen
4 Fang
Erbfaktor
3 Gen
Erbgesundheitslehre
7 Eugenik
Erbgutträger
2 Id
im Zellkern
9 Chromosom
Erbhygiene
7 Eugenik
erbitterter
Gegner
5 Feind
Erbitterung, Abneigung
11 Animositaet
Erbkrankheit
9 Veitstanz

Erblasser
8 Testator
Erblehre, Vererbungslehre
7 Genetik
erblich
6 genuin
9 angeboren
10 hereditaer
erbliches
Herrschergeschlecht
8 Dynastie
Nutzungsrecht
5 Lehen
erblicken
5 sehen
7 sichten
Erbostheit
7 Ingrimm
Erbpächter
im Mittelalter
5 Meier
Erbpflege
7 Eugenik
Erbprinz
von Monaco
6 Albert
Erbrecht
des Jüngsten
7 Minorat
Erbschaft
8 Nachlass
Erbsen
ausschoten
6 kirnen
Erbsenschoten
7 Huelsen
Erbzinsgut
im römischen Recht
7 Kolonat
Erdabsatz
8 Terrasse
Erdabtragung
7 Erosion
Erdachsen-Endpunkt
3 Pol
7 Nordpol, Suedpol
Erdachsenschwankung
8 Nutation
Erdachtes
7 Fiktion
Erdalkalimetall
6 Barium, Radium
7 Kalzium
9 Beryllium, Magnesium, Strontium
Erdaltertum
12 Palaeozoikum
Erdanziehung
11 Gravitation, Schwerkraft
Erdapfel
9 Kartoffel
10 Topinambur
Erdarbeiten
7 Tiefbau
Erdart
3 Ton
4 Kies, Lehm, Sand
5 Loess
6 Letten
7 Laterit
9 Moorboden
Erdaufschüttung
4 Damm, Wall
5 Warft
Erdaushebung
6 Graben
Erdbahn
8 Ekliptik
Erdbahnpunkt
5 Aphel
8 Periphel
Erdball
4 Welt
6 Globus
9 Erdenrund, Weltkugel
Erdbearbeitungsgerät
5 Hacke
Erdbebenanzeiger, -messer
10 ◆ Seismograf, Seismoskop
11 Seismograph, Seismometer
Erdbebenkunde
7 Seismik
11 Seismologie
erdbeerfarbig
6 fraise
Erdbegleiter
4 Mond
erdbewohnender
Ringelwurm
9 Regenwurm
Erdbirne
10 Topinambur
Erdbraun
5 Umbra
erdbraune
Farbe
5 Ocker, Umbra
Erde
4 Land, Welt
5 Boden, Grund
6 Globus
7 Scholle
in der nordischen Mythologie
7 Midgard
Erdeinschnitt
5 Kluft
Erdenbürger
6 Mensch
Erdengürtel
4 Zone
erdenklich
10 imaginabel
Erdenrund
4 Welt
Erderschütterung
5 Beben
8 Erdbeben
Erdfarbe
5 Ocker, Umbra
12 Koelner Braun
erdfarben
4 ◆ Kaki
5 khaki
Erdferne
8 Apogaeum
Erdformation
4 Jura, Lias, Perm, Raet
5 Devon, Silur, Trias
6 Karbon
8 Kambrium
Erdforscher
7 Geologe
Erdgas
6 Methan
Erdgebiete
zwischen den Wendekreisen
6 Tropen
Erdgeist, -männchen
4 Gnom
5 Troll, Wicht, Zwerg
6 Alraun, Kobold
7 Alraune
16 Wichtelmaennchen
Erdgeschichte
8 Geologie
erdgeschichtlicher
Zeitraum
7 Eiszeit
Erdgeschichtsforscher
7 Geologe
Erdgeschoss
8 Parterre
Erdgöttin
4 Gaea
Erdgürtel
4 Zone
Erdhacke
5 Karst
Erdhalbkugel
11 Hemisphaere
Erdhöhle
des Fuchses
3 Bau
Erdhörnchen
10 Murmeltier
erdichten
9 fingieren
11 ◆ fantasieren
12 phantasieren, vortaeuschen
erdichtet
8 mythisch
erdichtete
Erzählung
4 Maer
Erdichtung
7 Fiktion
Erdinneres, Glutfluss
5 Magma
Erdkern
4 Nife
Erdkreis
4 Welt
5 Orbis
Erdkruste
4 Sial
Erdkugel
6 Globus
7 Sphaere
Erdkunde
8 Geologie
9 ◆ Geografie
10 Geographie
Erdkundler
7 ◆ Geograf, Geologe
8 Geograph
Erdlängenkreis
8 Meridian
Erdloch
4 Riss
5 Grube, Kluft
6 Krater, Spalte
Erdmesser, Feldmesser
7 Geodaet
8 Geometer
Erdmessung, -vermessung
9 Geodaesie

Erdmetall
3 Cer, Zer
6 Cerium, Erbium, Neodym, Zerium
7 Holmium, Lanthan, Terbium, Thulium, Yttrium
8 Europium, Lutetium, Samarium, Scandium
9 Aluminium, Beryllium, Circonium, Praseodym, Ytterbium, Zirkonium
10 Dysprosium, Gadolinium, Promethium
Erdmittelalter
5 Ladin
10 Mesozoikum
Erdnähe
9 Perigaeum
Erdneuzeit
9 Neozoikum
11 Kaenozoikum
Erdoberfläche
4 Land
6 Wasser
Erdöl
3 Oil
7 Naphtha
8 Steinoel
9 Petroleum
Erdöldestillationsrückstand
7 Vaselin
Erdölförderungsanlage
8 Bohrturm
Erdölgebiet
in Saudiarabien
5 Daran
6 Dharan
Erdölhafen
am Golf von Akaba
5 Elath
am persischen Golf
7 Abardan
Erdölkonzern
2 BP
4 Aral, Esso
5 Shell
Erdölleitung
8 Pipeline
Erdölschiff
6 Tanker
Erdpech
7 Asphalt, Bitumen
Erdrauch
7 Fumaria
9 Feldraute
Erdrinde
12 Lithosphaere
Erdrinne
6 Graben, Rigole
erdrosseln
11 garottieren
13 strangulieren
Erdrosselung
13 Strangulation
Erdsatellit
4 Mond
7 Trabant
Erdschicht
4 Lias, Malm, Raet
5 Gault, Senon, Turon
6 Keuper
Erdscholle
6 Plagge

Erdstrich, Gebiet
4 Zone
Erdstufe
8 Terrasse
Erdteil
5 Asien
6 Afrika, Europa
7 Amerika
8 Alte Welt, Eurasien, Neue Welt, Ostasien, Ozeanien
9 Antarktis, Kontinent
10 Antarktika, Australien
11 Hemisphaere, Nordamerika, Suedamerika
13 Mittelamerika
Erdtrabant
4 Mond
8 Satellit
Erdtrichter
5 Binge, Pinge
Erdüberflutung
8 Sintflut
erdulden
6 leiden
8 ertragen
10 tolerieren
Erdumlaufbahn
5 Orbit
Erdvermessung
9 Geodaesie
Erdvermessungsgerät
9 Theodolit
Erdvertiefung
6 Graben
Erdwachs
7 Bitumen
Erdwachsbestandteil
7 Zeresin
8 Ozekerit, Paraffin
Erdwall
4 Damm
5 Deich
Erdwissenschaft
8 Geologie
Erdwissenschaftler
7 Geologe
ereifern
12 echauffieren
Ereignis
6 Aktion, Faktum, Zufall
7 Vorgang
8 Erlebnis
9 Geschehen, Happening, Sensation
11 Begebenheit
12 Zwischenfall
Aufsehen erregendes
7 Skandal
9 Sensation
Ereignisgrund
7 Ursache
Eremit
8 Klausner
10 Einsiedler
Eremitage
6 Klause
11 Einsiedelei
erfahren
6 kundig
7 erleben
8 versiert
9 bewandert
10 beschlagen, routiniert

erfahrene
Stammgruppe
5 Kader
Erfahrener
6 Kenner
9 Praktiker
Erfahrung
6 Praxis
7 Empirie, Routine
8 Kenntnis
10 Erkenntnis
durch Übung
6 Praxis
Erfahrungsbeweis
10 Experiment
erfahrungsgemäß
8 induktiv
9 diskursiv, empirisch
11 pragmatisch
Erfahrungslehre, -wissenschaft
7 Empirik
10 Empirismus
Erfahrungsmensch
9 Empiriker
Erfahrungssatz
11 Aposteriori
Erfahrungstatsache
7 Empirem
Erfahrungswissenschaft
7 Empirie
erfassen
9 begreifen, ergreifen
erfinden
6 luegen
8 ersinnen, schaffen
9 entdecken
10 entwickeln
12 konstruieren
Erfinder
9 Entdecker
12 Konstrukteur
der Addiermaschine
6 Pascal
der Antenne
5 Popow
der Antiquaschrift
6 Jenson
der Autotypie
6 Horgan
10 Meisenbach
der Baumwoll-Entkernmaschine
7 Whitney
der Bildtelegrafie
4 Korn
der Blindenschrift
7 Braille
der Braunschen Röhre
5 Braun
der Buchdruckerkunst
9 Gutenberg
der Buchdruckrotationsmaschine
7 Bullock
der Dampflokomotive
10 Stephenson
der Dampfmaschine
4 Watt
5 Papin
6 Branca
der Dampfturbine
7 de Laval, Parsons
der deutschen Stenografie
12 Gabelsberger

der Dezimalwaage
8 Quintenz
der Differenzialrechnung
7 Leibniz
der Diphtherieschutzimpfung
7 Behring
der drahtlosen Telegrafie
7 Marconi
der Draisine
5 Drais
der Drehpistole
4 Colt
der Drehwaage
7 Coulomb
der Druckluftbremse
5 Knorr
12 Westinghouse
der Dynamomaschine
7 Siemens
der Einheitspatrone
7 Flobert
der Eismaschine
5 Linde
der elektrischen Lokomotive
7 Siemens
der elektrischen Rechenmaschine
6 Eckert
7 Mauchly
der elektrischen Straßenbahn
7 Siemens
der Elektrokardiografie
9 Einthofen
der Elektronenröhre
8 Flemming
der Farbenfotografie
8 Lippmann
der Fotografie
5 Vogel
6 Archer, Maddox, Niepce, Talbot
7 Eastman
8 Daguerre
der Fotozelle
6 Elster, Geitel
der Gasbeleuchtung
7 Murdock
der Gasturbine
9 Holzwarth
der Geschützrohre
9 Armstrong
der Glühlampe
6 Edison, Goebel
der Holografie
5 Gabor
der hydraulichen Presse
6 Bramah
der kardanischen Aufhängung
7 Cardano
der Karusselldrehbank
6 Bodmer
der Kernspaltung
4 Hahn
der Kohlehydrierung
7 Bergius
der Kurzschrift
6 Stolze
der Laterna magica
8 Kirchner
der Leica (Fotoapparat)
7 Barnack
der Lochkartenmaschine
9 Hollerith
der Lokomotive
10 Stephenson, Trevithick
der Luftdruckbremse
5 Knorr
12 Westinghouse
der Luftpumpe
8 Guericke
der Luftreifen
6 Dunlop
der Mähmaschine
9 McCormick
der Margarine
8 Mouriers
der Mickymaus
10 Walt Disney
der Multipliziermaschine
7 Leibniz
der Nähmaschine
12 Madersperger
der nahtlosen Röhren
10 Mannesmann
der Nähwirktechnik
12 Mauersberger
der Nylonfaser
9 Carothers
der Papiermaschine
6 Robert
der Pendeluhr
7 Huygens
der Perlonfaser
7 Schlack
der Plakatsäule
7 Litfass
der Quantentheorie
6 Planck
der Radialturbine
7 Francis
der Rechenmaschine
7 Leibniz
9 Schickard
der Relativitätstheorie
8 Einstein
der Ringspinnmaschine
5 Thorp
der Schallplatte
8 Berliner
der Schiffsschraube
6 Ressel
8 Ericsson
der Schnellpresse
6 Koenig
der Schraubendrehbank
6 Besson
der Schreibmaschine
5 Soule
6 Sholes
7 Glidden
der Seilschwebebahn
7 Duecker
der Setzmaschine »Linotype«
12 Mergenthaler
der Setzmaschine »Monotype«
7 Lanston
der Spektralanalyse
6 Bunsen
9 Kirchhoff
der Spinnereimaschine
9 Arkwright
der Stahlfedern
6 Jansen
der Stereotypie
3 Ged
der Straßenbeleuchtung mit Bogenlampen
7 Deleuil
der Strumpfwirkmaschine
3 Lee
der Synthese des Ammoniaks
5 Haber
der Taschenuhr
7 Henlein
der Taucherglocke für den Unterwasserbau
7 Smeaton
der Telegrafenschrift
5 Morse
der Unruhe von Uhren
7 Henlein
der Vulkanisation des Kautschuks
8 Goodyear
der Webmaschine
10 Cartwright
der Wolframdrahtglühlampe
8 Langmuir
der Xerografie
7 Carlson
der Zeigertelegrafen
7 Siemens
der Zeitlupe
6 Musger
der Zentrifuge
8 Guericke
der Zündhütchen
3 Egg
des Acrylglases
5 Bauer
des Akkumulators
6 Plante
des Aluminiums
7 Woehler
des astronomischen Fernrohrs
6 Kepler
des Atommodells
4 Bohr
des Augenspiegels
9 Helmholtz
des autogenen Schneidens
5 Menna
des Automobilmotors
4 Otto
6 Diesel
7 Daimler
des Barometers
10 Torricelli
des Benzinmotors
7 Daimler, Maybach
des Bieres
9 Gambrinus
des Blitzableiters
8 Franklin
des Buchdrucks
9 Gutenberg
des Büstenhalters
6 Crosky
des Cellophans
13 Brandenburger
des Cholerabazillus
4 Koch
des Dampfbaggers
5 Evans
des Dampfhammers
7 Nasmyth
des Dampfkochtopfes
5 Papin

des Dampfschiffes
6 Fulton
des Dieselmotors
6 Diesel
des Drachenballons
8 Parseval
des Drahtseils
6 Albert
des Drehkolbenmotors
6 Wankel
des Drehstrommotors
5 Tesla
des Dreifarbendruckes
7 Le Blond
des Druckknopfes
5 Bauer
des Dynamits
5 Nobel
des Echolots
4 Behm
des Eisenbetons
6 Monier
des Eisenwalzwerks
4 Cort
des elektrochemischen Telegrafen
10 Soemmering
des elektrodynamischen Lautsprechers
7 Riegger
des Elektromagneten
8 Sturgeon
des Elektromotors
6 Jacobi
des Elektronenmikroskops
5 Knoll, Ruska
7 Brueche
9 Johannsen
des Elektronenzählrohrs
6 Geiger
7 Mueller
des Esperanto
8 Zamenhof
des Fahrrads
5 Drais
des Fahrrads mit Tretkurbel
7 Fischer
des Fahrstuhls
6 Weigel
des Fernrohrs
6 Kepler
7 Galilei
des Fernschreibers
5 Morse
12 Kleinschmidt
des Fernsehens
6 Nipkow
des Fernsprechers
4 Bell, Reis
des Films (als fotografischen Schichtträger)
7 Eastman, Goodwin
des Films, Kinematografen
6 Edison, Latham
7 Lumiere, Messter
des Flaschenzuges
8 Archimed
10 Archimedes
des Fleischextrakts
6 Liebig
des Funkalphabets
5 Morse
des Funkeninduktors
10 Ruehmkorff
des Funktelegrafen
7 Marconi
des Gasglühlichts
4 Auer
des Gasmotors
4 Otto
6 Lenoir
des Gesetzes der Planetenbewegung
6 Kepler
des Gleitflugzeugs
10 Lilienthal
des Globus
6 Behaim
des Grammofons
6 Edison
8 Berliner
des Gravitationsgesetzes
6 Newton
des Gussstahls
8 Huntsman
des Heißluftballons
11 Montgolfier
des Heliometers
10 Fraunhofer
des Hinterladergewehrs
9 Chaumette
des Hochfrequenzverstärkers
5 Bronk
des Hubschraubers
5 Focke
des Insulin
4 Best
7 Banting
des Kaloriemeters
9 Berthelot
des Katzenauges
4 Shaw
des Kehlkopfspiegels
6 Garcia
des Kernreaktors
5 Fermi
des Kinematografen
6 Edison
7 Eastman, Lumiere, Messter
9 Muybridge
12 Skladanowski
des Kraftwagens
4 Benz
7 Daimler
des Kreiselkompasses
9 Anschuetz
des Kreiskolbenmotors
6 Wankel
des Kunstleders
7 Hancock
des Laufrades
5 Drais
des Lichtdrucks
6 Albert
des Luftballons
11 Montgolfier
des Luftreifens
6 Dunlop
des Luftschiffes
8 Parsefal, Zeppelin
des Manometers
8 Guericke
des Maschinengewehrs
5 Maxim
des Massenspektrografen
5 Aston
des mechanischen Webstuhls
10 Cartwright
des Mehrladegewehrs
10 Mannlicher
des Metallflugzeugs
7 Junkers
des Mikrofons
6 Hughes
des Mikroskops
7 Janssen
des Morsealphabets
5 Morse
des Motorflugzeugs
6 Wright
des Motorrads
7 Daimler
des Nadeltelegrafen
5 Gauss, Weber
des (Nürnberger) Bleistifts
8 Staedler
des Nylons
9 Carothers
des Offsetdrucks
5 Rubel
des PAL-Fernsehsystems
5 Bruch
des Papiers aus Holzschliff
6 Keller
des Penicillins
7 Fleming
des Perlons
7 Schlack
des Portland-Zements
7 Johnson
des Porzellans
8 Boettger
des Quecksilberbarometers
10 Torricelli
des Quecksilberthermometers
7 Reaumur
10 Fahrenheit
des Radiums
5 Curie
des Raketenflugzeugs
7 Heinkel
13 Messerschmidt
des Revolvers
4 Colt
des Röhrensenders
8 Meissner
des Rollfilms
7 Eastman
des russischen Porzellans
10 Winogradow
des Sandstrahlgebläses
8 Tieghman
des Saxofons
3 Sax
des Schießpulvers
7 Schwarz
des Schiffskreisels
7 Schlick
des Schlafwagens
7 Pullman
des Schreibtelegrafen
5 Morse
des Schwerölmotors
6 Diesel
des Schwungrades
6 Ilgner
des Sicherheitszündholzes
8 Boettger
des Spannbetons
8 Doehring

Speisewagens
Pullman
Spiegelteleskops
Newton
Spitzenzählers
Geiger
Stahlbetons
Monier
Stahlformgusses
Mayer
Staubsaugers
Gren
Steindrucks
Senefelder
Steinguts
Wedgwood
Strahltriebwerkes
Schmidt
synthetischen Gummis
Hofmann
synthetischen Kautschuks
Hofmann
Tauchbootes
Bauer
Telefons
Bell, Reis
Telegrafen
Morse
Thermometers
Fahrenheit
Tonbandgeräts
Pflaumer
Tonfilms
Engl, Vogt
Masolle
s Torpedos
Whitehead
s Trampolins
Tramp
s Transistors
7 Bardeen
8 Brattain, Shockley
es Ultrafilters
8 Bechhold
es Viertaktmotors
4 Otto
6 Diesel, Langen
es Warmluftballons
1 Montgolfier
es Zählrohrs
6 Geiger
es Zeigertelegrafen
7 Siemens
es Zündnadelgewehrs
6 Dreyse
es Zwölftonsystems
5 Hauer
es Zyklotrons
8 Lawrence
es Zylinderbohrwerks
9 Wilkinson
on Filmwitzen
6 Gagman
Erfinderberater
12 Patentanwalt
erfinderisch
9 ingenioes
Erfinderschutz
6 Patent
Erfindung
7 Fiktion
Erfindungsgabe
8 ◆ Fantasie, Ingenium

9 Phantasie
16 Einfallsreichtum
Erfolg
3 Hit
4 Sieg
5 Fazit
6 Effekt, Gewinn
7 Ausgang, Triumph, Vorteil, Wirkung
8 Ergebnis, Resultat
haben
6 siegen
im Sport
3 Tor
4 Goal, Sieg
6 Rekord
7 Treffer
8 Bestzeit
13 Meisterschaft
erfolgreiche
Sache
8 Knueller
erfolgreicher
Aufstieg
8 Karriere
Ausgang
8 Gelingen
erfolgreiches
Wettkampfende
4 Sieg
Erfolgsschlager
3 Hit
9 Evergreen
11 Gassenhauer
Erfolgstreffer
beim Fußball
3 Tor
Erfolgszuversicht
16 Siegesgewissheit
erforderlich
6 noetig
7 obligat
9 notwendig
erforderliche
Menge
6 Bedarf
Erfordernis
6 Bedarf
13 Notwendigkeit
erforschen
8 erkunden
9 sondieren, studieren
10 ergruenden
11 explorieren
13 recherchieren
Erforscher
8 Romanist
der Eigenschaften der lebenden Materie
7 Biologe
des Stillen Ozean
4 Cook
Erforschung
7 Studium
11 Exploration
der öffentlichen Meinung
10 Demoskopie
des Altertums
12 Archaeologie
des Sachverhalts
20 Ermittlungsverfahren
des Übersinnlichen
11 Okkultismus

erfreuen
11 delektieren
erfreulich
8 angenehm
erfreulicher
Anblick
10 Augenweide
erfreut
4 froh
erfrischen
5 laben
7 beleben
9 erquicken
erfrischende
Leckerei
8 Sahneeis
Erfrischung
3 Bad, Eis
4 Labe
5 Trank, Trunk
6 Labsal, Labung
8 Belebung, Duschbad, Getraenk
9 Brausebad
10 Abkuehlung, Erquickung
Erfrischungsgetränk
4 Bier, Cola, Limo, Most, Saft
5 Drink, Juice, Shake
6 Brause, Wasser
7 Schorle, Sprudel
8 Coca-Cola, Limonade
9 Eiskaffee, Longdrink, Orangeade
10 Beerensaft, Fruchtsaft
11 Orangensaft, Quellwasser, Tafelwasser, Weinschorle
12 Apfelschorle
13 Mineralwasser
14 Pfefferminztee
Erfrischungsraum
5 Foyer
in Betrieben
7 Kantine
erfüllen
8 befolgen, erhoeren
Erfüllung
7 Tilgung
9 Erhoerung
eines sehnlichen Wunsches
6 Glueck
Erfüllungsstand
3 Ist
erfundene
Jagdgeschichten
12 Jaegerlatein
erfundenes
Binnengewässer von Storm
8 Immensee
Sprachrohr
7 ◆ Megafon
8 Megaphon
Ergänzung
5 Zutat
6 Objekt, Zusatz
7 Beigabe, Beiwerk, Pendant
8 Korrelat, Nachsatz, Nachtrag, Zubehoer
10 Accessoire, Komplement, Supplement
Ergänzungsprüfung
im Lateinischen
7 Latinum
Ergänzungsstoff
7 Vitamin

ergeben
4 treu
5 loyal
6 getreu
10 resigniert
11 anhaenglich
12 zuverlaessig
Ergebenheit
5 Demut, Treue
10 Loyalitaet
Ergebnis
5 Fazit, Summe
6 Effekt, Erfolg
7 Loesung, Produkt
8 Quotient, Resultat
9 Endeffekt
der Addition
5 Summe
der Subtraktion
9 Differenz
einer Division
8 Quotient
einer Einwirkung
8 Reaktion
einer Rechnung
8 Resultat
ergebnislos
7 negativ
Ergebung
12 Kapitulation
Ergehen
8 Befinden
im Freien
11 Spaziergang
ergiebig
7 fuendig
8 lukrativ, rentabel
9 produktiv
11 ertragreich
12 eintraeglich
14 ◆ Gewinn bringend
ergo
4 also
7 demnach
8 folglich, insofern
13 infolgedessen
ergötzen
11 delektieren
Ergötzen
4 Lust
6 Freude
10 Amuesement, Vergnuegen
ergötzlich
8 amuesant
ergraut
7 meliert
ergreifen
8 erfassen
ergreifend
8 tragisch
Ergriffenheit
8 Ruehrung
14 Erschuetterung
Ergriffensein
9 Affektion
ergründen
8 eruieren
Ergussgestein
6 Basalt, Diabas
7 Liparit
14 Effusivgestein
erhaben
4 edel, hehr
6 konvex, sublim
7 vornehm
8 festlich, heroisch
13 majestaetisch
feierliches Gedicht
3 Ode
geschnittener Stein
5 Kamee
erhabener
Stil
7 Kothurn
erhabenes
Bildwerk
6 Relief
Erhabenheit
9 Majestaet
Erhalt
7 Empfang
erhalten
13 praeservieren
erhaltend
11 konservativ
erhärtete
Harzart
5 Gummi
erheblich
4 sehr
8 relevant
Erheblichkeit
9 Bedeutung
Erhebung
5 Nocke
6 Emeute, Nocken
7 Enquete, Umfrage
8 Aufstand, Meuterei
9 Empoerung, Rebellion
12 Insurrektion
bei Wien
10 Kahlenberg
im Osterzgebirge
9 Tellkoppe
in der Landschaft
4 Berg
6 Huegel
7 Gebirge
erhitzt
11 echauffiert
erhitzte
Kohle
4 Glut
Erhitzung
von Erzen
6 Roeste
erhöhen
11 potenzieren, sublimieren
erhöhte
Gleisanlage
8 Bahndamm
Plattform für den Sprecher
14 Rednertribuene
Reizbarkeit
11 Nervositaet
Temperatur
6 Fieber
erhöhter
Aufbau in der Kirche
5 Altar
Kirchenraum
4 Chor
Platz, Fensterplatz
6 Empore
7 Estrade, Galerie
8 Terrasse, Tribuene
Platz im alten Rom
8 Tribunal
Sitzraum
6 Empore
Stand bei der Predigt
6 Kanzel
Tritt
6 Podest, Podium
7 Estrade
Erhöhung
im Gelände
4 Berg
6 Huegel
in Rangiergleisen
10 Ablaufberg
Erholung
4 Rast
5 Musse, Pause
6 Ferien, Labsal, Urlaub
8 Freizeit, Genesung
9 Gesundung
12 Regeneration
14 Rekonvaleszenz
Erholungsgebiet
bei Cottbus
9 Spreewald
Erholungsort, -stätte
3 Bad
6 Kurort, Seebad
7 Badeort, Freibad, Heilbad, Kurhaus, Kurheim, Kurpark
10 Luftkurort, Sanatorium
12 Hoehenkurort
13 Sommerfrische
16 Wintersportplatz
im Harz
9 Altenbrak, Treseburg
11 Hasselfelde
im Thüringer Wald
10 Masserberg
im Zittauer Gebirge
5 Oybin
Erholungssuchender
zu Fuß
8 Wanderer
Erholungszustand
6 Schlaf
Erika
10 Heidekraut
Erinnerung
5 Mneme
7 Denkmal, Memento
8 Andenken, Gedenken
10 Rueckblick
11 Gedaechtnis, Reminiszenz
Erinnerungen
8 Memoiren, Souvenir
9 ◆ Biografie
10 Biographie
13 ◆ Autobiografie
14 Autobiographie
Erinnerungsbild
7 Engramm
Erinnerungsbuch
5 Album
Erinnerungsmal
7 Epitaph
für Tote
7 Marterl
8 Kenotaph
Erinnerungsschreiben
9 Mahnbrief

nerungsstätte
Denkmal, Mahnmal
Ehrenmal, Monument
Mausoleum
nerungsstück
Andenken, Souvenir
nerungsverlust
Amnesie
nerungszeichen
Plakette
nye
Furie
Alekto
Megaere, Megaira
Eumenide
Tisiphone
Rachegoettin
kältung
Grippe, Husten, ◆ Katarr
Katarrh
Influenza, Schnupfen
grippaler Infekt
kältungsanzeichen
Heiserkeit
kältungserscheinung
Fieber, Husten, Niesen
Halsweh
Heiserkeit
Halsschmerzen
Schuettelfrost
kältungskrankheit
Grippe
Influenza, Schnupfen
kennen
einsehen, gewahren
begreifen
apperzipieren
identifizieren
diagnostizieren
kennen
er Krankheit
Diagnose
kenntlichkeit
Dank
Dankbarkeit
kenntlichkeitsbezeigung
Danksagung
kenntnis
Gnosis
Einsehen, Einsicht
Erfahrung
Apperzeption
kenntnislehre
Noetik
kenntnisvermögen
Intellekt
Intelligenz
kennungswort
Losung, Parole
kennungszeichen
Mal
Marke, Narbe
Merkmal
Muttermal
Besonderheit
iffer
7 Chiffre
ker
Balkon
klären
deuten
auslegen
1 deklarieren, explizieren

12 proklamieren
14 interpretieren
erklärender
Zusatz
9 Anmerkung
Erklärer
6 Deuter
9 Interpret
11 Kommentator
erklärter
Schmerz
6 Wehmut
Erklärung
7 Deutung
8 Deuterei, Manifest
10 Paraphrase
11 Deklaration, Explikation
12 Erlaeuterung, Proklamation
14 Interpretation
auf Landkarten
7 Legende
vor Gericht
7 Aussage
Erkrankung
der blutbildenden Gewebe
9 Leukaemie
der Schilddrüse
5 Kropf
6 Struma
7 Basedow
des Hüftnervs
7 Ischias
durch Giftwirkung
10 Vergiftung
Erkrankungswahrscheinlichkeit
11 Morbiditaet
erkunden
9 sondieren
12 ausbaldowern
13 recherchieren
Erkundigung
5 Frage
7 Anfrage, Enquete
9 Nachfrage, Recherche
10 Sondierung
Erkundungseinheit
8 Vortrupp
Erlass
4 Ukas
5 Edikt
6 Dekret
8 Amnestie, Reskript
9 Anordnung, Aufhebung
10 Bestimmung, Verfuegung, Verordnung
des Papstes
5 Breve, Bulle
des Sultans
5 Irade
6 Ferman
des Zaren
4 Ukas
islamischer Herrscher
5 Irade
6 Ferman
erlassen
11 amnestieren
erlauben
8 billigen
9 gestatten, gewaehren
10 bewilligen, genehmigen
11 konzedieren

Erlaubnis
5 Recht
6 Lizenz, Placet, Plazet
7 Konsens, Permiss
9 Billigung
10 Konzession, Permission, Zustimmung
11 Genehmigung
12 Einwilligung
Erlaubtes
bei Naturvölkern
3 Noa
erlaucht
4 edel
7 erlesen
10 ehrwuerdig
erläutern
8 anmerken
10 glossieren
12 illustrieren, kommentieren
14 interpretieren
erläuternde
Schlussrede
6 Epilog
Erläuterung
6 Glosse
9 Kommentar
10 Erklaerung
11 Bebilderung, Explikation
12 Illustration
14 Interpretation
17 Charakterisierung
Erle
5 Eller
Erlebnis
8 Eindruck
9 Abenteuer
10 Impression
im Schlaf
5 Traum
Erlebnishungriger
10 Abenteurer
erledigen
11 absolvieren
erledigt
6 vorbei
8 knockout, ◆ knock-out
erlegtes
Wild
5 Beute
erlernte
Tätigkeit
5 Beruf
erlesen
7 kostbar
8 exquisit, wertvoll
9 besonders, exzellent
10 ausgesucht
12 hervorragend, vortrefflich
13 ausgezeichnet, geschmackvoll
Erlesenes
5 Elite
erleuchten
11 inspirieren
12 illuminieren
Erleuchtung
4 Idee
7 Einfall
9 Eingebung, Intuition
11 Inspiration
Erlitze
6 Erling

Erlogenes
9 Schwindel
Erlös
6 Ertrag, Gewinn
8 Einnahme
10 Reingewinn
erlöschender Vulkan
auf Hawaii
8 Mauna Kea
auf Kamtschatka
4 Uson
im Kaukasus
6 Kasbek
im Polargebiet
10 Beerenberg
in Bolivien
8 Illimani
in den Anden
10 Chimborazo
in Ecuador
8 Antisana
in Frankreich
6 Cantal
8 Mont Dore
9 Puy de Dome
in Guatemala
4 Agua
in Ostafrika
5 Kenia
Vulkangruppe in der Türkei
6 Ararat
Erlöser
4 Gott, Herr
7 Heiland, Messias
8 Befreier, Christus, Salvator
13 Jesus Christus
Erlösung
im Buddhismus und Hinduismus
7 Nirvana, Nirwana
ermächtigen
12 autorisieren
16 bevollmaechtigen
ermächtigt
6 befugt
Ermächtigung
9 Vollmacht
12 Aufforderung, Autorisation
Ermahnung
9 Paraenese
10 Admonition
ermattet, krank
6 marode
7 schwach
ermitteln
8 eruieren
11 inquirieren, untersuchen
13 recherchieren
Ermittler
8 Detektiv
Ermittlung
7 Enquete
9 Recherche
11 Inquisition
12 Untersuchung
13 Nachforschung
von Kosten
11 Kalkulation
Ermittlungsbüro
8 Detektei
ermorden
9 umbringen
11 liquidieren
12 massakrieren

Ermordung
9 Totschlag
11 Liquidation
ermüdend
7 monoton
ermüdet
4 matt
7 schlaff, schlapp
10 erschoepft
ermuntern
7 anregen
9 animieren
Ernährung
4 Kost
5 Essen
11 Verpflegung
Ernährungsform
5 Diaet
7 Rohkost
ernennen
7 berufen
10 nominieren
11 designieren
Ernennung
10 Nomination
11 Designation, Nominierung
Ernennungsurkunde
6 Brevet, Patent
Erneuerer
8 Reformer
10 Reformator
erneuern
10 renovieren
11 reformieren
13 modernisieren
Erneuerung
6 Reform
10 Innovation
11 Fortschritt, Reformation, Renaissance, Renovierung, Verjuengung
12 Reformierung, Regeneration, Restauration, Umgestaltung
14 Modernisierung, Rekonstruktion, Wiederbelebung
Erneuerungsschein
5 Talon
erneut
6 wieder
8 nochmals
erneutes
Zusammentreffen
11 Wiedersehen
erniedrigen
11 degradieren
14 herabwuerdigen
Erniedrigung
11 Degradation
15 Herabwuerdigung
ernster
Warnungsruf
9 Menetekel
ernst, ernsthaft
6 streng
7 serioes, wichtig
8 gemessen
9 bedeutsam
10 bedrohlich
12 eindringlich, nachdenklich
14 nachdruecklich

ernstes
Musikstück
9 Oratorium
Warnungszeichen
9 Menetekel
ernsthaft
7 serioes
Ernte
4 Lese, Mahd
6 Ertrag
7 Schnitt
des Winzers
4 Lese
8 Weinlese
Erntearbeiter
9 Schnitter
Erntebereitschaft
5 Reife
Erntegerät
5 Sense
6 Sichel
10 Maehbinder
12 Maehdrescher, Maehmaschine
Erntemonat
6 August
7 Ernting
Erntetätigkeit
4 Mahd
Ernüchterung
11 Desillusion
13 Enttaeuschung
17 Desillusionierung
Eroberer
7 Invasor
12 Konquistador
von Ceylon und Malakka
11 Albuquergue
von Mexiko
6 Cortez
von Peru
7 Pizarro
Eröffnung
7 Auftakt
10 Ouvertuere
eines Ballspiels
6 Angabe
Eröffnungsart
im Schachspiel
6 Gambit
Eröffnungsmusik
6 Entree
Eröffnungsrede
9 Ansprache
Eröffnungszug
beim Schach
6 Gambit
erörtern
7 beraten, bereden
10 besprechen
11 debattieren, diskutieren, disputieren
Erörterung
6 Disput
7 Debatte, Diskurs
8 Beratung
10 Diskussion
Erosion
betreffend
6 erosiv
Erotik
3 Sex
11 Liebeskunst

erotisch
attraktiv
4 sexy
reizbar
6 erogen
Erpel
8 Enterich
erpicht
6 gierig
9 versessen
erpresserische
Forderung
9 Loesegeld
Erpressung
5 Zwang
7 Drohung
9 Noetigung
11 Repressalie
erproben
6 testen
7 pruefen
erprobt
6 probat
8 bewaehrt
Erprobung
4 Test
7 Versuch
8 Pruefung
10 Experiment
erquicken
5 laben
7 beleben
10 erfrischen
Erquickung
4 Labe
6 Labsal
erregbar
9 irritabel
erregbarer
Mensch
10 Choleriker
erregen
10 irritieren
erregend
8 fesselnd, spannend
10 dramatisch
12 stimulierend
erregendes
Ereignis
5 Drama
8 Dramatik
9 Sensation
Erreger
4 Keim
5 Virus
6 Kokkus, Vibrio
7 Mikrobe, Parasit
8 Bakterie, Bazillus, Spirille, Trichine, Tuberkel
11 Spirochaete
erregt
7 gereizt, nervoes
8 hektisch
11 aufgebracht
erregtes
Streitgespräch
6 Disput
Erregung
3 Wut
4 Rage, Reiz, Zorn
6 Affekt, Taumel
7 Emotion
8 Spannung
9 Affektion, Induktion
10 Exaltation, Irritation
11 Stimulation
12 Stimulierung
Erregungsauslösung
4 Reiz
Erreichen
des Reiseziels
7 Ankunft
Erretter
aus Bedrängnis
8 Befreier
Errettung
9 Befreiung
errichten
10 aufstellen, etablieren
12 konstruieren
Errichtung
von Gebäuden
7 Hausbau
Errungenschaft
11 Akquisition
Ersatz
6 Behelf
7 Reserve
8 Aushilfe, Notnagel, Surrogat
9 Ausgleich
10 Verguetung
12 Substitution, Verstaerkung
Ersatzanspruch
7 Regress
Ersatzdarsteller
6 Double
Ersatzelektrizität
8 Notstrom
Ersatzglied
8 Prothese
Ersatzmann
4 Vize
6 Double
9 Reservist, Substitut
14 Lueckenbuesser, Reservespieler, Stellvertreter
Ersatzpflicht
7 Haftung
Ersatzstoff
8 Surrogat
erschaffen
8 kreieren
Erschaffer
9 Schoepfer
Erscheinung
4 Bild
5 Geist
6 Vision
7 Gestalt, Phantom
8 Gespenst
9 Auftreten, Exterieur, Phaenomen, Traumbild
am Himmel
8 Abendrot
9 Morgenrot, Nordlicht
10 Regenbogen
der Luftelektrizität
5 Blitz
des Aberglaubens
3 ◆ Alb, Alp
Erscheinungen
8 Gesichte
Erscheinungsbild
7 Habitus
9 Phaenotyp
Erscheinungsfest
9 Epiphanie
10 Epiphanias
15 Dreikoenigsfest
Erscheinungsform
3 Art
5 Abart
7 Habitus
8 Variante
9 Phaenomen, Phaenotyp, Variation, Varietaet
11 Phaenotypus
12 Modifikation
15 Aggregatzustand
Erscheinungsvermerk
9 Impressum
erschießen
11 fuesilieren
Erschießung
12 Fuesilierung
Erschießungskommando
7 Peloton
Erschlaffung
6 Atonie
7 Paresis
Erschließung
von Bodenschätzen
10 Aufschluss
erschlossenes
Areal
7 Bauland
erschöpft
2 ko
4 matt
5 krank
6 groggy, marode
7 schlapp
8 ermattet
10 abgespannt, ausgepumpt
Erschöpfung
9 Ermattung
Erschöpfungserscheinung
7 Apathie
Erschöpfungszustand
12 Neurasthenie
erschrecken
7 stutzen
erschrocken
8 entsetzt
12 erschuettert
erschütternd
8 tragisch
erschütterndes
Ereignis
9 Tragoedie
Leid
6 Tragik
erschüttert
6 bewegt
9 ergriffen
11 aufgewuehlt, fassungslos
Erschütterung
5 Stoss
9 Vibration
13 Ergriffenheit
des Erdbodens
8 Erdbeben
erschweren
12 komplizieren
erschwerend
10 gravierend
Erschwerung
12 Komplikation

beim Luftholen
7 Atemnot
ersichtlich
8 offenbar
ersinnbar
10 imaginabel
Erspartes
9 Ruecklage
11 Notgroschen
erst
5 zuvor
7 primaer
erstarrte
Umgangsform
8 Etikette
vulkanische Masse
13 Ergussgestein
erstarrtes
Wasser
3 Eis
Erstarrungstemperatur
einer Flüssigkeit
12 Gefrierpunkt
Erstattung
9 Rueckgabe
Erstattungsanspruch
7 Regress
Erstaufführung
8 Premiere
Erstauftretende
11 Debuetantin
Erstauftritt
6 Debuet
erstaunlich
5 enorm
7 stupend
8 frappant
11 phaenomenal
12 verblueffend
erste
Anfänge von Neuem
8 Ansaetze
deutsche Dichterin
8 Roswitha
deutsche Universität
4 Prag
europäische Universität
7 Bologna
Frau
3 Eva
Frau Adams
6 Lilith
Frau im Weltraum
11 Tereschkowa
Frau Jakobs
3 Lea
Frühlingsblume
7 Anemone
Gebirgsbahn der Erde
13 Semmeringbahn
Geige
9 Primgeige
Heilige der USA
7 Cabrini
Kammer im engl. Parlament
8 Oberhaus
Kanalschwimmerin
6 Ederle
lateinische Bibelübersetzung
5 Itala
Messe eines Priesters
6 Primiz
Milch nach dem Kalben
5 Biest
Niederschrift
6 Kladde
7 Konzept
Öffentliche Aufführung
13 Urauffuehrung
Oper
5 Dafne
Sängerin an der Oper
10 Primadonna
Seite eines Buches
10 Titelblatt
Solotänzerin
14 Primaballerina
sowjetische Planetsonde
4 Mars
Stufe der Tonleiter
5 Prime
6 Tonika
Tänzerin
9 Ballerina
Teilnahme an einem Gefecht
10 Feuertaufe
Tonstufe
4 Prim
5 Prime
Vorbereitung eines Kunstwerkes
7 Entwurf
erster
amerikanischer Nachrichtensatellit
7 Telstar
Arzt im Weltraum
6 Kerwin
Ausgangspunkt für ein neues Lebewesen
4 Keim, Same
Bartwuchs
5 Flaum
Bühnenauftritt
6 Debuet
bundesdeutscher Weltraumfahrer
7 Merbold
byzantinischer Kaiser
8 Arkadios
Tag der Woche
7 Sonntag
Erster
6 Primus
Deklinationsfall
9 Nominativ
deutscher Bundeskanzler
8 Adenauer
deutscher Bundespräsident
5 Heuss
deutscher Flugplatz
12 Johannisthal
deutscher Forschungssatellit
4 Azur
deutscher Reichskanzler
8 Bismarck
deutscher Reichspräsident
5 Ebert
deutscher Roman
8 Ruodlieb
deutscher Weltraumfahrer
5 Jaehn
englischer König
6 Egbert
15 Egbert von Wessex
Entwurf
6 Skizze
7 Konzept
Erdsatellit
8 Explorer
Flieger im Motorflug
6 Wright
französischer König
5 Capet
Geiger
6 Primas
14 Konzertmeister
General der Heilsarmee
5 Booth
Generalsekretär der UNO
3 Lie
Großfürst von Kiew
4 Oleg
Halswirbel
5 Atlas
Hauptteil der kath. Messe
11 Offertorium
Herzog der Ungarn
5 Arpad
Herzog von Preußen
8 Albrecht
Herzverpflanzer
7 Barnard
im Wettkampf
6 Sieger
8 Gewinner
in der Klasse
6 Primus
katholischer Bischof eines Landes
6 Primas
König der Dänen
3 Dan
König von Israel
4 Saul
König von Polen
15 Boleslaw Chrobry
Kosmonaut
7 Gagarin
Kosmonaut der CSFR
5 Remek
Laut eines Wortes
6 Anlaut
Machthaber der Sowjetunion
5 Lenin
Magen der Wiederkäuer
6 Pansen
Mann, Mensch
4 Adam
Mensch auf dem Mond
9 Armstrong
Mensch der nord. Sage
3 Ask
Monatstag bei den Römern
8 Calendae
Motorflieger
6 Wright
Opernkomponist
4 Peri
Österreichischer Bundespräsident
8 Hainisch
Ozeanflieger
9 Lindbergh
Präsident der Ex-DDR
5 Pieck
Präsident der USA
10 Washington
römischer Kaiser
8 Augustus
Sohn Adams
4 Kain

Sohn Noahs
3 Sem
Solotänzer
14 Primoballerino
sowjetischer künstlicher Erdsatellit
7 Sputnik
Stock
8 Beletage
Tag des Jahres
7 Neujahr
UNO-Generalsekretär
3 Lie
unter Gleichrangigen
16 Primus inter pares
USA-Präsident
10 Washington
Versuch
6 Anhieb
Weltraumfahrer
5 Glenn
erstes
Auftreten
6 Debuet
Buch Mosis
7 Genesis
dem weiteres folgt
6 Anfang
Gefecht der Soldaten
10 Feuertaufe
Lesebuch
5 Fibel
Mordopfer
4 Abel
Pulvergeschütz
13 Donnerbuechse
Schiff der griech. Sage
4 Argo
Wassern eines Schiffes
10 Stapellauf
Weib in der griech. Sage
7 Pandora
Erstgeborener
11 Stammhalter
Erstgeburtsrecht
6 Primat
12 Primogenitur
erstklassig
5 dufte, prima
Erstklässler
11 Abc-Schuetze
Erstlingsfeder
5 Daune
erstmals
auftreten
11 debuetieren
Erstminister
7 Premier
erstrebter
Punkt
4 Ziel
Schlusspunkt
7 Endziel
Erstrecht
10 Prioritaet
Erstschrift
8 Original
Erstürmung
mit Sturmleitern
8 Eskalade
Ersuchen
5 Bitte
der Gesetzeskraft
8 Sanktion
Erteilung
7 Vergabe
Ertrag
4 Zins
5 Ernte
6 Erloes, Gewinn, Nutzen, Profit
7 Produkt, Rendite
8 Ausbeute, Einnahme
ertragen
6 dulden, leiden
10 tolerieren
Ertragfähigkeit
8 Bonitaet
10 Bodenguete
ertragloser
Boden
7 Oedland
ertragreich
9 produktiv
erträumtes
Goldland
6 Dorado
Ertüchtigung
5 Sport
Eruption
8 Ausbruch
Eruptivgestein
4 Bims, Lava, Tuff
5 Trass
6 Basalt, Diabas, Diorit, Gabbro, Granit, Svenit
7 Andesit, Liparit, Porphyr, Trachyt
8 Melaphyr, Phonolit
9 Porphyrit
erwachsene
weibliche Person
4 Frau
Erwachsenenbildung
14 Fernunterricht
Erwachsenenerziehung
13 Weiterbildung
erwägen
10 ueberlegen
11 ventilieren
12 deliberieren, reflektieren
erwägend
bedenken
10 ueberlegen
erwägenswert
10 diskutabel
Erwärmung
von Räumen
7 Heizung
erwarten
5 ahnen
8 erhoffen, ersehnen
Erwarten
des Wildes auf einem Hochsitz
7 Anstand
erwarteter
Sieger
7 Favorit
erwartungsvolle
Neugier
8 Spannung
Erweckung
Jesu
12 Auferstehung
erweiterter
Dorfplatz
5 Anger
Flur einer Wohnung
5 Diele
Erweiterung
des Verdauungskanals
5 Magen
eines Hauses
5 Anbau
6 Ausbau
Erwerb
4 Kauf
9 Akzession, Einkommen, Verdienst
11 Akquisition, Anschaffung
der akademischen Lehrbefugnis
12 Habilitation
erwerben
8 erlangen, gewinnen
11 akquirieren
Erwerbsanspruch
12 Ankaufsrecht
Erwerbslosigkeit
16 Arbeitslosigkeit
erwerbstätig
12 beschaeftigt
Erwerbstätigkeit
5 Beruf
6 Arbeit
14 Beschaeftigung
erwerbsunfähig
7 invalid
8 invalide
Erwerbsunfähiger
8 Invalide
Erwerbung
einer Mitgliedschaft
8 Beitritt
erwiderte
Sympathie
10 Gegenliebe
Erwiderung
6 Replik
7 Antwort
10 Entgegnung
auf Kontra
2 Re
erworbenes
Wissen
8 Kenntnis
Erwünschtes
9 Desiderat
erwürgen
13 strangulieren
erzählend
6 episch
erzählende
Dichtkunst
4 Epik
Dichtung
4 Epik, Epos, Maer, Saga, Sage
5 Fabel, Roman, Story
7 Ballade, Legende, Novelle
8 Maerchen
10 Geschichte, Shortstory
14 Kurzgeschichte
Literatur
12 Belletristik
erzählendes
Gedicht
3 Ode
Erzähler
6 Epiker
7 Dichter
9 Novellist, Romancier

Erzählung
4 Maer, Sage
5 Fabel, Story
6 Skizze
7 Legende, Novelle
8 Groteske, Maerchen
10 Geschichte, Shortstory
14 Kurzgeschichte
aus dem Hirtenleben
6 Idylle
einer geschichtlichen Begebenheit
8 Historie
in Versen
4 Epos
Über göttliche Machte
6 Mythos, Mythus
von Aho
12 Die Eisenbahn
von Bruns
6 Ninive
von Turgenjew
8 Parascha
Erzählungsform
7 Parabel
Erzausfuhrhafen
in Norwegen
8 Kirkenes
Erzbergwerk
4 Mine
Erzbischof
6 Primas
9 Patriarch
10 Metropolit
Erzengel
5 Uriel
6 Cherub
7 Gabriel, Michael, Raphael
erzeugen
10 generieren
11 fabrizieren, produzieren
Erzeuger
9 Fabrikant, Produzent
10 Hersteller
Erzeugnis
4 Ware
7 Artikel, Produkt
8 Fabrikat
der chemischen Industrie
11 Chemikalien
der Töpferkunst
7 Keramik
Erzeugnisse
der heißen Zone
13 Kolonialwaren
Erzeugung
10 Produktion
11 Fabrikation
Erzgang
4 Ader
erzgebirgische
Adventsfigur
11 Nussknacker
Weihnachtsdekoration
8 Pyramide
11 Schwibbogen
Erzgebirgsstadt
3 Aue
8 Annaberg
Erzherzog
von Österreich
6 Johann
Erzieher
5 Tutor, Vater
6 Eltern, Lehrer, Mentor
7 Pfleger, Vormund
8 Ratgeber
9 Paedagoge
10 Hauslehrer, Praezeptor
an einer Gesamtschule
12 Stufenlehrer
des Bacchus
5 Silen
Samuels
3 Eli
Vormund
5 Tutor
Erzieherehepaar
12 Pflegeeltern
13 Adoptiveltern
Erzieherin
5 Bonne, Nurse
6 Mutter
8 Lehrerin
9 Pflegerin
10 Paedagogin
11 Gouvernante
12 Hauslehrerin
14 Kindermaedchen
der Haimonskinder
3 Aja
Erziehungsanstalt
8 Internat
für Mädchen
9 Pensionat
Erziehungsbeihilfe
10 Stipendium
Erziehungsberechtigte
6 Eltern
Erziehungsheim
8 Internat
9 Pensionat
Erziehungslehre
10 Paedagogik
12 Wissenschaft
Erziehungsmaßnahme
5 Drill
6 Strafe
7 Strenge
Erziehungsrecht
10 Sorgerecht
erzielter
Treffer
3 Tor
Erzpocher
6 Haeuer
Erzschelm
12 Eulenspiegel
Erzstadt
in Schweden
6 Kiruna
erzürnen
7 aergern, erbosen
erzürnt
11 aufgebracht, bitterboese
Erzürntheit
3 Wut
5 Grimm
Erzvater
9 Patriarch
im alten Testament
7 Abraham
Erzverarbeitungslehre
11 Metallurgie
erzwingen
9 ertrotzen, forcieren
11 durchsetzen
14 durchpeitschen
erzwungen
8 erreicht, ertrotzt, forciert
9 geschafft, gewaltsam
11 widerwillig
12 unfreiwillig
Esaus
Bruder
5 Jakob
Vater
5 Isaak
Eselei
7 Torheit
Eselsart
4 Muli
5 Kiang, Kulan, Mulus
6 Onager
7 Gorkhar
8 Halbesel, Hausesel, Maulesel, Maultier, Wildesel
9 Zwergesel
10 Poitouesel
13 Atlaswildesel
14 Somaliwildesel
15 Ceylonzwergesel
Eselsruf
3 iah
Eskalation
10 Steigerung
14 Aufschaukelung
Eskapade
12 Seitensprung
Eskimobluse
6 Anorak
Eskimoboot
5 Kajak, Umiak
Eskimofahrzeug
14 Hundeschlitten
Eskimohund
5 Husky
Eskimohütte
4 Iglu
Eskorte
6 Geleit
7 Gefolge
9 Bedeckung
10 Begleitung
11 Ehrengeleit
17 Begleitmannschaft
Espe
4 Aspe
Esprit
4 Witz
5 Geist
Essay
7 Artikel, Aufsatz, Schrift, Versuch
10 Abhandlung
essbare
Dinge für Menschen
12 Lebensmittel
14 Nahrungsmittel
Eingeweide
7 Innerei
9 Innereien
Früchte
4 Obst
6 Beeren
Früchte eines Maulbeergewächses
6 Feigen
Kastanienfrucht
6 Marone

Meermuschel
6 Auster
11 Mießmuschel
Organe der Schlachttiere
9 Innereien
Pflanzen und Teile
4 Obst
5 Pilze
7 Gemuese
Schnecke
16 Weinbergschnecke
Seegurke
7 Trepang
Süßkartoffel
6 Batate
Tiereingeweide
9 Innereien
essbarer
Pflanzenteil
6 Frucht
Pilz
6 Bovist, Marone, Reherl
7 Kuhpilz, Lorchel, Morchel, Rehling, Reizker
8 Egerling, Eselsohr, Gelbfuss, Gelbling, Hasenohr, Lackpilz, Mehlpilz, Perlpilz, Reifpilz, Rotkappe, Saftling, Sandpilz, Tintling, Trueffel
9 Braetling, Ellerling, Graukappe, Gruenling, Krempling, Mousseron, Steinpilz, Taeubling
10 Birkenpilz, Butterpilz, Champignon, Dotterpilz, Hallimasch, Ritterling, Schirmpilz, Schmerling, Semmelpilz, Ziegenbart
11 Austernpilz, Eierschwamm, Maronenpilz, Pfifferling, Ziegenlippe
12 Habichtspilz, Rothaeubchen
13 Kapuzinerpilz, Speisemorchel, Totentrompete
15 Speisetaeubling
17 Semmelstoppelpilz
essbares
Stück der Innerei
8 Kaldaune
Essbedürfnis
6 Hunger
7 Appetit
Esse
5 Kamin
6 Schlot
9 Rauchfang
11 Schornstein
essen
6 tafeln
7 speisen
8 dinieren
9 schmausen, verzehren
Essen
4 Kost, Mahl
5 Diner, Lunch, Menue
6 Dinner, Speise
7 Nahrung
8 Gastmahl, Mahlzeit
Essener
Großbau
10 Grugahalle
Sehenswürdigkeit
8 Muenster
14 Goldene Madonna, Muensterschatz
Essenkehrer
10 Kaminfeger
16 Schornsteinfeger
Essenz
5 Geist, Wesen
6 Auszug, Gehalt
7 Loesung
9 Praeparat, Wesenheit
10 Kernstueck, Konzentrat
essenzielle
Aminosäure
6 Alanin
Essenzubereiter
4 Koch
Essgerät
5 Gabel
6 Messer
7 Besteck, Loeffel
8 Geschirr, Schieber
9 Staebchen
11 Eierloeffel
aus Edelmetall
13 Silberbesteck
Essgeschirr
4 Napf
5 Satte, Tasse
6 Platte, Schale, Teller
7 Terrine
8 Sauciere
9 Salatiere, Schuessel
Essgier
17 Unersaettlichkeit
Essigbaum
4 Rhus
6 Sumach
Essiggeist
6 Aceton, Azeton
essigsaures
Salz
6 Acetat, Azetat
Esskastanie
6 Marone
Esskultur
11 Gastronomie
Esslokal
8 Gasthaus
9 Grillroom, Wirtshaus
10 Restaurant, Wirtschaft
11 Gaststaette, Imbissstube
14 Gastwirtschaft
Esslust
6 Hunger
7 Appetit
Essraum
für Studenten
5 Mensa
in Betrieben
7 Kantine
Essservice
7 Besteck
Esstisch
auf Schiffen
4 Back
Essverlangen
6 Hunger
Esswaren
der Menschen
10 Viktualien
12 Lebensmittel
Este
5 Balte
Ester
der Apfelsäure
5 Malat
Estland
auf estnisch
5 Eesti
auf russisch
8 Estonija
estnische
Hauptstadt
5 Reval
7 Tallinn
Insel
4 Mohn
5 Dagoe, Oesel, Runoe, Worms
6 Chiuma
7 Saarema
Stadt
4 Taps, Voru, Walk
5 Kunda, Narva, Reval, Tartu, Valja, Werro
6 Dorpat, Fellin, Hapsal, Paernu, Pernau
7 Rakwere, Tallinn
8 Haapsalu, Kirioeli, Paldiski, Viljandi
9 Wesenberg
10 Ahrensburg, Oberpahlen
12 Baltischport, Weissenstein
Universitätsstadt
5 Tartu
6 Dorpat
estnischer
Autor, Autorin
2 Aa
4 Luts
5 Maelk, Suits, Under, Wilde
6 Tuglas
7 Jannson, Koidula
8 Jakobsen, Kitzberg, Tammsare
10 Kreutzwald
Fluss
2 Aa
5 Narwa
6 Embach
Künstler (Bildhauer, Maler und Grafiker)
4 Raud
5 Triik
6 Johani, Koeler
7 Duecker, Laikmaa, Viiralt
8 Bochmann, Hoffmann
9 Reindorff
10 Weizenberg
See
7 Wirzsee
estnisches
Nationalepos
10 Kalewipoeg
Estragon
7 Beifuss
etablieren
8 gruenden
9 errichten
etablierte
Gesellschaft
13 Establishment
Etablissement
3 Bar
5 Lokal
6 Fabrik
7 Betrieb, Dancing, Tanzbar
9 Discothek, Diskothek,

Geschaeft, Grillroom, Nightclub
10 Nachtlokal, Restaurant, Wirtschaft
11 Gaststaette, Unternehmen
13 Niederlassung

Etage
5 Stock
8 Geschoss
9 Stockwerk

Etagenvorbau
5 Erker

Etagere
7 Gestell
8 Stellage

Etalon
8 Eichmass
10 Normalmass

Etappe
3 Weg
5 Phase, Route, Stufe
10 Hinterland

Etappe, Etappenziel
5 Etmal
7 Rastort, Station, Strecke
9 Abschnitt, Rastplatz
11 Teilstrecke
15 Zwischenstation

Etat
5 Staat, Stand
6 Budget
7 Bestand, Zustand
8 Haushalt, Stellung
11 Voranschlag
13 Haushaltsplan
14 Staatshaushalt

Ethik
5 Moral, Sitte
9 Wertlehre
10 Morallehre
11 Sittenlehre

ethisch
8 sittlich
9 moralisch

ethischer
Begriff
3 Ruf
4 Ehre, Reue
5 Ethos, Luege, Moral, Sitte, Treue
6 Schuld, Suehne, Tugend, Wuerde
7 Achtung, Anstand, Leumund
8 Gewissen, Wahrheit
9 Charakter, Gesinnung
12 Sittlichkeit
14 Anstaendigkeit

Ethos
5 Moral, Sitte
12 Sittlichkeit

Etikett
5 Label
9 Aufkleber
10 Schildchen
11 Preisschild

Etikette
11 Zeremoniell
12 Hoeflichkeit
13 Umgangsformen

etikettieren
11 beschriften

etliche
6 einige, manche

Etmal
16 Schiffsstagereise

etruskische
Ausgrabungsstätte
7 Corneto
Gottheit
4 Lusa
5 Tinia
Urne
5 Zista, Ziste
6 Kanope

etruskischer
König
7 Porsena
Wahrsager
8 Haruspex

Etschzufluss
3 Nos
4 Noce
5 Alpon, Fibia, Silla, Solda, Tasso
6 Avisio, Eisack, Fratta, Isarco
7 Valsura

Etui
6 Huelle, Kapsel
8 Futteral
9 Behaelter

etwa
4 rund
5 ◆ circa, quasi, zirka
9 eventuell, ungefaehr
10 vielleicht
14 gleichermassen
16 schaetzungsweise

etwas
aus dem Stegreif tun
13 improvisieren
bereit haben
7 in petto
bezweckend
11 tendenzioes
Gewisses
5 Flair
ins Auge fassen
8 visieren
in Schwung bringen
9 lancieren
oder jemanden wiedererkennen
14 identifizieren
sehr Menschliches
5 irren
Unechtes
5 Talmi
würdig vertreten
15 repraesentieren

Eucharistie
9 Abendmahl, Kommunion
14 Altarsakrament

eucharistisches
Brot
6 Hostie

Eugenik
10 Erbhygiene

Eule, Eulenart, -vogel
3 Auf, Uhu
4 Bulu, Eule, Gaut, Kauz
7 Ohreule
8 Bartkauz, Fischuhu, Waldkauz
9 Adlereule, Fischeule, Fischkauz, Kaeuzchen, Kircheule, Steinkauz, Toteneule, Zwergkauz
10 Falkeneule, Katzeneule, ◆ Schneeeule, Totenvogel
11 Hoehleneule, Nachtfalter, Praerieeule, Sperbereule, Waldohreule
12 Rauhfusskauz, Schleiereule, Sumpfohreule, Zwergohreule
13 Kanincheneule, Sperlingskauz
14 Zwergkaeuzchen
15 Tannenkaeuzchen

Eulenschmetterling
8 Blaukopf, Graseule, Herzwurm, Kohleule
9 Ackereule, Gammaeule
10 Ampfereule, Erbseneule, Hausmutter, Ordensband
11 Eulenfalter, Fichteneule, Kieferneule, Nachtfalter, Queckeneule
12 Brillenvogel
13 Aprikoseneule, Feldulmeneule

EU-Mitgliedsstaat
6 Irland
7 Belgien, Italien, Spanien
8 Finnland, Portugal, Schweden
9 Daenemark, Luxemburg
10 Frankreich
11 Deutschland, Niederlande, Oesterreich
12 Griechenland
15 Grossbritannien

Euphonium
9 Bandonion

Eurasier
7 Burgher, Ostiake
8 Halfcast
9 Turktatar

eurasisches
Gebirge
4 Ural

Europäer
3 Ire
4 Este, Pole
5 Balte, Brite, Daene, Finne, Flame, Lette, Russe, Serbe, Ungar
6 Kroate, Romane, Tuerke
7 Albaner, Belgier, Bulgare, Grieche , Litauer, Rumaene, Schotte, Schwede, Slowake, Slowene, Spanier
8 Albanier, Franzose, Norweger, Tscheche, Ukrainer
9 Deutscher, Islaender, Italiener, Jugoslawe, Monegasse, Schweizer
10 Andorraner, Englaender, Hollaender, Portugiese, Weissrusse
11 Luxemburger, Sanmarinese
12 Skandinavier
13 Niederlaender, Oesterreicher
15 Liechtensteiner

Europäerin
4 Irin
5 Estin, Polin
6 Baltin, Britin, Daenin, Finnin, Lettin, Russin, Serbin
7 Kroatin, Ungarin
8 Bulgarin, Deutsche, Griechin, Schottin, Schwedin, Wallonin
9 Litauerin, Spanierin, Tschechin
10 Franzoesin, Monegassin, Norwegerin, Ukrainerin, Walliserin

11 Islaenderin, Italienerin, Portugiesin, Weissrussin
12 Englaenderin, Sanmarinesin
15 Oesterreicherin
17 Liechtensteinerin

europäische

Atomforschungsgesellschaft
7 Euratom

Bezeichnung für den Kaiser von Japan
6 Mikado

Bucht, Fjord, Golf, Meerbusen
7 Lyme Bay
8 Isefjord, Kattegat, Limfjord, Oeresund
9 Andsfjord, Boknfjord, Dingle Bay, Kattegatt, Nordfjord, Oslofjord, Skagerrak, Tanafjord, Vagsfjord, Vestfjord
10 Donegal Bay, Dundalk Bay, Dwinabucht, Golf von Kos, Kalmarsund, Laksefjord, Loewengolf, Mesenbucht, Moray Firth, Seinebucht, Skagafjord, Sognefjord, Vejlefjord
11 Aarhusbucht, Alsenfoerde, Cardigan Bay, Golf von Lyon, Grosser Belt, Kleiner Belt, Lyngenfjord, Ramsoefjord, Rigaer Bucht, Soeroeysund, Solway Firth, Weisses Meer
12 Firth of Clyde, Firth of Forth, Golf von Cadiz, Golf von Genua, Golf von Izmir, Golf von Saros, Laholmsbucht, Liverpool Bay, Lofotenfjord
13 Bommelenfjord, Golf von Neapel, Golf von Patras, Golf von Tarent, Golf von Triest, Skaelder Bucht, Skaelderviken, Varangerfjord
14 Golf von Biscaya, Golf von Korinth, Golf von Setubal, Hardangerfjord, Porsanyerfjord, Trondheimfjord, Trondhjemfjord
15 Golf von Saloniki, Golf von Valencia
17 Kandalakschabucht

Freihandelszone
4 EFTA

Gemeinschaft
2 EU

Gemeinschaft für die Nutzung von Kernenergie
7 Euratom

Gemeinschaft für Kohle und Stahl
11 Montanunion

Handelsniederlassung in Übersee
8 Faktorei

Hauptstadt
3 Rom
4 Bern, Bonn, Oslo, Prag, Riga, Roma, Wien
5 Athen, Paris, Praha, Sofia, Vaduz, Wilna
6 Ankara, Berlin, Dublin, Lisboa, London, Madrid, Monaco, Moskau, Moskwa, Skopje, Tirana, Zagreb
7 Athinai, Belgrad, Beograd, Den Haag, Vilnius
8 Bruessel, Budapest, Bukarest, Helsinki, Lissabon, Warschau, Warszawa
9 Amsterdam, Bruxelles, Bucuresti, La Valetta, Ljubljana, Luxemburg, Pressburg, Reykjavik, San Marino, Stockholm
10 Bratislava, Koebenhavn, Kopenhagen, Luxembourg
11 Helsingfors
14 Andorra la Vieja

Insel, Inselgruppe, Halbinsel
2 If
3 Fyn, Kos, Krk, Man, Rab, Urk
4 Arbe, Brac, Elba, Goza, Jura, Kola, Krim, Leon, Leti, Moon, Roem, Skye, Syra, Unst
5 Aland, Alsen, Arran, Athos, Capri, Chios, Dagoe, Delos, Fanoe, Fayal, Gozzo, Hydra, Ibiza, Islay, Kanin, Korfu, Kreta, Lewis, Lobau, Lunga, Malta, Milos, Moeen, Naxos, Oesel, Paros, Paxos, Ponza, Samos, Texel, Thera, Tinos, Ufnau, Wales, Wight, Zante
6 Aegina, Amager, Andros, Anholt, Attika, Azoren, Balkan, Brazza, Candia, Cherso, Comino, Euboea, Fetlar, Fuenen, Hindoe, Ikaria, Imbros, Irland, Ischia, Island, Ithaka, Jersey, Kuluri, Laesoe, Lemnos, Lesbos, Lesina, Leukas, Lipari, Lussin, Marken, Meleda, Oeland, Oleron, Pomona, Rhodos, Rottum, Staffa, Thasos, Ufenau, Veglia, Voorne
7 Ameland, Amorgos, Cabrera, Capraja, Curzola, Falster, Gargano, Gotland, Ile de Re, Istrien, Italien, Jylland, Kerkyra, Korsika, Kythera, Laaland, Liparen, Lofoten, Lolland, Mageroe, Marmara, Menorca, Minorca, Nikaria, Procida, Salamis, Schuett, Seeland, Sikinos, Siphnos, Stromoe, Tenedos, Tromsoe
8 Alderney, Anglesey, Balearen, Bornholm, Bretagne, Camargue, Conejera, Cornwall, Cotentin, Faeroeer, Goetland, Guernsey, Hebriden, Hitteren, Jan Mayen, Juetland, Kykladen, Mainland, Mallorca, Mytilene, Pityusen, Portland, Saltholm, Santorin, Schaeren, Schouwen, Seriphos, Sizilien, Skalling, Skopelos, Stroemoe, Vlieland
9 Apenninen, Dodekanes, Dragonera, Gallipoli, Kalabrien, Langeland, Malamocco, Pyrenaeen, Sardinien, Sjaelland, Stromboli, Sundewitt, Waigatsch, Walcheren, Wieringen, Zakynthos
10 Chalkidike, Formentera, Holderness, Kephalonia, Nordstrand, Peloponnes, Samothrake, Sphakteria, Vermehrung
11 Antikythira, Baereninsel, Hagiostrati, Kanalinseln, Kephallenia, Kungsholmen, La Maddalena, Pantelleria, Spitzbergen
12 Achill Island, Alandsinseln, Nowaja Semlja, Orkneyinseln, Portland Bill, Skandinavien, Terschelling
13 Ile de Quessant
14 Hoek van Holland, Ionische Inseln, Lomonossowland, Shetlandinseln
15 Balkan Halbinsel, Franz Joseph Land, Grossbritannien, Schiermonnikoog

Meerenge
4 Belt, Sund
8 Oeresund
11 Aermelkanal, Dardanellen

Messestadt
3 Rom
4 Genf, Gent, Graz, Lodz, Lyon, Metz, Oslo, Prag, Wien
5 Adana, Basel, Bozen, Braga, Dijon, Essen, Genua, Izmir, Koeln, Lille, Padua, Paris, Posen, Turin
6 Ankara, Berlin, Bilbao, Bruenn, Cannes, London, Madrid, Moskau, Triest, Verona, Zagreb
7 Belgrad, Bologna, Florenz, Hamburg, Herning, Leipzig, Mailand, Plovdiv, Rostock, Utrecht, Vicenza, Zuerich
8 Bordeaux, Bruessel, Budapest, Bukarest, Dornbirn, Dortmund, Grenoble, Hannover, Helsinki, Istanbul, Lissabon, Muenchen, Salzburg, Toulouse, Valencia, Warschau, Zaragoza
9 Amsterdam, Barcelona, Frankfurt, Goeteborg, Karlsruhe, Kattowitz, Ljubljana, Luxemburg, Marseille, Nuernberg, Offenbach, Rotterdam, Stockholm, Stuttgart
10 Birmingham, Bratislava, Klagenfurt, Kopenhagen
11 Duesseldorf, Joenkoeping
12 Saarbruecken, St. Petersburg, Thessaloniki
15 Friedrichshafen

Münze, Währung
3 Lei, Lek, Leu, Lew
4 Bani, Cent, Dina, Euro, Lewa, Lira, Mark, Oere, Para
5 Dinar, D-Mark, Franc, Krone, Lepta, Pence, Penni, Penny, Pfund, Pound, Rubel, Zloty
6 Escudo, Filler, Florin, Forint, Gulden, Heller, Kopeke, Markka, Peseta, Rappen
7 Centavo, Centime, Centimo, Drachme, Franken, Pfennig

8 Finnmark, Groschen, Shilling, Stotinki
9 Centesimo, Schilling

Organisation für Weltraumforschung

4 ESRO

Raumsonde

6 Giotto

Sprache

7 Deutsch
8 Daenisch, Englisch, Finnisch, Polnisch, Russisch, Serbisch, Spanisch
9 Kroatisch, Ungarisch
10 Griechisch, Norwegisch, Schwedisch
11 Italienisch
12 Franzoesisch, Hollaendisch
13 Portugiesisch
15 Niederlaendisch

Stadt

2 Ax, Ay, Eu, Gy, Mo, Os
3 Abo, Aix, Avo, Bor, Bra, Buk, Dax, Dol, Dux, Elm, Ely, Gap, Hal, Lit, Los, Luz, Mis, Mur, Oni, Pau, Rho, Rom, Spa, Tau, Ufa, Uil, Wem, Zug
4 Agen, Albi, Asch, Atri, Baja, Baku, Bari, Bath, Bern, Biel, Caen, Chur, Como, Edam, Eger, Esch, Eton, Genf, Gent, Graz, Haag, Hall, Hull, Imst, Irun, Kiew, Laon, Linz, Lodz, Lund, Lyon, Melk, Metz, Nyon, Orel, Orsa, Oslo, Pisa, Pola, Prag, Riga, Susa, Taus, Thun, Tula, Uman, Umea, Vigo, Wels, Wien, Ybbs, Zell
5 Aarau, Agram, Aosta, Arosa, Athen, Basel, Biala, Blois, Blyth, Boras, Bourg, Bozen, Brest, Brieg, Bruck, Cadiz, Capua, Carpi, Chios, Cuneo, Delft, Derby, Dijon, Doorn, Douai, Dover, Dreux, Dubno, Eboli, Epsom, Eupen, Falun, Fiume, Genua, Gijon, Gomel, Gorki, Grado, Iglau, Ischl, Isjum, Ivrea, Jalta, Jassy, Kowno, Krems, Kursk, Kutno, Laval, Leeds, Leigh, Leith, Libau, Lienz, Lille, Lissa, Lulea, Meaux, Melun, Meran, Minsk, Mitau, Mlawa, Monza, Namur, Nancy, Narwa, Nervi, Nimes, Nizza, Ostia, Padua, Palma, Paris, Parma, Pavia, Perth, Pinsk, Pisek, Posen, Pskow, Radom, Reims, Reval, Rodez, Ronda, Rouen, Rowno, Rugby, Saint, Sarno, Schio, Sedan, Siena, Sligo, Sofia, Sorau, Split, Steyr, Tabor, Tokay, Tours, Trani, Turin, Udine, Vaasa, Vaduz, Varna, Venlo, Vevey, Vichy, Visby, Vitry, Wilna, Ypern, Znaim
6 Aarhus, Alcira, Amalfi, Amiens, Ancona, Angers, Annecy, Anvers, Arezzo, Ashton, Aussee, Aussig, Bastia, Beaune, Beraun, Bergen, Bilbao, Bognor, Braila, Brixen, Bruenn, Burgos, Cahors, Calais, Cannes, Cefalu, Cesena, Chauny, Cirpan, Cognac, Crosby, Danzig, Dieppe, Dinant, Dorpat, Dublin, Dudley, Dundee, Durham, Elland, Epinal, Evreux, Fenton, Foggia, Fulham, Galatz, Geneve, Givors, Gnesen, Grasse, Grodno, Hangoe, Harrow, Jambol, Janina, Kaluga, Kladno, Komorn, Krakau, Kurgan, Laeken, Leiden, Le Mans, Leoben, Lerida, Limone, Lisboa, Loewen, London, Loreto, Lublin, Lucena, Lugano, Luzern, Madrid, Malaga, Malmoe, Mantua, Megara, Merida, Mestre, Meudon, Milano, Millau, Modena, Mohaes, Moskau, Murcia, Nantes, Napoli, Narvik, Neapel, Nevers, Novara, Odense, Odessa, Ostrau, Oviedo, Oxford, Pesaro, Pilsen, Pirano, Plevna, Polozk, Ragusa, Reggio, Rimini, Rostow, Rovigo, Saumur, Savona, Semlin, Servan, Sitten, Slough, Sopron, Spezia, Tarbis, Tarent, Tarnow, Theben, Thiers, Tirana, Toledo, Toulon, Trient, Triest, Troyes, Upsala, Varese, Venloo, Verdun, Verona, Viborg, Vienne, Vratca, Wjasma, Zabern, Zagreb, Zwolle
7 Ajaccio, Alassio, Alesund, Almeria, Amboise, Aragona, Arnheim, Auxerre, Avignon, Bassano, Bayonne, Bedford, Belfast, Belford, Belgrad, Beograd, Bergamo, Bexhill, Bludenz, Bologna, Bourges, Bregenz, Brescia, Bristol, Brjansk, Bruegge, Budweis, Burnley, Cambrai, Cardiff, Carmona, Carrara, Caserta, Catania, Chalkis, Chelsea, Cherson, Chester, Chetham, Coimbra, Corbeil, Cordoba, Cosenza, Cremona, Den Haag, Derbent, Douglas, Epernay, Etampes, Falkirk, Farnham, Ferrara, Fiesole, Florenz, Foligno, Funchal, Gablonz, Gdingen, Giurgiu, Glasgow, Gluchow, Gmunden, Granada, Grimsby, Halifax, Hallein, Herisau, Heywood, Horwich, Ipswich, Ishewsk, Kaschau, Kavalin, Kertsch, Klattau, Kolomea, Komotau, Korinth, Laibach, Langres, Larissa, Lebedin, Legnano, Le Havre, Leipzig, Lemberg, Limoges, Lisieux, Livorno, Locarno, Lomscha, Lorient, Lourdes, Lugansk, Magenta, Mailand, Margate, Mayenne, Mecheln, Morlaix, Mossley, Moulins, Nemours, Nestved, Neuilly, Newport, Nikolsk, Norfolk, Norwich, Oerebro, Olmuetz, Orleans, Orvieto, Ostende, Palermo, Paterno, Penarth, Perugia, Piraeus, Pitesti, Ploesti, Poltawa, Portici, Potenza, Potiers, Quimper, Rapallo, Ravenna, Reigate, Rhondda, Roubaix, Rybinsk, Saintes, Salerno, San Remo, Saratow, Segovia, Seraing, Sevilla, Shields, Siedlce, Skopije, Skutari, Sniatyn, Spalato, Spoleto, Stalino, Suwalki, Swansea, Swindon, Syrakus, Szolnok, Temrjuk, Tongern, Torquay, Tortona, Tortosa, Tournai, Treviso, Tromsoe, Ueskueb, Uljanow, Utrecht, Venedig, Venezia, Vicenza, Villach, Viterbo, Warwick, Watford, Wenlock, Wexford, Windsor, Winniza, Witebsk, Wrexham, Zaandam, Zermatt, Zuerich
8 Aberdeen, Acireale, Albacete, Alicante, Aranjuez, Arcachon, Augustow, Aurillac, Bad Ischl, BarleDuc, Beauvais, Benevent, Bergerac, Besancon, Beverley, Biarritz, Bobruisk, Bordeaux, Botosani, Boulogne, Bradford, Braganza, Brighton, Brindisi, Bruessel, Budapest, Bukarest, Carlisle, Chambery, Chartres, Chaumont, Chioggia, Coventry, Dartford, Deventer, Dewsbury, Dirschau, Dornbirn, Dumfries, Edmonton, Eisenerz, Enschede, Falmouth, Gentilly, Gragnano, Grenoble, Grosseto, Hastings, Hautmont, Helsinki, Highgate, Iglesias, Istanbul, Jaworzno, Kaposvar, Karlsbad, Kasanlik, Kilkenny, Kingston, Kostroma, Kufstein, La Coruna, La Spezia, Lausanne, Limerick, Lissabon, Luettich, Makarska, Maryport, Maubeuge, Mezieres, Miskolcz, Monastir, Montilla, Montreux, Murmansk, Nanterre, Narbonne, Newhaven, Nowgorod, Orenburg, Pamplona, Pembroke, Petrikau, Petrowsk, Piacenza, Plymouth, Pozzuoli, Przemysl, Ramsgate, Rovereto, Saloniki, Salzburg, Sarajevo, Schachty, Schaulen, Smolensk, Soissons, Sorrento, Stafford, Strumica, Szegedin, Taganrog, Taormina, Tarnopol, Temesvar, Toulouse, Uleaborg, Valencia, Verviers, Vigevano, Vilvorde, Warschau, Warszawa, Weymouth, Whickham, Winsford, Woolwich, Woronesh, Yarmouth

9 Albalonga, Alcantara, Algeciras, Amsterdam, Angouleme, Antwerpen, Appenzell, Astrachan, Bad Aussee, Badminton, Banjaluka, Barcelona, Berdjansk, Bialystok, Birjutsch, Bjelgorod, Blackburn, Blaclpool, Bruxelles, Bucuresti, Cambridge, Catanzaro, Cerignola, Cherbourg, Comacchio, Compiegne, Debreczin, Devenport, Doncaster, Drontheim, Duenaburg, Dumbarton, Edinburgh, Eindhoven, Farnworth, Fleetwood, Frosinone, Gallipoli, Gebweiler, Gibraltar, Goeteborg, Greenwich, Groningen, Hampstead, Hilversum, Innsbruck, Inverness, Jaroslawl, Kattowitz, Kingstown, Kischinew, Kobaljaki, Krasnodar, Kriwoi Rog, Kronstadt, Lancaster, Las Palmas, Le Creusot, Leicester, Leningrad, Liverpool, Luneville, Luxemburg, Maidstone, Marienbad, Marseille, Melitopol, Middleton, Mirandola, Montauban, Montlucon, Montreuil, Newcastle, Newmarket, Nikolajew, Northwich, Nykoeping, Oedenburg, Pardubitz, Pawlograd, Pemberton, Perigueux, Perpignan, Pressburg, Prestwich, Radcliffe, Reykjavik, Rochefort, Rochester, Rorschach, Rotterdam, Saint Malo, Saint Omer, Salamanca, Salisbury, Santander, Saragossa, Schitomir, Sheffield, Slawjansk, Solothurn, Southport, Stavanger, Stockerau, Stockholm, Stratford, Svendborg, Tarnowitz, Terranova, Thornhill, Tonbridge, Treviglio, Uddevalla, Vaesteras, Viareggio, Villarosa, Vincennes, Wakefield, Waterford, Wimbledon, Worcester, Woronesch

10 Argenteuil, Bedlington, Bellinzona, Birkenhead, Birmingham, Bordighera, Bratislava, Campobasso, Canterbury, Chaborowsk, Cheltenham, Czernowitz, Darlington, Eastbourne, Echternach, Einsiedeln, Eisenstadt, Folkestone, Gloucester, Grottaglie, Hammerfest, Hartlepool, Hazebrouck, Hernoesand, Interlaken, Kitzbuehel, Klagenfurt, Koebenhavn, Koestendil, Kopenhagen, Kuibischew, La Rochelle, Leamington, Leitmeritz, Linkoeping, Luxembourg, Maastricht, Manchester, Mitrovicza, Moncalieri, Montelimar, Nikolsburg, Nottingham, Ortigueira, Ostrolenka, Paddington, Poperinghe, Portsmouth, Rogatschew, Saint Cloud, Saint Denis, Saporoshje, Sewastopol, Simferopol, Sonderburg, Stalingrad, Strasbourg, Strassburg, Swerdlowsk, Trelleborg, Twickenham, Valladolid, Versailles, Vlissingen, Wageningen, Warrington, Whitehaven, Winchester, Winterthur, Zeebruegge

11 Aix les Bains, Alessandria, Archangelsk, Berditschew, Bjoerneborg, Carcassonne, Chateauroux, Czenstochau, Duenkirchen, Farnborough, Franzensbad, Fredrikstad, Helsingborg, Helsingfors, Langensalza, Londonderry, Montbeliart, Montpellier, Nikolajewsk, Northampton, Noworadomsk, Nyiregyhaza, Pietrasanta, Reichenberg, Saint Dizier, Saint Helier, Sankt Gallen, Soenderborg, Southampton, Starazagora, Starobjelsk, Tschernigow, Ventimiglia

12 Alexandrowsk, Brest Litowsk, Chesterfield, Gainsborough, Koeniggraetz, Krementschug, Kristianstad, Kristiansund, Magnetogorsk, Noworossijsk, Saint Nazaire, Saint Poentin, Sankt Poelten, San Sebastian, Schaffhausen, Scheveningen, Steinamanger, Valenciennes, Villefranche

13 Aixen Provence, Aubervilliers, Castellammare, Casteltermini, Castelvetrano, Chatellerault, Civita Vecchia, Fontainebleau, Great Yarmouth, Herzogenbusch, Jekaterinburg, Kamenz Podolsk, Lons le Saunier, Middlesbrough, Monteviascone, Petropawlowsk, Torre Maggiore, Tschenstochau, Wolverhampton

14 Jekaterinoslaw, Klosterneuburg, La Croix aux Bois, Szekesfehervar

15 Clermont Ferrand, Cortina d'Ampezzo, Dnjepropetrowsk, Maehrisch Ostrau, Stratfors on Avon, Windischgarsten, Woroschilowgrad

Trägerrakete

6 Ariane

Völkergruppe

6 Balten, Basken, Finnen, Kelten, Lappen, Slawen

7 Romanen

8 Germanen, Magyaren

Währungseinheit

3 ECU

5 Krone, Rubel

6 Peseta

Weltraumorganisation

3 ESA

Zollunion

7 Benelux

europäischer

Berg, Gebirge, Gebirgszug

3 Ala, Dom, Ida

4 Jura, Oeta, Ossa, Rigi, Ural

5 Aetna, Albis, Alpen, Athos, Donon, Eiger, Hekla, Karst, Olymp, Orjen, Sella, Tatra, Toedi, Uetli, Vesuv

6 Balkan, Epirus, Moench, Ortler, Pilion, Pindos, Tauern, Titlis

7 Apennin, Bernina, Helikon, Parnass, Saentis, Sudeten, Vogesen

8 Abruzzen, Altvater, Ardennen, Beskiden, Cevennen, Durmitor, Faulhorn, Gruenten, Jeschken, Jungfrau, Karpaten, Kissavus, Mont Dore, Pfaender, Schoepfl, Taygetos

9 Apenninen, Breithorn, Col di Lana, Dachstein, Dolomiten, Hohe Tatra, Kalkalpen, Langkofel, Maladetta, Marmolata, Meeralpen, Montblanc, Mont Cenis, Monte Cavo, Monte Rosa, Pic du Mide, Puy de Dome, Pyrenaeen, Rhaetikon, Rhodophen, Schafberg, Semmering, Silvretta, Stromboli, Vignemale, Weisshorn

10 Aspromonte, Bakonywald, Dammastock, Drei Zinnen, Fruska Gora, Glaernisch, Hohe Tauern, Kahlenberg, Karawanken, Matterhorn, Montserrat, Schneeberg, Steinberge, Untersberg, Wasgenwald, Wildspitze

11 Berner Alpen, Boehmerwald, Hochgolling, Isergebirge, Monte Viglio, Ortleralpen, Wetterstein, Zuckerhuetl

12 Adlergebirge, Bihargebirge, Dufourspitze, Eulengebirge, Glarner Alpen, Monte Cassino, Niedere Tatra, Savoyer Alpen, Totes Gebirge, Westbeskiden, Zentralalpen, Zirbitzkogel

13 Bregenzer Wald, Grossglockner, Hermannskogel, Julische Alpen, Kaisergebirge, Kitzsteinhorn, Leithagebirge, Monte Genoroso, Ploeckenstein, Riesengebirge, Stubaier Alpen, Sulzer Belchen, Tennengebirge, Walliser Alpen

14 Albaner Gebirge, Banater Gebirge, Finsteraarhorn, Grossvenediger, Hoellengebirge, Karnische Alpen, Lechtaler Alpen, Raetische Alpen, Rhodopegebirge, Sarntaler Alpen, Schmittenhoehe, Steinernes Meer
15 Altvatergebirge, Dinarische Alpen, Dreiherrnspitze, Eisenerzer Alpen, Freiburger Alpen, Hochalpenspitze, Kitzbuehler Horn, Ligurische Alpen, Meeraugenspitze, Monte Pellegrino, Salzburger Alpen, Steirische Alpen, Trientiner Alpen, Venetianer Alpen

Binnensee
7 Balaton
8 Bodensee

Bison
6 Wisent

Fluss, Strom
2 Aa, Po
3 Aar, Ain, Arc, Bug, Cea, Dal, Dee, Dol, Don, Ega, Ems, Era, Ill, Inn, Kem, Lek, Lim, Lom, Lot, Lys, Mur, Nea, Nen, Ner, Oka, Omo, Pek, Rai, San, Sau, Tay, Ter, Ufa, Una, Usa, Var, Wid, Wye, Wym
4 Aare, Ache, Ager, Agri, Aire, Arno, Arve, Aube, Aude, Aupa, Avon, Bega, Drau, Ebro, Eger, Elbe, Enns, Eure, Gard, Gers, Gran, Iser, Kama, Loir, Lusa, Maas, Newa, Oder, Oise, Omme, Ossa, Prut, Raab, Reka, Reno, Riva, Ruhr, Sajo, Sana, Save, Sihl, Styr, Suga, Tajo, Tarn, Tejo, Thur, Tosa, Tyne, Ugra, Ural, Ussa, Waag, Waal, Ybbs, Yser
5 Adige, Adour, Aisne, Ancre, Begna, Bosna, Clyde, Disna, Dives, Donau, Donez, Doubs, Drina, Drome, Dwina, Etsch, Indre, Isere, Isker, Jalon, Jucar, Kerka, Krems, Kuban, Loire, March, Marne, Mesta, Meuse, Mosel, Muerz, Narew, Onega, Piave, Pruth, Reuss, Rhein, Rhone, Ronco, Saone, Savio, Segre, Seine, Sevre, Somme, Tagil, Tamar, Terek, Thaya, Tiber, Varde, Wolga, Yonne, Yssel, Zujar
6 Albula, Allier, Aragon, Ariege, Beraun, Beroun, Creuse, Djesna, Dnjepr, Eisack, Huisne, Isonzo, Leitha, Limmat, Meduna, Moldau, Morawa, Moskwa, Narowa, Neutra, Njemen, Ourthe, Pilica, Pripet, Rubico, Samara, Sarthe, Semois, Severn, Tamina, Theiss, Themse, Ticino, Tormes, Vardar, Vienne, Warthe, Wilija, Wjatka, Wuoxen, Zezere
7 Acheron, Andelle, Ardeche, Aveyron, Bitjuga, Bjelaja, Derwent, Dnjestr, Drewenz, Dunajec, Durance, Garonne, Gironde, Herault, Laibach, Mayenne, Meurthe, Mottlau, Narenta, Peneios, Pripjet, Salzach, Schelde, Shannon, Stubach, Trebbia, Vilaine, Wetluga, Wisloka, Wojutza, Wolchow
8 Acheloos, Armancon, Beresina, Charente, Dordogne, Guadiana, Kostroma, Manytsch, Rio Tinto, Schwarza, Volturno, Weichsel
9 Bistritza, Feistritz, Guadelete, Jalomitza, Koenigsau, Luschnitz, Marecchia, Petschora
10 Ardschisch, Blackwater, Dora Baltea, Garigliano, Guadalimar, Manzanares, Mereczenka
11 Dora Riparia, Guadalaviar, Scheschuppe, Tagliamento
12 Angerman Aelv, Aspropotamos, Guadalquivir, Tscheremosch
13 Kirminginjoki, Kokemaeenjoki, Oesterdal Aelv
14 Vaesterdal Aelv
15 Schnelle Koeroes, Schwarze Koeroes

Fußballbund
4 UEFA

Hochgebirgsteil
8 Ostalpen

Inselbewohner
3 Ire
5 Brite, Korse, Sarde
9 Irlaender, Islaender
10 Sizilianer

Inselstaat
5 Malta
6 Irland, Island
14 Großbritannien

Kleinstaat
6 Monaco, Monako
7 Andorra
9 San Marino
13 Liechtenstein

See
7 Abersee, Dergsee, Idrosee, Mondsee
8 Achensee, Attersee, Bodensee, Comersee, Dalbosee, Eltonsee, Gardasee, Ilmensee, Kallasee, Lac Leman, Malersee, Onegasee, Saimasee, Traunsee, Urnersee, Walchsee, Walensee, Zugersee
9 Bielersee, Culmersee, Genfersee, Kopaissee, Mauschsee, Murtensee, Peipussee, Pielissee, Prespasee, Saimansee, Sarnersee, Siljansee, Thunersee, Wettersee, Zellersee
10 Greifensee, Grimselsee, Hjelmarsee, Imandrasee, Ladogassee, Lago di Como, Luganersee, Ochridasee, Plattensee, Seligersee, Sempachsee, Skutarisee, Vaettersee, Walchensee, Weissensee, Zuerichsee
11 Brienzersee, Hebridensee, Karschinsee, Woerthersee, Wolfgangsee
12 Baldeggersee, Hallwilersee, Lago Maggiore, Neuenburgsee, Ossiacher See, Pleskauer See
13 Neusiedler See
14 Neuenburger See
15 Millstaetter See
19 Vierwaldstaetter See

Staat
3 BRD
5 Malta, Polen
6 Irland, Island, Monaco, Ungarn
7 Andorra, Belgien, England, Estland, Holland, Italien, Litauen, Schweiz, Spanien, Tuerkei, Ukraine, Vatikan
8 Albanien, Faeroeer, Finnland, Kroatien, Lettland, Norwegen, Portugal, Schweden, Slowakei
9 Bulgarien, Daenemark, Luxemburg, Rumaenien, San Marino, Slowenien
10 Frankreich, Makedonien, Mazedonien, Tschechien
11 Deutschland, Jugoslawien, Niederlande, Oesterreich
12 Belorussland, Griechenland, Vatikanstaat, Vatikanstadt
13 Liechtenstein
15 Grossbritannien
18 Bosnien-Herzegowina
19 Slowakische Republik
20 Tschechische Republik
25 Bundesrepublik Deutschland

Vulkan
4 Etna
5 Aetna, Askja, Hekla, Vesuv
8 Mont Dore
9 Stromboli

Zwergstaat
5 Malta
6 Monaco
7 Andorra, Vatikan
9 San Marino
12 Vatikanstadt
13 Liechtenstein

Europäischer Fußball-Verband
4 UEFA

europäisches

Binnenmeer
6 Ostsee
7 Balaton

Faltengebirge
5 Alpen

Fürstentum
6 Monaco
13 Liechtenstein

Gewässer
5 Adria
6 Ostsee
7 Nordsee
8 Bodensee

Grenzgebirge
4 Ural

Inselvolk
4 Iren
6 Briten

7 Waliser
8 Schotten
9 Islaender
10 Englaender
Königreich
7 Belgien, Spanien
8 Norwegen, Schweden
9 Daenemark
11 Niederlande
15 Grossbritannien
Meer
5 Adria
6 Ostsee
7 Nordsee
10 Mittelmeer
Wildrind
6 Wisent
Europäisches Währungssystem
3 EWS
Europäische Union
2 EU
Europäische Währungseinheit
3 ECU
4 Euro
Europäische Währungsunion
3 EWU
Europäische Wirtschaftsgemeinschaft
3 EWG
Europarakete
6 Ariane
Europa und Asien
8 Eurasien
Euterteil
5 Zitze
evakuieren
7 raeumen
9 umsiedeln
10 aussiedeln
Evakuierung
8 Raeumung
11 Aussiedlung
evangelische
Christen
12 Protestanten
Einsegnung
12 Konfirmation
Kirchenversammlung
6 Synode
evangelischer
Hilfsgeistlicher
6 Diakon
Kirchenliederdichter
7 Neander
8 Gerhardt
Pfarrer
6 Pastor
Protestant
10 Lutheraner
Evangelist
5 Lukas
6 Diakon, Markus
8 Johannes, Prediger
9 Matthaeus
14 Wanderprediger
Evangelistenzeichen für:
Johannes
5 Adler
Lukas
5 Stier
Markus
5 Loewe
Matthäus
5 Engel
Evangelium
7 Predigt, Schrift
9 Abschnitt, Botschaft, Vorlesung
13 Frohbotschaft
14 Frohe Botschaft, Heilsbotschaft
Evastochter
4 Frau
8 Maedchen
eventuell
10 vielleicht
15 moeglicherweise
evident
8 offenbar
11 offenkundig
12 ueberzeugend
15 augenscheinlich
ewig
5 immer, lange, stets
6 endlos
7 zeitlos
8 immerdar
9 unendlich
13 unaufhoerlich
14 ununterbrochen
Alltägliches
8 Einerlei
mürrischer Mensch
9 Griesgram
Ewige
Stadt
3 Rom
ewiger
Jude
7 Ahasver
9 Ahasverus
Ewigkeit
4 Aeon
ex
officio
7 amtlich
10 dienstlich
12 von Amts wegen
tempore
8 Stegreif
13 Improvisation
exakt
5 genau
7 praezis, sorgsam
8 praezise, treffend
10 gruendlich
11 sorgfaeltig
12 gewissenhaft
exakte
Wissenschaft
6 Chemie, Physik
10 Astronomie, Mathematik
Exaktheit
11 Genauigkeit
exaltiert
9 aufgeregt
11 ueberspannt
16 ueberschwenglich
17 ◆ ueberschwaenglich
Examen
8 Pruefung
Examensnote
4 Rite
8 cum laude
13 magna cum laude, summa cum laude
examinieren
7 pruefen
Exarch
der Ostkirche
9 Patriarch
Exchampion
10 Altmeister
Exchange
6 Tausch
7 Wechsel
exekutieren
10 hinrichten, vollziehen
Exekution
7 Vollzug
9 Pfaendung
11 Ausfuehrung, Hinrichtung, Vollziehung
13 Vollstreckung
Exempel
6 Muster
7 Aufgabe
8 Beispiel
Exemplar
6 Muster, Stueck
12 Einzelstueck
exemplarisch
12 beispielhaft
13 mustergueltig
exerzieren
5 ueben
7 drillen
8 einueben
Exhaustor
8 Absauger, Geblaese
10 Entluefter, Ventilator
Exhumierung
10 Ausgrabung
Exil
10 Emigration, Verbannung
14 Verbannungsort
existent
8 wirklich
9 bestehend, vorhanden
Existenz
5 Leben
6 Dasein
9 Auskommen, Einkommen, Unterhalt
15 Lebensunterhalt
Existenzialphilosoph
6 Marcel, Sartre
7 Jaspers
9 Heidegger
11 Kierkegaard
Existenzniveau
14 Lebensstandard
existieren
4 sein
5 leben
6 da sein
8 bestehen
9 auskommen
Exitus
3 Tod
4 Ende
7 Ableben, Ausgang, Hingang
Exkaiserin
in Iran
5 Farah
Exklave
von Angola
7 Cabinda

von Südafrika
11 Walfischbai
exklusiv, exklusive
6 ausser, feudal
7 vornehm
11 abgesondert, ausgenommen
14 ausgeschlossen, ausschliessend
15 ausschliesslich
Exkommunikation
4 Bann
10 Ausschluss
11 Kirchenbann
17 Kirchenausschluss
Exkönig
von Saudi Arabien
4 Saud
Exkret
der Leber
5 Galle
Exkurs
6 Anhang, Zusatz
10 Abhandlung
12 Abschweifung
Exkursion
7 Ausflug
9 Lehrfahrt, Streifzug, Wanderung
11 Lehrausflug
12 Studienfahrt
Exodus
6 Auszug
9 Bibelteil
11 Schlusschor, Schlussteil
12 Auswanderung
13 Schlussgesang
exotisch
5 fremd
10 fremdartig
14 fremdlaendisch
exotische
Frucht
4 Kiwi
Kletterechse
10 Chamaeleon
Nutzpflanze
10 Zuckerrohr
Ölpflanze
5 Sesam
Pflanzenfrucht
7 Erdnuss
Riesenechse
5 Waran
Schleichkatze
9 Ichneumon
Seerose
5 Lotos
Stachelpflanze
6 Kaktee
Zimmerpflanze
8 Orchidee
exotischer
Vogel
5 Tukan
6 Marabu
7 Kolibri, Papagei, Pelikan
8 Flamingo
exotisches
Edelholz
4 Teak
8 Mahagoni
Haustier
5 Kamel
Tier
3 Gnu
4 Affe
5 Kamel, Loewe, Tapir, Tiger, Waran, Zebra
6 Gepard
7 Elefant, Giraffe, Leopard
8 Krokodil
Expansion
10 Ausdehnung
11 Ausbreitung
Expansionskraft
7 Tension
expansiv
10 ausdehnend
expatriieren
11 ausbuergern
Expedient
8 Absender
9 Versender
13 Versandleiter
18 Reisebuerokaufmann
expedieren
8 absenden, aufgeben
9 versenden
10 abfertigen, befoerdern
11 verschicken
Expedition
9 Kriegszug
10 Versendung
15 Forschungsreise
16 Versandabteilung
Expeditionsschiff
Nansens
4 Fram
Experiment
4 Test
5 Probe
6 Wagnis
7 Versuch
Experimentiergefäß
7 Retorte
11 Reagenzglas
Experte
6 Kenner
8 Fachmann
9 Gutachter
10 Sachkenner, Spezialist
17 Sachverstaendiger
Expertise
9 Gutachten
12 Begutachtung, Untersuchung
26 Sachverstaendigengutachten
explodieren
7 bersten
10 detonieren, zerknallen
explodierender
Stern
4 Nova
explorieren
10 erforschen
Explosion
5 Knall, Krach
6 Schlag
7 Bersten, Krachen, Platzen
8 Zerknall
9 Sprengung
10 Detonation
12 Sprengschlag
Explosionsgeräusch
5 Knall
Explosivgeschoss, -waffe
4 Mine
5 Bombe
6 Dumdum, Rakete
7 Granate, Torpedo
8 Luftmine, Tretmine
10 Schrapnell
11 Handgranate, Kartaetsche
12 Fliegerbombe
Explosivkrater
4 Maar
7 Ammonal
Explosivstoff
12 Sprengladung
13 Nitroglyzerin, Schiesspulver
14 Nitrozellulose, Trinitrotoluol
16 Knallquecksilber
Exponent
8 Hochzahl
9 Vertreter
13 Repraesentant
Export
7 Ausfuhr
Exportware
13 Ausfuhrgueter
Expose
4 Plan
6 Inhalt, Skizze
7 Aufriss, Bericht, Entwurf
9 Darlegung, Gutachten
10 Gliederung, Planskizze
11 Denkschrift
Exposition
5 Schau
9 Darlegung
10 Erklaerung
11 Ausstellung, Einfuehrung
13 Schaustellung
express
5 eilig, rasch
6 eigens
7 eiligst, schnell
9 schleunig
11 schleunigst
12 beschleunigt
Expression
8 Ausdruck
expressionistischer
Künstler
3 Dix
4 Klee, Marc, Taut
5 Capek, Ensor, Hofer, Kubin, Macke, Munch, Nolde
6 Ehmsen, Heckel, Hodler, Pankok, Rohlfs
7 Barlach, Behrens, Belling, Gauguin, Meidner, Mueller, Permeke, Poelzig, Servais, van Gogh
8 Beckmann, Kirchner
9 Derkovits, Kandinsky, Kokoschka, Lehmbruck, Pechstein
10 Mendelsohn
11 Le Corbusier
12 Felixmueller
15 Schmidt-Rottluff
expressis
verbis
13 ausdruecklich
expressiv
13 ausdrucksvoll
exquisit
7 erlesen
9 exzellent

10 ausgesucht
11 auserwaehlt, erstklassig, vorzueglich
12 hervorragend, vortrefflich
13 ausgezeichnet
Exterieur
9 Aeusseres
11 Aussenseite, Erscheinung, Oberflaeche
extern
8 draussen
10 ausserhalb, auswaertig
11 aeusserlich
extra
6 aussen, ausser, eigens
8 nebenbei
9 ausserdem, besonders
10 ausserhalb
11 zusaetzlich
13 ausdruecklich
Extrablatt
13 Sonderausgabe
Extrakt
6 Auszug, Essenz
10 Konzentrat
11 Quintessenz
13 Herausloesung, Herausziehung
aus Süßholz
7 Lakritz
8 Lakritze
Extraktion
13 Herausloesung
Extras
8 Zubehoer
17 Sonderausstattung
extravagant
8 versnobt
10 auffallend, verstiegen
11 ausgefallen, snobistisch, ueberspannt
Extravaganz
9 Snobismus
14 Verstiegenheit
15 Ueberspanntheit
extrem
5 krass
7 masslos
9 aeusserst
12 uebertrieben
13 ungewoehnlich
patriotische Haltung
12 Chauvinismus
extremer
Lichtverstärker
5 Laser
Nationalismus
12 Chauvinismus
Sozialist
6 Linker
exzellent
11 vorzueglich
12 hervorragend, vortrefflich
13 ausgezeichnet
exzentrisch
11 extravagant, ueberspannt, verschroben
exzentrischer
Kunststil
4 Dada
Exzess
5 Orgie
13 Ausschreitung, Ausschweifung, Masslosigkeit
Ezechiel
8 Hesekiel

Fabel
4 Fama, Maer
5 Luege, Stoff, Thema
8 Dichtung, Handlung
9 Erfindung
10 Erdichtung, Erzaehlung, Geschichte
14 Tiergeschichte
Fabelflugtier
5 Greif
fabelhaft
10 grossartig
11 erstaunlich
17 aussergewoehnlich
Fabelinsel, Fabelland
5 Thule
6 Dorado, Orplid
8 Atlantis, Eldorado, Paradies
Fabelname
des Adlers
3 Aar
des Bären
4 Petz
5 Braun
11 Meister Petz
des Dachses
8 Grimbart
des Esels
7 Langohr
des Fuchses
7 Reineke
des Hahnes
7 Henning
des Hasen
5 Lampe
des Katers
6 Murner
des Löwen
3 Leo, Leu
5 Nobel
des Rehs
5 Bambi
des Storches
6 Adebar
des Wolfes
7 Isegrim
Fabeltier
5 Greif
6 Drache
7 Drachen, Einhorn, Werwolf, Zentaur
8 Basilisk, Chimaere, Lindwurm
9 Ungeheuer
10 Tatzelwurm, Tazzelwurm
Fabelwesen
3 Elf, Fee
4 Gnom
5 Riese, Zwerg
6 Kobold, Sphinx
7 Kentaur, Zahnfee, Zentaur
8 Halbling
9 Ruebezahl
10 Minotaurus
Fabrik
4 Werk
7 Betrieb
Fabrikant
8 Erzeuger
9 Produzent
10 Hersteller
Fabrikat
4 Ware
7 Artikel, Produkt
9 Erzeugnis
Fabrikationsart
10 Automation
Fabrikeingang
7 Werktor
fabrikmäßig
hergestellte Kleidung
10 Konfektion
Fabrikrestaurant
7 Kantine
Fabrikschornstein
4 Esse
6 Schlot
Fabrikzeichen
5 Marke
9 Trademark
fabrizieren
5 bauen
8 erzeugen, fertigen, schaffen
10 herstellen
11 produzieren
fabulieren
11 ◆ fantasieren
12 phantasieren
Fach
4 Lade
5 Regal
9 Schublade
Facharbeiter
6 Glaser
der Bierherstellung
6 Brauer
der grafischen Industrie
6 Setzer
der Lederindustrie
6 Gerber
7 Sattler
der Metallindustrie
6 Dreher
eines Baunebenberufes
10 ◆ Stuckateur, Stukkateur
im Bergbau
5 Hauer
Facharbeiterin
der Bekleidungsindustrie
11 Schneiderin
Facharzt
6 Anatom
7 Chirurg, Dentist, Urologe
8 Allopath, Hautarzt, Serologe, Zahnarzt
9 Augenarzt, Internist, Neurologe, Paediater
10 Frauenarzt, Homoeopath, Kinderarzt, Orthopaede, Psychiater, Spezialist
11 Dermatologe, Gynaekologe
12 Anaesthesist
13 Roentgenologe
15 Psychotherapeut
Fachausdruck
8 Terminus
17 Terminus technicus
beim Fußball
3 Aus, Elf, Tor
4 Ecke, Foul, Goal
5 Match
7 Abseits, Anstoss, Einwurf, Torraum
8 Elfmeter, Halbzeit, Kopfball, Torlinie
9 Querlatte, Spielfeld, Strafraum
10 Strafstoss
11 Mittellinie, Seitenlinie
im Bergbau
7 Steiger
10 Querschlag
11 Obersteiger
12 Schlagwetter
Fachbearbeiter
9 Dezernent
Fachbereich
an der Hochschule
7 Dekanat
Fachbericht
7 Referat
Fachbibliothek
18 Institutsbuecherei
Fachblatt
5 Organ
Facheinzelhändler
7 Drogist
fächeln
6 wedeln
fächerartige
Flussmündung
5 Delta
Fächerblattbaum
6 Ginkgo
Fächerfisch
der Meere
6 Marlin
Fächergestell
5 Regal
Fächerpalme
3 Dum, Eta, Ita
Fächerpflanze
4 Farn
Fächerschüssel
8 Kabarett
Fach, Fachgebiet
5 Zweig
6 Metier, Rubrik, Sektor, Sparte
7 Branche, Domaene, Gattung, Ressort, Sektion
8 Laderaum
9 Abteilung, Disziplin
11 Berufszweig
13 Arbeitsgebiet, Berufsgattung
Fachgebiet
6 Metier, Sparte
7 Ressort
9 Disziplin
12 Spezialitaet
der Medizin
8 Urologie
Fachgelehrter
8 Romanist
11 Orientalist
Fachgeschäft
5 Salon
8 Drogerie
Fachgespräch
10 Colloquium, Kolloquium
Fachgröße
10 Kapazitaet
Fachhelfer
7 Berater
Fachhochschule
8 Akademie
9 Technikum
11 Lehranstalt
13 Kunstakademie, Polytechnikum
14 Konservatorium
18 Kunstgewerbeschule
22 Technische Universitaet

Fachkraft
in der Landwirtschaft
7 Agronom
in der Presse
9 Redakteur
fachkundig
6 expert
11 pragmatisch
Fachlader
9 Ingenieur
fachlich
sicher
4 firm
fachliche
Unterweisung
8 Beratung
Fachmann
6 Kenner
7 Experte, Koenner, Meister
9 Koryphaee
10 Autoritaet, Kapazitaet, Spezialist
17 Sachverstaendiger
auf dem Gebiet der Technologie
10 Technologe
der Schlangenkunde
9 Ophiologe
fachmännisch
7 gekonnt
12 qualifiziert
Fachmediziner
9 Augenarzt
Fachpädagoge
12 Mathematiker
Fachrichtung
6 Sparte
Fachröntgenologe
9 Radiologe
Fachschrift
für Schneiderei
11 Modezeitung
Fachsprache
6 Jargon
12 Terminologie
Fachtechniker
12 Bauingenieur
Fachunterrichtsraum
8 Kabinett
Fachvortrag
7 Referat
Fachwissenschaft
5 Logik
6 Chemie, Physik
7 Botanik, Hygiene, Medizin
8 Anatomie, Biologie, Erdkunde, Geologie, Zoologie
9 Geometrie, Theologie
10 Astronomie, Mathematik, Philologie, Soziologie
11 Mineralogie, Philosophie, Psychologie, Wetterkunde
12 Voelkerkunde
14 Palaeontologie
Fachwort
8 Terminus
Fachwörterverzeichnis
11 Nomenklatur
Fachwortschatz
12 Terminologie
Fackel
8 Flambeau
Fädchen
5 Faser
6 Fussel
Faden
4 Garn, Mass
5 Thema, Zwirn
6 Schnur
7 Einheit
8 Raummass, Richtung
9 Leitlinie
10 Richtlinie
11 Laengenmass
aus Darm
6 Katgut
Fäden
aus Kuh- und Ziegenwolle
8 Haargarn
aus Metallfolie
7 Lametta
fadenartiges
Fortbewegungsorgan
5 Zilie
Fadenende
5 Fluse
Fadenkreuz
Webmaschine
6 Gelese
Fadenlinie
an Kleidungsstücken
4 Naht
Fadenloch
9 Nadeloehr
Fadennudeln
8 ◆ Spagetti
9 Spaghetti
Fadenrest, -ende
5 Fluse
Fadenrolle
5 Spule
Fadensaum
6 Franse
Fadenschleife
4 Oese
Fadenschlinge
6 Franse, Masche
8 Schlaufe
Fadenstärkemaßeinheit
3 DEN
6 Denier
Fadenverschlingung
6 Knoten
Fadenwurm
6 Loaloa
7 Aelchen
8 Nematode, Spulwurm, Trichine
12 Essigaelchen
fader
Wortwitz
7 Kalauer
fades
Getränk
5 Seich
fad, fade
5 banal, schal
6 albern
10 langweilig
12 geschmacklos, ◆ nichts sagend
fähig
3 fit
4 Gabe
5 habil
6 begabt
7 kapabel
8 geeignet, imstande, tauglich
10 talentiert
Fähigkeit
4 Gabe
6 Potenz, Talent
7 Eignung, Koennen
8 Begabung, Geschick
9 Vermoegen
10 Kapazitaet
12 Tauglichkeit
13 Qualifikation
17 Orientierungssinn
Arbeit zu leisten
7 Energie
der Schallwahrnehmung
6 Gehoer
der Wahrnehmung
4 Sinn
Eisen anzuziehen
11 Magnetismus
etwas zu gestalten
19 Organisationstalent
zum Betrachten
16 Beobachtungsgabe
fahl
5 blass
6 bleich
8 aschgrau, graugelb
9 erdfarben
fahles
Pferd
5 Falbe
Fahlheit
7 Blaesse
10 Bleichheit
fahnden
6 suchen
9 verfolgen
Fahndung
5 Suche
6 Razzia
10 Suchaktion, Verfolgung
Fahndungsaktion
6 Razzia
Fahndungsblatt, -hilfe
10 Steckbrief
Fahndungsstreife
6 Razzia
Fahne
5 Abzug, Dunst, Rauch
6 Banner, Flagge, Geruch, Panier, Wimpel
7 Stander
8 Schwaden
9 Standarte
11 Feldzeichen
12 Spaltenabzug
14 Korrekturbogen
Dänemarks
8 Danebrog
hochziehen
6 hissen
Fahnenflucht
9 Desertion
begehen
11 desertieren
Fahnenflüchtiger
9 Deserteur
Fähnrich
6 Kadett
7 Kornett
9 Seekadett
12 Fahnenjunker
13 Fahnentraeger
18 Offiziersanwaerter

Fahrabteilung
5 Train, Tross
Fahrbahn
4 Damm
5 Piste
7 Schiene, Strasse
für das Schienenfahrzeug
5 Gleis
für Eisenbahnen
8 Schienen
fahrbar
5 mobil
13 transportabel
fahrbare
Dampfmaschine
3 Lok
10 Lokomobile, Lokomotive
Habe
8 Mobilien
fahrbarer
Operationsraum
10 Klinomobil
fahrbares
Kamerastativ
5 Dolly
Fahrbereich
13 Aktionsradius
fahrbereit
9 startklar
11 startfertig
Fähre
9 Ueberfuhr
für Eisenbahnzüge
7 Trajekt
fahren
11 chauffieren, kutschieren
fahrende
Leute
8 Artisten
10 Zirkusvolk
fahrender
Roboter
5 Mobot
Sänger
9 Spielmann
Schüler
6 Vagant
7 Scholar
8 Goliarde, Scholast
Fahrer
5 Pilot
6 Lenker
9 Chauffeur, Schoffoer, Zusteller
10 Steuermann
einer Zugmaschine
10 Traktorist
Fahrerlaubnis
13 Fuehrerschein
Fahrersitz
7 Cockpit
Fahrgast
6 Sozius
7 Insasse
9 Beifahrer, Mitfahrer, Passagier
Fahrgastbetreuer
7 Steward
Fahrgastbetreuerin
10 Stewardess
Fahrgastraum
5 Coupe, Kupee
6 Abteil, Gondel, Kabine

Fahrgeschäft
auf Volksfesten
9 Riesenrad
Fahrgeschwindigkeitsmesser
5 Tacho
10 Tachometer
eines Schiffes
3 Log
Fahrgestell
7 Chassis
des Geschützes
7 Lafette
für Trabrennen
5 Sulky
von Kraftfahrzeugen
7 Chassis
Fährhafen
in Dänemark
6 Gedser
7 Gjedser, Korsoer
in England
5 Dover
10 Folkestone
in Frankreich
6 Calais
8 Boulogne
in Norddeutschland
8 Sassnitz
12 Grossenbrode
in Schweden
10 Trelleborg
11 Traelleborg
fahrig
6 unstet
7 nervoes, unruhig
10 schusselig
12 unaufmerksam
Fahrigkeit
6 Unrast
Fahrkarte
6 Ticket
7 Ausweis, Billett
9 Flugkarte
10 Fehlschuss
Fährmann
5 Ferge
auf Lesbos
5 Phaon
der griech. Unterwelt
6 Charon
Fährnis
6 Gefahr
Fahrplanausdruck
2 ab, an
Fahrplanübersicht
8 Kursbuch
Fahrpreiserhöhung
8 Zuschlag
Fahrpromenade
5 Korso
Fahrrad
3 Rad
4 Velo
8 Draisine
9 Drahtesel, Stahlross, Veloziped
für zwei Personen
6 Tandem
mit Hilfsmotor
4 Mofa
5 Moped
Fahrradteil, -zubehör
3 Rad
4 Nabe, Netz, Pneu
5 Felge, Gabel, Kette, Lampe, Pedal
6 Bremse, Dynamo, Glocke, Lenker, Mantel, Rahmen, Reifen, Sattel, Ventil
7 Klingel, Speiche
8 Freilauf, Schlauch
9 Hinterrad, Kettenrad, Luftpumpe, Tretlager, Vorderrad
10 Handbremse, Katzenauge, Lenkstange,Ruecklicht, Ruecktritt
11 Schutzblech
12 Felgenbremse, Kettenschutz, Satteltasche, Scheinwerfer
14 Gepaecktraeger, Nabenschaltung, Werkzeugtasche
16 Kilometerzaehler, Ruecktrittbremse
17 Dreigangschaltung, Zehngangschaltung
18 Fuenfgangschaltung
Fahrradtyp
6 Tandem
7 Hochrad
Fahrrinne
4 Tief
Fahrschein
6 Ticket
7 Billett
Fährschiff
7 Trajekt
Fahrstraße, Fahrstrecke
3 Weg
4 Damm, Kurs
5 Allee, Loipe, Piste, Route
6 Avenue
8 Autobahn, Chaussee, Rennbahn, Rollbahn, Rundkurs
10 Schnellweg
13 Stadtautobahn
14 Schnellstrasse
Fahrstuhl
4 Lift
6 Aufzug
11 Paternoster
12 Lastenaufzug
Fahrstuhlführer
7 Liftboy
Fahrt
4 Kurs, Tour
5 Reise, Toern
8 Seereise
9 Weltreise
auf dem Meer
4 Turn
8 Seereise
10 Kreuzfahrt
die wieder zurückführt
9 Rundreise
durch einen Ort
10 Durchreise
mit dem Segelboot
5 Toern
nach Hause
9 Heimreise
über die Grenze eines Staates
8 Ausreise
zum Zielort
7 Anfahrt, Anreise

Fahrtbeginn
5 Start
7 Abreise
Fährte
4 Spur
5 Ponte
des Federwildes
7 Gelaeuf
Fahrtenbuch
für Schiffe
7 Logbuch
Fahrtenschreiber
9 ◆ Tachograf
10 Tachograph
Fahrtrichtung
4 Kurs
Fahrtrichtungsanzeiger
6 Winker
7 Blinker
10 Blinklicht
Fahrtruppe
5 Train, Tross
Fahrwasser
im Wattenmeer
5 Balge
Fahrwasserkundiger
5 Lotse
Fahrwasserrinne
im Wattenmeer
5 Priel
Fahrweg
7 Strasse
10 Reiseroute
Fahrwind
5 Brise
Fahrzeug
für Babys
11 Kinderwagen
für Kinder, Jugendliche
3 Rad
4 Mofa, Velo
5 Moped, Rodel
6 Mokick, Roller
7 Dreirad, Fahrrad, Kettcar
9 Jugendrad, Kinderrad, Schlitten
10 Tretroller
11 Seifenkiste, Seifenkistl
für Kranke
9 Rollstuhl
ohne Ladung
5 Kasko
zum Gütertransport
14 Lastkraftwagen
zur Güterbeförderung
11 Lieferwagen
zur Trauung
16 Hochzeitskutsche
Fahrzeuganlasser
7 Starter
Fahrzeuglenkung
9 Steuerung
Fahrzeugluftreifen
4 Pneu
Fahrzeugoberbau
10 Karosserie
Fahrzeugpark, Sammelstelle
5 Depot
Fahrzeugschaden
5 Beule, Delle, Panne
6 Defekt
8 Schramme
12 Fehlzuendung, Totalschaden
Fahrzeugschuppen
6 Garage
Fahrzeugtyp
6 Barkas
Fahrzeug, Verkehrsmittel
3 Bob, Bus, Cab, Car, Dau, Gig, Jet, Lkw, Lok, Pkw, Rad, Zug
4 Auto, Bahn, Boot, Kahn, Kanu, Lift, Mofa, Obus, Tank, Taxe, Taxi, Tram, Velo
5 Barke, Break, Brigg, Floss, Jolle, Kajak, Karre, Mobil, Moped, Moses, Rodel, S-Bahn, Sulky, U-Bahn, Wagen, ◆ Wagon
6 Aufzug, Ballon, Chaise, Einrad, Faehre, Fiaker, Gondel, Karren, Laster, Mokick, Nachen, Ponton, Riksha, Roller, Schiff, Segler, Spider, Tandem, Waggon
7 Autobus, Beiboot, Berline, Clipper, Dampfer, Dogcart, Dreirad, Einbaum, Fahrrad, Gleiter, Hochrad, Karosse, Klipper, Kremser, Kutsche, Lastzug, Omnibus, Pinasse, Postzug, Rikscha, Schoner, Skilift, Traktor, Trecker, Zweirad
8 Barkasse, Beiwagen, Bergbahn, Draisine, Droschke, Dschunke, Equipage, Faltboot, Flugzeug, Fuhrwerk, Hausboot, Hochbahn, Kalesche, Kleinbus, Kraftrad, Landauer, Lastauto, Mietauto, Motorrad, Seilbahn, Trambahn, Zeppelin
9 Alwegbahn, Automobil, Cabriolet, Dampfboot, Fahrstuhl, Handkarre, Handwagen, Jagdwagen, Lastwagen, Limousine, Mietwagen, Mistkarre, Motorboot, Planwagen, Rollstuhl, Ruderboot, Schlepper, Schlitten, Segelboot, Stadtbahn, Taxameter, Veloziped, Wohnwagen
10 Freiballon, Handkarren, Kabriolett, Kraftwagen, Lokomotive, Luftschiff, Paddelboot, Raddampfer, Schubkarre, Sesselbahn, Sportwagen, Triebwagen, Trolleybus, Zweisitzer
11 Dampfschiff, Faehrschiff, Fernlastzug, Gueterwagen, Heliokopter, Kastenwagen, Kinderwagen, Kutschwagen, Leiterwagen, Lieferwagen, Moebelwagen, Motorroller, Motorschiff, Paternoster, Postkutsche, Schlafwagen, Schleppkahn, Schwebebahn, Segelschiff, Speisewagen, Zahnradbahn, Zugmaschine
12 Duesenjaeger, Elektrowagen, Fesselballon, Flussdampfer, Hubschrauber, Krankenwagen, Ozeandampfer, Rettungsboot, Strassenbahn, Vierspaenner, Zweispaenner
13 Drahtseilbahn, Kraftdroschke, Personenwagen, Rettungswagen, Sanitaetsauto, Segelflugzeug, Zigeunerwagen
14 Eisenbahnwagen, Hospitalschiff, Lazarettschiff, Luftkissenboot, Motorschlepper, Personenaufzug, Untergrundbahn, Wasserflugzeug
15 Oberdeckomnibus, Personendampfer, Raupenschlepper, Sattelschlepper, Seilschwebebahn, Ueberseedampfer
16 Krankenfahrstuhl, Segelschulschiff, Seifenkistenauto, Verkehrsflugzeug
Fahrzeugversicherung
5 Kasko
9 Teilkasko, Vollkasko
Faible
4 Hang
7 Neigung
8 Vorliebe
9 Schwaeche, Sympathie
fair
6 sauber
7 ehrlich, redlich
8 tolerant
10 anstaendig, ritterlich
11 einwandfrei
Fäkalien
10 Exkremente
Fakir
4 Jogi, Yogi
5 Asket
7 Bettler, Buesser, Gaukler
8 Derwisch, Zauberer
9 Wahrsager
12 Bettelmoench
Faksimile
10 Nachahmung, Wiedergabe
11 Nachbildung
12 Reproduktion
Fakt
8 Tatsache
Faktor
7 Umstand
12 Druckmeister
14 Setzereileiter
16 Vervielfaeltiger
Faktotum
6 Diener, Helfer
7 Gehilfe
Faktum
8 Tatsache
10 Tatbestand
Faktur
8 Rechnung
fakultativ
8 wahlfrei
10 freiwillig
Fakultätsleiter
5 Dekan
Falbe
5 Pferd
8 Isabelle

Falke, Falkenvogel
4 Weih
5 Adler, Milan, Saker, Weihe
6 Lanner, Merlin
7 Gerfalk, Habicht
8 Carancho, Chimango, Gerfalke
9 Baumfalke, Jagdfalke, Turmfalke
10 Abendfalke, Flugjaeger, Polarfalke, Wuergfalke, Zwergfalke
11 Roetelfalke, Stossjaeger, Wanderfalke
12 Lerchenfalke, Rotfussfalke
13 Feldeggsfalke, Ruetteljaeger
14 Eleonorenfalke, Taubenstoesser
Falkenjagd
5 Beize
Falkenmännchen
6 Terzel
Falklandinseln
8 Malwinen
13 Islas Malvinas
Fall
3 Tau
5 Casus, Kasus, Sache, Sturz
7 Abstieg, Absturz, Umstand
8 Einnahme, Unglueck
9 Eroberung
10 Niedergang
13 Angelegenheit
der Deklination
7 Genitiv
Fallbeil
10 Guillotine
Falle
4 Bett, Netz
5 Eisen
6 Klinke, Riegel
8 Schlinge
9 Fangeisen, Fanggrube
10 Hinterhalt
11 Tellereisen
fallen
6 sinken
8 sturzen
Fallen
der Börsenkurse
6 Baisse
Fallensteller
7 Trapper
Fallhammer
5 Ramme
8 Rammbaer
Fallhöhe
8 Gefaelle
Fallklotz
5 Ramme
Fallreep
13 Schiffstreppe
Fallsucht
9 Epilepsie
Falltechnik
5 Ukemi
Falltür
4 Luke
fallweise
Muskelkrämpfe
7 Tetanie
Fallwind
4 Bora
5 Foehn
7 Mistral
der argentinischen Anden
5 Zonda
des Gardasees
3 Ora
in Südfrankreich
5 Autan
falsch
5 irrig
6 unecht
8 verkehrt, verlogen
9 unehrlich, unredlich
10 fehlerhaft
11 irrtuemlich
12 heuchlerisch, hinterlistig, unaufrichtig
13 hinterhaeltig
beförderte Postsache
10 Irrlaeufer
denken
5 irren
geleitete Post
10 Irrlaeufer
falsche
Akazie
7 Robinie
Annahme
6 Irrtum
Aussage
5 Luege
Beurteilung
6 Irrtum
Folgerung
11 Trugschluss
Götzenbilder
5 Idole
Maßnahme
9 Fehlgriff
Richtung, Route, Straße
6 Irrweg
Theorie
8 Irrlehre
Zeitfestlegung
13 Anachronismus
zeitliche Einordnung
13 Anachronismus
Zeitungsmeldung
4 Ente
11 non testatum
falscher
Eid
7 Meineid
Glanz, Schein
4 Tand, Trug
7 Flitter
8 Trugbild
10 Taeuschung
11 Flitterkram, Flitterwerk
Glaube
8 Irrlehre
Gott
6 Abgott
Schmuck
3 Jet
5 Gagat, Talmi
6 Strass
9 Imitation
Schwur
7 Meineid
Sprung eines Pferdes
8 Eskapade
falsches
Abziehen der Karten
6 Filage
Haarteil
6 Toupet
8 Peruecke
Handeln
6 Fehler
Ideal
4 Idol
Vorbild
4 Idol
Falschgeld
6 Bluete
Falschheit
3 Arg
fälschlich
für Honschu
5 Hondo
Falschmeldung
4 Ente
falschschwörend
9 meineidig
Falschspiel
6 Betrug
7 Mogelei
9 Schwindel
falsch spielen
6 mogeln
9 betruegen
10 schwindeln
Fälschung
9 Imitation
10 Falsifikat, Nachahmung
11 Nachbildung
Falsett
6 Fistel
10 Kopfstimme
12 Fistelstimme
Falsifikat
10 Faelschung
faltbare
Tragetasche
6 Beutel
Unterkunft
4 Zelt
Falte
4 Falz
5 Knick, Kniff, Welle
6 Furche, Runzel
7 Biegung
8 Knickung
10 Bodenwelle
falten
6 falzen
7 knicken, kniffen
10 plissieren
des Druckbogens
6 falzen
Faltengebirge
in Italien
7 Apennin
faltenlos
5 glatt
Faltensaum, -besatz
6 Falbel
Faltenstoff
7 Plissee
Faltenwespe
8 Hornisse
Faltenwurf
8 Draperie

Falter
13 Schmetterling
15 Abendpfauenauge
Falterlarve
5 Raupe
Faltrock
7 Simarre
Falz, Fuge
3 Nut
4 Nute
Fama
3 Ruf
5 Ondit
8 Geruecht, Nachrede
Familie
5 Sippe, Stamm
6 Gruppe
8 Parentel
9 Mischpoke
10 Geschlecht, Sippschaft
12 Gemeinschaft
bodenbewohnender Singvögel
6 Lerche
der Einkeimblättrigen
5 Xyris
der Rabenvögel
6 Haeher
der Unpaarhufer
6 Pferde
kleiner Halbaffen
5 Loris
krautiger Pflanzen
7 Primeln
zarter Schmetterlinge
7 Spanner
Familienältester
6 Senior
Familienangehörige
6 Mutter
7 Tochter
9 Schwester
11 Grossmutter
Familienangehöriger
4 Sohn
5 Vater
6 Bruder
10 Grossvater
Familienerbgut
im Mittelalter
5 Allod
Familienfeier, -fest
5 Taufe
6 Heirat
7 Firmung
8 Hochzeit
9 Kommunion, Namenstag, Verlobung
10 Einsegnung, Geburtstag
11 Polterabend
12 Hochzeitstag, Konfirmation
13 Erstkommunion
14 Silberhochzeit
15 Goldene Hochzeit
Familienforscher
9 Genealoge
Familienforschung
10 Genealogie
Familienname
6 Zuname
8 Nachname
Lenins
7 Uljanow
Napoleons
9 Bonaparte
Papst Pius XI.
5 Ratti
Voltaires
6 Arouet
Familienoberhaupt
5 Vater
Familienstammbaum
10 Ahnentafel
Familienstand
5 ledig
9 verwitwet
10 geschieden
11 verheiratet
Familienvater
9 Ernaehrer
Familienvorstand
5 Vater
8 Hausherr
Familienzweig
5 Linie
famos
5 prima
6 patent
9 praechtig, sagenhaft
10 grossartig
Famulus
6 Diener
7 Gehilfe, Student
8 Schueler
9 Assistent
Fan
8 Verehrer
9 Anhaenger, Liebhaber
Fanal
6 Fackel, Signal
7 Zeichen
12 Feuerzeichen, Rauchzeichen
13 Leuchtzeichen
Fanatiker
5 Zelot
7 Eiferer
fanatisch
6 hitzig
7 eifernd
10 aufgehetzt
11 blindwuetig
16 leidenschaftlich
fanatische
Sekte der Sikhs
5 Akali
fanatischer
Nationalist
10 Chauvinist
Fang
4 Fuss, Jagd, Raub, Zahn
5 Beute, Klaue
6 Kralle, Rachen
8 Ausbeute
9 Eroberung, Reisszahn
10 Todesstoss
Fangarm
des Tintenfisches
8 Tentakel
Fanggehege
6 Korral
Fanggerät, -vorrichtung
4 Bola, Netz
5 Angel, Eisen, Falle, Hamen, Lasso, Reuse
7 Kescher, Saufang
8 Schlinge
9 Fallgrube, Fangeisen, Fanggrube, Vogelherd
10 Mausefalle
11 Tellereisen
der Heringsfischerei
9 Treibnetz
für Vögel
8 Leimrute
Fanghaar
fleischfressender Pflanzen
8 Tentakel
Fangheuschrecke
6 Mantis
Fangleine
5 Lasso
Fangnetz
4 Garn
Fangspiel
mit Doppelkreisel
7 Diabolo
Fant
4 Beau, Geck, Snob
5 Dandy, Junge, Laffe, Stenz
6 Fatzke
7 Angeber, Elegant, Stutzer
8 Dummkopf
Fantasie
8 Trugbild
9 Tonstueck
10 Einbildung, Paraphrase, Traeumerei
11 Imagination, Komposition, Vorstellung
12 Hirngespinst
14 Erfindungsgabe
16 Einbildungskraft
als Komposition
10 Paraphrase
fantasieren
7 spinnen
8 erfinden
10 delirieren, fabulieren
im Wachzustand
8 Tagtraum
Fantast
8 Traeumer
10 Romantiker, Schwaermer
11 Illusionist
fantastisch
7 seltsam
9 wunderbar
11 unglaublich
Farbabstreicher
beim Tiefdruck
5 Rakel
Farbabstufung
9 Abtoenung
Farbanstrich
8 Bemalung
Farbanzeiger
in der Chemie
9 Indikator
Farbe
7 Kolorit
Braun
6 Bister
der Falschheit
4 Gelb
der franz. Spielkarte
3 Pik
der Gesichtshaut
5 Teint

der Hoffnung
5 Gruen
der Liebe
3 Rot
der Reinheit
5 Weiss
der Spielkarte
6 Eckern
der Trauer
7 Schwarz
der Treue
4 Blau
des Gesichts
5 Teint
des Neides
4 Gelb
des Tintenfisches
5 Sepia
einer Stimme
6 Timbre
einer studentischen Verbindung
7 Couleur
Farbton
3 rot
4 azur, blau, bleu, gelb, gold, grau, gris, ◆ Kaki, lila, oliv, pink, rosa, rose, russ
5 beige, blond, braun, creme, fonce, gruen, kakao, khaki, malve, mauve, ocker, sepia, siena, umber, umbra, weiss
6 bronze, cerise, fraise, golden, karmin, kreide, orange, purpur, reseda, safran, silber
7 chamois, eisblau, hellrot, rosarot, schwarz, silbern, silbrig, tuerkis, violett, weinrot
8 azurblau, bruenett, eisenrot, Erdfarbe, flamingo, fuchsrot, gelblich, goldgelb, graublau, hellblau, karmesin, lehmgelb, maigruen, mausgrau, rehbraun, rotblond, rotbraun, schiefer, seegruen, zinnober
9 blasslila, blaugruen, chromgelb, elfenbein, erdfarben, gelbgruen, giftgruen, graubraun, gruenblau, Hautfarbe, hechtgrau, hellbraun, hellgruen, karminrot, kirschrot, laubgruen, lichtblau, meergruen, ockergelb, olivbraun, rostbraun, Scharlach, stahlblau, tizianrot, ziegelrot
10 amarantrot, blattgruen, dunkelblau, dunkelgrau, Goldbronze, himmelblau , kobaltblau, Lachsfarbe, marineblau, neapelgelb, ockerbraun, quittegelb, Sandelholz, sandfarben, silbergrau, strohblond, tomatenrot, ultramarin, wasserblau
11 bordeauxrot, Bronzefarbe, bronzegruen, dunkelbraun, dunkelgruen, Englisch Rot, flachsblond, grauschwarz, indischgelb, karmesinrot, koenigsblau, lachsfarben, lasurfarben, martinsgelb, orangebraun, semmelblond
12 Berliner Blau, Kupferbronze, nachtschwarz, rabenschwarz, scharlachrot, schiefergrau, Silberbronze, smaragdgruen, veilchenblau, zitronengelb
13 bismarckbraun, brillantgruen, flaschengruen, fleischfarben, isabellfarben, Russisch Gruen, vulkanschwarz
14 kastanienbraun, kornblumenblau, Preussisch Blau, ultramarinblau
15 anthrazitfarben, isabellenfarben, schokoladebraun
16 schokoladenbraun
im Kartenspiel
3 Pik, Rot
4 Herz, Karo
5 Gruen, Kreuz, Treff
6 Eichel
8 Schellen
Färbebad
5 Kuepe
6 Flotte
Färbemaschine
für Gewebe
6 Jigger
Färbemittel
5 Henna
im Orient
5 Henna
färben
6 toenen
8 umformen
9 auftragen, faelschen, schminken
10 kolorieren
11 anstreichen, umfaelschen
14 zurechtstutzen
Farbenbehälter
9 Malkasten
Farbenblindheit
13 Achromatopsie
Farbenbrett
7 Palette
färbende
Einlage in Schreibstiften
4 Mine
farbenfroh
4 bunt
Farbengebung
7 Kolorit
Farbenglanz
8 Schiller
Farbengrundstoff
4 Teer
6 Anilin
Farbenhalbring
am Himmel
10 Regenbogen
Farbenkünstler
8 Kolorist
Farbenlehre
9 Chromatik
Farbenmischbrett
7 Palette
Farbenpracht
8 Buntheit
farbenprächtiger
Hühnervogel
4 Pfau
Papagei
4 Lori
Schmetterling
7 Admiral
Farbenzusatz
7 Leinoel
Färberbaum
6 Sumach
Farberde
3 Bol
Färberpflanze, -röte
3 Wau
5 Krapp
6 Reseda, Saflor, Sumach
9 Gilbkraut
12 Tuerkisch Rot
Färberschildlaus
6 Kermes
Färbeverfahren
von Stoffen
4 Ikat
5 Batik
Farbfernsehsystem
3 PAL
5 SECAM
Farbfleck
6 Klecks
Farbgebung
7 Kolorit
8 Faerbung
Farbglanz
8 Schiller
farbig
4 bunt
8 lebendig
9 koloriert
farbige
Frau
7 Negerin
8 Schwarze
11 Afrikanerin
Lufterscheinung
10 Regenbogen
Naturerscheinung
8 Abendrot
10 Regenbogen
Papierschnitzel
8 Konfetti
Verzierung
5 Dekor
Farbiger
5 Neger
9 Afrikaner, Schwarzer
Geweberand
8 Borduere
farbiges
Abzeichen
7 Kokarde
Kennzeichen
6 Wappen
Farbkörnchen
7 Melanin
Farbkörper
in der Haut
7 Pigment
Farbkunst
7 Malerei
Farbkünstler
5 Maler
farblos
4 fade
5 banal, blass
10 langweilig

12 achromatisch, ◆ nichts sagend
farblose
Flüssigkeit
5 Zymol
8 Hydrazin
12 Terpentinoel
Farblösemittel
6 Aceton, Azeton
farbloses
Gas
8 Ammoniak
11 Formaldehyd
12 Kohlendioxid
13 Kohlenmonoxid
giftiges Gas
10 Kohlenoxid
Öl
8 Tetralin
Farblosigkeit
10 Albinismus
Farblösung
zum Anfertigen von Zeichnungen
6 Tusche
Farbmaterial, -stoff
3 Oel, Wau
4 Russ, Teer
5 Eosin, Henna, Kohle, Krapp, Ocker, Sepia, Stift, Umber, Umbra
6 Anilin, Indigo, Karmin, Kobalt, Kreide, Purpur, Roetel, Safran, Tusche
7 Auramin, Fuchsin, Mennige, Phloxin
8 Alizarin, Karmesin, Korallin, Nigrosin, Oelfarbe, Zinnober
9 Bleistift, Bleiweiss, Buntstift, Deckweiss, Farbstift, Filzstift, Karthamin, Lackfarbe, Leimfarbe, Oelkreide, Zinkweiss
10 Acrylfarbe, Akrylfarbe, Chromgruen, Chrysoidin, Cochenille
11 Kopierstift, Koschenille, Plakatfarbe, Wasserfarbe
12 Berliner Blau, Pastellfarbe, Pastellstift, Zeichenkohle, Zeichenstift
13 Aquarellfarbe, Filzschreiber, Pastellkreide
16 Dispersionsfarbe
Farbmesser
5 Rakel
7 Schaber
10 Chromoskop
Farbmischtafel
7 Palette
Farbpflanze
6 Safran
Farbschattierung
7 Toenung
Farbscheibe
des Malers
7 Palette
Farbstift
6 Roetel
Farbstiftmalerei
7 Pastell
Farbstoff
3 Wau
4 Waid
5 Eosin, Henna, Krapp, Ocker, Sepia, Umber, Umbra
6 Anilin, Indigo, Karmin, Kobalt, Purpur, Safran
7 Auramin, Fuchsin, Koralin, Mennige, Phloxin, Pigment
8 Alizarin, Karmesin, Nigrosin, Zinnober
9 Bleiweiss, Karthamin, Zinkweiss
10 Chrysoidin
11 Koschenille
12 Berlinerblau
aus der Krappwurzel
8 Alizarin
des Safrans
6 Crocin
in Pflanzenzellen
7 Karotin
Farbstoffpflanze
3 Wau
Farbstoffträger
14 Chromatophoren
in den Pflanzenzellen
9 Plastiden
Farbtafel
7 Palette
Farbton
4 grau, lila, oliv, rosa
5 beige
10 ultramarin
14 ultramarinblau
der menschlichen Haut in der Malerei
8 Inkarnat
Farbüberzug
5 Lasur
Färbung
7 Kolorit, Toenung
des Himmels
8 Abendrot
9 Morgenrot
Farbwalze
der Schnellpresse
6 Duktor
Farbwirkung
7 Kolorit
Farce
5 Posse
7 Schwank
8 Fuellsel, Fuellung, Groteske, Komoedie
9 Lustspiel
13 Zwischenspiel
Farm
in Nordamerika
5 Ranch
Farmer
5 Bauer
7 Rancher, Siedler
8 Landwirt, Paechter, Zuechter
Farnart, -gewächs
8 Adiantum, Aspidium, Baerlapp, Chenille, Haarfarn, Oleandra
9 Adlerfarn, Mondraute, Sumpffarn, Venushaar
10 Engelsuess, Frauenhaar, Polypodium, Schildfarn, Zungenfarn
11 Hirschzunge, Koenigsfarn, Natterzunge, Straussfarn, Tuepfelfarn
13 Schachtelhalm
14 Walpurgiskraut
Faröerinsel
5 Vagoe
6 Sandoe
7 Syderoe
8 Oesteroe, Stroemoe
10 Norderoeer
Färse
4 Kalb
Fasanart
7 Rebhuhn
9 Goldfasan
fasanartiger
Hühnervogel
8 Perlhuhn
9 Steinhuhn
Fasanengehege
9 Fasanerie
Faschinendamm
am Meer
5 Buhne
Fasching
8 Fasnacht, Karneval
9 Fastnacht
Faschingsfigur
4 Narr
Faschingsgesellschaft
8 Narhalla
Faselei
6 Gerede, Unsinn
7 Klatsch, Quatsch, Rederei, Tratsch
10 Geschwaetz
Faser
5 Fiber, Zasel
der Kokosnuss
4 Coir
tropischer Agavenarten
5 Sisal
Faserbündel
5 Riste
Fasergebilde
5 Faden
6 Strang
Fasergewebe
8 Textilie
Fasergewebe, -pflanze, -stoff
3 Pan, PVC, Tau
4 Alfa, Aloe, Coir, Garn, Hanf, Jute, Koir, Lein
5 Agave, Faden, Halfa, Kapok, Kokon, Kokos, Nylon, Orlon, Ramie, Seide, Sisal, Wolle
6 Atocha, Dacron, Dralon, Flachs, Gewebe, Nessel, Perlon
7 Esparto, Terylen, Webware
8 Alfagras, Faedchen, Fibrille, Geflecht, Textilie, Wirkware
9 Baumwolle, Halfagras, Zellwolle
10 Flechtwerk, Kokospalme, Kunstseide
11 Espartogras, Sansevieria, Sansevierie
12 Espartostroh
faseriges
Bindegewebsstück an den Muskeln
5 Sehne
Material
6 Asbest
Faserkiesel
6 Mullit

Faserlänge
6 Stapel
Faserschicht
in der Spinnerei
5 Vlies
Faserstoff
des Blutes
6 Fibrin
Faserstofferzeugnisse
9 Textilien
Faserstücke
in der Textilindustrie
5 Flock
Fass
5 Tonne
6 Barrel
Fassade
5 Front
9 Aeusseres
10 Schauseite, Stirnseite
11 Erscheinung, Vorderfront, Vorderseite
fassbar
11 perzeptibel
Fassbrett
5 Daube
Fässchen
6 Laegel
Fassherstellungsbetrieb
8 Kueferei
Fassmacher
6 Kuefer
Fasson
3 Art
4 Form, Stil
6 Muster
7 Fassung, Haltung, Machart, Schnitt
8 Ermessen
9 Lebensart
10 Gutduenken, Lebensstil
11 Lebensweise
Fassseitenbrett
5 Daube
Fassung
7 Version
10 Contenance, Kontenance
fassungslos
12 konsterniert
fassungsloser
Schreck
9 Entsetzen
Fassungsvermögen
4 Raum
5 Geist, Platz
6 Inhalt
7 Flaeche, Groesse, Volumen
8 Verstand
9 Denkkraft
10 Kapazitaet
18 Aufnahmefaehigkeit
Fassverschluss
5 Spund
fast
6 beinah, nahezu
7 beinahe
8 ziemlich
gar nicht
4 kaum
geräuschlos
5 leise
immer
5 meist
7 zumeist
senkrecht
5 steil
unhörbar
5 leise
Fasten
der Moslems
5 Sijam
Fastenmonat
der Mohammedaner
7 Ramadan, Ramasan
Fastensonntag
6 Judika
9 Invokavit
Fastenzeitbeginn
14 Aschermittwoch
Fastnacht
8 Fasching, Karneval
Fastnachtsausschuss
8 Elferrat
Fastnachtsgeck
4 Narr
Fastnachtskomödie
13 Neidhartspiel
Fastnachtsmontag
11 Rosenmontag
Fastnachtsruf
5 alaaf, helau
Faszination
12 Verzauberung
faszinieren
9 bezaubern
10 bestricken, verzaubern
Fata
Morgana
8 Trugbild
14 Luftspiegelung
16 Sinnestaeuschung
fatal
8 peinlich
faul
5 aasig, inert, traeg, uebel
6 modrig, morsch, traege
7 muessig
8 bruechig
9 verdorben
12 phlegmatisch
Faulbaum
8 Elsbeere
9 Kreuzdorn, Rhamnazee
10 Hirschdorn
faulen
6 modern
Faulendes
5 Moder
faulenzen
7 gammeln
Faulenzer
7 Gammler
8 Tagedieb
10 Nichtsnutz, Tunichtgut
fauler
Witz
4 Zote
7 Kalauer
Fäulnis
5 Moder
Fäulnisgift
6 Neurin
Faulpelz
13 Baerenhaeuter
Faulschlamm
8 Sapropel
Faultier
2 Ai
4 Unau
10 Zweifinger
Fauna
9 Tierreich
Faune
8 Tierwelt
Faustgewalt
14 Brachialgewalt
Fausthandschuh
10 Faeustling
Faustkampf
5 Boxen
10 Pugilistik
der alten Griechen
10 Pankration
Faustkämpfer
5 Boxer
8 Pugilist
Fauteuil
8 Armstuhl
9 Lehnstuhl
Fauves
Maler und Grafiker
4 Dufy
6 Braque, Derain, Friesz
7 Manguin, Matisse
8 Vlaminck
9 van Dongen, Vauxelles
Fauxpas
4 Bock
6 Fehler
8 Verstoss
9 Fehltritt, Missgriff
11 Entgleisung
13 Taktlosigkeit
Favorit, Favoritin
8 Geliebte, Liebchen, Liebling
9 Geliebter, Liebhaber, Maetresse, Maitresse
10 Guenstling
Faxe, Faxen
2 Uz
3 Jux, Ulk
4 Witz
5 Getue, Spass, Unfug
6 Unsinn
7 Streich
8 Dummheit, Grimasse
12 Fisimatenten
Fazit
5 Summe
6 Effekt, Erfolg
7 Wirkung
8 Endsumme, Ergebnis, Resuemee, Resultat
11 Endergebnis
16 Schlussfolgerung
Feature
7 Bericht
14 Fernsehbericht
17 Dokumentarbericht
Februar
5 Feber
7 Hornung
Fechtausdruck, Fechthieb
4 Filo, Gang, Hieb, Prim, Sixt, Terz
5 Coupe, Degen, Finte, Linie, Maske, Oktav, Priem, Quart, Quint, Stich, Stoss, Weste
6 Cercle, Fleche, Invite, Invito,

Klinge, Mensur, Parade, Quinte, Saebel, Sekond, Sekund
7 Abstand, Angriff, Anstoss, Ausfall, Auslage, Battuda, Bindung, Bloesse, Deckung, Florett, Gefecht, Planche, Reprise, Rimessa, Rimesse, Riposte, Ripresa, Septime, Treffer
8 Balestra, Cavation, Endstoss, Incontro, Inkontro, Kavation
9 Appuntata, Einladung, Faustlage, Fechtbahn, Raddoppio, Tempohieb, Waffenarm
10 Arretstoss, Fechtanzug, Fechtmaske, Flanconade, Kreisstoss, Paradehieb, Pattinando, Speerstoss, Stosswaffe, Tempostoss
11 Circolazion, Eisenschlag, Fintangriff, Klingenlage, Kreisparade, Tempoaktion, Winkelstoss
12 Degenfechten, gerader Stoss, Klingenmitte, Klingenspiel, Kontraparade, Straftreffer, Trefffläche
13 Aufhaltestoss, Bindungsstoss, Contrariposte, Doppeltreffer, Faustposition, Fechtstellung, Gesichtsmaske, Klingenschlag, Koerperparade, Saebelfechten
14 Florettfechten, Klingenangriff, Umgehungsstoss
15 Abstreifbattuta, Bindungsangriff, Halbkreisparade, Treffervorrecht
16 Drahtgittermaske, fintierte Riposte
17 Appositionsparade, Doppelfintangriff, Flankengleitstoss

Fechtbahn
7 Planche

Fechtbruder
7 Bettler

Fechten
im freien Kampf
6 Assaut

Fechtgang
6 Assaut

Fechthandschuhteil
5 Stulp

Fechthieb
abwehren
8 parieren

Fechtwaffe
5 Degen, Spada
6 Rapier, Saebel
7 Florett, Schwert
9 Schlaeger

Feder
5 Spund

Federball
9 Badminton

Federbett
7 Plumeau

Federbettenstoff
6 Inlett

Federbrett
9 Trampolin

Federbusch
7 Panasch

Federbüschel
am Vogelkopf
5 Haube

Federhalter
7 Fueller

Federhaube
5 Holle

Federkiel
4 Pose

Federkleid
der Vögel
8 Gefieder

Federkraft, Spannkraft
12 Elastizitaet

Federmappe
6 Pennal

Federmotte
9 Geistchen

federnd
6 leicht, locker
7 biegsam
8 flexibel
9 elastisch

federnde
Hülse
6 Buchse

federnder
Betteinsatz
8 Matratze

Federschaft
4 Kiel

Federschmuck
8 Aigrette

Federspiel
bei der Falkenjagd
5 Luder

Federsprungbrett
9 Trampolin

Federstola
3 Boa

Federvieh
4 Ente, Gans, Hahn, Huhn, Pute
5 Erpel, Fasan, Henne, Puter, Taube
6 Ganter, Glucke, Gockel, Kueken
7 Goessel, Kuecken
8 Enterich, Hausente, Perlhuhn, Poularde, Truthahn
9 Truthenne
10 Gaenserich, Goesseling

Federwechsel
6 Mauser
9 Mauserung

Federweiß
4 Talk
6 Talkum
9 Talkpuder
11 Gleitmittel, Streupulver

Federweißer
4 Most
5 Sturm
6 Sauser
11 Traubenmost

Federwild
5 Fasan, Ralle, Triel
6 Trappe
7 Eisente, Kiebitz, Kranich, Rebhuhn, Wachtel
8 Auerhahn, Birkhahn, Birkhuhn, Feldhuhn, Kormoran, Schnepfe, Wildente, Wildgans
9 Bekassine, Blesshuhn, Brandente, Edelfasan, Eiderente, Goldfasan, Haselhuhn, Krickente, Stockente, Sumpfhuhn
10 Blaesshuhn, Brachvogel, Reiherente, Rohrdommel, Schneehuhn, Wasserhuhn
11 Ringeltaube, Silberfasan, Turteltaube
12 Waldschnepfe
13 Sumpfschnepfe

Federwildragout
5 Salmi
6 Salmis

Federwolke
6 Cirrus, Zirrus

Federzange
8 Pinzette

Fee
4 Elfe
5 Geist, Wesen
8 Zauberin
10 Fabelwesen
12 Sagengestalt
der altfranzösischen Sage
7 Morgana
der persischen Sage
4 Peri

Feenkönig
in franz. Märchen
6 Oberon

Feenkönigin
der keltischen Sage
3 Mab

Fegefeuer
9 Vorhoelle
11 Purgatorium

fegen
6 kehren, putzen
8 saeubern

Feger
3 Mop
4 ◆ Mopp
5 Besen, Wedel
6 Kehrer

Feh
4 Fell, Pelz
8 Grauwerk, Pelzwerk
9 Rauchware
17 Eichhoernchenfell

Fehde
4 Zank
5 Kampf, Krieg, Zwist
6 Streit
11 Feindschaft, Kontroverse

fehl
am Platz
10 deplaciert, deplaziert
11 ◆ deplatziert

Fehl
5 Makel
6 Falsch

Fehlbetrag
5 Manko, Minus
7 Defizit, Verlust
8 Einbusse
9 Differenz
11 Unterbilanz

Fehldruck
9 Makulatur
Fehlen
normaler Körperöffnungen
7 Atresie
fehlende
Stücke
6 Luecke
fehlender
Anlass
14 Grundlosigkeit
Vorrat
6 Mangel
fehlendes
Wissen
14 Bildungsluecke
Fehlentscheidung
des Gerichts
12 Justizirrtum
Fehler
4 Bock
5 Makel, Manko
6 Defekt, Irrtum, Lapsus, Laster, Mangel, Patzer
7 Fauxpas
8 Nachteil, Versehen, Verstoss
9 Missgriff, Schnitzer
beim Fußball
4 Foul
fehlerfrei
6 intakt
7 korrekt, richtig
fehlerhaft
6 defekt, falsch
9 inkorrekt
sprechen
7 lispeln
fehlerhafter
Druckbogen
9 Makulatur
Druck von Wertpapieren und Briefmarken
9 Fehldruck
Fehlfarbe
im Kartenspiel
5 Fosse
7 Renonce
Fehlführung
5 Abweg
6 Irrweg
Fehlgeburt
5 Abort
6 Abgang
7 Abortus
fehlgehen
5 irren
fehlgeleitete
Post
10 Irrlaeufer
Fehlhandlung
6 Irrung
Fehlkugel
beim Lotto
12 Durchlaeufer
Fehlleitung
12 Irrefuehrung
Fehllos
5 Niete
Fehlschlag
5 Niete
6 Fiasko, Pleite
8 Reinfall, Versager
9 Scheitern
10 Misserfolg, Niederlage
Fehlschluss
6 Irrtum
Fehlschuss
9 Fahrkarte
Fehlstoß
beim Billard
5 Kicks
Fehltritt
6 Suende
7 Fauxpas
8 Vergehen
11 Ausrutscher
Fehlurteil
6 Irrtum, Irrung
Feier
4 Fest, Fete
5 Party
7 Empfang
12 Festlichkeit
am Ende der Fruchteinbringung
9 Erntefest
bei einem Neubau
8 Hebfeier
9 Richtfest
der Eheschließung
8 Hochzeit
Feierabendsportler
6 Kegler
feierlich
5 ernst
6 solenn
7 gehoben, wuerdig
8 erhebend, festlich, pastoral
9 offiziell
10 pathetisch, wuerdevoll
11 zeremoniell
begehen
11 zelebrieren
feierliche
Amtstracht
4 Robe
5 Ornat
Anrede
10 Apostrophe
Begrüßung
10 Salutation
Ergriffenheit
6 Pathos
Eröffnung
10 Einweihung
Handlung
5 Ritus, Segen, Weihe
9 Zeremonie
katholische Messe
7 Hochamt
Versicherung
3 Eid
6 Schwur
Zeremonie
5 Weihe
feierlicher
Anlass
7 Festtag
Brauch
5 Ritus
Empfang
4 Cour
7 Audienz
Herrenhut
8 Zylinder
Tanz
6 Pavane
Umzug
10 Prozession
feierliches
Gedicht
3 Ode
Gelübde
5 Votum
Lied
3 Ode
5 Hymne
6 Hymnos, Hymnus
11 Landeshymne
13 Nationalhymne
Musikstück
8 Maestoso
Versprechen
8 Geluebde
9 Ehrenwort
Feierlichkeit
8 Pathetik
Feiern
bei einem Leichenbegängnis
10 Funeralien
Feiertag
6 Ostern, Passah, Sabbat
7 Busstag, Maifest, Neujahr, Sonntag
9 Erster Mai, Pfingsten, Silvester, Totenfest
10 Karfreitag
11 Allerseelen, Heiligabend, Himmelfahrt, Weihnachten
12 Fronleichnam, Totensonntag
13 Allerheiligen, Buss und Bettag, Erntedankfest, Heiliger Abend
christlicher
6 Ostern
7 Busstag
9 Pfingsten
10 Epiphanias, Karfreitag
11 Allerseelen, Heiligabend, Himmelfahrt, Weihnachten
12 Fronleichnam
13 Allerheiligen, Buss- und Bettag
16 Reformationsfest
jüdischer
6 Passah
7 Neujahr
15 Laubhuettenfest
16 Versoehnungsfest
mohammedanischer
6 Bairam
feige
6 gemein, mutlos
7 schwach
10 aengstlich, memmenhaft
11 hasenherzig
Feigenbaum
6 Banian
Feigenkaktus
7 Opuntie
Feigling
5 Memme
7 Poltron
9 Angsthase, Hasenfuss, Hasenherz
11 Duckmaeuser
12 Schwaechling
feil
9 kaeuflich
feilbieten
10 offerieren

Feile
6 Raspel
feilen
8 glaetten, polieren
Feilenart
6 Raspel
Feilmaschine
6 Fraese
feilschen
7 handeln, markten
9 schachern
Feime
7 Schober
fein
4 zart
5 duenn, genau, nobel
6 gentil, grazil, ◆ schick, schmal, sublim, subtil
7 anmutig, delikat, elegant, huebsch, praezis, schlank, vornehm
8 brillant, grazioes, praezise, zierlich
10 anstaendig, kultiviert, manierlich
11 mimosenhaft
gekleidet
7 elegant
tadellos (umgangssprachlich)
6 knorke
verteilter fester Stoff
6 Pulver
Feinarbeit
8 Filigran
feinaromatischer
Weichkäse
4 Brie
Feinbäcker
8 Konditor
Feinbäckerei
10 Konditorei, Patisserie
Feind
6 Gegner
8 Opponent
11 Widersacher
12 Gegenspieler
des Königs Ermanarich
6 Hamdir
des Messias
10 Antichrist
Feindeskopfhaut
bei den Indianern
5 Skalp
feindlich
6 abhold
9 aggressiv
12 nicht geneigt
Gesinnter
6 Hasser
feindliche
Auseinandersetzung
5 Krieg
Eindringlinge
9 Invasoren
Gesinnung
11 Animositaet
feindlicher
Einfall
8 Invasion
Spion
5 Agent
Feindschaft
4 Hass
5 Fehde, Odium
8 Unfriede
11 Animositaet
Abneigung
5 Odium
feindselig
6 unhold
9 aggressiv
Feindseligkeit
4 Zank
5 Fehde, Krieg, Zwist
6 Streit
11 Animositaet, Hostilitaet
feine
Abstufung
6 Nuance
Backware
5 Torte
chinesische Teesorte
5 Pekoe
Gewürzrinde
4 Zimt
Goldschmiedearbeit
8 Filigran
Haarrissmusterung
8 Craquele, Krakelee
Hautöffnung
4 Pore
Kaffeesorte
5 Mokka
Kochkunst
11 Gastronomie
Körperfaser
4 Nerv
Ledersorte
3 Kid
5 Glace, Nappa
6 ◆ Glacee
Nadelarbeit
5 Filet
Rosine
9 Sultanine
Schmutzteilchen
5 Staub
Sitte
7 Fashion
8 Etikette
Süßspeise
4 Krem
5 Creme
Töpferware
7 Fayence
Tücher aus Ananashanf
5 Pinas
Unterschiede machen
10 nuancieren
Wollart
6 Angora, Merino
feiner
Instinkt
9 Spuersinn
Kattun
4 Zitz
Nachtisch
7 Dessert
Niederschlag
11 Nieselregen
Pferdewagen
8 Equipage
Regen
11 Nieselregen
Schmutz
5 Staub
Spalt
4 Riss
Spott
6 Ironie
Unterschied
6 Nuance
feinere
Zuckersorte
5 Melis
feines
Benehmen
3 Pli
10 Courtoisie
Damenmodengeschäft
8 Hutsalon
Gemüse
7 Spargel
Gestein
4 Kies, Sand
Gewebe
4 Taft
5 Seide
6 Batist
11 Seidenatlas
Gewebe des Altertums
6 Byssus
Haar
5 Cilia, Zilie
Hackfleisch
7 Haschee
Kreppgewebe
7 Lavabel
Leder
3 Kid
5 Nappa
Liniennetz
6 Raster
Netzwerk aus Edelmetall
8 Filigran
Papier
5 Velin
Pulver
5 Puder
Wolltuch
5 Serai
Ziegenleder
7 Saffian
8 Chevreau
feinfädige
Schmuckarbeit
8 Filigran
feinfädiger
Chemiefaserstoff
11 Acetatseide, Azetatseide
feinfädiges
Baumwollgewebe
5 Linon
Gewebe
6 Batist, Damast
feinfaseriges
Mineral
6 Amiant, Brucit
feinfühlend, feinfühlig
4 zart
8 sensibel, sensitiv, taktvoll
10 empfindsam
11 empfindlich, mimosenhaft
12 zartbesaitet
Feingebäck
4 Cake, Keks
5 Cakes, Torte
6 Baiser, Brezel, Eclair, Kuchen, Oblate, Waffel

7 Biskuit, Krapfen, Kringel, Makrone, Pastete
8 Berliner, Marzipan
9 Negerkuss, Obsttorte, Toertchen, Tortelett
10 Baumkuchen, Mohnkuchen, Sandkuchen, Windbeutel
11 Ananastorte, Bienenstich, Florentiner, Honigkuchen, Kirschtorte, Mozartkugel, Nougattorte
12 Apfelstrudel, Blaetterteig, Erdbeertorte, Marmorkuchen
13 Cremeschnitte, Erdbeerkuchen, Schillerlocke
14 Pflaumenkuchen, Streuselkuchen

Feingebäckbehälter
8 Keksdose

Feingefühl
4 Takt
11 Delikatesse
13 Sensibilitaet, Sensitivitaet
14 Empfindsamkeit

feingehacktes
Fleisch
5 Hache
7 Haschee

Feingehalt, -gewicht
3 Lot
4 Aloi, Gran, Korn
5 Feine, Graen, Karat

Feingeist
7 Aesthet

feingekörntes
Gestein
4 Sand

feingemahlener
Zucker
9 Raffinade

Feingemüse
5 Pilze
7 Spargel

feingeschliffenes
Stahllineal
5 Rakel

feingeschnittener
Pfeifentabak
4 Shag

Feingewicht
bei Gold
5 Karat
für Edelsteine
5 Grain

Feinheit
4 Form
5 Guete, Kniff
6 Detail, Nuance, ◆ Schick
7 Eleganz, Finesse
8 Brillanz
9 Qualitaet
10 Praezision, Raffinesse
11 Raffinement

Feinheitsmaß
bei Chemiefasern
5 Titer
bei Strümpfen
5 Gauge
für Seide
3 den
6 Denier

Feinkeramik-Herstellungsbetrieb
19 Porzellanmanufaktur

feinkeramisches
Erzeugnis
6 Fliese, Kachel
8 Majolika, Steingut
9 Porzellan
10 Terrakotta

feinkörniger
Gneis
6 Leptit
Zucker
9 Raffinade

feinkörniges
Ganggestein
5 Aplit
gesintertes Erz
10 Agglomerat

Feinkost
11 Delikatesse
12 Delikatessen

feinkristallines
Kalkgestein
6 Marmor

Feinleder
3 Kid
5 Nabuk, Nappa

Feinmechaniker
7 Optiker
9 Uhrmacher

Feinmessgerät
9 Optimeter
10 Mikrometer, Schublehre
11 Tarierwaage

feinnervig
8 sensitiv

Feinrips, Futterstoff
6 Faille

Feinscharnier
ohne Gelenk
6 Brisur

Feinschlosser
10 Mechaniker

feinschmeckend
6 lecker
7 delikat
9 delizioes, koestlich

Feinschmecker
7 Gourmet, Sybarit
8 Gourmand
9 Geniesser, Schlemmer

feinsinniges
Musikstück
8 Serenade

feinste
Blutgefäße
10 Kapillaren
Farbqualität
5 River
Gesellschaft
5 Creme
Rohseide
5 Grege
Verteilung eines Stoffes
7 Loesung
8 Emulsion

feinster
Schmutz
5 Staub

feinstes
Gestein
4 Sand

feinverteilter
Kohlenstoff
4 Russ

feist
4 dick, fett
7 speckig
9 fleischig
10 dickleibig, fettleibig

Felchen
5 Fenke
6 Renken
7 Muraene
9 Gangfisch, Schnaepel

Feld
4 Erde, Fach, Flur, Kamp, Land, Raum
5 Acker, Platz
6 Gebiet, Gruppe, Sektor
9 Abschnitt
16 Kriegsschauplatz, Teilnehmergruppe
eines Gewölbes in der Baukunst
5 Kappe
und Wald
5 Natur

Feldbahnwagen
4 Lore
8 Kipplore

Feldbefestigung
5 Sappe
6 Bunker
7 Schanze, Stollen
9 Barrikade, Brustwehr
10 Laufgraben, Sappenkopf
11 Drahtverhau

Feldbinde
8 Schaerpe

Feldblume
4 Mohn, Rade
11 Klatschmohn

Feldeinfriedung
5 Knick

Felder
beim Billard
5 Cadre

Felderbse
9 Peluschke

Feldertrag
5 Ernte

Feldfrucht
4 Hanf, Klee, Kohl, Korn, Lein, Mais, Mohn, Raps, Reis, Senf
5 Bohne, Erbse, Gurke, Hafer, Hirse, Kraut, Linse, Ruebe, Spelz, Wicke, Wruke
6 Dinkel, Flachs, Gerste, Lupine, Roggen, Weizen
7 Luzerne, Rotklee, Ruebsen
8 Erdapfel, Erdbirne, Feldklee, Getreide
9 Blaukraut, Gruenkern, Heidekorn, Kartoffel, Kohlruebe, Krauskohl, Ruebsamen, Seradella
10 Buchweizen, Esparsette, Serradella, Topinambur, Weisskraut

Feldgemeinschaft
8 Allmende

Feldgerät
4 Egge
5 Harke, Pflug, Sense
6 Rechen, Sichel

Feldgeschrei
6 Losung, Parole
8 Kennwort

Feldgeschütz
6 Kanone
7 Moerser
8 Haubitze
Feldgott
3 Pan
4 Faun
Feldhauptmann
Sauls
5 Abner
Feldherr
8 Stratege
11 Heerfuehrer
12 Befehlshaber
16 Oberbefehlshaber
Alexanders des Großen
8 Diadoche
10 Lysimachos
Davids
4 Uria
5 Urias
des 30jährigen Krieges
4 Illo
5 Tilly
6 Gallas
9 Mansfield
11 Gustav Adolf, Piccolomini, Wallenstein
des großen Kurfürsten
11 Derfflinger
des Kaisers Justinian
6 Narses
des oströmischen Reiches
7 Belisar
Karls V.
4 Alba
König Sauls
5 Abner
Maria Theresias
4 Daun
Napoleons
5 Murat
Nebukadnezars
10 Holofernes
Wallensteins
4 Illo
7 Isolani
Feldherrnkunst
9 Strategie
Feldhuhn
7 Rebhuhn, Wachtel
Feldjäger
7 Gendarm
Feldlager
4 Camp
5 Biwak
Feldmark
4 Flur
Feldmaß, Flächenmaß
2 Ar, ha, qm
3 qkm
4 Acre, Hufe, Joch, Rute
5 Acker
6 Hektar, Morgen
7 Juchart, Juchert, Tagwerk
11 Quadrathufe
12 Quadratmeter
16 Quadratkilometer
für Grasland
5 Demat
Feldmesser
7 Geodaet
8 Geometer
Feldmessung
9 Geodaesie
Feldpflanze
8 Wegwarte
Feldrand, -grenze
4 Rain
Feldraute
8 Erdrauch
Feldsalat
8 Rapunzel
12 Sonnenwirbel, Valerianella
Feldspat
5 Albit
6 Adular, Leuzit
7 Celsian, Mineral, Sanidin
8 Anorthit, Periklin
9 Mikroklin, Mondstein, Orthoklas
10 Plagioglas
Feldstecher
8 Fernglas, Fernrohr, Jagdglas
9 Nachtglas
11 Krimstecher
14 Doppelfernrohr
Feldstück
4 Kamp
6 Gewann
7 Gewanne, Gewende
Feldtier
4 Hase
Feldunkraut
4 Rade
Feldwache
7 Vedette
9 Vorposten
Feldwebel
8 Sergeant
Feldweg
4 Rain
Feldzeichen
5 Fahne
6 Banner, Flagge, Panier
9 Standarte
Feldzug
5 Krieg
im Wahlkampf
8 Kampagne
Felge
8 Radkranz
Fell
der Bärenrobbe
4 Seal
8 Sealskin
der Bisamratte
5 Bisam
des Karakulschafes
7 Krimmer
des Seebären
4 Seal
des sibirischen Eichhörnchens
3 Feh
des sibirischen Marders
5 Zobel
9 Zobelpelz
des Ziesels
6 Suslik
einer Schafrasse
7 Borrego
ganz junger Lämmer
9 Schmasche
Haut des Wildes
4 Pelz
5 Decke
junger Rentiere
6 Pijiki
junger Ziegen
3 Kid
kleiner Tiere
4 Balg
über den Geweihansätzen
4 Bast
vom Wildschwein
8 Schwarte
Fellboot
der Eskimos
5 Umiak
Fellranzen
9 Tornister
Fellschlauch
der Nomaden
5 Girbe
Fellzuchtbetrieb
8 Nerzfarm
Fels
aus Schiefer
3 Lei
unter Wasser
4 Riff
6 Klippe
Felsblock
im Meer
6 Klippe
Felsbrocken, -stück
5 Stein
7 Gestein
Felsen
am Rhein
7 Lorelei, Loreley
im Elbsandsteingebirge
6 Bastei
im Harz
10 Rosstrappe
im Teutoburger Wald
12 Externsteine
im Zittauer Gebirge
5 Oybin
Uferfelsen
4 Riff
5 Kliff
6 Klippe, Massiv
7 Gestein
10 Steinblock
14 Gesteinsmassiv
felsenbewohnender
Affe
5 Magot
Felsengrab
9 Hypogaeum
Felsengruppe
im Elbsandsteingebirge
6 Bastei
Felsenhöhle
6 Grotte
Felseninsel
in Skandinavien
7 Schaere
vor Marseille
2 If
10 Chateau d'If
vor Skandinavien
8 Schaeren
Felsenklippe, Sandbank
4 Riff
Felsenschlange
6 Assala

Felsenschlucht
mit Wasserlauf
5 Klamm
Felsentor
der Anden (Amazonas)
5 Pongo
Felsgruppe
im Teutoburger Wald
12 Externsteine
Felshöhle
6 Grotte
felsig
7 steinig
felsige
Insel in der Ägäis
5 Poros
Steinküste
5 Kliff
Felsnische
3 Kar
Felsschlucht
4 Klus
mit Wildwasser
5 Klamm
Felsspalte
5 Kamin, Kluft
Felsstück, Mineralstück
5 Stein
7 Gestein
Felsüberhang
4 Abri
Felsvorsprung
9 Ueberhang
Felswand
4 Fluh
Felswüste
6 Tasili
7 Tassili
8 Dschebel
Fenchel
5 Sesel
Fenchelholz
9 Sassafras
Fensterbehangart
12 Schalgardine
Fensterdekoration
6 Behang
Fensterglas
7 Scheibe
Fensterhaken
5 Haspe
fensterlose
Kammer
6 Kabuff, Kabuse
Zimmernische
7 Alkoven
Fensteröffnungsbegrenzung
8 Sohlbank
Fensterplatz
7 Estrade
Fensterputztuch
5 Leder
11 Lederlappen
Fensterschutz
5 Laden, Rollo
7 Markise
8 Jalousie, Marquise, Rolladen
9 ◆ Rollladen
10 Jalousette, Sonnendach
Fensterteil
4 Glas, Sims
5 Brett, Griff, Sturz, Zarge
6 Rahmen
7 Fluegel, Scheibe, Sprosse
9 Kipphebel, Scharnier
Fensterverschluss
5 Laden
8 Rolladen
9 ◆ Rollladen
Fenstervorhang
5 Store
7 Gardine
Fenstervorsprung
4 Sims
Fensterzone
in einer Basilika
9 Obergaden
Ferien
6 Urlaub
8 Erholung
Ferienaufenthalt
13 Sommerfrische
Feriengast
8 Urlauber
Ferienhaus
12 Zweitwohnung
Ferienort
in Tirol
7 Seefeld
Ferienunterkunft
4 Heim
Ferienziel
10 Urlaubsort
in Ägypten
4 Gise
5 Gizeh, Kairo, Luxor
6 Assuan
8 Hurghada
in Belgien
5 Panne
6 Knokke
8 Oostende
9 Zeebrugge
11 Middelkerke
12 Blankenberge
in Bulgarien
5 Varna
6 Albena
7 Borovez
8 Nessebar
9 Pamporovo
10 Goldstrand
12 Goldener Sand, Sonnenstrand
15 Sveti Konstantin
in Dänemark
4 Koge, Ribe
5 Arhus
6 Abenra, Korsor
7 Esbjerg, Falster, Hortens, Kolding
8 Hillerod, Horsholm, Naestved, Nykobing
9 Svendborg
10 Kalundborg
12 Vordingsborg
13 Frederikshavn
in der Schweiz
4 Biel, Muri, Thun
5 Arosa, Davos, Flims, Ragaz, Spiez, Stans, Stein, Vevey
6 Ascona, Brienz, GErsau, Ligerz, Lugano, Luzern, Murten, Sarnen, Weggis, Wengen
7 Altdorf, Hallwil, Herisau, Locarno, Saas-Fee, Sargans, Sempach, Vitznau, Yverdon, Zermatt
8 Campione, Grimentz, Montreux, St. Moritz
9 Andermatt, Appenzell, Colombier
10 Interlaken, Kuessnacht, Pfaeffikon, Rapperswil, Romanshorn, Silvaplana, Waedenswil, Zweisimmen
11 Altstaetten, Grindelwald
12 Bischofszell
in Finnland
4 Oulu
5 Espoo, Hanko, Kotka, Lahti, Turku, Vaasa
6 Kuopio, Porvoo, Vantaa
7 Ekenaes, Loviisa, Tampere
8 Karkkila, Kaskinen, Parainen
11 Jyvaeskylae
in Frankreich
4 Agde, Sete
5 Baule, Blois
6 Annecy, Bastia, Cannes, Frejus, St. Jean, Vannes
7 Amboise, Antibes, Avignon, Etretat, Fecanip, Lorient
8 Archacon, Biarritz, Bretagne, Camargue, Grenoble, Narbonne, Provence, St. Tropez
9 Coutances, Marignane, Martigues, St. Nazaire, St. Raphael
10 Concarneau, Frontignan, La Rochelle
11 Albertville, Montpellier
12 Villafranche
13 Fontainebleau
in Griechenland
3 Kea, Kos
4 Roda
5 Agios, Chios, Ireon, Korfu, Kreta, Malia, Naxos, Paros, Samos, Syros
6 Aegina, Dassia, Euboea, Fodele, Gouves, Ithaka, Koropi, Lardos, Lesbos, Lindos, Lyktos, Maleme, Sidari, Skyros, Stalis, Tigaki
7 Afandou, Afissos, Argassi, Arkassa, Barbati, Elounda, Eretria, Ermones, Galatas, Garitza, Kokkari, Kokkini, Limenas, Marmari, Mykonos, Pelagia, Pigadia, Psalidi, Trianta
8 Achavari, Almivida, Amnissos, Faliraki, Gerakini, Iraklion, Kalithea, Kolymbia, Kriopigi, Platamon, Sithonia
9 Astrakeri, Kardamena, Karpathos, Kolymbari, Lakopetra, Malakonda, Messonghi, Moraitika, Polihrono, Psakondia, Rethymnon, Santorini, Theogolos, Zakynthos
10 Chalkidiki, Iereapetra, Kefallinia, Leptokaria, Pefkochari, Tavornites, Vetsalakia
11 Pythagorion
12 Chersonissos

in Großbritannien
6 Dundee, Durham, Whitby
7 Cardiff, Ipswich, Swansea
8 Aberdeen, Arbroath, Brighton, Hastings, Montrose, Plymouth
9 Eastburne, Edinburgh, Lancaster, Worcester
10 Bournemoth, Chichester, Gloucester, Hartlepool, Portsmouth, Shrewsbury
11 Scarborough
in Israel
5 Eilat
7 Netanya, Tel Aviv
8 Shefayim
9 Jerusalem
in Italien
4 Como
5 Bozen, Capri, Forio, Gaeta, Grado, Meran, Naxos
6 Amalfi, Bacoli, Brixen, Cervia, Formia, Ischia, Lipari, Mazara, Murano, Ortano, Pesaro, Rimini, Sestri, Trento
7 Camogli, Catania, Levanto, Livorno, Marsala, Milazzo, Rossano, San Remo, Termini, Termolo, Trapani, Trieste, Venezia
8 Baghiera, Barletta, Brindisi, Chioggia, Monopoli, Siracusa, Sorrento, Taormina
9 Letojanni, Portofino, Terracina
10 Giulianova, Margherita
11 Manfredonia
12 Portoferraio
13 Civitavecchio
in Kroatien
4 Hvar, Pula
5 Brela, Jelsa, Rabac, Zadar
6 Kupari, Rovinj, Tucepi
7 Korcula, Podgora, Sibenik
8 Lumbarda, Makarska
9 Starigrad
in Marokko
6 Agadir
10 Marrakesch
in Portugal
5 Alvor, Lagos, Praia
7 Algarve, Armacao, Funchal, Garajan, Machico, Madeira
9 Albufeira, Carvoeiro, Quarteira
in Rumänien
6 Mamaia, Neptun, Saturn
in Schweden
4 Mora, Sala
5 Falun, Skara, Visby
6 Malmoe
7 Ronneby, Uppsala, Varberg
8 Bollnaes, Halmstad, Karlstad, Oerebroe, Raettvik
9 Askersund, Mariefred, Sundsvall, Uddevalla, Vaesteras
10 Falkenberg, Hudiksvall, Karlskrona, Oestersund, Soederhamn, Stroemstad, Trelleborg
11 Soelvesborg
12 Kristinehamn, Soedertaelje, Trollhaettan
in Spanien
4 Cruz
5 Ibiza, Nerja, Palma, Salou, Tossa
6 Arenal, Blanes, Carmen, Gomera, Ingles, Jandia, Lloret, Millor, Pineda, Susana
7 Agustin, Antonia, Bajamar, Callela, Figuera, Magaluf, Malgrat, Menorca, Paguera, Ratjada
8 Alendria, Benidorm, Canyamel, Mallorca, Marbella, Roquetas
9 Aguadulce, Almerimar, Corralejo, Lanzarote, Las Palmas, Talamanca, Teneriffa
10 Costa Brava, Figueretas, Formentara, Maspalomas
11 Gran Canaria
12 Terremolinos
13 Fuerteventura
in Tunesien
6 Cedria, Djerba, Mahdia, Nabeul, Skanes, Sousse, Zarzis
7 Bizerte, Soliman, Taberka
8 Gammarth, Hammamet, Monastir
in Zypern
6 Paphos
7 Larnaca
8 Ayia Napa, Limassol, Protaras
9 Paralimni
Ferkel
des Wildschweins
10 Frischling
Ferment
3 Lab
5 Enzym
6 Lipase, Pepsin, Zimase
7 Laktase, Ptyalin, Trypsin
8 Diastase, Invertin, Katalase
der Melone
6 Papain
des Magensaftes
6 Pepsin
im Kälbermagen
3 Lab
in der Hefe
6 Zymase
fern
3 weg
4 weit
6 weitab
8 entlegen
9 abgelegen, verblasst, vergangen
11 distanziert
fernab
8 entlegen
Fernbedienungsanlage
für Weichen
9 Stellwerk
Ferne
5 Weite
6 Fremde
7 Abstand, Distanz
Ferner
9 Gletscher
Osten
8 Ostasien
ferner, fernerhin
4 auch, item, noch
6 ebenso
9 ausserdem, ebenfalls
11 desgleichen
Fernfühlen
ohne körperliche Vermittlung
10 Telepathie
Ferngespräch, Fernruf
5 Anruf
9 Telefonat
ferngesteuerter
Automat
7 Roboter
Fernglas
6 Gucker, Kieker
11 Feldstecher
Fernkampfwaffe
6 Rakete
9 Geschuetz
Fernleitung
5 Kabel
Fernost
6 Orient
Fernrohr, Fernrohrteil
5 Linse, Optik, Tubus
6 Medial, Okular
7 Sehrohr, Spiegel
8 Objektiv, Periskop, Teleskop
9 Operngias, Reflektor, Refraktor, Zielmarke
10 Fadenkreuz
11 Feldstecher, Hohlspiegel, Prismensatz, Sammellinse, Umkehrlinse
12 Umkehrprisma
15 Spiegelteleskop
17 Zerstreuungslinse
Fernschreiben
5 Telex
9 Telegramm
Fernschreiber
8 Telegraf
9 Telegraph
Fernsehantenne
5 Dipol
Fernsehen
10 Television
fernsehgeeignet
7 telegen
Fernsehgerät
10 Bildschirm
11 Mattscheibe
Fernsehgesprächsrunde
vor Publikum
8 Talkshow
Fernsehhund
6 Lassie
Fernsehkontrollgerät
7 Monitor
Fernsehsender
2 BR
3 ARD, DRS, DSF, MDR, MTV, NDR, ORF, RTL, SAT, SWF, TRT, TV5, WDR, ZDF
4 3SAT, ARTE, PRO7
8 Eins Plus, Premiere
9 Lifestyle
12 Superchannel
Fernsehserie
6 Serial
Fernsehsprecher
7 Ansager
Fernsehstörung
11 Geisterbild
fernsehtechnischer
Begriff
3 ARD, FAZ, MAZ, ORF,

PAL, SRG, Ton, ZDF
4 Bild, Live, Show, Spot
5 Ampex, Dipol, Farbe, Folge, Kabel, Kanal, Krimi, Reihe, SECAM, Trick, Welle, Zeile
6 Impuls, Kamera, Roehre, Schirm, Sender, Studio
7 Antenne, E Kamera, Empfang, Kennung, Monitor, Schnitt, Schwenk, Sendung, telegen, Uewagen
8 Aufnahme, Diageber, Epigeber, Frequenz, Kontrast, ◆ Mikrofon, Mischung, Playback, Programm, Requisit, Satellit, Stoerung, Umsetzer, Vorschau, Vorspann, Zeitlupe
9 Automatik, Bildregie, Filmgeber, Mikrophon, Moderator, Regisseur, Richtfunk, Schaltung, Sendezeit, Tongalgen, Tonsignal
10 Abendschau, Bildformat, Bildroehre, Bildschirm, Bildsignal, Elektronik, Empfaenger, Eurovision, Magnetband, Reichweite, Schaltbild, Sendepause, Sendereihe, Sternpunkt, Tagesschau, Television, Unschaerfe, zeilenfrei, Zeitraffer
11 Bildtechnik, Cinemascope, Einstellung, Fernsehfilm, Livesendung, Schaltpause, Sendebeginn, Wetterkarte
12 Aufzeichnung, Bildmischung, Fernsehkrimi, Fernsehspiel, Sendeschluss, Tontechniker, Uebertragung, Wiederholung
13 Direktsendung, Erdfunkstelle, Farbfernsehen, Fernsehschirm, Fernsehsender, Regionalschau, Sendezentrale, Trennschaerfe, Videorecorder, Wellenbereich, Zimmerantenne
14 Aufnahmeleiter, Kontrollschirm, Parabolantenne, Regieassistent
15 Breitbandformat, Fernsehsatellit, Programmhinweis, Regionalsendung, Requisitenlager, Rueckprojektion, Serienredaktion, Wetterredaktion, Zeilengenerator
16 Filmaufzeichnung, Regionalprogramm
18 Magnetaufzeichnung
19 Eurovisionszentrale
22 Magnetbandaufzeichnung

Fernsehunterricht
10 Telekolleg

Fernsprechbereich
8 Ortsnetz

Fernsprecher
7 Telefon
8 Telephon

Fernsprechraum
5 Zelle
6 Kabine
12 Telefonzelle
13 Telephonzelle

Fernsprechsystem
8 Ortsnetz

Fernsprechvermittlung
8 Zentrale

Fernweh
9 Reiselust

Fernwirkung
10 Telekinese, Telepathie

Ferse
5 Hacke
6 Hacken

Fersenstachel
6 Sporen

fertig
3 gar
4 klar, reif
5 parat, quitt
6 bereit
7 beendet
8 erledigt
9 startklar, vollendet
10 erschoepft
11 startbereit
13 abgeschlossen

entwickeltes Insekt
5 Imago

gekocht
3 gar

fertige

Fotografie
7 Positiv

Stufe von Mineralien
10 Haertegrad

Fertiggericht
8 Konserve
13 Tiefkuehlkost

fertiggestelltes

Gebäude
6 Neubau

Fertigkeit
6 Uebung
7 Koennen, Routine
8 Geschick
11 Gewandtheit

Fertigkleidung
10 Konfektion

fertig stellen
9 vollenden

Fertigung
10 Produktion
11 Fabrikation

Fertigungsausrüstung
8 Maschine

Fertigungseinrichtung
6 Anlage

Fertigungsinstrument
8 Maschine

Fertigungsprodukt
9 Erzeugnis

fesartige

Kopfbedeckung
8 Tarbusch

fesch
4 chic
5 flott
6 ◆ schick
7 elegant
9 schneidig

Fessel
4 Band, Bein, Fuss
5 Bande, Druck, Kette, Zwang
6 Gelenk, Knebel
7 Bindung
8 Knoechel
9 Belastung
11 Handschelle
14 Einschraenkung

fesseln
6 binden, reizen
7 knebeln
9 bezaubern
10 begeistern, verzaubern
11 faszinieren
12 beanspruchen, beeindrucken

fesselnd
7 packend
11 interessant
12 faszinierend

fesselnde

Wirkung
11 Faszination

fest
4 firm, grob, hart, stur, zaeh
5 solid, stark, starr
6 eisern, gefeit, massiv, robust, sicher, solide, stabil, straff, stramm
7 haltbar, kompakt
8 bestimmt, staendig
9 standhaft, unbeugsam, unloesbar
10 bestaendig, konsistent
11 unbeweglich

Fest
4 Ball, Fete
5 Feier, Party
8 Feiertag, Festival, Hausball
9 Jubilaeum

der Auferstehung
6 Ostern

der Bauern im Oktober
13 Erntedankfest

der Geburt Jesu
10 Christfest

der Wintersonnenwende
3 Jul

im Freien
11 Gartenparty

im Frühling
6 Ostern

vor Pfingsten
6 Ostern

zur Sommersonnenwende
11 Johannistag

Festbeleuchtung
9 Feuerwerk
12 Illumination

feste

Abmachung
7 Vertrag

Absicht
4 Plan
5 Wille

Erdoberfläche
4 Land

Gesinnung
5 Ernst

Leine
3 Tau

Redewendung
5 Idiom

Richtung
9 Grundsatz

Seezeichen
5 Baken
Zuversicht
6 Glaube
12 Ueberzeugung
fester
Bestandteil der Erdrinde
7 Mineral
plattenartiger Werkstoff
5 Pappe
Platz
7 Kastell
Scheunenboden
5 Tenne
Teil der Erdoberfläche
4 Land
Verband
7 Bandage
Zeitpunkt
3 Tag
5 Datum, Frist
6 Minute, Stunde, Termin
7 Sekunde
Zustand des Wassers
3 Eis
festes
chemisches Element
6 Metall
Einkommen
4 Lohn, Sold
5 Fixum
6 Gehalt, Salaer
9 Verdienst
Element
6 Metall
Ganzes
7 Einheit
Gewebe
5 Drell, Drill, Loden
8 Drillich
Körpergewebe
7 Knorpel
Ortungsgerät
12 Radarstation
Seezeichen
4 Bake
Vorhaben
4 Plan
Zueinanderhalten
5 Treue
Festessen
4 Mahl
5 Diner
6 Gelage
7 Bankett
8 Gastmahl
9 Galadiner
Festfreude
für Kinder
7 Osterei
Festgedicht
3 Ode
6 Karmen
festgegründet
8 fundiert
9 etabliert
Festgelage
5 Orgie
festgelegte
Fahrtrichtung
4 Kurs
Lehrmeinung
5 Dogma

Spielfolgen
9 Programme
Summe
5 Tarif
Vollmacht einer Firma
7 Prokura
Voraussetzung
9 Bedingung
Zeichen für Gefahr
3 SOS
Zeitspanne
5 Frist
festgelegter
Ablauf
11 Reihenfolge
Ausdruck
6 Formel
Grundsatz
5 Regel
Platz
6 Stelle
Preis
4 Taxe
Festgesang
5 Hymne
festgesetzte
Preisgrenze
5 Limit
Speisenfolge
5 Menue
festgesetzter
Zahlungstermin
5 Frist
8 Zeitraum
Zeitpunkt
6 Termin
Festgetränk
4 Sekt
Festhalle
in Köln
10 Guerzenich
Festhaltegerät
6 Klemme
7 Klammer
festhalten
8 fixieren
festigen
13 konsolidieren, stabilisieren
Festigkeit
6 Haerte
7 Staerke
8 Ausdauer, Konstanz
10 Widerstand
11 Stabilitaet
14 Beharrlichkeit
Festigung
14 Konsolidierung, Stabilisierung
Festival
9 Festspiel
Festkleid
4 Gala
Festkleidung
3 Boa, Cut
4 Gala, Robe
5 Frack, Stola
6 Gewand
7 Cutaway, Smoking
8 Schleppe, Zylinder
9 Ballkleid
10 Abendanzug, Abendkleid
13 Cocktailkleid
der Studenten
5 Wichs

Festkneipe
7 Kommers
Festland
4 Erde
7 Erdteil
9 Kontinent
11 Territorium
von Europa und Asien
8 Eurasien
Festlandgewässer
9 Binnensee
Festlandsockel
6 Schelf
festlegen
8 fixieren
9 bestimmen
10 definieren
13 determinieren
festlegend
12 determinativ
festlich
6 solenn
gedeckter Tisch
5 Tafel
festliche
Begehung
5 Feier
Beleuchtung
12 Illumination
Eröffnungsmusik der Suite
7 Intrade
Fahrt
5 Korso
Kleidung
5 Frack
7 Gehrock
Robe
10 Abendkleid
Tanzveranstaltung
4 Ball
festlicher
Abendumzug
9 Fackelzug
Beginn eines neuen Dienstes
8 Einstand
Einmarsch
6 Einzug
Mummenschanz
10 Maskenball
Schreittanz
9 ◆ Polonaese, Polonaise
Tanzabend
7 Bal pare
Umzug
5 Korso
Zeitabschnitt
8 Feiertag
festliches
Abendessen
6 Souper
Aufrichten des Dachstuhles
9 Richtfest
Beisammensein
12 Gesellschaft
Essen
8 Gastmahl
Gedicht
3 Ode
Herrenkleidungsstück
5 Frack
Mahl
5 Diner
9 Galadiner

Festlichkeit
4 Fete
5 Feier
11 Festivitaet
festliegender
Grundsatz
5 Axiom
Festmasse
der Erde
4 Land
festnehmen
9 verhaften
10 arretieren
11 inhaftieren
Festraum
4 Saal
Festsaal
in Schulen
4 Aula
festsetzen
8 fixieren
9 sistieren
10 arretieren, einkerkern, etablieren, statuieren
14 ◆ gefangen nehmen
festsitzend, -gewachsen
6 sessil
Festspiel
8 Festival
Festspielort
in Bayern
8 Bayreuth
12 Oberammergau
in Österreich
3 Erl
7 Bregenz
8 Salzburg
in Tirol
3 Erl
feststehend
3 fix
5 starr
8 konstant
9 stereotyp
12 unumstritten, zweifelsfrei
feststehende
sprachliche Wendung
9 Redensart
Wortkürzung
5 Sigel
feststehender
Ausdruck
6 Formel
Maschinenteil
6 Stator
Teil einer elektrischen Maschine
7 Starter
feststellen
8 erkennen, fixieren
10 arretieren
12 konstatieren
15 diagnostizieren
einer Persönlichkeit
14 identifizieren
Feststellung
6 Befund
8 Diagnose
einer Krankheit
8 Diagnose
einer Person
14 Identifikation
15 Identifizierung

Feststellvorrichtung
im Kraftfahrzeug
10 Handbremse
Festteilnehmer
4 Gast
7 Jubilar
9 Ehrengast
Festtracht
4 Gala
der Studenten
5 Wichs
Festung
am Rhein
15 Ehrenbreitstein
Festungsanlage
4 Burg, Fort, Wall, Wehr
5 Feste, Mauer, Sappe
6 Bastei, Bunker
7 Bastion, Erdwall, Eskarpe, Kastell, Schanze
8 Bollwerk, Ringwall, Wehrgang
9 Bergfried, Kasematte, Zitadelle
10 Ringgraben
Festungsteil
7 Bastion
9 Esplanade
Festveranstaltung
8 Festival
Festwert
9 Konstante
Festziehung
9 Straffung
Festzug
5 Korso, Umzug
6 Parade
9 Aufmarsch
10 Prozession
Fete
4 Fest
5 Feier
11 Festivitaet
fett
4 dick
5 feist, oelig
6 massig, mollig, tranig
8 wabbelig
9 korpulent, schmierig
Fett
3 Oel
4 Flom, Talg, Tran
5 Speck, Wachs
6 Butter, Flomen, Schmer
7 Lanolin, Schmalz, Stearin
8 Paraffin
9 Margarine
als Salbengrundlage
5 Adeps
des Hirschwildes
5 Feist
6 Feiste
von der Bauchwand des Schweines
6 Liesen
von hoher Schmelztemperatur
4 Talg
fettähnliche
Stoffe
6 Lipide
fettähnlicher
Stoff (Substanz)
6 Lipoid
fettähnliches
Stoffgemisch
6 Myelin

Fettansatzverfahren
7 Mastkur
fettarm
5 mager
fettarmes
Schweinehackfleisch
4 Mett
Fettarmut
9 Magerkeit
Fettbestandteil
7 Stearin
11 Linolsaeure
fetten
5 oelen
9 schmieren
fetter
Marschboden
4 Klei
zäher Boden
4 Klei
fettes
Schweinefleisch
5 Speck
Fettfütterung
von Tieren
4 Mast
Fettgeschwulst
5 Lipom
6 Lipoma
Fettheit
5 Fette
Fetthenne
5 Sedum
11 Donnerkraut
12 Mauerpfeffer
fettig
5 oelig
9 schmierig
fettleibig
9 korpulent
Fettleibiger
9 Dickwanst
10 Dickerchen
Fettleibigkeit
9 Fettsucht, Korpulenz
Fettmasse
aus dem Kopf des Pottwals
6 Walrat
zum Einreiben
5 Salbe
Fettpflanzen
11 Sukkulenten
Fettprodukt
zur Kerzenherstellung
7 Stearin
Fettrückstand
beim Ausbraten
6 Griebe
Fettsalbe
7 Lanolin
8 Vaseline
Fettschicht
5 Speck
fettspaltendes
Enzym
6 Lipase
Fettstückchen
6 Griebe, Griefe
Fettvogel, Mandelkrähe
5 Racke
Fetus
betreffend
5 fetal

6 foetal
Fetzen
4 Tuch
5 Wisch
6 Lappen, Lumpen, Stueck
7 Flicken
9 Schnitzel
11 Stoffstueck
feucht
4 nass
5 humid, klamm, tauig
6 betaut, neblig
7 benetzt
8 waessrig
feuchte
Bodenstelle
5 Suhle
Niederung
2 Au
3 Aue
Packung zu Heilzwecken
8 Umschlag
feuchter
Boden
4 Moor, Moos
5 Lache, Suhle, Sumpf, Wasen
6 Gatsch, Morast
7 Pfuetze, Schlamm, Schlick
Dunst
5 Dampf
Schmutz
6 Matsch
Südwind
5 Notos
Umschlag
6 Wickel
9 Kompresse
Wickel
12 Aufschlaeger
16 Oberaufschlaeger
17 Unteraufschlaeger
feuchtes
Gelände
5 Sumpf
Feuchtigkeit
6 Naesse
feuchtigkeitsliebende
Pflanze
5 Binse
Feuchtigkeitsmesser
9 Hygroskop
10 Hygrometer
12 Psychrometer
feuchtwarm
7 schwuel
feuchtwarme
Witterung
8 Schwuele
feudal
5 adlig, nobel
7 vornehm
8 exclusiv
13 anspruchsvoll
14 aristokratisch, herrschaftlich
18 hochherrschaftlich
Feudalherr
6 Fuerst
Feudalismus
10 Lehnswesen
feudalistische
Besitzform
5 Lehen
Feudalklasse
4 Adel
Feudalstand
4 Adel
Feuer
4 Brio, Elan, Glut, Lohe
5 Brand, Glanz, Verve
6 Flamme, Gehalt, Signal
7 Hingabe, Passion, Schwung
8 Beschuss
11 Lichtsignal, Temperament
12 Begeisterung, Leidenschaft
13 Leuchtzeichen
Feueranbeter
der Parsen
5 Geber
Feueranzünder
5 Flint
7 Fidibus
9 Brennglas, Feuerzeug, Zuendholz
10 Feuerstein
11 Streichholz
Feuerbestattungsanstalt
11 Krematorium
Feuererscheinung
5 Funke
feuerfester
Faserstoff
6 Asbest
Ton
9 Schamotte
feuerfestes
Aluminiumsilikat
6 Mullit
Gefäß zum Schmelzen
6 Tiegel
Mineral
6 Asbest
feuerflüssige
Masse im Erdinnern
5 Magma
feuergefährliche
Flüssigkeit
3 Oel
6 Aether, Benzin, Benzol
8 Spiritus
Feuergeist
10 Salamander
Feuergott
4 Agni, Loki
6 Vulkan
8 Hephaest, Vulcanus, Vulkanus
10 Hephaestos, Hephaistos
Feuerkröte
4 Unke
Feuerkugel
5 Bolid
6 Meteor
Feuerländer
3 Ona
Feuerlöschgerät
7 Spritze
Feuerlöschmittel
5 Tetra
Feuermarder
8 Kolinski
feuern
6 heizen, werfen
9 anstecken, anzuenden, entfachen, entlassen, schiessen
10 entzuenden
Feuerrad
beim Feuerwerk
9 Girandola
Feuerreich
in der Edda
6 Muspel
Feuerrest
4 Glut
Feuerruf
6 feurio
Feuersbrunst
5 Brand
10 Grossbrand
Feuerschein
4 Glut
Feuerschwamm
6 Zunder
feuerspeiender
Berg
6 Vulkan
Feuerstein
3 Cer
5 Flint, Silex
6 Eolith
mit natürlichen Absplitterungen
6 Bolith
Feuerstelle
4 Esse, Herd, Ofen, Rost
5 Darre, Grill, Kamin
6 Kocher
8 Barbecue
10 Kochplatte
11 Roestgitter
Feuerwaffe
2 MG, MP
3 Pak
4 Colt, Flak
6 Flinte, Gewehr, Kanone, Rakete
7 Bazooka, Buechse, Moerser, Muskete, Pistole, Stutzen
8 Arkebuse, Browning, Drilling, Haubitze, Revolver, Terzerol, Tesching
9 Falkonett, Geschuetz, Karabiner
10 Bordkanone, Jagdflinte, Jagdgewehr
11 Hinterlader, Minenwerfer, Panzerfaust, Vorderlader
12 Doppelflinte, Feldhaubitze, Feldschlange, Granatwerfer, Hakenbuechse, Panzerkanone
13 Doppelbuechse, Flammenwerfer, Panzerbuechse
14 Repetiergewehr, Sturmgeschuetz
15 Maschinengewehr, Trommelrevolver
16 Maschinenpistole, Raketengeschuetz, Schiffsgeschuetz
18 Eisenbahngeschuetz
Feuerwasser
7 Schnaps
Feuerwehrfahrzeug
9 Loeschzug
12 Geraetewagen
13 Spritzenwagen
Feuerwehrgebäude
10 Brandwache

Feuerwehrgerät
3 Axt
4 Beil
5 Pumpe
6 Leiter, Pickel
7 Spritze
8 Gasmaske, Schlauch
10 Motorpumpe, Schutzhelm, Sprungtuch
12 Motorspritze
Feuerwehrmann
12 Brandmeister
Feuerwelt
10 Muspelheim
Feuerwerker
13 Pyrotechniker, Sprengmeister
Feuerwerkerei
11 Pyrotechnik
Feuerwerkskörper
6 Rakete
7 Kracher
8 Feuerrad
10 Knallerbse, Schwaermer
11 Knallfrosch
13 Kanonenschlag
15 Silvesterrakete
Feuerzeichen
5 Fanal
6 Signal
feurig
6 brioso
7 con brio
8 vehement
Fiaker
7 Kutsche
8 Droschke, Kutscher
14 Pferdedroschke
Fiasko
4 Ruin
6 Pleite
7 Konkurs, Verlust
8 Einbruch, Einbusse, Reinfall
10 Fehlschlag, Misserfolg
Fibel
5 Nadel
6 Spange
7 ABC-Buch, Brosche, Klammer
8 Lehrbuch, Lesebuch
Fiber
5 Faser
Fibrille
5 Faser
11 Gewebefaser, Nervenfaser
Fibula
6 Spange
7 Brosche, Klammer
9 Wadenbein
Fichte
8 Rottanne
Fichtendickicht
4 Tann
Fichtenharz
7 Galipot
Fichtenspargel
8 Ohnblatt
Fichtenspinner
5 Nonne
fidel
6 heiter, lustig
9 froehlich, vergnuegt
Fidibus
6 Papier
8 Streifen
9 Anzuender
Fidschi-Insel
3 Ono
4 Koro, Ngau, Waia
5 Moala, Naiau, Votoa
6 Matuku
7 Kambara, Tavinni
Fieber
5 Hitze
9 Aufregung
Fieberabfall
6 Krisis
Fieberbaum
10 Eukalyptus
fieberdämpfender *Umschlag*
6 Wickel
fieberhaft
6 febril
8 hektisch
fieberhafte *aufregende Arbeit*
6 Hektik
Erkrankung
6 Grippe
Erkrankung der Rinder
11 Anaplasmose
fieberhafter *Hautausschlag*
12 Nesselfieber
Fiebermittel
6 Chinin
7 Aspirin, Salizin
10 Chinchonin
Fiebermücke
9 Anopheles
fiebern
6 gieren
7 zittern
Fieberwahn
8 Delirium
Fiedel
5 Geige
7 Violine
fiederblättrige *Zierpflanze*
6 Aralie
Fiederpalme, Kentie
5 Howea
fifty-fifty
7 geteilt
8 haelftig, halbiert
10 halbe-halbe
11 halbundhalb
Fight
5 Duell, Kampf
6 Streit
7 Gefecht, Treffen
9 Zweikampf
18 Auseinandersetzung
Fighter
5 Boxer
8 Kaempfer
12 Draufgaenger
Figur
4 Form
5 Stein
6 Abbild, Format, Profil, Statue, Umriss
7 Gebilde, Gestalt, Koerper, Schritt
9 Abbildung, Aeusseres, Exterieur, Standbild, Statuette, Zeichnung
10 Spielstein
11 Erscheinung, Nachbildung, Tanzschritt
12 Schrittfolge
am Naumburger Dom
3 Uta
8 Dietrich, Ekkehard
an der Münchner Oktoberwiese
7 Bavaria
aus Himmelskörpern
9 Sternbild
beim Schachspiel
4 Dame, Turm
5 Bauer
6 Koenig
7 Laeufer
8 Springer
der Hohen Schule
5 Volte
6 Levade, Pesade, Piaffe
7 Lancade
8 Capriole
9 Courbette, Pirouette
der Quadrille
3 Ete
der Weihnachtszeit
11 Nussknacker
des franz. Lustspiels
7 Pierrot
des Kinderfernsehens
5 Fuchs
6 Elster
12 Pittiplatsch
13 Sandmaennchen
des Kindertheaters
6 Kasper
8 Kasperle
im jüdischen Mythos
5 Golem
im Kartenspiel
4 Bube, Dame, Ober
5 Unter
6 Koenig
im Naumburger Dom
3 Uta
in Bozeno
5 Karel
in deutschen Märchen
3 Fee, Max
4 Butt, Esel, Hahn, Hase, Hexe, Hund, Igel, Muck, Wolf
5 Kater, Katze, Prinz, Riese, Zwerg
6 Gretel, Moritz, Teufel
7 Einhorn, Haensel, Jorinde, Musfrau, Raeuber
8 Ilsebill, Joringel
9 Daeumling, Frau Holle, Geisslein, Goldmarie, Pechmarie, Ruebezahl
11 Drosselbart
12 Aschenputtel, Dornroeschen, Eulenspiegel, Froschkoenig, Hans im Glueck, Rotkaeppcher
13 Rattenfaenger, Struwwelpeter
14 Schneewittchen
15 Rumpelstilzchen
16 Hollaender Michel
17 Gestiefelter Kater
mit vier geraden Seiten
7 Viereck

vor dem Bremer Rathaus
6 Roland
vor dem Frankfurter Römer
8 Justitia
vor dem Hafen New Yorks
15 Freiheitsstatue
Figur aus
Abu Hassan
6 Fatime, Mesrur
7 Zobeide
Aida
4 Aida
7 Amneris, Radames, Ramphis
8 Amonasro
Alceste
6 Apollo
7 Admetos, Alceste, Evander
8 Herakles
Amphitryon
4 Zeus
6 Charis
7 Alkmene
Anatevka
5 Golde
Annie Get Your Gun
5 Frank
9 Dolly Tate
10 Pawnee Bill
11 Buffalo Bill, Frank Butler, Sitting Bull
Antigone
5 Kreon
Arabella
5 Djura, Welko
6 Matteo, Zdenka
7 Waldner
8 Adelaide, Mandryka
11 Graf Waldner
Bastien und Bastienne
5 Colas
7 Bastien
9 Bastienne
Beatrice und Benedict
4 Hero
6 Ursula
7 Claudio, Leonato
8 Beatrice, Benedict, Don Pedro, Somarona
Blitz
5 Georg
6 Darbel, Lionel
9 Henriette
Bozena
5 Cilka
Carmen
4 Jose
6 Carmen, Zuniga
7 Don Jose, Micaela, Morales
8 Dancairo, Mercedes
9 Escamillo, Frasquita, Remendado
Casanova
5 Costa, Dohna, Perez, Pruda
6 Fonina
7 Dolores
Cavalleria rusticana
4 Lola
5 Alfio, Lucia
7 Turiddu
8 Santuzza
Cid
3 Rui
4 Diaz
5 Alvar, Calvo
6 Fannez, Herold
7 Chimeme
8 Fernando
Clavigo
5 Marie
6 Buenco, Sophie
Cosi fan tutte
7 Alfonso, Despina
8 Fernando
9 Dorabella, Guglielmo
Dalibor
4 Veit
5 Jutta
6 Milada
7 Benesch, Dalibor
9 Wladislaw
Dantons Tod
5 Julie
6 Lucile
7 Camille, Herault
9 Saint Just
11 Robespierre
Das Land des Lächelns
2 Mi
4 Fu Li, Lisa, Lore
6 Gustav
7 Tschang
8 Sou Chong
Das Nachtlager von Granada
5 Gomez, Pedro, Vasco
8 Ambrosio, Gabriele
Der Bajazzo
5 Beppo, Canio, Nedda, Tonio
6 Silvio
Der Barbier von Bagdad
5 Kalif
7 Bostana
8 Margiana, Mustapha, Nureddin
10 Abul Hassan
Der Barbier von Sevilla
6 Figaro, Rosine
7 Bartolo, Basilio
8 Almaviva, Ambrosio, Fiorillo
10 Marzelline
Der Bärenhäuter
4 Anna, Hans, Lene, Wild
5 Gunda, Kraft, Luise, Spitz
6 Kaspar, Muffel
8 Melchior, Nikolaus
9 Froehlich
10 Wippenbeck
Der Bettelstudent
3 Eva, Jan
5 Laura, Symon
7 Bogumil
9 Palmatica
10 Bronislawa
Der eingebildete Kranke
5 Argan
7 Belinde
Der fidele Bauer
6 Stefan
Der Fliegende Holländer
4 Erik, Mary
5 Senta
6 Daland
Der Freischütz
3 Max
4 Kuno
6 Agathe, Kaspar, Kilian, Samiel
7 Ottokar
8 Aennchen
Der Geizige
5 Elise
6 Valere
8 Harpagon
Der Graf von Luxemburg
4 Rene
5 Basil, Pawel, Stasa
6 Angele, Armand
8 Juliette
11 Fuerst Basil
12 Graefin Stasa
Der Kaufmann von Venedig
4 Doge
6 Porzia
7 Antonio, Jessica, Lorenzo, Nerissa, Salerio, Shylock
8 Bassanio, Graziano, Lanzelot, Leonardo, Stephano
9 Balthasar
Der Obersteiger
5 Nelly
Der Opernball
4 Paul
5 Henri
6 Angele
7 Georges, Germain
8 Hortense
10 Marguerite
11 Beaubuisson
Der Postillon von Lonjumeau
5 Bijou, Corcy
7 Bourdon
8 Chapelou
9 Madeleine
Der Revisor
4 Anna
5 Marja, Ossip
7 Mischka
10 Chlestakow
Der Ring des Nibelungen
4 Erda, Froh, Loge, Mime
5 Freia, Hagen, Wotan
6 Donner, Fafner, Fasolt, Fricka
7 Gunther, Gutrune, Hunding
8 Alberich, Siegmund
9 Siegfried, Sieglinde, Waltraute
10 Bruenhilde
11 Bruennhilde
Der Rosenkavalier
4 Ochs
6 Annina, Sophie
7 Faninal
8 Oktavian, Quinquin
9 Valzacchi
11 Marschallin
15 Feldmarschallin
16 Ochs von Lerchenau
Der Troubadour
4 Ines, Luna, Ruiz
7 Azucena, Leonore, Manrico
8 Graf Luna
Der Vogelhändler
4 Adam, Weps
5 Jette
7 Schneck
8 Adelaide, Christel
10 Stanislaus
11 Kurfuerstin
Der Waffenschmied
5 Georg, Marie
6 Konrad
9 Stadinger
10 Irmentraut

Der Widerspenstigen Zähmung
6 Bianca, Gremio, Schlau
8 Baptista, Lucentio
9 Hortensio, Katharina, Petruchio, Vincentio
Der Zarewitsch
4 Iwan
5 Sonja
6 Mascha
7 Bordolo
Der zerbrochene Krug
3 Eve
4 Adam, Rull
5 Licht
6 Marthe, Walter
8 Brigitte
Der Zigeunerbaron
5 Peter, Saffi
6 Arsena, Czipra, Sandor, Zsupan
7 Ottokar
9 Mirabella
Des Teufels General
6 Harras
9 Korrianke
Dichter und Bauer
5 Meyen
6 Berner
Die Afrikanerin
4 Ines
5 Diego
Die Csardasfürstin
4 Boni, Feri
5 Edwin, Eugen, Stasi, Sylva
7 Anhilte
11 Edwin Ronald
Die Dreigroschenoper
3 Ede
4 Lucy
5 Brown, Filch, Jenny, Jimmy, Molly, Polly
6 Mackie
7 Kimball, Macheat, Peachum
12 Mackie Messer
Die Entführung aus dem Serail
5 Osmin, Selim
6 Blonde
8 Belmonte, Pedrillo
9 Blondchen, Konstanze
10 Bassa Selim
Die Fledermaus
3 Ida
5 Adele, Frank
6 Alfred, Ali Bey, Frosch
7 Ramusin
8 Orlofsky
9 Rosalinde
10 Eisenstein
13 Prinz Orlofsky
Die Gärtnerin aus Liebe
5 Nardo
6 Ramiro
7 Arminda, Roberto
8 Serpetta
10 Don Anchise
Die lustigen Weiber von Windsor
4 Anna
5 Cajus, Fluth, Reich
6 Fenton
8 Falstaff
9 Spaerlich
15 Junker Spaerlich
Die Meistersinger von Nürnberg
3 Eva
5 David, Sachs
6 Evchen, Pogner, Walter
8 Stolzing
9 Hans Sachs, Magdalene
10 Beckmesser
17 Walter von Stolzing
Die Perlenfischer
5 Leila, Nadir, Zurga
Die Räuber
4 Karl
Die verkaufte Braut
4 Hans, Muff
5 Agnes, Kezal, Marie, Micha
6 Wenzel
Die Zauberflöte
6 Pamina, Tamino
8 Papagena, Papageno, Sarastro
10 Monostatos
Don Carlos
4 Ochs, Posa
5 Eboli, Feria, Lerma
7 Philipp
Don Giovanni
6 Komtur
7 Masetto, Ottavio, Zerline
9 Donna Anna, Leporello
10 Don Ottavio
11 Donna Elvira
Don Pasquale
6 Norina
7 Ernesto
9 Malatesta
11 Don Pasquale
Dreimädelhaus
4 Vogl
5 Grisi
6 Hederl
Egmont
4 Alba
5 Gomez, Silva
6 Jetter, Vansen
9 Ferdinand, Klaerchen, Margarete
Ein Maskenball
6 Amelia
Ein Sommernachtstraum
4 Puck
5 Troll
6 Helena, Hermia, Oberon, Thispe, Zettel
7 Schnauz, Theseus, Titania
Elektra
5 Orest
6 Aegist
7 Elektra
12 Chrysothemis
13 Klytaemnestra
Ernani
4 Jago
6 Elvira
7 Johanna
9 Don Carlos
10 Don Ricardo
11 Don Ruy Gomez
Eugen Onegin
6 Gremin, Larina, Lenski
Euryanthe
6 Adolar, Ludwig
7 Lysiart
9 Eglantine
Evangelimann
4 Hans
5 Huber
6 Eipler, Martha
8 Johannes
9 Friedrich, Magdalena
Ezio
6 Onoria
Falstaff
4 Ford
5 Alice, Cajus
6 Fenton, Pistol
7 Meg Page
8 Aennchen, Bardolph, Falstaff
Faust
5 Faust
6 Frosch, Marthe, Siebel, Wagner
7 Brander, Famulus
8 Gretchen, Mephisto, Valentin
9 Margarete
14 Mephistopheles
Fidelio
5 Rocco
9 Florestan
10 Don Pizarro, Marzelline
11 Don Fernando
14 Jaquino Leonore
Figaros Hochzeit
6 Figaro
7 Antonio, Bartolo, Basilio, Susanna
8 Almaviva, Cherubin
9 Barbarina, Don Curzio
10 Marcellina
Fra Diavolo
5 Beppo
6 Matteo, Pamela
7 Giacomo, Lorenzo, Zerline
8 Kookburn
12 Lord Kookburn
franz. Märchen
4 Oger
Gasparone
4 Sora
5 Luigi
6 Nasone
7 Benozzo, Erminio, Zenobia
8 Carlotta, Sindulfo
Glöckchen der Eremiten
4 Rose
6 Belamy
7 Friquet, Sylvain, Thibaut
9 Georgette
Götterdämmerung
5 Hagen
7 Gunther, Gutrune
8 Alberich
9 Siegfried, Waltraute
11 Bruennhilde
Götz von Berlichingen
3 Abt
4 Karl, Link
5 Franz, Georg, Lerse, Marie
6 Martin
7 Metzler
8 Adelheid
9 Elisabeth
10 Maximilian, Weislingen
Halka
5 Sofie
Hamlet
6 Hamlet
7 Gertrud, Horatio, Laertes, Ophelia
8 Claudius, Gertrude, Polonius
10 Fortinbras

Hoffmanns Erzählungen
5 Franz
6 Lutter, Stella
7 Andreas, Antonia, Crespel, Hermann, Lindorf, Mirakel, Niklaus, Olympia
8 Hoffmann
9 Coppelius, Giulietta, Nathanael, Schlemihl
10 Dapertutto, Spalanzani
13 Pitichinaccio

Im Weißen Rössl
5 Erich
7 Josepha, Leopold, Ottilie
9 Klaerchen, Sigismund

Iphigenie auf Aulis
7 Kalchas

Iphigenie auf Tauris
5 Arkas, Orest, Thoas
7 Artemis, Pylades

Iphigenie in Aulis
5 Arkas
7 Artemis, Kalchas
8 Achilles
9 Agamemnon
13 Klytaemnestra, Klytemnaestra

Judith
5 Assad, Mirza
6 Achior, Judith
7 Ephraim
10 Holofernes

Jugend
5 Hoppe
7 Amandus, Annchen

Kabale und Liebe
4 Kalb, Wurm
5 Luise
6 Miller, Sophie, Walter
9 Ferdinand

Kiss me, Kate
4 Bill, Fred, Paul
5 Harry, Lilli, Ralph
6 Hattie
7 Ann Lane

König Lear
4 Kent
5 Edgar, Regan
6 Edmund, Oswald
7 Gloster, Goneril
8 Cordelia, Cornwall

La Boheme
4 Mimi
6 Collin, Marcel, Rudolf
7 Bernard, Musette
9 Schaunard

Land des Lächelns
2 Mi
4 Fu Li, Lisa, Lore
6 Gustav
7 Tschang
8 Sou Chong

La Traviata
5 Flora, Georg
6 Alfred, Annina, Gaston
8 Violetta

Lohengrin
4 Elsa
6 Ortrud
8 Heinrich
9 Gottfried, Lohengrin, Telramund

Lumpazivagabundus
4 Leim
5 Peppi, Zwirn

Macbeth
6 Banquo, Duncan, Seyton
7 Fleance, Macduff, Malcolm

Madame Butterfly
4 Goro, Kate
6 Nakodo, Suzuki
9 Cho Cho San, Linkerton

Madame Pompadour
4 Rene
7 Belotte, Poulard

Maria Stuart
5 Cecil, Hanna
6 Dudley, Melvil, Paulet, Talbot
7 Davison
8 Mortimer
9 Elisabeth, Elizabeth, Leicester

Martha
5 Nancy
6 Lionel
7 Harriet
8 Plumkett
11 Lady Harriet

Maske in Blau
4 Jose
5 Franz, Pedro
7 Armando, Evelyne, Gonzala, Juliska

Max und Moritz
5 Boeck
10 Onkel Fritz, Witwe Bolte
12 Lehrer Hempel

Medea
4 Gora
5 Iason, Kreon, Medea
6 Kreusa

Mignon
5 Jarno
6 Mignon
7 Laertes, Philine
8 Lothario

Minna von Barnhelm
4 Just
5 Minna
6 Werner
7 Riccaut
8 Tellheim
9 Bruchsall, Franziska

Mutter Courage
5 Eilif

My Fair Lady
5 Eliza, Harry, Jamie
6 Zoltan
7 Freddie, Higgins
9 Doolittle, Pickering

Nabucco
5 Rahel
6 Fenena, Ismael
7 Abdallo, Abigail, Nabucco
9 Zacharias

Nachtlager von Grenada
4 Otto
5 Gomez, Pedro, Vasco
8 Ambrosio, Gabriele

Nathan der Weise
4 Daja
5 Recha
6 Nathan, Sittah
7 Saladin
8 Derwisch
9 Patriarch
10 Tempelherr

Nibelungenlied
3 Ute
4 Mime
5 Etzel, Hagen, Iring
6 Gernot, Helche, Rumolt, Volker
7 Bloedel, Gunther
8 Alberich, Brunhild, Dankwart, Dietrich, Giselher, Ruediger, Siegmund
9 Bruenhild, Brunhilde, Kriemhild, Siegfried, Sieglinde
10 Hildebrand
15 Dietrich von Bern

Nora
6 Helmer

Norma
5 Norma, Sever
7 Flavius, Orovist
8 Adalgisa, Klotilde

Othello
4 Jago
6 Bianca, Cassio, Emilia
7 Montano, Othello, Rodrigo
8 Lodovico
9 Brabantio, Desdemona

Palestrina
5 Silla

Parsifal
6 Kundry
7 Titurel
8 Amfortas, Klingsor, Parsifal
9 Gurnemanz

Peer Gynt
4 Aase, Mads
5 Helga
6 Anitra, Ingrid
7 Solveig
8 Peer Gynt

Peter Pan
3 Sym
4 Liza, Nana

Pique Dame
4 Lisa
6 Mascha

Porgy and Bess
3 Jim
4 Bess, Lily
5 Annie, Clara, Crown, Maria, Mingo, Porgy
6 Serena
7 Frazier, Robbins
12 Sporting Life

Pygmalion
5 Eliza

Rheingold
4 Erda

Rienzi
5 Cecco, Irene
6 Orsini
7 Adriano

Rigoletto
5 Borsa, Gilda
6 Herzog
7 Marullo
8 Giovanna
9 Maddalena, Rigoletto
11 Sparafucile

Romeo und Julia
6 Marcus, Tybalt
7 Capulet, Lorenzo
8 Benvolio, Gregorio, Montague
9 Balthasar

Salome
6 Salome
7 Herodes
8 Herodias
9 Jochanaan, Narraboth
Sappho
5 Phaon
6 Sappho
7 Melitta, Rhamnes
8 Eucharis
Siegfried
4 Erda, Mime
6 Fafner
8 Alberich, Wanderer
9 Siegfried
11 Bruennhilde
Tannhäuser
5 Venus
7 Hermann, Reinmar, Walther, Wolfram
8 Biterolf, Heinrich
9 Elisabeth
Tartuffe
5 Damis, Orgon
6 Elmire, Valere
7 Mariane
8 Tartuffe
Tausendundeine Nacht
5 Ifrit, Leila, Massu, Ormuz
6 Aladin
7 Ali Baba, Sindbad
8 Suleiman
12 Scheherezade
The King and I
4 Anna, Lady
6 Koenig, Lun Tha, Thiang, Tuptim
13 Chulalongkorn
Thekla
5 Canio
7 Bajazzo
Tiefland
4 Nuri, Pepa
5 Nando, Pedro
6 Martha
7 Antonia, Rosalia, Tommaso
8 Moruccio
10 Sebastiano
Tosca
5 Mario, Tosca
6 Cesare, Floria, Mesner
7 ◆ Messner, Scarpia
8 Spoletta
9 Sciarrone
11 Cavaradossi
16 Mario Cavaradossi
Tristan und Isolde
5 Marke, Melot
6 Isolde
7 Tristan
8 Kurwenal
9 Brangaene
11 Koenig Marke
Turandot
3 Liu
4 Pang, Ping, Pong
5 Kalaf, Timur
6 Altoum
8 Mandarin, Turandot
Undine
4 Hans, Hugo, Veit
6 Martha, Tobias, Undine
8 Bertalda
10 Kuehleborn
11 Ringstetten
Viel Lärm um Nichts
4 Hero
7 Antonio, Claudio, Don Juan, Leonato
8 Benedikt, Don Pedro
Wallenstein
3 Max
4 Illo, Seni
6 Gordon, Terzky, Thekla
7 Buttler, Isolani, Wrangel
8 Deveroux
11 Piccolomini
Was Ihr wollt
5 Curio, Fabio, Maria, Viola
6 Olivia, Orsino, Tobias
7 Antonio
8 Malvolio, Valentin
9 Sebastian
Weh dem, der lügt
4 Leon
6 Atalus, Edrita, Gregor
7 Galomir
8 Kattwald
West Side Story
3 Doc
4 Riff, Tony
5 Anita, Chino, Maria
6 Krupke
8 Bernardo
Wie es euch gefällt
9 Rosalinde
Wilhelm Tell
4 Kunz
5 Berta, Kuoni, Ruodi, Werni
6 Arnold, Hedwig, Rudolf, Walter
7 Gertrud, Gessler
8 Melchtal
9 Hildegard
10 Attinghaus, Baumgarten
11 Stauffacher
Zar und Zimmermann
5 Marie, Peter
6 Lefort
7 Syndham, van Bett
10 Witwe Brown
Zigeunerliebe
5 Ilona, Jonel
Figur bei
Büchner
6 Leonce
Busch
10 Witwe Bolte
Eichendorff
5 Flitt
Freytag
4 Ingo
Goethe
6 Eridon
Gotthilf
3 Uli
Grillparzer
5 Phaon
Ibsen
5 Eyolf, Hedda
Lessing
5 Minna
6 Nathan
Miller
5 Loman
Paganini
5 Elisa
Schiller
4 Posa
Shakespeare
5 Viola
6 Portia
7 Othello
Tolstoi
12 Anna Karenina
Wagner
8 Walkuere
Figur beim
Eiskunstlauf
12 Todesspirale
Kunstreiten
7 Alluere
Figürchen
8 Figurine
Figuren
Trauernder auf Gräbern
9 Pleurants
Figurenbewegung
beim Brettspiel
3 Zug
figurenreicher
Volkstanz der Alpenländer
8 Laendler
Figurenspiel
hinter beleuchteter Fläche
13 Schattenspiel
figürlicher
Gesimsstreifen
5 Fries
Filetschnitte
9 Beefsteak
Filiale
10 Niederlage, Zweigbuero
11 Zweigstelle
12 Zweigbetrieb
13 Niederlassung
14 Zweiggeschaeft
Filibuster
5 Pirat
6 Korsar
10 Flibustier, Seeraeuber
Film
4 Kino
5 Krimi
7 Membran, Western
8 Streifen
9 Haeutchen
10 Lichtspiel
Filmapparat
6 Kamera
Filmatelier
6 Studio
Filmaufnahmeraum
6 Studio
Filmauftakt
8 Vorspann
Filmbearbeitung
7 Schnitt
9 Fixierung, Kopierung, Vertonung
10 Rohschnitt
11 Entwicklung, Feinschnitt
15 Synchronisation
16 Synchronisierung
Filmberuf
6 Cutter, Double
9 Dramaturg, Operateur, Regisseur

10 Beleuchter, Inspizient, Kameramann
Filmbühne, -theater
4 Kino
Filmdiva
5 Loren
Filmdouble
8 Stuntman
Filmdrehbuch
6 Skript
Filmfachmann, Filmfan
7 Cineast
Filmfestival
in Berlin
9 Berlinale
in Venedig
8 Biennale
Filmfestspielstadt
6 Berlin, Cannes
7 Venedig
9 Deauville
10 Oberhausen
Filmfigur
2 ET
Filmgesellschaft (der ehem. DDR)
4 DEFA
Filmgröße
4 Star
Filmheld
4 Bond
Filmkammer
7 Magazin
Filmkenner
7 Cineast
Filmkomikerpaar
11 Dick und Doof
Filmmanuskript
8 Drehbuch
Filmpreis
5 Bambi, Oscar
Filmregisseur von:
Abend der Gaukler
7 Bergman
Abschied
8 Guenther
Abschied von gestern
5 Kluge
Achteinhalb
7 Fellini
Affäre Blum
5 Engel
Alba Regia
6 Szemes
Alle Jahre wieder
8 Schamoni
Anna Karenina
6 Sarchi
Asche und Diamant
5 Wajda
Auch Henker müssen sterben
4 Lang
Auf der Sonnenseite
7 Kirsten
Aus Liebe sterben
7 Cayatte
Bellissima
8 Visconti
Ben Hur
5 Niblo
Berlin-Alexanderplatz
5 Jutzi
Beschreibung eines Sommers
7 Kirsten
Besessenheit
8 Visconti
Birkenwäldchen
5 Wajda
Bitterer Honig
10 Richardson
Blackmail
9 Hitchcock
Blow up
9 Antonioni
Bubes Mädchen
9 Comencini
Cabiria
8 Pastrone
Canterbury Tales
8 Pasolini
Chopins Jugend
4 Ford
Chronik armer Liebesleute
7 Lizzani
Clochemerle
6 Chenal
Cyankali
7 Tintner
Das Appartment
6 Wilder
Das Beil von Wandsbek
7 Harnack
Das Dach
6 de Sica
Das Gesicht
7 Bergman
Das göttliche Weib
7 Stiller
Das große Manöver
5 Clair
Das große Rennen rund um die Welt
7 Edwards
Das große Spiel
6 Feyder
Das Kabinett des Dr. Caligari
5 Wiene
Das kalte Herz
9 Verhoeven
Das letzte Ufer
6 Kramer
Das Lied der Matrosen
6 Reisch
7 Maetzig
Das Mädchen Rosemarie
6 Thiele
Das Narrenschiff
6 Kramer
Das Schweigen
7 Bergman
Das siebente Jahr
5 Vogel
Das siebte Kreuz
9 Zinnemann
Das süße Leben
7 Fellini
Das Testament des Dr. Mabuse
4 Lang
Das wilde Kind
8 Truffaut
Das Wunder des Malachias
5 Wicki
Der alte Mann und das Meer
7 Sturges
Der Arzt von Stalingrad
8 Radvanyi
Der Aufstand der Fischer (von St. Barbara)
8 Piscator
Der Augenblick der Wahrheit
4 Rosi
Der Biberpelz
5 Engel
Der blaue Engel
9 Sternberg
Der Dritte
8 Guenther
Der dritte Mann
4 Reed
Der Florentinerhut
5 Clair
Der geteilte Himmel
4 Wolf
Der große Diktator
7 Chaplin
Der Hauptmann von Köpenick
6 Oswald
8 Kaeutner
Der Leopard
8 Visconti
Der letzte Mann
6 Murnau
Der letzte Milliardär
5 Clair
Der letzte Schuss
10 Tschuchrai
Der Mann mit dem goldenen Arm
9 Preminger
Der Maulkorb
5 Engel
Der Richter von Zalamea
8 Hellberg
Der stille Don
10 Gerassimow
Der Tod des Handlungsreisenden
7 Benedek
Der Untertan
7 Staudte
Der Weg der Hoffnung
4 Germ
Der Weg nach oben
7 Clayton
Des Teufels General
8 Kaeutner
Die Abenteuer des Werner Holt
6 Kunert
Die Ballade vom Soldaten
10 Tschuchrai
Die Brücke
5 Wicki
Die Büchse der Pandora
5 Pabst
Die Dreigroschenoper
5 Pabst
Die Ehe des Dr. med. Danwitz
8 Rabenalt
Die ehrbare Dirne
8 Pagliero
Die Einsamkeit des Langstreckenläufers
10 Richardson
Die Erde bebt
8 Visconti
Die Ferien des Monsieur Hulot
4 Tati
Die große Illusion
6 Renoir

Die Kartause von Parma
14 Christian-Jaque
Die Kinder von Hiroshima
6 Shindo
Die Kraniche ziehen
9 Kalatosow
Die Legende von Paul und Paula
5 Carow
Die Mörder sind unter uns
7 Staudte
Die Mutter
7 Donskoi
8 Pudowkin
Die nackte Insel
6 Shindo
Die Saat der Gewalt
6 Brooks
Die Sterne blicken herab
4 Reed
Die Straße (La Strada)
7 Fellini
Die Stunde des Wolfs
7 Bergman
Die Toten bleiben jung
6 Kunert
Die unwürdige Greisin
5 Allio
Die vier Tage von Neapel
3 Loy
Die zwölf Geschworenen
5 Lumet
Dr. Mabuse, der Spieler
4 Lang
Ehe im Schatten
7 Maetzig
Ein Hauch Glückseligkeit
11 Schlesinger
Ein Mann und eine Frau
7 Lelouch
Ein Mann wird gejagt
4 Penn
Ein Menschenschicksal
12 Bondartschuk
Elise oder das wahre Leben
5 Drach
Erfindung des Verderbens
5 Zeman
Fahrenheit 451
8 Truffaut
Fanfan, der Husar
14 Christian-Jaque
Flucht in Ketten
6 Kramer
Früchte des Zorns
4 Ford
Fünf Patronenhülsen
5 Beyer
Gervaise
7 Clement
Glücksritter
8 Rabenalt
Goya
4 Wolf
Hamlet
7 Olivier
Hände über der Stadt
4 Rosi
Händler der vier Jahreszeiten
10 Fassbinder
Heinrich V.
7 Olivier
Herrenpartie
7 Staudte
Herz der Welt
5 Braun
Heute leben, morgen sterben
6 Shindo
Hiroshima, mon amour
7 Resnais
Hitlerjunge Quex
9 Steinhoff
Hochzeitsnacht im Regen
7 Seemann
Ich bin neugierig
7 Sjoeman
Ich und Du
6 Peerce
Ich war neunzehn
4 Wolf
Il mercenario
8 Corbucci
Im Morgengrauen ist es noch still
8 Rostozki
Im Westen nichts Neues
9 Milestone
In der Hitze der Nacht
7 Jewison
In jenen Tagen
8 Kaeutner
Irgendwo in Europa
8 Radvanyi
Iwan Grosny
10 Eisenstein
Iwans Kindheit
9 Tarkowski
Kabale und Liebe
8 Hellberg
Karbid und Sauerampfer
5 Beyer
Kein Hüsung
4 Pohl
Kinder des Olymp
5 Carne
King Kong und die weiße Frau
6 Cooper
Kirmes
7 Staudte
Klarer Himmel
10 Tschuchrai
Königskinder
5 Beyer
Kreuzritter
4 Ford
Krieg und Frieden
12 Bondartschuk
Kuhle Wampe
5 Dudow
Ladykillers
11 Mackendrick
Leuchte, mein Stern, leuchte
5 Mitta
Lichter der Großstadt
7 Chaplin
Liebe, Brot und 1000 Küsse
4 Risi
Limelight (Rampenlicht)
7 Chaplin
Lissy
4 Wolf
Little Big Man
4 Penn
Lohn der Angst
7 Clouzot
Lucrezia Borgia
5 Gance
Macbeth
8 Polanski
Madame Dubarry
8 Lubitsch
Mädchen in Uniform
5 Sagan
Mamma Roma
8 Pasolini
Manche mögen's heiß
6 Wilder
Man wird nicht als Soldat geboren
7 Stolper
M - Eine Stadt sucht einen Mörder
4 Lang
Metropolis
4 Lang
Mir nach, Canaillen
7 Kirsten
Moderne Zeiten
7 Chaplin
Monsieur Taxi
9 Hunebelle
Monsieur Verdoux
7 Chaplin
Mr. Deeds geht in die Stadt
5 Capra
Mutter Krausens Fahrt ins Glück
5 Jutzi
My Fair Lady
5 Cukor
Nackt unter Wölfen
5 Beyer
Nosferatu
6 Herzog, Murnau
Nur Pferden gibt man den Gnadenschuss
7 Pollack
Orpheus
7 Cocteau
Pais
10 Rossellini
Panzerkreuzer Potemkin
10 Eisenstein
Peter der Große
6 Petrow
Pharao
12 Kawalerowicz
Privatleben
5 Malle
Professor Hannibal
5 Fabri
Professor Mamlock
4 Wolf
6 Minkin
Rampenlicht
7 Chaplin
Reife Kirschen
7 Seemann
Richard III.
7 Olivier
Rocco und seine Brüder
8 Visconti
Romanze in Moll
8 Kaeutner
Romeo, Julia und die Finsternis
5 Weiss
Rom - offene Stadt
10 Rossellini
Rotation
7 Staudte
Rot und Schwarz
10 Autant-Lara

Scheidung auf italienisch
5 Germi
Schlösser und Katen
7 Maetzig
Schuhputzer
6 De Sica
Sein oder Nichtsein
8 Lubitsch
Sie nannten ihn Amigo
5 Carow
Sie tanzte nur einen Sommer
8 Mattsson
Sonnabendnacht und Sonntagmorgen
5 Reisz
Sonnenaufgang (Sunrise)
6 Murnau
Spartakus
6 Kubrik
Stärker als die Nacht
5 Dudow
Sterne
4 Wolf
Stern von Afrika
10 Weidenmann
Thomas Müntzer
8 Hellberg
Tod eines Radfahrers
6 Bardem
Tom Jones
10 Richardson
Trapez
4 Reed
Umberto D.
6 De Sica
Unter den Dächern von Paris
5 Clair
Urteil von Nürnberg
6 Kramer
Verbotene Spiele
7 Clement
Verführung auf sizilianisch
5 Germi
Verwirrung der Liebe
5 Dudow
Vierhunderteinundneunzig (491)
7 Sjoeman
Wenn alle Menschen der Welt...
14 Christian-Jaque
Wenn die Alpenrosen blühen
9 Haeussler
Wer den Wind sät
6 Kramer
Westfront 1918
5 Pabst
West Side Story
4 Wise
Wilde Erdbeeren
7 Bergman
Wir Wunderkinder
8 Hoffmann
Wozzek
6 Klaren
Zeugin der Anklage
6 Wilder
Zwei Särge auf Bestellung
5 Petri
Zwischen Feuer und Asche
5 Wajda
Zwischen gestern und morgen
5 Braun
Zwölf (12) Uhr mittags
9 Zinnemann

Filmsammlung
9 Videothek
10 Cinemathek
Filmschauspieler, Filmschauspielerin
3 Abe, Day, Nat, Pat
4 Baur, Eyck, Ford, Gish, Hold, Hope, Kaye, Kemp, Kerr, Knef, Koch, Kowa, Ladd, Matz, Peck, Piel, Sica, Sima, Todd, Webb
5 Aubry, Boyer, Brent, Carlo, Carol, Caron, Clift, Davis, Diehl, Donat, Felmy, Flynn, Forst, Gable, Garbo, Hasse, Hauff, Hoehn, Hoppe, Hoven, Jones, Kelly, Knuth, Krahl, Leigh, Lloyd, Loren, March, Mason, Moser, Negri, Parlo, Ponto, Prack, Roekk, Rosay, Simon, Staal, Tracy, Veidt, Wayne, Wicki, Young
6 Albers, Andree, Astair, Bacall, Balser, Bardot, Bartok, Baxter, Berger, Birgel, Bogart, Brando, Breuer, Cooper, Cotten, Cramer, Crosby, Curtis, Dahlke, Feiler, Ferrer, Garson, George, Giller, Harvey, Holden, Horney, Howard, Krauss, Lieven, Lingen, Marais, Markus, Mature, Monroe, Morgan, Palmer, Platte, Porten, Pulver, Rogers, Russel, Schell, Taylor, Tiller, Weiser, Werner, Wessel
7 Allyson, Arletty, Auclair, Bergman, Borsche, Calvert, Chaplin, Colbert, Dagover, Deltgen, Douglas, Eggerth, Fischer, Florath, Forster, Fresnay, Fritsch, Gardner, Garland, Goddard, Granger, Hepburn, Herking, Johnson, Jourdan, Klinger, Kortner, Krueger, Leander, Leibelt, Lueders, Magnani, Mangano, Nielsen, Olivier, Pasetti, Raddatz, Regnier, Riemann, Roberts, Schroth, Simmons, Sinatra, Stewart, Ullrich, Valente, Vallone, Wegener, Wessely, Wiemann, Ziemann
8 Aznavour, Benkhoff, Borchers, Brasseur, Buchholz, Chandler, Charisse, Crawford, Darrieux, Dietrich, Gassmann, Guinness, Harrison, Hartmann, Hatheyer, Hayworth, Heesters, Henckels, Jannings, Juergens, Laughton, Leuwerik, Lockwood, Pampiani, Patachon, Pickford, Ruehmann, Ruetting, Soehnker, Thomalla, Torriani, Waescher, Williams
9 Barrymore, Cardinale, Chevalier, Fairbanks, Fernandel, Froehlich, Hielscher, Hoerbiger, Hubschmid, Jakobsson, Lancaster, Schneider
10 Schoenhals, Soederbaum, Tschechowa, Weisgerber
11 Kueckelmann, Schoenboeck
12 Biederstaedt, Lollobrigida
14 Flickenschildt
Filmschönheit
11 Glamourgirl
Filmstadt
der USA
9 Hollywood
Filmsternchen
7 Starlet
filmtechnischer Begriff, Beruf
3 Bau, FSK, Gag, Ton
4 Gage, Idee, Kino, Shot, Spot, Take, Team, Zoom
5 Autor, Kopie, Krimi, Maske, Probe, Regie, Rolle, Story, Sujet, Szene, Titel, Trick
6 Bauten, Blende, Cutter, Dialog, Double, drehen, Expose, Galgen, Kamera, Klappe, Presse, Skript, Studio, Sucher, Totale
7 Atelier, Drehtag, Entwurf, halbnah, Kulisse, Partner, Reisser, Schnitt, Schwenk, Staffel, Statist, Tonfilm, Verleih, Western
8 abfahren, Aufnahme, Cinerama, Cutterin, Drehbuch, Drehplan, Ensemble, Farbfilm, Komparse, Leinwand, Objektiv, ◆ Play-back, Playback, Premiere, Raumfilm, Requisit, Rueckpro, Streifen, synchron, Vorspann, Zeitlupe
9 abblenden, abgedreht, Besetzung, Breitwand, Dramaturg, Filmmusik, Filmtitel, Praedikat, Produzent, Projektor, Regisseur, Revuefilm, Spielfilm, Standfoto, Stummfilm, Tongalgen, Tonkabine, Traetment, Trickfilm, Verleiher, Werbespot, Werktitel
10 aufblenden, ausblenden, Background, Beleuchter, Belichtung, Darsteller, Dekoration, Drehbeginn, einspielen, Gummilinse, Halbtotale, Hauptrolle, Inspizient, Kameramann, Kamerateam, Kulturfilm, Produktion, Projektion, Schmalfilm, Skriptgirl, Standphoto, Stellprobe, Tonfenster, Tonmeister, Untertitel, Vorfuehrer, Weitwinkel, Zeitraffer
11 ausleuchten, Ausstattung, Beiprogramm, Beleuchtung, Bildfenster, Cinemascope, Einstellung, Filmatelier, Filmmusical, Filmwerbung, Herstellung, Kalkulation, Komparserie, Massenszene, Mikrogalgen, Perforation, Requisiteur, Rueckblende, Tonaufnahme, Wochenschau
12 Aufnahmeteam, Darstellerin, Filmkomoedie, Filmpremiere,

Kabeltraeger, Kriminalfilm, Teleobjektiv, Toningenieur, ueberblenden, Verleihfirma, Windmaschine
13 abendfuellend, Breitleinwand, Filmarchitekt, Filmbewertung, Filmlustspiel, Grossaufnahme, Innenaufnahme, Maskenbildner, Optische Achse, Probeaufnahme, Schneidetisch, Spielhandlung, Titelvorspann, Trickaufnahme, Urauffuehrung
14 Aufnahmeleiter, Aussenaufnahme, Dokumentarfilm, Regieassistent, Verleihstaffel, Vorkalkulation
15 Erstauffuehrung, Rueckprojektion, Selbstkontrolle
26 Freiwillige Selbstkontrolle

Filmtheater
4 Kino
6 Cinema
11 Lichtspiele
14 Lichtspielhaus

Filmvorfuehrer
9 Operateur

Filmvorlage
8 Drehbuch

Filmwitz
3 Gag

Filmzentrum
in Amerika
9 Hollywood
in Bayern
13 Geiselgasteig
in Italien
9 Cinecitta

Filou
4 Dieb
6 Gauner, Schelm
8 Spitzbub
9 Spitzbube
10 Schlaukopf, Schwindler

Filter
4 Sieb
6 Seiher
der Lymphwege
11 Lymphdruese

Filtertuch
6 Seiher

filzbedecktes
Nomadenzelt
7 Kibitka

Filzhut
10 Kalabreser

Filzhütte
asiatischer Nomaden
5 Jurte

Filzmuetze
6 Kalpak, Kolpak

Filzzelt
5 Jurte
7 Kibitka

Fimmel
4 Tick
6 Spleen
7 Marotte
8 Schrulle

Finale
4 Ende
6 Finish
7 Endlauf, Schluss
8 Endkampf, Endrunde, Endspiel
9 Abschluss
11 Schlussteil, Schlussszene
12 Entscheidung

Finanzbehörde
6 Fiskus

Finanzen
6 Gelder
9 Vermoegen
10 Geldmittel
15 Staatseinnahmen

Finanzhelfer
13 Anlageberater

finanziell
8 geldlich
9 pekuniaer

finanzielle
Aufwendung
8 Ausgaben
Verpflichtung
6 Schuld

finanzieller
Ertrag
6 Gewinn

finanzielles
Geschäft
11 Transaktion
Wagnis
6 Risiko

Finanzierungsform
7 Leasing

Finanzierungsverband
20 Kreditgenossenschaft

Finanzmagnat
7 Bankier

Finanzmann
7 Bankier
9 Finanzier

Finanzverwalter
9 Kaemmerer

Finanzvorhaben
12 Steuerreform

Findelkind
5 Waise
8 Findling
in Nürnberg
6 Hauser

Finder
von Neuem
9 Entdecker

Findezeichen
in Karteien
6 Reiter

findig
6 schlau
7 pfiffig
13 einfallsreich

Finesse
4 List
5 Kniff, Pfiff, Trick
8 Feinheit, Klugheit, Schlaeue
10 Kunstgriff, Schlauheit
11 Pfiffigkeit
15 Spitzfindigkeit

Finger
der Hand
6 Daumen

Fingerabdruckverfahren
13 Daktyloskopie

Fingerentzündung
4 Wurm
6 Umlauf

fingerfertiger
Stehler
11 Taschendieb

Fingerhut
9 Digitalis

Fingerkraut
10 Gaensefuss, Gaenserich, Potentilla, Tormentill
11 Gaensegarbe

fingerlanger
Karpfenfisch
7 Elritze

Fingernagelhalbmond
6 Lunula

Fingersatz
Musikinstrument
5 Griff

Fingerschmuck
4 Reif, Ring
7 Ehering
8 Trauring
10 Siegelring
14 Verlobungsring

Fingerspiel
4 Mora

Fingerspitzengefuehl
11 Delikatesse

Fingerspitzengefühl
4 Takt

Fingerteil
8 Knoechel

Fingertier
6 Aye Aye

Fingerzeig
3 Tip
4 ◆ Tipp, Wink
7 Hinweis

Finish
4 Ende
7 Schliff
8 Endkampf, Endphase, Endspurt

Finkenvogel
5 Ammer, Spatz, Weber
6 Gimpel, Zeisig
7 Amadine, Domherr, Girlitz, Kanarie, Ortolan
8 Bergfink, Buchfink, Dompfaff, Kardinal, Sperling
9 Goldammer, Gruenfink, Gruenling, Haenfling, Nonpareil, Rohrammer, Stieglitz, Zaunammer
10 Distelfink, Schneefink
11 Gartenammer, Hakengimpel, Kernbeisser
12 Birkenzeisig, Karmingimpel
13 Berghaenfling, Kanarienvogel, Kreuzschnabel

Finnenausschlag
der Haut
4 Akne

finnisch:
Finnland
5 Suomi

finnische
Altistin
8 Finnilae
Badestube
5 Sauna
Hafenstadt
3 Abo

4 Kemi, Oulu, Vasa
5 Hanko, Kotka, Turku, Vaasa
7 Kokkola
8 Uleaborg
Halbinsel
8 Porkkala
Harfe, Leier, Zither
7 Kandele, Kantele
Hauptstadt
8 Helsinki
11 Helsingfors
Inselgruppe in der Ostsee
11 Alandinseln
Landschaft
8 Karelien, Lappland
12 Oesterbotten
Münze, Währung
5 Penni
6 Markka
8 Finnmark
Sopranistin
5 Ackte
Stadt
2 Li
3 Abo, Eno
4 Kemi, Nemi, Oulu, Pori, Vasa
5 Espoo, Hanko, Inari, Ivalo, Karis, Kotka, Lahti, Raahe, Rauma, Turku, Vaasa
6 Hamina, Imatra, Kuopio
7 Kokkola, Tampere, Varkaus
8 Helsinki, Uleaborg
10 Lyvaeskyla, Tammerfors
11 Bjoerneborg, Helsingfors
12 Lappeenranta
Stadt in Lappland
5 Inari, Ivalo
Stromquelle
6 Imatra
Völkergruppe
5 Esten, Liven
8 Karelier, Ostjaken
Zither
7 Kantele

finnischer

Arbeiterführer
8 Saarinen
Architekt
5 Aalto, Siren
6 Hoijer
7 Asplund, Paatela, Taucher
8 Chiewitz, Saarinen
Bass
7 Talvela
Bildhauer
6 Autere, Nylund
7 Halonen
8 Aaltonen
Chemiker
8 Virtanen
Dichter, Dichterin, Schriftsteller
3 Aho
4 Kivi, Meri, Vala
5 Canth, Leino, Linna
6 Jotuni, Kailas, Kallas, Kianto, Onerva, Talvio
7 Rintala, Waltari
8 Runeberg
11 Sillanpaeae
Dichter u. Schriftsteller
5 Kokko
Dirigent
4 Kamu
5 Jalas
6 Panula
9 Segerstam
10 Jaernefelt
Feldmarschall
10 Mannerheim
Fluss
3 Wyg
4 Kala, Kemi, Kyro, Luga
5 Ivalo, Lappo
6 Jijoki
8 Kalajoki, Kemijoki, Oulujoki
12 Kokemaenjoki
Geschichtsschreiber
7 Porthan
Historiker
11 Koskenniemi, Schybergson
Komponist
8 Sibelius
9 Palmgreen
Läufer
5 Nurmi
Leichtathlet, Leichtathletin
4 Katz, Kivi, Kuha
5 Heino, Jaale, Larva, Maeki, Nurmi, Purje, Raety, Salin, Vilen, Viren
6 Askola, Kataja, Korjus, Lillak, Myyrae, Nevala, Nikula, Ritola, Tuulos, Vasala
7 Essayak, Huhtala, Loukola, Salonen, Salsola, Sippala, Sitonen, Taipale, Tiainen, Valkana
8 Andersen, Baerlund, Bryggare, Helander, Hellsten, Hoeckert, Iso-Hollo, Kantanen, Karvonen, Kinnunen, Kukkoaho, Laaksalo, Lahtinen, Lehtinen, Lehtonen, Lundholm, Maaninka, Nikkanen, Nikkinen, Pallonen, Peltonen, Rantanen, Rautanen, Saaristo, Salminen, Siitonen, Stenroos, Toivonen, Tuominen, Virtanen, Yrjoelae
9 Harkoenen, Jaervinen, Laukkanen, Marttelin, Niittymaa, Niklander, Penttilae, Sjoestedt
10 Landstroem, Parviainen, Peltoniemi, Poerhoelae, Rautavaara, Siekaniemi
11 Hyytiaeinen, Kalliomaeki, Kolehmainen, Liimatainen
12 Paeviaerinta
Literaturforscher
8 Ahlquist, Loennrot, Sjoegren
Maler und Grafiker
9 Edelfeldt, Toppelius
10 Jaernefelt
13 Gallen-Kalleda
Name für Finnland
5 Suomi
Nationalepos
8 Kalevala
Nobelpreisträger (Chemie)
8 Virtanen
Nobelpreisträger (Literatur)
11 Sillanpaeae
Politiker und Staatsmann
3 Aho
4 Ryti
6 Tanner
8 Kekkonen, Koivisto, Lipponen
9 Ahtisaari, Fagerholm, Paasikivi
10 Mannerheim
See
5 Enare, Inari
6 Orisee, Segsee, Topsee
7 Kivisee, Nasisee, Oulusee
8 Enaresee, Inarisee
9 Saimaasee
Sportler, Sportlerin
4 Alen, Rove
5 Ekman, Laiho, Salmi
6 Kasvio, Maekki, Nikola, Thoren, Vasala
7 Mikkola, Rosberg, Salonen
8 Aaltonen, Dahlmann, Heinonen, Huhtanen, Kankunen, Karpinen, Kyrklund, Laitinen, Saarinen, Saarvala, Sievinen
9 Hirvasoya, Kankkunen, Rantakari
10 Savolainen
11 Teraesvirta
12 Pihlajamaeki
Staatsmann
6 Tanner
8 Kekkonen
Verwaltungsbezirk
4 Laen
Volksstamm
4 Komi
5 Esten, Liven
6 Lappen
8 Udmurten
9 Mordwinen, Syrjaenen
Wintersportler, Wintersportlerin
4 Hasu
5 Ikola, Kokko, Luiro, Niemi, Sikio
6 Hakala, Maatta, Ojanen, Takalo
7 Nikkola, Rakkamo, Tiainen, Wideman
8 Eloranta, Isometsa, Jalkanen, Korhonen, Kuusisto, Laitinen, Lampinen, Lehtonen, Mustonen, Nieminen, Nykaenen, Rascanen, Saarinen, Skutnaab, Thunberg, Ylipulli
9 Hakulinen, Huuskonen, Jakobsson, Kaerkinen, Kankkonen, Kurikkula, Laakkonen, Maeaettae, Markkanen, Puikkonen, Toermanen, Tormaenen
10 Hietalahti, Hyvaerinen, Lukkarinen, Matikainen, Oikarainen, Pitikainen, Raeisaenen, Savolainen, Suntarinen
11 Kirvesniemi, Maentyranta
13 Haemaelaeinen
Wunderläufer
5 Nurmi

finnisches

Dampfbad
5 Sauna

Musikinstrument
7 Kantele
Nationalepos
8 Kalevala, Kalewala
finnisch-russisches
Gebiet
8 Karelien
finnisch-schwedischer
Autor
6 Hemmer
finnisch-ugrisches
Volk
5 Esten, Liven
6 Finnen, Ungarn
7 Wogulen
8 Madjaren, Magyaren, Ostjaken, Wotjaken
9 Mordwinen, Syrjaenen
13 Tscheremissen
Finnmark
6 Markka
finno-ugrisches
Volk in Sibirien
4 Komi
Finnwal
3 Sei
finster
6 dunkel, obskur
7 duester
finstere
Unterwelt der griechischen Mythologie
6 Erebus
Finte
4 Dreh, List
5 Falle, Kniff, Trick
7 Vorwand
9 Ausflucht
10 Scheinhieb
11 Scheinstoss
13 Scheinangriff
Firlefanz
4 Kram, Tand
5 Posse, Unfug
6 Unsinn
7 Flitter, Torheit
firm
4 fest
6 sicher
10 sattelfest
Firma
7 Betrieb
9 Geschaeft
11 Unternehmen
Firmament
6 Himmel
11 Sternenzelt
15 Himmelsgewoelbe
Firmeninhaber
4 Boss, Chef
9 Fabrikant, Produzent
11 Unternehmer
Firmenleiter
7 Manager
Firmenleitung
9 Direktion
Firmenschaffung
9 Gruendung
Firmentafel
6 Schild
Firmenvertreter
9 Reisender
Firmenvertretung
7 Agentur, Filiale
Firmenzeichen
5 Marke
6 Signet
Firmenzusammenschluss
6 Fusion
7 Konzern
Firn
9 Altschnee
Firnblock
auf Gletschern
5 Serac
Firnis
7 Leinoel
First
4 Dach, Kamm
5 Kante
6 Giebel, Gipfel
Fisch
in Würztunke
8 Marinade
Fischabfall
6 Gammel
Fischatmungsorgan
6 Kiemen
Fischbehälter
3 Kar
6 Kalter, Laegel
Fischbein
5 Barte
8 Walbarte
Fischbrut
5 Laich
Fischdampfer
7 Trawler
Fischdelikatesse
11 Gabelbissen
Fische
in den Voralpenseen
6 Renken
Fischeier
5 Rogen
6 Kaviar
Fischemulsion
9 Lebertran
fischen
6 angeln
Fischer
von Seriphos (gr. Sage)
6 Diktys
Fischereifahrzeug
4 Boot, Ewer, Kahn
5 Barke, Sloop
6 Dogger, Kutter, Logger
7 Trawler
8 Barkasse
dalmatinisches
5 Gaete
im Mittelalter
7 Tartane
im Mittelmeer
8 Bragozza
Fischereihafen
an der italienischen Riviera
7 Alassio
in Polen
3 Hel
Japans
5 Chosi
Fischerhütte
4 Kate
Fischerinsel
6 Penghu
Fischerkahn, -netz
6 Keitel, Keutel
Fischfänger
6 Angler
Fischfanggerät
4 Netz, Rute
5 Angel, Bunge, Reuse
7 Harpune, Kescher, Zugnetz
8 Legangel
9 Angelrute, Flugangel
10 Grundangel, Spinnangel, Spinngerte
11 Fliegenrute, Schleppnetz
12 Schleppangel
Fischfangnetz
5 Hamen
Fischfett
4 Tran
Fisch, Fischart
3 Aal, Hai
4 Alet, Alse, Anke, Arbe, Asch, Bars, Blei, Butt, Else, Fink, Furn, Ihle, Lang, Leng, Lenk, Lump, Nase, Orfe, Pole, Rump, Salm, Sild, Urbe, Wels, Zope
5 Aitel, Aland, Alant, Alose, Amaul, Barbe, Boers, Brill, Danio, Elten, Fogas, Guppy, Hecht, Inger, Kilch, Lachs, Lanke, Laube, Lodde, Molly, Mugel, Orade, Pilot, Platy, Renke, Sepia, Sohle, Stint, Stoer, Tetra, Umber, Zunge
6 Aesche, Alande, Albock, Angler, Barsch, Beluga, Blicke, Bonite, Brachs, Brasse, Bricke, Clupea, Doebel, Dorade, Dorsch, Eishai, Giebel, Grimpe, Groppe, Gurami, Harder, Hausen, Hering, Huchen, Merlan, Nawaga, Pfelle, Pirana, Quappe, Rapfen, Remora, Rochen, Sander, Schiel, Schill, Schlei, Seeaal, Tarpon, Turbot, Ukelei, Waller, Zaerte, Zander, Zingel
7 Aalbutt, Anbeiss, Berster, Blauhai, Brachse, Dornhai, Elbbutt, Elritze, Felchen, Flunder, Flunsch, Forelle, Grundel, Guester, Kapelan, Kapelin, Karpfen, Koehler, Makrele, Muraene, Pfrille, Piranha, Pleinze, Ploetze, Puntius, Rasbora, Rogener, Rotauge, Sandaal, Sardine, Scalare, Scholle, Schroll, Seehase, Seewolf, Selache, Skalare, Sprotte, Sterlet, Xiphias
8 Aalraupe, Anchovis, Arapaima, Blauling, Blaunase, Brachsen, Dickkopf, Ellering, Flughahn, Flussaal, Goldbutt, Goldmaid, Goldorfe, Gruendel, Haifisch, Heilbutt, Kabeljau, Kalmueck, Kohlmaul, Kresling, Laberdan, Lamprete, Maifisch, Makkohai,

Meereber, Nerfling, Neunauge, Platteis, Rotfeder, Rotzunge, Russnase, Saibling, Sandbutt, Sardelle, Schmerle, Schupper, Schuster, Schwuppe, Seebader, Seebarbe, Seehecht, Seekatze, Seelachs, Seenadel, Seeotter, Seezunge, Sterlett, Truesche, ◆ Tunfisch, Weisshai, Weisswal
9 Aalmutter, Aalquappe, Amphioxus, ◆ Anschovis, Bandfisch, Blaufisch, Bueckling, Finnfisch, Gangfisch, Glattbutt, Goldfisch, Grundling, Haeseling, Hammerhai, Heuerling, Hornhecht, Igelfisch, Karausche, Katzenhai, Knurrhahn, Kohlfisch, Lippfisch, Meeradler, Meerbarbe, Meeresaal, Mondfisch, Nerflinge, Nilbarsch, Raubfisch, Rheinsalm, Schmuetze, Schnaepel, Schneider, Seeteufel, Selachier, Steinbutt, Stichling, Thunfisch, Wattfisch, Zitteraal
10 Adlerfisch, Bitterling, Blackfisch, Blaufelche, Buechtling, Donaulachs, Dornrochen, Flussbarbe, Goldbarsch, Goldbrasse, Gruendling, Hundszunge, Kaulbarsch, Klippfisch, Klumpfisch, Kugelfisch, Lurchfisch, Luzonfisch, Meeraesche, Meerdrache, Meerjunker, Meerteufel, Molchfisch, Muchlkappe, Panzerwels, Rabenfisch, Rheinlachs, Rotkarpfen, Saegefisch, Schleimwal, Schraetzer, Schwertwal, Seeforelle, Sprenzling, Stockfisch, Weissfisch, Wrackfisch, Zitterwels
11 Bachforelle, Bartgrundel, Blaufelchen, Fetzenfisch, Flussbarsch, Glattrochen, Goldmakrele, Hammerfisch, Hechtbarsch, Hechtdorsch, Junkerfisch, Kofferfisch, Lotsenfisch, Lungenfisch, Maulbrueter, Meerdrachen, Meerforelle, Meergrundel, Menschenhai, Mooskarpfen, Nagelrochen, Petersfisch, Pfauenfisch, Saegebarsch, Schellfisch, Schusslaube, Seeschwalbe, Seeskorpion, Silberlachs, Sonnenfisch, Vipernfisch, Wrackbarsch, Zahnkarpfen, Zauberfisch, Zitterfisch
12 Grossflosser, Keulenrochen, Lanzettfisch, Lederkarpfen, Matjeshering, Meerneunauge, Nashornfisch, Papageifisch, Schwertfisch, Schwertstoer, Seepferdchen, Seestichling, Steinbeisser, Weissfelchen, Zitterrochen
13 Floesselhecht, Flussneunauge, Heringskoenig, Korallenfisch, Moderlieschen, Schiffshalter, Schriftbarsch, Stachelbarsch, Stachelrochen, Suppenkarpfen, Teleskopfisch, Teufelsrochen
14 Flussgrundling, Labyrinthfisch, Papageienfisch, Petermaennchen, Schlammbeisser, Schuetzenfisch, Schwalbenfisch, Schwarzgrundel, Schwerttraeger, Spiegelkarpfen
15 Fledermausfisch, Roter Kampffisch, Schleierschwanz, Schuppenkarpfen
21 Keilfleckenbuntbarsch

Fischgebiet
der Nordsee
10 Doggerbank

Fischgericht
8 Aalsuppe

Fischgrätengewebe
7 Grandel

Fischkasten
im Schiff
5 Buenn

Fischknochen
6 Graete

Fischkonserve
5 Lachs
7 Makrele, Sardine
8 Anchovis, Marinade, Rollmops, Seelachs, ◆ Tunfisch
9 ◆ Anschovis, Thunfisch
10 Brathering, Oelsardine
11 Appetitsild, Gabelbissen
14 Bismarckhering

Fischkunde
12 Ichthyologie

Fischlein
5 Barte

Fischmarder
5 Otter

Fischnahrung
5 Krill
8 Plankton

Fischnetz
4 Wate
5 Hamen

Fischöl
4 Tran
9 Lebertran

Fischreuse
5 Bunge

Fischruder, Steuerungsteil
6 Flosse

Fischspieß
5 Gehre

Fischsuppe
13 Bouillabaisse

Fischvernichterinsekt
14 Gelbrandkaefer

Fischwasserbehälter
8 Aquarium

Fischweib
10 Seejungfer
12 Meerjungfrau, Meerweibchen

Fischzuchtanlage
12 Karpfenteich

Fischzugergebnis
4 Fang

Fisimatenten
5 Faxen
11 Ausfluechte, Winkelzuege

fiskalischer
Begriff
12 Steuerklasse

Fiskus
5 Aerar
11 Staatskasse
12 Staatsschatz

Fistelstimme
7 Falsett

fit
8 tauglich
14 durchtrainiert
15 leistungsfaehig

Fitis
11 Laubsaenger

Fittich
7 Fluegel

Fitzbohne
10 Veitsbohne
12 Schnittbohne, Stangenbohne

fix
4 fest
5 eilig, flink, rasch
6 sicher
7 gewandt, perfekt, schnell
9 abgemacht
11 beschlossen

fixe
Idee
4 Tick
6 Grille, Irrtum, Spleen
7 Marotte
8 Schrulle
11 Trugschluss
15 Wahnvorstellung
17 Zwangsvorstellung

fixieren
9 anstarren, festlegen
10 festhalten

Fixiermittel
7 Fixativ
8 Sikkativ
9 Schellack
10 ◆ Kolofonium, Wasserglas
11 Kolophonium

fixiertes
Ziel des Auges
10 Blickpunkt

Fixierungsgemisch
für Präparate
5 Bouin

Fixstern
4 Nova, Wega
5 Atair, Deneb, Rigel, Sonne
6 Castor, Kastor, Pollux, Sirius, Taurus
7 Antares, Canopus, Capella, Kapella, Zentaur
9 Aldebaran, Centaurus
10 Alpha Tauri
16 Proxima Centaurus

Fixsternansammlung
nächst der Erde
12 Milchstrasse

Fixsterne
betreffend
7 stellar

Fixsternforscher
15 Stellarastronom

Fixsterngruppe
9 Sternbild
Fixum
6 Gehalt
7 Entgelt
9 Einkommen, Festbezug, Verdienst
10 Festgehalt
Fjord
5 Bucht
11 Meeresbucht
der Südküste Chiles
5 Baker
in Norwegen
4 Ands
5 Forde, Molde, Sogne
6 Bukken, Namsen
in Schottland
3 Tay
4 Alsh
5 Clyde, Lorne, Moray
in Schweden
9 Trondheim
von Jütland
6 Nissum
fjordähnliche
Bucht
9 Meeresarm
FKK-Anhänger
6 Nudist
flach
4 eben
5 banal, breit, platt
6 albern, seicht, untief
7 niedrig
flachbordiger
Schleppkahn
5 Prahm
Flachbrustvogel
4 Kiwi
7 Strauss
Flachdachhaus
8 Bungalow
Flachdruckverfahren
6 Offset
10 Lichtdruck, Steindruck
11 ◆ Lithografie
12 Lithographie
flache
Beule
5 Delle
Bodenerhebung
6 Huegel
Erdaufschüttung vor Festungen
6 Glaeis
Felseninsel
8 Schaeren
Kopfbedeckung
12 Baskenmuetze, Tellermuetze
Küstenbucht
4 Haff
Landschaft
5 Ebene
Meeresbucht
4 Wiek
Milchschale
5 Satte
Mütze
6 Barett
Schale
8 Kuevette
Schüssel
6 Platte, Schale
Tasche
5 Mappe
Vertiefung
5 Beule, Delle
Fläche
4 Feld, Raum
5 Areal, Boden, Ebene, Platz
6 Gebiet
7 Terrain
10 Begrenzung
über einer Tür
8 Luenette
Flächenabschnitt
im Forst
5 Jagen
Flächenbegrenzung
4 Rand
flächengrößter
Staat der Erde
8 Russland
11 Sowjetunion
flächenhafte
Bedeckung
5 Belag
Flächeninhalt
5 Areal
Flächenmaß
2 Ar, ha, qm
3 qcm, qdm, qkm, qmm
4 acre
5 Dekar
6 Hektar, Morgen
7 Tagwerk
12 Quadratmeter
16 Quadratdezimeter, Quadratkilometer
17 Quadratmillimeter, Quadratzentimeter
der Schweiz
3 Are
im Bergbau
5 Lehen
in China
5 Ching
in Japan
5 Tsubo
in Spanien
4 Area
in Vietnam
3 Mau
Flächenmesser
10 Planimeter
Flächenmesskunst
11 Planimetrie
Flächenverzierung
8 Arabeske
flacher
Behälter aus Aluminiumfolie
8 Assiette
Frachtkahn
5 Zille
Handschlitten
5 Rodel
Kuchen
6 Fladen
Meeresteil
6 Lagune
Stab zum Salbenauftragen
6 Spatel
Steinpfeiler
5 Stele
Strandsee
4 Haff
6 Lagune
Teil des Ijsselmeeres
6 Pampus
Witz
7 Kalauer
10 Platituede
flaches
Boot
3 Gig
4 Kanu
5 Kajak
6 Ponton
7 Einbaum
8 Kanadier
Bratgefäß
6 Pfanne
Essgeschirr
6 Teller
Gebäck
6 Fladen, Oblate, Waffel
8 Schnitte
11 Knaeckebrot
12 Pumpernickel
Gefäß
6 Schale
Gelände
5 Ebene
Gewässer
4 Noor
Holzstück
5 Brett, Latte
6 Leiste
Küstengewässer
6 Schelf
9 Strandsee
Relief
9 Basrelief
Verbindungsstück
6 Lasche
Wassergefährt
5 Floss
Wohnhaus
8 Bungalow
Wohnhausdach
7 Soeller
Flachfeuergeschütz
6 Kanone
Flachfisch
4 Butt
7 Flunder, Scholle
8 Goldbutt, Heilbutt
9 Steinbutt
flachgedrückt
5 platt
flachgehendes
Küstenfahrzeug
8 Leichter
Wüstenfahrzeug
4 Ewer
flachgestreckt
6 rasant
Flachheit
10 Platituede
Flachholz
5 Brett
Flachland
5 Ebene, Senke
in Ungarn
6 Puszta
Flachländer
6 Ebenen
Flachmeer
6 Schelf

Flachpflanzenprodukt
7 Leinoel
Flachs
4 Jute, Lein
Flachsabfall
4 Hede, Werg
Flachsbündel
5 Riste
Flachseestreifen
vor der Nordseeküste
4 Watt
10 Wattenmeer
Flachsgewebe
6 Leinen
Flachsgranne
3 Ahn
4 Ahne
flackernde
Flamme
4 Lohe
Flagge
5 Fahne
6 Banner, Goesch, Panier, Wimpel
7 Stander
9 Standarte
der USA
13 Sternenbanner
flaggen
6 hissen
7 heissen
Flaggengruß
auf See
6 Dippen
Flaggoffizier
13 Konteradmiral
Flair
7 Fluidum
9 Spuersinn
11 Atmosphaere
flämischer
Architekt und Baumeister
5 Aalto
Bildhauer
5 Colin, Witte
Dichter u. Schriftsteller
5 Claes, Moens, Oever
6 Clercq, Coolen, Coster, Lateur, Nijlen
7 Gezelle, Willems
8 de Coster, Teirlink, Walschap
9 Rodenbach, Streuvels, Vermeylen
10 Conscience, Timmermans
Geograf und Forscher
6 Kremer
8 Mercator
Historiker
8 Sigebert
Ingenieur
12 Brunelleschi
Komponist
4 Rore
5 Isaac
8 Ockeghen
Lyriker
5 Beers
6 Giraud
Maler und Zeichner
3 Hal
4 Bril, Dyck, Eyck, Hals
5 Coxie, Neefs, Orley
6 Rubens
7 Brouwer, Snyders, Teniers, Teurers, Vermeer
8 Jordaens
10 Timmermans
Name der Stadt Löwen
6 Leuven
Flamme
4 Lohe
5 Feuer
Flammenblume
5 Phlox
Flammenglut
4 Lohe
Flammenmergel
5 Gault
Flammenwelt
der nord. Mythologie
10 Muspelheim
Flammenzeichen
5 Fanal
Flammerie
6 Speise
7 Pudding
flandrische
Hafenstadt
4 Gent
Zither
6 Hommel
flandrischer
Botaniker
5 Lobel
Küstenfluss
4 Yser
Flaneur
5 Stenz
flanieren
10 schlendern
14 spazierengehen
Flanke
5 Seite
6 Sprung, Weiche
7 Fluegel
beim Fußball
7 Vorlage, Zuspiel
10 Hereingabe
Fläschchen
6 Flacon, Flakon
Flasche
4 Glas
5 Kruke, Niete, Pulle
6 Ballon, Buddel
7 Gefaess, Karaffe
8 Versager
9 Bouteille
Flaschenbaumgewächs
5 Anona
Flaschenform
11 Bocksbeutel
flaschenhalsartige
Schmalstelle
7 Engpass
Flaschenkürbis
9 Kalebasse
Flaschenreihe
8 Batterie
Flaschenverschluss
4 Kork
5 Krone
6 Korken
8 Pfropfen, Stoepsel
10 Kronenkork
Flaschenzug
4 Gien
5 Takel, Talje
Flaschner
8 Blechner, Klempner, Spengler
Flattergras
6 Milium
9 Waldhirse
flatterhaftes
Geschöpf
8 Irrwisch
Flattermaki
6 Kobego, Kobuga
Flattertier
6 Vampir, Vampyr
8 Flughund
10 Fledermaus
14 Fliegender Hund
flau
3 mau
4 matt, mies
5 muede, schal
7 lustlos, schwach
8 schlecht
Flaumfeder
5 Daune
10 Eiderdaune
Flaumhaare
5 Wolle
flauschiger
Mantelstoff
6 Ratine
Wollstoff
5 Fries
Flause
5 Getue, Luege
7 Ausrede
10 Geschwaetz
Flausen
12 Fisimatenten
Flaute
6 Baisse, Stille
8 Stockung
10 Stagnation, Stillstand, Windstille
Flechte
4 Wolf, Zopf
5 Ekzem
9 Ausschlag
13 Hautausschlag
Flechtenkunde
12 Lichenologie
Flechter
10 Korbmacher
Flechtmaterial
4 Bast, Hanf, Jute, Rohr
6 Schilf
Flechtschuh
6 Opanke
Flechtwerk
4 Korb, Zier
5 Matte, Zaine
6 Zierat, Zierde
7 ◆ Zierrat
8 Geflecht, Ornament
für Böschungen
5 Hurde
Fleckenmuster
Bild
5 Moire
Fleck, Flecken
3 Mal, Ort
5 Flick, Makel, Markt, Platz
6 Fehler, Fetzen, Klecks, Lappen, Stelle

7 Flicken, Schmutz
8 Spritzer
fleddern
9 ausrauben, pluendern
Fledermaus
5 Badul
6 Kalong, Vampir
7 Langohr, Mausohr
8 Flughund, Grossohr, Molossus
9 Blattnase, Flugfuchs, Glattnase, Klaffmaul, Klappnase
10 Blutsauger, Flederhund, Fledertier
11 Abendsegler, Flattertier
12 Flatterfuchs, Handfluegler, Hufeisennase
13 Grabflatterer, Pelzflatterer
14 Bartfledermaus, Fliegender Hund, Grossflatterer, Mopsfledermaus
15 Grossfledermaus, Kleinfledermaus, Ohrenfledermaus, Spiessblattnase, Zwergfledermaus
16 Riesenfledermaus, Wasserfledermaus
17 Bulldogfledermaus, Fischerfledermaus, Langohrfledermaus
18 Grossohrfledermaus, Hammerkopfflughund
19 Hasenmaulfledermaus
Fledermausgattung
6 Myotis
Flegel
5 Flaez, Flaps, Rekel, Runks
6 Bengel, Raekel, Ruepel
7 Luemmel, Stoffel
Flegelei
5 Unart
13 Taktlosigkeit, Ungezogenheit
flehentlich
10 instaendig
Fleisch
des Dornwals
8 Seenadel
des Wildes
8 Wildbret
Fleischbrühe
3 Sud
8 Bouillon, Consomme
11 Kraftbruehe
Fleischer
7 Metzger
10 Schlachter
11 Schlaechter
Fleischextrakt
6 Bruehe, Wuerze
fleischfarben
8 inkarnat
Fleischfaserbündel
6 Muskel
fleischfressende
Pflanze
8 Taublatt
9 Carnivore, Fettkraut, Karnivore, Nepenthes, Sonnentau
11 Insektivore
12 Fliegenfalle
13 Kannenpflanze
14 Wasserschlauch
17 Venusfliegenfalle
fleischfressender
Vogel
8 Aasgeier
fleischfressendes
Lebewesen
8 Raubtier
Fleischfresser
9 Karnivore
Fleischfüllung
5 Farce
Fleischgericht, -ware
4 Haxe, Haxn
5 Filet, Hache, Klops, Kloss, Speck, Steak, Wurst
6 Braten, Gulyas, Ragout, Salami, Suelze
7 Bulette, Eisbein, Gulasch, Haschee, Kassler, Pastete, Roulade
8 Cervelat, Kasseler, Kotelett, Pemmikan, Rippchen, Schinken, Zervelat
9 Beefsteak, Bierwurst, Blutwurst, Bockwurst, Bratwurst, Frikassee, Jagdwurst, Karbonade, Kochwurst, Mettwurst, Presskopf, Roastbeef, Rumpsteak, Schnitzel
10 Aufschnitt, Bruehwurst, ◆ Cornedbeef, Dauerwurst, Frikadelle, Knackwurst, Leberkaese, Leberwurst, Mortadella, Pommersche, Presswurst, Schaschlik, Suelzwurst, T-Bone-Steak, Weisswurst
11 Gruetzwurst, Rippenspeer, Zungenwurst
12 Doerrfleisch, Fleischwurst, Leberpastete, Rollschinken, Ruegenwalder, Schlackwurst, Schmorbraten, Spiessbraten, Zwiebelwurst
13 Cervelatwurst, Lachsschinken, Raeucherspeck, Schinkenwurst, ◆ Servelatwurst, Zervelatwurst
14 Fleischpflanzl, Kalbsschnitzel, Knoblauchwurst, Schwartenmagen
15 Fleischpflanzel
17 Schweineschnitzel
19 Kasseler Rippenspeer, Koenigsberger Klopse
Fleischhuhnrasse
6 Cochin
fleischig
7 pulpoes
9 sukkulent
fleischige
Frucht
5 Beere
Südfrucht
6 Ananas
fleischiger
Körperteil
6 Muskel
Pflanzenteil
6 Knolle
Teil am Pferdeschweif
5 Ruebe
fleischiges
Körpergewebe
6 Muskel
Fleischkloß
5 Braet, Klops
7 Bulette
8 Boulette
Fleischkonserve
8 Pemmikan
10 Corned beef, Dauerwurst, Katenrauch
Fleischkrem
6 Mousse
Fleischkugel
5 Kloss
fleischlich
8 leiblich
11 koerperlich
fleischlose
Ernährung
12 Vegetarismus
Nahrung
12 Pflanzenkost
Fleischmaschine
4 Wolf
Fleischpastetchen
10 Rissolette
Fleischprüfung
7 Beschau
Fleischragout
9 Frikassee
Fleischrippenstück
6 Karree
Fleischrolle
7 Roulade
Fleischsaftgallert
3 Jus
Fleischscheibe
7 Tranche
8 ◆ Transche
Fleischschnitte
5 Filet, Steak
Fleischspeise
7 Bulette
8 Boulette
10 Rostbraten
11 Sauerbraten
Fleischstück
5 Lende
Fleischstücke
in Gallert
6 Suelze
Fleischsud
6 Bruehe
Fleischsülze, Fischsülze
5 Aspik
Fleischsuppe
6 Bruehe
Fleischteil
am Rind
5 Kugel
Fleischton
auf Gemälden
8 Inkarnat
Fleischvergiftung
10 Botulismus
Fleischware
5 Wurst
Fleischwerdung
Christi
11 Inkarnation

Fleiß
5 Eifer, Muehe
7 Absicht, Streben
12 Strebsamkeit, Tuechtigkeit
fleißig
4 rege
5 aktiv, emsig
6 eifrig, taetig
7 ruehrig
8 strebsam
9 arbeitsam
10 betriebsam
fleißiges
Insekt
4 Emse, Imme
5 Biene
6 Ameise
Lieschen
7 Begonie
9 Balsamine
11 Springkraut
flektieren
6 beugen
11 deklinieren, konjugieren
flexibel
7 beugbar, beugsam, biegsam, dehnbar
9 beweglich, elastisch
11 geschmeidig
Flexion
7 Beugung, Biegung
10 Abknickung
11 Deklination, Konjugation
Flibustier
5 Pirat
6 Korsar
10 Filibuster, Seeraeuber
Flickarbeit
9 Reparatur
12 Ausbesserung
14 Instandsetzung
flicken
10 ausbessern, reparieren
Flicken
auf Leder
7 Riester
Flickgedicht
5 Cento
fliederfarben
4 lila
Flieder, Fliederart
5 Lilak
7 Syringe, Zedrach
8 Holunder
Fliege, Fliegenart
6 Bremse, Dassel, Muecke, Tsetse
7 Brummer
9 Taufliege
10 Biesfliege, Bohrfliege, Dungfliege, Florfliege, Goldfliege, Halmfliege, Querbinder
11 Kaesefliege, Stechfliege, Steinfliege
12 Ankerfluegel, Blumenfliege, Dasselfliege, Hessenfliege, Kirschfliege, Raupenfliege, Rinderbremse, Stubenfliege, Tsetsefliege, Zweifluegler
13 Eintagsfliege, Fleischfliege, Malariafliege, Rettichfliege, Schlammfliege, Schwebefliege, Schwingfliege, Spargelfliege
14 Schmeissfliege
fliegen
6 segeln
7 gleiten
8 flattern, schweben
Fliegenblume
5 Orche
8 Stapelie
fliegende
Brandteilchen
6 Funken
Untertasse
3 Ufo
fliegender
Fisch
8 Flughahn
11 Hochflieger
12 Meerschwalbe
13 Stachelbarsch
Hund
6 Kalong
fliegendes
Personal
5 Pilot
6 Funker
7 Copilot, Kopilot, Steward
9 Navigator
10 Bordfunker, Stewardess
Säugetier
10 Fledermaus
Fliegenfanggerät, -mittel
4 Garn, Leim, Netz
5 Spray
6 Gitter, Klappe
8 Klatsche
Fliegenlarve
4 Made
Fliegenschnäppervogel
10 Grasmuecke, Rotschwanz
11 Rohrsaenger
Flieger
4 Boot, Kahn
5 Pilot, Segel
6 Segler
8 Aeronaut
9 Radfahrer, Rennpferd
10 Bahnfahrer, Rennfahrer
13 Radrennfahrer
15 Flugzeugfuehrer
der griechischen Sage
6 Ikaros, Ikarus
8 Daedalos, Daedalus, Daidalos
Fliegerstandort
5 Horst
Fliegertruppe
9 Luftwaffe
Fliehkraft
16 Zentrifugalkraft
Fliese
6 Kachel, Platte
8 Fetthaut
Fließarbeitsanlage
7 Rutsche
9 Rolltisch
10 Fliessband
fließen
6 fluten, pulsen
8 stroemen
9 pulsieren
fließende
Vulkan-Auswurfmasse
9 Lavastrom
fließendes
Gewässer
4 Bach
5 Fluss, Strom
7 Rinnsal
8 Wildbach
9 Flusslauf
10 Wasserlauf
flimmern
7 flirren
flink
3 fix
4 agil
5 alert, dalli, eilig, flott, rasch
6 behend, hurtig, munter, wendig
7 behende, gewandt, schnell
8 ◆ behaende
9 geschwind
10 aufgeweckt
flink, munter, frisch (Musik)
5 lesto
Flint
10 Feuerstein
Flinte
6 Gewehr
7 Buechse
10 Jagdgewehr
Flintglas
12 Kristallglas
Flip
8 Cocktail
Flirt
8 Liebelei, Poussage
9 Taendelei
14 Techtelmechtel
flirten
8 raendeln
10 poussieren
Flitter
4 Kram, Tand
7 Plunder, Troedel
Flitterkram
9 Firlefanz
Flitterwochen
9 Honigmond
flockige
Trübung in Flüssigkeiten
5 Wolke
Flor
6 Bluete
9 Wohlstand
11 Kreppgewebe
12 Blumenfuelle
13 Bluetenfuelle
Flora
12 Pflanzenwelt
13 Blumengoettin
17 Fruehlingsgoettin
Florentiner
8 Strohhut
11 Nussgebaeck
Adelsgeschlecht
6 Medici
7 Strozzi
8 Mediceer
Architekt und Baumeister
6 Cambio
12 Michelangelo
15 Leonardo da Vinci
Bauwerk, Kunstgalerie
5 Pitti
6 Majano
7 Fiesole

8 Signoria, Uffizien
9 Donatello
10 Santa Croce
12 Palazzo Pitti
14 Loggia dei Lanzi, Palazzo Strozzi, Palazzo Vecchio
15 Palazzo Riccardi
17 Palazzo del Podesta
18 Palazzo degli Uffizi
Bildhauer
6 Majano
7 Fiesole
9 Donatello
Dichter
5 Dante
14 Dante Alighieri
Gemäldegalerie
5 Pitti
8 Uffizien
Goldmünze
8 Florenus
Maler
5 Dolci, Lippi, Sarto
6 Cosimo, Giotto
7 Gozzoli, Oreagne, Uccello
8 Masaccio
10 Botticelli
11 Bartolommeo
Palast
5 Pitti
8 Signoria, Uffizien
Politiker
11 Machiavelli
Reformator
10 Savonarola
Florenz
auf italienisch
7 Firenze
florettähnliche
Stoßwaffe
5 Spada
Florgewebe
7 Pluesch
florieren
7 bluehen
8 gedeihen
Floskel
9 Redensart
11 Redewendung
Floß
der Indianer
7 Jangada
im Irak
5 Kelek
floßartiges
Indianerboot
5 Balsa
Flossenfüßer, -füßler
5 Robbe
7 Seehund
8 Schnecke
12 Meerschnecke
13 Ruderschnecke
14 Meeresschnecke
Flößerstange
5 Stake
Floßschiebestange
5 Stake
Flotationszusätze
6 Flotol
Flöte, flötenartiges Instrument
6 Pfeife, Syrinx
7 Okarina, Pikkolo
9 Panfloete
10 Flageolett, Querfloete, Querpfeife, Rohrpfeife
11 Blockfloete, Orgelstimme
Flötist
Friedrichs des Großen
6 Quantz
flott
4 chic, kess
5 fesch, flink, smart
6 leicht, ◆ schick
7 schnell
9 schneidig
10 burschikos
11 schwungvoll
Flotte
4 Navy
6 Armada, Marine
9 Faerbebad
14 Schiffsverband
Phillipps des II. von Spanien
6 Armada
Flottenbasis
11 Kriegshafen, Stuetzpunkt
Flottenchef
7 Admiral
Flottenführer
Dareios I.
5 Datis
Flottenwesen
6 Marine
12 Kriegsmarine
flottieren
8 schweben
9 schwanken, schwimmen
Flöz
5 Lager
7 Schicht
Fluch
7 Unsegen
8 Anathema
10 Laesterung
11 Verhaengnis
fluchen
5 toben
7 wettern
8 laestern, schelten
9 schimpfen
Flucht
8 Retirade
einer Rinderherde
8 Stampede
Mohammeds
8 Hedschra
Fluchtburg
8 Refugium
flüchtige
Aufzeichnungen
7 Notizen
Flüssigkeit
6 Aceton, Aether, Azeton, Benzin, Benzol
7 Alkohol
Zeichnung
6 Skizze
flüchtiger
Augenblick
2 Nu
Brennstoff, Methan
6 Erdgas
7 Heizgas
flüchtiges
Erlebnis
7 Episode
Flüchtigkeitsfehler
4 Bock
6 Patzer
9 Schnitzer
Flüchtlingskolonne, -zug
5 Treck
Fluchtstab
für Vermessungen
5 Jalon
Flug
7 Schwarm
9 Luftreise
Flugabwehr
4 Flak
Fluganlage
8 Rollfeld
Flugausbildungsgerät
9 Simulator
Flugbahn
5 Kurve
7 Parabel
Flugbeginn
5 Start
Flugblatt, Flugschrift
7 Traktat
8 Pamphlet
10 Broschuere, Handzettel
Flügel
5 Anbau, Piano, Seite, Trakt
6 Flanke
7 Fittich
8 Schwinge
9 Seitenbau
10 Seitenteil
11 Seitentrakt, Tragflaeche
Flügelaltar
9 Diptychon
10 Triptychon
Flügelgestalt
in der Kunst
6 Genius
Flügelhorn
7 Kornett
flügelloses
Insekt
4 Floh, Laus
Flügelpferd, -ross
7 Pegasus
Flügeltier
5 Greif
flugfähig
7 fluegge
flugfähiger
Wasservogel
10 Schneegans
flugfähiges
Säugetier
10 Fledermaus
Tier
5 Vogel
Flugfigur
4 Turn
5 Rolle, Runde
7 Looping
8 Schleife
Fluggast
9 Passagier
Fluggastbetreuer
7 Steward

Fluggastbetreuerin
10 Stewardess
Fluggastbrücke
6 Jetway
Fluggasthalle
8 Terminal
Fluggasttreppe
7 Gangway
Fluggebiet
8 Luftraum
Fluggerät
6 Ballon
7 Drachen
fluggewandter
Wasservogel
5 Moewe
Flughafen
4 Base
5 Basis, Horst
7 Airbase, Airport
8 Aeroport, Flugfeld, Heliport
10 Landeplatz
11 Stuetzpunkt
15 Luftstuetzpunkt
der Luftwaffe
5 Horst
12 Fliegerhorst
Flughafenanlage
6 Hangar
8 Rollbahn
9 Funkfeuer, Landebahn, Startbahn
Flughafenhalle
8 Terminal
Flughafenlandebahn
5 Piste
Flughafen von:
Amsterdam
8 Schiphol
Antwerpen
6 Deurne
Athen
10 Hellenikon
Bangkok
8 Don Maang
Barcelona
8 Muntadas
Basel
9 Blotzheim
Beirut
5 Kalde
7 Khaldeh
Belgrad
5 Zemum
Berlin
5 Gatow, Tegel
9 Tempelhof
11 Schoenefeld
Bern
4 Belp
Bilbao
7 Sondica
Bonn/Köln
4 Wahn
Bordeaux
8 Merignac
Boston
5 Logan
Brüssel
9 Melsbroek
Budapest
8 Ferihegy
Buenos Aires
6 Ezeiza
Bukarest
7 Baneasa
Chicago
6 Midway
9 Sky Harbor
Damaskus
5 Mezze
Delhi
5 Palam
der Luftwaffe
12 Fliegerhorst
Dresden
9 Klotzsche
Düsseldorf
8 Lohausen
Florenz
8 Peretola
Frankfurt-Main
9 Rhein-Main
Genf
8 Cointrin
Glasgow
7 Renfrew
Hamburg
12 Fuhlsbuettel
Hannover
11 Langenhagen
Helsinki
5 Malmi
Hongkong
6 Kai Tak
Istanbul
9 Yesilkoey
Kairo
6 Al Maza
Köln
4 Wahn
Kopenhagen
7 Kastrup
Leipzig
10 Schkenditz
Lissabon
8 Alverces
Liverpool
5 Speke
London
7 Croydon, Gatwick
8 Heathrow, Northolt
13 London Airport
Lyon
4 Bron
Madrid
7 Barajas
Mailand
6 Linate
8 Malpensa
Manchester
7 Ringway
Marseille
9 Marignane
Montevideo
8 Carrasco
Moskau
7 Wnukowo
13 Scheremetjewo
München
17 Franz Josef Strauss
Neufundland
6 Gander
New York
8 Idlewild
14 Kennedy Airport
16 Laguardia Airport
Nizza
5 Le Var
Oslo
7 Fornebu
10 Gardermoen
Paris
4 Orly
9 Le Bourget
15 Charles de Gaulle
Prag
6 Ruzyne
Rom
8 Ciampino
9 Fiumicino
15 Leonardo da Vinci
Sevilla
8 San Pablo
Singapur
6 Tengah
7 Kallang
Stockholm
6 Bromma
7 Arlanda
9 Halmsjoen
Stuttgart
12 Echterdingen
Teheran
8 Mehrabad
Tel Aviv
3 Lod
5 Lydda
9 Ben Gurion
Tokio
6 Hameda, Narita
Toulouse
7 Blagnac
Warschau
6 Okecie
Wien
6 Aspern
9 Schwechat
Zaire
5 Kindu
Zürich
6 Kloten
Flughund
5 Badul
6 Kalong
Flugkäfig
für Vögel
7 Voliere
Flugkontrollturm
5 Tower
Flugkörper
6 Ballon, Rakete
7 Drachen
8 Flugzeug, Zeppelin
10 Luftschiff
Flugpionier
4 Udet
5 Balbo, Grade, Hirth, Koehl
6 Farman, Fokker, Gronau, Ikaros, Ikarus, Wright
7 Bertram, Bleriot, Boelcke, Dornier, Eckener, Lehmann, Loerzer, Piccard, Rumpler, Suering
8 Beinhorn, Daedalos, Daedalus, Daidalos, Fieseler, Parseval, Whithead, Zeppelin
9 Blanchard, Huenefeld,

Immelmann, Lindbergh, Plueschow, Weisskopf
10 Cunningham, Lilienthal, Richthofen
11 Fitzmaurice, Montgolfier
12 Christiansen, Santos Dumont
13 Messerschmitt
15 Leonardo da Vinci

Flugreise
9 Luftfahrt

Flugreisender ***ohne Vorbuchung***
6 Goshow

Flugroute
7 Luftweg

Flugsandhügel
5 Duene

Flugschein
6 Ticket

Flugschrift
7 Traktat
8 Pamphlet
10 Broschuere

Flugstützpunkt
9 Flugplatz

flugtechnischer, -betrieblicher Begriff
3 Boe, Hub, Rad
4 Bord, Funk, Heck, Hoch, Loch, Mach, Tank, Tief, Turn
5 Basis, Duese, Motor, Pilot, Piste, Radar, Rolle, Ruder, Rumpf, Start, Sturz, Tower, Winde
6 Abflug, Airbus, Anflug, Ballon, Fracht, Funker, Gondel, Hangar, Kabine, Kanzel, Ortung
7 abheben, Airport, Aufwind, Ballast, Cockpit, Copilot, Drachen, Fluegel, Gleiter, Kopilot, Landung, Looping, Peilung, Schlepp, Steward, Thermik
8 abkippen, Absprung, Aeroplan, Auftrieb, Fahrwerk, Fluggast, Flugzeug, Hangwind, Katapult, Knueppel, Landetau, Leitwerk, Luftloch, Luftpost, Rollbahn, Rollfeld, Windsack, Zeppelin, Zielflug
9 aufsetzen, Blindflug, Bugkanzel, Flughoehe, Funkfeuer, Gegenwind, Gleitflug, Hangstart, Landebahn, Navigator, Propeller, Segelflug, Startbahn, Sturzflug, Triebwerk
10 ausklinken, Beobachter, Bodennebel, Bordfunker, Fallschirm, Frachtraum, Freiballon, Heckkanzel, Helicopter, Helikopter, Hochdecker, Landeplatz, Lufthoheit, Luftschiff, Notlandung, Rotorblatt, Stewardess, Tiefdecker, Warteliste
11 Fahrgestell, Flugstrecke, Funkpeilung, Hoehenruder, Luftlandung, Notausstieg, Schallmauer, Schleppseil, Schwebeflug, Seitenruder, Tragflaeche, Ueberschall, Windenstart
12 Bauchlandung, Blindlandung, Bruchlandung, Flugkapitaen, Hoehensteuer, Hubschrauber, Lastensegler, Luftkorridor, Luftschraube, Motorschlepp, Segelflieger, Seitensteuer, Sportflieger
13 Ballonfuehrer, Flugsicherung, Flugzeughalle, Katapultstart, Luftstroemung, Passagierraum
14 Passagierliste, Positionslampe, Positionslicht, Steuerknueppel, Transozeanflug, Versuchsballon
15 Flugzeugfuehrer, Flugzeugtraeger, Haltemannschaft, Zwischenlandung
16 Sicherheitshoehe
22 Flugsicherungsbehoerde

Flugtier
5 Vogel
der Urzeit
7 Urvogel

Flugtrainer
9 Simulator

flugunfähiger ***Vogel***
5 Nandu
6 Takahe
7 Pinguin, Strauss

Flugwesen
7 Aviatik
9 Luftfahrt
10 Aeronautik

Flugzeug
8 Aeroplan

Flugzeugankunft
7 Landung

Flugzeugannäherung ***ans Ziel***
6 Anflug

Flugzeugart, -firma, -konstrukteur
3 Jet, Mig, Mil
4 Bell, Fiat, Nord, Rata, Saab, Shin, Siat
5 Arado, Comet, Jumbo, Kamow, Klemm, Neiva, Piper, Sabre, Short, Stuka
6 Airbus, Beriew, Boeing, Bomber, Cessna, Condor, Fokker, Hawker, Hughes, Jaeger, Siebel, Sukhoi, Viking
7 Antonow, Boelkow, Breguet, Buecker, Choukas, City Jet, Clipper, Comuter, Convair, Curtiss, Dornier, Douglas, Gleiter, Heinkel, Junkers, Klipper, Mikojan, Minimoa, Rumpler, Tupolew, Vickers, Wassmer
8 Augustan, Dassault, Fieseler, Flugboot, Henschel, Jauvette, Jumbo Jet, Kawasaki, Lockheed, Noratlas, Percival, Sikorsky, Sycomore
9 Caravelle, Eindecker, Focke Wulf, Iljuschin, Koleopter, Lightning, Skymaster, Turboprop
10 Aufklaerer, Bushmaster, Fernbomber, Helicopter, Helikopter, Hochdecker, Jagdbomber, Tiefdecker
11 de Havilland, Starfighter
12 Bordflugzeug, Bordmaschine, Doppeldecker, Duesenjaeger, Hubschrauber, Jagdflugzeug, Lastensegler, Mitteldecker, Schulgleiter
13 Constellation, Curtiss Wright, Messerschmitt, Nahaufklaerer, Segelflugzeug, Sportflugzeug, Sportmaschine, Tragschrauber
14 Bombenflugzeug, Duesenflugzeug, Duesenmaschine, Fernaufklaerer, Schulterdecker, Wasserflugzeug, Wetterflugzeug
15 Charterflugzeug, Chartermaschine
16 Senkrechtstarter, Sturzkampfbomber

Flugzeugbesatzung
4 Crew

Flugzeugbordgerät
9 Statoskop

Flugzeugeinheit
5 Kette

Flugzeugführer
5 Pilot
7 Flieger

Flugzeugführung
10 Navigation

Flugzeuggerät
12 Hoehenmesser

Flugzeughalle
6 Hangar

Flugzeugkommandant
8 Kapitaen
12 Flugkapitaen

Flugzeugkonstrukteur
7 Antonow, Tupolew
9 Iljuschin

Flugzeuglenkvorrichtung
8 Leitwerk
11 Seitenruder

Flugzeugmieter
9 Charterer

Flugzeugmotor
15 Duesentriebwerk

Flugzeugpilotenkabine
7 Cockpit

Flugzeugschleuder
8 Katapult

Flugzeugschuppen
6 Hangar

Flugzeugstarthilfe
4 Seil
5 Winde
7 Schlepp
8 Katapult
9 Seilwinde
10 Motorwinde
12 Motorschlepp

Flugzeugsteuerungsart
9 Blindflug

Flugzeugteil
4 Heck
5 Duese, Rumpf
6 Kabine
7 Cockpit, Fluegel

9 Propeller, Triebwerk
11 Fahrgestell, Hoehenruder, Seitenruder, Tragflaeche
12 Luftschraube
Flugzeugverband
4 Pulk
5 Kette
7 Staffel
10 Geschwader, Luftflotte
Fluidum
2 Od
3 Air
5 Flair
7 Wirkung
8 Stimmung
11 Atmosphaere
12 Ausstrahlung
fluidumartige
Ausstrahlung
4 Aura
Fluktuation
7 Wechsel
9 Schwanken
10 Schwankung
Flunder
4 Butt
7 Scholle
Flur
3 Ern
4 Eren, Gang, Mark
5 Acker, Boden, Diele, Flett
6 Entree
7 Vorraum
8 Korridor
9 Ackerland, Fussboden
10 Kulturland
Flurbezirk
einer röm. Stadt
5 Pagus
Flurbuch
8 Kataster
Flurfördergerät
5 Karre
Flurhüter
11 Feldpolizei, Feldschuetz, Flurschuetz
12 Feldpolizist
Flurschaden
11 Wildschaden
Flurstück
6 Gewann
7 Gewanne, Gewende
8 Parzelle
Flurwindung
7 Meander
Fluss
5 Strom
8 Bewegung
9 Gewaesser
10 Wasserlauf
auf Borneo
5 Baram
6 Barito, Kapuas, Rejang
7 Mahakam
8 Bulungan
auf dem Peloponnes
3 Iri
5 Ladon
6 Asopos, Pyrros
7 Eurotas, Inachos
8 Alpheios
9 Bouraikos
auf der Halbinsel Istrien
4 Rasa
5 Mirna
8 Dragonja
auf der Iberischen Halbinsel
5 Duero
auf der Krim
4 Alma
auf Haiti
10 Artibonite
auf Sardinien
5 Tirso
auf Sizilien
5 Salso
6 Simeto
auf Sumatra
4 Hari, Musi
6 Kampar
10 Batang Hari
aus dem Bodensee
5 Rhein
aus dem Chiemsee
3 Alz
aus dem Harz
4 Bode, Ilse, Oker
aus dem Hohen Venn
3 Rur
aus dem Hunsrück
4 Nahe
5 Ruwer
aus dem Riesengebirge
4 Elbe
5 Bober
aus dem Starnberger See
5 Wuerm
aus den Sudeten
4 Elbe, Iser, Oder
aus der Eifel
3 Ahr
4 Urft
5 Nette
6 Lieser
aus der Schwäbischen Alp
4 Rems
bei Aberdeen
3 Don
bei Brno
4 Hana
bei Erfurt
5 Nesse
bei Nizza
3 Var
bei Ravenna
4 Reno
bei Rimini
7 Rubikon
bei Saransk
5 Insar
britischer
3 Dee
der Balkanhalbinsel
4 Drin, Save
5 Donau, Drina
6 Morawa, Wardar
7 Maritza
der griechischen Unterwelt
4 Styx
5 Lethe
7 Acheron, Cocytus
8 Eridanos
der Ostalpen
6 Isonzo
der Pyrenäenhalbinsel
4 Tajo, Tejo
5 Terek
8 Guadiana
12 Guadalquivir
der Unterwelt
4 Styx
5 Lethe
7 Acheron, Cocytus
des Vergessens
5 Lethe
im Altai
5 Lebed
im Amazonas
3 Bia
5 Jutai
im Baltikum
5 Duena
im Bayerischen Wald
3 Ilz
5 Regen
im Elsass
3 Ill
im Engadin
3 Inn, Sil
im Hades
5 Lethe
im Harz
4 Bode, Ilse, Oker
5 Selke
im Heiligen Land
6 Jordan
im hessischen Bergland
5 Fulda
im Himalaja
4 Ravi
im Irak
6 Tigris
7 Euphrat
im Iran
3 Kor
4 Aras, Mand
5 Karun, Tilar
im Kaukasus
4 Aras, Iori, Kura, Rion
5 Kuban, Terek
im Kongo
3 Aka
5 Ituri, Ogowe, Uelle
6 Ubangi
im Krainer Karst
4 Reka
im Libanon
3 Asi
6 Litani
im Nahen Osten
6 Jordan
im Odenwald
8 Muemling
9 Gersprenz
im Orient
6 Tigris
im Rheinland
3 Ahr, Rur
4 Erft, Lahn, Nahe, Ruhr, Sieg, Wied
5 Agger, Mosel, Niers, Rhein, Ruwer
6 Wupper
im Sauerland
5 Lenne
6 Ennepe

im Schwarzwald
3 Elz, Oos
4 Murg
5 Rench, Wiese
6 Kinzig
7 Dreisam
im Spessart
4 Kahl, Lohr, Main, Sinn
7 Aschaff
im Sudan
3 Nil
4 Ibba, Kuru
5 Niger
6 Schari
7 Senegal
9 Blauer Nil
10 Weisser Nil
im Ural
9 Petschora
im Vorderen Orient
6 Jordan
in Afghanistan
5 Kabul
7 Heri Rud, Hilmend
9 Arghandab
in Ägypten
3 Nil
6 Atbara
in Alaska
5 Yukon
in Albanien
3 Fan, Mat
4 Drin, Osum
5 Devol, Drino, Seman, Vjose
6 Devoll, Semeri, Skumbi
7 Vojussa
8 Schkumbi
in Angola
5 Dande
6 Kuansa, Kunene
in Argentinien
5 Teuco
6 Chabut, Chubut, Parana, Salado
7 Bermejo, La Plata, Neuquen, San Juan
8 Colorado, Rio Chico, Rio Negro
9 Rio Salado
in Armenien
4 Aras
7 Worotan
in Aserbaidschan
4 Aras, Kura
in Äthiopien
3 Nil, Omo
4 Erer
5 Abeba, Akoba, Ghela, Sagan, Sobat, Uraga
6 Atbara, Awasch, Ganali
7 Dschuba
9 Blauer Nil
in Australien u. Ozeanien
3 Fly, Ord
4 Avon, Lora, Ramu
5 Bogan, Finke, Namoi, Roper, Sepik
6 Barcoo, Cooper, Dawson, Kikori, Mooney, Murray
7 Alberga, Darling, Fitzroy, Lachlan, Thomson
8 Burdekin, Flinders, Georgina, Victoria, Wooramel
9 Condamine, Fortescue, Mackenzie, Murchison, Swan River
10 Strickland
11 Barwon River, Culgoa River, Norman River, Palmer River
12 Alberga River, Darling River, Derwent River, Fitzroy River, Gilbert River, Murrumbidgee
13 Flinders River, Gascoyne River, Mitchell River
14 Ashburton River, Mackenzie River
15 Diamantina River, Hawkeburry River
in Baschkirien
4 Dema
in Bayern
3 Alz, Ilm, Inn
4 Isar, Lech, Main, Naab, Paar, Rott, Vils
5 Aisch, Ammer, Amper, Donau, Iller, Regen, Traun, Wuerm
6 Laaber, Mindel
7 Pegnitz, Rednitz, Salzach, Wertach
8 Altmuehl, Mangfall, Pregnitz, Woernitz
in Belgien
3 Lys
4 Dyle, Maas, Yser
5 Demer, Nethe, Yeser
6 Dender, Ourthe, Sambre
7 Schelde
in Belorussland
5 Nemen
in Birma
4 Mali
7 Irawadi
in Böhmen
4 Eger, Iser
in Bolivien
4 Beni
5 Abuna
6 Mamore
9 San Miguel
in Brasilien
3 Acu, Ica
4 Acre, Para, Poti
5 Iriri, Jurua, Manso, Piaui, Purus, Xingu
6 Arinos, Mearim, Mucuri, Parana, Sereno
7 Madeira, Pelotas
8 Amazonas, Araguaya, Rio Negro
9 Rio Branco, Tocantins
12 Sao Francisco
in Bulgarien
3 Lom
4 Arda, Osma
5 Isker
6 Jantra, Marica, Struma
7 Maritza
8 Tundscha
9 Kamtschik
in Chile
3 Loa
4 Lebu
5 Bueno, Maipo
6 Bio Bio
9 Aconcagua
in China
5 Hanho, Kiang, Paiho, Peiho, Tarim
6 Hweiho, Liaoho, Liauho, Schaho, Wusung
7 Hankian, Hoangho, Hsikian, Hwangho, Jangtse, Juekian, Sikiang, Yuekian
10 Hsiankiang
11 Hsiangkiang, Jangtsekian
12 Yangtsekiang
14 Hungschuikiang
in Cumberland
4 Eden
in Dalmatien
5 Kerka
6 Cetina
in Dänemark
3 Arn
in das Asowsche Meer
3 Don
4 Jeja
5 Kuban
in das Kaspische Meer
4 Emba, Kuma, Kura, Ural
5 Terek, Wolga
in das Mittelmeer
2 Po
3 Nil, Ter, Tet
4 Aude, Drin, Ebro
5 Etsch, Piave, Rhone, Tiber
8 Menderes
11 Tagliamento
12 Guadealaviar
in das Nördliche Eismeer
9 Mackenzie
in das Schwarze Meer
3 Bug
4 Rion
5 Donau
6 Dnjepr
7 Dnjestr, Sakarya
in das Weiße Meer
3 Kam
5 Dwina, Onega
in dem Kaiser Friedrich Barbarossa ertrank
6 Goek-su
in den Allgäuer Alpen
7 Wertach
in den Alpen
2 Po
3 Inn, Mur, Sau
4 Aare, Adda, Arve, Drau, Enns, Gail, Isar, Lech, Raab, Save, Sawa
5 Drave, Drome, Etsch, Isere, Oglio, Piave, Rhein, Rhone, Traun
6 Eisack, Maggia
7 Durance, Salzach
11 Tagliamento
in den Aralsee
3 Syr
4 Amur
in den Bodensee
3 Ach
4 Aach
5 Argen, Rhein
in den Cevennen
4 Tarn
in den Chiemsee
4 Ache

in den Comer See
4 Adda, Mera
in den Finnischen Meerbusen
4 Luga, Newa
5 Narwa
in den französischen Alpen
3 Nom
in den Humber
5 Trent
in den Lago Maggiore
4 Toce
5 Tresa
6 Maggia, Tessin
in den Niederlanden
3 Eem, Lek, Rur
4 Eede, Maas, Roer, Waal
5 Yssel
6 Amstel, Berkel, Dinkel, Vechte
7 Schelde
in den Ob-Busen
3 Tas
in den Pyrenäen
5 Esera
in der Bretagne
3 Aff
4 Oust
5 Aulne, Elorn, Rance
6 Blavet, Trieux
7 Vilaine
in der Eifel
3 Ahr
4 Urft
5 Nette
6 Lieser
in der Kirgisensteppe
3 Ili
4 Emba
in der Lüneburger Heide
3 Ise
4 Luhe
in der Mandschurei
6 Liauho
7 Sungari
in der Mongolei
3 Nun
4 Tola
7 Selenga
in der Normandie
4 Orne, Vire
in der Prignitz
5 Dosse
in der Schweiz
3 Inn
4 Aare, Birs, Emme, Mera, Orbe, Sihl, Thur, Visp
5 Broye, Doubs, Moesa, Reuss, Rhein, Rhone, Saane, Tresa
6 Albula, Borgne, Brenno, Drance, Kander, Limmat, Maggia, Tessin, Ticino
7 Rombach, Tarmina
9 Landquart
in der Slowakischen Republik
3 Vah
4 Hron
5 Muran, Nitra, Topla
6 Bodrog, Hornad, Krivan, Myjava, Rimava
7 Laborec
9 Maly Dunaj
in der Steiermark
3 Mur
in der Toscana
3 Era
4 Arno
in der Tschechischen Republik
3 Mze
4 Eger, Elbe, Labe, Nisa, Ohre
5 Desna, Otava
6 Litava, Moldau, Morava, Plesna, Strela, Uhlava, Uslava, Valova, Vltava
7 Jihlava, Luznica, Nezarka, Radbuza, Svitava, Svratka
8 Berounka, Trebuvka
in der Türkei
3 Zap
4 Aras
5 Bigha, Gedis, Murat
6 Goeksu, Karasu, Seyhan, Tigris
7 Euphrat, Orontes, Sakaria, Sakarya
8 Maeander, Menderes
10 Kizilirmak
in der Ukraine
3 Bug
5 Desna, Dnepr, Goryn, Ingul
6 Samara
7 Ingulez
in der Unterwelt
4 Styx
in Ecuador
5 Tigre
in England
3 Cam, Dee, Der, Don, Exe, Lea, Nar, Nen, Taw, Ure, Wye
4 Aire, Arun, Avon, Brue, Eden, Geln, Hull, Nene, Ouse, Suir, Tees, Towy, Tyne
5 Clyde, Cynon, Forth, Stour, Trent, Tweed
6 Dearne, Humber, Kennet, Medway, Rother, Severn, Themse, Witham
7 Derwent, Parrett, Wavenay, Welland
in Estland
2 Aa
5 Narwa
6 Embach
in Finnland
3 Wyg
4 Kala, Kemi, Kyro, Luga
5 Ivalo, Lappo
6 Jijoki, Muonio
8 Kalajoki, Kemijoki, Oulujoki
12 Kokemaenjoki
in Flandern
4 Iser
in Franken
7 Pegnitz
in Frankreich
3 Ain, Arc, Ill, Lot, Nom, Orb, Tet, Var
4 Arve, Aube, Aude, Cher, Eure, Gard, Isle, Lawe, Loir, Oise, Orne, Oust, Tarn, Yser
5 Adour, Agout, Aisne, Doubs, Drome, Isere, Leyre, Loire, Marne, Meuse, Ognon, Rhone, Saone, Sathe, Seine, Sevre, Somme, Yonne
6 Allier, Ariege, Sambre, Verdon, Vezere, Vienne
7 Aveyron, Correze, Durance, Excault, Garonne, Gironde, Herault, Moselle
8 Charente, Dordogne
in Gabun
4 Lolo
5 Ogowe
in Galizien
3 San
4 Lipa
in Georgien
4 Jori
5 Rioni
6 Inguri
in Ghana
3 Oti
5 Volta
in Graubünden
4 Mera
5 Moesa
in Griechenland
3 Iri
4 Arda, Arta
5 Axios, Ledon
6 Alfios, Asopos, Louros, Mestra, Nestos, Pyrros
7 Acheron, Alphios, Peneios, Strymon
8 Acheloos, Aliakmon, Alpheios, Einipeus, Megdobas
9 Bouraikos, Salamvira
in Herzegowina
7 Neretva
in Hessen
4 Eder, Lahn, Main
5 Fulda, Rhein, Werra
7 Schwalm
in Hinterindien
6 Saluen
7 Irawadi
in Holstein
5 Trave
in Honduras
4 Ulua
in Indien
3 Ken, Tel
4 Kusi
5 Gorga, Indus, Tapti
6 Djamna, Ganges, Kaweri, Mekong, Yamuna
7 Narbada, Salween
8 Dschamma, Godavari, Krischna, Mahanadi
9 Tschambal
11 Brahmaputra
in Indonesien
4 Musi
5 Kapar
6 Barito
10 Batang Hari
in Innerasien
3 Ili
5 Tarim
7 Selenga
in Irland
4 Erne, Nore, Sela, Suir
6 Barrow, Liffey, Slaney
7 Shannon
10 Blackwater
in Island
6 Blanda
8 Joekulsa
in Israel
5 Faria

6 Jordan
in Italien
2 Po
3 Aso, Era, Lao
4 Adda, Agri, Anio, Arno, Elsa, Enza, Liri, Mera, Nera, Orba, Orco, Peno, Reno, Sele, Taro, Toce, Tosa, Tose, Vara
5 Adige, Allia, Cervo, Crati, Eisak, Esino, Etsch, Idice, Oglio, Parma, Piave, Sacco, Salto, Sarno, Sesia, Tiber
6 Anicne, Brenta, Chiese, Isonca, Isonzo, Mincio, Ofanto, Panaro, Rubico, Simeto, Tanaro, Tessin, Ticino
7 Bradano, Busento, Livenza, Narbada, Pescara, Platani, Rubikon, Trebbia, Trionto
8 Volturno
11 Tagliamento
in Jakutien
6 Omolon, Wiljui
in Japan
3 Ota
8 Schinano
in Jugoslawien
3 Lim, Sau, Una
4 Drau, Ibar, Isar, Kupa, Reka, Save, Tara, Tisa
5 Bosna, Donau, Drave, Drina, Urbas
6 Morawa, Theiss, Vardar, Wardar
7 Narenta, Neretva
in Kalifornien
3 Eel
6 Mohave
10 Sacramento
in Kambodscha
3 Sen
6 Mekong
in Kamerun
3 Deo, Lom
6 Sanaga
in Kanada
5 Yukon
6 Albany, Fraser, Ottawa, Severn
8 Columbia, Klondike
9 Athabaska, Churchill, Mackenzie, Saint John
12 Saskatchewan
13 St.-Lorenz-Strom
in Kasachstan
4 Emba
6 Turgai
7 Irrysch, Saryssu
8 Syrdarja
in Katalonien
3 Ter
in Kaukasien
4 Kuma
5 Kuban, Terek
in Kenia
4 Athi, Tana
in Kirgisien
3 Tar
5 Naryn
in Kleinasien
8 Maeander
in Kolumbien
3 Ele, Uva
4 Meta, Nare, Tomo
5 Cauca
6 Atrato
7 Orinoko
9 Magdalena
in Korea
3 Han, Kum, Mat, Met, Sam, Tha
4 Jalu
5 Tuman
in Kurland
4 Abau
in Lettland
2 Aa
in Ligurien
6 Impero
in Litauen
5 Memel
in Livland
2 Aa
in Luxemburg
3 Our, Syr
4 Ernz, Sure, Wark
5 Alzig, Eisch, Mamer, Sauer, Wiltz
6 Chiers
7 Alzette
in Madagaskar
5 Ipoka
in Mähren
5 Iglau, March
6 Oslawa
in Makedonien
5 Mesta
6 Struma
in Marokko
3 Dra, Gru, Sus
4 Sebu
5 Sebou
6 Muluja
7 Wadi Sus, Wadi Ziz
8 Umer Rbia, Wadi Draa
in Mecklenburg
5 Peene
6 Warnow
in Mesopotamien
6 Tigris
7 Euphrat
in Mexiko
5 Verde
6 Sonora
8 Rio Hondo, Rio Verde
9 Rio Grande
in Mindanao
6 Agusan
in Mittelamerika
7 San Juan
10 Usumacinta
in Mittelasien
3 Syr
5 Tarim
in Nahost
6 Jordan
in Neubrandenburg
5 Peene
in Neuguinea
5 Sipic
in Nicaragua
7 Segovia
in Niedersachsen
4 Luhe, Oste
5 Leine
in Nigeria
3 Imo
4 Modu
7 Gongola
in Nordamerika
4 Gila, Ohio
5 Ogden, Pecos, Snake, Yukon
6 Hudson, Kansas, Mohawk
8 Arkansas, Canadian, Colorado, Columbia, Delaware, Illinois, Missouri, Red River, Savannah
9 Rio Grande, Tennessee
10 Sacramento, San Joaquin
11 Mississippi, Yellowstone
13 St. Lorenz Strom
in Nordwestböhmen
6 Strela
in Norwegen
3 Ena, Lag, Nea
4 Alta, Rena, Sira, Tana
5 Begna, Lagen, Orkla
6 Glomma
7 Tana Elv
in Oberbayern
5 Amper
in Oberschlesien
4 Ruda
5 Zinna
6 Neisse, Stober
8 Birawaka, Klodnitz, Malapane
in Österreich
3 Ill, Inn, Mur
4 Ager, Drau, Enns, Gail, Glan, Gurk, Isel, Kamp, Raab, Sill, Ybbs
5 Donau, Krems, March, Moell, Muerz, Salza, Steyr, Thaya, Traun
6 Lavant, Lieser, Ziller
7 Saalach, Salzach, Traisen
8 Lassnitz, Schwarza
9 Feistritz
in Ostfriesland
3 Ehe
4 Leda
in Ostpreußen
4 Alle, Arge
5 Neide, Pissa
6 Goldap, Inster, Pregel
7 Radaune
8 Angerapp, Passarge
in Pakistan
3 Nal
4 Nara
5 Indus
6 Sutlej
9 Satledsch
in Palästina
6 Jordan
in Pandschab
6 Chenab
in Patagonien
5 Chico
in Pennsylvanien
11 Susqurhanna
in Peru
3 Ene, Ilo
4 Loma, Napo
5 Tigre, Uritu
7 Maranon, Ucayali
in Polen
3 Bug, Leg, Ner, San
4 Bobr, Leba, Lenk, Nida, Obra, Pega, Raba, Rega, Sola
5 Bzura, Narew, Tanew, Wasta, Wisla, Wista

6 Neisse, Warthe, Wislok
7 Dunajec, Pilitza, Radomka, Wisloka
8 Weichsel
9 Ilschanka
in Pommern
4 Ihna, Leba, Oder, Rega
5 Lupow, Peene, Radue, Swine
6 Grabow, Stolpe, Trebel, Wipper
8 Persante
in Portugal
3 Tua
4 Sado, Tejo
5 Douro, Minho
6 Tamega, Zezere
7 Mondego
8 Guadiana
12 Guadalquivir
in Rumänien
3 Alt, Ita, Olt
4 Bega, Wede
5 Arges, Kokel, Maros, Mures, Pruth, Schyl, Siret, Temes
6 Moldau, Sereth, Szamos
7 Argesch, Koeroes, Kreisch, Samosch, Temesch
8 Mieresch
9 Bistritza, Jalomitza
in Russland
2 Ob, Om, Ui
3 Don, Oka, Tas, Ufa
4 Amur, Jana, Kuma, Lena, Newa
5 Aldan, Dwina, Onega, Ornon, Terek, Wolga
6 Angara, Kolyma, Moskwa
8 Jenissei, Jenissej
9 Indigirka, Petschora
in Sachsen
4 Elbe
5 Mulde, Zwota
6 Elster, Flocha
7 Pleisse
8 Mueglitz, Zschopau
in Sachsen-Anhalt
4 Bode, Elbe, Ohre
5 Nuthe, Saale, Selke
6 Wipper
in Schlesien
4 Lohe, Oder, Ohle, Orla
5 Bober
6 Neisse, Stober
7 Bartsch
8 Katzbach, Klodnitz, Malapane
9 Weistritz
in Schleswig-Holstein
5 Eider, Stoer, Trave
in Schottland
3 Dee, Don, Esk, Tay
4 Geln, Ness, Nith, Spey, Tyne
5 Annan, Clyde, Forth, Nairn, Tweed
in Schweden
3 Dal, Nea, Ume
4 Faxe, Gide, Klar, Oere, Pite
5 Byske, Goeta, Kalix, Lagan, Torne
6 Adalen, Ijunga, Ijusna, Indals, Nissan, Vindel
7 Ljungan, Ljusnan
9 Oesterdal
10 Vaesterdal
in Serbien
6 Morave
in Siebenbürgen
5 Maros, Mures
in Spanien
2 Eo
3 Cea, Ega, Ria, Rio, Sil, Ter
4 Ebro, Elsa, Esla, Mino, Tajo, Tera
5 Adaja, Duero, Esera, Jucar, Minjo, Nalon, Navia, Odiel, Odiet, Segre, Soria
6 Alagon, Aragon, Gorgos, Jarama, Orbigo, Segura
7 Gallego, Mijares
8 Guadiana
10 Manzanares
11 Guadalaviar
12 Guadalquivir
in Südafrika
3 Kei
6 Oranje
7 Limpopo, Sambesi
11 Oranjefluss
in Südamerika
6 Parana
7 La Plata, Orinoco, Uruguay
8 Amazonas, Rio Negro
9 Tocantins
in Südasien
11 Brahmaputra
in Süditalien
4 Sele
in Südtirol
5 Etsch, Gader, Rienz
6 Eisack
in Syrien
3 Asi
in Tadschikistan
7 Surchob
in Tansania
4 Ruvu, Umba
5 Ugala
in Texas
8 Colorado
in Thailand
3 Mao, Nan
4 Kain
5 Menam
6 Mekong
in Thüringen
3 Ilm
4 Orla
5 Nesse, Saale
7 Unstrut
in Tirol
3 Inn
5 Etsch
in Togo
3 Oti
in Turkmenistan
6 Murgab
8 Amudarja
in Ungarn
3 Ber, Sed
4 Raab, Sajo
5 Erlau, Guens, Gyoer, Kapos, Maros, Mures, Tarna
6 Bodrog, Hernad, Theiss, Zagyva
7 Koeroes, Rabnitz
in Uruguay
3 Yit
6 Dayman
8 Rio Negro
in Usbekistan
8 Amudarja
in Venezuela
3 Aro
4 Aroa
5 Apure, Apusa
7 Orinoco
in Vietnam
6 Mekong, Songka
7 Songkio
in Vorderasien
6 Tigris
7 Euphrat
in Vorderindien
7 Narbada
in Wales
3 Dee
5 Cynon
in Weißrussland
3 Ula
in Westafrika
5 Volta
6 Gambia
in Zaire
3 Lua
4 Uele
5 Kasai
in Zentralafrika
3 Amu, Ill
5 Kongo
6 Schari
8 Amudarja
in Zentralasien
3 Ili
zum Aralsee
3 Uil
8 Amudarja
zum Asowschen Meer
3 Don
4 Jeja, Mius
5 Kuban
zum Baikalsee
6 Angara
7 Selenga
zum Balaton
3 Sio
zum Balchaschsee
3 Ili
zum Bodensee
4 Aach
5 Argen, Rhein
8 Schussen
13 Bregenzer Ache
zum Bottnischen Meerbusen
3 Ore
zum Bristol-Kanal
6 Severn
zum Chiemsee
4 Ache
zum Comer See
4 Adda, Mera
zum Dollart
3 Ems
zum Eismeer
3 Tas
zum Finnischen Meerbusen
4 Luga, Newa
5 Narwa
zum Frischen Haff
5 Nogat
6 Pregel

8 Passarge
9 Frisching
zum Gardasee
5 Sarca
zum Golf von Bengalen
6 Ganges, Penner
8 Godavari, Krischna
zum Golf von Cambay (Indien)
5 Tapti
zum Golf von Kalifornien
5 Yaqui
zum Golf von Lyon
3 Tet
4 Aude
5 Rhone
7 Herault
zum Golf von Mexiko
11 Mississippi
zum Golf von Tarent
5 Sinni
zum Golf von Triest
4 Reka
6 Isonzo
zum Golf von Venedig
5 Mirna
zum Ijsselmeer
6 Amstel
zum Ilmensee
5 Lowat
zum Kaspischen Meer
4 Emba, Kuma, Kura, Ural
5 Atrek, Sagys, Terek, Wolga
zum Kurischen Haff
4 Arge
5 Memel, Minge
zum Lago Maggiore
3 Sil
4 Mino, Toce, Tosa
5 Tresa
6 Maggia, Tessin, Ticino
zum Löwengolf
3 Tet
4 Aude
5 Rhone
7 Herault
zum Menam
6 Meping
zum Mittelmeer
2 Po
3 Aso, Nil, Ter, Tet
4 Aude, Drin, Ebro, Reno
5 Esino, Etsch, Jucar, Piave, Rhone, Tiber
6 Bojana, Brenta, Muluja, Ofanto, Semeri, Skumbi, Vojusa
7 Herault, Orontes, Pescara
8 Medjerda, Menderes, Scheliff, Volturno
11 Guadalaviar, Tagliamento
zum Neuenburger See
5 Broye
zum Nigerdelta
5 Benin
zum Nördlichen Eismeer
9 Mackenzie
zum Ob-Busen
3 Tas
zum Oderhaff
5 Peene
zum Orinoko
4 Meta
zum Peipussee
6 Embach
zum Schatt-el-Arab (Iran)
5 Karun
zum Schwarzen Meer
3 Bug
4 Rion
5 Donau
6 Dnjepr, Kelkit, Skarya
7 Dnjestr
zum Sibirischen Eismeer
3 Tas
zum Südchinesischen Meer
6 Mekong
zum Thuner See
6 Kander
zum Toten Meer
6 Jordan
zum Vierwaldstätter See
5 Muota
zum Volta
3 Oti
zum Weißen Meer
3 Kem
4 Kens
5 Dwina, Mesen, Onega
zum Weißen See
4 Kema
zum Zürichsee
5 Linth
zur Ägäis (Bulgarien)
6 Nestos
zur Biscaya
5 Adour, Sella
zur Donau
3 Vit
zur Elbemündung
4 Oste
5 Stoer
zur Elfenbeinküste
3 Ibo
4 Lobo
Zürich
6 Limmat
zur Liverpool Bay
6 Mersey
zur Nordsee
3 Dee, Ems, Esk
4 Oste
5 Eider, Weser
6 Alster
zur Oise
5 Aisme
zur Ostsee
4 Rega
5 Duena, Peene, Trave
zur Ostsibirischen See
9 Indigirka
zur Reuß (Zuger See)
5 Lorze
zur Weißen Elster
5 Weida
Zwickau
5 Mulde
zwischen Onega- und Ladogasee
4 Swir
Flussarm
im Rheindelta
5 Linge
6 Ijssel
Flussbarsch
6 Bersig
Flussbegrenzung
4 Ufer
Flussbett
4 Wadi
in Afrika
4 Wadi
in Nordamerika
5 Creek, River
Flussbiegung
4 Knie
Flussboot, Jolle
5 Gelle
Flüsschen
bei Aschersleben
4 Eine
bei Wolgast
5 Ziese
Flussdelfin
im Amazonas
4 Inia
Fluss durch
Aberdeen
3 Dee
Albi
4 Tarn
Altena
5 Lenne
Amberg
4 Vils
Amiens
5 Somme
Amsterdam
6 Amstel
Anklam
5 Peene
Aschaffenburg
4 Main
Augsburg
4 Lech
7 Wertach
Avignon
5 Rhone
Baden-Baden
3 Oos
Bad Kreuznach
4 Nahe
Bad Neuenahr
3 Ahr
Bad Orb
6 Kinzig
Bad Vilbel
5 Nidda
Bamberg
7 Regnitz
Basel
5 Rhein
Belgrad
4 Save
5 Donau
Berlin
5 Havel, Panke, Spree
Bern
4 Aare
Bingen
4 Nahe
5 Rhein
Bozen
6 Eisack
Braunschweig
4 Oker
Bremen
5 Weser

Bremervörde
4 Oste
Breslau
4 Oder
Brüssel
5 Senne
Budapest
5 Donau
Bünde
4 Elsa
Buxtehude
4 Este
Caen
4 Orne
Calw
6 Nagold
Celle
4 Leda
Coburg
3 Itz
Colmar
3 Ill
Compiegne
4 Oise
Danzig
7 Mottlau, Radaune
Detmold
5 Werre
Dresden
4 Elbe
Düren
3 Rur
Düsseldorf
5 Rhein
7 Duessel
Echternach
5 Sauer
Einbek
4 Ilme
Ellwangen
5 Jagst
Espernay
5 Marne
Essen
4 Ruhr
Fehrbellin
4 Rhin
Florenz
4 Arno
Freiburg/Breisgau
7 Dreisam
Friedland
4 Alle
Fritzlar
4 Eder
Gerona
3 Ter
Gießen
4 Lahn
Göttingen
5 Leine
Graz
3 Mur
Grenoble
5 Isere
Hadamar
3 Elz
Haldersleben
4 Ohre
Halle
5 Saale
Hamburg
4 Elbe
5 Bille
6 Alster
12 Aussenalster
Hamm
5 Lippe
Hanau
4 Main
Hannover
5 Leine
Hildesheim
8 Innerste
Itzehoe
5 Stoer
Jena
5 Saale
Karlsbad
4 Eger, Tepl
Kempten
5 Iller
Kirn
4 Nahe
Königsberg
6 Pregel
Kreuznach
4 Nahe
Landshut
4 Isar
Leer
4 Leda
Lemgo
4 Bega
Limburg
4 Lahn
Lingen
3 Ems
Linz
5 Donau
Lomza
5 Narew
London
6 Themse
Lübeck
5 Trave
Lüttich
4 Maas
6 Ourthe
Luzern
5 Reuss
Macon
5 Saone
Madrid
10 Manzanares
Magdeburg
4 Elbe
Mailand
5 Olona
Mannheim
5 Rhein
Mayen
5 Nette
Meiningen
5 Werra
Meppen
3 Ems
Meran
5 Etsch
Merzig
4 Saar
Meseritz
4 Obra
Moskau
6 Moskwa
München
4 Isar
Münster
2 Aa
Naumburg
5 Saale
Neuß
4 Erft
Northeim
5 Rhume
Nürnberg
7 Pegnitz
Oldenburg
5 Hunte
Omsk
2 Om
Orel
3 Oka
Parchim
4 Elde
Paris
5 Seine
Passau
3 Ilz, Inn
5 Donau
Perm
4 Kama
Perpignan
3 Tet
Pforzheim
3 Enz
Pisa
4 Arno
Pößneck
4 Orla
Potsdam
5 Havel
Prag
6 Moldau
Przemysl
3 San
Quedlinburg
4 Bode
Rastatt
4 Murg
Regensburg
5 Donau, Regen
Rendsburg
5 Eider
Riga
5 Duena
Rom
5 Tiber
Rosenheim
3 Inn
Sagan
5 Bober
Salzburg
7 Salzach
Sankt Petersburg
4 Newa
Saragossa
4 Ebro
Schleswig
6 Schlei
Sevilla
12 Guadalquivir
Siegburg
4 Sieg
5 Agger
Soissons
5 Aisne

Stade
8 Schwinge
Stargard
4 Ihna
Staßfurt
4 Bode
Stendal
5 Uchte
Stettin
4 Oder
6 Ploene
Steyr
4 Enns
5 Steyr
St. Louis
11 Mississippi
St. Pölten
7 Traisen
Straßburg
3 Ill
Stuttgart
6 Neckar
Terni
4 Nera
Teschen
4 Olsa
Thorn
8 Weichsel
Tiflis
4 Kura
Tilsit
5 Memel
Toledo
4 Tajo
Tours
5 Loire
Trier
5 Mosel
Tübingen
6 Neckar
Turin
2 Po
11 Dora Riparia
Ulm
5 Donau
Ülzen
7 Ilmenau
Verden
5 Aller
Verona
5 Etsch
Villach
4 Drau
vom Altvatergebirge
5 Mohra
vom Hindukusch
5 Hunsa
Waiblingen
4 Rems
Warburg
6 Diemel
Warschau
8 Weichsel
Weiden
4 Naab
Weimar
3 Ilm
Wels
5 Traun
Wertheim
4 Main
6 Tauber
Wien
5 Donau
Wiesbaden
5 Rhein
Wilna
5 Neris
Winsen
4 Luhe
Witten
4 Ruhr
Wittenberg
4 Elbe
Wittstock
5 Dosse
Würzburg
4 Main
Wurzen
5 Mulde
Flussfisch
3 Aal
Flussgestade
4 Ufer
Flussgestein
4 Kies
Flussgott
der Griechen
5 Ladon
6 Asopos, Peneos
7 Alpheus, Penelos
8 Acheloos, Alphaios
flüssige
Arznei
6 Liquor
Gesteinsmasse
4 Lava
Hautpflege
6 Lotion
Labung
5 Trank, Trunk
Speise
5 Sauce, Sosse, Suppe, Tunke
Speisenwürze
5 Essig
flüssiger
Bodenschatz
3 Oel
6 Erdoel
Dünger
6 Jauche
Kohlenwasserstoff
6 Benzol
Mörtel
5 Speis
Pflanzensaft
7 Leinoel
flüssiges
Alken
7 Isopren
Einreibemittel
8 Liniment
Fett
3 Oel
4 Tran
5 Olein
Haarwaschmittel
7 Shampoo
8 Schampon
Kosmetikum
6 Lotion
14 Gesichtswasser
Nahrungsmittel
5 Milch, Suppe
Stoffgemisch
7 Loesung
Flüssiggas
5 Gasol
Flüssigkeit
3 Oel, Sud
4 Nass, Saft, Seim, Sole
5 Lauge, Sosse, Suppe, Tunke
6 Bruehe, Lotion, Wasser
7 Tinktur
8 Getraenk, Tafeloel
aus Benzol
11 Nitrobenzol
aus dem Körper
8 Punktion
entnehmen
8 anzapfen
zum Zerstäuben
5 Spray
Flüssigkeitsansammlung
6 Erguss
in Wunden
5 Serom
Flüssigkeitsbehälter
4 Fass, Glas, Krug, Napf, Tank, Topf
5 Eimer, Kanne, Kruke, Pokal, Tonne, Wanne, Zuber
6 Ballon, Becher, Flakon, Kessel
7 Flasche, Gefaess, Karaffe
8 Kanister, Zisterne
Flüssigkeitsentnehmer
5 Heber
7 Pipette
Flüssigkeitsgebilde
6 Schaum
Flüssigkeitsgemisch
6 Mixtur
7 Loesung
8 Emulsion, Mischung
Flüssigkeitsleitung
4 Rohr
Flüssigkeitsmaß
5 Liter, Quart
7 Gebinde
9 Deziliter
10 Hektoliter, Milliliter, Zentiliter
Flüssigkeitsmessgerät
6 Mensur
Flüssigkeitsreiniger
6 Filter
Flüssigkeitsrest
5 Neige
Flüssigkeitsschwall
4 Guss
Flüssigkeitszufuhr
8 Infusion
flüssig, verfügbar
6 liquid
Flussinsel
4 Kamp
6 Werder
Flusskanonenboot
7 Monitor
Flusslandestelle
6 Laende
Flusslandschaft
2 Au
Flusslauf
hinter der Quelle
8 Oberlauf

Flusslauflandschaft
in Tirol
7 Oetztal
Flussmündungsform
5 Delta
Flussmuschel
6 Najade
Flussneunauge
6 Bricke, Pricke
Flussniederung
2 Au
3 Aue
bei Hamburg
9 Alstertal
Flusspferd
8 Nilpferd
12 Hippopotamus
Flussrand
4 Ufer
9 Boeschung
Flussregulierung
13 Kanalisierung
Flussregulierungsanlage
4 Damm, Wehr
5 Buhne, Deich
7 Uferbau
9 Faschinen
10 Uferschutz
Flussschiff
10 Raddampfer
Flussschiffer
8 Floesser
Flusstal
2 Au
3 Aue
im Kanton Tessin
6 Maggia
in Amerika
5 Canon
Flussübergang
4 Furt, Steg
7 Bruecke
Flusswindung
8 Maeander
flüstern
6 raunen
7 wispern
8 saeuseln, tuscheln, zischeln
Flüstern
7 Geraune
9 Getuschel, Gezischel
Flut
4 Tide
5 Menge, Strom
7 Steigen
und Ebbe
5 Tiden
8 Gezeiten
Flutbrandung
5 Barre
Flutschutz
5 Deich
Flutwelle
in den Flussmündungen
4 Bore
Föderation
4 Bund
7 Verband
8 Buendnis
11 Staatenbund, Vereinigung
12 Gemeinschaft
14 Zusammenschluß

föderatives
Bundesorgan
9 Bundesrat
Fohlen
5 Enter, Pferd
7 Fuellen
9 Jungpferd
Föhn
8 Fallwind
Föhre
5 Forle
6 Kiefer
Föhreneule
8 Forleule
11 Kieferneule
Fokus
10 Brennpunkt
Folge
der Sonnenstrahlung
14 Schneeschmelze
des Blitzes
6 Donner
einer unerlaubten Handlung
6 Strafe
von drei Dichtwerken
8 Trilogie
von Einzelstücken in der Musik
5 Suite
von Muskelkrämpfen
6 Klonus
von plötzlichem Anhalten
4 Ruck
von vier Schauspielen
10 Tetralogie
Folge, Folgerung
5 Fazit, Kette, Reihe, Serie
6 Effekt, Zyklus
7 Schluss, Sequenz, Wirkung, Zukunft
8 Ergebnis, Resultat
9 Endeffekt
10 Auswirkung, Konsequenz
11 Fortsetzung, Kombination
folgenschweres
Unglück
11 Katastrophe
folgerichtig
7 logisch
10 konsequent
11 konstruktiv, planmaessig
12 systematisch
folgerichtiges
Denken
5 Logik
Folgerichtigkeit
5 Logik
10 Konsequenz
folgern
8 ableiten, urteilen
10 schliessen
Folgerung
7 Schluss
10 Konsequenz
Folgeunglück
10 Serienfall
folgewidrig
9 unlogisch
12 inkonsequent
Folgewidrigkeit
7 Unlogik
12 Inkonsequenz
Folgezeit
7 Zukunft

folglich
4 also, ergo
5 daher, darum, somit
7 deshalb
8 deswegen, insofern
13 infolgedessen
folgsam
4 brav, zahm
5 artig
7 fuegsam
8 gefuegig, gehorsam
Folie
aus Zinn
8 Stanniol
Folkloreensemble
14 Trachtengruppe
Folklorefest
4 Pena
folkloristische
Kleidung
6 Tracht
Folter
4 Pein, Qual
6 Marter, Tortur
7 Schmerz
9 Peinigung
12 Misshandlung
foltern
7 martern, quaelen
8 peinigen
folternde
Qual
4 Pein
Fön
12 Haartrockner
15 Heissluftdusche, Heissluftgeraet
Fond
9 Ruecksitz
11 Hintergrund
Fonogerät
14 Plattenspieler
Fontäne
12 Wasserstrahl
13 Springbrunnen
foppen
4 uzen
6 narren, necken
7 prellen
9 betruegen, duepieren
11 hintergehen, ueberlisten
Fopperei
2 Uz
3 Ulk
5 Spass
6 Scherz
8 Neckerei
9 Haenselei, Stichelei
Force
5 Zwang
6 Gewalt
7 Staerke
forcieren
8 steigern
9 erzwingen
11 verstaerken
12 vorantreiben
Förde
5 Bucht
9 Meerbusen
11 Meeresbucht
Förderanlage, -gerät
4 Band, Hund, Hunt, Korb,

Lore, Seil, Turm
5 Pumpe, Rinne
6 Bagger, Bobine
7 Geruest, Greifer, Rutsche, Scheibe, Trommel
8 Conveyer, Elevator, Schnecke, Seilbahn
9 Flachseil
10 Fliessband
11 Seilscheibe, Seiltrommel
12 Flachtrommel, Treibscheibe
13 Transportband
14 Schuettelrinne
Förderband
für Personen
10 Rolltreppe
Förderer
6 Helfer, Maezen
7 Goenner, Sponsor
9 Protektor
10 Schirmherr
des preußischen Hochschulwesens
7 Althoff
des Sportwesens
6 Lewald
von Künstlern
6 Maezen
Fördergefäß
4 Skip
Fördergerät
4 Kran
fordern
7 zwingen
9 verlangen
fördern
8 sponsern
9 lancieren
11 protegieren
12 beguenstigen
fördert
die Gesundheit
8 Bewegung
11 Spaziergang
Forderung
5 Gebot
6 Begehr, Wunsch
8 Anspruch, Begehren, Ersuchen, Postulat, Zumutung
9 Verlangen
der beruflichen Bildung
15 Berufsschuljahr
eines Satzes an die Bank (Pharao)
5 Lappe
Förderung
5 Abbau, Gunst, Hilfe
7 Bergbau
9 Gewinnung
10 Betreibung, Protektion
11 Abtransport
14 Unterstuetzung
des Erbgutes
7 Eugenik
von Mineralien
5 Abbau
Forderungsabtretung
7 Zession
Förderungsgerät
auf Schiffen
8 Ladebaum
Forderungsschreiben
8 Rechnung
Forderungssicherheit
5 Pfand
Förderwagen
4 Hund, Hunt, Lore
Förderwerk
8 Elevator
Forke
5 Gabel
8 Heugabel
9 Mistgabel
Forleule
11 Fichteneule, Foehreneule, Kieferneule
13 Schmetterling
Form
3 Art, Typ
4 Plan
5 Abart, Figur, Model, Modus, Typus, Weise
6 Aufbau, Fasson, Kontur, Modell, Muster, Rahmen, Schema, Umriss
7 Gefaess, Gefuege, Gestalt, Schnitt
8 Benehmen, Struktur
9 Kondition, Zuschnitt
10 Gestaltung, Gliederung, Verfassung
der Arie
8 Kavatine
der Briefmarkenausgabe
5 Block
der Darstellungskunst
9 Pantomime
der Energie
6 Waerme
9 Atomkraft
11 Magnetismus, Wasserkraft
13 Elektrizitaet
der Erde
5 Geoid
der klassischen indischen Dichtung
5 Kawja
der Nachrichtenübermittlung
10 ◆ Telegrafie
11 Telegraphie
der Studienarbeit an Hochschulen
7 Seminar
der Zellkernteilung
6 Mitose
des Ausdrucks
4 Stil
des Buddhismus
9 Lamaismus
des Daseins
5 Leben
des Dramas
9 Tragoedie
11 Trauerspiel
des Einkommens
6 Gehalt
des Gedichtes
3 Ode
des gesellschaftlichen Umgangs
8 Etikette
des Großhandelsmarktes
5 Messe
des Jazz
5 Swing
des Rebenmehltaus
6 Oidium
des Sauerstoffs
4 Ozon
des Sportspiels
6 Einzel
des Urlaubs
7 Camping
eines Wechselgebietes
7 Litanei
für den Schriftguss
7 Matrize
für Gussmetalle
8 Gussform
für Roheisen
6 Massel
Rahmen
6 Schema
religiösen Erlebens
6 Mystik
von sein
3 ist
zur Herstellung eines Druckstockes
5 Mater
Formalität
9 Formsache
10 Vorschrift
12 Hoeflichkeit
13 Foermlichkeit
15 Aeusserlichkeit
Formänderung
11 Deformation
Format
4 Mass, Norm
5 Figur
6 Niveau
7 Ausmass, Gestalt, Groesse
9 Bedeutung, Dimension
11 Normgroesse
Formation
5 Reihe
6 Gruppe, Truppe
7 Bildung, Einheit, Gefuege, Verband
9 Abschnitt
10 Gestaltung, Gliederung, Schichtung
11 Aufstellung
des Altertums
5 Devon
des Erdaltertums
4 Jura
6 Karbon
des Mesozoikums
5 Trias
6 Kreide
des Paläozoikums
5 Devon, Silur
geologische
4 Raet
formbar
9 plastisch
Formbarkeit
12 Plastizitaet
Formblatt
6 Muster, Schema
8 Formular, Vordruck
Formel
4 Norm
5 Regel
6 Gesetz
7 Begriff, Floskel, Wendung, Zeichen
8 Ausdruck, Terminus
10 Bestimmung, Vorschrift
11 Redewendung
im Überseehandel
3 Fob

Formelglied
4 Term
formelhafte
Redewendung
7 Floskel
formell
5 steif
8 pro forma
9 foermlich
11 aeusserlich
formen
6 bilden
7 praegen
9 gestalten
11 modellieren
13 konstituieren
Formenlehre
9 Grammatik
11 Morphologie
Former
8 Designer
9 Gestalter, Modelleur
10 Hersteller
Formgebung
7 Styling
10 Gestaltung
von Münzen
8 Praegung
Formgebungsverfahren
für Hohlglaserzeugnisse
6 Blasen
Formgerät
5 Model
6 Gesenk
der Glasbläser
5 Motze
6 Marbel
formieren
6 bilden
13 konstituieren
förmlich
6 formal
7 formell
9 offiziell
10 formaliter
11 zeremoniell, zeremonioes
13 konventionell
förmlicher
Besuch
10 Aufwartung
Förmlichkeit
6 Kuehle
8 Etikette
9 Formalien, Protokoll, Zeremonie
11 Formalitaet, Zeremoniell
12 Sachlichkeit
formlos
5 leger
6 amorph
10 burschikos, nonchalant
13 unzeremoniell
formlose
Übereinkunft
9 Agreement
Formlosigkeit
11 Nonchalance
Formosa
6 Taiwan
Formsache
8 Formalie
11 Formalitaet
15 Aeusserlichkeit
Formstück
7 Fitting
11 Fassoneisen
Formular
6 Muster
8 Vordruck
9 Formblatt
Formung
junger Menschen
9 Erziehung
Formveränderung
11 Deformation
formvollendet
11 aesthetisch
Formwechsel
11 Anamorphose
12 Metamorphose
forsch
5 flott, kuehn
6 munter
9 schneidig
10 burschikos
forschen
8 eruieren
9 studieren
10 ergruenden
Forscher
9 Gelehrter
15 Wissenschaftler
alter germanischer Schriftzeichen
8 Runologe
der chinesischen Sprache
8 Sinologe
der Erdgeschichte
6 Andree
Forschung
12 Untersuchung, Wissenschaft
Forschungsanstalt, -stätte
5 Labor
8 Akademie, Institut
10 Pruefstand
12 Laboratorium
13 Observatorium, Versuchslabor
15 Versuchsstation
16 Versuchsgelaende
Forschungseinrichtung
einer Hochschule
7 Sektion
Forschungsgeraet
im Weltraum
5 Sonde
Forschungsraum
5 Labor
12 Laboratorium
Forschungsreise
10 Expedition
Forschungsweise
7 Methode
Forschungszweig
der Mineralogie
13 Gesteinskunde
Forst
4 Wald
7 Waldung
Forstabschnitt
4 Jagd
Forstbaumschule
4 Kamp
Forstbeamter, -bediensteter
7 Adjunkt, Gehilfe
8 Assessor, Aufseher, Foerster, Forstrat
10 Waldhueter, Wildhueter
11 Hegemeister
12 Forstgehilfe, Forstmeister, Jagdaufseher, Oberfoerster
14 Revierfoerster
Forstbestand, -sektor
6 Gehege
8 Dickicht, Hochwald, Jungholz, Kahlhieb, Laubholz, Laubwald, Schonung
9 Durchhieb, Gestruepp, Mischwald, Nadelholz, Nadelwald, Pflanzung, Unterholz
10 Kahlschlag, Niederwald
13 Ausschlagwald
Forstbezirk
6 Beritt, Revier
Forstgebiet
mit Koniferen
9 Nadelwald
Forsthochschule
13 Forstakademie
Forstlehrling
5 Eleve
Forstraummaß
4 Ster
Forstschädling
5 Nonne
7 Spanner, Spinner
12 Borkenkaefer
Forststadt
8 Tharandt
forstwirtschaftlich
junger Laubbaum
7 Heister
forstwirtschaftlicher
Begriff
3 Hau
Fort
7 Festung
11 Befestigung
12 Festungswerk
am Großen Sklavensee
3 Rae
Fortbestand
9 Fortdauer
Fortbestehen
5 Dauer
Fortbewegung
zu Fuß
11 Spaziergang
zu Pferde
4 Ritt
Fortbewegungsart
5 gehen
6 hasten, laufen, reiten, rennen
7 fliegen, spurten, wandeln
8 springen, sprinten, taenzeln, trippeln
9 schreiten, schwimmen
10 schleichen
11 marschieren
Fortbewegungsorgan
der Fische
6 Flosse
Fortdauer
7 Bestand
10 Stetigkeit
12 Kontinuitaet
fortdauernd
6 stetig
14 kontinuierlich

forte
in der Musik
4 laut
5 stark
Fortgang
6 Ablauf, Werden
7 Verlauf
8 Abschied, Weggehen
10 Weitergang
11 Entwicklung
fortlaufend
10 kursorisch
fortlaufende
Montageeinrichtung
10 Fliessband
Fortpflanzung
10 Vermehrung
12 Reproduktion
ohne Befruchtung
6 Agamie
unter nahen Verwandten
7 Inzucht
Fortpflanzungskörper
4 Same
5 Samen, Spore
Fortpflanzungszelle
2 Ei
4 Keim, Same
5 Gamet, Spore
niederer Tiere
6 Agamet
Fortsatz
der Elle
8 Ellbogen
10 Ellenbogen
des Blinddarms
8 Appendix
fortschaffen
9 entfernen
10 beseitigen
fortschreitende
Entwicklung
9 Evolution
Fortschritt
8 Progress
9 Besserung
10 Steigerung
11 Entwicklung, Progression
12 Verbesserung
Fortschrittgegner
11 Reaktionaer
fortschrittlich
6 modern
10 progressiv
16 avantgardistisch
Fortschrittverneiner
11 Reaktionaer
Fortsetzung
5 Folge
9 Anschluss
14 Weiterfuehrung, Wiederaufnahme
des Antilibanon (Syrien)
6 Hermon
des Magens
4 Darm
des Nibelungenlieds
5 Klage
Fortsetzungsfolge
5 Serie
Fortsetzungsroman
6 Serial

fort, weg
2 ab
Fortwendung
6 Abkehr
Forum
5 Markt, Runde
7 Gericht
10 Marktplatz
11 Gerichtshof, Versammlung
12 Richterstuhl
15 Gespraechsrunde
fossile
Tintenfischschale
8 Belemnit
fossiles
Harz, Holz
9 Bernstein
Tier
7 Ammonit, Saurier, Urmolch, Urvogel
8 Trilobit
10 Ammonshorn
13 Archaeopterix
Foto
4 Bild
8 Aufnahme
9 Konterfei, Lichtbild
Fotoapparat
3 Box
6 Kamera
12 Pocketkamera, Sucherkamera
14 Planfilmkamera, Polaroidkamera, Rollfilmkamera
15 Kleinbildkamera
16 Sofortbildkamera
18 Mattscheibenkamera
19 Spiegelreflexkamera
Foto-, Bildtonaufnahmegerät
6 Kamera
Fotograf
12 Bildreporter, ◆ Fotoreporter, Lichtbildner
13 Photoreporter
Fotografie
4 Bild
6 Abbild
mit kurzer Belichtungszeit
14 Momentaufnahme
vom Negativ
5 Abzug
fotografische
Flüssigkeit
10 Entwickler
Nachbildung
5 Repro
fotografischer
Begriff
3 Bad, Dia
4 Bild, Film, ◆ Foto
5 Album, Blitz, Labor, Linse, Photo, Spule
6 Blende, Kamera, Platte, Schuss, Stativ
7 Montage, Negativ, Positiv
8 Aufnahme, Farbfilm, Kassette, Objektiv, Portraet, Portrait, Rollfilm
9 Ausloeser, Automatik, Fixierbad, Lichtbild, Lichtwert
10 Ausschnitt, Belichtung, Blitzlicht, Diapositiv, Entwickler, Farbfilter, Gegenlicht, Irisblende, Multiblitz
11 Bildbericht, ◆ Fotomontage, Komposition, Mattscheibe
12 Dunkelkammer, Photomontage
13 Schnappschuss
14 Schaerfentiefe, Tiefenschaerfe
15 Bildkomposition, Elektronenblitz, Empfindlichkeit, Selbstausloeser
17 Belichtungsmesser
Entwickler
6 Glyzin
fotografisches
Aufnahmegerät
4 Film
6 Kamera
Kehrbild
7 Negativ
Fotokopie
10 Ablichtung
Fotomodell
9 Covergirl
Fotoreise
in Ostafrika
6 Safari
Fotoreporter
20 Bildberichterstatter
Fotostudio
7 Atelier
fototechnische
Vorrichtung
10 Irisblende
Fotozubehör
4 Film
6 Platte, Stativ
8 Farbfilm, Kassette, Nahlinse, Rollfilm, UV-Filter
10 Blitzlicht, Farbfilter, Gelbfilter
11 Lichtfilter, Lichtmesser
15 Elektronenblitz, Selbstausloeser
17 Belichtungsmesser, Entfernungsmesser
Foxinsel
der Aleuten
5 Umnak
Foyer
7 Vorraum
8 Vorhalle
10 Wandelgang
11 Wandelhalle
16 Erfrischungsraum
Fracht
5 Kargo
6 Ladung
7 Ladegut
9 Stueckgut
12 Sammelladung, Transportgut
entladen
8 loeschen
Frachtauslage
4 Zoll
9 Lagergeld
Frachtbegriff
7 Leergut
Frachtbrief, -papier
10 Ladeschein
11 Orderpapier
12 Konnossement
13 Begleitpapier

Frachtentladung
bei Schiffen
9 Loeschung
Frachtgut
mit schneller Beförderung
6 Eilgut
Frachtkahn
5 Prahm, Zille
8 Leichter
Frachtnachlass
8 Refaktie
Frachtraum
7 Tonnage
Frachtsatz
5 Tarif
Frachtschiff, Frachter
4 Kahn
5 Prahm, Zille
6 Schute, Tanker
8 Frachter, Lastkahn, Leichter
9 Oeltanker
11 Grosstanker, Kuehlschiff, Schleppkahn
13 Frachtdampfer
15 Containerschiff
der Nordsee
4 Ewer
ohne festen Fahrplan
5 Tramp
Frachtstück
4 Pack
5 Kiste, Kolli, Kollo, Paket
6 Ballen, Ballon, Karton, Kasten, Packen
9 Container, Stueckgut
12 Transportgut
Frachtverkehr
14 Warentransport
15 Guetertransport
Frachtvertrag
7 Charter
Frage
7 Erotema, Problem, Raetsel
11 Erkundigung
12 Ungewissheit
13 Interrogation
im Rechtswesen
8 Tatfrage
fragend
12 interrogativ
fragendes
Fürwort
20 Interrogativpronomen
Fragepunkt
4 Item
Fragespiel
4 Quiz
Fragestellung
7 Problem
Fragewort, -fürwort
2 wo
3 was, wem, wen, wer, wie
4 wozu
5 warum, wieso, woher, wohin, woran, worin
6 wofuer
7 weshalb, wodurch
8 weswegen
12 Interrogativ
fraglich
6 dubios
8 ungewiss, unsicher
11 zweifelhaft
Fraglichkeit
11 Problematik
Fragment
5 Torso
10 Stueckwerk, Unfertiges
11 Bruchstueck
13 Unvollendetes
fragwürdig
6 dubios, obskur
7 ominoes, seltsam, suspekt
10 mysterioes
11 verdaechtig, zweifelhaft
fragwürdiger
Anzeiger
10 Denunziant
Fraktion
6 Gruppe
10 Vertretung
12 Parteigruppe
Fraktur
4 Buch
5 Bruch
7 Schrift
12 Druckschrift, Knochenbruch
Frankenfürst, -könig
3 Odo
4 Karl, Otto
5 Pipin
6 Konrad, Lothar, Ludwig, Pippin
7 Chlotar, Guntram
8 Chlodwig, Dagobert, Heinrich, Karlmann, Merowech, Sigibert
9 Charibert, Chlodomir
10 Childebert, Childerich, Chilperich, Theoderich, Theuderich
11 Karl Martell
Frankenweinflasche
11 Bocksbeutel
Frankfurter
Bauwerk, Sehenswürdigkeit
6 Roemer
7 Saalhof
8 Alte Oper
9 Kaiserdom, Messeturm
10 Goethehaus, Hauptwache
11 Paulskirche
12 Palmengarten
16 Eschenheimer Turm, Katharinenkirche, Liebfrauenkirche
17 Karmeliterkloster
Flughafen
9 Rhein-Main
Hauptgeschäftsstraße
4 Zeil
Stadtteil
6 Hausen
7 Bonames, Hoechst, Kalbach, Oberrad, Westend
8 Bornheim, Ginnheim, Seckbach
9 Eckenheim, Griesheim, Niederrad, Praunheim
10 Bockenheim, Fechenheim, Roedelheim, Schwanheim
11 Eschersheim, Heddernheim
12 Preungesheim
13 Bergen-Enkheim, Nordweststadt, Sachsenhausen
fränkischer
Erzbischof
3 Ebo
Hausflur
3 Ern
4 Eren
Höhenzug
11 Steigerwald
König
8 Chlodwig
Oberhofbeamter
10 Seneschall
Ritter
12 Berlichingen
fränkisches Herrschergeschlecht, -haus
6 Salier
10 Karolinger, Merowinger, Pippiniden
11 Arnulfinger, Babenberger
franko
9 portofrei
Frankreich
auf französisch
6 France
8 La France
Franktireur
8 Partisan
13 Freischaerler
Franse
4 Saum
8 Posament
9 Fadensaum
fransenartige
Darmausstülpungen
6 Zotten
Fransenbesen
3 Mop
4 ◆ Mopp
Fransenbüschel
6 Quaste
7 Troddel
Franziskaner
9 Kapuziner, Klarissen, Minoriten
10 Observaten, Tertiarier
11 Spiritualen
12 Konventualen
Franzosengras
7 Raygras
10 Glatthafer
Franzosenkraut
10 Knopfkraut
französisch
Abend
4 soir
Abendessen
5 diner
Abfindung
7 apanage
Abschiedswort
5 adieu
Abstand, Spielraum
5 marge
acht
4 huit
achtzig
11 quatrevingt
Allee
6 avenue
9 boulevard
alsdann
5 alors
Anfang
4 tete

Angelegenheit, Sache
5 chose
6 ◆ Schose
Ankunft
7 arrivee
Ansehen
7 renomme
Arbeit
7 travail
Arm
4 bras
Art, Gattung
5 genre
auch
5 aussi
Ausgang
6 sortie
Aussatz
5 lepre
Aussehen
3 air
äußere Form
5 facon
Ausweis
12 legitimation
Baby
4 bebe
Bad
4 bain
Ball
3 bal
Ballettröckchen
4 tutu
Bauer
6 paysan
Baum
5 arbre
Beförderung
10 avancement
Beleidigung
7 affront
französisch-
belgischer Dirigent
6 Muench
belgischer Komponist
6 Gossec
französisch
Berg
4 mont
Bergspitze
3 pic
Bett
3 lit
Bewegung
6 motion
Bezirk
11 Departement
Bild
5 image
blau
4 bleu
Blick
6 regard
Blume
5 fleur
Bogen
3 arc
Borte
4 lace
Botschafter
11 ambassadeur
Bratenbeigabe, Tunke
5 sauce
Brüderlichkeit
10 fraternite
Bube im Kartenspiel
5 valet
Bürgermeister
5 maire
Bürgschaft
4 aval
Dach
4 toit
Damenzimmer
7 boudoir
danke
5 merci
dann
5 alors
der
2 le
deutsch
8 allemand
die
2 la
Dienst
7 service
Ding, Sache
5 chose
6 ◆ Schose
Dorf
7 village
drei
5 trois
dreißig
6 trente
dreizehn
6 treize
du
2 tu
Duft
5 odeur
Duftstoff
6 parfum
Dur
6 majeur
durch
3 par
durchaus
7 partout
Durchgang
7 passage
Durst
4 soif
Ehre
7 honneur
Eindruck
10 impression
einfarbig
3 uni
Einigkeit, Eintracht
8 concorde
eins
2 un
Eintracht
8 concorde
Eintritt
6 entree
Einzelheit
6 detail
Eis
5 glace
Eisen
3 fer
Eisenbahn
11 chemin de fer
elf
4 onze
Ende, Schluss
3 fin
er
2 il
Erde
5 terre
Erzählung
5 conte
Fahne
7 drapeau
Fahrkarte
6 billet
Fahrt
6 voyage
falsch
4 faux
Farbe
7 couleur
Fehltritt
7 fauxpas
Feld
5 champ
Felsen
3 roc
Fenster
7 fenetre
Feuer
3 feu
Firma
6 maison
Fischsuppe
13 Bouillabaisse
Flasche
9 bouteille
flink, munter
5 alert
Flug
3 vol
Flugzeug
5 avion
Folge
5 suite
Frankreich
6 France
Frau
5 femme, Madam
Fräulein
12 Mademoiselle
Freiheit
7 liberte
fremd
8 etranger
Freund
3 ami
Freundin
4 amie
Frühling
9 printemps
Fuchs
6 renard
fünf
4 cinq
fünfzehn
6 quinze
fünfzig
9 cinquante
Fuß
4 pied
Gassenjunge
5 gamin

Gast
4 hote
Gastspielreise
7 tournee
Gattung, Art
5 genre
Gauner, Standessprache
5 argot
Gefahr
6 danger
gegenüber
7 vis-a-vis
Gehabe, Getue
6 chichi
Gehalt
7 salaire
geht
5 allez
Geige
6 violon
Geist
6 esprit
Geistlicher
4 Abbe
geistreiches Witzwort
6 Bonmot
gelb
5 jaune
Geld
6 argent
7 monnaie
Genf
6 Geneve
Gepäck
6 bagage
Gerücht
5 bruit
Gesandter
6 envoye
Geschenk
7 present
Geschichte
8 histoire
Gesetz
3 loi
Gesundheit
5 sante
Gipfel
4 dent
Gipfel
6 sommet
Gleichheit
7 egalite
Glück
7 bonheur
Gold
2 or
Gott
4 dieu
Graf
5 Comte
Gräfin
8 Comtesse
groß
5 grand
grün
4 vert
gut
3 bon
4 bien
Gutschein
3 bon
Haar
6 cheveu
halb
4 demi
Hammel(fleisch)
6 mouton
Hand
4 main
Härte
6 durete
Haupt
4 tete
Haus
6 maison
Haut
4 peau
heilig
5 saint
Heinrich
5 Henri
hemmen
10 arretieren
Herberge
7 auberge
Herbst
7 automne
Herr
8 monsieur
Herr, Meister, Lehrer
6 maitre
Hilfe
4 aide
Hirsch
4 cerf
Hochzeit
7 mariage
Holz
4 bois
hübsch
4 joli
6 gentil
hundert
4 cent
Hut
7 chapeau
ich
2 je
im Großen und Ganzen
6 en gros
in
2 en
4 dans
Insel
3 ile
ist
3 est
ja
3 oui
Jagd
6 chasse
Jahr
2 an
5 annee
Jahrgeld
7 apanage
kalt
5 froid
Kaninchen
5 lapin
Karl
7 Charles
Kartenspiel
6 ecarte
Käsespeise
6 fondue
Kassenverwalter
7 rendant
katholischer Pfarrer
4 Cure
Katze
4 chat
Kellner
6 garcon
Kelte
6 Senone
Kind
6 enfant
Kino
6 cinema
kirschrot
6 cerise
klein
5 petit
Kleinod, Formschmuck
5 bijou
Knabe
6 garcon
Kneipe
6 Bistro
Knie
5 genou
Kohle
7 charbon
kommen
5 venir
König
3 roi
Königin
5 reine
königlich
5 royal
Kraft, Stärke
5 force
krank
6 malade
Kreis
6 cercle
Kreuz
5 croix
Kugel
5 boule
Kuh
5 vache
Kunst
3 art
Kuss
6 baiser
Küste
4 cote
Lagune
5 etang
lang
4 long
Lauf
6 course
Laterne
8 lanterne
9 belle face
Lebemann
4 roue
Leben
3 vie
lebendig
3 vif
6 vivant

Lehnsessel
8 fauteuil
Leichenschauhaus
6 morgue
leichtfertiges Mädchen
8 grisette
Licht
7 lumiere
Liebe
5 amour
Liebhaber, Geliebter
5 amant
Liebling, Günstling
6 mignon
Liga
5 ligue
Lokal
4 Cafe
6 Bistro
Löwe
4 lion
Luft
3 air
machen
5 faire
Mahlzeit
5 diner
6 souper
8 dejeuner
man
2 on
Mann
5 homme
Meer
3 mer
Meinung
7 opinion
Meister
6 maitre
Miene
3 air
Milch
4 lait
militärische Verpflegung
7 fourage
Mitternacht
6 minuit
möbliert
5 garni
Moll
6 mineur
Mond
4 lune
Morgen
5 matin
Mut
7 courage
Mutter
4 mere
Nacht
4 nuit
nebenbei bemerkt
7 apropos
Neffe
5 neveu
nein
3 non
neun
4 neuf
neunzig
14 quatrevingtdix
nichts
4 rien
Nizza
4 Nice
Null
4 zero
Nummer
6 numero
Nuss
4 noix
oder
2 ou
offen
6 ouvert
ohne
4 sans
ohne Bezahlung
6 au pair
Ohr
7 oreille
Oktett
6 octuor
Oper
5 opera
Order
5 ordre
Osten
3 est
Paar
5 paire
6 couple
Palast
6 palais
Pass, Hügel
3 col
9 Passeport
Person
8 personne
Pik
5 pique
pizzicato
5 pince
Polizist (umgangsspr.)
4 Flic
Post
5 poste
Prachtstraße
6 avenue
Preis
4 prix
Punkt
5 point
Rauchzimmer, -abteil
6 fumoir
Rechenbuch
6 bareme
Recht
5 droit
Regen
5 pluie
Regenschirm
9 parapluie
Reise
6 voyage
Rekrutenaushebung
5 levee
Ritter
9 chevalier
rosa
4 rose
rot
5 rouge
Rücksendung
6 retour
Ruhe
5 repos
Ruhm
6 gloire
französisch-
russischer Autor
6 Adamow
französisch
Sache, Ding
5 chose
6 ◆ Schose
Salz
3 sel
Sankt
5 saint
Schach
5 echec
Schatten
5 ombre
Schauspieler
6 acteur
Schenke
6 bistro
Schiff
6 bateau
8 vaisseau
Schimpf
7 affront
Schlaf
7 sommeil
schlafen
6 dormir
Schlag
4 coup
Schlaukopf
5 filou
schlecht
7 mauvais
Schloss
7 chateau
Schnee
5 neige
schön
4 beau
Schönheit
6 beaute
Schurke
8 Kanaille
schwarz
4 noir
französisch-
schweizerischer Architekt
11 Le Corbusier
schweizerischer Pianist
6 Cortot
französisch:
sechs
3 six
sechzig
8 soixante
See
3 lac
Seele
3 ame
sehr
4 tres
sieben
4 sept
siebzig
11 soixantedix
Sieg
8 victoire

siehe da
5 voila
Signalhorn
7 clairon
Sitzbecken
5 bidet
Sommer
3 ete
Sonne
6 soleil
französisch-
spanisches Grenzgebirge
9 Pyrenaeen
französisch
Spiel
3 jeu
Spitzbube
5 filou
Spitze
4 lace, tete
Spürsinn
5 flair
Stärke, Zwang, Gewalt
5 force
Stern
6 etoile
Stickstoff
5 azote
Strandsee, Lagune
5 etang
Straße
3 rue
5 route
6 chemin
Streife
10 patrouille
Suppe
6 potage
Tag
4 jour
7 journee
Tanz
5 danse
Tanzgesellschaft
3 bal
Tapferkeit
7 bravour
Tasche
5 poche
tausend
5 mille
Teich
5 etang
Tier
4 bete
6 animal
Tisch
5 table
Titel hoher Geistlicher
11 Monseigneur
Tod
4 mort
Träne
5 larme
Treppe
8 escalier
trinken
5 boire
Tür
5 porte
und
2 et
ungewöhnlich
5 apart
Unglück, Unheil
7 malheur
8 desastre
unser
5 notre
Untreue
5 verat
7 felonie
Vergnügen
7 plaisir
Verkehr
11 circulation
verloren
5 perdu
Versammlung
9 assemblee
Verzeihung
6 pardon
vier
6 quatre
vierzehn
8 quatorze
vierzig
8 quarante
voll
5 plein
von
2 de
Vorhut
10 avantgarde
Vorliebe
10 preference
vornehmer Herr
13 Grandseigneur
vorwärts
5 allez
Vulgärsprache
6 jargon
Wasser
3 eau
Weihnachten
4 noel
Wein
3 vin
weiß
5 blanc
Welt
5 monde
wenig
3 peu
Weste
5 gilet
Winter
5 hiver
wir
4 nous
wirklich
4 reel
Witz
6 esprit
wo
2 ou
Woche
7 semaine
Wohlgeruch, Duft
5 odeur
Wolke
5 nuage
Wort
3 mot
Wunder
7 miracle
Wunsch
5 desir
Zahlmeister
7 rendant
zehn
3 dix
Zimmerflucht
11 appartement
zurück
6 retour
zwanzig
5 vingt
zwei
4 deux
zwischen
5 entre
zwölf
5 douze
französische
Adelspartei
6 Fronde
Allee
6 Avenue
9 Boulevard
alte Münze
3 Sou
5 Livre
8 Louisdor
11 Napoleondor
Anrede
4 Sire
6 Madame
8 Monsieur
12 Mademoiselle
Anrede für Majestät
4 Sire
Automarke
5 Simca
7 Citroen, Peugeot, Renault
Autorennstrecke
6 Le Mans
Benediktinerabtei
5 Cluny
Buchdruckerfamilie
5 Didot
7 Etienne
Bulldogge
5 Bully
Burg in Paris
8 Bastille
Chansonette
4 Piaf
5 Greco
7 Mathieu
Dichtergruppe
11 Parnassiens
Druckerfamilie
5 Didot
Festung
4 Laon, Metz, Toul
5 Brest, Lille, Sedan
6 Epinal, Verdun
7 Belfort
8 Maubeuge
Flagge
9 Trikolore
Fluggesellschaft
9 Air France
Flusslandschaft
8 Rhonetal

Form von Essay
5 Essai
Fürstenanrede
4 Sire
Gärtnerfamilie in Berlin
6 Bouche
Gebirgslandschaft
8 Auvergne
Gedichtform im Mittelalter
3 Lai
Geheimpolizei
6 Surete
Geheimsekte
10 Albigenser
Gerichtshöfe des 17. Jahrhunderts
15 Reunionskammern
Gesellschaftsinsel
6 Tahiti
Grenzlandschaft
6 Elsass
10 Lothringen
Hafenstadt
4 Sete
5 Brest
6 Calais, Cannes, Dieppe, Nantes, Toulon
7 Bayonne, Le Havre, Lorient, Quimper
8 Bordeaux, Boulogne
9 Abbeville, Cherbourg, Dunkerque, Marseille, Martigues, Saint Malo, St Nazaire
10 Concarneau, Douarnenez, La Rochelle
11 Duenkirchen
12 Saint Nazaire
Halbinsel
8 Bretagne, Cotentin
Hauptstadt
5 Paris
Herrscheranrede
4 Sire
Hochebene
8 Argounen
Insel, Halbinsel
2 If, Re
3 Yeu
5 Croix, Groix
6 Brehat, Levant, Oleron
7 Chausey, Korsika, Mopelia, Reunion
8 Bellelle, Bretagne, Cotentin, Quessant, Quiberon
11 Noirmoutier
12 Porquerolles
15 Mont Saint Michel
Käsesorte
4 Brie
7 Gervais, Romadur
8 Romadour
9 Camembert, Roquefort
Kinderfrau
5 Bonne
kleine Gaststätte
6 Bistro
Kolonialtruppe
6 Zuaven
13 Fremdenlegion
Königin
7 Isabeau
Künstlergruppe bis 1905
5 Nabis
Kurtisane
7 Delorme, Lenclos
Landschaft
4 Beam, Brie, Foix, Meda
5 Anjou, Aunis, Bearn, Berry, Maine, Medoc
6 Artois, Elsass, Landes, Poitou, Querdy, Vendee
7 Burgund, Guyenne, Savoyen
8 Aisnetal, Armagnac, Auvergne, Bretagne, Dauphine, Flandern, Gascogne, Limousin, Perigord, Picardie, Provence, Touraine
9 Bordelais, Bourgogne, Charentes, Languedoc, Normandie, Saintonge
10 Baskenland, Champoagne, Il de France, Lothringen, Roussillon
11 Ile de France
Luftverkehrsgesellschaft
9 Air France
Lustspielfigur
7 Pierrot
Majestätsanrede
4 Sire
Malerfamilie im 17. Jh.
6 Lenain
Malerin
6 Lebrun
7 Valadon
Märchengestalt
4 Oger
Mittelmeerinsel
7 Korsika
Mittelmeerküste
7 Riviera
Modeschöpferin
6 Chanel
Münze
5 Franc
Münze, Währung
2 FF, NF
3 Ecu, Sou
5 Agnel, Franc, Livre
6 Double, Florin
7 Centime
8 Louisdor, Napoleon
11 Napoleondor
12 Nouveau Franc
Nachrichtenagentur
3 AFP
Näherin
9 Midinette
Nationalflagge
9 Trikolore
Nationalheldin
10 Jeanne d'Arc
14 Heilige Johanna
18 Jungfrau von Orleans
Nationalhymne
12 Marseillaise
Parole der Revolution
7 Egalite, Liberte
8 Freiheit
10 Fraternite, Gleichheit
15 Bruederlichkeit
Pferderennbahn
7 Auteuil
9 Vincennes
10 Longchamps
Physikerin
5 Curie
11 Joliot-Curie
Pianistin
6 Loriod
Porzellanmanufaktur
6 Sevres
Präposition
2 de, en
3 par
4 dans, pour
Protestanten
10 Hugenotten
Region
6 Elsass
Republikanerin
6 Corday
Revolutionspartei
9 Jakobiner
Riviera
9 Cote d'Azur
Rotweinsorte
5 Medoc
6 Fleury, Graves, Morgon
7 Fleurie, Musigny
8 Bordeaux
10 Beaujolais, Richebourg
12 Saint Emilion
Sängerin, Schauspielerin
4 Piaf
5 Greco, Hardy
Schlagersängerin
7 Mathieu
Schwankerzählungen
8 Fabliaux
Sopranistin
5 Artot, Calve
7 Crespin, Manchet
9 Schneider
Spielkartenfarbe
3 Pik
4 Herz, Karo
Sportveranstaltung
12 Tour de France
Stadt
2 Ax, Ay, Gy
3 Aix, Apt, Ars, Dax, Gap, Luz, Mer, Pau, Puy
4 Agen, Aire, Albi, Ales, Anet, Auch, Caen, Laon, Lens, Lyon, Metz, Meze, Nice, Reze, Riez, Riom, Sens, Sete, Toul, Vire
5 Anzin, Arles, Arras, Aubin, Autun, Avion, Avora, Bayon, Blois, Bondy, Bourg, Brest, Briey, Bruay, Ceret, Cluny, Creil, Delle, Delme, Digne, Dijon, Dinan, Douai, Dreux, Evron, Guise, Lagny, Laval, Lepuy, Lille, Lomme, Lucon, Lunel, Macon, Marle, Meaux, Melun, Mende, Morez, Nancy, Nimes, Niort, Nizza, Noyon, Nuits, Paris, Reims, Rodez, Rouen, Sedan, Segre, Thann, Tours, Ugine, Vichy, Vitry
6 Amiens, Andlau, Angers, Aniens, Bayeux, Beaune, Bernay, Bertry, Bitsch, Cahors, Calais, Cannes, Caudry, Caylus, Chinon, Cholet, Cognac, Colmar, Corbie, Dieppe, Epinal, Etival, Evreux,

Fecamp, Fraize, Frejus, Gabian, Givors, Grasse, Gueret, Hirson, Houdan, Hyeres, Izieux, Lavaur, Le Mans, Lievin, Limoux, Loches, Lodeve, Longwy, Mamers, Milhau, Millau, Nantes, Nantua, Nevers, Oissel, Oloron, Orange, Ornans, Pantin, Pessac, Poissy, Prades, Rennes, Roanne, Senlis, Serres, Sevran, Sevres, Tarbes, Tartas, Toulon, Troyes, Verdun, Vienne, Zabern
7 Ajaccio, Alencon, Antibes, Auxerre, Avignon, Bayonne, Bedfort, Belfort, Bethune, Beziers, Bourges, Epernay, Etienne, Hagenau, Langres, Le Havre, Limoges, Lorient, Lourdes, Mentone, Orleans, Quimper, Roubaix, Valence
8 Aubusson, Aurillac, Beauvais, Bergerac, Besancon, Biarritz, Bordeaux, Boulogne, Chartres, Grenoble, Markirch, Maubeuge, Mulhouse, Narbonne, Poitiers, Soissons, Tarascon, Toulouse
9 Abbeville, Angouleme, Avranches, Cherbourg, Dunkerque, Luneville, Marseille, Martigues, Montlucon, Perigueux, Perpignan, Rochefort, Saint Malo, St Etienne, St Nazaire, St Quentin, Tourcoing
10 Argenteuil, Concarneau, Douarnenez, La Rochelle, Muelhausen, Strasbourg, Strassburg, Versailles
11 Aix les Bains, Armentieres, Carcassonne, Charleville, Chateauroux, Duenkirchen, Montpellier, Muehlhausen
12 Saint Etienne, Saint Nazaire, Saint Quentin, Schiltigheim, Schlettstadt, Valenciennes, Villeurbanne
13 Aix en Provence, Fontainebleau
15 Clermont Ferrand

Varietekünstlerin
12 Mistinguette

Verneinung
3 non

Volksmundart
6 Patois

Weinbaulandschaft
5 Medoc

Weinsorte
4 Ruly
5 Givry, Medoc, Tavel
6 Graves
7 Chablis, Cote d'Or, Musigny
8 Bordeaux
9 Burgunder, Haut Brion, Hermitage, Maconnais, Sauternes
10 Beaujolais, Chalonnais, Chambertin, Champagner, Rivesaltes
12 Saint Emilion

Widerstandsbewegung
6 Maquis
10 Resistance

Zeitung
7 Le Matin, Le Monde
8 Le Figaro

französischer

Admiral
7 Coligny

Afrikaforscher
7 Brazzer

Ägyptologe
11 Champollion

alter Tanz
7 Gavotte, Menuett
8 Courante
9 Francaise, Quadrille

Anatom
5 Broca
6 Littre

Anthropologe
5 Broca
8 Topinard
9 Bertillon
11 Levi Strauss

Aperitif
5 Byrrh, Picon
6 Pernod, Ricard
8 Dubonnet

Apfelbranntwein
8 Calvados

Apfelwein
5 Cidre

Arbeiterführer
4 Peri
6 Duclos, Rochet

Archäologe
5 Beule
6 Caylus, Morgan, Perrot, Robert
7 Homolle
8 Bertrand, Hardouin
9 Dieulafoy, Lenormant
10 Barthelemy, Quatremere, Waddington

Architekt u. Baumeister
5 Ballu, Cotte, Degas, Levan, Magne, Paris
6 Dutert, Jardin, Lassus, Lescot, Mathey, Perret
7 Baltard, Delorme, Gabriel, Garnier, Lenotre, Mansart, Percier, Raymond
8 Chalgrin, Fontaine, Valadier, Vaudoyer
9 Cuvillies, Haussmann, Lemercier
10 Meissonier, Sammichele

Artikel
2 la, le, un
3 les, une

Arzt
5 Budin, Lebon
6 Carrel
7 Laveran
8 Cournand, Deshayes

ärztlicher Forscher
7 Nicolle

Astrologe, Astronom
4 Biot
5 Arago, Henry
6 Bailly, Picard, Pingre
7 Bougner, Laplace, Messier
8 Foucault, Lagrange
9 Leverrier
11 Nostradamus

Atomphysiker
6 Joliot

Autor
5 Bazin, Butor, Cabet, Capus, Carco, Ceard, Druon, Dubos, Genet, Hello, Jouve, Louys, Merle, Morel, Nizan, Ponge, Simon, Tzara
6 Alexis, Allain, Arland, Artaud, Beraud, Cayrol, Celine, Clavel, Ducamp, Duclos, Estang, Lanoux, Lasale, Lesage, Lesort, Massis, Mendes, Morand, Nodier, Scribe

Badeort
6 Mentor
11 Saint Tropez

Bakteriologe
5 Widal
7 Nicolle, Pasteur
8 Calmette

Ballettmeister
6 Petipa

Ballonfahrer
6 Rozier
9 Blanchard
11 Montgolfier

Bildhauer
3 Arp
4 Adam, Dore, Rude
5 Acier, Barye, Dalou, Pajou, Pilon, Puget, Rodin
6 Braque, Cortot, Dantan, Dubois, Goujon, Houdon, Julien, Legros, Mercie, Millet, Pompon, Thomas
7 Boucher, Cellini, Chaudet, Colombe, Despiau, Fremiet, Gauguin, Laurens, Lemoyne, Maillol, Maillot, Matisse, Pevsner, Pigalle, Richier, Sambiun, Sarazin
8 Carpeaux, Falconet, Girardon, Jerichau
9 Bartholdi, Bartolini, Bourdelle, Marqueste
10 Bartholome, Bouchardon, Michelozzo
11 Charpentier, Delaplanche

Biologe
5 Henri
6 Carrel
7 Lamarck, Pasteur

Botaniker
5 Biria
6 Mirbel
7 Adanson, Baillon, Jussieu, Lamarck, Lecluse
9 Guillemin
10 Brongniard
13 Labillardiere

Branntwein
6 Cognac, Kognak
8 Armagnac, Calvados, Salignac

Bürgermeister
5 maire

Chansonsänger (auch Sängerin)
4 Piaf
5 Baker, Beart, Boyer, Ferre, Greco, Rossi
6 Becaud, Distel, Pascal

7 Mathieu, Montand
8 Aznavour, Brasseus, Guilbert
9 Chevalier
Chemiker
5 Baume, Dumas, Henri, Wurtz
6 Balard, Dulong, Perrin, Proust
7 Chaptal, Derosne, Lamarck, Leblanc, Lumiere, Moissan, Pasteur, Pelouze
8 Courtois, Goodyear, Grignard, Sabatier
9 Berthelot, Braconnot, Lavoisier
10 Berthollet, Chardonnet, Quatremere
12 Boussingault
Chirurg
6 Carrel
Choreograf und Tänzer
5 Aumer, Petit
6 Albert, Bejart, Perrot, Petipa
7 Charrat
Dachshund
6 Basset
Dichter, Dichterin, Schriftsteller, Schriftstellerin
3 Sue
4 Anet, Ayme, Benn, Bloy, Blum, Char, Daix, Gard, Gide, Hugo, Labe, Loti, Sade, Sand, Stil, Zola
5 Alain, Benda, Beyle, Bloch, Bodel, Butor, Camus, Carre, Cotin, Deval, Dumas, Duras, Gatti, Genet, Gheon, Giono, Golon, Green, Jacob, Jarry, Lesar, Lisle, Marot, Merle, Peguy, Puget, Ramuz, Renan, Sagan, Sorel, Stael, Taine, Verne, Viaud, Vigny
6 Achard, Agoult, Alexis, Aragon, Arnoux, Balzac, Barres, Becque, Bellay, Bertin, Breton, Brieux, Bruant, Celine, Cortot, Cyrano, Daniel, Daudet, Eluard, France, Guerin, Guitry, Jaloux, Jammes, Kessel, Laclos, Lesage, Mairet, Marcel, Milosz, Molier, Moreas, Murger, Musset, Nerval, Pagnol, Pascal, Porche, Pozner, Proust, Racine, Robles, Sardou, Sartre, Scribe, Silone, Troyes, Valery, Villon, Yacine
7 Anouilh, Archard, Aubigne, Beckett, Bossuet, Bourget, Cesbron, Chabrol, Chenier, Claudel, Cocteau, Colette, Diderot, Duhamel, Farrere, Fenelon, Gamarra, Gautier, Ilaudes, Ionesco, Lolette, Malraux, Mauriac, Maurois, Merimee, Mistral, Moliere, Monnier, Navarra, Pascoli, Pottier, Prevert, Prevost, Regnard, Rimbaud, Rolland, Romains, Ronsard, Rostand, Scarron, Simenon, Tillier, Triolet, Vercors, Viertel, Wurmser
8 Barbusse, Beauvoir, Beranger, Bernanos, Chamfort, Concourt, Constant, Corbiere, Courtade, Dorgeles, Flaubert, Fontaine, Gauthier, Gobineau, Goucourt, Huysmans, Laforgue, Malherbe, Mallarme, Marivaux, Perrault, Rabelais, Rousseau, Salacrou, Sarrante, Sarraute, Stendhal, Vailland, Verlaine, Voltaire
9 Corneille, Descartes, Giraudoux, La Bruyere, Lamartine, Lamennais, Montaigne, Verhaeren
10 Baudelaire, Jouhandeau, La Fontaine, Lafontaine, Maupassant
11 Apollinaire, Lautreamont, Maeterlinck, Montesquieu, Montherlant, Sainte Beuve, Saint Pierre
12 Beaumarchais, Robbe-Grillet, Saint Exupery
13 Chateaubriand, Madame de Stael, Marie de France, Rochefoucauld
14 Saint John Perse
16 Boile au Despreaux
Dirigent
3 Ain
4 Bour
5 Albin, Baudo, Benzi
6 Boulez, Le Roux, Maazel
7 Almeida, Cambert, Colonne, Dervaux, Fournet, Monteux
8 Martinon, Perisson
9 Lamoureux
10 Chevillard
20 Giovaninetti-Distrikt
Dominikaner
6 Gillet
Dudelsack
7 Musette
Eierkuchen
5 Crepe, ◆ Krepp
Eingeborenensoldat
5 Spahi
Entdecker, Entdeckerin, Erfinder, Techniker
5 Belin, Bonin, Curie, Monge, Papin
6 Besson, Eiffel, Joliot, Lenoir, Niepse
7 Braille, Charcot, Fourier, Lumiere, Pasteur, Reaumur
8 Daguerre, Foucault
Erfinder der Fotografie
8 Daguerre
Erzähler
5 Verne
farbiger Soldat
5 Spahi, Turko, Zuave
Fechter, Fechterin
3 See
4 Ayat, Groc, Noel
5 Arabo, Buhan, Coste, Henry, Muzio, Omnes, Peree
6 Boisse, Brodin, Delpha, Ducret, Gaudin, Jeanne, Jolyot, Lamour, Magnan, Masson, Mouyal, Revenu, Riboud, Srecki
7 Alibert, Artigas, Bougnol, Brousse, Buchard, Cattiau, Ceretti, Delrieu, D'Hughes, D'Oriola, Falaise, Gallott, Gardere, Garilke, Giuttet, Grichot, Hocinee, Josland, Laurant, Lemoine, Lenglet, Longlet, Massard, Modaine, Olivier, Pecheux, Salesse, Schmetz, Talvard
8 Allemand, Demaille, Lippmann, Marchard, Merignac, Mimiague, Thiebaud
9 Berolatti, Bonissent, Boulenger, Brouquier, Levasseur, Perronnet
10 Gravelotte, Pietruszka, Tainturier
11 Degaillerie, Kirchhoffer
13 Granger-Veyron
14 Dillon-Gavanagh
Festungsbaumeister
6 Vauban
Filmkomiker
5 Funes
Filmpionier
6 Melies
Filmregisseur
4 Tati
5 Carne, Clair, Malle
6 Godard, Guitry, Renoir
Filmschauspieler
5 Delon, Gabin
6 Marais
7 Philipe, Piccoli
8 Belmondo
9 Chevalier
Filmstar
6 Morgan
7 Deneuve
Fischereihafen
4 Sete
Flieger, Flugpionier
6 Farman, Pegoud, Renard, Rozier, Voisin
7 Bleriot, Piccard
9 Blanchard
10 Tissaudier
11 Montgolfier
12 Saint Exupery
Forscher und Erfinder
5 Donne, Malus, Prony, Soule
6 Bastie, Cugnot, Fizeau, Genoux, Joliot, Lenoir, Monier, Niepce, Pascal, Pictet, Plante
7 Bougner, Charles, Flobert, Fresnel, Laveran, Leblanc, Lumiere, Moissan, Morveau, Regnier, Thevart
8 Daguerre, Jacquart, Massolle, Robiquet, Saussure
9 Becquerel, Cailletet, Descartes, Leverrier, Pelletier
10 Berthollet, Chardonnet
11 Montgolfier
Frauenname
2 Ev
3 Eve, Ida, Ide, Luc, Pie, Sue
4 Afra, Alix, Ange, Anne, Aude, Bice, Dany, Dodo, Etta, Gigi, Inke, Ivea, Jose, Kaya, Lise, Lulu, Nana, Nine, Rosa, Rose, Yves
5 Adele, Agnes, Aimee, Alice, Ambre, Barbe, Berte, Catin,

Danny, Diane, Edith, Edmee, Elian, Elice, Elise, Fanny, Fleur, Irene, Iseut, Julia, Julie, Laure, Livie, Lucie, Luise, Manon, Marie, Merle, Nanne, Nanni, Nanny, Nanon, Ninon, Odile, Olive, Orane, Paula, Paule, Renee, Sarah, Suson, Viola
6 Adoree, Alison, Amedee, Amelie, Andree, Anette, Angele, Annick, Ariane, Ariela, Ariett, Arlett, Belina, Benita, Berthe, Cecile, Cecily, Celine, Cicely, Claire, Claude, Cosett, Denise, Dianne, Donati, Dorett, Edvige, Eliane, Emilie, Esther, France, Gisele, Helene, Imogen, Janine, Jeanne, Josefa, Josina, Judith, Leonie, Lesley, Lionne, Louise, Lowisa, Lowise, Lucile, Lysian, Madlon, Magali, Mahaul, Mahaut, Margot, Marion, Maryse, Maxili, Maxime, Melina, Meline, Mignet, Mignon, Mouche, Mylene, Nadine, Nanina, Nanine, Nicole, Noelle, Odette, Pascal, Rachel, Regine, Rejane, Romane, Silvie, Simone, Sylvie, Terese, Thecle, Titine, Ursule, Verena, Verene, Vivian, Vivien, Yvette, Yvonne
7 Annette, Antoine, Arianna, Ariella, Arielle, Ariette, Arlette, Armanda, Armande, Armella, Athalie, Aurelie, Babetta, Babette, Bendine, Benoite, Bettina, Blanche, Bluette, Camille, Caprice, Cecilia, Celeste, Celiste, Chantal, Colette, Colombe, Corinne, Cosetta, Cosette, Daniele, Delfina, Delfine, Desiree, Didiere, Dorette, Edmonde, Estella, Estelle, Eugenie, Eveline, Fabrice, Fanchon, Felicie, Ginette, Giselle, Hedwige, Heloise, Isabeau, Isabell, Jocelyn, Josette, Josiane, Juditha, Juditta, Justine, Lavinie, Leonore, Lidwine, Linette, Lisette, Lisiane, Lolitte, Lucette, Lucille, Lucinde, Martine, Maxence, Maxilie, Mechele, Melanie, Michele, Miliane, Minette, Mirande, Monique, Nanette, Natalie, Nicolle, Ninetta, Ninette, Pascale, Pauline, Perette, Renette, Romaine, Rosalie, Rosetta, Rosette, Sidoine, Solange, Susetta, Susette, Suzanne, Suzette, Therese, Tinette, Ulrique, Valerie, Viviane, Yolande, Zenaide, Zenobie
8 Adelaide, Adrienne, Beatrice, Berenice, Bernarde, Brigitte, Cendrine, Claudine, Cornelie, Danielle, Delphine, Dorothee, Eleonore, Fabienne, Fernande, Florence, Francine, Germaine, Gertrude, Gilberta, Gilberte, Hortense, Huguette, Isabelle, Jeanette, Jeannine, Josianne, Josselin, Julienne, Juliette, Laurence, Laurette, Leonarde, Leonille, Leontine, Lucienne, Lysianne, Magelone, Marcelle, Marianne, Marielle, Mariette, Michelle, Mireille, Nannette, Nathalie, Nicoline, Pauletta, Paulette, Pierette, Pierrine, Prudence, Raymonde, Rebecpue, Severine, Silvetta, Silvette, Stephine, Sylvaine, Sylvetta, Theodora, Vaubourg, Victoria, Violette, Virginie, Vivienne
9 Albertine, Angelique, Bastienne, Benedicte, Bernadina, Catherine, Celestine, Charlotte, Christine, Clairette, Claudette, Constance, Cyprienne, Dominique, Elisabeth, Fanchette, Fleurette, Francette, Francoise, Gabrielle, Genevieve, Georgette, Ghislaine, Henriette, Jacquetta, Jaqueline, Jeannette, Jeannique, Josephine, Madeleine, Magalonne, Marinette, Melisande, Micheline, Nicolette, Pierrette, Radegonde, Simonette, Stephanie, Valentine, Veronique, Victorien, Victorine
10 Antoinette, Bernadette, Blanchette, Donatienne, Emmanuelle, Etiennette, Florentine, Frederique, Jacqueline, Maitagorry, Marcelline, Marguerite, Petronelle, Philippine
11 Bernhardine, Claudinette, Constantine, Guillemette, Marie Louise, Maximiliane, Sebastienne
14 Adriane Ameline
15 Marie Antoinette

Freiheitskämpfer
10 Jeanne d'Arc

Fußballspieler
3 Guy, Rey, Rio, Six
4 Bats, Kopa, Papi
5 Abbes, Adams, Aston, Baeza, Douis, Hiard, Lopez, Mahut, Papin, Petit, Pinel, Simon, Soler
6 Amoros, Aubour, Bereta, Bonnel, Bossis, Bracci, Carnus, Chiesa, Combin, Dalger, Delmer, Diague, Dropsy, Esteve, Ettori, Girard, Goudet, Herbet, Herbin, Jordan, Keller, Larios, Larque, Lerond, le Roux, Lleuse, Loubet, Marcel, Marche, Michel, Moizan, Rouyer, Thepot, Tifour, Tigana, Tresor, Zimako
7 Alcazar, Bastien, Bellone, Berdoll, Capelle, Couriol, Delfour, di Lorto, di Nallo, Gallice, Giresse, Guillon, Hausser, Janvion, Jonquet, Kaelbel, Lacombe, Laurent, Mahjoub, Mattler, Nicolas, Platini, Quittet, Revelli, Stopyra, Strappe, Tusseau, Vincent
8 Artelesa, Bathenay, Batiston, Bosquier, Cazenave, Chantrel, Domergue, Fontaine, Genghini, Gianessi, Glovacki, Keruzore, Liberati, Mairesse, Penverne, Piantoni, Remetter, Rostagni, Veinante, Verriest
9 Baratelli, Battiston, Broissart, Budzinski, Castaneda, de Michele, Dereuddre, Djorkaeff, Fernandez, Heisserer, Langiller, Maschinot, Rocheteau, Synaeghel, Szepaniak, Wisnieski
10 Villaplane

Gartenbaumeister
7 Lenotre

Gebirgspass
3 Col

Geiger
5 Mazas
6 Ferras

Geistlicher
4 Abbe
6 Abbate

General
6 Kleber, Moreau

Genetiker
5 Jacob

Geograf
7 Brunhes

Geologe
4 Levy
7 Adhemar, Daubree
8 Beaumont, Dolomicu, Dufrenoy, Saussure
9 Lapparent
10 Brongniart

Geschichtsschreiber
5 Suger, Taine, Veron
6 Aulard, Guizot, Vandal, Zeller
7 Aubigne, Bastide, Rambaud
8 Duchesne, Michelet
9 Joinville, Nettement, Quicherat

Gesellschaftstanz
7 Gavotte, Menuett

Grafiker
4 Dore
5 Degas, Leger, Redon, Rodin
6 Legros, Millet, Renoir
7 Daumier, Gauguin, Gavarni, Matisse, Pissaro, Utrillo
9 Delacroix
15 Toulouse-Lautrec

Heerführer
5 Melac

Heiliger
3 Ado, Ivo

Herrschername
3 Odo
5 Henri, Louis
6 Ludwig
7 Charles
8 Francois, Napoleon

Herzogstitel
5 Guise
Historiker
5 Aubry, Blanc, Gidel, Renan, Soret
6 Bedier, Daudet, Guizot, Hazard, Masson, Michel, Mignet, Moliat, Ozanum, Schure, Thiers
7 Gautier, Gebhart, Reinach, Ruinart, Scherer, Thierry, Viehoff
8 Duchesne, Godetroy, Voltaire
9 Coubertin, Froissart, Larroumet, Poujoulat, Raynouard, Villemain
10 Bonnechose, Brunetiere, Gaillardin, Pellissier
11 Taillandier, Tocqueville
13 Leroux de Lincy, Villehardouin
Hofbildhauer
5 Pilon
Hofdichter
5 Marot
Hofmaler
5 Pesne
6 Clouet
Holzbildhauer
6 Lepere
Humanist
5 Amyot, Dolet, Faber, Muret, Ramee
7 Lefevre
8 Rabelais
Illustrator
4 Dore
Infanterist
8 Chasseur
Ingenieur
4 Caus
5 Arcon, Conte, Fabre, Farne
6 Brunel, Deprez, Eiffel
7 Ardenne, Bleriot, Flobert, Lesseps
12 Cormontaigne, Montalembert
Inselbewohner
5 Korse
Instrumentalvirtuose
5 Mazas
6 Cortot, Sauret
7 Baillot, Marteau
Instrumentenbauer
3 Sax
5 Erard
12 Cavaille Coll
Jagdbomber
6 Mirage
Jakobiner
8 Mirabeau
Kaisername
8 Napoleon
Kardinal
5 Balue
6 Feltin
7 Mazarin
9 Richelieu
Karikaturist
5 Sempe
7 Daumier
Klappzylinderhut
5 Gibus
Komiker
4 Tati
Komponist
4 Adam, Aime, Lalo, Nigg
5 Auber, Auric, Bizet, Boely, Dukas, Dupre, Eizet, Faure, Herve, Ibert, Lully, Mehul, Ravel, Satie
6 Albert, Beriot, Berton, Boulez, Dubois, Franck, Godard, Gounod, Gretry, Halevy, Herold, Lecocq, Marais, Mouton, Pierne, Rameau, Thomas
7 Berlioz, Bruneau, Debussy, Delibes, Milhaud, Poulenc, Roussel
8 Chablier, Couperin, Kreutzer, Maillart, Mascagni, Massenet, Messiaen
9 Boieldieu, Offenbach
10 Destouches, Planquette, Saint Saens, Zingarelli
11 Charpentier, Courvoisier
12 Santoliquido
Königsmörder
9 Ravaillac
Königsname
5 Henri, Louis
7 Charles
8 Francois, Philippe
König um 1000
5 Capet
Konstrukteur
6 Eiffel
11 Montgolfier
Kräuterlikör
8 Anisette
10 Chartreuse
12 Benediktiner
Kriegsflugzeugtyp
6 Mirage
Kriegshafen
5 Brest
6 Toulon
Kronprinz
7 Dauphin
kubistischer Maler
5 Leger
Kupferstecher
5 Duvet
6 Audran, Callot, Leblon, Lebrun, Masson, Moreau, Poilly
7 Janinet, Lalanne, Waltner
8 Duchange, Gaillard, Girardet, Richomme
9 Desnoyers
Küstenfluss
3 Tet
4 Orne
Landesteil
6 Elsass
Landsmann
7 Bretone
9 Elsaesser
Leichtathlet, Leichtathletin
4 Drut, Jacq, Jazy, Seye
5 Andre, Bouin, Dubus, Motti, Perec, Perez
6 Bacoul, Besson, Collet, Deloge, Duclos, Gachet, Gonder, Lewden, Martin, Mazeas, Menard, Mimoun, Quinon, Tauzin, Theato, Wadoux, Winter
7 Bambuck, Blondel, Carette, Ciofani, Diagana, El Quafi, Houvion, Malmoud, Plaziat, Prianon, Savigny, Sergent, Troubal, Tuffery
8 Bertould, Bontemps, Caristan, Champion, Debacker, Delecour, Dupureur, Duvivier, Hausenne, Heinrich, Morniere, Sauguoma, Trouabal, Vigneron
9 Chastanie, Guillemot, Kerbiriou, Marie-Rose, Moriniere, Velasques
10 Boussemart, Chardonnet, Chauvelier, Ewanja-Epee, Ladoumegue, Lermusiaux, Ostermeyer, Queneherve, Tracanelli
11 Rebelo-Lelut, Torcheboeuf
12 Mimoun-O-Cacha
Liederdichter
8 Beranger
Likör
9 Cointreau
11 Vieille Cure
12 Cordial Medoc
Luftschiffer
9 Blanchard
Lustspieldichter
7 Moliere
Maler, Grafiker
4 Dore, Dufy
5 Balze, Biard, Caron, Cazin, Corot, David, Degas, Denis, Dupre, Leger, Manet, Monet, Oudry, Pesne, Puvis, Redon, Vouet
6 Boudin, Braque, Breton, Buffet, Clouet, Derain, Dubois, Friesz, Gerome, Gigoux, Greuze, Guerin, Henner, Herbin, Ingres, Isabey, Latour, Lebrun, Legros, Lurcat, Masson, Mathey, Millet, Piombo, Renoir, Rigaud, Seurat, Signac, Sisley, Tanguy, Vernet
7 Bazille, Bonnard, Boucher, Cezanne, Charkin, Cocteau, Courbet, Daumier, Duchamp, Edouard, Fouquet, Gauguin, Gleizes, Lancret, Liotard, Lorrain, Marquet, Matisse, Nattier, Pisarro, Poussin, Prudhon, Rouault, Soutine, Utrillo, Watteau
8 Angelico, Daguerre, Delauney, Fougeron, Gromaire, Pissarro, Rousseau, Steinlen
9 Delacroix, Fragonard, Gericault
11 Apollinaire, Vigee-Lebrun
12 Fantin-Latour
15 Toulouse-Lautrec
Männername
3 Bob, Gui, Guy, Leo, Lou, Luc, Pie, Rob, Rul, Vit
4 Adam, Aime, Beni, Come, Dion, Edme, Elie, Eloi, Eric, Fery, Jean, Joel, Jose, Joss, Leon, Levi, Levy, Lion, Marc, Noel, Paul, Pier, Rene, Roch, Roux, Yves

5 Alain, Alard, Amand, Amede, Andre, Arian, Aubry, Cesar, Colas, Colin, Corin, Cosme, David, Deane, Denis, Donat, Emile, Felix, Ferry, Gille, Guide, Henri, Henry, Josse, Jules, Laure, Louis, Nicol, Ogier, Othon, Paris, Raoul, Raulf, Regis, Robin, Roger, Roman, Rulle, Sacha, Serge, Simon, Sixte, Thome, Ulric, Ursin, Warin
6 Adrien, Albert, Allard, Aloyse, Amaury, Anatol, Armand, Arnaud, Arsene, Arthur, Aubrey, Aurele, Baudry, Benoit, Bernar, Bertin, Blaise, Charly, Claude, Crepin, Damien, Daniel, Darius, Desire, Didier, Dorien, Edmond, Erasme, Ernest, Eugene, Fabian, Fabien, Fabius, Firmin, Gaston, Genest, George, Gerard, Geraud, Gilles, Girard, Hector, Heraud, Honore, Horace, Hugues, Irenee, Jerome, Joseph, Julien, Justin, Lazare, Lebert, Lebuin, Leonce, Leslie, Lorent, Lucien, Marcel, Markus, Martin, Maxime, Menard, Michel, Nicole, Octave, Pascal, Pierre, Renard, Renaud, Renier, Ricard, Romain, Sebald, Sebert, Sibaud, Sicard, Simone, Ubalde, Urbain, Victor, Vivian, Vivien, Xavier
7 Adolphe, Antoine, Aribert, Arnauld, Auguste, Barnabe, Bastien, Batiste, Bernard, Bertran, Camille, Charles, Clement, Cyprien, Cyrille, Edouard, Emanuel, Emilien, Erneste, Etienne, Federic, Fernand, Ferrand, Florent, Florian, Fulbert, Gabriel, Galland, Gaspard, Gaubert, Gautier, Georges, Gerault, Germain, Gervais, Gesinus, Gilbert, Gislain, Gontard, Gontier, Gontran, Gratien, Gustave, Hilaire, Honorat, Jacques, Janvier, Jean Luc, Joachim, Josephe, Lambert, Laurent, Leandre, Leonard, Leopold, Magnard, Marceau, Marzell, Mathieu, Maurice, Maxence, Nazaire, Nicolas, Olivier, Patrice, Quentin, Quintin, Rainier, Raphael, Raymond, Regnier, Remacle, Renault, Riccaut, Roderic, Rolland, Servais, Severin, Siccard, Silvain, Sulpice, Sylvain, Thibaud, Thibaut, Thierri, Thierry, Vaubert, Vautier, Vernier, Vincent, Voutier
8 Alphonse, Ambroise, Anastase, Aristide, Aurelien, Baldouin, Baptiste, Baudouin, Benedict, Benjamin, Berenger, Bertrand, Celestin, Chlodwig, Donatien, Emmanuel, Eustache, Felicien, Francois, Frederic, Frederik, Gauthier, Geoffroi, Geoffroy, Ghislain, Godofrey, Gonthier, Gregoire, Grimbaud, Guilbert, Guiscard, Jonathas, Jourdain, Justinus, Lancelot, Lothaire, Lucianus, Marcelin, Marcelle, Melchior, Mortemer, Napoleon, Narcisse, Parzival, Pasquier, Perceval, Peregrin, Philippe, Riccault, Rodolphe, Rodrique, Salvador, Stephane, Teilhard, Theobald, Theodore, Thibauld, Thibault, Timothee, Zacharie
9 Alexandre, Anastasie, Bernardin, Dieudonne, Dominique, Ferdinand, Fernandel, Florestan, Frederick, Godeffroy, Guillaume, Hyacinthe, Jean Marie, Marzellus, Percevale, Sebastien, Sigismond, Stanislas, Theophile, Victorien
10 Barthelemy, Bartholome, Christophe, Jean Claude, Jean Pierre, Maximilien
11 Marcellinus, Marzellinus
12 JeanBaptiste

Märchenriese
4 Oger

Marschall
4 Foch, Juin, Niel
5 Murat, Soult
6 Joffre, Petain, Vauban
7 Bazaine, Massena, Turenne
8 Berthier

Mathematiker
5 Monge, Prony, Ramee
6 Ampere, Beaune, Cauchy, Fermat, Galois, Moivre, Oresme, Pascal, Picard
7 Fourier, Laplace, Poisson
8 Gassendi, Lagrange, Poincare
9 Condorcet, Descartes

Mediziner
4 Pean, Roux
6 Carrel, Larrey
7 Cabanis, Laveran, Leblanc
8 Calmette, Cournand, Rabelais
9 Dieulafoy
11 Chassaignac

Mehrzahlartikel
3 les

Meteorologe
7 Mouchez

Mineraloge
4 Levy
6 Fouque
7 Doubree
8 Dufrenoy, Saussure
10 Brongniart

Minnesänger
7 Blondel
8 Trouvere
10 Troubadour
14 Bertrand de Born

Mittelmeerhafen
4 Sete
6 Toulon
9 Marseille

Modeschöpfer
4 Dior
5 Patou
6 Cardin, Carven, Chanel, Feraud, Lanvin
7 Balmain, Esterel, Laroche, Rabanne
8 Scherrer
9 Courreges
12 Saint Laurent

Molekularbiologe
5 Monod

Musikforscher, -wissenschaftler
5 Amiot, Favre, Huglo, Pirro
6 Brelet, Expert, Lafage, Lesure, Masson, Raugel
7 Fedorov, Rokseth, Rostand
8 Bridgman, Chailley, Dufourqu, Gastaoue, Honegger, Lavignac, Machabey, Thibault
9 Pincherle
11 Chantavoine, Coussemaker

Mystiker
4 Hugo
6 Gerson
7 Labadie
8 Bernhard

Name der Maas
5 Meuse

Name der Saar
5 Sarre

Name für Genf
6 Geneve

Name für Karl den Grossen
11 Charlemagne

Name für Korsika
5 Corse

Name für Lothringen
8 Lorraine

Name für Lüttich
5 Liege

Nationalökonom
6 Turgot

Naturforscher
5 Curie
6 Ampere
7 Lamarck, Laplace, Pasteur, Reaumur
8 Coulombe

Naturwissenschaftler
5 Fabre, Soret

Nautiker
5 Borda

Nobelpreisträger (Chemie)
6 Joliot
7 Giauque, Moissan
8 Grignard, Sabatier
11 Joliot Curie

Nobelpreisträger (Frieden)
5 Passy
6 Briand, Cassin
7 Buisson, Jouhaux, Renault
9 Bourgeois

Nobelpreisträger (Literatur)
4 Gide
5 Camus
6 France, Sartre
7 Bergson, Mauriac, Rolland
14 Saint John Perse, Sully Prudhomme

Nobelpreisträger (Medizin)
6 Richet
7 Dausset, Laveran, Nicolle

Nobelpreisträger (Physik)
5 Curie, Dirac
6 Gennes, Perrin
7 Broglie, Charpak, Kastler
8 Lippmann
9 Becquerel, Guillaume
14 Cohen-Tannoudji
Ökonom
6 Turgot
Orden
11 Ehrenlegion
Ordensgründer
5 Olier
Orgelprofessor
5 Widor
Pantomime
7 Marceau
Pazifist
6 Jaures
8 Barbusse
Philanthrop
6 Girard, Sicard
7 Marbeau
Philosoph
5 Alain, Basch, Bayle, Camus, Comte, Guyau, Leroy, Ramus, Renan, Sorel, Taine, Tracy
6 Buffon, Cousin, Gilson, Gratry, Leroux, Marcel, Nicole, Pascal, Sartre
7 Bergson, Blondel, Bossuet, Diderot, Duhamel, Mounier
8 Abaelard, Alembert, Gassendi, Gobineau, Lametrie, Maritain, Rousseau, Voltaire
9 Condorcet, Descartes, Helvetius, Montaigne, Renouvier
11 Malebranche, Montesquieu
14 Sully Prudhomme
Physiker
4 Biot
5 Arago, Auger, Curie, Papin, Petit
6 Ampere, Carnot, Fizeau, Joliot, Perrin
7 Broglie, Charles, Reaumur
8 Alembert, Becqerel, Gassendi, Mariotte
9 Guillaume
10 Berthollet
Physiologe
6 Richet
Pianist
4 Haas, Long
6 Beroff, Cortot, Damase, Levine, Loriod
7 Litolff
8 Francois
9 Casadesus
10 Brailowsky
11 Weissenberg
Pilot und Ingenieur
7 Bleriot
Pluralartikel
3 les
Politiker, Staatsmann
3 Say
4 Blum, Lang, Veil
5 Debre, Dumas, Dupuy, Faure, Favre, Ferry, Jappe, Juppe, Laval, Maret, Mayer, Nicot, Pinay, Ribot, Sully
6 Auriol, Barres, Briand, Carnot, Chirac, Combes, Dubois, Fleury, Fouche, Gaulle, Guizot, Jaures, Jospin, Lebrun, Loubet, Mollet, Monnet, Necker, Petain, Philip, Pineau, Pleven, Rocard, Tirard, Turgot
7 Barthou, Bidault, Brisson, Colbert, Comines, Cresson, Dufaure, Flandin, Herriot, Jouhaux, Louvois, Maginot, Malraux, Mazarin, Reynaud, Schuman, Tardieu
8 Balladur, Caillaux, Daladier, de Gaulle, Gambetta, Loucheur, Mac Mahon, Mirabeau, Poincare, Pompidou, Queuille
9 Beregovoy, Lafayette, Lamartine, Richelieu
10 Clemenceau, Mitterrand, Paleologue, Richellieu, Talleyrand
12 Mendes France
14 Francois Poncet
15 Giscard d'Estaing
Polizist
4 Flic
Prähistoriker
6 Lartet
Prinzentitel
5 Anjou
Prunkmöbelbauer
6 Boulle
Psychologe
5 Binet, Lebon, Ribot
Radierer
4 Dore
6 Callot, Meryon
8 Lepautre
9 Fragonard
Radsportler, Radsportlerin
4 Drou, Faye, Lanz, Lino, Long, Odin, Vast
5 Aimar, Aubry, Bidot, Bobet, Colas, Dayen, Dotto, Garin, Geyre, Guyot, Hamel, Humez, Longo, Magne, Maton, Orion, Ovion, Robic, Simon
6 Biondi, Choury, Cornet, Cugnot, Dubois, Dupont, Fignon, Gayant, Lapize, le Bras, Leducq, Lenyre, Lugnet, Madiot, Marsal, Masson, Menjou, Moreau, Morlon, Mottet, Pascal, Robini, Vernet
7 Auffray, Bernard, Berthet, Beyaerd, Boulard, Clignet, Colotti, Flameng, Gendron, Georget, Hinault, Jourden, Lancien, Lapebie, Laurent, Leblanc, Louviot, Michard, Morelon, Perrini, Pingeon, Pottier, Richard, Rinaldi, Riviere, Trentin
8 Anquetil, Botherel, Chaillot, Demangel, Dufraise, Garrigon, Guignard, Jalabert, Meiffret, Meilleur, Poulidor, Rondeaux, Rousseau, Schilles, Speicher, Thevenet, Vasserot
9 Beaufrand, Darrigade, Desgrange, Forestier, Geminiani, Pelissier, Rebillard, Walkowiak
10 Archambaud, Bardonneau, Canteloube, Rampelberg, Stablinski, Zimmermann
11 Blanchonnet, Charpentier, Didier-Nauts, Petit-Breton, Taillandier, Trousselier
13 Duclos-Lasalle, Longo-Ciprelli
Religionsforscher
5 Renan
Revolutionär
5 Marat
6 Babeuf, Barras, Cloots, Danton
7 Tallien
8 Santerre
9 Lafayette, Saint-Just
10 Desmoulins
11 Robespierre
Revolutionsgeneral
5 Hocho
Revolutionslied
10 Carmagnole
12 Marseillaise
Revuestar
5 Baker
Revuetanz
6 Cancan
Ritter
6 Bayard
Rokokomaler
7 Boucher, Watteau
9 Fragonard
Satiriker
8 Rabelais
Schäferhund
6 Briard
Schaumwein
10 Champagner
Schauspieler
4 Baur, Tati
5 Boyer, Delon, Duval, Gabin, Gelin, Raimu, Talma
6 Guitry, Marais, Rachel
7 Moliere
8 Barrault, Coquelin
9 Bernhardt
Seefahrer, Seeheld
4 Bart
6 Jaures
7 Cartier
8 Duquesne
9 Laperouse
12 Bougainville
Serologe
5 Lwoff
Showtanz
6 Cancan
Sozialapostel
6 Pierre
Sozialist
5 Blanc
6 Auriol, Jaures
Sozialreformer
5 Godin
Soziologe
5 Sorel
Sportler, Sportlerin
3 Bas, Six
4 Bost, Dele, Jany
5 Alesi, Bozon, Buret, Caron, Comas, Guyon, Henry, Laram, Navet, Prost, Taris, Tisot,

Wamba
6 Bourdy, Cariou, Cerdan, Chanet, Chiron, Durand, Gaudin, Gounot, Lesage, Londas, Marion, Martin, Michel, Moreau, Pierre, Poirot, Robert, Rozier, Schott, Segura, Sommer, Tanner, Taylor, Torres
7 Benoist, Boiteux, Bordeau, Danican, Demanet, d'Oriola, Higelin, Lafitte, Lefrant, Mosconi, Payssee, Planner, Sandras, Vatuone
8 Barrelet, Beltoise, Delcourt, Esposito, Godignou, Kalfayan, Lefebvre, Paillard, Secretin
9 Delaplane, Larrousse, Pescarolo, Plewinski
10 Carpentier, Charmoille, Chevallier, de Belandra, Jousseaume, Otto-Crepin, Vendeville
11 Trintignant

Staatsphilosoph
11 Montesquieu

Staatspräsident
6 Chirac
8 de Gaulle, Pompidou
9 Mitterand
15 Giscard d'Estaing

Staatsrechtler
5 Bodin

Stadtstreicher
8 Clochard

Tanz
5 Loure
6 Cancan
7 Canarie, Gavotte, Menuett, Musette
9 Francaise, ◆ Polonaese, Polonaise, Quadrille, Sarabande

Techniker
7 Bleriot
9 Chassepot
11 Charpentier

Tennisspieler, Tennisspielerin
4 Boye, Noah
5 Canet, D'Ayen, Petra, Raoux
6 Cochet, Escude, Forget, Germot, Gobert, Halard, Pierce, Testud, Vlasto
7 Boetsch, Borotra, Brugnon, Decugis, Fontang, Gilbert, Lacoste, Leconte, Lenglen, Pioline, Prevost, Santoro, Tauziat
8 Albarran, Chapelle, Delaitre, Marangue
9 Broquedis, Demongeot
13 Paradis-Mangon

Tenor
6 Duprez
7 Nourrit
8 Albanese

Theologe
5 Renan
6 Gerson
8 Abaelard
9 Lamennais

Thronfolger
7 Dauphin

Tiefseetaucher
8 Cousteau

Tierarzt
6 Guerin

Tragödiendichter
6 Racine
9 Corneille

Troubadour
7 Blondel

Urgeschichtsforscher
6 Breuil

Verwaltungsbezirk
11 Departement

Violinist und Violoncellist
4 Vegh
5 Alard, Capet
6 Dancla, Ferras
7 Baillot, Gendron, Marteau, Thibaud
8 Fournier, Marechal, Martinon, Parrenin
9 Feuermann, Tortelier
10 Loewenguth
11 Francescati

Volkssport
5 Boule

Volksstamm
8 Bretonen

Volkstanz aus dem 17. Jh.
7 Gavotte

Waffenschmied
7 Flobert

Wallfahrtsort
7 Lourdes

Walzer
7 Musette

Wandteppich
7 Gobelin

Wein
9 Burgunder

Weinbrand
6 Cognac, Kognak
8 Armagnac

Weltgeistlicher
4 Abbe

Wintersportler, Wintersportlerin
3 Guy
4 Bief, Joly, Vion
5 Blond, Bozon, Guhel, Jacot, Killy, Merle
6 Allais, Augert, Bonaly, Briand, Brunet, Burlet, Calmat, Delaup, du Bief, Dumont, Famose, Girard, Serrat
7 Alphand, Balland, Berthon, Bonlieu, Bouvier, Chauvet, Claudel, Couttet, Cretier, Flandin, Gerbier, Giletti, Lacroix, Laroche, Mancini, Masnada, Niogret, Piccard, Vuarnet
8 Allamand, Oreiller, Perillat, Repellin
9 Allamande, Duchesnay, Giullaume, Goitschel, Grospiron, Lafforgue
10 Stanisiere, Villeneuve
11 Giry-Rousset

Zeichner
4 Dore
5 Effel
6 Clouet
7 Gavarni

Zoologe
5 Chenu, Coste, Fabre
6 Buffon, Cuvier
7 Audouin, Dumeril, Lamarck, Reaumur
9 Latreille

französisches

Adelsgeschlecht
7 Orleans

Adelsprädikat, -titel
2 de
3 Duc
4 Pair
5 Baron, Comte
6 Prince
7 Baronne, Marquis, Vicomte
8 Comtesse, Duchesse, Marquise
9 Baronesse, Chevalier, Princesse
10 Vicomtesse

Akzentzeichen
5 Grave
7 Cedille

Departement
3 Ain, Lot, Var
4 Aube, Aude, Cher, Eure, Gard, Gers, Jura, Nord, Oise, Orne, Tarn
5 Aisne, Corse, Doubs, Drome, Indre, Isere, Loire, Marne, Meuse, Rhone, Seine, Somme
6 Allier, Ariege, Cantal, Creuse, Landes, Loiret, Lozere, Manche, Nievre, Sarthe, Savoie, Vendee, Vienne, Vosges
7 Ardeche, Aveyron, Bas Rhin, Belfort, Gironde, Herault, Mayenne, Moselle
8 Ardennes, Calvados, Charente, Dordogne, Haut Rhin, Morbihan, Vaucluse

Erniedrigungszeichen (Musik)
5 Bemol

Farbfernsehsystem
5 Secam

Flächenmaß
3 Are

Forscherehepaar
5 Curie

Fürsten-, Herrschergeschlecht
5 Anjou, Capet
6 Valois
7 Bourbon, Burgund
9 Bourgogne
10 Kapetinger, Karolinger

Gasthaus
7 Auberge

Gebirge, Höhenzug
4 Jura
6 Morvan
7 Vogesen
8 Argonnen, Cevennen, Lyonnais
9 Meeralpen, Pyrenaeen
13 Massif Central

Gebirgsdepartement
5 Alpes

Geheimzeichen
7 Chiffre

geistreiches Witzwort
6 Bonmot

Gemeindeamt
6 Mairie

Gesetzbuch
9 Code civil
Gewebe
5 Arras
Glücksspiel
7 Bakkara
Grenzland
6 Elsass
10 Lothringen
Hauskleid
10 Deshabille
hinweisendes Fürwort
2 ce
3 cet
5 cette
Kaiserhaus
9 Bonaparte
Kaiserreich
6 Empire
Kampfflugzeug
6 Mirage
Kartenglücksspiel
6 Pharao
Kartenspiel
5 Besik, Enfle
6 Ekarte, Pikett
Kugelspiel
5 Boule
Küstengebirge
7 Esterel
Losungswort der Revolution
7 Egalite, Liberte
10 Fraternite
Maschinengewehr
12 Mitrailleuse
Mittelggebirge
6 Vosges
8 Cevennen
Nachtessen
6 Souper
Narrenspiel im 15./16. Jh.
5 Sotie
6 Sottie
Nationallied
12 Marseillaise
persönliches Fürwort
2 il
3 ils, lui
4 elle, leur
5 elles
Physikerehepaar
5 Curie
Raumfahrtzentrum in Guyana
5 Kouru
Revolutionslied
5 Caira
10 Carmagnole
12 Marseillaise
Rivierakap
5 Benat
Schloss
3 Pau
5 Biron, Blois
6 Annecy, Chinon, Loches, Nantes, Saumur
7 Amboise, Brissac, Trianon, Vendome
8 Chambord, Cheverny, Tarascon, Valencay
9 Perpignan
10 Chateaudun, Versailles
11 Chenonceaux, Rambouillet
12 Azay-le-Rideau
13 Fontainebleau
Seebad
5 Nizza
6 Cannes, Dieppe, Frejus, Menton, St. Malo
7 Antibes
8 Biarritz, St. Tropez
Stangenweißbrot
8 Baguette
Volksbuch
8 Magelone, Melusine
Wahrzeichen in Paris
10 Eiffelturm
Waldgebirge
8 Argonnen
Weinbrandzentrum
6 Cognac
Zahlwort, Zahl
2 un = 1
3 dix = 10, six = 6
4 cent = 100, cinq = 5, deux = 2, huit = 8, neuf = 9, onze = 11, sept = 7
5 douze = 12, mille = 1000, trois = 3, vingt = 20
6 quatre = 4, quinze = 15, treize = 13, trente = 30
8 quarante = 40, quatorze = 14, soixante = 60
9 cinquante = 50
11 quatrevingt = 80, soixantedix = 70
14 quatrevingtdix = 90

frappant
8 treffend
9 schlagend
10 auffallend
13 ueberraschend

Fraß
6 Futter
9 Korrosion
10 Tierfutter, Viehfutter, Zersetzung
11 Zerstoerung

Frater
6 Bruder
11 Laienbruder
12 Ordensbruder
13 Klosterbruder

Fraternisierung
13 Verbruederung

Fratze
6 Visage
8 Grimasse, Maskaron, Zerrbild
9 Karikatur, Spottbild

Frau
4 Dame, Weib
6 Gattin
8 Gemahlin
11 Evastochter
an ihrem Hochzeitstag
5 Braut
des alten indischen Volkes
9 Sabinerin
im Gefolge des Dionysos
7 Maenade
im Paradies
3 Eva
4 Seth
mit hellem Haar
8 Blondine
ohne Wohnung
10 Obdachlose

Frauenarzt
11 Gynaekologe

Frauenberuf
4 Amme, Zofe
5 Nurse
6 Modell, Oberin
7 Aerztin, Bardame, Barfrau, Hebamme, Koechin, Malerin, Weberin
8 Cutterin, Friseuse, Hausfrau, Lehrerin, Lektorin, Locherin, Masseuse, Modistin, Naeherin, Putzfrau, Spulerin, Wirkerin
9 Ansagerin, Ballerina, Bueglerin, Choristin, Dichterin, Kellnerin, Kettlerin, Mannequin, Masseurin, Pflegerin, Pianistin, Presserin, Saengerin, Saeumerin, Schwester, Spuelerin, Stepperin, Stickerin, Taenzerin, Waschfrau, Zugehfrau
10 Arbeiterin, Babysitter, Direktrice, Erzieherin, ◆ Fotografin, ◆ Fotomodell, Gaertnerin, ◆ Grafikerin, Kammerzofe, Laborantin, Plaetterin, Reporterin, Skriptgirl, Souffleuse, Stewardess, Strickerin, Waescherin
11 Angestellte, Assistentin, Gouvernante, Graphikerin, Hutmacherin, Kassiererin, Kontoristin, Photomodell, Schneiderin, Sekretaerin, Servierein
12 Arzthelferin, Aufwartefrau, Buchhalterin, Empfangsdame, ◆ Fonotypistin, Fuersorgerin, Handnaeherin, Hausgehilfin, Journalistin, Photographin, Putzmacherin, Tanzlehrerin, Telefonistin, Verkaeuferin
13 Datentypistin, Haushaelterin, Kranzbinderin, Modeberaterin, Phonotypistin, Raumpflegerin, Stenotypistin, Telephonistin, Toilettenfrau, Zuschneiderin
14 Bibliothekarin, Blumenbinderin, Buchhaendlerin, Dienstmaedchen, Garderobenfrau, Hemdenmacherin, Kindermaedchen, Musternaeherin, Reinemachefrau, Reinigungsfrau, Schauspielerin, Wirtschafterin, Zimmermaedchen
15 Hausangestellte, Kinderfraeulein, Kinderpflegerin, Korrespondentin, Maskenbildnerin, Platzanweiserin, Strumpfformerin
16 Kindergaertnerin, Krankenschwester
18 Sprechstundenhilfe

uenbewegung
Feminismus
Emanzipation
uenboot
Eskimos
Umiak
uenfeind
Misogyn
auenfigur
Symbol
Maria
Bavaria, Johanna
Berolina, Germania, Justitia, Marianne, Victoria, Viktoria
Freiheitsstatue
auenflachs
Leinkraut
rauengemach
ner Burg
8 Kemenate
n Islam
5 Harem
rauengestalt
ls Sinnbild Bayerns
7 Bavaria
us »Eugen Onegin«
4 Olga
us »Liebestrank«
5 Adina
Berlins
8 Berolina
Deutschlands
8 Germania
Frankreichs
8 Marianne
im Hamlet
7 Ophelia
Frauengewand
5 Kleid, Stola
6 Kimono
Frauenhaar
8 Adiantum, Milzfarn
9 Federgras, Hasenbrot
10 Zittergras
Frauenheilkunde
12 Gynaekologie
Frauenheld
4 Beau
6 Belami, Gigolo
7 Don Juan, Playboy
8 Casanova, Lebemann
15 Schuerzenjaeger
Frauenkittel
6 Kasack
Frauenkosename
4 Anni, Elli, Emmi, Irmi, Lili, Loni, Mali, Mimi, Resi, Rosi, Susi
5 Betti, Cilli, Fanni, Gundi, Gusti, Hanni, Henni, Jenni, Lissi, Nanni, Nelli, Vreni, Vroni, Walli, Zenzi, Zilli
6 Gretel, Gustel, Liesel, Steffi
Frauenmantel
5 Sinau
8 Ohmkraut, Taublatt, Taukraut
9 Hasenklee, Taumantel
10 Alchemilla, Milchkraut
11 Marienkraut, Silberkraut
12 Marienmantel
aus Seide
8 Mantille
Frauenmörder
im Märchen
8 Blaubart
Frauenname
2 Em, Ev, Gi, Jo, Ju, Li, Lu, My, Su
3 Ada, Agi, Aja, Amy, Ana, Ann, Asa, Bab, Dot, Eda, Ema, Emi, Emy, Ena, Eta, Eva, Fan, Fay, Fee, Gig, Gun, Ida, Ike, Ila, Ile, Ilu, Ina, Ira, Isa, Ivy, Jan, Jin, Joy, Kai, Kaj, Kay, Kea, Lea, Lia, Lil, Lis, Liz, Luc, Mag, Mat, May, Meg, Mia, Mie, Nan, Oda, Pam, Pay, Peg, Pia, Rea, Ria, Sad, Sib, Sue, Uba, Uda, Ude, Una, Urd, Uta, Ute, Viv, Zoe
4 Adda, Afra, Agda, Aggy, Agna, Aida, Aila, Aino, Ajda, Akim, Alev, Alid, Alix, Alja, Alke, Alla, Ally, Alma, Alne, Alvi, Alvy, Alwy, Amke, Amme, Ammo, Ange, Ania, Anja, Anka, Anke, Anna, Anne, Anni, Anny, Anta, Apke, Aria, Arka, Asja, Asta, Aude, Aura, Ayke, Ayse, Baby, Banu, Bess, Bice, Bike, Bora, Brit, Cary, Ciss, Clio, Cora, Dana, Dany, Dawn, Deba, Deda, Deta, Dete, Dija, Dina, Dodo, Doll, Doma, Dora, Dory, Dota, Dute, Duva, Ebba, Edda, Edla, Edna, Effi, Eila, Eina, Elfi, Elga, Elik, Elin, Elke, Ella, Elli, Elly, Elna, Elsa, Else, Elsk, Elsy, Emma, Emmi, Emmy, Enid, Enna, Enza, Erna, Erni, Ersi, Etel, Etje, Etta, Ezra, Faye, Gabi, Gaby, Gaga, Geba, Geli, Gena, Gera, Gesa, Gese, Gina, Gisa, Grit, Guel, Gyde, Heda, Hedi, Hedy, Hera, Holk, Iken, Ilka, Ilse, Imke, Imma, Imme, Ines, Inga, Inge, Inka, Insa, Inse, Iren, Iris, Irka, Irma, Irmi, Iska, Ivea, Jana, Jane, Jeni, Jill, Joka, Joke, Jose, Judy, June, Kaja, Kara, Kari, Kata, Kati, Kaya, Kira, Kora, Kyra, Lada, Lala, Lale, Lana, Lara, Leda, Lena, Lene, Leni, Lida, Lide, Lili, Lilo, Lily, Lina, Lipa, Lisa, Lise, Lita, Lite, Livy, Lola, Lona, Loni, Lony, Lora, Lore, Luca, Luce, Lyda, Lyse, Mady, Maja, Male, Mand, Mara, Mari, Maud, Maya, Mela, Mena, Meri, Merv, Meta, Mete, Mila, Mile, Mimi, Mona, Moni, Mura, Nada, Nafi, Nana, Nela, Nena, Neta, Nete, Nike, Niku, Nina, Nine, Nita, Nona, Nora, Okka, Olga, Olli, Olly, Onna, Oona, Ossi, Ossy, Page, Paye, Pepa, Peri, Piea, Pike, Pola, Raja, Rana, Reka, Reke, Rela, Rele, Rema, Rena, Resi, Resl, Rica, Rike, Risa, Rita, Rixa, Roda, Rosa, Rose, Rosi, Ruth, Sara, Sema, Sira, Siri, Sirk, Sule, Susa, Suse, Susi, Svea, Taja, Tale, Tata, Tela, Tele, Tess, Thea, Tiba, Tibe, Tida, Tina, Toma, Toni, Tony, Tove, Tyra, Ubba, Ubbe, Ugur, Ulla, Ulli, Umma, Urda, Usle, Vera, Vida, Vola, Weda, Wega, Wiba, Wide, Wipa, Yves, Zala, Zena, Zina, Zita, Zizi
5 Adele, Adina, Aenne, Aenni, Aenny, Aggie, Agnes, Ailke, Aimee, Aleke, Alena, Alene, Aleta, Alice, Alida, Alide, Alina, Aline, Alita, Alkje, Almut, Alste, Altin, Altje, Amaly, Amber, Ambra, Ambre, Amina, Anica, Anika, Aniko, Anita, Anouk, Antje, Antka, Areta, Asimo, Asina, Assja, Aster, Aylin, Barbe, Basia, Bauwa, Bauwe, Beate, Becky, Bella, Bende, Berit, Berta, Berte, Berti, Beryl, Betsy, Betta, Bette, Betti, Betty, Biddy, Bilke, Binka, Binke, Birte, Bodil, Bride, Bruna, Calla, Candy, Caren, Carol, Carry, Cecca, Chloe, Chris, Cilli, Cilly, Cindy, Ciril, Cissi, Cissy, Clara, Clare, Conni, Conny, Corny, Corry, Dafne, Dagny, Daisy, Danai, Dania, Danja, Danny, Daria, Darja, Debby, Debra, Dedda, Deike, Delan, Delia, Denny, Detje, Dette, Diana, Diane, Didda, Dinah, Ditte, Dobra, Dolli, Dolly, Domka, Domna, Donka, Doris, Dorit, Dorte, Draga, Dufke, Dunja, Dusja, Dutje, Duyve, Edina, Edith, Edmea, Edmee, Edyth, Eilen, Eiske, Eldin, Elena, Eleni, Elgin, Elian, Elice, Elida, Elina, Elisa, Elise, Eliza, Ellen, Elsie, Elska, Elske, Emmie, Engla, Erica, Erika, Erina, Ester, Ethel, Evita, Fanni, Fanny, Farah, Fatma, Fedde, Fedra, Felke, Fenja, Fenna, Fenne, Fenny, Fieke, Fiene, Fiora, Flora, Frida, Gerda, Gerti, Gerty, Gilda, Gitta, Gitte, Greta, Grete, Gundi, Guste, Gusti, Hanna, Hanne, Hanni, Hanny, Hehna, Heidi, Heike, Helen, Helga, Hella, Helma, Henni, Henny, Herta, Hilda, Hilde, Hilma, Hulda, Ilona, Irene, Irina, Janka, Janna, Janne, Jarla, Jelka, Jelke, Jella, Jelle, Jelte, Jenni, Jenny, Jerra, Jerry, Jessy, Jette, Jinny, Jitka, Joana, Jolan, Jonna, Jorid, Joyce, Julia, Julie, Julja, Julka, Junia, Jutta, Jutte, Jytte, Kaete, Karen, Karin, Karla, Kathi, Katja, Katka, Katna, Katty, Keike, Ketty, Khira, Kinga, Kitti, Kitty, Klara, Klepa, Klera, Laila, Lallo, Lamia, Laura, Laure,

Lavra, Leila, Lelia, Lenka, Lenza, Liane, Liddi, Liddy, Lidia, Liesa, Liese, Liesl, Lilli, Lilly, Linda, Lindy, Lisia, Liska, Lissy, Livia, Livie, Lizzi, Lizzy, Ljuba, Lonny, Loris, Lotte, Lotti, Lucia, Lucie, Lucke, Lueke, Luisa, Luise, Luzia, Lydia, Lykke, Mabel, Maddy, Madel, Madge, Madli, Magda, Magga, Maggi, Maggy, Magli, Maidi, Maika, Maike, Malen, Malin, Mandy, Manja, Manon, Maren, Marfa, Marga, Margo, Maria, Marie, Maris, Marit, Marja, Marka, Marta, Marte, Marya, Matty, Maude, Maura, Mecke, Medea, Meggy, Meika, Meike, Meina, Melek, Melia, Melse, Memke, Menka, Merit, Merle, Merta, Merve, Metje, Mieke, Mieze, Milda, Milka, Milli, Milly, Milva, Minka, Minna, Minni, Mirja, Mirka, Mitzi, Mizzi, Moike, Moira, Molli, Molly, Monja, Monty, Munja, Myrta, Nadia, Nadja, Nadya, Naemi, Naima, Naimi, Nanja, Nanna, Nanne, Nanni, Nanny, Nanon, Naomi, Neela, Neele, Nelli, Nelly, Nette, Nevin, Nimfa, Ninja, Ninon, Niowi, Nives, Nonke, Nonna, Noomi, Norma, Nuria, Oksan, Olcay, Oliva, Olive, Olofa, Olova, Oluva, Orane, Oxana, Padge, Palja, Panja, Paola, Patsy, Patty, Paula, Pavla, Pearl, Peggy, Pelin, Pembe, Penny, Perry, Petek, Petje, Petke, Petra, Petze, Phila, Piera, Pilar, Pinar, Pippa, Ploni, Polly, Ponke, Popke, Rabea, Rabia, Radka, Ragna, Rahel, Raika, Randi, Reela, Reele, Reina, Reine, Reint, Relke, Rella, Relly, Renja, Renka, Renke, Rensk, Reyes, Rhoda, Riana, Ricca, Ricka, Ricke, Rieka, Rieke, Rinke, Rixta, Ronny, Rueya, Rusen, Sadan, Salka, Salli, Sally, Salwa, Sandy, Sanja, Sarah, Selja, Selke, Selma, Senni, Senta, Sibyl, Sieke, Sigga, Sigri, Siiri, Silja, Silje, Silka, Silke, Silva, Sinah, Sinja, Sinje, Sinta, Sirid, Sirin, Sirke, Siska, Sissa, Sissi, Sista, Sixta, Slava, Sofia, Sofie, Sonja, Sophy, Sorka, Stana, Stasi, Stina, Stine, Sunke, Sunna, Susen, Suzan, Sveoc, Sveta, Sweer, Sweta, Swier, Sybil, Sylke, Tabea, Tabja, Taiga, Talka, Talke, Tanja, Tasia, Tasja, Teida, Teika, Telja, Telke, Telsa, Telse, Terka, Tessa, Tessy, Tetje, Tetta, Theda, Thede, Thony, Thora, Thyra, Tiada, Tiade, Tilde, Tilla, Tilly, Tilse, Tirza, Tizia, Tjada, Tjade, Tonia, Tonja, Tonny, Tonya, Topsy, Toril, Toska, Trina, Trine, Trude, Trudi, Trudl, Trudy, Tusja, Uemit, Ulita, Ursel, Ursly, Uschi, Uysal, Vally, Vanda, Vania, Vanja, Vanna, Vedat, Venja, Verna, Vesta, Vicky, Vilja, Vilma, Viola, Virna, Volla, Volle, Volma, Vreni, Vroni, Walli, Wally, Wanda, Wedis, Weeda, Weeka, Weeke, Weike, Wemke, Wenja, Werta, Wibke, Wieba, Wieka, Wieke, Wiete, Wilja, Willa, Wilma, Witta, Witte, Wobke, Wubke, Xenia, Xenja, Yekta, Yeter, Zehra, Zelda, Zelma, Zenab, Zenta, Zenzi, Ziena, Zilla, Zilli, Zilly, Ziska, Zlata, Zofia

6 Abelke, Adoree, Agatha, Agathe, Aglaia, Aglaja, Agnese, Agnete, Agnita, Agnola, Aischa, Akguel, Albrig, Aleida, Alenka, Alessa, Alessi, Aletta, Alette, Alison, Althee, Alvina, Alwine, Alwyne, Amalia, Amalie, Amanda, Amedee, Amelie, Anabel, Andrea, Andree, Anette, Angela, Angele, Aniela, Aniska, Anjuta, Anneke, Annick, Annika, Anthea, Antina, Antine, Arabel, Aranka, Ariane, Ariela, Ariett, Arlene, Arlett, Armida, Armide, Armina, Arnika, Arnost, Asbirg, Asgard, Astrid, Athina, Audrey, Aurica, Axinja, Ayolda, Barbro, Beanke, Beekje, Behiye, Belina, Bengta, Benita, Bennet, Bentje, Berill, Bertha, Berthe, Beryll, Bianca, Bianka, Bionda, Birgit, Biruta, Blanca, Blanka, Blomma, Bozena, Brenda, Britta, Candie, Careen, Carina, Carmen, Carola, Carrie, Cecile, Cecily, Celine, Charis, Chiara, Chilja, Chriso, Cicely, Cinnie, Cintia, Cinzia, Cirila, Claude, Corien, Corine, Corrie, Cosett, Cosima, Cosina, Cosine, Cosmea, Dagmar, Dalila, Danila, Danuta, Daphne, Davide, Davina, Davita, Debbie, Debora, Deetje, Denice, Denitz, Deuten, Dianne, Dietje, Dietke, Doerte, Donati, Doorke, Dorato, Doreen, Dorett, Doriet, Dorina, Dorita, Dorkas, Dorrit, Dortje, Dufina, Duveke, Dyveke, Editha, Edvige, Eileen, Elgine, Eliana, Eliane, Elinor, Elleke, Ellice, Elmira, Elsabe, Elscha, Elsche, Elseke, Elskea, Eltina, Elvira, Emilia, Emilie, Emilka, Enrica, Ermina, Esther, Estrid, Etelka, Ettina, Eunice, Evelyn, Fanika, Fannie, Fatima, Felipa, Ferike, Fiamma, Flower, Foelke, France, Franja, Franka, Frauke, Frieda, Friedl, Frigga, Frigge, Galina, Garnet, Gebina, Geelke, Geerta, Geeske, Gefion, Gerdis, Gerrit, Gertje, Gertke, Gesche, Gesine, Gianna, Gisela, Gladys, Glenda, Gloria, Goenke, Gosina, Goudje, Gracia, Granja, Grazia, Gretel, Gretje, Gritta, Grizel, Gudrun, Gudula, Guenes, Guscha, Gustel, Haitje, Haldis, Halima, Halina, Hannah, Hariet, Harmke, Hatice, Hedvig, Hedwig, Heidje, Heilke, Heimke, Heinke, Helena, Helene, Helvig, Helwig, Herdis, Hermke, Hertha, Heseke, Hester, Hilkea, Hiltje, Hiltke, Hoepke, Holkje, Huenke, Idusja, Ildiko, Ileana, Ileane, Iliane, Iljane, Ilonka, Iluska, Imogen, Ingrid, Ioanna, Irmela, Isabel, Isebel, Ismini, Isobel, Isolde, Isotta, Ivanka, Ivanna, Jamila, Janika, Janina, Janita, Jantje, Jarste, Jelena, Jelken, Jelske, Jesper, Jessie, Jindra, Joanna, Johana, Jorina, Jorine, Josefa, Josina, Jovita, Jowita, Judith, Juliet, Julika, Julita, Jurena, Kaethe, Karina, Karola, Katina, Kersta, Kirsti, Klaere, Klenja, Kosima, Ladina, Larisa, Latife, Laurel, Lauren, Lavina, Lenore, Leonia, Leonie, Lesley, Leslie, Libera, Libusa, Liesel, Lilian, Lilika, Limone, Lionne, Lolita, Lorena, Lorina, Lorita, Louise, Lowisa, Lowise, Luebba, Luebbe, Luecke, Lysian, Maaike, Maddie, Madlon, Magali, Maggie, Mahaut, Maidie, Majken, Malika, Malina, Maline, Malkin, Margit, Margot, Mariam, Marica, Marija, Marika, Marilu, Marina, Marion, Marisa, Marita, Marlis, Marret, Martha, Martje, Maryla, Maryse, Marzia, Mascha, Masche, Mattea, Maudin, Mauren, Maxili, Maxime, Melana, Melina, Meline, Mensje, Menske, Menste, Merete, Merita, Merlin, Merret, Mervyn, Meryem, Mignet, Mignon, Mihala, Mikala, Milana, Milene, Milvia, Mineke, Mireta, Miriam, Mirjam, Moiken, Monica, Monika, Mouche, Muriel, Myrtha, Myrthe, Nadina, Nadine, Nafiye, Namika, Nanina, Nanine, Nantje, Nasika, Nicola, Nicole, Nikola, Ninija, Noelle, Nonnie, Nooren, Norina, Nortje, Nunzia, Odette, Olivet, Olivia, Orania, Oriane, Orsina,

Orsine, Orsola, Ortrud,
Ortrun, Pakize, Paloma,
Pamela, Pamina, Pancha,
Peekjc, Peetje, Pepeta, Pepita,
Pertev, Pervin, Petula, Phoebe,
Pieina, Pierke, Pietje, Piraye,
Pirkko, Pistis, Poepke, Priska,
Rabiye, Rachel, Rahsan,
Ramona, Rantje, Raquel,
Reemde, Refika, Regina,
Regine, Reinka, Reinke,
Rejane, Renata, Renate,
Rendel, Renska, Renske,
Rentje, Riekje, Rigmor,
Rikste, Robina, Roelke,
Rolfka, Romana, Romane,
Rosika, Rosina, Rosita,
Rosyne, Rowena, Ruhiye,
Rumena, Sabina, Sabine,
Sachra, Saffet, Salihe, Salome,
Samira, Sandra, Sappho,
Sascha, Saskia, Schura, Sefika,
Sehnaz, Selena, Selina, Semele,
Sheila, Sherin, Shirin, Sigrid,
Sigrun, Sigune, Silvia, Silvie,
Simona, Simone, Sirena,
Sirkka, Sissan, Slavka, Sondra,
Sontje, Sophia, Sophie, Sownja,
Steffi, Steffy, Stella, Suenja,
Suenje, Suenke, Suenne,
Svenja, Sweder, Swinda,
Swinde, Sylvia, Sylvie, Syrina,
Tahire, Talibe, Talika, Tamila,
Tassia, Tassja, Teresa, Terese,
Tettje, Theite, Thekla, Thilda,
Thilde, Thirsa, Thirza, Thonny,
Thurid, Thyrza, Tibeta, Tietje,
Titine, Tomila, Tomris, Tordis,
Torgun, Torild, Traute, Tressa,
Ubeyse, Uelfet, Uemran,
Uliana, Uljana, Ulrika, Ulrike,
Unetta, Urmina, Ursola,
Ursula, Ursule, Vahdet,
Valera, Vecihe, Vefika,
Verena, Verene, Verona,
Verone, Vibeke, Violet,
Viveka, Vivian, Vivica, Vivien,
Vivika, Wedeke, Weerta,
Welmot, Wencke, Weneke,
Wibeke, Wiebke, Winnie,
Yildiz, Yvette, Yvonne,
Zalona, Zambak, Zarife,
Zarina, Zatiye, Zdenka,
Zerrin, Zillah, Zinnia, Zlatka
7 Abelina, Abeline, Abelone,
Abigail, Adriane, Agascha,
Akulina, Alenika, Alessia,
Alfreda, Algethe, Ameline,
Annabel, Annette, Anninka,
Annouck, Annuska, Anoucka,
Antoine, Antonia, Antonie,
Anuscha, Ariadne, Arianna,
Arianne, Ariella, Arielle,
Ariette, Arlette, Armanda,
Armande, Armella, Armgard,
Arminia, Aspasia, Assunta,
Athalie, Augusta, Auguste,
Auralia, Aurelie, Babetta,
Babette, Baerbel, Barbara,
Basilea, Basilia, Beatrix,
Behiyye, Belinda, Belinde,
Bendine, Benoite, Bettina,
Bluette, Bogdana, Bohdana,
Bridget, Bruneke, Bruntje,
Camilla, Camille, Candida,
Caprice, Carlota, Cecilia,
Celeste, Celiste, Chantal,
Charlot, Chrissy, Christa,
Christl, Clarice, Clarita,
Claudia, Coletta, Colombe,
Coralie, Cordula, Corinna,
Corinne, Cornela, Cornell,
Cosetta, Cosette, Cynthia,
Dabrawa, Danaila, Danella,
Daniela, Danilka, Deborah,
Delfina, Delfine, Delilah,
Desiree, Despina, Dimitra,
Diotime, Dobrawa, Doerthe,
Dollika, Dolores, Doortje,
Dorinda, Dorinde, Dorotea,
Dorothy, Dueveke, Edmonde,
Eleanor, Elektra, Elfreda,
Elianka, Ellinor, Elsbeth,
Erminia, Ernesta, Erofili,
Estella, Estelle, Eudoxia,
Eufemia, Eufemie, Eugenie,
Eulalia, Eulalie, Euphemi,
Evdoxia, Eveline, Evelyne,
Evgenia, Evsobia, Evterpe,
Fabiola, Fabrice, Fanchon,
Felicia, Felicie, Felippa,
Fenella, Fenneke, Filippa,
Fiorina, Fjodora, Floreta,
Florica, Fraenze, Frances,
Francie, Francis, Franeka,
Franica, Friedel, Galdina,
Garbine, Gavrila, Gawrila,
Geeltje, Geertje, Geertke,
Genrich, Georgia, Gerarda,
Germien, Germina, Gertrud,
Gillian, Ginette, Gisella,
Giselle, Goentje, Goenuel,
Greetje, Gretske, Grietje,
Gunborg, Gundula, Gunhild,
Gwyneth, Hadewig, Hanusja,
Hanusje, Haralda, Harmina,
Heather, Heidina, Heilvig,
Helgard, Helmine, Heloise,
Hermina, Hermine, Hermtje,
Herneid, Hilleke, Ilektra,
Ingerid, Iolandi, Irmgard,
Isabell, Isidora, Jacinth,
Jadwiga, Janinka, Janneta,
Jantina, Jarmila, Jelenka,
Jensine, Jessica, Jessika,
Jezabel, Jocelyn, Johanna,
Jolanda, Jolenda, Jorinna,
Josepha, Josiane, Jovanka,
Joyvita, Juditha, Juditta,
Juliana, Juliane, Juliska, Julitta,
Justina, Justine, Kaarina,
Katalin, Katalyn, Katinka,
Katrijn, Kelebek, Kerstin,
Kirsten, Kirstin, Kleopha,
Kleotra, Klescha, Kordula,
Korinna, Kyrilla, Ladinka,
Larissa, Larsina, Laureen,
Laurena, Laurine, Lavinia,
Lavinie, Leonida, Leonora,
Leonore, Letafet, Leticia,
Letizia, Letteke, Libenka,
Libussa, Lidwine, Liliane,
Linette, Lisanne, Lisbeth,
Lisetta, Lisette, Lisiane,
Lizanne, Lolitte, Lorenca,
Lorenza, Loretta, Lubinka,
Lucetta, Lucette, Luciana,
Lucilla, Lucinde, Ludviga,
Ludwika, Madelin, Mafalda,
Malenea, Malenka, Malinda,
Malinde, Malinea, Malvine,
Malwine, Manuela, Marenee,
Marenka, Margery, Margita,
Margone, Mariana, Marieka,
Marieke, Marieta, Marijke,
Marikaa, Marilyn, Marinka,
Mariola, Mariska, Maritta,
Marjory, Markyta, Marlene,
Martina, Martine, Marusja,
Marylin, Marylou, Matilda,
Maudlin, Maureen, Maurina,
Maxence, Maxilie, Mechele,
Melanie, Melissa, Melitta,
Melsene, Micaela, Michele,
Miguela, Mihaela, Mildred,
Miliane, Minerva, Minette,
Mirabel, Miranda, Mirande,
Mirella, Miretta, Mirjana,
Modesta, Monique, Nadinka,
Nanette, Naschda, Natalie,
Natalja, Neeltje, Nenekse,
Nevanka, Nicolle, Ninetta,
Ninette, Nonneke, Novanka,
Olimpia, Olympia, Ophelia,
Ornelia, Ornella, Ottilie,
Pandora, Panoria, Papatya,
Pascale, Patrice, Pauline,
Perette, Peterke, Philine,
Phyllis, Pierina, Pierkje,
Piertje, Piroska, Rachele,
Rafaela, Rebecca, Rebekka,
Reinske, Reintje, Renette,
Renskea, Revmira, Ricarda,
Richsta, Rickele, Ricksta,
Rickste, Roberta, Roeltje,
Rolfkea, Romaine, Romilda,
Romilde, Rominke, Rosalba,
Rosalia, Rosalie, Rosanna,
Rosella, Rosetta, Rosette,
Rosilda, Roslita, Rossana,
Rotraut, Sabrina, Salvina,
Salwija, Saphira, Scarlet,
Segelke, Selinda, Selinka,
Sephora, Sibylla, Sibylle,
Sidoine, Silvana, Silvina,
Sinikka, Smarula, Solange,
Solveig, Stefani, Stintje,
Suekran, Suester, Suleika,
Sultana, Susanka, Susanna,
Susanne, Susetta, Susette,
Suzanna, Suzanne, Suzette,
Swaneke, Swantje, Systere,
Taalkea, Tabitha, Talinae,
Talkeae, Tanjura, Tayyibe,
Telseke, Teodora, Terezie,
Tevfika, Theidae, Themkee,
Theresa, Therese, Thordis,
Tibetha, Tinette, Tiziana,
Tjadina, Torgard, Torgerd,
Torgund, Torhild, Torilla,
Ulfhild, Ulvhild, Valborg,
Valenta, Valeria, Valerie,
Valeska, Vanessa, Varinka,
Vasfiye, Vidette, Viliana,
Viliane, Violett, Viviane,
Vollina, Walborg, Waltrud,
Warwara, Welmuth, Wernike,
Wietske, Wiltrud, Yasemin,
Yinghua, Yolande, Zelinda,

Zenaida, Zenaide, Zenobia, Zenobie, Zenovia, Zientje, Zinskea, Zippora, Zuleika
8 Adelaide, Adelheid, Adrienne, Aennchen, Alkulina, Amarante, Amrosine, Andreane, Angelica, Angelika, Angelina, Anjuscha, Annbritt, Antigoni, Antonina, Antonita, Anuschka, Arabella, Beatrice, Berenice, Berenike, Bernarda, Bernarde, Birgitta, Bogumila, Bohumila, Brigitta, Brigitte, Brunelda, Brunella, Brunhild, Caecilie, Calogera, Caroline, Caterina, Cathleen, Cendrine, Chilenka, Chrissie, Christel, Claartje, Claretta, Clarette, Claudine, Concetta, Consuela, Cordelia, Cornelia, Cornelie, Cristina, Dabrawka, Dabrowka, Daniella, Danielle, Delphine, Dialekti, Diamanto, Dionisia, Dobrawka, Dobronka, Domenica, Dominica, Doortjen, Dorofeja, Dorothea, Dorothee, Dubravka, Dulcinea, Edelgard, Edeltrud, Eleonora, Eleonore, Elfriede, Elpinike, Elzbieta, Erzsebet, Estrella, Evanthia, Fabienne, Feodosia, Fernanda, Fernande, Filomena, Fiorella, Fiorenza, Florence, Floretta, Florinda, Francine, Gabriela, Gabriele, Geerdina, Geertken, Geertrui, Geertske, Genoveva, Georgeta, Georgina, Gerlinde, Germaine, Gerritje, Gertraud, Gertrude, Giannina, Gilberta, Gilberte, Gioconda, Giuliana, Giuseppa, Griselda, Gunbritt, Gundhild, Hallgard, Hedwiges, Hedwigis, Heidewig, Huguette, Ifigenia, Ingalisa, Ingeborg, Irmtraud, Isabella, Isabelle, Jannetje, Jannetta, Jeannine, Jennifer, Jettchen, Jolantha, Jolanthe, Josefina, Josefita, Josianne, Josselin, Julianna, Julianne, Juliette, Karanfil, Karianne, Karoline, Karstjen, Katalina, Katarina, Kateline, Katerina, Kathinka, Kathleen, Kathrein, Kathrine, Kerstina, Kerstine, Klorinde, Kornelia, Kristina, Laureina, Laurence, Laurense, Lauretta, Laurette, Leocadia, Leokadia, Leonille, Leontina, Leontine, Lieschen, Ljubinka, Loredana, Lucienne, Ludmilla, Ludowika, Luisella, Lysianne, Madalena, Madelina, Madeline, Madlenka, Magdalea, Magdalen, Magdolna, Magelone, Manuella, Marcelle, Margaret, Margitta, Margriet, Mariandl, Marianka, Marianne, Mariella, Marielle, Marietta, Mariette, Marjorie, Marketta, Maryline, Marylise, Mathilda, Mathilde, Maurilia, Maurilla, Mercedes, Michaela, Michelle, Mirabell, Nannette, Nastasja, Natalija, Nathalie, Nausikaa, Nettchen, Nicoline, Nielsine, Nikoline, Nikulina, Niluefer, Olimpias, Orseline, Ortensia, Palladia, Pasquale, Patricia, Pauletta, Paulette, Penelope, Pernella, Pernilla, Pernille, Petronia, Philippa, Pierette, Pierrine, Pieterke, Prassede, Praxedis, Preziosa, Prudence, Rachelle, Radmilla, Radomila, Raffaela, Ranghild, Raymonde, Rebecpue, Reikhild, Ribequah, Riccarda, Rosalind, Roseline, Roselita, Rosellen, Roselyne, Rosemary, Roshelen, Rossella, Scarlett, Serafina, Serafine, Severine, Siegmona, Siglinde, Silvetta, Silvette, Stephine, Svetlana, Swaantje, Sylvaine, Sylvetta, Theodora, Theresia, Thorgund, Thorhild, Torgaerd, Torgunnd, Torhilda, Trientje, Trinidad, Trudchen, Valerija, Vaubourg, Veronica, Veronika, Victoria, Viktoria, Violetta, Violette, Virginia, Virginie, Vivienne, Walpurga, Waltraud, Wilhelma, Winifred, Zwaantje
9 Aldegonde, Anastasia, Andrejana, Angelique, Anjuschka, Annabella, Anneliese, Annemaria, Annemarie, Annemieke, Antonella, Aphrodite, Athanasia, Bastienne, Benedetta, Benedicta, Benedicte, Bernadina, Catherine, Celestina, Celestine, Charlotta, Charlotte, Chiarella, Christina, Christine, Clairette, Claudette, Constanze, Cristiana, Cyprienne, Dominique, Donatella, Dragomira, Ekaterina, Ekaterini, Elisabeta, Elisabeth, Elizaveta, Ermengild, Ernestine, Esmeralda, Ethelgard, Euryanthe, Eustachia, Evmorphia, Evstathia, Fanchette, Felicitas, Felizitas, Fleurette, Francette, Francisca, Francoise, Frantiska, Franziska, Frederica, Fryderyka, Gabriella, Gabrielle, Genevieve, Georgette, Geraldina, Geraldine, Gertruida, Ghislaine, Giocchina, Giulietta, Gniewomir, Guillerma, Gwendolin, Harbertje, Harmenkea, Heidewich, Henrietta, Henriette, Hildegard, Hinderkje, Hindrikje, Huerriyet, Iphigenia, Iphigenie, Jacquetta, Jaqueline, Jeannette, Jeannique, Jelisawet, Josephine, Julischka, Kassandra, Katarzyna, Katharina, Katrischa, Klaerchen, Kleopatra, Klothilde, Konstanze, Kriemhild, Kristiane, Kunigunde, Ladislava, Laurencia, Laurenzia, Liselotte, Madeleine, Magalonne, Magdalene, Magdelina, Magdelone, Makalonka, Margalita, Margarete, Margarita, Marierose, Marihuela, Marinella, Marinette, Marinuela, Marischka, Maruschka, Maschinka, Mechthild, Melisande, Michalina, Micheline, Mirandola, Muenevver, Nadeschda, Nastjenka, Nicoletta, Nicolette, Peronella, Philomela, Philomele, Philomena, Philomene, Pierrette, Piroschka, Polyxenia, Radegonde, Radomilla, Rickeltje, Rosabella, Rosamunde, Rosehelen, Rosellina, Rosinante, Sanderein, Sanderijn, Schuschan, Sieglinde, Simonetta, Simonette, Stefanida, Stephanie, Theodosia, Theophano, Theophora, Thusnelda, Veronique, Veruschka, Victorien, Victorine, Vinzentia, Wellemina, Wemkelina, Yuemniyye
10 Addolorata, Aikaterini, Aleksascha, Alessandra, Annunziata, Antonietta, Bernadette, Bernfriede, Bernhardin, Betti Betty, Bronislawa, Chadidscha, Chiletschk, Christabel, Christiane, Cinderella, Claudinett, Conception, Constantin, Crocifissa, Dobroslawa, Donatienne, Ehrentraut, Elisawetta, Emmanuelle, Etiennette, Euphrosine, Euphrosyne, Frederique, Frideswide, Friederike, Garifallia, Gerritdina, Giuseppina, Guglielmin, Harmkedina, Harmkelina, Heidewicke, Hildegunde, Jacqueline, Jekaterina, Jelisaweta, Jelisawett, Leopoldine, Lieselotte, Maitogorry, Marcellina, Marcelline, Margarethe, Marguerite, Marie-Luise, Mauricetta, Maximilian, Nadjeschda, Paulineatt, Petronella, Petronelle, Pierangela, Sigismonda, Stanislawa, Symphorosa, Tosca Tosja, Wilhelmina, Wilhelmine, Wladislava
11 Constantina
12 Presentacion

Frauenoberkleid
4 Robe
Frauenrechtlerin
6 Emanze
11 Suffragette
Frauenschleierhaube *im Mittelalter*
4 Rise
Frauensperson
4 Weib
Frauenstimme, -singstimme
3 Alt
6 Sopran
11 Mezzosopran
15 Koloratursopran
Frauenunterrock
5 Jupon
8 Reifrock
9 Krinoline
Fräulein
7 Jungfer
10 Demoiselle
fraulich
7 feminin
12 maedchenhaft
Frau von
Abraham
4 Sara
5 Hagar, Sarah
Adam
3 Eva
4 Seth
Admetos
7 Alkeste
Aga Khan
5 Begum
Agamemnon
12 Klytemnestra
13 Klytaemnestra
Ägir
3 Ran
Ahasver
6 Esther
Alexander dem Großen
6 Roxane
Alkinoos
5 Arete
Amenophis
9 Nofretete
Amphion
5 Niobe
Amphitryon
7 Alkmeae
Äneas
6 Kreusa
Armin, Arminius
9 Thusnelda
Atreus
6 Aerope
Augustus
5 Livia
Bacchus
7 Ariadne
Balder, Baldur
4 Nana
5 Nanna
Brahma
9 Saraswati
Brutus
6 Porcia
Claudius
9 Agrippina, Messalina
David
6 Michal
7 Abigail
8 Bathseba
9 Bethsabee
Dionysos
7 Ariadne
Donar
3 Sif
Erebus
3 Nox
Erek
5 Enite
Etzel
6 Helche
9 Kriemhild
Fro
5 Freia
6 Freyja
Gunther
8 Brunhild
9 Bruenhild, Brunhilde
Hades
10 Persephone, Proserpina
Hektor
10 Andromache
Hephaistos
9 Aphrodite
Herakles
4 Hebe
Hermann dem Cherusker
9 Thusnelda
Herodes Antipos
8 Herodias
Herodes dem Großen
8 Marianne
Iason
5 Medea
6 Glauke, Kreusa
Isaak
7 Rebecca, Rebekka
Jakob
3 Lea
5 Rahel
6 Rachel
Jupiter
4 Juno
Kalif Ali
6 Fatima
Kandaules
7 Rhodope
Kapaneus (griech. Sage)
6 Euadne
Kepheus
8 Cassiope
Kronos
4 Rhea
5 Rheia
Laios
7 Iokaste
Lohengrin
4 Elsa
Loki
5 Sigyn
Luther
4 Bora
Marke
6 Isolde
Menelaos, Menelaus
6 Helena
Mohammed
6 Aischa
10 Chadidscha
Napoleon I.
9 Josephine
11 Marie Louise
Napoleon III.
7 Eugenie
Nereus
5 Doris
Oberon
7 Titania
Odin
4 Fria
5 Frigg, Frija
6 Frigga
Ödipus
7 Iokaste
Odysseus
8 Penelope
Okeanos
6 Tethys
Orkus, Pluto
10 Persephone, Proserpina
Orpheus
8 Eurydike
Osiris
4 Isis
Othello
9 Desdemona
Paris
6 Helena, Oinone
Peleus
6 Thetis
Pelops
11 Hippodameia
Perikles
7 Aspasia
Perseus
9 Andromeda
Philemon
6 Baucis
Pluto, Orkus
10 Persephone, Proserpina
Poseidon
10 Amphitrite
Priamos, Priamus
6 Hekabe, Hekuba
Ptah
7 Sechmet
Rama
4 Sita
Rembrandt
6 Saskia
9 Hendrikje
Rubens
6 Helene
8 Isabella
Saturnus
4 Rhea
5 Rheia
Shiva
4 Kali
5 Durga
7 Parvati, Parwati
Siegfried
9 Kriemhild
Sokrates
9 Xanthippe
Theseus
7 Phaedra
8 Anthiope
9 Hippolyta
Thor
3 Sif

Uranos
4 Gaea, Gaia
Uria, Urias
8 Bathseba
9 Bethsabee
Vishnu
7 Lakshmi
8 Lakschmi
Vulcanus
5 Venus
Xerxes
6 Esther
Zeus
4 Hera
frech
4 keck, kess
6 dreist, kiebig, pampig, patzig
11 impertinent
freche
Göre
5 Range
Unverschämtheit
11 Impertinenz
frecher
Junge
6 Bengel
7 Lausbub
freches
Kerlchen
9 Schlingel
Frechheit
11 Impertinenz
12 Dreistigkeit
16 Unverschaemtheit
frei
4 leer
5 frank, ledig
6 franko, gratis, vakant
7 umsonst
8 zwanglos
9 degagiert, kostenlos
10 unberuehrt, ungebunden, verfuegbar
11 emanzipiert, unabhaengig
12 selbstaendig
13 unentgeltlich
14 ◆ selbststaendig
15 unkonventionell
ab hier, portofrei
6 franko
an Bord
3 fob
verwendbare Spielkarte
5 Joker
von Gebühren
6 franko
von Unebenheiten
5 glatt
freiberufliches
Entgelt
7 Honorar
Freibeuter
5 Kaper, Pirat
6 Korsar
10 Filibuster, Flibustier, Seeraeuber
freibleibender
Rand des Druckbogens
5 Marge
Freibrief
5 Recht
7 Charter
8 Privileg, Vorrecht
9 Vollmacht
Freiburger
Alpenberg (Schweiz)
6 Niesen
Freidenker
5 Deist
9 Dissident, Freigeist
freie
Entscheidung
6 Option
Hansestadt an der Weser
6 Bremen
Stelle im Wald
8 Lichtung
Stelle in der Stadt
5 Platz
Wahl im Wettkampf
4 Kuer
Zeit
5 Musse
freien
6 werben
freier
Angriff (Fechten)
5 Coupe
Glaube
7 Deismus
Luftraum der Landtiere
6 Aerial
Platz
6 Vakanz
9 Esplanade
Raum im Stadtbild
5 Platz
Überschlag
5 Salto
Verteidiger (Fußball)
6 Libero
Freier
6 Werber
8 Bewerber
11 Brautwerber
Freifrau
7 Baronin
Freifräulein
6 Freiin
9 Baronesse
Freigabe
des Abflugs
14 Starterlaubnis
freigebig
5 nobel
6 guetig
8 generoes, splendid
9 spendabel
11 grosszuegig
freigebiger
Gönner
6 Maezen
Freigebühr
6 franko
Freigehege
für Tiere
8 Reservat
Freigeist
6 Ketzer
Freigelände
für kindliche Beschäftigung
10 Spielplatz
Freigericht
4 Feme
freigestellt
10 fakultativ
Freigiebigkeit
8 Largesse
Freigut
im Mittelalter
5 Allod
frei hängendes
Ruhenetz
11 Haengematte
Freiheit
8 Privileg, Vorrecht
10 Immunitaet
14 Souveraenitaet, Ungebundenheit
15 Unabhaengigkeit
16 Selbstaendigkeit
18 ◆ Selbststaendigkeit
freiheitlich
7 liberal
Freiheitsentzug, -strafe
4 Haft
5 Knast
6 Arrest, Kerker
9 Festnahme, Zuchthaus
10 Gefaengnis, Verhaftung
11 Arbeitshaus, Arretierung
12 Festungshaft, Inhaftierung, Jugendarrest
13 Gefangennahme
17 Untersuchungshaft
21 Sicherheitsverwahrung
Freiheitsgesinnung
12 Liberalismus
Freiheitsheld
der Tiroler
5 Hofer
kubanischer
14 Marti Farabundo
Freiheitskämpfer
der Albaner
10 Skanderbeg
Freiheitslehre
14 Aequilibrismus
Freiheitsverbrechen
7 Drohung
9 Noetigung
10 Kidnapping, Kindesraub
11 Entfuehrung
12 Menschenraub
13 Verschleppung
Freiherr
5 Baron
Freiin
9 Baronesse
13 Freifraeulein
Freikarte
12 Gratisbillet
Freikaufsumme
9 Loesegeld
Freikirche
9 Baptismus
14 Bruedergemeine
Freikörperkultur
3 FKK
8 Nudismus
10 Naturismus
Freilager, Feldlager
5 Biwak
frei lebend
4 wild
Freilicht
in der Malerei
8 Pleinair

Freilichtbühne
12 Naturtheater
frei liegend
9 exponiert
Freiluftmuseum
in Schweden
7 Skansen
freimachen
6 loesen
8 befreien
9 losloesen
10 frankieren
11 entbloessen
12 emanzipieren
Freimachung
von Sendungen
9 Frankatur
Freimaurer
11 Logenbruder
Freimaurersymbol
5 Kelle
Freimaurervereinigung
4 Loge
freimütig
5 offen
10 aufrichtig
Freipass
12 Passepartout
Freischärler
8 Guerilla, Partisan
11 Franktireur
14 Heckenschuetze
Freischlag
beim Hockey
9 lange Ecke
Freischussart
beim Fußball
7 Eckball
Freisinn
12 Liberalismus
freisinnig
7 liberal
Freisprechung
10 Absolution
Freistaat
8 Republik
Freistatt
4 Asyl
6 Obdach
8 Zuflucht
10 Schutzraum
11 Waermestube
15 Obdachlosenasyl
Freistehen
des päpstlichen Stuhles
11 Sedisvakanz
freistehender
Glockenturm
8 Belfried
frei stehender
Glockenturm
9 Campanile
Spitzpfeiler
7 Obelisk
Freistilringen
als Show
7 Catchen
15 Catch-as-catch-can
Freistilringer
7 Catcher
Freistilschwimmen
5 Kraul

Freistudent
5 Dachs
Freitag
vor Ostern
10 Karfreitag
Freitisch
für Hochschüler
7 Konvikt
Freitod
6 Suizid
10 Selbstmord
Freitreppe
an Burgen
5 Grede
Freiübungen
9 Gymnastik
freiwillig
7 spontan
10 fakultativ
11 ungezwungen
hungern
6 fasten
Freiwilligentruppe
6 Legion
freiwilliger
Krankenpfleger
9 Samariter
Mitarbeiter
6 Helfer
Freiwilliger
9 Legionaer, Volontaer
freiwilliges
Verlassen des Heimatlandes
12 Auswanderung
Freizeit
5 Musse, Pause
6 Ferien, Siesta, Urlaub
8 Erholung
des Seemanns
10 Landurlaub
Freizeitbehausung
11 Campingzelt
Freizeitbeschäftigung
5 Hobby, raten
7 basteln, Passion, spielen
11 Liebhaberei
12 Steckenpferd
Freizeitsportler
7 Amateur
Freizeitstätte
7 Freibad
Freizeitweidmann
15 Kollektivjaeger
fremd
6 extern
fremdartig
8 exotisch
fremde
Währung
6 Valuta
Fremde
5 Ferne, Weite
7 Ausland
10 Unbekannte
Fremdenbetreuerin
7 Hostess
Fremdenführer
8 Cicerone
Fremdenheim
5 Hotel, Motel
6 Hospiz
7 Gasthof, Pension
8 Gasthaus

Fremdenverkehr
9 Tourismus, Touristik
Fremder
4 Gast
7 Tourist
9 Fremdling, Reisender
10 Auslaender, Logiergast
Fremdgebiet
im Staat
7 Enklave
Fremdgeld
gegen Sicherheiten
8 Darlehen
Fremdherrschaft
9 Knechtung
Fremdkapital
4 Borg, Pump
5 Leihe
8 Hypothek
10 Obligation
Fremdländer, -rassiger
5 Exote
fremdländisch
8 exotisch
Fremdrassiger
4 Exot
fremdstaatliches
Gebiet im eigenen Staat
7 Enklave
fremdstoffig
9 heterogen
Fremdwort für
acht
4 okta
Ackerbau
4 Agri, Agro
all
3 pan
allein
4 mono
Altertum
6 Antike
anders
5 alias
auf
3 epi
aus
2 ek, ex
auseinander
2 di
3 dis
ausschließlich
8 exklusiv
außen
4 ekto
bei
3 par
4 para
Berg
5 Monte
binnen
5 intra
danke
5 merci
doppelt
2 bi, di
4 ambi
drei
3 tri
durch
3 per
ebenso
4 item

einschließlich
9 inklusive
Elendsgasse, -viertel
4 Slum
Entwicklungsrichtung
5 Trend
Erd
3 Geo
erwachsen
5 adult
falsch
6 pseudo
fern
4 tele
Fernsehen
10 Television
fünf
5 penta
für
3 per, pro
für acht
4 okto
für nach
4 meta
ganz und gar
5 total
gegen
4 anti
6 contra, kontra
gesamt
3 pan
5 panto
Geschlecht
5 Genus
gleich
3 isa, iso
4 homo
groß
4 mega
5 makro
halb
4 demi, semi
Hautausschlag
4 Akne
heftig
4 akut
heilig
5 sankt
Hochebene
7 Plateau
hundert
5 hekto
im Großen
6 en gros
im Jahre
4 anno
im Kleinen
8 en detail
innen
4 endo, ento
innerhalb
5 intra
je
3 per, pro
jenseits
5 trans, ultra
klein
5 mikro
Land
3 Geo
Leben
3 Bio
Luft
4 Aero
Mehrzahl
6 Plural
Meinungsumfrage
10 Demoskopie
mit
2 co, ko
3 kol, kom, kon, kor, syl, sym, syn
Mitlaut
9 Konsonant
mittel
4 meso
Mundart
7 Dialekt
neu
3 neo
oberhalb
5 supra
Pöbel
5 Plebs
recht
5 ortho
Rede
3 Log
4 Logo
richtig
5 ortho
rückwärts
5 retro
schlecht
3 dys
4 kako
schwer
4 baro
sechs
3 hex
4 hexa
selbst
4 auto, self
Selbstlaut
5 Vokal
Selbstlosigkeit
10 Altruismus
Selbstsucht
8 Egoismus
Soll
5 Debet
Stein
5 Litho
Stern-
5 Astro
tausend
4 Kilo
5 Mille
Tausendstel
5 Milli
über
5 hyper, super, trans
um
6 circum, zirkum
Vernunft
5 Ratio
vier
5 tetra
Volk
4 Demo
5 Demos
vor
4 ante, prae
voraus
3 pre
4 prae
Wasser
5 Hydro
Werbeschlagwort
6 Slogan
Zehntel
4 Dezi
Zeitungsanzeige
7 Annonce, Inserat
zurück
5 retro
zweifach
2 bi, di
4 ambi
zwischen
5 entre, inter
Fremdwortteil
gegen
3 ant
frenetisch
6 rasend, tobend
10 stuermisch
frequentieren
8 besuchen
Frequenzband
5 Kanal
Freske, Fresko
8 Wandbild
10 Wollgewebe
12 Wandgemaelde
fressen
5 aesen
der Raubvögel
8 kroepfen
des Hirsch-, Dam- und Rehwildes
5 aesen
Fressen
5 Frass
6 Atzung, Futter
10 Tierfutter, Viehfutter
Fressgefäß
4 Napf, Trog
Frett, Frettchen
5 Iltis
Freude
4 Lust
5 Gaudi, Jubel, Spass, Wonne
7 Gaudium
8 Frohsinn
9 Ergoetzen
10 Vergnuegen
am Quälen
8 Sadismus
Freudenausbruch
5 Jubel
Freudengesang
9 Halleluja
Freudengöttin
der Ägypter
4 Bast
von Cicero
4 Tiro
Freudenhalle
der nord. Sage
7 Wingolf
Freudenhaus
7 Bordell
10 Eros Center
Freudenruf
3 hei
5 alaaf, helau
6 heissa
8 hosianna

freudig
4 froh
6 heiter
10 begeistert
freudiges
Aufnehmen
6 Genuss
freudlos
5 trist
Freund
5 Spezi
6 Kumpel
7 Intimus, Kamerad, Partner, Spezerl
9 Anhaenger, Begleiter, Gefaehrte, Geliebter, Liebhaber
10 Vertrauter
auf spanisch
5 Amigo
der Madame de Stael
8 Constant
des Achill
9 Patroklos, Patroklus
des Orest
7 Pylades
des Patroklos
6 Achill
8 Achilles
des Sadismus
6 Sadist
des Schönen
7 Aesthet
Friedrichs des Großen
5 Katte
Goethes
5 Carus
6 Moritz, Zelter
8 Behrisch
Isoldes
7 Tristan
Luthers
8 Spalatin
11 Melanchthon
mit besonderem Interesse
3 Fan
10 Enthusiast, Schwaermer
Sherlock Holmes
6 Watson
Thälmanns
5 Andre
von Briefmarken
11 Philatelist
Freundeskreis
junger Leute
6 Clique
Freundin
Alexanders des Großen
5 Thais
Christians II.
6 Dyveke
des Odysseus
5 Circe
7 Kalypso
8 Nausikaa
Goethes
4 Buff
5 Stein
7 Vulpius
8 Herzlieb, Willemer
9 Schroeter
10 Schoenkopf, Schulthess
11 Goechhausen
Kaiser Franz Josephs
7 Schratt
Michelangelos
7 Colonna
Praxiteles
6 Phryne
Schillers
4 Kalb
Schleiermachers
4 Herz
Till Eulenspiegels
4 Nele
Voltaires
8 Chatelet
Wagners
10 Wesendonck
freundlich
4 lieb, nett
6 guetig, heiter
8 angenehm
10 verzeihend
11 ansprechend, liebenswert, sympathisch
12 plaesierlich
14 liebenswuerdig
gesinnt
7 zugetan
freundliche
Gesinnung
5 Guete, Gunst
Vergeltung
4 Dank
Zustimmung
7 Anklang
freundlicher
Förderer
7 Goenner
Hinweis
3 Rat, Tip
4 ◆ Tipp, Wink
9 Ratschlag
10 Empfehlung
Kentaur (griech. Sage)
6 Pholos
freundliches
Entgegenkommen
10 Nettigkeit
Ersuchen
5 Bitte
Gedenken
5 Gruss
Freundschaft
5 Treue
9 Sympathie, Zuneigung
13 Kameradschaft, Verbundenheit
Freundschaftsinseln
11 Tongainseln
Frevel
5 Untat
6 Suende
7 Unrecht
8 Uebeltat, Vergehen
10 Laesterung, Verbrechen
13 Versuendigung
gegen Gott
6 Asebie
frevelhafter
Übermut
6 Hybris
Frevler
7 Suender
9 Laesterer
10 Verbrecher
11 Uebeltaeter
12 Blasphemiker
15 Gotteslaesterer
Freyrs
Gemahlin (nord. Sage)
6 Gerdyr
Friede, Frieden
3 Pax
4 Ruhe
6 Stille
8 Ewigkeit, Harmonie
9 Einigkeit, Eintracht
Friedensbewegung
10 Pazifismus
Friedensgott
7 Forseti
Friedensgöttin
5 Irene
6 Eirene
Friedenslehre
6 Irenik
Friedensliebe
10 Pazifismus
friedensliebend
12 pazifistisch
Friedenspfeife
der Indianer
7 Kalumet
Friedenspreisträger
des Deutschen Buchhandels
2 Oz
3 Bea, Paz, Tau
4 Lenz
5 Bloch, Buber, Havel, Hesse, Heuss, Jonas, Kemal, Sachs, Stern
6 Frisch, Kennan, Kollek, Konrad, Marcel, Myrdal, Walser, Wilder
7 Grosser, Jaspers, Kopelew, Korczak, Menuhin, Semprun, Senghor, Sperber, Tillich
8 Cardenal, Dedecius, Doenhoff, Gollancz, Guardini, Lindgren, Schimmel
9 Schneider
10 Burckhardt, Club of Rome, Frere Roger, Kolakowski, Schweitzer
11 Schorlemmer, Vargas Llosa, Weizsaecker
12 Mitscherlich, Visser't Hooft
13 Radhakrishnan
Friedensrichter
11 Schiedsmann
Friedensstandort
einer Truppe
8 Garnison
Friedenssymbol
5 Taube
Friedensverhandlung
17 Friedenskonferenz
20 Abruestungskonferenz
Friedensversprechen
7 Urfehde
Friedhof
in Paris
12 Pere-Lachaise
Friedhof, Friedhofsanlage
4 Grab
5 Gruft
6 Stelle
7 Grabmal

8 Kirchhof, Totenmal
9 Grabkreuz, Grabstein, Katakombe, Mausoleum, Nekropole
10 Grabhuegel, Grabstelle, Totenacker
11 Gedenktafel, Gottesacker, Grabstaette

friedlich
4 brav, zahm
5 ruhig, still
9 arkadisch, gutmuetig, idyllisch
10 harmonisch, zutraulich
11 reibungslos
12 vertraeglich

friedliche
Beschaulichkeit
6 Idylle

friedliches
Nebeneinander
10 Koexistenz

Friedlosigkeit
als Strafe
4 Acht

Frieselstoff
7 Frottee

friesisch:
Viehtränke
6 Feding

friesische
Inseln
4 Roem, Sylt
5 Amrum, Fanoe, Foehr, Habel, Hooge, Juist, Manoe, Oland, Romoe, Texel
6 Borkum, Groede, Oeland, Roemoe, Rottum
7 Ameland, Baltrum
8 Langeoog, Pellworm, Suedfall, Vlieland
9 Helgoland, Langeness, Norderney, Norderoog, Suederoog, Wangeroog
10 Boschplaat, Lauwerzand, Nordstrand, Spiekeroog, Wangerooge
11 Rottumeroog
12 Terschelling
15 Schiermonnikoog

friesischer
Frauenname
3 Eta, Ike, Jan, Kea, Uba, Uda, Ude
4 Alid, Alke, Amke, Amme, Ammo, Anke, Apke, Arka, Ayke, Bike, Deda, Deta, Dete, Dute, Duva, Ebba, Elik, Elke, Elsk, Enna, Etje, Geba, Geli, Gesa, Gese, Gyde, Holk, Iken, Imke, Imma, Imme, Inge, Inka, Insa, Inse, Iska, Jana, Joka, Joke, Kaja, Mena, Mike, Nela, Okka, Onna, Pike, Reka, Reke, Rela, Rele, Rena, Rixa, Sirk, Taja, Tale, Tela, Tele, Tiba, Tibe, Tida, Ubba, Ubbe, Umma, Vola, Weda, Wiba, Wide, Wipa, Zina
5 Ailke, Aleke, Aleta, Alida, Alide, Alita, Alste, Altje, Antje, Bauwa, Bauwe, Bende, Bilke, Bruna, Dedda, Deike, Detje, Dette, Didda, Ditte, Dufke, Dutje, Duyve, Eiske, Eldin, Elska, Elske, Fedde, Felke, Fenja, Fenna, Fenne, Fenny, Fieke, Fiene, Fokka, Folke, Garda, Gebba, Gebbe, Gebke, Gerit, Gerke, Gerta, Geska, Greet, Griet, Hanke, Harke, Hauke, Heike, Helke, Herdi, Hermy, Hidda, Hidde, Hilka, Hilke, Hilla, Hille, Hiska, Hiske, Hissa, Hisse, Ihnke, Ineke, Inger, Inken, Inska, Inske, Janna, Janne, Jella, Jerra, Keike, Lucke, Lueke, Maika, Maike, Mecke, Meika, Meike, Meina, Melse, Memke, Mieke, Moike, Neela, Neele, Nonke, Nonna, Petje, Petke, Petze, Ponke, Popke, Reela, Reele, Reina, Reine, Reint, Relke, Renka, Renke, Rensk, Ricka, Ricke, Rinke, Rixta, Sieke, Silja, Silje, Silke, Sirke, Stina, Stine, Sunke, Sunna, Sweer, Swier, Talka, Talke, Teida, Teika, Telja, Telke, Telsa, Telse, Tetje, Tetta, Theda, Thede, Tiada, Tiade, Tilse, Tjada, Tjade, Topsy, Volla, Volle, Volma, Wedis, Weeda, Weeka, Weeke, Weike, Wemke, Werta, Wibke, Wieba, Wiete, Witta, Wobke, Wubke, Ziena
6 Abelke, Albrig, Aleida, Aletta, Alette, Anneke, Ayolda, Beanke, Beekje, Bentje, Deetje, Dietje, Dietke, Dortje, Dufina, Duveke, Dyveke, Elgine, Elsabe, Elscha, Elsche, Elseke, Elskea, Eltina, Ettina, Foelke, Frauke, Frigge, Gebina, Geelke, Geerta, Geeske, Gerrit, Gertje, Gertke, Gesche, Gesine, Goenke, Gosina, Gretje, Haitje, Harmke, Heidje, Heilke, Heimke, Heinke, Hermke, Heseke, Hilkea, Hiltje, Hiltke, Hoepke, Holkje, Huenke, Jantje, Jarste, Jorina, Jorine, Josina, Luebba, Luebbe, Luecke, Marret, Martje, Mensje, Menske, Menste, Merret, Moiken, Nantje, Neelke, Peekje, Peetje, Pierke, Pietje, Poepke, Rantje, Reemde, Reinka, Reinke, Renska, Renske, Rentje, Rikste, Roelke, Rolfka, Sontje, Suenja, Suenje, Suenke, Suenne, Sweder, Swinda, Swinde, Syster, Talika, Talina, Talkea, Tettje, Theida, Theite, Themke, Tibeta, Tietje, Unetta, Wedeke, Weerta, Welmot, Weneke, Wibeke, Wiebke, Wiepke, Wuebke, Zinske, Zitzke
7 Algethe, Bendine, Bruntje, Fenneke, Garbine, Geeltje, Geertje, Goentje, Greetje, Grietje, Harmina, Heidina, Hermtje, Hilleke, Janneta, Jantina, Jorinna, Letteke, Melsene, Neeltje, Nonneke, Peterke, Pierkje, Piertje, Reinske, Reintje, Renette, Renskea, Richsta, Rickele, Ricksta, Rickste, Roeltje, Rolfkea, Segelke, Stintje, Suester, Swaneke, Swantje, Taalkea, Telseke, Tibetha, Tjadina, Vollina, Welmuth, Wernike, Wietske, Zientje, Zinskea
8 Geerdina, Gerritje, Heidewig, Jannetje, Jannetta, Nielsine, Pieterke, Reikhild, Swaantje, Trientje, Zwaantje
9 Harbertje, Harmenkea, Heidewich, Josephine, Rickeltje, Wellemina, Wemkelina
10 Bernfriede, Gerritdina, Harmkedina, Harmkelina, Heidewicke

Historiker
6 Wiarda

Männername
2 Ib
3 Age, Ake, Awe, Awo, Aye, Boi, Boj, Boy, Ehm, Gil, Ibe, Ibo, Ivo, Iwa, Iwe, Iwo, Jam, Jan, Kai, Luk, Ode, Odo, Owe, Pai, Pal, Pay, Pol, Pua, Rix, Tim, Ufe, Ule, Ulf, Uvo, Uwe, Uwo, Wyn
4 Agge, Alto, Ammo, Apke, Arke, Baan, Bane, Bean, Beek, Bene, Beno, Boie, Boje, Bojo, Bolo, Bone, Bouw, Dedo, Derk, Didi, Diez, Dimo, Dirk, Dode, Dodo, Dudo, Ebbo, Egge, Eggo, Eibe, Eibo, Eike, Elko, Elmo, Elso, Enke, Enno, Erik, Ezzo, Fock, Foke, Fred, Gard, Gils, Goke, Hado, Hajo, Hare, Hark, Harm, Haro, Hart, Hate, Hato, Haug, Hauk, Hayo, Heie, Hemm, Hero, Holk, Ibbe, Ibbo, Ihno, Illo, Immo, Inko, Jens, John, Joke, Jork, Jorn, Kene, Keno, Lude, Luke, Maik, Maio, Majo, Mart, Meke, Meko, Melf, Meno, Nane, Neel, Nigg, Nils, Obba, Obbe, Obbo, Odde, Offe, Offo, Okke, Okko, Oluf, Omke, Omko, Omme, Ommo, Onne, Onno, Ouwe, Pals, Peek, Peer, Peet, Peko, Peve, Peye, Pier, Puah, Reik, Relf, Remt, Renz, Riek, Rimo, Sebe, Sebo, Sent, Sibe, Sibo, Sigo, Sirk, Tade, Take, Tede, Teja, Tete, Teut, Till, Timm, Tode, Ubba, Ubbe, Ubbo, Uffe, Uffo, Ufko, Ulbe, Umme, Ummo, Unne, Unno, Weda, Weke, Weko, Wibo, Wide, Wido, Wier, Wigo, Witt, Wyne, Yale
5 Alber, Alger, Alker, Arfst, Ayold, Bahne, Baldo, Banne, Barnd, Bauwe, Beeke, Benno, Bonke, Bouwe, Dedde, Deddo,

Derek, Derik, Diddo, Diede, Drees, Drews, Dries, Edelt, Edlef, Eglof, Elard, Elert, Errit, Eward, Ewart, Fedde, Feddo, Feiko, Femke, Fenno, Focke, Focko, Fokke, Folke, Fulke, Fulko, Gebbo, Geert, Gerit, Gerke, Gerko, Gobbo, Goede, Goeke, Goerd, Haiko, Hamme, Hammo, Hanke, Harke, Harko, Harre, Harro, Harte, Haske, Hasko, Hatte, Hatto, Hauke, Heike, Heiko, Heimo, Heino, Helgo, Helke, Helko, Hemke, Hemmo, Henke, Herko, Herms, Hiddo, Hippo, Hiska, Hiske, Hoiko, Honke, Ineke, Jabbo, Janko, Janne, Janns, Jelka, Jelke, Jelle, Jello, Jelte, Jerre, Johan, Jonni, Joost, Jorin, Joris, Jorit, Jorne, Juern, Juilf, Kenne, Lubbe, Lucke, Luebe, Lueke, Luick, Maice, Mamme, Mammo, Mecke, Meent, Meike, Meiko, Meine, Meino, Memke, Menno, Mense, Menso, Momke, Momme, Mommo, Nahne, Nanne, Nanno, Nante, Nikol, Nolde, Nonne, Nonno, Onnen, Ontje, Paale, Palle, Peeke, Pekka, Pekko, Popke, Popko, Poppe, Poppo, Reemt, Reich, Reiko, Reint, Relef, Relke, Rembt, Remke, Remko, Rempt, Renke, Renko, Rinke, Roele, Roelf, Roerd, Rolof, Roluf, Rorik, Sentz, Siard, Siebe, Siebo, Sierd, Sierk, Siert, Siggo, Sirke, Siuts, Sjard, Sunke, Syste, Tamme, Tammo, Tammy, Tebbe, Tebbo, Temme, Temmo, Tetje, Thede, Tiade, Tialf, Tiard, Tiark, Tiart, Tiede, Tillo, Tjade, Tjalf, Tjard, Tjark, Ubbod, Ufert, Uffke, Ulbet, Ulerk, Wedig, Weeke, Weeko, Weerd, Weert, Weike, Wiard, Wigge, Wiggo, Wilke, Wilko, Willo, Winno, Witte, Wobke

6 Ainers, Alderk, Andres, Andris, Arfast, Bahnes, Bantje, Bauwen, Beekje, Bendix, Bessel, Broder, Bronno, Dietje, Drewes, Edlard, Edmond, Edsard, Edsart, Edsert, Edzard, Egloff, Eiliko, Elimar, Fedder, Gaetje, Garbit, Garmer, Gerbet, Gerbit, Geriet, Gerjet, Gerrit, Gilles, Gobert, Goswin, Harmen, Harmke, Harris, Harrit, Harryt, Heilko, Heimke, Heinke, Heinko, Hemken, Henner, Hiltje, Hiltke, Hinrik, Hoimar, Jannes, Jannis, Jasper, Jelger, Jelken, Jelske, Jerrit, Johnny, Jooris, Jorrit, Juerke, Ludeke, Luebbe, Luebbo, Luecke, Lueppe, Lueppo, Luetje, Luicke, Lutmar, Lutmer, Marten, Meiner, Menard, Menold, Menolt, Mensje, Menskc, Menste, Niklas, Olfert, Oltman, Ommeke, Ortgis, Peekje, Pidder, Redelf, Reinke, Reinko, Releff, Rentje, Riglef, Rikert, Ritser, Roebbe, Roelef, Roelke, Roelof, Roloff, Roolof, Rueter, Siaard, Sinold, Siverd, Sivert, Suntje, Suntke, Syster, Taelke, Taetse, Teetje, Tetjus, Themke, Thetje, Tiarke, Tietje, Tilman, Tjarke, Tyaerk, Ulfart, Ulferd, Ulfert, Warner, Wedeke, Wedigo, Weiard, Weiart, Weierd, Weiert, Welmer, Welmot, Wibold, Wibolt, Wigger, Wigher, Wilken, Winold, Winolt, Witiko, Woltje, Wybren, Wynand, Wyneke

7 Aalderk, Bannert, Garbert, Garrelf, Garrølt, Gerbeth, Gerleib, Gesinus, Godelef, Gosling, Harbert, Hardung, Heineke, Heinkje, Heintje, Hemmert, Henneke, Henning, Hinderk, Hinnerk, Hinrich, Jannich, Janning, Jehanne, Jelderk, Jeldrik, Juerjen, Ladewig, Luebben, Luecken, Luedeke, Luetjen, Luideke, Mainart, Meinart, Meinert, Neeltje, Oltmann, Ortgies, Poppeke, Redward, Redwart, Reimert, Reineke, Reinske, Reintje, Rembert, Remmert, Rendert, Richert, Richmar, Rickelf, Ricklef, Rickmer, Ridsert, Ridzart, Righard, Rikkart, Rikkert, Ritsche, Ritserd, Ritsert, Ritzard, Ritzart, Roeltje, Segelke, Sievert, Siewert, Soencke, Suencke, Sunneke, Thaisen, Tillman, Tilmann, Toenjes, Ulfried, Warnart, Warnert, Weihard, Weihert, Wellmer, Wigbald, Wigbold, Wilrath, Wyneken, Zammert

8 Diederik, Frederik, Garbrand, Garbrant, Gerbrand, Godebert, Godfried, Jehannes, Jeldrich, Jeldrick, Meindert, Menardus, Reinecke, Rickleff, Rieckert, Rieghard, Tillmann, Weikhard, Willegis, Willigis, Zwaantje

9 Bernfried, Frederick, Warnfried

Rechtsprecher

5 Asega

Schriftsteller

8 Frenssen

Friggs

Botin

3 Gna

frigid

12 gefuehlskalt

Frikadelle

5 Klops

7 Bulette

9 Bratklops

Friktion

7 Reibung

frisch

3 neu

4 jung

5 alert

6 gesund, munter, rezent

7 lebhaft

Frische, Gefühlsarmut

6 Kuehle

frischer

Schnee

4 Neue

9 Neuschnee

Wind

5 Brise

Frischhalteanlage, -gerät

7 Froster

8 Eiseimer

9 Eiskeller, Eiskuebel,
◆ Frigidaer, Kuehlfach

10 Eisschrank, Frigidaire, Kuehltruhe

11 Bestrahlung, Kuehltasche

12 Gefriertruhe, Kuehlschrank

13 Konservierung, Tiefkuehlfach

14 Tiefkuehltruhe

16 Tiefkuehlschrank

20 Konservierungsmittel

Frischhaltung

13 Konservierung

Frischluftzufuhr

im Bergbau

11 Bewetterung

Friseur

6 Figaro

7 Barbier, Stylist

8 Coiffeur

11 Haarstylist

13 Haarkuenstler

Friseurgeschäft

5 Salon

Friseurin

8 Friseuse

frisieren

7 kaemmen

Frisiergerät, -mittel, -methode

3 Oel

4 Foen, Kamm

5 Haube, Spray

6 Pomade, Schere, Wickel

7 Buerste, Shampoo

8 Haarfett, Haarnetz, Schampon

9 Haarnadel, Haarspray

10 Brenneisen, Dauerwelle, Haarklemme, Haarspange, Haarwasser, Kopfwasser, Ondulation

11 Brennschere, Brillantine, Haarbuerste, Kopfmassage, Wasserwelle

12 Haarfestiger, Rasiermesser, Trockenhaube

13 Lockenwickler

Frisierkunst

8 Coiffure

Frisiertisch

8 Toilette

Frist

4 Ziel

6 Spanne, Termin

8 Aufschub, Zeitraum

9 Intervall
10 Bedenkzeit, Zeitspanne
14 Zahlungstermin
fristgemäß
eingezogener Soldat
6 Rekrut
fristgerecht
7 faellig
Fristgewaehrung
8 Stundung
Fristverlängerung
12 Prolongation
Frisur
4 Pony
11 Haarschnitt
frivol
5 frech
8 schamlos
12 leichtfertig
froh
6 heiter, jovial, lustig, munter
9 froehlich
10 beschwingt
frohe
Botschaft
10 Evangelium
frohes
Gefühl
6 Freude
Frohgefühl
6 Freude
fröhlich
sein
6 lachen
fröhliche
Feier
4 Fest, Fete
Stimmung
10 Heiterkeit
Fröhlichkeit
7 Frohmut
8 Uebermut
frohlocken
6 jubeln
8 jauchzen
10 jubilieren
Frohsinn
6 Freude
10 Heiterkeit
13 Froehlichkeit
fromm
8 glaeubig
9 religioes
10 andaechtig, tugendhaft
15 gottesfuerchtig
fromme
Ehrfurcht
7 Pietaet
Erhebung zu Gott
5 Gebet
Geschichte
4 Sage
7 Legende
Handlung
5 Gebet
7 Andacht
12 Gottesdienst
Frömmelei
10 Bigotterie
16 Scheinheiligkeit
frömmelnd
5 devot
6 bigott
12 scheinheilig
frommer
Büßer
5 Asket
schwärmerischer Mensch
7 Pietist
Wanderer
6 Pilger
10 Wallfahrer
Frömmigkeit
7 Pietaet
12 Gottesfurcht
13 Gottvertrauen, Religiositaet
Fron
4 Last
5 Muehe
7 Muehsal
12 Zwangsarbeit, Zwangsdienst
Fronarbeit
5 Robot
Front
5 Block
10 Stirnseite
11 Vorderseite
12 Grenzflaeche
13 Gefechtslinie
16 Kriegsschauplatz
Froschlarve
10 Kaulquappe
Froschlöffel
6 Alisma
Froschlurch
3 Aga
4 Rana, Unke
6 Kroete
8 Bergunke
9 Erdkroete, Taufrosch
10 Grasfrosch, Laubfrosch
11 Teichfrosch
12 Wasserfrosch
Froschlurchlarve
10 Kaulquappe
Froschmensch
7 Taucher
Frostbarriere
im Wasser
7 Eisbank
Frost, Frosterscheinung
3 Eis
4 Reif
6 Harsch, Kaelte, Schnee
7 ◆ Raureif
8 Eisblume, Glatteis, Rauhreif
9 Eiszapfen
11 Eiskristall
Frostgebilde
8 Eisblume
9 Eiszapfen
frostig
5 eisig
Frostschutzmittel
6 Glykol
9 Glysantin
frottieren
6 reiben
8 abreiben
Frottierung
9 Abreibung
Frucht
der Betelpalme
9 Arekanuss
der Buche
5 Ecker
der Eberesche
10 Vogelbeere
der Edelkastanie
6 Marone
der Eiche
6 Eichel
der Heckenrose
9 Hagebutte
der Hülsenfrüchte
7 Legumen
der Palme
6 Dattel
9 Kokosnuss
der Passionsblume
10 Grenadille
der Rebe
6 Traube
9 Weinbeere
10 Weintraube
der wilden Rose
9 Hagebutte
des Getreides
4 Korn
des Granatbaumes
11 Granatapfel
des Mangobaumes
5 Mango
des Nadelbaumes
6 Zapfen
des Olivenbaumes
5 Olive
eines Halbstrauches
9 Brombeere
eines Laubbaumes
5 Ecker
6 Eichel
eines Lorbeergewächses
7 Avokado
eines Maulbeergewächses
5 Feige
im Mutterleib
5 Fetus
6 Embryo, Foetus
mit harter Schale
4 Nuss
verschiedener Gewächse
6 Klause
Fruchtäther
5 Ester
Fruchtauszug
4 Saft
7 Extrakt
fruchtbar
6 fertil
9 produktiv
fruchtbare
Bodenschicht
5 Humus
Ebene
6 Boerde
Küstenniederung
6 Marsch
Lößebene
8 Batschha
Schwarzerde Indiens
5 Regur
Wüstenstelle
4 Oase
fruchtbarer
Boden
4 Klei
5 Humus, Loess

Wüstenstrich
4 Oase
Zustand des Ackerbodens
4 Gare
fruchtbares
Küstenland
6 Marsch
Fruchtbarkeit
11 Fertilitaet
17 Ertragsfaehigkeit
Fruchtbarkeitsgott
3 Fro
4 Faun, Frey
5 Freyr
6 Faunus, Hermes
7 Priapos
8 Dionysos
Fruchtbarkeitsgöttin
3 Deo
5 Ceres, Freia, Freya
6 Freyja
7 Artemis, Astarte, Demeter
der Semiten
4 Anat
6 Achera
7 Astarte, Ischtar
Fruchtbecher
(Buchengewächs)
6 Cupula, Kupula
von Eichen
7 Valonea
Fruchtbonbon
5 Drops, Rocks
Fruchtbranntwein
7 Obstler
Fruchtbrei
3 Jam, Mus
5 Gelee
8 Apfelmus
9 Marmelade
10 Konfituere
Fruchtdolde
6 Traube
Fruchtdrossel, Nachtigall
6 Bulbul
Früchte
4 Obst
einbringen
6 ernten
im Alkohol
7 Rumtopf
Fruchteinbringung
5 Ernte
fruchtentleerter
Getreidehalm
5 Stroh
Fruchtessig
6 Agrest
früchtetragender
Dornstrauch
9 Brombeere
Fruchtflüssigkeit
4 Saft
eines Kürbisgewächses
10 Gurkensaft
Fruchtform
5 Beere
6 Kapsel, Schote, Traube
der Kreuzblütler
6 Schote
Frucht, Fruchtart
4 Kiwi, Nuss
5 Apfel, Beere, Birne, Bohne, Ecker, Erbse, Feige, Linse, Olive
6 Ananas, Banane, Eichel, Kolben, Limone, Mandel, Melone, Mispel, Orange, Quitte, Tomate, Traube
7 Erdnuss, Kirsche, Knollen, Kuerbis, Pflaume, Walnuss, Zitrone
8 Aprikose, Erdbeere, Himbeere, Paranuss, Zwetsche
9 Apfelsine, Bickbeere, Blaubeere, Brombeere, Hagebutte, Haselnuss, Kartoffel, Kokosnuss, Mandarine, Mirabelle, Pfirsisch, Reneklode, Zwetschge
10 Grapefruit, Kronsbeere, Pampelmuse, Topinambur, Weintraube
11 Heidelbeere, Navelorange, Reineclaude
12 Preiselbeere, Sauerkirsche, Schwarzbeere, Stachelbeere
13 Johannisbeere
15 Schattenmorelle
Fruchtgärten
um Damaskus
5 Ghuta
Fruchtgetränk
3 Obi
4 Most, Saft
5 Juice
8 Limonade, Obstsaft
9 Apfelmost, Apfelsaft, Orangeade
10 Kirschsaft
11 Traubensaft
Fruchtgewächs
8 Obstbaum
Fruchtgirlande
6 Feston
Fruchthülle
6 Huelse, Kapsel, Schale, Schote
Fruchtinhalt
4 Kern, Saft
5 Stein
Fruchtknoten
7 Pistill, Stempel
Fruchtkörper
des Schlauchpilzes
4 Keim, Same
fruchtleere
Getreidehalme
5 Stroh
Fruchtlehre
10 Karpologie
Fruchtmark
4 Pulp
5 Pulpa, Pulpe
6 Puelpe
Fruchtpresse
6 Kelter
Fruchtsaft
3 Jus
4 Most
Fruchtschnaps
6 Kirsch
Fruchtspeise
9 Obstsalat
Fruchtstand
5 Aehre, Dolde, Rispe
6 Kolben, Spirre, Traube, Wickel, Zapfen
9 Kaetzchen
10 Maiskolben
Fruchtstein
4 Kern
Fruchtzucker
8 Fructose, Fruktose
frugal
7 einfach, maessig
9 kaerglich
frühchristliche
betende Figur
6 Orante
Religionslehre
6 Gnosis
frühchristlicher
Kirchenbau
8 Basilika
Sektenangehöriger
5 Doket
frühchristliches
Liebesmahl
5 Agape
Rasthaus
11 Xenodochium
Symbol
5 Fisch
Frühdrama
Brechts
4 Baal
Frühdruck
9 Inkunabel
11 Wiegendruck
frühe
belgische Münze
5 Belga
früher
4 eher
5 einst
6 damals, vorher
7 ehemals, einstig
8 ehemalig, erstmals, zeitiger
9 einstmals
gültige Einheit des Druckes
4 Torr
frühere
Abgabe an die Kirche
5 Dezem
amerikanische Tänzerin
6 Powell
amtliche Bezeichnung für eine deutsche Kolonie
12 Schutzgebiet
Anrede
4 Euer
bäuerliche Antriebsanlage
6 Goepel
belgische Geldeinheit
5 Belga
Bewohner an der Ostsee
6 Aliste
Bezeichnung für Altenheim
11 Siechenhaus
deutsche Funkstation
5 Nauen
deutsche Münze
5 Krone, Taler
6 Batzen, Gulden, Heller
7 Kreuzer, Pfennig
8 Groschen
9 Schilling

deutsche Währung
2 RM
10 Reichsmark
Eiskunstlaufmeisterin
5 Baran
englische Münze
5 Broad, Crown, Unite
6 Florin, Guinee, Laurel
englische Musikergruppe
7 Beatles
englische Partei
5 Whigs
Entlohnungsform
5 Truck
europäische Bezeichnung für Pascha
5 Bassa
europäische Goldmünze
7 Dukaten
Gewichtseinheit
4 Gran
Goldmünze in den USA
5 Eagle
Gutstagelöhner
6 Insten
Handwerkervereinigung
5 Gilde, Zunft
Hauptstadt von Malawi
5 Zomba
Hauptstadt von Nauru (Pazifik)
5 Makwa
holländische Münze
4 Deut
indische Kleinmünze
4 Anna
israelische Währungseinheit
5 Pruta
italienische Münze
5 Scudo, Soldo
6 Florin
japanische Goldmünze
3 Ban
Kirchenstrafe
4 Bann
Kriegswaffe
5 Keule
Landwirtschaftsgehilfin
4 Magd
Lebensmittel-Importsteuer
6 Oktroi
lettische Münze
3 Lat
6 Centas
Münze
6 Batzen
7 Dukaten
Münze in Ungarn
6 Pengoe
Naturalabgabe an die Kirche
5 Zehnt
Nil-Insel mit Isistempel
6 Philae
Oberhäupter in Venedig
5 Dogen
orientalische Prügelstrafe
9 Bastonade
österreichische Silbermünze
19 Mariatheresientaler
portugiesische Kolonie
3 Goa
preußische Provinz
5 Posen
7 Pommern
9 Rheinland, Schlesien, Westfalen
11 Brandenburg, Ostpreussen
12 Westpreussen
Rechnungseinheit im Iran
5 Toman
Rekrutenaushebung
5 Levee
russische Dorfgemeinschaft
3 Mir
russische Kirchenbehörde
5 Synod
russische Silbermünze
5 Denga
Sonderrechte span. Städte
6 Fueros
spanische Flotte
6 Armada
spanische Königin
3 Ena
spanische Münze
4 Real
Strafe des Auspeitschens
10 Geisselung
Streckenmarkierung
14 Kilometerstein
Truppengattung
10 Kavallerie
türkische Münze
5 Altun
6 Ikelik
türkische weiße Sklavin
8 Odaliske
ungarische Sängerin
5 Alpar
Verbrauchssteuer
6 Akzise, Oktroi
vierrädrige Kutsche
5 Broom
Waffengattung
10 Infanterie

frühere Bezeichnung für

Abteil
5 Coupe, Kupee
Altersheim
11 Siechenhaus
Bahnsteig
6 Perron
Ballabend
7 Reunion
bequem
6 kommod
Beruf
6 Metier
Besuch
6 Visite
Bürgersteig
8 Trottoir
Damenzimmer
7 Boudoir
Diele
6 Entree
Dienstmädchen
4 Magd
Fahrrad
9 Veloziped
Flugzeug
8 Aeroplan
Freund
8 Gevatter
Friseur und Bartfleger
5 Bader
7 Barbier
Gepäck
6 Bagage
Halskrause
6 Fraese, Fraise
Handlungsgehilfe
6 Kommis
Kneifer
8 Pincenez
Kusine
4 Base
Lanzenreiter
4 Ulan
Lebensmittel
10 Viktualien
Lehrherr
9 Prinzipal
Liebesmahl
5 Agape
Mädchen
4 Maid
Maskenball
7 Redoute
Onkel
5 Oheim
Pfarrer
6 Pfaffe
Rechtsanwalt
7 Advokat
Regenschirm
9 Paraplui e
Ruhebett
6 Canape
7 Kanapee
Sonnenschirm
7 Parasol
spanische Wand
8 Paravent
Unglück
7 Malheur
Verwundung
7 Blessur
Vormundschaft
7 Kuratel
Vorraum
6 Entree
Wunder
7 Mirakel
Zeitung
7 Gazette
Zoll
4 Maut

früherer

Ackerpflug
5 Zoche
Adelstitel in Österreich
4 Edle
5 Edler
Adelstitel in Russland
5 Bojar
Adliger in Ungarn u. Polen
6 Magnat
afghanischer König
5 Zahir
asiatischer Nomade
5 Aware
äthiopischer Herrschertitel
5 Negus
berittener Soldat
4 Ulan
5 Husar
8 Dragoner
Bundeskanzler
4 Kohl

6 Brandt, Erhard
7 Schmidt
8 Adenauer
9 Kiesinger
chinesischer Staatsbeamter
8 Mandarin
chinesischer Titel
5 Mogul
chinesischer Würdenträger
8 Mandarin
dänischer Schachmeister
6 Larsen
deutscher Autorennfahrer
5 Kling
deutscher Kaisername
4 Karl, Otto
6 Ludwig
7 Wilhelm
8 Heinrich
9 Friedrich
deutscher Reichspräsident
5 Ebert
10 Hindenburg
deutscher Städtebund
5 Hansa, Hanse
Dreimaster
6 Fleute, Fluete
englischer Tanzmusiker
5 Noble, Payne
Erlass des Zaren
4 Ukas
Flugzeugtyp
5 Arado
französischer Soldat
5 Spahi, Turko, Zuave
Frauenkragen, -umhang
6 Koller
7 Goeller
Fußsoldat
9 Musketier
Geheimbund in Kenia
6 Mau Mau
Gerichtsbote, Häscher
7 Buettel
Gutstagelöhner
8 Instmann
Herrschertitel in Russland
3 Zar
hessischer Weißpfennig
5 Albus
indischer Eingeborenensoldat
5 Sepoy
indischer Fürstentitel
5 Nisam
iranischer Herrschertitel
5 Schah
japanischer Ritter
7 Samurai
jugoslawischer Verwaltungsbezirk
5 Banat
Kaukasier, Ossete
5 Alane
Kleinbauer
6 Hufner
Kleinhändler
7 Kraemer
König von Albanien
10 Achmed Zogu
König von Böhmen
7 Ottokar
Minister des türkischen Sultans
5 Wesir
Modetanz
6 Shimmy
Modezierat
7 Faecher
Name der Holsteiner
6 Holste
Name des Ijsselmeeres
9 Zuidersee
Name des Iran
7 Persien
Name für Porto
6 Oporto
Name für Thailänder
7 Siamese
Name von Ankara
6 Angora, Ankyra
Name von Australien
10 Neuholland
Name von Haidarabad
5 Nizam
Name von Istanbul
14 Konstantinopel
Name von Oslo
10 Kristiania
Name von Puerto Rico
9 Porte Rico
Name von Schenjang
6 Mukden
Name von Simbabwe
9 Rhodesien
Name von Sri Lanka
6 Ceylon
Name von Taiwan
7 Formosa
Name von Tokio
3 Edo
5 Jeddo
Name von Varanaschi
7 Benares
niederländischer Groschen
5 Groot
ostafrikanischer Soldat
6 Askari
österreichischer Adelstitel
5 Edler
ostindischer Matrose, Soldat
6 Laskar
Papstpalast
7 Lateran
Pickel der Alpinisten
6 Eisaxt
polnischer Heeresbefehlshaber
6 Hetman
polnischer Landeshauptmann
7 Starost
Reifrock der Frauen
9 Krinoline
reitender Eilbote
8 Stafette
Reiter im türkischen Heer
5 Spahi
Reiterrock
6 Koller
Reitersoldat
4 Ulan
5 Husar
8 Dragoner
Reiterspeer
5 Lanze
Reiterstreifzug
4 Raid
rumänischer Großgrundbesitzer
5 Bojar
russischer Adliger
5 Bojar
russischer Kaisertitel
3 Zar
Salzsiedler in Halle
7 Hallore
Schiffstyp
7 Galeere
Schulhausmeister
6 Pedell
slawischer Gerichtsbeamter
5 Zupan
spanischer Gerichtsdiener
5 Steur
spanischer Hochadliger
6 Grande
Stabsoffizier
6 Obrist
Straßburger Groschen
5 Assis
Stuhl ohne Lehne
8 Taburett
Sultanspalast
6 Serail
Teilstaat von Südvietnam
8 Thailand
türkischer Ehrenwächter
6 Kawass
türkischer Titel
3 Aga, Beg, Bei
4 Siam
6 Atabeg, Kaghan, Pascha
ungarischer Würdenträger
3 Ban
USA-Filmstar
5 Kelly
weiblicher Filmtyp
4 Vamp
Zarenerlass
4 Ukas
zionistischer Militärverband
5 Irgun

früheres

Amt an Fürstenhöfen
10 Mundschenk
Apothekergewicht
4 Gran
Berliner Hotelunternehmen
5 Adlon
Berliner Variet
5 Scala
burgundisches Teilreich
6 Arelat
chinesisches Gewicht
4 Tael
deutsches Feldmaß
5 Acker
deutsches Flüssigkeitsmaß
5 Quart
deutsches Fürstenhaus
6 Salier
7 Franken, Sachsen, Staufer
8 Habsburg
10 Karolinger
deutsches Gewicht
5 Quent
deutsches Hohlmaß, Gefäß
5 Kanne
deutsches Königreich
6 Bayern
7 Sachsen
8 Preussen
12 Wuerttemberg

deutsches Staatsoberhaupt
19 Altbundespraesident
Druckmaß
3 Ata
englisches Hohlmaß, Gewicht
6 Firkin
französisches Fürstentum
6 Orange
französisches Hohlmaß
6 Setier
französisches Längenmaß
6 Perche
französisches Volk
7 Ligurer
8 Ligurier
Frühlingsfest
8 Maifeier
Fulbe-Reich am Niger
5 Gando
Getreidemaß
3 Imi
6 Himpen, Himten, Sester
Hinrichtungsgerät
5 Kreuz
Hohlmaß in Russland
5 Wedro
Holzraummaß
4 Ster
irisches Längenmaß
5 Perch
italienisches Bergvolk
6 Aequer
italienisches Gewicht
6 Kantar
kaftanähnliches Gewand im Orient
6 Entari
Kfz-Signalgerät
6 Winker
Längenmaß
4 Elle, Rute, Zoll
5 Linie
Längenmaß in Frankreich
5 Toise
Längenmaß in Russland
5 Werst
leichtes Kriegsschiff
5 Aviso
Luftdruckmaß
4 Atue, Torr
magnetisches Feldstärkemaß
5 Gauss
Massemaß
4 Unze
5 Pfund, Saida
Maß und Gewicht
6 Laegel
mechanisches Musikinstrument
11 Orchestrion
orientalisches langes Gewand
6 Entari
Papiermaß
4 Ries
Reich in Nord-Korea
5 Bohai
russisches Längenmass
5 Werst
schnelles Segelkriegsschiff
8 Fregatte
Schulgefängnis
6 Karzer
schwedisches Adelsgeschlecht
4 Wasa
spanisches Gewicht, Hohlmaß
5 Carga
Streckenmaß
5 Meile
thailänd. Gewicht u. Münze
5 Tikal
türkisches Nomadenvolk
6 Awaren
US-Raumfahrtprogramm
6 Gemini
Volk in Schweden
6 Geatas, Geaten
Zählmaß
4 Gros
6 Mandel, Schock
Zehnpfennigstück
6 Nickel

früheste
Entwicklungsstufe des Tierkeims
6 Morula

Frühform
des Jazz
7 Ragtime

Frühgeschichte
des Volkes
8 Altertum

frühgeschichtliche
Gewandkammer, Spange
5 Fibel
Rinderart
9 Auerochse
Urne
5 Zista, Ziste

frühgeschichtlicher
Zeitabschnitt
7 Eiszeit
9 Eisenzeit, Steinzeit
10 Bronzezeit

frühgeschichtliches
Blasinstrument
4 Lure

Frühgottesdienst
5 Messe, Mette

Frühjahr
4 Lenz
5 Maien
9 Fruehling, Maienzeit

Frühjahrsbestellung
4 Saat

frühjapanisches
Geschichtswerk
6 Kojiki

Frühling
4 Lenz
des Lebens
6 Jugend

Frühlingsblume
5 Tulpe
6 Krokus, Primel
7 Anemone, Aurikel
8 Narzisse, Veilchen
9 Hyazinthe
10 Osterblume, Osterluzei
11 Osterglocke
13 Maigloeckchen
15 Schluesselblume
16 Schneegloeckchen, Traubenhyazinthe

Frühlingsblüten
9 Kaetzchen

Frühlingsbote
8 Schwalbe

Frühlingsfest
6 Ostern

Frühlingsgott
6 Baldur

Frühlingsgöttin
5 Flora
6 Ostara

Frühlingsmonat
3 Mai
4 Juni
5 April, Maerz
8 Lenzling
9 Ostermond, Wonnemond

Frühlingsstrauch
7 Flieder

Frühmesse
5 Mette
13 Morgenandacht

frühreif
7 altklug

Frühstück
im Freien
8 Picknick

frühstücken
7 lunchen

Frühstückspeck
5 Bacon

Frühvorstellung
7 Matinee

Frühwerk
von Brecht
4 Baal

Frustration
13 Enttaeuschung

Fuchs
in der Tierfabel
7 Reineke
8 Reinhart

Fuchsbau
in der Tierfabel
10 Malepartus

Fuchs, Fuchsart
5 Fenek
8 Eisfuchs, Rotfuchs
9 Blaufuchs, Graufuchs
10 Brandfuchs, Griesfuchs, Kreuzfuchs, Polarfuchs
11 Silberfuchs
12 Schwarzfuchs, Steppenfuchs, Wuestenfuchs

Füchsin
oder Wölfin in der Jägersprache
5 Faehe

Fuchsschwanz
5 Lunte, Saege
7 Amarant
9 Standarte

Fuchtel
4 Rute
5 Degen, Gerte, Knute, Stock
8 Peitsche

Fug
10 Billigkeit

Fuge
3 Nut
4 Nute
5 Kanon, Ritze, Spalt
6 Furche, Runzel
9 Tonstueck
11 Komposition, Musikstueck

fugenartig
5 fugal
6 fugato

Fugenglättwerkzeug
8 Spachtel
fugenloser
Bodenbelag
7 Estrich
8 Terrazzo
Fugenschnitt
4 Falz
5 Feder, Spund
Fugenstimme
Musik
5 Comes
fügsam, treu
7 ergeben
Fügung
3 Los
5 Fatum
7 Gefuege
8 Geschick
9 Schicksal
10 Bestimmung
15 Praedestination
in das Schicksal
11 Resignation
fühlbar
8 palpabel
fühlbarer
Herzschlag
4 Puls
fühlende
Seele
6 Gemuet
Fühler
6 Taster
7 Antenne
8 Tentakel
Fühlungnahme
7 Kontakt
10 Verbindung
Fuhre
5 Fuder
6 Fracht, Ladung
11 Wagenladung
führen
6 leiten, lenken
7 steuern
10 dirigieren
führende
politische Stellung
8 Vormacht
Richtung der Bekleidungsindustrie
9 Modelinie
führender
Jakobiner
11 Robespierre
Palästinenser
6 Arafat
Führer
6 Leiter
beim Militär
8 Offizier
der Argonauten
5 Iason, Jason
der englischen Revolution
8 Cromwell
der französischen Revolution
11 Robespierre
der Griechen vor Troja
9 Agamemnon
der Hugenotten
7 Coligny
der Makkabäer
5 Judas
des Bauernaufstandes
8 Fadinger
10 Bolotnikow
des Bauernkrieges
8 Muentzer
des römischen Sklavenaufstands
9 Spartacus
des Sklavenaufstandes auf Haiti
19 Toussaint l'Ouverture
durch unbekanntes Gebiet
5 Lotse
10 Pfadfinder
einer Kosakenabteilung
6 Ataman
einer Räuberbande am Rhein
14 Schinderhannes
einer Schafherde
10 Leithammel
eines Kraftfahrzeuges
6 Fahrer
eines Schiffes
8 Kapitaen
im Bauernkrieg
5 Geyer, Goetz
Führerin
in einer Ausstellung
7 Hostess
Führleine
zum Abrichten von Pferden
5 Longe
Führung
5 Regie
7 Leitung
9 Direktion
Führungsgremium
4 Stab
Führungskraft
16 Abteilungsleiter
Führungsrinne
3 Nut
4 Nute
7 Schiene
Führungsschicht
5 Elite
Führungsschnur
5 Leine
Fuhrunternehmen
9 Spedition
Fuhrunternehmer
9 Spediteur
Fuhrwerk
5 Karre, Wagen
6 Karren
7 Gespann, Kutsche, Vehikel
9 Handwagen, Lastwagen
10 Handkarren, Schubkarre
Fuhrwerkslenker
8 Kutscher
Fuhrwesen
der Feldtruppe
5 Train, Tross
Fulda-Zufluss
3 Ufe
4 Ahne, Aule, Eder, Haun, Solz
5 Baune, Beise, Losse
6 Nieste, Schmer
Fülle
5 Masse, Menge
6 Anzahl
7 Andrang
8 Reichtum
10 Ueberfluss
an guten Einfällen
13 Ideenreichtum
Füllen
5 Enter
6 Fohlen
9 Jungpferd
Füllgas
für Leuchtröhren
4 Neon
5 Argon
Füllmasse
für Metallzeichnungen
6 Niello
Füllmaterial
5 Kapok
Füllmittel
für Tabletten
6 Talkum
Füllsel
für Fleisch oder Gemüse
5 Farce
Füllstoff
für Brandbomben
6 Napalm
Füllung
5 Farce, Masse
6 Inhalt
8 Fuellsel
in Pralinen
10 Knickebein
fulminant
9 glaenzend
11 mitreissend
Fund
10 Ausgrabung, Entdeckung
Fundament
4 Fuss
5 Basis, Boden, Grund
6 Platte, Sockel
8 Grundbau, Unterbau
9 Grundlage
10 Grundmauer, Untergrund
Fundation
8 Stiftung
Fundgrube
6 Quelle, Schatz
7 Schacht
Fundort
bestimmter Bodenschätze
8 Erzlager
einer Statue
4 Milo
in Oberägypten
6 Nagada
vorgeschichtlicher Menschen
6 La Tene
10 Neandertal
Fundstätte
am Toten Meer
6 Kumran
von Mineralien
5 Lager
Fundus
5 Grund
6 Mittel
7 Bestand
9 Grundlage
fünf
Bücher Moses
5 Thora
10 Pentateuch
Fünfeck
8 Pentagon

Fünfergruppe
8 Quintett
fünffüßiger
Vers der Antike
10 Pentameter
Fünfkampf
der Hellenen
10 Pentathlon
fünfmal
tägl. Gebet (Islam)
5 Salat
Fünfmaß
10 Pentameter
Fünfpunktschrift
4 Perl
Fünfstromland
6 Punjab
9 Pandschab
fünfte
Potenz einer Million
11 Quintillion
Stufe einer Tonart
9 Dominante
fünfter
Sonntag nach Ostern
6 Rogate
fünfzackiger
Stern
8 Alpkreuz
10 Drudenfuss, Pentagramm
fünfzig
Töchter des Danaus
8 Danaiden
Töchter eines griechischen Meergottes
8 Nereiden
fungieren
6 wirken
7 agieren
Funk
5 Radio
10 ◆ Telegrafie
11 Telegraphie
Funk-
und TV-Verantwortlicher
14 Aufnahmeleiter
Funkanlage
6 Sender
Funkdarbietung
7 Sendung
Funkempfangsanlage
7 Antenne
14 Parabolantenne
Funkmessverfahren
5 Radar
7 Peilung
Funknotruf
auf See
3 CQD, SOS
im Luftverkehr
6 Mayday
Funkortung
5 Radar
Funkpionier
4 Arco
Funkspruch
8 Depesche
Funkstation
6 Sender
Funkstille
10 Sendepause
Funkstreife
10 Peterwagen
funktechnischer
Begriff
14 Ultrakurzwelle
Funktion
3 Amt
5 Zweck
7 Aufgabe
8 Leistung
9 Beziehung
10 Bestimmung, Taetigkeit
11 Verrichtung, Wirksamkeit
12 Obliegenheit
13 Abhaengigkeit
14 Dienstleistung
funktional, funktionell
7 wirksam
12 zweckgerecht
Funktionsfaser
4 Nerv
Funktionsprobe
4 Test
Funktionsprüfung
5 Probe
Funktionsträger
5 Organ
Funkturm
9 Sendemast
Funkwellengleichrichter
8 Detektor
Funkzubehör
7 Antenne
Funzel
5 Kerze, Lampe, Licht
für
3 per, pro
alle Zeit
4 ewig
das Fernsehen geeignet
7 telegen
die Stadt charakteristisch
5 urban
die Wiedergabe wichtiger Wert
12 Stoerabstand
eine Forderung haftender Gegenstand
10 Unterpfand
je tausend
8 pro mille
unrichtig erklären
10 bestreiten
wahr halten
7 glauben
Fürbitten
des röm. Breviers
6 Preces
Furche
3 Nut
4 Fuge, Nute
5 Falte, Riefe, Rille, Rinne
6 Graben, Runzel
9 Querrinne
10 Einschnitt, Vertiefung
furchen
6 riefen
7 riefeln
Furcht
5 Angst, Bange, Scheu
6 Grauen
7 Schreck
9 Schrecken, Verehrung
12 Unsicherheit
furchtbar
8 horribel
11 entsetzlich, schrecklich
furchtbarer
Drache
6 Python
furchtbares
Verbrechen
9 Greueltat
10 ◆ Graeueltat
Furcht erregend
8 gruselig
Furchtgefühl
5 Angst, Graus
7 Grausen
furchtlos
5 mutig
Furchtlosigkeit
3 Mut
furchtsam, ängstlich
5 feige
furchtsame
Menschen
6 Memmen
Furie
7 Erinnye
12 Kratzbuerste, Rachegoettin
Furnierholz
5 Limba
Furnierplatte
9 Sperrholz
Furor
3 Wut
4 Rage, Zorn
7 Raserei
9 Ungestuem
Furore
7 Beifall, Raserei
8 Aufsehen
11 Bewunderung
12 Begeisterung
Fürsorge
4 Acht
5 Hilfe, Obhut
6 Pflege
8 Aufsicht
9 Betreuung, Wohlfahrt, Zuwendung
10 Versorgung
11 Sozialhilfe
14 Unterstuetzung
Fürsorgeeinrichtung
4 Asyl, Heim, Hort
7 Anstalt
9 Armenhaus
10 Altersheim, Jugendheim, Waisenhaus
11 Blindenheim, Waermestube
13 Erholungsheim, Genesungsheim
14 Erziehungsheim, Gesundheitsamt
15 Obdachlosenasyl
Fürsorgerin
14 Altenpflegerin
Fürsorgeverband
2 RK
3 DRK
4 IKRK
7 Caritas
10 Rotes Kreuz
13 Innere Mission
17 Arbeiterwohlfahrt
19 Deutsches Rotes Kreuz

Fürsprache
5 Gunst
9 Fuerbitte
Fürsprecher
vor Gott
8 Paraklet
Fürst
5 Prinz
6 Herzog, Kaiser, Koenig, Regent
7 Monarch
8 Erbprinz, Potentat
9 Erzherzog, Herrscher, Imperator
10 Landesherr
11 Grossherzog, Prinzregent
der Gold. Horde
6 Usbeck
der Indischen Ismailiten
3 Aga
7 Aga Khan
eines Kleinstaates
12 Serenissimus
im Iran
5 Schah
im Islam
5 Kalif
6 Sultan
im Orient
3 Bei, Bey, Ras
4 Chan, Emir, Khan
5 Mogul, Schah
6 Chakan
9 Padischah
10 Grossmogul
in England
4 Duke, King
6 Prince
in Frankreich
3 Duc, Roi
8 Empereur
in Indien
5 Nabob
7 Ratscha
11 Maharadscha
in Italien
2 Re
4 Duca
in Japan
5 Tenno
6 Mikado
in Österreich
9 Erzherzog
in Persien
5 Schah
in Russland
3 Zar
11 Grossfuerst
in Spanien
6 Infant
von Monaco
7 Rainier
von Siebenbürgen
5 Apafi
von Thurn und Taxis
8 Johannes
Fürstengeschlecht
8 Dynastie
von Monaco
8 Grimaldi
Fürstenhaus
8 Dynastie
Fürstenhaushalt
3 Hof
Fürstenhof
8 Residenz
Fürstensitz
5 Thron
Fürstenstadt
im Himalaja
6 Bhutan
Fürstentitel
3 Aga, Bei, Duc, Ras, Roi, Zar
4 Duke, Emir, Khan, King
5 Bojar, Kalif, Mogul, Nabob, Negus, Schah, Tenno
6 Infant, Mikado, Prince, Sultan
7 Radscha
8 Empereur
9 Erzherzog, Padischah
10 Grossmogul
11 Grossfuerst, Maharadscha
im Mittelalter
6 Herzog
Fürstentum
an der Cote d'Azur
6 Monaco
in den Alpen
13 Liechtenstein
in Europa
6 Monaco
9 Luxemburg
13 Liechtenstein
Fürstin
4 Rani
5 Begam, Begum, Bigam, Queen, Reine, Zarin
7 Baronin
8 Baroness, Duchesse, Herzogin, Infantin, Kaiserin, Koenigin, Maharani, Princess
9 Baronesse
10 Prinzessin
11 Erzherzogin, Kurfuerstin
13 Grossherzogin
fürstliche
Anrede
6 Hoheit
8 Erlaucht
9 Majestaet
11 Durchlaucht
Leibtruppe
5 Garde
fürstlicher
Beamter
14 Oberhofmeister
Diener
5 Lakai
Haushalt
3 Hof
Spaßmacher
8 Hoffnarr
Wohnbau
7 Schloss
fürstliches
Emblem
5 Krone
6 Zepter
Schloss
6 Serail
Furunkel
7 Abszess
14 Eitergeschwuer
Fürwort
8 Pronomen
Fusion
4 Guss
10 Verbindung
11 Vereinigung
13 Verschmelzung
15 Zusammenschluss
Fuß
5 Basis, Grund
6 Sockel, Stutze
11 Laengenmass
der Raubtiere
5 Tatze
des Pferdes
3 Huf
verschiedener Säugetiere
5 Pfote
Fußabtreter
5 Matte
Fußball
5 Leder
Fußballausdruck, -begriff
2 EM, WM
3 Aus, Cup, DFB, Elf, Tor
4 Ball, Ecke, FIFA, Foul, Goal, Hand, Netz, Pass, Team, UEFA
5 Bombe, Coach, Derby, Dress, Elfer, Kerze, Latte, Leder, Match, Mauer, Pokal, Sturm
6 Abgabe, Abwurf, Balken, Corner, Finale, Flanke, Hammer, Keeper, kicken, Libero, Roller, Schiri, Sperre, Volley
7 Abpfiff, abseits, Abstoss, Angriff, Anpfiff, Anspiel, Anstoss, Ausball, Deckung, Eckball, Einwurf, fausten, Fluegel, Pfosten, Praemie, rempeln, Siegtor, sperren, stoppen, Stopper, Tormann, Tornetz, Torraum, Trainer, Treffer, Weltcup
8 Abschlag, dribbeln, Eckstoss, Elfmeter, Endspiel, Gehaeuse, Goalmann, Halbzeit, Kopfball, Stuermer, Tackling, Torlinie
9 abpfeifen, abstauben, Aufsetzer, Ausgleich, Ausputzer, Flutlicht, Freistoss, Handspiel, Offensive, Querlatte, rochieren, rote Karte, Selbsttor, Spielfeld, Steilpass, Strafraum, Torhueter, Torjaeger, umspielen, unhaltbar, Weltpokal
10 Alleingang, Aussennetz, beschatten, Bundesliga, Fernschuss, gelbe Karte, Goalkeeper, Laufpensum, Lokalderby, Mittelfeld, Querbalken, Seitenwahl, Spieldauer, Strafstoss, Torpfosten
11 abfaelschen, Abwehrmauer, aufgerueckt, auswechseln, Faustabwehr, hereingeben, Kombination, kombinieren, Mauertaktik, Mittellinie, Rueckzieher, Seitenlinie, Spielmacher, Steilschuss, Sturmspitze, Torauslinie
12 Abseitsfalle, Abwehrparade, Platzverweis, Regionalliga, Steilvorlage

13 Aussenpfosten, Bilderbuchtor, Elfmeterpunkt, Pfostenschuss, Regelverstoss, Seitenwechsel, Verlaengerung, Wiederanpfiff
14 Angriffsspitze
15 Abseitsstellung, Fallrueckzieher
16 Hintermannschaft
26 Schiedsrichterentscheidung

Fußballberuf
17 Bundesligatrainer

Fußballglücksspiel
4 Toto

Fußballmannschaft
3 Elf
4 Team
8 Aufgebot
9 Formation

Fußballspieler
6 Keeper, Kicker, Libero
7 Laeufer, Platini, Stopper, Tormann, Torwart
8 Stuermer
9 Ausputzer, Torhueter
11 Linksaussen, Verteidiger
12 Halbstuermer, Rechtsaussen
13 Aussenlaeufer, Doppelstopper, Innenstuermer, Mittellaeufer
14 Aussenstuermer, Mittelstuermer
15 Angriffsspieler, Deckungsspieler
17 Mittelfeldspieler

Fußballwette
4 Toto

Fußbank
6 Hocker
7 Schemel

Fußbekleidung
5 Boots, Clogs, Pumps, Schuh, Socke
6 Opanke, Spikes
7 Pantine, Sandale, Slipper, Stiefel, Strumpf, Stutzen
8 Galosche, Gamasche, Latschen, Skischuh
9 Babyschuh, Badeschuh, Bergschuh, Fuessling, Fußlappen, Halbschuh, Hausschuh, Holzschuh, Lackschuh, Pampusche, Pantoffel, Pelzschuh, Schischuh, Schlappen, Soeckchen, Turnschuh
10 Bindeschuh, Gummischuh, Lederschuh, Sandalette, Skistiefel, Sportschuh, Ueberschuh, Zugstiefel
11 Holzsandale, Kinderschuh, Kniestrumpf, Lackstiefel, Stiefelette
12 Arbeitsschuh, Gummistiefel, Gummistrumpf, Knobelbecher, Laschenschuh, Schnuerschuh, Sportstrumpf
13 Langlaufschuh, Perlonstrumpf, Schaftstiefel, Schnabelschuh, Strassenschuh, Tourenstiefel
14 Schnuerstiefel, Wildlederschuh

Fußbodenbelag, -art
3 PVC
6 Dielen, Fliese, Platte
7 Balatum, Bruecke, Estrich, Fliesen, Laeufer, Parkett, Teppich
8 Linoleum, Stragula, Terrazzo
9 Steinholz
10 Kunststoff

Fußbodenbrett
5 Diele

Fußbodenerhöhung
7 Estrade

Fußbodenpflegemittel
11 Bohnerwachs

Fußbodenplatte
6 Fliese

Fußbodenwischer
3 Mop
4 ◆ Mopp

Fußdurchfahrt
4 Furt

Füße
7 Quanten

Fußgänger
7 Passant
8 Wanderer

Fußgängerüberweg
13 Zebrastreifen

Fußgelenk
6 Fessel

Fußgestell
6 Podium, Sockel
8 Staender
9 Piedestal

Fußgicht
7 Podagra

Fußglied
3 Zeh
4 Zehe

Fußhebel
5 Pedal

als Anlasser am Motorrad
11 Kickstarter

Fußknöchel
5 Enkel

Fußleiste
6 Sockel
7 Lambrie
8 Lamperie

fußlose
Insektenlarve
4 Made

fußloses
Kriechtier
4 Wurm
8 Schlange

Fußmatte
8 Abtreter

Fußmissbildung
9 Klumpfuss

Fußnote
6 Glosse
9 Anmerkung

Fußpfad
3 Weg
4 Steg
5 Steig, Stieg

Fußpflege
9 Pedikuere

Fußpunkt
5 Basis, Nadir

Fußrücken
4 Rist
5 Spann

Fußschemel
5 Tritt

Fußsoldat
9 Fuesilier, Grenadier
11 Infanterist

Fußspur
5 Tapfe
6 Stapfe, Tapfen

Fußstoß
5 Tritt

Fußstütze
7 Bandage, Einlage
11 Fersenkappe, Fersenleder
12 Einlegesohle

Fußteil
3 Zeh
4 Band, Rist, Zehe
5 Enkel, Ferse, Sehne, Sohle, Spann
6 Ballen, Fessel, Gelenk, Hacken
7 Baender
8 Knoechel, Woelbung, Zehnagel
10 Zehennagel
12 Sprunggelenk
13 Achillessehne

der Paarhufer
5 Klaue

vieler Tiere
3 Huf

Fußtruppe
10 Infanterie

Fußwanderung
11 Spaziergang

Fußweg
8 Gehsteig, Trottoir
12 Buergersteig

Fußwurzel
6 Tarsus

Fußwurzelknochen
10 Sprungbein

Futter
3 Heu
5 Frass
6 Furage
7 Nahrung

der Militärpferde
6 Furage

des Wildes
6 Aesung

für alte Tiere
10 Gnadenbrot

Futteral
4 Dose, Etui
5 Bezug
6 Beutel, Huelle, Kapsel
7 Scheide
8 Ueberzug
9 Behaelter, Schachtel

Futterbehälter
4 Napf, Trog
5 Raufe
6 Krippe
9 Fressnapf

Futtergestell
im Stall
5 Raufe

Futtergewebe
5 Serge

Futtergras
3 Ray
6 Trespe

Futtermittel
3 Heu
4 Korn, Malz
5 Kleie, Samen, Spreu, Stroh

6 Schrot, Silage, Wurzel
7 Eicheln, Knollen, Wurzeln
8 Getreide, Haecksel
9 Fischmehl, Oelkuchen
14 Palmkernkuchen

Futtermittelpressling
6 Pellet

Futtermulde, -napf
4 Trog

füttern
5 atzen

Futterpflanze
4 Bete, Gras, Klee, Mais, Senf
5 Esper, Hafer, Ruebe, Spark, Wicke
6 Gerste, Lupine, Mucuna
7 Luzerne, Ruebsen, Spergel
8 Dickwurz
9 Kartoffel, Kohlruebe
10 Esparsette, Serradella
11 Runkelruebe
20 Serradelle Topinambur

Futterspeicher
4 Silo
13 Gaerbehaelter

Futterstoff
5 Serge, Twill
6 Koeper
7 Viskose
9 Gloriette

Futterstroh
8 Haecksel

Futtertrog
6 Krippe

Fütterung
6 Atzung

Fütterungsverfahren
4 Mast

Futur, Futurum
7 Zukunft

Futurismus (Künstler)
4 Gray
5 Balla, Carra
6 Walden
8 Boccioni, Delaunay, Larionow, Severini
9 Marinetti
10 Malewitsch, Prempolini
13 Duchamp-Villon

Gabe
5 Dosis, Opfer
6 Anlage, Spende, Talent
7 Almosen
8 Begabung, Geschenk, Praesent
9 Angebinde, Vermoegen
10 Faehigkeit
11 Befaehigung, Veranlagung
an Gott
5 Opfer
Gabel
5 Forke, Trage, Zweig
6 Geweih
8 Deichsel
9 Essgeraet
10 Abzweigung
Gabeldeichsel
4 Anse
Gabelfrühstück
5 Lunch
6 Imbiss
8 Dejeuner
Gabelhirsch
6 Gabler
Gabelmücke
9 Anopheles
Gabelstapler
6 Karren
15 Transportkarren
Gabelteil
4 Zahn
5 Zacke, Zinke
Gabelung
5 Zweig
8 Nebenast
10 Abzweigung
11 Seitenlinie
eines Taues
8 Hahnepot
Gabelweihe
5 Milan
Gabenbehälter
der Kirche
10 Opferstock
Gabenverteilung
10 Bescherung
Gabler
4 Bock
6 Hirsch
7 Rehbock
Gabun-Mahagoni
5 Elemi, Okume
Gaffelsegel
5 Besan
Gagat
3 Jet
4 Jett
9 Pechkohle
Gage
4 Lohn
6 Gehalt
7 Entgelt, Honorar
9 Bezahlung
10 Verguetung
Gageempfänger
6 Gagist
Galadiner
9 Festessen
Galakutsche
7 Karosse
Galan
8 Cicisbeo, Liebster
9 Geliebter, Liebhaber
galant
8 hoeflich
10 aufmerksam, ritterlich
12 zuvorkommend
Galanterie
12 Hoeflichkeit
14 Ritterlichkeit
Galeerenschiff
8 Galeasse
Galeerensklave
6 Galeot
Galeerensträfling
11 Rudersklave
Galerie
4 Gang, Rang
5 Halle, Olymp
6 Empore, Museum
7 Stollen
8 Laufgang, Sammlung
10 Heckumgang, Laubengang
13 Kunsthandlung, Kunstsammlung
16 Gemaeldesammlung
in Leningrad
9 Eremitage
in London
4 Tate
in Moskau
9 Tretjakow
Galgenvogel
4 Lump, Rabe
6 Bandit, Gauner
8 Kolkrabe
9 Betrueger
12 Mandelkraehe
Gallapfel
7 Knopper
Gallenfarbstoff
9 Bilirubin
Gallenfett
11 Cholesterin
Gallenflüssigkeit
3 Fel
Gallenwirkstoff
6 Cholin
gallertartiges
Meerestier
6 Qualle
Gallerterzeuger
6 Pektin
8 Agar Agar
11 Knochenleim
Gallert, Gallertmasse
3 Gel, Jus
5 Aspik, Gelee
6 Suelze
8 Gelatine
10 Wasserglas
Gallertsubstanz
7 Kolloid
Gallien
10 Frankreich
gallische
Provinz
10 Aquitanien
gallischer
Volksstamm
5 Bojer
6 Aeduer
8 Arverner, Eburonen
Galon
5 Borte, Litze
6 Tresse
Galopp
4 Tanz
6 Kanter
7 Gangart
8 Rundtanz
Galosche
10 Gummischuh, Ueberschuh
Gamander, Thymian, Minze
5 Polei
Gambe
9 Kniegeige
Gambohanf, Juteersatz
5 Kenaf
Gams
5 Gemse
6 ◆ Gaemse
Gämse, Gämsbock
4 Gams
gämsfarben
7 chamois
Gamsgehörn, Gamshorn
7 Krickel
8 Krickeln
Gandhis
Ehrentitel
7 Mahatma
Gang
3 Weg
4 Flur
5 Bande, Diele, Stufe
7 Galerie, Schritt, Windung
8 Korridor
11 Entwicklung, Schaltstufe
12 Speisenfolge
im sportlichen Wettkampf
6 Assant
Gangart
4 Lauf
5 Trott
6 Marsch
der Hohen Schule
5 Volte
6 Levade, Pesade, Piaffe
7 Lancade
8 Capriole
9 Courbette, Pirouette
des Islandponys
5 Toelt
des Pferdes
4 Pace, Trab, Zelt
5 Trott
6 Galopp, Kanter, Parade, Redopp
7 Alluere, Passage, Renvers, Schritt, Travers
8 Karriere, Kurbette
gangbar
6 kurant
Gängelband
5 Leine
8 Aufsicht
9 Laufleine
gängeln
8 anordnen
14 reglementieren
Gangesebene
am Himalaja
5 Tarai
Gangesmündungsarm
in Indien
5 Hugli
Gangeszufluss
3 Son

4 Kusi
5 Gogra, Gumti, Jumna
6 Djamna, Gandak
8 Dschamna

Ganggestein
aus Quarz
5 Aplit

gängig, gängige Münze
6 kurant

Gangregler
im Uhrwerk
5 Unruh

Gangster, Ganove
4 Dieb
6 Bandit, Ganeff, Gauner
7 Raeuber
9 Betrueger
10 Verbrecher

Gangstergruppe
5 Bande

Gangsterorganisation
8 Syndikat

Gans
6 Ganser, Ganter
10 Gaenserich

Gänschen
7 Goessel

Gänseblümchen
6 Bellis
9 Grasblume
10 Gichtkraut, Maerzblume, Ochsenauge
12 Massliebchen
13 Tausendschoen
17 Tausendschoenchen

Gänsedistel
9 Hasenkohl
10 Milchkraut
12 Milchlattich, Schweinekohl

Gänsefußgewächs, -pflanze
5 Melde
6 Kochie

Gänserich
6 Ganser, Ganter
11 Fingerkraut

Gänsevogel, Gänsevogelart
4 Ente, Gans
6 Anhima, Branta, Saeger, Schwan
7 Kasarka, Nilgans, Tschaja
8 Baumente, Bergente, Feldgans, Halbgans, Hausgans, Meergans, Moorente, Rostgans, Saatgans, Wehrgans, Wildente
9 Andengans, Bisamente, Blessgans, Brandente, Brandgans, Brautente, Bucephala, Coscoroba, Eiderente, Glanzente, Glanzgans, Krickente, Melanitta, Pfeifente, Pfeifgans, Rouenente, Ruderente, Sporngans, Stockente, Tafelente, Tauchente
10 Blaessgans, Halbschwan, Haubenente, Hawaiigans, Kolbenente, Kragenente, Meeresente, Mohrenente, Pekingente, Reiherente, Scheckente, Schellente, Singschwan, Spiessente, Sporengans, Trauerente, Warzenente, Witwenente
11 Hoeckerente, Loeffelente, Maehnengans, Moschusente, Orinokogans, Spiegelgans
12 Gaensesaeger, Kuckucksente, Peposakaente, Schwanengans, Trauerschwan
13 Aylesburyente, Baumpfeifgans, Hoeckerschwan, Hornwehrvogel, Meertauchente, Spaltfussgans
14 Mandarinenente
15 Coscorobaschwan, Dampfschiffente, Nonnenpfeifgans, Schopfwehrvogel, Schwarzkopfente, Trompeterschwan
18 Weisskopfruderente, Weisswangentschaja

ganz
3 gar
5 genau, total
6 gesamt, intakt
7 restlos, voellig
8 komplett
10 unversehrt
12 vollstaendig
in Leder gebundenes Buch
9 Franzband
ohne Bewegung
10 regungslos
präzise
9 haargenau

ganze Kraft, Leidenschaft
8 Inbrunst

Ganzes, die Gemeinschaft
10 Gesamtheit

Ganzheit
10 Totalitaet
15 Geschlossenheit

gänzlich
5 total
7 absolut
8 komplett
9 insgesamt
11 ausnahmslos
12 vollstaendig

Ganzton
in der Musik
5 Tonus

gar
6 schier

Garant
6 Buerge
12 Gewaehrsmann

Garantie
7 Gewaehr, Haftung, Kaution
10 Sicherheit
11 Buergschaft, Verbuergung
14 Sicherstellung
für den Gläubiger
5 Pfand

garantieren
7 buergen
14 ◆ Gewaehr leisten

garantiert
im Grundgesetz
16 Meinungsfreiheit
20 Versammlungsfreiheit

Garaus
3 Tod
4 Ende
9 Verderben
11 Vernichtung

Garbenhaufen
zum Trocknen
5 Hocke

Garde
5 Wache
9 Leibwache
10 Kerntruppe

Garderobe
6 Ablage, Gewand
8 Kleidung
10 Bekleidung
12 Ankleideraum, Umkleideraum
13 Kleiderablage
19 Kleideraufbewahrung

Garderobenfrau
12 Garderobiere

Gardine
5 Store
6 Stores
7 Vorhang
8 Jalousie

Gardinenpredigt
6 Sermon
7 Schelte
9 Strafrede
10 Standpauke
12 Strafpredigt

Gardinenstoff, -gewebe
4 Mull
5 Tuell, Voile
6 Etamin
10 Filettuell
11 Marquisette

gärender
Brotteig
9 Sauerteig
Most
5 Sturm, Suser
6 Sauser
7 Bremser
8 Kraetzer, Rauscher
12 Federweisser

Gärfutter
6 Silage
8 Ensilage

Gärfutterbehälter
4 Silo

Gargefäß
in der Küche
13 Dampfkochtopf

Gärmittel, Gärungserreger
4 Hefe, Pilz
5 Enzym
7 Ferment
8 Bakterie, Bierhefe, Hefepilz, Weinhefe
10 Sprosspilz
11 Trockenhefe

Garn
4 Netz
5 Faden, Zwirn
mit Knoten und Schlingen
11 Bouclewolle
spinnen
6 luegen
8 erfinden
9 erdichten
12 aufschneiden

Garnaufwickler
5 Spule

Garnele
5 Krebs
6 Granat, Krabbe
8 Krevette
Garnfeinheitsgrad, -maß
3 den
5 Titer
6 Denier
Garngebinde, -maß
5 Docke, Fitze
6 Zaspel
Garnhaspel, -winde
5 Weife
Gärniederschlag (Bier, Wein)
4 Trub
Garnison
8 Standort
Garnitur
3 Set
Garnknäuel
3 Ile
Garnrolle, Garnwinde
5 Spule, Weife
6 Haspel
Garnspule
in der Baumwollspinnerei
6 Bobine
Garnstrang
5 Docke
Garnwinde
5 Weife
6 Haspel
Gärstoff
4 Zyma
Garten
am Ölberg
10 Gethsemane
Gottes
4 Eden
6 Himmel
8 Jenseits, Paradies
Gartenammer
7 Ortolan
Gartenanlage
4 Beet, Park
5 Rasen
7 Rabatte, Rondell, Spalier
9 Fruehbeet
10 Baumschule
11 Staudenbeet
im Berg
7 Alpinum
Gartenarbeit
6 graben, harken
7 duengen
Gartenbau
11 Hortikultur
Gartenbeet
7 Rabatte, Rondell
Gartenblume, -pflanze
4 Iris, Rose
5 Aster, Kalla, Lilie, Malve, Nelke, Phlox, Tulpe, Wicke, Winde, Zyane
6 Akelei, Azalee, Clivia, Dahlie, Enzian, Klivie, Kresse, Krokus, Lupine, Mimose, Primel, Reseda, Salbei, Zinnie
7 Anemone, Aurikel, Begonie, Beifuss, Betonie, Cyklame, Fuchsie, Geranie, Glyzine, Kamille, Levkoje, Lobelie, Lorbeer, Melisse, Petunie, Tagetes, Tazette, Teerose, Zyklame
8 Eisenhut, Georgine, Gladiole, Gloxinie, Glyzinie, Goldlack, Goldrute, Goldwurz, Lavendel, Magnolie, Maiblume, Narzisse, Oleander, Rosmarin, Salvinie, Veilchen
9 Amaryllis, Buschrose, Dickblatt, Edelraute, Goldregen, Goldstern, Heiderich, Heliotrop, Herzblume, Hortensie, Hyazinthe, Leinkraut, Mastkraut, Mohnblume, Mondviole, Pechnelke, Rhabarber, Samtblume, Sandkraut, Schwertel, Stockrose, Zaunwinde
10 Adlerkraut, Christrose, Ehrenpreis, Federnelke, Feuerlilie, Gartenmohn, Gemskresse, Heckenrose, Heidekraut, Helianthus, Herbstrose, Immortelle, Leberblume, Loewenmaul, Marguerite, Mauerraute, Montbretie, Nachtkerze, Osterblume, Pelargonie, Schneeball, Silberwurz, Sonnenauge, Sonnenrose, Steinbrech, Steinkraut, Steinnelke, Sternblume, Strohblume, Trollblume, Wolfsmilch
11 Becherblume, Cosmosblume, Fingerkraut, Gartenmalve, Gartennelke, Goldmelisse, Kosmosblume, Pfingstrose, Ringelblume, Rittersporn, Schildblume, Sonnenblume, Wucherblume
12 Becherglocke, Chrysantheme, Flammenblume, Flockenblume, Fuchsschwanz, Gaensekresse, Glockenblume, Koenigskerze, Mittagsblume, Rhododendron, Schwertlilie, Troddelblume, Windroeschen
13 Alpenveilchen, Gelbweiderich, Kokardenblume, Kuckucksblume, Laternenblume, Maerzveilchen, Maigloeckchen, Schleierkraut, Tausendschoen
15 Gaensebluemchen, Schlafmuetzchen, Schluesselblume
16 Schneegloeckchen, Stiefmuetterchen, Vergissmeinnicht
17 Himmelsschluessel
Gartendirektor
Potsdams
5 Linne
Gartenerzeugnis , -produkt
4 Kohl, Nuss, Obst, Radi
5 Apfel, Beere, Birne, Blume, Bohne, Erbse, Gurke, Lauch, Melde, Ruebe, Salat
6 Frucht, Melone, Moehre, Porree, Quitte, Reseda, Spinat, Tomate, Traube, Wurzel
7 Endivie, Gemuese, Gewuerz, Karfiol, Karotte, Kirsche, Kuerbis, Lattich, Mangold, Marille, Paprika, Pflaume, Rettich, Rotkohl, Spargel, Wirsing, Zwiebel
8 Aprikose, Chicoree, Erdbeere, Himbeere, Kraeuter, Pastinak, Pfirsich, Portulak, Rapunzel, Rotkraut, Sellerie, Tuberose, Zwetsche
9 Aubergine, Blaukraut, Brombeere, Gruenkohl, Himbeeren, Kartoffel, Knoblauch, Kopfsalat, Mirabelle, Mohrruebe, Reneklode, Rhabarber, Rosenkohl, Topfblume, Weisskohl, Zwetschge
10 Blumenkohl, Feuerbohne, Radieschen, Topinambur, Wuerzkraut
11 Artischocke, Reineclaude, Topfpflanze
12 Gewuerzkraut, Schnittblume, Schnittlauch, Stachelbeere
13 Endiviensalat, Johannisbeere, Schwarzwurzel, Wuerzkraeuter
14 Johannisbeeren
15 Gewuerzkraeuter
Gartenfläche
4 Beet
Gartengerät
5 Eimer, Forke, Hacke, Harke, Kanne, Leine, Saege
6 Leiter, Maeher, Rechen, Schere, Schnur, Sichel, Spaten
8 Schaufel, Schlauch
9 Baumsaege, Handsaege
10 Baumschere, Giesskanne, Kultivator, Schubkarre
11 Rasenmaeher, Rasenschere
12 Heckenschere, Schiebkarren
13 Rasensprenger
14 Wasserschlauch
Gartenhaus
5 Laube
7 Salettl
8 Pavillon, Salettel
Gartenlandschaft
6 Anlage
Gartenmeister
8 Gaertner
Gartenmöbel
5 Tisch
6 Sessel
10 Liegestuhl
12 Sonnenschirm
17 Hollywoodschaukel
Gartenpflanze
9 Rhabarber
Gartenstück
8 Parzelle
Gartentheater
6 Tivoli
Gartentür
6 Pforte
Gartenunkraut
5 Miere
Gärtnereigebäude
12 Gewaechshaus

gärtnerische
Anlage
4 Beet
5 Rasen
7 Rabatte, Rondell
9 Gruenbeet, Treibhaus
11 Steingarten
Gärtner-, Winzermesser
5 Hippe
Gärung
7 Aufruhr
12 Fermentation
Gärungsgetränk
4 Bier
Gärungsstoff
7 Ferment
Gas
5 Fluor
als Brennstoff
5 Butan
6 Methan, Propan
8 Acetylen, Azetylen
mit feinen Schwebstoffteilchen
7 Aerosol
zum Schweißen
8 Acetylen, Azetylen
Gasausbrüche
auf der Sonnenoberfläche
13 Protuberanzen
Gasaustausch
bei Lebewesen
6 Atmung
Gasbehälter
9 Gasometer
Gasbeleuchtung
9 Auerlicht
Gasblase
in Gesteinen
5 Geode
Gasbrand
9 Wundbrand
Gasdruckeinheit
4 Torr
Gasenbindungsstoff
6 Getter
Gasfackel
auf der Sonne
11 Protuberanz
Gasform
5 Dampf, Rauch
11 Wasserdampf
gasförmige
giftige Verbindung
4 Cyan, Zyan
gasförmiger
Arsenwasserstoff
5 Arsin
Brennstoff, Brenngas
5 Butan
6 Aethan, Methan, Propan
7 Butylen
8 Acetylen, Azetylen, Isobutan, Propylen
Zustand
5 Dampf
gasförmiges
Element
4 Neon, Ozon
5 Argon, Radon, Xenon
6 Helium, Propan, Thoron
7 Aktinon, Edelgas, Krypton
9 Emanation
10 Sauerstoff, Stickstoff
11 Wasserstoff
12 Kohlensaeure
Halogen
5 Chlor
Gasgemisch
7 Aerosol
der Atmosphäre
4 Luft
Gashülle
der Erde
4 Luft
11 Atmosphaere
Gaskammer
im Fesselballon
9 Ballonett
Gasleitung
4 Rohr
8 Pipeline
Gasmesser
6 Gasuhr
Gasse
3 Weg
6 Luecke
7 Bresche, Hohlweg, Passage, Strasse
9 Durchgang
Gassenhauer
3 Hit
5 Oldie
8 Schlager
9 Evergreen
Gassenjunge
5 Gamin
Gassenvogel
5 Spatz
8 Sperling
Gasstahlflasche
5 Bombe
Gasströmungslehre
11 Aerodynamik
Gast
7 Fremder, Tourist
8 Besucher
9 Hospitant
Gäste
6 Besuch
8 Besucher
Gästebetreuerin
7 Hostess
Gästehaus
4 Heim
Gästeversorgung
9 Bedienung
Gastgeber, Gastgeberin
4 Wirt
6 Wirtin
8 Hausfrau, Hausherr, Hotelier
Gastgeschenk
5 Xenie
Gasthausangestellte
9 Kellnerin
10 Annonceuse
in Spanien
6 Posada
Gasthausangestellter
4 Ober
7 Kellner, Pikkolo
11 Oberkellner
Gasthausbesitzer
4 Wirt
8 Gastwirt
9 Gastronom
Gasthausbesuch
7 Einkehr
Gasthausrechnung
5 Zeche
Gasthaus, -stätte, -wirtschaft
3 Bar
4 Cafe, Krug
5 Baude, Beisl, Beize, Hotel, Logis, Lokal, Mensa, Messe, Motel, Pinte
6 Beisel, Bleibe, Bodega, Budike, ◆ Butike, Casino, Hospiz, Huette, Kasino, Klause, Kneipe
7 Gasthof, Kantine, Osteria, Pension, Schenke, Taberne, Tanzbar, Taverne
8 Absteige, Bierhaus, Bierzelt, Cafehaus, Destille, Dorfkrug, Eisdiele, Herberge, Milchbar, Pizzeria, Quartier, Rasthaus, Schaenke, Snackbar, Spelunke, Teestube
9 Bierhalle, Bierlokal, Bierstube, Grillroom, Kaschemme, Kretscham, Nachtclub, Nachtklub, Nightclub, Tanzlokal, Weinlokal, Weinstube, Wirtshaus
10 Biergarten, Bierkeller, Braustuebl, Fremdenhof, Kaffeehaus, Konditorei, Milchhalle, Nachtlokal, Ratskeller, Restaurant, Schutzhaus, Trinkhalle, Trinkstube, Unterkunft, Weinkeller, Wirtschaft
11 Braeustuebl, Fremdenheim, Gartenlokal, Imbisshalle, Kaffeestube, Raststaette, Speisewagen, Waldschenke, Weinschenke, Winzerstube
12 Bierschwemme, Destillation, Restauration, Schutzhuette, Waldschaenke, Weinschaenke, Winzerstuben
13 Etablissement, Offiziersheim, Schnellimbiss, Stehbierhalle
14 Fremdenpension, Gastwirtschaft, Weinrestaurant
15 Mannschaftsheim
16 Erfrischungsraum, Speisewirtschaft
17 Fruehstuecksstube
18 Bahnhofswirtschaft, Unteroffiziersheim
Gasthörer
an Hochschulen
9 Hospitant
gastlich
8 wirtlich
gastliche
Greisin (griech. Sage)
6 Hekale
Gastmahl
5 Diner, Essen
7 Bankett
9 Festessen, Galadiner, Symposion
mit wilder Trinkerei
6 Gelage
Gastpflanze
7 Parasit

11 Schmarotzer
Gastronom
4 Koch, Wirt
8 Gastwirt, Hotelier
12 Restaurateur
Gastspielreise
7 Tournee
Gaststätte
an der See
8 Hafenbar
mit schlechtem Ruf
9 Kaschemme
Gaststättenbesitzer
4 Wirt
Gaststättengewerbe, Gastgewerbe
10 Hotellerie
11 Gastronomie
Gaststättenleiter
4 Wirt
Gastwirt
9 Gastronom
12 Restaurateur
Gastwirtschaft
5 Lokal
Gatte
4 Mann
6 Gemahl
7 Ehemann, Gespons
10 Ehegespons, Ehepartner
13 Lebenspartner
15 Lebensgefaehrte
Gatte der/des/von
Abigail
5 David, Nabal
Aerope
6 Atreus
Alkeste
7 Admetos
Alkmene
10 Amphitryon
Amphitrite
8 Poseidon
Andromache
6 Hektor
Andromeda
7 Perseus
Antiope
7 Theseus
Aphrodite
8 Hephaest
10 Hephaestus, Hephaistos
Arete
8 Alkinoos
Ariadne
8 Dionysos
Bathseba
4 Uria
5 David, Urias
Baucis
8 Philemon
Brunhilde
7 Gunther
Cassiope
7 Kepheus
Deianira
8 Herakles, Herkules
Desdemona
7 Othello
einer regierenden Fürstin
11 Prinzgemahl
Elsa von Brabant
9 Lohengrin
Enite
4 Erek
Eurydike
7 Orpheus
Eva
4 Adam
Freia
3 Fro
Frigg
4 Odin
5 Wodan, Wotan
Gäa
6 Uranos
Glauke
5 Iason, Jason
Hagar
7 Abraham
Hebe
8 Herakles
Hekuba
7 Priamos
Helche
5 Etzel
Helena
5 Paris
8 Menelaos, Menelaus
Hera
4 Zeus
Herodias
7 Herodes
Hippodameia
6 Pelops
Hippolyta
7 Theseus
Iokaste
5 Laios
7 Oedipus
Isis
6 Osiris
Isolde
5 Marke
Josephine
8 Napoleon
Juno
7 Jupiter
Kassiopeia
7 Kepheus
Klytämnestra
9 Agamemnon
Kreusa
5 Iason, Jason
6 Aeneas
Kriemhild
5 Etzel
9 Siegfried
Lea
5 Jakob
Maja
6 Vulkan
Maria
6 Joseph
Mariamne
7 Herodes
Maria Stuart
5 Franz
7 Darnley
Maria Theresia
5 Franz
Marie-Louise
8 Napoleon
Nanna
5 Baldr
6 Balder, Baldur
niederländischen Königin Juliane
8 Bernhard
Niobe
7 Amphion
Nofretete
9 Amenophis
Nox
6 Erebus
Oinone
5 Paris
Penelope
8 Odysseus
Persephone
5 Hades, Pluto
Phädra
7 Theseus
Proserpina
5 Orkus
Rahel
5 Jakob
Ran
5 Aegir
Rebekka
5 Isaak
Rhea
6 Kronos, Uranos
Rhodope
9 Kandaules
Sarah
7 Abraham
Semiramis
5 Ninos, Ninus
Sif
4 Thor
5 Donar
Sophia Loren
5 Ponti
Tethys
7 Okeanos
Thetis
6 Peleus
Thusnelda
5 Armin
7 Hermann
8 Arminius
Titania
6 Oberon
Venus
8 Hephaest
10 Hephaestos, Hephaistos
Xanthippe
8 Sokrates
Gatter
4 Zaun
6 Gehege, Gitter, Pferch
7 Gestell
Gattin
4 Frau
7 Ehefrau, Gespons
8 Gemahlin
10 Ehehaelfte
12 Ehepartnerin
15 Lebenspartnerin
16 Lebensgefaehrtin
Gattin der/des/von
Abraham
4 Sara
5 Hagar, Sarah
Adam
3 Eva
Admetos
7 Alkeste
8 Alkestis

Aga Khan
5 Begum
Agamemnon
13 Klytaemnestra
Ägir
3 Ran
Ahab
6 Isabel, Isebel
Ahasver
5 Ester
Alexander dem Großen
6 Roxana
Alkinoos
5 Arete
Amenophis IV.
9 Nofretete
Amphion
5 Niobe
Amphitryon
7 Alkmene
Arminius
9 Thusnelda
Atreus
6 Aerope
Augustus
5 Livia
Bacchus
7 Ariadne
Baldur
5 Nanna
Bernadotte
7 Desiree
Bismarck
7 Johanna
Brahma
9 Saraswati
David
6 Michal, Michol
7 Abigail
8 Bathseba
9 Bethsabee
Dionysos
7 Ariadne
Dogen
9 Dogaressa
Donar
3 Sif
Erebus
3 Nox
Erek
5 Enite
6 Helche
Etzel
9 Kriemhild
Fro
5 Freia
6 Freyja
Götzen Baal
5 Baala
Gunther
8 Brunhild
9 Bruenhild, Brunhilde
10 Bruenhilde
Hades
10 Persephone
Hektor
10 Andromache
Hephästus
9 Aphrodite
Herakles
4 Hebe
8 Deianira
Hermann des Cheruskers
9 Thusnelda
Herodes
8 Mariamne
Herodes-Antipas
8 Herodias
Isaak
7 Rebekka
Jakob
3 Lea
5 Rahel
6 Rachel
Jason
5 Medea
Jupiter
4 Juno
Kaisers Claudius
9 Agrippina, Messalina
Kaisers Heinrich II.
10 Kundigunde
Kaisers Justinian
8 Theodora
Kaisers Otto I.
8 Adelheid
Kalifen Ali
6 Fatima
Kandaules
7 Rhodope
Kepheus
8 Cassiope
10 Kassiopeia
König Marke
6 Isolde
Konrad II.
6 Gisela
Kronos
4 Rhea
5 Rheia
Landgrafen Ludwig von Thüringen
9 Elisabeth
Leios
7 Iokaste
letzten Schahs
5 Farah
Lohengrin
4 Elsa
Ludwig Bonaparte
8 Hortense
Luther
4 Bora
9 Katharina
Marcus Antonius
7 Octavia
Marke
6 Isolde
Menelaos
6 Helena
Mohammed
6 Aischa
Mussolini
7 Rachele
Napoleon I.
9 Josephine
11 Marie-Louise
Napoleon III.
7 Eugenie
Oberon
7 Titania
Odin
4 Fria
5 Frigg, Frija
6 Frigga
Ödipus
7 Iokaste
Odysseus
8 Penelope
Okeanos
6 Tethys
Orkus
10 Proserpina
Orpheus
8 Eurydike
Osiris
4 Isis
Osmin
4 Ossa
Othello
9 Desdemona
Paris
6 Helena, Oinone
Peleus
6 Thetis
Pelops
11 Hippodamaia
Perikles
7 Aspasia
Peron
5 Evita
Perseus
9 Andromeda
persischen Königs Xerxes
6 Esther
Philemon
6 Baucis
Poseidon
10 Amphitrite
Priamos
6 Hekabe, Hekuba
Ptah
7 Sechmet
Rama
4 Sita
Rembrandt
6 Saskia
9 Hendrikje
Ruben
6 Helene
8 Isabella
Salomo
5 Salme
Saturn
6 Tellus
Schumann
5 Klara, Wieck
Siegfried
9 Kriemhild
Sokrates
9 Xanthippe
Theseus
7 Antiope, Phaedra
9 Hippolyta
Thor
3 Sif
Uranos
4 Gaea, Gaia
Urias
8 Bathseba
Vulkan
4 Maja
Wagner
5 Minna
6 Cosima
Wodan
5 Frigg

Xerxes
6 Esther
Zeus
4 Hera, Here
Gattung
3 Art, Typ
5 Genre, Genus, Rasse, Sippe, Sorte, Typus
6 Gruppe, System
7 Familie, Ordnung, Spezies
9 Kategorie
10 Geschlecht
der Amaryllengewächse
9 Amaryllis
der Anemonen
10 Kuhschelle
14 Kuechenschelle
der Bauchpilze
8 Erdstern
der Bienen
4 Apis
der bildenden Kunst
7 Malerei
der Binsengewächse
5 Binse
der Blätterpilze
7 Reizker
der Blattschneiderameise
4 Atta
der Borretschgewächse
8 Beinwell
9 Heliotrop
10 Hundszunge, Natterkopf
16 Vergissmeinnicht
der Borstenwürmer
6 Nereis
der Doldengewächse
4 Anis
6 Kerbel
7 Fenchel
8 Baerwurz
9 Astrantia, Mannstreu
10 Baerenklau, Bibernelle, Pimpinelle, Waldkerbel
12 Kaelberkropf, Liebstoeckel, Stranddistel
der Finkenvögel
5 Ammer, Spatz
6 Gimpel
8 Sperling
9 Gruenfink, Gruenling, Haenfling, Stieglitz
11 Kernbeisser
13 Kanarienvogel
der Frösche
4 Rana
der Gänse
5 Anser
der Gewürze in Heilkräutern
5 Inula
der Hahnenfußgewächse
6 Akelei
7 Anemone
8 Aconitum, Eisenhut, Nieswurz
10 Trollblume
11 Dotterblume, Rittersporn, Teufelsbart
16 Sumpfdotterblume
der Halbaffen
7 Lemuren
der Heidekrautgewächse
12 Rhododendron
der Holzameisen
6 Lasius
der Kapuzineraffen
5 Cebus
der Karpfenfische
5 Danio
der Korbblütler
5 Aster, Zyane
6 Arnika, Dahlie, Distel, Klette, Saflor, Wermut, Zinnie
7 Beifuss, Endivie, Kamille, Lattich
8 Eberwurz, Estragon, Georgine, Goldrute, Masslieb, Zichorie
9 Artemisia, Bocksbart, Cineraria, Edelweiss, Kornblume, Ringblume
10 Huflattich, Knopfkraut, Loewenzahn, Marguerite, Schafgarbe, Totenblume
11 Gaenseblume, Kugeldistel, Ringelblume, Sonnenblume, Wucherblume
12 Chrysantheme, Flockenblume, Glockenblume, Massliebchen
13 Chrysanthemum
14 Studentenblume
der Labkrautgewächse
5 Rubia
der Lachsfische
5 Salmo
der lyrisch-epischen Dichtung
6 Idylle
der Malvengewächse
7 Eibisch
der Mimosengewächse
6 Akazie
der Nachtschattengewächse
5 Tabak
10 Stechapfel
11 Bilsenkraut, Tollkirsche
13 Blasenkirsche
der Nelkengewächse
5 Spark
der Ölbaumgewächse
5 Esche
der Poesie
5 Lyrik
der Rachenblütler
9 Fingerhut, Leinkraut, Wollkraut
10 Augentrost
12 Gauklerblume, Koenigskerze
14 Pantoffelblume
der Schlangen
5 Viper
6 Natter, Python
12 Giftschlange
14 Riesenschlange
15 Brillenschlange
17 Tigerschlangenart
der Schmetterlingsblüter
4 Klee
5 Bohne, Erbse, Linse, Wicke
6 Lupine
7 Erdnuss, Ginster, Luzerne, Robinie, Tragant
8 Hornklee, Saubohne, Wundklee
9 Geissklee, Goldregen, Hauhechel, Steinklee, Vogelklee, Weissklee
10 Esparsette, Feuerbohne, Geissraute, Serradella, Wiesenklee
11 Kichererbse
12 Besenginster, Gemuesebohne
der Schwimmenten
4 Anas
der Steinbrechgewächse
7 Astilbe
fischfressender Entenvögel
6 Saeger
giftiger Hahnenfußgewächse
8 Nieswurz
kleiner Menschenaffen
6 Gibbon
kleiner Wild- und Gartenpflanzen
8 Veilchen
südamerikanischer Papageien
3 Ara
tropischer Bäume und Sträucher
5 Anona
zehnarmiger Kopffüßer
7 Kalmare
zypressenartiger Nadelbäume
10 Lebensbaum
Gau
6 Bezirk, Gebiet, Gegend, Region
7 Provinz
10 Landschaft, Landstrich
Gaudi, Gaudium
2 Uz
3 Jux, Ulk
4 Hetz
5 Spass, Unfug
6 Freude, Unsinn
7 Streich
10 Amuesement, Vergnuegen
11 Belustigung, Schabernack
Gaukelei
8 Zauberei
9 Blendwerk
10 Hokuspokus, Taeuschung
11 Possenspiel
13 Vorspiegelung, Vortaeuschung
Gaukler
5 Fakir
6 Magier
7 Magiker
8 Zauberer
9 Betrueger
11 Illusionist
14 Taschenspieler
15 Zauberkuenstler
Gauklerblume
9 Braunwurz
10 Affenblume
11 Maskenblume
Gaul
4 Ross
5 Pferd
6 Maehre
7 Klepper
12 Arbeitspferd
Gaumenlaut
8 Guttural
Gaumenmandel
8 Tonsille
Gaumenzäpfchen
3 Huk
6 Uvular
Gauner
4 Dieb
6 Ganeff, Ganove, Nepper

7 Luegner, Stehler, Strolch
8 Gangster, Heuchler, Tagedieb
9 Betrueger, Erpresser, Ladendieb
10 Einbrecher, Langfinger, Schwindler
11 Galgenvogel, Hochstapler, Taschendieb, Taugenichts
13 Bauernfaenger, Erbschleicher

Gaunerei
6 Betrug
9 Schwindel
10 Erpressung, Gemeinheit, Taeuschung
11 Betruegerei
12 Niedertracht

Gaunergehilfe
3 Ede
6 Hehler

Gaunermilieu
9 Unterwelt

Gaunersprache
5 Argot
9 Rotwelsch

Gaunertrick
6 Masche

Gaunerwort für
auskundschaften
12 ausbaldowern
Ausweispapier
6 Flebbe
Diebesgut
4 Sore
Falschgeld
6 Bluete
Gefängnis
5 Knast
8 Kittchen
Geld
4 Kies, Moos
5 Pinke
Herberge
5 Penne
Kokain
4 Koks
Münzfälscher
6 Kipper, Wipper
Polizei
7 Polente
Polizist
5 Bulle, Polyp

Gaunerzeichen
5 Zinke
6 Zinken

gazeartiges
Baumwollgewebe
5 Marly

gazeförmiges
Gewebe
6 Etamin

Gazegewebe
6 Etamin

Gazelle
8 Antilope

gazellenähnliches
Tier
7 Gerenuk
10 Springbock
14 Springantilope

Gazette
7 Zeitung

Geäst
eines Baumes
7 Astwerk

geäußerter
Wunsch
5 Bitte

Gebäck
mit Fleischfüllung
7 Pastete

gebackene
Kartoffel-, Fisch- oder Fleischklößchen
9 Kroketten
10 Croquetten
Kartoffelscheibchen
5 Chips
Speise
7 Auflauf
Teighülle mit Fleischfüllung
7 Pastete
Weißbrotschnitte
6 Pafese, Pofese

gebackenes
Obststückchen
7 Beignet

Gebäck, Gebäcksorte
4 Brot, Keks, Kipf, Laib, Weck, Zopf
5 Kranz, Torte, Wecke
6 Baiser, Brezel, Eclair, Fladen, Kipfel, Kuchen, Oblate, Printe, Semmel, Stolle, Stuten, Waffel, Wecken
7 Biscuit, Biskuit, Bisquit, Brioche, Krapfen, Kringel, Krokant, Makrone, Stollen, Strudel
8 Berliner, Feinbrot, Schrippe, Striezel, Zwieback
9 Broetchen, Gugelhupf, Lebkuchen, Mischbrot, Negerkuss, Toastbrot, Weissbrot
10 Bauernbrot, Butterkeks, Grahambrot, Mehlspeise, Napfkuchen, Plaetzchen, Roggenbrot, Salzbrezel, Salzstange, Weizenbrot, Windbeutel
11 Apfeltasche, Bienenstich, Florentiner, Kaesestange, Knaeckebrot, Pfannkuchen, Pfeffernuss, Schwarzbrot, Spekulatius
12 Apfelstrudel, Holzofenbrot, Pumpernickel, Russischbrot, Vollkornbrot
13 Liebesknochen, Schillerlocke
14 Streuselkuchen, Weizenkeimbrot
16 Sonnenblumenbrot
19 Berliner Pfannkuchen
25 Schwarzwaelder Kirschtorte

gebälktragende
Frauengestalt
4 Kore

Gebälkträger
6 Atlant
9 Kanephore, Karyatide

geballte
Hand
5 Faust

gebändigt
4 zahm
5 kirre

Gebärde
4 Pose
5 Geste
7 Zeichen
8 Bewegung
9 Attituede, Pantomime

Gebärdenspiel
5 Mimik
6 Gestik
9 Pantomime
10 Pantomimik
13 Gestikulation

Gebärdensprache
5 Mimik
6 Gestik
13 Gestikulation

Gebaren
7 Habitus

gebären
8 kreissen
9 entbinden
12 niederkommen

Gebärmutter
6 Uterus

Gebäude
3 Bau
4 Burg, Haus, Kate
5 Kiosk, Laube, Stall, Villa
6 Huette, Kasino, Palais, Palast, Stadel
7 Bauwerk, Scheuer, Scheune, Schloss
8 Bungalow, Hochhaus, Landhaus, Pavillon, Schuppen, Wohnhaus
9 Blockhaus, Kuppelbau, Mietshaus, Orangerie
10 Bauernhaus, Gartenhaus, Reihenhaus
12 Mietskaserne
13 Observatorium, Patrizierhaus, Wochenendhaus
als Unterkunft
5 Baude, Hotel, Motel, Stall
6 Garage
7 Baracke
8 Gasthaus, Herberge, Stallung
eines größeren Klosters
5 Abtei
für Handel und Gewerbe
4 Silo, Werk
5 Kiosk
6 Fabrik, Muehle
7 Betrieb, Gaswerk
8 Gasthaus, Kaufhaus, Speicher
9 Gasometer, Kraftwerk, Messehaus, Treibhaus, Warenhaus, Werkstatt
10 Gasanstalt, Kaffeehaus, Markthalle, Messehalle, Restaurant, Sennhuette, Tattersaal
11 Foerderturm, Gradierwerk, Schlachthof
12 Gewaechshaus
für Kunst und Wissenschaft
5 Odeon, Odeum
6 Museum
7 Galerie, Theater
9 Opernhaus

10 Sternwarte
11 Konzerthaus, Planetarium
13 Observatorium
im Park von Sanssouci
7 Teehaus
im Wald
9 Forsthaus
in Washington
8 Pentagon
militärischer Art
4 Burg, Fort
5 Feste, Veste
7 Arsenal, Festung, Kaserne, Magazin
8 Wachturm, Zeughaus
9 Trutzburg, Wachtturm, Zitadelle
10 Ritterburg
mit nur einem Raum
5 Gaden
öffentlicher Art
3 Amt
4 Turm
5 Arena, Warte
6 Kasino
7 Bahnhof, Kurhaus, Postamt, Rathaus, Stadion
8 Badehaus, Funkhaus, Funkturm
9 Bootshaus, Eispalast, Hallenbad, Hippodrom
10 Wartehalle, Wasserturm
11 Krematorium
12 Schwimmhalle
13 Aussichtsturm, Bahnhofshalle
religiöser Art
3 Dom
5 Abtei, Stift
6 Kirche, Pagode, Tempel
7 Kapelle, Kloster, Moschee
8 Basilika, Muenster, Synagoge
9 Kampanile
10 Kathedrale
11 Glockenturm
12 Stiftskirche
sozialer Art
6 Hospiz, Klinik, Spital
8 Hospital, Lazarett
9 Turnhalle, Zuchthaus
10 Gefaengnis, Sanatorium, Waisenhaus
11 Heilanstalt
12 Strafanstalt
Gebäudeabbruch
6 Abriss
Gebäudeanbau
7 Veranda
Gebäudeeigentümer
8 Hausherr
Gebäudeerweiterung
5 Anbau
Gebäudeöffnung
7 Fenster
Gebäudestreifen
7 Risalit
Gebäudestütze
6 Saeule
7 Pfeiler
Gebäudeteil
3 Tor
4 Dach, Esse, Raum, Saal, Tuer
5 Anbau, Boden, Diele, Erker, Etage, First, Front, Halle, Kamin, Stock, Stube, Trakt, Tuere
6 Balkon, Empore, Giebel, Kammer, Keller, Kuppel, Loggia, Pforte, Portal, Saeule, Schlot, Sockel, Traufe, Treppe, Zimmer
7 Fassade, Fenster, Gebaelk, Pfeiler, Veranda, Vorraum, Wohnung
8 Geschoss, Gewoelbe, Hausflur, Kabinett, Lichthof, Mansarde, Speicher
9 Apartment, Dachboden, Dachstuhl, Fundament, Garderobe, Stockwerk
11 Appartement, Erdgeschoss, Giebelseite, Schornstein, Treppenhaus, Waschkueche
12 Eingangstuer, Lichtschacht
13 Eingangshalle, Eingangstuere
Gebäudevorbau
5 Erker
6 Balkon
Gebäudevorsprung
7 Risalit
Gebäudewart
11 Hausmeister
Gebäudezug
5 Trakt
gebefreudig
9 freigebig, spendabel
Gebeinaschegefäß
4 Urne
Gebein, Gebeine
7 Knochen, Skelett
14 Knochengeruest
von Heiligen
8 Reliquie
Gebeinurne
8 Ossarium
für Reliquien
9 Reliquiar
geben
7 reichen
10 darreichen
Geben
auf Wechselseitigkeit
6 Tausch
Gebenedeite
7 Madonna
12 Gottesmutter
Gebetbuch
7 Brevier, Diurnal, Missale
14 Missale Romanum
Gebet, Gebetsinhalt
3 Lob
4 Dank
5 Bitte, Busse
6 Flehen
7 Andacht
8 Anrufung
der mohammedanischen Iraner
5 Namas, Namaz
Gebetsanrede
an Gott
4 Abba
Gebetsaufruf
der Liturgen
6 Oremus
Gebetsende
4 Amen
Gebetsform
10 Rosenkranz
Gebetsmantel
6 Tallit
7 Tallith
Gebetsmühle
der Lamaisten
5 Korle
Gebetsnische
in der Moschee
6 Mihrab
Gebetsruf
der Mohammedaner
4 Enan
des Muezzin im Islam
5 Adhan
im Alten Testament
8 Hosianna
Gebetsrufer
im Islam
7 Muezzin
Gebetsschlusswort
4 Amen
Gebetsschnur
mit Kugeln
10 Rosenkranz
Gebetsstunde
4 Hora, None
7 Andacht
Gebetszusammenstellung
6 Agende
Gebiet
3 Gau
4 Fach, Feld, Land, Raum, Zone
5 Areal, Boden, Zweig
6 Bezirk, Gegend, Metier, Region, Sektor, Sparte
7 Bereich, Branche, Ressort, Sektion, Terrain
8 Distrikt, Gelaende
9 Abschnitt
10 Landesteil, Landschaft, Landstrich
11 Territorium
am Peloponnes
7 Argolis
am Zürichsee (Schweiz)
5 March
an der indischen Westküste
3 Goa
an der Südküste Marokkos
4 Ifni
bei Berlin
6 Barnim
bei Cottbus
9 Spreewald
bei Paris
4 Brie
der Antillen
7 Karibik
der Dichtkunst
4 Epik
5 Lyrik
der Donau
5 Banat, Maros
6 Theiss
der Kultur
5 Kunst, Musik
7 Malerei
9 Literatur
11 Bildhauerei
der Linienschifffahrt
11 Fahrtgebiet
der Mathematik
7 Algebra

9 Geometrie
der Physik
7 Kinetik
der Sahara
9 Sahelzone
der Steiermark
7 Ennstal
eines Erdteils
8 Ostasien
Gelände
7 Terrain
hinter der Front
6 Etappe
hohen Luftdrucks
4 Hoch
im Bezirk Magdeburg
7 Altmark
in Äthiopien
6 Ogaden
in Böhmen
8 Egerland
in Italien
8 Etrurien
9 Kalabrien
in Ostarabien
4 Oman
in Spanien
6 Aragon
in Südwestafrika
7 Namibia
in Vietnam
6 Tonkin
in Vorderindien
4 Thar
mit dauernder Schneebedeckung
5 Nival
mit religiöser Minderheit
8 Diaspora
niedrigen Luftdrucks
4 Tief
ohne Besitzer
12 Niemandsland
südlich der Sahara
5 Sahel
um den Nordpol
6 Arktis
um den Südpol
9 Antarktis
um Jerusalem
6 Judaea
zwischen Donau, Theiß u. Maros
5 Banat
zwischen Mittelmeer und Jordan
10 Palaestina
zwischen Schwarzwald und Schwäbischer Alb
4 Baar
gebieten
6 walten
8 anordnen, befehlen
9 herrschen
12 kommandieren
Gebieter
4 Boss, Herr
6 Regent
7 Meister
8 Potentat
9 Herrscher, Oberhaupt
10 Machthaber
Gebieterin
6 Herrin
8 Regentin
9 Meisterin
11 Herrscherin
gebieterisch
8 herrisch
gebietlich
5 zonal
8 regional
Gebietsabschluss
6 Grenze
Gebietsausschluss
7 Exklave
Gebietseinschluss
7 Enklave
Gebietskörperschaft
4 Land
8 Gemeinde
Gebietsstreifen
4 Zone
Gebietsteil
6 Sektor
Gebilde
4 Ding, Form
5 Figur, Sache
6 Objekt
7 Gefuege, Gestalt, Koerper
8 Struktur
10 Gegenstand
aus verdichtetem Wasserdampf
5 Wolke
aus Wassertropfen
5 Wolke
ohne Ausdehnung
5 Punkt
gebildet
7 belesen, gelehrt
8 studiert
10 kultiviert
Gebinde
4 Bund
5 Buket, Garbe, Kranz
6 Bukett
7 Bouquet, Buendel, Strauss
Gebirge
3 Alb
6 Massiv
9 Bergkette, Bergstock, Hoehenzug
10 Berggruppe, Bergmassiv
12 Gebirgsstock
am Kaspischen Meer
6 Elbrus
am Peloponnes
10 Erymanthus
auf der Balkanhalbinsel
6 Balkan, Pindus
7 Rhodope, Welebit
auf der Krim
5 Jaila
auf Kreta
3 Ida
bei Budapest
5 Matra
der Dolomiten
5 Sella
9 Marmolata
11 Rosengarten
der Kalkalpen
9 Karwendel
der Karpaten
5 Tatra
8 Beskiden
der oberrhein. Tiefebene
11 Kaiserstuhl
der Ostalpen
6 Tauern
der Rätischen Alpen
9 Silvretta
der Salzburger Kalkalpen
9 Dachstein
der Walliser Alpen
9 Monte Bora
des Tienschan
4 Alai
6 Alatau
im Apennin
4 Meta
im Iran
6 Elbrus
in Bosnien-Herzegowina
6 Kozara
7 Vitorog
8 Majevica
in Bulgarien
6 Balkan
7 Wilosch
8 Rhodopen
11 Rilagebirge
in der Mongolei
7 Changai
in der Pfalz
6 Haardt
in der Sahara
3 Tir
7 Ahaggar
in der Schweiz
4 Rigi
5 Alpen
7 Bernina
8 Gotthard, Raetikon
9 Monte Rosa
10 St Gotthard
11 Adulagruppe
13 Sankt Gotthard
14 Gotthardmassiv
in der Slowakischen Republik
5 Fatra, Tatra
8 Karpaten
9 Hohe Tatra
22 Slowakisches Erzgebirge
in der Tschechischen Republik
7 Sudeten
10 Erzgebirge
11 Boehmerwald, Isergebirge
13 Riesengebirge
in Ecuador
5 Anden
11 Kordilleren
in Europa
4 Ural
5 Alpen, Karst, Tatra
6 Balkan, Tauern
7 Apennin, Sudeten, Vogesen
8 Abruzzen, Ardennen, Beskiden, Cevennen, Karpaten
9 Apenninen, Dolomiten, Hohe Tatra, Marmolata, Pyrenaeen, Silvretta
10 Karawanken, Wasgenwald
11 Boehmerwald, Isergebirge
12 Eulengebirge
13 Kaisergebirge, Riesengebirge
in Frankreich
4 Jura
5 Alpen
7 Vogesen
8 Ardennen, Cevennen

13 Zentralmassiv
in Graubünden
3 Err
in Griechenland
4 Oeta, Ossa
5 Olymp
6 Krusia, Othris, Paikon, Parnes, Pelion, Pindos
7 Helikon, Liakura, Parnass
8 Taigetos
10 Pentelikon
in Indien
6 Nigiri
7 Satpura
8 Kardamom
in Innerasien
4 Alai
5 Altai, Pamir
6 Kunlun
7 Kwenlun
8 Himalaja
9 Karakorum, Tienschan
in Iran
6 Elbars, Elwend, Zagros
in Israel
6 Karmel
in Italien
4 Meta
7 Apennin
8 Abruzzen
9 Dolomiten, Marmolata
14 Albanergebirge, Sabinergebirge
in Jugoslawien (Serbien)
8 Kopavnik
in Kalifornien
12 Sierra Nevada
in Kasachstan
7 Karatau
in Katalonien
10 Montserrat
in Kirgisien
4 Alai
in Kleinasien
3 Ida
6 Taurus
8 Kaukasus
in Kolumbien
5 Anden
11 Kordilleren
in Kroatien
6 Dinara, Kapela
7 Biokovo
in Luxemburg
8 Ardennen
in Marokko
3 Rif
5 Atlas
in Mazedonien
9 Pelagonia
in Mexiko
11 Kordilleren, Sierra Madre
in Mitteldeutschland (Ost-)
4 Harz
5 Rhoen
8 Meissner
10 Erzgebirge, Vogelsberg
11 Frankenwald
13 Weserbergland
14 Fichtelgebirge
in Nepal
8 Himalaja
in Nordafrika
3 Rif
5 Atlas
in Nordamerika
10 Appalachen
12 Sierra Nevada
in Österreich
5 Alpen
6 Tauern
7 Koralpe, Saualpe
10 Hohe Tauern, Karawanken, Wienerwald
13 Kaisergebirge, Niedere Tauern, Tennengebirge
15 Mangfallgebirge
in Peru
5 Anden
11 Kordilleren
in Polen
5 Tatra
8 Beskiden, Karpaten, Lysagora
9 Hohe Tatra
in Rumänien
5 Banat, Bihor
7 Banater
in Russland
4 Ural
5 Jaila
8 Kaukasus
in Schottland
9 Highlands
in Schwaben
3 Alb
4 Jura
in Sibirien
4 Ural
5 Altai, Pamir, Sajan
9 Tienschan
in Slowenien
5 Karst
10 Karawanken
13 Julische Alpen
in Spanien
9 Maladetta, Pyrenaeen
12 Sierra Morena, Sierra Nevada
in Südamerika
5 Anden
in Südeuropa
9 Pyrenaeen
in Tanganjika
14 Kilimandscharo
in Tansania
8 Usambara
in Thessalien
4 Ossa
6 Pelion
in Tibet
6 Dangla, Kunlun
in Uganda
9 Ruwenzori
in Ungarn
5 Matra
10 Bakonywald
zwischen Bayern und Böhmen
11 Boehmerwald
zwischen Böhmen und Schlesien
7 Sudeten
zwischen Europa und Asien
4 Ural
zwischen Schwarzem Meer und Kaspischem Meer
8 Kaukasus
zwischen Spanien und Frankreich
9 Pyrenaeen
zwischen Werra und Fulda
5 Rhoen
8 Meissner
13 Kaufunger Wald

Gebirge, Höhenzug
in Afghanistan
10 Hindukusch
in Afrika
3 Rif
5 Atlas, Kenia
9 Antiatlas, Ruwenzori, Teilatlas
14 Kilimandscharo
in Ägypten
5 Sinai
in Algerien
5 Atlas, Aures
in Amerika
5 Anden
10 Blaue Berge
11 Kordilleren, Sierra Madre
12 Sierra Nevada
14 Rocky Mountains
in Anatolien
3 Ida
6 Taurus
in Argentinien
5 Anden
11 Kordilleren
in Asien
4 Alai
5 Altai, Pamir, Sinai
6 Elburs, Taurus
7 Kwenlun, Libanon
8 Himalaja, Kaukasus
9 Karakorum, Tienschan
10 Hindukusch
11 Antilibanon
in Australien
10 Blaue Berge
12 Darlingkette
in Bayern
14 Bayrischer Wald, Fichtelgebirge
in Belgien
8 Ardennen
9 Hohes Venn
in Böhmen
10 Kaiserwald
in Bolivien
5 Anden
11 Kordilleren
in Boötien
7 Helikon
in Bosnien
6 Radusa
in Brasilien
3 Mar
11 Sierra do Mar
in Bulgarien
4 Rila
6 Balkan
7 Rhodope
8 Witoscha
in Burma
5 Dawna
in Chile
5 Anden
11 Kordilleren
in China
5 Gambu
6 Nankou
7 Kwenlun

8 Himalaja
in den Dolomiten
5 Sella
Gebirgsbach
4 Ache
Gebirgsbahn
4 Lift
6 Aufzug
7 Skilift
8 Bergbahn, Seilbahn
10 Haengelift, Sessellift
11 Kabinenbahn, Schlepplift, Schwebebahn, Zahnradbahn
12 Lastenaufzug, Materialbahn
13 Drahtseilbahn
15 Seilschwebebahn
Gebirgsbaum, -blume, -pflanze
4 Arve, Erle
5 Miere, Speik
6 Arnika, Enzian, Germer, Kiefer
7 Aurikel, Laerche, Latsche
8 Blaugras, Dachwurz, Gemswurz, Hauswurz, Pestwurz, Rollfarn, Siegwurz
9 Almrausch, Alpenerle, Alpenhelm, Alpenklee, Alpenrose, Berglinse, Braunelle, Edelraute, Edelweiss, Krummholz, Legfoehre, Mannstreu, Suessklee, Taumantel
10 Alpenlilie, Bergkiefer, Blasenfarn, Ehrenpreis, Gemskresse, Goldpippau, Kugelblume, Loewenzahn, Rispengras, Schafgarbe, Silberwurz, Steinbrech, Steinnelke, Trollblume
11 Almenrausch, Fingerkraut, Kohlroeserl, Meisterwurz, Rauschbeere, Steinroesel, Wohlverleih
12 Gaensekresse, Zirbelkiefer
13 Alpenveilchen, Schwarzkiefer, Taeschelkraut, Teufelskralle
14 Zwergalpenrose
15 Bergwohlverleih
Gebirgsbildung
9 Orogenese
Gebirgseinschnitt
3 Kar, Tal
4 Klus, Pass
5 Klamm, Kluft, Mulde, Senke, Toerl
6 Kessel
7 Hochtal, Scharte, Talenge
8 Schlucht
Gebirgserhebung
3 Pic, Pik, Piz
4 Berg, Grat, Kamm, Peak, Pico
5 Hoehe, Kegel, Kuppe, Spitz, Zacke, Zinne
6 Gipfel, Klippe, Sattel, Sierra, Spitze
7 Anhoehe, Plateau, Ruecken
Gebirgsfalter
6 Apollo
Gebirgsfluss
4 Ache
8 Wildbach
Gebirgsgewässer
8 Wildbach
Gebirgsgruppe
des Himalaja
9 Annapurna
in Italien
6 Alpini
Gebirgshaus
5 Baude
6 Huette
9 Almhuette
10 Schutzhaus
12 Schutzhuette
Gebirgshöhe
in Bulgarien
5 Pirin
Gebirgshütte
5 Baude
6 Huette
8 Notlager
10 Berghuette
12 Schutzhuette
Gebirgskamm
4 Grat
Gebirgskette
6 Sierra
der Karpaten
5 Tatra
Gebirgsland
8 Oberland
in Äthiopien
5 Kaffa
in Vorderasien
9 Kurdistan
westlich des Jordans
8 Galilaea
zwischen Kaspischem und Schwarzem Meer
8 Armenien
Gebirgslandschaft
der Sahara
4 Ahir
in Norwegen
8 Telemark
in Salzburg
6 Pongau
in Schottland
9 Grampians
Gebirgsmassiv
in der Schweiz
4 Rigi
Gebirgsmulde, -nische
3 Kar
5 Klamm
8 Schlucht
Gebirgsname
3 Alb
Gebirgspass
zwischen Indien und Afghanistan
7 Khaiber
Gebirgspfad
5 Steig, Stieg
Gebirgspflanzen
enthaltender Garten
7 Alpinum
Gebirgsschlucht
3 Kar
5 Klamm
Gebirgsstaat
im östlichen Himalaja
6 Bhutan
Gebirgsstock
6 Massiv
Gebirgsteil
3 Pik, Piz
4 Berg, Grat, Kamm
5 Kuppe, Zacke, Zinne
6 Gipfel, Klippe
Gebirgstier, -wild
4 Gams
5 Gemse
6 ◆ Gaemse
9 Alpenhase, Hornviper, Steinbock, Steinhuhn
10 Alpendohle, Murmeltier, Schneefink, Schneehase, Schneehuhn, Schneemaus, Steinadler
12 Laemmergeier, Schneekraehe
14 Alpenspitzmaus
15 Alpensalamander
Gebirgstruppe
in Italien
6 Alpini
Gebirgsübergang
4 Pass
5 Toerl
7 Scharte
11 Passstrasse
Gebirgsverkehrsmittel
4 Lift
7 Skilift
8 Bergbahn, Seilbahn
10 Sessellift, Tellerlift
11 Schlepplift, Zahnradbahn
16 Doppelsessellift
Gebirgsvolk
in Indochina
3 Kha
in Persien
8 Kassiten
Gebirgsweide, -wiese
3 Alm
Gebirgswüste
in Ägypten
15 Arabische Wueste
Gebirgszone
aus kristallinem Gestein
6 Massiv
Gebirgszug
der Alpen
4 Rigi
5 Sella
6 Tauern
7 Bernina
9 Dolomiten, Karwendel, Monte Rosa, Silvretta
10 Hohe Tauern, Karawanken
der Apenninen
4 Meta
in Kirgisien
6 Alatau
Gebiss
6 Zaehne
8 Prothese
10 Zahnersatz
12 Zahnprothese
Gebissstange
des Pferdes
7 Kandare
Gebläse, Gebläsevorrichtung
8 Blasbalg
9 Blasebalg, Exhaustor, Lederbalg
10 Entluefter, Fluegelrad, Kompressor, Ventilator
11 Bewetterung
12 Druckautomat, Winderzeuger

geblättert
8 lamellar
gebleichtes
Wachs
7 Zeresin
Geblüt
6 Erbgut
8 Erbmasse, Herkunft
10 Abstammung, Geschlecht
gebogene
Haltevorrichtung
5 Haken
Hiebwaffe
6 Saebel
Wegstrecke
5 Kurve
gebogener
Metallstift
5 Haken
Nagel
6 Kramme, Krampe
Zehennagel bei Raubtieren
6 Kralle
gebogenes
Wurfholz
8 Bumerang
gebogen, gewölbt
4 rund
5 krumm
6 konkav, konvex, schief
7 geneigt
11 geschwungen
Geborgenheit
3 Hut
5 Obhut
6 Schutz
9 Betreuung, Fuersorge
10 Sicherheit
Geborgtes
4 Borg, Pump
5 Leihe
7 Anleihe
Gebot
5 Order, Regel
6 Befehl, Erlass, Gesetz
7 Prinzip
9 Anordnung, Anweisung, Forderung, Grundsatz, Reglement, Verlangen
10 Bestimmung, Verfuegung, Verordnung, Vorschrift
11 Verkuendung
12 Aufforderung
13 Verkuendigung, Verlautbarung
14 Bekanntmachung
Gebotsübertretung
6 Fehler, Suende
8 Vergehen, Verstoss
gebrannte
Tonplatte
6 Kachel
Tonware
7 Keramik
9 Porzellan
gebrannter
Baustein
6 Ziegel
7 Klinker
Ton
10 Terrakotta
Zucker
7 Karamel
8 ◆ Karamell
gebratene
Fleischscheibe
5 Steak
Scheibchen roher Kartoffeln
5 Chips
gebratenes
Ei
9 Spiegelei
Fleischklößchen
7 Bulette
9 Brisolett
10 Frikadelle
Fleischstück
5 Steak
9 Beefsteak, Karbonade, Rumpsteak, Schnitzel
Rippenstück
8 Kotelett
9 Karbonade
Gebräu
3 Sud
Gebrauch
3 Uso
4 Usus
5 Sitte
6 Praxis, Usance
7 Nutzung
9 Anwendung, Benutzung
10 Verwendung
gebrauchen
8 anwenden, benutzen
9 benuetzen, verwerten
gebräuchlich
6 normal, usuell
7 gaengig, ueblich
gebräuchliche
Bezeichnung für Rundfunk
5 Radio
gebrauchsfertig
5 parat
6 bereit
13 einsatzbereit
Gebrauchsgegenstände
10 Utensilien
auf der Bühne
10 Requisiten
Gebrauchsmöbel
4 Bett
5 Stuhl, Tisch
7 Schrank
gebraucht
12 antiquarisch
Gebrechen
6 Fehler, Leiden, Mangel
7 Schaden
9 Krankheit, Schwaeche
gebrechlich
5 marod, siech
6 taprig
7 schwach, taperig, tapprig
gebrochene
Schrift
7 Fraktur
gebrochener
Akkord
8 Arpeggio
Gebühr
4 Maut, Satz, Taxe, Zoll
5 Porto, Tarif
6 Abgabe
7 Beitrag, Entgelt, Honorar, Praemie
10 Billigkeit
12 Schuldigkeit
des Börsenmaklers
7 Kurtage
für die Teilnahme
7 Einsatz
gebührenfrei
7 taxfrei
Gebührenliste
5 Tarif
gebündelter
Energiestrom
6 Strahl
Lichtstrahl
5 Laser
gebündeltes
Getreide
5 Garbe
Licht
11 Laserstrahl
gebunden
6 latent
7 legiert
in der Musik
6 legato
gebundene
Druckwerke
7 Buecher
Schreibblätter
4 Heft
Tonstufe
6 Legato
gebundenes
Heft
10 Broschuere
gebunden, verborgen
6 latent
9 versteckt
Geburt
6 Partus, Werden
7 Abkunft
8 Herkunft
10 Abstammung, Entbindung, Entstehung
11 Niederkunft
Geburtenregelung
10 Verhuetung
13 Kontrazeption
15 Familienplanung
21 Empfaengnisverhuetung
Geburtsgruppe
von Säugetieren
4 Wurf
Geburtshelferin
7 Hebamme
Geburtshilfeoperation
13 Kaiserschnitt
Geburtsmal, -narbe
5 Nabel
Geburtsort
6 Heimat
10 Heimatdorf, Vaterstadt
11 Heimatstadt
des heiligen Franziskus
6 Assisi
Geburtsort von
Abbe
8 Eisenach
Adenauer
5 Koeln
Agricola
8 Glauchau
Amman, Jost
7 Zuerich

Ampere
9 Polemieux
Andersen
6 Odense
Bach
8 Eisenach
Baedeker
5 Essen
Balzac
5 Tours
Barlach
5 Wedel
Baudelaire
5 Paris
Bebel
5 Koeln
Beethoven
4 Bonn
Bernini
6 Neapel
Bismarck
12 Schoenhausen
Blechen
7 Cottbus
Bloch
12 Ludwigshafen
Böcklin
5 Basel
Bolivar
7 Caracas
Böll
5 Koeln
Borsig
7 Breslau
Botticelli
7 Florenz
Brahms
7 Hamburg
Brandt
7 Luebeck
Brecht
8 Augsburg
Bruckner
9 Ansfelden
Büchner
8 Goddelau
Bunsen
10 Goettingen
Calvin
5 Noyon
Canaletto
7 Venedig
Caruso
6 Neapel
Casanova
7 Venedig
Celsius
7 Uppsala
Chaplin
6 London
Chippendale
5 Otley
Chodowiecki
6 Danzig
Chopin
12 Zelazowa Wola
Conan Doyle
9 Edinburgh
Corneille
5 Rouen
Cotta
9 Stuttgart
Coubertin
5 Paris
Cranach
7 Kronach
Curie, Marie
8 Warschau
Daumier
9 Marseille
Defoe
6 London
Degas
5 Paris
de Gaulle
5 Lille
Dickens
8 Landport
Diderot
7 Langres
Disney
7 Chicago
Disraeli
6 London
Dix
4 Gera
Donizetti
7 Bergamo
Dostojewski
6 Moskau
Dunant
4 Genf
Dürer
9 Nuernberg
Ebert
10 Heidelberg
Edison
5 Milan
Einstein
3 Ulm
Eisenstein
4 Riga
Engels
9 Wuppertal
Euler
5 Basel
Fahrenheit
6 Danzig
Faraday
9 Newington
Feuchtwanger
8 Muenchen
Fichte
8 Rammenau
Flaubert
5 Rouen
Fontane
9 Neuruppin
Ford
8 Dearborn
Frank, Anne
9 Frankfurt
Franklin
6 Boston
Fraunhofer
9 Straubing
Friedrich, C. D.
10 Greifswald
Galilei
4 Pisa
Garibaldi
5 Nizza
Gauguin
5 Paris
Gericault
5 Rouen
Gershwin
7 New York
Giorgione
12 Castelfranco
Goerdeler
13 Schneidemuehl
Goethe
9 Frankfurt
Goldoni
7 Venedig
Grieg
6 Bergen
Grimmelshausen
10 Gelnhausen
Grosz
6 Berlin
Guericke
9 Magdeburg
Haeckel
7 Potsdam
Hahnemann
7 Meissen
Hamsun
3 Lom
Händel
5 Halle
Hauff
9 Stuttgart
Hauptmann
9 Salzbrunn
Haydn
6 Rohrau
Hebbel
11 Wesselburen
Hegel
9 Stuttgart
Heine
11 Duesseldorf
Heisenberg
9 Wuerzburg
Herder
9 Mohrungen
Hertz
7 Hamburg
Hesse
4 Calw
Hindemith
5 Hanau
Hölderlin
7 Lauffen
Hugo
8 Besancon
Humboldt, A.
6 Berlin
Humboldt, W.
7 Potsdam
Ibsen
5 Skien
Jaspers
9 Oldenburg
Jean Paul
9 Wunsiedel
Jesu
9 Bethlehem
Kafka
4 Prag
Kant
11 Koenigsberg
Keller
7 Zuerich

Kepler
4 Weil
Klinger
7 Leipzig
Klopstock
11 Quedlinburg
Kneipp
11 Stefansried
Kolumbus
5 Genua
Kopernikus
5 Torun
Krupp
5 Essen
Lassalle
7 Breslau
Leibl
5 Koeln
Leibniz
7 Leipzig
Lenin
9 Uljanowsk
Leonardo da Vinci
5 Vinci
Lessing
6 Kamenz
Lichtenberg
12 Oberramstadt
Liebig
9 Darmstadt
Lope de Vega
6 Madrid
Lortzing
6 Berlin
Lucrezia Borgia
3 Rom
Luther
8 Eisleben
Macchiavelli
7 Florenz
Manet
5 Paris
Mann, H.
7 Luebeck
Mann, Th.
7 Luebeck
Maria Theresia
4 Wien
Marx
5 Trier
Mendelssohn Bartholdy
7 Hamburg
Mengs
6 Aussig
Menzel
7 Breslau
Merian, M. S.
9 Frankfurt
Metternich
7 Koblenz
Michelangelo
7 Caprese
Millöcker
4 Wien
Mohammed
5 Mekka
Moltke
7 Parchim
Mommsen
7 Garding
Monteverdi
7 Cremona
Mörike
11 Ludwigsburg
Mozart
8 Salzburg
Münzer
8 Stolberg
Murillo
7 Sevilla
Musil
10 Klagenfurt
Napoleon I.
7 Ajaccio
Nestroy
4 Wien
Offenbach
5 Koeln
Ohm
8 Erlangen
Opel
12 Ruesselsheim
Ossietzky
7 Hamburg
Pasternak
6 Moskau
Paulus
6 Tarsus
Peter I. (der Große)
6 Moskau
Planck
4 Kiel
Poe
6 Boston
Pöppelmann
7 Herford
Presley
6 Tupelo
Puccini
5 Lucca
Raffael
6 Urbino
Reis
10 Gelnhausen
Rembrandt
6 Leiden
Renoir
7 Limoges
Reuter, F.
11 Stavenhagen
Richelieu
5 Paris
Richter, L.
7 Dresden
Riemenschneider
8 Osterode
Rilke
4 Prag
Rodin
5 Paris
Röntgen
6 Lennep
Rossini
6 Pesaro
Rothschild
9 Frankfurt
Rousseau
4 Genf
Rubens
6 Siegen
Ruisdael
7 Haarlem
Sachs, Hans
9 Nuernberg
Samuel
4 Rama
Sauerbruch
9 Wuppertal
Schiller
7 Marbach
Schinkel
9 Neuruppin
Schlegel
8 Hannover
Schlüter
6 Danzig
Schopenhauer
6 Danzig
Schubert
10 Lichtental
Schumann
7 Zwickau
Schütz
9 Koestritz
Schweitzer
6 Colmar
Scott
9 Edinburgh
Semmelweis
8 Budapest
Semper
7 Hamburg
Shakespeare
9 Stratford
Siemens
6 Lentke
Spinoza
9 Amsterdam
Stifter
8 Oberplan
Storm
5 Husum
Strauß, F. J.
8 Muenchen
Strauß, J.
4 Wien
Stresemann
6 Berlin
Swift
6 Dublin
Tagore
8 Kalkutta
Telemann
9 Magdeburg
Thomasius
7 Leipzig
Thorvaldsen
10 Kopenhagen
Tiepolo
7 Venedig
Tintoretto
7 Venedig
Tolstoi
14 Jasnaja Poljana
Toscanini
5 Parma
Toulouse-Lautrec
4 Albi
Tschaikowski
8 Wotkinsk
Tschechow
8 Taganrog
Turgenjew
4 Orel
Uhland
9 Tuebingen

van Dyck
9 Antwerpen
Vasco da Gama
5 Sines
Verne
6 Nantes
Vivaldi
7 Venedig
Volta
4 Como
Voltaire
5 Paris
von Bizet
5 Paris
Wallace
9 Greenwich
Warhol
10 Pittsburgh
Washington
9 Wakefield
Weber, C. M. von
5 Eutin
Wedekind
8 Hannover
Weisenborn
7 Velbert
Werfel
4 Prag
Wilde
6 Dublin
Wilson, W.
8 Staunton
Winckelmann
7 Stendal
Wyspianski
6 Krakau
Zeiß
6 Weimar
Zeppelin
8 Konstanz
Zetkin
8 Wiederau
Zille
8 Radeburg
Zola
5 Paris
Zuckmayer
10 Nackenheim
Zweig, A.
6 Glogau
Zweig, St.
4 Wien
Geburtsschmerzen
5 Wehen
Geburtstag
Mohammeds
6 Mewlud
Geburtsvorgang
bei Schaf und Ziege
6 Lammen
Gebüschformation
5 Hecke
Gebüschpflanzung
7 Boskett
Geck
4 Beau, Fant, Gent, Narr, Snob
5 Dandy, Laffe, Protz, Stenz
6 Fatzke, Gigerl, Pinkel
7 Angeber, Flaneur, Stutzer
8 Lackaffe, Modenarr
10 Schoentuer
Geckenhaftigkeit
9 Snobismus

gedacht
6 ideell
Gedächtnis
5 Mneme
8 Andenken, Gedenken
10 Erinnerung
Gedächtnisfeier
9 Jubilaeum
Gedächtniskunst
8 Mnemonik
11 Mnemoneutik
12 Mnemotechnik
Gedächtnisleistung
10 Erinnerung
Gedächtnisschwäche, -störung
7 Amnesie
15 Vergesslichkeit
Gedächtnisschwund
7 Amnesie
Gedächtnisspiel
6 Memory
Gedächtnisstätte
7 Denkmal, Mahnmal
8 Ehrenmal
Gedächtnisstütze
5 Notiz
6 Agenda, Agende
7 Vermerk
8 Kalender, Merkbuch, Tagebuch
9 Notizbuch
10 Aktennotiz, Denkzettel
11 Merkzeichen
12 Aufzeichnung, Eselsbruecke
14 Terminkalender
18 Erinnerungszeichen
Gedächtnistag
9 Ehrenfest, Jubilaeum
gedämpft
in der Musik
5 sordo
gedämpfter
Reis
7 Risotto
Gedanke
4 Idee, Plan
5 Sorge
6 Grille
7 Einfall
9 Eingebung, Vorschlag
11 Inspiration, Vorstellung
Gedankenabschnitt
Musik
6 Phrase
Gedankeneinheit
7 Begriff
Gedankenflug
8 ◆ Fantasie
9 Phantasie
Gedankeninhalt
(griech.)
5 Noema
gedankenlos
10 mechanisch
11 automatisch
Gedankensplitter
10 Aphorismus
Gedankenübertragung
10 Telepathie
Gedankenverbindung
11 Assoziation
gedanklich
11 theoretisch

Gedärm
7 Kutteln
8 Gekroese
9 Kaldaunen
10 Eingeweide
des Wildes
9 Gescheide
Gedeck
3 Set
4 Menu
5 Menue
6 Kuvert
9 Tischzeug
12 Speisenfolge
für eine Person
6 Kuvert
gedeckter
Tisch
5 Tafel
gedehntes
Musikstück
5 Lento
gedeihen
9 florieren
12 prosperieren
Gedeih, Gedeihen
4 Flor, Heil
5 Salus
6 Bluete, Erfolg, Glueck, Werden
7 Bluehen, Wachsen
8 Fortgang, Wachstum, Wohlsein
10 Bluetezeit, Entstehung, Fortkommen
11 Entwicklung, Fortschritt
Gedenkbuch
5 Album
Gedenken
5 Gruss
10 Erinnerung
11 Gedaechtnis
Gedenkfeier
9 Jubilaeum
Gedenkmünze
8 Medaille, Plakette
Gedenkstätte
3 Tor
5 Bogen
6 Saeule
7 Denkmal, Mahnmal, Marterl, Obelisk
8 Ehrenmal, Monument
9 Betsaeule, Siegestor
12 Triumphbogen
gegenüber Bingen
17 Niederwalddenkmal
im Teutoburger Wald
15 Hermannsdenkmal
in Laboe
14 Marineehrenmal
in Masuren
17 Tannenbergdenkmal
Gedenkstein
der Wikinger
10 Bautastein
Gedenktafel
in den Alpen
7 Marterl
Gedenktag
9 Jubilaeum
Gedenktermin
9 Jahrestag
Gedenkveranstaltung
8 Memorial

Gedichtabschnitt
7 Strophe
Gedichtgattung
7 Kasside
Gedicht, Gedichtform, -teil
3 Lai, Ode
4 Epos, Lied, Poem, Reim, Vers
5 Epode, Gasel, Hymne, Xenie
6 Carmen, Ekloge, Elegie, Gasele, Ghasel, Hymnus, Sonett, Spruch, Stanze
7 Ballade, Ghasele, Refrain, Romanze, Strophe
9 Distichon, Hexameter, Rhapsodie, Volksepos, Volkslied
10 Heldenepos, Heldenlied, Pentameter, Sinnspruch, Vierzeiler, Zweizeiler
11 Akrostichon
in altfranzösischer Form
3 Lai
orientalischen Ursprungs
6 Gasele, Ghasel
von Vergil
8 Georgika
Gedichtsammlung
5 Diwan
10 Anthologie
der deutschen Literatur
13 Musenalmanach
Gedichtteil
4 Vers
7 Strophe
gedickter
Obstsaft
5 Gelee
Süßholzsaft
7 Lakritz
8 Lakritze
gediegen
4 fest, rein
5 reell, solid
6 massiv, sauber, solide
7 serioes
9 ernsthaft
10 anstaendig
12 zuverlaessig
13 rechtschaffen
gedienter
Soldat
7 Veteran
Wehrpflichtiger
9 Reservist
Gedinge
6 Akkord
7 Handeln, Vertrag
10 Akkordlohn, Stuecklohn
12 Akkordarbeit, Stueckarbeit
13 Gruppenakkord
gedörrte
Früchte
8 Backobst
gedörrter
Dorsch
10 Stockfisch
Gedränge, Gedrängtheit
4 Enge
7 Andrang, Ballung, Gewuehl, Stauung
gedrängt
3 eng
5 knapp
8 massiert
11 haufenweise, komprimiert, massenweise
gedrehte
Schnur
5 Litze
6 Kordel
7 Flechte
gedrehtes
Band
6 Schnur
gedroschenes
Getreide
4 Korn
gedruckte
Anzahl
7 Auflage
Gedrücktheit
10 Depression
gedrungen
7 kompakt
8 staemmig
Geduld
4 Ruhe
7 Langmut
8 Ausdauer, Grossmut, Sanftmut
9 Gleichmut, Nachsicht
11 Duldsamkeit
geduldig
8 gelassen
warten
9 ausharren
Geduldsspiel
6 Puzzle
8 Patience
geebnete
Strecke
4 Bahn
geeignet
4 reif
6 faehig
12 qualifiziert
geeigneter
Augenblick
11 Gelegenheit
Gefahr
3 Not
5 Krise
6 Krisis, Risiko, Wagnis
7 Drohung, Notlage
8 Faehrnis
9 Bedrohung
11 Bedraengnis, Gefaehrdung
für Alpinisten
6 Lawine
11 Schneebrett, Steinschlag, Wettersturz
14 Wetterumschlag
für Bergleute
9 Grubengas
12 Schlagwetter, Stollenbruch
16 schlagende Wetter
für Schiffe, Schifffahrt
4 Riff
5 Barre, Orkan, Sturm
6 Klippe, Seenot, Taifun, Zyklon
7 Eisberg, Packeis
8 Hurrikan, Sandbank, Treibeis
11 Wirbelsturm
gefährdet
9 exponiert
Gefahrenmeldung
5 Alarm
17 Katastrophenalarm
gefährlich
5 boese
6 heikel
7 drohend, riskant
8 kritisch
9 boesartig
10 bedenklich, bedrohlich, unheilvoll
13 beaengstigend
zugespitzte Lage
5 Krise
gefährliche
Filmszene
5 Stunt
Giftschlange
15 Brillenschlange
Infektionskrankheit
8 Gasbrand
Krankheit der Bienenbrut
8 Faulbrut
Lage
5 Krise
6 Krisis
Leidenschaft
10 Eifersucht
Substanz
4 Gift
Tierseuche
7 Tollwut
Unternehmung
6 Risiko, Wagnis
9 Abenteuer
20 Himmelfahrtskommando
gefährlicher
Kampfsport
6 Karate
Kunstsprung
12 Salto mortale
Raubfisch
3 Hai
Raufbold
13 Messerstecher
Stoff
4 Gift
Wasserstau des Meeres
9 Sturmflut
gefährliches
Geschehnis
9 Abenteuer
Gefährt
5 Karre, Wagen
7 Vehikel
8 Fahrzeug
für Gehbehinderte und Gelähmte
9 Rollstuhl
16 Krankenfahrstuhl
für Kleinkinder
9 Babywagen
10 Sportwagen
11 Kinderwagen
Gefährte
5 Spezi
6 Freund, Kumpan, Kumpel, Sozius
7 Genosse, Intimus, Kamerad, Kollege, Partner
9 Begleiter
10 Vertrauter
11 Busenfreund, Mitarbeiter
13 Berufskollege
des Don Quichotte
11 Sancho Pansa

des Jason
6 Kastor, Neleus, Peleus
7 Admetos, Telamon, Theseus
8 Euphemos, Herakles
des Odysseus
7 Elpenor
10 Eurylochos
des Paulus
8 Barnabas
Evas im Paradies
4 Adam
Mohammeds
5 Ashal
Gefährtin
8 Freundin, Kollegin
9 Kameradin, Partnerin, Vertraute
11 Begleiterin
13 Mitarbeiterin
15 Arbeitskollegin
der Artemis
4 Aura
von Sartre
8 Beauvoir
gefahrvoll
7 riskant
8 kritisch
11 risikoreich
Gefälle
einer Fläche
7 Neigung
Gefallen
4 Lust
6 Dienst, Freude
8 Belieben
9 Geschmack, Sympathie, Zuneigung
10 Zustimmung
12 Liebesdienst
gefällig
6 kulant
9 hilfreich
12 dienstfertig
15 entgegenkommend
Gefälligkeit
5 Gunst
6 Dienst, Kulanz
8 Gefallen
14 Entgegenkommen
Gefallsucht
9 Eitelkeit
10 Koketterie
gefallsüchtig
5 affig, eitel
6 kokett
gefällte
Bäume
8 Langholz
gefalteter
Papierstreifen
7 Fidibus
gefälteter
Kleiderbesatz
7 Ruesche
Kragen
6 Krause
gefältetes
Gewebe
7 Plissee
Gefangenenlager
4 Camp
Gefangenenpost
8 Kassiber
Gefangener
6 Geisel
9 Arrestant, Haeftling
10 Straefling
11 Verhafteter
13 Zuchthaeusler
für Ruderschiffe
14 Galeerensklave
gefangen nehmen
9 sistieren
10 arretieren, festsetzen
11 inhaftieren
Gefangenschaft
4 Haft
6 Arrest
9 Gewahrsam
12 Einkerkerung, Inhaftierung
Gefängnis, Gefängnisraum
5 Knast, Zelle
6 Karzer, Kerker
7 Verlies
8 Kittchen
9 Gewahrsam, Zuchthaus
11 Arrestzelle, Haftanstalt
12 Strafanstalt
15 Vollzugsanstalt
Gefängnisraum
5 Zelle
11 Arrestzelle, Einzelzelle, Sonderzelle
gefärbt
4 bunt
6 farbig
10 parteiisch
11 tendenzioes
gefärbter
Baumwollstoff
5 Batik
Chalzedon
6 Jaspis
gefärbtes
Mineral
6 Apatit
Gefasel
7 Rederei
9 Gequassel
10 Geschwaetz
Gefäß
4 Ader, Dose, Etui, Fass, Glas, Gral, Krug, Kump, Napf, Pott, Tank, Topf, Trog, Urne, Vase, Vene
5 Bowle, Buett, Butte, Eimer, Kanne, Kelch, Kelle, Kruke, Molle, Pokal, Satte, Tasse, Tonne, Wanne, Zuber
6 Ballon, Bassin, Becher, Becken, Boiler, Buette, Flacon, Flakon, Humpen, Kessel, Krippe, Kuebel, Pfanne, Phiole, Roehre, Roemer, Schaff, Schale, Seidel, Siphon, Teller, Tiegel
7 Amphora, Amphore, Ampulle, Arterie, Bottich, Buechse, Flasche, Karaffe, Retorte, Terrine, Traenke
8 Aquarium, Blutader, Kanister, Kochtopf, Kuevette, Messglas, Schoppen, Ziborium
9 Badewanne, Bowletopf, Kalebasse, Putzeimer, Schuessel, Teekessel, Terrarium
10 Bratpfanne, Giesskanne, Kasserolle, Kuchenform, Messbecher, Schmortopf, Sektkuebel, Springform, Wassersack
11 Bettflasche, Feldflasche, Pfeifkessel, Reagenzglas, Sektkuehler, Suppenkelle, Waschkessel
12 Schoepfkelle, Schoppenglas
13 Waermeflasche
14 Plaetzchenform, Thermosflasche
15 Schnellkochtopf
19 Plaetzchenfoermchen
altgriechisches
7 Amphora, Amphore
am Bagger
5 Eimer
aus einem Flaschenkürbis
9 Kalebasse
bei der Glasherstellung
5 Hafen
der Antike
7 Amphora, Amphore
der Parzivalsage
4 Gral
für Blumen
4 Vase
10 Blumentopf
für die Asche der Verstorbenen
4 Urne
für Fische
6 Bassin, Becken
8 Aquarium
für Flüssigkeiten
5 Kanne
6 Ballon
für Kleintiere
9 Terrarium
für Schreibflüssigkeit
10 Tintenfass
für Stimmzettel
4 Urne
für Tierfutter
4 Napf, Trog
6 Krippe
7 Traenke
für Treibstoff
4 Tank
8 Kanister
für Wassertiere, -fische
6 Bassin, Becken
8 Aquarium
11 Schaubecken
im Labor
7 Retorte
11 Reagenzglas
zum Färben
5 Kuepe
zum Schmelzen
6 Tiegel
zum Zerreiben fester Stoffe
7 Moerser
Gefäßboden, Gewässerboden
5 Grund
Gefäßgeschwulst
6 Angiom
gefasst
7 stoisch
10 resigniert

Gefäßverschluss
medizin.
7 Infarkt
9 Thrombose
10 Obturation
Gefecht
5 Kampf
6 Assaut
7 Treffen
8 Bataille
10 Geplaenkel
12 Scharmuetzel
13 Schusswechsel
Gefechtslinie
3 HKL
5 Front
15 Hauptkampflinie
gefedertes
Sprungbrett
9 Trampolin
gefeierte
Künstlerin
4 Diva, Star
10 Primadonna
Gefeierte
9 Jubilarin
Gefeierter
7 Jubilar
gefeit
5 immun
6 bereit, sicher
9 gewappnet, resistent
10 geschuetzt
12 abwehrbereit
17 widerstandsfaehig
Gefieder
6 Federn
10 Federkleid
gefiederter Freund, Wirbeltier
5 Vogel
Gefiederwechsel
6 Mauser
9 Mauserung
Gefilde
5 Lande
6 Gegend, Region
10 Landschaft
der Asen
6 Asgard
7 Idafeld
9 Idafoellr
der Seligen
6 Himmel
7 Elysium
8 Jenseits, Paradies
gefilterter
Zucker
9 Raffinade
geflammt
8 moiriert
geflammte
Musterung bei Naturfellen
5 Moire
geflammtes
Gewebe
5 Chine
Geflecht
4 Korb, Netz
5 Matte
6 Gewebe, Gitter, Plexus
8 Eierkorb, Faschine
10 Gitterwerk, Verbindung
geflecktes
Pferd oder Rind
7 Schecke
geflochtene
Schnur
6 Kordel
geflochtener
Behälter
4 Korb
Damenschuh
6 Opanke
Strohhut
6 Panama
geflochtenes
Haar
4 Zopf
Liegenetz
11 Haengematte
Rundboot
5 Guffa
Geflügel
4 Ente, Gans, Hahn, Huhn, Pfau, Pute
5 Erpel, Fasan, Henne, Puter, Taube
6 Ganter, Glucke, Gockel, Kapaun, Kueken, Tauber
7 Goessel, Kuecken, Taeuber
8 Enterich, Hausgans, Moorente, Perlhuhn, Poularde, Truthahn
9 Federvieh, Haehnchen, Haustaube, Nutzvogel, Truthenne, Wildtaube
10 Taeuberich
zerkleinern
11 tranchieren
12 ◆ transchieren
Geflügelfett
7 Schmalz
13 Gaenseschmalz
Geflügelfüllsel
5 Farce
Geflügelkrankheit
4 Pips, Roup, Zips
11 Huehnerpest, Kueckenruhr
Geflügelprodukt
2 Ei
5 Daune, Feder
7 Entenei, Schmalz
8 Gaenseei
9 Huehnerei
10 Flaumfeder
Geflügelrasse
8 Perlhuhn
Geflügelräuber
5 Fuchs
7 Habicht
Geflügelrumpf
8 Karkasse
Geflügelstall
12 Taubenschlag
geflügelte
Liebesgötter
6 Eroten
9 Amoretten
geflügeltes
Dichterross
7 Pegasos, Pegasus
Wirbeltier
5 Vogel
Wort
5 Zitat
6 Bonmot
9 Ausspruch, Redensart
11 Redewendung
Gefolge
4 Stab
5 Staat, Suite, Tross
6 Anhang, Geleit
7 Eskorte
8 Hofstaat
10 Begleitung
bei Leichenbegängnissen
7 Kondukt
Gefolgschaft
9 Anhaenger
Gefolgsleute
6 Mannen
Gefolgsmann
5 Degen
6 Vasall
7 Paladin
8 Getreuer
9 Anhaenger, Begleiter
11 Beschuetzer
Karls des Großen
6 Roland
Vertreter des Königs
5 Comes
geformt
9 gestaltet
10 profiliert
geformte
Zeichen zur Wiedergabe der Sprache
7 Schrift
10 Buchstaben
geformtes
Brot
4 Laib
gefräßiges
Nagetier
5 Ratte
Gefriergerät
10 Eisschrank
12 Kuehlschrank
14 Tiefkuehltruhe
Gefrierschutzmittel
6 Glykol
gefrorene
Erhebung
7 Eisberg
gefrorener
Nebelniederschlag
7 ◆ Raureif
8 Rauhreif
Niederschlag
5 Hagel
Schnee
6 Harsch
Tau
4 Reif
Gefrorenes
3 Eis
7 Eiskrem
8 Eiscreme
9 Fruchteis, Speiseeis
Gefüge
3 Bau
6 Aufbau
8 Struktur
9 Anordnung
10 Gliederung, Organismus, Schichtung

Gefügebestandteil
des Eisens
6 Perlit
gefügig
4 brav, zahm
5 kirre
8 gehorsam
10 einsichtig, nachgiebig
15 entgegenkommend
16 verstaendnisvoll
machen
6 kirren
7 zaehmen
Gefühl
4 Sinn, Takt
5 Flair, Seele
6 Ahnung, Gemuet, Sensus
7 Behagen, Emotion, Feeling
8 Instinkt, Tastsinn
9 Empfinden, Sentiment, Spuersinn, Unbehagen
10 Empfindung
11 Einstellung
12 Verstaendnis
14 Empfindsamkeit
bei unerfüllter Erwartung
13 Enttaeuschung
bei zuteilgewordener Hilfe
11 Dankbarkeit
der Bloßstellung
5 Scham
der Unterlegenheit gegenüber anderen
24 Minderwertigkeitskomplex
des Abscheus
4 Ekel
für Recht und Unrecht
8 Gewissen
vom Wert der eigenen Person
17 Selbstbewusstsein
von Abneigung und feindlicher Gesinnung
4 Hass
gefühllos, gefühlskalt
3 roh
4 hart, stur
6 brutal, frigid, stumpf
7 grausam, herzlos, lieblos, reizlos
8 steinern
10 gemuetsarm, hartherzig, ungehobelt
11 abgestumpft, gefuehlsarm
13 gleichgueltig, unempfindlich
Gefühlsarmut
6 Kaelte, Kuehle
Gefühlsausbruch
3 Wut
4 Zorn
8 Erregung
gefühlsbedingtes
Verhalten
4 Reue
5 Laune
6 Affekt, Regung
7 Emotion
8 Einsicht, Erregung, Stimmung
9 Eingebung, Intuition
Vorurteil
12 Ressentiment
Gefühlsbereich
6 Gemuet
gefühlsbetont
8 affektiv
9 emotional, expressiv
10 pathetisch
gefühlsbetonte
Dichtung
5 Lyrik
Gefühlsbewegung
6 Regung
8 Erregung
Gefühlsdichtung
5 Lyrik
Gefühlserregung
6 Pathos
gefühlsheftige
Bewegung
6 Affekt
gefühlskalt
6 frigid
Gefühlslage
eines Menschen
8 Stimmung
Gefühlsleben
6 Gemuet
gefühlsmäßig
8 intuitiv
9 emotional
10 emotionell, instinktiv
11 sentimental
gefühlsmäßige
Ablehnung
12 Ressentiment
Erkenntnis
9 Intuition
Handlung
6 Affekt
7 Emotion
gefühlsmäßiger
Zustand
5 Laune
8 Stimmung
Gefühlsmensch
11 Sanguiniker
Gefühlsregung
4 Reue
6 Affekt
gefühlsroh
7 lieblos
Gefühlsrohheit
8 Zynismus
Gefühlsschwärmer
10 Romantiker
Gefühlsseligkeit
16 Sentimentalitaet
gefühlvoll
10 empfindsam, seelenvoll
11 sentimental
gefüllt
4 voll
7 besetzt
gefüllte
Eierkuchen in Österreich
13 Palatschinken
Fleischrolle
7 Roulade
Süßigkeit
7 Praline
gefülltes
Schmalzgebäck
7 Beignet
gefürchtet
8 verhasst
9 unbeliebt
11 gefaehrlich
gefürchtete
Maifröste
10 Eisheilige
gefütterte
Decke
6 Kolter
gegartes
Fleisch
6 Braten
gegebene
Veranlagung
8 Naturell
gegebenenfalls
9 eventuell
gegebener
Sachverhalt
8 Tatsache
Gegebenheit
4 Fact, Fakt, Lage
5 Facts, Stand
6 Fakten, Faktum, Status
7 Umstand
8 Bestehen, Existenz, Tatsache
9 Realitaet, Situation
11 Faktizitaet
12 Wirklichkeit
13 Konstellation, Vorhandensein
Gegebenheiten
9 Realitaet, Umstaende
11 Realitaeten
gegen
3 gen, per
4 anti, etwa, fast, nach, nahe, rund
5 ◆ circa, wider, zirka
6 contra, etwaig, kontra, nahezu
9 ungefaehr
Motten schützen
9 einmotten
Strafverfolgung geschützt
5 immun
Verziehung geschützter Werkstoff
9 Sperrholz
Gegenaktion, -bewegung, -maßnahme
6 Abwehr, Parade, Paroli, Reflex
7 Antwort, Aufruhr
8 Aufstand, Meuterei, Reaktion, Revanche
9 Rebellion
10 Auflehnung, Opposition, Revolution, Rueckstoss, Widerstand
11 Reformation, Rueckschlag
12 Konterschlag
Gegenansage
eines Mitspielers beim Skatspiel
6 Kontra
Gegenantwort
auf eine Erwiderung
8 Duplikat
Gegenargument
7 Einwand
10 Einwendung
Gegenbehauptung
9 Antithese
Gegenbewegung
10 Widerstand
Gegenbild
7 Negativ, Pendant
13 Doppelgaenger
Gegenbuchung
8 Ristorno

Gegend
3 Gau
4 Zone
6 Gebiet, Region
7 Bereich, Gefilde
8 Gelaende, Umgebung
9 Erdstrich
10 Landschaft
am Nordpol
6 Arktis
am Südpol
9 Antarktis
Gegendruck
8 Reaktion
Gegenerklärung
Prozess
6 Duplik
Gegenfüßler
8 Antipode
Gegengift, Gegenmittel
7 Antidot
9 Antidoton, Antidotum, Antitoxin
12 Antisepticum, Antiseptikum
Gegenleistung
in Geld
9 Bezahlung
Gegenmeinung
7 Einwand
Gegenpartei
10 Opposition
Gegenpol
zur Anode
7 Kathode
zur Kathode
5 Anode
Gegenpunkt
zum Zenit
5 Nadir
Gegenrede
6 Replik
7 Antwort
10 Entgegnung, Erwiderung
11 Widerspruch
Gegensatz
zur Materie
5 Eidos
Gegensatz, Gegenspiel
8 Kontrast
9 Antithese, Differenz, Widerpart, Zwiespalt
10 Antithesis, Opposition
11 Feindschaft, Kontroverse, Unterschied, Widerspruch, Widerstreit
12 Antagonismus
gegensätzlich
5 polar
7 paradox
8 kontraer
10 adversativ
11 antinomisch
12 antithetisch
14 antagonistisch
16 widerspruechlich
Gegensätzlichkeit
9 Antinomie
10 Polaritaet
Gegenschlag
6 Konter
8 Reaktion
Gegenseite, Gegenspieler
5 Feind
6 Gegner, Rivale
7 Visavis
8 Opponent, Todfeind
9 Kehrseite, Widerpart
10 Antagonist, Konkurrent, Konkurrenz, Opposition, Rueckseite
11 Protagonist, Widersacher
gegenseitig
6 mutual
7 mutuell
8 reziprok
gegenseitige
Verrechnung von Schuldverschreibung
8 Clearing
gegenseitiger
Wechsel
9 Austausch
Gegenspiel
9 Widerpart
Gegenspieler
8 Antipode
11 Widersacher
Martin Luthers
3 Eck
Gegenstand
4 Ding, Idee
5 Sache, Stoff, Sujet, Thema
6 Gehalt, Inhalt, Objekt
7 Gebilde, Koerper, Materie
8 Material, Substanz
als Vorbild für bildende Künstler
6 Modell
der erzgebirgischen Holzschnitzkunst
18 Weihnachtspyramide
der Haarpflege
4 Kamm
der Versicherung
6 Unfall
der Wahrnehmung
4 Idol
religiöser Verehrung
8 Reliquie
zum Aufhängen von Wäsche
7 Klammer
zur Körperpflege
10 Nagelfeile
gegenständlich
7 konkret
8 greifbar, objektiv
Gegenströmung
4 Neer
8 Reaktion
Gegenstück
7 Pendant
12 Entsprechung
Gegenteil
9 Umkehrung, Widerpart
Gegenteil von
Abend
6 Morgen
Abreise
7 Anreise
absolut
7 relativ
abstrakt
7 konkret
aktiv
6 passiv
alles
6 nichts
allgemein
7 einzeln
alt
3 neu
4 jung
Analyse
8 Synthese
Angebot
9 Nachfrage
Antipathie
9 Sympathie
arm
5 reich
Aufgang
9 Untergang
Aufstieg
9 Untergang
Ausland
6 Inland
Ausreise
8 Einreise
außen
5 innen
Baisse
6 Hausse
Belastung
10 Entlastung
bissig
4 zahm
böse
3 gut
breit
6 schmal
brutto
5 netto
contra
3 pro
Deflation
9 Inflation
dick
5 duenn
dunkel
4 hell
dünn
4 dick
Durst
6 Hunger
Dynamik
6 Statik
Ebene
7 Gebirge
Ehre
7 Schande
einzeln
9 allgemein
erlauben
9 verbieten
10 untersagen
Erlaubnis
6 Verbot
Ernst
6 Scherz
Export
6 Import
fein
4 grob
fern
3 nah
4 nahe
Ferne
5 Naehe
fest
4 lose

6 locker
Flaute
4 Wind
Frau
4 Mann
frei
6 unfrei
9 abhaengig
Freiheit
10 Unfreiheit
12 Knechtschaft
Frieden
5 Krieg
füllen
6 leeren
Gebirge
5 Ebene
geschlossen
5 offen
9 geoeffnet
gesund
5 krank
Gesundheit
9 Krankheit
glatt
3 ◆ rau
4 rauh
Glück
4 Pech
8 Unglueck
12 Missgeschick
grob
4 fein
groß
5 klein
gut
5 boese
8 schlecht
Gutschrift
9 Belastung
hart
4 zart
5 weich
Hass
5 Liebe
Hausse
6 Baisse
heiß
4 kalt
Heiterkeit
5 Ernst
hell
6 dunkel
her
3 hin
Herr
6 Knecht
Himmel
6 Hoelle
hin
3 her
Hitze
6 Kaelte
hoch
4 tief
Höhe
5 Tiefe
Hölle
6 Himmel
horizontal
8 vertikal
hungrig
4 satt

Idealist
7 Realist
11 Materialist
Import
6 Export
Inflation
9 Deflation
Inland
7 Ausland
innen
6 aussen
jung
3 alt
kalt
5 heiss
Kälte
5 Hitze
klein
5 gross
Knecht
4 Herr
Knechtschaft
8 Freiheit
krank
6 gesund
Krankheit
10 Gesundheit
Krieg
7 Frieden
labil
6 stabil
Leben
3 Tod
Lee
3 Luv
leer
4 voll
leeren
7 fuellen
Licht
8 Schatten
Liebe
4 Hass
links
6 rechts
Lob
5 Ruege, Tadel
lose
4 fest
Luv
3 Lee
Mann
4 Frau
Materialist
8 Idealist
Maxi
4 Mini
Morgen
5 Abend
Nachfrage
7 Angebot
Nacht
3 Tag
Nadir
5 Zenit
nah
4 fern
nass
7 trocken
Natur
5 Kunst
negativ
7 positiv

netto
6 brutto
nichts
5 alles
Niederlage
4 Sieg
oben
5 unten
offen
2 zu
11 geschlossen
oft
6 selten
Okzident
6 Orient
Orient
8 Okzident
passiv
5 aktiv
Pech
6 Glueck
peripher
7 zentral
Poesie
5 Prosa
positiv
7 negativ
Praktiker
11 Theoretiker
Praxis
7 Theorie
pro
6 contra
progressiv
11 konservativ
Prosa
6 Poesie
rau
5 glatt
Realist
8 Idealist
Recht
7 Unrecht
rechts
5 links
reich
3 arm
relativ
7 absolut
satt
7 hungrig
sauer
5 suess
Schande
4 Ehre
scharf
6 stumpf
Schatten
5 Licht
Scherz
5 Ernst
schlecht
3 gut
Schwimmer
14 Nichtschwimmer
selten
3 oft
Sieg
10 Niederlage
Spaß
5 Ernst
stabil
5 labil

Statik
7 Dynamik
stumpf
6 scharf
süß
5 sauer
Sympathie
10 Antipathie
Synthese
7 Analyse
Tadel
3 Lob
Tag
5 Nacht
Theorie
6 Praxis
tief
4 hoch
Tiefe
5 Hoehe
Tod
5 Leben
Traum
12 Wirklichkeit
trocken
4 nass
6 feucht
Tugend
8 Untugend
über
5 unter
unten
4 oben
unter
5 ueber
Untergang
7 Aufgang
8 Aufstieg
untersagen
8 erlauben
10 genehmigen
verbieten
8 erlauben
9 gestatten
Verbot
9 Erlaubnis
11 Genehmigung
vertikal
10 horizontal
voll
4 leer
weich
4 hart
wild
4 zahm
Wind
6 Flaute
Wirklichkeit
5 Traum
zahm
4 wild
6 bissig
Zenit
5 Nadir
zentral
8 peripher
zu
3 auf
5 offen
gegenüber
7 vis-a-vis
9 diametral
gegenüberstellen
10 apponieren
Gegenüberstellung
9 Vergleich
13 Konfrontation
14 Konfrontierung
Gegenvorschlag
11 Alternative
Gegenwart
5 Heute, Jetzt
8 Praesens, Praesenz
9 Jetztzeit, Teilnahme
11 Aktualitaet, Anwesenheit
gegenwärtig
2 da
3 nun
5 dabei, jetzt
6 dasein, gerade, jetzig, modern, rezent
7 aktuell, derzeit
8 anwesend, momentan, praesent
9 derzeitig
14 augenblicklich
gegenwärtige
Sachlage
11 Aktualitaet
gegenwartsbezogen
6 modern
Gegenwartsbezogenheit
11 Aktualitaet, Modernitaet
Gegenwartsform
8 Praesens
Gegenwartsform von
sein
3 bin, ist
4 bist, seid, sind
Gegenwehr
4 Veto
6 Abwehr, Parade, Paroli
9 Ablehnung, Defensive, Einspruch
10 Opposition, Vergeltung, Widerstand
12 Verteidigung
Gegenwert
5 Preis
6 Ersatz, Valuta
7 Entgelt
11 Aequivalent
Gegenwirkung
8 Reaktion
gegerbte
Tierhaut
5 Leder
gegerbtes
Ziegenleder
7 Saffian
Gegner
5 Feind
6 Rivale
8 Antipode, Opponent
10 Antagonist, Konkurrent, Kontrahent
11 Widersacher
12 Gegenspieler
Cäsars
4 Cato
der kirchlichen Lehre von der Dreieinigkeit
15 Antitrinitarier
des Christentums
10 Antichrist
des Faschismus
12 Antifaschist
des Herzogs Alba
6 Egmont
im Streit
10 Kontrahent
Karls des Großen
5 Ogier
Luthers
3 Eck, Egk
Gegnerin
Maria Stuarts
9 Elisabeth
gegnerisch
13 oppositionell
Gegnerschaft
9 Widerpart
gegorene
Milch
6 ◆ Jogurt
7 Joghurt, Yoghurt
Stutenmilch
5 Kumys
6 ◆ Kumyss
gegorener
Agavensaft
6 Pulque
Honigsaft
3 Met
Traubensaft
4 Wein
gegorenes
Getränk aus Brot
5 Kwass
Milchprodukt
5 Kefir
6 ◆ Jogurt
7 Joghurt
gegossener
Druckbuchstabe
4 Type
6 Letter
gegossenes
Edelmetallstück
10 Goldbarren
Hartmetall
5 Akrit
Gehabe, Gehaben
5 Getue
7 Alluere, Gebaren
8 Allueren, Benehmen, Betragen, Ziererei
9 Eigensinn, Verhalten
12 Verbohrtheit
13 Verbissenheit
14 Eigenbroetelei
16 Starrkoepfigkeit
gehacktes
Schweinefleisch
4 Mett
Gehacktes
mit Ei und Gewürzen
5 Tatar
gehäkelte
Schlinge
6 Masche
Gehalt
4 Gage, Lohn, Sinn, Sold, Wert
5 Fixum, Heuer, Wesen
6 Essenz, Inhalt, Salaer
7 Entgelt, Honorar
8 Substanz
9 Bedeutung, Besoldung,

Einkommen
der Künstler
4 Gage
des Weines
5 Feuer
einer chemischen Lösung
5 Titer
im Edelmetall
8 Feinheit
gehaltlos
4 leer
10 einfaeltig, langweilig
11 unbedeutend
12 ◆ nichts sagend
gehaltreich, gehaltvoll
4 voll
7 delikat, kompakt
8 ergiebig, wertvoll
9 koestlich, praegnant
11 erstklassig
12 hervorragend, konzentriert
13 ausgezeichnet
Gehaltsanteil
10 Kindergeld
11 Kleidergeld
12 Wohnungsgeld
15 Trennungszulage
Gehaltserhöhung
6 Zulage
gehärtete
Bleikügelchen
6 Schrot
gehärtetes
Eisen
5 Stahl
gehässig
6 falsch, odioes
8 haemisch
11 schadenfroh
12 hinterlistig
13 heimtueckisch, hinterhaeltig
Gehässigkeit
5 Haeme
gehässig-schrill
schimpfen
6 keifen
Gehäuse
3 Tor
6 Huelle, Kapsel, Kasten
9 Behaelter
für eine Statue
8 Aedikula
Gehbehindertengerät
9 Rollstuhl
geheftete
Buchausgabe
11 Taschenbuch
geheftetes
Buch
10 Broschuere
Gehege
6 Korral, Pferch
7 Paddock, Zwinger
8 Aviarium
9 Fasanerie
für Pferde
6 Paddok
kleiner Wald
3 Hag
zum Einfangen wilder Tiere
6 Korral
zur Hühnervogelzucht
9 Fasanerie

geheiligter
Brauch
5 Ritus
geheim
6 anonym, latent, okkult, sekret
7 diskret
8 heimlich, traulich
9 verborgen
10 esoterisch
11 vertraulich
Geheimagent
8 Emissaer
Geheimanschlag
6 Kabale
Geheimbund
auf Sizilien
5 Mafia
6 Maffia
der Antike
6 Mysten
7 Kariben
8 Orphiker
10 Mystagogen
in den USA
10 Ku-Klux-Klan
in Italien
9 Carbonari, Karbonari
in Neapel
7 Kamorra
in Ostafrika
6 Mau Mau
Geheimbündelei
12 Konspiration
Geheimdienst
3 CIA
geheime
Offenbarung
10 Apokalypse
Staatspolizei im Dritten Reich
7 Gestapo
Staatspolizei im Zarenreich
7 Ochrana
Geheimgericht
4 Feme
Geheimkult
auf Haiti
4 Wudu
6 Woodoo
Geheimkunst
5 Magie
Geheimlehre
6 Gnosis
7 Kabbala
8 Esoterik
9 Mysterien
11 Okkultismus, Spiritismus
Geheimnis
4 Hehl
7 Arkanum, Raetsel
9 Mysterium
der Zauberkunst
5 Trick
Geheimnisbruch
6 Verrat
geheimnisumwobene
Organisation
10 Freimaurer
geheimnisvoll
6 okkult
8 mystisch, nebuloes, orphisch
9 verborgen
10 mysterioes
11 raetselhaft

12 sibyllinisch
geheimnisvolle
Ausstrahlung
2 Od
Schale
4 Gral
warnende Inschrift
9 Menetekel
Weissagung
6 Orakel
Geheimpolizei
im zaristischen Russland
7 Ochrana
Geheimpolizist
5 Agent, Spion
8 Detektiv
11 Geheimagent, Kriminalist
12 Kripobeamter
15 Kriminalbeamter
16 Agent provocateur, Kriminalpolizist
19 verdeckter Ermittler
Geheimschreiben
8 Kassiber
Geheimschrift, -schlüssel, -zeichen
4 Code
5 Regel, Zinke
6 Zinken
7 Chiffre
8 Kennwort
13 Kennbuchstabe
Geheimwissenschaft
8 Alchemie, Alchimie
11 Okkultismus, Spiritismus
Geheimzeichen
7 Chiffre
8 Kennwort
Geheinheit
7 Schritt
Geheiß
5 Order
6 Befehl
9 Anordnung, Anweisung
gehemmt
11 gehandikapt
Gehfläche
im Zimmer
5 Boden
Gehilfe
4 Aide
6 Helfer, Kommis
7 Adjunkt, Adlatus, Famulus, Geselle
8 Adjutant, Komplice, Komplize
9 Assistent
11 Mitarbeiter
13 Helfershelfer
bei der Jagd
7 Treiber
beim Hochamt
6 Levite
der Spielbank
8 Croupier
des Bankhalters beim Roulett
8 Croupier
des Chemikers
8 Laborant
des Paulus
5 Titus
9 Timotheus
des Schiedsrichters
13 Linienrichter

des Spielleiters im Film
14 Regieassistent
des Stierkämpfers
8 Capeador
des Weinhändlers
6 Kuefer
eines Abtes
5 Prior
eines Bischofs
9 Koadjutor
eines Offiziers
8 ◆ Ordonanz
9 Ordonnanz
im Handwerk
7 Geselle
in der Landwirtschaft
6 Knecht
Gehilfin
der Hausfrau
13 Raumpflegerin
in der Landwirtschaft
4 Magd
Gehirn
vom Schlachttier
6 Bregen
Gehirnhautentzündung
10 Meningitis
16 Perienzephalitis
19 Meningoenzephalitis
Gehirn-, Rückenmark-, Augengeschwulst
5 Gliom
Gehirnschlag
9 Apoplexie
Gehirntraining
9 Denksport
gehobenes
Lebensgefühl
6 Freude
8 Euphorie
Gehöft
auf einer Puszta
5 Tanya
Gehöftform, Kral
5 Werft
Gehöft, Gehöftteil
3 Gut, Hof, Tor
5 Stall
6 Hoftor, Stadel
7 Anwesen, Brunnen, Gutshof, Scheuer, Scheune
8 Kuhstall, Schuppen, Stallung, Wohnhaus
9 Bauernhof, Einoedhof
Gehölz
4 Baum, Hain, Wald
5 Busch, Forst
7 Pflanze, Strauch, Waldung
8 Gebuesch, Schonung
9 Buschwerk, Gestruepp, Pflanzung, Unterholz, Waeldchen
11 Strauchwerk
12 Holzgewaechs
Gehölzkunde
11 Dendrologie
gehorchen
7 kuschen
8 parieren
Gehörknöchelchen
6 Amboss, Hammer
11 Steigbuegel
gehörlos
4 taub
Gehörn
6 Geweih
männlicher Hirsche
6 Geweih
gehörnter
Ehemann
7 Hahnrei
Paarhufer
3 Gnu, Jak, Kuh, Tur, Yak
4 Anoa, Arni, Bock, Gams, Kudu, Rind, Zebu
5 Bison, Gemse, Ochse, Schaf, Stier, Ziege
6 ◆ Gaemse, Hammel, Muffel, Widder, Wisent
7 Bueffel, Gazelle, Karakul, Mufflon
8 Antilope
9 Bergziege, Schafbock, Steinbock
10 Ziegenbock, Zwergziege
11 Angoraziege, Kuhantilope, Merinoschaf, Moschustier
12 Breitschwanz, Elenantilope, Heidschnucke, Maehnenschaf, Moschusochse
13 Kaschmirziege, Kropfantilope, Wasserbueffel
14 Kaffernbueffel
gehörntes
Haustier
3 Kuh
4 Bock, Rind
5 Bulle, Ochse, Schaf, Stier, Ziege
6 Hammel, Widder
9 Schafbock
10 Ziegenbock
Gehörorgan
3 Ohr
gehorsam
4 brav
5 artig
7 folgsam
Gehorsam
8 Obedienz
11 Folgsamkeit
13 Subordination
des Jagdhundes
6 Appell
Gehorsamsverweigerung
8 Meuterei
Gehrock
3 Cut
7 Cutaway
Gehstange
6 Stelze
Gehsteig, Gehweg
3 Weg
4 Pfad
7 Fussweg
8 Trottoir
12 Buergersteig
Gehunfähigkeit
6 Abasie
Geier
der Anden
6 Kondor
Geier, Geierart
6 Kondor
8 Aasgeier
9 Bartgeier, Kammgeier
11 Gaensegeier, Kuttengeier
12 Koenigsgeier, Laemmergeier, Moenchsgeier
Geifer
6 Saliva
8 Speichel
Geige
5 Gambe, Viola
6 Fiedel
7 Violine
8 Bratsche
11 Violoncello
der Lausitzer Wenden
5 Husle
im 17./18. Jahrhundert
5 Poche
Geigenbauer
4 Dier
5 Alban, Amati, Cappa, Klotz, Santo
6 Rogeri, Tielke
7 Gobotti, Gruener, Maggini, Metelka, Ruggeri, Rugieri, Stainer, Testore
8 Bachmann, Bergonzi, Guarneri, Storione
9 Bergonski, Schroeder, Spielmann
10 Guadagnini, Montagnana, Stradivari, Vuilleaume
Geigenharz
10 ◆ Kolofonium
11 Kolophonium
Geigenteil, -zubehör
4 Hals, Steg
5 Boden, Bogen, Decke, Saite, Zarge
6 Buegel, Wirbel
7 Sordine, Sordino
8 Daempfer, Schnecke
9 Schalloch
10 Bassbalken, Griffbrett, Kinnhalter, Obersattel, ◆ Schallloch, Stimmstock
11 Kinnstuetze, Untersattel
12 Saitenhalter, Wirbelkasten
Geigenvirtuose
5 Stern, Varga
6 Ferras, Kremer
7 Corelli, Heifetz, Joachim, Menuhin, Tartini, Toselli
8 Grumiaux, Oistrach, Paganini, Sarasate
9 Zuckerman
11 Kulenkampff
12 Francescatti, Schneiderhan
Geisha
9 Taenzerin
12 Tanzmaedchen
Geißbart
8 Wollgras
10 Maedesuess, Ziegenbart
11 Krampfkraut
Geißblattgewächs
6 Holder, Holler
8 Holunder, Mausholz
9 Giftbeere, Waldwinde
10 Belladonna, Hundsbeere, Schneeball
11 Achenstaude, Holderknopf, Tintenbeere
12 Judenkirsche, Teufelsbeere

13 Heckenkirsche, Schwarzholder
17 Jelaengerjelieber
Geißel
5 Knute, Plage, Zilie, Zille
6 Wimper
7 Nagaika
8 Fortsatz, Peitsche
13 Lederpeitsche
des Mittelalters
4 Pest
6 Pocken
Geißelbruder
10 Flagellant
Geißeltierchen
9 Flagellat
Geißfuß
6 Geraet
7 Giersch, Kuhfuss, Spanner
8 Werkzeug
10 Maedesuess
11 Brechstange
15 Armbrustspanner
Geist
3 Nus
4 Idee, Witz
5 Genie, Ratio, Seele, Wesen
6 Daemon, Esprit, Essenz, Gehalt, Genius
8 Gespenst, Klugheit, Spiritus, Substanz, Verstand
9 Gesinnung, Intellekt
11 Intelligenz
betreffend
6 mental
der birmanischen Volksreligion
3 Kat
Geisterscheinung
3 ◆ Alb, Elf, Fee, Nix, Nus
4 Elfe, Gnom, Hexe, Mahr, Neck, Nixe, Peri, Spuk
5 Drude, Noeck, Troll, Zwerg
6 Daemon, Fantom, Inhalt, Kobold, Najade, Nymphe, Schrat, Teufel, Triton, Vampir, Vampyr
7 Banshee
8 Gespenst, Irrlicht, Irrwisch, Ungetuem
9 Beelzebub, Nachtmahr, Ruebezahl, Ungeheuer
10 Rachegeist, Wassermann, Wassernixe
11 Hoellenhund
12 Meerjungfrau, Perischlange, Wilder Jaeger
13 Klabautermann
Geistchen
10 Federmotte
Geister
der Verstorbenen
5 Manen
7 Lemuren
8 Schatten
Geisterbeschwörer
8 Exorzist
11 Nekromantie
Geisterbeschwörung
10 Exorzismus
Geisterglaube, -lehre
9 Animismus
11 Daemonismus, Okkultismus, Spiritismus

geisterhafte
Erscheinungen
7 Schemen
Gestalt der deutschen Sage
14 Schimmelreiter
Geistertreiben
4 Spuk
Geistesanlage
8 Ingenium
geistesarm
4 dumm, fade
Geistesarmut
7 Einfalt
8 Dummheit
15 Beschraenktheit
Geistesart
11 Mentalitaet
Geistesblitz
4 Idee
7 Einfall, Gedanke
9 Eingebung, Intuition
Geisteserkrankung
8 Psychose
geistesgestört, -krank
3 irr
5 bloed
6 bloede, dement
7 imbezil
8 imbezill, paranoid
9 idiotisch
10 paranoisch
11 schizophren
13 schwachsinnig
14 psychopathisch
Geistesgröße
5 Genie
11 Genialitaet
Geisteshaltung
7 Habitus
13 Rationalismus
Geisteskranke
4 Irre
Geisteskranker
5 Irrer
10 Psychopath
Geisteskrankheit
5 Manie
7 Irrsinn
8 Paranoia, Psychose, Wahnsinn
9 Katatonie, Monomanie
10 Umnachtung
13 Schizophrenie
Geistesrichtung
11 Mentalitaet
geistesschwach
5 debil
Geistesschwäche
7 Idiotie
10 Debilitaet
12 Oligophrenie
13 Imbezillitaet
Geistesträgheit
7 Phlegma
geistesverwandt
9 kongenial
Geisteswerk
4 Buch, Opus
Geisteswissenschaft, -lehre
3 Jus
4 Jura
5 Ethik, Logik
6 Metrik, Poetik
7 Melodik
8 Didaktik, Dogmatik, Exegetik, Historik
9 Aesthetik, Denklehre, Dialektik, Ethologie, Ideologie, Ontologie, Theologie
10 Ethnologie, Genealogie, Geschichte, Humanistik, Metaphysik, Mythologie, Paedagogik, Philologie, Soziologie
11 Chronologie, Dramaturgie, ◆ Ethnografie, Germanistik, Philosophie, Psychologie, Rechtskunde, Rechtslehre, Seelenkunde, Sittenlehre, Sprachkunde, Staatsrecht
12 Archaeologie, Ethnographie, Jurisprudenz, Voelkerrecht
13 Anthropologie, Psychosomatik
15 Kunstgeschichte, Volkswirtschaft
16 Verfassungsrecht
19 Literaturgeschichte
geistig
6 ideell, mental
8 borniert
9 spiritual, spirituos
10 spirituell, spirituoes
11 immateriell
13 intellektuell
beschränkt
4 doof, dumm
5 bloed
6 bloede
8 borniert
10 einfaeltig, geistesarm
13 schwachsinnig
14 geistesschwach
ebenbürtig
9 kongenial
geschulte Verstandesmenschen
14 Intellektuelle
gesund
6 normal
wenig regsamer Mensch
12 Phlegmatiker
geistige
Anteilnahme
9 Interesse
Arbeit
7 Studium
Ausdrucksform
4 Stil
Befähigung
6 Talent
Belebung
8 Anregung
Beschränktheit
14 Engstirnigkeit
Betrachtung
10 Meditation
Bewegung
8 Romantik
Fähigkeit
11 Intelligenz
Formung
7 Bildung
Gespanntheit
14 Aufmerksamkeit
Getränke
11 Spirituosen
Helferin
10 Ratgeberin

Hilfe
3 Rat
Sinnestäuschung
6 Vision
Tätigkeit
7 Phlegma
Vorstellung
7 Gedanke
Wesensart, Gesinnung
5 Ethos
geistiger
Diebstahl
7 Plagiat
Gehalt
4 Sinn
Wert
4 Sinn
6 Gehalt
8 Substanz
geistiges
Unvermögen
11 Sterilitaet
Wahrnehmen, Denkakt
6 Noesis
geistlich
10 spirituell
geistliche
Amtstracht, Kleidungsstück
4 Albe
5 Inful, Mitra, Orale, Ornat, Stola, Talar, Tiara, Tiare
6 Barett, Birett, Sutane
7 Soutane
8 Beffchen, Chorhemd, Messrock
10 Papstkrone
Behörde
12 Konsistorium
Betreuung
9 Seelsorge
Bruderschaft (13.-16. Jh.)
6 Kaland
Komposition
4 Leis
5 Credo, Hymne, Kyrie, Messe, Missa, Psalm
6 Choral, Gloria, Hymnus, Tedeum
7 Kantate, Litanei, Motette, Passion, Psalter, Requiem, Sequenz
8 Graduale, Miserere
9 Introitus, Kyrieleis, Oratorium
10 Totenmesse
11 Missa brevis, Offertorium
12 Kyrieeleison, Missa privata, Responsorium
13 Missa solemnis
Übung, Übungen
10 Exerzitien, Exerzitium, Meditation
12 Meditationen
Vereinigung
5 Orden
geistlicher
Amtsbereich
6 Bistum
7 Dekanat, Pfarrei
8 Dechanei, Dioezese, Gemeinde, Parochie, Sprengel
10 Kirchspiel
Amtsbruder
9 Konfrater
der Ostkirche
4 Pope
10 Seelsorger
der russisch-orthodoxen Kirche
4 Pope
Gesang
5 Credo, Kredo, Kyrie, Messe, Missa, Psalm
6 Choral, Tedeum
7 Kantate, Litanei, Motette, Psalter, Requiem
9 Oratorium
Lehrer im Hinduismus
4 Guru
Negergesang
9 Spiritual
Orden
7 Templer
8 Jesuiten, Malteser, Paulaner, Serviten
9 Kapuziner, Minoriten, Theatiner, Ursulinen
10 Albigenser, Augustiner, Barfuesser, Barnabiten, Basilianer, Guttempler, Johanniter, Karmeliter, Kartaeuser, Lazaristen, Pallotiner, Trappisten
11 Dominikaner, Karthaeuser, Norbertiner, Trinitarier
12 Benediktiner, Floriazenser, Franziskaner, Ignorantiner, Kluniazenser, Tempelherren
13 Deutschherren, Deutschritter, Mechitaristen, Zisterzienser
14 Redemptoristen, Schwertbrueder, Ursulinerinnen
15 Borromaeerinnen, Karmeliterinnen, Magdalenerinnen
16 Vinzentinerinnen
Ritterorden
6 Ballei
7 Templer
8 Malteser
10 Johanniter
Geistlicher
6 Kaplan, Pastor
7 Pfarrer
8 Priester
geistliches
Amt, Titel, Würdenträger
3 Abt
4 Abba, Abbe, Dean, Pope
5 Abate, Dekan, Doyen, Papst, Pater, Prior, Vikar
6 Diakon, Kaplan, Moench, Oberer, Oberin, Pastor, Propst
7 Bischof, Dechant, Dekanat, Domherr, Eminenz, Nuntius, Pfarrer, Praelat
8 Guardian, Kardinal, Katechet, Parochus, Pastorat, Prediger, Priester, Reverend, Superior, Vikariat
9 Episkopat, Fuerstabt, Kanonikus, Kapitular, Licentiat, Lizentiat, Lizenziat, Missionar, Patriarch, Presbyter
10 Ehrwuerden, Erzbischof, Kirchenrat, Metropolit, Pontifikat, Seelsorger
11 Archidiakon, Beichtvater, Hofprediger, Weihbischof
13 Fuerstbischof, Heerespfarrer, Pfarrverweser
14 Oberkirchenrat, Superintendent
15 Feldgeistlicher, Konsistorialrat
16 Landeskirchenrat
Buch, Schrift
5 Bibel
6 Missal
7 Brevier, Missale, Psalter
8 Messbuch
9 Gebetbuch
10 Evangelium, Gesangbuch
11 Katechismus
14 Altes Testament, Neues Testament
Chorwerk
7 Motette
9 Oratorium
Lied
7 Passion
Lied im Mittelalter
4 Leis
Negerlied
9 Spiritual
Schauspiel
13 Passionsspiel
14 Mysterienspiel
Verbot, Kirchenbann
9 Interdikt
Geistlichkeit
6 Klerus
geistlos
5 schal
geistreich
4 klug
6 witzig
11 intelligent
heiter
6 launig
geistreiche
Französin
7 Sevigne
8 Recamier
Italienerin
11 Accoramboni
Verspottung
10 Persiflage
Wendung
6 Bonmot
Witzigkeit
6 Esprit
geistreicher
Ausspruch
6 Bonmot
Einfall
3 Gag
4 Idee
6 Apercu, Bonmot
10 Aphorismus
Sinnspruch
10 Aphorismus
geistreiches
Witzwort
6 Bonmot
geistvolle
Betrachtung
10 Aphorismus
geistvoll, schöpferisch
6 genial

Geiz
4 Gier
7 Habgier
8 Egoismus, Geldgier, Habsucht, Raffgier
9 Knauserei
11 Sparsamkeit
13 Knauserigkeit
geizen
8 knausern
Geizhals
4 Filz
6 Egoist, Raffer
7 Knauser, Knicker
geizig
8 knickrig, schoflig
9 knauserig
Gejammer
5 Klage
6 Geheul
7 Lamento
8 Gewinsel, Wehklage
Gejauchze
5 Jubel
8 Hosianna
10 Frohlocken
15 Freudengeschrei
gekästelt
7 kariert
gekeimte
Gerste
4 Malz
gekelterter
Fruchtsaft
4 Most
Gekläffe
6 Geheul
geknüpftes
Maschenwerk
4 Netz
gekocht
3 gar
gekochter
Obstbrei
3 Mus
gekochtes
Obst
7 Kompott
Gekochtes
3 Sud
5 Gares
gekörntes
Palmenmark
4 Sago
Stärkemehl
4 Sago
gekränkt
7 pikiert
9 beleidigt, verstimmt
gekräuselter
Besatz
7 Faelbel
gekrönter
Dichter
7 Laureat
9 Laureatus
Herrscher
5 Prinz
6 Fuerst, Herzog, Kaiser, Koenig
7 Monarch
9 Imperator
Gekröse
4 Netz
5 Magen
6 Daerme
7 Gedaerm, Innerei, Kutteln
9 Kaldaunen
10 Eingeweide
11 Mesenterium
gekrümmte
Linie
5 Bogen, Kurve
7 Ellipse, Parabel, Spirale
8 Maeander, Schlange, Zickzack
10 Serpentine
gekrümmter
Malaiendolch
4 Kris
Metallstift
5 Haken
Teil
5 Bogen
gekünstelt
10 affektiert, manieriert
12 unnatuerlich
gekünstelte
Haltung
4 Pose
Gel
7 Kolloid
Gelächter
5 Spott
6 Lachen
7 Kichern
10 Heiterkeit
geladenes
Atom
3 Ion
5 Anion
6 Kation
Gelage
5 Orgie
7 Bankett
8 Gastmahl, Zecherei
9 Bacchanal, Kneiperel, Zechabend
Geländeabschnitt
6 Gegend
Geländebeschreibung
10 ◆ Topografie
11 Topographie
Geländeeinschnitt
3 Tal
Geländeerhebung
4 Berg
7 Anhoehe
geländegängiges
Fahrzeug
4 Jeep
5 Buggy
6 Panzer
7 Traktor, Trecker
9 Bulldozer, Landrover, Schlepper
14 Kettenfahrzeug
15 Raupenschlepper
Gelände, Geländeform
2 Au
3 Aue, Tal
4 Berg, Land, Moor, Moos, Raum
5 Ebene, Geest, Heide, Hoehe, Mulde, Platz, Senke
6 Gebiet, Gegend, Huegel, Kessel, Marsch, Region
7 Anhoehe, Flaeche, Gebirge, Hochtal, Terrain
8 Erhebung, Tiefland
9 Flachland, Hoehenzug, Niederung, Talkessel
10 Huegelland
11 Hochgebirge, Territorium
13 Mittelgebirge
14 Flussniederung
Geländeprüfung
für Motorradsportler
9 ◆ Motocross
Geländer
6 Reling, Tralje
9 Bruestung
10 Balustrade
Geländerstütze
8 Baluster
Geländerteil
8 Handlauf
Geländeskizze, Plan
5 Karte, Kroki
Geländevertiefung
3 Tal
5 Grube, Mulde, Rinne, Senke
6 Graben, Kessel, Krater
10 Einschnitt
Gelass
4 Raum
5 Zelle
6 Gemach, Kammer, Zimmer
8 Kemenate
gelassen
5 ruhig
7 gefasst, stoisch
Gelassenheit
7 Fassung, Haltung
10 Contenance, Kontenance
Gelatine
4 Leim
7 Gallert
8 Gallerte
11 Knochenleim
gelatineartiges
Gebilde
3 Gel
Geläuf
4 Bahn, Spur
7 Wechsel
8 Rennbahn
14 Pferderennbahn
geläufig
9 habituell
geläutertes
Indigo
6 Isatin
gelb
4 gehl
Gelbbleierz
8 Wulfenit
gelbblühende
Blume
7 Teerose
Heilpflanze
6 Arnika
Ölpflanze
4 Raps
gelbblühender
Korbblütler
9 Eberraute
Strauch
7 Ginster, Mahonie
9 Forsythie

gelbbraune
Malerfarbe
5 Ocker
gelbbrauner
Gummiharz
6 Assant
Quarz
9 Tigerauge
Stoff für Tropenkleidung
4 ◆ Kaki
5 Khaki
gelbbräunlich
7 chamois
gelbe
Narzissenart
11 Osterglocke
Pflaume
9 Mirabelle
Rasse
10 Mongoliden
Rübe
6 Moehre
7 Karotte
9 Mohrruebe
Teichrose
6 Mummel
gelber
Bergkristall
6 Oitrin, Zitrin
Farbstoff
7 Auramin
Farbstoff als Indikator
5 Morin
Farbstoff im Eidotter
6 Lutein
Marmor aus Nordafrika
6 Giallo
Pflanzenfarbstoff
6 Flavon
Safranfarbstoff
6 Krozin
Schmuckstein
5 Topas
6 Citrin
9 Tigerauge
Gelber
Fluss
7 Hoangho, Huangho, Hwangho
gelbes Gewürz, Färbemittel
6 Safran
gelbgraues
Pferd
8 Isabelle
gelbgrünes, giftiges Gas
5 Chlor
Gelbguss
7 Messing
Gelbklee
8 Feldklee, Hornklee
10 Hopfenklee
Gelbkreuz
4 Lost
5 Yprit
gelblichbraune
Metallfarbe
6 Bronze
gelblichbrauner, feuchter Zucker
5 Farin
gelbliche
Farbe
4 falb, ◆ kaki
5 beige, khaki
7 chamois
9 erdfarben
10 gemsfarben, sandfarben
11 ◆ gaemsfarben
gelbliches
Pferd
5 Falbe
Gelbling
4 Pilz
9 Singvogel, Tagfalter
10 Kleefalter, Speisepilz
11 Pfifferling
13 Schmetterling
Gelbreizker
11 Pfifferling
gelbrot
6 orange
gelbrote
Rübe
6 Moehre
7 Karotte
Gelbsucht
7 Ikterus
Gelbwurz
7 Curcuma, Kurkuma
Geld
4 Note
6 Muenze, Schein
8 Banknote
14 Zahlungsmittel
im Volksmund
4 Kies, Koks, Moos
5 Knete, Marie, Pinke
6 Floehe, Kohlen, Lappen, Mammon, Piepen, Pulver, Zaster
7 Kroeten, Moneten, Penunse, Penunze
10 Pinkepinke
11 Pimperlinge
in ausländischer Währung
6 Valuta
leihen
6 borgen, pumpen
setzen
6 wetten
Geldabgabe
für Waren
4 Zoll
zum Unterhalt
8 Alimente
Geldadel
11 Plutokratie
Geldankündigung
auf der Sparkasse
4 Avis
Geldaufnahme
4 Borg, Pump
6 Kredit
7 Anleihe
8 Darlehen
Geldaufwendungen
6 Kosten
Geldbehälter, -beutel, -depot
4 Safe
5 Kasse, Katze
6 Boerse, Tresor
8 Kassette, Spardose, Wandsafe
9 Geldkatze, ◆ Portmonee, Schatulle
10 Geldbeutel, Geldboerse
11 Brieftasche, Brustbeutel, Sparbuechse, Sparschwein
12 Portefeuille, Portemonnaie
Geldbeihilfe, -zuschuss
7 Wechsel
10 Stipendium, Subvention
13 Monatswechsel
14 Unterstuetzung
Geldbetrag
5 Summe
bei Spielerwechsel
12 Abloesesumme
Geldbezug
im Alter
5 Rente
7 Pension
8 Ruhegeld
9 Leibrente
10 Ruhegehalt
Geldeinzahlung
7 Einlage
Geldeinziehung
7 Inkasso
Geldentschädigung
bei Körperverletzung
14 Schmerzensgeld
Geldentwertung
9 Inflation
Gelder
5 Fonds
8 Finanzen
Geldfürst
5 Nabob
Geldgeber
7 Sponsor
8 Kreditor
9 Financier, Finanzier
10 Glaeubiger
Geldgeschenk
türkischer Sultane
5 Surre
Geldgier
4 Geiz
Geldgurt, -beutel
5 Katze
Geldherrschaft
11 Plutokratie
Geldinstitut
4 Bank
9 Notenbank, Sparkasse
13 Kreditanstalt, Postscheckamt, Postsparkasse
14 Darlehenskasse
Geldkasten
5 Kasse
9 Schatulle
geldlich
8 monetaer
9 pekuniaer
10 finanziell
geldloser
Handel
6 Tausch
Geldmacht
11 Plutokratie
Geldmann
7 Bankier
9 Financier, Finanzier
Geldmittel
5 Fonds
8 Finanzen
Geldnäpfchen
b. Kartenspiel
5 Pinke
Geldnehmer
7 Debitor

9 Schuldner
Geldprägeanstalt
6 Muenze
Geldrollenpaket
5 Grupp
Geldschein
4 Note
8 Banknote
Geldschließfach, -schrank
4 Safe
6 Tresor
11 Stahlkammer
Geldsendung
9 Anweisung
12 Ueberweisung
Geldstück
6 Muenze
aus Metall
12 Silbermuenze
Geldsumme
6 Betrag, Posten
7 Kapital
Geldtasche
6 Boerse
Geldverfassung
8 Waehrung
Geldvorrat, Gütervorrat
5 Fonds
Geldwechselstube
8 Exchange
Geldwert
5 Preis
9 Kaufkraft
Geldwirtschaft
8 Finanzen
9 Bankwesen
12 Boersenwesen
Gelee
3 Jus
5 Aspik, Juice
7 Gallert
8 Gallerte
10 Fruchtsaft
11 Fleischsaft
aus Fleischsaft
5 Glace
6 ◆ Glacee
gelegen
5 recht
6 genehm, zupass
8 guenstig
10 willkommen
Gelegenheit
6 Anlass, Chance, Zufall
8 Occasion, Okkasion
12 Moeglichkeit
Gelegenheitsarbeit
3 Job
Gelegenheitsarbeiter
6 Jobber
11 Tageloehner
Gelegenheitsgedicht
6 Karmen
Gelegenheitskauf
8 Occasion, Okkasion
gelegentlich
10 episodisch
gelegentlich vorkommend
10 sporadisch
Gelehrsamkeit
6 Wissen
Gelehrten-, Kirchensprache
6 Latein

Gelehrtenuntersuchung
6 Studie
Gelehrter
8 Forscher
9 Professor
10 Akademiker, Studierter
14 Wissenschafter
15 Wissenschaftler
am Hofe Karls des Großen
6 Alkuin
der Weltgeschichte
4 Kant
des Mittelalters
6 Hraban
8 Hrabanus
im Orient
5 Hakim
Schriftenausleger
6 Exeget
von Rotterdam
7 Erasmus
von Sevilla
6 Isidor
Geleise
8 Schienen
Geleit
6 Schutz
7 Eskorte, Gefolge, Komitat, Kondukt
9 Bedeckung, Bewachung, Sicherung
10 Begleitung
11 Abschirmung, Absicherung
Geleitwort
5 Motto
6 Devise, Prolog
7 Sentenz, Vorwort
9 Vorspruch
11 Einfuehrung
Geleitzug
6 Konvoi
Gelenk
5 Angel
6 Zapfen
9 Drehpunkt, Scharnier
beim Huftier
6 Fessel
des Armes
8 Ellbogen
10 Ellenbogen
des Beines
4 Knie
8 Knoechel
Gelenkband
8 Ligament
Gelenkentzündung
5 Gicht
9 Arthritis
Gelenkleiden
5 Gicht
6 Rheuma
9 Arthritis
12 Rheumatismus
Gelenkteil
5 Kugel
6 Kapsel
Gelenkversteifung
8 Ankylose
Gelenkwelle
beim Auto
6 Kardan
11 Kardanwelle

gelernter
Handwerker
7 Geselle, Meister
Geliebte
5 Buhle
6 Flamme, Gspusi, Schatz
7 Liebste
8 Buhlerin, Dulzinea, Liebchen
9 Favoritin, Konkubine, Kurtisane, Maetresse, Maitresse, Stammzahn
10 Angebetete
11 Herzensdame, Verhaeltnis
des Ödipus
6 Ismene
im alten Hellas
7 Hetaere
Geliebter
5 Amant, Buhle, Galan
6 Schatz
7 Favorit, Seladon
8 Cicisbeo, Liebster
9 Liebhaber
10 Hausfreund
Geliebter der/von:
Agnes Bernauer
8 Albrecht
14 Herzog Albrecht
Aida
7 Radames
Aphrodite
6 Adonis
Bess
5 Porgy
Chloe
7 Daphnis
Circe, Kirke
8 Odysseus
Cleopatra
6 Caesar
8 Antonius
Dalila, Delila
6 Samson
Demeter
5 Jason
Geldsumme
7 Anleihe
George Sand
6 Chopin, Musset
Hero
7 Leander
Isolde
7 Tristan
Julia
5 Romeo
Kalypso
8 Odysseus
Katharina der Großen
5 Orlow
8 Potemkin
Kleopatra
6 Caesar
8 Antonius
Klytämnestra
7 Aegisth
Kybele
5 Attis
Lady Hamilton
6 Nelson
10 Lord Nelson
Nymphe Nais
7 Daphnis

Sappho
5 Phaon
Selene
8 Endymion
Tosca
11 Cavaradossi
Turandot
5 Kalaf
Geliebte von:
Abaelard
7 Heloise
Adonis
9 Aphrodite
Alexander dem Großen
5 Thais
Amor
6 Psyche
Antonius
9 Cleopatra, Kleopatra
Aristoteles
7 Phyllis
10 Herphyllis
August dem Starken
5 Cosel
Cäsar
9 Cleopatra, Kleopatra
Catull
6 Lesbia
Dante Alighieri
8 Beatrice
Daphne
5 Chloe
Don Quichotte
8 Dulcinea, Dulzinea
Eros
6 Psyche
Helios
6 Klytia
Herzog Albrecht von Bayern
5 Agnes
13 Agnes Bernauer
Hölderlin
7 Diotima
Jupiter
6 Latona
Karl V.
8 Blomberg
Karl VII. von Frankreich
5 Agnes
10 Agnes Sorel
Katull
6 Clodia
Leander
4 Hero
Lord Nelson
12 Lady Hamilton
Ludwig I. von Bayern
4 Lola
6 Montez
10 Lola Montez
Ludwig XIV. von Frankreich
9 Maintenon, Montespan
Ludwig XV. von Frankreich
7 Dubarry
9 Pompadour
15 Madame Pompadour
Nelson
8 Hamilton
12 Lady Hamilton
Odysseus
5 Circe, Kirke
7 Kalypso
Peer Gynth
7 Solveyg
Perikles
7 Aspasia
Petrarca
5 Laura
Philipp II.
5 Eboli
Porgy
4 Bess
Radames
4 Aida
Romeo
5 Julia
Samson
6 Dalila, Delila
Tannhäuser
5 Venus
Tristan
6 Isolde
Zeus
2 Io
4 Leda, Leto, Maia, Maja
5 Danae, Dione
6 Europa, Semele
7 Alkmene, Antiope
geliehenes
Fahrzeug
9 Mietwagen
Gelierstoff
6 Pektin
Gelingen
4 Sieg
6 Erfolg, Glueck
gell
7 schrill
Gelöbnis
3 Eid
5 Votum
6 Schwur
8 Geluebde
11 Versprechen
12 Versicherung
Gelobtes
Land
10 Palaestina
gelockt
5 kraus
6 wellig
geltend
7 gueltig
geltende
Gesetze
5 Recht
Geltung
3 Ruf
4 Wert
5 Image
6 Nimbus
7 Ansehen, Leumund
8 Einfluss, Prestige, Renommee
9 Bedeutung
Geltungsbezirk
7 Bereich
Geltungstrieb, -drang
7 Ehrgeiz
9 Ruhmsucht
10 Strebertum
12 Herrschsucht
Gelübde, entscheidende Stimme bei Abstimmungen
5 Votum
Gelüste
8 Begehren, Begierde
9 Verlangen
Gemach
4 Raum
5 Stube, Zelle
6 Kammer, Zimmer
8 Kemenate
gemächlich
gehen
7 bummeln
9 flanieren, schreiten
10 schlendern
gemachte
Haltung
4 Pose
Gemahl
4 Mann
5 Gatte
7 Ehemann
gemahlener
Schnupftabak
5 Rapee
Speckstein
4 Talk
gemahlenes
Getreide
4 Mehl
6 Schrot
7 Gruetze
Gemahlin
4 Frau
6 Gattin
7 Ehefrau
9 Ehegattin
ägyptischer Könige
9 Nofretete
des letzten Schahs
5 Farah
Gemahlin von:
Claudius
9 Agrippina
Erek
5 Enite
Etzel
6 Helche, Herche
Friedrich I.
15 Sophie-Charlotte
Goethe
7 Vulpius
Heinrich II.
9 Kunigunde
Herodes
8 Herodias
Jason
5 Medea
6 Kreusa
Kaiser Claudius
9 Messalina
Kaiser Justinian
8 Theodora
Kaiser Otto
9 Theophanu
König Attila
6 Ildico
König Lykos
5 Dirke
Kresphontes
6 Merope
Lohengrin
4 Elsa
Oberon
7 Titania

Osiris
4 Isis
Otto dem Großen
6 Editha
Rembrandt
6 Saskia
Schiller
9 Lengefeld
Schiwa (ind. Religion)
6 Shakti
Sisyphos von Korinth
6 Merope
Zeus
4 Hera
Gemälde
auf Kalkwand
6 Fresko
aus bunten Steinen
6 Mosaik
im Louvre (von da Vinci)
8 Mona Lisa
in Rundform
5 Tondo
nachahmen
8 kopieren
von Cranach
3 Eva
von Tizian
5 Danae
von Womacka
3 Uta
Gemälde, -art
4 Bild
5 Ikone
6 Fresko
7 Bildnis, Gouache, Oelbild, Pastell, Tableau
8 Aquarell, Portraet, Portrait
9 Genrebild, Konterfei, Stilleben, Tafelbild
10 Landschaft, Oelmalerei, ◆ Stillleben
11 Temperabild
Gemäldeentwurf
6 Skizze, Studie
Gemäldesammlung
7 Galerie
10 Pinakothek
12 Kunstgalerie
zur Ausleihe
8 Artothek
Gemäldesammlung in
Amsterdam
11 Rijksmuseum
Dresden
13 Sempergalerie
Florenz
5 Pitti
8 Uffizien
12 Palazzo Pitti
Frankfurt/Main
7 Staedel
Madrid
5 Prado
München
10 Pinakothek
Paris
6 Louvre
Sankt Petersburg
9 Eremitage
Gemäldeskizze
6 Studie
Gemarkung
4 Flur
5 Etter, Grund
6 Bezirk, Gebiet, Grenze
gemäß
4 laut, nach
6 analog
7 zufolge
10 angemessen
12 entsprechend
gemästet
4 fett
5 feist
gemästetes
Junghuhn
6 Poulet
gemauerte
Uferstraße
3 Kai
4 Mole
gemauerter
Wasserbehälter
6 Bassin
8 Zisterne
gemein
4 fies
5 infam
7 ruchlos, vulgaer
8 ordinaer, schoflig
15 niedertraechtig
Gemeinde
3 Ort
4 Dorf
5 Markt, Sekte, Stadt
7 Kommune
8 Sprengel
10 Kirchspiel
12 Gemeinschaft, Marktflecken
13 Koerperschaft
14 Genossenschaft
in Südtirol
5 Eppan
Gemeindebezirk
9 Gemarkung
Gemeindegrund
4 Mark
9 Gemarkung
Gemeindehelfer
6 Diakon
Gemeindehelferin
10 Diakonisse
Gemeindekassenleiter
9 Kaemmerer
Gemeindekirchenrat
12 Presbyterium
Gemeindeland
8 Allmende
Gemeindevertreter, -vertretung
5 Senat
7 Schulze
8 Stadtrat
9 Kaemmerer, Magistrat
11 Schultheiss
14 Buergermeister, Stadtkaemmerer
18 Oberbuergermeister
Gemeindevorsteher
7 Schulze
11 Schultheiss
14 Buergermeister
im früheren Polen
7 Starost
in anglo-amerik. Ländern
5 Mayor
9 Lord Mayor
in der Schweiz
6 Ammann
15 Stadtpraesident
in Frankreich
5 Maire
in Italien
7 Podesta, Sindaco
in Spanien
7 Alcalde
Gemeindewiese
5 Anger
Gemeindezentrum
7 Rathaus
10 Marktplatz, Stadtplatz
12 Rathausplatz
im alten Griechenland
5 Agora
im alten Rom
5 Forum
gemeine
Garnele
5 Kroat
Handlung
5 Untat
10 Verbrechen
12 Niedertracht
gemeiner
Mensch
7 Subjekt
Gemeinheit
7 Infamie
10 Schurkerei
12 Niedertracht
gemeinhin
5 vulgo
gemeinnützig
6 sozial
Gemeinplatz
9 Plattheit
10 Platituede
gemeinsam
8 simultan
9 kollektiv
11 solidarisch
gemeinsame
Abendmahlsfeier der ersten Christen
10 Liebesmahl
Abendmahlsfeier der Kommunikanten
9 Kommunion
Besprechung
8 Beratung
Trinkgeldkasse
5 Trunk
gemeinsamer
Beschluss
9 Einigkeit
gemeinsames
Gespräch
10 Kolloquium
Liebesmahl der Urchristen
5 Agape
Wirken
10 Teamarbeit
Gemeinschaft
3 Ehe, Elf
4 Bund, Clan, Club, Crew, Gang, Klan, Klub, Liga, Ring, Team, Volk

5 Bande, Block, Gilde, Haufe, Herde, Horde, Kaste, Kreis, Meute, Rotte, Rudel, Runde, Schar, Sekte, Sippe, Staat, Stamm
6 Clique, Corona, Gruppe, Klasse, Korona, Nation, Partei, Truppe, Verein, Zirkel
7 Einheit, Familie, Gremium, Kommune, Verband
8 Buendnis, Ensemble, Fraktion
9 Abteilung, Besatzung, Kollektiv, Sozietaet
10 Konsortium, Mannschaft, Sippschaft, Verbindung
11 Foederation, Vereinigung
12 Gesellschaft, Gewerkschaft
13 Koerperschaft, Schutzverband
14 Genossenschaft
17 Interessenverband
20 Zusammengehoerigkeit
der Menschen
4 Volk
im menschlichen Zusammenleben
7 Familie
von Sängern
4 Chor
gemeinschaftlich
6 kommun
7 vereint
9 kollektiv
gemeinschaftliche
Arbeitsniederlegung
6 Streik
Gehorsamsverweigerung
8 Meuterei
Gottesverehrung
12 Gottesdienst
Gemeinschaftsarbeit
8 Teamwork
Gemeinschaftserziehung
11 Koedukation
gemeinschaftsfähig
6 sozial
gemeinschaftsfeindlich
7 asozial
gemeinschaftsfördernd
6 sozial
Gemeinschaftsgefährte
7 Kamerad
Gemeinschaftsgesang
4 Chor
5 Kanon
Gemeinschaftslied
10 Rundgesang
Gemeinschaftssinn
10 Korpsgeist
11 Parteigeist
12 Freundschaft, Solidaritaet
13 Kameradschaft, Verbundenheit
17 Hilfsbereitschaft
20 Zusammengehoerigkeit
gemeinschaftsunfähig
7 asozial
Gemeinschaftsunterkunft
von Jugendbünden
9 Zeltlager
Gemeinsinn
12 Solidaritaet
13 Kameradschaft
gemeinsinnig
6 sozial

gemeinverständlich
8 populaer
Gemeinwesen
4 Dorf, Land
5 Staat, Stadt
7 Flecken, Kommune
8 Gemeinde, Siedlung
Gemenge, Gemisch
6 Mixtur
7 Amalgam, Gemisch, Loesung, Melange
8 Emulsion, Mischung
9 Gemengsel
10 Verbindung, Vermengung
11 Kombination, Konglomerat, Mischfutter
13 Durcheinander
15 Zusammensetzung
aus Kalkstein und Ton
6 Mergel
aus Stickstoff und Sauerstoff
4 Luft
für Backwaren
4 Teig
gemessen
11 zeremoniell, zeremonioes
13 gravitaetisch
Gemetzel
7 Blutbad
8 Massaker, Schlacht
10 Massenmord
13 Schlaechterei
Gemisch
9 Gemengsel
aus Sauerstoff und Wasserstoff
8 Knallgas
zum Mauern
7 Moertel
zur Weingewinnung
7 Maische
gemischt
7 meliert
10 kunterbunt
gemischte
Fleischwarenscheiben
10 Aufschnitt
gemischtes
Durcheinander
10 Kunterbunt
Gemme
8 Intaglio
mit erhabem Bild
5 Kamee
Gemsbüffel
auch Geamsbueffel auf Sulawesi
4 Anoa
Gemsenhorn
6 Krucke
Gemsgehörn
7 Krickel
Gemsleder
7 Chamois
13 Saemischleder
Gemunkel
4 Fama
5 Ondit
6 Gerede
7 Klatsch, Tratsch
8 Geruecht
10 Geschwaetz
11 Hoerensagen, Quatscherei

Gemüse
in Essig
10 Mixpickles
12 ◆ Mixedpickles
Gemüsegericht
7 Letscho
Gemüserübe
7 Karotte
Gemüsesuppe
8 Julienne
10 Minestrone
gemusterter
Deckenplüsch
6 Mokett
gemustertes
Gewebe
5 Batik, Moire
6 Brokat, Damast
Gemüt, Gemütsart
4 Herz
5 Seele, Wesen
7 Gefuehl, Inneres
8 Naturell
9 Charakter, Empfinden
10 Empfindung, Innenleben
11 Seelenleben, Temperament
gemütlich
5 intim
6 bequem, kommod
9 behaglich, entre nous
11 komfortabel
gemütliche
Atmosphäre
13 Behaglichkeit
gemütliches
Gespräch
17 Plauderstuendchen
Gemütsbewegung, -zustand
3 Wut
4 Ekel, Hass, Rage, Reue, Zorn
5 Angst, Grimm, Groll, Laune, Scham
6 Aerger, Affekt, Freude, Furcht, Regung, Trauer, Unlust
7 Emotion, Missmut
8 Erregung, Reaktion, Stimmung
9 Empoerung, Konfusion, Unbehagen, Vorfreude
10 Depression, Verwirrung
11 Entruestung, Melancholie, Resignation, Verstimmung
12 Begeisterung, Enthusiasmus, Gelassenheit, Leidenschaft, Verbitterung, Verzweiflung
13 Enttaeuschung
14 Feindseligkeit
Gemütskrankheit
4 Wahn
5 Manie
7 Raserei
8 Irresein, Tobsucht
9 Monomanie, Schwermut
10 Depression
11 Melancholie, Resignation
12 Verbitterung
15 Verfolgungswahn
Gemütsruhe
6 Geduld
8 Ausdauer
9 Gleichmut
10 Stoizismus
11 Duldsamkeit
12 Gelassenheit

15 Beschaulichkeit
Gemütsstimmung
5 Laune
Gemütszustand
5 Laune
8 Stimmung
gemütvoll
10 seelenvoll
11 sentimental
genähte
Linie
4 Naht
genähter
Kleiderrand
4 Saum
8 Saumnaht
genannt
5 alias
genarbtes
Leder
7 Chagrin
genäselt
5 nasal
genau
5 exakt
6 geizig, gerade, strikt, subtil
7 akkurat, korrekt, penibel, praezis, richtig, sparsam
8 pingelig, praezise
9 knauserig, minuzioes
10 ordentlich, pedantisch, puenktlich
11 sorgfaeltig
12 gewissenhaft
beschreiben
10 definieren
gehende Uhr
11 Chronometer
scharf umrissen
9 praegnant
genaue
Nachbildung einer Zeichnung oder Unterschrift
9 Faksimile
Tagesbezeichnung
5 Datum
Überprüfung
8 Revision
Genauigkeit
7 Akribie
8 Sorgfalt
9 Exaktheit
10 Pedanterie, Praezision
11 Akkuratesse, Korrektheit
13 Ordnungsliebe
14 Ordentlichkeit
Genealogie
14 Ahnenforschung
15 Sippenforschung
17 Familienforschung
genealogischer
Begriff
3 Ahn
4 Ahne, Base, Sohn
5 Enkel, Kusin, Linie, Neffe, Sippe, Stamm, Urahn, Vater, Zweig
6 Cousin, Kusine, Mutter, Nichte, Urahne, Vetter
7 Cousine, Enkelin, Familie, Tochter, Urenkel, Vorfahr
8 Herkunft
9 Stammbaum, Urenkelin
10 Abstammung, Ahnenreihe, Ahnentafel, Grossvater, Hauptlinie, Nebenlinie, Verwandter
11 Anverwandte, Grossmutter
14 Blutsverwandte
15 Blutsverwandter
genehmigen
8 billigen, erlauben, zulassen
9 gewaehren
11 konzedieren
12 autorisieren, ratifizieren
13 sanktionieren
Genehmigung
5 Recht
6 Lizenz, Permit, Placet, Plazet
7 Konsens
8 Sanktion
9 Billigung, Erlaubnis, Freibrief, Zulassung
10 Konzession
12 Einwilligung
eines Vertrages
12 Ratifikation
zur Ausübung eines Heilberufes
11 Approbation
geneigt
4 hold
7 gewogen, zugetan
geneigte
Fläche
4 Hang
Geneigtheit
4 Huld
5 Gnade, Gunst
General
der früheren deutschen Schutztruppe
13 Lettow Vorbeck
des amerikanischen Unabhängigkeitskrieges
7 Steuben
des Großen Kurfürsten
11 Derfflinger
Friedrichs des Großen
8 Schwerin, Seydlitz
im amerikanischen Sezessionskrieg
3 Lee
5 Grant
im Burenkrieg
5 Smuts
Napoleons I.
5 Murat
6 Maison
Wallensteins
4 Illo, Seni
7 Isolani
11 Piccolomini
Generalfeldmarschall
10 Hindenburg
Generalissimus
16 Oberbefehlshaber
Generalkommando
10 Oberbefehl
Generalpause
in der Musik
5 Vuoto
Generalsekretär
der UN
3 Lie
5 Annan, Perez, Utant
6 Uthant
7 Cuellar
8 Waldheim
9 De Quellar
12 Boutros Ghali
13 Hammarskjoeld
Generalsrang
9 Marschall
13 Feldmarschall
Generation
13 Menschenalter
Generationsangehöriger
11 Zeitgenosse
Generator
4 Ofen
6 Dynamo
11 Gaserzeuger
13 Stromerzeuger
14 Dynamomaschine
generell
9 allgemein, umfassend
12 allumfassend
16 ◆ allgemein gueltig
generös
9 freigebig, spendabel
10 edelmuetig, hochherzig
11 grossmuetig, grosszuegig
Genese, Genesis
6 Quelle, Werden
8 Ursprung
9 Erzeugung, Werdegang
10 Entstehung, Schoepfung
11 Entwicklung, Erschaffung
Genesender
14 Rekonvaleszent
Genesung
7 Heilung, Rettung
8 Erholung
9 Gesundung
12 Konvaleszenz
14 Rekonvaleszenz
Genesungsstätte
10 Sanatorium
13 Erholungsheim
Genesungsurlaub
3 Kur
8 Erholung
Genetik
8 Erblehre
Genfer
Reformator
6 Calvin
Seewind
5 Rebat
genial
4 klug
6 begabt
8 begnadet
13 schoepferisch
Genick
6 Nacken
geniert
7 gehemmt
8 befangen
Geniertheit
5 Scham
Genießbarkeit
10 Essbarkeit
genießen
9 goutieren
11 konsumieren, profitieren
Genießer
7 Aesthet, Gourmet, Sybarit
8 Bacchant, Gourmand, Lebemann

9 Epikureer, Luestling, Schlemmer
10 Leckermaul
13 Feinschmecker
15 Lebenskuenstler

Genitalien
10 Schamteile
16 Geschlechtsteile

Genitiv
7 Wesfall

Genius
5 Geist
11 Schutzgeist
14 Schoepferkraft

Genörgel
9 Quengelei

genormte
Größe
6 Format

Genosse
5 Spezi
6 Bruder, Freund, Kumpan, Kumpel, Sozius
7 Kamerad, Kollege, Partner
8 Gevatter, Komplice, Komplize, Konsorte, Mitglied
9 Begleiter, Gefaehrte, Mittaeter
10 Vertrauter
14 Parteimitglied

Genossenschaft
4 Bund
9 Sozietaet
10 Konsortium
11 Vereinigung

Genotyp
7 Erbbild

Genre
3 Art, Typ
4 Stil
5 Wesen
7 Gattung

genuesische
Fürstin
9 Dogaressa

genuesischer
Fürst
4 Doge
Kurort
5 Nervi
Seeheld
5 Doria
11 Andrea Doria
Verschwörer
6 Fiesco

genuesisches Adelsgeschlecht
5 Doria

genug
5 basta
7 punktum, sattsam
11 ausreichend

genügen
7 reichen

genügend
10 suffizient
11 erklecklich

genügsam
10 bescheiden
11 spartanisch
12 anspruchslos

genügsame
Schafrasse
13 Heidschnucken

Genügsamkeit
14 Bescheidenheit

Genugtuung
5 Busse, Rache
6 Suehne
7 Triumph
8 Revanche
10 Vergeltung
12 Befriedigung, Satisfaktion
16 Wiedergutmachung

Genus
7 Gattung
10 Geschlecht

Genuss
4 Lust
5 Spass, Wonne
6 Freude, Labsal, Nutzen, Profit
7 Verzehr
10 Amuesement, Vergnuegen

Genussgift
7 Alkohol, Koffein, Nikotin

genüsslich
Lebender
8 Lebemann

Genussmensch
7 Sybarit
8 Bacchant, Lebemann
9 Epikureer, Luestling

Genussmittel
3 Kat, Tee
4 Bier, Coca, Kola, Mate, Sake, Sekt, Wein
5 Betel, Kakao, Mokka, Tabak
6 Cognac, Kaffee, Kognak, Likoer
7 Alkohol, Coffein, Gewuerz, Koffein, Nikotin, Schnaps
10 Branntwein
aus Tabakblättern
7 Zigarre

genusssüchtig
9 materiell

genusssüchtige
Dame
8 Lebedame

Geodät
8 Geometer
10 Feldmesser, Landmesser
13 Landvermesser

Geografie
8 Erdkunde

geografische
Bestimmung eines Ortes
4 Lage
Breite (Nautik)
5 Hoehe
Lage
11 Breitengrad, Laengengrad
Raumeinheit
6 Geotop
Zonen
6 Tropen

geografischer
Begriff
3 Alm, Arm, Aue, Bad, Bai, Dom, Erg, Gat, Gau, Hag, Hof, Kap, Kar, Kog, Lot, Mur, Oie, Ort, Ost, Pic, Pik, Piz, Pol, See, Tal, Weg, Wet
4 Bach, Belt, Berg, Bett, City, Damm, Dorf, Ebbe, Enge, Erde, Esch, Fall, Farm, Feld, Fels, Firn, Flur, Flut, Furt, Gatt, Golf, Grad, Grat, Haff, Hain, Hang, Horn, Iglu, Jura, Kamm, Kolk, Kolm, Kral, Land, Lauf, Lava, Lido, Maar, Meer, Moor, Mure, Neer, Nord, Oase, Oede, Pass, Rain, Rand, Ried, Riff, Sand, Smog, Sued, Sund, Torf, Town, Tuff, Ufer, Wald, Wand, Watt, Wehr, Welt, West, Wiek, Wind, Zone
5 alpin, Anger, Areal, Atlas, Atoll, Barre, Boden, Bucht, Busen, Canon, Deich, Delta, Duene, Ebene, Falte, Fauna, First, Fjell, Fjord, Fleet, Flora, Fluss, Forst, Geest, Gneis, Hafen, Halde, Heide, Hoehe, Horst, Humus, Insel, Kamin, Kanal, Karst, Karte, Kegel, Klamm, Kliff, Klima, Kluft, Kluse, Kreis, Kuppe, Loess, Magma, Markt, Matte, Mulde, Nadir, Osten, Ozean, Pampa, Priel, Regen, Rinne, Runse, Sahel, Senke, Soell, solar, Spalt, Staat, Stadt, Strom, Sturm, Sumpf, Taiga, Teich, Terra, Trift, Weide, Wiese, Wurte, Zacke, Zenit, Zinne
6 Abhang, Arktis, Bezirk, Biotop, Bodden, Boerde, Brache, Breite, Doline, Duerre, Eiland, Felsen, Foerde, fossil, Furche, Gebiet, Gegend, Geiser, Geysir, Gipfel, Globus, Graben, Gracht, Grenze, Hallig, Harsch, Helder, Himmel, Hoehle, Huegel, Kanton, Karren, Kessel, Kibbuz, Klause, Klippe, Krater, Kueste, Kurort, Ladino, Laenge, Lagune, Lawine, Llanos, Mandat, Marsch, Massiv, Monsun, Morast, Norden, Orient, Platte, Quelle, Region, Relief, Sattel, Schelf, Schnee, Seebad, Solbad, Spalte, Steppe, Strand, Sueden, Therme, Tropen, Tundra, Umwelt, Urwald, Vulkan, Wasser, Watten, Werder, Westen, Wetter, Wueste, Zirkel
7 Abfluss, Brunnen, Bussole, Duenung, Eisberg, Engpass, Enklave, Erdteil, Erosion, Exklave, Flaeche, Flecken, Gebirge, Gehoeft, Gehoelz, Geroell, Gesenke, Gestade, Gestein, glazial, Hammada, Hochtal, Isthmus, Kaskade, Kolchos, Kolonie, Kompass, Levante, maritim, Mestize, Mistral, Moraene, Nehrung, Nordpol, Oedland, Packeis, Plateau, Praerie, Provinz, Raubbau, Salzsee, Savanne, Schaere, Schicht, Scholle, Stausee, Strudel, Suedpol, Talenge, Untiefe, Zufluss
8 Abrasion, Ackerbau, Aequator, Archipel, arktisch,

Brandung, Erdachse, Erdbeben, Eruption, Festland, Flussarm, Gefaelle, Gehaenge, Gelaende, Gemeinde, Geologie, Gezeiten, glaziaer, Gradnetz, Halligen, Hazienda, Hochland, Hochpass, Horizont, Katarakt, Landenge, limnisch, Luftbild, Massstab, Meerenge, Meridian, Muendung, Plantage, Reservat, Sandbank, Schaeren, Schlucht, Seekarte, Siedlung, Signatur, Standort, Staudamm, Talsohle, Tektonik, Tiefland, Township, Traverse, Treibeis, tropisch, Vorstadt, Weinberg, Weltmeer, Weltteil, Zeitzone
9 Abtragung, Angerdorf, Antarktis, Binnensee, Boeschung, Erdspalte, Fellachen, Felskuppe, Flachland, Flussbett, Formation, Fossilien, Freihafen, Gartenbau, Gemarkung, Geodaesie, Geophysik, Gewaesser, Gletscher, Golfstrom, Gruenland, Halbinsel, Hochebene, Homelands, Immission, Inlandeis, Isolinien, Klimazone, Kontinent, Kratersee, Landkarte, Landzunge, Meerbusen, Messtisch, Mischling, Municipio, Naturpark, Niederung, Oekologie, ozeanisch, Platzdorf, Polarzone, Regenwald, Regenzeit, Rohstoffe, Schirokko, Seekueste, Subtropen, Tafelberg, Talsperre, Tiefebene, Unterland, Weltkarte
10 Ablagerung, atlantisch, Baumgrenze, Bergmassiv, Binnenmeer, Biosphaere, dritte Welt, Endmoraene, Gebirgssee, Grossstadt, Hafenstadt, Halbwueste, Haufendorf, Hauptstadt, Hinterland, Huegelland, Hydrologie, Kartennetz, Kartenwerk, Kartogramm, Kartometer, Kleinstadt, Konvergenz, Landflucht, Landschaft, Landstrich, mediterran, Mikroklima, Monokultur, Naher Osten, Naturhafen, Nebenfluss, New Nomaden, Normal Null, Oekosystem, Planimeter, Projektion, Quellfluss, Regression, Sandwueste, Seenplatte, Sommerzeit, ◆ Topografie, Urstromtal, Verlandung, Versandung, Verwerfung, vierte Welt, Waldgrenze, Wattenmeer, Welthandel, Wendekreis, Wirtschaft
11 antarktisch, Atmosphaere, Bergruecken, Breitengrad, Fata Morgana, Ferner Osten, Gartenstadt, Grundwasser, Hemisphaere, Hochgebirge, hohe Hohlweg, Inselgruppe, ◆ Kartografie, Klimaregion, Koordinaten, Laengengrad, Megalopolis, Melioration, Mischkultur, Naturschutz, Ozonschicht, Polargebiet, Raumordnung, Schwarzerde, Stadtregion, Steilkueste, subtropisch, Talschlucht, Topographie, Trockenzeit, Versteppung, Wanderduene, Wetterkarte
12 Alte Archipel, Bevoelkerung, Bewaesserung, Datumsgrenze, geozentrisch, Hoehengrenze, Hydrosphaere, Kartographie, Klimatologie, Korallenriff, Lagerstaette, Luftaufnahme, Meteorologie, Nationalpark, Neue Oberland, ◆ Ozeanografie, Schneegrenze, Schutzgebiet, Strassendorf, Subkontinent, Verwitterung, Waldschaeden, Winkelmesser, Zersiedelung
13 Agglomeration, Agrarstruktur, Almwirtschaft, Altsiedelland, Biogeographie, Einzugsgebiet, Feuchtsavanne, Gewerbegebiet, Heterosphaere, Hoheitsgebiet, Infrastruktur, Kolonialismus, Koralleninsel, Lateinamerika, Mittelgebirge, Ozeanographie, Streusiedlung, Urbanisierung, Wasserscheide, Wasserstrasse, Wuestensteppe
14 Ballungsgebiet, Erdoberflaeche, Fremdenverkehr, hoehere Breiten, Kreiselkompass, Landwirtschaft, Messtischblatt, Millionenstadt, Rekultivierung, Strukturwandel, Transitverkehr, Verstaedterung
15 Agrarlandschaft, Fischereigrenze, Fliessgewaesser, Forstwirtschaft, Freihandelszone, gemaessigte Zone, Naturlandschaft
16 Entwicklungsland, Hoheitsgewaesser, Kartenprojektion, Metropolitan Area, Wohnbevoelkerung
17 Entwicklungshilfe
18 Industrialisierung, Merkator-Projektion, stehendes Gewaesser
19 Industrielandschaft, tropischer Regenwald
22 trigonometrischer Punkt

geologische
Ablagerung
5 Seife
Abteilung des Jura
4 Lias
Formation
3 Alb, Dan, Ems
4 Dyas, Jura, Kulm, Lias, Malm, Perm, Raet, Sima
5 Devon, Rhaet, Senon, Silur, Trias, Turon
6 Danien, Dogger, Eozaen, Karbon, Keuper, Kreide
7 Azoikum, Barreme, Eiszeit, Emscher, Miozaen, Molasse
8 Alluvium, Diluvium, Holozaen, Kambrium, Pliozaen, Quartaer, Tertiaer
9 Algonkium, Archaikum, Neozoikum, Oberdevon, Oligozaen, Paleozaen
10 Erdneuzeit, Gotlandium, Mesozoikum, Oberkarbon, Ordovizium, Unterdevon
11 Alttertiaer, Erdaltertum, Kaenozoikum, Mitteldevon, Muschelkalk, Neolithikum, Obere Kreide, Pleistozaen, Unterkarbon
12 Jungtertiaer, Oberkambrium, Palaeozoikum, Praekambrium, Untere Kreide
13 Jungsteinzeit, Unterkambrium
14 Erdmittelalter, Kupferschiefer, Mittelkambrium
Stufe des alpinen Trias
5 Ladin
Stufe des Altertums
9 Oligozaen
Stufe des Kreidesystems
7 Ceniman
Stufe des Trias
3 Nor

geologischer
Begriff
3 Erz, Ton
4 Erde, Gips, Kies, Lehm, Salz, Sand, Torf
5 Fauna, Flora
6 Basalt, Erdoel, Fossil, Granit, Kaolin, Mammut, Mergel, Reptil, Syenit
7 Fossile, Gestein, Porphyr, Saurier, Urvogel
8 Blaualge, Erdrinde, Mastodon, Schiefer, Warmzeit
9 Bernstein, Erdkruste, Erdurzeit, Formation, Fossilien, Fruehzeit, Gegenwart, Kalkstein, Sandstein, Zechstein
10 Auffaltung, Braunkohle, Gipsmergel, Steinkohle
11 Flugsaurier, Hoehlenbaer, Panzerfisch, Plattenkalk, Schichtform, Vulkanismus
12 Bruchfaltung, Dachschiefer, Grosssaurier, Knochenfisch, Panzerlurche, Rotliegendes, ◆ Stratigrafie
13 Alaunschiefer, Buntsandstein, Riesensaurier, Stratigraphie
14 Sternzeitalter

geologisches
Zeitalter
9 Archaikum, Erdurzeit
10 Archaeikum, Mesozoikum

Geometrie
9 Raumlehre

geometrischer
Begriff
3 Lot, Ort
4 Oval
5 Achse, Bogen, Ebene, Figur, Hoehe, Kegel, Kreis, Kubus, Kugel, Kurve, Linie, Punkt, Raute, Reihe, Sehne, Seite, Sinus, Tafel, Walze
6 Elfeck, Gerade, Mittel, Prisma, Quader, Radius, Saeule, Sektor, Trapez, Winkel, Wurzel
7 Cosinus, Dreieck, Ellipse, Flaeche, Kathete, Koerper, Neuneck, Parabel, Produkt, Quadrat, Rhombus, Segment, Sekante, Spirale, Vieleck, Viereck, Volumen, Wuerfel
8 Fuenfeck, Hyperbel, Pentagon, Pyramide, Rechteck, Rhomboid, Scheitel, Schenkel, Tangente, Zylinder
9 Abschnitt, Diagonale, Dimension, Ellipsoid, Parallele
10 Ausschnitt, Erdmessung, Hypotenuse, Kreislinie, Peripherie
11 Mittelpunkt, Planimetrie
12 Kegelschnitt
13 Quadratwurzel
14 Parallelogramm
Lehrsatz
10 Pythagoras
geometrisches
Muster (Weberei)
6 Gebild
geordnete
Ablage von Schriftstücken
11 Registratur
Materialsammlung auf Karten
6 Kartei
geordnetes
Verzeichnis
5 Liste
Weltall
6 Kosmos
Zusammenleben
7 Frieden
Georgine
6 Dahlie
georgische
Hauptstadt
6 Tiflis
8 Tbilissi
Königin
6 Tamara, Thamar
Stadt
4 Gori, Poti
5 Gagra, Kaspi
6 Batumi, Tiflis
7 Kutaisi, Mzcheta, Pizunda, Rustawi, Suchumi
8 Kobuleti, Kutaissi, Marneuli, Tbilissi, Tbillisi
9 Bakuriani, Sestafoni
Gepäckabteil
im Auto
10 Kofferraum
Gepäck, Gepäckstück
4 Sack
5 Decke, Mappe, Plaid
6 Bagage, Beutel, Koffer, Ranzen, Tasche
7 Buendel, Seesack
8 Rucksack
9 Felleisen, Hutkoffer, Reisekorb, Tornister
10 Aktenmappe, Brotbeutel, Handtasche, Luftkoffer
11 Aktentasche, Reisetasche
12 Hutschachtel
13 Schrankkoffer
Gepäcknische
im Zelt
5 Apsis
gepanzerte
Ritterrüstung
8 Harnisch
gepflegt
4 chic
6 adrett, sauber, ◆ schick
7 elegant
9 soigniert
10 ordentlich
gekleidet
7 elegant
13 geschmackvoll
gepflegte
Grünfläche
5 Rasen
gepflegter
Wald
5 Forst
Gepflogenheit
3 Uso
4 Usus
5 Sitte
6 Brauch, Praxis, Usance
9 Herkommen
10 Gewohnheit
gepflügtes
Feld
5 Acker
Geplänkel
7 Gefecht
9 Getaendel
10 Wortstreit
12 Scharmuetzel
geplanter
Bau
11 Bauvorhaben
Geplauder
7 Plausch, Schwatz
9 Gespraech, Plauderei
12 Konversation, Unterhaltung
gepökeltes
Fleischgericht
7 Eisbein
8 Kasseler
19 Kasseler Rippenspeer
Rindfleisch
10 ◆ Cornedbeef
gepolsterte
Sitzbank
4 Sofa
gepolsterter
Brustschutz
8 Plastron
Halsbügel
4 Kumt
6 Kummet
Lehnstuhl
7 Bergere
gepolstertes
Unterbett
8 Matratze
Gepolter
5 Rumor
Gepräge
3 Art, Typ
4 Form, Pomp, Stil
5 Wesen
6 Artung, Cachet
7 Merkmal
8 Eigenart, Praegung, Struktur
9 Charakter, Wesensart
geprägte
Edelmetallmünzen
10 Brakteaten
Metallscheibe
6 Muenze
8 Medaille
9 Medaillon
geprägtes
Geld
6 Muenze
Milieu
5 Scene
Gepränge
4 Pomp
5 Luxus, Prunk
6 Pracht
gequetschte
Nährmittel
7 Flocken
gerade
4 eben, just
5 genau, jetzt, offen
6 direkt, soeben
7 ehrlich
8 aufrecht, momentan, vertikal, wahrhaft
9 senkrecht, waagrecht
10 horizontal, waagerecht
11 unmittelbar
13 gleichmaessig
14 augenblicklich
Beschaffenheit
8 Ebenheit
gegebene Umstände
4 Lage
Gerade
5 Linie
6 Flucht, Strich
beim Roulettspiel
4 pair
die eine Kurve berührt
8 Tangente
die eine Kurve schneidet
7 Sekante
die ein Vieleck durchschneidet
12 Transversale
geradeaus
7 stracks
gerade stellen
6 ordnen
9 justieren
geradewegs
6 direkt
11 unmittelbar
Geradflügler
6 Grille, Schabe
7 Ohrwurm, Termite
8 Heimchen, Heupferd, Kakerlak
10 Feldgrille, Hausgrille, Hausschabe
11 Heuschrecke
13 Kuechenschabe

geradlinig
6 linear
Gerät
3 Axt, Box, Lot, Rad, Uhr
4 Ahle, Beil, Foen, Lupe, Ofen, Sieb
5 Anker, Bahre, Besen, Degen, Feder, Feile, Gabel, Grill, Hacke, Haken, Harke, Hebel, Heber, Kelle, Kette, Kugel, Lampe, Model, Nadel, Pumpe, Quirl, Radio, Sense, Sonde, Speer, Trage, Tuner, Waage, Zange
6 Buegel, Diskus, Hammer, Kamera, Klemme, Kurbel, Leiter, Lineal, Locher, Messer, Pfriem, Schere, Sichel, Spaten, Stativ, Trosse, Zirkel
7 Apparat, Buerste, Bussole, Echolot, Froster, Klammer, Kompass, Loeffel, ◆ Megafon, Patsche, Pipette, Spanner, Toaster, Utensil
8 Fernglas, Heizofen, Material, Megaphon, ◆ Mikrofon, Musicbox, Objektiv, Pinzette, Recorder, Requisit, Schalter, Schaufel, Werkzeug
9 Barometer, Exhaustor, Fernseher, Feuerzeug, Mikrophon, Mikroskop, Projektor, Tragbahre
10 Briefwaage, Eisschrank, Filmkamera, Instrument, Kopfhoerer, Schluessel, Ventilator, Wagenheber
11 Drehscheibe, Feldstecher, Flaschenzug, ◆ Fotoapparat, Hoehensonne, Magnetophon, Nussknacker, Rasenmaeher, Staubsauger, Thermometer, Wasserwaage
12 Briefoeffner, Dosenoeffner, Kaffeemuehle, Kuehlschrank, Lautsprecher, Photoapparat, Taperecorder, Taschenlampe, Teleobjektiv, Winkelmesser
13 Geigerzaehler, Rasierapparat, Tonbandgeraet, Videorecorder, Waschmaschine
14 Fernsehapparat, Plattenspieler, Tiefkuehltruhe
15 Buechsenoeffner, Pressluftbohrer, Rundfunkapparat, Schraubenzieher, Teppichmaschine
17 Fernsehempfaenger
18 Rundfunkempfaenger
der Akrobaten
6 Trapez
der Altsteinzeit
9 Faustkeil
der Automatisierungstechnik
6 Regler
der Datenübertragung
5 Modem
der Erdarbeiter
5 Hacke
6 Spaten
8 Schaufel
der Kammmacher
4 Iler
der Leichtathleten
3 Ger
5 Degen, Kugel, Speer
6 Diskus, Huerde
7 Pistole
9 Hindernis
der Raumtontechnik
12 Stereoanlage
der Seeräuber
10 Enterhaken
des Bergmanns
6 Forkel
des Bergsteigers
4 Seil
6 Pickel
8 Rucksack
des Bienenzüchters
9 Immenkorb
des Chemikers
7 Retorte
11 Reagenzglas
des Kunstmalers
7 Palette
des Maurers
3 Lot
5 Kelle
11 Wasserwaage
des Schneiders
5 Nadel
6 Schere
des Töpfers
11 Drehscheibe
des Winzers
6 Kelter
des Zigarrenmachers
5 Penal
früherer Seeräuber
10 Enterhaken
für das Muskelkrafttraining
8 Expander
für Gehbehinderte
9 Rollstuhl
Hilfsmittel
9 Utensilie
im Büro
6 Lineal, Schere, Tusche
7 Stempel, Telefon
9 Bleistift, Lochkarte
10 Briefwaage
11 Aktenordner, Briefpapier, Radiergummi
12 Zeichenbrett
13 Briefumschlag, Fernschreiber, Filzschreiber
14 Kugelschreiber, Rechenmaschine
15 Schreibmaschine
mit Abflussrohr
8 Trichter
zum Aufsaugen von Gasen
8 Absorber
zum Aufwickeln
5 Spule
zum Aufzeichnen der Erdbeben
10 ◆ Seismograf
11 Seismograph
zum Bestimmen der Himmelsrichtung
7 Kompass
zum Braten
5 Grill
10 Bratpfanne
zum Dreschen
6 Flegel
zum Erzeugen elektrischer Schwingungen
9 Generator
zum Festhalten der Schiffe
3 Tau
5 Anker, Kette
6 Poller, Trosse
zum Feuermachen
9 Feuerzeug
11 Streichholz
zum Fischfang
5 Angel, Reuse
7 Harpune
zum Fördern von Flüssigkeiten
5 Heber, Pumpe
zum Krankentransport
5 Bahre, Trage
9 Tragbahre
zum Läuten
6 Glocke
7 Klingel
zum Lochstechen
4 Ahle
zum Mähen
5 Sense
6 Sichel
11 Rasenmaeher
zum Messen der Feuchtigkeit
9 Hygroskop
10 Hygrometer
zum Messen der Geschwindigkeit
10 Tachometer
zum Messen der Kraft
11 Dynamometer
zum Messen der Muskelarbeit
8 Ergostat
zum Messen der Wassertiefe
3 Lot
7 Echolot
zum Messen der Windgeschwindigkeit
10 Anemometer
zum Messen der Zeit
3 Uhr
8 Stoppuhr
11 Chronometer
zum Messen des Druckes
9 Manometer
zum Messen des Gewichts
5 Waage
zum Messen des Lichts
9 ◆ Fotometer
10 Photometer
zum Messen des Luftdrucks
9 Barometer
zum Messen direkter Sonnenstrahlung
11 Aktinometer
zum Messen radioaktiver Strahlung
9 Dosimeter
zum Messen von Schwingungen
11 Seismometer
zum Messen von Strahlungen
9 Dosimeter
zum Messen von Winkeln
10 Goniometer
zum Musizieren
10 Instrument
zum Nachahmen von Wildstimmen
5 Locke

zum Pferdeputzen
8 Striegel
zum Reinigen
5 Besen, Feger
zum Schlagen
7 Patsche
zum Spalten
3 Axt
4 Beil, Keil
zum Umgraben
6 Spaten
zum Wärmemessen
11 Thermometer
zum Zeichnen
6 Lineal, Zirkel
9 Reisszeug
10 Reissfeder, Teilzirkel
12 Kurvenlineal, Nullenzirkel
zum Zeitvertreib
12 Spielautomat
zum Ziehen von Notenlinien
7 Rastral
zur Bestimmung farbiger Stoffe
10 Tintometer
zur Emulsionsbereitung
9 Emulgator
zur Erzeugung eines Luftstromes
4 Balg
zur Flüssigkeitsentnahme
5 Heber
7 Pipette
zur Gewichtsbestimmung
5 Waage
zur Großaufnahme ferner Gegenstände
12 Teleobjektiv
zur künstlichen Atmung
10 Respirator
zur Massebestimmung
5 Waage
zur Messung von Glühtemperaturen
9 Ardometer
zur Messung von Strahlungsenergie
9 Bolometer
zur Nachrichtenübermittlung
9 Telegraph
zur Strahlenzählung
13 Geigerzaehler
zur Unterwasserortung
5 Sonar
Geräteaufsatz
5 Haube
Gerätegriff
5 Stiel
Geräteoberteil
14 Geraeteaufsatz
Geräteschuppen
6 Remise
10 Gartenbude
Gerätesportler
6 Turner
Gerätschaft
9 Apparatur
geräucherte
Fleischware
5 Speck
6 Salami
8 Cervelat, Schinken, Zervelat
9 Mettwurst
10 Katenrauch, Plockwurst
12 Rauchfleisch, Schlackwurst
13 Schinkenwurst, Zervelatwurst
15 Knochenschinken
geräucherter
Fisch
7 Sprotte
8 Buecking
9 Bueckling
11 Raeucheraal
13 Schillerlocke
14 Raeucherhering
Geraufe
8 Rauferei
gerauhtes
Gewebe
7 Flanell
geräumig
4 weit
Geräusch
3 Ton
4 Bums, Echo, Fall, Hall, Laut
5 Klang, Knall, Krach, Laerm, Rumor
6 Donner, Geheul, Heulen, Jaulen, Raunen, Sausen, Schall, Schlag, Schrei, Ticken
7 Bersten, Brausen, Donnern, Getoese, Klingen, Klirren, Klopfen, Knallen, Krachen, Pfeifen, Platzen, Rasseln, Rattern, Rieseln, Rumpeln, Winseln, Wispern, Zischen
8 Aufprall, Droehnen, Gepolter, Klappern, Klingeln, Knattern, Knistern, Prasseln, Rascheln, Rauschen, Ticktack, Tuscheln
9 Explosion, Fluestern, Scheppern, Widerhall
10 Detonation
11 Plaetschern
12 Donnerschlag, Geplaetscher
des Waldes und Meeres
8 Rauschen
des Wassers
7 Brausen, Rieseln
11 Plaetschern
des Windes
6 Heulen, Sausen
7 Brausen, Pfeifen
von Feuer
8 Prasseln
von Rädern
7 Rattern
von Stroh
8 Knistern
von welkem Laub
8 Rascheln
geräuschlos
5 leise, still, stumm
geräuschvoll
4 laut
8 laermend
9 lautstark
Gerber
7 Lederer
Gerbereibottich
6 Haspel
Gerberfett
6 Degras
Gerbmittel, -säure, -stoff
4 Lohe, Tran
5 Alaun, Chrom, Eiche
6 Tannin
7 Katechu
8 Kochsalz
9 Chromsalz, Kalialaun
10 Eichenholz, Eichenlohe
11 Eichenrinde, Weidenrinde
12 Alaunloesung
13 Quebrachoholz
Gerbstoff enthaltender
Eichenfruchtbecher
6 Walone
gerecht
4 fair
8 objektiv, verdient
10 angemessen
13 unbestechlich
Gerechtigkeit
6 Justiz
8 Fairness, Justitia, Toleranz
11 Redlichkeit
13 Objektivitaet
14 Unbefangenheit
17 Unbestechlichkeit
Gerede
4 Fama, Salm
6 Phrase, Tirade
7 Bombast, Gefasel, Klatsch, Palaver, Rederei, Tratsch
8 Geruecht, Larifari, Munkelei, Nachrede
10 Geschwaetz
geregelte
Folge
5 Reihe, Serie
geregelter
Zustand
7 Ordnung
geregeltes
Vorgehen
10 Systematik
gereinigt
8 purgiert
10 raffiniert
gereinigter
Zucker
9 Raffinade
gereizt
6 erregt
7 graetig, nervoes, pikiert
8 hektisch, kribblig
9 kribbelig
10 cholerisch
gereizter
Zustand
8 Spannung
Gericht
4 Mahl
5 Essen, Forum, Menue
6 Justiz, Kammer, Speise
7 Instanz
8 Mahlzeit, Tribunal
11 Strafkammer, Zivilkammer
12 Spruchkammer
14 Justizbehoerde
aus gehacktem Fleisch
5 Hache
7 Haschee
aus gekochten Fleischstücken
9 Frikassee
aus Lauch
13 Porreegemuese
aus Wurstbrühe und Buchweizenmehl
6 Panhas
im Menü
4 Gang

mit Eiern und Speck
17 Bauernfruehstueck
mit Hefeteig
5 Pizza
mit Reis und Erbsen
8 Risi Pisi
mit Teighülle
7 Pastete
gerichtlich
10 forensisch
gerichtliche
Befragung
10 Vernehmung
Entscheidung, Strafentscheidung
4 Haft
6 Arrest, Kerker, Spruch, Strafe, Urteil
9 Beschluss, Geldbusse, Zuchthaus
10 Ehrverlust, Freispruch, Gefaengnis, Geldstrafe
12 Schuldspruch, Verurteilung
13 Urteilsspruch
15 Freiheitsstrafe
16 Bewaehrungsfrist
20 Sicherungsverwahrung
Gerichtsanzeige
5 Klage
Gerichtsarzt
6 Anatom
9 Pathologe
Gerichtsbarkeit
12 Jurisdiktion, Justizhoheit
Gerichtsbeisitzer
8 Assessor, Schoeffe
12 Geschworener
Gerichtsbeschluss
6 Urteil
Gerichtsdiener
7 Buettel, Heiduck, Scherge
8 Haescher
in der Schweiz
6 Waibel, Weibel
Gerichtshalle, antike
8 Basilika
Gerichtshof
5 Forum
6 Kammer
8 Judizium, Tribunal
der katholischen Kirche
4 Rota
10 Rota Romana
im alten Athen
7 Areopag
Gerichtskosten
8 Expensen
Gerichtsordnung
Karls V.
8 Carolina
Gerichtsplatz
8 Tribunal
Gerichtsschreiber
6 Aktuar
Gerichtsstand
7 Instanz
Gerichtstage
im römischen Kalender
5 Fasti
Gerichtsverfahren
7 Prozess
12 Rechtsstreit, Strafprozess, Zivilprozess

Gerichtsverhandlung
6 Termin
am Tatort
11 Lokaltermin
Gerichtsvollzieher
8 Exekutor
Gerichtswesen
6 Justiz
gerieben
5 smart
6 clever, schlau
geriebene
Semmel
10 Paniermehl
geriffeltes
Feingebäck
6 Waffel
gerillt
10 profiliert
gering
5 klein, wenig
6 winzig
7 minimal
11 unbedeutend
13 bedeutungslos
14 nebensaechlich
geringe
Entfernung
5 Naehe
Zeitspanne
6 Kuerze
geringeltes
Haar
5 Locke
geringfügig
5 klein, wenig
6 winzig
7 minimal
8 marginal
9 unwichtig
11 rudimentaer, unbedeutend
13 bedeutungslos
abweichende Spielart
5 Abart
geringfügige
Sache
9 Bagatelle
geringfügiger
Fehler
6 Lapsus
Geringfügigkeit
8 Lappalie
9 Bagatelle
10 Nebensache
11 Kleinigkeit
geringschätzig
9 abfaellig
12 veraechtlich
14 despektierlich
geringstes
Arbeitsentgelt
10 Hungerlohn
geringwertiges
Garn
8 Perlseide
Gerinnungsmittel
3 Lab
Gerippe
6 Schema
7 Geruest, Skelett
14 Knochengeruest

gerippter
Stoff
4 Cord, Kord, Rips
9 Gabardine
11 Stretchcord
geripptes
Körpergewebe
5 Serge
gerissen
3 fix
4 klug
5 smart
6 clever, findig, listig, schlau
7 gewieft
8 gerieben
10 raffiniert, routiniert
12 durchtrieben
gerissener
Bursche
5 Filou
Gerissenheit
7 Finesse
8 Klugheit, Schlaeue
10 Cleverness, Raffinesse, Scharfsinn
14 Raffiniertheit
15 Spitzfindigkeit
Germanenstamm, -volk
5 Goten, Swebe, Ubier
6 Angeln, Baiern, Bayern, Jueten, Quaden, Rugier, Salier, Sueben, Sweben
7 Bataver, Chatten, Chauken, Cimbern, Franken, Friesen, Gepiden, Kimbern, Nervier, Sachsen, Zimbern
8 Ostgoten, Schwaben, Semnonen, Silingen, Teutonen, Vandalen, Wandalen, Wikinger
9 Alemannen, Bajuwaren, Bastarner, Brukterer, Burgunder, Cherusker, Normannen, Sigambrer, Sugambrer, Tenkterer, Westgoten
10 Cambrivier
11 Hermunduren, Langobarden, Markomannen
Germanentrank
3 Met
Germanien
11 Deutschland
germanische
Dichtung
4 Edda, Saga
5 Leich
Erdgöttin
5 Joerd, Rinda
Fruchtbarkeitsgöttin
4 Frea
5 Frigg, Frija
7 Nerthus
Frühlingsgöttin
6 Ostara
Gefallenenhalle
7 Walhall
8 Walhalla
Gewandnadel
5 Fibel
Götterbotin
3 Gna
Gottheit
3 Ase

4 Dise, Wane
5 Norne
8 Walkuere
Göttin
3 Gna, Hel, Ran, Sif, Siv, Syn, Urd, Var, War
4 Asin, Erke, Frea, Idun, Laga, Lofn, Nott, Saga, Sygn, Vara, Wara
5 Freia, Freya, Frigg, Frija, Fulla, Iduna, Nanna, Rinda, Skadi, Skuld
6 Freyja, Frigga, Gefjon, Loeffa, Ostara
7 Asynien, Loeffna, Nerthus, Sjoefna
8 Werdandi
Grabstätte
10 Huenengrab
Halbgöttinnen
5 Disen
Hauptwaffe
5 Frame
Helden
9 Einherier
Heldenjungfrau
8 Walkuere
Heldensage
4 Edda, Saga
Kampfjungfrau
8 Walkuere
Riesentochter
5 Skadi
Sagengestalt
3 Ask, Imd, Nix, Otr, Ran, Ute
4 Egil, Geri, Gnom, Groa, Hate, Hati, Heid, Neck, Nixe, Surt, Ullr, Ymir
5 Alfar, Aslak, Baugi, Eldir, Embla, Freki, Fylla, Galar, Greip, Hagen, Holde, Hugin, Lodin, Mimir, Noeck, Nunin, Skoll, Uller
6 Fafnir, Fenris, Fjalar, Gernot, Gudrun, Mirmir, Njoerd, Oernir, Quaser, Rother, Sigurd, Volker, Widolf
7 Alfadur, Gungnir, Gunther, Skjoeld, Wieland
8 Alberich, Dietrich, Farbaute, Giselher, Managarm, Neidhard, Siegmund, Sleipnir
9 Brunhilde, Siegfried
10 Hildebrand, Kriemhilde
Schicksalsgöttin
5 Norne
Unterwelt
3 Hel
Urriesin
6 Bestla
Volksversammlung
5 Thing
Waffe
3 Ger, Sax
Weissagerin
4 Wala
Weltesche
9 Yggdrasil
Zwergengestalt
4 Dain, Mime
5 Mimir
6 Dwalin, Laurin
8 Alberich

germanischer
Adliger
7 Edeling
Asgardwächter
8 Heimdall
Buchstabe
4 Rune
Donnergott
4 Thor
5 Donar
Drachentöter
9 Siegfried
Erbbesitz, Erbhof
4 Odal
Friedensgott
7 Forseti
Fruchtbarkeitsgott
4 Frey
5 Freyr
Gerichtsverband
4 Zent
Gott
3 Ali, Ase, Fro, Nix, Tiu, Tyr, Ziu
4 Frey, Loki, Odin, Thor, Ullr, Wali
5 Aegir, Baldr, Braga, Bragi, Donar, Freyr, Hoedr, Noerd, Vidar, Widar, Wodan, Wotan
6 Balder, Baldur, Foseti, Freyer, Hoedur, Hoenir, Njoerd, Skimir
7 Forseti
8 Heimdall, Thuiskon
Götterbote
7 Skirmir
Göttervater
4 Odin
5 Wodan, Wotan
Halbfreier
4 Lite
Hauptstamm
9 Irminonen
10 Herminonen, Ingwaeonen, Istwaeonen
Heerführer
7 Odoaker
Höllenhund
4 Garm
Honigwein
3 Met
Kriegsgott
3 Tyr, Ziu
Landesteil
3 Gau
Meergott
5 Aegir
Meisterschütze
5 Egill
Quellgeist
5 Minir
Sagenhahn
6 Fialar
Sagenriese
4 Ymir
5 Gymir
Sagenzwerg
5 Alwis, Regin
Sänger und Dichter
6 Skalde
Schmuckreif
5 Bauge
Sippenbesitz
4 Odal

Speer bei Tacitus
6 Framea
Stammvater der Menschen
3 Ask
Suebenfürst
8 Ariovist
Totendämon
5 Draug
Trank
3 Met
Volksteil in Belgien
6 Flamen
Wasserdämon
5 Aegir
Wassergeist
3 Nix
4 Neck
5 Noeck
6 Necken
Wurfspieß
3 Ger
Zwerg
4 Dain
Zwergenfürst
8 Alberich
Zwergenkönig
6 Laurin

germanisches
Asenheim
6 Asgard
Blasinstrument
4 Lure
Bodenbesitzrecht
4 Odal
Eisenmesser
3 Sax
Getränk
3 Met
Göttergeschlecht
4 Asen
5 Disen, Vanen, Wanen
Götterreich
6 Asgard
Heiligtum
8 Irminsul
Heldenepos
4 Edda, Saga
Honigbier
3 Met
Königsgeschlecht
6 Amaler
9 Amelungen
10 Karolinger, Merowinger
11 Arnulfinger
Reich der Riesen
6 Utgard
Sagenschwert
6 Miming
Sagenwesen
4 Geri, Hate
5 Freki, Garmr, Hugin, Munin, Skoll
6 Fafnir, Fenrir, Fenris
7 Heidrun
8 Sleipnir
10 Fenriswolf
Schlachtfeld
8 Walstatt
Schriftzeichen
4 Rune
Schwert
5 Sachs

Seefahrervolk
7 Chauken
8 Wikinger
9 Normannen
Sinnbild des Mannes
3 Ask
Totenreich
3 Hel
Ungeheuer
10 Fenriswolf
15 Midgardschlange
Winterfest
3 Jul
Germer
8 Nieswurz
10 Christwurz
gern
bereit
6 willig
haben
6 lieben, moegen
8 verehren
9 schaetzen
Gernegroß
4 Geck
5 Protz
6 Fatzke
7 Angeber, Blender, Stutzer
9 Grossmaul, Prahlhans
11 Moechtegern
12 Aufschneider, Besserwisser
gerodet
5 urbar
Geröll
4 Kies
6 Schutt
Geröllhalde
4 Gand
Geröllstück
im Flussbett
6 Kiesel
11 Kieselstein
gerollte, gebratene Fleischscheiben
8 Rouladen
Geröllwüste
in der Sahara
3 Reg
Gerontologie
16 Alternsforschung
geröstete
essbare Kastanie
6 Marone
geröstetes
Brot
5 Toast
gerötete
Hautstelle
7 Strieme
Gerstenkorn
5 Werre
Gerstensaft
4 Bier
Gerte
4 Rute
5 Zweig
8 Peitsche
10 Stoeckchen
12 Reitpeitsche
Geruch
3 Ruf
4 Arom, Duft
5 Aroma, Blume, Buket, Hauch, Odeur
6 Bukett
7 Bouquet, Geltung, Gestank
8 Renommee
9 Moderduft, Witterung
geruchsbedingter
Bestandteil des Irisöls
4 Iron
Geruchsbelästigung
7 Gestank
10 Verpestung
Geruchsorgan
4 Nase
Geruchsstoff
6 Essenz
des Veilchens
4 Iron
Geruchsverschluss
5 Traps
6 Siphon
Gerücht
4 Fama, Saga, Sage
5 Odium, Ondit
6 Gerede
8 Munkelei, Nachrede
umgangssprachlich
4 Ente
Gerüchte
verbreiten
9 klatschen, tratschen
12 kolportieren
Gerüchtemacher
9 Hausierer
10 Kolporteur, Schwaetzer
11 Klatschbase, Klatschmaul, Klatschweib, Tratschmaul
12 Klatschtante
geruhsamer
Sport
6 Angeln
Gerümpel
4 Kram
5 Muell
6 Abfall
7 Altware, Plunder
8 Altwaren
10 Krimskrams
Gerüst
5 Darre
7 Gefuege, Gerippe, Gestell, Skelett, Spalier
8 Tragwerk
9 Gestaenge
für den Sarg
8 Katafalk
für Hinrichtungen
8 Schafott
zur Grünfuttertrocknung
6 Reuter
gerüstet
5 parat
7 armiert
Gerüttel
14 Erschuetterung
Gesalbter
7 Messias
8 Christus
gesalzener
Fisch
8 Anchovis, Sardelle
9 ◆ Anschovis
gesammelte
Schriftstücke
5 Akten
gesamt
4 ganz
5 alles, total
6 global
8 komplett, zusammen
9 allgemein, gaenzlich, umfassend, universal
10 universell
11 vollzaehlig
12 vollstaendig
Gesamtabfindung
9 Pauschale
Gesamtamerika
10 Panamerika
Gesamtansicht
einer Landschaft
8 Panorama
Gesamtaufnahme
im Film
6 Totale
Gesamtbetrag
5 Summe
Übertragssumme
5 Latus
Gesamtbeute
bei einer Treibjagd
7 Strecke
gesamte
staatliche Rechtspflege
6 Justiz
Theaterausstattung
6 Fundus
Gesamterlös
von Waren
6 Umsatz
gesamtes
Künstlerpersonal
8 Ensemble
Gesamteuropa
9 Paneuropa
Gesamtfahrplan
der Eisenbahn
8 Kursbuch
Gesamtflotte
eines Staates
6 Marine
Gesamthaftung
14 Solidarhaftung
Gesamtheit
3 All
4 Gros
5 Masse, Summe
6 Gaenze
7 Einheit
8 Ganzheit
9 Inbegriff
10 Totalitaet
13 Allgemeinheit
14 Universalitaet
16 Vollstaendigkeit
aller Angehörigen
14 Verwandtschaft
an Fahrzeugen
4 Park
8 Fuhrpark
der Abwässerungsanlagen
12 Kanalisation
der Arbeitsutensilien
7 Geraete

der Ausdrucksbewegung
6 Gestik
der baltischen Staaten
8 Baltikum
der bedeutenden Persönlichkeiten
9 Prominenz
der Betriebsangehörigen
8 Personal
11 Belegschaft
der Bischöfe
9 Episkopat
der Christen
8 Oekumene
der Druckerzeugnisse
9 Literatur
der Eier eines Nestes
6 Gelege
der Eigenschaften
9 Charakter
der Erbanlage
6 Erbgut
8 Erbmasse
der Erdbevölkerung
10 Menschheit
der eßbaren Dinge
7 Nahrung
12 Lebensmittel
der Fabrikbetriebe
9 Industrie
der Gebärden
6 Gestik
der Geistlichen
6 Klerus
der Gesetze
5 Recht
der Güterproduktion
9 Industrie
der Haushaltsgegenstände
7 Hausrat
der inneren Organe
10 Eingeweide
der katholischen Bischöfe
9 Episkopat
der Körnerfrüchte
8 Getreide
der körperlichen Reizleitung
12 Nervensystem
der Kriegs- und Handelsschiffe eines Staates
6 Flotte
der ledigen Arbeitskräfte auf einem Bauernhof
7 Gesinde
der Lehrerschaft
9 Kollegium
der Leibesübungen
5 Sport
der literarischen Beiträge einer Zeitung
10 Feuilleton
der Medizin
9 Heilkunde
der menschlichen Eigenschaften
5 Wesen
6 Erbgut
8 Erbmasse, Naturell
9 Charakter, Wesensart
11 Veranlagung
13 Charakterbild
der moralischen Gesinnung
5 Ethos
der Nebennieren Rindenhormone
6 Cortin, Kortin
8 Cortison, Kortison
der Nutzvögel
9 Gefluegel
der Pazifikinseln
8 Ozeanien
der Pferde einer Hofhaltung
8 Marstall
der Pflanzen der Erde
5 Flora
der Regeln einer Sportart
9 Reglement
der Rennpferde
5 Stall
der Schöpfung
5 Natur
der Schriftwerke
9 Literatur
der Seeschiffe
6 Marine
der Staatsregierung
8 Kabinett
der Straßen
12 Verkehrsnetz
der Strauchfrüchte
10 Beerenobst
der Streitkräfte eines Landes
4 Heer
der Theaterausstattung
6 Fundus
der Verbindungen und Elemente
7 Materie
der vorhandenen Dinge
7 Bestand
der Wesensmerkmale
9 Charakter
der Witterung
5 Klima
der Zähne
6 Gebiss
der Zeitungen
6 Presse
der Zellen der Bienen
5 Waben
der zur Zeit lebenden Menschen
10 Generation
des Bienenvolkes
4 Bien
des Flugverkehrs
9 Luftfahrt
des Fremdenverkehrs
9 Tourismus, Touristik
des Schrifttums
9 Literatur
13 Weltliteratur
des Wissens
12 Wissenschaft
des Zeitungswesens
6 Presse
einer Körperschaft
6 Plenum
eines Menschenalters
10 Generation
von Bergen und Hochflächen
7 Gebirge
gesamtkörperliches
Gebärdenspiel
9 Pantomime
10 Pantomimik
Gesamtlänge
5 Trakt
Gesamtrecht
eines Staates
6 Hoheit
Gesamtvergütung
9 Pauschale
Gesamtvermögen
juristisch
5 Masse
Gesamtwerk
eines Künstlers
6 Oeuvre
Gesamtwirkung
7 Fluidum
8 Eindruck
11 Atmosphaere
Gesamtwissen
13 Enzyklopaedie
Gesamtzahl
5 Summe
eines Druckwerkes
7 Auflage
lebender Menschen
12 Bevoelkerung
Gesamtzustand
17 Allgemeinbefinden
Gesandter
5 Doyen, Legat
6 Envoye
7 Nuntius
8 Diplomat, Minister
11 Botschafter
13 Unterhaendler
17 Geschaeftstraeger
des Papstes
5 Legat
Gesandtschaft
7 Mission
8 Legation
9 Abordnung
10 Delegation
Gesandtschaftsangehöriger
7 Attache
12 Legationsrat
Gesang
4 Lied
5 Canto, Melos
6 Cantus, Kantus
10 Vokalmusik
gesanglich, melodiös
5 arios
gesangsartig
9 cantabile
geführte Tonfolge
9 Kantilene
Gesangschule
14 Konservatorium
Gesangsdarbietung
4 Arie, Lied
7 Chanson
Gesangsgruppe
4 Chor
5 Duett
7 Terzett
8 Ensemble, Quartett, Quintett
9 Singschar
10 Doppelchor, Frauenchor, Kinderchor
11 Kirchenchor, Maennerchor
13 Vokalensemble
gesangsmäßig
5 vokal
Gesangspart
6 Stimme
Gesangsrolle
einer Oper
6 Partie

Gesangsschule
14 Konservatorium
Gesangsstimme, -stimmlage
3 Alt
4 Bass
5 Tenor
6 Sopran
7 Bariton
9 Bassbuffo, Soubrette
10 Tenorbuffo
11 Bassbariton, Mezzosopran
15 Koloratursopran
Gesangsstück
der Alpler
6 Jodler
Gesangsstück, Vokalwerk, Vortrag
3 Duo, Hit
4 Arie, Lied, Solo, Song, Trio
5 Blues, Duett, Hymne, Kanon, Messe
6 Arioso, Cantus, Choral, Hymnus, Kantus, Oktett, Shanty
7 Ariette, Ballade, Canzone, Chanson, Couplet, Kantate, Kanzone, Moritat, Passion, Septett, Sextett, Terzett
8 Belcanto, ◆ Belkanto, Chorwerk, Ensemble, Kavatine, Parlando, Quartett, Quintett, Schlager, Superhit
9 Buffoarie, Kantilene, Koloratur, Oratorium, Psalmodie, Quodlibet, Rezitativ, Spiritual, Volkslied
10 Canzonetta, Gospelsong, Wiegenlied
12 Schlagerlied
Gesangsübung
8 Vokalise
Gesangsverzierung
7 Triller
9 Koloratur
im Mittelalter
6 Flores
Gesangswerk
mit Orchester
7 Rautate
Gesangverein
4 Chor
Gesangweise
4 Lied
7 Melodie
Gesäß
2 Po
4 Popo
5 Arsch, Podex, Sterz
6 Steiss
7 Hintern
10 Hinterteil, Hosenboden
gesättigt
4 satt, voll
8 gefuellt
9 saturiert
12 angereichert
gesättigter
Kohlenwasserstoff
5 Alkan, Butan, Nonan
7 Lupolen
Geschaffenes
4 Werk
Geschäft
3 Job, Tun
4 Coup, Werk
5 Beruf, Buero, Firma, Laden
6 Arbeit, ◆ Butike, Gewinn, Handel, Metier, Rebbes
7 Agentur, Betrieb, Filiale, Rebbach, Reibach
8 Boutique, Einnahme, Notdurft
9 Besorgung
10 Profession, Taetigkeit, Vertretung
11 Transaktion, Unternehmen
12 Arbeitsplatz
Geschäfte
mit Teilung von Gewinn und Verlust
14 Metageschaefte
vermittelnder Kaufmann
9 Vertreter
geschäftig
4 rege
geschäftiges
Treiben
6 Trubel
geschäftliche
Unternehmung
11 Transaktion
geschäftlicher
Gewinn
6 Ertrag
Wettbewerb
10 Konkurrenz
Geschäftsauflösung
11 Liquidation
wegen Zahlungsunfähigkeit
7 Konkurs
Geschäftsauftrag
10 Kommission
Geschäftsbereich
4 Fach
5 Zweig
6 Bezirk, Gebiet, Sektor, Sparte
7 Branche, Instanz, Ressort, Sektion
8 Dezernat
9 Abteilung
eines Ministers
12 Portefeuille
Geschäftsbrauch
6 Usance
Geschäftsbuch
6 Kladde
7 Journal
8 Inventar, Memorial
9 Hauptbuch
Geschäftseinlage
4 Mise
7 Kapital
Geschäftsfreund
5 Kunde
9 Lieferant
geschäftsführendes
Organ einer AG
8 Vorstand
Geschäftsführer, -führerin
6 Gerant, Leiter
7 Manager
8 Direktor, Leiterin, Syndikus
9 Managerin, Prokurist, Verwalter, Vorsteher
10 Direktrice
11 Prokuristin, Verwalterin, Vorsteherin
14 Betriebsleiter
16 Betriebsleiterin
eines Künstlers
10 Impresario
Geschäftsgepflogenheit
6 Usance
7 Usancen
Geschäftsgewinn
6 Ertrag
Geschäftsinhaber
4 Chef
6 Chefin
9 Prinzipal
geschäftskundig
11 pragmatisch
Geschäftslage
10 Konjunktur
Geschäftsleitung
9 Direktion
Geschäftsmann
5 Agent
6 Jobber, Makler
7 Kraemer, Manager
8 Haendler, Kaufmann
9 Fabrikant, Produzent, Spekulant, Vertreter
10 Boersianer, Hersteller, Vermittler
11 Businessman, Unternehmer
Geschäftsname
5 Firma
Geschäftsnebenstelle
7 Agentur, Filiale
Geschäftsordnung
6 Statut
7 Satzung
9 Reglement
Geschäftspartner
6 Sozius
7 Associe
9 Kompagnon, Teilhaber
10 Mitinhaber
14 Gesellschafter
Geschäftsraum
5 Buero
6 Kontor, Office
Geschäftsreisender
6 Kommis
9 Vertreter
16 Handelsvertreter, Handlungsgehilfe
18 Handlungsreisender
Geschäftsreklame
7 Werbung
Geschäftsschulden
7 Passiva
Geschäftsservice
12 Kundendienst
Geschäftsstelle
3 Amt
5 Buero, Depot
6 Kontor, Office
7 Agentur, Filiale, Kanzlei
10 Vertretung
11 Sekretariat
13 Niederlassung
Geschäftsstille
6 Flaute
Geschäftsstraße
in New York
10 Wallstreet

Geschäftssymbol
13 Firmenzeichen
Geschäftsteilhaber
7 Partner
9 Kompagnon
Geschäftsträger
8 Resident
geschäftstüchtig
5 smart
6 clever, schlau
7 gewandt
8 gerieben, gerissen
9 geschickt
10 ausgekocht
11 erfolgreich
Geschäftsunkosten
6 Spesen
Geschäftsunternehmen
5 Firma
Geschäftsvermittler
5 Agent
6 Makler
Geschäftsvermögen
6 Aktiva
Geschäftsviertel
4 City
im Orient
5 Basar
Geschäftsvollmacht
7 Prokura
Geschäftswerbung
7 Reklame
Geschäftswert
8 Goodwill
Geschäftszentrum
6 Center
Geschäftszimmer
5 Buero
Geschäftszusammenbruch
7 Konkurs
Geschäftszweig
7 Branche
16 Sortimentshandel
geschältes
Getreidekorn
6 Graupe
geschätzter
Speisepilz
8 Trueffel
gescheckt
7 meliert
geschehen
9 passieren
Geschehen
3 Tat
4 Fall
5 Drama
6 Ablauf
7 Hergang, Vorfall, Vorgang
8 Begebnis, Ereignis, Handlung
9 Happening
11 Begebenheit
Geschehensablauf
10 Geschichte
Geschehnis
8 Erlebnis
Geschehnisfolge
4 Zeit
6 Ablauf
7 Verlauf
gescheit
4 klug
5 weise
6 begabt
11 intelligent
gescheitertes
Schiff
5 Wrack
Geschelte
7 Gezeter
Geschenk
4 Gabe
6 Spende
7 Almosen, Praemie
8 Dotation, Praesent, Souvenir, Stiftung
9 Angebinde, Schenkung, Trinkgeld, Zuwendung
10 Dedikation
11 Mitbringsel
13 Gratifikation
14 Aufmerksamkeit
als Dank
9 Belohnung
Andenken
8 Souvenir
für Schulanfänger
11 Zuckertuete
Geschenkpackung
mit Pralinen
10 ◆ Bonboniere
11 Bonbonniere
Geschenküberbringer
zum Fest
14 Weihnachtsmann
Geschenkübergabe
zu Weihnachten
10 Bescherung
Geschichtchen
8 Anekdote
Geschichte
4 Fall
5 Roman, Story
7 Annalen, Bericht, Chronik, Novelle, Vorfall, Vorgang
8 Ereignis, Fortgang, Handlung, Historie
9 Geschehen, Werdegang
10 Erzaehlung, Geschehnis, Short story
11 Begebenheit, Entwicklung
13 Vergangenheit
14 Nacherzaehlung
geschichteter
Getreidehaufen
4 Feim
5 Feime
Haufen
5 Stoss
6 Stapel
Geschichtetes
6 Haufen
geschichtlich
10 historisch
geschichtliche
Epoche
4 Aera
Jahrbücher
7 Annalen
Landschaft in Mitteldeutschland
10 Thueringen
Landschaft um Dessau
6 Anhalt
geschichtlicher
Abschnitt
4 Aera
6 Antike, Urzeit
7 Eiszeit, Neuzeit, Vorzeit
8 Altertum
9 Eisenzeit, Fruehzeit, Gegenwart, Jetztzeit, Steinzeit, Zeitalter
10 Bronzezeit, Kupferzeit
11 Mittelalter, Neolithikum
12 Altsteinzeit, Mesolithikum
13 Jungsteinzeit
14 Palaeolithikum
Abschnitt der heutigen Zeit
13 Atomzeitalter
Ort im Unstrut-Saale-Tal
5 Riade
Geschichtsaufzeichnung
7 Chronik
Geschichtsforscher
10 Historiker
Geschichtsschreiber
8 Chronist
12 ◆ Historiograf
13 Historiograph
Geschichtswerk
7 Annalen, Chronik
des Xenophon
8 Anabasis
Geschichtswissenschaftler
10 Historiker
Geschick
3 Los
5 Fatum
7 Fuegung, Routine, Unstern
9 Schicksal
Geschicklichkeit
4 Gabe
6 Anlage, Talent
7 Eignung
8 Begabung
10 Faehigkeit, Fertigkeit
11 Befaehigung, Gewandtheit
Geschicklichkeitskünstler
8 Jongleur
Geschicklichkeitsprüfung
für Motorradfahrer
5 Trial
Geschicklichkeitsspiel
4 Jojo
6 Mikado
7 Diabolo
Geschicklichkeitsturnen
9 Akrobatik
geschickt
4 agil
5 famos, habil
6 clever, patent, wendig
9 praktisch
12 diplomatisch, fingerfertig
geschickte
Täuschung
4 List
geschickter
Verhandlungsführer
8 Diplomat
geschicktes
Verhalten
10 Diplomatie
Geschirrbrett
7 Tablett
Geschirr, Geschirrteil
4 Joch, Kumt, Zaum
5 Kanne, Siele, Tasse
6 Kummet, Platte, Teller,

Trense, Zuegel
7 Service, Terrine
8 Sauciere, Teekanne, Zugblatt
9 Bauchgurt, Lederzeug, Porzellan, Schuessel
10 Halsriemen, Hinterzeug, Riemenzeug, Untertasse
11 Kaffeekanne
12 Suppenteller
15 Suppenschuessel

Geschirrgestell
7 Etagere

Geschirrsatz
7 Service

Geschirrschrank
6 Buffet
7 Buefett

Geschirrspülmittel
3 Fit

Geschlecht
3 Sex
4 Haus
5 Genus, Sexus, Sippe, Stamm
7 Familie, feminin, Gattung, Gebluet, Merkmal, Neutrum
8 Dynastie, Herkunft, maskulin, Ursprung, weiblich
9 Femininum, maennlich, saechlich
10 Abstammung, Generation, Masculinum

der deutschen Sage
10 Nibelungen, Waelsungen

der Substantive
5 Genus

Geschlechter
6 Genera

Geschlechterfolge
hintereinander
10 Generation

Geschlechterkunde
10 Genealogie

geschlechtlich
6 sexual
7 sexuell

kalt
6 frigid
7 frigide

geschlechtliche
Anziehung
9 Sex Appeal

Geschlechtlichkeit
11 Sexualitaet

geschlechtsbetont
4 sexy

Geschlechtsbezeichnung
bei Menschen
3 Bub
4 Frau, Mann, Sohn, Weib
5 Junge, Knabe
7 feminin, Tochter
8 Maedchen, maskulin, weiblich
9 maennlich

Geschlechtsdrüse
6 Gonade

Geschlechtshormon
6 Prolan
8 Androgen, Gestagen
9 Oestrogen
11 Androsteron, Progesteron, Testosteron

Geschlechtskälte
11 Frigiditaet

Geschlechtskrankheit
4 Lues
7 Tripper
8 Schanker, Syphilis
9 Gonorrhoe

Geschlechtsleben
6 Erotik

geschlechtsreifes
Insekt
5 Imago

Geschlechtsreifung
9 Pubertaet

Geschlechtsteil
5 Glied, Penis

Geschlechtsteile
10 Genitalien, Schamteile

Geschlechtstrieb
6 Libido

beim Wild
6 Brunft, Brunst

Geschlechtsverband
5 Sippe

Geschlechtswort
7 Artikel

Geschlechtszelle
5 Gamet

Geschlechtszellen
bildender Abschnitt
6 Gamont

geschliffene
Fläche
7 Facette
8 ◆ Fassette

Glasart
12 Bleikristall

Glasflasche
7 Karaffe

runde Fläche
5 Kugel
8 Woelbung
9 Halbkugel

geschliffener
Diamant
8 Brillant

geschliffenes
Benehmen
3 Pli

Fläschchen
6 Flacon, Flakon

Glas
8 Kristall

geschlossen
2 zu
4 rund
8 allesamt, gesperrt, zusammen
9 einmuetig, gemeinsam, versperrt
10 abgerundet
16 gemeinschaftlich

geschlossene
Anstalt
8 Internat

Einheit, Stirnseite
5 Front

Gesellschaft
4 Club, Klub
6 Cercle

Kurve
5 Kreis
7 Ellipse

Marschordnung
7 Kolonne

singbare Tonfolge
7 Melodie

Sträucherpflanzung
5 Hecke

geschlossener
Abschnitt eines Schrifttextes
7 Kapitel

Hausvorbau
5 Erker
7 Veranda

Personenkraftwagen
9 Limousine

Geschlossenheit, Gesamtheit
6 Gaenze

Geschmack
4 Chic, Gout, Sinn, Stil
5 Aroma, Gusto, Stich
6 Geruch, ◆ Schick, Wuerze
7 Eleganz, Gefuehl
8 Gefallen, Hautgout
9 Empfinden
10 Empfindung
11 Stilgefuehl

geschmacklos
4 fade
6 billig, simpel
7 stillos, taktlos
8 kitschig
12 abgeschmackt

Geschmacklosigkeit
6 Kitsch

Geschmacksknospe
7 Papille

Geschmacksorgan
5 Zunge

Geschmacksrichtung
4 herb, Mode
5 sauer, suess
6 bitter, salzig

Geschmacksstoff
5 Aroma

geschmackvoll
4 chic, fein
5 apart
6 dezent, ◆ schick, schoen
7 anmutig, elegant, huebsch, vornehm
8 gediegen, stilvoll
9 gefaellig
11 aesthetisch, ansprechend, sympathisch
12 distinguiert

gekleidet
7 elegant

Geschmeide
5 Bijou, Juwel
7 Juwelen, Kleinod, Schmuck
8 Pretiase
9 Edelstein, Pretiosen, ◆ Preziosen
10 Bijouterie, Edelsteine, Kleinodien

geschmeidig
4 rank
5 glatt
6 grazil
7 biegsam, schlank
8 aalglatt, flexibel, gelenkig
9 beweglich, elastisch
10 schmiegsam

Geschmeiß
3 Kot, Mob
6 Poebel

7 Gewuerm
8 Gesindel, Vogelkot
Geschmetter
13 Fanfarenstoss
geschmortes
Fleisch
6 Braten
geschnittener
Schattenriss
14 Scherenschnitt
Stein
5 Gemme, Kamee
6 Glyphe, Glypte
7 Asterie
8 Intaglio
geschnittenes
Holz
4 Stab
5 Bohle, Brett, Diele, Latte
6 Balken, Leiste
geschnörkelt
6 barock
Geschöpf
4 Baby, Kind, Tier
5 Figur, Wesen
6 Mensch, Person
7 Kreatur, Pflanze, Produkt
8 Maedchen
9 Erzeugnis, Lebewesen
zur Beförderung
8 Lasttier
geschorene
Grasfläche
5 Rasen
Stelle auf dem Kopf katholischer Mönche
6 Tonsur
Geschoss
5 Boden, Etage, Kugel, Pfeil, Stock
6 Bolzen, Keller, Rakete
7 Granate, Harpune, Patrone, Torpedo
8 Beletage, Mansarde, Mezzanin, Parterre, Speicher
9 Projektil, Stockwerk
10 Dachgarten, Dachkammer, Souterrain
13 Sprenggranate
des Bogens
5 Pfeil
mit Hülse
7 Patrone
mit Sprengladung
7 Granate
Geschossart, Sprengkörper
4 Mine
5 Bombe, Kugel, Pfeil
6 Bolzen, Dumdum, H-Bombe, Rakete
7 Granate, Harpune, Patrone, Torpedo
8 Bumerang, Gasbombe, Luftmine
9 Atombombe, Brandstab, Giftpfeil, Projektil
10 Brandbombe, Gasgranate, Magnetmine, Panzermine, Schrapnell, Schrotkorn, Tellermine, Wurfspiess
11 Handgranate, Kartaetsche
12 Blendgranate, Fliegerbombe, Splittermine
13 Fernlenkwaffe, Schuetzenmine, Splitterbombe
14 Fernlenkrakete, geballte Ladung, Neutronenbombe
16 gestreckte Ladung, versteckte Ladung, Wasserstoffbombe
Geschossdrehung
5 Drall
Geschossdurchmesser
7 Kaliber
Geschossteil
4 Kern
5 Kugel
6 Huelse, Ladung, Mantel, Spitze
7 Zuender
9 Kartusche
10 Sprengsatz
11 Treibladung
12 Sprengladung
geschraubt
8 prezioes
Geschraubtheit
5 Getue
6 Gehabe
8 Ziererei
Geschrei
3 Ruf
5 Laerm, Rumor
6 Geheul
7 Gezeter, Klamauk
8 Gebruell, Hilferuf
11 Zetermordio
geschriebene
Buchstabenreihe
5 Zeile
Prosadichtung
5 Roman
7 Novelle
10 Erzaehlung
14 Kurzgeschichte
geschriebenes
Recht
6 Gesetz
geschrittener
Tanz
9 ◆ Polonaese, Polonaise
Geschützabteilung
8 Batterie
Geschützfeuer
8 Kanonade
10 Stoerfeuer
12 Bombardement, Trommelfeuer
Geschütz, Geschütztyp
3 Pak
4 Flak
6 Kanone, Werfer
7 Moerser
8 Haubitze, Kartaune
9 Falkonett
11 Minenwerfer
12 Feldhaubitze, Feldschlange, Granatwerfer, Panzerkanone
13 Atomgeschuetz, Raketenwerfer
14 Revolverkanone, Sturmgeschuetz
16 Flugabwehrkanone, Raketengeschuetz, Schiffsgeschuetz
18 Eisenbahngeschuetz, Panzerabwehrkanone, Schnellfeuerkanone, Zwillingsgeschuetz
19 Flugabwehrgeschuetz
im Altertum
8 Ballista, Balliste, Bombarde, Katapult
9 Schleuder
14 Speerschleuder
im Ersten Weltkrieg
10 Dicke Berta
Geschützgestell
7 Lafette
Geschützraum
9 Kasematte
geschützt
6 gefeit
geschützte
Erfindung
6 Patent
Sporenpflanze
8 Baerlapp
Geschützteil
4 Ring, Rohr
5 Pivot, Seele
6 Mantel, Stange, Visier
7 Aufsatz, Lafette, Trommel
8 Fernrohr, Muendung
10 Verschluss
11 Fahrgestell, Vorholfeder, Wasserwaage
12 Gleitschiene, Schutzschild
13 Schraubengang, Schwenkzapfen
15 Ruecklaufbremse
16 Richtvorrichtung
geschützter
Ankerplatz vor dem Hafen
5 Reede
Geschütztruppe
10 Artillerie
Geschütztyp
11 Hinterlader, Vorderlader
Geschwader
7 Eskader
Geschwaderführer
9 Kommodore
geschwänzter
Lurch
5 Molch
Geschwätz
4 Kohl
5 Bafel, Bofel, Klaff
6 Blabla, Flause, Gerede, Sermon
7 Klatsch, Rederei, Tratsch
8 Larifari
11 Galimathias
geschweifte
Klammer
8 Akkolade
Geschwindigkeit
4 Eile, Elan, Hast, Mach
5 Hetze, Speed, Spurt, Tempo
6 Rasanz
7 Schwung
13 Schnelligkeit
14 Beschleunigung
im Seewesen
6 Knoten
Geschwindigkeitsbegrenzung
10 Tempolimit
Geschwindigkeitsbegriff
4 Gang, Trab
5 eilig, flink, rapid, sacht, Tempo
6 Galopp, Mittel, rapide, sachte, Spitze
7 Gangart, langsam, maessig, schnell, Schnitt, Schritt

8 Eiltempo, Gehtempo
9 verhalten
10 gedrosselt, gemaessigt, hochtourig, vermindert, verzoegert
11 Schrittempo
12 beschleunigt, Durchschnitt, herabgesetzt, Hoechsttempo, ◆ Schritttempo, Verzoegerung
13 Stundenmittel
14 Beschleunigung, Schneckentempo

Geschwindigkeitsgrad
4 Eile
5 Tempo
7 langsam, schnell
10 gedrosselt, vermindert

Geschwindigkeitsmesser
3 Log
5 Logge, Tacho
9 ◆ Tachograf
10 Tachograph, Tachometer

für Fließwasser
10 Hydrometer

Geschwindigkeitszunahme
14 Beschleunigung

geschwind, schnell

Musik
5 tosto

Geschwister
7 Brueder
9 Drillinge, Mehrlinge, Vierlinge, Zwillinge
10 Schwestern

Geschwisterkind
4 Base
5 Kusin, Neffe
6 Cousin, Kusine, Nichte, Vetter
7 Cousine

Geschworener
12 Laienrichter

Geschwür, Geschwulst
4 Myom
5 Beule, Gliom, Krebs, Lipom, Oedem, Tumor, Ulcus, Ulkus, Zyste
6 Adenom, Cancer, Fibrom, Fistel, Fungus, Kystom, Sarkom
7 Blastom, Sarkoma
8 Carcinom, Karzinom, Schanker, Schwaere
9 Karbunkel, Karfunkel, Metastase, Wucherung
10 Schwellung
11 Verwachsung

gesegnet
8 benedeit

Geselle
6 Helfer
7 Gehilfe, Genosse, Kamerad
9 Gefaehrte

gesellig
8 soziabel
11 umgaenglich
13 extravertiert

lebende Großkatze
5 Loewe

lebender Fisch
4 Blei

lebender Schwimmvogel
4 Gans

lebendes Wasserraubtier
10 Ohrenrobbe

gesellige

Runde
10 Stammtisch

Sportart
6 Kegeln

Unterhaltung
12 Konversation

Veranstaltung
4 Ball, Fest, Fete
5 Party, Spiel
6 Soiree
7 Bankett, Empfang, Tanztee
8 Hausball
9 Ballabend, Grillfest, Skatabend, Tanzabend, Tanzparty
10 Grillabend, Kegelabend, Kraenzchen
11 Fuenfuhrtee, Garden Party, Gartenparty, Herrenabend, Sektempfang
12 Gesellschaft
13 Beisammensein
16 Kaffeekraenzchen

geselliger

Kreis
4 Club, Klub, Loge
5 Kranz, Runde
6 Cercle, Corona, Korona, Verein, Zirkel
9 Sozietaet
10 Kegelrunde, Kraenzchen, Stammtisch, Tafelrunde
11 Liederkranz, Liedertafel
12 Gesangverein, Gesellschaft
15 Stammtischrunde

geselliges

Beisammensein
5 Party

Gespräch
12 Unterhaltung

Mahl im Freien
8 Picknick

Geselligkeit
6 Umgang

Gesellschaft
2 AG, IG, KG
3 OHG
4 Bund, Club, GmbH, Klub, Liga, Ring
5 Firma, Kreis, Runde, Union
6 Gruppe, Klasse, Verein
7 Schicht
9 Sozietaet
10 Begleitung, Menschheit, Verbindung
11 Foederation, Unternehmen, Vereinigung
12 Bevoelkerung
14 Genossenschaft

Gesellschafter
6 Sozius
7 Associe, Partner
9 Aktionaer, Kompagnon, Teilhaber
10 Mitinhaber
11 Unterhalter
12 Kommanditist
13 Komplementaer

gesellschaftlich
6 sozial
8 soziabel
9 offiziell

abgeschlossen
8 exklusiv

gesellschaftliche

Abschließung
11 Kastengeist

Einrichtung
4 Club, Klub

Funktion
3 Amt

Sitte
8 Etikette

Stellung
4 Rang

Taktlosigkeit
7 Fauxpas

Vergnügung
4 Tanz

Vielfalt
11 Pluralismus

gesellschaftlicher

Anstand, äußerer Schein
6 Dehors

Aufwand
15 Repraesentation

Fortschritt
12 Sozialreform

Kreis
4 Club, Klub
6 Cercle, Zirkel

Stand im Hinduismus
5 Kaste

Verstoß, Taktlosigkeit
7 Fauxpas

Gesellschaftsanzug
5 Frack
7 Gehrock, Smoking

Gesellschaftsform
11 Matriarchat, Patriarchat

Gesellschaftsformation
11 Feudalismus

Gesellschaftshaus
6 Kasino

Gesellschaftsinsel
3 Hao
4 Anaa
5 Murea, Tahaa
6 Moorea, Scilly, Tahiti
7 Maupiti

Gesellschaftskunde, -lehre
10 Soziologie

Gesellschaftskundler
9 Soziologe

Gesellschaftsraum, -treffpunkt
4 Saal
5 Salon
8 Clubhaus, Clubraum, Kabinett, Klubhaus, Klubraum
9 Clublokal, Klublokal
10 Clubzimmer, Klubzimmer, Stammlokal, Stammtisch
11 Nebenzimmer, Stammkneipe
12 Vereinslokal

gesellschaftsschädlich
7 asozial

Gesellschaftsschicht
4 Adel
5 Kaste, Stand
6 Klasse
9 Patriziat
10 Buergertum
11 Bourgeoisie, Mittelstand, Proletariat
12 Aristokratie

15 Grossbuergertum
in Indien
5 Kaste
6 Parias
Gesellschaftsspiel
2 Go
4 Dame, Golf, Poch, Quiz, Skat
5 Boule, Halma, Lotto, Makao, Poker, Romme, Salta, Whist
6 Boccia, Bridge, Domino, Ecarte, Ekarte, Fangen, Kegeln, Lomber, Mau Mau, Mikado, Muehle, Pikett, Pokern, Puzzle, Risiko, Schach, Tarock, Tennis, Watten
7 Billard, Bowling, Canasta, Diabolo, Knobeln, Krocket, Malefiz, Roulett, Tombola
8 Lotterie, Minigolf, Monopoly, Quartett, Roulette, Scrabble, Wuerfeln
9 Badminton, Blindekuh, Federball, Mauscheln, Plumpsack, Schafkopf, Tauziehen, Vingtetun
10 Brettspiel, Doppelkopf, Fang den Hut, Federspiel, Kegelspiel, Schafskopf, Verstecken
11 Kartenspiel, Lochbillard, Sackhuepfen, Tischtennis
13 Pfaenderspiel, Versteckspiel
14 Schnippschnapp, Schwarzer Peter
15 Sechsundsechzig, Siebzehn und vier
in Tanzform
8 Kotillon
Gesellschaftstanz
3 Fox
4 Bump, Jive, Slow, Step
5 Baiao, Bebob, Blues, Choro, Combo, Conga, Limbo, Mambo, Ohoro, Polka, Raspa, Rumba, Samba, ◆ Stepp, Swing, Tango, Twist
6 Boston, Cancan, Galopp, Letkis, Walzer
7 Calypso, Carioca, Csardas, Gavotte, La Bamba, Lambada, Letkiss, Madison, Menuett, Onestep, Questep, Ragtime, Slowfox, Twostep
8 Anglaise, Cakewalk, Cotillon, Courante, Foxtrott, Kotillon, Laendler, Schieber, Swingfox, ◆ Twostepp
9 Bossanova, Cha-Cha-Cha, Jitterbug, Pasodoble, ◆ Polonaese, Polonaise, Quadrille, Quickstep, Sarabande
10 Charleston, Contretanz, Kasatschok, Kontertanz, Kontretanz, Kreuzpolka, La Bostella, ◆ Quickstepp, Rock Ôn' Roll
11 Lambeth Walk, Rock and Roll, Square Dance
12 Boogie Woogie, ◆ Englishwaltz, Rheinlaender, Wiener Walzer
16 Englischer Walzer

der 20er Jahre
7 Onestep
gesellschaftswidrig
7 asozial
Gesellschaftswissenschaft
10 Soziologie
Gesellschaftswissenschaftler
9 Soziologe
Gesellschaftszimmer
5 Salon
Gesenk
4 Anke, Form
7 Ableger, Gewicht, Schacht, Senkung
12 Schmiedeform
Gesetz
3 Lex
4 Norm, Satz
5 Gebot, Nomos, Recht, Regel
6 Erlass, Statut
7 Prinzip
9 Anordnung, Grundsatz, Reglement
10 Bestimmung, Rechtsnorm, Rechtssatz, Verfuegung, Verordnung, Vorschrift
12 Konstitution
16 Rechtsvorschrift
zur Meeresnutzung
8 Seerecht
Gesetzbuch, Gesetzesrolle
2 OR
3 BGB, BHG, HGB
4 ABGB, StGB
5 Codex, Kodex, Thora
6 Talmud
10 Pentateuch
12 Code Napoleon
14 Sachsenspiegel
der Juden
6 Talmud
Moses
5 Thora
Gesetzesgrundlage
5 Recht
Gesetzeslesung
am Sabbat
5 Sidra
Gesetzesnachtrag
7 Novelle
Gesetzessammlung
12 Kodifikation
des Justinian
8 Digesten
gesetzestreue
Gesinnung
10 Loyalitaet
Gesetzesverletzer
11 Taschendieb
Gesetzesvorlage
7 Novelle
Gesetzeswiderspruch
9 Antinomie
Gesetz gebende
Gewalt
11 Legislative
Körperschaft
9 Parlament
Versammlung
11 Legislative
Gesetzgeber
der Juden
5 Moses

im alten Athen
5 Drako, Solon
6 Drakon
im alten Testament
5 Moses
Gesetzgebung
10 Legislatur
gesetzlich
5 legal
7 legitim
8 rechtens
9 rechtlich
12 rechtmaessig
17 rechtsverbindlich
bestellter Erzieher
7 Vormund
13 Adoptiveltern
gesetzliche
Bestimmung
11 Wasserrecht
Einheit der Arbeit
3 Erg
Einheit der Beleuchtungsstärke
3 Lux
Einheit der Fläche
2 Ar
Einheit der Temperatur
6 Kelvin
Einheit des Druckes
4 Torr
Einheit des Lichtstroms
5 Lumen
Nachlassregelung
8 Erbrecht
gesetzlicher
Zwang zum Schulbesuch
12 Schulpflicht
gesetzliches
Richtmaß
8 Standard
Gesetzlichkeit
10 Legalitaet
13 Legalisierung
Gesetzloser
6 Outlaw
9 Anarchist
Gesetzlosigkeit
8 Anarchie
gesetzmäßig
5 legal
6 normal
verlaufender Vorgang
6 Prozess
Gesetzsammlung
5 Kodex
gesetzte
Ordnung
5 Recht
Gesetztheit
5 Ernst
gesetzwidrig
7 illegal
9 illegitim
gesetzwidrige
Handlung
6 Delikt
Gesetzwidrigkeit
7 Unrecht
12 Illegalitaet
Gesicht
3 Ruf
4 Form
5 Front, Image, Traum

6 Umriss, Visage, Vision
7 Ansehen, Antlitz, Geltung
8 Ausschen, Grimasse, Renommee
9 Angesicht, Traumbild
10 Augenlicht
11 Erscheinung
12 Physiognomie
Gesichtsausdruck
3 Air
5 Miene, Mimik
11 Mienenspiel
12 Physiognomie
Gesichtsausschlag
4 Akne
Gesichtsbehaarung
4 Bart
5 Braue
Gesichtsfalte
6 Runzel
Gesichtsfarbe
5 Teint
Gesichtsfärbung
5 Roete
Gesichtsfeld, -winkel
4 Kimm
5 Blick, Kreis
6 Milieu, Umwelt
7 Sphaere, Umkreis
8 Horizont, Sehkreis, Umgebung, Weltbild
11 Blickwinkel, Perspektive
Gesichtsfinne
4 Akne
6 Pickel
8 Mitesser
Gesichtshaare
4 Bart
5 Braue, Flaum
6 Wimper
7 Stoppel
10 Augenbraue
11 Augenwimper, Bartstoppel
Gesichtshaut
5 Teint
Gesichtshülle
5 Maske
Gesichtsknochen
6 Kiefer
8 Jochbein, Keilbein, Siebbein
9 Nasenbein, Stirnbein
10 Oberkiefer
11 Traenenbein, Unterkiefer
13 Schlaefenbein
Gesichtskreis
4 Kimm
6 Niveau
7 Sphaere
8 Horizont, Weltbild
9 Sehwinkel
Gesichtslinien
5 Zuege
Gesichtsmaske
5 Larve
Gesichtsnerv
8 Facialis, Fazialis
10 Trigeminus
Gesichtspflege
6 Make up
7 Massage, Packung
8 Kosmetik
Gesichtspickel
4 Akne
8 Mitesser
Gesichtspunkt
6 Aspekt, Detail, Moment
7 Annahme, Ansicht, Meinung
8 Position
9 Vermutung
10 Auffassung, Standpunkt
11 Betrachtung, Beurteilung, Blickwinkel, Perspektive
12 Ueberzeugung
Gesichtsschutz
am Helm
6 Visier
Gesichtsteil
3 Lid, Ohr
4 Auge, Bart, Kinn, Mund, Nase
5 Backe, Braue, Falte, Lippe, Stirn, Wange
6 Kiefer, Runzel, Stirne, Wimper
8 Jochbein, Kinnlade, Schlaefe
9 Gruebchen, Nasenbein, Oberlippe, Stirnbein
10 Augenbraue, Oberkiefer, Unterlippe
11 Augenwimper, Unterkiefer
13 Backenknochen, Schlaefenbein
Gesichtstreffer
beim Boxen
3 Jab
Gesichtsverfärbung
5 Roete
Gesichtsverkleidung
5 Larve, Maske
Gesichtsverzerrung
6 Fratze
8 Grimasse
Gesichtswirkungskreis
7 Sphaere
Gesichtszuckung
3 Tic
Gesichtszüge
12 Physiognomie
Gesims
5 Wulst
9 Vorsprung
am südindischen Tempel
6 Kapota
Gesimsstreifen
5 Fries
Gesinde
8 Personal
11 Dienstboten
12 Dienerschaft
15 Hausangestellte
Gesindel
3 Mob
4 Pack
5 Plebs
6 Bagage, Poebel
7 Gelumpe, Gesocks
8 Abschaum, Kanaille, Packzeug
9 Gelichter, Unterwelt
10 Geschmeiss, Lumpenpack
Gesinnung
5 Ethos, Moral
7 Ansicht, Denkart, Haltung, Meinung
9 Charakter, Ideologie
11 Einstellung, Mentalitaet
12 Grundhaltung
14 Weltanschauung
gesinnungslos
5 feige, infam
6 falsch, untreu
8 verlogen
12 unaufrichtig, wortbruechig
13 hinterhaeltig
15 opportunistisch
gesinnungsloser
Mensch
4 Dieb, Lump
5 Pirat, Spion
6 Bandit, Ganove, Gauner, Schuft
7 Halunke, Luegner, Moerder, Raeuber
8 Feigling, Gangster, Heuchler, Kriecher
9 Betrueger, Faelscher, Kidnapper, Luftpirat, Verraeter
10 Denunziant, Einbrecher, Entfuehrer, Langfinger, Seeraeuber, Verbrecher
11 Duckmaeuser, Krimineller, Opportunist, Taschendieb
13 Erbschleicher
Gesinnungslosigkeit
6 Verrat
7 Untreue
9 Treubruch, Wankelmut, Wortbruch
10 Gemeinheit
12 Niedertracht, Verlogenheit
13 Opportunismus
16 Unaufrichtigkeit
17 Hinterhaeltigkeit
Gesinnungswechsel
6 Umfall
gesittet
5 human, zivil
10 kultiviert, manierlich
folgsam
5 artig
gesondert
7 separat
Gesottenes
3 Sud
5 Siede
9 Gekochtes
gespaltene
irische Provinz
6 Ulster
Gespann
3 Duo
4 Joch, Paar
5 Wagen
8 Fahrzeug, Fuhrwerk, Gefaehrt
Gespannkolonne
5 Treck
gespannt
6 straff, stramm
gespannte
Aufmerksamkeit
13 Konzentration
Gespanschaft
7 Komitat
gesparte
Beträge
10 Ruecklagen
Gespenst
3 ◆ Alb, Alp
4 Mahr, Spuk
5 Geist, Troll, Wespe
6 Daemon, Gefahr, Kaefer, Kobold, Lemure, Teufel
7 Phantom, Schemen

8 Schatten, Schnecke, Trugbild
9 Holzwespe
11 Erscheinung, Poltergeist, Spukgestalt
13 Klabautermann
14 Geistergestalt
18 Geistererscheinung
der griechischen Sage
5 Lamia
Gespensteraffe
4 Lori
Gespensterfurcht
10 Aberglaube
11 Aberglauben
Gespensterstory
14 Spukgeschichte
Gespenstertier
10 Koboldmaki
Gespenstheuschrecke
15 Wandelndes Blatt
gespenstische
Erscheinung
4 Spuk
5 Geist
gespickte
Fleischschnitte im Reisrand
9 Grenadine
Gespinst
4 Garn, Idee, Netz
5 Faden, Kokon
6 Gewebe
7 Einfall, Filuere
11 Inspiration, Spinnennetz
Gespinstgewächs
4 Hanf
Gespinstpflanze
4 Lein
6 Nessel
9 Baumwolle
gesponnener
Faden
4 Garn
Gespons
4 Frau, Mann
7 Ehefrau, Ehemann
Gespräch
4 Rede
5 Flirt
6 Dialog, Disput
7 Debatte, Diskurs, Monolog, Plausch
9 Plauderei, Rededuell
10 Aussprache, Diskussion, Kolloquium, Redestreit, Wortstreit
11 Besprechung, Disputation, Eroerterung, Unterredung, Wortgefecht
12 Konversation, Unterhaltung
17 Gedankenaustausch, Meinungsaustausch
18 Auseinandersetzung
mit Gott
5 Gebet
Gesprächsleiter
9 Moderator
Gesprächsrunde
5 Forum
Gesprächsstoff
5 Thema
gespreizt
12 theatralisch
Gespreiztheit
10 Theatralik
11 Manierismus
gesprenkelt
7 meliert
Gestäbe
6 Staket
Gestade
4 Ufer
6 Kueste, Strand
Gestalt
3 Air
4 Bild, Form
5 Figur, Wuchs
6 Format, Kontur, Person, Statur, Umfang, Umriss
7 Gebilde, Gefuege, Koerper
8 Aussehen, Struktur
9 Aeusseres, Exterieur
11 Erscheinung
16 Erscheinungsbild
am Hof Karls des Großen
6 Amicus
am Martinstag
6 Maerte
auf dem Brandenburger Tor
8 Viktoria
eines mittelhochdeutschen Epos
6 Laurin
Gestalt aus:
Abschiedswalzer
5 Anita
Agrippina
4 Nero
Aida
7 Amneris, Radames, Ramphis
8 Amonasro
Albert Herring
3 Sid
4 Budd
5 Gedge, Nancy
6 Upfold
7 Billows
8 Florence
10 Wordsworth
Alessandro Stradella
5 Bassi
7 Leonore
9 Barbarino, Malvolino
Alkestre
6 Ismene
7 Admetos, Apollon, Aspasia, Eunelos
8 Euandros
Amphitryon
6 Sosias
7 Alkmene
Antigonae
5 Kreon
6 Haemon, Ismene
8 Eurydike, Tiresias
Arabella
6 Elemer, Matteo, Zdenka
7 Dominik, Lamoral, Waldner
8 Adelaide, Mandryka
Ariadne auf Naxos
6 Dryade, Najade
7 Bacchus
9 Brighella
10 Zerbinetta
12 Scaramucchio
Baal
5 Ekart
Bastien und Bastienne
5 Colas
Boris Godunow
5 Henia, Pimen, Xenia
6 Feodor, Marina
7 Missail, Rangoni
8 Grigorij
9 Schuiskij
Carmen
4 Jose
6 Zuniga
7 Micaela, Morales
8 Dancairo, Mercedes
9 Esmamillo, Frasquita, Remendado
Cavalleria rusticana
4 Lola
5 Alfio, Lucia
7 Turiddu
8 Santuzza
Cosi fan tutte
7 Alfonso, Despina
8 Ferrando
9 Dorabella, Guglielmo
10 Fiordiligi
Dantons Tod
5 Simon
7 Hermann, Lucille
9 Sechelles
10 Desmoulins
11 Robespierre
Daphne
4 Gaea
6 Apollo
7 Deneios
9 Leukippos
Das Mädchen aus dem goldenen Westen
4 Nick
5 Ashby, Mimie, Rance
6 Wallce, Wowkle
7 Johnson, Larkens, Rabbitt
9 Jack Rance
Das Schwarzwaldmädel
5 Lorle
7 Blasius, Hannele, Malvine
8 Baerbele
Das tapfere Schneiderlein
5 Riese
Der arme Konrad
3 Res
4 Fidi, Konz
Der Bajazzo
5 Beppo, Canio, Nedda
Der Barbier von Bagdad
5 Kalif
7 Bostana
8 Margiana, Mustapha, Nureddin
Der Barbier von Sevilla
6 Figaro, Rosina
7 Bartolo, Basilio
8 Almaviva, Ambrosio, Fiorillo
10 Marzelline
Der Bettelstudent
3 Jan
5 Laura
7 Bogumil
Der fliegende Holländer
4 Erik, Mary
5 Senta
6 Daland
Der Freischütz
3 Max

4 Kuno
6 Agathe, Kaspar, Kilian, Samiel
7 Ottokar

Der Graf von Luxemburg
5 Pawel, Renee, Stasa
6 Didier

Der Kaufmann von Venedig
5 Gobbo, Tubal
6 Porzia
7 Antonio, Jessica, Lorenzo, Nerissa, Shylock, Solanio

Der Kuss
5 Lukas

Der Kuss der Juanita
5 Anita, Ramon
6 Angela

Der Laden
4 Esau

Der Liebestrank
5 Adina
7 Belcore
8 Gianetta, Nemorino
9 Dulcamara

Der Opernball
4 Jean
6 Angele, Aubier
7 Alfonse, Fiodora, Germain
8 Baptiste, Hortense

Der Postillon von Lonjumeau
5 Bijou, Corcy
7 Bourdon
8 Chapelou
9 Madeleine

Der Prophet
5 Berta, Fides, Jonas
6 Johann
8 Mathisen, Oberthal
9 Zacharias

Der Prozess
4 Leni
5 Franz, Josef
6 Albert
7 Grubach
9 Titorelli

Der Raub der Lukretia
5 Lucia
6 Bianca, Junius
10 Collatinus, Tarquinius

Der Revisor
4 Anna

Der Ring der Nibelungen
6 Fafner

Der Rosenkavalier
4 Ochs
6 Annina, Sophie
7 Faninal
11 Marschallin

Der Troubadour
4 Inez, Luna, Ruiz
7 Leonore

Der Vogelhändler
4 Weps
5 Marie

Der Waffenschmied
4 Hans
5 Georg, Maria
7 Brenner
8 Liebenau
9 Stadinger
10 Irmentraut

Der Wasserträger
6 Daniel

Der Wildschütz
7 Manetta

Der Wüstling
3 Ann

Der Zarewitsch
4 Iwan
5 Sonja
6 Mascha

Der zerbrochene Krug
3 Eve
4 Adam
5 Licht
6 Marthe

Der Zigeunerbaron
5 Saffi
6 Arsena

Die Afrikanerin
4 Ines
5 Alvar, Diego, Pedro
6 Selica
11 Vasco da Gama

Die Bürgschaft
5 Damon

Die Csardasfürstin
4 Boni, Feri
5 Edwin, Eugen, Miksa, Stasi, Sylva

Die Dreigroschenoper
4 Lucy
5 Celia, Filch, Polly
7 Kimball
12 Mackie Messer

Die drei Musketiere
9 Richelieu

Die Entführung aus dem Serail
5 Osmin
8 Belmonte, Pedrillo
9 Konstanze

Die Fledermaus
3 Ida
5 Adele

Die Fledermaus
6 Frosch

Die Fledermaus
9 Rosalinde

Die Hochzeit des Figaro
7 Antonio, Bartolo, Basilio, Susanne
8 Almaviva, Cherubin
9 Barbarino
10 Marzelline

Die Hugenotten
5 Cosse, Raoul, Thore, Urban
6 Marcel
8 Tavannes
9 Valentine
10 Margarethe

Die Liebe der Danae
4 Leda
5 Midas
6 Pollux, Semele, Xanthe
7 Alkmene, Jupiter

Die Liebe zu den drei Orangen
7 Clarice, Kreonta, Leander, Linetta, Ninetta
8 Pantalon, Tschelio
9 Nikoletta
11 Truffaldino

Die lustigen Weiber von Windsor
4 Anne
5 Cajus, Fluth, Reich
6 Fenton
8 Falstaff

Die Macht des Schicksals
6 Alvaro
7 Leonore
8 Guardian
11 Preziosilla

Die Meistersinger
3 Eva
4 Kunz
5 David, Sachs
6 Evchen
8 Stolzing
10 Beckmesser

Die Mutter
5 Pawel

Die Nibelungen
3 Ute
5 Etzel, Iring
6 Gernot, Rumolt
8 Giselher, Ruediger

Die Perlenfischer
5 Leila, Nadir

Die Pilger von Mekka
3 Ali

Die Ratten
5 Selma
6 Jettel

Die Räuber
4 Karl
5 Franz, Grimm, Moser
6 Amalia, Daniel, Roller

Die Regimentstochter
5 Marie, Tonio
6 Sulpiz
9 Hortensio

Die Rose von Stambul
6 Midili

Die Schule der Frauen
5 Agnes

Die sizilianische Vesper
6 Robert

Die verkaufte Braut
4 Hans, Muff
5 Agnes, Kezal, Marie, Micha
6 Wenzel
8 Kathinka
9 Esmeralda, Kruschina

Die Walküre
5 Wotan
6 Fricka
7 Hunding
8 Siegmund
9 Sieglinde
11 Bruennhilde

Die Zauberflöte
6 Pamina, Tamino
8 Papagena, Papageno, Sarastro

Die Zaubergeige
5 Gretl
6 Amalie, Kaspar
7 Amandus, Cuperus, Fangauf
9 Ninabella, Schnapper
10 Guldensack

Doktor Schiwago
4 Lara

Don Carlos
4 Alba, Posa
5 Eboli, Feria, Lerma
7 Philipp

Don Giovanni
4 Anna
6 Elvira, Komtur
7 Masetto, Ottavio, Zerline
9 Leporello

Don Pasquale
6 Norina
7 Ernesto
9 Malatesta
Dornröschen
3 Fee
5 Prinz
Egmont
4 Alba
5 Silva, Soest
6 Jetter, Vansen
7 Oranien
9 Klaerchen
Eine Nacht in Venedig
6 Annina
Ein Maskenball
3 Tom
4 Rene
5 Oscar
6 Amelia, Samuel, Ulrica
7 Richard, Silvano
Ein Sommernachtstraum
4 Puck
5 Egeus, Flaut
Elektra
5 Orest
7 Aegisth
12 Chrysothemis
13 Klytaemnestra
Eugen Onegin
4 Olga
6 Gillot, Gremin, Lavina, Lenski
7 Tatjana
8 Saretski, Saretsko
Euryanthe
5 Berta
6 Adolar
Falstaff
4 Ford
5 Alice, Cajus
6 Fenton, Pistol
7 Bardolf, Quickly
Faust
4 Hexe
6 Frosch, Martha, Marthe, Siebel, Wagner
7 Brander
8 Gretchen, Mephisto, Valentin
Feuerwerk
4 Anna
Fidelio
5 Rocco
7 Leonore, Pizzaro
8 Fernando, Jacquino
9 Florestan
10 Marzelline
Fra Diavolo
5 Beppo
6 Matteo
7 Giacomo, Lorenzo, Pamella, Zerline
8 Kookburn
9 Francesco
Frau Luna
6 Stella
Fürst Igor
5 Owlur, Skula
8 Eroschka, Galitzky, Wladimir
9 Kontschak
10 Jaroslawna
Gajaneh
5 Armen, Nuneh
Gasparone
6 Nasoni
7 Benozzo
Gianni Schicchi
4 Zita
5 Betto, Nella
6 Ciesca
8 Gherardo, Lauretta
9 Pinellino, Rinucchio
Glückliche Reise
5 Sarah
Götterdämmerung
5 Hagen
7 Gunther, Gutrune
8 Alberich, Woglinde
9 Siegfried, Waltraute, Wellgunde
10 Flosshilde
11 Bruennhilde
Götz von Berlichingen
4 Link
5 Georg, Lerse
7 Metzler
8 Adelheid
10 Weislingen
Hamlet
7 Caerter, Ophelia
Hoffmanns Erzählungen
6 Lutter
7 Antonia, Hermann, Lindorf, Mirakel, Niklaus
9 Coppelius, Nathanael
10 Dapertutto
Idomeneo
4 Ilia
7 Arbaces, Elektra
9 Idamantes
In Frisco ist der Teufel los
3 Ben
Intermezzo
4 Anna
6 Lummer, Robert, Storch
9 Christine
Iphigenie auf Tauris
5 Diana, Orest, Thoas
7 Pylades
Iphigenie in Aulis
5 Arkas
8 Achilles
9 Agamemnon, Patroklus
13 Klytaemnestra
Irische Legende
5 Aleel
Irrungen und Wirrungen
4 Lene
Jenufa
4 Jano, Laza
5 Stewa
6 Barena, Buryja, Klemen
7 Karolka
Julius Cäsar
5 Curio
6 Sextus
7 Nirenus
8 Achilles, Cornelia
9 Kleopatra
10 Ptolemaeus
Kabale und Liebe
4 Kalb, Wurm
5 Luise
6 Miller, Sophie, Walter
9 Ferdinand
Keine Leute, keine Leute
5 Leila
König Lear
4 Kent, Narr
5 Edgar, Regan
6 Edmund, Oswald
7 Gloster, Goneril
8 Cordelia, Cornwall
Krieg und Frieden
4 Lisa
La Boheme
4 Mimi
6 Collin, Marcel, Rudolf
7 Musette
9 Schaunard
La Traviata
5 Flora, Josef
6 Alfred, Annina, Gaston
7 Dozphal, Georges, Germont, Grenvil
Lohengrin
4 Elsa
6 Ortrud
9 Telramund
Lumpazivagabundus
4 Leim
5 Peppi, Zwirn
Macbeth
5 Banko
7 Macduff, Malcolm
Madame Butterfly
4 Goro
6 Nakoda, Suzuki
9 Chochosan, Linkerton
Madame Pompadour
7 Belotte, Poulard
Manon Lescaut
6 Edmond, Grieux
7 Geronte
Margarete
5 Faust
6 Siebel
7 Brander
8 Valentin
Maria Stuart
5 Cecil, Hanna
6 Dudley, Melvil, Paulet, Talbot
8 Mortimer
9 Elisabeth
Martha
5 Nancy
6 Lyonel
8 Plumkett
10 Micklefort
Mathis, der Maler
6 Capito, Lorenz, Regina, Ursula
7 Schwalb
8 Albrecht
9 Riedinger
11 Helfenstein
Max und Moritz
5 Bolte
Medea
4 Gora
Mignon
5 Jarno
7 Antonio, Laertes, Philine
8 Lothario
Minna von Barnhelm
4 Just, Wirt
6 Werner
7 Riccaut
8 Tellheim

9 Franziska
Mutter Courage und ihre Kinder
5 Eilif
My fair Lady
5 Eliza
7 Higgins
9 Doolittle, Pickering
Nabucco
4 Anna
Nathan der Weise
4 Daja
5 Recha
7 Saladin
8 Derwisch
10 Tempelherr
Nora
6 Helmer
Norma
5 Sever
7 Flavius, Orovist
8 Adalgisa, Clotilde
Notre-Dame de Paris
9 Quasimodo
Oberon
5 Droll, Harun, Hucon, Rezia
7 Fatuene, Tifania, Titania
8 Almansor
Orpheus in der Unterwelt
4 Styx
Othello
4 Jago
6 Bianca, Cassio, Emilia
7 Montano, Rodrigo
9 Desdemona
Paganini
5 Bella
Palestrina
5 Silla
Parsifal
6 Kundry
7 Titurel
8 Amfortas, Klingsor
9 Gurnemanz
Peer Gynt
4 Aase, Mads
6 Anitra, Ingrid
7 Solveig
Pelléas und Mélisande
4 Golo
5 Arkel
6 Yniold
8 Genoveva
Peter Grimes
5 Adams, Boles, Ellen, Keene
6 Auntie, Hobson
7 Swallow
9 Balstrode
Pique Dame
4 Lisa
5 Chloe, Surin
6 Mascha, Tomsky
7 Daphnis, Graefin, Hermann, Pauline
8 Jeletzky, Narumoff
12 Tschaplitzky
13 Tschekalinsky
Planet der Verliebten
3 Ali
Porgy and Bess
5 Crown
6 Serena
12 Sporting Life
Professor Mamlock
4 Ruth
Pygmalion
5 Eliza
Quo vadis
5 Ursus
Rheingold
4 Erda, Froh, Loge
5 Freia, Wotan
6 Donner, Fafner, Fasolt, Fricka
8 Alberich, Woglinde
9 Wellgunde
10 Flosshilde
Rienzi
5 Irene, Paolo
6 Orsini
7 Adriano, Colonna
8 Raimondo, Steffano
10 Baroncelli
Rigoletto
5 Borsa, Gilda
6 Herzog
9 Maddalena
11 Sparafucile
Rodelinde
5 Unolf
6 Hadwig
8 Garibald, Grimwald
9 Bertarich
Romeo und Julia
4 Amme
7 Capulet, Escalus, Lorenzo
8 Montague
9 Balthasar
Rot und Schwarz
5 Sorel
Salome
7 Herodes
8 Herodias
9 Jochanaan, Narraboth
Schwanda, der Dudelsackpfeifer
6 Dorota
8 Babinsky
Schwanensee
5 Idele, Odile
6 Odetta
Schwester Angelika
6 Osmina
7 Dolcina
8 Genoveva
Siegfried
4 Erda, Mime
6 Fafner
8 Alberich
Stella
8 Fernando
Tannhäuser
5 Venus
7 Hermann, Reinmar, Walther, Wolfram
8 Biterolf, Heinrich
9 Elisabeth
Tausendundeine Nacht
5 Leila, Massu, Ormuz
6 Aladin
7 Ali Baba, Sindbad
8 Suleiman
Tiefland
4 Nuri, Pena
5 Marta, Nando, Pedro
6 Martha
Titus
6 Annius, Sextus
7 Publius
8 Servilla, Vitellia
Tosca
5 Mario
6 Cesare, Floria
7 Scarpia
Tristan und Isolde
5 Marke, Melot
8 Kurwenal
9 Brangaene
Troubadour
4 Inez, Ruiz
7 Azucena, Leonore, Maurico
8 Ferrando
Turandot
3 Liu
4 Pang, Ping, Pong
5 Barak, Kalaf, Timur
6 Altoum
Ulenspiegel
4 Nele
Undine
4 Hans, Hugo, Veit
6 Marthe, Tobias
8 Bertalda, Heilmann
10 Kuehleborn
Viel Lärm um nichts
4 Hero
7 Claudio, Messina
8 Dogberry
Wallenstein
3 Max
4 Illo, Seni
6 Gordon, Terzky, Thekla
7 Isolani, Wrangel
11 Piccolomini
Wilhelm Tell
6 Fuerst
7 Gertrud, Gessler
8 Melchtal
10 Baumgarten
11 Stauffacher
12 Altinghausen
Wozzeck
5 Marie
7 Andreas, Margret
Xerxes
6 Elviro
7 Ariodat, Romilda
8 Amastris, Arsamene, Atalanta
Zar und Zimmermann
4 Bett
5 Brown, Marie, Peter
6 Iwanow, Lefurt
7 Syndham, van Bett
Zigeunerliebe
5 Ilona

Gestalt bei:

Andersen
3 Kay
Cooper
12 Lederstrumpf
Dickens
5 Bella
Gershwin
4 Bess
Gotthelf
3 Uli
Hölderlin
7 Diotima
Karl May
5 Schut
8 Winnetou

Kästner
4 Emil
Mozart
6 Figaro, Pamina, Tamino
7 Susanna
8 Papageno
9 Leporello
Offenbach
6 Helena
Palestrina
5 Silla
6 Ighino
Schiller
4 Posa, Tell
Shakespeare
4 Lear
5 Ariel
7 Ophelia
Smetana
5 Kezal
Strauss
5 Danae
Tolstoi
8 Karenina
Verne
4 Nemo
Wagner
4 Elsa
5 Marke, Senta
6 Rienzi
8 Parsifal
9 Siegfried
Wilhelm Busch
3 Bax, Max
4 Kuno, Molo, Niep, Pief, Piep, Plum
5 Boeck, Bolte, Bunke, Fibel, Fipps, Fritz, Graps, Jette, Knopp, Koeck, Nanni, Nolte, Quast, Zwiel
6 Boetel, Doeppe, Fittig, Fritze, Gripps, Helene, Hiebel, Jochen, Kruell, Mienzi, Moritz, Munzel, Plisch, Sulitt
7 Boeckel, Julchen, Laempel, Lenchen, Rueppel, Schlich, Schnick, Schrupp
8 Baehlamm, Filuzius, Klecksel
9 Huckebein, Mickefett
10 Babbelmann, Bartelmann, Bockelmann, Klingebiel
11 Hinterstich, Hoppelstedt
12 Knickebieter
13 Bullerstiebel
Gestalt der
altnordischen Göttersage
5 Nanna
Artussage
4 Erek
5 Iwein
6 Merlin
7 Galahad
dänischen Heldensage
5 Ogier
Französischen Revolution
5 Marat
6 Danton
11 Robespierre
germanischen Mythologie
6 Mannus
griechischen Sage
2 Io
3 Ino, Ism
4 Aias, Ajax, Hero, Leto, Niob
5 Iason, Medea, Minos, Niobe, Oknos, Paris
6 Achill, Adonis, Castor, Charon, Hektor, Helena, Pollux
7 Ariadne, Calisto, Elektra, Ganimed, Ganymed, Oedipus, Orestes, Orpheus, Perseus, Stentor
8 Antigone, Eurydike, Herakles, Sisyphus
10 Prometheus
indischen Sage
3 Nal
jüdischen Mystik
5 Golem
Nibelungensage
3 Ute
5 Etzel, Hagen
6 Gernot, Volker
7 Gunther
8 Giselher, Ruediger
9 Bruenhild, Kriemhild
Odyssee
5 Kirke
6 Aeolos, Aeolus, Kyklop, Zyklop
7 Eumaios, Laertes
8 Nausikaa, Penelope, Polyphem, Telemach
Tellsage
7 Gessler
gestalten
5 bauen
6 bilden, formen
7 praegen
8 ausbauen
9 entwerfen, verzieren
10 dekorieren, einrichten, figurieren, schmuecken
11 formulieren, konzipieren
12 konstruieren, organisieren
gestaltend
9 plastisch
gestaltender
Mensch
9 Kuenstler
Gestalter, Planer
7 Bildner
11 Organisator
12 Konstrukteur
einer Funksendung
9 Moderator
gestaltete
Gebrauchsform
6 Design
Gestaltform
der Nesseltiere
5 Polyp
Gestalt im
Alten Testament
3 Eva, Lea, Noe
4 Abel, Adam, Amos, Esau, Kain, Noah, Uria
5 Aaron, David, Elias, Elisa, Isaak, Jakob, Moses, Rahel, Urias
6 Daniel, Nathan
7 Abraham
8 Jeremias
deutschen Kartenspiel
4 Ober
5 Unter
Fernsehen
13 Sandmaennchen
Naumburger Dom
3 Uta
Gestaltlehre
11 Morphologie
gestaltlos
6 amorph
Gestaltung
9 Formation
11 Arrangement
12 Konstruktion
einer Bühnenaufführung
12 Inszenierung
Gestaltveränderung
12 Metamorphose
Geständnis
7 Beichte, Beichte
10 Bekenntnis, Bekenntnis
14 Eingestaendnis
16 Schuldbekenntnis
gestatten
8 erlauben
9 gewaehren
11 konzedieren
gestattet
7 erlaubt
9 bewilligt, genehmigt, zulaessig
10 konzediert
12 sanktioniert
Geste
4 Wink
5 Blick, Gruss
6 Nicken, Winken
8 Abwinken, Bewegung, Gebaerde, Zuwinken
10 Fingerzeig, Kopfnicken
12 Achselzucken, Handbewegung, Randbewegung
14 Kopfschuetteln
gestehen
7 zugeben
8 beichten, bekennen
gesteigerte
Form des Gehens
6 Laufen
Reizbarkeit
11 Nervositaet
gesteigerter
Blutdruck
10 Hypertonie
Gestein, Gesteinsart
3 Erz, Gur, Ton
4 Bims, Fels, Kalk, Lava, Malm, Spat, Tuff
5 Flint, Gneis, Ophit, Quarz
6 Basalt, Bauxit, Diabas, Diorit, Felsen, Felsit, Flysch, Gabbro, Granit, Kaolin, Kiesel, Kreide, Marmor, Mergel, Oolith, Perlit, Pikrit, Syenit
7 Andesit, Breccie, Brekzie, Dendrit, Dolerit, Dolomit, Gemenge, Geroell, Libarit, Mineral, Mylonit, Peperin, Phyllit, Porphyr, Quarzit, Trachyt, Uranerz
8 Granulit, Magmatit, Melaphyr, Meteorit, Obsidian, Phonolit, Plutonit, Schiefer, Vulkanit
9 Bimsstein, Geschiebe, Kalkstein, Leukophyr, Porphyrit, Sandstein

10 Feuerstein, Windkanter
11 Ganggestein, Konglomerat, Metamorphit, Muschelkalk
13 Buntsandstein, Ergussgestein, Tiefengestein, Vulkangestein
14 Eruptivgestein
15 Sedimentgestein
aus kalkhaltigem Ton
6 Mergel
aus Quarz und Feldspat
6 Felsit
mit Kristallen
5 Druse
mit Mineralien
6 Matrix
mit Parallelgefüge
5 Gneis
Gesteinsablagerung
10 Agglomerat
Gesteinsader
6 Flaser
Gesteinsart
im Weltall
8 Meteorit
gesteinsbildendes
Mineral
4 Gips
5 Augit
6 Lekzit
Gesteinsexperte
10 Mineraloge
Gesteinsflüssigkeit
3 Gur
Gesteinsforscher
7 Geologe
Gesteinsfuge
5 Spalt
6 Spalte
Gesteinsgebilde
6 Felsen
Gesteinsgemenge
11 Konglomerat
Gesteinshohlraum
5 Druse
Gesteinshülle
der Erde
12 Lithosphaere
Gesteinskörnchen
4 Sand
Gesteinskunde, -lehre
9 Geognosie
10 Lithologie
11 Mineralogie
12 Petrographie
Gesteinskundler
9 Lithologe, Petrologe
10 Mineraloge
Gesteinsmasse
6 Felsen
Gesteinsschmelzfluss
4 Lava
des Erdinnern
5 Magma
Gesteinsschutt
7 Geroell
der Gletscher
7 Moraene
Gesteinsspalte
7 Erzader
Gesteinsstruktur
6 Textur
Gesteinstrümmer
4 Kies, Sand

Gesteinsverwitterung
9 Korrosion
Gestell
4 Bock, Bord
5 Basis, Regal
6 Rahmen, Stativ, Stelze
7 Chassis, Geruest, Skelett, Stuetze
8 Schragen, Stellage, Unterbau
9 Fundament
an Spinnmaschinen
6 Gatter
des Geschützes
7 Lafette
für Fotoapparate
6 Stativ
für Gemälde
9 Staffelei
für Kerzen
8 Leuchter
für Kleinkinder
10 Laufgitter
für Lampen
10 Kandelaber
für Raucherutensilien
15 Pfeifenstaender
für Waren oder Bücher
5 Regal
mit Abstellbrettern
7 Etagere
zum Heutrocknen
6 Reiter
zum Obsttrocknen
5 Horde
gestellt
8 situiert
Gestern
13 Vergangenheit
gestickte
Kante
8 Borduere
gesticktes
Bild
12 Nadelmalerei
Gestikulation
8 Gebaerde
9 Pantomime
11 Mienenspiel
Gestirn
4 Mond
5 Komet, Sonne, Stern
6 Planet
8 Fixstern
11 Spiralnebel
14 Himmelskoerper
Gestirnsforscher
8 Astronom
Gestirnsforschung
10 Astronomie
Gestirnskonstellation
9 Sternbild
Gestöber
10 Schneefall
11 Hagelschlag
12 Niederschlag
13 Flockenwirbel, Schneetreiben
gestohlene
Ware
4 Sore
gestreckt
4 lang
6 rasant

gestreckte
Flugbahn
6 Rasanz
gestreiftes
Wildpferd
5 Zebra
gestrenge
Herren
10 Eisheilige
gestrickte
Schlinge
6 Masche
Gestrüpp
5 Busch, Hecke
8 Dickicht, Gebuesch
9 Buschwerk, Unterholz
Gestüt
5 Zucht
9 Rennstall
11 Pferdezucht
bei Triest
7 Lipizza
Gesuch
5 Bitte
6 Antrag, Motion
7 Eingabe, Supplik
8 Ansuchen, Ersuchen, Petition
9 Bewerbung
11 Bittschrift
um Auskunft
7 Anfrage
um Verzeihung
7 Abbitte
gesuchte
Haltung
4 Pose
gesund
machen
8 sanieren
werden
7 genesen
Gesundbrunnen
8 Jungborn
10 Heilquelle
gesunde
Beschaffenheit des Körpers
11 Salubritaet
gesunden
7 genesen
Gesundheit
7 Ergehen, Zustand
8 Befinden, Wohlsein
10 Verfassung
11 ◆ wohl ergehen, Wohlergehen
12 Konstitution, Wohlbefinden
gesundheitlich
8 sanitaer
10 hygienisch
gesundheitlicher
Gesamtzustand
17 Allgemeinbefinden
gesundheitsfördernde
Körperbehandlung
7 Massage
Gesundheitsförderung
5 Sport
7 Wandern
8 Bewegung
gesundheitsgefährdend
6 giftig
Gesundheitshelfer
10 Sanitaeter

Gesundheitslehre
7 Hygiene
Gesundheitsschädigung
5 Laerm
gesundheitsschädlicher
Stoff
4 Gift
Gesundheitsstörung
9 Krankheit
Gesundmacher
6 Heiler
Gesundung
7 Heilung
8 Erholung, Genesung
14 Rekonvaleszenz
17 Wiederherstellung
Gesundungsaufenthalt
3 Kur
19 Erholungsaufenthalt
gesungene
Messe
3 Amt
7 Hochamt
gesunkener
Überseedampfer
7 Titanic
Getäfel
8 Wabenbau
15 Holzverkleidung
getäfelter
Fußboden
7 Parkett
Hauptraum des altrömischen
Hauses
8 Tablinum
Getändel
5 Flirt, Spiel
8 Liebelei
14 Techtelmechtel
geteertes
Hanftau
4 Reep
geteilt
4 halb
geteiltes
Land
5 Korea
Getier
5 Fauna
Getobe
7 Klamauk
Getöse
5 Krach, Laerm, Radau
7 Poltern
8 Gepolter
9 Spektakel
getragene
Melodie
9 Kantilene
Getränk
3 Ale, Gin, Met, Obi, Rum, Tee
4 Asti, Bier, Boal, Bosa, Cana, Coca, Cola, Flip, Gose, Grog, Koem, Korn, Limo, Mate, Most, Pils, Raki, Rose, Saft, Sake, Sekt, Wein, Whip
5 Arrak, Bowle, Chica, Cider, Drink, Fusel, Jerez, Juice, Kakao, Kefir, Korma, Kumys, Kwass, Milch, Mokka, Mosel, Mumme, Pepsi, Racky, Samos, Shake, Sling, Sprit, Stout, Tinto, Toddy, Trank, Trunk, Wodka, Xerez, Zider
6 Brandy, Brause, Cherry, Chicha, Cognac, Enzian, Kaffee, Kognak, ◆ Kumyss, Likoer, Malaga, Pernod, Porter, Pulque, Punsch, Rancio, Rezina, Sauser, Sherry, Sorbet, Wasser, Weisse, Wermut, Whisky
7 Absinth, Allasch, Altbier, Aquavit, Bourbon, Brunnen, Campari, Chablis, Chianti, Cinzano, Cobbler, Curacao, Genever, Joghurt, Kaetsch, Kuemmel, Liqueur, Madeira, Marsala, Pilsner, Rotwein, Sangria, Schnaps, Schoeps, Schorle, Selters, Sprudel, Tokayer
8 Anisette, Aperitif, Bockbier, Coca Cola, Cocktail, Espresso, Falerner, Heuriger, Limonade, Malzbier, Obstwein, Portwein, Rauscher, Reisbier, Scherbet, Spumante, Tequilla, Vermouth
9 Angostura, Braunbier, Burgunder, Duennbier, Eiskaffee, Fachinger, Gluehwein, Lagerbier, Malvasier, Naehrbier, Orangeade, Rheinwein, Slibowitz, Sliwowitz, Starkbier, Tafelwein, Weinbrand, Weissbier, Weisswein
10 Branntwein, Champagner, Chartreuse, Dalmatiner, Eiercognac, Eierkognak, Eierpunsch, Exportbier, Fruchtsaft, Knickebein, Malzkaffee, Manzanilla, Maraschino, Pepsinwein, Schaumwein, Sodawasser, Weizenbier
11 Buttermilch, Gerstenbier, Gerstensaft, Kirschgeist, Kraeutertee, Krambambuli, Maerzenbier, Magenbitter, Muskateller, Nordhaeuser, Quellwasser, Steinhaeger, Traubensaft
12 Asti Spumante, Benediktiner, ◆ Cherrybrandy, Hoppel Poppel, Kirschlikoer, Kirschwasser, Schorlemorle
13 Brunnenwasser, Eisschokolade, Mineralwasser, Selterswasser
14 Holunderpunsch
15 Weisse mit Schuss
aus Holunderblüten
10 Fliedertee
aus Wildfrüchten
14 Hagebuttenwein
der Germanen
3 Met
vor dem Essen
8 Aperitif
Getränkefacharbeiter
6 Brauer
Getränkelage
für alle Gäste
10 Lokalrunde
Getränkemischer
5 Mixer
8 Barmixer
Getränkerest
5 Neige
Getränkerunde
4 Lage
Getränkeschrank
7 Hausbar
Getratsch
6 Gerede
7 Klatsch
8 Gewaesch
10 Geschwaetz
Getreide
4 Korn
9 Zerealien
schneiden
6 maehen
Getreideart
3 Taf, Tef
4 Dara, Dari, Mais, Reis
5 Durra, Emmer, Fench, Hafer, Hirse, Spelt, Spelz
6 Dinkel, Durrha, Gerste, Roggen, Sorgho, Weizen
7 Einkorn, Kukuruz, Sorghum
9 Bluthirse, Mohrhirse
10 Buchweizen, Negerhirse, Welschkorn
11 Blutfennich, Fingerhirse, Mohrenhirse, Rispenhirse
12 Sorghumhirse
für Anbauzwecke
7 Saatgut
Getreideaufzug
8 Elevator
Getreideblüte
5 Aehre
Getreidebündel
5 Docke, Garbe
Getreideeiweiß, Kleber
6 Gluten
Getreideerzeugnis
4 Mehl
Getreidefrucht
4 Korn
Getreidefruchtstand
5 Aehre
Getreidegras, Negerhirse
4 Mais
5 Durra, Hirse
Getreidehalm
5 Stroh
7 Stengel
8 ◆ Staengel
Getreidehaufen
5 Dieme, Feime, Felme
6 Stadel
7 Schober
Getreidehülse
6 Spelze
Getreidekorn
6 Graupe
Getreidekornschalen
5 Kleie
Getreidekrankheit
4 Rost
5 Brand
6 Meltau
7 Mehltau
8 Gelbrost
9 Braunrost, Flugbrand,

Maisbrand
10 Mutterkorn, Steinbrand, Stinkbrand
11 Beulenbrand, Schwarzrost
Getreidelader, Heulader
6 Gabler
Getreidemahlgut
6 Griess
Getreidemaß
3 Imi
4 Immi
5 Fanga
6 Bushel, Malter, Simmer
7 Buschel
Getreideplatz
zum Dreschen
5 Tenne
Getreideprodukt
4 Mehl
5 Kleie
6 Graupe, Griess, Schrot
Getreidepuppe, -bündel
5 Docke
Getreidereiniger
5 Tarar
6 Trieur
8 Windfege
11 Windsichter
Getreideschädling
8 Kornrade, Kornwurm
9 Blattlaus, Engerling, Kornmotte, Mehlmotte
10 Kornkaefer, Kornschabe
12 Mehlzuensler
13 Getreidemotte
Getreidesieb
6 Reiter
Getreidespeicher
4 Silo
7 Scheuer, Scheune
Getreidestengel
4 Halm
Getreideunkraut
4 Rade
6 Quecke
8 Kornrade
9 Kornblume
getrennt
7 separat
9 separiert
Getrennthaltung
9 Isolation
10 Separation
getreue
Nachbildung
9 Faksimile
Wiedergabe
6 Abbild
Getreuer
7 Kamerad, Paladin
9 Anhaenger, Begleiter
10 Vertrauter
11 Gefolgsmann
des Königs Hettel
5 Frute
Getriebe
6 Rummel
7 Betrieb, Gewuehl, Treiben, Verkehr
8 Mechanik
9 Apparatur, Gestaenge, Triebwerk
10 Raederwerk
11 Maschinerie, Mechanismus, Vorrichtung
Getriebeflüssigkeit
5 Fluid
Getriebelehre
9 Kinematik
Getriebeteil
3 Rad
5 Achse, Hebel, Kranz, Raste, Stift, Welle
6 Gelenk, Kurbel, Riemen, Sperre, Stange
7 Scheibe, Zahnrad
8 Gehaeuse, Raedchen, Schieber, Schraube, Sperrung
9 Zahnkranz
12 Differential, ◆ Differenzial
13 Gewindezapfen
16 Metallblaettchen
getrocknete
asiatische Algen
8 Aragagal
Blüten (Drogen)
6 Flores
Früchte
6 Hutzel
9 Doerrobst
Orchideenknolle
5 Salep
Seegurke
7 Trepang
Weinbeere, -traube
6 Rosine
8 Korinthe
9 Sultanine
Zebuhäute
5 Kipse
getrockneter
Pflanzensaft
5 Manna
Störrücken
5 Balyk
getrocknetes
Blut auf Wunden
6 Schorf
Gras
3 Heu
Kokosnussfleisch
5 Kopra
Schildlausweibchen
6 Kermes
Stechtorfstück
4 Sode
Getue
5 Faxen, Mache
6 Gehabe
7 Flausen
8 Allueren, Ziererei
11 Affektation
Getümmel
5 Kampf, Laerm
6 Tumult
7 Auflauf, Aufruhr, Gewuehl, Krawall, Revolte
8 Bataille, Schlacht
10 Tohuwabohu
13 Durcheinander
Getuschel
8 Gemunkel
geübt
8 versiert
9 bewandert
10 routiniert
geübter
Praktiker
9 Routinier
Geübtheit
7 Routine
9 Erfahrung
12 Versiertheit
Gevatter
4 Pate
Gewächs
4 Baum, Brut, Wein
5 Blume, Kraut, Sorte, Zucht
6 Staude
7 Pflanze, Strauch
8 Jahrgang
9 Weinsorte
10 Geschwulst
der Meeresdünen
12 Stranddistel
gewachsener
Stein
4 Fels
6 Felsen
Gewächshaus
9 Orangerie, Treibhaus
Gewächsteil
3 Ast
4 Dorn
5 Aehre, Blatt, Dolde, Gabel, Ranke, Rispe, Stamm, Trieb, Zweig
6 Bluete, Frucht, Huelse, Knospe, Schote, Spross, Wurzel
7 Stengel
8 Astgabel, ◆ Staengel
11 Fruchtstand
Gewaff
5 Hauer, Waffe
9 Armierung
10 Bewaffnung
gewagt
7 riskant
11 gefaehrlich, risikoreich
gewagtes
Geschäft
11 Spekulation
Unternehmen
9 Abenteuer
10 Experiment
gewählte
Parlamentarier
11 Abgeordnete
Volksvertretung
9 Parlament
gewähren
11 konzedieren
Gewähr, Gewährleistung
7 Haftung, Kaution
8 Garantie
10 Sicherheit
11 Absicherung, Buergschaft, Haftpflicht
12 Versicherung
13 Verpflichtung
14 Maengelhaftung
Gewährleistungsbeleg
14 Garantieschein
Gewahrsam
4 Haft
5 Obhut
6 Arrest
10 Sicherheit, Verwahrung
12 Aufbewahrung

14 Sicherstellung
Gewährsmann
5 Zeuge
6 Buerge, Garant, Geisel
9 Informant
Gewalt
5 Kraft, Macht, Zwang
8 Befugnis
9 Obrigkeit, Vollmacht
10 Herrschaft
ankündigen
6 drohen
Gewaltherrschaft
6 Terror
8 Despotie, Diktatur, Tyrannei
9 Knebelung, Knechtung
12 Unterjochung
14 Unterdrueckung
Gewaltherrscher
6 Despot, Tyrann
8 Diktator
9 Zwingherr
13 Unterdruecker
gewaltig
5 enorm, gross
6 immens, massig, riesig
7 wuchtig
8 imposant, kolossal, maechtig
9 kraftvoll, machtvoll, titanisch
10 exorbitant, gigantisch, monumental
11 riesengross, titanenhaft, ueberragend
12 unermesslich
gewaltiger
Jäger
6 Nimrod
gewaltiges
Bauwerk
13 Monumentalbau
gewaltsam
10 tyrannisch
aneignen
6 rauben
11 annektieren
gebrochene Lücke
7 Bresche
gewaltsame
Aneignung
4 Raub
8 Annexion
Auflehnung
7 Revolte
Ausbeutung
7 Raubbau
Auseinandersetzung
11 Schlaegerei
Entwendung
4 Raub
Maßregel
9 Dragonade
Überwindung eines Hindernisses
10 Durchbruch
gewaltsamer
Bezwinger
8 Eroberer
Gewalttäter, -verbrecher
5 Pirat, Rowdy
6 Bandit, Rebell
7 Moerder, Raeuber, Rohling
8 Gangster, Meuterer, Mordbube
9 Insurgent, Kidnapper, Schlaeger, Terrorist
10 Entfuehrer, Seeraeuber
11 Attentaeter, Bankraeuber, Lustmoerder, Postraeuber, Raubmoerder, Tierquaeler
17 Bombenattentaeter
gewalttätig
3 roh
6 brutal, rabiat
7 radikal
Gewalttat, -verbrechen
4 Mord, Raub
6 Putsch, Tumult
7 Aufruhr, Krawall, Revolte, Seeraub, Toetung, Umsturz
8 Annexion, Attentat, Aufstand, Bankraub, Einbruch, Lustmord, Meuterei, Postraub, Raubmord
9 Blutrache, Ermordung, Noetigung, Piraterie, Rebellion, Totschlag, Ueberfall
10 Kidnapping, Kindesraub, Raufhandel, Revolution
11 Entfuehrung, Meuchelmord, Pluenderung, Schlaegerei
12 Menschenraub, Misshandlung, Mordanschlag, Strassenraub, Taetlichkeit
13 Brandstiftung, Luftpiraterie, Raubueberfall, Tierquaelerei
14 Vergewaltigung
17 Kindesentfuehrung, Koerperverletzung, Landfriedensbruch
19 Flugzeugentfuehrung
gewalztes
Eisen
5 Blech
Gewand
4 Robe, Tuch
5 Anzug, Dress, Kleid, Kluft, Maske
6 Montur, Schale, Tracht
7 Kostuem, Uniform
8 Kleidung
9 Garderobe
10 Bekleidung
Gewand der
alten Griechen
6 Chiton, Peplos
7 Chlamys
8 Himation
alten Römer
4 Toga
5 Palla, Sagum, Stola
6 Tunica, Tunika
Araber
3 Aba
6 Burnus
Artisten
6 Trikot
Beduinen
3 Aba
6 Burnus
Diener
6 Livree
Fußballer
5 Dress
6 Trikot
13 Spielkleidung
Geistlichen, Gerichtspersonen
4 Robe
5 Ornat, Talar
6 Sutane
7 Soutane
Husaren
6 Attila, Dolman, Kalpak
Inderinnen
4 Sari
Indios
6 Poncho
Indonesierinnen
6 Sarong
Japanerinnen
6 Kimono
Juden
6 Kaftan
Landsknechte
4 Wams
10 Pluderhose
11 Schlitzwams
Malaien
6 Sarong
Naturvölker
6 Schurz
12 Lendenschurz
Russinnen
7 Sarafan
Schotten
4 Kilt
Skisportler
6 Anorak
8 Keilhose, Pullover
9 Liftanzug, Windbluse, Windjacke
Soldaten
6 Montur
7 Uniform
8 Drillich
10 Waffenrock
Ulanen
6 Ulanka
8 Tschapka
Gewandschleppe
hoher Geistlicher
5 Cauda
Gewandspange
5 Fibel
6 Fibula
7 Agraffe, Brosche
9 Schliesse
Gewandstück
kath. Geistlicher
5 Stola
gewandt
3 fix
4 agil
5 alert, flink, flott, smart, urban
6 behend, clever, munter, wendig
7 behende
8 ◆ behaende, gelenkig
9 beweglich, elastisch, geschickt
10 routiniert
12 selbstsicher
16 anpassungsfaehig
Gewandteil
5 Knopf
6 Aermel, Kragen, Spange, Tasche
8 Schnalle
gewandtes
Benehmen
3 Pli
Gewandtheit
3 Pli
6 Uebung

7 Routine, Schliff
8 Geschick
9 Agilitaet, Fixigkeit
10 Cleverness, Fertigkeit
12 Elastizitaet, Gelenkigkeit
13 Beweglichkeit
16 Schlagfertigkeit

Gewäsch
6 Gerede
7 Rederei

Gewässer
3 Bai, Bay, See
4 Ache, Bach, Belt, Gatt, Golf, Haff, Kolk, Maar, Meer, Neer, Sund
5 Bucht, Busen, Delta, Fjord, Fleet, Fluss, Kanal, Klamm, Ozean, Priel, Rinne, Strom, Teich
6 Becken, Bodden, Foerde, Geiser, Geisir, Geysir, Graben, Gracht, Lagune, Quelle, Weiher
7 Bergsee, Rinnsal, Stausee, Tuempel, Zufluss
8 Flussarm, Muendung, Weltmeer, Wildbach
9 Baggersee, Binnensee, Dorfteich, Kratersee, Talsperre
10 Binnenmeer, Gebirgssee, Nebenfluss, Quellfluss, Wasserfall, Wattenmeer
13 Wasserstrasse

am Feldberg
7 Titisee

am Nordpol
7 Eismeer

am Südrand der Alpen
8 Gardasee

auf Seeland
7 Arrosee

bei den Sundainseln
8 Timorsee

bei Garmisch
10 Riessersee

bei Rom
7 Nemisee

im Albaner Gebirge
7 Nemisee

im Böhmerwald
9 Rachelsee

im finnischen Lappland
8 Enaresee, Inarisee

im Salzkammergut
7 Mondsee
8 Attersee

im Schwarzwald
7 Titisee
9 Mummelsee

in Äthiopien
7 Tanasee

in der Schorfheide
12 Werbellinsee

in Münster (Westfalen)
5 Aasee

in Nordamerika
7 Eriesee

in Nowgorid
8 Ilmensee

in Südamerika
11 Titicacasee

zwischen Bosporus und Dardanellen
11 Marmarameer

zwischen Europa und Afrika
10 Mittelmeer

Gewässerbeschreibung
11 ◆ Hydrografie
12 Hydrographie

Gewässerkunde
10 Hydrologie, Krenologie

gewässerkundiger *Schiffsführer*
5 Lotse

Gewässerrand
3 Kai
4 Damm, Fels, Kaje, Mole, Pier, Quai, Ufer, Wehr
5 Mauer
6 Felsen, Kueste, Strand
7 Gestade
9 Boeschung, Steilufer
11 Steilkueste
13 Uferboeschung

Gewässersediment
7 Schlamm

Gewässerteil
5 Bucht

Gewässerverschmutzung
7 Oelpest

Gewebe
4 Netz, Tuch, Wabe, Zeug
5 Stoff
7 Gefuege
8 Gespinst, Machwerk
10 Verbindung
11 Zellverband

aus Metall
4 Rost, Sieb
6 Filter, Gitter

mit Schattierungen
5 Ombre

Gewebeart
4 Cord, Filz, Flor, Gaze, Jute, ◆ Kaki, Kord, Lama, Lame, Mako, Mull, Netz, Opal, Raye, Rips, Samt, Silk, Taft, Tuch
5 Atlas, Boude, Crepe, Drape, Drell, Flaus, Foule, Fries, Glace, Khaki, Koton, ◆ Krepp, Linon, Loden, Moire, Mungo, Natte, Nylon, Orlon, Pikee, Rasch, Satin, Seide, Serge, Stoff, Tibit, Tuell, Tweed, Voile, Wolle, Zefir
6 Alpaka, Batist, Boucle, Brokat, Chintz, Cotton, Damast, Dralon, Etamin, Felbel, Frotte, Gingan, ◆ Glacee, Jersey, Kaliko, Kattun, Koeper, Lampas, Lastex, Leinen, Linnen, Madras, ◆ Mohaer, Mohair, Molton, Nessel, Pepita, Perkal, Perlon, Ratine, Rupfen, Sammet, Spitze, Struck, Textur, Tricot, Trikot, Velvet, Zephir, Zephyr
7 Abseide, Bobinet, Cheviot, Chiffon, Dueffel, Elastik, Eolinne, Etamine, Filuere, Flanell, Flausch, Foulard, Frottee, Gingham, Kalmuck, Kambrik, Kanevas, Krimmer, Lasting, Lavabel, Lavable, Luester, Luisine, Marengo, Mokette, Mollino, Mouline, Nanking, Organdy, Organza, Orleans, Ottoman, Pluesch, Popelin, Schappe, Stramin, Stretch, Swanboy, Trevira, Velours, Vivogne, Welline, Zanella
8 Barchent, Bourette, Buckskin, Cretonne, Drillich, Duchesse, Duvetine, Eolienne, Gabardin, Homespun, Jacquard, Kamelott, Kammgarn, Kaschmir, Kretonne, Leinwand, Marocain, Maroquin, Moleskin, Musselin, Organsin, Popeline, Renforce, Rohseide, Schotten, Tarlatan, Velveton, Zibeline
9 Baumwolle, Bourrette, Changeant, Charmeuse, Covercoat, Georgette, Glencheck, Gloriette, Gregseide, Grenadine, Halbseide, Kamelhaar, Krepeline, Levantine, Madapolam, Schirting, Trikoline, Vigoureux, Wachstuch, Waschsamt
10 Beiderwand, Crepe Satin, Ekrueseide, Krepp Satin, Kunstseide, Manchester, Mousseline, Rippensamt, Waschseide, Zindeltaft
11 Crep de Chine, Harris Tweed, Marquisette, Napolitaine, Noppenstoff, Schappseide, Streichgarn
12 Crepe de Chine, Florettseide
13 Kraeuselkrepp, Kraeuselstoff
14 Crepe Georgette, Jacquardgewebe
15 Kraeuselpluesch

Gewebebindung, -technik
4 Tuch
5 Atlas
6 Koeper, Leinen
8 Jacquard

Gewebeflüssigkeit
6 Lymphe

Gewebeimprägnierung
8 Appretur

Gewebekante
4 Egge
7 Salband
9 Salleiste

Gewebekette
5 Werft

Gewebeknoten
5 Noppe

Gewebekrumpfung
7 Dekatur

Gewebelehre
10 Histologie

Geweberand
8 Borduere

Gewebeschwund
8 Atrophie

Gewebestreifen
4 Band
5 Borte, Litze

Gewebeteil
5 Faden, Faser, Kante, Noppe

6 Knoten
8 Schleife, Schlinge
Gewebeveredelung
8 Appretur
Gewebeverpflanzung
15 Transplantation
Gewebewassersucht
5 Oedem
Gewebsentfernung
9 Resektion
Gewehr
5 Waffe
6 Flinte, Knarre
7 Buechse, Stutzen
9 Karabiner
11 Schusswaffe
12 Hakenbuechse
14 Handfeuerwaffe
in der Soldatensprache
6 Knarre
Gewehrsalve
5 Garbe
Gewehrteil
4 Hahn, Korn, Lauf
5 Abzug, Kimme
6 Buegel, Kammer, Kolben, Riemen, Visier, V-Kimme
7 Schloss
8 Muendung
9 Lochkimme
11 Trageriemen
12 Abzugsbuegel, Zielfernrohr
Gewehrtyp
2 KK, MG
3 IMG, sMG
6 Flinte
7 Buechse, Muskete, Stutzen
8 Arkebuse, Drilling, Tesching, Zwilling
9 Karabiner
10 Jagdflinte, Jagdgewehr, Luftgewehr
11 Hinterlader, Sturmgewehr, Vogelflinte, Vorderlader
12 Doppelflinte, Hakenbuechse, Mausergewehr, Schrotflinte
13 Donnerbuechse, Doppelbuechse, Halbautomatik
15 Luftdruckgewehr, Maschinengewehr
16 Radschlossgewehr
18 Kleinkalibergewehr, Steinschlossgewehr
Geweih
7 Gehoern, Gewicht
8 Schaufel
9 Schaufeln
Geweihäste
5 Enden
Geweiherneuerung
9 Aufsetzen
Geweih, -haut, -teil
4 Bast, Ende, Rose
5 Gabel, Krone, Perle, Zacke
6 Spiess, Stange
7 Sprosse
8 Schaufel
10 Augsprosse, Eissprosse
13 Mittelsprosse
geweihloser
Hirsch
10 Kahlhirsch
geweiht
6 sakral
geweihte
Hostie
12 Sanktissimum
Geweihträger
beim Rehwild
7 Rehbock
gewellt
5 kraus
6 lockig
gewelltes
Haar
6 Locken
9 Kraushaar, Krauskopf
10 Lockenhaar, Lockenkopf
Gewerbe
3 Job
5 Beruf
6 Arbeit, Metier
8 Handwerk
10 Profession, Taetigkeit
16 Wirtschaftszweig
Gewerbebetrieb, -zweig
6 Handel
8 Handwerk
9 Industrie
14 Zwischenhandel
Gewerbetreibender
8 Kaufmann
10 Handwerker
11 Unternehmer
gewerbliche
Herstellung
9 Fertigung
gewerbsmäßige
Unzucht
12 Prostitution
Gewerk
5 Zunft
6 Innung
8 Handwerk
Gewicht
4 Last
5 Druck, Kraft, Masse, Wucht
6 Buerde, Ladung
7 Ballast, Gehoern, Schwere
8 Betonung
9 Bedeutung, Nachdruck
der Verpackung
4 Tara
für Arzneien und Edelmetalle
4 Unze
für Edelsteine
5 Karat
mit Verpackung
6 brutto
Gewichtigkeit
5 Ernst
7 Schwere
Gewichtsausgleich
7 Ballast
Gewichtseinheit
2 As, Ka, Li, Mo, Wu
3 Bar, Can, Fen, Hab, Kin, Lot, Lud, Lut, Man, Mas, Mon, Oka, Ort, Pud, Rin, Ser, Tan, Ton, Tub, Vat, Vog
4 Aael, Anna, Bale, Chin, Chow, Deka, Dram, Funt, Gran, Kilo, Kwan, Maen, Mina, Mine, Onza, Pund, Real, Rotl, Tael, Thel, Tola, Unze
5 Bicar, Fuang, Graen, Grain, Gramm, Karat, Liang, Libra, Livre, Maund, Momme, Obole, Ounce, Palam, Pfund, Picul, Pikul, Pound, Quent, Quint, Sekel, Stone, Tonne, Tschi
6 Arroba, Barrel, Cental, Denier, Kantar, Kattle, Miscal, Miskal, Rottel, Talent
7 Arratel, Centaro, Centnar, Centner, Chittak, Drachme, Longton, Quarter, Quintal, Tschang, Zentner
8 Esterlin, Shortton
9 Dekagramm, Dezigramm, Kilogramm, Quentchen, Quintlein, Troyounce, Troypound
10 Milligramm, ◆ Quaentchen, Zentigramm
11 Pennyweight
13 Doppelzentner, Hundredweight
Gewichtshebeübung
7 Reissen, Stossen
8 Druecken
Gewichtsklasse
im Sport
5 Feder
6 Bantam, Leicht, Mittel, Schwer, Welter
7 Fliegen
10 Halbschwer
Gewichtsmesser
5 Waage
Gewichtsverlust
7 Abnahme, Schwund
8 Einbusse
9 Minderung, Reduktion
11 Reduzierung
von Waren
4 Kalo
gewickelte
Garnkugel
7 Knaeuel
gewieft
5 smart
6 clever, schlau
8 gerissen
10 raffiniert
Gewieftheit, Gewiegtheit
10 Raffinesse, Schlauheit
12 Gerissenheit
Gewinde
5 Kette, Kranz, Rille
7 Spirale, Strauss
8 Geflecht, Girlande
Gewindebolzen
8 Schraube
Gewinnanteil
5 Bonus
7 Praemie
8 Tantieme
9 Dividende
Gewinnanteilschein
3 Los
6 Coupon
Gewinnbeteiligung
8 Tantieme
Gewinn bringend
7 lohnend
8 lukrativ, rentabel
12 eintraeglich
14 wirtschaftlich

Gewinner
6 Bester, Erster, Sieger
7 Meister
11 Olympionike, Triumphator
12 Preistraeger
Gewinnerin
8 Siegerin
Gewinn, Gewinnung
4 Lohn, Plus, Sieg
5 Abbau, Ernte, Pokal, Preis
6 Erfolg, Erloes, Ertrag, Erwerb, Frucht, Nutzen, Profit
7 Triumph, Vorteil, Zunahme
8 Ausbeute, Einnahme
9 Eroberung, Erzielung, Verdienst
10 Erreichung, Foerderung
11 Ueberschuss
im Kampf
4 Sieg
und Verlustrechnung
5 Saldo
Gewinnspiel
17 Preisausschreiben
Gewinnsucht
7 Habgier
9 Pleonexie
10 Profitgier
gewinnsüchtig
9 habgierig, materiell
10 profitabel, profitlich
Gewinnung
von Bodenschätzen
5 Abbau
von Erzen und Kohle
7 Bergbau
Gewinnverteilungskartell
4 Pool
gewirkter
Stoff
6 Trikot
Gewirr
5 Chaos
8 Wirrwarr
9 Charivari, Unordnung
10 Mischmasch, Tohuwabohu
11 Verwicklung
13 Durcheinander
gewiss
7 positiv
gewisse
Menge
6 Anzahl
Gewissen
13 Verantwortung
gewissenhaft
5 exakt, genau
7 akkurat, penibel, sorgsam
8 praezise
9 minuzioes, pfleglich
10 ordentlich, skrupuloes
11 sorgfaeltig
12 zuverlaessig
gewissenlos
5 infam
7 perfide
10 skrupellos
Gewissenlosigkeit
7 Infamie
16 Skrupellosigkeit
Gewissensbiss
4 Reue
5 Scham
7 Skrupel
13 Schuldgefuehl
gewissermaßen
5 quasi
9 gleichsam, sozusagen
gewisses
Etwas
5 Flair
Gewissheit
6 Wissen
10 Sicherheit
12 Bestimmtheit, Ueberzeugung
Gewitter
8 Unwetter
Gewittererscheinung
3 Boe
4 Guss, Wind
5 Blitz, Hagel, Regen, Sturm
6 Donner
7 Graupel, Schauer
8 Graupeln, Schwuele, Sturmboe
9 Regenguss, Windstoss
10 Platzregen
11 Blitzschlag
12 Graupelregen, Niederschlag, Regenschauer
13 Verfinsterung
Gewitterschutz
13 Blitzableiter
Gewitterwolke
12 Kumulonimbus
gewitzt
4 klug
6 schlau
7 pfiffig
gewitzter
Bursche
12 Schlauberger
gewogen
4 hold
7 zugetan
Gewogenheit
4 Huld
5 Gnade, Gunst
7 Neigung
9 Sympathie
10 Wohlwollen
11 Geneigtheit
Gewohnheit
3 Uso
4 Usus
5 Sitte
6 Brauch, Manier, Uebung
7 Routine
9 Tradition
13 Gepflogenheit
gewohnheitsmäßig
6 usuell
9 habituell
10 mechanisch
Gewohnheitsrecht
9 Observanz
in islamischen Ländern
3 Ada
Gewohnheitstrinker
11 Alkoholiker
gewöhnlich
5 banal, vulgo
6 billig, gemein, normal
7 einfach, ueblich, vulgaer
8 ordinaer, primitiv
9 allgemein
gewöhnlicher
Tintenfisch
5 Sepia, Sepie
Wochentag
6 Alltag
7 Werktag
Gewöhnung
5 Sucht
6 Faible, Laster
7 Routine
9 Anpassung, Schwaeche
12 Angewohnheit
an ein fremdes Klima
15 Akklimatisation
Gewölbe
5 Bogen
6 Fornix, Keller, Kuppel
7 Rotunde
8 Runddach, Woelbung
10 Bogendecke, Mauerbogen
Gewölbebogen
6 Arkade
gewölbtes
Tragwerk
5 Bogen
gewollte
Handlung
3 Tat
gewonnener
Kampf
4 Sieg
Gewühl
6 Trubel
8 Gewimmel
9 Gedraenge
gewundene
Straße
10 Serpentine
gewundener
Fluss
8 Maeander
gewürfelt
7 kariert
gewürfeltes
Muster
4 Karo
Gewürzgebäck
11 Spekulatius
Gewürzinseln
8 Molukken
9 Halmahera
Gewürzknospe
5 Kaper, Nelke
Gewürzlikör
8 Anisette
11 Pfefferminz
gewürzlos
4 fade
Gewürzmandel
8 Pistazie
Gewürznuss
6 Muskat
Gewürzpflanzengebinde
11 Zwiebelzopf
Gewürz, -pflanze, -nuss, -blatt
4 Amon, Anis, Dill, Dost, Kawa, Kren, Malz, Mohn, Salz, Senf, Silk, Ysop, Zimt
5 Alsem, Asant, Chili, Curry, Essig, Kaper, Lauch, Mazis, Minze, Narde, Nelke, Orant, Polei, Raute, Sesam, Sesel
6 Dragon, Dragun, Eppich,

Hopfen, Ingwer, Kaneel, Kapern, Kassia, Kassie, Kerbel, Kresse, Kubebe, Meiran, Muskat, Nelken, Piment, Porree, Safran, Salbei, Tomate, Wermut
7 Beifuss, Catchup, Cayenne, Eibisch, Fenchel, Galgant, Ketchup, Kuemmel, Kurkuma, Lorbeer, Majoran, Melisse, Oregano, Paprika, Pfeffer, Quendel, Rettich, Saturei, Sukkade, Thymian, Vanille, Zimtoel, Zitrone, Zwiebel
8 Allspice, Boretsch, Estragon, Gamander, Gelbwurz, Kapsikum, Kardamom, ◆ Ketschup, Lavendel, Mostrich, Orangeat, Origanum, Portulak, Rosenoel, Rosmarin, Rumaroma, Sellerie, Senfkorn, Vanillin, Wegwarte, Zichorie, Zitronat
9 Artemisia, Basilikum, Borretsch, Engelwurz, Graslauch, Knoblauch, Koriander, Machandel, Mandeloel, Naegelein, Orangeade, Pomeranze, Rokambole, Schalotte, Sojasosse, Tripmadam, Wacholder, Weinblatt, Weinessig
10 Bierwuerze, Ceylonzimt, Chilisosse, Kassiazimt, Magenkraut, Maggikraut, Muskatnuss, Petersilie, Wurstkraut
11 Baerenlauch, Bergfenchel, Bohnenkraut, Chilipulver, Essigessenz, Feldkuemmel, Finesherbes, Gurkenkraut, Kerbelkraut, Krauseminze, Macisbluete, Meerrettich, Perlzwiebel, Pfefferkorn, Pfefferminz, Sauerampfer, Suppengruen, Suppenkraut, Waldmeister, Wermutkraut
12 Gartenkresse, Gewuerznelke, Koenigskraut, Liebstoeckel, Lorbeerblatt, Muskatbluete, Pfefferkraut, Pfefferminze, Rosenpaprika, Schnittlauch, Tabascososse
13 Basilienkraut, Blattsellerie, Brunnenkresse, Estragonessig, Nelkenpfeffer, Zitronenkraut
14 Bleichsellerie, Cayennepfeffer, Gewuerzpaprika, Schotenpfeffer
15 Knollensellerie, Schnittsellerie, Stengelsellerie, Wacholderbeeren, Zitronenmelisse

aus Südamerika
5 Chili

Gewürzständer
6 Menage

gewürzt
6 pikant

gewürzte
Gallerte
5 Aspik

Soße
5 Chili
8 Marinade
9 Remoulade

gewürzter
Aufguss
8 Marinade

Gewürzwaren
10 Spezereien

Gewürzwein
5 Bowle
6 Punsch
7 Klarett
9 Gluehwein, Kalte Ente

Geysir, Geisir
6 Quelle
12 Springquelle

gezackte
Gebirgskette
6 Sierra

gezahntes
Schneidewerkzeug
5 Saege
6 Messer
9 Lochsaege

gezeichnete
Linie
6 Strich

Gezeit, Gezeiten
4 Ebbe, Flut, Tide
5 Tiden

gezielter
Effekt
6 Pointe

geziert
8 prezioes
9 etepetete
10 affektiert, manieriert, zimperlich

gezierte
Haltung
4 Pose

geziertes
Benehmen
5 Getue
6 Gehabe
10 Stutzertum
14 Affektiertheit

gezogener
Strich
5 Linie
Wechsel
6 Tratte
7 Rimesse

gezogenes
Metall
5 Draht

gezuckert
5 suess
8 gesuesst, kandiert

gezuckerte
Mandeln
7 Krokant

gezwungen
7 geniert
8 forciert

ghanaische
Stadt
4 Tema
5 Accra
6 Kumasi, Tamale
9 Cape Coast, Koforidua
15 Sekondi Takoradi

Gibbon, Gibbonaffe
3 Lar
5 Unklo
6 Hulock, Wau Wau
7 Siamang

Gicht
9 Arthritis
10 Zipperlein

Gichtbeere
8 Ahlbeere

Gichtrose
7 Paeonie
11 Pfingstrose

Gichtrübe
9 Zaunruebe

Giebel
5 First

Giebelfeld
antiker Tempel
5 Aetos
der Antike
8 Tympanon, Tympanum
10 Akroterium
16 Giebelverzierung

Giebelwand
5 Gehre

Gier
4 Lust
5 Drang, Sucht
6 Hunger
7 Geluest, Habgier
8 Begehren, Begierde
9 Verlangen
11 Heisshunger

gierig
7 erpicht

Gießbach
8 Torrente

Gießer
6 Former

Gießerei
8 Formerei

Gießgefäß
5 Kanne

Gießprodukt
4 Guss

Gift
4 Gabe, Hass, Zorn
5 Stoff, Toxin
7 Bosheit, Toxikum
9 Pharmakon, Verderben
aus zerstörtem Körpereiweiß
5 Noxin
der Bohne
6 Phasin
der Brechnuss
9 Strychnin
der Chinarinde
6 Chinin
der Eibe
5 Taxin
der Fieberrinde
6 Chinin
der Herbstzeitlosen
9 Kolchizin
der Ignatiusbohne
9 Strychnin
der Kaffeebohne
7 Koffein
der Kartoffel
7 Solanin
der Mohnpflanze
5 Opium

7 Morphin
8 Morphium
der Primel
6 Primin
der Teepflanze
4 Tein
5 Thein
der Tollkirsche
7 Atropin
der Waldstaude
4 Arom
des Alpenveilchens
8 Cyclamin
des Besenginsters
8 Spartein
des Eisenhutes
8 Akonitin
des Fliegenpilzes
8 Muskarin
des Goldregens
7 Cytisin
des Kokastrauches
6 Kokain
des Maiglöckchens
11 Convallarin
des Rizinussamens
5 Rizin
des Seidelbastes
8 Mezerein
gegen Schädlinge
20 Pflanzenschutzmittel
im Kaffee
7 Coffein, Koffein
im Kokastrauch
6 Cocain, Kokain
im Mohn
5 Opium
im Opium
7 Morphin
8 Morphium
im Peyotl-Kaktus
8 Meskalin
im Tabak
7 Nikotin
im Tee
4 Tein
7 Coffein, Koffein
giftfest
5 immun
13 unempfindlich
Giftgas
4 Cyan, Lost, Zyan
5 Chlor
6 Pikrin
7 Adamsit, Lewisit, Phosgen
9 Blaukreuz, Gelbkreuz
10 Blausaeure, Gruenkreuz, Kohlenoxid
13 Kohlenmonoxid
giftig
7 toxisch
11 miasmatisch
giftige
Arsenverbindung
7 Arsenik
Ausdünstung
6 Miasma
chemische Verbindung
7 Arsenik
11 Nitrobenzol
Spinne
8 Tarantel
11 Kreuzspinne
Waldstaude
4 Aron
8 Einbeere
giftiger
Alkohol
8 Methanol
Naturstoff in Pflanzen
8 Alkaloid
Zierstrauch
10 Seidelbast
Zwergholunder
6 Attich
giftiges
Alkaloid
7 Solanin
chemisches Element
5 Arsen
Gummiharz
5 Gutti
Hahnenfußgewächs
8 Eisenhut
Halbmetall
5 Arsen
Metall
4 Blei
Salz
8 Zyankali
Giftnatter, tropische
5 Kobra
Giftpflanze, -stoff, -substanz
4 Aron, Arum, Blei, Eibe, Mohn, Zink
5 Arsen, Bilse, Chrom, Opiat, Opium, Porst, Tabak, Taxus, Toxin, Virus
6 Akonit, Barium, Chinin, Cocain, Codein, Curare, Cyanid, Germer, Heroin, Kodein, Kokain, Kupfer, Lupine, Phasin, Primin, Sumach, Twalch, Zyanid
7 Alkohol, Arsenik, Atropin, Bazille, Coffein, Cytisin, Gleisse, Koffein, Mahonie, Nikotin, Raigres, Robinie, Solanin, Vitriol
8 Aconitum, Akonitin, Alkaloid, Aronstab, Bakterie, Bazillus, Cyclamin, Einbeere, Eisenhut, Faulbaum, Giftheil, Hohlzahn, Kornrade, Liguster, Magsamen, Meskalin, Mezerein, Morphium, Muskarin, Nieswurz, Oleander, Phosphor, Ranunkel, Sadebaum, Spartein, Sturmhut, Thallium, Tollkorn, Zehrwurz, Zyankali
9 Alpenmohn, Aronsstab, Bakterium, Blutkraut, Brechnuss, Colchicin, Digitalis, Dornapfel, Dullkraut, Eberesche, Feigbohne, Feuerdorn, Fingerhut, Giftbeere, Giftwende, Goldregen, Haschisch, Kartoffel, Kolchizin, Marihuana, Spaltpilz, Strychnin, Tollbeere, Tollkraut, Wollblume
10 Belladonna, Blausaeure, Christrose, Christwurz, Feuerblume, Feuerbohne, Giftsumach, Hahnenfuss, Kellerhals, Lebensbaum, Manzanillo, Schierling, Schlafmohn, Schneeball, Seichlbast, Seidelbast, Skopolamin, Sperrkraut, Spinnblume, Stechapfel, Stechpalme, Sumpfporst, Tollgerste, Trollblume, Winterrose, Wolfsbeere, Wolfsmilch, Wunderbaum
11 Bilsenkraut, Bingelkraut, ◆ bitter-suess, Bittersuess, Convallarin, Kaiserkrone, Klatschmohn, Mottenkraut, Schlafbeere, Schneebeere, Stachelnuss, Taumellolch, Teufelsauge, Teufelswurz, Tollkirsche, Wanzenkraut, Wiesenlolch, Wiesenraute, Zwergmistel
12 Besenginster, Gemeiner Efeu, Koenigskerze, Moenchskappe, Purgierkraut, Rosskastanie, Schoellkraut, Teufelsbeere
13 Alpenveilchen, Dieffenbachie, Heckenkirsche, Ignaziusbohne, Maigloeckchen
14 Ackergauchheil, Herbstzeitlose, Lorbeerkirsche, Roter Fingerhut
15 Pfaffenhuetchen, Weihnachtsstern
16 Wasserschierling
17 Korallenbaeumchen, Virginischer Tabak
18 Gefleckter Aronstab
20 Schwarzes Bilsenkraut
Giftpilz
7 Lorchel
8 Erdstern, Risspilz
9 Faelbling, Gichtpilz
10 Satanspilz, Schirmling, Speiteufel
11 Fliegenpilz, Giftreizker, Pantherpilz
12 Gichtmorchel, Giftegerling, Stinkmorchel, Trichterling
13 Birkenreizker, Speitaeubling
14 Riesenroetling
15 Gallenroehrling, Kartoffelbovist, Tigerritterling
19 Knollenblaetterpilz
Giftschlange
3 Ara
4 Haie, Naja
5 Aspis, Cobra, Kobra, Mamba, Otter, Viper
8 Lachesis, Surukuku
9 Hornviper, Puffotter, Sandviper, Speicobra, Speikobra
10 Aspisviper, Kreuzotter
11 Grubenotter
12 Buschmeister
15 Brillenschlange, Klapperschlange
16 Korallenschlange
Giftspinne
der Mittelmeerländer
8 Tarantel
11 Malmignatte, Wolfsspinne

Neuseelands
6 Katipo
Giftstoff
5 Arsen
Giftstoffe
aus Körpereiweiß
6 Noxine
im Tabak
7 Nikotin
gift-unempfindlich
5 immun
Giftwarnungszeichen
9 Totenkopf
Gigant
5 Huene, Riese
6 Koloss
7 Monster
8 Monstrum
9 Ungeheuer
gigantisch
8 gewaltig
gigantische
Götter der griechischen Sage
7 Titanen
Märchenwesen
6 Riesen
Gigolo
10 Eintaenzer
Gilbertinseln
8 Kiribati
Gilde
5 Zunft
6 Innung, Verein
10 Schutzbund
11 Fachverband, Vereinigung
12 Bruderschaft, Gesellschaft
14 Genossenschaft
15 Schuetzenverein
Gimpel
3 Tor
5 Tropf
8 Dompfaff, Dummkopf
14 Einfaltspinsel
Ginsterkatze
7 Genette
10 Zibetkatze
13 Schleichkatze
Gipfel
3 Pic, Pik, Piz
4 Horn, Peak, Pico, Ziel
5 Hoehe, Krise, Krone, Kuppe, Spitz, Zenit
6 Spitze, Wipfel
8 Scheitel
10 Hoehepunkt
auf Kreta
3 Ida
der Anden
9 Aconcagua
der Berner Alpen
5 Eiger, Toedi
der Beskiden
6 Pilsko
der Cevennen
6 Mezenc
der Glarner Alpen
5 Toedi
der Gotthardgruppe
5 Badus
der Hohen Tatra
6 Krivan
der Hohen Tauern
7 Ankogel
der Pyrenäen
5 Aneto
der Rätischen Alpen
6 Ortler
der Venedigergruppe
6 Geiger
der Vogesen
5 Donon
der Walliser Alpen
10 Matterhorn
des Berges
5 Hoehe
des Berner Oberlandes
14 Finsteraarhorn
des Böhmerwalds
6 Kubany
des Kilimandscharo
4 Kibo
7 Mawensi
des Matragebirges
5 Kekes
des Riesengebirges
11 Schneekoppe
im Kaukasus
6 Kasbek
im Thüringer Wald
8 Beerberg
in Alaska
6 Brooks
in Ungarn
5 Kekes
Gipfelgruppe
der Tiroler Alpen
10 Drei Zinnen
gipfeln
11 kulminieren
Gipfelpunkt
einer Krankheit
6 Krisis
Gipsarbeit
5 Stuck
9 ◆ Stuckatur, Stukkatur
Gipsart
7 Annalin
9 Alabaster
Gipser
10 ◆ Stuckateur, Stukkateur
Gipsmischung
12 Marmorzement
Gipsornamentik
5 Stuck
Gipswerkzeug
8 Spachtel
Giraffe, giraffenartiges Tier
5 Okapi
10 Kamelopard
11 Netzgiraffe, Nordgiraffe, Suedgiraffe, Waldgiraffe
12 Kongogiraffe, Sterngiraffe
Giraffengazelle
7 Gerenuk
girlandenartiges
Schmuckgewinde
6 Feston
Gischt
6 Schaum
8 Brandung
12 Spruehwasser, Wellenschaum
Gitarre, Gitarrenart
5 Banjo
6 Bordun
7 Klampfe, Ukelele, Ukulele
8 E-Gitarre, Guitarre
9 Balalaika, Zupfgeige
14 Akustikgitarre, Konzertgitarre
17 akustische Gitarre
18 elektrische Gitarre
Gitter
4 Netz, Rost, Zaun
6 Gatter, Raster
9 Drahtnetz, Elektrode
Gittergewebe
5 Tuell
6 Etamin
7 Kanevas, Stramin
Gitterschlange
6 Python
Gitterstab
6 Tralje
Gittersystem
im Buchdruck
6 Raster
gitterumschlossen
6 Kaefig
Gitterwand
7 Spalier
Glaceleder
5 Nappa
Gladiole
8 Siegwurz
9 Schwertel
12 Schwertlilie
Glanz
3 Erz
4 Pomp, Ruhm
5 Eclat, Eklat, Glast
6 Glorie, Pracht, Reflex, Schein, Strahl
7 Flitter, Luester, Politur, Schmelz, Schmuck
8 Brillanz, Schimmer
10 Schoenheit, Spiegelung
Aufsehen
5 Eklat
glänzen
7 funkeln
8 gleissen
9 schillern
glänzend
5 blank
8 brillant
9 fulminant
glänzende
Innenschicht der Muschel
8 Perlmutt
Kohle
9 Anthrazit
Laufbahn
8 Karriere
glänzender
Stoff
4 Silk, Taft
5 Atlas, Glace, Lurex, Rayon, Reyon, Satin, Seide
6 Damast, ◆ Glacee
7 Luester
Überzug
4 Lack
5 Lasur
glänzendes
Metall
4 Gold
5 Chrom
6 Platin, Silber
Glanzkattun
6 Chintz

glanzlos
4 matt
machen
9 mattieren
Glanznummer, -punkt
4 Clou, Sieg
6 Rekord
9 Sensation
10 Attraktion
12 ◆ Bravurstueck, Paradestueck
13 Bravourstueck
Glanzschicht
bei Muscheln
8 Perlmutt
10 Perlmutter
Glanzstück, wertvolles
5 Perle
Glanzüberzug
4 Lack
5 Email, Lasur
6 Firnis, Glasur
7 Emaille, Luester, Schmelz
Glan-Zufluss
6 Lauter
glanzvoll
8 illuster, splendid
9 praechtig
glanzvolles
Ballfest
7 Bal pare
Glas
des Fensters
7 Scheibe
mit untergelegter Silberschicht
7 Spiegel
glasartig
6 hyalin
glasartige
Schmelzmasse
6 Fritte
glasartiger
Überzug
6 Glasur
Glasbarsch
5 Snook
6 Chanda
Glasbehälter
für Arzneien
7 Ampulle
für Fische
8 Aquarium
für Flüssigkeiten
7 Flasche
für Kleintiere
9 Terrarium
Glasbruchstücke
8 Scherben
Glasermaterial
4 Blei, Glas, Kitt
gläserner
Schauschrank
7 Vitrine
gläsernes
Saugrohr
7 Pipette
Glasflasche
6 Ballon, Flakon, Phiole
7 Karaffe
13 Einwegflasche
glasglänzendes
Mineral
6 Orthit, Pennin
Glasglocke
zum Abdecken
5 Sturz
glasierte
Tonware
6 Kachel
7 Fayence
8 Majolika
glasige
Eiweißmasse
6 Hyalin
Schicht auf Keramikerzeugnissen
6 Glasur
glasiges Gestein, Perlstein
6 Perlit
glasklarer
Kunststoff
9 Plexiglas
Glaskolben
des Chemikers
6 Ballon
7 Retorte
Glaslichtbild
3 Dia
10 Diapositiv
Glasmacher
7 Graveur
11 Glasblaeser
Glasmacherwerkzeug
10 Nabeleisen
Glasopal
6 Hyalit
Glasplatte
mit Liniennetz
6 Raster
Glasröhrchen, -röhre
7 Ampulle
8 Buerette
11 Reagenzglas
der Wasserwaage
7 Libelle
Glasschmelzfluss
5 Email
7 Emaille
Glasschmuckstein, -paste
6 Amause
Glasschneider
7 Diamant
8 Stahlrad
Glasschrank
7 Etagere, Vitrine
Glasur
7 Schmelz
8 Ueberzug
10 Zuckerguss
glatt
4 eben, plan
5 blank, flach, plano
8 muehelos, rutschig
9 ungefalzt
11 reibungslos, schluepfrig
Glätte
7 Politur
glatte, graue Erde
3 Sor
glätten
5 ebnen
6 feilen
8 polieren
9 planieren
Glättgerät
5 Astik
glattgeschliffenes
Steinchen
6 Kiesel
Glättmaschine
8 Kalander
Glattrochen
6 Fleten
glattschalige
Pfirsichart
9 Nektarine
Glättung
von Papier
8 Satinage
Glättwerkzeug
5 Feile, Hobel
6 Raspel
10 Sandpapier
Glatze
6 Platte
8 Kahlkopf
Glatzer
Neiße-Zufluss
5 Biele
Glaube
an die Beseeltheit der Natur
9 Animismus
an die Zuverlässigkeit
9 Vertrauen
an einen einzigen Gott
12 Monotheismus
an übernatürliche Kraft des Totem
10 Totemismus
Glaube, Glaubensbekenntnis
5 Credo, Kredo
7 Ansicht, Meinung
8 Religion, Zutrauen
9 Vertrauen
10 Auffassung, Bekenntnis, Gewissheit, Konfession, . Standpunkt, Zustimmung
11 Anerkennung, Apostolicum, Apostolikum, Einstellung
12 Ueberzeugung
13 Gottvertrauen, Religiositaet
Glauben
schenken
6 trauen
9 vertrauen
Glaubensabtrünniger
7 Renegat
Glaubensbekenntnis
5 Credo, Kredo
10 Konfession
11 Apostolicum, Apostolikum
Glaubensbewegung
11 Reformation
Glaubensbuch
5 Bibel, Koran
6 Talmud
Glaubenseiferer
5 Zelot
9 Fanatiker
Glaubensfreiheit
18 Bekenntnisfreiheit
Glaubensgemeinschaft
5 Sekte
6 Kirche
8 Gemeinde
10 Bekenntnis, Konfession
Glaubensheld
9 Maertyrer
Glaubenslehre
8 Dogmatik

Glaubensloser
5 Heide
7 Atheist
Glaubensrichtschnur, Regel
5 Kanon
Glaubenssatz
5 Dogma
Glaubenswechsel
10 Konversion
Glaubersalz
13 Natriumsulfat
gläubig
5 fromm
9 religioes
10 ueberzeugt
Gläubiger
8 Kreditor
gläubiger Moslem, Korankenner
5 Hafis
glaubwürdig
7 serioes
8 probabel
11 authentisch
Glaubwürdigkeit
6 Kredit
Glazialzeit
7 Eiszeit
8 Diluvium
gleich
3 nun
5 jetzt, remis
6 ebenso, sofort
8 momentan, umgehend
12 bevorstehend
gleichartig, gleichmäßig
4 eben, egal, pari
6 al pari, analog, ebenso, sofort
7 genauso, homogen, synonym
8 aehnlich, geradeso, konstant, momentan, synchron, verwandt
9 ebenfalls, identisch, kongruent
11 einheitlich, unmittelbar
13 unentschieden
16 uebereinstimmend
gleichartige
Vergeltung einer Handlung
6 Talion
gleichbedeutend
7 synonym
9 identisch
gleichberechtigt
11 emanzipiert
12 paritaetisch
Gleichberechtigung
8 Paritaet
12 Emanzipation
gleichbleibend
6 stetig
7 dauernd
8 konstant, staendig
9 andauernd, anhaltend, dauerhaft
10 bestaendig
12 fortwaehrend, unveraendert
14 ununterbrochen
gleichbleibender
Rhythmus
6 Metrum
gleiche
Ansicht
9 Einigkeit
Höhe
6 Niveau

gleichen
Druck habend
6 isobar
gleicher
Anlaut mehrerer Wörter im Vers
8 Stabreim
Wert
11 Aequivalent
gleichermaßen, -weise
2 so
4 auch, dito, item
6 ebenso, ferner
9 ebenfalls
11 gleichfalls
gleichfalls
4 auch, item
6 ebenso, ferner
gleichförmig
7 monoton, uniform
Gleichförmigkeit
8 Einerlei
gleichgeartet
7 homogen
gleichgerichtet
8 parallel
gleichgeschlechtlich
8 homophil
11 homosexuell
12 homoerotisch
gleichgestaltig
8 isomorph
gleichgestimmt
11 sympathisch
Gleichgewicht
4 Ruhe
5 Waage
6 Bilanz
7 Balance
8 Harmonie, Ruhelage
9 Ausgleich
10 Verteilung
14 Ausgewogenheit
16 Ausgeglichenheit
Gleichgewichtskünstler
11 Equilibrist
Gleichgewichtslehre
6 Statik
gleichgültig
3 lau
4 egal, faul
5 piepe
7 lustlos
8 einerlei, indolent, schnuppe
9 apathisch
11 indifferent, lethargisch, unbeteiligt
12 interesselos, phlegmatisch, teilnahmslos
15 desinteressiert
Gleichgültigkeit
7 Apathie, Phlegma
8 Indolenz
9 Lethargie
11 Indifferenz
12 Desinteresse
Gleichheit
9 Egalitaet, Kongruenz
10 Identitaet
12 Homogenitaet
Gleichklang
4 Reim
gleichlaufend
8 parallel, synchron

gleichlaufende
Linie
9 Parallele
gleich lautend
7 homolog, homonym
gleichmachen
10 angleichen
11 egalisieren, nivellieren
12 emanzipieren
Gleichmachung
12 Egalisierung
Gleichmaß
4 Reim, Takt
8 Harmonie, Rhythmus
9 Symmetrie
10 Proportion
gleichmäßig
4 eben
7 uniform
10 rhythmisch
11 symmetrisch
gehaltenes Musikstück
6 Tenuto
wehender Seewind
5 Brise
wehender Tropenwind
6 Passat
Gleichmäßigkeit
12 Uniformitaet
Gleichmut
10 Stoizismus
12 Gelassenheit
gleichmütig
7 stoisch
8 gelassen
Gleichmütiger
7 Stoiker
gleichnamig
7 homolog, homonym
Gleichnis
4 Bild
6 Symbol
7 Parabel
8 Sinnbild
9 Allegorie
gleichnishafte
Redewendung
8 Metapher
Tierdichtung
5 Fabel
Gleichnisrede
7 Parabel
Gleichrichterröhre
5 Diode
gleichsam
3 wie
5 quasi
9 sozusagen
14 gewissermassen
gleichseitiges
Parallelogramm
5 Raute
7 Rhombus
Viereck
7 Quadrat
gleichsetzen
14 identifizieren
Gleichsinn
9 Einigkeit
Gleichstellung
8 Paritaet
12 Emanzipation

Gleichwert
4 Pari
gleichwertig
9 kongenial
11 aequivalent, ebenbuertig
Gleichwertigkeit
8 Paritaet
11 Aequivalenz
14 Kongenialitaet
15 Ebenbuertigkeit
Gleichwort
für Psyche
5 Seele
gleichzählig
bei Blüten
6 isomer
gleichzeitig
8 simultan, synchron
gleichzeitiges
Abfeuern mehrerer Schusswaffen
5 Salve
Gleisabschnitt
7 Strecke
Gleisabstand
bei Kleinbahnen
10 Schmalspur
Gleisbautrupp
5 Rotte
Gleis, Gleisanlage
3 Weg
4 Bahn, Damm, Spur
6 Signal, Strang, Weiche
7 Bettung, Oberbau, Schiene
8 Bahndamm, Kreuzung, Schotter, Schranke, Schwelle, Unterbau
9 Ladegleis, Lebensweg, Prellbock, Stellwerk, Vorsignal, Warnkreuz
10 Abzweigung, Gleiswaage, Handweiche, Prellblock, Signalmast
11 Ablauframpe, Bahnkoerper, Blocksignal, Blockstelle, Drehscheibe, Gleisbremse, Hauptsignal, Oberleitung
12 Abstellgleis, Blockstation, Hauptstrecke, Nebenstrecke, Rangiergleis, Stromschiene
13 Gleiskreuzung, Rangierhuegel, Stromfuehrung, Ueberfuehrung, Unterfuehrung
14 Schienenstrang
Gleisner
8 Heuchler, Simulant
14 Scheinheiliger
gleißend
4 hell
5 grell
8 funkelnd
9 flimmernd, glaenzend, leuchtend, strahlend
10 schimmernd
Gleitbahn
7 Rutsche
13 Foerderanlage
Gleitbahngerüst
5 Riese
gleiten
8 rutschen
gleitend
9 glissando
gleitende
Tonfolge
8 Arpeggio
9 Glissando
Gleitflieger
6 Kobuga
7 Kaguang
11 Flattermaki
18 Riesengleitflieger
Gleitschiene
4 Kufe
Gleitschritt
beim Tanzen
8 Glissade
Gleitschutz
an Reifen
5 Kerbe, Kette, Raupe, Rille, Spike
6 Kralle, Profil, Spikes
7 Stollen
11 Leiterkette, Schneekette
12 Reifenkralle
Gletscher
4 Brae, Kees
5 Wader
6 Ferner, Firner
7 Eisfeld, Glacier, Joekull
8 Eisstrom, Vedretta
der Hohen Tatra
8 Pasterze
der Ortlergruppe
5 Forno
Gletscherablagerung
10 Endmoraene
Gletscherbrand
11 Sonnenbrand
Gletscherbrocken
7 Eisberg
Gletschereinschnitt
4 Riss
5 Bruch
6 Spalte
Gletscherfloh
13 Springschwanz
Gletschergebirge
in Zentralasien
5 Altai
Gletschergeröll, -gestein
7 Moraene
9 Geschiebe
Gletscherrandzone
6 Toteis
Gletscherschlucht
3 Kar
Gletscherschnee
4 Firn
Gletscherteil
im Meer
7 Eisberg
Glibber
4 Seim
5 Gelee
7 Gallert, Pudding, Schleim
8 Gallerte, Schmiere
glibbrig
5 glatt
9 glitschig
11 schluepfrig
12 schluepferig
Glied
4 Teil
5 Linie, Organ, Penis, Reihe
7 Segment
11 Extremitaet, Koerperteil
15 Geschlechtsteil
der Hand
6 Daumen, Finger
10 Ringfinger
11 Zeigefinger
12 Mittelfinger
des Fußes
3 Zeh
4 Zehe
einer Summe
4 Term
in der Geschlechterfolge
10 Generation
Gliederband
5 Kette
Gliederfüßer, Gliedertier
4 Kerf
5 Assel, Krebs, Milbe
6 Insekt, Spinne
7 Isopode
8 Kerbtier, Trilobit
9 Antennate, Bandassel, Krebstier, Rollassel
10 Anthropode, Artikulate, Mauerassel, Ringelwurm
11 Kellerassel, Krustentier, Ringelkrebs, Schnurassel, Wasserassel
12 Baertierchen
14 Tausendfuesser
15 Tausendfuessler
Gliederfüßerklasse
6 Krebse
7 Spinnen
8 Insekten
14 Tausendfuesser
Gliederheizkörper
8 Radiator
Gliedermessstab
9 Zollstock
gliedern
6 ordnen, reihen
10 gruppieren
12 segmentieren
14 differenzieren, klassifizieren
Gliederpuppe
10 Hampelmann, Marionette
Gliederpuppenbühne
18 Marionettentheater
Gliederreißen
6 Rheuma
12 Rheumatismus
18 Gelenkrheumatismus
Gliedersteife
6 Starre
Gliederung
4 Plan
5 Kette, Linie, Reihe
6 Anlage, Aufbau, Gruppe, System
7 Gefuege, Ordnung
8 Struktur
9 Anordnung, Formation
10 Aufteilung, Einteilung, Schichtung
11 Disposition, Gruppierung
12 Organisation
Gliederungseinheit
7 Kolonne
Gliederzittern
6 Tremor

Gliedmaße
3 Arm
4 Bein, Fuss
6 Flosse, Kiefer, Taster
7 Fluegel, Fuehler
8 Unterarm
11 Extremitaet
13 Extremitaeten
Gliedstaat
4 Land
6 Kanton
7 Provinz
8 Urkanton
10 Bundesland
Australiens
9 Tasmanien
der Schweiz
6 Kanton
von Malaysia
5 Perak
6 Pahang, Penang, Perlis
glimmen
8 schwelen
glimmendes
Feuer
4 Glut
glimmerartiges
Tonmineral
5 Illit
Glimmstengel
7 Zigarre
9 Zigarette
glitzern
8 gleissen
Glitzerschmuck
7 Flitter
global
6 gesamt
9 allgemein, umfassend
Globetrotter
13 Weltenbummler, Weltreisender
Globus
4 Ball, Erde, Welt
5 Kugel
7 Erdball
8 Erdkugel
9 Weltkugel
Glöckchen
7 Schelle
Glocke
7 Klingel, Schelle
Glockenblume
7 Lobelie, Lobelin
9 Campanula, Kampanula
Glockenheide
5 Erika
Glockenklang
7 Gelaeut
8 Gelaeute
Glockenschläger
6 Rapier
Glockenschwengel
8 Kloeppel
Glockenspiel
an einem Klaviergehäuse
7 Celesta
Glockenton
3 bam, bim
Glockenturm
9 Campanile, Kampanile
des Londoner Parlamentsgebäudes
6 Big Ben
in Sevilla
7 Giralda
Glockenwalzenspiel
11 Leierkasten
Glockenwurz
5 Alant
Glockenzeichen
7 Angelus
Gloria, Glorìole
3 Lob
4 Ehre, Ruhm, Sieg
5 Glanz
9 Lobgesang
12 Herrlichkeit
14 Heiligenschein
Glorienschein
7 Aureole
glorifizieren
13 verherrlichen
glorreiche
Aktion
9 Ruhmestat
Glosse
9 Anmerkung, Bemerkung, Kommentar
10 Definition, Erklaerung
13 Randbemerkung
Glück
4 Heil
5 Dusel, Segen, Tyche
6 Erfolg, Freude, Massel, Zufall
7 Bonheur, Schwein
8 Gedeihen, Geschick
9 Schicksal, Seligkeit
wünschen
11 gratulieren
Glucke
4 Huhn
5 Henne
9 Bruthenne
glückliche
Gegend
6 Dorado
glücklicher
Schicksalsmoment
11 Sternstunde
Zustand
13 Zufriedenheit
Glücksaussicht
6 Avance, Chance
Glücksbringer
7 Amulett
8 Talisman
9 Kleeblatt
11 Maskottchen
16 Schornsteinfeger
Glückseligkeit
5 Wonne
10 Eudaemonie, Verzuecken
Glückseligkeitslehre
13 Eudaemonismus
Glücksfall
6 Chance
Glücksgöttin
5 Tyche
7 Fortuna
Glückskäfer
12 Marienkaefer
Glückspflanze
4 Klee
9 Kleeblatt
Glücksritter, -spieler
9 Hasardeur
10 Abenteurer
11 Hochstapler, Opportunist
Glücksschuss
14 Zufallstreffer
Glücksspiel
4 Poch
5 Lotto, Makao, Poker
6 Hasard, Mau Mau, Pokern, Watten, Wetten
7 Knobeln, Roulett, Tombola
8 Baccarat, Bakkarat, Lotterie, Roulette, wuerfeln
9 Vingtetun
14 Zahlenlotterie
15 Siebzehnundvier
Glücksspielgerät
12 Spielautomat
Glücksspielmarke
4 Chip
5 Jeton
6 Plaque
Glücksspieltreffer
11 Lottogewinn
Glücksspielverlosung
8 Lotterie
Glücksstadt
in Nevada
8 Las Vegas
Glückssymbol
9 Kleeblatt
Glücksvertrag
5 Wette
Glückwunsch
11 Gratulation
Glückwünschender
9 Gratulant
glühend
6 feurig
glühende
Gasausbrüche auf der Sonnenoberfläche
13 Protuberanzen
Gasschicht um die Sonne
13 Chromosphaere
Masse
4 Glut
glühender
Verehrer
7 Anbeter
Vulkanausfluss
4 Lava
Wüstensturm
6 Monsum
Glühkörper
5 Birne
10 Neonroehre
11 Heizspirale
Glukose, Glykose
13 Traubenzucker
Glut
4 Lohe
5 Feuer, Hitze, Liebe
7 Gefuehl, Hingabe, Passion
12 Leidenschaft
glutflüssige
Gesteinsschmelze der Erdrinde
5 Magma
Glutglanz
5 Glast
Glutin
6 Kleber
Glyzerin
8 Oelsuess

Gnade
4 Gabe, Huld
5 Guete, Gunst, Hilfe, Segen
6 Ablass, Erlass
8 Erbarmen, Nachlass, Schonung
9 Nachsicht, Vergebung, Verzeihen
10 Verzeihung, Wohlwollen
13 Strafnachlass
Gnadenbrief
6 Brevet
Gnadengabe
8 Charisma
Gnadenkraut
8 Gratiola
Gnadenmittel
9 Sakrament
Gneisenaustadt
8 Schildau
Gnom
5 Geist, Troll, Wicht, Zwerg
6 Kobold
8 Erdgeist
Gnome
10 Denkspruch, Sinnspruch
Gnosis
8 Einsicht
10 Erkenntnis
14 Gotterkenntnis
Gnu
11 Kuhantilope
Goal
beim Fußball
3 Tor
7 Treffer
9 Torschuss
Goalkeeper
beim Fußball
7 Tormann, Torwart
9 Torhueter
11 Schlussmann, Torwaechter
Goethes
Freund
9 Tischbein
Jugendliebe
5 Brion
15 Friederike Brion
letzte Liebe
8 Levetzow
Mutter
3 Aja
Sekretär
9 Eckermann
Gold
am Tyrrhenischen Meer
5 Gacta
der Ostsee
9 Bernstein
Goldamsel
5 Pirol
11 Vogel Buelow
Goldauflage
6 Dublee
Goldblume
12 Chrysantheme
Goldbrasse
5 Orade
6 Dorade
Goldbutt
7 Scholle
Golddistel
8 Eberwurz
Golddukaten
5 Taler
Goldene
Stadt
4 Prag
Goldfischart
13 Teleskopfisch
15 Schleierschwanz
goldgelb
6 orange
Goldgräber
6 Digger
Goldgräberanteil
5 Claim
Goldhase
5 Aguti
Goldimitation
6 Tombak
Goldklumpen
6 Nugget
Goldland
5 Ophir
6 Dorado
8 Eldorado
Goldmacher
9 Alchemist, Alchimist
Goldmachergehilfe
5 Adept
Goldmacherkunst
8 Alchimie
Goldmakrele
6 Dorade
Goldmünze
3 Ecu
4 Onza, Real
5 Agnel, Altin, Altyn, Dobra, Eagle, Krone, Toman
6 Aureus, Condor, Doblon, Escudo, Florin, Fonduk, Guinea, Guinee, Gulden, Rijder
7 Dareike, Dublone, Dukaten, Fiorino, Guelden, Hidalgo, Pistole, Solidus, Zechine
8 Caroldor, Dareikos, Florenus, Louisdor, Napoleon
9 Augustdor, Rosenobel, Rosenoble, Sovereign, Zermahlud
11 Doppelkrone, Frederikdor, Kristiandor, Kruegerrand, Napoleondor
12 Christiandor
13 Friedrichsdor
im Mittelalter
8 Brakteat
Goldorfe
5 Aland
Goldparmäne
7 Renette
Goldröschen
6 Kerrie
goldsaures
Salz
5 Aurat
Goldschmied
8 Juwelier
Goldverzierung
auf Bucheinbänden
5 Filet
Goldwurz
6 Akelei
Golf
3 Bai
5 Bucht
9 Meerbusen
11 Meeresbucht
in Spanien
14 Golf von Biskaya
Golfabschlag
3 Tee
5 Drive
Golfbegriff
6 Barren
Golfschlägerart
4 Iron, Wood
5 Spoon
6 Driver, Jigger, Mashie, Putter
7 Brassie, Loeffel, Niblick, Treiber
Golfschlägerträger
5 Caddy
6 Caddie
Golfziel
4 Hole, Loch
Gondel
4 Boot, Kahn, Korb
6 Nachen, Schiff
8 Schaukel
10 Ballonkorb, Fahrerkorb
Gondelführer
10 Gondoliere
Gondellied
9 Barcarole, Barkarole
Gondelstadt
7 Venedig
Gong
6 Tamtam
12 Schlagbecken
Gönner
6 Maezen
7 Sponsor
9 Foerderer, Protektor
10 Schirmherr
gönnerhaft
6 jovial
Gönnerschaft
10 Protektion
Gorgo
6 Medusa, Stheno
7 Euryale
Gör, Göre
4 Kind
5 Range
6 Bengel, Knirps
7 Steppke
8 Maedchen
10 Frechdachs
13 Dreikaesehoch
Gose
9 Weissbier
Gospel, Gospelsong
9 Spiritual
Gosse
5 Armut, Elend, Rinne
9 Rinnstein
Gössel
4 Gans
9 Gaenschen
Gotenkönig
10 Theoderich
Gotik
Künstler der
4 Witz
5 Stoss

6 Pacher, Witten
7 van Eyck
9 Multscher
10 Schongauer
15 Riemenschneider
gotische
Schrift
7 Fraktur
gotischer
Bibelübersetzer
7 Ulfilas, Wulfila
Pfeileraufsatz
5 Fiale
Spitzgiebel
7 Wimperg
gotisches
Bauwerk
8 Dom Koeln
10 Dom Mailand
12 Veitsdom Prag
13 Kloster Chorin
14 Rathaus Rostock, Waweldom Krakau
15 Kathedrale Reims
16 Kathedrale Amiens, Kloster Maulbronn, Muenster Freiburg, Rathaus Stralsund
17 Holstentor Luebeck, Kathedrale Sevilla
18 Dogenpalast Venedig, Marienkirche Danzig, Muenster Strassburg
19 Annenkirche Annaberg
21 Palazzo Vecchio Florenz, Westminster Hall London
22 Elisabethkirche Marburg
Herrschergeschlecht
6 Amaler
9 Amelungen
Ornament
7 Rosette
8 Vierpass
10 Kreuzblume, Spitzbogen
Spitztürmchen
5 Fiale
Gott
7 Demiurg
der Azteken
12 Quetzalcoatl
der Dichtkunst
5 Apoll, Braga, Bragi
6 Apollo
7 Apollon
der Dürre
4 Seth
der Ehe
5 Hymen
9 Hymenaeos
der Fruchtbarkeit
3 Fro, Pan
4 Faun, Frey
5 Freyr
6 Bachus, Faunus, Fricco, Hermes, Kronos
7 Priapos
8 Dionysos, Saturnus
der Germanen
5 Donar
der Gesundheit, Heilkraft
8 Aesculap, Aeskulap
9 Asklepios
11 Aesculapius
der Güte
6 Balder, Baldur
der Heilkunde
8 Aeskulap
9 Asklepios
der Juden
5 Jahwe
6 Jehova
der Kanaanäer
4 Baal
der Kraft
6 Kratos
der Liebe
4 Amor, Eros
6 Cupido
der Mohammedaner
5 Allah
der Natur
3 Pan
der nordamerikanischen Indianer
6 Manitu
der Quellen
5 Silen
7 Silenos
der Sonne
2 Ra, Re
3 Hor, Sol, Tum
4 Aton, Atum, Schu
5 Horus, Indra, Month, Surja
6 Helios, Osiris
7 Serapis
der Unterwelt
5 Hades, Orkus, Pluto
6 Anubis, Erebus, Pluton
7 Serapis
der Zeit
5 Janus
6 Kronos
des Ackerbaus
4 Faun
6 Faunus, Kronos, Saturn
8 Saturnus
des Donners
4 Lofn, Thor
5 Donar
des Feuers
4 Agni, Loki
6 Vulkan
8 Hephaest, Vulcanus, Vulkanus
10 Hephaestos, Hephaistos
des Friedens
3 Fro
4 Frey
5 Freyr, Janus
7 Forseti
des Frühlings
4 Vali, Wali
6 Baldur
des Gewitters
4 Thor
5 Donar
des Handels
6 Hermes, Merkur
des heiligen Berges
5 Athos
des Islam
5 Allah
des Krieges
3 Tiu, Tyr, Ziu
4 Ares, Mars, Odin
5 Month, Wodan, Wotan
des Lichtes
6 Apollo, Balder, Baldur
7 Apollon, Mithras
des Meeres
5 Aegir
6 Neptun, Nereus, Pontos, Triton
7 Okeanos, Proteus
8 Poseidon
des Mondes
5 Chons, Thoth
6 Chonsu
des Regens
7 Pluvius
des Reichtums
5 Noerd
6 Plutos
des Scherzes
5 Jocus, Jokus
des Schlafes
6 Hypnos, Somnus
8 Morpheus
des Spottes
5 Momos
des Todes
4 Mors
5 Soker
6 Anubis, Osiris
8 Thanatos
des Traumes
6 Ikelos
8 Morpheus
9 Phantasos
des Waldes
3 Pan
des Weines
7 Bacchus, Bakchos
8 Dionysos
des Windes
6 Aeolus, Boreas, Zephyr
8 Zephyros
nordischer
4 Odin
Gottbekenner
5 Deist
Götterbaum
8 Ailantus
9 Ailanthus
Götterberg, -burg
5 Olymp
7 Walhall
Götterbote
6 Hermes, Merkur
9 Hermondur
Götterbotin
3 Gna
Götterdämmerung
9 Ragnaroek
13 Weltuntergang
gottergeben
5 devot
Göttergeschlecht
4 Asen
göttergleicher Held
5 Heros
Gotterkenntnis
6 Gnosis
Gotterlebnis
11 Offenbarung
Götterlehre
10 Mythologie
Göttersage
5 Mythe
6 Mythos, Mythus

Göttersitz
der Asen
6 Asgard
Götterspeise
8 Ambrosia
Götterspruch
6 Orakel
Göttertrank
6 Nektar
Göttervater
4 Odin
Göttervogel
der Inkas
6 Kondor
Gottes
heilige Schrift
5 Bibel
Gottesacker
8 Friedhof, Kirchhof
Gottesbote
5 Engel
8 Erzengel
Gottesdienst, -brauch, -ordnung
4 Kult
5 Messe, Mette, Ritus
6 Agende, Kultus, Ritual
7 Andacht
8 Liturgie
9 Verehrung
gottesdienstliche
Handlung
5 Opfer, Segen
7 Andacht, Beichte
8 Anbetung
9 Abendmahl, Fuerbitte, Kommunion
10 Absolution, Einsegnung, Prozession
12 Konfirmation
Sammlung
8 Kollekte
Gotteserscheinung
10 Theophanie
Gottesfurcht
7 Eusebie
9 Frommheit
gottesfürchtig
5 fromm
8 glaeubig
9 religioes
Gottesgabe
9 Begnadung
Gottesgelehrter
8 Theologe
Gottesgelehrtheit
9 Theologie
Gottesgesang
7 Eleison
Gottesgesetz
5 Gebot
Gottesglaube
7 Deismus
Gottesgnade, -gunst
5 Segen
Gotteshaus
3 Dom
6 Kirche, Pagode, Tempel
7 Dschami, Kapelle, Moschee
8 Basilika, Muenster, Synagoge
10 Kathedrale
Gotteslästerung
6 Frevel
8 Sakrileg
10 Blasphemie, Entweihung
Gottesleugner
7 Atheist
Gottesleugnung
9 Atheismus
Gottesmutter
5 Maria
7 Madonna
Gottesname
im Alten Testament
5 Eloah
6 Elohim
Gottessohn
5 Jesus
7 Heiland
8 Christus, Erloeser
13 Jesus Christus
Gottesurteil
5 Ordal
Gottheit
der Germanen
3 Ase
Göttin
der Anmut
6 Aglaia, Charis, Thalia
8 Charitin
10 Euphrosyne
der Armut
5 Penia
der Blumen
5 Flora
der Ehe, Familie
4 Hera, Juno
der Eintracht
8 Harmonia
9 Concordia
der Erde
4 Gaea
der ewigen Jugend
4 Hebe, Idun
5 Iduna
8 Juventas
der Familie
4 Hera, Juno
der Freiheit
8 Libertas
der Fruchtbarkeit
3 Deo
5 Ceres, Freia, Freya
6 Freyja
7 Artemis, Astarte, Demeter, Ischtar, Nerthus
der Gartenfrüchte
6 Pomona
der Gerechtigkeit
3 Mat, Syn
4 Dike
6 Themis
7 Astraea, Nemesis
8 Justitia
der Gesetzlichkeit
7 Eunomia
der Gesundheit
7 Hygieia
der Gewalt
3 Bia
der Hoffnung
4 Spes
5 Elpis
der Jagd
5 Diana
7 Artemis
der Jahreszeiten
4 Dike, Hore
der Jugend
4 Hebe, Idun
5 Iduna
8 Juventas
der Klugheit
5 Metis
der Künste
4 Muse
6 Athene
7 Minerva
der Liebe
4 Lada
5 Freia, Venus
6 Bastet, Freyja
7 Astarte
9 Aphrodite
der milden Lüfte
4 Aura
der Morgenröte
3 Eos
6 Aurora
der Nacht
3 Nyx
6 Hekate
der Ordnung
7 Eunomia
der Quellen
6 Egeria, Najade
der Rache
5 Furie
6 Alekto
7 Erinnye, Megaere, Megaira, Nemesis
8 Eumenide
9 Tisiphone
der schönen Künste
4 Clio, Klio, Muse
5 Erato
6 Thalia, Urania
7 Euterpe
8 Calliope, Kalliope
9 Melpomene
10 Polyhymnia
11 Terpsichore
der Schönheit
5 Venus
9 Aphrodite
der Sonne
3 Sol
5 Neith
der Sorgen
4 Cura
der strafenden Gerechtigkeit
7 Nemesis
der Treue
5 Fides
der Unsterblichkeit
4 Idun
5 Iduna
der Unterwelt
3 Hel
6 Hekate
10 Persephone, Proserpina
der Verblendung
3 Ate
der Vergeltung
7 Nemesis
der Wahrheit
8 Alethaia
der Weisheit
6 Athena, Athene

7 Minerva
12 Pallas Athene
der Zeit
4 Dike, Hore
6 Eirene
7 Eunomia
der Zwietracht
4 Eris
9 Discordia
des Ackerbaus
5 Ceres
7 Demeter
des Erdwachstums
4 Maja
des Erntesegens
3 Ops
des Friedens
3 Pax
6 Eirene
des Frühlings
6 Ostara
des Gedächtnisses
9 Mnemosyne
des Glücks
5 Tyche
7 Fortuna
des Handwerks
7 Minerva
des Herdes
4 Frea
5 Frigg, Frija, Vesta
6 Hestia
des Krieges
5 Neith
7 Bellona, Sachmet, Sechmet
des Meeres
3 Ino, Ran
6 Thetis
7 Nereide
10 Amphitrite
des Mondes
4 Luna
6 Selene
8 Bubastis
10 Magna Mater
des Rechts
6 Themis
8 Justitia
des Regenbogens
4 Iris
des Regens
7 Plejade
des Schachspiels
6 Caissa
des Schicksals
3 Ate, Urd
5 Moira, Norne, Skuld
6 Ananke, Hathor, Klotho
7 Atropos
8 Lachesis, Werdandi
des Sieges
4 Nike
8 Victoria, Viktoria
des Todes
3 Hel
5 Keren
6 Hathor
des Unheils
3 Ate
des Weinstocks
6 Libera
des Zufalls
5 Tyche

Göttin, altnordische
4 Asin
Göttinger
Dichterbund
8 Hainbund
göttliche
Gnade
8 Charisma
Tugend
5 Liebe
6 Glaube
8 Hoffnung
göttliches
Walten
9 Vorsehung
Gottloser
7 Atheist
Gottlosigkeit
6 Asebie
9 Atheismus
Gottmensch
8 Christus
Gottseibeiuns
5 Satan
6 Teufel
Gottvertrauen
6 Glaube
Götze, Götzenbild
3 Bel
4 Baal, Idol
6 Abgott
7 Fetisch
des Geldes
6 Mammon
Götzendienst
9 Idolatrie
Götzenverehrung
4 Kult
Gourmand, Gourmet
9 Geniesser
10 Leckermaul, Weinkenner
13 Feinschmecker
Gouvernante
10 Erzieherin
Gouvernement
6 Bezirk
7 Provinz
8 Distrikt
9 Regierung
10 Verwaltung
16 Regierungsbezirk
17 Verwaltungsbezirk
Gouverneur
10 Kommandeur
11 Statthalter
12 Befehlshaber
in Persien
5 Hakim
Graben
4 Dole, Siel
5 ◆ Draen, Drain, Fleet, Gosse, Kanal, Kluft, Rinne, Senke
6 Gracht
10 Einschnitt
zur Oberflächenentwässerung
6 Rigole
Grabensenke
in Kalifornien
11 Death Valley
Gräberfeld
des Altertums
9 Nekropole
10 Nekropolis

Grabgefäß
4 Urne
Grabgerät
6 Spaten
8 Schaufel
Grabgewölbe
5 Gruft
Grab, Grabmal, -stätte
5 Gruft, Stele
6 Krypta
7 Epitaph, Marterl, Mastaba, Tumulus
8 Beinhaus, Gewoelbe, Monument, Pyramide, Urnenmal
9 Grabkreuz, Grabstein, Katakombe, Mausoleum, Nekropole, Sarkophag
10 Epitaphium, Grabkammer, Grabplatte, Grabsaeule, Huegelgrab, Huenengrab
11 Totenhuegel
12 Leichenstein
ägyptischer Könige
8 Pyramide
Grabheuschrecke
6 Grille
Grabinschrift
7 Epitaph
Grabkammer
7 Mastaba
Grabsäule
5 Stele
Grabstadt
in Indien
4 Agra
Grabstätte
des Westgotenkönigs Alarich
7 Busento
Grad
4 Mass, Rang, Wert
5 Stufe
6 Umfang
7 Ausmass, Einheit
8 Messzahl
9 Abstufung
10 Einstufung, Einteilung
12 Unterteilung
beim Judo
3 Dan
der Zähflüssigkeit
11 Viskositaet
Gradeinheit
beim Thermometer
6 Kelvin
7 Celsius, Reaumur
10 Fahrenheit
Gradeinteilung
5 Skala
Gradierhaus, -werk
6 Saline
10 Rieselwerk
gradlinig
6 linear
Grafentitel
in England
4 Earl, Lord
7 Vicount
in Frankreich
5 Comte
7 Marquis
in Italien
5 Conte

8 Marchese

Grafik

6 Plakat
8 Diagramm, Gravuere, Vignette
9 Radierung, Schaubild
10 Kunstblatt, Stahlstich, ◆ Xylografie
11 Holzschnitt, Kupferstich, ◆ Lithografie, Xylographie
12 Linolschnitt, Lithographie
13 Handzeichnung

grafische

Darstellung von Zahlenzeichen

5 Chart

grafischer

Beruf

6 Aetzer, Faktor, Setzer
7 Anleger, Drucker, Graveur, Metteur
8 Kolorist, ◆ Typograf, Ziseleur
9 Korrektor, ◆ Lithograf, Typograph
10 Handsetzer, Lithograph, Retuscheur
11 Buchdrucker, Galvaniseur, Lichtsetzer
12 Karikaturist, Notenstecher, Stereotypeur
13 Kupferstecher
15 Maschinensetzer
16 Galvanoplastiker
18 Gebrauchsgraphiker

Betrieb

6 Verlag
7 Edition, Offizin
8 Aetzerei, Binderei, Setzerei
9 Druckerei, Druckhaus
10 Buchverlag, Satzstudio
12 Buchbinderei
13 Buchdruckerei, Stempelfabrik, Tiefdruckerei
14 Lichtdruckerei, Zeitungsverlag
15 Offsetdruckerei, Zeitungsbetrieb
16 Klischieranstalt
19 Zeitschriftenverlag

grafisches

Verfahren

9 Radierung
11 Kupferstich, ◆ Lithografie
12 Lithographie

grafisches Erzeugnis, -produkt

4 Band, Buch, Heft, Werk
5 Druck, Repro
6 Agenda, ◆ Grafik, Gravur, Plakat, Poster
7 Affiche, Collage, Foliant, Graphik, Journal, Katalog, Stempel, Traktat, Zeitung
8 Bildband, Diagramm, Exlibris, Formular, Gravuere, Kalender, Prospekt, Vignette
9 Aquatinta, Faksimile, Flugblatt, Formblatt, Klebebild, Radierung, Scharteke, Schaubild, Schmoeker, Statistik, Zeichnung
10 Bilderbuch, Broschuere, Flugzettel, Kunstblatt, Stahlstich
11 Flugschrift, Holzschnitt, Kupferstich, ◆ Lithografie, Zeitschrift
12 Besuchskarte, Illustration, Illustrierte, Linolschnitt, Lithographie, Reproduktion, Visitenkarte, Werbekatalog, Werbeschrift
13 Aetzradierung, Handzeichnung, Metallschnitt
14 Druckerzeugnis, Versandkatalog

Grafschaft

in den Ardennen u. Vogesen

4 Salm

Gralsburg

12 Monsalvatsch
13 Montsalwatsch

Gralskönig

8 Amfortas

Gralsritter

5 Iwein
7 Titurel
8 Amfortas, Lanzelot, Parsifal, Parsival, Parzival
9 Gurnemanz, Lohengrin

Gram

4 Leid
5 Sorge
6 Kummer, Trauer
10 Betruebnis, Depression
11 Traurigkeit
12 Verzweiflung

des Betrogenen

12 Liebeskummer

Grammatik

11 Sprachlehre

grammatikalisches

Geschlecht

5 Genus

grammatisch:

Zukunft

7 Futurum

grammatischer, grammatikalischer Begriff

4 Fall, Form, Laut, Rede, Satz, Verb, Wort, Zahl
5 Aktiv, Casus, Dativ, Futur, Genus, Kasus, Kolon, Komma, Modus, Nasal, Punkt, Silbe, Stamm, Trema, Vokal
6 Ablaut, Adverb, Labial, Objekt, Passiv, Plural, Syntax, Tempus, Umlaut
7 Ablativ, Artikel, Beugung, Dehnung, Einzahl, Genitiv, Mitlaut, Neutrum, Numerus, Perfekt, Satzbau, Subjekt, Tatform, Vokativ, Zukunft
8 Adjektiv, Attribut, Betonung, Dingwort, Fuerwort, Mehrzahl, Nennform, Numerale, Partizip, Praesens, Pronomen, Singular, Zahlwort, Zeitform, Zeitwort
9 Akkusativ, Apostroph, Beistrich, Bindewort, Diphthong, Femininum, Fremdwort, Gegenwart, Hauptsatz, Hauptwort, Imperativ, Imperfekt, Indikativ, Infinitiv, Konsonant, Leideform, Nebensatz, Nominativ, Praedikat, Semikolon
10 Abstammung, Apposition, Aussprache, Beifuegung, Doppellaut, Geschlecht, Komparativ, Konjunktiv, Maskulinum, Mittelwort, Schaerfung, Selbstlaut, Steigerung, Substantiv, Superlativ
11 Bindestrich, Deklination, Konjugation, Strichpunkt, Wortbildung
12 Fragezeichen, Umstandswort
13 Interpunktion, Vergangenheit
14 Ausrufezeichen, Gedankenstrich, Silbentrennung, Zeichensetzung
15 Gaensefuesschen, Verhaeltniswort
17 Moeglichkeitsform, Wirklichkeitsform
18 Anfuehrungszeichen

Grammmolekül

3 Mol

Granatapfelsaft

6 Sorbet
7 Sorbett
9 Scherbett

Granat, smaragdgrüner

8 Uwarowit

Grandezza

6 Hoheit, Wuerde
7 Eleganz

Grandezzageschlecht

6 Genera

Granitfelsen

der Thale

10 Rosstrappe

Grapefruit

10 Pampelmuse

Graphologie

18 Handschriftenkunde
20 Handschriftendeutung

Gras

der Dünen

11 Strandhafer

schneiden

6 maehen

grasähnliche

Pflanze

5 Binse

Grasart

4 Aira
5 Binse, Halfa, Lolch, Segge
6 Bambus, Liesch, Quecke, Schilf
7 Esparto, Raygras, Schmele
8 Bartgras, Bockgras, Kammgras, Riedgras, Ruchgras, Schmiele, Wollgras
9 Alphagras, Bocksbart, Schwingel
10 Rispengras, Zittergras
11 Borstengras, Strandhafer, Straussgras, Taumeldolch
12 Fuchsschwanz, Kanariengras, Maeusegerste, Strandgerste

Grasebene

8 Grasland

Nordamerikas

7 Praerie

Südamerikas

5 Pampa
6 Pampas

Grasfläche
5 Rasen, Wiese
Grasflur
mit Bäumen
7 Savanne
Grashüpfer, Graspferd
10 Heuschreck
11 Heuschrecke
Grasland
3 Alb, Alm, Alp
4 Alpe
5 Anger, Egart, Pampa, Weide, Wiese
6 Llanos, Pampas, Pussta, Steppe
7 Praerie, Savanne
11 Weidesteppe
Graslilie
10 Kreuzkraut, Sternblume
12 Spinnenkraut
Grasmückenvogel
5 Fitis
Grasplatz
im Dorf
5 Anger
Grasschneidegerät
5 Sense
6 Maeher
Grasschnitt
4 Mahd
5 Grumt
7 Grummet
grassieren
6 wueten
grässlich
10 grauenvoll
Grasspitze
5 Spier
Grasstängel
4 Halm
Grassteppe
in Afrika
7 Savanne
in Nordamerika
7 Praerie
in Südamerika
5 Pampa
in Ungarn
6 Pussta
Grat
4 Fase, Kamm
5 Kante
6 Leiste
7 Ruecken
8 Bergmann, Schneide
9 Kammlinie
11 Bergruecken
12 Schnittlinie
Gratifikation
6 Zulage
7 Praemie
9 Zuwendung
10 Verguetung
12 Sonderzulage
gratis
4 frei
7 umsonst
9 kostenlos
13 unentgeltlich
Gratiszufügung
7 Beigabe
Gratulation
12 Glueckwunsch
grau
4 gris
5 gries, trueb
6 truebe
8 trostlos
9 eintoenig
10 langweilig, unbestimmt
Graubär
Nordamerikas
6 Grisly
7 Grizzly
Grauen
5 Angst, Graus
6 Furcht, Greuel, Horror
7 Abscheu, ◆ Graeuel, Grausen, Schreck
8 Schauder
9 Entsetzen, Schrecken
10 Apokalypse
Grauen erregend
8 horribel
11 entsetzlich
graues
Einerlei
6 Alltag
graugelb
4 falb
graugelbes
Pferd
5 Falbe
8 Isabelle
Grau-in-Grau-Malerei
9 Grisaille
Graukehlchen
9 Braunelle
Graupapagei
4 Jaco, Jako
grausam
3 roh
4 wild
6 brutal
7 herzlos
8 viehisch
9 gnadenlos
10 barbarisch, gefuehllos, sadistisch
11 bestialisch
12 unbarmherzig, unmenschlich
grausamer
altrömischer Kaiser
4 Nero
Mensch
6 Barbar, Bestie, Sadist
7 Rohling, Wandale
9 Terrorist
11 Tierquaeler
Grausamkeit
6 Terror
7 ◆ Rohheit
8 Sadismus
11 Masochismus
12 Bestialitaet
Grausen
6 Furcht, Greuel
7 Abscheu, ◆ Graeuel
8 Schauder
9 Entsetzen
Grautier
4 Esel
Gravität
6 Wuerde
Gravitation
11 Schwerkraft
18 Erdanziehungskraft
Grazie
5 Anmut
6 Aglaia, Thalia
7 Charite
8 Charitin, Liebreiz
10 Euphrosyne
graziles
Huftier
7 Gazelle
grazil, graziös
4 rank, zart
5 apart
7 anmutig, reizend, schlank
8 lieblich, zierlich
10 bezaubernd, zauberhaft
11 entzueckend
greifbar
4 real, wahr
7 konkret
8 effektiv, palpabel, tangibel, wirklich
9 materiell
Greifer
6 Bagger
Greifglied, -organ
4 Hand
7 Ruessel
8 Tentakel
der Kraken und Polypen
8 Tentakel
Greifvogel
3 Aar, Uhu
4 Eule, Falk, Kauz, Weih
5 Adler, Aguja, Falke, Geier, Milan, Urubu, Weihe
6 Harpie, Kondor, Merlin
7 Bussard, Gaukler, Habicht, Harpyie, Sperber
8 Aasgeier, Baumfalk, Carancho, Chimango, Gleitaar, Jagdfalk, Karakara, Seeadler, Stoesser, Turmfalk, Waldfalk, Waldkauz
9 Abendfalk, Bartgeier, Baumfalke, Bergadler, Blauadler, Buntfalke, Edelfalke, Goldadler, Graufalke, Jagdfalke, Kornweihe, Kronadler, Palmgeier, Raubadler, Rohrweihe, Sekretaer, Steinkauz, Turmfalke, Wuergfalk, Zwergfalk
10 Affenadler, Fischadler, Gabelweihe, Geierfalke, Rabengeier, Roetelfalk, Roter Milan, Steinadler, Wanderfalk, Zwergadler, Zwergfalke
11 Gaensegeier, Kaiseradler, Kuttengeier, Laggarfalke, Lerchenfalk, Roetelfalke, Rotfussfalk, Schelladler, Schreiadler, Wanderfalke, Wiesenweihe
12 Adlerbussard, Feldeggfalke, Koenigsgeier, Koenigsweihe, Laemmergeier, Moenchsgeier, Schleiereule, Schmutzgeier, Sperbergeier, Steppenadler, Steppenweihe
13 Falkenbussard, Maeusebussard, Ruetteljaeger, Schreibussard, Truthahngeier,

Wespenbussard
14 Eleonorenfalke, Huehnerhabicht, Schlangenadler, Schwarzer Milan, Taubenstoesser
15 Rauhfussbussard
Greifvogelmännchen
6 Terzel
Greifvogelnest
5 Horst
Greifwerkzeug
5 Zange
in der Kerntechnik
11 Manipulator
Greifzange, Federzange
8 Pinzette
greisenhaft
5 senil
Greisenhaftigkeit
10 Senilitaet
Greisenhaupt
6 Kaktus
greiser
griech. König
6 Nestor
Greisin
4 Alte
grell
5 krass
7 knallig, schrill
9 gleissend
Gremium
9 Ausschuss
Grenzabgabe
4 Maut, Zoll
11 Zollgebuehr
Grenzbarriere
8 Schranke
10 Schlagbaum
12 Zollschranke
Grenze
4 Ende, Rain, Rand
5 Kante, Limes, Limit
6 Extrem
7 Maximum, Minimum, Optimum, Scheide, Schluss
8 Schranke
9 Gemarkung
10 Begrenzung, Markierung, Trennlinie
11 Demarkation
14 Trennungslinie
eines Grubenfeldes
11 Markscheide
für Preis oder Gewicht
5 Limit
Gemeindeflur
9 Gemarkung
Grenzfall
6 Extrem
Grenzfläche
in der Wetterkunde
5 Front
zur Mitte
10 Innenseite
grenzflächenaktiver Stoff
6 Tensid
Grenzfluss
zwischen Brasilien und Paraguay
3 Apa
zwischen Brasilien und Peru
4 Acre
zwischen Schleswig und Holstein
5 Eider
Grenzgebiet
4 Mark
Grenzgebirge
in der Türkei
6 Edirne
in Westeuropa
9 Pyrenaeen
zweier Erdteile
4 Ural
Grenzkohlenwasserstoff
5 Hetan
Grenzlinie
11 Demarkation
Grenzpassierdokument
4 Pass
6 Carnet
7 Triptyk
Grenzstadt
an der Thaya
3 Laa
Grenzstein
3 Mal
5 Terme
Grenzübertritt
8 Ausreise
Grenzwall
der Römer
5 Limes
in Asien
16 Chinesische Mauer
in Schleswig
8 Danewerk
Grenzwert
der Physik
20 Lichtgeschwindigkeit
in der Mathematik
5 Limes
Grenzzaun
5 Etter
Grenzziehung
11 Demarkation, Limitierung
Grieche
6 Danaer
7 Hellene
der Antike
7 Hellene
Griechen
bei Homer
6 Danaer
7 Achaeer
Griechenland
6 Hellas
griechisch, aus dem Griechischen
3 aer
allein
4 mono
auf
2 ep
3 epi
Blütenblatt
5 Petal
7 Petalum
Bodenkunde
9 Pedologie
darauf, darüber
3 epi
Darstellung, Erörterung
7 Diegese
ebene Fläche
8 Epipedon
Enthaltsamkeit
6 Askese
Erkenntnislehre
6 Noetik
Erz
3 Aes
Erzgießer
5 Myron
fern
4 tele
Flötenspieler
5 Aulet
Fragesatz
7 Erotema
gegen
4 anti
gleich
3 iso
groß
4 mega
Haut
5 Derma
heilig
5 hiero
Heilschlamm
6 Pelose
Junggeselle
7 Agamist
klein
5 mikro
Körper, Leib
4 Soma
Leben
3 bio
logischer Schluss
8 Trilemma
Luft
4 aero
neu
3 neo
Ohr
3 oto
reich
5 pluto
Reue
8 Metanoia
Schneckenkunde
11 Lumakologie
Schwachsinniger, Stümper
5 Idiot
Sumpfquelle
9 Helokrene
Tugend
5 Arete
Verletzung, Wunde
6 Trauma
vier
5 tetra
Volk
5 Demos
von außen stammend
6 exogen
Widerlegungskunst
8 Elenktik
Wind
5 anemo
Wortbedeutungslehre
8 Semantik
zehn
4 deka
griechische
Baumgottheit
6 Dryade

Bergnymphe
6 Oreade
Bibelübersetzung
11 Septuaginta
Bucht, Golf
13 Golf von Aegina, Golf von Euboea, Golf von Kabala, Golf von Orfani, Golf von Patras, Malischer Golf
14 Golf von Korinth
15 Argolischer Golf, Golf von Saloniki, Lakonischer Golf, Petalischer Golf
16 Ambrakischer Golf, Golf von Kassandra, Messinischer Golf, Thermaischer Golf, Tornnaischer Golf
17 Golf von Hagion Oros, Pagasaeischer Golf, Strymonischer Golf
18 Kyparissischer Golf
Buhlerin
7 Hetaere
Dichterin
6 Sappho
7 Corinna, Korinna
Erzählerin
6 Axioti
Fechtschule
9 Palaestra
Fleischspezialität
5 Gyros
Freiheitsbewegung
4 EOKA
Friedensgöttin
6 Eirene
Geschichtsschreiber
11 Logographen
Geschichtswerke
8 Anabasis
Glücksgöttin
5 Tyche
Götterbotin
4 Iris
Göttermutter
4 Hera
Gottheit
5 Silen
Gottheit der Berge
6 Oreade
Göttin
3 Ate, Bia, Eos, Ino, Nyx
4 Aura, Dike, Enyo, Eris, Eros, Gaea, Gaia, Hebe, Hera, Iris, Klio, Leto, Nike, Ossa, Styx
5 Elpis, Erato, Keren, Metis, Tyche
6 Alekto, Athene, Eirene, Hekate, Hestia, Peitho, Selene, Tethys, Thalia, Themis, Thetis, Urania
7 Artemis, Astraea, Demeter, Eunomia, Euterpe, Megaera, Nemesis, Plejade
8 Aletheia, Erinnyen, Harmonia, Kalliope
9 Aphrodite, Melpomene, Mnemosyne, Tisiphone
10 Amphitrite, Elleithyia, Persephone
11 Terpsichore
12 Pallas Athene
Göttin der Anmut
5 Penia
6 Aglaia, Charis, Thalia
8 Charitin
10 Euphrosine
Göttin der Ehe
4 Hera
Göttin der Erde
4 Gaea
Göttin der Gerechtigkeit
4 Dike
6 Themis
7 Nemesis
Göttin der Gesetzlichkeit
7 Eunomia
Göttin der Gesundheit
7 Hygieia
Göttin der Jagd
7 Artemis
Göttin der Jahreszeiten
4 Dike, Hore
Göttin der Jugend
4 Hebe
Göttin der Kunst
4 Muse
6 Athene
Göttin der Liebe
9 Aphrodite
Göttin der milden Lüfte
4 Aura
Göttin der Morgenröte
3 Eos
6 Aurora
Göttin der Nacht
3 Nyx
6 Hekate
Göttin der Rache
6 Alekto
7 Erinnye
Göttin der Schönheit
9 Aphrodite
Göttin der strafenden Gerechtigkeit
7 Nemesis
Göttin der Unterwelt
6 Hekate
10 Persephone, Proserpina
Göttin der Verblendung
3 Ate
Göttin der Vergeltung
7 Nemesis
Göttin der Weisheit
6 Athene
Göttin der Zeit
4 Dike, Hore
6 Eirene
7 Eunomia
Göttin der Zwietracht
4 Eris
Göttin des Ackerbaus
7 Demeter
Göttin des Friedens
6 Eirene
Göttin des Gedächtnisses
9 Mnemosyne
Göttin des Glücks
5 Tyche
Göttin des Herdes
6 Hestia
Göttin des Meeres
6 Thetis
7 Nereide
10 Amphitrite
Göttin des Rechts
6 Themis
Göttin des Regenbogens
4 Iris
Göttin des Regens
7 Plejade
Göttin des Schicksals
3 Ker
5 Moira
6 Klotho
7 Atropos
8 Lachesis
Göttin des Sieges
4 Nike
Göttin des Streits
4 Eris
Göttin des Unheils
3 Ate
Göttin des Zufalls
5 Tyche
Grabsäule
5 Stele
Hafenstadt
5 Aulis, Bolos
6 Kabala, Kandia, Patras, Pyrgos
7 Chalkis, Kalamae, Kalamai, Korinth, Piraeus, Prebeza, Preveza
8 Nauplion, Saloniki
9 Epidauros, Heraklion
12 Thessalonike
15 Alexandroupolis
Halbinsel
5 Athos, Morea
6 Attika
7 Argolis
10 Chalkidike, Peloponnes
Hauptstadt
5 Athen
7 Athenai
Hauptstämme
6 Dosier, Ionier
Helden
10 Argonauten
Heldengestalt
8 Achilles
Hetäre
5 Thais
Insel der Seligen
7 Elysium
Insel, Inselgruppe, Halbinsel
3 Ios, Kea, Kos
4 Keos, Lero, Milo
5 Athos, Chios, Delos, Imroz, Kasos, Korfu, Kreta, Krete, Leros, Melos, Milos, Morea, Naxos, Paros, Paxos, Psara, Samos, Syros, Telos, Thera, Thira, Tinos
6 Aegina, Andros, Attika, Euboea, Gaudos, Ikaria, Imbros, Ithaka, Kandia, Lemnos, Lesbos, Leukas, Leykas, Limnos, Lipsos, Patmos, Rhodos, Skyros, Thasos
7 Amorgos, Argolis, Kefalos, Kerkyra, Kithira, Kythera, Mykonos, Nikaria, Pelagos, Salamis, Serifos
8 Karpatos, Kykladen, Mytilene, Santorin, Sithonia, Skiathos, Skopelos, Skorpios, Sporaden

9 Alonnesos, Antipaxos, Dodekanes, Kassandra, Stampalia, Zakynthos
10 Chalkidike, Hagion Oros, Kephalonia, Peloponnes, Samothrake, Samothraki
11 Antikythira, Hagiostrati, Kephallenia, Samothrakei

Jahresgöttinnen
5 Horen

Kolonie in Unteritalien
4 Elea, Kyme
5 Cunae
7 Paestum

Königin
10 Friederike

Kriegerin
7 Amazone

Küstenlandschaft
6 Epirus

Landschaft
4 Elis
5 Doris
6 Achaia, Argeia, Attika, Epirus, Lokris, Phokis
7 Argolis, Laurion
8 Aetolien, Arkadien, Boeotien, Lakonien, Magnesia, Thrakien, Thrazien
9 Messenien
10 Makedonien, Mazedonien, Thessalien

Meernymphe
6 Thetis
7 Galatea, Nereide
8 Okeanide

Meerschlange
5 Hydra

Mezzosopranistin
6 Baltsa

Mönchsrepublik
5 Athos

Mondgöttin
6 Phoebe, Selene

Münze
5 Lepta, Obole
6 Lepton, Obolos, Obolus, Talent
7 Drachme

Muse der Astronomie
6 Urania

Muse der Epik
8 Kalliope

Muse der Geschichte
4 Klio

Muse der Komödie
6 Thalia

Muse der Liebesdichtung
5 Erato

Muse der Lyrik
7 Euterpe

Muse der Musik
10 Polyhymnia

Muse der Tragödie
9 Melpomene

Muse des Tanzes
11 Terpsichore

Musikhalle
5 Odeon, Odeum

Nationaltracht
10 Fustanella

Naturgottheit
3 Pan
6 Nymphe

Nymphe
4 Echo
6 Daphne, Dryade, Najade, Oreade, Syrinx
7 Kalypso, Nereide
8 Arethusa, Kastalia, Okeanide

Orakelstätte
6 Delphi

Philosophenschule
4 Elea, Stoa

Priesterin in Delphi
6 Pythia

Quellnymphe
6 Najade
8 Arethusa

Rachegöttin
7 Erinnye, Erinnys
8 Eumenide

Rechtsschule
9 Palaestra

Rennbahn
9 Hippodrom

Ringerschule
9 Palaestra

Sagengestalt
2 Io
3 Aea, Ino
4 Ajax, Leda
5 Danae, Jason, Medea, Niobe, Orest
6 Achill, Helena, Ikaros, Ikarus, Zyklop
7 Alcyone, Alkyone, Ariadne, Elektra, Jokaste, Oedipus, Orpheus, Theseus
8 Antigone, Daedalos, Daedalus, Eurydike, Herakles, Herkules, Odysseus, Penelope, Tantalus
9 Agamemnon, Deukalion, Euphorion, Hesperide, Iphigenie
10 Kassiopeia, Prometheus
13 Klytaemnestra

Sagenheldin
6 Ismene

Sagenkönigin
5 Niobe

Sängerin
6 Callas
9 Mouskouri

Säulenhalle
4 Stoa

Schäferin
7 Phyllis

Schale
6 Phiale

Siegesgöttin
4 Nike

Sopranistin
6 Callas

Stadt
4 Arta, Elea, Volo
5 Argos, Athen, Aulis, Bolos, Chios, Drama, Lagos, Lamia, Milet, Veria, Volos, Weria, Wolos
6 Abdera, Abydos, Aigion, Chania, Croton, Delphi, Edessa, Efessa, Ferrai, Himera, Janina, Kabala, Kandia, Koroni, Kroton, Larisa, Megara, Mykene, Orfani, Patras, Priene, Pyrgos, Serrai, Smyrna, Sparta, Sparti, Theben, Xanthi
7 Armissa, Chalkis, Echinos, Eleusis, Ephesos, Ephesus, Farsala, Kalamae, Kalamai, Kavalla, Kefisia, Korinth, Larissa, Laurion, Miletos, Mykenae, Piraeus, Prebeza, Preveza, Stagira, Sybaris, Tanagra, Trikala
8 Agrinion, Karditsa, Komotini, Mantinea, Nauplion, Saloniki, Trikkala, Tripolis
9 Chaeronea, Epidauros, Epidaurus, Heraklion
10 Rhethymnon
11 Argostolion, Mesolongion
15 Alexandroupolis

Stadtburg
9 Akropolis

Stirnbinde
5 Mitra

Tempelstadt
6 Delphi

Tonhalle
5 Odeon

Übersetzung des Alten Testaments
11 Septuaginta

Umgangssprache
5 Koine

Unterwelt
5 Hades
6 Erebus
8 Tartarus

Verwaltungseinheit
5 Nomos

Volksgruppe, Stamm
5 Dorer
6 Aeoler, Dorier, Ionier
7 Achaeer, Aeolier

Volksversammlung
5 Agora

Vorsilbe: auf die Erde bezüglich
3 geo

Vorsilbe: auf Leben bezüglich
3 bio

Vorsilbe: auf Sterne bezüglich
5 astro

Vorsilbe: auf Wind bezüglich
5 anemo

Vorsilbe: Weisheit
3 Ana

Vorsilbe: wider
4 anti

Vorsilbe: zehn
4 deka

Währung
7 Drachme

Waldnymphe
6 Dryade

Wassernymphe
6 Najade

Weissagerin
6 Pythia

Weissagung
6 Orakel

Zauberin
5 Circe, Kirke
6 Hekate

griechischer

Anisbranntwein
4 Ouzo

Architekt u. Baumeister
6 Lykion, Lykios
7 Pythios
8 Eosander
9 Sostratos
11 Deinokrates, Kallikrates, Kallimachos

Arzt
5 Galen
9 Lambrakis
11 Hippokrates

Astronom
5 Meton
7 Eudoxus, Pytheas
8 Hipparch
9 Aristarch
10 Hipparchos, Ptolemaeus, Ptolemaios
11 Aristarchos

Baumeister in der Sage
8 Daedalus

Begriff für Tugend
5 Arete

Berg, Gebirge, Hochland
3 Ida
4 Oeta, Ossa
5 Athos, Giona, Olymp, Ziria
6 Othrys, Parnon, Pelion, Pindos, Pindus
7 Chassia, Killini, Olympos, Parnass, Veluchi
8 Arkadien, Smolikas, Taygetos
9 Giona Oros, Kithairon
10 Erymanthos, Timfristos

Bildhauer
5 Myron
6 Anteor, Chares, Skopas
7 Antenor, Kalamis, Onasias, Pajonos, Phidias, Ximenes
8 Ageladas, Kresilas, Lysippos, Paionios, Pheidias, Polyklet
9 Agesander, Alkamenes, Anthemios, Kleomenes, Leochares, Polydoros, Tauriskos, Theodorus
10 Praxiteles, Pythagoras
11 Lysistratos

Buchstabe
2 My, Ny, Pi, Xi
3 Chi, Eta, Phi, Psi, Rho, Tau
4 Beta, Iota, Jota, Zeta
5 Alpha, Delta, Gamma, Kappa, Omega, Sigma, Theta
6 Lambda
7 Epsilon, Omikron, Ypsilon

Dessertwein
5 Samos
8 Jenerodi

Dichter u. Schriftsteller
4 Arat
5 Aesop, Arion, Homer, Melas, Rigas
6 Appian, Elytis, Hesiod, Ibykos, Ibyrus, Lukian, Nonnos, Pindar, Platon, Ritsos, Sappho
7 Alkaeus, Alkaios, Babrius, Herodot, Korinna, Ludemis, Musaeus, Palamas, Thespis, Zosimus
8 Anakreon, Diodorus, Kornaros, Menander, Philemon, Plutarch, Sepheris, Theokrit, Varnalis, Xenophon
9 Aeschylus, Aischylos, Euripides, Helidorus, Pausanias, Simonides, Sophokles
10 Apollonios, Empedokles, Thukydides, Xenophanes
11 Archilochos, Bakchylides, Demosthenes, Kallimachos, Kazantzakis
12 Aristophanes, Eratosthenes

Dirigent
7 Caridis
11 Mitropoulos

Distrikt in Thrakien
5 Ebros

dreihenkliger Wasserkrug
6 Hydria

Erfinder
5 Heron
9 Ktesebios
10 Archimedes

Erntegott
6 Kronos

Erzgießer
5 Myron
8 Polyklet
9 Alkamenes, Leochares

Fabeldichter
5 Aesop

Fährmann der Unterwelt
6 Charon

Feldgeist
3 Pan

Feldherr
4 Aias, Ajax
5 Kimon
6 Nikias
8 Leonidas, Timoleon
9 Agamemnon, Miltiades, Pelopidas
10 Alkibiades, Lysimachos
11 Epaminondas

Flieger der Sage
6 Ikaros, Ikarus
8 Daedalos, Daedalus

Flötenspieler
7 Marsyas

Fluss der Unterwelt
4 Styx
5 Lethe
7 Acheron

Flussgott
7 Inachos, Xanthos

Forscher und Erfinder
9 Kleomedes
10 Archimedes
11 Anaximander

Frauenname
3 Rea, Zoe
4 Anna, Clio, Ersi, Hera, Iris, Kora, Kyra, Leda, Lyda, Lyse, Styx
5 Agnes, Areta, Asimo, Chloe, Danai, Daria, Delia, Elena, Eleni, Fedra, Frini, Inula, Irene, Irini, Iulia, Lydia, Maria, Medea, Moira, Myrta, Niowi, Phila, Sixta, Sofie, Vesta
6 Agathe, Aglaia, Aglaja, Althee, Angela, Anthea, Athina, Beryll, Charis, Chriso, Cosima, Cosmea, Daphne, Dorkas, Helena, Helene, Ioanna, Ismini, Larisa, Lavina, Lilika, Melina, Meline, Monika, Myrthe, Nikola, Orania, Pamina, Phoebe, Pistis, Salome, Sappho, Selene, Semele, Sirena, Sophia, Thekla
7 Ariadne, Aspasia, Barbara, Basilea, Basilia, Corinna, Cynthia, Delfine, Despina, Dimitra, Diotime, Elektra, Erofili, Eudoxia, Eufemia, Eufemie, Eugenie, Eulalia, Eulalie, Euphemi, Evdoxia, Evgenia, Evsobia, Evterpe, Georgia, Ilektra, Iolandi, Isidora, Jolanda, Jolenda, Kleopha, Korinna, Kyrilla, Larissa, Melanie, Melitta, Minerva, Olympia, Ophelia, Pandora, Panoria, Philine, Phyllis, Saphira, Sibylla, Sibylle, Tabitha, Theresa, Therese
8 Amarante, Angelika, Angeliki, Antigoni, Berenike, Dialekti, Diamanto, Dorothea, Dorothee, Elpinike, Evanthia, Ifigenia, Jolanthe, Klorinde, Nausikaa, Palladia, Penelope, Petronia, Praxedis, Ribequah, Theodara, Veronika
9 Amaryllis, Anastasia, Aphrodite, Athanasia, Ekaterini, Euryanthe, Eustachia, Evmorphia, Evstathia, Iphigenia, Iphigenie, Kassandra, Katharina, Kleopatra, Philomela, Philomele, Philomena, Philomene, Polyxenia, Theodosia, Theophano, Theophora
10 Aikaterini, Euphrosine, Euphrosyne, Garifallia, Margarethe, Symphorosa

Freiheitsdichter
5 Rigas

Freiheitskämpfer
7 Miaulis
9 Ypsilanti
13 Mauromichalis

Fußsoldat
6 Hoplit

Geistlicher
4 Pope

Geograf
6 Strabo
7 Marinus, Strabon
10 Ptolemaeus
11 Poseidonios
12 Eratosthenes

Gerichtshof
7 Areopag

Geschichtsschreiber
7 Herodot, Zosimus
8 Polybios, Xenophon
9 Africanus, Pausanias
10 Thukydides
11 Kleitarchos, Megasthenes, Theoponysos
12 Kallisthenes

Gesetzgeber
5 Solon

6 Drakon
Gott
3 Pan
4 Ares, Eros, Libs, Zeus
5 Aelos, Apoll, Hades, Hymen, Ladon, Momos, Pluto
6 Aeolos, Aeolus, Apollo, Asopos, Boreas, Erebos, Helios, Hermes, Hypnos, Ikelos, Kratos, Kronos, Nereos, Nereus, Peneos, Pluton, Plutos, Pontos, Triton, Uranos
7 Alpheus, Anteros, Apollon, Bacchus, Bakchos, Chronos, Ganymed, Okeanos, Peneios, Phoebus, Priapos, Proteus
8 Acheloos, Aeskulap, Alpheios, Dionysos, Morpheus, Palaimon, Poseidon, Thanatos
9 Apeliates, Asklepios, Hymenaeos, Phantasos
10 Hephaestos, Hephaistos
Gott der Dichtkunst
5 Apoll
6 Apollo
7 Apollon
Gott der Fruchtbarkeit
7 Priapos
8 Dionysos
Gott der Heilkunde
8 Aeskulap
9 Asklepios
Gott der Hirten
3 Pan
Gott der Liebe
4 Eros
Gott der Unterwelt
5 Hades, Pluto
6 Erebus, Pluton
Gott der Winde
6 Aeolos, Zephyr
8 Zephyros
Gott der Zeit
6 Kronos
7 Chronos
Gott des Ackerbaus
6 Kronos
Gott des Feuers
8 Hephaest
10 Hephaestus, Hephaistos
Gott des Handels
6 Hermes
Gott des Krieges
4 Ares
Gott des Meeres
6 Nereus, Triton
7 Okeanus, Proteus
8 Poseidon
Gott des Nordwinds
6 Boreas
Gott des Schlafes
6 Hypnos
8 Morpheus
Gott des Totenreiches
5 Hades, Pluto
6 Erebus, Pluton
Gott des Traumes
8 Morpheus
Gott des Weines
8 Dionysos
Gott des Weltstromes
7 Okeanos
Götterberg
5 Olymp
Götterbote
6 Hermes
Götterriese
6 Titane
Götterspruch
6 Orakel
Göttervater
4 Zeus
Hafengott
8 Palaemon
Halbgott
5 Heros
Held vor Troja
4 Aias, Ajax
5 Heros
6 Nestor
8 Achilles, Diomedes, Odysseus
9 Achilleus, Agamemnon, Idomeneus, Patroklos, Patruklus
Historiker
7 Ephoros, Herodot, Ktesias
8 Plutarch, Polybios, Xenophon
9 Pausanias
10 Herodianus, Theopompos
Hochverräter
9 Ephialtes
Hochzeitsgott
5 Hymen
Höllenhund
8 ◆ Cerberus, Kerberos, Zerberus
Jubelruf
4 evoe
Jüngling
6 Adonis, Ephebe
7 Narziss
Kirchenlehrer
10 Athanasius
Klosterberg
5 Athos
Komponist
11 Theodorakis
Königsname
4 Otto, Paul
5 Georg
9 Alexander
10 Konstantin
Kriegsheld
9 Alexander
Krug
6 Krater
Kultort
5 Delos
6 Delphi
7 Eleusis, Olympia
Lustspieldichter
12 Aristophanes
Maler
6 Zeuxis
7 Apelles, El Greco
Männername
3 Hai
4 Eros, Haie, Hiob, Kora, Sixt, Stass, Zeno
5 Aegid, Ammon, Basil, Demos, Elias, Eugen, Fedon, Georg, Ilias, Iosif, Karis, Lazar, Linus, Philo, Simon, Statz, Timon, Tycho, Xenos, Xylon
6 Achill, Adonis, Ambros, Anatol, Birger, Bjarne, Dionys, Floros, Fokion, Fotios, Gereon, Gregor, Hektor, Hermes, Ikaros, Ioakim, Isidor, Karris, Kastor, Klytus, Kosmas, Kyrill, Longin, Nestor, Prokop, Samson, Sixtus, Sophus, Stefan, Tamino, Xerxes, Xystus
7 Anastas, Andreas, Angelus, Baptist, Erasmus, Filimon, Iakovos, Iraklis, Leander, Narziss, Nikolas, Pankraz, Philipp, Phillip, Stachus, Stephan, Theodor
8 Aegidius, Antonius, Basilius, Christos, Chrysant, Damianos, Diogenis, Diomidis, Eulogius, Eusebius, Evgenios, Evsebios, Fanurios, Filippos, Georgios, Hippolyt, Hyazinth, Irenaeus, Irodotos, Isidoros, Kiriakos, Kleophas, Kyrillus, Larissos, Leandros, Longinus, Lysander, Makarios, Nikolaos, Odysseus, Olympius, Pelagius, Perikles, Polykarp, Theophil, Theopond, Xenophon, Zenobius
9 Achilleas, Alexander, Ambrosius, Angelikus, Apollinus, Apostolos, Baptistes, Basileios, Christoph, Cyriackus, Demetrius, Dimitrios, Dionisios, Dionysius, Dorotheos, Efthimios, Eftichios, Epimachus, Eucharius, Evangelos, Evlambios, Evripidis, Gerasimos, Methodius, Miltiades, Nikodemus, Onuphrius, Pantaleon, Petronius, Philippos, Prokopius, Protasius, Sebastian, Sophokles, Theodoros, Timotheus
10 Alexandros, Anastasius, Apollonius, Athanasius, Damaskinos, Dimocharis, Epiphanius, Eustachius, Evstathios, Evstratios, Frangiskos, Hieronymos, Ippokratis, Kleophanes, Pankratius, Pankrazius, Polykarpus, Theodosius, Theophilus, Zyphyrinus
11 Aristotelis, Charalambos, Chrysanthus, Demosthenes, Dimosthenis, Eleftherios, Epaminondas
12 Chrysostomus
Mantel
7 Chlamys
Markt
5 Agora
Mathematiker
5 Heron, Meton
6 Euklid, Pappus, Thales
7 Hippias, Pytheas
8 Archytas
10 Apollonius, Archimedes, Diophantos, Pythagoras
11 Hippokrates
12 Eratosthenes

Mediziner
11 Hippokrates
Mönch
7 Barlaam
Musenberg
7 Parnass
Mystiker
7 Palamas
Name von Troja
5 Ilion
Naturgott
3 Pan
Nobelpreisträger (Literatur)
6 Elytis
7 Seferis
Philosoph
4 Bias, Zeno
5 Plato, Solon, Zenon
6 Chilon, Epikur, Euklid, Pappus, Platon, Plotin, Thales
7 Epiktet, Eudoxus, Gorgias, Hippias, Phaedon, Phaidon, Proklos
8 Aristipp, Demokrit, Diogenes, Heraklit, Menippos, Plutarch, Sokrates
9 Aristarch, Euhemeros, Leukippos, Periander
10 Anaxagoras, Aristippos, Chrysippos, Demokritos, Empedokles, Parmenides, Protagoras, Pythagoras, Theophrast, Xenophanes
11 Anaximander, Aristoteles, Poseidonios
Philosophenschüler
5 Eleat
7 Stoiker
Physiker
5 Heron
10 Archimedes
Pianist
8 Bachauer
Politiker und Staatsmann
7 Simitis
10 Karamanlis, Mitsotakis, Papandreou
12 Papadopoulos
14 Stephanopoulos
Priester
7 Kalchas
Redner
11 Demosthenes
Reeder
7 Onassis
Reiseschriftsteller
9 Pausanias
Rhetoriker
7 Gorgias
9 Athenaeus
10 Hermogenes
11 Demosthenes
Riese der Sage
5 Argus, Atlas, Titan
Rosinenbranntwein
4 Raki
Rundbau
6 Tholos
Sagenfluss
5 Lethe
Sagenheld
4 Ajax
5 Argus, Orest, Orion
6 Achill, Hektor, Nestor
7 Aktaeon, Orestes, Theseus
8 Argonaut, Herakles, Tantalus
9 Agamemnon
Sagenkönig
5 Creon, Midas, Minos, Thoas
6 Atreus, Augias, Nestor
7 Oedipus
8 Menelaos, Odysseus
9 Agamemnon
Sänger
4 Grit
5 Arion
6 Ibykus
7 Orpheus
8 Rhapsode
Satiriker
6 Lukian
Schwerbewaffneter
6 Hoplit
Seher
9 Teiresias
Sitz der Musen
7 Parnass
Sonnengott
6 Helios
8 Hyperion
Sportler, Sportlerin
5 Balis, Louis, Matsa
6 Dorzas, Drivas, Versis
7 Andreou, Chionis, Dorizas, Golemis, Gouskos, Marinou, Paspati, Pepanos
8 Chazapis, Diakidis, Kolettis, Koraphas, Persakis, Petmesas, Roubanis, Sokorata
9 Kasdaklis, Malokinis, Saridakis, Tsiortzis, Vasilakos
10 Georgantos, Koukodimos, Patoulidou, Septsiodis, Simiriotis, Simiriotou
11 Mitropoulos, Papasideris, Tsiklitiras
12 Nikolopoulos, Papanikolaou
13 Petrokokkinos
14 Konstantinidis, Theodoropoulos
15 Paraskevopoulos
Staatsmann
5 Kimon, Kleon, Timon
6 Kineas, Lykurg
7 Kanaris
8 Kolettis, Perikles
9 Aristides, Venizelos
10 Alkibiades
11 Kleisthenes
12 Themistokles
Süßwein
5 Samos
Tempelsklave
9 Hierodule
Totengott
5 Aides
Tragödiendichter
9 Euripides
Tyrann
6 Hieron
Unterweltfluss
5 Lethe
7 Acheron
Vasenmaler
9 Andokides
Versfuß
8 Daktylus
9 Distichon
Verwaltungsbezirk
5 Nomos
Violinist und Violoncellist
8 Colassis
Volksstamm der Antike
5 Dorer
6 Aeoler, Dorier, Ionier
7 Achaeer, Aeolier
8 Aetolier
Volkstanz
7 Sirtaki
Wächter
5 Argus
Waldgeist
5 Satyr
Waldgott
3 Pan
Wasserkrug mit drei Henkeln
6 Hydria
Weiser
4 Bias
5 Solon
6 Chilon, Nestor, Thales
8 Sokrates
Wettkampf
4 Agon

griechisches
alkoholisches Getränk
4 Ouzo
Bauwerk
8 Theseion
9 Parthenon
11 Erechtheion
Bergland
6 Epirus
Dichterross
7 Pegasus
Gebirge
4 Oeta, Ossa
6 Pindos, Pindus
10 Hellespont
Geschichtswerk
8 Anabasis
Gewand
6 Chiton, Peplos
Gewicht
6 Lepton, Talent
Göttergeschlecht
7 Titanen
Heiligtum
7 Olympia
Heldengedicht
5 Ilias
6 Iliade
7 Odyssee
Hochzeitslied
5 Hymen
Kap
6 Aktium, Sunion
Lauteninstrument
6 Busuki
Liebesmahl
5 Agape
Märchenland
3 Aea
Musikinstrument
4 Lyra
7 Kithara
8 Barbiton

Nationalfest
9 Olympiade
Ornament
8 Akanthus
Paradies
7 Elysium
Preislied
5 Paean
Sagenland
3 Aea
Sagenschiff
4 Argo
Sagenungeheuer
6 Medusa
Sagenwesen
7 Zentaur
Saiteninstrument
4 Lyra
8 Barbiton
Salbengefäß
8 Lekythos
Schmuckfries
9 Anthemion
Totenreich
5 Hades
6 Erebus
8 Tartarus
Trinkgelage
9 Symposion, Symposium
Ungeheuer
5 Gorgo, Hydra
6 Skylla
9 Charybdis
10 Minotaurus
Wegemaß
7 Stadion
griechisch-römisches
Altertum und seine Kunst
6 Antike
Griesgram
8 Murrkopf
14 Spielverderber
Griff
4 Heft
5 Hebel, Klaue, Knauf, Stiel
6 Halter, Henkel, Klinke
8 Handhabe
9 Halterung
Griffbrett
8 Tastatur
Griffbrettchen
5 Taste
Griffstange
am Barren
4 Holm
Grill
4 Rost
8 Barbecue, Bratrost
Grille
5 Laune, Werre, Zirpe
6 Insekt, Spleen, Zikade
7 Einfall, Marotte
8 Heimchen, Schrulle
10 Heuschreck
11 Heuschrecke
13 Weinhaehnchen
grillenhaft
7 grotesk
Grillgericht
10 Grillettar, Schaschlik
Grimasse
6 Fratze
Grimbart
5 Dachs
Grimm
3 Wut
4 Rage, Zorn
5 Groll
6 Aerger
7 Unwille
11 Erbitterung
grimmig
11 baerbeissig
grimmiger
Wächter
8 ◆ Cerberus, Zerberus
Grind
4 Kopf
5 Dreck
7 Flechte, Schmutz
9 Ausschlag
Grippe
9 Influenza
Grips
8 Klugheit, Verstand
9 Koepfchen
11 Intelligenz
Grisly, Grizzly
8 Graubaer
grob
3 ◆ rau, roh
4 derb, rauh
5 ruede
6 barsch, brutal, massiv, rabiat, ruppig
7 unsanft
8 ordinaer
11 hanebuechen
gemahlenes Getreide
6 Griess, Schrot
7 Gruetze
grobe
Beleidigung
7 Affront
Feile
6 Raspel
Leinwand
5 Blahe
Pferdedecke
7 Woilach
Taktlosigkeit
7 Fauxpas
grober
Fehler
6 Patzer
Filter
4 Sieb
Mensch
7 ◆ Raubein, Rohling
8 Rauhbein
Sand
4 Grit, Kies
Stoff
5 Drell
6 Nessel, Rupfen
10 Beiderwand
Wollstoff
3 Aba
grobes
Geröll für Straßenbau
8 Schotter
Gewebe
5 Drell
6 Nessel, Rupfen
8 Sacktuch
10 Beiderwand
Grobgemüse
4 Kohl
Grobheit
8 Rauhheit
9 Frechheit
Grobian
5 Rowdy
6 Flegel
7 ◆ Raubein
8 Raufbold, Rauhbein
grobkörniger
Sand
4 Kies
grobkörniges
Gestein
5 Gneis
Grobsieb
6 Seiher
Groll
3 Pik
4 Hass, Zorn
5 Grimm, Hader
6 Aerger
11 Erbitterung
12 Ressentiment
grollen
7 donnern
Grönlandforscher
5 Egede
8 Giesecke
13 Nordenskioeld
grönländische
Schneehütte
4 Iglu
grönländischer
Apostel
5 Egede
Bewohner
6 Eskimo
Hauptort
7 Godthab
8 Godthaab
grönländisches
Boot
5 Kajak, Umiak
Kap
8 Farewell
Grönlandraubfisch
6 Eishai
Grönlandwal
8 Glattwal
großartig
4 toll
5 famos, super
6 feudal, klasse
7 pfundig
8 grandios, imposant
9 bedeutend, fabelhaft, praechtig
10 monumental, prachtvoll
12 vortrefflich
13 eindrucksvoll
großartige
Aufmachung
5 Trara
Großartigkeit
15 Monumentalitaet
Großbauer
im zaristischen Russland
5 Kulak
Großbauernhof
3 Gut

Großbehälter
6 Kessel
9 Container
für Flüssigkeiten
4 Tank
Großbetrieb
im Einzelhandel
9 Warenhaus
10 Supermarkt
großblütige
Pflanze
4 Iris
5 Canna
Großbrand
12 Feuersbrunst, Schadenfeuer
Großbuchstabe
6 Versal
7 Initial, Unziale
8 Majuskel
Großdolch
der Skythen
8 Akinakes
große
Abendgesellschaft
6 Soiree
7 Bankett, Empfang
Algenart
7 Seetang
Anerkennung
11 Bewunderung
Ansiedlung
5 Stadt
Anstrengung
8 Strapaze
Antilleninsel
4 Kuba
5 Haiti
7 Jamaika
Antilleninsel
9 Porto Rico
10 Puerto Rico
Anzahl
5 Masse, Menge
Ausgelassenheit
8 Uebermut
Auswahl an Waren
9 Sortiment
Buchstaben im Buchdruck
9 Versalien
Dummheit
6 Eselei
8 Narretei
Eile
4 Hast
Einfahrt
3 Tor
Einkaufsstätte
9 Warenhaus
10 Supermarkt
Erderhebung
4 Berg
7 Gebirge
erzählende Versdichtung
4 Epos
Eulenart
3 Uhu
Flut
8 Sintflut
Freude
5 Jubel
Gartenanlage
4 Park
Geduld
7 Langmut
Gefahr für die Schifffahrt
7 Eisberg
Gestalt
5 Riese
Gewichtseinheit
5 Tonne
Grundbesitzungen
11 Latifundien
Hitze
4 Glut
Kälte
5 Frost
kernlose Rosine
9 Sultanine
Kirche
3 Dom
8 Muenster
10 Kathedrale
Körperschlagader
5 Aorta
Meeresbucht
3 Bai, Bay
Menge
5 Masse
6 Unmass
10 Ansammlung
Menschen
6 Huenen, Riesen
Menschengruppe
4 Volk
nordeuropäische Halbinsel
12 Skandinavien
Not, Misere
5 Elend
Obstanbaufläche
8 Plantage
Pflanze
4 Baum
Pforte
6 Portal
Robbe
8 Seeloewe
Rosine
6 Zibebe
Sportarena
7 Stadion
südwestasiatische Halbinsel
7 Arabien
Trockenheit
6 Duerre
Trommel
5 Tumba
Tür
3 Tor
Verlegenheit
10 Kalamitaet
Wärme
5 Hitze
Welle
4 Woge
Wespenart
8 Hornisse
Widerstandsfähigkeit
6 Haerte
Zitrone
6 Limone
Größe
4 Mass, Wert
6 Format, Niveau, Umfang
7 Ausmass
9 Dimension, Koryphaee
10 Ausdehnung
des Motorzylinders
7 Hubraum
im Showgeschäft
4 Star
zur Sternortbestimmung
6 Azimut
Großeinkaufsstätte
6 Center
Größenfestsetzung
7 Normung
Größenlehre
10 Mathematik
Größenordnung
9 Dimension
Größenreduzierung
13 Verkleinerung
Größenrichtmaß
4 Norm
Größenverhältnis
6 Format
10 Proportion
Größenwahn
11 Megalomanie
12 Caesarenwahn
großer
Abstand
5 Ferne, Weite
Anfangsbuchstabe
7 Initial
Aufbewahrungsraum
5 Halle, Lager
Baumbestand
4 Wald
Behälter
4 Fass
6 Kessel
Behälter
9 Container
Beutel
4 Sack
Einbaum
7 Pirogge
Eingang
3 Tor
6 Portal
Flur
5 Diele
Fluss
5 Strom
freier Platz
9 Esplanada
Gasthof
5 Hotel
Getreidespeicher
4 Silo
Held, Halbgott
5 Heros
indischer Freiheitskämpfer
6 Gandhi
kräftiger Mensch
5 Huene
Landschaftsgarten
4 Park
Langschwanzpapagei
3 Ara
Mensch
5 Huene, Riese
6 Gigant
Menschenaffe
7 Gorilla
niederländischer Maler
9 Rembrandt

Rassehund
10 Leonberger
12 Bernhardiner
Raum
4 Saal
5 Halle
Schirm gegen Regen und Sonne
9 En-tout-cas
Schwimmvogel
6 Schwan
7 Pelikan
Sieg
7 Triumph
Steinblock
8 Monolith
Tierpark
3 Zoo
Überseedampfer
10 Ozeanriese
Vogel
6 Kondor
8 Kolkrabe
Vogelkäfig
7 Voliere
Waldvogel
8 Auerhahn
Wasserbehälter
6 Bassin
Wasserlauf
5 Strom
größere
Blutentnahme
8 Aderlass
Buchdruckerei
7 Offizin
Ebene im Gebirge
8 Hochland
Galeere
8 Galeasse
Gemäldesammlung
7 Galerie
Gruppe von Tieren
5 Herde
Kaverne
6 Hoehle
Leistungsfähigkeit
14 Ueberlegenheit
Meeresbucht
4 Golf
Stadt Kaliforniens
10 Los Angeles
Vertiefung eines Gebirgskammes
6 Sattel
Wasserzapfstelle
7 Hydrant
größerer
landwirtschaftlicher Besitz
3 Gut
4 Farm
8 Plantage
Ort
5 Stadt
Truppenteil
4 Chor
5 Armee, Korps
7 Brigade
8 Division
Zeitabschnitt
6 Epoche
größeres
Beet
7 Rabatte

Gesteinsgebilde
6 Felsen
Gewässer
3 See
Nagetier
5 Biber
großes
Abendkleid
4 Robe
Beet aus Zierstauden
7 Boskett
Beiboot
7 Pinasse
8 Barkasse
Beil
3 Axt
Beisegel
9 Spinnaker
Buch
7 Foliant
Fass
5 Tonne
Gefäß
4 Fass, Silo, Tank
5 Tonne
6 Kuebel
7 Bottich
9 Container
11 Korbflasche
Gemeinwesen
5 Staat
Gewässer
4 Meer
5 Ozean, Strom
Gewicht
5 Tonne
Grabmal
9 Mausoleum
Hohlmaß
10 Hektoliter
Holzgefäß
5 Zuber
Kloster
5 Abtei
Können
13 Meisterschaft
Meeressäugetier
3 Wal
Musikinstrument
5 Orgel
Öltransportschiff
6 Tanker
9 Oeltanker
Raubtier
4 Baer
Raubtier
9 Braunbaer
Säugetier
7 Elefant
Schriftband mit Losung
11 Transparent
Stück Mitbesitz
12 Loewenanteil
Sumpfgebiet
4 Moor
Talent
5 Genie
Tanzfest
4 Ball
Trinkgefäß
6 Humpen
Unglück
11 Katastrophe

Unternehmen
7 Konzern
Vogelhaus
8 Aviarium
Weichselfloß
5 Traft
Großfamilie
4 Clan
5 Sippe
Großfeuer
13 Flaechenbrand
Großflosser
9 Makropode
Großflughafen
in Berlin
5 Tegel
in Frankfurt (Main)
9 Rhein-Main
großformatiges
Buch
7 Foliant
Großfoto
6 Poster
Großgewerbe
9 Industrie
Großgräser
4 Rohr
Großgrundbesitz
3 Gut
9 Rittergut
10 Latifundie
Großgrundbesitzer
8 Agrarier
Großhandel
6 Engros
Großhandelsmarkt
5 Messe
in Leipzig
11 Mustermesse
Großhändler
8 Grossist
großherzig
4 edel
Großherzigkeit
5 Guete
7 Edelmut
Großherzogtum
9 Luxemburg
Großindustrieller
6 Magnat
11 Schlotbaron
großjährig
7 muendig
8 majorenn
Großjährigkeit
11 Muendigkeit
Großkatze
4 Puma
5 Irbis, Loewe, Tiger
6 Gepard, Jaguar, Ozelot, ◆ Panter
7 Leopard, Panther
Großkaufhaus
6 Center
Großmacht
3 USA
Großmacht
5 China
8 Imperium, Rotchina
9 Weltreich
15 Hegemonialmacht
17 Vereinigte Staaten

Großmachtbestrebungen
13 Imperialismus
Großmannssucht
11 Rotomontade
Großmarkt
5 Messe
8 Discount
Großmaul
5 Protz
7 Angeber, Prahler
9 Bramarbas, Prahlhans
11 Wichtigtuer
12 Aufschneider
Großmogul
5 Akbar
Großmut
5 Guete
7 Edelmut
8 Toleranz
12 Generositaet
14 Hochherzigkeit
großmütig
4 edel
6 guetig
7 gnaedig
8 generoes, tolerant
Großmutter
3 Oma
4 Ahne
Großpflanzung
8 Plantage
Großraum
4 Saal
Großraumdüsenflugzeug
5 Jumbo
6 Airbus
8 Jumbo Jet
großräumige
Verkaufseinrichtung
9 Kaufhalle
Großräumigkeit
5 Weite
Großraumschiff
6 Tanker
9 Oeltanker
Großsortiment
6 Grosso
Großspeicher
4 Silo
Großspiel
beim Skat
5 Grand
Großstadtbahn
4 Tram
5 Metro, S-Bahn, U-Bahn
8 Hochbahn, Trambahn
9 Alwegbahn, Stadtbahn
11 Elektrische, Schnellbahn, Schwebebahn
12 Strassenbahn
14 Untergrundbahn
Großstadtzentrum
4 City
größte
Art der Großkatzen
5 Tiger
dänische Insel
7 Seeland
Drüse der Wirbeltiere
5 Leber
Gesellschaftsinsel
6 Tahiti
heimische Faltenwespe
8 Hornisse
Insel der Erde
9 Groenland
Insel der Marianen
4 Guam
Insel Deutschlands
6 Ruegen
lebende Echse
5 Waran
Talsperre in Hessen
7 Edersee
Wasserfläche
12 Stiller Ozean
Wüste
6 Sahara
größter
Binnenhafen Europas
15 Duisburg-Ruhrort
Breitenkreis
8 Aequator
deutscher Binnensee
8 Bodensee
deutscher Rangierbahnhof
7 Maschen
Energiespender der Welt
5 Kohle
Erdteil
5 Asien
italienischer Dichter
5 Dante
italienischer Maler
12 Michelangelo
Landblock der Erde
8 Eurasien
Landsee in Europa
9 Ladogasee
lebender Vogel
7 Strauss
Nebenfluss der Wolga
4 Kama
Planetoid
5 Ceres
Planet unseres Sonnensystems
7 Jupiter
See Mitteleuropas
7 Balaton
See Südamerikas
11 Titicacasee
Strom Afrikas
3 Nil
Strom Indiens
6 Mekong
Strom Italiens
2 Po
Strom Westafrikas
5 Niger
tätiger Vulkan
5 Aetna
Teil des Körpers
4 Leib
Teil Großbritanniens
7 England
größtes
antikes Bauwerk in Ägypten
14 Cheopspyramide
europäisches Waldhuhn
8 Auerhuhn
Flussdelta der Erde
11 Brahmaputra
Gebirge in Europa
5 Alpen
Hochland der Erde
5 Tibet
Landtier Europas
6 Wisent
Musikinstrument
5 Orgel
Waldgebiet der Erde
5 Taiga
Großtuer
5 Protz
7 Angeber
Großunternehmer
13 Industrieller
Großvater
3 Opa
Großwesir
7 Premier
Großwildpark
in Afrika
9 Serengeti
großwüchsiger
Laubbaum
7 Platane
Mensch
5 Huene, Riese
großzügig
4 edel
5 nobel
6 guetig, kulant
8 generoes, tolerant
9 freigebig, spendabel
Großzügigkeit
8 Largesse
grotesk
6 bizarr
7 komisch, seltsam
8 verzerrt
10 eigenartig, wunderlich
11 exzentrisch, ◆ fantastisch, ueberspannt, verschroben
12 phantastisch
Grotesk
7 Antiqua
Groteskschrifttyp
6 Futura
Grotte
6 Hoehle
Grottenmolch
3 Olm
Grube
4 Grab, Loch, Mine
5 Falle, Gruft, Kuhle, Mulde, Zeche
7 Erdloch
8 Bergwerk
Grübelei
10 Reflektion
grübeln
6 sinnen
9 sinnieren
Grubenarbeiter
8 Bergmann
Grubenbau
7 Schacht
Grubengas
6 Methan
Gruft
4 Grab
6 Krypta
8 Gewoelbe
11 Grabstaette, Ruhestaette
Grünanlage, -fläche
4 Beet, Park

5 Rasen, Wiese
6 Garten
9 Golfplatz
grünblau
4 bleu
Grund
4 Fond, Sinn
5 Basis, Boden, Causa, Motiv
6 Anlass, Beginn, Quelle
7 Anstoss, Terrain, Ursache, Vorwand
9 Fundament
12 Veranlassung
für die Richtigkeit einer Behauptung
6 Beweis
für ein Geschehen
7 Ursache
und Boden
6 Fundus
Grundbalken
der Wasserfahrzeuge
4 Kiel
Grundbaustein
7 Element
der Elemente
4 Atom
der Lebewesen
5 Zelle
Grundbegriff
9 Kategorie
der Christenlehre
5 Gnade
der Geometrie
6 Gerade
der Mathematik
4 Zahl
5 Menge
Grundbesitz
10 Immobilien
11 Laendereien
14 Liegenschaften
mit Erbanfall
7 Majorat
Grundbesitzer
4 Sass
5 Sasse
6 Magnat
8 Gutsherr
Grundbuch
8 Kataster
Gründe
für ein Urteil
7 Beweise
Grundeinheit
der Masse
4 Kilo
Gründelwal
arktischer Meere
6 Narwal
gründen
9 fundieren
10 etablieren
12 instituieren
13 konstituieren
Gründer
7 Ahnherr, Stifter
der Heilsarmee
5 Booth
der neuzeitlichen olympischen Spiele
9 Coubertin
der Pfadfinderbewegung
11 Baden Powell
der Quäker
3 Fox
der UdSSR
5 Lenin
des ägyptischen Reiches
5 Menes
des Deutschen Reiches
8 Bismarck
des Jesuitenordens
6 Loyola
8 Ignatius
des Roten Kreuzes
6 Dunant
des russischen Reiches
5 Rurik
des türkischen Reiches
5 Osman
Roms in der Sage
7 Romulus
von Pennsylvanien
4 Penn
Gründerin
Karthagos
4 Dido
Prags
7 Libussa
Grundfarbe
3 Rot
4 Blau, Gelb
Grundfisch
7 Meersau
Grundfläche
5 Areal, Basis
Grundform, -satz
3 Typ
5 Axiom, Dogma, Regel, Typus
6 Gesetz, Maxime, Schema
7 Prinzip
9 Infinitiv
10 Richtlinie
11 Richtschnur
Grundgedanke
4 Idee
5 Thema, Trend
7 Absicht, Tendenz
Grundgehalt
5 Fixum
Grundgesetz
6 Charta, Statut
10 Verfassung
Grundhaltung
9 Gesinnung
Grundkapital
5 Stock
Grundlage
4 Fond
5 Basis, Boden
6 Fundus, Sockel
7 Prinzip
8 Unterbau, Ursprung
9 Fundament
13 Voraussetzung
allen Lebens
4 Same
der Familie
3 Ehe
des Rechnens
10 Einmaleins
für Salben
7 Lanolin
Grundlast
8 Servitut
grundlegend
9 elementar
11 fundamental
grundlegende
Änderung
7 Umbruch
Erklärung
11 Deklaration
gründlich
5 exakt, genau
7 profund, radikal
8 gediegen, intensiv
11 sorgfaeltig
12 gewissenhaft
Grundlinie
5 Basis
grundlos
10 unfundiert
11 unmotiviert
12 unbegruendet
Grundmodell
5 Urtyp
Grundnahrungsmittel
4 Brot, Fett
9 Kartoffel
Grundpfandrecht
8 Hypothek
Grundplan
eines Literaturwerkes
5 Fabel
Grundrechnungsart
6 Teilen
8 Abziehen, Addition, Division
9 Malnehmen, Zuzaehlen
11 Subtraktion
14 Multiplikation
Grundrecht
für Dozenten
12 Lehrfreiheit
Grundrichtung
5 Trend
in der Philosophie
10 Idealismus
13 Materialismus
Grundriss
4 Plan
6 Skizze
Grundsatzerklärung
8 Manifest, Programm
grundsätzlich
11 fundamental, prinzipiell
Grundschleppnetz
5 Kurre, Trawl
Grundschuld
8 Hypothek
Grundschulfach
5 Lesen, Musik, Sport
6 Turnen, Werken
7 Rechnen
9 Schreiben
11 Heimatkunde
12 Handarbeiten
Grundstein
9 Fundament
Grundstoff
7 Element
des Insektenpanzers
6 Chitin
für Arzneimittel
5 Droge
für Erfrischungsgetränke
12 Brausepulver

für Farben
6 Anilin
für Kerzen
7 Stearin
für Puder
4 Talk
für Salben
7 Lanolin
8 Vaseline
für Schokolade
5 Kakao
Grundstoffgruppe
7 Metalle
Grundstück
5 Areal, Boden
6 Besitz, Fundus, Garten
7 Anwesen, Terrain
8 Parzelle
9 Besitztum, Immobilie
12 Liegenschaft
mit Wohnhaus
7 Anwesen
Grundstücksbelastung
8 Reallast
Grundstückseinfriedung
4 Rain, Zaun
6 Gatter, Gitter
Grundstücksmiete
5 Pacht
Grundstücksnachbar
8 Anrainer
Grundstücksrand
6 Grenze
Grundstücksvermittler
6 Makler
16 Immobilienmakler
Grundstücksverzeichnis
8 Kataster
Grundsubstanz
der Gene
13 Nukleinsaeure
Grundton
6 Tonika
Gründung
8 Stiftung
9 Fundament
10 Errichtung
Gründünger
6 Lupine
Grundzahl
12 Kardinalzahl
Grundzug
3 Art
5 Regel, Wesen
7 Merkmal, Prinzip
9 Charakter
13 Wesensmerkmal
Grüne
Insel
6 Irland
grüner
Edelstein
6 Beryll
7 Smaragd
Zweig als Hutschmuck
5 Bruch
grünes
Kupfermineral
8 Malachit
Grünfutter
4 Gras, Klee
6 Lupine

grüngefärbtes
Mineral
6 Apalit
Grünland
5 Egart, Weide, Wiese
6 Koppel
in der Wüste
4 Oase
grünliche
Farbe
4 oliv
grünlicher
Branntwein
7 Absinth
Pflanzenfarbstoff
11 Chlorophyll
Schmuckstein
4 Jade
Grünmoorstaude
5 Kalla
Grünpflanze
5 Kraut
Grünreizker
10 Ritterling
Grünrock
6 Jaeger
8 Foerster, Waidmann, Weidmann
12 Forstbeamter
Grunzochse
3 Jak, Yak
Gruppe
4 Chor, Crew, Gang, Team
5 Block, Herde, Horde, Kreis, Meute, Rotte, Rudel, Schar, Serie, Sippe, Trupp, Trust, Zweig
6 Cercle, Clique, Corona, Korona, Partei, Partie, Platte, Verein, Zirkel
7 Einheit, Familie, Gattung, Sektion, Verband
8 Aufgebot, Fraktion
9 Abteilung, Kategorie, Kollektiv
10 Delegation, Mannschaft
12 Gemeinschaft
benachbarter Sterne
9 Sternbild
chemischer Verbindungen
5 Amine
der Alpen
9 Dolomiten
der Gesellschaft
5 Stand
der nordfriesischen Inseln
8 Halligen
der Ostalpen
7 Bernina
Druckspalte
7 Kolonne
einer Sportgemeinschaft
7 Sektion
einer Ware
5 Sorte
gesättigter Kohlenwasserstoffe
6 Alkine
gleichartiger Dinge
5 Serie
hoher Berge
7 Gebirge
im englischen Parlament
5 Toris

mehrerer Maschinen
8 Aggregat
von 14 kath. Heiligen
9 Nothelfer
von Berufen
8 Handwerk
von Bühnenkünstlern
8 Ensemble
von drei Noten
6 Triole
von Hottentotten
4 Nama
von Lachsfischen
6 Renken
von Mitarbeitern
4 Team
von Nutzpflanzen
7 Gemuese
von Sportlern
10 Mannschaft
von Stehlern
11 Diebesbande
von Tieren einer Art
5 Rasse
wichtiger gesteinsbildender Minerale
7 Glimmer
wilder Tiere
5 Rudel
Gruppenakkord
7 Gedinge
Gruppentanz
6 Reigen
8 Laendler
9 ◆ Polonaese, Polonaise, Quadrille
Gruppenunterkunft
4 Heim
15 Mannschaftsraum
Gruppierung
13 Konstellation
grüßen
10 salutieren
Grußform
4 Kuss
5 Kotau
6 Diener, Knicks, Winken
8 Handkuss, Reverenz, Umarmung, Zuwinken
9 Bueckling, Hutziehen
10 Handschlag, Kopfnicken, Verbeugung, Verneigung
11 Hutabnehmen
13 Praesentieren
Gruß, -formel, -wort
3 Ade, Ave
4 Ciao, vale
5 adieu, Hallo, Salem, Salut, salve, Valet
6 Bye Bye, Servus, Tschau
7 bonjour, tschues
8 Ave Maria, grueetzi, guten Tag, Honneurs, Lebe wohl, Reverenz, tschuess, Willkomm
9 gute Nacht
10 Ehrensalut, Ehrensalve, gruess Gott, Kompliment, Willkommen
11 Begruessung, habe die Ehre
12 Kuess die Hand
14 auf Wiedersehen, Ehrenbezeigung

guatemaltekische
Hauptstadt
9 Guatemala
Münze
7 Centavo, Quetzal
Stadt
5 Coban
6 Zacapa
7 San Jose
9 Escuintla
10 Chiquimula
11 Mazatenango
13 Puerto Barrios
14 Quetzaltenango
19 Santiago de Guatemala
guatemaltekischer
Berg
5 Fuego
6 Tacema
9 Tajamulco
Dichter
8 Asturias
Nobelpreisträger (Literatur)
8 Asturias
Ureinwohner
4 Maya
5 Mayas
6 Ladino
Vulkan
5 Fuego
Guckkasten
7 Diarama
mit bunten Glassteinchen
11 Kaleidoskop
Guckloch
5 Spion
Guerilla
8 Partisan
11 Franktireur
14 Heckenschuetze
Guillotine
8 Fallbeil
Gullivers
Zwergenland
7 Liliput
gültig
7 perfekt, wirksam
9 abgemacht, anerkannt, offiziell
11 verbindlich
14 rechtskraeftig
Gummiabdruck
7 Stempel
gummiartiger
Kunststoff
6 Elaste
Pflanzensaft
11 Gutta Percha
Gummibaum
Australiens
10 Eukalyptus
Gummibaumprodukt
9 Kautschuk
Gummifadengewebe
6 Lastex
Gummiharz
5 Asant
Gummiherstellung
aus Kautschuk
13 Vulkanisation
Gummilack
9 Schellack
Gummilinse
4 Zoom
Gummireifen
4 Pneu
Gummisiegel
7 Stempel
Gummiüberschuh
8 Galosche
Gunst
4 Huld
5 Gnade, Guete, Hilfe
8 Beistand
9 Zuneigung
10 Protektion, Wohlwollen
Gottes
5 Segen
Gunstgewerblerin
8 Callgirl
9 Erostesse
13 Prostituierte
günstig
8 opportun
günstige
Umstände
6 Glueck
günstiger
darstellen
12 beschoenigen
Kauf
12 Schnaeppchen
Seewind
5 Brise
Zeitpunkt
6 Chance
8 Okkasion
11 Gelegenheit, Gluecksfall
Zustand des Kulturbodens
4 Gare
günstiges
Ereignis
6 Erfolg
Günstling
7 Favorit, Protege
8 Liebkind, Liebling
11 Schuetzling
15 Protektionskind
des Dionysios
8 Damokles
Philipps III.
5 Lerma
Gurgel
4 Hals
5 Kehle
7 Schlund
Gurkenkraut
4 Dill
9 Borretsch
Gurt
4 Band
6 Koppel, Riemen
7 Guertel
Gürtel
des Kimono
3 Obi
Gurt
4 Band, Zone
6 Koppel, Riemen
9 Halteband, Halterung, Hueftband
10 Leibriemen
11 Hueftriemen, Ringstrasse
Gürtellinie, -weite
6 Taille
Gürtelverschluss
6 Spange
7 Schloss
8 Schnalle
Gürtelwurm
4 Egel
Gurtförderer
10 Fliessband
Gürtler
16 Messingschlosser
Gussbarren
6 Massel
Gussform
für Stahl
7 Kokille
8 Coquille
in Druckereien
5 Mater
7 Matrize
gut
4 edel, fein, lieb, nett, wohl
5 prima
7 heilsam
8 angenehm, guenstig, tadellos, tauglich, tuechtig
9 brauchbar, koestlich, nuetzlich, trefflich
10 anstaendig, ordentlich, tugendhaft
11 einwandfrei, erstklassig, vorbildlich
erzogen
5 artig
gekleidet
7 elegant
gekocht
3 gar
schneidend
6 scharf
trainiert
3 fit
Gut
3 Hof
4 Habe, Ware
6 Besitz, Fracht, Ladung
7 Anwesen, Artikel, Domaene, Produkt
8 Eigentum
9 Besitztum, Besitzung, Erzeugnis, Herrenhof
in Frankreich
5 Ferme
Gutachten
5 Votum
6 Attest, Kritik, Testat, Urteil
7 Zeugnis
9 Expertise, Konsilium
10 Werturteil, Zertifikat
11 Beurteilung
13 Stellungnahme
Fachbericht
7 Referat
Gutachter
7 Experte
17 Sachverstaendiger
gutartig
4 brav
7 benigne
gutartige
Geschwulst
4 Myom
6 Adenom
Hauterhebung
5 Warze

Gutdünken
4 Wahl
6 Wunsch
7 Meinung
8 Belieben, Erachten
gute
Eigenschaft
5 Demut, Guete, Milde, Treue
6 Tugend
7 Edelmut, Langmut
8 Grossmut, Sanftmut
9 Offenheit
10 Tapferkeit
11 Ehrlichkeit, Sparsamkeit
Entwicklung
8 gedeihen
Kondition
7 Fitness
Laune
5 Humor
10 Heiterkeit
Güte
4 Wert
5 Gnade, Gunst, Milde
7 Edelmut
8 Bonitaet, Grossmut, Sanftmut, Toleranz
9 Qualitaet
10 Humanitaet, Wohlwollen
13 Gefaelligkeit, Herzenswaerme
14 Beschaffenheit, Entgegenkommen, Menschlichkeit
Güteklasse
5 Sorte
gütemäßig
10 qualitativ
guter
Bekannter
6 Freund
7 Intimus, Kamerad, Kollege
10 Vertrauter
Bodenzustand
4 Gare
Geist
6 Genius
Geruch
4 Duft
Ruf
7 Renomme
Schliff
8 Schaerfe
Güterannahmestelle
11 Kaischuppen
Güteraustausch
6 Handel
Güterbeförderung
9 Transport
12 Sammelladung
Güterbeförderungsmittel
11 Lieferwagen
Güterdepot
5 Lager
8 Schuppen, Speicher
9 Lagerraum
10 Lagerhalle
Güterversendung
9 Spedition
Güterwagenbegleiter
7 Bremser
gutes
Benehmen
3 Pli
7 Anstand
Ergebnis
6 Erfolg
Wetter
12 Sonnenschein
Gütezustand
9 Qualitaet
gutgemeinter
Hinweis
9 Vorschlag
Guthaben
4 Plus
6 Kredit
7 Einlage
gutheißen
8 billigen
12 befuerworten
13 sanktionieren, unterstuetzen
gütig
4 mild
5 human, milde, sanft
7 gnaedig
8 herzlich
9 freigebig, gefaellig
11 hilfsbereit
gutmütige
Hunderasse
12 Bernhardiner
Gutmütigkeit
8 Bonhomie
gutsagen, gutsprechen
7 buergen
9 einstehen
11 garantieren
Gutsarbeiter
5 Inste
Gutsbesitzer
8 Agrarier
Gutschein, Gutschrift
3 Bon
5 Bonus, Haben, Kupon, Talon
6 Coupon, Rabatt, Skonto
8 Guthaben
10 Anrechnung
Gutshof
7 Gehoeft
Gutspersonal
7 Gesinde
Gutsverwalter
5 Meier
11 Rentmeister
Guttural
8 Kehllaut
guyanische
Stadt
6 Linden
10 Georgetown
11 Corriverton
12 New Amsterdam
Gymnasialklasse
5 Prima, Sexta
6 Quarta, Quinta, Tertia
7 Sekunda
9 Oberprima
10 Obertertia, Unterprima
11 Obersekunda, Untertertia
12 Untersekunda
Gymnasiallehrer
10 Studienrat
14 Oberstudienrat
15 Studiendirektor
19 Oberstudiendirektor
Gymnasiast
8 Primaner
9 Tertianer
12 Oberschueler
Gymnasium
10 Oberschule
Gymnastikgerät
5 Keule
6 Reifen
gymnastische
Übung
5 Rolle
6 Spagat
11 Ueberschlag
gymnastischer
Künstler
7 Akrobat
gymnastisches
Handgerät
4 Ball, Seil, Stab
5 Keule, Kugel
6 Hantel, Reifen
Gynäkologe
10 Frauenarzt
Gynäkologie
15 Frauenheilkunde
Gynerium
8 Rohrgras
Gynokratie
11 Mutterrecht

Haar
4 Bart, Fell
5 Braue, Faser, Flaum, Locke, Tolle, Welle
6 Borste, Frisur, Maehne, Schopf
8 Bueschel, Straehne
am Lidrand
6 Wimper
Haaraufsatz
6 Toupet
8 Peruecke
Haarausfall, -schwund (med.)
6 Pelade
Haarausschnitt
katholischer Geistlicher
6 Tonsur
Haarbogen
im Gesicht
5 Braue
10 Augenbraue
Haarbündel
6 Stapel
Haarbusch
7 Panasch
Haarbüschel
5 Tolle
6 Schopf, Zottel
8 Straehne
Haare
aus Schweif und Mähne beim Pferd
8 Rosshaar
wellen
10 ondulieren
Haarersatz
6 Toupet
8 Peruecke
Haarfarbe
4 grau
5 blond
7 schwarz
Haarfärbemittel
5 Henna
haarfein
8 kapillar
Haarfett
6 Pomade
11 Brillantine
Haargarnteppich
6 Boucle
Haargebilde
der Vögel
5 Feder
8 Gefieder
Haargefäß
9 Kapillare
haariges, raupenartiges Garn
8 Chenille
Haarklammer
6 Spange
9 Haarnadel
Haarkleid
4 Balg, Fell, Pelz
5 Vlies, Wolle
6 Zotten
haarklein
5 genau
Haarklemmen
5 Clips, Klips
Haarknoten
4 Dutt
7 Chignon
Haarkringel
5 Locke
Haarkrone
Korbblütlerfrucht
6 Pappus
Haarkünstler, -pfleger
5 Bader
6 Figaro, Former
7 Balbier, Barbier, Friseur, Frisoer
8 Coiffeur
10 Haarformer
11 Bartscherer
Haarlocke
5 Tolle, Welle
haarloser
Kopf
6 Glatze
Haarpflege
6 locken
7 kaemmen, scheren, stutzen
8 buersten
9 frisieren, schneiden, toupieren
10 ondulieren
Haarpflegegerät, -methode, -mittel
4 Fett, Foen, Kamm, Netz
5 Haube, Spray
6 Klemme, Klinge, Messer, Pomade, Schere, Spange, Zupfer
7 Buerste, Haaroel, Massage, Shampoo, Wickler
8 Faerbung, Festiger, Haarfett, Haarnetz, Shampoon
9 Bartbinde, Haarnadel, Haarspray, Kaltwelle, Staubkamm
10 Brenneisen, Dauerwelle, Haarklemme, Haarspange, Haarwasser, Kopfwasser, Ondulation
11 Brennschere, Brillantine, Haarbuerste, Kopfbuerste, Lockennadel, Taschenkamm, Wasserwelle
12 Haarfestiger, Rasierklinge, Rasiermesser, Trockenhaube
13 Lockenwickler
15 Heissluftgeraet
Haarpomade
11 Brillantine
Haarreihe
an den Augen
5 Braue
6 Wimper
Haarröhrchen
9 Kapillare
Haarschmuck
6 Diadem, Spange
9 Haarklipp
Haarschnitt
6 Frisur
Haarschopf
5 Tolle
Haarspalter
6 Pedant
7 Kasuist
8 Rabulist
11 Dialektiker, Wortklauber
Haarspalterei
9 Dialektik, Kasuistik
10 Pedanterie, Rabulistik
13 Wortklauberei
Haarspange
7 Agraffe
Haarstoff
4 Filz
Haarstrichansatz
bei Schrifttypen
6 Serife
Haarteil
6 Toupet
Haartracht
4 Dutt, Pilz, Pony, Zopf
5 Kranz
6 Fasson, Frisur, Knoten, Tonsur
7 Chignon, Fontage
8 Bubikopf, Igelkopf, Pilzkopf, Scheitel
9 Kaltwelle, Pagenkopf, Tituskopf
10 Dauerwelle, Haengezopf, Mozartzopf, Ponyfrisur
11 Ponyfransen, Stiftenkopf, Wasserwelle
12 Stirnfransen
15 Militaerschnitt
Haartrockner
4 Foen
Haarwaschmittel
7 Shampoo
8 Schampun
Haarwellen
6 Locken
Haarwickel
9 Papillote
Haarwild
3 Reh
4 Elch, Hase
5 Dachs, Fuchs, Gemse, Iltis
6 ◆ Gaemse, Hirsch, Marder
9 Damhirsch, Kaninchen, Rothirsch
11 Schwarzwild, Wildschwein
Haarwuchs
4 Bart
6 Maehne
Haarzopf
7 Flechte
Habe
3 Gut
4 Geld
6 Besitz, Fundus
7 Bargeld, Bestand, Fahrnis, Kapital
8 Eigentum, Mobilien
9 Barschaft, Vermoegen
10 Geldmittel, Immobilien
Haben
6 Kredit
Habgier, Habsucht
4 Geiz, Neid
8 Egoismus, Geldgier, Raffgier
9 Knauserei
11 Gewinnsucht
habgieriger
Mensch
6 Raffke
7 Knauser
8 Geizhals
10 Geizkragen
Habichtsschwamm
7 Rehpilz
Habichtvogel
5 Geier, Milan

Habit
5 Anzug, Kleid
6 Gewand, Tracht
8 Kleidung
9 Garderobe
Habitus
5 Kraft
6 Tugend
7 Gebaren, Gestalt, Haltung
9 Auftreten, Verhalten
10 Gewohnheit, Verfassung
11 Erscheinung
12 Konstitution
Hackbrett
6 Symbal, Zimbal
Hacke, Hacken
4 Haue
5 Ferse, Karst
6 Absatz, Geraet
8 Werkzeug
Hackfleisch
4 Mett
7 Haschee
13 Schabefleisch
Hackfleischfüllung
in Speisen
5 Farce
Hackfleischklößchen
7 Bulette
10 Frikadelle
Hackfrucht
5 Ruebe, Wruke
6 Moehre, Wrucke
7 Karotte
8 Erdapfel, Erdbirne
9 Kartoffel, Kohlruebe, Mohrruebe
10 Steckruebe, Topinambur
11 Futterruebe, Runkelruebe, Wasserruebe, Zuckerruebe
hackmesserartiges
Werkzeug
4 Itak
Hader
4 Zank
5 Fehde, Groll, Krieg, Zwist
6 Fetzen, Lumpen, Streit, Stueck
7 Gezaenk
Hades
5 Orkus
6 Hoelle
9 Unterwelt
10 Totenreich
Hafen
4 Port
am Bottnischen Meerbusen
6 Lovisa, Nystad
am Golf von Aden
5 Zeila
am Golf von Triest
6 Muggia
am Kanal (Frankreich)
6 Fecamp
am Roten Meer
5 Akiba
am Schwarzen Meer
7 Suchumi
des alten Aksum
6 Adulis
des antiken Rom
5 Ostia
des Tanganjikasees
6 Kigoma
im alten Phönizien
5 Sidon
im Irak
5 Basra
in Belgien
9 Zeebrugge
in dem Waren zollfrei ein- und ausgeführt werden
9 Freihafen
in der Bretagne
5 Brest
in Ghana
4 Tema
in Jemen
4 Aden
in Mexiko
8 Veracruz
in Peru
6 Callao
in Spanien
6 Huelva
von Athen
7 Piraeus
von Edinburgh
5 Leith
von Rostock
11 Warnemuende
Hafenanlage, -einrichtung
3 Kai
4 Bake, Baum, Damm, Dock, Kaje, Kran, Mole, Pier, Quai, Steg
5 Dalbe, Kette, Mauer, Pegel, Reede
6 Becken, Poller
8 Ladebaum, Ladekran, Lademast, Zeitball
9 Duckdalbe, Sturmball, Ufermauer
10 Ankerplatz, Anlegesteg, Duckdalben, Dueckdalbe, Lagerhalle
11 Dueckdalben, Schiffskran, Schwimmdock, Schwimmkran, Trockendock
12 Anlegestelle
Hafenarbeiter
6 Stauer
11 Ewerfuehrer, Schauermann
Hafenbetrieb
8 Stauerei
Hafenboot, -schiff
4 Kahn
5 Prahm
6 Faehre, Kutter, Schute
7 Pinasse
8 Barkasse, Lastkahn, Leichter
9 Faehrboot, Schlepper
10 Frachtkahn, Lotsenboot, Zollkutter
11 Polizeiboot
12 Zollbarkasse
Hafenbrücke
4 Pier
Hafendamm
3 Kai
4 Mole, Pier, Port
Hafengebühr
8 Ufergeld
Hafengüterannahmestelle
11 Kaischuppen
Hafeninsel
von New York
5 Ellis
Hafenmauer
3 Kai
4 Mole
Hafenpfahl
9 Duckdalbe
Hafenpfahlgruppe
5 Dalbe
Hafenstadt
am Adriatischen Meer
4 Bari, Pola, Pula
5 Fiume, Kotor, Split, Trani
6 Ancona, Durres, Pesaro, Ragusa, Rimini, Triest
7 Venedig
8 Brindisi
am Ägäischen Meer
5 Athen
6 Smyrna
8 Saloniki
am Asowschen Meer
6 Rostow
8 Schdanow, Taganrog
am Dollart
5 Emden
am Don
4 Asow
6 Rostow
am finnischen Meerbusen
5 Hanko, Kotka, Narwa, Reval
6 Hangoe, Wyborg
7 Tallinn
8 Helsinki, Porkkala
9 Kronstadt
12 Baltischport
am Frischen Haff
6 Elbing
am Gelben Meer
6 Dairen
8 Tsingtau
am Golf von Ägina
7 Piraeus
am Golf von Akaba
5 Elath
am Golf von Mexiko
7 Tampico
am Golf von Salerno
6 Amalfi
am Indischen Ozean
4 Aden
5 Perth
6 Bombay, Durban
7 Colombo
8 Djakarta, Kalkutta
am Kaspischen Meer
4 Baku
5 Babol
6 Astara, Gurjew
7 Derbent, Pahlewi
9 Astrachan
am Mittelmeer
4 Akko, Bari, Bone, Oran, Pola, Sete, Sfax, Suez, Susa
5 Adana, Athen, Ceuta, Derna, Fiume, Genua, Haifa, Izmir, Jaffa, Kotor, Nizza, Palma, Saida, Sidon, Sirte, Split, Tunis, Zadar
6 Algier, Ankona, Bastia, Beirut, Durres, Malaga, Neapel, Patras, Ragusa, Rijeka, Rimini,

Skikda, Smyrna, Tarent, Tirana, Tobruk, Toulon, Triest, Trogie
7 Almeria, Antalya, Bengasi, Biserte, Catania, Durazzo, Korinth, Latakia, Livorno, Messina, Palermo, Piraeus, Salerno, Syrakus, Venedig
8 Alicante, Brindisi, Damiette, La Spezia, Molfetta, Port Said, Saloniki, Tripolis, Valencia
9 Barcelona, Cartagena, Dubrovnik, Marseille, Tarragona
10 Alexandria
13 Philippeville

am Ontariosee
8 Hamilton

am Öresund
12 Haelsingborg

am Oslofjord
6 Horten
7 Drammen

am Panamakanal
5 Colon

am Persischen Golf
5 Dubai
6 Abadan

am Roten Meer
4 Sues
5 Akaba, Akiba, Assab
6 Djidda
7 Massaua
8 Dschidda

am Schwarzen Meer
5 Batum, Jalta, Varna
6 Batumi, Burgas, Odessa, Rostow
9 Constanta
10 Sewastopol

am Skagerrak
7 Arendal
12 Kristiansand

am Weißen Meer
11 Archangelsk

an der Ägäis
5 Athen, Izmir
8 Soloniki

an der Costa Blanca
5 Javea

an der Costa del Sol
5 Nerja

an der Donaumündung
4 Asow

an der Elbe
7 Hamburg
8 Cuxhaven
9 Magdeburg

an der Emsmündung
5 Emden

an der Kanalküste
5 Dover, Gorey, Poole
6 Calais, Dieppe
7 Le Havre
8 Plymouth
9 Cherbourg
11 Southampton

an der Ostsee
3 Abo
4 Kiel, Oulu, Riga, Umea
5 Libau, Lulea, Memel, Narwa, Pitea, Reval, Turku, Wisby, Ystad
6 Danzig, Elbing, Gedser, Pillau, Roenne, Wiborg, Wismar
7 Gdingen, Kolberg, Korsoer, Luebeck, Rostock, Stettin
8 Helsinki
9 Flensburg, Kronstadt, Stockholm, Stralsund
12 Kristianstad

an der Weser
6 Bremen
11 Bremerhaven

auf Borneo
9 Pontianak
12 Bandjarmasin

auf Bornholm
6 Roenne

auf Celebes
6 Manado

auf der Krim
5 Jalta

auf Euböa
5 Aulis

auf Formosa
5 Takao
6 Kilung

auf Fünen (Dänemark)
6 Nyborg

auf Haiti
12 Port-au-Prince

auf Hawaii
4 Hilo

auf Hondo
4 Kure
9 Amagasaki

auf Honduras
4 Tela
6 Belize
7 Amapala, La Ceiba
12 Puerto Cortes

auf Honschu (Japan)
5 Atami, Iwaki, Osaka, Sakai
6 Numazu

auf Island
9 Reykjavik

auf Istrien
4 Pola, Pula

auf Jamaica
8 Kingston
10 Montego Bay

auf Java
7 Batavia
8 Semarang

auf Kiuschu (Japan)
8 Nagasaki

auf Korsika
6 Bastia

auf Kreta
5 Kanea, Sitia
6 Chania, Kandia
9 Heraklion
10 Herakleion, Hierapetra

auf Kuba
7 Havanna
8 Matanzas, Santiago
10 Cienfuegos

auf Lolland (Dänemark)
6 Nysted

auf Luzon
6 Manila

auf Madagaskar
7 Majunga
8 Tamatave
11 Diego Suarez

auf Mallorca
5 Palma

auf Neuguinea
3 Lae
6 Madang

auf Neuseeland
8 Auckland
9 Lyttelton
10 Wellington

auf Rügen
8 Sassnitz

auf Samoa
4 Apia

auf Seeland (Dänemark)
6 Korsor

auf Sizilien
5 Patti
6 Agosta, Cefalu, Licata, Mazara
7 Augusta, Catania, Marsala, Messina, Palermo, Syrakus, Trapani
8 Acireale

auf Sri Lanka (Ceylon)
5 Galle
6 Jaffna
7 Colombo

auf Sumatra
5 Medan
6 Djambi, Padang

auf Taiwan
5 Takao

auf Zypern
6 Paphos
7 Kyrenia, Larnaka
8 Limassol
9 Famagusta

der Dominikanischen Republik
8 San Pedro
11 Puerto Plata
12 Santo Domingo

der Elfenbeinküste
11 Grand Bassam
16 Abidjan Port Bouet

der Niederlande
9 Amsterdam, Rotterdam

der Philippinen
6 Manila

der Südafrikanischen Republik
6 Durban
8 Kapstadt
10 East London
13 Port Elizabeth

der Türkei
5 Izmir
6 Mersin, Samsun, Smyrna
7 Giresun
8 Istanbul
9 Trapezunt, Zonguldak
10 Iskenderun

des alten Rom
5 Ostia

im Baltikum
4 Riga
5 Reval
7 Tallinn
8 Klaipeda

im Irak
5 Basra

im Iran
5 Ahwas
6 Abadan
8 Baendaer, Schahpur
12 Khorramschar

im Jemen
4 Aden
im Libanon
5 Saida, Sidon
6 Beirut
7 Tripoli
in Afrika
3 Eil
4 Bata, Bone, Lome, Oran, Sues
5 Accra, Assab, Beira, Ceuta, Dakar, Derna, Duala, Lagos, Rabat, Sirte, Tunis
6 Agadir, Algier, Bamako, Bissau, Durban, Luanda, Skikda, Sollum, Tanger, Tetuan, Tobruk
7 Abidjan, Bengasi, Berbera, Cabinda, Conakry, Malindi, Massaua, Mombasa, Schinde
8 Bathurst, Freetown, Kapstadt, Kilimane, Kisimaju, Monrovia, Mosambik, Port Said, Tripolis
9 Dschibuti, Inhambane, Luederitz, Port Sudan
10 Alexandria, Casablanca, Daressalam, Libreville, Mogadischu, Mossamedes, Swakopmund
13 Port Elizabeth
in Ägypten
4 Daba, Sues, Suez
6 Abukir, el Duba, Kosser
7 Kosseir, Rosetta
8 Damiette, Ismailia, Port Said
10 Alexandria
in Alaska
4 Nome
5 Sitka
6 Juneau, Seward
in Albanien
5 Vlore
6 Durres, Mobile, Valona
7 Durazzo, Sarande
in Algerien
4 Bone, Oran
6 Algier, Annaba, Bejaia, Bougie, Skikda
13 Philippeville
in Angola
6 Ambriz, Lobito, Luanda
8 Benguela
9 Mocamedes
in Argentinien
7 Rosario
8 Lapoeata
11 Bahia Blanca, Buenos Aires
in Äthiopien
7 Massaua
in Australien
5 Derby, Eucla, Perth
6 Albany, Cairns, Darwin, Hobart, Sydney
7 Bunbury, Geelong, Wyndham
8 Adelaide, Brisbane, Canberra
9 Melbourne
in Bangladesh
6 Chalna
10 Chittagong
in Belgien
4 Gent
7 Bruegge, Ostende
9 Antwerpen

in Böotien
5 Aulis
in Brasilien
3 Rio
4 Para
5 Bahia, Belem, Ceara, Natal
6 Campos, Ilheus, Maceio, Recife, Santos
7 Camocim, Niteroi, Sao Luiz, Vitoria
8 Belmonte, Blumenau, Salvador
9 Caravelas, Fortaleza, Joinville, Rio Grande
10 Pernambuco
11 Porto Alegre, Sao Salvador
12 Rio de Janeiro
in Bulgarien
5 Varna, Warna
6 Burgas
in Chile
5 Arica, Yanes
6 Huasco
7 Caldera, Iquique
8 Valdivia
9 Las Serena
10 Concepcion, San Antonio, Valparaiso
11 Antofagasta, Puerto Montt
in China
4 Amoy, Wusi
5 Hangu, Lueta, Macao
6 Antung, Dairen, Kanton, Minhou, Ningpo, Tainan, Taipeh
7 Anschan, Nanking, Tschifu, Yungkia
8 Anschang, Futschou, Hongkong, Shanghai, Tientsin, Tsingtau
9 Ninghsien, Schanghai, Tangschan, Weihaiwei, Wentschou
10 Hangtschou, Yangtschou
11 Tschinkiang
in Costa Rica
5 Limon
10 Puntarenas
in den Niederlanden
8 Delfzijl
9 Amsterdam, Rotterdam
in der Elfenbeinküste
7 Abidjan
in der Mandschurei
5 Dalni
6 Antung
in der Türkei
5 Adana
8 Istanbul
in der Ukraine
5 Jalta
6 Odessa
7 Kertsch
11 Jewpatroija
in El Salvador
5 Union
8 Acajutla, Libertad
in England
4 Bath, Hull
5 Barry, Blyth, Dover, Flint, Fowey, Hythe, Leith, Poole
6 Cromer, Dundee, Exeter, Jarrow, London, Maldon
7 Bristol, Cardiff, Harwich, Ipswich, Newport, Norwich, Rhondda, Swansea, Torguay
8 Brighton, Hastings, Plymouth, Ramsgate, Yarmouth
9 Blackpool, Liverpool, Newcastle, Rochester
10 Birkenhead, Eastbourne, Folkestone, Gloucester, Portsmouth, Sunderland
11 Bournemouth, Southampton
12 South Hampton, South Shields
13 Middlesbrough
16 Kingston upon Hull
17 Newcastle upon Tyne
in Eritrea
7 Massaua
in Estland
5 Reval
6 Paernu, Pernau
7 Tallinn
11 Baltishport
12 Baltischport
in Finnland
3 Abo
4 Kemi, Nemi, Oulu, Vasa
5 Borga, Hanko, Kotka, Rauma, Turku, Vaasa
6 Hangoe
7 Kokkola
8 Helsinki, Uleaborg
in Frankreich
4 Caen, Nice, Sete
5 Brest, Nizza, Setel
6 Calais, Cannes, Dieppe, Nantes, St. Malo, Toulon
7 Bayonne, Le Havre, Lorient, Quimper
8 Bordeaux, Boulogne, Rochelle
9 Abbeville, Cherbourg, Dunkerque, Marseille, Martigues, Saint Malo
10 Concarneau, Douarnenez, La Rochelle
11 Duenkirchen
12 Saint Nazaire
in Gabun
10 Libreville, Port Gentil
in Gambia
8 Bathurst
in Georgien
5 Batum
6 Batumi
in Ghana
3 Ada
4 Tema
5 Accra
15 Sekondi Takoradi
in Griechenland
5 Athen, Aulis, Bolos
6 Kabala, Kandia, Patras, Pyrgos
7 Chalkis, Kalamae, Kalamai, Kavalla, Korinth, Laurion, Piraeus, Prebeza, Preveza
8 Nauplion, Saloniki
9 Epidauros, Heraklion
12 Thessalonike
15 Alexandroupolis
in Guatemala
13 Puerto Barrios
in Guinea
7 Conakry
in Hokkaido
8 Hakodate

in Holland
10 Vlissingen
in Hongkong
6 Kaulun
in Indien
6 Bombay, Kandia, Madras
7 Kalikat
8 Kalkutta
9 Bhannagat
in Indonesien
6 Padang
7 Belawan
8 Djakarta, Semarang, Surabaja
14 Tandjungperiuk
in Irland
4 Cork
5 Sligo
6 Dublin
8 Limerick
9 Waterford
in Israel
4 Akka
5 Eilat, Elath, Haifa, Jaffa
6 Ashdod
8 Jaschdod
in Italien
4 Bari, Fano
5 Gaeta, Genua, Grado, Paola, Trani
6 Amalfi, Ancona, Napoli, Neapel, Reggio, Rimini, Tarent, Triest
7 Catania, Livorno, Messina, Otranto, Palermo, Pescara, Rapallo, Salerno, Syrakus, Venedig
8 Brindisi, Cagliari, La Spezia, Molfetta, Piombino, Siracusa, Sorrento
9 Gallipoli
in Japan
3 Ube
4 Kobe, Kure, Moje
5 Akita, Atami, Iwaki, Kochi, Omuta, Osaka, Otaru, Sakai, Tokio, Tokyo
6 Nagoja, Nagoya, Numazu
7 Aeomori, Fukuoka, Tschiba
8 Hakodate, Jokohama, Kanasawa, Kawasaki, Nagasaki, Schimizu, Yokohama
9 Amagasaki, Hiroshima
in Jordanien
5 Akaba, Aqaba
6 Aquaba
in Kalifornien
7 Oakland
8 San Diego
9 Long Beach
in Kambodscha
9 Phnom Penh
10 Kompong Som
in Kamerun
5 Duala, Kribi
in Kanada
6 Quebec
7 Halifax, Toronto
8 Montreal
9 Vancouver
in Kenia
6 Kisumu
7 Mombasa
in Kolumbien
9 Cartagena
10 Santa Marta
12 Barranquilla, Buenaventura
in Korea-Nord
6 Wonsan
7 Hungnam
8 Nadschin
12 Tschinnampho
14 Tschhongdschin
in Korea-Süd
5 Masan, Mokpo, Pusan
6 Kunsan, Mokpho
9 Intschhon
in Kroatien
4 Omis, Pula
5 Fiume, Split, Zadar
in Kuwait
12 Mena-al-Ahmadi
in Lettland
4 Riga
5 Libau
6 Windau
in Liberia
8 Monrovia
in Libyen
5 Derna, Saida, Sirte
6 Tobruk
7 Bengasi
8 Misurata, Tripolis
in Marokko
4 Safi
5 Ceuta, Rabat
6 Agadir, Tanger, Tetuan
7 Melilla, Mogador
10 Casablanca, Darel Beida
in Mecklenburg
6 Anklam, Wismar
7 Rostock
in Mexiko
7 Tampico
8 Acapulco, Mazatlan, Veracruz
in Mosambik
5 Beira
15 Lourenco Marques
in Myanmar
6 Rangun
7 Bassein
in Neuseeland
6 Nelson
7 Dunedin
8 Auckland
10 Wellington
in Niedersachsen
5 Emden
in Nordamerika
5 Diego, Miami, Tampa
6 Mobile
7 Buffalo, New York, Norfolk, Oakland, Seattle
8 Portland
9 Baltimore, Galveston
10 Charleston, Los Angeles, Sacramento
12 Jacksonville, Philadelphia
in Nordirland
7 Belfast
in Norwegen
4 Oslo
5 Skien
6 Bergen, Halden, Horten, Larvik, Namsos, Narvik
7 Alesund, Arendal, Drammen, Tromsoe
8 Kirkenes
9 Drontheim, Haugesund, Stavanger, Trondheim, Trondhjem
10 Hammerfest
11 Fredrikstad
12 Kristiansand, Kristiansund
in Ohio
6 Toledo
in Oman
6 Matrah
in Ostasien
8 Hongkong
in Ostfriesland
4 Leer
5 Emden
in Ostpreußen
6 Elbing, Labiau, Pillau
11 Koenigsberg
in Pakistan
6 Gwadar
9 Karatschi
in Panama
5 Colon
6 Balboa, Panama
in Paraguay
8 Asuncion
in Peru
3 Ilo
5 Chala, Pisco
6 Callao
7 San Juan
in Polen
6 Danzig
7 Gdingen, Stettin
in Portugal
4 Faro, Vigo
5 Porto, Sines
6 Almada
7 Setubal
8 Lissabon
in Rumänien
6 Galati, Galatz
7 Giurgiu
9 Constanta, Konstanza
in Russland
5 Tiksi
6 Moskau, Rostow, Samara
7 Kamenka, Sotschi
8 Murmansk
9 Astrachan
10 Petersburg
11 Archangelsk, Wladiwostok
12 Noworossijsk, St. Petersburg
13 Machatschkala
15 Sankt Petersburg
in Saudi-Arabien
5 Katif
6 Damman, Djidda
in Schleswig-Holstein
4 Kiel
9 Flensburg
in Schottland
5 Leith, Perth
6 Dunbar, Dundee, Irvine, Methil
7 Glasgow
8 Aberdeen, Greenock
9 Edinburgh
in Schweden
4 Ahus, Umea
5 Kivik, Lulea, Ystad
6 Gaevle, Kalmar, Malmoe

7 Varberg
8 Halmstad
9 Goeteborg, Nykoeping, Stockholm, Sundsvall
10 Karlskrona, Nynaeshamm, Oskarshamm, Trelleborg
11 Helsingborg
12 Haelsingborg
in Senegal
5 Dakar
7 Kaolack
10 Saint Louis, Ziguinchor
in Sierra Leone
5 Pepel
8 Freetown
in Somalia
3 Eil
4 Mait
5 Brava, Marka
7 Berbera
8 Kismanio
10 Mogadischo
in Spanien
4 Adra, Noya, Uigo, Vigo
5 Cadiz, Ceuta, Gijon, Mahon, Palma
6 Bilbao, Malaga, Tarifa
7 Almeria, Melilla
8 Alicante, La Coruna, Valencia
9 Algeciras, Barcelona, Cartagena, Santander
12 San Sebastian
15 Palma de Mallorca
in Südafrika
6 Durban
8 Kapstadt
10 East London
13 Port Elizabeth
in Südosteuropa
4 Omis, Pola, Pula, Senj
5 Batum, Kotor, Split, Zadar
6 Batumi, Ragusa, Rijeka, Ulcinj
7 Abbazia, Opatija, Sibenik
9 Dubrovnik
in Syrien
3 Sur
6 Banias
7 Latakia
11 El Ladhaqiye
in Tansania
5 Tanga
6 Mtwara
10 Daressalam
in Tasmanien
6 Hobart
in Texas
7 Houston
9 Galveston
in Thailand
6 Phuket
7 Bangkok
8 Songkhla
in Togo
4 Lome
6 Anecho
in Tunesien
4 Sfax, Susa
5 Gabes, Tunis
6 Sousse
7 Biserta, Bizerta, Bizerte
in Uruguay
10 Montevideo
in Venezuela
7 Maracay
8 Carupano, La Guaira
9 Maracaibo
13 Puerto Cabello
in Vietnam
3 Hue
6 Cholon, Saigon
8 Haiphong
in Yukatan
5 Sisal
in Zaire
5 Ilebo
6 Matadi

Hafenstraße, -ufer
3 Kai

Hafenverkehrsboot
8 Barkasse, Fregatte

Haferflockenbrei
6 Muesli
8 Porridge

Haff
4 Noor
5 Bucht, Liman
6 Lagune
7 Ufersee
9 Strandsee
10 Wattenmeer
11 Meeresbucht

Hafner
7 Toepfer
9 Keramiker

Haft
5 Knast
6 Arrest, Kerker
9 Gewahrsam
14 Gefangenschaft
15 Freiheitsentzug, Freiheitsstrafe
17 Untersuchungshaft

Haftanstalt, -raum
3 Bau
5 Knast, Zelle
6 Karzer, Kerker
7 Verlies
9 Zuchthaus
10 Gefaengnis
11 Einzelzelle
14 Gefangenenhaus

Haftbarmachung
7 Regress
10 Rueckgriff
13 Schadenersatz
14 Ersatzanspruch

haften
6 kleben, sitzen
7 buergen, haengen
8 ansitzen
9 einstehen
10 festsitzen, verbuergen
11 garantieren
12 geradestehen

Haftfaden
der Muschel
6 Byssus

Häftling
8 Arrestat
9 Arrestant
10 Gefangener, Straefling

Haftmittel
9 Klebstoff

Haftraum
5 Zelle

Haftsumme
7 Kaution

Haftübernahme
für die Qualität einer Ware
8 Garantie

Haftung
6 Obligo
7 Gewaehr
8 Garantie
11 Buergschaft
13 Ersatzpflicht

Haftzeher
5 Echse, Gecko
6 Tockee
8 Eidechse
10 Mauergecko

Hagelkorn
7 Graupel
8 Schlosse
11 Gerstenkorn

Hagens
Beiname
6 Tronje

hager
5 duenn, duerr, mager
6 schmal
9 asketisch
10 ausgezehrt

Hagestolz
11 Junggeselle
13 Einzelgaenger

hähergroßer
Vogel
4 Rake

Hahn
4 Huhn
5 Abzug, Stiel, Vogel
6 Buegel, Gickel, Gockel, Sperre, Symbol
8 Kikeriki, Sinnbild
10 Verschluss
11 Wetterfahne
12 Abzugsbuegel
in der Tierfabel
7 Henning

Hahnenfußgewächs
5 Aglei
6 Akelei
7 Anemone
8 Eisenhut, Feigwurz, Nieswurz, Ranunkel, Sturmhut, Waldrebe
9 Haarkraut
10 Adlerblume, Kuhschelle, Trollblume, Winterling
11 Dotterblume, Froschkraut, Narrenkappe, Rittersporn, Teufelsbart, Weiberkappe
13 Kugelranunkel
14 Adonisroeschen, Kuechenschelle, Schwarzkuemmel
15 Scharbockskraut
16 Sumpfdotterblume

Hahnenschrei
8 Kikeriki

Haifischart
5 Makko
7 Blauhai, Dornhai, Grauhai, Rauhhai
8 Makkohai
9 Hammerhai, Katzenhai
10 Heringshai, Seedrachen, Weisser Hai

11 Hammerfisch, Menschenhai
haifischartiges
Tier
6 Rochen
10 Seedrachen
Haifischflosse
5 Finne
Hain
3 Loh
Hainsimse
9 Hasenbrot
Häkchen
4 Oese
zur Öse
6 Haftel, Heftel
Häkelmasche
9 Staebchen
Haken
6 Krampe
bei einer Sache
10 Pferdefuss
Hakenbüchse
8 Arkebuse
Hakenschlinge
4 Oese
Hakenverschluss
4 Oese
halb
in der Musik
5 mezzo
Halbaffe
4 Lori, Maki, Vari
5 Indri, Katta, Komba, Lemur, Potto
6 Ayeaye, Galago, Kukang, Lemure, Mongoz, Pukang, Sifaka, Vareka, Waluwy
7 Endrina, Tarsius, Varikia
8 Babakoto, Bokombul, Faulaffe, Halbmaki, Mausmaki, Wollmaki
9 Amboanala, Bilchmaki, Buschbaby, Duennleib, Fotsifaka, Fuchsaffe, Fuchsmaki, Hapalemur, Indrimaki, Ohrenmaki, Plumplori, Vliesmaki, Zwergmaki
10 Baerenmaki, Fingertier, Katzenmaki, Koboldmaki, Kronenmaki, Larvenmaki, Miliusmaki, Mohrenmaki, Rattenmaki, Wieselmaki
11 Angwangtibo, Schlanklori, Zwerggalago
12 Allensgalago, Diademsifaka, Gespensttier, Riesengalago, Rotbauchmaki, Rotstirnmaki
13 Senegalgalago, Steppengalago, Weisskopfmaki
14 Demidoffgalago, Verreauxsifaka
15 Kielnagelgalago
16 Schwarzstirnmaki
17 Coquerelzwergmaki, Dickschwanzgalago
halbamtlich
9 offizioes
Halbblut
5 Casco, Chino, Cubra, Mango, Pferd, Sambo, Zambo
6 Cafuso
7 Bastard, Burgher, Castize, Mestize, Mulatte
8 Eurasier, Halfcast, Mameluco, Zambaige, Zambaigo
9 Mischling, Terzerone
10 Quarterone, Quinterone
Halbbogen
5 Folio
Halbdunkel
7 Daemmer
8 Schummer
9 Zwielicht
10 Daemmerung
12 Daemmerlicht
13 Daemmerschein, Schummerlicht
halbe
Lilie (Heraldik)
5 Gleve
Halbedelstein
4 Jade, Onyx, Opal
5 Achat, Gagat, Topas
6 Adular, Granat, Jaspis, Korund
7 Karneol, Spinell
8 Almandin, Amethyst, Haematit, Heliodor, Malachit, Sardonyx, Turmalin
9 Aquamarin, Blutstein, Chalzedon
10 Chrysopras, Katzenauge
11 Lapislazuli
mit erhaben geschnittenem Bild
5 Gemme, Kamee
Halbesel
6 Onager
8 Maulesel, Maultier
halbfette
Antiquaschrift
6 Aldine
Halbfreier
4 Lite
8 Hoeriger
Halbgefrorenes
6 Sorbet
Halbgerade
6 Strahl
Halbgott
4 Held, Idol
5 Heroe, Heros, Titan
der griechisch-römischen Sage
8 Herakles
Halbinsel
am Eismeer
4 Kola
am Kaspischen Meer
9 Apscheron
am Obbusen
5 Gydan, Jamal
am Panama-Golf
6 Azuero
am Vierwaldstätter See
12 Buergenstock
an der Ostsee
5 Darss
an der Westküste Schleswig-Holsteins
10 Eiderstedt
auf Rügen
5 Zudar
bei Danzig
3 Hel
des Bodensees
5 Hoeri
im Persischen Golf
5 Katar
im Roten Meer
5 Sinai
im Schwarzen Meer
4 Krim
5 Taman
in Ägypten
5 Sinai
in Alaska
6 Seward
in Amerika
6 Alaska, Avalon, Seward
7 Florida
8 Labrador
11 Kalifornien
in Aserbaidschan
9 Apscheron
in Asien
5 Korea, Onega, Sinai
6 Taimyr
7 Arabien, Malakka
10 Kleinasien
11 Kamtschatka
in China
8 Liaotung, Liautung
9 Schantung
in Costa Rica
6 Nicoya
in Dänemark
6 Albuen
8 Juetland
in den Dardanellen
9 Gallipoli
in der Adria
7 Istrien
in der Ägäis
5 Athos
in der Danziger Bucht
3 Hel
in der Türkei
9 Gallipoli
in England
5 Wales
6 Lizard
8 Cornwall, Portland
in Europa
4 Kola, Krim
5 Athos, Kanin, Morea, Wales
6 Attika, Balkan
7 Istrien, Kintyre, Porkula, Samland
8 Bretagne, Cornwall, Cotentin, Juetland, Sithonia
9 Chersones, Gallipoli, Kassandra
10 Chalcidice, Chalkidike, Chalzidize, Peloponnes
12 Skandinavien
in Finnland
7 Porkula
8 Porkkala
in Frankreich
5 Medoc
8 Bretagne, Cotentin
9 Normandie
in Griechenland
5 Athos, Morea
6 Attika
8 Sithonia
9 Kassandra
10 Chalkidike, Chalzidize, Peloponnes

in Hinterindien
7 Malakka
in Italien
8 Calabria
in Japan
3 Izu
in Kanada
8 Labrador
in Kolumbien
7 Goajira
in Mexiko
7 Yukatan
in Nahost
5 Sinai
7 Arabien
10 Kleinasien
in Neufundland
6 Avalon
in Nordamerika
6 Alaska
7 Florida
8 Labrador
11 Kalifornien
in Nordeuropa
12 Skandinavien
in Polen
3 Hel
4 Hela
in Pommern
5 Darss
in Russland
4 Kola, Krim
5 Jamal, Kanin
6 Taimyr
11 Kamtschatka
12 Tschuktschen
in Schleswig
6 Angeln
in Spanien
9 Gibraltar
in Venezuela
5 Paria
in Vorderasien
7 Arabien
Halbjahr
8 Semester
halbjährlich
wechselnder Tropenwind
6 Monsun
Halbkanton
der Schweiz
8 Obwalden
Halbkonserve
9 Praeserve
Halbkontinent
11 Suedamerika
Halbkugel
10 Erdhaelfte
11 Hemisphaere
halblange
Tabakspfeife
5 Ulmer
halblanger, ärmelloser Regenumhang
8 Pelerine
Rock
4 Midi
Halbmesser
6 Radius
Halbmetall
5 Arsen, Selen
6 Tellur
7 Antimon
8 Silicium, Silizium
9 Germanium
Halbmond
6 Sichel
der Nagelwurzel
6 Lunula
halbnomadische
Kurden im Iran
5 Luren
halboffener
Raum am Haus
6 Loggia
halbpart
10 fifty-fifty, halbe-halbe
Halbperücke
6 Toupet
halbplastisches
Bildwerk
6 Relief
Halbporzellan
7 Fayence
8 Majolika
halbrund
6 exedra
halbrunde
Altarnische
5 Apsis
halbrunder
Griff
6 Buegel
Halbschaf
5 Nahur
Halbschlaf
6 Doesen
9 Schlummer
Halbschmarotzerstrauch
6 Mistel
Halbschuh
5 Pumps
6 Opanke
7 Slipper
8 Mokassin
Halbschwester
und Gattin Abrahams
4 Sara
Halbseidengewebe
in Taftbindung
8 Eolienne
halbseitiger
Kopfschmerz
8 Migraene
halbsteife
Masse
7 Gallert
Halbstiefel
11 Stiefelette
Halbstrauch
8 Lavendel
Halbteil
7 Haelfte
Halbton
in der Musik
1 b
2 as, es
3 ais, ces, cis, des, dis, eis, fes, fis, ges, gis, his
halbwarm
3 lau
Halbwelt
9 Demimonde
Halbweltdame
7 Kokotte
9 Kurtisane
Halbwisser
9 Dilettant
Halbwollgewebe
5 Tweed
Halbwüchsige
6 Teenie
8 Teenager
9 Backfisch
Halbwüchsiger
4 Teen, Twen
8 Teenager
Halbwüste
am Hoangho (China)
5 Ordos
halbzahmer
Vogel
5 Taube
Halbziege
4 Thar
5 Nahur
Halfagras
4 Alfa
7 Esparto
Halfter
4 Joch, Kumt, Zaum
6 Fessel, Kummet, Riemen, Tasche
7 Guertel
8 Halsjoch
9 Halterung
10 Colttasche, Pferdezaum
14 Pistolentasche, Revolvertasche
halftern
7 zaeumen
10 aufzaeumen
Hall
3 Ruf, Ton
4 Echo
5 Klang, Sound
6 Schall, Stereo
7 Akustik
8 Resonanz
Halle
4 Aula, Raum, Saal
5 Foyer
6 Lounge
7 Vorraum
8 Basilika, Peristyl
9 Vestibuel
12 Empfangsraum
Odins
7 Walhall
8 Walhalla
Hallenbad
10 Schwimmbad
Hallenkirche
8 Basilika
Hallensische
Münze
7 Haeller
Hallensportgerät
5 Ringe
Hallig
5 Habel, Hooge, Oland
6 Groede
8 Suedfall
9 Langeness, Norderoog, Suederoog
10 Nordstrand
Hallighügel
4 Wurt
5 Warft, Wurte

Halluzination
11 Erscheinung
Halme
ausgedroschenen Getreides
5 Stroh
Halmfrucht
4 Korn
Halmgewächs
4 Gras
8 Getreide
Halogen
3 Jod
4 Brom
5 Chlor, Fluor
8 Astatium
Halsabschneider
6 Gauner
8 Wucherer
9 Betrueger
Halsausschnitt
9 Dekollete
Halsbekleidung
5 Schal
6 Kragen
Halsbinde
6 Binder, Fliege
7 Schlips
8 Krawatte, Plastron, Schleife
10 Querbinder
katholischer Priester
6 Kollar
Halseisen
7 Garotte, Pranger
8 Garrotte
13 Wuergschraube
Halsentzündung
6 Angina
Halsfalte
des Rindes
5 Wamme
halsförmiger
Organteil
6 Cervix
Halsinneres
5 Kehle
Halskette
7 ◆ Collier, Kollier
Halskrankheit
10 Diphtherie
Halskrause
6 Fraese, Kroese
im 17. Jahrhundert
6 Krulle
Halsschlagader
7 Karotis
Halsschmuck
5 Kette, Kreuz, Nadel, Orden, Perle
6 Spange
7 Brosche, ◆ Collier, Kollier
9 Anhaenger, Medaillon
11 Perlenkette
14 Krawattennadel
der Bronzezeit
6 Lunula
halsstarrig
4 stur
7 trotzig
8 obstinat
9 insistent
11 eigensinnig, hartnaeckig
13 widerspenstig
Halsteil
5 Atlas, Kehle, Kropf, Zunge
6 Gaumen, Genick, Gurgel, Kragen, Mandel, Nacken, Rachen, Wender, Wirbel
7 Mandeln, Schlund
8 Kehlkopf
9 Zaepfchen
10 Adamsapfel, Halswirbel, Luftroehre, Mundhoehle, Schlagader, Zungenbein
12 Schilddruese, Speiseroehre
14 Halsschlagader
an Kleidungsstücken
6 Kragen
Halstuch
5 Schal, Stola
8 Cachenez
Halswirbel
5 Atlas
Halt
4 Rast, Stop
5 Hilfe, Pause, ◆ Stopp
7 Station, Stuetze
8 Stockung
10 Stillstand
13 Unterbrechung
14 Unterstuetzung
nach Stagnation
10 Stillstand
haltbar
4 fest
5 solid, stark
6 robust, solide, stabil
7 durabel
8 kraeftig
9 dauerhaft
10 bestaendig, konsistent
12 zuverlaessig
17 widerstandsfaehig
gemachtes Molkereiprodukt
12 Kondensmilch
machen
12 konservieren
13 sterilisieren
Haltbarkeit
10 Soliditaet
Haltbarmachung
13 Konservierung, Sterilisation
Halteband
4 Gurt
für Kleider
7 Traeger
Haltebolzen
4 Niet
Halteeinrichtung
6 Bremse
Haltegestell
8 Staender
Halteklotz
für Taue und Trossen
6 Poller
Haltepflock
5 Pilar
Halter
5 Griff
Haltestelle
4 Stop
5 ◆ Stopp
7 Bahnhof, Station
Haltetau
3 Gei
4 Stag
der Gaffel
4 Geer
Haltevorrichtung
5 Griff, Haken
6 Bremse
in Eisenbahnen
9 Notbremse
von Geräten
5 Sterz
Haltezeichen
7 Fermate
10 Stopsignal
haltlos
5 labil
7 schwach
14 unzuverlaessig
Haltung
3 Air
4 Pose, Stil
5 Tenue
6 Gehabe, Pflege
7 Fassung, Gebaren, Habitus, Positur
8 Benehmen, Betragen, Position, Stellung
9 Attituede, Auftreten, Charakter, Rueckgrat
10 Kontenance
Halunke
4 Dieb, Lump
6 Bandit, Gauner, Schuft
7 Raeuber, Schurke
9 Betrueger
10 Verbrecher
Hämatom
10 Bluterguss
Hamburger
Bauwerk
6 Boerse, Michel
7 Rathaus
9 Chilehaus, Elbtunnel
10 Staatsoper
11 Fernsehturm, Petrikirche
12 Jacobikirche
13 Alsterarkaden
15 Lombardsbruecke, Michaeliskirche
16 Landungsbruecken
17 Koehlbrandbruecke
Berg
9 Suellberg
Bezeichnung für Gasse
6 Twiete
Original (19. Jh.)
6 Hummel
Promenade
13 Jungfernstieg
Reeder
6 Ballin
8 Woermann
Schauspieler
4 Vahl
Schauspielerin
5 Kabel
Schriftsteller
4 Leip
Sehenswürdigkeit
5 Hafen
6 Michel
7 Rathaus
10 Wasserturm
11 Sprinkenhof
12 Zoo Hagenbeck

15 Michaeliskirche, Planten un Blomen
Spezialität
8 Aalsuppe
Stadtkanal
5 Fleet
Stadtteil
5 Lurup
6 Altona, Eilbek
7 Barmbek
8 Ottensen
9 Wandsbeck
10 Bahrenfeld, Blankenese, Eidelstedt, Uhlenhorst, Winterhude
11 Elmsbuettel
12 Harvestehude
Straße beim Hafen
12 Mattentwiete
Vergnügungsviertel
7 St. Pauli
10 Reeperbahn
Wahrzeichen
6 Michel
15 Michaeliskirche
Weihnachtsmarkt
3 Dom
Witzfigur
4 Erna
6 Hummel
9 Klein Erna
Hamilkars
Sohn
8 Hannibal
hämisch
9 malizioes
11 schadenfroh
Hamitenstamm, -volk
3 Pul
4 Gogo, Hima, Nama
5 Bedja, Fulbe, Galla, Kaffa, Nandi, Omoro, Somal, Tussi
6 Bahima, Berber, Korana, Massai, Nubier, Somali, Tuareg, Wahuma
7 Watussi
9 Bischarin
hamitisches
Volk in der Sahara
6 Tuareg
Hammelfett
4 Talg
Hammelkeulenärmel
im 19. Jh.
6 Gigots
Hammer
der Bergleute
8 Faeustel
9 Schlaegel
des Thor
8 Mjoelnir
hammerartiger
Billardstab
5 Masse
Hammerklavier
5 Piano
10 Pianoforte
hamstern
6 horten
Hand
beim Tier
5 Pfote, Tatze
6 Kralle, Pranke, Pratze
Handarbeit
5 fegen, malen, weben
6 drehen, feilen, hobeln, kleben, naehen, putzen, saegen
7 basteln, flicken, fraesen, haekeln, kaemmen, pinseln, spinnen, stanzen, sticken, stopfen, waschen, wischen
8 abtragen, flechten, knuepfen, polieren, reinigen, saeubern, stricken
9 drechseln, kloeppeln, schleifen, schneiden, schrubben, streichen
10 ausbessern, Manufaktur
Handarbeitsmaterial
4 Garn
5 Zwirn
10 Haekelgarn
Handarbeitsstoff
7 Stramin
Handballausdruck
3 Tor
4 Ecke
6 Abwehr, Abwurf, Anwurf
7 Abspiel, Eckwurf, Einwurf, Fausten, prellen, sperren, Torraum
8 dribbeln, Freiwurf, Torlinie
11 Anwurfkreis, Mittellinie, Seitenlinie, Siebenmeter
12 Torraumlinie
13 Freiwurflinie
18 Schiedsrichterwurf
Handbeutel
9 Pompadour
Handbewegung
4 Wink
5 Geste
8 Abwinken, Zuwinken
10 Fingerzeig
Handbuch
6 Manual
9 Leitfaden
10 Kompendium
Handdreschgerät
6 Flegel
12 Dreschflegel
Händeklatschen
7 Applaus, Beifall
Handel
4 Kauf
7 Einkauf, Gewerbe, Kommerz, Verkauf
9 Geschaeft
für fremde Rechnung
20 Kommissionsgeschaeft
mit geistigen Gütern
7 Simonie
Händel
5 Hader, Zwist
6 Streit
handeln
3 tun
6 machen
7 agieren
8 anpacken, arbeiten, taetigen
9 feilschen, hausieren, schachern
11 unternehmen
12 durchfuehren
in Zeitnot
4 Eile
handelnd
5 aktiv
6 taetig
Handelnder
6 Akteur, Macher, Taeter
Handels-
oder Wertzeichen
5 Marke
9 Trademark
10 Markenname
und Entwicklungsrat der UN
6 UNCTAD
Handelsbrauch
3 Uso
4 Usus
6 Usance
Handelsgewicht
5 Tonne
6 Kantar
Handelsgott
6 Hermes, Merkur
Handelsgut
4 Ware
7 Artikel, Produkt
8 Fabrikat
9 Erzeugnis
Handelsmann
6 Hoeker
7 Butiker, Kraemer
8 Grossist, Kaufherr, Kaufmann, Troedler
9 Exporteur, Hausierer, Importeur
10 Detaillist
13 Grosshaendler, Kleinhaendler
14 Einzelhaendler
Handelsmarke
9 Trademark
Handelsname
5 Firma
für Dornhai
6 Seeaal
Handelsniederlassung
5 Depot, Lager, Markt, Messe
6 Boerse
7 Agentur, Betrieb, Filiale
8 Faktorei
10 Vertretung
11 Aussenlager, Mustermesse, Musterschau
12 Zweigbetrieb
13 Aussenbetrieb
im Ausland
6 Kontor
Handelsort
in Kamerun
5 Marua
in Senegal
5 Bakel
in Tibet
6 Gartok
Handelsplatz
5 Hafen, Markt
6 Boerse
des 13.-15. Jahrhunderts
7 Bruegge
Handelspreis
7 Neuwert
Handelsschau
5 Messe
Handelsschiff
6 Tanker
8 Frachter
9 Oeltanker, Paketboot
10 Kauffahrer

11 Kuehlschiff, Trampschiff, Transporter
13 Frachtdampfer
15 Containerschiff
17 Massengutfrachter
Handelsspanne
5 Marge
Handelssperre
7 Embargo
Handelsstadt
an der Wolga
7 Saratow
im Altertum
5 Milet
in Bessarabien
5 Belzy
in Kolumbien
4 Cali
in Marokko
6 Meknes
in Syrien
9 Antiochia
und Hafenstadt in Eritrea
5 Assub
Handelsvertreter
5 Agent
6 Makler
9 Reisender
10 Vermittler
17 Gewerbetreibender
18 Handlungsreisender
Handelsvertretung
7 Agentur
Handelsvollmacht
7 Prokura
Handelswaren
6 Gueter
Handeltreibender
8 Kaufmann
Händewärmer
4 Muff
Handfertigkeit
7 Technik
handfester
Mann
4 Kerl
9 Mannskerl
Handfeuerwaffe
2 KK, MP
3 IMG, sMG
4 Colt
5 Rifle
6 Flinte, Gewehr, Mauser
7 Buechse, Muskete, Pistole, Shotgun, Stutzen
8 Arkebuse, Armbrust, Browning, Drilling, Revolver, Terzerol, Tesching, Zwilling
9 Automatik, Karabiner
10 Jagdflinte, Jagdgewehr, Luftgewehr, Parabellum
11 Handgranate, Hinterlader, Luftpistole, Sturmgewehr, Vogelflinte, Vorderlader
12 Doppelflinte, DoubleAction, Hakenbuechse
13 Gasdrucklader, Halbautomatik
14 Repetiergewehr
15 Luftdruckgewehr, Maschinengewehr, Trommelrevolver
16 Luftdruckpistole, Maschinenpistole, Radschlossgewehr
18 Kleinkalibergewehr, Steinschlossgewehr
Hand-, Fingersymbol (buddh. Kultur)
5 Inkai
Handfischnetz, Kescher
5 Hamen
Handflatterer, Handflügler
8 Flughund
10 Fledermaus
handfühlbare
Lehre
10 Denkzettel
handgedrehtes
Glockenwalzenspiel
11 Leierkasten
Handgelenk, Fußrücken
4 Rist
Handgemenge
8 Keilerei, Rauferei
9 Pruegelei
11 Schlaegerei
Handgepäck
5 Mappe, Plaid
6 Beutel, Koffer, Tasche
7 Seesack
8 Rucksack, Tragkorb
9 Hutkoffer, Reisekorb, Tornister
10 Aktenmappe, Handkoffer, Handtasche, Luftkoffer, Reisedecke
11 Aktentasche, Brustbeutel, Reisetasche, Tragebeutel, Tragetasche
12 Hutschachtel
Handgerät
für Kräftigungsübungen
8 Expander
zum Mähen
5 Sense
zum Umgraben
6 Spaten
handgeschöpftes
Papier
7 Buetten
handgeschriebene
Druckvorlage
10 Manuskript
handgezogener
Wagen
6 Karren
Handglied
6 Daumen, Finger
handgreiflich
8 manifest
9 drastisch, materiell
Handgriff
3 Arm
4 Heft
5 Hebel, Knauf, Stiel
6 Buegel, Henkel
8 Schlaufe, Schlinge
12 Manipulation
am Pflug
5 Sterz
Handhabe, Handhabung
4 Dreh
5 Griff, Stiel
6 Mittel, Praxis, Umgang
7 Einsatz, Technik
8 Gebrauch
9 Anwendung, Benutzung
10 Hantierung, Verwendung
11 Ansatzpunkt, Gelegenheit
12 Manipulation, Moeglichkeit
handhaben
9 hantieren
12 manipulieren
Handharmonika
9 Akkordeon, Bandonion
15 Schifferklavier
Handicap, Handikap
7 Vorgabe
8 Nachteil
11 Behinderung
Handklapper
11 Kastagnette
Handklavier
der Orgel
6 Manual
Handknöchel
6 Knobel
Handlanger
13 Hilfsarbeiter
Händler
7 Kraemer, Tandler
8 Antiquar, Troedler
9 Hausierer
11 Marketender
bei der Feldtruppe
11 Marketender
mit Altertümern
8 Antiquar
Handlesen, Handlesekunst
10 Chirologie
11 Chirognomie, Chirognomik, Chiromantie, Chiromantik
Handleser
9 Chirologe, Chiromant
Handleuchte
7 Laterne
handlich
6 bequem
9 nuetzlich, praktisch
Handliniendeuter
9 Chiromant
Handluftwedler
7 Faecher
Handlung
3 Akt, Tat
5 Laden, Sujet, Szene, Thema
6 Ablauf, Aktion, Aufzug, Inhalt
7 Vorfall, Vorgang
8 Ereignis, Fortgang
9 Geschaeft, Geschehen, Kaufladen, Massnahme, Vorkommen
10 Geschehnis, Vorkommnis
11 Entwicklung, Unternehmen
12 Unternehmung
13 Durchfuehrung
aus dem Stegreif
13 Improvisation
Handlungsablauf
9 Geschehen
Handlungsbevollmächtigter
9 Prokurist, Vertreter
Handlungsgehilfe
6 Kommis
Handlungsgerüst
eines Werkes
5 Fabel
Handlungsvollmacht
3 PPA
7 Prokura

Handlungsweise
3 Tun
Handmähgerät
5 Sense
6 Sichel
Handpflege
9 Manikuere
Handpflegemittel
3 Oel
4 Fett, Krem, Lack
5 Creme, Paste, Salbe, Seife
6 Balsam
7 Hautoel, Vaselin
8 Glyzerin, Vaseline
9 Fettcreme, Hautcreme, Mattcreme, Nagellack
10 Hautschere, Nagelfeile, Nagelzange
11 Nagelschere
12 Nagelbuerste
13 Nagelreiniger
Handpflegerin
9 Manikuere
Handpuppe, -puppenfigur
3 Tod
4 Hexe
5 Gretl
6 Gretel, Kasper, Koenig, Teufel
7 Gendarm, Kasperl, Raeuber
8 Harlekin, Kasperle, Krokodil, Polizist
10 Marionette
11 Grossmutter
Handramme
5 Hoyer
Handreichung
5 Hilfe
7 Service
8 Gefallen
9 Assistenz, Bedienung
13 Gefaelligkeit, Hilfeleistung, Hilfestellung
14 Unterstuetzung
Handsäge
12 Fuchsschwanz
Handschelle
6 Fessel
Handschellentrommel
8 Tamburin
Handschlitten
5 Rodel
Handschrift
3 Art
4 Stil
5 Codex, Kodex, Wesen
7 Papyrus
8 Eigenart
9 Charakter, Pergament
10 Auffassung, Manuskript, Palimpsest
15 Persoenlichkeit
Handschriftendeuter
9 ◆ Grafologe
10 Graphologe
Handschriftendeutung
10 ◆ Grafologie
11 Graphologie
Handschriftensammlung
5 Codex
Handschuh
10 Faeustling
Handschuhleder
3 Kid
5 Glace, Nappa
6 ◆ Glacee
Handstandüberschlag
10 Flickflack
Handstempel
zum Siegeln
9 Petschaft
Handstreich
4 Coup
6 Putsch
Handtäschchen
8 Ridikuel
Handteil
4 Ader, Rist
5 Nagel, Sehne
6 Ballen, Daumen, Finger, Gelenk, Muskel, Teller, Wurzel
7 Knochen, Ruecken
8 Knoechel
9 Nagelbett
10 Ringfinger
11 Fingerkuppe, Fingernagel, Kleinfinger, Zeigefinger
12 Fingerspitze, Mittelfinger
Handtrommel
5 Conga
8 Tamburin
9 Tambourin
Handtuchstoff
7 Frottee
Handturngerät
4 Stab
5 Keule
6 Hantel, Reifen
8 Expander
Handwagen
5 Karre
6 Karren
handwarm
3 lau
Handwärmer
4 Muff
Handwaschung
des Priesters in der Messe
6 Lavabo
Handwerk, Beruf
6 Gewerk, Metier
7 Gewerbe
des Jägers
8 Weidwerk
Handwerker
5 Maler, Weber
6 Dreher, Former, Gerber, Gipser, Glaser, Maurer, Nieter, Seiler, Setzer, Wirker
7 Baecker, Drucker, Faerber, Fraeser, Friseur, Giesser, Graveur, Metteur, Metzger, Mueller, Optiker, Sattler, Schmied, Selcher, Spinner, Toepfer
8 Gaertner, Klempner, Konditor, Schuster, Spengler, Tischler, Zimmerer, Ziseleur
9 Boettcher, Drechsler, Emailleur, Fleischer, Hutmacher, Kloeppler, Lackierer, Leinweber, Lohgerber, Polsterer, Schleifer, Schlosser, Schneider, Schreiner, Steinmetz, Taeschner, Uhrmacher
10 Buchbinder, Dachdecker, Elektriker, Fassbinder, Kuerschner, Mechaniker, Ofensetzer, Schlachter, Schweisser, ◆ Stuckateur, Stukkateur, Tapezierer, Zimmermann
11 Buchdrucker, Feilenhauer, Galvaniseur, Goldschmied, Knopfmacher, Schuhmacher, Stellmacher
12 Bauschlosser, Fleischhauer, Fliesenleger, Installateur, Parkettleger
13 Autoschlosser, Kesselschmied, Kupferschmied, Metallstecher, Silberschmied
14 Buechsenmacher, Feinmechaniker, Moebeltischler, Werkzeugmacher
16 Schornsteinfeger
außerhalb der Zunft
8 Boenhase
Handwerkerbund
5 Gilde, Zunft
6 Innung
Handwerkertitel
7 Geselle, Meister
11 Obermeister
12 Zunftmeister
Handwerkervereinigung
5 Gilde, Zunft
6 Innung
7 Verband
handwerklich
Erfahrener
9 Praktiker
handwerkliche
Arbeit
6 Faktur
Handwerksbetrieb
12 Buchbinderei
der Holzbearbeitung
11 Drechslerei
Handwerksgehilfe
5 Stift
7 Geselle
12 Angestellter
handwerksmäßige
Fertigkeit
7 Routine
Handwerkszeug
3 Axt
4 Ahle, Beil, Kamm, Sieb
5 Feile, Hobel, Kelle, Saege, Zange
6 Beitel, Bohrer, Hammer, Messer, Pinsel, Raspel, Schere, Spaten
7 Buerste, Meissel, Stichel
8 Requisit, Schaufel, Spachtel
9 Laubsaege, Zollstock
10 Brecheisen, Kneifzange, Loetkolben, Stemmeisen
11 Wasserwaage
12 Bohrmaschine
15 Schraubenzieher, Schweissbrenner
Hanfabfall
4 Werg
Hanfbindfaden, Schnur
6 Kordel

Hanffaser
5 Sisal
Hanfpflanze
4 Aloe
Hang
5 Halde, Piste
6 Faible, Spleen
7 Neigung, Tendenz
8 Gefaelle, Skipiste, Steigung, Stellung, Vorliebe
9 Boeschung, Sympathie, Verlangen
Gemeinsamkeit
12 Geselligkeit
Liebhaberei
7 Passion
Tendenz
5 Trend
zur Träumerei
8 Romantik
Hängelampe
5 Ampel
Hängeleuchte
mit Glasprismen
7 Luester
Hängematte
südamerikanischer Indianer
6 Namaca, Tipoya
Hängesitzaufzug
10 Sessellift
Hängevase
5 Ampel
Hannibals
Bruder
9 Hasdrubal
Vater
8 Hamilkat
14 Hamilkar Barkas
hänseln
4 uzen
Hanseschiff
5 Kocke, Kogge
Hansestadt
4 Riga
5 Emden, Halle, Koeln, Lemgo, Memel, Reval, Soest, Thorn
6 Bergen, Berlin, Bremen, Danzig, Dorpat, Elbing, Goslar, Krakau, Wismar, Zwolle
7 Arnheim, Breslau, Bruegge, Einbeck, Hamburg, Kolberg, Luebeck, Pleskau, Rostock, Stettin, Utrecht
8 Deventer, Duisburg, Hannover, Muenster, Nowgorod
9 Amsterdam, Antwerpen, Falsterbo, Frankfurt, Lippstadt, Lueneburg, Magdeburg, Salzwedel, Stralsund
10 Osnabrueck
11 Koenigsberg
12 Braunschweig
Hanswurst
4 Narr
5 Clown
6 Kasper, Pojatz
7 Pierrot
8 Harlekin, Kasperle, Witzbold
11 Spassmacher
13 Possenreisser
des englischen Puppenspiels
5 Punch
des italienischen Volkstheaters
10 Pulcinella
Happen
6 Bissen, Imbiss, Stueck
Happening
7 Meeting, Treffen
8 Ereignis
10 Geschehnis
13 Veranstaltung
Harakiri
7 Freitod
10 Selbstmord
Haremssklavin
8 Odaliske
Haremswächter
6 Eunuch
Häresie
8 Ketzerei
Häretiker
6 Ketzer
harfenähnliches
Klavichord
5 Gusli
harfenartiges
Instrument
4 Lyra
5 Leier
Harfenzither
5 Rotta
Harke
6 Rechen
Harlekin
4 Narr
9 Hanswurst
10 Arlecchino
Harm
4 Gram, Leid
5 Sorge
6 Kummer
7 Schmerz
12 Verbitterung
13 Enttaeuschung
harmlose
Schlange
12 Ringelnatter
harmloses
Tanzvergnügen
10 Ringelpiez
Harmonie
6 Friede
7 Einheit, Frieden
8 Ebenmass, Einklang, Wohllaut
9 Einigkeit, Eintracht, Konsonanz, Verstehen, Wohlklang
11 Gleichklang
12 Einvernehmen
13 Einmuetigkeit
14 Verstaendigung
16 Uebereinstimmung
Harmonielehre
8 Harmonik
harmonieren
14 sympathisieren, zusammenpassen
15 uebereinstimmen
Harmonika
8 Quetsche
9 Akkordeon, Bandoneon, Bandonion, Euphonium, Glasharfe
10 Faltenbalg, Konzertina
15 Schifferklavier
harmonische
Tonfolge
7 Melodie
8 Einklang
16 Uebereinstimmung
harmonischer
Ton
5 Klang
Harn
4 Urin
Harnisch
3 Wut
4 Zorn
6 Panzer
7 Kuerass
8 Halsberg, Ruestung
Harnsäuresalz
4 Antu, Urat
Harnverhaltung
8 Ischurie
Harpune
5 Speer
6 Spiess
9 Wurfspeer
10 Wurfspiess
harpunenartiges
Fischfanggerät
5 Elger
Harpunenwerfer
9 Harpunier
11 Harpunierer
harren
6 warten
8 erwarten
härtbares
Eisen
5 Stahl
harte
Außenhülle
6 Kruste
Gesteinsart
5 Gneis
6 Granit
Tonart
3 Dur
Härte
7 Strenge
10 Konsequenz, Widerstand
harter
Innenteil
4 Kern
Körper in einem Innenorgan
11 Gallenstein, Nierenstein
Tonschiefer
6 Adinol
hartes
Edelholz
8 Mahagoni
Exerzieren
5 Drill
Metall
5 Chrom, Titan
6 Tantal
Mineral
5 Stein
6 Basalt
Platinmetall
7 Iridium
härtestes
Material
7 Diamant

hartgebrannter
Ziegelstein
7 Klinker
hartgefrorener
Schnee
6 Harsch
hartgekochtes
Salzei
5 Solei
Hartgeld
6 Muenze
Hartgewebe
7 Resitex
Hartgummi
6 Ebonit
Hartgummischeibe
beim Eishockey
4 Puck
Hartgussform
7 Kokille
Hartholz
6 Makore
9 Eisenholz, Kasuarine
für Einlegearbeiten
5 Paduk
Hartkäse
5 Gouda
7 Cheddar, Chester, Gruyere
10 Emmentaler
aus der Schweiz
6 Sbrinz
Hartmetall
5 Chrom, Titan, Widia
hartnäckig
4 stur, zaeh
8 obstinat
9 verbissen
10 beharrlich, konsequent, persistent
11 halsstarrig
12 unnachgiebig
Hartnäckigkeit
10 Persistenz
11 Obstination
15 Halsstarrigkeit
Hartriegelgewächs
6 Cornus
8 Liguster
Hartschalenfrucht
4 Nuss
6 Mandel
7 Walnuss
8 Paranuss
9 Haselnuss, Kokosnuss
hart, streng
4 fest
6 eisern
7 rigoros
10 drakonisch
behandeln
9 striegeln
Hartung
6 Januar
7 Jaenner
Härtungsmittel
gegen Verwitterung
5 Fluat
Hartwurst
6 Salami
10 Landjaeger
Hartziegel
7 Klinker
Harz
5 Asant, Elemi, Kopal, ◆ Myrre
6 Benzoe, Dammar, Guajak, Mastix, Myrrhe, Storax, Styrax
7 Galipot, Ladanum
8 Sandarak
9 Bernstein, Gummigutt, Kautschuk, Schellack, Terpentin, Weihrauch
südasiatischer Pflanzen
5 Gutti
Harzabflussrinne
am Baum
6 Lachte
Harzfelsen
in Thale
10 Rosstrappe
Harzflüßchen
4 Eine, Ilse
Harzgemisch
in kath. Gottesdiensthandlungen
9 Weihrauch
Harzkurort
8 Schierke
9 Bad Sachsa, Braunlage
11 Bad Harzburg, Wernigerode
Harzmassiv
7 Brocken
Harzöl
9 Terpentin
Harzprodukt
10 ◆ Kolofonium
11 Kolophonium
harzreiches
Nadelholz
4 Kien
Hasard
6 Glueck, Risiko, Zufall
12 Gluecksspiel
Hasardeur
14 Gluecksspieler
Hasardspiel
der Seeleute
3 Nap
Häscher
7 Buettel, Scherge
Haschisch
9 Marihuana
rauchen
6 kiffen
Haschischraucher
6 Kiffer
Hase
im Märchen
5 Lampe
11 Muemmelmann
12 Meister Lampe
Haselmaus
5 Bilch, Relle
9 Schlaefer
10 Schlafmaus
Haselschwamm
7 Porling
Haselwurz
6 Asarum
Haselwurzkampfer
6 Asaron
Hasenampfer
9 Sauerklee
hasenartiges
Tier
4 Mara, Pika
5 Aguti, Conie, Lapin
7 Kaphase
8 Eselhase, Feldhase
9 Alpenhase, Kaninchen, Karnickel, Pfeifhase, Polarhase, Stallhase, Tolaihase
10 Angolahase, Chinchilla, Murmeltier, Pampashase, Schneehase
11 Marokkohase, Umfaerbhase, Yarkandhase
12 Rotkaninchen
13 Hauskaninchen, Waldkaninchen, Wildkaninchen
14 Alpenpfeifhase, Mosambiquehase, Sumpfkaninchen, Zwergpfeifhase
15 Alpenschneehase, Felsenpfeifhase, Riukiukaninchen, Wasserkaninchen
16 Borstenkaninchen, Sumatrakaninchen
17 Halsbandpfeifhase
Hasenbein
4 Lauf
Hasenbock
7 Rammler
Hasenfell
5 Kanin
Hasenherz
5 Memme
8 Feigling, Kriecher
11 Duckmaeuser
13 Drueckeberger
Hasenlager
5 Sasse
Hasenmännchen
7 Rammler
Hasenmaus
8 Wollmaus
10 Chinchilla
Hasenohr
4 Pilz
6 Kuchen
7 Loeffel
10 Becherling, Mehlspeise
11 Becherspilz
Hasenpanier
5 Angst
6 Flucht, Furcht
8 Feigheit
Hasenschwanz
5 Blume
Hasenweibchen
5 Zibbe
6 Haesin
8 Satzhase, Setzhase
Häsin
5 Zibbe, Zippe
Hass
5 Groll, Makel, Odium
7 Abscheu
9 Ablehnung, Abneigung
10 Antipathie, Verachtung
11 Feindschaft
hasserfüllte
Angst vor Nebenbuhler
10 Eifersucht
hässlich
4 mies

hässliche
Angewohnheit
5 Unart
6 Laster
hässliches
Nagetier
5 Ratte
Ungetüm
8 Scheusal
Hast
4 Eile
5 Hetze, Tempo
6 Unrast
8 Hetzjagd, Schnelle, Ungeduld
13 Schnelligkeit
hasten
5 eilen, fegen, jagen, pesen, rasen
6 hetzen, laufen, rennen, wetzen
hastig
5 eilig, flugs, rasch
7 gehetzt, schnell
12 beschleunigt
hätscheln
9 liebkosen
Hatz
5 Hetze
Haube
4 Dach, Helm
5 Kappe
6 Deckel, Hennin, Muetze, Schopf, Schutz
7 Aufsatz, Kalotte
8 Woelbung
10 Kuppeldach, Verschluss
11 Federschopf
13 Kopfbedeckung
an Kleidungsstücken
6 Kapuze
Haubenpapagei
6 Kakadu
Haubitze
9 Geschuetz
Hauch
2 Od
3 Aic
4 Atem, Aura, Duft, Odem, Spur
5 Puste, Touch
6 Anflug, Pneuma
7 Luftzug
8 Spiritus
Atem (Sanskrit)
5 Prawa
hauchen
5 atmen
Hauchlaut
8 Aspirata
Haudegen
5 Recke, Waffe
6 Kaempe, Soldat
7 Veteran
8 Kaempfer
9 Hiebwaffe
11 Teufelskerl
12 Draufgaenger
14 Allerweltskerl
Haue
5 Hacke, Hiebe, Keile, Senge
6 Tracht
7 Dresche, Pruegel
8 Schlaege
9 Abreibung
Häuer, Hauer
8 Bergmann

Haufen
4 Pulk, Wust
5 Masse, Menge, Schar, Stoss
6 Anzahl, Batzen, Stapel
Haufenwolke, -wolken
6 Kumuli
7 Kumulus
häufig
3 oft
7 oftmals
8 mehrfach, staendig
10 wiederholt
12 regelmaessig
besuchen
13 frequentieren
häufige
Folge einer Embolie
7 Infarkt
lästige Bitte
8 Fragerei
häufiger
Name kleiner Flüsse
3 Ach
4 Ache
häufiges
Auftreten einer Krankheit
6 Seuche
Häufigkeit
8 Frequenz
10 Wiederkehr
Häufung
12 Akkumulation
gleicher Anfangsbuchstaben
11 Tautazismus
Menge
5 Masse
Haumesser
7 Machete
Haun
3 Uhu
Haupt
4 Boss, Chef, Kopf
6 Leiter, Spitze
7 Fuehrer
8 Gebieter, Oberster, Schaedel, Scheitel
9 Anfuehrer
der Asen
4 Odin
Hauptabteilung
in Mischna und Talmud
5 Seder
Hauptachse
der Bäume
5 Stamm
Hauptalkaloid
der Brechwurzel
6 Emetin
Hauptarm
der Rheinmündung
4 Waal
Hauptbahnhof
14 Zentralstation
Hauptbegriff
6 Essenz
Hauptbestandteil
der Terpentinöle
5 Pinen
Hauptbetriebszeit
6 Saison
8 Kampagne

Hauptbrücke
in Venedig
6 Rialto
Hauptbuch
7 Journal
10 Kontenplan
Haupteingang
6 Portal
8 Haustuer
Haupterreger
von Gärung
4 Hefe
Hauptfach
12 Spezialitaet
Hauptfechter
im Stierkampf
6 Espada
Hauptfigur
9 Romanheld
11 Protagonist
12 Titelgestalt
Hauptfluss
5 Strom
der Mandschurei
5 Liauh
des Libanon
3 Asi
in Böhmen
6 Moldau
in England
6 Themse
in Italien
2 Po
in Kuba
5 Cauto
Hauptform
der Ausbildung an Universitäten
13 Direktstudium
Hauptgebäude
der Ritterburg
5 Palas
in Badeorten
7 Kurhaus
Hauptgedanke
5 Thema
11 Quintessenz
Hauptgedankenkreis
8 Thematik
Hauptgeschäft
8 Zentrale
Hauptgeschäftsstraße
in Tokio
5 Ginza
Hauptgeschäftszeit
6 Saison
Hauptgeschoss
8 Beletage
Hauptgestalt
einer Dichtung
4 Held
Hauptgott
der Amoriter
6 Amurru
der Germanen
4 Odin
5 Wotan
der Griechen
4 Zeus
der Philister
5 Dagon
der Römer
7 Jupiter

der Urartäer
6 Chaldi
des Hinduismus
6 Schiwa
des japanischen Buddhismus
5 Amida
Hauptgrundsatz
6 Maxime
Haupthafen
von Kongo
6 Matadi
von Samoa
4 Apia
Hauptheiligtum
des Islam
5 Kaaba
Hauptinhalt
7 Extrakt
11 Quintessenz
Hauptinsel
der Marianen
4 Guam
der Philippinen
5 Luzon
der Riukiu-Inseln
7 Okinawa
Japans
5 Hondo
6 Honshu
7 Honschu, Kiuschu
8 Hokkaido, Schikoku
Hauptkämpfer
im Stierkampf
6 Espada
7 Matador
Hauptkirche
3 Dom
8 Basilika, Muenster
10 Kathedrale
Häuptling
6 Kazike, Sachem
7 Scheich
Hauptmahlzeit
5 Diner
6 Dinner, Mittag
11 Mittagessen
der Römer
4 Cena
Hauptmasse
4 Gros
8 Mehrheit
9 Ueberzahl
10 Majoritaet
des Körpers
5 Rumpf
Hauptmeister
der Kirchenmusik
5 Dufay
Hauptnische
der Kirche
5 Apsis
Hauptort
der amerikanischen Filmproduktion
9 Hollywood
der Cook-Inseln
6 Awarua
der Herzegowina
6 Mostar
der Insel Flores
5 Endeh
der Insel Timor
6 Kupang
der Komoren
6 Moroni
der Mönchsrepublik Athos
6 Karyas
von Andorra
14 Andorra la Vella
von Athos
6 Karyai
von Guam
5 Agana
von Neukaledonien
6 Noumea
von Osttirol
5 Lienz
von Troas
5 Troja
von Zululand
6 Eshowe
Hauptperson
einer Feier
7 Jubilar
9 Jubilarin
Hauptpflanze
der Wiesen
4 Gras
Hauptplatz
vieler Städte
5 Markt
Hauptpreis
9 Grand Prix
Hauptpriel
im Wattenmeer
6 Seegat
Hauptpunkt
6 Pointe
Hauptquartier
der NATO (Abk.)
5 Shape
Hauptraum
der Burg
5 Palas
des altrömischen Hauses
6 Atrium
im antiken Tempel
5 Cella
Hauptreisezeit
6 Saison
Hauptsache
4 Clou, Kern, Witz
5 Wesen
6 Gehalt, Pointe
7 Extrakt, Zentrum
8 Substanz
9 Kernpunkt
11 Quintessenz
hauptsächlich
7 kapital
hauptsächlicher
Beweggrund
9 Leitmotiv
Hauptschlagader
5 Aorta
Hauptschneide
am Pflug
5 Schar
Hauptspeise
der Tibeter
6 Dsamba
Hauptspieler
im No-Drama
5 Shite
Hauptstadt
8 Kapitale, Residenz
9 Metropole
14 Regierungssitz
Assyriens
6 Ninive
auf Bornholm
6 Roenne
auf Elba
12 Portoferrajo
auf Gotland
5 Visby, Wisby
auf Grönland
8 Godthaab
auf Korsika
7 Ajaccio
auf Luzon
6 Manila
auf Madeira
7 Funchal
auf Mallorca
5 Palma
auf Malta
8 Valletta
auf Mauritius
9 Port Louis
auf Palma
18 Santa Cruz de la Palma
auf Teneriffa
19 Santa Cruz de Tenerife
auf Zypern
7 Nikosia
der Algarve
4 Faro
der alten Khmer
6 Angkor
der Azoren
15 Angrado Heroismo
der Bahamas
6 Nassau
der Bahreininseln
6 Manama
der Balearen
5 Palma
der Bermudainseln
8 Hamilton
der Bundesrepublik Deutschland
6 Berlin
der Chinesischen Volksrepublik
6 Peking
der Cyrenaika
7 Bengasi
der dänischen Insel Alsen
10 Sonderburg
der Dominikanischen Republik
12 Santo Domingo
der Elfenbeinküste
7 Abidjan
der Färöer-Inseln
9 Thorshavn
der Fidschi-Inseln
4 Suva
der Gesellschafts-Inseln
7 Papeete
der Goldküste (Ghana)
5 Accra
der griechischen Insel Ägina
6 Aegina
der Hawaii-Insel Oahu
8 Honolulu
der Hebriden
9 Stornoway
der Herzegowina
6 Mostar

der Insel Föhr
3 Wyk
der Insel Fünen
6 Odense
der Insel Lesbos
9 Mytuelene
der irischen Grafschaft Clare
5 Ennis
der Kapverdischen Inseln
5 Praia
der Komoren
6 Moroni
der Krim
10 Simferopol
der Malediven
4 Male
der Mandschurei
8 Hsinking
der Mark Brandenburg
7 Potsdam
der Marken (Italien)
6 Ancona
der Mongolei
9 Ulan Bator
der Niederlande
7 Den Haag
9 Amsterdam
der Normandie
5 Rouen
der Oberpfalz
10 Regensburg
der Orkneyinseln
8 Kirkwall
der Pfalz
8 Neustadt
der Philippinen
6 Manila
10 Quezon City
der Phönizier
5 Sidon, Tyros
der Provinz Kap der Guten Hoffnung
8 Kapstadt
der Republik China
6 Taipeh
der Republik Irland
6 Dublin
der Republik Jemen
4 Sana
5 Sanaa
der Republik Korea
5 Seoul
der Republik Südafrika
8 Pretoria
der Riukiuinseln
4 Naha
der russischen Halbinsel Krim
10 Simferopol
der Sandwich-Inseln
8 Honolulu
der Schweiz
4 Bern
der Seychellen-Inseln
8 Victoria
der Shetlandinseln
7 Lerwick
der Slowakischen Republik
9 Pressburg
10 Bratislava
der spanischen Insel Gran Canaria
9 Las Palmas
der Steiermark
4 Graz
der Südafrikanischen Republik
8 Pretoria
der Tongainseln
9 Nukualofa
der Toskana
7 Florenz
der Tschechischen Republik
4 Prag
der Türkei
6 Ankara
der Ukraine
4 Kiew
der USA
10 Washington
der Vereinigten Arabischen Emirate
8 Abu Dhabi
der Vereinigten Staaten von Amerika
10 Washington
der Volksdemokratischen Republik Korea
10 Pjoengjang
der Volksrepublik China
6 Peking
der Zentralafrikanischen Republik
6 Bangui
des aksumitischen Reiches
5 Aksum
des Allgäus
7 Kempten
des alten Ägypten
6 Theben
des alten Elam
4 Susa
des alten Israel
7 Samaria
des alten Lydien
6 Sardes
des alten Makedonien
5 Pella
des alten Medien
8 Ekbatana
des alten Persien
10 Persipolis
des Assyrerreiches
5 Assur
6 Ninive
des babylonischen Reiches
7 Babylon
des Banats in Rumänien
9 Timisoara
des biblischen Israel
6 Sichem
des Burgenlandes
10 Eisenstadt
des Burzenlandes
9 Kronstadt
des Chasarenreiches
4 Itil
des Ermlandes
10 Braunsberg
des Hedschas
5 Mekka
des Hethiterreiches
7 Hattusa
des Inkareiches
5 Cuzco
des Irak
6 Bagdad
des Iran
7 Teheran
des Jemen
4 Sana
des Kongo
11 Brazzaville
des Libanon
6 Beirut
des Malaiischen Bundes
11 Kuala Lumpur
des Neuassyrischen Reiches
6 Ninive
des Niger
6 Niamey
des Saarlandes
12 Saarbruecken
des Sudan
7 Karthum
des Sumerischen Reiches
2 Ur
3 Uru
4 Urim
des Tschad
8 Fort Lamy, N'Djamena
einer autonomen Republik der Russischen Föderation
3 Ufa
5 Kasan, Kysyl
6 Elista
7 Grosnyi, Ishewsk, Jakutsk, Saransk, Ulan-Ude
9 Naltschik, Syktywkar
11 Joschkar-Ola, Wladikawkas
12 Petrosawodsk, Tscheboksary
13 Machatschkala
einer Mittelmeerinsel
5 Palma
7 Ajaccio, Nicosia, Palermo
8 Cagliari, Valletta
10 Herakleion
eines europäischen Königreiches
4 Oslo
6 London, Madrid
8 Bruessel
9 Amsterdam, Stockholm
10 Kopenhagen
eines Landes
9 Metropole
eines Landes der Bundesrepublik Deutschland
4 Kiel
5 Mainz
6 Berlin, Bremen, Erfurt
7 Dresden, Hamburg, Potsdam
8 Hannover, Muenchen, Schwerin
9 Magdeburg, Stuttgart, Wiesbaden
11 Duesseldorf
12 Saarbruecken
eines nordischen Staates
4 Oslo
8 Helsinki
9 Stockholm
10 Kopenhagen
eines österreichischen Bundeslandes
4 Graz, Linz, Wien
7 Bregenz
8 Salzburg
9 Innsbruck, St. Poelten
10 Eisenstadt, Klagenfurt
Indiens
5 Delhi

in Mittelamerika
6 Belize, Mexiko, Panama
7 Managua, San Jose, San Juan
8 Kingston, La Habana
9 Guatemala
11 San Salvador, Tegucigalpa
12 Port au Prince
14 Ciudad Trujillo
in Persien und Elam im Altertum
4 Susa
in Südamerika
4 Lima
5 La Paz, Quito
6 Bogota
7 Caracas
8 Asuncion, Brasilia, Santiago
10 Montevideo
11 Buenos Aires
Hauptstadt des österr. Landes
Burgenland
10 Eisenstadt
Kärnten
10 Klagenfurt
Niederösterreich
9 St. Poelten
Oberösterreich
4 Linz
Salzburg
8 Salzburg
Steiermark
4 Graz
Tirol
9 Innsbruck
Vorarlberg
7 Bregenz
Hauptstadt des Schweizer Kantons
Aargau
5 Aarau
Appenzell Außerrhoden
7 Herisau
Appenzell Innerrhoden
9 Appenzell
Basel Land
7 Liestal
Basel Stadt
5 Basel
Bern
4 Bern
Freiburg
8 Freiburg, Fribourg
Genf
4 Genf
6 Geneve
Glarus
6 Glarus
Graubünden
4 Chur
Luzern
6 Luzern
Neuenburg
9 Neuchatel, Neuenburg
Nidwalden
5 Stans
Obwalden
6 Sarnen
Schaffhausen
12 Schaffhausen
Schwyz
6 Schwyz
St. Gallen
8 St. Gallen
11 Sankt Gallen
Tessin
10 Bellinzona
Thurgau
10 Frauenfeld
Uri
7 Altdorf
Waadt
8 Lausanne
Wallis
4 Sion
Zug
3 Zug
Zürich
7 Zuerich
Hauptstadt des US-Bundesstaates
Alabama
10 Montgomery
Alaska
6 Juneau
Arkansas
10 Little Rock
Colorado
6 Denver
Columbia, District of Columbia
10 Washington
Connecticut
8 Hartford
Conneticut
8 Hartford
Delaware
5 Dover
Florida
11 Tallahassee
Georgia
7 Atlanta
Hawaii
8 Honolulu
Idaho
5 Boise
9 Boise City
Illinois
11 Springfield
Indiana
12 Indianapolis
Iowa
9 Des Moines
Kalifornien
10 Sacramento
Kansas
6 Topeka
Kentucky
9 Francfort, Frankfort
Louisiana
10 Baton Rouge
Maine
7 Augusta
Maryland
9 Annapolis
Massachusetts
6 Boston
Michigan
7 Lansing
Minnesota
9 Saint Paul
Mississippi
7 Jackson
Missouri
9 Jefferson
13 Jefferson City
Montana
6 Helena
Nebraska
7 Lincoln
Nevada
10 Carson City
New Hampshire
7 Concord
New Jersey
7 Trenton
New Mexico
7 Santa Fe
New York
6 Albany
North Carolina
7 Raleigh
North Dakota
8 Bismarck
Ohio
8 Columbus
Oklahoma
12 Oklahoma City
Oregon
5 Salem
Pennsylvania
10 Harrisburg
Rhode Island
10 Providence
South Carolina
8 Columbia
South Dakota
6 Pierre
Tennessee
9 Nashville
Texas
6 Austin
Utah
12 Salt Lake City
Vermont
10 Montpelier
Virginia
8 Richmond
Washington
7 Olympia
West Virginia
10 Charleston
Wisconsin
7 Madison
Wyoming
8 Cheyenne
Hauptstadt von:
Abessinien, Äthiopien
10 Addis Abeba
Afghanistan
5 Kabul
Ägypten
5 Kairo
Alaska
6 Juneau
Albanien
6 Tirana
Algerien
6 Algier
Amazonas
6 Manaus
Andalusien
7 Sevilla
Andorra
14 Andorra la Vella
Angola
6 Loanda, Luanda
Annam
3 Hue
Antigua und Barbuda
10 Saint Johns

Apulien
4 Bari
Äquatorial-Guinea
6 Malabo
Argentinien
11 Buenos Aires
Argolis
7 Nauplia
8 Nafplion
Arizona
7 Phoenix
Arkansas
10 Little Rock
Armenien
6 Eriwan
7 Jerewan
Aserbaidschan
4 Baku
Assam
6 Dispur
8 Shillong
Assyrien
5 Assur
6 Ninive
Äthiopien, Abessinien
10 Addis Abeba
Australien
8 Canberra
Baden-Württemberg
9 Stuttgart
Bahamas
6 Nassau
Bahrein
6 Manama
Baktrien
6 Baktra
Bali
8 Denpasar
Bangladesch
5 Dacca
Barbados
10 Bridgetown
Baschkirien
3 Ufa
Basutoland
6 Maseru
Bayern
8 Muenchen
Belgien
8 Bruessel
9 Bruxelles
Belize
8 Belmopan
11 Belize Stadt
Belorussland
5 Minsk
Bengalen
8 Calcutta
Benin
9 Porto Novo
Betschuanaland
8 Mafeking
Bhutan
7 Punakha, Thimbhu, Thimphu
Bihar (Indien)
5 Patna
Böhmen
4 Prag
Bolivien
5 La Paz
Bornholm
6 Roenne
Bosnien-Herzegowina
8 Sarajevo
Botswana
8 Gaborone
Brandenburg
7 Potsdam
Brasilien
8 Brasilia
Brunei
7 Begawan
17 Bandar Seri Begawan
Bulgarien
5 Sofia
Burkina Faso
11 Ouagadougou
Burundi
8 Usumbura
9 Bujumbura
Cabinda
7 Cabinda
California
10 Sacramento
Celebes
8 Makassar
Chile
15 Santiago de Chile
China, Republik
6 Taipeh
China, Volksrepublik
6 Peking
Colorado
6 Denver
Costa Rica
7 San Jose
Cote d'Ivoire
12 Yamoussoukro
Cuba, Kuba
7 Havanna
8 La Habana
Cypern, Zypern
7 Nikosia
Dänemark
10 Kopenhagen
Deutschland
6 Berlin
Dominica
6 Roseau
Dschibuti
8 Djibouti
9 Dschibuti
Ecuador
5 Quito
Eire, Irland
6 Dublin
Elam
4 Susa
El Salvador
11 San Salvador
England
6 London
Eritrea
6 Asmara
Estland
5 Reval
7 Tallinn
Fidschi
4 Suva
Finnland
8 Helsinki
Frankreich
5 Paris
Französisch-Guayana
7 Cayenne
Gabun
10 Libreville
Gambia
6 Banjul
8 Bathurst
Georgien
6 Tiflis
8 Tbilissi
Ghana
5 Accra, Akkra
Goa (Indien)
6 Pangim
Grenada
12 Saint Georges
Griechenland
5 Athen
Grönland
7 Godthab
Großbritannien
6 London
Guadeloupe
10 Basse-Terre
Guam
5 Agana
Guatemala
9 Guatemala
13 Guatemala City
Guinea
7 Conakry
Guinea-Bissau
6 Bissau
Guyana
10 Georgetown
Haiti
12 Port au Prince
Hessen
9 Wiesbaden
Holland
7 Den Haag
9 Amsterdam
Honduras
11 Tegucigalpa
Indien
8 Neu Delhi
Indonesien
8 Djakarta
Irland, Eire
6 Dublin
Island
9 Reykjavik
Israel
9 Jerusalem
Italien
3 Rom
Jamaika
8 Kingston
Japan
5 Tokio
Jemen
4 Sana
5 Sanaa
Jordanien
5 Amman
Jugoslawien (Rest-)
7 Belgrad, Beograd
Kambodscha
9 Phnompenh
Kamerun
6 Jaunde
7 Yaounde
Kanada
6 Ottawa

Kärnten
10 Klagenfurt
Kasachstan
6 Almaty
7 Alma-Ata
Kaschmir
8 Srinager
Katar, Qatar
4 Doha
Kenia
7 Nairobi
Kirgisistan
8 Bischkek
Kiribati
7 Bairiki
Kolumbien
6 Bogota
Kongo
11 Brazzaville
Korea, Republik
5 Seoul
Korea, Volksdemokratische Republik
10 Pjoengjang
Korsika
7 Ajaccio
Kosovo
8 Pristina
Kreta
9 Heraklion
Kroatien
6 Zagreb
Kuba, Cuba
7 Havanna
8 La Habana
Kurland bis 1940
5 Libau
Kuwait
6 Kuwait
Laos
9 Vientiane
Lesotho
6 Maseru
Lettland
4 Riga
Libanon
6 Beirut
Liberia
8 Monrovia
Libyen
8 Tripolis
Liechtenstein
5 Vaduz
Litauen
5 Wilna
7 Vilnius
Lothringen
4 Metz
Luxemburg
9 Luxemburg
Lydien
6 Sardes
Madagaskar
10 Tananarive
12 Antananarivo
Madeira
7 Funchal
Mähren
6 Bruenn
Makedonien
6 Skopje
Malawi
8 Lilongwe
Malaysia
11 Kuala Lumpur
Mali
6 Bamako
Mallorca
5 Palma
15 Palma de Mallorca
Malta
8 Valletta
Marokko
5 Rabat
Martinique
12 Fort de France
Mauretanien
10 Nuakschott
Mauritius
9 Port Louis
Mecklenburg-Vorpommern
8 Schwerin
Menorca (Balearen)
5 Mahon
Mexico
10 Mexico City
14 Ciudad de Mexico
Mittelfranken
7 Ansbach
Mocambique
6 Maputo
Moldau, Moldawien
8 Chisinau
9 Kischinau
Monaco
6 Monaco
Montenegro
9 Podgorica
Mosambik
6 Maputo
15 Lourenco Marques
Myanmar (ehem. Birma)
6 Rangun
Namibia
7 Windhuk
8 Windhoek
Nauru
5 Makwa, Yaren
Nepal
8 Katmandu
Neufundland
10 Saint Johns
Neuguinea
11 Port Moresby
Neukaledonien
5 Numea
Neuseeland
10 Wellington
Nicaragua
7 Managua
Niederbayern
8 Landshut
Niedersachsen
8 Hannover
Niger
6 Niamey
Nigeria
5 Abuja
Njassaland
5 Zomba
Nordaustralien
6 Darwin
Nordirland
7 Belfast
Nordkorea
10 Pjoengjang, Pjoengyang
Nordmähren
6 Ostrau
Nordrhein-Westfalen
11 Duesseldorf
Norwegen
4 Oslo
Oberfranken
8 Bayreuth
Oberösterreich
4 Linz
Oman
6 Maskat
Österreich
4 Wien
Ostflandern
4 Gent
Pakistan
9 Islamabad
Panama
10 Panama City
14 Ciudad de Panama
Papua-Neuguinea
11 Port Moresby
Paraguay
8 Asuncion
Peru
4 Lima
Polen
8 Warschau
Portugal
6 Lisboa
8 Lissabon
Puerto Rico
7 San Juan
Qatar, Katar
4 Doha
Queensland
8 Brisbane
Reúnion
7 St. Denis
Rheinland-Pfalz
5 Mainz
Ruanda
6 Kigali
Rumänien
8 Bukarest
Russland (Russische Föderation)
6 Moskau
Saba (Antillen)
6 Bottom
Sachsen
7 Dresden
Sachsen-Anhalt
9 Magdeburg
Sahara
7 El Aaiun
Salzburg
8 Salzburg
Sambia
6 Lusaka
Sankt Helena
9 Jamestown
San Marino
9 San Marino
Sao Tome und Principe
7 Sao Tome
Sardinien
8 Cagliari
Saudi-Arabien
4 Riad
6 Er Riad
7 Er Rijad

Schlesien
7 Breslau
Schleswig-Holstein
4 Kiel
Schottland
9 Edinburgh
Schweden
9 Stockholm
Senegal
5 Dakar
Serbien
7 Belgrad, Beograd
Siebenbürgen
4 Cluj
11 Klausenburg
Sierra Leone
8 Freetown
Sikkim
7 Gangtok
Simbabwe, Zimbabwe
6 Harare
Singapur
8 Singapur
Sizilien
7 Palermo
Slowenien
7 Laibach
9 Ljubljana
Solothurn
9 Solothurn
Somalia
10 Mogadischu
Spanien
6 Madrid
Spitzbergen
12 Longyearbyen
Sri Lanka
7 Colombo
St. Kitts und Nevis
10 Basseterre
St. Lucia
8 Castries
St. Vincent und die Grenadinen
9 Kingstown
Südafrika
8 Pretoria
Südaustralien
8 Adelaide
Südkorea
5 Seoul
Südtirol
5 Bozen
7 Bolzano
Surinam
10 Paramaribo
Swasiland
7 Mbabane
Syrien
8 Damaskus
Tadschikistan
9 Duschanbe
Tahiti
7 Papeete
Taiwan
6 Taipeh
Tansania
6 Dodoma
8 Sansibar
11 Daressalaam
Tasmanien
6 Hobart
Telemark (Norwegen)
5 Skien
Thailand
7 Bangkok
Thüringen
6 Erfurt
Tibet
5 Lhasa
Timor
4 Dili
Tirol
9 Innsbruck
Togo
4 Lome
Tonga
9 Nukualofa
Trinidad und Tobago
11 Port of Spain
Troas
5 Troja
Tschad
8 Fort Lamy, Ndjamena
Tunesien
5 Tunis
Turkmenistan
10 Aschchabad
Uganda
7 Kampala
Ungarn
8 Budapest
Unterfranken
9 Wuerzburg
Uruguay
10 Montevideo
Usbekistan
9 Taschkent
Vanuatu
8 Port Vila
Venezuela
7 Caracas
Vietnam
5 Hanoi
Vorarlberg
7 Bregenz
Wales
7 Cardiff
Wallis
6 Sitten
Weißrussland
5 Minsk
Westaustralien
5 Perth
Westflandern
7 Bruegge
Westsamoa
4 Apia
Yucatan (Mexiko)
6 Merida
Zaire
8 Kinshasa
Zypern, Cypern
7 Nikosia
Hauptstelle
8 Zentrale
Hauptstern
des Orion
5 Rigel
im Adler
5 Atair
im Fuhrmann
7 Capella, Kapella
im Großen Bären
5 Mezar
im Großen Hund
6 Sirius
im Kleinen Hund
7 Prokyon
im Löwen
7 Regulus
im Pegasus
7 Algenib
im Perseus
5 Algol
im Schwan
5 Deneb
im Skorpion
7 Antares
im Stier
9 Aldebaran
im Walfisch
4 Mira
im Zwilling
6 Kastor
in der Cassiopeia
7 Schedir
in der Jungfrau
5 Spika
in der Krone
5 Gemma
in der Leier
4 Wega
in der Schlange
4 Unuk
Hauptstraße
10 Magistrale
in Berlin
6 Kudamm
14 Unter den Linden
15 Kurfuerstendamm
in Düsseldorf
12 Koenigsallee
in London
10 Piccadilly
in München
14 Leopoldstrasse, Ludwigsstrasse
17 Maximilianstrasse
in New York
8 Broadway
in Paris
13 Champs-Elysees
in St. Petersburg
14 Newskiprospekt
Hauptstrom
des westlichen Sibirien
2 Ob
in Pakistan
5 Indus
in Russland
5 Wolga
Hauptteil
der alten Mark Brandenburg
7 Kurmark
der ärztlichen Ausbildung
8 Klinikum
der katholischen Messe
5 Kanon
11 Offertorium
der mittelalterlichen Burg
5 Palas
des Nervensystems
4 Hirn
6 Gehirn
eines Dramas
3 Akt
Haupttür
6 Pforte
7 Eingang

Hauptturm
der Burg
9 Bergfried
Hauptverkehr
8 Rush-hour, ◆ Rushhour
9 Stosszeit
Hauptversammlung
18 Generalversammlung
Hauptvolk
der Kelten
7 Gallier
Hauptwerk
der Kabbala
5 Sohar
Humboldts
6 Kosmos
Hauptwort
5 Nomen
8 Dingwort
10 Substantiv
Hauptzeit
6 Saison
Hauptzeuge
9 Kronzeuge
Hauptzufluss
der Weser
5 Aller
Haus
3 Bau
4 Heim
5 Firma, Sippe, Villa, Zweig
6 Huette
7 Bauwerk, Betrieb
8 Bungalow, Gebaeude, Gehaeuse, Pavillon
9 Geschaeft
10 Fertighaus
11 Unternehmen
12 Mietskaserne
13 Wolkenkratzer
eines Feldarbeiters
4 Kate
für Geisteskranke
12 Irrenanstalt
17 Nervenheilanstalt
für Geselligkeiten
6 Kasino
für Kunstausstellungen
6 Museum
7 Galerie
oder Tischglocke
4 Gong
Hausabschluss
4 Dach
Hausanbau
5 Erker
Hausangestellte
4 Magd
7 Koechin
8 Dienerin, Maedchen, Personal
9 Haushilfe
13 Haushaelterin
14 Dienstmaedchen, Wirtschafterin
Hausangestellter
5 Lakai
6 Butler, Diener
7 Bursche
Hausarbeit
7 Aufgabe
10 Exerzitium
11 ◆ Staub saugen
Hausart
9 Eigenheim
12 Mietskaserne
Hausbeschreibung
11 Oekographie
Hausbesitzer, -wirt
9 Vermieter
Hausbewohner
6 Mieter
7 Insasse
Hausboot
6 Sampan
Häuschen
im Grünen
11 Gartenlaube
Hauseingang
3 Tor
4 Tuer
5 Tuere
6 Pforte, Portal
8 Torbogen
Häuser
an Seen
11 Pfahlbauten
häuserfreie
Stelle
5 Platz
Häuserkomplex
5 Block, Reihe
6 Karree
8 Quartier, Siedlung
Häuservermittler
6 Makler
Hauserweiterung
5 Anbau
11 Aufstockung
Häuserzwischenraum
7 Bauwich
Hausfest
4 Fete
5 Party
Hausflur
3 Ern
4 Eren, Gang
5 Diele, Flett, Fletz
7 Vorraum
8 Korridor
9 Vestibuel
Hausfrauenkleidungsstück
14 Kittelschuerze
15 Kuechenschuerze
Hausfront
7 Fassade
Hausgeist
4 Puck
5 Wicht, Zwerg
6 Kobold
16 Heinzelmaennchen
Hausgerät
6 Moebel
Hausgötter
der alten Römer
5 Laren, Manen
7 Penaten
Hausgrille
8 Heimchen
Haushalt
4 Etat
6 Budget
sparsame Wirtschaft
6 Menage
Haus halten
6 sparen
9 verwalten
12 wirtschaften
haushälterisch
9 rationell
11 oekonomisch
Haushaltsgefäß, -gerät, -geschirr
3 Mop
4 Dose, Etui, Foen, Form, Glas, Herd, Krug, ◆ Mopp, Napf, Sieb, Topf, Trog, Vase, Wolf
5 Besen, Eimer, Gabel, Grill, Kanne, Kelle, Kruke, Mixer, Reibe, Satte, Tasse, Teeei, Wanne
6 Ascher, Becher, Hammer, Kessel, Leiter, Messer, Pfanne, Pforte, Schale, Teller, Tiegel
7 Buechse, Flasche, Karaffe, Loeffel, Oeffner, Terrine
8 Backofen, Brotkorb, Kochherd, Kochtopf, Oelkanne, Sauciere, Schaufel, Teekanne, Teetasse, Weckglas
9 Blechdose, Entsafter, Handfeger, Milchtopf, Nudelholz, Porzellan, Putzeimer, Reibeisen, Schrubber, Schuessel, Staubtuch, Teekessel
10 Bratpfanne, Brotteller, Butterdose, Eierbecher, Eisschrank, Kasserolle, Milchkanne, Muelleimer, Obstschale, Obstteller, Schmortopf, Untertasse, Zuckerdose
11 Abfalleimer, Buegelbrett, Buegeleisen, Einmachglas, Kaffeekanne, Kaffeetasse, Kohleneimer, Kuchenblech, Muellkasten, Nudelwalker, Nussknacker, Salzstreuer, Scheuertuch, Staubsauger, Waffeleisen, Waschbuette, Wassereimer
12 Blechbuechse, Brotmaschine, Dosenoeffner, Elektrogrill, Kaffeemuehle, Kuehlschrank
13 Pfeffermuehle, Waschmaschine
14 Kaffeemaschine, Teppichklopfer, Tiefkuehltruhe
15 Buechsenoeffner, Flaschenoeffner, Schnellkochtopf, Teppichmaschine
16 Dampfbuegeleisen
17 Kartoffelschaeler
Haushaltsplan
4 Etat
6 Budget
11 Voranschlag
Hausherr
4 Wirt
Haushofmeister
6 Butler
9 Marschall
im Mittelalter
5 Meier
10 Majordomus
Haushuhnrasse
5 Moewe
Haushund
6 Beagle

Hausierer
6 Hoeker
Hausierhandel
10 Kolportage
Hauskleid
7 Neglige
Hausknecht
3 Enk
Häuslerwohnung
4 Kate
Häuslichkeit
14 Gemuetlichkeit
Hausmeier
der Merowinger
10 Majordomus
Hausmeister
6 Pedell
7 Pendell, Portier
8 Hauswart
9 Kalfakter, Kastellan, Verwalter
Hausmeisterin
in Frankreich
9 Concierge
Hausmittel
gegen Grippe
10 Schwitzkur
Hausöffnung
7 Eingang, Fenster
8 Haustuer
Hausplatz
3 Hof
Hausrat
3 Gut
4 Habe
6 Moebel
7 Mitgift
8 Geschirr, Mobiliar
Hausrind
5 Ochse
Hausrock
5 Joppe
6 Janker
Hausschuh
6 Latsch
9 Pantoffel, Schlappen
Hausse
4 Boom
10 Aufschwung
11 Kursanstieg
Haussier
9 Spekulant
Haussperling
5 Spatz
Hausteil
5 Boden, Mauer
Haustelefon
12 Sprechanlage
Haustier
3 Jak, Kuh, Ren, Sau, Yak
4 Affe, Arni, Bock, Eber, Ente, Esel, Gans, Hahn, Hase, Huhn, Hund, Kalb, Lama, Lamm, Mara, Muli, Pako, Pfau, Pony, Pute, Rind, Ross, Vieh, Zebu
5 Biene, Bulle, Erpel, Fisch, Geiss, Henne, Kamel, Kater, Katze, Mulus, Ochse, Pferd, Puter, Ruede, Schaf, Stier, Stute, Taube, Vogel, Welpe, Zibbe, Zicke, Ziege
6 Alpaka, Eselin, Faerse, Ferkel, Fohlen, Ganter, Glucke, Gockel, Hammel, Hengst, Kapaun, Kueken, Sterke, Tauber, Widder, Zickel
7 Bueffel, Fuellen, Goessel, Hamster, Huendin, Kerabau, Kuecken, Raeuber, Rammler, Rentier, Schoeps, Schwein, Taeuber, Wallach
8 Dromedar, Enterich, Grautier, Maulesel, Maultier, Perlhuhn, Pfauhahn, Poularde, Truthahn
9 Goldfisch, Kaninchen, Karnickel, Pfauhenne, Schafbock, Truthenne, Zwerghase, Zwerghuhn
10 Taeuberich
11 Goldhamster
13 Kanarienvogel, Wellensittich
14 Nymphensittich
der Indios
4 Lama
der Lappen
3 Ren
7 Rentier
der Wüstenländer
5 Kamel
des Orients
5 Kamel
8 Dromedar
in Südamerika
4 Lama
mit weißem Stirnfleck
6 Blesse
reiner Abstammung
9 Rassehund
Haustiere
4 Vieh
Haus-, Tischglocke
4 Gong
Haustürklingel
6 Glocke
7 Schelle
Haustyp
an Gewässern
8 Pfahlbau
Hausuntergeschoss
6 Keller
Hausvorbau
5 Altan, Erker
6 Balkon, Loggia
7 Veranda
9 Choerlein
Hauswart
7 Portier
Hauswirt
9 Vermieter
Hauswurz
11 Sempervivum
Haut
4 Balg, Fell
5 Cutis, Decke, Derma, Leder, Pelle
6 Corium, Huelle, Schale, Schutz
7 Schicht
9 Epidermis
11 Regenschutz
am Geweih
4 Bast
des Schwarzwildes
8 Schwarte
Hautabschürfung
8 Schrunde
Hautabsonderung
8 Schweiss
Hautarzt
11 Dermatologe
Hautatmung
12 Perspiration
Hautausschlag
4 Akne
5 Ekzem, Grind, Papel
6 Herpes, Pustel, Schorf
7 Flechte, Prurigo, Quaddel, Roseola, Roseole
8 Exanthem, Impetigo
Hautauswuchs
5 Warze
Hautbemalung
12 Taetowierung
Hautbewuchs
4 Bart, Haar
5 Flaum, Haare
Häutchen
4 Film
am Pflanzenblatt
6 Ligula
zur Übertragung von Schwingungen
7 Membran
Haute
Couture
4 Mode
Hautentzündung
5 Ekzem
10 Dermatitis
Hauterkrankung
5 Ekzem
9 Ausschlag
bei Haustieren
6 Raeude
Hautfalte
6 Runzel
Hautfarbe
5 Roete, Teint
7 Roetung
Hautfärbemittel
5 Rouge
8 Schminke
Hautfarbstoff
7 Pigment
Hautfarbstoffmangel
10 Albinismus
Hautfinne
4 Akne
Hautfleck
3 Mal
7 Sprosse
9 Muttermal
10 Leberfleck
13 Sommersprosse
Hautflügler
4 Emse, Imme
5 Biene, Wespe
6 Ameise, Drohne, Hummel, Weisel
8 Erdbiene, Hornisse
9 Gallwespe, Holzwespe
12 Schlupfwespe
Haut glätten
6 liften
häutiges
Hohlorgan
5 Blase
Hautjucken
8 Pruritus
Hautknötchen, Blatter
5 Papel, Warze

Hautkrankheit
4 Akne, Soor
5 Ekzem, Favus, Finne, Grind
6 Ekthym, Herpes, Papula, Pickel, Pustel
7 Abszess, Flechte, Kraetze, Quaddel, Schinne, Schuppe
8 Dermatom, Exanthem, Frieseln, Furunkel, Impetigo
9 Ausschlag, Dermatose, Karbunkel
10 Dermatitis
11 Dermatolyse, Furunkulose
15 Schuppenflechte
18 Blaeschenausschlag
Hautoberschicht
9 Epidermis
Hautöffnung
4 Pore
Hautpflegemittel
5 Creme, Puder, Salbe
6 Lotion
7 Nussoel
Hautpickelchen
4 Akne
Hautplättchen
7 Schuppe
Hautpustel
6 Pickel
Haut reizende
Pflanze
10 Brennessel
11 ◆ Brennnessel
Hautrötung
durch Sonne
11 Sonnenbrand
Hautsalbe
5 Creme
Hautverfärbung
5 Roete
Hautverhärtung
8 Hornhaut, Schwiele
Hautverzierung
12 Taetowierung
Hautwucherung
5 Warze
Hautwulst, Wulstnarbe
6 Keloid
Hauwerkzeug
3 Axt
4 Beil
6 Hammer
zum Fällen
5 Heppe
Havarie
11 Schiffbruch
havelländisches
Obstanbaugebiet
6 Werder
Havelort
im Bezirk Potsdam
6 Paretz
Havelzufluss
4 Rhin
5 Doeln, Dosse, Nuthe, Plane, Plaue, Spree
6 Briese, Buckau, Polzow
7 Stremme, Wublitz
Hawaiigitarre
7 Ukulele
Hawaii-Insel
4 Maui, Oahu
5 Kauai, Kaula, Lanai, Nihoa
6 Hawaii, Niihau
7 Molokai
8 Kahulaui
9 Kahoolawe
Hawaiitanz
4 Hula
8 Hulahula
Hebamme
15 Geburtshelferin
Hebeanlage
in Werften
9 Kabelkran
Hebebewegung
3 Hub
Hebegerät
für Flüssigkeiten
5 Pumpe
Hebel
am Steuerruder
5 Pinne
im Flugzeug
14 Steuerknueppel
zur Druckübertragung
5 Taste
Hebelarm
des Steuerruders
5 Pinne
Hebelbewegung
3 Hub
Hebel, Hebevorrichtung
4 Baum, Dock, Gien, Kran, Lift
5 Griff, Spill, Takel, Talje, Welle, Winde, Zange
6 Aufzug, Haspel, Klinke, Lifter, Stange
8 Elevator, Hebebaum, Schalter, Schleuse
9 Fahrstuhl, Gangspill, Haspelrad, Hubmagnet
10 Ankerspill, Hebeleiter
11 Flaschenzug, Paternoster, Seilscheibe
12 Gabelstapler, Lastenaufzug
heben
6 hieven
7 stemmen, trinken, wuchten
8 foerdern, steigern
Hebephase
beim Kran
3 Hub
Heber
für Flüssigkeiten
4 Rohr
5 Sonde
7 Pipette
8 Saugrohr
9 Giftheber, Saugheber
10 Probeheber, Stechheber
11 Winkelheber
Hebewerk
8 Elevator
für Schiffe
4 Dock
8 Schleuse
Hebezeug
auf Schiffen
5 Davit
hebräisch:
Gott im AT
5 Eloah
6 Adonai
Hölle
7 Gehenna
Nichtjude
3 Goi
Sohn
3 Ben
hebräische
Gewichtseinheit
5 Sekel
Münze
5 Sekel
7 Schekel
hebräischer
Buchstabe
3 Mem
5 Aleph, Dalet, Gimel, Lamed, Resch, Sajin, Schin
Dichter
5 Perez
12 Jehuda Halevi
Frauenname
3 Eva, Lea
4 Anna, Deba, Edna, Mara, Reka, Ruth, Sara
5 Adina, Marta, Naemi, Rabea, Rahel, Salli, Sarah, Tabea, Tabja, Tirza, Zilla
6 Dalila, Debora, Hannah, Isebel, Judith, Martha, Mirjam, Myrtha, Myrthe, Salome, Thirsa, Thirza, Thyrza, Zillah
7 Abelina, Abeline, Abigail, Deborah, Jezabel, Rafaela, Rebekka, Saphira, Sephora, Susanne, Tabitha, Zippora
8 Raffaela, Samantha, Seraphia, Sulamith
9 Elisabeth, Magdalene, Schuschan
Gruß: Frieden
6 Shalom
Männername
3 Ben, Dan, Uri, Zwi
4 Abel, Adam, Amos, Ezra, Hiob, Iram, Joel, Levi, Noah, Saul
5 Aaron, Chaim, David, Elias, Enoch, Hosea, Isaak, Jakob, Jokim, Jonah, Jonas, Josef, Josua, Judas, Marah, Meier, Micha, Nabor, Nahum, Ruben, Salli, Sallo, Simon, Tobia, Urias, Uriel, Zadok
6 Barukh, Daniel, Gerson, Gideon, Ismael, Israel, Jephta, Johann, Josias, Michal, Nathan, Pinkus, Sallie, Salomo, Samson, Samuel, Seraph, Simeon, Simson, Sirach, Thomas, Tobias
7 Abraham, Absalom, Ahasver, Elieser, Ephraim, Gabriel, Hendrik, Jephtah, Jephtha, Joachim, Michael, Nehemia, Raphael, Salomon
8 Balsazar, Benjamin, Immanuel, Jeremias, Johannes, Jonathan, Matthias, Melchior, Seraphin, Vittorio, Zachaeus
9 Balthasar, Jehojakim, Matthaeus, Nathanael, Schlemihl, Thaddaeus, Zacharias
10 Makkabaeus

Monatsname
5 Sebat, Siwan, Tamus
6 Kislew, Nissan
Name Gottes
5 Eloah, Jahve, Jahwe
6 Adonai, Jehova
Namensteil
3 Ben
hebräischer Gottesname
5 Eloah, Jahwe
6 Adonai
hebräisches
Gewicht
5 Sekel
Hebriden-Insel
3 Rum
4 Coll, Eigg, Iona, Jura, Muck, Mull, Nist, Skye
5 Barra, Canna, Islay, Lewis, Nuist, Suist, Tiree
6 Harris, Staffa
7 St. Kilda
8 Colonsay
9 Benbecula, North Uist, South Uist
Hebung
des Wasserspiegels
4 Stau
in der Verskunst
5 Arsis, Iktus
Hechelabfall
4 Hede
Hecht
8 Schnoeck
10 Wasserwolf
Hechtbarsch
5 Amaul
6 Sander, Schiel, Zander
Heckbalken
6 Steven
Hecke
3 Hag
5 Busch
Heckenpflanze, -strauch
5 Buchs, Thuja
8 Liguster
9 Feldahorn, Hagebuche, Hainbuche, Sauerdorn, Weissdorn
Heckenrose
8 Hagedorn
9 Hundsrose
Heckenschütze
8 Guirilla, Partisan
11 Franktiteur
Heckenschützin
10 Partisanin
11 Flintenweib
Hede
4 Werg
Hederich
9 Ackersenf
12 Ackerrettich
Hedschashafen
am Roten Meer
5 Jedda
Heer
5 Armee
6 Truppe
11 Streitmacht
13 Streitkraefte
14 Truppenverband
Heeresabteilung
5 Armee, Korps
7 Brigade
8 Division, Kompanie, Regiment
9 Bataillon
Heeresangehöriger
6 Soldat
8 Offizier
Heeresfuhrwesen, -nachschub
5 Train, Tross
Heeresgefolge
5 Tross
Heeresspitze
4 Tete
Heeresverband
7 Einheit
Heerfahne
6 Panier
Heerführer
7 General
8 Feldherr, Stratege
9 Marschall
13 Feldmarschall
Feldherr und Kriegsheld
3 Cid, Ney, Pau
4 Alba, Beck, Daun, Diaz, Feng, Fink, Foch, Gayl, Haig, Illo, Leeb, List, Niel, Omar, Rapp, Roon, Spee, Tann, Teja, Togo, Udet, Wurm
5 Anjou, Armin, Below, Botha, Cimon, Clive, Conon, Cyros, Cyrus, Dankl, Dietl, Einem, Enzio, Etzel, Eugen, Fleck, Gaede, Goerz, Goltz, Grant, Guise, Keith, Kluck, Leutz, Melac, Moser, Mudra, Murad, Murat, Osman, Prien, Quast, Rudel, Smuts, Soden, Soult, Sulla, Tarik, Tilly, Timur, Titus, Varus, Wedel, Wrede, Yorck, Ziska, Zrini, Zwehl
6 Aetius, Alboin, Arnulf, Attila, Brutus, Buelow, Caesar, Cortez, Darius, Drusus, Egmont, Emmich, Fisher, Fougue, Goeben, Gordon, Gronau, Harald, Hausen, Hoefer, Howard, Hutier, Joffre, Kleber, Kleist, Koenig, Laudon, Lochow, Lothar, Marbod, Marius, Moltke, Moreau, Murena, Narses, Nelson, Nikias, Pattan, Paulus, Petain, Pippin, Ramses, Reuter, Rommel, Scheer, Schill, Seeckt, Totila, Valens, Werder, Wilson, Xerxes, Zieten
7 Agrippa, Alarich, Belisar, Boelcke, Bolivar, Bothmer, Coligny, Doenitz, Galland, Gamelin, Gelimer, Gontard, Isolani, Jagello, Leopold, Luckner, Martell, Massena, Odoaker, Oranien, Ottokar, Perseus, Pizarro, Raimund, Saladin, Scholtz, Steuben, Tankred, Tirpitz, Turenne, Wrangel, Wu Pei Fu
8 Alexejew, Antonius, Ariovist, Bluecher, Boleslav, Budjonny, Camillus, Carranza, Catilina, Chlodwig, Cromwell, de Ruyter, Dessauer, Eichhorn, Francois, Gallieni, Gallwitz, Graziani, Guderian, Haenisch, Haeseler, Hamilkar, Hannibal, Kambyses, Kornilow, Lamachos, Leonidas, Litzmann, Lucullus, Mac Mahon, Mansfeld, Manstein, Marshall, Moelders, Mohammed, Napoleon, Narbonne, Octavian, Plueskow, Pompeius, Radetzki, Ridgeway, Sanherib, Schwerin, Seidlitz, Seleukos, Syagrius, Tiberius, Tigranes, Timurlan, Urbanski, Widukind, Xylander
9 Agesialos, Antiochus, Aristides, Cambronne, Carlowitz, Eberhardt, Flaminius, Flottwell, Garibaldi, Geiserich, Gneisenau, Hammurabi, Hasdrubal, Immelmann, Kitchener, Kronprinz, Lafayette, Luxemburg, MacArthur, MacDonald, Mackensen, Marschall, Marseille, Monferrat, Ostermann, Pausanias, Pelopidas, Pharnaces, Philippos, Pilsudski, Rundstedt, Servilius, Spartakus, Steinmetz, Waldersee, Witzleben
10 Alkibiades, Artaxerxes, Barbarossa, Battenberg, Bernadotte, Clausewitz, Desiderius, Eisenhower, Frundsberg, Gumberland, Hindenburg, Kalckreuth, Kesselring, Ludendorff, Manteuffel, Mao Tse Tung, Montgomery, Prinz Eugen, Schlieffen, Theoderich, Washington, Wellington
11 Aristomenes, Brauchitsch, Demosthenes, Derfflinger, Epaminondas, Gustav Adolf, Knobelsdorf, Marlborough, Moellendorf, Plettenberg, Rennenkampf, Scharnhorst, Senkendorff, Starhemberg, Wallenstein
12 Falkenhausen, Hoetzendorff, Themistokles
13 Dschingis Khan, Erzherzog Karl, Karl der Grosse, Karl der Kuehne, Lettow Vorbeck, Schwarzenberg, Tschang Tso Lin
14 Adolf von Nassau, Louis Ferdinand
15 Eugen von Savoyen, Joseph Ferdinand
im 30jährigen Krieg
5 Tilly
6 Gallas
7 Turenne
11 Wallenstein
Heerkönig
der Germanen
7 Odoaker
Heerschar
6 Truppe

7 Einheit, Verband
Heerschau
6 Parade
9 Aufmarsch
12 Vorbeimarsch
13 Truppenparade
Heerwesen
8 Militaer
Hefe
4 Germ, Pilz
6 Baerme
8 Abschaum
9 Bodensatz
10 Sprosspilz
hefeähnliche
Bakterien
4 Kahm
8 Schimmel
Hefegebäck
6 Plinse, Stolle
7 Brioche, Buchtel, Krapfen
8 Berliner, Schnecke
11 Pfannkuchen
Hefekuchen
mit Mandelbelag
11 Bienenstich
Heft
5 Griff, Stiel
6 Kladde
7 Journal, Magazin
11 Zeitschrift
für laufende Aufzeichnungen
8 Tagebuch
heftig
4 akut, jaeh, wild
5 stark
6 hitzig, scharf
8 impulsiv, intensiv, vehement
9 ungestuem
10 jaehzornig, stuermisch
11 aufbrausend
16 leidenschaftlich
ansteigend
5 steil
gesteigerter Unwille
4 Zorn
heftige
Abneigung
4 Hass
Auseinandersetzung
4 Zank
Erregung
6 Affekt
Gefühlsregung
6 Affekt
Gemütsbewegung
8 Erregung
Luftbewegung
5 Sturm
Sehnsucht
7 Heimweh
Verneinung
3 nie
Wut, Raserei
4 Rage
heftiger
Andrang
7 Ansturm
Anprall
5 Stoss
Fall
5 Sturz
Kopfschmerz
8 Migraene
Leibschmerz, Krampf
5 Kolik
Niederschlag
5 Hagel
Sturm, Windstoß
3 Boe
5 Orkan
6 Taifun, Zyklon
7 Tornado
8 Hurrikan
11 Wirbelsturm
Unwille
4 Zorn
Wind
5 Sturm
Wortwechsel
5 Szene
Zank
6 Streit
heftiges
Verlangen
4 Gier
5 Manie, Sucht, Trieb
8 Begehren, Begierde
Heftigkeit
4 Glut
5 Hitze, Kraft, Macht, Wucht
6 Gewalt
7 Staerke, Violenz
8 Jaehzorn, Schaerfe, Vehemenz, Wildheit
9 Ungestuem
11 Intensitaet
12 Leidenschaft
13 Impulsivitaet
Heftmaschine
6 Tacker
Heftzwecke
10 Reissnagel, Reissstift
Hege
6 Pflege, Schutz
8 Schonung
Hegemonie
13 Vorherrschaft
16 Vormachtstellung
17 Fuehrungsposition
hegen
6 hueten
7 pflegen, schonen
9 schuetzen
Hegezeit
9 Schonzeit
Hehler
8 Komplice, Komplize
9 Mittaeter, Mitwisser
10 Hintermann
13 Helfershelfer
Hehlerware
9 Diebesgut
hehr
6 sublim
Heide, Brache, Ödland
5 Lehde
Heidedichter
5 Loens
Heidekorn, -grütze
9 Taterkorn
10 Buchweizen
Heidekraut
5 Erika, Heide, Ledum, Porst
6 Azalee, Azalie
7 Calluna
9 Baumheide
10 Besenkraut, Sumpfheide
11 Schneeheide
12 Glockenheide, Zwergstrauch
Heidelandschaft
in Westfalen
5 Senne
Heidelbeere
9 Bickbeere, Blaubeere, Waldbeere
12 Schwarzbeere
Heidelberger
Bücherei
8 Palatina
Hofnarr, Zwerg
6 Perkeo
13 Klemens Perkeo
Sehenswürdigkeit
7 Schloss
8 Karlstor
11 Alte Bruecke, Brueckentor, Grosses Fass
17 Heiliggeistkirche
Heidenapostel
6 Paulus
Heidenbekehrer
7 Apostel
9 Missionar
Heidenbekehrung
7 Mission
Heidentum
10 Paganismus
Heidepflanze, -strauch
5 Erika, Gagel
7 Ginster
9 Machandel, Wacholder
10 Krahnewitt
Heideschaf
12 Heidschnucke
heidnische
Brandopferstätte
5 Altar
Glaubensform
9 Idolatrie
11 Abgoetterei
12 Fetischismus, Polytheismus
13 Goetzendienst
Wesen
7 Goetter
heidnischer
Zauberer
6 Theurg
heidnisches
Brauchtum
5 Magie
8 Zauberei
9 Tieropfer
10 Rauchopfer, Totenopfer, Trankopfer
13 Menschenopfer
Heiduck
5 Lakai
7 Laeufer
8 Soeldner
heikel
7 delikat, kitzlig, prekaer
8 diffizil
11 waehlerisch
heil
4 ganz
6 gesund, intakt
7 integer

geborgen
unverletzt, unversehrt
l
Gott, Wohl
Gnade
Glueck
Gedeihen
Gesundheit
Wohlergehen
iland
Gott, Herr
Jesus
Retter
Messias
Christus, Erloeser, Erretter
Jesus Christus
eilanstalt
i Bielefeld
Bethel
eilanzeige
Indikation
eilbad
Kurort
eilbäderkunde
Balneologie
eilbehandlung
3 Kur
7 Massage
8 Therapie
1 Brustwickel
urch Fußsohlenmassage
8 Reflexzonenmassage
urch Nadelstiche
0 Akupunktur
urch Punktmassage
0 Akupressur
Ieilbelag
uf Wunden
8 Pflaster
Ieilbutt
7 Scholle
10 Plattfisch
11 Pferdezunge
13 Riesenscholle
eilen
7 genesen
8 gesunden, kurieren, sanieren
9 behandeln
Heilerde
3 Bol
4 Moor
5 Bolus
heilfroh
5 selig
10 gluecklich
15 ueberglueecklich
Heilgehilfe
4 Sani
5 Bader
7 Masseur, Pfleger
10 Sanitaeter
14 Krankenpfleger
Heilgetränk
11 Kamillentee
13 Mineralwasser
heilig
4 hehr
5 sankt
6 sakral
10 sakrosankt
heilige
Handlung
5 Gebet, Messe, Opfer, Segen, Taufe, Weihe
7 Firmung, Trauung
9 Abendmahl, Kommunion, Sakrament
10 Einsegnung
12 Konfirmation
14 Krankensalbung
Nacht
11 Christnacht
Schale
4 Gral
Schrift des Parsismus
6 Avesta
Sprache der Buddhisten
4 Pali
Sprache der Inder
8 Sanskrit
Stadt der Hindus
7 Benares
Stadt der Juden, Christen und Mohammedaner
9 Jerusalem
Stadt im alten Ägypten
6 Abydos
Stadt im Orient
9 Jerusalem
Stadt in Äthiopien
5 Aksum
Stätte
6 Orakel, Tempel
7 Kultort
Tempelwand in Jerusalem
10 Klagemauer
Woche
8 Karwoche
Heilige
der Kirche
3 Leo
4 Afra, Anna, Karl, Olga, Pius, Sava, Veit
5 Agnes, Alban, Benno, Bruno, Franz, Georg, Hanno, Klara, Lukas, Maria, Simon, Xaver
6 Agatha, Ansgar, Gallus, Gregor, Hedwig, Helena, Joseph, Kosmas, Martin, Monika, Paulus, Petrus, Rochus, Rupert, Thekla, Thomas, Ursula, Wenzel
7 Andreas, Blasius, Columba, Dunstan, Emmeram, Erasmus, Florian, Gertrud, Jakobus, Joachim, Marabut, Michael, Norbert, Patrick, Vinzenz
8 Adalbert, Adelheid, Antonius, Benedikt, Brigitta, Cyrillus, Damianus, Dorothea, Fridolin, Genoveva, Hubertus, Johannes, Justinus, Matthias, Nikolaus, Sebaldus, Theresia, Valentin, Veronika, Walpurga
9 Ambrosius, Apollonia, Crispinus, Dominikus, Elisabeth, Felicitas, Hildegard, Katharina, Kunigunde, Margareta, Mauritius, Pantaleon, Philippus, Sebastian, Severinus, Stephanus, Vicelinus, Willibald
10 Augustinus, Bernadette, Bonifatius, Borromaeus, Eustachius, Hieronymus, Laurentius, Pankratius, Stanislaus
11 Apollinaris, Bonaventura, Corbinianus, Hermenegild
13 Christophorus
der russischen Kirche
4 Olga
der USA
7 Cabrini
Drei Könige
6 Kaspar
8 Melchior
9 Balthasar
Schrift der Christen
5 Bibel
Schrift der Inder
4 Veda, Weda
Schrift der Juden
6 Talmud
Schrift des Islam
5 Koran
Heiligenbild
der Ostkirche
4 Ikon
5 Ikone
Heiligenerzählung
7 Legende, Mirakel
Heiligenlehre
10 Hagiologie
Heiligenschein
6 Glorie, Korona, Nimbus
7 Aureole
8 Gloriole, Mandorla
Heiligenschrein
9 Reliquiar
heiliger
Berg der Dschaina
6 Girnar
Berg in Griechenland
5 Athos
Berg in Japan
6 Ontake
Bischof von Sitten
6 Amatus
Brunnen in Mekka
6 Semsem
Käfer der alten Ägypter
10 Skarabaeus
Kirchenvater
10 Hieronymus
Märtyrer
7 Erasmus
Patron der Goldschmiede
7 Eligius
Patron der Jäger
8 Hubertus
Stier der alten Ägypter
4 Apis
Strom in Indien
6 Ganges
Vogel der alten Ägypter
4 Ibis
Vogel der Germanen
4 Rabe
Vogel der Hindus
4 Pfau
Heiliger
Begleiter Pauli
5 Titus
der morgenländischen Kirche
5 Sabas
Gefährte Loyolas
5 Xaver

Geist
15 Spiritus Sanctus
Kirchenvater
6 Justin
Stier
4 Apis
Vater
5 Papst
Heiliges
Buch
5 Bibel
Buch der Chinesen
8 Schuking
Buch der Parsen
6 Avesta, Awesta
Buch des Islam
5 Koran
Land
10 Palaestina
Opfergetränk der Parsen
5 Hauma
Tier der Ägypter
5 Katze
Wort der Hindus
2 Om
heilig sprechen
12 kanonisieren
Heiligsprechung
12 Kanonisation
13 Kanonisierung
Heiligtum
6 Tempel
der alten Griechen
5 Olymp
6 Delphi
7 Eleusis, Olympia
des Islam
5 Kaaba, Mekka
6 Medina
heilkräftig
6 gesund
8 lindernd, nahrhaft
9 staerkend, ◆ wohl tuend
11 bekoemmlich
heilkräftige
Wurzel
7 Ginseng
heilkräftiger
vulkanischer Schlamm
5 Fango
heilkräftiges
Harz
5 Asant
Heilkraut, -pflanze
4 Aloe, Anis, Dill, Dost, Efeu, Eibe, Erle, Iris, Koka, Lein, Mohn, Senf, Ysop
5 Alant, Asant, Esche, Inula, Malve, Minze, Narda, Porst, Raute, Senna, Sesel, Ziest
6 Akonit, Andorn, Arnika, Attich, Dorant, Enzian, Germer, Hopfen, Ibisch, Ingwer, Kalmus, Kassia, Klette, Mistel, Nessel, Quecke, Salbei, Szilla, Wermut
7 Beifuss, Betonie, Bryonie, Eibisch, Fenchel, Galgant, Giersch, Ginseng, Gleisse, Guensel, Kamille, Kuemmel, Kuerbis, Kurkuma, Majoran, Melisse, Quendel, Rettich, Rizinus, Sanikel, Schlehe, Theriak, Thymian, Zwiebel
8 Angelika, Aronstab, Baerlapp, Baldrian, Beinwell, Blutwurz, Eberwurz, Eisenhut, Erdrauch, Faulbaum, Goldrute, Hohlzahn, Holunder, Labkraut, Lavendel, Nieswurz, Rainfarn, Rosmarin, Sanddorn, Sturmhut, Wallwurz, Wegerich, Wundklee, Wurmfarn, Zichorie
9 Aberraute, Bachbunge, Baerlauch, Basilikum, Blutkraut, Borretsch, Brechnuss, Digitalis, Eberraute, Engelwurz, Fetthenne, Fingerhut, Gichtrose, Goldregen, Hamamelis, Haselwurz, Hauhechel, Knoblauch, Kreuzdorn, Leinkraut, Mannstreu, Sabadille, Sandsegge, Sonnentau, Steinklee, Steinsame, Steinwurz, Wacholder, Weissdorn
10 Augentrost, Baerenwurz, Belladonna, Berberitze, Bibernelle, Bitterklee, Bitterwurz, Blasentang, Brennessel, Bruchkraut, Ehrenpreis, Eisenkraut, Geissraute, Gundelrebe, Hanfnessel, Huflattich, Knoeterich, Kreuzkraut, Kuhschelle, Loewenzahn, Nelkenwurz, Odermennig, Petersilie, Pimpernell, Schafgarbe, Schierling, Seidelbast, Springwurz, Stechapfel, Stechpalme, Taubnessel, Tormentill, Vogelbeere, Wasserdost
11 Bilsenkraut, Bohnenkraut, ◆ Brennnessel, Gnadenkraut, Herzgespann, Knabenkraut, Krauseminze, Lungenkraut, Meerrettich, Meisterwurz, Seifenkraut, Tollkirsche, Waldmeister
12 Baerentraube, Besenginster, Frauenmantel, Judenkirsche, Koenigskerze, Liebstoeckel, Mariendistel, Pfefferminze, Schoellkraut
13 Bockshornklee, Habichtskraut, Johanniskraut, Maigloeckchen, Nachtschatten, Schachtelhalm, Spitzwegerich
14 Herbstzeitlose
15 Benediktenkraut, Chinarindenbaum, Vogelknoeterich
16 Fuenffingerkraut, Jakobskreuzkraut, Sumpfdotterblume
19 Tausendgueldenkraut
Heilkunde
7 Medizin
heilkundiger
Kentaur
6 Chiron
Heilkundiger
4 Arzt
7 Medikus
9 Mediziner, Therapeut
11 Medizinmann
heilloses
Durcheinander
5 Chaos
Heilmaßnahme
3 Kur
Heilmethode, -mittel
3 Bad, Bol, Bor, Jod, Kur, Tee
4 Aqua, Brom, Gaze, Gips, Moor, Mull, Naht, Pneu, Ruhe
5 Binde, Chlor, Diaet, ◆ Draen, Drain, Droge, Mazis, Nagel, Opiat, Opium, Paste, Pille, Salbe, Salep, Serum, Sonde, Zange
6 Aether, Arznei, Balsam, Chinin, Cocain, Dragee, Essenz, Evipan, Fasten, Filter, Galban, Gambir, Hospiz, Karbol, Klinik, Kokain, Mixtur, Natron, Pepsin, Phenol, Pulver, Rezept, Solbad, Tampon, Tupfer, Wickel
7 Ampulle, Analyse, Aspirin, Atropin, Bandage, Besteck, Brunnen, Coffein, Einlauf, Elixier, Extrakt, Hygiene, Hypnose, Impfung, Insulin, Kampfer, Kanuele, Koffein, Kreosol, Lachgas, Loesung, Luftbad, Massage, Mastkur, Medizin, Menthol, Pipette, Plastik, Rizinus, Salizin, Salzbad, Sandbad, Schiene, Schwamm, Senkung, Sitzbad, Spritze, Tinktur, Tonerde, Verband, Veronal, Vitamin
8 Aderlass, Bettruhe, Borsalbe, Darmnaht, Dermatol, Diagnose, Eingriff, Emulsion, Formalin, Germanin, Glyzerin, Haferkur, Herznaht, Infusion, Inzision, Jodoform, Katheter, Klistier, Lecithin, Lysoform, Milchkur, Morphium, Nagelung, Paraffin, Pastille, Pflaster, Phosphat, Pinzette, Prognose, Prothese, Punktion, Remedium, Rezeptur, Skalpell, Spiritus, Therapie, Umschlag, Vaseline
9 Abreibung, Abstinenz, Antitoxin, Blutprobe, Digitalis, Fastenkur, Gegengift, Gymnastik, Hohlsonde, Hungerkur, Impfstoff, Injektion, Kneippkur, Kompresse, Kotorinde, Leibbinde, Marknagel, Mikroskop, Naehrsalz, Operation, Pharmakon, Praeparat, Reduktion, Resektion, Salvarsan, Schienung, Schonkost, Schwitzen, Stimulans, Strychnin, Wundpuder, Zaepfchen
10 Amputation, Aureomyzin, Behandlung, Betaeubung, Brandsalbe, Chloroform,

Einreibung, Ernaehrung, Extraktion, Heilquelle, Homoeopath, Inhalation, Instrument, Isolierung, Jodtinktur, Leukoplast, Medikament, Mundatmung, Nervennaht, Neurologie, Ordination, Pathologie, Penicillin, Poliklinik, Prophylaxe, Reizmittel, Suggestion, Sulfonamid, Telepathie, Thermalbad, Wechselbad
11 Anaesthesie, Antibiotika, Blutsenkung, Darmplastik, Gipsverband, Glaubersalz, Herzmassage, Hoehensonne, Kamillentee, Kardiogramm, Kraeutertee, Krankenhaus, Orthopaedie, Physiologie, Psychologie, Punktierung, Quarantaene, Quecksilber, Sulfonamide, Zugpflaster
12 Antibiotikum, Antiseptikum, Blutstillung, Bullrichsalz, Chiropraktik, Desinfektion, Einspritzung, Eiserne Lunge, Geburtshilfe, Gynaekologie, Heftpflaster, Homoeopathie, Konsultation, Marknagelung, Ohrenspiegel, Roentgenbild, Schlafmittel, Streptomycin, Untersuchung
13 Heilgymnastik, Krankenpflege, Pockenimpfung, Psychoanalyse, Schutzimpfung, Sterilisation, Therapeutikum
14 Autosuggestion, Durchleuchtung, Entziehungskur, Psychotherapie
15 Bluttransfusion, Elektrotherapie, Gesichtsplastik
16 Roentgenaufnahme
18 Computertomografie, Elektrokardiogramm
21 Elektroenzephalogramm

Heilmittel
6 Arznei
7 Medizin
9 Pharmakon
10 Medikament
13 Therapeutikum
bei Zuckerkrankheit
7 Insulin
gegen Grippe
10 Schwitzkur
gegen Malaria
6 Chinin
7 Atebrin

Heilmittelhersteller, -kundiger
9 Apotheker
10 Pharmazeut
12 Pharmakologe

Heilmittelherstellung
9 Pharmazie

Heilmittelkunde, -lehre
13 Pharmakologie

Heilmittelrohstoff
5 Droge

Heilmittelverkaufsstelle
8 Apotheke

Heilmittelverschreibung
6 Rezept

Heilnahrung
5 Diaet
9 Schonkost

Heilpaste
5 Salbe

Heilpraktiker
6 Kneipp
9 Naturarzt, Therapeut
10 Homoeopath
11 Magnetiseur
14 Chiropraktiker

Heilquelle
13 Thermalquelle

heilsames
Aufgussgetränk
14 Pfefferminztee

Heilsbotschaft
10 Evangelium

Heilschlamm
5 Fango

Heilstätte, Pflegestätte
4 Asyl, Heim
6 Klinik, Spital
7 Kurhaus, Spittel
8 Badehaus, Hospital, Lazarett
10 Altersheim, Pflegeheim, Polyklinik, Sanatorium, Thermalbad
11 Blindenheim, Muetterheim
für Geisteskranke
12 Nervenklinik

Heiltrank
3 Tee
7 Elixier

Heilung
8 Erholung, Genesung, Therapie
9 Gesundung
10 Behandlung
14 Rekonvaleszenz
17 Wiederherstellung

Heil- u. Pflegeanstalt, Heim
3 Bad
4 Asyl, Hort
5 Stift
6 Bleibe, Klinik, Krippe, Kurbad, Obdach, Spital
7 Alumnat, Kurhaus, Moorbad, Spittel, Zuhause
8 Badehaus, Haushalt, Herberge, Hospital, Institut, Internat, Lazarett
9 Armenhaus, Pensionat, Wohnstatt
10 Altersheim, Findelhaus, Kinderhort, Pflegeheim, Sanatorium, Thermalbad, Unterkunft

Heilverfahren
3 Kur
10 Akupunktur, Allopathie, Diathermie
11 Magnetismus

Heilwurzel
5 Alant
7 Galgant, Ginseng

Heim
4 Asyl, Hort
6 Krippe
7 Wohnung, Zuhause
8 Herberge, Internat
10 Altersheim, Waisenhaus
11 Blindenheim, Muetterheim
12 Kindergarten, Schuelerheim
13 Erholungsheim, Genesungsheim, Landschulheim
15 Obdachlosenasyl
am Arbeitsplatz
13 Dienstwohnung
für gefangene Tiere
6 Kaefig
in einem alten Haus
13 Altbauwohnung
von Nonnen und Mönchen
7 Kloster

Heimarbeiter
6 Faktor

Heimat
der Apfelsine
5 China
der Aprikose
5 China
der Banane
9 Ostindien
der Baumwolle
4 Peru
6 Indien, Mexiko
der Bohne
6 Mexiko
der Gurke
5 China
der Hanfpflanze
5 China
der Hirse
6 Indien
der Kartoffel
4 Peru
5 Chile
8 Bolivien
der Kirsche
8 Kaukasus
der Sonnenblume
4 Peru
8 Bolivien
der Zitrone
5 China
6 Indien
des Abraham
2 Ur
des heiligen Franziskus
6 Assisi
des Jesu
8 Nazareth
des Kaffees
10 Abessinien
des Kautschuks
9 Brasilien
des Mais
4 Peru
des Mohns
5 China
des Odysseus
6 Ithaka
des Pfirsichs
5 China
des Rhabarbers
5 China
des Siegfried
6 Xanten
des Spinats
9 Turkestan
des Teestrauchs
5 Assam

des Weizens
10 Abessinien
des Zimts
6 Ceylon
Heimatboden
7 Scholle
heimatgebunden
13 bodenstaendig
Heimat, Heimatort
6 Daheim
7 Domizil, Wohnort, Zuhause
8 Wohnsitz
9 Vaterhaus, Vaterland
10 Elternhaus, Geburtsort
11 Geburtsland
13 Herkunftsland
Heimatinsel
des Odysseus
6 Ithaka
Heimatloser
7 Apolide
Heimatplanet
4 Erde
Heimatvertriebener
9 Umsiedler
11 Fluechtling
Heimchen
6 Grille
heimelig
8 traulich
9 idyllisch
Heimfahrt
10 Rueckreise
heimischer
Straßenvogel
5 Spatz, Taube
8 Schwalbe, Sperling
heimisches
Wildtier
4 Hase
5 Fuchs, Iltis, Otter
6 Marder, Wiesel
heimlich
6 latent, mental, okkult
7 diskret
9 inkognito, insgeheim, unbemerkt, unerkannt, verborgen, versteckt
12 unauffaellig
beobachten
10 bespitzeln
heimliche
Botschaft in Gefängnissen
8 Kassiber
Verurteilung
4 Feme
heimlicher
Beobachter, Heimlichtuer
5 Lurer, Luxer, Spion
7 Kiebitz, Spanner, Spitzel
8 Lauscher, Naseweis
9 Zutraeger
10 Schleicher
11 Drahtzieher, Leisetreter, Schnueffler
16 Geheimniskraemer
Groll
3 Pik
12 Ressentiment
Zorn
5 Groll

heimliches
Gericht
4 Feme
Schreiben
8 Kassiber
Heimlichkeit
9 Geheimnis, Getuschel
10 Diskretion, Gefluester
13 Leisetreterei
Heimlichtuerei
18 Geheimniskraemerei
Heimreise
9 Rueckkehr
10 Rueckfahrt
Heimschule
8 Internat
Heimstätte
für Hilfsbedürftige bei Bielefeld
6 Bethel
Heimtücke
6 Kabale, Malice
7 Arglist, Bosheit, Intrige
8 Perfidie
9 Heuchelei
10 Falschheit, Hinterlist
12 Niedertracht
heimtückisch
6 perfid
heimtückischer
Anschlag
8 Attentat
Heimweh
9 Nostalgie
Heimwerker
7 Bastler
Heimzahlung
5 Rache
8 Revanche
10 Vergeltung
Heimzögling
7 Interne
8 Interner
Heinzelmännchen
4 Gnom
5 Troll, Wicht, Zwerg
6 Kobold
7 Wichtel
Heirat
7 Trauung
8 Hochzeit
14 Eheschliessung
Heiratsangebot
6 Antrag
Heiratsantrag
6 Freite
7 Werbung
heiratsfähig
7 mannbar
Heiratsgut
7 Mitgift
8 Dotation
9 Aussteuer
10 Morgengabe
heiratslustiger
Mann
6 Freier
Heiratsmöglichkeit
6 Partie
Heiratssymbol
7 Ehering
8 Trauring
10 Brautkranz
11 Myrtenkranz

13 Myrtenstrauss
heiße
Quelle, Springquelle
6 Geiser, Geisir, Geysir, Therme
Zone
6 Tropen
heißer
Jazz
3 Hot
Wüstenwind
5 Samum
6 Kamsin
heißes
alkoholisches Getränk
4 Grog
6 Punsch
9 Gluehwein
16 Feuerzangenbowle
Heißhunger
4 Gier
9 Kohldampf
Heißluftbad
5 Sauna
Heißluftdusche
4 Foen
12 Haartrockner, Trockenhaube
Heißsporn
8 Hitzkopf
9 Desperado, Fanatiker
10 Brausekopf, Choleriker
12 Draufgaenger
Heißwasserbereiter
6 Boiler
17 Durchlauferhitzer
Heißwelle
10 Ondulation
heiter
4 froh, klar
5 fidel
6 jovial, lustig, munter, sonnig
8 amuesant
9 froehlich, humorvoll, vergnuegt
12 plaesierlich
heitere
Begebenheit mit Pointe
4 Witz
Erzählung
8 Anekdote
Figur der franz. Pantomime
7 Pierrot
Lebenseinstellung, Sinnesart
5 Humor
Spielart des Dramas
9 Lustspiel
Stimmung
4 Lust
13 Froehlichkeit
heiterer
Bühnenfachmann
7 Komiker
Einfall im Bühnenwerk
3 Gag
Zwischenfall
10 Intermezzo
heiteres
Bühnenstück
5 Posse
7 Schwank
8 Burleske, Komoedie, Operette, Schnurre
9 Lustspiel, Singspiel
Tonstück
7 Scherzo

Heiterkeit, Heiterkeitsausbruch, -ausdruck
4 Witz
5 Gaudi, Humor, Spass
6 Freude, Johlen, Lachen
7 Gaudium, Grienen, Grinsen, Pfeifen, Zischen
8 Frohsinn, Laecheln
9 Fidelitas, Lachsalve
10 Amuesement, Fidelitaet, Gelaechter, Lachkrampf, Lustigkeit, Vergnuegen
12 Pfeifkonzert
13 Froehlichkeit
15 Ausgelassenheit
Heiterkeitserfolg
6 Lacher
heizbare
Schneckenpresse
8 Extruder
Heizgas
5 Butan
6 Propan
Heizgitter
4 Rost
Heizmaterial
3 Gas, Oel
4 Holz, Koks, Torf
5 Brand, Butan, Grude, Kohle, Masut
6 Erdgas, Naphta, Propan, Rohoel
7 Brikett, Heizoel
8 Stadtgas
9 Anthrazit, Grudekoks, Holzkohle, Leichtoel
10 Braunkohle, Presskohle, Steinkohle
11 Eierbrikett
Heizstoffbehälter
7 Oeltank
Heizungsanlage, -gerät
4 Ofen
5 Kamin
6 Kessel
7 Gasofen, Oelofen, Rechaud, Waermer
8 Radiator, Strahler
9 Eisenofen, Heizdecke, Heizsonne
10 Heizkissen, Kachelofen, Oelheizung
11 Elektroofen, Fernheizung, Gasbadeofen, Kanonenofen, Luftheizung
12 Bodenheizung, Dampfheizung
14 Zentralheizung
15 Warmluftheizung
16 Fussbodenheizung
Hekatombe
5 Opfer
8 Opferung
11 Massenopfer
hektisch
6 erregt
7 gereizt, nervoes
Held
5 Heroe, Heros, Recke
7 Krieger
auf der Argo
6 Mopsos
bei Scott
7 Ivanhoe
bei Shakespeare
7 Othello
der Artussage
4 Erek
5 Iwein
8 Lancelot
der Edda
3 Dam, Dan
der griechischen Sage
4 Ajax
5 Iason
6 Hektor
7 Theseus
8 Achilles
9 Idomeneus
der indischen Sage
3 Nal
4 Manu, Rama
der keltischen Sage
6 Ossian
der mittelalterlichen Sage
8 Parsifal
der serbischen Volksdichtung
5 Lazar
der serbokroatischen Dichtung
5 Marko
einer amerikanischen Sekte
6 Mormon
einer französischen Sage
6 Haimon
eines deutschen Volksbuches
5 Faust
10 Fortunatus
eines Räuberromans
9 Rinaldini
im Roman von Defoe
14 Robinson Crusoe
in und vor Troja
4 Aias, Ajax
6 Achill, Aeneas, Akamas, Hektor, Nestor
7 Stentor
8 Achilles
in Walhall
9 Einherier
mittelalterlicher Ritterromane
6 Amadia
Helden
6 Heroik
Heldendarsteller
8 Tragoede
Heldendarstellerin
7 Heroine
Heldenepos
3 Cid
6 Illias
7 Odyssee
10 Rolandlied
14 Nibelungenlied
Heldenerzählung
4 Sage
Heldengedicht
4 Epos
7 Epopoee
von Homer
5 Ilias
6 Iliade
7 Odyssee
von Vergil
6 Aeneis
7 Aeneide
heldenhaft
8 heroisch
in der Musik
6 Eroico
Heldenlied
9 Rhapsodie
Heldenmädchen
bei Goethe
5 Sebus
Heldenmut
9 Heroismus
Heldensage, Göttersage
6 Mythos
Heldentempel
6 Heroon
Heldentum
9 Heroismus
Heldin
6 Heroin
7 Heroine
der Tristansage
6 Isolde
einer nordischen Dichtung
5 Signe
eines deutschen Volksbuches
8 Magelone
in der Argonautensage
5 Medea
und Buch im AT
6 Judith
Helenenkraut
5 Alant
helfen
9 beistehen
11 assistieren, sekundieren
helfend
10 subsidiaer
helfende
Mitteilung
3 Rat
Helfer
5 Adept
6 Maezen, Retter
7 Adlatus, Famulus, Gehilfe
8 Adjutant, Beistand, Komplize
9 Assistent, Kalfaktor, Sekundant
bei der Jagd
7 Treiber
bei der katholischen Messe
12 Ministranten
der inneren Mission
6 Diakon
des Spielleiters
14 Regieassistent
in der Not
6 Retter
in Finanzangelegenheiten
13 Anlageberater, Steuerberater
Mädchen für alles
8 Faktotum
Helferin
aus Gefahr
8 Retterin
im Märchen
3 Fee
Helfershelfer
6 Hehler, Kumpan
8 Komplice, Komplize
9 Mitwisser
10 Hintermann
13 Kollaborateur
Helikon
14 Kontrabasstuba
Helikopter
12 Hubschrauber

Helikopterdrehflügel
5 Rotor
10 Rotorblatt
Heliodor
6 Beryll
9 Edelstein
10 Goldberyll, Sonnengabe
12 Schmuckstein
hell
4 klar
5 blank, licht
6 scharf, sonnig
9 leuchtend
klingend
6 sirren
Hellas
12 Griechenland
hellbraun
5 beige
Helldunkelmalerei
11 Clairobscur
helle
durchsichtige Farbschicht
5 Lasur
helle, durchsichtige Farbschicht
Flamme
4 Lohe
Freude
5 Jubel
hellenistische
Umgangssprache
5 Koine
hellenistisches
Bauwerk in Berlin
13 Pergamonaltar
heller
Farbton
7 Pastell
Schein
5 Licht
helles
englisches Bier
3 Ale
poröses Vulkangestein
4 Bims
Hellespont
11 Dardanellen
hellgelbfarbenes
Pferd
5 Falbe
hellgelbgrau
5 beige
hellgrüner
Kunstsaphir
6 Amaryl
hellhaarig
5 blond
hellhaarige
Frau
8 Blondine
hellhäutig
9 leukoderm
Helligkeit
5 Glanz, Licht
6 Strahl
Helligkeitsregler
6 Dimmer
Hellsehen
9 Prophetie
14 Zweites Gesicht
hellster
Stern des Himmels
4 Apex, Wega
5 Atair, Deneb, Rigel, Spika, Venus
6 Alamak, Arktur, Crucis, Pollux, Sirius
7 Antares, Canopus, Capella, Kapella, Prokyon, Regulus
8 Achernar, Centauri
9 Aldebaran, Fomalhaut
10 Abendstern, Beteigeuze
hell tönend
7 schrill
Helm
des Fußvolks im Mittelalter
10 Sturmhaube
Helmbiene
6 Drohne
Helmbusch
7 Panasch
Helmschmuck
6 Zimier
Helmvogel
4 Koko
Helsingfors
auf finnisch
8 Helsinki
Helsinki
auf schwedisch
11 Helsingfors
Helvetia, Helvetien
7 Schweiz
Hemd
6 Chiton, Kittel, Trikot, Tunika
7 Vorhemd
11 Leibwaesche
Hemdbrust
9 Chemisett
Hemdenstoff
6 Corell
Hemdkrause
5 Jabot
hemdsärmelig
5 leger
11 ungezwungen
Hemdteil
6 Kragen
11 Manschetten
Hemisphäre
9 Halbkugel
10 Erdhaelfte
Hemlocktanne
5 Tsuga
6 Tsugen
Hemm-, Bremsklotz
5 Schuh
hemmen
7 bremsen, hindern
9 abblocken, sistieren
10 blockieren
11 okkludieren
hemmend
6 widrig
9 repressiv
hemmende
Zweifel
7 Skrupel
Hemmnis, Hemmung
6 Huerde
7 Skrupel
8 Handicap, Handikap, Stoerung
9 Hindernis, Hinderung
10 Repression
hemmungslos
10 skrupellos
Hemmvorrichtung
6 Bremse
11 Bremsrakete
12 Felgenbremse
13 Trommelbremse
14 Scheibenbremse
15 Luftdruckbremse
16 Ruecktrittbremse
Hengst
Odins
8 Sleipnir
Siegfrieds
5 Grane
Henkel
5 Griff
9 Handgriff
Henkelgefäß
4 Krug, Topf, Vase
5 Kanne, Kruke, Pokal, Tasse
7 Karaffe, Terrine
8 Kochtopf
10 Kasserolle
Henker
11 Nachrichter
13 Scharfrichter
Henkerbeil
8 Richtaxt
Henkergerüst
6 Galgen
8 Fallbeil, Schafott
10 Guillotine, Richtblock
Henkerseil
6 Strang, Strick
Henne
4 Huhn
6 Glucke
herab
6 nieder
8 abwaerts, herunter
herabhängende
Hautfalte
5 Wamme, Wampe
Lippe, schiefer Mund
6 Flappe
herabhängender
Maulwinkel beim Hund
5 Lefze
herablassbare
Schiffstreppe
8 Fallreep
herablassen
6 senken
herablassend
freundlich
9 leutselig
herabsetzen
6 senken
8 abwerten
10 reduzieren
11 degradieren, diffamieren
12 deklassieren
14 diskriminieren
15 abqualifizieren
des Außenwertes einer inländischen Währung
9 Abwertung
Herabsetzung
9 Minderung, Reduktion
11 Degradation
12 Degradierung, Ermaessigung
13 Deklassierung
15 Diskriminierung

herabstürzende
Schneemasse
6 Lawine
Herabtrieb
des Viehs von der Alm
7 Abtrieb
herabwürdigen
10 beleidigen, demuetigen
11 degradieren, erniedrigen
12 blossstellen, deklassieren
Heraldik
11 Wappenkunde, Wappenkunst, Wappenrecht
Begriff
3 Aar, Feh, Leu
4 Baer, Baum, Helm, Herz, Rose
5 Adler, Blatt, Blume, Faden, Greif, Kreuz, Krone, Kugel, Lilie, Linde, Loewe, Nabel, Pfahl, Raute, Sonne, Stufe, Wulst, Zacke, Zinne
6 Balken, ◆ Delfin, Flanke, Herold, Knospe, ◆ Panter, Spitze, Wappen, Wecken
7 Bruenne, Delphin, Einhorn, Kuersch, Leopard, Panther, Sparren
8 Deichsel, Dreiberg, Einbruch, Gegenfeh, Hermelin, Pelzwerk, Pfahlfeh, Schnecke, Seeblatt, Seeloewe, Sturzfeh, Topfhelm, Wogenfeh
9 Fussangel, Innenbord, Stechhelm, Steckhelm, Wolkenfeh
10 Beizeichen, Buegelhelm, Hakenkreuz, Hauptpfahl, Herzschild, Hirschhorn, Kreuzblume, Kuebelhelm, Mauerkrone, Schildfuss, Schildrand, Steighaken
11 Bueffelhorn, Doppeladler, Eisenhutfeh, Henkelkrone, Krueckenfeh, Lindenblatt, Ordenskette, Schachbrett, Schildhaupt, Schirmbrett, Spangenhelm
12 Andreaskreuz, Bastardfaden, Bischofsstab, Meerjungfrau, Mittelschild, Schraegfaden
13 Gegenhermelin, Krueckenkreuz, Schraegbalken, Turnierkragen, Zinnenschnitt
14 Kleeblattkreuz, Zickzackbalken
15 Johanniterkreuz
heraldisches
Abzeichen
6 Wappen
herankommen
5 nahen
7 naehern
Herantransport
6 Anfuhr
Heranwachsender
8 Teenager
9 Juengling
12 Jugendlicher
herausbekommen, -finden
7 erraten
8 eruieren
9 entdecken, ermitteln
11 entraetseln

Herausbringen
der Güter aus einem Transportmittel
8 ausladen
Herausforderer
11 Provokateur
herausfordern
6 reizen
7 trotzen
11 provozieren
herausfordernd
9 provokant
10 ostentativ
12 provozierend
14 provokatorisch
herausfordernde
Haltung
7 Positur
Herausforderung
5 Duell, Kampf, Wette
7 Reizung
9 Zweikampf
11 Provokation
Herausgabe
7 Edition
11 Publikation
17 Veroeffentlichung
herausgeben
7 edieren
11 publizieren
Herausgeber
6 Editor
8 Verleger
9 Publizist
herausgegriffene
Prüfung
10 Stichprobe
herausgeschlagenes
Holz
7 Aushieb
herausgestülpt
7 wulstig
Herauslösen
von Bestandteilen eines Stoffgemisches
10 Extraktion
Herausnahme
eines Teiles aus einer Maschine
6 Ausbau
herausragende
Filmkünstlerin
4 Diva
Herausschneiden
eines Körperteils
9 Resektion
herausziehen
11 extrahieren
Herausziehen
eines Zahnes
10 Extraktion
herb
3 ◆ rau
4 rauh
5 ernst, sauer
6 bitter, streng
7 sproede
9 abweisend
herbe
Empfindung
10 Bitterkeit
herbeibringen
11 apportieren

Herbeiführung
einer größeren Wirkung
19 Leistungssteigerung
Herberge
5 Hotel, Motel
6 Hospiz, Obdach
8 Quartier
im Orient
3 Han
4 Chan
12 Karawanserei
in der Türkei
3 Han
von christlichen Mönchen
6 Hospiz
Herbergswirt, Meister
6 Balbos
Herbstblume
5 Aster, Erika, Malve
6 Althee, Dahlie
8 Eisenhut, Georgine, Zeitlose
9 Goldraute, Stockrose
10 Heidekraut, Herbstrose, Stockmalve
12 Chrysantheme
14 Herbstzeitlose
Herbstmonat
7 Oktober
8 Dezember, November
9 September
Herbstrose
5 Malve
Herd
4 Rost
5 Grill, Grude
6 Kocher, Platte, Quelle
8 Barbecue, Bratrost, Herkunft, Ursprung
9 Gaskocher
10 Entstehung, Kochplatte, Kochstelle
12 Kochmaschine
13 Ausgangspunkt
Herde
3 Zug
4 Gros
5 Haufe, Horde, Kette, Masse, Menge, Meute, Rotte, Rudel, Schar
6 Gruppe, Haufen, Koppel, Sprung
7 Schwarm
10 Ansammlung
Herdenmensch
10 Mitlaeufer
Herdentier
als Symbol
5 Schaf
10 Leithammel
der Lappen
3 Ren
hereditär
7 erblich
9 angeboren
Hereinkommen
8 Eintritt
Hergang
7 Prozess, Verlauf
9 Geschehen
Heringsart
4 Alse, Ihle, Sild, Sill
5 Alose, Finte
6 Bunker, Matjes, Tarpon

7 Rogener, Sardine, Sprotte
8 Anchovis, Buecking, Rollmops, Sardelle
9 ◆ Anschovis, Breitling, Bueckling
10 Stroemling
Heringsbrühe
4 Lake
Heringsfangboot, -schiff
5 Buese
6 Logger
Herkommen
7 Abkunft, Gebluet
8 Ursprung
9 Observanz, Tradition
10 Deszendenz, Herleitung, Provenienz
herkömmlich
12 traditionell
13 konventionell
herkömmlicher
Brauch
4 Usus
9 Tradition
Herkulesarbeit
8 Strapaze
Herkunft
6 Quelle, Wurzel
8 Ursprung
9 Herkommen
10 Abstammung, Deszendenz
edlen Weines
8 Kreszenz
Herkunftsbezeichnung
auf Briefen
8 Absender
Herkunftszeichen
einer Ware
5 Marke
herleiten
10 deduzieren, induzieren
12 abstrahieren
Herleitung
9 Deduktion, Induktion
Hermann
der Cherusker
5 Armin
8 Arminius
Hermanns
Gattin
9 Thusnelda
Gegner
5 Varus
Hermaphrodit
7 Zwitter
12 Zwitterwesen
Hermelin
6 Wiesel
11 Stinkmarder
Hermelinfell
5 Lasky
Herodes
Frau
8 Herodias
Herodias
Tochter
6 Salome
heroisch
10 heldenhaft
Heroismus
9 Heldentum
Herold
8 Ausrufer
Heros
4 Held
8 Halbgott
Geliebter
7 Leander
Herr
auf englisch
3 Sir
6 Master, Mister
auf französisch
8 Monsieur
auf indisch
5 Sahib
auf italienisch
6 Signor
7 Signore
auf lateinisch
7 Dominus
auf polnisch
3 Pan
auf portugiesisch
6 Senhor
auf russisch
8 Gospodin
auf spanisch
3 Don
5 Senor
auf türkisch
6 Efendi
7 Effendi
der bösen Geister
9 Beelzebub
der Hölle
5 Satan
in Afrika
5 Bwana
in England
3 Sir
6 Mister
in Frankreich
8 Monsieur
in Indien
5 Sahib
in Italien
6 Signor
7 Signore
in Malaia
4 Tuan
in Portugal
6 Senhor
in Spanien
3 Don
5 Senor
in Südamerika
5 Senor
6 Senhor
über Menschen und Dinge
8 Gebieter
von Lolkos
5 Aison
vor persischen Namen
5 Mirza
Herrenbekleidungsstück
3 Cut
4 Hemd, Hose
5 Anzug, Frack, Sakko, Weste
6 Mantel, Schuhe, Ulster
7 Paletot, Smoking
8 Havelock, Pullover
9 Unterhemd, Unterhose
Herrendienst
4 Fron
10 Fronarbeit
Herrenhaus
Ritterburg
5 Palas
Herrenhut
6 Melone
7 Homburg
8 Zylinder
bei Friedrich dem Großen
9 Dreispitz
Herrenjackett
5 Sakko
Herrenklubjacke
6 Blazer
herrenloses
Gebiet
12 Niemandsland
Herrenmantel
6 Ulster
7 Paletot
8 Havelock
Herrenreiterin
7 Amazone
Herrenschicht
im alten Peru
4 Inka
Herrenschoßrock
3 Cut
5 Frack
Herrenschuh
7 Slipper
Herrentier
6 Primat
Herrgott
8 Christus
9 Schoepfer
herrichten
9 frisieren
Herrin
5 Donna
6 Domina
10 Gebieterin
der Meere in der nordischen Mythologie
3 Ran
herrisch
6 barsch, bruesk, scharf
9 anmassend
10 despotisch, tyrannisch
12 gebieterisch
herrlich
5 famos, prima
7 bestens, glorios
9 glanzvoll, koestlich, praechtig, triumphal, wunderbar
10 grossartig, prachtvoll, wundervoll
12 hervorragend
13 ausgezeichnet
Herrlichkeit
5 Macht
6 Gloria, Glorie, Pracht
9 Majestaet
Herrschaft
5 Macht
6 Gewalt, Hoheit, Regime
8 Regiment
9 Regierung
10 Oberhoheit
12 Staatsgewalt
der Minderheit
10 Oligarchie
der Reichen
11 Plutokratie

des Volkes
10 Demokratie
herrschaftlich
6 feudal
7 vornehm
herrschaftliche
Kutsche
8 Equipage
herrschaftlicher
Diener
5 Lakai
6 Butler
7 Heiduck, Laeufer
9 Kaemmerer
12 Kammerdiener
Herrschaftsaneignung
10 Usurpation
Herrschaftsbereich
7 Domaene
13 Hoheitsgebiet
Herrschaftsform
6 Regime
Herrschaftsgebiet
11 Territorium
eines Emirs
.6 Emirat
herrschen
6 walten
7 fuehren
8 befehlen, gebieten, regieren
9 bestimmen
herrschende
Geschlechter im alten Rom
9 Optimaten
Kaste im alten Peru
4 Inka
Klasse im Feudalismus
4 Adel
Herrscher
des Aztekenreiches
9 Montezuma
des Islam
5 Kalif
von Babylon
6 Nimrod
von Korinth
9 Periander
von Phrom (asiat. Epos)
5 Gesar
von Rom
4 Nero
von Syrakus
6 Hieron
von Venedig und Genua
4 Doge
Herrscheranrede, franz.
4 Sire
Herrschergeschlecht
8 Dynastie
in Syrien
10 Seleukiden
Herrscherhaus
8 Dynastie
10 Geschlecht
des Krim-Chans
5 Girai
in Bagdad
9 Abbasjden
in Russland
7 Romanow
Herrscher, Herrschertitel
3 Zar
4 Chan, Emir, Herr, Khan
5 Kalif, Mogul, Negus, Schah, Tenno
6 Chakan, Despot, Dynast, Fuerst, Herzog, Kaiser, Koenig, Mikado, Regent, Sultan, Tyrann
7 Monarch
8 Diktator, Gebieter, Potentat, Verweser
9 Oberhaupt, Souveraen
10 Gouverneur, Landesherr, Machthaber, Praesident, Vizekoenig
11 Grossherzog, Maharadscha, Prinzregent
Herrscherin
8 Fuerstin, Kaiserin, Koenigin, Regentin
10 Gebieterin
Herrscherrangsymbol
6 Kurhut
Herrschersitz
5 Thron
Herrscherstab
6 Zepter
Herrschersymbol
5 Krone
6 Diadem, Zepter
11 Reichsapfel
Herrschervolk
in Mesopotamien
7 Assyrer
herrschsüchtiger
Mensch
6 Despot, Tyrann
hersagen
10 memorieren, rezitieren
11 deklamieren
herstellen
5 bauen
6 machen
8 erzeugen, fertigen
10 anfertigen
11 fabrizieren, produzieren
Hersteller
6 Macher
8 Erzeuger
9 Produzent
neuer Dinge
8 Erfinder
von Intarsien
8 Einleger
von künstlichen Gliedern und Stützapparaten
9 Bandagist
von Streichinstrumenten
11 Geigenbauer
von Webwaren
5 Weber
Herstellerin
von Bekleidungsstücken
11 Schneiderin
Herstellung
9 Erzeugung, Fertigung
10 Produktion
11 Anfertigung, Fabrikation
Herstellungsbetrieb
12 Papierfabrik
Herstellungsverfahren
7 Technik
Herstellungsweise
7 Machart, Methode
herumbohren
8 stochern
herumgehen
9 flanieren
11 zirkulieren
herumraten
8 raetseln
herumstrolchen
13 vagabundieren
herumsuchen
8 stoebern
herumtollen
5 toben
herumtreiben
8 streunen
Herumtreiber
7 Gammler, Strolch, Stromer
8 Faulpelz, Streuner, Tagedieb, Vagabund, Zigeuner
9 Bummelant, Faulenzer
10 Nichtstuer
13 Landstreicher
14 Stadtstreicher
heruntergekommener
Mensch
5 Wrack
hervorbringen
6 zeugen
8 erzeugen
10 erschaffen
11 produzieren
hervorgehen
11 resultieren
hervorheben
7 betonen
10 exponieren
12 akzentuieren
14 unterstreichen
hervorragen
10 dominieren
hervorragend
7 eminent
8 blendend, dominant, grandios
9 exzellent, prominent, trefflich
10 grossartig
11 dominierend, vorzueglich
12 vortrefflich
13 ausgezeichnet
hervorragende
Beschaffenheit
11 Erlesenheit
Persönlichkeit
9 Prominenz
hervorragender
Könner
6 Kanone
Meister
8 Virtuose
Vertreter
9 Klassiker
hervorstechend
7 eminent
hervorstechende
Eigenschaft
16 Charakteristikum
hervorstehen
5 ragen
Hervortreten
der Eingeweide
5 Bruch
hervortretender
Mauerstreifen
6 Lisene

hervorwachsen
9 spriessen
herzanregendes
Mittel
7 Coffein
9 Digitalis
11 Strophantin
Herzattacke
7 Infarkt
Herzbeutel
8 Perikard
Herzblume
8 Dicentra
Herzengewinner
8 Eroberer
Herzensleid
6 Kummer, Trauer
7 Schmerz
12 Liebeskummer
Herzenssache, -wunsch
8 Hochziel
9 Sehnsucht
Herzerkrankung
12 Kardiopathie
Herzkrampf
14 Angina pectoris
herzlich
5 innig, intim
7 kordial
9 liebevoll
herzliche
Verbundenheit von Menschen
12 Freundschaft
Herzlichkeit
6 Waerme
herzlos
3 roh
4 hart
5 boese
6 brutal
7 grausam, inhuman
10 barbarisch, gefuehllos
12 unmenschlich
herzlose
Blutsverwandte
11 Rabeneltern
Herzlosigkeit
13 Boshaftigkeit
Herz, Magenmund
6 Cardia, Kardia
im Kartenspiel
5 Coeur
Herzmittel
7 Koffein
9 Digitalis
11 Strophantin
Herzmuskel
7 Myokard
Herzog
der Gallier
13 Vercingetorix
der Normandie
5 Rollo
7 Tankred
der Sachsen
8 Widukind
der Ungarn
5 Arpad
in England
4 Duke
in Frankreich
3 Duc
von Bayern
7 Tassilo
von Kurland
5 Biron
von Spanien
4 Alba
von Toledo
4 Alba
Herzogin
8 Duchesse
von Brabant
8 Genoveva
von Schwaben
6 Hadwig
herzogliche
Linie der spanischen Bourbonen
5 Parma
Herzschlag
4 Puls
7 Systole
8 Diastole
Herzschmerz
12 Liebeskummer
Herzstromkurve
3 EKG
18 Elektrokardiogramm
Herzvorkammer
6 Atrium
Hessen
6 Katten
7 Chatten
hessisch:
Apfelweinkrug
6 Bembel
hessische
Ebene
8 Wetterau
Großtalsperre
7 Edersee
Landeshauptstadt
9 Wiesbaden
Landschaft
7 Edertal
Stadt
3 Elm, Orb
5 Bebra, Fulda, Hanau, Lorch, Netra, Nidda, Soden
6 Bad Orb, Erbach, Gedern, Haiger, Helsen, Karben, Kassel, Landau, Langen, Linden, Lorsch, Nassau, Sontra, Vilbel
7 Alsfeld, Arolsen, Dieburg, Giessen, Hadamar, Herborn, Homberg, Homburg, Korbach, Limburg, Marburg, Nauheim, Usingen, Vasbeck, Waldeck, Wetzlar
8 Bensheim, Eltville, Eschwege, Fritzlar, Hersfeld, Huenfeld, Schotten, Weilburg
9 Allendorf, Bad Vilbel, Buedingen, Darmstadt, Frankfurt, Friedberg, Melsungen, Oberursel, Offenbach, Rotenburg, Viernheim, Wiesbaden, Wildungen, Wolfhagen
10 Bad Homburg, Bad Nauheim, Battenberg, Biedenkopf, Dillenburg, Gelnhausen, Heppenheim, Hofgeismar, Lauterbach, Pfungstadt, Ruedesheim
11 Babenhausen, Bad Hersfeld, Frankenberg, Koenigstein, Lampertheim, Neu Isenburg
12 Ruesselsheim, Schluechtern, Witzenhausen
13 Frankfurt/Main, Offenbach/Main
hessisches
Weinbaugebiet
8 Rheingau
Hetäre
des griechischen Altertums
7 Aspasia
in Athen
5 Thais
6 Phryne
hethitische
Hauptstadt
7 Hattusa
hethitischer
Herrscher
8 Labarnas, Mursilis, Telepinu
10 Hattusilis
12 Suppiluliuma
Hetze
4 Hatz
6 Pogrom, Unrast
9 Agitation, Demagogie
hetzen
5 jagen
6 hasten
Hetzer
8 Agitator, Demagoge
hetzerisch
11 demagogisch
12 agitatorisch
Hetzhund
5 Ruede
6 Packer
9 Hatzruede
Hetzjagd
4 Hatz
8 Parforce
Hetzkampagne
13 Kesseltreiben
Hetzredner
8 Agitator
Heuboden, Dreschplatz
5 Tenne
Heuchelei
3 Lug
4 Trug
5 Getue, Luege, Mache
6 Betrug, Kabale
7 Intrige
10 Bigotterie, Falschheit, Froemmelei, Gleisnerei, Kriecherei, Lobhudelei, Simulation
11 Falschspiel
13 Vorspiegelung, Vortaeuschung
16 Unaufrichtigkeit
17 Hinterhaeltigkeit
Heuchler
7 Luegner
8 Gleisner, Hypokrit, Kriecher, Simulant, Tartueff, Tartuffe
9 Froemmler, Intrigant
10 Pharisaeer
11 Quertreiber
bei Moliére
8 Tartueff

heuchlerisch
12 pharisaeisch
heuchlerischer
Frömmler
6 Mucker
heuern
8 anwerben
10 einstellen, engagieren
Heugabel
5 Forke
Heugestell
5 Reute
6 Heinze, Reiter, Reuter
9 Holzkreuz
Heu, Getreidehaufen
5 Dieme
vom zweiten Wiesenschnitt
5 Grumt
7 Grummet
Heuhüpfer, Heuschrecke
5 Werre
6 Grille
8 Heimchen, Heupferd
10 Feldgrille
11 Grashuepfer
15 Gottesanbeterin, Maulwurfsgrille, Wandelndes Blatt
Heulager
6 Stadel
Heumond
5 Heuer
6 Heuert
Heuschnitt
4 Mahd
5 Grumt
7 Grummet
Heuschober
6 Stadel
Heuschreckenart
6 Grille
8 Heupferd
10 Heuhuepfer
11 Grashuepfer
15 Gottesanbeterin
heutige
Bezeichnung der Bewohner des Commonwealth
12 Angelsachsen
Bezeichnung für Gerichtsschreiber
14 Urkundsbeamter
heutiger
Anhänger der Zoroaster
5 Parse
Name von Persien
4 Iran
Name von Reval
6 Tallin
Heutrockengestell
6 Reuter
Hexe
5 Drude, Endor
8 Daemonin, Zauberin
12 Teufelsbuhle
im russischen Märchen
8 Baba-Jaga
hexen
7 zaubern
Hexenbesen
6 Mistel
8 Wollgras
9 Wucherung
11 Donnerbusch, Missbildung, Teufelsbart
Hexenfest
14 Walpurgisnacht
Hexenmeister, Hexer
6 Magier
8 Zauberer
15 Zauberkuenstler
Hexenring
8 Feenring, Pilzring
9 Elfenring, Pilzkreis
14 Elfentanzplatz
Hexenschuss
7 Lumbago, Schmerz
13 Muskelschmerz
Hexer
6 Magier
8 Zauberer
14 Zauberkundiger
Hexerei
5 Magie
6 Zauber
8 Zauberei
Hexode
8 Sechspol
14 Sechspolroehre
16 Elektronenroehre
Hibernia
6 Irland
Hibiskus
6 Ibisch
7 Eibisch
Hickorynussbaum
5 Carya
Hieb
3 Hau
4 Coup, Mahd
5 Klaps, Treff
6 Schlag
7 Streich
10 Anspielung
11 Stadtbezirk
Hiebe
4 Haue
5 Senge
7 Dresche, Pruegel
8 Schlaege
9 Abreibung
10 Bestrafung
Hiebwaffe, Stich-, Stoßwaffe
2 Bo
3 Axt, Ger, Sax
4 Kris, Pike
5 Degen, Dolch, Lanze, Speer
6 Dagger, Flegel, Messer, Rapier, Saebel, Spiess
7 Florett, Schwert, Stillet
8 Flamberg, Pallasch
9 Bihaender, Doppelaxt, Streitaxt
10 Hellebarde, Jagdmesser, Schlagring, Stossspeer
11 Entermesser, Klappmesser, Krummsaebel, Kurzschwert, Langschwert, Morgenstern, Zweihaender
12 Bidenhaender, Breitschwert, Krummschwert, Streitkolben, Totschlaeger
13 Hirschfaenger
15 Zweihandschwert
Hiebwunde
8 Schmarre
Hierarchie, Hierokratie
9 Rangfolge
10 Herrschaft
11 Rangordnung
17 Kirchenherrschaft
18 Priesterherrschaft
Hieroglyphen
13 Bilderschrift
14 Schriftzeichen
Hifthorn
8 Jagdhorn
10 Signalhorn
Rolands
7 Olifant
Hilfe, Hilfeleistung
6 Dienst, Ersatz, Schirm, Schutz
7 Reserve, Rettung, Stuetze, Sukkurs
8 Beistand
9 Assistenz, Errettung, Rueckhalt
12 Handreichung, Verstaerkung
14 Unterstuetzung
20 Foerderungsmassnahme
Erflehender
11 Bittsteller
in der Not
7 Rettung
Mitwirkung
5 Zutun
Hilferuf
3 CQD, SOS
6 Signal
9 Notschrei, Notsignal
11 Alarmsignal
Wehschrei
5 Zeter
hilflos
6 ratlos
hilfloser
Zustand
12 Ratlosigkeit
hilfreiche
Empfehlung
3 Rat
Gesinnung
5 Guete
Hausgeister
16 Heinzelmaennchen
hilfreicher
Vorschlag
3 Rat
Zuspruch
5 Trost
Hilfsarbeiter
10 Handlanger
Hilfsassistent
7 Famulus
Hilfsbau aus Stangen, Leitern und Brettern
7 Geruest
Hilfsbedürftigkeit
3 Not
Hilfsbehörde
der Staatsanwaltschaft
15 Kriminalpolizei
hilfsbereit
9 kollegial
Hilfsbereitschaft
14 Entgegenkommen
Hilfsgeistlicher
5 Vikar
6 Kaplan
Hilfsgelder
9 Subsidien

Hilfsgerät
eines Zauberkünstlers
8 Servante
Hilfskonstruktion
auf dem Bau
7 Geruest
Hilfskraft
8 Adjutant, Schoeffe
9 Assistent, Beisitzer
11 Mitarbeiter
zur ersten Hilfeleistung
9 Samariter
Hilfskraftmaschine
10 Stellmotor
Hilfsleine
am Rahsegel
5 Bulin
6 Buline
der Springkünstler
5 Longe
Hilfsmaßstab
auf Längenmessgeräten
6 Nonius
Hilfsmittel
8 Material, Requisit
10 Instrument, Ressourcen, Utensilien
12 Determinante
bei Handarbeiten
5 Nadel
der Bücherfreunde
11 Lesezeichen
in optischen Geräten
10 Fadenkreuz
zur Identifizierung
22 Fingerabdruckverfahren
Hilfsoffizier
der Kommandeure
8 Adjutant
Hilfspolizistin
9 Politesse
Hilfsprediger
10 Praedikant
Hilfsstoff
zur Reinigung
11 Waschmittel
Hilfszeitwort
4 sein
5 haben
6 moegen, sollen, werden, wollen
7 duerfen, koennen, muessen
Himalajabewohner
7 Tibeter
8 Nepalese
Himalajagipfel
5 Kamet
6 Cho Uyo, Lhotse, Makalu
7 Dapsang, Everest
9 Annapurna, Nanda Devi
10 Dhaulagiri
11 Gaurisankar, Nanga Parbat
12 Mount Everest
13 Tschomolungma
Himalajarind
3 Jak
Himalajastaat
5 Nepal, Tibet
6 Bhutan
himbeerfarben
6 fraise
Himmel
5 Feste
6 Aether
8 Jenseits, Paradies
9 Baldachin, Firmament
11 Sternenzelt
himmelblau
4 azur
5 azurn
Himmelfahrtsinsel
9 Ascension
Himmelsbeschreibung
12 Uranographie
Himmelsbote
5 Engel
8 Erzengel
Himmelsbrot
5 Manna
Himmelserscheinung
8 Abendrot
9 Morgenrot, Nordlicht
10 Polarlicht
14 Wetterleuchten
Himmelsfärbung
5 Roete
8 Abendrot
9 Morgenrot
Himmelsforscher
8 Astronom
Himmelsgerste
6 Dinkel
Himmelsgewölbe
7 Sphaere
9 Firmament
Himmelsgott
indische Sage
5 Djaus
Himmelsgöttin
4 Juno
Himmelskönigin
5 Maria
7 Madonna
Himmelskörper
4 Luna, Mond, Nova
5 Komet, Sonne, Stern
6 Meteor, Planet, Quasar
7 Gestirn, Trabant
8 Fixstern, Meteorit, Satellit
9 Planetoid
11 Wandelstern
13 Sternschnuppe
auf dem wir leben
4 Erde
Himmelskugel
7 Sphaere
Himmelskunde
10 Astronomie
11 Astrophysik
Himmelsleiter
10 Sperrkraut
Himmelslichter
6 Sterne
Himmelspförtner
6 Petrus
Himmelsraum
6 Aether
Himmelsrichtung
3 Ost
4 Nord, Sued, West
5 Osten
6 Norden, Sueden, Westen
7 Nordost, Suedost
8 Nordwest, Suedwest
9 Nordosten, Suedosten
10 Nordwesten, Ostnordost, Ostsuedost, Suedwesten
11 Nordnordost, Suedsuedost
12 Nordnordwest, Ostnordosten, Ostsuedosten, Suedsuedwest, Westnordwest, Westsuedwest
13 Nordnordosten, Suedsuedosten
14 Nordnordwesten, Suedsuedwesten, Westnordwesten, Westsuedwesten
bestimmen
6 peilen
Himmelsschlüssel
6 Primel
Himmelsstrich
4 Zone
6 Gegend
Himmelsstürmer
10 Prometheus
Himmelswächter
der nordischen Mythologie
7 Heimdal
Himmelszelt
9 Firmament
himmlisch
10 aetherisch, ambrosisch
12 paradiesisch
himmlischer
Zustand
7 Frieden
himmlisches
Wesen
5 Engel, Uriel
6 Cherub, Seraph
7 Gabriel, Michael, Raphael
8 Erzengel
10 Lichtengel
Hin-
und Herfahrer
7 Pendler
und Her um eine Sache
9 Tauziehen
hinablassbare
Schiffstreppe
8 Fallreep
hinderlich
7 hemmend
8 stoerend
hindern
6 hemmen
7 stoeren
9 abblocken
10 blockieren
12 boykottieren
hindernd
6 widrig
hindernde
Ungelegenheit
5 Quere
Hindernis
3 Mur
4 Mure, Oxer, Riff, Wall, Wehr, Zaun
5 Barre, Hecke, Klamm, Latte, Mauer, Nebel
6 Fessel, Gatter, Gitter, Graben, Huerde, Klippe, Lawine, Riegel, Sperre, Verhau
7 Eisberg, Engpass, Glaette, Hemmnis, Hemmung, Packeis, Pfuetze
8 Barriere, Blockade, Glatteis, Sandbank, Schranke, Stoerung, Treibeis

9 Barrikade, Hemmschuh, Minenfeld, Prellbock, Querrinne
10 Absperrung, Schlagbaum, Schlagloch
11 Drahtverhau, Minensperre, Steinschlag
12 Stacheldraht, Wassergraben
als Symbol
6 Fessel
9 Hemmschuh
auf Pfählen
8 Palisade
beim Militär
4 Wall
5 Mauer
6 Bunker, Graben, Verhau
7 Schanze
8 Blockade
9 Barrikade, Minenfeld, Seesperre
11 Drahtverhau, Minensperre
beim sportlichen Lauf
6 Huerde
der Sturmbahn
14 Eskaladierwand
im Pferdesport
4 Oxer, Wall
5 Knick, Mauer
6 Gatter, Graben, Huerde
8 Rick Oxer
im Verkehr
5 Nebel
6 Sperre
7 Engpass, Glaette
8 Barriere, Glatteis, Schranke, Sperrung
9 Umleitung
10 Schlagbaum, Schlagloch
in der Schifffahrt
4 Riff, Wehr
5 Barre, Nebel
7 Eisberg, Untiefe
8 Katarakt, Sandbank, Schleuse, Treibeis
Schanzpfahl
8 Palisade
Hindernisbahn
8 Parcours
Hindernisrennpferd
8 Steepler
Hinderniswand
8 Eskalade
Hindernis-Wettbewerb
10 Jagdrennen
11 Huerdenlauf, Springderby
12 Gelaendelauf, Gelaenderitt, Jagdspringen, Springreiten, Steeplechase
13 Gelaendefahrt, Huerdenrennen
17 Querfeldeinrennen
Hinderung
7 Hemmnis, Hemmung
Hindin, Hinde
9 Hirschkuh
Hindu-Asket
5 Sadhu
Hindufest
3 Hul
Hinduheiliger
6 Saddhu
hinduistische
Gottheit
4 Agni, Diti, Iama, Kali, Maja, Rama
5 Aditi, Durga, Indra, Shiva, Surja
6 Brahma, Schiwa, Skanda, Varuna, Vishnu
7 Ganesha, Kasjapa, Krishna, Lakshmi, Parvati, Parwati, Wischnu
8 Ganescha, Karikeja, Krischna, Lakschmi
göttliche Dreifaltigkeit
8 Trimurti
heilige Schrift
4 Veda, Weda
religiöse Gemeinschaft
6 Shaiva
Sekte
4 Sikh
hinduistischer
religiöser Lehrer
4 Guru
Hindukusch-Stamm
6 Pathan
Hinduname
für Indien
6 Bharat
Hindu-Wallfahrtsort
7 Benares
Hinfahrt
7 Anfahrt, Anreise
hinfällig
5 elend, kaduk, siech
8 klapprig
11 kachektisch
Hingabe, Hingebung
4 Kult, Lust
5 Eifer, Liebe, Opfer
7 Passion
8 Opferung
9 Interesse
11 Aufopferung
12 Begeisterung, Bereitschaft, Leidenschaft
Hingang
3 Tod
6 Exitus
7 Ableben
hinhaltend
11 dilatorisch
hinken
7 humpeln
hinlänglich
5 genug
7 sattsam
9 genuegend
10 suffizient
11 ausreichend, zulaenglich
hinnehmende
Ergebenheit
5 Demut
Hinreise
7 Anfahrt
8 Hinfahrt
hinreißend
10 oratorisch
Hinrichtung
9 Exekution
ohne Gerichtsverfahren
7 lynchen
11 Lynchjustiz
Hinrichtungsart
6 Gastod, Henken
7 Koepfen, Raedern, Toetung
8 Pfaehlen, Vergasen
9 Erhaengen, Vergiften
10 Erdrosseln, Ertraenken, Flammentod, Fuesillade, Kreuzigung, Vierteilen
11 Enthauptung, Verbrennung, Vierteilung
12 Erdrosselung, Erschiessung, Fuesilierung, Garrottieren, Genickschuss
13 Elektrokution, Vollstreckung
Hinrichtungsgerät, -vorrichtung
3 Axt, Rad
4 Beil, Gift, Seil
5 Kreuz
6 Galgen, Gewehr, Strang, Strick
7 Pistole, Schwert
8 Fallbeil, Garrotte, Richtaxt, Schafott, Schlinge
9 Exekution, Gaskammer, Halseisen, Richtbock
10 Guillotine, Richtblock, Richtstuhl, Wuergeisen
11 Giftspritze
12 Richtschwert
13 Wuergschraube
14 Scheiterhaufen
15 Henkersschlinge
Hinrichtungskommando
7 Peloton
Hinrichtungsstätte
8 Schafott
im Mittelalter
14 Scheiterhaufen
hinsehen
7 blicken
Hinsicht
5 Bezug
8 Einblick
9 Beziehung
hinter
4 nach
Hinterbliebene, Hinterbliebener
4 Erbe
5 Erben, Waise, Witib, Witwe
6 Witwer
7 Witfrau, Witmann
hinterbringen
8 verraten, zutragen
12 kolportieren
hintere
Halsgegend
6 Nacken
Zehenseite (Rind, Pferd)
5 Koete
hinterer
Autositz
4 Fond
Backenzahn, Mahlzahn
5 Molar
Fahrzeugteil
4 Heck
Fußteil, Hacken
5 Ferse
Schiffsmast
9 Besanmast
Schiffsteil
4 Back, Heck
12 Achterschiff

Sitz im Wagen
4 Fond
Teil des Halses
6 Genick, Nacken
hinteres
Körperende
6 Steiss
Schiffsdeck
4 Back
Hintergedanke
4 List
6 Tuecke
7 Arglist
10 Heimtuecke, Hinterlist
hintergehen
9 betruegen
Hintergehung
13 Treulosigkeit
Hintergrund
4 Fond
5 Folie, Tiefe
8 Prospekt
10 Background
Hinterhalt
5 Falle, Lauer
8 Schlinge, Versteck
hinterhältig
6 falsch, gemein, perfid
8 verlogen
9 arglistig, intrigant, tueckisch
10 raenkevoll
12 heuchlerisch, unaufrichtig
13 heimtueckisch
15 niedertraechtig
hinterhältige
Machenschaft
6 Raenke
7 Arglist, Intrige
8 Rankuene
hinterhältiger
Vertrauensbrecher
9 Betrueger
hinterhältiges
Ränkespiel
7 Intrige
Verhalten
7 Arglist
Hinterindien
12 Suedostasien
hinterindische
Halbinsel
7 Malakka
Landenge
3 Kra
Völkergruppe
4 Thai
hinterindischer
Affe
3 Lar
Strom
5 Menam
6 Mekong
7 Irawadi
hinterindisches
Königreich
4 Laos
10 Kambodscha
Spitzhörnchen
4 Tana
Volk
5 Karen
9 Annamjten

Wildrind
5 Gayal
Hinterlader
3 Pak
4 Flak
6 Flinte, Gewehr, Kanone
7 Buechse, Pistole, Shotgun, Stutzen
8 Haubitze
9 Geschuetz, Karabiner
10 Luftgewehr, Winchester
11 Luftpistole
12 Schrotflinte
14 Repetiergewehr
15 Luftdruckgewehr
16 Flugabwehrkanone
18 Panzerabwehrkanone
19 Flugabwehrgeschuetz
Hinterlassenschaft
4 Erbe
7 Erbteil
8 Nachlass
hinterlegen
10 deponieren
13 sicherstellen
hinterlegte
Bürgschaft
5 Pfand
7 Kaution
Hinterlegtes
5 Depot
Hinterlegungsort
5 Depot
Hinterleib
der Insekten
7 Abdomen
Hinterlist
4 Rank, Zank
6 Betrug, Kabale, Raenke, Tuecke
7 Arglist, Intrige
8 Rankuene
10 Heimtuecke, Taeuschung
12 Machenschaft
13 Verschwoerung
hinterlistig
6 perfid
hinterlistiger
Ränkespieler
9 Intrigant
Hintermann
10 Nachfolger
Hinterrheinzufluss
5 Julia
Hinterschiff
4 Back, Heck
12 Achterschiff
Hinterseite
6 Revers
7 Ruecken
9 Kehrseite
10 Rueckseite
einer Münze
6 Revers
Hinterteil
des Schiffes
4 Back, Heck
5 Stern
12 Achterschiff
Hintertreffen
6 Verzug
7 Schaden, Verlust
8 Einbusse, Nachteil

10 Rueckstand
hintertreiben
10 sabotieren
14 konterkarieren
Hintertreppenliteratur
10 Kolportage
hinterwäldlerisch
11 provinziell
hinterziehen
11 veruntreuen
13 unterschlagen
Hinterziehung
6 Betrug
12 Defraudation, Veruntreuung
14 Unterschlagung
hinunter
6 bergab
hinweg
4 fort
5 davon
Hinweg
7 Anfahrt, Anreise
8 Anmarsch, Aufstieg
Hinweis
3 Rat, Tip
4 ◆ Tipp, Wink
5 Indiz
8 Auskunft
9 Andeutung, Ratschlag
10 Empfehlung, Fingerzeig
hinweisend
9 deiktisch
hinweisendes
Fürwort
2 da
4 dies, dort, jene
5 diese, jener, jenes
6 dieser, dieses, solche
7 solcher, solches
Wort
5 damit
hinweisen, erklären
6 deuten
Hinweiser
6 Zeiger
Hinweistafel
9 Wegweiser
Hinweiszeichen
5 Pfeil
Hinwendung
zum Guten
9 Besserung
hinzufügen
7 dazutun
8 addieren
9 ergaenzen
Hinzufügung
6 Anlage, Zusatz
7 Beilage
8 Addition, Nachtrag
10 Ergaenzung
11 Nachschrift
hinzuzählen
8 addieren
hinzuzuzählende
Zahl
7 Summand
Hiob
3 Job
Hiobsbotschaft
16 Ungluecksmeldung
Hippie
7 Gammler

10 Blumenkind
Hirn
4 Kopf
5 Geist
6 Bregen
7 Braegen, Schnitt
8 Vernunft, Verstand
11 Intelligenz
und Mark füllende Flüssigkeit
6 Liquor
Hirnanhangdrüse
9 Hypophyse
Hirngespinst
4 Trug
6 Utopie
7 Phantom
8 ◆ Fantasie, Illusion, Tagtraum, Trugbild, Wahnidee
9 Phantasie, Phantasma, Schimaere
10 Einbildung
11 Luftschloss, Wahngebilde
18 Wolkenkuckucksheim
Hirnhautentzündung
10 Meningitis
Hirnstromkurve
3 EEG
hirnverbrannt
4 dumm, irre
6 absurd
7 abwegig, sinnlos
8 toericht, unsinnig, verbohrt, verwirrt
9 verrueckt
10 wahnsinnig
Hirsch
dessen Geweihstangen zweiendig sind
6 Gabler
Hirschbrunft-Geschrei
7 Roehren
Hirschfährte
8 Insiegel
Hirschfänger
6 Messer
10 Jagdmesser
Hirsch, Hirschart
3 Dam, Elk, Reh, Ren
4 Axis, Bock, Deer, Elch, Elen, Kitz, Milu, Pudu, Rusa, Sika
5 Geiss, Hinde, Maral, Moose, Ricke
6 Guazuy, Hangul, Hindin, Huemul, Isubra, Karibu, Mazama, Sambar, Thamin, Wapiti
7 Damwild, Elchkuh, Meminna, Muntjak, Rentier, Rottier, Rotwild
8 Elentier, Zwergreh
9 Barasinga, Damhirsch, Hirschkuh, Kantschil, Moosedeer, Rothirsch, Schaufler, Tundraren, Wasserreh
10 Alaskaelch, Altaimaral, Axishirsch, Bellhirsch, Bergkaribu, Edelhirsch, Kamphirsch, Puduhirsch, Riesenelch, Rusahirsch, Schmaltier, Sikahirsch, Trughirsch, Waldkaribu
11 Altai Wapiti, Andenhirsch, Brandhirsch, Gabelhirsch, Leierhirsch, Moschustier, Steppenelch, Sumpfhirsch
12 Davidshirsch, Gabelmuntjak, Hirschferkel, Isubrahirsch, Kronenhirsch, Mazamahirsch, Pampashirsch, Pferdehirsch, Riesenhirsch, Schopfhirsch, Spiesshirsch, Zackenhirsch
13 Maehnenhirsch, Moschushirsch, Scherenhirsch, Schopfmuntjak
14 Dybowskyhirsch, Kaschmirhirsch, Kaukasushirsch, Maultierhirsch, Schweinshirsch, Virginiahirsch
15 Vielendenhirsch
16 Weisswedelhirsch, Zwergmoschustier
17 Aristoteleshirsch, Langschwanzhirsch, Schomburgkshirsch, Wassermoschustier, Weisslippenhirsch
18 Schwarzwedelhirsch, Weissschwanzhirsch
20 Schwarzschwanzhirsch
Hirschkuh
5 Hinde
6 Hindin
7 Rottier
Hirschling
7 Reizker
Hirschziege
8 Antilope
Hirseart
5 Fench
7 Fennich
der Tropen
3 Taf
4 Dari
Hirsebrei
mundartlich
5 Brein
hirsekorngroß
6 miliar
Hirtenbrief
13 Sendschreiben
Hirtenflöte
5 Frula
6 Syrinx
7 Sopelka
8 Schalmei
9 Panfloete
Hirtengott
3 Pan
4 Faun
6 Faunus
Hirtenlied
6 Ekloge, Idylle
8 Madrigal
9 Kuhreigen, Kuhreihen, Pastorale
10 Pastorelle
Hirtenlieddichter
9 Bukoliker
Hirtenpoesie
9 Pastorale
Hirtenvolk
4 Afar
5 Tussi
6 Fullah, Herero, Lappen, Massai, Tuareg
7 Jakuten, Nomaden
8 Beduinen, Tungusen
Hirtenwaffe
14 Steinschleuder
Histörchen
7 Episode
8 Anekdote, Schnurre
Historie
10 Geschichte
Historik
15 Geschichtskunde
Historiker
17 Geschichtskundler
18 Geschichtsforscher
Historiograf
19 Geschichtsschreiber
historisch:
Männer
6 Mannen
Nordsee
8 Flandern
Zeitabschnitt
6 Epoche
historische
Aufzeichnungen
7 Annalen, Chronik
Flotte Spaniens
6 Armada
Frühzeit
6 Antike
8 Altertum
Gräfin am Dresdner Hof
5 Cosel
Jahrbücher
7 Annalen
Kernlandschaft Japans
6 Jamato
Landschaft in Arabien
4 Saba
Landschaft in Kleinasien
6 Karien
Landschaft in Mittelitalien
6 Latium
spanische Flotte im 16. Jh.
6 Armada
spanische Landschaft
4 Leon
spanische Provinz
8 Galicien
Waldwiese im Kanton Uri
6 Ruetli
historischer
Kampfplatz
5 Issos
Kaukasusbewohner
5 Alane
Kreuzer der russ. Flotte
6 Aurora
Name der Schweiz
17 Eidgenossenschaft
Name von Frankreich
7 Gallien
historisches
Gebäude in Berlin
12 Siegessaeule
14 Olympiastadion
16 Brandenburger Tor
17 Gedaechtniskirche
18 Reichstagsgebaeude
Gebäude in Dresden
7 Schloss, Zwinger
12 Frauenkirche

Gebäude in London
5 Tower
Gebiet an Euphrat und Tigris
12 Mesopotamien
spanisches Gebiet
9 Aragonien
Hit
6 Erfolg
7 Treffer
8 Schlager
10 Bestseller
14 Kassenschlager
15 Erfolgsschlager
Hitinterpret
15 Schlagersaenger
Hitliste
6 Charts
Hitze
3 Wut
4 Glut, Rage, Zorn
5 Feuer
6 Brunft, Brunst, Fieber, Waerme
10 Sonnenglut, Tropenglut
12 Leidenschaft
Hitzebläschen
6 Pustel
Hitzemesser
9 Pyrometer
hitzig
6 furios
Hitzkopf
9 Desperado, Fanatiker
10 Brausekopf, Choleriker, Heisssporn
12 Draufgaenger
Hoangho-Zufluss
in China
5 Fenho
Hobby
11 Liebhaberei
12 Steckenpferd
22 Freizeitbeschaeftigung
Hobbyfischen
6 Angeln
Hobbyfischer
6 Angler
Hobelabfall
4 Span
6 Spaene
9 Saegemehl
Hobel-, Feilmaschine
6 Fraese
Hobelwerkzeug
6 Fraese
hoch
angesehen
8 beruehmt
im Preis
5 teuer
loben
7 ruehmen
hoch achten
11 aestimieren
12 respektieren
Hochachtung
6 Tribut
7 Respekt
8 Reverenz
9 Ehrfurcht, Verehrung
12 Ehrerbietung
Hochadel
in Russland
5 Bojar
in Skandinavien
4 Jarl
Hochalpental
7 Engadin
Hochamt
5 Messe
eines Bischofs
13 Pontifikalamt
hoch angesehen
9 bewundert
hoch aufragendes
Gestein
4 Fels
8 Felswand
hoch bedeutsam
7 epochal
hoch begabt
6 genial
hoch begabter
Mensch
5 Genie
Hochbehälter
für Wasser
10 Wasserturm
hochbeinige
Großkatze
6 Gepard
hochbeiniger
Schnepfenvogel
11 Rotschenkel
Singvogel
6 Stelze
Steppenvogel
6 Trappe
hoch betagt
3 alt
5 greis, uralt
8 steinalt
hoch betagter
Mensch
5 Greis
7 Greisin
Hochbetrieb
3 Run
6 Rummel, Saison, Trubel
7 Andrang, Ansturm
8 Gewimmel, Kampagne
9 Stosszeit
11 Hauptsaison
14 Stossgeschaeft
Hochbild
in der Grafik
6 Relief
11 Praegedruck
hoch bringen
7 erheben
Hochburg
7 Zentrum
9 Keimzelle
Hochdruckgebiet
4 Hoch
11 Antizyklone
16 Schoenwetterzone
Hochdruckkrankheit
10 Hypertonie
Hochebene
7 Plateau
an der Donau
4 Baar
in Asien
5 Pamir, Tibet
in Peru
5 Punas
in Spanien
6 Meseta
in Südamerika
5 Punas
in Sudan
6 Darfur
Hochehrwürden
10 Monsignore
hoch empfindlich
8 explosiv, sensibel, sensitiv
10 explosibel, feinnervig
11 feinfuehlig
12 feinfuehlend
hoch empfindliches
Kontrollgerät
6 Sensor
hoch explosiv
7 brisant
hochfahrend
10 cholerisch
11 aufbrausend
hochfein
8 tipptopp
Hochfläche
7 Plateau
bei Boxen
5 Renon
im oberen Leinetal
9 Eichsfeld
im Rheinischen Schiefergebirge
9 Hohes Venn
im Schwarzwald
4 Baar
in der Steiermark
6 Remsau
in Schweden
6 Fjaell
in Skandinavien
5 Fjeld, Fjell
Hochfrequenzgleichrichter
8 Detektor
Hochfrequenzteil
eines Fernsehempfängers
5 Tuner
hoch gebildet
10 kultiviert
Hochgebirge
in Amerika
5 Anden
11 Kordilleren
in Asien
5 Altai
8 Himalaja, Nanschan
9 Karakorum
in Bulgarien
4 Rila
in Europa
5 Alpen
in Mittelasien
5 Pamir
in Südamerika
5 Anden
in Tibet
6 Dangla
in Zentralasien
5 Altai
8 Nanschan
Hochgebirgsantilope
5 Gemse
6 ◆ Gaemse
Hochgebirgsblume
6 Enzian
9 Edelweiss

Hochgebirgsmulde, -nische
3 Kar
Hochgebirgsrind
3 Yak
Hochgebirgsschnee
4 Firn
Hochgebirgsstadion
bei Alma-Ata
5 Medeo
Hochgebirgsweide
3 Alb, Alm, Alp
Hochgebirgsziege
9 Steinbock
hochgeboren
5 adlig
6 adelig
Hochgefühl
5 Stolz, Wonne
8 Euphorie
15 Glueckseligkeit
hoch gelegenes, trockenes Küstenland
5 Geest
hochgemut
5 stolz
12 selbstsicher
Hochgericht
6 Galgen
8 Schafott
hochgestimmt
5 selig
10 euphorisch
hoch gewachsen
4 lang, rank
5 gross
7 schlank
Hochgipfel
der Berner Alpen
5 Eiger
Hochglanz
5 Wachs
7 Politur
hochgradig
Begeisterter
3 Fan
hochgradiger
Schwachsinn
7 Idiotie
Hochgrasebene
in Südamerika
5 Llano
6 Llonos
Hochhaus
13 Wolkenkratzer
hoch heben
6 hieven, liften
7 stemmen
hochheilig
10 sakrosankt
hochherzig
4 edel
8 generoes
9 freigebig, selbstlos
10 edelmuetig, freizuegig
11 grossmuetig
16 verstaendnisvoll
Hochherzigkeit
7 Edelmut
hochkant
8 aufrecht
Hochkonjunktur
4 Boom
6 Hausse

hoch konzentrierte Lösung
6 Essenz
Hochland
am Toten Meer
4 Edon
der Cyrenaika
5 Barka
im Himalaja
5 Tibet
in Asien
4 Iran
5 Dekan, Pamir, Tibet
6 Dekhan
8 Armenien, Mongolei
9 Kurdistan
in Äthiopien
6 Amhara, Ogaden, Semien
in Brasilien
5 Goias
in China
7 Juennan
in der Schweiz
7 Engadin
in Jordanien
5 Kerak
in Libyen
5 Barka
in Südamerika
4 Puna
in Südfrankreich
8 Auvergne
in Tansania
8 Usambara
in Vorderasien
4 Iran
8 Armenien
9 Kurdistan
in Vorderindien
5 Dekan
6 Dekham
in Zentralasien
5 Tibet
östlich des Toten Meeres
4 Moab
zwischen Schwarzem und Kaspischem Meer
9 Kaukasien
zwischen Werra und Fulda
5 Rhoen
Hochländer
7 Schotte
Hochmeister
des Deutschen Ordens
7 Hermann, Winrich
8 Albrecht, Heinrich
Hochmut, Hochnäsigkeit
7 Duenkel, Hoffart
8 Arroganz
9 Anmassung, Eitelkeit, Snobismus
12 Blasiertheit
16 Ueberheblichkeit
hochmütig, hochnäsig
5 eitel, stolz
8 arrogant, blasiert, herrisch
9 anmassend
10 dummdreist, hoffaertig
11 aufgeblasen, duenkelhaft, eingebildet, impertinent
12 ueberheblich
Hochofenwerk
11 Eisenhuette, Stahlhuette

Hochplateau
in Äthiopien
5 Tigre
hochprozentige
Lösung
10 Konzentrat
hoch ragender
Steinbrocken
7 Meunier
Hochrheinzufluss
5 Toess
hochrückiger
Karpfenfisch
9 Karausche
Meeresfisch
7 Seehase
Hochruf
5 Hurra, Vivat
8 Hosianna, Jubelruf, Lebehoch
9 Halleluja
Hochschätzung
7 Achtung
Hochschaukel
für Artisten
6 Trapez
Hochschulabsolvent
10 Akademiker
Hochschulbesuch
7 Studium
20 Universitaetsstudium
Hochschule
2 FH, PH, TG, TH, TU
3 ETH
7 College
8 Akademie, Institut
9 Alma mater
12 Universitaet
Hochschuleinrichtung
7 Seminar
Hochschüler
7 Student
10 Akademiker
Hochschulfestsaal
4 Aula
Hochschulhalbjahr
8 Semester
Hochschulinstitut
7 Seminar
Hochschullehrer
6 Dozent, Lektor
9 Professor
10 Ordinarius
12 Privatdozent
15 Extraordinarius
Hochschullehrraum
11 Sprachlabor
Hochschulleiter
6 Rektor
10 Praesident
Hochschulorganisation
4 AStA
Hochschulprofessor
12 Privatdozent
Hochschulreife
6 Abitur, Matura
7 Maturum
9 Abiturium
Hochschulsaal
7 Audimax
10 Auditorium
Hochschulvorlesung
6 Kolleg

Hochschulvorsteher
6 Rektor
Hochseefisch
3 Aal, Hai, Sei
4 Alse, Butt, Ihle, Leng, Salm
5 Alose, Inger, Lachs, Lodde, Stoer
6 Dorsch, Hering, Rochen, Tarpon, Turbot
7 Aalbutt, Blauhai, Flunder, Makrele, Muraene, Sardine, Scholle, Seehase, Sprotte
8 Anchovis, Goldbutt, Heilbutt, Kabeljau, Lamprete, Platteis, Rotzunge, Sardelle, Seebarbe, Seelachs, Seezunge, ◆ Tunfisch
9 ◆ Anschovis, Barrakuda, Hammerhai, Hornhecht, Igelfisch, Katzenhai, Knurrhahn, Steinbutt, Thunfisch, Zitteraal
10 Saegefisch
11 Kofferfisch, Schellfisch
12 Schwertfisch, Seepferdchen, Zitterrochen
Hochseefischereifahrzeug
5 Huker
6 Kutter, Logger
7 Trawler
Hochseesegler
9 Karavelle
Hochsitz
des Jägers
6 Kanzel
7 Anstand
10 Jagdkanzel
Hochsommerwochen
15 Sauregurkenzeit
Hochsprunggerät
4 Stab
Hochsprungleiste
5 Latte
Hochsprungstil
4 Flop
8 Straddle
Hochstapler
6 Gauner
7 Blender
9 Betrueger
10 Schwindler
höchstbegabt
6 genial
höchstbegabter
Mensch
5 Genie
Höchstbegabung
5 Genie
11 Genialitaet
höchste
Beamte im alten Sparta
7 Ephoren
Begeisterung
7 Ekstase
Bildungsstätte
12 Universitaet
deutsche Fußballklasse
10 Bundesliga
deutsche sportliche Auszeichnung
21 Silbernes Lorbeerblatt
Erhebung der Philippinen
3 Apo
Erregung
7 Ekstase
Gattung der Stimmen
6 Sopran
Genauigkeit
5 Kribi
Glückseligkeit im Buddhismus
7 Nirwana
indische Gottheit
5 Indra
Justizbehörde
10 Auditorium
menschliche Singstimme
6 Sopran
schöpferische Geisteskraft
5 Genie
6 Genius
Sorgfalt
7 Akribie
Spielklasse im Sport
8 Oberliga
sportliche Auszeichnung
11 Weltmeister
Stadt der Erde
12 Cerro de Pasco
Steigerung im Endlauf
5 Spurt
Steigerungsform
10 Superlativ
Tonqualität
4 Hifi
höchstentwickelte
Säugetiere
8 Primaten
höchstentwickeltes
Lebewesen
6 Mensch
höchster
Beamter im alten Athen
6 Archon
7 Archont
Berg Amerikas
9 Aconcagua
Berg auf Java
6 Semeru
Berg auf Kreta
3 Ida
Berg der Anden
9 Aconcagua
Berg der britischen Inseln
8 Ben Nevis
Berg der Erde
12 Mount Everest
Berg der Haardt
6 Kalmit
Berg der Ostalpen
7 Bernina
Berg der Rhön
11 Wasserkuppe
Berg der Türkei
6 Ararat
Berg des Bayrischen Waldes
5 Arber
Berg des Kaukasus
6 Elbrus
Berg des nördlichen Schwarzwaldes
12 Hornisgrinde
Berg des Riesengebirges
11 Schneekoppe
Berg Deutschlands
9 Zugspitze
Berg Europas
9 Montblanc
Berg im Harz
7 Brocken
Berg im Odenwald
12 Katzenbuckel
Berg im Schwarzwald
8 Feldberg
Berg im Zittauer Gebirge
7 Lausche
Berg in Afrika
14 Kilimandscharo
Berg in Asien
7 Everest
12 Mount Everest
Berg in Australien
15 Mount Kosciuszko
Berg in den Ostalpen
7 Bernina
Berg in den Pyrenäen
5 Aneto
Berg in Großbritannien
8 Ben Nevis
Berg in Hamburg
9 Suellberg
Berg in Japan
11 Fudschijama
Berg in Kanada
10 Mount Logan
Berg in Mittelamerika
9 Tajumulco
Berg in Nordamerika
13 Mount McKinley
Berg in Österreich
13 Grossglockner
Berg Sachsens
11 Fichtelberg
Berg Schwedens
10 Kebnekajse
Berg Spaniens
8 Mulhacen
Chef
8 Direktor, Oberster
englischer Orden
14 Hosenbandorden
französischer Orden
11 Ehrenlegion
Gebirgszug der Karpaten
5 Tatra
Gerichtshof der katholischen Kirche
4 Rota
10 Rota Romana
Gerichtshof im alten Athen
7 Areopag
Gipfel der Alpen
9 Montblanc
Gipfel des Böhmerwaldes
5 Arber
Gott der Germanen
5 Wodan
Gott der indischen Religion
5 Indra
griechischer Gott
4 Zeus
islamischer Würdenträger
5 Wesir
jüdischer Feiertag
9 Jom Kippur
jüdischer Gerichtshof in der Römerzeit
9 Sanhedrin
Lebensgrundsatz
6 Maxime
militärischer Rang
13 Feldmarschall

Orden der ehemaligen preußischen Monarchie
10 Adlerorden
Punkt des Himmelsgewölbes
5 Zenit
Punkt einer Flugbahn
13 Scheitelpunkt
Rang des englischen Adels
4 Duke
Rang eines Diplomaten
11 Botschafter
Richter im alten Rom
7 Praetor
römischer Gott
7 Jupiter
Staatsbeamter
8 Minister
Staatsbeamter im alten Athen
7 Archont
Teil der Karpaten
5 Tatra
Teil der Sudeten
13 Riesengebirge
Vollzugsbeamter der USA
7 Sheriff
Würdenträger der kath. Kirche, vom Papst ernannt
8 Kardinal
Zähler der Spielkarte
2 As
höchstes
deutsches Gericht
17 Bundesgerichtshof
Faltengebirge der Erde
8 Himalaja
Gebirge der Erde
8 Himalaja
Gebirge Europas
5 Alpen
Gebirge Griechenlands
5 Olymp
Glück
9 Seligkeit
Gut des Lebens
10 Gesundheit
päpstliches Gericht
4 Rota
10 Rota Romana
Wesen
4 Gott
höchst, höchstens
4 sehr
6 extrem
7 maximal
8 ueberaus, ungemein
9 aeusserst, ebenfalls
13 ausgesprochen
Hochstimmung
8 Euphorie
Höchstleistung, -wert
5 Atout
6 Rekord, Spitze, Trumpf
7 Maximum, Optimum
8 Bestfall
10 Superlativ
Höchstmaß
7 Optimum
Höchststufe
10 Superlativ
Höchstwert
5 Atout
6 Trumpf
7 Maximum

Hochtal
im Berner Oberland
11 Grindelwald
im Salzkammergut
5 Gosau
in den Hohen Tauern
7 Gastein
in Graubünden
5 Avers
6 Greina
7 Engadin
in Tirol
9 Stubaital
Hochtourist
8 Alpinist
9 Kletterer
11 Bergsteiger, Skiwanderer
12 Bergwanderer
hochtrabend
7 pompoes
11 bombastisch, schwuelstig
Hochverräter
5 Spion
9 Putschist
10 Aufwiegler
11 Attentaeter, Staatsfeind
hoch wachsende
Staude
11 Rittersporn
12 Koenigskerze
Hochwasser
4 Flut
8 Sintflut
9 Sturmflut
10 Springflut
15 Ueberschwemmung
Hochwasserschutz
4 Damm, Wehr
5 Deich, Mauer
6 Sperre
8 Stauwehr, Umfluter
9 Staumauer, Staustufe, Talsperre
Hochweide
3 Alb, Alm, Alp
4 Alpe
hochwertig
5 prima
8 exquisit
9 exzellent
11 erstklassig, meisterhaft, vorzueglich
12 hervorragend, vortrefflich
13 ausgezeichnet
hochwertige
Baumwolle
4 Mako
Fleischware
7 Pastete
Futterpflanze
7 Luzerne
hochwertiges
Holz
8 Mahagoni
Hochwildart
3 Reh
4 Elch
5 Gemse
6 ◆ Gaemse, Hirsch
7 Damwild, Rotwild
8 Auerhuhn, Auerwild, Elchwild, Gamswild
9 Damhirsch, Rothirsch, Steinwild
10 Muffelwild, Murmeltier
11 Schwarzwild, Wildschwein
hochwüchsiger
Korbblütler
11 Sonnenblume
hochwuchten
6 hieven
7 stemmen
Hochwürden
8 Reverend
Hochzahl
8 Exponent
Hochzeit
6 Heirat
7 Trauung
11 Vermaehlung
14 Eheschliessung
Hochzeiter
10 Braeutigam
Hochzeiterin
5 Braut
Hochzeitssymbol
8 Trauring
hochziehbarer
Zugang zu Festungen
10 Zugbruecke
Hochziehen
von Lasten
6 hieven
Hochziel
5 Ideal
7 Vorbild
hocken
6 kauern
Hocker
7 Schemel
8 Taburett
Höcker
6 Buckel
höckerloses
Kamel
4 Lama
6 Alpaka
7 Guanako
Höckertier
4 Zebu
5 Kamel
8 Dromedar
Hockey-Ausdruck
5 Bully
9 Bodycheck, Eckschlag
Hoden
8 Testikel
Hof
3 Gut
5 Platz
6 Besitz
7 Anwesen, Gefolge
8 Residenz
9 Lichtring
für Tierzucht
4 Farm
um Mond und Sonne
4 Halo
7 Aureole
9 Lichtring
Hofamt, -beamter
6 Schenk
9 Kaemmerer, Marschall, Truchsess
10 Hofmeister, Kammerherr, Mundschenk, Seneschall

Hofburg
des kaiserlichen Hofgerichts
5 Pfalz
Hofeinfahrt
3 Tor
Hoferbe
6 Anerbe
Hoffnung
4 Omen, Ziel
5 Traum, Trost
6 Ausweg, Chance, Wunsch
8 Aussicht
9 Auspizium, Erwartung, Sehnsucht, Verlangen
10 Lichtblick, Optimismus, Zuversicht
11 Verheissung
15 Zweckoptimismus
hoffnungslos
8 desperat
11 enttaeuscht, verzweifelt
Hoffnungslosigkeit
12 Verzweiflung
hoffnungsvolle
Ungeduld
9 Erwartung
hofieren
7 flirten
8 taendeln, umwerben
9 schoentun
10 poussieren
13 umschmeicheln
höfische
Dichtung
4 Epos
9 Minnelied, Minnesang
11 Ritterroman
Sitte
8 Etikette
höfischer
Tanz
6 Pavane
7 Menuett
höfisches
Brauchtum
8 Etikette
9 Protokoll
11 Zeremoniell
höflich
4 nett
5 artig, urban
6 galant
10 freundlich, kultiviert, manierlich, ritterlich
12 zuvorkommend
14 liebenswuerdig
höfliche
Anrede
3 Sie
höflicher
Mensch
8 Kavalier
höfliches
Benehmen
3 Pli
7 Anstand, Schliff
Ersuchen
5 Bitte
Höflichkeit
9 Artigkeit
10 Courtoisie, Galanterie, Kompliment
11 Feingefuehl
14 Ritterlichkeit
Höflichkeitsbezeugung
5 Gruss
6 Diener, Knicks
8 Handkuss, Honneurs, Reverenz, Umarmung
9 Aufstehen, Bueckling
10 Handschlag, Verbeugung, Verneigung
Höflichkeitsformel
5 Danke
Höfling
8 Kavalier, Schranze
von Dionysos
8 Damokles
Höflingsgruppe
8 Kluengel
9 Kamarilla
Hofmacherei
5 Flirt
8 Poussage
9 Getaendel, Taendelei
Hofmaler
Napoleons I.
6 Gerard
Hofnarr
in Heidelberg
6 Perkeo
Hoforganist
in Wien
6 Muffat
Hofritter
7 Paladin
Hofsitte
8 Etikette
Hoftracht
4 Gala
hohe
Auszeichnung
10 Nobelpreis
Begabung
6 Talent
Behörde
11 Ministerium
Behörde regierender Beamter
15 Staatssekretaer
Federwolke
6 Zirrus
Geschwindigkeit
6 Rasanz
Gesinnung
7 Edelmut
Gesittung
10 Humanitaet
Gräser an Seen und Teichen
6 Schilf
Holzwand für Kletterübungen
14 Eskaladierwand
krautige Pflanzen
7 Stauden
Orgelstimme
10 Flageolett
Schneiderkunst
12 Haute Couture
Spielkarte
2 As
6 Herzas, Trumpf
Stangen mit Trittklötzen
7 Stelzen
Stufe
6 Podest
Temperatur
5 Hitze
Wiedergabetreue
4 HiFi
12 High Fidelity
Hohe
Schule (Reitsport)
6 Levade, Pesade
7 Lancade
8 Kapriole
9 Ballotade, Courbette, Pirouette
Höhe
4 Berg, Grad, Lage, Luft, Mass, Zahl
5 Kegel, Krone, Kuppe
6 Anzahl, Gipfel, Himmel, Niveau, Sattel, Spitze
7 Abstand, Ausmass, Distanz
8 Erhebung, Sehkreis
9 Firmament
bei Herrenalb
5 Dobel
der regelmäßigen Rücklagen
8 Sparrate
der Säntisgruppe (Schweiz)
6 Kasten
des Deisters (Niedersachsen)
6 Broehn
im Schurwald
6 Kernen
Hoheit
9 Grandezza, Majestaet
in der Faschingszeit
14 Karnevalsprinz
Hoheitsgebiet
eines Staates
11 Territorium
Hoheitsrecht
5 Regal
Hoheitszeichen
5 Adler, Fahne
6 Banner, Emblem, Flagge, Symbol, Wappen
7 Kokarde, Stander
9 Standarte
11 Feldzeichen, Wahrzeichen
Höhen
der Nördlichen Kalkalpen
5 Priel
im südlichen England
5 Downs
Höhenangabe
4 Kote
Höhenkrankheit
7 Soroche
Höhenkurort
in Graubünden
5 Arosa
Höhenlage
6 Niveau
Höhenmesser
7 Sextant
9 Aerometer
10 Hypsometer
Höhenrücken
bei Wittenberg
8 Flaeming
des Weserberglandes
3 Elm, Ith
im Odenwald
5 Tromm
Höhenruder
8 Leitwerk
Höhensonne
9 Strahlung

10 Quarzlampe
11 Bestrahlung
Hohenstaufenanhänger
9 Gibelline
Höhensteuer
8 Leitwerk
Höhenstufe
Äthiopiens
5 Kolla
Höhenunterschied
8 Gefaelle
Höhenzug
7 Gebirge
am Harz
5 Heber
am See Genezareth
5 Golan
bei Alfeld
4 Hils
bei Braunschweig
3 Elm
bei Einbeck
4 Hils
bei Hannover
3 Ith
7 Deister
bei Oschersleben
3 Huy
bei Paderborn
4 Egge
bei Wolfenbüttel
4 Asse
der Eifel
9 Schneifel
11 ◆ Schneeeifel
der Karpaten
5 Tatra
der sächsisch-böhmischen Grenze
3 Ith
6 Hameln
10 Erzgebirge
der Sudeten
12 Eulengebirge
der West-Beskiden
5 Gorce
im Eichsfeld
4 Duen
im Harzvorland
3 Elm
im Lennegebirge
6 Homert
im Sauerland
4 Ebbe, Haar
im Weserbergland
3 Ith
4 Hils
7 Deister, Solling, Suentel
11 Bueckeberge
in Baden-Württemberg
3 Alb
4 Jura
11 Schwarzwald
in Brandenburg
8 Flaeming
in der Pfalz
6 Haardt
in der Schweiz
9 Morgarten
in Franken
11 Steigerwald
in Niedersachsen
3 Elm, Ith
4 Asse, Hils
7 Deister, Solling
in Nordostfrankreich
8 Ardennen, Argonnen
in Schwaben
3 Alb
4 Jura
in Thüringen
5 Finne
9 Hainleite
11 Kyffhaeuser
in Westfalen
4 Haar
südlich des Teutoburger Waldes
4 Egge
zwischen Fichtelgebirge und Schwarzachtal
11 Frankenwald
zwischen Leine und Weser
3 Ith
7 Solling
Hohepriester
3 Eli
5 Aaron
Höhepunkt
4 Akme, Clou
5 Krise, Zenit
6 Finale, Gipfel, Klimax, Krisis, Spitze
7 Maximum
9 Katastase, Sensation
10 Paroxysmus
11 Glanznummer, Glanzstueck, Knalleffekt, Kulmination
12 ◆ Bravurstueck, Nonplusultra, Paradenummer, Paradestueck
13 Bravournummer, Bravourstueck
beim Witz
6 Pointe
einer Entwicklung
6 Bluete
einer Krankheit
6 Krisis
im Karneval
11 Rosenmontag
hoher
Adliger im zaristischen Russland
5 Bojar
Beamter im alten China
8 Mandarin
Beamter im alten Rom
6 Zensor
7 Praetor
Blutdruck
10 Hypertonie
englischer Geistlicher
4 Dean
evangelischer Feiertag
10 Karfreitag
Fabrikschornstein
4 Esse
Gerichtshof
8 Tribunal
Herrenhut
8 Zylinder
katholischer Amtstitel
8 Kardinal
10 Erzbischof
11 Weihbischof
Männerhalskragen
12 Vatermoerder
Offizier
7 Admiral, General
9 Marschall
Offizier bei den Römern
5 Legat
Priester im Alten Testament
3 Eli
5 Aaron
6 Hannas
schlanker Pfahl
4 Mast
Schuh
7 Stiefel
Staatsbeamter
8 Minister
Steinpfeiler
7 Obelisk
höher
gelegen
8 oberhalb
gelegenes Küstengebiet
5 Geest
höhere
geistliche Behörde
10 Ordinariat
Kochkunst
11 Gastronomie
Kriegskunst
9 Strategie
Mathematik
8 Analysis
Schule
6 Lyzeum, Pennal
9 Gymnasium
10 Oberschule, Realschule
12 Aufbauschule
13 Realgymnasium
Schule für Musik
14 Konservatorium
Wichtigkeit
7 Vorrang
höherer
Beamter
3 Rat
8 Assessor, Direktor
kath. Geistlicher
7 Dechant
Krebs
5 Assel
Schüler
8 Primaner, Sextaner
9 Pennaeler, Quartaner, Quintaner, Tertianer
10 Gymnasiast, Sekundaner
12 Oberprimaner, Oberschueler, Realschueler
13 Obertertianer, Unterprimaner
14 Obersekundaner, Untertertianer
15 Untersekundaner
türkischer Titel
3 Beg, Bei
türkischer Verwaltungsbeamter
4 Wali
Vorgesetzter beim Militär
8 Offizier
hohes
Ansehen
4 Ruhm
Bauwerk
4 Esse, Turm
6 Kirche, Schlot
8 Hochhaus, Minarett
11 Fernsehturm, Schornstein
13 Wolkenkratzer

Kirchenfest
6 Ostern
9 Pfingsten
11 Weihnachten
Laufgestell
6 Stelze
Richtergremium
5 Senat
Streben
10 Idealismus
weithin sichtbares Seezeichen
10 Leuchtturm
hohl
6 konkav
Hohlbauwerk
6 Tunnel
hohle
Abgussform
7 Matrize
Höhle
3 Bau
4 Loch
5 Druse
6 Grotte, Roehre, Tunnel
7 Kaverne, Schacht, Stollen
8 Hohlform, Hohlraum
10 Mundhoehle, Vertiefung
auf Capri
11 Blaue Grotte
des Reineke Fuchs
10 Malepartus
in der Dordogne
7 Lascaux
in Organismen
6 Krypta
in Spanien mit berühmten Malereien
8 Altamira
von geringer Tiefe
6 Grotte
Hohleisen
10 Stemmeisen
Höhlenbewohner
5 Dachs
9 Troglodyt
Höhlengans
7 Casarca, Tadorna
Höhlenkunde
12 Spelaeologie
Höhlenmensch
12 Neandertaler
Höhlenschwanzlurch
3 Olm
Höhlentropfstein
am Boden
9 Stalagmit
an der Decke
9 Stalaktit
Höhlenwohnung
des Wildes
3 Bau
hohler
Ball
6 Ballon
Hohlform
beim Schmieden und Pressen
6 Gesenk
für Gusserzeugnisse
5 Model
Hohlgefäß
7 Flasche
Hohlhering
4 Ihle

Hohlkehle
in der Baukunst
6 Profil
Hohlkopf
4 Depp, Fant, Geck
5 Idiot, Laffe
6 Fatzke
7 Angeber, Trottel
9 Duemmling
10 Dumpfbacke
11 Volltrottel
Hohlkörper
4 Ball, Rohr, Tuba, Tube
5 Blase, Kugel, Tubus
6 Ballon, Huelle, Roehre
7 Trommel
8 Zylinder
Hohlmaß, Raummaß
2 To
4 Pint, Ster
5 Eimer, Fuder, Kanne, Liter, Metze, Quart
6 Barrel, Malter, Oxhoft
7 Gallone, Klafter
8 Scheffel
9 Deziliter, Festmeter
10 Hektoliter, Kubikmeter, Millimeter, Zentiliter
11 Hohlkoerper, Messgefaess
14 Kubikdezimeter
15 Kubikmillimeter
für Wein
4 Pipe
5 Fuder
im Alten Testament
5 Gomer, Homer
in China
5 Sheng
in Frankreich
5 Litre
in Indonesien
5 Pikul
in Spanien
6 Arroba
Hohlnadel
7 Kanuele
Hohlorgan
5 Blase
Hohlpflanze
4 Rohr
Hohlraum
im Gewebe, Lücke in einem Text
6 Lakune
im Körper
5 Zyste
in Gussstücken
6 Lunker
in Zellen und Geweben
7 Alveole
in Zellen und Organen
5 Lumen
Hohlraumbildung
im Körpergewebe
7 Kaverne
Hohlröhrchen
9 Kapillare
Hohlschmelzproduktwerkstatt
13 Glasblaeserei
Hohlspiegel
9 Reflektor
Hohlstein
aus gebranntem Ton
6 Hourdi

Hohltier
5 Hydra, Polyp
6 Meduse, Qualle
7 Koralle, Schwamm, Seemoos, Seerose
8 Seefeder
9 Wachsrose
10 Blumentier, Nesseltier, Seeanemone
11 Ohrenqualle
12 Leuchtqualle, Schlauchtier
14 Scheibenqualle
Hohlweg
7 Defilee, Engpass
Hohlwurz
12 Lerchensporn
Hohlziegel
6 Hourdi
Hohlzylinder
4 Rohr
6 Buchse
Hohn
5 Spott
6 Ironie
8 Zynismus
9 Sarkasmus
10 Laesterung, Verachtung
13 Schadenfreude
höhnisch
7 zynisch
8 ironisch
10 spoettisch
11 sarkastisch, schadenfroh
Höker
7 Kraemer, Tandler
9 Hausierer
13 Kleinhaendler
Hokuspokus
2 Uz
3 Jux, Ulk
4 Witz
5 Spass, Trick, Unfug
6 Unsinn, Zauber
7 Quatsch
8 Zauberei
9 Blendwerk, Bloedsinn
10 Zauberwort
11 Schabernack
12 Zauberformel
Holdrio
8 Hallodri, Luftikus
9 Hansdampf
10 Leichtfuss
Holdseligkeit
5 Anmut
6 Charme, ◆ Scharm
8 Liebreiz
Holland
11 Niederlande
Holländer
4 Mast
6 Geraet
7 Gebaeck, Zigarre
8 Maschine, Mastbaum
10 Sagenfigur, Windmuehle
11 Reissgeraet
12 Sagengestalt, Schlittschuh
13 Niederlaender, Reissmaschine
16 Zerreissmaschine
holländern
6 heften

holländisch:
Herr
8 Mijnheer
Kanal
6 Gracht
Moor
4 Veen
holländische
Provinzstadt
5 Delft
Stadt
3 Ede, Epe, Oss
4 Edam, Haag
5 Annen, Assen, Breda, Delft, Doorn, Eeden, Emmen, Gouda, Hoorn, Hulst, Marum, Sneek, Venlo, Weert, Zeist
6 Akkrum, Almelo, Arnhem, Bemmel, Bergen, Boxtel, Ermelo, Geleen, Gennep, Helder, Huizen, Kampen, Leiden, Lochem, Meppel, Muiden, Renkum, Rhenen, Velsen, Zwolle
7 Alkmaar, Arnheim, Den Haag, Eerbeek, Haarlem, Heerlen, Helmond, Hengelo, Katwijk, Tilburg, Utrecht, Zaandam, Zutphen
8 Deventer, Enschede, Hillegom, Nijmegen, Nimwegen, Rijswijk, Roermond, Schiedam
9 Amsterdam, Apeldoorn, Den Helder, Dordrecht, Eindhoven, Groningen, Harlingen, Hilversum, Rotterdam, Zandvoort
10 Amersfoort, Doetinchen, Gravenhage, Leeuwarden, Maastricht, Middelburg, Roosendaal, Vlissingen
11 Vlaardingen
13 Herzogenbusch
holländischer
Archäologe
8 Puteanus
Architekt u. Baumeister
3 Oud, Wit
5 Dudok
6 Kampen, Keyser
7 Boumann, Cuypers
8 Memhardt
Astronom
8 Huyghens
Barockradierer
6 Hooghe
Bildhauer
6 Eggers, Leyden
8 Verhulst
9 Quellinus
Botaniker
6 Hotton
Chemiker
6 Mulder
8 Bemmelen
Dirigent
6 Kempen
15 Hutschenruijter
Flugzeugbauer
6 Fokker
Forscher und Erfinder
7 Lorentz
8 Snellius
10 Troostwijk
Geiger, Dirigent
6 Kempen
Grafiker
6 Escher
11 Schellincks
Historiker
5 Kalff
6 Winkel
8 Wagenaar
Ingenieur
8 Coehoorn
Kanal
3 Eem
Kupferstecher
5 Blond
6 Kaiser, Vianen
7 Pontius
8 Tempesta, Visscher
Liedermacher
7 van Veen
Maler
3 Ast, Dou, Mor
4 Gogh, Hals, Heem, Maes, Neer
5 Balsa, Goyen, Hooch, Maris, Metsu, Steen, Velde
6 Dusart, Huysum, Ostade, Scorel
7 Aertsen, Lievens, Seghers
8 Ruisdael, Terborch
9 Rembrandt, Wouwerman
Männername
3 Jan, Per
4 Piet
6 Adrian, Jansen
Mathematiker
6 Stevin
7 Brouwer
8 Snellius
Mediziner
6 Camper, Ruysch
7 Swieten
Meteorologe
10 Buys-Ballot
Name der Rur
4 Roer
Namensteil
3 van
Physiker
5 Debye
Radierer
9 Rembrandt
Raps
5 Awehl
Reformator
7 Erasmus
Rheinarm
3 Lek, Wal
Sahnebonbon
5 Hopje
Seefahrer, Seeheld
5 Galen
6 Brakel, Tasman
7 Barents, Verhuel
9 Heemskerk
Stadtkanal
6 Gracht
holländisches
Branntweingetränk
7 Genever
Einmastsegelschiff
5 Bojer
Fischgewicht
5 Tobbe
6 Kantje
Küstenschiff
3 Kag
Längenmaß
4 Vaam, Voet
holländisch-königliche
Sommerresidenz
6 Hetloo
Hollandmädchen
6 Meisje
Hölle
4 Qual
5 Hades, Orkus
7 Abyssus, Gehenna, Inferno
8 Tartarus
9 Totenwelt, Unterwelt
10 Totenreich, Verdammnis
im Koran
5 Sakar
Höllenengel
7 Abaddon
Höllenfürst
5 Hades, Pluto, Satan
6 Teufel
8 Mephisto
9 Beelzebub
11 Fliegengott
14 Mephistopheles
Höllenhund
8 ◆ Cerberus, Kerberos, Zerberus
Höllenmaschine
5 Bombe
9 Zeitbombe
12 Sprengladung
Höllenstein
5 Lapis
12 Silbernitrat
höllisch
6 rasant
8 infernal
9 teuflisch
12 infernalisch
höllisches
Tempo
6 Rasanz
holprig
6 uneben
holsteinischer
Autor
5 Fehrs
Dichter
3 Lau
5 Groth
holsteinisches
Bauernhaus
4 Kate
5 Pesel
Holunder
6 Attich, Holder, Holler
7 Flieder
8 Sambucus, Sambukus
Holz
4 Baum, Wald
5 Forst, Kegel
6 Splint
7 Waldung
8 Baustoff
9 Waeldchen
10 Brennstoff

für Stuhlfüße
6 Kantel
im Fußballtor
5 Latte
Holzader
6 Flader
Holzart, -gewächs, -sorte
4 Arbe, Arve, Baum, Eibe, Erle, Espe, Ilex, Iper, Teak, Ulme
5 Ahorn, Baisa, Birke, Birne, Buche, Eiche, Eller, Esche, Forle, Limba, Linde, Myrte, Okume, Palme, Pinie, Tanne, Taxus, Thuja, Weide, Zeder
6 Akazie, Fichte, Foehre, Forche, Ibisch, Jasmin, Kiefer, Makore, Mispel, Pappel, Pisang, Quitte
7 Eibisch, Flieder, Ginster, Heister, Hickory, Laerche, Latsche, Lorbeer, Oelbaum, Platane, Robinie, Rotdorn, Ruester, Schlehe, Syringe
8 Berberis, Birnbaum, Ebenholz, Faulbaum, Feldulme, Hartholz, Hibiskus, Holunder, Kastanie, Kernholz, Liguster, Magnolie, Mahagoni, Nussbaum, Oleander, Piassave, Pistazie, Reifholz, Rotbuche, Rottanne, Sykomore, Weichsel, Zypresse
9 Apfelbaum, Bergahorn, Blutbuche, Buchsbaum, Eberesche, Edeltanne, Forsythie, Goldregen, Gummibaum, Hagebuche, Hainbuche, Haselnuss, Korkeiche, Machandel, Mangobaum, Nadelholz, Quebracho, Rosenholz, Sauerdorn, Stammholz, Tamariske, Wacholder, Weichholz, Weissdorn
10 Berberitze, Bergkiefer, Eukalyptus, Feigenbaum, Kirschbaum, Kokospalme, Lebensbaum, Mammutbaum, Mandelbaum, Palisander, Sandelholz, Schlehdorn, Splintholz, Stechpalme, Steineiche
11 Dattelpalme, Trauerweide, Walnussbaum, Weisspappel, Zimmerlinde
12 Faecherpalme, Haselstrauch, Maulbeerbaum, Pfirsichbaum, Pflaumenbaum, Rhododendron, Rosskastanie, Silberpappel, Zirbelkiefer, Zitterpappel
13 Affenbrotbaum, Aprikosenbaum, Piassavapalme, Terpentinbaum, Vogelbeerbaum, Zwetschenbaum
14 Latschenkiefer, Pfefferstrauch, Zwetschgenbaum
15 Chinarindenbaum, Krummholzkiefer
Holzbearbeitungswerkzeug
3 Axt
4 Beil
5 Saege
6 Beitel, Fraese, Raspel
10 Motorsaege
11 Gattersaege
Holzbehälter
4 Korb, Trog
5 Balge, Balje, Buett, Kiste, Truhe
6 Buette, Kasten
7 Schrank
9 Schachtel, Schubfach
Holzbestandteil
6 Lignin
9 Zellulose
der Braunkohle
5 Xylit
Holzblasinstrument
4 Oboe
6 Fagott, Floete
7 Alphorn, Altoboe, Piccolo, Pikkolo
8 Hautbois, Schalmei
9 Panfloete
10 Heckelphon, Klarinette, Querfloete, Rohrfloete
11 Baritonoboe, Blockfloete
12 Englischhorn, Kontrafagott, Pickelfloete
13 Piccolofloete, Pikkolofloete
14 Bassklarinette
Holzblatt
7 Furnier
Holzblättchen
4 Span
8 Splitter
Holzbottich
5 Zuber
Holzbrett
5 Bohle, Diele, Latte
6 Balken, Leiste
Holzeinlegearbeit
8 Intarsie
11 Intarsiatur
hölzerne
Flugzeug-, Schiffsrippe
5 Spant
Fußform
7 Leisten
Klapperinstrumente
12 Kastagnetten
Lagerstätte
8 Pritsche
Wandtäfelung
6 Paneel
hölzerner
Behälter
4 Fass
5 Kiste
6 Kasten
Spleißnagel
3 Fid
Teil des Gewehrs
6 Schaft
hölzernes
Geschirr für Rinder
4 Joch
Zielstück (Eisschießen)
5 Daube
Holzfällerwerkzeug
3 Axt
Holzfärbemittel
5 Beize
Holzfaserung
5 Maser
Holzfass
4 Kufe
Holzfeile
6 Raspel
Holzflößung
5 Trift
Holzfußboden
5 Diele
6 Dielen, Riemen
7 Parkett
Holzgas
5 Butan
Holzgefäß
mit hochstehendem Griff
5 Gelte
mundartlich
5 Meste
Holzgeist
8 Methanol
Holzgewächs
4 Baum
in Mitteleuropa
9 Bergahorn
Holzgriff
altgriechisch
6 Triere
an Handwerkszeugen
4 Heft
Holzgummi
5 Xylan
Holzhaufen
des Köhlers
6 Meiler
Holzhütte
4 Bude
5 Baude
holzige
Kletterpflanze
5 Liane
Holzkeil, Zapfen
6 Duebel
Holzklotz
6 Kloben
Holzknecht
6 Holzer
Holzkohlenbrenner
7 Koehler
Holzkonservierungsmittel
11 Karbolineum
Holzkrankheiten
9 Astfaeule, Baumkrebs, Rotfaeule
10 Kernfaeule
11 Holzschwamm, Stockfaeule, Weissfaeule
12 Splintfaeule
Holzkugelspiel
6 Boccia
Holzlatten
für Zäune
8 Staketen
Holzmeißel
6 Beitel
Holzmessgerät
6 Kluppe
Holzmodell
für die Schuhherstellung
7 Leisten
Holzpantoffel, -schuh
4 Clog
7 Pantine

Holzplanke
5 Brett
Holzplatte
5 Brett
Holzraummaß
4 Ster
5 Faden
7 Klafter
9 Festmeter, Raummeter
Holzrinne
für Grubenwasser
6 Fluder
Holzrohrpflanze
6 Bambus
Holzschablone
zum Spantenbiegen
4 Mall
Holzschädling
5 Nonne
7 Spanner, Spinner, Termite
8 Holzwurm, Totenuhr
10 Bohrkaefer
11 Buchdrucker
12 Borkenkaefer
Holzschalenfrucht
4 Nuss
Holzschlag
5 Maiss
Holzschneidekunst
10 ◆ Xylografie
11 Xyloglyptik, Xylographie
Holzschneider
8 ◆ Xylograf
9 Xylograph
Holzschuh
4 Clog
7 Pantine
Holzschutzmittel
7 Kreosot
8 Sublimat
Holzspaltwerkzeug
3 Axt
4 Beil, Keil
Holzspan
8 Splitter
Holzsplitter
4 Span
8 Schiefer
Holzstab
6 Leiste
für Wurstenden
5 Speil
Holzstäbchen
als Rhythmusinstrument
6 Claves
Holzstange
5 Latte
6 Leiste, Stelze
Holzstoff
6 Lignin
Holzstoß
des Köhlers
6 Meiler
Holzstreifen
6 Leiste
am unteren Teil der Wand
10 Fussleiste
Holzstück
3 Ast
4 Span, Stab
5 Bohle, Brett, Diele, Latte, Speil, Stock, Zweig
6 Leiste, Scheit
8 Splitter
Holztäfelung
6 Paneel
Holztransport
auf Gewässern
10 Floesserei
Holztrog
mundartlich
5 Kumme
Holzung
3 Hau
4 Hieb
9 Einschlag
holzverarbeitender
Betrieb
9 Saegewerk
Holzverarbeiter
8 Tischler
9 Schreiner
Holzverbindung
Baukunst
5 Klaue
Holzverkleidung
der Wand
9 Taefelung
Holzverpackung
5 Kiste
6 Kasten
Holzweg
4 Irre
6 Irrweg
Holzwurm
6 Bohrer
8 Totenuhr
10 Bockkaefer, Bohrkaefer
11 Klopfkaefer
12 Borkenkaefer
Holzzapfen
als Verschluss
5 Spund
Holzzaun
6 Gatter
Holzzeichnung
5 Maser
8 Maserung
Holzzucker
6 Xylose
homerische
Versform
9 Hexameter
Homers
Dichtung
5 Ilias
6 Iliade
7 Odyssee
Übersetzer
4 Voss
homogene
Körper
9 Kristalle
Homosexueller
9 Paederast
honett
6 ehrbar
9 ehrenhaft
10 anstaendig
11 respektabel
13 rechtschaffen
Honigbiene
4 Imme
Honigbier
3 Met
Honig(brannt)wein
3 Met
Honigdachs
5 Ratel
Honigfalke
7 Bussard
13 Wespenbussard
Honigfresser
11 Nektarvogel
Honiggras
6 Meddel
Honiginsekt
5 Biene
Honigklee
8 Hornklee
9 Steinklee
Honigkuchen
9 Lebkuchen, Lebzelten
11 Pfeffernuss
honigliebendes
Tier
4 Baer
Honiglikör
8 Drambuie
10 Baerenfang
11 Meschkinnis
Honigmond
13 Flitterwochen
Honigpilz
10 Hallimasch
Honigsaft
4 Seim
6 Nektar
Honigseim
6 Nektar
11 Bluetensaft
Honigstein
6 Mellit
Honigwabe
5 Rosse
honorabel
6 ehrbar
9 ehrenvoll
Honorar
4 Gage
7 Entgelt
9 Bezahlung, Ehrensold
10 Verguetung
honorieren
5 ehren
8 bezahlen
9 einloesen, vergueten
10 anerkennen
16 beruecksichtigen
honorig
6 ehrsam
9 ehrenhaft
honoris causa
11 ehrenhalber
Hopfen
6 Wuerze
10 Bierwuerze
13 Schlingstaude
14 Schlingpflanze
Hopfenanbaugebiet
in Bayern
9 Hallertau
Hopfensteckling
7 Fechser
Hora
5 Gebet
6 Stunde
7 Tagzeit

12 Gebetsstunde, Stundengebet
Hörapparat
8 Hoerrohr
hörbare
Luftschwingung
3 Ton
4 Laut
hörbarer
Ton
4 Laut
5 Klang
hörbares
Zeichen
6 Signal
7 Fanfare
Hörbild
Rundfunk
7 Feature
horchen
8 lauschen
Horcher
5 Spion
8 Lauscher
Horde
5 Bande, Meute, Rotte, Rudel, Schar, Sippe
6 Gruppe, Haufen, Platte
7 Gestell
8 Gesindel
Horen, eine der drei
4 Dike
6 Eirene
7 Eunomia
Hörerschaft
8 Publikum
10 Auditorium
Hörgerät
9 Minispion
Hörhilfe
10 Hoergeraet
Höriger
10 Halbfreier
Horizont
4 Kimm
5 Geist
6 Niveau
7 Kimming, Kimmung
8 Sehkreis, Verstand
11 Intelligenz
13 Gesichtskreis
Horizontale
6 Gerade
10 Waagrechte
11 Waagerechte
Hormon
6 Cholin, Inkret, Prolan
7 Insulin, Oestron
8 Androgen, Cortison, Gestagen, Glukagon, Histamin
9 Adrenalin, Oestrogen
10 Aldosteron, Angiotonin, Botenstoff, Testoteron
11 Androsteron, Progesteron, Testosteron
der Bauchspeicheldrüse
7 Insulin
der Magenschleimhaut
7 Gastrin
der Nebennierenrinde
6 Kortin
des Nebennierenmarks
9 Adrenalin
Hormonpräparat
10 Anabolikum
Horn
7 Kornett
aus Barten der Bartenwale
9 Fischbein
hornähnlicher
Stoff
6 Chitin
hornartige
Körpersubstanz
4 Haar
Hornbläser
7 Hornist
Hornblatt
8 Igellock
12 Wasserzinken
Hornblende
8 Amphibol
Hornblendenasbest
6 Amiant
Hornblendenmineral
8 Enstasit
Hörnchen
6 Gipfel, Kipfel
Hörnersignal
6 Halali
Horngebilde
an den Füßen der Vögel
5 Feder
an den Füßen verschiedener Tierarten
7 Krallen
Hornhaut
der Seeschildkröte
7 Karette
10 Schildpatt
des Auges
6 Cornea, Kornea
Hornhauttrübung
im Auge
6 Pannus
Hornhautübertragung
13 Keratoplastik
Hornhautverdickung
5 Warze
Horninsel
im Pazifik
5 Alofi
6 Futuna
Hornklee
5 Lotus
Hornplättchen
7 Schuppe
Hornplatte
der Schildkröte
7 Karette
10 Schildpatt
im Gaumen mancher Wale
5 Barte
Hornschuh
bei Tieren
3 Huf
Hornstoff
7 Keratin
Horntier
3 Ren
4 Elch, Gams, Rind, Zebu
5 Gemse, Sassa, Schaf, Ziege
6 ◆ Gaemse, Hirsch
7 Rentier
8 Antilope
Hornung
7 Februar
Hornwehrvogel
6 Anhima
Hörorgan
3 Ohr
Hörrohr
des Arztes
7 Otophon
10 Stethoskop
Horror
5 Angst, Scheu
6 Furcht, Grauen
7 Abscheu, Grausen
8 Schauder
9 Entsetzen, Schrecken
Hörsaal
10 Auditorium
17 Auditorium maximum
Horst
4 Nest
6 Genist
7 Scholle
8 Gebuesch, Standort
9 Vogelnest
14 Greifvogelnest
Hort
4 Heim
5 Trost
6 Obdach, Schatz, Schutz
8 Zuflucht
9 Tagesheim
10 Kinderheim
11 Spielschule
12 Kindergarten
hörunfähig
4 taub
Hose
4 Buex, Buxe, Slip
5 Jeans
6 Shorts
8 Breeches, ◆ Hotpants, Pantalon
9 Beinkleid, ◆ Blue Jeans, Pantalons
10 Blackjeans, Schluepfer
13 Knickerbocker
mit Jacke
5 Anzug
Hosengürtel
8 Leibgurt
Hospital
4 Heim
6 Klinik, Spital
7 Spittel
8 Lazarett
10 Altersheim
11 Krankenhaus
Hospitant
10 Gasthoerer
12 Gastschueler
Hospiz
4 Heim
5 Hotel
8 Gasthaus, Herberge
9 Armenhaus
10 Gaestehaus, Schutzhaus
11 Krankenhaus
Hostess
9 Fuehrerin
10 Stewardess
11 Begleiterin
Hostie
6 Oblate

14 Abendmahlsbrot
Hostienbehälter, -gefäß
5 Pyxis
7 Schrein
8 Ziborium
9 Monstranz
10 Tabernakel
Hostienteller
6 Patene
Hostienträger
9 Monstranz
Hotel
für Autofahrer
5 Motel
Hotelangestellte
7 Koechin, Mamsell
9 Kellnerin
Hotelangestellter
3 Boy
4 Koch, Ober, Page
6 Zapfer
7 Barmann, Liftboy, Pikkolo, Portier, Spueler
9 Buffetier, Pfoertner
10 Aufwaerter, Buefettier, Hausdiener
11 Kuechenchef
14 Tellerwaescher
Hotelbesitzer
8 Hotelier
9 Gastronom
Hotelboy
4 Page
hoteleigene
Konditorei
10 Patisserie
Hotelgewerbe
10 Hotellerie
11 Gastronomie
Hotelhalle
6 Lounge
Hotelwohnung
11 Appartement
Hottentottendorf
4 Kral
Hottentottenführer
7 Witbooi
Hottentottenhütte
6 Pontok
Hottentottenstamm
4 Mama, Nama
6 Griqua, Korana
Huangho-Zufluss
in China
5 Weiho
hübsch
4 nett
5 apart, fesch, flott, smart
6 adrett, schoen
7 anmutig, elegant, reizend
8 reizvoll
9 gefaellig
11 ansprechend, sympathisch
Hubschrauber
8 Autogiro
10 Helikopter
Hubschrauberdrehflügel
5 Rotor
Hubschrauberlandeplatz
8 Heliport
Hufenentzündung
des Pferdes
4 Rehe
5 Leist
Hüftbekleidung
6 Schurz
Hüfte
5 Lende
Hufteil
der Paarhufer
5 Klaue
Hüftgelenksverrenkung
8 Luxation
Hüftgicht, -schmerz
7 Ischias
9 Ischiagra
10 Ischialgie
Hüftgürtel
6 Riemen
Hüfthalter
6 Mieder, Riemen
7 Korsett
9 Korselett
Hüfthorn
Rolands
7 Olifant
Huftier
3 Elk, Gnu, Kuh, Ren
4 Elch, Elen, Esel, Muli, Rind
5 Kamel, Pferd, Stute, Tapir
6 Hirsch
7 Elefant, Giraffe, Nashorn, Rentier, Schwein
8 Antilope, Dromedar, Einhufer, Maulesel, Maultier
9 Erdferkel
10 Flusspferd
Huftierkrankheit
in Indien
5 Surra
hüftlange
Bluse
6 Kasack
Jacke
6 Blazer
Hüftrock
der indonesischen Frauen
6 Sarong
Hüfttuch
der Malaien
6 Sarong
Hüftumfang
6 Taille
Hüftweh
7 Ischias
Hügel
5 Buehl, Hubel
7 Anhoehe
bei Rom
9 Janiculus
der Grundmoräne
7 Drumlin
in Athen
7 Areopag
in den Marschen
4 Warf
5 Warft, Wurte
in Jerusalem
4 Zion
mit Sternwarte bei Rom
5 Mario
Roms
7 Aventin, Caelius, Kapitol, Palatin, Viminal
8 Esquilin, Quirinal
über Troja
9 Hissarlik
Hügelgelände
eiszeitlicher Herkunft
5 Kames
hügelig
6 bergig
Hügelkette
zwischen Weser und Leine
3 Ith
Hügelland
in Slowenien
6 Kollos
zwischen Odenwald und Schwarzwald
9 Kraichgau
hügellos
4 eben
Hügelrücken
in Lappland
6 Kivalo
Hugenottenführer
5 Rohan
7 Coligny
Huhn
5 Henne
6 Glucke, Hinkel, Poulet
8 Poularde
hühnerähnlicher
Steppenvogel
6 Trappe
Hühnerhund
6 Setter
Hühnerprodukt
2 Ei
Hühnerrasse, Hühnervogel
4 Guan, Hahn, Huhn, Mitu, Pfau
5 Fasan, Henne, Hokko
6 Brahma, Cochin, Glucke, Inambu, Kueken, Manaul
7 Bankiva, Hoatzin, Leghorn, Minorka, Rebhuhn, Wachtel
8 Auerhahn, Auerhuhn, Baumhuhn, Birkhuhn, Feldhuhn, Kaempfer, Kammhuhn, Kaulhuhn, Perlhuhn, Tragopan, Truthahn, Waldhuhn
9 Blutfasan, Buntfasan, Buschhuhn, Edelfasan, Faverolle, Frankolin, Gabelhuhn, Glanzhuhn, Goldfasan, Hamburger, Haselhuhn, Helmhokko, Hokkohuhn, Hornfasan, Italiener, Jagdfasan, Kongopfau, Orpington, Pfaufasan, Ringfasan, Satyrhuhn, Steinhuhn, Wyandotte, Zwerghuhn
10 Andalusier, Argusfasan, Brahmahuhn, Glanzfasan, Hammerhuhn, Schneehuhn, Schopfhuhn, Seidenhuhn, Weisshaube
11 Australorps, Bankivahuhn, Blausperber, Cochinchina, Elliotfasan, Helmwachtel, Mikadofasan, Praeriehuhn, ◆ Raufusshuhn, Schakupemba, Schopffasan, Spiegelpfau, Zahnwachtel
12 Amherstfasan, Diamantfasan,

Helmperlhuhn, Koenigsfasan, New Hampshire, Plymouth Rock, Rauhfusshuhn, Rheinarthuhn, Rhodelaender, Zigeunerhuhn
13 Dschungelhuhn, Geierperlhuhn, Grossfusshuhn, Satyrtragopan, Schopfwachtel, Sonneratshuhn, Talegallahuhn
14 Haubenperlhuhn, Moorschneehuhn, Pfauentruthuhn, Schopfperlhuhn
15 Alpenschneehuhn
16 Felsenschneehuhn, Gabelschwanzhuhn, Spitzschwanzhuhn, Taubenwallnister

Hühnervogelgehege
9 Fasanerie

Huld
5 Gnade, Gunst
10 Wohlwollen

huldigen
5 ehren
7 froenen

Huldigung
6 Ehrung
7 Ovation
9 Adoration

huldvoll
7 gnaedig
11 wohlwollend

Hülle
aus Ei und Bröseln
6 Panier
der Chromosomen
6 Matrix
des Getreidekorns
5 Spelz
Hülse
4 Etui, Haut
5 Bezug, Decke, Pelle
6 Bluete, Frucht, Kapsel, Kuvert, Mantel, Schale, Schutz
7 Packung
8 Futteral, Konvolut, Ueberzug, Umschlag
9 Kartusche
10 Umhuellung, Verpackung
Kapsel
8 Gehaeuse
Kapsel der Insektengruppen
5 Kokon

hüllenlos
5 nackt
10 entkleidet

Hülsenfrucht
5 Bohne, Erbse, Linse, Wicke
6 Lupine
7 Erdnuss
8 Saubohne
9 Sojabohne
12 Johannisbrot

Hülsenfrüchtler
6 Galega, Kassia, Kassie, Mimose
10 Leguminose

human, humanitär
4 edel
5 sanft
8 gesittet, tolerant
10 kultiviert, menschlich, wohltaetig
11 hilfsbereit, zivilisiert

Humanismus
12 Zivilisation

Humanist
5 Bembo, Brant
6 Hutten
7 Alberti, Erasmus, Grotius
8 Agricola, Petrarca, Reuchlin
10 Pirkheimer
11 Melanchthon

humanistischer
Heerführer
5 Zizka

Humanität
14 Menschenwuerde, Menschlichkeit

Humbug
5 Unfug
6 Unsinn
7 Nonsens, Quatsch
9 Bloedsinn, Flunkerei, Schwindel

Hummer
5 Krebs
8 Languste
12 Kaisergranat
13 Zehnfusskrebs

Humor
4 Witz
5 Laune, Spass
8 Frohsinn
10 Heiterkeit
13 Froehlichkeit

Humorist
15 Stimmungsmacher

humoristischer
Dichter
4 Roth
5 Busch
11 Morgenstern

humoristisch, humorvoll
5 ulkig
6 heiter, launig, witzig
7 burlesk, drollig, grotesk, komisch, spassig
8 ironisch
9 satirisch

Humpen
5 Stauf

Humuserde
11 Mutterboden

Humusform
4 Mull

Humuskohle
5 Humit

humusreich
5 humos

Hund
5 Toele
6 Koeter
einer Hochzuchtklasse
9 Dobermann

hundeartiges
Raubtier
4 Enok, Wolf
5 Dingo, Fenek, Fuchs
6 Fennek, Hyaene, Kojote, Koyote
7 Schakal
10 Polarfuchs

Hundefuß
5 Pfote

Hundegebell
8 Geklaeff

Hundegras
6 Quecke

Hundehütte
4 Kaue
6 Kotter

Hundejunges
5 Welpe

Hundekrankheit
6 Raeude, Staupe
7 Tollwut

Hundelaute
6 Bellen, Gebell

Hundeleben
3 Not
5 Armut, Elend
6 Jammer, Misere

Hundelippe
5 Lefze

Hundemännchen
5 Ruede

Hundename
4 Ajax, Axel, Karo, Plum
5 Bello, Tyras, Waldi
6 Phylax

Hundepack
8 Kanaille

Hunderachen
4 Fang, Maul
8 Schnauze

Hunderasse
3 Fox
4 Chin, Mops, Puli
5 Boxer, Bully, Dingo, Dogge, Galco, Laiki, Pudel, Sluki, Spitz, Ulmer
6 Barbet, Barsoi, Basset, Beagle, Border, Bracke, Buhund, Bullie, Cocker, Collie, Dackel, Hunter, Huskie, Kuvasz, Pommer, Saluki, Scotch, Setter, Slughi, Teckel, Tschin
7 Afghane, Airdale, Basenji, Bobtail, Buldogg, Erdhund, Griffon, Harrier, Klumber, Komodor, Mastiff, Pointer, Rattler, Sheltie, Spaniel, Spitzer, Terrier, Whippet
8 Airedale, Akitainu, Blenheim, Bluthund, Chihuana, Chow Chow, Elchhund, Hetzhund, Hovawart, Jadghund, Komondor, Kurzhaar, Labrador, Lakeland, Landseer, Langhaar, Malteser, Papillon, Pekinese, Pinscher, Samojede, Springer, Windhund
9 Airedaler, Beauceron, Bolognese, Brabancon, Bulldogge, Cattledog, Chihuahua, Dachshund, Deerhound, Dobermann, Fuchshund, Greyhound, Happahund, Havaneser, Jeamthund, Lundehund, Nackthund, Otterhund, Pariahund, Polarhund, Retriever, Schnauzer, Tatrahund, Tibethund, Tigerhund, Torfspitz, Vogelhund, Windspiel, Wolfshund, Zwerghund

10 Australian, Bergamasco, Bologneser, Dalmatiner, Eskimohund, Foxterrier, Grosspudel, Grossspitz, Hirschhund, Hirtenhund, Huetespitz, Kleinpudel, Kleinspitz, Lappenhund, Leonberger, Palasthund, Porcelaine, Rottweiler, Schafpudel, Schipperke, Seidenhund, Sennerhund, Tibetdogge, Tigerdogge, Toyspaniel, Toyterrier, Ulmer Dogge, Weimaraner, Welshcorgi, Wolfsspitz, Zwergpudel, Zwergspitz
11 Black-and-Tan, Bullmastiff, Bullterrier, Dachsbracke, Finnenspitz, Huehnerhund, Irish Setter, Jagdterrier, King Charles, Rehpinscher, Rubyspaniel, Seidenpudel, Seidenspitz, Skyeterrier, Steinbracke, Stoeberhund, Vorstehhund, Wachtelhund, Zwergdackel
12 Bernhardiner, Cairnterrier, Doppelbracke, Drahthaarfox, Finnenbracke, Fuchsterrier, Gordon Setter, Irish Terrier, Karakatschan, Labradorhund, Parforcehund, Pudelpointer, Schaeferhund, Schweinshund, Schweisshund, Tibetterrier, Welshterrier, Zwerggriffon, Zwergrattler, Zwergspaniel, Zwergterrier
13 Affenpinscher, Bordeauxdogge, Borderterrier, Bostonterrier, Bullenbeisser, Cockerspaniel, Dandie-Dinmont, Deutsche Dogge, Fleischerhund, Irischterrier, Prince-Charles, Pyrenaeenhund, Rattenfaenger, ◆ Rauhaardackel, Schifferspitz, Scotchterrier, Sussexspaniel, Wolfswindhund, Zwergpinscher
14 Daenische Dogge, Langhaardackel, Neufundlaender, Norfolkspaniel, Norfolkterrier, Rattenpinscher, Rauhhaardackel, Rauhhaarteckel, Samojedenspitz, Schnuerenpudel, Shetlandcollie, Zwergschnauzer
15 Airedaleterrier, Alaskanmalamute, Hochlandterrier, Kromfohrlaender, Mittelschnauzer, Muensterlaender, Riesenschnauzer, Sealyhamterrier, Springerspaniel
16 Berner Sennenhund, Harlekinpinscher, Kerry-Blue-Terrier, Leitschweisshund, Peking-Palasthund, Pekingpalasthund, Yorkshireterrier
17 Bedlingtonterrier, Clydesdaleterrier, Dobermannpinscher, Glatthaarpinscher, Irish-Water-Spaniel, Mastinonapolitano
19 Gebirgsschweisshund

hundertäugiger
Riese
5 Argus

Hundertjahrfeier
11 Zentenarium

Hundertjähriger
8 Zentenar

Hundertsatz
7 Prozent
11 Prozentsatz

Hundertschaft
8 Centurie, Zenturie

Hundertschaftsführer
8 Centurio, Zenturio

hundertstel
eines Maßes
5 Zenti

Hundeschar
5 Meute
6 Koppel

Hundeschlitten
der Tschuktschen
5 Narte

Hundeschnur
5 Leine

Hundeschwanz
4 Rute

Hunde-Unterkunft
6 Kennel
7 Zwinger

Hundewache
10 Nachtwache

Hundeweibchen
7 Huendin

Hundezecke
8 Holzbock

Hundezüchter
8 Kynologe

Hundezwinger
6 Kennel

Hündin
mundartlich
5 Zaupe

Hundsgras
6 Quecke

Hundskopfaffe
5 Drill, Magot, Makak
6 Anubis, Babuin, Bandar, Bunder, Hulman, Makadu, Markat, Pavian, Rhesus
7 Hutaffe, Wanderu
8 Bartaffe, Lapunder, Mandrill, Tschakma
9 Gruenaffe, Meerkatze
10 Berberaffe, Rhesusaffe
11 Baerenmakak, Husarenaffe, Javaneraffe, Mohrenmakak, Schopfmakak, Webbipavian
12 Anubispavian, Baerenpavian, Grauarmmakak, Mantelpavian, Schopfpavian, Schweinsaffe, Sphinxpavian
15 Blutbrustpavian, Rotgesichtmakak
16 Blausteisspavian

Hundsstern
6 Sirius

Hundswut
7 Tollwut

Hüne
5 Riese
6 Gigant

Hünenstein
6 Dolmen, Menhir

Hunger
4 Gier
7 Appetit
8 Begierde
9 Kohldampf, Sehnsucht, Verlangen

Hungerblümchen
5 Wesel

Hungerkur
6 Fasten
8 Slimming
9 Fastenkur
13 Reduktionskur

Hungerleider
5 Armer
7 Bettler
9 Schlucker
10 Habenichts

hungern
6 darben, fasten

Hungertyphus
11 Fleckfieber

Hunnenkönig
5 Etzel
6 Attila

hunnenverwandtes
Reiternomadenvolk der Antike
6 Awaren

Hunt
12 Foerderwagen

Hürde
6 Pferch
8 Barriere
9 Hindernis

Hürdenläufer
8 Steepler

Hurenhaus
4 Puff
7 Bordell
10 Eros Center
11 Freudenhaus

Hurrikan
5 Orkan
6 Taifun, Zyklon
7 Tornado
11 Wirbelsturm

hurtig
3 fix
5 rasch
7 behende, eilends, schnell
8 ◆ behaende

Husar
6 Reiter
11 Kavallerist

Husarenaffe
5 Patas

Husarenjacke
6 Attila, Dolman

Husarenmütze
6 Kalpak, Kolpak
7 Tschako

Husarenrock
6 Attila

Husarenstück
11 Handstreich
Hussit
9 Utraquist
10 Kalixtiner
Hussitenführer
5 Ziska, Zizka
6 Prokop
Hussitenstadt
8 Naumburg
Hustenmittel
4 Anis
6 Codein, Kodein, Salbei
7 Anisoel, Salmiak
8 Guajakol
10 Eukalyptus
Hut
der Cowboys
7 Stetson
der Kleriker
6 Birett
Hutaffe
5 Makak
6 Mahadu, Makadu
Hütehund
6 Collie
12 Schaeferhund
hüten
7 sichern
8 bewachen
9 schuetzen
11 beschuetzen
14 beaufsichtigen
Hüter
4 Hirt, Wart
5 Hirte
6 Patron
8 Bewacher, Waechter
9 Aufpasser
der Weisheitsquelle
5 Mimir
des heiligen Grals
7 Titurel
des Nibelungenhorts
8 Alberich
von Kleinkindern
10 Babysitter
von Lämmern und Schafen
8 Schaefer
Hüterin
der Erde
4 Hera
Hutmacherin
8 Modistin
12 Putzmacherin
Hutmaterial
4 Filz
5 Stroh
Hutrand
6 Krempe
Hutschlange, Brillenschlange
4 Naja
5 Kobra
Hutschmuck
5 Feder
Hutstroh
5 Tagal
Hütte
3 Alm, Alp
4 Bude, Haus, Kate, Kote, Werk
5 Baude, Gaden, Kobel
8 Bergwerk, Schuppen
9 Haeuschen, Verschlag
10 Schutzhaus
asiatischer Nomaden
5 Jurte
im Riesengebirge
5 Baude
Hüttenkunde
11 Metallurgie
Hüttner
7 Kaetner
Huttyp
6 Melone, Panama
7 Filzhut, Homburg, Kapotte, Petasos, Topfhut
8 Sombrero, Strohhut, Zylinder
9 Dreispitz, Rubenshut, Zweispitz
10 Kalabreser, Schlapphut
11 Florentiner
hutzelig
6 faltig
Hutzier
der Bayern
8 Gamsbart
Hyade
6 Nymphe
11 Sterngruppe, Sternhaufen
Hyäne, Hyänenart
7 Erdwolf
9 Tigerwolf
10 Strandwolf
13 Fleckenhyaene, Tuepfelhyaene
14 Streifenhyaene
17 Schabrackenhyaene
hybrid
9 vermessen
12 ueberheblich
Hybride
7 Bastard
Hybris
8 Uebermut
9 Frevelmut
12 Verwegenheit
13 Vermessenheit
16 Ueberheblichkeit
Hydra
5 Polyp
6 Untier
8 Schlange
9 Fabeltier, Sagentier, Sternbild, Ungeheuer
Hygiene
16 Gesundheitslehre
17 Gesundheitspflege
hygienisch
8 sanitaer
hygienische
Einrichtung
3 Bad
5 Bidet
8 Toilette
Maßnahme
7 Impfung
10 Isolierung
11 Laermschutz, Muellabfuhr, Quarantaene
12 Desinfektion
hygienisches
Mittel
10 Mundwasser
Hyksos-König
5 Assis, Chian
Hymne, Hymnus
3 Ode
4 Lied
7 Loblied
9 Lobgesang, Weihelied
10 Festgesang
Hymnendichtung
6 Hymnik
Hymnensammlung
6 Hymnar
Hymnus
6 Tedeum
Hypersensibilitaet
20 Ueberempfindlichkeit
Hypnose
6 Trance
10 Halbschlaf
15 Einschlaeferung
hypnotischer
Zustand
6 Trance
hypnotisieren
11 suggerieren
12 beeinflussen
13 einschlaefern
Hypophyse
10 Hirnanhang
16 Hirnanhangdruese
Hypothese
7 Annahme, Theorie
9 Bedingung, Vermutung
13 Unterstellung, Voraussetzung
hypothetischer
Fall von Atomkernbausteinen
6 Parton
hypothetisches
Elementarteilchen
5 Quark
Hysterie
7 Neurose
10 Simulation
11 Reizzustand
13 Geltungsdrang
18 Geltungsbeduerfnis
hysterisch
10 launenhaft, neurotisch, ueberdreht, ueberreizt
11 ueberspannt
13 unberechenbar
14 unausgeglichen

Iason
8 Argonaut
Iasons
Gefährten
10 Argonauten
Iberische
Halbinsel
7 Spanien
8 Portugal
Iberischer
Staat
7 Spanien
8 Portugal
Volksstamm
10 Karpetaner
Ibis
11 Storchvogel
Ichmensch
6 Egoist
12 Egozentriker
Ichsucht
8 Autismus, Egoismus
9 Eigensinn
10 Egozentrik, Eigenliebe, Eigensucht
11 Selbstsucht
ideal
9 imaginaer
10 vollkommen
11 vorbildlich
12 hochstrebend
14 erstrebenswert
Ideal
6 Inbild
7 Vorbild
8 Hochziel, Leitbild
9 Leitstern
10 Wunschbild
11 Leitgedanke
12 Vorzeigebild
Idealismus
8 Opfermut
9 Opfersinn
Idealist
8 Traeumer
Idealität
in der Philosophie
12 Transzendenz
Idee
4 Bild, Kern, Plan, Sinn
5 Linie, Thema, Wesen
6 Gehalt, Urbild
7 Einfall, Gedanke, Tendenz
8 Substanz
9 Eingebung, Intuition
11 Leitgedanke, Vorstellung
12 Grundgedanke
ideenarm
11 einfallslos, ◆ fantasielos
12 phantasielos
Ideenlehre
9 Ideologie
Identifizierungsmittel
13 Fingerabdruck
identisch
12 wesensgleich
Identität
10 Gleichheit
16 Uebereinstimmung
Idiot
4 Depp, Narr
6 Kretin
7 Trottel
8 Dummkopf
11 Volltrottel
15 Schwachsinniger
Idol
6 Abgott, Goetze
7 Fetisch
11 Goetzenbild
Idyll
13 Stimmungsbild
idyllisch
5 still, traut
8 heimelig, lauschig, traulich
9 arkadisch, friedlich, laendlich
10 gemuetlich, ungestoert
11 beschaulich
Ifflandringträger
7 Ganz
Igel
scherzhaft
5 Mecki
Ilex
10 Stechpalme
illegal, illegitim
8 verboten
9 unehelich, unerlaubt
10 irregulaer
12 gesetzwidrig, unberechtigt, ungesetzlich
14 unrechtmaessig
Illegalität
7 Unrecht
Illiquidität
20 Zahlungsunfaehigkeit
illoyal
6 untreu
9 unehrlich, unredlich
12 uebelgesinnt
Illusion
4 Trug, Wahn
5 Traum
6 Schein, Utopie
8 ◆ Fantasie, Trugbild
9 Phantasie
10 Einbildung, Wunschbild
11 Imagination, Luftschloss, Vorstellung
13 Vortaeuschung
16 Selbsttaeuschung
18 Wolkenkuckucksheim
Illusionist
6 Magier
7 ◆ Fantast
8 Phantast, Traeumer, Zauberer
10 Romantiker, Schwaermer
14 Taschenspieler
15 Zauberkuenstler
Illustration
4 Bild, ◆ Foto
5 Photo
6 ◆ Grafik
7 Graphik
8 Aufnahme, Diagramm, Portraet, Portrait, Vignette
9 Abbildung, Faksimile, Schaubild, Titelbild, Zeichnung
10 Erklaerung
11 Bebilderung, Darstellung
12 Erlaeuterung
17 Veranschaulichung
illustrierte
Erzählung
16 Bildergeschichte
illustriertes
Kinderbuch
10 Bilderbuch
illyrischer
König
7 Gentius
Iltis, Iltisart
3 Ilk
5 Frett
9 Frettchen
11 Stinkmarder
in der Jägersprache
4 Ratz
im
Aberglauben quälender Geist
3 ◆ Alb
alten Rom befestigtes Truppenlager
7 Kartell
Alten Testament Frau Jakobs
3 Lea
5 Rahel
Altertum benutztes Schreibrohr
7 Calamus
Altertum Hauptstadt Assyriens
6 Ninive
Altertum Kultort des Zeus
7 Olympia
Altertum Land in Südarabien
4 Saba
5 Sabat
Altertum Name für Griechenland
6 Hellas
Bamberger Dom beigesetzte Heilige
9 Kunigunde
bestimmten Augenblick
7 jeweils
Dienst eines Ritters stehender Jüngling
6 Knappe
Fahrzeug befindliche Person
7 Insasse
Feudalismus verliehenes Land
5 Lehen
Forst durchgeführter Hieb
9 Einschlag
Freien
6 aussen
Ganzen, ohne Abzug
6 brutto
Gedächtnis Bewahrtes
10 Erinnerung
Geigenbau berühmter Name
5 Amati
7 Steiner
8 Guarneri
10 Stradivari
Gelände abgesteckte Straßenführung
6 Trasse
großen
6 en gros
Jahre
4 anno
Kartenspiel alle Farben stechend
6 Trumpf
Kehlkopf erzeugter Klang
6 Stimme
kleinen
8 en detail
Kreis bewegen
6 drehen

Krieg erobertes Gut
5 Beute
Meer lebender Zahnflusskrebs
10 Einsiedler
Meer schwimmende Eismasse
7 Eisberg
Meer treibende Nachricht
12 Flaschenpost
Meerwasser schwebende Kleinstlebewesen
8 Plankton
Mittelpunkt befindlich
7 zentral
9 zentrisch
Nacken getragener Haarknoten
7 Chignon
Raum
5 innen
Rücken des Feindes operierende Gruppe
10 Partisanen
Schiff eingebautes Bett
4 Koje
Schlaf auftretende Vorstellung
5 Traum
Süden überwinternder Vogel
8 Zugvogel
Tiefdruckverfahren hergestellte Drucke
6 Stiche
Übermaß schädlich
5 Droge, Pille
Umlauf sein
9 kursieren
Verhältnis zum Hundert
10 prozentual
voraus
5 vorab
Vorbereitungsdienst befindlicher Akademiker
10 Referendar
Wasser abgelegte Eier von Fischen
5 Laich
Zeitgeschmack
6 modern
imaginär
6 irreal
10 unwirklich
11 eingebildet
Imagination
8 ◆ Fantasie
9 Phantasie
10 Einbildung
Imbiss
5 Jause, Snack
6 Bissen, Happen
8 Brotzeit, Fastfood, Mahlzeit
9 Staerkung
Imbissstand
18 Bratwuerstchenbude
Imbissstube
8 Snackbar
Imitation
7 Parodie
10 Faelschung, Falsifikat, Nachahmung
12 Reproduktion
Imitator
7 Epigone
9 Nachahmer
Imker
14 Bienenzuechter
Immatrikulationsliste
8 Matrikel
Imme
5 Biene
immens
5 gross
6 riesig
8 gewaltig
9 unendlich
10 gigantisch, riesenhaft
12 unermesslich
Immenstock
10 Bienenhaus, Bienenkorb
11 Bienenstand
immer
4 ewig
5 stets
8 staendig
9 jederzeit, pausenlos
14 ununterbrochen
Immergrün
4 Efeu
5 Vinca
6 Mistel
8 Singruen
9 Hundsgift
immergrüne
Laubwälder in den Tropen
9 Mangroven
Pflanze
6 Azalee
immergrüner
Baum
8 Oleander
9 Tamariske
10 Eukalyptus
Buschwald des Mittelmeergebietes
7 Macchia
Strauch
8 Rosmarin
Torfmoorstrauch
5 Porst
immergrünes
Gewächs
4 Ilex
5 Buchs, Myrte
7 Lorbeer, Oelbaum
8 Oleander
9 Buchsbaum
10 Stechpalme
immerwährend
4 ewig
6 stetig
8 staendig
Immigrant
11 Einwanderer
Immigration
12 Einwanderung
immigrieren
10 einwandern
immobil
11 unbeweglich
immobile
Wertschätzung
4 Taxe
Immobilie
4 Haus
7 Bauwerk
8 Gebaeude
11 Grundbesitz, Grundstueck
12 Liegenschaft
Immortelle
10 Strohblume
11 Immerschoen, Papierblume
14 Fuhrmannskraut
15 Katzenpfoetchen
immun
4 tabu
6 gefeit
9 straffrei
10 geschuetzt
12 unangreifbar
13 unempfindlich
14 unempfaenglich
Immunisierung
7 Impfung
13 Schutzimpfung
14 Schluckimpfung
gegen Blattern
19 Pockenschutzimpfung
Immunschwächekrankheit
4 AIDS
Imperativ
11 Befehlsform
imperialistischer
Überfall
10 Aggression
Imperium
5 Reich
9 Weltreich
11 Kaiserreich
12 Machtbereich
impertinent
5 frech
6 dreist, pampig
7 laestig, vorlaut
10 dummdreist, ungehoerig
11 zudringlich
12 aufdringlich, unverschaemt
Impertinenz
9 Frechheit
12 Dreistigkeit
16 Unverschaemtheit
impfen
12 immunisieren
Impfmesser
8 Lanzette
Impfpustel
5 Pocke
Impfstoff
5 Serum
6 Lymphe, Vakzin
7 Vakzine
Impfstoffe
4 Sera
Impfung
13 Immunisierung
Import
7 Einfuhr
Importgenehmigung
16 Einfuhrerlaubnis
Imprägniermittel
11 Karbolineum
Impresario
7 Manager
Impression
8 Eindruck
10 Empfindung
impressionistischer
Künstler
3 Ury
4 Uhde, Zorn
5 Degas, Kuehl, Manet, Monet, Rodin, Serow, Sterl
6 Renoir, Seurat, Signac, Sisley
7 Bazille, Bonnard, Cezanne,

Corinth, Gauguin, Slevogt, van Gogh
8 Pissarro, Truebner, Vuillard
9 Segantini
10 Liebermann
15 Toulouse-Lautrec
Imprimatur
13 Druckfreigabe
Improvisation
8 Stegreif
9 Extempore, Impromptu
13 Stegreifspiel
improvisieren
13 extemporieren
Impuls
5 Stoss
6 Anreiz
7 Ansporn, Anstoss, Antrieb
8 Anregung
Impulsformer
7 Trigger
impulsiv
7 spontan
Impulsstrang
des menschlichen Körpers
4 Nerv
imstande
5 habil
6 faehig
7 kapabel
8 tauglich
in
Abrede stellen
7 leugnen
12 desavouieren
Achsstellung
5 axial
alten Zeiten
5 einst
alten Zeiten Männerbundbrauch
18 Blutsbruederschaft
arktischen Breiten lebender Mensch
6 Eskimo
Besitz nehmen
8 aneignen
Bestform
6 topfit
bestimmten Gebieten herrschende Krankheit
7 Endemie
Betrieb
2 an
Bewegung setzen eines Fahrzeugs
10 anschieben
Blätterteig gehüllte Fleischspeise
7 Pastete
Branntwein eingelegtes Obst
7 Rumtopf
das
3 ins
dem
2 im
den Mund gesteckter Stoff
6 Knebel
den Ruhestand versetzt
10 emeritiert
den Steppen weidende Pferdeherde
5 Tabun
der Antike sagenhafte Insel
5 Thule
der Botanik innerste Schicht der Fruchtwand
8 Endokarp
der Bundesrepublik abgeschaffte Strafe
11 Todesstrafe
der Durchsicht erscheinende Zeichnung bei Druckerzeugnissen
13 Wasserzeichen
der eigenen Berufsausbildung Tätiger
9 Volontaer
der griechischen Philosophie Vernunft
3 Nus
der griechischen Sage Fährmann der Unterwelt
6 Charon
der Haut wurzelndes Gebilde
4 Haar
der Höhe
4 oben
der Jazzmusik betonter Taktteil
4 Beat
der Kunst Art, Gattung
5 Genre
der Luft schwebende Teilchen
5 Staub
der Mitte
7 zentral
der Musik abnehmend
7 Calando
der Musik alle
5 tutti
der Musik an keine Tonart gebunden
6 atonal
der Musik anmutig
8 grazioso
der Musik anschwellend
9 crescendo
der Musik ausgehalten
6 tenuto
der Musik bebend
7 vibrato
10 tremolando
der Musik belebt
7 animato
der Musik beschleunigt
9 alla breve
der Musik deutlich
7 marcato
der Musik etwas langsam
9 larghetto
der Musik etwas schneller
9 andantino
der Musik feurig
6 brioso
7 furioso
der Musik gebunden
6 legato
der Musik gedehnt
5 lento
der Musik gehalten
9 sostenuto
der Musik gezupft
9 pizzicato
der Musik gleitend
9 glissando
der Musik halbleise
10 mezzopiano
der Musik halbstark
10 mezzoforte
der Musik heiter
6 sereno
der Musik langsam
5 largo, lento
6 adagio
der Musik laut
5 forte
der Musik lebhaft
6 brioso, vivace
der Musik leidenschaftlich
7 furioso
10 passionato
der Musik leise
5 piano
der Musik lieblich
7 amabile
der Musik mäßig langsam
7 andante
der Musik munter
10 allegretto
der Musik sanft
6 adagio
der Musik schnell
6 presto
7 allegro
der Musik schneller werdend
11 accelerando
der Musik sehr
5 molto
der Musik sehr laut
10 fortissimo
der Musik sehr leise
10 pianissimo
der Musik sehr schnell
11 prestissimo
der Musik ständig wiederholt
8 ostinato
der Musik stürmisch
9 impetuoso
der Musik verlöschend
7 morendo
der Musik verstärkt
7 forzato
8 sforzato
9 sforzando
der Musik volles Orchester
5 Tutti
der Musik wenig
4 poco
der Musik würdevoll
8 maestoso
der Musik zurückhaltend
8 ritenuto
10 ritardando
der Nähe
3 bei
5 neben
der Schiffsführung ausgebildeter Seemann
10 Steuermann
der Steinzeit aufgehäufte Küchenabfälle
17 Koekkenmoeddinger
der Suppe unerwünschter Gegenstand
4 Haar
der Tiefe
5 unten
der Versdichtung angewandter Gleichklang
4 Reim
diesem Jahr
5 heuer
dieser Art, -Weise
2 so

Doppelreihen aufgestellte Personen
7 Spalier
12 Ehrenspalier
einem Spiel risikerte Summe
7 Einsatz
einen Satz gefasste Erkenntnis
7 Theorem
einen Strom mündendes Gewässer
10 Nebenfluss
einer bestimmten Zeit zu leistende Arbeit
6 Pensum
einer Form gebackene Speise
7 Auflauf
einer Richtung
7 Einbahn
einer Runde kreisender Becher
7 Umtrunk
ein Kleidungsstück eingenähtes Säckchen
6 Tasche
Essig eingelegtes Gewürz
5 Kaper
Falten legen
9 drapieren
Fässern eingemachter Weißkohl
10 Sauerkraut
ferner Zukunft
5 einst
fließender Bewegung
10 rhythmisch
Form
3 fit
Gang bringen
7 starten
Gedanken
6 mental
geheime Künste Eingeweihter
5 Adept
Geld ausgedrückter Wert
5 Preis
geringer Entfernung
3 nah
Gewürztunke eingelegte Fische
9 Marinaden
Gletschereis übergehender Schnee
4 Firn
großen Mengen
6 en gros
guter Form
3 fit
Herden lebender Hirsch
3 Ren
höchster Vollkommenheit
5 ideal
hohem Grade
4 sehr
Holz eingelegte Arbeit
8 Intarsia
Jerusalem ermordeter UN-Sonderbeauftragter
10 Bernadotte
Kokillen gegossener Stahlblock
5 Ingot
Kolonnen geordnete Aufstellung von Zahlen
7 Tabelle
Kürze
4 bald
10 demnaechst
Kurzschrift geschriebener Text
10 Stenogramm

Leder gebundenes Buch
9 Franzband
Maßeinheiten die dritte Potenz
5 Kubik
Naturalien entrichteter Lohnanteil
7 Deputat
Ordnern bewahrte Schriftstücke
6 Ablage
Ordnung
2 ok
4 okay
Ostdeutschland entwickeltes Nähwirkverfahren
6 Malimo
7 Malipol
panischem Schrecken flüchtende Tierherde
8 Stampede
Rhodesien gefundener Urmensch
14 Rhodesiamensch
Rubriken geordnete Aufstellung
5 Liste
Schlangenlinie ansteigender Weg
10 Serpentine
Schneckenlinie gebogener Draht
7 Spirale
sich gemustertes Gewebe
6 Damast
sich geschlossene Landschaft
3 Gau
sich geschlossener Zeitabschnitt
6 Epoche
staatlicher Hand befindlicher Grundbesitz
7 Domaene
Stahlflaschen gefülltes Gas
9 Propangas
Stangen und Platten gegossenes Silber oder Gold
6 Barren
Teig gehülltes Gericht
7 Pastete
Vorratsräumen Beschäftigter
8 Lagerist
Wirklichkeit
8 realiter
Zahlung gegebener Wechsel
7 Rimesse
Zehen gespaltener Tierfuß
5 Pfote
inaktiv
4 faul
6 traege
8 untaetig
inan
4 hohl, leer
5 eitel
7 nichtig
Inangriffnahme
10 Initiative
Inanspruchnahme
8 Anrufung, Berufung
Inbegriff
4 Kern
5 Ideal, Summe, Wesen
6 Ganzes, Gehalt, Inhalt
7 Ausbund, Komplex, Vorbild
8 Prototyp, Substanz
9 Charakter, Hoechstes, Innerstes
10 Gesamtbild, Gesamtheit, Wesenskern, Wunschbild
11 Quintessenz

alles Seienden
4 Welt
der Persönlichkeit
9 Charakter
des Bösen
5 Satan
6 Daemon, Teufel
höchster Vollkommenheit
5 Ideal
seelischer Gefühle
6 Gemuet
inbegriffen
9 inklusive
Inbesitznahme
9 Aneignung, Eroberung
neuer Räume
6 Einzug
Inbild
5 Ideal
Inbrunst
4 Glut
5 Hitze
7 Passion
12 Enthusiasmus, Leidenschaft
indem
2 da
Inder
5 Hindu
der niederen Kaste
5 Paria
Index
11 Verzeichnis
18 Inhaltsverzeichnis
Indianer
7 Rothaut
Indianerboot
4 Kanu
5 Balsa
6 Piroge
Indianerdorf
6 Pueblo
Indianerdorfhäuptling
6 Kazike
Indianerfrau
5 Squaw
Indianergestalt
bei Karl May
8 Winnetou
Indianerhäuptling
in Mittel- und Südamerika
6 Kazike
Indianerhütte
6 Wigwam
Indianerkleidungsstück
7 Leggins
8 Leggings, Mokassin
12 Federschmuck
Indianermantel
6 Poncho
Indianerpfeife
7 Kalumet
Indianerpferd
7 Mustang
Indianerschlitten
8 Toboggan
Indianerschuh
8 Mokassin
Indianerschutzgebiet
8 Reservat
11 Reservation
Indianerstamm
auf Feuerland
3 Ona

Indianerstamm, -sprache
3 Ges, Kri, Mam, Ona, Ute
4 Auca, Dene, Haka, Hopi, Inka, Iowa, Maja, Maya, Pani, Pano, Pima, Tano, Tupi
5 Aruak, Chaco, Heida, Huron, Indio, Kolla, Mosan, Nahua, Nutka, Omaha, Otomi, Sioux
6 Aimara, Apache, Aymara, Azteke, Dakota, Hurone, Indios, Jahgan, Jivaro, Kaeddo, Kayapo, Mandan, Mohawk, Na Dene, Navaho, Navajo, Ottawa, Penuti, Pueblo, Seneka
7 Apachen, Apurina, Arapaho, Azteken, Chibcha, Chinook, Goajiro, Guarani, Huronen, Kariben, Maskoki, Miskito, Muskogi, Olmeken, Puelche, Selisch, Tlinkit, Wyandot
8 Alakaluf, Algonkin, Delaware, Guaikuru, Irokesen, Karaiben, Ketschua, Kwakiutl, Mixteken, Tolteken, Tschinuk
9 Apatschen, Araukaner, Aztekisch, Botokuden, Mohikaner, Pueltsche, Tscheroki, Winnebago, Zapoteken
10 Irokesisch
11 Araukanisch, Atapaskisch, Botokudisch, Komantschen, Nadowessier, Patagonisch, Schoschonen, Tehueltsche, Tschibtscha
12 Kommantschen, Tscherokesen
13 Schoschonisch

Indianertrophäe
5 Skalp

Indianerwaffe
8 Tomahawk

Indianerzelt
4 Tipi
6 Wigwam

indianische
Friedenspfeife
7 Calumet, Kalumet
Fußbekleidung
8 Mokassin
Gottheit
6 Manitu
Herrscherschicht im alten Peru
4 Inka
Seilbrücke
6 Maroma
Sprachgruppe
8 Irokesen
10 Athapasken
Streitaxt
8 Tomahawk
Trophäe
5 Skalp
8 Kopfhaut

indianisches
Kulturvolk
4 Maya
7 Chibcha
Pfeilgift
5 Urari
6 Curare, Kurare
Reitervolk
9 Araukaner
Rückschlagspiel
7 Indiaca
Stammeszeichen
5 Totem
Steppenpferd
7 Mustang

Indienstnahme
11 Einstellung

indifferent
7 neutral
8 tolerant
10 unbestimmt
12 teilnahmslos
13 gleichgueltig

Indignation
11 Entruestung

indigniert
10 entruestet

Indigofarbe
6 Anilin
9 Insantier

Indigopflanze
4 Anil

Indikativ
17 Wirklichkeitsform

Indio
vor Kolumbus
4 Inka

indirekt
9 abhaengig, mittelbar

indirekte
Route
5 Umweg
Verbrauchssteuer
6 Akzise
Zellkernteilung
6 Mitose

indische
Amtssprache
5 Hindi
Anrede für Herr
5 Sahib
8 Mem Sahib
Antilope
6 Nilgau
Bauernkaste
5 Sudra
Brillenschlange
5 Kobra
Bucht, Golf
13 Golf von Kambay, Golf von Katsch, Golf von Mannar
Dichtung
7 Rigweda
Dynastie
6 Maurja, Pathan
7 Sayiden
8 Kuschana
Fürstin
4 Rani
5 Begum
8 Maharani
Gesellschaftsschicht
5 Kaste
Glaubensgemeinschaft
4 Sikh
Gottheit
4 Agni, Deva, Diti, Iama, Jama, Jami, Kali, Kama, Maja, Rama, Rati, Sima, Soma, Yama
5 Aditi, Durga, Indra, Shiva, Surja
6 Brahma, Kubera, Schiwa, Skanda, Varuna
7 Ganesha, Kasjapa, Parwati, Wischnu
8 Ganescha, Karikeja, Krischna, Lakschmi
9 Saraswati
Göttin
9 Saraswati
Grafschaft
6 Ulster
Hafenstadt
6 Bombay, Madras
8 Kalkutta
Halbziege
4 Tahr, Thar
Hauptstadt
5 Delhi
8 Neu Delhi
Heilsbewegung
10 Tantrismus
Heldengestalt
4 Rama
Herrscherdynastie
5 Mogul
Hirschart
10 Axishirsch
Hirseart
5 Durra
Holzart
10 Sandelholz
Inselgruppe
9 Andamanen, Nikobaren
10 Lakkadiven
17 Lakshadweepinseln
Kaste
5 Paria, Sudra
6 Parias, Shudra
8 Vaischya
9 Brahmanen, Brahminen
10 Kschatriya
11 Radschputen
Koralleninsel
10 Lakkadiven
Kriegerkaste
11 Radschputen
Landschaft
5 Berar
Lebenslehrbücher
5 Sutra
Ministerpräsidentin
6 Gandhi
Münze
3 Pie
4 Anna, Lakh
5 Paise, Rupie
Nachrichtenagentur
3 PTI
Oasenstadt
7 Bikanir
Panzerechse
6 Gavial
Priesterkaste
9 Brahmanen
Provinz
3 Goa
4 Kurg
5 Assam, Bihar
6 Katsch, Orissa, Punjab, Sikkim
7 Manipur, Tripura
8 Bengalen, Kaschmir
9 Pandschab
10 Haidarabad
11 Radschastan

Religion
9 Sikkismus
10 Buddhismus, Hinduismus
11 Brahmaismus
12 Dschainismus
Sagengestalt
3 Nal
4 Manu, Rama
Sänfte
8 Palankin
Schleichkatze
5 Mungo
Schrift, Sprache
4 Gond, Pali, Urdu, Veda, Weda
5 Bhili, Hindi, Munda, Orija, Tamil
6 Bihari, Purana, Sindhi, Teluga
7 Bengali, Drawida, Marathi, Prakrit
8 Gujarati, Sanskrit
9 Malayalam
10 Pandschabi
11 Gudscharati, Kanaresisch
Seerose, Wasserrose
5 Lotos
Sekte
5 Sikhs
Stabzither
4 Vina
Stadt
3 Goa
4 Agra, Aksa, Gaja, Luni, Puna, Puri
5 Alwar, Banda, Barsi, Basti, Bidar, Bihar, Bundi, Damao, Delhi, Haura, Hubli, Indor, Indur, Itawa, Kaira, Kolar, Mirat, Nasik, Parna, Patna, Poona, Rasra, Salem, Sikar, Simla, Surat, Thana
6 Alipur, Ambala, Ancona, Asiage, Assisi, Bareli, Baroda, Bhopal, Bombay, Broach, Djansi, Guntur, Howrah, Imphal, Indore, Jaipur, Jhansi, Kandia, Kanpur, Karnul, Karwar, Kattak, Kohima, Kolait, Madras, Madura, Maisur, Mysore, Nagpur, Nellur, Rampur, Schore, Shimla, Tenali, Uniara
7 Aligarh, Amdabad, Asansol, Bardwan, Benares, Bikaner, Bikanir, Hingoli, Kalikut, Kaunpur, Lakhnau, Lucknow, Madurai, Tenalit, Udaipur
8 Adschmir, Amritsar, Balasore, Bangalur, Bareilly, Jabalpur, Kalkutta, Kolhapur, Mangalur, Neu Delhi, Rourkela, Srinagar
9 Ahmadabad, Allahabad, Bangalore, Bengaluru, Bhagalpur, Bharatpur, Bhaunagar, Darjuling, Dschaipur, Koimbatur, Moradabad, Pandschin, Schillong, Scholapur
10 Aurangabad, Darjeeling, Dchabalpur, Haidarabad, Haiderabad, Scharampur, Trivandrum
11 Dschalalpur, Dschalandar, Dschamnagar, Visagapatam
12 Dardschiling
13 Dardschilling
Tempeltänzerin
8 Bajadere
Universitätsstadt
4 Agra
Volks- und Kriegerkaste
11 Radschputen
Währungseinheit
5 Rupie
Wasserpfeife
4 Huka
Witwe
4 Sati
Wüste
4 Thar
5 Tharr

indischer
Affe
6 Rhesus
Ameisenbär
8 Pangolin
Asket
4 Jogi, Yogi
5 Fakir, Sadhu
Berg, Gebirge
3 Abu
6 Dewodi, Kerala, Sikkim, Vinhja
7 Satpura
8 Anaimudi, Kardamom, Mount Abu
10 Doddabetta
Bettelmönch
5 Fakir
Büffel
4 Arni
Bundesstaat
5 Assam, Bihar
Büßer
4 Jogi
5 Fakir
Dämon
3 Ahi
Dichter
3 Rai, Raj
4 Basu, Faiz, Kuba, Renu
5 Abbas, Amaru, Anand, Aschk, Datta, Galib, Gargi, Iqbal, Kabir, Mitra, Niral, Warma
6 Amanat, Dandin, Kasimi, Nirala, Pillai, Prasad, Tagore, Thakur
7 Bharati, Bilhana, Narajan
8 Jaschpal, Kalidasa, Tripathi, Yayadeva
9 Tschugtai
10 Bharatendu, Markandaja
11 Premtschand
Dirigent
5 Mehta
Ehrentitel
7 Mahatma
Elefangenjäger
5 Fadni
Elefantenführer
6 Kornak
Elefantentreiber
5 Mahut
Feigenbaum
2 Bo
6 Banian
Feuergott
4 Agni
Flachs
4 Jute
Fluss
4 Kusi
5 Gorga, Tapti
6 Djamna, Ganges, Kawerl
7 Narbada
8 Godavari, Krischna, Mahanadi
9 Tschambal
11 Brahmaputra
Fürstentitel
4 Raja, Rani
5 Begum, Nisam, Nizam, Radja
7 Radscha
8 Maharani
11 Maharadscha
Gaukler, Asket
5 Fakir
Geistlicher
4 Guru
Geldfürst
5 Nabob
Gelehrtentitel
6 Pandit
Gewittergott
5 Indra
Glanzstar
3 Beo
Gott
4 Rama
Großbüffel
4 Arni
Großfürst
11 Maharadscha
Großmogul
5 Akbar
Hauptgott
5 Indra
Heiliger
4 Guru, Jogi
Held
8 Krischna
Held des Nationalepos
4 Rama
Herrscher
5 Akbar, Mogul, Nisem
10 Grossmogul
Höllenfürst
11 Mahischasur
König
5 Asoka
7 Aschoka
Kopfjäger
5 Nagas
Krähenvogel
3 Ani
Künstler (Bildhauer, Maler und Grafiker)
3 Ara, Day, Roy
4 Bose, Gade, Ukil
5 Ahmad, Gupta, Raval
6 Bendre, Chavda, Haldar, Hebbar, Samant, Tagore
7 Hussain, Khastir, Paniker, Prashar
8 Palsikar
9 Chowdhury, Mookerjee, Mukherjea
10 Venkatappa
11 Subramanian
Landsmann
7 Bengale

Langarmaffe
3 Lar
Lehrer
4 Guru
Lendenschurz
5 Dothi
Liebesgott
4 Kama
Nashornvogel
6 Homrai
Nationalheld
4 Rama
Nobelpreisträger (Literatur)
6 Tagore
Nobelpreisträger (Physik)
5 Raman
Paradiesgarten
7 Nandana
Philosoph
6 Tagore
Physiker
5 Raman
Pilger- und Badeort
4 Puri
Politiker und Staatsmann
3 Das, Rao
5 Gowda, Nehru
6 Gandhi, Sharma
7 Shastri
8 Vajpayee
9 Narayanan
11 Pandit Nehru, Rajiv Gandhi
12 Indira Gandhi
13 Mahatma Gandhi
Regengott
5 Indra
Religionsstifter
6 Buddha
religiöser Lehrer
4 Guru
Sagenheld
3 Nal
4 Manu, Rama
Sektenangehöriger
4 Sikh
Sektenführer
7 Bhagwan
Singvogel
8 Buelbuel
Staatsmann
5 Nehru
6 Gandhi
7 Shastri
Staat, Territorium
3 Diu, Goa
4 Kurg, Laos
5 Assam, Bihar, Burma, Dadra, Daman, Damao, Delhi
6 Katsch, Kerala, Madras, Maisur, Orissa, Punjab, Sikkim
7 Hariana, Manipur
8 Dschammu, Kaschmir, Nagaland, Tripura
9 Amindiven, Andamanen, Lakediven, Nikobaren, Pandschab
10 Gudscherat, Lakkadiven
11 Radschastan
12 Maharaschtra, Westbengalen
13 Uttar Pradesch
14 Andhra Pradesch, Madhja Pradesch
16 Himachal Pradesch
Stand
5 Kaste
Tagelöhner
4 Kuli
Tanz
5 Limbo
Tempel
6 Pagode
Volksstamm
8 Marathen
Vorkämpfer
7 Bengale
Vorkämpfer der Unabhängigkeit
6 Gandhi
Waldbock
6 Nilgau
Wallfahrtsort
4 Puri
7 Benares, Mathura
9 Allahabad
Wandermönch
5 Sadhu
Wasserbüffel
7 Kerabau
Weisheitslehrer
6 Tagore
Wunderbaum
2 Al
indisches
Boot, Beiboot
5 Dingi
6 Dinghi
Buckelrind
4 Zebu
Fabelbuch
11 Pancatantra
Flächenmaß
5 Bigha
Frauengewand
4 Sari
6 Sarong
Gewicht
3 Guz, Ser
4 Seer, Sihr, Tola
7 Chittak
Gewürz
5 Curry
Glückszeichen
5 Tilak
Götterepos
11 Mahabharata
Grabmal in Agra
11 Tadsch Mahal
Hakenkreuz als Sonnensymbol
8 Swastika
Heldenepos
11 Mahabharata
Kleidungsstück
4 Sari
Krokodil
6 Gavial
Kulturvolk
4 Maya
Längenmaß
3 Guz
Liebeslehrbuch
9 Kamasutra
Nationalepos
8 Ramajana, Ramayana
Nationalspiel
6 Carrom
philosophisches System
4 Joga
Rind
4 Zebu
Stoffärbeverfahren
4 Ikat
Streichinstrument
5 Esrar
Volk
5 Tamil
6 Brahul
11 Radschputen
Wickelgewand
4 Sari
Wildrind
4 Gaur
indiskret
7 taktlos
12 geschwaetzig
Indiskretion
7 Klatsch, Rederei, Tratsch
10 Geschwaetz
11 Klatscherei
13 Taktlosigkeit
15 Vertrauensbruch
indiszipliniert
8 zuchtlos
12 unordentlich
Individualist
13 Einzelgaenger
Individualität
8 Eigenart
15 Einzigartigkeit, Persoenlichkeit
individuell
11 persoenlich
13 eigentuemlich
Individuum
6 Person
11 Einzelwesen
12 Einzelperson
indiziert
6 ratsam
9 angezeigt
Indiz, Indizium
7 Hinweis
9 Anzeichen
12 Beweismittel
15 Verdachtsmoment
Indochinese
10 Vietnamese
Indoeuropäer
5 Slawe
6 Italer, Romane
Indogermanen
5 Arier, Daker
6 Balten, Italer, Kelten, Slawen
7 Albaner, Illyrer, Iranier, Phryger, Romanen, Thraker
8 Armenier, Germanen, Griechen, Hethiter, Italiker
9 Indoarier
indolent
6 traege
13 unempfindlich
Indolenz
19 Interessenlosigkeit
Indonesier
6 Malaie
indonesische
Hafenstadt
6 Padang
8 Semarang, Surabaja
14 Tandjungperiuk
Hauptstadt
7 Jakarta

8 Djakarta
Insel, Inselgruppe
4 Alor, Bali, Buru, Cebu, Java, Laut, Nias, Roti, Sawu
5 Ambon, Banka, Buton, Ceram, Ceres, Sumba, Timor, Wetar
6 Bangka, Borneo, Butung, Flores, Lombok, Madura, Sebuku, Wowoni
7 Celebes, Sumatra, Sumbawa
8 Belitung, Billiton, Molukken, Sulawesi
9 Halmahera
10 Sulainseln
11 Sundainseln, Tigerinseln
12 Nassauinseln
14 Mentaweiinseln
Landessprache
6 Bahasa
9 Indonesia
Münze
3 Sen
6 Rupiah
Stadt
5 Ambon, Medan
6 Melang, Padang
7 Bandung, Batavia, Belawan
8 Djakarta, Makassar
9 Palembang, Pontianak
10 Dschakarta
11 Ujung Padang
13 Tanjungkarang
Universitätsstadt
7 Bandung
8 Djakarta, Surabaja
indonesischer
Berg
3 Awu
4 Gede
5 Dempo, Kelut
6 Leuser, Makian, Merapi, Semeru
7 Tambora
8 Kerintji
10 Papantajan
12 Puntjak Djaya
Dachs
6 Teledu
Dichter
5 Anwar
Fluss
4 Musi
6 Barito, Kampar
7 Mahakam
10 Batang Hari
Frauenrock
6 Sarong
Künstler (Bildhauer, Maler und Grafiker)
5 Saleh
6 Sukadi
7 Affandi, Gunawan, Tarmizi
8 Resobovo
9 Rustamadi, Sudjojono
Nobelpreisträger (Frieden)
4 Belo
5 Horta
Politiker, Staatsmann
5 Hatta
7 Habibie, Suharto, Sukarno
Singvogel
6 Drongo
8 Reisfink
Volksstamm
4 Bugi, Gede, Moha
5 Batak, Dajak, Moken
7 Lampong, Lanpong, Malaien
Vulkan
5 Agung, Dempo
6 Leuser, Merapi, Semeru, Slamat
8 Kerintji, Krakatau, Rindjani
12 Rantekambola
indonesisches
Frauengewand
6 Sarong
Gewicht
4 Tale
5 Picul, Thail
Nudelgericht
10 Bamigoreng
Pfeilgift
4 Upas
Reisgericht
10 Nasigoreng
Reisgewürz
7 Sambals
Segelschiff
4 Prau
Stoffärbeverfahren
5 Batik
Wildrind
4 Anoa
Induktionsapparat
8 Induktor
13 Transformator
Industrieanlage
zur Werkstoffgewinnung
11 Huettenwerk
Industriediamant
4 Bort
Industrieerzeugnis
8 Fabrikat
Industrie, Gewerbebetrieb
3 Bau
4 Bank, Werk
5 Grube, Werft, Zeche
6 Fabrik, Huette, Muehle, Verlag
7 Agentur, Bergbau, Betrieb, Bleiche, Kokerei, Konzern, Meierei, Monopol, Weberei
8 Baggerei, Bergwerk, Binderei, Brauerei, Buegelei, Dreherei, Drogerie, Gerberei, Glaserei, Kaeserei, Kaliwerk, Kellerei, Kelterei, Molkerei, Pumpwerk, Reederei, Saemerei, Schmiede, Seilerei, Syndikat, Torfwerk, Wagnerei, Walzwerk, Wirkerei, Ziegelei
9 Baeckerei, Brennerei, Druckerei, Faerberei, Fischerei, Fraeserei, Giesserei, Haerterei, Hobelwerk, Hutfabrik, Kabelwerk, Koehlerei, Maelzerei, Metzgerei, Roesterei, Saegewerk, Schiffbau, Sortiment, Spedition, Spinnerei, Stahlwerk, Stanzwerk, Stepperei, Stopferei, Toepferei, Warenhaus, Zwirnerei
10 Abdeckerei, Bierverlag, Bootswerft, Brotfabrik, Farbmuehle, Filmfabrik, Filzfabrik, Gaertnerei, Garnfabrik, Gasanstalt, Gaskokerei, Glashuette, Guertlerei, Hammerwerk, Harzfabrik, Hefefabrik, Klempnerei, Konditorei, Nickelwerk, Pfandleihe, Poliererei, Raeucherei, Raffinerie, Russfabrik, Sargfabrik, Sodafabrik, Steinbruch, Strickerei, Tankstelle, Teerfabrik, Tischlerei, Tuchfabrik, Vertretung, Waescherei, Wasserwerk
11 Antiquariat, Bauglaserei, Bildhauerei, Boettcherei, Drahtfabrik, Drechslerei, Eisenhuette, Essigfabrik, Filmverleih, Fleischerei, Glasmalerei, Gradierwerk, Honigfabrik, Huettenwerk, Hufschmiede, Kapokfabrik, Knopffabrik, Kohlengrube, Lackiererei, Lederfabrik, Marmorbruch, Nagelfabrik, Nudelfabrik, Orgelfabrik, Parfuemerie, Pflugfabrik, Pianofabrik, Schleiferei, Schlosserei, Schneiderei, Schreinerei, Schuhfabrik, Segelfabrik, Sirupfabrik, Spundfabrik, Stockfabrik, Tischfabrik, Tubenfabrik, Tuschfabrik, Uhrmacherei, Verzinkerei, Verzinnerei, Wollweberei
12 Asbestfabrik, Bierbrauerei, Bootsbauerei, Buchbinderei, Buchhandlung, Dachdeckerei, Fassbinderei, Furagehandel, Futterfabrik, Gewehrfabrik, Goldschmiede, Gussrohrwerk, Holzbiegerei, Kaltwalzwerk, Kerzenfabrik, Kesselfabrik, Kettenfabrik, Kistenfabrik, Kofferfabrik, Korbmacherei, Kramhandlung, Kuerschnerei, Laboratorium, Leiterfabrik, Moebelfabrik, Papierfabrik, Papiermuehle, Pechsiederei, Pumpenfabrik, Riemenfabrik, Satinweberei, Schirmfabrik, Schweisserei, Seifenfabrik, Transiederei, Tuetenfabrik, Wagenbauerei, Waschanstalt, Zementfabrik
13 Ankerwickelei, Bauklempnerei, Bautischlerei, Bleigiesserei, Buchdruckerei, Drahtwalzwerk, Emaillierwerk, Formstecherei, Fuhrgeschaeft, Furnierfabrik, Furnierhandel, Garnfaerberei, Geigenbauerei, Glasblaeserei, Glasbrennerei, Holzfraeserei, Kalkbrennerei, Karosseriebau, Kieselgurwerk, Klavierfabrik, Kleiderfabrik, Kornbrennerei, Loeffelfabrik, Motorenfabrik, Nagelschmiede, Plaettanstalt, Praegeanstalt, Roehrenfabrik, Rohfilmfabrik, Rueboelfabrik,

Sandblaeserei, Schlaechterei, Schrotthandel, Schuhmacherei, Stellmacherei, Teppichfabrik, Waeschefabrik, Zinngiesserei
14 Bauschlosserei, Blumenbinderei, Eisengiesserei, Flaschenfabrik, Fussballfabrik, Gardinenfabrik, Gelatinefabrik, Gravieranstalt, Kalksteinbruch, Kesselschmiede, Kunstgiesserei, Linoleumfabrik, Metalldreherei, Stahlgiesserei, Steingutfabrik, Stoffdruckerei, Teppichweberei, Zellstoffabrik, Zigarrenfabrik, Zuckersiederei
15 Appreturanstalt, Automobilfabrik, Dampfwaescherei, Fischraeucherei, Fussbodenfabrik, Glasschleiferei, Konservenfabrik, Kunsttischlerei, Maschinenfabrik, Metallgiesserei, Munitionsfabrik, Offsetdruckerei, Porzellanfabrik, Schmalzsiederei, Segeltuchfabrik, Textilindustrie, Zuendholzfabrik
16 Getreidehandlung, Glockengiesserei, Klischieranstalt, Kohlengrubenwerk, Kunstschlosserei, Lichtpausanstalt, Moebeltischlerei, Spielwarenfabrik, Zigarettenfabrik

Industriekonzern
4 Pool
7 Holding

industrielle
Betriebsstätte
6 Fabrik
Fertigung
11 Fabrikation
Luftverunreinigung
4 Smog
Reinigungsanlage
13 Oelraffinerie

industrieller
Ausdruck
5 Serie, Trust
6 Fabrik
7 Kartell, Normung
10 Fliessband, Rohprodukt, Veredelung
Kunststoff
10 Chemikalie

Industrienebel
4 Smog

Industrienorm
3 DIN

Industriewerk
6 Fabrik
7 Betrieb

inexakt
7 ungenau

infam
6 ehrlos, gemein
11 schaendlich
15 niedertraechtig

infame
Verleumdung
12 Denunziation

Infamie
15 Schaendlichkeit
19 Niedertraechtigkeit

Infant
von Spanien
6 Carlos

Infanterie
10 Fusstruppe

Infanteriewaffe
2 MG, MP
6 Gewehr
7 Pistole
8 Bajonett, Revolver
9 Karabiner
11 Handgranate, Panzerfaust
12 Granatwerfer, Seitengewehr
15 Maschinengewehr
16 Maschinenpistole
18 Schnellfeuergewehr

Infanterist
6 Jaeger
7 Landser
8 Schuetze
9 Fuesilier, Grenadier, Musketier
10 Fusssoldat

infantil
8 kindisch, kindlich

Infantriewaffe
3 lMG, SMG
4 Colt
5 Grapi
6 FlakMG, Messer, Spaten
7 Moerser
9 Karabiner
10 Lenkrakete
11 Kampfmesser, Klappspaten, Sturmgewehr
13 Gewehrgranate, Granatpistole, Panzerbuechse
14 Repetiergewehr
18 Panzerabwehrrakete
21 Scharfschuetzengewehr

Infektion
10 Ansteckung

Infektionsausbreitung
6 Seuche
7 Endemie
8 Epidemie

Infektionskrankheit
2 Tb
3 Tbc
4 Aids, Lues, Pest, Ruhr
5 Lepra, Mumps, Polio
6 Angina, Grippe, Masern, Pocken, Seuche, Typhus
7 Aussatz, Cholera, Malaria, Roeteln, Tetanus, Tollwut, Trachom, Tripper
8 Blattern, Gasbrand, Schanker, Syphilis, Wundrose
9 Gonorrhoe, Influenza, Milzbrand, Scharlach
10 Diphtherie, Gelbfieber, Paratyphus, Windpocken
11 Fleckfieber, Flecktyphus, Keuchhusten, Starrkrampf, Tuberkulose, Ziegenpeter
12 Denguefieber, Genickstarre
13 Poliomyelitis, Wechselfieber
14 Kindbettfieber, Kinderlaehmung
15 Rueckfallfieber, Schlafkrankheit, Wundstarrkrampf
17 Lungenentzuendung

Infektionsursache
5 Virus
6 Sepsis
7 Erreger, Parasit
8 Bakterie, Bazillus
9 Bakterium

Inferno
5 Chaos
6 Hoelle
9 Unterwelt

Infiltration
14 Unterwanderung

Infinitiv
8 Nennform

infizieren
9 anstecken
11 uebertragen

Inflation
8 Teuerung
14 Geldentwertung

Influenz
8 Einfluss
10 Einwirkung

Influenza
6 Grippe

infolge
4 weil
5 wegen
11 auf Grund von

infolgedessen
4 ergo

Information, Informationsmittel
4 Buch, Film, News
5 Notiz, Organ, Radio
6 Plakat, Presse
7 Journal, Katalog, Lexikon, Meldung, Zeitung
8 Anschlag, Auskunft, Einblick, Prospekt, Rundfunk, Sachbuch
9 Belehrung, Fernsehen, Flugblatt, Nachricht
10 Broschuere, Erklaerung, Mitteilung
11 Aufklaerung, Bekanntgabe, Flugschrift, Zeitschrift
12 Illustrierte, Orientierung
13 Enzyklopaedie, Verlautbarung
14 Bekanntmachung

Informationseinheit
3 Bit

Informationsspeicher
3 RAM

informativ
9 belehrend
10 instruktiv

Ingangsetzung
11 Betaetigung

Ingenieurschule
2 TH, TU
3 ETH
9 Technikum
12 Universitaet

13 Polytechnikum
14 Fachhochschule
22 Technische Universitaet
Ingenieurwissenschaft
7 Technik
Ingwergetränk
9 ◆ Gingerale, Ginger-ale
Ingwergewächs
7 Kurkuma
Ingwergewürz
8 Kardamom
Inhaber
6 Eigner
8 Besitzer
11 Eigentuemer
des ersten deutschen Flugzeugführerscheins
5 Euler
einer Bar
9 Barkeeper
eines Geldinstituts
7 Bankier
eines Lokals
4 Wirt
8 Gastwirt
9 Gastronom
eines Seepatents
8 Nautiker
von Wertpapieren
9 Aktionaer
Inhaberpapier
5 Aktie
10 Obligation, Pfandbrief
inhaftieren
9 verhaften
10 arretieren, festnehmen
inhalieren
8 einatmen
Inhalt
4 Kern, Saft, Sinn
5 Masse, Tenor, Thema
6 Gehalt, Ladung
7 Inneres, Materie, Volumen
8 Fuellsel, Fuellung, Handlung, Substanz, Wortlaut
9 Bedeutung
des Schädels
4 Hirn
6 Gehirn
entnehmen
6 leeren
Inhaltsangabe
5 Index, Liste
6 Aufbau, Expose, Rubrum
7 Synopse
8 Register, Resuemee, Synopsis
10 Gliederung, Uebersicht
11 Aufstellung, Deklaration, Verzeichnis
12 Sachregister
inhaltsarme
Redewendung
7 Floskel
inhaltslos
4 leer
6 vakant
inhaltsloses
Gespräch
6 Gerede
Inhaltslosigkeit
5 Leere
6 Vakuum
Inhaltsübersicht
8 Resuemee
Inhaltsverzeichnis
5 Index
8 Register
12 Sachregister
Initialen
A. Dürers
2 AD
der Duse
2 ED
der franz. Republik
2 RF
von Bartok
2 BB
von George
2 SG
von Gogol
2 NG
von Verlaine
2 PV
von Vespucci
2 AV
Initiative
7 Anstoss, Antrieb, Schritt
8 Anregung, Befugnis
10 Ausloesung, Einleitung
14 Inangriffnahme
15 Entschlusskraft
18 Unternehmungsgeist
Initiator
7 Anreger, Urheber
9 Anstifter, Schoepfer
10 Inspirator
eines Aufstandes
14 Raedelsfuehrer
Injektion
7 Spritze
12 Einspritzung
Injektionsnadel
7 Kanuele
9 Hohlnadel
Inkakaiser
9 Atahualpa
Inkarnation
des Vollkommenen
8 Idealtyp
Inkasso
6 Einzug
inkognito
6 geheim
8 heimlich
9 unerkannt
Inkret
6 Hormon
Inkrimination
7 Anklage
13 Anschuldigung, Beschuldigung
Inkunabel
10 Fruehdruck
11 Wiegendruck
Inland
10 Binnenland
inmitten
8 zwischen
innehalten
9 pausieren
innen
4 drin
5 darin, intus
Innenausstattung, -einrichtung
9 Interieur
Innendruck
der Pflanzenzelle
6 Turgor
Innendurchmesser
von Rohren
7 Kaliber
Innenhof
6 Atrium
des griech. Wohnhauses
4 Aula
Innenleben, Psyche
5 Seele
Innenohr
9 Labyrinth
Innenorgan
des Menschen
4 Darm, Herz, Milz
5 Blase, Galle, Leber, Lunge, Magen, Niere
Innenraum
9 Interieur
Innenstadt
4 City
7 Zentrum
9 Stadtkern
Innenteil
der Hand
11 Handflaeche
von Früchten
4 Kern
Innerasiat
5 Tatar
innerasiatische
Wüste
4 Gobi
innerasiatischer
Fluss
3 Ili
5 Tarim
innerasiatisches
Gebirge
4 Alai
5 Altai
Hochland
5 Tibet
innere
Bereitschaft
4 Lust
Bewegung
6 Regung
Einstellung
9 Attituede
Erregung
6 Unruhe
Gewissheit ohne Beweise
6 Glaube
Grabenböschung
7 Eskarpe
Harmonie
7 Frieden
Ordnung
7 Gefuege
Organe
10 Eingeweide
Organe betreffend
6 intern
Reinheit
10 Lauterkeit
Rindenschicht
4 Bast
Schiffswand
6 Schott

Stimme
8 Gewissen
Unruhe
5 Sorge
11 Nervositaet
Unsicherheit
7 Hemmung
Verhältnisse
7 Interna
Zerrissenheit
9 Zwiespalt
Innereien
9 Kaldaunen
10 Eingeweide
innerer
Gehalt eines Wortes
4 Sinn
Teil des Pollens
6 Intine
Trieb
4 Gier
5 Drang
8 Instinkt
Wert
6 Gehalt
Inneres
4 Kern
der Knochen
4 Mark
eines Tierproduktes
6 Dotter, Eigelb
Gefüge
8 Struktur
Keimblatt
8 Entoderm
unseres Planeten
7 Erdkern
Verlangen
5 Drang
Zellgewebe
4 Mark
innerhalb
5 darin, innen
6 binnen
innerlich
5 innen
6 intern
empfundene Freundlichkeit
13 Herzenswaerme
heiter
4 froh
innerliche
Erscheinung
6 Vision
Stärkung
8 Erbauung
Innerlichkeit
6 Gemuet
innerstädtisches
Fernsprechsystem
8 Ortsnetz
innerste
Schicht der Blutgefäßwand
6 Intima
Innewerden
bedeutsamen Geschehens
7 Erleben
8 Erlebnis
Innewohnen
8 Immanenz
innewohnend
8 immanent
9 inhaerent
innewohnende
Kraft
7 Energie
innig
4 lieb
5 intim
innige
Zuneigung
5 Liebe
inniges
Verlangen
9 Sehnsucht
Inntal
in Graubünden
7 Engadin
Innung
5 Gilde, Zunft
6 Gewerk
11 Korporation
Innzufluss
3 Alz
4 Ache, Aill, Alpe, Isen, Rott, Sill
5 Achen, Glonn
6 Ziller
7 Salzach, Trisana
ins
Eis gehauenes Loch
4 Wune
Festland eindringender Meeresarm
5 Fjord
Leben rufen
8 gruenden
Meer hinausgebauter Schutzdamm
4 Mole
Meer hineingebauter Damm
7 Lahnung
Meer reichende Landspitze
3 Kap
Insasse
6 Mieter
8 Bewohner, Fahrgast, Fluggast
9 Beifahrer, Mitfahrer, Passagier
einer Pflegeanstalt
7 Kranker, Patient
einer Strafanstalt
9 Arrestant, Haeftling
10 Gefangener
Inschrift
7 Legende, Widmung
8 Epigramm, Epigraph
9 Zuneigung
11 Inskription
am Kreuz Christi
4 INRI
Inschriftenkunde
10 Epigraphik
des Altertums
12 ◆ Palaeografie
13 Palaeographie
Insektenbauwerk
4 Wabe
13 Ameisenhaufen
Insektenbekämpfungsmittel
3 DDT
4 Gift
7 Kampfer
8 Atemgift, Leimring
9 Frassgift
10 Insektizid
11 Kontaktgift, Mottenkugel
12 Mottenpulver
14 Fliegenfaenger
Insektenforscher
10 Entomologe
insektenfressende
Pflanze
8 Taublatt
9 Fettkraut, Nepenthes, Sonnentau
12 Fliegenfalle
14 Wasserschlauch
17 Venusfliegenfalle
Insektenfresser
4 Igel, Mull, Tana
5 Vogel
6 Desman, Tanrek, Tupaja
7 Almiqui
8 Goldmull, Haarigel, Hundigel, Maulwurf
9 Schermaus, Spitzmaus, Sternmull, Wychochul, Zaglossus
10 Fledermaus, Rattenigel
11 Ameisenbaer, Borstenigel, Kapgoldmull, Ostmaulwurf, Steppenigel
12 Grossohrigel, Ruesselratte
13 Bisamruessler, Blindmaulwurf, Feldspitzmaus, Hausspitzmaus, Waldspitzmaus
14 Alpenspitzmaus, Biberspitzmaus, Bisamspitzmaus, Grossspitzmaus, Otterspitzmaus, Spitzhoernchen, Sumpfspitzmaus, Zwergspitzmaus
15 Gartenspitzmaus, Riesenspitzmaus, Ruesselspringer, Schlitzruessler, Silberspitzmaus, Wasserspitzmaus, Wimperspitzmaus
16 Langschnabeligel, Ruesselhuendchen
18 Elefantenspitzmaus
Insektengespinst
5 Kokon
Insektenhügel
13 Ameisenhaufen
Insektenkunde
11 Entomologie
Insektenlarve
4 Made
5 Puppe, Raupe
9 Engerling
Insektenpanzerstoff
6 Chitin
Insektenprodukt
5 Honig
Insektenpuppenhülle
5 Kokon
Insektenstaat
4 Volk
Insektenwaffe
4 Gift
6 Kiefer
7 Stachel
11 Giftstachel
12 Mundwerkzeug
Insekt, Insektenart
4 Bock, Floh, Imme, Kerf, Laus
5 Biene, Gelse, Hafte, Kerfe,

Motte, Nonne, Wanze, Werne, Wespe, Zirpe
6 Ameise, Bremse, Dassel, Falter, Fliege, Grille, Hummel, Kaefer, Muecke, Schabe, Spinne, Tsetse, Zikade
7 Erdfloh, Libelle, Moskito, Ohrwurm, Reblaus, Schnake, Schwabe, Termite
8 Filzlaus, Heimchen, Heupferd, Holzbock, Hornisse, Kakerlak, Kerbtier, Kopflaus, Qualster
9 Anopheles, Baumwanze, Blattlaus, Gallwespe, Grabwespe, Maikaefer, Sandwespe
10 Bienenlaus, Biesfliege, Blattwanze, Blattwespe, Bohrfliege, Feldgrille, Goldfliege, Mauerwespe, Schildlaus, Schwaermer, Zuckergast
11 Faltenwespe, Goldjungfer, Heuschrecke
12 Hautfluegler, Hirschkaefer, Marienkaefer, Schlupfwespe
13 Eintagsfliege, Gletscherfloh, Schmetterling, Springschwanz
14 Gluehwuermchen
15 Silberfischchen, Tausendfuessler

Überträger der Schlafkrankheit
12 Tsetsefliege

Insel
3 Oie
5 Atoll
6 Eiland, Hallig
7 Schaere

am St.-Lorenz-Golf
11 Neufundland

am Züricher See
5 Ufnau

an der Elbmündung
7 Neuwerk

an der Küste Chiles
6 Orella

an der Magalhaesstraße
9 Feuerland

an der Ostküste Nordamerikas
10 Long Island

an der Ostküste Sibiriens
8 Sachalin

an der Westküste Irlands
4 Aran

bei Afrika
5 Malta, Pemba
7 Reunion, Sao Tome, Sokotra
8 Sansibar
9 Mauritius
10 Madagaskar
11 Fernando Poo

bei Alexandria
6 Pathos

bei Athen
7 Salamis

bei Australien
5 Timor
9 Neuguinea, Tasmanien
10 Neuseeland

bei Cuxhaven
10 Scharhoern

bei Greifswald
3 Oie

bei Indien
6 Ceylon
8 Sri Lanka

bei Italien
7 Korsika
8 Sizilien
9 Sardinien

bei Japan
8 Sachalin

bei Kreta
3 Dia
5 Elasa

bei Madagaskar
7 Agalega

bei Mallorca
7 Cabrera
9 Dragonera

bei Malta
4 Gozo
6 Comino

bei Marseille
2 If

bei Mauritius
9 Rodriguez

bei Neapel
5 Capri

bei Neuguinea
3 Kei

bei Neuseeland
3 Ata

bei New York
5 Ellis
9 Nantucket
10 Long Island
11 Ellis Island

bei Rügen
3 Oie
4 Vilm

bei Sardinien
7 Asinare

bei St. Helena
9 Ascension

bei Sumatra
4 Nias
6 Bangka
8 Belitung

bei Venedig
6 Murano

bei Venezuela
6 Tobago
7 Tortuga
8 Trinidad
9 Margarita

der Aleuten
4 Atka
6 Unimak
8 Unalaska

der Azoren
4 Pico
5 Fayal
8 Graciosa, Sao Jorge, Terceira
9 Sao Miguel

der Bahamas
3 Cat, Lee
5 Abaco, Exuma
6 Acklin, Caicos, Inagua
9 Eleuthera, Mariguana
13 Watlingsinsel

der Balearen
5 Ibiza
7 Cabrera, Menorca
8 Mallorca, Pityusen
9 Dragonera
10 Formentera

der Färöer
5 Vagoe
6 Sandoe
7 Osteroe, Syderoe
8 Stroemoe
10 Norderoeer

der Großen Antillen
4 Cuba
5 Haiti
7 Jamaika
10 Puerto Rico

der Hawaii-Inseln
4 Maui, Oahu
5 Kauai, Lanai
6 Hawaii, Niihau
7 Molokai
8 Kahulaui
9 Kahoolawe

der Hebriden
4 Skye

der Kanarischen Inseln
5 Ferro, Palma
6 Gomera, Hierro
9 Lanzarote, Teneriffa
11 Gran Canaria
13 Fuerteventura

der Karolinen
3 Jap, Ruk, Yab
6 Ponape

der Kleinen Antillen
5 Nevis
7 Grenada
8 Barbados
10 Martinique

der Kurilen
6 Iturup

der Kykladen
5 Naxos, Paros

der Malediven
3 Gan

der Marianen
4 Guam, Rota
5 Pagan
6 Saipan, Tinian

der Maskaren
7 Reunion
9 Mauritius, Rodriguez

der Molukken
3 Obi
4 Buru
5 Ambon, Ceram, Seram
9 Halmahera

der Neuen Hebriden
3 Api, Epi, Mai, Mau, Obe
4 Aoba
5 Efate, Tanna
8 Eromanga, Malekula
13 Espiritu Santo

der Niederlande
9 Walcheren

der Niederländischen Antillen
4 Saba
5 Aruba
7 Bonaire, Curacao
8 St. Martin
9 St. Maarten
11 St. Eustatius

der Ostkarolinen
3 Ant

der Philippinen
4 Anaa, Cebu
5 Bohol, Leyte, Luzon, Panay,

Samar
6 Negros
7 Mindoro, Palawan, Tuamotu
8 Mindanao
der Pityusen
5 Ibiza
10 Formentera
der Shetlands
4 Unst, Yell
6 Walsey
7 Bressay
8 Mainland
der Sporaden
3 Kos
5 Leros, Samos
6 Chalke, Ikaria, Patmos, Rhodos, Skiros, Thasos
8 Alonesos, Skiathos, Skopelos
des Bismarckarchipels
8 Lavongai
des Dodekanes
3 Kos
5 Samos
6 Ikaria, Patmos, Rhodos
des Tuamotu-Archipels
3 Hao
4 Toau
6 Arutua, Makemo
7 Apataki
8 Fakaravi
friesische
8 Halligen
9 Norderney
im Ägäischen Meer
3 Kos
5 Chios, Imroz, Melos, Samos
6 Euboea, Imbros, Lemnos, Lesbos, Limnos
7 Kythira, Thassos
8 Mytilini
10 Samothraki
im Ärmelkanal
4 Sark
5 Wight
6 Jersey, Wright
7 Aurigny
8 Alderney, Guernsey
im Atlantik
6 Azoren, Island
7 Madeira
9 Ascension
im Bodensee
6 Mainau
9 Reichenau
im Chiemsee
10 Krautinsel
11 Fraueninsel, Herreninsel
im finnischen Meerbusen
8 Wjoerkoe
im französischen Guayenne
7 Cayenne
im Golf von Neapel
5 Capri
6 Ischia
7 Procida
im Greifswalder Bodden
3 Oie, Ole
5 Riems
im hohen Norden
5 Thule
im Indischen Ozean
6 Ceylon
7 Reunion, Sokatra
8 Sri Lanka
9 Mauritius, Rodriguez
10 Madagaskar
im Kanal
5 Wight
6 Jersey, Wright
8 Alderney, Guernsey
im Karibischen Meer
4 Baru
5 Haiti
im Kattegat
6 Anholt, Lassoe
im Kleinen Belt
5 Alsen
im Mittelmeer
2 If
3 Kos
4 Elba, Gozo
5 Capri, Chios, Delos, Ibiza, Korfu, Kreta, Leros, Malta, Melos, Milos, Naxos, Samos
6 Cypern, Euboea, Ischia, Ithaka, Lemnos, Lesbos, Rhodos, Zypern
7 Cabrera, Korsika, Kythira, Menorca, Minorca, Salamis
8 Balearen, Mallorca, Santorin, Sizilien, Skorpios
9 Dragonera, Sardinien
im Nil
11 Elephantine
im Nordatlantik
6 Island
im Nordkanal
5 Arran, Islay
im nördlichen Eismeer
12 Wrangelinsel
im Nordmeer
6 Island
9 Groenland
im Ostchinesischen Meer
6 Taiwan
7 Formosa
im Pazifik
3 Epi
4 Alor, Guam, Mios
5 Samoa, Timor
6 Hawaii, Tahiti, Taiwan
7 Kiuschu
8 Eniwetok, Marianen, Sachalin
10 Osterinsel
im Polarmeer
11 Baereninsel
im Rhein
11 Nonnenwerth
im Rhonedelta
8 Camargue
im Roten Meer
3 Eri
5 Tiran
6 Tahiti
im Stettiner Haff
6 Usedom, Wollin
im Stillen Ozean
3 Aru
4 Arue, Ebon, Wake
5 Nauru
6 Taiwan
7 Formosa
8 Ozeanien
9 Neuguinea
13 Neukaledonien
im Südatlantik
6 Helena
im Südchinesischen Meer
3 Obi
im Viktoriasee
7 Ukerewe
im Westpazifik
10 Melanesien
im Zürichsee
6 Ufenau
in Australien
9 Tasmanien
in Dänemark
3 Als
5 Alsen
in der Adria
4 Unic
in der Ägäis
6 Lemnos
in der Helgoländer Bucht
7 Neuwerk
in der Irischen See
3 Man
8 Anglesey
in der Karibik
10 Martinique
in der Nordsee
3 Als
4 Roem, Sylt
5 Amrum, Fanoe, Foehr, Hooge, Juist, Manoe, Texel
6 Borkum, Mellum, Roemoe
7 Ameland, Baltrum, Neuwerk
8 Langeoog, Pellworm, Trischen, Vlieland
9 Helgoland, Norderney, Wangeroog
10 Alte Mellum, Nordstrand, Scharhoern, Spiekeroog
12 Terschelling
15 Schiermonnikoog
in der Ostsee
3 Fyn, Oie
4 Moen, Moon, Poel, Vilm
5 Alsen, Dagoe, Oesel, Ruden
6 Fuenen, Oeland, Ruegen, Samsoe, Ummanz, Usedom, Wollin
7 Falster, Fehmarn, Gotland, Laaland, Lolland, Seeland
8 Bornholm, Saaremaa
9 Hiddensee, Langeland
in Japan
3 Gno, Izu
6 Hirado, Honshu, Kyushu
7 Shikoku
mit berühmtem Leuchtturm bei Alexandria
6 Pharos
nördlich von Kreta
3 Dia
nordöstlich von Timor
4 Nila
östlich von Dikini
4 Taka
östlich von Florida
5 Chile
7 Bahamas
10 Osterinsel
vor Afrika
7 Kanaren
vor dem Golf von Neapel
5 Capri

vor der chinesischen Küste
6 Hainan
vor der Küste Jawas
4 Raas
vor der Odermündung
6 Usedom, Wollin
vor der Südküste von Haiti
5 Beate
vor Estland
5 Dagoe, Oesel
vor Florida
4 Cuba, Kuba
vor Grönland
6 Island
vor Indien
6 Baffin, Ceylon
8 Sri Lanka
vor Irland
4 Aran
vor Kanada
8 Bathurst, Melville, Somerset
9 Anticosti, Vancouver
10 Baffinland, Parryinsel
11 Neufundland
13 Viktoriainsel
vor Malakka
6 Penang
vor Neapel
5 Capri
6 Ischia
7 Procida
vor Pommern
3 Oie
4 Vilm
5 Ruden
6 Ruegen, Usedom, Wollin
9 Hiddensee
vor Portsmouth
5 Wight
vor Riga
5 Oesel
vor Schottland
7 Orkneys
vor Schweden
6 Oeland
7 Gotland
8 Bornholm
vor Sizilien
5 Malta
6 Lipari, Salina, Ustica
7 Alicudi, Vulcano
9 Lampedusa, Stromboli
11 Pantelleria
vor Südamerika
8 Trinidad
vor Sumatra
4 Nias
vor Vietnam
3 Rai
vor Wismar
4 Poel
7 Madeira
westlich von Nordafrika
7 Madeira
zu Frankreich gehörig
6 Oleron
8 Oucssant
zu Griechenland gehörig
3 Kos
5 Kreta
6 Lesbos, Rhodos
7 Kerkyra, Salamis
8 Amorogos
10 Samothrake
zu Indonesien gehörig
3 Aru, Dai
4 Alor, Nias, Nila
5 Damar
6 Madura, Rakata
8 Sulawesi
zu Italien gehörig
4 Elba
5 Isola
6 Ischia, Lipari
zu Melanesien gehörig
5 Irian
zu Mikronesien gehörig
4 Guam
5 Nauru
6 Onotoa
10 Neuseeland
zu Nordfriesland gehörig
5 Amrum
zu Ostasien gehörig
8 Sachalin
zu Polynesien gehörig
4 Anna
6 Tahiti
10 Osterinsel
zu Schottland gehörig
4 Skye
5 Arran, Lewis
zu Schweden gehörig
10 Djurgarden
zu Thailand gehörig
5 Samet
zwischen Japan und Taiwan
7 Okinawa

Inselatoll
bei den Salomonen
5 Nauru

Inselbewohner
3 Ire
5 Brite
7 Japaner
9 Insulaner

Inseleuropäer
3 Ire
5 Brite, Korse, Sarde
6 Kreter
7 Schotte
8 Malteser, Zypriote
9 Islaender
10 Englaender, Sizilianer
12 Groenlaender

Inselgruppe
5 Samoa
6 Azoren
7 Aleuten, Bahamas, Faeroer, Kanaren, Kerkena, Komoren, Kurilen, Liparen, Lofoten
8 Antillen, Archipel, Balearen, Bermudas, Faeroeer, Halligen, Hebriden, Kykladen, Marianen, Molukken, Pityusen, Sporaden
9 Amiranten, Andamanen, Dodekanes, Feuerland, Galapagos, Karolinen, Lakediven, Malediven, Marquesas, Nikobaren
10 Cookinseln, Lakkadiven, Maskarenen, Melanesien, Polynesien, Seychellen, Sulainseln
11 Alandinseln, Bonininseln, Kanalinseln, Mikronesien, Palauinseln, Philippinen, Samoainseln, Spitzbergen, Sundainseln, Tongainseln
12 Bahamainseln, Caymaninseln, Farsaninseln, Hawaii-Inseln, Mergui Inseln, Neue Hebriden, Orkneyinseln
13 Bermudainseln, Fidschiinseln, Gilbertinseln, Keelinginseln, Neukaledonien, Salomoninseln
14 Falklandinseln, Marshallinseln, Shetlandinseln
15 Galapagosinseln, Kermandec Inseln
16 Bismarckarchipel, Kanarische Inseln, Liparische Inseln
am Golf von Bengalen
9 Andamanen, Nikobaren
an der griech. Küste
14 Ionische Inseln
an der Magellanstraße
9 Feuerland
an der Nordküste Schottlands
12 Orkneyinseln
an der Westküste Irlands
10 Araninseln
bei Alaska
7 Aleuten
bei Irland
4 Aran
bei Japan
7 Kurilen
bei Neuguinea
6 Aru Kei
bei Schottland
7 Orkneys
8 Faeroer, Hebriden, Shetland
der Antarktis
9 Kerguelen
der Balearen
8 Pityusen
der Südsee
5 Samoa
19 Gesellschaftsinseln
des Malaiischen Archipels
11 Philippinen
im Ägäischen Meer
8 Kykladen, Sporaden, Zykladen
im Arabischen Meer
9 Lakediven
im Atlantik
6 Azoren
7 Kanaren, Madeira
8 Bermudas, Malwinen
14 Falklandinseln
16 Kanarische Inseln
im Bengalischen Meerbusen
9 Andamanen, Nikobaren
im Beringmeer
7 Aleuten
im Indischen Ozean
7 Komoren
9 Amiranten, Andamanen, Kerguelen, Malediven, Nikobaren
10 Lakkadiven, Maskarenen, Seychellen
11 Kokosinseln
13 Keelinginseln
14 Tschagosinseln
im Marmarameer
13 Prinzeninseln

im Mittelmeer
8 Balearen, Kykladen, Pityusen, Sporaden
im Nördlichen Eismeer
8 Nordland
11 Spitzbergen
im Nordpolarmeer
12 Nowaja Semlja
im Pazifik
5 Samoa
im Persischen Golf
13 Bahreininseln
im Stillen Ozean
3 Ant
5 Tonga
6 Hawaii
7 Aleuten, Fidschi, Kurilen
8 Marianen
9 Galapagos, Karolinen, Marquesas, Salomonen
10 Melanesien, Neuseeland, Polynesien
11 Tongainseln
12 Hawaii-Inseln, Neue Hebriden
13 Gilbertinseln
15 Galapagosinseln
im Südatlantik
8 Malwinen
14 Falklandinseln
im Westatlantik
8 Bermudas
im Westpazifik
10 Melanesien
in der Formosastraße
10 Peskadores
in der Ostsee
5 Aland
in Indien
9 Andamanen, Nikobaren
10 Lakkadiven
in Melanesien
9 Salomonen
in Neuguinea
3 Aru
in Spanien
8 Balearen, Pityusen
16 Kanarische Inseln
in Südostasien
11 Sundainseln
vor Argentinien
8 Malwinen
14 Falklandinseln
vor Cornwall
12 Scillyinseln
vor der Küste Norwegens
6 Ofoten
7 Lofoten
vor Ecuador
9 Galapagos
vor Irland
4 Aran
vor Ostafrika
7 Komoren
9 Amiranten
10 Kosmoledos, Maskarenen, Seychellen
zwischen Alaska und Sibirien
7 Aleuten
Inselkette
in Griechenland
6 Ithaka
zwischen Asien und Amerika
7 Aleuten

Inseln
der Großen Antillen
4 Cuba, Kuba
5 Haiti
7 Grenada, Jamaika
8 Trinidad
der Kleinen Antillen
7 Bahamas
8 Bermudas
10 Carriaceen, Grenadinen, Turksinseln
12 Caicosinseln, Caymaninseln, Virgininseln
13 Leewardinseln
14 Jungferninseln, Windwardinseln
im Lago Maggiore
19 Borromaeische Inseln
im Wattenmeer
8 Halligen
Inselnehrung
bei Venedig
4 Lido
inselreicher
See in Finnland
5 Inari
Inselstaat
4 Cuba, Eire, Kuba
5 Haiti, Japan, Malta, Nauru, Samoa, Tonga
6 Ceylon, Cypern, Hawaii, Irland, Island, Tuvalu, Zypern
7 Bahrein, Fidschi, Grenada, Jamaica, Jamaika
8 Antillen, Kiribati, Malaysia, Sri Lanka
9 Mauritius
10 Indonesien, Madagaskar, Neuseeland
11 Philippinen
15 Grossbritannien
17 Trinidad und Tobago
Inselwelt
der Ägäis
9 Dodekanes
des Malaiischen Archipels
9 Insulinde
im Pazifik
5 Tonga
8 Ozeanien
10 Polynesien
11 Mikronesien
im Stillen Ozean
8 Ozeanien
10 Polynesien
11 Mikronesien
Inserat
7 Annonce, Anzeige
insgesamt
4 alle, ganz
5 alles, total
8 pauschal, zusammen
9 gaenzlich
13 summa summarum
Insichgehen
4 Reue
5 Busse
7 Einkehr
10 Meditation
Insignien
7 Embleme, Symbole
9 Abzeichen
11 Amtszeichen

12 Ehrenzeichen
Inspektion
8 Aufsicht, Behoerde, Pruefung
9 Kontrolle
10 Verwaltung
12 Besichtigung, Ueberwachung
13 Ueberpruefung
Inspektionsamt
11 Inspektorat
Inspektionsleiter
10 Inspekteur
Inspektor
9 Verwalter
Inspiration
4 Idee
7 Einfall
8 Anregung
9 Eingebung
11 Erleuchtung
Inspirator
9 Initiator
inspirieren
8 eingeben
12 beeinflussen
inspizieren
11 besichtigen
instabiles
Elementarteilchen
4 Myon
5 Meson
Installateur
7 Monteur
10 Handwerker
Installation
6 Einbau
Instandhaltung
6 Pflege
7 Service, Wartung
12 Kundendienst
inständiges
Bitten
6 Flehen
in Stand setzen
7 flicken, richten, stopfen
10 ausbessern, renovieren, reparieren
12 restaurieren
Instandsetzung
7 Flicken, Stopfen
9 Flickerei, Reparatur, Stopferei
11 Renovierung
12 Auffrischung, Ausbesserung, Restauration
13 Restaurierung
Instandsetzungsraum
18 Reparaturwerkstatt
Instinkt
5 Flair, Trieb
6 Ahnung
7 Gefuehl
10 Naturtrieb
Institut
7 Anstalt, Seminar
für Beobachtung der Gestirne
10 Sternwarte
Institution
8 Stiftung
11 Einrichtung
des Fremdenverkehrs
10 Reisebuero
instruieren
8 anleiten
11 unterweisen

Instruktion
7 Weisung
9 Anleitung, Anweisung, Belehrung
10 Vorschrift
11 Richtschnur
13 Unterrichtung
instruktiv
9 belehrend
10 informativ
Instrument
6 Geraet, Medium, Mittel
7 Apparat
8 Maschine, Werkzeug
11 Hilfsmittel, Vorrichtung
der Militärkapelle
4 Tuba
5 Pauke
7 Posaune
8 Trompete
10 Querpfeife
11 Kesselpauke
12 Schellenbaum
der Optik
4 Lupe
6 Brille, Kamera
7 Episkop
8 Fernglas, Fernrohr
9 Projektor, Reflektor, Theodolit
10 Bildwerfer, Filmkamera
des Arztes
5 Nadel, Sonde
6 Klemme
7 Kanuele, Spritze
8 Hoerrohr, Lanzette, Pinzette, Skalpell
9 Hohlnadel, Hohlsonde
10 Stethoskop
11 Wundklammer
12 Augenspiegel, Knochenzange, Seziermesser
für Höhenmessungen
9 Nivollier
zum Messen des Luftdrucks
9 Barometer
zum Messen elektrischer Spannungen
9 Voltmeter
zur Ermittlung der Geschwindigkeit
10 Tachometer
instrumentaler
Klangkörper
9 Orchester
instrumentales
Eröffnungsstück
9 Ouverture
Instrumentalgruppe
15 Streichquartett
Instrumentalkomposition
8 ◆ Sinfonie
9 Symphonie
Instrumentalorchester
7 Kapelle
Instrumentalsolist
8 Musikant
Instrumentalstück
in freier Phantasieform
9 Rhapsodie
Instrumentalton
5 Klang
Instrumentalwerk
5 Suite

intakt
4 ganz, heil
10 unberuehrt, unversehrt
Intarsienmaterial
8 Ebenholz
Intellekt
3 Nus
5 Geist
8 Vernunft, Verstand
13 Denkvermoegen
intellektuell
7 geistig
intelligent
4 klug
6 begabt
8 gebildet, gescheit
10 aufgeweckt, talentiert
11 verstaendig
Intelligenz
8 Klugheit
12 Gescheitheit
14 Aufgewecktheit
intensiv
lernen
6 pauken
8 bueffeln
intensives
Bemühen
5 Eifer
Gefühl
12 Leidenschaft
intensivieren
8 steigern
9 vermehren
11 verstaerken
Intention
4 Idee, Plan, Ziel
5 Zweck
7 Absicht, Vorsatz
8 Vorhaben
11 Vorstellung
12 Zielrichtung
Interesse
4 Echo, Lust, Sinn, Wert
6 Anteil, Belang, Wunsch
7 Neigung
8 Aufnahme
9 Teilnahme
11 Anteilnahme, Beteiligung
Interesselosigkeit
9 Lethargie
Interessengemeinschaft
2 IG
12 Zweckverband
Interessengesellschaft
6 ◆ Jetset, Jet-set
Interessengruppe
5 Lobby
7 Kartell
Interessent
8 Bewerber
10 Teilnehmer
12 Parteifreund
Interessenverband
14 Genossenschaft
Interessenvereinigung
7 Kartell
Interessenvertreter
5 Agent
6 Obmann
7 Manager
einer anderen Person
9 Verwalter

Interessenvertretung zur Beeinflussung der Parlamentarier
5 Lobby
Interessenwahrender
11 Verteidiger
interkontinentaler
Festlandblock der Erde
8 Eurasien
international
17 zwischenstaatlich
internationale
Organisation
2 EG
4 FIFA, GATT, KSZE, OPEC
10 Eurovision
48 Konferenz fuer Sicherheit und Zusammenarbeit in Europa
Internationale
Arbeitsorganisation
3 ILO
Atomenergie-Organisation
4 IAEA
Auszeichnung
10 Nobelpreis
Bank für Entwicklungspolitik
8 Weltbank
Bezeichnung für Funkmessverfahren
5 Radar
Fernmeldeunion
3 ITU
Flüchtlingsorganisation
3 WRO
Handelsorganisation
3 WTO
Hilfssprache
3 Ido
7 Mondial
8 Volapuek
9 Esperanto
Jugendbewegung
10 Pfadfinder
Kriminalpolizei
8 Interpol
Kulturorganisation
6 UNESCO
Organisation
2 EU, UN
3 EWG, UNO
4 NATO
5 SEATO
6 UNICEF
16 Vereinte Nationen
Polizeiorganisation
8 INTERPOL
Satellitenorganisation
8 Inmarsat
Schriftstellervereinigung
3 PEN
Sportwettkämpfe
9 Olympiade
17 Weltmeisterschaft
19 Europameisterschaft
Staatengemeinschaft
2 EU
Staatenorganisation
2 UN
3 UNO
Vereinbarung
11 Zollvertrag
Verteidigungsgemeinschaft
4 NATO
5 SEATO

Wirtschaftsgemeinschaft
3 EWG
internationaler
Automobilverband
3 FIA
Fußballverband
4 FIFA
Genossenschaftsverband
3 ICA
Grenzpassierschein für Kraftfahrzeuge
6 Carnet
Hilferuf
3 CQD, SOS
Luftfahrtverband
4 IATA
Motorradsportverband
3 FIM
Philatelistenbund
3 FIP
Schriftstellerverband
3 PEN
Schwimmverband
4 FINA
Seenotruf
3 SOS
Skiverband
3 FIS
internationales
Bündnis
4 Liga, Pakt
7 Allianz
Neutralitätszeichen für den Sanitätsdienst
10 Rotes Kreuz
Olympisches Komitee
3 IOC
Verrechnungsverfahren
8 Clearing
Internatsschüler
7 Interne
8 Zoegling
Internatszögling
6 Alumne
interne
behördliche Anordnung
6 Erlass
internieren
9 isolieren
11 inhaftieren
Internierungslager
4 Camp
15 Gefangenenlager
19 Konzentrationslager
Interpret
6 Deuter
Interpretation
7 Deutung
9 Auslegung
10 Ausdeutung, Erklaerung, Wiedergabe
interpretieren
6 deuten
8 auslegen
9 erklaeren
Interpretin
witziger Lieder
11 Chansonette
Interpunktion
14 Zeichensetzung
Intervall
4 None, Prim, Sext, Terz
5 Prime, Quart, Quint
6 Dezime, Oktave
7 Abstand, Sekunde, Septime
8 Tonstufe
10 Tonabstand, Zeitspanne
11 Zeitabstand
12 Zwischenraum
Interview
9 Befragung
interzellares
Medium
6 Plasma
intim
5 innig
8 vertraut
bekannte Menschen
7 Freunde
intime
Anrede
2 du
intimer
kleiner Verein
4 Club
intimes
Lokal
3 Bar
Intimität
15 Vertraulichkeit
Intimus
6 Freund
10 Vertrauter
11 Busenfreund
intolerant
9 unduldsam
Intoleranz
13 Unduldsamkeit
intra
9 innerhalb
Intrigant
12 Verschwoerer
13 Raenkeschmied
Intrige
6 Kabale, Raenke
7 Umtrieb
8 Komplott
11 Raenkespiel
12 Machenschaft
Introduktion
10 Einleitung
Intuition
7 Einfall
9 Eingebung
Inula-Heilpflanze
5 Alant
Invalidität
18 Dienstunfaehigkeit
Invasion
7 Einfall
9 Besetzung
Inventar
7 Bestand
11 Aufstellung, Einrichtung, Verzeichnis
Inventur
13 Bestandsliste
16 Bestandsaufnahme
19 Bestandsverzeichnis
investieren
7 anlegen
9 einsetzen, einweisen
10 einfuehren
Investierung
6 Anlage
10 Einweisung, Geldanlage
11 Einfuehrung
Investition
13 Kapitalanlage
inwendig
5 innen, intus
6 intern
Inzest
11 Blutschande
ionische
griech. Insel
5 Korfu
6 Ithaka, Leukas, Zantes
7 Zythira
9 Zakynthos
11 Kephallinia
Mundart
3 Ias
ionischer
Philosoph
11 Anaximander
Tempel
11 Erechtheion
irakische
Hafenstadt
3 Fao
5 Basra
Hauptstadt
6 Bagdad
Münze, Währungseinheit
3 Fil
4 Rial
5 Dinar
6 Dirham, Rijals
Staatsreligion
5 Islam
Stadt
2 Ur
4 Akra, Anah, Uruk
5 Akkad, Arbil, Assur, Basra, Erbil, Hilla, Mosul
6 Bagdad, Hilleh, Kirkuk, Mossul, Nedjef, Ninive, Ramadi
7 Babylon, Kerbela, Samarra
8 Diwaniya
irakischer
Fluss
6 Tigris
7 Euphrat
Königsname
6 Feisal
Ölhafen
3 Fao
Strom
6 Tigris
7 Euphrat
irakisches
Ölfeld
5 Mosul
6 Kirkuk
Zentralgebiet
12 Mesopotamien
Iran
7 Persien
Iraner
6 Perser
iranische
Anrede
3 Aga
Gitarrenart
5 Sitar
Gottheit
7 Mithras

Hafenstadt
5 Abbas
6 Abadan
Hauptstadt
7 Teheran
Heilige Schrift
6 Avesta, Awesta
Münze, Währungseinheit
4 Rial
5 Dinar
Provinz
13 Aserbaidschan
Religion
9 Parsismus
Rohrflöte
3 Nei
russische Grenzlandschaft
13 Aserbaidschan
Spießlaute
3 Tar
Stadt
3 Bam, Kum, Lar, Ris
4 Anar, Jesd, Sari, Susa
5 Abade, Abbas, Ahvas, Ahwas, Babol, Babul, Minab, Urmia
6 Abadan, Dezful, Disful, Dizful, Enseli, Gorgan, Kaswin, Kirman, Rescht, Semnan
7 Ardebil, Hamadan, Isfahan, Ispahan, Kaschan, Pahlewi, Schiras, Taebris, Teheran, Zendjan
8 Astrabad, Baendaer, Meschhed, Schahpur
10 Maeschhaed, Persepolis
11 Kermanschah
12 Khorramschar
Wasserpfeife
6 Kalian
Wüste
3 Lut
5 Kawir, Kewir

iranischer
Ausfuhrhafen für Erdöl
6 Abadan
Berg, Gebirge
6 Elburs, Elwend, Kuhran, Sahand, Zagros
7 Sawalan
8 Demawend
Dichter, Schriftsteller
4 Omar
5 Attar, Hafis, Saadi, Wahid
6 Nisami
7 Abu Said, Dschami, Firdusi
8 Dschelal, Firdausi
Fluss
3 Kor
4 Aras, Mand
5 Karun, Tilar
9 Kizil Uzen
Geistlicher
6 Mullah
9 Ayatollah
Herrschername
4 Reza
Herrschertitel
5 Schah
Lichtgott
6 Ormuzd
Nomade
5 Alane
Ölhafen
6 Abadan
Politiker
7 Khatami
8 Mossadeq
13 Rafsandschani
Religionsstifter
4 Mani
5 Manes
9 Zoroaster
11 Zarathustra
Revolutionsführer
8 Khomeini
See
5 Niris, Urmia
Volksstamm
6 Kurden, Sarten
Volksstamm im Altertum
5 Meder, Saken
6 Alanen, Perser
7 Baktrer, Iranier, Osseten, Parther, Skythen
8 Sarmaten

iranisches
Geschenk
10 Bakschisch
Gewicht
3 Man
Längenmaß
3 Gam
Musikinstrument
5 Sitar
Perlengewicht
4 Abas
Saiteninstrument
3 Tar
5 Sitar

irdenes
Geschirr
8 Steingut

Irenik
13 Friedenslehre

irgendeiner
6 jemand

irgendwann
6 damals, jemals

Iris
14 Regenbogenhaut

irische
Bucht
9 Dingle Bay, Galway Bay
10 Donegal Bay
Erzählerin
5 Bowen
Grafschaft
4 Cork
Hafenstadt
4 Cork
Hauptstadt
6 Dublin
Insel, Inselgruppe
4 Aran
6 Achill, Mullet
8 Valentia
Politikerin
8 McAleese, Robinson
Provinz
4 Down, Mayo
5 Clare, Gilan, Kerry, Louth, Meath
6 Offaly, Tyrone
7 Donegal, Kildare, Leitrim, Munster
8 Laoighis, Leinster
9 Connaught, Fermanagh, Westmeath
Rebellenarmee
3 IRA
Stadt
4 Cork
5 Ennis, Gorey, Kells
6 Armagh, Dublin, Galway, Mallow, Mohill
7 Dundalk, Wexford, Wicklow
8 Limerick, Westport
9 Tipperary, Waterford
10 Queenstown

irischer
Apostel
7 Patrick
10 Kolumbanus
Arbeiterführer
8 Connolly
Berg
6 Keeper, Nephin
7 Brandon, Errigal
14 Carrantouohill
Branntwein
3 Gin
Dichter u. Schriftsteller
4 Shaw
5 Behan, Joyce, Moore, Swift, Synge, Wilde, Yeats
6 Heaney, O'Casey, Pearse, Steele
7 Beckett, Durrell, O'Connor
8 Berkeley
9 Goldsmith, O'Flaherty
Exportartikel
6 Leinen
Flughafen
7 Shannon
Fluss
4 Erne, Nore, Suir
6 Barrow, Liffey, Slaney
7 Shannon
10 Blackwater
Freiheitskämpfer
8 Casement
Fußballspieler
4 Daly, Ryan
5 Brady, Giles, McGee, Moran, Quinn, Walsh
6 Bonner, Conroy, Givens, Grimes, Holmes, Kearns, Langan, Martin, Morris, Murphy, O'Leary, Peyton, Sheedy, Treacy, Whelan
7 Hughton, McGrath
8 Aldridge, Campbell, Charlton, Grealish, Heighway, Houghton, McCarthy, McDonagh, Mulligan, Robinson, Sheridan, Staunton, Townsend
9 Cascarino, Lawrenson, Stapleton
10 McLoughlin
12 Blanchflower
Geheimbund
6 Fenier
Komponist
6 Coffey
Missionar
6 Gallus
8 Columban

Name von Irland
4 Eire
Nationalheiliger
7 Patrick
Nobelpreisträger (Frieden)
8 Corrigan, Mac Bride, Williams
Nobelpreisträger (Literatur)
5 Yeats
6 Heaney
7 Beckett
Nobelpreisträger (Physik)
6 Walton
Philosoph
7 Erigena
Physiker
6 Walton
7 Tyndall
Politiker u. Staatsmann
5 Ahern
6 Bruton, O'Kelly, Valera
7 O'Connel
8 Casement, Costello
Sagenheld
6 Fingal
Schutzheiliger
9 St. Patrick
See
3 Ree
4 Conn, Derg
6 Erisee
Sportler, Sportlerin
4 Daly
5 Darcy, Kelly, Leahy, O'Shea, Roche, Smyth, Woods
6 Boland, Bryans, Irvine, Mahony, Treacy
7 Carruth, Delaney, Feherty, O'Connor
8 McDonald, Rafferty
9 O'Sullivan
10 O'Callaghan
Tanz
4 Reel
Volksstamm in Schottland
6 Skoten
irisches
Dorf
5 Adare
Kloster
6 Cashel
Luftverkehrszentrum
7 Shannon
Parlament
11 Dail Eireann
Wahrzeichen
8 Shamrock
irisch-schottischer
Kelte
5 Gaele
Irisgewächs
12 Schwertlilie
Irland
4 Eire
irländische
Währung
5 Pence, Pfund
9 Shillings
Ironie
5 Spott
10 Spoettelei
ironische
Dichtung
6 Satire
ironischer
Kritiker
9 Satiriker
ironisch, spöttisch
6 mokant
irreal
10 unwirklich
irreführen
7 bluffen
8 vexieren
9 betruegen, reinlegen, taeuschen
10 irreleiten
11 austricksen, hintergehen
Irreführung
5 Bluff
10 Taeuschung
irregulär
7 illegal
12 ungesetzlich
14 unregelmaessig
15 ungesetzmaessig
irremachen
9 verwirren
10 irritieren
12 verunsichern
Irren
beim Austeilen der Spielkarten
8 vergeben
Irrenarzt
10 Psychiater
Irrenheilkunde
11 Psychiatrie
irrereden
10 delirieren
11 ◆ fantasieren
12 phantasieren
Irrfahrt
7 Odyssee
Irrgang
5 Abweg
Irrgarten
9 Labyrinth
Irrglaube
10 Aberglaube
irrgläubig
9 heterodox
Irrgläubiger
6 Ketzer
10 Haeretiker
Irrlehre
8 Haeresie, Ketzerei
Irrsinn
5 Manie
8 Wahnsinn
Irrtum
6 Errata, Fehler, Irrung, Lapsus
7 Erratum
8 Versehen
10 Denkfehler, Fehlurteil
Isaaks
Frau
3 Lea
5 Rahel
Sohn
4 Esau
5 Jakob
Vater
7 Abraham
Isegrim
4 Wolf
Iserezufluss
3 Arc
4 Arly, Drac, Fure
5 Doron
6 Bagnol, Bourne, Ozeins
islamische
Bezeichnung für Nichtmohammedaner
5 Giaur
Geistlichkeit
5 Ulema
Gottheit
5 Allah
heilige Stadt
5 Mekka
Hochschule
7 Medrese
Konfession
8 Schiiten, Sunniten
Paradiesjungfrau
4 Huri
Pilgerstätte
5 Mekka
Republik
4 Iran
7 Persien
11 Mauretanien
Sagengestalt
5 Chidr
Sekte
6 Drusen
8 Babismus, Jmaniten, Schiiten, Sunniten
9 Almohaden, Chodschas
10 Ahmadiyyas, Ismailiten, Wahhabiten
11 Almoravjden
Staatsform
6 Emirat
islamischer
Asket
4 Sufi
8 Derwisch
Bettelmönch
5 Fakir
8 Derwisch
Dichter
6 Arason
Ehrentitel
5 Hafis
Fastenmonat
7 Ramadan
Fürstentitel
4 Emir
Gebetsrufer
7 Muezzin
Gelehrter
5 Ulema
Gesetzeskenner
5 Molla, Ulema
6 Mullah
Glaube
4 Imam
Gott
5 Allah
Herrschertitel
3 Bei
4 Emir, Imam, Kadi
5 Kalif, Mufti, Wesir
6 Sultan
7 Hadschi
9 Padischah
Mekkapilger
7 Hadschi
Mystiker
6 Agazel

Name für Gott
5 Allah
Name für Jesus
3 Isa
Prediger
6 Schech, Scheik
7 Scheich
Prophet
5 Rasul
8 Mohammed
Rechtsgelehrter
5 Mufti, Ulema
Richter
4 Kadi
Schutzgeist
5 Malik
6 Asrael, Ridvan
7 Gabriel, Israfil, Michael
Theologe
7 Ghazali, Ibn Sina
8 Alghazel, Averroes, Ibn Rushd
Titel
3 Bei
4 Imam, Kadi
5 Kalif, Mufti, Wesir
6 Sultan
7 Hadschi
Ungläubiger
5 Giauz
Vorbeter
4 Imam
Wallfahrtsort
5 Mekka
6 Medina
islamisches
Bethaus
7 Moschee
Fest
6 Bairam
Frauengemach
5 Harem
Gebetsbuch
5 Koran
Gotteshaus
7 Moschee
Grußwort
5 Salem
Heiliges Buch
5 Koran
Heiligtum
5 Kaaba
Lehrbuch
5 Sunna
6 Hadith
Oberhaupt
7 Aga Khan
Opferfest
6 Beiram
Paradiesmädchen
4 Huri
Religionsbuch
5 Koran
Schicksal
6 Kismet
Symbol
8 Halbmond
Islamit
6 Moslem, Muslim
8 Muselman
9 Muselmann
12 Mohammedaner
Islamitenoberhaupt
7 Aga Khan

isländische
Dichtung
4 Edda, Saga
Erzählung
4 Saga
Hauptstadt
9 Reykjavik
heiße Quelle
6 Geysir
Münze
5 Aurar, Eyrir, Krone
Springquelle
6 Geiser, Geisir, Geysir
isländischer
Archäologe
9 Magnusson
Bildhauer
7 Jonsson
Dichter
7 Laxness
10 Erlingsson, Gunnarsson
11 Gudmundsson
Fluss
8 Joekulsa
Geschichtsschreiber
15 Snorri Sturluson
Gletscher
12 Vatnajoekull
Maler
7 Jonsson
Nobelpreisträger (Literatur)
7 Laxness
Orden
7 Senussi
Politiker, Staatsmann
7 Oddsson
8 Grimsson
9 Sturluson
10 Asgeirsson, Bjoernsson
Ringkampf
5 Glima
Schriftsteller
6 Kiljan
7 Halldor, Laxness
8 Svensson
10 Gunnarsson
Vulkan
5 Askia, Hekla
Wasserfall
9 Dittifoss
isländisches
Heldengedicht
12 Frithjofsage
Islandmoos
10 Lungenmoos
Isolation
8 Sperrung
11 Abkapselung, Absonderung, Quarantaene
15 Getrennthaltung
Isoldes
Geliebter
7 Tristan
isolieren
9 abkapseln, absondern
Isolierflasche
14 Thermosflasche
Isoliermittel, -stoff
4 Adit, Filz, Glas, Kork, Lack, Teer, Werg
5 Gummi, Pappe, Seide
6 Asbest
7 Bitumen, Glimmer
8 Paraffin, Torfmull
9 Glaswolle, Holzwolle, Kieselgur, Kunstharz, Porzellan, Teerpappe
12 Astbestpappe
isolierte
Leitung
5 Kabel
Isolierung
als Schutzmaßnahme
11 Quarantaene
Isotop
des Thoriums
6 Ionium
des Wasserstoffs
9 Deuterium, Triterium
israelische
Amtssprache
6 Iwrith
10 Hebraeisch
Hafenstadt
4 Akka
5 Eilat, Elath, Haifa, Jaffa
6 Ashdod, Eilath
7 Aschdod
Hauptstadt
7 Tel Aviv
9 Jerusalem
Münze
5 Pfund
6 Agorot
Nationalarmee
6 Hagana
7 Haganah
Partei
5 Likud, Mapai
Politikerin
4 Meir
Prophetin
6 Debora
Sängerin
4 Lavi
Stadt
4 Akka
5 Afula, Akkon, Eilat, Elath, Haifa, Holon, Jaffa, Lydda
6 Afuele, Bat Yam, Dimona, Eilath, Hadera
7 Aschdod, Askalon, Tel Aviv
8 Beerseba, Nataniya, Nazareth, Ramat Gan, Rechovat, Tiberias
9 Beer Sheva, Jerusalem
10 Beerscheba, Neu Askalon, Petah Tiqwa
12 Tel Aviv Jaffa
Wüste
5 Negeb, Negev
Wüstenstadt
6 Dimona
israelischer
Architekt
5 Karmi
6 Melzer, Sharon
7 Idelson, Kiesler, Rechter, Zalkind
8 Mansfeld, Vainraub
Badeort
5 Elath
Berg, Gebirge
5 Tabor
6 Jermak, Karmel, Semawe
7 Oelberg

Dichter
13 Ephraim Kishon
Dirigent
5 Inbal
6 Atzmon
7 Bertini
9 Barenboim
Flughafen
3 Lod
5 Lydda
Fluss
5 Faria
6 Jordan
Gesetzgeber
5 Dayan, Moses
Hafen am Golf von Akaba
5 Elath
Hohepriester
5 Josua
Künstler (Bildhauer, Maler und Grafiker)
5 Rubin
6 Ben-Zwi, Kahane, Malkin, Priver, Ziffer
7 Gutmain
8 Holzmann, Krakauer, Zaritsky
9 Kossonogi, Lishansky, Stematsky
11 Leschnitzer
12 Friedlaender
Monatsname
4 Elul
Musikforscher, -wissenschaftler
7 Avenary
Nobelpreisträger (Frieden)
5 Begin, Peres, Rabin
Nobelpreisträger (Literatur)
5 Agnon
Ostermonat
5 Nisam
Pianist
10 Kestenberg
11 Kalichstein
Politiker und Staatsmann
4 Eban, Meir
5 Barak, Begin, Dajan, Dayan, Ebban, Peres, Rabin
6 Herzog
7 Eschkol, Schamir, Schasar, Sharett, Weizman
8 Goldmann
9 Ben Gurion, Netanjahu, Netanyahu
Richter
6 Samuel
See
10 Genezareth
11 Tiberiassee
Violinist und Violoncellist
7 Perlman
8 Zukerman
9 Goldstein
Wüstenwind
8 Scharaff
israelisches
Gesangsduo
6 Ofarim
Kollektiv
6 Kibbuz
Parlament
7 Knesset
Israelit
4 Jude
8 Hebraeer
israelitischer
Gesetzgeber
5 Moses
Gott der Heerscharen
7 Zebaoth
König
3 Asa, Ela
4 Abia, Ahab, Ahas, Saul
5 David, Josia
6 Salomo
7 Herodes, Salomon
Richter
11 Seher Samuel
Stamm
3 Dan, Gad
4 Juda, Levi
5 Asser, Ruben
6 Joseph, Reuben, Simeon
7 Sebulon
8 Benjamin, Isaschar, Naphtali
Stammvater
3 Ham, Sem
4 Noah
5 Jakob
6 Japhet
Israels
Bürger
7 Israeli
ist
der Welt Lohn
6 Undank
Ist
im Rechnungswesen
7 Bestand
Istanbul
6 Byzanz
7 Stambul
14 Konstantinopel
Istanbuls
Altstadt
7 Stambul
Bauwerk
11 Hagia Sophia
früherer Name
6 Byzanz
14 Konstantinopel
Italien
in der Landessprache
6 Italia
Italienerin
8 Roemerin
italienisch:
Abend
4 sera
acht
4 otto
achtzig
7 ottanta
Anzug
7 vestito
Apotheke
8 farmacia
Arzt
6 medico
7 dottore
8 condotto
Autobahn, -straße
10 autostrada
Baby
7 bambino
Bad
5 bagno
Badestrand
4 lido
Bahnhof
8 stazione
Bart
5 barba
Bejahung
2 si
Berg
5 monte
Bergrutsch
5 frane
Bergspitze
5 pizzo
Bier
5 birra
bitte
5 prego
Bozen
7 Bolzano
Brief
7 lettera
Brot
4 pane
Brücke
5 ponte
Bruder
8 fratello
Buch
5 libro
Dame
7 signora
danke
6 grazie
drei
3 tre
dreißig
6 trenta
ein
2 un
eine
3 una
eins
3 uno
Eintänzer
6 gigolo
Eis, Speiseeis
6 gelato
Engel
6 angelo
essen
8 mangiare
Etsch
5 Adige
Familie
8 famiglia
Feuer
5 fuoco
Flasche
9 bottiglia
Flug
4 volo
Flugzeug
9 aeroplano
Frau
7 signora
Fräulein
9 signorina
Fremdenführer
8 cicerone
Freund
5 amigo

Früchte
6 frutti
fünf
6 cinque
fünfzig
9 cinquanta
Gasthaus, Herberge
7 albergo, osteria, taverne
8 pizzeria
9 trattoria
Geld
5 soldi
Gendarmerie
11 carabinieri
genug
5 basta
Gesang
5 canto
Geschmack
5 gusto
gestern
4 ieri
Gold
3 oro
Graf
5 conte
Gräfin
8 contessa
gut
4 bene
Hand
4 mano
Haus
4 casa
heilig
3 san
5 santa, santo
Herr
3 Don
6 signor
7 signore
Herrin
5 donna
heute
4 oggi
Hochzeit
5 nozze
Hölle
7 inferno
hundert
5 cento
ich
2 io
Insel
5 isola
Italien
6 italia
ja
2 si
Jahr
4 anno
Junge
7 ragazzo
Jungfrau Maria
7 madonna
Kerker
5 bagno
Kino
6 cinema
klein
7 piccolo
kleine Krebse
6 scampi
Kleinkind
7 bambino
krank
6 malato
Küche
6 cucina
Kunst
4 arte
Land
8 campagna
Leben
4 vita
Lebewohl
4 ciao
5 addio
Liebe
5 amore
Lied
7 canzone
Mädchen
7 ragazza
Mailand
6 Milano
Marktplatz
6 piazza
Meer
4 mare
meine Herrin
7 Madonna
Meister
7 maestro
Messe
5 fiera
6 mostra
Milch
5 latte
Mittagsruhe
6 siesta
Mond
4 luna
morgen
6 domani
Morgen
7 mattina
Mutter
5 madre
Neapel
6 Napoli
Nehrung
4 lido
nein
2 no
neun
4 nove
neunzig
7 novanta
nichts
6 niente
Onkel
3 zio
Oper
5 opera
österreichischer Alpenpass
7 Brenner
8 Ploecken, Promollo, Nassfeld
Palast
7 palazzo
Pass
3 Col
Pass, Reisepass
10 passaporto
Pflaume
6 susina
Posse, Schwank
5 buffa
Preis
6 prezzo
Rätsel
6 enigma
Schaumwein
8 spumante
Schloss
8 castello
Schwester
7 sorella
sechs
3 sei
sechzig
8 sessanta
See
4 lago
sieben
5 sette
siebzig
8 settanta
Sockelgemälde
8 Predella
Sohn
6 figlio
Söldnerführer
11 condottiero
Sonne
4 sole
Stadt
5 citta
Straße
3 via
6 strada
Stunde
3 ora
Südtirol
9 Alto Adige
Tag
6 giorno
Tanz
5 ballo
6 pavane
Tausch
6 cambio
tausend
5 mille
Theater
6 teatro
Tochter
6 figlia
Tod
5 morte
Tor
5 porta
Tür
5 porta
Turm
5 torre
Vater
5 padre
vier
7 quattro
vierzig
8 quaranta
Vorspeise
9 antipasto
vorwärts
6 avanti

Weg
3 via
Wein
4 vino
Wirtshaus
7 osteria
9 trattoria
Woche
9 settimana
Zahn
5 dente
zehn
5 dieci
Zeit
5 tempo
Zug
5 treno
zwanzig
5 venti
zwei
3 due

italienische

Adelsfamilie
4 Este
6 Borgia, Medici, Orsini
7 Farnese
8 Borghese, Visconti
9 Malatesta
Altistin
7 Cuzzoni
Anrede
5 Donna
6 Signor
7 Signora
9 Signorina
Art der Kaffeezubereitung
8 Espresso
Automarke
4 Fiat
6 Abarth, Lancia
7 Ferrari
8 Maserati
9 Alfa Romeo
11 Autobianchi
Autorennstrecke
5 Monza
Bischofsstadt
6 Aquino
7 Orvieto
Blutrache
8 Vendetta
Elitetruppe
11 Bersaglieri
Exkönig
7 Umberto
Exkönigin
5 Elena
Filmdiva
5 Loren
Filmfestspiele
8 Biennale
Filmschauspielerin
5 Loren
6 Masina
7 Mangano
9 Cardinale
12 Lollobrigida
Filmstadt
9 Cinecitta
Gaststätte, Gastwirtschaft
7 Albergo, Osteria, Taverne
9 Trattoria
Gebirgsgruppe
8 Abruzzen
Gebirgstruppe
6 Alpini
Gedichtform
7 Canzone
Geigenbauerfamilie
5 Amati
8 Guarneri
10 Stradivari
Gemüsesuppe
10 Minestrone
Gendarmen
11 Carabinieri, Karabinieri
Goldmünze
6 Florin
Hafenstadt
4 Bari, Fano
5 Gaeta, Genua, Grado
6 Amalfi, Ancona, Neapel, Reggio, Rimini, Tarent, Triest
7 Alassio, Catania, Livorno, Marsala, Messina, Otranto, Palermo, Ravenna, Salerno, Sorrent, Syrakus, Venedig
8 Brindisi, Cagliari, La Spezia, Molfetta, Piombino, Siracusa, Sorrento
9 Gallipoli
12 Castellamare
Halbinsel
7 Apulien, Gargano
9 Kalabrien
Hauptstadt
3 Rom
4 Roma
Insel
4 Elba
5 Capri, Isola, Ponza
6 Giglio, Ischia, Linosa, Lipari, Salina, Ustica
7 Alicudi, Asinara, Capraia, Caprera, Panaria, Pianosa, Procida, Tremiti, Vulcano
8 Filicudi, Sizilien
9 Favignana, Giannutri, Lampedusa, Sardinien, Stromboli, Ventotene
11 Monte Cristo, Pantelleria
Inselgruppe
16 Aegadische Inseln, Liparische Inseln
Jägertruppe
11 Bersaglieri
Kapelle im Vatikan
7 Sixtina
Käsesorte
10 Gorgonzola
Kupfermünze
5 Soldo
Lagunenstadt
7 Venedig
Landschaft
5 Aosta
6 Emilia, Friaul, Friuli, Latium, Marche, Marken, Molise
7 Apulien, Piemont, Poebene, Romagna, Toscana, Toskana, Umbrien
8 Abruzzen, Aostatal, Benevent, Campagna, Etrurien, Ligurien, Maremmen, Sizilien, Venetien
9 Kalabrien, Kampanien, Lombardei, Sardinien
10 Basilikata, Monferrato
13 Emilia Romagna
15 Trient Oberetsch
Liebesdichtung
9 stornello
Luftverkehrsgesellschaft
3 LAI
8 Alitalia
Maisspeise
7 Polenta
Märchenfigur
6 Befana
9 Pinocchio
Mezzosopranistin
8 Cossotto
9 Simionato
Münze
3 Lit
4 Lira, Lire
5 Scudo, Soldo
6 Florin
9 Centesimo
Musiknote
2 do, fa, la, mi, re, si
3 sol
Nachrichtenagentur
4 ANSA
Novellensammlung
9 Dekameron
10 Decamerone
Nudelart
8 ◆ Spagetti
9 Makkaroni, Spaghetti
Pasteten aus Nudelteig
7 Ravioli
Pflaumenart
6 Susine
Polizeitruppe
11 Carabinieri, Karabinieri
Porzellanmanufaktur
11 Capo di Monte
Provinz
4 Bari
5 Lecce, Massa, Padua, Parma, Pavia, Siena, Terni, Turin, Udine
6 Latina, Mantua, Novara, Pesaro, Reggio, Rovigo, Tarent, Teramo, Trient, Verona
7 Apulien, Bologna, Brescia, Caserta, Cosenza, Ferrara, Florenz, Livorno, Mailand, Messina, Ravenna, Toskana, Viterbo
8 Etrurien, Umbesien
9 Frosinone
Reisspeise
7 Risotto
Rundfunkgesellschaft
3 RAI
Sängerin
5 Moffo
6 Callas
7 Tebaldi
Schauspielerin
4 Duse
5 Loren
9 Cardinale
12 Lollobrigida
Schriftstellerin
7 Deledda

Sopranistin
5 Freni, Labia, Patti
6 Scotto
7 Carteri, Sciutti, Tebaldi
8 Albanese, Catalani
10 Casapietra
Speisekrebsart
6 Scampi
Spezialität
5 Pizza
Stadt
3 Ala, Bra, Mis, Nus, Rom, Ton
4 Agra, Asti, Atri, Auer, Avio, Bari, Ceva, Como, Dego, Enna, Erba, Fano, Iseo, Itri, Lodi, Mais, Nola, Pino, Pisa, Plan, Prad, Riva, Roma, Susa, Todi, Vals, Vibo
5 Adria, Anzio, Aosta, Arona, Arsie, Asola, Bozen, Cairo, Capri, Capua, Eboli, Edolo, Fermo, Fondi, Forli, Gaeta, Genua, Goerz, Grado, Gries, Imola, Isola, Ivrea, Lecce, Lecco, Lienz, Locri, Lucca, Luino, Massa, Mauls, Melfi, Meran, Monza, Nardo, Narni, Osimo, Padua, Palmi, Paola, Parma, Pavia, Penne, Porma, Prato, Rieti, Schio, Seren, Servo, Siena, Stesa, Sutri, Terni, Trani, Turin, Udine
6 Acerra, Adrano, Amalfi, Anagni, Ancona, Andria, Aquila, Arezzo, Arpido, Arzano, Ascoli, Ascona, Assisi, Aversa, Aviano, Biella, Brixen, Casale, Cecina, Cesena, Chieti, Chiuli, Chiusi, Corato, Faenza, Foggia, Formia, Ginosa, Gubbio, Latina, Loreto, Lucera, Mantua, Matera, Merano, Mestre, Milano, Modena, Modica, Napoli, Neapel, Norcia, Novara, Omegna, Ostuni, Pesaro, Pescia, Ragusa, Reggio, Resoro, Rimini, Rivoli, Rovigo, Savona, Sexten, Stresa, Tarent, Tivoli, Torino, Trento, Trient, Triest, Urbino, Varese, Verona
7 Belluno, Bergamo, Bitonto, Bologna, Bolzano, Brescia, Carrara, Catania, Cosenza, Cremona, Ferrara, Firenze, Florenz, Lignano, Livorno, Magenta, Mailand, Marsala, Messina, Orvieto, Otranto, Palermo, Paterno, Perugia, Pescara, Pistoia, Portici, Rapallo, Ravenna, Salerno, San Remo, Sassari, Sorrent, Spoleto, Syrakus, Taranto, Tortona, Trapani, Treviso, Venedig, Venezia, Vicenza, Viterbo
8 Acireale, Agrigent, Avellino, Barletta, Brindisi, Cagliari, Frascati, Grosseto, La Spezia, Latisana, Molfetta, Monopoli, Monreale, Piacenza, Pinerole, Pontebba, Pozzuoli, Rovereto, Siracusa, Sorrento, Taormina, Vercelli, Veremona
9 Agrigento, Benevento, Catanzaro, Cerignola, Gallipoli, San Severo, Viareggio
10 Bressanone, Campobasso, Palestrina
11 Alessandria, Domodossola, Ventimiglia, Villafranca
12 Caltanisetta, Castellamare
Stadt des heiligen Franz
6 Assisi
Teigwaren
9 Canelloni
10 Tortellini
Tonsilben
2 do, fa, la, mi, re, si, ti, ut
3 sol
Ureinwohner
6 Italer
Vorsilbe
5 Mezzo
Vulkaninsel
6 Lipari
Währung
4 Lira, Lire
Weinbaustadt
4 Asti
Weinschenke
7 Osteria, Taverne
9 Trattoria
Weinsorte
4 Asti, Fara, Faro, Gavi, Giro
5 Eloro, Soave, Zucco
6 Barolo, Epomeo
7 Barbera, Chianti, Lacrima, Marsala, Moscato, Vesuvio
8 Falerner, Malvasia, Nebbiolo, Prosecco
9 Bardolino, Malvisier
15 Lacrimae Christi
Wolfsspinne
8 Tarantel
Wurstsorte
6 Salami
Zervelatwurst
10 Mortadella

italienischer

Abenteurer
8 Casanova
10 Cagliostro
Abschiedsgruß
4 adio, ciao
5 addio
Adelstitel
8 Contessa, Marchese, Visconte
Adriahafen
4 Bari
5 Trani
6 Ancona, Pesaro, Rimini, Triest
7 Pescara, Venedig, Venezia
8 Barletta, Brindisi, Molfetta
Alpenjäger
6 Alpini
Anatom
7 Galvani
10 Eustrachio
Anthropologe
8 Lambroso
Arbeiterführer
5 Longo
7 Gramsci
Archäologe
5 Alton, Bossi, Botta, Lanzi, Rossi
6 Canina
7 Cesnola
8 Borghesi, Visconti
Architekt u. Baumeister
4 Buon, Pino
5 Boito, Dosio, Genga, Pomis, Sardi, Tacca, Terzi
6 Alessi, Amadeo, Basile, Cambio, Juvara, Lunghi, Majano, Nobile, Pisano, Serlio, Solari, Vasari
7 Alberti, Alfieri, Algardi, Bernini, Bibiena, Cortona, Fontana, Maderna, Magenta, Mengoni, Nosseni, Peruzzi, Raffael, Specchi, Talenti, Vignola
8 Bramante, Campione, Fansango, Filarete, Leopardi, Palladio, Piranesi, Rastelli, Ricchini, Sangallo, Vittoria
9 Borromini, Burnacini, Pelegrino, Rosselino, Sacchetti, Sansovino, Simonetti
10 Borgognone, Michelozzo, Pellegrino, Sammichele, Vanvitelli
11 Buontalenti
12 Brunelleschi, Michelangelo
15 Leonardo da Vinci
Artikel
1 i
2 il, la, le, lo
3 gli
Artist
8 Rastelli
Arzt
7 Galvani
8 Morgagni
Astronom
5 Ricco
6 Secchi
7 Galilei
12 Schiaparelli
Ätna
4 Etna
Atomphysiker
5 Fermi
Badeort, Kurort
4 Como, Riva
5 Grado, Lecco, Nervi, Ostia
6 Amalfi, Ancona, Cervia, Jesolo, Limone, Rimini
7 Alassio, San Remo, Sorrent
8 Sorrento, Taormina
Bannerträger
12 Gonfaloniere
Bariton
5 Gobbi
6 De Luca
7 Panerai
11 Bruscantini
Barockbaumeister
7 Carlone
Barockmaler
4 Reni
Bass
5 Pinza, Siepi
8 Raimondi
9 Baccaloni

11 Bastiannini

Berg, Bergmassiv

4 Tosa

5 Aetna, Amaro, Cinto, Vesuv

6 Amiata, Cimone, Ortler, Serino, Tofana

7 Antelao, Antenna, Apennin, Bernina, Pollino, Rotondo, Schlern

8 Abruzzen, Adamello, Cevedale

9 Dolomiten, Falterona, Gran Sasso, Marmolata, Monte Rosa

10 Presanella

11 Gennargentu, Pramaggiore, Rosengarten

12 Gran Paradiso

Bildhauer

4 Rosa

5 Leoni, Manzu, Paggi, Puget, Ricco

6 Amadeo, Angelo, Canova, Majano, Marini, Parodi, Pisano, Robbia, Vasari, Zocchi

7 Alberti, Baratta, Bernini, Cellini, Dalmata, Fiesole, Giorgio, Ligorio, Maderna, Quercia, Sartori, Solario

8 Ammanati, Barbella, Barzaghi, Campagna, Caporali, Filarete, Ghiberti, Lamberti, Marchesi, Massegne, Sangallo, Sartorio, Tadolini, Volterra

9 Balduccio, Bartholdi, Bartolini, Borromini, Desiderio, Donatello, Marqueste, Rastrelli, Rosselino, Rovezzano, Sansovino, Simonetti

10 Bandinelli, Cacciatori, Giacometti, Martinelli, Michelozzo, Monteverdi, Torregiani, Verrocchio

11 Calandrelli

12 Brunelleschi, Michelangelo

15 Leonardo da Vinci

Bobfahrer

5 Conti, Costa, Huber, Monti, Rossi, Ticci, Torre, Zordo

6 Alvera, Armano, Dorini, Nordio, Paolis, Rigoni, Ruatti

7 Biasini, Gaspari, Lorenzo, Zardini

8 Bonagura, de Paolis, Siorpaes, Zambelli, Zanietta

9 Mocellini, Perruquet

10 della Costa, Zandonella

11 Frassanelli

12 Schreibmeier

Botaniker

6 Alpini

7 Delpino

8 Saccardo

9 Bertoloni, Cesalpino

Bozen

7 Bolzano

Brudertitel

3 Fra

Brunnen (in Rom)

5 Trevi

Buchdrucker

6 Bodoni

Bühnentenor

6 Caruso

Bürgermeister

7 Podesta, Sindaco

Bußprediger

10 Savonarola

Chemiker

5 Natta

10 Cannizzaro

Choreograf und Tänzer (auch Tänzerin)

7 Brianza, Legnani

Dichter u. Schriftsteller

3 Eco, Rea

4 Levi, Rosa, Todi

5 Betti, Boito, Botta, Dante, Dolei, Gozzi, Monti, Negri, Pocci, Pulci, Svevo, Tasso, Verga

6 Alvaro, Amicis, Ariost, Aristo, Assisi, Jorine, Marino, Papini, Pavese, Silone, Tomasi, Vasari

7 Alberti, Aleramo, Alfieri, Aretino, Ariosto, Boiardo, Buzzati, Calvino, Chirico, Collodi, Colonna, Deledda, Giraldi, Goldoni, Guarini, Manzoni, Montale, Moravia, Pascoli

8 Annunzio, Bandello, Carducci, Leopardi, Petrarca

9 Alighieri, Bacchelli, Bartolini, Boccaccio, d'Annunzio, Guareschi, Lampedusa, Malaparte, Marinetti, Mirandola, Pogazzaro, Quasimodo, Ungaretti, Zavattini

10 Bernedetti, Boccalceio, Cavalcanti, Germanetto, Guinicelli, Metastasio, Mussolinio, Pirandello

11 Bontempelli, Castiglione, Machiavelli, Palazzeschi

12 Michelangelo

14 Dante Alighieri

Diktator

9 Mussolini

Dirigent

3 Gui

5 Lotti, Rossi, Santi

6 Abbado, Franci, Gracis, Patane, Sabata, Zecchi

7 Bellugi, Cavalli, Freccia, Giulini, Maderna, Mugnone, Salieri

8 Cantelli, De Sabata, Molinari

9 Antonelli, Previtali, Toscanini

10 Bartoletti, Mancinelli, Markevitch

Dramatiker

2 Fo

7 Goldoni

Entdecker

5 Cabot, Colon

Erfinder

5 Volta

7 Marconi

10 Torricelli

Erzähler

7 Baldini

Erzgießer

7 Cellini

8 Ghiberti

9 Barisanus, Verrochio

Etsch

5 Adige

Exkönig

7 Umberto

Fechter, Fechterin

3 Uga

4 Bini, Dare, Nadi, Numa, Rosa

5 Conte, Cuomo, Marin, Marzi, Mocki, Ragno, Scuri, Zotto

6 Camber, Maffei, Meglio, Pavesi, Pinton, Puliti, Rigoli, Scalzo

7 Bellone, Bersani, Borella, Braglia, Cantone, Cerioni, Collino, Delfino, Gaudini, Gubiani, Mazzoni, Montano, Nostini, Saccaro, Terenzi, Zalaffi

8 Agostini, Anglesio, Bocchino, Bortozzi, Calarese, Cesarano, Cipriani, dal Zotto, Gandolfi, Guaragna, Riccardi, Santelli, Spallino, Speciale, Traversa, Trillini

9 Bergamini, Cevaliere, Cornaggia, Ghiavacci, Lorenzoni, Salvadori, Vaccaroni

10 Bartolozzi, dalla Barba, Ragno-Lonzi

11 Mangiarotti

Filmregisseur

5 Leone

6 de Sica

7 Fellini

8 Pasolini, Visconti

10 Rossellini

Filmschauspieler

6 de Sica

8 Tognazzi

11 Mastroianni

Flieger, Luftschiffer

6 Nobile

8 Trizzino

Florenz

7 Firenze

Flugzeugbauer

7 Caproni

Forscher u. Erfinder

5 Fermi, Volta

6 Garcia

7 Galilei, Galvani, Marconi, Salsano

8 Grimaldi

9 Cavalieri

10 Cascariolo, Torricelli

15 Leonardo da Vinci

Forschungsreisender

9 Marco Polo

Frauenheld

8 Casanova

Frauenname

3 Aja, Eva, Pia

4 Aida, Anna, Enza, Gina, Jane, Lisa, Luca, Mona, Moni, Nina, Nora, Piea, Pola, Rica, Rita, Rosa, Sira, Susa, Tina

5 Ambra, Anita, Bella, Betta, Cecca, Dafne, Edmea, Elena, Fiora, Gemma, Gilda, Laura, Lelia, Lidia, Lisia, Livia, Loris, Lucia, Luisa, Maria, Marta, Marte, Milva, Nives, Norma,

Oliva, Paola, Piera, Pippa, Renza, Ricca, Sofia, Tizia, Tonia, Tosca, Vanda, Vanna, Viola, Virna
6 Agnola, Alessa, Alessi, Angela, Ariane, Ariela, Armida, Armide, Armina, Belina, Bianca, Bionda, Carina, Catina, Chiara, Cinzia, Cosina, Cosine, Editta, Edvige, Elvira, Emilia, Enrica, Fiamma, Gianna, Giulia, Guilia, Isotta, Janina, Lavina, Libera, Limone, Lorina, Marilu, Marina, Marisa, Marita, Marzia, Mattea, Milvia, Mireta, Monica, Nicola, Norina, Nunzia, Orsina, Orsine, Orsola, Pascal, Pieina, Porzia, Rachel, Renata, Sandra, Simona, Sirena, Teresa, Verena, Verona, Verone
7 Alessia, Anchela, Antonia, Arianna, Arianne, Ariella, Arielle, Armanda, Arminia, Assunta, Brigida, Claudia, Coletta, Danella, Daniela, Dorinda, Dorinde, Dorotea, Erminia, Ernesta, Filippa, Fiorina, Galdina, Ginette, Gionata, Gisella, Jolanda, Leonora, Letizia, Liliane, Lisetta, Lorenca, Lorenza, Loretta, Lucetta, Luciana, Lucilla, Mafalda, Mariola, Maritta, Matilda, Maurina, Micaela, Miranda, Mirella, Miretta, Modesta, Ninetta, Olimpia, Ornelia, Ornella, Paolina, Pierina, Rachele, Ricarda, Roberta, Romilda, Romilde, Rosalba, Rosalia, Rosalie, Rosanna, Rosella, Rosetta, Rossana, Silvana, Silvina, Stefani, Susanna, Susetta, Suzanna, Teodora, Tiziana, Valenta, Valeria, Zelinda, Zenobia
8 Angelina, Beatrice, Brunelda, Brunella, Calogera, Carlotta, Caterina, Concetta, Consuela, Cristina, Daniella, Domenica, Eleonora, Estrella, Fernanda, Fiametta, Filomena, Fiorella, Fiorenza, Giannina, Gioconda, Giovanna, Giuliana, Giuseppa, Griselda, Guiditta, Ifigenia, Isabella, Lauretta, Laurette, Leontina, Loredana, Lucretia, Luisella, Madalena, Madelena, Mariella, Mariette, Maurilia, Maurilla, Mirabell, Orseline, Ortensia, Pasquale, Philippa, Prassede, Preziosa, Rachelle, Raffaela, Riccarda, Rossella, Serafina, Serafine, Siegmona, Silvetta, Teresina, Veronica, Violetta, Virginia, Vittoria
9 Antonella, Benedetta, Celestina, Chiarella, Cristiana, Donatella, Francesca, Francisca, Gabriella, Geraldina, Giocchina, Giulietta, Laurenzia, Maddalena, Margarita, Marinella, Mirabella, Mirandola, Nicoletta, Peronella, Rosabella, Rosellina, Simonetta, Valentina
10 Alessandra, Annunziata, Antonietta, Cinderella, Crocifissa, Elisabetta, Giovannina, Giuseppina, Marcellina, Margherita, Mauricetta, Petronella, Pierangela, Sigismonda
11 Guglielmina, Porziuncola

Frauenverführer
8 Casanova

Freiheitskämpfer
7 Mazzini
9 Garibaldi

Fremdenführer
8 Cicerone

Fußballspieler
4 Cera, Feri, Foni, Gori, Losi, Mari, Mora, Moro, Neri, Orsi, Rava, Riva, Sala, Zoff
5 Bedin, Berti, Borel, Combi, Conti, Corso, David, Ferri, Fogli, Galli, Magli, Monti, Nesti, Piola, Pozzo, Prati, Rocca, Rossi, Sorti, Vieri, Viola, Zenga
6 Amadei, Baggio, Baresi, Blason, Buffon, Buresi, Causio, Eranio, Furino, Ghezzi, Guaita, Janich, Marini, Meazza, Meroni, Morini, Napoli, Oriali, Parola, Perani, Picchi, Pruzzo, Pulici, Radice, Rivera, Rosato, Scirea, Segato, Serena, Sivori, Tognon, Vialli, Vicini, Wilson
7 Agroppi, Barison, Bellugi, Benetti, Bergomi, Bertini, Bettega, Biavati, Cabrini, Capello, Castano, Demaria, de Sisti, Dossena, Fattori, Ferrara, Ferrari, Ferrini, Gentile, Gianini, Guarisi, Juliano, Lentini, Lodetti, Lorenzi, Magnini, Maldera, Maldini, Mancini, Maschio, Mattrel, Mazzola, Mozzini, Poletti, Robotti, Rosetta, Sormani, Spinosi
8 Agostini, Altafini, Anastasi, Andreolo, Burgnich, Cappello, Colaussi, di Chiara, Donadoni, Ferraris, Frignani, Furiassi, Giannini, Graziani, Guarneri, Leoncini, Niccolai, Olivieri, Pascutti, Pasinati, Pizziolo, Sabadini, Schiavio, Scilacci, Selvaggi, Tardelli, Tumburus, Vincenzi
9 Albertosi, Allemandi, Altobelli, Ancelotti, Annovazzi, Antognoni, Bertolini, Boniperti, Bonisegna, Caligaris, Carnevale, Chinaglia, Collovati, Facchetti, Locatelli, Monzeglio, Remondini, Salvatore, Schillaci, Serantoni
10 Bulgarelli, Compatelli, Cuccureddu, Domenghini, Giacomazzi, Giovannini, Menichelli, Muccinelli, Pandolfini, Sentimenti, Vierchowod
11 Carapellese, Castellazzi, Manfredonia, Zaccharelli

Gebirgszug
9 Gran Sasso

Geheimbund
5 Mafia
6 Maffia
7 Camorra, Kamorra

Geigenbauer
5 Amati, Santo
6 da Salo
7 Maggini, Ruggeri
8 Bergonzi, Guarneri, Storioni
10 Guadagnini, Stradivari

Geigenvirtuose
6 Viotti
7 Tartini, Vivaldi
8 Paganini

Geistlicher
6 Abbate

Geistlicher Orden
9 Theatiner

Gendarm
11 Karabiniere

Genua
6 Genova

Geograf
6 Nobile
9 Marco Polo

Geologe
9 Capellini

Gesangsstil
8 Belcanto, ◆ belkanto

Geschichtsschreiber
5 Amari, Bambo, Bossi, Botta
7 Villani
8 Anghiera, Galletti, Vannucci
11 Machiavelli

Golf
12 Golf von Gaeta, Golf von Genua
13 Golf von Neapel, Golf von Tarent, Golf von Triest
14 Golf von Salerno, Golf von Venedig

Gondelführer
10 Gondoliere

Grafiker
7 Guttuso

Gruß zum Abschied
4 Ciao

Hafenstädter
7 Genuese

Hartkäse
8 Parmesan

Heiliger
4 Neri
5 Franz
8 Antonius
10 Franziskus
11 Filippo Neri
14 Franz von Assisi

Historiker
4 Zeno
5 Balbo, Croce, Sarpi
6 Varchi, Vasari

7 Bartoli, Ferrero, Panizzi, Ricotti, Villani, Villari, Zamboni
9 Farinelli, Tabarrini
10 Tiraboschi
Hochruf
6 evviva
Humanist
4 Pico
5 Dante, Valla
7 Filelfo, Sigonio
8 Manutius, Petrarca
9 Boccaccio
10 Ramboldini
Ingenieur
8 Bramante
Inselbewohner
5 Sarde
10 Sizilianer
Instrumentalvirtuose
6 Busoni, Piatti, Viotti
7 Besozzi, Carulli, Corelli, Nardini, Pollini, Tartini, Toselli, Vivaldi
8 Clementi, Mainardi, Paganini
9 Geminiani
10 Boccherini
11 Frescobaldi
12 Michelangeli
Instrumentenbauer
10 Cristofori
Jahrmarkt
5 Fiera
Jongleur
8 Rastelli
Käse
5 Grana
6 Asagio, Romano
7 Casiddi, Fontina, Robiola
8 Bel Paese, Parmesan
10 Gorgonzola, Mozzarella, Stracchino
Kelte
6 Senone
Kirchenkomponist
10 Palestrina
Klosterbruder
3 Fra
Komödiendichter
5 Gozzi
7 Goldoni
Komponist
3 Feo, Gui, Leo
4 Neri, Nono, Paer, Peri
5 Abaco, Boito, Cesti, Lotti, Sarti, Verdi, Ziani
6 Anerio, Busoni, Pacini, Viotti
7 Bazzini, Bellini, Bertini, Caccini, Casella, Cavalli, Corelli, Durante, Galuppi, Menotti, Nardini, Piccini, Puccini, Rossini, Salieri, Tartini, Torelli, Toselli, Traetta, Vivaldi, Zarlino
8 Albinoni, Cimarosa, Clementi, Gabrieli, Gagliano, Giordano, Legrenzi, Marenzio, Mascagni, Muscagni, Paganini, Pasquini, Pizzetti, Respighi, Sacchini, Spontini, Steffani
9 Bononcini, Cavalieri, Cavissimi, Cherubini, Donizetti, Malipiero, Marinuzzi, Paisiello, Pergolesi, Scarlatti, Stradella
10 Boccherini, Franchetti, Mercadante, Monteverdi, Palestrina, Ponchielli, Sammartini, Zingarelli
11 Frescobaldi, Leoncavallo, Pallavicino
12 Dallapiccola
König
7 Emanuel, Humbert, Umberto
Kriegshafen
6 Ancona
8 Brindisi, La Spezia
Künstler
5 Vinci
7 da Vinci
12 Michelangelo
Kupferstecher
4 Jesi
6 Drevet, Longhi, Toschi
7 Morghen, Volpato
8 Mantegna, Piranesi, Raimondi
9 Calamatta
10 Bartolozzi
Küstenfluss
4 Sele
Küstenstreifen
7 Riviera
16 Riviera di Levante, Riviera di Ponente
Leichtathlet, Leichtathletin
3 Mei
4 Arri, Cova, Moro, Poli, Tosi, Ullo
5 Dorio, Fogli, Lanzi, Leone, Longo, Nocco, Ottoz, Pigni, Rossi, Sabia, Tilli, Tozzi, Valla
6 Andrei, Antibo, Bordin, Brunet, Cacchi, Floris, Lunghi, Masala, Mennea, Milana, Morale, Napoli, Pamich, Sidoti, Visini
7 Barella, Beccali, Bertini, Berutti, Bettiol, Dordoni, Gentile, Lievore, Madonia, Panetta, Simeoni, Testoni, Urlando, Zerbini
8 Altimani, Bellucci, Berrutti, Cordiale, Damilano, Frigerio, Mattioli, Possamai, Salvador
9 Ambrosini, Benvenuti, Bianchini, Bongiorni, Consolini, Ducceschi, Oberweger, Piccinini
10 Benedictis, Fiasconara
11 Evangelisti
12 de Benedictis, Lambruschini
Liebesabenteurer
8 Casanova
Likör
8 Rosoglio
Mailand
6 Milano
Maisbrei
7 Polenta
Maler
4 Afro, Cima, Levi, Reni, Rosa
5 Carra, Credi, Dolei, Lippi, Palma, Preti, Sarto
6 Albani, Giotto, Guardi, Mucchi, Piombo, Pisano, Sodoma, Tizian, Vasari
7 Alberti, Bellini, Bernini, Camillo, Chirico, Cimabue, Cortono, da Vinci, Francia, Gentile, Gozzoli, Guttuso, Maratti, Martini, Melozzo, Raffael, Solario, Tiepolo, Uccello
8 Angelico, Boccioni, Bramante, Carracci, Crivelli, Leonardo, Mantegna, Masaccio, Montegna, Perugino, Pissarro, Portormo, Veronese
9 Antonello, Burgkmair, Canaletto, Carpaccio, Correggio, Francesca, Giorgione, Pisanello, Segantini
10 Botticelli, Caravaggio, Modigliani, Pollajuolo, Signorelli, Tintoretto, Verrocchio
11 Bartolommeo, Fra Angelico, Ghirlandajo, Primaticcio
12 Michelangelo, Pinturicchio
15 Leonardo da Vinci
Männername
3 Azo, Eli, Leo, Meo, Nic, Pio, Ugo, Urs
4 Aldo, Andi, Azzo, Cola, Dino, Elia, Elio, Elmo, Enzo, Erno, Ezzo, Gian, Gino, Levi, Luca, Maso, Milo, Mino, Nico, Nino, Oddo, Pero, Pico, Pier, Remo, Reno, Rico, Rino, Siro, Tino, Tito, Vico, Vito
5 Adamo, Alfio, Benso, Beppe, Beppo, Bosco, Carlo, Cecco, Dante, Dario, Efrem, Enzio, Erico, Fabio, Gaddo, Galdo, Gallo, Giona, Guido, Indro, Lanzo, Lauro, Lelio, Leone, Lippo, Livio, Loris, Lucio, Luigi, Marco, Mario, Marlo, Mauro, Nicla, Paolo, Peppe, Peppo, Piero, Pippo, Renzo, Ricco, Rocco, Romeo, Santo, Sisto, Spero, Tasso, Tizio, Tonio, Ursio
6 Adolfo, Agnolo, Amadeo, Amedeo, Andrea, Angelo, Araldo, Arduin, Arturo, Attilo, Benito, Biagio, Biasio, Brogio, Cesare, Cosimo, Curzio, Davide, Donata, Egidio, Eliano, Emilio, Enrico, Eraldo, Erasmo, Ermano, Ermino, Ettore, Fausto, Felice, Flavio, Franco, Fresco, Fulvio, Gabrio, Gianni, Giulio, Glauco, Ilario, Jacopo, Lazaro, Learco, Libero, Lucian, Marino, Marzio, Masino, Matteo, Mattia, Moreno, Nicola, Ottone, Paride, Perino, Pietro, Pompeo, Quinto, Renamo, Renato, Rienzo, Rinald, Romano, Sabato, Sabino, Salvio, Sandro, Savino, Sergio, Silvio, Simone, Sireno, Taddeo, Tamino, Tizian, Tomaso, Ubaldo, Uberto, Ulisse, Urbano, Vitale
7 Adriano, Alberto, Alessio, Alfonso, Aloisio, Americo,

Amerigo, Anatole, Antonio, Arduino, Armando, Arnaldo, Arsenio, Attilio, Augosto, Basilio, Brunone, Camillo, Claudio, Colombo, Corrado, Damiano, Deodato, Doriano, Edgardo, Edmondo, Edoardo, Eduardo, Ermanno, Ernesto, Eugenio, Fabiano, Fidelio, Filippo, Gasparo, Gennado, Gerardo, Germano, Giacomo, Giorgio, Giraldo, Gustavo, Heimito, Ignazio, Landino, Leandro, Lenardo, Lorenzo, Loretto, Luciano, Marallo, Martino, Masetto, Massimo, Maurina, Michele, Modesto, Narciso, Niccolo, Octavio, Odoardo, Olimpio, Onofrio, Orlando, Palmiro, Paolino, Pascual, Patrico, Ricardo, Ridolfo, Rinaldo, Roberto, Rodolfo, Rodrigo, Rolando, Santino, Serafin, Silvano, Stafano, Stefano, Tebaldo, Tenente, Teodoro, Teodulo, Tiberio, Tiziano, Tommaso, Ugolino, Umberto, Ursinus, Valente, Valerio, Vicente, Vittore, Viviano, Zenobio

8 Agostino, Ambrogio, Ambrosio, Angelico, Battista, Berengar, Bernardo, Brunello, Calogero, Carlotto, Clemente, Cornelio, Cristian, Daniello, Domenico, Eliodora, Emanuele, Emiliano, Fabbizio, Fabricio, Faustino, Federico, Federigo, Fernando, Ferrante, Fiorenzo, Gabriele, Geronimo, Gervasio, Gherardo, Giannino, Giordano, Giovanni, Gismondo, Giuliano, Giuseppe, Goffredo, Graziano, Gregorio, Jeronimo, Ladislao, Lamberto, Landolfo, Leonardo, Leonello, Leonhard, Leopoldo, Lionardo, Lionello, Lisandro, Lodovico, Lucrezio, Ludovico, Manfredo, Marcello, Marziale, Mauricio, Maurizio, Narcisso, Nicodemo, Olderico, Oliviera, Ottorino, Palladio, Pasquale, Patrizio, Pompeius, Prospero, Raffaelo, Raimondo, Riccardo, Rodrigue, Romualdo, Salvator, Serafino, Servazio, Teobaldo, Theodoro, Tommasso, Vincente, Vincenzo, Vittorio, Zaccaria, Zefirino

9 Anastasio, Antonello, Baldovino, Benedetto, Benjamino, Benvenuto, Christoff, Cristiano, Desiderio, Donatello, Eustachio, Ferruccio, Filiberto, Florestan, Francesco, Gabriello, Gioachino, Gualterio, Guglielmo, Innocente, Innocenzo, Lanfranco, Marcellus, Mariolino, Marsilios, Prudentio, Raffaello, Salvatore, Stanislao, Valentino, Vittorino, Volfgango

10 Alessandro, Bartolomeo, Bernardino, Cristoforo, Florestano, Gioacchino, Giovannino, Marcellino, Pellegrino, Sebastiano, Sigismondo

12 Massimiliano, Valentiniano

Marschall

8 Badoglio

Mathematiker

5 Plana

7 Bolzano, Cardano, Ferrari, Galilei

8 Beltrami, Palmieri

9 Cavalieri

10 Torricelli

Mediziner

5 Porro

6 Pacini, Scarpa

8 Lombroso, Malpighi

9 Eustachio

10 Montessori

Meran

6 Merano

Mineraloge

9 Capellini

Mittelmeerinsulaner

5 Sarde

Modeschöpfer

9 Schuberth

Mönch

3 Fra

Motorsportler

5 Baldi, Ruffo, Varzi, Villa

6 Ascari, Farina, Lurani, Murari, Nanini, Pagini, Pileri

7 Bianchi, Bugatti, Cesaris, Fagioli, Ferrari, Masetti, Patrese, Provini, Taruffi, Ubbiali

8 Agostini, Chinetti, Liberati, Maglioli, Maserati, Nuvolari

9 Alboretto, Ambrosini, Arcangeli, Vacarella, Villoresi

10 Castelotti, Lorenzetti, Vaccarella

Musikforscher, -wissenschaftler

5 Basso, Ghisi

6 Artusi, Fabbri, Torchi

7 Cerreto, Degrada, Gallico, Pannain

8 Pirrotta, Sartorie

10 Della Corte, Petrobelli

11 Torrefranca

Mystiker

11 Bonaventura

Naturforscher

7 Galilei, Galvani

Neapel

6 Napoli

Nobelpreisträger (Chemie)

5 Natta

Nobelpreisträger (Frieden)

6 Moneta

Nobelpreisträger (Literatur)

2 Fo

7 Deledda, Montale

8 Carducci

9 Quasimodo

10 Pirandello

Nobelpreisträger (Medizin)

5 Bovet, Golgi

8 Dulbecco

14 Levi-Montalcini

Nobelpreisträger (Physik)

5 Fermi

6 Rubbia

7 Marconi

Orden

9 Theatiner

Ordensbruder

3 Fra

6 Frater

Ordensgründer

4 Neri

5 Franz

8 Benedikt

10 Franziskus

11 Filippo Neri

14 Franz von Assisi

Ordenspriester

5 Padre

Organist

7 Germani

Palast

7 Palazzo

Philosoph

4 Pico

5 Bruno, Oroce

6 Ficino

7 Gentile

8 Guardini

10 Campanelle

13 Giordano Bruno

Physiker

5 Fermi, Segre, Volta

7 Galilei, Marconi

8 Avogadro

10 Torricelli

Pianist

6 Agosti, Busoni, Zecchi

7 Lorenzi, Pollini

9 Benedetti

Polarflieger, -forscher

6 Nobile

Politiker, Staatsmann

4 Moro, Zoli

5 Amati, Balbo, Craxi, Fermi, Leone, Nenni, Nitti, Pella, Prodi, Rumor, Segni

6 Bonomi, Cavour, Ciampi, Crispi, Nicola, Scelba, Sforza

7 Boselli, Cairoli, Colombo, Cossiga, Einaudi, Fanfani, Gasperi, Gronchi, Orlando, Saragat, Sonnino

8 Badoglio, Giolitti, Salandra, Scalfaro, Tambroni

9 Andreotti, De Gasperi, Garibaldi, Mussolini, Togliatti

10 Berlinguer

11 Machiavelli

Polizist

11 Carabiniere

Prediger

10 Savonarola

Priestertitel

3 Don

5 Padre

Prinzenhofmeister

3 Ajo

Radierer

9 Canaletto

Radsportler
4 Olmo, Poli, Ursi
5 Baffi, Basso, Binda, Bugno, Conti, Coppi, Corti, Denti, Ganna, Lelli, Leoni, Longo, Magni, Moser, Motta, Peron, Rosso, Trape, Verri, Volpi, Zanin
6 Adorni, Beccia, Brugna, Calovi, Canins, Enrici, Faggin, Ghella, Grandi, Gualdi, Guerra, Maspes, Oriani, Pavesi, Sacchi, Savesi, Segato, Solari
7 Baldini, Bandino, Bartali, Belloni, Bitossi, Brunero, Camussa, Capelli, Colombo, Ferrari, Filippi, Fornara, Galetti, Ghidini, Gimondi, Mancini, Martano, Nencini, Pesenti, Piccolo, Pontoni, Ranucci, Saronni, Turrini, Valetti, Zandegu
8 Argentin, Bonanomi, Bongioni, Ciancola, Conterno, Corradin, Cressari, Dancelli, Ferrario, Fezzardi, Ghirotto, Lombardi, Marcelli, Poggiali, Presenti, Rebellin, Sciandri, Seghezzi, Vandelli, Vianelli
9 Anastasia, Balmamion, Bartalini, Battaglin, Bertoglio, Calzolari, Camellini, Chiapucci, Fondriest, Gaiardoni, Giacomini, Golinelli, Marchisio, Morettini, Pambianco, Portalupi, Vicentini
10 Bertolassi, Bianchetto, Bincoletto, Bottecchia, Casartelli, Chiappucci, Chioccioli, Gasparella, Girardengo, Martinelli, Pellizzari, Pettenella
11 Baronchelli, Bergamaschi, Giovannetti

Räuberhauptmann
9 Rinaldini
10 Fra Diavolo

Reformator
7 Damiani, Flacius

Regisseur
5 Leone

Religionsphilosoph
8 Guardini

Rennwagen
7 Ferrari

Revolutionär
7 Mazzini
9 Garibaldi

Rom
4 Roma

Rotwein
7 Chianti

Rundfunksender
3 RAI

Sänger
5 Gigli, Lanza
6 Caruso
9 Celentano, del Monaco

Scharfschütze
11 Bersagliere

Schaumwein
8 Spumante

Schimmelkäse
10 Gorgonzola

Schnelltanz
10 Tarantella

See
7 Alassio, Idrosee, Iseosee
8 Comersee, Gardasee
9 Lago Cusio, Lago d'Orta
10 Luganer See
11 Misurinasee
12 Lago Maggiore

Seefahrer
8 Vespucci
9 Verrazano

Skiläufer, Skiläuferin
4 Colo, Gros
5 Polig, Seghi, Tomba
6 Holzer, Magoni, Martin, Thoeni
7 Camozzi, Crignis, Ghedina, Senoner
9 di Crignis, Wiesinger
10 Compagnoni
11 Runggaldier

Söldnerführer
8 Colleoni
11 Gattamelata

Sportler, Sportlerin
4 Neri
5 Cuomo, Idini, Oppes, Sossi
6 Bonoli, Chechi, Cierro, D'Inzeo, Fiorio, Furlan, Gleria, Lequio, Moreno, Parisi, Ravano, Sacchi, Stecca, Tunesi
7 Baudone, Biasion, Braglia, Carnera, Carutti, Catasta, Cerioni, Dibiasi, Lertora, Martino, Mazzoni, Morpugo, Nargiso, Valerio, Zampori
8 Apicella, Argenton, Cagnotto, Cecchini, Checcoli, Lamberti, Lattuada, Perfetti, Perversi
9 Benvenuti, Camporese, Minervini
10 Calligaris, Carminucci, Mancinelli, Menichelli
11 Battistelli
12 Gughielmetti

Strom
2 Po

Süßwein
7 Marsala

Tanz
6 Pavane
10 Saltarello, Tarantella

Tenor
4 Alva
5 Gigli, Lanza
6 Caruso, Cortis, Monaco, Schipa
7 Anselmi, Aragall, Corelli, Stefano
8 Bergonzi
9 Del Monaco, Di Stefano, Pavarotti
10 Tagliavini

Trient
6 Trento

Turin
6 Torino

Überseehafen
5 Genua

Ureinwohner
6 Italer
8 Italiker

Venedig
7 Venezia

Verschwörer
6 Fiesco

Violinist und Violoncellist
6 Abbado
7 Janigro, Vivaldi
8 Mainardi, Paganini
9 Guarnieri, Mantovani

Volksstamm
6 Umbrer
7 Sabiner
8 Italiker, Samniter

Volkstanz
10 Tarantella

Vulkan
5 Aetna, Vesuv
9 Stromboli

Wallfahrtsort
3 Rom
5 Padua
6 Assisi, Loreto

Weinort
4 Asti
6 Tramin
7 Termeno

Wintersportler, Wintersportlerin
4 Fink, Kiem, Zolt
5 Barco, Centa, Huber, Nones, Pulie, Raffl
6 Brinot, Demetz, de Zolt, Fauner, Gruber, Walder
7 Ambrosi, Brugger, Brunner, Carrara, di Centa, Lechner, Leitgeb, Paruzzi, Passler, Pichler
8 Belmondo, Calegari, Plainker, Taschler, Vanzetta, Zandanel, Zingerle
9 Albarello, Pallhuber
10 Camerlengo
11 Haselrieder, Hildgartner
14 Weissensteiner

italienisches

Adelsgeschlecht
4 Este
6 Borgia, Medici, Orsini
7 Farnese
9 Malatesta

Adelsprädikat
2 Di
4 Duca
5 Conte
8 Contessa, Marchesa, Marchese, Principe, Visconte
11 Principessa

Adriaseebad
5 Trani

alkoholisches Getränk
6 Grappa

Alpental
6 Veltin

autonomes Gebiet in den Alpen
5 Aosta
8 Aostatal

Bergland
15 Apuanische Alpen

Fernsehen
3 RAI

Fingerspiel
4 Mora

Fürstengeschlecht
4 Este

5 Chigi
6 Borgia, Medici, Orsini
7 Farnese
8 Scaliger
9 Malatesta
Gasthaus
7 Osteria
Gebiet
6 Friaul
8 Etrurien
Gebirge
7 Apennin
8 Abruzzen
9 Dolomiten
Gericht
7 Polenta, Risotto
Geschlecht
11 Piccolomini
Gondellied
9 Barcarole, Barkarole
Kaffeegetränk
8 Espresso
Kugelspiel
6 Boccia
Liebesabenteurer
9 Papagallo
Maisgericht
7 Polenta
Mittelmeerinselvolk
6 Sarden
Nudelgericht
7 Lasagne
Opernlied
4 Arie
Reisgericht
7 Risotto
Rivieraseebad
7 San Remo
Schifferlied
10 Gondoliera
Tal der Dolomiten
7 Ampezzo
Universalgenie
8 Leonardo
12 Michelangelo
15 Leonardo da Vinci
Volk
5 Osker
7 Volsker
8 Etrusker
Wirtshaus
7 Osteria
9 Trattoria
Zahlwort
3 due = 2, sei = 6, tre = 3, uno = 1
4 nove = 9, otto = 8
5 cento = 100, dieci = 10, mille = 1000, sette = 7, venti = 20
6 cinque = 5, dodici = 12, sedici = 16, trenta = 30, undici = 11
7 novanta = 90, ottanta = 80, quattro = 4, tredici = 13
8 diciotto = 18, quaranta = 40, quindici = 15, sessanta = 60, settanta = 70
9 cinquanta = 50
10 diciannove = 19
11 diciassette = 17, quattordici = 14

italienisch-französische
Küste
7 Riviera

ja
auf italienisch
2 si
freilich
6 gewiss, sicher
10 sicherlich
19 selbstverstaendlich
Jabot
6 Krause
jachtähnlicher
Ostseesegler
6 Esping
Jachtvorsegel
9 Spinnaker
Jacke, Jackenart
4 Rock, Wams
5 Joppe, Sakko, Weste
6 Bolero, Janker, Kittel, Mantel
7 Blouson, Jackett, Spenzer
9 Einreiher
10 Lumberjack
11 Ueberzieher
13 Trachtenjacke
Jackenaufschlag
6 Revers
Jackenkleid
7 Kostuem
Jagd
4 Eile, Hatz, Lauf
5 Hetze, Tempo
8 Jaegerei, Waidwerk, Weidwerk, Wettlauf
10 Verfolgung, Wettrennen
auf Vögel
5 Beize
8 Beizjagd
mit Falken
5 Beize
Jagdart
4 Hatz
5 Beize, Hetze, Suche
6 Ansitz, Birsch, Pirsch, Safari
7 Anstand, Treiben
8 Balzjagd, Beizjagd, Fangjagd, Hetzjagd, Hochjagd, Lockjagd, Reitjagd
9 Falknerei, Treibjagd
10 Brunftjagd, Drueckjagd, Fallenjagd, Frettieren, Niederjagd
11 Huettenjagd
12 Parforcejagd
13 Frettchenjagd, Grosswildjagd, Kesseltreiben
jagdbare
Raubtiere
8 Raubwild
Säugetiere
4 Wild
jagdbarer
Vogel
5 Fasan
7 Rebhuhn
8 Auerhahn, Schnepfe
jagdbares
Tier
3 Reh
4 Hase, Wild
6 Hirsch
11 Wildschwein
Jagdbereich
6 Revier
mit Wildpflege
6 Gehege
Jagdbeute
4 Fang
8 Trophaee
Jagdbezirk
5 Forst, Jagen
6 Revier
Jagdergebnis
4 Fang
5 Beute
7 Strecke
8 Trophaee
Jagdflugzeug
6 Jaeger
11 Nachtjaeger
12 Abfangjaeger, Duesenjaeger
Jagdfrevel
12 Wilddieberei
Jagdgebiet
6 Revier
Jagdgehilfe
7 Treiber
Jagdgerät
9 Fangeisen
jagdgerecht
13 weidmaennisch
Jagdgewehr, -waffe
5 Bogen
6 Flinte, Spiess
7 Buechse, Harpune, Stutzen
8 Armbrust, Blasrohr, Bumerang, Drilling, Katapult, Terzerol, Tesching, Wurfholz, Zwilling
9 Jagdspeer, Wurfspeer
10 Jagdspiess, Wurfspiess
12 Buechsflinte, Doppelflinte, Schrotflinte
13 Doppelbuechse, Hirschfaenger
Jagdgöttin
5 Diana
7 Artemis
Jagdhochsitz
6 Kanzel
Jagdhorn
4 Lure
6 Piston
7 Olifant
8 Hifthorn
Jagdhund
3 Fox
6 Bracke, Dackel, Setter, Teckel
7 Erdhund, Griffon, Pointer, Spaniel, Terrier
8 Hetzhund
9 Dachshund
10 Foxterrier
11 Huehnerhund, Stoeberhund, Vorstehhund, Wachtelhund
12 Schweisshund
13 Cockerspaniel
zum Wildpacken
6 Finder
Jagdhundgruppe
5 Meute
6 Koppel
Jagdkanzel
6 Ansitz
8 Hochsitz
9 Hochstand
Jagdleopard
6 Gepard
Jagdmesser
6 Nicker
7 Knicker, Weidner
Jagdmunition
4 Blei
5 Kugel
6 Schrot
9 Rehposten
10 Bleischrot, Vogeldunst
Jagdpferd
6 Hunter
Jagdreise
in Afrika
6 Safari
Jagdreiter
6 Pikoer
Jagdrevier
6 Gehege
Jagdruf, -signal
6 Halali
7 Horrido
Jagdsignalgerät
8 Hifthorn
Jagdsitz
7 Anstand
8 Hochsitz
Jagdtasche
4 Aser
8 Weidsack
Jagdtrophäe
6 Geweih
Jagdunternehmen
6 Safari
Jagdvergehen
7 Wildern
10 Wildfrevel
12 Wilddieberei
Jagdvorschriften
entsprechend
11 waidgerecht
Jagdwaffe
3 Ger
4 Bola
5 Bogen, Keule, Lanze, Pfeil, Speer
6 Flinte, Gewehr, Spiess
7 Buechse, Harpune, Wurfhog
8 Armbrust, Blasrohr, Bumerang, Drilling, Saufeder, Wurfholz, Zwilling
9 Karabiner, Schleuder, Wurfspeer
10 Jagdgewehr, Jagdmesser, Waidmesser, Wurfspiess
12 Schrotflinte
13 Hirschfaenger
Jagdwagen
5 Break
7 Dogcart
jagen
6 hetzen
8 pirschen
jagende
Eile
4 Hast
5 Hetze
Jäger
5 Boone
6 Nimrod
8 Schuetze, Waidmann, Weidmann
9 Gruenrock
11 Jagdflieger

12 Jagdflugzeug
der griechischen Sage
5 Orion
7 Aktaeon
im Alten Testament
6 Nimrod
Jägerei
4 Jagd
8 Weidwerk
Jägerrucksack
4 Aser
Jägerstand
8 Hochsitz
Jägervolk
in Afrika
3 Ase
Jägerwarte
6 Ansitz
Jaguar
4 Onze, Unze
jäh
4 kurz
5 steil
6 abrupt, heftig
7 schroff
8 impulsiv
9 ruckartig
10 blindlings, ploetzlich
12 unvermittelt
abstürzende Felswand
4 Fluh
ansteigend
5 steil
fallen
8 stuerzen
jäher
Fall
5 Sturz
Krankheitsausbruch
6 Anfall
Sturz
4 Fall
Windstoß
3 Boe
jähe Wut, Raserei
5 Furor
Jahrbuch, Jahrbücher
6 Agenda
7 Annalen, Chronik
8 Almanach, Kalender, Tagebuch
13 Notizkalender
Jahresabschluss
6 Bilanz
9 Silvester
Jahresabschnitt
5 Monat
Jahresbeginn
7 Neujahr
Jahresring
am Baum
6 Flader
Jahrestag
9 Jubilaeum
Jahresteil
5 Monat
7 Quartal
8 Semester
9 Trimester
Jahresübersicht
8 Kalender
Jahreswende
7 Neujahr
9 Silvester
Jahreszeit
4 Lenz
6 Herbst, Saison, Sommer, Winter
9 Fruehjahr, Fruehling, Spaetjahr
jahreszeitlich
wechselnder Wind im Indischen Ozean
6 Monsun
jahreszeitliche
Winde im Mittelgebirge
7 Etesien
jahreszeitliches
Fest
10 Mittsommer, Mittwinter
11 Oktoberfest, Sommerwende
13 Sonnwendfeier
Jahrfünft
6 Lustra
Jahrgeld
7 Apanage
Jahrgelder
an den Papst
7 Annaten
Jahrhundert
8 Saeculum, Saekulum
jährlich
stattfindende Ausstellung in der Bundesrepublik
11 Gartenschau
veranstaltetes Galopprennen
5 Derby
jährliche
Holzzuwachszone
11 Jahresringe
Zahlung zur Tilgung einer Schuld
9 Annuitaet
Jährling
5 Enter
Jahrmarkt
3 Dom
4 Dult, Kerb
5 Messe
6 Kirmes, Kirmse, Rummel
9 Kirchweih, Volksfest
Jahrmarktskünstler
7 Gaukler
Jahrmarktsvergnügen
3 Los
7 Losbude, Mandeln, Popcorn
8 Bierzelt, Fassbier, Schaukel
9 Karussell, Riesenrad
10 Achterbahn, Imbissbude
11 Autoscooter, Geisterbahn, Imbissstand, Schiessbude, Zuckerwatte
12 Haut den Lukas, Luftschaukel
14 Berg- und Talbahn, Schiffschaukel
15 Kettenkarussell
16 gebrannte Mandeln, tuerkischer Honig
Jahrtausend
10 Millennium
Jahrweiser
8 Kalender
Jahrzehnt
9 Dezennium
jähzornig
4 wild
6 brutal, hitzig, rabiat
7 wuetend
10 cholerisch
11 aufbrausend
jähzorniger
Mensch
10 Choleriker
Jakobs
Bruder
4 Esau
Frau
3 Lea
5 Rahel
6 Rachel
Vater
5 Isaak
Jak, Yak
10 Grunzochse
Jalousie
8 Rolladen
9 ◆ Rollladen
10 Eifersucht
12 Sonnenschutz
Jam
3 Mus
9 Fruchtmus, Marmelade
Jamaika-Inselgruppe
6 Cayman
Rockgruppe
6 Reggae
jamaikanischer
Sportler, Sportlerin
4 Fray, Wint
5 Davis, Fagan, Laing, Ottey
6 Farmer, Forbes, Graham, Martin, Megheo, Miller, Morris, Rhoden
7 Cameron, Duhaney, Jackson, O'Connor, Quarrie, Stewart
8 Cuthbert, Lawrence, McDonald, McKenley
9 Neufville
Jammer
3 Not
4 Leid, Neid, Pech, Pein, Qual
5 Elend, Klage
6 Kummer, Misere
7 Lamento, Notlage, Schmerz
8 Unglueck, Wehklage
jämmerlich
9 klaeglich, miserabel
10 lamentabel
11 erbaermlich
jammern
6 heulen, klagen, weinen
7 greinen
11 lamentieren
jammervolles
Klagen
7 Gezeter
Jangtsekiang-Zufluss
China
5 Minho
Janhagel
3 Mob
6 Poebel
8 Gesindel
Janker
5 Jacke
9 Hausjacke
Januar
7 Eismond, Hartung, Jaenner
8 Eismonat
10 Schneemond
in Österreich
7 Jaenner

Japan
6 Nippon
japanische
Adelsschicht
7 Samurai
Anstandsregel
8 Buschido
Automarke
5 Honda, Mazda
6 Datsun, Nissan, Subaru
Blumensteckkunst
7 Ikebana
Buddhastatue
8 Daibutsu
Dämonen
3 Oni
Dichterin
8 Murasaki
Dichtung des Buddhismus
3 Zen
Ehrenregel
8 Buschido
Gaststätte
7 Teehaus
Gesellschafterin
6 Geisha
Gitarre
7 Samisen
Hauptinsel
5 Honda
7 Kiuschu
8 Hokkaido, Schikoku
Hauptstadt
5 Tokio, Tokyo
Hirschart
4 Sika
Insel, Inselgruppe
3 Oki
4 Sado
5 Hondo, Jesso, Osumi
7 Honschu, Kiuschu, Kyuschu
8 Hokkaido, Schikoku
Jacke über dem Kimono
5 Haori
Kleinschnitzerei
7 Netsuke
Kunst der Selbstverteidigung
4 Judo
6 Aikido
8 Jiu-Jitsu
Kunst der Wiederbelebung
6 Kuatso
Kunst des Blumensteckens
7 Ikebana
Kunst des Bogenschießens
5 Kyudo
Kurzgedichtform
5 Tanka
lyrische Dichtform
5 Haiku
Meile
2 Ri
Münze
2 En
3 Jen, Rin, Sen, Yen
Nachrichtenagentur
5 Kyodo
Nationalreligion
12 Schintoismus
Nationalsportart
4 Judo, Sumo
Nationaltracht
3 Obi
6 Kimono
Präfektur
3 Ken
Prosadichtung
5 Nikki
Provinz
3 Ken
Raumsonde
8 Sakigake
Religion
8 Tenrikyo
10 Buddhismus
12 Schintoismus
Richtung des Buddhismus
3 Zen
13 Zen-Buddhismus
Riesenstatue
8 Daibutsu
Ritualgebete
6 Norito
Sängerin, Tänzerin
6 Geisha
Selbstmordart
7 Seppuku
8 Harakiri
Selbstverteidigung
4 Budo, Judo
5 Kendo
6 Aikido, Karate
7 Jujutsu
8 Jiu-Jitsu
Silbenschrift
8 Hiragana, Katakana
Sojasoße
5 Choju
Sonnengöttin
9 Amaterasu
Stadt
3 Ago, Aki, Ena, Ito, Mai, Ome, Ono, Ube
4 Arai, Fuku, Gifu, Hagu, Kaya, Kobe, Kofu, Kure, Mito, Moje, Naha, Nara, Oita, Otsu, Saga, Seto, Tari
5 Akita, Akito, Atami, Ayabe, Bibai, Bisai, Chiba, Esumi, Fukui, Handa, Ischi, Itami, Kioto, Kirju, Kiryu, Kyoto, Nanao, Nikko, Notsu, Odate, Ogaki, Omuta, Osaka, Otaru, Sakai, Tokio, Tokyo, Urawa, Usuki
6 Akashi, Aomori, Hikone, Jawata, Kokura, Kurume, Matsue, Nagano, Nagoja, Nagoya, Sasebo, Sendai, Taketa, Tayama, Towada, Yawata
7 Fukuoka, Imabari, Kotschi, Modschi, Niigata, Okajama, Okayama, Sapporo, Tottori, Tschiba
8 Hakodate, Hirosaki, Jamagata, Jokohama, Jokosuka, Kanasawa, Kawasaki, Korijama, Kumamoto, Nagasaki, Schikoku, Schimizu, Wakajama, Wakayama, Yokohama
9 Amagasaki, Hamamatsu, Hiroshima, Kagoshima, Matsujama, Matsumoto, Schizuoka, Tschoschi, Wakamatsu
10 Hiroschima, Kagoschima, Majebaschi, Schidsuoka, Tojohaschi, Tokuschima
11 Kitakiuschu
12 Schimonoseki
Tänzerin
6 Geisha
Teehaustänzerin
6 Geisha
Tracht
6 Kimono
Trommel
5 Kakko
Universität
5 Todai
Universitätsstadt
4 Kobe
5 Kioto, Kyoto, Tokio
6 Nagoja, Sendai
Ureinwohner
4 Aino, Ainu
japanischer
Adel
7 Samurai
Admiral
4 Togo
6 Nagumo
8 Kamimura, Yamamoto
Archäologe
7 Motoori
Arzt und Forscher
4 Hata
7 Schocki
Badeort
7 Atakawa, Odawara
Bakteriologe
4 Hata
Berg, Gebirge, Vulkan
3 Aso
4 Akan, Hida
5 Oakan
6 Meakan, Mihara, Misaka, Nantai, Ontake, Sakura
7 Abukuma, Fujisan
8 Kitagami
9 Asama Yama
11 Fudschijama
Bildschnitzer
7 Hokusai, Utamaro
9 Hiroshige
Binnensee
7 Biwasee
Buddhismus
3 Zen
Dichter und Schriftsteller
2 Oe
3 Abe
4 Noma
5 Shiga
6 Nakano
8 Arishima, Kawabata, Miyamoto, Tanizaki, Tokanaga
9 Akutagawa, Kobayashi
Dirigent
5 Ozawa
7 Asahina
8 Wakasuji
Fächer
3 Ogi
Feldherrentitel
6 Shogun

Feldherr, General
3 Oku
4 Nogi, Tojo
5 Nodzu, Oyama
6 Kuroki
7 Katsura
Feuergott
5 Atago
Fluss
8 Schinano
Forscher und Erfinder
4 Hata
5 Shiga
7 Noguchi
8 Kitasato
General
3 Oku
Herrschertitel
5 Tenno
6 Mikado
Hochadel
6 Daimio
Holzbildhauer
6 Shunso
7 Hokusai, Utamaro
8 Moronobo
9 Hiroshige
Holzschnittkünstler
7 Sharaku
8 Harunobu, Toyokuni
Hosenrock
6 Hakama
Jubelruf (Glückwunsch)
6 Bansai, Banzai
Kaiser
5 Meiji, Tenno
7 Akihito
8 Hirohito
9 Mutsuhito, Yoshihito
Kaisertitel
5 Tenno
Kampfsport
4 Budo, Judo, Sumo
5 Kendo
6 Aikido, Karate
7 Jujutsu
8 Jiu-Jitsu
9 Taekwondo
Karren
7 Rikscha
Kimonogürtel
3 Obi
Kriegerstand
7 Samurai
Kultspiegel
6 Kagami
Lyriker
5 Basho
Maler
3 Eni
5 Korin, Sugai
6 Koetsu, Ninsei, Sesshu
7 Hokusai, Utamaro
8 Kiyonaga
9 Hiroshige, Mitsunaga
Männername
4 Jiro, Toyo
6 Hideki, Kiichi
7 Toshiro
Mediziner
8 Kitasato
Musikforscher, -wissenschaftler
6 Nomura
7 Yoshida
Name von Japan
6 Nippon
Nobelpreisträger (Chemie)
5 Fukui
Nobelpreisträger (Frieden)
4 Sato
Nobelpreisträger (Literatur)
8 Kawabata
Nobelpreisträger (Physik)
6 Yukawa
8 Tomonaga
Perlenzüchter
8 Mikimoto
Philosoph
5 Ansai
6 Banzan, Chusai
Physiker
6 Yukawa
Pianist
6 Sonoda
8 Matsuura
Politiker und Staatsmann
3 Ito
4 Sato, Tojo
5 Ikeda, Kaifu, Okuma
6 Banzan, Komura, Obuchi
7 Katsura
8 Hatoyama, Joschida, Miyazawa, Yamagata
9 Hashimoto
Regisseur
4 Sato
8 Kurosawa
Reichstag
5 Kokai
Reisgott
5 Inari
Reiswein
4 Sake
Ringkampf
4 Sumo
Ritter
7 Samurai
ritueller Selbstmord
8 Harakiri
Schriftsteller
8 Kawabata
Schwimmer, Schwimmerin
3 Uto
4 Aoki, Arai, Irie, Itoi, Kume, Yusa
5 Chiba, Honda, Koike, Osaki, Shito
6 Hamuro, Haruna, Makino, Suzuki, Tanaka, Terada
7 Hayashi, Iwasaki, Kawatsu, Maehata, Oyakawa, Oyokota, Taguchi, Tsurata
8 Furukawa, Hiranaka, Ishimoto, Kawaishi, Kawanaka, Kitamura, Kiyokawa, Miyazaki, Nagasaki, Okoamoto, Takaishi, Yamanaka
9 Hashizume, Nishigawa, Shiyumpei, Yoshimura
Selbstmordflieger
8 Kamikaze
Sportler, Sportlerin
2 Oe, So
3 Abe, Ito, Nau, Oda, Son
4 Sato, Usui
5 Inoue, Kanai, Kawai, Nambu, Nishi, Okano
6 Harada, Hitomi, Kasaya, Kodama, Mikita, Miyabe, Miyagi, Miyake, Suzuki, Tajima, Yashio
7 Akasaka, Arimori, Kumagae, Kuroiwa, Nishida, Ohshima, Yoshida
8 Aoyanaki, Gushiken, Ishihara, Kawasaki, Kimihara, Nakayama, Sakamoto, Watanabe, Yoshioka
9 Hashimoto, Morishita, Shimazaki, Taniguchi, Yamasachi, Yamashita
10 Utsonomiya
11 Tschuburaya
Stockfechter
5 Kendo
Tempelbau
6 Pagode
Theaterstil
2 No
6 Kabuki
7 Bunraku
Tischtennisspieler, Tischtennisspielerin
3 Ito
4 Seki
5 Kohno, Okawa, Satoh
6 Eguchi, Fakazu, Kimura, Kowada, Tanaka
7 Ogimura
8 Hasegawa, Morisawa
9 Matsusaki
Titel
5 Tenno
Todesflieger
8 Kamikaze
Turner, Turnerin
3 Ono
4 Endo, Kato, Kono, Sato
5 Chiba, Honma, Ikeda, Tsuji
6 Aihara, Hayata, Hirata, Kaneko, Kubota, Uesako, Yamada
7 Iketane, Iketani, Konishi, Morisue, Okamuro, Tsurumi
8 Gushiken, Hatakeda, Kajitani, Kajiyana, Kenmotsu, Nakamura, Nakayama, Sotomura, Takemoto, Yamawaki
9 Kasamatsu, Matsunaga, Mitsukuri, Mizushima, Nishikawa, Tsukahara, Tsukawaki, Yamashita
Ureinwohner
4 Aino, Ainu
Verwaltungsbezirk
3 Ken
Verwaltungsbezirk auf Honshu
5 Aichi
Violinist
3 Eto
Vorhafen von Tokio
8 Yokohama
Wallfahrtsort
3 Ise
4 Nara
5 Kioto, Kyoto, Nikko, Tenri
8 Kotohira, Miyajima

Wandschirm
5 Biobu, Byobu
Weltklasseturner vergangener Jahre
3 Ono
Wintersportort
7 Sapporo
Wohlstandsgott
6 Hiruko
Zwergbaum
6 Bonsai
japanisches
asketisches Fabelwesen
6 Sermin
Bantamhuhn
5 Chabo
Brettspiel
2 Go
buddhistisches Fabelwesen
5 Tengu
Bühnenstück
2 No
Fabelwesen
5 Tengu
Feldmaß, Flächenmaß
3 Tan
4 Kung, Schu, Tang
5 Tschi, Tsubu
6 Tsjubo
Frauengewand
6 Kimono
Gebirge
5 Unzen
Gedichtwerk
7 Nihongi
Gemälde auf Seide oder Papier
8 Kakemono
Gewand
6 Kimono
Gewicht, Hohlmaß
2 Go, Mo, Ri, To, Wu
3 Fun, Ken, Kin, Mon, Rin, Sai, Sal, Sho, Tan
4 Kwan, Scho, Tael
5 Momme, Picul, Shaku, Tschi, Tsubo
Heiligtum bei Osaka
3 Ise
Kleidungsstück
3 Obi
6 Kimono
Längenmaß
2 Bu, Ma
3 Ken, Rin, Sun
4 Keng, Sasi
6 Schaku
Lauteninstrument
4 Biwa
Lokal
7 Teehaus
Maskenspiel
2 No
Musikinstrument
4 Biwa, Koto
5 Bieva
7 Samisen
Nationalgetränk
3 Tee
4 Sake
8 Reiswein
Puppenspiel
6 Joruri
7 Bunraku
Ringen
4 Sumo
Rollbild
8 Kakemono
Saiteninstrument
4 Koto
Schwertfechten
5 Kendo
Seidengewicht
5 Momme
Wegemaß
2 Ri
Zweikampfsystem
6 Karate
Jargon
5 Idiom, Slang
7 Mundart
11 Fachsprache
12 Kauderwelsch
13 Sondersprache
14 Ausdrucksweise
Jasons
Gefolgsleute
10 Argonauten
Schiff
4 Argo
jauchzen
6 jubeln
10 frohlocken
Jauchzer
8 Jubelruf
javanischer
Orchestertyp
7 Gamelan
Tanz
7 Scrimpi
javanisches
Färbeverfahren
5 Batik
Flüssigkeitsmaß
3 Kan
Orchester
7 Gamelan
Schattenspiel
6 Wajang
Tonsystem
5 Pelog, Pelok
Jazzanhänger, -freund
3 Fan
Jazzausdruck, -begriff, -form
3 Bop, Cat, Hot, Rag
4 Band, Beat, Cool, Jump, Lead, Riff, Scat
5 Bebop, Blues, Brass, Break, Combo, dirty, Drive, Growl, Shake, Sound, Stomp, Swing
6 Bounce, Chorus, Gospel, Leader
7 Bigband, Bob Scat, feeling, Hardbop, Oldtime, Ragtime, Skiffle, Twobeat, Vibrato
8 Blue Note, Cool Jazz, Coon Song, ◆ Freejazz
9 Dixieland, Headgroup, Spiritual, Statement
10 Bandleader, Commercial, Creole Jazz, ◆ Jamsession
11 Chikagostil, Rhythmgroup, Traditional
12 Boogie-Woogie
13 Improvisation, Rhythmsection
14 Rhythm and Blues
15 Progressive Jazz
Jazzfreund
3 Fan
Jazzinstrument
4 Bass, drum
5 Banjo, drums, Orgel, Piano
6 Becken, Floete, Timbal, Zymbal
7 Cornett, Gitarre, Klavier, Kornett, Posaune, ◆ Saxofon, Violine, ◆ Xylofon
8 Guitarre, Holzstab, Saxophon, Trompete, ◆ Vibrafon, Xylophon
9 Sousaphon, Vibraphon
10 Klarinette, Schlagbass, Schlagstab, Schlagzeug
11 Synthesizer
12 Hammondorgel
Jazzkomponist, -musiker
3 May, Ory
4 Best, Bilk, Byrd, Cole, Getz, Hall, Lehn, Mann, Monk, Page, Pass, Rich, Shaw, Sims, Tate, Ward, Webb
5 Allen, Baker, Basie, Berry, Blake, Brown, Davis, Dodds, Ellis, Elman, Etzel, Evans, Gibbs, Gulda, Handy, Hines, James, Jones, Kirby, Klein, Kovac, Krupa, Kuehn, Laine, Lewis, Luter, Norvo, Roach, Russo, Shank, Smith, South, Stacy, Tatum, Weiss, Young
6 Alpert, Ammons, Bailey, Barber, Barnet, Bechet, Blakey, Bolden, Bostic, Bryant, Carter, Clarke, Dorsey, Farmer, Freund, Garner, Greger, Harris, Herman, Hodges, Holman, Jackel, Joplin, Jordan, Kenton, Koller, Konitz, Miller, Mingus, Morton, Oliver, Parker, Powell, Previn, Redman, Taylor, Venuti, Waller, Wilson
7 Anthony, Brubeck, Charles, Coleman, Desmond, Freeman, Goodman, Hampton, Hawkins, Jackson, Johnson, Nichols, Raeburn, Rollins, Snowden, Stewart, Vaughan, Ventura, Webster, Woodman
8 Adderley, Crawford, Eldridge, Gershwin, King Cole, Marsalis, Mulligan, Peterson, Shearing, Tristano, Whiteman, Williams
9 Armstrong, Christian, Doldinger, Edelhagen, Ellington, Gillespie, Grappelly, Henderson, Pettiford, Reinhardt, Teagarden, Weglinski, Zacharias
10 Carmichael, Fitzgerald, Montgomery
11 Beiderbecke, Brandenburg, Brocksieper, Butterfield, Charmichael
12 Mangelsdorff, Teschemacher
Jazzmusiker
6 Jazzer
Jazzorchester, -ensemble
4 Band
5 Combo

7 Bigband
Jazzpianist
4 Kuhn, Monk
5 Basie, Gulda, Hines, Tatum
6 Joplin, Morton, Powell, Walter, Wilson
7 Brubeck
8 Tristano
9 Ellington
Jazzsänger
4 O'Day, Ross
6 Bryden, Crosby, Staton
7 Charles, Holiday, Rushing
8 King Cole
9 Armstrong, Jefferson
Jazzsängerin
3 Cox
4 Hill
5 Horne, Smith
6 Joplin, Rainey, Waters
7 Christy, Holiday, Jackson, Vaughan
10 Fitzgerald, Washington
11 Brandenburg
Jazzschlagzeuger
7 Drummer
Jazzstil
3 Hot, Rag
4 Cool
5 Bebop, Blues, Dixie, Swing
6 Gospel
9 Dixieland, Spiritual
der 30er Jahre
5 Swing
der 40er Jahre
5 Bebop
Jazztanz
amerikanischen Ursprungs
9 Jitterbug
Jazztrompeter
9 Armstrong
je
3 pro
Tausend
8 pro mille
jede, jeder ohne Ausnahme
4 alle
Summe aus zwei Gliedern in der Mathematik
5 Binom
jeder
für sich
7 einzeln
jedermann
4 alle
10 saemtliche
jederzeit
5 immer, stets
8 staendig
fähig, startklar
6 bereit
jedoch
4 aber
5 indes
6 allein
Jelängerjelieber
10 Geissblatt
jemand
dem man Geld schuldet
10 Glaeubiger
der alles ablehnt
9 Neinsager
der durch An- und Verkauf Gewinn erzielen will
9 Spekulant
der ein Erbe hinterlässt
9 Erblasser
der eine Ware erwirbt
7 Kaeufer
der helfende Hinweise gibt
8 Ratgeber
der laufend mit Zahlen zu tun hat
7 Rechner
der mehr scheint, als er ist
7 Blender
jemandem
zufallendes Stück
6 Anteil
jemanden
beschuldigen
13 inkriminieren
um Geld angehen
8 anpumpen
jemenitische
Hauptstadt
4 Sana
5 Sanaa
Münze
4 Fils, Rial
Jenisseizufluss
6 Abakan, Angara, Bachta
jenseitig
6 irreal
9 himmlisch
12 transzendent
14 transzendental
jenseits
7 drueben
der Alpen
10 transalpin
Jenseits
6 Himmel, Hoelle
8 Paradies
9 Fegefeuer, Unterwelt
der Germanen
8 Walhalla
Jerusalem
4 Zion
Jesuit
4 Spee
5 Fonck, Xaver
6 Claver, Molina, Suarez
7 Becanus, Vasquez, Wilmers
8 Canisius
9 Busembaum, Lamormain, Possevino
10 Muckermann, Savonarola, Scaramelli
Jesus
7 Heiland
8 Christus
10 Gottessohn
im Islam
3 Isa
Jet
14 Duesenflugzeug, Duesenmaschine
Jeton
4 Chip
10 Spielmarke
jetziger
Name von Konstantinopel
8 Istanbul
Vorrat
7 Bestand
jetzt
3 nun
4 eben, itzo, just
5 heute
6 gerade, gleich, sofort
7 derzeit
8 momentan
12 gegenwaertig
14 augenblicklich
Jetztzeit
5 Heute
7 Neuzeit
9 Gegenwart
Jhelum-Talsperre
Pakistan
6 Mangla
jiddischer
Dramatiker
5 Anski
Job
3 Tun
5 Beruf
6 Arbeit, Stelle
8 Tagewerk
9 Geschaeft, Verdienst
10 Anstellung, Taetigkeit
12 Arbeitsplatz
13 Arbeitsstelle
14 Beschaeftigung
Jobber
6 Makler
8 Haendler
9 Spekulant
10 Boersianer
16 Boersenspekulant
Jobbertum
8 Agiotage
Joch
4 Last
6 Buerde, Travee
Jodverbindung
5 Jodat, Jodid, Jodit
8 Jodoform
Jogaanhänger
5 Jogin, Yogin
Jogaform
10 Meditation
Johannisbeere
7 Ribisel
8 Aalbeere, Ahlbeere
10 Gichtbeere
Johannisbrot
6 Karobe, Karube
Johannisnacht
8 Sonnwend
10 Mittsommer
11 Sonnenwende
Johannistag
7 Johanni
Johanniter
8 Malteser
Jokus
2 Uz
3 Jux, Ulk
5 Spass, Unfug
6 Scherz
7 Streich
11 Schabernack
Jolle
5 Gelle
7 Beiboot
9 Ruderboot, Segelboot

Jollenkreuzer
5 Jacht, Yacht
Jongleur
12 Aequilibrist
jonglieren
11 balancieren
Joppe
4 Rock, Wams
5 Jacke, Sakko
6 Janker
Jordanfurche
zum Roten Meer
5 Araba
jordanische
Hafenstadt
5 Akaba
Hauptstadt
5 Amman
Stadt
4 Maan
5 Akaba, Amman, Bajer, Irbid, Kerak, Serka
6 Es Salt, Hebron, Madaba, Nablus, Seilun
7 Es Sarqa, Jericho, Nabulus
8 El Khalil
Währungseinheit
4 Fill, Fils
5 Dinar
jordanischer
Exkönig
5 Talal
König
7 Hussein
Jordanzufluss
6 Jabbok, Jarmuk
Joul
11 Wattsekunde
Journal
4 Heft
5 Blatt, Organ
7 Magazin, Schrift, Zeitung
8 Memorial, Tagebuch
9 Grundbuch
11 Handelsbuch, Zeitschrift
13 Monatsschrift, Rechnungsbuch, Wochenschrift
Journalist
8 Kritiker, Reporter
9 Kolumnist, Publizist, Redakteur, Rezensent
11 Kommentator
12 Bildreporter, ◆ Fotoreporter, Karikaturist, Leitartikler
13 Bildredakteur, Chefredakteur, Feuilletonist, Korrespondent, Photoreporter, Schriftleiter
16 Berichterstatter
22 Kriegsberichterstatter
journalistischer
Schlager
8 Knueller
jovial
9 leutselig
11 goennerhaft, wohlgesinnt, wohlwollend
Jubel
6 Freude
7 Applaus, Beifall, Triumph
Jubelfeier
9 Jubilaeum
jubeln
8 jauchzen
10 frohlocken, jubilieren
12 triumphieren
jubelnder
Sieger
11 Triumphator
Jubelruf
6 juchhe
7 juchhei
8 hosianna
bei dionysischen Festen
4 Evoe
Jubiläum
4 Fest
5 Feier
7 Festtag
8 Ehrentag, Feiertag
9 Gedenktag, Jahrestag
11 Gedenkfeier, Jahresfeier
jucken
8 kribbeln
juckende
Anschwellung
7 Quaddel
juckender
Hautausschlag
11 Nesselsucht
Judas
Beiname
9 Ischariot
Mutter
3 Lea
Vater
5 Jakob
Jude
7 Israeli
8 Hebraeer, Israelit
Judenfeindlichkeit
14 Antisemitismus
Judengegner
9 Antisemit
Judenkirche
8 Synagoge
Judenkirsche
10 Belladonna, Geissblatt
Judentum
9 Judaismus
Judenviertel
5 ◆ Getto
6 Ghetto
jüdisch
8 mosaisch
jüdische
Bewegung
9 Zionismus
Bibelauslegung
8 Midrasch
Dichtung
5 Pijut
Geheimlehre
7 Kabbala
Herrscherfamilie
10 Makkabaeer
Mystik
7 Kabbala
Religion
9 Mosaismus
religiöse Bewegung
12 Chassidismus
Sagengestalt
5 Golem
Schriftrolle
5 Thora
Sekte
7 Karaeer
Unterwelt
6 Scheol
jüdischer
Andachtshöhepunkt
5 Neila
Ehrentitel
5 Rabbi
Feiertag, Festtag
5 Purim
6 Passah, Sabbat
7 Neujahr
8 Chanukka
10 Wochenfest
14 Gesetzesfreude
15 Laubhuettenfest, Versoehnungstag
Frauenname
4 Ruth, Sara
5 Rahel, Tikva
6 Avital, Esther, Judith, Rachel
7 Menahem, Rebekka
Frühlingsmonat
5 Nisan
Fürst der bösen Geister
6 Asmodi
Gebetsmantel
6 Tallit
7 Tallith
Gebetsriemen
8 Tefillin
9 Tephillim
Geistlicher
8 Rabbiner
Gelehrter
5 Rabbi
8 Rabbiner
Gemeindevorsteher
6 Parnes
Gesetzgeber
5 Moses
Gesetzlehrer
8 Rabbiner
gottesdienstlicher Gruß
6 Shalom
7 Schalom
gottesdienstlicher Ritus
6 Minhag
heiliger Berg
5 Horeb, Sinai
Herrscher zur Zeit Jesu
7 Herodes
Hoherpriester
3 Eli
5 Aaron
7 Kaiphas
König
3 Asa, Ela
4 Abia, Ahab, Ahas, Saul
5 David, Hosea, Josia
6 Hiskia, Salomo
7 Herodes, Manasse, Salomon, Zedekia
8 Rehabeam
Kultleuchter
6 Menora
Männername
5 Moshe
6 Baruch, Isidor, Nathan, Salman, Shmuel
7 Amschel

Monatsname
3 Mem
4 Adar
5 Nisan
Ostermonat
5 Nisan
Passahmonat
5 Nisan
Philosoph
5 Buber, Cohen, Philo
6 Acosta, Halewi, Maimon, Philon
7 Gabriol, Israeli, Spinoza
9 Avicebron
10 Maimonides
11 Mendelssohn
Politiker
5 Begin, Dajan
7 Weizman
9 Ben Gurion
Prediger
8 Rabbiner
Priester
3 Eli
4 Esna, Esra
5 Aaron, Rabbi
7 Ananias, Kaiphas
8 Rabbiner
Priester, Erzieher Samuels
3 Eli
Religionslehrer
8 Rabbiner
Religionsphilosoph
5 Buber
Religionsstifter
5 Moses
Ruhetag
6 Sabbat
Schriftgelehrter
4 Esra
5 Akiba
6 Acosta
Schriftsteller
4 Asch
5 Herzl, Sachs
Seelsorger
8 Rabbiner
Sektenangehöriger
6 Karait
7 Karaeer
siebenarmiger Leuchter
6 Menora
Sonntag
6 Sabbat
7 Sabbath
Staat
6 Israel
Theologe
4 Zunz
6 Gliger
8 Guttmann, Luzzatto
10 Kayserling, Philippson
Überrock
6 Kaftan
Volksheld
6 Simson
jüdisches
Bekenntnisgebet
5 Schma
Brautzelt
6 Chuppa
Brot
5 Matze
Fest
5 Purim
6 Passah, Sukkot
7 Losfest, Pessach, Zukkoth
8 Chanukka, Schavnot
9 Jom Kippur
10 Wochenfest
15 Laubhuettenfest
16 Versoehnungsfest
Freudenfest
5 Purim
Gebet am Sabbat
6 Mincha
Gebetbuch
7 Tefilla
Gesetzbuch, Lehrbuch
5 Thora
6 Talmud
8 Midrasch
10 Pentateuch
Gotteshaus
8 Synagoge
Hauptfest
6 Passah
Heiligtum
10 Bundeslade
Lichterfest
8 Chanukka
Losfest
5 Purim
Neujahrsfest
13 Rosch Ha Schana
Obergewand
6 Kaftan
Osterbrot
5 Matze
Priestergeschlecht
10 Makkabaeer
Religionsbuch
6 Talmud
Versöhnungsfest
9 Jom Kippur
jüdisch-romanische
Mundart
6 Ladino
Judograd
3 DAN
Judogürtel
3 Dan, Obi
Judohose
5 Zubon
Judokämpfer
3 Uke
der die Technik ausführt
4 Tori
Judosportler
6 Judoka
Jugendbande
4 Gang
6 Rocker
10 Streetgang
Jugendbewegung
10 Pfadfinder
Jugendbuch
von Renn
5 Trini
Jugendform
der Bandwürmer
5 Finne
mancher Tiere
5 Larve
Jugendfreund
Friedrichs des Großen
5 Katte
Goethes
5 Merck
Jugendfreundin
Goethes
10 Schoenkopf
Jugendgöttin
5 Iduna
jugendlich
7 juvenil
jugendliche
Liebhaberin
5 Naive
Jugendliche
4 Girl, Teen, Twen
8 Maedchen, Teenager
jugendlicher
Bandenangehöriger
6 Rocker
Jugendlicher
4 Teen, Twen
5 Junge, Knabe
6 Junior, Teenie
7 Bursche
8 Teenager
in der Ausbildung
8 Lehrling
jugendliches
Mädchen
9 Backfisch
Jugendliebe
Goethes
5 Brion
Hebbels
7 Lensing
Wielands
7 Laroche
Jugendlokal
9 Diskothek
Jugendorganisation
10 Pfadfinder
Jugendschrift
10 Bilderbuch
12 Maerchenbuch
13 Abenteuerbuch
Jugendschriftsteller
3 May
5 Veken
Jugendstadium
mancher Tiere
5 Larve
Jugendstil-Künstler
4 Paul
5 Galle, Gaudi, Hanak, Heine, Horta, Klimt, Kupka, Minne, Moser, Stock
6 Endell, Morris, Obrist, Wagner, Walton, Wrubel
7 Behrens, Berlage, Bonnard, Eckmann, Guimard, Lalique, Lechner, Macnair, Metzner, Olbrich, Tiffany, Vogeler
8 Hoffmann, Ricketts, Steinlen
9 Beardsley, Mackmurde, Schechtel
10 Ciurlionis, Mackintosh, Schnithals, van de Velde, Wyspianski, Zwintscher
12 Christiansen, Riemerschmid
Jugendstrafe
6 Arrest

Jugendzeit
4 Lenz
8 Kindheit
9 Pubertaet
Jugoslawe
5 Serbe
13 Montenegriner
jugoslawische
Hauptstadt
7 Belgrad, Beograd
Landeshauptstadt
7 Belgrad
9 Podgorica
Landschaft
5 Banat
8 Batschka
Münze
4 Para
5 Dinar
Republik, Landesteil
7 Serbien
10 Montenegro
Währungseinheit
5 Dinar
jugoslawischer
Dichter
6 Andric
Fußballspieler (ehem. Gesamt-Jugoslawien)
3 Bek
4 Osim
5 Beara, Belin, Bobek, Bukal, Dokic, Galic, Jarni, Josic, Jozic, Maric, Matus, Melic, Mitic, Mosic, Mujic, Oblak, Pasic, Savic, Susic, Tomic, Vabec, Vukas, Vulic, Zajec, Zebec
6 Baljic, Boljac, Borota, Boskov, Buljan, Dzajic, Gudelj, Holcer, Horvat, Hrstic, Jaksic, Jusufi, Karasi, Krstic, Pancev, Rajkov, Sestic, Slijvo, Soskic, Spasic, Surjak, Svilar, Trivic, Vladic, Zungul
7 Ankovic, Bajevic, Brnovic, Brokela, Dvornic, Hatunic, Katanec, Misovic, Mrkusic, Musemic, Muzinic, Nikolic, Popovic, Ramljak, Sekulic, Skoblar, Vujovic, Vukotic
8 Acimovic, Bjekovic, Crukovic, Durkovic, Fazlagic, Jerkovic, Krmpotic, Kustudic, Markovic, Ognjanov, Pantelic, Paunovic, Pavlovic, Petkovic, Petrovic, Popivoda, Povivoda, Primorac, Tirnavic
9 Bogicevic, Cajkovski, Filipovic, Jovanovic, Kovacevic, Krivokuca, Peruzovic, Pltakovic, Radakovic, Savicevic, Sekularac, Sijakovic, Stankovic, Stojkovic, Tomasevic
10 Damjanovic, Djordjevic, Hadziabdic, Hadzibegic, Katalinski, Klincarski, Marjanovic, Mihajlovic, Najdanovic, Ognjanovic, Prosinecki, Radenkovic, Stefanovic, Stepanovic, Trifunovic
11 Arsenijevic, Halilhodzic, Milutinovic, Stanojkovic, Veselinovic, Vujadinovic
12 Sabanadzovic
König
9 Alexander
Name für Agram
6 Zagreb
Sportler, Sportlerin
4 Rain, Svet
5 Bokal, Cerar, Komac, Petek, Sarec, Seles, Tepes, Topic, Ulaga, Zupan
6 Bjedov, Kolman, Pajkic, Slibar, Stekic, Surbek
7 Bjedovi, Colovic, Delebac, Dergang, Gubijan, Nikolic, Stukelj
8 Jankovic, Primozic
9 Josipovic, Stanejcic
Staatsmann
4 Tito
Juli
5 Heuet
6 Heuert
7 Heumond
Julmond
8 Dezember
jung
5 kuehl
6 frisch, munter
junge
Birke
4 Maie
Buche
7 Heister
Gans
7 Goessel
Hunde
6 Welpen
Kohlenart
10 Braunkohle
Kuh
4 Kalb
6 Faerse, Sterke
Leute um die 20
5 Twens
Pflanze
4 Keim
Pflanze der Mutterpflanze
7 Ableger
Waldanpflanzung
8 Schonung
Wildsau
5 Bache
Wildschweine
11 Frischlinge
Ziege
4 Kitz, Lamm
5 Kitze, Zicke
8 Kitzlein, Zicklein
Junge
3 Boy, Bub
4 Bube
5 Knabe
6 Bengel, Knirps
9 Sausewind
im Nest
4 Brut
6 Kueken
junger
Aal
7 Glasaal
Besserwisser
13 Gruenschnabel
Fuchs
5 Welpe
Hering
6 Matjes
Hoteldiener
4 Page
Hund
5 Welpe
Kabeljau
6 Dorsch
Kerl
5 Spund
Knecht
3 Enk
Mann
4 Twen
5 Knabe
7 Bursche
Masthahn
6 Kapaun
7 Poulard
Mensch
4 Baby, Fant, Kind
9 Kleinkind
Operettenkomiker
5 Buffo
Pflanzenspross
5 Trieb
6 Knospe, Schoss
7 Ableger
Seehund
6 Heuler
Stier
5 Farre
Trieb
6 Schoss, Spross
11 Schoessling
Wein
4 Most
5 Suser
6 Sauser
12 Federweisser
Wein in Österreich
8 Heuriger
Zweig
4 Reis
Jünger
Jesu
5 Judas, Lukas, Simon
6 Markus, Paulus, Petrus, Thomas
7 Andreas, Apostel, Jakobus
8 Johannes, Matthias
9 Matthaeus, Nathanael, Philippus, Thaddaeus
13 Bartholomaeus
14 Judas Ischariot, Judas Thaddaeus
Jüngerin
Jesu
9 Magdalena
von Franz von Assisi
5 Scifi
junges
Ergussgestein
5 Dazit
Geflügel
6 Kueken
Getreide
4 Saat

Haustier
4 Kalb, Kitz, Lamm
5 Enter, Farre, Fasel, Kalbe, Welpe
6 Faerse, Ferkel, Fohlen, Kueken
7 Fuellen, Goessel
Huhn
6 Kueken
Mädchen
4 Girl, Maid
6 Maedel
8 Grisette, Teenager
9 Backfisch
Militärpferd
7 Remonte
Pferd
5 Enter
6 Fohlen
7 Fuellen
Reh
4 Kitz
7 Rehkalb, Rehling
Rind
4 Kalb
6 Faerse
Schaf
4 Lamm
Schwein
6 Ferkel
7 Laeufer
Waldtier
7 Rehkitz
Wildschwein
10 Frischling
Zuchttier
4 Brut, Wurf
5 Fasel
Jungfer
8 Maedchen, Teenager
9 Backfisch
10 Demoiselle
Jungfernhäutchen
5 Hymen
Jungfernzeugung
14 Parthenogenese
Jungfrau
Maria
7 Madonna
von Orléans
10 Jeanne d'Arc
jungfräulich
6 keusch
10 unberuehrt
Jungfräulichkeit
11 Virginitaet
Junggeselle
7 Lediger
9 Hagestolz
bei Wilhelm Busch
5 Knopp
Junghandwerker
7 Geselle
Jungherr
6 Junker
Jungknecht
3 Enk
Jüngling
4 Teen, Twen
5 Junge, Knabe
6 Ephebe, Junior
7 Bursche
8 Teenager
12 Jugendlicher
der Antike
6 Adonis
der griechischen Sage
6 Ikarus
7 Ganymed
im alten Griechenland
6 Ephebe
Jünglingsalter
10 Adoleszenz
Jünglingsfigur
in der Kunst
5 Koros, Kuros
Jungmann
7 Matrose
Jungpferd
5 Enter
6 Fohlen
7 Fuellen, Remonte
Jungreh
4 Kitz
7 Rehling
Jungrind
4 Kalb
6 Faerse
8 Bullkalb
Jungschaf
4 Lamm
Jungschwein
6 Ferkel
7 Laeufer
jüngst
7 neulich
9 kuerzlich
jüngste
Stufe des Keupers
4 Raet
5 Rhaet
Jungsteinzeit
11 Neolithikum
Jungsteinzeitsiedlung
am Neuenburger See
10 Cortaillod
Jüngstenrecht
7 Minorat
jüngster
Lehrling
5 Stift
Seemann an Bord
5 Moses
jüngstes
Gericht
11 Weltgericht
System des Paläozoikums
4 Perm
Jungstier
5 Farre
Jungtertiär
6 Neogen
Jungtiere
4 Brut, Wurf
Jungtierkrankheit
6 Laehme
Jungvögel
im Nest
4 Brut
jungvulkanisches
Gestein
7 Andesit
Jungwald
5 Maiss
Juni
7 Brachet
9 Brachmond
Junker
8 Agrarier
9 Ostelbier
Jupe
4 Rock
10 Frauenrock
Jupiter
als Befreier
5 Liber
als Blitzgott
6 Fulgur
als Nahrungsspender
5 Epulo
Jupitermond
2 Jo
5 Elara
6 Ananke, Europa
7 Ganymed
8 Kallisto
Jupon
9 Unterrock
Juraformation
4 Lias, Malm
6 Dogger
Jura, Jus
5 Recht
6 Rechte
14 Rechtsprechung
Jurist
5 Notar
6 Anwalt
7 Advokat, Richter
8 Syndikus
9 Anklaeger, Justitiar, ◆ Justiziar, Justizrat
11 Amtsrichter, Haftrichter, Verteidiger
12 Bundesanwalt, Patentanwalt, Rechtsanwalt, Staatsanwalt, Strafrichter, Zivilrichter
13 Bundesrichter, Einzelrichter, Jugendrichter
14 Schnellrichter
15 Amtsgerichtsrat, Friedensrichter, Landgerichtsrat, Verkehrsrichter
16 Anklagevertreter
20 Untersuchungsrichter
Juristenmantel
5 Talar
juristisch:
Sache
3 Res
strafrechtlicher Begriff
3 Eid, Tat
4 Haft, Spur, StGB
5 Alibi, Frist, Indiz, Klage, Legat, Notar, Recht, Zeuge
6 Arrest, Beweis, Delikt, Gesetz, Karenz, Klient, Mandat, Partei, Rekurs, Schuld, Schwur, Strafe, Taeter, Tatort, Urteil
7 Anklage, Anzeige, Aussage, Injurie, Instanz, Junktim, Kaution, Klaeger, Klausel, Kuratel, Mandant, Meineid, Protest, Prozess, Regress, Verdikt, Verhoer
8 Amnestie, Berufung, Fahndung, ◆ Paragraf, Revision, Schoeffe, Testator, Unschuld, Verdacht,

Vergehen, Verstoss, Zitation
9 Affidavit, Einspruch, Festnahme, Kassation, Kontumanz, Paragraph, Plaedoyer, Praejudiz, Protokoll, Rechtsweg, Verfahren, Vergleich
10 Abtrennung, Bestrafung, Bewaehrung, Exhibition, Falsifikat, Freispruch, Haftbefehl, Steckbrief, Tateinheit, Verbrechen, Verhaftung, Vernehmung
11 Angeklagter, Begnadigung, Gestaendnis, Liquidation, Lokaltermin, Strafantrag, Strafgesetz, Todesstrafe, Verjaehrung
12 Beweismangel, Beweismittel, Geschworener, Gnadengesuch, Justizirrtum, Kreuzverhoer, Nebenklaeger, Strafprozess, Strafvollzug, Untersuchung, Verurteilung, Zivilprozess
13 Fingerabdruck, Freisprechung, Gerichtigkeit, Kontravention, Rechtsbeugung, Schwurgericht, Strafaufschub, Strafregister, Suehneversuch
14 Beweisaufnahme, Realkonkurrenz, Rechtsbeistand, Wiederaufnahme
15 Idealkonkurrenz, Spurensicherung, Urkundenprozess
17 Untersuchungshaft
20 Eroeffnungsbeschluss, Vorlaeufige Festnahme

juristische
Amtsstelle
8 Notariat

juristischer
Berater einer Vereinigung
8 Syndikus

juristisches
Beweismittel
3 Eid
5 Indiz

Handbuch
5 Codex, Kodex
8 Digesten
9 Pandekten

Nutzungsrecht
11 Niessbrauch

Juror
12 Kampfrichter, Preisrichter

Jury
12 Kampfgericht, Preisgericht

Jus
4 Saft
5 Recht
11 Fleischsaft

just
4 eben
5 genau
6 gerade, soeben

justieren
6 eichen
10 einrichten, einstellen

Justierer
6 Eicher

Justiz
12 Rechtspflege

Justizbeamter
10 Amtsanwalt
15 Justizassistent, Justizinspektor, Justizsekretaer
18 Gerichtsvollzieher
19 Generalstaatsanwalt

Justizbehörde
7 Gericht
17 Oberlandesgericht

Jutebehältnis
4 Sack

Jutegewebe
6 Rupfen

Juwel
5 Perle
6 Schatz
7 Kleinod, Schmuck
8 Pretiose
9 Edelstein
11 Kostbarkeit
13 Schmuckstueck

Juwelengewicht
5 Karat

Juwelier
11 Goldschmied
13 Silberschmied

Juweliergewicht
4 Gran

Jux
3 Ulk
5 Gaudi, Jokus, Spass
6 Scherz

juxen
7 spassen

Kabale
4 List
6 Raenke
7 Intrige
8 Anschlag, Komplott
10 Hinterlist
11 Falschspiel, Raenkespiel
12 Machenschaft
Kabarett
6 Brettl
10 Drehplatte, Drehteller, Kleinkunst
16 Kleinkunstbuehne
Kabarettansager
12 Conferencier
Kabarettist
5 Neger
10 Ringelnatz
Kabarettlied
4 Song
7 Chanson, Couplet
9 Quodlibet
Kabarettsänger
10 ◆ Chansonier
11 Chansonnier
Kabarettsängerin
11 Chansonette
Kabarettszene
6 Sketch
7 Parodie, ◆ Sketsch
8 ◆ Black-out, Blackout
Kabause, Kabuse, Kabüse
6 Kammer
7 Alkoven
8 Kombuese
kabbalistisches ***Hauptwerk***
5 Sohar
Kabbelei
4 Zank
6 Streit
8 Zankerei
11 Kontroverse
Kabel
3 Los, Tau
4 Mass, Seil
5 Draht
6 Anteil, Trosse
7 Leitung
8 Tragseil
9 Drahtseil, Telegramm
10 Verbindung
11 ISDN-Leitung, Oberleitung
12 Stromleitung
16 Ueberlandleitung
Kabelfernsehen
11 Kabelvision
Kabelinneres
5 Seele
Kabeljau
5 Bolch
6 Dorsch
8 Laberdan
10 Klippfisch, Stockfisch
11 Schellfisch
Kabine
4 Raum
5 Zelle
6 Abteil
8 Wohnraum
10 Schlafraum
12 Umkleideraum
am Luftschiff
6 Gondel
Kabinett
4 Raum
6 Gemach, Zimmer
9 Nebenraum, Regierung
11 Nebenzimmer
13 Beratungsraum
Kabinettchef
7 Kanzler
Kabinettsmitglied
13 Innenminister
Kabylenstamm
3 Rif
Kachel
6 Fliese, Platte
Kadaver
3 Aas
8 Leichnam
10 Tierleiche
zum Anlocken von Raubwild
5 Luder
Kader
5 Stamm
13 Stammpersonal
Kadett
8 Zoegling
9 Faehnrich, Seesoldat
Käfer, Käferart
6 Gerber
7 Brenner, Erdfloh, Maiwurm
8 Gelbrand, Hausbock, Heldbock, Holzbock, Totenuhr
9 Aaskaefer, Gluehwurm, Maikaefer, Oelkaefer, Saegebock, Schreiner, Totenwurm, Trotzkopf
10 Bockkaefer, Bohrkaefer, Buntkaefer, Drehkaefer, Eichenbock, Gerberbock, Junikaefer, Kornkaefer, Laufkaefer, Mehlkaefer, Mistkaefer, Pappelbock, Raubkaefer, Rosskaefer, Sandkaefer, Skarabaeus, Spiessbock, Zimmerbock
11 Blattkaefer, Blattroller, Brachkaefer, Buchdrucker, Diebskaefer, Geisskaefer, Glanzkaefer, Goldschmied, Klopfkaefer, Moschusbock, Rosenkaefer, Samenkaefer, Sandlaeufer, Schabkaefer, Siebenpunkt, Speckkaefer, Stutzkaefer, Vielfresser, Weichkaefer
12 Apfelstecher, Baumruessler, Bienenkaefer, Blasenkaefer, Blattwickler, Borkenkaefer, Erbsenkaefer, Grundlaeufer, Hirschkaefer, Keulenkaefer, Klauenkaefer, Kolbenkaefer, Kreuzlaeufer, Kurzfluegler, Kurzruessler, Leuchtkaefer, Marienkaefer, Pillendreher, Prachtkaefer, Rebenstecher, Schilfkaefer, Taumelkaefer, Totengraeber
13 Nashornkaefer, Puppenraeuber, Ruesselkaefer, Schnellkaefer, Schwimmkaefer
14 Feldsandkaefer, Gelbrandkaefer, Gluehwuermchen, Johanniskaefer, Pflanzenkaefer, Pflaumenbohrer, Schattenkaefer
15 Blatthornkaefer, Kartoffelkaefer, Langhalslaeufer, Pflaumenstecher, Scheckenlaeufer, Spitzfusskaefer, Strauchruessler, Trichterwickler, Waldsandlaeufer
16 Sonnenwendkaefer
Käferlarve
9 Engerling
Käferschnecke ***der Meere***
6 Chiton
Kaff
4 Nest
7 Kuhdorf
Kaffeeart
5 Mokka
6 Santos
7 Melange
8 Espresso
9 Kapuziner
10 Cappuccino
Kaffeebonbons
6 Hopjes
Kaffeegetränk
6 Gloria
Kaffeehafen ***in Brasilien***
6 Santos
Kaffeehaus
4 Cafe
8 Espresso
9 Cafeteria
10 Konditorei, Mokkastube
Kaffeehausbesitzer
8 Cafetier
Kaffeemaß
3 Lot
Kaffeerückstand
4 Satz
Kaffeewirkstoff
7 Coffein, Koffein
Kaffeezusatz
8 Zichorie
Kaffeezutat
6 Zucker
Kaffernhirse
4 Dari
6 Sorgho
7 Sorghum
Kaffernhütte, Hererohütte
6 Pontok
Kaffernspeer
7 Assagai
Kaffernstamm
4 Kosa, Zulu
5 Bantu, Fingu, Pondo, Swazi, Tonga
6 Basuto
7 Amakosa
11 Betschuanen
Käfig
4 Kaue
5 Bauer, Koben, Stall
6 Pferch

7 Voliere, Zwinger
9 Terrarium, Verschlag
10 Vogelbauer
Käfigvogel
südasiatischer Herkunft
3 Beo
13 Kanarienvogel
Kahlabtrieb
des Baumbestandes
6 Schlag
kahler
Berg
4 Fels
kahl geschorene
Stelle auf dem Kopf kath. Mönche
6 Tonsur
Kahlkopf
6 Glatze, Platte
Kahlstelle
7 Bloesse
Kahn
4 Ache, Bett, Boot, Haft, Nahe, Naue, Trog
5 Zelle
6 Arrest, Gondel, Nachen, Schiff
Kains
Bruder
4 Abel
Kaiseite
4 Kaje
Kaiser
6 Ottone
9 Imperator
der Franzosen
8 Napoleon
9 Bonaparte
17 Napoleon Bonaparte
des Byzantinischen Reiches
7 Alexios
römischer
4 Nero
8 Aurelian, Claudius
9 Hadrianus
10 Diokletian
von Abessinien
7 Menelik
13 Haile Selassie
von Annam
6 Bao Dai
von Äthiopien
7 Menelik
13 Haile Selassie, Kasai von Tigre
von Brasilien
5 Pedro
von Byzanz
3 Leo
von China
8 Kien-lung
von Deutschland
5 Franz
7 Wilhelm
9 Friedrich
von Frankreich
8 Napoleon
von Japan
7 Akihito
8 Hirohito
9 Mutsuhito
von Mexiko
10 Maximilian
von Österreich
4 Karl
5 Franz
9 Ferdinand
10 Franz Josef
von Ostrum
8 Arcadius
von Russland
9 Alexander
von Westrom
8 Honorius
Kaiserin
der Franzosen
7 Eugenie
von Österreich
4 Zita
von Russland
9 Elisabeth, Katharina
kaiserlich
10 caesarisch
kaiserlicher
Feldherr
22 Albrecht von Wallenstein
General im 30jährigen Krieg
5 Werth
Krönungsmantel
7 Pallium
Palast
5 Pfalz
Kaiserpfalz
am Harz
6 Goslar
Kaiserreich
8 Imperium
in Ostasien
5 Japan
Kaiserresidenz
im Mittelalter
5 Pfalz
Kaiserstadt
6 Aachen
Kaisertitel
im alten Rom
9 Imperator
im Iran
5 Schah
12 Schahinschah
in Äthiopien
5 Negus
12 Negus Negesti
in Frankreich
8 Empereur
in Japan
5 Tenno
6 Mikado
in Russland
3 Zar
Kajaksportler
6 Kanute
Kajüte
6 Kabine
Kakaoprodukt
10 Schokolade
Kaktee, Kakteenart
6 Cereus, Peyotl
7 Opuntia, Opuntie
10 Igelkaktus
11 Blattkaktus, Kugelkaktus
12 Fackeldistel, Feigenkaktus, Greisenhaupt, Warzenkaktus
13 Fluegelkaktus, Melonenkaktus, Saeulenkaktus, Seeigelkaktus
14 Bischofsmuetze, Korallenkaktus
15 Kastanienkaktus, Schlangenkaktus
Kalamität
3 Not
4 Pech
6 Klemme
7 Notlage
9 Missstand
10 Uebelstand
12 Verlegenheit
Kalauer
4 Witz
Kalbleder
3 Kid
7 Boxcalf, Boxkalf
Kalbsbrustdrüse
5 Bries
Kalbsmagen
3 Lab
Kalbsmilch
5 Bries
6 Thymus
Kalbsnuss
10 Frikandeau
Kaldaunen
6 Flecke, Kuttel
9 Innereien
10 Eingeweide
Kaldaunengericht
5 Fleck
6 Tripes
Kalender
8 Almanach, Jahrbuch
9 Zeittafel
kalendermäßige
Bestimmung
5 Datum
Kalendertage
im alten Rom
4 Iden, Idus
8 Kalenden
Kalif
von Bagdad
5 Harun, Mamun
Kalifengeschlecht
9 Abbasiden, Omaijaden
Kalifenhauptstadt
am Tigris
6 Bagdad
Kalifenname
3 Ali
4 Omar
5 Harun
6 Merwan, Othman
7 Abu Bekr, Ibrahim, Soliman
8 Almansor, Suleiman
14 Harun al Raschid
kalifornische
Stadt
6 Madera
7 Oakland
8 Pasadena, Stockton
10 Sacramento
Kalisalz, Düngemittel
6 Kainit
Kaliumverbindung
8 Karbonat, Salpeter
9 Pottasche
Kalkablagerung
6 Sinter
11 Kesselstein
des Tintenfisches
5 Sepia

Kalkalpengruppe
in N-Tirol
5 Rofan
Kalkart
3 Gur
Kalkeinschlüsse
in Urgesteinen
6 Eozoon
Kalkgebirge
in Griechenland
7 Parnass
Kalkgesteinsrinnen
6 Karren
Kalkgipfel
der Berner Alpen
5 Eiger
kalkhaltiger
Lehm
5 Loess
terrestrischer Bodentyp
8 Rendzina
Kalkhochfläche
5 Karst
Kalkinsel
bei Neapel
5 Capri
Kalkmassiv
im Salzkammergut
9 Dachstein
kalkreicher
Ton
5 Tegel
Kalkspat
6 Calcit, Kalzit
7 Siderit
8 Magnesit
Kalkstein
6 Donith, Kreide, Marmor
9 Travertin
Kalksteinform
10 Rogenstein
Kalkulation
8 Rechnung
10 Berechnung
11 Ueberschlag, Voranschlag
14 Kostenanschlag
16 Kostenberechnung
17 Kostenvoranschlag
Kalkulator
7 Rechner
9 Berechner
Kalmückenhütte
5 Jurte
kalorienlos
10 Quellstoff
12 Magenfueller
kalt
4 cool
5 eisig, kuehl
6 frigid
7 frostig
stellen
7 kuehlen
kalte
Frauenschönheit
4 Vamp
Tage im Mai
10 Eisheilige
Kälte
5 Frost
6 Kuehle
10 Nachtfrost
11 Frigiditaet
empfinden
7 frieren
9 froesteln
ohne Schnee
5 Frost
unter dem Gefrierpunkt
5 Frost
Kälteerscheinung, Frostrauch
8 Eisnebel
Kältepol
11 Werchojansk
Kälteprodukt
3 Eis
kalter
Adriawind
4 Bora
Nordostwind in der Schweiz
4 Bise
Nordwind
6 Boreas
Wind in Südfrankreich
7 Mistral
kaltes
Gericht
5 Salat
Nebelreich der Sage
8 Niflheim
Kältesteppe
6 Tundra
Kaltgetränk
5 Bowle
Kalthauspflanze
7 Kamelie
kaltschnäuzig
4 cool
Kaltspeise
3 Eis
5 Salat
Kaltstarthilfe
5 Choke
6 Choker
kalt stellen
10 verstossen
11 ausschalten
12 boykottieren
Kaltwasserheilverfahren
9 Kneippkur
Kalumet
der Indianer
14 Friedenspfeife
Kalvarienberg
8 Golgatha
Kalvinist
9 Hugenotte
Kalziumsilikat
5 Augit
Kalziumsulfat
4 Gips
Kalziumverbindung
4 Kalk
6 Karbid
Kambodscha
11 Kamputschea
Kambodschaner
3 Moi
5 Khmer
kambodschanische
Hauptstadt
8 Pnom Penh
9 Phnom Penh
Münze
3 Sen
4 Rial
Stadt
7 Kompong
9 Phnom Penh
10 Battambang
Kamee
5 Gemme
Kamelgarn
6 Angora, Mohair
11 Angorawolle, Mohairwolle
Kamel, kamelartiges Tier
4 Lama, Pako, Tulu
6 Alpaka, Mehari, Vicuna
7 Guanako, Huanako, Vikunja
8 Dromedar
11 Trampeltier
Kamelschaf
4 Lama
kamelzüchtende
Araberstämme
8 Beduinen
Kamerad
5 Spezi
6 Freund, Kumpan, Kumpel, Macker
7 Genosse, Kollege, Partner
9 Begleiter, Gefaehrte
10 Vertrauter
Kameradschaft
5 Treue
12 Gemeinschaft, Zusammenhalt
13 Verbundenheit
kameradschaftlich
4 treu
12 zuverlaessig
Kameraeinblicklinse
6 Sucher
Kameraeinstellung
6 Totale
Kameralinseneinstellung
5 Optik
Kameramann
9 Operateur
Kameratyp
3 Box
8 Polaroid
kamerunische
Münze
5 Franc
7 Centime
Stadt
4 Edea, Kona, Nola
5 Duala, Garua, Kumba
6 Garoua, Jaunde, Maroua
7 Bamenda, Yaounde
9 Bafoussam
10 Nkongsamba
kamerunischer
Dichter
4 Boto
Fußballspieler
3 Eta
4 Mbou, Ndip
5 Abega, Ekeke, Jules, Kaham, Kunde, Mbida, Mbouh, Mfede, Milla, Nguea, Nkono, Onana, Pagal, Tataw
6 Aoudou, Libiih, Mabdan, Miller, NDjeya, Tokoto
7 Bakolen, Djonkep, Ebwelle, Maboang, Massing
8 Makanaky
9 Kana Biyik, Omam Biyik

Kamin
4 Esse
5 Spalt
6 Schlot
9 Felsspalt
11 Feuerstelle, Schornstein
12 Felsschlucht
Kaminholzstücke
7 Scheite
Kaminkehrer
5 Feger
Kaminuhr
8 Penduele
Kamisol
4 Wams
5 Weste
10 Unterjacke
Kamm
4 Grat, Hals
5 Hoehe
6 Nacken
7 Ruecken
8 Scheitel
11 Bergruecken, Rueckenteil
Kammeidechse
6 Leguan
Kammer
4 Raum
5 Gaden, Laden, Lager, Stube
6 Gelass, Gemach, Kabuse, Zimmer
7 Gericht, Gremium
8 Behoerde, Hohlraum, Kabinett, Kemenate, Laderaum
9 Ausschuss, Nebenraum
10 Vertretung
13 Koerperschaft
des englischen Parlaments
8 Oberhaus
9 Unterhaus
Kammerdiener
5 Groom, Lakai
Kammerfrau
4 Zofe
Kammerherr
9 Kaemmerer
Kämmerlein
8 Kemenate
Kammermädchen
4 Zofe
Kammerton
1 a
8 Diapason
Kammertuch
7 Kambrik
Kammgarnstoff
6 Melton
Kammmachergerät, -werkzeug
4 Iler
10 Schabeisen
Kammweg
des Thüringer Waldes
9 Rennsteig
Kammwerkzeug
Spinnerei
6 Hechel
Kammzähner
3 Hai
Kampagne
6 Saison
7 Feldzug
9 Wahlkampf

kampanische
Stadt
5 Angri
6 Pagani
7 Pompeji, Stabiae
11 Herculaneum
Kampanula
12 Glockenblume
Kämpe
8 Haudegen
bei Dichtern
4 Held
5 Heros, Recke
7 Krieger
8 Kaempfer, Streiter
Kampf
im Untergrund
8 Guerilla
Kampfabschnitt
5 Front, Runde
Kampfaxt
5 Barte
Kampfbahn, -platz
beim Sport
4 Bahn, Feld, Hang, Kurs, Ring, Turf
5 Arena, Loipe, Matte, Piste, Rasen
6 Bakken, Bassin, Becken
7 Boxring, Eisbahn, Fairway, Gelaeuf, Planche, Schanze, Skihang, Stadion
8 Motodrom, Parcours, Rennbahn, Rennkurs, Rundkurs, Velodrom, Walstatt
9 Paukboden, Spielfeld, Sportfeld
10 Aschenbahn, Fechtboden, Skischanze, Sporthalle, Sportplatz, Tartanbahn
11 Badeanstalt, Rennstrecke, Rundstrecke
12 Schiessstand
13 Sprungschanze
der Antike
6 Circus, Zirkus
7 Stadion
9 Hippodrom
Kampfbeginn
7 Angriff
kämpfen
5 boxen
6 ringen
7 fechten, fighten
8 streiten
10 wetteifern
12 konkurrieren
Kampfer
aus Petersilienöl
5 Apiol
Kämpfer
4 Held
5 Recke
6 Gegner, Kaempe, Soldat
7 Fighter, Krieger, Veteran
8 Haudegen, Streiter
zur Ritterzeit
5 Recke
Kampferfolg
4 Sieg
kampferhaltiges
Einreibemittel
9 Opodeldok

kämpferisch
8 militant
Kampferöffnung
7 Angriff
Kampfesweise
6 Taktik
7 Technik
9 Strategie
Kampffahrzeug
6 Panzer
10 Jagdpanzer
11 Streitwagen
14 Sturmgeschuetz
15 Schuetzenpanzer
Kampffisch
5 Betta
Kampfflugzeugverband
4 Pulk
Kampfgas
4 Lost, Zyan
5 Sarin
6 Pikrin
7 Giftgas, Phosgen
9 Blaukreuz, Gelbkreuz, Nervengas
10 Blausaeure
11 Grubenkreuz
16 Nervenkampfstoff, Psychokampfstoff
Kampfgefährte
7 Genosse, Kamerad, Partner
11 Mitstreiter
Kampfgerät
5 Waffe
Kampfgericht
4 Jury
Kampfgewinn
4 Sieg
Kampfhandlung
4 Raid
7 Angriff, Attacke, Gefecht, Treffen
8 Invasion, Kanonade, Schlacht
9 Defensive, Offensive
10 Belagerung, Kleinkrieg
Kampfjungfrau
7 Amazone
8 Walkuere
Kampf, Kampfhandlung
4 Game, Raid
5 Duell, Fehde, Fight, Krieg, Match, Spiel, Sturm, Zwist
6 Abwehr, Partie, Ringen, Streit
7 Angriff, Attacke, Einfall, Gefecht, Strauss, Treffen
8 Bataille, Invasion, Kanonade, Nahkampf, Rueckzug, Saeubern, Schlacht, Umgehung, Vorstoss
9 Besetzung, Defensive, Einmarsch, Eroberung, Luftkampf, Offensive, Ueberfall, Umfassung, Vormarsch, Zweikampf
10 Belagerung, Durchbruch, Durchstoss, Gasangriff, Geplaenkel, Kleinkrieg, Konkurrenz, Luftabwehr, Okkupation, Seegefecht, Sperrfeuer, Stoerfeuer, Wettbewerb
11 Bombenhagel, Erstuermung, Grabenkampf, Handgemenge,

Handstreich, Kontroverse, Luftangriff, Luftlandung, Seeschlacht
12 Bombardement, Feuergefecht, Feuerwechsel, Scharmuetzel, Sturmangriff, Trommelfeuer
13 Bombenangriff, Schusswechsel
14 Feuerueberfall, Frontalangriff
15 Panzeroffensive
16 Artillerieschlag, Rueckzugsgefecht
17 Umfassungsangriff
18 Entlastungsangriff
19 Artillerieueberfall
20 Entlastungsoffensive

Kampflinie
3 HKL, VRV
5 Front

Kampfmittel
der Arbeitgeber
11 Aussperrung
der Arbeitnehmer
6 Streik

Kampfort
der Gallier/Römer
6 Alesia
von Christus
5 Issus

Kampfplatz
4 Turf
5 Arena
7 Stadion
8 Walstatt
12 Schlachtfeld
im Altertum
6 Zirkus
7 Stadion
9 Colosseum, Hippodrom

Kampfreihe
7 Phalanx

Kampfrichter
5 Juror
6 Schiri
7 Referee
11 Pfeifenmann
14 Schiedsrichter, Unparteiischer

Kampfschiff
8 Korvette

Kampfspiel
4 Game
5 Match
7 Treffen, Turnier
8 Fantasia
9 Wettkampf
10 Konkurrenz, Wettstreit
der Ritter
6 Buhurt

Kampfsportart
4 Judo
5 Boxen
6 Karate, Ringen
7 Fechten
9 Schiessen

Kampfsportler
6 Judoka

Kampfstoff
4 Lost
6 Arsine
7 Senfgas
9 Blaukreuz

kampfunfähig
2 ko
5 krank
6 groggy
8 invalide, ◆ knock-out, verletzt
9 verwundet
12 angeschlagen

Kampfwagen
4 Tank
6 Panzer
10 Flakpanzer, Jagdpanzer, Spaehwagen
11 Kampfpanzer, Sturmpanzer
13 Raketenpanzer
14 Sturmgeschuetz
15 Schuetzenpanzer
der Antike
8 Quadriga
11 Streitwagen, Viergespann

Kampfzeuge
9 Sekundant

Kampfzone
5 Front

kampieren
6 campen, lagern, zelten
10 biwakieren

kanaanitische
Göttin
5 Belit
Königsstadt
3 Dor
5 Hazor

kanaanitisches
Götterbild
6 Baalim

Kanaans
Bewohner
10 Kanaaniter

Kanadas
Bewohner
8 Kanadier

kanadische
Bucht, Golf
8 Jamesbai
9 Baffinbai, Hudsonbai, Ungavabai
10 Foxebecken
11 Boothiagolf
12 Amundsengolf, Melvillesund
15 Sankt-Lorenz-Golf
Hafenstadt
6 Quebec
7 Halifax, Toronto
8 Montreal
9 Vancouver
Halbinsel
5 Gaspe
6 Ungava
8 Labrador, Melville
13 Neuschottland
Hauptstadt
6 Ottawa
Insel, Inselgruppe
5 Banks, Brook, Coats, Devon, Sable, Wales
6 Breton, Edward, Mansel
8 Bathurst, Melville, Somerset, Victoria
9 Anticosti, Vancouver
10 Baffinland
11 King William, Neufundland, Parryinseln, Southampton
12 Prince Edward, Viktorialand
13 Belcherinseln, Ellesmereland, Prince of Wales, Viktoriainsel
16 Prinz-Eduard-Insel
Münze
4 Cent
6 Dollar
Provinz
5 Yukon
6 Quebec
7 Alberta, Ontario
8 Columbia, Franklin, Keewatin, Manitoba
9 Mackenzie
11 Neufundland
12 Saskatchewan
13 Neuschottland
15 Neubraunschweig
16 Britisch Columbia, Prinz-Eduard-Insel
19 Nordwestterritorien
Sopranistin
7 Stratas
8 Simoneau
9 Pelletier
Stadt
4 Nain
5 Canol, Chimo, Kovik, Levis
6 Arvida, Dawson, Guelph, London, Ottawa, Quebec, Regina
7 Calgary, Halifax, Sudbury, Toronto, Windsor
8 Bathurst, Cochrane, Edmonton, Hamilton, Italifax, Montreal, Victoria, Winnipeg
9 Churchill, Saint John, Saskatoon, Vancouver
10 Coppermine, Saint Johns, Thunder Bay

kanadischer
Arbeiterführer
4 Buck
7 Kashtan
Arzt
7 Banting
Berg, Gebirge
4 Hunt
5 Logan
6 Robson
8 Columbia
10 Carruthers
14 Rocky Mountains
Bewohner
8 Kanadier
Dirigent
5 Faith
Elch
5 Moose
Fluss
5 Yukon
6 Fraser, Ottawa
8 Klondike
9 Athabaska, Churchill, Mackenzie, Saint John
12 Saskatchewan
13 St.-Lorenz-Strom
Forscher und Erfinder
7 Banting
Friedensnobelpreisträger
7 Paerson
Maler und Grafiker
5 Denby
6 Bladen, Trakas
8 Colville, Riopelle
Nobelpreisträger (Medizin)
7 Banting

Nobelpreisträger (Wirtschaft)
7 Vickrey
Pianist
5 Gould
Politiker
7 Paerson, Trudeau
8 Chretien, Mulroney
9 McDougall
11 Diefenbaker
Schlitten
8 Toboggan
Schriftsteller
3 Roy
4 Elie, Gill, Howe, Mair
5 Blais, Gaspe, Hemon, Lemay, Lowry, Major, Pilon, Pratt, Scott, Stead
6 Bibaud, Carman, Garner, Giroux, Hebert, Lozeau
7 Carrier, Galleze, Grignon, Lampman, Lasnier, Leacock, Lemelin, Perrier, Roberts
8 Bessette, Campbell, Cremazie, Lapvinte, Marriott, Nelligan, Sangster
9 Frechette, Goldsmith
10 Haliburton, Richardson
See
7 Eriesee
8 Huronsee
9 Baerensee, Oberer See
10 Ontariosee , Rentiersee
11 Michigansee, Winnipegsee
12 Athabaskasee
16 Grosser Baeren See
17 Grosser Sklavensee, Kleiner Sklavensee
Sportler, Sportlerin
2 Hy
3 Joy
4 Ball, Gery, Glas, Gurr, Kerr, Ward, West
5 Bauer, Beers, Brill, Cliff, Davis, Dawes, Hinds, McKoy, Myden, Ottey, Payne, Peden, Smith, Steen, Surin, Waldo, Walsh
6 Bailey, Butler, Clarke, Crooks, Gareau, Gibson, Gillis, Hutton, Jerome, Kelesi, Linden, Mahorn, Manley, Nugent, Sharpe, Strike, Tanner, Taylor, Vernot, Wilson
7 Baumann, Bernier, Bricker, Briscoe, Carnett, Edwards, Harding, Harnett, Henning, Hodgson, Johnson, Leblanc, Loaring, Lukeman, Pridham, Simpson, Thomson
8 Chalmers, Cloutier, Crothers, Garapick, Goulding, Happeney, McDonald, Sherring, Sweetnam, Thompson, Williams
9 Archibald, Cleveland, Robertson, Rocheleau, Rosenfeld
10 Catherwood, Desmarteau, McNaughton, Ottenbrite, Tewksbury
12 Vaillancourt, Vandermeulen
Wapitihirsch
3 Elk
Wintersportler, Wintersportlerin
4 Auch, Boyd, Lori, Paul
5 Burka, Dafoe, Emery, Kirby, Orser, Percy, Rhead, Scott, Smart, Young
6 Anakim, Bedard, Bowden, Daigle, Eisler, Gognon, Graham, Greene, Haines, Lackie, Manley, McCall, Murray, Revell, Wagner, Wilkes, Wilson
7 Benning, Boucher, Brasseu, Cutrone, Jackson, Jelinek, Kreiner, Lambert, Laroche, Leblanc, Lemieux, Martini, Presley, Wheeler
8 Brasseur, Browning, Clifford, Cranston, Johnston, Langford, McKendry, Sorensen
9 Blackburn, Daignault, Donatelli, Heggtveit, MacEachem, Magnussen, McCulloch, McPherson, Perreault, Podgorsky, Underhill
10 Lee-Gartner
kanadisches
Ballspiel
8 Lacrosse
Rentier
6 Karibu
Kanaille
4 Lump, Pack
6 Poebel, Schuft
7 Schurke
8 Gesindel, Spitzbub
10 Lumpenpack
Kanal
5 Fleet
6 Gracht
in Ägypten
4 Suez
in Bangkok
5 Klong
zwischen Frankreich und England
11 Aermelkanal
zwischen Maas und Schelde
11 Albertkanal
zwischen Mittel- und Rotem Meer
9 Suezkanal
Kanalhafen
5 Dover
6 Calais, Dieppe, St. Malo
7 Le Havre, Ostende
8 Boulogne, Plymouth
9 Cherbourg, Saint Malo
10 Portsmouth
11 Bournemouth, Southampton
Kanalinsel
4 Herm, Sark
5 Lihou, Wight
6 Jersey, Jethou
7 Aurigny, Brechou
8 Alderney, Guernsey
9 Eddystone, Great Sark
10 Little Sark
Kanalisationsanlage
2 WC
4 Siel
5 Gully
6 Kloake
7 Ausguss, Klosett
8 Senkloch
9 Rinnstein, Senkgrube
10 Rieselfeld
11 Klaeranlage
Kanalschacht
5 Gully
Kanalstraße
in Holland
6 Gracht
Kanalstufe
4 Wehr
8 Schleuse, Stauwehr
Kanalwähler
am Fernseher
5 Tuner
Kanapee
4 Sofa
5 Diwan, Liege
8 Ruhebett
Kanarienvogelart
6 Harzer, Kanari, Lizard
7 Norwick
10 Hollaender
12 Harzer Roller, Pfeffervogel
Kanarische
Insel
5 Ferro, Palma
6 Gomera, Hierro
7 La Palma
8 La Gomera
9 Lanzarote, Teneriffa
11 Gran Canaria
13 Fuerteventura
Kandel
9 Dachrinne
Kandelaber
8 Leuchter
11 Armleuchter, Lichthalter
12 Kerzenhalter
Kandidat
8 Aspirant, Bewerber
9 Anwaerter, Pruefling
Kandidatur
9 Bewerbung
11 Nominierung
12 Anwartschaft
kandiert
12 ueberzuckert
kandierte
Fruchtschale
7 Sukkade
Orangenschale
8 Orangeat
Zitronenschale
8 Zitronat
Kaneel
4 Zimt
Kaninchenart, -rasse
3 Loh, Rex
5 Riese
6 Angora, Marder, Riesen, Widder, Wiener
7 Schecke
8 Hermelin
9 Stallhase
10 Chinchilla, Hollaender
11 Grosssilber
Kaninchenbock
7 Rammler
Kaninchenfell
5 Kamin
9 Biberette
Kaninchenkrankheit
9 Ohrraeude
10 Myxomatose

11 Ohrenraeude, Septikaemie
Kaninchenpelzwerk
5 Kanin
Kaninchenpockenserum
6 Lapine
Kaninchenrasse
3 Loh, Rex
6 Angora, Riesen, Widder
8 Schecken
Kanker
11 Weberknecht
kannenartiges
Gefäß
4 Krug
Kannenkraut
13 Schachtelhalm
Kannenschnabel
6 Tuelle
8 Schneppe
Kannibale
13 Anthropophage
15 Menschenfresser
Kannibalismus
14 Anthropophagie
17 Menschenfresserei
Kanon
7 Singrad
9 Leitfaden
11 Richtschnur
12 Kettengesang
Kanonade
12 Beschiessung, Trommelfeuer
Kanone
7 Moerser
8 Haubitze
9 Geschuetz
Kanonenboot
7 Monitor
Kanoniker, Kanonikus
7 Domherr
8 Chorherr
9 Kapitular
10 Stiftsherr
11 Kapitelherr
kanonisieren
14 ◆ heilig sprechen
Kanonisierung
15 Heiligsprechung
Kante
4 Ecke, Ende, Grat, Rand, Saum
5 Kippe
6 Besatz, Gesims, Kruste
10 Seitenrand
Kantenabschrägung
4 Fase
Kantenstreifen
4 Rand
kantig
5 eckig
Kantine
5 Messe
6 Casino, Kasino
7 Essraum
10 Speiseraum
12 Verkaufsraum
14 Betriebskueche
der Studenten
5 Mensa
Kanton
der Schweiz
3 Uri, Zug
4 Bern, Genf, Jura
5 Basel, Waadt
6 Aargau, Glarus, Luzern, Schwyz, Tessin, Wallis
7 Thurgau, Zuerich
8 Freiburg, Obwalden, St. Gallen
9 Appenzell, Neuchatel, Neuenburg, Nidwalden, Solothurn, Waadtland
10 Basel-Stadt
11 Graubuenden, Innerrhoden, Sankt Gallen, Unterwalden
12 Ausserrhoden, Schaffhausen
15 Basel-Landschaft
Kantorei
9 Schulchor
11 Kirchenchor
Kanu-Bootstyp
5 Kajak
8 Canadier, Kanadier
Kanufahrer
6 Kanute
Kanüle
9 Hohlnadel
Kanuruder
6 Paddel
Kanzel
4 Sitz
5 Stand, Stuhl
6 Ansitz
7 Anstand, Cockpit
8 Hochsitz, Katheder
9 Lehrstuhl, Vorsprung
11 Fuehrerraum, Pilotenraum
12 Chorschranke, Predigtstuhl
13 Felsvorsprung, Pilotenkabine
Kanzelprediger
7 Homilet
Kanzelrede
7 Predigt
Kanzlei
11 Sekretariat
Kanzleiformat
5 Folio
Kanzler
7 Premier
14 Regierungschef
des deutschen Reiches
4 Cuno, Marx
5 Bauer, Ebert, Papen, Wirth
6 Buelow, Hitler, Luther
7 Caprivi, Mueller
8 Bismarck, Bruening, Hertling
9 Hohenlohe, Michaelis
10 Fehrenbach, Schleicher, Stresemann
11 Max von Baden, Scheidemann
15 Bethmann Hollweg
Heinrichs VIII.
5 Morus
Kap
10 Vorgebirge
am Kanal (Frankreich)
5 Hague
am Ligurischen Meer
3 Ail
am Ochotskischen Meer
4 Ukoi
6 Alewin
am Roten Meer (Ägypten)
5 Banas
am Schwarzen Meer
5 Emine
an der Küste von Nordkarolina
4 Fear
an der Südspitze Südamerikas
5 Hoorn
6 Hornos
an der vietnamesischen Küste
3 Doc
auf Rügen
6 Arkona
auf Spanien
3 Nao
auf Teneriffa
5 Anaga
bei Biserta (Tunis)
6 Blanco
bei Valencia
3 Nao
der Costa Brava (Span.)
5 Bagur
gegenüber Ischia (Italien)
6 Miseno
im Kai Chabarosk
4 Ukoi
in Afrika
3 Bon
5 Verde
6 Blanco
19 Kap der Guten Hoffnung
in Alaska
12 Barrowspitze
in Algerien
3 Fer, Ivi
in Australien
4 Hood, York
7 Kap York
in der Türkei
5 Incir
in Italien
7 Trionto
in Kanada
6 Breton
9 Kap Breton
in Nordwestspanien
5 Bares
10 Finisterre
in Ostspanien
3 Nao
in Sibirien
12 Tscheljuskin
in Südspanien
3 Nao
4 Gata
6 Tarifa
in Tunesien
3 Bon
in Vietnam
3 Nam
von Algerien
3 Fer
5 Sigli, Tenes
6 Bengut, Falcon
von Florida (USA)
5 Sable
von Gabun (Afrika)
5 Lopez
von Korsika
5 Corse
von Latium (Italien)
6 Linaro
von Neufundland (Kanada)
5 Bauld
von N-Schottland
5 Wrath
von NW-Frankreich
6 Frehel

von Sardinien
5 Mannu
6 Frasca, Pecora
von Schweden
6 Kullen
von Sizilien
5 Gallo
von Somalia
5 Asair
von Südamerika
5 Hooru
von Teneriffa
5 Anaga
Westafrikas
6 Palmas
Kapazität
des Verstärkers
13 Sinusleistung
Kapelle
4 Band
5 Combo
6 Gruppe, Kirche
8 Ensemble, Musikzug
9 Orchester
10 Gotteshaus, Kirchenbau
11 Kirchenraum
in Florenz
5 Pazzi
Kapellmeister
8 Dirigent
10 Bandleader
Kapellmeisterstab
9 Taktstock
Kapergut
5 Prise
kapern
10 aufbringen
Kaphase
5 Tolai
Kapholländer
4 Bure
11 Afrikaander
kapieren
8 einsehen, erfassen
9 begreifen, verstehen
Kapital
4 Geld, Habe
5 Stock
6 Besitz, Fundus, Gelder
8 Substanz
9 Vermoegen
10 Grundstock
anlegen
11 investieren
Kapitalanlage
10 Investment
11 Investition
12 Investierung
Kapitalanleger
8 Investor
Kapitalanteil
5 Aktie
7 Einlage
Kapitalausstattung
12 Finanzierung
Kapitalband
6 Kaptal
Kapitale
10 Hauptstadt
Kapitalertrag
4 Zins
6 Zinsen
7 Rendite
9 Dividende
Kapitalgesellschaft
2 AG, KG
3 OHG
4 GmbH
18 Aktiengesellschaft
21 Kommanditgesellschaft
25 offene Handelsgesellschaft
Kapitalmarkt
6 Boerse
Kapitalrückgewinnung
6 Pay-out
Kapitalverbrechen
4 Mord, Raub
7 Seeraub
8 Attentat, Bankraub, Postraub, Raubmord
9 Piraterie
10 Hochverrat, Kidnapping, Kindesraub
12 Landesverrat
Kapitän
9 Hauptmann, Kommodore
10 Kommandant
11 Equipenchef, Seeoffizier
12 Spielfuehrer
14 Schiffsfuehrer
15 Schiffsoffizier
18 Mannschaftsfuehrer
bei Jules Verne
4 Nemo
kleiner Schiffe
7 Skipper
Kapitel
4 Teil
6 Stueck
9 Abschnitt, Kollegium
11 Hauptstueck, Versammlung
des Korans
4 Sure
Kapitelherr
7 Domherr
8 Chorherr
9 Kapitular
10 Stiftsherr
Kapitell
11 Pfeilerkopf, Saeulenkopf
Kapitulation
8 Ergebung
9 Uebergabe
13 Verpflichtung
Kaplan
5 Vikar
9 Expositus
Käppchen
der katholischen Geistlichen
7 Kalotte
der Richter
6 Barett
der Verbindungsstudenten
7 Zerevis
Kappe
5 Haube
6 Deckel, Kaeppi, Kapuze, Muetze
7 Tschako
10 Verschluss
11 Schuhspitze
12 Narrenmuetze
der Verbindungsstudenten
7 Zerevis
Käppi
7 Tschako
Kapriole
6 Sprung
8 Narretei, Uebermut
10 Bocksprung, Dressurakt, Luftsprung
11 Bocksspung
13 Dressursprung, Dressuruebung
Kaprubin
5 Pyrop
Kapsel
4 Etui
6 Huelle, Huelse
7 Gefaess
8 Futteral, Gehaeuse, Satellit
9 Behaelter
10 Raumschiff
12 Raumfahrzeug
Kapselfrucht
4 Mohn
kaputt
6 defekt
8 ruiniert
9 zerstoert
kaputt gehen
8 verenden
9 krepieren
10 zerbrechen, zerreissen
Kapuze
8 Baschlik
im 13./15. Jh.
5 Kogel
im Mittelalter
5 Gugel
Kapuziner
5 Orden
12 Franziskaner
Kapuzineraffe
3 Sai
4 Mano
5 Koata
6 Aluata, Caraya, Miriki
7 Kapparo, Saimiri
8 Alouatta, Faunaffe, Heulaffe, Tschamek, Wollaffe
9 Barrigudo, Breitnase, Kapuziner, Marimonda
10 Bruellaffe
11 Klammeraffe, Spinnenaffe
12 Schieferaffe
13 Kapuzineraffe
14 Totenkoepfchen
15 Rollschwanzaffe
17 Totenkopfaeffchen
Kapuzinerkresse
12 Kletterkraut
Kapuzinerpilz
9 Roehrling
10 Birkenpilz
15 Birkenroehrling
Kapverdische
Insel
3 Sal
4 Fogo, Maio
5 Brava, Praia
8 Boavista, Sao Antao, Sao Tiago
10 Sao Vicente
Karacho
5 Tempo
6 Rasanz
8 Karriere
Karaffe
7 Flasche
11 Glasflasche, Weinflasche,

Zierflasche
13 Wasserflasche
Karaibenboot
6 Piroge
7 Piragua
Karaibenfisch
6 Piraya
7 Piranha
Karaibenpflanze
6 Igname
Karakal
12 Wuestenluchs
Karakulschafpelz
9 Persianer
Karambolage
13 Zusammenprall, Zusammenstoss
karambolieren
15 zusammenprallen, zusammenstossen
karamellisierter
Zucker mit Mandeln
7 Krokant
Karatemeistergrad
3 Dan
11 Schwarzgurt
Karateübung
16 Handkantenschlag
Karawane
3 Zug
5 Treck
6 Safari
7 Kolonne
9 Pilgerzug
Karawanentier
5 Kamel
8 Dromedar
11 Trampeltier
Karawanserei
3 Han
8 Herberge, Quartier
10 Unterkunft
im Orient
3 Han
Karbatsche
8 Peitsche
Karbolsäure
6 Phenol
Karbonade
8 Kotelett
12 Rippenstueck
Kardengewächs
6 Abbiss, Morina
Kardinal
von New York
5 Cooke
Kardinalstitel
7 Eminenz
Kardinalsversammlung
unter Vorsitz des Papstes
12 Konsistorium
zur Papstwahl
8 Konklave
Kardinaltugend
5 Liebe
6 Glaube
7 Glauben, Staerke
8 Hoffnung, Klugheit, Weisheit
10 Tapferkeit
11 Maessigkeit
13 Gerechtigkeit
im Lateinischen
4 Spes
5 Fides
7 Caritas
8 Justitia
9 Fortitudo, Prudentia
11 Temperentia
karelische
Stadt
6 Wiborg
Karenz
9 Sperrzeit, Wartezeit
10 Entbehrung, Sperrfrist, Wartefrist
karg
5 knapp
6 frugal
8 aermlich, duerftig
9 spaerlich
Karibenboot
6 Piroge
Karibenfisch
5 Piral
6 Piraya
7 Piranha
Karibikbewohner
7 Kreolen
karibische
Inselgruppe
7 Bahamas
See
7 Karibik
karierte
Reisedecke
5 Plaid
karierter
Rock der Schotten
4 Kilt
Textilstoff
6 Pepita
Karies
10 Zahnfaeule
12 Knochenfrass
karikative
Witzzeichnung
7 Cartoon
Karikatur
6 Fratze
8 Grimasse, Zerrbild
9 Spottbild
Karikaturenzeichner
10 Cartoonist
12 Karikaturist
Karikaturist
3 Low
4 Otto
6 Starke, Steger
7 Neumann, Schmitt, Schulze
8 Parschau
9 Jankowsky, Schneider, Staginnus
10 Jahsnoeski
karitative
Anstalt
4 Heim
5 Stift
7 Caritas
9 Altenheim, Wohlfahrt
Institution
10 Rotes Kreuz
karitativer
Warenverkauf
5 Basar
Karneval
8 Fasching, Fasnacht
9 Fastnacht
13 Maskentreiben
Karnevalsausschuss
8 Elferrat
Karnevalsgeck
4 Narr
Karnevalshut
11 Narrenkappe
Karnevalsrednerpult
5 Buett
6 Buette
Karnevalsruf
5 Alaaf, Helau
Karnevalssitzung
7 Session
Karnevalsveranstaltung
10 Maskenball, Maskenfest
11 Gschnasfest, Kostuemball, Kostuemfest
12 Mummenschanz
13 Faschingsball, Faschingsfest, Maskentreiben
15 Rosenmontagszug
Karo
5 Farbe, Figur, Raute
6 Dessin, Muster
7 Viereck
11 Kartenfarbe
13 Wuerfelmuster
beim Kartenspiel
7 Schelle
8 Eckstein, Schellen
Karolineninsel
3 Jap, Ruk, Yab
4 Truk
5 Kusae
6 Kosrae, Ponape
karolingische
Silbermünze
5 Denar
Karotte
6 Moehre
9 Mohrruebe
10 gelbe Ruebe
Karpatenlandschaft
8 Bukowina
10 Buchenland
Karpatenpass
Rumänien
5 Oituz
Karpatenteil
5 Banat, Tatra
8 Beskiden
Karpatenzufluss
des Dunajec
5 Biala
Karpfenfisch
4 Albe, Alet, Blei, Nase, Orfe
5 Aitel, Aland, Barbe, Hasel, Laube, Zalat, Ziege, Zobel
6 Alande, Blicke, Brasse, Doebel, Erling, Rapfen, Schied, Schlei, Ukelei
7 Brachse, Elritze, Guester, Marinka, Pfrelle, Ploetze, Rotauge, Salmler, Schleie, Uckelei, Zaehrte
8 Blaunase, Goldorfe, Nerfling, Peitzger, Rotfeder, Schmerle, Schupper, Schuster
9 Goldfisch, Karausche
10 Bitterling, Gruendling, Rotkarpfen, Weissfisch

11 Bartgrundel
13 Moderlieschen
14 Schlammbeisser, Spiegelkarpfen
15 Schlammpeitzger
Karree
7 Quadrat, Viereck
12 Haeuserblock, Vierergruppe
Karren
5 Wagen
7 Karrete, Rikscha, Vehikel
8 Gefaehrt, Karrette
9 Handwagen
10 Kleinwagen, Schubkarre
11 Scheibtruhe
Karriere
8 Laufbahn
Karstfluss
7 Fiumare
in Slowenien
4 Reka
Karsttrichter
6 Doline
Kartäuserkloster
in Frankreich
10 Chartreuse
in Italien
7 Certosa
Karte
4 Plan
5 Blatt
7 Billett
im deutschen Kartenspiel
4 Daus
im Tarockspiel
5 Pagat
Kartei
9 Kartothek
12 Zettelkasten
Karteikartenreiter
3 Tab
Kartell
4 Pool
Kartenablegespiel
5 Lotto
Kartenausteiler
5 Geber
Kartenfarbe
3 Pik
4 Herz, Karo
5 Kreuz
Kartenfolge
7 Sequenz
Kartengeduldsspiel
8 Patience
Kartenglücksspiel
3 Jeu
4 Faro, Poch
5 Pharo, Poker
6 Ekarte, Hasard
7 Vingtun
8 Bakkarat
9 Mauscheln
Kartenlegekunst
11 Kartomantie
Kartenmischgriff
5 Volte
Kartenrest
beim Spielen
5 Talon
Kartenskizze
5 Kroki
Kartenspiel
3 Jeu
4 Faro, Jass, Poch, Skat, Solo, Tapp, Zego
5 Besik, Ekart, Pharo, Poker, Romme, Rummy, Sedma, Tarok, Whist
6 Biribi, Boston, Bridge, Ecarte, Ekarte, Gaigel, Hasard, Hombre, Lomber, Pharao, Pikett, Piquet, Ramsch, Rapuse, Tarock, Watten
7 Baccara, Besigue, Binokel, Canasta, L'Hombre, Mariage, Tempeln, Vingtun
8 Bakkarat, Klabrias, Papillon, Patience, Quartett
9 Mauscheln, Quodlibet, Schafkopf, Schnapsen, Vingt-et-un
10 Doppelkopf, Karnoeffel, Klaberjass, Onze et demi, Preference, Schafskopf
11 Rouge et noir
12 Sambacanasta
13 Einundzwanzig
14 Kartenlotterie, Schieberramsch, Schnippschnapp, Schwarzer Peter
15 Sechsundsechzig, Siebzehnundvier
Kartenspielausdruck
2 As, Re
3 Pik, Rot
4 Auge, Bete, Bock, Bube, Dame, Daus, Hand, Herz, Karo, Mond, Null, Ober, Satz, Sine, Solo
5 Atout, basta, Blatt, Bluff, Coeur, Ecker, Farbe, geben, Geber, Grand, Gruen, Joker, Jolly, Junge, Kreuz, Pagat, Pique, Point, Runde, Stich, Talon, Treff, Unter, Valet, Volte
6 Eckern, Eichel, Herzen, kontra, mauern, mogeln, Ouvert, passen, Robber, Taille, Trumpf, Wenzel
7 Couleur, Einsatz, Kiebitz, Mariage, mischen, Renonce, Schelle, Schwarz, Sequenz, Spieler, Vorhand
8 bedienen, bekennen, Eckstein, Fullhand, Schellen, Schippen
9 Grandhand, kiebitzen, schneiden, Schneider, Schueppen
10 Hinterhand, Mittelhand, Nullouvert, Schippchen
Kartenspieler
5 Geber
6 Skater
Kartenstamm
5 Talon
Kartenstock
bei Glücksspielen
5 Talon
Kartenwerk
5 Atlas
Kartenwissenschaft
11 ◆ Kartografie
12 Kartographie
Kartenzeichen
8 Signatur
Karthager
6 Punier
karthagische
Gottheit
6 Tanith
9 Baal Haman
karthagischer
Heerführer
8 Hamilkar, Hannibal
9 Hasdrubal
14 Hamilkar Barkas
Seefahrer
5 Hanno
Karthagos
Gründerin
4 Dido
Kartoffel
6 Batate
8 Erdapfel, Erdbirne
10 Grundbirne
Kartoffelball
5 Kloss
Kartoffelbällchen
9 Kroketten
Kartoffelbrei
6 Pueree
Kartoffelgift
7 Solanin
Kartoffelkrankheit
10 Nassfaeule
11 Braunfaeule, Krautfaeule
18 Blattrollkrankheit
Kartoffelmehl
7 Staerke
Kartoffelpresse
8 Quetsche
Kartoffelpuffer
6 Plinse
11 Reibekuchen
kartografische
Verbindungslinie
6 Akline
Karton
5 Pappe
9 Schachtel
13 Pappschachtel
kartoniertes
Buch
9 Paperback
Kartothek
6 Kartei
Kartusche
6 Huelse, Ladung, Rahmen
8 Ornament
10 Zierstueck
Karwochentag
10 Karfreitag, Karsamstag
15 Gruendonnerstag
Karzer
5 Zelle
6 Kerker
8 Haftraum
10 Arrestraum, Gefaengnis
11 Arrestlokal
kasachische
Hauptstadt
6 Almaty, Astana
7 Alma Ata
Stadt
5 Saran

6 Gurjew, Uralsk
7 Alma-Ata, Arkalyk
8 Ksyl-Orda, Kustanai, Pawlodar, Temirtan
9 Dschambul, Karaganda
10 Aktjubinsk, Tschimkent, Zelinograd
11 Taldy-Kurgan
12 Dscheskasgan
13 Nowokasalinsk, Petropawlowsk, Semipalatinsk
14 Ust-Kamenogorsk

kasachischer
Dichter
10 Kunanbajew

Kaschemme
6 Kneipe
8 Spelunke

Kaschmirhirsch
6 Hangul

käseartige
Masse
4 Arsa

Käseart, -sorte
4 Brie
5 Gouda, Quark
6 Edamer, Glumse, Harzer, Topfen, Zieger
7 Chester, Gervais, Gruyere, Mainzer, Quargel, Romadur, Stilton
8 Bel-Paese, Labkaese, Liptauer, Parmesan, Tilsiter, Vacherin
9 Allgaeuer, Camembert, Greyerzer, Handkaese, Hartkaese, Kochkaese, Korbkaese, Limburger, Rahmkaese, Roquefort, Schweizer, Tollenser
10 Emmentaler, Gorgonzola, Hollaender, Sahnekaese, Schabziger, Weichkaese, Weisskaese
11 Schafskaese, Ziegenkaese
12 Schnittkaese

Käsegericht, -speise
6 Fondue

Käseherstellungsart
5 Quark
6 Topfen
7 Quargel
8 Labkaese
9 Handkaese, Hartkaese, Kochkaese, Korbkaese, Rahmkaese
10 Sahnekaese, Weichkaese, Weisskaese
11 Sauertopfen
12 Streichkaese

Kaseinkunststoff
6 Akalit

Kasernenraum
5 Messe
6 Kasino
7 Kantine
9 Wachlokal
11 Fahnenhalle

Käsestadt
in Belgien
7 Limburg
in Holland
4 Edam

Käsestoff
6 Kasein

Käsewasser
5 Molke

käsige
Lymphknotengeschwulst
5 Tyrom

Kasinospielmarke
5 Jeton

Kaskade
10 Wasserfall
11 Wasserspiel

Kassenansturm
3 Run

Kassenbeleg
3 Bon

Kassenbestand
3 ist

Kassenführer
7 Rendant
9 Kassierer

Kassenprüfer
7 Revisor

Kassenquittung
5 Beleg

Kassenschlager
3 Hit
6 Renner
7 Reisser
8 Knueller
10 Bestseller

Kassenschrank
4 Safe
6 Tresor

Kassensturz
8 Revision

Kassenverwalter
7 Rendant

Kassenzettel
3 Bon
4 Slip
5 Beleg
8 Quittung

Kasserolle
4 Topf
6 Pfanne, Tiegel
7 Gefaess
8 Geschirr, Kochtopf
10 Herdpfanne, Schmortopf
12 Kochgeschirr

Kassette
6 Huelle, Kasten
9 Behaelter, Kaestchen, Schatulle

kassieren
9 einnehmen, einziehen, verbuchen

kastanienbraun
5 maron

Kastanienfrucht
6 Marone

Kästchen
8 Kassette

Kaste
5 Stand
6 Klasse
7 Schicht
in Ostindien
5 Cudra

Kastell
4 Burg, Fort
5 Feste
7 Festung, Schloss
9 Zitadelle
11 Befestigung
12 Festungswerk

Kasten
3 Box
4 Lade
5 Kiste, Truhe
7 Schrank, Schrein
9 Behaelter, Schublade
10 Turngeraet

Kastenfassung
von Schmucksteinen
6 Chaton

kastenförmige
Vorrichtung zur Aufnahme von Eintrittsgeldern
7 Zahlbox

kastenförmiger
Lautsprecher
3 Box
Schwimmkörper
6 Ponton

kastenförmiges
Cembalo
7 Spinett

kastenloser
Inder
5 Paria

Kastenmöbel
5 Truhe
mit Schubfächern
7 Kommode

Kastenschiff
5 Arche

Kastor
und Pollux
9 Dioskuren

Kastors
Bruder
6 Pollux
Mutter
4 Leda
Vater
4 Zeus

Kastrat, Haremswächter
6 Eunuch
14 Verschnittener

kastrierter
Bulle
5 Ochse
Hahn
6 Kapaun
Hammel
7 Schoeps

kastriertes
männl. Schaf
6 Hammel
7 Schoeps
Masthuhn
8 Poularde
Pferd
7 Wallach
Rind
5 Ochse
Schwein
4 Barg, Bork

Kasuist
6 Pedant
11 Haarspalter
13 Wortverdreher

Kasus
der Urheberschaft
7 Ergativ

katalanische
Promenierstraße
5 Ramba
katalanischer
Alchimist
6 Lullus
Katalepsie
17 Muskelstarrkrampf
Katalog
10 Uebersicht
11 Aufstellung, Verzeichnis
16 Warenverzeichnis
katalogisieren
6 ordnen
katalonischer
Tanz
5 Rueda
Katapult
9 Schleuder
12 Wurfmaschine
14 Startschlitten
17 Flugzeugschleuder
Katarakt
10 Wasserfall
13 Stromschnelle
Katarrfieber, Influenza
6 Grippe
Kataster
8 Flurbuch
9 Grundbuch
katastrophale
Niederlage
6 Kannae
Katastrophe, Katastrophenart
4 Ruin
5 Chaos, Krieg
6 Seuche, Unheil
7 Absturz, Debakel, Havarie, Umsturz
8 Einsturz, Epidemie, Erdbeben, Hochflut, Seebeben, Unglueck, Unwetter
9 Dammbruch, Explosion, Kollision, Sturmflut, Tragoedie, Untergang, Wassernot
10 Deichbruch, Grossbrand, Grossfeuer, Hochwasser, Hungersnot
11 Meeresbeben, Schiffbruch, Verhaengnis
12 Feuersbrunst, Lawinensturz
13 Faehrunglueck, Zusammenbruch, Zusammenstoss
14 Vulkanausbruch
15 Flugzeugabsturz, Ueberschwemmung
16 Schiffsuntergang
Katastrophenwarnung
8 Oelalarm
Kate
6 Huette
12 Bauernhuette
Kategorie
6 Gruppe, Klasse
7 Gattung, Ordnung
Kater
bei Wilhelm Busch
6 Munzel
in der Fabel
4 Murr
6 Murner
Katheder
4 Pult
6 Kanzel
9 Lehrstuhl
10 Rednerpult
Kathedrale
3 Dom
8 Muenster
11 Hauptkirche
14 Bischofskirche
in Paris
12 Invalidendom
Kathode
9 Elektrode
katholische
Aktion
14 Laienapostolat
Andacht
4 None
6 Novene
Bischofsversammlung
6 Konzil
Bruderschaft
10 Sodalitaet
Dichterin
6 Lefort
Frühmesse
8 Matutina
Gedächtnisfeier für die Verstorbenen
11 Allerseelen
13 Allerheiligen
Geistlichkeit
6 Klerus
Heilige
4 Afra
5 Agnes, Lydia
6 Ursula
7 Barbara
9 Katharina
10 Margarethe
14 Klara von Assisi
Leichenfeier
8 Exequien
Messe
3 Amt
Ordensfrau
5 Nonne
Pfarramtsverweser
5 Kurat
Priesterschaft
6 Klerus
Seelenmesse
7 Requiem
8 Totenamt
Totenmesse
9 Seelenamt
Vereinigung ohne Ordensgelübde
12 Bruderschaft
Zentralverwaltung
5 Kurie
katholischer
Altardiener
7 Akoluth
10 Ministrant
Aufsichtsgeistlicher
5 Dekan
Bettelorden
9 Kapuziner, Minoriten
10 Augustiner, Karmeliter
11 Dominikaner
12 Franziskaner
Feiertag
11 Allerseelen
12 Fronleichnam
13 Allerheiligen
16 Maria Himmelfahrt
Frauenorden
12 Klarissinnen
15 Karmeliterinnen, Salesianerinnen
Gebetskranz
10 Rosenkranz
Geistlicher
5 Vikar
6 Diakon, Kaplan
7 Bischof, Praelat
8 Kardinal, Kleriker, Priester
10 Erzbischof
Gottesdienst
5 Messe
Heiliger
5 Eudes, Georg, Ignaz, Menas, Sales, Silas, Vitus
6 Firmus, Gereon, Gildas, Maurus
7 Blasius, Erasmus
8 Achatius, Aegidius, Cyriakus
9 Dionysius, Pantaleon
10 Eustachius
13 Christophorus
Hilfsgeistlicher
5 Vikar
6 Kaplan
Hilfspriester, Pfarrverweser
5 Kurat
höchster Gerichtshof
4 Rota
10 Rota Romana
Jugendbund
9 Quickborn
Kirchendiener
6 Mesner
7 ◆ Messner
Kirchenlehrer, -vater
6 Gregor
8 Augustin
9 Ambrosius
10 Athanasius, Augustinus, Hieronymus
Kirchenmusiker
5 Quack
Kulturphilosoph
5 Dempf
Kurienkardinal
3 Bea
Küster
6 Mesner
7 ◆ Messner
Lobgesang
6 Gloria, Tedeum
Messdiener
6 Levite
10 Ministrant
Messgesang
8 Graduale
Orden
8 Jesuiten, Mauriner
9 Kapuziner, Minoriten, Theatiner, Ursulinen
10 Augustiner, Karmeliter, Kartaeuser, Trappisten
11 Dominikaner
12 Benediktiner, Franziskaner, Kluniazenser

13 Zisterzienser
Ordenspriester
5 Pater
6 Patres
Priester
7 Dechant
Priester, der nur Messen liest
8 Altarist
Priesterstand
6 Klerus
Religionslehrer
8 Katechet
Seminarleiter
6 Regens
Theologe
3 Eck, Egk
6 Parsch
Volksprediger
6 Kochem
Würdenträger
7 Praelat
8 Kardinal
katholisches
Bischofstreffen
6 Konzil
Bittgebet
7 Litanei
Dogma
22 unbefleckte Empfaengnis
Gebet
7 Angelus
8 Ave Maria
Gedenkfest für Verstorbene
11 Allerseelen
Gnadenmittel
6 Ablass
8 Nachlass
10 Absolution
12 Lossprechung
Messbuch
6 Missal
7 Missale
Morgengebet
4 Prim
Priestergewand
4 Albe
5 Stola
8 Pluviale
Sakrament
3 Ehe
5 Busse, Taufe
6 Oelung
7 Firmung
9 Abendmahl
stilles Messgebet
6 Sekret
Stundengebet
4 Hora, None, Prim
7 Brevier
Kattun, Kattunart
4 Mako
5 Zietz
6 Chintz, Kaliko
8 Indienne
9 Schirting
Katze
bei Wilhelm Busch
6 Mienzi
Katzenart
5 Kuder, Manul, Melon, Rasse
6 Fahhad, Leopon, Musang, Parder, Tigron
7 Galidia, Karakal, Linsang, Zivette
8 Fanaloka, Kaploewe, Mampalon, Rotluchs, Surikate, Tigrillo
9 Baumtiger, Bergkatze, Binturong, Falbkatze, Goldkatze, Hauskatze, Kusimanse, Manxkatze, Rohrkatze, Rostkatze, Sandkatze
10 Burmakatze, Buschkatze, Frettkatze, Hundsfrett, Jaguarundi, Marderbaer, Nachtkatze, Scharrtier, Sundatiger, Tigerkatze
11 Bengalkatze, Berberloewe, Borneokatze, Jagdleopard, Marmorkatze, Massailoewe, Nebelparder, Pallaskatze, Pampaskatze, Perserloewe, Servalkatze, Wieselkatze
12 Erdhuendchen, Otterzivette, Palmenroller, Pardelroller, Senegalloewe, Steppenkatze, Wuestenluchs
13 Fleckenroller, Fuchsmanguste, Kurzhaartiger, Osborngenette, Wasserzivette, Zebramanguste
14 Baenderzivette, Sumpfichneumon, Zibetkaetzchen
15 Kartaeuserkatze, Madagaskarmungo
16 Langschwanzkatze, Mandschureitiger
17 Goldstaubmanguste
19 Baenderpalmenroller
20 Kurzschwanz-Ichneumon
katzenartiges
afrikanisches Raubtier
6 Serval
Katzenauge
5 Quarz
9 Edelstein
13 Rueckstrahler
Katzenbär
des Himalaja
5 Panda
Katzendarm
6 Katgut
Katzenfisch
4 Wels
9 Zwergwels
Katzenfuß
5 Pfote
Katzengold
6 Biotit
7 Glimmer
13 Biotitglimmer
Katzenjammer
5 Kater
9 Uebelkeit
13 Ernuechterung
Katzenlaut
4 miau
Katzenmusik
6 Jaulen, Miauen
7 Gedudel, Gejaule
8 Gejammer, Gewimmer
9 Charivari, Geklimper, Klimperei, Missklang
Katzenrasse
3 Rex
4 Eyra, Manx, Onze, Puma, Siam, Unze
5 Birma, Burma, Fossa, Irbis, Khmer, Korat, Loewe, Luchs, Mungo, Tiger
6 Gepard, Jaguar, Kuguar, Ozelot, ◆ Panter, Pardel, Perser, Serval, Tuerke
7 Genette, Havanna, Leopard, Panther
8 Kurzhaar, Manguste
9 Bergloewe, Ichneumon, Siamkatze, Wildkatze
10 Abessinier, Chinchilla, Kartaeuser, Khmerkatze, Sumpfluchs, Zibetkatze
11 Angorakatze, Colourpoint, Pardelkatze, Perserkatze, Pharaoratte, Silberloewe
12 Ginsterkatze, Koenigstiger
13 Schneeleopard
Katzensilber
7 Glimmer
8 Muskovit
11 Kaliglimmer
Kauf
5 Bezug
6 Erwerb, Handel
7 Vertrag
9 Geschaeft
11 Anschaffung
geistlicher Ämter
7 Simonie
kaufen
8 erwerben
10 anschaffen, einhandeln
Käufer
5 Kunde
6 Nehmer
7 Kaeufer
8 Abnehmer, Erwerber
9 Konsument
11 Interessent, Verbraucher
Kaufgegenstand
4 Ware
Kaufgeschäft
6 Handel
Kaufhaus
5 Basar
9 Warenhaus
10 Supermarkt
im Orient
5 Basar
Kaufherrengeschlecht
in Augsburg
6 Fugger, Welser
käuflich
4 feil
9 unredlich
11 bestechlich, erhaeltlich
Kauflustiger
10 Reflektant
Kaufmann
7 Kraemer
8 Haendler
kaufmännisch
9 merkantil
kaufmännisch-buchhaltungstechnischer
Begriff
3 Ist, Uso
4 Dato, Nota, Rate, Soll, Tara, Usus, Ware, Ziel

5 Abruf, Bonus, Damno, Debet, Firma, Haben, Kassa, Kasse, Kolli, Konto, Kunde, Lager, Manko, Markt, Netto, Order, Preis, Saldo, Summa, Summe
6 Absatz, Aktiva, Bilanz, Brutto, Budget, Detail, en gros, Erloes, Ertrag, Export, Faktur, Franko, Import, Konsum, Kredit, Option, Partei, Partie, Profit, Rabatt, Ramsch, Skonto, Spesen, Storno, Ultimo, Umlage, Usance, Zufuhr
7 Abnahme, Angebot, Artikel, Ausfuhr, Branche, Buchung, Einfuhr, Einkauf, Faktura, Inkasso, Kaeufer, Magazin, Monopol, Offerte, Passiva, Prokura, Prozent, Restant, Solvenz, Verkauf, Zahlung
8 Einnahme, Inventar, Inventur, Quittung, Rohstoff, Unkosten, Vertrieb
9 Abbuchung, Abschluss, Abzahlung, Anzahlung, Bezahlung, Emballage, Forderung, Hauptbuch, Insolvenz, Kondition, Lagergeld, Lagerraum, Lieferant, Lieferung, Nachfrage, Provision, Sortiment, Verdienst, Vermoegen
10 Anlagewert, Verbuchung
13 Zahlungsfrist
14 Mehrwertsteuer

kaufmännische
Lieferungsanweisung
5 Abruf
Mittelfirma
10 Vertretung
Räumungsaktion
14 Schlussverkauf
20 Saisonschlussverkauf, Sommerschlussverkauf, Winterschlussverkauf
Stellung, Beruf, Tätigkeit
4 Boss, Bote, Chef
5 Agent, Clerk, Stift
6 Kommis, Makler, Packer
7 Inhaber, Manager, Revisor
8 Direktor, Grossist, Haendler, Lagerist, Lehrherr, Lehrling, Paechter
9 Disponent, Expedient, Exporteur, Importeur, Kassierer, Kontorist, Laufjunge, Prokurist, Reisender, Schreiber, Sekretaer, Vertreter, Verwalter, Volontaer
10 Aufkaeufer, Boersianer, Buchhalter, Detaillist, Direktrice, Einkaeufer, Kalkulator, Konzipient, Verkaeufer, Vermittler
11 Werbeleiter
12 Filialleiter
13 Grosshaendler, Korrespondent
14 Einzelhaendler, Verkaufsleiter
15 Vertriebsleiter
17 Geschaeftsfuehrer

kaufmännisches
Angebot
7 Offerte
Büro
6 Kontor
Gutachten
6 Parere
Tagebuch
6 Kladde

Kaufmannsgehilfe
6 Kommis

Kaufstein
Domino
5 Talon

Kaufsumme
5 Preis

Kaugummi
9 Bubble Gum

Kaukasier
5 Aware

kaukasische
Hirschart
5 Maral
Landschaft
8 Georgien
Laute
3 Tar
Wollkapuze
8 Baschlik
Ziege
3 Tur

kaukasischer
Mantel
5 Burka
Rothirsch
6 Marale
Tanz
8 Lesginka
Teppich
5 Kasak, Kelim, Sumak
6 Kasach
Volksstamm
5 Lasen
6 Alanen
12 Tscherkessen
13 Tschetschenen

Kaukasusberg
6 Elbrus, Kasbek

Kaukasusbewohner
5 Alane, Aware
6 Ossete, Tatare

Kaukasusfluss
5 Terek

Kaukasusgipfel
6 Elbrus, Kasbek

Kaukasushirsch
5 Maral

Kaukasustürke
im 8. Jh.
6 Chasar

Kaulbarsch
7 Schroll
11 Pfaffenlaus

Kaulkopf
5 Koppe

Kaunuss
5 Betel

kausal
11 begruendend, ursaechlich

Kautabak
5 Priem

Kaution
5 Pfand
8 Garantie
9 Haftsumme
10 Sicherheit
11 Buergschaft

kautschukähnliche
Masse
11 Guttapercha

Kautschukbaum, -lieferant
5 Ficus, Hevea
7 Kickxia
9 Castilloa, Gummibaum

Kautschukersatz, Füllstoff
6 Faktis

Kautschuk, Kautschukart
4 Buna, Para
5 Assam, Ceara, Gummi, Latex
7 Neopren
10 Carthagena

Kautschukmilch
5 Latex

Kauwerkzeug
4 Zahn
6 Gebiss
10 Backenzahn

Kauz
4 Eule
10 Sonderling

Kavalier
8 Hoefling
9 Caballero, Gentleman
11 Hofschranze

Kavallerie
6 Beritt
8 Reiterei

Kavallerieangriff
7 Attacke

Kavallerieeinheit
8 Eskadron
9 Schwadron

Kavallerieoffizier
11 Rittmeister

Kavallerist
4 Ulan
5 Husar
6 Reiter
8 Dragoner
10 Kuerassier

Kaverne
im Felsgestein
6 Hoehle

Kaviar
6 Beluga
8 Malossol
vom Stör
4 Ikra

Kaviarfisch
5 Stoer

Kaviarlieferant
5 Stoer
6 Beluga, Hausen, Scherg
7 Sterlet

Kaviarsorte
6 Beluga
8 Malossol

keck
4 kess
5 frech
6 dreist, forsch, munter
8 verwegen
9 schneidig, tollkuehn, ungeniert

Keckheit
7 Schneid
9 Frechheit

10 Forschheit
13 Ungeniertheit
Keeper
7 Torwart
Kegel
5 Konus
beim Curling
5 Doily
kegelähnlicher
Körper
6 Konoid
Kegelaufstellung
5 Stand
Kegelbruder
6 Kegler
kegelförmig
7 konisch
kegelförmiger
Berggipfel
5 Kofel, Kogel
Zapfen
5 Konus
kegelförmiges
Gebilde im Erdölgebiet
5 Salse
Maschinenteil
5 Konus
Kegelkugel
6 Bossel
Kegelschnitt
5 Kreis
7 Ellipse, Parabel
8 Hyperbel
Kegelspiel
mit 10 Kegeln
7 Bowling
Kegelvolltreffer
6 Neuner
9 alle Neune
Kegelwurf
5 Schub
Keglergruß
7 Gut Holz
Kehlkopf
6 Gurgel
10 Luftroehre
Kehlkopfdiphtherie
5 Krupp
Kehlkopfentzündung
10 Laryngitis
Kehlkopfteil
5 Bucht
6 Deckel
7 Knorpel
8 Kehlsack
9 Stimmband
10 Adamsapfel, Kehldeckel, Stimmritze
11 Taschenband
Kehllaut
8 Guttural
Kehraus
4 Ende
6 Finale
7 Ausgang, Schluss
8 Abgesang
9 Abschluss
11 Schlusstanz
Kehrbesen
5 Feger
Kehrbild
7 Negativ
Kehre
im Kunstflug
4 Turn
Wendung beim Fechten
5 Volte
Kehre, Kehrschleife
4 Turn
5 Kurve, Wende
6 Uebung
7 Drehung, Wendung, Windung
10 Serpentine, Turnuebung
kehren
5 fegen
6 wenden
8 saeubern
Kehrgerät
5 Besen, Feger
8 Schaufel
9 Handfeger
Kehricht
5 Dreck, Muell, Staub, Unrat
6 Abfall, Fegsel, Schutt
7 Schmutz
Kehrreim
7 Refrain
Kehrschleife
10 Serpentine
Kehrseite
5 Verso
6 Envers, Revers
7 Ruecken
9 Gegensatz, Gegenteil
10 Rueckseite
11 Hinterseite
13 Schattenseite
Kehrtwendung
6 Umkehr
Kehr-wieder-Keule
8 Bumerang
Keiferei
7 Gezeter
Keil
in der Schneiderei
7 Zwickel
keilartiges
Ackerwerkzeug
5 Schar
Keile
4 Haue
7 Dresche, Pruegel
8 Schlaege
9 Abreibung
Keiler
4 Eber
8 Wildeber
11 Wildschwein
Keilschriftmaterial
8 Tontafel
10 Steintafel
Keilschwanzsittich
3 Ara
Keimdrüse
6 Gonade
10 Germinalie
keimendes
Getreide
4 Saat
keimfrei
6 steril
9 aseptisch
Keimfreiheit
7 Asepsis
11 Sterilitaet
Keimgut
4 Saat
7 Einsaat
8 Saatkorn
10 Wintersaat
Keim, Keimzelle
2 Ei
4 Same
5 Gamet, Polle, Samen, Spore, Trieb, Zelle
6 Ansatz, Embryo, Foetus, Frucht, Knospe, Pollen
7 Erreger, Ursache
8 Bakterie, Ursprung
10 Pollenkorn
13 Ausgangspunkt
Keimkorn
5 Spore
Keimling
5 Samen
6 Embryo, Frucht
keimtötend
12 antiseptisch
keimtötendes
Mittel
12 Antiseptikum
Keimträger
2 Ei
4 Same
5 Spore
Keimwurzel
8 Radicula
Keimzelle
2 Ei
5 Gamet
von Moos und Farn
5 Spore
kein
Fachmann
4 Laie
Held
5 Memme
Regelfall
8 Ausnahme
keiner
7 niemand
keinerlei
6 nichts
keines
Beweises bedürftiger Grundsatz
5 Axiom
keinesfalls
3 iwo, nie
7 niemals
Kelch
4 Glas
5 Pokal
6 Becher, Bluete, Huelle
7 Gefaess
zur Aufbewahrung der Hostien
8 Ciborium
Kelchblatt
einer Blüte
6 Sepale
kelchförmiges
Weinglas
6 Roemer
Kelchfuß, -schaft
5 Nodus
Kelle
12 Biberschwanz, Maurergeraet
14 Maurerwerkzeug, Schoepfloeffel

Kellerei
9 Weinlager
Kellerfenster
4 Luke
Kellergeschoss
10 Souterrain
Kellergewölbe
9 Kasematte
Kellermeister
6 Kuefer
Kellerungeziefer
5 Assel
6 Schabe
Kellner
4 Ober
6 Garcon
7 Ganymed, Steward
Kellnerin
10 Stewardess
11 Serviererin
im Nachtlokal
7 Bardame, Barfrau
Kellnerkleidung
5 Frack
Kellnerlehrling
7 Pikkolo
Kelten
4 Iren
6 Gaelen
7 Galater
8 Bretonen, Rauriker, Schotten, Walliser
Kelter
6 Presse
10 Obstpresse
12 Fruchtpresse
13 Traubenpresse
Kelterer
6 Winzer
Kelterrückstand
6 Treber
7 Trester
keltische
Erzählung
10 Mabinogion
Feenkönigin
3 Mab
Gottheit
3 Lug
4 Donn, Esus
5 Dagda
6 Ogmios
7 Taranis
8 Teutalus
Sagengestalt
4 Erek
5 Artus
6 Isolde, Merlin, Ossian
7 Tristan
8 Parsifal, Parzifal
Volksgruppe
4 Iren
5 Bojer
6 Gaelen, Kymrer, Skoten
7 Galater, Noriker, Senonen, Waliser
8 Bretonen, Schotten, Sequaner, Treverer
9 Helvetier, Tiguriner
keltischer
Barde
6 Ossian
Dichter und Sänger
5 Barde
Gladiator
6 Krixos
Hünenstein
6 Menhir
Name für die Bretagne
8 Armorika
Name für England
6 Albion
Name für Irland
4 Eire, Erin
Priester
6 Druide
Sagenheld
4 Erek
5 Artus
6 Arthur, Isolde, Merlin, Ossian
7 Tristan
8 Parsifal, Parzival
Sagenkönig
4 Lear
Sänger
5 Barde
6 Ossian
Schotte
5 Skote
Stamm an der Mosel
8 Treverer
Volksangehöriger
5 Belge
Volksstamm
5 Bojer
6 Skoten
7 Galater, Noriker, Senonen
8 Bretonen, Rauriker, Sequaner
9 Helvetier, Tiguriner
Volksstamm in Kleinasien
7 Galater
kenianische
Hauptstadt
7 Nairobi
Münze
4 Cent
8 Shilling
Stadt
3 Wak
5 Nyeri
6 Kisumu, Kitale, Nakura, Nakuru
7 Mombasa, Nairobi
8 Machakos
kenianischer
Leichtathlet, Leichtathletin
4 Boit, Kogo, Nzau, Ouko, Rono, Sang, Temo, Temu
5 Aguta, Asati, Birir, Bitok, Ereng, Keino, Kemei, Kitur, Koech, Korir, Lelei, Ngugi, Sirma, Tanui
6 Biwatt, Biwott, Jipcho, Karori, Kimeli, Mutwol
7 Chelimo, Chesire, Hussein, Karuiki, Kirochi, Merande, Musyoki, Ondieki
8 Barkutwo, Kimbobwa, Kipkoech, Kiprugut, Kiptanui, Waithera, Wakihuri
9 Cheruiyot, Kipkemboi, Kiprotich
10 Konchellah
Kenner
7 Experte, Gourmet, Koenner
8 Fachmann, Gourmand
9 Routinier
10 Erfahrener, Kapazitaet
13 Feinschmecker
17 Sachverstaendiger
der Erdgeschichte
7 Geologe
der lateinischen Sprache
12 Altphilologe
Kennfarbe
7 Merkmal
Kenngröße
11 Eigenschaft
Kennkarte
4 Pass
7 Ausweis
15 Personalausweis
16 Identitaetskarte
Kenntnis
5 Kunde, Notiz
6 Wissen
8 Einblick
9 Erfahrung
Kenntnisse
aneignen
6 lernen
Kennwort, Schlagwort
5 Motto
6 Losung, Parole, Slogan
7 Chiffre
10 Leitspruch
Kennzahl
6 Nummer
7 Chiffre
Kennzeichen
für deutsche Normteile
3 DIN
gleicher Sippe
20 Familienaehnlichkeit
Hoheitszeichen
6 Emblem
in englischen Wappen
5 Badge
staatlicher Macht und Würde
9 Insignien
Kennzeichen, Kennzeichnung
3 Art, Mal
4 Norm, Note, Zahl
5 Kreuz, Marke, Punkt, Tafel
6 Emblem, Schild, Signal, Stigma, Symbol, Wappen, Ziffer
7 Hinweis, Kennung, Merkmal, Symptom
8 Attribut, Signatur
9 Charakter, Kriterium
10 Markierung
11 Signalement
14 Charakteristik
Kennzeichen, Kennzeichnung
7 Chiffre
16 Charakteristikum
kennzeichnen
9 markieren
16 charakterisieren
kennzeichnend
7 markant, typisch
16 charakteristisch
kennzeichnendes
Merkmal einer Person
16 Charakteristikum
Symbol
8 Attribut

Kennzeichnung
fein- und langhaariger Zuchttiere
6 Angora
Kennzeichnungszahl
5 Index
Kennziffer
6 Nummer
8 Normativ
Kentaur
der griech. Sage
6 Chiron, Nessos, Nessus
kentern
6 kippen
10 umschlagen
Keramikbetrieb
9 Toepferei
Keramiker
6 Hafner
7 Haefner, Toepfer
keramische
Gussmasse
6 Engobe
keramischer
Isolierstoff
5 Calit
keramisches
Erzeugnis
4 Krug, Vase
6 Fliese, Kachel, Platte, Roehre, Schale, Teller, Ziegel
7 Fayence, Klinker, Plastik, Tonware
8 Geschirr, Irdengut, Majolika, Steingut, Tonfigur
9 Irdenware, Porzellan, Schamotte, Steinzeug, Tonroehre
10 Blumenvase, Roemertopf, Terrakotta, Wandfliese, Wandplatte
11 Toepferware, Ziegelstein
Kerbe
5 Kimme, Rille, Rinne
6 Furche
7 Scharte
10 Einschnitt
Kerbtier
4 Kerf
6 Fliege, Insekt, Kaefer, Spinne
11 Segelfalter
12 Apollofalter, Hirschkaefer, Marienkaefer
13 Puppenraeuber
14 Rote Waldameise
Kerbtierkunde
11 Entomologie
Kerker
4 Turm
5 Bagno
7 Verlies
9 Zuchthaus
10 Gefaengnis
11 Burgverlies
in Italien und Frankreich
5 Bagno
Kerl
4 Held, Lump
6 Flegel, Macker
7 Bursche
Kern
7 Extrakt, Nukleus
einer Sache
6 Innere
einer Steinfrucht
6 Mandel
eines Tritiumatoms
6 Triton
Kernenergie
9 Atomkraft
Kernfleisch
der Kokosnuss
5 Kopra
Kernforschung
10 Atomphysik
13 Nuklearphysik
Kernfrucht
5 Apfel, Birne
9 Apfelsine
Kerngehäuse
des Obstes
6 Griebs
kernig
4 urig
Kernkraft
11 Atomenergie
14 Nuklearenergie
Kernkrafterzeugnis
9 Atomstrom
Kernkraftwerk
bei Landshut
3 Ohu
Kernland
Großbritanniens
7 England
von Vietnam
5 Annam
kernlose
Apfelsine
5 Navel
Mandarine
10 Klementine
Rosine
9 Sultanine
Kernobst
5 Apfel, Birne
6 Mispel, Quitte
Kernpunkt
4 Clou
11 Quintessenz
Kernreaktor
4 Pile
7 Brueter
10 Atommeiler
11 Uranbrenner
16 Schneller Brueter
Kernschleife
9 Chromosom
Kernspruch
10 Aphorismus
Kernstück
5 Wesen
der Mathematik
5 Thema
Kernteilchen
5 ◆ Foton, Meson, Quant, Quark
6 Photon, Proton
7 Neutron, Nukleon, Pimeson
8 Elektron, Negatron, Neutrino, Positron
Kerntruppe
5 Elite, Garde, Kader
7 Phalanx
Kernwaffe
9 Atombombe
11 Heliumbombe
14 Neutronenbombe
16 Wasserstoffbombe
Kernwerk
einer Festung
9 Zitadelle
Kerze
5 Licht
Kerzenfaden
5 Docht
Kerzenmaterial
4 Talg
5 Wachs
7 Stearin
8 Paraffin
9 Unschlitt
11 Bienenwachs
Kerzennussbaum, Bankul
6 Kamiri
Kerzenständer
8 Flambeau, Leuchter
10 Kandelaber
kess
4 chic, keck
5 fesch, flott, frech
6 clever, dreist, ◆ schick, schlau
7 resolut, vorlaut
8 gerieben, zwanglos
9 schneidig, ungeniert
12 selbstsicher
Kessel
4 Tank
6 Becken
kesselförmiges
Schlaginstrument
5 Pauke
Kesseltreiben
4 Jagd
5 Hetze
9 Treibjagd
10 Verfolgung
12 Hetzkampagne
Kette
4 Band
5 Faden, Folge, Reihe, Schar, Serie
6 Fessel, Gruppe, Kordon
7 Einheit, Schmuck, Verband
8 Girlande
10 Armschmuck
11 Halsschmuck
beim Tanz
6 Chaine
von Wildenten, -gänsen
5 Schof
zur Gefangenhaltung
6 Fessel
Kettenfahrzeug
4 Tank
6 Panzer
7 Traktor, Trecker
9 Bulldozer, Schlepper
12 Planierraupe
14 Sturmgeschuetz
15 Raupenschlepper
Kettengarn
4 Warp
Kettengebirge
in Asien
6 Alatau
in Mittelasien
5 Altai
Kettengeräusch
7 Rasseln
8 Gerassel

Kettengesang
5 Kanon
Kettenglied
6 Schake
Kettenpanzer
7 Bruenne
8 Harnisch, Ruestung
10 Kettenhemd
Kettenrad
am Bagger
5 Turas
11 Kettenstern
Kettenschleppschiff
5 Tauer
Kettenseide
8 Organsin
Kettenstern
am Bagger
5 Turas
Ketten-, Tauhalter (Schiff)
6 Beting
Kettenteil
5 Glied
Kettfaden
Weberei
6 Chaine
Kettfädenführung
Weberei
5 Litze
Kettgarn
4 Warp
Ketzer
6 Rebell
7 Apostat, Renegat
9 Dissident, Sektierer
10 Freidenker, Haeretiker
Ketzerei
8 Haeresie, Irrlehre
9 Irrglaube
Ketzergericht
8 Autodafe
11 Inquisition
Ketzerverbrennung
8 Autodafe
keuchender
Atem
5 Puste
Keuchhusten
11 Stickhusten
Keule
5 Waffe
7 Pistill
8 Bumerang, Schenkel, Schinken, Schlegel, Wurfholz
10 Schlagholz, Wurfgeraet
11 Morgenstern
12 Oberschenkel
Keulenärmel
um 1830
5 Gigot
Keulenfleisch
8 Schinken
Keulenstück
des Rindes
4 Ziem
Keuschheit
8 Reinheit, Unschuld
11 Virginitaet
17 Jungfraeulichkeit
Kfz-
Signal
6 Hupton
Typ
9 Limousine
Unterkunft
5 Motel
6 Garage, Remise
8 Parkhaus, Schuppen
10 Hochgarage, Tiefgarage
11 Garagenhaus
12 Kellergarage, Parkhochhaus
13 Autowerkstatt
Zeichen
13 Nummernschild
Zubehör
17 Nebelscheinwerfer
Kfz-Kennzeichen der alten Bundesbehörden
Bundesgrenzschutz
3 BGS
Bundesregierung
2 BD
Bundes-Wasser-Verwaltung
2 BW
Bundeswehr
1 Y
Bundeswehr (NATO)
1 X
Deutsche Bundesbahn
2 DB
Deutsche Bundespost
2 BP
Zoll
1 Z
Kfz-Kennzeichen der alten Bundesländer
Baden-Württemberg
3 BWL
Bayern
3 BYL
Niedersachsen
2 NL
Nordrhein-Westf.
3 RWL
Rheinland-Pfalz
3 RPL
Saarland
3 SAL
Schleswig-Holstein
2 SH
Kfz-Kennzeichen (international)
Afghanistan
3 AFG
Ägypten
2 ET
Albanien
2 AL
Alderney
3 GBA
Algerien
2 DZ
Andorra
3 AND
Angola
3 PAN
Antillen
2 NA
Argentinien
2 RA
Äthiopien
3 ETH
Australien
3 AUS
Bahamas
2 BS
Bahrain
3 BRN
Bangladesch
2 BD
Barbados
3 BDS
Basutoland
2 BL
Belgien
1 B
Belize
2 BH
Benin
2 RB
Betschuanaland
2 BP
Bolivien
3 BOL
Botswana
2 RB
Brasilien
2 BR
Britisch-Honduras
2 BH
Brunei
3 BRU
Bulgarien
2 BG
Bundesrepublik Deutschland
1 D
Burundi
2 RU
Ceylon, Sri Lanka
2 CL
Chile
3 RCH
China, Republik
2 RC
China, Volksrepublik
2 TJ
Columbien
2 CO
Costa Rica
2 CR
Côte d'Ivoire
2 CI
Cuba, Kuba
1 C
Curacao
2 CU
Cypern, Zypern
2 CY
Dahomey
2 DY
Dänemark
2 DK
Diplomatisches Corps
2 CD
Dominikanische Republik
3 DOM
Ecuador
2 EC
(ehemalige) Tschechoslowakei
2 CS
Elfenbeinküste
3 RCI
Fidschi
3 FJI
Finnland
2 SF

Frankreich
1 F
Fürstentum Liechtenstein
2 FL
Gambia
3 WAG
Ghana
2 GH
Gibraltar
3 GBZ
Grenada
2 WG
Griechenland
2 GR
Großbritannien
2 GB
Guatemala
3 GCA
Guernsey
3 GBG
Guyana
3 GUY
Haiti
2 RH
Holland
2 NL
Hongkong
2 HK
Indien
3 IND
Indonesien
2 RI
Insel Jersey
3 GBJ
Insel Malta
1 M
Insel Man
3 GBM
Irak
3 IRQ
Iran
2 IR
Irland
3 IRL
Island
2 IS
Israel
2 IL
Italien
1 I
Jamaika
2 JA
Japan
1 J
Jemen
2 AI
Jordanien
3 JOR
Jugoslawien
2 YU
Kambodscha
1 K
Kamerun
3 CAM
Kanada
3 CDN
Katar, Qatar
1 Q
Kenia
3 EAK
Kolumbien
2 CO

Kongo
3 RCB
Kongo/Brazzaville
3 RCB
Kongo/Kinshasa
3 CGO
Konsularisches Korps
2 CC
Korea, Republik
3 ROK
Kuba, Cuba
1 C
Kuwait
3 KWT
Laos
3 LAO
Lesotho
2 LS
Libanon
2 RL
Liberia
2 LB
Libyen
3 LAR
Liechtenstein, Fürstentum
2 FL
Litauen
2 LT
Luxemburg
1 L
Madagaskar
2 RM
Malawi
2 MW
Malaysia
3 MAL
Mali
3 RMM
Malta
1 M
Marokko
2 MA
Mauretanien
3 RIM
Mauritius
2 MS
Mexiko
3 MEX
Mocambique
3 MOC
Monaco
2 MC
Mongolei
3 MGL
Neufundland
2 NF
Neuguinea
3 NGN
Neuseeland
2 NZ
Nicaragua
3 NIC
Niederlande
2 NL
Niederländische Antillen
2 NA
Niger
2 RN
Nigeria
3 WAN
Njassaland
2 NP

Nordirland
2 GB
Norwegen
1 N
Österreich
1 A
Pakistan
3 PAK
Panama
2 PA
Paraguay
2 PY
Peru
2 PE
Philippinen
2 PI
Polen
2 PL
Portugal
1 P
Qatar, Katar
1 Q
Republik China
2 RC
Republik Korea
3 ROK
Ruanda
3 RWA
Rumänien
2 RO
Russland
3 RUS
Sambia
1 Z
San Marino
3 RSM
Schweden
1 S
Schweiz
2 CH
Senegal
2 SN
Seychellen
2 SY
Sierra Leone
3 WAL
Singapur
3 SGP
Slowakei
2 SK
Slowenien
3 SLO
Somalia
2 SP
Spanien
1 E
Sri Lanka, Ceylon
2 CL
Südafrika
2 ZA
Südwestafrika
3 SWA
Surinam
3 SME
Swasiland
2 SD
Syrien
3 SYR
Tansania
3 EAT
Thailand
1 T

Togo
2 RT
Trinidad und Tobago
2 TT
Tschechische Repuklik
2 CZ
Tunesien
2 TN
Türkei
2 TR
Uganda
3 EAU
Ukraine
2 UA
Ungarn
1 H
Uruguay
1 U
USA
3 USA
Vatikanstadt
1 V
Venezuela
2 YV
Vereinigte Staaten von Amerika
3 USA
Vietnam
2 VN
Volksrepublik China
2 TJ
Weißrussland
2 BY
Westsamoa
2 WS
Zaire
3 ZRE
Zambia
1 Z
Zentralafrikanische Republik
3 RCA
Zypern, Cypern
2 CY

Kfz-Kennzeichen in der Schweiz:

Aargau
2 AG
Appenzell Außerrhoden
2 AR
Appenzell Innerrhoden
2 AI
Basel Land
2 BL
Basel Stadt
2 BS
Bern
2 BE
Freiburg
2 FR
Genf
2 GE
Glarus
2 GL
Graubünden
2 GR
Luzern
2 LU
Neuenburg
2 NE
Nidwalden
2 NW
Obwalden
2 OW
Sankt Gallen
2 SG
Schaffhausen
2 SH
Schwyz
2 SZ
Solothurn
2 SO
Tessin
2 TI
Thurgau
2 TG
Uri
2 UR
Waadt
2 VD
Wallis
2 VS
Zug
2 ZG
Zürich
2 ZH

Kfz-Kennzeichen von:

Aachen
2 AC
Aalen
2 AA
Ahaus
2 AH
Ahrweiler
2 AW
Aichach
3 AIC
Alb-Donau-Kreis
2 UL
Alfeld/Leine
3 ALF
Alsdorf
2 AC
Altenburger Land
3 ABG
Altenkirchen
2 AK
Altentreptow
2 AT
Altmarkkreis-Salzwedel
3 SAW
Altötting
3 AOE
Alzey
2 AZ
Alzey-Worms in Alzey
2 AZ
Amberg/Oberpfalz
2 AM
Amberg/Sulzbach
2 AS
Ammerland in Westerstede
3 WST
Andernach in Mayen-Koblenz
3 MYK
Angermünde
3 ANG
Anhalt-Zerbst
3 AZE
Anklam
3 ANK
Annaberg
3 ANA
Ansbach
2 AN
Apolda
3 APD
Arnsberg
2 AR
Arnstadt
3 ARN
Artern
3 ART
Aschaffenburg
2 AB
Aschersleben-Staßfurt
3 ASL
Aue
2 AU
Auerbach
2 AE
Aue-Schwarzenberg
3 ASZ
Augsburg
1 A
Aurich
3 AUR
Bad Doberan
3 DBR
Bad Dürkheim/Weinstraße
4 DUEW
Bad Ems
3 EMS
Baden-Baden
3 BAD
Baden-Württemberg, Landesregierung und Landtag
3 BWL
Bad Freienwalde
3 FRW
Bad Hersfeld
3 HEF
Bad Kissingen
2 KG
Bad Kreuznach
2 KH
Bad Langensalza
3 LSZ
Bad Liebenwerda
3 LIB
Bad Neustadt/Saale
3 NES
Bad Odelsloe
2 OD
Bad Salzungen
3 SLZ
Bad Segeberg
2 SE
Bad Tölz
4 TOEL
Balingen
2 BL
Bamberg
2 BA
Barnim
3 BAR
Bautzen
2 BZ
Bayern, Landesregierung und Landtag
3 BYL
Bayreuth
2 BT
Beckum
2 BE
Beesken
3 BSK
Belzig
3 BEL
Bentheim
3 NOH

Berchtesgadener Land
3 BGL
Bergheim
2 BM
Bergisch Gladbach
2 GL
Bergstraße in Heppenheim/Bergstraße
2 HP
Berleburg
3 BLB
Berlin
1 B
Bernau
3 BER
Bernburg
3 BBG
Bernkastel/Wittlich
3 WIL
Bersenbrück
3 BSB
Biberach/Riss
2 BC
Biedenkopf
3 BID
Bielefeld
2 BI
Bingen
3 BIN
Birkenfeld/Nahe
3 BIR
Bischofswerda
3 BIW
Bitburg
3 BIT
Bitterfeld
3 BTF
Böblingen
2 BB
Bocholt
3 BOH
Bochum
2 BO
Bodenseekreis in Friedrichshafen
2 FN
Bogen
3 BOG
Bonn
2 BN
Bördekreis
2 OC
Borken/Westfalen
3 BOR
Borna
3 BNA
Bottrop
3 BOT
Brake/Unterweser
3 BRA
Brandenburg, Stadt
3 BRB
Brand-Erbisdorf
3 BED
Braunlage
3 BRL
Braunschweig
2 BS
Breisgau-Hochschwarzwald in Freiburg/Breisgau
2 FR
Bremen
2 HB
Bremerhaven
2 HB
Buchen
3 BCH
Bundesbahn
2 DB
Bundesgrenzschutz
2 BG
Bundespost
2 BP
Bundesrat, Bundesregierung, Bundestag
2 BD
Bundes-Wasser- und Schiffahrtsverwaltung
2 BW
Bundeswehr
1 Y
Bundeswehr/Fahrzeuge der NATO-Hauptquartiere
1 X
Burg
3 BRG
Burgdorf
2 BU
Burgenlandkreis
3 BLK
Büssingen am Hochrhein
4 BUS
Bützow
4 BUZ
Calau
2 CA
Calw
2 CW
Castrop-Rauxel
3 CAS
Celle
2 CE
Cham/Oberpfalz
3 CHA
Chemnitzer Land
2 GC
Chemnitz, Stadt
1 C
Clausthal-Zellerfeld
3 CLZ
Cloppenburg
3 CLP
Coburg
2 CO
Cochem-Zell a.d. Mosel
3 COC
Coesfeld/Westfalen
3 COE
Corps Consulaire, Konsularisches Korps
2 CC
Corps Diplomatique, Diplomatisches Korps
2 CD
Cottbus
2 CB
Crailsheim
2 CR
Cuxhaven
3 CUX
Dachau
3 DAH
Dahme-Spreewald
3 LDS
Danneberg
3 DAN
Darmstadt
2 DA
Daun
3 DAU
Deggendorf
3 DEG
Delitzsch
2 DZ
Delmenhorst
3 DEL
Demmin
2 DM
Dessau
2 DE
Deutsche Bundesbahn
2 DB
Deutsche Bundespost
2 BP
Dieburg
2 DI
Diepholz
2 DH
Dillenburg
3 DIL
Dillingen a.d. Donau
3 DLG
Dingolfing-Landau in Dingolfing
3 DGF
Dinslaken
3 DIN
Diplomatisches Korps, Corps Diplomatique
2 CD
Dippoldiswalde
2 DW
Dithmarschen in Heide/Holstein
3 HEI
Döbeln
2 DL
Donaueschingen
2 DS
Donau-Ries in Donauwörth
3 DON
Donauwörth
3 DON
Donnersbergkreis in Kirchheimbolanden
3 KIB
Dortmund
2 DO
Dresden
2 DD
Duderstadt
3 DUD
Duisburg
2 DU
Düren
2 DN
Düsseldorf
1 D
Ebern
3 EBN
Ebersberg bei München
3 EBE
Eberswalde
2 EW
Eckenförde
3 ECK
Eckernförde
3 ECK
Eichsfeld
3 EIC

Eichstätt/Bayern
2 EI
Eilenburg
2 EB
Einbeck
3 EIN
Eisenhüttenstadt
2 EH
Eisleben
3 EIL
Elbe-Elster
2 EE
Emden
3 EMD
Emmendingen
2 EM
Emsland
2 EL
Ennepe Ruhr-Kreis
2 EN
Enzkreis in Pforzheim
2 PF
Erbach/Odenwald
3 ERB
Erding
2 ED
Erftkreis in Bergheim
2 BM
Erfurt
2 EF
Erkelenz
3 ERK
Erlangen, Land
3 ERH
Erlangen, Stadt
2 ER
Eschwege
3 ESW
Essen
1 E
Esslingen/Neckar
2 ES
Euskirchen
2 EU
Eutin
3 EUT
Fallingbostel
3 FAL
Feuchtwangen
3 FEU
Finsterwalde
2 FI
Flensburg
2 FL
Flöha
4 FLOe
Forchheim
2 FO
Forst
3 FOR
Frankenberg
3 FKB
Frankenthal/Pfalz
2 FT
Frankfurt/Main
1 F
Frankfurt/Oder
2 FF
Freiberg
2 FG
Freiburg/Breisgau
2 FR
Freising
2 FS
Freital
3 FTL
Freudenstadt
3 FDS
Freyung-Grafenau
3 FRG
Friedberg/Hessen
2 FB
Friedrichshafen
2 FN
Friesland
3 FRI
Fritzlar
2 FZ
Fulda
2 FD
Fürstenfeldbruck
3 FFB
Fürstenwalde
2 FW
Fürth/Bayern
3 FUE
Füssen
4 FUeS
Gadebusch
3 GDB
Gardelegen
2 GA
Garmisch-Partenkirchen
3 GAP
Geithaain
3 GHA
Geithain
3 GHA
Geldern
3 GEL
Gelsenkirchen
2 GE
Gemünden a. Main
3 GEM
Genthen
3 GNT
Gera
1 G
Germersheim
3 GER
Gerolzhofen
3 GEO
Gießen
2 GI
Gifhorn
2 GF
Gladbeck
3 GLA
Glauchau
2 GC
Göppingen
2 GP
Görlitz
2 GR
Goslar
2 GS
Gotha
3 GTH
Göttingen
3 GOE
Gräfenhainichen
3 GHC
Grafschaft Bentheim in Nordhorn
3 NOH, NOR
Grafschaft Diepholz in Diepholz
2 DH
Grafschaft Hoya in Syke
2 SY
Greifswald
3 HGW
Greiz
3 GRZ
Grevesmühlen
3 GVM
Grimma
3 GRM
Grimmen
3 GMN
Großenhain
3 GRH
Groß-Gerau
2 GG
Guben
3 GUB
Gummersbach
2 GM
Günzburg
2 GZ
Güstrow
3 GUE
Gütersloh
2 GT
Hagenow
3 HGN
Hagen/Westfalen
2 HA
Halberstadt
3 HBS
Halle a.d. Saale
3 HAL
Hamburg
2 HH
Hameln
2 HM
Hamm/Westfalen
3 HAM
Hanau
2 HU
Hannover
1 H
Hansestadt Bremen, Bremerhaven
2 HB
Hansestadt Greifswald
3 HGW
Hansestadt Hamburg
2 HH
Hansestadt Lübeck
2 HL
Hansestadt Rostock
3 HRO
Hansestadt Stralsund
3 HST
Hansestadt Wismar
3 HWI
Harburg in Winsen/Luhe
2 WL
Haßberge in Haßfurt
3 HAS
Haßfurt
3 HAS
Havelberg
2 HV
Havelland
3 HVL
Heide
3 HEI

Heidelberg
2 HD
Heidenheim/Brenz
3 HDH
Heilbronn
2 HN
Heiligenstadt
3 HIG
Heinsberg in Erkelenz
2 HS
Helmstedt
2 HE
Heppenheim
2 HP
Herford
2 HF
Herne
3 HER
Hersfeld-Rotenburg in Bad Hersfeld
3 HEF
Herzberg
2 HZ
Herzogtum Lauenburg in Ratzeburg
2 RZ
Hessen, Landesregierung und Landtag
3 HEL
Hettstedt
3 HET
Hildburghausen
3 HBN
Hildesheim
2 HI
Hochsauerland-Kreis in Meschede
3 HSK
Hochtaunuskreis in Bad Homburg vor der Höhe
2 HG
Hof
2 HO
Höhe
2 HG
Hohenlohekreis in Künzelsau
4 KUEN
Hohenmäölsen
3 HHM
Hohenmölsen
3 HHM
Hohenstein-Ernstthal
3 HOT
Holzminden
3 HOL
Homberg
2 HR
Homburg
3 HOM
Höxter
2 HX
Hoyerswerda
2 HY
Idar-Oberstein
3 BIR
Ilmenau
2 IL
Ilm-Kreis
2 IK
Ingolstadt/Donau
2 IN
Itzehohe-Steinburg
2 IZ
Itzehohe/Steinburg
2 IZ
Jena
1 J
Jerichower Land
2 JL
Jessen
2 JE
Jüterborg
2 JB
Kaiserslautern
2 KL
Kamenz
2 KM
Karlsruhe
2 KA
Kassel
2 KS
Kaufbeuren
2 KF
Kehl
3 KEL
Kelheim
3 KEH
Kempten/Allgäu
2 KE
Kiel
2 KI
Kirchheimbolanden
3 KIB
Kitzingen
2 KT
Kleve
3 KLE
Klingenthal/Vogtland
3 OVL
Klötze
3 KLZ
Koblenz
2 KO
Köln
1 K
Königs-Wusterhausen
2 KW
Konstanz
2 KN
Konsularisches Korps, Corps Consulaire
2 CC
Korbach
2 KB
Köthen
4 KOeT
Köthen-Anhalt
4 KOET
Krefeld
2 KR
Kronach
2 KC
Kulmbach
2 KU
Künzelsau
4 KUeN
Kusel
3 KUS
Kyffhäuserkreis
3 KYF
Kyritz
2 KY
Lahn-Dill-Kreis
3 LDK
Lahnstein a. Rh.
3 EMS
Landau/Pfalz
2 LD
Landsberg a. Lech
2 LL
Landshut/Bayern
2 LA
Lauenburg, Herzogtum
2 RZ
Lauf/Pegnitz
3 LAU
Leer/Ostfriesland
3 LER
Leipzig, Land
1 L
Leipzig, Stadt
1 L
Leverkusen
3 LEV
Lichtenfels
3 LIF
Limburg
2 LM
Lindau/Bodensee
2 LI
Lippe/Detmold
3 LIP
Löbau
4 LOeB
Lobenstein
3 LBS
Lörrach
3 LOE
Lübben
2 LN
Lübeck
2 HL
Lüchow-Dannenberg
3 DAN
Luckau
2 LC
Luckenwalde
3 LUK
Ludwigsburg
2 LB
Ludwigshafen
2 LU
Ludwigslust
3 LWL
Lüneburg
2 LG
Magdeburg
2 MD
Main-Kinzig-Kreis in Hanau
2 HU
Main-Spessart
3 MSP
Main-Tauber-Kreis in Tauberbischofsheim
3 TBB
Main-Taunus-Kreis in Hofheim
3 MTK
Mainz
2 MZ
Malchin
2 MC
Mannheim
2 MA
Mansfelder Land
2 ML
Marburg/Biedenkopf
2 MR
Marienberg
3 MAB

Märkischer Kreis
2 MK
Märkisch-Oderland
3 MOL
Mayen/Koblenz
3 MYK
Mecklenburg-Strelitz
3 MST
Meiningen
3 MGN
Meißen-Radebeul
3 MEI
Memmingen
2 MM
Merseburg
3 MER
Merseburg-Querfurt
2 MQ
Merzig-Saar
3 MZG
Mettmann
2 ME
Miesbach
2 MB
Miltenberg
3 MIL
Mindelheim
2 MN
Minden
2 MI
Mittlerer Erzgebirgskreis
3 MEK
Mönchengladbach
2 MG
Mosbach
3 MOS
Mühldorf a. Inn
3 MUE
Mühlhausen
3 MHL
Muldentalkreis
3 MTK
Mülheim a. d. Ruhr
2 MH
München
1 M
Münster/Westfalen
2 MS
Müritz
4 MUER
Nauen
3 NAU
Naumburg
3 NMB
Nebra
3 NEB
Neckar-Odenwaldkreis
3 MOS
Neubrandenburg
2 NB
Neuburg/Donau
2 ND
Neuhaus
2 NH
Neumarkt i. d. Oberpfalz
2 NM
Neumünster
3 NMS
Neunkirchen/Saar
2 NK
Neuruppin
2 NP
Neuss
2 NE
Neustadt a. d. Aisch
3 NEA
Neustadt a. d. Waldnaab
3 NEW
Neustadt a. d. Weinstraße
2 NW
Neustrelitz
2 NZ
Neu-Ulm
2 NU
Neuwied
2 NR
Niedersachsen, Landesregierung und Landtag
2 NL
Niederschlesischer Oberlausitzkreis
3 NOL
Nienburg/Weser
2 NI
Niesky
2 NY
Nordfriesland
2 NF
Nordhausen
3 NDH
Nordhorn/Bentheim
3 NOH
Nordrhein/Westfalen, Landesregierung und Landtag
3 RWL
Nordvorpommern
3 NVP
Nordwestmecklenburg
3 NWM
Northeim
3 NOM
Nürnberg
1 N
Nürnberger Land in Lauf/Pegnitz
3 LAU
Oberallgäu
2 OA
Oberbergischer Kreis in Gummersbach
2 GM
Oberhausen
2 OB
Oberhavel
3 OHV
Oberspreewald-Lausitz
3 OSL
Obervogtland
3 OVL
Odenwaldkreis in Erbach
3 ERB
Oder-Spree
3 LOS
Oelsnitz/ Vogtland
3 OVL
Offenbach a. Main
2 OF
Ohrekreis
2 OK
Oldenburg
2 OL
Olpe
2 OE
Ortenaukreis in Offenburg
2 OG
Oschatz
2 OZ
Oschersleben
2 OC
Osnabrück
2 OS
Ostalbkreis in Aalen
2 AA
Ostallgäu
3 OAL
Osterburg
3 OBG
Osterholz-Scharmbeck
3 OHZ
Osterode/Harz
3 OHA
Ostholstein
2 OH
Ostprignitz-Ruppin
3 OPR
Ostvorpommern
3 OVP
Paderborn
2 PB
Parchim
3 PCH
Pasewalk
2 PW
Passau
2 PA
Peine
2 PE
Perleberg
3 PER
Pfaffenhofen
3 PAF
Pfarrkirchen/Rottal-Inn
3 PAN
Pforzheim
2 PF
Pinneberg
2 PI
Pirmasens
2 PS
Pirna
3 PIR
Plauen
2 PL
Plön/Holstein
4 PLOE
Pößneck
2 PN
Potsdam-Mittelmark
2 PM
Potsdam, Stadt
1 P
Prenzlau
2 PZ
Prignitz
2 PR
Pritzwalk
2 PK
Quedlinburg
3 QLB
Querfurt
3 QFT
Rastatt
2 RA
Rathenow
2 RN
Ravensburg
2 RV
Recklinghausen
2 RE

Regen
3 REG
Regensburg
1 R
Reichenbach/Vogtland
2 RC
Remscheid
2 RS
Rems-Murr-Kreis in Waiblingen
2 WN
Rendsburg/Eckernförde in Rendsburg
2 RD
Reutlingen
2 RT
Rheingau-Taunus-Kreis in Rüdesheim/Rhein
4 RUED
Rhein-Hunsrück-Kreis in Simmern
3 SIM
Rheinisch-Bergischer Kreis in Bergisch Gladbach
2 GL
Rhein-Lahn-Kreis in Bad Ems
3 EMS
Rheinland-Pfalz, Landesregierung und Landtag
3 RPL
Rhein-Neckar-Kreis in Heidelberg
2 HD
Rhein-Sieg-Kreis in Siegburg
2 SU
Rhön-Grabfeld in Bad Neustadt/Saale
3 NES
Ribnitz-Damgarten
3 RDG
Riesa-Großenhain
2 RG
Röbel/Müritz
2 RM
Rochlitz
2 RL
Rosenheim
2 RO
Roßlau
3 RSL
Rostock
3 HRO
Rotenburg/Wümme
3 ROW
Roth
2 RH
Rottal-Inn in Pfarrkirchen
3 PAN
Rottweil
2 RW
Rüdesheim
4 RUeD
Rudolstadt
2 RU
Rügen
4 RUEG
Saale-Holzland-Kreis
3 SHK
Saale-Orla-Kreis
3 SOK
Saalfeld-Rudolstadt
3 SLF
Saalkreis (Halle)
2 SK
Saarbrücken
2 SB
Saarland, Landesregierung und Landtag
3 SAL
Saarlouis
3 SLS
Saar-Pfalz-Kreis in Homburg/Saar
3 HOM
Sächsische Schweiz in Pirna
3 PIR
Salzgitter
2 SZ
Salzwedel
3 SAW
Sangershausen
3 SGH
Sankt Ingbert
3 IGB
Sankt Wendel
3 WND
Schaumburg
3 SHG
Schleiz
3 SCZ
Schleswig-Flensburg in Schleswig
2 SL
Schleswig-Holstein, Landesregierung und Landtag
2 SH
Schmalkalden-Meiningen
2 SM
Schmölln
3 SLN
Schönebeck
3 SBK
Schwabach
2 SC
Schwäbisch Hall
3 SHA
Schwalm-Eder-Kreis
2 HR
Schwandorf
3 SAD
Schwarzenberg
3 SZB
Schwarzwald-Baar-Kreis in Villingen-Schwenningen
2 VS
Schwedt/Oder
3 SDT
Schweinfurt
2 SW
Schwenningen
2 VS
Schwerin
2 SN
Sebnitz
3 SEB
Seelow
3 SEE
Segeberg in Bad Segeberg
2 SE
Senftenberg
3 SFB
Siegburg
2 SU
Siegen/Westfalen
2 SI
Sigmaringen
3 SIG
Simmern
3 SIM
Soest
2 SO
Solingen
2 SG
Soltau/Fallingbostel
3 SFA
Sömmerda
4 SOEM
Sondershausen
3 SDH
Sonneberg
3 SON
Speyer
2 SP
Spree-Neiße
3 SPN
Spreewald
3 LDS
Spremberg
3 SPB
Stade
3 STD
Stadthagen
3 SHG
Stadtroda
3 SRO
Starnberg
3 STA
Staßfurt
3 SFT
Steinburg in Itzehoe
2 IZ
Steinfurt
2 ST
Stendal
3 SDL
Sternberg
3 STB
St. Ingbert
3 IGB
Stollberg
3 STL
Stormarn in Bad Oldesloe
2 OD
Stralsund
3 HST
Strassburg
3 SBG
Straubing-Bogen
2 SR
Strausberg
3 SRB
Stuttgart
1 S
St. Wendel
3 WND
Südliche Weinstraße
4 SUEW
Suhl
3 SHL
Surinam
3 SME
Tauberbischofsheim
3 TBB
Templin
2 TP
Teterow
3 TET
Tirschenreuth
3 TIR
Torgau
2 TG
Torgau-Oschatz
2 TO

Traunstein
2 TS
Trier
2 TR
Tübingen
3 TUE
Tuttlingen
3 TUT
Uckermark
2 UM
Ueckermünde
3 UEM
Uecker-Randow
3 UER
Uelzen
2 UE
Ulm
2 UL
Unna
2 UN
Unstrut-Hainich-Kreis
2 UH
Unterallgäu in Mindelheim
2 MN
Vechta
3 VEC
Verden/Aller
3 VER
Viersen
3 VIE
Villingen
2 VS
Vogelsbergkreis
2 VB
Völklingen
2 VK
Waiblingen
2 WN
Waldeck-Frankenberg in Korbach
2 KB
Waldshut
2 WT
Wanzleben
3 WZL
Waren
3 WRN
Warendorf
3 WAF
Wartburgkreis
3 WAK
Weiden/Oberpfalz
3 WEN
Weilheim
2 WM
Weimarer Land, Apolda
2 AP
Weimar, Stadt
2 WE
Weißenburg-Gunzenhausen in Bayern
3 WUG
Weißenfels
3 WSF
Weißeritzkreis
2 DW
Weißwasser
3 WSW
Wendel, Sankt
3 WND
Werdau
3 WDA
Wernigerode
2 WR
Werra-Meißner-Kreis in Eschwege
3 ESW
Wesel
3 WES
Wesermarsch in Brake/Unterweser
3 BRA
Westerstede
3 WST
Westerwaldkreis
2 WW
Westlausitz-Dresdner Land
2 KM
Wetteraukreis in Friedberg/Hessen
2 FB
Wiesbaden
2 WI
Wilhelmshaven
3 WHV
Winsen/Luhe
2 WL
Wismar
3 HWI
Wittenberg
2 WB
Wittlich
3 WIL
Wittmund
3 WRM
Wittstock
2 WK
Wolfenbüttel
2 WF
Wolfsburg
3 WOB
Wolgast
3 WLG
Wolmirstedt
3 WMS
Worbis
3 WBS
Worms
2 WO
Wunsiedel
3 WUN
Wuppertal
1 W
Würzburg
3 WUE
Wurzen
3 WUR
Zeitz
2 ZZ
Zerbst, Anhalt
3 AZE
Zeulenroda
2 ZR
Zittau
2 ZI
Zollernalbkreis in Balingen
2 BL
Zossen
2 ZS
Zschopau
2 ZP
Zweibrücken
2 ZW
Zwickau
1 Z
Zwickauer Land
1 Z
Khmer-Republik
11 Kamputschea
Kick
5 Stoss, Tritt
9 Fusstritt
Kicker
10 Fussballer
15 Fussballspieler
Kickstarter
8 Anlasser
9 Fusshebel
11 Anlasshebel
Kidnapper
10 Entfuehrer
13 Kindesraeuber
16 Kindesentfuehrer
Kidnapping
10 Kindesraub
11 Entfuehrung
17 Kindesentfuehrung
Kiebitz
6 Giritz, Kiwitt
Kiefer
mit essbarem Samen
5 Zirbe
Kieferkrampf
10 Maulsperre
Kiefernart
4 Arve
5 Pinie, Zirbe
6 Foehre, Forche, Zirbel
7 Latsche
9 Legfoehre
Kiefernforst
bei Berlin
9 Grunewald
Kiefernharz
9 Terpentin
Kiefernholz
4 Kien
Kiefernholzsplitter
8 Kienspan
Kiefernzapfen
9 Kienapfel
Kieferteil
7 Knochen
8 Kinnlade
9 Kinnbacke
10 Oberkiefer
11 Unterkiefer
17 Oberkieferknochen
18 Unterkieferknochen
Kielflügel, Tasteninstrument
7 Cembalo
12 Clavicembalo
Kielraum
des Schiffes
5 Bilge
Kielwasser
3 Sog
4 Spur
10 Wasserspur
14 Schaumstreifen
Kiemen
9 Branchien
Kiemenschlitzaal
6 Cuchia
Kies
7 Geroell
Kieselalge
8 Diatomee
Kieselsäure
7 Aerosil

Kiesrücken
des norddeutschen Tieflands
4 Oser
Kieswall
mit Geröllbänken
4 Oser
Kieswüste
5 Serir
Kilt
12 Schottenrock
Kimm
8 Horizont, Sehkreis
Kimme
5 Kerbe
10 Einschnitt
Kimmung
8 Horizont
Kimonogürtel
3 Obi
Kind
4 Baby
5 Junge, Knabe
6 Junges, Knirps, Maedel
7 Bankert, Kleines, Steppke
8 Maedchen
9 Nachwuchs, Saeugling
10 Kindeskind, Nachkommen
11 Sproessling, Vorschueler
eines Elternteils
9 Stiefkind
Kinder
des Agamemnon
7 Elektra, Orestes
9 Iphigenie
Kinderbeschäftigung
5 Spiel
Kinderbett
5 Wiege
Kinderbuch
13 Struwwelpeter
Kinderei
6 Unsinn
9 Firlefanz
Kinderfahrzeug
6 Roller
7 Dreirad, Kettcar
10 Hollaender, Tretroller
11 Seifenkistl
Kinderfrau, -pflegerin
3 Aja
4 Amme
5 Bonne, Nurse
11 Gouvernante
kinderfressendes
Nachtweib
5 Lamia
Kindergarten
4 Heim, Hort
6 Krippe
Kindergärtnerin
9 Hortnerin
Kindergestalt
in der Kunst
5 Putte, Putto
Kinderheilkunde
10 Paediatrie
Kinderhüter
10 Babysitter
Kinderkrankheit
5 Krupp, Mumps, Polio
6 Masern
7 Braeune, Fraisen, Roeteln
8 Rachitis
9 Scharlach
10 Diphtherie, Skrofulose, Windpocken
11 Keuchhusten, Spitzpocken, Stickhusten, Ziegenpeter
14 Kinderlaehmung
Kinderlähmung
5 Polio
13 Poliomyelitis
Kindermädchen
4 Amme
5 Bonne, Nurse
10 Babysitter
11 Gouvernante
Kindermundtuch
4 Latz
Kinderschar
11 Rasselbande
Kinderspeise
3 Mus
4 Brei
Kinderspiel
4 Zeck
5 Hopse
6 Fangen
7 Haschen, Kriegen
10 Verstecken
11 Sackhuepfen
12 Seilspringen
Kinderspielzeug
4 Ball, Tute
5 Puppe, Teddy
6 Rassel, Roller
7 Diabolo, Dreirad, Kreisel
8 Katapult, Schaukel
9 Baukasten, Stofftier, Teddybaer
11 Puppenstube
Kindersprache
3 Eia
kindersprachlich:
Hund
6 Wauwau
Kindertagesstätte
4 Hort
Kindertanz
6 Reigen
12 Ringelreihen
Kindertrompete
4 Tute
Kindesentführer
9 Kidnapper
Kindeskind
5 Enkel
7 Enkelin
Kindesraub
10 Kidnapping
Kindesräuber
9 Kidnapper
Kindheit
6 Jugend
kindisch
6 albern, pueril
8 infantil
9 laeppisch
kindischer
Spaß
7 Alberei
kindlich
4 naiv
6 albern, pueril, unreif
8 infantil
10 unbefangen
kindlicher
Spaß
7 Alberei
kindliches
Benehmen Erwachsener
9 Naivitaet
Kindlichkeit, Unreife
13 Infantilitaet
Kino
6 Cinema
7 Kintopp
10 Lichtspiel
11 Filmtheater
17 Lichtspieltheater
Kinofilmemacher
6 Filmer
Kinooperateur
14 Filmvorfuehrer
Kinostück
4 Film
7 Tonfilm
8 Farbfilm
9 Spielfilm
Kinzigzufluss
in Baden
6 Gutach
Kipfel, Kipferl
9 Hoernchen
Kippfahrzeug
6 Dumper
Kippwagen
4 Lore
Kirche, Kirchenbau
3 Dom
6 Pagode, Tempel
7 Bethaus, Dschami, Kapelle, Moschee
8 Basilika, Muenster, Synagoge
10 Gotteshaus, Kathedrale
in Brückenberg
4 Wang
in Istanbul
11 Hagia Sophia
in Paris
9 Notre Dame
10 Sacre-Coeur
in Reval
4 Olai
Kirchenältester
9 Presbyter
Kirchenamt
6 Pfarre
kirchenamtliche
Form der Messe
8 Liturgie
Kirchenanbau
9 Sakristei
Kirchenausschluss
4 Bann
15 Exkommunikation
Kirchenbann
7 Anathem
8 Anathema
Kirchenbauform
8 Basilika
Kirchendiener
6 Mesner
7 Kuester, ◆ Messner
8 Kirchner
9 Gloeckner, Schweizer
Kirchenerneuerung
11 Reformation

Kirchenfürst
7 Bischof
8 Kardinal
Kirchengalerie
6 Empore
Kirchengefäß
5 Capsa
Kirchengemeinde
6 Pfarre
7 Pfarrei
8 Ecclesia, Pastorat, Sprengel
11 Pfarrbezirk
12 Kirchenspiel
Kirchengemeinschaft
8 Oekumene
Kirchengesang
5 Psalm
6 Choral
7 Motette
Kirchengesetz
5 Kanon
Kirchenhistoriker
8 Eusebius
Kirchenlehre
5 Dogma
Kirchenlehrer
8 Basilius
9 Bellarmin
11 Bonaventura
Kirchenlied, -musik
5 Credo, Hymne, Kredo, Kyrie, Messe, Missa, Psalm
6 Choral, Gloria, Tedeum
7 Loblied, Motette, Passion, Sequenz
9 Halleluja, Lobgesang, Oratorium
Kirchenmusiker
3 Ett
6 Kantor
8 Organist
Kirchenmusikinstrument
5 Orgel
Kirchenprovinz
8 Dioezese
Kirchenraub
8 Sakrileg
11 Sakrilegium
Kirchenraum
4 Chor
7 Kapelle
für den Geistlichen und die Geräte
9 Sakristei
kirchenrechtliche
Norm
5 Kanon
Kirchenrede
7 Predigt
Kirchenrequisit
zur Heiligenverehrung
11 Seitenaltar
Kirchensonntag
5 Okuli
6 Exaudi, Judika, Rogate
7 Kantate, Laetare
8 Estomihi, Jubilate, Palmarum
9 Invokavit
10 Sexagesima, Trinitatis
11 Palmsonntag, Reminiscere, Reminiszere, Sexagasimae
12 Septuagesima
13 Misericordias, Quinquagesima
Kirchenspaltung
7 Schisma
Kirchenspiel
6 Pfarre
7 Pfarrei
8 Parochie, Pastorat
Kirchensprengel
7 Pfarrei
8 Dechanat, Gemeinde, Pastorat
11 Pfarrbezirk
12 Kirchenspiel
Kirchenstaat
7 Vatikan
Kirchenstrafe
4 Bann
Kirchenstück
7 Motette
Kirchenvater
8 Cyrillus, Justinus
9 Ambrosius, Cyprianus
10 Augustinus, Hieronymus
12 Chrysostomus
Kirchenversammlung
6 Konzil, Synode
12 Presbyterium
Kirchenverwaltung
11 Gemeindeamt, Gemeinderat
Kirchenvorstand
12 Presbyterium
Kirchenvorsteher
5 Dekan
7 Dechant
12 Presbyterium
Kirchgang
12 Gottesdienst
Kirchhof
8 Friedhof
10 Totenacker
11 Gottesacker
kirchlich
6 sakral
8 klerikal
kirchliche Feier, Handlung
5 Gebet, Messe, Ritus, Segen, Taufe, Umzug, Weihe
6 Ablass
7 Andacht, Beichte, Firmung, Hochamt, Predigt, Requiem, Segnung, Trauung
8 Totenamt
9 Abendmahl, Kommunion, Sakrament
10 Einsegnung, Prozession, Totenmesse
11 Seelenmesse
12 Konfirmation
13 Priesterweihe
Pfründe
8 Kommende
Streitaussöhnung
6 Irenik
Sündenvergebung
10 Absolution
Weihe
11 Benediktion
kirchlicher
Begriff
3 Abt, Dom, Ehe, Fra
4 Acht, Amen, Bann, Bund, Chor, Gott, Grab, Herr, Hirt, Idol, INRI, Jesu, Lamm, None, Pate, Pope, Reue
5 Abtei, Altar, Bibel, Breve, Bulle, Busse, Credo, Dekan, Demut, Dogma, Edikt , Engel, Fluch, Gebet, Gebot, Geist, Gnade, Gruft, Heide, Jesus, Kanon, Kelch, Kreuz, Kurie, Maria, Messe, Mette, Mitra, Nonne, Opfer, Orale, Orden, Orgel, Ornat, Papst, Pater, Prior, Psalm, Satan, Segen, Sekte, Stift, Stola, Stuhl, Talar, Taufe, These, Tiara, Vikar, Votiv, Weihe, Zelot
6 Abfall, Ablass, Agende, Askese, Barett, Bistum, Bruder, Choral, Christ, Diakon, Empore, Eremit, Fasten, Frater, Friede, Glaube, Glocke, Gloria, Goetze, Himmel, Hoelle, Hostie, Jehova, Jesuit, Kantor, Kanzel, Kaplan, Ketzer, Kirche, Klerus, Konzil, Krypta, Mesner, Missal, Moench, Novize, Okulus, Ostern, Pastor, Patron, Pfarre, Pilger, Primat, Primiz, profan, Propst, Remter, Ritual, Rogate, Schiff, Suende, Symbol, Synode, Tedeum, Tempel, Teufel, Tonsur, Vesper, Wunder
7 Andacht, Angelus, Apostel, Aureole, Baptist, Beichte, Betpult, Bischof, Brevier, Buesser, Dechant, Domherr, Eminenz, Ephorus, Epitaph, Exegese, Exuvien, Firmung, Grabmal, Heiland, Hexerei, Hochamt, Juenger, Kantate, Kapelle, Kloster, Konsens, Konvent, Kuester, Lateran, Litanei, Madonna, Messias, ◆ Messner, Mission, Moschee, Motette, Nuntius, Pfarrei, Pfarrer, Pietaet, Praelat, Predigt, Prophet, Rempter, Renegat, Salbung, Schisma, Soutane, Trauung, Vatikan, Verdikt, Vulgata, Wimperg
8 Agnus Dei, Allmacht, Anbetung, Ave Maria, Basilika, Chorherr, Christus, Diaspora, Dioezese, Erloeser, Erzengel, Erzvater, Ewigkeit, Fegfeuer, Firmling, Firmpate, Friedhof, Geissler, Geluebde, Gemeinde, Gestuehl, Guardian, Haeresie, Hosianna, Kardinal, Katafalk, Katechet, Kathedra, Ketzerei, Kirchhof, Klausner, Kollekte, Konklave, Kreuzweg, Kruzifix, Kurrende, Liturgie, Messbuch, Messrock, Miserere, Muenster, Organist, Paradies, Parochie, Pastorat, Pfruende, Postille, Prediger, Priester, Religion, Reliquie, Sakrileg, Sprengel, Superior, Synagoge, Toleranz, Unglaube, Ziborium, Zoelibat, Zweifler
9 Abendmahl, Adoration, Aebtissin, Altarbild, Anachoret, Atheismus, Beelzebub, Bekehrung,

Botschaft, Chorknabe, Dankgebet, Dioezesan, Dissident, Einsiedel, Enzyklika, Episkopat, Erbsuende, Erloesung, Fegefeuer, Fuerbitte, Fuerstabt, Gebetbuch, Geloebnis, Gesalbter, Gleichnis, Gloeckner, Grabengel, Grabkreuz, Grabstein, Halleluja, Heiligtum, Hochaltar, Hosiannah, Interdikt, Kanonikus, Katechese, Kirchturm, Kommunion, Konkordat, Konvertit, Krummstab, Lizentiat, ◆ Lizenziat, Lobgesang, Maertyrer, Messkelch, Monstranz, Mysterium, Osterlamm, Patriarch, Pfarrhaus, Pfingsten, Presbyter, Puritaner, Sakrament, Sakristei, Taeufling, Taufstein, Testament, Wallfahrt, Weihrauch, Weihwedel, Zoenobium
10 Absolution, Altardecke, Altarkerze, Altarstuhl, Anfechtung, Antichrist, Beichtiger, Bekenntnis, Blasphemie, Domkapitel, Ehrwuerden, Einsegnung, Einsiedler, Engelzunge, Entweihung, Erzbischof, Evangelist, Evangelium, Ewige Lampe, Fastenzeit, Freidenker, Gesangbuch, Gotteshaus, Heiligkeit, Keisteiung, Kirchspiel, Klosterhof, Konfession, Konfirmand, Laesterung, Messgeraet, Ministrant, Opferstock, Orthodoxie, Pontifikat, Prozession, Reformator, Rosenkranz, Seelsorger, Tabernakel, Taufbecken, Vaterunser, Verdammnis, Weihbecken, Weihkessel, Weihwasser
11 Allerbarmer, Archidiakon, Beichtstuhl, Beichtvater, Benediktion, Geistlicher, Glockenturm, Himmelreich, Inquisition, Interludium, Kapitelherr, Katechismus, Kirchenbank, Offenbarung, Offertorium, Paternoster, Refektorium, Reformation, Verfluchung, Zelebrieren
12 Ablasshandel, Baptisterium, Entheiligung, Filialkirche, Froemmigkeit, Fronleichnam, Glockenstuhl, Heiligenbild, Herrlichkeit, Konfirmandin, Konfirmation, Konsistorium, Letzte Oelung, Mutter Gottes, Ohrenbeichte, Opferbuechse, Presbyterium, Schutzpatron
13 Dreieinigkeit, Erbbegraebnis, Fuerstbischof, Geistlichkeit, Heiliger Geist, Heiliger Stuhl, Hostienteller, Innere Mission, Kirchendiener, Kirchenschiff, Klingelbeutel, Kommunikation, Laienpriester, Peterspfennig, Reinkarnation, Seligpreisung, Unfehlbarkeit
14 Dreifaltigkeit, Fleischwerdung, Heilsbotschaft, Hostienschrein, Kirchenfenster, Naechstenliebe, Superintendent
15 Allerheiligstes, Bruedergemeinde, Infallibilitaet, Unsterblichkeit
16 Suendenvergebung

Bezirk
6 Bistum
8 Dioezese

Bittgesang
7 Litanei

Brauch
5 Ritus

Feiertag
6 Ostern
9 Pfingsten
10 Karfreitag
11 Allerseelen, Himmelfahrt, Weihnachten
12 Fronleichnam
13 Allerheiligen, Erntedankfest
16 Reformationsfest

Gesang
7 Eleison

Lobgesang
6 Tedeum

Umzug
10 Prozession

Wechselgesang
12 Responsorium

Würdenträger
6 Probst
7 Bischof, Praelat
8 Kardinal
10 Erzbischof

kirchliches
Bauwerk
3 Dom
6 Kirche, Tempel
7 Kapelle
8 Basilika, Muenster
10 Kathedrale

Brauchtum
6 Ritual

Chorwerk
7 Morette

Einkommen
8 Kommende, Pfruende

Gnadenmittel
9 Sakrament

Kunstwerk
9 Altarbild

Musikinstrument
5 Orgel

Vorspiel
10 Praeludium

Kirchturm
in Italien
9 Campanile, Kampanile

Kirchweih
4 Kerb
6 Kirmes, Kirtag

Kirgisendorf
3 Aul

Kirgisenhütte
5 Jurte

kirgisische
Stadt
4 Osch
5 Naryn
6 Tokmak
8 Bischkek, Bordunsk, Pokrowka
9 Kysyl-Kija
10 Rybatschje
11 Prschewalsk
12 Dschalal-Abad

kirgisische Hauptstadt
8 Bischkek

Kirmesfahrzeug
9 Karussell, Riesenrad
10 Achterbahn

Kirmes, Rummelplatz
9 Jahrmarkt

kirre
4 zahm

Kirschenart
5 Ammer
7 Morelle
8 Amarelle, Weichsel
12 Baumweichsel, Sauerkirsche
13 Suessweichsel
15 Schattenmorelle

Kirschlikör
6 Cherry
10 Maraschino
12 ◆ Cherrybrandy

kirschrot
6 cerise

kirschroter
Hämatit
9 Eisenrahm

Kismet
8 Ergebung
9 Schicksal

Kissen
6 Pfuehl
7 Polster

kissenartiges
Stoßschutzstück an Schiffen
6 Fender

Kissenbezugsstoff
6 Inlett

Kissenfüllung
5 Kapok

Kissenhülle
5 Bezug

Kiste
5 Truhe
6 Kasten

Kistnazufluss
in Indien
5 Bhima

Kitsch
4 Tand
6 Schund

Kitt
im Seewesen
6 Mastik

Kittchen
3 Bau
5 Knast
10 Gefaengnis
12 Strafanstalt

Kitzbühler
Alpenpass
5 Thurn

Kitzel
4 Reiz
Kitzler
8 Klitoris
Kladde
4 Heft
6 Skizze
7 Diarium
8 Tagebuch
14 Geschaeftsbuch
kläffen
6 bellen
klaffender
Riss
5 Spalt
Sprung in einer Materie
4 Riss
Klage
6 Jammer
7 Lamento, Querele, Seufzer
8 Gestoehn, Gewimmer
10 Beschwerde
Klagegesang
6 Naenie
Klagegeschrei
7 Lamento
Klagelaut
2 au
3 ach
6 Geheul
7 Seufzer
Klagelied
6 Elegie
7 Lamento
9 Jeremiade
in der griech. Tragödie
6 Kommos
klagen
7 jammern
11 lamentieren
12 prozessieren
klagend
8 elegisch
klagende
Töne von Tieren
7 Geheule
kläglich
9 miserabel
10 lamentabel
11 erbaermlich, jaemmerlich
Klamauk
3 Fez, Ulk
5 Krach, Laerm, Radau, Spass
6 Getobe, Scherz, Unsinn
7 Getoese
8 Gepolter, Geschrei
9 Spektakel
12 Affentheater
Klammer
4 Clip
5 Klipp
Klammeraffe
9 Breitnase, Kapuziner
Klamotten
6 Lumpen
8 Truemmer
Klampfe
7 Gitarre
9 Zupfgeige
Klang
3 Ruf, Ton
4 Echo, Hall, Laut, Name
5 Musik
6 Akkord, Gesang, Schall
7 Akustik
Klangerreger
5 Saite
Klangfarbe
6 Timbre
7 Tonfall
Klangfülle, -volumen
5 Sound
Klangkörper
6 Glocke
zur Musikausübung
10 Instrument
klanglich
9 akustisch
klanglos
5 still, stumm
Klangqualität
12 High-Fidelity
Klangschönheit
8 Euphonie, Harmonie
klangvoll
5 sonor
10 euphonisch, harmonisch
Klangwirkung
4 Hall
7 Akustik
Klappe
6 Deckel
Klapper
6 Rassel
7 Ratsche
11 Kastagnette
Klapperschlange
5 Otter
Klappertopf
10 Hahnenkamm
klappriges
Pferd
7 Klepper
Klappsitz
im Chorgestühl
6 Sedile
Klaps
6 Schlag
klar
4 fein, hell, rein
5 parat
6 bereit, fertig, gewiss, lauter, limpid, sauber, sicher
7 praezis
8 deutlich, praezise
9 eindeutig
11 startbereit, startfertig, transparent
12 durchsichtig
klare
Wahl
12 Entscheidung
klarer
Denker
7 Logiker
Schnaps
4 Korn
Klares
im Hühnerei
7 Eiweiss
Klarheit
7 Evidenz
10 Lauterkeit
11 Transparenz
12 Deutlichkeit
13 Eindeutigkeit
Klärung
verlangendes Problem
5 Frage
Klasse
4 Rang
5 Kaste, Stand, Stufe
6 Gruppe, Rubrik
7 Gattung, Schicht
9 Abteilung, Kategorie
der Schwergewichtler
13 Bantamgewicht
der Stachelhäuter
8 Seelilie
einer höheren Schule
5 Prima, Sexta
6 Quarta, Quinta, Tertia
7 Sekunda
10 Obertertia
11 Obersekunda
im Feudalismus
4 Adel
im Gymnasium
9 Oberprima
10 Unterprima
im Sport
4 Liga
Klassenerster
6 Primus
Klassengefährte
12 Schulkamerad
Klassenlehramt
in höheren Schulen
10 Ordinariat
Klassenleiter
10 Ordinarius
klassenlose
Gesellschaftsform
11 Kommunismus
Klassifikation
10 Aufteilung
klassischer
Philologe
5 Snell
klassisches
Altertum
6 Antike
klassizistischer
Künstler
4 Koch, Nash
5 David, Gilly, Graff, Hoban, Mengs, Oeser, Rauch, Rossi, Soane
6 Canova, Donner, Ingres, Klenze, Kobell, Ledoux, Moreau, Schick, Sergel, Smirke
7 d'Angers, Girodet, Juvarra, Lewizki, Lorrain, Merlini, Percier, Prudhon, Schadow, Vittone
8 Bashenow, Carstens, Chalgrin, Chambers, Gaertner, Langhans, Piranesi, Reynolds, Soufflot
9 Dannecker, Rietschel, Tischbein
11 Thorvaldsen, Weinbrenner
12 Erdmannsdorf, Schwanthaler
Stil
6 Empire
klassizistisches
Bauwerk
12 Pantheo Paris
15 Schloss Woerlitz

16 Brandenburger Tor
17 Altes Museum Berlin
18 Glyptothek Muenchen
21 Rondellplatz Karlsruhe

Klatsch
6 Gerede
7 Rederei, Tratsch
8 Geruecht, Nachrede
10 Geschwaetz
11 Hoerensagen, Verleumdung

klatschen
12 applaudieren

Klaue
3 Huf
4 Fang, Hand
5 Haken, Pfote, Tatze
6 Kralle, Pranke
7 Greifer, Schrift
11 Handschrift

Klause
5 Zelle
7 Engpass
9 Eremitage
11 Einsiedelei

Klausner
6 Eremit
10 Einsiedler

Klaviatur
8 Tastatur

Klavierart, -abart
5 Piano
7 Celesta, Cembalo, Fluegel, Pianino, Pianola, Spinett
10 Fortepiano, Klavichord, Pianoforte
11 Kielfluegel, Klavizimbel

Klavierbauer
berühmte
4 Graf, Pape
5 Erard, Ibach, Kawai, Stein, Zumpe
6 Irmler, Yamaha
7 Bentley, Schantz
8 Foerster, Steinway
9 Bechstein, Bluethner, Broadwood
10 Chickering, Cristofori, Friederici, Silbermann
11 Schiedmayer
12 Boesendorfer

Klavierbauerfamilie
10 Silbermann

Klaviersonate
von Beethoven
10 Pathetique
12 Appassionata

Klavierspieler
7 Pianist

Klavierstück
träumerischen Inhalts
8 Notturno

Klavierteil
5 Pedal, Saite, Taste
6 Deckel, Hammer
9 Klaviatur
13 Resonanzboden

Klaviervirtuose
7 Cliburn

Klavierwerk
von Robert Schumann
8 Carnaval
9 Pappilons
10 Noveletten

12 Kinderszenen, Kreisleriana
16 Faschingsschwank

Klebeetikett, -marke
5 Label

Klebemittel, Klebstoff
3 Ago
4 Kitt, Leim
5 Folie, Gummi, Klebe
6 Gluten, Kleber
7 Dextrin, Kleiber, Staerke
8 Kleister
9 Fischleim, Kunstharz
10 Wasserglas

kleben
6 haften, halten, kitten, leimen, pappen
9 kleistern
10 befestigen, festhalten, festmachen

klebendes
Verbandsmaterial
8 Pflaster

klebrig
4 zaeh
6 breiig, pappig, viskos

klebrige
nasse Erde
6 Matsch

Klebstoff
zum Insektenfang
11 Fliegenleim

Klecks
5 Fleck
8 Spritzer

Kleeart
5 Lotos

Kleeblatt
9 Trifolium

Kleefalter
8 Gelbling

Klee-, Heutrockner
5 Harfe

Kleid
4 Putz, Robe
5 Anzug, Dress
6 Fummel, Gewand, Tracht
7 Kostuem
der Vögel
6 Federn
8 Gefieder

Kleidausschnitt
9 Dekollete

Kleiderablage
9 Garderobe

Kleideraufhänger
6 Buegel

Kleiderbesatz
5 Borte, Litze
6 Braeme, Falbel, Paspel, Spitze, Tresse, Volant
7 Ruesche
8 Posament

Kleiderbestand
9 Garderobe

Kleidereinschlag
4 Saum

Kleiderform
7 Schnitt

Kleiderhaken
6 Buegel

Kleidermode
4 maxi, midi, mini

Kleidernaht
8 Abnaeher

Kleiderpracht
4 Gala

Kleiderrand
4 Saum

Kleidersäumchen
5 Biese

Kleiderschädling
5 Motte

Kleiderschnitt
5 Facon
6 Fasson

Kleiderschrank
5 Spind

Kleidersitte
4 Mode

Kleiderstoff
4 Samt, Taft, Tuch
5 Satin, Seide, Serge, Tweed
6 Cloque
7 Trevira
8 Musselin
9 Gabardine

Kleiderteil
4 Hose, Rock
5 Bluse, Jacke, Kleid, Weste
6 Tasche

Kleiderumschlag
4 Saum

Kleiderverkaufsstätte
12 Modeboutique

Kleiderverschluss, -zubehör
4 Oese
5 Haken, Knopf
7 Guertel
8 Schnalle
9 Knopfloch
10 Verschluss
15 Reissverschluss

Kleiderverwahrerin
12 Garderobiere

Kleiderverzierung
7 Ruesche

Kleidung
im Unterschied zur Uniform
5 zivil
nach dem Skifahren
8 Apres-Ski

Kleidung, Kleidungsstück
3 Cut, Fez, Hut, Obi
4 Cape, Gala, Gurt, Hemd, Hose, Kilt, Mode, Muff, Pelz, Robe, Rock, Slip, Toga, Tuch, Wams
5 Anzug, Bluse, Dress, Frack, Gilet, Habit, Haube, Jabot, Jacke, Joppe, Jupon, Kappe, Kleid, Kutte, Mitra, Muffe, Ornat, Pulli, Pumps, Sakko, Schal, Schuh, Socke, Stola, Talar, Weste
6 Anorak, Barett, Bikini, Binder, Blazer, Bolero, Burnus, Chiton, Dessou, Domino, Fliege, Gewand, Janker, Jumper, Kaeppi, Kaftan, Kapuze, Kasack, Kimono, Kittel, Kragen, Livree, Mantel, Melone, Mieder, Muetze, Opanke, Pyjama, Quaste, Raglan, Sarong, Schurz, Socken, Spitze, Stulpe, Tasche,

Tracht, Tresse, Trikot, Tunika, Turban, Ulster, Umhang, Volant
7 Capotte, Chapeau, Cutaway, Filzhut, Gehpelz, Gehrock, Guertel, Haenger, Jackett, Kalotte, Kamisol, Kapotte, Komplet, Korsett, Kostuem, Litewka, Manipel, Neglige, Overall, Paletot, Sandale, Schlips, Smoking, Soutane, Spenzer, Stiefel, Strumpf, Stutzen, Sweater, Taghemd, Tschako, Uniform, Vorhemd
8 Armbilde, Badehose, Breeches, Cachenez, Damenhut, Galosche, Gamasche, Garnitur, Haarband, Haarnetz, Halstuch, Hemdhose, Klapphut, Kniehose, Kopftuch, Krawatte, Leibchen, Mantille, Netzhemd, Oberhemd, Pelerine, Peruecke, Polohemd, Puffhose, Pullover, Pumphose, Reifrock, Reithose, Ruestung, Schaerpe, Schihemd, Schleier, Schleife, Schleppe, Schuerze, Strohhut, Toilette, Turnhose, Westover, Zierrock, Zylinder
9 Badeanzug, Ballkleid, Beinkleid, Chemisett, Covercoat, Dreispitz, Einreiher, Garderobe, Haarnadel, Halbschuh, Halsbinde, Handschuh, Hausanzug, Hausjacke, Hausschuh, Hemdbluse, Herrenhut, Hosenrock, Jagdkappe, Kaeppchen, Kiepenhut, Klubweste, Kordjacke, Lackschuh, Lederhose, Nachthemd, Panamahut, Pantoffel, Pelzjacke, Pelzschuh, Regenhaut, Reitkleid, Schibluse, Soeckchen, Sporthemd, Sporthose, Sportpelz, Texashemd, Turnschuh, Ueberrock, Ueberwurf, Unterhemd, Unterhose, Unterrock, Windjacke, Wollsocke
10 Bademantel, Bindeschuh, Bratenrock, Brautkleid, Bubikragen, Chemisette, Faltenrock, Frackanzug, Gummischuh, Halskrause, Hausmuetze, Jaegerhemd, Kalabreser, Kreissaege, Lederjacke, Lederweste, Lodenanzug, Lumberjack, Morgenrock, Nietenhose, Pelzmantel, Pelzmuetze, Pluderhose, Sakkoanzug, Sandalette, Schlafrock, Schlapphut, Schluepfer, Schossrock, Sportanzug, Sportbluse, Sportkleid, Sportschal, Sportschuh, Stehkragen, Strickrock, Suedwester, Texasjacke, Trenchcoat, Ueberschuh, Wollmuetze
11 Arbeitshemd, Arbeitshose, Berufsanzug, Combination, Damenmantel, Dirndlbluse, Dirndlkleid, Florentiner, Glockenrock, Gummikragen, Halbstiefel, Jakettanzug, Jumperbluse, Kasackkleid, Kinderkleid, Kinderschuh, Knabenanzug, Kniestrumpf, Kombination, Lackstiefel, Ledermantel, Lodenmantel, Nachtgewand, Pelzstiefel, Plisseerock, Pudelmuetze, Reformkleid, Regenmantel, Regenumhang, Reisemantel, Reisemuetze, Reitstiefel, Schlafanzug, Schlupfhose, Sommerkleid, Sportmantel, Sportmuetze, Stiefelette, Strickjacke, Strickkleid, Strickschal, Strickweste, Traegerrock, Trikotkleid, Ueberzieher, Zylinderhut
12 Arbeitsschuh, Baskenmuetze, Berufskittel, Berufsmantel, Hausschuerze, Kindermantel, Kostuemjacke, Kuenstlerhut, Laschenschuh, Nylonstrumpf, Pelzgarnitur, Purpurmantel, Schleppkleid, Schlipsnadel, Schnuerschuh, Schultertuch, Selbstbinder, Sommermantel, Traegerkleid, Umlegekragen, Vatermoerder, Wettermantel, Wintermantel
13 Blusenschoner, Frisierkragen, Gummischuerze, Kleppermantel, Knickerbocker, Kompletmantel, Kragenschoner, Krimmermuetze, Matrosenanzug, Matrosenbluse, Perlonstrumpf, Schaftstiefel, Schnabelschuh, Spielhoeschen, Spitzenkragen, Strassenschuh, Tourenstiefel, Ueberfallhose, Umschlagetuch, Umstandskleid
14 Glacehandschuh, Jaegerhuetchen, Kamelhaarschuh, Kittelschuerze, Manchesterhose, Schiebermuetze, Schillerkragen, Schnuerstiefel, Schuelermuetze, Stulphandschuh, Wickelgamasche, Wickelschuerze, Wildlederschuh
15 Fingerhandschuh, Kleiderschuerze, Servierschuerze, Traegerschuerze
20 Zugstiefel Zweireiher

der Inderin
4 Sari
der Indonesierin
6 Sarong
der Schotten
4 Kilt
in Japan
6 Kimono
primitiver Völker
12 Lendenschurz
zum Überziehen
11 Strickjacke

Kleidungsbewahrerin
14 Garderobenfrau

Kleidungsverschluss
5 Knopf

Kleidungsweise
eines Volkes
6 Tracht

Kleidungszubehör
7 Guertel
12 Hosentraeger

klein
5 luett
6 fipsig, gering, winzig
8 niedlich, zierlich
9 spaerlich
10 bescheiden
11 unbedeutend
12 geringfuegig

kleinasiatische
Göttin
2 Ma
Insel
3 Ata
Kelten
7 Galater
Küstenlandschaft
6 Ionien
Landschaft
5 Troas
Sauermilch
5 Mazun
Stadt
5 Milet
6 Tarser
7 Ephesus

kleinasiatischer
Gebetsteppich
5 Melas

Kleinasien
7 Tuerkei
9 Anatolien

Kleinauto
7 Skooter

Kleinbär
5 Coati, Cuati, Koala, Koati, Panda
6 Schupp
9 Kakamizli, Nasenbaer, Waschbaer
11 Katzenfrett

Kleinbauernhaus
4 Kate

Kleinbild
8 Miniatur

kleinblütiges
Nelkengewächs
5 Miere

Kleinbuchstabe
8 Minuskel

kleinbürgerlich
8 spiessig
11 philistroes
13 philisterhaft

Kleinbürger, Spießer
6 Piefke

Kleindarsteller
7 Statist

8 Komparse
Kleindarstellung
6 Modell
kleine
Abhandlung
5 Essay
Abteilung
5 Schar, Trupp
6 Gruppe
amerikanische Münze
3 Bit
4 Cent
Anhöhe
6 Huegel
Ansiedlung
3 Ort
4 Dorf
6 Weiler
7 Flecken
antike Statue
8 Figurine
Antilleninsel
5 Aruba
6 Tobago
8 Dominica, Trinidad
10 Martinique
Apfelsine
7 Satsuma
9 Mandarine
10 Klementine
Arbeitsgruppe
9 Kollektiv
Arie
7 Ariette
Aufklärungsschrift
5 Aviso
Ausflug
4 Trip
Axt
4 Beil
Bahnhof
7 Station
Balkon
8 Austritt
Banktresor
4 Safe
Beule
5 Delle
Bosheit
5 Stich
Brücke
4 Steg
Büchse
4 Dose
Bühnenpart
10 Nebenrolle
Burg
7 Kastell
Deichschleuse
4 Siel
deutsche Münze
17 Zehnpfennigstueck
Drahtschlinge
4 Oese
Echse
5 Gecko
eingefräste Rille
3 Nut
Eisenkristalle
6 Ferrit
Engelsfigur
5 Putte, Putto
enge Straße
5 Gasse
Erzählung
5 Fabel
7 Novelle
essbare Meereskrebse
7 Krabben, Shrimps
8 Garnelen, Schrimps
Eule
4 Kauz
Fadenwürmer
11 Aaltierchen
Fahne
6 Wimpel
7 Stander
Feier
4 Fest, Fete
5 Party
Felseninsel
7 Schaere
Felsnische
4 Abri
Felsstücke
6 Steine
Feuererscheinung
5 Funke
6 Flamme
Flagge (Kriegsschiff)
6 Goesch
Flüssigkeitsmenge
7 Tropfen
Form des Kabeljaus
6 Dorsch
französische Gaststätte
6 Bistro
Frau
7 Zwergin
Furche
3 Nut
4 Nute
5 Rille
Gaststätte
3 Bar
6 Bistro
Gebäckteilchen
7 Kruemel
Gebietskörperschaften
9 Gemeinden
Gefälligkeit
14 Aufmerksamkeit
Geige im Mittelalter
5 Rebec
Geldspende
7 Almosen
10 Scherflein
Gemeinde
6 Weiler
Glaubensgemeinschaft
5 Sekte
Glocke, Schelle
7 Klingel
graue Renette
5 Rabau
griechische Insel
3 Ios
Grube
4 Loch
Gruppe
5 Trupp
Gruppe Gleichgläubiger
5 Sekte
Hakenschlinge
4 Oese
Handfeuerwaffe
8 Tesching
Handtrommel
8 Tamburin
Hautöffnung
4 Pore
Hautverletzung
8 Schramme
Heringsart
7 Sprotte
Heuschrecke
6 Grille
Himmelslichter
9 Sternchen
Hirschart
3 Reh
Höhle
6 Grotte
Hütte
4 Bude, Kate
indische Münze
4 Anna
Insel
6 Eiland
Insel bei Greifswald
3 Oie
Insel bei Kreta
3 Dia
Insel bei Malta
4 Gozo
Insel im Großen Belt
3 Omo
Insel im Wattenmeer
6 Hallig
japanische Münze
3 Sen
Jazzkapelle
5 Combo
Kirche
7 Kapelle
Kneipe
6 Budike
Krebse
6 Scampi
kurzgebratene Lendenschnitten
9 Tournedos
Leiter
5 Tritt
Liebesgötter
6 Eroten
9 Amoretten
Mahlzeit
6 Imbiss
Marderart
5 Iltis
Menge
5 Dosis, Prise
6 Klacks
Metallplatte mit Reliefdarstellung
8 Plakette
Mücke
6 Gnitte, Gnitze
Münze
3 Bit, Sou
4 Cent, Deut
7 Pfennig
Musikerbesetzung
3 Duo
5 Combo
niederländische Münze
4 Deut
Ortschaft
4 Kaff

ostasiatische Götterfigur
6 Pagode
Ostseeinsel
3 Oie
7 Schaere
Pferderasse
4 Pony
Pilgerfahrt nach Mekka
5 Omrah
Pistole
8 Terzerol
Planeten
11 Planetoiden
Platzdecke
3 Set
prägnante Theaterrolle
6 Charge
quadratische Fahne
9 Standarte
Rechnung
4 Nota
Reise, Wanderung
4 Tour
Rille
6 Furche
Robbe
6 Heuler
Sardelle
8 Anchovis
9 ◆ Anschovis
Säule als Stütze
8 Baluster
Schallplatte
6 Singel
Schar
5 Trupp
6 Truppe
Schellentrommel
8 Tamburin
Schlinge
4 Oese
seichte Bucht
4 Anse
Sense
6 Sichel, Sichte
Skulptur
9 Statuette
Sonate
8 Sonatine
Speisemöhre
7 Karotte
Spielkugel
6 Murmel
Spinnentiere
6 Milben
sprachliche Einheit
6 Phonem
Statue
9 Statuette
Stauanlage
4 Wehr
Stechmückenart
6 Gnitze
stehende Gewässer
6 Teiche
7 Tuempel
Straße
3 Weg
5 Gasse
Sundainsel
4 Bali
5 Solor, Sumba, Timor, Wetar
6 Flores, Lombok
7 Sumbawa
Suppeneinlage
10 Kloesschen
süße Zitrone
5 Lumie
Tischdecke
3 Set
tragbare Orgel
5 Regal
Trommel
5 Bongo
Tür
6 Pforte
Unterhaltungsform
10 Feuilleton
Urkunde
6 Schein
Verletzung
4 Riss
Verrücktheit
4 Tick
Vertiefung
5 Rille
Verwaltungseinheit in Griechenland
5 Demos
Vulkanauswürflinge
7 Lapilli
Währungseinheit in Saudi-Arabien
5 Qirsh
Waldschlucht
5 Tobel
Wanderung
7 Ausflug
Zeitspanne
5 Weile
10 Augenblick
Ziege
6 Ziegel
Ziergegenstände
6 Nippes
10 Nippsachen
Zigarre
9 Zigarillo
Zugnetze
5 Waden
Zwistigkeit
8 Reiberei

kleiner

abgetrennter Raum
4 Koje
5 Zelle
6 Kabine, Kammer
11 Kaemmerchen
Abstellraum
6 Kammer
7 Abseite, Abseits
9 Verschlag
11 Besenkammer, Kaemmerchen
Arzneibehälter
6 Phiole
7 Ampulle
Ast
5 Zweig
Bach
7 Rinnsal
Behälter
3 Box
4 Dose, Etui
6 Beutel
7 Buechse
Beitrag
6 Obolus
Berg
6 Huegel
Bestandteil
8 Partikel
Betrüger
6 Mogler
Bohrer
5 Fritt
Buchstabe
8 Minuskel
Deckelbehälter
4 Dose
dicklicher Mensch
6 Moppel
Dieb
6 Gauner
9 Spitzbube
Dolch
7 Stilett
Druckstock
7 Stempel
Erdgeist
4 Gnom
5 Zwerg
Fahrzeugschaden
5 Panne
Falkenvogel
4 Weih
Feldbahnwagen
4 Lore
Filmausschnitt
4 Take
Filmstar
7 Starlet
Flaschenzug auf Schiffen
5 Talje
Fluss
2 Au
4 Ache, Bach
Froschlurch
4 Unke
Gegenstand mit unheilabwendender Kraft
7 Amulett
Gesangs- oder Instrumentalsatz
6 Arioso
Halbaffe
4 Lori
Handziehwagen
5 Karre
Hausball
14 Tanzkraenzchen
Heringsfisch
4 Sild
7 Sardine, Sprotte
8 Anchovis, Sardelle
9 ◆ Anschovis
Hirsch
3 Reh
Hocker
7 Schemel
Hof um Sonne und Mond
7 Aureole
Holzkeil
6 Duebel
Hügel
7 Anhoehe
Imbiss
5 Snack
Junge
4 Bubi
5 Pimpf
13 Dreikaesehoch

Kahn
6 Nachen
Kanal
5 Fleet
6 Gracht
Karpfenfisch
7 Elritze, Rotauge
8 Stroemer
10 Bitterling
Kerl
5 Pimpf, Wicht
6 Knirps
7 Steppke
Lachsfisch
5 Stint
Laden
6 ◆ Butike
Ladenkaufmann
7 Kraemer
Meeresbusen
5 Bucht
Meereskrebs
6 Krabbe
7 Garnele
Mensch
4 Kind
Metallbehälter mit Deckel
9 Blechdose
Metallring
4 Oese
Modeladen
6 ◆ Butike
8 Boutique
Mörser
7 Boeller
Nagel
5 Stift
6 Zwecke
Obulus
9 Trinkgeld
Orientteppich
6 Jastik
Papageienvogel
7 Sittich
Planet
4 Eros, Juno
5 Ceres, Vesta
6 Pallas
8 Asteroid
9 Planetoid
Prophet
4 Amos, Esra, Joel, Jona
5 Elias, Elisa, Hosea, Josua, Micha, Nahum
6 Daniel, Haggai, Jesaja, Obadja, Samuel
7 Habakuk, Jeremia, Nehemia
8 Ezechiel, Hesekiel, Zephanja
9 Malachias, Zacharias
Ranzen
7 Raenzel
Raum
5 Stube, Zelle
6 Gelass, Kammer
Rennwagen
6 ◆ Gokart, Go-Kart
Rettich
4 Radi
10 Radieschen
Rüsselkäfer
6 Picudo
Sack
6 Beutel
Scherz
3 Gag
schiffbarer Kanal
5 Fleet
Schiffsverband
9 Flottille
Schrank mit Aufsatz
7 Vertiko
Schriftgrad
4 Perl
5 Petit
See
5 Teich
Seehund
6 Heuler
spanischer Pferdewagen
6 Galera
Spaziergang
6 Bummel
Specht
9 Wendehals
Speisefisch
5 Stint
Sportrennwagen
6 ◆ Gokart
Sprung
6 Hupfer
Staudamm
4 Wehr
Stein
6 Kiesel
Stör
7 Sterlet
Streit
8 Kabbelei
Stuhl ohne Lehne
6 Hocker
8 Taburett
Süßwasserraubfisch
9 Stichling
Teich
7 Tuempel
Teppich
5 Matte
7 Bruecke
8 Vorleger
Tropenvogel
7 Kolibri
Wal
3 Nar
Wald
3 Hag
4 Hain
7 Gehoelz
Wandtresor
4 Safe
Wasserlauf
4 Ache, Bach
7 Rinnsal
Zeitungsaufsatz
7 Artikel
Zweig
4 Reis

kleinere
Kampfhandlung
7 Gefecht

kleineres
Fischereifahrzeug
6 Seiner

kleines
Abenteuer
8 Erlebnis
amerik. Militärfahrzeug
4 Jeep
Aufklärungsschiff
5 Aviso
Bauernhaus
4 Kate
Behältnis
4 Dose, Etui
Beiboot
5 Dingi, Jolle
6 Dinghi
Bild
8 Miniatur
Blutgefäß
9 Kapillare
Boot
5 Barke
Bretterhaus
6 Huette
Cafe
8 Espresso
chirurgisches Messer
8 Skalpell
Eiterbläschen
6 Pustel
Essen im Stehen
6 Imbiss
Fadenbündel
5 Docke
Fährboot
4 Naue
Fass
5 Tonne
Federdeckbett
7 Plumeau
Feldhuhn
7 Wachtel
Felsstück
5 Stein
Fenster
4 Luke
Feuerteilchen
5 Funke
fließendes Gewässer
7 Rinnsal
Fließwasser
4 Bach
Gartenhaus
5 Laube
8 Pavillon
Gefährt
5 Karre
6 Karren
Gefäß für Salz
7 Streuer
Gefäß für Speisen
4 Dose, Napf, Topf
Gefecht
12 Scharmuetzel
Gehölz
3 Hag
4 Hain
Gemach, Raum
6 Kammer
8 Kabinett
Geschenk
8 Andenken, Praesent
9 Angebinde
Gewässer
4 Bach
5 Teich
7 Tuempel

Gewicht
4 Gran, Unze
5 Gramm
Grundstück
8 Parzelle
Haar
8 Haerchen
Händlerschiff zur Versorgung großer Schiffe
7 Bumboot
Jazzorchester
5 Combo
Kind
4 Baby
9 Saeugling
Klavier
5 Piano
Konditoreierzeugnis
9 Tortelett
Kraftrad
5 Moped
Krebstier
5 Assel
kreisförmiges Gebilde
10 Ringelchen
Kriegsschiff
5 Aviso
8 Barkasse, Fregatte
Küstenfahrzeug
4 Ewer
6 Galjot
Küstensegelboot zum Fischfang
6 Logger
Laster
5 Unart
Lastschiff
5 Zille
6 Schute
Lied
7 Chanson
Motorboot
8 Barkasse
musikalisches Gebilde
5 Motiv
Musikinstrument
13 Mundharmonika
Musikstück
5 Piece
8 Sonatine
Nagetier
4 Maus
5 Ratte
6 Wiesel
7 Hamster
11 Goldhamster
nutzbares Bodenstück
6 Garten
Pfefferkuchenhaus
16 Knusperhaeuschen
Pferd
4 Pony
Piano
7 Pianino
Quantum, Seebeute
5 Prise
rasselndes Gerät
6 Knarre
Raubtier
5 Iltis
6 Marder
Reiseflugzeug
8 Lufttaxi
Reptil
8 Eidechse
Schienenfahrzeug
10 Bimmelbahn
schnelles Auto
7 Flitzer
Segelboot
6 Kutter
Segelschiff
9 Schaluppe
Sofa
8 Causeuse
Speiselokal
11 Imbissstube
Sportsegelboot
5 Dingi
Stück Papier
6 Zettel
Tanzlokal
3 Bar
Tanzorchester
5 Combo
Teilchen
8 Partikel
Teilchen in der Physik
4 Atom
Verdeck im Schiffsvorderteil
5 Ducht
vorlautes Mädchen
4 Goer
5 Goere
Wäldchen
4 Hain
Wandbrett
7 Konsole
Warenschildchen
7 Etikett
Wäschestück
11 Taschentuch
Wasserfahrzeug
4 Boot, Kahn, Kanu
5 Dingi
6 Gondel, Nachen
Wesen
5 Zwerg
wirbelloses Tier
4 Wurm
Zahnrad
6 Ritzel
Zimmer
6 Kammer
8 Kabinett
Zupfinstrument
9 Mandoline
zusammenklappbares Schneidwerkzeug
6 Messer
13 Taschenmesser
kleinfaserige
Holzabfälle
9 Saegemehl
11 Saegespaene
Kleinformat
bei Büchern
6 Duodez
kleinformatige
Klassikerausgabe
6 Aldine
Kleingarten
14 Schrebergarten
Kleingartenanlage
13 Laubenkolonie
Kleingartenhaus
5 Laube
Kleingebäck
4 Keks
6 Brezel, Brezen, Waffel
7 Biskuit, Cracker, Krokant
9 Croissant
kleingemustertes
Gewebe
5 Tweed
Seidengewebe
6 Armure
Kleingewerbe
8 Handwerk
kleingewichtig
6 leicht
kleingewürfeltes
Schweinefleisch in Gelee
6 Suelze
Kleingolf
8 Minigolf
Kleinhandelsvertrieb
5 Debit
Kleinhändler
6 Hoeker
7 Kraemer
10 Detaillist
Kleinheit
6 Kuerze
Kleinholz
5 Bruch
Kleinhund
4 Mops
9 Bulldogge
10 Kleinspitz
16 Peking-Palasthund
Kleinigkeit
4 Deut, Fitz, Idee, Spur
6 Bissen, Happen, Imbiss, Nuance
8 Bisschen, Fitzchen, ◆ Hand voll, Lappalie, Mundvoll
9 Bagatelle
10 Nebensache
11 Kinderspiel
Kleinigkeiten
11 Quisquilien
Kleinigkeitskrämer
6 Pedant
8 Rabulist
11 Haarspalter
13 Wortverdreher
Kleinkalibergewehr
8 Tesching
klein kariert
8 borniert
10 pedantisch
kleinkariertes
Gewebe
6 Pepita
Kleinkärpfling
5 Platy
Kleinkatze
4 Eyra
6 Ozelot
Kleinkind
4 Baby
9 Saeugling
kleinkörnige
Hirseart
3 Tef
Kleinkraftrad
4 Mofa

5 Moped
6 Mokick
Kleinkram
7 Plunder
Kleinkrieg
8 Guerilla
Kleinkunstbühne
6 Brettl
7 Cabaret, Variete
8 Kabarett
11 Ueberbrettl
kleinlaut
5 scheu
9 bedrueckt, verstimmt
10 deprimiert
Kleinlebewesen
6 Getier
kleinlich
8 pingelig, pinselig, spiessig
9 engherzig
10 engstirnig, pedantisch
kleinliche
Auslegung
8 Deutelei
kleinlicher
Mensch
6 Pedant
7 Banause
8 Rabulist, Spiesser
11 Haarspalter
13 Spiessbuerger
14 Pfennigfuchser
Sittenwächter
8 Moralist
Kleinmalerei
8 Miniatur
Kleinmaterial
8 Miniatur
Kleinmünze
in der Türkei
5 Kurus
in Kanada
4 Cent
in Korea
5 Cheun
Kleinod
5 Bijou, Juwel, Perle
6 Schatz
7 Schmuck
8 Brillant, Pretiose
9 Edelstein
Kleinodien
7 Juwelen
9 Pretiosen, ◆ Preziosen
Kleinpferderasse
9 Haflinger
Kleinschmetterling
5 Motte
7 Wickler
8 Zuensler
9 Mehlmotte
10 Wachsmotte
12 Apfelwickler, Kleidermotte, Mehlzuensler
13 Eichenwickler
14 Traubenwickler
Kleinsiedleranlage
6 Garten
Kleinsiedlung
6 Weiler
Kleinstaat
in Europa
6 Monaco
7 Andorra, Vatikan
9 Luxemburg, San Marino
12 Vatikanstaat, Vatikanstadt
13 Liechtenstein
Kleinstädter
13 Schildbuerger
Kleinstaude
der Torfmeere
9 Sonnentau
kleinste
Baueinheit bei Pflanzen, Tieren und Menschen
5 Zelle
bedeutungstragende Spracheinheit
5 Monem
deutsche Münze
7 Pfennig
Einheit der Materie
8 Molekuel
Energiemenge
5 Quant
7 Quantum
französische Münze
3 Sou
haarfeine Blutgefäße
10 Kapillaren
Lebewesen
5 Viren
8 Mikroben
Menschen der Erde
8 Pygmaeen
Republik der Erde
9 San Marino
Schmutzteilchen
5 Staub
Stadt Deutschlands
5 Elend
10 Hauenstein
kleinster
Affe
10 Koboldmaki
Erbgutträger
2 Id
Erdteil
10 Australien
griechischer Verwaltungsbezirk
5 Demos
Teil der Materie
4 Atom
Teil eines Musikstücks
4 Takt
Typ der Schnabelflöte
10 Flageolett
kleinstes
Bauelement in der Rede
5 Morph
Blechblasinstrument
7 Kornett
Längenmaß
2 My
6 Mikron
Teilchen einer chemischen Verbindung
8 Molekuel
Teilchen eines chemischen Grundstoffes
4 Atom
Teil eines chemischen Elements
4 Atom
Kleinstlebewesen
7 Mikrobe
im Wasser
8 Plankton
Kleinstmaß
7 Minimum
Kleinstplaneten
10 Asteroiden
Kleinstrennwagen
6 Go-Kart, ◆ Gokart
Kleinstwerte
einer veränderlichen Größe
6 Minima
Kleintaxi
7 Minicar
Kleinverkauf
12 Detailhandel
Kleinwohnung
9 Apartment
11 Appartement
kleinwüchsiges
Pferd
4 Pony
Kleinzeug
4 Kram
Kleister
4 Leim
Klemme
4 Enge
5 Klipp, Krise
6 Krisis, Spange
7 Dilemma, Klammer, Notlage
10 Kalamitaet
11 Bedraengnis, Zwickmuehle
Klemmer
7 Kneifer
8 Pincenez
Klempner
8 Blechner, Spengler
9 Flaschner, Schlosser
10 Handwerker
12 Blechschmied, Installateur
Klepper
4 Gaul, Ross
6 Maehre
Kleptomane
4 Dieb
Klettereidechse
5 Gecko
Kletterer
8 Alpinist
11 Bergsteiger, Hochtourist
Kletterausrüstung
4 Seil
5 Haken, Stock
6 Hammer, Pickel
7 Bussole, Kompass
8 Rucksack
9 Eispickel
10 Reepschnur, Steigeisen
11 Kombihammer
14 Kletterguertel
15 Steinschlaghelm
Kletterfelsen
im Auersberggebiet
12 Teufelsstein
Kletterkraut, Glockenrebe
6 Cobaea
klettern
7 klimmen, steigen
kletternde
Pflanze
6 Rotang
Kletterpflanze
4 Efeu
5 Bohne, Liane, Wicke, Winde
6 Cissus, Hopfen, Klimme

7 Bryonie, Glyzine
8 Bignonie, Clematis, Klematis, Wistaria
Klettersportler
11 Bergsteiger
Klettertier
4 Affe
6 Leguan
10 Rhesusaffe
13 Eichhoernchen
Klettertrieb
5 Ranke
Klettervogel
6 Specht
7 Kleiber
9 Wendehals
11 Baumlaeufer, Spechtmeise
Kletterzweig
5 Ranke
Klicker
6 Murmel
Klient
5 Kunde
7 Mandant
12 Auftraggeber
Klientel
10 Kundschaft
Klimaanpassung
15 Akklimatisation
Klimakammer
zum Aufziehen frühgeborener Kinder
9 Inkubator
Klimakterium
12 Wechseljahre
Klimakunde
12 Klimatologie
klimamilde
Mittelmeerküste
7 Riviera
Klimaregion
6 Tropen
Klimazone
beiderseits des Äquators
6 Tropen
Klimbim
5 Trara
6 Schmus
7 Aufwand, Beiwerk
12 Wischiwaschi
klimmen
8 klettern
Klingel
6 Bimmel, Glocke
7 Schelle
10 Gloeckchen
klingeln
7 laeuten
klingen
6 toenen
Klingenhaltung
beim Fechten
6 Sekond
Klinik
6 Spital
7 Spittel
8 Hospital
11 Krankenhaus
14 Krankenanstalt
15 Entbindungsheim
Klinikabteilung
8 Ambulanz
Klinker
6 Ziegel
10 Hartziegel
11 Mauerziegel, Ziegelstein
Klippe
4 Fels, Riff
6 Felsen
7 Schaere
Klipper, Clipper
6 Segler
8 Flugzeug
11 Segelschiff
13 Schnellsegler
16 Ueberseeflugzeug
18 Transozeanflugzeug
Klippfisch
6 Dorsch
8 Kabeljau
klirrendes
Geräusch
7 rasseln
8 Rasselei
Klischee
9 Abklatsch
10 Druckstock
Kloakentier
11 Ameisenigel
12 Schnabeltier
16 Langschnabeltier
Kloben
5 Block, Klotz, Nagel
9 Bandhaken, Brennholz
10 Scheitholz
klopfen
6 pochen, pulsen
9 pulsieren
Klopffestigkeitsmaß
für Kraftstoffe
9 Oktanzahl
Klopfkäfer
8 Totenuhr
9 Totenwurm, Trotzkopf
Klöppelarbeit
6 Spitze
Klops
5 Kloss
12 Fleischkloss
Klosett
2 WC
5 Abort
8 Toilette
Kloß
5 Kloot, Klops, Klump
6 Klumpe, Knoedl
7 Bulette, Klumpen, Knoedel
10 Frikadelle
Kloster
5 Abtei, Stift
7 Konvent, Priorat
8 Kartause
9 Zoenobium
am Bodensee
5 Hegne
6 Birnau
9 Reichenau
am Main
4 Banz
an der Donau
4 Melk
10 Weltenburg
an der Weser
6 Corvey
bei Garmisch
5 Ettal
bei Hannover
6 Loccum
bei Höxter
6 Corvey
bei Lhasa
4 Sera
bei Madrid
8 Escorial
im Schwarzwald
12 Sankt Blasien
in Bayern
5 Ettal
10 Wessobrunn
in Bulgarien
4 Rila
in der Schweiz
8 St. Gallen
10 Einsiedeln, St. Bernhard
11 Sankt Gallen
13 Sankt Bernhard
in Frankreich
5 Cluny
6 Corbie, Fleury
10 Chartreuse
in Griechenland
5 Athos
in Irland
6 Cashel
in Italien
12 Monte Cassino
in Niederösterreich
4 Melk
in Oberbayern
5 Ettal
10 Wessobrunn
in Oberfranken
4 Banz
in Österreich
4 Melk
in Portugal
5 Belem
in Prüm
6 Regino
in Schlesien
8 Gruessau
in Tibet
4 Sera
Klosteranwärter
6 Novize
Klosterberg
in Griechenland
5 Athos
Klosterbier
6 Kofent
Klosterbruder, -insasse
3 Fra
5 Pater
6 Frater, Moench, Novize
11 Laienbruder
Klosterdorf
in Oberbayern
5 Ettal
Klosterfrau, -insassin
5 Nonne
14 Laienschwester
Klostergemeinschaft
7 Konvent
klösterliche
Vereinigung
5 Orden

klösterliches
Stift
5 Abtei
Klostersaal
6 Remter
Klosterschlafsaal
11 Dormitorium
Klosterspeisesaal
11 Refektorium
Klosterstadt
im Schwarzwald
10 Alpirsbach
Klosterteil
5 Zelle
6 Remter
7 Klausur
11 Dormitorium, Refektorium
Klostervorsteher
3 Abt
5 Prior
6 Oberer, Probst
8 Guardian, Superior
der orientalischen Kirche
12 Archimandrit
Klostervorsteherin
6 Domina, Oberin
9 Aebtissin
Klosterzelle
6 Klause
Klotz
5 Block, Trumm
6 Kloben
Klub, Club
4 Ring
5 Kreis
6 Verein, Zirkel
10 Kraenzchen, Stammtisch
11 Vereinigung
Klubjacke
6 Blazer
Kluft
4 Riss
5 Anzug, Klamm, Kleid
6 Montur, Spalte
7 Abgrund, Abstand, Distanz, Uniform
8 Schlucht, Spaltung
9 Differenz
klug
5 weise
6 clever, findig, schlau
8 vigilant
10 aufgeweckt
11 intelligent, verstaendig
kluge
Berechnung
10 Diplomatie
kluges
Beachten aller Umstände
7 Umsicht
Verhalten
6 Taktik
Klugheit
5 Geist, Ratio
8 Begabung, Einsicht, Schlaeue, Verstand, Vorsicht, Weisheit
10 Scharfsinn
11 Intelligenz
Klugredner
9 Raesoneur
Klümpchen
gediegenen Goldes
6 Nugget
Klumpen
5 Masse
6 Batzen
7 Brocken, Scholle
klumpig
werden
8 gerinnen
Klüngel
6 Anhang, Clique
7 Koterie
10 Sippschaft
Klytämnestras
Mann
9 Agamemnon
Knabberei
zum Kaffee
7 Gebaeck
Knabbergebäck, Salzstange
5 Stick
knabbern
5 nagen
Knabe
3 Bub
4 Bube
5 Junge
6 Knirps
7 Steppke
9 Juengling
13 Dreikaesehoch
mit Altstimme
6 Altist
Knabenchor
8 Kurrende
17 Dresdner Kreuzchor
19 Wiener Saengerknaben
21 Leipziger Thomanerchor
22 Regensburger Domspatzen
26 Schoeneberger Saengerknaben
Knabengestalt
im Märchen
3 Max
6 Moritz
7 Haensel
9 Daeumling
13 Struwwelpeter
knabenhaft
6 pueril
Knabenkraut
6 Orchis
10 Heideblume
Knall
4 Bums
5 Krach, Stoss
6 Schlag
9 Explosion
10 Detonation, Feuerstoss
Knalleffekt
6 Pointe
knapp
3 eng
4 kaum, kurz
5 klamm
6 gering, schmal, stramm
7 lapidar
9 lakonisch
12 aphoristisch
Knappe
des Don Quichote
11 Sancho Pansa
Knarre
6 Gewehr, Rassel
Knast
10 Gefaengnis
11 Haftanstalt
12 Strafanstalt
Knäuel
3 Ile
Knauf
5 Griff, Knopf
8 Kapitell
11 Saeulenkopf
Knauser
8 Geizhals
10 Geizkragen
Knauserei
4 Geiz
11 Sparsamkeit
Knecht
3 Enk
6 Diener
des Abraham
7 Elieser
knechten
6 knuten
11 unterwerfen
knechtisch
6 servil
Kneifer
7 Klemmer, Zwicker
8 Pincenez
Kneifwerkzeug
5 Zange
Kneipe
5 Beisl, Beize, Lokal, Pinte
6 Beisel
7 Schenke
8 Spelunke
9 Bierabend, Festabend, Kaschemme
10 Trinkabend, Wirtschaft
Kneipentour
umgangssprachlich
5 Sause
Kneipier
4 Wirt
knetbar
9 plastisch
Knetbehandlung
7 Massage
Knetkur
7 Massage
Knetmasse
3 Ton
4 Teig
5 Knete
9 Plastilin
10 Plastilina
Knick
5 Falte, Hecke, Kniff
8 Eselsohr
Knickerbocker
8 Pumphose
knickrig
6 geizig
9 knauserig
Knickrigkeit
4 Geiz
9 Knauserei
kniefreie
Hose
6 Shorts
Kniegeige
5 Cello, Gambe, Viola
11 Violoncello
12 Viola da gamba

Knieholz
6 Kiefer
7 Latsche
9 Legfoehre
knielanger
Anorak
5 Parka
Männerrock
7 Gehrock
Knieliegestütz
beim Ringen
5 Hocke
Knierock
der Schotten
4 Kilt
Kniff
4 Dreh, List
5 Falte, Trick
7 Finesse
knifflig
7 spinoes
Knirps
5 Zwerg
Knobel
7 Wuerfel
8 Knoechel
12 Handknoechel
Knobelbegriff
5 Pasch
knoblauchartiges
Gummiharz
5 Asant
Knoblauchbestandteil
6 Alliin
Knoblauchpilz
9 Mousseron
Knoblauchteil
4 Zehe
Knöchel
5 Enkel
Knöchelgegend
6 Fessel
knöchelhohe
Wildlederschuhe
5 Boots
Knochen
7 Gebeine
betreffend
5 ossal
6 ossaer
des Brustkorbs
5 Rippe
9 Brustbein
13 Schulterblatt
14 Schluesselbein
Knochenbestand
4 Kalk, Mark
Knochenbruch
7 Fraktur
Knochenerkrankung
10 Leontiasis
Knochenerweichung
8 Rachitis
18 englische Krankheit
Knochenfischart
3 Aal, Hai
4 Alet, Wels
5 Hecht, Lachs, Pogge, Stint
6 Angler, Remora
7 Karpfen, Salmler, Scholle
8 Arapaima, Seekatze, Seenadel
9 Aalmutter, Seeteufel, Stichling
10 Kugelfisch, Zitterwels
11 Lungenfisch, Schellfisch, Steinpicker, Zahnkarpfen
12 Panzerwangen, Schwertfisch, Seepferdchen
13 Schiffshalter
Knochenflöte
5 Tibia
Knochenfraß
6 Karies
Knochengelenk
4 Knie
8 Knoechel
10 Ellenbogen
Knochengerüst
6 Gebein
7 Gerippe, Skelett
Knochenhauer
7 Metzger
9 Fleischer
10 Schlachter
11 Schlaechter
Knochenhaut
7 Periost
Knocheninneres
4 Mark
Knochenkunde, -lehre
9 Ostologie
10 Osteologie
Knochenleim
6 Glutin
8 Gelatine
Knochenlücke
am kindlichen Schädel
10 Fontanelle
Knochennaht
5 Sutur
Knochennarbe
6 Kallus
Knochenpartie
des Kopfes
6 Kiefer
Knochenriss
6 Fissur
Knochensud
6 Bruehe
Knochenverbindung
6 Gelenk
Knochenverletzung
am Pferdefuß
5 Leist
Knochenweiche
8 Rachitis
knöcherne
Stirnwaffe der Hirsche
6 Geweih
Knödel
5 Kloss
Knollenblätterpilz
7 Amanita
Knollenfrucht
der Tropen
6 Batate, Maniok
Knollengemüse
4 Bete, Taro
5 Ruebe
7 Rettich
8 Kohlrabi, Sellerie
9 Kartoffel
Knollengewächs
6 Krokus
Knollenkümmel
6 Bunium
Knopf
für die Vergaserklappe
6 Choker
knopfartiger
Griff
5 Knauf
Knorpelfisch
3 Hai
5 Stoer
6 Rochen
8 Haifisch
Knorpelkirsche
8 Herlitze
Knorpelmöhre
5 Ammei
Knorpelscheibe
im Kniegelenk
8 Meniskus
Knorren
6 Knubbe
Knospe
4 Keim
6 Spross
knospen
6 keimen
8 sprossen
9 spriessen
Knoten
5 Knorz, Wulst
7 Knorren
im Gewebe
5 Noppe
Knotenpunkt
mehrerer Sahara-Autostraßen
5 Adrar
Knotenschnur
der Inka
5 Khipu, Quipu
6 Quippu
Knöterichgewächs
6 Ampfer
9 Rhabarber
knotige
Hauterhebung
5 Warze
Knuff
5 Stoss
Knüller
3 Hit
4 Clou
7 Reisser, Treffer
8 Schlager
9 Sensation
10 Bestseller
11 Volltreffer
Knüpfarbeit
7 Teppich
8 Makramee
knüpfen
7 nesteln
Knüppel
5 Stock
7 Knittel, Pruegel
knusprig, scharf gebacken
5 kross
Knute
8 Peitsche
Koalition
4 Liga
5 Union
7 Allianz
8 Buendnis
10 Verbindung

11 Vereinigung
15 Zusammenschluss
Kobaltglas
5 Smalt
Kobold
4 Butz, Gnom, Puck
5 Butze, Geist, Troll, Wicht, Zwerg
6 Schrat
7 Bilwiss, Kerkops
8 Erdgeist
9 Hausgeist, Waldgeist
10 Purzelbaum
13 Klabautermann
Kobolz
10 Purzelbaum
Kobra
15 Brillenschlange
Kochapparat
5 Grude
Kochbrühe
3 Sud
Kochdunst
6 Wrasen
kochen
6 sieden
Kocher
7 Rechaud
Kochgefäß
4 Topf
6 Boiler, Kessel, Kocher, Pfanne, Tiegel
7 Braeter, Retorte, Samowar
8 Geschirr, Kochtopf
9 Brathaube, Sudpfanne, Teekessel
10 Bratpfanne, Kasserolle
Kochkunst
11 Gastronomie
Kochsalz
12 Chlornatrium
14 Natriumchlorid
Kochsalzlösung
4 Lake, Sole
Kochstelle
4 Herd
5 Grude
7 Gasherd
11 Elektroherd
Kochvorgang
5 garen
Kochvorschrift
6 Rezept
8 Kochbuch
Köder
3 Aas
5 Luder
9 Lockvogel
10 Lockmittel, Lockspeise
Köderfisch
7 Rotauge
beim Hochseeangeln
5 Pilke
Koedukation
22 Gemeinschaftserziehung
Koffein
im Tee
4 Tein
koffeinhaltiges
Nahrungsmittel
4 Cola
Kofferempfänger
8 Portable
Kogge
6 Galion
7 Galeone, Galione
9 Karavelle
Kognakglas
9 Schwenker
Kognomen
7 Beiname
Kohl
5 Kabis, Kraut
6 Kappes
Kohlart
7 Rotkohl, Wirsing
9 Rosenkohl, Weisskohl
10 Blumenkohl
Kohldampf
6 Hunger
Kohlehydrat
6 Zucker
7 Staerke
Kohlenabbaufront
5 Streb
Kohlenabfall
4 Grus
Kohlenarbeiter
auf dem Schiff
7 Trimmer
Kohlenberg
5 Halde
Kohlenbergwerk
5 Zeche
Kohlenbrenner
7 Koehler
Kohlenhydratart
5 Ketos
Kohlenklein
4 Grus
Kohlenprodukt
und seine Verwertung
3 Gas
4 Buna, Grus, Koks, Lack, Pech, Russ, Teer
5 Grude, Wachs, Xylol
6 Benzin, Benzol, Kresol, Phenol, Syntol, Urteer
7 Alkohol, Brikett, Heizgas, Heizoel, Kochgas, Kreosin, Kreosot, Pyridin, Teeroel
8 Azetylen, Esskohle, Gaskohle, Gichtgas, Halbkoks, Methanol, Paraffin, Pechkoks, Treibeol
9 Dachpappe, Farbstoff, Feinkohle, Fettkohle, Hausbrand, Kokskohle, Nusskohle, Schwelgas, Wassergas
10 Braunkohle, Kohlenoxyd, Kunststoff, Magerkohle, Naphthalin, Riechstoff, Schmieroel, Steinkohle, Treibstoff
11 Anilinfarbe, Anthrazenol, Eierbrikett, Formaldehyd, Kohlenstaub, Paraffinoel, Stueckkohle, Waschmittel
12 Ballastkohle, Duengemittel, Generatorgas, Industriegas, Petrolaether, Sprengstoffe
13 Elektrizitaet, Isoliermittel
14 Anthrazitkohle, Krafterzeugung, Loesungsmittel, Methan-Aethylen, Solvent-Naphtha
17 Kohlenwasserstoff
18 Braunkohlenbrikett, Steinkohlenbrikett, Vergaellungsmittel
19 Desinfektionsmittel
Kohlenraum
6 Bunker
kohlensäurehaltiges
Getränk
10 Sodawasser
kohlensaures
Mineral
4 Spat
Natrium
4 Soda
Salz
4 Soda
8 Karbonat
Kohlenschicht
5 Floez
Kohlenstaub
4 Russ
Kohlenstoff
6 ◆ Grafit
7 Graphit
Kohlenstoffverbindung
6 ◆ Grafit, Karbid
7 Graphit
Kohlenwagen
der Lok
6 Tender
Kohlenwasserstoff
3 Gas
5 Butan, Diene, Oktan
6 Aethan, Amylen, Azulen, Heptan, Methan, Olefin, Pentan, Steran, Sterin
10 Naphthalin
aus Steinkohlenteer
5 Inden
Kohlenwasserstoffgas
5 Butan
6 Propan
Kohlenwasserstoffgemisch
6 Gatsch, Kupren
Kohlenwasserstoffrest
5 Butyl
Kohleprodukt
4 Pech, Teer
6 Anilin
Köhlerhaufen
6 Meiler
Kohlgemüse
8 Brokkoli
Kohlkopf
5 Kraut
Kohlpflanzenkrankheit
6 Hernie
Kohlrübe
5 Wruke
10 Steckruebe
Kokainersatz
8 Novokain
Kokainsüchtiger
6 Kokser
kokettes
Spiel
5 Flirt
kokettieren
7 flirten
8 taendeln
11 liebaeugeln

Kokosgebäck
7 Makrone
Kokosinseln
13 Keelinginseln
Kokosnuss
5 Kopra
Kokospalme
5 Kopra
Koks
5 Grude
herstellen
5 koken
Koksarbeiter
5 Koker
Koksschlacke
6 Zinder
Kokswerk
7 Kokerei
Kolbenfrucht
4 Mais
Kolbenweg
beim Motor
3 Hub
kolchische
Königstochter
5 Medea
Kolchose
9 Kollektiv
Kollaps
6 Schock
7 Verfall, Zerfall
8 Ohnmacht
11 Nervenkrise
13 Zusammenbruch
15 Schwaecheanfall
19 Nervenzusammenbruch
Kolleg
7 Anstalt
8 Institut
9 Vorlesung
Kollege
7 Genosse
9 Gefaehrte
11 Amtsgenosse, Mitarbeiter
13 Berufsgenosse
14 Arbeitskamerad
Kollegium
7 Gremium
Kollektion
7 Auswahl
8 Sammlung
9 Sortiment
Kollektiv
6 Kibbuz
8 Kolchose, Kombinat, Sowchose
12 Gemeinschaft
14 Genossenschaft
19 Arbeitsgemeinschaft
in der ehem. Sowjetunion
5 Artel
8 Kolchose, Kombinat
Kollergang
8 Mahlwerk
Kollision
5 Zwist
6 Streit
11 Widerstreit
13 Zusammenprall, Zusammenstoss
Kolloid
3 Gel, Sol
kolloide
Lösung
3 Sol
Kölner
Baumeister
5 Statz
6 Gerard
Bauwerk
3 Dom
8 St. Gereon
9 Opernhaus
10 Guerzenich
12 Altes Rathaus
13 Gross St. Martin
21 Wallraf-Richartz-Museum
Karnevalsruf
5 Alaaf
Popgruppe
3 Bap
Stadtteil
4 Kalk, Porz, Wahn
5 Deutz, Niehl, Suelz
8 Muelheim
9 Ehrenfeld, Loevenich
10 Bickendorf, Dellbrueck
12 Rodenkirchen
Warmbier
5 Hules
Witzfigur
7 Tuennes
Kölnischwasser
12 Eau de Cologne
Kolonialsoldat
5 Spahi
Kolonialwaren
12 Genussmittel, Lebensmittel, Suedfruechte
Kolonie
in Kleinasien
13 Halikarnassos
Kolonisation
12 Urbarmachung
Kolonist
7 Siedler
Kolonnade
11 Saeulengang
Kolonne
5 Reihe
9 Abteilung
12 Marschgruppe, Marschsaeule
von Ziffern
11 Zahlenreihe
Kolonnennachbar
9 Nebenmann
Kolonnenspitze
4 Tete
Kolonnensteller
an Büromaschinen
9 Tabulator
Koloratur
7 Triller
Kolorierung
8 Faerbung
Kolorit
10 Farbgebung
koloritlose
Unscheinbarkeit
13 Farblosigkeit
Koloss
5 Huene, Riese
6 Gigant
8 Ungetuem
13 Riesengebilde
15 Riesenstandbild
kolossal
5 enorm
6 riesig
8 gewaltig
10 gigantisch
kolumbianische
Hafenstadt
4 Cali
9 Cartagena
12 Barranquilla, Buenaventura
Halbinsel
7 Goajira
Hauptstadt
6 Bogota
Insel
4 Baru
Münze, Währungseinheit
4 Peso
7 Centavo
Stadt
3 Ure
4 Anza, Bete, Buga, Cali, Tolu, Yamu
5 Arico, Ariza, Bello, Mocoa, Neiva, Pasto, Tunja, Turbo
6 Bogota, Cucuta, Ibague, Pajaro, Tumaco
7 Cienaga, Pereira
8 Medellin, Monteria
9 Cartagena, Manizales
10 Santa Marta
11 Baranquilla, Bucaramanga
12 Barranquilla, Buenaventura
kolumbianischer
Autor
5 Nunez
6 Isaacs
Berg
5 Huila
6 Cumbal, Purace, Tolima
Fluss
3 Uva
4 Meta, Tomo
5 Cauca
6 Atrato
7 Orinoko
9 Magdalena
Fußballspieler
4 Coll, Rada
5 Arias, Gomez, Lopes, Lopez, Perea, Redin, Silva
6 Aceros, Alzate, Gamboa, Rincon
7 Alvarez, Escobar, Estrada, Fajardo, Herrera, Higuita, Iguaran, Klinger, Mendoza, Sanches, Sanchez, Serrano, Zuluaga
8 Gonzales, Inguaran
9 Echeverri
10 Valderrama
Künstler (Bildhauer, Maler und Grafiker)
3 Paz
5 Acuna, Garay, Gomez
6 Bernal, Mendez, Vargas, Zamora
7 Acevedo, Fajardo
8 Carjaval, Castillo, Espinoza, Urduneta
9 Dominguez

Nobelpreisträger (Literatur)
13 Garcia Marquez
Staatsmann
5 Nunez
8 Pastrana
Kombigerät
13 Kompaktanlage
Kombination
8 Garnitur, Synthese
9 Folgerung
10 Verbindung
von Land- und Seekampf
17 amphibischer Krieg
kombinieren
7 folgern
9 mutmassen, verbinden
10 schliessen
11 verknuepfen
15 zusammenstellen
Komet
4 Wolf
5 Biela, Encke, Kopff
6 Brooks, Halley, Olbers, Tempel
8 Kohoutek, Winnecke
9 Bradfield, Haarstern
Kometenkopf
4 Koma
Komfort
14 Annehmlichkeit, Bequemlichkeit
im Büro
11 Klimaanlage
komfortabel
6 bequem
8 wohnlich
9 behaglich
10 gemuetlich
komfortable
Wohnung
11 Appartement
komfortables
Landhaus
5 Villa
Komiker
8 Humorist, Parodist
10 Komoediant
11 Spassmacher
komisch
4 urig
7 grotesk, skurril
9 originell
12 humoristisch
dargebotene Artistik
9 Exzentrik
komische
Dichtung
8 Burleske
Figur
4 Type
7 Pierrot
9 Pierrette
Figur in der Oper
5 Buffo
Prosadichtung
8 Groteske
Verwirrung des sprachlichen Ausdrucks
11 Stilblueten
komischer
Einfall
3 Gag, Ulk
4 Witz
komisches
Bühnenwerk
5 Posse
Theaterfach
4 Alte
Komitat
in Ungarn
3 Vas
5 Bekes, Tolna
6 Komorn, Nograd
Komitee
9 Ausschuss
Kommandant, Kommandeur
7 Fuehrer, General
8 Kapitaen, Offizier
9 Kommodore
12 Befehlshaber
der Schutztruppen in Ostafrika
13 Lettow-Vorbeck
von Eger
6 Gordon
Kommandeursflagge
7 Stander
kommandieren
9 anfuehren
10 befehligen
Kommanditist
9 Teilhaber
14 Gesellschafter
Kommando
3 Ruf
4 Wort
6 Befehl, Signal
13 Befehlsgewalt, Befehlsstelle, Einsatzgruppe, Fuehrungsstab, Sonderauftrag, Sondereinsatz
Kommandostelle
4 Stab
kommende
Zeit
7 Zukunft
Kommentar
6 Glosse, Kritik
7 Deutung
9 Anmerkung, Auslegung, Bemerkung
10 Erklaerung, Standpunkt
12 Erlaeuterung
Kommis
16 Handlungsgehilfe
Kommiss
6 Barras
8 Militaer
Kommunalbeamter
7 Landrat
13 Beigeordneter
kommunaler
Verwaltungsbezirk
9 Landkreis
Kommunalverband
5 Kreis
Kommune
8 Gemeinde
Kommunikation
7 Verkehr
10 Mitteilung, Verbindung
Kommunikationsmittel
6 Medium
Kommunion
9 Abendmahl
11 Eucharistie
kommunistisches
Symbol
6 Hammer, Sichel
Komödiant
4 Mime
8 Heuchler, Simulant
10 Darsteller
12 Schauspieler
Komödie
3 Ulk
5 Farce, Posse
6 Sketch
7 Schwank, ◆ Sketsch
8 Burleske, Schnurre
9 Lustspiel
von Gogol
10 Der Revisor
von Otia
27 Sechs alte Jungfern und ein Mann
Kompagnon
6 Sozius
7 Associe, Partner
9 Teilhaber
10 Mitinhaber
kompakt
4 fest, hart
5 dicht
6 massiv, stabil
8 kraeftig
9 gedrungen
Komparse
7 Statist
Kompass
7 Bussole
Kompassscheibe
8 Windrose
Kompassstift
5 Pinne
kompetent
6 befugt
10 zustaendig
Kompetenz
7 Instanz
8 Befugnis
14 Zustaendigkeit
Komplement
10 Ergaenzung
komplett
4 ganz
5 total
7 beendet, perfekt
9 vollendet
12 vollstaendig
13 abgeschlossen
komplette
Briefmarkenserie
4 Satz
komplettes
Essen
5 Menue
komplex
9 verzweigt
10 verwickelt
Komplex
6 Gebiet, Gruppe
7 Bereich
8 Psychose
12 Verknuepfung
komplexes
Hydrid des Aluminiums
6 Alanat

Komplice, Komplize
5 Spezi
6 Hehler, Helfer
7 Gehilfe, Genosse
8 Konsorte
9 Mittaeter, Mitwisser
13 Helfershelfer, Mitschuldiger, Spiessgeselle
Kompliment
5 Gruss
9 Artigkeit
10 Galanterie
12 Schmeichelei
kompliziert
5 kraus
9 schwierig
10 verwickelt
12 umstaendlich
Kompliziertheit
13 Schwierigkeit
Komplott
7 Intrige
11 Raenkespiel, Verabredung
13 Verschwoerung
Komponist
10 Tondichter
im Lateran
6 Anerio
Komponist von:
Abraxas
3 Egk
Abu Hassan
5 Weber
Acis und Galatea
7 Haendel
Ägyptische Helena
7 Strauss
Aida
5 Verdi
Albert Herring
7 Britten
Alceste
5 Gluck
Alessandro Stradella
6 Flotow
Alte Jungfer und der Dieb
7 Menotti
Amelia
7 Menotti
Anatevka
4 Bock
Andrea Chenier
8 Giordano
Annie Get Your Gun
6 Berlin
Antigone
4 Orff
Arabella
7 Strauss
14 Richard Strauss
Ariadne auf Naxos
7 Strauss
14 Richard Strauss
Ariadne und Blaubart
5 Dukas
Arlecchio
6 Busoni
Armida
5 Gluck
Aufstieg und Fall der Stadt Mahagonny
5 Weill
Bajazzo
11 Leoncavallo
Banditenstreiche
5 Suppe
Bastien und Bastienne
6 Mozart
Beatrice und Benedikt
7 Berlioz
Beggar's Opera
10 Gay-Pepusch
Benevenuto Cellini
7 Berlioz
Berliner Luft
6 Lincke
Bezauberndes Fräulein
8 Benatzky
Bluthochzeit
7 Fortner
Boccaccio
5 Suppe
Boheme
7 Puccini
Bolero
5 Ravel
Boris Godunow
10 Mussorgski
Campiello
11 Wolf-Ferrari
Capriccio
7 Strauss
14 Richard Strauss
Cardillac
9 Hindemith
Carmen
5 Bizet
Carmina Burana
4 Orff
Catulli Carmina
4 Orff
Cavalleria rusticana
8 Mascagni
Cinderella
9 Prokofjew
Circe
3 Egk
Clivia
6 Dostal
Columbus
3 Egk
Coppelia
7 Delibes
Corregidor
4 Wolf
Cosi fan tutte
6 Mozart
Dalidor
7 Smetana
Dantons Tod
5 Einem
8 von Einem
Daphne
7 Strauss
14 Richard Strauss
Das Christ-Elflein
8 Pfitzner
Das Land des Lächelns
5 Lehar
Das Medium
7 Menotti
Das Nachtlager von Granada
8 Kreutzer
Das Rheingold
6 Wagner
Deidamia
7 Haendel
Der Apotheker
5 Haydn
Der Arme Heinrich
8 Pfitzner
Der arme Jonathan
10 Milloecker
Der Arme Matrose
7 Milhaud
Der Bajazzo
11 Leoncavallo
Der Barbier von Bagdad
9 Cornelius
Der Barbier von Sevilla
7 Rossini
Der Bettelstudent
10 Milloecker
Der Corregidor
4 Wolf
Der Dreispitz
7 de Falla
Der Evangelimann
6 Kienzl
Der Feuervogel
10 Strawinsky
Der fidele Bauer
4 Fall
Der fliegende Holländer
6 Wagner
Der Freischütz
5 Weber
Der Graf von Luxemburg
5 Lehar
Der Konsul
7 Menotti
Der Liebestrank
9 Donizetti
Der Mantel
7 Puccini
Der Mond
4 Orff
Der Nussknacker
12 Tschaikowsky
Der Obersteiger
6 Zeller
Der Opernball
9 Heuberger
Der Postillon von Lonjumeau
4 Adam
Der Revisor
3 Egk
Der Ring des Nibelungen
6 Wagner
Der Rosenkavalier
7 Strauss
14 Richard Strauss
Der Troubadour
5 Verdi
Der Vetter aus Dingsda
8 Kuenneke
Der Vogelhändler
6 Zeller
Der Waffenschmied
8 Lortzing
Der Wildschütz
8 Lortzing
Der Zarewitsch
5 Lehar
Der Zigeunerbaron
7 Strauss
13 Johann Strauss

Die Afrikanerin
9 Meyerbeer
Die Banditen
9 Offenbach
Die Bernauerin
4 Orff
Die Blume von Hawaii
7 Abraham
Die Csardasfürstin
6 Kalman
Die Dollarprinzessin
4 Fall
Die Dreigroschenoper
5 Weill
Die Dubarry
10 Milloecker
Die Entführung aus dem Serail
6 Mozart
Die Fledermaus
7 Strauss
13 Johann Strauss
Die Frau ohne Schatten
7 Strauss
14 Richard Strauss
Die Gärtnerin aus Liebe
6 Mozart
Die Geschichte vom Soldaten
10 Strawinski
Die Geschöpfe des Prometheus
9 Beethoven
Die heimliche Ehe
8 Cimarosa
Die Hugenotten
9 Meyerbeer
Die Kluge
4 Orff
Die lustigen Weiber von Windsor
7 Nicolai
Die lustige Witwe
5 Lehar
Die Macht des Schicksals
5 Verdi
Die Meistersinger von Nürnberg
6 Wagner
Die Nachtwandlerin
7 Bellini
Die Puppenfee
5 Bayer
Die Rose von Stambul
4 Fall
Die schöne Galathee
5 Suppe
Die schöne Helena
9 Offenbach
Die Stumme von Portici
5 Auber
Die verkaufte Braut
7 Smetana
Die vier Grobiane
11 Wolf-Ferrari
Die weiße Dame
9 Boieldieu
Die Zaubergeige
3 Egk
Die Zauberinsel
12 Sutermeister
Die Zirkusprinzessin
6 Kalman
Doktor Faust
6 Busoni
Doktor und Apotheker
11 Dittersdorf
Don Carlos
5 Verdi
Don Giovanni
6 Mozart
Don Juan
6 Mozart
Don Pasquale
9 Donizetti
Dornröschen
12 Tschaikowsky
Drei alte Schachteln
5 Kollo
Eine Nacht in Venedig
7 Strauss
13 Johann Strauss
Ein Maskenball
5 Verdi
Ein Walzertraum
7 Strauss
Elegie für junge Liebende
5 Henze
Elektra
7 Strauss
14 Richard Strauss
Erwartung
10 Schoenberg
Eugen Onegin
12 Tschaikowsky
Euryanthe
5 Weber
Eva
5 Lehar
Extrablätter
6 Dostal
Falstaff
5 Verdi
Fatinitza
5 Suppe
Feuersnot
7 Strauss
14 Richard Strauss
Feuerwerk
8 Burkhard
Fidelio
9 Beethoven
Figaros Hochzeit
6 Mozart
Flut
7 Blacher
Fra Diavolo
5 Auber
Frau Luna
6 Lincke
Frau ohne Schatten
7 Strauss
Friedenstag
7 Strauss
Friederike
5 Lehar
Funny Girl
5 Styne
Fürst Igor
7 Borodin
Gasparone
10 Milloecker
Georgica
3 Egk
Gianni Schicchi
7 Puccini
Giselle
4 Adam
Giuditta
5 Lehar
Glückliche Reise
8 Kuenneke
Götterdämmerung
6 Wagner
Gräfin Dubarry
10 Milloecker
Gräfin Mariza
6 Kalman
Graf Ory
7 Rossini
Hair
9 MacDermot
Hänsel und Gretel
11 Humperdinck
Hans Heilig
9 Marschner
Harmonie der Welt
9 Hindemith
Herodiade
9 Hindemith
Herzog Blaubarts Burg
6 Bartok
Hochzeitsnacht im Paradies
9 Schroeder
Hoffmanns Erzählungen
9 Offenbach
Idomeneo
6 Mozart
Il Re Cervo
5 Henze
Im Weißen Rössl
8 Benatzky
Iphigenie auf Tauris
5 Gluck
Iphigenie in Aulis
5 Gluck
Irische Legende
3 Egk
Italienerin in Algier
7 Rossini
Jahrmarkt in Sorotschintzi
10 Mussorgski
Jakobiner
6 Dvorak
Jenufa
7 Janacek
Joan von Zarissa
3 Egk
Johanna auf dem Scheiterhaufen
8 Honegger
Jonny spielt auf
6 Krenek
Julius Cäsar
7 Haendel
Juxbaron
5 Kollo
Kartenspiel
10 Strawinsky
Katja Kabanowa
7 Janacek
Kiss Me Kate
6 Porter
König Hirsch
5 Henze
Königskinder
11 Humperdinck
Krönung der Poppaea
10 Monteverdi
Kuhreigen
6 Kienzl
Kuss
7 Smetana

La Boheme
7 Puccini
Landstreicher
7 Ziehrer
La Traviata
5 Verdi
Leonore 40/45
10 Liebermann
Liebe der Dame
7 Strauss
14 Richard Strauss
Liebe der Danae
7 Strauss
Liebe zu den drei Orangen
9 Prokofjew
Lohengrin
6 Wagner
Lucia di Lammermoor
9 Donizetti
Luisa Miller
5 Verdi
Lulu
4 Berg
Lysistrata
7 Blacher
Macbeth
5 Verdi
Madame Butterfly
7 Puccini
Madame Pompadour
4 Fall
Maedi
5 Stolz
Mammon
6 Krenek
Manina
6 Dostal
Manon
8 Massenet
Manon Lescaut
7 Puccini
Margarethe
6 Gounod
Martha
6 Flotow
Maske in Blau
7 Raymond
Mathis der Maler
9 Hindemith
Meine Schwester und ich
8 Benatzky
Mignon
6 Thomas
Monika
6 Dostal
My Fair Lady
5 Loewe
Nabucco
5 Verdi
Nachmittag eines Fauns
7 Debussy
No no Nanette
7 Youmans
Norma
7 Bellini
Oberon
5 Weber
Oedipus Rex
10 Strawinsky
Oklahoma
7 Rodgers
Orpheus
10 Monteverdi
Orpheus und Eurydike
5 Gluck
Othello
5 Verdi
Paganini
5 Lehar
Palestrina
8 Pfitzner
Parade
5 Satie
Pariser Leben
9 Offenbach
Paris und Helena
5 Gluck
Parsifal
6 Wagner
Peer Gynt
3 Egk
Peter Grimes
7 Britten
Petruschka
10 Strawinsky
Pique Dame
12 Tschaikowsky
Polenblut
6 Nedbal
Porgy and Bess
8 Gershwin
Prozess
5 Einem
8 von Einem
Pulcinella
10 Strawinsky
Rienzi
6 Wagner
Rigoletto
5 Verdi
Rodelinde
7 Haendel
Romeo und Julia
9 Prokofjew
Rusalka
6 Dvorak
Salade
7 Milhaud
Salome
7 Strauss
14 Richard Strauss
Scheherazade
14 Rimsky-Korsakow
Schwanensee
12 Tschaikowsky
Schwarzwaldmädel
6 Jessel
Semiramis
8 Honegger
Show Boat
4 Kern
Siegfried
6 Wagner
South Pacific
7 Rodgers
Stille Nacht
6 Gruber
Susannens Geheimnis
11 Wolf-Ferrari
Tannhäuser
6 Wagner
Tanz ins Glück
5 Stolz
The King And I
7 Rodgers
The Rake's Progress
10 Strawinsky
Tiefland
6 Albert
7 d'Albert
Titus
6 Mozart
Titus Feuerfuchs
12 Sutermeister
Tosca
7 Puccini
Tristan und Isolde
6 Wagner
Turandot
7 Puccini
Undine
8 Lortzing
Venus in Seide
5 Stolz
Verlorene Walzer
5 Stolz
Viktoria und ihr Husar
7 Abraham
Walküre
6 Wagner
Wenn ich König wär
4 Adam
West Side Story
9 Bernstein
Wiener Blut
7 Strauss
13 Johann Strauss
Wilhelm Tell
7 Rossini
Wozzek
4 Berg
Xerxes
7 Haendel
Zar und Zimmermann
8 Lortzing
Zauberflöte
6 Mozart
Komposition
für acht Solisten
6 Oktett
für drei Singstimmen
7 Terzett
für neun Solisten
6 Nonett
nach einem Text
9 Vertonung
von Bach
19 Weihnachtsoratorium
von Haydn
14 Kaiserquartett
Kompositionsabschnitt
4 Satz
Kompositionsstil
9 ◆ Polyfonie
10 Polyphonie
Kompottpflanze
9 Rhabarber
Kompresse
7 Auflage, Verband
8 Umschlag
Kompression
11 Verdichtung
komprimierte
Atmosphäre
9 Pressluft
Kompromiss
8 Einigung
9 Ausgleich, Kuhhandel,

Vergleich
13 Uebereinkunft, Zugestaendnis
14 Uebereinkommen
15 Zwischenloesung
Kompromissbereitschaft
20 Verstaendigungswille
kompromittieren
9 blamieren
12 blossstellen
Kondensationsform
des Wasserdampfes
5 Nebel
Kondition
7 Zustand
9 Bedingung
10 Verfassung
Konditorei
4 Cafe
8 Cafehaus
10 Confiserie, Kaffeehaus
13 Feinbaeckerei
Konditormasse
5 Nugat
Konditorware
5 Torte
6 Brezel
9 Tortelett
11 Apfelkuchen
12 Apfelstrudel
Kondolenz
7 Beileid
Konfekt
5 Drops
6 Bonbon
7 Praline
10 Teegebaeck, Zuckerware
für das Purimfest
5 Naute
Konfektionsstück
5 Kleid
Konferenz
6 Konzil, Tagung
7 Meeting, Session, Sitzung, Treffen
8 Beratung, Kongress
11 Besprechung
13 Zusammenkunft
konferieren
5 tagen
Konfession
10 Bekenntnis
Konfessionskunde
8 Symbolik
Konfessionsloser
9 Dissident
Konfirmation
10 Einsegnung
12 Bestaetigung
Konfiskation
10 Einziehung
13 Beschlagnahme
konfiszieren
9 einziehen
14 beschlagnahmen
Konfitüre
9 Marmelade
Konflikt
5 Krieg, Zwist
6 Streit
9 Differenz, Zwiespalt
10 Entzweiung
11 Kontroverse, Widerstreit
Konfliktforschung
11 Polemologie
Konfrontation
18 Gegenueberstellung
konfus
3 irr
4 wirr
Konfusion
10 Verwirrung
Konglomerat
7 Gemenge
Kongo
5 Zaire
Kongohafen
in Zaire
6 Matadi
Kongohauptstadt
8 Kinshasa
11 Brazzaville
Kongoprovinz
7 Katanga
Kongozufluss
5 Kasai, Sanga
6 Kassai, Lomami, Ubangi
7 Aruwimi
Kongregation
5 Orden
12 Bruderschaft
Kongress
6 Tagung
9 Konferenz, Parlament
11 Versammlung
13 Zusammenkunft
Kongresspalast
in Washington
7 Kapitol
Konifere
7 Laerche
9 Nadelholz
Koniferenharz
9 Terpentin
König
Dame-Paar (Kartenspiel)
7 Mariage
der Arkader
6 Lykaon
der Assyrer
6 Sargon
8 Sanherib
10 Sardanapal
11 Salmanassar
12 Assurbanipal
der Azteken
9 Montezuma
10 Cuauhtemoc
der Bebryker
6 Amykos
der Belgier
6 Albert
7 Leopold
8 Baudouin
der Briten
5 Artus
der Burgunder
6 Gernot
7 Gunther
8 Giselher
der Deutschen
12 Friedrich III.
der Elfen
6 Oberon
der englischen Sage
4 Lear
5 Artus
6 Arthur
der Etrusker
7 Porsena
der Franken
4 Karl
6 Pippin
17 Arnulf von Laernten
der Gemüse
7 Spargel
der Goten
10 Theoderich
der griechischen Sage
5 Kreon, Midas, Minos, Thoas
6 Augias, Danaus, Michos, Nestor, Oberon
8 Menelaos, Menelaus, Tantalus
9 Agamemnon
der Hunnen
5 Etzel
6 Attila
der Inder
5 Asoka
der Juden
3 Asa, Ela
4 Abia, Ahab, Ahas, Amon, Jehu, Joas, Omri, Saul
5 Abiam, Achab, Baesa, David, Hosea, Joram, Josia, Nadab, Pekah, Simri
6 Ahasja, Amasja, Asarja, Hiskia, Joahas, Joasch, Josias, Jotham, Sallum, Salomo
7 Athalja, Herodes, Hiskias, Jojakim, Manasse, Menahem, Pekahja, Salomon, Zedekia
8 Jerobeam, Josaphat, Joschija, Rehabeam, Sacharja
9 Joschafat
der keltischen Sage
5 Artus
der Langobarden
6 Alboin
der Lapithen (griech. Sage)
5 Ixion
der Lüfte
3 Aar
5 Adler
der Markomannen
6 Marbod
der Merowinger
8 Chlodwig, Dagobert
der Niederlande
7 Wilhelm
der nordischen Sage
6 Nidhad
der Ostgoten
4 Teja
6 Totila
7 Witigis
8 Dietrich
9 Ermanrich
10 Theoderich
der Perser
5 Cyrus, Kyros
6 Darius, Xerxes
7 Dareios
8 Kambyses
9 Ardaschir
10 Artaxerxes
der Steppe
5 Loewe

der Sueben
8 Ariovist
der thrakischen Edonen
6 Lykurg
der Tongainseln
5 Tupou
der Wandalen
7 Gelimer
9 Geiserich
der Westgoten
6 Eurich
7 Alarich, Athaulf
8 Roderich
9 Amalarich
der Zwerge
6 Laurin
des Grals
8 Amfortas
des Irak
6 Faisal
eines persischen Epos
5 Mobed
im Nibelungenlied
5 Etzel
7 Gunther
8 Siegmund
9 Siegfried
in der Tristansage
5 Marke
über Israel und Juda
5 David
und Hüter des Gral
7 Titurel
von Abessinien
7 Menelik
9 Theodorus
von Afghanistan
9 Aman Ullah
von Ägypten
4 Fuad
5 Faruk, Menes, Necho, Zoser
6 Amasis, Apries, Cheops, Chepos, Hophra, Ramses
8 Chephren, Echnaton, Tutmosis
9 Amenophis, Sesostris, Thutmosis
10 Psammetich
11 Tutanchamun, Tutenchamon
von Akkad
5 Argon
von Albanien
4 Zogu
10 Achmed Zogu
von Argos
4 Abas
8 Diomedes
von Assyrien
6 Sargon
8 Sanherib
10 Sardanapel
12 Assurbanipal, Salmarnassar
von Athen
6 Aegeus, Aigeus
von Babylon
8 Belsazar
9 Hammurabi
12 Nebukadnezar
von Baktrien
6 Bessos
von Bayern
6 Ludwig
10 Maximilian
von Belgien
6 Albert
7 Leopold
8 Baudouin
von Böhmen
6 Rudolf, Wenzel
7 Ottokar
8 Corvinus, Podibrad
9 Ferdinand
von Bulgarien
5 Boris
6 Simeon
9 Ferdinand
von Burgund
7 Gunther
8 Gundahar
von Dänemark
4 Gorm, Knut
8 Frederik, Waldemar
9 Christian
von Deutschland
6 Ludwig
9 Friedrich
von Eleusis
6 Keleos
von Elis
6 Augias
von England
4 Karl
5 Georg, Jakob
6 Alfred, Eduard, Johann
7 Wilhelm
8 Heinrich
von Epirus
7 Pyrrhus
von Frankreich
4 Karl
5 Capet, Franz
6 Ludwig
7 Philipp
8 Heinrich
von Griechenland
4 Otto, Paul
5 Georg
9 Alexander
10 Konstantin
von Hannover
5 Georg
10 Cumberland
von Israel
3 Asa, Ela
4 Abia, Ahab, Ahas, Saul
5 David, Hosea
6 Hiskia, Salomo
7 Herodes, Hiskias, Manasse, Salomon, Zedekia
8 Rehabeam
von Italien
4 Hugo
6 Viktor
7 Emanuel, Humbert, Umberto
8 Berengar
von Ithaka
6 Ulixes
von Jerusalem
7 Balduin
von Jordanien
5 Talal
7 Hussein
8 Abdallah
von Juda
3 Asa
5 Abiam, Achaz, Joram, Josia, Ozias
6 Ahasja, Asarja, Joahas, Josias, Jotham
von Jugoslawien
5 Peter
von Kalydon
6 Oineus
von Kastilien
6 Alfons, Sancho
von Kolchis
6 Aietes
von Kreta
5 Minos
von Libyen
5 Idris
von Lokris
4 Aias, Ajas, Ajax
von Lydien
4 Atys
5 Gyges
7 Kroesus
von Marokko
6 Hassan
8 Mohammed
von Mazedonien
7 Philipp
9 Alexander, Demetrios
von Montenegro
6 Nikita
von Mykene
6 Atreus
9 Agamemnon
von Navarra
6 Sancho
von Neapel
5 Murat, Roger
6 Robert
von Nordjemen
6 Achmed
von Norwegen
4 Olaf, Olay
5 Hakon, Oskar
6 Harald
von Numidien
8 Jugurtha
9 Masinissa
von Pergamon
7 Attalos, Attalus, Eumenes
von Phrygien
5 Midas
8 Tantalos
von Polen
6 Johann, Ludwig
7 Kasimir
8 Boleslaw, Sobieski
9 Wladislaw
10 Stanislaus
von Pontus
11 Mithridates
von Portugal
5 Dinis, Pedro
6 Manuel, Miguel, Sancho
7 Emanuel
von Preußen
7 Wilhelm
9 Friedrich
von Pylos
6 Neleus, Nestor
von Rumänien
5 Carol
7 Michael
9 Ferdinand

von Sachsen
6 Albert, August
von Salamis
4 Aias, Ajas, Ajax
von Sardinien
5 Enzio
von Saudi-Arabien
6 Chalid, Khaled
7 Ibn Saud
von Schottland
5 Jakob
6 Duncan, Robert
von Schweden
4 Karl
5 Erich, Oskar
6 Gustaf
9 Christian
10 Bernadotte, Carl Gustaf
von Serbien
5 Milan
9 Alexander
von Sizilien
4 Karl
7 Tankred
von Spanien
4 Karl
6 Alfons
7 Philipp
9 Ferdinand
10 Juan Carlos
von Sparta
4 Agis
8 Leonidas, Menelaos
9 Agesilaus
10 Archidamos
von Syrakus
6 Hieron
von Syrien
8 Seleukos
von Taurien
5 Thoas
von Thailand
4 Rama
7 Oedipus
8 Bhumibol
von Theben
5 Kreon
6 Kadmos
7 Oedipus
10 Amphitryon
von Thessalien
5 Admet
von Troja
7 Priamus
von Tyros
5 Mutto
von Tyrus
5 Hiram
von Ungarn
4 Bela
6 Ludwig, Rudolf
7 Andreas, Bethlen, Stephan
8 Corvinus, Matthias
9 Ferdinand, Sigismund, Wladislaw

Königin
der Amazonen
11 Penthesilea
der Blumen
4 Rose
der Niederlande
7 Beatrix, Juliana
8 Hortense
10 Wilhelmina
der Ostgoten
11 Amalasuntha
von Ägypten
4 Teje
9 Cleopatra, Kleopatra, Nofretete
11 Hatschepsut
von Assyrien
9 Semiramis
von Belgien
6 Astrid
7 Fabiola
von Dänemark
6 Ingrid
9 Margarete, Margrethe
von England
5 Maria
8 Viktoria
9 Elizabeth
von Frankreich
9 Katharina
von Georgien
6 Tamara, Thamar
von Jordanien
3 Nur
von Juda
7 Athalia
von Ostfranken
9 Brunhilde
von Palmyra
7 Zenobia
von Polen
6 Hedwig
von Preußen
5 Luise
von Schottland
11 Maria Stuart
von Schweden
6 Silvia
9 Christine
von Spanien
8 Isabella
9 Elisabeth
von Thailand
7 Sirikit
von Theben
5 Niobe
von Ungarn
4 Zita

königlich
5 royal

königliches
Spiel
6 Schach

Königreich
9 Monarchie
an den Pyrenäen
7 Navarra
im Altertum in Südarabien
4 Saba
im Himalaja
5 Nepal
6 Bhutan
in Afrika
7 Lesotho, Marokko
in Asien
4 Laos, Siam
5 Nepal
8 Thailand
9 Jordanien
10 Kambodscha
12 Saudi-Arabien
in Burgund
6 Arelat
in Europa
7 Belgien, Holland, Spanien
8 Norwegen, Schweden
9 Daenemark
11 Niederlande
15 Grossbritannien
in Nahost
9 Jordanien
in Südostasien
4 Siam
8 Thailand
in Westeuropa
11 Niederlande

Königsberger
Komponist
6 Albert
Philosoph
4 Kant

Königsburg
in London
5 Tower

Königsdynastie
in England
5 Tudor

Königsgeschlecht
der Ostgoten
6 Amaler

Königskobra
5 Dryas
6 Hannah

Königsname, ägyptischer
6 Ramses

Königsschloss
am Tajo
8 Aranjuez
bei Brüssel
6 Laeken
in Spanien
8 Escorial

Königssohn
5 Prinz

Königstochter
aus Kolchis
5 Medea
der griechischen Sage
4 Leda
8 Danaiden
9 Andromeda

königstreu
5 royal
12 royalistisch

Königstreue
10 Royalismus

Königswahl
im Mittelalter
3 Kur

konisch
zulaufendes Rohrstück
5 Duese

konjugieren
6 beugen

Konjunktion
3 als

Konjunkturritter
11 Opportunist

Konjunkturrückgang
9 Rezession

konkret
4 real
8 greifbar, leibhaft, wirklich
11 anschaulich, koerperlich,

sinnfaellig
Konkurrent
6 Gegner, Rivale
11 Mitbewerber, Nebenbuhler, Widersacher
Konkurrenz
10 Gegenseite, Rivalitaet, Wettbewerb
konkurrieren
10 wetteifern
12 rivalisieren
Konkurs
4 Gant, Ruin
6 Pleite
8 Bankrott
9 Bankerott
12 Fallissement
Können
7 Technik
Könner
6 Kenner
7 Experte, Meister
8 Fachmann, Virtuose
9 Koryphaee, Kuenstler, Routinier
10 Altmeister, Kapazitaet
Konquistador
7 Pizarro
Konsekration
in der katholischen Kirche
5 Weihe
Konsequenz
5 Folge
7 Schluss
8 Ausdauer
9 Folgerung, Nachspiel, Weiterung
10 Zaehigkeit
14 Beharrlichkeit, Bestaendigkeit
16 Folgerichtigkeit
konservative
Partei in England
6 Tories
Konserven
12 Eingemachtes
Konservengefäß
7 Buechse
konservierter
Leichnam
5 Mumie
konserviertes
Ei
5 Solei
Konservierung
9 Erhaltung
Konsole
5 Trage
Konsonant
7 Mitlaut
Konsorte
7 Genosse
8 Komplice, Komplize
9 Mittaeter
Konspiration
13 Verschwoerung
konstant
3 fix
4 fest, hart, stet
6 stetig
10 bestaendig
11 feststehend
15 unveraenderlich

Konstitution
6 Aufbau
7 Zustand
8 Befinden, Eigenart, Struktur
9 Anordnung
10 Verfassung
11 Einrichtung, Festsetzung, Grundgesetz
14 Beschaffenheit
Konstrukteur
7 Erbauer
8 Erfinder
der 1. Dampfmaschine
10 Stephenson
der Webmaschine
10 Cartwright
des 1. U-Boots
5 Bauer
des Telefons
4 Bell
des Volkswagens
7 Porsche
Konstruktion
6 Aufbau, Bauart
10 Gestaltung
konstruktivistischer
Künstler
4 Gabo
6 Tatlin
7 Duchamp, Pevsner
8 Mondrian
9 Lissitzky
10 Malewitsch
11 El Lissitzky
Konsultation
8 Beratung
9 Befragung
Konsum
7 Verzehr
9 Verbrauch
12 Handelskette
Konsumartikel
20 Verbrauchsgegenstand
Konsument
7 Kaeufer
konsumieren
9 verzehren
11 verbrauchen
Kontakt
8 Fuehlung, Schalter
9 Beziehung
10 Beruehrung, Verbindung
11 Verhaeltnis
12 Stromschluss
kontaktfreudig
8 gesellig
Kontaktstreifen, -blättchen
7 Lamelle
Kontenabschluss
5 Saldo
6 Bilanz
Kontenance
7 Fassung, Haltung
10 Seelenruhe
13 Gleichgewicht
Kontenausgleich
5 Saldi, Saldo
Kontenseite
4 Soll
5 Haben
Konterfei
4 Bild
7 Bildnis

8 Ebenbild, Gemaelde, Portraet, Portrait
kontern
8 erwidern, parieren
9 reagieren
Kontertanz
9 Quadrille
Kontervorstoß
Eishockey
5 Break
Kontinent
5 Asien
6 Afrika, Europa
7 Amerika, Erdteil
8 Eurasien
9 Antarktis
10 Australien
Kontingent
6 Anteil
kontinuierlich
6 stetig
8 staendig
Konto
4 Loro
Kontodifferenz
5 Saldo
Kontor
5 Buero
13 Niederlassung
14 Geschaeftsraum
16 Geschaeftszimmer
Kontoseite
4 Soll
5 Debet, Haben
Kontrabasstuba
7 Helikon
Kontrahent
6 Gegner
15 Vertragspartner
Kontrakt
4 Pakt
7 Allianz, Vertrag
8 Abkommen, Buendnis
9 Abmachung, Agreement
10 Konvention
12 Tarifvertrag, Vereinbarung
13 Sozialpartner
Kontrast
7 Abstich
9 Gegensatz
11 Unterschied
Kontrollbeamter
7 Revisor
Kontrollbildschirm
7 Monitor
Kontrolle
5 Check, Probe
8 Aufsicht, Pruefung, Revision
10 Durchsicht, Gegenprobe, Inspektion
12 Nachpruefung, Ueberwachung
von Meßgeräten
6 eichen
kontrollieren
7 checken, pruefen
11 inspizieren, ueberwachen
Kontrollpunkt
an Grenzen
10 Checkpoint
Kontrollstreifen
der Steuerbehörde
9 Banderole

Kontrollturm
auf Flughäfen
5 Tower
Kontur
6 Umriss
9 Randlinie
11 Umrisslinie
16 Begrenzungslinie
Konus
5 Kegel
6 Zapfen
8 Trichter
Konvent
5 Stift
6 Tagung
7 Kloster, Sitzung
11 Versammlung
13 Zusammenkunft
15 Zusammenschluss
Konvention
6 Brauch
7 Vertrag
8 Abkommen, Kontrakt
9 Herkommen, Tradition
13 Uebereinkunft
14 Ueberlieferung
konventionell
5 kuehl, steif
9 foermlich
12 herkoemmlich, traditionell
Konversation
9 Gespraech, Plauderei
12 Unterhaltung
Konvoi
9 Geleitzug
Konzentrat
6 Essenz
11 Quintessenz
Konzentration
14 Aufmerksamkeit
Konzentrationsangabe
von Lösungen
5 Molar
Konzentrationsausgleich
6 Osmose
konzentrieren
10 verdichten
14 zusammenziehen
konzentrierte
Lösung
6 Essenz
Konzept
4 Plan
6 Skizze
7 Entwurf
8 Programm
Konzern
5 Trust
Konzerthalle
5 Odeon, Odeum
12 Philharmonie
Konzerthaus
in Köln
10 Guerzenich
Konzertmeister
Friedrichs des Großen
5 Graun
Konzertunternehmer
10 Impresario
Konzession
6 Lizenz
8 Befugnis
9 Erlaubnis, Zulassung
11 Einraeumung, Genehmigung
13 Zugestaendnis
Konzil
6 Synode
11 Versammlung
Koog
6 Polder
Koordinate
im rechtwinkligen Koordinatensystem
8 Ordinate
Kopenhagener
Prachtstraße
7 Stroget
Volkspark
6 Tivoli
Kopf
4 Boss, Chef
5 Haupt
6 Gipfel, Leiter, Spitze
7 Fuehrer
8 Oberteil, Schaedel
9 Anfuehrer, Oberhaupt
bei Hirsch und Gamswild
5 Grind
der Säule
8 Kapitell
Kopfauswuchs
beim Hühnervogel
4 Kamm
beim Rehbock
7 Gehoern
Kopfbedeckung
3 Fes, Fez, Hut, Ros
4 Helm, Tuch
5 Haube, Inful, Kappe, Mitra, Tiara, Toque
6 Barett, Birett, Kaeppi, Kalpak, Kapuze, Kolpak, Melone, Muetze, Panama, Toupet, Turban
7 Filzhut, Homburg, Kalotte, Kapotte, Stetson, Tschako
8 Kopftuch, Peruecke, Sombrero, Strohhut, Tschapka, Zylinder
9 Dreispitz, Kaeppchen, Kapotthut, Panamahut, Stahlhelm, Sturzhelm, Zweispitz
10 Kalabreser
12 Baskenmuetze, Zipfelmuetze
der kath. Geistlichen
6 Birett
der katholischen Bischöfe
5 Inful, Mitra
der persischen Könige
5 Tiara
der Polizisten
7 Tschako
der spanischen Infanterie
3 Ros
der Ulanen
8 Tschapka
des Papstes
5 Tiara
Kopffüßer
5 Krake, Polyp, Sepia
6 Kalmar
7 Ammonit, Oktopus
8 Nautilus, Seepolyp
10 Papierboot
11 Schiffsboot, Tintenfisch
12 Moschuskrake, Riesenkalmar
14 Papiernautilus
Kopfhaut
mit Schopf
5 Skalp
Kopfjäger
auf Borneo
5 Dajak, Dayak
in Assam
4 Naga
Kopfjägerschwert
d. Dajak
6 Mandau
Kopfkohl
5 Kabis
Kopflederzeug
für Reittiere
4 Zaum
Kopflosigkeit
5 Panik
10 Verwirrung
13 Durcheinander
Kopfputz
aus Federn
8 Aigrette
der Altenburgerin
6 Hormet
Kopfriemenzunge
für Zug- und Reittiere
4 Zaum
Kopfschlagader
7 Carotis
Kopfschmerzen
8 Migraene
10 Kephalagie
Kopfschmuck
4 Haar, Horn, Kamm, Zopf
5 Feder, Haube, Holle, Inful, Krone, Locke, Mitra, Tiara
6 Bluete, Diadem, Spange
7 Gehoern
8 Aigrette, Schleife
9 Stirnband, Stirnreif
von Tieren
6 Geweih, Maehne
7 Gehoern
Kopfschutz
4 Helm
Kopfskelett
8 Schaedel
Kopfsprung
11 Hechtsprung
Kopfstimme
6 Fistel
7 Falsett
Kopfteil
3 Lid, Ohr
4 Auge, Bart, Haar, Kinn, Mund, Nase, Zahn
5 Backe, Braue, Lippe, Stirn, Wange
6 Amboss, Gebiss, Gehirn, Genick, Hammer, Kiefer, Nacken, Stirne, Wimper
7 Antlitz, Gesicht, Wimpern
8 Augenlid, Jochbein, Kinnlade, Nachhirn, Schaedel, Schlaefe
9 Eckzaehne, Grosshirn, Jochbogen, Kinnbacke, Kleinhirn, Oberlippe, Stammhirn
10 Augenbraue, Gehoergang, Haaransatz, Hirnlappen,

Oberkiefer, Ohrmuschel, Unterlippe
11 Hinterhaupt, Steigbuegel, Unterkiefer
12 Backenzaehne, Ohrlaeppchen
14 Grosshirnrinde, Schneidezaehne
17 Nasennebenhoehlen, Oberkieferknochen
18 Eustachische Roehre, Gehoerknoechelchen, Unterkieferknochen
bei Tieren
4 Fang, Horn, Kamm, Maul
5 Aeser, Lefze, Licht
6 Geweih, Taster
7 Fuehler, Gebrech, Gehoern, Ruessel
8 Lauscher, Schnabel, Schnauze
Kopftracht
der Schwestern
5 Haube
Kopftuch
der österreichischen Bäuerin
5 Gugel
des Papstes
5 Orale
Kopie
5 Abzug, Repro
6 Doppel
8 Duplikat
9 Abschrift
10 Ablichtung, Nachahmung
11 Durchschlag, Nachbildung
12 Durchschrift, Reproduktion, Zweitschrift
17 Vervielfaeltigung
koptisches
Geheimwort
7 Abraxas
Korallenaffe
8 Marmoset
Korallenart
7 Aktinie
Koralleninsel
4 Riff
5 Atoll
im Stillen Ozean
5 Nauru
in Australien
7 Namumea
vor Ostafrika
5 Pemba
Korallenotter
4 Elap
Korallentier
7 Koralle, Seerose
8 Aktinien, Seefeder
9 Madrepore
10 Seeanemone
12 Steinkoralle, Sternkoralle
Koranabschnitt
4 Sure
Koranschule
8 Medresse
Koranteil
5 Sunna
Korb
5 Kiepe, Zaine
am Luftballon
6 Gondel
zum Fischfang
5 Reuse
Korbballspiel
10 Basketball
Korbblütler
5 Alant, Aster, Inula
6 Arnika, Cosmea, Crepis, Dahlie, Distel, Klette, Kosmee, Kresse, Saflor, Wermut, Zinnie
7 Beifuss, Endivie, Gerbera, Kamille, Lattich, Tagetes
8 Eberwurz, Estragon, Georgine, Goldrute, Masslieb, Wegwarte, Zichorie
9 Artemisia, Bocksbart, Edelweiss, Goldgarbe, Kornblume, Margerite
10 Huflattich, Knopfkraut, Loewenzahn, Schafgarbe
11 Berufskraut, Gaenseblume, Kugeldistel, Ringelblume, Sonnenblume, Wucherblume
12 Chrysantheme, Flockenblume, Massliebchen
13 Habichtskraut
14 Studentenblume
Korbflasche
6 Ballon
8 Demijohn
Korbmacher
8 Flechter
Kordart
10 Manchester
Kordel
6 Bendel, Schnur
7 ◆ Baendel
Kordilleren
in Südamerika
5 Anden
Kordon
5 Kette
6 Sperre
7 Spalier
10 Absperrung
11 Postenkette
Koreanische
Münze
3 Won
4 Chon
5 Cheun
koreanischer
Politiker
4 Rhee
Kork
6 Pfropf
7 Stopfen
8 Pfropfen, Stoepsel
Kormoran
7 Scharbe, Seerabe
Korn
des Jagdgewehrs
6 Fliege
Kornblume
4 Rade
5 Zyane
kornblumenblau
10 ultramarin
Kornelkirsche
6 Dirndl
8 Herlitze
Körnerfrucht
4 Korn, Mais, Reis
5 Durra, Emmer, Hafer, Hirse
6 Dinkel, Gerste, Roggen, Weizen
7 Sorghum
8 Getreide
Kornett
6 Piston
9 Faehnrich
körnig
9 granuloes
gewordener Altschnee
4 Firn
körniger
Hochgebirgsschnee
4 Firn
körniges
Ergussgestein
7 Dolerit
Tiefengestein
6 Granit
Kornkäfer
6 Wiebel
Kornkeimgut
12 Saatgetreide
Kornmahlbetrieb
6 Muehle
Körper
4 Ding, Leib, Soma
5 Sache
6 Korpus, Objekt
10 Gegenstand
ohne Kopf und Glieder
5 Rumpf
Körperabsonderung
4 Harn, Urin
5 Galle
6 Inkret, Sekret
8 Schweiss
Körperanschwellung
5 Beule
Körperart
5 Kegel
6 Prisma, Quader
7 Wuerfel
8 Pyramide, Zylinder
Körperausstrahlung
2 Od
Körperbau
6 Statur
7 Habitus
12 Konstitution
Körperbauforscher, -lehrer
6 Anatom
12 Zergliederer
Körperbaulehre
8 Anatomie
Körperbautyp
8 Pykniker
9 Leptosome
10 Astheniker, Athletiker
Körperbedeckung
4 Haut
Körperbeschaffenheit
7 Gestalt
Körperbewuchs
5 Haare
Körpererfrischung
3 Bad
6 Dusche
Körperertüchtigung
5 Spiel, Sport
6 Turnen
9 Gymnastik
14 Leibesuebungen
Körperfleck
3 Mal

9 Muttermal
10 Leberfleck
13 Sommersprosse
Körperflüssigkeit
4 Blut
6 Lymphe, Plasma, Sekret
7 Schleim
Körperfortsatz
am Ende der Wirbelsäule
7 Schwanz
Körperfunktionsteil
5 Organ
Körpergegend
am Rücken
5 Lende
Körpergelenk
4 Hals, Knie
10 Ellenbogen
Körpergewebe
6 Chalon
7 Chalone
Körperglied
3 Arm
4 Bein, Fuss, Hand
Körperhülle
4 Haut
Körperkraft
7 Staerke
14 Brachialgewalt
körperlich
7 konkret, kubisch
8 physisch
9 materiell, somatisch
14 stereometrisch
auf der Höhe
3 fit
beeinträchtigt
5 krank
seelische Überlastung
6 Stress
seelische Verfassung
12 Konstitution
wenig regsamer Mensch
12 Phlegmatiker
körperliche
Anspannung
6 Stress
Belastung
8 Strapaze
Beschaffenheit
6 Physis
Durchsuchung
10 Visitation
Empfindungsleitbahn
4 Nerv
Leistungsfähigkeit
9 Kondition
Masse
8 Substanz
Tätigkeit
7 Phlegma
Verfassung
9 Kondition
körperlicher
Schaden
10 Verletzung
Wirkstoff
6 Hormon
Zusammenbruch
7 Kollaps
Körperlichkeit
7 Plastik
12 Plastizitaet
Körpermitte
5 Nabel
6 Taille
Körperorgan
4 Darm, Haut, Herz, Milz, Nerv
5 Blase, Galle, Leber, Lunge, Magen, Niere
6 Druese, Gehirn, Muskel
8 Dickdarm, Mastdarm
9 Blinddarm, Duenndarm, Harnblase, Kleinhirn
11 Gallenblase
12 Gebaermutter, Wurmfortsatz
Körperpartie
5 Bauch, Lende
6 Huefte
Körperpflege
3 Bad
7 Hygiene
8 Kosmetik
9 Manikuere, Pedikuere
Körperpflege-, Friseurgeschäft
5 Salon
Körperpflegemittel
3 Deo
6 Lotion
Körperregion
5 Bauch, Brust, Lende
7 Ruecken
Körperreinigung
3 Bad
Körperschaft
6 Gruppe, Innung, Verein
7 Gremium, Verband
11 Korporation, Vereinigung
12 Gesellschaft
14 Genossenschaft
Körperschmuck
der Melanesier
6 Kapkap
Körperschwäche
8 Asthenie
Körpersekret
7 Schleim
Körperspray
9 Deodorant
Körperstellung
7 Haltung
Körperstrang
6 Muskel
Körperteil
der Egel
8 Saugnapf
der Elefanten
7 Ruessel
des Pferdes
4 Kamm
5 Bohne, Hanke, Koete, Ruebe
6 Kruppe, Maehne
7 Nuester, Schweif
8 Ganasche, Kastanie
für bestimmte Funktionen
5 Organ
männlicher Hirschtiere
6 Geweih
weiblicher Waldgeister
9 Elfenbein
zwischen Brust und Hüften
6 Taille
Körperteil, -gegend, -bestandteil
3 Arm, Ohr, Zeh
4 Auge, Bein, Blut, Fuss, Haar, Hals, Hand, Haut, Kinn, Knie, Kopf, Leib, Mund, Nase, Nerv, Wade, Zehe
5 Bauch, Brust, Ferse, Haupt, Kreuz, Lende, Magen, Organ, Rumpf, Sehne, Stirn, Wange
6 Achsel, Becken, Daumen, Druese, Fessel, Finger, Gebiss, Gehirn, Gelenk, Genick, Gewebe, Huefte, Kiefer, Leiste, Muskel, Nacken, Schoss, Steiss, Stirne, Taille, Weiche, Wirbel
7 Gerippe, Gesaess, Gesicht, Knochen, Knorpel, Oberarm, Ruecken, Skelett
8 Ellbogen, Schaedel, Schenkel, Schulter, Unterarm
9 Brustkorb, Rueckgrat, Unterleib
10 Ellenbogen, Hinterteil
12 Oberschenkel
13 Unterschenkel
Körperverfassung
12 Konstitution
Körperwäsche
3 Bad
Körperwuchs
5 Figur
6 Statur
Körperzuckungen
3 Tic
korrekt
5 exakt, genau
6 adrett, sauber
7 richtig
8 tadellos
10 fehlerfrei, ordentlich
11 einwandfrei
12 gewissenhaft
Korrektur
8 Revision
12 Berichtigung, Verbesserung
Korrekturabzug, -bogen
5 Fahne
10 Druckfahne
Korrespondent
12 Briefpartner
16 Berichterstatter
Korrespondenz
12 Briefverkehr, Briefwechsel
14 Schriftwechsel
Korridor
4 Flur, Gang
5 Diele
7 Passage
8 Hausflur
9 Durchgang
12 Landstreifen
korrigieren
10 revidieren, verbessern
11 berichtigen
korrupt
11 bestechlich
Korruptionsaffäre
18 Bestechungsskandal
Korsar
5 Pirat
8 Bukanier
10 Filibuster, Flibustier, Freibeuter, Seeraeuber
Korsett
6 Mieder
8 Leibchen

11 Schnuerleib
Korsikas
Bewohner
5 Korse
korsische
Familie
9 Bonaparte
Hauptstadt
7 Ajaccio
korsischer
Freiheitskämpfer
5 Paoli
Sänger
5 Rossi
Korso
5 Umzug
7 Festzug
8 Auffahrt
9 Promenade
12 Hauptstrasse
14 Auffahrtsallee
Kosakenabteilung
6 Sotnie
Kosakenbluse
6 Kasack
Kosakenführer, -hauptmann
6 Ataman, Hetman, Otaman
Kosakenheld
5 Rasin
Kosakenhetman
6 Mazepa
Kosakenpeitsche
5 Knute
7 Nagaika
Kosename
der Großmutter
3 Oma
der Kaiserin von Österreich
5 Sissi
der Katze
5 Mieze
der Mutter
4 Mama
der spanischen Exkönigin
3 Ena
des Großvaters
3 Opa
des Vaters
4 Papa, Papi, Paps
5 Daddy
für Goethes Mutter
3 Aja
für Trapper
5 Traps
Kosmetik
10 Hautpflege
13 Koerperpflege
17 Schoenheitspflege
Kosmetikbehälter
9 Puderdose
Kosmetiktäschchen
10 Necessaire, ◆ Nessessaer
Kosmetikum
8 Eyeliner
kosmetische
Behandlung
13 Gesichtsmaske
Pflege
6 Make-up
Verschönerung
6 Make-up
kosmetischer
Begriff
7 Peeling
Eingriff
20 Schoenheitsoperation
kosmetisches Mittel, Verfahren
3 Bad, Oel
5 Creme, Henna, Puder, Rasur, Rouge, Salbe, Spray
6 Azeton, Make up, Parfum, Pomade, Talkum
7 Haaroel, Hautoel, Knetkur, Massage, Packung, Parfuem, Shampoo
8 Badesalz, Schminke
9 Badeseife, Fettcreme, Fettpuder, Kompresse, Nagellack, Zahncreme, Zahnpasta, Zahnpaste
10 Foenlotion, Hautlotion, Nachtcreme, Tagescreme
11 Lippenstift
13 Wimperntusche
15 Reinigungscreme, Reinigungsmilch
16 Augenbrauenstift
18 Nagellackentferner
Reinigungsverfahren
13 Gesichtsmaske
kosmische
Strahleneinheit
6 Jansky
kosmischer
Kleinkörper
6 Meteor
8 Meteorit
Kosmonaut
5 Jaehn, Remek, Titow
6 Farkas, Iwanow, Leonow, Rjumin, Wolkow
7 Chrunow, Gagarim, Janacek, Jegorow, Komarow, Schonin, Wolynow
8 Bykowski, Gorbatko
9 Astronaut, Beregowoi, Nikolajew, Schatalow
10 Feoktistow, Jelissejew, Popowitsch, Raumfahrer
11 Sewastjanow
12 Filipschenko
14 Weltraumfahrer
Kosmos
3 All
4 Welt
7 Weltall
9 Universum
11 Weltordnung
Kost
5 Essen
6 Speise
7 Nahrung
8 Proviant
10 Ernaehrung
11 Verpflegung
und Wohnung
7 Pension
kostarikanische
Münze
5 Colon
8 Centimos
kostarikanischer
Schriftsteller
6 Fallas
kostbar
3 rar
4 edel
7 erlesen
8 prezioes, splendid, wertvoll
kostbarer
Besitz
6 Schatz
Halsschmuck
7 ◆ Collier, Kollier
Kleiderbesatz
6 Braeme
Reif
6 Diadem
kostbares
Andenken
8 Reliquie
Gewebe
4 Samt
5 Seide
6 Brokat
Kleid
4 Robe
Mineral
9 Edelstein
Pelzstück
4 Nerz
5 Zobel
Robbenfell
6 Lakoda
Kostbarkeit
5 Juwel, Zobel
6 Schatz
7 Kleinod, Schmuck
8 Raritaet
9 Pretiosen, ◆ Preziosen
10 Geschmeide
kosten
9 probieren, versuchen
11 degustieren
Kosten
6 Spesen
7 Aufwand
8 Ausgaben, Auslagen
9 Gebuehren
Kostenabrechnung
freier Berufe
11 Liquidation
Kostenanschlag
4 Etat
11 Kalkulation
Kostenaufteilung
6 Umlage
kostenfrei
4 frei
6 au pair, franko, gratis
7 umsonst
13 unentgeltlich
Kostenpunkt
einer Ware
5 Preis
Kostenrechnung
11 Liquidation
Kostenreduzierung
9 Ersparnis
Kostensenkung
16 Rationalisierung
Kostenverteilung
auf mehrere
6 Umlage
Kostgänger
5 Esser

köstlich
4 fein
5 prima
6 lecker
7 delikat, erlesen
8 herrlich
9 delizioes
11 appetitlich, schmackhaft
Köstlichkeit
11 Delikatesse
12 Leckerbissen
Kostschüler
im Heim
6 Alumne
kostspielig
5 teuer
kostspielige
Lebensführung
5 Luxus
Kostüm-
und Requisitenbestand bei Theater u. Film
6 Fundus
Kostümfest
9 Maskerade
10 Maskenball
kostümierte
Person
5 Maske
Kostümjacke
7 Blouson
Kostümstoff, Anzugstoff
6 Fresko
Kostümzeichnung
8 Figurine
Kot
8 Faekalie
9 Exkrement
des Wildes
6 Losung
Kotelett
9 Karbonade
12 Rippenstueck
Krabbe
5 Krebs
6 Granat
7 Garnele, Granatt
8 Krevette
Krabben
7 Shrimps
8 ◆ Schrimps
Krach
4 Zank
5 Knall, Laerm, Radau, Zwist
6 Rabatz, Streit, Tumult, Unruhe
7 Getoese, Klamauk, Krakeel, Krawall, Randale
8 Gepolter, Stoerung
9 Explosion, Spektakel
10 Detonation
11 Kontroverse, Zerwuerfnis
14 Kladderadatsch
18 Auseinandersetzung
krachen
7 bersten, donnern, knallen, platzen
8 boellern
9 krepieren
kracksein
8 klettern
Kraft
5 Macht, Wucht
6 Gewalt, Potenz
7 Dynamik, Energie, Staerke
9 Nachdruck
11 Intensitaet
aus Atomen
11 Kernenergie
der Seele
8 Inbrunst
Kraftarm
5 Hebel
Kraftbrühe
8 Bouillon, Consomme
9 Konsommee
Kraftdroschke
4 Taxe, Taxi
9 Taxameter
Kräfteeinsatz
vor dem Ziel
8 Endspurt
Krafteinheit
4 Pond
Kräfteverfall
6 Hektik
8 Asthenie, Marasmus
Kraftfahrer
6 Lenker
9 Chauffeur, Schoffoer
12 Automobilist
Kraftfahrzeuganlasser
7 Starter
Kraftfahrzeugraum
6 Garage
Kraftfahrzeugteil
8 Anlasser, Getriebe
13 Lichtmaschine
Kraftfahrzeugversicherung
5 Kasko
Kraftfahrzeug, -wagen
3 Bus, Lkw, Pkw
4 Auto, Jeep, Krad, Mofa, Taxe, Taxi
5 Coupe, Kombi, Moped, Truck
6 Kabrio, Laster, Mokick
7 Lastzug, Omnibus, Traktor, Trecker
8 Kleinbus, Kraftrad, Lastauto, Mietauto, Motorrad, Roadster
9 Automobil, Cabriolet, Kippwagen, Lastwagen, Limousine, Rennwagen, Tankwagen, Taxameter
10 Fernlaster, Kabriolett, Kombiwagen, Kraftwagen, Kuehlwagen, Lieferauto, Sportwagen, Zweisitzer
11 Fernlastzug, Lieferwagen, Motorroller, Zugmaschine
12 Kleinomnibus
15 Sattelschlepper
für Land- und Wasserfahrt
17 Amphibienfahrzeug
Kraftfahrzeugzubehör
10 Reserverad
kraftgespannt
9 dynamisch
kräftig
5 prall, stark
6 deftig, robust, stabil
8 intensiv
ausgestoßener Laut
6 Schrei
gewürzt
6 pikant
laut in der Musik
5 forte
kräftigendes
Arzneimittel
7 Tonikum
kräftiger
Baumwollstoff
5 Pilot
Stoß
5 Prall
Vogel
4 Rabe
kräftiges
Gewebe für Arbeitskleidung
5 Drell
Reitpferd
3 Kob
Kräftigung
nach Krankheit
8 Erholung
14 Rekonvaleszenz
Kräftigungsmittel
7 Tonikum
kraftlos
3 fad
4 flau, matt
7 schlapp, schwach
8 klapprig
Kraftlosigkeit
8 Asthenie
Kraftmaschine
5 Motor
7 Turbine
9 Generator
12 Abgasturbine
Kraftmaß
3 Vis
Kraftmensch
6 Athlet
Kraftquellenengpass
12 Energiekrise
Kraftspiel
auf Jahrmärkten
5 Lukas
Kraftstoff
6 Benzin, Benzol, Diesel
7 Kerosin
9 Dieseloel
10 Treibstoff
Kraftstoffbehälter
4 Fass, Tank
5 Tonne
8 Kanister
Kraftstoffstation
10 Tankstelle
Kraftstoß
im Motor
3 Hub
Kraftübertragung
12 Transmission
Kraftverteilung
12 Transmission
kraftvoll
6 markig, nervig
Kraftwagen
mit zurückklappbarem Verdeck
6 Kabrio
10 Kabriolett
Kraftwagenaufbau
10 Karosserie
Kraftwageneinstellraum
6 Garage

Kraftwagenführer
6 Fahrer
9 Chauffeur, Schoffoer
Kraftwagengestell
7 Chassis
Kraftwagentyp
7 Caravan
Kraftwerk
am Sambesi
6 Kariba
Kragenschleife
6 Fliege
Kragenteil
von Jacken und Mänteln
9 Aufschlag
Kragstein
7 Konsole
krähengroßer
Papagei
3 Kea
Krake
11 Tintenfisch
Krakeel
6 Streit, Unruhe
Kralle
5 Klaue
der Greifvögel
5 Griff
des Raubvogels
4 Fang
Krallenäffchen
6 Pinche, Saguin
7 Tamarin, Uistiti
8 Marmoset
10 Witwenaffe
13 Lisztaeffchen
14 Loewenaeffchen, Mohrenaeffchen, Pinselaeffchen, Roetelaeffchen, Seidenaeffchen, Silberaeffchen
15 Krallenaeffchen
19 Schnurrbartaeffchen, Weisspinselaeffchen, Zwergseidenaeffchen
21 Schwarzpinselaeffchen
Kram
4 Tand, Zeug
5 Paste, Zeugs
6 Ramsch
7 Krempel, Plunder, Troedel
8 Schamott
9 Firlefanz
Kramladen
6 ◆ Butike
Krampe
5 Haken
6 Kettel
7 Klammer
Krampf
7 Spasmus
10 Konvulsion
Krampfadern
7 Varizen
krampfartig
9 spasmisch
krampfartiger
Schmerzanfall
5 Kolik
krampfartiges
Muskelzucken
3 Tic
Krampfneigung
7 Tetanie
Krampfzustand
6 Starre
Kran
6 Bagger
auf Schiffen
5 Davit
Kranich
in der Tierfabel
6 Luetke
Kranichvogel
5 Ralle
6 Trappe
krank
5 malad, marod, siech
6 malade
7 leidend
11 unpaesslich
Krankenbahre
5 Trage
9 Tragbahre
Krankenbehandlung
8 Therapie
Krankenbericht
8 Bulletin
Krankenbesuch
6 Visite
Krankenbetreuer
7 Pfleger
9 Pflegerin
11 Heilgehilfe
Krankenfahrzeug
9 Rollstuhl
Krankengymnast
15 Physiotherapeut
Krankenhaus
6 Hospiz, Klinik, Spital
7 Spittel
8 Hospital, Lazarett
10 Poliklinik, Polyklinik, Sanatorium
11 Muetterheim
12 Poliklinikum, Polyklinikum, Privatklinik
15 Entbindungsheim
19 Universitaetsklinik
in Berlin
7 Charite
Krankenhausabteilung
7 Station
8 Ambulanz
Krankenkost
5 Diaet
9 Schonkost
Krankenliege
5 Bahre, Trage
Krankenpflegerin
9 Schwester
10 Diakonisse
16 Krankenschwester
Krankenpfleger, -wärter
4 Sani
9 Samariter
10 Sanitaeter
11 Heilgehilfe
Krankensalbung
6 Oelung
Krankenstation, Zahnstation
6 Klinik
Krankentrage
5 Bahre
Krankentransportgerät
5 Trage
Krankentransportwagen
5 Sanka
8 Ambulanz
13 Sanitaetsauto
Kranker
7 Patient
krankhaft
6 abnorm, morbid
7 anormal
12 pathologisch
krankhafte
Anfälle bei Malaien
5 Latah
Angst
6 Phobie
Anschwellung
5 Oedem
Atemnot
6 Asthma
Erweiterung einer Schlagader
9 Aneurysma
Gewebewassersucht
5 Oedem
Gier
5 Manie, Sucht
Mordwut
4 Amok
Schreib- u. Leseschwäche
11 Legasthenie
Schwellung
5 Oedem
9 Geschwuer
10 Geschwulst
11 Entzuendung
Stehlsucht
11 Kleptomanie
Überempfindlichkeit
8 Allergie
Verbiegung der Wirbelsäule
21 Rueckgratverkruemmung
Willensschwäche
6 Abulie
krankhafter
Trieb
5 Manie
krankhaftes
Luftröhrengeräusch bei Pferden
6 Giemen
Verlangen
5 Manie, Sucht
Krankheit
2 TB
3 Tbc
4 Lues, Pest, Rose, Ruhr, Star
5 Brand, Ekzem, Gicht, Krebs, Kropf, Lepra, Mumps, Polio, Uebel
6 Angina, Asthma, Grippe, ◆ Katarr, Leiden, Masern, Pocken, Raeude, Rheuma, Seuche, Typhus
7 Anaemie, Aussatz, Basedow, Cholera, Flechte, Katarrh, Malaria, Neurose, Roeteln, Skorbut, Tetanus
8 Allergie, Beriberi, Blattern, Epidemie, Karzinom, Migraene, Neuritis, Paralyse, Pellagra, Rachitis, Siechtum, Sklerose
9 Epilepsie, Gebrechen,

Gelbsucht, Geschwuer, Leukaemie, Milzbrand, Neuralgie, Scharlach, Schnupfen, Veitstanz
10 Bronchitis, Diphtherie, Gelbfieber, Geschwulst, Paratyphus, Skrofulose
11 Fleckfieber, Guertelrose, Keuchhusten, Paradontose, Tuberkulose, Ziegenpeter
12 Rheumatismus, Schlaganfall
13 Muskelschwund
14 Angina pectoris, Kinderlaehmung
15 Arteriosklerose, Schlafkrankheit, Zuckerkrankheit
bei afrikanischen Negern
6 Ainhum
der Atemwege
6 Asthma
der Bienenbrut
8 Faulbrut
die örtlich auftritt
7 Endemie
Krankheitsanzeichen
7 Symptom
Krankheitsbehandlung
8 Therapie
Krankheitsbericht
8 Bulletin
Krankheitsbeschreibung
10 ◆ Nosografie
11 Nosographie
Krankheitsbestimmung
8 Diagnose
Krankheitserkennung
8 Diagnose
krankheitserregend
8 pathogen, virulent
Krankheitserreger
4 Keim
5 Viren, Virus
6 Kokkus, Vibrio
7 Parasit
8 Bakterie, Bazillus, Trichine, Tuberkel
Krankheitserscheinung
6 Anfall, Fieber, Husten, Niesen
7 Roeteln
Krankheitserzeuger
7 Erreger
krankheitsfrei
6 gesund
Krankheitsherd
5 Fokus
Krankheitsheuchler
8 Simulant
Krankheitshöhepunkt
4 Akme
Krankheitslehre
10 Pathologie
vom Nervensystem
15 Neuropathologie
Krankheitsschutz
11 Quarantaene
Krankheitssymptom
6 Fieber
7 Schmerz
8 Mattheit
9 Erbrechen
11 Ohrensausen
Krankheitsursache
4 Noxe
Krankheitsvorgeschichte
8 Anamnese
Krankheitsvortäuscher
8 Simulant
Krankheitszeichen
7 Symptom
Kränklichkeit
11 Morbositaet
Kränkung
4 Tort
6 Insult, Unbill
7 Affront, Injurie, Schimpf
8 Unglimpf
9 Invektive
10 Schmaehung, Verletzung
11 Beleidigung
Kranz
von Auswüchsen am Geweih
4 Rose
Kranzgesims
antiker Tempel
6 Geison
Kranzleiste
7 Karnies
Krapfen
7 Beignet
8 Berliner
krass
6 extrem
kraterförmige
Senke
4 Maar
Kratersee
bei Rom
4 Nemi
7 Nemisee
der Eifel
4 Maar
Krätze
7 Skabies
Kratzer
4 Riss
5 Riefe
8 Schramme
Kratzmalerei
9 Sgraffito
Kräuselstoff
5 Frise, ◆ Krepp
7 Epingle
Kräuselung
6 Falbel
krauses
Gewebe
5 ◆ Krepp
kraushaariger
Mensch
5 Neger
7 Negride
Kraut
mit anhaftenden Früchten
6 Klette
mit stachligen Blättern
6 Distel
Krautdroge
5 Herba
Ölpflanze
5 Sesam
Kräutersoße
9 Remoulade
11 Vinaigrette
krautige
Pflanze
4 Farn
5 Karde
6 Hopfen, Staude
7 Eibisch
8 Wegerich
Krautstängel
6 Strunk
Krawall
5 Krach, Laerm, Radau
6 Streit, Unruhe
7 Aufruhr, Revolte
8 Aufstand
9 Rebellion
machen
11 randalieren
Krawattenart
6 Binder, Fliege
7 Schlips
8 Plastron
9 Halsbinde
10 Querbinder
12 Selbstbinder
kraxeln
8 klettern
kreative
Tanzgestaltung
12 ◆ Choreografie
13 Choreographie
kreativer
Mensch
8 Erfinder
Kreatur
4 Tier
6 Mensch
7 Pflanze
9 Geschoepf, Lebewesen
Krebs
6 Krabbe
Krebsgeschwulst
8 Karzinom
Krebstier
5 Assel
6 Granat, Hummer, Krabbe, Scampi
7 Daphnie, Garnele
8 Krevette, Languste, Seepocke
9 Flohkrebs, Rollassel, Seespinne
10 Flusskrebs, Mauerassel, Strandfloh, Wasserfloh, Wollkrabbe
11 Krustentier, Wasserassel, Zehnfuesser
12 Blattfuesser, Muschelkrebs, Ruderfuesser, Strandkrabbe, Taschenkrebs
14 Wollhandkrabbe
15 Einsiedlerkrebs
Krebstierlarve
4 Zoea
8 Nauplius
Kredenz
8 Anrichte
Kredit
5 Haben
7 Anleihe
8 Darlehen, Guthaben
Kreditanstalt
4 Bank
9 Sparkasse
12 Geldinstitut

Kreditaufnahme
7 Anleihe
Kreditbrief
10 Akkreditiv
Kreditgewährung
gegen Pfand
7 Lombard
Kreditgrenze
bei Handelsverträgen
5 Swing
Kreditinstitut
9 Sparkasse
Kreditor
10 Glaeubiger
Kreditseite
Buchführung
5 Haben
Kreditwürdigkeit
8 Bonitaet
an Wertpapieren
7 Lombard
Kreidefelsen
auf Rügen
13 Stubbenkammer
Kreidegebirge
auf Kreta
3 Ida
Kreidezeichnung
7 Pastell
16 Pastellzeichnung
Kreis
4 Club, Klub, Ring
5 Kranz, Kurve, Runde
6 Bezirk, Cercle, Clique, Gebiet, Gruppe, Korona, Partie, Verein, Zirkel, Zyklus
7 Bereich, Kringel
8 Distrikt
10 Kraenzchen
12 Kegelschnitt
auf Island
4 Dala
Menschen
5 Runde
Kreisabschnitt
7 Segment
Kreisachtel
6 Oktant
kreisartig
4 rund
Kreisausschnitt
6 Sektor
7 Segment
Kreisberührungslinie
8 Tangente
Kreisel
5 Rotor
Kreiselbewegung
der Erdachse
11 Praezession
kreisförmig
4 rund
8 zirkular, zyklisch
9 zirkulaer
Gewundenes
5 Ringe
6 Ringel
kreisförmiger
Streifen
4 Ring
kreisförmiges
afrikanisches Dorf
4 Kral
Kreishalbmesser
6 Radien, Radius
Kreislauf
7 Periode
11 Zirkulation
kreislaufentlastende
Verbindung
5 Shunt
Kreisringfläche
in der Mathematik
5 Torus
kreisrunde
Schneehütte
4 Iglu
kreisrunder
Haarausschnitt
6 Tonsur
kreisrundes
Gemälde
5 Tondo
Kreisschnittlinie
7 Sekante
Kreisstadt
an der Elbe
6 Torgau
an der Havel
11 Brandenburg
an der Mulde
6 Grimma
an der Müritz
5 Waren
6 Roebel
an der Peene
6 Anklam, Demmin
an der Weißen Elster
5 Greiz
auf Rügen
6 Bergen
im Allgäu
7 Kempten
im Eichsfeld
6 Worbis
im Oderbruch
6 Seelow
im Vogtland
6 Plauen
im Westerzgebirge
3 Aue
in Baden-Württemberg
5 Aalen
in Brandenburg
5 Calau
in der Altmark
7 Stendal
9 Salzwedel
10 Gardelegen
in der Oberlausitz
6 Niesky
in der Uckermark
11 Angermuende
in Ostfriesland
4 Leer
in Rumänien
6 Oradea
in Schleswig-Holstein
5 Eutin
Kreistanz
4 Kolo
Kreisumfang
10 Peripherie
Krem, Creme
5 Pasta, Paste, Salbe
Krempelleiste
Spinnerei
6 Kratze
krepieren
7 bersten, platzen, sterben
8 umkommen, verenden
9 verrecken
10 detonieren
11 explodieren, zerspringen
Kreppgewebe
6 Krepon
Kretin
5 Idiot
kretischer
Sagenkönig
5 Minos
Kreuz
des Pferdes
6 Kruppe
Eichel (Spielkarte)
5 Treff
Kreuzbild
Jesu
8 Kruzifix
Kreuzblütler
4 Kohl, Radi, Raps, Senf
5 Draba, Rempe
6 Crambe, Isatis, Kresse, Neslia
7 Levkoje, Rettich, Ruebsen
8 Goldlack, Meerkohl
9 Kruzifere, Mauersenf, Rosenkohl
10 Blumenkohl, Finkensame, Nachtviole, Radieschen
11 Schaumkraut
13 Brunnenkresse
19 Hirtentaeschelkraut
Kreuzbruder
8 Geissler
10 Flagellant
13 Geisselbruder
kreuzend
4 quer
Kreuzesinschrift
4 INRI
Kreuzfahrer
7 Tankred
Kreuzgeflecht
6 Gitter
Kreuzigungsstätte
Jesu
8 Golgatha
13 Kalvarienberg
Kreuzkraut
7 Senecio
10 Greiskraut
11 Jakobskraut
Kreuzstab
des Papstes
6 Ferula
Kreuzstellung
von Satzgliedern
8 Chiasmus
Kreuzstickerei
auf gitterartigem Gewebe
10 Tapisserie
Kreuzträger
Jesu
5 Simon
Kreuzung
aus Mandarine und Orange
10 Clementine

aus Zebra und Pferd
7 Zebroid
zwischen Pferd und Eselin
8 Maulesel
kreuzungsfreie
Verkehrsstraße
8 Autobahn
Kreuzungsprediger
8 Bernhard
Kreuzungsstelle
großer Verkehrswege
11 Knotenpunkt
Kricketkeule
3 Bat
Kriebelmücke
6 Gnitte, Gnitze
kriechen
6 ducken
8 krabbeln, krauchen, rutschen
kriechend
6 servil
Kriecher
5 Lakai
8 Heuchler
10 Schoentuer
11 Duckmaeuser, Leisetreter
14 Speichellecker
kriecherisch
6 servil
9 huendisch
Kriechtier
3 Boa
4 Teju, Wurm
5 Agame, Echse, Gecko, Kobra, Mamba, Otter, Skink, Tokee, Urutu, Viper, Waran
6 Gavial, Kaiman, Leguan, Natter, Python, Reptil
7 Karette, Saurier
8 Amphibie, Anaconda, Anakonda, Basilisk, Eidechse, Gilatier, Jacruaru, Krokodil, Matamata, Schlange
9 Alligator, Schleiche
10 Chamaeleon, Chuckwalla, Dreiklauer, Flugdrache, Kupferkopf, Mauergecko
11 Dinosaurier, Dornschwanz, Salompenter
12 Helmbasilisk, Schildkroete
14 Blindschleiche
Kriechtierordnung
6 Echsen
9 Eidechsen, Krokodile, Schlangen
13 Schildkroeten
Krieg
5 Orlog
Krieger
5 Degen, Recke
6 Kaempe, Soldat
7 Landser, Veteran
8 Eroberer, Haudegen, Kaempfer, Soeldner, Streiter
im Mittelalter
6 Ritter
Kriegerin
der griech. Sage
7 Amazone
kriegerisch
8 bellikos
11 martialisch
Kriegerstand
im Mittelalter
6 Ritter
Kriegsauszeichnung
2 EK
5 Kreuz, Orden
6 Spange
8 Medaille
11 Ritterkreuz
12 Ehrenzeichen, Pour le merite
13 Eisernes Kreuz
14 Sturmabzeichen
kriegsbereit
5 mobil
Kriegsbericht
des Xenophon
8 Anabasis
Kriegsentschädigung
10 Reparation
Kriegsfahrzeug
4 Tank
6 Panzer
Kriegsflotte
der Spanier
6 Armada
Philipps II.
6 Armada
Kriegsflugzeug
4 Jabo
5 Stuka
6 Bomber, Jaeger
10 Aufklaerer, Fernbomber, Jagdbomber, Zerstoerer
11 Nachtjaeger
12 Abfangjaeger, Duesenjaeger, Hubschrauber, Jagdflugzeug
14 Bombenflugzeug, Fernaufklaerer, Kamikaze-Bomber
16 Sturzkampfbomber
17 Kampfhubschrauber
Kriegsflugzeugverband
5 Kette, Rotte
6 Gruppe
7 Staffel
10 Geschwader, Luftflotte
Kriegsführung
6 Taktik
9 Strategie
Kriegsgebiet
5 Front
Kriegsgerät
im alten Rom
6 Fasces
Kriegsgott
der alten Griechen
4 Ares
der alten Römer
4 Ares, Mars
der Germanen
3 Ziu
der Moabiter
6 Chamos
der nordischen Sage
3 Tiu, Tyr, Ziu
Kriegsgöttin
5 Neith
7 Bellona, Sachmet, Sechmet
Kriegskunst
6 Taktik
9 Strategie
Kriegsmaschine
4 Bock
6 Widder
8 Ballista, Katapult
9 Rammklotz, Schleuder, Sturmbock
10 Schutzdach, Sturmhaken
14 Speerschleuder
kriegsmäßige
Truppenübung
8 Manoever
Kriegsminister
Bismarcks
4 Roon
Kriegsministerium
der USA
8 Pentagon
Kriegsschar, wilde Menge
5 Horde, Meute, Schar
6 Haufen
Kriegsschiff
4 Hulk
5 Aviso, Kogge, S-Boot, U-Boot
6 Bireme, Galion, Tender, Triere
7 Brander, Galeere, Galeone, Kreuzer, Liburne, Monitor, Pentere, Trireme, U-Jaeger
8 Fregatte, Galeasse, Korvette, Wachboot
9 Atom U-Boot, Karavelle
10 Geleitboot, Minenleger, Zerstoerer
11 Atomkreuzer, Minensucher, Schnellboot, Torpedoboot
12 Linienschiff, Minenraeumer, Unterseeboot
13 Minensuchboot, Panzerkreuzer
14 Raketenkreuzer, Schlachtschiff
15 Flugzeugtraeger, Unterseekreuzer
16 Atomunterseeboot
22 Flugkoerperschnellboot
im Altertum und Mittelalter
5 Aviso, Kogge
6 Bireme, Galion, Triere
7 Brander, Galeere, Galeone, Liburne, Monitor, Pentere, Trireme
8 Galeasse, Gallione
9 Caravelle, Karavelle
10 Dreireiher, Quadrireme
11 Dreiruderer, Kanonenboot
12 Linienschiff, Wikingerboot
15 Schlachtkreuzer
Kriegsschiffeinheit
6 Armada, Flotte
7 Verband
8 Division
9 Flottille, Kiellinie
10 Geschwader
13 Geleitverband
14 Flottenverband
Kriegsschiffoffizier
19 Navigationsoffizier
Kriegsschule
der USA
9 Westpoint
Kriegsverletzung
10 Verwundung
Kriegsvolk
10 Soldateska
Kriemhilds
Gatte
5 Etzel
9 Siegfried

Mutter
3 Ute
Kriminalautorin
8 Christie
Kriminalbeamter
8 Detektiv
11 Kriminalist
14 Geheimpolizist
Kriminalpolizei
5 Kripo
kriminell
14 verbrecherisch
kriminelles
Vergehen
4 Mord, Raub
10 Verbrechen
Kringel
6 Brezel
Kristallbildung
15 Kristallisation
Kristallform
8 Pinakoid, Sphenoid
Kristallgehalt
4 Doma
Kristallgestein
5 Druse
kristalline
Gipsart
9 Alabaster
kristalliner
Kalkstein
6 Marmor
Schiefer
5 Gneis
kristallines
Gestein
6 Apatit
kristallisierter
Zucker
6 Kandis
Kristallverstärker
10 Transistor
Kriterium
7 Merkmal
8 Massstab
9 Radrennen
10 Pruefstein
11 Kennzeichen
Kritik
6 Urteil
8 Pruefung
9 Rezension
11 Besprechung, Beurteilung
12 Urteilskraft
13 Stellungnahme
der Kritik
10 Metakritik
Kritikaster
8 Meckerer, Noergler
Kritiker
9 Resenzent, Satiriker
10 Beurteiler
Kritik übende
Übertreibung
6 Satire
kritisch
5 ernst
10 bedrohlich
11 gefaehrlich, neuralgisch
kroatisch-amerikanischer
Physiker
5 Tesla
kroatische
Hafenstadt
5 Fiume
6 Rijeka
Hauptstadt
5 Agram
6 Zagreb
Insel
5 Ciovo, Silba
Stadt
4 Pula
5 Agram, Bihac, Esseg, Fiume, Sisak, Split, Zadar
6 Osijek, Rijeka, Zagreb
7 Sibenik, Vukovar
8 Bjelovar, Karlovac, Makarska, Varazdin, Vinkovci
9 Dubrovnik
10 Koprivnica
13 Slavonski Brod
kroatischer
Autor
5 Babic
8 Gundulic
Bildhauer
9 Mestrovic
Erzähler
6 Andric
Historiker
5 Racki
Landeshauptmann
3 Ban
Physiker
5 Tesla
Politiker
7 Tudjman
Slawist
5 Jagic
Würdenträger
3 Ban
Krokodil
6 Gavial, Kaiman
9 Alligator
Krokusart
6 Safran
Krone
des Papstes
5 Tiara
Kronfeldherr
10 Konnetabel
Kronleuchter
7 Luester
Kronprinz
6 Infant
7 Dauphin
9 Thronerbe
10 Zarewitsch
11 Thronfolger
in Frankreich
7 Dauphin
in Großbritannien
13 Prince of Wales
in Russland
10 Zarewitsch
in Spanien
6 Infant
Krönungsmantel
8 Pluviale
Kropf
6 Struma
Kropfstorch
6 Marabu
Kröte, Krötenart
3 Aga
4 Unke
Krötengift
9 Bufotalin
Krug
5 Kruke
Krume
7 Broesel, Brosame, Kruemel
Krümel
9 Brotsamen
10 Brotstueck
krumme
Linie
7 Spirale
Krummholzart
6 Foehre, Kiefer
7 Latsche
9 Legfoehre
10 Bergkiefer
Krummsäbel
7 Jatagan
Krummschwert
im Mittelalter
11 Kordelatsch
Krummstab
des Bischofs im Mittelalter
6 Ferula
Krümmung
5 Bogen, Knick, Kurve
7 Biegung
10 Abweichung
Kruste
5 Borke, Rinde
6 Schale, Schorf
Krustentier
5 Krebs
6 Hummer
7 Garnele
8 Krevette, Languste
13 Nordseekrabbe
kubanische
Hauptstadt
6 Habana, Havana
7 Havanna
8 La Habana
Währungseinheit
4 Peso
7 Centavo
kubanischer
Arbeiterführer
5 Mella
Berg
8 Turquino
Dichter
5 Casal, Otero
7 Guillen
10 Carpentier
Gesellschaftstanz
5 Rumba
Künstler (Bildhauer, Maler und Grafiker)
5 Ramos, Velez
6 Garcia, Vermay
7 Caravia, Carreno, Escobar, Menocal
8 Enriquez, Gattorno, Gonzales
9 Chartrand, Landaluze, Martinuez
10 Valderrama, Villanueva
Maler
3 Lam

Modetanz
5 Rumba
Mulatte
5 Pardo
6 Moreno
Politiker
6 Castro
11 Fidel Castro
Rackenvogel
8 Tokororo
Regierungschef, Staatsmann
6 Castro
Sportler, Sportlerin
4 Diaz, Laza, Moya, Post
5 Colon, Costa, Falle, Fonst, Gomez, Isasi, Lemus, Lopez, Ramos, Savon, Simon, Soria
6 Aldama, Balado, Carcia, Chivas, Correa, Garbey, Lamela, Montes, Quirot, Tellez
7 Casanas, Duvalon, Herrera, Leonard, Marcelo, Morales, Pedroso, Ramirez, Vincent
8 Aguilera, Carrillo, Gonzalez, Guilarte, Martinez, Quintero
9 Casamayor, Fernandez, Figuerola, Hernandes, Hernandez, Rodriguez, Sotomayor, Stevenson, Stivenson
10 Capablanca, Juantorena
11 Perez-Duenas, Regueiferos
12 Pedroso-Soler
Tanz
8 Habanera
Volkstanz
5 Conga
Kübel
4 Fass
5 Eimer
7 Bottich
8 Holzfass
Kübelwagen
4 Jeep
kubistischer
Künstler
4 Gris
5 Filla, Leger
6 Braque
7 Duchamp, Picasso, Zadkine
8 Delaunay, Lipchitz
9 Feininger
10 Archipenko
Spielstein
7 Wuerfel
Küche
im Schiff
8 Kombuese
Küchenabfall
5 Muell
10 Speiserest
Kuchenauflage
8 Streusel
Kuchenbackmasse
12 Blaetterteig
Küchenbecken
7 Ausguss
10 Spuelstein
Küchenchef
4 Koch
Küchendunst
6 Wrasen
Kücheneinrichtung, -möbel
4 Herd
5 Grill
6 Becken, Boiler, Spuele
7 Ausguss
8 Anrichte, Backofen, Bratofen, Kochherd
10 Eisschrank, Muelleimer, Spuelstein
11 Abfalleimer, Spuelbecken, Wrasenabzug
12 Besenschrank, Brotmaschine, Kuehlschrank
13 Arbeitsplatte, Haengeschrank
14 Kaffeemaschine, Tiefkuehltruhe
15 Geschirrschrank
21 Geschirrspuelmaschine
Küchengegenstand, -gefäß, -gerät
4 Form, Korb, Sieb, Topf, Wolf
5 Blech, Eimer, Grill, Kanne, Kelle, Mixer, Quirl, Reibe, Satte, Tasse, Waage
6 Kessel, Pfanne, Platte, Schale, Teller, Tiegel
7 Buerste, Teesieb
8 Kochtopf, Teekanne, Trichter
9 Backblech, Entsafter, Holzbrett, Nudelholz, Reibeisen, Schuessel
10 Bratpfanne, Kasserolle, Kuchenform, Messbecher, Roemertopf, Topflappen, Untertasse
11 Grillpfanne, Holzloeffel, Kochloeffel, Nudelwalker, Nussknacker, Ruehrgeraet, Schmalztopf, Schneebesen, Waffeleisen
12 Dosenoeffner, Kaffeemuehle, Schoepfkelle
15 Buechsenoeffner, Schnellkochtopf
Kuchengewürz
4 Anis
Küchengewürz, -kraut
4 Anis, Dill, Dost, Salz, Senf, Ysop, Zimt
5 Chili, Curry, Essig, Kaper, Minze, Narde, Nelke
6 Ingwer, Kerbel, Kresse, Muskat, Piment, Safran, Salbei, Wermut
7 Beifuss, Borrago, Fenchel, Kuemmel, Lorbeer, Majoran, Melisse, Oregano, Paprika, Pfeffer, Quendel, Thymian, Vanille, Zwiebel
8 Estragon, Kardamom, Mostrich, Rosmarin, Zichorie
9 Basilikum, Bibernell, Borretsch, Engelwurz, Knoblauch, Koriander, Wacholder
10 Bibernelle, Muskatnuss, Petersilie, Pimpernell, Pimpinelle
11 Bohnenkraut, Gurkenkraut, Suppenkraut
12 Gewuerznelke, Liebstoeckel, Muskatbluete, Pfefferkraut, Schnittlauch
Küchenschabe
5 Russe
8 Kakerlak
Küchenungeziefer
6 Schabe
8 Kakerlak
15 Silberfischchen
Kuchenzutat
4 Anis, Mehl
6 Rosine, Safran, Zucker
8 Orangeat, Zitronat
Kuckuck, kuckucksartiger Vogel
3 Ani
4 Koel
5 Gauch
6 Didrik
7 Kuckuck
9 Wiedehopf
11 Goldkuckuck, Madenhacker, Rennkuckuck
12 Madenfresser
13 Haeherkuckuck, Sporenkuckuck
15 Pirinchekuckuck
19 Gelbschnabelkuckuck
Küddowzufluss
in Pommern
5 Zahne
Kufenfahrzeug
3 Bob
9 Schlitten
kufenloser
kanadischer Sportschlitten
8 Toboggan
Küfer
8 Boettner
9 Boettcher
10 Schaeffler
Kugel
4 Ball
5 Kloot
6 Kuller
Kugelabschnitt
7 Kalotte, Segment
Kugelarmbrust
8 Balester
Kugelausschnitt
6 Sektor
Kugelbakterie
5 Kokke
6 Kokkus
Kügelchen
5 Pille
8 Pastille
Kugelfisch
tropischer Meere
9 Igelfisch
kugelförmig
gewickelter Faden
6 Knaeul
kugelförmiger
Glasbehälter
6 Ballon
kugelförmiges
Gebilde im Plasma
8 Zellkern
Gefäß
6 Ballon
Kugelglasflasche
6 Phiole
Kugelgriff
5 Knauf

kugeliger
Stachelhäuter
7 Seeigel
Kugelkappe
7 Kalotte
Kugelschreibereinlage
4 Mine
Kugelspiel
5 Boule
6 Boccia, Pelota, Tiroli
7 Billard
8 Roulette
Kugelstück
Rindskeule
5 Blume
Kuhantilope
3 Gnu
5 Kaama
6 Gorgon
8 Buntbock
11 Haartebeest
Kuhblume
10 Hahnenfuss, Loewenzahn
16 Sumpfdotterblume
Kuh, die noch nicht gekalbt hat
6 Sterke
Kuhhandel
10 Kompromiss
Kuhknecht
9 Schweizer
kühl
4 herb, kalt
5 steif
6 frigid, frisch
7 frostig
8 sachlich
9 foermlich
10 reserviert
13 unpersoenlich
14 zurueckhaltend
Kuhle
4 Loch
5 Grube, Mulde
kühle
baumarme Zone
4 Dega
Kühleinrichtung
14 Kaeltemaschine
Kühlmasse
3 Eis
Kühlmittel
der Medizin
9 Eisbeutel
kühn
4 keck
5 mutig
6 forsch, tapfer
7 beherzt
8 verwegen
9 wagemutig, waghalsig
13 unerschrocken
kühne
Unternehmungslust
7 Wagemut
kühner
Held
5 Recke
kühnes
Unternehmen
4 Coup
Kühnheit
3 Mut
6 ◆ Bravur
7 Bravour, Courage, Schneid
10 Tapferkeit
kujonieren
12 schikanieren
13 unterdruecken
kulinarische
Genüsse
12 Tafelfreuden
Kult
5 Ritus
8 Anbetung
9 Verehrung
13 Vergoetterung
15 Gottesverehrung
auf Hawaii
4 Wudu
6 Voodoo
Kultbau
6 Tempel
Kultbild
der Ostkirche
5 Ikone
Kulthandlung
5 Gebet, Opfer
7 Predigt
kultische
Bräuche
5 Riten
7 Rituale
Stätte
6 Tempel
Stätte des Zeus
7 Olympia
kultisches
Gebot mancher Naturvölker
4 Tabu
kultiviert
8 gebildet
Kultplatz
der Mongolen
3 Obo
Kultrequisit
9 Weihrauch
11 Rauchpfanne
13 Raeucherkerze
Kultstätte
5 Altar
6 Tempel
bei Jerusalem
3 Lus
6 Bethel
Kultur
4 Hege
5 Anbau, Zucht
6 Pflege
7 Bildung
8 Bebauung
9 Erziehung, Gesittung, Lebensart, Zuechtung
10 Ausbildung, Entfaltung
11 Entwicklung
der Altsteinzeit
9 Acheuleen
des griechischen und römischen Altertums
6 Antike
Kulturboden
4 Gare
kulturell
musikalisch Tätiger
9 Kuenstler
kulturelle
Bewegung
11 Renaissance
kultureller
Teil der Zeitung
10 Feuilleton
Kulturepoche, -form
5 Gotik
6 Antike, Barock, Empire, Rokoko, Urzeit
7 Eiszeit, Klassik, Moderne, Neuzeit, Romanik
8 Altertum, Dekadenz, Romantik, Seicento, Zopfzeit
9 Eisenzeit, Fruehzeit, Steinzeit
10 Bronzezeit, Humanismus, Idealismus
11 Biedermeier, Mittelalter, Renaissance
12 Altsteinzeit, Klassizismus
13 Jungsteinzeit
15 Impressionismus
Kulturerscheinung
5 Kunst
9 Literatur
12 Zivilisation
Kulturhochzeit
7 Klassik
Kulturinstitut, -stätte
4 Oper
6 Buehne, Museum
7 Galerie, Theater
8 Akademie, Sammlung
9 Buecherei
10 Bibliothek, Glyptothek, Pinakothek
12 Konzerthalle
kulturlose
Volksangehörige
5 Wilde
Kulturpflanze
5 Hirse
7 Ginseng
8 Getreide
der Tropen
3 Kat, Tee
4 Koka, Kola, Mate, Reis, Soja
5 Betel, Hevea, Kakao, Tabak
6 Ananas, Banane, Batate, Kaffee, Maniok, Orange
7 Erdnuss, Oelbaum, Zitrone
8 Kolanuss, Oelpalme
9 Apfelsine, Baumwolle, Kakaobaum, Kautschuk, Mandarine, Sagopalme
10 Kaffeebaum, Kokospalme, Pampelmuse, Teestrauch, Zuckerrohr
11 Dattelpalme
Kulturpflanzenschädling
17 Wanderheuschrecke
Kulturpflanzen, Zerealien
8 Getreide
Kultursprache
Indiens
8 Sanskrit
Kulturstätte
4 Oper
6 Museum
7 Theater
12 Konzerthalle
Kulturstufe
9 Steinzeit

Kulturtasche
10 Necessaire, ◆ Nessessaer
Kümmelart
6 Ajowan
Kümmel, -branntwein
4 Kiem, Koem
5 Gilka
7 Allasch, Aquavit, Gewuerz, Kemmich
Kummer
4 Crux, Gram, Harm, Leid, Pein
5 Sorge
7 Schmerz
10 Depression
13 Enttaeuschung
kümmerlich
dahinleben
10 vegetieren
Kümmernis
5 Sorge
Kumpan, Kumpel
7 Genosse, Kamerad, Partner
8 Bergmann, Komplize
9 Gefaehrte, Teilhaber
Kunde
4 Fama, Gast, Maer, News, Sage
5 Lehre
6 Klient
7 Kaeufer, Mandant, Meldung
8 Abnehmer, Kenntnis
9 Konsument, Nachricht
11 Information, Interessent, Verbraucher
Kunden-
oder Anzeigenwerber
11 Akquisiteur
Kundendienst
7 Service
Künder
5 Seher
6 Mahner
7 Prophet
9 Weissager
Kundgebung
8 Manifest
9 Aufmarsch
11 Versammlung
13 Demonstration, Protestmarsch
in schriftlicher Form
7 Adresse
kundiger
Schiffsführer
5 Lotse
Kündigung
des Arbeitsplatzes
10 Entlassung
Kundschaft
8 Klientel
Kundschafter
5 Agent, Spion
6 Melder
7 Spaeher, Spitzel
8 Emissaer
Kundschafterin
7 Agentin
künftig
5 in spe
Kunst
4 Epik, Tanz
5 Musik
6 ◆ Grafik
7 Graphik, Malerei, Plastik
8 Dichtung, Dramatik
9 Bildnerei, Tragoedie
11 Architektur, Bildhauerei
der Erheiterung
5 Komik
der Kriegführung
9 Strategie
der Metallbildnerei
8 Toreutik
der Selbstverteidigung
4 Judo
6 Karate
8 Jiu-Jitsu
der Tanzkomposition
12 ◆ Choreografie
13 Choreographie
der Truppenführung
6 Taktik
der Verhandlung
10 Diplomatie
der Zirkustruppe
8 Artistik
des Blumensteckens
7 Ikebana
des Scherenschnitts
12 Psaligraphie
Sonnenuhren zu bauen
6 Gnomik
und Kultur Griechenlands
6 Antike
und Musikrichtung
3 Pop
Kunstausstellung
5 Salon
Kunstbegriff
4 Dreh
5 Trick
8 Manoever
Kunstblumenstadt
7 Sebnitz
Kunstbutter
9 Margarine
Kunstdünger
4 Kali
Künstelei
6 Manier
13 Maniriertheit
Kunstepoche
6 Rokoko
8 Romantik
Kunstfälschung
5 Kopie
9 Imitation
10 Falsifikat
Kunstfaser
4 Rhoa
5 Acryl, Ardil, Arnel, Dolan, Fiber, Lycra, Nylon, Orlon, Rayon, Redon, Reyon, Rolan, Saran
6 Antron, Azetat, Dacron, Diolen, Dralon, Grilon, Perlon, Rhovyl, Tergal, Tricel, Vestan
7 Acrylan, Cupresa, Dederon, Helanca, Leacril, Nyltest, Trevira
8 Meraklon, Terylene
9 Courtelle, Crimplene, Zellwolle
10 Customagic, Kunstseide
kunstfertig
7 virtuos
8 versiert
10 routiniert
Kunstfertigkeit
7 Routine, Technik
11 Gewandtheit
12 Virtuositaet
Kunstfestival
in Moskau
16 Russischer Winter
Kunstflugfigur
4 Turn
5 Rolle
7 Looping
8 Glissade
10 Messerflug
11 Rueckenflug
Kunstförderer
6 Maezen
Kunstfreund
7 Aesthet, Goenner
9 Dilettant
Kunstgattung, -richtung
4 Epik, Stil, Tanz
5 Gotik, Lyrik, Musik, Prosa
6 Barock, Empire, ◆ Grafik, Mosaik, Mystik, Poesie, Poetik, Rokoko
7 Dorisch, Graphik, Jonisch, Keramik, Klassik, Malerei, Plastik, Regence
8 Baukunst, Dichtung, Kubismus, Maurisch, Romantik, Trecento
9 Dadaismus, Literatur, Minnesang, Pietismus, Realismus
10 Futurismus, Humanismus, Jugendstil, Schauspiel, Spaetgotik
11 Architektur, Aufklaerung, Biedermeier, Bildhauerei, Cinquecento, Manierismus, Renaissance, Schnitzerei
12 Klassizismus, Naturalismus, Quattrocento, Surrealismus
13 Rationalismus, Sturm und Drang
14 Vorrenaissance
15 Expressionismus, Hochrenaissance, Impressionismus, Kupferstecherei
16 ◆ Existenzialismus, Fruehrenaissance, Praeraffaelismus
18 Spielmannsdichtung
Kunstgedicht
4 Lais
kunstgerecht
9 technisch
kunstgerechter
Vortrag
11 Deklamation
Kunstgesang
in italienischer Art
8 Belcanto, ◆ Belkanto
kunstgewerbliche
Handarbeit
7 Gobelin, Keramik, Teppich
10 Terrakotta
11 Schnitzerei
Kunstglied
8 Prothese
Kunstgöttin
4 Muse

Kunstgriff
4 Dreh
5 Finte, Kniff, Trick
7 Finesse, Praktik
8 Manoever
12 Manipulation
beim Kartenmischen
5 Volte
Kunstgummi
4 Buna
Kunsthandlung
7 Galerie
Kunstharz
5 Resol
6 Abalak, Ebonit
7 Bakelit
Kunstharzbeschichtung
für Bratgeschirr
6 Teflon
9 Hostaflon
Kunstharzkitt
6 Asplit
Kunstkautschuk
4 Buna
Kunstleder
4 Skai
Künstler
der ein Buch mit Bildern schmückt
11 Illustrator
Künstleratelier
6 Studio
Künstlerentgelt
4 Gage
Künstlerfamilie
des Barocks
4 Asam
Künstlerfarbe
7 Tempera
Künstlerfete
11 Atelierfest
Künstlergruppe
8 Ensemble
der Romantik
9 Nazarener
Künstlerhonorar
4 Gage
Künstlerin
bei Bühne u. Film
4 Diva, Star
9 Ballerina, Saengerin, Taenzerin
künstlerisch
7 musisch
ausgeführtes Buchzeichen
8 Exlibris
künstlerische
Einzeldarbietung
4 Solo
Faltenanordnung
8 Draperie
Morgenveranstaltung
7 Matinee
Töpferarbeit
7 Keramik
Veranstaltung mit gemischtem Programm
7 Estrade
Vormittagsveranstaltung
7 Matinee
künstlerischer
Leiter einer Bühne
9 Intendant
künstlerisches
Plakat
6 Poster
Künstlerkolonie
bei Bremen
9 Worpswede
Künstler, künstlerischer Beruf
4 Mime, Poet, Star
5 Autor, Clown, Maler
6 Akteur, Geiger, Kantor, Magier, Solist
7 Akrobat, Ansager, Cellist, Chorist, Dichter, Gaukler, Komiker, Literat, Lyriker, Musiker, Pianist, Saenger, Statist, Taenzer
8 Dirigent, Dompteur, Essayist, ◆ Fotograf, ◆ Grafiker, Jongleur, Komparse, Kritiker, Organist, Radierer, Virtuose, Vokalist, Zauberer, Zeichner
9 Architekt, Arrangeur, Bildhauer, Graphiker, Interpret, Komponist, Moderator, Regisseur, Repetitor, Rezitator, Romancier
10 ◆ Choreograf, Darsteller, Komoediant, Kunstmaler, Librettist, Photograph, Quizmaster, Tanzlehrer
11 Choreograph, Chorsaenger, Illustrator, Kabarettist, Restaurator, Solotaenzer, Tanzmeister
12 Conferencier, Gesanglehrer, Karikaturist, Opernsaenger, Schauspieler
13 Feuilletonist, Gesangslehrer, Kapellmeister
14 Ballettmeister, Konzertmeister, Schriftsteller
15 Instrumentalist
16 Filmschauspieler
Künstlermilieu
6 Boheme
Künstlername
9 Pseudonym
Künstlerpaar
3 Duo
Künstlertätigkeit
5 Malen
Künstlertruppe
8 Ensemble
Künstlerunterschrift
9 Autogramm
Künstlerviertel
von München
9 Schwabing
von Paris
10 Montmartre
12 Montparnasse
Künstlerwerkstatt
6 Studio
7 Atelier
Künstlerzeichen
8 Signatur
künstlich
6 unecht
8 imitiert
angelegte Brutstätte
10 Nistkasten
angelegter Wasserweg
5 Kanal
angenommene Gebärde
4 Pose
erzeugter schlafähnlicher Zustand
7 Hypnose
gestautes Gewässer bei Rathen
8 Amselsee
künstliche
Beatmung
14 Wiederbelebung
Betäubung
7 Narkose
Hebung des Wasserspiegels
4 Stau
Höhle
6 Grotte
Lichtquelle
7 Laterne
Schlittenbahn
3 Run
Sprache
3 Ido
8 Volapuek
9 Esperanto
Wasserstraße
5 Kanal
Weltsprache
3 Ido
6 Novial
7 Mondial
9 Esperanto, Volapueck
Zahnfüllung
6 Plombe
künstlicher
Damm
4 Wall
5 Buhne, Deich
Duftstoff
7 Nerolin
Erdtrabant
8 Satellit
Ersatz für Glieder und Zähne
8 Prothese
Gummi, Kautschuk
4 Buna
Haarersatz
8 Peruecke
Hügel im Marschland
5 Warft, Wurte
Küpenfarbstoff, blauer
6 Indigo
Lichtspender
5 Kerze, Lampe
7 Leuchte
Lockvogel zur Jagd
6 Balban
Mensch
6 Clonus
7 Android
10 Homunkulus
Mond
8 Satellit
9 Raumsonde
Saphir
6 Amaryl
Süßstoff
8 Sacharin
9 Saccharin
Uferschutzdamm
5 Buhne
Wasserbehälter
6 Bassin, Becken

Wasserfall
7 Kaskade
Wasserlauf, -weg
5 Kanal
6 Graben
Zahnersatz
5 Krone
6 Gebiss
7 Bruecke
8 Prothese
künstliches
Wangenrot
5 Rouge
Wasserbecken
6 Bassin
Kunstliebhaber
9 Dilettant
Kunstmalergerät
7 Palette
Kunstobjekt
6 Feelie
Kunstrichter
8 Kritiker
Kunstsammlung
6 Museum
7 Galerie
8 Kabinett
10 Glyptothek, Kollektion, Pinakothek
Kunstsammlung in
Amsterdam
11 Rijksmuseum
Essen
8 Folkwang
Florenz
5 Pitti
8 Bargello, Uffizien
Frankfurt am Main
7 Staedel
Köln
6 Ludwig
15 Walraff-Richartz
London
11 Tate Gallery
15 National Gallery
Madrid
5 Prado
Moskau
14 Puschkin-Museum
München
10 Pinakothek
Paris
6 Louvre
St. Petersburg
9 Eremitage
Wien
9 Albertina
Kunstseide
5 Reyon
6 Acetat, Azetat
kunstseidene
Wirkware
9 Charmeuse
Kunstsprache
9 Esperanto
Kunstsprung
5 Salto
Kunststätte
7 Theater
Kunststein
7 Eternit
Kunststoff
3 PVC
4 Buna, Skai
5 Acryl, Akryl, Plast
6 Ebonit, Elaste, Igelit, Teflon, Tropas
7 Alberit, Bakelit, Eternit, Lederol, Plastik, Resopal, Silikon, Vinidur
8 Astralon, Galalith, Hostalen, Perbunan, Polyamid
9 Duroplast, Kunstharz, Moltopren, Plexiglas, Polyacryl, Zelluloid, Zellulose
10 Polystyrol
12 Polyaethylen
16 Polyvinylchlorid
Kunststoffbelag
auf Aschenbahnen
6 Tarban
Kunststoffersatz
bei Defekten im Gesichtsbereich
8 Epithese
Kunststoß
beim Ballspiel
5 Effet
Kunststück
8 Leistung
11 Meisterwerk
Kunsttanz
7 Ballett
Kunsttänzer
7 Stepper
Kunsttischler
7 Ebenist
11 Chippendale
Kunsttöpfereiprodukt
7 Keramik
Kunstveranstaltung besonderer, moderner Art
9 Happening
kunstvoll
verziertes Döschen am Gürtel des Japaners
4 Inro
kunstvolle
altarabische Stegreifdichtung
6 Makame
kunstvoller
Brief
7 Epistel
kunstvolles
Bücherzeichen mit Namen
8 Exlibris
Musikstück des Mittelalters
5 Nomos
orientalisches Zweckgedicht
7 Kasside
Sologesangsstück
4 Arie
Kunstwerk
3 Bau, Dom
4 Bild, Oper, Opus
5 Drama, Figur, Posse, Stich
6 Fresko, ◆ Grafik, Kirche, Statue
7 Ballett, Graphik, Malerei, Musical, Oelbild, Plastik
8 Aquarell, Dichtung, Gebaeude, Gemaelde, Komoedie, Muenster, Operette, Portraet, Portrait, Skulptur
9 Singspiel, Standbild, Statuette, Tonstueck, Tragoedie, Zeichnung
10 Kathedrale
11 Holzschnitt, Komposition, Kupferstich, Musikstueck, Oelgemaelde
12 Nadelmalerei
13 Buehnenstueck
bestimmter Art
15 Roetelzeichnung
Kunstzweig
13 Ikonenmalerei
Kunterbunt
8 Allerlei
9 Potpourri
10 Mischmasch
Küpensieb
des Färbers
5 Drift
Kupfer-Chrom-Legierung
8 Cupalloy
Nickel-Legierung
10 Konstantan
Zink-Legierung
6 Tombak
Kupfererz
3 Aes
7 Enargit
Kupfergeld
3 Aes
Kupferlegierung
6 Bronze
7 Messing
9 Neusilber
Kupfermünze
3 Pul
4 Deut
Kupferoxid
6 Patina
8 Edelrost
kupferplattiertes
Aluminium
5 Cupal, Kupal
Kupferschaum
7 Tirolit
Kupferstecher
6 Aetzer
Kupferstechkunst
13 Chalkographie
Kupferstechwerkzeug
8 Roulette
Kupferstich
8 Gravuere
9 Radierung
Kupferstichverfahren
9 Aquatinta
Kupon
3 Bon
8 Quittung
9 Abschnitt, Gutschein
Kuppe
5 Koppe
Kuppel
3 Dom
8 Gewoelbe
9 Kugeldach
Kuppelaufsatz
7 Laterne
Kuppelbau
3 Dom
7 Rotunde
Kuppelgewölbe
islamischer Bauart
5 Kubba

Kur
6 Pflege
7 Heilung
8 Erholung, Therapie
10 Behandlung
13 Heilverfahren
14 Heilbehandlung
Kuranstalt
10 Sanatorium
Kürassier
12 Reitersoldat
Kuratel
13 Entmuendigung
kürbisähnliche
Frucht
5 Gurke
6 Melone
Pflanze
5 Luffa
kürbisartige
Kletterpflanze
6 Adobra
Kürbisflasche
5 Gurde
9 Kalabasse, Kalebasse
Kürbisgewächs
5 Gurke
6 Melone
Kurdenstamm
6 Awrami, Kalhur
Kureinrichtung
10 Thermalbad
Kurfürst
von Brandenburg
7 Wilhelm
von Sachsen
5 Ernst
6 August, Johann
9 Friedrich
15 August der Starke
Kurfürstentum
9 Elektorat
kurfürstliche
Stellung
6 Erzamt
Kurier
4 Bote
kurieren
6 heilen
9 behandeln
Kurileninsel
6 Iturup
Kuriosum, Kuriosität
15 Merkwuerdigkeit
kurländische
Lyrikerin
5 Recke
Kurort
3 Bad
6 Seebad
7 Heilbad
am Bodensee
10 Radolfzell
am Brenner
8 Steinach
am Chiemsee
5 Prien
am Comer See
8 Bellagio
am Deister
7 Muender
am Eggegebirge
7 Driburg
am Fernpass
7 Lermoos
am Fuße der Jungfrau
13 Lauterbrunnen
am Fuße des Matterhorns
7 Zermatt
am Fuße des Rigi
7 Vitznau
am Gardasee
4 Rigi, Riva, Salo
6 Limone
7 Gardone, Torbole
am Genfer See
5 Erien, Evian, Ouchy, Vevey
6 Thonon
8 Montreux
am Hohen Venn
3 Spa
am Lago Maggiore
6 Ascona, Stresa
7 Locarno
am Lech
7 Fuessen
am Luganer See
6 Lugano
am Meer
6 Seebad
am Montblanc
8 Chamonix
am Neckar
7 Wimpfen
am Neuenburger See
6 Yerdon
am Rhein
6 Honnef
8 Waldshut
9 Godesberg
10 Rolandseck
14 Assmannshausen
am Schliersee
12 Bayrisch-Zell
am Schwarzen Meer
5 Anapa, Gagra
8 Nessebar
12 Noworossijsk
am Staffelsee
6 Murnau
am Starnberger See
5 Leoni
am Taunus
5 Soden
7 Homburg, Nauheim, Selters
10 Schwalbach
11 Koenigstein
am Tegernsee
5 Egern, Gmund
7 Wiessee
am Vierwaldstätter See
6 Weggis
7 Brunnen
12 Buergenstock
am Wörthersee
6 Velden
11 Poertschach
an der Ahr
8 Neuenahr
an der Bergstraße
10 Heppenheim
an der Cote d'Azur
5 Nizza
an der Etsch
5 Meran
an der Fränkischen Saale
8 Neustadt
9 Kissingen
an der Fulda
8 Hersfeld
an der Gotthardbahn
6 Schwyz
an der Gotthardstraße
9 Andermatt
an der Ilm
5 Berka
an der Isar
5 Toelz
an der italienischen Riviera
5 Nervi
10 Bordighera
an der Lahn
3 Ems
6 Nassau
an der Nahe
8 Muenster
9 Kreuznach
an der Neiße
6 Muskau
an der Ostsee
4 Binz
5 Dahme
6 Sellin, Zoppot
8 Groemitz
10 Scharbeutz
11 Travemuende
an der Riviera
5 Nervi, Nizza
6 Cannes
7 Alassio, Mentone, Rapallo, San Remo
8 St. Tropez
an der Saale
6 Koesen
11 Duerrenberg
an der Schwarzen Elster
11 Liebenwerda
an der Spree
12 Fuerstenberg
an der Tauber
11 Mergentheim
an der Weinstraße
9 Duerkheim
an der Werra
15 Sooden-Allendorf
an der Zugspitze
7 Grainau
auf der Krim
5 Jalta
6 Alupka
bei Bonn
13 Niederbreisig
bei Cannes
6 Grasse
bei Detmold
10 Oeynhausen
bei Genua
7 Rapallo
bei Hannover
6 Eilsen
8 Nenndorf
bei Hildesheim
12 Salzdetfurth
bei Lübeck
9 Schwartau
bei Montreux
4 Caux

bei Rostock
7 Doberan
bei Varna
12 Goldener Sand
bei Wien
5 Baden
bei Wismar
5 Berga
im Allgäu
4 Isny
7 Fuessen
9 Sonthofen
10 Nesselwang, Oberstdorf
im Ammerland
7 Rastede
im Bayrischen Wald
3 Lam
7 Zwiesel
im Berner Oberland
6 Gstaad, Murren, Saanen, Wengen
9 Adelboden
10 Interlaken, Kandersteg
11 Grindelwald
im Elbsandsteingebirge
6 Rathen
im Engadin
4 Sils
5 Davos
8 St. Moritz
im Ermstal
5 Urach
im Erzgebirge
7 Geising, Seiffen
8 Kipsdorf, Rehefeld, Zinnwald
9 Altenberg, Gottleuba
10 Baerenburg, Baerenfels
11 Schellerhau
14 Oberwiesenthal
15 Berggiesshuebel
im Harz
5 Elend, Grund, Thale
6 Seesen
7 Altenau
8 Schierke
9 Treseburg
11 Bad Harzburg
im Odenwald
6 Erbach
im Pinzgau
4 Zell
im Rheingau
14 Assmannshausen
im Riesengebirge
9 Warmbrunn
10 Rummhuebel
12 Brueckenberg, Schmiedeberg
im Salzkammergut
5 Ischl
6 Aussee, Fuschl
7 Goisern
im Schwarzwald
7 Kniebis, Triberg, Wildbad
8 Hornberg
10 Baden-Baden
11 Badenweiler
12 Freudenstadt
im Siebengebirge
9 Bad Honnef
im Spessart
3 Orb
im Taunus
5 Soden
7 Nauheim
im Tessin
6 Ascona, Lugano
7 Locarno
im Teutoburger Wald
8 Meinberg
11 Lippspringe, Rothenfelde
im Thüringer Wald
5 Ruhla
6 Tabarz
7 Lauscha, Neuhaus, Oberhof
8 Steinach
9 Salzungen
10 Brotterode, Fehrenbach, Frauenwald, Masserberg
11 Blankenburg, Liebenstein
12 Schmalkalden, Schmiedefeld, Stuetzerbach
13 Finsterbergen, Friedrichroda, Oberweissbach
19 Steinbach-Hallenberg
im Vogtland
5 Adorf, Syrau
6 Elster
8 Brambach
9 Schoeneck
11 Falkenstein
14 Markneukirchen
im Weserbergland
7 Pyrmont
8 Meinberg
9 Salzuflen
10 Oeynhausen
im Wienerwald
5 Baden
8 Moedling
9 Mayerling
im Zittauer Gebirge
5 Oybin
8 Jonsdorf
in Ägypten
5 Luxor
6 Assuan, Heluan, Helwan, Luksor
in Baden
6 Gutach
7 Triberg
10 Baden-Baden
11 Badenweiler
12 Bad Krozingen
21 Bad Peterstal-Griesbach
in Belgien
3 Spa
6 Knokke
7 Ostende
in Böhmen
8 Karlsbad
9 Marienbad
11 Franzensbad
in Brandenburg
6 Buckow, Chorin, Muskau, Saarow
7 Templin
8 Wilsnack
10 Rheinsberg
11 Freienwalde
in Bulgarien
7 Borovez
8 Nessebar
in den Dolomiten
7 Cortina, Ortisei
8 St. Ulrich
10 San Martino
in den Hohen Tauern
10 Badgastein
in den Karpaten
6 Sinaia
in der Eifel
4 Daun
8 Bertrich
10 Gerolstein
13 Muenstereifel
in der englischen Grafschaft Glouchester
10 Cheltenham
in der Hohen Tatra
8 Zakopane
in der Holsteinischen Schweiz
5 Eutin
7 Malente
in der Sächsischen Schweiz
6 Rathen
in der Schweiz
5 Amden, Arosa, Davos, Flims, Ragaz, Scuol
6 Ascona, Buochs, Gstaad, Heiden, Leysin, Lugano, Maloja, Weggis
7 Locarno, Zermatt
8 Klosters
9 Adelboden, Andermatt
10 Interlaken
in der Slowakei
8 Piestany
in der Steiermark
6 Admont
9 Mariazell
10 Schladming
12 Gleichenberg
in Deutschland
3 Ems, Orb
4 Boll
5 Berka, Bibra, Essen, Grund, Imnau, Soden, Stuer, Sulza, Toelz
6 Abbach, Buchau, Dueben, Eilsen, Elster, Honnef, Koenig, Koesen, Muskau, Sachsa, Salzig, Steben, Suelze, Vilbel
7 Aibling, Berneck, Bocklet, Colberg, Doberan, Driburg, Homburg, Kleinen, Lausick, Muender, Nauheim, Pyrmont, Rehburg, Teinach, Waldsee, Wiessee, Wimpfen, Wurzach
8 Bertrich, Brambach, Goegging, Harzburg, Hersfeld, Kohlgrub, Meinberg, Muenster, Nenndorf, Neuenahr, Neustadt, Oberdorf, Oldesloe, Rappenau, Schandau, Segeberg, Suderode, Wilsnack
9 Bramstedt, Cannstadt, Duerkheim, Duerrheim, Godesberg, Gottleuba, Griesbach, Heilbrunn, Helmstedt, Kissingen, Koestritz, Kreuznach, Krozingen, Niedernau, Salzuflen, Salzungen, Schwartau, Tennstedt, Wildungen, Windsheim
10 Baden-Baden, Bergzabern, Brotterode, Brueckenau, Ditzenbach, Hoenningen, Lauterberg, Liebenzell,

Lobenstein, Oeynhausen, Petersthal, Rippoldsau, Salzgitter, Salzhausen, Sassendorf, Schwalbach
11 Blankenburg, Duerrenberg, Freienwalde, Gandersheim, Hoehenstadt, Langensalza, Lauchstaedt, Liebenstein, Liebenwerda, Lippspringe, Mergentheim, Mingolsheim, Reichenhall, Rothenfelde, Salzschlirf, Ueberkingen, Woerishofen, Zwischenahn
12 Hermannsborn, Salzdetfurth, Schmiedeberg, Waldliesborn
13 Frankenhausen, Muenstereifel, Niederbreisig, Westernkotten
14 Friedrichshall, Klosterlausitz
in Florida
5 Miami
in Frankreich
3 Aix, Pau
4 Nice
5 Evian, Nizza, Vichy
6 Annecy, Cannes, Menton
7 Mentone
8 Biarritz, St. Tropez
in Graubünden
4 Sils, Zuoz
5 Arosa, Davos, Flims
6 Maloja
7 Samaden, Samedan
8 Klosters, St. Moritz
10 Churwalden, Pontresina, Silvaplana
in Hessen
6 Vilbel
7 Homburg, Nauheim
8 Hersfeld
9 Wildungen
11 Lamperzheim
16 Soden-Salmuenster
in Holstein
8 Segeberg
in Italien
4 Como, Riva
5 Acqui, Nervi, Ostia
6 Rimini
10 Bordighera
in Kärnten
6 Gmuend, Velden
7 Ossiach, Villach
in Lauenburg
6 Moelln
in Mecklenburg-Vorpommern
4 Binz, Plau
5 Klink, Rerik, Waren
6 Bansin, Krakow, Prerow, Roebel, Sellin, Zingst
7 Ahlbeck, Doberan, Goehren, Koserow, Malchin, Malchow
8 Feldberg
9 Zinnowitz
10 Ahrenshoop
11 Boltenhagen, Heringsdorf
12 Graal-Mueritz
13 Kuehlungsborn
in Mittelfranken
8 Zirndorf
in Monaco
10 Monte Carlo
in Niederbayern
7 Zwiesel
in Niederösterreich
9 Gloggnitz, Reichenau
in Niedersachsen
6 Eilsen
7 Pyrmont
8 Nenndorf
11 Gandersheim
in Niederschlesien
9 Salzbrunn, Warmbrunn
12 Schreiberhau
in Nordhessen
7 Arolsen
in Oberbayern
5 Egern, Prien, Toelz
6 Kreuth, Murnau
7 Wiessee
9 Tegernsee
10 Schliersee
in Oberösterreich
4 Hall
5 Ischl
10 St. Wolfgang
in Österreich
4 Hall, Lech, Zell
5 Baden, Ischl, Zuers
6 Aussee, Fuschl, Ramsau, Reutte, Velden
7 Bad Hall, Gmunden, Goisern, Seefeld, St. Anton, Villach
8 St. Gilgen
10 Badgastein, Kitzbuehel, St. Wolfgang
in Pommern
6 Polzin
in Rumänien
6 Sinaia
in Sachsen
5 Oybin
6 Dueben, Elster, Rathen, Wehlen
7 Geising, Lausick, Seiffen
8 Brambach, Jonsdorf, Schandau
9 Altenberg, Gottleuba, Wiesenbad
10 Baerenburg, Baerenfels, Eibenstock
11 Klingenthal, Schellerhau
12 Schmiedeberg
14 Oberwiesenthal
15 Berggiesshuebel
in Sachsen-Anhalt
8 Gernrode, Stolberg, Suderode
9 Ruebeland
10 Harzgerode
11 Lauchstaedt, Wernigerode
14 Benneckenstein
in Salzburg
5 Lofer
in Schleswig-Holstein
8 Oldesloe, Segeberg
9 Bramstedt
10 Geesthacht
in Schwaben
11 Woerishofen
in Schweden
3 Are
in Slowenien
4 Bled
in St. Gallen
5 Ragaz
in Südengland
4 Bath
in Südfrankreich
3 Dax
in Südtirol
3 Ala
5 Bozen, Meran, Tione
6 Levico
in Thüringen
5 Berka, Sulza
6 Koesen
7 Ilmenau, Lauscha, Neuhaus, Oberhof
8 Lehesten, Steinach
9 Koestritz, Salzungen
10 Brotterode, Fehrenbach, Frauenwald, Masserberg
11 Blankenburg, Langensalza, Liebenstein, Ziegenrueck
12 Schmalkalden, Schmiedefeld, Stuetzerbach
13 Finsterbergen, Frankenhausen, Friedrichroda, Heiligenstadt, Oberweissbach
15 Klosterlausnitz
19 Steinbach-Hallenberg
in Tirol
4 Hall
5 Lienz
7 Lermoos, Seefeld
10 Kitzbuehel
in Unterfranken
8 Amorbach
in Vorarlberg
7 Schruns
in Württemberg
5 Imnau
6 Beuron
mit Heilquelle
6 Solbad
Kurpfuscher
10 Scharlatan
11 Quacksalber
12 Wunderdoktor
Kurpfuscherei
13 Quacksalberei
Kurs
3 Lag
4 Bahn, Lauf, Wert
5 Loipe, Piste, Preis, Route, Stand
6 Kursus, Umlauf
7 Gelaeuf, Strecke
8 Fahrplan, Lehrgang, Parcours, Rennbahn, Richtung
11 Rennstrecke, Rundstrecke
12 Boersenpreis, Flugrichtung
13 Fahrtrichtung
nehmen
8 anpeilen
Kursabfall, -sturz
6 Baisse
7 Deroute
Kursabschlag
6 Deport
7 Disagio
Kursabstand
5 Ekart
Kursabweichung
durch Strömung
7 Abtrift
Kursänderung
beim Segeln
5 Halse

Kursanstieg
6 Hausse
Kursbestimmung
10 Navigation
Kursbuch
8 Fahrplan
Kurserholung
von Effekten
7 Reprise
kursieren
8 umlaufen
11 zirkulieren
Kürsprung
im Eiskunstlauf
4 Flip
Kurstief
an der Börse
6 Baisse
Kursunterschied
4 Agio
5 Ekart
Kursus
8 Lehrgang
10 Unterricht
19 Ausbildungslehrgang
Kurve
5 Bogen, Kehre, Kreis, Linie, Wende
7 Biegung, Ellipse, Parabel, Rundung, Spirale
8 Hyperbel
9 Kruemmung
14 Schlangenlinie, Schraubenlinie
schneidende Gerade
7 Sekante
Kurven
der Herzströme
3 EKG
Kurvenabschnitt
in der Geometrie
5 Bogen
Kurvenberührungslinie
8 Tangente
kurvenloser
Strich
6 Gerade
Kurvenmesser
10 Kartometer, Kurvimeter
kurvenreiche
Bergstraße
10 Serpentine
Kurvenschaubild
9 Nomogramm
kurz
und bündig
7 lapidar
und treffend
9 lakonisch
zusammengefasst
10 summarisch
kurzärmeliges
Trikothemd
6 T-Shirt
Kurzatmigkeit
6 Asthma
kurzbeiniger
Schreitvogel
10 Rohrdommel
Kurzbezeichnung für:
Aluminium
3 Alu
das Bundeskriminalamt der USA
3 FBI
eine Düsseldorfer Allee
3 Koe
Elektrokardiogramm
3 EKG
Millionen
3 Mio
kurze
Abhandlung
5 Essay
Aufzeichnung
5 Notiz
Äußerung
9 Bemerkung
Aussprache einer langen Silbe
7 Systole
Begebenheit
7 Episode
Begeisterung
10 Strohfeuer
Darstellung
6 Abriss
Entfernung
5 Naehe
Entspannung
5 Pause
Erklaerung der Hl. Schrift
6 Katene
Erzählung
7 Novelle
8 Anekdote
10 short story
Freiheitsentziehung
4 Haft
Gefühlsregung
6 Affekt
Geschichte
8 Anekdote
Gesellschaftsjacke
7 Smoking
heitere Erzählung
9 Humoreske
heitere Geschichte
8 Anekdote
Hieb- und Stichwaffe
12 Seitengewehr
Hose
6 Shorts
8 Bermudas, ◆ Hotpants
Inhaltsangabe als Aufschrift
6 Rubrum
Jacke
4 Wams
6 Bolero
Kabarettszene
6 Sketch
7 ◆ Sketsch
Lanze
6 Spiess
Leiter
5 Tritt
Mahlzeit
6 Imbiss
Papsturkunde
5 Breve
Prosaerzählung
7 Novelle
Rast
5 Pause
Reise
4 Trip
Ruhepause
4 Rast
schriftliche Abhandlung
5 Essay
Schutzbekleidung
6 Schurz
Serie von Schüssen
10 Feuergarbe
Stichwaffe
5 Dolch
7 Stilett
Trachtenjacke
6 Janker
Übersicht
6 Abriss, Skizze
8 Resuemee
Unterhöschen
4 Slip
5 Slips
Zeiteinheit
7 Sekunde
Zeitspanne
8 Weilchen
Kürzel
5 Sigel
in der Stenografie
5 Sigel
kurzer
Abstand
5 Naehe
Aufschub
11 Gnadenfrist
Augenblick
2 Nu
6 Moment
Ausflug
4 Trip
Bericht
6 Expose
Besuch
6 Visite
11 Stippvisite
Bühnenauftritt
5 Szene
Dolch
7 Stilett
Gottesdienst
7 Andacht
heftiger Niederschlag
7 Schauer
Herrenmantel
5 Caban
Husarenrock in Ungarn
6 Attila
Moment
2 Nu
10 Augenblick
Regenfall
7 Schauer
sachlicher Vortrag
7 Referat
Schlaf
10 Nickerchen
schneller Hieb
3 Jab
Sinnspruch in ungebundener Form
5 Gnome
Strumpf
5 Socke
Vermerk
5 Notiz
Zeitabschnitt
2 Nu
6 Minute, Moment, Spanne
7 Sekunde

kürzere
geistvolle Abhandlung
5 Essay
Prosaerzählung
7 Novelle
Wanderfahrt
7 Ausflug
zwanglose Unterhaltung
17 Plauderstuendchen
kürzeres
Prosawerk
10 Erzaehlung
kurzes
Bühnenstück
6 Sketch
7 ◆ Sketsch
8 Einakter
Erlebnis
7 Episode
Gefecht
12 Scharmuetzel
Gewehr
7 Stutzen
9 Karabiner
Gewindestück
6 Nippel
Hinschauen
5 Blick
Jäckchen
6 Bolero
Jagdgewehr
7 Stutzen
lautes Geräusch
5 Knall
päpstliches Schreiben
5 Breve
Ruder
6 Paddel
Sinngedicht
6 Xenion
8 Epigramm
zärtliches Beieinandersein
18 Schaeferstuendchen
kürzeste
Entfernung
9 Luftlinie
Verbindung zweier Punkte
6 Gerade
Kurzfassung
einer Buchbeschreibung
17 Inhaltsuebersicht
Kurzform für:
Abitur
3 Abi
Absage
4 Nein
Akkumulator
4 Akku
Alphabet
3 Abc
Aluminium
3 Alu
Amerikaner
3 Ami
Artillerie
3 Ari
Aschenbecher
6 Ascher
Autobus
3 Bus
Automobil
4 Auto
Autoreifen
4 Pneu
bayerischen Rettich
4 Radi
Befürwortung
2 Ja
Berliner Hauptstraße
6 Kudamm
Bundespolitik
4 Bonn
Diapositiv
3 Dia
Durchgangszug
4 D-Zug
Düsenflugzeug
3 Jet
Düsseldorfer Hauptstraße
3 Koe
eine Bildungsstätte
3 Uni
eine Kurzschrift
5 Steno
einen Polizisten
6 Schupo
einen Schiedsrichter
6 Schiri
einen Tennis-Champion
5 Crack
eine Pariser Hauptstraße
8 Boul Mich
eine Waffe
2 MG, MP
3 LMG, Pak, SMG
4 Flak
eine Waffengattung
3 Ari
eine Wiener Hauptstraße
4 Ring
7 Guertel
ein Kriegsflugzeug
4 Jabo
5 Stuka
ein Schienenfahrzeug
3 Lok
4 E-Lok
ein Verkehrsmittel
3 Bus
4 Obus, Tram
5 S-Bahn, U-Bahn
ein Weltmeer
5 Indik
Eisenbahn
3 Zug
Elektrizität
3 Elt
Elias
3 Eli
Fernschreiben
5 Telex
Fernsehen
2 TV
Festlichkeit
4 Fete
Flugzeugabwehrkanone
4 Flak
Gangsterbande
4 Gang
Gefängnis
4 Loch
5 Knast
Gelatine
3 Gel
Geschwindigkeitsmesser
5 Tacho
Großmutter
3 Oma
Hauptfeldwebel
6 Spiess
internationale Kriminalpolizei
8 Interpol
Jagdbomber
4 Jabo
Japaner
4 Japs
Joseph
4 Jupp, Pepi, Sepp
Jugendlicher
4 Teen, Twen
Kapitänleutnant
5 Kaleu
Katharina
5 Trine
Königsallee
3 Koe
Kraftrad
4 Krad
Kriminalfilm, -roman
5 Krimi
Kriminalpolizei
5 Kripo
Kurfürstendamm
6 Kudamm
Kurzschrift
5 Steno
Laboratorium
5 Labor
Lastwagen
3 Lkw
Lokomotive
3 Lok
Luftreifen
4 Pneu
Manuskript
4 Manu
5 Manus
Margarete
5 Grete
Mietauto
4 Taxe, Taxi
Mikron
2 My
Oberleitungsbus
4 O-Bus
Omnibus
3 Bus
Panzerabwehrkanone
3 Pak
Pariser U-Bahn
5 Metro
Personenwagen
3 Pkw
Pullover
5 Pulli
Reißverschluss
4 Zipp
Rio de Janeiro
3 Rio
Rundfunkgerät
5 Radio
Russe
4 Iwan
Samuel
3 Sam
San Franzisko
6 Frisko

Sanitäter
4 Sani
Schnellbahn
5 S-Bahn
Schutzpolizei
6 Schupo
Spielmarke
4 Chip
5 Jeton
Stabsfeldwebel
6 Spiess
Stenografie
5 Steno
Straßenbahn
4 Tram
Studentenzimmer
4 Bude
Sturzkampfbomber
5 Stuka
Tiergarten
3 Zoo
Transformator
5 Trafo
Ulrich
3 Uli
Universität
3 Uni
Untergrundbahn
5 Metro, U-Bahn
Unterseeboot
5 U-Boot
Volkswagen
2 VW
Wilhelmine
5 Minka
Zusage, Zusicherung
2 Ja
Zustimmung
2 OK
3 Pro
kurz gebratene
Fleischscheibe
5 Steak
10 Filetsteak
Rinderscheibe
9 Beefsteak
kurz gefasste
Autobiografie
10 Lebenslauf
Kurzgeschichte
5 Story
7 Episode, Novelle
8 Anekdote
10 Shortstory
Kurzhalsgiraffe
5 Okapi
kurzläufiges
Gewehr
9 Karabiner
kurzlebiges
Insekt
10 Ephemeride
13 Eintagsfliege
kurzlockig
5 kraus
Kurzname
Eisenhowers
3 Ike
Kurzrockmode
4 Mini
Kurzschriftschreiber
9 ◆ Stenograf
10 Stenograph
11 Stenotypist
Kurzschrifttext
5 Steno
10 Stenogramm
Kurzschrift, -text, Kürzel
5 Sigel, Steno
10 Stenogramm
11 ◆ Stenografie
12 Stenographie
Kurzschwanzaal
6 Kuchia
kurzschwänziger
Papagei
7 Amazone
Kurzschwert
der Skythen
8 Akinakes
Kurzsichtiger
5 Myope
Kurzsichtigkeit
6 Myopie
Kurzstreckenflugzeug
6 Airbus
Kurzstreckenlauf
6 Sprint
Kurzstreckenläufer
8 Sprinter
Kurzübersicht
6 Abriss, Skizze
Kürzung
5 Abzug
6 Rabatt, Skonto
8 Nachlass
Kurzunterschrift
6 Signum
Kurzware
4 Band, Garn
5 Borte, Faden, Haken, Knopf, Litze, Nadel, Seide, Wolle, Zwirn
6 Schnur, Spagat
8 Naehgarn
9 Bindfaden, Naehnadel, Naehseide
10 Stopfwolle
11 Haekelnadel, Stricknadel, Strickwolle
Kurzweil
5 Spass
10 Amuesement
12 Unterhaltung, Zeitvertreib
kurzweilig
6 lustig
7 spassig
8 amuesant
11 ergoetzlich, interessant
12 unterhaltsam, vergnueglich
Kurzwort für:
drei Eurostaaten
7 Benelux
französischer Ministerpräsident
7 Premier
Kinderlähmung
5 Polio
Kombiwagen
5 Kombi
Krokodilleder
5 Kroko
multinationale Konzerne
6 Multis
Nickeleisenerdkern
4 Nife
Nikolaus
6 Nickel, Niklas
Professional
5 Profi
Reproduktion
5 Repro
Sanitätskraftwagen
5 Sanka
Striptease
5 Strip
Verbindungsmann
5 V-Mann
Kurzzeichen
für Kalorie
3 cal
Maßeinheit
2 ME
Kurzzeitmesser
7 Eieruhr
kuschen
9 gehorchen
Kusine
4 Base
8 Vetterin
Kuss
5 Bussi
6 Bussel
7 Busserl, Schmatz
Küste, Küstenart, -form
3 Bai, Bay, Kap
4 Golf, Haff, Lido, Riff, Ufer, Watt
5 Bucht, Busen, Delta, Fjord, Kliff, Liman
6 Bodden, Foerde, Lagune, Strand
7 Gestade, Nehrung
9 Halbinsel, Landzunge, Meerbusen, Steilufer, Strandsee
10 Meeresufer
Küstenbereich
7 Litoral
Küstenbucht
4 Haff
Küstenfahrzeug
4 Ewer
5 Sloop, Tjalk
6 Feluke, Kutter, Logger, Lugger
9 Schaluppe
des Mittelmeeres
6 Feluke
Küstenflachmeer
6 Schelf
Küstenfluss
in Algerien
6 Rhumel
in Finnland
6 Kymene
in Flandern
4 Yser
in Frankreich
3 Tet
4 Yser
in Italien
4 Reno, Sele
5 Esino, Marta
in Litauen
5 Dange
in Oldenburg
4 Jade
in Polen
3 Ina

in Pommern
4 Ihna, Leba, Rega
in Spanien
3 Ter
in Unteritalien
4 Sele
Küstenfrachtsegler
8 Galeasse
9 Schaluppe
Küstengebiet
am Mittelmeer
7 Riviera
in Algerien
5 Dahra
in Griechenland
4 Ossa
in Marokko
4 Ifni
Küstengebirge
im Jemen
5 Haras
in Nordamerika
3 Rif
in Westaustralien
7 Darling
Küstengewässer
10 Wattenmeer
Küstenhochland
5 Geest
Küstenkatastrophe
9 Sturmflut
Küstenland
6 Marsch
Küstenlandschaft
an der Adria
9 Dalmatien
im Peloponnes
4 Elis
in Algerien
5 Igidi
in Arabien
9 Hadramaut
in Griechenland
4 Elis
in Pakistan
3 Lus
in Südfrankreich
7 Riviera
8 Camargue
in Vorderindien
7 Malarba
10 Koromandel
Kleinasiens
6 Ionien
Küstenmotorschiff
5 Kuemo
küstennaher
Ort im Süden Thailands
4 Trat
Küstennebel
in Südamerika
5 Garua
Küstenort
am Ochotskischen Meer
3 Ola
auf der Halbinsel Kola
3 Kus
auf Honshu
3 Ena
auf Sumatra
4 Krui
bei Magadan
3 Ola
der Tschuktschen Halbinsel
5 Uclen
in Chile
4 Tome
in Dänemark
3 Asa
6 Alborg
in Finnland
4 Oulu
5 Kello
in Japan
3 Ena
in Peru
3 Ilo, Ite
in Portugal
6 Nazare
in Schweden
3 Raa
in Sibirien
3 Ola
nördlich von Alborg
3 Asa
östlich von Algier
4 Alma
Küstenpflanze
11 Strandhafer
Küstenschiff
4 Ewer
Küstenschifffahrt
8 Kabotage
Küstenstaat
im NO der USA
5 Maine
Küstenstadt
auf Hondo
3 Ako
in Ägypten
8 Damietta
in Japan
3 Ito
Küstenstreifen
am Mittelmeer
7 Riviera
Küstenteich
5 Wehle
Küstenvogel
5 Moewe
Küstenwüste
in Afrika
5 Namib
Küstenzone
7 Litoral
Küster
6 Mesner
7 ◆ Messner
8 Kirchner
9 Gloeckner, Sakristan
Kutsche
3 Cab
5 Break, Buggy, Coach, Coupe, Kupee, Wagen
6 Chaise, Fiaker, Hansom
7 Berline, Karosse, Kremser, Phaeton
8 Droschke, Equipage, Fuhrwerk, Kalesche, Landauer
11 Einspaenner, Pferdewagen
12 Zweispaenner
Kutscher
6 Fahrer, Fiaker, Lenker
8 Fuhrmann
Kutschersitz
4 Bock
Kutte
9 Ueberrock
11 Moenchsrock
Kuvert
6 Gedeck, Huelle
8 Konvolut, Umschlag
9 Enveloppe
13 Briefumschlag
kuwaitische
Münze
6 Dirham
Stadt
5 Abrak
6 Kuwait
7 Salmiya
10 Kuwait City
12 Menaal Ahmadi
kuweitische
Münze
4 Fils
5 Dinar
Kux
6 Anteil
15 Bergwerksanteil
Kykladen-, Zykladeninsel
3 Ios, Kea, Kos, Kra
4 Keos, Nios
5 Delos, Melos, Milos, Naxos, Paros, Syros, Tenos, Thera, Thira, Tinos
6 Anaphe, Andros, Jiaros
7 Amorgos, Kythnos, Mykonos, Serifos
8 Santorin
Kyklop, Zyklop
in Homers Odyssee
8 Polyphem
Kynologe
11 Hundefreund, Hundekenner
13 Hundezuechter

Lab
7 Ferment
Labans
Tochter
3 Lea
5 Rahel
Laberdan
6 Dorsch
Labial
10 Lippenlaut
labil
6 unstet
8 unsicher
10 schwankend
12 unbestaendig
14 unzuverlaessig
Labkraut
5 Krapp
6 Galium
Laborant
6 Helfer
7 Gehilfe
Laborgefäß
6 Kolben, Tiegel
7 Retorte
8 Messglas
10 Becherglas, Glaskolben
11 Reagenzglas
12 Messzylinder
13 Schmelztiegel
Laborgehilfe
8 Laborant
Laborgerät
5 Tubus
6 Ballon, Filter
7 Pipette
8 Dreifuss
9 Exhaustor, Konverter
Labsal, Labung
5 Trank, Trost
6 Balsam
7 Wohltat
9 Staerkung
10 Erquickung
11 Erfrischung
Labyrinth
9 Irrgarten
Labyrinthfisch
6 Gurami
9 Makropode
Lache
7 Pfuetze
Lacheffekt
6 Pointe
Lachen erregende
Darstellungskunst
5 Komik
Lachen erregendes
5 Humor
lächerlich
4 doof
5 banal
6 albern
7 grotesk, komisch, skurril
8 ridikuel, toericht
lächerliche
Kleinigkeit
6 Bettel
lächerlicher
Streich
5 Farce, Posse
Vorfall
7 Blamage

Lächerlichkeit
5 Komik
Lachsforelle
4 Anke
Lachs, lachsartiger Fisch
4 Anke, Asch, Esch, Salm
5 Lodde, Renke, Stint
6 Aesche, Huchen
7 Felchen, Forelle, Kapelan, Kapelin, Muraene
8 Saibling
9 Rheinsalm, Salmonide, Schnaepel
11 Blaufelchen
12 Weissfelchen
Lackaffe
4 Beau, Geck
5 Dandy
7 Stutzer
Lacküberzug
5 Lasur
6 Firnis, Glasur
Lade
4 Fach, Sarg
5 Brett, Truhe
6 Gefach
7 Schrein
9 Behaelter, Schubfach
Ladebaum
4 Kran, Mast
8 Ausleger
Ladebühne
5 Rampe
Ladefähigkeit
8 Nutzlast
Ladefenster, -klappe
3 Luk
4 Luke
Ladegerät
11 Schwimmkran
Ladegut
3 Erz, Oel
8 Getreide
11 Chemikalien
Laden
5 Store
6 Budike, ◆ Butike
7 Magazin
8 Boutique
9 Geschaeft
Ladenaufbau
7 Etalage
Ladendiener
6 Kommis
Ladengeschäft
4 Shop
Ladenhüter
7 Restant
Ladentisch
5 Theke
6 Tresen
7 Tonbank
Ladeöffnung
3 Luk
4 Luke
Ladeplatz
für Schiffe
8 Lastadie
Laderaum
6 Bunker
Ladestraße
3 Kai

lädieren
11 ramponieren
12 beschaedigen
Ladiner
11 Raetoromane
Ladung
3 Gut
4 Last
5 Fuhre, Kargo, Strom
6 Buerde, Fracht, Pulver
7 Ballast
8 Nutzlast
12 Aufforderung, Sammelladung
13 Elektrizitaet
eines Ackerwagens
5 Fuder
Ladungskontrolleur
9 Tallymann
ladylike
9 damenhaft
Laertes
Sohn
8 Odysseus
Laffe
4 Beau, Fant, Geck
5 Dandy, Protz
6 Fatzke
7 Angeber, Stutzer
Lage
3 Ort
5 Platz, Runde
6 Status, Stelle
7 Schicht, Umstand, Zustand
8 Position, Stellung, Tonhoehe
9 Situation
11 Gegebenheit, Sachverhalt
13 Konstellation
Bier
5 Runde
der Dinge
13 Konstellation
der Klinge (Fechten)
5 Linie
von Organen
5 Situs
Lageabweichung
7 Versatz
Lagebegriff
4 oben
5 unten
Lagebezeichnung
4 oben, vorn
5 innen, links, unten
6 aussen, hinten, mitten, rechts
Lageraufnahme
8 Inventur
Lagergerät
12 Gabelstapler
Lagerhaufen
5 Halde, Miete
von Feldfrüchten
5 Miete
von Kohlen
5 Halde
Lagerhaus
4 Silo
5 Depot
7 Magazin
8 Entrepot, Speicher
Lager, Lagerraum, -statt
4 Bett, Camp, Sofa
5 Biwak, Couch, Depot, Diwan, Halle, Liege

6 Bunker, Kammer, Vorrat
7 Magazin
8 Ottomane, Pritsche, Ruhebett, Speicher
9 Liegesofa, Rastplatz, Zeltplatz
10 Unterkunft, Weinkeller
11 Vorratsraum
12 Campingplatz, Sammelstelle
13 Vorratskammer

lagern
5 ruhen
6 liegen, rasten
9 kampieren, speichern
10 deponieren

Lagerraum
auf Schiffen
6 Bunker
mit Verkaufsständen
10 Markthalle

Lager, Ruheplatz
des Hasen
5 Sasse
für das Ruder eines Bootes
5 Dolle
im Freien
5 Biwak

Lagerverwalter
8 Lagerist

Lagune
4 Haff
5 Bucht, Liman
7 Ufersee
9 Strandsee

Laguneninsel
bei Venedig
6 Murano

Laguneninseln
6 Tuvalu

Lagunenstadt
7 Venedig

lähmend
7 panisch

lähmende
Furcht
6 Grauen

lähmender
Schreck
9 Entsetzen

lahm, schleppend in der Musik
5 zoppo

Lähmung
8 Paralyse

Laichkrautgewächs
7 Seegras

Laichzeit
der Frösche und Fische
6 Laiche

Laie
7 Amateur
9 Dilettant
11 Ungelehrter, Ungelernter
13 Nichtfachmann

Laienbruder
6 Frater, Oblate

Laienbruderschaft
9 Alexianer

laienhaft
13 dilettantisch

Laienrichter
8 Schoeffe
12 Geschworener

Lakai
6 Diener

Laken
7 Bettuch
8 ◆ Betttuch

lakonisch
4 kurz
5 knapp

Lama
4 Pako
6 Alpaka, Vicuna, Vikuna
7 Guanako, Huanako, Vikunja
10 Kamelschaf

Lamakloster
in China
6 Kumbum

lamentieren
6 klagen
7 jammern

Lamento
5 Klage
6 Jammer
8 Gejammer, Geschrei, Wehklage

Lametta
17 Christbaumschmuck

Lammfell
7 Karakul, Krimmer
9 Persianer
12 Breitschwanz
von Hybriden
5 Metis

Lammfellmütze
6 Kalpak, Kolpak

Lamm-, Ziegenleder
5 Glace
6 ◆ Glacee

Lampe
am Kraftfahrzeug
12 Scheinwerfer
in der Tierfabel
4 Hase

Lampe, Lampenart
4 Spot
5 Ampel
6 Funsel, Funzel, Sucher
7 Laterne, Leuchte, Luester
8 Leuchter, Strahler
9 Spotlight
10 Kandelaber
12 Kronleuchter, Scheinwerfer, Taschenlampe

Lampenfieber
5 Angst
6 Unruhe
11 Nervositaet
12 Unsicherheit

Lampengestell
10 Kandelaber

Lampenmaterial
8 Opalglas

Lampenruß
4 Blak

Lampion
5 Ampel
7 Laterne
11 Papierampel
13 Papierlaterne

Lamprete
8 Neunauge

Län
Verwaltungsbezirk in Schweden
7 Gotland, Halland
8 Blekinge
9 Aelvsborg, Jaemtland, Kronoberg, Malmoehus, Skaraborg, Vaermland
10 Gaevleborg, Kopparberg, Norrbotten
13 Soedermanland, Vaesterbotten
14 Oestergoetland, Vaestermanland
15 Vaesternorrland

Land
4 Erde
5 Acker, Boden, Grund, Staat
6 Gebiet, Gegend
7 Gefilde, Terrain
8 Erdboden
9 Kontinent
11 Territorium
am Jordan
4 Moab
am mittleren Nil
6 Nubien
am Südhang des Kaukasus
8 Georgien
am Tigris
4 Elam
der Bundesrepublik
6 Bayern, Berlin, Bremen, Hessen
7 Hamburg, Sachsen
8 Saarland
10 Thueringen
11 Brandenburg
13 Niedersachsen, Sachsen-Anhalt
14 Rheinland-Pfalz
17 Baden-Wuerttemberg, Schleswig-Holstein
18 Nordrhein-Westfalen
21 Mecklenburg-Vorpommern
der Däumlinge
7 Liliput
der (ehemaligen) Tschechoslowakei
7 Boehmen, Maehren
8 Slowakei
10 Tschechien
der Kelten
7 Gallien
der Puszta
6 Ungarn
der tausend Seen
8 Finnland
der Zwerge
7 Liliput
des Lächelns
5 China
des Sonnenaufgangs
5 Japan
im Himalaja
5 Tibet
im Wasser
5 Insel
in Südeuropa
5 Malta
7 Italien, Spanien, Tuerkei
8 Albanien, Kroatien, Portugal
9 Bulgarien, Rumaenien, Slowenien
10 Makedonien, Mazedonien
11 Jugoslawien
12 Griechenland
18 Bosnien-Herzegowina
vom Meer abgerungen
4 Koog
6 Polder

Landarbeiter
4 Peon
5 Heuer, Inste
6 Knecht, Melker
8 Instmann
9 Schweizer
11 Grossknecht
Landarbeiterin
4 Magd
Landbesitz
3 Gut, Hof
4 Farm
5 Ranch
7 Anwesen, Gehoeft, Gutshof
8 Estanzia, Hazienda, Plantage
9 Bauernhof, Rittergut
10 Latifundie
nach germanischem Recht
4 Odal
Landbesitzerkaste
in Indien
6 Dschat
Landbewohner
8 Haeusler
Landblock
zweier Kontinente
8 Eurasien
Landedelmann
6 Junker
Landenge
7 Isthmus
auf Malakka
3 Kra
der Krim
7 Perekop
Landeplatz
der Arche Noah
6 Ararat
für Flugzeuge
4 Base
5 Basis, Horst, Piste
7 Airbase, Airport
8 Flugfeld, Heliport, Rollbahn, Rollfeld
9 Flughafen, Flugplatz
11 Stuetzpunkt
12 Fliegerhorst
15 Luftstuetzpunkt
für Schiffe
3 Kai
4 Kaje, Mole, Pier, Steg
5 Hafen, Reede
Länder
jenseits der Ozeane
8 Uebersee
östlich des Mittelmeers
10 Morgenland
Vorderasiens
6 Nahost
Länderei
10 Latifundie
11 Grundbesitz
16 Grossgrundbesitz
Länderteam
18 Nationalmannschaft
landesfremd
6 extern
Landesfürst, -herr
7 Monarch
8 Potentat
9 Souveraen
Landeshauptmann
im alten Polen
7 Starost
Landesherr
7 Monarch
8 Potentat
9 Souveraen
Jesu
7 Herodes
Landessprache
in Israel
5 Iwrit
6 Iwrith
in Togo
3 Ewe
Landesteg
13 Anlegebruecke
Landesteil
3 Gau
5 Kreis
6 Bezirk
7 Provinz
in Kolumbien
4 Meta
5 Cauca, Choco, Huila
6 Boyaca, Caldas, Narino, Tolima, Vaupes
7 Bolivar, Caqueta, Vichada
8 Amazonas, Putumayo
9 Antioquia, Atlantico, Magdalena, Santander
11 Cudinamarca
von Bayern
7 Franken
8 Schwaben
9 Oberpfalz
10 Oberbayern
11 Oberfranken
12 Niederbayern, Unterfranken
13 Mittelfranken
von Vietnam
5 Annam
6 Tonkin
7 Tonking
Landesverrat
8 Spionage
Landesverweser
6 Regent
Landevorrichtung
für Luftschiffe
9 Ankermast
Landfahrzeug
4 Auto
5 Wagen
7 Omnibus
9 Lastwagen
11 Pferdewagen
13 Kraftfahrzeug
Landfläche
4 Flur
landfremde
Frau (S-Amerika)
6 Gringa
Landfremdling
S-Amerika
6 Gringo
Landgut
3 Hof
4 Farm
5 Ranch
8 Estanzia
im Mittelalter
5 Lehen
in Südamerika
8 Hazienda
Landhaus
5 Baude, Villa
6 Chalet
7 Chateau, Cottage, Datscha
8 Bungalow
Landkarte
14 Messtischblatt
Landkartenwerk
5 Atlas
Landkartenzeichner
9 ◆ Kartograf
10 Kartograph
Landkreis
6 Bezirk
Landkultur
8 Ackerbau
landläufig
7 ueblich
Ländler
6 Dreher
ländlich
5 rural
8 rustikal
9 arkadisch, bukolisch, idyllisch
10 baeuerlich
heiteres Lied
8 Madrigal
ländliche
Ansiedlung
3 Ort
4 Dorf
ländlicher
Besitz
7 Anwesen, Gehoeft
Frieden
6 Idylle
ländliches
Fest
6 Kirmes
Leben
6 Idylle
Landmacht
eines Staates
4 Heer
5 Armee
Landmann
5 Bauer
Landmeister
des deutschen Ordens
4 Balk
Landmesser, Erd-, Feldmesser
7 Geodaet
8 Geometer
Landnase, Vorgebirge
3 Kap
Landpolizist
7 Gendarm
Landschaft
3 Gau
4 Moor, Wald
5 Heide
6 Bezirk, Gebiet, Gegend, Region, Steppe, Tundra, Wueste
7 Gebirge, Gefilde, Savanne
8 Gelaende
am Bodensee
5 Hegau
7 Linzgau
am Golf von Neapel
9 Kampanien

am Mittelmeer
7 Riviera
am Nil
6 Nubien
am Oberrhein
7 Ortenau
am Odenwald
11 Bergstrasse
am Rhein
5 Pfalz
am Roten Meer
4 Asir
am Schwarzen Meer
6 Kochis
7 Kolchis
am Toten Meer
4 Edom
am Weißen Meer
8 Karelien, Korellen
an der Donaumündung
10 Dobrudscha
an der Elster
8 Vogtland
an der mittleren Donau
5 Banat
an der Spree
7 Lausitz
an der Weichsel
7 Pomorze
10 Pomesanien
11 Pommerellen
auf dem Balkan
8 Thrakien, Thrazien
10 Makedonien, Mazedonien
auf dem Peloponnes
4 Elis
6 Achaia
8 Arkadien, Lakonien
9 Messenien
auf Sachalin
4 Aino
bei Berlin
6 Barnim
bei Donaueschingen
4 Baar
bei Düsseldorf
10 Neandertal
bei Paris
4 Brie
bei Rom
9 Kampanien
bei Salzburg
6 Pongau
bei Stuttgart
6 Filder
bei Wien
5 Lobau
der Antike
4 Saba
6 Phokis
7 Aeolien
9 Bithynien
der Elbmarschen
9 Altes Land
der Mark Brandenburg
6 Barnim
7 Altmark, Kurmark
8 Prignitz
9 Uckermark
13 Niederlausitz
der Tschech. Republik
8 Egerland
des Altertums
4 Saba
des Peloponnes
4 Elis
8 Arkadien
des Schwarzwaldes
10 Hotzenwald
im alten Ägypten
5 Gosen
im alten Griechenland
6 Lokris
im alten Palästina
6 Judaea
im Alten Testament
7 Aramaea
im Baltikum
7 Kurland, Livland
9 Semgallen
10 Lettgallen
im Berner Oberland
8 Emmental
im Elsass
7 Sundgau
im Kamerun
7 Adamaua
im Kaukasus
8 Ossetien
im oberen Leinetal
9 Eichsfeld
im Odenwald
11 Bergstrasse
im Quellgebiet der Oder
12 Kuhlaendchen
im Rhonedelta
8 Camargue
im Salzburgischen
6 Lungau
im Sudan
5 Bornu
6 Gesira
7 Bagirmi
im südlichen Apennin
6 Molise
im Westerwald
10 Siegerland
17 Kannenbaeckerland
in Afghanistan
5 Balch
in Ägypten
5 Gosen
in Amerika
10 Patagonien
in Arabien
4 Asir
6 Midian
7 Nedschd
8 Hedschas, Hidschas
in Argentinien
5 Pampa
6 Pampas
in Äthiopien
4 Adal
5 Kaffa
6 Harrar, Ogaden
in Baden
5 Hegau
6 Albgau
7 Ortenau
8 Breisgau
in Bayern
9 Hallertau
in Belgien
5 Fagne
6 Fagnes, Kempen
7 Brabant, Campine, Condroz, Hesbaye
8 Ardennen, Borinage, Flandern, Hageland, Hennegau, Mariagne
in Birma
6 Arakan
in Böhmen
8 Egerland
in Brandenburg
6 Barnim, Zauche
7 Altmark, Kurmark
8 Prignitz
9 Uckermark
in den Apenninen
6 Molise
in der mittleren Sahara
4 Egai
in der Schweiz
7 Engadin
8 Emmental
in der Ukraine
8 Podolien
in England
8 Cornwall
in Finnland
5 Haeme
8 Karelien, Lappland
12 Oesterbotten
in Graubünden
5 Davos
7 Engadin
in Hessen
7 Schwalm
in Holstein
8 Stormarn
12 Dithmarschen
in Indien
5 Malwa
8 Bengalen, Gondwana
in Kaschmir
5 Hunsa
6 Gilgit
in Kleinasien
5 Troas
6 Ionien, Karien, Lykien
8 Kilikien, Phrygien
11 Kappadokien, Kappadozien
in Lettland
7 Kurland
9 Semgallen
in Libyen
6 Fessan, Fezzan
in Mesopotamien
8 Chaldaea
in Niederösterreich
6 Wachau
in Niedersachsen
6 Hadeln
7 Emsland
9 Stedingen
in Nordafrika
9 Cyrenaika
in Nordeuropa
8 Lappland
in Nordosteuropa
8 Karelien
in Nordspanien
7 Navarra
in Norwegen
4 Rana
8 Telemark
9 Jotunheim

10 Hardangaer
12 Hallingdamen
in Oberbayern
7 Allgaeu
8 Chiemgau
in Oldenburg
9 Ammerland, Saterland
11 Butjadingen
in Ostafrika
8 Usambara
in Ostdeutschland
7 Lausitz
8 Prignitz
10 Erzgebirge
14 Thueringer Wald
19 Elbsandsteingebirge
in Ostpreußen
7 Ermland, Masuren, Samland
8 Natangen, Oberland
in Pakistan
5 Bugti
9 Pandschab
in Palästina
5 Negev
6 Judaea
7 Samaria
8 Galilaea
in Polen
8 Masowien, Podolien
in Portugal
5 Beira
11 Estremadura
in Rumänien
5 Banat
6 Moldau
8 Bukowina, Walachei
9 Gheorghiu
10 Dobrudscha
13 Siebenbuergen
in Saudi-Arabien
4 Asir
in Schleswig-Holstein
6 Angeln
7 Wagrien
8 Probstei, Stormarn
12 Dithmarschen
in Schottland
9 Grampians
in Schwaben
4 Ries
in Serbien
9 Amselfeld
in Sibirien
5 Taiga
6 Tundra
in Slowenien
5 Krain
in Spanien
4 Leon
6 Oviedo
8 Asturien, Galicien, La Mancha
9 Aragonien, Kastilien
10 Andalusien, Katalonien
11 Estremadura
12 Altkastilien, Neukastilien
in Südafrika
8 Kalahari
in Südamerika
9 Gran Chaco
10 Patagonien
in Südfrankreich
8 Camargue, Provence
9 Languedoc
in Südosteuropa
5 Banat
in Südtirol
8 Trentino
in Südwestafrika
5 Namib
in Syrien
5 Bekaa
6 Hauran
in Tansania
9 Serengeti
in Thessalien
8 Magnesia
in Tiger
6 Tenere
in Tirol
7 Pinzgau
in Ungarn
5 Banat
6 Pussta
in Usbekistan
7 Fergana
in Vorderindien
9 Hindustan, Pandschab
in Westfalen
5 Senne
7 Hellweg
9 Sauerland
nordfranzösische
9 Champagne
nördlich vom Bodensee
5 Hegau
7 Linzgau
nordostafrikanische
6 Nubien
östlich des Toten Meeres
4 Edom
um Kappeln
6 Angeln
zwischen Donau und Theiß
5 Banat
zwischen Elbe und Bober
7 Lausitz
zwischen Lagune und Meer
7 Nehrung
Landschaftsbeschreibung
10 ◆ Topografie
11 Topographie
Landschaftsbild
8 Szenerie
Landschaftsform
2 Au
3 Aue, Tal
4 Berg, Moor, Moos
5 Bruch, Ebene, Geest, Heide, Karst, Pampa, Taiga
6 Kueste, Marsch, Pussta, Steppe, Tundra, Wueste
7 Gebirge, Praerie
8 Bergland, Hochland, Tiefland
9 Flachland, Niederung
11 Hochgebirge
13 Mittelgebirge
in der Arktis
6 Tundra
7 Praerie
in Norddeutschland
5 Geest, Heide
6 Marsch
in Sibirien
5 Taiga
6 Tundra
in Südamerika
5 Pampa
in Ungarn
6 Pussta
Landschaftsgarten
4 Park
Landschaftsgebiet
8 Gelaende
Landschaftsschutzgebiet
bei Wien
5 Lobau
Landser
6 Soldat
9 Muschkote
Landsknechtseinheit
5 Haufe, Menge
6 Haufen
Landsknechtsspieß
4 Pike
Landsknechtswaffe
10 Hellebarde
Landspitze
3 Kap
4 Riff
5 Hoeft, Zunge
6 Klippe
9 Halbinsel, Vorsprung
Landstraße
8 Chaussee
Landstreicher
5 Tramp
6 Penner
7 Bettler, Strolch, Stromer
8 Streuner, Vagabund
9 Schnorrer
10 Pennbruder
Landstreitkräfte
4 Heer
5 Armee
6 Truppe
12 Heeresgruppe
Landstrich
5 Trakt
6 Gebiet
Landstück
für den Kleinanbau
6 Garten
Landungsbrücke
4 Pier
Landungsplatz
der Arche Noah
6 Ararat
Landungsvorhaben
6 Anflug
Landverbindung
zwischen Krim und Festland
7 Pelekop
Landvermesser
7 Geodaet
8 Geometer
Landvogt
bei Wilhelm Tell
7 Gessler
von Uri
7 Gessler
Landvorsprung
3 Kap
5 Hoeft
Landwassertier
6 Frosch
Landwirt
5 Bauer
6 Farmer

7 Agronom, Oekonom
8 Agrarier, Pflanzer
Landwirtschaft
9 Oekonomie
10 Agrikultur
landwirtschaftlich
5 agrar
landwirtschaftliche
Anbaufläche
4 Beet, Feld
5 Acker
Gehilfin
4 Magd
Großbetriebe
6 Gueter
Nutzfläche
4 Feld
5 Acker
Nutzung des Bodens
8 Ackerbau
Produktionsgenossenschaft
8 Kolchose
Tätigkeit
5 eggen, saeen
6 ernten, maehen, melken
7 duengen
8 dreschen, pfluegen
Vorschriften im Talmud
6 Seraim
Zugmaschine
7 Traktor
landwirtschaftlicher
Abwehrstoff
8 Fungizid, Herbizid
10 Insektizid
20 Pflanzenschutzmittel
Begriff
4 Saat
5 eggen, Ernte, roden, saeen
6 ernten, graben, hacken
7 duengen, Saatgut
8 pflanzen, pfluegen
Beruf
6 Melker
Betrieb
3 Gut, Hof
4 Farm
5 Ranch
8 Estanzia, Hazienda, Plantage
9 Bauernhof
10 Gaertnerei
11 Huehnerfarm
Ertrag
5 Ernte
Großbetrieb in den Tropen
8 Plantage
Kleinbetrieb in Südamerika
6 Grania
Speicher
4 Silo
7 Scheune
landwirtschaftliches
Anwesen
7 Gehoeft
Nutztier
4 Vieh
Personal
7 Gesinde
Produkt
2 Ei
5 Milch
7 Fleisch, Gemuese
8 Getreide
9 Gefluegel, Kartoffel
Wort für Amsel
5 Merle
Landwirtschaftsausstellung
4 Agra
Landwirtschaftsbetrieb
3 Gut
Landwirtschaftsgebäude
5 Stall, Tenne
6 Remise
7 Scheuer, Scheune
8 Kuhstall
Landwirtschaftsgerät, -maschine
4 Egge
5 Forke, Gabel, Hacke, Harke, Pflug, Sense
6 Flegel, Fraese, Rechen, Sichel, Spaten
7 Grubber
8 Heugabel, Schleppe
9 Drehpflug, Heuwender, Mistforke, Mistgabel, Misthacke, Misthaken
10 Grasmaeher, Kultivator, Maehbinder, Motorpflug
11 Bindemaeher, Saemaschine
12 Dreschflegel, Maehdrescher, Scheibenegge, Schrotmuehle
14 Duengerstreuer, Strohfoerderer
Landwirtschaftsorganisation
der UN
3 FAO
Landwirtschaftsprodukt
2 Ei
4 Eier
7 Fleisch
Landwirtschaftswissenschaftler
7 Agronom
Landwirtschaftszweig
7 Imkerei, Obstbau, Weinbau
8 Ackerbau
9 Futterbau, Viehzucht
11 Getreidebau
13 Getreideanbau
15 Weidewirtschaft
Landzunge
7 Nehrung
9 Halbinsel
Langarmaffe
3 Lar
6 Gibbon
langbeinige
Mückenart
7 Schnake
langbeiniger
Wasservogel
4 Ibis
6 Storch
8 Flamingo
langbeiniges
Steppentier
7 Giraffe
lange
Bodenvertiefung
5 Rille, Rinne
Erzählung
5 Roman
krank, hinfällig
5 siech
Reihe von Fahrzeugen
12 Wagenkolonne
Stäbe
7 Leisten, Stangen
türkische Tabakspfeife
8 Tschibuk
verzweigte Meeresbucht
5 Fjord
6 Foerde
Länge
5 Dauer
7 Ausmass
9 Dimension
der Begrenzungslinie
4 Saum
6 Umfang
Längeneinheit
bei der Schifffahrt
8 Seemeile
in den USA
4 inch, mile
Längenkreis
8 Meridian
Längenmaß
2 My
3 Baa, Pes
4 Elle, Fuss, Zoll
5 Faden, Kabel, Meile, Meter
6 Mikron, Sashen, Spanne
7 Klafter
8 Seemeile
9 Dezimeter, Kilometer, Nanometer
10 Mikrometer, Millimeter, Zentimeter
11 Millimikron
der Astronomie
2 AE
für Holz
7 Klafter
im zaristischen Russland
5 Sotka
7 Arschin
in Brasilien
2 Pe
in China
5 Tschi
in England
4 Inch, Palm, Yard
5 Chain
in Japan
5 Shaku
in Nordamerika
4 Inch
in Schweden
3 Fot
in Spanien
5 Braza, Palmo
in Thailand
3 Ken
in Tripolis
3 Dra
in Vietnam
3 Mau
Längenmessgerät
8 Massstab
Längenmessung
11 Longimetrie
Längentreue
bei Landkarten
9 Isometrie
langer
Anhang von Kleidern
8 Schleppe
dünner Stab
5 Gerte

Gebäudeteil
5 Trakt
Haarbehang bei verschiedenen Tieren
6 Maehne
Hohlzylinder
4 Rohr
Hundeschwanz
4 Rute
Leibchenrock der russ. Bäuerin
7 Sarafan
Pelz
3 Boa
Pfahl
4 Mast, Rohr
Schal
5 Stola
Schleier
4 Rise
schmaler Gebirgszug in Russland
4 Ural
schmaler Umhang
5 Stola
Schulterkragen der kath. Geistlichen
7 Mozetta
Spieß der Landsknechte
4 Pike
Stab
5 Latte
6 Stange
Stock
4 Stab
Strick
4 Seil
vorn offener Männerüberrock
6 Kaftan
Vortrag
4 Rede
Wohnungsflur
8 Korridor
Zug von Auswanderern
5 Treck
längere
Erzählung
5 Roman
Fahrt
5 Reise
Ortsveränderung
5 Reise
Prosaerzählung
5 Roman
Rede
7 Referat
schulfreie Zeit zur Erholung
6 Ferien
Seereise
5 Toern
Überlandreise zur Jagd
6 Safari
Verdickung
5 Wulst
längerer
Vortrag
4 Rede
längeres
erzählendes Gedicht
4 Epos
langes
bandartiges Gebilde
8 Streifen
Festkleid
4 Robe
Gebirge im Iran
6 Elburs
Holzstück
5 Latte
6 Leiste
Mönchsgewand
5 Kutte
Obergewand
5 Talar
6 Kaftan
Ruder
5 Skull
schmales Nilschiff
8 Dahabije
überflüssiges Gerede
7 Palaver
wallendes Haar
6 Maehne
wollenes Mönchsgewand
5 Kutte
Langeweile
8 Einerlei
Langfinger
4 Dieb
7 Stehler
10 Kleptomane
Langfisch
4 Leng
langfristige
Geldanlage
10 Investment
Kreditnahme
7 Anleihe
lang gehalten
in der Musik
5 lungo
lang gestreckte
Eintiefung der Erdoberfläche
3 Tal
Grube
6 Graben
lang gestreckter
Karpfenfisch
3 Lau
langgrannige
Getreidepflanze
6 Gerste
langhaariger
Bär
10 Zottelbaer
Hühnerhund
6 Setter
Windhund
7 Afghane
Zwerghund
8 Malteser
Langhalsflasche
6 Phiole
langhalsige
Gitarre
5 Banjo
langhalsiger
Schwimmvogel
6 Schwan
langhalsiges
Steppentier
7 Giraffe
Langlaufbahn
im Skisport
5 Loipe
langlebiger
Schlager
9 Evergreen
längliche
Koralle, Glasperle
8 Olivette
Vertiefung, Einschnitt
3 Nut, Tal
4 Fuge, Nute, Riss
5 Riefe, Rille, Rinne, Ritze
6 Furche, Graben, Spalte
länglicher
Behälter
6 Huelse
Gegenstand, Körper, Körperteil
3 Arm, Ast
4 Baum, Bein, Mast, Rohr, Stab
5 Hebel, Kerze, Kette, Pfeil, Rolle, Stift, Stock
6 Spitze, Stange
7 Spirale, Stecken
8 Schlange, Zylinder
Hohlkörper
4 Rohr
Holzkasten
4 Lade
Rückenkorb
5 Kober
längliches
Gefäß
4 Trog
Sitzbecken
5 Bidet
länglich rund
4 oval
10 elliptisch
länglich runde
Bernsteinperle
5 Olive
Langmut
6 Geduld
8 Ausdauer
9 Nachsicht
11 Duldsamkeit
Langobardenkönig
4 Tato
5 Wacho
6 Aigulf, Alboin, Albuin, Audoin, Codeoc, Klaffo
7 Aistulf, Aripert, Authari, Rothari
8 Walthari
10 Desiderius
Langohr
4 Esel
langohriges
Jagdtier
4 Hase
längs
7 entlang
langsam
4 faul
5 traeg
6 traege
9 saumselig
in der Musik
5 largo, lento, tardo
6 adagio
langsame
Arbeit
12 Bummelstreik
Filmwiedergabe
8 Zeitlupe
Gangart
5 Trott

langsamer
französischer Tanz
7 Gavotte
Mensch
8 Transuse
spanischer Tanz
9 Sarabande
Tanz
5 Blues
7 Musette, Slowfox
Volkstanz
8 Laendler
Walzer
6 Boston
langsames
Tonstück
5 Largo
6 Adagio
langschaftige
Fußbekleidung
7 Stiefel
Stoß- und Wurfwaffe
5 Lanze
Langschwanzgürteltier
4 Tatu
langschwänzige
Panzerechse
6 Gavial
langschwänziger
Kleinbär
5 Coati, Koati
Singvogel
10 Bachstelze
Langschwanzpapagei
3 Ara
5 Arara
7 Sittich
Längsfaden
eines Gewebes
5 Kette
längs gerichteter
Hauptraum einer Kirche
10 Querschiff
längs gerippter
Stoff
4 Cord
Längsrinne
5 Riefe
Längsschnitt
6 Mittel, Profil
10 Ausschnitt
Längsstange
des Barrens
4 Holm
längste
Geschäftsstraße der Welt
8 Broadway
Längsteil
des Schiffes
4 Kiel
längster
Breitengrad
8 Aequator
Fluss der Pyrenäenhalbinsel
4 Tejo
Fluss in Frankreich
5 Loire
Fluss Zentralasiens
5 Tarim
Strom der Erde
3 Nil
Strom Europas
5 Wolga
Strom Vorderindiens
5 Indus
längstes
Gebirge der Erde
11 Kordilleren
langstielige
Blume
5 Lilie
Langstreckenwettbewerb
4 Giro
6 Rallye
7 Six Days
9 Radrennen
10 Autorennen
11 Giro d'Italia, Mille Miglia
12 Marathonlauf, Tour de France
13 Tausend Meilen
14 Motorradrennen
15 Sechstagerennen
Längsversteifung
bei Schiffen
8 Stringer
Languste
5 Krebs
11 Panzerkrebs, Ritterkrebs
langweilig
3 fad, oed
4 fade, oede
6 mopsig
7 monoton
8 einerlei, ennuyant
9 eintoenig
13 uninteressant
langweilige
Ortschaft
4 Kaff
Rede
6 Sermon
zimperliche Person
5 Tunte
langweiliger
Schwätzer
8 Salbader
langweiliges
Geschwätz
6 Sermon
langwieriges
Verfahren
8 Prozedur
Lanze
5 Speer
6 Spiess
10 Hellebarde
Lanzenreiter
4 Ulan
5 Husar
7 Lancier
8 Dragoner
Lanzettfisch
9 Amphioxus
laotische
Hauptstadt
9 Vientiane
Münze, Währungseinheit
2 At
3 Kip
laotischer
Grenzfluss
6 Mekong
lapidar
4 kurz
5 knapp
Lappalie
9 Bagatelle
10 Banalitaet, Nebensache
11 Kleinigkeit
Lappen, Stoffrest
6 Fetzen, Lumpen
Lappenzelt
4 Kote
läppisch
3 fad
4 fade
8 kindisch
Lapsus
der Nachlässigkeit
20 Fluechtigkeitsfehler
Lärchenholz
7 Tamarak
Largo
in der Mehrzahl
6 Larghi
Larifari
5 Unfug
6 Unsinn
Lärm
5 Eklat, Hallo, Krach, Radau, Rumor, Trara
6 Rabatz, Randal, Trubel, Tumult
7 Getoese, Klamauk, Krakeel, Krawall, Randale, Skandal
8 Gebrause, Geratter
9 Spektakel
12 Ruhestoerung
um nichts
5 Trara
lärmen
5 toben, tosen
7 poltern, rumoren
8 schreien
9 krakeelen, kreischen
11 randalieren
lärmend
4 laut
lärmende
Gespenster
13 Poltergeister
Schnelligkeit
7 Karacho
lärmender
Betrieb
6 Rummel
Tumult
7 Getoese, Randale
lärmendes
Treiben
9 krakeelen
10 Remmidemmi
lärmgeschützt, isoliert
11 schalldicht
Lärminstrument
6 Knarre, Rassel
7 Klapper
Lärmschlucker
14 Schalldaempfer
Larve
4 Made
5 Maske, Mumme, Puppe, Raupe
9 Engerling
10 Kaulquappe
13 Gesichtsmaske
des Maikäfers
9 Engerling
des Schmetterlings
5 Raupe

lasch
3 lax
5 leger
6 salopp
7 laessig
Laschenkragen
8 Beffchen
lässig
3 lax
5 lasch, leger
6 bequem, locker, salopp, traege
7 langsam
10 nonchalant
11 ungezwungen
lässige
Umgangssprache
5 Slang
lässiger
Schritt des Pferdes
5 Trott
Lässigkeit
7 Laxheit
11 Nonchalance
Last
4 Joch, Onus
5 Muehe, Plage
6 Buerde, Fracht, Ladung
7 Gewicht
Lastaufnahmemittel
an Bagger und Kran
7 Greifer
Lasten
oder Anker aufwinden
6 hieven
Lastendes
5 Druck, Zwang
11 Bedraengnis
Lastenheber
4 Kran
6 Bagger
7 Stapler
9 Seilwinde
10 Hubstapler
11 Flaschenzug
12 Gabelstapler
Lastensegler
6 Glider
Lastenträger
bei einer Himalajaexpedition
6 Sherpa
Laster
3 Lkw
5 Manie, Sucht, Truck
6 Suende
7 Unsitte
8 Untugend
11 Transporter
13 Ausschweifung
Lästerung
5 Fluch
6 Frevel
10 Schmaehung
12 Beschimpfung
13 Verwuenschung
lästig
6 genant
9 penetrant
10 genierlich, unangenehm
12 aufdringlich, beschwerlich
13 unsympathisch
lästige
Erkundung
8 Fragerei
Schreiberei
11 Papierkrieg
Tiere
7 Biester
lästiges
Feldunkraut
8 Hederich
Insekt
4 Floh, Laus
5 Wanze, Wespe
6 Bremse, Fliege, Gnitze, Muecke
7 Schnake
Kind
5 Blage
Lastkahn
5 Prahm
6 Schute
8 Leichter
Lastkraftwagen
5 Truck
15 Sattelschlepper
mit Spezialladefläche
14 Pritschenwagen
Lastkutscher
8 Fuhrmann
Lastrahmen
in der Technik
6 Pallet
Lastschiff
4 Kahn
5 Prahm, Zille
6 Schute, Tanker
7 Lichter
8 Frachter, Leichter
11 Transporter
13 Frachtdampfer
15 Containerschiff
Lastsegelschiff
des Nils
8 Dahabije
Lasttier
4 Esel, Lama, Muli
5 Kamel, Pferd
8 Dromedar, Maulesel, Maultier
11 Trampeltier
südlicher Länder
8 Maulesel
zur Beförderung von Gepäck
8 Packesel
Lasur
8 Ueberzug
11 Farbschicht, Lackschicht
12 Farbueberzug, Lackueberzug
Lasurstein
11 Lapislazuli
lasziv
10 unzuechtig
11 schluepfrig
12 unanstaendig
lateinamerikanische
Münze
4 Peso
lateinamerikanischer
Dichter und Schriftsteller
3 Paz
4 Mera
5 Alves, Amado, Casal, Dario, Icaza, Lillo, Lopez, Marti, Otero, Palma, Payro, Prada, Rojas, Rulfo, Silva, Yanez, Zenea
6 Amorim, Azuela, Borges, Fallas, Galvez, Gamboa, Isaacs, Mallea, Marmol, Najera, Neruda, Onetti, Reyles, Rivera, Romero, Sabato, Valdes, Varela
7 Andrade, Azevedo, d'Halmar, Fombona, Fuentes, Guillen, Larreta, Machado, Mistral, Quiroga, Sanchez, Vallejo, Villena
8 Arguedas, Asturias, Bandeira, Cortazar, Gallegos, Huidobro, Montalvo, Zorrilla
9 Benedetti, Goncalves, Gutierrez, Hernandez, Lastarria, Portilloy, Rodriguez, Sarmiento, Verissimo
10 Altamirano, Carpentier, Mancisidor, Villaverde
11 Vergas Llosa
12 Carrasquilla
13 Garcia Marquez
Tanz
5 Baiao, Conga, Mambo, Raspa, Rumba, Samba
7 Calypso, Lambada
9 Cha Cha Cha
lateinisch, aus dem Lateinischen:
Abend
6 Vesper
Abendland
8 Okzident
aber
3 sed
Abgabe
8 tributum
Abhilfe
7 Remedur
Abscheu, Schrecken
6 Horror
abwesend
6 absent
achsrecht
5 axial
acht
4 octo
Acker
4 ager
Alaun
6 alumen
albern
6 inepte
also
4 ergo
alt
8 antiquus
anders
5 alias
angeboren, echt
6 genuin
Anhang
5 Adnex
Anklagezustand
4 Reat
annehmbar
10 akzeptabel
Anstand
5 mores
Anstrengung, Schwung
5 nisus
arm
5 miser
6 pauper

Art, Weise
5 modus
Arzt
7 medicus
auch ... genannt
5 alias
auf frischer Tat
11 in flagranti
auf Rechnung
6 a conto
Aufschub
8 Dilation
Aufzählung
10 enumeratio
Aufzeichnung
8 Notation
aus
2 ex
äußerer Anstand
7 Dekorum
Ausspruch, Gesagtes
6 Diktum
Bau
5 Situs
Baum
5 arbor
Bedingung
8 conditio
Begierde, Trieb
6 libido
begrenzt, endlich
5 finit
Beredsamkeit
5 Suada, Suade
bete
3 ora
Bewaffnung
9 Armierung
beweglich
4 agil
Bezeichnungen
5 Signa
Bild, Figur
6 figura
Blutübertragung
11 Transfusion
Brief
7 littera
8 epistola
Brot
5 panis
Bruder
6 frater
Buch
5 liber
Buchseite, Blattseite
6 pagina
Buchstabe
6 litera
Bürger
5 civis
Dasein (Größe)
8 Entitaet
das Ganze
5 totum
das Gute
5 bonum
das ist, das heißt
5 id est
dasselbe
2 id
4 idem
dass, wie
2 ut
dazukommend
8 adventiv
denn
4 enim
der Jüngere
6 junior
der Sechste
6 sextus
deshalb
4 ergo
Dichter
5 poeta
Diener
6 servus
die Singstimmen
5 voces
Ding, Sache
3 res
doppelt
6 duplex
drei
4 tres
Dringlichkeit
6 Urgenz
du
2 tu
durch
3 per
durchsichtig
5 luzid
durch Übung
5 ex usu
dürr, trocken
4 arid
ebenda
6 ibidem
ebenso
4 item
ehelich
12 matrimoniell
Ehre
5 honor
Eibe
5 Taxus
Eingeweidebruch
6 Hernie
eins
4 unus
einst
4 olim
Eisen
6 ferrum
eitel
4 inan
Ende
5 finis
Erde
5 terra
Erhöhung
6 Rehaut
Erinnerung
7 memoria
er lebe
5 vivat
erwachsen
5 adult
Erzählung, Sage
6 fabula
es ist erlaubt
5 licet
Essig
6 acetum
Fall
5 casus
Fälschungen
5 falsa
feindlich
6 hostil
Feldherr
9 imperator
ferner
4 item
feucht, nass
5 humid
6 humide
Fläche
4 area
fleischlich
6 karnal
Flussgabelung
8 Bifluenz
folglich, also
4 ergo
Frau
6 femina, mulier
freier Platz
4 area
Freund
6 amicus
Freundin
5 amica
Frieden
3 pax
früher
4 olim
Frühling
3 ver
fünf
7 quinque
für, je
3 pro
Galle
5 bilis
Gattung
5 genus
gegen
6 contra
Gegenstand
3 res
Gegenwart
8 praesens
Geld
7 Moneten
Gelege
8 Nidament
gemeinhin, gewöhnlich
5 vulgo
Gemenge
11 Konglomerat
Gemischtes
6 mixtum
geringfügig
5 minim
7 minimal
Gerinnung
11 Koagulation
Gerücht
4 Fama
geschickt, fähig
5 habil
Geschlecht
5 sexus

Gesetz
3 lex
gewissermaßen
5 quasi
Glaube, Treue
5 fides
Gleiche, Gleichheit
7 paritas
gleichfalls, ebenso
4 dito
gleich, gleichartig
6 aequal
Glück
7 fortuna
glücklich
5 felix
Gold
5 aurum
Gott
4 deus
Gottheit, göttl. Wesen
5 numen
Göttin
3 dea
göttlich
5 divin
groß
6 magnus
Grund, Ursache
5 causa
Gruß
5 Valet
gut
4 bene
5 bonus
Hafen
6 portus
halb
4 semi
Hand
5 manus
handeln
7 agieren
hart
5 durus
Hass, Feindschaft
5 odium
Haus
5 domus, villa
heidnisch
5 pagan
heilig
5 Sankt
7 sanctus
Heiligtum
5 fanum
Herrin
3 era
Herz
3 cor
6 animus
Hilfe
7 Sukkurs
Hochruf
5 Vivat
Hund
5 canis
ich
3 ego
ich glaube
5 credo
ich kam
4 veni
ich liebe
3 amo
im Ganzen
6 in toto
im Jahre
4 anno
immer
6 semper
innen, inwendig
5 intus
innere Angelegenheit
7 Interna
8 Internum
Irrtum
5 error
ist
3 est
je
3 pro
jenseits
5 trans
Jungfrau
5 virgo
Kapitel
5 caput
keine
5 nulla
Kläger
5 Aktor
kleiner, jünger
5 minor
König
3 rex
Königin
6 regina
Körper
6 corpus, Korpus
Kranz, Krone
6 corona
Kraut
5 herba
Kreis
5 orbis
Kreuz
4 crux
Krone
6 corona
künftig
5 in spe
Kunst
3 ars
künstlich
11 artifiziell
Kupfer, Erz
3 aes
6 cuprum
kurz und bündig
6 in nuce
Lage
5 situs
Land, Erde
5 terra
Lärm
5 rumor
Last
4 onus
Lasten, Beschwerden
5 onera
Leben
4 vita
lebe wohl
4 vale
leer
5 inane
Licht
5 lumen
Liebe
4 amor
Löwe
3 leo
Lücken, Ausgelassenes
6 Omissa
Luft
3 aer
männlich, mannhaft
5 viril
Meer
4 mare
Mensch, Mann
4 homo
Methode, Weg
3 via
Milchabsonderung
9 Laktation
Milz
4 Lien
Mitgift
3 dos
mittels
3 per
Monatsmitte
5 Medio
Mond
4 luna
Mühe
4 onus
Münzen
7 Moneten
mürrisch, verdrießlich
5 moros
Musik, Tonkunst
6 musica
Musikwerke
5 Opera
Mutter
5 mater
nach Belieben
9 ad libitum
nachgeboren, nachgelassen
6 postum
Nacht
3 nox
Name, Namen
5 nomen
6 nomina
nämlich
4 enim
nein
3 non
nervlich
6 nerval
Neues, Erstmaliges
5 novum
neun
5 novem
nicht
2 ne
nichtig
4 inan
nichts
5 nihil
niedrig, demütig
5 humil
ohne Ende
11 ad infinitum

Platz, Stelle, Ort
5 locus
Polen
7 Polonia
Rad
4 rota
Recht
3 ius
recht, richtig
5 recte
Redeweise, -gabe
6 oratio
Redner
6 orator
Rednerbühne
6 Rostra
Reifeprüfung
6 Matura
Richter
5 judex
rückblickend
12 retrospektiv
Rückwand (Altaraufsatz)
7 Retabel
Ruhe, Muße
5 otium
ruhig, gesetzt, sittsam
5 sedat
Ruhm, Ehre
6 gloria
Sache
3 res
schätzen
11 aestimieren
Schiff
5 navis
schlecht
4 mala
5 malus
schneefrei
4 aper
Schritt
6 passus
Schuld, Verschulden
5 culpa
Schülerwohnheim
7 Alumnat
Seele
6 animus
segnen
9 benedeien
sei gegrüßt
3 ave
5 salve
Seite, Seitenzahl
6 pagina
sieben
6 septem
Sieg
8 victoria
siehe da
4 ecce
Sinn, Empfindung
6 sensus
Sitten
5 mores
so
3 ita, sic
Sohn
6 filius
sondern
3 sed
Sonne
3 sol
sonst auch
5 alias
sorgfältig
7 akkurat
spaltbar
6 fissil
Spiritus
5 asper
Sprache
6 lingua
Stadt
4 urbs
Stein
5 lapis
Stellung
5 situs
Sterne
5 astra
Stern, Gestirn
6 astrum
Stirn
5 frons
Stoß, Schlag
5 ictus
Straße
3 via
Stunde
4 hora
Tag
4 dies
Tatsachen
5 facta
Tausch
7 cambium, Kambium
Tausend
5 mille
Teil
4 pars
Teufel
8 diabolus
Tischdecke
5 Tapet
Tochter
5 filia
tödlich
5 letal
Tor, Türe
5 porta
Troja
5 Ilium
über
5 supra
übertrieben
10 exorbitant
unabänderliches Schicksal
5 fatum
unbedeutend, nichts sagend
5 futil
und
2 et
unsicher, zweifelhaft
6 dubios
unter
3 sub
Unterstützung
7 Sukkurs
unwirklich
8 irrealis
Ursache
5 causa
Urvater
6 atavus
Vater
5 pater
Vaterland
6 patria
verächtlich
6 abjekt
Verbesserung
7 Remedur
Verbrechen
6 crimen
verformbar, dehnbar
6 duktil
verhasst, unausstehlich
5 odios
6 odioes
Verneinung
8 Negation
Vernunft, Verstand
5 Ratio
Verordnung, Erlass
5 Edikt
Versehen, Schnitzer
6 Lapsus
vertraute Freunde
6 Intimi
verwandt
5 affin
viel
6 multus
vier
8 quattuor
Volk
7 populus
Volkszählung
6 Zensus
vom Tage der Ausstellung
5 a dato
von Anfang an
5 ab ovo
von selbst
6 co ipso
vor
4 ante, prae
vor aller Augen
13 coram puplicum
Vormund, Erzieher
5 tutor
Vormundschaft
5 Tutel
6 tutela
Vorsilbe drei
3 tri
Vorsilbe unter
3 sub
Vorsilbe vor
4 prae
Vorsilbe zurück
2 re
Vorwegnahme
12 Antizipation
Vorzeichen
4 Omen
Wärme
5 calor
Wasser
4 aqua
Weg
3 via
4 iter
weiß
4 alba

Wenfall
9 Akkusativ
Werk
4 opus
Wissenschaft
3 ars
Wolf
5 lupus
Wort
6 verbum
wörtlich
6 verbal
10 verbaliter
Wunder
7 Mirakel
Würfel
4 alea
Wut
3 ira
Zahl
7 numerus
Zahlwort
8 Numerale
Zauberer
5 magus
zehn
5 decem
Zeichen
6 signum
Zeit
6 tempus
Ziege
5 capra
Zorn
3 ira
zu den Akten
6 ad acta
zu diesem Zweck
5 ad hoc
zufällig
6 kasual
zukünftig
5 in spe
zum Gebrauch
6 ad usum
zum Meer gehörig
5 marin
zur Kenntnis
7 ad notam
zur Sache
5 ad rem
zurück
5 retro
Zurückbehaltung
9 Retention
Zusammenhang
5 nexus
Zusammenziehung
11 Adstriktion
Zustand
6 Status
zwei
3 duo
Zweideutigkeit
11 Ambiguitaet
zweifach
2 bi
Zweifel
6 dubium
zweimal
3 bis
zwischen
5 inter

lateinische
Bibelübersetzung
5 Itala
7 Vulgata
Druckschrift
7 Antiqua
Sprachprüfung
7 Latinum
Zahl, Kardinalzahl
3 duo = 2, sex = 6
4 octo = 8, tres = 3, unus = 1
5 decem = 10, novem = 9
6 septem = 7
7 quinque = 5
8 quattuor = 4

lateinischer
Dichter
8 Ausonius
10 Prudentius
Name der Primel
7 Primula
Name eines Erdteils
4 Asia
Name für Irland
8 Hibernia
Name für Odysseus
6 Ulixes
7 Ulysses
Name für Österreich
7 Austria
Name für Wien
9 Vindobona

lateinisches
Grußwort
3 ave
5 salve, valet

Laterne
5 Lampe
7 Aufsatz, Lampion, Leuchte
10 Dachreiter
13 Kuppelaufsatz

Laternenträger
10 Kandelaber

Latona
4 Leto

Latonas
Sohn
5 Apoll
6 Apollo
7 Apollon
Tochter
5 Diana

Latrine
5 Abort, Lokus
7 Abtritt
12 Donnerbalken

Latsche
5 Schuh
6 Foehre, Kiefer
8 Knieholz, Schlappe
9 Legfoehre, Schlappen
10 Bergkiefer

Latte
5 Brett, Laban
6 Leiste, Stange
8 Kantholz, Kerbholz

Lattengerüst
zur Befestigung von Rankpflanzen
7 Spalier

Lattengestell
5 Horde

Lattenkiste
für Glas
6 Harass
für Obst
6 Stiege

Lattenzaun
6 Staket

lau
4 mild

Laub
der Bäume
8 Blaetter
eines Zelastergewächses
4 Kath

Laubbaum
4 Albe, Aspe, Else, Erle, Espe, Iper, Sale, Ulme, Urle
5 Abele, Ahorn, Alber, Birke, Birne, Buche, Eiche, Eller, Esche, ◆ Ginko, Linde, Pinie, Weide
6 Akazie, Baobab, Citrus, Felber, Gingko, Mispel, Pappel
7 Heister, Hickory, Lorbeer, Oelbaum, Platane, Robinie, Rotulme, Ruester, Walnuss
8 Bergerle, Bergulme, Birnbaum, Feldulme, Grauerle, Holunder, Hornbaum, Kastanie, Magnolie, Nussbaum, Pistazie, Rotbuche, Salweide, Weichsel, Zimtbaum
9 Ambrabaum, Apfelbaum, Bergahorn, Blutahorn, Blutbuche, Buchsbaum, Eberesche, Feldahorn, Goldbuche, Gruenerle, Gummibaum, Haarbirke, Hagebuche, Hainbuche, Judasbaum, Judenbaum, Kakaobaum, Kopfweide, Korkahorn, Korkeiche, Krimlinde, Mangobaum, Moorbirke, Palmweide, Sandbirke, Suedbuche, Tamarinde, Tamariske, Waldbuche, Weisserle, Weissulme, Ziereiche
10 Bruchweide, Dornakazie, Eukalyptus, Feigenbaum, Flaumeiche, Geditschie, Gruenlinde, Herbsterle, Hopfenbaum, Kaffeebaum, Mannaesche, Massholder, Papayabaum, Spitzahorn, Steineiche, Stieleiche, Tulpenbaum, Weissbirke, Weissbuche, Zwergbirke
11 Blumenesche, Eschenahorn, Felsenahorn, Flatterulme, Gleditschie, Goetterbaum, Haengebirke, Hopfenbuche, Myallakazie, Papierbirke, Purpurweide, Schwarzerle, Silberahorn, Silberlinde, Silberweide, Sommereiche, Trauerbuche, Traueresche, Trauerweide, Weisspappel, Wintereiche, Winterlinde, Zuckerahorn
12 Edelkastanie, Faecherahorn, Kassiaakazie, Lorbeerweide,

Maulbeerbaum, Rosskastanie, Schirmakazie, Schwarzbirke, Schwarzbuche, Schwarzesche, Silberakazie, Silberpappel, Strauchbirke, Traubeneiche, Zitterpappel
13 Baumhaselnuss, Floetenakazie, Katechuakazie, Kornelkirsche, Schimmelweide, Schwarzpappel, Senegalakazie
14 Muskatnussbaum, Pyramidenbuche, Scharlacheiche
15 Pyramidenpappel
18 Schlangenhautahorn

Laubbaumfrucht
5 Ecker
6 Eichel, Marone
8 Kastanie
9 Buchecker

Laubengang
6 Arkade
7 Arkaden, Pergola

Laubgewinde
5 Kranz
6 Feston
8 Girlande

Laubsänger
5 Fitis
8 Zilpzalp
12 Schwirrvogel

Laubwerk
in der Kunst
9 Feuillage

lauchgrüner
Bergkristall
6 Prasem

Lauchpflanze
5 Bolle
6 Porree
7 Zipolle, Zwiebel
9 Knoblauch, Schalotte

Laudatio
7 Lobrede

Lauf
4 Bahn, Gang, Kurs

Laufbahn
3 Weg
7 Strecke
8 Karriere
9 Werdegang
11 Entwicklung

Laufbrett
4 Steg

Laufbrücke
7 Gangway
8 Stelling

Laufbursche
4 Bote, Page

Laufdisziplin
8 Marathon
9 Dauerlauf

Laufen
mit dem Ball
9 Dribbling

laufende
Folgen
6 Serien
Gangart
4 Trab
Rechnung
12 Kontokorrent

Läufer
5 Figur, Stein
6 Athlet
7 Schwein, Spieler, Teppich
8 Sportler, Sprinter
9 Verbinder
10 Fussballer
11 Jungschwein, Schachfigur
12 Leichtathlet
13 Kurzstreckler, Langstreckler
15 Mittelstreckler

Läuferreihe
8 Stafette

Lauffläche
10 Aschenbahn
des Schuhwerks
5 Sohle

Laufgarten
für Pferde
7 Paddock

Laufgehege
des Viehs
6 Koppel

Laufgraben
5 Sappe

Laufhindernis
6 Graben, Huerde

Laufinneres
bei Feuerwaffen
5 Seele

Laufjunge
3 Boy

Laufkäfer
11 Goldschmied
13 Puppenraeuber
14 Feldsandkaefer, Goldlaufkaefer

Laufleine
für Pferde
5 Longe
11 Gaengelband

Laufplanke
4 Steg

Laufschiene
4 Kufe

Laufschuhe
6 Spikes

Laufsportler
5 Geher

Laufspur
für Skilanglauf
5 Loipe

Laufstangen
7 Stelzen

Laufsteg
zu Schiff und Flugzeug
7 Gangway

Laufstrecke
für Sportler
10 Aschenbahn

Laufvogel
3 Emu, Moa
4 Kiwi
5 Nandu
6 Kasuar
7 Strauss

Laufwettbewerb
6 Rennen

Lauge
4 Base
zum Bleichen
6 Beuche

laugenartige, chemische Verbindung
6 Alkali

Laune
4 Lust
5 Mucke
6 Grille, Spleen, Unlust
7 Einfall, Kaprice, Kaprize, Marotte
8 Kapriole, Schrulle, Stimmung
10 Anwandlung, Verfassung

launenhaft
6 bizarr
10 kaprizioes
14 wetterwendisch

launenhaftes
Verhalten
12 Starallueren

launig
7 humorig

Laurinsäuresalz
6 Laurat

Lausbub
5 Range
6 Bengel, Knirps, Lauser, Schelm
9 Schlingel
10 Frechdachs
13 Dreikaesehoch
bei Wilhelm Busch
3 Max
6 Moritz

lauschen
7 horchen

Lauschender
5 Spion
8 Zuhoerer

Lauscher
7 Horcher

Läuseei
5 Nisse

Lausei
5 Nisse

laut
nennen
5 rufen
rufen
8 bruellen, schreien

Laut
3 Ton
4 Echo, Hall
5 Klang
6 Schall
9 Geraeusch

Lautäußerung
3 Ruf
des Hundes
6 Gebell

laute
Äußerung
5 Zuruf
Heiterkeit
5 Jubel
6 Trubel
Klage
6 Jammer
Reklame
5 Trara
Trauer
5 Klage
Unruhe
6 Trubel
Warnung vor Gefahr
5 Alarm

Lauteninstrument
7 Bandola, Theorbe
10 Chitarrone, Colascione
lauter
3 pur
4 rein
6 schier
7 integer
8 gediegen
Anruf
5 Hallo
Beifall
7 Ovation
Freudenausbruch
5 Jubel
schriller Ruf
6 Schrei
zänkischer Streit
7 Gekeife
Lauterkeit
11 Integritaet
läutern
8 reinigen
9 purgieren
11 sublimieren
Läuterung
9 Katharsis, Reinigung
Läuterungsort
der Seelen
9 Fegefeuer
lautes
Durcheinander
5 Hallo
Geräusch
5 Knall
10 Detonation
Jammern
7 Gezeter
Schreien von Tieren
8 Gebruell
lautgemäß
10 phonetisch
Läutgerät
6 Glocke
7 Klingel
Lautlehre
8 Phonetik
lautlos
5 leise, ruhig, still
6 tonlos
8 unbewegt
Lautlosigkeit
6 Stille
Lautschwund
im Auslaut
7 Apokope
Lautsprecher
mit Gehäuse
3 Box
Lautstärkeeinheit
3 ◆ Fon
4 Phon
Lautstärkemesser
9 ◆ Fonometer
10 Phonometer
lautstarkes
Streiten
11 Krakeelerei
lax
6 locker
7 schlaff
11 nachlaessig

Lay-out
6 Aufbau, Skizze
7 Entwurf
9 Anordnung
10 Gestaltung, Gliederung
Leanders
Geliebte
4 Hero
Leas
Gatte
5 Jakob
Lebemann
4 Roue
7 Playboy
9 Bonvivant
Leben
4 Sein, Vita
6 Dasein
7 Betrieb, Verkehr
8 Existenz
in Zelten
7 Camping
lebender
Teil der Zelle
6 Plasma
Zaun
5 Hecke
lebendig
4 agil, rege
5 queck, quick, vital
7 beseelt, lebhaft, schnell
8 existent
9 organisch
11 anschaulich
lebendiger
Darsteller von Vorgängen
8 Reporter
Lebendigkeit
8 Dramatik
9 Agilitaet
10 Vitalitaet
Lebensabend
5 Alter
Lebensabriss eines Verstorbenen, Nachruf
8 Nekrolog
Lebensabschnitt
5 Alter
6 Jugend
8 Kindheit
der Vergangenheit
8 Vorleben
Lebensader
4 Nerv
Lebensart
4 Stil
6 Fasson, Manier
Lebensbaum
5 Thuja
Lebensbeginn
6 Geburt
lebensbejahende
Haltung
10 Optimismus
lebensbejahender
Mensch
8 Optimist
Lebensbejahung
10 Optimismus
Lebensbereich
6 Biotop
Lebensbeschreibung
8 Memoiren

9 ◆ Biografie
10 Biographie
13 ◆ Autobiografie
14 Autobiographie
Lebensbund, Gemeinschaft
3 Ehe
7 Familie
Lebensdauer
5 Alter
Lebenseinstellung
11 Mentalitaet
Lebensende
3 Tod
6 Exitus
7 Ableben
Lebenserhaltung
8 Standard
Lebenserinnerungen
8 Memoiren
Lebenserwerb
9 Unterhalt
Lebenserwerbstätigkeit
6 Arbeit
lebensfähig
machen
6 heilen
8 sanieren
Lebensforscher
7 Biologe
lebensfremd
10 akademisch
11 theoretisch
Lebensfrische
10 Gesundheit
Lebensfunktion
6 Atmung
lebensgefährlich
8 toedlich
15 halsbrecherisch
lebensgefährlicher
Stoff
4 Gift
Lebensgefährte, -gefährtin
4 Frau, Mann
5 Gatte
6 Gattin, Gemahl
7 Ehefrau, Ehemann, Partner
8 Gemahlin
9 Partnerin
Lebensgeist
8 Spiritus
Lebensgemeinschaft
3 Ehe
mit Kindern
7 Familie
lebensgroße
Puppe für Autotests
5 Dummy
Lebensgrundsatz, -regel
5 Ethos
6 Maxime
Lebenshauch
4 Atem, Odem
Lebensjahre
5 Alter
Lebenskraft
10 Vitalitaet
lebenskräftig
5 vital
Lebenskreis, Umwelt
6 Milieu
7 Sphaere

Lebenskunde
Schulfach
8 Biologie
Lebenskünstler
9 Geniesser
Lebenskunst, -stil (latein.)
10 Ars vivendi
12 Modus vivendi
Lebenslage
9 Situation
lebenslänglicher
Anspruch auf fortlaufende Zahlung
9 Leibrente
Lebenslauf
4 Vita
10 Curriculum
Lebensmittel
2 Ei
4 Brot, Mehl, Obst, Reis
5 Fisch, Kaese, Milch, Wurst
6 Butter, Furage, Zucker
7 Fleisch, Gemuese, Nahrung
8 Proviant
9 Margarine, Marmelade
10 Viktualien
Lebensmittelfarbstoff
6 Orcein
lebensnotwendig
10 essentiell, ◆ essenziell
lebensnotwendige
Flüssigkeit
6 Wasser
Lebensprinzip, -regel
6 Devise, Maxime
9 Grundsatz
Lebensraum
biologisch
6 Biotop
Lebenssaft
4 Blut
7 Elixier
Lebensstil
12 Modus vivendi
Lebenssubstanz
11 Protoplasma
Lebensunterhalt
8 Alimente
10 Fortkommen
Lebensverband
wilder Tiere
5 Rudel
lebensverneinender
Mensch
9 Pessimist
Lebensverneinung
11 Pessimismus
lebensvoll, beweglich
4 rege
Lebenswerk
eines Künstlers
6 Oeuvre
lebenswichtige
Flüssigkeit
4 Blut
Stoffe für den Körper
8 Vitamine
lebenswichtiger
Vorgang
6 Atmung
12 Stoffwechsel
Wirkstoff
7 Vitamin
lebenswichtiges
Gewürz
4 Salz
Lebenszeit
5 Alter
lebenzerstörender
Stoff
4 Gift
Leberentzündung
9 Hepatitis
Leberfleck
9 Muttermal
Leberkraut
9 Haselwurz
Lebersekret
5 Galle
zur Fettverdauung
5 Bilis
Lebertran
vom Kabeljau
6 Kodoel
Lebewesen
4 Tier
6 Mensch
7 Kreatur, Pflanze
9 Geschoepf
10 Individuum
Einteilungsbegriff
5 Rasse
mit ererbter Unfähigkeit zur Farbstoffbildung
6 Albino
sehr früher Zeiten
8 Urmensch
Lebewohl
3 Ade
4 ciao
5 Adieu, Valet
6 tschau
8 Abschied
14 Abschiedsgruss
lebhaft
3 vif
4 agil, rege
5 aktiv, alert, quick, vital
6 munter
8 impulsiv
9 dynamisch
10 aufgeweckt
15 temperamentvoll
in der Musik
6 vivace
lebhafte
anschauliche Schilderung, Erörterung
7 Debatte
10 Diskussion
Erzählung
9 Tierfabel
Geschäftigkeit
11 Hochbetrieb
Verhandlung
7 Diskurs
lebhafter
Junge
9 Sausewind
Mensch
11 Sanguiniker
Wunsch
6 Begehr
9 Verlangen
lebhaftes
Durcheinander
6 Trubel
Musikstück
5 Rondo
7 Allegro
Treiben
6 Trubel
7 Betrieb
Lebhaftigkeit
11 Temperament
Lebkuchengebäck
6 Printe
Lebkuchenstadt
9 Nuernberg
Lebkuchenunterlage
6 Oblate
leblos
3 tot
5 starr
8 unbewegt
11 unbeweglich
Lechtaler
Ort in Tirol
5 Steeg
lecker
7 delikat
9 koestlich
11 appetitlich, schmackhaft
Lecker
bei Haarwild
5 Zunge
Leckerbissen
8 Leckerei
11 Delikatesse
Leckerei
3 Eis
9 Speiseeis
14 Schokoladeneis
Leckermaul
7 Gourmet
8 Gourmand
9 Geniesser
Ledas
Sohn
6 Castor, Kastor, Pollux
Tochter
6 Helena
Ledazufluss
in Niedersachsen
6 Juemme
Lederarbeiter
6 Gerber
7 Sattler
8 Schuster
11 Schuhmacher
13 Portefeuiller
Lederart
3 Kid
5 Glace, Nappa
6 ◆ Glacee
7 Boxcalf, Chagrin, Chamois, Juchten, Korduan, Rindbox, Rossbox, Saffian
8 Chevreau, Krokodil, Maroquin, Saemisch
9 Lackleder, Wildleder
11 Ziegenleder
Lederband
9 Franzband
Lederbekleidung
des Beins
8 Gamasche

Lederfett, Degras
6 Abfett
Lederfleck
7 Riester
Ledergeschirr
5 Siele
Ledergurt
6 Riemen
7 Guertel
Lederhaut
der Wirbeltiere
5 Kutis
des Auges
6 Sklera
unter der Oberhaut
6 Corium, Korium
Lederherstellungsbetrieb
8 Gerberei
Lederimitat
9 Alcantara
Ledermesser
5 Kneif
ledern
4 zaeh
lederner
Halbschuh der Indianer
8 Mokassin
Lederpeitsche
5 Knute
der Kosaken
7 Nagaika
Lederriemen
4 Gurt
7 Guertel
Lederrund
4 Ball
Lederschuh
der Indianer
8 Mokassin
Lederstreifen
4 Gurt
6 Riemen
Lederverarbeiter
7 Sattler
8 Schuster
11 Schuhmacher
13 Portefeuiller
Lederwams
6 Koller
Lederwarenstadt
am Main
9 Offenbach
ledig
4 frei
6 allein
10 ungebunden
13 ◆ allein stehend, unverheiratet
ledige
Arbeitskräfte auf dem Bauernhof
7 Gesinde
Freiherrntochter
6 Freiin
lediglich
3 nur
5 bloss
leer
3 fad, oed
4 fade, frei, hohl, inan, oede
5 offen
6 blanko, vakant
7 nichtig
9 gehaltlos, unbesetzt
10 inhaltslos
12 ◆ nichts sagend
leere
Redensart
6 Phrase
Spielkarte, Fehlfarbe
5 Fosse
Leere
4 Oede
6 Nichts, Vakuum
leerer
Zwischenraum
6 Luecke
leeres
Gerede
6 Schmus
7 Schnack
Geschwätz
8 Larifari
Leergewicht
bei Verpackungen
4 Tara
Leergut
5 Kiste
6 Karton, Kasten
7 Fastage, Fustage
9 Behaelter, Container, Holzkiste
10 Pappkarton
leerpumpen
6 lenzen
Leerseite
5 Vakat
Leerstelle, Zwischenraum
5 Blank
Leerverkäufe
Börse
5 Fixen
Leerverkäufer
Börse
5 Fixer
legal
10 gesetzlich
12 rechtmaessig
13 gesetzmaessig
legaler
Status des Zusammenlebens von Mann und Frau
8 Ehestand
Legation
13 Gesandtschaft
Legehuhn
5 Henne
legendär
9 sagenhaft
legendäre
poln. Fürstin
5 Wanda
Wundernahrung
5 Manna
Wunderschale
4 Gral
legendärer
Freiheitsheld
9 Robin Hood
Rebell und Volksheld des Erzgebirges
9 Stuelpner
Legende
4 Fama, Saga, Sage, Text
8 Bildtext
9 Inschrift, Umschrift
10 Aufschrift, Erklaerung, Erzaehlung, Geschichte
12 Erlaeuterung, Unterschrift
16 Bildunterschrift
von Molnar
6 Liliom
Legendenspiel
7 Mirakel
leger
3 lax
6 locker, salopp
7 laessig
11 ungezwungen
Legföhre
7 Latsche
legierter
Sonderstahlguss
6 Bergit
Legierung
5 Dural, Talmi
6 Bronze, Tombak
7 Messing
9 Duralumin
aus Gold und Kupfer
7 Tumbaga
aus Kupfer und Zink
7 Messing
aus Kupfer und Zinn
6 Bronze
für Heizdrähte
6 Alcres
von Quecksilber mit anderen Metallen
7 Amalgam
legitim
12 rechtmaessig
Legitimation
4 Pass
7 Ausweis, Urkunde
8 Befugnis
9 Kennkarte
12 Beglaubigung
16 Identitaetskarte
legitimer
Herrscher
7 Monarch
Leguan
8 Basilisk
Lehen
7 Benefiz
Lehmart
3 Ton
lehmhaltig
6 lettig
Lehnsessel, -stuhl
8 Fauteuil
11 Ohrensessel
lehnsfreies
Land
5 Allod
Lehnsmann
6 Vasall
lehnsrechtlich
6 feudal
Lehnstuhl
8 Fauteuil
Lehnsverband
4 Clan
Lehnsverrat
7 Felonie
Lehnswesen
11 Feudalismus
Lehramt
8 Dozentur, Lektorat
9 Professur

Lehranstalt, -institut
2 FH, TH, TU
3 ETH, Uni
6 Lyzeum, Schule
7 Seminar
8 Akademie, Internat
9 Gymnasium, Technikum
10 Hochschule, Realschule
11 Grundschule, Volksschule
12 Berufsschule, Gesamtschule, Mittelschule, Universitaet
13 Gewerbeschule, Handelsschule, Klosterschule, Kunstakademie, Polytechnikum, Realgymnasium
14 Fachhochschule, Ganztagsschule, Konservatorium
18 Kunstgewerbeschule
22 Technische Universitaet
23 Paedagogische Hochschule
Lehraufgabe
6 Pensum
Lehraufgaben
für bestimmte Zeit
5 Pensa
Lehrauftrag
8 Dozentur, Lektorat
9 Professur
Lehrausflug
9 Exkursion
Lehrbefähigung
8 Fakultas
Lehrbereich
einer Schule
7 Sektion
Lehrbuch
5 Fibel
10 Kompendium
der wedischen Zeit
5 Sutra
für Kinder
5 Fibel
Lehre
die im Handeln das Wesen der Menschen erblickt
12 Pragmatismus
Lehre der
Eigenschaften der Stoffe
6 Chemie
englischen Sprache und Literatur
9 Anglistik
Frauenkrankheiten
12 Gynaekologie
germanischen Sprache und Literatur
11 Germanistik
Lautbildung
8 Phonetik
Mundhöhlenkrankheiten
12 Stomatologie
Lehre des
Buddha
10 Buddhismus
Mohammed
5 Islam
Vortragstempos (Musik)
6 Agogik
Lehre, Lehrmeinung, Lehrsatz
5 Dogma, Kunde, Regel, These
7 Doktrin, Lektion, Theorem, Theorie
8 Schulung, Werkzeug
9 Erfahrung, Erziehung, Grundsatz
10 Anschauung, Auffassung, Ausbildung, Messgeraet
11 Instruktion
12 Wissenschaft
lehren
8 dozieren
10 beibringen
11 instruieren, unterweisen
12 unterrichten
Lehrer
6 Dozent, Lektor, Mentor, Pauker
7 Meister, Trainer
8 Erzieher, Magister
9 Paedagoge, Professor
10 Praezeptor
Achills
6 Chiron
Alexanders des Großen
11 Aristoteles
Aristoteles'
5 Plato
6 Platon
Bacchus'
5 Silen
Beethovens
5 Neefe
7 Salieri
der philosophischen Sittenlehre
7 Ethiker
Dürers
8 Wolgemut
Karls des Großen
6 Alkuin
Kochs
5 Henle
Platons
8 Sokrates
Samuels
3 Eli
Schumanns
5 Wieck
Telemachs
6 Mentor
und Ratgeber von Studenten
5 Tutor
Lehrerausbildungsanstalt
7 Seminar
Lehrertisch
4 Pult
8 Katheder
Lehre vom
Ackerbau
9 Agronomie
17 Agrarwissenschaft
Aufbau des Dramas
11 Dramaturgie
Auge
14 Ophthalmologie
Bau der Erde
8 Geologie
Bau der Erdkruste
8 Tektonik
Bau der Lebewesen
8 Anatomie
Blut
9 Serologie
Boden
9 Pedologie
Denken
5 Logik
Denkschema
5 Topik
Drama
11 Dramaturgie
Endschicksal des einzelnen und der Welt
12 Eschatologie
Flugwesen
7 Aviatik
Gleichgewicht
6 Statik
Herzen
11 Kardiologie
Hund
9 Kynologie
Klima
12 Klimatologie
Körperbau
8 Anatomie
Leben
8 Biologie
lebenden menschlichen Körper
11 Somatologie
Licht
5 Optik
Liebesleben
6 Erotik
Magnetismus
12 Magnetologie
Menschen
13 Anthropologie
richtigen Denken
5 Logik
Schall
7 Akustik
Schießen
9 Ballistik
Schönen
9 Aesthetik
Sein
9 Ontologie
Sittlichen
5 Ethik
Takt (Musik)
6 Metrik
tierischen und pflanzlichen Gewebeaufbau
10 Histologie
Übersinnlichen
11 Okkultismus
Verbrechen
12 Kriminologie
Verhalten der Tiere
9 Ethologie
Versbau
6 Metrik
Wasser
10 Hydrologie
Wetter
12 Meteorologie
Widerhall
10 Katakustik
Lehre von
Christus
12 Christologie
Einstein
20 Relativitaetstheorie
Gott
9 Theologie
Satzbau und Satzbildung
6 Syntax

Lehre von den
Arten der Zahlen
10 Arithmetik
Arzneistoffen
9 Pharmazie
ausgestorbenen Lebewesen
14 Palaeontologie
Bakterien
13 Bakteriologie
Baukonstruktionen
8 Tektonik
Beziehungen der Lebewesen zur Umwelt
9 Oekologie
Duftstoffen
9 Osmologie
Eigenschaften der Stoffe
6 Chemie
Elektronen
10 Elektronik
Fischen
12 Ichthyologie
Frauenkrankheiten
12 Gynaekologie
Geisteskrankheiten
11 Psychiatrie
Gesetzen des Lebens
8 Bionomie
Gesetzen des menschlichen Lebens
13 Anthroponomie
Giften
11 Toxikologie
Gründen und Ursachen allen Seins
10 Metaphysik
Harnkrankheiten
8 Urologie
Hautkrankheiten
12 Dermatologie
Holzarten
9 Xylologie
Knochen
10 Osteologie
Kräften der Natur
6 Physik
7 Dynamik, Kinetik
Krankheiten
10 Pathologie
Krankheitsursachen
10 Aetiologie
Kristallen
15 ◆ Kristallografie
16 Kristallographie
Lebenserscheinungen
11 Physiologie
mathematischen Gleichungen
7 Algebra
Methoden zur Auffindung neuer wissenschaftlicher Erkenntnisse
9 Heuristik
Missbildungen
11 Teratologie
Mundarten
9 Idiomatik
Naturerscheinungen
6 Physik
Nerven
10 Neurologie
Organen
12 ◆ Organografie
13 Organographie
pflanzlichen Früchten
10 Karpologie
Rassenmerkmalen
14 ◆ Anthropografie
15 Anthropographie
räumlichen Größen
12 Stereometrie
Riechstoffen
9 Osmologie
sinnlichen Wahrnehmungen
9 Aesthetik
Sprachlauten
8 Phonetik
Stoffen
6 Chemie
unbelebten Dingen der Natur
6 Physik
Ursachen des Seins
10 Metaphysik
Verbrechen
13 Kriminalistik
Versmaßen
6 Metrik
Wappen
8 Heraldik
Wärmeumsetzungen bei chemischen Reaktionen
12 Thermochemie
Wiedertäufern
12 Anabaptismus
wirksamen Kräften als Ursache aller Dinge
9 Energetik
wissenschaftlichen Ordnungen
14 Systematologie
wissenschaftlichen Verfahren
8 Methodik
Wundern
13 Thaumatologie
Zahlengrößen
10 Mathematik
Zwecken
10 Teleologie

Lehre von der
Anwendung des Serums
9 Serologie
Arzneimittelherstellung
9 Pharmazie
Baukunst
13 Architektonik
Behandlung der Sprache
8 Prosodie
belebten Natur
8 Biologie
Berechnung räumlicher Gebilde
12 Stereometrie
Beseeltheit aller Dinge
9 Animismus
Bewegung
7 Kinetik, Motorik
8 Mechanik
Bewegung der Flüssigkeit
12 Hydrodynamik
Bewegung durch Kräfte
7 Kinetik
Bewegung geschleuderter Körper
9 Ballistik
Beziehung der Tiere zur Umwelt
9 Oekologie
Chemie in leb. Organismen
9 Biochemie
Dichtkunst
6 Poetik
Einheit allen Seins
8 Monismus
Energie
9 Energetik
Entstehung des Menschen
13 Anthropogenie
Entstehung und vom Bau der Erde
8 Geologie
Erbgesundheit
7 Eugenik
Erkenntnis geistiger Vorgänge
11 Psychologie
Erziehung
10 Paedagogik
Erzverarbeitung
11 Metallurgie
Gesteinsverarbeitung
9 Lithurgik
Handschriftendeutung
10 ◆ Grafologie
11 Graphologie
kirchlichen Unterweisung
10 Katechetik
Kraft
9 Energetik
Lebensweise der Tiere
9 Ethologie
Liebe
6 Erotik
Melodie
7 Melodik
Menschenentstehung
13 Anthropogenie
Menschenheilkunde
13 Anthropiatrik
Moral
5 Ethik
Natur
8 Biologie
Organlage (Medizin)
5 Topik
Physik der Erde
9 Geophysik
Redekunst
8 Rhetorik
Selbstbewegung
9 Automatie, Automatik
Staatsführung
7 Politik
Symbolanwendung
8 Symbolik
technischen Anwendung strömender Flüssigkeiten
9 Hydraulik
Unerkennbarkeit des Übersinnlichen
13 Agnostizismus
Wasserkraft
9 Hydraulik
Zeitrechnung
11 Chronologie

Lehrfabel
6 Apolog

Lehrfahrt
9 Exkursion

Lehrgang
4 Kurs
6 Kursus
8 Schulung
13 Schulungskurs

lehrhaft
10 didaktisch

lehrhafte
Erzählung
5 Fabel

lehrhafter
Sinnspruch
5 Gnome
7 Sentenz
Lehrherr
7 Meister
9 Ausbilder
Lehrkunde
8 Methodik
Lehrling
5 Azubi, Eleve, Stift
7 Pikkolo
9 Anfaenger, Greenhorn, Volontaer
10 Praktikant
12 Praktikantin
14 Auszubildender
Lehrlingsstelle
16 Ausbildungsplatz
Lehrmaterial
für den Unterricht
9 Schulbuch
11 Uebungsheft
Lehrmeinung, -satz
5 Dogma, These
7 Doktrin, Theorem, Theorie
Lehrplan
8 Programm
10 Curriculum
lehrreich
9 erhellend
10 instruktiv
11 interessant
15 aufschlussreich
Lehrstätte
6 Schule
Lehrstoff
6 Pensum
Lehrstück
7 Parabel
Lehrstuhl
8 Katheder
9 Professur
Lehrstunde
7 Lektion
Lehrveranstaltung
10 Unterricht
Lehrverfahren
7 Methode
Leib
5 Bauch, Rumpf, Wanst
7 Abdomen, Koerper
Leibarzt
Bismarcks
11 Schweninger
Leibbinde
8 Schaerpe
Leibbürge
6 Geisel
Leibchen
6 Mieder
7 Korsett
9 Korselett
Leibdiener
eines Fürsten
12 Kammerdiener
Leibeigenarbeit
4 Fron
Leibeigener
6 Sklave
8 Hoeriger, Unfreier, Untertan
Leibeigenschaft
4 Fron
9 Sklaverei
Leibeserziehung
5 Spiel, Sport
6 Turnen
9 Gymnastik
Leibesfrucht
5 Fetus
6 Embryo
Leibesfülle
10 Embonpoint
Leibesübung
5 Sport
6 Turnen
9 Gymnastik
Leibgurt
der Krieger (Homer)
5 Mitra
leibhaftig
4 real
7 konkret
8 dinghaft, wirklich
leiblich
9 somatisch
leibliche
Erzieher
6 Eltern
Leibrente
7 Apanage
Leibriemen
4 Gurt
6 Koppel
7 Guertel
Leibrock
biblischer Hoherpriester
5 Ephod
Leibschmerzen
5 Kolik
11 Magenkrampf
12 Bauchgrimmen
Leibwache
5 Garde
7 Eskorte
9 Bedeckung
des Papstes
10 Nobelgarde
14 Schweizergarde
des russischen Zaren
10 Strelitzen
Leibwächter
7 Trabant
8 Satellit
bayerischer Könige
10 Hartschier
orientalischer Herrscher
10 Mamelucken
Leichenausgrabung
11 Exhumierung
Leichenbegängnis
10 Bestattung
Leichenfeierlichkeiten
10 Funeralien
Leichenmahl
7 Schmaus
Leichenöffnung
7 Beschau, Sektion
8 Autopsie
9 Obduktion
Leichenschauhaus
in Paris
6 Morgue
Leichenverbrennungsanlage
11 Krematorium
Leichenzug
7 Kondukt
Leichnam
3 Aas
7 Kadaver
leicht
5 flott
7 einfach
8 muehelos, unschwer
11 gewichtslos
abweichende Spielart
5 Abart
beeinflussbar
5 labil
berühren
8 antippen
bitter
4 herb
ergraut
7 meliert
gebautes Sommerhaus
8 Bungalow
gedunkelte Stelle
8 Schatten
gesalzener Räuchering
8 Buecking
9 Bueckling
krank
5 marod
regnen
7 nieseln
reizbar
8 sensitiv
schwachsinnig (Medizin)
5 debil
ungezwungen
5 leger
veränderlich
5 labil
zu kränkender Mensch
6 Mimose
zusammenlegbare Unterkunft
4 Zelt
leichtathletische
Übung
4 Lauf, Wurf
5 Gehen, Stoss
6 Laufen, Sprint, Sprung, Werfen
7 Stossen
8 Springen, Waldlauf
9 Bahngehen, Speerwurf, Zehnkampf
10 Diskuswurf, Dreisprung, Fuenfkampf, Hammerwurf, Hochsprung, Weitsprung
11 Huerdenlauf, Speerwerfen, Staffellauf
12 Diskuswerfen, Hammerwerfen, Kugelstossen, Marathonlauf
13 Hindernislauf, Stafettenlauf, Strassengehen
14 Stabhochsprung
16 Kurzstreckenlauf, Langstreckenlauf
18 Mittelstreckenlauf
leichtathletisches
Gerät
3 Ger
4 Stab
5 Kugel, Speer
6 Diskus, Hammer
10 Schlagball, Startblock

Leichtathlet, Leichtathletin
5 Geher
6 Werfer
7 Geherin, Laeufer
8 Springer, Sprinter
10 Sprinterin
11 Speerwerfer
12 Diskuswerfer, Dreispringer, Hammerwerfer, Hochspringer, Kugelstosser, Mehrkaempfer, Weitspringer, Zehnkaempfer
13 Kurzstreckler, Langstreckler, Speerwerferin
14 Diskuswerferin, Hochspringerin, Huerdenlaeufer, Kugelstosserin, Staffellaeufer, Weitspringerin
15 Fuenfkaempferin, Huerdensprinter, Kurzstrecklerin, Langstrecklerin, Marathonlaeufer, Mittelstreckler
16 Hindernislaeufer, Huerdenlaeuferin, Siebenkaempferin, Stabhochspringer, Staffellaeuferin
17 Huerdensprinterin, Marathonlaeuferin, Mittelstrecklerin
19 Langstreckenlaeufer
21 Langstreckenlaeuferin, Mittelstreckenlaeufer

leichte
Aufgabe
9 Spielerei
Bauhölzer
6 Latten
Beule
5 Delle
Damenschuhe
5 Pumps
Entzündbarkeit
20 Feuergefaehrlichkeit
Erkrankung eines Organs
7 Reizung
Erregbarkeit
11 Nervositaet
Fußbekleidung
7 Sandale
Haft
6 Arrest
Holländerhühner
6 Pellen
Holzart
5 Balsa
Kavallerietruppe
7 Husaren
Krankheit
10 Erkaeltung
Krankheit mit juckenden Quaddeln
12 Nesselfieber
militärische Kopfbedeckung
6 Kaeppi
Mittagsmahlzeit in England
5 Lunch
Reitertruppe
8 Dragoner
Schrägstellung
7 Neigung
Stoßwaffe
7 Florett
ungarische Fußsoldaten
8 Panduren
Verletzung
7 Kratzer
Vertiefung
5 Delle

leichter
Betrug
5 Schmu
7 Mogelei
10 Schummelei
Damenschuh
6 Opanke
Dreschabfall
5 Spreu
Einspänner
3 Gig
5 Buggy
7 Dogcart
Flussstau
4 Wehr
Galopp des Pferdes
6 Canter, Kanter
Jagdwagen
7 Dogcart
Lederhelm
7 Kaskett
Luftzug
5 Hauch
Naturstoff
4 Kork
offener Wagen
5 Break, Sulky
9 Britschka
Pferdezaum
6 Trense
7 Halfter
Rausch
7 Schwips
Reiter
5 Husar
8 Dragoner
Reiterspeer
5 Lanze
russischer Reiter
5 Kosak
Schlag
4 Taps
5 Klaps
Sommerschuh
7 Sandale
Stoß
5 Stups
vierrädriger Wagen
8 Kalesche
Wind
5 Brise
6 Zephir, Zephyr
Wollstoff
5 Arras

leichtes
Abfallen einer Fläche
7 Neigung
Baumwollgewebe
4 Flor
5 Tuell
7 Organdy
Beiboot, Ruderboot
3 Gig
durchsichtiges Seidengewebe
9 Grenadine
einstöckiges Gebäude
7 Baracke
Elementarteilchen
6 Lepton
Gebäck
7 Biskuit
Geschütz
9 Falkonett
Gewebe
6 Etamin
Gewehr
6 Flinte
9 Karabiner
Hausgewand
7 Neglige
Mädchen
4 Hure
5 Dirne, Nutte
8 Erotesse
9 Flittchen
13 Prostituierte
14 Liebesdienerin, Strichmaedchen
15 Freudenmaedchen
16 Gunstgewerblerin
Nutzholz
5 Balsa
Paddelboot
8 Faltboot
poröses Vulkangestein
4 Bims
Sportboot
4 Kanu
türkisches Ruderboot
5 Kajik
Vergehen gegen das Gesetz
12 Uebertretung
zweirädriges Gestell für Trabrennen
5 Sulky

leichtfertig
6 frivol
11 gedankenlos

leichtfertiger
Mensch
8 Windhund

leichtfertiges
Mädchen
8 Grisette

Leichtfertigkeit
18 Oberflaechlichkeit
20 Pflichtvergessenheit

leichtflüchtige
Flüssigkeit
6 Aceton, Aether, Azeton, Benzin

Leichtfuß
8 Luftikus
11 Taugenichts
13 Schwerenoeter

leichtgläubig
6 arglos

leichtlebig
5 flott
10 liederlich

Leichtmetall
3 Alu
6 Kalium
7 Caesium, Natrium, Zaesium
8 Duralium
9 Aluminium, Beryllium, Magnalium, Magnesium
11 Anticorodal

12 Duraluminium
Leichtöl
5 Sprit
6 Benzin, Benzol
7 Gasolin
Leichtsinn
8 Uebermut
leichtsinnig
7 achtlos, sorglos
9 waghalsig
10 unbesonnen
11 fahrlaessig
leichtsinniger
Mensch
7 Holdrio
8 Hallodri
leid
tun
5 reuen
Leid
3 Weh
4 Gram, Harm, Pein, Qual, Wehe
5 Sorge, Uebel
6 Jammer, Kummer, Trauer
7 Schmerz
8 Truebsal, Unglueck
Leideform
6 Passiv
leiden
6 dulden
8 erdulden
10 tolerieren
Leiden
9 Gebrechen, Martyrium
Christi
7 Passion
leidend
6 passiv
Leidender
7 Kranker
Leidenschaft
5 Liebe
6 Affekt, Pathos
7 Hingabe, Passion
8 Inbrunst
10 Fanatismus
12 Begeisterung, Enthusiasmus
leidenschaftlich
6 furios
9 engagiert, enragiert, fanatisch
11 passioniert
Begeisterter
10 Enthusiast
in der Musik
7 furioso
leidenschaftliche
Hingabe
12 Besessenheit
Wut
4 Rage
leidenschaftlicher
Eiferer
9 Fanatiker
Jäger
6 Nimrod
Leser
9 Leseratte
11 Buecherwurm
Tanz
6 Cancan
leidenschaftliches
Gefühl
8 Inbrunst
Verlangen
8 Begierde
Leidenschaftlichkeit
6 Furore
12 Enthusiasmus
Leidensgeschichte
Jesu
7 Passion
Leidensweg
Christi
8 Kreuzweg
leidlich
8 passabel
Leidtragender
6 Dulder
Leier
4 Lyra
Leierkasten
9 Drehorgel
Leihbücherei
13 Mietbuecherei
leihen
6 borgen, pumpen
9 ausborgen, entlehnen
Leihhaus
5 Leihe
9 Pfandhaus
12 Pfandanstalt
Leihsumme
8 Darlehen
Leim
6 Kleber
8 Gelatine, Kleister
9 Klebstoff
leimartig
6 viskos
leimartiges
Eiweiß
8 Kollagen
leimen
6 kitten, kleben
9 kleistern
Lein
6 Flachs
Leine
3 Tau
4 Seil
6 Riemen, Schnur, Strick, Zuegel
7 Strippe
zum Segelschnüren
6 Geitau
Leinen
6 Linnen
leinenes
Sonnendach
7 Markise
Leinengewebe
5 Drell, Linon
6 Inlett, Linnen
9 Weisszeug
Leinentuch
5 Laken
Leine-Zufluss
5 Rhume
Leingewächs
6 Flachs
Leinöl
6 Firnis
Leinpfad
10 Treidelweg
Leinwand, Wagendecke
5 Blahe, Plane
Leipziger
Architekt
5 Fuchs, Licht
6 Lotter, Ritter
7 Schmitz
8 Rossbach
Bildhauer
7 Klinger, Seffner
Buchhändler
5 Reich
Chorschüler
8 Thomaner
Drucker
6 Lotter, Spamer
7 Brandis, Thanner
8 Drugulin, Poeschel, Voegelin
9 Breitkopf, Gleditsch, Landsberg
10 Kachelofen
12 Brandstetter
Flughafen
10 Schkeuditz
Fluss
5 Luppe
6 Elster
7 Pleisse
Gewandhauskapellmeister
5 Masur, Rietz
6 Albert, Hiller, Schulz, Walter
7 Neumann, Nikisch, Pohlenz, Schicht
8 Reinecke
9 Abendroth, Blomstedt
11 Konwitschny
12 Furtwaengler
20 Mendelssohn-Bartholdy
Komponist
4 Bach
6 Hiller
8 Lortzing, Schumann
9 Hauptmann, Marschner
20 Mendelssohn-Bartholdy
Kulturstätte
10 Gewandhaus
Maler und Grafiker
5 Frank, Oeser
6 Heisig
7 Klinger, Tiemann, Tuebcke
9 Mattheuer
Schriftsteller
7 Freytag, Gellert
9 Gottsched
Spezialität
17 Leipziger Allerlei
Stadtteil
5 Anger
6 Doesen, Gohlis, Mockau, Stuenz, Thekla, Wahren
7 Doelitz, Gruenau
8 Leutzsch, Lindenau, Loessnig, Meusdorf, Moeckern, Plagwitz, Reudnitz, Thonberg
9 Connewitz, Knauthain, Paunsdorf
10 Eutritzsch, Schleussig
11 Abtnaundorf, Marienbrunn, Probstheida, Schoenefeld, Stoetteritz
12 Sellerhausen, Volkmarsdorf
13 Knautkleeberg
14 Grosszschocher, Kleinzschocher
16 Anger-Crottendorf

Theaterleiter
4 Arpe
7 Brecher
9 Kronacher
11 Martersteig
Thomaskantor
4 Bach, Otto, Rhaw, Rust
5 Doles, Heyer, Lange, Ramin
6 Biller, Harrer, Hiller, Kuhnau, Schein, Thomas
7 Figulus, Hermann, Juenger, Michael, Mueller, Richter, Rotzsch, Schelle, Schicht, Schreck, Straube, Weinlig
8 Knuepfer
9 Calvisius, Hauptmann
12 Mauersberger
Verleger
5 Meyer, Reich
6 Hirzel, Meiner, Reclam
7 Seemann, Teubner
8 Frommann, Goeschen
9 Breitkopf, Brockhaus, Gleditsch, Tauchnitz
10 Hiersemann, Kippenberg
leise
5 sacht
6 sachte
husten
8 huesteln
in der Musik
5 piano
knackendes Geräusch
9 Geknister
lachen
7 kichern
regnen
7 nieseln
sprechen
6 raunen
9 fluestern
leises
Aufbegehren
4 Muck
heimliches Sprechen
7 Geraune
10 Gefluester
Leiste an Losen, Wertpapier
5 Juxta
leistenartiges
Architekturglied
6 Gesims
Leistung
3 Tat
6 Arbeit, Dienst, Effekt, Ertrag
8 Funktion, Kraftakt
im Vergleich zum Aufwand
13 Effektivitaet
leistungsfähig
3 fit
5 aktiv, stark, vital
6 potent, robust
8 imstande, tuechtig
9 effizient
machen
8 sanieren
Leistungsfähigkeit
6 Potenz
9 Kondition, Potential, ◆ Potenzial
10 Kapazitaet, Spannkraft
Leistungskraft
6 Potenz
7 Energie
Leistungslohn
6 Akkord
Leistungsnote
im Zeugnis
6 Zensur
Leistungssoll
4 Norm
Leistungssportler
6 Athlet
Leistungsstärkster
6 Bester, Primus
Leistungssteigerung
durch Wiederholung
6 Uebung
8 Training
im Endlauf
5 Spurt
Leistungsvergleich
10 Wettbewerb
Leitbild
5 Ideal, Image
Leitbündel
höh. Pflanzen
5 Xylem
leiten
6 lenken
7 fuehren, managen
8 regieren
9 bugsieren, vorstehen
10 befehligen, dirigieren
leitende
Angestellte
10 Direktrice
Behörde
11 Direktorium
Dienststelle
8 Zentrale
Krankenschwester
6 Oberin
leitender
Angestellter
8 Direktor
9 Disponent, Prokurist
14 Betriebsleiter
16 Abteilungsleiter
17 Geschaeftsfuehrer
Ausschuss
7 Komitee
Doktor
8 Chefarzt
Geistlicher einer Diözese
7 Bischof
Wächter
12 Oberaufseher
leitendes
Gremium
10 Praesidium
Leiter
4 Boss, Chef
6 Lenker, Regens
7 Manager
8 Direktor
alpiner Unternehmen
7 Fuehrer
11 Bergfuehrer
bei Parforcejagden
6 Master
der Arbeitnehmer eines Werkes
11 Betriebsrat
der Egerländer Musikanten
5 Mosch
der Kirchenmusik
6 Kantor
der Politik eines Staates
7 Kanzler
10 Praesident
15 Premierminister
18 Ministerpraesident
des Burenkrieges gegen England
7 Krueger
des Donkosakenchors
6 Jaroff
einer Abteilung bei Behörden
9 Dezernent
einer Bank
7 Bankier
12 Bankdirektor
einer Bühne
9 Intendant
einer Gesundheitsbehörde
8 Amtsarzt
einer Hochgebirgstour
11 Bergfuehrer
einer Hochschule
6 Rektor
10 Praesident
einer Hochschulfakultät
5 Dekan
einer Meuterei
14 Raedelsfuehrer
einer Musikgemeinschaft
13 Kapellmeister
einer Musikgruppe
10 Bandleader
einer Redaktion
13 Chefredakteur
einer Rundfunkanstalt
9 Intendant
einer Schule
6 Rektor
8 Direktor
einer Sportmannschaft
8 Kapitaen, Teamchef
11 Equipenchef
einer Truppeneinheit
19 Regimentskommandeur
einer Wanderbühne in der Antike
7 Thespis
eines Bahnhofs
17 Stationsvorsteher
eines Bautrupps
6 Polier
7 Meister
11 Vorarbeiter
12 Maurerpolier
eines Fußballspiels
14 Schiedsrichter
eines Kirchenchors
6 Kantor
eines Klosters
3 Abt
5 Prior
eines Landkreises
7 Landrat
eines Ministeriums
8 Minister
eines Nonnenklosters
6 Oberin
9 Aebtissin
eines Orchesters
6 Leader
8 Dirigent
10 Bandleader
13 Kapellmeister

eines Priesterseminars
6 Regens
eines Regierungsbezirks
20 Regierungspraesident
eines Senders, Theaters
9 Intendant
16 Generalintendant
eines Spielmannszuges
12 Tambourmajor
eines Theaters
9 Intendant
elektrotechnisch
9 Konduktor
Seelsorger jüdischer Gemeinden
8 Rabbiner
Leiterin
6 Chefin
10 Direktrice
eines Nonnenklosters
6 Oberin
9 Aebtissin
Leiterstufe, Leiterteil
4 Holm
7 Sprosse
Leitfaden
5 Kanon
6 Abriss
8 Handbuch, Lehrbuch
9 Anweisung, Vademekum
10 Kompendium
11 Instruktion
der deutschen Rechtschreibung
5 Duden
Leitgedanke, -motiv, -spruch
4 Idee, Kern, Sinn
5 Ideal, Motiv, Motto, Tenor, Thema, These, Trend, Wesen
6 Devise, Gehalt, Inhalt, Losung, Maxime, Parole
7 Tendenz
8 Richtung, Substanz
Leitriemen
für Reit- und Zugtiere
6 Zuegel
Leitsatz
5 These
6 Devise
7 Doktrin
Leitseil
für Pferde
5 Longe
Leitspruch
5 Motto
Leitstelle
8 Zentrale
eines Unternehmens
10 Management
Leitstrahl
12 Radiusvektor
Leitung
4 Rohr
5 Draht, Kabel, Kanal, Regie
6 Schnur
7 Kontakt, Vorsitz
8 Aufsicht, Fuehrung
9 Direktion
10 Anfuehrung, Management, Verbindung
eines Staates
9 Regierung
eines Vereins
7 Vorsitz

Entleerungsrohr
7 Abfluss
Obhut, Schutz
6 Aegide
Leitungsdraht
5 Kabel, Litze
Leitwerk
6 Steuer
11 Hoehenruder, Seitenruder
Leitwerkfläche
6 Flosse
Lektion
aus der Bibel
6 Lesung
Lektüre
4 Buch
5 Roman
7 Chronik, Journal, Lexikon, Magazin, Zeitung
8 Sachbuch
9 Lesestoff, Literatur
11 Zeitschrift
12 Belletristik, Illustrierte
Treibender
5 Leser
Lemur, Lemuride
4 Lori, Maki, Vari
5 Geist, Indri, Katta, Potto
6 Kukang
8 Gespenst, Halbaffe
9 Duennleib
10 Totengeist, Totenseele
Lena-Zufluss
in Sibirien
5 Aldan
Lendenstück
5 Filet
Lendentuch
der Inder
5 Dhoti
Lenkeinrichtung
an Booten
5 Ruder
lenken
6 fahren
7 steuern
8 regieren
10 dirigieren
11 chauffieren
Lenker
5 Pilot
6 Fahrer, Steuer, Volant
7 Fuehrer
8 Kutscher
9 Chauffeur, Schoffoer, Steuerrad
10 Autofahrer, Steuermann
eines Pferdefuhrwerks
8 Kutscher
Lenkrad
6 Steuer, Volant
Lenkriemen
der Pferde
6 Zuegel
lenksam
8 flexibel
Lenkung
8 Fuehrung
9 Steuerung
Lenkvorrichtung
6 Steuer
14 Steuerknueppel
Lenne-Zufluss
5 Bigge

Lenz
5 Maerz
7 Lenzing
9 Fruehling
Lenzing
5 Maerz
Leopard
6 ◆ Panter, Pardel, Parder
7 Panther
Lepra
7 Aussatz
Lepraknoten
6 Leprom
Leprastation
in Nigeria
3 Itu
Lernabschnitt, -pensum
7 Lektion
Lernbegierde
5 Eifer
lernen
5 ueben
6 pauken
8 bueffeln
9 studieren
lernender
junger Mensch
8 Lehrling, Schueler
10 Praktikant
Lernzeit
5 Lehre
Lesart
7 Deutung, Fassung, Version
8 Variante
10 Abwandlung
Lesbierin
7 Tribade
Lese
5 Ernte
Lese-
und Schreibunkundiger
10 Analphabet
Lesebuch
5 Fibel
Lesebühne
4 Ambo
Leseglas
4 Lupe
6 Brille
Lesekanzel
der altchristl. Kirche
4 Ambo
Leserbriefschreiber
9 Einsender
Leseschwäche
11 Legasthenie
Lesestoff
8 Lektuere
9 Literatur
Lesestörung
9 Paralexie
Lesghierstamm
in Dagestan
6 Awaren
letal
8 toedlich
Lethargie
9 Traegheit
11 Schlafsucht
12 Untaetigkeit
17 Unempfindlichkeit
18 Teilnahmslosigkeit

lethargisch
5 muede
6 passiv
12 teilnahmslos
Letos
Sohn
5 Apoll
6 Apollo
7 Apollon
Tochter
7 Artemis
Letter
4 Type
Letterngießform
5 Mater
lettische
Hauptstadt
4 Riga
Landschaft
7 Kurland, Livland
9 Semgallen
10 Lettgallen
Münze
3 Lat
Stadt
3 Ape
4 Ogre, Riga
5 Balvi, Cesis, Libau, Mitau
6 Tukums, Windau
7 Ilukste, Jelgava, Jurmala, Kuldiga, Liepaja, Rezekne
8 Valmiera
9 Duenaburg, Ventspils
10 Daugavpils
lettischer
Dichter
6 Rainis
Fluss
2 Aa
5 Duena
Künstler (Bildhauer, Maler und Grafiker)
4 Roze, Zale
5 Huens
6 Statin
7 Fedders, Zalkans
8 Aleksnis, Baumanis, Daugulis, Purvitis, Skilters
9 Rozentals
10 Roncevskis
12 Valterskuran
Volksstamm
5 Kuren
lettisches
lyrisches Volkslied
5 Diana
lettisch-litauische
Göttin der Morgenröte
5 Ausra
Lettland
in der Landessprache
7 Latvija
letzen
5 laben
letzte
Anstrengung
8 Endspurt
Aufforderung
9 Ultimatum
Frau Attilas
6 Ildico, Ildiko
Haltestelle
10 Endstation
Kaiserin Österreichs
4 Zita
Klasse im Gymnasium
9 Oberprima
Königin Ägyptens
8 Narriman
Königin Bulgariens
8 Giovanna
Königin Italiens
9 Marie Jose
Königin Spaniens
3 Ena
Königin Ungarns
4 Zita
Nacht im Fasching
9 Fastnacht
Oper von Verdi
8 Falstaff
Ruhestätte
4 Grab
Teile
5 Reste
7 Relikte
10 Ueberreste
Vollendung
8 Kroenung
Willenserklärung
9 Testament
letzter
Abschnitt
8 Endphase
Abschnitt der Altsteinzeit
11 Magdalenien
Abschnitt der Steinzeit
13 Jungsteinzeit
Aztekenherrscher
9 Moctezuma, Montezuma
Großmogul in Indien
9 Aurangzeb
Herrscher des Inkareiches
9 Atahualpa
Kaiser Annams
6 Bao Dai
Kaiser Äthiopiens
13 Haile Selassie
Kaiser Chinas
4 Pu Yi
König Ägyptens
5 Faruk
König Albaniens
4 Zogu
König Bulgariens
6 Simeon
König der Meder
8 Astyages
König der Ostgoten
4 Teja
König der Vandalen, Wandalen
7 Gelimer
König der Westgoten
7 Rodrigo
8 Roderich
König des Irak
6 Faisal, Feisal
König des Reiches Israel
5 Hosea
König Italiens
7 Humbert, Umberto
König Jugoslawiens
5 Peter
König Libyens
5 Idris
König Montenegros
6 Nikita, Nikola
König Portugals
6 Manuel
König Spaniens
6 Alfons
7 Alfonso
Kronprinz Montenegros
6 Danilo
Langobardenkönig
10 Desiderius
Mann beim Bob
7 Bremser
Minnesänger aus Tirol
20 Oswald von Wolkenstein
Mohikaner bei Cooper
5 Unkas
Rest im Glase
5 Neige
römischer Statthalter
8 Syagrius
russischer Zar
7 Nikolaj
8 Nikolaus
Schah von Persien
11 Reza Pahlevi
Tag des Jahres
9 Silvester, Sylvester
Tag des Monats
6 Ultimo
Tanz eines Festes
7 Kehraus
Toltekenherrscher
6 Huemac
Wandalenkönig
7 Gelimer
Westgotenkönig
8 Roderich
Wille
9 Testament
letztes
Essen vor der Hinrichtung
11 Henkersmahl
15 Henkersmahlzeit
Kräfteanspannen vor dem Ziel
8 Endspurt
Mittel
11 Ultima ratio
letztwillige
Verfügung
9 Testament
Leu
5 Loewe
Leuchte
5 Ampel, Kerze, Lampe
6 Fackel
7 Laterne, Luester
9 Koryphaee
12 Kronleuchter
15 Kristallluester
am Notfahrzeug
9 Blaulicht
leuchten
9 irisieren
leuchtender
Schein
5 Glanz
leuchtendes
Blau
10 Ultramarin
Leuchter
8 Flambeau
10 Kandelaber

Leuchterscheinung
im Sumpf
8 Irrlicht
Leuchtfackel
5 Fanal
Leuchtkäfer
9 Gluehwurm
14 Gluehwuermchen
Leuchtkörper
5 Ampel, Lampe
7 Laterne, Luester
Leuchtöl
9 Petroleum
Leuchtröhrenfüllung
7 Edelgas
Leuchtsardinen
6 Iniomi
Leuchtstab
10 Neonroehre
12 Taschenlampe
Leuchtstärke-Maßeinheit
2 Lx, ph
3 Lux
4 Phot
Leuchtstoff
8 Naturgas, Phosphor
Leuchtturm
4 Faro
von Alexandrien
6 Pharos, Pharus
Leuchtzeichen
5 Fanal
leugnen
6 Abrede
Leugner
der Dreifaltigkeit
9 Unitarier
Leugnung
der Erkenntnisfähigkeit
12 Agnostizimus
der Existenz Gottes
9 Atheismus
Leumund
3 Ruf
7 Ansehen, Geltung
8 Renommee
Leute
8 Menschen
leutselig
6 jovial
11 wohlwollend
Levitenamt
der kath. Kirche
7 Hochamt
Levulose
12 Fruchtzucker
lexikalische
Wortschatzeinheit
5 Lexem
Lexikon
11 Woerterbuch
13 Enzyklopaedie
zur Erklärung alter Schriften
6 Clavis
Lianen
tropischer Regenwälder
6 Gnetum
Lias-Ebene
bei Stuttgart
6 Filder
libanesische
Hauptstadt
6 Beirut
Münze, Währungseinheit
7 Piaster
Stadt
3 Sur
5 Sahle, Saida, Seida, Sidon
6 Batrum, Beirut
7 Baalbek, Tripoli
8 Tripolis
libanesischer
Volksteil
6 Drusen
Libation
10 Trankopfer
Libelle
6 Agrion
13 Wasserjungfer
14 Schlankjungfer
liberal
9 freigebig
10 freisinnig
11 grosszuegig
14 vorurteilsfrei
liberianische
Hauptstadt
8 Monrovia
Münze
5 Cents
6 Dollar
liberianischer
Negerstamm
4 Gola
5 Gissi
liberische
Stadt
7 Gbarnga
8 Monrovia
libysche
Bucht
5 Syrte
11 Grosse Syrte
Geröllwüste
5 Serir
Hafenstadt
5 Derna
6 Tobruk
7 Bengasi
8 Tripolis
Hauptstadt
8 Tripolis
Münze
5 Pfund
8 Piastres
9 Milliemes
Nachrichtenagentur
4 Jana
Oase, Oasengruppe
3 Gat
5 Djalo, Kufra, Ubari
6 Djofra, El Djof, Mursuk
7 Gadames
8 Ghadames
Provinz, Landesteil
6 Fessan, Fezzan
9 Cyrenaica, Cyrenaika
13 Tripolitanien
Residenzstadt
7 Bengasi
Stadt
3 Gat
4 Homs
5 Barka, Derna, Hania, Sebha, Zuara
6 Bardia, Mursuk, Tobruk
7 Bengasi, El Beida, Tolmeta
8 Misurata, Tripolis
libyscher
König
5 Idris
14 Idrisel Senussi
Politiker
7 Gaddafi, Kadhafi
licht
4 hell
9 schuetter
licht-
und strahlenbrechender Glaskörper
6 Prisma
Licht
5 Kerze
6 Schein
Lichtband
8 Spektrum
Lichtbild
3 Dia
4 ◆ Foto
5 Photo
8 Aufnahme, Portraet, Portrait
10 Diapositiv, ◆ Fotografie
12 Photographie
Lichtbildgerät
6 Kamera
10 Filmkamera
11 ◆ Fotoapparat
12 Photoapparat
Lichtbildner
8 ◆ Fotograf
10 Photograph
Lichtbildsammlung
8 ◆ Fotothek
9 Photothek
Lichtbildstreifen
4 Film
Lichtbildwerfer
9 Projektor
Lichtbildzusammensetzung
11 ◆ Fotomontage
12 Photomontage
lichtblaue
Malerfarbe
6 Coelin
Lichtblick
6 Chance, Freude
8 Aussicht, Hoffnung
9 Auspizium
12 Silberstreif
14 Silberstreifen
Lichtblitz
5 Funke
7 Glitzer
Lichtbrecher
6 Prisma
Lichtbrechung
10 Refraktion
Lichtdurchlass
in Gebäuden
7 Fenster
lichtdurchlässiger
Werkstoff
4 Glas
lichtechter
blauer Farbstoff
6 Indigo
lichte Glut, Flamme
4 Lohe
und dunkle Wesen (germ. Sage)
5 Alfar

Weite
7 Kaliber
Lichteinlass
3 Luk
4 Luke
7 Fenster
lichtempfindliche
Filmschicht
8 Emulsion
Lichtengel
5 Kerub
6 Cherub, Seraph
Lichter
am Nachthimmel
6 Sterne
der Wasserfahrzeuge
16 Positionslichter
Lichterfest
der Juden
8 Chanukka
Lichterscheinung
bei elektrischer Entladung
5 Blitz
9 Elmsfeuer, Nordlicht
10 Polarlicht
über Sumpfböden
8 Irrlicht
lichtes
Nadelwäldchen
13 Zypressenhain
Lichtfülle
5 Helle
Lichtgehäuse
7 Laterne
Lichtgott
5 Apoll, Baldr
6 Apollo, Balder, Baldur
7 Apollon
der Perser
7 Mithras
Lichthof
um Mond u. Sonne
4 Halo
7 Aureole
Lichtlehre
5 Optik
lichtlos
6 dunkel, duster
7 duester, finster
lichtloser
Raum
6 Kabuff, Kabuse
7 Kabuese
Lichtmast
10 Kandelaber
Lichtmessung
10 ◆ Fotometrie
11 Photometrie
Lichtöffnung
7 Fenster
Lichtquant
5 ◆ Foton
6 Photon
Lichtquelle
5 Feuer, Kerze, Lampe
7 Laterne
10 Gluehlampe
am Bett
15 Nachttischlampe
Lichtschaden
der Haut
11 Sonnenbrand
der Haut im Gebirge
14 Gletscherbrand
Lichtschein
6 Strahl
um Sonne und Mond
3 Hof
4 Halo
7 Aureole
lichtscheues
Insekt
6 Schabe
Krebstier
5 Assel
Lichtschimmer
6 Schein
Lichtsignalanlage
5 Ampel
Lichtsignalgerät
7 Blinker
Lichtspender
am Weihnachtsbaum
5 Kerze
Lichtspiegelung
5 Glanz
Lichtspiel
4 Film
Lichtspielhaus
4 Kino
7 Kintopp
11 Filmatelier, Filmtheater
12 Vorstadtkino
Lichtspielstück
4 Film
Lichtstärke-Maßeinheit
2 Cd
7 Candela
Lichtstärkemesser
9 ◆ Fotometer
10 Photometer
lichtstarkes
Fotoobjektiv
6 Tessar
Lichtstreifen
6 Strahl
Lichtstrom-Maßeinheit
2 Lm
5 Lumen
Lichttaste
8 Schalter
Lichtverstärker
5 Laser
lieb
4 nett, wert
5 artig, teuer
7 huebsch
11 sympathisch
liebäugeln
11 kokettieren
Liebe
5 Minne
7 Hingabe, Neigung
auf französisch
5 amour
auf italienisch
5 amore
Gottes im Neuen Testament
5 Agape
im Mittelalter
5 Minne
Liebelei
4 Lust
5 Flirt, Minne, Spass
6 Erotik, Flamme, Freude, Gspusi
7 Affaere, Hingabe, Neigung, Passion, Schwarm
8 Gefallen, Poussage
9 Getaendel, Innigkeit, Taendelei, Verehrung, Zuneigung
11 Sexualitaet
12 Leidenschaft
14 Techtelmechtel
liebenswert, liebenswürdig
4 nett
6 galant, kulant
8 angenehm, charmant, hoeflich
9 ◆ scharmant
10 freundlich
11 sympathisch
12 zuvorkommend
liebenswürdige
Schmeichelei
10 Kompliment
liebenswürdiger
Plauderer
8 Charmeur
Liebesabenteuer
7 Romanze
Liebesabenteurer
8 Casanova
Liebesapfel
6 Tomate
Liebesbeweis, -bezeigung
4 Kuss
Liebesbund
3 Ehe
Liebesdichtung
9 Stornello
Liebesdiener
8 Charmeur
10 Schoentuer
11 Schmeichler
Liebesdienerin
4 Hure
5 Dirne
7 Hetaere
8 Erostess
13 Prostituierte
15 Freudenmaedchen
Liebesepisode
7 Romanze
Liebesgabe
6 Spende
7 Almosen
Liebesgott
4 Amor, Eros
6 Cupido, Kupido
Liebesgötter
6 Eroten
9 Amoretten
Liebesgottfigur
in Kindgestalt
5 Erote, Putte
8 Amorette
Liebesgöttin
4 Lada
5 Freia, Freya, Istar, Venus
6 Bastet, Freyja
7 Astarte
9 Aphrodite
Liebeskraft
6 Potenz
Liebeskunst
6 Erotik

Liebesleben
6 Erotik
11 Sexualitaet
Liebesmahl
der Urchristen
5 Agape
Liebesspiel
7 Necking, Petting
der Vögel
4 Balz
Liebestrieb
4 Eros
6 Libido
Liebesverhältnis, Liebschaft
6 Gspusi
7 Liaison
14 Techtelmechtel
liebevolle
Zuneigung
9 Innigkeit
Liebhaber
bestimmter Dinge
7 Sammler
der Hero
7 Leander
einer Beschäftigung
7 Amateur
9 Dilettant
Liebling
3 Fan
5 Buhle, Galan
6 Freund, Schatz
7 Amateur, Amoroso, Darling, Favorit, Liebste
8 Freundin, Geliebte, Liebchen, Liebster, Verehrer
9 Anhaenger, Dilettant, Geliebter
10 Enthusiast, Verehrerin
11 Schaetzchen
Liebhaberei
5 Hobby
7 Passion
12 Spezialitaet, Steckenpferd
Liebkosung
8 Umarmung
lieblich
in der Musik
5 Soave, Suave
Lieblingsfrau
des Zeus
7 Ganymed
Mohammeds
6 Aischa
Lieblingsjünger
Buddhas
6 Ananda
Lieblingsspeise
11 Leibgericht
Lieblingstier
der Freya
5 Katze
Liebreiz
5 Anmut
6 Charme, Grazie, ◆ Scharm
Liebschaft
7 Liaison
Liebschaften
7 Amouren
Liechtensteiner
Münze
6 Rappen
7 Franken
liechtensteinische
Stadt
5 Vaduz
6 Schaan
7 Balzers
Lied
4 Arie, Song
5 Melos, Weise
7 Chanson, Couplet, Melodie
der Französ. Revolution
5 Caira
der Negerfolklore
5 Blues
von Troja
6 Iliade
liedartig
7 lyrisch
liedartige
Dichtung
5 Lyrik
liedartiger
Instrumentalsatz
8 Kavatine
Liederjan
4 Lump
5 Luder
7 Saeufer, Trinker
8 Saufbold, Tagedieb, Windhund
10 Nichtsnutz, Tunichtgut
11 Taugenichts
Liedform
3 Ode
4 Arie, Leis, Saga, Sage, Song
5 Blues, Hymne, Kanon
6 Arioso, Choral, Gospel, Hymnus
7 Ballade, Chanson, Couplet, Ghospel, Kanzone, Sestine
8 Madrigal, Schlager
9 Barkarole, Kunstlied, Quodlibet, Spiritual, Volkslied
10 Gospelsong, Marschlied
11 Gassenhauer, Ghospelsong
liedhafte
Gefühlsdichtung
5 Lyrik
liedhaftes
Gesangsstück
6 Arioso
Liedsong
in altfranz. Sprache
3 Lai
Liedteil
7 Strophe
Liedvortrag
6 Gesang
Lieferanweisung
5 Abruf
Lieferbuch
6 Skonto
Lieferung
5 Fuhre
6 Anfuhr, Ladung
7 Sendung, Versand
9 Transport
10 Zustellung
Liege, Liegemöbel, Liegestatt
4 Bett, Sofa
5 Couch, Diwan
7 Kanapee
8 Ottomane, Pritsche, Ruhebett
9 Klappbett
10 Doppelbett, Himmelbett
12 Chaiselongue
Liegenschaften
10 Immobilien
Lift
6 Aufzug
9 Fahrstuhl
11 Paternoster
Liga
4 Bund, Pakt
7 Allianz, Verband
8 Buendnis
9 Koalition
11 Foederation, Vereinigung
15 Zusammenschluss
Ligaangehöriger
6 Ligist
Ligatur
7 Bindung
9 Koppelung
Lignin
9 Holzstoff
Lignose
11 Sprengstoff
Liguster
9 Rainweide
Liierter
10 Vertrauter
12 Verbuendeter
Likör
6 Cherry
7 Advokat, Allasch, Curacao, Rosolio
8 Advocaat, Anisette, Drambuie, Rosoglio
9 Cointreau
10 Baerenfang, Chartreuse, Eierlikoer, Maraschino
11 Cordia Medoc, Meschkinnis, Vieille Cure
12 Benediktiner, ◆ Cherrybrandy
13 Apricot Brandy
Lilienblütler
Neuguineas
6 Corsia
Liliengewächs
4 Aloe, Iris
5 Agave, Binse, Lauch, Lilie, Tulpe, Yucca
6 Funkie, Germer, Scilla
7 Spargel, Zwiebel
8 Affodill, Einbeere, Germerig, Grasbaum, Maiblume, Trauebel, Tuberose
9 Baerlauch, Blaustern, Goldstern, Graslilie, Hyazinthe, Sabadille, Weisswurz
10 Agapanthus, Aspidistra, Feuerlilie, Maeusedorn
11 Baerenlauch, Drachenbaum, Kaiserkrone, Meerzwiebel, Tuerkenbund
13 Madonnenlilie, Maigloeckchen, Perlbluemchen, Schattenblume
14 Herbstzeitlose
Liliputaner
5 Zwerg
Liman
4 Haff
Limes
4 Wall
9 Grenzwall

Limit
6 Grenze
11 Preisgrenze
Limitation
10 Begrenzung
limitieren
9 begrenzen
Limnograf
5 Pegel
10 Flutmesser
limos
7 sumpfig
9 schlammig
lind
4 mild
Lindengewächs
6 Grewia
lindern
7 mildern
12 abschwaechen
Linderungsmittel
6 Balsam
Lindwurm
6 Drache
Lineal
mit Querleiste
11 Reisschiene
linear
10 geradlinig
13 linienfoermig
Linie
4 Bahn, Kurs
5 Bogen, Kante, Kreis, Kurve, Reihe, Route, Sehne, Stamm, Stufe, Trend, Zweig
6 Gerade, Grenze, Kontur, Strich, Umriss
7 Sekante, Spirale, Strecke, Tendenz
8 Aequator, Stellung, Tangente
9 Diagonale
auf Klimakarten
8 Isobaren
des 180. Längengrades
12 Datumsgrenze
des Fürstentums Reuß
5 Greiz
ohne Krümmung
6 Gerade
Linien
gleichen Luftdrucks
8 Isobaren
ziehen
8 linieren
linienförmig
6 linear
Linienführung
beim Straßenbau
6 Trasse
der Schriftzeichen
6 Duktus
Liniengitter
6 Raster
Linienzeichnung
9 Guilloche
linke
Kontoseite
4 Soll
5 Debet
Schiffsseite
8 Backbord
linkes
Nebental der Etsch
7 Sarntal
Wagenpferd
11 Sattelpferd
linkisch
11 toelpelhaft, ungeschickt
Linoleum
10 Bodenbelag
14 Fussbodenbelag
Linse, Linsensystem
4 Lupe
5 Optik
6 Frucht, Okular
7 Pflanze
8 Fernrohr, Objektiv, Teleskop
9 Augenteil, Brennglas, Mikroskop, Zieloptik
12 Zielfernrohr
13 Huelsenfrucht
15 Spiegelteleskop
Linsenbrennpunkt
5 Fokus
Linsenwicke
4 Erve
Liparische
Insel
6 Lipari, Salina, Ustica
7 Alicudi, Panarea, Vulcano
8 Filicudi
9 Stromboli
Lippe
bei Tieren
5 Lefze
Lippenblütler
4 Dost, Isop, Ysop
5 Ajuga, Minze, Polei, Ziest
6 Andorn, Salbei
7 Guensel, Majoran, Melisse, Quendel, Thymian
8 Brunelle, Gamander, Hohlzahn, Lavendel, Rosmarin
9 Basilikum
10 Floehkraut, Goldnessel, Gundermann, Taubnessel, Wolfstrapp
11 Bohnenkraut, Wasserminze
12 Pfefferkraut, Pfefferminze
13 Basilienkraut, Schwarznessel
Lippenlaut
6 Labial
Lippenverwachsung
12 Hasenscharte
liquid
8 fluessig
14 zahlungsfaehig
liquidieren
6 toeten
9 aufloesen, umbringen
Lissabonner
Kloster
5 Belem
List
3 Arg
5 Dolus, Falle, Finte, Kniff, Trick
6 Kabale, Tuecke
7 Intrige, Tarnung
9 Schachzug
10 Raffinesse, Taeuschung
15 Spitzfindigkeit
Liste
7 Katalog, Tabelle
8 Register
10 Uebersicht
11 Aufstellung
beliebter Schlager
5 Chart
6 Charts
der Gesprächspunkte
6 Agenda
der Heiligen
5 Kanon
verbotener Bücher
5 Index
Listenerster
15 Tabellenfuehrer
listenförmige
Aufstellung
7 Tabelle
listig
6 clever
listige
Klugheit
8 Schlaeue
12 Gerissenheit
listiger
Gallier
7 Asterix
Litauen
in der Landessprache
7 Lietuva
Litauer
5 Balte
litauische
Hauptstadt
5 Wilna
7 Vilnius
Münze
3 Lit
Stadt
4 Seda
5 Kauen, Kelme, Kowno, Memel, Punia, Wilna
6 Alytus, Birzai, Kaunas, Plunge, Silute
7 Palanga, Pogegen, Taurage, Ukmerge, Vilnius
8 Kapsukas, Klaipeda, Schaulen, Siauliai
9 Heydekrug, Kedainiai, Mazeikiai, Panevezys, Siaulilai, Tauroggen
11 Radviliskis
litauischer
Autor, Dichter
5 Neris
6 Aistis, Grusas
7 Sluckis
Honiglikör
11 Meschkinnis
Künstler (Bildhauer, Maler und Grafiker)
5 Rimsa, Zukas
6 Bulaka, Grybas
7 Damelis, Jelskis, Sileika, Skleris, Sreiter, Zikaras
8 Gudaitis, Kalpokas, Ruseckas, Rustemas
9 Pazaiskis
10 Ciurlionis
11 Vankavicius
12 Smuglevicius
litauisches
Fürstengeschlecht
9 Radziwill

Königsgeschlecht
10 Jagellonen
Volkslied
5 Daina
literarische
Abhandlung
5 Essay
Auseinandersetzung
7 Polemik
Erzählform
7 Novelle
Fehde, Auseinandersetzung
7 Polemik
Form
8 Diatribe
Hauptgattung
4 Epik
Selbstdarstellung
13 ◆ Autobiografie
14 Autobiographie
literarischer
Berater im Theater
9 Dramaturg
Unterhaltungsteil (Zeitung)
10 Feuilleton
literarisches
Jahrbuch
8 Almanach
Werk
4 Epos
5 Drama, Essay, Roman, Story
7 Ballade, Gedicht, Lexikon, Novelle
8 Dichtung, Drehbuch, Fachbuch, Libretto, Sachbuch, Textbuch
10 Erzaehlung, Jugendbuch, Kinderbuch, Short story
12 Maerchenbuch
13 Buehnenstueck, Enzyklopaedie
14 Kurzgeschichte
Literat
8 Essayist
9 Kolumnist, Romancier
14 Schriftsteller
Literatur
8 Dichtung, Lektuere
10 Schrifttum
Literaturforscher
9 Philologe
Literaturgattung
myth.-relig.
6 Purana
Literaturrichtung
8 Romantik
15 Expressionismus
Literaturwissenschaft
10 Philologie
Litfasssäule
12 Plakatsaeule
Liturgie
5 Ritus
6 Kultus
13 Wechselgesang
liturgische
Bekleidung
8 Parament
Beräucherung mit Weihrauch
6 Inzenz
Gebete der kath. Kirche
8 Exequien
liturgischer
Chor
6 Schola
Gegenstand, Gerät
5 Altar, Kelch, Kreuz
6 Hostie, Kanzel, Missal, Patene
7 Missale
8 Parament, Reliquie, Ziborium
9 Monstranz, Paramente
10 Tabernakel, Weihwasser
12 Raeucherfass
13 Hostienschale
16 Weihwasserkessel
Gesang, Kirchenlied
6 Choral
Wechselgesang
8 Antiphon
liturgisches
Buch
7 Rituale
Gebet
6 Oratio
Gewand
4 Albe
7 Soutane
9 Dalmatika
Litze
4 Band
5 Borte
6 Besatz, Schnur, Tresse
livländische
Hauptstadt
4 Riga
livländischer
Kümmellikör
7 Allasch
Schriftsteller
5 Holst
livrierter
Diener
5 Lakai
Lizenz
5 Recht
8 Befugnis
9 Erlaubnis, Zulassung
10 Konzession
11 Genehmigung
Lobby
7 Vorraum
8 Vorhalle
10 Wandelgang
11 Wandelhalle
16 Interessengruppe
loben
7 preisen
lobenswerte
Eigenschaft eines Menschen
6 Tugend
Lobeserhebung
5 Eloge
Lobgedicht
auf Mohammed
5 Burda
Lob, -gesang, -rede
4 Ruhm
5 Eloge, Hymne, Preis
6 Gloria, Hymnus, Tedeum
7 Beifall
8 Laudatio
10 Dithyrambe, Kompliment, Magnifikat, Wuerdigung
11 Anerkennung, Panegyrikus
lobpreisen
9 benedeien
Lobrede
auf einen Preisträger
8 Laudatio
Loch
4 Gatt, Leck
5 Grube, Kuhle, Ritze
6 Hoehle, Krater, Luecke
8 Oeffnung
10 Gefaengnis
im Eis
4 Wune
5 Wuhne
in der Nadel
4 Oehr
lochen
10 ausstanzen
11 durchbohren, perforieren
löcherig
6 poroes
Lochleiste
11 Perforation
Lochstechgerät
4 Ahle
Lochung
11 Perforation
Lochvorteil
beim Golf
6 Barren
lockend
9 einladend
lockender
Antrieb
6 Anreiz
Lockenwickler
9 Papillote
locker
3 lax, los
4 lose
9 spongioes
lockere
Erde
4 Mulm
Masse aus kleinen Luftbläschen
6 Schaum
lockerer
Sand an Flüssen
9 Triebsand
Schnee
12 Pulverschnee
lockeres
Fasermaterial
5 Watte
Staatenbündnis
7 Entente
Lockermaterial
4 Sand
lockern
6 loesen
12 aufschrauben
Lockerung
der Sitten
7 Verfall
14 Demoralisation
lockige
Langhaarfrisur
12 Loewenmaehne
Lockmittel
5 Luder
6 Koeder

Lockruf
der Haselhenne
6 Bisten
Lockspitzel
5 Agent, Spion
16 Agent provocateur
Lockung
6 Anreiz
lodernde
Flamme
4 Lohe
6 Fackel
Glut
6 Flamme
löffelartiges
Schöpfgerät
5 Kelle
Löffelschöpfteil
5 Laffe
Lofoteninsel
Norwegen
6 Hindoe, Mosken
logarithmische
Zahl
7 Numerus
logarithmisches
Maß
5 Pegel
Logbuch
15 Schiffstagebuch
Logenbruder
10 Freimaurer
Logierbetrieb
mit Bädereinrichtung
8 Kurhotel
logieren
6 hausen, wohnen
11 beherbergen
Logis
6 Bleibe
8 Quartier
10 Unterkunft
logischer
Schluss
7 Apagoge
Logos
8 Vernunft
Lohengrins
Frau
4 Elsa
Vater
8 Parsifal, Parzival
Lohn
4 Gage, Sold
5 Heuer
6 Ertrag, Gehalt, Salaer
7 Entgelt, Honorar
9 Einkommen, Verdienst
der Soldaten
4 Sold
8 Wehrsold
Lohnabzug
der Arbeitnehmer
10 Lohnsteuer
12 Krankenkasse
13 Kirchensteuer, Sozialabgaben
lohnend
8 lukrativ, rentabel
Lohnkutscher
6 Fiaker
Lohnsatz, Lohnvertrag
5 Tarif
Löhnung
beim Militär
4 Sold
8 Wehrsold
der Schiffsmannschaft
5 Heuer
Loirezufluss
4 Cher, Loir
5 Indre
6 Allier, Vienne
Lokal
3 Bar
4 Cafe
5 Beisl, Beize, Pinte
6 Beisel, Kneipe
7 Gasthof, Schenke, Stehbar, Tanzbar, Tearoom
8 Destille, Gasthaus, Nachtbar, Schaenke, Snackbar, Spelunke
9 Discothek, Diskothek, Kaschemme, Nightclub
10 Restaurant, Wirtschaft
11 Gaststaette, Raststaette
14 Gastwirtschaft
mit schöner Aussicht
8 Bellevue
Lokalinhaber
4 Wirt
6 Wirtin
Lokalwind
im Schweizer Jura
5 Joran
Lokomotivbeiwagen
6 Tender
lombardische
Adelsfamilie
8 Visconti
Londoner
Aktienmakler
6 Jobber
Anlage
8 Hydepark
Bauwerk
5 Tower
6 St. Paul
9 Saint Paul
11 Tower Bridge
12 Towerbruecke
15 Whitehallpalast
16 Buckinghampalast, Westminsterabtei
Flughafen
7 Gatwick
8 Heathrow
Stadtbezirk, Stadtteil
3 Lee
4 City, Soho
5 Acton, Brent, Penge, Stoke
6 Barnes, Ealing, Eltham, Fulham, Harrow, Hoxton, Ilford, Kenton, Leyton, Merton, Poplar, Putney, Sidcup
7 Barking, Brixton, Bulwich, Chelsea, Croydon, Dulwich, Eastend, East Ham, Edgware, Hackney, Holborn, Hornsey, Lambeth, Mayfair, Pimlico, Welling, Wembley, Westend, West Ham
8 Charlton, Finchley, Finsbury, Kingston, Richmond, Sydenham, Woodford, Woolwich
9 Battersea, Bayswater, Belgravia, Greenford, Greenwich, Hampstead, Southwark, Streatham, Tottenham, Wimbledon
10 Camberwell, Kennington, Kensington, Mottingham, Paddington, Teddington, Twickenham
11 Hammersmith, Walthamstow, Westminster, Whitechapel
Stadtburg
5 Tower
Theater
5 Globe
12 Covent Garden
Zeitung
5 Times
Zentralflughafen
7 Croydon
lorbeergekrönter
Dichter
9 Laureatus
Lorbeerrose
6 Kalmia
Los
5 Fatum
6 Kismet
9 Schicksal
10 Bestimmung
20 Lotterieanteilschein
ohne Gewinn
5 Niete
löschen
11 annullieren, ausradieren
Löschung
6 Storno
7 Tilgung
12 Amortisation
lose
6 locker
9 schuetter
Stoffwand
7 Vorhang
losen
7 knobeln
lösen, unterbrechen
7 trennen
loses
Hängen der Segel
3 Gei
Papierstück
6 Zettel
Trümmergestein
4 Sand
losgehen
7 starten
8 ansetzen
löslich
7 solubel
Loslösung
10 Abtrennung
Lossagung
6 Absage
Lossprechung
10 Absolution
Lostrennung
7 Schisma
9 Sezession
Losung
3 Kot
5 Motto
6 Devise, Parole, Slogan

7 Wildkot
9 Bibelwort, Stichwort
der franz. Revolution
7 Egalite, Liberte
10 Fraternite
Losungswort
8 Kennwort
Lösung
7 Gemisch
8 Ergebnis, Resultat
10 Verteilung
einer mathematischen Aufgabe
5 Kanon
eines Falles
11 Aufklaerung
eines Vertrags
10 Kuendigung
von Kochsalz
4 Lake, Sole
zum Käsesalzen
5 Beize
Lösungsaufgabe
7 Raetsel
Lösungsmittel
5 Xylol
6 Aceton, Azeton, Benzin, Benzol, Dioxan, Glykol, Toluol
7 Alkohol, Dekalin
9 Terpentin
10 Chloroform
Lösungsrückstand
11 Mutterlauge
Lot
8 Senkblei
Lötblei
3 Lot
lothringisches
Eisenerz
7 Minette
Lotos
10 Wasserrose
lotrecht
8 vertikal
9 senkrecht
lotrechter
Dachabschluss
6 Giebel
lotsen
7 fuehren
9 bugsieren
Lotsenfisch
5 Pilot
Lotterie
4 Toto
5 Lotto
7 Tombola
9 Verlosung
Lotterieanteilschein
3 Los
Lotteriebegriff
3 Los
4 Ambe
5 Niete
6 Gewinn
7 Einsatz, Praemie, Ziehung
11 Hauptgewinn
Lotteriefehllos
5 Niete
Lotterietreffer, Preis
6 Gewinn
Lotterwirtschaft
11 Augiasstall
lottoartiges
Glücksspiel
5 Belle
Lottogewinn
6 Vierer
Lottoglück
12 Lottomillion
Lötwerkzeug
6 Kolben
Löwe
in der Dichtung
3 Leo, Leu
5 Nobel
Löwenzahn
10 Pusteblume
loyal
4 treu
7 redlich
10 anstaendig
12 gesetzestreu
Lübecker
Bildhauer
4 Berg
Komponist
9 Buxtehude
Spezialität
8 Marzipan
Wahrzeichen
10 Holstentor
Lücke
4 Loch
5 Ritze, Spalt
6 Spalte, Vakuum
7 Bresche, Passage
8 Oeffnung
9 Desiderat, Durchlass, Intervall
in einem Text
6 Lakune
zwischen den Zähnen
5 Trema
Luder
3 Aas
4 Lump
6 Koeder
7 Kadaver
10 Tierleiche
11 Taugenichts, Weibsstueck
Ludolfsche
Zahl
2 Pi
Luft
der Lungen
4 Atem
einziehen
8 einatmen
9 Atem holen
Luftabsauggerät
9 Exhaustor
10 Ventilator
Luftangriff
12 Bombardement
Luftbewegung, -strömung
3 Boe, Zug
4 Wind
5 Brise, Hauch, Orkan, Sturm
6 Taifun, Trombe
7 Tornado
8 Blizzard, Hurrikan, Scirocco, Windhose
10 Luftwirbel, Wasserhose, Wirbelwind
11 Wirbelsturm
Lüftchen, Fahrwind
5 Brise
luftdicht
10 hermetisch
Luftdichtemesser
9 Aerometer
Luftdrucklinie
auf Wetterkarten
7 Isobare
Luftdruckmaß
3 atm, Bar
4 Atue, Torr
8 Millibar
11 Atmosphaere
Luftdruckmesser
7 Aneroid
8 ◆ Barograf
9 Barograph, Barometer
16 Aneroidbarometer
luftelektrische
Entladung
5 Blitz
lüften
11 ventilieren
Lüfter
10 Ventilator
Luftfahrt
7 Aviatik
10 Aeronautik
Luftfahrtgesellschaft
2 BA
3 KLM, Lot, SAS
5 Delta, Malev, Tarom
6 Balkan, Cathey, Condor
7 Austria, Finnair
8 Aeroflot, Alitalia, Swissair
9 Air France, Lufthansa
14 British Airways
Luftfahrtpionier
6 Wright
10 Lilienthal
Luftfahrtverband
4 IATA
Luftfahrzeug
3 Jet
6 Airbus, Ballon, Rakete
7 City Jet, Clipper, Drachen, Klipper
8 Flugzeug, Jetliner, Jumbo Jet, Satellit, Zeppelin
9 Coleopter
10 Freiballon, Helikopter, Luftschiff, Raumkapsel, Raumschiff
11 Transporter
12 Fesselballon, Hubschrauber, Lastensegler
13 Kampfflugzeug, Segelflugzeug, Sportflugzeug, Sportmaschine, Tragschrauber
14 Duesenflugzeug, Weltraumkapsel
15 Heissluftballon
16 Duesenhelikopter, Senkrechtstarter
18 Duesenhubschrauber
19 Ringfluegelflugzeug
21 Transporthubschrauber
Luftfeuchtigkeitsmesser
10 Hygrometer
luftförmiger
Brennstoff
3 Gas

Körper
7 Edelgas
Luftforschung
9 Aerologie
luftgefüllte
lockere Masse aus Flüssigkeit
6 Schaum
Luftgeist
5 Ariel
6 Sylphe
8 Sylphide
luftgetrockneter
Lehmziegel
5 Adobe
Luftgewehr
11 Windbuechse
Luftgewehrgeschoss
6 Bolzen
Lufthauch
4 Atem
luftholen
5 atmen
6 japsen
8 einatmen
Lufthülle
11 Atmosphaere
luftig
5 zugig
6 leicht, windig
luftiges
Oberteil zum Sommerkleid
3 Top
Luftikus
8 Hallodri, Windhund
9 Hansdampf
10 Leichtfuss
Luftkissenfahrzeug
10 Hovercraft
Luftkissenzug
9 Aerotrain
Luftklappe
6 Ventil
bei Kfz.-Motoren
5 Choke
Luftkurort
im Allgäu
4 Isny
im Harz
5 Thale
7 Neudorf
im Thüringer Wald
10 Brotterode
in Rumänien
6 Sinaia
Luftlandetruppe
16 Fallschirmjaeger
luftleerer
Raum
6 Vakuum
Luftleitblech
am Auto
7 Spoiler
Luftmangel
6 Asthma
Luftmesser
9 Aerometer
Luftpirat
8 Hijacker
Luftraum
als Lebensbezirk der Landtiere
7 Asiento
Luftreifen
4 Pneu
Luftreiniger
6 Filter
Luftreise
4 Flug
9 Segelflug
ohne Unterbrechung
11 ◆ Non-Stop-Flug, Nonstopflug
Luftrohr
von U-Booten
10 Schnorchel
Luftröhre
7 Trachea, Trachee
Luftröhrenast
8 Bronchie
Luftröhrengeräusch
beim Pferd
6 Giemen
Luftröhrenkatarrh
10 Bronchitis
Luftrolle
5 Salto
Luftsack
im Auto
6 Airbag
Luftsauggerät
8 Geblaese
9 Exhaustor
10 Ventilator
Luftschicht
12 Troposphaere
der Erde
10 Exosphaere
11 Ionosphaere, Mesosphaere
12 Ozonosphaere, Troposphaere
13 Stratosphaere, Thermosphaere
16 Hochtroposphaere
17 Hochstratosphaere
Luftschiff
8 Zeppelin
Amundsens
5 Norge
mit Radar
5 Blimp
Luftschiffahrt
10 Aeronautik
Luftschiffer
7 Eckener
8 Aeronaut
Luftschloss
5 Traum
6 Utopie
8 Chimaere, Illusion
9 Schimaere, Traumbild
10 Traeumerei
18 Wolkenkuckucksheim
Luftschraube
9 Propeller
Luftschutzgebäude
6 Bunker
Luftschutzmaßnahme
12 Verdunkelung
Luftschwingung
6 Schall
Luftspiegelung
6 Mirage
7 Kimming, Kimmung
11 Fata Morgana
Luftsportart
11 Paragliding
12 Segelfliegen
14 Drachenfliegen
Luftsportgerät
11 Gleitschirm
13 Segelflugzeug
Luftsprung
5 Salto
7 Gambade
8 Kapriole
12 Salto mortale
Luftstein
Meteorit
8 Aerolith
Lufttrübung
4 Smog
5 Dunst, Nebel
Lüftung
11 Ventilation
Luftverbesserungsgerät
9 Anemostat
luftverdünnter
Raum
6 Vakuum
Luftverkehrszentrum
9 Flughafen
Luftverunreinigung
6 Abluft
8 Emission, Rauchgas
9 Immission
Luftvorwärmer
11 Regenerator
Luftwaffeneinheit
5 Rotte
7 Staffel
10 Geschwader
Luftwaffenteil
4 Flak
Luftwechsel
11 Ventilation
Luftweg
9 Flugroute
Luftwirbel
3 Sog
6 Trombe
9 Turbulenz
Luftzufuhr
im Bergwerk
5 Lufte
11 Bewetterung
Lüge
4 Trug
6 Betrug, Verrat
9 Geflunker, Heuchelei, Schwindel
10 Unwahrheit
11 Schwindelei
12 Jaegerlatein, Seemannsgarn
Lügenbaron
12 Muenchhausen
Lügengeschichte
12 Jaegerlatein
Lügner
8 Fabulant
10 Schwaetzer, Schwindler
Luke
8 Falltuer
lukrativ
7 lohnend
8 rentabel
12 eintraeglich
14 gewinnbringend
lukullisch
6 ueppig
13 schwelgerisch
Lumme
3 Alk
6 Teiste

Lümmel
5 Flaez, Flaps, Laffe, Rowdy
6 Bengel, Flegel, Ruepel
7 Grobian
9 Schlingel
10 Frechdachs
Lump
6 Bandit, Ganove, Gauner, Schuft
7 Halunke, Saeufer, Schurke, Strolch
8 Heuchler, Kanaille
9 Betrueger, Liederjan
10 Verbrecher
Lumpen
6 Fetzen, Lappen
7 Plunder
Lumpenpack
3 Mob
8 Gesindel
Lumperei
7 Infamie
Lunch
11 Fruehstueck
16 Gabelfruehstueck
Lungenbläschen
8 Alveolen
Lungenentzündung
9 Pneumonie
Lungenkrankheit
8 Silikose
Lungenschwindsucht
11 Tuberkulose
Lungentätigkeit
6 Atmung
Lupe
5 Linse
11 Sammellinse
19 Vergroesserungsglas
Lurch
3 Olm
4 Unke
5 Molch
6 Frosch, Kroete
8 Amphibie, Bergunke, Kammolch
9 Amphibium, Erdkroete, ◆ Kammmolch
10 Laubfrosch, Salamander, Teichmolch
12 Tieflandunke
15 Feuersalamander
19 Geburtshelferkroete
Lurchlarve
6 Quappe
Lust
5 Eifer, Laune, Spass, Trieb, Wonne
6 Begehr, Freude, Genuss, Libido
7 Appetit, Geluest, Neigung
8 Begehren, Begierde, Gelueste
9 Interesse, Verlangen
10 Vergnuegen
zu etwas
5 Fiduz
Lustbarkeit
4 Fest
Lüster
12 Kronleuchter
lüsterner
Mensch
4 Faun
Lustgefilde
7 Elysium
8 Paradies
Lustgefühl
Drogengebrauch
5 Flash
lustig
5 fidel
6 heiter, munter, witzig
7 drollig, komisch, spassig
8 amuesant
9 froehlich, humorvoll, vergnuegt
lustige
Erzählung
9 Humoreske
Figur
5 Clown
7 Bajazzo, Kasperl
8 Harlekin, Witzbold
9 Hanswurst
10 Hampelmann, Komoediant
11 Spassmacher
12 Dummer August
13 Possenreisser
kleine Geschichte
8 Anekdote
Maske des italienischen Volkslustspiels
9 Pantalone
Puppenfigur
6 Kasper
8 Kasperle
lustiger
Einfall
3 Gag
4 Witz
6 Bonmot, Pointe
Spaß
6 Scherz
Streich
3 Jux, Ulk
6 Possen
Unfug
3 Fez, Ulk
lustiges
Treiben
8 Allotria
Lüstling
4 Roue
Lustschloss
bei Paris
7 Trianon
9 Malmaison
bei Potsdam
9 Sanssouci
bei Triest
7 Miramar
im Park von Versailles
7 Trianon
in Wien
11 Schoenbrunn
Napoleons bei Paris
9 Malmaison
Lustspiel
5 Farce, Posse
6 Sketch
7 Schwank, ◆ Sketsch
8 Burleske, Komoedie
von Shakespeare
26 Der Widerspenstigen Zaehmung
Lustspielfigur
7 Pierrot
Lustwäldchen
7 Boskett
lustwandeln
9 spazieren
11 promenieren, sich ergehen
Lutheraner
10 Protestant
Luthers
Bibeldrucker
5 Lufft
Gegner
3 Eck
Lutherstadt
8 Eisleben
Lutschtablette
8 Pastille
luxemburgische
Hauptstadt
9 Luxemburg
Stadt
4 Esch
5 Wiltz
6 Mersch
7 Alzette, Vianden
8 Clervaux, Petingen
9 Dudelange, Luxemburg
10 Echternach, Ettelbruck, Luxembourg
11 Duedelingen, Ettelbrueck
12 Differdingen
Währung
5 Franc
7 Centime
luxemburgischer
Fluss
3 Our, Syr
4 Ernz, Sure, Wark
5 Eisch, Mamer, Sauer, Wiltz
6 Chiers
7 Alzette
Landesteil
7 Gutland, Oesland
Physiker
8 Lippmann
Politiker
6 Santer
7 Juncker
Sportler, Sportlerin
4 Gaul, Sowa
5 Alzin, Faber, Kaber
6 Agosto, Frantz, Gillen
7 Barthel, Stoffel
8 Barthels
10 Girardelli
luxuriöse
Kleinstwohnung
9 Apartment
11 Appartement
Schlafstätte
10 Himmelbett
luxuriöses
Schiff
5 Jacht, Yacht
16 Kreuzfahrtschiff
Luxus
4 Pomp
6 Pracht
7 Aufwand
9 Wohlleben
11 Genussleben
13 Verschwendung
Luxusrestaurant
13 Gourmettempel

14 Schlemmerlokal
Luxuswagen
8 Equipage
Luzerne
7 Alfalfa
Luzerner
Hausberg
7 Pilatus
Luzifer
5 Satan
6 Teufel
11 Morgenstern
lydischer
Sagenkönig
5 Gyges
Lymphorgan
4 Milz
Lyra
5 Leier

12 Glockenspiel
Lyrik
6 Poesie
8 Dichtung
10 Dichtkunst
Lyriker
4 Poet
7 Dichter
12 Verseschmied
lyrisch
13 stimmungsvoll
epische Dichtform
7 Romanze
in der Musik
6 lirico
lyrische
Dichtungsform
5 Epode

lyrisches
Chorwerk
7 Kantate
Lied in altfranzösischer Sprache
3 Lai
Werk
3 Ode
4 Lied
5 Hymne
6 Elegie, Hymnus, Idylle, Sonett
7 Gedicht, Kanzone
Lyssa
7 Tollwut
Lys-Zufluss
in Frankreich
5 Deule

Maar
in der Eifel
10 Laachersee
Maas-Zufluss, Meuse-Zufluss
3 Bar, Kil, Rur
4 Amer, Geer, Geul, Jaar, Merk, Neer, Roer
5 Anden, Domel, Lesse, Niers, Vaise, Vence, Wamme
6 Barnob, Chiers, Hoyoux, Ourthe, Sambre, Samson, Semois
7 Schwalm, Wiseppe
8 Hermeton, Mehaigne, Molignee, Sermonne
Machandel
9 Wacholder
Machart
4 Form
6 Fasson, Muster
9 Zuschnitt
machbar
8 moeglich
11 praktikabel
Mache, Machenschaft
5 Getue
6 Raenke, Schein
7 Intrige, Umtrieb
8 Komplott
9 Winkelzug
10 Taeuschung
11 Machination, Raenkespiel
13 Intrigenspiel, Vortaeuschung
machen
3 tun
6 bilden
7 handeln
8 bereiten, bewirken, fertigen, schaffen
10 herstellen
11 fabrizieren, produzieren
Machenschaft
6 Raenke, Schein
7 Intrige, Umtrieb
8 Komplott
9 Winkelzug
11 Raenkespiel
13 Intrigenspiel
Machete
9 Haumesser
11 Buschmesser
Macht
5 Druck, Kraft
6 Gewalt, Potenz, Regime
7 Groesse, Staerke
8 Einfluss, Oberhand, Regiment
9 Nachdruck, Regierung, Vermoegen
10 Herrschaft
12 Staatsgewalt
Machtbereich
7 Sphaere
Machterweiterungspolitik
13 Imperialismus
Machtgier
12 Caesarenwahn
Machthaber
4 Herr
6 Despot, Regent, Tyrann
7 Fuehrer, Monarch
8 Diktator, Gebieter, Potentat
9 Herrscher, Oberhaupt
11 Gewalthaber
15 Gewaltherrscher, Guerillafuehrer
mächtige
Leibwächter orientalischer Herrscher
10 Mamelucken
mächtiger
Staat
5 Reich
mächtig, machtvoll
4 dick
5 breit, gross, stark
6 massig, massiv, riesig
7 wirksam
8 gewaltig, kraeftig
9 kraftvoll, souveraen
10 ueberlegen
12 beherrschend, wirkungsvoll
13 einflussreich
mächtigste
Handelsstadt des Altertums
8 Karthago
machtlos
7 schwach
8 kraftlos, unfaehig
12 unvermoegend
Machtmissbrauch
8 Willkuer
Machwerk
6 Pfusch
8 Elaborat
Mackenzie-Zufluss
in Kanada
5 Liard
madagassische
Seidenspinne
6 Halabe
madagassischer
Halbaffe
4 Maki
Rackenvogel
5 Kurol
Wieselmaki
6 Hattok
Mädchen
4 Dirn, Girl, Maid
6 Dirndl, Maedel
7 Jungfer
8 Teenager
9 Backfisch
13 Halbwuechsige
für alles
8 Faktotum
in Hirtenspielen
6 Phoebe
Mädchenname
11 Geburtsname
Mädchenoberschule
6 Lyzeum
madenähnliche
Larvenform
5 Raupe
Madenfresser
3 Ani
Madenkrankheit, -fraß
6 Myiase
Madenwurm
6 Oxyure
Madonna
5 Maria
12 Gottesmutter
mit Leichnam Christi
10 Vesperbild
Madrider Museum
5 Prado
Magazin
5 Depot, Lager
6 Kammer
7 Arsenal
8 Speicher
9 Lagerraum
10 Filmkammer, Warenlager
11 Zeitschrift
12 Illustrierte, Vorratslager
14 Patronenkammer
Magazinverwalter
11 Lagerhalter
Magd
der Rahel im A.T.
5 Bilha
Magenbitter
14 Kraeuterlikoer
Magenfahrplan
11 Speisekarte
12 Speisenkarte
Magenferment
3 Lab
Magenkatarr
9 Gastritis
Magenkrampf
5 Kolik
Magenlehre
11 Gastrologie
Magenleiden
12 Gastropathie
Magensaft
3 Lab
Magensaftbestandteil
6 Lipase, Pepsin
Magenschleimhautentzündung
9 Gastritis
Magenspiegelung
12 Gastroskopie
magenstärkender
Schnaps
6 Bittre
Magenstein
bei Wiederkäuern
6 Bezoar
Magenteil
bei Wiederkäuern
5 Wanst
6 Pansen
8 Labmagen
9 Netzmagen
mager
5 duerr, hager
Magerkeit, Schlankheit
6 Duenne
Magie
6 Zauber
7 Hexerei
11 Nekromantie, Nigromantie
12 Beschwoerung
19 Geisterbeschwoerung
20 Daemonenbeschwoerung
betreiben
7 zaubern
Magier
5 Hexer
8 Zauberer
magische
Figur West-Afrikas
6 Nomoli
Schale
4 Gral

magischer
Gegenstand
7 Fetisch
Schutz
7 Amulett
8 Talisman
11 Maskottchen
magisches
Zeichen
10 Drudenfuss, Pentagramm
magnesiumhaltiges
Aluminium
6 Aludur
Magnesiumoxid
8 Magnesia
10 Bittererde
Magnesiumsilikat
4 Talk
6 Talkum
10 Meerschaum
Magnetende
3 Pol
Magnetnadel
7 Kompass
Magnetpol
tragender Drehkörper
6 Polrad
Magnetteil
5 Anker
Magnoliengewächs
10 Tulpenbaum
Magyar
5 Ungar
Mahd
7 Schnitt
Mahdprodukt
4 Mehl
5 Kleie
Mähdrescher
7 Kombine
Mähgerät
5 Sense
6 Sichel
11 Rasenmaeher
Mahl
im Freien
8 Picknick
Mahl, Mahlzeit
5 Diner, Essen, Jause, Lunch, Menue
6 Brunch, Dinner, Imbiss, Souper, Speise, Vesper
7 Bankett, Schmaus
8 Brotzeit, Dejeuner, Gastmahl, Picknick
9 Abendbrot, Breakfast, Festessen, Nachtmahl, Vorspeise
10 Abendessen, Mittagbrot, Nachspeise, Vorgericht
11 Fruehstueck, Fuenfuhrtee, Mittagessen
12 Morgenkaffee
14 Eintopfgericht
15 Sektfruehstueck
16 Gabelfruehstueck, Katerfruehstueck
Mahlprodukt
4 Mehl
6 Griess, Schrot
Mahlrückstand
5 Kleie
Mahlzahn
5 Molar
Mahnbrief
7 Epistel, Monitum
Mähne
5 Tolle
6 Schopf
10 Haarschopf, Lockenkopf
mahnen
8 monieren
Mahnmal
7 Denkmal
8 Monument
Mahnpredigt
9 Paraenese
Mahn- und Gedenkstätte in Deutschland
bei Weimar
10 Buchenwald
in Ostdeutschland
13 Sachsenhausen
Mahnung
zur Vorsicht
7 Warnung
Mahnungen, Beanstandungen
6 Monita
Mahnung, Mahnruf, -zeichen
6 Appell
7 Memento, Monitum
9 Menetekel
10 Admonition
12 Aufforderung
Mahnverfahren
20 Vollstreckungsbefehl
Mähre
4 Gaul, Ross
5 Pferd
7 Klepper
Maibaum, Birke
5 Maien
Maifisch
4 Alse
Maifröste
10 Eisheilige
Maiglöckchen, -blume
5 Zauke
Maikäferlarve
9 Engerling
Maikraut
11 Waldmeister
Mailand
in der Landessprache
6 Milano
Mailänder
Adelsgeschlecht
6 Sforza
Märtyrer (um 304)
5 Nabor
Opernhaus
5 Scala
Silbermünze
7 Filippo
Mainzelmännchen
3 Ded, Edi
Mainzer
Bauwerk
3 Dom
7 Schloss
8 Zeughaus
14 Christuskirche, Rheingoldhalle, Stephanskirche
15 Gutenbergmuseum
16 Augustinerkirche, Karmeliterkirche, Roemischer Kaiser
22 Kurfuerstliches Schloss
Mais
7 Kukuruz
10 Welschkorn
Maisanbauform
im trop. Amerika
5 Milpa
Maischemaß
5 Eiche
Maisfladen
8 Tortilla
Maisgrütze
8 Mamaliga
Maisschnaps
6 Pulque
10 Tschitscha
Maisspeise
7 Polenta
Majestät
6 Hoheit, Wuerde
11 Erhabenheit
12 Herrlichkeit
majestätisch
7 erhaben
8 herrlich
Major
8 Offizier
majoranähnliche
Gewürzpflanze
4 Dost
Majorat
14 Aeltestenrecht
majorisieren
12 ueberstimmen
Majorität
8 Mehrheit
15 Stimmenmehrheit
makaber
11 schauerlich
16 schaudererregend
makedonische
Reiterabteilung
3 Ile
Stadt
5 Ohrid, Veles
6 Bitola, Kicevo, Kocani, Prilep, Skopje, Tetovo
8 Kumanovo, Strumica
Makel
5 Fleck, Odium
7 Schande
11 Schandfleck
makellos
4 rein
6 sauber
7 integer, richtig
8 tadellos
10 fehlerfrei, unbefleckt, unberuehrt, vollkommen
11 einwandfrei
12 unbescholten
mäkeln
8 kritteln, noergeln
10 bekritteln
11 raesonieren
Make-up
für die Augen
8 Eyeliner
11 Lidschatten
Maki, Maki-Affe
4 Vari

5 Katta, Lemur
6 Lemure
8 Halbaffe, Lemuride
9 Fuchsaffe
Makkaroni
8 ◆ Spagetti
9 Spaghetti
Makler
6 Broker, Sensal
7 Mittler
10 Vermittler
Maklergebühr
8 Courtage, Sensalie, Sensarie
Makrelenart
8 ◆ Tunfisch
9 Thunfisch
Makrelenhecht
5 Saira
makromolekularer
Werkstoff
6 Plaste
10 Kunststoff
Makulatur
6 Abfall
9 Fehldruck
Mal
5 Fleck, Makel, Marke
7 Zeichen
10 Markierung
11 Kennzeichen
Malaienboot
4 Pran
Malaiendolch
4 Kris
Malaiengewand
6 Sarong
Malaienorchester
7 Gamelan
8 Gamelang
malaiische
Dorfsiedlung
7 Kampong
Gedichtform
6 Pantum
Halbinsel
7 Malakka
Münze
5 Cents
6 Dollar, Pollar
Stadt
4 Ipoh
5 Klang
6 Pinang
7 Malacca
10 Kota Baharu
11 Kuala Lumpur
14 Port Swettenham
malaiischer
Archipel
9 Insulinde
12 Australasien
Bund
8 Malaisia, Malaysia
Bundesstaat
5 Kedah, Perak
6 Pahang, Perlis
8 Kelantan, Selangor
9 Trengganu
Kopfjäger
8 Igorrote
Staat
8 Malaysia
Stinkfruchtbaum
6 Durian
Volksstamm
5 Batak, Bukit, Dajak, Moros
Wildhund
5 Adjag
malaiisches
Hau- u. Hackmesser
6 Parang
Hüftgewand
6 Sarong
Malaria
11 Sumpffieber
Malariamittel
6 Chinin
Malariamücke
7 Moskito
9 Anopheles
Mälarinsel
5 Lovoe
Malaysias
Hauptstadt
11 Kuala Lumpur
maledivische
Münze
5 Lavia, Rupie
Malepartus
8 Fuchsbau
11 Fuchshoehle
Maler
11 Anstreicher
und Holzschnitzer
5 Grien
und Kupferstecher von über 2000
Städteansichten
6 Merian
Malereibedarf
5 Farbe
Malerfarbe
5 siena, umbra
malerisch
9 pittoresk
malerische
Darstellung lebloser Gegenstände
9 Stilleben
10 ◆ Stillleben
Mauerreste
8 Gemaeuer
malerisches
Beiwerk
8 Staffage
Malerkreis
der Romantik
9 Nazarener
Maleröl
6 Firnis
Malerwerk
8 Gemaelde
Malgerät, Malermaterial
3 Oel
4 Lack
5 Farbe, Quast, Tinte
6 Firnis, Pinsel, Spatel, Tusche
7 Palette, Tempera
8 Oelfarbe, Spachtel
9 Staffelei
10 Acrylfarbe, Akrylfarbe
11 Plakatfarbe, Wasserfarbe
12 Terpentinoel, Zeichentinte
16 Dispersionsfarbe
Malheur
4 Pech
6 Fiasko, Pleite, Unfall
8 Reinfall, Unglueck
12 Missgeschick
13 Enttaeuschung
Malice
7 Bosheit
maliziös
7 boshaft
8 haemisch
malnehmen
14 multiplizieren
Maltechnik
des Altertums
9 Enkaustik
malträtieren
11 misshandeln
12 schikanieren
malvenfarbig
4 lila
5 mauve
Malvengattung
6 Malope
Malvengewächs
5 Urana, Urena
6 Althee, Ibisch
7 Althaea, Althaee, Eibisch
8 Hibiscus, Hibiskus
11 Abelmoschus, Kaesepappel, Rosenpappel
mit Bastfasern
5 Urana
Malweise
mit dicker Farbe
6 Pastos
Malzzucker
7 Maltose
Mammon
4 Geld
8 Reichtum
9 Wohlstand
Mammonismus
8 Geldgier
11 Gewinnsucht
Mammonsdiener
4 Filz
7 Knauser, Knicker
8 Geizhals
10 Geizkragen
Mammutbaum
7 Sequoie
Mänade
10 Bacchantin
Management
19 Unternehmensleitung
20 Unternehmensfuehrung
managen
8 betreuen
10 einfaedeln, vermitteln
11 arrangieren, unternehmen, veranlassen
12 organisieren
Mandant
6 Klient
12 Auftraggeber
Mandarinen-Art
7 Satsuma
10 Clementine, Klementine
Mandat
7 Auftrag, Vertrag
9 Vollmacht
11 Strafbefehl
16 Schutzherrschaft
Mandelbitterstoff
6 Amarin

Mandelentzündung
6 Angina
11 Tonsillitis
mandelförmiger
Heiligenschein
8 Mandorla
Mandelgebäck, -konfekt
5 Nugat
6 Nougat
7 Krokant, Makrone
8 Marzipan
Mandelkrähe
4 Rake
5 Racke
mandschurische
Stadt
5 Kirin, Yenki
6 Antung, Fousin, Harbin, Mukden, Taonan
7 Charbin, Fuschun, Szeping
9 Kintschou, Tsitsihar
10 Mutankiang, Ulaan Khoto
14 Schuangtscheng
Mangel
3 Not
5 Makel, Manko, Minus
6 Bedarf, Defekt, Fehler
7 Defizit, Engpass, Schaden
9 Desiderat, Knappheit
10 Beduerfnis, Entbehrung
an Abwechslung
10 Langeweile
an Ausdauer
8 Ungeduld
an Langmut
8 Ungeduld
an Schwung
20 Temperamentlosigkeit
an Wärme
6 Kaelte
Entbehrung
5 Armut
Fehler, Schaden
6 Defekt
Mängelanzeige
11 Reklamation
mangelhaft
6 defekt
8 defektiv
Mangelkrankheit
5 Oedem
7 Skorbut
8 Beriberi, Pellagra, Rachitis
11 Avitaminose, Hungeroedem
mangelnde
Anerkennung
5 Ruege, Tadel
6 Kritik, Undank
Anteilnahme
12 Desinteresse
Unterordnung
15 Insubordination
mangelndes
Vertrauen
10 Misskredit
Mangfall-Zufluss
in Bayern
5 Glonn
Manie
4 Hang
5 Sucht
7 Neigung, Passion
12 Besessenheit, Leidenschaft

Manier, Manieren
3 Art
4 Stil
5 Sitte, Weise
7 Methode
8 Benehmen, Betragen, Eigenart
9 Auftreten, Lebensart, Verfahren
Manifest
6 Erlass
8 Programm
10 Erklaerung, Kundgebung
Maniküre
10 Handpflege
Manikürgerät
10 Nagelfeile
11 Nagelschere
Manilahanf
5 Abaka
Maniokfladen
südamerikan. Indianer
5 Beiju
Maniokmehl
7 Tapioka
Maniokwurzel
7 Kassawa
Manipulation
4 Dreh
5 Kniff, Trick
6 Raenke
7 Methode
9 Verfahren
10 Handhabung, Kunstgriff
12 Machenschaft
13 Beeinflussung, Einflussnahme
manipulieren
7 steuern
9 handhaben
12 beeinflussen
Manko
5 Minus
6 Fehler, Mangel
7 Ausfall, Defizit
8 Nachteil
10 Fehlbetrag
11 Fehlgewicht
Mann
4 Kerl
am Steuerrad
12 Rudergaenger
im Paradies
4 Adam
mit großem Vermögen
5 Nabob
mit hoher Stimme
8 Tenorist
mit zwei Frauen
8 Bigamist
oder Frau zwischen 20 und 30 Jahren
4 Twen
ohne Schatten
9 Schlemihl
und Frau
7 Ehepaar
8 Eheleute
von Lebensart
9 Gentleman
von zuvorkommendem Verhalten
8 Kavalier
zu Pferde
6 Reiter

Mannaklee
6 Alhagi
Männchen
einer Waldhuhnart
8 Auerhahn
vieler Tiere
4 Bock
Mannen
8 Vasallen
Siegfrieds
10 Nibelungen
Mannequin
6 Modell
12 Vorfuehrdame
Männeranrede
4 Herr
Männerfigur
aus Othello
4 Jago
bei Schiller
6 Lionel
bei Wilhelm Busch
5 Zwiel
der griech. Sage
7 Perseus
Männergewand
im 14. Jh.
5 Husse
Männerhaartracht
im 16. Jh.
5 Kolbe
Männerhass
9 Misandrie
Männerhaus
auf den Palauinseln
3 Bai
bei der Naga
6 Morung
Männerjacke
5 Joppe, Sakko
Männerkindbett
7 Couvade
Männerkleidung
5 Anzug, Frack
7 Gehrock, Smoking
Männername
2 Bo, Ib, Jo
3 Adi, Age, Ake, Alf, Ali, Ari, Awa, Awe, Awo, Aye, Azo, Ben, Bob, Boi, Boj, Boy, Dan, Ede, Edi, Edu, Edy, Ehm, Eli, Geo, Gil, Gri, Gus, Hai, Hal, Hob, Ian, Ibe, Ibo, Ika, Ivo, Iwa, Iwe, Iwo, Jam, Jan, Jim, Job, Joe, Jon, Kai, Kaj, Kay, Kim, Kit, Lee, Len, Leo, Lev, Lew, Lou, Luc, Luk, Mat, Max, Meo, Ned, Nic, Nik, Ode, Odo, Ola, Ole, Ota, Ove, Owe, Pai, Pal, Pat, Pay, Pel, Per, Pes, Pie, Pim, Pio, Pit, Pol, Pop, Pua, Rex, Rik, Rix, Rob, Ron, Ror, Roy, Rul, Sou, Tam, Ted, Til, Tim, Tom, Udo, Ufe, Ugo, Ule, Ulf, Uli, Ulv, Une, Uno, Uri, Urs, Uvo, Uwe, Uwo, Vit, Viv, Wim, Wok, Wyn, Xao, Zwi
4 Abbo, Abel, Acke, Adam, Agge, Aime, Aimo, Akim, Aldo, Alec, Alev, Alex, Alik, Alja, Alto, Ammo, Amos, Andi, Andy, Ante, Anto, Apke, Arik, Arke, Arne, Arno,

Axel, Azzo, Baan, Bane, Bean, Beda, Beek, Bela, Bene, Beni, Beno, Bent, Bert, Bodo, Boie, Boje, Bojo, Bolo, Bone, Bouw, Broz, Burt, Carl, Cary, Cola, Come, Cuno, Curd, Curt, Dane, Dano, Dany, Dave, Davy, Dean, Dedo, Derk, Diaz, Didi, Diez, Dimo, Dino, Dion, Dirk, Dode, Dodo, Dote, Doto, Dudo, Ebbo, Eddi, Eddy, Edik, Edin, Egge, Eggo, Egon, Eibe, Eibo, Eike, Elek, Elia, Elie, Elio, Elko, Elmo, Elof, Eloi, Eloy, Elso, Eluf, Emil, Emin, Enke, Enzo, Erik, Erim, Erno, Eros, Evan, Ewen, Ezra, Ezzo, Feri, Fery, Fock, Foke, Foma, Fran, Fred, Fuat, Gard, Gene, Geno, Gera, Gerd, Gero, Gert, Geza, Gian, Gils, Gino, Gleb, Goke, Golo, Gora, Gorm, Hado, Haie, Hajo, Hans, Hare, Hark, Harm, Haro, Hart, Hate, Hato, Haug, Hauk, Hayo, Heie, Hein, Hemm, Hero, Hick, Hiob, Hobe, Holk, Holm, Hugo, Ibbe, Ibbo, Idzi, Ihno, Ilie, Ilja, Illo, Immo, Imre, Ingo, Inko, Iram, Ivan, Iven, Iver, Iwan, Iwar, Jaap, Jago, Jano, Jari, Jarl, Jaro, Jeff, Jens, Jill, Jiri, Joan, Joao, Joel, Joey, John, Joke, Jona, Jork, Jorn, Jose, Joss, Juan, Jupp, Juri, Kaan, Karl, Kees, Kene, Keno, Kitt, Knud, Knut, Kola, Kora, Kord, Kort, Kuno, Kurt, Laci, Lado, Lami, Lars, Lary, Laud, Leen, Leif, Leik, Lenz, Leon, Levi, Levy, Lion, Lude, Luiz, Luke, Lutz, Maik, Maio, Majo, Mano, Mark, Mart, Maso, Mats, Meke, Meko, Melf, Meno, Meto, Mick, Mike, Milo, Mino, Musa, Nane, Neel, Nell, Nick, Nico, Nigg, Nils, Nino, Noah, Noel, Obba, Obbe, Obbo, Odde, Oddo, Odon, Offe, Offo, Oguz, Okke, Okko, Olaf, Olav, Oleg, Oluf, Omar, Omke, Omko, Omme, Ommo, Onne, Onur, Ossy, Otto, Ouwe, Paer, Pals, Pars, Paul, Pauw, Paye, Peek, Peer, Peet, Peko, Pepe, Pepi, Pero, Peto, Petr, Peve, Peye, Phil, Pico, Pier, Piet, Pitt, Popp, Poul, Puah, Ralf, Rami, Raul, Reik, Relf, Remo, Remt, Rene, Reno, Renz, Rick, Rico, Riek, Rimo, Rino, Roar, Robb, Roch, Rody, Roel, Rolf, Roll, Roux, Rudi, Ruhi, Safi, Said, Saul, Sebe, Sebo, Sent, Sepp, Sibe, Sibo, Sigi, Sigo, Sima, Sirk, Siro, Sixt, Stan, Sten, Tade, Tage, Taip, Take, Taki, Tede, Teja, Tete, Teut, Theo, Till, Tilo, Timm, Tito, Toby, Tode, Toma, Tomy, Toni, Tord, Ture, Ubba, Ubbe, Ubbo, Uffe, Uffo, Ufko, Ugur, Ulbe, Ulli, Ulvi, Umme, Ummo, Unne, Unno, Vala, Veit, Voit, Walt, Watt, Weda, Weke, Weko, Wibo, Wide, Wido, Wier, Wigo, Witt, Wolf, Wout, Wulf, Wyne, Xeno, Yago, Yale, York, Yule, Zalo, Zati, Zeki, Zeno

5 Aaron, Abbas, Abdul, Abebe, Achim, Adamo, Adnan, Adolf, Aegid, Aegir, Ahmet, Aksel, Alain, Alard, Alban, Alber, Alfio, Alger, Alker, Alois, Aloys, Alwig, Alwin, Amand, Amber, Amede, Amery, Ammon, Andor, Angel, Antal, Antek, Anton, Arfst, Arian, Arild, Armas, Armin, Arnim, Arpad, Artur, Arved, Arvid, Arwed, Asmus, Aubry, Ayold, Bahne, Baldo, Balte, Banne, Barnd, Basil, Bauwe, Beeke, Bekir, Bengt, Benni, Benno, Benso, Beppe, Beppo, Bernd, Bobby, Bodog, Bonke, Boris, Bosco, Botho, Bouwe, Brian, Brown, Bruin, Bruno, Bryce, Carel, Carol, Cecco, Cecil, Cemal, Cesar, Cetin, Chaim, Chris, Ciril, Clark, Claus, Clerk, Cliff, Clint, Colas, Colin, Colon, Conny, Corin, Cosme, Cyril, Cyrus, Danco, Dandy, Danko, Danny, Danos, Dante, Daoud, Dario, David, Davis, Deane, Dedde, Deddo, Demos, Denes, Denis, Denys, Derek, Derik, Dicky, Diddo, Diede, Diego, Dinko, Diogo, Ditte, Diwis, Dobby, Dogan, Doman, Domos, Donat, Donet, Douwe, Drees, Drews, Dries, Dunko, Dusan, Eddie, Edelt, Edgar, Edlef, Edvin, Edwin, Efrem, Eglof, Einar, Eirik, Eitel, Elard, Elert, Elias, Ellis, Elmer, Elvis, Emile, Engin, Enoch, Enric, Enrik, Enzio, Erhan, Erich, Ernst, Errit, Errol, Erwin, Eugen, Ewald, Eward, Ewart, Fabio, Fatih, Fawke, Fedde, Feddo, Feddy, Fedon, Feiko, Felix, Fenno, Ferke, Ferry, Fidel, Filip, Filko, Focke, Focko, Fokke, Folke, Fowke, Frane, Frank, Frans, Franz, Freer, Frerk, Frits, Fritz, Fulke, Fulko, Gaard, Gabor, Gaddo, Galdo, Gallo, Gavin, Gawel, Gebbo, Geert, Georg, Gerit, Gerke, Gerko, Germo, Giles, Giona, Glenn, Gobbo, Goede, Goeke, Goerd, Goetz, Goran, Grant, Guide, Guido, Gustl, Gyula, Haiko, Hakan, Hakon, Hamid, Hamit, Hamme, Hammo, Hanke, Hanko, Hanno, Hansi, Harke, Harko, Harre, Harro, Harry, Harte, Harun, Haske, Hasko, Hasse, Hasso, Hatem, Hatte, Hatto, Hauke, Hawel, Heike, Heiko, Heimo, Heini, Heino, Heinz, Helge, Helgo, Helke, Helko, Hemke, Hemmo, Henke, Henri, Herko, Herms, Hiddo, Hippo, Hiska, Hiske, Hobby, Hodge, Hoiko, Honke, Horst, Hosea, Ignaz, Ilias, Ilija, Indro, Ineke, Ingve, Iosif, Irvin, Irwin, Isaac, Isaak, Ismet, Jabbo, Jacek, Jacky, Jacob, Jacup, Jaime, Jakob, Jakow, Jakub, Janek, Janik, Janko, Janne, Janno, Janns, Jarka, Jason, Jefim, Jelka, Jelke, Jelle, Jello, Jelte, Jenoe, Jerre, Jerry, Jerzy, Jesko, Jirka, Jirko, Jobst, Jocey, Joerg, Johan, Jokel, Jokim, Jokum, Jonah, Jonas, Jonni, Joost, Jorge, Jorin, Joris, Jorit, Jorma, Jorne, Josef, Josip, Josse, Jossy, Josua, Jovan, Joyce, Jozef, Judas, Juern, Juilf, Jukka, Jurek, Jussa, Jussi, Kadri, Kagan, Karel, Karis, Karli, Karol, Keith, Kemal, Kenne, Kerim, Kerry, Kevin, Klaus, Kolas, Kolja, Konni, Kosta, Ladek, Lanzo, Larry, Lasse, Latif, Laure, Lauri, Lauro, Lazar, Leane, Leent, Lelio, Lenny, Leone, Lewin, Linus, Lippo, Livio, Loffe, Loris, Louis, Lowig, Lowik, Lubbe, Lucas, Lucio, Lucke, Luebe, Lueke, Luick, Lukas, Maart, Maice, Malte, Mamme, Mammo, Mango, Manko, Marah, Marco, Marek, Marfa, Mario, Marke, Marlo, Matti, Matty, Mauro, Maxim, Mecke, Meent, Meier, Meiko, Meine, Meino, Melih, Memke, Menno, Mense, Menso, Metod, Micha, Mihai, Mikal, Milan, Milko, Mingo, Minja, Mirek, Mirko, Mitja, Momke, Momme, Mommo, Monte, Monty, Munja, Nabor, Nahne, Nahum, Namik, Nanne, Nanno, Nante, Necat, Neddy, Nejat, Nicki, Nicla, Nicol, Niels, Nihad, Nihat, Nikol, Nisse, Nolde, Nolik, Nonne, Nonno, Oemer, Olcay, Ondra, Onnen, Ontje, Oscar, Oskar, Osman, Ossip, Oswig, Oswin, Otmar, Paale, Paavo, Paddy, Palle, Paris, Pavel, Pedro, Peeke, Pekka, Pekko, Pelin, Pelle, Peppe, Peppo, Perez, Perry, Petar, Peter, Petoe, Philo, Phipp, Pinar, Piotr, Pippo, Pjotr, Poldi, Popke, Popko, Poppe, Poppo, Radek, Ralph, Ramon, Ranko, Rasim, Rasin, Rasit, Raulf, Recep, Reemt, Refik, Regis, Reich, Reiko, Reint, Relef, Relke, Rembt, Remke, Remko, Rempt, Renja, Renke, Renko, Renzo, Resat, Resmi, Resul, Ricco, Richo, Richy,

Ricky, Rinke, Risto, Robby, Robin, Rocco, Roche, Roele, Roelf, Roerd, Roger, Rolle, Rolof, Rolph, Roluf, Roman, Romek, Romeo, Ronny, Roque, Rorik, Ruben, Rulle, Rumen, Rurik, Sabri, Sacha, Sadan, Salih, Salka, Salli, Sallo, Sammy, Sandy, Sanja, Santo, Sarif, Scott, Sedat, Sefik, Selim, Sentz, Seppi, Seppl, Serge, Sergi, Serif, Siard, Siebe, Siebo, Sierd, Sierk, Siert, Siggo, Sikko, Simon, Sinan, Sirke, Sisto, Siuts, Sixte, Sjard, Slava, Solms, Soren, Spero, Stani, Stass, Statz, Steen, Steve, Stiva, Sunke, Svend, Sweta, Syste, Tadeo, Taeve, Taffy, Tahir, Taiga, Tamas, Tamme, Tammo, Tammy, Tarek, Tarik, Tasso, Tebbe, Tebbo, Tefik, Temme, Temmo, Tetje, Thady, Thede, Thome, Thore, Thure, Tiade, Tialf, Tiard, Tiark, Tiart, Tibor, Tiede, Tillo, Timon, Tizio, Tjade, Tjalf, Tjard, Tjark, Tobia, Tobie, Tomas, Tonio, Turjo, Tycho, Ubbod, Ubeyd, Uemit, Ufert, Uffke, Ulbet, Ulerk, Ulric, Ulrik, Urban, Urias, Uriel, Ursin, Ursio, Vakur, Vanja, Vasco, Vasfi, Vasja, Vecih, Vedat, Vefik, Vidal, Viggo, Vigil, Vilem, Vitja, Waldi, Waldo, Walty, Wanja, Wanko, Warin, Wasil, Wasja, Wastl, Watty, Wawra, Wedig, Weeke, Weeko, Weerd, Weert, Weike, Welty, Wenja, Wiard, Wigge, Wiggo, Wilke, Wilko, Willi, Willo, Willy, Wilma, Winno, Witte, Wobke, Xaver, Xenos, Xenox, Xeres, Xerus, Xylon, Yahsi, Yaver, Yavuz, Yekta, Yeter, Yngve, Yorck, Yunus, Yusuf, Zadok, Zafer, Zahit, Zakir, Zarif, Zarin, Zihni, Zorro

6 Abboud, Achill, Adolph, Adonis, Adrian, Adrien, Agnolo, Ainers, Aladar, Alajos, Albert, Alderk, Alfons, Alfred, Allard, Alonso, Aloyse, Alvaro, Amaury, Ambros, Anatol, Anders, Andras, Andrea, Andrej, Andres, Andris, Angelo, Anselm, Ansgar, Araldo, Archie, Arduin, Arfast, Armand, Arnaud, Arniko, Arnold, Arnost, Arnulf, Arsene, Arthur, Attilo, Aubrey, August, Austin, Bahnes, Baldur, Balwin, Bantje, Barnes, Barnet, Barnim, Barukh, Baudry, Bauwen, Beekje, Bendix, Beneke, Benito, Bennet, Benoit, Bernar, Bernat, Bertil, Bertin, Bessel, Biagio, Biasio, Birger, Bjarne, Bjoern, Blacky, Blaise, Blazek, Boerge, Boerje, Bogdan, Borwin, Branko, Brisko, Broder, Brogio, Bronno, Carlos, Cedric, Cengis, Cesare, Ceslav, Charly, Christ, Clerke, Conrad, Corell, Cosimo, Coskun, Crepin, Curtis, Curzio, Damien, Daniel, Daniil, Danilo, Darius, Davide, Debald, Dennis, Desire, Detlef, Detlev, Detlof, Dieter, Dietje, Dietke, Dionys, Dobbin, Donald, Donato, Dorian, Dorien, Dragan, Drewes, Duarte, Duncan, Dursun, Eckart, Edlard, Edmond, Edmund, Edsart, Edsert, Eduard, Edvard, Edzard, Egbert, Egidio, Egloff, Egmond, Egmund, Eiliko, Eliano, Elimar, Enrico, Eraldo, Erasme, Erasmo, Erhard, Erland, Erling, Ermino, Ernest, Esmond, Ettore, Eugene, Evgeni, Fabian, Fabien, Fabius, Fausto, Fedder, Feliks, Fergus, Fernao, Filipe, Filipp, Firmin, Fjodor, Flavio, Floris, Floros, Fokion, Foster, Fotios, Franco, Franek, Franjo, Franko, Franzl, Freerk, Frerik, Fresco, Fulvio, Gabrio, Gaetje, Garbit, Garmer, Garnet, Gaspar, Gawril, Gedeon, Genest, George, Georgi, Gerald, Gerard, Geraud, Gerbet, Gerbit, Gereon, Geriet, Gerjet, German, Germar, Gernot, Gerold, Gerolf, Gerret, Gerrit, Gerson, Gervas, Gerwig, Gerwin, Gevert, Gianni, Gideon, Gilian, Gilles, Girard, Glauco, Gobert, Goeran, Goesta, Gordon, Goswin, Govert, Graham, Gregor, Grigor, Guenes, Gunder, Gunnar, Gunner, Gustaf, Gustav, Haldor, Halvor, Harald, Harmen, Harmke, Harold, Harris, Harrit, Harryt, Harvey, Hassan, Havlik, Hector, Heikki, Heilko, Heimke, Heiner, Heinke, Heinko, Hektor, Helmer, Helmut, Hemken, Henner, Henrik, Henryk, Heraud, Herman, Hermes, Hermin, Herwig, Herwin, Hilmar, Hiltje, Hiltke, Hinrik, Hoimar, Holger, Horace, Howard, Hubert, Hunold, Ikaros, Ilario, Ingvar, Ingwer, Ioakim, Irenee, Isidor, Ismael, Ismail, Israel, Istvan, Jankin, Jannes, Jannik, Jannis, Jascha, Jasper, Jelger, Jelken, Jelske, Jephta, Jeremy, Jerker, Jeroen, Jerome, Jerrit, Jervis, Jethro, Jillis, Joakim, Jochen, Joeran, Johann, Johnny, Jooris, Jordan, Jorrit, Joscha, Joseph, Josias, Joyces, Jozsef, Juerke, Juhani, Julian, Julien, Julius, Jussuf, Justin, Justus, Kalman, Karoly, Karris, Kaspar, Kastor, Kerime, Kermit, Kilian, Klytus, Konrad, Korkud, Korkut, Kosmas, Kostja, Kyrill, Laszlo, Lazare, Lazaro, Learco, Lebert, Lebuin, Leilei, Leonce, Leslie, Lester, Leszek, Levent, Libero, Lionel, Longin, Lorenz, Lorine, Loring, Lothar, Lucian, Lucien, Lucius, Ludeke, Ludger, Ludolf, Ludvig, Ludwig, Luebbe, Luebbo, Luecke, Lueppe, Lueppo, Luetje, Luicke, Lukasz, Lutmar, Lutmer, Magnar, Magnus, Manolo, Marcin, Marino, Marius, Markus, Marlin, Marlon, Marten, Martin, Marton, Marvin, Marzio, Masino, Matias, Matteo, Maxime, Mehmet, Meiner, Memnun, Menard, Menold, Menolt, Mensje, Menske, Menste, Merlin, Mervin, Merwin, Metodi, Michal, Michel, Mickel, Miguel, Mihaly, Mikael, Mikkel, Miklas, Miklos, Mikola, Mischa, Moreno, Morgan, Moritz, Morris, Morten, Morton, Nandor, Nathan, Nelson, Nestor, Niclas, Nicole, Niklas, Notker, Oberon, Octave, Olezek, Olezka, Olfert, Oliver, Oltman, Ommeke, Ortgis, Oswald, Oswalt, Othmar, Ottmar, Pancho, Paride, Pascal, Pascha, Paulus, Peekje, Pepino, Pepito, Perino, Pertev, Philip, Pidder, Pierre, Pieter, Pinkus, Piotre, Plazek, Pompeo, Popkin, Poyraz, Prokop, Quinto, Rafael, Ragnar, Rahman, Rainer, Randal, Redelf, Reiner, Reinke, Reinko, Releff, Renard, Renato, Renaud, Renier, Rentje, Reuben, Ricard, Rienzo, Riglef, Rikert, Rinald, Ritser, Robert, Rochus, Roebbe, Roelef, Roelff, Roelke, Roelof, Roland, Roloff, Romano, Romser, Romulo, Ronald, Ronnie, Roolof, Rudolf, Rueter, Rupert, Sabato, Sabino, Sachar, Saffet, Safiye, Sallie, Salomo, Salvio, Samson, Samuel, Sander, Sandor, Sandro, Sascha, Savino, Schura, Sebald, Sebert, Semjon, Seraph, Serdar, Sergei, Sergej, Sergij, Sergio, Sewart, Siaard, Sibaud, Sicard, Sidney, Silvio, Simeon, Simone, Simson, Sinold, Sirach, Sireno, Siverd, Sivert, Sixtus, Slavko, Soeren, Sophus, Stefan, Stenka, Stepan, Stepka, Stepko, Steven, Stuart, Suntje, Suntke, Svante, Swante, Syster,

Taddeo, Taelke, Taetse,
Tahsin, Tamino, Tammes,
Tayyip, Teetje, Tetjus, Tevfik,
Themke, Thetje, Thomas,
Tiarke, Tibald, Tietje, Tilman,
Tizian, Tjarke, Tobias,
Tomaso, Tomski, Torben,
Trygve, Tyaerk, Ubalde,
Ubaldo, Uberto, Uemran,
Ulfart, Ulferd, Ulfert, Ulisse,
Ulrich, Urbain, Urbano,
Vaclav, Vahdet, Valery,
Veljko, Verner, Victor, Viktor,
Viliam, Vilmos, Virgil, Vitale,
Vivian, Vivien, Volker,
Volmar, Walter, Warner,
Wazlav, Wedeke, Wedigo,
Weiard, Weiart, Weierd,
Weiert, Wellem, Welmer,
Welmot, Wenzel, Werner,
Wibold, Wibolt, Wigger,
Wigher, Wilken, Wilkin,
Willem, Wilmar, Wilson,
Winold, Winolt, Witiko,
Witold, Woltje, Wouter,
Wybren, Wynand, Wyneke,
Xavier, Xerxes, Xystus, Yildiz,
Yilmaz, Yorick, Zdenko,
Zlatko, Zymunt

7 Aalderk, Abraham, Absalom,
Adriaan, Adriano, Affonso,
Agostin, Ahasver, Alberto,
Aleksej, Alessio, Alfonso,
Almeric, Aloisio, Alphons,
Amadeus, Amalrik, Ambrose,
Amelric, Americo, Amerigo,
Anastas, Anatole, Andreas,
Andrees, Angelus, Antonin,
Arduino, Aribert, Arkadij,
Armando, Arnaldo, Arnauld,
Arnoldo, Arsenio, Attilio,
Augosto, Balduin, Baldwin,
Bannert, Baptist, Barnabe,
Barnaby, Bartosz, Basilio,
Bastian, Bastien, Batiste,
Bedrich, Benesch, Bernard,
Bertold, Bertram, Bertran,
Blasius, Bogomir, Bogumil,
Bohumil, Brunone, Buelent,
Camille, Camillo, Cassius,
Charles, Charley, Christo,
Clemens, Clement, Colombo,
Corneel, Corrado, Cyprien,
Cyrille, Damiano, Deodato,
Derrick, Dietmar, Dimitri,
Dimitry, Domingo, Dominic,
Dominik, Domokos, Donatus,
Doriano, Eckhard, Eckhart,
Edgardo, Edmundo, Edoardo,
Edouard, Eilhard, Elieser,
Eliezer, Emanuel, Emilian,
Emilien, Ephraim, Erasmus,
Erdogan, Esteban, Estevan,
Eugenia, Eugenio, Eustace,
Fabiano, Federic, Feodosi,
Fernand, Ferrand, Fidelio,
Filimon, Florent, Florian,
Francis, Fredrik, Freerik,
Frerich, Frigyes, Fueloep,
Fulbert, Gabriel, Galland,
Garbert, Garrard, Garrelf,
Garrelt, Garrett, Gaspard,
Gaubert, Gautier, Gavriil,
Gawelka, Gawriil, Gebhard,
Gellert, Gennado, Georgij,
Geradus, Gerardo, Gerbeth,
Gergely, Gerhard, Gerhart,
Gerleib, Germain, Germano,
Gervais, Gesinus, Gevaert,
Gheorge, Gilbert, Giraldo,
Gislain, Godelef, Godfrey,
Goetmar, Gontard, Gontier,
Gontran, Gosling, Gratien,
Gregoor, Grigore, Grischa,
Gudmund, Guenter, Gundolf,
Gunther, Gustaaf, Gustave,
Gustavo, Gusztav, Gyoergi,
Gyoergy, Haldane, Halfred,
Halidor, Harbert, Harding,
Hardung, Hartmut, Hartwig,
Heimito, Heineke, Heinkje,
Heintje, Helmuth, Hemmert,
Hendrik, Henneke, Henning,
Herbert, Hermann, Hermien,
Herwart, Hilaire, Hilario,
Hilding, Hinderk, Hinnerk,
Hinrich, Honorat, Horatio,
Humbert, Humbold, Huschke,
Hussein, Iakovos, Ibrahim,
Ignacio, Ingbert, Ingomar,
Iraklis, Isidoro, Jackson,
Jacobus, Jannich, Janning,
Janosch, Janvier, Jaromir,
JeanLuc, Jeffrey, Jehanne,
Jelderk, Jeldrik, Jendrik,
Jephtah, Jephtha, Joachim,
Joaquim, Joergen, Jordaan,
Joschka, Joschra, Juergen,
Juerjen, Karsten, Kasimir,
Kirsten, Klemens, Klement,
Kliment, Kondrat, Korkmaz,
Korneel, Ladewig, Lambert,
Landino, Laurens, Laurent,
Laurids, Lauritz, Lavrans,
Leander, Leandre, Leandro,
Lenardo, Leonard, Leopold,
Linnart, Lodewig, Lodewik,
Loerinc, Loretto, Luciano,
Luebben, Luecken, Luedeke,
Luetjen, Luideke, Maarten,
Magnard, Mainart, Manfred,
Marceau, Martino, Martoni,
Marzell, Masetto, Massimo,
Mathias, Mathieu, Maurice,
Maurina, Maxence, Meinart,
Meinert, Meinrad, Michael,
Michail, Michele, Michiel,
Mikolas, Mikosch, Mikulas,
Modesto, Murillo, Mustafa,
Narciso, Narziss,Nazaire,
Neeltje, Nehemia, Nepomuk,
Nicolai, Nicolas, Nikolai,
Nikolas, Norbert, Octavio,
Odoardo, Olimpio, Olivier,
Oltmann, Onofrio, Ortgies,
Ortlieb, Otfried, Ottokar,
Ottomar, Palmiro, Pankraz,
Paolino, Paridam, Pascual,
Patrice, Patrico, Pauwels,
Pepablo, Pepillo, Philipp,
Poppeke, Quentin, Quintin,
Radenko, Radomil, Raffael,
Raimund, Rainier, Ramazan,
Randall, Raphael, Redward,
Redwart, Regnier, Reimert,
Reineke, Reinold, Reinske,
Reintje, Remacle, Rembert,
Remmert, Renault, Rendert,
Ricardo, Riccaut, Richard,
Richert, Richmar, Rickard,
Rickelf, Ricklef, Rickmer,
Ridolfo, Ridsert, Ridzart,
Righard, Rikkart, Rikkert,
Ritsche, Ritserd, Ritsert,
Ritzard, Ritzart, Roderic,
Roderik, Rodrigo, Rodulfo,
Roeltje, Rolando, Rolland,
Rowland, Rudolfo, Rudolph,
Saladin, Salomon, Sczepan,
Segelke, Serafin, Servaas,
Servais, Severin, Siccard,
Siegmar, Sievert, Siewert,
Sigmund, Silvain, Silvano,
Soencke, Soliman, Stachus,
Stanley, Stephan, Stephen,
Suekran, Suencke, Sulpice,
Sunneke, Sylvain, Szilard,
Tadeusz, Tebaldo, Tenente,
Teodoro, Teodulo, Thaisen,
Theodor, Theunis, Thibaud,
Thibaut, Thierri, Thierry,
Thorben, Thorold, Thorolf,
Tiberio, Tillman, Tilmann,
Timofej, Timothy, Tiziano,
Toenjes, Tommaso, Torsten,
Tristan, Tryggve, Ugolino,
Ulfhild, Ulfried, Ulvhild,
Ulysses, Ursinus, Valente,
Vaubert, Vautier, Vernier,
Vicente, Vincent, Vincenz,
Vinzenz, Vitulja, Viviano,
Volkmar, Voutier, Walfrid,
Wallace, Walther, Warnart,
Warnert, Wassili, Wassily,
Weihard, Weihert, Wellmer,
Wickard, Wieland, Wigbald,
Wigbold, Wilfred, Wilfrid,
Wilhelm, Willard, Wilrath,
Winfred, Winston, Wishart,
Wolfert, Wolfram, Wolodja,
Wyneken, Yadigar, Yorrick,
Yuemnue, Zammert, Zenobio,
Zuehtue, Zygmond, Zygmunt

8 Abdullah, Adalbert, Adelbert,
Aegidius, Alaaddin, Albrecht,
Alexandr, Aljoscha, Alpaslan,
Alphonse, Ambrogio,
Ambroise, Ambrosio, Anatolij,
Angelico, Antonius, Aristide,
Asbjoern, Augustin, Baldouin,
Balsazar, Baptiste, Bartosch,
Basilius, Battista, Baudouin,
Beleslav, Beloslav, Benedict,
Benedikt, Benjamin, Berengar,
Berenger, Bernardo, Bernhard,
Bernhold, Bernward, Berthold,
Bertrand, Bodislaw, Boguslaw,
Bohuslaw, Boleslaw, Borislaw,
Branimir, Brunello, Burghard,
Calogero, Carlotto, Celestin,
Chlodwig, Christen, Christer,
Christos, Chrysant, Clemente,
Clifford, Consuelo, Cornelio,
Cornelis, Cristian, Dagobert,
Damianos, Daniello, Diederik,
Diethelm, Dietrich, Dimitrij,
Diogenis, Diomidis, Donatien,
Dragomir, Dubislav, Dubislaw,
Eberhard, Eckehard, Eckehart,

Ekkehard, Eliodora, Emiliano, Emmanuel, Emmerich, Erlandus, Ertugrul, Eugenius, Eulogius, Eusebius, Eustache, Evgenios, Evsebios, Fabbizio, Fabricio, Fanurios, Faramond, Faustino, Federigo, Felicien, Fernando, Ferrante, Filippos, Fiorenzo, Franklin, Frederik, Fridolin, Fridtjof, Frithjof, Fryderyk, Gabriele, Garbrand, Garbrant, Gauthier, Geoffroy, Georgios, Georgius, Gerardus, Gerbrand, Geronimo, Gervasio, Gewehard, Gherardo, Ghislain, Giannino, Giordano, Gismondo, Giuliano, Godebert, Godfried, Godofrey, Goffredo, Gotthard, Gotthelf, Gotthold, Gottlieb, Gottwald, Graciano, Graziano, Gregoire, Gregorio, Grigorij, Grimbald, Grimbaud, Grzegorz, Guenther, Guilbert, Guiscard, Gustavus, Haratius, Heinrich, Heribert, Hernando, Hippolyt, Hubrecht, Hueseyin, Humphrey, Hyazinth, Ildefons, Immanuel, Irenaeus, Irodotos, Isidoros, Jaroslav, Jaroslaw, Jehannes, Jeldrich, Jeldrick, Jendrich, Jeremias, Jeronimo, Jindrich, Johannes, Jonathan, Jonathas, Jourdain, Justinus, Kiriakos, Kleophas, Koenraad, Konradin, Kristian, Kunibert, Kyrillus, Ladislao, Ladyslaw, Lamberto, Lancelot, Landolfo, Lanfranc, Lanzelot, Larissos, Laurence, Lavrentj, Lawrenti, Leandros, Leonardo, Leonello, Leonhard, Leopoldo, Lionardo, Lionello, Lisandro, Ljubomir, Lodovico, Loerinci, Longinus, Lothaire, Lucianus, Lucrezio, Ludovico, Luitpold, Lysander, Makarios, Manfredo, Manolito, Marcelin, Marcelle, Martinus, Marziale, Matthias, Mauricio, Maurizio, Meindert, Meinhard, Melchior, Menardus, Michiels, Miloslaw, Miroslav, Miroslaw, Mortemer, Mortimer, Napoleon, Narcisse, Narcisso, Nicholas, Nicodemo, Nicolaas, Nicolaus, Nikolaos, Nikolaus, Odysseus, Olderico, Oliviero, Olympius, Palladio, Parzival, Pasquale, Pasquier, Patrizio, Pelagius, Perceval, Percival, Peregrin, Perikles, Philippe, Polykarp, Pompeius, Prospero, Raffaelo, Randolph, Reginald, Reinaert, Reinecke, Reinhard, Reinhart, Reinhold, Rembrand, Rembrant, Riccardo, Riccault, Rickleff, Rieckert, Rieghard, Roderich, Roderick, Rodrigue, Romualdo, Ruediger, Ruprecht, Salvador, Salvator, Segimund, Serafino, Seraphin, Servazio, Siegbert, Siegmund, Siegward, Stephane, Suleiman, Teilhard, Teobaldo, Theobald, Theodore, Theodoro, Theophil, Theopond, Thibauld, Thibault, Thorkell, Thorwald, Tillmann, Timothee, Tomislaw, Tommasso, Traugott, Valentin, Valerian, Valerien, Vincente, Vincenzo, Vittorio, Waldemar, Wassilij, Weikhard, Wendelin, Wilfried, Willegis, Willigis, Winefred, Winfried, Wladimir, Woldemar, Wolfgang, Wolfhart, Xenophon, Yildirim, Zaccaria, Zachaeus, Zacharie, Zefirino, Zenobius, Zwaantje

9 Achilleas, Afanassij, Alexander, Alexandre, Ambrosius, Anastasie, Anastasio, Andruscha, Angelikus, Antonello, Apollinus, Apostolos, Archibald, Baldovino, Balthasar, Baptistes, Basileios, Benedetto, Benedicto, Benvenuto, Berchtold, Bernardin, Bernfried, Boudewijn, Branislav, Bronislav, Carl Maria, Christian, Christoff, Christoph, Cristiano, Cyriackus, Demetrius, Desiderio, Dieudonne, Dimitrios, Dionisios, Dionysius, Dominique, Donatello, Dorotheos, Eckehardt, Efthimios, Eftichios, Engelbert, Engelhard, Epimachus, Eucharius, Eustachio, Evangelos, Evlambios, Evripidis, Ferdinand, Fernandel, Fernandez, Filiberto, Florestan, Francisco, Francisko, Frantisek, Franzisco, Frederick, Frederico, Friedbert, Friedhelm, Friedrich, Gabriello, Gerasimos, Gioachino, Godeffroy, Gottfried, Gualterio, Gullbrand, Hyacinthe, Ildefonso, Innocente, Innocenzo, JeanMarie, Jehojakim, Karlheinz, Kornelius, Lanfranco, Leberecht, Maartinus, Marcellus, Mariolino, Marsilios, Marzellus, Matthaeus, Methodius, Mieceslav, Miltiades, Nathanael, Nathaniel, Nikodemus, Onuphrius, Pantaleon, Paschalis, Percevale, Peregrine, Petronius, Philippos, Pribislaw, Prokopius, Protasius, Prudentio, Raffaello, Salvatore, Schlemihl, Sebastian, Sebastien, Siegfried, Sigismond, Sigismund, Silvester, Sophokles, Stanislao, Stanislas, Stanislav, Stanislaw, Sueleiman, Thaddaeus, Theodorus, Timotheus, Valentino, Victorien, Vittorino, Volfgango, Warnfried, Wenzeslav, Willebald, Willibald, Wladislaw, Zacharias

10 Alexandros, Anastasius, Apollonius, Athanasius, Barthelemy, Bartholome, Bartolomeo, Christiaan, Christophe, Constantin, Damaskinos, Dimocharis, Epiphanius, Eustachius, Evstathios, Evstratios, Florestano, Franciszek, Frangiskos, Hieronymos, Ippokratis, Jacubowski, Jakubowski, JeanClaude, JeanPierre, Kleophanes, Konstantin, Kristoffer, Makkabaeus, Marcellino, Maximilian, Maximilien, Pankratius, Pankrazius, Pellegrino, Polykarpus, Sigismondo, Sigismundo, Stanislaus, Theodosius, Theophilus, Thorbjoern, Williborde, Zyphyrinus

11 Aristoteles, Bartholomew, Charalambos, Chrysanthus, Demosthenes, Dimosthenis, Eleftherios, Epaminondas, Hansjoachim, Hansjuergen, Klausdieter, Marcellinus, Marzellinus

12 Chrysostomus, JeanBaptiste, Massimiliano, Valentiniano

13 Bartholomaeus

Männerperücke
mit langen Locken
7 Allonge

Männerstimme, -stimmlage
4 Bass
5 Tenor
7 Bariton
11 Bassbariton

Manneskraft
6 Potenz

Mannestugend
3 Mut

Manneszierde
4 Bart

Manneszucht
9 Disziplin

mannhaft, männlich
5 viril

männlich
8 maskulin
wirkender Mann, Supermann
5 He man

männliche
Bergziege
9 Steinbock
Biene
6 Drohne
Ente
5 Erpel
Figur aus Bajazzo
5 Tonio
Figur aus Ben Hur
5 Judah

Gans
6 Ganser, Ganter
Gesangstimme
4 Bass
5 Tenor
7 Bariton
Hanfpflanze
5 Femel
6 Fimmel
Katze
5 Kater
Opernfigur bei Gershwin
5 Porgy
Stimmlage
4 Bass
5 Tenor
7 Bariton
Wildkatze
5 Kuder
Ziege
4 Bock
männlicher
Artikel
2 le
3 der
Blutsverwandter
5 Agnat
Elch
9 Schaufler
Erwachsener
4 Herr
Falke
6 Terzel
Fisch
7 Milcher
8 Milchner
Haarschmuck
4 Bart
Hase
7 Rammler
Hühnervogel
8 Auerhahn, Birkhahn
Hund, Fuchs und Wolf
5 Ruede
Kanarienvogel
6 Roller
Neger-Indianer-Mischling
5 Zambo
Schwimmvogel
5 Erpel
Sprössling
5 Junge, Knabe
7 Abkomme
Verwandter
3 Opa
5 Eidam, Enkel, Kusin, Neffe, Oheim, Onkel, Vater
6 Bruder, Cousin, Vetter
7 Urenkel
10 Grossvater
12 Urgrossvater
Vogel
4 Hahn
5 Erpel
6 Roller, Tauber
Vorfahr
3 Ahn
männliches
Alpenwild
4 Gams
Hauptwort
10 Maskulinum

Haustier
4 Bock, Eber, Hahn
5 Bulle, Erpel, Kater, Ochse, Ruede, Stier
6 Ganser, Ganter, Hammel, Hengst
7 Rammler, Schoeps, Wallach
8 Truthahn
10 Ziegenbock
Horntier
4 Bock
Huhn
4 Hahn
10 Gockelhahn
Kaninchen
7 Rammler
Kind
4 Sohn
5 Enkel, Junge, Knabe
Mannequin
8 Dressman
Pferd
6 Hengst
Reh
4 Bock
Rind
5 Bulle, Ochse, Stier
Rollenfach
9 Bonvivant, Liebhaber
Schaf
6 Hammel, Widder
7 Schoeps
Schwarzwild
5 Basse
Schwein
4 Eber
Wildschwein
6 Keiler
Zuchttier
5 Stier
Mannsbild
4 Kerl
Mannschaft
3 Elf
4 Crew, Team
6 Equipe
8 Aufgebot
9 Besatzung, Formation
10 Vertretung
Mannschaftsdienstgrad
9 Gefreiter
13 Obergefreiter
Mannschaftsführer
8 Kapitaen, Teamchef
11 Equipenchef
12 Spielfuehrer
Mannschaftsraum
auf Schiffen
5 Logis
Mannschaftssprint
11 Staffellauf
mannstoll
9 nymphoman
mannstolles
Weib
11 Nymphomanin
Mannstollheit
10 Andromanie
11 Nymphomanie, Ovariomanie
Mann von
Abigail
5 David

Aerope
6 Atreus
Alkeste
7 Admetos
Alkmene
10 Amphitryon
Amphitrite
8 Poseidon
Andromache
6 Hektor
Andromeda
7 Perseus
Antiope
7 Theseus
Aphrodite
8 Hephaest
10 Hephaistos
Arete
8 Alkinoos
Ariadne
7 Bacchus, Bakchos
8 Dionysos
Bathseba, Bethsabee
4 Uris
5 David, Urias
Baucis
8 Philemon
Brunhild
7 Gunther
Cassiope
7 Kepheus
Deianira
8 Herakles, Herkulus
Desdemona
7 Othello
Elsa von Brabant
9 Lohengrin
Enite
4 Erek
Eurydike
7 Orpheus
Eva
4 Adam
Freis
3 Fro
Fria, Frija, Frigg, Frigga
4 Odin
5 Wodan, Wotan
Gäa, Gaia
6 Uranos
Glauke
5 Iason
Hagar
7 Abraham
Hebe
8 Herakles, Herkules
Hekabe, Hekuba
7 Priamos, Priamus
Helche
5 Etzel
Helena
8 Menelaos, Menelaus
Hera
4 Zeus
Herodias
7 Herodes
14 Herodes Antipas
Hippodameia
6 Pelops
Hippolyta
7 Theseus
Iocaste, Jokaste
5 Laios

7 Oedipus
Isis
6 Osiris
Isolde
5 Marke
Josephine
8 Napoleon
Juno
7 Jupiter
Kassiopeia
7 Kepheus
Klytämnestra, Klytemnestra
9 Agamemnon
Kreusa
5 Iason
6 Aeneas
Kriemhild
5 Etzel
9 Siegfried
Lea
5 Jakob
Maria
6 Joseph
Mariamne
7 Herodes
Maria Theresia
5 Franz
Marie-Louise
8 Napoleon
Medea
5 Iason
Nanna
6 Balder, Baldur
Niobe
7 Amphion
Nofretete
9 Amenhotep, Amenophis
Nox
6 Erebus
Oinone
5 Paris
Penelope
8 Odysseus
Persephone, Proserpina
5 Hades, Orcus, Orkus, Pluto
6 Pluton
Phädra
7 Theseus
Rahel, Rachel
5 Jakob
Ran
5 Aegir
Rebekka
5 Isaak
Rhea, Rheia
6 Kronos
8 Saturnus
Rhodope
9 Kandaules
Sara, Sarah
7 Abraham
Sif
4 Thor
5 Donar
Tethys
7 Okeanos
Thetis
6 Peleus
Thusnelda
5 Armin
7 Hermann
8 Arminius
Titania
6 Oberon
Venus
8 Hephaest, Vulcanus
10 Hephaistos
Xanthippe
8 Sokrates

Mannweib
6 Virago

Manöver
10 Kunstgriff
13 Truppenuebung
15 Scheinmassnahme
beim Kreuzen (Segeln)
5 Wende

manövrieren
8 lavieren

Manschetten
7 Stulpen

Mantel
der Bäume
5 Rinde
katholischer Geistlicher
5 Cappa
Mantelart
4 Cape
6 Huelle, Huelse, Raglan, Schutz, Ulster, Umhang
7 Haenger, Oelhaut, Paletot
8 Havelock
9 Redingote
10 Dufflecoat, Trenchcoat
11 Ueberzieher
mit Kapuze
6 Burnus

mantelartiger
Oberrock der Juden
6 Kaftan
Überwurf im 14. Jh.
5 Heuke
Umhang
6 Poncho

Mantelaufschlag
6 Revers

Mantelpavian
5 Papio

Mantelschnitt
6 Raglan, Ulster

Mantelstoff
5 Loden, Tweed
6 Kirsey
7 Marengo
8 Popeline
9 Covercoat, Gabardine

Manteltarif
11 Rahmentarif

Manteltier
5 Salpe
8 Tunikate
10 Seescheide

Mantelumhang
der Araber
3 Aba

Manufaktur
10 Handarbeit

Manufakturware
9 Textilien

Manuskript
4 Text
8 Original
9 Urschrift
11 Handschrift
13 Niederschrift, Schriftstueck

Manuskripthalter
7 Tenakel

Manuskriptprüfer
6 Lektor

Mär
4 Fama, Saga, Sage
5 Fabel, Kunde
9 Nachricht
10 Erzaehlung

Märchenberg
aus Tausendundeiner Nacht
5 Sesam

Märchenerzähler
5 Grimm
8 Andersen

Märchenerzählerin
aus Tausendundeiner Nacht
12 Scheherazade, Scheherezade

Märchenfigur, -gestalt, -wesen
2 Ib
3 ◆ Alb, Alp, Fee, Ida, Lau, Mab, Nix, Ole, Oni, Per, Rok, Tuk
4 Baba, Elfe, Else, Gnom, Hans, Hexe, Mahr, Mime, Mimi, Muck, Munk, Neck, Nixe, Oger, Puck, Roch, Said, Spuk, Wilm
5 Ahuli, Drude, Duban, Engel, Fatme, Geist, Golem, Greif, Hanne, Holle, Hulda, Kater, Kerub, Klaus, Lampe, Nobel, Norne, Prinz, Riese, Satan, Satyr, Troll, Trude, Urban, Urian, Wicht, Zaher, Zwerg
6 Achmed, Adebar, Aladin, Amarza, Archaz, Asmodi, Cherub, Djafer, Drache, Eckart, Falada, Gretel, Holger, Knoist, Kobold, Koenig, Korbes, Laurin, Lustig, Mahmud, Maleen, Merlin, Moloch, Mukrah, Munkin, Nimrod, Nymphe, Oberon, Pfriem, Riesin, Samiel, Schrat, Teufel, Triton, Undine, Vampyr, Zemira
7 Ali Baba, Alraune, Benezar, Beowulf, Dschinn, Einhorn, Gute Fee, Haensel, Ibrahim, Isegrim, Jorinde, Kentaur, Lorelei, Olifant, Pegasus, Phoenix, Reineke, Sindbad, Titania, Ulysses, Werwolf, Wieland, Zwergin
8 Alberich, Almansor, Baldewin, Boese Fee, Erdgeist, Frau Hitt, Genoveva, Gespenst, Grimbart, Gulliver, Ilsebill, Irrwisch, Joringel, Klingsor, Koenigin, Lanzelot, Lindwurm, Magelone, Meerfrau, Melusine, Nikolaus, Nureddin, Parzival, Rapunzel, Rosenelf, Rosenrot, Ruprecht, Sandmann, Tamlicha, Teufelin, Zauberer, Zauberin
9 Beelzebub, Berggeist, Daeumling, Eiskoenig, Erlkoenig, Fee Gawein, Floehchen, Frau Holle, Goldmarie, Huckebein, Laeuschen, Luftgeist,

Nachtmahr, Osterhase, Pechmarie, Rosinante, Ruebezahl, Vogel Rock, Walpurgis, Wilde Jagd, Zwerg Nase
10 Allwissend, Christkind, Daeumeling, Daumesdick, Fitzebutze, Freund Hein, Gaensemagd, Katrinelje, Klopfgeist, Mann im Mond, Marienkind, Nickelmann, Prinzessin, Schahzeman, Scheherban, Schlaraffe, Schoene Lau, Spielhansl, Tatzelwurm, Tazzelwurm, Vogel Greif, Waldschrat, Wassermann, Wassernixe, Wetterbock
11 Alpenkoenig, Boeser Geist, Drosselbart, Einaeuglein, Elfenkoenig, Feuerreiter, Hoellenhund, Kalif Storch, Knusperhexe, Mittagsfrau, Niesmitlust, Schutzengel, Seeschlange, Spukgestalt, Trollkoenig, Zauberpferd, Zwergkoenig
12 Allerleirauh, Aschenputtel, Blondelfchen, Christinchen, Dornroeschen, Dreiaeuglein, Froschkoenig, Gaenseliesel, Hans im Glueck, Hexenmeister, Koenig Laurin, Meerjungfrau, Moosweiblein, Rautendelein, Rotkaeppchen, Scheherazade, Scheherezade, Schlaraffien, Suppenkaspar, Vogel Phoenix, Wilder Jaeger, Zweiaeuglein
13 Aschenbroedel, Baerenhaeuter, Christelflein, Daeumelinchen, Elfenkoenigin, Glasmaennlein, Klabautermann, Liliputanerin, Moosmaennlein, Rattenfaenger, Sandmaennchen, Struwwelpeter, Waldmaennlein, Weisser Hirsch, Zappelphilipp
14 Esel streck dich, Harun al Raschid, Hubertushirsch, Kleindaeumling, Schneewittchen, Weihnachtsmann
15 Brockengespenst, Funkheinzelmann, Getreuer Eckhart, Hutzelmaennchen, Hutzelmaennlein, Knecht Rupprecht, Menschenfresser, Rumpelstilzchen, Schneeweisschen, Weihnachtsengel
16 Buschgrossmutter, Heinzelmaennchen, Hollaendermichel, Koenigin der Nacht, Wichtelmaennchen
17 Gestiefelter Kater, Lumpaci Vagabundus, Tischlein deck dich, Wieland der Schmied
18 Flaschenteufelchen, Knueppel aus dem Sack, Teufels Grossmutter, Wahrheitsmuendchen

märchenhaft
9 fabelhaft, sagenhaft, wunderbar
10 mirakuloes
11 ◆ fantastisch
12 phantastisch

Märcheninsel
6 Orplid

Märchenland
7 Liliput
15 Schlaraffenland
der griechischen Sage
3 Aea, Ais

Märchenriese
4 Oger

Märchenspiel
6 Feerie

Märchenvogel
3 Rok
4 Roch

March-Zufluss
5 Hanna, Miava, Thaya
7 Regnitz

Marderart
4 Gulo, Jerf, Mink, Nerz, Pami, Ratz
5 Aonyx, Dachs, Frett, Iltis, Jaerv, Kalan, Noerz, Otter, Ratel, Skunk, Tayra, Zobel
6 Badger, Charsa, Chingi, Galera, Grison, Hyrare, Teledu, Wiesel
7 Surilho, Zorilla
8 Hermelin, Maushund, Seeotter
9 Amur-Dachs, Bandiltis, Frettchen, Meerotter, Stinktier, Vielfrass, Waldiltis
10 Baummarder, Buntmarder, Edelmarder, Fischotter, Hausmarder, Honigdachs, Krebsotter, Mauswiesel, Stinkdachs, Sumpfotter
11 Fingerotter, Riesenotter, Silberdachs, Sonnendachs, Steinmarder, Stinkmarder, Zwerggrison, Zwergwiesel
12 Fleckenskunk
13 Fichtenmarder, Fischermarder, Heermaennchen, Kleinstwiesel, Schweinsdachs, Streifenskunk
14 Streifenwiesel
15 Schlangenmarder
17 Weissrueckenskunk
18 Schildkroetendachs

marderartiges
Pelztier
5 Zobel

Marderhund
4 Enok

Margarine
butterähnlich machen
6 kirnen

Marge
6 Spanne
7 Abstand
9 Spielraum

Marginalie
6 Glosse
13 Randbemerkung

Maria
mit Leichnam Christi
5 Pieta

Marianeninsel
4 Guam, Rota
5 Agana, Pagan
6 Saipan, Tinian

Marienbildnis
7 Madonna

Marienkäfer
11 Siebenpunkt

Marihuana
4 Hanf
9 Haschisch
10 Rauschgift

Marille
8 Aprikose

Marinade
beim Kochen
5 Beize

Marine
6 Flotte
12 Flottenwesen, Kriegsflotte

Marinebeiboot
7 Pinasse

Marinedienstgrad, -offizier
4 Maat
7 Admiral, Matrose
8 Kapitaen, Obermaat
9 Bootsmann, Seekadett
11 Obermatrose, Seeoffizier, Vizeadmiral
12 Deckoffizier
13 Flaggoffizier, Konteradmiral, Oberbootsmann
14 Flottillenchef, Kapitaen zur See, Leutnant zur See, Stabsbootsmann
16 Kapitaenleutnant
17 Flottillenadmiral, Fregattenkapitaen, Korvettenkapitaen
18 Oberleutnant zur See, Oberstabsbootsmann

Marineleitung
12 Admiralitaet

Marineoffiziersschüler
6 Kadett
9 Seekadett

marinetechnischer
Begriff (Kriegs- und Handelsflotte)
3 Bai, Boe, Bug, Dau, Gei, Gig, Kai, Kat, Lee, Log, Lot, Lug, Luk, Luv, Raa, Rah, Ree, Sog, SOS, Tau, Top
4 Back, Bake, Bark, Bise, Boje, Boot, Bord, Deck, Dock, Ewer, Fock, Gatt, Heck, Kahn, Kanu, Kiel, Klau, Koge, Koje, Kurs, Last, Leck, Liek, Logg, Luke, Mars, Mast, Mine, Mole, Nock, Pier, Quai, Rahe, Reef, Reep, Reff, Slup, Spak, Stag, Tamp, Topp, Want, Wind, Yawl
5 Anker, Aviso, Bagie, Barke, Besan, Bilge, Bombe, Brigg, Brise, Dalbe, Dalle, Davit, Dolle, Ducht, Dwars, Einer, Etmal, Faden, Floss, Hafen, Helge, Heuer, Jacht, Jolle, Kajak, Kargo, Ketch, Kogge, Koker, Legel, Lotse, Moses, Nocke, Pegel, Pinne, Pirat, Prahm, Prise, Radar, Rahen, Reede, Ruder, Salut, Schot, Segel, Sloop, Spake, Spant,

Spill, Sporn, Stage, Sturm, Talje, Tjalk, Tonne, U-Boot, Umjak, Werft, Wippe, Wrack, Zille

6 Achter, Ahming, Armada, Auslug, Backen, Bagger, Banken, Eigner, Entern, Faehre, Fender, Fieren, Flagge, Flaute, Flotte, Funker, Gaffel, Galion, Geitau, Gissen, Glasen, Gondel, Heizer, Hissen, Huette, Kabine, Kappen, Kausch, Kelsch, Kessel, Kluese, Kutter, Laegel, Lenzen, Logger, Lugger, Makler, Nachen, Nautik, Nocken, Peilen, Pharus, Planke, Poller, Ponton, Pricke, Pullen, Purren, Reeder, Reffen, Reling, Riemen, Rippen, Rueste, Schiff, Schott, Schrat, Schute, Seeamt, Seenot, Segler, Sirene, Spante, Spiere, Staden, Steuer, Steven, Stropp, Tanker, Triere, Trosse, Wanten, Wimpel, Winker, Wrange, Zurren

7 Abtrift, Anluven, Ausguck, Ballast, Beiboot, Brander, Brassen, Brecher, Dampfer, Drachen, Embargo, Flieger, Galeere, Galeone, Galeote, Gording, Havarie, Heissen, Helling, Hochsee, Jolltau, Kajuete, Klampen, Klipper, Kluever, Knaggen, Kompass, Kreisel, Kreuzer, Laschen, Logbuch, Monitor, Oelzeug, Pardune, Peilung, Pentere, Pinasse, Rahliek, Rahnock, Rammbug, Regatta, Schalke, Schoner, Schoote, Seegang, Seemann, Seemine, Seewehr, Sextant, Stengen, Steward, Taucher, Tauwerk, Tonnage, Torpedo, Trajekt, Trimmen, Trimmer, Turbine, Untiefe, Verdeck, Vordeck, Vorliek, Vormast

8 Ankerarm, Ausfahrt, Backbord, Baendsel, Barkasse, Blockade, Bollwerk, Bullauge, Dollbord, Drehkran, Drehturm, Dschunke, Fallreep, Flugboot, Fockmast, Fregatte, Freibord, Fussliek, Galeasse, Heckdeck, Heulboje, Jackstag, Jungmann, Katapult, Kielboot, Kielgang, Kombuese, Korvette, Kraengen, Ladeluke, Lademast, Laderaum, Lastadie, Lastkahn, Laufspur, Laufsteg, Leeseite, Leichter, Luvseite, Mastkorb, Nautilus, Nockhorn, Oberdeck, Oberliek, Periskop, Position, Rahsegel, Reederei, Sandbank, Schiffer, Schleuse, Seebrief, Seekampf, Seekarte, Seekasse, Seekrieg, Seemacht, Seemeile, Seewarte, Speigatt, Starboot, Stringer, Sturzsee, Takelage, Takelung, Tiefgang, Wittinne

9 Ankerboje, Ankerhand, Ankerring, Aviometer, Bergelohn, Besanbaum, Besanmast, Bootsdeck, Bramsegel, Bugspriet, Drehbasse, Einmaster, Enterbeil, Festfeuer, Feuerturm, Flottille, Focksegel, Gangspill, Gewaesser, Grossmast, Grosstopp, Hafendamm, Hafenmole, Heultonne, Hosenboje, Kabelgatt, Kanthaken, Karavelle, Kiellinie, Kommodore, Korkweste, Kreuzmast, Kugelboje, Laufbrett, Lotroehre, Marssegel, Mastbacke, Minenfeld, Motorboot, Nebelhorn, Paketboot, Rammsporn, Rennjacht, Ruderboot, Schlepper, Schothorn, Segelboot, Segeltuch, Spillkopf, Spitzboje, Spleissen, Stagsegel, Steuerrad, Strandgut, Strandung, Stuetztau, Sturmbaal, Tauchboot, Toppsegel, Treibmine, Unterdeck, Unterliek, Vorschiff, Vorstange, Vorsteven, Windsegel

10 Achterdeck, Achterliek, Ankerkette, Ankerspill, Ankerstock, Ankerwinde, Anlegesteg, Araeometer, Bakentonne, Blinkfeuer, Bootsdavit, Bootshaken, Bramstange, Breitseite, Deckplanke, Decksjunge, Dollenbord, Dreimaster, Dueckdalbe, Dwarslinie, Eisbrecher, Enterhaken, Fahrwasser, Frachtkahn, Geschwader, Gittermast, Grundsuppe, Hansakogge, Kaperbrief, Kartenhaus, Kesselraum, Kielwasser, Klipperbug, Kohlenraum, Kreuztonne, Kugeltonne, Lastschiff, Laufplanke, Leuchtboje, Leuchtturm, Lotsenboot, Marsstange, Maschinist, Minenleger, Navigation, Ochsenauge, Panzerdeck, Querspante, Raddampfer, Rauchfahne, Ruderblatt, Ruderpinne, Schiffahrt, Schiffsbau, Schnorchel, Seezeichen, Seilfaehre, Signalgast, Signalrahe, Sonnendeck, Spitztonne, Sprachrohr, Stapellauf, Stemmbrett, Steuerbord, Steuermann, Suedwester, Trampfahrt, Verklarung, Viermaster, Vollschiff, Zerstoerer, Zweimaster

11 Admiralstab, Ankerkluese, Ankerschaft, Bagiensegel, Besankutter, Besanssegel, Breitwimpel, Dampfschiff, Deplacement, Dreadnought, Drehscheibe, Faehrschiff, Feuerschiff, Flaggschiff, Flusstanker, Fuehrerboot, Fuenfmaster, Gaffelsegel, Glockenboje, Haengematte, Hafenbecken, Kanalschiff, Kanonenboot, ◆ Kartografie, Kielschwein, Klueverbaum, Kraehennest, Kriegshafen, Kutterjacht, Lancierrohr, Leuchtfeuer, Leuchttonne, Minensperre, Minensucher, Motorschiff, Patentanker, Peilkompass, Piratenboot, Postdampfer, Quarterdeck, Rettungstau, Rotorschiff, Ruderschaft, Rudersteven, Schanzkleid, Schaufelrad, ◆ Schifffahrt, Schiffsarzt, Schiffskoch, Schiffswand, Schleppkahn, Schornstein, Schratsegel, Schulschiff, Schwimmdock, Schwimmkran, Seeschlacht, Segelmacher, Segelschiff, Spakenkranz, Spierenboje, Stapelklotz, Taucherhelm, Torpedoboot, Torpedorohr, Trockendock, Wachtschiff, Wachtwimpel, Wasserbombe, Wasserlinie, Wassertiefe, Wetterkarte, Windstaerke

12 Achtersteven, Admiralitaet, Ankerfluegel, Anschlagliek, Ausschiffung, Batteriedeck, Besansgaffel, Dreimastbark, Einschiffung, Enterbruecke, Feuerleitung, Flaggenleine, Flaggenrecht, Flaschenpost, Galionsfigur, Gefechtsmars, Gefechtsmast, Glockentonne, Hangarschiff, Hilfskreuzer, Hinterschiff, Hintersteven, Jakobsleiter, Kartographie, Klueversegel, Kommandoturm, Kriegsflotte, Kriegsmarine, Kriegsschiff, Kriegswimpel, Kuestenfahrt, Kuestenkrieg, Leuchtschiff, Linienschiff, Marineschule, Minenraeumer, Ozeandampfer, Panzerschiff, Reichsmarine, Rettungsboot, Rettungsring, Scheinwerfer, Schiesslinie, Schiffsboden, Schiffsjunge, Schiffsrippe, Schleppsegel, Schnuerboden, Schwimmweste, Seebataillon, Seekrankheit, Spierentonne, Unterseeboot, Viermastbark, Vordersteven, Zwischendeck

13 Anlegebruecke, Aussenkluever, Backbordseite, Backstagswind, Frachtdampfer, Fuehrerschiff, Gaffelschoner, Geschuetzrohr, Geschuetzturm, Hafeneinfahrt, Halbflottille, Handelsflotte, Handelsschiff, Heimatswimpel, Hochseeflotte, Jollenkreuzer, Kirchenwimpel, Kommandostand,

Kuestenschiff, Landungskorps, Marinestation, Minensuchboot, Mittagswimpel, Oberbramsegel, Panzerkreuzer, Registertonne, Schiffskabine, Schiffskessel, Schiffskueche, Schleppschiff, Schleuderbahn, Schnellsegler, Schraubengang, Seefahrtsbuch, Torpedojaeger, Trajektschiff, Wasserspiegel, Wellenbrecher, Zwillingsturm
14 Batterieschiff, Binnenschiffer, Geschwaderchef, Geschwaderstab, Handelsdampfer, Heckraddampfer, Kuestenfischer, Landungstruppe, Marineakademie, Marineflugzeug, Marinekabinett, Minenraeumboot, Offiziersmesse, Promenadendeck, Raketenapparat, Schiffsbestand, Schiffskreisel, Schlachtflotte, Schlachtschiff, Schleppdampfer, Schnelldampfer, Schwimmguertel, Stationsschiff, Tiefseetaucher, Torpedoschwanz, Wasserflugzeug, Wikingerschiff
15 Backbordlaterne, Flugzeugtraeger, Grossbramstenge, Kommandobruecke, Kreuzbramstenge, Kreuzerfregatte, Kreuzmarsstenge, Kuestenbatterie, Landungsbruecke, Marineingenieur, Personendampfer, Rettungsguertel, Schiffsschraube, Schlachtkreuzer, Schraubensystem, Seefahrtsschule, Seemannsordnung, Seewetterdienst, Steuerbordseite, Sturmsignalmast, Ueberseedampfer, Unterwasserboot
16 Geschuetzfuehrer, Grosskampfschiff, Hochseefischerei, Matrosendivision, Minensperrgebiet, Schiffsgeschuetz, Schraubendampfer, Schraubenfluegel
17 Flottillenfuehrer, Flottillenstander, Kuestenartillerie, Schiffsbruechiger, Schiffszimmermann, Schlingerbewegung, Steuerbordlaterne

marinierte
Blütenknospe
5 Kaper
marinierter
Heringsfisch
4 Sill
Speisefisch
10 Brathering
Marionette
12 Gliederpuppe
13 Puppentheater
Maritza-Zufluss
in der Türkei
6 Ergene
markant
7 typisch
10 auffaellig, auffallend
11 bezeichnend, einpraegsam
13 eindrucksvoll
Marke
3 Mal
5 Punkt
7 Merkmal, Stempel, Zeichen
8 Fabrikat
9 Erzeugnis
11 Kennzeichen, Wertzeichen
12 Guetezeichen, Warenzeichen
13 Firmenzeichen
15 Postwertzeichen
Markgraf
7 Marques, Marquis
8 Marchese, Marquess
der Ostmark
4 Gero
von Mähren, deutscher König
5 Jobst
Markierstift
7 Koerner
markierte
Langlaufspur
5 Loipe
markierter
Punkt auf Sportstrecken
3 Mal
Markierung
an Messgeräten
4 Grad
5 Skala
der Feldmark
10 Grenzstein
märkische
Landschaft
6 Barnim
märkischer
Dichter
5 Arnim
7 Fontane
Markise
5 Store
Markomannenkönig
6 Marbod
Markt
5 Messe
im alten Griechenland
5 Agora
im alten Rom
5 Forum
im Orient
5 Basar, Bazar
marktbeherrschende
Organisation
5 Trust

Marktbude
5 Stand
Marktform
im Handel
6 Duopol
8 Oligopol
Markthalle, antike
8 Basilika
Marktplatz
im alten Athen
5 Agora
im alten Rom
5 Forum
Marktschreier, Betrüger
10 Scharlatan
marktschreierischer
Lärm
6 Tamtam
Marktstand
4 Bude
Marktwert
4 Kurs, Taxe
5 Preis
Marmel
6 Marbel, Murmel
Marmelade
3 Jam, Mus
7 Kompott
8 Obstmark
9 Fruchtmus
10 Fruchtmark, Konfituere
aus einer Fruchtsorte
10 Konfituere
Marne-Zufluss
5 Ourco
6 Ornain
marokkanische
Hafenstadt
5 Ceuta, Rabat
6 Agadir, Tanger, Tetuan
10 Casablanca, Dar el Beida
Hauptstadt
5 Rabat
Landschaft
3 Sus
Münze
6 Dirham, Francs
Stadt
3 Fes
4 Ifni, Safi, Taza, Ujda
5 Ceuta, Nador, Rabat
6 Agadir, Arsila, Meknes, Sefrou, Settat, Tanger, Tetuan
7 Djerada, Kenitra, Larache, Magazan, Melilla, Mogador, Qenitra, Tetouan
8 El Jadida, Essauira
10 Casablanca, Dar el Beida, Marrakesch
marokkanischer
Fluss
3 Dra, Gru, Sus
4 Sebu
6 Muluja
7 Wadi Sus, Wadi Ziz
8 Umer Rbia, Wadi Draa
Freiheitskämpfer
9 Abd el Krim
König
6 Hassan
Sportler, Sportlerin
4 Skah
5 Rhadi

6 Aouita, Bayisa
7 El-Basir, Kokaich
8 Boutayeb
10 Moutawakil
Volksteil
6 Berber, Mauren
7 Kabylen
10 Rifkabylen
marokkanisches
Gebirge
3 Rif
5 Atlas
Leder
8 Maroquin
Sultansschloss
6 Kasbah
Marotte
4 Tick
5 Laune
6 Spleen
8 Eigenart, Schrulle
9 Eigenheit
12 Steckenpferd
Marquesas-Insel
6 Hivaoa
Marschall
Napoleons
4 Niel
5 Murat
10 Bernadotte
Marschart, -formation
5 Rotte, Tritt
7 Kolonne, Schritt
8 Schlange
12 Gaensemarsch
13 Dreierkolonne, Gleichschritt
von Kriegsschiffen
9 Kiellinie
marschartiger
Tanz
7 Onestep
Marschformation, -ordnung
7 Kolonne
Marschgepäck
9 Tornister
11 Ausruestung
Marschgruppe
5 Rotte
Marschhügel
4 Warf, Werf
5 Warft, Wurte
Marschinseln
im Wattenmeer
8 Halligen
Marschkolonnenspitze
4 Tete
Marschland
4 Koog
der Niederlande
6 Betuwe
zwischen Hunte und Weser
9 Stedingen
Marschlandschaft
an der Unterelbe
9 Altes Land, Kehdingen
in Niedersachsen
6 Hadeln
Marsch, Marschboden
3 Kog
4 Fenn, Klei, Koog, Tour
6 Helder, Polder
7 Neuland, Schlick
9 Weideland

11 Musikstueck, Schwemmland
Marschpause
4 Rast
5 Biwak
Marschverpflegung
8 Proviant
Marsmond
6 Deimos, Phobos
Marter
4 Pein, Qual
6 Folter, Leiden, Tortur
7 Schmerz
9 Folterung, Martyrium, Peinigung, Quaelerei
Marterinstrument
14 Folterwerkzeug
Marterpeitsche
7 Geissel
Märtyrer
5 Alban
Märtyrer u. Märtyrerinnen
5 Georg, Simon
7 Barbara, Blasius, Emmeram, Erasmus, Florian, Tyndale
8 Caecilia, Ignatius
9 Apollonia, Margareta, Mauritius, Philippus
10 Bonifatius, Laurentius, Pankratius, Valentinus
März
7 Lenzing
8 Lenzmond
marzipanähnliches
Naschwerk
5 Nugat
6 Nougat
Masche
3 Gag
7 Schlips
8 Schlaufe, Schleife, Schlinge
Maschenware
6 Gewirk
Maschenwerk
4 Netz
Maschine
bei der Schokoladenherstellung
6 Konche
für Erdarbeiten
5 Ramme
6 Bagger
7 Skraper
in der Baumwollindustrie
8 Delinter
Maschinenart
3 Lok
5 Motor, Pumpe, Ramme
6 Bagger, Dynamo, Geraet
7 Apparat, Turbine, Windrad
8 Flugzeug, Motorrad
9 Generator, Treibwerk, Triebwerk
11 Mechanismus
zum Glätten und Strecken
5 Walze
zum Hinrichten
10 Guillotine
zum Trennen von Stoffen verschiedener Dichte
10 Zentrifuge
zum Tuchaufrauhen
5 Karde
zum Verdichten
10 Kompressor

zum Zerschneiden von Baumstämmen
11 Gattersaege
zur Getreidereinigung
5 Tarar
zur Stromerzeugung
9 Generator
maschinelle
Großproduktion
9 Industrie
Vervielfältigung
5 Druck
Maschinenaufsteller
7 Monteur
Maschinenelement
4 Keil, Niet
Maschinengewehr
2 MG
3 IMG, sMG
maschinenmäßig
10 maschinell, mechanisch
Maschinenmeister
10 Maschinist
Maschinenmensch
7 Roboter
Maschinenpistole
2 MP
Maschinensatz
8 Aggregat
maschinenschriftliche
Druckvorlage
10 Typoskript
Maschinenständer
6 Stator
Maschinentätigkeit
ohne Arbeitsnutzen
8 Leerlauf
Maschinenteil
3 Rad
4 Keil, Niet
5 Achse, Backe, Feder, Hebel, Kette, Konus, Lager, Niete, Oeler, Rolle, Rotor, Stift, Welle
6 Bolzen, Bremse, Kolben, Kurbel, Pleuel, Stator, Ventil, Zapfen
7 Armatur, Trommel, Zahnrad
8 Anlasser, Exzenter, Getriebe, Kupplung, Schraube, Zylinder
9 Gestaenge, Kettenrad
10 Kugellager
12 Pleuelstange
15 Zahnradgetriebe
16 Antriebsaggregat
Maschinenwaffe
2 MG, MP
3 IMG, Pak, sMG
4 Flak
6 Flak MG, Gewehr
7 Pistole
9 Automatik, Geschuetz
11 Selbstlader
12 Double Action
14 Automatikwaffe, Revolverkanone
15 Maschinengewehr, Maschinenkanone, Salvengeschuetz
16 Flugabwehrkanone, Maschinenpistole, Raketengeschuetz
Maschinerie
4 Werk

7 Apparat, Betrieb
8 Getriebe
9 Apparatur
11 Mechanismus
Maschine schreiben
6 tippen
masernähnliche
Krankheit
7 Roeteln
Maserung
4 Ader
7 Geaeder
Maskareneninsel
7 Reunion
9 Mauritius, Rodriguez
Maskaron, Mascaron
5 Maske
6 Fratze
8 Grimasse
14 Fratzengesicht
Maske
5 Larve
6 Huelle
10 Kopfschutz
Maskenball
7 Redoute
9 Maskerade
11 Kostuemfest
12 Mummenschanz
Maskenmantel
6 Domino
Maskerade
10 Maskenball, Maskenfest
11 Verkleidung
12 Mummenschanz
Maskoki-Indianer
5 Creek
Maskottchen
7 Amulett
8 Talisman
14 Gluecksbringer
Maß
5 Model
6 Format, Mensur
7 Quantum
8 Standard
der Dämpfung in der Elektrik
5 Neper
der Eigenschaften aller Körper
5 Masse
der elektrischen Kapazität
5 Farad
der Leuchtdichte
3 Nit
der relativen Lautstärke
3 Bel
für Boxhandschuhe
4 Unze
für die Frequenz von Schwingungen
5 Hertz
für die Klopffestigkeit
9 Oktanzahl
für geschichtetes Holz
4 Ster
9 Raummeter
von einer Seite zur anderen
5 Dicke
Massage
7 Knetkur
Massaker
7 Blutbad
8 Gemetzel
Maßangabe
4 kurz, lang
Masse
4 Gros
5 Menge, Stoff
7 Bestand, Materie
8 Fuellung, Mehrheit, Nachlass, Substanz
10 Quantitaet
13 Restvermoegen
im Erdinnern
5 Magma
zum Kuchenbacken
4 Teig
Maßeinheit
2 Ar, at, cd, cl, cm, dl, dm, dz, ha, kg, lx, mm, NK, nm, ph, PS, sb
3 Amp, atm, bar, BRT, cal, cbm, ccm, den, Dyn, ◆ Fon, Lot, Lux, NRT, Ohm, Ton
4 Acre, Atue, Cran, Elle, Eman, Foot, Fuss, Grad, Gran, Inch, Kilo, Kufe, Mach, Mile, Phon, Phot, Rute, Sack, Torr, Unze, Volt, Watt, Yard, Zoll
5 Acker, Curie, Faden, Farad, Fuder, Gamma, Gauss, Graen, Gramm, Henry, Hertz, Joule, Kabel, Karat, Liter, Lumen, Meile, Metze, Ounce, Pfund, Pound, Quart, Quint, Stilb, Tonne
6 Ampere, Barrel, Bushel, Denier, Hektar, Kelvin, Knoten, Mandel, Mikron, Minute, Morgen, Schock, Stunde
7 Candela, Celsius, Coulomb, Dezibel, Dutzend, Kalorie, Oersted, Quarter, Reaumur, Sekunde, Tagwerk, Zentner
8 Kilowatt, Millibar, Scheffel, Seemeile
9 Kilogramm, Kilometer, Lichtjahr
10 Fahrenheit, Hektoliter, Kelvingrad, Kubikmeter, Mikrometer, Millimeter, Voltampere, Zentimeter
11 Atmosphaere, Kilokalorie, Wattsekunde
12 Quadratmeter
13 Metersekunden, Pferdestaerke, Sekundenmeter
16 Kilometerstunden, Stundenkilometer
auf Skalen
4 Grad
der Akustik
3 Bel
der Ausstrahlung
4 Eman
der Beschleunigung
3 Gal
der Dunkelleuchtdichte
4 Skot
der Frequenz
5 Hertz
der Kraft
4 Pond
der Lautstärke
3 ◆ Fon
4 Phon
7 ◆ Megafon
8 Megaphon
der Leuchtdichte
3 Nit
5 Stilb
der Luftleere
4 Torr
der Radioaktivität
5 Curie
der Telegrafiergeschwindigkeit
4 Baud
der Viskosität
5 Poise
6 Stokes
der Wärmemenge
5 Joule
7 Kalorie
der Zeit
6 Stunde
des Druckes
4 Torr
des ebenen Winkels
3 Gon
des elektrischen Widerstandes
3 Ohm
des radioaktiven Gehaltes von Quellwasser
4 Eman
für 1000
5 Dekar
für Chemiefaser
3 den
für die Feinheit von Fasern
6 Denier
für die magnetische Induktion
5 Tesla
für elektrische Leistung
4 Watt
für elektrischen Widerstand
3 Ohm
für elektrische Spannung
4 Volt
für elektrische Stromstärke
6 Ampere
für Energie
5 Joule
für Gold
5 Karat
für Induktion
5 Henry
für Lichtstärke, -strom
5 Lumen
in der Bäderheilkunde
4 Eman
Maßeinteilung
an Messinstrumenten
5 Skala
in der Technik
5 Skale
Massenangst
5 Panik
Massenaufmarsch
7 Andrang
10 Kundgebung
13 Demonstration, Protestaktion
Massenerkrankung
6 Seuche
7 Endemie
8 Epidemie, Pandemie
Massen-, Gewichtseinheit
5 Gramm
Massengutbehälter
6 Bunker

9 Container
Massenherstellung
von Bekleidung
10 Konfektion
Massenmedium
9 Fernsehen
Massenopfer
10 Hektatombe
Massenverkehrsmittel
3 Bus
Masseteilchen
3 Ion
9 Korpuskel
maßgebende
Persönlichkeit
10 Autoritaet
maßgebend, maßgeblich
8 normativ
9 gewichtig, kompetent
10 autoritaer
11 autoritativ
16 richtungsweisend
maßgeblicher
Umstand
6 Faktor
massieren
6 kneten
mäßig
3 mau
4 flau
6 gering
7 moderat, schwach
große Ansiedlung
10 Kleinstadt
langsames Musikstück
7 Andante
lebhaftes Musikstück
10 Allegretto
schnelles Musikstück
8 Moderato
10 Allegretto
steiler Abhang
5 Halde
warm
3 lau
mäßigen
10 nachlassen
12 abschwaechen
massiger
Unpaarhufer
7 Nashorn
mäßiger
Wind
5 Brise
Mäßigkeit
9 Temperenz
massig, massiv
4 dick, fest, grob, hart
5 breit, feist, stark
6 robust, schwer
7 kompakt, wuchtig
8 gediegen, kraeftig, maechtig
9 gedrungen, korpulent
13 schwerfaellig
Massiv
der Rätischen Alpen
7 Bernina
der Venezianischen Alpen
6 Grappa
des östlichen Mittel-Taurus
6 Aladag
in Graubünden
3 Err

massiver
Rundkörper
5 Rolle
Maßkontrolle
7 Eichung
maßlos
5 enorm
6 ueppig
9 unbaendig
10 exorbitant
11 erstaunlich
maßloses
Begehren
4 Gier
5 Manie, Sucht
Maßlosigkeit
6 Exzess
Maßnahme
3 Akt, Tat
6 Aktion
8 Handlung, Regelung
9 Anordnung
10 Verfuegung
12 Amtshandlung, Veranlassung
im ABC-Krieg
14 Strahlenschutz
in Wirtschaftskrisen
10 Kurzarbeit
zur Pflege des Wildes
4 Hege
Maßregel
4 Norm
5 Kanon
7 Weisung
9 Anordnung, Direktive, Dragonade
maßregeln
6 ruegen, tadeln
9 bestrafen
13 zurechtweisen
Maßschneider
8 Tailleur
Maßstab
4 Norm
5 Kanon, Regel
6 Lineal
7 Weisung
8 Bandmass, Standard
9 Anordnung, Direktive, Grundsatz, Kriterium, Metermass, Zollstock
10 Richtlinie
11 Richtschnur
als Gerät
6 Lineal
9 Zollstock
Maßstandard
9 Meterstab
Maß-und Gewichtskunde
10 Metrologie
Mast
5 Besan
7 Vortopp
8 Fockmast
9 Besanmast, Besantopp, Bugspriet, Grossmast, Grosstopp, Vorstenge
10 Hollaender
11 Besanstenge, Grossstenge
Mastbaumbefestigung
3 Gei
Mastgeflügel
6 Kapaun, Poulet

8 Mastgans, Poularde
Masthahn
6 Kapaun
Mastiff
5 Dogge
Mastix
4 Harz
mastloses
Boot
4 Ewer, Kahn
5 Barke
6 Gondel
Mastspitze
4 Topp
Maststütztau
auf Schiffen
4 Stag
Mastteil
3 Raa
4 Bram, Mars, Rahe, Stag, Topp
5 Brass, Royal, Wante
6 Brasse, Saling, Spiere, Stenge
7 Pardune
Matador
6 Torero
8 Toreador
13 Siterkaempfer
Match
4 Game
5 Kampf, Spiel, Wette
6 Partie
7 Treffen
9 Wettkampf
10 Konkurrenz
Mategetränk
6 Bronte
Mater
4 Form
7 Matrize
dolorosa
5 Pieta
10 Marienbild, Mutter Jesu, Vesperbild
Material
der Elefantenstoßzähne
9 Elfenbein
der optischen Industrie
7 Rohglas
des Glasers
4 Glas, Kitt
des Malers
4 Lack
5 Farbe
des Töpfers
3 Ton
für elastisches Gewebe
6 Lastex
für Hüte
4 Filz, Samt
5 Stroh
7 Velours
für Schnitzarbeiten
4 Holz
für Stuck
4 Gips
zum Dachdecken
6 Ziegel
9 Teerpappe
10 Dachziegel
zur Buchherstellung
6 Papier
zur Kerzenherstellung
7 Stearin

Materialabnutzung
11 Verschleiss
Materialkonstante
5 Modul
Material, Materie
4 Fach
5 Masse, Stoff
6 Gebiet, Gehalt, Inhalt, Mittel
8 Rohstoff, Substanz
9 Grundlage, Werkstoff
10 Fachgebiet, Gegenstand, Grundstoff, Sachgebiet
11 Fragenkreis, Hilfsmittel, Themenkreis
Materialsammlung
6 Kartei
Materialverlust
6 Abrieb
Materie
5 Stoff
7 Urstoff
materiell
12 substantiell, ◆ substanziell
materieller
Schaden
7 Verlust
Stoff, Beschaffenheit
8 Substanz
materielles
Teilchen
8 Partikel
Mathematiker
3 Lie
4 Abel
5 Euler, Frege, Gauss, Gibbs, Hardy, Hasse, Klein, Meton, Riese, Vieta
6 Ampere, Briggs, Cantor, Cauchy, Euklid, Fermat, Galois, Guldin, Jacobi, Kepler, Ludolf, Newton, Pappus, Pascal, Planck, Thales, Wiener
7 Basedow, Cardano, Doppler, Hilbert, Huygens, Jungins, Lambert, Laplace, Leibniz, Moebius, Neumann, Riemann, Russell, Steiner
8 Alembert, Blaschke, Dedekind, Diophant, Einstein, Lagrange, Leibnitz, Pluecker, Poincare
9 Burkhardt, Descartes, Dirichlet, Grassmann, Kronecker, Lindemann, Minkowski, Reichardt
10 Archimedes, Chintschin, Maupertuis, Ptolemaeus, Pythagoras, Torricelli
11 Tschirnhaus, Weierstrass
13 Lobatschewski
Mathematikgebiet
7 Algebra
9 Geometrie
10 Arithmetik
12 Stereometrie
13 Trigonometrie
mathematische
Berechnungsgröße
10 Koordinate
Dreisatzrechnung
10 Regeldetri
Figur
5 Kegel, Kreis, Kubus, Kugel, Raute
6 Prisma, Quader, Trapez
7 Ellipse, Quadrat, Rhombus, Vieleck, Viereck, Wuerfel
8 Pyramide, Zylinder
Größe
11 Logarithmus
Linie
6 Gerade, Polare
Zeichnung
8 Diagramm
mathematischer
Begriff, Gerät, Hilfsmittel
3 Lot, Pol
4 Ambe, Grad, plus, Zahl
5 Achse, Basis, Binom, Bogen, Bruch, Ebene, Fokus, Glied, Hoehe, Kante, Kegel, Komma, Kreis, Kubus, Kugel, Kurve, Linie, minus, Mitte, Punkt, Radix, Raute, Sehne, Seite, Sinus, Summe, Tiefe
6 Abakus, Breite, Faktor, Formel, Gerade, Inhalt, Laenge, Lineal, Mittel, Nenner, Potenz, Prisma, Quader, Radius, Sektor, Spitze, Strahl, Teiler, Trapez, Trinom, Umfang, Winkel, Wurzel, Zirkel
7 Achteck, Algebra, Analyse, Cosinus, Divisor, Dreieck, Einheit, Ellipse, Flaeche, Kathete, Komplex, Kosinus, Loesung, Maximum, Minimum, negativ, Numerus, Parabel, Produkt, Prozent, Quadrat, Rhombus, Segment, Sekante, Sphaere, Spirale, Tangens, Teilung, Vieleck, Viereck, Volumen, Wuerfel, Zaehler, Zentrum
8 Abszisse, Addition, Dezimale, Dividend, Division, Exponent, Fuenfeck, Funktion, Hyperbel, Integral, Mantisse, Ordinate, Pentagon, Primzahl, Pyramide, Quotient, Rechteck, Resultat, Rhomboid, Scheitel, Schenkel, Sechseck, Synthese, Tangente, Zylinder
9 Asymptote, Diagonale, Differenz, Dimension, Ellipsoid, Geometrie, Gleichung, Grundzahl, Halbkreis, Kongruenz, Konstante, Kubikzahl, Parallele, Quersumme, Symmetrie, Vertikale
10 Arithmetik, Brennpunkt, Entfernung, Grundlinie, Halbierung, Halbmesser, Hypotenuse, Komponente, Koordinate, Peripherie, Proportion, Regeldetri, Senkrechte, Sinuskurve, Unbekannte
11 Durchmesser, Horizontale, Koeffizient, Logarithmus, Mengenlehre, Mittelpunkt, Oberflaeche, Perspektive, Progression, Subtraktion, Waagerechte
12 Differential, ◆ Differenzial, Grundflaeche, Schnittpunkt, Stereometrie, Winkelmesser
13 Generalnenner, Scheitelpunkt, Trigonometrie
14 Multiplikation, Parallelogramm, Rechenschieber
15 Goldener Schnitt, Kathetenquadrat, Kreisausschnitt
16 Mittelsenkrechte
Grenzwert
5 Limes
Kegelschnitt
8 Hyperbel
mathematisches
Ganzes
6 Eintel
Zeichen
4 Plus
5 Minus
6 Wurzel
7 Klammer
8 Integral
Matratzenstoff
5 Drell
Mätresse
5 Buhle
8 Geliebte
Ludwigs I.
10 Lola Montez
Ludwigs XIV.
9 Fontanges
10 Lavalliere
Ludwigs XV.
7 Dubarry
9 Pompadour
Matrize
4 Form
5 Mater
8 Gussform
9 Druckform
Matrose
7 Seemann
9 Blaujacke
Matrosengepäck
7 Seesack
Matrosenlied
6 Shanty
Matrosenlöhnung
5 Heuer
Matrosenschlafstatt
11 Haengematte
Matrosenunterhemd
6 Troyer
Matrosenwirt
3 Bas
matt
3 mau
4 flau
5 muede
6 stumpf, truebe
7 besiegt, schlapp, schwach
8 glanzlos, kraftlos
9 erchoepft
Matte
zum Säubern der Schuhe
8 Abtreter
mattfarbig
5 blass
mattgelb
5 creme

mattglänzendes
Kügelchen
5 Perle
Mattkohlenart
5 Durit
Matura
6 Abitur
13 Reifepruefung
mau
4 flau, matt, mies
Mauer
4 Wand
9 Steinwand
10 Ziegelwand
Mauerbewurf
4 Putz
7 ◆ Rauputz, Verputz
8 Rauhputz
Mauerbogen
auf Säulen
6 Arkade
Mauerbrecher
5 Aries
Mauerbrei
5 Speis
Mauerbruch
7 Bresche
Mauerkante, -leiste
4 Sims
Mauerkrone, -rand
5 Zinne
Mauerlücke
7 Scharte
Mauerpfeffer, Fetthenne
5 Sedum
Mauerpfeiler
6 Lisene
Mauerritze
4 Fuge
Mauersalat
7 Lattich
Mauerstein
6 Ziegel
Mauerstirn
4 Ante
Mauerstreifen
4 Sims
6 Gesims, Lisene
Mauerverkleidung
4 Putz
6 Paneel, Tapete
Mauervertiefung
6 Nische
Mauerverzierung
4 Sims
5 Fries
6 Lisene
7 Risalit
Mauervorsprung
5 Erker
Maul
4 Mund
6 Fresse, Rachen
7 Schlund
8 Schnauze
beim Rotwild
5 Aeser
bei Schafen und Ziegen
6 Muffel
Maulaffe
6 Gaffer
Maulbeergewächs, Frucht
4 Hanf
5 Feige
Maulbeerkeim
6 Morula
maulen
6 murren
9 schmollen
13 widersprechen
Maulesel
der islam. Legende
5 Burak
Maulesel, Maultier
4 Muli, Mulu
5 Mulus
Maulform
7 Ruessel
Maulheld
7 Poltron
Maulschelle
7 Dachtel, Watsche, Watschn
8 Ohrfeige, Watschen
9 Backfeige
10 Backpfeife, Denkzettel
13 Backenstreich
Maulteil
5 Lefze
6 Rachen
7 Schlund
maulwurfsgrau
5 taupe
Maulwurfsgrille
5 Werre
Maurenfeldherr
um 711
5 Tarik
Maurerwerkzeug
5 Kelle
7 Senklot
8 Faeustel, Senkblei, Spachtel
11 Richtscheit, Wasserwaage
mauretanische
Stadt
4 Atar
5 Kaedi, Rosso
8 Zouerate
10 Nouadhibou, Nouakchott, Nuakschott
maurische
Münze
5 Franc
7 Centime
maurisches
Geschlecht
12 Abencerragen
Schloss bei Granada
8 Alhambra
Mauser
12 Federwechsel
Mauserei
9 Diebstahl
Mauserzeit
Wassergeflügel
4 ◆ raue
5 Rauhe
mausgraues
Flattertier
10 Fledermaus
Maus, mausähnliche Art
4 Ratz
5 Bilch, Ratte, Relle
6 Illing
7 Erdmaus, Hamster, Lemming
8 Bandmaus, Baummaus, Buntmaus, Feldmaus, Fettmaus, Grasmaus, Hausmaus, Rennmaus, Tanzmaus, Waldmaus
9 Ackermaus, Bilchmaus, Blessmull, Blindmaus, Brandmaus, Dscherboa, Haselmaus, Hausratte, Huepfmaus, Kahlratte, Nacktmull, Pestratte, Reisratte, Schermaus, Schlaefer, Weissmaus, Wuehlmaus, Zwergmaus
10 Backenmaus, Berbermaus, Birkenmaus, Bisamratte, Eichelmaus, Fischratte, Nacktratte, Nasenratte, Ohrenratte, Rattenkopf, Roetelmaus, Schneemaus, Springmaus, Wassermaus, Wurzelmaus
11 Bambusratte, Borkenratte, Felsenratte, Fruchtratte, Goldhamster, Hoehlenmaus, Klettermaus, Kurzohrmaus, Sandgraeber, Springratte, Stachelmaus, Wanderratte, Wasserratte, Wuestenmaus
12 Erdwuehlmaus, Feldhausmaus, Grosshamster, Halsbandmaus, Hamsterratte, Maehnenratte, Sandrennmaus, Schwimmratte, Stachelbilch, Streifenmaus
13 Baumschlaefer, Baumwollratte, Feldhuepfmaus, Kaninchenmaus, Waldwuehlmaus, Weissfussmaus
14 Alpenwuehlmaus, Blinddarmbilch, Maulwurfsratte, Pferdespringer, Salzkrautbilch, Schnellwuehler, Untergrundmaus
15 Gartenschlaefer, Siebenschlaefer
16 Greifschwanzmaus
17 Wuestenspringmaus
18 Mosaikschwanzratte, Pinselschwanzbilch
19 Stumpfschnauzenmull, Zwergpferdespringer
Mausoleum
7 Grabmal
in Indien
11 Tadsch Mahal
Maut
4 Zoll
7 Wegzoll
Maxime
5 Motto
6 Devise
7 Prinzip
9 Grundsatz
11 Lebensregel, Richtschnur
Maya-Gottheit
7 Hunahan, Hunahpu, Hurakan, Itzamna
9 Kulkulkan
Maya-Stadt
in Guatemala
5 Tikal

Mäzen
7 Goenner
Mechanik, Mechanismus
4 Werk
8 Getriebe
9 Triebwerk
11 Maschinerie
Mechanik-Teilgebiet
6 Statik
7 Dynamik
9 Kinematik
mechanisch
9 technisch
10 maschinell
11 automatisch
12 selbsttaetig
akustisches Gerät
9 ◆ Grammofon
10 Grammophon
mechanische
Abtragung durch Flüsse
7 Erosion
Arbeitsgeräte
9 Maschinen
Fabrikation
10 Automation
mechanischer
Spielautomat
9 Spieldose
mechanisches
Glockenspiel
8 Carillon
Musikinstrument
11 Orchestrion
Mechanismus
eines Zeitmessgeräts
7 Uhrwerk
Meckerer
8 Krittler
9 Noergeler, Querulant
11 Kritikaster
meckern
8 kritteln, noergeln
11 raesonieren
mecklenburgische
Ostseeinsel
6 Usedom, Wollin
Stadt
4 Plau
5 Barth, Laage, Luebz, Mirow, Waren
6 Anklam, Demmin, Grabow, Roebel, Wismar
7 Doberan, Grimmen, Malchin, Parchim, Rostock, Templin, Teterow, Wolgast
8 Guestrow, Pasewalk, Prenzlau, Schwerin, Torgelow
9 Gadebusch, Perleberg, Stralsund
10 Boizenburg, Greifswald, Schoenberg
11 Neustrelitz, Warnemuende
14 Neubrandenburg
mecklenburgischer
Dichter
6 Reuter
mecklenburgisches
Adelsgeschlecht
6 Buelow, Moltke
10 Bernstorff

Medaille
in eckiger Form
8 Plakette
Medeas
Heimat
7 Kolchis
Mann
5 Iason
Medikament
6 Arznei, Chinin, Mittel, Natron
7 Medizin
9 Pharmakon, Praeparat
10 Aetznatron, Heilmittel, Penicillin
für Zuckerkranke
7 Insulin
ohne Wirkstoff
7 Placebo
Medikamentform
5 Pille, Salbe
6 Dragee, Kapsel, Pulver
8 Granulat, Pastille, Tablette
9 Zaepfchen
medischer
König
8 Astyages
Medium
7 Mittler
Mediziner
4 Arzt
6 Doktor
7 Medikus
10 Homoeopath
medizinisch:
Abführmittel
6 Laxans
Ablagerung
5 Depot
Achselhöhle
6 Axilla
Anfall
6 Insult
Antikörper
5 Lysin
Atemlosigkeit
5 Apnoe
Augenhöhle
6 Orbita
Ausstopfung
9 Tamponage
Bauch, Magen
6 Gaster
Benommenheit
5 Amenz
Beugemuskel
6 Flexor
Bindenverband für den Kopf
5 Funda
Bissen, Klumpen
5 Bolus
Bläschenausschlag
6 Herpes
Blase
5 Bulla
Blasengeschwulst
5 Zyste
Boden eines Hohlorgans
6 Fundus
Borke, Schorf
6 Crusta
Brechreiz, Seekrankheit
6 Nausea

Buckel
6 Gibbus
Darmverschluss
5 Ileus
den Fetus betreffend
5 fetal
6 foetal
den Kopf betreffend
6 kephal, zephal
die Lenden betreffend
6 lumbal
die Nieren betreffend
5 renal
Dünndarmteil, Krummdarm
5 Ileum
Ei, Eizelle
6 Ovulum
Eingeweide, Leistenbruch
6 Hernie
entzündliche Hautrötung
5 Rubor
Fettgeschwulst
5 Lipom
6 Lipoma
Frostbeule
6 Pernio
fruchtbar
6 fekund, fertil
Gähnkrampf
6 Chasma, Oszedo
Geburt, Entbindung
6 Partus
Gehunfähigkeit
6 Abasie
geistig krank
5 insan
Geschützter
8 Impfling
Geschwulst
5 Zyste
Gewebewassersucht
5 Oedem
Greisenalter
6 Senium
Grimmdarm
5 Colon, Kolon
Haar
6 Crinis
Hals
6 Collum
Hautentzündung, Juckflechte
5 Ekzem
Hautfarbe
6 Chroma
Hautknötchen
6 Papula
Hautlappen zur Transplantation
5 Patch
Hauttuberkulose
5 Lupus
hinfällig, gebrechlich
5 kaduk
Hohlraum
5 Cavum
Hühnerauge
6 Clavus
in der Mitte
6 medial
Kehlkopf
6 Larynx
knetbare Masse, Brei
5 Magma

Knochenbruch
7 Fraktur
Knochengeschwulst
6 Osteom
Knochenriss, Spalte
6 Fissur
Knoten, Geschwulst
6 Glomus
krankhafte Angst
6 Phobie
Krankheit
6 Morbus
Kurzsichtigkeit
6 Myopie
Leber
5 Hepar
Lendenmuskel
5 Psoas
Lippe
6 Labium, Labrum
Lunge
5 Pulmo
Mal, Muttermal
6 Naevus
Menschenkinn
6 Mentum
Mund, Öffnung
5 Stoma
Muskelentzündung
6 Myitis
Nacken, Hals
6 Cervix
Narbenbildung
5 Ulose
Nerv
6 Nervus
neugebildetes Gewebe
6 Kallus
Ohrenentzündung
6 Otitis
Ohrenschmerz
6 Otagra
Organhauptteil
6 Corpus, Korpus
Pupillenverengung
6 Miosis
Ring um die Augen
4 Halo
Rippe
5 Costa
röhrenförmiger Durchgang
5 Kanal
Rückenmarkschwindsucht
5 Tabes
Schlafsucht
5 Sopor
Schleimhaut
6 Mukosa
Schmerz
5 Dolor
Schnupfen
6 Koryza
Schwachsinniger
6 Kretin
schwanger
6 gravid
Schweiß
5 Sudor
Schwiele
6 Kallus
Stauung
5 Stase
steif, starr
5 rigid
Streuherd einer Infektion
5 Fokus
Teillähmung
6 Parese
Tod
6 Exitus
Tollwut
5 Lyssa
Trieb
5 Nisus
Übel, Krankheit
5 Malum
übel riechend, stinkend
6 foetid
übermäßiger Haarwuchs
6 Pilose
übler Geruch
6 Foetor
Veitstanz
6 Chorea
Versteifung, Starre
5 Rigor
warmer Umschlag
6 Foment
weibliche Brust, Brustdrüse
5 Mamma
Zahnfleischgeschwulst
6 Epulis
Zeigefinger
5 Index
Zellenauflösung
5 Lysis
Zittern der Regenbogenhaut
6 Hippus
Zunge
6 Glossa

medizinische
Betäubung
7 Narkose
11 Anaesthesie
Einrichtung
8 Ambulanz
Fachwissenschaft
9 Chirurgie
10 Endoskopie, Paediatrie
11 Kardiologie, Orthopaedie
12 Dermatologie
Flüssigkeitszufuhr
8 Infusion
Glasröhrchen
8 Ampullen
operative Entfernung
7 Ektomie
Paste
5 Salbe
Pflanze
9 Heilkraut

medizinischer
Begriff
2 KG
3 ◆ Alb, Alp, Cor, Dos, Eau, Fel, Fer, Kot, Tod
4 Akne, akut, Amok, Arzt, Aura, Band, Blut, Coxa, Damm, Fett, Gang, Gift, Glia, Haut, Herd, Iris, Keim, Koma, Lage, Leib, Lien, Lues, Mark, Myom, Nest, Pest, Pore, Puls, Rose, Soma, Star, Urin, Vene, Wolf, Wurm
5 Abort, Absud, After, Aorta, Beule, Bolus, Brand, Bruch, Cubus, Derma, Dolor, Dosis, Droge, Eiter, Ekzem, Femur, Fetus, Genus, Gicht, Glied, Gries, Grind, Ileus, immun, Kanal, Kolik, Krebs, Krise, Kropf, Lepra, letal, lokal, Lupus, Manie, Mumps, Narbe, Oedem, Optik, Organ, Phase, Polyp, Prise, Puder, Puste, Stuhl, Teint, Toxin, Trieb, Tumor, Typus, Ulcus, Ulkus, Virus, Wehen, Wunde, Zelle, Zyste
6 abnorm, Aditus, Affekt, Agonie, Anatom, Anfall, Angina, anomal, Asthma, Atmung, Attest, Buckel, Bulbus, Callus, Caries, Corona, Corpus, diffus, distal, dorsal, Druese, Embryo, Erguss, Exitus, Extrem, Faeule, Fibula, Fieber, Fistel, Geburt, Gewebe, Grippe, Heroin, Husten, Impuls, Kallus, Kapsel, ◆ Katarr, Krampf, Krisis, latent, Leiden, Lingua, Masern, Nervus, Neurit, Neurom, Neuron, Osmose, Pepsin, Phiole, Plasma, Pocken, Praxis, Psyche, Pustel, Quelle, Rausch, Reflex, Retina, Rheuma, Saeure, Sarkom, Schock, Schorf, Sekret, Sepsis, Seuche, Sperma, Status, Stumpf, Thorax, Trauma, Typhus, Unfall, Wurzel
7 Abszess, Alkohol, Amnesie, Anaemie, anormal, Apathie, Appetit, Atemnot, Aussatz, Basedow, Bazille, Blutung, Chirurg, Cholera, Colitis, Dentist, Distanz, Embolie, Emotion, Exsudat, Fiktion, Flechte, Fluidum, Fraktur, Herzton, Icterus, Idiotie, Ikterus, Infarkt, Irrsinn, Ischias, Kalorie, Katarrh, Kaverne, Knochen, Knorpel, Kollaps, Komplex, Kraetze, Malaria, nervoes, Neurose, Patient, Pigment, Podagra, Polypen, primaer, Reissen, Roeteln, Schleim, Schmelz, Schmerz, Skelett, Skorbut, Stadium, Symptom, Tetanie, Tetanus, Tollwut, Toxikum, Trachom, Tripper, Volumen, Wallung, Zerrung, Zuckung, Zustand, Zwitter
8 Allergie, ambulant, Ambulanz, Anatomie, Apotheke, Appendix, Arthrose, Atrophie, Bandwurm, Bazillen, Bazillus, Beriberi, Blaehung, Blattern, Blutbild, Blutegel, Bronchie, Bulletin, Chefarzt, Delirium, Diarrhoe, Emphysem, Epidemie, Eruption, Euphorie, Faeulnis, Fibrille, Follikel, Furunkel, Ganglion, Glykogen, Haematom, Hausarzt, Hautwolf, Hohlfuss, Hornhaut,

Hospital, Hysterie, Impotenz, Indolenz, Infusion, Juckreiz, Karditis, Karzinom, Laehmung, Lazarett, Luxation, Meniskus, Migraene, Mutation, Myelitis, Neuritis, Oberhaut, Ohnmacht, Paralyse, Physikum, Psychose, Rachitis, Rhythmus, Sadismus, Schielen, Schwiele, Sklerose, Speichel, Stottern, Synthese, Syphilis, Taubheit, Tobsucht, Tuberkel, Wahnsinn
9 Arthritis, Assistent, Assistenz, Atavismus, Ausschlag, Blinddarm, Blindheit, Blutarmut, Blutdruck, Blutprobe, Blutserum, Blutsturz, Bronchien, Chirurgie, chronisch, Durchfall, Epidermis, Epilepsie, Erbrechen, Ermuedung, Expension, Fallsucht, Fettsucht, Gastritis, Gelbsucht, Geschwuer, Harnstoff, Hautkrebs, Hautoedem, Hepatitis, Herzkrise, Heufieber, Infektion, Influenza, Karbunkel, Karfunkel, Klumpfuss, Knickfuss, Konfusion, Kopfdruck, Kreislauf, Lethargie, Leukaemie, Magensaft, Metastase, Milzbrand, Neuralgie, Obduktion, Operateur, Plattfuss, Pneumonie, Praeparat, Pubertaet, Reduktion, Resektion, Rueckfall, Scharlach, Scheintod, Schnupfen, Schwermut, Schwindel, Stimmband, Stuhlgang, Thrombose, Ueberbein, Veitstanz, Verdauung, Vererbung, Wundbrand, Zahnstein
10 Bluterguss, Blutgruppe, Bluthusten, Blutplasma, Blutzucker, Bronchitis, Brustkrebs, Darmfistel, Depression, Dermatitis, Diphtherie, Entbindung, Erblindung, Erkaeltung, Erstickung, Erweichung, Euthanasie, Fehlgeburt, Gehoergang, Gelbfieber, Geschlecht, Geschwulst, Gesundheit, Halsdruese, Halsfistel, Harnleiter, Harnroehre, Harnsaeure, Hautatmung, Heiserkeit, Herzasthma, Herzbeutel, Herzfehler, Herzkammer, Herzschlag, Hirnschlag, Immunitaet, Indikation, Intoleranz, Krampfader, Lachkrampf, Meningitis, Missgeburt, Muedigkeit, Mundfaeule, Mundhoehle, Muskulatur, Naehrstoff, Nebenniere, Ohrenfluss, Organismus, Paratyphus, Pharmazeut, Psychiater, Quetschung, Sanatorium, Schluckauf, Schwellung, Simulation, Sodbrennen, Stimmbruch, Temperatur, Thermophor, Thermostat, Trunksucht, Verfettung, Vergiftung, Verkalkung, Verletzung, Verrenkung, Vitalitaet, Wasserkopf, Weinkrampf, Windpocken, Wochenbett, Wundfieber, Wundschorf, Zipperlein, Zwergwuchs
11 Abnormitaet, absorbieren, ◆ Albdruecken, Alpdruecken, Bandscheibe, Bartflechte, Blasenstein, Bleichsucht, Blutgefaess, Blutspender, Brusthoehle, Brustwirbel, Darmkatarrh, Eiterbeutel, Entzuendung, Extremitaet, Fettembolie, Fieberkurve, Fiebertafel, Fleckfieber, Flecktyphus, Frigiditaet, Fruchtblase, Furunkulose, Gallenblase, Gallenkolik, Gallenstein, Gehirntumor, Gerstenkorn, Graviditaet, Guertelrose, Haemoglobin, ◆ Haemorriden, Harnstauung, Herzinfarkt, Herzklopfen, Herzneurose, Hexenschuss, Infizierung, Intensitaet, intravenoes, Keuchhusten, Kleptomanie, Knochenhaut, Kurpfuscher, Lungenoedem, Lymphdruese, Melancholie, Missbildung, Nasenbluten, Nervenzelle, Nervositaet, Nesselsucht, Niederkunft, Nierenkolik, Nierenstein, Ohrensausen, Schwachsinn, Sonnenstich, Starrkrampf, Sumpffieber, Thermometer, Totenstarre, Tuberkulose, Verbloedung, Verbrennung, Verstopfung, Vivisektion, Wanderniere, Wassersucht, Wolfsrachen, Zahnfleisch, Ziegenpeter
12 Alkoholismus, Degeneration, Elefantiasis, Entkraeftung, Erschoepfung, Fruchtwasser, Gehirnschlag, Genickstarre, Gesichtsrose, Groessenwahn, Haftpsychose, Hasenscharte, Herzflattern, Heuschnupfen, Hypochondrie, Jodausschlag, Klimakterium, Knochenbruch, Knochenfrass, Komplikation, Laboratorium, Leistenbruch, Magenschmerz, Nervenfieber, Nervenschock, Nervensystem, Nesselfieber, Quetschwunde, Rhesusfaktor, Rheumatismus, Schilddruese, Schlaganfall, Schwindsucht, Seekrankheit, Stoffwechsel, Tropenfieber, Verstauchung, Zellengewebe
13 Blutkreislauf, Elephantiasis, Fortpflanzung, Gasvergiftung, Gehirnblutung, Gliederstarre, Haemorrhoiden, Halluzination, Hautausschlag, Herzgeraeusch, Kaiserschnitt, Knochengewebe, Lungenblutung, Muskelschwund, Nervenzentrum, Ohrgeschwulst, Poliomyelitis, Schaedelbruch, Schizophrenie, Schlafwandeln, Schlangengift, Sensibilitaet, Traubenzucker, Wechselfieber, Zahnheilkunde
14 Angina pectoris, Bleivergiftung, Blutvergiftung, Darmverschluss, Guertelflechte, Kindbettfieber, Kinderlaehmung, Magengeschwuer, Nervenlaehmung, Pilzvergiftung, Rekonvaleszent, Rekonvaleszenz, Sprachstoerung, Sterilisierung, Stockschnupfen
15 Arteriosklerose, Bluterkrankheit, Blutzirkulation, Farbenblindheit, Fischvergiftung, Halsentzuendung, Kurzsichtigkeit, Schlaflosigkeit, Schneeblindheit, Tropenkrankheit, Unterernaehrung, Verfolgungswahn, Weitsichtigkeit, Zuckerkrankheit
16 Lokalanaesthesie
17 Gewebeverhaertung

Beruf
7 Hebamme

Einschnitt
8 Inzision

Titel
8 Oberarzt

Verband
4 Mull
5 Binde
8 Pflaster

medizinisches
Instrument
5 Sonde, Zange
7 Spritze
8 Endoskop, Pinzette, Skalpell
11 Impfpistole

Röhrchen
5 ◆ Draen, Drain
8 Katheder

Medizinmann
8 Schamane

südamerikanischer Indianer
5 Piaje

Medizinstudent
im Krankenhaus
7 Famulus
15 Arzt im Praktikum

Medusa
5 Gorgo
7 Gorgone
9 Ungeheuer

Meduse
6 Qualle

Meer
3 See

5 Ozean
6 Ostsee
7 Eismeer, Nordsee, Pazifik, Suedsee
8 Atlantik
9 Polarmeer
10 Mittelmeer
12 Grosser Ozean, Nordatlantik, Stiller Ozean, Suedatlantik
14 Indischer Ozean
16 Pazifischer Ozean
17 Atlantischer Ozean
18 Noerdliches Eismeer

meerbewohnendes
Hohltier
7 Koralle
Säugetier
7 Blauwal

Meerbusen, Meeresbucht
3 Bai
4 Golf, Haff
5 Bucht, Fjord
6 Bodden, Foerde
der Emsmündung
7 Dollart

Meerdrachen
6 Rochen

Meerenge
4 Gatt, Sund
bei Istanbul
8 Bosporus
bei Italien
7 Otranto
der Salomonen
4 Slot
der westlichen Ostsee
4 Belt
in der Ostsee
4 Belt, Sund
in Nordeuropa
4 Belt, Sund
8 Oeresund
in Südosteuropa
8 Bosporus
10 Hellespont
11 Dardanellen
zwischen Amerika und Asien
13 Beringstrasse
zwischen Ostsee und Kattegat
4 Sund
zwischen Schweden und Jütland
8 Kattegat

Meeresalgen
4 Tang

Meeresarm
zwischen Frankreich und England
11 Aermelkanal

Meeresausbuchtung
5 Busen

Meeresbewegung
4 Tide, Woge
5 Welle
7 Brecher, Duenung, Seegang
8 Brandung, Grundsee, Sturzsee
9 Sturmflut
10 Springflut

Meeresbrise
7 Seeluft

Meeresbucht
3 Bai, Bay
4 Golf
5 Fjord
6 Foerde
bei Sulawesi
5 Tioro
des Atlantiks
7 Biscaya
in Kanada
9 Hudsonbai

Meeresgestade
6 Strand

Meeresgöttin, Meeresgott
3 Ran
5 Aegir
6 Neptun, Nereus, Pontos, Thetis, Triton
7 Okeanos, Phorkys, Proteus
8 Poseidon
10 Amphitrite

Meereshorizont
4 Kimm

Meeresjungfrau, -nymphe
4 Nixe
6 Sirene, Undine
7 Galatea, Nereide
8 Galataia, Melusine, Okeanide

Meereskrebs
6 Eremit, Granat, Hummer, Krabbe
7 Garnele
8 Languste, Seepocke
10 Einsiedler, Meereichel
15 Einsiedlerkrebs

Meereskunde
11 Ozeanologie
12 ◆ Ozeanografie
13 Ozeanographie

Meeresküste
4 Ufer
6 Strand
7 Gestade
9 Steilufer

Meeresmuschel
6 Auster

Meerespflanze
4 Alge, Tang
7 Seegras
9 Braunalge, Gruenalge
11 Meerlattich

Meeresraubfisch
3 Hai
6 Rochen
7 Muraene
8 Seehecht
9 Barrakuda

Meeresriesin
3 Ran, Rau

Meeressäugetier
3 Wal
5 Robbe
6 ◆ Delfin, Narwal, Seekuh, Seiwal
7 Blauwal, Delphin, Walross
8 Seeloewe

Meeresschildkröte
5 Bissa
7 Karette

Meeresschlamm
7 Schlick

Meeresschnecke
6 Nerite, Seeohr

Meeresschwarmfisch
6 Hering

Meeresspeisefisch
6 Hering
7 Makrele
8 Kabeljau

Meeresstraße
4 Sund
an der schottischen Küste
5 Minch
in West-England
5 Menai
zur Tokiobucht (Japan)
5 Uraga
zwischen Frankreich und England
5 Kanal
zwischen Iran und Arabien
5 Ormus

Meeresströmung
5 Drift

Meeresteil
südlich von Nagasaki
7 Amakasa
zwischen Europa und Kanada
12 Nordatlantik

Meerestiefenmessgerät
7 Echolot

Meerestier
3 Aal, Alk, Hai, Wal
4 Seal
5 Fisch, Krake, Moewe, Polyp, Robbe
6 Angler, Auster, ◆ Delfin, Eremit, Granat, Hering, Hummer, Krabbe, Narwal, Qualle, Rochen, Seekuh, Seeohr
7 Blauwal, Delphin, Finnwal, Flunder, Garnele, Karette, Koralle, Makrele, Meerkuh, Pottwal, Sardine, Scholle, Seebaer, Seehase, Seehund, Seeigel, Seemaus, Seewolf, Walross, Zahnwal
8 Albatros, Butzkopf, Grindwal, Kabeljau, Languste, Meergans, Meerwolf, Plankton, Seeadler, Seekatze, Seelachs, Seeloewe, Seenadel, Seepocke, Seeraupe, Seestern, Seezunge, Tuemmler, Weisswal
9 Meerechse, Meerschaf, Seespinne, Steinbutt
10 Braunfisch, Einsiedler, Meereichel, Meerspinne, Meerteufel, Schwarzwal, Schwertwal, Seedrachen, See-Einhorn, See-Elefant, ◆ Seeelefant, Seeleopard, Seetaucher, Wolfsfisch
11 Baerenrobbe, Meerschwein, Schellfisch, Seeschlange, Seeschwalbe, Seeskorpion, Tintenfisch
12 Ruesselrobbe, Seepferdchen
14 Elefantenrobbe
15 Einsiedlerkrebs
16 Seeschmetterling

Meeresufer
6 Kueste, Strand
7 Gestade

Meeresverunreinigung
7 Oelpest

Meeresvogel
3 Alk
4 Lund
5 Lumme, Moewe
7 Pinguin, Scharbe, Toelpel,

Tordalk
8 Albatros, Kormoran
9 Bootsmann
10 Eistaucher, Seetaucher
11 Seeschwalbe, Tropikvogel
12 Fregattvogel
Meeresweichtier
8 Nautilus
Meereswoge
5 Welle
Meerfee
8 Melusine
Meerfrauen
der griech. Sage
7 Sirenen
Meerkatze
5 Diana, Makak, Patas
6 Grivet
7 Mangabe
8 Malbruck, Mandrill
10 Blaubeutel
11 Husarenaffe
13 Mantelmangabe, Schopfmangabe
14 Zwergmeerkatze
20 Schnurrbartmeerkatze
meerkatzenartiger
Affe
5 Makak
6 Pavian, Rhesus
Meerkatzen-Verwandter
3 Duk
4 Mona
5 Diana, Kahau, Mbega
6 Budeng, Hulman, Langur
7 Colobus, Guareza, Hanuman
9 Dianaaffe, Nasenaffe
10 Seidenaffe
11 Kleideraffe, Schlankaffe, Stummelaffe
15 Stumpfnasenaffe
Meernixe
der franz. Sage
8 Melusine
Meernymphe
der griech. Sage
7 Galatea
Meerrettich
4 Kren
Meerriese
5 Aegir
Meerteufel
6 Rochen
Meerweib
8 Melusine
Meerzwiebel
6 Szilla
Megafon
10 Sprachrohr
Megäre
5 Furie
7 Erinnye
Megarerkönig
der griech. Sage
5 Nisos
Mehlart
6 Griess, Schrot
mehlfreies
Kleingebäck
7 Makrone
mehlhaltiges
Mineral
3 Gur
Mehlklößchen
5 Nocke
Mehlschwitze
4 Roux
9 Einbrenne
Mehlspeise
7 Auflauf, Omelett
8 Omelette
Mehr
4 Plus
mehrarmige
Flussmündung
5 Delta
mehrarmiger
Anker
7 Draggen
mehrdeutig
5 ambig
6 ambigu
8 aequivok
10 ambivalent
Mehrdeutigkeit
10 Amphibolie
Mehrehe
9 Polygamie
mehrere
6 einige
7 etliche
nebeneinander stehende Gebäude
12 Haeuserreihe
mehrfach
3 oft
7 haeufig
10 wiederholt
mehrfacher
Schweizer Bundespräsident
5 Etter
Mehrfachgeburt
9 Vierlinge, Zwillinge
Mehrfachleitung
5 Kabel
mehrfädiges
Stickgarn
5 Twist
mehrfarbig
4 bunt
9 gemustert, koloriert, polychrom
Mehrheit
4 Gros
5 Masse
9 Ueberzahl
10 Majoritaet
11 Pluralitaet
Mehrheitswahlsystem
in der Schweiz
6 Majorz
mehrjährige
Grünpflanze
6 Staude
mehrjähriger
Hochgebirgsschnee
4 Firn
mehrmastiges
Segelschiff
7 Schoner
Mehrphasenstrom
9 Drehstrom
12 Wechselstrom
mehrsätzige
Komposition
5 Suite
mehrsätziges
Tonstück
4 Fuge
6 Sonate
8 ◆ Sinfonie
9 Symphonie
mehrschneidiges
rotierendes Werkzeug
7 Fraeser
mehrseitig
12 multilateral
mehrseitiges
Literaturwerk
4 Buch
mehrsitziger
Rennschlitten
3 Bob
mehrsitziges
Sportruderboot
6 Achter, Vierer
mehrsprachig
9 polyglott
mehrstimmig
7 ◆ polyfon
8 polyphon
mehrstimmige
Gesangsgemeinschaft
4 Chor
Vokalkomposition
7 Motette
mehrstimmiges
Gesangstück, Hirtenlied
8 Madrigal
Tonstück
5 Kanon
mehrtägige
Gesellschaftsfahrt
6 Safari
mehrtägiges
Fest
8 Festival
mehrteilige
Fernsehsendung
5 Serie
mehrteiliges
Musikstück
9 Oratorium
Mehrzahl
6 Plural
von Faktum
5 Fakta
6 Fakten
von Opus
5 Opera
von Unikum
5 Unika
Meidungsgebot
4 Tabu
Meierei
8 Molkerei
Meiereiprodukt
4 Rahm
5 Kaese, Sahne
6 Butter
meinen
5 sagen
7 glauben
8 annehmen, erachten, vermuten
Meinung
6 Glaube, Urteil
7 Annahme, Ansicht, Begriff, Glauben
9 Vermutung

10 Auffassung, Schaetzung, Standpunkt
12 Dafuerhalten, Ueberzeugung
Meinungsäußerung
5 Votum
9 Vorschlag
Meinungsaustausch
7 Debatte
10 Aussprache, Diskussion
Meinungsforschung
4 Test
7 Umfrage
9 Befragung
10 Demoskopie, Reihentest
Meinungsfreiheit
12 Redefreiheit
Meinungsstreit
7 Debatte
Meinungsverschiedenheit
7 Dissens
9 Differenz, Divergenz
11 Kontroverse
13 Unstimmigkeit
Meisenart
7 Kleiber
9 Bartmeise, Blaumeise, Kohlmeise
10 Gruenmeise, Sumpfmeise
11 Beutelmeise, Haubenmeise, Nonnenmeise, Spechtmeise, Tannenmeise, Weidenmeise
12 Schwanzmeise
Meißner
Porzellanerzeugnis
15 Schwanenservice
meist
gefärbtes Lammfell
6 Embros
Meister
4 Herr
6 Kenner, Lehrer
7 Experte, Koenner, Maestro, Vorbild
8 Champion, Fachmann, Lehrherr, Magister, Virtuose
9 Kuenstler, Paedagoge, Rekordler
10 Rekordmann
des deutschen Volksliedes
3 Erk
in einer Sportart
8 Champion
Meistergrad
im Judo
3 Dan
meisterhaft
7 perfekt, virtuos.
8 blendend, grandios, imposant
9 ◆ bravuroes, exzellent
10 bravouroes, grossartig
11 erstklassig
12 hervorragend
13 ausgezeichnet
meisterliches
Können
5 Kunst
meistern
11 bewaeltigen
Meistersängerlied
3 Bar
Meisterschaft
10 Championat
12 Virtuositaet
Meisterschütze
der nordischen Sage
4 Egil
Meistersinger
bei Wagner
4 Zorn
5 Foltz, Moser, Ortel, Sachs
6 Pogner
7 Kothner, Schwarz
8 Stolzing
Meistersingerstadt
9 Nuernberg
Meiststufe
10 Superlativ
Mekkapilger
7 Hadschi
Melancholie
9 Schwermut, Truebsinn
melanesische
Bevölkerungsgruppe
5 Usiai
Meldereiter
8 ◆ Ordonanz, Stafette
9 Ordonnanz
Meldung
7 Rapport
einer strafbaren Handlung
7 Anzeige
meliert
8 scheckig
9 gescheckt
11 gesprenkelt
melierter
Wollstoff
7 Marengo
melische
Dichtung
5 Melik
Melisma
9 Koloratur
Melodie
3 Air
4 Lied, Sang
5 Weise
8 Tonfolge
9 Kantilene
Melodiemodell
im arabischen Tonsystem
5 Maqam
melodisch
11 wohllautend
melodische
Linie
5 Melos
melodisches
Grundthema in der ind. Musik
4 Raga
Melonenbaum
6 Papaya, Papaye
Memelarm
in Ostpreußen
5 Gilge
Memel-Zufluss
in Litauen
5 Wilia
Memento
7 Mahnruf, Mahnung
10 Denkzettel
Memme
8 Feigling
9 Angsthase, Hasenfuss
11 Duckmaeuser
12 Schwaechling
13 Drueckeberger
14 Schlappschwanz
Memoiren
9 ◆ Biografie
10 Biographie
12 Erinnerungen
13 ◆ Autobiografie, Lebensbericht
14 Autobiographie
18 Lebenserinnerungen
Memorial
7 Journal
memorieren
6 lernen, pauken
Menagerie
3 Zoo
8 Tierpark
9 Tierschau
10 Tiergarten
Mendikant
12 Bettelmoench
Menelaos
Frau
6 Helena
Menelaos, Agamemnon
6 Atride
Menge
4 Gros, Zahl
5 Haufe, Masse, Schar
6 Anzahl, Fuelle, Haufen
7 Quantum
8 Vielfalt, Vielheit, Vielzahl
10 Quantitaet
abgesetzter Güter
6 Umsatz
gleicher Art Waren
6 Posten
mengen
7 mischen
Mengenbegriff
4 viel
5 wenig
mengenmäßig
11 quantitativ
Mennoniten-Siedlung
in Paraguay
5 Menno
Mensch
4 Frau, Kind, Mann
6 Person
aus dem Morgenland
9 Orientale
der alles verneint
8 Nihilist
der Antike
6 Roemer
7 Gallier, Germane, Grieche
der Arktis
6 Eskimo
der Freude an Grausamkeiten hat
6 Sadist
der frühen Entwicklungsstufe
9 Anthropus
der geistigen Diebstahl begeht
9 Plagiator
der Geldrücklagen schafft
6 Sparer
der nach Hochzielen strebt
8 Idealist
der schwarzen Rasse
5 Neger
der Vorzeit
12 Neandertaler

der weder schreiben noch lesen kann
10 Analphabet
der zu jeder Tat fähig ist
9 Desperado
des Ostens
5 Asiat
höchster geistiger Schöpferkraft
5 Genie
im öffentlichen Dienst
7 Beamter
12 Angestellter
in den Zwanzigern
4 Twen
mit fehlender Farbstoffbildung
6 Albino
mit gutem Appetit
5 Esser
mit kauzigen Eigenarten
10 Sonderling
mit Schönheitssinn
7 Aesthet
mit starkem Knochenbau
10 Athletiker
mit Wirklichkeitssinn
7 Realist
ohne Hautfarbstoff
6 Albino
ohne Kunstverständnis
7 Banause
von hoher Denkart
8 Idealist
von riesenhaftem Wuchs
7 Goliath
von schöpferischer Begabung
5 Genie
Menschen
5 Leute
auf der entgegengesetzten Seite der Erde
9 Antipoden
aus fernen Ländern
6 Exoten
besonderer Verehrung in der katholischen Kirche
7 Heilige
die Grausames freut
8 Sadisten
die sich jeder Lage anpassen
13 Opportunisten
mit übersteigerter radikaler Gesinnung
11 Extremisten
ohne Kunstsinn
7 Banause
und Tiere ferner Länder
6 Exoten
unseres Erdteils
9 Europaeer
Menschenaffe
3 Lar
4 Unka
5 Pongo
6 Bonobo, Gibbon, Hukock, Wauwau
7 Gorilla, Siamang, Tschego
8 Waldaffe
9 Buschaffe, Orang Utan
10 Schimpanse
11 Berggorilla, Langarmaffe
12 Silbergibbon
14 Kuestengorilla
15 Weisshandgibbon, Zwergschimpanse
16 Guineaschimpanse
menschenähnliche
Zauberwurzel
7 Alraune
menschenähnliches
Tier
4 Affe
Menschenalter
10 Generation
Menschenansammlung
7 Auflauf
Menschenansiedlung
3 Ort
4 Dorf
5 Stadt
Menschenfeind
10 Misanthrop
menschenfressender
Riese
4 Oger
Menschenfresser
9 Kannibale
13 Anthropophage
Menschenfresserei
13 Kannibalismus
14 Anthropophagie
Menschenfreund
10 Philantrop
menschenfreundlich
5 human
6 sozial
10 humanitaer
15 philanthropisch
Menschengattung
5 Rasse
Menschengesicht, Fratzengesicht
in der Baukunst
8 Maskaron
Menschengewühl
9 Gedraenge
Menschengruppe
mit einheitlicher Kultur
6 Ethnie
Menschenhai
7 Blauhai
Menschenhasser
10 Misanthrop
Menschenkenntnis
11 Psychologie
Menschenkunde
13 Anthropologie
14 Anthroposophie
Menschenleere
10 Einsamkeit
Menschenliebe
13 Philanthropie
Menschenmenge
5 Masse
Menschenrasse
5 Arier, Neger
6 Andide, Indide, Sinide
7 Kafride, Mongole, Negride, Pampide, Pygmide, Silvide, Tungide, Weddide
8 Armenide, Dinarier, Eskimide, Europide, Nilotide, Pazifide, Sibiride
9 Mongolide
10 Aethiopide, Australide, Khoisanide
Menschenraub
10 Kidnapping
11 Entfuehrung
13 Verschleppung
Menschenräuber
9 Kidnapper
Menschenscheu
14 Anthropophobie
Menschenschlag
5 Rasse
menschenunwürdig
7 inhuman
Menschenwürde
10 Humanitaet
menschlich
5 human
menschliche
Erblehre
12 Humangenetik
Existenz
5 Leben
6 Dasein
Natur
5 Wesen
Stimme
4 Laut
5 Organ
Tonfigur, die der Sage nach belebt wurde
5 Golem
Verbindung
7 Kontakt
Vernunft
5 Logos
menschlicher
Glaube
8 Religion
menschliches
Gemeinwesen
5 Staat
Rassenmerkmal
9 Hautfarbe
Verständigungsmittel
7 Sprache
Menschlichkeit
10 Humanitaet
Menschwerdung
11 Inkarnation
Mensuralnote
6 Brevis
Mensurnarbe
7 Schmiss
mental
7 geistig
10 gedanklich
Mentalität
7 Denkart
9 Gesinnung, Sinnesart
Mentor
7 Berater
8 Betreuer, Ratgeber
Menü
11 Speisefolge
Menübeilage
13 Salzkartoffel
Menüverzeichnis
11 Speisekarte
12 Speisenkarte, Speisezettel
Meridian
12 Laengenkreis, Mittagskreis
Meridianeinstellmarke
für Fernrohre
4 Mire
Meridianzeit
8 Ortszeit

merkantil
13 kaufmaennisch
Merkblatt
6 Zettel
11 Notizzettel
Merkbuch
6 Agenda
8 Memorial
9 Notizheft
10 Memorandum
merken
7 spueren, wittern
10 einpraegen, wahrnehmen
Merkmal
5 Indiz, Marke
6 Signum
7 Symptom, Zeichen
8 Attribut, Eigenart, Gepraege
9 Anzeichen, Charakter, Dominante, Kriterium, Wesenszug
10 Indikation, Markierung
11 Eigenschaft, Kennzeichen
12 Besonderheit
16 Charakteristikum
bei Straftaten
6 Gewalt
Merkmalbeschreibung
17 Charakterisierung
Merkspruch
7 Sentenz
8 Epigramm
Merktage
7 Lostage
merkwürdig
6 bizarr, kurios
7 seltsam
9 sonderbar
10 eigenartig, wunderlich
11 befremdlich
merkwürdiger
Mensch
6 Knilch
Merkwürdigkeit
8 Kuriosum
11 Kuriositaet
Merkzeichen
6 Anhalt
8 Notabene
Mesalliance
10 Missheirat
Mesopotamien
8 Assyrien
10 Babylonien
13 Zweistromland
Messband
8 Metermaß
Messbandeinteilung
5 Skala
messbar
10 mensurabel
Messbuch
der Priester
6 Missal
7 Missale
Messdiener
6 Mesner
7 ◆ Messner
9 Sakristan
10 Ministrant
Messe
5 Schau
11 Ausstellung
für Verstorbene
7 Requiem
11 Seelenmesse
in Hannover
5 Cebit
in Köln
9 Photokina
zum Advent
6 Rorate
Messer
der Gurkhas
5 Kukri
der Südaraber
6 Jembje
in der Medizin
8 Lanzette, Skalpell
mit sichelförmiger Klinge
5 Hippe
Messerblatt
6 Klinge
8 Schneide
Messerfisch, Sichling
5 Ziege
Messergriff
4 Heft
Messerspur
7 Schnitt
Messerteil
4 Heft
6 Klinge
Messestadt
der Industrie
8 Hannover
der Spielwaren
9 Nuernberg
des Buchhandels
7 Leipzig
9 Frankfurt
Messgerät
der Sternforschung
13 Radioteleskop
für Gasverbrauch
6 Gasuhr
Messgeräteprüfung
7 Eichung
Messgerät, -instrument
3 Log, Lot, Uhr
5 Lehre, Waage
6 Kluppe, Lineal, Nonius
7 Bussole, Echolot, Kompass, Sextant
8 Bandmass, ◆ Barograf, Logleine, Massstab, Messstab, Metronom, Senkblei
9 Aerometer, Barograph, Barometer, Manometer, Messlatte, Metermass, Voltmeter, Zollstock
10 Hygrometer, Messschnur, Mikrometer, Schublehre, Tachometer
11 Amperemeter, Chronometer, Elektroskop, Schieblehre, Thermometer, Wasserwaage
13 Geigerzaehler
17 Entfernungsmesser
Messgesangbuch
8 Graduale
Messgewand
4 Albe
5 Kasel
Messglas
6 Mensur
Messias
7 Heiland
8 Erloeser
im Islam
5 Mahdi
Messing
6 Tombak
Messingschlosser
8 Guertler
Messlatte
der Landmesser
5 Jalon
Messner
7 Kuester
13 Kirchendiener
Messopfer
11 Sakrifizium
Messpunkt
in der Anthropologie
5 Inion
Messröhre
8 Buerette
Messstabzusatz
6 Nonius
Messtisch
6 Mensel, Mensul
Messtischblatt
9 Landkarte
Messverfahren
bei Verkehrskontrollen
5 Radar
Messwerkzeug
5 Lehre
6 Kluppe, Winkel
für Verbrennungswärme
5 Bombe
Messwert
der Anthropologie
5 Index
Messziffer
für Preisänderungen
5 Index
Messzylinder, -glas
6 Mensur
Metall
3 Cer, Zer
4 Blei, Gold, Niob, Uran, Zink, Zinn
5 Chrom, Eisen, Titan
6 Barium, Erbium, Indium, Kalium, Kobalt, Kupfer, Mangan, Neodym, Nickel, Osmium, Platin, Radium, Silber, Tantal, Tellur, Wismut
7 Antimon, Cadmium, Gallium, Hafnium, Iridium, Kadmium, Kalzium, Lanthan, Lithium, Natrium, Niobium, Rhenium, Rhodium, Terbium, Thorium, Vanadin, Wolfram, Yttrium, Zaesium
8 Francium, Polonium, Rubidium, Samarium, Scandium, Silizium, Thallium, Thullium, Vanadium
9 Aluminium, Beryllium, Germanium, Magnesium, Molybdaen, Palladium, Plutonium, Ruthenium, Strontium, Ytterbium, Zirkonium
10 Promethium, Technetium
11 Quecksilber

12 Protactinium
mit Goldüberzug
6 Dublee
Metallabfall
4 Span
7 Schrott
Metallarbeiter
6 Dreher, Former, Nieter
7 Fraeser, Giesser, Schmied, Stanzer
8 Guertler, Klempner, Polierer
9 Flaschner, Schleifer, Schlosser
10 Mechaniker, Schweisser
Metallarbeitsbetrieb
8 Schmiede
9 Giesserei
10 Klempnerei
11 Schlosserei
Metallbarren
5 Ingot
Metallbearbeitungsmaschine
8 Drehbank
Metallbecken
6 Tamtam
Metallbildnerei
8 Toreutik
Metallblatt, Prägeblatt
5 Folie
Metallblock
5 Ingot
Metallbolzen
4 Niet
5 Niete
Metallfaden
4 Span
5 Draht
7 Lametta
Metallfadengewebe
4 Lame
Metallfraß
4 Rost
5 Email
9 Korrosion
Metallgefäß
6 Kessel
Metallgeld
6 Muenze
Metallgemisch
9 Legierung
Metallhaken
6 Kralle
metallhaltiges
Gesteln
3 Erz
Metallhohlkörper
4 Rohr
metallischer
Knopf als Zierde
5 Bosse
Niederschlag
6 Getter
Metallkunde
11 Metallurgie
Metalllegierung
6 Alpaka, Tombak
9 Neusilber
Metallmischung
9 Legierung
Metallniet
5 Stift
Metall- oder Kunststoffblatt
5 Folie
Metallornament
6 Niello
8 Filigran
Metallplättchen
zur Kleiderverzierung
9 Pailetten
Metallplatte
5 Blech
am Degengriff
10 Stichblatt
mit bildlicher Darstellung
8 Plakette
Metallring, -schlaufe
4 Oese
Metallsalz
des Halogens
6 Haloid
Metallschmelzgefäß
6 Tiegel
Metallschmucktechnik
6 Niello
Metallschneider
7 Graveur
Metallstange
6 Barren
Metallstecher
8 Ziseleur
Metall-Stickstoff-Verbindung
6 Nitrid
Metallstift
4 Niet
5 Haken, Nagel, Niete, Zweck
6 Bolzen, Zwecke
11 Reisszwecke
Metallstrang, -faden
5 Draht
Metallteller
für Hostie
6 Patene
Metallüberzug
4 Rost
5 Email
7 Emaille
Metallurgiebetrieb
11 Huettenwerk
metallurgischer
Grossbetrieb
20 Eisenhuettenkombinat
metallurgisches
Werk
6 Huette
metallverarbeitender
Betrieb
9 Giesserei
Metallverbindung
8 Loetzinn
Metallverzierer
8 Ziseleur
Metallverzierung
6 Niello
Metallzeichner
7 Graveur
Metallzeichnung
6 Gravur
metamorphe
Teile der Erdkruste
9 Urgestein
metamorphoses
Gestein
5 Gneis
Meteor
5 Bolid
9 Feuerball
13 Sternschnuppe
Meteorologe
10 Wetterwart
Meteorologie
11 Wetterkunde
meteorologische
Mitteilung
13 Wetterbericht
meteorologischer
Begriff
4 Grad, Hoch, kalt, Smog, Tief, warm, Wind
5 Foehn, Frost, Hagel, Klima, Nebel, Orkan, Regen, Sicht, Sturm, Wolke
6 diesig, frisch, heiter, Kaelte, Monsun, Schnee, Taifun, Waerme, Wetter, wolkig
7 bedeckt, Celsius, Isobare, Kumulus, maritim, Mistral, nieseln, Ostwind, Schauer, Tornado, Zyklone
8 abflauen, bewoelkt, Fallwind, Gewitter, Gradient, Hurrikan, Millibar, Nordwind, Randtief, Stoerung, Suedwind, Teiltief, tropisch, Warmluft, Westwind
9 Boeigkeit, Hochnebel, Kaltfront, Klimazone, Luftdruck, Okklusion, ozeanisch, Polarluft, Regenzeit, Sturmflut, Sturmtief, Warmfront, Windfahne, Windpfeil, Witterung, wolkenarm, wolkenlos
10 atlantisch, Auslaeufer, Azorenhoch, Bewoelkung, Bodennebel, Hitzewelle, Hochsommer, Islandtief, mediterran, Meeresluft, Mikroklima, Nachtfrost, Pappschnee, Polarfront, Schneefall, Sichtweite, Temperatur, Windstille
11 Antizyklone, Aprilwetter, Atmosphaere, halbbedeckt, Kaeltesturz, Kaeltewelle, kontinental, Schneedecke, Spruehregen, subtropisch, Trockenheit, Trockenzeit, Wetterkarte, Wettersturz, Windstaerke, Wirbelsturm, Zentralhoch, Zentraltief
12 Feuchtigkeit, Hitzeperiode, Klimatologie, Niederschlag, Sonnenschein, Windrichtung, Zwischenhoch
13 Festlandsluft, Hochdruckkeil, Kaelteperiode, Luftstroemung, Waermeperiode, Wetterbericht
14 Kaelteeinbruch, Mittelmeerluft, Tiefauslaeufer, Tiefdruckrinne, Trockenperiode, Waermeeinbruch, Waermegewitter
15 Hochdruckgebiet, Temperatursturz, Tiefdruckgebiet
16 Luftfeuchtigkeit
17 niederschlagsfrei, Schauertaetigkeit
19 Niederschlagsgebiet,

Temperaturrueckgang
20 Schlechtwettergebiet, ueberfrierende Naesse
meteorologisches
Gerät
11 Wetterfahne
Messinstrument und Messmittel
7 Aneorid
8 ◆ Altigraf, ◆ Barograf, Tauwaage
9 Aerosonde, Altigraph, Altimeter, Anemoskop, Atmograph, Atmometer, Barogramm, Barograph, Barometer, ◆ Drosograf, Hygroskop, ◆ Ombrograf, Polymeter, Taumesser, Varioskop, Vidiedose, Windfahne
10 Anemogramm, Anemograph, Anemometer, Drosograph, Drosometer, Hydrometer, Hyetograph, Hygrogramm, Hygrograph, Hygrometer, Hypsometer, Ombrograph, Ombrometer, Radiosonde, Regenkarte, ◆ Seismograf, Seismophon, Seismoskop, ◆ Thermograf, Variograph, Variometer, Wetterglas, Windmesser
11 Ballonsonde, Brontometer, Oszilloskop, Pilotballon, Pluviograph, Pluviometer, Pyranometer, Pyrgeometer, Regenmesser, Seismogramm, Seismograph, Seismometer, Thermograph, Thermometer, Wetterkarte, Wolkenatlas, Wolkensonde
12 Evaporimeter, Frigorimeter, Hoehenmesser, Psychrometer, Waermemesser
13 Beaufortskala, Pyrheliometer, Windschreiber, Wolkenspiegel
14 Anemobarometer, Boeenschreiber, Dosenbarometer, Erdbebenmesser, Haarhygrometer, Mikrobarograph, Regenschreiber
15 Anemotropograph, Anemotropometer, Barothermegraph, Hoehenschreiber, Luftdruckmesser, Mikrohygrometer, Pluvionivometer
16 Aneroidbarometer, Feuchtebestimmer, Feuchteschreiber, Hypsothermometer, Thermohygrograph
17 Erdbebenschreiber, Luftdruckanzeiger, Quecksilbersaeule, Windstaerkemesser
18 Verdunstungsmesser
20 Luftdruckaufzeichner, Quecksilberbarometer
Meteorstein
8 Aerolith, Meteorit
Meteorstrom
7 Lyriden
8 Leoniden
9 Perseiden
12 Quadrantiden
Methode
3 Art, Weg
4 Stil
5 Weise
6 System
7 Absicht
9 Verfahren
der Bodenentwässerung
8 ◆ Draenage, Draenung, Drainage
der Physiotherapie
7 Massage
zur Selbstentspannung
17 autogenes Training
Methylalkohol
8 Methanol
9 Holzgeist
Metier
3 Job, Tun
4 Fach
5 Beruf, Zweig
6 Erwerb, Gebiet, Sparte
7 Gewerbe
8 Ambition, Handwerk
9 Geschaeft
10 Broterwerb, Taetigkeit
12 Erwerbszweig
metrische
Gewichtseinheit
4 Deka
5 Gramm, Tonne
9 Kilogramm
Metro
14 Untergrundbahn
Metronom
9 Taktgeber
10 Taktmesser
Metropole
9 Weltstadt
10 Hauptstadt
11 Mittelpunkt
16 Landeshauptstadt
Metzelei
7 Blutbad
8 Gemetzel, Massaker
Metzger
7 Selcher
9 Fleischer
10 Schlachter
11 Schlaechter
12 Fleischhauer
Metzgereierzeugnis
5 Wurst
7 Fleisch
Meute
5 Horde, Rotte, Rudel, Schar
6 Koppel
Meuterei
8 Aufstand
9 Empoerung, Rebellion
mexikanische
Bucht, Golf
15 Golf von Campeche
18 Golf von Kalifornien
Goldmünze
7 Hidalgo
Hafenstadt, Haupthafen
7 Tampico
8 Acapulco, Mazatlan, Veracruz
Halbinsel
7 Yucatan, Yukatan
11 Kalifornien
17 Niederkalifornien
Hauptstadt
10 Mexico City
14 Ciudad de Mexico
Insel
6 Blanca, Cancum, Cedros, Holbox
7 Clarion, Cleofas, Cozumel, Socorro, Tiburon
9 Guadelupe, Magdalena
10 Maria Madre
Münze, Währung
4 Peso
7 Centavo
Stadt
3 Ake
4 Leon, Tula
5 La Paz, Tepic
6 Abende, Celaya, Colima, Fuerte, Jalapa, Juarez, Mapimi, Merida, Nautla, Oaxaca, Parral, Puebla, Tuxtla
7 Camargo, Durango, Morelia, Orizaba, Rosario, Tampico, Tijuana, Torreon
8 Acapulco, Campeche, Mexicali, Progreso, Santillo, Veracruz
9 Chihuahua, Monterrey, Queretaro
10 Guanajuato, Hermosillo, Manzanillo, Mexico City
11 Guadalajara, Tehuantepec
12 Villahermosa
14 Ciudad de Mexico
Wüste
6 Sonora
mexikanischer
Autor
5 Reyes
7 Fuentes
Badeort
7 Orizaba
8 Acapulco
9 Paricutin
12 Citlaltepetl, Popocatepetl
13 Pico de Orizaba
Branntwein
7 Tequila
Dichter
5 Nervo
Fluss
5 Verde
6 Sonora
8 Rio Hondo, Rio Verde
9 Rio Grande
Fußballspieler
4 Diaz, Diez, Lugo, Mota, Muro, Pena, Roca, Romo, Ruiz, Sota, Soto, Tena
5 Ayala, Borja, Gayon, Gomes, Gomez, Jasso, Lopes, Lopez, Mejia, Munoz, Nunez, Ochoa, Ortiz, Perez, Pilar, Ramos, Reyes, Rosas, Sesna, Torre, Uribe, Zarza
6 Ambriz, Avalos, Blanco, Campos, Coyote, Espana, Flores, Florez, Garcia,

Guzman, Najera, Ortega, Puente, Pulido, Rangel, Suarez, Torres, Zetter
7 Aguilla, Amezcua, Carreno, Casarin, Chaires, Cuellar, Fragoso, Guevara, Mercado, Munguia, Naranjo, Padilla, Ramirez, Sanchez, Septein, Vasquez, Velarde
8 Arrelano, Balcazar, Belmonte, Borbolla, Calderon, Carbajal, Cardenas, Cisneros, Espinoza, Isiordia, Jauregui, Lamadrid, Portugal, Valdivia, Vantolra, Villegas
9 Basaguren, Bonfiglio, Gutierrez, Hernandez, Montemajr, Sepulveda, Velasquez
10 Hermosillo, Mendizabal
Hochlandindianer
7 Tolteke
Hut
8 Sombrero
Indianer
4 Maya
5 Indio
6 Azteke, Ladino
8 Zapoteke
Kaktus
6 Peyote, Peyotl
Künstler (Bildhauer, Maler und Grafiker)
4 Leal, Pina
5 Vilar, Zalce
6 Arenal, Betran, Bracho, Bustos, Claves, Flores, Herran, Mendez, Morado, Orozco, Posada, Rebull, Rivera, Tamayo, Zuniga
7 Cabrera, Cordero, Estrada, Obregon, O'Gorman, Ramirez, Velasco
8 Guerrero, Martinez
9 Gutierrez, Siqueiros
Mädchenname
7 Huanita
Melonenbaum
6 Papaya, Papaye
Nobelpreisträger (Literatur)
3 Paz
Präsident
7 Zedillo
Schwanzlurch
7 Axolotl
Sportler, Sportlerin
4 Rico
5 Canto, Munoz
6 Garcia, Roldan
7 Barrios, Botella, Capilla, Gaxiola, Pedraza, Ramirez
8 Bautista, Espinoza, Gonzalez, Martinez
9 Palomares, Rodriguez
10 Mercenario
13 Mariles-Cortes
Staat
6 Colima, Mexico, Oaxaca, Puebla, Sonora
7 Chiapas, Durango, Hidalgo, Jalisco, Morelos, Nayarit, Sinaloa, Tabasco, Yukatan
8 Campeche, Coahuila, Cuahilla, Guerrero, Quintana, Tlaxcala, Veracruz
9 Chihuahua, Michoacan, Nuevo Leon, Queretaro, Zacatecas
10 Guanajnato, Tamaulipas
11 Islas Marias
14 Aguascalientes, San Louis Potosi
mexikanisches
Nationalgetränk
6 Pulque
Raubtier
6 Ozelot
Rauschgift
9 Marihuana
Umschlagtuch
5 Serap
Urvolk
7 Azteken
mickerig
7 schwach
16 zurueckgeblieben
Mieder
7 Korsage, Korsett
8 Leibchen
9 Korselett
der Schwarzwaldtracht
5 Libli
Miederhöschen
5 Panty
Miene
3 Air
Mienenspiel
5 Mimik
9 Pantomime
mies
3 mau
4 flau
5 uebel
8 schlecht
9 haesslich
10 unangenehm
Miesmacher
4 Unke
8 Noergler, Querkopf
9 Defaitist, Griesgram, Pessimist
11 Trauerkloss
12 Schwarzseher
14 Spielverderber
Miesmacherei
11 Defaetismus
Miete
4 Feim, Zins
5 Dieme, Feime, Grube
8 Erdgrube, Wohnzins
Leihgebühr
5 Pacht
mieten
7 pachten
Mietfahrzeug, -wagen
4 Taxe, Taxi
6 Fiaker
7 Kutsche
8 Droschke
9 Taxameter
Mietkutsche
in Österreich
6 Fiaker
Mietunterkunft
12 Schlafstelle
Mietverhältnis
5 Pacht
7 Leasing
Mietwagenlenker
10 Taxifahrer
13 Taxichauffeur
mikroelektronisches
Bauelement
4 Chip
Mikrometer
6 Mikron
Mikronährstoffe
14 Spurenelemente
Mikroorganismus
im Meer
8 Plankton
Mikroskopart
7 Binokel
mikroskopisch
kleines Spinnentier
5 Milbe
Mikrowellengerät
5 Maser
Milbe
5 Zecke
8 Holzbock
Milchbonbon
9 Karamelle
Milchdrüse
bei Säugetieren
5 Euter
Milcheiweiß
6 Kasein
milchführende
Pflanze
4 Mohn
Milchgefäß
5 Satte
Milchgetränk, -produkt, -sorte
4 Rahm
5 Kaese, Kefir, Molke, Obers, Quark, Sahne
6 Butter, Glumse, H-Milch, ◆ Jogurt, Molken
7 Joghurt, Quargel, Schmant, Yoghurt
8 Quaergel
9 Dickmilch, Vollmilch
10 Dosenmilch, Magermilch, Sauermilch, Trinkmilch
11 Buttermilch, Frischmilch, Kaffeesahne, Milchpulver, Schlagobers, Schlagsahne
12 Kondensmilch, Trinkjoghurt, Trinkyoghurt, Trockenmilch
milchig, unklar
5 trueb
6 truebe
Milchkaffee
7 Melange
Milchkraut
12 Frauenmantel
Milchorgan
der Kuh
5 Euter
Milchrückstand
5 Molke
Milchsaft
zur Kautschukgewinnung
5 Latex
Milchschleuder
10 Zentrifuge
Milchschorf
5 Grind
Milchschüssel
5 Satte

Milchstein
8 Galaktit
Milchstraße
7 Galaxis
Milchverarbeitungsbetrieb
8 Kaeserei
Milchwein
5 Kefir
6 ◆ Kumyss
Milchwirtschaftsbetrieb
7 Meierei
8 Molkerei
Milchzucker
7 Laktose
mild
3 lau
4 lind, zart
5 sacht, sanft
6 sachte
milde
Gabe
6 Spende
7 Almosen
Milde
5 Guete
8 Sanftmut
9 Nachsicht, Sanftheit
13 Freigebigkeit
14 Barmherzigkeit
milder
Südwestwind
6 Zephir, Zephyr
mildern
7 lindern
8 daempfen
9 maessigen
12 abschwaechen
Milderung
9 Linderung
Milderungsgrund
14 Entschuldigung
mildtätig
9 karitativ
Milieu
5 Szene
6 Umwelt
8 Umgebung
der Drogenabhängigen
5 Scene
Milieumaler, -zeichner Bayerns
8 Spitzweg
Milieuzeichner
Berlins
5 Zille
militant
12 kaempferisch
Militär
4 Heer
5 Armee
6 Barras, Truppe
7 Kommiss
9 Wehrmacht
10 Bundesheer, Bundeswehr
in der Soldatensprache
6 Barras
Militärakademie
in den USA
9 West Point
Militärarzt
9 Feldscher, Stabsarzt
10 Oberstarzt, Veterinaer
13 Oberstabsarzt
15 Oberstapotheker
Militärbündnis
7 Entente
Militärgericht
an der Front
12 Standgericht
Militärhospital
8 Lazarett
militärisch
geordnete religiöse Gemeinschaft
10 Heilsarmee
militärische
Anlage vor Burgen
7 Kastell
Anweisung
6 Befehl
Ausbildung
5 Drill
Bedeckung, Geleit
7 Eskorte
Berichterstattung
7 Rapport
Bezeichnung für Flughafen
12 Fliegerhorst
Bezeichnung für Zweirad
4 Krad
Denkungsart
12 Militarismus
Dienstkleidung
6 Montur
7 Uniform
Disziplinarstrafe
6 Arrest
Ehrung
5 Salut
Einheit
3 Zug
4 Chor
5 Armee, Korps, Rotte
7 Brigade, Halbzug, Reserve, Staffel
8 Batterie, Division, Eskadron, Kommando, Kompanie, Landwehr, Regiment
9 Abteilung, Bataillon, Flottille, Landsturm, Schwadron
10 Armeekorps, Geschwader, Luftflotte
11 Kampfgruppe
12 Heeresgruppe
Einübung
5 Drill
Form des Jiu-Jitsu
5 Kempo
Führung
4 Stab
8 Kommando
11 Generalstab
12 Admiralitaet, Oberkommando
13 Divisionsstab, Hauptquartier, Heeresleitung
Hindernisanlage
11 Drahtverhau
Kampfhandlung
5 Sturm
6 Abwehr
7 Angriff, Feldzug
9 Vormarsch
Kapelle
8 Musikzug
10 Musikkorps
13 Spielmannszug
Kommandostelle
4 Stab
Kopfbedeckung
4 Helm
7 Tschako
9 Stahlhelm
Löhnung
4 Sold
8 Wehrsold
Marschordnung
7 Kolonne
Nachschubtruppe
5 Train, Tross
Polizeitruppe
15 Feldgendarmerie
Spezialformation
4 Gros, Tete
5 Kader
6 Kosten, Posten, Vorhut
7 Eskorte, Nachhut
8 Kommando
9 Nachtrupp, Vorposten
10 Patrouille, Spaehtrupp, Stosstrupp
11 Detachement
12 Doppelposten
13 Ehrenkompanie
Strafe
12 Stubenarrest
Strafe im 18. Jahrhundert
17 Spiessrutenlaufen
Tauglichkeitsprüfung
9 Musterung
Truppenabteilung
8 Division
9 Bataillon
Wache
6 Posten
Wurfwaffe
11 Handgranate
Zeremonie
9 Fahneneid
militärischer
Aufruf
6 Appell
Befehl
8 Kommando
Bericht
7 Meldung
Dienstgrad, -stellung, Rang
4 Maat
5 Major
6 Charge, Funker, Jaeger, Kadett, Kurier, Melder, Oberst, Rekrut, Soldat, Spiess
7 Admiral, Fourier, General, Kornett, Matrose, Pionier
8 Adjutant, Kanonier, Kapitaen, Korporal, Leutnant, Obermaat, Offizier, ◆ Ordonanz, Schuetze, Sergeant
9 Bootsmann, Brigadier, Faehnrich, Feldwebel, Fuesilier, Gefreiter, Grenadier, Hauptmann, Kommodore, Marschall, Musketier, Ordonnanz, Reservist, Seekadett
10 Beobachter, Kommandant, Kommandeur, Oberjaeger, Sanitaeter, Wachposten, Zugfuehrer
11 Artillerist, Feldgendarm, Feuerwerker, Infanterist, Kavallerist, Obermatrose,

Rittmeister, Vizeadmiral
12 Befehlshaber, Fahnenjunker, Generalmajor, Kompaniechef, Oberleutnant, Oberschuetze, Panzerfahrer, Wachhabender, Wachtmeister
13 Feldmarschall, Generaloberst, Konteradmiral, Oberbootsmann, Oberfeldwebel, Obergefreiter, Stabsoffizier, Unteroffizier, Waffenmeister
14 Brigadegeneral, Hauptbootsmann, Hauptfeldwebel, Hauptgefreiter, Kapitaen zur See, Leutnant zur See, Oberstleutnant, Stabsbootsmann, Stabsfeldwebel, Stabsgefreiter
15 Generalleutnant
16 Flotillenadmiral, Kapitaenleutnant, Oberbefehlshaber
17 Fregattenkapitaen, Korvettenkapitaen
18 Oberleutnant zur See, Oberstabsbootsmann
20 Generalfeldmarschall

Ehrengruß
5 Salut

Gerichtsoffizier
7 Auditor

Gruß
5 Salut, Salve
10 Salutieren
13 Praesentieren
16 Praesentiergriff

Meldegänger
8 ◆ Ordonanz
9 Ordonnanz

Nachschub
5 Tross

Pakt
7 Allianz, Entente
8 Buendnis

Reiterstreifzug
4 Raid

Schliff
5 Drill

Stützpunkt
5 Basis

Unterwerfungsvertrag
12 Kapitulation

Vorbeimarsch
6 Parade

Weckruf
6 Appell

militärisches

Abendsignal
13 Zapfenstreich

Ausrüstungsstück
4 Helm
5 Waffe
6 Spaten
7 Uniform
8 Gasmaske
9 Stahlhelm, Tornister

Bündnis
4 Pakt

Erkennungswort
6 Parole

Erkundungsunternehmen
10 Spaehtrupp

Fahrzeug
16 Panzerspaehwagen

Feldluger
5 Biwak

Führungsgremium
4 Stab

Gebäude, Unterkunft
7 Kaserne

Gebiet, Gelände
9 Sperrzone
11 Sperrbezirk
12 Uebungsplatz
19 Truppenuebungsplatz

Geleit, Begleitung
7 Eskorte

Hinterland
6 Etappe

Kennwort
6 Parole

Musikinstrument
12 Schellenbaum

Musikstück
6 Marsch

Seewesen
6 Marine

Stammpersonal
5 Kader

Training, Übung
5 Drill
8 Manoever
9 Schiessen
10 Exerzieren
11 Nachtmarsch
13 Gepaeckmarsch
14 Gefechtsuebung
15 Scharfschiessen

Militärkolonnenspitze
4 Tete

Militärkrankenhaus
8 Lazarett

Militärmusiker
7 Pfeifer, Tambour
9 Spielmann
12 Musikmeister, Tambourmajor
14 Stabstrompeter

Militärmusikkapelle
10 Musikkorps
13 Spielmannszug

Militärmusikstück
6 Marsch

Militärnachschubwesen
8 Logistik

Militärpferd
7 Remonte

Militärpolizei
10 Feldjaeger

Militärregierung
5 Junta

Miliz
11 Buergerwehr

in Israel
6 Hagana

Millennium
11 Jahrtausend

Milliardenfaches

einer Einheit
4 Giga

Milliardstel

Meter
9 Nanometer

Millionenfaches

einer Tonne
9 Megatonne

Millionenstadt

in Afrika
5 Kairo, Lagos
6 Algier
8 Kinshasa
10 Alexandria, Casablanca
11 Alexandrien
12 Johannesburg

in Asien
4 Kobe, Sian
5 Dacca, Delhi, Hsian, Kioto, Kyoto, Osaka, Poona, Pusan, Seoul, Tokio, Tokyo, Wuhan
6 Ankara, Bagdad, Bombay, Harbin, Kanpur, Kanton, Lahore, Madras, Manila, Nagoja, Peking, Rangun, Saigon, Taipeh, Talien
7 Bandung, Bangkok, Charbin, Kunming, Nanking, Sapporo, Teheran
8 Bangalur, Djakarta, Hongkong, Jokohama, Kalkutta, Neu Delhi, Singapur, Surabaja, Taijuean, Tientsin, Tsingtau, Yokohama
9 Hyderabad, Karatschi, Lantschou, Schanghai, Schenjang, Taschkent, Tschengtu
10 Achmadabad, Haiderabad, Swerdlowsk
11 Nowosibirsk, Tschungking
14 Tschangtschung

in Australien
6 Sydney
9 Melbourne

in Europa
3 Rom
4 Baku, Kiew, Lyon, Prag, Wien
5 Athen, Gorki, Leeds, Paris, Turin
6 Berlin, London, Madrid, Moskau, Neapel
7 Charkow, Glasgow, Hamburg, Mailand
8 Bruessel, Budapest, Bukarest, Istanbul, Lissabon, Muenchen, Warschau
9 Amsterdam, Barcelona, Liverpool, Marseille, Rotterdam, Stockholm
10 Birmingham, Kopenhagen, Kuibyschew
15 Sankt Petersburg

in Mittel-, Südamerika
4 Lima
6 Bogota, Habana, Havana, Recife
7 Caracas, Havanna
8 La Habana, Medellin, Santiago, Sao Paulo
9 Monterrey
10 Mexico City, Montevideo
11 Buenos Aires, Guadalajara
12 Rio de Janeiro
13 Belo Horizonte
15 Santiago de Chile

in Nordamerika
5 Miami, Tampa

6 Boston, Dallas, Denver
7 Atlanta, Buffalo, Chicago, Detroit, Houston, New York, Seattle, Toronto
8 Montreal, Portland, San Diego
9 Baltimore, Cleveland, Milwaukee, Vancouver
10 Cincinnati, Kansas City, Los Angeles, New Orleans, Pittsburgh, Saint Louis, Washington
11 Minneapolis
12 Philadelphia, San Francisco, San Franzisko

Milz
4 Lien
betreffend
6 lienal

Milzentzündung
8 Lienitis

Mime
10 Darsteller, Komoediant
12 Schauspieler

Mimik
11 Mienenspiel

Mimir
5 Zwerg
7 Schmied
10 Quellgeist

mimisch
16 schauspielerisch

Mimose
11 Sinnpflanze

Mimosengewächs
6 Akazie

Minarett
11 Moscheeturm

minder
7 weniger
8 geringer

Minderausgabe
9 Ersparnis

Minderbetrag
5 Minus

Minderheit
10 Minoritaet

Minderheitenwohnviertel
5 ◆ Getto
6 Ghetto

minderjährig
8 minorenn
9 unmuendig

mindern
7 kuerzen
8 abnehmen
10 reduzieren, verringern
11 herabsetzen
12 beschraenken

Minderung
6 Abtrag

Minderwert
bei Aktien
7 Disagio

minderwertig
7 wertlos
8 inferior, schlecht
9 miserabel, schludrig
10 mangelhaft, schluderig

minderwertige
Metalllegierung
6 Tombak
Nachahmung
9 Imitation
Ware
4 Tand
6 Kitsch, Schund, Tinnef
7 Gelumpe, Plunder
9 Ausschuss

minderwertiger
Schlager
11 Gassenhauer
Schnaps
5 Fusel
Tabak
5 Knast
7 Knaster

minderwertiges
Buch
8 Schwarte
9 Schmoeker

Mindestwert
7 Minimum

Mine
5 Bombe, Grube, Stift, Zeche
6 Ladung
8 Bergwerk, Fuellung
12 Sprengladung
13 Sprengkoerper
15 Explosivkoerper, Verdeckte Ladung
16 Versteckte Ladung

Minenanteil
5 Claim

Minenbaupionier
6 Minfur

Mineralabbau
an der Erdoberfläche
7 Tagebau

Mineralgemenge
7 Gestein

Mineraliengewinnung
5 Abbau

Mineralienlehre
11 Mineralogie

Mineraliensucher
9 Schuerfer

mineralische
Ablagerung
6 Sinter
11 Nierenstein
Faser
6 Asbest

mineralisches
Fett
8 Vaseline

Mineralkörner
4 Kies, Sand

Mineral, Mineralverbindung
3 Bol, Erz, Gur, Jet, Lei, Ton, Wad
4 Bims, Blei, Gips, Grit, Jade, Jett, Kalk, Lava, Lehm, Mika, Opal, Oxyd, Sand, Spat, Talk, Tuff
5 Achat, Aetit, Alaun, Albin, Albit, Aplit, Augit, Baryt, Bolus, Borat, Borax, Cerit, Dazit, Dunit, Flint, Flinz, Gagat, Gault, Glanz, Gneis, Halit, Hauyn, Jodit, Kohle, Lasur, Lydit, Magma, Mocha, Norit, Ocker, Ophit, Pyrit, Pyrop, Quarz, Rubin, Rutil, Silex, Silur, Sphen, Tegel, Topas, Trapp, Trass, Uritt, Wacke
6 Adular, Alunit, Amiant, Anatas, Apatit, Arkose, Asbest, Axinit, Azurit, Basalt, Bauxit, Biotit, Blende, Bornit, Bromit, Bruzit, Calcit, Chirit, Citrin, Cuprit, Dakeit, Desmin, Diabas, Diorit, Dravit, Egaran, Eolith, Epidot, Felsit, Flysch, Gabbro, Galmei, ◆ Grafit, Granat, Granit, Gummit, Iolith, Jadeit, Jaspis, Kainit, Kalzit, Kaolin, Karbid, Kiesel, Kniest, Korsit, Korund, Kreide, Leuzit, Marmor, Mergel, Morion, Niobit, Nitrat, Nitrid, Nitrit, Nosean, Olivin, Oolith, Orthit, Perlit, Prasem, Saphir, Sinter, Sulfat, Sulfid, Syenit, Sylvin, Tektit, Thorit, Tillit, Tripel, Uralit, Uranit, Wismut, Zinkit, Zirkon, Zoisit
7 Achroit, Alkinit, Allanit, Andesin, Andesit, Ankerit, Arsenit, Asphalt, Autunit, Basanit, Bixbyit, Bleierz, Borozit, Braunit, Breccie, Brekzie, Bronzit, Celsian, Chlorit, Chromit, Davidit, Demelee, Diallag, Dioptas, Disthen, Dolerit, Dolomit, Eklogit, Enargit, Epsomit, Erdharz, Erdsalz, Euxenit, Fayalit, Fluorit, Fuchsit, Galenit, Gibbsit, Glimmer, Goethit, Graphit, Greisen, Helenit, Helizit, Hepatit, Hornerz, Hyperit, Idokras, Ilmenit, Kallait, Karboit, Karneol, Krokoit, Limonit, Linarit, Liparit, Melanit, Melinit, Menakan, Minette, Molasse, Monazit, Nephrit, Orangit, Peperit, Peridot, Petalit, Phyllit, Porphyr, Pottlot, Pyroxen, Quarzit, Realgar, Saleeit, Salizit, Salmiak, Sanidin, Schoerl, Selenit, Siderit, Silikat, Smaltin, Smaragd, Spinell, Steatit, Stilbit, Titanit, Tonerde, Trachyt, Tuerkis, Wurtzit, Xenotim, Zeolith, Zinkerz
8 Akantith, Almandin, Alphitit, Aluminit, Amethyst, Amphibol, Anglesit, Anhydrit, Anorthit, Aragonit, Argentit, Arkansit, Atakamit, Axiolith, Belemnit, Bentonit, Bergmehl, Bismutit, Blauspat, Blei Gips, Carnotit, Cerussit, Chabasit, Chilenit, Chromerz, Cipollin, Covellin, Diagolit, Diatomit, Eisstein, Enstatit, Erythrin, Farberde, Feldspat, Galakitt, Geyserit, Granulit, Haarkies, Haematit, Hiddenit, Hoevelit, Idrialin, Idrialit, Johannit, Kalkspat, Kalktuff, Karbonat, Kieserit, Kinzigit, Kobaltin, Kolumbit, Kristall, Kryolith, Labrador, Lazulith, Lichenit, Liebigit, Magmatit, Magnesit,

Magnetit, Malachit, Manganit, Margarit, Markasit, Melaphyr, Melilith, Migmatit, Mikrolin, Millerit, Moldavit, Muskovit, Nemolith, Nephelin, Nickelin, Omphazit, Patrinit, Pechuran, Pegmatit, Periklas, Periklin, Perlspat, Phosphat, Phosphor, Phyolith, Pisolith, Plutonit, Proustit, Rhetinit, Rhodizit, Salpeter, Saturnit, Scheelit, Schiefer, Schwefel, Sodalith, Spodumen, Sukzinit, Sumpferz, Sylvanit, Sylvinit, Tantalit, Tellurit, Tremolit, Tungstit, Turmalin, Uraninit, Uranotil, Variolit, Vesuvian, Vivianit, Vulkanit, Willemit, Wulfenit, Zerussit, Zeunerit, Zinkspat, Zinnober

9 Alabandin, Alabaster, Algodonit, Andalusit, Andrewsit, Anthrazit, Antigorit, Antimonit, Aquamarin, Argyrodit, Aromalith, Arsenkies, Australit, Batholith, Batrachit, Beinbrech, Bergleder, Berzeliit, Bildstein, Bimsstein, Bleiglanz, Bleilasur, Blutstein, Bournonit, Brannerit, Braunspat, Calaverit, Caledonit, Carnallit, Carrollit, Chalcedon, Chalkosin, Chalzedon, Chrysotil, Coelestin, Colemanit, Duckstein, Eierstein, Eisenkies, Eisenrahm, Eisenspat, Elaeolith, Entrochit, Fasergips, Felsophyr, Flussspat, Forsterit, Gadolinit, Garnierit, Giftstein, Gismondin, Glauberit, Glaukodot, Glaukonit, Goldstein, Grammatit, Granophyr, Grauwacke, Gruenerde, Gruenerit, Gruenling, Halloysit, Heulandit, Hornstein, Huebnerit, Hyalophan, Idrialith, Jenkinsit, Jodsilber, Kaledonit, Kalkstein, Karinthin, Karnallit, Karstenit, Kersantit, Kieselgur, Kimberlit, Kobalterz, Kollophan, Kordierit, Kuckersit, Kupfererz, Lakkolith, Lanthanit, Laumonitt, Leopoldit, Leukolith, Leukophan, Leukophyr, Limburgit, Linsenerz, Manganerz, Marialith, Mascagnit, Matlockit, Maucherit, Melaconit, Melanosom, Menakanit, Miargyrit, Mikroklin, Mimetesit, Moissanit, Mondstein, Mottramit, Nagelkalk, Natrolith, Naumannit, Nekrolith, Nontronit, Norbergit, Northupit, Ophiolith, Orthoklas, Orthophyr, Ottrelith, Palagonit, Pandermit, Paragneis, Paragonit, Pechkohle, Pechstein, Peridorit, Perlstein, Phlogopit, Phonolith, Phosgenit, Pikrolith, Polybasit, Porphyrit, Prismatin, Pyrolusit, Pyroxenit, Pyrrhotin, Rauschrot, Reissblei, Riebeckit, Ringelerz, Ryakolith, Salzstein, Samarskit, Sandstein, Sattlorit, Schmirgel, Seekreide, Seladonit, Selenblei, Sengierit, Sepiolith, Serpentin, Silbererz, Sitaparit, Skapolith, Smaragdit, Spateisen, Speerkies, Sphalerit, Stalagmit, Stalaktit, Steinsalz, Stephanit, Tafelspat, Talkstein, Thorianit, Thuringit, Tigerauge, Torbernit, Traegerit, Travertin, Triphylin, Tuffstein, Tungstein, Uranophan, Vanadinit, Verrucano, Walpurgin, Websterit, Whitneyit, Wiesenerz, Wolframit, Ytterspat, Zinnstein

10 Adlerstein, Aktinolith, Alaunstein, Apophyllit, Arsenolith, Bittererde, Bitterkalk, Bitterspat, Brauneisen, Braunkohle, Braunstein, Bromsilber, Cassiterit, Chalkolith, Chessylith, Chloanthit, Chrysokoll, Chrysolith, Cinnabarit, Donnerkeil, Eisenglanz, Eugenglanz, Falkenauge, Feuerstein, Franklinit, Graphitoid, Gruenstein, Hausmannit, Honigstein, Hornblende, Indigolith, Kalksinter, Karpholith, Kassiterit, Katzenauge, Katzengold, Kerargyrit, Kieselerde, Kieselspat, Klaustatit, Klingstein, Kobaltkies, Kupferkies, Kupferspat, Leberstein, Lepidolith, Magnetkies, Malakolith, Manganspat, Meerschaum, Milchquarz, Milchstein, Nebelstein, Orthogneis, Pechblende, Pentlandit, Phosphorit, Plagioklas, Psilomelan, Pyrargyrit, Rauchquarz, Rauschgelb, Rautenspat, Rogenstein, Rosenquarz, Rotbleierz, Rotzinkerz, Rutilquarz, Schwerspat, Smithsonit, Speckstein, Sperrylith, Spessartin, Stahlstein, Steinkohle, Strohstein, Teratolith, Tjujamunit, Totenstein, Tropfstein, Uranopilit, Vermiculit, Wuerzstein, Zinkblende, Zinkbluete, Zinnwaldit

11 Arsenblende, Arsenkupfer, Arsenopyrit, Auripigment, Bitterstein, Brausestein, Buntbleierz, Chalkopyrit, Eisenoolith, Erbsenstein, Fingerstein, Fliessstein, Froschstein, Glanzkobalt, Glaubersalz, Granodiorit, Hemimorphit, Himbeerspat, Hrokydolith, Hydrozinkit, Keraphyllit, Kobaltglanz, Konglomerat, Kupferglanz, Kupferlasur, Lapislazuli, Mandelstein, Molybdaenit, Muschelkalk, Oelschiefer, Purpurstein, Pyromorphit, Quecksilber, Raederstein, Schieferton, Seifenstein, Selensilber, Silberglanz, Sonnenstein, Speiskobalt, Sphaerolith, Strahlstein, Tonschiefer, Trachytglas, Tutenmergel, Uranglimmer, Uranocircit, Uranospinit, Uranpecherz, Uranvitriol, Wollastonit

12 Agalmatolith, Antimonglanz, Bergkristall, Blatterstein, Eisenvitriol, Gruenbleierz, Hoellenstein, Hydrargillit, Kalifeldspat, Katzensilber, Kieselkupfer, Kieselsinter, Kieslegalmei, Klapperstein, Kobaltbluete, Lepidokrokit, Manganblende, Manganschaum, Pfefferstein, Pfennigstein, Pharmakolith, Probierstein, Quarzporphyr, Rhodochrosit, Rotkupfererz, Rubinglimmer, Schillerspat, Schwarzstein, Schwefelkies, Sprudelstein, Uranothallit, Weissbleierz, Wolframocker, Wuerfelstein

13 Brandschiefer, Brauneisenerz, Buntkupfererz, Ergussgestein, Flechtenstein, Keratophyllit, Kieselzinkerz, Porzellanerde, Roteisenstein, Rotnickelkies, Schieferstein, Stinkschiefer, Strahlzeolith, Teufelsfinger, Tiefengestein, Uranosphaerit, Veilchenstein, Waldbildstein

14 Auswurfgestein, Buntkupferkies, Eruptivgestein, Graubraunstein, Kieselschiefer, Molybdaenglanz, Natronfeldspat, Schlangenstein, Spateisenstein, Wuerfelzeolith

15 Brauneisenstein, Chloritschiefer, Chromeisenstein, Eisenrogenstein, Fischaugenstein, Glimmerschiefer, Grauspiessglanz, Grueneisenstein, Kalkuranglimmer, Laugensalzstein, Obsidianporphyr, Schroeckingerit, Sedimentgestein, Titaneisenstein

16 Magneteisenstein, Weidenblattstein
18 Posidonienschiefer
19 Quecksilberbranderz
mit Glasglanz auf den Flächen
9 Flussspat
Mineralogie
13 Gesteinskunde
Mineralöl
verarbeiten
7 kracken
11 raffinieren
12 destillieren
Mineralöl, -produkt
6 Benzin, Erdoel
7 Asphalt, Bitumen, Heizoel, Naphtha
9 Dieseloel, Leichtoel, Petroleum, Schweroel
10 Schmieroel
12 Leichtbenzin
mineralstoffhaltige
Nahrung
7 Rohkost
Mineralstück
vom Mond
11 Mondgestein
Mineralvorkommen
8 Erzlager
Mineralwachs
7 Zeresin
Mineralwasser
7 Brunnen, Selters
Miniatur
12 Kleinmalerei
Miniaturschau
in Klagenfurt
10 Minimundus
Minimaleinzahlung
13 Mindestbetrag
Minimum
in der Wetterkunde
4 Tief
Minispion
5 Wanze
Minister
des Xerxes
5 Haman
islamischer Staaten
5 Wesir
Ministerpräsident
7 Kanzler, Premier
12 Kabinettchef
13 Bundeskanzler, Reichskanzler
14 Regierungschef
Ministerrunde
8 Kabinett
Minne
5 Liebe
Minnesänger
10 Troubadour
Minorat
14 Juengstenrecht
Minorität
10 Minderheit, Minderzahl
Minoritätenwohnviertel
5 ◆ Getto
6 Ghetto
minus
7 weniger
10 abzueglich
Minus
5 Manko
6 Fehler, Mangel
7 Defizit, Verlust
8 Einbusse, Handicap, Handikap, Nachteil
10 Fehlbetrag
Minustemperatur
5 Frost
minuziös
7 penibel
9 haargenau, kleinlich
10 pedantisch
12 gewissenhaft
Mirakel
6 Wunder
7 Legende
9 Wundertat
10 Wunderwerk
12 Heiligenbild
13 Legendenspiel
15 Heiligenlegende
Misanthrop
13 Menschenfeind
14 Menschenhasser
Mischarznei
6 Mixtur
Mischbecher
6 Shaker
Mischbrett
für Farben
7 Palette
mischen
5 mixen
6 mengen
8 melieren, panschen
9 vermengen
Mischfarbe
4 Grau
5 Braun
Mischgerät
in einer Bar
5 Mixer
Mischgericht, -speise
5 Salat
6 Ragout
7 Eintopf
Mischgetränk, Mixgetränk
4 Fizz, Flip, Grog, Sour
5 Bowle, Daisy, Julep, Shake, Sling, Spezi
6 Cooler, Crusta, Punsch
7 Cobbler, Collins, Egg Nogg, Schorle
8 Cocktail, Highball, Maibowle, Sangaree
9 Gluehwein, Kalte Ente
11 Krambambuli, Tuerkenblut
12 Schorlemorle
14 Weise mit Schuss
Mischgewebe
9 Matelasse
Mischkaffee
7 Melange
Mischkristalle
Hochfrequenz
6 Ferrit
Mischling
5 Casco, Chino, Cubra, Zamba, Zambo
6 Cafuso, Hybrid, Kreole
7 Bastard, Hybride, Mestize, Mulatte
8 Halbblut, Halfcast, Hybriden, Mameluco, Mestizen
9 Terzerone
10 Quarterone
Nordafrikas
5 Maure
zwischen Schwarzen u. Weißen
7 Mulatte
zwischen Weißen u. Indianern
7 Mestize
Mischmasch, Mischung
5 Chaos
6 Mixtur
7 Gemenge, Gemisch, Melange
8 Pelemele, Wirrwarr
9 Charivari, Gemengsel, Legierung, Potpourri, Quodlibet
10 Verbindung, Vermengung
11 Kombination, Konglomerat
12 Sammelsurium
13 Durcheinander
Mischmetall
9 Legierung
Mischpoche, Mischpoke
4 Clan
5 Blase, Sippe
6 Clique, Gruppe
7 Familie
8 Gesindel
10 Sippschaft
Mischspeise
5 Salat
aus Fleisch
6 Ragout
Mischung
zur Bierbereitung
6 Maisch
7 Maische
Mischvolk
6 Russen
7 Tataren
in Namibia
12 Hottentotten
Mise
13 Einmalpraemie
miserabel
5 elend, uebel
8 duerftig, schlecht
9 klaeglich
11 erbaermlich, jaemmerlich, kuemmerlich, schaendlich
13 bedauernswert
Misere, Misserfolg, -geschick
3 Not
4 Flop, Pech
5 Elend, Panne, Uebel
6 Fiasko, Flaute, Jammer, Pleite
7 Debakel, Dilemma, Malheur, Notlage, Schaden
8 Desaster, Nachteil, Reinfall, Unglueck
10 Fatalitaet, Fehlschlag, Niederlage
11 Rueckschlag
Missal, Missale
8 Messbuch
Missbehagen
6 Unlust
8 Verdruss
10 Ueberdruss, Unwohlsein
11 Verstimmung
Missbildung
8 Anomalie
11 Abnormitaet, Deformation

missbilligen
6 ruegen, tadeln
8 ablehnen
Missbilligung
5 Ruege, Tadel
9 Ablehnung
Missbrauch
6 Abusus
8 Willkuer
einer Person
10 Schaendung
Missetat
5 Untat
6 Delikt, Frevel, Suende
7 Malefiz
10 Verbrechen
Missetäter
7 Frevler, Suender
10 Boesewicht, Delinquent, Verbrecher
11 Uebeltaeter
Missfallen
5 Unmut
7 Abscheu
8 Verdruss
9 Ablehnung
10 Widerwille
Missfallensäußerung
6 Buhruf
Missgeburt
8 Monstrum
Missgeschick
4 Pech
5 Panne
6 Unbill, Unfall
7 Malheur, Unstern
8 Desaster, Unglueck
10 Fatalitaet, Kalamitaet
11 Schlamassel
missgestaltet
9 monstroes, unfoermig
10 deformiert
Missgestimmtheit
5 Unmut
missglückte
Poesie
7 Gereime
Missgriff
4 Bock
6 Fehler, Lapsus
7 Fauxpas
8 Vergehen, Verstoss
9 Fehlgriff
Missgunst
4 Neid
10 Eifersucht
missgünstig
6 scheel
7 spinoes
8 neidisch
Missgünstiger
6 Neider
10 Neidhammel
misshandeln
7 foltern, quaelen
10 kujonieren
12 schikanieren
13 maltraetieren
Misshandlung
9 Quaelerei
Misshandlungsspuren
8 Striemen
Missheirat
11 Mesalliance
Misshelligkeit
10 Diskrepanz
11 Uneinigkeit
Mission
7 Auftrag, Sendung
9 Botschaft
13 Gesandtschaft
Missionar
am Rhein
4 Goar
Burgunds
8 Columban
der Deutschen
10 Bonifatius
der Eskimos
5 Egede
der Franken
6 Kilian
der Friesen
10 Willibrord
der Grönländer
5 Egede
der Iren
7 Patrick
der Maristen
6 Chanel
der Pommern
4 Otto
der Preußen
8 Adalbert
der Slawen
6 Kyrill
8 Cyrillus
9 Methodius
der Westgoten
7 Ulfilas, Wulfila
missionarischer
Erfolg
9 Bekehrung
Missionsbischof
in China
5 Anzer
Missklang, Misston
7 Gejaule, Geleier
8 Singsang
9 Charivari, Dissonanz, ◆ Kakofonie
10 Diskordanz, Kakophonie, Paraphonie
11 Disharmonie, Katzenmusik
misslich
5 uebel
7 prekaer
10 aergerlich
missliche
Lage
5 Elend
6 Klemme, Misere
Verfassung
10 Uebelstand
Missmut
5 Grant
6 Aerger
7 Unwille
8 Verdruss
11 Verstimmung
12 Verbitterung
Missouri-Zufluss
6 Kansas
missraten
9 scheitern
10 misslingen
12 danebengehen
Missstand
5 Uebel
10 Kalamitaet
misstönend
9 dissonant
11 ◆ kakofonisch
12 kakophonisch, unharmonisch
13 disharmonisch
Misstrauen
7 Argwohn, Skepsis
10 Eifersucht
misstrauisch
9 skeptisch
misstrauische
Frau
11 Skeptikerin
Missvergnügen
6 Unlust
missvergnügliches
Nichtstun
10 Langeweile
Missverhältnis
7 Ametrie
10 Diskrepanz
13 Disproportion
missverständlich
6 unklar
Missverständlichkeit
10 Unklarheit
Missverständnis
6 Irrtum
missverstehen
5 irren
Misswirtschaft
10 Korruption, Vergeudung
17 Vetternwirtschaft
Mist
3 Kot
4 Dung
5 Dunst, Nebel
7 Duenger, Kompost
Mistgabel
5 Forke
Mistkäfer
10 Rosskaefer, Skarabaeus
12 Pillendreher
mit
Ausnahme von
6 ausser
Bäumen eingefasste Straße
5 Allee
bösem Vorsatz, arglistig
5 dolos
Cayennepfeffer gewürzte Tunke
5 Chili
Creme gefülltes Gebäck
6 Eclair
dem Fahrwasser vertrauter Seemann
5 Lotse
dem Schiff ausgeführte Bewegung
8 Manoever
den Zähnen zugreifen
7 beissen
der Hand
7 manuell
der Kleidung verbundene Kopfbedeckung
6 Kapuze
einer Gabe auszeichnen
8 belohnen

Ernst verbundene Heiterkeit
5 Humor
Essig bereitete Tunke
11 Vinaigrette
Farben umgehen
5 malen
großen Kräften ausgestattet
5 stark
Käse und Schinken gefülltes Schnitzel
10 Cordon bleu
Lanzen bewaffnete Reiter
6 Ulanen
Luft gefüllter Hohlraum
5 Blase
Metallfäden durchwirktes Gewebe
4 Lame
mittels
3 per
Namen erwähnen
6 nennen
Namenszeichen versehen
9 signieren
Palisaden umgebener Marktflecken
6 Ostrog
Schnüren besetzter Husarenrock
6 Attila
Schokolade überzogene Süßigkeit
7 Praline
Vorliebe
4 gern
Waffen durchgeführte Auseinandersetzung
5 Krieg
Wald bedeckte Bergkuppe
5 Kofel
Wasserfarben gemaltes Bild
8 Aquarell
Weizenälchen befallene Ähre
8 Radekorn

Mitarbeit
5 Hilfe
7 Beitrag
9 Teilnahme
11 Kooperation
14 Zusammenwirken

Mitarbeiter
6 Helfer
7 Famulus, Gehilfe, Gespann, Kollege
9 Assistent
bei Funk und Fernsehen
9 Moderator
beim Film
5 Mixer
6 Cutter
10 Beleuchter
bei Presse und Funk
9 Redakteur
10 Journalist
bei Schlagern
6 Texter
Bismarcks
4 Roon
der Post
7 Eilbote
des Feindes
13 Kollaborateur
des Theaters
9 Dramaturg
eines Verlages
6 Lektor
im Pressewesen
12 Bildreporter
Luthers
5 Jonas
Metternichs
5 Gentz
von Brecht
5 Dudow

Mitarbeitergruppe
4 Stab, Team
7 Gespann

Mitarbeiterstab
eines Films
4 Cast

Mitbegründer
der Altertumskunde
4 Wolf
der amerikanischen Unabhängigkeit
7 Steuben
der Österreichischen Republik
5 Adler
der Zeisswerke
4 Abbe
des ersten russischen Reiches
4 Oleg
des Marxismus
6 Engels
Roms
5 Remus
7 Romulus

Mitbesitz
6 Anteil

Mitbesitzer, -inhaber
6 Sozius
7 Associe, Partner
9 Kompagnon, Teilhaber

Mitbewerber
6 Rivale
10 Konkurrent
11 Nebenbuhler

Mitbewohner
11 Untermieter

miteinander
8 zusammen
9 gemeinsam
16 gemeinschaftlich

Mitentdecker
des Germanins
5 Kothe, Roehl

Miterfinder
des Automotors
4 Benz, Otto
6 Diesel
7 Daimler

Mitesser
4 Akne
5 Finne
6 Pickel, Pustel
7 Parasit

Mitfahrer
6 Sozius

Mitgefühl
4 Takt
6 Anteil
7 Beileid, Mitleid
8 Erbarmen
9 Interesse, Teilnahme
11 Anteilnahme

mitgeführte
Warenmenge
8 Traglast

mitgehende
Person
9 Begleiter

Mitgeschöpf
4 Tier
6 Mensch

Mitgift
8 Dotation
9 Aussteuer
10 Heiratsgut, Morgengabe
11 Ausstattung, Brautschatz

Mitglied
7 Genosse, Kollege
13 Vereinsbruder, Vereinsfreund
der Familie
4 Kind
5 Vater
6 Mutter
der Fußballmannschaft
7 Laeufer, Torwart
8 Stuermer
11 Verteidiger
der Regierung
8 Minister
des Ältestensrates
7 Senator
des Baseballteams
7 Faenger
des englischen Hochadels
4 Earl, Lord, Peer
des französischen Adels
4 Pair
des Parlaments
12 Abgeordneter
des Stadtrates
8 Ratsherr
einer Delegation
11 Delegierter
einer Flugzeugbesatzung
9 Navigator
einer Kapitalgesellschaft
9 Aktionaer
einer Popgruppe
6 Beatle
einer US-Sekte
7 Mormone
einer Verbrecherbande
8 Gangster
einer Volksvertretung
12 Abgeordneter
eines deutschen Stammes
8 Alemanne
eines geheimen Ordens
9 Illuminat
eines geistlichen Ordens
6 Moench
eines Gerichtshofes
9 Beisitzer
eines islamischen Ordens
8 Derwisch
eines Kapitels
9 Kanoniker
eines katholischen Ordens
6 Jesuit
eines Leipziger Chores
8 Thomaner
eines mohammedanischen Ordens
7 Senussi
eines Parlaments
11 Deputierter
12 Abgeordneter
20 Landtagsabgeordneter
22 Bundestagsabgeordneter

eines Regierungskabinetts
8 Minister
eines Senats
7 Senator
eines sizilianischen Geheimbundes
7 Mafioso
Mitglieder
eines Preisgerichts
7 Juroren
Mitgliedergruppe
6 Verein
einer Partei
5 Zelle
Mitgliederzusammenschluss
6 Verein
Mitgliedsgebühren
9 Beitraege
Mithelfer
bei strafbaren Handlungen
8 Komplize
Mithilfe
7 Beitrag
9 Assistenz
mithin
4 also, ergo
5 somit
8 folglich
Mitinhaber, -besitzer
6 Sozius
7 Associe, Partner
9 Kompagnon, Teilhaber
Mitläufer
8 Fussvolk
9 Stimmvieh
Mitlaut
9 Konsonant
Mitleid, -gefühl
5 Guete
8 Bedauern, Erbarmen
9 Teilnahme
10 Humanitaet
11 Anteilnahme
14 Barmherzigkeit, Naechstenliebe
das nach Abhilfe sucht
8 Erbarmen
mitleidig
13 teilnahmsvoll
mitleidlos
4 hart
6 brutal, streng
7 grausam
12 unbarmherzig, unnachgiebig
Mitleidslosigkeit
14 Hartherzigkeit
mitmachen
7 erleben
Mitmachender
10 Teilnehmer
Mitmensch
der Umgebung
7 Nachbar
mitnehmbare
Lichtquelle
12 Taschenlampe
Mitra
5 Infel
14 Bischofsmuetze
mitreißend
6 furios
9 fulminant
11 begeisternd
Mitschrift
9 Protokoll
Mitschuldiger
8 Komplize
Mitschüler
14 Klassenkamerad
Mitspieler
4 Aide
im Ballsport
13 Tennispartner
mitsprechender
Umstand
6 Faktor
Mitstudent
11 Kommilitone
Mittagessen
5 Diner
im Freien
8 Picknick
Mittagshitze
12 Stunde des Pan
Mittagskreis
8 Meridian
Mittagsruhe
der Südländer
6 Siesta
Mittagstisch
für Studenten
5 Mensa
Mittäter
6 Hehler, Kumpan
8 Komplice, Komplize, Konsorte
13 Helfershelfer, Mitschuldiger, Spiessgeselle
Mitte
7 Zentrum
10 Brennpunkt
des Leibes
6 Schoss
mitteilen
6 melden
7 kundtun
9 berichten, eroeffnen
10 referieren
11 informieren
13 signalisieren
15 benachrichtigen
Mitteilung
5 Brief, Kunde
6 Angabe, Report
7 Meldung
8 Bescheid, Kundgabe
9 Botschaft, Nachricht, Postkarte, Telegramm
10 Kommunique
11 Information
13 Kommunikation
am Schwarzen Brett
7 Aushang
belehrende Unterweisung
13 Unterrichtung
einer Straftat
7 Anzeige
im Gefängnis
8 Kassiber
Mittel
3 Weg
4 Geld, Habe
5 Hilfe
6 Anlage, Arznei, Besitz, Medium
7 Bargeld, Schnitt
9 Praeparat, Vermoegen
10 Medikament
12 Durchschnitt, Moeglichkeit
des Ausdrucks
5 Geste
gegen Bandwürmer
6 Kamala
gegen Beruhigung
6 Kodein
gegen Blutarmut
5 Eisen
gegen Fieber
6 Chinin
gegen Heiserkeit
9 Emser Salz
gegen Husten
6 Codein, Kodein
gegen Malaria
6 Chinin
gegen Schädlinge
20 Pflanzenschutzmittel
gegen Schlafkrankheit
8 Germanin
gegen Sodbrennen
6 Natron
gegen Zuckerkrankheit
7 Insulin
zum Blutstillen
5 Alaun
zum Entkolorieren der Wäsche
10 Entfaerber
zum Färben
5 Farbe
zur Enthärtung des Wassers
4 Soda
zur örtlichen Betäubung
6 Kokain
zur Veränderung der Haut
8 Schminke
mittelalterlich:
Liebe
5 Minne
mittelalterliche
Baugenossenschaft
9 Bauhuette
Befestigung
4 Burg
Besitzform
5 Lehen
Bezeichnung für Liebe
5 Minne
Bezeichnung für Mohammedaner
8 Sarazene
Ehrenstrafe, Schandpfahl
7 Pranger
Fußbekleidung
13 Schnabelschuh
Gefolgsleute
8 Vasallen
Grafengerichte
12 Freigerichte
Handwaffe
5 Keule
11 Morgenstern, Schlagwaffe
12 Streitkolben
Handwerkervereinigung
5 Gilde
Helmform
11 Kesselhaube
Hinrichtungsstätte
14 Scheiterhaufen
jüdische Geheimlehre
7 Kabbala
Kopfbedeckung
6 Barett

Kragenkapuze
5 Gugel
kriegerische Selbsthilfe
5 Fehde
Notenschrift
6 Neumen
Philosophie
10 Scholastik
Provinzhauptstadt
5 Terni
Sagengestalt einer Weserstadt
7 Tristan
13 Rattenfaenger
Schlagwaffe
11 Morgenstern
Schusswaffe
8 Arkebuse, Armbrust
Seuche
4 Pest
8 Blattern
spanische Flotte
6 Armada
Standesbezeichnung des niederen Adels
6 Ritter
Stangenwaffe
11 Morgenstern
Steuer
4 Bede
Stilepoche
5 Gotik
Todesstrafe
7 raedern
Vereinigung
5 Gilde, Zunft
Waffe
4 Pike
5 Gleve
6 Spiess
7 Schwert
8 Armbrust
10 Hellebarde
11 Morgenstern
wandernde Musikanten
10 Spielleute
Wegelagerer
10 Raubritter
Würgeschraube
8 Garrotte
mittelalterlicher
Adliger
6 Ritter
8 Edelmann
Ausrufer
6 Herold
Edelknabe
4 Page
Edelmann
6 Ritter
Eid, sich nicht zu rächen
7 Urfehde
Glockenturm
8 Belfried
Goldmacher
5 Adept
9 Alchemist, Alchimist
Gutsverwalter
5 Meier
Humanist
7 Erasmus
Kaufmannsbund
5 Hansa, Hanse
Landsknecht
9 Musketier
Lyriker
23 Walther von der Vogelweide
Musikant
9 Spielmann
10 Troubadour
Name für Araber
8 Sarazene
norwegischer Dichter
6 Skalde
reifartiger Kopfschmuck
7 Schapel
Sänger
10 Troubadour
12 Minnesaenger
Schandpfahl
7 Pranger
Sklavendienst
4 Fron
Spieß
4 Pike
Städtebund
5 Hansa, Hanse
Stand
6 Ritter
Verwaltungsbeamter
8 Landvogt
mittelalterliches
Bauwerk
4 Burg
Bauwerk im Thüringer Wald
8 Wartburg
Damenreitpferd
6 Zelter
Frauengemach
8 Kemenate
Fürstengeschlecht
8 Wettiner
12 Hohenstaufen, Hohenzollern
geistliches Drama
5 Ludus
geistliches Lied
4 Leis
geistliches Schauspiel
7 Mirakel
14 Mysterienspiel
Geschütz
8 Kartaune
Gewehr
7 Muskete
Kriegsschiff
7 Galeere, Galeone, Galione
Nutzrecht
5 Lehen
Reiterkampfspiel
6 Buhurt
7 Turnier
Segelschiff
5 Kogge
7 Galeere, Galeone, Galione
9 Karavelle
Symbol städtischer Freiheiten
6 Roland
Tanzlied
5 Rondo
7 Rondeau
Zauberwort
11 Abrakadabra
Zupfinstrument
7 Psalter
mittelamerikanische
Inselgruppe
10 Westindien
Inselwelt
8 Antillen
Münze
7 Centavo
Paprikaart
5 Chili
Wasserstraße
11 Panamakanal
mittelamerikanischer
Indianerstamm
4 Cuna, Maya
5 Aruak, Mayas
6 Guetar
7 Azteken, Kariben
8 Karaiben, Misteken, Tolteken
9 Zapoteken
Mischling
6 Ladino
Staat
6 Belize, Mexiko, Panama
8 Honduras
9 Costa Rica, Guatemala, Nicaragua
10 El Salvador
Mittelasiat
7 Kasache, Kirgise
8 Turkmene
mittelbar
8 indirekt
mitteldeutsch:
dünner Kaffee
5 Lorke
Kröte
6 Lorche
mitteldeutsche
Landschaft
4 Harz
6 Anhalt
7 Altmark, Lausitz, Pommern, Sachsen
8 Flaeming, Prignitz
9 Havelland, Spreewald, Uckermark
10 Thueringen
11 Brandenburg, Mecklenburg
13 Sachsen-Anhalt
Stadt
4 Gera, Jena, Suhl
5 Gotha, Guben, Halle
6 Apolda, Berlin, Dessau, Erfurt, Plauen, Torgau, Weimar, Wismar, Zittau
7 Cottbus, Dresden, Koethen, Leipzig, Potsdam, Rostock, Schwedt, Stendal, Zwickau
8 Chemnitz, Goerlitz, Naumburg, Prenzlau, Schwerin
9 Frankfurt, Magdeburg, Neuruppin, Stralsund
10 Eberswalde, Greifswald, Wittenberg
11 Freienwalde, Luckenwalde, Neustrelitz, Weissenfels, Wittenberge
12 Aschersleben, Finsterwalde
13 Frankfurt Oder, Fuerstenwalde
14 Bad Freienwalde
Mittelgebirge
in den USA
10 Appalachen

in der BRD
8 Odenwald
in der Slowak. Republik
5 Tatra
in Frankreich
7 Vogesen
in Russland
4 Ural
in Ungarn
5 Matra
zwischen Sachsen und Böhmen
10 Erzgebirge
zwischen Werra und Fulda
5 Rhoen
Mittelglied
6 Medium
mittelgriechischer Gebirgszug, Musenberg
7 Parnass
mittelgriechisches
Gebirge
4 Oeta
mittelgroßes
Pferd
3 Kob
mittelhochdeutsche Dichtungsform, Liedform
5 Leich
mittelhochdeutsches
Epos
6 Ortnit
Mittelhülse
eines Rades
4 Nabe
Mittellinie
5 Achse
mittellos
3 arm
5 blank
7 verarmt
10 beduerftig
mittelloser
Mensch
10 Habenichts
Mittellosigkeit
3 Not
5 Armut, Elend
14 Beduerftigkeit
Mittelmeerfisch
5 Orade, Umber
7 Muraene, Sardine
8 ◆ Tunfisch
9 Thunfisch
Mittelmeerfischerboot
7 Tartane
Mittelmeergewächs
5 Myrte
Mittelmeerhafen
4 Bari, Bone, Oran, Pula, Sete, Sfax, Susa
5 Adana, Ceuta, Derna, Genua, Haifa, Izmir, Jaffa, Kotor, Mahon, Palma, Saida, Sidon, Sirte, Split, Tunis, Zadar
6 Algier, Ancona, Bastia, Beirut, Chieti, Durres, Malaga, Neapel, Patras, Ragusa, Rijeka, Rimini, Tarent, Tirana, Tobruk, Toulon, Triest, Trogir
7 Almeria, Antalya, Bengasi, Biserta, Catania, Durazzo, Kalamae, Korinth, Latakia, Livorno, Melilla, Messina, Palermo, Piraeus, Salerno, Spalato, Syrakus, Tripoli, Venedig
8 Alicante, Brindisi, Cagliari, Damiette, La Spezia, Molfetta, Port Said, Saloniki, Tripolis, Valencia
9 Barcelona, Cartagena, Dubrovnik, Heraklion, La Valetta, Marseille, Tarragona
10 Alexandria
11 Alexandrien
Mittelmeerinsel
2 If
3 Ios, Kea, Kos, Krk, Rab, Vis
4 Brac, Elba, Gozo, Hvar, Milo
5 Capri, Chios, Deloe, Delos, Ibiza, Korfu, Kreta, Leros, Lissa, Malta, Milos, Molat, Naxos, Paros, Samos, Syros, Telos, Thera, Thira, Tinos
6 Aegina, Andros, Brazza, Brioni, Cypern, Euboea, Ikaria, Imbros, Ischia, Ithaka, Kandia, Lemnos, Lesbos, Leukas, Limnos, Linosa, Lipari, Lipsos, Losinj, Patmos, Rhodos, Skyros, Thasos, Zypern
7 Cabrera, Kefalos, Kerkyra, Kithira, Korcula, Korsika, Kythera, Kythnos, Lastovo, Menorca, Minorca, Mykonos, Nikaria, Pelagos, Salamis
8 Mallorca, Mytilene, Santorin, Sizilien, Skorpios
9 Alonnesos, Karpathos, Lampedusa, Sardinien, Stromboli
10 Samothrake, Samothraki
11 Kephallenia, Pantelleria
Mittelmeerinselgruppe
8 Balearen, Kykladen, Pityusen, Sporaden
9 Dodekanes
Mittelmeerinsulaner
5 Korse
6 Kreter
8 Malteser
Mittelmeerkap
in Algerien
6 Caxine
in Spanien
3 Nao
in Tunesien
6 Serrat
Mittelmeerküste
7 Riviera
Mittelmeerländer
östlich von Italien
7 Levante
Mittelmeerschiff
6 Feluke
Mittelmeerspeisefisch
5 Orade
9 Thunfisch
Mittelmeerstaat
5 Malta
6 Cypern, Israel, Libyen, Monaco, Syrien, Zypern
7 Italien, Libanon, Marokko, Spanien, Tuerkei
8 Aegypten, Albanien, Algerien, Kroatien, Tunesien
9 Slowenien
10 Frankreich
11 Jugoslawien
12 Griechenland
Mittelmeerteil
5 Adria, Syrte
7 Aegaeis
11 Grosse Syrte, Kleine Syrte
13 Ionisches Meer
15 Aegaeisches Meer, Ligurisches Meer
16 Adriatisches Meer
17 Tyrrhenisches Meer
Mittelmeerwind
7 Etesien
8 Scirocco
9 Schirocco
Mittelpunkt
3 Pol
4 Herz, Kern
7 Zentrum
8 Zentrale
9 Metropole
10 Brennpunkt, Hauptsache
11 Schwerpunkt
der Treibjagd
6 Kessel
des Bauches
5 Nabel
des Messopfers
8 Wandlung
mittels
3 per
5 durch
Mittelsmann
5 Agent
6 Makler
7 Mittler
10 Vermittler
13 Unterhaendler
Mittelsperson
im Spiritismus
6 Medium
Mittelspieler
im Basketball
6 Center
Mittelstück
des Rades
4 Nabe
mittelwarm
3 lau
Mittelwert
7 Schnitt
12 Durchschnitt
Mittelwort
8 Partizip
11 Partizipium
mitten
7 zentral
Mitternachtsmesse
5 Mette
7 Vigilie
mittlere
Abteilung des Juras
6 Dogger
Steinzeit
12 Mesolithikum
Stufe der oberen Kreide
5 Turon
7 Emscher
Verwaltungseinheit
6 Bezirk

Mittönen
8 Resonanz
9 Widerhall
Mittrauer
7 Beileid
Mittwoch
nach Fastnacht
14 Aschermittwoch
mitunter
8 zuweilen
mitwirken
11 kooperieren
mitwirkende
Gegebenheit
7 Umstand
mitwirkender
Umstand
6 Faktor
Mitwirkender
6 Akteur
Mitwirkung
5 Zutun
9 Mitarbeit
11 Beteiligung, Kooperation
Mixbecher
6 Shaker
mixen
7 mischen
9 vermengen
Mixgetränk
4 Flip
5 Drink, Shake
8 Cocktail
Mixtur
7 Gemisch
8 Mischung
Moa
5 Vogel
7 Strauss
11 Riesenvogel
13 Riesenstrauss
Möbelbezugstoff
7 Epingle
Möbelholz
5 Eiche, Pinie
8 Nussbaum
10 Palisander
Möbelplüsch
6 Mokett
Möbelstil
5 Gotik
6 Barock, Empire, Rokoko
7 Romanik
10 Jugendstil
11 Biedermeier, Chippendale, Renaissance
Möbelstück
4 Bank, Bett, Bord, Pult, Sofa
5 Couch, Diwan, Liege, Regal, Spind, Stuhl, Tisch, Truhe
6 Buffet, Hocker, Sessel
7 Buefett, Ehebett, Hausbar, Kanapee, Kautsch, Kommode, Kredenz, Schemel, Schrank, Schrein, Spiegel, Vertiko, Vitrine
8 Anrichte, Esstisch, Fussbank, Mobiliar, Ottomane, Sitzbank, Sitzecke, Stellage, Teewagen
9 Bettcouch, Garderobe, Klappbett, Kniestuhl, Lehnstuhl, Liegesofa, Stehlampe, Topfbrett, Wandbrett
10 Blumenbank, Clubsessel, Doppelbett, Klubsessel, Korbsessel, Nachttisch, Notenregal, Rauchtisch
11 Blumentisch, Fussschemel, Klavierbank, Ohrensessel, Polsterbank, Schachtisch, Schrankwand, Wandschrank
12 Ausziehtisch, Backensessel, Besenschrank, Buecherregal, Chaiselongue, Schreibtisch, Servierwagen
13 Haengeschrank, Schaukelstuhl, Stummer Diener
14 Blumenstaender, Buecherschrank, Kleiderschrank, Kuechenschrank, Schirmstaender, Toilettentisch, Waescheschrank
15 Geschirrschrank
mobil
4 agil
5 aktiv, flink, parat
6 bereit, frisch, munter
7 behende, wohlauf
8 ◆ behaende
9 beweglich
Mobiliar
6 Moebel
7 Hausrat
8 Inventar
11 Ausstattung, Einrichtung
für Kleinstkinder
5 Wiege
mobilisieren
10 aktivieren
mobilisierte
Kräfte
7 Energie
moçambiquische
Münze
6 Eskudo
8 Centavos
Stadt
4 Tete
5 Beira, Erego
6 Maputo
7 Angoche, Nampula
8 Quissico
9 Inhambane, Quelimane
10 Mocambique
15 Lourenco Marques
Modalität
3 Art
5 Weise
6 Dasein, Denken, Urteil
9 Bedingung
15 Verfahrensweise
Mode
4 Maxi, Mini
5 Sitte
6 Brauch
7 Fashion
8 Gebrauch
9 Geschmack
12 Haute Couture
13 Zeitgeschmack
Modegeck, Flaneur
4 Beau, Geck, Snob
5 Dandy, Stenz
6 Gigerl
7 Elegant, Stutzer
modegerecht
4 chic
6 ◆ schick
Modegeschäft
6 ◆ Butike
8 Boutique
Modell
3 Typ
5 Dummy
6 Muster
7 Entwurf, Vorbild, Vorlage
8 Dressman, Maquette, Prototyp
9 Baumuster, Mannequin
Modellbauer
9 Modelleur
Modellentwerfer
8 Designer
Modelliermasse
3 Ton
4 Gips
9 Knetgummi, Plastilin
Modellierstoff
5 Paste
Modenarr
4 Beau, Geck, Snob
5 Dandy
6 Gigerl
7 Stutzer
Moder
6 Faeule
8 Faeulnis
Moderation
6 Ansage
Moderator
7 Ansager
8 Sprecher
12 Conferencier
16 Gespraechsleiter
17 Diskussionsleiter
Moderbestandteil
des Bodens
5 Humus
Moderfleisch
3 Aas
Moderichtung
4 Look
modern
2 in
7 modisch, zeitnah
8 neuartig
11 neuzeitlich
modern-auffallend
6 poppig
moderne
Autobahn-Unterkunft
5 Motel
8 Rasthaus
deutsche Straßenanlage
14 Bundesautobahn
Drucktechnik
9 Siebdruck
Einkaufsstätte
10 Supermarkt
21 Selbstbedienungsladen
Erwärmungsanlage
10 Oelheizung
Form des Singspiels
7 Musical
Holzschuhe
5 Clogs
Hose
5 Jeans

Interkontinental-Waffe
6 Rakete
14 Fernlenkrakete
Kunstfaser
5 Nylon
6 Dralon, Perlon
Kunstform
5 Opart
6 Popart
9 Dadaismus, Tachismus
10 Futurismus
12 Surrealismus
Lichtquelle
10 Neonroehre
Musikergruppe
8 Beatband
Ortung
5 Radar
Rechenanlage
3 EDV
8 Computer
17 Elektronenrechner
Richtung in Literatur und bildender Kunst
12 Surrealismus
Segel-Sportart
11 Windsurfing
Studienordnung
21 Hochschulrahmengesetz
Tanzgymnastik
7 Aerobic
Unterhaltung
9 Fernsehen
Unterkunft
5 Motel
Waffe
6 Rakete
9 Atombombe
Zeitepoche
16 Raketenzeitalter
Zeitnahme bei Laufkonkurrenzen
14 Zielfotografie
16 Zielphotographie
moderner
Fernsprecher
11 Funktelefon
12 Funktelephon
13 Tastentelefon
14 Tastentelephon
Flugkörper
6 Rakete
Hygienebedarf
14 Papierhandtuch
17 Papiertaschentuch
Luftsport
11 Drachenflug
14 Skidrachenflug
Motor
9 Triebwerk
Musikstil
4 Beat, Jazz, Punk, Rock
5 ◆ Disco
9 Zwoelfton
Passagierjet
14 Duesenflugzeug
Pullover
10 Sweatshirt
Rechenautomat
16 Elektronengehirn
spanischer Maler
4 Dali, Miro
7 Picasso

Trainingsweg im Freien
9 Trimmpfad
Transportbehälter
9 Container
Wissenschaftler
16 Weltraumforscher
modernes
Bild-Ton-Gerät
13 Videorecorder
18 Bildplattenspieler
Deckchen
3 Set
Foto-Belichtungsverfahren
5 Blitz
11 Vakuumblitz
15 Elektronenblitz
Heimkino
5 Video
12 Diaprojektor
Konservierungsgerät
14 Tiefkuehltruhe
16 Tiefkuehlschrank
Küchengerät
5 Mixer
14 Kaffeemaschine
15 Geschirrspueler
Ladesystem auf Lkw, Bahn und Schiff
9 Container
LKW-Zubehör
16 Fahrtenschreiber
Massenmedium
9 Fernsehen
Ortungsverfahren
5 Radar
Passagierflugzeug
6 Airbus
7 City-Jet
8 ◆ Jumbojet, Jumbo-Jet
Passagierschiff für Kurzstrecken
14 Luftkissenboot
Personenbeförderungsmittel
4 Auto
7 Omnibus
8 Flugzeug
9 Eisenbahn
10 Rolltreppe
Tonbandgerät
11 DAT-Recorder
17 Kassettenrecorder
Transportmittel in Großbauten
10 Rolltreppe
Unterwasser-Kriegsschiff
9 Atom-U-Boot
16 Atomunterseeboot
Modernität
7 Neuheit
Modeschmuckspange
4 Clip
Modeschöpfer
9 Couturier
Modeschöpfung
8 Creation, Kreation
Modestil
4 Look
Modezeichnung
8 Figurine
Modifikation
10 Abwandlung
12 Veraenderung
des Sauerstoffs
4 Ozon

modisch
4 chic
6 ◆ schick
7 en vogue
einschlagendes Lied
8 Schlager
gekleidet
7 elegant
modische
Feinheit
7 Eleganz
Kleiderlänge
4 Midi
Strickart
11 Wabenmuster
modischer
Aufwand
7 Eleganz
Damenhut
4 Bibi
Doppelrock
6 Tunika
Schick, Chic
7 Eleganz
modisches Beiwerk, Zubehör
10 Accessoire
11 Accessoires
der Damengarderobe
5 Tanga
10 Minibikini
Modistin
9 Midinette
11 Hutmacherin
12 Putzmacherin
Modus
3 Art
4 Form, Stil
5 Weise
7 Ordnung
9 Verfahren
vivendi
9 Lebensart
10 Koexistenz, Lebensstil
13 Zusammenleben
mogeln
9 betruegen, taeuschen
mögen
6 lieben, wollen
8 gefallen
möglich
7 machbar
10 potentiell, ◆ potenziell
11 praktikabel
möglicher
Fall
13 Eventualitaet
Käufer
11 Interessent
möglicherweise
9 eventuell
10 vielleicht
Möglichkeit
3 Weg
4 Fall
5 Basis
6 Chance
9 Grundlage
11 Gelegenheit
13 Eventualitaet
der Abweichung von rechtlichen Bestimmungen
13 Abdingbarkeit

eines drohenden Unheils
11 Gefaehrdung
zur freien Entfaltung
9 Spielraum
Möglichkeitsform
10 Konjunktiv
Mogulkaiser
5 Akbar
Mohairrohstoff
11 Angorawolle
Mohammedaner
6 Moslem, Muslim
7 Islamit
8 Muselman, Sarazene
mohammedanisch
9 islamisch
mohammedanische
Geistlichkeit
5 Ulema
Herrscherdynastie in Indien
5 Mogul
Kopfbedeckung
6 Turban
Paradiesjungfrau
4 Huri
Sekte
8 Schiiten, Sunniten
mohammedanischer
Ausruf
9 Bismillah
Bettelmönch
8 Derwisch
Fastenmonat
7 Ramadan
Fürstentitel
4 Emir
Gebetsteppich
6 Namasi
Gelehrter
5 Ulema
Geschichtsschreiber
6 Tabari
Gruß
5 Salem
Heiliger
7 Marabut
Herrscher
6 Achmed
Männername
3 Ali
6 Achmed
7 Mustafa
Name für Gott
5 Allah
Name für Jesus
3 Isa
Rechtsgelehrter
4 Kadi
5 Mufti
Richter
4 Kadi
Titel
4 Emir, Imam, Kadi
5 Kalif, Molla, Mufti, Mulla, Ulema, Wesir
Versroman
5 Eneit
Vorbeter
4 Imam
Wallfahrtsort
5 Mekka
6 Medina
mohammedanisches
Frauengemach
5 Harem
6 Senane
Gotteshaus
7 Moschee
Heiligtum
5 Kaaba
Religionsbuch
5 Koran
Volksepos
12 Wolfdietrich
Mohammeds
Helfer
4 Omar
Lieblingsfrau
6 Aischa
Nachfolger
4 Omar
5 Osman
7 Abu Bekr
Schwiegersohn
3 Ali
Tochter
6 Fatima
Mohr
5 Neger
9 Afrikaner, Schwarzer
Mohrenhirse, Negerhirse
4 Dara, Dari
5 Duche, Duchn, Durra
6 Durrha, Sorgho
7 Sorghum
Mohrenmaki
6 Akumba
Mohrrübe
6 Moehre
7 Karotte
10 Gelbe Ruebe
Mohrrübenfarbstoff
7 Karotin
Mol
betreffend
5 molar
Molch
3 Olm
5 Lurch
8 Amphibie
9 Amphibium
10 Salamander
12 Schwanzlurch
16 Riesensalamander
Moldau-Zufluss
6 Beraun
moldawische
Stadt
5 Balzy, Kagul
6 Bender, Ungeny
7 Bendery
8 Tiraspol
9 Faleschty, Kischinau
10 Kischinjow
Mole
4 Damm, Pier
9 Hafendamm
10 Hafenmauer
Molekulargewicht
3 Mol
molestieren
11 belaestigen
Molkerei
7 Meierei
mollig
8 dicklich
9 behaglich
Molukkeninsel
3 Obi
4 Buru
5 Ambon, Ceram, Seram
6 Batjan, Gorong, Serang, Tidore
7 Amboina, Morotai, Ternate
9 Halmahera
Molukker
Indonesiens
6 Galela
Moment
2 Nu
4 Zeit
5 Phase
7 Merkmal, Umstand
9 Zeitpunkt
10 Augenblick
13 Gesichtspunkt
momentan
14 augenblicklich, voruebergehend
Momentaufnahme
5 Blitz
6 Schuss
9 Blitzfoto
10 Blitzphoto
13 Schnappschuss
Monacos
Bürger
10 Monegassen
Fürstenhaus
8 Grimaldi
Landesfürst
7 Rainier
Landesfürstin (ehem.)
6 Gracia
14 Gracia Patricia
Monarch
6 Fuerst, Herzog, Kaiser, Koenig, Regent
8 Potentat
9 Herrscher
15 Alleinherrscher
Monarchist
8 Royalist
Monatsanfang
6 Erster
Monatsblutung
5 Regel
7 Periode
12 Menstruation
Monatsende
6 Ultimo
Monatslohn
6 Gehalt
Monatsname
3 Mai
4 Juli, Juni
5 April, Feber, Heuet, Maerz
6 August, Heuert, Januar
7 Brachet, Eismond, Ernting, Februar, Hartung, Heumond, Hornung, Jaenner, Julmond, Lenzing, Neblung, Oktober
8 Dezember, Eismonat, Gilbhart, Heumonat, Lenzmond, Nebelung, November, Weinmond, Windmond
9 Brachmond, Erntemond, Lenzmonat, Nebelmond,

Ostermond, Rosenmond, Scheiding, September, Weidemond, Weinmonat, Wonnemond
10 Brachmonat, Christmond, Herbstmond, Ostermonat, Schneemond, Wandelmond, Wintermond, Wonnemonat
11 Christmonat
14 Fruehlingsmond

Monatstag, -tage im alten Rom
4 Iden, Idus
8 Kalenden

Mönch
3 Abt
5 Pater, Prior
6 Eremit, Frater, Oberer
7 Profess, Rubljow
8 Guardian, Klausner, Rasputin, Zoenobit
9 Anachoret, Zoenobiot
10 Einsiedler, Ordensmann
12 Ordensbruder

am letzten Zarenhof
8 Rasputin

während der Probezeit
6 Novize

Mönche
in St. Gallen
6 Notker

Mönchsbehausung, -unterkunft
5 Cella, Zelle
6 Klause
7 Kloster, Konvent
9 Eremitage
11 Einsiedelei

Mönchsgewand, -kleidung
5 Kutte
9 Skapulier

Mönchskloster
5 Abtei

Mönchsorden, Mönch
6 Jesuit, Marist, Oblate, Servit
7 Minorit, Oblaten, Paulist
8 Jesuiten, Mauriner, Paulaner, Trappist
9 Kapuziner, Kreuzherr, Marianist, Theatiner
10 Augustiner, Barfuesser, Basilianer, Johanniter, Karmeliter, Kartaeuser, Trappisten
11 Dominikaner, Karthaeuser, Mendikanten, Trinitarier
12 Benediktiner, Franziskaner, Kluniazenser, Konventualen
13 Zisterzienser

Mönchsrepublik
in Griechenland
5 Athos

Mönchssiedlung
5 Skete

Mönchszelle
5 Cella

Mond
4 Luna
5 Monat
7 Trabant
8 Satellit
9 Begleiter
14 Himmelskoerper

betreffend
5 lunar

des Jupiter
2 Io
5 Dione
6 Europa
7 Ganymed
8 Kallisto

des Mars
6 Deimos, Phobos

des Neptun
6 Triton
7 Nereide

des Saturn
2 Io
4 Rhea
5 Mimas, Titan
6 Phoebe, Tethys, Themis
7 Japetus, Julmond
8 Hyperion
9 Enceladus

des Uranus
5 Ariel
6 Oberon
7 Miranda, Titania, Umbriel

mondän
7 elegant, vornehm

Mondauto
der NASA
5 Rover

Mondbeschreibung
12 ◆ Selenografie
13 Selenographie

Mondebene
4 Mare

Mondfinsternis
7 Eklipse

Mondgott
5 Chons, Thoth
6 Chonsu

Mondgöttin
4 Luna
6 Selene
8 Bubastis

Mondhof
4 Halo
7 Aureole

Mondkind
der nord. Sage
5 Hjuki

Mondphase
7 Neumond, Viertel, Wechsel
8 Halbmond, Vollmond
11 Mondwechsel
12 Lichtgestalt

Mondsenke
4 Mare

Mondsonde
4 Luna
5 Lunik
6 Ranger

Mond-, Sonnenfinsternisliste
5 Kanon

Mondstein
6 Adular
8 Feldspat

mondsüchtig
9 somnambul

Mondsüchtiger
9 Lunatiker

Mondsüchtigkeit
10 Lunatismus

Mondzeiger
6 Epakte

Mongolenfürst
4 Batu, Khan
5 Baber, Berke, Timur
6 Kublai
8 Tamerlan
10 Temudschin
13 Dschingis Chan, Dschingis Khan, Tschingis Khan

Mongolenhütte
5 Jurte

Mongolenstamm, -volk
3 Mon
4 Boja
5 Kitan, Schan
6 Ewenki, Hunnen, Uroten
7 Chalcha, Tataren, Tumyten
8 Giljaken, Ostjaken, Tungusen
9 Burjaeten, Dsungaren, Samojeden
10 Kalmuecken
11 Tschacharen

mongolische
Dynastie (China)
5 Yuean

Gazelle
6 Dseren

Hauptstadt
9 Ulan Bator

Münze
5 Mongo
6 Tugrik

Nationaltracht
3 Del

Stadt
3 Iro
6 Kalgan, Khobdo
8 Ulaan Gom, Ulyastai
9 Ulan Bator
10 Altan Bulag

Zeitung
4 Unen

mongolischer
Eroberer
5 Timur

Nomade
5 Hunne

Statthalter
7 Perwane

Viehzüchter
5 Arate

mongolisches
Steppenpferd
15 Przewalskipferd

mongolisch-türkischer
Herrschertitel
4 Chan, Khan

monieren
6 mahnen
8 anmahnen
11 beanstanden

Monitor
10 Bildschirm, Empfaenger
11 Kanonenboot
12 Kriegsschiff
14 Kontrollschirm
18 Kontrollbildschirm, Kontrollempfaenger

monochrom
9 einfarbig

Monogamie
6 Einehe

Monokel
7 Einglas

monoklin
kristallines Mineral
6 Euklas
monoklines
Mineral
8 Malachit
Monolog
15 Selbstgespraech
Monomanie
8 fixe Idee
Monopol
8 Vorrecht
monoton
5 trist
9 eintoenig
10 einfoermig, langweilig
Monotonie
8 Einerlei
13 Eintoenigkeit
17 Gleichfoermigkeit
Monstranz
7 Gefaess
12 Altargefaess, Schaugefaess
14 Hostientraeger
monströs
13 missgestaltet, ungeheuerlich
Monstrum
8 Scheusal
9 Ungeheuer
10 Missgeburt
11 Missbildung
Montage
6 Aufbau, Einbau
10 Anbringung
11 Befestigung, Komposition, Zusammenbau
12 Installation
15 Bildkomposition, Filmkomposition
Montagerahmen
7 Chassis
Monteurkittel
7 Overall
Monument
3 Mal
6 Statue
7 Denkmal, Mahnmal, Obelisk
9 Siegestor, Standbild
12 Gedenksaeule, Triumphbogen
Moor
3 Loh
4 Fehn, Fenn, Filz, Lohe, Lohr, Luch, Mies, Moos, Ried, Venn
5 Bruch, Misse, Sumpf
6 Morast
Moorgebiet
am Pripjet
14 Rokitnosuempfe
Moorgespenst, Moorleuchten
8 Irrlicht, Irrwisch
moorige
Bodenart
4 Torf
Moorpflanze
9 Sonnentau
Moorprodukt
4 Torf
Moortierchen
8 Bryozoen
Mopp
10 Staubbesen
Moral
4 Ehre
5 Ethik
12 Sittlichkeit
moralisch
8 sittlich
10 anstaendig
verdorben
7 korrupt
moralischer
Begriff, Wertbegriff
3 Ruf
4 Ehre
5 Ethik, Ethos, Luege, Sitte, Treue
6 Betrug, Schuld, Suehne, Wuerde
7 Anstand, Leumund, Untreue
8 Gewissen, Wahrheit
9 Charakter, Gesinnung, Heuchelei
10 Humanitaet, Sauberkeit, Unwahrheit
11 Ehrlichkeit, Redlichkeit
12 Sittlichkeit
14 Anstaendigkeit, Menschlichkeit, Wahrhaftigkeit, Wahrheitsliebe
Moralist
7 Ethiker
12 Sittenlehrer
13 Sittenrichter
14 Sittenprediger
Morast
4 Moor, Ried
5 Bruch, Sumpf
6 Modder
7 Schlamm
morastige
Bodenvertiefung
5 Suhle
morastiger
Ort
5 Bruch, Sumpf
6 Bruehl
Morava-Zufluss
6 Nisava
morbid
10 kraenklich
12 schwaechlich, zerbrechlich
mordähnliches
Verbrechen
9 Totschlag
Mordanschlag
8 Attentat
morden
6 killen, toeten
Mörder
6 Bestie, Killer
8 Gangster, Unmensch
10 Verbrecher
16 Gewaltverbrecher, Schwerverbrecher
Agamemnons
7 Aegisth
9 Aegisthus, Aigisthos
Siegfrieds
5 Hagen
Mörderin
Marats
6 Corday
Mordlauf
4 Amok
Mordwut
4 Amok
Morelle
7 Kirsche
12 Sauerkirsche
Morgen
als Himmelsrichtung
5 Osten
Morgenempfang
bei Fürsten
5 Lever
Morgenfeuchtigkeit
3 Tau
Morgengabe
7 Mitgift
8 Dotation
9 Aussteuer
Morgengebet
4 Prim
im kath. Brevier
6 Laudes
Morgenkleid, -rock
7 Neglige
Morgenland
6 Nahost, Orient
7 Levante
10 Naher Osten
Morgenländer
6 Araber
9 Orientale
10 Levantiner
morgenländisch
12 orientalisch
morgenländische
Kirche
17 anatolische Kirche
morgenländischer
Herrscher
5 Kalif, Mogul
6 Sultan
König der Bibel
9 Balthasar
morgenländisches
Kloster
5 Laura, Lawra
Morgenrock
7 Neglige
Morgenstern
5 Keule, Venus, Waffe
7 Luzifer
8 Hesperos
10 Phosphoros
12 Stachelkeule
Morgenveranstaltung
7 Matinee
morphiumliefernde
Pflanze
4 Mohn
10 Schlafmohn
morsch
5 muerb
6 morbid, muerbe
8 bruechig
9 verrottet
Morseapparat, -gerät
8 Telegraf
9 Telegraph
13 Fernschreiber
morsen
6 funken
7 drahten
13 fernschreiben, telegrafieren
14 telegraphieren
Mörser
7 Boeller

Mörserzubehör
8 Stoessel
Mörtel
5 Speis
Mörtelschicht
auf Mauerwerk
4 Putz
Mosaikbodenbelag
8 Paviment, Terrazzo
mosaisches
Gesetz
5 Thora
Moschee
in Delhi (Indien)
5 Jumna
in Mekka
9 Beit Allah
Moschee-Gebetsnische
6 Mihrab
Moschee-Heiligtum
in Mekka
5 Kaaba
14 Schwarzer Stein
Moscheenkanzel
5 Korsi
6 Mimbar
Moscheenturm
8 Minarett
Moschus
5 Bisam
Moschusbestandteil
6 Muskon
Moschuskrautgewächs
5 Adoxa
Mosesgesetz
5 Thora
Moskauer
Bauwerk
5 Kreml
14 Erloeserkirche
15 Bolschoitheater
16 Tretjakowgalerie
18 Basiliuskathedrale
22 Lomonossowuniversitaet
Gedenkstätte
14 Leninmausoleum
Touristenziel
10 Roter Platz
11 Kremlpalast, Manegeplatz
14 Borodinomuseum, Sputnikdenkmal
Moskaus
Bewohner
10 Moskowiter
Mostgewicht
12 Oechslegrade
Mostrich
4 Senf
Motiv
4 Idee
5 Grund, Thema
6 Anlass
7 Antrieb, Einfall, Gedanke, Melodie, Ursache, Vorwurf
10 Beweggrund
Motivanordnung
um ein Wappen
5 Semis
Motivation
6 Anreiz
motivieren
7 anregen
10 begruenden

Motor
7 Antrieb
8 Maschine
16 Antriebsmaschine
motorbewegter
Stufenaufgang
10 Rolltreppe
Motorboot
8 Barkasse
Motorenlärm
9 Geknatter
Motorfahrrad
4 Mofa
5 Moped
Motorfahrzeug
4 Auto
5 Moped
7 Omnibus, Traktor, Trecker
8 Motorrad
9 Lastwagen
motorische
Kraft
7 Antrieb
motorloser
Flug
9 Gleitflug, Segelflug
13 Segelflugzeug
Motorrad
4 Krad
8 Kraftrad
10 Feuerstuhl
aus Japan
5 Honda
6 Suzuki
8 Kawasaki
Motorradrennen
8 Speedway
Motorradsportler
10 Rennfahrer
motorradsportlicher
Wettbewerb
6 Rallye
Motorschlepper
7 Traktor, Trecker
11 Zugmaschine
Motorsportfahrzeug
9 Rennwagen
Motorstarter
8 Anlasser
Motortätigkeit
ohne Leistung
8 Leerlauf
Motorwasserfahrzeug
7 Dampfer
9 Motorboot
11 Motorschiff
Mottengift
5 Eulan
Mottenkraut
9 Honigklee
Mottenmittel
7 Kampfer
10 Naphthalin
Motto
6 Devise
8 Kennwort
10 Denkspruch, Wahlspruch
moussieren
9 schaeumen
10 aufbrausen
Möwe, Möwenart
4 Skua
5 Moewe
9 Lachmoewe, Raubmoewe
10 Sturmmoewe, Zwergmoewe
11 Mantelmoewe, Seeschwalbe, Silbermoewe
12 Heringsmoewe, Raubschwalbe
13 Brandschwalbe, Flussschwalbe
14 Dreizehenmoewe
15 Raubseeschwalbe, Riesenraubmoewe, Scherenschnabel
16 Brandseeschwalbe, Flussseeschwalbe, Zwergseeschwalbe
17 Trauerseeschwalbe
20 Schmarotzerraubmoewe
23 Weissfluegelseeschwalbe
Mozartstadt
8 Salzburg
Mucke
5 Laune
6 Grille, Spleen
Mücke, Mückenart
5 Culex, Gelse
6 Gnitte, Gnitze
7 Moskito, Schnake
8 Langhorn
9 Anopheles
10 Gallmuecke, Haarmuecke, Pilzmuecke, Zuckmuecke
11 Stechmuecke
12 Fiebermuecke
13 Malariamuecke
Mucker
8 Murrkopf, Noergler
9 Froemmler
Muckertum
7 Moralin
9 Heuchelei
10 Bigotterie, Froemmelei
13 Duckmaeuserei
16 Scheinheiligkeit
müde
4 matt
6 kaputt, marode
7 schlapp
10 abgespannt, erschoepft, schachmatt, schlaefrig
11 abgekaempft
13 ueberarbeitet
Müdigkeitszeichen
7 Gaehnen
Muff
11 Handwaermer
mühelos
6 bequem, leicht
7 einfach
15 unproblematisch
auftauchender Gedanke
9 Eingebung
Mühe, Mühsal
4 Last, Onus, Pein, Qual
5 Plage, Sorge
6 Buerde, Kummer
8 Strapaze
9 Plackerei
10 Schinderei
11 Anstrengung
13 Schwierigkeit
14 Kopfzerbrechen
Mühlenabfallprodukt
5 Kleie
Mühlenfachmann
7 Mueller

Mühlenprodukt
4 Mehl
5 Kleie
6 Griess
Mühlensandstein
4 Grit
Mühlkanal
7 Gerinne
Mühlsieb
6 Beutel
mühsam
8 diffizil
11 strapazioes
arbeiten
6 ackern, plagen
7 placken
Mulatte
5 Pardo
Mulatte-Neger-Mischling
5 Cubra
Mulde
5 Grube, Kuhle, Senke, Wanne
6 Becken, Graben
vor Hochgebirgswänden
3 Kar
muldenförmiges
Futtergefäß
4 Trog
Müll
5 Dreck, Unrat
6 Abfall
7 Schmutz
8 Kehricht
Müllabladeplatz
5 Kippe
7 Deponie
14 Zentraldeponie
Müllbehälter
11 Abfalleimer
Müllereiabfall
5 Kleie
multipel
11 vielfaeltig
Mumm
3 Mut
4 Elan
7 Schneid, Schwung
Mummenschanz
9 Maskerade
10 Maskenball, Maskenfest
11 Kostuemball, Kostuemfest, Verkleidung
13 Maskentreiben
Mumps
11 Ziegenpeter
Münchener
Baumeister
5 Seidl
6 Klenze
Bildhauer
6 Knappe, Koelle
Festplatz
5 Wiesn
12 Oktoberwiese
14 Theresienwiese
Flughafen
17 Franz Josef Strauss
Gemäldegalerie
10 Pinakothek
11 Lenbachhaus
13 Schackgalerie
Großveranstaltung
11 Oktoberfest
Humorist
8 Valentin
10 Weissferdl
Jahrmarkt
4 Dult
8 Auer Dult
Maler
5 Figel, Leibl
6 Piloty
Parkanlage
8 Westpark
16 Englischer Garten
Sportanlage
14 Olympiastadion
Stadtteil
2 Au
4 Berg, Laim, Riem
5 Solln
6 Allach, Pasing
7 Giesing, Harthof, Moosach
8 Daglfing, Freimann, Sendling
9 Schwabing
10 Haidhausen, Harlaching, Lochhausen, Stadelheim
11 Bogenhausen, Ludwigsfeld, Steinhausen
13 Milbertshofen
Symbolfigur
7 Bavaria
14 Muenchner Kindl
Touristenziel
7 Gasteig, Isartor, Rathaus
8 Residenz
9 Siegestor
10 Alter Peter, Asamkirche, Pinakothek, Propylaeen
11 Nymphenburg
12 Frauenkirche, Hofbraeuhaus
13 Ludwigskirche, Maximilianeum, Sendlinger Tor
14 Feldherrnhalle, Michaelskirche, Olympiastadion
15 Deutsches Museum, Theatinerkirche
16 Liebfrauenkirche
18 Schloss Nymphenburg
19 Schloss Schleissheim
Vergnügungszentrum
9 Schwabing
Verkehrszentrum
7 Stachus
10 Karlsplatz
Mund
betreffend
4 oral
der Tiere
4 Maul
Mundart
5 Idiom, Slang
6 Jargon
7 Dialekt, Sprache
mundartliche
Redewendung
5 Idiom
mundartlich, volkstümlich:
Alte
4 Olle
Ameise
4 Emse
balgen
7 rangeln
Baumstumpf
7 Stubben
Berg
5 Leite
Biergefäß, -glas
4 Lase, Mass
5 Tulpe
6 Seidel
Blutwurst
5 Plunz
Brotschnitte
5 Bemme
6 Stulle
Bube
3 Bua, Bub
dicker Brei zum Essen
5 Pampf
Dummkopf
4 Depp
7 Trottel
Eierkuchen
6 Plinse
ein
3 een
einjähriges Pferd
5 Enter
enge Treppe
6 Stiege
erledigt
5 basta
Faser
5 Zasel
Flasche
5 Pulle
Gefängnis
5 Knast
Geld
4 Eier
6 Floehe, Zaster
7 Moneten
Gerber
7 Lederer
Gestein
5 Wacke
Gewehr
6 Knarre
Glück
5 Dusel
Grasland
5 Egart
Haarknoten
4 Dutt
Haff
4 Noor
Hausflur
3 Ern
4 Eren
herein
3 rin
Hiebe
5 Senge
junger Knecht
3 Enk
kleiner Ort
4 Kaff
kleines Bauernhaus
4 Kate
Kobold, Knirps
5 Butze
Kommiss
6 Barras
Liederjahn
7 Lorbass

Mädchen
5 Deern, Madel
Mann
4 Kerl
Maulwurf
5 Scher
Maulwurfsgrille
5 Werre
Meerrettich
4 Kren
Meister
4 Baas
Milchrahm
5 Flott
mutwilliger Knirps
6 Nickel
Mütze, Haube
6 Betzel
nein
3 nee
Rahm
5 Obers
11 Schlagobers
Regenschauer
6 Husche
Rettich
4 Radi
Rheuma
7 Reissen
Sanitäter
4 Sani
Scheune
6 Stadel
Schicht
4 Lege
Schläge
5 Senge
schmarotzen
9 nassauern
Schmarotzer
8 Nassauer
schnell
5 dalli
sich balgen
7 rangeln
Soldat
7 Landser
Spaß
5 Gaudi
Straßenbahn
4 Tram
toll
4 doll
Topf
4 Pott
Übervorteilung
4 Nepp
Unterkunft
6 Bleibe
Wasserstrudel
4 Neer
Weißbrot
6 Kipfel, Semmel, Stuten
Widder
4 Ramm
Zank
8 Kabbelei
Ziege
5 Geiss
Zuhälter
5 Louis
Mundausschlag
7 Aphthen
mündelsicher
8 pupillar
12 pupillarisch
munden
9 schmecken
Mundfessel
6 Knebel
Mundharmonika
11 Maultrommel
Mundhöhlenbelag
bei Fiebernden
6 Fuligo
Mundhöhlendach
6 Gaumen
mündig
8 majorenn
11 volljaehrig
12 grossjaehrig
Mundlaut
4 Oral
mündlich
4 oral
6 verbal
mündliche
Erzählung
4 Sage
Redestellung
5 Frage
Vereinbarung
9 Absprache
mündlicher
Befehl
7 Geheiss
Meinungsaustausch
7 Debatte
10 Diskussion
mündliches
Versprechen
9 Ehrenwort
Mundschenk
4 Saki
des Zeus
7 Ganymed
Mundschenkin
der griech. Götter
4 Hebe
Mundstück
am Pferdezaum
6 Gebiss
Mundteil
4 Zahn
5 Lippe, Zunge
6 Gaumen, Gebiss, Kiefer, Rachen
7 Schlund
Mundtuch
9 Serviette
Mundtuchhalter
14 Serviettenring
Mündung
des Enddarms
5 After
Mündungsarm
der Donau
5 Kilia
6 Sulina
10 Sankt Georg
der Memel
4 Alge
5 Gilge
der Oder
5 Peene, Swine
8 Dievenow
der Weichsel
5 Nogat
der Wisla
5 Nogat
des Hudson
9 East River
des Nils
7 Rosette
8 Damiette
des Rheins
3 Lek
4 Oude, Waal
7 Merwede
Mündungsbucht
von Parana und Uruguay
7 La Plata
Mündungsform
5 Delta
8 Trichter
Mündungsgebiet
der Rhone
8 Camargue
Mündungstrichter
der Garonne
7 Gironde
der Schelde
5 Honte
Mundvorrat
6 Furage, Ration
7 Zehrung
8 Proviant
10 Wegzehrung
11 Verpflegung
Mundwerk
6 Klappe
Mundwerkzeuge
der Gliedertiere
9 Mandibeln
Munition
7 Patrone
Munkelei
6 Gerede
7 Klatsch, Tratsch
8 Geruecht
10 Geschwaetz
Münster
3 Dom
6 Kirche
7 Kloster
8 Basilika
10 Gotteshaus, Kathedrale
12 Stiftskirche
13 Klosterkirche
Münster-Stadt, -Standort
3 Ulm
8 Freiburg
10 Strassburg
munter
4 agil, froh, rege, wach
5 aktiv, alert, fidel, flink, mobil
6 clever, forsch, heiter
7 behende, lebhaft
8 ◆ behaende, lebendig
10 aufgeweckt
Munterkeit
11 Temperament
Münzanstalt
6 Praege
Münze
4 Deut
7 Bargeld
10 Geldmittel, Geldstueck, Metallgeld, Silbergeld

14 Zahlungsmittel
16 Waehrungseinheit
Münzen
umgangssprachlich
7 Moneten
Münzenkunde
10 Numismatik
Münzmeister
7 Praeger
Münzprüfer
7 Wardein
Münzrückseite
6 Revers
Münzverfälscher
6 Kipper
Münzvorderseite
5 Avers
mürbe
6 morsch
8 bruechig
9 broecklig, verfallen
Murmel
5 Kugel
6 Marbel, Marmel
7 Klicker
8 Schusser
murmeln
6 raunen
Murmeln
7 Geraune
Murmeltier
4 Munk
murren
7 grollen, knurren, muffeln, raunzen
8 granteln, noergeln
9 schmollen
11 aufbegehren
mürrisch
6 muffig
7 grantig
11 baerbeissig
mürrischer
Mensch
9 Griesgram
10 Miesepeter
Murrkopf
4 Unke
6 Muffel
8 Grantler, Noergler
9 Griesgram, Sauertopf
10 Miesepeter, Miesmacher
11 Grantlhuber
14 Spielverderber
Mur-Zufluss
5 Kerka, Muerz
Mus
4 Brei
Muschel
6 Auster
8 Bohrwurm, Molluske
9 Pfahlwurm
11 Bohrmuschel, Herzmuschel, Miesmuschel, Perlmuschel
12 Flussmuschel, Malermuschel, Teichmuschel
13 Jakobsmuschel
15 Dreiecksmuschel
muschelähnliches
Organteil
6 Koncha
Muschelgeld
5 Kauri
muscheliges
Ornament
8 Rocaille
Muschelkalkrücken
bei Eisenach
12 Hoerselberge
im nördlichen Harzvorland
3 Elm
Muschelkrebs
9 Ostrakode
Muschelprodukt
5 Perle
8 Perlmutt
10 Perlmutter
Muschelschale
8 Coquille
Muse
der Astronomie
6 Urania
der epischen Dichtung
8 Kalliope
der Geschichte
4 Klio
der Himmelskunde
6 Urania
der Komödie
6 Thalia
der Liebesdichtung
5 Erato
der Lyrik
5 Erato
7 Euterpe
der Musik
10 Polyhymnia
der Sternkunde
6 Urania
der Tragödie
9 Melpomene
des Gesangs
10 Polyhymnia
des Lustspiels
6 Thalia
des Tanzes
11 Terpsichore
des Trauerspiels
9 Melpomene
Muselman, Muselmann
6 Moslem, Muslim
7 Islamit
12 Mohammedaner
Musenberg
7 Helikon, Parnass
Musenquelle
10 Hippokrene
Musenross
7 Pegasus
Musensohn
4 Poet
7 Dichter, Student
9 Kuenstler, Studiosus
Museum
7 Galerie
8 Kabinett, Sammlung
10 Glyptothek, Pinakothek
13 Kunstsammlung
in Aachen
15 Suermondtmuseum
in Altenburg
11 Mauritianum
14 Lindenaumuseum
17 Spielkartenmuseum
in Amsterdam
11 Rijksmuseum
in Apolda
13 Glockenmuseum
in Augsburg
16 Maximilianmuseum
in Berlin
10 Bodemuseum, Brechthaus, Postmuseum
11 Altes Museum
15 Nationalgalerie
16 Hugenottenmuseum
17 Maerkisches Museum
in Bielefeld
17 Spielkartenmuseum
in Bonn
12 Museum Koenig
13 Beethovenhaus
in Braunschweig
12 Welfenschatz
23 Herzog-Anton-Ulrich-Museum
in Bremen
10 Kunsthalle
12 Fockenmuseum
14 Ueberseemuseum
in Dessau
7 Bauhaus
8 Georgium
in Dortmund
13 Ostwallmuseum
in Dresden
10 Albertinum
11 Armeemuseum
13 Hygienemuseum, Sempergalerie
14 Verkehrsmuseum
15 Gruenes Gewoelbe
in Düsseldorf
11 Kunstmuseum
in Erfurt
11 Angermuseum
in Essen
14 Folkwangmuseum
in Florenz
5 Pitti
8 Bargello, Uffizien
in Frankfurt (Main)
7 Staedel
10 Filmmuseum, Goethehaus, Postmuseum
11 Senckenberg
17 Architekturmuseum
18 Kunstgewerbemuseum
in Friedrichsruh
14 Bismarckmuseum
in Fulda
14 Vonderaumuseum
in Hagen/Westfalen
13 Osthausmuseum
in Halle
10 Moritzburg
11 Haendelhaus
in Hamburg
10 Kunsthalle
11 Helmsmuseum
18 Voelkerkundemuseum
in Hannover
11 Buschmuseum
13 Kestnermuseum
in Kamenz
13 Lessingmuseum
in Kassel
13 Tapetenmuseum
18 Brueder-Grimm-Museum

in Kiel
10 Kunsthalle
in Köln
15 Dioczesanmuseum, Domschatzkammer
16 Schnuetgenmuseum
21 Wallraf-Richartz-Museum
in Konstanz
15 Rosgartenmuseum
in Lauscha/Thüringen
15 Glaskunstmuseum
in Leipzig
10 Bachmuseum
12 Schillerhaus
18 Aegyptisches Museum
23 Musikinstrumentenmuseum
in London
5 Soane, Tower
11 Tate Gallery
15 National Gallery
in Lübbenau
15 Spreewaldmuseum
in Lübeck
8 Behnhaus
13 St. Annen Museum
in Madrid
5 Prado
in Mainz
15 Gutenbergmuseum
26 Roemisch-Germanisches Museum
in Marbach/Neckar
22 Schiller-Nationalmuseum
in Markneukirchen
23 Musikinstrumentenmuseum
in Meißen
13 Albrechtsburg
in Moskau
14 Puschkinmuseum
16 Tretjakowgalerie
in München
8 Marstall
10 Glyptothek, Pinakothek
13 Schackgalerie
14 Lenbachgalerie, Valentin-Museum
15 Deutsches Museum
in Nürnberg
10 Duererhaus
26 Germanisches Nationalmuseum
in Offenbach
11 Ledermuseum, Schuhmuseum
15 Klingspormuseum
in Paris
6 Louvre
in Passau
14 Oberhausmuseum
in Plauen
14 Vogtlandmuseum
in Potsdam
9 Sanssouci
10 Filmmuseum
in Quedlinburg
15 Klopstockmuseum
in Recklinghausen
12 Ikonenmuseum
in Remscheid
14 Roentgenmuseum
in Rheine
15 Falkenhofmuseum
in Rom
10 Engelsburg
in Rostock
10 Kunsthalle
16 Schiffahrtmuseum
in Rudolstadt
12 Heidecksburg
in Saarbrücken
14 Saarlandmuseum
in Sangerhausen
8 Rosarium
in Sankt Petersburg
9 Eremitage
in Schöppenstedt/Kreis Wolfenbüttel
18 Eulenspiegelmuseum
in Schwerte/Ruhr
13 Ruhrtalmuseum
in Solingen
13 Klingenmuseum
in Sonneberg/Thüringen
15 Spielzeugmuseum
in Stralsund
12 Meeresmuseum
in Stuttgart
10 Lapidarium
11 Bibelmuseum
13 Staatsgalerie
17 Spielkartenmuseum
in Ulm
10 Brotmuseum
in Weimar
9 Belvedere, Liszthaus
12 Rokokomuseum, Schillerhaus
13 Wittumspalais
20 Goethe-Nationalmuseum
in Wernigerode/Harz
12 Feudalmuseum
in Wittenberg
11 Lutherhalle
14 Melanchtonhaus
in Wunsiedel
20 Fichtelgebirgsmuseum
in Wuppertal
11 Uhrenmuseum
in Würzburg
8 Residenz
22 Mainfraenkisches Museum
in Zeitz
10 Moritzburg
Museumsbeamter
6 Kustos
Museumsstück
7 Exponat
Musical
von Berlin
15 Annie Get Your Gun
von Bernstein
13 West Side Story
von Hammerstein
8 Oklahoma
von Herman
10 Hello Dolly
von Kern
8 Show Boat
von Lloyd-Webber
4 Cats
6 Joseph
14 Phantom der Oper
16 Starlight Express
20 Jesus Christ Superstar
von Loewe
10 My Fair Lady
von McDermot
4 Hair
von Porter
10 Kiss Me Kate
von Rodgers
8 Oklahoma
11 The King and I
12 South Pacific
von Schönberg
10 Miss Saigon
13 Les Misérables
von Styne
9 Funny Girl
von Weill
13 Lady in the Dark
Musical-Komponist
4 Bock, Ford, Kern, Rome
5 Adler, Floyd, Loewe
6 Berlin, Porter
7 Hermann, Loleman, Rodgers
8 Gershwin
9 Bernstein
10 Schoenberg
11 Lloyd-Webber
Musical-Librettist
5 Cryer, Logan, Simon, Stein
6 Bolton, Crouse, Fields, Lerner
7 Burrows, Hellman, Heyward, Lindsay, Spewack, Steward
8 Behrmann, Chodorov, Laurents
9 Grenville
11 Hammerstein
Musik
8 Tonkunst
aus Volksweisen
9 Rhapsodie
dem Jazz nachgebildet
5 Sweet
Musikalien
5 Noten
10 Partituren
musikalisch:
alle
5 tutti
anmutig
8 grazioso
ausdrucksvoll
10 espressivo
ausgehalten
6 tenuto
bebend
7 tremolo, vibrato
einstimmig
7 unisono
ein wenig
4 poco
erregt
7 agitato
etwas breit
9 larghetto
feierlich
8 maestoso
fließend
7 andante
gebunden
6 legato
gemäßigt
8 moderato
getragen
5 breit
getragen
5 largo
7 andante
7 langsam

gleitend
9 glissando
heiter
7 allegro
langsam
5 largo, lento
6 adagio
laut
5 forte
lebhaft
7 allegro
leidenschaftlich
7 furioso
leise
5 piano
liedmäßig
6 erioso
lustig
7 scherzo
mäßig langsam
7 andante
mit
3 con
mittel
5 mezzo
ruhig
10 tranquillo
scherzhaft
11 capriccioso
schnell
6 presto, rapido
7 allegro
schwingend
7 tremolo, vibrato
sehr laut
5 molto, tanto
sehr leise
10 pianissimo
stark
5 forte
stürmisch
7 furioso
traurig
5 mesto
ungebunden
6 atonal
viel, sehr
5 molto, tanto
weniger
4 meno
Wiederholung
6 da capo
wild
7 furioso
zärtlich
7 amoroso
ziemlich (in Verbindung mit einer Tempobez.)
5 assai
zurückhaltend
8 ritenuto

musikalische
Äußerung
6 Gesang
Ehrung
5 Tusch
Einleitung
8 Vorspiel
Einzeldarbietung
4 Solo
Figur von drei Noten
6 Triole
Gestalt
5 Eliza
Komposition
9 Rhapsodie
Maßeinheit
4 Takt
Matinee
12 Fruehkonzert
Meisterschaft
12 Virtuositaet
Taktbezeichnung
8 Rhythmus
Veranstaltung
11 Chorkonzert
Verzierung
7 Triller
Vortragsbezeichnung
5 Segno
9 Kantabile

musikalischer
Ausdruck
4 brio, fine
5 assai, dolce, forte, largo, mezzo, piano, tutti
6 adagio, arioso, atempo, dacapo, fugato, legato, presto
7 allegro, andante, scherzo, unisono
8 doloroso, moderato, resoluto, rigoroso, staccato
9 cantabile, glissando, grandioso, sostenuto
10 fortissimo, ritardandi, scherzando
Begriff
3 Air, Alt, Duo, Dur, pin, Ton
4 Arie, Bass, capo, Chor, Coda, Fuge, Lied, meno, Moll, Note, Oper, Opus, Soli, Trio
5 assai, dolce, Duett, forte, grave, Hymne, Kanon, Klang, largo, lento, Messe, mesto, mezzo, molto, Motiv, piano, Rondo, Saite, Segno, Suite, tanto, Tenor, tutti, volta
6 adagio, Akkord, Arioso, a tempo, atonal, Cantus, Choral, da capo, Etuede, Finale, fugato, Gesang, Kadenz, legato, Medley, Phrase, presto, rapido, rubato, Sonate, Sopran, Stimme, Tonart, Triole, Tropus, vivace
7 allegro, amoroso, andante, Ariette, Ars nova, Auftakt, Bariton, calando, Chanson, con brio, con moto, Diskant, Dynamik, Falsett, Fermate, furioso, Kantate, Kanzone, Kastrat, Konzert, Leitton, Melisma, Melodie, Monodie, Motette, obligat, Organon, Passage, Periode, Requiem, Romanze, Scherzo, Sequenz, Synkope, Terzett, Tokkata, Tremolo, Triller, unisono, vibrato
8 a capella, Antiphon, arpeggio, Belcanto, ◆ belkanto, Chaconne, con fuoco, Courante, Diatonik, doloroso, ◆ Fantasie, Frottola, grazioso, Harmonie, Kavatine, Libretto, Madrigal, maestoso, moderato, Nocturne, Operette, ostinato, parlando, Partitur, Quartett, Quintett, Resonanz, Rhythmus, Ricercar, ritenuto, Serenade, sforzato, ◆ Sinfonie, Sonatine, staccato, Tritonus, Virtuose
9 alla breve, Barkarole, cantabile, Capriccio, crescendo, Dissonanz, glissando, ◆ Homofonie, Imitation, Invention, Kammerton, Kantilene, Koloratur, Konsonanz, larghetto, Leitmotiv, Melodrama, non troppo, Oratorium, Orchester, Pastorale, Phantasie, pizzicato, ◆ Polyfonie, polytonal, Potpourri, Psalmodie, Quodlibet, Rezitativ, Rhapsodie, Singspiel, Tonleiter, Variation
10 allegretto, Alteration, Ars antiqua, diminuendo, fortissimo, Homophonie, Intermezzo, Intonation, Modulation, Musikdrama, Ouvertuere, Paraphrase, Pentatonik, pianissimo, Polyphonie, Portamento, Praeludium, ritardando, scherzando, Stimmgabel, stringendo, Tonalitaet, tranquillo
11 accelerando, Generalbass, ◆ Heterofonie, Kontrapunkt, lamentabile, Solmisation
12 Accompagnato, Heterophonie, Korrepetitor, Philharmonie
13 Improvisation, Transkription, transponieren
14 Concerto grosso
15 Instrumentation
Halbton
3 Des, Fis
Mensch
9 Kuenstler
Schlusssatz
6 Finale
Taktschlag
7 Battute
Thementeil
5 Motiv
6 Phrase
7 Passage
9 Leitmotiv
Trompetenstoß
5 Tusch

musikalisches
Beziehungssystem
6 Tonart
Bühnenwerk
4 Oper, Opus
5 Revue
7 Musical
8 Melodram, Operette
9 Melodrama, Singspiel
Gesangswerk
7 Kantate
Haltezeichen
7 Fermate

Hoch
5 Tusch
Intervall
4 None, Prim, Sext, Terz
5 Prime, Quart, Quint, Sexte
6 Dezime, Oktave, Quarte, Quinte
7 Sekunde, Septime
Schlaginstrument
4 Gong
5 Pauke
7 Trommel
8 Triangel
Streichgerät
5 Bogen
Tonwerk zum Gedenken
7 Requiem
Übungsstück
6 Etuede
Vorspiel
7 Prelude
10 Ouvertuere, Praeludium
12 Introduktion
Zwischenspiel
5 Piece
10 Intermezzo
Musikant
9 Spielmann
Musikapparat
11 Orchestrion
Musikaufführung
7 Konzert
Musikautomat
7 Jukebox
8 Musicbox
Musikbearbeitung
11 Arrangement
Musikbegleitung
bei einem Hochruf
5 Tusch
Musikblasinstrument
6 Triola
Musikdarbietung, -stück, -werk
3 Duo, Hit, Hot, Jig
4 Aria, Arie, Fuge, Lied, Oper, Opus, Satz, Song, Tanz, Trio
5 Blues, Credo, Duett, Hymne, Kanon, Kyrie, Messe, Missa, Polka, Psalm, Rondo, Suite, Tango, Tusch
6 Bolero, Cancan, Chasse, Choral, Elegie, Etuede, Finale, Galopp, Gesang, Gloria, Hymnus, Kadenz, Kantus, Marsch, Oktett, Pavane, Reigen, Sonate, Tedeum, Walzer
7 Ariette, Ballade, Ballett, Ciacona, Couplet, Csardas, Ghospel, Hupfauf, Kantate, Kehraus, Konzert, Litanei, ◆ Masurka, Mazurka, Motette, Musette, Musical, Passion, Prelude, Reprise, Requiem, Reverie, Romanze, Septett, Sextett, Terzett, Tokkata
8 Anglaise, Arabeske, Belcanto, ◆ belkanto, Berceuse, Chaconne, Chorlied, ◆ Fantasie, Habanera, Kavatine, Kotillon, Laendler, Madrigal, Melodram, Nocturne, Nokturno, Notturno, Operette, Quintett, Rutscher, Serenade, ◆ Sinfonie, Sonatine, Vorspiel
9 Allemande, Barcarole, Barkarole, Blasmusik, Capriccio, Ecossaise, Espagnole, Humoreske, Impromptu, Kantabile, Kantilene, Koloratur, Krakowiak, Larghetto, Melodrama, Oratorium, Pastorale, Phantasie, ◆ Polonaese, Polonaise, Potpourri, Quadrille, Quodlibet, Rezitativ, Rhapsodie, Ritornell, Sarabande, Singspiel, Spiritual, Symphonie, Variation, Volkslied
10 Gospelsong, Intermezzo, Kontertanz, Ouvertuere, Paraphrase, Praeludium, Tarantella, Tirolienne, Tyrolienne, Vokalmusik
11 Kammermusik, Komposition, Passacaglia
12 Buehnenmusik, Cellokonzert, Divertimento, Gitarrensolo, Kirchenmusik, Rheinlaender, Streichmusik
13 Violinkonzert
14 Klavierkonzert
17 Promenadenkonzert
Musikdrama
4 Oper
Musikensemble
3 Duo
4 Band, Chor, Trio
5 Combo
7 Bartrio, Bigband, Kapelle, Septett, Sextett
8 Musikzug, Quartett
9 Orchester
10 Musikkorps, Sinfoniker
11 Blaskapelle, Kirchenchor, Symphoniker
13 Blasorchester, Spielmannszug
14 Philharmoniker
15 Kammerorchester
Musiker
6 Geiger, Oboist, Pauker
7 Bassist, Blaeser, Cellist, Drummer, Hornist, Pfeifer, Pianist, Saenger, Spieler
8 Dirigent, Floetist, Organist, Trommler, Virtuose, Vokalist
9 Arrangeur, Bratscher, Fagottist, Komponist, Posaunist, Streicher, Trompeter
10 Bratschist, ◆ Saxofonist, Tondichter
11 Holzblaeser, Saxophonist, ◆ Vibrafonist
12 Blechblaeser, Klarinettist, Schlagzeuger, Tonkuenstler, Vibraphonist
14 Floetenblaeser, Klavierspieler
15 Instrumentalist
Musikerfahrt
7 Tournee
12 Konzertreise
Musikforscher
6 Eitner
Musikhalle
5 Odeon, Odeum
7 Orpheum
Musikherausgabe
7 Edition
Musikinstrument
3 Ite, Tar
4 Bass, Drum, Gong, Horn, Lure, Lyra, Oboe, Tuba, Zink
5 Banjo, Cello, Fidel, Gambe, Geige, Harfe, Laute, Leier, Orgel, Pauke, Piano, Regal, Viola
6 Becken, Cornet, Cymbal, Fagott, Fiedel, Floete, Glocke, Pfeife, Piston, Rassel, Tamtam, Zimbal, Zinken, Zither
7 Alphorn, Bandola, Bandura, Bassett, Bombard, Celesta, Cembalo, Clairon, Fanfare, Fluegel, Gitarre, Helikon, Klampfe, Klapper, Klavier, Kornett, Mandola, Musette, Okarina, Pianino, Piccolo, Pikkolo, Posaune, Psalter, Ratsche, ◆ Saxofon, Spinett, Trommel, Ukulele, Violine, ◆ Xylofon
8 Basshorn, Basstuba, Bratsche, Hautbois, Jagdhorn, Posthorn, Saxophon, Schalmei, Spieluhr, Tamburin, Timbales, Triangel, Trombone, Trompete, Tympanon, ◆ Vibrafon, Waldhorn, Xylophon
9 Akkordeon, Balalaika, Bandoneon, Bandonion, Bassgeige, Bombardon, Drehorgel, Dudelsack, Hackbrett, Harmonika, Harmonium, Kniegeige, Krummhorn, Kuhglocke, Mandoline, Oktachord, Panfloete, Sousaphon, Tambourin, Tenorhorn, Vibraphon, Zupffidel, Zupfgeige
10 Aeolsharfe, Bombardino, Clavichord, Flageolett, Klarinette, Klavichord, Kontrabass, Konzertina, Pianoforte, Querfloete, Querpfeife, Rohrfloete, Rohrpfeife, Sackpfeife, Schlagbass, Schlagzeug, Signalhorn, Trumscheit, Ventilhorn, Waschbrett, Zugposaune
11 Altsaxophon, Bassgitarre, Blockfloete, Fluegelhorn, Kastagnette, Kesselpauke, Klavizimbel, Leierkasten, Marimbaphon, Maultrommel, Metallophon, Orchestrion, Reibtrommel, Rundschelle, Trumbscheit, Violoncello, Wandklavier
12 Basstrompete, Clavicembalo, Englischhorn, Glockenspiel, Hammondorgel, Kontrafagott, Schellenbaum, Viola da Gamba
13 Glasharmonika, Hammerklavier,

Handharmonika, Mundharmonika, Piccolofloete, Pikkolofloete, Tenorsaxophon, Trillerpfeife, Ventilposaune, Ziehharmonika
14 Bassklarinette, Sopransaxophon, Ventiltrompete
15 Baritonsaxophon, Schifferklavier
Musikkapelle
4 Band
5 Combo
9 Orchester
10 Musikkorps
12 Philharmonie
13 Spielmannszug
14 Trompeterkorps
Musikkneipe
9 Discothek, Diskothek
12 Tingeltangel
Musiklehrer
der Herakles
5 Linos
Musiklexikon
3 MGG
4 Koch
5 Blume
6 Gerber, Seeger
7 Janowka, Riemann, Walther
8 Brossard, Honegger
10 Massenkeil
Musiknote
2 as, be, es
3 ais, ces, cis, des, dis, eis, fes, fis, ges, gis, his
Musikrhythmus
4 Beat
Musiksaal
5 Odeon, Odeum
Musikschluss
4 Fine
6 Finale
Musikschule
14 Konservatorium
Musikspielautomat
11 Orchestrion
Musikstil
3 Rag
Musikstück
6 Sonate
10 Ritardando
im langsamen Tempo
5 Lento
in mäßig bewegtem Tempo
8 Moderato
Musikstück für:
acht Instrumente
6 Oktett
drei Instrumente
4 Trio
7 Terzett
fünf Instrumente
8 Quintett
mehrere Instrumente
6 Sonate
neun Instrumente
6 Nonett
sechs Instrumente
7 Sextett
sieben Instrumente
7 Septett
vier Instrumente
8 Quartett
zwei Instrumente
3 Duo
5 Duett
Musikton
3 Gis
Musikübungsstück
6 Etuede
Musikveranstaltung
4 Oper
7 Konzert
Musikverlag
5 André
6 Durand, Peters, Schott
7 Ricordi
8 Petrucci
9 Breitkopf
10 Hofmeister
11 Bote und Bock
12 Baerenreiter
19 Breitkopf und Haertel
Musikweise
7 Melodie
Musikwerke
10 Musikalien
Musikzeichen
4 Note, Sela
5 Kreuz, Neume
10 Alteration
11 E-Schluessel, G-Schluessel
14 Bassschluessel
15 Notenschluessel, Tenorschluessel
16 Violinschluessel
in Psalmen
4 Sela
musische
Tätigkeit
5 Kunst
Muskatblüte
5 Mazis
Muskel
des Oberarmes
11 Deltamuskel
Muskelbündel
4 Wade
Muskeleiweißstoff
6 Myosin
Muskelerschlaffung
6 Atonie
Muskelfaser
5 Fiber, Sehne
Muskel-, Gefäßlücke
6 Lacuna, Lakune
Muskelgefüge
10 Muskulatur
Muskelkneter
7 Masseur
Muskelkraft
7 Staerke
14 Brachialgewalt
Muskelkrampf
7 Tetanie
10 Katalepsie
Muskellehre
8 Myologie
Muskelmotor
4 Herz
Muskelreißen
6 Rheuma
12 Rheumatismus
Muskelschwund
8 Atrophie
Muskelstrang
5 Sehne
Muskelstrecker
8 Expander
Muskelsystem
10 Muskulatur
Muskelzittern
6 Tremor
Muskelzucken
3 Tic
Muskelzusammenziehung
6 Krampf
muskulös
8 kraeftig
10 athletisch
14 durchtrainiert
Muslim
6 Moslem
7 Islamit
8 Muselman
9 Muselmann
12 Mohammedaner
Muss
5 Gebot, Zwang
6 Befehl
7 Pflicht
Muße
4 Ruhe
5 Otium
6 Ferien, Siesta, Urlaub
8 Freizeit
9 Nichtstun
14 dolce far niente
Mußebeschäftigung
5 Hobby
18 Freizeitgestaltung
müßig
5 traeg
6 traege
13 ueberfluessig
Umherschlendernder
7 Flaneur
Müßiggänger
7 Bummler, Flaneur, Gammler
8 Faulpelz, Tagedieb
9 Bummelant, Faulenzer
10 Nichtstuer, Schlaraffe
Muster
3 Art, Typ
4 Form, Plan
5 Dekor, Dummy, Ideal, Model, Probe
6 Bauart, Dessin, Fasson, Modell, Sample, Schema
7 Aufriss, Entwurf, Exempel, Pattern, Vorbild, Vorlage
8 Beispiel, Exemplar, Formular, Maquette, Prototyp
9 Formblatt, Inbegriff, Paradigma, Schablone
im Papier
13 Wasserzeichen
Musterausstellung
von Handelsware
10 Submission
Musterbild
5 Ideal
Musterbogen
der Konfektion
7 Schnitt

Musterfall
9 Inbegriff
Mustergewicht
6 Etalon
mustergültig
5 ideal
8 normativ
9 kanonisch, klassisch
11 meisterhaft, meisterlich, vorbildlich
12 exemplarisch
Musterschau
5 Messe
Musterstickerei
11 Applikation
Musterung
5 Maser
8 Maserung
Musterzeichner
8 Designer
11 Dessinateur
Musterzeichnung
6 Design, Dessin
Musterzustand
8 Standard
Mut
4 Mumm
6 ◆ Bravur, Traute
7 Bravour, Courage, Schneid, Wagemut
9 Kuehnheit, Vertrauen
10 Tapferkeit
11 Beherztheit
durch Selbstüberwindung
10 Tapferkeit
zum Aufbegehren
12 Zivilcourage
mutabel
13 veraenderlich
Mutation
des Rotfuchses
11 Silberfuchs
mutig
5 kuehn
6 tapfer
7 beherzt
9 ◆ bravuroes, schneidig
10 bravouroes, couragiert
mutige
Entschlossenheit
11 Beherztheit
mutiger
Krieger
4 Held
mutlos
4 bang, feig
5 bange, feige
7 schwach, verzagt
10 deprimiert, resigniert
11 enttaeuscht
12 decouragiert
13 pessimistisch
14 unentschlossen
Mutlosigkeit
8 Feigheit
mutmaßen
8 annehmen, vermuten
mutmaßlich
10 praesumtiv
Mutprobe
6 Risiko, Wagnis
Mutspender
im Leid
8 Troester
Mutterboden
5 Humus
9 Humuserde
Muttergöttin
Gilgamesch
5 Aruru
Mutterherrschaft, -recht
11 Matriarchat
Muttermörder
in der griech. Sage
7 Orestes
Mutterrecht
11 Matriarchat
Mutterschaf
5 Zippe
Mutterschwein
3 Sau
5 Bache
Muttersöhnchen
5 Memme
8 Feigling
9 Angsthase, Hasenfuss
12 Schwaechling
Mutter von
Abel
3 Eva
Achill
6 Thetis
Amor
5 Venus
Andromeda
10 Cassiopaia, Kassiopaia
Antigone
7 Iocaste, Iokaste, Jokaste
Aphrodite
5 Dione
Apoll
4 Leto
6 Latona
Ares
4 Hera, Here
Artemis
4 Leto
Aurora
5 Theia
Baldur
5 Frigg, Frija
Buddha
4 Maja
Burgunderkönigen
3 Ute
Caligula
9 Agrippina
Castor
4 Leda
Cupido
5 Venus
Daniel
7 Abigail
Demeter
4 Rhea
Diana
6 Latona
Dionysos
6 Semele
Dioskuren
4 Leda
Elektra
12 Klytemnestra
13 Klytaemnestra
Eos
5 Theia
Eros
9 Aphrodite
Esau
7 Rebekka
Forseti
5 Nanna
Freia
5 Skadi
Gernot, Giselher, Gunther
3 Ute
Goethe
3 Aja
Gott
7 Madonna
Gunther
3 Ute
Hänsel und Gretel
7 Gertrud
Hebe
4 Hera
Hektor
6 Hekabe, Hekuba
Helena
4 Leda
Hera
4 Rhea
5 Rheia
Herakles, Herkules
7 Alkmene
Hermes
4 Maia, Maja
Hermione
6 Helena
Horus
4 Isis
Hyperion
4 Gaea
Iphigenie
12 Klytemnestra
13 Klytaemnestra
Ismael
5 Hagar
Ismene
7 Iocaste, Iokaste, Jokaste
Jakob
7 Rebekka
Jesus
5 Maria
Johannes dem Täufer
9 Elisabeth
Joseph
5 Rahel
6 Rachel
Juno
4 Rhea
5 Rheia
Jupiter
4 Rhea
5 Rheia
Kain
3 Eva
Kassandra
6 Hekabe, Hekuba
Kastor
4 Leda
Kompanie
6 Spiess
Kriemhild
3 Ute
Kronos
4 Gaea

Kupido
5 Venus
Lavinia
5 Amata
Leto
6 Phoibe
Libertas
4 Juno
Maria
4 Anna
Mars
4 Juno
Medea
5 Ideia
Merkur
4 Maia, Maja
5 Rheia
Musen
9 Mnemosyne
Napoleon II.
8 Laetitia
Napoleon III.
8 Hortense
Nausikaa
5 Arete
Neptun
4 Rhea
5 Rheia
Nero
9 Agrippina
Nibelungen
3 Ute
Ödipus
7 Iocaste, Iokaste, Jokaste
Odysseus
8 Antiklea
Orest
12 Klytemnestra
13 Klytaemnestra
Paris
6 Hekabe, Hekuba
Parsifal, Parzival
10 Herzeleide
Pegasus, Pegasos
6 Medusa
Perseus
5 Danae
Pollux
4 Leda
Poseidon
4 Rhea
5 Rheia
Salome
8 Herodias
Salomo
8 Bathseba
Samuel
5 Hanna
Semele
5 Theia
Seth
3 Eva
Siegfried
9 Sieglinde
Somnus
3 Nox
Telemach
8 Penelope
Thor
6 Frigga
Tiberius
5 Livia
Triton
10 Amphitrite
Tyr
6 Frigga
Uller
3 Sif
und Vater
6 Eltern
Vulcanus
4 Juno
Zeus
4 Rhea
5 Rheia
Mutterwitz
5 Humor
8 Schlaeue
Mutwille
6 Frevel
8 Uebermut
9 Frechheit
10 Leichtsinn
14 Unbesonnenheit
mutwillige
Streiche
9 Eskapaden, Kapriolen
Mütze
der Couleurstudenten
7 Zerevis
der spanischen Infanterie
3 Ros
Mützenabzeichen
7 Kokarde
Mützenform
6 Barett
Mützenwirkerei
10 Bonneterie
Mutzuspruch
5 Trost
12 Aufmunterung
Myrmidonenkönig
6 Aeakus, Aiakus
Myrtenbaum
10 Eukalyptus
mysteriös
6 dunkel, obskur, unklar
7 seltsam
11 raetselhaft
12 schleierhaft
13 geheimnisvoll
Mysterium
6 Wunder
7 Mirakel, Raetsel
9 Geheimnis, Trinitaet
10 Geheimkult
11 Geheimlehre
13 Dreieinigkeit
14 Dreifaltigkeit
Mystifikation
10 Taeuschung
11 Verdunklung
12 Verdunkelung
13 Vorspiegelung
Mystikerin
der anglikan. Kirche
5 Leade
mystische
Volksweisheit
10 Aberglaube
mystisches
Verbot
4 Tabu
mythischer
Drache
8 Lindwurm
9 Leviathan
Vogel, Tier d. Brahma
5 Hamsa
Mythos, Mythus
7 Legende
10 Heldenepos, Heldensage
11 Goetterepos, Goettersage

Nabenbohrer
5 Naber
nach
Abhilfe suchendes Mitleid
8 Erbarmen
Abzug
5 netto
Art von
3 a la
außen gewandt
13 extravertiert
außen gewölbt
6 konvex
dem Fundort benannter Mensch der Vorzeit
12 Neandertaler
dem unteren Ende gelegen
6 kaudal
dem Volksglauben für die Wetterprophezeiung bedeutsame Tage
7 Lostage
draußen
8 im Freien
einem Jäger benanntes Sternbild
5 Orion
einer Seite offener, überdeckter Raum am Haus
6 Loggia
einer Seite offenes Gewässer
3 Bai
5 Bucht
Gelegenheit Handelnder
11 Opportunist
Hochzielen Strebender
8 Idealist
innen gekrümmter Spiegel
11 Hohlspiegel
innen gewandt
13 introvertiert
innen gewölbt
6 konkav
oben
5 empor
oben führende Treppe
7 Aufgang
und nach
7 peu a peu
unten
5 hinab
8 hinunter
unten verdicktes Schlaggerät
5 Keule
Vorschrift abgemessene Arzneimenge
5 Dosis
nachäffen
10 karikieren, parodieren
nachahmen
8 kopieren
9 imitieren
10 karikieren, plagiieren
13 reproduzieren
Nachahmer
6 Kopist
7 Epigone
8 Imitator
9 Plagiator
Nachahmung, Nachbildung
5 Kopie, Repro, Talmi
6 Mimese, Simili, Strass
7 Parodie, Plagiat
8 Attrappe, Klischee
9 Abklatsch, Faksimile, Imitation, Karikatur
10 Faelschung, Falsifikat
12 Reproduktion
des Barocks
9 Neubarock
eines Edelsteins
6 Simili
Nachbar
8 Anrainer, Anwohner
9 Nebenmann
in einer Kolonne
9 Nebenmann
Nachbarin
an der Tafel
9 Tischdame
Nachbarinsel
Gotlands
5 Faroe
Nachbarland
Babyloniens
4 Elam
Nachbarort
von Mecheln
6 Muizen
von Ostrau
6 Paskau
von Schwyz
6 Seewen
Nachbarschaft
5 Naehe
7 Umkreis
8 Umgebung
Nachbarstadt
von Stockholm
5 Nacka, Solna
Nachbarvolk
der Juden im Alten Testament
8 Moabiter
nachbessern
12 retuschieren
Nachbesserung
8 Retusche
Nachbildung
6 Modell
9 Imitation
10 Wiedergabe
12 Reproduktion
17 Vervielfaeltigung
der Erdkugel
6 Globus
einer Handschrift
9 Faksimile
eines Kunstwerkes
5 Kopie
6 Replik
ohne Eigenwert
9 Abklatsch
nachdenken
6 sinnen
8 gruebeln
9 sinnieren
10 ueberlegen
12 reflektieren
Nachdenken
10 Meditation
Nachdenker
8 Gruebler
Nachdichtung
im Scherz
7 Parodie
Nachdruck
6 Akzent, Aplomb, Pathos
7 Emphase, Gewicht, Reprint
8 Betonung
10 Neuauflage
11 Intensitaet
12 Hervorhebung, Reproduktion, Stimmaufwand
13 Akzentuierung
16 Eindringlichkeit
17 Vervielfaeltigung
beim Reden
7 Emphase
nachdrücklich
8 intensiv
10 emphatisch, ostentativ
11 kategorisch
12 eindringlich
19 unmissverstaendlich
nachdrückliche
Bitte
12 Aufforderung
nachdrücklicher
Wunsch
9 Forderung
nacheinander
9 sukzessiv
Nacheinander
5 Folge
7 Abfolge, Sequenz
12 Zusammenhang
Nachen
4 Boot, Kahn, Naue
5 Nauen
6 Schiff
Nacherzählung
10 Wiedergabe
Nachfahre, Nachahmer
7 Epigone
Nachfolge
10 Sukzession
Nachfolger
4 Erbe
6 Junior
7 Epigone, Juenger
8 Schueler
9 Anhaenger, Kronprinz, Thronerbe
10 Alleinerbe, Hintermann
13 Universalerbe
Aga Khans
5 Karim
Alarichs
7 Athaulf
Alexanders des Großen
8 Diadoche
9 Diadochen
des heiligen Petrus
5 Linus
eines Kaisers oder Königs
9 Kronprinz
Mohammeds
5 Kalif
Mosis
5 Josua
nachforschen
7 fahnden
13 recherchieren
Nachforschung
5 Suche
7 Enquete
8 Fahndung
9 Erkundung, Recherche
10 Ermittlung
11 Erkundigung

Nachfrage
8 Kauflust
9 Interesse
10 Beduerfnis
nachgeahmtes
Industrieprodukt
6 Imitat
Wildleder
5 Nubuk
nachgeben
7 weichen
8 zedieren
11 konzedieren
nachgeboren
6 postum
7 posthum
Nachgebühr
10 Strafporto
nachgiebig
5 weich
7 formbar
Nachhelfer
9 Repetitor, Souffleur
Nachklang, Nachhall
4 Echo
8 Resonanz
9 Widerhall
Nachkomme
4 Baby, Erbe, Kind, Sohn
5 Enkel
6 Magnat, Spross
7 Enkelin, Tochter, Urenkel
9 Enkelkind, Stiefkind, Urenkelin
10 Deszendent, Kindeskind
11 Sproessling, Stammhalter
des Ham
5 Hamit
des Moses
3 Eli
des Sem
5 Semit
Mohammeds
6 Ismael
von Gneisenau
8 Hofacker
Nachkommen
der alten Ägypter
6 Kopten
des Kalifen Ali
6 Aliden
europäischer Einwanderer in Südamerika
7 Kreolen
ohne eigene schöpferische Kraft
8 Epigonen
nachkommende
männliche Linie
5 Agnat
Nachkommenschaft
6 Kinder
10 Deszendenz
bei Tieren
4 Brut, Wurf
Nachkömmling
9 Spaetling
12 Nesthaekchen
Nachlass
4 Erbe
5 Abzug
6 Dekort, Erbgut, Rabatt, Skonto
7 Diskont, Erbteil
8 Erbmasse, Kuerzung
9 Erbschaft, Reduktion
12 Ermaessigung
18 Hinterlassenschaft
empfangen
5 erben
Nachlassanteil
5 Legat
Nachlassempfänger
4 Erbe
Nachlassempfängerin
5 Erbin
Nachlassen
der Spannkraft
9 Ermuedung
12 Erschoepfung
nachlässig
3 lax
5 leger
6 salopp
9 fluechtig, schlampig, schludrig
10 nonchalant, schluderig
Gehender
6 Latsch
nachlässige
engl. Umgangssprache
5 Slang
Nachlässigkeit
7 Laxheit
10 Schludrian
11 Schlendrian
Nachlasspfleger
für Unmündige
7 Vormund
Nachlassteil
9 Erbstueck
Nachlassung
der zeitlichen Sündenstrafen
6 Ablass
nachmessen, -prüfen
10 revidieren
11 untersuchen
Nachmittagsmahlzeit
5 Jause
6 Vesper
11 Fuenfuhrtee
Nachname
des italienischen Malers Raffael
5 Santi
nachprüfen
10 revidieren
13 kontrollieren
Nachprüfer
7 Revisor
Nachprüfung
8 Revision
Nachrangigkeit
14 Posterioritaet
Nachrede
6 Epilog, Gerede
7 Affront, Klatsch, Tratsch
8 Gemunkel, Munkelei
10 Geklatsche, Laesterung, Schmaehung
11 Beleidigung, Schlusswort, Schmaehrede, Verleumdung
Nachrichten
aus dem Ort
6 Lokale
Nachrichtenagentur
2 AP
3 ADN, AFP, dpa, epd, KNA, UPI, vwd
6 ADN
7 Reuters
in Kenia
3 KNA
in Polen
3 PAP
in Russland
8 Interfax
Nachrichtenbüro
7 Agentur
Nachrichtensoldat
6 Funker
Nachrichtentechnik
9 Funkwesen
nachrichtentechnische
Übertragungsart
6 morsen
Nachrichtenüberbringer
4 Bote
zu Pferde
11 Meldereiter
Nachrichtenübermittlung
13 Fernschreiben
Nachrichter
6 Henker
Nachricht, Nachrichtenmittel
3 Ruf
4 Avis, Funk, Maer, News, Post
5 Anruf, Brief, Kabel, Kunde, Maere, Radio, Telex
6 Presse, Sirene
7 Meldung, Telefax, Telefon, Zeitung
8 Bescheid, Bildfunk, Eilbrief, Funkbild, Hoerfunk, Luftpost, Rohrpost, Rundfunk, Satellit, Telebild, Telegraf, Telephon
9 Botschaft, Fernsehen, Neuigkeit, Schreiben, Telefonat, Telegramm, Telegraph
10 Kabelbrief, Mitteilung, ◆ Telegrafie, Television
11 Information, Telegraphie, Zeitschrift
12 Expressbrief, Fernsprecher
13 Fernschreiben, Fernschreiber
14 Blitztelegramm, Brieftelegramm
Nachruf
6 Epilog
8 Grabrede, Nekrolog
10 Wuerdigung
13 Abschiedsrede, Abschiedswort
Nachschlagewerk
7 Lexikon
8 Handbuch
9 Idiotikon
10 Diktionaer, Kompendium
11 Fachlexikon, Woerterbuch
13 Enzyklopaedie
20 Konversationslexikon
des Mathematikers
11 Logarithmen
14 Formelsammlung
für Personennamen
10 Adressbuch
Nachschlüssel
8 Dietrich
12 Passepartout
Nachschrift, Nachtrag
2 PS
5 Annex
6 Anhang, Diktat, Zusatz
9 Anmerkung

10 Postskript
12 Postskriptum
Nachschubgebiet
6 Etappe
Nachschubtruppe
5 Train, Tross
Nachschubwesen
8 Logistik
10 Versorgung
nachsehen
9 verzeihen
10 revidieren, tolerieren
Nachsicht
6 Geduld, Indult
7 Langmut
8 Schonung
9 Indulgenz
Verzeihung
5 Gnade
6 Pardon
9 Vergebung
nachsichtig
4 mild
6 guetig
7 duldsam, gnaedig
8 geduldig, tolerant
10 glimpflich, langmuetig, verzeihend, weitherzig
Nachsilbe
6 Suffix
nachsinnen
9 sinnieren
10 meditieren
Nachsommer
mit heiterem Wetter
15 Altweibersommer
Nachspeise
3 Eis
4 Obst
7 Dessert, Kompott, Pudding
8 Eiscreme, Fruechte
Nachspiel
5 Folge
6 Epilog, Folgen
9 Folgerung
10 Auswirkung, Konsequenz, Satyrspiel
nächste
Verwandte
6 Eltern
Nachstellung
7 Insidie
Nächstenliebe
5 Agape
7 Karitas
10 Altruismus, Humanitaet
13 Philanthropie
14 Barmherzigkeit
Nachstimmautomatik
3 AFC
Nachströmung
3 Sog
Nacht
der Hexentänze auf dem Blocksberg
14 Walpurgisnacht
zum 1. Mai
14 Walpurgisnacht
nachtaktiver
Marder
5 Iltis
Vogel
4 Eule
nachtaktives
Flattertier
10 Fledermaus
Nachtbaumnatter
5 Boiga
Nachtblindheit
11 Hemeralopie
Nachteil
5 Manko, Minus
6 Damnum, Fehler, Mangel
7 Abbruch, Schaden, Ungunst, Verlust
8 Einbusse
10 Niederlage
11 Schaedigung
Nachtfalter
4 Eule
5 Nonne
6 Glucke
12 Kupferglucke
14 Fichtenspinner, Schwammspinner
Nachtgespenst
3 ◆ Alb, Alp
4 Mahr
5 Drude, Geist
6 Fantom
7 Inkubus
8 Schatten, Sukkubus
9 Nachtmahr
Nachtgottesdienst
5 Mette
17 Mitternachtsmette
Nachtgöttin
3 Nyx
6 Hekate
nächtigen
5 ruhen
6 lagern
8 logieren, schlafen
9 kampieren
10 biwakieren
12 uebernachten
Nachtisch
3 Eis
7 Dessert
Nachtlager
4 Bett
6 Bleibe
im Freien
5 Biwak
nächtliche
Wachrunde
10 Scharwache
nächtlicher
Gottesdienst
5 Mette
Klostergottesdienst
7 Vigilie
Parkplatz
14 Laternengarage
nächtliches
Leuchten am Himmel
10 Polarlicht
Ruhelager
4 Bett
Stundengebet
5 Mette
7 Matutin
Nachtlokal
3 Bar
7 Dancing, Tanzbar
9 Discothek, Diskothek, Nightclub
Nachtmusik
8 Nocturne, Notturno, Serenade
10 Staendchen
Nachtquartier
Gaunersprache
5 Penne
Nachtrag
6 Zusatz
10 Ergaenzung
zu einem Testament
8 Kodizill
Nachtragsgesetz
7 Novelle
Nachtraubvogel, Nachtvogel
3 Uhu
4 Eule, Kauz
8 Waldkauz
9 Steinkauz, Toteneule
10 Nachtigall, Totenvogel
11 Waldohreule
12 Schleiereule
Nachtsäugetier
10 Fledermaus
Nachtschattengewächs
5 Tabak
6 Tomate
7 Paprika, Petunie, Solanum
9 Aubergine, Kartoffel, Tollkraut
10 Geissblatt, Stechapfel
11 Bilsenkraut, ◆ bitter-suess, Bittersuess, Eierpflanze, Tollkirsche
12 Roter Pfeffer
17 Jelaengerjelieber
Nacht-und Schweifaffe
4 Saki
5 Kuxio, Schiu
6 Uakari
7 Cacajao
8 Bartaffe, Durukuli, Mirikina
10 Satansaffe, Zottelaffe
13 Weisskopfaffe
15 Kurzschwanzaffe
16 Scharlachgesicht
17 Schlafschwanzaffe
Nachtwandler
10 Somnambule
Nachtwind
am Genfer See
6 Morget
Nachweis
5 Beleg
6 Attest, Beweis, Quelle, Schein
7 Urkunde
8 Dokument
12 Beglaubigung
13 Bescheinigung
der Abwesenheit
5 Alibi
nachweisbare
Tatsachen
5 Fakta
6 Fakten
nachwinterliche
Straßenschäden
15 Frostaufbrueche
Nachwirkung
des Rausches
5 Kater
9 Erbrechen, Uebelkeit
10 Unwohlsein
12 Katzenjammer

13 Kopfschmerzen
Nachwort
6 Epilog
Nachwuchsfilmschauspielerin
7 Starlet
Nachwuchswissenschaftler
8 Aspirant
9 Assistent
Nachzahlung
9 Abfindung
Nacken
4 Anke
6 Genick
Nackenhebel
beim Ringen
6 Nelson
Nackenpartie
6 Genick
Nacken-, Schulterhaare (Tier)
6 Maehne
Nackenstand
5 Kerze
Nackenstück
vom Schlachttier
4 Kamm
nackt
5 bloss
Badende
8 Nudistin
Nacktdarstellung
3 Akt
nacktes
Gestein
4 Fels
Nacktgänger
Sekte
6 Adamit
nackthalsige
Storchenart
6 Marabu
Nacktheit
7 Bloesse
8 Nuditaet
Nacktkultur
3 FKK
8 Nudismus
10 Naturismus
17 Freikoerperkultur
Nadelarbeit
der Frauen
5 Filet
7 Haekeln, Sticken
8 Haekelei, Stricken
10 Handarbeit
nadelartiges
Werkzeug zum Stechen von Löchern
4 Ahle
Nadelbaum, Nadelholz
4 Arbe, Arve, Eibe, Sade, Seve
5 Forle, Pinie, Tanne, Taxus, Thuja, Tsuga, Zeder, Zirbe
6 Fichte, Foehre, Forche, Kiefer, Kussel, Strobe, Zirbel
7 Agathis, Kuschel, Laerche, Latsche, Redwood, Sequoie
8 Farneibe, Hibabaum, Knieholz, Konifere, Kopfeibe, Rottanne, Sadebaum, Taxedium, Zypresse
9 Araukarie, Blautanne, Douglasie, Edeltanne, Legfoehre, Sevenbaum, Steineibe, Sumpfeibe, Wacholder
10 Andentanne, Bergfoehre, Bergkiefer, Bunyabunya, Gelbkiefer, Lebensbaum, Mammutbaum, Pechkiefer, Sandkiefer, Scheineibe, Waldkiefer, Weisstanne
11 Balsamtanne, Dammarabaum, Goldlaerche, Kaurifichte, Kegelfichte, Ketelleeria, Kugelfichte, Prachttanne, Purpurtanne, Riesentanne, Schirmtanne, Sicheltanne, Silbertanne, Stechfichte, Sumpfkiefer, Zwergkiefer
12 Aleppokiefer, Douglastanne, Hemlocktanne, Kranewitbaum, Schirmkiefer, Strandkiefer, Trauerfichte, Zirbelkiefer
13 Omorikafichte, Schwarzkiefer, Sprossentanne, Sumpfzypresse, Traenenkiefer
14 Nordmannstanne, Scheinzypresse, Schimmelfichte, Zwergwacholder
15 Schlangenfichte, Weymouthskiefer
16 Kandelaberfichte, Riesenlebensbaum, Riesenmammutbaum, Sandarakzypresse, Schierlingstanne
17 Kuestenmammutbaum
Nadelloch
4 Oehr
Nadelmacher
6 Nadler
Nadelöffnung, -teil
4 Oehr
9 Nadeloehr
Nadelpalme
6 Raphia
Nadelrips
7 Epingle
Nadelwald
4 Tann
Sibiriens
5 Taiga
Nagaika
8 Peitsche
13 Lederpeitsche
15 Kosakenpeitsche
Nagel
5 Stift, Zweck
10 Heftzwecke, Reissstift
11 Metallstift, Reisszwecke
Nagelpflege
9 Manikuere, Pedikuere
nagen
8 knabbern
nagender
Kummer
4 Gram
Nagetier
Greifstachler
6 Cuandu
Taschenratte
6 Gopher
Nagetier, nagetierähnliche Art
3 Feh
4 Cuiy, Degu, Guti, Hase, Mara, Maus, Paka, Ratz
5 Aguti, Biber, Bilch, Bobak, Otter, Ratte, Relle, Urson
6 Cuandu, Gopher, Hackee, Illing, Nutria, Schilu, Suslik, Taguan, Ziesel
7 Assapan, Erdmaus, Hamster, Lemming, Marmota
8 Bandmaus, Baummaus, Bergpaka, Buntmaus, Burunduk, Chipmunk, Eichhorn, Feldmaus, Fettmaus, Goldhase, Grasmaus, Hausmaus, Kapybara, Pakarana, Rennmaus, Tanzmaus, Tukotuko, Viscacha, Waldmaus, Wollmaus
9 Ackermaus, Baumratte, Bilchmaus, Blessmull, Blindmaus, Brandmaus, Dscherboa, Eichkatze, Flugbilch, Haselmaus, Hausratte, Huepfmaus, Igelratte, Kahlratte, Kammratte, Kaninchen, Karnickel, Pestratte, Reisratte, Rohrratte, Schermaus, Schlaefer, Spitzmaus, Trugratte, Weissmaus, Zwergmaus
10 Berbermaus, Biberratte, Birkenmaus, Bisamratte, Chinchilla, Eichelmaus, Fischratte, Kammfinger, Murmeltier, Nacktratte, Nasenratte, Ohrenratte, Pampashase, Perlziesel, Rattenkopf, Roetelmaus, Schlafmaus, Schneemaus, Springhase, Springmaus, Wassermaus, Wurzelmaus, Zenkerella, Zieselmaus
11 Bambusratte, Borkenratte, Feheichhorn, Feldhamster, Felsenratte, Ferkelratte, Fingerratte, Fruchtratte, Goldhamster, Grosser Mara, Hoehlenmaus, Kanadabilch, Klettermaus, Kurzohrmaus, Lanzenratte, Praeriehund, Sandgraeber, Springratte, Stachelmaus, Taschenmaus, Wanderratte, Wasserratte, Wuestenmaus
12 Baumstachler, Erdhoernchen, Erdwuehlmaus, Grosshamster, Halsbandmaus, Hamsterratte, Maehnenratte, Rothoernchen, Sandrennmaus, Schwimmratte, Stachelbilch, Stachelratte, Streifenmaus, Taschenratte
13 Baumhoernchen, Baumschlaefer, Baumwollratte, Borstenferkel, Eichhoernchen, Eichkaetzchen, Feldhuepfmaus, Flughoernchen, Grauhoernchen, Greifstachler, Kaninchenmaus, Waldwuehlmaus, Wasserschwein, Weissfussmaus
14 Alpenwuehlmaus, Blinddarmbilch,

Kaenguruhratte, Maulwurfsratte, Pferdespringer, Salzkrautbilch, Schnellwuehler, Stachelschwein , Streifenziesel, Untergrundmaus, Waldmurmeltier
15 Alpenmurmeltier, Backenhoernchen, Gartenschlaefer, Leopardenziesel, Meerschweinchen, Quastenstachler, Siebenschlaefer, Taschenspringer
16 Borstenhoernchen, Dornschwanzbilch, Greifschwanzmaus
17 Steppenmurmeltier, Streifenhoernchen, Wuestenspringmaus
18 Mosaikschwanzratte, Pinselschwanzbilch, Stacheltaschenmaus, Zwergflughoernchen
19 Borstenbaumstachler, Riesenflughoernchen, Stumpfschnauzenmull, Zwergpferdespringer
20 Dornschwanzhoernchen
21 Angorameerschweinchen, Struppmeerschweinchen
23 Rosettenmeerschweinchen

nah
3 bei
6 unweit

nahe
3 eng
5 dicht
14 undurchlaessig

Verwandte
4 Sohn
5 Vater
6 Bruder, Eltern, Mutter
7 Tochter
9 Schwester

Nähe
6 Umland, Umwelt
8 Umgebung, Umgegend
13 Nachbarschaft

nähere
Begriffsbestimmung
13 Determination

Näherin
8 Grisette

Näherung
13 Approximation

Nähfaden
4 Garn

Nähgarn
5 Zwirn

Nahgebiet
7 Umkreis

Nahkampfklinge
8 Bajonett

Nahkampfwaffe
2 Bo, MG, MP
3 Axt, Ger, lMG, sMG
4 Beil, Kris, Pike
5 Degen, Dolch, Keule, Speer, Stock, Tonfa
6 Dagger, Gewehr, Katana, Messer, Saebel, Spaten, Spiess
7 Bazooka, Faecher, Florett, Pistole, Schwert
8 Bajonett, Knueppel, Naginata, Revolver, Schlinge, Tomahawk
9 Bihaender, Doppelaxt, Enterbeil, Streitaxt, Wurfstern
10 Hellebarde, Schlagring, Stossspeer, Waki-Zaschi, Wurfklinge, Wurfmesser
11 Entermesser, Handgranate, Kampfmesser, Krummsaebel, Kurzschwert, Langschwert, Morgenstern, Panzerfaust, Parierdolch, Schlagstock, Sturmgewehr, Waki-Tsaschi, Zweihaender
12 Blendgranate, Breitschwert, Krummschwert, Stangenwaffe, Streitkolben, Totschlaeger
13 Drahtschlinge, Flammenwerfer, Gummiknueppel, Hirschfaenger
15 Maschinengewehr
16 Maschinenpistole
18 Schnellfeuergewehr

Nählinie
4 Naht

Nähmaterial, -werkzeug
4 Garn
5 Faden, Nadel, Seide, Wolle, Zwirn
6 Schere
9 Fingerhut, Naehseide
10 Stecknadel, Stopfnadel
11 Nadelkissen

Nahost
6 Orient
7 Levante

Nahostbürger
8 Libanese
9 Jordanier, Orientale

Nahosthalbinsel
7 Arabien

Nährboden
8 Substrat

für Bakterien
4 Agar

Nährbodengelatine
8 Agar-Agar

Nährmutter
4 Amme

Nährstoff
4 Fett
7 Eiweiss, Vitamin
11 Kohlehydrat, Mineralsalz
12 Kohlenhydrat

nährstoffreiche
Bodenschicht
5 Humus

Nahrung
4 Kost
5 Essen, Frass
6 Futter, Speise
7 Fressen
8 Proviant
9 Naturalie, Viktualie
11 Verpflegung
12 Lebensmittel
13 Komestibilien

des Rotwilds
6 Geaese

des Wildes
6 Aesung

für junge Greifvögel
6 Atzung

Nahrungsabsud
6 Bruehe

Nahrungsaufnahme
des Wildes
5 Aesen

Nahrungsdiebstahl
8 Mundraub

Nahrungsenthaltung
6 Fasten

Nahrungsmittel
10 Naturalien

Nährmittel
2 Ei
3 Jam, Mus, Oel
4 Brei, Brot, Fett, Keks, Kohl, Korn, Mais, Mehl, Nuss, Obst, Pilz, Rahm, Reis, Sago, Soja, Wild
5 Apfel, Birne, Bohne, Erbse, Feige, Fisch, Gurke, Hafer, Hirse, Honig, Kaese, Klops, Kraut, Leber, Linse, Milch, Niere, Nudel, Quark, Ruebe, Salat, Sirup, Speck, Wurst
6 Banane, Butter, Dattel, Frucht, Gerste, Graupe, Griebe, Griess, Hering, Mandel, Moehre, Nudeln, Orange, Roggen, Rosine, Speise, Spinat, Suelze, Tomate, Topfen, Weizen, Wurzel, Zucker
7 Bulette, Erdnuss, Fleisch, Gebaeck, Gemuese, Graupen, Gruetze, Karfiol, Karotte, Kirsche, Knoedel, Kompott, Krapfen, Kringel, Kuerbis, Kukuruz, Leinoel, Marille, Muschel, Pflaume, Polenta, Pudding, Rettich, Sardine, Schmalz, Spargel, Strudel, Walnuss, Zitrone, Zwiebel
8 Aprikose, Backobst, Backware, Boulette, Kohlrabi, Korinthe, Languste, Pfirsich, Rollmops, Rotkraut, Sardelle, Saubohne, Schinken, Seefisch, Sellerie, Spaetzle, ◆ Spagetti, Teigware, Zwetsche, Zwieback
9 Apfelsine, Feldsalat, Gefluegel, Gruenkohl, Haselnuss, Kartoffel, Kopfsalat, Lebertran, Lebkuchen, Makkaroni, Mandarine, Margarine, Marmelade, Mirabelle, Mohrruebe, Rosenkohl, Sauerkohl, Spaghetti, Speiseoel, Suessware, Sultanine, Weinkraut, Weisskohl, Zwetschge
10 Aufschnitt, Blumenkohl, Frikadelle, Grapefruit, Kunsthonig, Mehlspeise, Pampelmuse, Radieschen, Roggenbrot, Salzstange, Sauerkraut, Schokolade, Teegebaeck, Weisskraut, Weizenbrot, Weizenmehl

11 Hackfleisch, Knaeckebrot, Kuemmelbrot, Pfannkuchen, Pfifferling, Rindfleisch, Sauerampfer, Schlagobers, Schlagsahne, Schwarzbrot, Wirsingkohl, Zuckerruebe
12 Haferflocken, Hasenpfeffer, Pommes frites, Pumpernickel, Rauchfleisch, Selchfleisch, Streichkaese, Streichwurst, Vollkornbrot
13 Gaenseschmalz, Huelsenfrucht, Pfefferkuchen, Raeucherkaese, Traubenzucker

Nährwerteinheit
5 Joule
7 Kalorie
11 Kilokalorie

Naht
16 Verbindungslinie

mancher Pflanzensamen
5 Raphe

Nahtbesatz
6 Paspel

Nahua-Völkerschaften
in Mexiko
5 Pipil

Nahverkehrsmittel
3 Kom

Nähvorgang
5 Stich

nähwirktechnisches
Verfahren der Stoffherstellung
6 Malimo

Nähzubehör
9 Kurzwaren

naiv
4 dumm
5 offen
6 arglos
7 harmlos
8 kindisch, kindlich, toericht
10 ahnungslos, einfaeltig, natuerlich, unbefangen, unerfahren, unschuldig

naives
Mädchen
8 Unschuld

Name
altägyptischer Pharaonen
6 Ramses

altgriechischer Philosophen
5 Zenon

amerikanischer Erdsatelliten
10 Discoverer

Attilas (deutsche Sage)
5 Etzel
6 Azzilo

aus der deutschen Fabel
5 Nobel
6 Adebar
7 Isegrim, Reineke
8 Grimbart

Babylons im A.T.
5 Babel

britischer Flüsse
4 Avon

byzantinischer Kaiser
6 Manuel
8 Basilius

byzantinischer Kaiserinnen
3 Zoe

chinesischer Staaten
5 Tschu

dänischer Sagengestalten
5 Helgi

der ältesten heiligen Schriften der Inder
4 Weda

der Eibe
5 Taxus

der Elbe in der Tschech. Rep.
4 Labe

der ersten Mondfähre
5 Eagle

der Europarakete
6 Ariane

der Gottesmutter
5 Maria
7 Madonna

der größten Filmfestspiele Deutschlands
9 Berlinale

der Londoner Untergrundbahn
4 Tube
6 Subway

der Maas in Frankreich
5 Meuse

der Pariser Universität
8 Sorbonne

der Pariser Untergrundbahn
5 Metro

der Perser
5 Farsi, Irani

der Pyrenäen-Halbinsel
6 Iberia

der semitischen Königskinder
8 Berenike

der Theiß in Serbien
4 Tisa

der ungarischen Wehrmacht
6 Honved

der vier Wochen vor Weihnachten
6 Advent

der Weltesche in der nordischen Mythologie
9 Yggdrasil

des alten Babylonien
5 Sumer

des Bären
4 Petz
5 Teddy

des Dachses
8 Grimbart

des ersten Kosmonauten
7 Gagarin

des Fremdländers bei den Eskimos
7 Eyebrow

des Fuchses
7 Reineke

des Gebietes zwischen Euphrat und Tigris
12 Mesopotamien

des Griechen
7 Hellene

des Hahnes in der Tierfabel
7 Henning

des Hasen
5 Lampe

des japanischen Kaisers
7 Akihito

des Katers im Märchen
5 Felix, Hinze

des Landvogts in der Tellsage
7 Gessler

des Löwen
3 Leu
5 Nobel

des Planeten Venus
10 Abendstern

des Storches
6 Adebar

des Sultans aus »Nathan der Weise«
7 Saladin

des Teufels
3 Age
5 Nobis, Satan, Urian
6 Belial, Beliar
7 Luzifer
9 Beelzebub, Versucher

des vierten Buches Mose
6 Numeri

des Wolfes
7 Isegrim

deutscher Fürsten
6 Arnulf

deutscher Könige
6 Konrad

einer Beethovensinfonie
6 Eroika

einer Freundin Goethes
5 Stein

einer Kathedrale in St. Petersburg
5 Isaak

einer Zarentochter
9 Anastasia

eines amerikanischen Raumfahrzeuges
10 Challenger

eines Planetoiden
4 Amor

eines Raumschiffes bei Lem
3 Gea

eines Sees in Russland
4 Aral

einiger deutscher Gebirge
3 Alb

Finnlands in der Landessprache
5 Suomi

für Astarte
5 Istar
7 Ischtar

für Attila
5 Etzel

für das Kaiserreich Japan
6 Nippon

für den französischen Landser
5 Poilu

für den Igel
5 Mecki

für den Teufel
5 Satan

für die Alpenrose
11 Almenrausch

für die Gebirge der Sahara
5 Adrar

für die Universität
9 Alma mater

für Donar
4 Thor

für Eden
8 Iduniaca

für Engländer
5 Brite

für Griechen im Altertum
6 Helene

für Griechenland
6 Hellas
für Holunder
6 Holder, Holler
für Irland
4 Eire
für Jerusalem
4 Zion
für Jesusorden
7 Senussi
für Kambodscha
5 Khmer
für Kleinasien
9 Anatolien
für Krankenhaus
6 Klinik, Spital
für Kreta
6 Kandia
für Libyen
5 Barka
für Noah
3 Noe
für Odin
5 Wotan
für Persien
4 Iran
für Tiroler Holzschnitzer
18 Herrgottsschnitzer
für Tokio
3 Edo
für Troja
5 Ilion
für Vatikanstadt
16 Citta del Vaticano
Goethes Mutter
3 Aja
Gottes im Alten Testament
5 Jahve
6 Elohim
7 Jehovah
Gottes im Islam
5 Allah
heidnischer Könige in Palästina
9 Abimelech
jüdischer Hoherpriester
5 Onias
jüdischer Könige
7 Herodes
kleiner Flussläufe
4 Ache
mehrerer englischer Flüsse
4 Ouse
mehrerer Kalifen
4 Omar
mehrerer südamerikanischer Flüsse
9 Rio Grande
Napoleons
9 Bonaparte
norwegischer Könige
6 Haakon
persischer Herrscher
6 Orodes
römischer Feldherren
6 Scipio
römischer Staatsmänner
6 Fabius
rumänischer Könige
5 Carol
russischer Zaren
5 Peter
6 Alexej
schwefelhaltiger Mineralien
5 Glanz
Schweizer Bundespräsidenten
5 Celio
sowjetischer Mondsonden
4 Luna
sowjetischer Orbitalstationen
5 Salut
sowjetischer Weltraumfahrzeuge
5 Sojus
spanischer Fürsten
6 Alfons
technischer Hilfsgestelle
6 Knecht
tropischer Harze
5 Elemi
türkischer Sultane
5 Selim
vieler Bäche und Flüsse
2 Aa, Au
4 Ache
vieler kleiner Geräte
5 Stift
vieler Pflanzenkrankheiten
5 Brand
vieler Städte in Polen
5 Biala
von Heiligen
8 Ignatius
von Hochflächen in der BRD
3 Alb
von Mark Twain
7 Clemens
von Schlössern
8 Bellevue
von zwei Heiligen
5 Rufus
von zwei zusammen hängenden Erdteilen
8 Eurasien
zweier Helden der griech. Sage
4 Ajax
zweier Sterne in den Sternbildern Pegasus und Perseus
7 Algenib
Namengebung
5 Taufe
9 Benennung
Namenkunde
12 Onomatologie
namenlos
6 anonym
9 unbekannt, unfassbar, ungenannt
12 unermesslich
Namensteil
holländischer Eigennamen
3 van
schottischer Namen
3 Mac
Namensverheimlichung
9 Inkognito
Namensverzeichnis
11 Nomenklatur
Namenszeichen, Namenszug
6 Signum
7 Initial, Paraphe
8 ◆ Autograf, Initiale, Signatur
9 Autogramm, Autograph, Monogramm
12 Unterschrift
Namenszug
am Schluss eines Briefes
12 Unterschrift
namentliches
Erwähnen
11 Auffuehrung
namhaft
7 bekannt
8 beruehmt, illuster, populaer
9 angesehen, bedeutend
10 renommiert
11 weltbekannt
12 weltberuehmt
namibische
Stadt
6 Tsumeb, Usakos
7 Windhuk
9 Luederitz
10 Swakopmund
11 Otjiwarongo
12 Keetmanshoop
13 Walfischbucht
Nansens
Polarschiff
4 Fram
Napf
5 Satte
9 Schuessel
Napfkuchen
9 Gugelhupf
Narbe
5 Maser
7 Schmiss
8 Schmarre
in der Bauchdecke
5 Nabel
Narbenleder
5 Nubuk
7 Chagrin, Saffian
Narkose
10 Betaeubung
11 Anaesthesie
Narkosemittel, Narkotikum
5 Opiat, Opium
6 Adalin, Aether, Evipan, Kodein, Kokain, Kurare, Valium
7 Avertin, Lachgas, Luminal, Veronal
8 Aethylen, Morphium, Novocain, Pantopon
9 Remedacen
10 Chloroform, Skopolamin
11 Chloraethyl, Cyclopropan
13 Aethylchlorid
narkotisieren
9 betaeuben
16 anaesthetisieren
Narr
3 Tor
4 Depp, Geck
5 Clown, Gauch, Nauke
6 Kasper
7 Bajazzo, Kasperl, Toelpel
8 Dummkopf, Harlekin
9 Hanswurst
11 Spassmacher
12 Dummer August
13 Possenreisser
Narrenrednerpult
5 Buett
Narrenstreich
20 Schildbuergerstreich
Narretei
3 Jux
5 Faxen, Posse, Unfug

6 Unsinn
7 Quatsch, Torheit
8 Allotria, Dummheit, Schnurre
9 Bloedsinn, Kapriolen
10 Albernheit
12 Mummenschanz
närrisch
4 jeck, toll
6 albern, lustig
9 vergnuegt
11 ausgelassen
närrische
Luftsprünge
9 Kapriolen
Narzissengewächs
5 Agave
6 Clivia, Klivie
7 Tazette
NASA-Raumfahrtprogramm
6 Apollo
Naschwerk
5 Nugat
6 Bonbon, Nougat
7 Krokant
8 Leckerei, Pralinen, Rumkugel
11 Suessigkeit
Nase
betreffend
5 nasal
einiger Tiere
7 Ruessel
näselnd
5 nasal
Nasenaffe
Borneos
5 Kahau
Nasenantilope
6 Orongo
Nasenheilkunde
10 Rhinologie
Nasenlaut
5 Nasal
Nasenloch
beim Pferd
7 Nuester
Nasenlöcher
des Pferdes
8 Nuestern
Nasenschleimhautentzündung
6 Ozaena
Nasenwucherung
5 Polyp
naseweis
4 kess
5 frech
7 altklug, vorlaut
9 vorwitzig
11 neunmalklug
naseweise
Wissbegier
7 Neugier
naseweises
kleines Mädchen
4 Goer
5 Goere
nasführen
9 duepieren
Nashorn
10 Rhinozeros
11 Javanashorn, Wollnashorn
13 Panzernashorn
14 Sumatranashorn
15 Rauhhornnashorn
16 Breitmaulnashorn, Spitzmaulnashorn
Nashornvogel
3 Tok
nass
5 humid
Nassauer
9 Schnorrer
nasse
klebrige Erde
4 Lehm
Nässe
7 Feuchte
11 Regenwetter
12 Feuchtigkeit
aus der Wäsche pressen
7 wringen
Nation
4 Volk
10 Staatsvolk
Nationalabzeichen
6 Emblem, Flagge
9 Trikolore
Nationalepos
8 Ramajana
Nationalfahne
der USA
13 Sternenbanner
Nationalflagge
9 Trikolore
Nationalgott
der Assyrer
5 Assur
Nationalheiliger
der Iren
7 Patrick
Nationalheld
Albaniens
10 Skanderbeg
der Griechen
15 Nikos Belojannis
der Schweiz
4 Tell
10 Winkelried
11 Wilhelm Tell
der Spanier
3 Cid
der Tschechoslowakei
5 Fucik
Indiens
4 Rama
Italiens
9 Garibaldi
Nationalheldin
der Franzosen
10 Jeanne d'Arc
18 Jungfrau von Orleans
der Tschechen
7 Libussa
nationalistisch
14 chauvinistisch
Nationalität
8 Volkstum
20 Staatsangehoerigkeit
Nationallied
5 Hymne
Nationalmuseum
in Madrid
5 Prado
Nationalökonom
9 Volkswirt
Nationaloper
5 Halka
Nationalpark
in Japan
5 Unzen
in Tansania
9 Serengeti
nationalsozialistischer
Diktator
6 Hitler
Nationalspiel
der Basken
6 Pelota
9 Chiestera
der Schotten
4 Golf
der USA
8 Baseball
Nationaltanz
5 Polka
7 Csardas
8 Fandango
9 Krakowiak
nativ
9 angeboren
12 naturbedingt
Natriumsalz
5 Borax
Natriumverbindung
4 Soda
6 Natron
8 Feldspat, Kochsalz
9 Steinsalz
10 Aetznatron
11 Glaubersalz
13 Chilesalpeter
Natur
3 All, Art
4 Erde, Welt
5 Wesen
8 Eigenart
10 Schoepfung
Naturaleinkommen
11 Sachbezuege
Naturalien
9 Rohstoffe
12 Lebensmittel
13 Bodenprodukte
14 Nahrungsmittel
16 Bodenerzeugnisse
naturalistische
Kunstrichtung
8 Verismus
Naturalleistung
7 Deputat
Natur, -anlage, Naturell
3 Art
5 Trieb, Wesen
6 Anlage, Urbild
8 Eigenart, Instinkt
9 Charakter, Wesenszug
11 Temperament
Naturarzt
6 Kneipp
Naturdämon
5 Satyr
Naturdünger
4 Mist
5 Guano
6 Jauche
7 Kompost
Naturerscheinung
3 Boe, Eis, Tau
4 Bore, Ebbe, Flut, Hoch, Laue, Maar, Nova, Reif, Stau, Tide,

Tief, Wind, Woge, Yota
5 Beben, Blink, Blitz, Brise, Drift, Dunst, Foehn, Frost, Galle, Hagel, Hitze, Nebel, Orkan, Regen, Sturm, Welle, Wolke
6 Donner, Geiser, Gezeit, Kaelte, Kalema, Lawine, Meteor, Mirage, Monsun, Passat, Schnee, Taifun, Zyklon
7 Duenung, Graupel, Nieseln, ◆ Raureif, Schauer, Tornado
8 Abendrot, Blizzard, Brandung, Erdbeben, Eruption, Gewitter, Gezeiten, Glatteis, Graupeln, Grundeis, Hochflut, Hurrikan, Irrlicht, Mascaret, Meteorit, Nippflut, Nipptide, Pororaca, Rauhreif, Seebeben, Unwetter, Windhose
9 Eiszapfen, Elmsfeuer, Flutwelle, Kaltfront, Morgenrot, Nordlicht, Regenzeit, Solfatara, Sturmflut, Supernova, Warmfront, Zwielicht
10 Bodennebel, Eliasfeuer, Finsternis, Hochwasser, Kugelblitz, Polarlicht, Polarnacht, Regenbogen, Springflut, Wasserhose, Wellengang
11 Fata Morgana, Linienblitz, Monsunregen, Schneesturm, Wirbelsturm, Wolkenbruch
12 Graupelregen, Niederschlag, Regenschauer, Sonnenfackel
13 Flaechenblitz, Gewitterwolke, Sonnenflecken, Sternschnuppe
14 Luftspiegelung, Meeresleuchten, Mondfinsternis, Vulkanausbruch, Wetterleuchten
15 Perlschnurblitz
16 Sonnenfinsternis
17 Mitternachtssonne

Naturerzeugnisse
10 Naturalien

naturfarben
5 beige, fonce

Naturforscher
4 Baer, Redi
5 Brehm, Hocke, Mayer, Snell, Steno
6 Buffon, Curier, Darwin, Gallon, Galton, Haller
7 Biologe, Celsius, Forster, Galilei, Galvani, Haeckel, Jungius, Lamarek, Reaumur, Sarasin, Schmeil, Schwann
8 Agricola, Guericke, Physiker
9 Botaniker, Ehrenberg, Entdecker, Priestley
10 Blumenbach, Kopernikus, Paracelsus
11 Leeuwenhock
20 Naturwissenschaftler

Naturfreund
11 Wandervogel

Naturgebiet
6 Urland

Naturgeist
3 Elf
4 Elfe, Gnom
5 Djinn, Efret, Marid, Troll
6 Kobold, Schrat
7 Dschinn
8 Erdgeist
9 Luftgeist
11 Wassergeist
14 Elementargeist, Elementarwesen

naturgemäß
6 genuin

Naturgewebe
5 Seide

Naturglaube
12 Naturalismus

Naturgummi
9 Kautschuk

Naturheilkunde
10 Physiatrie

Naturismus
3 FKK
8 Nudismus
11 Nacktkultur
17 Freikoerperkultur

Naturkatastrophe
5 Orkan
6 Lawine, Taifun, Zyklon
7 Tornado
8 Blizzard, Erdbeben, Hurrikan, Seebeben, Sintflut
9 Erdrutsch
10 Hochwasser
11 Schneesturm, Wirbelsturm
14 Vulkanausbruch
15 Ueberschwemmung

Naturkörper
5 Stein

Naturkraft
2 Od
11 Magnetismus

Naturkunde
8 Biologie

natürlich
4 echt, naiv
7 erdhaft
8 naturell, schlicht
13 unverfaelscht

natürliche
Abtragung der Erdoberfläche
7 Erosion
Begabung
6 Talent
Eigenart
14 Beschaffenheit
Gebilde
6 Arktis
8 Polareis
Zahl
8 Primzahl

natürlicher
Bestandteil der festen Erdrinde
7 Mineral
brauner Farbstoff
5 Sepia
Brennstoff
5 Kohle
Dünger
4 Dung, Mist
Goldklumpen
6 Nugget
Kopfschmuck
4 Haar
Mischdünger
7 Kompost
roter Farbstoff
6 Karmin
8 Karmesin
Schutz der Augen
3 Lid
5 Braue
Zaun
3 Hag
5 Hecke

Naturlicht
in der Nacht
10 Mondschein

naturnahe
dörfliche Gegend
4 Land

Naturpark
in Wien
6 Prater

Naturpfad
in Thüringen
9 Rennsteig

Naturphilosoph
5 Bruno

Naturprodukt
3 Erz, Oel
5 Kohle
6 Erdgas, Erdoel

Naturschauspiel
14 Mondfinsternis

Naturschilderer
3 Noe
4 Oken

Naturschutzgebiet
im Harz
7 Bodetal
in Afrika
7 Etoscha
8 Kalahari
9 Serengeti
11 Kruegerpark
13 Etoschapfanne
in den USA
4 Zion
7 Sequoia
8 Yosemite
11 Yellowstone
12 Yosemite Park
15 Yellowstone Park
in der Schweiz
7 Engadin
in Norddeutschland
16 Lueneburger Heide
in Schwaben
8 Federsee
in Schweden
6 Abisko
in Tansania
9 Serengeti

Naturseidenfaden
5 Grege

Naturseidengewebe
12 Crepe de chine

Natursteinblock
6 Quader

Naturstoff
aus der Wurzel des Eisenhuts
6 Akonin

Naturtheater
15 Freilichtbuehne

Naturtrieb
8 Instinkt
Naturtrompete
7 Fanfare
Naturvölker
9 Primitive
Naturwissenschaftler
7 Biologe, ◆ Geograf, Geologe, Zoologe
8 Astronom, Chemiker, Geograph, Physiker
9 Botaniker, Genetiker, Kinetiker, Petrologe
10 Mineraloge
11 Biochemiker, Biophysiker, Geophysiker, Klimatologe, Meteorologe
12 Atomphysiker, Kernphysiker, Mathematiker
Naturwissenschaft, naturwissenschaftl. Zweig
5 Optik
6 Chemie, Physik, Statik
7 Akustik, Botanik, Dynamik, Genetik, Kalorik, Kinetik, Medizin
8 Biologie, Geologie, Mechanik, Zoologie
9 Biochemie, Biophysik, ◆ Geografie, Geophysik, Hydraulik, Kinematik
10 Astronomie, Atomphysik, Geographie, Kernphysik, Mathematik, Petrologie
11 Mineralogie
12 Klimatologie, Meteorologie
13 Anthropologie
Naumburger
Domfigur
3 Uta
8 Dietrich, Ekkehard
Nautik
16 Schiffahrtskunde
17 ◆ Schifffahrtskunde
Nautiker
5 Lotse
8 Kapitaen
9 Navigator
10 Steuermann
nautischer
Begriff
3 Boe, Bug, Lee, Log, Lot, Lug, Luk, Luv, Raa, Rah, Ree, Sog, SOS, Tau, Top
4 Back, Bake, Boje, Bord, Damm, Deck, Fock, Gatt, Heck, Kiel, Koje, Kurs, Leck, Luke, Mars, Mast, Mire, Mole, Pier, Rahe, Reep, Reff, Riff, Topp
5 Buhne, Faden, Finne, Hafen, Heuer, Kabel, Logis, Lotse, Messe, orten, Pegel, Radar, Reede, Ruder, Segel, Skull, Spant, Tonne, Wante, Werft, Wrack
6 Bunker, Dalben, dippen, Flagge, Flosse, Gaffel, Knoten, Ladung, Oktant, Ortung, peilen, reffen, Reling, Riemen, Schott, Seenot, Spante, Steuer, Trosse, Wimpel, zurren
7 Abdrift, Abtrift, achtern, Besteck, Bussole, Echolot, Havarie, Kajuete, kentern, Kompass, Kreisel, Logbuch, Peilung, Seegang, Seerohr, Sextant, trimmen
8 Backbord, Bullauge, chartern, Fallreep, Fernrohr, Heulboje, Kapitaen, Kombuese, Leeseite, loeschen, Logleine, Oberdeck, Periskop, Planbild, Position, Seekarte, Seemeile, Takelage, Takelung, Teleskop, Tiefgang, Windrose, Zeitball
9 Feuerturm, Freihafen, Kiellinie, Navigator, Nebelhorn, spleissen, Steuerrad, Strandgut, Sturmball, Unterdeck, Vorschiff
10 Achterdeck, Blinkfeuer, Breitseite, Fahrwasser, Kartenhaus, Kielwasser, Kugeltonne, Leuchtboje, Leuchtturm, Lotsenboot, Navigation, Peilgeraet, schlingern, Seezeichen, Steuerbord, Steuermann
11 Feuerschiff, Kraehennest, Leuchtfeuer, Wasserlinie, Wetterkarte, Windstaerke, Zeitzeichen
14 Kreiselkompass
15 Kommandobruecke
nautisches
Maß
5 Faden, Kabel
6 Knoten
8 Seemeile
Winkelmessgerät
6 Oktant
Navigation
6 Ortung
10 Schiffahrt
11 ◆ Schifffahrt
15 Schiffsfuehrung
16 Flugzeugfuehrung
Navigationsfunkverfahren
5 Loran
Navigationsmittel
8 Seekarte
Navigator
10 Steuermann
der Flugpiloten
5 Orter
Neapel
in der Landessprache
6 Napoli
neapolitanischer
Bettler
9 Lazzarone
Volkstanz
10 Tarantella
neapolitanisches
Hefegebäck
5 Pizza
Nebel
5 Dampf, Dunst, Fahne, Rauch, Wolke
6 Brodem, Rausch, Wrasen
8 Seerauch, Truebung
10 Unklarheit
12 Ungewissheit
an der chilenischen Küste
5 Bruma
nebelartiges
Gebilde
10 Nebelfleck
Nebelhorn
7 Foghorn
nebelig, neblig
6 diesig
Nebelmonat
8 November
Nebelrauch
über Städten
4 Smog
Nebelreich
der nord. Sage
8 Niflheim
Nebenbahn
9 Lokalbahn
nebenbei
5 extra
bemerkt
7 apropos
Nebenbericht
10 Korreferat
Nebenbestimmung
in Verträgen
7 Klausel
Nebenbewohner
7 Nachbar
Nebenblatt
in der Botanik
6 Stipel
Nebenbuhler
5 Feind
6 Gegner, Rivale
10 Konkurrent
11 Widersacher
12 Gegenspieler
Nebenbuhlerin
7 Rivalin
12 Konkurrentin
Nebendarsteller
7 Statist
8 Komparse
nebeneinander laufend
8 parallel
nebeneinander stehende
Buchstabenreihe
5 Zeile
Nebenerscheinung
14 Begleitumstand
Nebenfluss, Zufluss der
Aare
3 Sur
4 Emme, Orbe, Suhr
5 Reuss, Saane, Simme
6 Kander, Limmat, Wigger
Aisne
4 Aire
Aller
3 Aue, Ise
4 Ihma, Ilme, Ilse, Oker
5 Ecker, Fusse, Leine, Wiehe
6 Boehme, Lachte, Lehrde, Oertze, Wietze
Amper
5 Wuerm
Bartsch
4 Orla
Bode
5 Selke

Cinca
5 Esera
Donau
2 Ob, Oh, Ok
3 Ach, Alt, Ems, Ilm, Ilz, Inn, Ipf, Lom, Nab, Nar, Nau, Ohe, Olt, Pek, Sal, Sau, Sed, Sil, Vah, Vid, Vit
4 Aach, Aist, Asma, Bera, Drau, Egan, Egau, Elta, Enns, Erfa, Gran, Hron, Isar, Kamp, Lanz, Lech, Lone, Naab, Nera, Oltu, Osem, Osma, Paar, Prut, Raab, Reka, Riss, Rodl, Save, Shit, Skit, Tisa, Vils, Vuka, Waag, Wied, Ybbs
5 Abens, Aluta, Arzer, Biber, Bider, Brenz, Cerna, Drann, Draun, Drave, Eipel, Erlau, Guenz, Iller, Isker, Iskra, Isper, Kapos, Krems, Laber, March, Muchl, Naarn, Oltul, Pruth, Rakos, Ranna, Regen, Schyl, Serul, Shill, Siret, Skjet, Temes, Timoh, Timok, Traun, Tulln, Ussel, Zamma, Zusam
6 Ablach, Aistba, Bakony, Borcea, Gaissa, Jalpug, Jantra, Lauter, Leitha, Lentha, Mindel, Morava, Moraws, Neutra, Ogosta, Rottum, Sartiz, Sereth, Theiss, Trasen, Trauss
7 Agostul, Altbach, Argesul, Arschis, Bielach, Brigach, Cibrica, Kamlach, Koeroes, Ostrach, Sarming, Wolfach
8 Altmuehl, Aschbach, Sereskul, Woernitz
9 Jalomitza
10 Ardschisch
Dordogne
4 Isle
6 Vezere
Drau
3 Mis, Mur
4 Ache, Dran, Gail, Glan, Gurk, Isel, Mies, Miss, Okor, Rina, Sill, Waag
5 Miess, Moell
6 Bednya, Genest, Lavant, Lieser
7 Bisztra, Vellach
8 Plicicza
9 Poessnitz
11 Weissenbach
Drina
3 Lim
4 Piva, Tara
5 Draca, Jadar, Praca
Dwina
3 Lim, Wym
4 Meha, Obol, Waga
5 Jemza, Witba, Wyler
6 Keltma, Pinega
7 Uslinge
8 Wyschora
10 Wytschegda
Eisack
5 Rienz
Elbe
3 Aue, Upa
4 Aupa, Eger, Ehle, Elde, Este, Ihle, Iser, Ohra, Ohre, Oste, Sude
5 Adler, Aland, Biela, Bille, Boize, Havel, Luche, Medem, Mulde, Nuthe, Saale, Stoer, Uchte
6 Alster, Auscha, Elster, Erlitz, Jeetze, Loucna, Mettau, Moldau, Orlice, Pinnau, Polenc, Polenz
7 Cidlina, Ilmenau, Schaale, Tetrowa
8 Pantsche, Rossbach, Schwinge
9 Loecknitz
10 Steppenitz, Weisseritz
11 Weisswasser
14 Schwarze Elster
Ems
3 Ahe
4 Hase, Leda
5 Haase, Werse
Enns
5 Salza, Steyr
Enz
5 Eyach, Glems, Wuerm
6 Metter, Nagold
Esla
4 Tera
6 Orbigo
Etsch
3 Nos
4 Noce
5 Alpon, Fibia, Silla, Solda, Tasso
6 Avisio, Eisack, Fratta, Isarco
7 Valsura
Fulda
3 Ufe
4 Ahne, Aule, Eder, Haun, Solz
5 Bauna, Beise, Losse
6 Nieste, Schmer
Garonne
3 Lot, Lys
4 Gers, Hers, Noue, Tarn, Torn
5 Baise, Ciron, Dropt, Salat
6 Ariege, Gimone, Seoune, Touche
8 Dordogne
Havel
4 Rhin
5 Doeln, Dosse, Nuthe, Plane, Plaue, Spree
6 Briese, Buckau, Polzow
7 Stremme, Wublitz
Ilz
3 Ohe
Isar
3 Rot
4 Finz, Riss
5 Achen, Ammer, Amper, Sempt
6 Jachen, Mosach
7 Ellbach, Loisach, Moosach, Rottach
8 Mossbach
9 Muehlbach, Pfettrach, Steinbach
10 Hirschbach, Zellerbach
Isere
3 Ara, Arc
4 Drac, Fure, Raly
5 Doron
6 Bagnol, Bourne, Ozeins
Kama
2 Ik
3 Ish, Sai
6 Belaja
Katzbach
6 Neisse
Kinzig
6 Gutach
Kostrama
3 Sot
Kulpa
6 Korana
Kura
3 Kon
4 Aras, Arax
Labe
4 Ohre
Lahn
3 Aar, Ems, Ohm
4 Dill, Weil
Leine
5 Rhume
8 Innerste
Lena
5 Aldan, Wikun, Witim
6 Olekma, Wiljuj
Loire
4 Ance, Aron, Cher, Loir
5 Arzon, Arzor, Bebre, Borne, Erdre, Indre, Maine, Sevre
6 Allier, Nievre, Vienne
7 Mayenne
8 Nantaise
Loisach
8 Partnach
Maas
3 Bar, Kil, Rur
4 Amer, Chee, Geer, Geul, Jaar, Merk, Neer, Roer
5 Anden, Domel, Donel, Lesse, Niers, Vaise, Vence, Wamme
6 Barnob, Chiers, Crelle, Houile, Hoyoux, Mouzon, Ourthe, Sambre, Samson, Semois
7 Schwalm, Wiseppe
8 Hermeton, Malognee, Mehaigne, Molignee, Sermonne
March
5 Thaya
6 Oskawa
7 Regnitz
Mariza
4 Arda
Moldau
5 Sazau, Wotau
6 Beraun, Salawa, Sazawa
7 Maltsch, Mastnik, Wottawa
9 Luschnitz
Mosel
3 Alf, Bey, Elz, Syr
4 Ache, Cone, Cove, Eltz, Kyll, Orne, Saar, Salm, Sure
5 Andry, Brohe, Brohl, Euron, Luetz, Madon, Ruwer, Sauer, Seile
6 Endert, Lieser, Seille
7 Meurthe, Vologne
Mulde
13 Schwarzwasser
Mur
5 Muerz
Nab
4 Vils
Nagold
5 Wuerm

Narew
3 Bug
Neiße
5 Lubst
Nera
5 Salto
Netze
5 Drage
Nidda
6 Nidder, Wetter
Niers
5 Nette
Oder
3 Aal
4 Ihne, Lohe, Obra, Ohle, Olsa, Oppa, Rega, Ruda, Thue, Thul
5 Bober, Finow, Lenze, Lupow, Ochel, Peene, Swine, Weide, Weise, Welse, Zinna
6 Birsau, Lubina, Minzel, Neisse, Ploene, Stober, Stolpe, Warthe
7 Bartsch, Iseritz, Pleiske, Proskau
8 Birnitza, Katzbach, Klodnitz, Malapane, Persante, Stradune
9 Weistritz
Oise
3 Cam, Don, Nar, Ure
4 Foss, Lark, Yore
5 Aisne, Arond, Gland, Ouzel, Serre, Trent, Verse
6 Avelon, Breche, Calder, Viasne
7 Ailette, Brandon, Derwent, Noirien, Nonette, Therain
8 Authonne, Sauceron
Oka
3 Upa
4 Ilse, Nugr, Ugra
6 Moskwa
Oker
4 Gose, Ilse
5 Ecker, Radau
8 Schunter
Ouse
4 Aire
Peene
8 Tollense
Petschora
4 Ussa
Regnitz
5 Aisch
7 Wiesent
Reuß
4 Emme
Rhone
3 Ain, Lez
4 Arve, Arvs, Cece, Dalo, Doux, Fier, Flon, Gard, Gere, Gier, Glan, Visp
5 Berre, Binna, Canca, Canea, Dalla, Dolon, Doubs, Drome, Furan, Garon, Isere, Lonza, Morge, Saone, Vinxt
6 Aygues, Bancel, Borgne, Erieux, Eygues, Gardon, Verdon
7 Allaine, Ardeche, Bourbre, Durance, Galaure, Roubion, Salance
Roer
4 Urft, Wurm
Ruhr
3 Neb
4 Baar, Else, Inde, Urft
5 Lenne, Lenwe, Neger, Roehr, Sorpe, Valme, Volme, Wenne
6 Hoehne, Moehne
Rur
4 Urft
Saale
3 Ilm
4 Bode, Orla, Roda
5 Fuhne, Hasel, Lauer, Luppe, Perse, Rinne, Salza
6 Barget, Brehne, Elster, Geisel, Lamitz, Laucha, Leutra, Wipper, Ziethe
7 Gleisse, Lomnitz, Loquitz, Regnitz, Selbitz, Sorbitz, Unstrut
8 Schwarza
Salzach
3 Arl
8 Saalbach
Saone
5 Doubs
Sauer
5 Pruem
Save
3 Una
4 Sahn
5 Bosna, Bosne, Drina, Tepla, Vrbas, Wrbas
6 Drinen
8 Marschak
Schelde
3 Lys
Seine
4 Aube, Epte, Eure, Oise
5 Aisne, Cally, Loing, Marne, Nauxe, Orvin, Ource, Sarce, Yonne
6 Brevon, Essone
7 Aubette, Laignes, Orvanne
Sieg
5 Agger
6 Nister
Spree
4 Uske
5 Dahme, Panke, Stoer, Wuhle
Sura
4 Insa
Theiß
4 Cris, Sajo
5 Maros, Mures
7 Koeroes
Traun
4 Sand
Unstrut
4 Gera
5 Heime, Helme, Lossa
6 Wipper
Volme
6 Ennepe
Warthe
3 Lis, Ner, Oxa
4 Obra
5 Lenza, Netze, Notec
6 Cybina, Glowna, Grabia, Prosna, Samica
7 Lutinja, Widawka
8 Sadkowka
Weichsel
3 Bug, Lea, Leg, San, Wda
4 Laka, Mjen, Nida, Ossa, Raba, Sola, Spla
5 Brahe, Brake, Bzura, Ferse, Grime, Ilash, Liebe, Narew, Nidda, Rawka, Skrwa
6 Bosura, Chodel, Czarna, Montau, Pilica, Wieprz
7 Drewenz, Dunajec, Hottlau, Pilitza, Radomka, Wisloka
8 Kamienna, Liplanka, Przemsza, Zaklikow
9 Ilschanka
13 Schwarzwasser
Weißen Elster
6 Parthe
7 Pleisse
Werra
5 Nesse
7 Hoersel
Weser
3 Arn, Aue, Ils
4 Alen, Esse, Lune
5 Aller, Baune, Bever, Emmer, Exter, Fulda, Hamel, Hunte, Lenne, Lesum, Nethe, Ochte, Werra, Werre
6 Diemel, Drepte, Geeste, Niemen, Ochtum
Wisla
3 Bug, Osa, San
4 Nida, Rabe, Sass, Tarn
5 Narew
6 Pilisa
7 Dunajec
Wolga
2 Ik
3 Oka, Sok, Usa
4 Ilet, Kama, Masa, Neja, Pura, Sama, Sura, Utka
5 Ainga, Dubna, Irgis, Jelan, Kudma, Nemda, Pensa, Rudka, Tmaka, Unsha, Usola
6 Alatyr, Besdna, Mescha, Mologa, Ossuga, Samara, Sestra, Twerza, Unscha
7 Karaman, Kotoros, Swijaga, Wetluga
8 Kostroma, Scheksna
13 Selischarowka
Yssel
2 Aa

Nebenfluss, Zufluss des
Amazonas
3 Ica
4 Jary, Napo, Paru
5 Iriri, Jurua, Purus, Teffe, Xingu
6 Japurs, Javari, Uatuma, Yapura
7 Jamunda, Madeira, Tapajoz, Ucayali
8 Putumayo, Rio Negro
9 Rio Branco, Tocantins, Trombetas
Amur
4 Bira, Seja
5 Amgun
6 Bureja, Ussuri
7 Sungari
Angara
4 Ilim
Arno
3 Era
4 Elsa, Pesa
5 Greve, Sieve
6 Chiana, Ombone, Pescia

Bahr el Ghasal
4 Arab
Bug
3 Lug
4 Rata
5 Ingul, Liwez, Narew, Navar
6 Bushok, Kodyma, Liwiec, Ljesna, Nurzec
8 Sjnjucha
Colorado
4 Gila
Dnjepr
3 Ros, Soz, Wop
4 Drut, Iput, Orel, Osma, Psel, Reut, Ross, Sosh, Suba, Sula, Sura, Udai
5 Desna, Irpen, Irput, Psiol, Sosch, Supoi
6 Pripet, Samara
7 Ingulez, Pripjat, Pripjet, Teterow, Tiasmin, Worskla
8 Beresina, Konskaja, Trubesch
9 Kronskaja, Studoniza
Don
3 Jug, Sal
5 Aksei, Donez, Hawia, Ilawa, Jelan, Karai, Sosna, Usman
6 Bitjug, Choper, Mescha, Tschir
7 Bolanda, Ilowlja, Kalitwa, Manesch, Meschna, Tichaja
8 Manytsch
9 Karamysch, Woronesch
Duero
3 Cea, Coa, Ega, Oca, Oja, Roa, Tao
4 Arba, Arga, Cega, Esla, Nela
5 Adaja, Aguas, Cinca, Jalon, Jopin, Riaza, Segre, Tiron, Ulron
6 Alhama, Aragon, Guerva, Huecha, Huerva, Iregua, Martin, Tamega, Tormes
7 Eidasos, Gallego, Queiles
9 Almonocid, Guadalope, Mataranna, Nejerilla, Oroncilla
Ebro
3 Cea, Coa, Ega, Oca, Oja, Tua
4 Arba, Arya, Cega, Esla, Nela
5 Adago, Adaja, Duero, Grado, Jalon, Paiwa, Sabio, Sabor, Segre, Ucero
6 Aguado, Agueda, Aragon, Arvigo, Orbigo, Riazza, Tamega, Tormes, Yeltes
7 Araduey, Arlanza, Duraton, Gallego, Guarena, Linares
8 Arlanzon, Pisuerga, Rituerto
9 Zapardiel
Ganges
3 Son
4 Kusi
5 Gogra
6 Djamna, Gandak
8 Dschamna
Indigarka
4 Nera
Indus
9 Satledsch
Inn
3 Alz
4 Ache, Aill, Alpe, Isen, Rott, Sill
5 Achen, Glonn
6 Mattig, Ziller
7 Salzach, Trisana
8 Mangfall
Jenissei
2 Ob, Om, Ui
3 Tui, Uba
5 Tobel
6 Abakan, Angara
9 Buchtarma
Jutai
3 Bia
Kassai
3 Kan
6 Angora, Kuango
8 Tunguska
Kongo
4 Rubi, Ruki
5 Kaisa, Sanga
6 Bologo, Kassai, Lomani, Ubangi
7 Aruwimi
Mackenzie
11 Baerenfluss
Main
3 Iff, Itz, Kem
4 Aalb, Erfa, Kahl, Kell, Lohr, Sinn, Unke, Wern
5 Mudau, Nidda, Rodau, Saale
6 Bieber, Elsawa, Kinzig, Rodach, Tauber, Vokach
7 Aschaff, Baunach, Erdbach, Regnitz
8 Muemling
9 Gersprenz, Roter Main
11 Weisser Main
16 Fraenkische Saale
Mekong
3 Tha
Mississippi
4 Ohio
8 Arkansas, Illinois, Missouri, Red River
9 Wisconsin
10 White River
Missouri
6 Kansas
8 Niobrara
11 Yellowstone
Murray
7 Darling
Neckar
3 Elz, Enz, Erm
4 Aich, Erms, Fils, Murr, Prim, Remo, Rems, Sulm
5 Ammer, Echaz, Eyach, Glatt, Jagst, Ulfen, Zaber
6 Echatz, Elsenz, Kocher, Lauter
7 Koersch, Starzel
8 Leinbach, Steinach
Negro
3 Yit
Niger
3 Ase, Fie
4 Bani, Milo
5 Benue
6 Sokoto
Nil
5 Rahad
6 Atbara
Ob
2 Om, Ui
3 Ass, Kat, Ket, Kot, Sob, Tom, Ton, Wag
4 Agan, Alei, Anui, Bija, Inja, Iset, Viet
5 Jugan, Katum, Matyn, Polui, Salym, Sinja, Sosva, Susun, Tabla, Tobel, Wagai
6 Kaslim, Surgut
7 Irtysch, Tschaja, Tschani
8 Tschulym, Vagiusan
Ogawe
4 Lolo
Oranjefluss
4 Vaal
Orinoco
3 Aro
4 Meta
5 Apure
Paraguay
3 Apa
5 Jauru
9 Pilcomayo
Parana
7 Iguassu
Po
3 Mae
4 Adda, Arda, Enza, Nura, Nure, Orco, Reno, Taco, Taro
5 Banne, Grana, Lonoa, Matra, Oglio, Parma, Sesia
6 Agogne, Bianco, Brenta, Chiese, Curone, Lambro, Lemina, Mincio, Ongina, Panaro, Tanaro, Tessin, Ticino
7 Bormida, Chisola, Chisone, Metette, Rifiuto, Sangone, Secchia, Trebbia
8 Crostola, Giandone, Staffora
10 Dora Baltea
11 Dora Riparia
Pregel
4 Alle, Auer, Ihme
5 Deime, Droje, Nehne, Pissa
6 Auxine, Inster
8 Angerapp
Pripjat
3 Ush
Rhein
3 Ahr, Alb, Eck, Eis, Elz, Erg, Ill, Inn, Oos, Ren, Sar
4 Aach, Aare, Birs, Erft, Lahn, Maas, Main, Murg, Nahe, Ruhr, Saye, Sayn, Selz, Sieg, Siga, Sorn, Thur, Wied
5 Acher, Agger, Biber, Brohl, Issel, Itter, Lippe, Modau, Moder, Mosel, Nette, Nolla, Pfinz, Rench, Salza, Sauer, Toess, Veeht, Wehra, Wehre, Wiese
6 Albula, Aubach, Birsig, Durach, Elzach, Ergolz, Fechte, Gutach, Kander, Kinzig, Kraich, Lauter, Neckar, Queich, Tamina, Wisper, Wupper, Wutach
7 Emscher, Queisch
Rio Negro
9 Rio Branco
Sambesi
6 Schire
Sankt-Lorenz-Strom
6 Ottawa
Selenga
6 Chilok

Severn
4 Avon
Tarn
5 Agout
Tel
4 Udet
Tiber
3 Aja, Nar
4 Anio, Naja, Nera, Neva
5 Allia, Allin, Farfa, Treja, Vezza
6 Aniene, Chiana
7 Cateria, Cremera, Gateria, Trebbia
8 Teverone
Tobel
2 Uj
3 Tap, Typ
4 Tura
Ugra
5 Ressa
Ural
2 Or
Van
5 Nitra
Volta
3 Oti
Yamana
3 Ken
Nebenform
5 Abart
7 Version
8 Variante
9 Variation, Varietaet
10 Abwandlung
Nebenfrau
5 Kebse
Abrahams
5 Hagar
Nebengebäude
5 Anbau
10 Dependance
Nebengelass
11 Abstellraum
Nebenhandlung
7 Episode
13 Zwischenspiel
Nebenhülle
der Kometen
4 Koma
Nebenlösung
beim Schach
6 Dualis
Nebenmann, -mensch
7 Nachbar
9 Mitmensch, Naechster
Nebenmeer
des Atlantiks
6 Ostsee
7 Nordsee
10 Mittelmeer
13 Nordpolarmeer
Nebenperson
beim Theater
7 Statist
Nebenprodukt
der Müllerei
5 Kleie
der Zuckergewinnung
7 Melasse
des Getreides
5 Stroh
Nebenraum
7 Alkoven
8 Kabinett
14 Chambre separee
der Kirche
9 Sakristei
Nebenreise
9 Abstecher
Nebenrolle
beim Theater
6 Charge
Nebensache
8 Lappalie
9 Bagatelle
11 Kleinigkeit
nebensächlich
5 banal
8 peripher
9 laeppisch
10 episodisch
Nebensächliches
8 Allotria, Staffage
Nebenschlusswiderstand
5 Shunt
Nebenstelle
7 Agentur, Filiale
11 Zweigstelle
Nebenstraße
9 Seitenweg
Nebenweib
5 Kebse
neblig
5 trueb
6 diesig, truebe
7 dunstig
9 verhangen
necken
4 uzen
6 foppen, reizen
7 spotten
8 frotzeln, haenseln, sticheln
Neckerei
6 Uzerei
8 Fopperei
9 Stichelei
10 Spoettelei
11 Schabernack
neckischer
Geist
6 Kobold
Mensch
4 Narr
6 Schalk
Neffe
6 Nepote
Abrahams
3 Lot
des Königs Artus
6 Gawein
Negation
10 Verneinung
negativ
geladenes Teilchen
5 Anion
8 Elektron
Negativdruckform, Matrize
5 Mater
negative
Auswirkung
7 Schaden
8 Nachteil
Elektrode
7 Kathode
negatives
Elementarteilchen
5 Anion
8 Elektron
Neger
4 Mohr
7 Negride
8 Farbiger
9 Afrikaner, Schwarzer
negerähnlich
7 negroid
Negerdorf
4 Kral
Negergitarre
5 Banjo
negerhaft
6 negrid
negerhafter
Einschlag
7 negroid
Negerhirse, Mohrenhirse
4 Dara, Dari
5 Duche, Duchn, Durra
6 Durrha, Sorgho
7 Sorghum
Negerin
7 Farbige
8 Schwarze
11 Afrikanerin
Negerklavier
7 Marimba
Negerlied
6 Gospel
Negeropernfigur
bei Gershwin
4 Bess
5 Porgy
Negerrechtsbewegung
in den USA
10 Black Power
Negerrunddorf
4 Kral
Negersoldat
in Deutsch-Ostafrika
6 Askari
Negerstaat
in Angola
5 Lunda
Negerstamm
3 Edo, Ewe, For, Ful, Ibo, Kru, Suk, Tiv, Vai
4 Akka, Luba, Madi, Nama, Nuba, Zula, Zulu
5 Banda, Bantu, Bongo, Duala, Lunda, Mossi, Musgu
6 Azande, Baluba, Basuto, Batusi, Haussa, Herero, Ibibio, Idscho, Jaunde, Joruba, Kololo, Massai, Nilote, Nubier, Obongo, Ovambo, Owambo, Somali, Ubangi, Wahuma
7 Amakosa, Kaffern, Massaua, Suaheli, Watussi
8 Aschanti, Niam Niam, Pygmaeen
11 Betschuanen
12 Buschmaenner, Hottentotten
Negertänzerin
5 Baker
Negerversammlung
7 Palaver

Negerviertel
in New York
6 Harlem
Negervolk
in Natal
4 Zulu
6 Nubier
Neger-Zambo-Mischling
5 Mango
negieren
9 verneinen
10 bestreiten
Neglige
10 Morgenrock
negroides
Volk
3 Edo
Nehrung
4 Lido
9 Landzunge
Neid
9 Missgunst
11 Scheelsucht
neidisch
6 scheel
12 missguenstig
13 eifersuechtig
neidlos
zugestehen
7 goennen
Neige
4 Rest
neigen
6 beugen
9 tendieren
11 inklinieren
14 schraegstellen
Neigung
4 Hang, Lust
5 Drang, Gusto, Trieb
6 Abhang, Faible, Tendre
7 Tendenz
8 Gefaelle, Schraege, Vorliebe
9 Interesse, Schwaeche, Sympathie
11 Inklination
sich selbst in den Vordergrund zu stellen
8 Egoismus
zweier Geraden zueinander
6 Winkel
nein
sagen
8 ablehnen, negieren
Neinsager
8 Negierer, Nihilist
Nektar
der Todlosigkeit (ind. Rel.)
6 Amrita
Nelkengewächs
5 Knaul, Miere
Nelkenpfeffer
6 Piment
nennen, ernennen
10 nominieren
Nenner
6 Teiler
7 Divisor
Nennform
des Verbs
9 Infinitiv
Nennung
11 Nominierung
Nennwert
4 Pari
8 Parikurs
Nennwort
in der Grammatik
5 Nomen
nepalesische
Hauptstadt
8 Katmandu
Münze
4 Pice
5 Rupie
Stadt
3 Num
5 Patan
6 Bandar
8 Bhatgaon, Katmandu
10 Biratnagar
Nepotismus
17 Vetternwirtschaft
21 Guenstlingswirtschaft
Nepp
6 Betrug
15 Uebervorteilung
neppen
9 betruegen
14 uebervorteilen
Neptun-Mond
6 Triton
7 Nereide
Nereide
6 Nymphe, Thetis
7 Galatea
8 Galateia
10 Amphitrite, Meernymphe
Nerfling
5 Aland
Nervatur
7 Aderung
Nerven
betreffend
6 neural
Nervenarzt
9 Neurologe
10 Psychiater
Nervenberuhigungsmittel
5 Asant
Nervenentzündung
8 Neuritis
Nervenerkrankung
9 Neuralgie
Nervenerschütterung
6 Schock
Nervenfaser
8 Fibrille
Nervenfasergeschwulst
6 Neurom
Nervengeflecht, -gewebe
4 Glia
6 Plexus
Nervenheilkunde
10 Neurologie
Nervenkitzel
9 Sensation
Nervenknoten
7 Synapse
8 Ganglien, Ganglion
Nervenkrankheit, -störung
6 Neurom
7 Neurose
8 Hysterie, Neuritis, Psychose
9 Neuralgie
11 Neuropathie
12 Neurasthenie
14 Neurastheniker
Nervenschmerz
9 Neuralgie
Nervenschwäche
11 Nervositaet
12 Neurasthenie
Nervenstärkungsmittel
8 Lecithin, Lezithin
Nervenverdickung
6 Neurom
Nervenzelle
6 Neuron
Nervenzentrum
4 Hirn
6 Gehirn
nervös
6 fahrig, unstet
7 gereizt, rastlos, reizbar, unruhig
8 hektisch, unsicher
9 aufgeregt, zerfahren, zerstreut
nervöse
Veranlagung
11 Neuropathie
nervöses
Getriebe
6 Hektik
Muskelzucken
3 Tic
Nervosität
6 Unrast, Unruhe
9 Aufregung
12 Lampenfieber
Nerz
4 Mink
6 Marder
Nesselpflanze
5 Ramie
Nesselqualle
5 Polyp
6 Meduse
Nesseltier
5 Polyp
6 Qualle
7 Koralle
Nest
4 Heim
5 Horst
des Adlers
5 Horst
des Eichhörnchens
5 Kobel
mit Eiern
6 Gelege
nesteln
6 binden
Nestgelege
4 Brut, Eier
Nesthäkchen
9 Spaetling
13 Nachkoemmling
Nestinhalt
6 Gelege
nestjunge
Vögel
4 Brut
Nestorpapagei
3 Kea
Nestwurz
7 Neottia
nett
4 lieb
6 adrett, proper

Nettigkeit
9 Artigkeit
10 Kompliment
netto
4 rein
Nettogewinn
10 Reinerloes
Netz
4 Garn
5 Falle
6 Gitter, Huelle
8 Geflecht, Gespinst
10 Fanggeraet, Stromkreis, Verbindung
11 Maschenwerk
12 Liniensystem
14 Verkehrssystem
bildender Gliederfüßer
6 Spinne
Geflecht zum Uferschutz
5 Flake
zum Greifvogelfang
5 Stoss
Netzarbeit, -werk
5 Filet
netzartig
7 filiert
netzartige
Absperrung
6 Gatter
netzartiges
Gewebe
4 Gaze
5 Filet, Lacis, Tuell
Netzätzung
9 Autotypie
Netzhaut
des Auges
6 Retina
Netzmacher
6 Seiler
Netzmagen
des Wiederkäuers
9 Retikulum
Netzschlange
6 Python
Netzstoff
5 Filet
Netzteil
6 Knoten
Netzwerk
8 Geflecht
neu
6 rezent
herrichten
10 renovieren
neuartig
6 modern
9 originaer
neuäthiopische
Sprache
6 Gurage, Harari
Neubearbeitung
eines älteren Films
6 Remake
Neubekehrter
8 Proselyt
Neubildung
von Körpergewebe
12 Regeneration
neuer
Pflanzenteil
5 Trieb
Stern
4 Nova
Neuerer
10 Reformator
Neuerscheinung
8 Novitaet
Neuerung, Neuheit
5 Novum
6 Reform
8 Creation, Kreation, Novitaet
11 Fortschritt, Renovierung
neues
Austauschstück
10 Ersatzteil
Neue Sachlichkeit
Künstler
4 Koch
5 Carra, Hofer, Huber, Leger, Lewis, Mense, Schad
6 Herbin
7 Chirico, Coubine, Kanoldt, Naegele
8 Casorati, Dahlskog, Doerries, Juergens, Nevinson, Schrimpf, Sedlacek, Severini, Viegener
9 Grossberg, Gutfreund, Kandinsky, Kremlicka, Radziwill, Stoecklin
Neues, noch nicht Dagewesenes
5 Novum
Neue Welt
7 Amerika
Neugeborenes
4 Baby
9 Saeugling
11 Kleinstkind
Neugestalter
10 Reformator
der altiranischen Religion
11 Zarathustra
Neugestaltung
5 Umbau
6 Reform
9 Umformung
11 Renovierung
Neugetaufter
7 Neophyt
Neugier
9 Interesse
10 Wissbegier
12 Wissensdurst
neugierig
8 gespannt
Neugieriger
6 Gaffer
Neuguinea
5 Irian
Neuguineas
Urbevölkerung
5 Papua
6 Papuas
Neuheit, Neuigkeit
5 Novum
8 Novitaet
9 Nachricht
neuindische
Sprache
7 Bengali
Neujahrsfest
in Vietnam
3 Tet
neukastilische
Hochebene
6 Mancha
Neuland
vor dem Deich
6 Groden
neulateinisch
für Leipzig
6 Lipsia
neulateinischer
elsässischer Dichter
5 Balde
Name für Berlin
8 Berolina
Name für Österreich
7 Austria
neulich
7 juengst
Neuling
4 Tiro
6 Novize
9 Anfaenger, Debuetant, Greenhorn
13 Gruenschnabel
im Rauschmittelgebrauch
6 Chippy
Neumieter
9 Zuzuegler
11 Zugezogener
neun
Töchter des Zeus
5 Musen
Neunauge
8 Lamprete
Neuneck
7 Nonagon
Neunpolröhre
6 Nonade
neuntägige
Andacht
6 Novene
neunte
Tagesstunde
4 None
Neuntonintervall
4 None
Neuordnung
6 Reform
14 Reorganisation
des Schulwesens
11 Schulreform
neupersische
Glaubenslehre
9 Mazdaznan
Neureicher
5 Protz
6 Arrive, Raffke
7 Parvenu
8 Parvenue
14 Emporkoemmling
neuromantischer
Lyriker
5 Hardt
Neurose
5 Manie
6 Phobie
8 Hysterie
Neurosenheilung
14 Psychotherapie
neuseeländische
Hauptstadt
10 Wellington

Inselgruppe
14 Aucklandinseln
Stadt
6 Napier, Nelson, Oamaru, Timaru
7 Dunedin
8 Auckland, Hamilton, Hokitika
10 Palmerston, Wellington
12 Christchurch
14 Napier-Hastings
Ureinwohner
5 Maori
Währung
5 Pence, Pfund
8 Shilling
neuseeländischer
Hochgebirgsvogel
3 Kea
Künstler (Bildhauer, Maler und Grafiker)
5 Gross
6 Goldie, Nicoll, Taylor
8 Hodgkins, Mitchell
9 Macintyre
Schnepfenstrauß
4 Kiwi
Singvogel
3 Poe
Sportler, Sportlerin
4 Long, Quax, Read, Ryan, Tait, Todd
5 Dixon, Hulme, Latta, Magee, Mosse, Scott, Snell
6 Davies, Loader, Moller, Porrit, Walker
7 Halberg, Holland, Hurring, McLaren, Moeller, Stewart
8 Anderson, Coberger, Hadfield, Kingsman, Langrell, Lovelock, McMillen, Williams
9 Nicholson
Vogel
3 Kea
Neusilber
6 Alpaka
7 Alpacca
8 Argentan
Neusteinzeit
11 Neolithikum
neutral
8 objektiv, sachlich
9 parteilos, saechlich
10 unbefangen
11 indifferent, unbeteiligt
12 unparteiisch
Neuverfilmung
6 Remake
Neuzeit
7 Moderne
neuzeitlich
6 modern
neuzeitliche
Waffe
13 Atomgeschuetz
New Yorker
Börsenviertel
10 Wallstreet
Geschäftsstraße
8 Broadway
Künstlerviertel
16 Greenwich Village
Negerviertel
6 Harlem

Nibelungengestalt
3 Ute
4 Atli, Gere, Mime
5 Bleda, Etzel, Hagen, Mimir
6 Attila, Drache, Fafnir, Gernot, Gibich, Gudrun, Hunolt, Kudrun, Ortnit, Volker, Werbel
7 Dankrat, Gunther, Kuperan, Ortlieb, Pilgrim
8 Alberich, Brunhild, Dankwart, Eckewart, Giselher, Hadeburg, Hornboge, Irnfried, Ruediger, Siegmund
9 Dietlinde, Kriemhild, Luedegast, Schilbung, Schwemmel, Siegfried, Sieglinde
10 Hildebrand
Nibelungenmutter
3 Ute
Nibelungenschwert
7 Nithung, Nothung
Nibelungenstadt
5 Worms
Nibelungenvolk
9 Burgunder
Nicaragua-Diplomat, Dichter
5 Dario
nicaraguanische
Stadt
4 Leon
5 Boaco, Rivas
6 Masaya
7 Granada, Managua
8 Jinotega
9 Matagalpa
10 Chinandega
13 Masaya Corinto
Währung
7 Cordiba
8 Centavos
nicht
alt
4 jung
anrüchig
7 astrein
aufhörend
9 unendlich
aufrichtig
12 unaufrichtig
außen
5 innen
beachten
10 ignorieren, uebersehen
beeinflussbar
8 unbeirrt
begabt
12 untalentiert
begreifbar
9 unfassbar
behelligen
10 verschonen
berufsmäßiger Sportler
7 Amateur
billig
5 teuer
Böses
5 Gutes
7 neutral
breit
6 schmal
deckungsgleich
12 asymmetrisch

dem Fortschritt zugetaner Mensch
11 Reaktionaer
der Mode unterworfen
7 zeitlos
dick
5 duenn
direkt zum Ziel kommend
5 Umweg
dunkel
4 hell
echt
6 unedel
einer
6 keiner
eines
6 keines
ertragreich
10 unrentabel
erwachsen
4 jung
exakt
7 ungenau
fern
3 nah
fest
8 fluessig
fortgeben
8 behalten
gebleicht
4 ekru
5 ekrue
gebraucht
3 neu
gegenständlich
8 abstrakt
gekrümmte Linie
6 Gerade
geneigt, feindlich
6 abhold
gerade, verbogen
5 krumm
gesund
5 krank
glatt
3 ◆ rau
4 rauh
gleichmäßig
6 unegal
gönnen
8 beneiden
groß
5 klein
hart
5 weich
häufig
6 selten
hoch
7 niedrig
hungrig
4 satt
jene
5 diese
jung
3 alt
kalt
4 warm
klar
5 trueb
6 truebe
klug
4 dumm
kraus
5 glatt

kurz
4 lang
langsam
7 schnell
laut
5 leise, ruhig, still
lebendig
3 tot
massiv
4 hohl
mehr als
3 nur
musikalisch
8 amusisch
nah
4 fern, weit
8 entfernt
näher bestimmtes Gebiet
6 Gegend
nass
7 trocken
normal
6 abnorm
oben
5 unten
öffentlich
6 geheim, privat
oft
6 selten
ortsgebunden
8 ambulant
positiv
7 negativ
reich
3 arm
10 beduerftig
richtig rauchen
6 paffen
schmal
5 breit
so
6 anders
sprechen
9 schweigen
talentiert
8 unbegabt
überdachte Plattform am Erdgeschoss des Hauses
8 Terrasse
umkehrbar
12 irreversibel
verholzte Pflanze
5 Kraut
verschlossen
5 offen
verschwiegen
9 indiskret
vertieft
5 flach
vertrauenswürdig
4 link
viel
5 wenig
volksfreundlich
8 unsozial
wiederherstellbar
11 irreparabel
wirklich
6 irreal
zu beschreiben
8 unsagbar
zuverlässig
6 untreu

Nichtachtung, -befolgung
8 Verstoss
10 Ungehorsam, Verachtung
11 Versaeumnis
Nichtamateur
5 Profi
nicht amtlich
6 privat
11 inoffiziell
nicht beruflicher *Künstler*
7 Amateur
Nichtbeteiligung
12 Neutralitaet
Nichtchrist
5 Heide
12 Unglaeubiger
nicht christliches *Gotteshaus*
6 Tempel
Nichtfachmann
4 Laie
7 Amateur
9 Dilettant, Liebhaber
nicht gesetzliche *Maßeinheit in der Akustik*
3 Mel
nicht gewebter *Baumwollstoff*
6 Inlett
nichtig
4 inan
5 banal, eitel
7 wertlos
9 unwichtig
14 nebensaechlich
nichtige *Dinge*
4 Kram, Tand
8 Lappalie
Nichtiges
4 Tand
Nichtigkeit
5 Farce
8 Lappalie
10 Nebensache
Nichtjude
3 Goi
Nichtleiter
8 Isolator
Nichtmetall
3 Bor
4 Brom
5 Selen
nicht metallisches *Element*
5 Fluor
Nichtmohammedaner
5 Giaur, Kafir
Nichtprofi
7 Amateur
nicht regierendes *Mitglied eines Fürstenhauses*
5 Prinz
Nichtromane *in Südamerika*
6 Gringo
nicht rostender *Stahl*
7 Nirosta
nichts *als*
3 nur
5 bloss
9 lediglich
Böses
5 Gutes
Neues
5 Altes
weiter als
3 nur
5 bloss
9 lediglich
Nichts
4 Null, Zero
5 Leere
6 Vakuum
Nichtseemann
9 Landratte
nicht sesshafter *Mensch*
6 Nomade
Nichtskönner
8 Ignorant, Stuemper
9 Dilettant
Nichtsnutz
4 Lump
Nichtsoldat
8 Zivilist
nichts sagend
4 fade
5 banal, platt
7 farblos
10 langweilig
11 unbedeutend
nichts sagende *Redensart*
10 Platitude
Nichtstuer
7 Gammler, Stromer
8 Faulpelz, Tagedieb
9 Faulenzer
10 Tunichtgut
11 Eckensteher, Taugenichts
14 Muessiggaenger
Nichtstun
4 Ruhe
5 Musse
8 Erholung, Freizeit
11 Muessiggang
14 dolce far niente
Nichtswisser
8 Ignorant
nichtswürdig
9 miserabel
nichtswürdige *Tat*
8 Lumperei
10 Schurkerei, Verbrechen
Nichtswürdiger
4 Lump
6 Schuft
7 Halunke
Nichtswürdigkeit
8 Bummelei
nicht uniformierter *Bürger*
8 Zivilist
Nichtweitergabe *von Atomwaffen*
16 Nonproliferation
nicht zahlender *Zuschauer*
8 Zaungast
Nickel-Eisen-Erdkern
4 Nife

Nickel-Kupfer-Legierung
5 Monel
Nickelsonderlegierung
6 Illium
nie
endender Zeitraum
8 Ewigkeit
niederdeutsche
Mundart
5 platt
niederdeutscher
Autor, Dichter, Schriftsteller
3 Lau
4 Fock
5 Fehrs, Groth, Raabe, Storm
6 Reuter
7 Schurek, Sohnrey, Wibbelt
8 Bossdorf, Claudius
9 Brinckman, Wagenfeld
10 Lauremberg
11 Stavenhagen
Name des Storches
6 Adebar
Reformator
10 Bugenhagen
niederdeutsch für
abgelaichter Hering
4 Ihle
Affe
3 Aap
Bauer
3 Bur
Bauernstube
5 Pesel
betrunken
4 duhn
Bezirk
5 Harde
biegsame Latte
5 Sente
Brotkanten
5 Knast, Knust
Brunnen
4 Soot
Eichengestrüpp
5 Kratt
Erle
5 Eller
Eule
3 Uhl
Fassmacher, Weinpfleger
6 Kueper
Feldstück
4 Kamp
Flegel, Grobian
5 Rekel
Fohlen
5 Enter
Geisterseher
13 Spoekenkieker
Graben
5 Fleet
Grasrain, Anger
5 Brink
großes Bett
5 Kabuz
Gutstagelöhner
5 Inste
Haff
4 Noor
Hamster, Iltis
6 Illing
Handhebel, Hebebaum
5 Spake
Hausflur
4 Eren
Häusler, Kätner
6 Kossat
Hütte
6 Kotten
Kalbsmilch
6 Midder
klein
5 luett
kleines Kind
4 Goer
Kloß, Kugel
5 Kloot
Kohlengefäß zum Wärmen
5 Kieke
Köter
5 Toele
Lampenruß
4 Blak
Lebewesen
6 Getier
Locke
6 Krolle
Mädchen
5 Deern
Meister
4 Baas
Milchrahm
5 Flott
Moor, Sumpf
4 Fenn
Morgendämmerung
5 Uchte
nein
3 nee
niedrige Kiefer, Gebüsch
6 Kussel
Regal
4 Real
Sandboden
5 Geest
Schätzung
4 Giss
Schilf
4 Reet
schmalen Feldweg
6 Redder
Schmutz
6 Klater
Schrumpfung
6 Krimpe
Schwanz
5 Stert
6 Steert
Schwanzende
5 Sterz
Schweinenierenfett
5 Luent
Seil
4 Reep
Stadtkanal
5 Fleet
Strohdecke
5 Schof
Strohwisch
5 Wiepe
Tagelöhner
5 Inste
Tau
4 Reep
Torfkohle
6 Knabbe
Trockenraum
5 Stove
Wassergraben, Abzugsgraben
6 Gruppe
Wasserstrudel
4 Neer
Zigeuner
5 Tater
niedere
englische Adelsstufe
6 Knight
Pflanze
4 Alge, Moos
7 Flechte
Umgangssprache
5 Slang
6 Jargon
Waldpflanze
4 Moos
Wasserpflanze
4 Alge
9 Braunalge
niederer
Adel bei den Inkas
6 Curaca
Adel im alten Polen
9 Schlachta
kath. Weltgeistlicher in Frankreich
4 Abbe
Wasserstand
4 Ebbe
niederes
Lebewesen
4 Wurm
5 Echse
6 Amoebe
8 Schlange
9 Einzeller, Regenwurm
Volk
5 Plebs
6 Poebel
Niedergang
4 Fall, Ruin
7 Verfall, Zerfall
9 Untergang
12 Degeneration
13 Zusammenbruch
niedergeschlagen
6 mutlos
7 traurig
9 depressiv
10 deprimiert
11 enttaeuscht, verzweifelt
Niedergeschlagenheit
10 Depression
12 Verzweiflung
Niederholz
8 Dickicht
9 Gestruepp, Unterholz
Niederkunft
6 Geburt
10 Entbindung
Niederlage
6 Abfuhr
7 Debakel, Verlust
8 Einbusse, Schlappe
10 Misserfolg
beim Schach
5 Echec

niederländisch
eins
3 een
niederländische
Antilleninsel
4 Saba
5 Aruba
7 Bonaire, Curacao
8 St. Martin
Bezeichnung für Gitterstab
6 Tralje
Drucker- und Verlegerfamilie
8 Elzevier
Dynastie
7 Oranier
Fluggesellschaft
3 KLM
Gemeinde in Gelderland
3 Ede
Hafenstadt
6 Helder
9 Amsterdam, Rotterdam
10 Vlissingen
11 Vlaardingen
Hauptstadt
7 Den Haag
9 Amsterdam
Insel
5 Texel
6 Rottum
7 Ameland
8 Schouwen, Vlieland
9 Walcheren
12 Terschelling
15 Schiermonnikoog
Käseart
5 Gouda
6 Edamer
Käsesorte
6 Edamer
8 Tilsiter
Käsestadt
7 Alkmaar
Königin
7 Beatrix, Juliana
8 Hortense
10 Wilhelmina
Kupfermünze
4 Deut
Malerfamilie
5 Maris, Velde
Münze, Währungseinheit
4 Cent, Deut, Duit
6 Florin, Gulden, Rijder
7 Ducaton
Porzellanstadt
5 Delft
Provinz
6 Orente, Veluwe
7 Drenthe, Geldern, Holland, Seeland
9 Friesland, Groningen
11 Nordbrabant, Nordholland, Suedholland
Residenzstadt
7 Den Haag
niederländischer
Abenteurer
8 Ripperda
Admiral
5 Tromp
6 Ruyter
Architekt
6 Floris
Bildhauer
5 Vries
6 Floris, Keyser, Leyden, Sluter
8 Tassaert
Botaniker
5 Vries
7 Jacquin
Chemiker
4 Hoff
Dichter u. Schriftsteller
5 Beets, Borel, Costa, Eeden, Hooft, Klaas, Kloos, Leeuw, Maehl, Vries
6 Donker, Emants, Gorter, Hartog, Lennep, Lulofs, Luyken, Merode, Nyhoff, Roland, Verway, Vondel
7 Bredero, Mulisch
8 Couperus, Gossaert, Hinrichs, Maerlaut, Schendel
9 Heyermans, Multatuli
13 Ammers Kueller
Dirigent
5 Mazel
6 Beinum
7 Haitink
10 Mengelberg
Edelmann
5 Hoorn
6 Egmont
Entdecker
6 Fasman
Erzgießer
5 Vries
Flugzeugkonstrukteur
6 Fokker
Fluss
3 Eem, Lek, Rur
4 Maas, Roer, Waal
5 Yssel
6 Amstel, Berkel, Dinkel, Vechte
7 Schelde
Flusskanal
3 Eem
Forscher und Erfinder
6 Jansen
8 Huyghens
11 Leeuwenhoek
13 Musschenbroek
Frauenname
4 Alke, Anke, Aria, Elik, Etje, Iken, Lita, Lite, Merv, Mona, Moni, Tony
5 Ailke, Aleta, Alita, Alkje, Altje, Antje, Elgin, Fenja, Fenna, Fenne, Fenny, Gouda, Greet, Griet, Ineke, Karin, Lelia, Maris, Naomi, Rieka, Rieke, Selke, Sunke, Thony, Tonny, Ursel, Wieka, Wieke, Wiete, Witta, Witte
6 Aletta, Alette, Anneke, Antina, Antine, Beekje, Bentje, Corien, Corine, Davide, Davina, Davita, Deuten, Doorke, Elgine, Elleke, Eltina, Geerta, Goudje, Grazia, Heseke, Josina, Maaike, Marisa, Maryse, Mineke, Monica, Nadina, Nadine, Nonnie, Nortje, Riekje, Saskia, Suenja, Suenje, Suenke, Thonny, Urmina
7 Auralia, Beatrix, Bruneke, Charlot, Coralie, Doortje, Dueveke, Fenneke, Geertje, Geertke, Gerarda, Germien, Germina, Greetje, Gretske, Grietje, Hadewig, Hermtje, Juliana, Juliane, Katrijn, Marieke, Marijke, Nonneke
8 Bernarda, Claartje, Cordelia, Doortjen, Geertken, Geertrui, Geertske, Gerritje, Hedwiges, Hedwigis, Julianna, Julianne, Karianne, Karstjen, Laureina, Margaret, Margriet
9 Aldegonde, Annemieke, Gertruida, Harbertje, Henriette, Hinderkje, Hindrikje, Laurentia, Sanderein, Sanderijn
10 Gerritdina
11 Bernhardine
Freiheitskämpfer
5 Geuse
Fußballspieler
3 Rep, Run, Tol
4 Haan, Heel, Jong, Kist, Krol, Loen, Smit, Veen, Wels
5 Aerle, Arntz, Drost, Geels, Hiele, Kieft, Kraay, Schip, Vente, Weber
6 Basten, Bosman, Cruyff, Effert, Gullit, Israel, Jansen, Jonker, Keizer, Koeman, Kooten, Korput, Kuylen, la Ling, Metgod, Meulen, Mierlo, Paauwe, Peters, Rutjes, van Run, Winter
7 Bakhuys, Benfeld, Beveren, Boskamp, Brandts, Brokamp, Cruijff, Deimsen, Dusbala, Fraeser, Hanegem, Kerkhof, Lippens, Muehren, Spelbos, Stevens, Treytel, van Heel, van Loen, van Male, Wouters
8 Bergkamp, de Harder, Doesburg, Gillhaus, Hulshoff, Kerkhoff, Mansveld, Nanninga, Neeskens, Rijkaard, Suurbier, Takamata, Thijssen, Tiggelen, van Aerle, Vreijsen, Witschge
9 Breukelen, Hovenkamp, Jongbloed, Mentstege, Pahlplatz, Pellikaan, Schneider, Schryvers, van Basten, Vanenburg, van Nellen, van't Schip, Vermeulen, Wildschut, Zondervan
10 Anderiesen, Caldenhove, Poortvliet, Rijsbergen, Schoenaker, van der Veen
11 Blankenburg, Rensenbrink, Schapendonk, Schoenmaker, van Tiggelen, Wijnstekers
12 van Breukelen, van de Kerkhof, van der Meulen
Gelehrter
7 Erasmus
Geschichtsschreiber
6 Nuyens
Historiker
4 Dozy

8 Huizinga
10 Halbertsma
Humanist
7 Erasmus, Grotius
Komponist
5 Isaac, Laruf, Lasso, Monte
6 Pijper
7 Desprez
8 Ockeghem, Willaert
10 Andriessen
Kornbranntwein
7 Genever
Kupferstecher
6 Rubens
7 Sadeler, Soutman
8 Bolswert, Edelinck
11 Hoogenbergh
Leichtathlet, Leichtathletin
3 Kok
4 Berg, Boot
5 Broos, Bruin, Egger, Hulst, Sterk, Vries
6 Bakker, Berger, Berghe, Gisolf, Keizer, Kulker, Langen
7 Brouwer, Gommers, Hidding, Stalman
8 Blankers, Osendarp, van Hulst
9 Beurskens, Hennipman, Slijkhuis, van Langen
12 Blankers-Koen
Lyriker
5 Bloem, Eedem
Maler
3 Boe, Bol, Dou, Mor, Vos
4 Cuyp, Dyck, Eyck, Goes, Gogh, Hals, Heda, Kalf, Laer, Neer
5 Aelst, Balen, Bosch, Bouts, Cleve, David, Goyer, Hooch, Hoogh, Joest, Lucas, Metsu, Noort, Orley, Steen, Velde, Werff, Witte
6 Backer, Flinck, Floris, Gelder, Goijen, Leiden, Leyden, Mabuse, Mander, Massys, Mesdag, Meulen, Mieris, Momper, Ostade, Patini, Potter, Rubens, Scorel, Weyden
7 Beyeren, Brouwer, Bruegel, Hobbema, Memling, Seghers, Snyders, Teniers, van Dyck, van Eyck, van Gogh, Vermeer
8 Breitner, Breughel, Brueghel, Doesburg, Jordaens, Mondrian, Mostaert, Ruisdael, Terborch
9 Honthorst, Rembrandt, Steenwijk, van Leiden, van Ostade, Wouwerman
Männername
3 Ari, Geo, Jan, Pim, Rik
4 Erno, Harm, Jaap, Kees, Leen, Mark, Pauw, Peet, Pier, Piet, Roel, Wout
5 Arian, Balte, Denys, Douwe, Drees, Drews, Dries, Enric, Enrik, Fenno, Frans, Frerk, Frits, Gaard, Geert, Hanke, Jacob, Jakob, Joris, Karel, Leent, Lowig, Lowik, Maart, Palle, Roelf, Sikko, Steve
6 Debald, Drewes, Edmond, Egmond, Floris, Freerk, Frerik, Gerard, Gerrit, Gevert, Govert, Harmen, Herman, Hermin, Jankin, Jannis, Jasper, Jeroen, Jillis, Jooris, Marten, Michel, Oltman, Paulus, Pieter, Roelff, Soeren, Steven, Wellem, Willem, Wouter
7 Adriaan, Andrees, Balduin, Clemens, Corneel, Freerik, Frerich, Geradus, Gevaert, Gregoor, Gustaaf, Harbert, Heintje, Hendrik, Hermien, Hinderk, Hinnerk, Jacobus, Jordaan, Korneel, Lambert, Laurent, Lodewig, Lodewik, Maarten, Michiel, Oltmann, Pauwels, Servaas, Severin, Theunis, Vincent
8 Bernhold, Cornelis, Diederik, Erlandus, Eugenius, Frederik, Georgius, Gerardus, Gewehard, Gustavus, Hubrecht, Koenraad, Martinus, Meindert, Michiels, Nicolaas, Reinaert, Rembrand, Rembrant
9 Boudewijn, Maartinus, Willebald
10 Christiaan
Mediziner
9 Boerhaave
10 Halbertsma
Musikforscher, -wissenschaftler
5 Noske
6 Reeser
Mystiker
6 Jansen
Name für Herr
7 Mynheer
Name für Rur
4 Roer
Namensteil
3 van
Naturwissenschaftler
5 Vries
7 Huygens
11 Leeuwenhoek
Nobelpreisträger (Chemie)
7 Crutzen
8 van't Hoff
Nobelpreisträger (Frieden)
5 Asser
9 Tinbergen
Nobelpreisträger (Medizin)
7 Eijkman
9 Einthoven, Tinbergen
Nobelpreisträger (Physik)
7 Lorentz, Zeemann, Zernike
11 van der Waals
15 Kamerlingh Onnes
Philosoph
7 Spinoza
8 Geulinex
Physiker
5 Debye, Onnes, Waals
6 Bakker, Stevin, Zeeman
7 Huygens, Lorentz, Lubbers, Zeemann, Zernike
10 Kamerlingh
11 van den Broek
Politiker, Staatsmann
3 Kok
4 Witt
5 Broek, Hoorn
7 Grotius, Lubbers
14 Oldenbarnevelt
Radierer
6 Ostade, Potter
Radsportler, Radsportlerin
3 Bal, Est, Roo
4 Ball, Knol, Mahn, Post, Raas, Skop
5 Baars, Danen, Leene, Priem, Rooks, Vliet
6 Dekker, de Rooy, Dolman, Ducrot, Gevers, Hertog, Jakobs, Jansen, Kempen, Kiefel, Kuiper, Meijer, Nijdam, Peelen, Slaats, van Bon
7 Beugels, Faanhof, Haringa, Ikelaar, Janssen, Lammert, Moorsel, Peeters, Pieters, Schulte, van Dijk, Willems
8 Breukink, Ponsteen, Schuiten, van Vliet, Voorting, Westland
9 den Hertog, Knetemann, Loevesijn, Ottenbros, van Egmond, Zoetemelk
10 Goodefroet, Middelkamp, Peelenaars, van den Hoek, van Katwijk, van Moorsel
13 van Drakestein
Regierungssitz, Residenz
7 Den Haag
Rheinarm
3 Lek
4 Waal
Schnaps
7 Genever
Seefahrer
6 Tasman
7 Barents
Sportler, Sportlerin
3 Kok
4 Cone, Euwe, Maas, Muis, Romp, Tops, Zijp
5 Baron, Braun, Droog, Drost, Ouden, Rover, Ruska, Senff, Vliet, Vries
6 Bentum, Berger, Bontje, Bouman, Brujin, Bulten, Cooman, Dekker, Haring, Kessel, Lennep, Timmer, van Dis
7 Bartels, de Rover, Geesink, Lansink, Nijssen, Oosting, Sanders, Schultz, Vaessen, van Zijp, Wienese
8 Brigitha, de Brujin, Grunsven, Haarhuis, Krajicek, Masseurs, Schapers, Staveren, van Vliet, Vermeule
9 Brienesse, Elzermann, Heemskerk, Lagerberg, Mortanges, Raymakers, Siemerink, Termeulen, van Rossem, Vlanderen
10 Bunschoten, Mensonides, Verstappen, Vriesekoop, Zimmermann
11 Blijenburgh, de Mortanges, Mastenbroek, van Staveren
13 Muns-Jagermann
Wintersportler, Wintersportlerin
4 Baas, Duim, Eden
5 Grift, Schie, Schut, Velte, Ykema

6 Gennip, Kaiser, Keulen, Kleine, Koning, Kuiper, Ritsma, Schenk, Visser
7 Aafting, Aaftink, de Leeuw, Haringa, Keukers, Verkerk
8 Borchink, Broekman, Deelstra, de Koning, Dijkstra, Geijssen, van Schie, van Velde, Veldkamp, Zandstra, Zijlstra
9 van Gennip, Velzeboer
10 Baas-Kaiser, van der Dium
11 van der Grift
14 Keulen-Deelstra

Zologe
11 Leeuwenhoek

niederländisches

Flüsschen
3 Eem

Fürstenhaus
7 Oranien
13 Nassau-Oranien

Getreidemaß
3 Zak

Kriegsschiff früherer Jahrhunderte
5 Orlog

Seebad
12 Scheveningen

Segelfahrzeug
6 Botter

Zahlwort
3 een

Niederlassung
3 Ort
4 Dorf
5 Depot, Lager, Stadt
7 Agentur, Filiale, Kolonie
8 Siedlung
10 Dependance, Vertretung, Warendepot, Warenlager, Zweigbuero
11 Zweigstelle
13 Filialbetrieb
14 Zweiggeschaeft

Niederlegung

eines Gebäudes
6 Abriss

niederrheinischer

Hochruf
5 Alaaf

niedersächsische

Stadt
4 Elze, Leer, Syke
5 Berge, Brake, Celle, Damme, Emden, Esens, Garze, Haren, Heede, Jever, Melle, Peine, Stade, Uslar, Varel, Zeven
6 Alfeld, Aurich, Bergen, Goslar, Gronau, Hameln, Lehrte, Letter, Lingen, Loehne, Meppen, Minden, Norden, Sachsa, Seesen, Soltau, Uelzen, Vechta, Verden, Winsen
7 Einbeck, Gifhorn, Muenden, Muender, Rinteln, Springe
8 Bentheim, Burgdorf, Coesfeld, Cuxhaven, Diepholz, Hannover, Harzburg, Herzberg, Neustadt, Nienburg, Nordhorn, Northeim, Osterode, Walsrode, Wittlage, Wittmund
9 Braunlage, Buxtehude, Helmstedt, Lueneburg, Nordenham, Oldenburg, Osterholz, Papenburg, Rotenburg, Wolfsburg
10 Aschendorf, Bueckeburg, Dannenberg, Duderstadt, Goettingen, Hildesheim, Holzminden, Lauterberg, Osnabrueck, Otterndorf, Salzgitter, Stadthagen
11 Cloppenburg, Delmenhorst, Gandersheim, Langenhagen, Schoeningen, Westerstede
12 Bersenbrueck, Braunschweig, Bremervoerde, Fallersleben, Fuerstenberg, Quakenbrueck
13 Fallingbostel, Wilhelmshaven, Wolfenbuettel
19 Clausthal Zellerfeld

niedersächsischer

Dichter
5 Raabe

Höhenzug
3 Elm, Ith
4 Hils
7 Deister, Solling, Suentel

Niederschlag
3 Eis, Fog, Tau
4 Duft, Firn, Guss, Mist, Reif
5 Bruma, Dunst, Hagel, Harst, Morok, Nebel, Regen
6 Harsch, Husche, Schnee
7 Graupel, Rauheis, ◆ Raureif, Schauer, Schmutt
8 Eisregen, Graupeln, Nassauer, ◆ Raufrost, Rauhreif, Schlosse, Sediment
9 Eisnadeln, Gestoeber, Hageldorn, Kondensat, Landregen, Paramitos, Rauhfrost, Regenguss, Schlossen
10 Dauerregen, Platzregen, Sturzregen
11 Hagelschlag, Nieselregen, Schneeregen, Spruehregen, Strichregen, Wolkenbruch
12 Eiskoernchen, Frostgraupel, Hagelschauer, Pulverschnee, Regenschauer
13 Schneetreiben, Schnuerlregen
14 Graupelschauer
15 Schneegestoeber

beim Boxen
2 Ko
8 Knockout

niederschlagarmes

Gebiet
6 Wueste

Niederschlagwasser
9 Kondensat

niederschlesischer

Bergstock
6 Zobten

niederschmetternd
12 katastrophal

Niederschrift
4 Akte
5 Notiz, Steno
6 Diktat, Skript
7 Aufsatz, Eintrag
8 Skriptum
9 Protokoll
10 Manuskript, Stenogramm
12 Aufzeichnung

Niedertracht
7 Bosheit, Infamie
8 Gaunerei
10 Gemeinheit

niederträchtig
5 boese, infam
6 gemein, perfid
7 boshaft, perfide
9 boesartig, malizioes
11 gewissenlos
12 charakterlos

niederträchtige

Handlung
7 Infamie
10 Gemeinheit

Niederung
2 Au
3 Aue, Tal
5 Ebene, Mulde, Senke, Wanne
8 Tiefland
9 Flachland

Niederwild
4 Hase
5 Dachs, Fasan, Fuchs, Iltis
6 Marder
7 Rebhuhn
8 Schnepfe, Wildente, Wildgans
9 Kaninchen
12 Waldschnepfe
13 Sumpfschnepfe

Niederwurf

beim Judo
4 Kake

niedlich
4 fein, nett
7 drollig, huebsch, reizend
8 charmant, zierlich
9 ◆ scharmant
11 possierlich

niedrig
4 eben, tief
5 flach
6 gemein

niedrige

Kaste in Indien
5 Paria

Umgangssprache
5 Slang
6 Jargon

niedriger

Hilfsgeistlicher
9 Koadjutor

Sportrennschlitten
8 Skeleton

Stuhl ohne Lehne
8 Taburett

Zierschrank
7 Vertiko

niedriges

Lebewesen
6 Amoebe
9 Einzeller

Liegesofa
8 Ottomane

Sofa
5 Diwan

niedrigster

diplomatischer Rang
7 Attache

militärischer Rang
6 Jaeger, Soldat

7 Flieger, Pionier
8 Gemeiner, Kanonier, Schuetze
10 Feldjaeger
14 Panzerschuetze
15 Sanitactssoldat
Pass über die Alpenhauptkette
7 Brenner
Skatsolo
4 Karo
Niedrigwasser
4 Ebbe
niemals
6 nimmer
10 nimmermehr
niemand
6 keiner
nie, niemals
6 nimmer
Nierenausscheidung
4 Harn, Urin
Nierenbaum
6 Acajou
Nierenentzündung
8 Nephrose
9 Nephritis
Niesen nachahmender
Ruf
7 Hatschi
Nießbrauch
13 Nutzungsrecht
Niet
6 Bolzen
Niete
8 Versager
Nigerianeger
6 Joruba, Yoruba
nigerianische
Hafenstadt
6 Sapele
Stadt
3 Aba, Asa, Ase, Eri, Ibi, Ife, Isa, Iwo, Ojo
4 Amar, Bida, Inen, Jola, Kano, Kuka, Yola
5 Akure, Bende, Benin, Enugu, Jebba, Lagos, Yerwa, Zaria
6 Akassa, Ibadan, Ilesha, Ilorin, Kaduna, Maradi, Niamey, Sokoto
7 Katsina, Oshogbo
8 Abeokuta
9 Ogbomosho
12 Port Harcourt
Währung
5 Pence, Pfund
8 Shilling
nigerianischer
Autor
6 Achobe
Niger-Talsperre
6 Kainji
Niger-Zufluss
4 Bani
5 Benue
6 Sokoto
Nihilist
8 Zweifler
9 Verneiner
12 Unglaeubiger
Nikotingegner
12 Nichtraucher
nikotinhaltige
Pflanze
5 Tabak
Nikotinsäureamid
6 Niazin
Nilinsel
6 Philae
11 Elephantine
Nilland
6 Nubien
Nilneger
5 Nilot
6 Nilote
Nilort
in Oberägypten
6 Nakada
Niloten
im Sudan
4 Nuer
Nilotenstamm, -volk
5 Anuak, Dinka, Lango
6 Acholi
Nilstadt
mit Stauwerk
6 Assiut
Nilzufluss
6 Atbara
Nimbus
4 Ruhm
11 Ruhmesglanz
13 Strahlenkranz
14 Heiligenschein
nimmer
3 nie
7 niemals
nimmermüde
7 rastlos
9 unentwegt
nimmersatt
6 gierig
Nimmersatt
4 Ibis
6 Marabu, Storch
Nimrod
6 Jaeger
8 Waidmann, Weidmann
Nirgendland
6 Utopia, Utopie
11 Luftschloss
18 Wolkenkuckucksheim
Nische
5 Apsis
6 Exedra
an Hochgebirgsgipfeln
3 Kar
im Gebirge
3 Kar
Nischenwölbung
6 Koncha, Konche
Niveau
4 Grad, Rang
5 Ebene, Hoehe, Level, Stand, Stufe
7 Flaeche
10 Faehigkeit, Hoehengrad, Hoehenlage, Preisskala, Preisstand
11 Intelligenz, Wasserstand
Niveaudifferenz, -unterschied
7 Neigung
8 Gefaelle, Schraege
nivellieren
8 einebnen
12 gleichmachen
Nixe
6 Lurlei, Undine
7 Lorelei, Loreley, Meerfee
8 Meerfrau, Melusine
11 Meerjungfer, Wassergeist
12 Meerjungfrau
13 Wasserjungfer
14 Wasserjungfrau
Noah
3 Noe
Noahs
Schiff
5 Arche
nobel
4 edel
7 honorig, vornehm
10 kultiviert
Nobilität
4 Adel
Noblesse
4 Adel
7 Edelmut
11 Vornehmheit
noch
junge Braunkohle mit sichtbarer Holzstruktur
6 Lignit
nicht ausgebildeter Soldat
6 Rekrut
nicht Dagewesenes
7 Neuheit
nicht flügger Vogel
8 Nestling
nicht geschlechtsreifer Hering
6 Matjes
unreines Spiritusdestillat
6 Lutter
noch einmal
in der Musik
6 ancora
nochmalige
Ausführung
12 Wiederholung
Nomade, Nomaden
5 Alane, Tibbu
7 Beduine
8 Beduinen, Zigeuner
10 Wanderhirt
11 Wanderhirte
12 Wanderhirten
Nomadenreitervolk
der Antike
6 Awaren
Nomadenstamm
im Iran
6 Alanen
in Mittelasien
8 Kirgisen
in Nordafrika
6 Tuareg
Nomadenvolk
in Afrika
6 Massai
Nomadenzelt
5 Jurte
Nomadenzeltdorf
3 Aul
Nomen
8 Nennwort
9 Hauptwort
Nominativ
7 Werfall

nominell
10 vorgeblich
Nominierung
9 Ernennung
für die Wahlliste
11 Aufstellung
Nomos
in Griechenland
5 Pella, Seres
6 Attika, Epirus, Kawala, Kilkis, Phokis, Pieria
in Makedonien
5 Drama
6 Kosani, Serron
Nonchalance
11 Laessigkeit
15 Ungezwungenheit
nonchalant
5 leger
7 formlos, laessig
Nonne
6 Novize, Oberin
Nonnenorden
14 Ursulinerinnen
15 Salesianerinnen
17 Benediktinerinnen
Nonnenschleier
6 Weihel
Nonsens
6 Unsinn
7 Quatsch
8 Larifari
9 Widersinn
12 Wischiwaschi
Noppengewebe
6 Boucle
Nordafrikaner
5 Maure
6 Araber, Berber, Fellah, Kabyle, Libyer, Nilote
7 Beduine, Numider, Senussi
8 Aegypter, Algerier, Fellache, Tunesier
9 Rifkabyle
10 Marokkaner
11 Mauretanier
nordafrikanische
Grasart
5 Halfa
8 Fantasia
Landschaft
6 Nubien
8 Nildelta
Münze
4 Dime
Völkergruppe
6 Berber
Wüste
6 Sahara
nordafrikanischer
Reitersoldat
5 Spahi
Staat
5 Sudan
6 Libyen
7 Marokko
8 Aegypten, Algerien, Tunesien
11 Mauretanien
Wasserschlauch
5 Girba
Wüstenfuchs
5 Fenek

nordafrikanisches
Gebirge
3 Rif
5 Atlas, Aures
7 Ahaggar
Gericht
6 Kuskus
Gewicht
5 Uckia
Mischvolk
6 Mauren
Reiterkampfspiel
8 Fantasia
Nordamerikaner
6 Yankee
nordamerikanische
Beutelratte
7 Opossum
Farm
5 Ranch
Goldmünze
5 Eagle
Grasebene
7 Praerie
Halbinsel
6 Alaska
7 Florida
8 Labrador
Hirschart
6 Wapiti
Indianerfrau
5 Squaw
Insel
9 Manhattan
Inselkette
7 Aleuten
Panzerechse
9 Alligator
Religionsgemeinschaft
8 Mormonen
Rinderart
5 Bison
Stadt
4 Erie, Gary, Reno
5 Akron, Baker, Boise, Boone, Bowie, Bryan, Butte, Cairo, Delhi, Fargo, Flint, Huron, Kairo, Logan, Macon, Omaha, Salem, Selma, Tampa, Tulsa, Utica
6 Albany, Aurora, Austin, Berlin, Boston, Dallas, Denver, Dillon, Durant, Durham, Eureka, Fresno, Ithaca, Joliet, Juneau, Kokomo, Laredo, Lowell, Malden, Marion, Mobile, Moline, Munche, Nashua, Newark, Orange, Oswego, Peoria, Pomona, Sharon, Shelby, Toledo, Topeka
7 Altoona, Atlanta, Buffalo, Chicago, Concord, Detroit, Hoboken, Houston, Jackson, Lincoln, Madison, Memphis, New York, Oakland, Olympia, Phoenix, Raleigh, Reading, San Jose, Santa Fe, Seattle
8 Aberdeen, Amarillo, Berkeley, Bismarck, Cheyenne, Columbia, Columbus, Hartford, Oklahoma, Pasadena, Portland, Richmond, San Diego, Savannah, Syracuse
9 Allentown, Annapolis, Asheville, Baltimore, Cleveland, Des Moines, Frankfort, Jefferson, Knoxville, Long Beach, Milwaukee, Nashville, New Jersey, Pittsburg, Rochester
10 Baton Rouge, Binghamton, Birmingham, Black Hills, Bloomfield, Carson City, Charleston, Harrisburg, Little Rock, Los Angeles, Montgomery, Montpelier, New Orleans, Sacramento, Saint Louis, Washington
11 Bakersfield, Chattanooga, Minneapolis, Springfield, Tallahassee
12 Indianapolis, Jacksonville, Philadelphia, San Francisco
Unterart des Rens
6 Karibu
Viehwirtschaft
5 Ranch
Wühlmaus
10 Bisamratte
nordamerikanischer
Bär
6 Grisly
7 Baribal, Grizzly
9 Waschbaer
Bauernhof
4 Farm
5 Ranch
Büffel
5 Bison
Erfinder
6 Edison
Farmer
7 Rancher
Geschichtsschreiber
8 Bancroft
Indianerschlitten
8 Toboggan
Indianerstamm
5 Caddo, Modoc, Sioux
6 Dakota, Oneida, Ottawa, Papago
7 Apachen, Huronen
8 Irokesen
9 Mohikaner
12 Tscherokesen
Kupferstecher
6 Leyden
Liederdichter
5 Riley
Meister der Kurzgeschichten
3 Poe
9 Hemingway
Nadelbaum
5 Tsuga
Nussbaum
7 Hickory
Pazifist
7 Russell
Pelztierjäger
7 Trapper
Präriewolf
6 Kojote
Schneesturm
8 Blizzard

Schwarzbär
7 Baribal
See
7 Eriesee
9 Baerensee, Oberer See, Oneidasee
10 Ontariosee
Staatenbund
3 USA
Viehfarmer
7 Rancher
Wapitihirsch
3 Elk
Wasserfall
7 Niagara
Wirbelsturm
7 Tornado
Zentner
6 Cental
nordamerikanisches
Indianerzelt
6 Wigwam
Kap
4 Nome
Kleinluftschiff
5 Blimp
Pechkiefernholz
9 Pitchpine
Pelztier
4 Mink
5 Zobel
Rentier
6 Karibu
Schutzgebiet
16 Indianerreservat
19 Indianerreservation
Steppengebiet
7 Praerie
Steppentier
11 Praeriehund
Stinktier
6 Chinga
Walnussbaumgewächs
7 Hickory
Wildpferd
7 Mustang
Wildrind
5 Bison
6 Wisent
Nordatlantikpakt
4 NATO
nordchinesisches
Hochland
8 Mongolei
norddeutsche
Landschaftsform
5 Geest, Heide
6 Marsch
Sandküste
12 Ostseestrand
Stadt
3 Lee
4 Kiel, Leer, Syke
5 Brake, Celle, Emden, Eutin, Heide, Husum, Jever, Peine, Stade, Uslar, Varel
6 Aurich, Bremen, Hameln, Lehrte, Lingen, Meppen, Soltau, Uelzen, Vechta, Verden, Wismar
7 Ahlhorn, Hamburg, Harburg, Itzehoe, Kappeln, Luebeck, Malente, Meldorf, Rostock
8 Cuxhaven, Elmshorn, Hannover, Nienburg, Nordhorn, Schwerin
9 Bredstedt, Flensburg, Helmstedt, Lauenburg, Lueneburg, Oldenburg, Rendsburg
10 Hildesheim
11 Bremerhaven, Delmenhorst, Glueckstadt, Neumuenster
12 Braunschweig, Eckernfoerde
13 Wilhelmshaven
norddeutscher
Dichter
4 Fock, Leip
5 Groth, Storm
6 Geibel, Reuter
9 Gorch Fock
Fluss
3 Ems
5 Eider, Peene, Trave
6 Alster, Warnow
Höhenzug
3 Elm
Küstensegler
4 Ewer
Liedersänger
6 Germer
Maler
5 Runge
9 Modersohn
Seeräuber
12 Stoertebeker
Norddeutscher
6 Friese
norddeutsches
Gericht
8 Labskaus
norddeutsch für:
ängstlicher Mensch
8 Bangbuex
Eule
3 Ule
Gefäß, Napf
5 Satte
geräuschvoll regnen
8 pladdern
Kaltschale
6 Maerte
kleines Kind
6 Murkel
Lendenbraten
6 Muerbe
Schlamm
3 Mud
Schweinefett
6 Liesen
Verlangen, Appetit
6 Gieper
Nordeuropa
12 Skandinavien
Nordeuropäer
4 Este
5 Daene, Finne, Lappe, Lette, Russe
7 Faroeer, Litauer, Schotte, Schwede
8 Norweger
9 Islaender
12 Skandinavier
nordeuropäische
Hafenstadt
3 Abo
4 Oslo, Umea
5 Lulea, Wisby
6 Aarhus, Bergen, Dublin, Kalmar, Malmoe, Narvik, Roenne
7 Aalborg, Arendal, Gjedser, Glasgow
8 Helsinki
9 Stockholm
10 Kopenhagen
Halbinsel
12 Skandinavien
Hauptstadt
4 Oslo, Riga
5 Vilna, Wilna
6 Dublin, London
7 Tallinn, Vilnius
8 Helsinki
9 Reykjavik, Stockholm
10 Kopenhagen
Luftfahrtgesellschaft
3 SAS
Meerenge
4 Belt, Sund
Münzeinheit
4 Oere
nordeuropäischer
Staat
6 Irland, Island
7 Estland, Litauen
8 Finnland, Lettland, Norwegen, Schweden
9 Daenemark
15 Grossbritannien
nordeuropäisches
Königreich
8 Norwegen, Schweden
9 Daenemark
15 Grossbritannien
Volk
4 Iren
5 Esten, Samen
6 Briten, Daenen, Finnen, Lappen, Letten, Russen
7 Faroeer
8 Norweger, Schweden
9 Irlaender, Islaender
nordfinnischer
See
5 Enare
8 Inarisee
nordfranzösische
Departementhauptstadt
4 Laon
Hafenstadt
5 Brest
6 Calais
7 Le Havre
8 Boulogne
9 Cherbourg
Landschaft
4 Brie
5 Anjou
6 Artois
8 Bretagne, Picardie
9 Normandie
nordfranzösischer
Fluss
4 Aube, Eure, Orne
5 Aisne, Marne, Meuse, Seine, Sevre, Somme

nordfriesische
Insel, Hallig
4 Roem, Sylt
5 Amrum, Fanoe, Foehr, Hooge
8 Pellworm, Suedfall
9 Langeness, Suederoog
10 Nordstrand
Wattenmeerinseln
8 Halligen
Nordgermane
5 Daene
6 Friese
7 Schwede
8 Normanne, Norweger, Waraeger, Wikinger
9 Islaender
in Schweden
5 Gaute
nordgermanische
Sagengestalt
6 Ingeld
nordgriechische
Halbinsel
10 Chalkidike
Landschaft
8 Thrazien
nordgriechischer
Berg
5 Athos
nordindische
Dynastie
5 Gupta
nordindischer
Tempeltyp
6 Nagara
nordindisches
Lampenfest
6 Devali, Diwali
nordiranische
Reitervölker
5 Saken
nordiranisches
Gebirge
6 Elburs
nordirische
Grafschaft
4 Down
6 Antrim, Armagh, Tyrone
7 Belfast
9 Fermanagh
11 Londonderry
Hauptstadt
7 Belfast
Stadt
5 Larne
6 Armagh, Bangor
7 Belfast
9 Craigavon
11 Londonderry
nordische
Dichtung
4 Edda, Saga
Felseninsel
8 Schaeren
Götter
4 Asen
Götterbotin
3 Gna
Gottheit
3 Ase
Göttin
3 Hel, Ran
4 Idun
5 Eriba, Freia, Freya, Iduna, Norne
6 Ostara
Hirschart
3 Elk, Ren
4 Elch, Elen
Insel
6 Irland, Island
9 Groenland
15 Grossbritannien
Jagdhörner
5 Luren
Meeresgöttin
3 Ran
Münze
4 Oere
5 Krone
Sagengestalt
4 Egil
6 Fafnir
8 Walkuere
Sageninsel
5 Thule
Schicksalsgöttin
5 Norne
Totengöttin
3 Hel
Wurfwaffe
3 Ger
nordischer
Apostel
5 Egede
Dichter
6 Skalde
Fürstentitel
4 Jarl
Gott
3 Ase, Nal, Tin, Tyr, Ziu
4 Loki, Odin, Thor
5 Aegir, Bragi, Donar, Wotan
6 Baldur
Götterhimmel, Asensitz
6 Asgard
Kobold
5 Troll
Männername
3 Age, Dag, Ole
4 Arne, Enar, Erik, Jens, Knut, Lars, Nils, Olaf, Tage
5 Einar, Helge, Niels
6 Gunnar
Meeresgott
5 Aegir
Name für Wodan
4 Odin
Paarhufer
3 Ren
Reifriese
5 Hymir
Sagenriese
6 Fafner, Fafnir
Sagenschütze
4 Egil
5 Egill
Sagenzwerg
6 Nordri
Schwimm-, Tauchvogel
3 Alk
5 Lumme
7 Eisente
9 Eiderente
Trinkspruch
4 skal, Skol
nordisches
Einmannboot
5 Skiff
Göttergeschlecht
4 Asen
Großwild
4 Elch, Elen
Haustier
3 Ren
4 Elen
8 Elentier
Huftier
3 Elk, Ren
4 Elch, Elen
Nutztier
3 Elk, Ren
Schicksalswesen
5 Idise, Norne
Totenreich
3 Hel
norditalienisches
Gebiet in den Alpen
8 Aostatal
Lied des 15./16. Jh.
8 Frottola
Nordkap
Madagaskars
5 Ambre
Rügens
6 Arkona
nordkoreanische
Stadt
4 Anju
6 Wonsan
7 Hamhung, Hungnam, Kaesong
8 Haedschu, Nadschin
10 Phyongyang, Sinuidschu
12 Tschinnampho
14 Tschhongdschin
Nordlandtier
3 Ren
4 Elch, Elen
7 Rentier
nördlich
6 boreal
nördlicher
Hügel Roms
6 Pincio
nördliches
Gewässer
7 Eismeer
nördlichste
Insel Japans
8 Hokkaido
Spitze von Grantland
11 Kap Columbia
Stadt Europas
10 Hammerfest
nördlichster
Punkt der Erde
7 Nordpol
Punkt Europas
7 Nordkap
Teil Skandinaviens
8 Lappland
nördlichstes
franz. Departement
4 Nord
Territorium Europas
7 Finmark
8 Finnmark
9 Finmarken

Nordlicht
10 Polarlicht, Polarstern
Nordmeerinsel
6 Island
Nordmeerschnecke
7 Whalaat
Nordostafrikaner
8 Sudanese
Nordosteuropäer
4 Este
5 Balte, Finne, Lette, Russe
7 Litauer
nordosteuropäische
Waldlandschaft
8 Karelien
Nordostmonsun
der Philippinen
5 Brisa
nordostspanische
historische Region
6 Aragon
Nordoststrom
in Sibirien
5 Buran
Nordostwind
4 Bise
an der Adria
4 Bora
im Persischen Golf
6 Naschi
in Asien
5 Buran
in Italien
5 Greco
Nordpolargebiet
6 Arktis
nordrhein-westfälische
Stadt
3 Hau
4 Bonn, Goch, Haan, Hamm, Lage, Marl, Olpe, Porz, Rees, Unna, Werl
5 Ahaus, Ahlen, Balve, Beuel, Bigge, Enger, Essen, Hagen, Halle, Hemer, Herne, Inden, Kamen, Kleve, Koeln, Lemgo, Moers, Neuss, Oelde, Rheda, Soest, Werne, Wesel
6 Aachen, Altena, Beckum, Bochol, Bochum, Borken, Brilon, Bruehl, Buende, Bueren, Dueren, Ennepe, Geseke, Greven, Gronau, Halver, Herten, Hilden, Honnef, Huerth, Kaarst, Kalkar, Kaster, Kempen, Kerpen, Lennep, Liblar, Loehne, Lohmar, Luegde, Luenen, Menden, Minden, Rheine, Rheydt, Siegen, Telgte, Walsum, Wetter, Witten, Xanten
7 Alsdorf, Bottrop, Datteln, Detmold, Dorsten, Duelken, Duelmen, Erwitte, Frechen, Geldern, Haltern, Hamborn, Herford, Hoexter, Homberg, Juelich, Krefeld, Ochtrup, Opladen, Schwelm, Velbert, Viersen, Warburg, Werdohl
8 Arnsberg, Bensberg, Bergheim, Coesfeld, Dortmund, Duisburg, Emmerich, Erkelenz, Gladbeck, Iserlohn, Meschede, Mettmann, Monschau, Muelheim, Muenster, Ratingen, Schwerte, Siegburg, Solingen, Stolberg, Weidenau
9 Attendorn, Bad Honnef, Berleburg, Bielefeld, Borghorst, Burscheid, Dinslaken, Emsdetten, Ennepetal, Godesberg, Hattingen, Lengerich, Lippstadt, Luebbecke, Paderborn, Remscheid, Salzuflen, Schleiden, Troisdorf, Warendorf, Wuelfrath, Wuerselen, Wuppertal
10 Altenberge, Beverungen, Billerbeck, Eschweiler, Euskirchen, Gevelsberg, Guetersloh, Kohlscheid, Langenfeld, Leverkusen, Oberhausen, Oeynhausen, Sennestadt
11 Duesseldorf, Gummersbach, Plettenberg, Tecklenburg, Wanne-Eickel
12 Bad Godesberg, Erkenschwick, Grevenbroich, Hohenlimburg, Luedenscheid, Wattenscheid, Wiedenbrueck, Wipperfuerth
13 Burgsteinfurt, Castrop-Rauxel, Geilenkirchen, Gelsenkirchen, Koenigswinter, Luedinghausen, Neheim-Huesten
14 Recklinghausen, Wermelskirchen
15 Oer-Erkenschwick
16 Bergisch Gladbach, Moenchengladbach
nordrussische
Halbinsel
4 Kola
5 Kanin
nordrussisches
Gewicht
6 Besmen
Nordschottland
10 Kaledonien
Nordseebad
3 Wyk
4 Iist
5 Juist
6 Borkum, Buesum, Duhnen, Kampen, Rantum
7 Baltrum, Ostende
8 Cuxhaven, Langeoog
9 Helgoland, Langeroog, Norderney
10 Spiekeroog, Wangerooge, Westerland
Nordseebucht
7 Dollart
9 Jadebusen
Nordseefischer-Segelboot
4 Ewer
Nordseegarnele
5 Porre
6 Granat, Krabbe
Nordseehafen
4 Leer
5 Brake, Emden, Husum
6 Bremen
7 Hamburg
8 Cuxhaven
9 Amsterdam, Helgoland, Rotterdam
11 Bremerhaven
13 Wilhelmshaven
von Norwegen
5 Floro
Nordseehalbinsel
8 Holstein
10 Eiderstedt
Nordseeinsel
4 Sylt
5 Amrum, Fanoe, Foehr, Hooge
6 Borkum, Hallig, Mellum
7 Baltrum
8 Langeoog, Pellworm
9 Helgoland, Norderney
10 Nordstrand, Spiekeroog, Wangerooge
Nordseekrabbe
7 Garnele
Nordskandinavier
5 Lappe
6 Lappen
nordspanische
Grenzstadt
4 Irun
nordspanischer
Küstenfluss
3 Ter
Nordteil
des Pazifiks
10 Beringmeer
Nordwestafrikaner
5 Maure
6 Nubier
nordwestdeutsche
Landschaft
9 Westfalen
nordwestdeutscher
Fluss
3 Ems
Nordwesteuropäer
3 Ire
5 Brite
7 Schotte, Waliser
9 Islaender
10 Englaender
nordwesteuropäische
Insel
6 Irland, Island
nordwesteuropäischer
Staat
4 Eire
6 Irland, Island
15 Grossbritannien
nordwesteuropäisches
Volk
4 Iren
nordwestfranzösisches
Volk
8 Bretonen
Nordwestwind
auf Celebes
5 Barat
Nordwind
6 Boreas
7 Mistral
nörgeln
6 maulen, murren
7 maekeln, meckern

8 kritteln
Nörgelsucht
7 Tadelei
Nörgler
7 Maekler
8 Meckerer
9 Querulant
11 Kritikaster
normal
7 ueblich
8 regulaer
10 regelrecht
Normalmaßstab
6 Etalon
Normandiehalbinsel
8 Calvados, Cotentin
Normanne
8 Waraeger, Wikinger
Normannenfürst
5 Enzio, Roger, Rurik
7 Tankred
8 Guiscard
Normannenstamm
3 Rus
normannische
Insel
4 Herm, Sark
5 Sercq
6 Jersey
8 Alderney, Guernsey
normen
10 typisieren
15 standardisieren
16 vereinheitlichen
Normen
der Lebensführung
5 Ethik
Normenmaß
3 DIN
Normgröße
für Papier
6 Format
Norm, Normenmaß
3 DIN, SAS
5 Kanon, Regel
6 Etalon, Format, Muster
7 Ordnung, Urmeter, Vorlage
8 Standard
9 Richtmass, Richtwert
10 Vorschrift
11 Laengenmass, Richtschnur
Normung
3 DIN
6 Typung
8 Regelung
10 Einteilung, Normierung
11 Typisierung
15 Kategorisierung, Klassifizierung
16 Standardisierung
normwidrig
6 abnorm
Norne
3 Urd
5 Skuld
8 Verdandi, Werdandi
der Vernunft
5 Skuld
Norwegen
in der Landessprache
5 Norge
norwegische
Eiskunstläuferin
5 Henie
Erzählerin
6 Hamsun
Hafenstadt
4 Oslo
6 Bergen, Horten, Larvik, Narvik
7 Alesund, Arendal, Drammen, Tromsoe
8 Kirkenes
9 Drontheim, Haugesund, Stavanger, Trondheim, Trondhjem
10 Hammerfest
11 Fredrikstad
12 Kristiansand, Kristiansund
Hauptstadt
4 Oslo
Hochfläche, Firnfeld
5 Fjell
Insel
5 Andoe
Inselgruppe
7 Lofoten
11 Spitzbergen
Kronprinzessin
5 Sonja
Meeresbucht
5 Fjord
Münze, Währungseinheit
4 Oere
5 Krone
Parlamentskammer
7 Lagting
9 Odelsting
Schriftsprache
6 Bokmal
Sopranistin
8 Flagstad
Stadt
2 Mo, Os
3 Eid, Gol, Lom, Nes, Tau
4 Alen, Alta, Amot, Elga, Flam, Lyse, Moss, Oslo, Otta, Tana
5 Banak, Bodoe, Grong, Hamar, Opdal, Rores, Sauda, Skien, Solum
6 Bergen, Faberg, Ifjord, Namsos, Narvik, Rjukan
7 Alesund, Arendal, Drammen, Stoeren, Tromsoe, Ulefoss, Vadheim
8 Eidsvoll, Kirkenes, Levanger
9 Drontheim, Haugesund, Kongsberg, Stavanger, Trondheim, Trondhjem
10 Hammerfest
11 Fredrikstad, Lillehammer
12 Kristiansand, Kristiansund
Volksvertretung
8 Storting
norwegischer
Archäologe
5 Munch
Bildhauer
7 Sinding
8 Vigeland
Chemiker
6 Hassel
8 Bergmann
Dichter im Mittelalter
6 Skalde
Dichter u. Schriftsteller
3 Lie, Moe
4 Dass, Duun, Hoel, Krag, Omre
5 Aasen, Bojer, Grieg, Ibsen, Munch, Orvil, Skram
6 Aanrud, Boysen, Hamsun, Jaeger, Undset, Uppdal, Vesaas
7 Bolstad, Braaten, Collett, Garborg, Heiberg
8 Andersen, Bjornson, Kielland, Wegeland
9 Bjoernson, Wergeland
10 Falkberget, Obstfelder
11 Gulbranssen
Dirigent
8 Svendsen
Erzähler
5 Bojer
Fluss
3 Lag, Nea
4 Alta, Rena, Sira, Tana
6 Glomma
7 Tana Elv
Fußballspieler
3 Aas
4 Berg, Kvia, Lund
5 Bornd, Giske, Halle, Sunde
6 Dokken, Hansen, Hestad, Hovdan, Meirik, Nilsen, Reivik, Rekdal
7 Brustad, Eriksen, Fuglset, Hareide, Holmsen, Isaksen, Iversen, Karlsen, Kordahl, Kvammen, Mykland, Oekland, Ottesen, Skistad, Skuseth
8 Amundsen, Antonsen, Berntsen, Birkland, Bratseth, Davidsen, Frantzen, Hammeroe, Hoeyland, Holmberg, Jacobsen, Johansen, Mathisen, Pedersen, Slinning, Soerloth, Svensson, Thoresen, Thunberg
9 Albertsen, Birkelund, Brandhang, Erlandsen, Haftorsen, Pettersen, Spydevold
10 Abrahamsen, Groendalen, Henricksen
11 Brynhildsen, Johannessen
12 Christiansen
Geograf und Forscher
6 Nansen
8 Amundsen
Historiker
4 Sars
5 Bugge
Komponist
5 Grieg
7 Kjerulf, Sinding
8 Svendsen, Swendsen
11 Schjelderup
König, Königsname
4 Erik, Knut, Olaf, Olav
6 Haakon, Harald, Magnus, Sigurd, Sverre
Maler
4 Dahl, Lund
5 Krohg, Munch
6 Diriks, Munthe, Revold
7 Heiberg, Solberg
9 Soerensen
11 Gulbransson
Mathematiker
3 Lie
8 Guldberg

Mediziner
6 Hansen
Meteorologe
4 Mohn
Musikforscher, -wissenschaftler
6 Gurvin
Nobelpreisträger (Chemie)
6 Hassel
Nobelpreisträger (Frieden)
5 Lange
6 Frisch, Nansen
Nobelpreisträger (Literatur)
6 Hamsun, Undset
9 Bjoernson
Pazifist
5 Lange
Philanthrop
6 Nansen
Polarforscher
6 Nansen
8 Amundsen, Sverdrup
Politiker u. Staatsmann
3 Lie
6 Hambro, Nansen
7 Jagland
8 Bonderik, Quisling
10 Brundtland
Rassehund
6 Buhund
Seefahrer
12 Borchgrevink, Leif Eriksson
Sportler, Sportlerin
3 Bie
4 Hoff, Ruud
5 Dalby, Halle, Halse, Olsen, Sunde, Waitz
6 Boyson, Hansen, Larsen, Liberg
7 Grimnes, Knudsen, Nantvig, Paulson, Saether, Solberg, Wilmann
8 Andersen, Andresen, Hjeltnes, Loevland, Pedersen, Strandli
9 Bjurstedt, Danielsen, Hattestad, Lauritzen, Ronningen
11 Kristiansen, Lilloe-Olsen
12 Schon-Nielsen
13 Andersen-Waitz
Sprachforscher
5 Bugge
UNO-Politiker
3 Lie
Verwaltungsbezirk
5 Fylke, Troms
6 Opland
7 Hedmark, Oppland, Ostfold
8 Akershus, Buskerud, Finnmark, Nordland, Oestfold, Rogaland, Telemark, Vestfold
9 Aust Agder, Hordaland, Vest Agder
12 Sor Trondelag
13 Moreog Romsdal, Nord Trondelag
14 Sognof Fjordane
Volkswirtschaftler
6 Frisch
Wintersportler, Wintersportlerin
3 Aas, Bra, Moe
4 Braa, Haug, Koss, Roen, Ruud, Wold
5 Aness, Aunli, Berge, Eggen, Elden, Engan, Fenne, Formo, Hagen, Henie, Istad, Jagge, Jevne, Kjuss, Maier, Myrmo, Thams
6 Aamodt, Dahlmo, Einang, Fossen, Haugen, Jahren, Jensen, Jordat, Jordet, Kjorum, Langli, Larsen, Lirkus, Loberg, Nilsen, Tyldum, Ulvang
7 Apeland, Bogseth, Brenden, Daehlie, Eriksen, Evensen, Hugsted, Hygsted, Johnsen, Knutsen, Larssen, Liaklev, Loeberg, Loekken, Olijnyk, Ottesen, Paulsen, Skannes, Skjedal, Solberg, Sondral, Stensen, Thorsen, Trosten, Wirkola
8 Andersen, Bergmann, Bredesen, Brusveen, Elvebakk, Farstadt, Furuseth, Helgesen, Johansen, Karlstad, Kvalfoss, Lundberg, Mathisen, Nybraten, Nykkelmo, Omundsen, Pedersen, Salvesan, Sandberg, Skaardal, Storholt, Tandberg, Thoresen, Ulekleiv
9 Dybendahl, Eidhammer, Elvebaekk, Fidjestol, Gjestvang, Hattestad, Mathiesen, Nybraaten, Sjoebrend, Slaettvik, Stenersen
10 Ballangrud, Bergendahl, Brandtzaeg, Johannesen
11 Bjoernstadt, Ellefsaeter, Groenningen, Hansen-Lunde, Hemmestveit, Hoffsbakken, Kristiansen, Schou-Nilsen, Tullin-Thams
12 Bjoernbakken, Mikkelsplass, Schou-Nielsen, Stenshjemmet
16 Groettumsbraaten
Zeichner u. Karikaturist
11 Gulbransson
Zoologe
4 Sars
norwegisches
Längenmaß
4 Alen
Oberhaus
7 Lagting
Parlament
8 Storting
Unterhaus
9 Odelsting
norwegisch-finnischer
Grenzfluss
4 Tana
Nostalgie
7 Heimweh
Not
leiden
6 darben
7 hungern
Notbehelf
6 Ersatz
11 Provisorium
notdürftig
12 provisorisch
14 behelfsmaessig
Note
der Doktorprüfung
4 rite
8 cum laude
in der Mensuralmusik
5 Longa
6 Maxima
Noten
10 Musikalien
Notenhals
in der Musik
5 Cauda
notenmäßige
Zusammenstellung aller Instrumente
8 Partitur
Notenschrift
8 Notation
im Mittelalter
5 Neume
Notenschriftzeichen
5 Bogen
notgedrungen
12 nolens volens
Notgroschen
9 Ersparnis
Nothelfer
5 Georg, Vitus
6 Retter
7 Barbara, Blasius, Erasmus
8 Achatius, Aegidius, Cyriakus
9 Dionysius, Katharina, Margareta, Pantaleon
10 Eustachius
13 Christophorus
gegen Fallsucht
5 Vitus
notieren
8 anmerken, fixieren
9 eintragen, schreiben, vormerken
12 aufschreiben
Notierungseinheit
an der Börse
5 Point
nötig
7 obligat
8 dringend, zwingend
9 notwendig
12 erforderlich
Nötigung
5 Zwang
6 Gewalt
7 Drohung, Zureden
8 Pression
9 Androhung, Gewalttat
10 Erpressung
Nötigungsschreiben
9 Drohbrief
Notiz
7 Buchung, Eintrag, Vermerk
8 Kenntnis
9 Anmerkung, Bemerkung
12 Aufzeichnung
Notizbuch
6 Agenda
7 Diarium
8 Merkbuch, Merkheft
Notizpapier
6 Zettel
Notlage
5 Armut
Not leidend
3 arm
5 elend
9 bettelarm, mittellos

10 beduerftig
15 hilfsbeduerftig
Notlösung
6 Behelf
11 Provisorium
Notlüge
6 Flause
7 Ausrede, Vorwand
9 Ausflucht
Notmanöver
bei Flugzeugen
12 Bauchlandung
Not, Notlage
5 Armut, Elend
6 Aerger, Klemme, Kummer, Mangel, Misere
7 Dilemma
10 Kalamitaet
11 Bedraengnis
notorisch
7 bekannt
11 offenkundig
Notpfennig
9 Ersparnis
Notruf
3 CQD
5 Hilfe
auf See
3 SOS
im Luftverkehr
6 Mayday
Notschrei
8 Hilferuf
Notsituation, Unglück
6 Misere
Notunterkunft
4 Asyl
6 Obdach
7 Baracke
Notvorrat
an Wasserfässern
6 Lieger
notwendig
6 noetig
7 obligat
13 obligatorisch
notwendige
Menge
6 Bedarf
notwendiges
Gerät
7 Utensil
Novelle
von Alarcon
12 Der Dreispitz
von Arnim
19 Isabella von Aegypten
von Eichendorff
13 Gluecksritter
von Fontane
5 Stine
14 Unterm Birnbaum
von Hamsun
6 Hunger
von Stifter
6 Abdias
von Storm
6 Renate
8 Immensee
von Thoma
20 Lausbubengeschichten
Novellenbuch
von Boccaccio
10 Dekamarone
von Margarete von Navarra
10 Heptameron
November
8 Nebelung, Windmond
9 Nebelmond, Windmonat
10 Nebelmonat
Novität
5 Novum
7 Neuheit
8 Creation, Kreation
9 Neuigkeit
14 Neuentwicklung, Neuerscheinung
Nu
6 Moment
7 Sekunde
10 Augenblick
Nuance
4 Grad, Idee, Spur
5 Stufe
7 Toenung
8 Faerbung, Feinheit, Schatten, Schimmer, Unterton
9 Abstufung, Abtoenung
12 Schattierung
nüchtern
4 kalt, klar
5 kuehl
7 trocken
8 besonnen, objektiv, sachlich
9 prosaisch
kalkulierende Frau
9 Rechnerin
Nudelart
5 Nocke
7 Lasagne, Nockerl
8 Spaetzle, ◆ Spagetti
9 Canelloni, Makkaroni, Spaghetti
10 Tortellini
nudeln
7 maesten, stopfen
Nudismus
3 FKK
10 Naturismus
11 Nacktkultur
17 Freikoerperkultur
nukleares
Teilchen
8 Atomkern
Nuklearphysik
10 Kernphysik
Nuklearwaffe
8 Atommine
9 Atomwaffe, Kernwaffe
10 Sprengkopf
14 Atomsprengkopf
15 Nukleargeschoss
17 Marschflugkoerper
18 Kurzstreckenrakete
20 Mittelstreckenrakete
26 nukleare Artilleriemunition
Nukleinsäure
in Fleisch
6 Inosin
Nukleon
ohne Ladung
7 Neutron
Nukleus
8 Zellkern
Null
beim Kartenspiel
6 Trumpf
beim Roulette
4 Zero
numidischer
König
4 Iuba
5 Iobas
Numismatik
10 Muenzkunde
Nummer
4 Zahl
6 Numero, Ziffer
nun
2 so
4 dann
5 jetzt
nur
5 bloss
6 allein, eigens
9 lediglich
auf ärztlichen Rat nehmen
5 Droge, Pille
8 Tablette
10 Medikament
ein Stück
4 Teil
gedacht
6 ideell
wenig, ein bisschen
5 etwas
zum Schein
8 pro forma
Nürnberger
Bildhauer
5 Stoss
6 Krafft
9 Veit Stoss
10 Adam Krafft
Buchdrucker
6 Hergot
Buchhändler
4 Palm
Bühnendichter
5 Ayrer
Dichter u. Meistersinger
5 Sachs
9 Hans Sachs
Erfinder der Taschenuhr
7 Henlein
12 Peter Henlein
Erzgießer
7 Vischer
Geograf u. Seefahrer
6 Behaim
Humanist
11 Pirckheimer
Kupferstecher
5 Beham, Solis
Maler
5 Beham, Stoss, Traut
6 Duerer
Meistersinger
5 Sachs
9 Hans Sachs
Sehenswürdigkeit
9 Mauthalle
10 Duererhaus, Kaiserburg
12 Frauenkirche, Lorenzkirche
14 Sebalduskirche
15 Maennleinlaufen, Schoener Brunnen

Spezialität
9 Lebkuchen
10 Bleistifte
11 Spielsachen
Nurse
5 Bonne
10 Babysitter, Kinderfrau
14 Kindermaedchen
16 Krankenschwester
nussartige
Frucht
5 Ecker
6 Eichel, Mandel
8 Kastanie, Pistazie
9 Buchecker, Kameruner
10 Pimpernuss
11 Krachmandel
Nussart, -sorte
7 Erdnuss, Walnuss
8 Kolanuss, Paranuss
9 Haselnuss, Kokosnuss
10 Cashewnuss
14 Seychellennuss
Nussbaum
7 Walnuss
12 Haselstrauch
Nüsse tragender
Strauch
5 Hasel
Nusskonfekt
5 Nugat
6 Nougat
7 Krokant
Nussmuschel
der Nordsee
6 Nucula
Nussstrauch
10 Haselbusch
Nuten
einarbeiten
7 fraesen
Nut, Nute
4 Fuge
5 Kerbe, Rille, Rinne
10 Einschnitt, Vertiefung
Nutria
10 Biberratte
Nut verbindende
Rippe am Brett
5 Feder
Nutzanwendung
6 Praxis
8 Gebrauch
9 Paraenese
nutzbare
Mineralien
4 Erze
Nutzboden
5 Acker
Nutz bringende
Tätigkeit
6 Arbeit
Nutzeffekt, Nutzen
4 Plus
6 Erloes, Ertrag, Gewinn, Profit
7 Vorteil, Wirkung
12 Wirkungsgrad
Nutzen
4 Wert
ziehen
11 profitieren
Nutzer
einer Wohnung
6 Mieter
Nutzfisch
3 Aal
der Binnengewässer
4 Wels
Nutzholz
australischer Wälder
9 Blackwood
Nutzinsekt
5 Biene
Nutzland
4 Feld, Wald
5 Acker, Forst, Weide, Wiese
6 Garten
Nutzleistung
6 Output
nützlich
8 opportun
11 pragmatisch
nützlicher
Bodenbewohner
9 Regenwurm
Insektenfresser
4 Igel
nützliches
Insekt
4 Imme
5 Biene
10 Honigbiene
Nützlichkeitsdenken
13 Utilitarismus
nutzloser
Mensch
8 Tagedieb
Nutznießer
8 Benutzer
11 Interessent, Schmarotzer
18 Gewinnberechtigter
Nutzpflanze
4 Hanf, Lein, Mais, Raps
7 Gemuese
8 Getreide
9 Rhabarber
Nutzschicht
im Bergbau
5 Floez
Nutzstoff
pflanzlichen Ursprungs
4 Holz
Nutztier
3 Kuh, Sau
4 Ente, Esel, Gans, Hahn, Huhn, Pute, Rind
5 Falke, Kamel, Ochse, Pferd, Schaf, Stier, Ziege
7 Elefant, Schwein
8 Jagdhund, Wachhund
der Landwirtschaft
4 Vieh
der Lappen
3 Ren
in Südamerika
4 Lama
in südlichen Ländern
4 Esel
Nutztiere
4 Vieh
Nutzung
des landwirtschaftlichen Bodens
8 Ackerbau
gegen Entgelt
5 Pacht
Nutzungserlaubnis
6 Lizenz
Nutzungsrecht
11 Nießbrauch
im Mittelalter
5 Lehen
Nymphe
4 Echo
6 Dryade, Egeria, Najade, Oreade
7 Alseide, Galatea, Kalypso, Nereide
8 Galateia, Okeanide
10 Hamadryade
der griechischen Mythologie
6 Daphne
nymphoman
9 mannstoll
13 unersaettlich
Nymphomanie
9 Liebeswut
13 Mannstollheit

Oase, Oasenstadt in
Ägypten
4 Siwa
5 Siwah
6 Charga, Dachla
7 Alamein, Farafra
8 Baharieh
Algerien
4 Aflu, Tuat
6 Biskra
7 Gardaia
Arabien
3 Kaf
Lybien
3 Gat
5 Kufra, Nalut, Siwah
6 Mursuk
7 Audjila, Gadames
Saudi-Arabien
5 Hajil, Hufuf
Teheran
4 Arak
Tunesien
3 Dus
5 Nefta
Turkestan
4 Aksu, Anau
Turkmenistan
4 Mary
Obacht
8 Sorgfalt, Vorsicht
9 Augenmerk
14 Aufmerksamkeit
Obdach
4 Asyl, Heim
5 Logia
6 Bleibe, Schutz
9 Herberge, Quartier, Zuflucht
10 Unterkunft
12 Unterschlupf
Obduktion
7 Sektion
8 Autopsie
15 Leichenoeffnung
oben
spielende Hand (Klavier)
5 Sopra
obendrein
5 sogar
Ober
8 Kellner
oberägyptisches
Dorf
6 Negade
Oberarmmuskel
6 Bizeps
7 Trizeps
Oberaufseher
am griech. Hof
6 Bailli
Oberaufsicht
7 Leitung
Oberbau
vom Kraftfahrzeug
10 Karosserie
Oberbefehl
8 Kommando
Oberbefehlshaber
8 Feldherr
13 Feldmarschall
14 Generalissimus
Oberbekleidungsstoff
8 Samolana
Oberbekleidungsstück
5 Jacke, Kutte
6 Mantel
oberdeutsch für:
Almhirt, Senn
6 Kaeser
Bierherstellungsbetrieb
5 Braeu
einfältiger Kerl
4 Depp
Gartenbohne
5 Fisel
6 Fisole
Hausflur
4 Eren
Hautriss
5 Klack
Hufenbauer, Hufner
5 Huber
Hügel
5 Buehl
Hühnersitzsprosse
5 Sedel
Lappen, Lumpen
5 Hudel
Liebste, Mädel
5 Miesel
Rettich
4 Radi
Schweineschlächter
7 Selcher
Tannenzapfen
6 Kustel
Töpfer
6 Hafner
Werg
6 Kauder
obere
Abteilung des Juras
4 Malm
Dachkante
5 First
Ecke des Vorsegels
5 Heiss
Eckzähne beim Rotwild
6 Graene
Eckzähne des Edelwildes
8 Grandeln
Erdschicht
5 Boden
fruchtbare Bodenschicht
5 Humus
Schicht der Atmosphäre
13 Stratosphaere
oberer
Abschluss des Schiffskörpers
4 Deck
Abschluss eines Gebäudes
4 Dach
Fortsatz des Unterarmknochens
8 Ellbogen
10 Ellenbogen
Raumabschluss
5 Decke
6 Kuppel
8 Gewoelbe
Säulenabschluss
8 Kapitell
Teil der Bühne
12 Schnuerboden
Teil der Erdkruste
4 Sial
Teil der Scheune
8 Heuboden
Teil des menschlichen Rumpfes
5 Brust
8 Schulter
Teil des Schlundes
6 Rachen
Teil einer Einfahrt
8 Torbogen
Oberer
8 Superior
bei Franziskanern und Kapuzinern
7 Guardin
8 Guardian
oberes
Inntal
7 Engadin
Körperglied
3 Arm
Oberfläche
des Körpers
4 Haut
eines Kugelabschnittes
7 Kalotte
Oberflächenbeschaffenheit
4 eben, rau
5 glatt
Oberflächenhelligkeitsmaß
6 Albedo
oberflächenreiche
Kohle
10 Aktivkohle
oberflächlich
6 seicht
7 ungenau
9 fluechtig
11 aeusserlich
oberflächlicher
Anstrich
7 Tuenche
Mensch
8 Luftikus
Obergewalt
8 Supremat
10 Suprematie
Obergewand
bei Turkvölkern
6 Chalat
der orthodoxen Juden
6 Kaftan
der Römer
4 Toga
6 Tunika
für Frauen und Mädchen
5 Kleid
mit Ärmeln
9 Dalmatika
Oberhand
4 Sieg
Oberhaupt
4 Boss, Chef, Kopf
6 Dynast, Leiter, Regent
7 Fuehrer, Meister
8 Oberster
9 Anfuehrer, Herrscher, Souveraen
10 Haeuptling
12 Vorsitzender
der äthiopischen Kirche
5 Abuna
der Familie
5 Vater
6 Mutter

der jüdischen Gelehrtenschule (7.–11. Jh.)
6 Geonim
der katholischen Kirche
5 Papst
der Kosaken
6 Hetman
der mohammedanischen Sekte
7 Aga Chan, Aga Khan
der Schiiten
4 Imam
des Islams
5 Kalif
einer Monarchie
6 Fuerst, Herzog, Kaiser, Koenig
11 Grossherzog
einer Republik
16 Staatspraesident
eines Ritterordens
11 Hochmeister
von Genua und Venedig
4 Doge
Oberhaut
9 Epidermis
Oberhautgebilde
4 Haar
bei Pflanzen
7 Stachel
der Vögel
5 Feder
Oberhefe
in der Bierherstellung
5 Blume
Oberhirt, -hirte
5 Papst
7 Bischof
8 Kardinal
15 Pontifex maximus
oberirdische
Förderung
7 Tagebau
oberitalienisch
siehe italienisch
Oberklasse
7 Selekta
Oberkörperteil
6 Achsel
Oberlandesgericht
in Berlin
13 Kammergericht
Oberlauf
der Amper
5 Ammer
der Wutach (Baden)
6 Gutach
Oberleitung
9 Direktion
Oberleitungsverkehrsmittel
4 Obus
8 Trambahn
9 Eisenbahn
12 Strassenbahn
Obermauer
der Basilika
5 Gaden
Oberon
11 Elfenkoenig
Oberpriester
im antiken Rom
8 Pontifex
Oberschenkel
des Schlachtviehs
5 Keule
Oberschicht
4 Adel
5 Creme, Elite
8 Upperten
10 Hautevolee, Schickeria
11 High Society
oberschlesische
Muschelkalkstufe
5 Chelm
Stadt
5 Cosel
6 Lipine, Oppeln
7 Beuthen, Ratibor
8 Gleiwitz, Neustadt
9 Kreuzburg, Rosenberg
10 Hindenburg
Witzfigur
5 Antek
7 Frantek, Franzek
Oberschule
6 Lyzeum
9 Gymnasium
Oberschulfach
6 Latein
Oberschulklasse
5 Prima, Sexta
6 Quarta, Quinta, Tertia
7 Sekunda
9 Oberprima
10 Obertertia, Unterprima
11 Obersekunda, Untertertia
12 Untersekunda
Oberschullehrer
10 Studienrat
Oberschwelle
5 Sturz
oberste
Bergkante
4 Grat
Bodenschicht des Ackers
5 Krume
Dachkante
5 First
Erdschicht
5 Boden
griechische Göttin
4 Hera
Lederschicht
5 Narbe
Öffnung des Hochofens
5 Gicht
Schiffswand
4 Bord
Sopranstimme
7 Diskant
Staatsgewalt
9 Regierung
Stufe der Unterkreide
3 Alb
Stufe des unteren Devons
3 Ems
Verwaltungsbehörde
11 Ministerium
Volksvertretung in Polen
4 Sejm
oberster
Beamter einer polnischen Provinz
7 Woiwode
Beamter eines Kreises
8 Landrad
Bischof eines Landes
6 Primas
Gerichtshof der röm. Kurie
10 Rota Romana
Gott der alten Inder
5 Indra
Gott der germ. Götterwelt
4 Odin
Gott der Griechen
4 Zeus
Gott der Römer
7 Jupiter
Gott der Slawen
9 Santewit
Halswirbel
5 Atlas
Lebensgrundsatz
6 Maxime
Schiffsrand
4 Bord
Teil der Erdkruste
4 Sial
Teufel
6 Samiel
9 Beelzebub
Vertreter des Ministers
15 Staatssekretaer
Vorgesetzter
4 Chef
oberstes
Ende eines Mastes
4 Topp
Exekutivorgan
15 Bundesregierung
Gericht der BRD
24 Bundesverfassungsgericht
Oberstimme
7 Diskant
Oberstock, Obergeschoss
8 Beletage
Oberteil
hoher Bäume
6 Wipfel
Oberton
9 Konsonanz
Obhut
6 Aegide, Pflege, Schutz
9 Fuersorge, Gewahrsam
Objekt
4 Ding
5 Sache
10 Gegenstand
objektiv
4 fair, real
7 gerecht, neutral
8 sachlich, wirklich
10 unbefangen
12 tatsaechlich, unparteiisch
13 unbeeinflusst, vorurteilslos
Objektiv
5 Linse
mit veränderl. Brennweite
4 Zoom
10 Gummilinse
objektive
Realität
7 Materie
Oblasthauptstadt
an der Sure
5 Pensa
in der Ukraine
7 Charkow, Cherson
in Sibirien
6 Tjumen

in Westsibirien
5 Tomsk
südlich von Moskau
4 Tula
Oblate
6 Hostie
Obliegenheit
7 Aufgabe, Pflicht
8 Funktion
Obligation
4 Bond
7 Anleihe
10 Wertpapier
12 Staatspapier
15 Verbindlichkeit
Obmann
6 Leiter
12 Vorsitzender
Oboenart
10 Heckelphon
Oboenspieler
6 Oboist
Obolus
6 Spende
für erwiesene Dienste
9 Trinkgeld
Obrigkeit
10 Autoritaet
obrigkeitlicher
Erlass
5 Edikt
Observatorium
10 Sternwarte
obskur
6 dunkel
8 nebuloes
9 anruechig, unbekannt
10 mysterioes
11 fragwuerdig, raetselhaft, verdaechtig
14 undurchsichtig
Obst
6 Frucht
aus dem Backofen
9 Bratapfel
Obstart, -sorte
5 Apfel, Beere, Birne, Feige
6 Ananas, Banane, Dattel, Limone, Mispel, Orange, Quitte, Traube
7 Avocado, Kirsche, Marille, Pflaume, Renette, Ribisel, Zitrone
8 Amarelle, Aprikose, Erdbeere, Himbeere, Pfirsich, Reinette, Zwetschge
9 Apfelsine, Blaubeere, Brombeere, Mandarine, Mirabelle, Moosbeere, Pomeranze, Reneklode, Rhabarber, Ringlotte, Zwetschge
10 Clementine, Grapefruit, Klementine, Pampelmuse, Weintraube
11 Heidelbeere, Navelorange, Reineclaude
12 Preiselbeere, Sauerkirsche, Schwarzbeere, Stachelbeere
13 Johannisbeere
15 Schattenmorelle
Obstbaumkunde
9 Pomologie
Obstbaum-, Rebentrieb
5 Lotte
Obstbausachverständiger
8 Pomologe
Obstbrei
3 Mus
Obstbusch
im Garten
18 Stachelbeerstrauch
Obstflüssigkeit
4 Saft
Obstgehölz
6 Mispel
8 Bartnuss
9 Haselnuss
Obstgericht
7 Kompott
Obstinneres
4 Kern
Obstipation
11 Verstopfung
Obstkern
5 Stein
Obstkerngehäuse
6 Griebs
Obstkiste
6 Steige
Obstmarmelade
3 Jam
Obst- oder Gemüsesaft
5 Juice
Obstpresse
6 Kelter
Obstsaft, -wein, Apfelwein
4 Most
5 Cidre, Zider
Obstschädling
4 Made
Obstschnaps
12 Himbeergeist
Obstspeise
7 Kompott
8 Apfelmus
Ob-Zufluss
siehe Nebenfluss, Zufluss des Ob
Ochse
4 Rind
Ochtum-Zufluss
in Oldenburg
5 Delme
öde
4 leer
5 wuest
6 einsam
10 langweilig
Odem
4 Atem
5 Hauch
Oder-Mündungsarm
5 Swine
Oderzufluss
siehe Nebenfluss, Zufluss der Oder
Odeur
4 Duft
5 Hauch
6 Geruch
7 Parfuem
10 Wohlgeruch
Odin
5 Wodan, Wotan
Odins
achtbeiniges Pferd
8 Sleipnir
Raben
5 Hugin, Munin
Speer
7 Gungnir
Wolf
4 Geri
5 Freki
Odyssee
8 Irrfahrt
Ofengitter, -teil
4 Rost
Ofensetzer
6 Hafner
7 Haefner
Ofenstadt
6 Velten
offen
4 frei
5 frank
6 vakant
offenbar, offenkundig
6 publik
7 evident
8 eklatant, flagrant, manifest, sichtbar
9 notorisch
10 ostentativ
11 ersichtlich, unverhohlen
15 augenscheinlich
Offenbarung
10 Apokalypse
13 Manifestation
offene
Brände
7 Flammen
Brennstelle auf einem Jugendcamp
10 Lagerfeuer
Feuerstelle
5 Kamin
Flamme
5 Feuer
Landschaft mit Zwergsträuchern
5 Heide
Probleme
6 Fragen
Stelle
10 Durchblick
Verkaufsstelle
5 Laden, Stand
8 Kaufhaus
9 Geschaeft
Verletzung
5 Wunde
offener
Ankerplatz
5 Reede
Dachumgang
7 Soeller
Feldbahnwagen
4 Lore
Förderwagen im Bergbau
4 Hund, Hunt
Futterplatz des Viehs
5 Weide
Güterwagen
4 Lore
Kraftwagen
7 Phaeton
Kutschwagen
5 Break
7 Kremser
Laubengang
7 Pergola

Ozean
4 Meer
Schiffsankerplatz
5 Reede
Schuppen, Flugzeughalle
6 Hangar
Vorbau am Haus
5 Altan
6 Balkon
8 Terrasse
Wagenschuppen
6 Remise
zweirädriger Einspänner
7 Dogcart
zweisitziger Rennschlitten
6 Spyder
offenes
Fahrzeug
9 Cabriolet
10 Kabriolett
Feuer
5 Brand
Küstensegelschiff
6 Feluke
Sportruderboot mit Stechpaddeln
8 Kanadier
Offenheit
14 Freimuetigkeit
offenkundig
6 publik
7 evident
9 notorisch
Offenkundigkeit
7 Evidenz
offensichtlich
10 ostentativ
Offensive
7 Angriff, Attacke
öffentlich
5 offen
6 publik
9 allgemein, staatlich
10 staedtisch
mit Ruten auspeitschen
8 staeupen
rechtliche Berufsvertretung
6 Kammer
öffentliche
Abgabe
4 Maut, Zoll
6 Steuer, Tribut
7 Gebuehr
Anhörung
7 Hearing
Anlage in spanischen Städten
5 Paseo
Auszeichnung
5 Orden
6 Ehrung
Bekanntmachung
5 Edikt
5 Aufruf
7 Aushang
Darbietung
13 Veranstaltung
Einrichtung
3 Amt
4 Post
7 Anstalt, Postamt
11 Institution
Empörung
7 Aufruhr
Erklärung
8 Manifest
Finanzhilfe
10 Subvention
Freiluftanlage (Schwimmen)
9 Strandbad
Fürsorge
9 Wohlfahrt
Grünfläche
6 Anlage
Hilfstätigkeit
9 Fuersorge
Lobeserhebung
5 Eloge
8 Laudatio
Mitteilung
11 Bekanntgabe
Musikaufführung
7 Konzert
politische Versammlung
10 Kundgebung
Verkehrseinrichtung
3 Bus, Zug
4 Auto, Bahn, Obus, Taxi, Tram
5 S-Bahn, U-Bahn
6 Faehre, Schiff
7 Autobus, Dampfer, Omnibus, Tramway
8 Flugzeug, Hochbahn, Trambahn
9 Alwegbahn, Eisenbahn, Stadtbahn
10 Schnellbus, Trolleybus
11 Schnellbahn, Schwebebahn
12 Strassenbahn
14 Untergrundbahn
15 Oberleitungsbus
Wertschätzung
7 Ansehen
öffentlicher
Ankläger
12 Staatsanwalt
Anschlag
6 Plakat
Anzeiger
9 Amtsblatt
Aushang
8 Anschlag
Aushang vor Eheschließung
8 Aufgebot
Bediensteter
14 Standesbeamter
Park
6 Anlage
von den christlichen Kirchen geübter Kultus
8 Liturgie
Warenverkauf
5 Markt
Werbeanschlag
6 Plakat
öffentliches
Almosenheischen
8 Bettelei
Amt, ohne Gehalt
8 Ehrenamt
Ärgernis
5 Eklat
7 Skandal
Firmenverzeichnis
15 Handelsregister
Geldwesen
8 Finanzen
Leihhaus
10 Versatzamt
Verkehrsmittel
12 Strassenbahn
Werbemittel
6 Plakat
Öffentlichkeit
5 Forum
8 Publikum
13 Allgemeinheit
Offerent
8 Anbieter
offerieren
8 anbieten
9 darbieten
Offerte
7 Angebot, Anzeige
9 Vorschlag
10 Anerbieten
Office
3 Amt
5 Buero
6 Kontor
8 Amtsraum
10 Amtsstelle, Dienstraum
12 Dienststelle
offiziell
7 amtlich
9 foermlich
offizieller
Empfang
7 Audienz
Empfang bei indischen Fürsten
6 Durbar
Widerruf
7 Dementi
offizielles
Gastmahl
9 Galadiner
Offiziersgehilfe
8 Adjutant
Offiziersheim, Speiseraum
6 Kasino
Offiziersregierung
5 Junta
Offiziersspeiseraum
5 Messe
Offizin
8 Apotheke
9 Druckerei
offiziös
11 halbamtlich
Öffnen
des Fasses
7 Anstich
Öffnung
3 Luk, Tor
4 Leck, Loch, Luke, Mund, Pore, Tuer
5 Ritze, Spalt, Tuere
6 Grotte, Hoehle, Luecke, Pforte, Portal, Zugang
7 Ausgang, Bresche, Eingang, Einlass, Fenster
8 Ausfahrt, Einfahrt, Hohlraum, Muendung
9 Durchlass
eines Vulkans
6 Krater
im Schiffsheck
3 Luk
5 Koker

in der Bordwand (Anker)
6 Kluese
in der Nähnadel
4 Oehr
9 Nadeloehr
in Gebäuden
7 Fenster
zum Betreten
7 Eingang
oft
7 haeufig
10 wiederholt
12 regelmaessig
öfter
10 wiederholt
Oglio-Zufluss
in Italien
5 Mella
6 Chiese
Oheim
3 Ohm
5 Onkel
des Parzival
8 Amfortas
Jasons
6 Pelias
Ohm-Zufluss
in Hessen
5 Wohra
ohne
Abwechslung
8 Einerlei
Abzug
5 netto
6 brutto
Bedürfnis
4 satt
9 zufrieden
Begleitung
4 solo
6 allein, einsam
Ehrfurcht
10 pietaetlos
Ehrgefühl
12 charakterlos
Erwerb
7 brotlos
10 arbeitslos
Farbe
6 bleich
Fehler
8 makellos, tadellos
festes Ziel
7 planlos
Feuchtigkeit
7 trocken
Grenze
4 ewig
Halt
7 nonstop
Hörvermögen
4 taub
Inhalt
4 leer
innere Haltung
13 gesinnungslos
Kostenabzug
6 brutto
Kunstverständnis
8 amusisch
Makel
8 tadellos
Namensangabe
6 anonym
Reiz
7 farblos
Schuld
5 quitt
Sehvermögen
5 blind
Sprechvermögen
5 stumm
Tara
5 netto
Ton
6 tonlos
Umweg
6 direkt
Verbindlichkeit
5 quitt
Vorbehalt
7 absolut
9 unbedingt
Waffen
7 wehrlos
Wärme
4 kalt
Wissen
4 dumm
ohnehin
4 zwar
5 schon
7 bereits
ohnmächtig
8 machtlos
10 bewusstlos
13 besinnungslos
Ohnmacht, Schock
7 Kollaps
Ohr
des Haarwildes
8 Lauscher
des Wildes
5 Loser
Ohren
der Hasen
7 Loeffel
des Jagdhundes
6 Behang
des Rot-, Dam- und Schwarzwildes
10 Schuesseln
verschiedenen Wildes
6 Gehoer
Ohrenarzt
7 Otologe
Ohrenentzündung
6 Otitis
Ohreneulenart
3 Auf
4 Bulu
9 Adlereule
Ohrenheilkunde
8 Otiatrie, Otologie
Ohrenrobbe
4 Seal
8 Seeloewe
Ohrenschmerz
7 Otalgie
Ohrenschmuck
5 Clips, Klips
Ohrenspiegel
7 Otoskop
Ohrenspiegelung
9 Otoskopie
Ohrenteil
6 Amboss, Hammer, Vorhof
7 Fenster, Muschel
8 Schnecke, Trompete
9 Bogengang, Labyrinth, Laeppchen
10 Gehoergang
11 Steigbuegel, Trommelfell
12 Ohrlaeppchen, Paukenhoehle
18 Gehoerknoechelchen
Oise-Zufluss
siehe Nebenfluss, Zufluss der Oise
Oka-Zufluss
in Russland
6 Moskwa
Okeanide
5 Doris, Hippo, Metis, Pluto, Tyche
6 Admete, Eidyia, Lanthe, Okyroe, Peitho
7 Elektra, Kalypso, Petrais, Rhodela
8 Kalliroe, Plexaure, Polydora
9 Galaxaure
10 Kallirrhoe
Oker-Zufluss
4 Gose, Ilse
5 Ecker, Radau
6 Sieber
8 Schunter
Okkassion
11 Gelegenheit
16 Gelegenheitskauf
okkult
6 geheim
7 magisch
9 verborgen
Okkultismus
11 Spiritismus
13 Geisterglaube
okkultistische
Sitzung
6 Seance
Okkupation
9 Besetzung
Okkupationstruppe
9 Besatzung
ökologisch
wichtige Landschaft
17 Naturschutzgebiet
ökologisches
Milieu
6 Umwelt
Ökonom
8 Gastwirt, Landwirt
9 Verwalter, Volkswirt
Ökonomie, Ökonomik
10 Wirtschaft
11 Haushaltung, Sparsamkeit
13 Rentabilitaet
14 Landwirtschaft
16 Wirtschaftskunde, Wirtschaftslehre
18 Wirtschaftlichkeit
23 Wirtschaftswissenschaft
ökonomisch
7 sparsam
14 wirtschaftlich
ökonomische
Kategorie
4 Wert
6 Ertrag

ökonomischer
Begriff
8 Absatz
Oktagon
7 Achteck
Oktober
8 Gilbhard, Weinmond
9 Weinmonat
Okzident
9 Abendland
ölartige
chem. Verbindung
5 Elain, Oleat, Olein
ölartiger
Alkohol
8 Glycerin, Glyzerin
Ölbaum
4 Olea
5 Oliva
Ölbaumfrucht
5 Olive
Ölbaumgewächs
6 Jasmin
7 Flieder
8 Liguster
Ölbaumharz
5 Elemi
Ölbehälter
4 Tank
Oleander
12 Rosenlorbeer
Öle und Fette
3 Nug, Oel
4 Flom, Neft, Talg, Tran
5 Elain, Feist, Madie, Speck, Wachs
6 Butter, Erdoel, Flomen, Gasoel, Liesen, Loroel, Palmin, Pomade, Rohoel, Waloel
7 Anisoel, Autooel, Braunoel, Bohroel, Chrisam, Haaroel, Hanfoel, Heizoel, Lanolin, Leinoel, Mohnoel, Naphtha, Nussoel, Palmoel, Putzoel, Rapsoel, Rueboel, Salboel, Schmalz, Sojaoehl, Stearin, Teeroel, Weinoel, Zimtoel
8 Brennoel, Darmfett, Fuseloel, Kokosoel, Oelsuess, Paraffin, Rosenoel, Seilfett, Sesamoel, Steinoel, Vaseline, Weissoel
9 Carapaoel, Dieseloel, Fischfett, Fischtran, Krotonoel, Lebertran, Lederfett, Leuchtoel, Mandeloel, Margarine, Nelkenoel, Olivenoel, Petroleum, Sandeloel, Schweroel, Speiseoel, Sulfuroel, Wagenfett, Wurstfett
10 Achsenfett, Haarpomade, Hirschtalg, Kettenfett, Knochenoel, Lorbeeroel, Mineraloel, Motorenoel, Nierenfett, Nussbutter, Pfefferoel, Riemenfett, Rindertalg, Rizinusoel, Rohschmalz, Schmieroel, Spindeloel, Spritzfett, Waffenfett, Zapfenfett
11 Bohnerwachs, Brillantine, Geraniumoel, Getriebeoel, Glycerinoel, Kakaobutter, Kammradfett, Kardamomoel, Lavendeloel, Paraffinoel, Provenceoel, Rosmarinoel, Schieferoel, Schmierfett, Zitronenoel, Zylinderoel
12 Fussbodenoel, Maschinenoel, Orchideenoel, Pflanzenfett, Schweinefett, Staufferfett, Steinnussoel, Terpentinoel, Wacholderoel
13 Bucheckernoel, Butterschmalz, Eukalyptusoel, Gaenseschmalz, Schafwollfett, Weizenkeimoel
14 Adhaesionsfett, Flugmotorenoel, Kugellagerfett, Pfefferminzoel, Wintergruenoel
15 Bittermandeloel, Heisswalzenfett, Schinkenschmalz, Sonnenblumenoel
16 Klettenwurzeloel
17 Pflanzenmargarine
Ölfrucht, Ölpflanze
3 Nug
4 Hanf, Lein, Mohn, Nuss, Raps, Senf, Soja
5 Kapok, Madie, Narde, Olive, Sesam
6 Flachs, Kapock
7 Erdnuss, Oelbaum, Rizinus, Ruebsen
8 Oelpalme
9 Baumwolle, Ruebsamen
10 Kokospalme, Mandelbaum, Oelrettich
11 Sonnenblume
Ölhafen
im Iran
6 Abadan
ölig
6 fettig
ölige
Arzneimittel
6 Oleosa
Flüssigkeit
8 Glycerin, Glyzerin
öliges
Fischfett
4 Tran
Olivengewächs
7 Oelbaum
olivgrüner
Papagei
3 Kea
Ölleitung
8 Oleodukt, Pipeline
Olm
8 Amphibie
Ölsäure
5 Olein
ölsaures
Salz
5 Oleat
Öltransportschiff
6 Tanker
olympische
Auszeichnung
8 Medaille
Disziplin, Sportart
4 Judo
5 Boxen, Gehen
6 Hockey, Laufen, Reiten, Ringen, Rudern, Segeln, Slalom, Turnen, Werfen
7 Dressur, Eistanz, Fechten
8 Biathlon, Fussball, Handball, Military, Skisport, Springen
9 Bobfahren, Eishockey, Kanusport, Schiessen, Schwimmen, Speerwurf, Zehnkampf
10 Basketball, Diskuswurf, Dreisprung, Fuenfkampf, Hammerwurf, Hochsprung, Sprunglauf, Volleyball, Wasserball, Weitsprung
11 Huerdenlauf, Skispringen, Staffellauf
12 Abfahrtslauf, Eiskunstlauf, Gewichtheben, Hammerwerfen, Jagdspringen, Kugelstossen, Marathonlauf, Riesenslalom, Springreiten, Turmspringen
13 Eisschnellauf, Kunstspringen
14 Bogenschiessen, Hallenhandball, Stabhochsprung
olympisches
Gremium
3 NOK
Weltkomitee
3 IOC
olympische Spiele
Austragungsorte (Sommer)
3 Rom
5 Athen, Paris, Seoul, Tokio
6 Berlin, London, Moskau, Sydney
7 Atlanta
8 Helsinki, Montreal, Muenchen
9 Amsterdam, Antwerpen, Barcelona, Melbourne, Stockholm
10 Los Angeles, Mexiko-City, Saint Louis
Austragsorte (Winter)
4 Oslo
6 Nagano
7 Calgary, Sapporo
8 Grenoble, Sarajevo
8 Innsbruck
10 Lake Palcid
11 Albertville, Lillehammer, Sankt Moritz, Squaw Valley
12 Salt Lake City
15 Cortina d'Ampezzo
17 Chamonix-Mont-Blanc
21 Garmisch-Partenkirchen
Omaijadenkalif
5 Jesid
omanische
Stadt
6 Maskat
Omen
9 Anzeichen
10 Vorzeichen
Omnibus
3 Bus
7 Autobus

Onkel
3 Ohm
5 Oheim
bei Wilhelm Busch
5 Nolte
des Jason
6 Pelias
Mohammeds
5 Abbas
Onomatopöie
11 Lautmalerei
Oper
von Adam
17 Wenn ich Koenig waer
19 Die Nuernberger Puppe
24 Der Postillon von Lonjumeau
von Andreas
8 Ratclift
von Auber
10 Fra Diavolo, Maskenball
16 Des Teufels Anteil
17 Der schwarze Domino
19 Die Stumme von Portici
von Beethoven
7 Fidelio
von Bellini
5 Norma
12 Der Puritaner
17 Die Nachtwandlerin
von Berg
4 Lulu
6 Wozzek
von Berlioz
16 Benvenuto Cellini, Fausts Verdammnis
von Bittner
7 Bergsee
8 Rote Gret, Veilchen
9 Mondnacht
12 Kohlhaymerin
13 Hoellisch Gold
14 Rosengaertlein
von Bizet
6 Carmen
8 Djamileh
13 Perlenfischer
von Blacher
7 Die Flut
20 Preussischeds Maerchen
von Bloch
7 Macbeth
von Bodart
14 Abtruennige Zar, Spanische Nacht
von Boieldieu
13 Die weisse Dame
14 Johann von Paris, Kalif von Bagdad
von Boito
6 Nerone
11 Mefistofele
von Borodin
10 Fuerst Igor
von Braunfels
6 Voegel
von Britten
9 Billy Budd
11 Peter Grimes
13 Albert Herring
15 Raub der Lucretia
20 Ein Sommernachtstraum
von Brüll
12 Goldene Kreuz
von Busoni
8 Turandot
9 Brautwahl
11 Doktor Faust
von Cambert
6 Pomone
von Charpentier
6 Julien, Louise
von Cherubini
13 Wassertraeger
von Cimarosa
15 Die heimliche Ehe
von Cornelius
3 Cid
16 Barbier von Bagdad
von d'Albert
4 Kain
5 Golem, Rubin
7 Abreise
8 Mister Wu, Tiefland
10 Flauto Solo
11 Tragaldabas
18 Der Stier von Olivera, Die verschenkte Frau
von Debussy
19 Pelleas und Melisande
von Delibes
5 Lakme
von Donizetti
9 Favoritin
11 Don Pasquale, Liebestrank
16 Regimentstochter
17 Lucia di Lammermoor
von Dostal
6 Clivia
von Dsershinski
12 Der stille Don
von Dvorak
7 Rusalka
9 Jakobiner
von Egk
5 Circe
7 Revisor
8 Columbus, Peer Gynt
10 Der Revisor
14 Die Zaubergeige
von Einem
6 Medusa
7 Prozess
10 Dantons Tod
18 Besuch der alten Dame
von Faure
10 Prometheus
von Fibich
6 Blanik
von Flotow
6 Martha
9 Stradella
11 Allessandro
von Forest
13 Der arme Konrad
17 Wie Tiere des Waldes
von Fortner
12 Bluthochzeit
von Gershwin
12 Porgy and Bess
von Gerster
10 Enoch Arden
13 Hexe von Passau
17 Froehliche Suender
von Giordano
6 Fedora
12 Andre Chenier
von Glinka
17 Leben fuer den Zaren
von Gluck
5 Orfeo
6 Armida
7 Alceste, Orpheus
8 Alkestis, Antigone, Telemach
14 Paris und Melena
16 Iphigenie in Aulis
18 Iphigenie auf Tauris, Orpheus und Eurydike
von Goldmark
6 Merlin
14 Heimchen am Herd
15 Koenigin von Saba
von Gotovac
6 Morana
12 Ero der Schelm
von Goumod
5 Faust
10 Margarethe
15 Arzt wider Willen
von Grabner
9 Richterin
von Graner
9 Theophano
von Griesbach
8 Kolumbus
12 Madike Weiden
von Haas
15 Hochzeit des Jobs
16 Tobias Wunderlich
von Halevy
5 Blitz
6 Juedin
von Händel
4 Ezio, Poro
5 Poros, Serse, Siroe, Teseo
6 Admeto, Alcina, Almira, Imenco, Oreste, Ottone, Xerxes
7 Abraxas, Ariane, Orlando, Rinaldo
8 Atalanta, Berenice, Deidamia, Idomeneo
9 Agrippina, Ariodante, Feramonde, Radamisto, Rodelinda, Tamerlano
10 Floridante
12 Giulio Cesare, Julius Caesar
14 Acis und Galatea
von Hanell
6 Esther
von Haydn
9 Apotheker
15 Welt auf dem Monde
von Henze
12 Der junge Lord, Koenig Hirsch
von Herold
5 Marie, Zampa
14 Schreiberwiese
von Hindemith
9 Cardillac
12 Neues vom Tage
14 Mathis der Maler
15 Harmonie der Welt
von Hoffmann
6 Undine
von Honegger
6 Judith
8 Antigone
10 Jeanne d'Arc
von Humperdincki
13 Koenigskinder, Marketenderin

16 Haensel und Gretel
von Janacek
6 Jenufa
13 Katja Kabanowa
15 Sache Makropulos
20 Das schlaue Fuechslein
von Kaminski
13 Juerg Jenatsch
von Kienzl
9 Kuhreigen
10 Don Quijote, Don Quixote
12 Evangelimann
14 Heilmar der Narr
von Korngold
7 Kathrin
8 Violanta
9 Tote Stadt
16 Wunder der Heliane
von Krenek
9 Zwingburg
11 Goldene Bock
13 Leben des Orest
14 Jonny spielt auf
von Kreutzer
20 Nachtlager von Granada
von Lortzing
6 Regina, Undine
9 Hans Sachs
10 Opernprobe
11 Wildschuetz
13 Waffenschmied
15 Beiden Schuetzen
16 Zar und Zimmermann
von Lully
7 Alceste
von Marschner
6 Vampyr
11 Hans Heiling
von Mascagni
4 Iris
7 Therese
11 Fre und Fritz
19 Cavalleria rusticana
von Massenet
3 Cid
5 Manon, Thais
7 Werther
12 Don Quichotte
von Matthus
6 Judith
von Mehul
16 Josephin Aegypten
von Menotti
6 Amelia, Konsul, Medium
8 Telephon
von Meyerbeer
7 Dinorah, Prophet
9 Nordstern, Struensee
10 Hugenotten
11 Afrikanerin
15 Robert der Teufel
von Mozart
5 Titus, Zaide
7 Don Juan
8 Idomeneo
10 Lucio Silla
11 Edon Giovanni
12 Cosi fan tutte, Zauberfloete
15 Figaros Hochzeit
18 Gaertnerin aus Liebe
19 Bastien und Bastienne
23 Entfuehrung aus dem Serail
von Müller
25 Der verstellte Narr aus Liebe
von Mussorgsky
12 Boris Godunow
16 Chowanschtschina
von Naumann
5 Elias
von Nicolai
24 Lustigen Weiber von Windsor
von Nono
12 Intolleranza
von Offenbach
21 Hoffmanns Erzaehlungen
von Orff
4 Mond
5 Kluge
8 Antigone
10 Bernauerin
13 Carmina Burana
von Paumgartner
11 Heisse Eisen
von Payne
5 Clari
von Pergolesi
16 Die Magd als Herrin
von Prokofjew
7 Spieler
15 Ein wahrer Mensch, Krieg und Frieden
21 Liebe zu den drei Orangen
von Puccfini
5 Edgar Tosca
6 Boheme, Mantel
8 La Boheme, Turandot
9 Der Mantel, La Rondine
12 Manon Lescaut
14 Gianni Schicchi
15 Madame Butterfly
von Rachmaninow
5 Aleko
von Respighi
8 Belfagor, Lucrezia
von Reutter
4 Saul
16 Der verlorene Sohn
19 Doktor Johannes Faust
von Reznicek
5 Opfer
10 Donna Diana
14 Ritter Blaubart
von Rimski-Korsakow
5 Sadko
11 Goldene Hahn
16 Mozart und Salieri, Schneefloeckchen
von Rossini
7 Othello
9 Semiramis
11 Wilhelm Tell
15 Diebische Elster
17 Barbier von Sevilla
von Salmhofer
10 Werbekleid
11 Dame im Traum
14 Iwan Tarassenko
von Schillings
6 Moloch
8 Mona Lisa
10 Pfeifertag
von Schmidt
9 Notre Dame
11 Fredegundis
von Schoeck
5 Venus
11 Penthesilea
von Schönberg
15 Glueckliche Hand
von Schostakowitsch
4 Nase
11 Lady Macbeth
von Schubert
15 Haeusliche Krieg
von Schütz
5 Dafne
von Smetana
4 Kuss
7 Dalibor, Libussa
10 Zwei Witwen
17 Die verkaufte Braut
von Spor
5 Faust
von Spontini
8 Vestalin
von Strauss
6 Daphne, Salome
7 Ariadne, Elektra, Guntram
8 Arabella
9 Capriccio, Feursnot
10 Intermezzo
11 Friedenstag
13 Liebe der Danae, Rosenkavalier
15 Ariadne auf Naxos
16 Frau ohne Schatten
18 Die schweigsame Frau
von Strawinsky
5 Mavra
9 Wuestling
10 Nachtigall, Oedipus Rex, Petruschka
16 The Rakes Progress
von Tschaikowsky
7 Mazeppa
8 Jolanthe
9 Pique Dame
11 Eugen Onegin
von Verdi
4 Aida
6 Aroldo, Attila, Ernani
7 Macbeth, Nabucco, Othello
8 Falstaff
9 Don Carlos, Rigoletto
10 La Traviata, Maskenball, Troubadour
11 Luise Miller
13 Ein Maskenball
16 Simone Boccanegra
18 Macht des Schicksals
22 Die sizilianische Vesper
von Wagner
4 Feen
6 Rienzi
8 Parsifal, Walkuere
9 Lohengrin, Rheingold, Siegfried
11 Tannhaeuser
12 Liebesverbot
13 Meistersinger
16 Tristan und Isolde
17 Goetterdaemmerung
20 Der Ring des Nibelungen
22 Der fliegende Hollaender
von Wagner Siegfried
6 Kobold
13 Baerenhaeuter

von Weber
6 Oberon
7 Silvana
8 Peziosa
9 Abu Hassan, Euryanthe
10 Drei Pintos
12 Peter Schmoll
14 Der Freischuetz
von Weill
16 Dreigroschenoper
von Weinberger
14 Geliebte Stimme
von Weingartner
9 Sakuntala
10 Dame Kobold
von Wellesz
8 Alkestis
von Wohlgemuth
4 Till
von Wolf
10 Corregidor
von Zemlinsky
11 Kreidekreis
Operation
8 Eingriff, Manoever
17 Loesungsverfahren
Operationsarzt
7 Chirurg
Operationsgerät
18 Herzlungenmaschine
Operationsmesser
8 Lanzette, Skalpell
Operationssaal
2 OP
operative
Entfernung eines Gliedes
10 Amputation
Entfernung von Organteilen
9 Resektion
Heilbehandlung
9 Chirurgie
Herausschneidung
8 Exzision
Medizin
9 Chirurgie
operativer
Verband der Seestreitkräfte
6 Flotte
Operette
von Abraham
11 Ball im Savoy
14 Blume von Hawaii
19 Victoria und ihr Husar
von Ascher
14 Soldat der Marie
17 Hoheit tanzt Walzer
von Audran
5 Puppe
von Benathky
11 Kleines Cafe
13 Liebe im Schnee
15 Im weissen Roessl
16 Kleinstadtzauber, Lachende Dreibund, Lachende Vagabund
17 Die drei Musketiere
21 Bezauberndes Fraeulein
von Berte
18 Das Dreimaederlhaus
von Bromme
10 Ball an Bord, Marie Luise
11 Mascottchen
von Burkhard
5 Hopsa
6 Tic Tac
8 Casanova
9 Feuerwerk
von Dellinger
7 Jadwiga
8 Don Cesar, Fracassa
von Dostal
6 Clivia, Manina, Monika
10 Zirkusblut
12 Vielgebliebte
13 Extrablaetter
15 Doktor Eisenbart, Eva im Abendkleid, Flucht ins Glueck, Grosse Taenzerin
18 Ungarische Hochzeit
von Fall
11 Fidele Bauer
13 Liebe Augustin
14 Rose von Stambul
15 Bruederlein fein, Geschiedene Frau, Madame Pompadour
16 Dollarprinzessin
von Genee
5 Nanon
9 Seekadett
von Goetze
8 Adrienne
14 Goldene Pierrot, Page des Koenigs
15 Spitzenkoenigin
16 Liebe im Dreiklang
von Granichstaedten
5 Orlow
7 Evelyne, Lolotte
11 Walzerliebe
13 Bub oder Maedel
von Hellmesberger
14 Veilchenmaedel
von Heuberger
9 Opernball
13 Ihre Exzellenz
von Jarno
14 Farmermaedchen
15 Foersterchristl
16 Musikantenmaedel
von Jessel
13 Goldene Muehle
17 Schwarzwaldmaedel
von Jones
6 Geisha
von Kalman
8 Bajadere
12 Faschingsfee
13 Graefin Mariza
14 Herbstmanoever
15 Csardasfuerstin, Hollandweibchen
16 Zirkusprinzessin
von Kattnig
11 Balkanliebe
13 Prinz von Thulé
15 Maedels vom Rhein
17 Kaiserin Katharina
von Kollo
8 Juxbaron, Marietta
10 Maedel ahoi
12 Frau ohne Kuss, Tolle Komtess
13 Wie einst im Mai
18 Drei alte Schachteln
von Kreisler
5 Sissy
12 Apfelblueten
von Lang
7 Nurkeck
11 Alte Suender, Fiakermilli
12 Hofrat Geiger
14 Lisa benimm dich
17 Verliebtes Dreieck
von Lanner
7 Alt Wien
von Lecocq
12 Mamsell Angot
14 Girofle Girofla
von Lehar
3 Eva
6 Cloclo
8 Giuditta, Paganini
9 Frasquita, Juxheirat
10 Blaue Mazur, Friederike, Zarewitsch
11 Sterngucker
12 Fuerstenkind, Goettergatte, Ideale Gattin Libellentanz, Lustige Witwe, Rastelbinder, Wiener Frauen
13 Endlich allein, Tangokoenigin, Zigeunerliebe
16 Graf von Luxemburg, Land des Laechelns, Schoen ist die Welt, Wo die Lerche singt
von Lincke
6 Grigri
8 Casanova, Frau Luna
10 Lysistrata
12 Berliner Luft
13 Venus auf Erden
14 Ein Liebestraum
15 Im Reich des Indra, Nakiris Hochzeit
16 Fraeulein Loreley, Prinzessin Rosine
von Mackeben
13 Goldene Kaefig
von Masanetz
23 In Frisko ist der Teufel los
von Meisel
17 Ein Walzer fuer dich
18 Koenigin der Nacht
von Miljutin
14 Kuss der Juanita
von Millöcker
5 Diana
9 Gasparone, Probekuss
11 Fraueninsel, Vizeadmiral
12 Feldprediger, Keusche Diana, Sonntagskind
13 Armer Jonathan, Bettelstudent
14 Drei Paar Schuhe, Graefin Dubarry, Sieben Schwaben
von Nedbal
6 Eriwan
9 Polenblut
11 Donna Gloria, Winzerbraut
13 Schoene Saskia
14 Keusche Barbara
15 Mamsell Napoleon
von Nick
17 Kleines Hofkonzert
19 Halsband der Koenigin
von Offenbach
8 Banditen, Blaubart
10 Die Kreolin
12 Madame Favart, Pariser Leben
13 Schoene Helena
16 Herr und Frau Denis

21 Orpheus in der Unterwelt
22 Verlobung bei der Laterne
26 Grossherzogin von Gerolstein
von Raymond
7 Marielu
11 Maske in Blau
13 Lauf ins Glueck, Perle von Tokay
14 Flieder aus Wien
15 Auf grosser Fahrt, Ball der Nationen, Geliebte Manuela
16 Saison in Salzburg
von Schanzara
10 Nachtigall
14 Musikantenblut
von Schmidseder
11 Linzer Torte
12 Die oder keine
14 Walzerkoenigin
15 Abschiedswalzer, Melodie der Nacht
16 Frauen im Metropol
von Schmidt
6 Bolero
von Schröder
8 Isabella
von Schubert/Berte
15 Dreimaederlhaus
von Stolz
5 Maedi
7 Peppina
11 Tanzgraefin
12 Venus in Seide
13 Gluecksmaedel, Tanz ins Glueck
14 Karneval in Wien
15 Verlorene Walzer
16 Eine einzige Nacht, Prinzessin Titipa
17 Fruehling im Prater
27 Zwei Herzen in Dreivierteltakt
von Strauss
6 Bozena, Indigo, Jakuba
8 Teresina
10 Cagliostro, Drei Walzer, Fledermaus, Simplicius, Wiener Blut
11 Waldmeister, Walzertraum
12 Lustige Krieg
13 Karneval in Rom, Tapfere Soldat, Zigeunerbaron
14 Ritter Patzmann
15 Fuerst in Ninetta, Ihr erster Walzer, Prinz Methusalem
18 Eine Nacht in Venedig
von Strecker
11 Ewige Walzer
13 Maedel aus Wien
15 Erzherzog Johann
von Sullivan
6 Mikado
von Suppé
9 Boccaccio, Fatinitza, Gascogner, Pique Dame
11 Afrikareise
12 Donna Juanita
14 Flotte Burschen
15 Dichter und Bauer, Schoene Galatee
16 Banditenstreiche
17 Leichte Kavallerie
von Vetterling
7 Venezia
8 Dorothee
9 Fliegerin
16 Roulette der Liebe
von Youmans
11 Nono Nanette
von Zeller
8 Vagabund
9 Carbonari
11 Obersteiger
13 Kellermeister, Vogelhaendler
von Ziehrer
9 Dummes Herz
13 Landstreicher
14 Fremdenfuehrer
Operettenform
7 Musical
Operettengestalt
aus Gasparone
4 Sora
Operettenkomponist
siehe Operette von
Operettenlibrettist
3 Lix
4 Blum, Held, Leon, Pohl, West, Zell
5 Adler, Andre, Feltz, Krenn, Spero, Stein
6 Amberg, Halevy, Haller, Herzer, Lindau
7 Brammer, Charell, Gilbert, Haffner, Heurion, Jenbach, Knepler, Koeller, Loehner, Meilhac, Mueller, Sautter, Welisch, Wilhelm, Willner
8 Bernauer, Bodanzky, Bretzner, Cremieux, Hermecke, Lombardo, Neidhart, Reichert, Robinson, Schanzer
9 Gruenwald, Hentschke, Schnitzer
10 Boutonnier
14 Bolten, Baeckers
Operettenlibrettist von
Léhar
7 Jenbach, Loehner
Millöcker
4 Zell
5 Genee
Offenbach
6 Halevy
7 Meilhac
P. Abraham
9 Gruenwald
11 Loehner-Beda
Stolz
8 Bodanzky
Opernarie
8 Kavatine
opernartiges
geistliches Musikwerk
9 Oratorium
Operngestalt aus:
Der Liebestrank
8 Nemorino
Die Entführung aus dem Serail
5 Leila
Die sizilianische Vesper
5 Elena
Don Giovanni
4 Anna
Lohengrin
5 Elesa
Nabucco
7 Abigail
Rheingold
4 Erda
Rienzi
5 Irene
Schneeglöckchen
3 Lei
Siegfried
4 Erda
Operngestalt bei
Gershwin
4 Bess
5 Porgy
Gotovac
3 Ero
Mozart
5 Silla
Tschaikowsky
6 Onegin
Wagner
7 Tristan
Opernhaus
7 Theater
in London
12 Covent Garden
in Mailand
5 Scala
in New York
3 Met
12 Metropolitan
in Paris
5 Opera
Opernkomponist
siehe Oper von
Opernlibrettist
3 Roy
4 Bunn, Duru, Grun, Haym, Kind, Kion, Vaez
5 Boito, Carr, Cross, Dorst, Neher, Payne, Piave, Piper, Popow, Rfosen, Rossi, Wette, Wilde
6 Balazs, Bidera, Brecht, Chirot, Cormon, Cramer, Duncan, Gallet, Gerber, Gotter, Gregor, Halevy, Illica, Kvapil, Leuven, Lothar, Plomer, Pocock, Romani, Sabina, Scribe, Slater, Solera, Spiess, Stolba, Sugana, Vesely, Wolfky
7 Aschman, Barbier, Bardari, Brandes, Cocteau, Coplan, da Ponte, Dennery, Egressy, Ferreti, Giacosa, Meilhac, Menotti, Ruffini
8 Breuning, Danowski, Devrient
9 Cammarano, Friedrich, Lambrecht, Zamardini
11 Garcia Lorca, Ghisalberti, Ghislanzoni, Schikaneder
12 Bickerstaffe, Hofmannsthal, Sonnleithner
Opernlibrettist von
Auber
6 Scrfibe
9 Delavigne
Benda
6 Gotter

Blacher
6 Cramer
Britten
5 Piper
7 Crozier
Donizetti
6 Romani
9 Cammorano
Flotow
9 Friedrich
Meyerbeer
6 Scribe
Mozart
7 da Ponte
Puccini
6 Illica
7 Giacosa
Strauss
12 Hofmannsthal
Verdi
5 Boito, Piave
Wolf-Ferrari
6 Sugana
11 Ghisalberti
Opernlied
4 Arie
8 Kavatine
Opern-, Operettenfach
3 Alt
4 Bass
5 Buffo, Tenor
6 Sopran
7 Bariton, Bassist
8 Altistin, Spielalt
9 Bassbuffo, Kontraalt, Soubrette, Spielbass
10 Primadonna, Tenorbuffo
11 Bassbariton, Heldentenor, Mezzosopran, Sopranistin
12 Zwischenfach
15 Koloratursopran
16 Mezzosopranistin
Opern-, Operettenteil
3 Akt
4 Arie, Chor, Solo
5 Duett
6 Arioso, Aufzug, Finale
7 Terzett
8 Ensemble, Quartett
9 Ouverture, Rezitativ
10 Intermezzo, Ouvertuere
14 Balletteinlage
Opern-, Operettentextbuch
8 Libretto
Opfer
4 Gabe
6 Obolus, Spende, Tribut
7 Almosen, Hingabe
8 Verzicht
10 Scherflein
Opferfreudigkeit
7 Hingabe
Opfergabe, Weihgeschenk
5 Votiv
Opferguss
8 Libation
opfern
7 spenden
8 hingeben, schenken
10 darbringen
Opferpriester
im alten Rom
5 Augur
8 Haruspex
Opferschale
6 Phiale
Opfertisch, -stätte, -stein
5 Altar
Opfertod
9 Martyrium
Ophir
8 Goldland
9 Traumland
Opiumbestandteil
6 Kodein
7 Morphin
8 Morphium, Narkotin
opiumhaltiges
Arzneimittel
5 Opiat
Opiumpflanze
4 Mohn
Opiumraucher
6 Junkie
Opponent
5 Feind
6 Gegner, Rivale
11 Widersacher
12 Gegenspieler
Opportunist
14 Gesinnungslump
16 Konjunkturritter
Opposition
6 Fronde
9 Gegensatz
10 Widerstand
11 Gegenpartei, Widerspruch
Optiker
4 Abbe
10 Fraunhofer
Optikerstadt
8 Rathenau
Optimismus
8 Hoffnung
10 Zuversicht
14 Lebensbejahung
optisch-akustischer
Bildstreifen
7 Tonfilm
optischer
Telegraf
8 Semaphor
optisches
Gerät, Instrument
4 Lupe
5 Linse
6 Brille, Kamera, Okular, Prisma
7 Diopter, Monokel, Seerohr
8 Fernglas, Fernrohr, Jagdglas, Leselupe, Objektiv, Periskop, Teleskop
9 Mikroskop, Opernglas, Zieloptik
10 Filmkamera, Stroboskop
11 Feldstecher, Filmapparat
12 Photoapparat, Zielfernrohr
15 Scherenfernrohr
19 Elektronenmikroskop, Vergroesserungsglas
21 Rastertunnelmikroskop
25 Rasterelektronenmikroskop
Schätzvermögen
9 Augenmass
Spielgzeug
11 Kaleidoskop
Zeichen
6 Signal
opulent
5 reich
6 ueppig
8 maechtig
9 reichlich
11 reichhaltig
Opuntie
12 Feigenkaktus
Opus
4 Werk
8 Werkzahl
9 Kunstwerk, Musikwerk
10 Werknummer
11 Komposition
Orakel
10 Weissagung
13 Goetterspruch
Orakelpriesterin
der Antike
6 Pythia
7 Sibylle
Orakelstätte
der alten Griechen
6 Delphi, Dodona
Orange
5 Navel
6 Limone
9 Apfelsine, Mandarine, Pomeranze
10 Clementine, Klementine
orangefarben
5 kress
Oratoriensänger
3 Erb
Oratorium von
Händel
4 Saul
5 Josua
6 Esther, Joseph, Salomo, Samson, Semele
7 Deborah, Jephtha, Messias, Susanna
8 Belsazar, Herakles, Theodora
13 Alexanderfest
Haydn
10 Schoepfung
12 Jahreszeiten
Mendelssohn Bartholdy
5 Elias
6 Paulus
Orchester
4 Band
5 Combo
7 Kapelle
8 Musikzug
12 Philharmonie
Orchesterleiter
8 Dirigent
10 Bandleader
13 Kapellmeister
Orchestermitglied
6 Oboist
7 Hornist, Musik
Orchesterstück
von Ravel
6 Bolero
zu einem Bühnenwerk
10 Ouvertuere
Orchesterübung
5 Probe

Orchesterwerk
9 Symphonie
Orchesterwerk von
Lischka
7 Akzente
orchestrales
Ensemble auf Java und Bali
7 Gamelan
Orchestrion
12 Musikautomat
Orchidee
5 Vanda
6 Dingel, Laelia, Orchis
7 Neottia, Ragwurz, Vanilla, Vanille
8 Brunelle, Cattleya, Nestwurz, Oneidium
9 Braunelle, Zahnlippe, Zweiblatt
10 Braendlein, Venusschuh
11 Frauenschuh, Knabenkraut, Riemenzunge
12 Kohlroeschen, Korallenwurz
13 Hummelstendel, Kuckucksblume, Kuckuckskraut, Waldhyazinthe, Waldvoegelein
Orchideenknolle
5 Salep
Orden
10 Dekoration
12 Auszeichnung, Ehrenzeichen, Gemeinschaft
Ordensältester
der Derwische
3 Pir
Ordensband
6 Kordon
Ordensbruder
3 Fra
6 Frater, Moench
Ordensfrau
5 Nonne
Ordensgeistlicher
5 Pater
Ordensoberer
5 Prior
8 Superior
Ordensritter
6 Komtur
Ordensschwester
5 Nonne
11 Klosterfrau
Ordensstifter
4 Neri
6 Loyola
7 Chantal, Liguori
9 Dominikus
12 Rama Kirschna
Ordenstracht
siehe Amtstracht, Ordenstracht
ordentlich
4 brav
5 genau
6 adrett, sauber
7 akkurat
12 reputierlich
ordentliche
Professur
10 Ordinariat
ordentlicher
Professor
10 Ordinarius

Zustand eines Schiffes
5 Trimm
Orden und Ehrenzeichen
2 EK
8 Ali Orden, Medaille
9 Annaorden, Hausorden, Piusorden, Wasaorden
10 Adlerorden, Ehrenkreuz, Grosskreuz, Leninorden
11 Albertorden, Dienstkreuz, Ehrenlegion, Georgsorden, Kriegskreuz, Kronenorden, Loewenorden, Luisenorden, Moritzorden, Mutterkreuz, Sonnenorden, Tugendorden
12 Andreaskreuz, Andreasorden, Drachenorden, Eiserne Krone, Greifenkrone, Leopoldorden, Ludwigsorden, Pourlemerite, Schwertorden, Wilhelmorden
13 Danebrogorden, Eisernes Kreuz, Hubertusorden, Leopoldsorden, Malteserorden, Michaelskreuz, Militaerkreuz, Roter Halbmond, Viktoriakreuz, Viktoriaorden, Wilhelmskreuz, Wladimirorden
14 Albrechtsorden, Elefantenorden, Elisabethorden, Freiheitskreuz, Hanseatenkreuz, Heinrichsorden, Hosenbandorden, Maria-Anna-Orden, Mauritiusorden, Nordsternorden, Silvesterorden, Sturmabzeichen, Theresienorden, Verdienstkreuz, Verdienstorden, Wendische Krone
15 Charlottenkreuz, Ferdinandsdorden, Friedrichsorden, Johanniterorden, Roter Adlerorden, St.-Stephans-Orden
Order
5 Edikt
6 Befehl
7 Auftrag, Mission
9 Anordnung, Anweisung
10 Verfuegung
ordern
9 bestellen
ordinär
6 gemein
7 vulgaer
11 gewoehnlich
ordnen
6 regeln
7 sichten
8 gliedern
9 einteilen, rangieren, sortieren
10 regulieren
12 organisieren
14 kategorisieren, klassifizieren
Ordnung
5 Nomos
6 Statut
8 Regelung
9 Disziplin
12 Zusammenhang

der Säugetiere
4 Wale
5 Affen, Nager
6 Robben
7 Sirenen, Wuehler
8 Huftiere, Primaten, Seekuehe, Zahnarme
9 Elefanten, Halbaffen, Nagetiere, Paarhufer, Paarzeher, Raubtiere
11 Beuteltiere, Hasenartige, Unpaarhufer, Unpaarzeher
12 Flattertiere, Fledermaeuse, Kloakentiere, Ruesseltiere
13 Pelzflatterer, Schnabeltiere, Schuppentiere
14 Flossenfuesser, Klippschliefer, Roehrenzaehner
15 Insektenfresser
kirchlicher Gebräuche
6 Ritual
nach einheitlichen Gesichtspunkten
6 System
Ordnungsbegriff
der Naturwissenschaften
3 Art
5 Rasse
7 Gattung
Folge
5 Reihe
Ordnungsbehörde
7 Polizei
Ordnungsfaktor
5 Regel
Ordnungsform
6 Schema
ordnungsgemäß
4 rite
ordnungsgemäße
Beschaffenheit
11 Richtigkeit
Ordnungsgruppe
9 Kategorie
Ordnungshüter
6 Schupo
7 Gendarm, Polizei
8 Aufseher, Polizist, Waechter
Ordnungsmaßnahme
11 Raumplanung
der Verkehrspolizei
17 Verkehrskontrolle
Ordnungsprinzip
6 Gesetz, System
Ordnungssystem
6 Kartei
Ordnungszahl
6 Nummer
8 Numerale
Orfe
5 Aland
Organ
4 Darm, Herz, Hirn, Milz, Nerv
5 Blase, Galle, Leber, Lunge, Magen, Niere
6 Druese, Gehirn, Mittel, Stimme
8 Werkzeug
9 Fachblatt
das Körpersäfte absondert
6 Druese
der inneren Sekretion
6 Druese

der Kletterpflanze
5 Ranke
der Körperbewegung
6 Muskel
der KP Italiens
5 Unita
der Kuh
5 Euter
der Staatsführung
9 Regierung
des Fruchtknotens (Blüte)
5 Narbe
des Gehörsinns
3 Ohr
eines Vereins
8 Vorstand
höherer Pflanzen
5 Blatt
im Hals
12 Schilddruese
im Mund
5 Zunge
im Rachen
6 Mandel
8 Tonsilie
zur Absonderung von Sekreten
6 Druese
Organe
der Revolutionsbewegung
13 Arbeiterraete
Organisation
6 Aufbau, Verein
7 Ordnung, Verband
10 Gliederung, Verfassung
der Sorben in Ostdeutschland
8 Domowina
der UN
3 FAO, ILO, IRO, ITU, UIT, UPU, WHO, WMO
4 IAEO, UNDP
5 UNIDO
6 ECOSOC, UNCTAD, UNESCO, UNICEF
der Vereinten Nationen
2 UN
3 UNO
der Wirtschaft
13 Infrastruktur
zur Brandbekämpfung
9 Feuerwehr
Organisationseinheit
der Biologie
7 Familie
Organisationsmittel
im Büro
6 Kartei
11 Karteikarte
Organisationsprinzip
6 System
Organisator
6 Macher
7 Manager
der englischen Flotte
6 Fisher
des türkischen Heeres
5 Goltz
organisch-chemische
Ringverbindung
4 Fura
organische
Atomgruppe
4 Imin
5 Allyl
Base
7 Chollin, Pyridin
Bestandteile des Bodens
5 Humus
Hülle
4 Haut
9 Haeutchen
Säure
5 Olein
9 Oelsaeure
11 Aminosaeure, Essigsaeure
12 Zuckersaeure
13 Ameisensaeure, Salicylsaeure, Salziylsaeure
14 Palmitinsaeure, Zitronensaeure
Verbindung
5 Enole, Furan, Indol, Keton, Orzin, Purin
6 Hapten, Jasmon, Ketene, Ketone, Lactam, Laktam
7 Aldehyd, Derivat
organischer
Dünger
4 Mist
Giftstoff
5 Toxin
Katalysator
7 Ferment
Wirkstoff
5 Enzym
7 Ferment
organisches
Düngemittel
6 Guelle
Fett
4 Talg
Nutzharz
9 Schellack
organisierte
Hilfstätigkeit
9 Fuersorge, Wohlfahrt
11 Sozialhilfe
Verbrecher
5 Gangs
Organismenteilung
7 Fission
Organismus
in der Frühentwicklung
4 Keim
Organist, Chorleiter
6 Kantor
Organlappen
5 Lobus
orgelähnliches
Instrument
9 Harmonium
Orgelbauer
berühmte
4 Beck
5 Riepp, Sauer, Stumm
6 Friese, Herbst, Schuke, Wagner
7 Calmann, Foerner, Scherer, Schulze, Schurig, Thierry, Walcker
8 Ladegast, Mosengel
9 Casparini, Compenius, Fritzsche, Schnitger
10 Silbermann, Stellwagen
11 Hildebrandt
Orgelbauerfamilie
10 Silbermann
Orgelmusikstück
4 Fuge
Orgelpfeifenreihe
von gleicher Klangfarbe
8 Register
Orgelregister
7 Fistula
Orgelspieler
8 Organist
Orgeltaste, Notenschlüssel
6 Clavis
Orgelteil
5 Beber, Pedal, Taste
6 Manual, Pfeife
8 Register, Windlade, Windwerk
Orgelzungenregister
7 Dulzian
Orgie
6 Exzess, Gelage
9 Voellerei
Orient
5 Osten
6 Nahost
7 Levante
10 Morgenland, Naher Osten
Orientale
5 Semit, Syrer
6 Araber, Iraker, Iraner, Perser, Syrier, Tuerke
7 Israeli
8 Armenier, Libanese
9 Jordanier
10 Levantiner
orientalische
Amptsperson, Anrede, Titel
3 Aga, Beg, Bei, Bey, Dei, Ras
4 Chan, Emir, Imam, Kadi, Khan, Wali
5 Begum, Kalif, Mogul, Mudir, Mufti, Mulla, Nabob, Negus, Nisam, Sahib, Schah
6 Efendi, Mullah, Pascha, Scheik, Sultan
7 Aga Chan, Aga Khan, Effendi, Hadschi, Scheich, Scheikh
9 Padischah
12 Schahinschah
Badeanlage
6 Hammam
Bauern
9 Fellachen
Bezeichnung für Arrak
4 Raki
Bezeichnung für Gasthof
4 Chan
Fee
4 Peri
Flöte
Nei
Frauenhose
8 Schalwar
Fürstin
5 Begum
Gedichtform
5 Gasel
6 Gasele, Ghasel
Glaubenslehre
5 Islam
Gottheit
2 Ea
4 Baal
5 Istar
7 Astarte
Hausbauform
5 Liwan

Herberge
3 Han
Hose
8 Schalwar
Kopfbedeckung
3 Fes, Fez
6 Turban
8 Tarbusch
Kriegerverbände v. Chr.
6 Hyksos
Liebesgöttin
5 Istar
7 Astarte
Märchenfigur
6 Aladin
7 Ali Baba
Ölpflanze
5 Sesam
Reisegesellschaft
8 Karawane
Reisspeise
5 Pilau, Pilaw
rote Wollmütze mit Quaste
3 Fes, Fez
Sagengestalt
5 Athis
Sprache
8 persisch
10 hebraeisch
Strophenform
5 Gasel
Währungseinheit
4 Para
7 Piaster
Wasserkanne
5 Ibrik
Wasserpfeife
4 Huka
5 Hukka
6 Kalian
8 Nargileh
weite Hose aus Halbseide
8 Schalwar
Zither
6 Sewuri
orientalischer
ärmelloser Mantel
3 Aba
Arzt, Weiser, Richter
5 Harim
Bettelmönch
5 Fakir
8 Derwisch
Branntwein
4 Raki
Dämonenfürst
6 Asmodi
Frauenname
5 Fatme
6 Aischa, Fatima
7 Suleika
Gaukler, Bettelmönch
5 Fakir
8 Derwisch
Gebetsteppich
5 Konya, Ladik
Gelehrter
5 Hakim
Gruß
5 Salem
Hausteil
5 Harem
Herrschertitel, siehe orientalische Amtsperson, Anrede, Titel
Knüpfteppich
5 Senne, Yomud
6 Herati, Hereke
Lastenträger
6 Hammal
Luxuswagen für Frauen
5 Araba
Mädchenname
6 Aischa
Männername
3 Ali
4 Esra, Omar
5 Tibur, Xaver
6 Jussuf, Kaspar
7 Ibrahim
Mantel
6 Burnus
Märchenerzähler
6 Meddah
Markt
5 Basar, Bazar
Minister
5 Wesir
Naturgott
6 Adonis
Ochsenwagen
5 Araba
Palast
6 Serail
Polizeisoldat
6 Kawass
Richter
4 Kadi
Rotwein
5 Sahba
Staat
5 Akkad
Teppich
5 Kelim
6 Perser
Titel
4 Emir
5 Mogul
Überrock
6 Kaftan
Warenmarkt
5 Basar
orientalisches
Badehaus
6 Hammam
edles Vollblutpferd
6 Araber
Färbemittel
5 Henna
Floß aus Tierbälgen
5 Kelek, Kelik
Frauengemach
5 Harem
Fruchtsaftgetränk
8 Scherbet
Fürstentum
6 Khanat
Genussmittel
3 Kat
5 Batel
9 Betelnuss, Haschisch
Getränk
6 Sorbet
Gewand
3 Aba
6 Burnus, Kaftan
Hammelfleischgericht
5 Kebab
Händlerviertel
5 Basar, Bazar
Herrschaftsgebiet
10 Scheichtum
Kaufhaus
7 Fondaco
Königreich
5 Jemen
9 Jordanien
12 Saudi-Arabien
Kosmetikum
5 Henna
Krummschwert
7 Jatagan
Küstenschiff
3 Dau
Land 2000 v. Chr.
6 Churri
Musikinstrument
10 Kemantsche
Naschwerk
5 Halwa
Obergewand
6 Kaftan
Ochsengespann
5 Araba
Reisgericht
5 Pilaw
Sängerpodium
6 Makame
Schlaginstrument
6 Tamtam
Schlauchboot
6 Kellek
Trinkgeld
10 Bakschisch
Volk
6 Araber
Zauberwort
5 Sesam
Orientalist
5 Ewald, Renan
11 Brockelmann
Orientierungsfähigkeit
8 Ortssinn
Orientierungshilfe
12 Ortungskarte
Orientierungsplan
5 Karte
9 Landkarte
11 Wanderkarte
Orientteppich
3 Mir
4 Arak, Gohm, Nain
5 Herat, Heris, Kelim, Mahal, Saruk, Senne
6 Afghan, Anatol, Berber, Bidjar, Kermam, Kirman, Namase, Perser, Sarugh, Tabriz
7 Bergama, Buchara, Hamadan, Isfahan, Isparta, Kaschan, Keschan, Keshuan, Mesched, Schiras, Schiraz, Taebris, Teheran
8 Luristan, Meschhed, Serabend
9 Choriassan, Ferraghan
10 Muschkabed
13 Dschouschegn
Orientteppischläufer
7 Galerie

original
4 echt
Original
4 Kauz
6 Unikum, Urbild
7 Vorlage
9 Urfassung, Urschrift
10 Sonderling
Originalität
8 Echtheit
originär
13 urspruenglich
originell
4 urig
Orinoco-Zufluss
5 Apure
Orion-Hauptstern
5 Rigel
orkanartiger
Wasserstau des Meeres
9 Sturmflut
Orkney-Insel
3 Hoy
4 Eday, Fara
6 Burray, Flotta, Pomona, Sanday
7 Westray
9 Mainland, Stronsay
Orleanbaum, Ruku
6 Anatto
Ornament
6 Feston, Zierde
7 Rosette, Spirale
8 Arabeske, Eierstab, Laubwerk, Maeander, Masswerk, Palmette, Rollwerk, Zickzack
9 Hohlkehle, Kartusche, Medaillon
10 Rankenwerk, Schnoerkel, Verzierung
auf Edelstahl
12 Stahlschnitt
auf Marmorplatten
10 Transennen
auf Porzellan
13 Zwiebelmuster
Schmuck
5 Dekor
Ornamentband
8 Maeander
Ornamentform
8 Akanthus
Ornamentmotiv
10 Bandelwerk
Ornithologe
9 Berlepsch
Ort
4 Dorf
5 Markt, Platz, Punkt, Stadt
6 Stelle, Weiler
7 Flecken, Staette
8 Siedlung
12 Oertlichkeit
altgriechischer
6 Delphi
am Arlberg
5 Zuers
am Bieler See (Schweiz)
6 Erlach, Ligerz
am Bodensee
4 Horn, Moos
5 Arbon, Salem, Staad
6 Birnau, Bodman, Hagnau, Lindau, Lochau
7 Bregenz, Randegg
8 Konstanz, Oberzell
9 Dettingen, Meersburg, Rorschach
10 Allensbach, Immenstaad, Kressbronn, Radolfzell, Romanshorn, Sipplingen, Wasserburg
11 Bad Schachen, Kreuzlingen, Langenargen, Ueberlingen
12 Ludwigshafen
14 Unteruhldingen
15 Friedrichshafen
18 Bodman-Ludwigshafen
am Brenner-Pass (Tirol)
5 Gries
am Chiemsee (Bayern)
5 Obing, Prien, Stock
6 Bernau
am Comer See
5 Dongo, Dorio, Lenno
am Gardasee
4 Riva, Salo
6 Limone
7 Gardone, Torbole
am Genfer See
5 Cully, Evian
6 Coppet
am Lago Maggiore
5 Intra, Ispra, Meina
6 Astona, Laveno, Stresa
am Luganer See
5 Lanzo
6 Melide
am Matterhorn
7 Zermatt
am Nürburgring
6 Adenau
am Reschenpass
7 Nauders
am Schwarzen Meer
11 Noworossisk
am Sustenpass (Schweiz)
6 Gadmen
am Tegernsee
5 Egern, Gmund
6 Kreuth
8 Abwinkel
9 Tegernsee
10 Bad Wiessee
12 Rottach-Egern
am Toten Meer (Israel)
5 Sedom
am Victoriasee
6 Bukoba
am Weißen Nil (Sudan)
5 Kodok
am Wilden Kaiser (Tirol)
6 Ellmau
an der Adige
3 Ala
an der Kieler Förde
5 Buelk, Laboe
an der Mosel
5 Kroev, Treis, Trier
6 Bullay, Cochem, Kesten, Uerzig
7 Koblenz
8 Schweich, Wintrich
9 Moselkern, Winningen
10 Bernkastel, Brodenbach
11 Trittenheim
12 Kluesselrath
14 Traben-Trarbach
an der Wolga
9 Swenogowo
12 Tscheboksary
auf Ameland
3 Nes
5 Buren
6 Hollum
auf Borneo
5 Bahau
auf Fünen
5 Ringe
6 Odense
auf Grönland
5 Thule
auf Hiddensee
5 Vitte
9 Neuendorf
auf Korsika
5 Calvi, Evisa
auf Kreta
6 Chania
7 Knossos
9 Heraklion
14 Hagios Nikolaos
auf Las Palmas
6 Pajara
auf Madeira
6 Seixal
auf Mallorca
4 Arta, Inca
auf Neuseeland
4 Anau
auf Rhodos
6 Afandu
auf Rügen
4 Binz, Garz
5 Baabe, Glowe, Karow, Lohme, Trent
6 Bergen, Putbus, Sagard, Sellin
7 Goehren, Lietzow
8 Ralswiek, Sassnitz, Thiessow
9 Putgarten
auf Sardinien
5 Fonni, Jerzu, Nurri
6 Arzana, Orosei
auf Sizilien
4 Enna
6 Ragusa
7 Palermo
auf Sumatra
6 Tandun
auf Teneriffa
5 Arico
auf Usedom
5 Liepe
6 Bansin, Lebbin, Zempin
7 Ahlbeck, Koserow
9 Ueckeritz, Zinnowitz
10 Karlshagen, Koelpinsee
11 Heringsdorf, Peenemuende
12 Trassenheide
der Grabstätte von Gerhart Hauptmann
9 Hiddensee
der Kardinäle zur Papstwahl
8 Konklave
der Karl-May-Festspiele
8 Segeberg
der Mozart-Festspiele
8 Salzburg
der nordischen Sage
7 Walhall
8 Walhalla

der Qual
6 Hoelle
7 Inferno
der Ruhe
4 Oase
der Seligkeit
4 Eden
7 Elysium
8 Paradies
der Verbannung
4 Exil
der Verdammnis
6 Hoelle
8 Tartarus
der Wagner-Festspiele
8 Bayreuth
des Sängerkrieges
8 Wartburg
des Wirkens A. Schweitzers
9 Lambarene
mit natürlichen Heilmitteln, Quellen und Moor
6 Kurort
nördlich des Bodensees
5 Salem, Urnau
nördlich von Berlin
5 Lanke
nordwestlich von Minsk
4 Usla
nordwestlich von Riga
5 Ugale
südlich von Leipzig
5 Pegau
7 Zwenkau
südlich von Suhl
5 Erlau
südöstlich von Denver
5 Lamar
und Kloster in Bayern
6 Metten
und Schloss in Holland
5 Doorn
verbotener Glücksspiele
11 Spielhoelle
wo eine Person zu Hause ist
6 Heimat
zum Abstellen von Fahrzeugen
9 Parkplatz
zum Umziehen im Bergbau
7 Huthaus
orten
6 peilen
12 lokalisieren
Orter
5 Radar
9 Navigator
orthodox
5 starr
12 unnachgiebig
13 rechtglaeubig
14 strenggläubig
orthodoxer
Geistlicher
4 Pope
Klostervorsteher
6 Igumen
Orthoklas, Eisspat
6 Adular
örtlich begrenzt, -beschränkt
3 eng
5 lokal
örtliche
Begrenzung
12 Lokalisation
Betäubung
11 Anaesthesie
16 Lokalanaesthesie
Dienststelle für Sicherheit
13 Polizeirevier
örtliches
Verkehrsmittel
3 Bus
Verwaltungsmitglied
8 Stadtrat
Örtlichkeit
10 Lokalitaet
ortsansässig
6 hiesig
8 heimisch
10 beheimatet
11 eingesessen, einheimisch
Ortsansässige
11 Einwohnerin
Ortsbeschreibung
10 ◆ Topografie
11 Topographie
Ortsbestimmung
12 Lokalisation
bei Schiffen und Flugzeugen
10 Navigation
ortsfest
10 stationaer
ortsfester
Montagekran
7 Derrick
Ortsfremde
11 Auswaertige
Ortsgrundriss
9 Stadtplan
Ortsjournal
12 Lokalzeitung
Ortskunde
10 ◆ Topografie
11 Topographie
ortskundiger
Schiffsführer
5 Lotse
Ortsnachrichten
einer Zeitung
7 Lokales
Ortsteil
von Bad Schandau
6 Ostrau
von Berlin, siehe Berliner Stadtteil, Verwaltungsbezirk
von Großzöbern
4 Pirk
von Löbau
5 Lehde
Ortsveränderung
5 Reise, Umzug
während der Ferien
12 Urlaubsreise
Ortswechsel
16 Luftveraenderung
Ortszentrum
9 Stadtkern
Ortung
7 Peilung
Ortungsverfahren
5 Radar
Öse
4 Oehr, Ring
8 Schlaufe, Schleife, Schlinge
am Segel
5 Legel
Osmane
6 Tuerke
8 Kenianer
9 Afrikaner
Ostafrikaner
6 Somali
7 Ugander
ostafrikanische
Eingeborenensoldaten
7 Askaris
Insel, Inselgruppe
7 Komoren
8 Sansibar
9 Amiranten
10 Madagaskar, Seschellen, Seychellen
Verkehrssprache
9 Kisuaheli
ostafrikanischer
Buckelochse
5 Sanga
Staat, siehe afrikanischer Staat
ostafrikanisches
Nomadenvolk
6 Massai
Ostalpengruppe
6 Tauern
ostarabisches
Sultanat
4 Oman
Ostasiat
siehe Asiat
ostasiatische
Faserpflanze
5 Ramie
Gaststätte
7 Teehaus
Geldeinheit
5 Liang
Kultur- und Heilpflanze
7 Ginseng
Nutzpflanze
4 Reis, Soja
5 Ramie
Republik, siehe asiatischer Staat
Schaffellart
5 Slink
Zierpflanze
7 Kamelie
8 Kamellie
ostasiatischer
Bär
10 Kragenbaer
Staat
5 China, Japan, Korea
6 Taiwan
8 Mongolei
9 Nordkorea, Suedkorea
11 Philippinen
Tempel
6 Pagode
Tragsessel
8 Palankin
Wirbelsturm
6 Taifun
Zierbaum
6 Ginko, Ginkgo
ostasiatisches
Hängebild aus Seide oder Papier
8 Kakemono

Huhn
6 Cochin
9 Langschan
Metallbecken
6 Tamtam
Reitervolk
6 Hunnen
Verkehrsmittel
7 Rikscha
Ostasien
7 Fernost
11 Ferner Osten
Ostbaltenvolk
6 Letten
ostböhmische
Bezirksstadt an der Upa
7 Trutnov
ostbrasilianischer
Indianer
8 Botokude
ostdeutsche
Landschaft, siehe deutsche Landschaft
Stadt, siehe deutsche Stadt
ostdeutscher Fluss
4 Alle, Ihna, Leba, Oder, Rega
5 Bober, Netze, Peene
6 Neisse, Warthe
Österreicher
6 Wiener
7 Tiroler
9 Kaerntner
10 Kaerntener, Salzburger
12 Vorarlberger
13 Burgenlaender, Steiermaerker
17 Oberoesterreicher
19 Niederoesterreicher
österreichische
Abtei
4 Melk
Alpenlandschaft
13 Salzkammergut
Altistin
7 Toepper
Autorin
5 Busta, Ebner
6 Grazie, Lavant
7 Suttner
Benediktinerabtei
4 Melk
Gewichtseinheit
4 Deka
Grenzstadt an der Thaya
3 Laa
Hafenstadt am Bodensee
7 Bregenz
Hauptstadt
4 Wien
Landeshauptstadt
4 Graz, Linz, Wien
7 Bregenz
8 Salzburg
9 Innsbruck
10 Eisenstadt, Klagenfurt
12 Sankt Poelten
Landschaft
5 Lobau
6 Ponau, Wachau
7 Pinzgau
9 Marchfeld, Stubaital, Walsertal, Zillertal
10 Innviertel
11 Waldviertel, Weinviertel
12 Muehlviertel
13 Salzkammergut
Luftverkehrsgesellschaft
3 AUA
Malerin
6 Grengg, Lohner
Mezzosopranistin
6 Ludwig
Münze, Münzeinheit
5 Taler
6 Heller
7 Dukaten, Kreuzer
8 Groschen
9 Schilling
10 Dreissiger
19 Mariatheresientaler
Pianistin
7 Haebler
Sängerin
6 Koller, Lolita
Schauspielerin
6 Tiller
Sopranistin
4 Kurz, Lipp, Popp
5 Lucca
6 Gueden
7 Jeritza, Massary, Muszely, Rysanek
8 Cebotari, Dernesch, Konetzni, Seefried, Welitsch
Tänzerin
7 Elssner
Verkaufsstelle für Tabakwaren
6 Trafik
österreichischer
Adelstitel
4 Edle
5 Edler
Afrikaforscher
6 Lersch
Alpenpass
4 Fern, Lueg, Thum
5 Loibl, Stein, Strub, Thurn
6 Flexen, Gerlos, Tauern, Wurzen
7 Arlberg, Brenner, Reschen, Seeberg
8 Fernpass, Ploecken
9 Achenpass, Poetschen, Semmering
10 Katschberg, Zirlerberg
11 Timmelsjoch
Alpensee, siehe See in Österreich
Amts-, Ehrentitel
6 Hofrat
Anatom
5 Hayek, Hyrtl
Arbeiterführer
8 Koplenig
Archäologe
6 Arneth
7 Gomperz, Schoell
Architekt u. Baumeister
4 Haas, Loos
5 Nuell, Sitte, Urban
7 Fellner, Ferstel, Kisrein, Lippert, Margold, Niemann, Pilgram
8 Kirstein, Springer, Witzmann
9 Buchsbaum, Hasenauer, Mungenast
10 Prandtauer, Raschdorff
11 Hildebrandt, Kornhaeusel, Moosbrugger
12 Raschendorff, Sicardsburg
16 Fischer von Erlach
Arzt
6 Barany, Dittel
Astronom
6 Kepler
8 Oppolzer
Ausdruck für Mietkutsche
6 Fiaker
Bariton
4 Vogl
5 Berry, Weikl
8 Waechter
Bass
4 Hann, Kunz
8 Edelmann
9 Czerwenka
Baumeister
16 Fischer von Erlach
Bergsteiger
4 Buhl
7 Trenker
12 Purtscheller
Bildhauer, Bildschnitzer
5 Mandl, Opitz, Zuern
6 Donner, Gasser, Pacher, Zauner
7 Ambrosi, Tilgner, Wotruba
8 Permoser, Schaller
9 Hagenauer, Kaschauer, Luxberger, Mauracher, Pernegger
10 Prandtauer, Tautenhayn
11 Schletterer, Valckenauer
12 Brandtstetter
13 Faistenberger
Binnensee, siehe See in Österreich
Biologe
6 Mendel
Botaniker
6 Kerner, Mendel, Schenk
7 Leitgeb
8 Hanausek, Marilaun
10 Haberlandt
Bühnendichter
7 Nestroy
Bundeskanzler
4 Figl, Raab
5 Klima
7 Kreisky
8 Dollfuss
9 Vranitzky
11 Schuschnigg
Chemiker
4 Auer, Eder
5 Gintl, Pregl
6 Paneth
Chirurg
6 Lorenz
Choreograf
5 Hanka
Dermatologe
5 Hebra
Dichter u. Schriftsteller
3 Kay
4 Bahr, Brod, Halm, Kain, Mell, Muhr, Roth
5 Brehm, Broch, Celan, Corti, Denis, Fried, Gruen, Jandl, Kafka, Kraus, Kubin, Lenau, Lucka, Musil, Rendl, Rilke,

Saiko, Salus, Szabo, Trakl, Weiss, Zweig
6 Collin, Gagern, Greinz, Habeck, Handke, Kralik, Kramer, Lothar, Polgat, Werfel
7 Bartsch, Doderer, Grogger, Meyrink, Nestroy, Raimund, Stifter, Suttner, Waggerl
8 Bachmann, Bruckner, Daeubler, Eichthal, Friedell, Hatzfeld, Jelusich, Koestler, Murmelter, Perkonig, Roda Roda, Rosegger, Schaukal
9 Altenberg, Billinger, Kernstock, Kokoschka, Kratzmann, Rainalter, Sterneder, Weinheber
10 Bauernfeld, Schnitzler, Schoenherr, Wassermann, Wickenburg
11 Anzengruber, Brunngraber, Grillparzer, Schreyvogel
12 Hofmannsthal
13 Lernet-Holenia
14 Feuchtersleben, Handel-Mazzetti, Scheibelreiter
15 Ebner-Eschenbach

Dirigent
4 Jahn
5 Boehm, Hager, Haydn, Krips, Loewe, Mottl, Rankl
6 Gielen, Krauss, Mahler, Paulik, Schalk, Schuch, Walter, Weller, Wobern
7 Angerer, Herbeck, Kabasta, Karajan, Kleiber, Rosbaud, Suitner
8 Leskovic, Melichar, Reznicek
9 Swarowsky, Zemlinsky
11 Gaensbacher, Harnoncourt, Paulmueller, Paumgartner, Weingartner
13 Maerzendorfer

Donauzufluss
4 Drau, Enns

Dramatiker, siehe österreichischer Dichter u. Schriftsteller

Erfinder der Nähmaschine
12 Madersperger

Erfinder der Zeitlupe
6 Musger

Erzgießer
7 Turbain
8 Fernkorn

Feldmarschall
4 Daun
5 Eugen, Ligne
6 Laudon
8 Radetzky
13 Schwarzenberg

Filmkomiker
4 Sima
5 Moser
9 Hoerbiger

Filmregisseur
5 Hartl, Pabst
6 Meisel

Flieger, Luftschiffer
7 Rumpler
8 Banfield

Flugzeugbauer
6 Etrich

Forscher und Erfinder
4 Auer
6 Mendel, Ressel
7 Neisser

Freiheitskämpfer
12 Messenhauser

Fürst
13 Schwsarzenberg

Geograf
4 Merz

Geologe
5 Hauer, Kober, Laube, Suess
7 Fritsch, Hoernes, Kossmat
8 Ampferer
9 Haidinger
11 Hochstetter

Geschichtsschreiber
5 Corti
8 Fournier
9 Zeissberg

Grafiker
5 Orlik, Urban
9 Kokoschka, Kriehuber

Grenzort in Tirol
3 Erl

Gruß
6 Servus
11 Habe die Ehre
12 Kuess die Hand

Historiker
4 Hock
5 Adler, Alkar, Kosch, Kraus, Meder, Riegl, Srbik, Tanl
6 Brosch, Glossy, Gregor, Jaeger, Kaindl, Lorenz, Nadler, Pastor
7 Hansitz, Hantsch, Helfert, Kellner, Koechel, Leixner, Lippert, Menghin, Redlich, Wellesz
8 Neuwirth, Wickhoff
11 Fallmerayer, Muehlbacher

Holzbildhauer
6 Pacher
9 Luxperger

Ingenieur
5 Ghega, Maier
6 Birago, Kaplan, Marcus
7 Engerth, Prechtl, Riedler, Rumpler
8 Negrelli
9 Rittinger

Kardinal
5 Pifel

Komponist
3 Fux
4 Berg, Fall, Marx, Toch, Wolf
5 Bayer, Berte, David, Einem, Genee, Gluck, Hauer, Haydn, Jarno, Lehar, Loewe, Stolz, Suppe
6 Ascher, Bruell, Dostal, Eysler, Fuessl, Gruber, Hummel, Kienzl, Komzak, Krenek, Lanner, Mahler, Mozart, Schenk, Straus, Webern, Zeller
7 Bittner, Ditters, Grabner, Pepoeck, Petyrek, Raymond, Schmidt, Stamitz, Strauss, Wellesz, Ziehrer, Zilcher
8 Benatzky, Bruckner, Clementi, Cfzibulka, Diabelli, Goldmark, Kattnigg, Korngold, Kreisler, Reznicek, Schreker, Schubert, Strecker
9 Heuberger, Hofhaimer, Salmhofer, Schanzara
10 Milloecker, Schoenberg
11 Weingartner
13 Hellmesberger
15 Granichstaedten

Kupferstecher
4 Rahl
6 Jasper
7 Ziegler

Kurort
4 Hall, Lech, Zell
5 Baden, Ischl, Lofer, Zuers
6 Aussee, Fuschl, Ramsau, Reutte, Velden
7 Bad Hall, Gmunden, Hallein, Mondsee, Ossiach, Seefeld, Villach
8 Bad Ischl
9 Bad Aussee, Zell am See
10 Badgastein, Kitzbuehel, Sankt Anton, Solbad Hall
11 Poertschach, Sankt Gilgen
12 Zell am Ziller
13 Bad Hofgastein, Sankt Wolfgang
15 Bad Schallerbach

Lyriker, siehe österreichischer Dichter u. Schriftsteller

Maler
3 Alt
5 Blaas, Fendl, Klimt, Kolig, Kubin, Lampl, Laske, Mengs
6 Angeli, Fueger, Geiger, Grassi, Hauser, Heindl, Krafft, Makart, Pacher
7 Hausner, Schwind, Steinle
9 Daffinger, Danhauser, Defregger, Kokoscfhka
10 Egger-Lienz
11 Maulpertsch, Waldmueller
13 Hundertwasser

Mediziner
4 Arlt, Payr
5 Doerr, Freud, Hyrtl
7 Pirquet, Tandler
8 Steinach
10 Eiselsberg, Schnitzler
11 Landsteiner, Obersteiner, Zuckerkandl

Meteorologe
4 Hann
7 Fritsch, Jelinek, Perner

Mime
6 Muliar

Mineraloge
5 Becke
7 Doelter
9 Haidinger, Tschermak

Minnesänger
4 Aist
12 Lichtenstein

Musikforscher, -wissenschaftler
4 Graf, Haas, Lach, Orel, Ratz
5 Adler, Nowak, Rufer
6 Ambros, Jerger, Schenk, Suppan
7 Deutsch, Fischer, Frimmel, Knepler, Koechel, Schmidt, Wessely
8 Hanslick, Kaufmann, Kolneder, Schenker

10 Federhofer, Flotzinger, Grasberger, Hornbostel
11 Kiesewetter
Nationalökonom
5 Hayek, Mayer, Mises
Nobelpreisträger (Chemie)
5 Pregl
9 Zsigmondy
Nobelpreisträger (Frieden)
5 Fried
7 Suttner
Nobelpreisträger (Medizin)
5 Loewi
6 Barany, Frisch, Lorenz
11 Landsteiner
13 Wagner-Jauregg
Nobelpreisträger (Physik)
4 Hess
5 Pauli
12 Schroedinger
Nobelpreisträger (Wirtschaft)
5 Hayek
Opern-, Operettenkomponist, siehe österreichsicher Komponist
Organist
7 Heiller
Pandurenoberst
6 Trenck
Pazifist
5 Fried
7 Suttner
8 Lammasch
Philanthrop
7 Wilczek
Philosoph
5 Riehl
6 Popper
Physiker
4 Hess
5 Mache, Pauli
6 Lecher
Pianist
5 Demus, Gulda, Klien, Pauer
6 Kuerti
7 Brendel, Haebler, Pembaur, Wuehrer
8 Ahlgrimm
9 Schuchter
10 Buchbinder
11 Badura-Skoda
Polarforscher
5 Payer
Politiker
4 Bock, Figl, Graf, Kolb, Korp, Mock, Olah, Raab
5 Boehm, Broda, Geroe, Gratz, Heinl, Illig, Jonas, Klaus, Koren, Kraus, Moser, Rehor, Thoma Weihs, Weiss
6 Gruber, Haider, Helmer, Honner, Hurdes, Kamitz, Kapfer, Maisel, Migsch, Prader, Probst, Renner, Roesch, Schumy
7 Altmann, Corbach, Czettel, Drimmel, Fischer, Frenzel, Haeuser, Klestil, Korinek, Kotzina, Kreisky, Proksch, Schaerf, Schmitz, Withalm
8 Afritsch, Androsch, Firnberg, Hartmann, Koplenig, Krauland, Mitterer, Soronics, Tschadek, Uebeleis, Waldheim, Winterer
9 Buchinger, Freihsler, Schuessel, Vranitzky
10 Fruehbauer, Hetzenauer, Margaretha, Pittermann, Sagmeister, Schleinzer, Weinberger, Zimmermann
11 Altenburger, Staribacher, Waldbrunner
12 Fleischacker
14 Kirschschlaeger
Präsident u. Staatsmann
4 Bach, Beck
5 Beust, Bruck, Seitz
6 Badeni, Miklas, Renner, Seipel, Taaffe
7 Kaunitz, Klestil, Koerner, Schober, Stadion
8 Dollfuss
9 Gleispach
10 Metternich
11 Bartenstein
12 Pillersdorff
13 Khevenhueller, Schwarzenberg
Psychoanalytiker
5 Freud
Regisseur
4 Lang
5 Forst, Pabst
6 Ucicky
7 Kortner, Trenker
8 Rabenalt
9 Lindtberg, Reinhardt
Rennfahrer
5 Lauda
Schauspieler, -spielerinnen
4 Carl, Holt, Matz
5 Boehm, Forst, Kainz, Moser, Niese
6 Hansen, Krones, Moissi, Muliar, Odilon, Paryla, Thimig
7 Bergner, Kortner, Nestry, Raimund, Reimers, Schratt, Trenker, Wessely
8 Lewinsky, Tressler
9 Bleibtreu, Gallmeyer, Hoerbiger, Reinhardt
10 Adamberger, Geistinger, Pallenberg, Schoenthan, Sonnenthal, Stranitzky
11 Schikaneder
12 Mitterwurzer
Schriftsteller, siehe österreichischer Dichter u. Schriftsteller
See, siehe See in Österreich
Skiläufer, Skiläuferin
3 Rom
4 Eder, Haas, Jahn, Matt, Pall, Wolf
5 Bruder, Mader, Maier, Mayer, Moser, Stock
6 Beiser, Hecher, Pravda, Proell, Rieder, Sailer, Seelos, Strolz
7 Ginther, Gstrein, Klammer, Klecker, Ortlieb, Schranz, Steiner, Stoeckl, Wachter, Walcher
8 Kirchler, Nierlich, Sadleder, Soelkner, Stiegler, Zingerle, Zwilling
9 Mahringer, Salzgeber, Schneider, Schoepfer, Tritscher, Wallinger, Weirather
10 Eberharter, Hinterseer, Hoeflehner, Kronberger, Lantschner, Paumgarten, Schinegger, Zimmermann
11 Ladstaetter, Moser-Proell, Salvenmoser, Wirnsberger
12 Jochum-Beiser
13 Stangassinger
14 Pfaffenbichler
Söldnerführer
11 Baumkircher
Sportler, Sportlerin
4 Baur, Boor, Fein, Haas, Lins, Reti
5 Bauma, Bulla, Janko, Lauda, Lazek, Marko, Pipes, Preis, Rindt, Simon, Skoff, Wahle, Watzl, Weiss, Woedl
6 Aigner, Berger, Flesch, Losert, Muster, Pritzi, Prokop, Ruberl, Scheff, Schmal, Wether
7 Hirschl, Lenhart, Lindner, Neralic, Neumann, Stadler, Theurer, Toporek, Uebleis, Wiesner, Zborzil, Zwerina
8 Andrysek, Bergmann, Hammerer, Muntzner, Orsolics, Steinitz, Werthner
9 Fehringer, Friedrich, Fruehmann, Hausladen, Hipfinger, Hradetzky, Kirchmann, Lindmaier, Podhajsky, Raudaschl, Satzinger, Schaeffer, Steinbach, Verderber, Weidinger, Zeilbauer
10 Gusenbauer, Hasenoehrl, Herschmann, Schlechter
12 Bodenmueller, Futterknecht, Seisenbacher
13 Lichtner-Hoyer, Mueller-Preiss, Wechselberger
Staatsmann, siehe österreichischer Präsident u. Staatsmann
Tabakladen
6 Trafik
Techniker
4 Gugg
5 Ecker, Kress
6 Ressel
8 Meissner
11 Mitterhofer
Tenor
3 Uhl
6 Beirer, Kmentt, Patzak, Slezak, Tauber
7 Dermota, Girardi, Neumann, Schmidt
9 Alexander
Theaterkritiker
6 Polgar
Verhaltensforscher
6 Lorenz
Violinist und Violoncellist
5 Gulda
6 Melkus, Rebner
7 Pichler
8 Kreisler
9 Boskovsky
13 Hellmesberger, Maerzendorfer
Völkerkundler
6 Geramb
9 Bernatzik

Volkstanz
7 Steirer
Wintersportler, Wintersportlerin
4 Aste, Beck, Csar, Eder, Eigl, Gabl, Haim, Lutz, Mark
5 Bradl, Isser, Ofner, Prock, Seibt, Siegl, Teigl, Walch, Wrede
6 Appelt, Berger, Boeckl, Danzer, Felder, Frosch, Huegel, Kaiser, Kaspar, Kienzl, Kogler, Kuttin, Lieber, Nemeth, Neuner, Oppelt, Pausin, Pawlik, Schmid, Scholz, Schuba, Stengl, Sulzer, Thaler
7 Bachler, Bilgeri, Blatter, Eminger, Heitzer, Hunyadi, Innauer, Kachler, Kienast, Kreiner, Nikkola, Schmidt, Schnabl, Schroll, Schuler, Schwarz, Vettori, Wazulek, Winkler
8 Bohatsch, Krautner, Lengauer, Mejstrik, Molterer, Mostoegl, Polaczek, Schaefer, Stochner, Stranner
9 Engelmann, Haidacher, Mayregger, Schilling, Schoepfer, Stadlober, Tagwerker
10 Aschenwald, Durnthaler, Feistmantl, Fluckinger, Gleirscher, Goldberger, Hadschieff, Hoellwarth, Horngacher
11 Hofstaetter, Jaross, Szabo, Lechleitner, Planck-Szabo, Sandbichler
12 Heinzelmeier, Manzenreiter, Sulzenbacher
13 Nemeth-Hunyadi
Zeichner
5 Kubin
7 Schwind
Zoologe
4 Kner
6 Frisch
8 Schmarda
9 Fitzinger
10 Lendenfeld
österreichisches
Adelsgeschlecht
6 Attems
9 Esterhazy
Bundesland
4 Wien
5 Tirol
8 Kaernten, Salzburg
10 Burgenland, Steiermark, Vorarlberg
15 Oberoesterreich
17 Niederoesterreich
Feingebäck
7 Krapfen
Flächenmaß
4 Joch
Gewicht
4 Deka
Grußwort
6 Servus
Herrschergeschlecht
10 Habsburger
Hochland
6 Ramsau
Hochtal in den Hohen Tauern
7 Gastein
Vespermahl
5 Jause
Wort für Gehalt
6 Salaer
Wort für Straßenbahn
4 Tram
Wort für Weste
5 Gilet
Wort für Vorbereitungsdienst
6 Akzess
Wort für Waldschlucht
5 Tobel
Wort für Waschbecken
6 Lavoir
Wort für Wischtuch des Obers
7 Hangerl
Wort für Zwischenmahlzeit
5 Jause
österreichisch-schweizerische
Alpengruppe
8 Raetikon
Osteuropäer
4 Este, Pole
5 Balte, Finne, Lette, Russe, Slawe, Ungar
6 Kroate, Tuerke
7 Bulgare, Litauer, Rumaene, Ruthene, Slowake, Slowene
8 Tscheche, Ukrainer
9 Jugoslawe
10 Weissrusse
osteuropäische
Hirtenflöte
5 Kawal
Juden
11 Aschkenasim
Nachtigall
8 Sprosser
osteuropäisches
Hügelgrab
6 Kurgan
ostfinnischer
Volksstamm
8 Karelier, Udmurten
Ostfranzose
9 Elsaesser
ostfranzösische
Departementhauptstadt
6 Epinal
ostfranzösiscdhes
Grenzland
6 Elsass
ostfriesische
Hafenstadt, Stadt
4 Leer
5 Emden, Jever, Varel
6 Aurich, Lingen, Meppen, Norden
9 Papenburg
Insel
5 Amrum, Juist
6 Borkum
7 Baltrum
8 Langeoog
9 Norderney, Wangeroog
10 Spiekeroog, Wangerooge
Stadt
4 Leer
5 Emden, Esens, Sande
6 Aurich, Norden, Vechta
8 Wittmund
ostfriesischer
Fluss
3 Ehe
4 Leda
ostfriesisches
Segelboot
5 Mutte
ostgermanischer
Stamm
5 Goten
7 Gepiden
8 Wandalen
9 Bastarner, Burgunder
Ostgotenkönig
4 Teja
5 Kniwa, Tejan
6 Aorich, Araich, Berich, Totila
7 Ararich, Erarich, Lidibad, Walamer, Widemer, Witgis
8 Dietrich, Geberich, Hunimund, Ildibald, Winithar, Witiches
9 Ermanrich, Theodahad, Theodemer
10 Athalarich, Theoderich, Theoderner, Thorismund
11 Amalasuntha
ostgotischer
Held
10 Hildebrand
ostgotisches
Herrschergeschlecht
6 Amaler
9 Amelungen
osthamitischer
Volksstamm
5 Boran
ostholsteinisches
Gewässer
10 Eutinersee
ostinidsche
Holzart
4 Teak
Landschaft
8 Bengalen
ostindischer
Reisbranntwein
4 Arak
5 Arrak
Waldbock, Blaubull
6 Nilgau
ostindisches
Flughörnchen
6 Taguan
Handelsgewicht
5 Bahar
ostiranischer
Nomade
5 Alane
Ostjordanland
im A. T.
6 Gilead
ostkanadische
Halbinsel
8 Labrador
Ostkap
Australiens
5 Byron
ostkaukasischer
Steinbock
3 Tur

östliche
Bucht der Ostsee
19 Finnischer Meerbusen
Landzunge der Halbinsel Chalkidike
5 Athos
Mittelmeerländer
7 Levante
östlicher
Teil des Frankenreiches
10 Austrasien
Teil des Pfälzer Waldes
6 Haardt
Teil von Aden
9 Hadramaut
östliches
Asien
7 Fernost
Sonnenland der griechischen Sage
3 Aea
östlichste
der Kanarischen Inseln
9 Lanzarote
Gruppe der Westalpen
10 Adula-Alpen
Insel Kanadas
11 Neufundland
östlichster
Punkt Islands
6 Gerpir
ostmongolischer
Volksstamm
7 Chalcha
Ostregion
von Nigeria
6 Biafra
oströmische
Hauptstadt
6 Byzanz
14 Konstantinopel
Kaiserin
3 Zoe
5 Irene
6 Eirene
8 Theodora
oströmischer
Feldherr
6 Narses
7 Belisar
Kaiser
4 Leon
5 Zenon
6 Fabius, Julian, Phokas, Valens
8 Arkadios, Basilios
9 Justinian
10 Konstantin, Theodosius
Ostseeanwohner
4 Este, Pole
5 Daene, Finne, Lette, Russe
7 Schwede
9 Deutscher
Ostseebad
4 Binz, Deep
5 Cranz, Dahme, Horst, Laase, Laboe
6 Bansin, Eldena, Nidden, Prerow, Rettin, Sellin, Zingst, Zoppot
7 Ahlbeck, Goehren, Kolberg, Koserow, Mueritz, Selling
8 Groemitz, Haffkrug, Hohwacht, Niendorf, Rauschen
9 Dierhagen, Neukuhren, Nienhagen, Warnieken
10 Ahrenshoop, Scharbeutz, Schwarzort, Timmendorf
11 Boltenhagen, Heringsdorf, Kellenhusen, Swinemuende, Travemuende, Warnemuende
12 Heiligendamm
13 Georgensalde, Heiligenhafen
18 Timmendorfer Strand
Ostseebucht
bei Rostock
6 Grabow
Ostseehafen
3 Abo
4 Kiel, Riga
5 Libau, Lulea, Memel, Reval, Turku, Visby, Wisby
6 Danzig, Elbing, Kalmar, Malmoe, Pillau, Windau, Wismar
7 Gdingen, Luebeck, Rostock, Stettin, Tallinn
8 Helsinki
9 Leningrad, Stockholm, Stralsund
10 Greifswald, Karlskrona, Puttgarden
11 Swinemuende, Travemuende
Ostseehalbinsel
4 Hela
5 Darss
6 Zingst
7 Wustrow
Ostseeinsel
3 Oie
4 Moen, Poel
5 Alsen, Dagoe, Darss, Oesel, Wolin
6 Guenen, Oeland, Ruegen, Samsoe, Ummanz, Usedom, Wollin
7 Fehmarn, Gotland, Laaland, Lolland, Seeland
8 Bornholm
9 Hiddensee, Langeland
Ostseemeerenge
4 Belt, Sund
8 Kattegat, Oeresund
11 Grosser Belt, Kleiner Belt
Ostsee-Zufluss
bei Lübeck
5 Trave
in Hinterpommern
5 Lupow
ostslawisches
Volk in Russland
8 Ukrainer
ostspanischer
Küstenfluss
3 Ter
Osttiroler
7 Lienzer
8 Lavantger
ost-/westpreußische
Stadt
4 Arys, Lyck
5 Arnau, Cranz, Orlau, Stuhm
6 Elbing, Goldap, Labiau, Pillau, Ragnit, Tapiau, Wehlau, Zinten
7 Eydtkau, Loetzen
8 Gerdauen, Korschen, Mehlsack, Osterode, Rauschen, Saalfeld, Sensberg, Tolkemit, Treuburg, Wormditt
9 Darkehmen, Gumbinnen, Heilsberg, Mohrungen, Rosenberg
10 Allenstein, Angersburg, Braunsberg, Frauenburg, Insterburg, Marienburg, Neidenburg, Ortelsburg, Palmnicken, Pillkallen, Rastenburg
11 Bartenstein, Fischhausen, Koenigsberg
12 Bischofsburg, Heiligenbeil, Johannisburg, Marienwerder, Stallupoenen
Ostwind
der Tropen
6 Passat
Otologe
9 Ohrenarzt
Otter
5 Viper
6 Marder, Natter
8 Schlange
Ouse-Trent-Mündung
in England
6 Humber
oval
6 eirund
9 eifoermig
10 elliptisch
13 ◆ laenglich rund
Kurve
7 Ellipse
Ovation
6 Ehrung
7 Applaus, Beifall
9 Huldigung
vor der Eheschließung
11 Polterabend
Oxidationsmittel
6 Ozonid
Oxidationsprodukt
des Indigos
6 Isatin
Oxide
der Erdmetalle
5 Erden
Oxidierung
4 Rost
Ozean
4 Meer
7 Pazifik
8 Atlantik, Weltmeer
12 Grosser Ozean, Stiller Ozean
14 Indischer Ozean
16 Pazifischer Ozean
17 Atlantischer Ozean
Ozelot
5 Katze
9 Raubkatze, Wildkatze
11 ◆ Panterkatze, Pardelkatze
12 Pantherkatze
Ozonart
4 Aran

Paar
4 Zwei
von Innenorganen
6 Lungen, Nieren
7 Mandeln
von Körperteilen
4 Arme
5 Augen, Beine, Ohren
6 Fuesse, Haende
Paarhufer, Paarzeher
3 Gnu, Jak, Kuh, Reh, Ren, Sau, Yak
4 Elch, Elen, Gams, Kudu, Lama, Milu, Rind, Zebu
5 Assan, Beisa, Bison, Gemse, Kamel, Okapi, Saiga, Schaf, Ziege
6 Alpaka, ◆Gaemse, Hammel, Hirsch, Muffel, Nilgau, Seekuh, Wapiti, Widder, Wisent
7 Banteng, Bueffel, Gazelle, Giraffe, Guanako, Karakul, Mufflon, Rentier, Schwein
8 Antilope, Dromedar, Nilpferd
9 Bergziege, Damhirsch, Rothirsch, Schafbock, Sitatunga, Steinbock
10 Flusspferd, Grunzochse, Hartebeest, Ziegenbock, Zwergziege
11 Angoraziege, Buckelochse, Hartlaeufer, Kuhantilope, Merinoschaf, Moschustier, Trampeltier, Wildschwein
12 Wiederkaeuer
13 Kaschmirziege, Warzenschwein, Wasserbueffel
paariges
Turngerät
5 Ringe
Paarlauffigur
im Eiskunstlauf
5 Lasso
Paarrundtanz
5 Polka
12 Rheinlaender
Paartanz
5 Gigue
6 Bolero
im Csardas
6 Friska
Paarungszeit
beim Auerhahn
4 Balz
beim Hirsch
6 Brunft
Paarverhältnis
Soziologie
5 Dyade
Pächter
eines Gutes
5 Maier, Meier
Pachtgeld
4 Zins
5 Miete
7 Entgelt
8 Mietzins
Pachthof
3 Gut
5 Ferme
7 Domaene
im Mittelalter
8 Lehnsgut
Pachtvertrag
7 Arendal
Pack
3 Mob
5 Plebs
6 Bagage, Poebel
8 Gesindel
9 Gelichter
10 Sippschaft
Päckchen
zusammengebundener Dinge
7 Buendel
Packen
5 Paket
6 Ballen
7 Buendel
9 Paeckchen
Packleinwand, -papier
9 Emballage
Packung
6 Foment, Huelle, Schale, Wickel
7 Verband
8 Umschlag
Packwagen
5 ◆Wagon
6 Waggon
Pädagoge
6 Lehrer
8 Erzieher
10 Studienrat
15 Wissenschaftler
16 Mathematiklehrer
pädagogische
Akademie
7 Seminar
Sünde
12 Stoffhuberei
pädagogischer
Begriff
3 Lob
4 Note
5 Tadel, Zucht
6 Fleiss, Strafe, Zensur
7 Zeugnis
Paddel
5 Ruder
Paddelboot
4 Kanu
5 Kajak
7 Einbaum
8 Canadier, Faltboot, Kanadier
Päderast
13 Homosexueller
Pädiatrie
15 Kinderheilkunde
Page
3 Boy
4 Bote
5 Groom
6 Diener
7 Liftboy
9 Edelknabe
Pairswürde
6 Pairie
pakistanische
Amtssprache
4 Urdu
7 Bengali
Hafenstadt
9 Karatschi
Hauptstadt
9 Islamabad
Landschaft
9 Pandschab
Münze, Währung
3 Pie
4 Anna
5 Annas, Paisa, Rupie
Provinz
5 Sindh
13 Belutschistan
Stadt
3 Dir, Kar
4 Pesh
5 Bogra, Dakka, Kalat, Kelat, Ketta, Kohat, Kotri, Lahur, Lakur
6 Anetta, Jhelum, Lahore, Mardan, Multan, Quetta, Salcot, Sukkur
7 Karachi, Sialkot
8 Lyallpur, Peshawar
9 Hyderabad, Islamabad, Karatschi, Peschawar
10 Bahawalpur, Gujranwala, Haiderabad, Rawalpindi
pakistanischer
Dichter
4 Faiz
Fürstenstaat
8 Khairpur
Nobelpreisträger (Physik)
5 Salam
Politiker/Staatsmann
5 Mirza
6 Sharif
7 Leghari
8 Ajub Khan
Pakt
4 Bund, Liga
7 Allianz, Entente, Vertrag
8 Abkommen, Buendnis, Kontrakt
9 Abmachung
Paladin
7 Berater
10 Vertrauter
11 Beschuetzer, Gefolgsmann
Karls des Großen
6 Oliver, Roland
Palais, Palast
5 Pfalz
6 Palace
7 Palazzo, Schloss
bei Granada
8 Alhambra
des Papstes in Rom
7 Lateran
des Sultans
6 Serail
in Florenz
5 Pitti
6 Medici
7 Strozzi, Vecchio
8 Bargello, Uffizien
in Istanbul
7 Topkapi
in London
16 Buckingham Palace
in Mailand
5 Brera
innerhalb eines Sees
13 Wasserschloss
in Paris
6 Elysee, Louvre

9 Trocadero
in Rom
7 Lateran, Vatikan
8 Quirinal
9 Barberini
in Sankt Petersburg
12 Winterpalais
in Venedig
11 Dogenpalast
mit Gemäldesammlung in Florenz
8 Uffizien
Palasthund
8 Pekinese
palästinensische
Autonomiegebiete
4 Gaza
12 Gazastreifen
14 Westjordanland
Befreiungsorganisation
3 PLO
Stadt
4 Gaza
6 Hebron, Nablus
7 Jericho
8 Ramallah
9 Bethlehem
palästinensischer
Nobelpreisträger (Frieden)
6 Arafat
Politiker
6 Arafat
Palauinsel
5 Merir
6 Angaur
Palindrommann
4 Otto
Palindromvogel
3 Uhu
Palisaden
des röm. Lagers
5 Valli
Palmblatt
5 Wedel
palmblattartige
Verzierung
8 Palmette
Palmblattfaser
8 Piassava
Palmblatthut
8 Sombrero
Palmenart
3 Agu, Dum, Eta, Ita
5 Kokos
6 Kentia, Picabe, Raffia, Raphia, Rotang
7 Attales, Palmito, Pandane, Pandang, Phoenix, Rotauge
8 Dumpalme, Oelpalme, Palmetto, Pandanus, Seekokos
9 Bergpalme, Mostpalme, Rohrpalme, Sagopalme, Weinpalme
10 Brennpalme, Kokospalme, Wachspalme, Zwergpalme
11 Dattelpalme, Schirmpalme, Zuckerpalme
12 Faecherpalme, Koenigspalme, Phoenixpalme
13 Schattenpalme
Palmenfaser
6 Africe
Palmenfrucht
6 Dattel
9 Arekanuss, Kokosnuss
Palmenmarkmehl
4 Sago
palmenreicher
Urwald des Amazonas
5 Igapo
Palmfächer
5 Punka
Palmfarn
für Palmwedel
5 Cycas, Zykas
Palmlilie
5 Yucca
Palmsonntag
8 Palmarum
Palmwedelmotiv
4 Miri
Palmwein
5 Toddy
Pampashase
4 Mara
Pampashirsch
6 Guazuy
Pampashirt
6 Gaucho
Pampasstrauß
5 Nandu
Pampelmuse
10 Grapefruit
Panamaholz
9 Sassafras
panamaische
Währung
6 Balboa
10 Centesimos
panamerikanische
Organisation
3 OAS
Pandschab
14 Fuenfstromland
Pandurenführer
6 Trenck
Panflöte
6 Syrinx
Panier
5 Fahne
6 Banner
10 Wahlspruch
Paniermehl
7 Broesel
8 Weckmehl
13 Semmelbroesel
Panik
10 Verwirrung
11 Massenangst
13 Kopflosigkeit
panikartiger
Ansturm
3 Run
Pankreashormon
7 Insulin
Panne
5 Bruch
6 Unfall
7 Schaden
8 Stoerung
10 Misserfolg
12 Missgeschick, Zwischenfall
im Kino
8 Filmriss
Panoptikum
20 Wachsfigurenkabinett
Panorama
8 Rundbild
9 Rundblick, Rundsicht
12 Rundgemaelde
Pansen, dicker Bauch
5 Wanst
Panterkatze
4 Onze
5 Irbis
6 Jaguar
Pantoffelblume
10 Tigerblume
11 Frauenschuh
Pantoffelheld
11 Duckmaeuser, Waschlappen
12 Schwaechling
14 Schwachmatikus
Pantoffelkino
9 Fernsehen
Pantoffeltierchen
10 Infusorium
14 Wimpertierchen
15 Aufgusstierchen
Pantograf
14 Storchschnabel
Pantomime
14 Gebaerdenspiel
Panzer
4 Tank
6 Schutz
8 Harnisch, Ruestung
10 Kampfwagen
Panzerabwehrwaffe
3 Pak
7 Bazooka
11 Panzerfaust
13 Flammenwerfer, Panzerbuechse, Panzerschreck
Panzerechse
6 Gavial, Kaiman
8 Krokodil
9 Alligator
11 Hechtkaiman, Nilkrokodil
Panzerhemd
7 Bruenne
Panzerreiter
10 Kuerassier
Panzerschrank
4 Safe
6 Tresor
Päonie
11 Pfingstrose
Papageienart
3 Ara, Kea
4 Aras, Jako, Kaka, Lori
5 Arara, Makao
6 Araras, Calita, Kakadu, Kakapo, Lorius, Nymphe, Wellat
7 Amazone, Corella, Erzlori, Rosella, Sittich
8 Arakanga, Ararauna
9 Rubinlori
10 Diademlori, Erdpapagei, Saphirlori
11 Buntsittich, Edelpapagei, Edelsittich, Grassittich, Graupapagei, Nasenkakadu, Ringsittich, Rosenkakadu, Schmucklori, Singsittich, Smaragdlori, Vasapapagei, Ziersittich
12 Bourksittich, Eulenpapagei,

Glanzsittich, Nachtpapagei, Zwergpapagei
13 Nestorpapagei, Wellenpapagei, Wellensittich
14 Hoehlenpapagei, Koenigssittich, Moenchssittich, Molukkenkakadu, Nymphensittich, Rosenkoepfchen, Schmucksittich, Spechtspapagei
15 Halsbandsittich, Orangekoepfchen
17 Pfirsichkoepfchen, Rotfluegelsittich
19 Dickschnabelsittich, Langschnabelsittich, Pinselzungenpapagei, Plattschwanzsittich

Papageienblume, -feder
7 Amarant

Papageienkrankheit
10 Psittakose

Papageienname
4 Lora

Papageientaucher
4 Lund

papierähnliches
Schreibmaterial
7 Papyrus

Papierarbeiter
5 Leger

papierartiges
Material der Südsee
4 Tapa

Papierbehälter
5 Tuete
6 Karton

Papierblatt
5 Bogen
6 Zettel

Papierblätter
in leichtem Umschlag
4 Heft

Papierbogen
5 Blatt

papierdünn
gewalztes Zinn
8 Stanniol

Papiereinführer
an der Druckpresse
7 Anleger

Papierfabrik
10 Feldmuehle

Papierfalte
4 Falz

Papierformat
3 DIN
5 Folio, Oktav, Quart
6 Duodez
13 Kanzleiformat

Papiergeld
4 Note
6 Schein
8 Banknote
9 Assignate

Papierglättung
8 Satinage

Papierkette
8 Girlande

Papierlaterne
7 Lampion

Papier, Papierart
5 ◆ Krepp, Pappe, Velin
6 Karton
7 Buetten, Papirin, Papyrin
9 Oelpapier, Pergament
10 Packpapier
11 Abzugpapier, Japanpapier
12 Natronpapier, Offsetpapier, Seidenpapier
14 Zeitungspapier
16 Kunstdruckpapier

mit musikalischen Schriftzeichen
10 Notenblatt

prägen
10 gaufrieren

pressen
9 gautschen

Papierrohstoff
7 Bagasse, Esparto

Papierschnitzel
8 Konfetti

Papierstaude
7 Papyrus

Papierstreifen, -anzünder
7 Fidibus

des Morseempfängers
4 Tape

Papierstück
6 Zettel

Papierzählmaß
4 Ries
7 Neuries

Papierzerkleinerungsmaschine
10 Hollaender

Pappdruckmatrize
5 Mater

Pappe
6 Karton

Pappelart
4 Aspe, Espe
5 Abele, Alber
10 Graupappel
11 Spitzpappel, Weisspappel
12 Silberpappel, Zitterpappel
13 Schwarzpappel
15 Napoleonspappel, Pyramidenpappel

Pappkarton
mit Deckel
9 Schachtel

Pappschachtel
6 Karton

Paprikaart
Mittelamerikas
5 Chili

Papstgewand
6 Fanone
7 Pallium

Papstkirche
in Rom
12 Peterskirche

Papstkrone
5 Tiara

päpstlich
5 papal

anerkannte Bibelübersetzung
7 Vulgata

päpstliche
Anrede
13 Heiliger Vater
14 Eure Heiligkeit

Auszeichnung
10 Tugendrose
14 Gregoriusorden

Behörde
4 Rota
5 Kurie
6 Kammer
7 Datarie
8 Signatur
10 Rota Romana, Sekretarie
15 Sacra Romana Rota

Gesandtschaft
8 Legation
9 Nuntiatur

Kopfbedeckung
7 Kalotte
8 Pileolus

Krone
5 Tiara

Leibwache, Ehrenwache
10 Nobelgarde
14 Schweizergarde

Obergewalt
8 Supremat

Rechtsentscheidungen
10 Dekretalen

Residenz
7 Vatikan

Sommerresidenz
14 Castel Gandolfo

Strafe im Mittelalter
4 Bann

Zeitung
17 Osservatore Romano

Zentralbehörde
5 Kurie

päpstlicher
Ablassprediger
6 Tetzel

Botschafter, Diplomat
7 Nuntius

Entscheid
9 Dekretale

Erlass
5 Breve, Bulle

Gesandter
5 Legat

Hof, Hofstaat
5 Kurie

Palast in Rom
7 Lateran

Parteiangehöriger im MA
6 Guelfe

Siegelring
11 Fischerring

Tragsessel
5 Sedia

päpstliches
Botschaftsgebäude
9 Nuntiatur

Gewand
5 Falda, Fanon
6 Fanone
7 Pallium

Rundschreiben
9 Enzyklika

Scheitelkäppchen
7 Kalotte
8 Pileolus

Schreiben, Urkunde
5 Breve, Bulle

Papstname
3 Leo
4 Paul, Pius
5 Cajus, Conon, Donus, Eugen, Felix, Gajus, Konon, Lando,

Linus, Soter, Urban
6 Agapet, Agatho, Calixt, Cletus, Domnus, Fabian, Gregor, Johann, Julius, Kalixt, Lucius, Marcus, Markus, Martin, Petrus, Sixtus, Victor, Viktor
7 Adeodat, Anaklet, Anterus, Clemens, Damasus, Hadrian, Hilarus, Hyginus, Kallixt, Klemens, Marinus, Romanus, Sabinus, Sergius, Stephan, Theodor, Tomanus, Ursinus, Zosimus
8 Agapetus, Anicetus, Benedict, Benedikt, Calixtus, Eulatius, Eusebius, Fabianus, Formosus, Gelasius, Hilarius, Honorius, Hormisda, Innozenz, Johannes, Liberius, Nikolaus, Novatian, Pelagius, Siricius, Valentin, Vigilius, Vitalian
9 Adeodatus, Alexander, Anacletus, Callistus, Coelestin, Cornelius, Deusdedit, Dionysius, Euaristus, Evarestus, Formoseus, Hormisdas, Marcellus, Miltiades, Paschalis, Philippus, Pontianus, Severinus, Silverius, Sisinnius, Sylverius, Sylvester, Symmachus, Theodorus, Zacharias, Zoelestin
10 Anastasius, Bonifatius, Constantin, Eleutherus, Hippolytus, Konstantin, Melchiades, Sabinianus, Simplicius, Vitalianus, Zephyrinus
11 Eutychianus, Marcellinus, Telesphorus
12 Johannes Paul
13 Christophorus

Papstpalast
in Rom
7 Lateran, Vatikan

Papsttumanhänger
6 Papist

Papyrusboot
Th. Heyerdahls
2 Ra

Parabel
5 Kurve
9 Gleichnis
12 Kegelschnitt

Parade
12 Truppenschau
im Sport
6 Abwehr

Paradebett
8 Katafalk

Paradeiser, Paradiesapfel
6 Tomate

parademäßiger
Vorbeimarsch
7 Defilee

Paradewaffe
der Schweizer Garde
10 Hellebarde

Paradies
4 Eden
6 Dorado, Himmel
7 Elysium, Nirwana
8 Eldorado
9 Seligkeit
10 Garten Eden
des Buddhismus
7 Nirwana

Paradiesapfel
6 Tomate

Paradiesengel
5 Kerub
6 Cherub

Paradiesgarten
4 Eden
7 Nandana

Paradiesjungfrau
des Islam
4 Huri

Paradieswächter, Lichtengel
5 Kerub
6 Cherub

Paraffin-Kohlenwasserstoff
5 Alkan

paraguayische
Hauptstadt
8 Asuncion
Münze, Währungseinheit
7 Centimo, Guarani
Stadt
3 Ita
5 Pilar
7 Lambare
8 Asuncion
10 Concepcion, San Lorenzo, Villarrica
11 Encarnacion
13 Coronel Oviedo
18 Pedro Juan Caballero

paraguayischer
Arbeiterführer
7 Maidana

Paraguaytee
4 Mate

parallel
12 vergleichbar
13 gleichlaufend

Parallele
9 Vergleich

Parallelogramm
5 Raute
7 Quadrat, Rhombus
8 Rechteck, Rhomboid

Paranazufluss
5 Tiete
6 Iguazu

Parasit
4 Laus
5 Milbe
8 Filzlaus, Kopflaus, Mitesser
11 Schmarotzer

Parasitologe
7 Laveran

Parasol
12 Sonnenschirm

Parasolpilz
10 Schirmling

parat
6 bereit, fertig, prompt

Parcourshindernis
4 Oxer, Rick

Pardelkatze
6 Ozelot

Pardon
5 Gnade
9 Vergebung
10 Verzeihung
11 Begnadigung
14 Entschuldigung

Parfümduftstoff
5 Ambra
8 Rosenoel

Parfümflasche
6 Flacon, Flakon

Pariakaste
in Indien
6 Balahi

parieren
7 kuschen, stoppen
8 abfangen, abwehren
9 auffangen, gehorchen

Pariser
Bauwerk
10 Eiffelturm
Bettler
8 Clochard
Flughafen
4 Orly
9 Le Bourget
15 Charles de Gaulle
Gassenjunge
5 Gamin
Gefängnis
8 Bastille
Habenichts
8 Clochard
Kathedrale, Kirchenbau
9 Madeleine, Notre Dame
10 Sacre Coeur
12 Invalidendom
14 Sainte Chapelle
Kunstanstalt
5 Odeon
Künstlerviertel
10 Montmartre
Leichenschauhaus
6 Morgue
Modehaus
4 Dior
Modeschöpfer
4 Dior, Fath
Modeschöpferin
6 Chanel
Modistin
9 Midinette
Museum
6 Louvre
Opernhaus
5 Opera
Prachtstraße
13 Champs Elysees
Siegesdenkmal
13 Arc de Triomphe
Staatsgefängnis
8 Bastille
U-Bahn
5 Metro
Universität
8 Sorbonne
Universitätsviertel
13 Quartier Latin
Untergrundbahn
5 Metro
Wahrzeichen
10 Eiffelturm

Park
6 Anlage, Garten, Gehege
11 Gruenanlage, Sammelplatz
12 Gruenflaeche, Sammelstelle

in spanischen Städten
5 Prado
mit Schloss in Potsdam
9 Sanssouci
und Gartenanlage
9 Rosenbeet
Parkbaum
7 Platane
8 Rotbuche
11 Trauerweide
parken
9 abstellen
10 hinstellen
12 unterstellen
Parkgebäude
6 Garage
8 Pavillon
Parkkontrollgerät
7 Parkuhr
Parklandschaft
6 Anlage
Parkstraße
5 Allee
6 Avenue
Parkuhr
10 Parkometer
Parlament
4 Duma, Sejm
5 Senat
6 Kammer
7 Knesset, Landtag
8 Kongress, Oberhaus, Storting
9 Bundestag, Reichstag, Unterhaus
11 Nationalrat, Volkskammer
15 Nationalkonvent, Volksvertretung
16 Abgeordnetenhaus
17 Deputiertenkammer
18 Staendeversammlung
Parlamentär
13 Unterhaendler
Parlamentarier
11 Delegierter, Deputierter
12 Abgeordneter
14 Volksvertreter
in Bonn
22 Bundestagsabgeordneter
Parlamentariergruppe
6 Rechte
8 Fraktion
9 Koalition
10 Opposition
16 Regierungspartei
parlamentarische
Abstimmung
4 Wahl
9 Ballotage
12 Hammelsprung
Anfrage
14 Interpellation
Beratung
6 Lesung
parlamentarischer
Witz
12 Fluesterwitz
Parlamentsgebäude
in Washington
7 Kapitol
Parlamentssitzungszeit
7 Session
parodieren
9 nachahmen
10 nachaeffen, verspotten
Parole
5 Motto
6 Devise, Losung, Slogan
8 Kennwort
11 Losungswort
Paroli
6 Abwehr
9 Gegenwehr
10 Widerstand
12 Verdoppelung
Part
5 Rolle
6 Anteil, Partie, Stimme
8 Teilhabe
12 Partiturteil
Partei
6 Clique, Gruppe, Sparte
8 Fraktion
9 Kamarilla
11 Vereinigung
12 Organisation
der franz. Revolution
9 Jakobiner
Parteiabordnung
im Parlament
8 Fraktion
Parteibürokrat, -größe
5 Bonze
Parteienvereinigung
5 Block
Parteifreund
7 Genosse
parteiisch
8 befangen
10 unsachlich
11 tendenzioes
14 voreingenommen
parteilos
7 neutral
Parteiloser
9 Neutraler
14 Schiedsrichter
Parteilosigkeit
12 Neutralitaet
Parterre
11 Erdgeschoss
Partie
4 Part, Teil, Tour, Trip
5 Match, Menge, Reise, Rolle, Runde, Spiel
6 Anzahl, Gruppe, Heirat
7 Ausflug
9 Abstecher, Exkursion, Streifzug, Wanderung
des Kopfes
5 Stirn
7 Gesicht
10 Hinterkopf
des Körpers
5 Brust
Partisan
8 Guerilla
11 Franctireur, Franktireur
13 Freischaerler
14 Heckenschuetze
19 Widerstandskaempfer
Partiturteil
6 Partie, Stimme
Partizip
10 Mittelwort
partizipieren
9 teilhaben
Partner
4 Aide
6 Sozius
7 Associe, Genosse, Kollege
9 Kompagnon, Teilhaber
10 Mitinhaber, Teilnehmer
am Metageschäft
6 Metist
Partnerübung
Karate
6 Kumite
Party
4 Ball, Fest, Fete
5 Feier
8 Hausball, Hausfest
10 Gartenfest
12 Gesellschaft
Parvenue
14 Emporkoemmling
Parze
6 Klotho
7 Atropos
8 Lachesis
17 Schicksalsgoettin
Pass
15 Personalausweis
bei Tieren
7 Gangart
der Karawanken
5 Loibl
im Bergbau
10 Schleppass, Wetterpass
im Hindukusch
6 Chawak
im Kanton Waadt
6 Pillon
im Wasserbau
9 Fischpass
in der Jägersprache
7 Wechsel
in Graubünden
6 Albula
in Griechenland
11 Thermopylen
in Ligurien
5 Giovi
passabel
7 gangbar
8 leidlich
9 annehmbar
11 ertraeglich
Passage
4 Trab
5 Tritt
8 Tonfolge
9 Durchgang, Uebergang
10 Durchfahrt, Ueberfahrt
Passagier
8 Fahrgast, Fluggast
9 Reisender
Passagierbetreuerin
7 Hostess
Passagierraum
5 Coupe, Kupee
6 Abteil, Gondel, Kabine
Passagierwasserfahrzeug
14 Fahrgastschiff
Passah
6 Ostern
9 Osterfest
Passahbrot
5 Matze
6 Matzen, Mazzen

Passahfest
5 Azyma
passatartiger
Wind im Mittelmeer
7 Etesien
Passen
beim Kartenspiel
9 aussetzen
passend
5 habil
7 gelegen, gerecht
8 angenehm, guenstig, opportun, zusagend
Passgänger
5 Kamel, Pacer
6 Zelter
10 Lipizzaner
Passion
4 Hang
5 Hobby, Liebe
6 Faible, Leiden
7 Hingabe
11 Liebhaberei
12 Leidenschaft
17 Leidensgeschichte
Passionsblumengewächs
6 Adenia
Passionsdrama
von Strindberg
6 Ostern
Passionssonntag
6 Judika
7 Laetare
Passionsspielort
3 Erl
7 Selzach
11 Sankt Gallen
12 Oberammergau
Passionswoche
8 Karwoche
passiv
7 leidend, negativ
8 untaetig
12 teilnahmslos
Passivseite
der Buchführungskonten
5 Haben
Passschlucht
zwischen Pakistan und Afghanistan
5 Bolan
Passsichtvermerk
4 Visa
5 Visum
Paste
4 Krem
5 Creme, Salbe
pastenartiges
Medikament
5 Salbe
Pastenbehälter
4 Tube
Pastete, Pastetenart
3 Pie
7 Bouchee, Pirogge, Ravioli, Rissole, Timbale
8 Grisette, Krustade
9 Piroschki, Volenvent
Pastor
8 Priester
10 Seelsorger
Pastorat
8 Pfarramt
Pastorengewand
5 Talar
Pastorenmütze
6 Barett
Pate
4 Gode, Gote
8 Gevatter
9 Taufzeuge
Patenkind
8 Firmling
9 Taeufling
patent
5 famos
8 tuechtig
9 brauchbar, geschickt
Patent
14 Erfinderschutz
17 Ernennungsurkunde
18 Bestallungsurkunde
Patentverschluss
10 Druckknopf
15 Reissverschluss
Paternoster
4 Lift
6 Aufzug, Bagger
10 Vaterunser
12 Lastenaufzug
14 Personenaufzug
Paternosterbaum
5 Melia
Paternostererbse
5 Abrus
pathologisch
9 krankhaft
Patience
11 Geduldspiel
Patient
6 Kurand
7 Kranker
Patin
5 Godel
Patina
8 Edelrost
Patriarch
der armen. Kirche
5 Isaak
von Bulgarien
6 Kyrill
von Konstantinopel
9 Nestorius
Patriarchenwürde
11 Patriarchat
Patriziergeschlecht
in Florenz
5 Pazzi
8 Horatier
Patron
9 Protektor
10 Schutzherr
14 Schutzheiliger
Bayerns und Münchens
5 Benno
der Angler und Fischer
6 Petrus
der Apotheker
6 Damian, Kosmas
7 Michael
der Architekten
6 Thomas
der Autofahrer
13 Christophorus
der Bauern
6 Medard
der Bauhandwerker
7 Mathias
der Bergsteiger
8 Bernhard
der Bettler
6 Martin
8 Martinus
der Fischer
6 Petrus
der Flieger
5 Elias
der Förster
8 Hubertus
der Friesen und Sachsen
6 Ludger
der Haustiere
7 Egidius
der Jäger
8 Hubertus
10 Eustachius
der Juristen
3 Ivo
der kath. Autoren
5 Franz
der Kathedrale, Heiliger
5 Ursus
der kath. Kirche
6 Joseph
der Kinder
8 Nikolaus
der Kranken
8 Johannes
der Künstler
5 Lukas
der Musiker und Sänger
6 Arnold
der Norweger
4 Olaf
der Notare und Schreiber
6 Markus
der Pferde
5 Georg
7 Stephan
8 Leonhard
9 Mauritius
der Pilger
7 Jakobus
der Reisenden
13 Christophorus
der Schiffer
6 Petrus
8 Nikolaus
13 Christophorus
der Schützen
9 Sebastian
der Schweiz
5 Klaus
der Soldaten, Wächter
6 Adrian
der Studenten
8 Aloysius
der Weinberge, Winzer
4 Goar
5 Urban
des Rundfunks
7 Gabriel
des Wetters
6 Petrus
Englands
5 Georg
gegen Feuersnot
7 Florian

gegen Gewitter
7 Donatus
Polens
6 Kostka
von Böhmen
7 Nepomuk
von Venedig
6 Markus
Patronenkammer
7 Magazin
Patronin
der Augenkranken
5 Lucia
der Bauern
8 Notburga
der Bergleute
7 Barbara
der Hausfrauen
6 Martha
der Jungfräulichkeit
5 Agnes
der Malteser
6 Agatha
der Mütter
4 Anna
6 Monika
der Witwen
5 Galla
der Zigeuner
5 Sarah
des Elsass
6 Odilia
von Brüssel
6 Gudula
von Polen und Litauen
5 Kinga
von Portugal
6 Isabel
von Schlesien
6 Hedwig
Patrouille
7 Streife
10 Spaehtrupp
Patsche
3 Not
6 Klemme
8 Klatsche
Pauke
7 Timpani, Trommel
Paulusbrief
5 Titus
6 Roemer
7 Epheser, Galater
8 Hebraeer, Kolosser, Philemon
9 Korinther, Philipper, Timotheus
14 Thessalonicher
pauschal
9 insgesamt
15 undifferenziert
Pause
4 Rast, Ruhe
5 Kopie
6 Siesta
8 Aufschub, Freizeit, Halbzeit
10 Stillstand
14 Durchzeichnung
17 Vervielfaeltigung
in einer Verszeile
6 Zaesur
Pausenangabe
in der Musik
5 tacet
Pausenzeichen
in den Psalmen
4 Sela
Pavianart
5 Drill
6 Babuin
8 Mandrill
9 Dschelada
12 Mantelpavian
Pavillon
5 Kiosk
10 Gartenhaus, Messehalle
13 Messegebaeude
15 Gartenhaeuschen
Pazifik
12 Grosser Ozean, Stiller Ozean
Pazifikhafen
in Mexiko
6 Altata
Pazifikkap
in Peru
6 Parina
pazifische
Insel, Inselgruppe
4 Cook, Guam, Oahu, Rapa, Truk, Wake
5 Baker, Bonin, Daito, Hondo, Jesso, Kauai, Mapia, Mocha, Nauru, Palau, Ralik, Samoa, Timor, Tonga
6 Chiloe, Chonos, Ellice, Hawaii, Jarvis, Malden, Marcus, Midway, Nassau, Riukiu, Rotuma, Tahiti, Tubuai, Wallis
7 Aleuten, Campana, Fanning, Fidschi, Gilbert, Howland, Kurilen, Loyalty, Okinawa, Palmyra, Phoenix, Rapanui, Salomon, Tokelau, Tuamotu
8 Hokkaido, Honululu, Marianen, Marshall, Molukken, Schikoku
9 Christmas, Galapagos, Karolinen, Mangareva, Marquesas, Neuguinea, Salomonen
10 Melanesien, Neuseeland, Osterinsel, Polynesien, Wellington
11 Mikronesien, Philippinen, Tongainseln
12 Neue Hebriden
13 Neukaledonien
14 Desaventuradas
Pech
4 Harz, Teer
5 Panne
6 Unfall
7 Malheur
8 Reinfall, Schlappe, Unglueck
10 Misserfolg
12 Missgeschick
Pechkohle
3 Jet
4 Jett
5 Gagat
Pechleuchte
6 Fackel
pechschwarze
Kohle
5 Gagat
Pedal
5 Hebel
6 Kurbel
9 Fusshebel
10 Tretkurbel
Pedant
10 Kleingeist, Rechthaber
11 Haarspalter
15 Umstandskraemer
16 ◆ Paragrafenreiter
17 Paragraphenreiter
pedantisch
7 penibel
8 pingelig
9 kleinlich
kleinliches Bekritteln
12 Beckmesserei
Peddigrohr
6 Rattan
peilen
5 orten
Peilung
5 Radar
6 Ortung
10 Navigation
Pein
4 Qual
6 Marter, Tortur
7 Schmerz
8 Drangsal
9 Martyrium
Peinigung, Tortur, Marter
6 Folter
peinlich
5 fatal
6 genant, heikel
7 delikat
8 blamabel, diffizil, shocking
10 unangenehm
11 sorgfaeltig
12 schockierend
berührt
8 betreten
10 indigniert
genau
7 penibel
11 sorgfaeltig
peinliche
Angelegenheit
7 Affaere
Genauigkeit
7 Akribie
10 Pedanterie
Lage
11 Schwulitaet
Sensation
7 Skandal
8 Aufsehen
peinlicher
Vorfall
5 Eklat
7 Affaere
peinliches
Aufsehen
7 Skandal
Empfinden
5 Scham
Vorkommnis
5 Chose
6 ◆ Schose
Peitschenart
5 Knute
6 Ziemer
7 Fuchtel, Geissel, Nagaika
8 Kantschu

9 Reitgerte
10 Karbatsche
12 Ochsenziemer
Pelargonie
7 Geranie
pelasgischer
Volksstamm
9 Tyrrhener
pelikanartiger
Vogel
8 Kormoran
Pelle
4 Darm, Haut
6 Schale
Peloponnes-Halbinsel
5 Maina
Pelz
der Bärenrobbe
4 Seal
der Biberratte
6 Nutria
des sibirischen Eichhörnchens
3 Feh
eines Lamms
9 Persianer
Pelzart, -tier
3 Boa, Feh, Kid
4 Baer, Hase, Lamm, Mink, Muff, Nerz, Seal
5 Biber, Bisam, Bobak, Fuchs, Iltis, Kanin, Luchs, Otter, Robbe, Schaf, Skunk, Tibet, Tiger, Ziege, Zobel
6 Angora, Felbel, Fohlen, Marder, Murmel, Nutria, Ozelot, Pijiki, Suslik, Wiesel, Ziesel
7 Gazelle, Guanaco, Hamster, Karakul, Krimmer, Leopard, Mufflon, Opossum, Seebaer, Seehund, Treibel, Wallaby
8 Baranken, Eisfuchs, Grauwerk, Hermelin, Kalinken, Maulwurf, Rotfuchs, Sealskin, Seeotter, Wollmaus
9 Astrachan, Biberette, Bisonette, Blaufuchs, Kaninchen, Pelzrobbe, Persianer, Schmaeche, Sealbisam, Stinktier, Waschbaer, Wolfsfell
10 Baerenfell, Baummarder, Biberratte, Bisamratte, Chinchilla, Edelmarder, Kalbfohlen, Murmeltier, Ohrenrobbe, Peschaniki, Polarfuchs, Sumpfbiber, Weissfuchs
11 Alaskafuchs, Baerenrobbe, Koenigzobel, Pelzseehund, Silberfuchs, Steinmarder
12 Breitschwanz, Schwarzfuchs
13 Eichhoernchen
14 Persianerklaue
15 Kamschatkabiber
Pelzcape
9 Nerzstola
Pelzgewand
in Mittelasien
7 Tschoka
Pelzimitation
8 Moltonne
Pelzkragen
3 Boa
Pelzmantel
aus Synthetik
6 Funfur
Pelzrobbenfell
4 Seal
Pelzsamt
6 Felbel
Pelztierfell
veredelt
9 Rauchware
Pelztierjäger
7 Trapper
Pelzverarbeiter
10 Kuerschner
Pelzwerk
4 Seal
5 Bisam, Kanin
9 Rauchware
Pendant
11 Gegenstueck
Pendel
11 Perpendikel
Pendelbewegung
eines Körpers
10 Schwingung
Pendeluhr
7 Pendule
8 Penduele, Standuhr, Sturzuhr
9 Regulator
Penelopes
Mann
8 Odysseus
Sohn
8 Telemach
10 Telemachos
Pension
5 Hotel, Rente
8 Ruhegeld
9 Leibrente
10 Ruhegehalt
11 Altersrente, Fremdenheim
13 Verkoestigung
Pensionär
7 Rentier, Rentner
11 Kostgaenger
Pensum
7 Aufgabe, Lektion
9 Lehrstoff, Lernstoff
12 Schulaufgabe
Pentagon
8 Fuenfeck
Pentagramm
10 Drudenfuss
perfekt
9 abgemacht, vollendet
10 vollkommen
pergamentartiges
Papier
5 Velin
Pergament, Urkunde
6 Charta
Periode
4 Aera, Zeit
6 Epoche, Umlauf, Zyklus
8 Zeitraum
9 Abschnitt
12 Menstruation
13 Monatsblutung
Periodenzahl
8 Frequenz
periodische
Wiederkehr
6 Brooks, Olbers
Peripherie
4 Rand
6 Umfang
7 Umkreis
9 Umrandung
11 Aussenseite
12 Umfangslinie
Periskop
7 Sehrohr
perlen
10 moussieren
Perlmutterfalter
12 Kaisermantel, Silberstrich
Perlzwiebel
9 Rokambole
Perons
Frau
5 Evita
Perpendikel
6 Pendel
Perron
5 Rampe
8 Auffahrt
9 Bahnsteig, Plattform
Perser
6 Iraner
Perserkönig
5 Cyros, Kores, Kyros, Nadir
6 Darius, Ismail, Xerxes
8 Kambyses
10 Artaxerxes
Perserteppich
5 Mahal, Saruk
Perseusstern
5 Algol
7 Algenib
Persianerschaf
7 Karakul
Persien
4 Iran
persische
Fee
4 Peri
Flöte
3 Nei
Fruchtbarkeitsgöttin
7 Anaitis
Gedichtform
5 Gasel, Rubai
Gottheit
5 Haoma
6 Ormuzd
7 Ahriman, Mithras
Hauptstadt
7 Teheran
Hauptstadt im Altertum
4 Susa
heilige Schrift
6 Avesta, Awesta
Laute
3 Tar
Münze
4 Kran, Rial
5 Dinar, Toman
6 Schahi
8 Dareikos
Nachtigall
9 Buelbuels
Provinz
4 Fars

5 Gilan
6 Kerman
8 Kuhistan
9 Chorassan
Reisspeise
5 Pilaf, Pilaw
Religion
9 Mazdaznan, Parsismus
Rohrflöte
3 Nei
Schriftsprache
7 Pehlewi
Teppichstadt
7 Hamadan, Taebris
Wasserpfeife
6 Kalian, Kaliun
Wüste
5 Kawir
persischer
Arzt
4 Ring
6 Rhazes
Dichter
4 Omar
5 Hafis, Saadi
6 Nisami, Nizami
7 Dschami, Firdusi, Marwasi
8 Avicenna, Dschelal, Firdausi
Ehrentitel
5 Mirza
Exportartikel
3 Oel
7 Teppich
Florteppich
3 Mir
Frauenname
7 Suleika
Frauenschleier
8 Tschador
Gott
6 Ormuzd
Grundtext
6 Awesta
Halbesel
6 Onager
Herrscher, Oheim Mohammeds
5 Abbas
Kaisertitel
5 Schah
Klassiker
5 Saadi
König
5 Cyros, Kores, Kyros, Nadir
6 Darius, Ismail, Xerxes
8 Kambyses
9 Alexander
10 Artaxerxes
Lichtgott
6 Ormuzd
7 Mithras
Lyriker
5 Feisi
Religionsstifter
4 Mani
5 Manes
9 Zoroaster
11 Zarathustra
Staatsbeamter im 5. Jh. v. Chr.
4 Esra
Staatsempfang
6 Durbar
Statthalter
6 Satrap

Teppich
5 Gerus
Titel
5 Mirsa, Mirza
Volksromanheld
5 Hatim
persisches
Handelsgewicht
6 Karwar
Herrschergeschlecht
9 Abbasjden
Massemaß für Perlen
4 Abas
Musikinstrument
3 Nay, Nei, Tar
Saiteninstrument
3 Tar
Urvolk
5 Meder
Person
6 Mensch
10 Individuum
11 Einzelwesen
als Vorbild eines Gemäldes
6 Modell
aus der Ahnenkette
7 Vorfahr
bei Hypnoseversuchen
6 Medium
die andere hintergeht
9 Betrueger
die etwas auf eine Fläche notiert
11 Anschreiber
die etwas betrachtet
9 Beschauer
die für andere haftet
6 Buerge
die geladene Gäste bewirtet
9 Gastgeber
die Geschäfte anbahnt
10 Vermittler
die gewerblich Bier herstellt
6 Brauer
die letztwillige Verfügungen durchführt
22 Testamentsvollstrecker
die ohne Arbeit ist
12 Arbeitsloser
die Ruhegehalt bezieht
7 Rentner
10 Pensionaer
die Seltenheiten zusammenträgt
17 Raritaetensammler
die über ihren Nachlass verfügt
9 Erblasser
eines Bühnenstücks
5 Figur
7 Gestalt
11 Protagonist
in leichter Haft
9 Arrestant
mit internen Kenntnissen
7 Insider
Personal
7 Gesinde
11 Belegschaft, Mitarbeiter
12 Dienerschaft
Personalausweis
4 Pass
9 Kennkarte, Reisepass
16 Identitaetskarte
Personalpronomen
2 du, er, es
3 die, ich, ihm, ihr, mir, sie, uns, wir
4 euch
5 ihnen
Personen
des Familienkreises
9 Verwandte
die sich nicht in die Sozialordnung einfügen
8 Asoziale
Personenaufzug
4 Lift
9 Fahrstuhl
11 Paternoster
Personenbeförderungsmittel
4 Auto, Taxi
5 U-Bahn
7 Autobus, Omnibus
8 Flugzeug
9 Eisenbahn
10 Sessellift
11 Schnellbahn, Schwebebahn
12 Hubschrauber, Strassenbahn
Personenbeschreibung
11 Signalement
Personenbezeichnung
4 Name
7 Vorname
8 Nachname
Personenfestnahme
10 Verhaftung
Personenkraftwagen
3 Pkw
4 Auto
5 Coupe
6 Spider
8 Roadster
9 Cabriolet, Limousine
10 Kabriolett
Personenkreis, Sachkreis
6 Gruppe
Personenstandsbehörde
10 Standesamt
17 Einwohnermeldeamt
Personenverschleppung
10 Kidnapping
11 Entfuehrung
persönlich
5 eigen
6 privat, selbst
8 privatim
9 muendlich, subjektiv
11 individuell
haftender Gesellschafter
13 Komplementaer
persönliche
Anrede für Fremde
3 Sie
Ausdrucksweise
4 Stil
Eigenart
12 Angewohnheit
Habe, Besitz
8 Eigentum
intime Anrede
2 du
Schutztruppe
9 Leibwache
persönlicher
Einsatz
10 Engagement
Festtag
9 Namenstag

10 Geburtstag
12 Hochzeitstag
Name Buddhas
9 Siddharta
persönliches
Bewusstsein des eigenen Tuns
8 Gewissen
französisches Fürwort
2 il, je, tu
3 ils
4 elle, nous, vous
5 elles
Fürwort
2 du, er, es
3 dir, ich, ihm, ihr, sie, uns, wir
4 euch
5 ihnen
Persönlichkeit
9 Charakter
10 Individuum
13 Personalitaet
15 Individualitaet
Persönlichkeitsbild
5 Image
11 Psychogramm
Persönlichkeitsforschung
15 Charakterologie
Persönlichkeitsschutz
10 Immunitaet
Persönlichkeitszerfall
5 Lysis
Perspektive
8 Ausblick, Aussicht
10 Durchblick
11 Blickwinkel, Voraussicht
pers.-türk.
Anrede an Frauen
5 Hanum
peruanische
Berglandschaft
7 Montana
Hafenstadt
5 Chala, Pisco
6 Callao
7 San Juan
Hauptstadt
4 Lima
Herrscherkaste
4 Inka
5 Inkas
Münze, Währungseinheit
3 Sol
7 Centavo
Provinz
3 Ica
4 Puno
5 Junin, Piura
6 Ancash, Callao, Loreto
8 Apurimac
9 San Martin
10 La Libertad, Lambayeque
Stadt
3 Ica
4 Lima
5 Chala, Cusco, Cuzco, Oroya, Paita, Pisco, Piura, Tacna, Taena
6 Callao, Camana, Huaras, Huaraz, Sihuas, Talara
7 Iquitos, La Oroya, Marcona, San Juan
8 Arequipa, Chiclayo, Chimbote, Huancayo, Moquegua, Trujillo
9 Mayobamba
12 Cerro de Pasco
Währungseinheit
3 Sol
peruanischer
Autor
5 Palma
7 Alegria, Vallejo
Berg, Bergland
5 Anden, Misti
6 Ampato
7 Montana
8 Coropuna
9 Huascaran
11 Kordilleren
Branntwein
5 Pisco
Bürgermeister
7 Alkalde
Eroberer
7 Pizarro
Exportartikel
4 Blei, Zink
5 Eisen, Guano, Kakao, Wolle
6 Erdoel, Kaffee, Kupfer, Silber
9 Baumwolle
10 Zuckerrohr
Herrscher
4 Inka
Künstler (Bildhauer, Maler und Grafiker)
3 Gil, Rey
4 Blas, Flor, Laso, Pozo, Saco
6 Masias, Merino, Osorio, Torres, Ugarte, Zapata
7 Barreda, Reinoso, Sabogal, Urteaga, Velarde
8 Carvallo, Castillo, Codesido, Piqueras
9 Cristobal, Hernandez
Schriftsteller
7 Alegria
See
8 Titicaca
11 Titicacasee
peruanisches
Gebirge
5 Anden
Schafkamel
4 Lama, Pako
6 Alpaka, Vicuna
7 Guanako, Vikunja
pervers
7 abartig
8 verkehrt
15 widernatuerlich
perverse
Neigung
8 Sadismus
Pescadoreninsel
6 Hokoto
Pessimist
12 Schwarzseher
Pest
12 Schwarzer Tod
Petent
10 Supplikant
11 Bittsteller
Petersburger
Palast
6 Smolny
Petrarcas
Geliebte
5 Laura
petrochemischer
Betrieb
12 Oelindustrie
13 Oelraffinerie
Petschaft, Stempel
6 Siegel
10 Siegellack
14 Eindrueckmasse
Petschorazufluss
6 Ischma
Pfad
3 Weg
Pfadfinder
5 Scout
8 Boyscout
Pfahl
6 Pflock, Pilote, Stange
7 Pfosten
Pfahlbarriere, -sperre
8 Palisade
Pfahlgruppe
in Häfen
10 Dueckdalbe
Pfalzgraf
7 Palatin
Pfand
6 Geisel
7 Einlage, Gewaehr, Kaution
10 Sicherheit
Pfandrecht
an Immobilien
8 Hypothek
Pfannengericht
7 Omelett, Ruehrei
8 Omelette
9 Spiegelei
10 Eierkuchen
15 Kartoffelpuffer
Pfannkuchen
5 Crepe, ◆ Krepp
6 Plinse, Plinze
7 Krapfen, Omelett
8 Berliner, Omelette
10 Eierkuchen
13 Palatschinken
Pfannkuchenart
5 Oladi
Pfarramt
8 Pastorat
Pfarrbezirk
8 Parochie
Pfarrei
8 Sprengel
Pfarrer
6 Pastor
8 Priester
10 Seelsorger
11 Geistlicher
Pfefferfresser
5 Tukan
Pfeffergewächsgattung
5 Piper
Pfeffergurke
9 Cornichon
Pfefferkornhaar
der Hottentotten
6 Filfil
Pfefferkuchenart
6 Printe
11 Spekulatius

Pfefferminzölbestandteil
7 Menthol
Pfefferstrauchfrucht
6 Kubebe
Pfeife
Instrument
6 Floete
10 Querfloete
pfeifen
7 floeten
Pfeifenanzünder
7 Fidibus
Pfeifenmaterial
7 Bruyere
10 Meerschaum
11 Bruyereholz
Pfeifenstrauch
6 Jasmin
10 Osterluzei, Schneeball
Pfeifentabak
4 Shag
Pfeiferhänslein
im Taubertal
7 Boeheim
Pfeil
8 Geschoss
9 Wegweiser
des Stierkämpfers
10 Banderilla
Pfeilbehälter
7 Koecher
Pfeiler
6 Saeule, Strebe
7 Maranta, Pfosten, Stuetze
8 Pilaster, Staender
bei Hängebrücken
5 Pylon
zur Mauerverstärkung
13 Strebepfeiler
Pfeilerabschluss
8 Kapitell
pfeilerartiger
Maueraufbau
5 Zinne
Mauerstreifen
6 Lisene
Sturzangriff beim Fechten
6 Fleche
Pfeilerbüste
5 Herme
Pfeilerspiegel
7 Trumeau
Pfeilgift
4 Upas
6 Curare, Kurare
Pfeilhecht
6 Pikuda
9 Barrakuda
Pfeilkraut
10 Sagittaria
Pfeilschusswaffe
5 Bogen
Pfeilwurz
5 Pilar, Pylon
7 Tapioka
Pfeilwurzmehl
9 Arrowroot
Pfennig
im Mittelalter
6 Berner
Pfennigfuchser
7 Knauser, Knicker
8 Geizhals
10 Geizkragen
Pferch
4 Zaun
6 Gehebe, Huerde, Koppel, Korral
8 Viehzaun
10 Umzaeunung
11 Einzaeunung
Pferd
von Alexander dem Großen
10 Bukephalos, Buzephalos
von Don Quichote
9 Rosinante
von Odin, Wotan
8 Sleipnir
von Siegfried, Sigurd
5 Grane
von Winnetou
7 Iltschi
pferdeähnliches
Fabeltier
7 Einhorn, Kentaur, Zentaur
Tier
4 Esel
5 Zebra
8 Maulesel
Pferdeausbilder
8 Bereiter
Pferdebahn
4 Tram
Pferdebesitz
7 Gestuet
9 Rennstall
eines Fürsten
8 Marstall
Pferdebürste
8 Striegel
11 Kardaetsche
Pferdedecke
7 Woilach
Pferdedressur
10 Hohe Schule
Pferdedressurprüfung
5 Volte
Pferdefuhrwerk
5 Break, Karre
6 Fiaker, Hansom, Karren
7 Berline, Karosse, Kremser, Kutsche, Phaeton
8 Droschke, Equipage, Kalesche, Landauer
11 Einspaenner
12 Zweispaenner
Pferdefußteil
3 Huf
Pferdegangart
4 Pace, Pass, Trab, Zelt
6 Galopp, Kanter, Piaffe, Redopp
7 Alluere, Passade, Passage, Renvers, Schritt, Travers
8 Entrepas, Karriere
10 Handgalopp, Seitengang
11 Arbeitstrab, Linksgalopp
12 Rechtsgalopp, Schulschritt
Pferdegeschirr, -teil
4 Gurt, Kumt, Zaum
5 Gerte, Leine, Longe, Pilar, Siele, Sporn
6 Bremse, Buegel, Gebiss, Kummet, Sattel, Sielen, Sporen, Trense, Zuegel
7 Halfter, Kandare, Pausche, Woilach, Zuggurt
8 Kappzaum, Maulkeil, Peitsche, Reitsitz, Zaumzeug
9 Bauchgurt, Kinnkette, Laufleine, Reitgerte, Spitzkumt
10 Halsriemen, Hohlgebiss, Kehlriemen, Maulgatter, Sattelgurt, Schabracke, Sitzriemen, Sprenggurt
11 Beissstange, Beizaeumung, Kardaetsche, Kopfgestell, Nasenriemen, Satteldecke, Scheuklappe, Steigbuegel, Steigriemen, Stirnriemen
12 Backenstueck, Bodenblender, Buegelriemen, Gebissstange, Genickstueck, Kniegamasche, Kumtgeschirr, Reitpeitsche, Sattelkissen, Springsattel
13 Schweifriemen, Trensenzuegel
14 Kandarenzuegel
Pferdeherde
in russ. Steppen
5 Tabun
Pferdekabine
für den Rennbeginn
8 Startbox
Pferdekrankheit
4 Ramm, Rehe, Rotz, Spat
5 Druse, Galle, Leist, Mauke, Raspe
6 Durine, Feifel, Giemel, Koller, Raeude, Rehhuf, Schale, Skalma, Staupe
7 Einbiss
9 Harnwinde, Kreuzrehe, Piephacke
12 Pfeiferdampf
Pferdekunde
10 Hippologie
Pferdekutsche
8 Droschke
Pferdelaufleine
5 Longe
Pferdenachwuchs, Jungpferd
7 Remonte
Pferdename
bei Karl May
3 Rih
Pferdenasenloch
7 Nuester
Pferdeputzgerät
8 Striegel
11 Kardaetsche
Pferderasse, -rassengruppe
3 Kob
4 Pony
5 Konik
6 Araber, Berber, Bronco, Hunter, Huzuen, Huzule, Jucker, Perser, Senner, Tarpan
7 Belgier, Hackney, Noriker, Suffolk
8 Ardenner, Badenser, Bosniake, Halbblut, Kaltblut, Rottaler, Togopony, Turkmene, Vollblut, Warmblut, Wildpony
9 Batakpony, Bergpferd, Boulogner, Brabanter, Cleveland, Delhipony, Duelmener, Haflinger, Karabaier, Ostfriese, Percheron, Pinzgauer,

Trakehner, Wildpferd
10 Andalusier, Clydsedale, Doppelpony, Exmoorpony, Fjordpferd, Holsteiner, Islandpony, Kleinpferd, Lipizzaner, Madurapony, Panjepferd, Thueringer, Zwergpferd
11 Gotlandpony, Korsikapony, Mittelpferd, Oldenburger, Orlowtraber, Schleswiger
12 Hannoveraner, Huzulenpferd, Karpatenpony, Shetlandpony
13 Anglonormanne, Brandenburger, Campagnapferd, Limousinpferd, Mecklenburger, Nordwalespony, Suedwalespony
15 Frederiksborger, Przewalskipferd

Pferderennbahn
7 Gelaeuf
9 Hippodrom

Pferderennen, Pferdesportart
4 Heat, Polo, Turf
5 Derby
6 Rennen
7 Dressur
8 Handikap, Military, Parcours, Springen
9 Fuchsjagd
10 Hohe Schule, Jagdrennen, Trabrennen
11 Flachrennen, Reitturnier, Springderby, Voltigieren
12 Einzelrennen, Galopprennen, Gelaenderitt, Jagdspringen, Springreiten, Steeplechase, Steherrennen, Traberfahren
13 Dressurreiten, Huerdenrennen, Turnierreiten
14 Zukunftsrennen
15 Hindernisrennen
16 Ausgleichsrennen

Pferderennplatz
4 Riem
5 Ascot, Epsom
8 Daglfing
9 Iffezheim, Vincennes

Pferderennwette
4 Sieg
5 Platz
11 Dreierwette
12 Einlaufwette
14 Zwillingswette

Pferdesport
6 Reiten
8 Reiterei

Pferdesportler
6 Reiter
12 Springreiter

Pferdesportlerin
8 Reiterin

Pferdesportstätte
in Berlin
10 Karlshorst, Mariendorf

Pferdesportveranstaltung
12 Galopprennen

Pferdestand
3 Box

Pferdestärke
2 PS

Pferdezaum
6 Trense

Pferdezuchtbetrieb
7 Gestuet

Pferdezuchtstammbuch
8 Stutbuch

Pferdmensch
der griech. Sage
5 Silen

Pferd, Pferdeart
3 Run
4 Gaul, Goss, Hack, Pony, Ross
5 Enter, Falbe, Fuchs, Guest, Gurre, Pacer, Pinto, Rappe, Stute, Zosse
6 Blesse, Fohlen, Hengst, Jucker, Kracke, Maehre, Maiden, Mucker, Rappen, Scheck, Traber, Zelter, Zossen
7 Brauner, Fuellen, Gaenger, Klepper, Mustang, Remonte, Schecke, Wallach
8 Isabelle, Rehfalbe, Rotfuchs, Schimmel, Schinder, Zugpferd
9 Ackergaul, Goldfuchs, Handpferd, Hellfuchs, Karossier, Kohlfuchs, Kohlrappe, Lastpferd, Lehmfuchs, Mausfalbe, Reitpferd
10 Beschaeler, Brandfuchs, Braunfuchs, Deckhengst, Glanzrappe, Koerhengst, Mohrenkopf
11 Dunkelfuchs, Klopfhengst, Kupferfuchs, Rotschimmel, Sattelpferd, Semmelfalbe
12 Blauschimmel, Goldisabelle, Grauschimmel, Rappschimmel, Schwarzfuchs, Stangenpferd
13 Apfelschimmel, Deichselpferd, Eisenschimmel, Lungenpfeifer, Milchschimmel, Schweissfuchs

Pfiff
5 Kniff
13 Floetensignal

pfiffig
5 smart

Pfingstgrün
4 Maie

pfingstlich
aufgeputzter Mast
7 Maibaum

Pfingstrose
7 Paeonie

Pfingstvogel
5 Pirol

pfirsichähnliches
Obstgewächs
10 Mandelbaum

Pfirsichart
9 Nektarine

Pflanzenableger
6 Senker

Pflanzenanbau
6 Kultur
8 Plantage
10 Agrikultur, Baumschule

Pflanzenausschwitzung
4 Harz
5 Wachs

Pflanzenauszug
6 Essenz
7 Elixier, Tinktur

Pflanzenbastard
5 Burdo

Pflanzenblatt
als Droge
6 Folium

Pflanzendickicht
an Seen
9 Roehricht

Pflanzenesser
10 Vegetarier

Pflanzenextrakt
6 Auszug
zur Heilung
5 Sucus

Pflanzenfarbstoff
6 Anatto
7 Karotin
10 Blattgruen
11 Chlorophyll, Xanthophyll

Pflanzenfaser
4 Bast, Hanf
5 Fiber, Sisal
6 Flachs
9 Baumwolle

Pflanzenfett
7 Rapsoel
9 Margarine

Pflanzenform
5 Kraut

Pflanzenformation
der tropischen Küsten
8 Mangrove

Pflanzenfresser
8 Nagetier

Pflanzengattung
5 Alnus, Kilte, Orche
6 Myrica
8 Asperula
10 Ehrenpreis
12 Glockenblume

Pflanzengeografie
10 Geobotanik

Pflanzengift
der Paternosterblume
5 Abrin
7 Nikotin

Pflanzenhormon
5 Kinin

Pflanzenkeim
4 Same
5 Samen

Pflanzenkletterglied
5 Ranke

Pflanzenkost
5 Salat
7 Gemuese, Rohkost
12 Vegetabilien
der austral. Eingeborenen
5 Nardu

Pflanzenkostesser
10 Vegetarier

Pflanzenkrankheit
4 Rost
5 Gicht
6 Befall
7 Mehltau

Pflanzenkulturschau
20 Gartenbauausstellung

Pflanzenkunde
7 Botanik

10 Phytologie
Pflanzenlaus
10 Schildlaus
Pflanzenleim
7 Staerke
Pflanzenmilch
9 Gummiharz, Kautschuk
11 Guttapercha
Pflanzennährstoff
4 Dung, Kali
7 Duenger
12 Duengemittel
Pflanzennarbe
6 Stigma
Pflanzenornament
8 Arabeske
Pflanzenreich, -welt
5 Flora
Pflanzensaft
5 Gummi, Manna, Milch
Pflanzensammlung
9 Herbarium
Pflanzenschädling
7 Reblaus
9 Blattlaus
Pflanzenschößling
5 Trieb
7 Ableger
Pflanzenschutzmittel
8 Fungizid, Pestizid
10 Bakterizid, Insektizid
Pflanzenspross
5 Trieb
7 Ableger
11 Schoessling
Pflanzenstachel
4 Dorn
Pflanzenstengel
4 Halm
5 Stiel
Pflanzenstiel
7 Stengel
8 ◆ Staengel
Pflanzenteil
3 Ast
4 Dorn, Halm, Kern, Laub
5 Aehre, Beere, Blatt, Borke, Dolde, Faser, Kelch, Nadel, Narbe, Ranke, Rinde, Rispe, Stamm, Stiel, Trieb, Wedel, Zelle, Zweig
6 Bluete, Frucht, Knolle, Knospe, Kolben, Schote, Senker, Spross, Traube, Wipfel, Wurzel
7 Ableger, Griffel, Stachel, Stempel, Stengel, Zwiebel
8 Absenker, ◆ Staengel
9 Kaetzchen
für Veredelungen
8 Edelreis
9 Unterlage
nach der Mahd
7 Stoppel
Pflanzentrieb
6 Senker, Spross
7 Ableger
11 Schoessling
Pflanzenwelt
5 Flora
Pflanzenwuchs
10 Vegetation
Pflanzenwuchsstoff
5 Auxin
Pflanzenzaun
5 Hecke
Pflanzenzuchtbetrieb
10 Gaertnerei
Pflanzenzüchter
8 Gaertner
Pflanze, Pflanzenart
4 Alge, Baum, Farn, Gras, Mohn, Moos, Pilz
5 Blume, Busch, Kraut, Sinau
6 Staude
7 Begonie, Flechte, Strauch
8 Brunelle, Eisenhut, Gewaechs, Gloxinie, Wegwarte
10 Ackerwinde, Blasentang, Igelkolben, Nelkenwurz
11 Fingerkraut
12 Frauenmantel
14 Scheinzypresse
aus der Sisal gewonnen wird
5 Agave
deren Saft in der Medizin verwendet wird
4 Aloe
6 Arnika
7 Melisse
der Sukkulenten
6 Kaktus
des Mittelmeergebietes
5 Agave
mit Brennhaaren
6 Nessel
10 Brennessel
11 ◆ Brennnessel
mit stachligen Blättern
6 Distel
ohne Blüten
10 Kryptogame
13 Sporenpflanze
zur Gründüngung
6 Lupine
Pflanzgut
4 Saat
pflanzlich
9 vegetabil
11 vegetarisch
pflanzliche
Base
8 Alkaloid
Gewebeart
7 Kambium
Kohlenhydrate
8 Staerken
Nahrungsmittel
12 Vegetabilien
Produkte
8 Fruechte
Stärke
6 Amylum
Vermehrungszellen
6 Sporen
pflanzlicher
Blütenstand
5 Rispe
Brotaufstrich
9 Margarine
Farbstoff
6 Anatto
7 Karotin
10 Blattgruen
11 Chlorophyll, Xanthophyll
Fortpflanzungskörper
5 Spore
Klettertrieb
5 Ranke
Samen
7 Saatgut
pflanzliches
Färbemittel
5 Henna
6 Safran
Fasergewebe
4 Bast
Nahrungsmittel
7 Gemuese
Oberflächengewebe
4 Kork
Polstermaterial
5 Kapok
Produkt
4 Fett
Pflanzung
4 Kamp
6 Kultur
8 Plantage
10 Baumschule
Pflasterart, -material
4 Holz, Teer
7 Asphalt, Makadam
9 Kopfstein
10 Kunststein, Naturstein
Pflaumenart, -sorte
5 Spill
6 Spille
8 Quetsche, Spilling, Zwetsche
9 Damaszene, Mirabelle, Pruenelle, Reneklode, Zwetschge
11 Reineclaude
Pflaumenbranntwein, -schnaps
7 Kaetsch
9 Slibowitz, Sliwowitz
Pflege
4 Hege
5 Obhut, Sorge
7 Service, Wartung
9 Betreuung, Fuersorge
der Gesundheit
7 Hygiene
Pflegeanstalt
von Bodelschwingh
6 Bethel
Pflegeheim
6 Spital
10 Altersheim
Pflegemittel
für Fußböden
11 Bohnerwachs
pflegen
5 hegen
6 warten
8 betreuen, umsorgen
Pfleger
5 Heger, Tutor
7 Kurator, Vormund, Waerter
8 Betreuer
9 Samariter, Verwalter
10 Sanitaeter
11 Heilgehilfe
14 Krankenwaerter
von Kunstdenkmälern
11 Konservator

Pflegestätte
für Geisteskranke
12 Irrenanstalt
Pflegling
7 Muendel, Patient
Pflegschaft
7 Kuratel
Pflicht
5 Gebot
6 Dienst
7 Aufgabe, Auflage
10 Vorschrift
12 Obliegenheit, Schuldigkeit
für die Folgen einer bestimmten Handlung
7 Haftung, Regress
13 Schadenersatz
14 Schadensersatz
Pflichtanteil
10 Kontingent
pflichtbewusst, -gemäß
5 recht
7 gerecht
10 gebuehrend
11 sorgfaeltig
12 verlaesslich
13 obligatorisch
Pflichtgebot
9 Imperativ
Pflock, Pfosten
5 Pfahl, Pilar
6 Balken, Pilote, Poller, Stange, Strebe
7 Pfeiler, Stuetze
zum Hakeneinschlagen
6 Duebel
pflügen
6 ackern
7 rigolen
Pflugmesser
5 Schar
6 Kolter
Pflugspur
6 Furche
Pflugteil
4 Baum, Sech, Seck
5 Schar, Sohle, Sterz
7 Grindel
9 Pflugbaum
10 Pflugschar
11 Molterbrett, Stellbuegel, Vorschaeler
12 Messerkolter
Pforte
3 Tor
4 Pass, Tuer
5 Senke
6 Portal
7 Eingang, Einlass, Passage
8 Oeffnung
9 Durchgang, Durchlass
10 Durchbruch
Pförtner
7 Portier
9 Concierge
Pförtnerraum
4 Loge
Pfosten
5 Pfahl
6 Balken, Poller, Strebe
7 Pfeiler
9 Tuerangel
10 Drehzapfen
zur Befestigung von Trossen
6 Poller
Pfote
4 Fuss, Hand
5 Klaue, Tatze
6 Pranke, Pratze
11 Handschrift
Pfrim
4 Ahle
7 Ginster
Pfropfbastard
8 Chimaere
Pfropfen
5 Spund
6 Korken
7 Stopfen
8 Stoepsel
in den Blutgefäßen
8 Thrombus
Pfropfzweige
auf einem Wildling
10 Edelreiser
Pfründe
7 Benefiz
9 Praebende
10 Benefizium
einträgliches Amt
8 Sinekure
Pfuhlschnepfe
6 Limosa, Limose
Pfütze, Pfuhl
5 Lache, Sumpf
6 Gatsch, Morast
7 Tuempel
phäakische
Königstochter
8 Nausikaa
Phädras
Mann
7 Theseus
Phänomen
6 Wunder
7 Vorgang
8 Ereignis
11 Erscheinung
15 Persoenlichkeit
Phantom
8 Gespenst, Trugbild
Pharaonengattin
9 Nofretete
Pharaonengrab
7 Mastaba
8 Pyramide
Pharaonenname
5 Menes
6 Cheops, Ramses
8 Chephren, Echnaton
9 Amenhotep
Pharisäer
8 Heuchler
Pharmazeut
9 Apotheker
Phase
7 Stadium
eines Erdtrabanten
7 Neumond
8 Vollmond
Phenoläther
6 Anisol
Philanthrop
10 Wohltaeter
14 Menschenfreund
Philatelist
18 Briefmarkensammler
philatelistisch
sehr selten
2 RR
philatelistischer
Begriff
13 Ersttagsbrief
Philemons
Frau
6 Baucis
Philharmonie
9 Musiksaal
philippinische
Einwohner
4 Aeta
6 Tagale
7 Negrito
8 Filipino
Hauptstadt
6 Manila
10 Quezon City
Insel
4 Cebu
5 Bohol, Leyte, Luzon, Panay, Samar
6 Negros, Tablas
7 Babuyan, Basilan, Dinagat, Masbate, Mindoro, Palawan, Polillo
8 Camiguin, Mindanao
10 Marinduque
11 Catanduanes
Währung
4 Peso
8 Centavos
philippinischer
Nationalheld
5 Rizal
Vulkan
3 Apo
5 Mayon
8 Urdaneta
Philisterstadt
im A.T.
5 Ekron
Philologe
15 Sprachgelehrter
Philosoph
5 Hegel, James, Plato
6 Denker, Epiker, Herder, Herzen, Hobbes, Laotse, Thales
7 Diderot, Holbach
8 Leibnitz, Sokrates
10 Pythagoras
11 Anaximander, Aristoteles
12 Schopenhauer
23 Alexander von Aphrodisias
philosophische
Lehre, Richtung, Schule, Zweig
4 Elea, Stoa
5 Ethik, Logik, Samos
6 Mystik
7 Deismus
8 Monismus, Symbolik
9 Aesthetik, Dialektik, Dualismus, Ontologie, Realismus, Sophistik
10 Empirismus, Humanismus, Idealismus, Metaphysik, Nihilismus, Scholastik, Stoizismus
11 Pantheismus

12 Naturalismus, Nominalismus, Positivismus, Pragmatismus, Relativismus
13 Materialismus, Rationalismus
14 Subjektivismus
16 Existentialismus, ◆ Existenzialismus

philosophischer
Begriff
4 Atom, Ding, Idol, Mass, real, Sein, Sinn, Teil, Volk, wahr, Welt, Wert, Wort, Zeit, Ziel
5 actio, aktiv, Axiom, Basis, Ethik, Ideal, Kanon, Kunst, Leben, Luxus, Masse, Moral, Natur, ratio, Staat, These, Wesen, Wille, Zweck
6 Abbild, analog, Ananke, Beweis, Dasein, Denken, Epoche, formal, Gesetz, Gewalt, Glaube, Impuls, Inhalt, Irrtum, kausal, Klasse, Kritik, Kultur, latent, Maxime, Mystik, Nation, Objekt, okkult, passiv, Praxis, Risiko, Signal, Tugend, Urteil, Utopie, Wunder, Zufall
7 absolut, Agnosie, akausal, Analyse, a priori, Aussage, autonom, bedingt, Dilemma, Element, Emotion, Energie, evident, Exegese, Fiktion, Galaxis, Gedanke, Genesis, homogen, konkret, logisch, Meinung, Methode, negativ, Pflicht, positiv, primaer, Prinzip, Problem, Prozess, relativ, Sprache, Subjekt, Theorie, Ursache, Zustand
8 abstrakt, adaequat, alogisch, Analogie, Anamnese, Anarchie, Argument, Attribut, Bewegung, Black-box, effektiv, Existenz, explizit, faktisch, Freiheit, Funktion, Ganzheit, generell, immanent, Konflikt, kontraer, Maschine, Monismus, Prognose, Progress, rational, Reaktion, Relation, rezeptiv, Semantik, Semiotik, Substanz, Substrat, Synthese, Tatsache, Toleranz, Ueberbau, Vernunft, Verstand, Wahrheit, Weltbild
9 Abduktion, Aesthetik, Antithese, Atheismus, Atomistik, Charakter, Deduktion, Dialektik, Dualismus, empirisch, Energetik, Erfahrung, Evolution, Gegensatz, heterogen, Heuristik, Hypothese, Ideologie, imaginaer, Induktion, Intention, Intuition, Kasuistik, Kategorie, Marxismus, panta rhei, Paradoxie, Pragmatik, Qualitaet, Realismus, Reduktion, Redundanz, Reflexion, sekundaer, Sophistik, Universum, Verhalten
10 Aberglaube, ad absurdum, analytisch, Anschauung, Beduerfnis, Behauptung, Besonderes, Definition, Demokratie, Empfindung, Engagement, Erkenntnis, esoterisch, essentiell, ◆ essenziell, Fatalismus, Finalitaet, Hierarchie, Humanismus, Idealismus, Identitaet, Individuum, Konsequenz, Konvergenz, Kybernetik, Metaphysik, Modalitaet, progressiv, Quantitaet, Revolution, Scholastik, Soziologie
11 Abstraktion, aequivalent, Alternative, apodiktisch, Assoziation, Aufklaerung, Bewusstsein, distributiv, Dogmatismus, Eigenschaft, Endlichkeit, epikureisch, Erscheinung, Fortschritt, Futurologie, Grundrechte, Historismus, immateriell, indifferent, individuell, Information, Intelligenz, kategorisch, Kausalitaet, Korrelation, Modernismus, Pantheismus, Quintessenz, Reformismus, Renaissance, Stabilitaet, Unterschied, Wahrnehmung, Widerspruch
12 abstrahieren, Antagonismus, Elitetheorie, Emanzipation, Entscheidung, Gemeinschaft, Gesellschaft, Klassenkampf, kontemplativ, Kontinuitaet, Manipulation, Metamorphose, Modifikation, Neutralitaet, Positivismus, Radikalismus, Relativismus, Skeptizismus, Spieltheorie, transzendent, Veraenderung, Wirklichkeit, Wissenschaft
13 Agnostizismus, Eklektizismus, Gerechtigkeit, Hegelianismus, Kommunikation, Materialismus, Objektivismus, Objektivitaet, Opportunismus, Psychoanalyse, Rationalismus, Revisionismus, Spontaneitaet, Unendlichkeit
14 Identifikation, Interpretation, Merkantilismus, Subjektivismus, Wechselwirkung, Weltanschauung
15 Differenzierung, Diskontinuitaet, Irrationalismus, Kosmopolitismus, Malthusianismus, Persoenlichkeit, Widerspiegelung
16 Existentialismus, ◆ Existenzialismus
18 Wahrscheinlichkeit

Phiole
7 Flasche, Gefaess
11 Glasflasche

Phlegma
9 Traegheit
14 Dickfelligkeit
17 Schwerfaelligkeit
20 Temperamentlosigkeit

phönizische
Kolonie
5 Utica
8 Karthago
Siedlungen in Afrika
5 Hippo
Stadt
5 Sidon, Tyros
6 Arados, Byblos
7 Berytos

phönizischer
Gott
3 Bel
4 Baal
5 Taaut

Phosphatmaterial
6 Apatit

Phrase
6 Formel, Gerede, Tirade
7 Floskel, Wendung
8 Larifari, Tonfolge
9 Redensart
10 Schlagwort
11 Redewendung, Wortschwall

phrasenhaft
10 rhetorisch

phrygische
Göttin
6 Kybele

phrygischer
Sagenkönig
5 Midas
8 Tantalos

physikalische
Arbeitseinheit
3 Erg
Einwirkung
8 Influenz
Erscheinungsform
15 Aggregatzustand
Grundgröße
5 Kraft, Masse
Krafteinheit
4 Pond
6 Newton
Maßeinheit
5 Neper
technische Maße
3 Dyn, Erg, ◆ Fon, Lux, Nox, Ohm
4 Atue, Grad, Herz, Pfot, Phon, Pond, Skot, Volt, Watt
5 Joule, Kerze, Lumen, Stilb
6 Ampere, Minute, Stunde
7 Candela, Coulomb, Kalorie, Lambert, Sekunde
8 Apostilb, Kilowatt
10 Kelvingrad
11 Atmosphaere, Celsiusgrad, Hefnerkerze, Kilokalorie, Normalkerze, Reaumurgrad
13 Pferdestaerke, Sekundenmeter
14 Fahrenheitgrad, Meterkilogramm
16 Stundenkilometer
Variante
6 Isotop

physikalischer
Begriff
3 dyn, Eis, erg, ◆ Fon, Gas, Ion, Lot, Lux, Ohm, Pol, Ton, Weg
4 Atom, Atue, Auge, Bahn, Bild,

Ebbe, Echo, Fall, Feld, Flut, Grad, Kern, Last, Luft, Lupe, Phon, Raum, Volt, Watt, Zeit
5 Achse, Anker, Anode, Basis, Blitz, Dampf, Druck, Duese, Ebene, Farbe, Focus, Fokus, Funke, Gramm, Hebel, Hoehe, Kerze, Kraft, Kurve, Lampe, Licht, Linse, Lumen, Masse, Meter, Motor, Optik, Pumpe, Radar, Radio, Rolle, Rotor, Stahl, Stoff, Stoss, Strom, Tubus, Waage, Welle, Winde
6 Ampere, Ballon, Dichte, Dynamo, Effekt, Isotop, Kaelte, Kolben, konkav, konvex, Kurbel, Ladung, Laenge, Leiter, Magnet, Mikron, Minute, Moment, Okular, Pendel, Prisma, Schall, Sender, Statik, Strahl, Stunde, Vakuum, Ventil, Waerme
7 Abstand, Akustik, Analyse, Antenne, Automat, Ballast, Beugung, Biegung, Candela, Coulomb, Dehnung, Drehung, Dynamik, Eichung, Einheit, Element, Energie, Gewicht, Groesse, Kalorie, Kathode, Kreisel, Laufrad, Leitung, Loesung, Materie, Messung, Reaumur, Reibung, Schwere, Sekunde, Sextant, Spiegel, Telefon, Thermik, Turbine, Volumen
8 Atomkern, Auftrieb, Batterie, Bewegung, Brechung, Deckglas, Drehfeld, Drehzahl, Emission, Emulsion, Exzenter, Fernrohr, Fixpunkt, Flugbahn, Frequenz, Gasdruck, Hochofen, Hohlraum, Horizont, Induktor, Influenz, Isolator, Isometer, Kilowatt, Konstanz, Leistung, Maschine, Mechanik, ◆ Mikrofon, Molekuel, Objektiv, Resonanz, Rotation, Rundfunk, Schatten, Schieber, Sehweite, Spannung, Spektrum, Struktur, Telephon, Umformer, Vergaser, vertikal, Windrose
9 Anziehung, Ausgleich, Barometer, Bildpunkt, Bildweite, Diffusion, Dimension, Dissonanz, Drehstrom, Elektrode, Entladung, Expansion, Explosion, Fernsehen, Generator, Geophysik, Hydraulik, Induktion, Intervall, Isolation, Kollektor, Konstante, Koppelung, Lichtjahr, Luftdruck, Manometer, Mikrophon, Mikroskop, Nullpunkt, Pneumatik, Potential, ◆ Potenzial, Propeller, Reflexion, Schaltung, Sicherung, Strahlung, Traegheit, Vibration, Voltmeter, Windmotor
10 Aktivitaet, Aufloesung, Ausdehnung, Bogenlicht, Brennpunkt, Brennweite, Entfernung, Fallgesetz, Festigkeit, Instrument, Kapazitaet, Kompressor, Lichtbogen, Lichtstrom, Magnetfeld, Oszillator, Polstaerke, Rauminhalt, Reichweite, Schwingung, Siedepunkt, Stagnation, Starkstrom, Temperatur, Tourenzahl, Widerstand
11 Akkumulator, Atmosphaere, Atomgewicht, Elektrolyse, Feldstaerke, Gleichstrom, Gravitation, Hebelgesetz, Hohlspiegel, Intensitaet, Kondensator, Kulmination, Kurzschluss, Magnetismus, Schwerkraft, Schwerpunkt, Thermometer, Verdampfung, Verdunstung, Waermelehre, Waermemenge
12 Assimilation, Destillation, Elastizitaet, Elektrometer, Elektromotor, Galvanometer, Hebelprinzip, Hochspannung, Kernreaktion, Kernschatten, Lichtenergie, Pendelgesetz, Polarisation, Relativitaet, Schiefe Ebene, Schmelzpunkt, Wechselstrom, Wellenlaenge
13 Dampfmaschine, elektrisieren, Elektrizitaet, Elektromagnet, Energiequelle, Gleichgewicht, Pferdestaerke, Spektralfarbe, Transformator, Waermeenergie
14 Beschleunigung, Elektrotechnik, Erdmagnetismus, Funkeninduktor, Kathodenstrahl, Kilowattstunde, Kreiselkompass, Luftwiderstand, Quantentheorie, Roentgenstrahl, Trockenelement
15 Aggregatzustand, Arbeitsleistung, Braunsche Roehre, Geschwindigkeit, Quantenmechanik, Radioaktivitaet, Schwingungszahl, Spektralanalyse
16 Elektronenroehre, Metallfadenlampe, Molekulargewicht, Zentrifugalkraft
20 Relativitaetstheorie
21 Reibungselektrizitaet

Vorgang
6 Osmose

Physiker
4 Abbe, Reis
5 Curie, Euler, Gauss, Hertz
6 Ampere, Bassow, Bessel, Carnot, Kelvin, Planck
7 Ardenne, Faraday, Galilei, Lebedew, Maxwell
8 Einstein, Lawrence, Roentgen, Virchoff
9 Helmholtz
10 Archimedes, Fraunhofer
11 Joliot-Curie

Physiologe
6 Pawlow

physische
Stärke
5 Kraft

Pianist
4 Kuhn, Monk
5 Basie, Gulda, Hines, Liszt, Sauer, Tatum
6 Albert, Buelow, Busoni, Chopin, Cortot, Garner, Gilels, Joplin, Kadosa, Kempff, Morton, Oborin, Powell, Siloti, Waller, Wilson
7 Arenski, Brubeck, Fischer
8 Backhaus, Liberace, Tristano
9 Ellington, Gieseking, Hoelscher
14 Klavierspieler

Pianistin
3 Ney
4 Haas
7 Schmidt
8 Casanova

Piassavafaser
6 Picaba

Piavezufluss
5 Boite

Pickel, Eiterbläschen
4 Akne
6 Pustel
8 Mitesser
9 Ausschlag

picken
6 hacken
7 stechen
8 stochern

Picke, Pickel
4 Haue
5 Hacke
10 Kreuzhacke, Spitzhacke

piesacken
7 aergern, quaelen
12 schikanieren

Pigment
9 Farbstoff
13 Hautfarbstoff
des Haares
9 Eumelanin

Pigmentmangel
10 Albinismus

pikant
6 scharf
8 gewuerzt, reizvoll
9 prickelnd
10 anzueglich
eingelegtes Gemüse
12 ◆ Mixedpickles
schmeckende Meeresmuschel
6 Auster

pikante
Brühe
6 Braise
Soße, Sauce
7 Catchup, Ketchup
8 Bechamel, ◆ Ketschup
9 Remoulade
13 Bechamelsauce, Bechamelsosse
Tunke
5 Sauce, Sosse
9 Remoulade

Würztunke
7 Catchup, Ketchup
8 ◆ Ketschup
Pikanterie
4 Reiz
pikantes
Gericht
5 Salat
Pike
5 Lanze
6 Spiess
pikiert
7 gereizt
8 verletzt
9 beleidigt, verstimmt
Pikrinsäuresalz
6 Pikrat
Pilger
10 Wallfahrer
Pilgerfahrt
9 Wallfahrt
nach Mekka
5 Omrah
7 Haddsch
Pilgerherberge
6 Hospiz
pilgern
7 wandern
10 wallfahren
Pilgerziel
3 Ise, Rom
4 Nara
5 Kyoto, Mekka
6 Fatima, Loreto, Medina
7 Benares, Lourdes
8 Kevelaer
9 Jerusalem, Mariazell
10 Altoetting, Einsiedeln, Montserrat
13 Tschenstochau
Pille
6 Arznei, Dragee
8 Pastille, Tablette
10 Heilmittel, Medikament
17 Verhuetungsmittel
Pilot
7 Flieger
15 Flugzeugfuehrer
Pilotenkabine
6 Kanzel
7 Cockpit
pilzartiger
Schattenspender
12 Sonnenschirm
Pilzart, Schwammart
4 Kahm, Spor
6 Bofist, Bovist, Glucke, Marone
7 Boletus, Gehling, Hutpilz, Kuhpilz, Lorchel, Morchel, Parasol, Porling, Rehling, Rehpilz, Reizker, Saupilz, Schwamm
8 Anispilz, Blutpilz, Brotpilz, Dickfuss, Drehling, Egerling, Eichpilz, Eierpilz, Erdstern, Gehlchen, Gelbling, Hasenohr, Hefepilz, Mehlpilz, Moosling, Musseron, Perlpilz, Rehgeiss, Reifpilz, Risspilz, Roetling, Rostpilz, Rotkappe, Saftling, Samtpilz, Sandpilz, Trueffel, Weidling, Windling
9 Angerling, Bauchpilz, Bocksbart, Braetling, Brandpilz, Duerrbein, Ellerling, Faserkopf, Foehrling, Gichtpilz, Gruenling, Hexenpilz, Honigpilz, Kapuziner, Kreisling, Krempling, Leberpilz, Milchling, Mischling, Reissling, Roehrling, Roessling, Staubpilz, Steinpilz, Suessling, Taeubling, Teufelsei, Wulstling
10 Becherling, Birkenpilz, Bitterling, Buchenpilz, Butterpilz, Champignon, Dotterpilz, Eichelpilz, Eierbovist, Faltenpilz, Gallenpilz, Hahnenkamm, Hallimasch, Herbstling, Herrenpilz, Hirschling, Kaiserling, Kaiserpilz, Keulenpilz, Maischwamm, Ritschling, Ritterling, Rotreizker, Satanspilz, Schafeuter, Schirmpilz, Schmerling, Semmelpilz, Simmerling, Speiteufel, Staeubling, Ziegenbart, Zungenpilz
11 Austernpilz, Baerentatze, Blutreizker, Blutschwamm, Drieschling, Edelreizker, Eierschwamm, Fliegenpilz, Giftreizker, Hirschzunge, Krempelpilz, Kugelbovist, Maronenpilz, Mordschwamm, Pantherpilz, Pfifferling, Rietschling, Roehrenpilz, Schleimpilz, Schmierling, Schweinsohr, Schwindling, Stachelpilz, Stoppelpilz, Wollschwamm, Ziegenlippe
12 Blaetterpilz, Feldegerling, Feuerschwamm, Gichtmorchel, Gruenreizker, Habichtspilz, Heideschwamm, Korallenpilz, Krause Glucke, Laerchenpilz, Lauchschwamm, Maikreisling, Milchreizker, Milchschwamm, Nagelschwamm, Rothaeubchen, Scheibenpilz, Scheidenpilz, Schlauchpilz, Schusterpilz, Schwefelkopf, Spitzmorchel, Stinkmorchel, Stockmorchel, Stockschwamm, Trichterling
13 Birkenreizker, Erdritterling, Faltenschwamm, Giftmilchling, Gitterschwamm, Goldbraetling, Hufritterling, Kaiserschwamm, Kapuzinerpilz, Kastanienpilz, Knoblauchpilz, Perlenschwamm, Pomonaschwamm, Ritterschwamm, Rothaeuptchen, Schafegerling, Speiselorchel, Speisemorchel, Speitaeubling, Tannenreizker, Totentrompete, Wiesenschwamm
14 Bischofsmuetze, Brandtaeubling, Feldchampignon, Fichtenreizker, Fleischschwamm, Fliegenschwamm, Habichtschwamm, Pantherschwamm, Parasolschwamm, Stinktaeubling, Waldchampignon, Wiesenegerling
15 Austernseitling, Birkenroehrling, Bueschelschwamm, Gallenroehrling, Habichtsschwamm, Jungfernschwamm, Kartoffelbovist, Laerchenschwamm, Perlenwulstling, Speisetaeubling
17 Semmelstoppelpilz
19 Knollenblaetterpilz
Pilzbelag
in der Mundhöhle
4 Soor
Pilzfäden, -gewebe
5 Myzel
8 Myzelium
Pilzgattung
auf Blättern
5 Phoma
Pilzgeschwulst
6 Fungus
Pilzkeime
6 Sporen
Pilzkrankheit
6 Mykose
Pilzkunde
9 Mykologie
Pilzvernichtungsmittel
8 Fungizid
Pimpernuss
8 Pistazie
Pinakothek
16 Gemaeldesammlung
Pinguin
12 Eselspinguin, Zwergpinguin
13 Adeliepinguin, Felsenpinguin, Kaiserpinguin, Zuegelpinguin
14 Brillenpinguin, Koenigspinguin, Suedpolpinguin
16 Galapagospinguin
17 Goldschopfpinguin
Pinscherart
7 Rattler
Pinsel, Pinselform
5 Quast
6 Quaste
Pionier
5 Genie
9 Vorreiter
11 Bahnbrecher, Vorkaempfer, Wegbereiter
der Elektroenergiewirtschaft
6 Miller
der Fotografie
8 Daguerre
der Raketentechnik
5 Nebel
des Automobilbaus
5 Horch, Korsa
6 Diesel
7 Daimler

Pirat
6 Korsar
10 Seeraeuber
Piratenwaffe
9 Enterbeil
10 Enterhaken
Piraterie
12 Seeraeuberei
Pirolart
6 Buelow
8 Bieresel, Bierhahn
11 Kirschvogel
Pirsch
4 Jagd
Piste
11 Rennstrecke
12 Karawanenweg
auf Flughäfen
8 Rollbahn
9 Landebahn, Startbahn
der Skilangläufer
5 Loipe
Pistole
8 Browning, Terzerol, Tesching
Pistolenmunition
7 Patrone
Pistolentasche
7 Halfter
Pityuseninsel
5 Ibiza
Pizzagewürz
7 Oregano
Pizzalokal
8 Pizzeria
Plage
4 Last, Pein, Qual
5 Elend, Muehe, Uebel
6 Leiden
8 Strapaze
11 Anstrengung
Plagegeister
der dt. Sage
6 Druden
Plagegeist, Quälgeist
6 Hudler
plagen
6 muehen
7 quaelen
8 schuften
Plakat
6 Poster
7 Affiche, Aushang
8 Anschlag
für dekorative Zwecke
6 Poster
Plakatsäulenerfinder
7 Litfass
Plakatträger
13 Litfasssaeule
Plakette
8 Medaille
9 Abzeichen
10 Denkmuenze
11 Gedenktafel
12 Gedenkmuenze
Plan
4 Idee
5 Karte
6 Dessin, Skizze
7 Absicht, Entwurf, Konzept, Projekt
8 Anschlag, Programm, Vorhaben
9 Grundriss, Intention, Vorschlag, Zeichnung
10 Aufteilung, Uebersicht
11 Darstellung
12 Erlaeuterung
Planauflage
4 Soll
Planbild
der Erde
5 Karte
Plane
5 Blahe, Decke
6 Plache, Schutz
9 Abdeckung
10 Bespannung, Persenning, Schutzdach
11 Regenschutz, Schutzdecke
12 Wetterschutz
planen
8 erdenken, vorhaben
9 entwerfen
10 ueberlegen
11 konzipieren, vorbereiten
12 projektieren
13 beabsichtigen
Planer
8 Taktiker
Planet
4 Erde, Mars
5 Pluto, Stern, Venus, Vesta
6 Hermes, Merkur, Neptun, Pallas, Saturn, Uranus
7 Jupiter
11 Wandelstern
Planetenaspekt
6 Sextil, Trigon
7 Quadrat
9 Quadratur
10 Halbsextil, Opposition
11 Konjunktion
Planetenbegleiter
4 Mond
7 Trabant
8 Satellit
Planetoid
4 Amor, Eros, Juno
5 Baade, Ceres, Palla, Vesta
6 Hermes, Pallas
7 Ganymed
10 Geographos
planieren
5 ebnen
Planke
5 Bohle, Brett, Diele
Plänkelei
5 Kampf
6 Streit
7 Gefecht
12 Scharmuetzel
planmäßig
7 gezielt
10 methodisch
12 systematisch
angelegte neue Ortsteile
10 Siedlungen
bewirtschafteter Wald
5 Forst
Vorgehender
8 Taktiker
planmäßige
Abzahlung (Schuld)
12 Amortisation
Betriebsschädigung
8 Sabotage
Einrichtung
13 Organisierung
Gestaltung
7 Planung
12 Organisation
Gewinnung von Mineralien
5 Abbau
Gliederung
10 Einteilung
Neugestaltung
6 Reform
Ordnung
12 Organisation
Stelle eines Hochschullehrers
9 Lehrstuhl
Störung
8 Sabotage
Tilgung einer Schuld
12 Amortisation
wissenschaftliche Beschäftigung
7 Studium
planmäßiger
Aufbau
12 Organisation
Verkehr
13 Linienverkehr
planmäßiges
Lehren
12 unterrichten
Vorgehen
6 Taktik
7 Methode
8 Methodik
9 Strategie
10 Systematik
planmäßiges Lehren
8 Schulung
10 Unterricht
Plantagenbesitzer
8 Pflanzer
Plantagendrink
4 Kaba
Planung
7 Projekt
planvoll
8 taktisch
planvolle
Maßnahme
6 Aktion
Vorsorge
6 sparen
12 Versicherung
Pläsier
5 Spass
6 Freude
8 Gefallen
10 Amuesement, Vergnuegen
12 Unterhaltung
Plastik
4 Haut
5 Figur, Folie, Herme, Stele
6 Bueste, Mobile, Relief, Statue
7 Stabile
8 Skulptur
9 Operation, Statuette
10 Kunststoff
13 Denkmalsfigur
aus gebranntem Ton
10 Terrakotta
im Naumburger Dom
3 Uta

Plastilin
5 Knete
plastische
Kleindarstellung
6 Modell
Kunstwerke
13 Schnitzereien
Verzierung
9 Kartusche
plastisches
Bildwerk
6 Relief
8 Skulptur
Brustbild
6 Bueste
Schaubild
7 Diorama
Plateau
9 Hochebene, Tafelland
11 Hochflaeche
Platinmetall
6 Osmium
7 Iridium, Rhodium
9 Palladium, Ruthenium
platt
3 fad
4 eben, fade, plan
5 banal, flach
6 seicht
7 trivial, witzlos
8 geistlos
12 abgedroschen
plattdeutscher
Dichter
5 Garbe, Groth
6 Reuter
Platte
5 Brett, Tafel
6 Fliese, Glatze, Kachel, Teller
7 Scheibe, Tablett
8 Kahlkopf
9 Glatzkopf, Schuessel
10 Seengebiet
Platteis
7 Scholle
plätten
7 buegeln
Plattenarchiv, -sammlung
9 Discothek, Diskothek
Plattenhülle
5 Cover
Plattenspielautomat
8 Musikbox
Plattenspieler
9 ◆ Grammofon
10 Grammophon
Plattenspielerteil
6 Tonarm
Plattfisch
4 Butt, Pole
5 Zunge
7 Aalbutt, Flunder, Scholle
8 Goldbutt, Heilbutt, Platteis, Rotzunge, Seezunge
9 Steinbutt
Plattform
5 Basis, Ebene
6 Buehne, Perron, Podest, Vorbau
7 Ausguck
8 Terrasse
9 Grundlage
am Hang
8 Terrasse
am Mast
4 Mars
Plattfuß
8 Senkfuss
am Auto
11 Reifenpanne
Plättgerät
5 Eisen, Rolle
6 Mangel
11 Aermelbrett, Buegelbrett, Buegeleisen, Heissmangel
14 Buegelmaschine
Plattheit
10 Albernheit, Platituede
12 Trivialitaet
Plattitüde
7 Fadheit
10 Banalitaet
16 Abgeschmacktheit
Plattwurm
8 Bandwurm
10 Grubenkopf
Platz
3 Ort
4 Feld, Rang, Raum, Sitz
5 Markt, Stand
6 Posten, Stelle
7 Estrade, Flaeche, Staette
8 Position, Quartier
9 Spielfeld
11 Freiflaeche
für den Viehauftrieb
5 Weide
für die Garderobe
6 Ablage
für die Predigt
6 Kanzel
im alten Rom
8 Tribunal
im Parlament
4 Sitz
im Zirkus
6 Manege
zum Vergraben toter Tiere
11 Schindanger
Platzangst
11 Agoraphobie
Platzanrecht
im Theater
10 Abonnement
Platzanweiser
6 Ordner
Plätzchen
8 Pastille
Plätzchengewürz
4 Anis
Platzdeckchen
3 Set
platzen
7 bersten, knallen, krachen
8 aufgehen, springen
9 hochgehen, krepieren
10 aufbrausen, detonieren, zerbersten
11 explodieren, zerspringen
Platzmangel
4 Enge
7 Raumnot
11 Ueberfuelle
Plauderei
7 Plausch
12 Konversation, Unterhaltung
in der Literatur
10 Feuilleton
Plauderer
7 Causeur
plaudern
7 kloenen
9 parlieren, plauschen
plauz
6 plumps
Pleißezufluss
mit Talsperre
5 Wyhra
Pleite
4 Gant, Ruin
6 Misere
7 Debakel, Konkurs
8 Bankrott, Reinfall
9 Bankerott
10 Geldmangel, Misserfolg
13 Enttaeuschung, Zusammenbruch
Plejaden
13 Siebengestirn
plötzlich
4 jaeh
6 abrupt
7 spontan
11 unversehens
12 unvermittelt
auftretend
4 akut
auftretendes Krankheitszeichen
5 Iktus
auftretendes Leiden
6 Anfall
plötzliche
Angst
7 Schreck
9 Schrecken
Geistesstörung
10 Amoklaufen
Idee
7 Einfall
Massenangst
5 Panik
Nervensystemerschütterung
6 Schock
Wettererscheinung
8 Gewitter
plötzlicher
Angriff
9 Ueberfall
Befehl
5 Alarm
Blutgefäßverschluss
7 Embolie
Gedanke, Einfall
4 Idee
12 Geistesblitz
Kräfteverfall
7 Kollaps
Kreuzschmerz
11 Hexenschuss
Schmerz an Muskeln
13 Sehnenzerrung
Schwächeanfall
7 Kollaps
Stoß
4 Ruck
Temperatursturz
14 Kaelteeinbruch

Wechsel ins Gegenteil
8 Umschlag
Windstoß
3 Boe
Wutausbruch
6 Koller
9 Wutanfall
plötzliches
Auftreten einer Krankheit
6 Anfall
Erschrecken von Menschen
5 Panik
Schadenereignis
6 Unfall
scharfes Geräusch
5 Knall
10 Detonation
Unwohlsein
6 Anfall
plump
9 boeotisch
13 schwerfaellig
plumper
Mensch
7 Trampel
ungebildeter Kerl
5 Knote
Plumpheit
17 Schwerfaelligkeit
Plumplori
5 Pukan
plumps
5 plauz
7 pardauz
Plunder
4 Kram, Tand
5 Talmi
6 Abfall, Ramsch
7 Gelumpe, Krempel, Troedel
9 Geruempel, Kleinkram
10 Krimskrams
Plünderer
7 Raeuber
8 Marodeur
plündern
8 fleddern
Plünderung
9 Raeuberei
Plus
4 Mehr
Plüschgewebe
4 Samt
6 Mokett
Pluspol
5 Anode
Pöbel
3 Mob
4 Pack
5 Masse, Plebs
6 Bagage
7 Gesocks
8 Gesindel, Janhagel, Kanaille
9 Gelichter
10 Lumpenpack
14 Lumpengesindel
pöbelhaft
10 plebejisch
Fochring
11 Tuerklopfer
Pocken-Infektionskrankheit
8 Blattern
Pockennarbe
7 Blatter
Pockholz
6 Guajak
Poem
von Arghezi
14 Lob dem Menschen
von Bedny
12 Hauptstrasse
von Kuba
18 Gedicht vom Menschen
Poesie
6 Zauber
8 Stimmung
12 Versdichtung
Poet
7 Dichter, Lyriker
poetisch
11 bilderreich, dichterisch
13 stimmungsvoll
poetische
Bezeichnung des Todes
4 Hein
poetischer
Name des Bären
5 Braun
poetisches
Werk
6 Sonett
7 Ballade, Gedicht
Wort für Kissen
6 Pfuehl
poetisch für:
Adler
3 Aar
Amor
6 Cupido
Atem
4 Odem
Boot
6 Nachen
Brunnen
4 Born
5 Bronn, Brunn
Dichter
4 Poet
Fährmann, Schiffer
5 Ferge
Frühling
4 Lenz
Gedicht
4 Poem
Geliebter, Geliebte
5 Buhle
Glanz, Schein, Schimmer
5 Glast, Helle
6 Gleiss
Hauch
4 Odem
Hecke
3 Hag
Held
5 Recke
Insel
6 Eiland
junges Mädchen
4 Maid
Kahn
6 Nachen
Kartoffel
8 Erdapfel
Kleid
6 Gewand
kleiner Raum
6 Gelass
Knochen
6 Gebein
Krieger, Soldat
6 Kaempe
Lebenshauch
4 Odem
Leid
4 Harm
Leinen
6 Linnen
Liebe
5 Minne
Löwe
3 Leu
mild
4 lind
Nadelwald
4 Tann
Quelle, Brunnen
4 Born
5 Bronn, Brunn
röm. Rachegöttinnen
5 Diren
sauber
4 rein
Schmuck
10 Geschmeide
Schwanz
7 Schweif
Storch
6 Adebar
Unwahrheit
3 Lug
Wohlgeruch
4 Arom
5 Aroma
Wolf
7 Isegrim
Zimmer
6 Gemach
pointierte
Randbemerkung
6 Glosse
Point, Pointe
3 Gag
4 Auge, Clou, Kern, Witz
5 Punkt, Stich
6 Spitze
7 Stachel
9 Kernpunkt
10 Hauptsache
11 Gewinnpunkt, Quintessenz
13 Schlusseffekt
Pokal
3 Cup
5 Coupe, Kelch, Preis
6 Becher
7 Gefaess
8 Trophaee
10 Ehrenpreis
11 Siegerpreis, Siegespreis
der Spätrenaissance
13 Nautiluspokal
Pokalfüllschale, Kelch
5 Kuppa
Pökelbrühe, -flüssigkeit
4 Lake
6 Solber
8 Salzlake
Pol
9 Drehpunkt, Zielpunkt
polar
8 arktisch

11 antarktisch, unvereinbar
14 gegensaetzlich
Polarente
3 Alk
Polarforscher
5 Scott
6 Andree, Nansen
7 Makarow
8 Amundsen, Franklin
Polargebiet
6 Arktis
9 Antarktis
Polargewässer
7 Eismeer
Polarhund
5 Laiki
Polarinsel
9 Groenland
Polarlicht
9 Nordlicht
Polarreisender
4 Cook
Polarschiff
Nansens
4 Fram
Polarstern
9 Nordstern
Polartier
5 Robbe
7 Eisbaer, Pinguin, Walross
9 Blaufuchs
Polder
3 Kog
4 Koog
6 Marsch
10 Marschland
Pole
betreffend
5 polar
polieren
8 glaetten
9 schleifen
Poliermittel
7 Politur
9 Bimsstein
Polierschiefer
3 Gur
8 Bergmehl
9 Kieselgur
poliert
5 glatt
Politesse
15 Hilfspolizistin
Politikwissenschaft
11 Politologie
politisch
aufklären
9 agitieren
politische
Abkapselung
14 Isolationismus
Bewegung
9 Irredenta
Gefahr
11 Nahostkrise
Gemeinde
7 Kommune
Gemeinschaft
4 Volk
6 Nation
Gewalttat
8 Attentat
Hetze
16 Greuelpropaganda
Maßnahme
6 Aktion
Notsituation
15 Ausnahmezustand
Partei der Ex-DDR
3 SED
Partei in den USA
10 Demokraten
12 Republikaner
Vereinigung
6 Partei
Versammlung
7 Meeting
Verschwörung
12 Konspiration
Werbung
9 Agitation
politischer
Ausdruck (Schlagwort, Vereinigung)
2 EU, UN
3 ERP, EWG, FAO, MdB, MdL, OAS, UNO
4 EFTA, Etat, NATO, OEEC, OSZE, SALT, Veto, Volk
5 CENTO, legal, SEATO, Senat, SHAPE, Staat
6 Budget, Charta, Gesetz, Nation, Partei, Plenum, Putsch, Regime, Steuer, UNESCO, UNICEF
7 Allianz, de facto, Dementi, Doktrin, Enklave, EURATOM, Exklave, Hearing, Junktim, Kanzler, Kommune, Landtag, legitim, liberal, Novelle, Proporz, radikal, Vertrag
8 Abkommen, Anarchie, Annexion, Buendnis, Demarche, Diktatur, Dominion, Floating, Fraktion, Freiheit, Gemeinde, Invasion, Kabinett, Konflikt, Kongress, Kreistag, Manifest, Minister, Oberhaus, Petition, Sanktion
9 Agitation, Agreement, Atommacht, Ausschuss, Autonomie, bilateral, Bundesrat, Bundestag, Demission, Erdrutsch, Europarat, Exekutive, Expansion, Hegemonie, Inflation, Koalition, Kompetenz, Konferenz, Linksruck, Magistrat, Monarchie, Neuwahlen, Parlament, Plebiszit, Praeambel, Protokoll, Regierung, Reichstag, Status quo, Stichwahl, Unterhaus, Wahlrecht
10 Abstimmung, Aggression, Akkreditiv, Bundesland, Demokratie, Diplomatie, Dirigismus, Dritte Welt, Eskalation, Gemeinwohl, Gleichheit, Grossmacht, Grundrecht, Immunitaet, Kleinstaat, Koexistenz, Kompromiss, Konvention, Legalitaet, Lobbyismus, Minderheit, Opposition, Parteibuch, Pazifismus, Rechtsruck, Referendum, Ruecktritt, Verbalnote, Verfassung, Verordnung, Vierte Welt, Volksfront
11 Entspannung, Foederation, Gruener Plan, Grundgesetz, Integration, kalter Krieg, Kommunismus, konservativ, Legislative, Linkspartei, Ministerium, Mittelstand, Nationalrat, Pufferstaat, Rechtsstaat, Sozialismus, Sozialstaat
12 Abgeordneter, Abschreckung, Buergerrecht, Geheimdienst, Gewerkschaft, Hammelsprung, heisser Draht, Infiltration, Intervention, Konsultation, Liberalismus, Militarismus, multilateral, Neutralismus, Neutralitaet, Polizeistaat, Radikalismus, Ratifikation, Rechtspartei, Voelkerrecht
13 Blockfreiheit, Demonstration, Exilregierung, Gebietsreform, Gleichgewicht, Haushaltsplan, Imperialismus, Koerperschaft, Kolonialismus, Mehrheitswahl, Menschenrecht, Mitbestimmung, Nationalstaat, Notverordnung, Personalunion, sozialistisch, Sozialprodukt, Wahlgeheimnis
14 Buergermeister, Freizuegigkeit, Interpellation, Planwirtschaft, Reptilienfonds, Sicherheitsrat
15 Bruederlichkeit, Eiserner Vorhang, Finanzausgleich, Freihandelszone, Gipfelkonferenz, Kinderhilfswerk, Marktwirtschaft, Steueraufkommen, Verhaeltniswahl, Vertrauensfrage
16 Glaubensfreiheit, Meinungsfreiheit, Nordatlantikpakt, Oeffentliche Hand, Schattenkabinett, Vereinte Nationen
17 Entwicklungshilfe, imperatives Mandat, Kanzlerdemokratie, Nichtangriffspakt, Verfassungsschutz
18 Gleichberechtigung, Konzertierte Aktion, Parteiendemokratie
19 Praesidialregierung
20 Versammlungsfreiheit
22 plebiszitaere Monarchie
25 kommunale Selbstverwaltung
Chef der Gemeindeverwaltung
14 Buergermeister
Druck
10 Repression
Extremist
5 Ultra
Handstreich
6 Putsch

Heißsporn
9 Desperado
Humor
12 Fluesterwitz
Mordanschlag
8 Attentat
Mörder
11 Attentaeter
Radikaler
6 Chaote
Redner
8 Agitator
Tagesschriftsteller
9 Publizist
Theoretiker
8 Ideologe
Überläufer
7 Renegat
Umsturz
10 Revolution
Verband, Zusammenschluss
6 Partei
politisches
Bündnis
9 Koalition
Gebilde
5 Staat
Haupttreffen
13 Gipfeltreffen
Lied
4 Song
Programm
8 Manifest
Politur
5 Glanz
7 Glaette, Schliff
8 Ueberzug
Polizei
auf dem Lande
11 Gendarmerie
im Gaunerjargon
6 Bullen
7 Polente, Polypen
Polizeiauto
12 Wasserwerfer
17 Funkstreifenwagen
Polizeiautosignal
9 Blaulicht
Polizeibeamter
4 Sipo, Vopo
5 Bobby, Polyp
6 Schupo
7 Gendarm
10 Konstabler, Landjaeger, Schutzmann
11 Kriminalist
12 Wachtmeister
13 Volkspolizist
im alten Rom
5 Aedil
in Frankreich
4 Flic
Polizeichef
in den USA
7 Sheriff
Polizeifessel
11 Handschelle
12 Handschellen
Polizeigewahrsam
4 Haft
Polizeihelm
7 Tschako

polizeiliche
Aktion
6 Razzia, Sperre
8 Fahndung
9 Festnahme, Sicherung
10 Absperrung, Verhaftung
11 Haussuchung
12 Durchsuchung
16 Ausweiskontrolle, Leibesvisitation
Inhaftierung zum eigenen Schutz
10 Schutzhaft
Strafmeldung
7 Anzeige
Streife nach Rechtsbrechern
6 Razzia
Vernehmung
7 Verhoer
polizeiliche Festnahme
9 Gewahrsam
10 Verhaftung
polizeilicher
Begriff
6 Taeter, Tatort
polizeiliches
Fahndungsbild
11 Phantombild
Identifizierungsmerkmal
13 Fingerabdruck
Polizeiorganisation
8 Interpol
Polizeipatrouille
7 Streife
11 Funkstreife
Polizeistreife
5 Ronde
Polizeiwache
6 Revier
Polizist
6 Schupo
10 Schutzmann
15 Streifenbeamter
in der Gaunersprache
5 Bulle
Pollux'
Zwillingsbruder
6 Castor, Kastor
polnisch:
Freund
6 Kolega
Oder
4 Odra
Sonne
6 Slonce
polnische
Beskidenbewohner
6 Gorale
Chemikerin
5 Curie
Hafenstadt
6 Danzig
7 Gdingen, Stettin
Hauptstadt
8 Warschau, Warszawa
Königin
6 Hedwig
Landschaft
5 Posen
8 Galizien, Masowien
10 Pomesanien
11 Pommerellen
Münze, Währungseinheit
5 Tympf, Zloty

6 Grosze, Groszy
7 Kreuzer
8 Groschen
Schutzheilige
9 Leocardia
Sopranistin
8 Falewicz
9 Zylis-Gara
Stadt
3 Buk, Elk
4 Koto, Kulm, Lodz, Lyse, Most, Nysa, Olat, Osie, Rawa, Reda, Urle
5 Bardo, Biala, Borek, Brody, Chelm, Dabie, Dynow, Gabin, Ilawa, Jadow, Janow, Jaslo, Konin, Kutno, Lasin, Laski, Lissa, Lomza, Luban, Lubon, Lukow, Makow, Marki, Miala, Mlawa, Morrn, Nakel, Naklo, Nisko, Opole, Osiek, Plock, Posen, Radom, Sanok, Silno, Sopot, Sroda, Thorn, Torun, Ustka
6 Adamow, Bendin, Berent, Danzig, Elblag, Glowno, Gnesen, Golina, Kalisz, Kielce, Kolmar, Konitz, Krakau, Krakow, Krosno, Lodsch, Lowicz, Lublin, Mielec, Olkusz, Ostrow, Otwock, Poznan, Tarnow, Ternel
7 Bielitz, Breslau, Chelmno, Chelmza, Gdingen, Gliwice, Kalisch, Lomscha, Olsztyn, Rzeszow, Siedlce, Stettin, Suwalki, Wroclaw
8 Augustow, Bromberg, Chojnice, Dirschau, Graudenz, Jaroslaw, Katowice, Petrikau, Przemysl, Sandomir, Warschau, Zakopane
9 Auschwitz, Bentschen, Bialystok, Kattowitz, Sosnowiec, Tarnowitz, Tomaschow
10 Hohensalza, Hrubieszow, Krotoschin, Ostrolenka
13 Tschenstochau
Währungseinheit
5 Zloty
Zauberin
6 Marina
polnischer
Adel
9 Schlachta
Adelstitel
6 Magnat
Arbeiterführer
7 Gomulka
Architekt
3 Gay
4 Gutt
5 Dygat, Lanci, Silva
6 Aigner, Lewkow, Syrkus
7 Kubicki, Marconi
8 Lalewicz, Zawadski
9 Brukalski, Idzkowski
10 Witkiewicz
Arzt
10 Kopernikus
Bildhauer
4 Sala

5 Bialy, Karny, Lanci, Palka, Senes, Zemla
6 Biegas, Deybel, Hasior, Tolkin, Wittig
7 Bandura, Bazanka, Corazzi, Osinski, Plersch, Trapola
8 Fesinger, Godebski, Sierniki, Welonski
9 Laszczaka
10 Dunikowski
11 Szymanowski
12 Fraczkiewicz, Michailowicz, Tatarkiewicz
Chemiker
5 Curie
6 Fajans
Dichter u. Schriftsteller
3 Lam, Lec, Lem, Rej
4 Asch, Kowa, Prus
5 Asnyk, Breza, Gruda, Tuwim
6 Berent, Fredro, Heasko, Hlasko, Milosz, Mrozek
7 Brandys, Jastrun, Rembeck, Reymont, Wybicki
8 Malewska, Slowacki, Zapolska, Zeromski
9 Dobrowska, Konopicka, Krasinski, Putrament
10 Gambrowicz, Kraszewski, Mickiewicz, Sienkiuvic, Wyspianski
11 Bronicewski, Sienkiewicz
12 Andrzejewski
13 Przybyszewski
Dirigent
5 Krenz
7 Rowicki
8 Panufnik
9 Fitelberg, Katlewicz, Markowski
10 Satanowski
Domherr
10 Kopernikus
Forscher und Erfinder
5 Curie
Freiheitskämpfer
10 Langiewicz
Fußballspieler
3 Gut, Nyc
4 Gora, Iwan, Lato, Piec, Rudy
5 Banas, Deyna, Dolny, Dytko, Janas, Kapka, Kukla, Kusto, Lipka, Mazur, Sybis, Zmuda
6 Anczok, Boniek, Buncol, Ciolek, Dziuba, Erlich, Gorgon, Kraska, Ludyga, Mowlik, Musial, Palasz, Rzesny, Wodarz
7 Gadocha, Gelecki, Jalocha, Kmiecik, Matysik, Nawalka, Okonski, Piontek, Szerfke
8 Bulzacki, Domarski, Lubanski, Madejski, Majewski, Maszczyk, Milewski, Smolarek, Szarmach, Terlecki, Wojcicki
9 Kupcewicz, Masztaler, Mlynaczyk, Wawrowski, Wieczorek
10 Cmikiewicz, Kasperczak, Maculewicz, Sczepaniak, Skrobowski
11 Boguszewicz, Szymanowski, Tomaszewski, Willomowski
Gemeindevorstand
7 Starost
Grenzstrom
4 Odra
Historiker
7 Lelewel, Szujski
8 Sowinski
9 Tarnowski
Humanist
9 Dantiscus
Instrumentalvirtuose
8 Schnabel
10 Paderewski, Rubinstein, Wieniawski
Komponist
6 Chopin
9 Moniuszko
10 Moszkowski, Paderewski
11 Lutoslawski
König
7 Kasimir
8 Jagiello
10 Stanislaus
11 Poniatowski
15 Baleslaw Chrobry
Landeshauptmann
7 Starost
Landrat
7 Starost
Leichtathlet, Leichtathletin
3 Rut
5 Huruk, Katus, Komar, Sidlo, Zimny
6 Ciepla, Nowosz, Panfil, Wszola
7 Chromik, Gorecka, Kupczyk, Partyka, Schmidt
8 Badenski, Rabsztyn, Wajsowna
9 Konopacka, Slusarski, Szewinska
10 Kacperczyk, Krzesinska, Malinowski, Piatkowska, Schniewicz
11 Klobukowska, Kosakiewicz, Kusoczinski, Kwasniewska, Walasiewicz
12 Jozwiakowska, Kirszenstein, Krzyszkowiak
15 Walasiewiczowna
Lyriker
5 Staff
Mädchenname
3 Ewa
Maler
3 Zak
5 Cybis, Falat, Falek, Kober, Liska, Stech
6 Gerson, Kossak, Kotsis, Skupin, Tretko
7 Berlewi, Eibisch, Hondius, Malecki, Matejko, Norblin, Plonski, Schultz, Zaleski, Ziarnko
8 Glowacki, Grottger, Mikulski, Orlowski, Stattler, Tetmajer
9 Boznanska, Breslauer, Brodowski, Czyzewski, Dabrowski, Gierymski, Neunhertz, Pronaszko, Sichulski, Stazewski, Strumillo, Wankowicz
10 Axentowicz, Chelmonski, Malczewski, Pankiewicz, Pfanhauser, Rodakowski, Wroblewski, Wyspianski
11 Bacciarelli, Lubieniecki, Podkowinsky, Suchodolski, Tomaszewski, Woytkiewicz
12 Stanislawski
13 Szermentowski
Marschall
9 Pilsudski
Mediziner
8 Zamenhof
Musikforscher, -wissenschaftler
5 Lissa
9 Chominsky, Chybinski
10 Jachimecki
Nationalheiliger
10 Stanislaus
Nobelpreisträger (Frieden)
6 Walesa
Nobelpreisträger (Literatur)
7 Reymont
10 Szymborska
11 Sienkiewicz
Physiker
6 Infeld
Pianist
5 Kedra
8 Friedman, Godowsky, Zimerman
9 Koczalski, Landowska, Rosenthal
10 Drzewiecki, Paderewski, Turczynski
11 Harasiewicz
12 Tschaikowsky
13 Hesse-Bukowska
15 Czerny-Stefanska
Politiker, Staatsmann
4 Beck, Pyka
5 Ochab
6 Bierut, Gierek, Walesa
7 Gomulka, Rapacki
8 Bielecki, Morawski, Moscicki, Suchocka, Zawadski
9 Jagielski, Olszewski, Pilsudski
10 Jaruzelski, Narutowicz, Paderewski, Spychalski
11 Cimoszewicz, Kwasniewski
12 Cyrankiewicz, Skubiczewski
13 Wojciechowski
Revolutionär
12 Mieroslawski
Sportler, Sportlerin
5 Beblo, Fibak, Olech, Witek, Woyda
6 Franke, Jokiel, Krolak, Makula, Peczak, Perzke, Piecha, Soozda, Wojdat, Wojnar
7 Chromik, Fortuna, Heljasz, Kocerka, Nowicki, Partyka, Szukala
8 Kowalski, Majusiak, Synowska
9 Pawlowski, Piekarski, Rys-Ferens
10 Filipowski, Kacperczyk, Sukniewicz, Szurkowski, Wroblewski
11 Baszanowski
Statthalter
7 Woiwode
Tanz
6 Oberek
7 ◆ Masurka, Mazurka, Polacca

9 Krakowiak, ◆ Polonaese, Polonaise
11 Cracovienne, Varsovienne
Tenor
6 Ochman
7 Kiepura
Violinist und Violoncellist
8 Goldberg, Huberman
10 Wieniawski
11 Wilkomirska
Warthezufluss
3 Ner
Winterkurort
8 Zakopane
Zeichner
6 Lenica
polnisches
Feld-, Flächenmaß
5 Morga, Wloka
Gebiet an der Oder
5 Slask
Herrscherhaus
7 Piasten
10 Jagellonen
Parlament
4 Sejm
polnisch-jüdische
Revolutionärin
9 Luxemburg
Polster
6 Kissen, Pfuehl
8 Matratze
Polstermaterial
4 Akon, Werg
5 Daune, Feder, Kapok, Watte
6 Federn
7 Seegras
8 Rosshaar
9 Federkern, Holzwolle
11 Schaumgummi, Schaumstoff
12 Daunenfedern
Polstermöbelstück
4 Bank, Bett, Sofa
5 Couch, Diwan, Liege, Stuhl
6 Sessel
7 Kanapee
8 Ottomane, Sitzbank
10 Clubsessel, Klubsessel
12 Chaiselongue
polstern
8 fuettern
Polsterung
11 Spiralfeder, Sprungfeder
Poltergeist
6 Kobold, Schrat
10 Hauskobold
13 Klabautermann
polternder
Lärm
7 Getoese
Polyamidfaserstoff
5 Relon
Polyesterfaserstoff
7 Terylen
polynesische
Inselgruppe
5 Samoa
6 Hawaii
Kultstätte
5 Marae
Ureinwohner Neuseelands
5 Maori
polynesischer
Eingeborener
6 Kanake
Geheimbund
6 Dukduk
Polypen
11 Wucherungen
Polyp, Pilzkoralle
6 Fungia
Polysaccharid
6 Araban
Pomade
5 Salbe
Pomeranzenart
10 Bergamotte
Pomeranzenschalenlikör
7 Curacao
pommersche
Halbinsel, Insel
3 Oie
4 Vilm
5 Darss, Ruden
6 Ruegen, Usedom, Wollin, Zingst
9 Hiddensee
Stadt
4 Leba
5 Gartz, Labes, Stolp
6 Anklam, Bansin, Buetow, Cammin, Demmin, Eldena, Kammin, Polzin, Pyritz
7 Altdamm, Belgard, Gollnow, Grimmen, Koeslin, Kolbatz, Kolberg, Naugard, Puttbus, Schlawe, Stettin, Treptow, Wolgast
8 Dramburg, Pasewalk, Sassnitz, Stargard
9 Lauenburg, Schlochau, Stralsund
10 Greifswald, Neustettin, Regenwalde
11 Freienwalde, Greifenberg, Ruegenwalde, Schivelbein, Swinemuende
13 Schneidemuehl, Stolpermuende
pommerscher
Fluss
4 Ihna, Leba, Oder, Rega
5 Lupow, Peene, Radue, Swine
6 Grabow, Stolpe, Trebel, Wipper
8 Persante
Kurort, Seebad
4 Binz, Deep, Wiek
6 Bansin, Sellin
7 Ahlbeck, Goehren, Misdroy
8 Sassnitz
9 Zinnowitz
10 Karlshagen
11 Heringsdorf, Swinemuende
Pomp
5 Prunk
6 Pracht
pontinische
Insel
5 Ponza
7 Zannona
9 Palmarola
Pop-Art-Künstler
5 Jones
6 Warhol
7 Hockney, Lindner
8 Hamilton, Kienholz, Paolozzi
9 Oldenburg
10 Rosenquist, Wesselmann
12 Lichtenstein, Rauschenberg
Popmusik/Rockmusik
Begriff
3 Box, Gig, Hit
4 Band, Bass, Beat, Riff, Show, Soul, Surf
5 Banjo, Blues, Bongo, Drums, Piano, Sitar, Sound
6 Bongos, E-Orgel, E-Piano, Gruppe, Reggae, Roadie, Wah Wah
7 ◆ Saxofon, Session
8 Abnehmer, E-Gitarre, Folk-Rock, Hard-Rock, Jazz-Rock, Melotron, ◆ Mikrofon, ◆ Play-back, Playback, Raga-Rock, Saxophon, ◆ Softrock, Tamburin, ◆ Vibrafon
9 Discothek, Diskothek, Heavy Rock, Light Show, Mandoline, Mikrophon, Mischpult, Rock'n'Roll, Verzerrer, Vibraphon, Vorgruppe
10 Bandleader, Discjockey, Lichtorgel, Mersey Beat, Mikrokabel, Schlagzeug
11 Baroque Rock, Bassgitarre, Country Rock, Hauptgruppe, Leadgitarre, Phillysound, Sologitarre, Synthesizer, Underground, Verstaerker
12 Boogie Woogie
13 Mundharmonika
14 Electronic Rock
15 Rhythmusgitarre
Gruppe
5 Cream, Kinks
6 The Who
7 America, Beatles, Bee Gees, Genesis, Hollies, Santana
8 The Doors
9 Beach Boys, Ekseption, Grand Funk, Humble Pie, Pink Floyd, Roxy Music
10 Amon Dueuel, Deep Purple, East of Eden, Jethro Tull, Small Faces, TheOsmonds, UhriahHeep
11 Led Zeppelin
12 Black Sabbath, Fleetwood Mac
13 Gratefull Dead, Rolling Stones, Ten Years After, Three Dog Night
16 Silver Convention
18 Blood Sweat and Tears, Mothers of Invention
Solist
4 Anka, Beck, Cash, Fame, John, King
5 Baker, Berry, Bowie, Brown, Cohen, Darin, Davis, Dylan, Haley, Lewis, Starr
6 Cocker, Cooper, Domino, Gentry, Korner, Lennon, Prince
7 Cassidy, Charles, Clapton, Diamond, Donovan, Emerson, Hendrix
8 Bob Dylan, Buchanan, Harrison, Jeff Beck, Paul Anka

9 Bill Haley, Elton John, Feliciano, Gallagher, Garfunkel, Joe Cocker, McCartney
10 Bobby Varin, Chuck Berry, Curtis King, David Bowie, Fats Domino, James Brown, John Lennon, Johnny Cash, Ray Charles, Ringo Starr
11 Alice Cooper, Bobby Gentry, Eric Clapton, Georgie Fame, Ginger Baker, Jimi Hendrix, Neil Diamond, Ray Buchanan
12 Alexis Korner, Art Garfunkel, David Cassidy, Keith Emerson, Spencer Davis
13 Jerry Lee Lewis, Jose Feliciano, Kristofferson, Leonhard Cohen, Paul McCartney, Rory Gallagher
14 George Harrison
17 Kris Kristofferson

Solistin
4 Baez, Bell, Hunt, King
5 Flack
6 Joplin
7 Collins, Fleming, Hopkins
8 Driscoll, Joan Baez
10 Carole King, Joy Fleming, Maggie Bell, Marsha Hunt, Tina Turner
11 Judy Collins
12 Janice Joplin, Roberta Flack
13 Julie Driscoll

populär
gebliebene Melodie
9 Evergreen

populärer
Kinodarsteller
8 Filmstar

populäres, leichteingängiges Liedchen
8 Schlager
Theaterstück
11 Volksstueck

Popularität
11 Beliebtheit

porig
6 poroes

porös
5 porig
12 durchlaessig

poröse
Kohle
10 Aktivkohle

poröses
Vulkangestein
4 Bims

Portal
3 Tor
6 Pforte
7 Eingang
8 Einfahrt

Portier
4 Wart
8 Hauswart
9 Pfoertner
11 Hausmeister

Portion
4 Part, Teil
5 Dosis, Menge
6 Anteil, Ration
7 Quantum
8 Partikel
9 Zuteilung

Portmonee
6 Beutel, Boerse
10 Geldbeutel, Geldboerse

Porträt
4 Bild
7 Bildnis
8 Gemaelde, Kopfbild
9 Konterfei
11 Nachbildung

portugiesisch:
Berg
5 Monte
Bergkette, Gebirgszug
5 Serra
Flussmündung
3 Ria
heilig
3 sao
Heilige
5 Santa
Herr
6 Senhor
Sankt
3 Sao

portugiesische
Asienbesitzung
5 Macao, Macau
Gedichtsammlung
10 Cancionero
Hafenstadt
5 Porto
6 Oporto
7 Setubal
8 Lissabon
Hauptstadt
6 Lisboa
8 Lissabon
Insel, Inselgruppe
6 Azoren, Flores
7 Madeira
8 Berlenga, Desertas, Terceira
9 Kapverden, Sao Miguel
10 Porto Santo
Kolonie
5 Macao, Macau, Makao
Landschaft
5 Beira
Münze, Währungseinheit
4 Real, Reis
5 Dobra
6 Escudo, Peseta
7 Centavo
Prinzessin
8 Infantin
Provinz
7 Algarve
Stadt
4 Beja, Faro, Ovar
5 Braga, Elvas, Evora, Lagos, Loule, Mafra, Moura, Murca, Olhao, Porto, Sines, Viseu
6 Almada, Aveiro, Fratel, Guarda, Ichavo, Lamego, Leiria, Lisboa, Oporto, Pombal, Sintra, Tavira
7 Coimbra, Setubal
8 Abrantes, Braganca, Lissabon, Santarem, Vila Real
10 Matozinhos
14 Vila Nova de Gaia
Weinsorte
8 Portwein

portugiesischer
Adelstitel
7 Fidalgo
Arbeiterführer
6 Cunhal
Besitz in China
5 Macao
Dichter u. Schriftsteller
4 Dias, Lobo
5 Biaga, Braga, Dinis, Gomes, Nobre, Pires, Targa
6 Bocage, Branco, Camoes, Castro, Dantas, Garcao, Namora, Pessoa, Vieira
7 Brandao, Garrett, Queiroz, Quental, Ribeiro, Vicente
8 Carneiro, Pascoaes
9 Fernandes
10 Alcoforado, Figueiredo
Entdecker, Seefahrer
4 Diaz
5 Pinto
6 Cabral, da Gama
8 Magallan, Magellan
9 Magalhaes
10 Magallanes
11 Vasco da Gama
Eroberer
11 Albuquerque
Fluss
3 Tua
4 Sado, Tejo
5 Douro, Minho
6 Tamega, Zezere
7 Mondego
8 Guadiana
12 Guadalquivir
Frauenname
3 Ana
5 Joana, Ninja
6 Helena, Isabel
7 Carlota, Charlot, Miguela
8 Estrella, Gabriela, Isabella
9 Francisca
Fußballspieler
3 Tai
4 Abel, Dito, Elzo, Nene, Sheu, Toni
5 Alves, Artur, Bento, Celso, Chico, Costa, Damas, Dinis, Festa, Gomes, Graca, Haigi, Jorge, Lucas, Mozer, Murca, Pavao, Peres, Pinto, Romeu, Silva, Sousa, Vital
6 Adolfo, Alvaro, Amaral, Carlos, Coelho, Coluna, Enrico, Frasco, Freire, Inacio, Jordao, Manuel, Matine, Mendes, Morais, Pacheo, Pietra, Rebelo, Simoes, Torres, Veloso
7 Alhinho, Augusto, Batesta, Carrico, Chalana, Eusebio, Fonseca, Freitas, Gabriel, Germano, Hilario, Jacinto, Octavio, Pacheco, Pereira, Rolando, Seninho, Teixera, Vicente
8 Baptista, Carvalho, Fraguito, Henrique, Humberto, Oliveira, Quaresma

9 Chiquinho, Conceicao, Fernandes, Francisco
10 Diamantino, Laranjeira

Geschichtsschreiber
4 Melo

Heerführer
7 Almeida

Königsname
5 Pedro
6 Alfons, Manuel
7 Alfonso, Emanuel
8 Fernando
9 Ferdinand

Künstler (Bildhauer, Maler und Grafiker)
4 Lupi, Teyo
5 Lopes
6 Duarte, Ponsao, Soares, Vieira
7 Affonso, Correia, Machado
8 Sequeira, Teixeira
9 Fernandes, Goncalves

Männername
4 Joao, Jose
5 Dario, Diego, Diogo, Felix, Jorge, Vasco
6 Carlos, Duarte, Fernao, Filipe, Franco, Gaspar, Matias, Miguel
7 Alfonso, Eugenio, Gustavo, Joaquim, Ricardo, Rodrigo
8 Bernardo, Fernando, Rodrigue
9 Fernandez, Francisco, Frederico

Mathematiker
5 Nunez

Mediziner
5 Moniz
8 Giraldes

Nobelpreisträger (Medizin)
5 Moniz

Philosoph
7 Spinoza

Politiker/Staatsmann
4 Pais
5 Braga, Eanes, Gomes, Lopes, Tomas
6 Soares
7 Almeida, Arriaga, Caetano, Carmona, Machado, Salazar, Sampaio
8 Guterres, Oliveira

Prinz
6 Infant

Seefahrer
4 Diaz, Gama
5 Pinto
6 Cabral, da Gama
8 Magellan
9 Magalhaes

Sportler, Sportlerin
4 Mota
5 Cunha, Lopes, Lopez, Pinto
6 Castro, Leitao, Mamede, Matias
7 Sampaio
8 Guterres, Pinheiro
10 Sousa-Lopez

Statthalter in Ostindien
11 Albuquerque

Süßwein
6 Madera
7 Madeira

Wallfahrtsort
6 Fatima

portugiesisches
Geschlecht
8 Braganza

Längenmaß
5 Braca

Porzellanart
7 Seladon
9 Aubergine

Porzellanerde, -masse
6 Kaolin
8 Kaolinit

Porzellanmanufaktur, -stadt
4 Selb, Wien
5 Delft, Kahla
6 Berlin, Sevres
7 Hoechst, Meissen
9 Rosenthal
10 Kopenhagen
11 Capo di Monte, Frankenthal, Ludwigsburg, Nymphenberg
12 Fuerstenberg

Porzellanschnecke
5 Kauri

Porzellanverzierung
5 Dekor

Posament
4 Band
5 Borte, Galon, Gimpe, Knopf, Litze
6 Besatz, Franse, Kordel, Pompon, Quaste, Schnur, Tresse
7 Troddel
8 Schnuere

Posaune
der alten Germanen
4 Lure

Pose
5 Mache
7 Haltung, Theater
8 Gebaerde, Stellung
9 Federkiel

Poseur
7 Angeber
11 Wichtigtuer
13 Effekthascher

Position
3 Amt, Ort
4 Lage
6 Posten, Stelle
8 Stellung
10 Anstellung, Taetigkeit
14 Beschaeftigung

im Fußballspiel
6 Libero

Positionsbestimmung
14 Ortsbestimmung

positiv
6 gewiss
8 bejahend, bestimmt
10 zutreffend

geladenes Atomteilchen
6 Proton

geladenes Elementarteilchen
8 Positron

geladenes Ion
6 Kation

positive
Elektrode
5 Anode

Vergeltung
4 Dank

Vorschriften
6 Gebote

positiver
Ausgang
6 Erfolg

Kontostand
8 Guthaben

positives
Ergebnis
6 Erfolg, Nutzen

Positur
5 Figur
7 Haltung
8 Stellung

possenhaft
7 burlesk

Possenreißer
4 Narr
5 Clown
6 Kasper
7 Bajazzo, Hofnarr, Kasperl
8 Harlekin, Witzbold
9 Hanswurst
10 Komoediant, Spassvogel
11 Spassmacher

der Antike
5 Mimus

Posse, Possen
2 Uz
3 Ulk
4 Witz
5 Farce, Mimus, Spass, Unfug
6 Scherz, Unsinn
7 Streich
8 Burleske, Einakter, Groteske, Komoedie
9 Lustspiel
11 Schabernack
13 Buehnenstueck

possierlich
7 drollig

postalische
Nachricht
9 Telegramm

postalischer
Begriff
6 Inland
7 Ausland
8 Absender
12 Postleitzahl
20 Postsparkassendienst

postalisches
Erzeugnis
5 Karte

Formular
9 Zahlkarte
10 Paketkarte
13 Postanweisung

Postauslieferer
8 Absender

Postbeförderung
im Krieg
8 Feldpost

Postbote
9 Zusteller
12 Brieftraeger

Posten
5 Menge, Wache
6 Stelle
7 Ausguck, Spaeher
8 Position, Stellung
10 Anstellung, Beobachter, Bleischrot, Teilbetrag

auf dem Schiffsdeck
9 Bordwache
in einer Aufstellung
8 Position
14 Einzelposition
von Waren
6 Partie
Postenanruf
5 Wer da
Postenkette
6 Kordon
Poster
6 Plakat
Postformular
9 Zahlkarte
Postgebäude
7 Postamt
Postgebühr
5 Porti, Porto
Postgut, -sache, -sendung
5 Brief, Kabel, Karte, Paket, Telex
7 Postgut, Sendung
8 Depesche, Eilbrief, Eilpaket, Feldpost, Flugpost, Luftpost, Rohrpost
9 Anweisung, Kreuzband, Nachnahme, Paeckchen, Postkarte, Telegramm, Wertbrief, Wertpaket, Zahlkarte
10 Drucksache, Eilsendung, Warenprobe
11 Geldsendung, Kartenbrief, Schiffspost, Wertsendung
12 Antwortkarte, Einschreiben, Expressbrief, Expresspaket, Mischsendung, Paketsendung, Schmuckblatt, Schnellpaket, Ueberweisung, Warensendung
13 Ansichtskarte, Antwortschein, Fernschreiben, Geldanweisung, Rohrpostbrief, Rohrpostkarte
14 Blitztelegramm, Briefpaeckchen, Brieftelegramm, Buechersendung, Muster ohne Wert
15 Briefdrucksache, Postscheckbrief, Postwurfsendung
Postkutscher
8 Schwager
9 Postillon
10 Postillion
Postmeister
Maximilians I.
5 Taxis
Postskript
8 Nachsatz, Nachtrag
11 Nachschrift
Postulat
6 Antrag
7 Annahme
8 Begehren
9 Forderung, Verlangen
13 Voraussetzung
Postwertzeichen
5 Marke
9 Freimarke
10 Briefmarke
11 Sondermarke
Postzusteller
4 Bote
8 Postbote
12 Brieftraeger
Potentat
3 Zar
4 Chan, Emir, Khan
5 Mogul, Negus, Schah, Tenno
6 Chakan, Fuerst, Herzog, Kaiser, Koenig, Mikado, Regent
7 Monarch
9 Herrscher, Kurfuerst
10 Machthaber
11 Grossherzog, Landesvater, Maharadscha, Prinzregent
Potsdamer
Architekt
7 Gontard, Memhard, Persius
8 Schinkel
10 Mendelsohn
12 Knobelsdorff
Bauwerk
9 Sanssouci
10 Nauener Tor
11 Cecilienhof
12 Einsteinturm
13 Charlottenhof, Nikolaikirche
14 Friedenskirche
16 Brandenburger Tor, Schloss Sanssouci
Gebäude im Rokokostil
16 Schloss Sanssouci
Siedlung
7 Nowawes
12 Alexandrowka
21 Hollaendisches Viertel
Stadtteil
6 Bornim, Sacrow
7 Drewitz
9 Bornstedt
10 Babelsberg
Power
für Maschinenstarts
13 Antriebskraft
Prachtbau
6 Palast
7 Schloss
in Indien
11 Tadsch Mahal
Prachteingang
6 Portal
Prachtentfaltung
4 Pomp
5 Glanz, Luxus, Prunk, Prunk
6 Freude, Fuelle, Genuss
7 Aufwand
9 Gepraenge
Prachtfink
7 Amadine
prächtig
5 famos, prima
7 kostbar, pompoes
8 blendend, herrlich
9 glaenzend, prunkvoll, strahlend
10 grossartig
gefärbter Vogel
7 Kolibri
prächtiges
Grabmal
9 Mausoleum
Prachtkodex
irischer Buchmalerei
6 Durrow
Prachtkutsche
7 Karosse
Prachtstraße
5 Allee
6 Avenue
9 Boulevard
Prachtstube
im holsteinischen Bauernhaus
5 Pesel
prachtvoll
5 famos
6 superb
7 kostbar, pompoes
8 blendend, herrlich, imposant
9 glaenzend, praechtig, strahlend, wunderbar
10 grossartig, wundervoll
Prachtwicke
5 Donia, Donie
Prädikant
8 Prediger
Prädikat
4 Note, Rang
5 Stufe, Titel
6 Urteil, Zensur
7 Aussage, Beiwort
9 Bewertung
11 Beurteilung
bei Doktorprüfungen
4 rite
Präfektur
im Tschad
7 Ouaddai
Prag
in der Landessprache
5 Praha
Prägeform
5 Mater
7 Matrize
Prägemaschine
8 Kalander
Prager
Burg
9 Hradschin
Kunststätte
15 Nationaltheater
Kunstverlag
5 Artia
Stadtteil
8 Altstadt, Neustadt
9 Hradschin
10 Josefstadt, Kleinseite
Prägestempel
6 Stanze
Prägewalze
7 Molette
Prags
sagenhafte Gründerin
7 Libussa
prähistorischer
Fundort bei Düsseldorf
10 Neandertal
prähistorisches
Beil
8 Steinaxt
Werkzeug
6 Eolith
prahlen
7 angeben, protzen
12 aufschneiden

14 schwadronieren
Prahlerei
5 Bluff
6 Angabe, Blague
9 Angeberei, Gaskonade, Snobismus
Prahler, Prahlhans
4 Snob
5 Protz
7 Angeber, Blender
8 Blagueur, Maulheld
9 Bramarbas, Flunkerer, Grossmaul
10 Gernegross, Windmacher
12 Aufschneider, Schwadroneur
15 Schaumschlaeger
praktikabel
7 machbar
13 durchfuehrbar
Praktikant
9 Volontaer
14 Auszubildender
Praktikerfertigkeit
7 Routine
praktisch
6 patent
11 pragmatisch
praktische
Lebensweisheit
5 Chrie
praktisches
Denken
9 Pragmatik
12 Pragmatismus
Pralinenfüllung
4 Krem, Nuss
5 Creme, Masse, Nugat
6 Cognac, Kognak, Likoer, Nougat
7 Alkohol, Kirsche, Krokant
8 Marzipan
Pralinenpackung
10 ◆ Bonboniere
11 Bonbonniere
prall
4 dick
6 stramm
Präludium
8 Vorspiel
Prämie
4 Lohn
5 Abzug, Bonus
6 Gewinn, Skonto
7 Beitrag, Gebuehr
8 Nachlass, Zuschlag, Zuschuss
9 Belohnung
11 Anerkennung
13 Gratifikation
prämieren
8 belohnen
11 auszeichnen
Pranger
im Mittelalter
11 Schandpfahl
in Lübeck
4 Kaak
Pranke
4 Hand
5 Klaue, Pfote, Tatze
Präparation
12 Vorbereitung
Präposition
2 an, in, um, zu
3 auf, aus, bei, mit, von, vor
4 fuer, nach, ohne, samt, seit
5 durch, neben, nebst, statt, trotz, ueber, unter, wegen
6 ausser, binnen, hinter, laengs, unweit
7 naechst, zufolge
8 jenseits, waehrend, zwischen
9 diesseits, innerhalb
10 ausserhalb
Prärie
10 Grassteppe
Prärieindianer, -stamm
5 Kiowa
6 Dakota, Pawnee
Präriepferd
7 Mustang
Präriewolf
6 Kojote
Präsens
9 Gegenwart
präsent
12 gegenwaertig
Präsent
4 Gabe
8 Geschenk
11 Mitbringsel
Präsenz
11 Anwesenheit
Präsident
der Bundesrepublik Deutschland
3 Rau
5 Heuss
6 Herzog, Luebke, Scheel
8 Carstens
9 Heinemann
14 von Weizsaecker
der Weimarer Republik
5 Ebert
10 Hindenburg
des Luth. Weltbundes
5 Lilje
6 Nygren
des NOK für Deutschland
5 Daume
7 Traeger
Prasserei
9 Voellerei
Präzisionsuhr
11 Chronometer
präzis, präzise
5 exakt, genau, knapp
8 treffend
10 puenktlich
12 gewissenhaft
predigen
6 mahnen
9 vortragen
Prediger
10 Praedikant
in einer Hauptmoschee
6 Chatib
Predigerorden
11 Dominikaner
Predigerstand
6 Kanzel
Predigt
6 Sermon
über einen Bibelabschnitt
7 Homilie
Predigtbuch
8 Postille
Predigtstuhl
6 Kanzel
Pregelmündungsarm
5 Deime
Preis
3 Lob
4 Lohn, Ruhm, Satz, Wert
5 Pokal
6 Abgabe, Betrag, Gewinn, Kosten, Tribut
7 Entgelt, Gebuehr, Praemie, Trophae
8 Medaille
9 Gegenwert
11 Aequivalent
12 Auszeichnung
der Beförderung
6 Fracht
12 Frachtkosten
für Kapitalnutzung
4 Zins
für Leergut
7 Fustage
für Wertpapiere
4 Kurs
ohne Abzug
6 brutto
ungebrauchter Dinge
8 Neupreis
Preisabschlag
8 Nachlass
Preisabzug
6 Skonto
8 Refaktie
Preisangebot
7 Offerte
Preisanstieg
an der Börse
6 Hausse
Preisauftrieb
8 Teuerung
Preiselbeere
10 Kronsbeere
Preiserhöhung
8 Teuerung
9 Aufschlag
Preisfestsetzung
für eine Ware
4 Taxe
Preisgabe
6 Rapuse, Verrat
7 Aufgabe
8 Verzicht
12 Kapitulation
Preisgeben
von Geheimnissen
6 Verrat
preisgekrönt
9 praemiert
10 praemiiert
preisgekrönter
Dichter
7 Laureat
Preisgericht
4 Jury
Preisgrenze
4 Taxe
5 Limit
7 Maximum, Minimum
Preislied
Marias
10 Magnifikat

Preisliste
7 Katalog
8 Prospekt
Preisnachlass
5 Abzug
6 Rabatt, Skonto
Preisrichter
5 Juror
Preisrichterkollegium
4 Jury
Preissatz
für Leistungen
5 Tarif
Preisschätzung
4 Taxe
Preisschild
7 Etikett
Preissenkung
12 Verbilligung
Preisspanne
5 Marge
Preissteigerung
8 Teuerung
Preissturz
5 Slump
6 Baisse
7 Deronte
Preisträger
6 Sieger
8 Gewinner
Preistreiber
8 Wucherer
9 Ausbeuter
15 Halsabschneider
Preistreiberei
6 Wucher
Preisunterbietung
7 Dumping
Preisunterschied
9 Differenz
Preisverzeichnis
5 Tarif
Preisvorschlag
5 Gebot
7 Angebot
preiswert
6 billig
8 wohlfeil
Preiszettel
7 Etikett
prekär
6 heikel
7 kitzlig
8 kitzelig
9 schwierig
Premiere
10 Eroeffnung
13 Urauffuehrung
15 Erstauffuehrung
Presseberichterstatter
8 Reporter
12 Bildreporter
13 Korrespondent
Pressebüro
9 Redaktion
Pressedruckmaterial
14 Zeitungspapier
Presseerzeugnis
5 Revue
7 Gazette, Journal, Magazin, Zeitung
10 Periodikum
11 Zeitschrift
12 Illustrierte
Pressefeldzug
8 Kampagne
Pressemitarbeiter
6 Lektor
Presseschriftsteller
10 Journalist
Presseschriftstellerei
12 Journalismus
Pressfalte
7 Plissee
Pressform
für den Schriftguss
5 Mater
Pressholzplatte
10 Spanplatte
Presskohle
7 Brikett
9 Eibrikett
11 Eierbrikett
Pressrückstand
bei der Rohrzuckergewinnung
7 Bagasse
Pressspan, starker Karton
5 Pappe
Prestige
3 Ruf
5 Image
7 Ansehen, Geltung
8 Renommee
Preuße
7 Borusse
Preußenprinzessin
6 Donata
preußische
Dynastie
12 Hohenzollern
Königin
5 Luise
Münze
13 Friedrichsdor
14 Silbergroschen
Provinz (im alten Preußen)
5 Posen
7 Pommern
8 Hannover
9 Schlesien, Westfalen
11 Brandenburg, Ostpreussen
12 Hessen-Nassau, Hohenzollern, Rheinprovinz, Westpreussen
Scheidemünze
14 Silbergroschen
preußischer
Chemiker
6 Baeyer
Diplomat
6 Bunsen
Feldmarschall
4 Roon
6 Moltke
7 Wrangel
8 Bluecher
9 Gneisenau
11 Scharnhorst
Finanzminister
6 Miquel
Freikorpsführer
6 Schill
7 Luetzow
General
4 Roon, York
5 Boyen, Goltz, Yorck
6 Kleist, Moltke, Zieten
7 Wrangel
8 Bluecher, Seydlitz
9 Gneisenau
10 Clausewitz, Schlieffen
11 Scharnhorst
Geschichtsschreiber
9 Raczynski
König
7 Wilhelm
9 Friedrich
16 Friedrich Wilhelm
Kriegsminister
4 Roon
5 Stein
Offizier
18 Ferdinand von Schill
Philanthrop
6 Rochow
Reformer
5 Stein
10 Hardenberg
11 Scharnhorst
Regent
6 Koenig
9 Kurfuerst
Schlachtenort
4 Jena
6 Torgau
9 Auerstedt
Soldatenkönig
16 Friedrich Wilhelm
Staatsmann
4 Dohm, Falk, Roon
5 Beuth, Bonin, Stein
6 Abeken, Goertz, Schoen
7 Caprivi, Roedern, Zedlitz
8 Bismarck, Humboldt, Radowitz
9 Achenbach, Hansemann, Ladenberg
10 Hardenberg
13 Bodelschwingh
15 Bischoffswerder
preußisches
Adelsgeschlecht
5 Arnim
6 Buelow
8 Bismarck
10 Hindenburg
prickeln
8 kribbeln
prickelnd
6 pikant
8 reizvoll
11 moussierend
Priem
8 Kautabak
Priester
5 Pater
6 Kaplan, Pastor
7 Dechant, Pfarrer
8 Kleriker
10 Seelsorger
11 Geistlicher
Apollos in Troja
7 Laokoon
der Kybele und der Attis
6 Gallus
der Ostkirche
4 Pope
des Apollon
6 Abaris
des Hephäst
5 Dares

Priestergewand
4 Albe
5 Talar
6 Sutane
7 Manipel, Soutane
Priesterherrschaft
11 Hierokratie
Priesterin
der Venus
4 Hero
der Vesta
8 Vestalin
in Delphi
6 Pythia
priesterliche
Assistenten beim Hochamt
7 Leviten
Priesterschaft
6 Klerus
Priesterumhang
5 Stola
Priesterweihe
10 Ordination
Prim
8 Kautabak
prima
6 baerig
Primel, Primelart
7 Aurikel
9 Gauchheil
10 Soldanelle
13 Alpenveilchen
15 Alpengloeckchen, Schluesselblume
primitive
Leuchte
6 Fackel
Schusswaffe
5 Bogen, Pfeil
Unterkunft
4 Asyl
6 Huette
15 Durchgangslager
Waffe
5 Keule, Stock
8 Knueppel
9 Faustkeil, Schleuder
Wasserpflanze
4 Alge
Primitive
12 Naturvoelker
primitiver
Wagen
5 Karre
Zeitmesser
7 Sanduhr
9 Sonnenuhr
primitives
Blasinstrument
7 Alphorn
Boot
7 Einbaum
Geschoss
5 Pfeil, Stein
Indianerboot
6 Piroge
Schätzmaß
12 Daumensprung
Wasserfahrzeug
7 Einbaum
Primitivvolk
auf Sri Lanka
5 Wedda
Prinz
von Savoyen
5 Eugen
Prinzenerzieher
in Weimar
6 Knebel
Prinzessin
von Preußen
6 Amalia
Prinzip
9 Grundsatz
prinzipielle
Ablehnung des Krieges
10 Pazifismus
Prinzregent
in Bayern
8 Luitpold
Prise
5 Beute, Dosis, Zutat
6 Schuss, Zusatz
7 Portion, Quantum
8 Seebeute
Prisma
aus Kalkspat
5 Nicol, Nikol
privater
Haushaltsverbrauch
13 Lebenshaltung
Privatkasse
von Fürsten
9 Schatulle
Privatkrieg
im Mittelalter
5 Fehde
Privatschule
8 Internat
Privatsekretär
Ciceros
4 Tiro
Privileg
8 Vorrecht
9 Freibrief
11 Sonderrecht
pro
2 je
4 fuer
6 dafuer
Probeabzug
7 Andruck
Probebohrung
im Bergbau
5 Sonde
proben, probieren
5 ueben
6 testen
9 versuchen
10 trainieren
Probe, Prüfung
4 Test
5 Prise
6 Modell, Muster, Uebung
7 Schluck, Versuch
8 Pruefung, Revision, Sichtung, Training
9 Kontrolle
10 Experiment
Proberennen
im Rennsport
5 Trial
Probezeit
im Kloster
8 Noviziat
Problem, Problematik
5 Frage
7 Aufgabe, Raetsel
9 Geheimnis
12 Ungewissheit
13 Fragestellung, Schwierigkeit
Produkt
4 Ware
6 Ertrag
8 Ergebnis, Resultat
9 Erzeugnis
aus Kohle
4 Teer
aus Kokosnüssen
5 Kopra
aus Tierhaaren
4 Filz
aus Tierhaut
5 Leder
der Bienen
5 Honig, Wachs
der Forstwirtschaft
4 Holz
der Geflügelfarm
4 Eier
der Köhlerei
9 Holzkohle
der Landwirtschaft
5 Kaese, Milch
7 Fleisch, Gemuese
10 Kartoffeln
der Parfümherstellung
5 Ambra
der Textilindustrie
4 Tuch
5 Tuche
6 Stoffe
7 Tuecher
der Waldwirtschaft
4 Holz
gleicher Faktoren
6 Potenz
vom Rind
10 Nierenfett
von Wasservögeln
7 Entenei
Produktion
9 Erzeugung, Fertigung
10 Manufaktur
11 Anfertigung, Fabrikation, Herstellung
Produktionsstätte
4 Werk
6 Fabrik
7 Betrieb
produktive
Tätigkeit
6 Arbeit
Profanes
3 Noa
Professor
im Ruhestand
6 Emerit
8 Emeritus
Profil
6 Umriss
7 Schnitt
11 Querschnitt
13 Seitenansicht
Profit
4 Plus, Zins
6 Ertrag, Gewinn, Nutzen
7 Vorteil

8 Einnahme
9 Verdienst
Prognose
6 Orakel
10 Voraussage, Vorhersage, Weissagung
12 Prophezeiung
Programm
4 Plan
11 Verzeichnis
12 Nummernfolge, Tagesordnung
13 Theaterzettel
Projekt
4 Idee, Plan
5 Folge
6 Ablauf
7 Absicht, Entwurf, Tendenz
8 Richtung, Vorhaben
9 Vorschlag
10 Uebersicht
11 Arbeitsplan
19 Grundsatzerklaerung
Programmankündigung
6 Ansage
programmatische
Grundsatzerklärung
8 Manifest
Programmbefehl
3 Put
Programmierhochsprache
5 Algol
Programmsprecher
7 Ansager
Projekt
4 Plan
8 Vorhaben
Projektil
5 Kugel, Pfeil
8 Geschoss
Projektionsapparat, -gerät
7 Diaskop, Episkop
9 Projektor
10 Bildwerfer, Epidiaskop
Proklamation
6 Appell, Aufruf
11 Bekanntgabe
13 Verkuendigung
14 Bekanntmachung
17 Veroeffentlichung
proletarischer
Maler
5 Grosz
Prolog
7 Vorrede, Vorwort
8 Vorspiel
9 Vorspruch
10 Einleitung
Promenade
5 Korso
6 Anlage
10 Spazierweg
11 Spaziergang
Promovierender
9 Doktorand
Propaganda
2 PR
7 Reklame, Werbung
9 Agitation, Publicity
15 ◆ Publicrelations
22 Oeffentlichkeitsarbeit
Prophet
3 Eli, Gad
4 Amos, Esra, Hiob, Joel, Jona, Nabi, Osee
5 Elias, Elisa, Hosea, Jonas, Josua, Micha, Nahum, Seher
6 Daniel, Haggai, Isaias, Jesaja, Mahner, Nathan, Obadja, Samuel
7 Habakuk, Jeremia, Jesajas, Kuender, Nehemia
8 Ezechiel, Hesekiel, Jeremias, Maleachi, Mohammed, Sacharja, Zacharia, Zephanja
9 Malachias, Wahrsager, Weissager, Zephanias
10 Ekstatiker, Verkuender
Prophetin
6 Debora, Pythia
7 Seherin
9 Cassandra, Kassandra, Kuenderin
11 Wahrsagerin
zur Zeit Jesu
5 Hanna
Prophezeiung
6 Orakel
8 Prognose
10 Voraussage, Vorhersage, Weissagung
Proportion
8 Ebenmass
9 Gleichung, Symmetrie
10 Gleichmass
11 Verhaeltnis
Prosadichtung, -werk
4 Saga
5 Roman, Story
7 Novelle
8 Anekdote
10 Erzaehlung, Short story
14 Kurzgeschichte
Prospekt
7 Ansicht
8 Aussicht
10 Preisliste
12 Rundhorizont, Werbeschrift
13 Buehnenhimmel
Prost
im Kreis
7 Umtrunk
in Skandinavien
4 skal
Prostituierte
5 Dirne
7 Hetaere, Kokotte
8 Callgirl, Erostess
9 Flittchen
14 Liebesdienerin, Strichmaedchen
15 Freudenmaedchen
16 Gunstgewerblerin, Strassenmaedchen
Protein
7 Eiweiss
Protest
4 Veto
5 Refus, Wider
6 Contra, Kontra, Refues
9 Ablehnung, Einspruch, Vorbehalt
10 Auflehnung, Opposition, Verwahrung, Widerstand
11 Widerspruch
12 Verweigerung
Protestaktion
12 Hungerstreik
Protestant
6 Hussit
7 Baptist
9 Calvinist, Hugenotte, Kalvinist
10 Lutheraner
11 Zwinglianer
12 Reformierter
der französischen Geschichte
9 Hugenotte
protestantisch
10 calvinisch, kalvinisch, lutherisch, reformiert
11 evangelisch
protestantische
Gottesdienstordnung
6 Agende
protestantischer
Feiertag
10 Karfreitag
13 Buss- und Bettag
15 Reformationstag
Protestaufmarsch
13 Demonstration
17 Demonstrationszug
Protokoll
7 Bericht, Referat
11 Zeremoniell
13 Niederschrift
Prototyp
6 Modell, Muster, Urbild
7 Vorbild
9 Baumuster
14 Versuchsmuster
Protz
4 Snob
7 Angeber, Prahler
9 Renommist
10 Gernegross
11 Wichtigtuer
protzen
7 angeben, prahlen
Provenienz
8 Herkunft, Ursprung
10 Abstammung
provenzalische
Sprache
9 Languedoc
provenzalischer
Dichter
5 Arene
Minnesänger
8 Trouvere
10 Troubadour
Tanz
8 Rigaudon
9 Farandole, Olivettes
10 Faranduola
Troubadour
6 Arnaut
Proviant
6 Vorrat
10 Mundvorrat, Wegzehrung
11 Verpflegung
Provinz
3 Gau
4 Zone
6 Gebiet
Abessiniens
7 Eritrea
am Roten Meer
4 Asir

Äthiopiens
7 Eritrea
auf Sardinien
5 Nuoro
auf Sumatra
5 Atjeh
der Mandschurei
5 Kirin
der Niederlande
6 Drente, Trente, Twente
7 Geldern, Limburg, Seeland, Utrecht
9 Friesland
10 Overijssel
11 Nordbrabant, Nordholland, Suedholland
der Philippinen
6 Ilocos, Oloilo
des Kongogebietes
4 Kiwu
5 Kasai
7 Katanga, Lualaba
des Sudan
6 Darfur
7 Kassala, Khartum, Obernil
8 Kordofan
9 Equatoria
in Afrika
5 Natal
in Altkastilien
5 Avila
in Burma
4 Pegu
in Chile
5 Talca
6 Cautin, Curico
in Ecuador
5 Azuay, Canar, El Oro
6 Carchi, Guayas, Manabi
7 Bolivar, Los Rios
8 Cotopaxi, Imbabura
9 Pichincha
10 Chimborazo, Tungaruhua
11 Napo-Pastaza
in Ghana
8 Aschanti
in Irland
6 Ulster
in Kaschmir
6 Ladakh
in Kuba
6 Granma
7 Oriente
in Oman
5 Sufar
in Panama
5 Cocle, Colon
6 Darien
7 Herrera
8 Chiriqui, Veraguas
in Saudi-Arabien
4 Asir
6 Alahsa
in Südafrika
5 Natal
7 Kapland
9 Transvaal
15 Oranjefreistaat
19 Kap der Guten Hoffnung
in Südtirol
5 Bozen
in Vietnam
5 Annam

Provinzhauptstadt
im Iran
5 Ahwas
im Kongo
6 Bukavu
in Angola
4 Uige
in Äthiopien
4 Gore
in Belgien
5 Arlon, Namur
in der Türkei
5 Adana
in Finnland
5 Kotka, Vaasa
in Italien
4 Asti, Como, Lomo
5 Padua, Siena, Terni, Udine
6 Mantua
7 Pescara, Ravenna, Salerno
in Kleinasien
5 Adana
in Marokko
3 Fes
6 Tetuan
in Norwegen
9 Stavanger
in Oberägypten
4 Gise
5 Giseh
in Schweden
5 Falun
6 Ragusa
7 Oerebro
in Sizilien
4 Enna
6 Ragusa
7 Catania
in Spanien
4 Leon
6 Bilbao, Cosdiz, Orense, Teruel, Toledo
7 Almeria, Sevilla
8 Albacete
9 Salamanca
in Syrien
7 Lutakia
Provinzstatthalter
6 Satrap
Provision
6 Anteil
7 Gebuehr
10 Verguetung
12 Gewinnanteil
des Börsenmaklers
7 Kurtage
8 Courtage
provisorische
Zahnfüllung
7 Einlage
Prozedur
7 Vorgang
9 Verfahren
Prozess
6 Ablauf, Streit
7 Hergang, Verlauf, Vorgang
9 Geschehen, Verfahren
10 Abwicklung
11 Entwicklung
12 Rechtsstreit
17 Gerichtsverfahren
Prozession
5 Umzug

8 Bittgang
9 Pilgerzug, Wallfahrt
Prozessunterlagen
5 Akten
prüde
6 sproed
7 geziert, sproede
10 zimperlich
prüfen
6 testen
7 checken, mustern
8 erproben
9 probieren, zensieren
10 beurteilen, revidieren
11 examinieren, inspizieren, untersuchen
12 ausprobieren
Prüfen
von Zuchttieren
6 koeren
prüfend
8 kritisch
Prüfender
10 Examinator
Prüfer
6 Tester
7 Revisor
10 Examinator, Inspizient
11 Kontrolleur
Prüfgerät
für zylindrische Teile
11 Rachenlehre
Prüfling
8 Kandidat
9 Examinand
Prüfstein
9 Kriterium
Prüfung
4 Test
5 Probe
6 Abitur, Examen, Matura
7 Versuch
8 Revision
9 Kontrolle, Rigorosum
10 Experiment, Feuerprobe, Inspektion
11 Exploration
bestehen
11 absolvieren
der Messgeräte
5 Eiche
6 Eichen
im Griechischen
7 Graecum
im Motorradsport
5 Trial
Prüfungsarbeit
unter Aufsicht
7 Klausur
Prüfungsergebnis
3 Gut
4 Drei, Eins, rite, Vier, Zwei
5 Fuenf, Sechs
7 Sehr gut
9 Genuegend
10 Mangelhaft
11 Ausreichend
Prüfungsprädikat
4 Note
Prüfungsurkunde
6 Diplom
Prüfverfahren
4 Test

Prügel
4 Haue
5 Bimse, Hiebe, Keile, Senge
6 Kloppe, Wichse
8 Schlaege
prügeln
5 hauen
7 kloppen, wichsen
8 schlagen, verhauen
Prügelstrafe
9 Bastonade
Prunk
4 Pomp
5 Luxus, Staat
6 Pracht
9 Gepraenge
Prunkbau
6 Palast
9 Prachtbau
in Dresden
7 Zwinger
Prunkbecher
5 Pokal
Prunkdecke
im Reitsport
10 Schabracke
Prunkhimmel
9 Baldachin
prunklos
8 schlicht
Prunksarg
9 Sarkophag
Prunkschiff
der Dogen
9 Buzentaur
Prunktor
6 Portal
prunkvoll
7 pompoes
9 luxurioes
prunkvoller
Trinkbecher
5 Pokal
Prunkwagen
7 Karosse
Prunusgewächs
10 Schlehdorn
Psalmengesang
9 Psalmodie
Psalmenzeichen
4 Sela
Pseudonym
8 Deckname
des Dichters Faillet
5 Fagus
des span. Dichters Ruiz
6 Azorin
von M. Claudius
5 Asmus
Psyche
5 Seele, Wesen
11 Seelenleben
Psyches
Geliebter
4 Amor
psychische
Depression
11 Melancholie
Psychoanalytiker
5 Freud
psychologischer
Begriff
12 Verdraengung
psychologisches
Experiment
4 Test
Pubertät
17 Entwicklungsalter, Entwicklungsjahre
Publicrelations
2 PR
publik
7 bekannt
11 oeffentlich, offenkundig
Publikation
17 Veroeffentlichung
Publikum
5 Leser
6 Gaeste, Hoerer
8 Besucher, Zuhoerer
9 Fernseher, Zuschauer
10 Auditorium
11 Leserschaft
12 Hoererschaft
13 Allgemeinheit
15 Oeffentlichkeit
Publikumsliebling
4 Idol
publizieren
16 veroeffentlichen
Publizist
5 Autor
6 Texter
9 Redakteur
10 Journalist
14 Schriftsteller
publizistischer
Meinungsaustausch
7 Polemik
publizistisches
Unternehmen
13 Presseagentur
pudelartige
Schoßhunde
8 Malteser
Puder
6 Pulver
Pudergrundstoff
4 Talk
6 Talkum
Puderzucker
5 Farin
8 Farinade
puertoricanische
Stadt
5 Ponce
7 Arecibo, San Juan
Puffer
aus Tauwerk
6 Fender
Puffmais, Puffreis
7 Popcorn
Pulk
von Flugtieren
7 Schwarm
Pullover, Pulli
5 Nicki
6 Jumper
7 Sweater, Twinset
9 Pullunder
11 Strickjacke
und Jacke
7 Twinset
Pulque-Schnaps
6 Mescal, Meskal
Puls
10 Herzschlag
Pulsader
7 Arterie
10 Schlagader
Pult
8 Katheder
Pulver
5 Puder
für Bronzefarben
6 Brokat
pulverförmige
Medizin
6 Oblate
Pulverkaffee
3 Nes
Pulverladung
in Metallhülsen
9 Kartusche
Puma, Silberlöwe
6 Kuguar
Pump
4 Borg
5 Leihe
6 Kredit
pumpen
6 borgen, leihen, lenzen
Pumpenkolben
6 Piston
Pumphose
13 Knickerbocker
Pumpventil
bei Blasinstrumenten
6 Piston
Punkt
3 Ort
5 Fleck, Frage, Platz, Sache
6 Detail, Stelle
7 Flecken, Zeichen
8 Position
10 Einzelheit, Gutschrift
11 Satzzeichen
13 Angelegenheit
14 Schlusszeichen
der elliptischen Bahn eines Himmelskörpers
6 Apside
der größten Sonnenferne eines Planeten
5 Aphel
im Telegramm
4 Stop
5 ◆ Stopp
in der Arktis
3 Pol
7 Nordpol
Punktauge
der Kerbtiere
6 Ozelle
Punkte
auf dem Würfel
5 Augen
Punktezahl
beim Sport
5 Score
Punktgleichheit
beim Tennis
8 Einstand
pünktlich
6 strikt, zeitig
11 rechtzeitig
12 zuverlaessig

Punschterrine
5 Bowle
pupillenlose
Iris
6 Akorie
Puppe
Zoologie
5 Larve
Puppenbühne
15 Kasperletheater
18 Marionettentheater
Puppenhülle
von Insekten
5 Kokon
Puppeninsektenhülle
5 Kokon
Puppenkörper
4 Balg
Puppenmutter
5 Kruse
Puppenspiel
15 Kasperletheater
16 Marionettenspiel
pur
4 rein
5 bloss
6 lauter
11 unvermischt
13 unverfaelscht
Püree, Brei
3 Mus
Purgatorium
9 Fegefeuer
purgieren
8 laeutern, reinigen
9 abfuehren
Purzelbaum
6 Kobolz
purzeln
6 fallen
8 stolpern
Pusstaschenke
6 Csarda
pusten
6 blasen

Pute
9 Truthenne
Putsch, Putschversuch
7 Revolte, Umsturz
8 Aufstand, Erhebung
9 Rebellion
10 Revolution
13 Staatsstreich
Putte, Putten, Putto
5 Genie
8 Amorette
11 Kinderfigur
13 Kindergestalt
Putz
6 Zierat
7 Schmuck, ◆ Zierrat
Putzbrett
des Maurers
11 Kartaetsche
putzen
8 polieren, reinigen
Putzlappen
10 Poliertuch
Putzmacherin
8 Modistin
9 Midinette
11 Hutmacherin, Schneiderin
Putzmittel
8 Reiniger
Putzsucht
9 Eitelkeit
putzsüchtig
5 eitel
Putztisch
der Dame
8 Toilette
Putztuch
6 Lappen
Putzzimmer
der Dame
7 Boudoir
Pygmäenberg
des Maladettamassivs
5 Aneto

Pygmäengruppe
3 Efe
Pygmäenstamm, -volk
4 Aeta, Akka, Kivu
5 Twide, Wedda
6 Bafoto, Semang
7 Bambuti, Minkopi, Negrito
8 Negritos
Pyjama
11 Schlafanzug
Pyramidenort
in Ägypten
5 Giseh, Medum
Pyrenäenberg, -massiv
4 Midi
5 Aneto
6 Nethou
7 Canigou, Mt. Perdu
9 Maladetta, Mont Perdu, Pic du Midi, Vignemale
Pyrenäenbewohner
6 Basken
Pyrenäenfluss
5 Esera
Pyrenäenhalbinsel
im Altertum
7 Iberien
Pyrenäenpass
4 Ares, Port
5 Aspin, Tosas
6 Larrau, Soulor
7 Chioula, Ibaneta, Somport
8 Aubisque, Bonaigua, Quillane
9 Pourtalet, Puymorens, Tourmalet
11 Peyresourde
Pyrenäenstaat
7 Andorra
Pyromane
12 Brandstifter
Pythonschlange
6 Assala

Quackelbeere, Quackelbusch
9 Wacholder
Quacksalber
7 Bluffer
8 Pfuscher, Salbader
10 Medikaster, Scharlatan, Schwaetzer
11 Kurpfuscher
Quader
5 Stein
6 Prisma
8 Baustein
quaderförmiges
Stahlhalbzeug
6 Bramme
Quadermauerwerk
7 Rustika
Quadrant
11 Kreissektor
12 Viertelkreis
Quadrat
6 Karree, Potenz
7 Viereck
8 Rechteck
quadratische
Platte im Kopfstück von Säulen
6 Abakus
quadratischer
Raum
7 Geviert
Quadriga
11 Viergespann
Quadrille
10 Kontertanz
Quadrillefigur
3 Ete
Quagga
5 Zebra
Qual
3 Not
4 Last, Leid, Pein
5 Muehe, Plage
6 Folter, Marter, Tortur, Unheil
7 Muehsal, Schmerz
9 Martyrium
Qualen
erleidender König der griechischen Sage
8 Tantalus
quälen
7 foltern, martern
8 peinigen
10 traktieren
12 schikanieren
13 maltraetieren
quälende
Arbeit
5 Muehe
Gedanken
9 Gruebelei
Ratlosigkeit
8 Ungeduld
quälender
Nachtgeist
3 ◆ Alb, Alp
quälendes
Nachtgespenst
4 Mahr
Schuldgefühl
5 Scham
Quälgeist
5 Drude
8 Peiniger

qualifizierter
Schriftsetzer
7 Metteur
Qualität
4 Rang, Wert
5 Guete
8 Bonitaet
11 Eigenschaft
14 Beschaffenheit
Qualitätsbegriff
5 Marke
Qualitätsbezeichnung
für Tokajerweine
6 Maslas
Qualitätserzeugnis
13 Markenartikel
Qualitätsmaß
für Goldlegierungen
5 Karat
Qualitätsmerkmal
5 Guete
Qualitätsniveau
8 Standard
Qualitätsstufe
6 Niveau
Qualitätswein
mit Prädikat (QbA)
7 Auslese, Eiswein
8 Kabinett
9 Spaetlese
13 Beerenauslese
20 Trockenbeerenauslese
Qualle
5 Polyp
6 Meduse
8 Hohltier
12 Schlauchtier
Qualm
5 Dampf, Dunst, Rauch, Wolke
6 Brodem
qualvolles
Gefühl der Bedrohung
5 Angst
6 Furcht
Quantität
4 Zahl
5 Hoehe, Masse, Menge
6 Anzahl, Kuerze, Laenge, Umfang
7 Ausmass, Groesse
Quantum
4 Mass
5 Dosis, Menge
6 Anteil, Anzahl, Ration
7 Einheit, Portion
Quappe
8 Truesche
Quark
4 Matz, Tofu
6 Glumse, Kasein, Topfen, Unsinn
10 Weichkaese, Weisskaese
17 Elementarteilchen
Quartier
5 Logis
6 Bezirk, Bleibe, Gebiet
7 Viertel, Wohnung
10 Unterkunft
12 Stadtviertel
Quartier-, Verpflegungsgeld
6 Servis
Quarzabart, Schmuckstein
5 Flint, Mocha

9 Chalzedon
Quarzart
10 Feuerstein
Quarz-, Feuersteinstück
6 Eolith
Quarzgang, Holzstamm
5 Pfahl
Quarzsteinchen
6 Kiesel
Quarzvarietät
12 Bergkristall
quasseln
5 reden
Quast
6 Pinsel
Quaste
5 Tolle
6 Bommel, Pompon, Zottel
7 Troddel
8 Portepee, Posament
11 Wattebausch
Wollknauf
6 Pompon
Quatsch
4 Brei
5 Unfug
6 Gerede, Unsinn
7 Nonsens, Schlamm, Schlick
9 Widersinn
Quecke, Unkrautpflanze
5 Beier
Quecksilber
in der Alchimie
6 Merkur
Quecksilberkampflicht
10 Quarzlampe
Quecksilbermineral
8 Zinnober
Quecksilberverbindung
7 Amalgam, Kalomel
8 Sublimat
Queen
8 Koenigin
Quellablagerung
6 Sinter
Quellenwerk
des Pentateuchs
7 Elohist
Queller
13 Strandpflanze
Quelle, Ursache
6 Matrix
8 Ursprung
Quelle, Ursprung
9 Ausloeser
Quellfluss
der Beraun
5 Angel
der Bodrog
6 Ondava
der Donau
4 Breg
5 Brege
7 Bregach, Brigach
der Dwina
7 Suchona
der Fränkischen Saale
5 Brend
der Hörsel
5 Leina
der Leitha
6 Pitten

der Lena in Sibirien
5 Witim
der Lesum
5 Hamme
der Lippe
5 Pader
der Madeira (Bolivien)
6 Mamore
der Rednitz (Bayern)
5 Rezat
der Schilka
4 Onon
6 Ingoda
der Weser
5 Fulda, Munde, Werra
des Amazonas
7 Maranon, Ucayali
des Amur
5 Argun
7 Schilka, Schilla
des Euphrat
5 Murat
6 Karasu
des Kongo
6 Lukuga
7 Lualaba, Luapula
des Nil
6 Kagera
9 Blauer Nil
des Ob
4 Bija
5 Katun
des Ohio
9 Alleghany
11 Manongahela
des Oranjeflusses
4 Vaal
des Parana
9 Rio Grande
des Pregel
6 Inster
8 Angerapp
des Rhein
11 Hinterrhein, Vorderrhein
des Rio Negro
5 Limay
des Senegal
6 Bafing, Bakhoi
des Sobat
4 Baro
des Tarim
12 Jarkenddarja
des Ubangi
4 Bomu
5 Mbomu, Uelle
7 Devolli
des Weißen Nil
5 Sobat
Quellgebiet
des Hinterrhein
12 Rheinwaldtal
des Isonzo
13 Julische Alpen
des San Francisco
11 Minas Geraes
Quellgeist
der nord. Sage
5 Mimir
Quellgöttin
der röm. Sage
6 Egeria

Quellnymphe
der griech. Sage
6 Egeria, Najade, Oreabe
Quell, Quelle
4 Born
5 Bronn
6 Anfang, Beginn, Geiser, Geyser, Geysir, Therme, Wasser
7 Brunnen, Fundort
8 Herkunft, Ursprung
10 Fundstelle, Wasserader
13 Springbrunnen
Quendel
7 Thymian
quer
6 zwerch
7 schraeg, travers
8 diagonal, schraege
11 transversal
seemänn.
5 dwars
Queraxt
5 Dexel
Querbalken
8 Traverse
9 Architrav
Querbank
bei Booten
5 Ducht
Querbau
der Basilika
8 Transept
Querbeil
7 Dechsel
Quercus
5 Eiche
Querele
5 Klage
6 Streit
10 Beschwerde
Querfeldeinmotorradrennen
9 Moto-Cross, ◆ Motocross
Querfeldeinrennen
12 ◆ Crosscountry, Cross-Country
quer gestreift
7 travers
8 getigert
Querholz
6 Trapez
7 Sprosse
am Schiffsmast
3 Raa, Rah
4 Rahe
Querholzfahne
6 Banner
querköpfig
4 stur
8 obstinat
11 hartnaeckig
Querlinie
9 Diagonale
12 Transversale
Quermaß
6 Breite
Querpfeife
6 Floete
7 Piccolo, Pikkolo
9 Pifferino
Querschiff
8 Transept
im niedersächs. Bauernhaus
5 Flett

Querschläger
11 Prellschuss
Querschnitt
6 Mittel, Profil
12 Durchschnitt
Querstange
am Schiffsmast
3 Raa, Rah
4 Rahe
des Barrens
4 Holm
Querstrich
im Druckwesen
6 Serife
Querulant
8 Noergler, Quengler, Staenker
10 Miesepeter, Miesmacher, Staenkerer
16 Streitsuechtiger
Querulation
10 Beschwerde
Querverbindung, -versteifung
8 Traverse
der Eisenbahnschienen
8 Schwelle
Quetschblase
5 Quese
Quetschung
9 Kontusion
Queue
4 Ende
7 Schwanz
12 Billardstock
Quickborn
9 Jungbrunn
11 Jungbrunnen
Quillaja
10 Seifenbaum
Quinte
9 Intervall
Quintessenz
4 Kern
5 Wesen
6 Auszug, Pointe
9 Inbegriff, Kernpunkt
10 Hauptsache, Wesenskern
quitt
4 wett
5 remis
6 gleich
12 ausgeglichen
quittieren
8 aufgeben
9 verlassen
10 verzichten
11 bestaetigen
12 bescheinigen
13 zuruecktreten
14 demissionieren
Quittung
3 Bon
5 Beleg, Kupon, Rache
6 Coupon
8 Revanche
10 Vergeltung
12 Bestaetigung, Kassenzettel
13 Bescheinigung
14 Empfangsschein
ausstellen
10 quittieren
Quiz
9 Ratespiel
10 Fragespiel

Quizmannschaft
8 Rateteam
Quodlibet
8 Allerlei, Mischung
9 Potpourri
10 Kunterbunt, Mischmasch
11 Kartenspiel
13 Durcheinander
Quote
4 Satz, Teil
6 Anteil
10 Teilbetrag
Quotient
beim Dividieren
8 Ergebnis, Resultat

Rabatt
5 Abzug
6 Skonto
8 Abschlag, Nachlass
10 Verguetung
13 Preisnachlass
19 Preisverguenstigung
Rabattenstaude
6 Akelei
Rabe
Odins
5 Hugin, Mumin, Munin
Rabengeier
5 Urubu
Rabenvogel
5 Dohle
6 Elster, Haeher, Kraehe
8 Kolkrabe
10 Alpendohle, Saatkraehe
11 Nebelkraehe, Rabenkraehe
12 Eichelhaeher, Mandelkraehe, Tannenhaeher
rabiater
Mensch
7 Grobian
Rache
8 Quittung, Revanche
10 Abrechnung, Vergeltung
11 Gegenschlag
12 Konterschlag
Rachegeist
in griech. Dramen
7 Alastor
Rachegöttin
5 Furie
6 Alekto, Megara
7 Erinnye, Megaere, Megaira
8 Eumenide
9 Tisiphone
Rachen
4 Fang, Maul
7 Schlund
rächen
6 ahnden
9 vergelten
Rachenblütler
9 Braunwurz, Fingerhut, Leinkraut
10 Ehrenpreis, Loewenmaul
12 Koenigskerze
Rachenbräune
10 Diphtherie
Rachenmandel
8 Tonsille
Rächerin
des Frevels
7 Nemesis
rachitische
Extremitäten
6 O-Beine, X-Beine
Rachsucht
8 Rankuene
Rackenvogel, -art
4 Hopf, Hutu, Todi, Toko
5 Kurol, Liest, Spint
6 Colius, Motmot, Quesal, Trogon
7 Quetzal
8 Baumhopf, Bunttodi, Eisvogel, Hornrabe
9 Blauracke, Fettvogel, Jahrvogel, Mausvogel, Wiedehopf
10 Saegeracke
11 Graufischer, Jaegerliest, Kubantrogon
12 Mandelkraehe, Narinatrogon, Nashornvogel
13 Bienenfresser, Dickhornvogel
14 Glatthornvogel, Nageschnaebler, Scharlachspint, Schildschnabel, Wulsthornvogel
15 Doppelhornvogel, Erdfluegelracke, Kaffernhornrabe
16 Kurzfluegelracke
17 Mondschwanztrogon
18 Gruenplattschnabel
Radarmessung
6 Ortung
Radau
5 Krach, Laerm
6 Tumult, Unruhe
12 Ruhestoerung
Radaubruder
10 Schreihals
Radaufhängung
5 Achse
Räderapparatur
der Zeitanzeiger
7 Uhrwerk
Räderfahrzeug
5 Wagen
Räderwerk
8 Getriebe, Mechanik
11 Mechanismus
Räderzubehör
9 Bereifung
Radfahrer
6 Radler
Radiator
8 Strahler
11 Heizkoerper
Radierer
Künstler
4 Goya
6 Ostade
9 Canaletto, Rembrandt
Radierung
5 Stich
6 Gravur
8 Gravuere
15 Kaltnadelarbeit
radikal
4 hart
6 extrem
9 fanatisch
10 gruendlich
14 ruecksichtslos
Radio
8 Rundfunk
radioaktiver
Abfall
9 Atommuell
Niederschlag
7 Fallout, ◆ Fall-out
radioaktives
Element
4 Uran
5 Astat, Radon
6 Curium, Radium
7 Astatin, Fermium, Thorium
8 Aktinium, Amerzium, Francium, Polonium, Thallium
9 Neptunium, Plutonium
Halogen
5 Astat
Radiogerät
5 Super
Radiosendung
9 Hoerspiel
Radiostation
6 Sender
Radioübertragung
9 Drahtfunk
Radiozubehör
7 Antenne
10 Transistor
Radius
10 Halbmesser
Radkranz
5 Felge
Radmittelteil
4 Nabe
Radrennbahn
8 Velodrom
Radrennfahrer
4 Raab
6 Ampler, Steher
7 Flieger
14 Strassenfahrer
Radsportler
5 Altig, Schur
7 Ullrich
Radteil
4 Nabe, Pneu
5 Achse, Felge
6 Reifen, Ventil
7 Speiche
9 Bereifung
Radumfassung
5 Felge
6 Reifen
Radwettbewerb
6 Omnium
7 Radball
9 Kriterium
10 Verfolgung
11 Giro d'Italia, Kunstfahren
12 Steherrennen, Tandemrennen, Tour de France
13 Fliegerrennen, Friedensfahrt, Gruppenfahren
14 Strassenrennen
15 Sechstagerennen
Raffel
5 Reibe
raffen
6 horten, reffen, zerren, ziehen
8 hamstern
9 drapieren, hochheben, schuerzen
Raffgier
4 Geiz
7 Habgier
8 Habsucht
Raffinade
6 Zucker
Raffinesse
10 Schlauheit
16 Durchtriebenheit
raffiniert
5 smart
6 schlau
7 gewieft, gewiegt
8 gerieben, gerissen
9 abgefeimt, gereinigt
12 durchtrieben

raffinierter
Zucker
6 Kandis
Raffsucht
4 Gier
Rage
3 Wut
4 Zorn
7 Raserei
Ragout
aus Wildgeflügel
5 Salmi
Ragwurzelknolle
5 Salep
Rahels
Mann
5 Jakob
Rahenende
4 Nock
Rahenhalter
4 Rack
Rahm
5 Obers, Sahne
9 Milchfett
Rahmbonbon
7 Karamel
8 ◆ Karamell
9 Karamelle
Rahmen
5 Frame, Kader, Raehm, Zarge
6 Leiste, Milieu
7 Chassis, Gestell, Traeger
9 Kartusche
10 Einfassung
rahmenartige
Einfassung
5 Zarge
rahmenloses
Bild
6 Poster
Rainweide
8 Liguster
Raketenforscher
6 Oberth
Raketenkonstrukteur
8 Koroljow
Raketentreibstoff
8 Monergol
Rallenkranich
4 Kagu
Ralle, rallenartiger Vogel
4 Kagu
5 Agami, Ralle, Sarus
6 Horbel, Lietze, Trappe
7 Belchen, Kranich, Seriema
8 Rohrhuhn, Tschunga
9 Teichhuhn, Wekaralle
10 Blaesshuhn
11 Grosstrappe, Riesenralle, Sonnenralle, Wasserralle, Wiesenralle, Zwergtrappe
12 Kampfwachtel, Riesentrappe, Saruskranich
13 Kronenkranich, Laufhuehnchen, Pfauenkranich, Rallenkranich, Vogelschnarch, Wachtelkoenig
14 Trompetervogel
15 Schlangenstorch
16 Taucherhuehnchen, Tuepfelsumpfhuhn
Rammklotz
5 Ramme
Rammpfahl
6 Pilote
Rampe
6 Perron
Ramsch
4 Kram
6 Schund, Tinnef
7 Plunder, Troedel
10 Krimskrams
13 Schleuderware
Rand
4 Ende, Falz, Saum
5 Bande, Kante
6 Grenze, Krempe
8 Streifen
der Manege
5 Piste
eines Gewässers
4 Ufer
randalierender
Pöbel
3 Mob
Randbeet
7 Rabatte
Randbemerkung
6 Glosse
9 Anmerkung, Marginale
10 Marginalie
Randbesatz
an Kleidern
5 Borte
Randeinfassung
4 Saum
6 Leiste
Randgebiet
10 Peripherie
15 Alpenausläufer
Randgebirge
des Oberrhein
7 Vogesen
des Pamir
4 Alai
in Kleinasien
6 Taurus
Randhaar
am Augenlid
6 Wimper
Randleiste
4 Sims
6 Gesims
Randmeer
des Arktischen Ozeans
10 Barentssee
des Atlantiks
7 Nordpol
des Stillen Ozeans
10 Beringmeer
Randspur
der Laufstrecke
9 Innenbahn
Randstickerei
9 Langetten
Randstreifen
neben der Fahrbahn
7 Bankett
8 Bankette
Randverdickung
5 Wulst
Randverstärkung aus Leder, Gummi oder Kunststoff
5 Keder
Randverzierung
5 Borte, Sicke
auf Druckschriften
8 Vignette
Rang
3 Ruf
4 Grad
5 Stand, Stufe, Titel
6 Balkon, Charge, Charte, Empore, Klasse, Wuerde
7 Ansehen, Geltung
8 Renommee, Stellung
9 Bedeutung
10 Dienstgrad
im Theater
7 Galerie
Rangältester
5 Doyen
Rangbezeichnung
9 Praedikat
Range
4 Goer
5 Goere
rangmäßig
7 gradual
Rangordnung
10 Hierarchie
Rangstufe
6 Charge
im Judosport
3 Dan
Rangverlust
12 Degradierung
Ranke
des Weinstocks
4 Rebe
rankenförmige
Verzierung
8 Arabeske
Rankengewächs
4 Efeu, Wein
5 Liane
6 Hopfen
14 Kletterpflanze
Rankenwerk
8 Ornament
Ränkeschmied
9 Intrigant
10 Schikaneur
11 Quertreiber
Ränkespiel
4 List
6 Kabale, Tuecke
7 Arglist, Intrige
8 Komplott
12 Machenschaft
13 Verschwoerung
Ranunkel
10 Hahnenfuss
Ranzen
7 Raenzel
8 Rucksack
9 Felleisen, Tornister
11 Schultasche
des Handwerksburschen
9 Felleisen
rapid
5 rasch
6 rasant
7 schnell
Rappel
3 Wut
9 Wutanfall
Rapport
7 Bericht, Meldung

rar
6 selten
Rarität
10 Seltenheit
rasant
6 rasend
9 schneidig
14 flachgestreckt
rasch
5 eilig, flink, flott, flugs, rapid
6 hurtig, prompt, rapide, sofort
7 schnell
9 geschwind
rasche
Bewegung
4 Ruck
Kreiswendung beim Fechten
5 Volte
rasen
5 jagen, toben
6 sausen, wueten
7 spurten
rasend
4 toll
6 furios, rabiat, rasant, tobend
7 wuetend
10 frenetisch
jähzornig
6 rabiat
rasende
Geschwindigkeit
6 Rasanz
Mordwut
4 Amok
rasender
Beifall
6 Furore
Krieger
9 Berserker
rasendes
Weib
5 Furie
7 Maenade, Megaere
Rasenpflanze
4 Gras
Rasenspiel
4 Golf, Polo
5 Rugby
6 Hockey
7 Cricket, Crocket, Kricket, Krocket
8 Baseball, Football, Fussball, Handball, Lacrosse
9 Faustball
10 Schlagball
Rasensprenger
9 Sprinkler
Rasenstück
4 Sode
Raserei
3 Wut
4 Amok, Rage
5 Furor, Lyssa
6 Furore
8 Frenesie
Raspel
5 Feile
Rassehuhn
9 Orpington
Rassel
7 Ratsche
Rasselinstrument
bei Militärkapellen
12 Schellenbaum
Rassenmerkmal
9 Hautfarbe
Rassentrennung
9 Apartheid
Rassen, Völker, Stämme
3 Afo, Aul, Bil, Bor, Bur, Ewe, Fan, Fer, Fox, Ges, Ibo, Ire, Kol, Kri, Kru, Lao, Mam, Mao, Moi, Rus
4 Aeta, Afer, Aino, Ainu, Akka, Andi, Asra, Baia, Bari, Belu, Beni, Bugi, Crew, Cuna, Dama, Dene, Egba, Gond, Howa, Hupa, Inka, Iren, Kolh, Kosa, Maka, Maya, Mixe, Nama, Pani, Pima, Puri, Saho, Sgau, Sulu, Sumo, Tano, Teda, Thai, Tibu, Toda, Tuda, Tupi, Usen, Yuma, Zulu
5 Abaka, Adali, Aimak, Alani, Arier, Aruak, Asega, Asgar, Asser, Banku, Batak, Batta, Bojer, Buren, Caddo, Choco, Cholo, Coiba, Dajak, Dardu, Dinka, Dorer, Duala, Esten, Fanti, Fulbe, Fulha, Galla, Goten, Guana, Habak, Haida, Hassa, Hindu, Hotti, Inder, Juden, Kaddo, Karen, Kenai, Kinai, Kiowa, Kondo, Kuren, Liven, Longo, Lules, Luren, Lyder, Magar, Makah, Makok, Maori, Meder, Modok, Munda, Murmi, Neger, Nevar, Nutka, Omaha, Oraon, Oroma, Osker, Otomi, Papua, Piute, Polen, Pondo, Ponka, Quizu, Rhind, Sakei, Saken, Schan, Sioux, Sitka, Somal, Suomi, Swasi, Syrer, Teeke, Tembu, Temne, Tibbu, Tinne, Tupis, Ubier, Ubisa, Umaua, Vedda, Watua, Wedda, Yunka
6 Adaiel, Aeduer, Aequer, Afridi, Ahanta, Alanen, Angeln, Araber, Arussi, Awaren, Aymara, Badaga, Bakuba, Bakutu, Balten, Basken, Basuto, Bateke, Battak, Berber, Bisaya, Bojken, Bororo, Brakna, Chiaia, Chinca, Creeks, Dahome, Dakota, Damara, Danaer, Darden, Dorier, Drusen, Eskimo, Finnen, Flamen, Gaelen, Gurkha, Gurung, Haggar, Haussa, Herero, Hessen, Hunnen, Iberer, Italer, Jaunde, Jonier, Jourba, Jueten, Kalang, Kansas, Kanuri, Katten, Kelten, Kopten, Korana, Kurden, Lappen, Lengua, Letten, Lydier, Mafiti, Marsen, Massai, Mauren, Miamis, Mohren, Navajo, Obongo, Osagen, Ovambo, Parsen, Pawnee, Perser, Pikten, Pueblo, Quaden, Quappa, Quaten, Roemer, Rugier, Russen, Salier, Salish, Santal, Sarten, Sciren, Semang, Serben, Skyren, Skyten, Slawen, Somali, Sorben, Sueven, Sunwar, Syrier, Tinneh, Tschin, Tuareg, Tungri, Umbrer, Vlamen, Wahehe, Wahuma, Wakash, Waluta, Wenden, Wepsen
7 Abanten, Achaeer, Aeolier, Albaner, Alfuren, Amakosa, Apachen, Apiaken, Assyrer, Awarier, Azteken, Bakairi, Barotse, Bataver, Bedscha, Bissaya, Bosnier, Budscha, Bugisen, Chalcha, Chatten, Chauken, Chibcha, Cimbern, Danakil, Drawida, Franken, Friesen, Gallier, Gepiden, Guarani, Hamiten, Heruler, Huronen, Huzulen, Iranier, Isoneka, Jakuten, Japaner, Javaner, Kabylen, Kaffern, Kanaken, Karelen, Kariben, Kavaren, Kimbern, Kosaken, Kreolen, Kroaten, Kumanen, Ladiner, Latiner, Ligurer, Litauer, Malaien, Masuren, Nahuatl, Negrito, Nemeter, Nervier, Nomaden, Osmanen, Osseten, Romanen, Sabiner, Sachsen, Semiten, Skythen, Solonen, Suaheli, Tagalan, Tataren, Tibeter, Tonkawa, Trevier, Tuerken, Tungrer, Turkana, Uiguren, Umbrier, Uralier, Usbeken, Veneden, Volsker, Waganda, Wogulen, Zimbern
8 Abchasen, Abipones, Afghanen, Albanier, Algonkin, Amoriter, Armenier, Aschanti, Beduinen, Bengalen, Beni Asra, Birmanen, Chinesen, Etrusker, Eurasier, Falascha, Georgier, Germanen, Giljaken, Griechen, Guanchen, Guayanas, Hebraeer, Hellenen, Indianer, Irokesen, Kanadier, Karaiben, Kirgisen, Koreaner, Magyaren, Mandschu, Mestizen, Mixteken, Mongolen, Mosquito, Mulatten, Negritos, Ostjaken, Pelasger, Peruaner, Pygmaeen, Ruthenen, Samniter, Sarmaten, Schotten, Schwaben, Siamesen, Skoloten, Slawonen, Slowenen, Teutonen, Tiki Tiki, Tolteken, Tschuden, Tungusen, Ukrainer, Vandalen, Wallonen, Wotjaken, Zigeuner
9 Alemannen, Ammoniter, Annamiten, Apatschen, Araukaner, Bajuwaren, Bastarner, Botokuden, Buginesen, Burgunder, Burjaeten, Chaldaeer, Chavantes, Cherentes, Cherusker, Chickasaw, Delawaren, Dsungaren, Fellachen, Grilovier, Helvetier,

Kaptschak, Kaukasier, Koloschen, Lombarden, Mexikaner, Mohikaner, Normannen, Samariter, Samojeden, Sarazenen, Schamanen, Sigambrer, Tiguriner, Tschechen, Turkmenen, Tyrrhener, Wasambara, Westgoten, Zapoteken
10 Abessinier, Amalekiter, Athabasken, Australier, Babylonier, Baschkiren, Belutschen, Cherokesen, Herminonen, Istaevonen, Kalmuecken, Kannibalen, Levantiner, Madegassen, Mamelucken, Massageten, Monegassen, Myrmidonen, Patagonier, Phoenizier, Polynesier, Sundanesen, Wadschagga, Wagwangara
11 Bachtijaren, Betschuanen, Hindostaner, Komantschen, Langobarden, Liliputaner, Markomannen, Schoschonen, Seldschuken, Singhalesen, Tschibtscha, Tschutschen
12 Angelsachsen, Buschmaenner, Feuerlaender, Hottentotten, Indogermanen, Skandinavier, Tscherkessen, Tscherokesen, Tschuwaschen
13 Bessermjaenen
14 Pampasindianer, Tschetschenzen
15 Kraehenindianer

Rassenwahn
9 Rassismus

Rassepferd
6 Araber
9 Trakehner

rassig
5 apart
9 schnittig

Rast
4 Ruhe
5 Pause

Raste
11 Stuetzkerbe

rasten
5 ruhen
9 pausieren

rastlos
6 unstet
7 nervoes, unruhig
11 nimmermuede
12 unermuedlich

Rastlosigkeit
6 Unruhe
11 Nervositaet

Rat
3 Tip
4 ◆ Tipp, Wink
5 Hilfe, Senat, Titel
7 Abhilfe, Beamter, Gremium, Hinweis
8 Behoerde
9 Konzilium, Magistrat, Vorschlag
10 Empfehlung
11 Versammlung
13 Koerperschaft

der Alten im alten Rom
5 Senat

der Alten (Sparta)
7 Gerusia

Rate
4 Teil
5 Quote
6 Anteil, Betrag
7 Beitrag, Tilgung
9 Abzahlung
10 Teilbetrag

raten
8 raetseln
9 empfehlen
11 vorschlagen

ratenweise

Schuldentilgung
12 Amortisation

Ratespiel
4 Quiz

Ratgeber
5 Tutor
6 Beirat, Mentor, Nestor
7 Berater, Fuehrer
9 Leitfaden, Vademekum
10 Kompendium

des Papstes
23 Kardinalstaatssekretaer

eines Fürsten
7 Paladin

Karls des Großen
6 Alkuin

Telemachs
6 Mentor

Rathaus

in Frankfurt/Main
6 Roemer

in London
9 Guildhall

Ration
4 Mass, Satz
5 Dosis, Menge
6 Anteil, Posten
7 Portion
9 Dosierung, Zuteilung

rationieren
8 dosieren
9 einteilen

ratlos
7 perplex

Rätoromane
7 Ladiner
8 Friauler

rätoromanische

Sprache
9 Ladinisch
10 Friaulisch, Furlanisch, romauntsch, rumauntsch

Ratschlag
3 Tip
4 ◆ Tipp

Rätsel

lösen
5 raten

Rätselart
4 Quiz
5 Rebus
6 Spinne
7 Homonym, Parabel, Problem, Rosette
8 Anagramm, Maeander, Scharade, Suchbild
9 Geheimnis, Gleichung, Irrgarten, Kreuzwort, Logogriph, Mysterium, Palindrom, Wortkette, Wortspiel
10 Drudenfuss, Kettenring, Koenigszug, Mixraetsel, Notenrebus, Punktrebus, Silbenband, Spruchband, Vexierbild, Vokalrebus
11 Bandraetsel, Bandrosette, Denkaufgabe, Falzraetsel, Kammraetsel, Kreuzgitter, Kryptogramm, Raetselvers, Scherzrebus, Silbenfigur, Silbenkette, Silbenkranz, Silbenkreuz, Silbenstern, Suchraetsel, Versraetsel, Zahlenkette
12 Abbauraetsel, Kreisraetsel, Kugelraetsel, Magische Ecke, Preisraetsel, Punktraetsel, Quellraetsel, Runenraetsel, Silbengitter, Silbentreppe, Sternraetsel, Stufenkasten, Wabenraetsel, Zahlenkasten, Zitatraetsel
13 Balkenraetsel, Bilderraetsel, Gassenraetsel, Gitterraetsel, Kapselraetsel, Kastenraetsel, Kettenraetsel, Leiterraetsel, Magische Figur, Reihenraetsel, Roesselsprung, Silbendreieck, Silbenraetsel, Spiralraetsel, Spruchraetsel, Stufenraetsel, Symbolraetsel, Wappenraetsel, Zahlenraetsel
14 Diamantraetsel, Faecherraetsel, Gliederraetsel, Silbenpyramide, Spiegelraetsel, Treppenraetsel, Umstellraetsel, Wuerfelraetsel
15 Buchstabenrebus, Diagonalraetsel, Kreuzwortmosaik, Magisches Gitter, Rosettenraetsel, Schwedenraetsel, Silbenkreuzwort, Wortsuchraetsel
16 Denksportaufgabe, Kaestchenraetsel, Kreuzwortraetsel, Magisches Dreieck, Magisches Quadrat, Pyramidenraetsel, Raetselgleichung, Schuettelraetsel
17 Buchstabenraetsel, Sprichwortraetsel, Verschieberaetsel
18 Ergaenzungsraetsel, Kreuzwortlabyrinth, Schuettelkreuzwort
19 Kombinationsraetsel, Magische Silbenfigur, Verwandlungsraetsel, Zusammensetzraetsel
20 Besuchskartenraetsel, Bildkreuzworträtsel, Visitenkartenraetsel

Rätselfreund
5 Rater
6 Loeser

rätselhaft
10 mysterioes

11 enigmatisch
13 geheimnisvoll, unerklaerlich
rätselhafte
Naturkraft
2 Od
rätselhafter
Ausspruch
6 Orakel
Dämon in der altnordischen Dichtung
4 Loki
rätselhaftes
Schriftzeichen
11 Hieroglyphe
Rätselspiel
7 Raterei
Rätselverfasser
5 Autor
Rätselzeitung
5 Troll
Ratsherr
7 Senator
8 Stadtrat
in angelsächs. Ländern
8 Alderman
Ratsversammlung
einiger afrikanischer Stämme
7 Papaver
Rattenfängerstadt
6 Hameln
rau
4 derb, grob
6 barsch
Raub
4 Fang, Sore
5 Beute, Prise
6 Rapuse
8 Kaperung
9 Piraterie
Räuber
6 Bandit
7 Brigant
8 Gangster
9 Schaecher
10 Verbrecher
Räuberhauptmann
und Sagenheld in Altengland
9 Robin Hood
räuberische
Eidechse
5 Waran
räuberischer
Singvogel
7 Wuerger
10 Neuntoeter
Soldat
10 Pluenderer
räuberisches
Insekt
7 Libelle
8 Gelbrand
Raubfisch
3 Hai
4 Salm, Wels
5 Hecht, Lachs
6 Barsch, Eishai, Hausen, Rochen
7 Dornhai, Muraene, Piranha
8 Saegehai
9 Blaufisch, Rotbarsch
Raubinsekt
7 Libelle
Raubkatze
4 Puma
5 Irbis, Kuder, Loewe, Luchs, Tiger
6 Gepard, Jaguar, Kuguar, Ozelot, Serval
7 Leopard, Panther
raubte
das »Goldene Flies«
5 Iason
Raubtier
4 Baer, Hund, Puma, Ratz, Wolf
5 Dachs, Dingo, Fuchs, Iltis, Irbis, Katze, Kuder, Loewe, Luchs, Mungo, Ratze, Robbe, Skunk, Tiger, Zobel
6 Baerin, Gepard, Grisly, Hyaene, Jaguar, Kuguar, Marder, Ozelot, ◆ Panter, Pardel, Serval, Wiesel
7 Eisbaer, Grizzly, Leopard, Panther, Schakal
8 Hermelin, Raubwild
9 Frettchen, Ichneumon, Stinktier, Vielfrass, Waschbaer, Wildkatze
10 Baummarder, Edelmarder, Fischotter, Polarfuchs, Zibetkatze
11 Pharaoratte, Silberloewe, Steinmarder
12 Koenigstiger
13 Schneeleopard
der Arktis
7 Eisbaer
10 Polarfuchs
mit Duftdrüsen
10 Zibetkatze
Raubtiergebiss
4 Fang
Raubtierpelz
10 Baerenfell
Raubtierpfote
5 Klaue, Talpe, Tatze
6 Pranke
Raubvogel
3 Uhu
4 Eule, Falk, Kauz, Weih
5 Adler, Aguja, Falke, Geier, Greif, Milan, Weihe
6 Kondor, Lanner, Merlin
7 Bussard, Gaukler, Habicht, Harpyie, Sperber
8 Aasgeier, Baumfalk, Carancho, Chimango, Jagdfalk, Seeadler, Stoesser, Turmfalk, Waldfalk, Waldkauz
9 Abendfalk, Bartgeier, Baumfalke, Goldadler, Kornweihe, Palmgeier, Rohrweihe, Sekretaer, Steinkauz, Turmfalke, Wuergfalk, Zwergfalk
10 Abendfalke, Fischadler, Gabelweihe, Rabengeier, Roetelfalk, Roter Milan, Steinadler, Wanderfalk, Wuergfalke, Zwergadler, Zwergfalke
11 Gaensegeier, Kaiseradler, Kuttengeier, Lerchenfalk, Rotfussfalk, Schelladler, Schreiadler, Wanderfalke, Wiesenweihe
12 Adlerbussard, Feldeggsfalk, Koenigsgeier, Laemmergeier, Lerchenfalke, Moenchsgeier, Rotfussfalke, Schleiereule, Steppenweihe
13 Eleonorenfalk, Falkenbussard, Feldeggsfalke, Maeusebussard, Ruetteljaeger, Wespenbussard
14 Eleonorenfalke, Huehnerhabicht, Schlangenadler, Schwarzer Milan, Taubenstoesser
15 Rauhfussbussard
Raubvogelnest
5 Horst
Rauch
4 Russ
5 Abgas, Asche, Dampf, Dunst, Nebel, Qualm, Wolke
6 Brodem, Wrasen
8 Schwaden
Rauchabzug
4 Esse
8 Ofenrohr
des Hauses
11 Schornstein
rauchen
6 paffen
7 qualmen
rauchende
Schwefelsäure
5 Oleum
Rauchentwicklung
5 Qualm
Räucherfisch
3 Aal
8 Buecking
9 Bueckling
Räuchermittel
5 ◆ Myrre
6 Myrrhe
der katholischen Kirche
9 Weihrauch
Raucherutensil
6 Ascher, Pfeife
7 Fidibus
9 Feuerzeug
12 Aschenbecher, Wasserpfeife
14 Pfeifenstopfer, Zigarettenetui, Zigarrenspitze
15 Pfeifenreiniger, Pfeifenstaender
16 Zigarettenspitze
Rauchfang
4 Esse
5 Kamin
6 Schlot
Rauchkraut
5 Tabak
Rauch-Nebel-Gemisch
4 Smog
Rauchsäule
bei Vulkanen
8 Fumarole
Rauchware
4 Fell, Pelz
8 Pelzwerk, Tierfell
Raufbold
5 Rowdy
8 Hooligan
9 Schlaeger
raufen
6 ringen
Rauferei
8 Gerangel

11 Handgemenge
Raufußhuhn
8 Auerhahn
Raufutter
3 Heu
8 Haecksel
rauhbeiniger
Matrose
7 Seebaer
rauhe
Stelle
10 Unebenheit
rauher
Zustand der Stimme
10 Heiserkeit
Rauhware
5 Biber
6 Molton
7 Flanell
8 Barchent, Velveton
Raum
außerhalb eines Spielfeldes
3 Aus
der Schiffsführung
15 Kommandobruecke
der Wohnung
3 Bad
6 Kueche
des Bundestages
10 Plenarsaal
des Chemikers
12 Laboratorium
des Motorkolbens
7 Hubraum
für Kraftfahrzeuge
6 Garage
für Wagen
6 Remise
für Wertsachen
11 Stahlkammer
hinter der Eingangstür
8 Windfang
im antiken Tempel
5 Cella
im Kiel des Schiffes
5 Bilge
in Burgen
6 Remter
8 Kemenate
in der Kirche für die Geistlichen
9 Sakristei
in Festungen
9 Kasematte
in Klöstern
6 Klause
11 Dormitorium, Refektorium
Raumbegriff
3 All
4 Erde, Saal, Welt
5 Flett, Gaden, Halle, Hoehe, Pesel, Salon, Stube
6 Breite, Gelass, Gemach, Kabine, Kammer, Laenge, Zimmer
7 Kajuete, Weltall
8 Kabinett, Kemenate
9 Dimension, Universum
10 Lokalitaet
unter dem Dach
3 Oke
5 Boden
6 Buehne
8 Speicher
zur Unterbringung von Ware
5 Lager
zwischen Schiffsboden und Schiffshaut
5 Bilge
zwischen zwei Bauteilen
4 Fuge
Raumbegrenzung
4 Wand
5 Boden, Decke
9 Fussboden
raumbeschränkt
3 eng
Raumfahrer
9 Astronaut, Kosmonaut
Raumfahrt
11 Astronautik
Raumfahrtbegriff
4 Mach
5 Duese, Schub, Stufe
6 Kapsel, Spinne
7 Antrieb, Houston
8 Fluglage, Machzahl, Satellit
9 Astronaut, Countdown, ◆ Count-down, Koppelung, Kosmonaut, Landebein, Perigaeum, Pilzduese, Raumanzug, Raumsonde, Treibsatz, Wasserung
10 Bahngipfel, Exosphaere, Kap Kennedy, Landestufe, Mondfaehre, Raumkapsel, Raumschiff, Schubduese, Startmasse, Startrampe, Startstufe, Umlaufbahn, Umlaufzeit
11 Atmosphaere, Erdsatellit, Gipfelhoehe, Gipfelpunkt, Grossrakete, Hitzeschild, Ionosphaere, Landestelle, Mesosphaere, Mondlandung, Raumgleiter, Schwerefeld, Startrakete, Steuerduese, Umlaufhoehe
12 Abschusslage, Antriebsteil, Brennschluss, Landebereich, Stufenrakete, Troposphaere
13 Erdumkreisung, Kurskorrektur, Reibungshitze, Stratosphaere, Thermosphaere, Traegerrakete, Traegersystem
14 Antriebsbedarf, Luftwiderstand, Magnetosphaere, Orbitalstation, Weltraumkapsel, Wettersatellit, Wiedereintritt, Zuendzeitpunkt
15 Bremsfallschirm, Feststoffrakete, Kontrollzentrum, Mondlandefaehre
16 Schwerelosigkeit
17 Fernmeldesatellit, Raketentreibstoff
Raumfahrtbehörde
der USA
4 NASA
Raumfahrtzentrum
9 Kosmodrom
Raumflugkörper
5 Lunik
auf einer Erdumlaufbahn
8 Satellit
Raumflugstartgelände
in der ehem. Sowjetunion
8 Baikonur
Raumgehalt, -maß bei Schiffen
3 BRT, NRT
7 Tonnage
13 Registertonne
Raumgestalter
10 Dekorateur
Raumgestaltung
10 Dekoration
Rauminhalt
7 Volumen
17 Fassungsvermoegen
von Schiffen
7 Tonnage
Raumkunst
16 Innenarchitektur
räumlich
begrenzt
3 eng
räumliche
Ausdehnung
5 Weite
Energieausbreitung
9 Strahlung
Tonwiedergabe
11 ◆ Stereofonie
12 Stereophonie
räumlicher
Winkel
4 Ecke
Raummaß
10 Kubikmeter
für die Schiffsvermessung
13 Registertonne
für Holz
4 Ster
Raumschiff
6 Kapsel, Rakete
8 Satellit
10 Mondfaehre
der Amerikaner
5 Faith, Sigma
6 Apollo, Aurora, Gemini
7 Freedom
10 Friendship
11 Liberty Bell
der Russen
5 Sojus
6 Wostok
7 Sputnik, Woschod
Raumseher
10 Stereoskop
Raumsicht
11 Perspektive
Raumsonde
der Amerikaner
7 Mariner
8 Explorer, Vanguard
10 Discoverer
der Russen
5 Lunik
7 Sputnik
Raumton
11 ◆ Quadrofonie, ◆ Stereofonie
12 Quadrophonie, Stereophonie
Raumtontechnik
6 Stereo
Raumüberwölbung
6 Kuppel

raumumgrenzender
Baukörper
5 Mauer
Räumung
eines Gebietes
11 Evakuierung
raunen
7 munkeln, murmeln, wispern
8 zischeln
9 fluestern
raupenartiges
Garn
8 Chenille
Rausch
5 Dusel
6 Affekt, Taumel
7 Schwips
8 Erregung
9 Schwindel
10 Betaeubung, Verwirrung
11 Trunkenheit
12 Begeisterung
rauscherzeugendes
Getränk der Polynesier
4 Kara
Rauschgift, Genussmittel
3 LSD
5 Droge, Hasch, Joint, Opiat, Opium
6 Cocain, Heroin, Kokain
7 Alkohol, Morphin
8 Meskalin, Morphium, Muskarin, Pervitin
9 Haschisch, Marihuana
10 Narkotikum
23 Lysersaeurediaethylamid
Rauschgifthändler
6 Dealer, Pusher
7 ◆ Puscher
Rauschgiftnutzpflanze
4 Koka
Rauschgiftsüchtiger
4 User
5 Fixer
6 Junkie
9 Narkomane
Rauschgold
7 Flitter
Rauschgras
5 Lolch
Rauschzustand
8 Delirium
Raute
4 Karo
6 Staude
7 Pflanze, Rhombus, Strauch, Viereck
8 Gewaechs, Ornament, Zierform
14 Parallelogramm
Rautengewächs
6 Diptam
Reagensmittel
7 Lackmus
Reaktion
12 Rueckwirkung
reaktionär
6 feudal
13 rueckstaendig
Reaktionsauslöser
11 Katalysator
reaktionslose
Zeit
14 Schrecksekunde
real
5 reell
7 konkret
8 dinglich, effektiv, sachlich, wirklich
12 tatsaechlich
Realität
8 Tatsache
11 Gegebenheit
12 Wirklichkeit
Rebell
8 Empoerer, Meuterer
9 Insurgent
10 Aufruehrer
rebellieren
7 meutern
Rebellion
8 Aufstand, Meuterei
9 Empoerung
Rebenfrüchte
10 Weinbeeren
11 Weintrauben
Rebenplantage
8 Weinberg
Rebensaft
4 Wein
Rebensorte
5 Faber
6 Merlot, Ortega
7 Gutedel
8 Riesling, Silvaner, Traminer
9 Burgunder, Huxelrebe, Rulaender, Scheurebe, Veltliner
10 Trollinger
11 Muskateller, Portugieser
14 Mueller-Thurgau, Spaetburgunder
Rebus
13 Bilderraetsel
Rechen
5 Harke
Rechenanlage
3 EDV
8 Computer
16 Elektronengehirn
17 Elektronenrechner
Rechenart
8 Addition, Division, Integral
11 Mengenlehre, Subtraktion
12 Differential
14 Multiplikation
Rechenaufgabe
7 Exempel
Rechenausdruck
12 Determinante
Rechenbrett
der Antike
6 Abakus
Rechenergebnis
5 Fazit, Summe
7 Produkt
8 Endsumme, Resultat
Rechenexempel
7 Aufgabe
Rechenkunst
10 Arithmetik
Rechenkünstler
4 Dase
Rechenmeister
4 Ries
Rechenpfennig, Spielmarke
5 Jeton
Rechenschaft
7 Bericht, Rapport
8 Auskunft
Rechenschaftspflicht
13 Verantwortung
Rechenzeichen
4 Plus
5 Minus
Rechnen
mit Buchstaben
7 Algebra
mit Zahlen
10 Arithmetik
Rechnereingabe
5 Input
rechnerische
Größe
4 Zahl
Rechnung
4 Nota
5 Zeche
6 Faktur
7 Faktura
11 Kalkulation, Liquidation
Rechnungsabschluss
5 Saldo
6 Bilanz
Rechnungsamt, -behörde
5 Kasse
6 Rentei
7 Rentamt
9 Finanzhof, Kaemmerei, Rendantur
Rechnungsart
8 Addition, Division, Integral
11 Subtraktion
12 Differential, ◆ Differenzial
14 Multiplikation
Rechnungsbetrag
6 Posten
Rechnungsführer
7 Rendant
Recht
3 Jus
6 Gesetz, Lizenz
8 Anspruch, Befugnis, Privileg
9 Erlaubnis, Vollmacht, Zulassung
10 Konzession
11 Genehmigung
auf Alleinhandel und Verkauf
7 Monopol
einen Beschluss unwirksam zu machen
4 Veto
9 Einspruch
sich für eine bestimmte Staatsangehörigkeit zu entscheiden
12 Optionsrecht
rechte
Kontoseite
5 Haben
6 Kredit
Schiffsseite
10 Steuerbord
Rechte
eines Schutzherrn
9 Patronate

Rechteck
4 Karo
5 Raute
7 Quadrat, Rhombus
8 Orthogon, Rhomboid
14 Parallelogramm
rechteckig
6 oblong
behauener Stein
6 Quader
rechteckiger
Behälter
6 Kasten
Metallblock
7 Platine
rechter
Mann
4 Kerl
rechtes
Wagenpferd
9 Handpferd
Rechtfertigung
5 Alibi
13 Justifikation
eines Versäumnisses
14 Entschuldigung
rechtgläubig
8 orthodox
rechtliche
Grundlage eines Staates
10 Verfassung
rechtlicher
Begriff
17 Unterhaltspflicht
rechtlich, rechtmäßig
5 legal, loyal
7 gerecht, legitim
9 juridisch
10 gesetzlich, juristisch
rechtloser
Bürger
8 Untertan
Mensch
6 Sklave
Rechtsanspruch
5 Claim
Rechtsanwalt, Rechtsberater
6 Jurist
7 Advokat
8 Syndikus
9 Justitiar, ◆ Justiziar
Rechtsanwaltsauftrag
6 Mandat
Rechtsanwaltskunde
6 Klient
Rechtsbegriff
6 Voraus
Rechtsbeistand
6 Anwalt
Rechtsberater
8 Syndikus
9 Justitiar, ◆ Justiziar
Rechtsbrauch
4 Usus
Rechtsbrecher
4 Dieb
rechtschaffen
6 bieder, ehrbar, honett
Rechtschreibebuch
5 Duden
Rechtschreibeübung
6 Diktat
Rechtschreibung
11 ◆ Orthografie
12 Orthographie
Rechtsextremist
10 Chauvinist
Rechtsfall
5 Causa
Rechtsgelehrter
der Mohammedaner
4 Imam
5 Mufti
im Islam
5 Ulema
Rechtsgrund
5 Titel
Rechtsgrundlage
6 Gesetz
rechtsgültig
11 authentisch
Rechtsgültigkeit
10 Legalitaet
Rechtshandlung
der Besitzentziehung
9 Pfaendung
Rechtskundiger
5 Notar
6 Jurist
7 Richter
Rechtslage
6 Status
Rechtsmittel
6 Rekurs
8 Berufung, Revision
Rechtsnachfolge
10 Sukzession
Rechtsnorm
zum Schutz geistigen Eigentums
12 Urheberrecht
Rechtsorgan
7 Gericht
Rechtspflege
6 Justiz
8 Judizium
rechtsprechende
Staatsgewalt
10 Judikative
Rechtsprecher
7 Richter
im alten Friesland
5 Asega
Rechtsprechung
9 Judikatur
12 Jurisdiktion
Rechtsschutzsuchender
vor Gericht
7 Klaeger
Rechtsspruch
6 Urteil
Rechtsstreit
7 Prozess
9 Verfahren
17 Gerichtsverfahren
Rechtsstufe
7 Instanz
Rechtsverdreher
8 Rabulist
Rechtsverdrehung
10 Rabulistik
Rechtsvergünstigung
7 Benefiz
Rechtsverletzer
4 Dieb
Rechtsverletzung
18 Ordnungswidrigkeit
Rechtsvertreter
6 Anwalt
Rechtsvorschrift
6 Gesetz
10 Verordnung
Rechtsweg
7 Instanz
rechtswidrig
7 illegal
8 verboten
9 illegitim, unerlaubt, untersagt
12 ungesetzlich
rechtswidrige
Aneignung
10 Usurpation
Rechtswidrigkeit
8 Verstoss
Rechtswissenschaft
4 Jura
12 Jurisprudenz
rechtwinklig
10 orthogonal
rechtwinkliger
Behälter
5 Kiste
6 Kasten
rechtzeitig
6 prompt
10 puenktlich
rechtzeitiger
Hinweis auf drohendes Unheil
7 Warnung
Recke
4 Held
5 Huene, Riese
6 Kaempe
7 Krieger
8 Kaempfer
Rede
6 Speech
7 Predigt, Referat, Vorrede, Vortrag
9 Ansprache
10 Philippika
vor Gericht
9 Plaedoyer
Redeblume
5 Trope
Rededuell
6 Disput
Redefluss, -schwall
5 Suada, Suade
6 Erguss, Tirade
11 Wortschwall
Redekunst
8 Rhetorik
redekünstlerisch
10 rhetorisch
reden
5 sagen
Redensart
5 Idiom, Topos
6 Formel, Phrase, Slogan
7 Floskel, Gefasel
8 Ausdruck
Rederei
7 Gefasel, Klatsch, Tratsch
8 Gewaesch
Redeschlacht
7 Debatte

Redewendung
5 Idiom
8 Ausdruck
redlich
4 fair, treu
5 loyal, reell
6 bieder, ehrbar, honett, wacker
7 ehrlich, integer
Redlichkeit
11 Ehrlichkeit
Redner
6 Orator, Rhetor
8 Referent, Sprecher
10 Rhetoriker
12 Vortragender
altgriechischer
9 Isokrates
altrömischer
6 Cicero
in der Antike
6 Orator
Rednerbühne
im antiken Rom
6 Rostra
rednerisch
10 oratorisch
Rednerplatz, -bühne, -tisch
4 Pult
6 Kanzel, Podest, Podium, Rostra
8 Katheder, Tribuene
Reede
17 Schiffsankerplatz
Reep
3 Tau
4 Seil
Referat
7 Vortrag
über ein Buch
9 Rezension
Referent
6 Redner
9 Dezernent, Gutachter
10 Bearbeiter
16 Berichterstatter
Referenz
8 Auskunft
10 Empfehlung
referieren
9 berichten, vortragen
Reflektant
8 Bewerber
11 Interessent
reflektieren
8 erwaegen, spiegeln
10 nachdenken
Reflektor, Refraktor
7 Spiegel
8 Fernrohr, Teleskop
11 Hohlspiegel
15 Spiegelteleskop
Reflex
7 Abglanz
Reform
8 Neuerung
9 Besserung
10 Erneuerung, Neuordnung
11 Verjuengung
12 Umgestaltung, Verbesserung
Reformator
3 Hus
4 Knox
5 Farel, Petri
6 Calvin, Luther, Wiclif
7 Zwingli
10 Bugenhagen
11 Melanchthon, Scharnhorst
Refrain
8 Kehrreim
Regal
4 Bord, Fach
7 Gestell
8 Staender, Stellage
12 Warentraeger
14 Faechergestell
rege
4 agil
5 aktiv, emsig
6 eifrig
7 lebhaft, rastlos
8 lebendig
10 betriebsam
Anteilnahme
11 Beteiligung
Regel
4 Norm
5 Kanon
6 Gesetz
7 Komment, Ordnung, Periode, Prinzip, Satzung
8 Leitsatz, Standard, Vorfahrt
10 Richtlinie
11 Richtschnur
12 Menstruation
13 Monatsblutung
23 Strassenverkehrsordnung
Regelabweichung
8 Ausnahme
regelbarer
Widerstand in der Elektronik
13 Potentiometer,
◆ Potenziometer
Regeldetri
8 Dreisatz
Regelgerät
an elektrischen Anlagen
15 Spannungsregler
regelmäßig
6 normal, stetig
8 geordnet, regulaer, zyklisch
10 rhythmisch
geformtes Gartenbeet
8 Parterre
geschichteter Lagerhaufen von Feldfrüchten
5 Miete
regelmäßige
finanzielle Zuwendung
7 Apanage
Schiffsverbindung
12 Liniendienst
Versicherungsleistung
5 Rente
Wiederkehr
6 Zyklus
7 Periode
regelmäßiger
Vierflächner
9 Tetraeder
Wechsel
6 Turnus
regelmäßiges
Achteck
7 Oktogon
Lehren
10 Unterricht
Schwanken eines Körpers
10 Schwingung
Treffen im Lokal
10 Stammtisch
Vieleck
6 Isogon
Regelmäßigkeit
8 Ebenmass
12 Regularitaet
regeln
6 normen, ordnen
7 richten
9 justieren
10 dirigieren, regulieren
regelrecht
6 normal
8 regulaer
9 kanonisch
Regelverstoß
im Sport
4 Foul
7 rempeln
Regelvorrichtung
6 Ventil
regelwidrig
6 abnorm, anomal
regelwidriges
Berühren des Balles beim Fußballspiel
4 Hand
Regelwidrigkeit
4 Foul
8 Anomalie
11 Abnormitaet
Regen
12 Niederschlag
Regenabfluss
am Haus
9 Dachrinne
Regenauffangbehälter
5 Tonne
8 Zisterne
Regenbogenhaut
des Auges
4 Iris
Regengöttin
7 Plejade
Regenkleidung, Regenschutz
4 Cape
6 Anorak, Kapuze, Schirm, Umhang
7 Oelhaut, Oelzeug
8 Gamasche, Pelerine
9 Windbluse, Windjacke
10 Gummischuh, Trenchcoat, Waterproof
12 Wettermantel
Regenmesser
11 Pluviometer
Regenpfeifervogel
5 Triel
7 Kiebitz
12 Uferschnepfe
Regenpfütze
5 Lache
Regenschauer
4 Guss
Regenschirm
9 Parapluie
Regenschreiber
9 Ombograph
Regent
7 Monarch

8 Potentat
9 Herrscher
14 Landesverweser
15 Staatsoberhaupt
Regentin
des Hauses Tudor
9 Elisabeth
Regenträger
5 Wolke
Regenumhang
8 Pelerine
Regenwasserbehälter
8 Zisterne
Regenwasserlache
7 Pfuetze
Regenwolke
6 Nimbus
Regie
7 Leitung
8 Fuehrung
10 Verwaltung
12 Spielleitung
Regieassistentin
beim Film
10 Scriptgirl, Skriptgirl
regierender
Fürst
8 Potentat
Monarch
6 Regent
Regierender
an Fürstenstelle
6 Regent
Regierung
5 Senat
6 Regime
8 Kabinett, Regiment
12 Gouvernement
deutscher Stadtstaaten
5 Senat
Regierungsbehörde
5 Senat
11 Ministerium
Regierungsbudget
14 Staatshaushalt
Regierungsbündnis
9 Koalition
Regierungschef
7 Kanzler, Premier
13 Bundeskanzler
15 Premierminister
18 Ministerpraesident
regierungsfeindliche
Partei
6 Fronde
Regierungsform
6 Regime
Regierungslosigkeit
8 Anarchie
Regierungsmitglied
8 Minister
Regierungspalast
in Paris
6 Elysee
Regierungssitz
8 Residenz
10 Hauptstadt
der Niederlande
7 Den Haag
Indiens
8 Neu-Delhi
regierungstreu
5 loyal
Regierungsvertreter
8 Resident
10 Gouverneur
Regierungszeit
eines Papstes
10 Pontifikat
Regimeform
20 Einparteienregierung
Region
3 Gau
4 Zone
6 Bezirk, Gebiet, Gegend
8 Distrikt
10 Landschaft
auf Mali
7 Sikasso
der Schifffahrt
11 Fahrtgebiet
in Italien
7 Apulien, Umbrien
in Spanien
8 Galicien
in Zaire
5 Shaba
Regionshauptstadt
in Ghana
6 Tamale
in Mauretanien
4 Aleg
Regisseur
11 Spielleiter
Register
5 Liste
10 Uebersicht
11 Aufstellung, Verzeichnis
Registratur
6 Ablage
12 Aktenschrank
13 Aktensammlung
registrieren
9 eintragen
11 aufzeichnen, verzeichnen
Registrierung
9 Erfassung
Regler
6 Ordner
8 Rheostat
9 Regulator
10 Thermostat
Regsamkeit
5 Eifer
regsam, rührig
4 rege
7 ruestig
regungslos
5 starr
6 torpid
Regungslosigkeit
6 Starre, Torpor
Reh
4 Bock, Kitz
5 Geiss, Ricke
6 Gabler
8 Spiesser
9 Schmalreh
10 Spiessbock
Rehbock
7 Sechser
rehfarbig
7 chamois
Rehgehörn
5 Krone
Rehjunges
4 Kitz
Rehwildlaute
6 fiepen
Reibeisen
5 Reibe
6 Raffel, Raspel
Reibelaut
8 Frikativ
reiben
10 frottieren
Reiberei
um die Zuständigkeit
22 Kompetenzschwierigkeit
Reibkeule
7 Pistill
Reibung
8 Friktion
Reibzunge
bei Weichtieren
6 Radula
reich
7 betucht, opulent
9 beguetert, bemittelt, luxurioes
10 vermoegend, wohlhabend
blühende Topfpflanze
6 Azalee
Reich
8 Imperium
der Feuerriesen
10 Muspelheim
der Kälte
8 Niflheim
der Mitte
5 China
der Riesen (germ. Sage)
6 Utgard
der Toten, Unterwelt
13 Schattenreich
des Leonidas
6 Sparte
des Satans
6 Hoelle
Gebiet
4 Land
reiche
Gesellschaft
6 ◆ Jetset
ionische Handelsstadt des Altertums
5 Milet
reichen
5 geben
reicher
Gönner
6 Maezen
Mann
5 Nabob
7 Kroesus
10 Kapitalist, Millionaer
11 Milliardaer
Reicher, Nichtstuer
7 Playboy
Reichhaltigkeit
10 Ueppigkeit
reichlich
7 opulent
Reichspräsident
5 Ebert
10 Hindenburg
Reichsritter
5 Geyer
6 Hutten

9 Sickingen
12 Berlichingen
Reichtum
6 Mammon, Schatz
7 Opulenz
Reichweite
6 Radius
13 Aktionsradius, Wirkungskreis
Reife
des Weines
5 Firne
Reifendruckmaß
4 atue, Torr
Reifeprüfling
8 Maturand, Maturant
10 Abiturient
Reifeprüfung
3 Abi
6 Abitur, Matura
7 Maturum
Reifezeit
9 Pubertaet
Reif, Reifen
3 Rad
4 Pneu, Ring
5 Spike
6 Diadem, Spikes
8 Beschlag, Ueberzug
9 Pneumatik
Reifrock
9 Krinoline
Reigen
7 Bourree
Reigentanz
4 Hora
Reigentanzlied
5 Choro
Reihe
5 Folge, Kette, Serie
6 Zyklus
7 Kolonne, Ordnung, Sequenz
9 Formation
von acht Tönen
6 Oktave
von Buchstaben
5 Zeile
Reihenfolge
5 Serie
6 Ablauf, Turnus
7 Wechsel
10 Aufteilung, Gliederung
Reiherart
4 Ibis
Reiherfederschmuck
8 Aigrette
Reihervogel
10 Rohrdommel
Reim
4 Vers
reimen
7 dichten
Reimform
der germanischen Dichtung
8 Stabreim
reimloses
Gedicht
3 Ode
Reimschmied
9 Poetaster
11 Dichterling
rein
3 pur
4 klar
6 lauter, sauber
8 gediegen
begrifflich
8 abstrakt
nach Abzug
5 netto
Reinbetrag, -gewicht
5 Netto
reine
Eisenkristalle
6 Ferrit
Theorie
9 Ideologie
Reineke
5 Fuchs
Reinelement
5 Arsen
reiner
Quarz
12 Bergkristall
Reinfall
4 Pech
6 Fiasko, Pleite
7 Blamage
10 Misserfolg, Niederlage
Reinheit
7 Hygiene
8 Puritaet
10 Sauberkeit
14 Makellosigkeit
Reinheitsgrad
bei Diamanten
5 Pikee
reinigen
5 baden, fegen
6 kehren, putzen
7 spuelen, waschen, wischen
8 saeubern, scheuern
9 purgieren
Reinigung
3 Bad
9 Katharsis, Purgation
10 Laeuterung
12 Purifikation
Reinigungsanlage
10 Raffinerie
Reinigungsgerät, -mittel
3 Mop, Ule
4 Kamm, ◆ Mopp, Soda
5 Besen, Feger, Seife, Wedel
7 Buerste, Klopfer, Schwamm, Wischer
12 Geschirrtuch, Waschautomat
14 Reinigungstuch
19 Teppichkehrmaschine
Reinigungstuch
12 Geschirrtuch
reinster
Zucker
9 Raffinade
Reisbranntwein
4 Raki
5 Arrak
Reise
4 Flug, Tour, Trip
5 Fahrt
7 Ausflug, Tournee
Reiseausweis
4 Pass
9 Kennkarte, Reisepass
15 Personalausweis
16 Identitaetskarte
Reisebuch
8 Itinerar
11 Itinerarium
Reisebüro
10 Messagerie
Reisedauer
8 Fahrzeit
Reisedecke
5 Plaid
Reisegepäck
6 Bagage, Koffer, Tasche
7 Seesack
8 Rucksack
9 Hutkoffer
10 Handkoffer, Luftkoffer
13 Schrankkoffer
Reisegesellschaft
im Orient
8 Karawane
in Afrika
6 Safari
Reisehandbuch
8 Baedeker
Reisekorb
des Eskimos
5 Umiak
Reisekreditbrief
15 Travellerscheck
reisende
Manegenschau
6 Zirkus
Reisender
7 Tourist
8 Fahrgast, Fluggast
9 Passagier, Vertreter
12 Globetrotter
13 Weltenbummler
16 Handelsvertreter
Reiseproviant
10 Mundvorrat, Wegzehrung
Reisesack
9 Felleisen
Reisetaschenzubehör
11 Zahnbuerste
Reiseunterbrechung
10 Aufenthalt
Reiseunterkunft
8 Herberge
Reiseweg
4 Kurs, Tour
5 Linie, Route
7 Strecke
Reisewesen
9 Tourismus, Touristik
Reisewohnwagen
7 Caravan
Reisezeit
11 Hauptsaison
Reiseziel
im Harz
11 Baerenstein
in der Wüste
4 Oase
Reisgericht
5 Pilaf, Pilaw
6 Paella
7 Risotto
8 Risi-Pisi
Reisigbündel
8 Faschine
reißen
6 zerren

reißend
5 rapid
6 rapide, rasant
reißendes
Tier
6 Bestie
Reißer
3 Hit
8 Knueller, Schlager
10 Bestseller
Reißlinie
11 Perforation
Reisspeise
7 Risotto
Reißverschluss
4 Zipp
Reiswein
4 Sake
Reitbahn
5 Arena
6 Manege
8 Parcours
9 Hippodrom
10 Tattersall
Reitdromedar
5 Mehar
Reiter
6 Jockey
auf Karteikarten
3 Tab
Reiterabteilung
6 Beritt
9 Schwadron
Reiterangriff
7 Attacke
Reiteraufzug
9 Kavalkade
Reiterei
10 Kavallerie
Reitereinheit
9 Schwadron
Reiterfahne
9 Standarte
Reiterin
7 Amazone
Reiterjacke
7 Kollett
Reiterkampfspiel
im Mittelalter
6 Buhurt
7 Turnier
in Nordafrika
8 Fantasia
Reiterlein
im Großen Bären
5 Alkor
Reitermannschaft
6 Equipe
Reiterposten
7 Vedette
Reitersäbel
8 Pallasch
Reiterschau
in Amerika
5 Rodeo
Reitershow
5 Rodeo
Reitersitz
6 Sattel
Reitersoldat
4 Ulan
5 Husar
8 Dragoner
10 Kuerassier
11 Kavallerist
des Mittelalters
8 Reisiger
in Nordafrika
5 Spahi
unter Napoleon I.
5 Murat
unter Wallenstein
12 Pappenheimer
Reiterspiel
4 Polo
der Ritterzeit
6 Buhurt
7 Turnier
13 Lanzenstechen
Reiterstandbild
von Donatello in Padua
11 Gattamelata
Reiterstichwaffe
5 Lanze
Reiterstreifzug
4 Raid
Reitertruppe
6 Klauen
10 Kavallerie
Reitervolk
der Antike
7 Skythen
in Asien
6 Hunnen
in Russland
7 Kosaken
Reiterzug
9 Kavalkade
Reitfigur
der Hohen Schule
5 Volte
6 Levade, Pesade, Piaffe
7 Lancade
8 Kapriole, Kruppade
9 Ballotade, Courbette, Pirouette
Reithalle
10 Tattersall
Reithose
8 Breeches
Reitjacke
7 Kollett
Reitknecht
5 Groom
Reitkunst
10 Hohe Schule
Reitpeitsche
5 Gerte
Reitpferd
3 Kob
Reitschule
10 Tattersall
Reitsitz
6 Sattel
reitsportlicher
Begriff
4 Oxer, Rick, Trab, Turf
5 Groom, Longe, Volte
6 Abwurf, Galopp, Jockey, Kanter, Levade, Parade, Pesade, Piaffe, Steher, Zelter
7 Alluere, Dressur, Gelaeuf, Passade, Passage, Schritt, Travers
8 Eskapade, Kapriole, Karriere, Parcours, Passgang
9 Courbette, Pirouette
10 Hohe Schule, Trabrennen
Reitstiefelbeschlag
5 Sporn
Reitstock
5 Gerte
Reittier, Lasttier
3 Jak, Yak
4 Esel, Muli, Ross
5 Kamel, Mulus, Pferd
8 Dromedar, Maulesel, Maultier
11 Trampeltier
Reitzeug, -zubehör
6 Sattel, Sporen
8 Zaumzeug
Reiz
5 Anmut
6 Charme, ◆ Scharm
8 Zugkraft
9 Anziehung
10 Attraktion, Verlockung
Ansporn
7 Antrieb
Verlockung
6 Zauber
reizbar
7 nervoes
9 irritabel
10 cholerisch
reizbarer
Mensch
10 Choleriker
reizen
7 erregen
10 irritieren
11 provozieren
reizend
8 charmant
9 ◆ scharmant
Reizker
9 Gruenling
10 Hirschling
13 Birkenreizker
Reizleiter
4 Nerv
reizlos
3 fad
4 fade
10 langweilig
Reizmittel
9 Stimulans
bei Wettkämpfen
6 Doping
der Malaien
5 Betel
Reizstoff
der Nasenschleimhaut
10 Niespulver
im Kaffee
7 Koffein
im Tee
4 Tein
Reizstrang
des menschlichen Körpers
4 Nerv
Reizung
9 Affektion
12 Stimulierung
reizvoll
5 apart
6 pikant
7 huebsch
9 anziehend, attraktiv
10 bezaubernd

11 ansprechend, entzueckend, interessant
Reklamation
9 Einspruch
10 Beschwerde
12 Beanstandung
Reklame
7 Werbung
10 Propaganda
15 ◆ Publicrelations
Reklamemittel, Werbeträger
4 Film, Funk, Spot
6 Plakat, Presse, Schild, Slogan, Spruch
7 Annonce, Anzeige, Inserat, Journal, Katalog, Offerte, Zeitung
8 Anschlag, Hoerfunk, Prospekt, Rundfunk
9 Fernsehen, Flugblatt, Werbespot
10 Handzettel
11 Transparent, Zeitschrift
12 Illustrierte
Reklameschönheit
11 Glamourgirl
Reklamesendung
14 Werbefernsehen
Rekonvaleszenz
8 Genesung
rekrutiertes
Jungpferd
7 Remonte
Rektoratsgehilfe
6 Pedell
Relation
9 Beziehung
Relevanz
13 Bedeutsamkeit
Reliefstein
5 Kamee
Religionsbekenntnis
10 Konfession
Religionsbuch
der Christen
5 Bibel
der Inder
4 Veda, Weda
der Juden
6 Talmud
des Islam
5 Koran
Religionsfrevel
8 Sakrileg
Religionsgemeinschaft
5 Sekte
6 Kirche
7 Quaeker
8 Diaspora
Religionslehrbuch
11 Katechismus
Religionslehrer
8 Katechet
Religionsloser
5 Heide
10 Freidenker
Religionsstifter
4 Mani
5 Jesus, Manes, Moses
6 Buddha, Laotse
7 Gautama
8 Christus, Konfutse, Mohammed
9 Konfuzius, Kungfutse, Siddharta, Zoroaster
11 Zarathustra
13 Jesus Christus
Religionsunterricht
9 Katechese
Religionswissenschaft
9 Theologie
Religion, Weltreligion
5 Islam
8 Judentum, Taoismus
9 Jainismus
10 Buddhismus, Hinduismus
11 Brahmaismus, Christentum
12 Brahmanismus, Schintoismus
14 Konfuzianismus
religiöse
Ansprache
7 Predigt
Erbauungsstunde
7 Andacht
Erneuerung
11 Reformation
Flugschrift
7 Traktat
Gemeinschaft
5 Orden, Sekte
Gesänge
7 Psalmen
Handlung
5 Opfer
Minderheit
8 Diaspora
Schrift
7 Traktat
Schriften der alten Inder
4 Veda
Übung
5 Gebet
6 Askese, Fasten
7 Andacht
10 Meditation
religiöser
Brauch
5 Ritus
6 Ritual
Eiferer
5 Zelot
Lehrer im Hinduismus
4 Guru
religiöses
Erbauungsbuch
8 Postille
Lied
5 Psalm
Reliquienschrein
9 Reliquiar
Rembrandts
Frau
6 Saskia
9 Hendrikje
Reminiszenz
7 Anklang
10 Erinnerung
Remis
13 Unentschieden
Remise
15 Geraeteschuppen
Remus'
Zwillingsbruder
7 Romulus
Renaissance-Künstler
4 Eyck, Holl, Meit, Witz
5 Bosch, Jones
6 Campin, Clouet, Duerer, Floris, Giotto, Goujon, Lotter, Parler, Pisano, Rogier, Tizian
7 Alberti, Bruegel, Cranach, El Greco, Holbein, Raffael, van Eyck, Vischer
8 Bramante, Ghiberti, Leonardo, Mantegna, Masaccio, Palladio, Sangalli
9 Altdorfer, Donatello, Giorgione, Multscher, Pisanello, Veneziano
10 Botticelli, Gruenewald, Michelozzo, Schongauer, Tintoretto
12 Baldung Grien, Brunelleschi, Michelangelo, Parmigianino
15 Leonardo da Vinci
18 Rogier van der Weiden
Rendezvous
11 Verabredung
12 Stelldichein
Renkenart
5 Kilch
6 Albock
7 Maraene
9 Heuerling
11 Blaufelchen
Rennbahn, -platz
4 Turf
5 Arena, Korso, Piste
7 Gelaeuf
8 Reitbahn
10 Aschenbahn
im Pferdesport
4 Turf
Rennbeginn
5 Start
rennen
5 eilen
6 laufen
8 preschen
Rennhindernis
4 Oxer
6 Huerde
Rennpferd
6 Renner, Steher, Traber
7 Flieger
Rennreiter
6 Jockey
Rennruderboot
3 Gig
5 Einer
6 Achter, Vierer, Zweier
Rennschlitten
3 Bob
5 Rodel
8 Skeleton
9 Bobsleigh, Viererbob, Zweierbob
Rennschuhe
der Sprinter
6 Spikes
Rennstall
7 Gestuet
Rennstrecke
5 Piste
12 Nuerburgring
in Berlin
4 Avus
Renntempo
eines Pferdes
4 Pace

Rennwagen
6 ◆ Gokart, Go-Kart
Rennwart
7 Starter
Rennwette
4 Toto
Renommee
3 Ruf
4 Name
6 Nimbus
7 Ansehen, Geltung
Rente
7 Pension
8 Ruhegeld
10 Altersgeld, Ruhegehalt
Rentier
3 Ren
6 Karibu
7 Rentner
10 Pensionaer
Rentner
7 Rentier
9 Privatier
Reparaturbetrieb
9 Werkstatt
Report
7 Bericht, Meldung, Praemie
8 Zinssatz, Zuschlag
Reporter
16 Berichterstatter
Repräsentant
der Weltfriedensbewegung
6 Bernal
Repräsentation
7 Aufwand
repräsentative
Straße
9 Promenade
Übernachtungsstätte
10 Grandhotel
repräsentatives
Gebäude
6 Palast
Repression
7 Hemmung
Reproduktion
9 Nachdruck
10 Wiedergabe
13 Fortpflanzung
17 Vervielfaeltigung
Reptil
3 Boa
4 Teju
5 Agame, Anoli, Echse, Gecko, Hydra, Kobra, Otter, Skink, Viper, Waran
6 Drache, Gavial, Kaiman, Leguan, Mambra, Natter, Python, Uraeus
7 Karette, Saurier
8 Anakonda, Basilisk, Eidechse, Iguanide, Krokodil, Schlange
9 Alligator, Haftzeher, Hornviper, Puffotter, Ringgecko, Sandviper, Schleiche
10 Aspisviper, Baumnatter, Chamaeleon, Flugdrache, Glattechse, Hamadryade, Kreuzotter, Kriechtier, Mauergecko, Zornnatter
11 Dinosaurier, Grubenotter, Hechtkaiman, Hutschlange, Nilkrokodil, Panzerechse, Panzerlurch, Riesenwaran, Schildotter, Seeschlange, Walzenechse
12 Bergeidechse, Buschmeister, Dreieckskopf, Eierschlange, Erzschleiche, Kammeidechse, Kroetenechse, Kupfernatter, Mausschlange, Netzschlange, Ringelnatter, Sandschlange, Schildkroete, Schwarzotter, Speischlange, Wurmschlange, Zauneidechse
13 Aspisschlange, Brueckenechse, Gruener Leguan, Mauereidechse, Nashornleguan, Schlingnatter, Tigerschlange
14 Abgottschlange, Aeskulapnatter, Blindschleiche, Boa Constrictor, Gitterschlange, Guertelschweif, Ichthyosaurier, Pythonschlange, Riesenschlange, Uraeusschlange, Wasserschlange
15 Brillenschlange, Eidechsennatter, Klapperschlange, Koenigsschlange, Schwarzer Leguan, Smaragdeidechse
16 Korallenschlange, Landschildkroete, Riesenglattechse, Schleuderschwanz
17 Klappschildkroete, Sumpfschildkroete
18 Wasserschildkroete
Republik
der Balkanhalbinsel
7 Serbien, Tuerkei
8 Albanien, Kroatien
9 Bulgarien, Rumaenien, Slowenien
10 Montenegro
11 Jugoslawien
12 Griechenland
in Afrika
4 Mali, Togo
5 Ghana, Niger
6 Angola, Sambia
7 Nigeria, Somalia
8 Botswana, Mosambik, Simbabwe, Tansania
10 Mocambique, Suedafrika
in Asien
4 Irak, Laos
6 Indien
in den Pyrenäen
7 Andorra
in Mittelamerika
4 Cuba, Kuba
6 Mexiko, Panama
8 Honduras
9 Costa Rica, Guatemala, Nicaragua
10 El Salvador
in Südamerika
4 Peru
5 Chile
7 Ecuador, Guayana, Uruguay
8 Bolivien, Paraguay
9 Brasilien, Kolumbien, Venezuela
11 Argentinien
in Südeuropa
7 Italien
8 Portugal
in Südostasien
4 Laos
in Westafrika
4 Mali
7 Nigeria
in Westindien
4 Kuba
Requisit
8 Zubehoer
der ABC-Schützen
5 Tafel
7 Griffel, Schwamm
des Campers
11 Feldflasche
des Schneiders
4 Garn
5 Faden, Nadel, Zwirn
6 Schere
9 Metermass
11 Buegeleisen
des Wettkämpfers
11 Sporttasche
Resede
3 Wau
Reserve
6 Ersatz, Vorrat
8 Vorsicht
9 Ruecklage
10 Ersatzheer, Notpfennig
11 Notgroschen
12 Ersatztruppe
14 Zurueckhaltung
Reserveeiweiß
in Früchten
7 Aleuron
Residenz
des Papstes
7 Vatikan
Residenzschloss
in Paris
9 Tuilerien
Resistenz
8 Ausdauer
9 Gegenwehr
10 Haertegrad, Widerstand
resolut
6 forsch
7 beherzt
9 energisch
11 tatkraeftig
12 entschlossen
Resonanz
4 Echo
7 Anklang, Wirkung
8 Aufnahme
9 Widerhall
Respekt
7 Achtung
9 Ehrfurcht
11 Anerkennung
12 Ehrerbietung
Respiration
6 Atmung
Ressentiment
4 Neid
5 Groll
9 Abneigung, Vorurteil

10 Antipathie
Rest
5 Neige
6 Relikt
8 Fragment, Residuum, Rudiment
10 Rueckstand
13 Ueberbleibsel
beim Kartengeben
5 Talon
im Glase
5 Neige
Restaurant
5 Lokal
7 Gasthof
8 Gasthaus
9 Cafeteria
11 Gaststaette
14 Gastwirtschaft
Restgebiet
6 Relikt
restlos
4 ganz
5 total
7 absolut, voellig
Restposten
6 Partie
Restsirup
bei der Zuckerfabrikation
7 Melasse
Restvorkommen
6 Relikt
Resultat
5 Fazit
6 Effekt, Erfolg, Ertrag
7 Loesung
8 Ergebnis
10 Auswirkung
umweltschonenden Handelns
17 Energieeinsparung
Retirade
8 Rueckzug
retten
6 bergen
8 erloesen
Retter, Erlöser
7 Heiland
8 Befreier
Retterin
des Theseus
7 Ariadne
Rettich
4 Radi
8 Hederich
10 Radieschen
Rettung
4 Heil
5 Hilfe
6 Ausweg
7 Bergung
9 Befreiung, Erloesung
Rettungsgerät
in der Luftfahrt
10 Fallschirm
in der Schifffahrt
9 Hosenboje
Rettungsmöglichkeit
6 Ausweg
Rettungsschlitten
der Bergwacht
5 Ackja
Rettungssignal
5 Alarm
Rettungswagen
8 Ambulanz
Reue
8 Bedauern
13 Gewissensbiss
Reußzufluss
4 Emme
Reuterstadt
11 Stavenhagen
Revanche
5 Rache
10 Rueckkampf, Rueckspiel, Vergeltung
Reverenz
5 Gruss
10 Verbeugung
revidieren
9 nachsehen
12 ueberpruefen
Revier
6 Bezirk, Gebiet
7 Bereich
11 Forstbezirk
von Jungbäumen
8 Schonung
Revision
8 Pruefung
13 Ueberpruefung
Revisor
7 Pruefer
9 Korrektor
Revolte, Revolution
7 Aufruhr, Umsturz
8 Aufstand, Meuterei
9 Rebellion
10 Umwaelzung
13 Staatsstreich
Revolvertyp
4 Colt
8 Browning
10 Peacemaker
Revue
4 Show
5 Schau
6 Parade
11 Zeitschrift
Revuetheater
7 Variete
rezent
3 neu
6 frisch
Rezeption
8 Aufnahme
Rezitation
6 Lesung
7 Vortrag
9 Vorlesung
11 Deklamation
rezitieren
9 vortragen
11 deklamieren
Rheinarm
4 Waal
Rheinfelsen, Rheinnixe
7 Lorelei, Loreley
Rheinhafen
4 Kehl
5 Basel, Koeln, Mainz, Neuss, Wesel
6 Bingen
7 Arnheim, Koblenz, Utrecht
8 Duisburg, Mannheim, Nimwegen
9 Dordrecht, Karlsruhe
10 Strassburg
11 Duesseldorf
rheinische
Landschaft
7 Ortenau
Stadt
4 Berg, Bonn, Linz, Porz
5 Beuel, Koeln, Lorch, Neuss, Wesel
6 Bruehl, Engers, Hennef, Hilden, Honnef, Huerth, Sinzig, Walsum
7 Bendorf, Boppard, Frechen, Kettwig, Koblenz, Krefeld, Neuwied, Opladen, Remagen, Rondorf, Sechtem, Sieglar, Velbert
8 Bensberg, Bornheim, Dormagen, Duisburg, Duisdorf, Gladbach, Mettmann, Ratingen, Siegburg, Solingen
9 Andernach, Bacharach, Dinslaken, Rheinkamp, Vallendar, Wesseling
10 Leverkusen, Oberhausen, Rheinbrohl
11 Duesseldorf, Leichlingen
12 Bad Godesberg, Weissenthurm
13 Koenigswinter, Oberlahnstein
rheinisches
Bergwerk
5 Puett
Mittelgebirge
5 Eifel
6 Taunus
Wort für Weinberg
7 Wingert
Rheinlachs
4 Salm
rheinland-pfälzische
Stadt
3 Ems
4 Buer, Daun, Diez, Kaub, Kirn, Konz, Salm, Zell
5 Alzey, Irrel, Kusel, Mainz, Mayen, Pruem, Trier, Worms
6 Adenau, Bad Ems, Bingen, Cochem, Ehrang, Kandel, Landau, Mendig, Nassau, Speyer
7 Bendorf, Bitburg, Koblenz, Neuwied, Remagen, Simmern
8 Neuenahr, Neustadt, Saarburg, Wittlich
9 Ahrweiler, Andernach, Edenkoben, Ingelheim, Kreuznach, Montabaur, Oberwesel, Oppenheim, Otterberg, Pirmasens, Sankt Goar
10 Baumholder, Bernkastel, Birkenfeld, Deidesheim, Gruenstadt, Westerburg
11 Bad Neuenahr, Frankenthal, Germersheim
12 Altenkirchen, Bad Duerkheim, Bad Kreuznach, Bingerbrueck, Ludwigshafen, Rockenhausen, Zweibruecken
13 Bad Bergzabern, Idar Oberstein, Oberlahnstein,

Schifferstadt, St Goarshausen
14 Bernkastel-Kues, Kaiserslautern, Traben-Trarbach
16 Sankt Goarshausen
Rheinmündungsarm
3 Lek
4 Oude, Waal
7 Merwede
Rheinwein
11 Niersteiner
12 Markobrunner
Rhesusaffe
5 Makak
Rhetorik
9 Redekunst
rhetorisches
Talent
10 Rednergabe
Rheumatismus
7 Reissen
Rhinozeros
7 Nashorn
Rhombus
5 Raute
Rhonehafen
mit Kanal zum Mittelmeer
5 Arles
Rhythmen
5 Takte
rhythmische
Bewegung
4 Tanz
Darbietung
9 Tanzmusik
rhythmischer
Schwerpunkt im Jazz
4 Beat
Rhythmusinstrument
6 Becken
Rhythmuslehre
8 Rhythmik
Rhythmuswechsel
5 Break
Richtblei
3 Lot
7 Senklot
richten
8 urteilen
9 justieren
10 dirigieren
11 orientieren
Richter
im Orient
4 Kadi
in Israel
6 Gideon
in Spanien
7 Alkalde
Richtergewand
5 Ornat
Richtergremium
5 Senat
Richterin
im Alten Testament
6 Debora
richterliche
Anordnung
10 Verfuegung
richterliches
Dekret
6 Debuet
Richterspruch
6 Urteil
Richtgröße
7 Normale
richtig
4 wahr
7 korrekt, passend
8 treffend
10 zutreffend
sein
7 stimmen
9 zutreffen
richtige
Jahreszeit
6 Saison
richtigstellen
11 berichtigen, dementieren
13 rektifizieren
Richtigstellung
7 Dementi
Richtlinie, Richtschnur
4 Norm
5 Kanon, Regel
6 Maxime
7 Prinzip
8 Massstab, Standard
9 Anweisung, Direktive, Grundsatz, Leitfaden, Massregel, Reglement
10 Bestimmung, Verordnung
11 Instruktion
Richtmaß
7 Normale
8 Standard
Richtsatz
8 Normativ
Richtschnur
4 Norm
5 Regel
Richtung
4 Kurs
5 Route, Trend
7 Tendenz, Verlauf
9 Direktion
Richtungsänderung
5 Wende
beim Segeln
5 Halse
Richtungsanzeiger
5 Pfeil
6 Winker
7 Blinker, Kompass
9 Wegweiser
Richtungsbestimmer
6 Peiler
Richtungshinweis
12 Orientierung
Richtungsschild
9 Wegweiser
Richtungsunterschied
zweier Geraden
6 Winkel
richtungweisend
14 programmatisch
riechende
Flüssigkeit
7 Chloral
Riecher
7 Gespuer
Riechfläschchen
6 Flakon
Riechkonzentrat
6 Essenz
Riechorgan
4 Nase
Riechstoff, Duftstoff
5 Amber, Ambra, Bisam, ◆ Myrre, Odeur, Zibet
6 Myrrhe, Parfum
7 Juchten, Moschus, Parfuem
8 Lavendel, Rosenoel
15 Bittermandeloel
des Kümmels
6 Karvon
Ried
4 Moor
5 Sumpf
9 Roehricht
Rohrgewächs
6 Schilf
Riedgras
5 Segge, Simse
Riegel
5 Barre
6 Balken, Sperre
8 Querholz, Streifen
10 Verschluss
Riemen
4 Gurt
5 Ruder, Siele
7 Guertel
Riemenantrieb
12 Transmission
Riemengabel
am Ruderboot
5 Dolle
Riemenpeitsche
5 Knute
8 Kantschu
10 Karbatsche
Riemenschuh
7 Sandale
10 Sandalette
Riemenwerk
der Zugtiere
7 Halfter
Riese
4 Enak, Oger, Ymir
5 Argus, Atlas, Huene, Recke, Thrym, Titan
6 Fafner, Fafnir, Fasold, Gigant, Koloss, Zyklop
7 Antaeus, Goliath
8 Polyphem
10 Polyphemos
der deutschen Heldensage
6 Fasold
im Alten Testament
4 Enak
7 Goliath
im französischen Märchen
4 Oger
im großen Mythos
6 Gigant
Riesenechse
8 Krokodil
der Vorzeit
10 Diplodokus
12 Brontosaurus
Rieseneidechse
5 Waran
Riesenelefant
der Eiszeit
6 Mammut
8 Mastodon

Riesenfaultier
2 Ai
Riesenfernrohr
9 Refraktor
Riesengeier
6 Kondor
Riesengras
6 Bambus
riesengroß
8 gewaltig, kolossal
10 gigantisch, huenenhaft
riesenhaft
6 immens
9 titanisch
10 zyklopisch
11 titanenhaft
riesenhafter
Wächter der griechischen Sage
5 Argus
wilder Bewohner des Himalaja
12 Schneemensch
Riesenhirsch
3 Elk
4 Elch, Elen
Riesenkänguruh
6 Boomer
Riesenkrabbe
7 Simagan
Riesenkröte
3 Aga
Riesenlaufvogel
Neuseelands
3 Moa
Riesenpapagei
3 Kea
Riesenrochen
12 Teufelsfisch
Riesenschachtelhalm
7 Kalamit
Riesenschildkröte
6 Karett
7 Karette, Tortuga
Riesenschlange
3 Boa
6 Assala, Python
8 Anakonda
13 Tigerschlange
14 Abgottschlange, Boa Constrictor
15 Koenigsschlange
Riesenstandbild
6 Koloss
riesenstark
10 herkulisch
Riesenstern
im Sternbild Orion
10 Betrigenze
Riesentier
der Vorzeit
7 Saurier
Riesentintenfisch
5 Krake
Riesentukan
4 Toko
Riesenvogel
3 Moa, Ruk
4 Dodo, Roch, Rock
5 Greif
6 Dronte
Riesenvolk
in Palästina
8 Enakiter

Riesenwuchs
11 Akromegalie
riesig
5 enorm
8 kolossal
riesige
Menge
6 Unzahl
Wassermasse
4 Meer
5 Ozean
riesiges
Tier
8 Ungetuem
Riff
4 Bank, Fels
6 Felsen, Klippe
riffbildendes
Nesseltier
7 Koralle
Rifkabylenführer
9 Abdel Krim
Rigole
20 Entwaesserungsgraben
rigoros
4 hart
6 streng
12 unerbittlich
Rigorosität
20 Ruecksichtslosigkeit
Rille
3 Nut
4 Nute
5 Delle, Kerbe, Riefe, Rinne
6 Furche, Spalte
Rind
3 Kuh
4 Kalb
5 Bulle, Ochse, Stier
6 Faerse, Farren, Sterke
im Orient
3 Jak
4 Zebu
7 Banteng
Rinde
5 Borke
6 Kruste
Rindenteil
4 Bast, Kork
Rinderart
2 Ur
3 Jak, Yak
4 Anoa, Arni, Auer, Gaur, Kudu, Zebu
5 Bibos, Bison, Bongo, Farre, Gayal
6 Ducker, Faerse, Nilgau, Tamaru, Urochs, Wisent
7 Banteng, Bubalus, Bueffel, Hausjak, Kauprey, Kerabau, Wildjak
8 Antilope, Balirind, Blaubull, Hornvieh, Zeburind
9 Auerochse, Sangarind, Stirnrind, Waldbison, Zwergzebu
10 Bisamochse, Buckelrind, Grunzochse, Polarochse, Riesenelen, Rotbueffel, Sundaochse, Waldducker
11 Gemsbueffel, Hausbueffel, Steppenrind, Watussirind
12 Drehhornrind, Kronenducker, Riesenducker
13 Dschungelrind, Steppenducker, Wasserbueffel
14 Kaffernbueffel, Mindorobueffel
15 Indianerbueffel
17 Gelbrueckenducker
Rinderfett
4 Talg
Rinderhirt
6 Cowboy, Gaucho
Rinderwade
5 Hesse
Rindslendenstück
5 Filet, Steak
9 Beefsteak, Rumpsteak
Ring
4 Reif
5 Kette, Kreis
6 Reifen
7 Kartell
10 Kampfplatz
11 Vereinigung
12 Gemeinschaft
am Segel
5 Legel
des Saturn
4 Anse
einer Kette
5 Glied
um Gestirne
3 Hof
4 Halo
7 Aureole
8 Lichthof
zum Befestigen eines Segels
5 Legel
Ringelblume
9 Calendula
Ringelkrebs
5 Assel
Ringelnatter
3 Unk
Ringelspiel
9 Karussell
Ringeltier
4 Wurm
Ringelwurm
4 Egel, Tier
8 Annelide, Blutegel, Sandwurm
9 Regenwurm
10 Pferdeegel
11 Roehrenwurm
ringen
6 raufen
7 rangeln
Ringen
Gewichtsklassen
12 Federgewicht
13 Bantamgewicht, Leichtgewicht, Mittelgewicht, Papiergewicht, Schwergewicht, Weltergewicht
14 Fliegengewicht
17 Halbschwergewicht
18 Superschwergewicht
in Island
5 Glima
um Einfluss
10 Machtkampf
Ringer
Freistil
7 Catcher
Ringerbegriff
5 Heber

Ringergriff
5 Hebel
6 Nelson
7 Klammer
8 Armhebel
11 Nackenhebel
12 Doppelnelson
Ringflügelflugzeug
9 Coleopter
ringförmige
Koralleninsel
5 Atoll
ringförmiges
Blumengebinde
5 Kranz
Gebäck
7 Kringel
Ringmauer
6 Zingel
an Berghängen
5 Runse
Ringschule
9 Palaestra
Rinne
3 Nut
4 Nute
5 Rille
für Regenwasser
5 Gosse
im Wattenmeer
5 Priel
rinnenförmige
Vertiefung
3 Nut
Rinnleiste
antiker Tempel
4 Sima
Rinnsal
4 Bach
9 Baechlein
Rinnstein
5 Gosse, Rinne
Rippenfell
6 Pleura
Rippenstück
6 Karree
8 Kotelett
9 Entrecote, Karbonade, Schnitzel
ripsartiger
Stoff
8 Popeline
Ripsgewebe
7 Ottoman
Risiko
6 Gefahr, Wagnis
risikofreudig
9 waghalsig
risikofreudiger
Geschäftsmann
9 Spekulant
riskant
6 gewagt
11 gefaehrlich
15 halsbrecherisch
riskantes
Unternehmen
6 Wagnis
Rispengras
3 Poa
Riss
4 Fuge
5 Ritze, Spalt
6 Spalte, Sprung
7 Schlitz
11 Bruchstelle
Rist
5 Spann
7 Ruecken
11 Fussruecken, Handruecken
Ritter
8 Edelmann, Kavalier
9 Caballero, Chevalier
der Artusrunde
4 Erec, Erek, Owen
5 Gawan, Grain, Iwein
6 Gawein, Merlin
7 Tristan
8 Lancelot, Lanzelot, Parsifal, Parzifal, Parzival
der französischen Sage
8 Blaubart
ritterlich
6 galant
8 hoeflich
11 chevaleresk, hilfsbereit
12 zuvorkommend
sportlich
4 fair
ritterliche
Liebe im Mittelalter
5 Minne
ritterlicher
Liebhaber
5 Galan
Mann
8 Kavalier
Wettkampf
7 Turnier
ritterliches
Kampfspiel
5 Tjost
6 Buhurt
7 Turnier
Ritterling
7 Maipilz
Ritterorden
7 Templer
8 Malteser
10 Johanniter
12 Tempelherren
14 Deutscher Orden
Ritterordensbezirk
6 Ballei
Ritterrüstung
6 Panzer
7 Bruenne
8 Harnisch
10 Panzerhemd
12 Kettenpanzer
Ritterschlag
8 Akkolade
Rittertracht
8 Ruestung
Ritual, Ritus
4 Kult
5 Opfer
6 Brauch, Kultus
7 Ordnung
9 Zeremonie
12 Gottesdienst, Kulthandlung
Ritze
4 Fuge
6 Spalte
Ritzmesser
8 Lanzette
Rivale
5 Feind
6 Gegner
8 Opponent
10 Konkurrent
11 Nebenbuhler, Widersacher
12 Gegenspieler
Rivalin
7 Feindin
8 Gegnerin
12 Konkurrentin
13 Nebenbuhlerin
rivalisieren
10 wetteifern
12 konkurrieren
Rivalität
10 Konkurrenz, Wettstreit
Rivalitätsgefühl
10 Eifersucht
Riviera-Kurort
5 Nervi, Nizza
6 Cannes, Monaco
7 Antibes, Mentone, Rapallo, San Remo
Robbenfell
4 Seal
8 Sealskin
Robbe, Robbenart
4 Seal
6 Heuler, Lakode
7 Seebaer, Seehund, Walross
8 Blaumann, Meerkalb, Seeloewe, Stellers
9 Bandrobbe, Bartrobbe, Haarrobbe, Pelzrobbe, Rossrobbe, Seemoench, Suedrobbe
10 Kegelrobbe, Ohrenrobbe, ◆ Seeelefant, See-Elefant, Seeleopard
11 Baerenrobbe, Klappmuetze, Ringelrobbe, Sattelrobbe
12 Maehnenrobbe, Moenchsrobbe, Muetzenrobbe, Ruesselrobbe, Weddellrobbe, Zwergseebaer
13 Rossmeerrobbe
14 Elefantenrobbe, Krabbenfresser
robust
4 derb, grob
5 stark
6 baerig
8 kraeftig
17 widerstandsfaehig
Rochenart
5 Flete, Manta
6 Fleten
10 Dornrochen, Engelfisch, Saegefisch
11 Adlerrochen, Glattrochen, Meerdrachen
12 Schaufelnase, Zitterrochen
13 Stachelrochen
Rock
der Schotten
4 Kilt
Rockabschluss
4 Saum
Rockaufschlag
5 Patte
6 Revers

Rockgewand
der Inderinnen
4 Sari
der Malaiinnen
6 Sarong
Rodel
8 Skeleton
9 Schlitten
Rodelbahn
5 Piste
Rodung
6 Aushau
Rogen
vom Stör
6 Kaviar
Roggen
4 Korn
roh
4 grob
5 ruede
6 brutal, rabiat
10 barbarisch
ohne Abzug
6 brutto
zusammengefügte Unterkunft
4 Bude
7 Baracke
11 Bretterbude
Rohbaumwolle
4 Lint
rohe
Beleidigung
12 Beschimpfung
Kraft
14 Brachialgewalt
Naturseide
5 Grege
Ölsäure
5 Elain
Roheisenbarren
6 Massel
Roheit
11 Brutalitaet, Grausamkeit
12 Bestialitaet
roher
Fußballspieler
6 Holzer
Mensch
6 Barbar
Roherdöl
7 Naphtha
rohes
feingehacktes, gewürztes Rindfleisch
5 Tatar
Goldstückchen
6 Nugget
zügelloses Kriegsvolk
10 Soldateska
Rohform
einer Plastik
5 Bosse
Rohkost
5 Salat
6 Muesli
Rohling
5 Rowdy
6 Barbar, Ruepel
7 Grobian, Rabauke, Wandale
8 Raufbold
9 Schlaeger
10 Werkstueck

Rohmaterial
des Töpfers
3 Ton
für Kerzen
5 Wachs
7 Stearin
Rohprodukt
der Arzneimittel
5 Droge
Rohr
4 Gras, Halm
5 Binse
6 Bambus, Schilf
11 Hohlkoerper
der Handfeuerwaffen
4 Lauf
Rohransatz, -verbindungsstück
4 Trap
5 Muffe
6 Buchse, Nippel
7 Flansch
Röhrchen
7 Kanuele
Rohrdurchmesser
bei Waffen
7 Kaliber
Röhren
zur Lenkung des Wetterstromes in Bergwerken
6 Lutten
Röhrennudeln
9 Makkaroni
Röhrenpilz
8 Rotkappe
Röhrensystem
der Stadtentwässerung
12 Kanalisation
Rohrhuhn
5 Ralle
Röhricht
4 Ried
Rohrleitung
für Abwässer
4 Siel
für Erdöl
8 Pipeline
Röhrling
7 Boletus
Rohrstück
5 Muffe
Rohrverbindungsstück
6 Nippel
Rohrverengung
5 Duese
Rohschrift
6 Kladde
7 Konzept
Rohseide
4 Ecru
5 Ekrue, Grege
Rohstoff
8 Material
der chemischen Industrie
6 Erdoel
des Waldes
4 Holz
für Düngemittel
8 Ammoniak
für Haschisch
4 Hanf
für Lakritz
9 Suessholz

für Likör
15 Bittermandeloel
für Polsterungen
5 Afrik
für Schokolade
5 Kakao
für Terpentin
4 Harz
für Textilien
5 Seide, Wolle
6 Leinen
9 Baumwolle
10 Kunstfaser
zur Arzneimittelherstellung
5 Droge
zur Bierbereitung
4 Malz
6 Hopfen
zur Keramikherstellung
6 Kaolin
zur Parfümherstellung
5 Ambra
6 Zibeth
7 Moschus
8 Rosenoel
Rohstoffe
10 Naturalien
Rohwolle
des Schafes
5 Vlies
Rokoko-Künstler
4 Asam, Troy
5 Oudry, Pesne, Ricci
6 Donner, Guardi, Longhi, Troger
7 Amigoni, Boucher, Fischer, Fontana, Juvaras, Lancret, Lemoine, Liotard, Lorrain, Natoire, Nattier, Rokotow, Tiepolo, Watteau
8 Boffrand, Bustelli, Carriera, Crescent, Falconet, Guenther, Kaendler, Rottmayr, Ziesenis
9 Desmarees, Fragonard, Gautreaux, Ghislandi, Morlaiter, Rastrelli, Silvestre
10 Adelcrantz, Bouchardon, Meissonier, Perronneau, Zimmermann
11 Baumgartner, Largilliere, Maulbertsch
13 Dientzenhofer
Rokokoornament
8 Rocaille
Rolands
Hüfthorn
7 Olifant
Schwert
8 Durendal
9 Durendart
Rolladen
5 Rollo
7 Markise, Rouleau
8 Jalousie
Rollbahn
für Flugzeuge
5 Piste
9 Landebahn, Startbahn
10 Betonpiste, Landepiste, Startpiste
rollbarer
Vorhang
5 Rollo

Rollbrett
10 Skateboard
Rolle
3 Rad
4 Part, Text
5 Spule, Walze
6 Mangel, Partie
7 Aufgabe, Scheibe, Urkunde
9 Bedeutung, Spieltext
Rollenfach
4 Alte, Held
5 Naive
6 Heldin
7 Heroine
9 Bonvivant
Rollenlager
10 Kugellager
Rollkörper
3 Rad
5 Walze
Rollladen
5 Rollo
7 Markise, Rouleau
8 Jalousie
10 Jalousette
Rollschwanzaffe
3 Sai
Romanabschnitt
7 Kapitel
Romangestalt bei
Döblin
9 Biberkopf
Fallada
9 Pinneberg
Frisch, Max
5 Faber
Mann, Heinrich
5 Unrat
8 Hessling
Mitchell
11 Rhett Butler
13 Scarlett OHara
Nexö
5 Ditte, Pelle
Pasternak
4 Lara
Traven
4 Gale
Wedding, Alex
3 Ede
romanische
Sprache
5 Ladin
romanischer
Säulenknauf
15 Wuerfelkapitell
romanisches
Bauwerk
8 Dom Mainz, Dom Worms, Wartburg
9 Dom Speyer
10 Maria Laach
15 Domensemble Pisa
16 Abteikirche Cluny
17 Kaiserpfalz Goslar
23 Stiftskirche Quedlinburg
Volk
7 Ladiner
Romanist
und Germanist
9 Klemperer
Romanschriftsteller
9 Romancier

Roman von:
Aitmatow
7 Djamila
19 Abschied von Guelsary
Aldridge
11 Der Diplomat, Der Seeadler
13 Zuflucht am Nil
Alegria
9 Taita Rumi
17 Menschen am Maranon
Aleman
17 Guzman de Alfarache
Alexis
7 Cabanis
8 Wehrwolf
29 Ruhe ist die erste Buergerpflicht
Amado
8 Gabriela
14 Hirten der Nacht
17 Herren des Strandes
Amis
13 Glueck fuer Jim
Anand
4 Kuli
16 Der Unberuehrbare
Andric
12 Das Fraeulein
16 Audienz beim Wesir
23 Die Bruecke ueber die Drina
Anet
6 Ariane
Anzengruber
14 Der Schandfleck
16 Der Sternsteinhof
Apitz
17 Nackt unter Woelfen
Apuleius
13 Metamorphosen
14 Der goldene Esel
Aragon
8 Aurelien
11 Die Karwoche
16 Die wirkliche Welt
18 Die Glocken von Basel
20 Die Viertel der Reichen
Arnim
17 Die Kronenwaechter
Auesow
4 Abai
11 Der Weg Abais
Austen
4 Emma
Axioti
16 Traenen und Marmor
22 Im Schatten der Akropolis
Bachmann
6 Malina
Balzac
11 Vater Goriot
15 Das Chagrinleder
19 Menschliche Komoedie
Bang
4 Tine
Barbusse
8 Das Feuer, Klarheit
Bartolini
12 Fahrraddiebe
Baum
13 Hotel Shanghai
15 Menschen im Hotel
Becher
8 Abschied

Bernanos
14 Die Sonne Satans
Bessie
15 Die Gezeichneten
17 Inquisition in Eden
Bichsel
15 Die Jahreszeiten
Böll
13 Wo warst du Adam
14 Haus ohne Hueter
17 Billard um halb zehn
18 Gruppenbild mit Dame
24 Und sagte kein einziges Wort
Bolstad
12 Der Profitoer
Brachvogel
14 Friedemann Bach
Braine
14 Der Weg nach oben
22 Der Mann der Gesellschaft
Braune
20 Junge Leute in der Stadt
Bredel
8 Die Enkel
9 Die Soehne, Die Vaeter
11 Die Pruefung
15 Rosenhofstrasse
Brezan
6 Krabat
Broch
16 Die Schlafwandler
Bromfield
14 Der grosse Regen
Brüning
15 Regine Haberkorn
18 Damit du weiterlebst
21 Ein Kind fuer mich allein
Bruns
14 Uns hebt die Flut
25 Der neunte Sohn des Veit Stoss
Bruyn
10 Der Hohlweg
12 Buridans Esel
Buck
11 Die gute Erde
Bührer
9 Unterwegs
10 Die Ankunft
11 Der Aufbruch
Bulwer
24 Die letzten Tage von Pompeji
Butler
20 Der Weg allen Fleisches
Calvino
21 Der Baron auf den Baeumen
Camus
7 Die Pest
Carpentier
8 Hetzjagd
24 Explosion in der Kathedrale
Cervantes
10 Don Quijote, Don Quixote
12 Don Quichotte
Charriere
8 Papillon
Christi
5 Alibi
Colette
4 Gigi
6 Cherie
Cooper
12 Lederstrumpf

Roman von:

R

Cortazar
11 Der Gewinner
19 Das Muenzenwurfspiel
Costers
11 Ulenspiegel
Cronin
12 Die Zitadelle
21 Die Sterne blicken herab
Cusack
26 Und jeden Morgen neue Hoffnung
Dahn
13 Ein Kampf um Rom
Defoe
6 Roxana
14 Robinson Crusoe
Dickens
11 Oliver Twist
12 Domby und Sohn
16 David Copperfield, Nicholas Nickleby
17 Grosse Erwartungen
22 Unser gemeinsamer Freund
Diggelmann
21 Die Hinterlassenschaft
Döblin
20 Berlin Alexanderplatz
35 Hamlet oder die lange Nacht nimmt ein Ende
Doderer
18 Die Strudlhofstiege
Dorgeles
19 Die Hoelzernen Kreuze
Dostojewski
8 Der Idiot
15 Schuld und Suehne
Dreiser
8 Der Titan
12 Der Finanzier
15 Schwester Carrie
Dumas
15 Die Kameliendame
17 Die drei Musketiere
Du Maurier
7 Rebecca
Duun
13 Die Juwikinger
Edel
28 Die Bilder des Zeugen Schattmann
Ehrenburg
5 Sturm
13 Die neunte Woge
15 Der Fall von Paris
Ewers
7 Alraune
Falkberget
15 Das Brot der Nacht
19 Im Zeichen des Hammers
Fallada
10 Der Trinker
11 Der Alpdruck
16 Der eiserne Gustav, Wolf unter Woelfen
18 Kleiner Mann Ð was nun
25 Jeder stirbt fuer sich allein
30 Wer einmal aus dem Blechnapf frisst
Fallas
15 Die gruene Hoelle
Fast
9 Spartakus
18 Strasse der Freiheit

Faulkner
11 Eine Legende
13 Licht im August
15 Griff in den Staub
Ferber
8 Cimarron
Feuchtwanger
4 Exil, Goya
6 Erfolg, Simone
8 Jud Suess
14 Der falsche Nero
17 Waffen fuer Amerika
18 Die Juedin von Toledo
20 Die Brueder Lautensack
Fiedler
7 Orinoko
Fielding
8 Tom Jones
Flaubert
12 Madame Bovary
22 Die Erziehung des Herzens
Fontane
5 Stine
8 Irrungen, Stechlin
9 Wirrungen
10 Effi Briest
Franck
7 Annette
8 Marianne
9 Sebastian
Frank
8 Mathilde
10 Der Buerger
15 Die Raeuberbande
Franzos
8 Der Pojaz
Freytag
5 Ahnen
12 Soll und Haben
Frisch
7 Stiller
9 Homo Faber
Fuentes
16 Die reinste Gegend
20 Der Tod des Artenio Cruz
Gladkow
6 Zement
7 Energie
Goethe
14 Wilhelm Meister
Gogol
14 Die toten Seelen
Gontscharow
7 Oblomow
11 Die Schlucht
14 Fregatte Pallas
26 Eine gewoehnliche Geschichte
Gorki
9 Die Mutter
Graf
9 Bolwieser
26 Unruhe um einen Friedfertigen
Grass
7 Der Butt
10 Die Raettin, Hundejahre
15 Die Blechtrommel
Grimmelshausen
14 Simplicissimus
Grün
16 Irrlicht und Feuer
24 Maenner in zweifacher Nacht
Hagelstange
15 Altherrensommer

Hamsun
6 Hunger
Hartog
4 Mary
6 Stella
Harych
11 Im Geiseltal
26 Hinter den schwarzen Waeldern
Hasek
21 Der brave Soldat Schwejk
Hauptmann
7 Einhart
8 Mathilde
11 der Laechler
Hawthorne
25 Der scharlachrote Buchstabe
Hecko
9 Roter Wein
16 Das hoelzerne Dorf
Heinemann
12 Die Abenteuer
Hemingway
6 Fiesta
13 Inseln im Strom
Hermann
7 Kubinke
14 Jettchen Gebert
15 Henriette Jacoby
Hesse
6 Demian
7 Gertrud
9 Unterm Rad
11 Steppenwolf
14 Peter Camenzind
18 Das Glasperlenspiel
Hölderlin
8 Hyperion
Huch
5 Enzio
10 Pitt und Fox
Hugo
10 Die Elenden
16 Notre Dame de Paris
Hussein
13 Kindheitstage
Immermann
11 Die Epigonen
12 Muenchhausen
in drei Bänden
8 Trilogie
Jahnn
13 Fluss ohne Ufer
Jefremow
20 Das Maedchen aus dem All
Jones
22 Verdammt in alle Ewigkeit
Jovine
17 Die Aecker des Herrn
Joyce
7 Ulysses
Kafka
7 Amerika
10 Das Schloss, Der Prozess
Kant
4 Aula
Kästner
6 Fabian
19 Emil und die Detektive
Keller
17 Der gruene Heinrich
Kellermann
9 Der Tunnel, Totentanz

römisch-deutscher

5 Franz
6 Joseph
7 Leopold
9 Ferdinand

römische

Adelsfamilie
5 Chigi
6 Orsini
7 Colonna
8 Borghese

Befestigungslinie
11 Trojanswall

Bezeichnung für Deutschland
8 Germania

Festung
7 Kastell

Filmstadt
9 Cinecitta

Frühlingsgöttin
4 Maja

Goldmünze
6 Aureus

Göttin der Gerechtigkeit
8 Justitia

Göttin der Jagd
5 Diana

Göttin des Herdes
5 Vesta

Göttin des Obstes
6 Pomona

Hausgötter
7 Penaten

Kaiserin
9 Agrippina, Messalina

Kalendertage
4 Iden

Mondgöttin
4 Luna

Münze
2 As

Quellnymphe
6 Egeria

Silbermünze
7 Sesterz

Stirnbinde
5 Jaful

Totengeister
5 Manen

Unterwelt
5 Orkus

Zahlen
1 100=C, 1=I, 5000=A, 500=D, 50=L, 5=V, 1000=M, 10=X

römischer

Amtstitel
8 Magister

Architekt u. Baumeister
6 Vitruv

Beamter
5 Aedil
6 Zensor
7 Auditor, Duumvir, Praetor
8 Praefekt, Quaestor

Brandstifter
4 Nero

Dichter u. Schriftsteller
4 Atta, Naso, Ovid
5 Horaz, Lucan, Nepos, Sulla
6 Caesar, Catull, Cicero, Ennius, Katull, Livius, Lukrez, Seneca, Silius, Sueton, Terenz, Tibull, Vergil, Virgil, Vitruv
7 Colonna, Juvenal, Lucanus, Martial, Naevius, Plautus, Plinius, Properz, Sallust, Tacitus
8 Apulejus, Ausonius, Catullus, Horatius, Lucilius, Ovidilus, Phaedrus, Tibullus
9 Juvenalis, Lukretius, Petronius, Suetonius, Terentius, Vergilius
10 Prudentius, Tertullian
14 Persius Flaccus

Feinschmecker
7 Apicius
8 Lucullus

Feldherr und Staatsmann
4 Cato
5 Casso, Cinna, Sulla, Varus
6 Aetius, Brutus, Caesar, Cicero, Drusus, Marius, Narses, Scipio
7 Agrippa, Belisar, Cassius, Crassus, Lepidus
8 Antonius, Boethius, Camillus, Oktavian, Pompejus
9 Fabricius
11 Cincinnatus

Frauenname
7 Oktavia

Gelehrter
5 Varro

Genießer
8 Lukullus

Geschichtsschreiber
5 Nepos, Scala
6 Livius
7 Sallust, Tacitus
10 Spartianus
12 Curtius Rufus

Grenzwall
5 Limes

Gruß
3 Ave

Heiliger
4 Neri

Historiker
6 Livius
7 Tacitus

Hügel
6 Pincio
7 Aventin, Caelius, Capitol, Kapitol, Palatin, Pincius, Vatikan, Viminal
8 Esquilin, Quirinal
9 Janiculus

Kaiser
4 Nero, Otho
5 Carus, Galba, Nerva, Titus
6 Avitus, Decius, Gallus, Julian, Probus, Trajan, Valens
7 Carinus, Chlorus, Gratian, Hadrian, Licinus, Maximus, Severus
8 Antonius, Augustus, Aurelian, Balbinus, Berengar, Caligula, Claudius, Commodus, Constans, Domitian, Elagabal, Galerius, Honorius, Julianus, Maximian, Oktavian, Tiberius, Valerian, Valerius
9 Caracalla, Florianus, Gallienus, Gratianus, Justinian, Markaurel, Maxentius, Maximinus, Vespasian, Vitellius
10 Aemilianus, Aurelianus, Diokletian, Konstantin, Maximianus, Theodosius, Valerianus
11 Constantius, Julius Nepos, Valentinian
12 Heliogabalus
13 Antoninus Pius
14 Aurelius Probus, Marcus Aurelius
16 Septimius Severus, Severus Alexander
17 Romulus Augustulus

Kaisertitel
5 Divus
8 Prinzeps
9 Imperator

König
4 Numa
5 Ancus
6 Tullus
7 Romulus

Kriegsgott
4 Mars

Liebesgott
4 Amor

Lyriker
6 Catull

Mediziner
6 Celsus
7 Galenus

Name Frankreichs
7 Gallien

Name für die Kathager
6 Punier

Priester, deutete Zukunft aus dem Vogelflug
5 Augur

Prokurator, ließ die Kreuzigung Jesu in Judäa zu
7 Pilatus

Rhetoriker
6 Cicero
8 Arnobius
9 Favorinus, Polyaenos
10 Victorinus
12 Quintilianus

Ritter
8 Maecenas

Seehafen
13 Civitavecchia

Statthalter
5 Varus

Todesgott
4 Mors

Totengeist
5 Lemur

Totengott
5 Orkus

Volkstribun
6 Rienzi
8 Gracchus

Wein aus Kampanien
8 Falerner

römisches

Adelsgeschlecht
6 Orsini

Bauwerk
7 Lateran, Vatikan
8 Pantheon, Quirinal
9 Colosseum, Kolosseum, Petersdom
10 Engelsburg
12 Amphitheater, Forum Romanum, Peterskirche, Triumphbogen

13 Villa Borghese
14 Palazzo Venezia
16 Konstantinsbogen
Buch aus Wachsschreibtafeln
5 Codex
Gewand
4 Toga
6 Tunika
Hirtenlied
6 Ekloge
Kaisergeschlecht
6 Julier
7 Flavier
8 Claudier
Obergewand
5 Stola
Stadttor in Trier
10 Porta Nigra
Viergespann
8 Quadriga
Rommekarte
9 Kreuzbube
Romulus'
Zwillingsbruder
5 Remus
Rosenart
7 Teerose
8 Moosrose, Samtrose
9 Essigrose, Hundsrose
10 Heckenrose, Remontante, Zentifolie
11 Kletterrose
Rosenblütler
10 Nelkenwurz, Odermennig
rosenförmige
Verzierung
7 Rosette
Rosengarten
8 Rosarium
Rosengewächs
9 Weissdorn
10 Maedesuess
feuchter Laubwälder
9 Geissbart
Roseninsel
5 Rodos
Rosenlorbeer
8 Oleander
Rosenpflanzung
8 Rosarium
Rosinenart
6 Zibebe
8 Korinthe
9 Sultanine
Rosinenschnaps
4 Raki
Ross
4 Gaul
5 Pferd
6 Maehre
7 Klepper
12 Schindmaehre
des Don Quichote
9 Rosinante
des Odin
8 Sleipnir
rostbeständiger
Stahl
7 Remanit
Rostbraten
8 Grillade
9 Roastbeef
Röstbrot
5 Toast
rösten
6 darren
rostfreier
Stahl
4 Rona
Rostschutzmittel
7 Mennige
Röstvorrichtung
5 Darre
Rot
beim Roulette
5 Rouge
Rotation
4 Tour
5 Drall
6 Umlauf
7 Drehung
9 Umdrehung
Rotationskörper
9 Ellipsoid
Rotationslinie
der Erde
8 Erdachse
Rotationsmaschine
6 Presse
13 Schnellpresse
rotbraune
Farbe
5 Siena
rotbraunes
Halogen
4 Brom
Rotbuche
5 Siena
Rotbuchenprodukt
8 Mykoholz
rotchinesischer Diktator, Staatsmann
3 Mao
rote
Arsenblende
7 Realgar
bekömmliche Frucht
6 Tomate
Filzkappe
3 Fes
Früchte der wilden Rose
10 Hagebutten
Gartenfrucht
6 Tomate
8 Erdbeere
Rübe
4 Bete, Rane
5 Rahne, Rande
Rötegewächs
8 Labkraut
11 Waldmeister
Rötel
8 Haematit
roter
Edelstein
5 Rubin
Farbstoff
5 Eosin
6 Karmin, Purpur
7 Fuchsin, Phloxin, Ponceau
8 Alizarin, Karmesin, Korallin, Zinnober
9 Karthamin
11 Koschenille
Farbton
4 rosa, rose
5 krapp, rubin
6 karmin, kirsch, Tizian
7 hellrot, purpurn, Weinrot
8 Eisenrot, Flamingo, Fuchsrot, Kaminrot, Rotbraun, ultrarot, Zinnober
9 Kirschrot, Tizianrot, ziegelrot
11 Bordeauxrot, Englisch Rot
12 Scharlachrot
Kampfflieger
10 Richthofen
Mineralfarbstift für Zeichnungen
6 Roetel
Naturfarbstoff
8 Karmesin
organischer Farbstoff
5 Eosin
Planet
4 Mars
rotes Titanerz
5 Rutil
synthetischer Farbstoff
7 Fuchsin
Teerfarbstoff
5 Eosin
tropischer Witterungsboden
7 Laterit
wenig lichtechter Farbstoff
7 Fuchsin
Rotfärbung
5 Roete
hoher Berggipfel bei Sonnenuntergang
12 Alpengluehen
rotgelbe
Erdart
4 Lehm
Rothaut
8 Indianer
Rothirsch
6 Wapiti
Rothirschart
5 Maral
rotierender
Körper
5 Rotor, Walze
7 Kreisel
rötlich-blauer
Farbstoff
6 purpur
gelber Saphir
11 Patparachan
rötlicher
Stern 1. Größe im Stier
9 Aldebaran
Rotorfe
3 Urs
5 Aland
Rotte
5 Haufe, Meute, Rudel, Schar, Trupp
6 Gruppe, Haufen
7 Einheit
9 Abteilung
Rotwein
7 Klarett, Rotspon
mit Gewürzen
9 Gluehwein
Rotweinbowle
7 Sangria

Rotwelsch
4 Cant
Rotwild
3 Reh
6 Hirsch
Rouletteausdruck
3 Jeu, rot
4 Chip, noir, pair, zero
5 Jeton, passe, Reihe, Rouge
6 Cheval, gleich, impair, manque
7 Drittel, schwarz
8 Croupier, ungleich
Roulettehasardeur
7 Spieler
Route
3 Weg
4 Kurs
7 Strasse, Strecke
8 Chaussee, Reiseweg, Richtung
Routine
10 Fertigkeit
12 Erfahrenheit
ruandische
Stadt
6 Kigali
7 Astrida
9 Ruhengeri
Rübenart
4 Bete
5 Rahne, Rande, Wruke
6 Moehre
7 Karotte
8 Dickwurz, Kohlrabi
9 Kohlruebe, Mohrruebe
11 Runkelruebe, Zuckerruebe
Rubens'
Frau
6 Helene
8 Isabella
Rübensaft
5 Sirup
Rübenwurzel
7 Rettich
Rubrik
4 Fach
5 Spalt
6 Klasse, Spalte
7 Kolonne
9 Abschnitt, Abteilung
12 Ueberschrift
des Eulenspiegels
6 Funzel
ruchlos
5 boese, infam
6 gemein
Rückball
beim Tennis
6 Return
rückbezüglich
8 reflexiv
Rückbildung
10 Regression
Rückblick
10 Erinnerung
11 Reminiszenz
Rückbuchung
6 Storno
8 Ristorno
11 Stornierung
Rückenfleisch
5 Filet
Rückenkammechse
6 Leguan

Rückenkorb
5 Kiepe
Rückenlast
5 Hucke
Rückenmarkschwindsucht
5 Tabes
Rückenstück
vom Fisch
5 Filet
vom Wild
6 Ziemer
Rückenstütze
5 Lehne
Rückenteil
5 Kreuz, Lende
9 Rueckgrat
12 Wirbelsaeule
13 Schulterblatt
Rückentrage
5 Kiepe
8 Tabulett
Rückerstattung
11 Restitution
Rückfahrkarte
6 Retour
Rückfahrt
8 Heimkehr
9 Heimreise
Rückfall
6 Relaps
Rückgang
9 Rezession
rückgängig
machen
10 stornieren
Rückgratknochen
6 Wirbel
Rückgratverkrümmung
7 Lordose
Rückgriff
7 Regress
14 Ersatzanspruch
Rückhalt
6 Schutz
Rückhandschlag
8 Backhand
Rücklage
6 Vorrat
7 Reserve
9 Ersparnis
10 Notpfennig
11 Notgroschen
12 Spargroschen, Sparguthaben
rückläufig
9 regressiv
Rücknahme
8 Ristorno
einer Vereinbarung
6 Absage
Rucksack
des Jägers
4 Aser
Rückschau
8 Nachlese
13 Retrospektive
Rückschlag
8 Dekadenz
9 Atavismus
Rückschlagspiel
6 Tennis
9 Badminton
Rückschritt
8 Reaktion

Rückschrittler
11 Reaktionaer
rückschrittlich
11 reaktionaer
Rückseite
der Münze
6 Revers
des Blattes
5 Verso
Rücksendung
7 Retoure
Rücksicht
7 Achtung, Respekt
Rücksichtnahme
4 Takt
rücksichtslos
3 roh
4 hart, wild
6 bruesk, brutal, gemein, rabiat
7 radikal, rigoros
9 fanatisch
12 unerbittlich
zu größeren Leistungen Drängender
9 Antreiber
rücksichtslose
Ausbeutung
7 Raubbau
Gewaltherrschaft
6 Terror
Rücksichtslosigkeit
6 Roheit
7 ◆ Rohheit
rücksichtsvoll
4 zart
7 diskret
Rücksitz
im Auto
4 Fond
Rückstand
4 Rest, Soll
5 Neige
6 Relikt, Verzug
7 Passiva
8 Residuum, Rudiment
aus Steinkohlenteer
4 Pech
bei der Erdölgewinnung
5 Masut
bei der Speisefettproduktion
11 Buttermilch
bei der Spirituserzeugung
8 Schlempe
bei der Zuckergewinnung
7 Melasse
beim Bierbrauen
7 Trester
beim Brennen und Keltern
4 Trub
6 Drusen, Treber
7 Trester
der Teerdestillation
4 Pech
der Wundheilung
5 Narbe
rückständig
11 reaktionaer
18 hinterwaeldlerisch
rückständiger
Schuldner
7 Restant
Rückstoßgeschoss
6 Rakete

rückstrahlen
12 reflektieren
Rückstrahler
9 Reflektor
10 Katzenauge
Rückstrahlung
9 Reflexion
10 Reflektion
Rückstrahlvermögen
6 Albedo
Rücktritt
6 Bremse
9 Abdankung, Demission
10 Fussbremse
13 Fahrradbremse
Rückvergütung
6 Rabatt
8 Refaktie
rückwärtig
6 hinten
Rückwechsel
8 Ritratte
rückwirkend
7 reaktiv
9 regressiv
Rückwirkung
5 Folge
8 Reaktion
10 Konsequenz
Rückzahlung
10 Erstattung
Rückzieher, Rückzug
6 Abgang, Flucht
8 Retirade, Retraite, Widerruf
rüde
4 grob
6 barsch, bruesk
7 schroff
10 unhoeflich
Rudel
5 Herde, Horde, Meute, Schar
Ruder
5 Skull
6 Paddel, Riemen, Steuer
8 Leitwerk
Ruderbank
5 Ducht
Ruderboot
3 Gig
4 Kanu
5 Einer, Kajak, Skiff, Skull
6 Achter, Gondel, Vierer
8 Kanadier
Ruderfrosch
4 Omei
Ruderfüßer, -fußkrebs
7 Anhinga, Pelikan, Scharbe, Seerabe, Toelpel
8 Kormoran
9 Fischlaus
10 Wasserfloh
11 Basstoelpel, Huepferling, Karpfenlaus, Rosapelikan, Schmarotzer, Tropikvogel
12 Fregattvogel, Zwergscharbe
13 Meerespelikan
14 Kraehenscharbe
17 Adlerfregattvogel
18 Prachtfregattvogel, Schlangenhalsvogel
Ruderkriegsschiff
im Mittelalter
7 Galeere
Ruderlager
5 Dolle
rudern
6 pullen
7 skullen
Ruderschiff
6 Bireme, Triere
7 Galeere, Trireme
8 Galeasse
Ruderschwanz
des Bibers
5 Kelle
Ruderstange
5 Stake
Ruf
4 Ehre, Fama
7 Ansehen, Geltung, Leumund
8 Berufung, Prestige, Renommee
10 Reputation
des Archimedes
7 Heureka
zum Sammeln
5 Alarm
zum Wenden eines Schiffes
3 Lee, Ree
zur Bereitschaft
5 Alarm
Rufeinrichtung
12 Sprechanlage
Rüffel
5 Ruege, Tadel
7 Verweis, Zigarre
9 Ermahnung
14 Zurechtweisung
Rufmord
8 Nachrede
11 Verleumdung
12 Diffamierung
Rufname
7 Vorname
8 Taufname
Edward Kennedys
3 Ted
eines lateinamerikanischen Revolutionärs
3 Che
Ruftrichter
7 ◆ Megafon
8 Megaphon
Rufwort
für Kellner
4 Ober
Rüge
5 Tadel
7 Monitum, Rueffel, Verweis, Vorwurf
rügen
6 tadeln
8 monieren, rueffeln, schelten
9 abkanzeln
13 zurechtweisen
Ruhe
4 Rast
5 Musse, Pause
6 Schlaf, Siesta, Stille
8 Erholung
9 Schweigen
Ruhebett
5 Diwan
Ruhegehalt, -geld
5 Rente
7 Pension
Ruhegeldempfänger
7 Rentner
10 Pensionaer
Ruhelager
4 Bett
ruhelos
6 unstet
7 nervoes
Ruhelosigkeit
6 Unrast
11 Nervositaet
Ruhemöbel
4 Bett, Sofa
5 Couch, Diwan, Liege
7 Kanapee
12 Chaiselongue
ohne Kopflehne
12 Chaiselongue
ruhen
6 rasten
Ruhepause
4 Rast
6 Siesta
8 Erholung
Ruheplatz
eines Toten
4 Grab
5 Gruft
6 Krypta
Ruhepunkt
in der Tonkunst
6 Zaesur
Ruhestand
11 Lebensabend
Ruheständler
6 Emerit
7 Rentier, Rentner
8 Emeritus
10 Pensionaer
Ruhestörung
5 Krach, Laerm, Radau, Rumor
6 Randal, Tumult
7 Getoese
Ruhetag
7 Sonntag
8 Feiertag
der Juden
6 Sabbat
Ruhezeichen
in der Musik
7 Fermate
Ruhezeit
5 Pause
ruhig
4 cool
5 leise, sacht, still
7 gefasst, gesetzt, stoisch
8 gelassen
ruhige
Beherrschtheit
12 Gelassenheit
Gangart des Menschen
5 Gehen
ruhiges
Musikstück
7 Andante
Ruhm
4 Ehre
6 Gloria, Glorie, Nimbus
7 Ansehen, Geltung
14 Wertschaetzung
rühmen
7 preisen

Ruhmesglanz
6 Nimbus
Ruhmeshalle
an der Donau
8 Walhalla
15 Befreiungshalle
Ruhmsucht
9 Prahlerei
ruhmvoll
7 glorios
9 triumphal
Ruhrmetropole
5 Essen
Rührmichnichtan
6 Mimose
9 Balsamine
11 Springkraut
rührselig
11 sentimental
Rührseligkeit
5 Eifer
16 Sentimentalitaet
Rührstab
5 Quirl
Rührung
13 Ergriffenheit
Ruhrzufluss
3 Neb
4 Baar, Else, Inde
5 Lenne, Roehr, Sorpe, Valme, Volme, Wenne
6 Hoehne, Moehne
Ruin
6 Fiasko, Misere, Pleite
7 Debakel, Konkurs, Verderb, Verfall
10 Misserfolg
11 Zerruettung
13 Zusammenbruch
Ruine
8 Truemmer
Ruinenstadt, -stätte
am Euphrat
4 Mari
am Tigris
4 Susa
5 Assur
auf Yukatan
5 Ticul
bei Jerusalem
7 Askalon
in Ägypten
5 Ombos
6 Amatna
in Algerien
6 Timgad
in Armenien
3 Ani
in Bengalen
4 Gaur
in Birma
5 Pagan
in der Mongolei
9 Karakorum
in der Türkei
3 Ani
in England
10 Stonehenge
in Griechenland
6 Mistra, Mykene, Tiryns
7 Mistral, Mykenae, Olympia
in Guatemala
5 Tikal
in Honduras
5 Copan
in Italien
7 Pompeji, Stabiae
11 Herculaneum, Herkulaneum
in Kambodscha
6 Angkor
in Libyen
3 Oea
in Mesopotamien
6 Ninive
7 Babylon
in Mexiko
10 Monte Alban
in Palästina
7 Askalon
in Phrygien
6 Nizaea
in Spanien
8 Ampurias
in Syrien
7 Baalbek, Palmyra
in Turkestan
4 Anau
Rum
aus Cuba
3 Ron
rumänische
Adelsfamilie
5 Ghika
7 Stirbey, Sturdza
Bergbaustadt
5 Anina
Hafenstadt
6 Braila, Galati, Galatz
8 Constant
9 Konstanza
Hauptstadt
8 Bukarest
9 Bucuresti
Königin
6 Carmen, Sylvia
9 Elisabeth
Landschaft
6 Moldau
7 Oltenia
8 Bukowina, Walachei
9 Gheorghiu
10 Dobrudscha
13 Siebenbuergen
Münze, Währungseinheit
3 Ban, Lei, Leu, Lew
4 Bani, Banu
Region
4 Iasi
Sopranistin
6 Varady
Stadt
3 Dej, Sug
4 Arad, Baru, Blaj, Brad, Cluj, Deta, Deva, Iasi
5 Alesd, Anina, Bacau, Borsa, Busau, Carei, Hateg, Jassy, Lugoj, Lugos, Mizil, Naina, Roman, Sarat, Sebes, Sibiu, Turda, Zalau
6 Braila, Brasov, Galati, Galatz, Grabat, Lipova, Lupeni, Medias, Moreni, Oradea, Resita, Satmar, Sinaia
7 Craiova, Pitesti, Ploesti
8 Bistritz, Braschow, Bukarest, Pitescht, Temesvar
9 Bucuresti, Constanta, Konstanza, Kronstadt, Petroseni, Plojescht, Timisoara
10 Temeschwar
11 Klausenburg, Temeschburg
12 Grosswardein, Hermannstadt
Steppe
7 Baragan
rumänischer
Arbeiterführer
8 Pintilie
12 Gheorghiu-Dej
Architekt
5 Ballu, Mineu
6 Orascu
7 Cerchez
8 Galleron
Berg, Gebirge
5 Bihar, Buekk, Negoi
6 Mandra
7 Bihorul, Peleaga
8 Karpaten, Petrosul, Retjezat
9 Pietrosul
10 Moldoveanu
Bildhauer
8 Brancusi
Dichter, Dramatiker
5 Maniu
6 Benuic, Cosbuc, Stancu
7 Arghezi, Creanga, Fedajew, Ionesco, Istrati
8 Eminescu, Negruzzi, Petrescu, Rebreanu
9 Calinescu, Caragiale, Sadoreanu
Dirigent
6 Perlea
7 Massini
9 Silvestri
11 Celibidache
Fluss
3 Alt, Olt
4 Bega, Wede
5 Arges, Kokel, Maros, Mures, Pruth, Schyl, Temes
6 Moldau, Sereth, Szamos
7 Argesch, Koeroes, Kreisch, Samosch, Temesch
8 Mieresch
9 Bistritza, Jalomitza
Frauenname
6 Ileana
9 Elisaveta
Fußballspieler
4 Alba, Anca, Desu, Dinu, Hagi, Lung, Lupu, Robe, Sepi, Tacu, Troi, Vogl
5 Barba, Coras, Dobai, Gabor, Klein, Marcu, Neagu, Sabau, Sames, Sandu
6 Andone, Balint, Bindea, Bodola, Bogden, Burger, Cheran, Covaci, Dobrau, Matent, Mocanu, Rednic, Stoica, Tataru, Wetzer, Zamfir
7 Baratki, Chiroiu, Dragnea, Dumitru, Felecau, Gergely, Lacatus, Lucescu, Lupescu, Moravet, Nicolae, Popescu, Rotariu, Staucin, Steiner, Timofte, Zambori
8 Adamache, Boeloeni, Camataru, Iordache, Pranzler,

Raducanu, Rafinski, Rasinaru, Sadowski, Vintilla
9 Antonescu, Christian, Cotormani, Deheleanu, Nunweiler, Pavlovici, Raducioiu, Taralunga, Ungureanu
10 Barbulescu, Dembrowski, Dumitrache, Dumitrescu, Iordanescu, Iorgulescu, Lapusneanu, Moldoveanu, Satmareanu, Stefanescu
12 Eissembeiser
Komponist
6 Enescu
König
5 Carol
7 Michael
9 Ferdinand
Künstler (Bildhauer, Maler und Grafiker)
4 Iser, Popp
5 Jancu, Lecca, Loghi, Mirea, Ressu, Tzara
6 Medrea, Storck
7 Bancila, Bunescu, Darascu, Luchian
8 Negulici, Paciurea, Petrascu
9 Andreescu, Chirnoaga, Georgescu, Iscovescu, Stoenescu
10 Ciucurencu, Dumitrescu, Grigorescu, Tattarescu
11 Polcovnicul
12 Strimbulescu
Maler
4 Aman, Baba, Iser, Oser
7 Bancila
10 Grigorescu
Mediziner
5 Babes
Pianist
4 Lupu
9 Gheorghiu
Politiker, Staatsmann
4 Carp
5 Danew, Jorga, Maniu, Roman
6 Petkow
7 Iliescu, Janescu
8 Bratianu, Stolojan, Vacaroin
9 Antonescu, Ceausescu
14 Constantinescu
Sportler, Sportlerin
3 Gal
4 Ivan, Lung, Popa, Toma
5 Balas, Cepoi, Coada, Corbu, Dobre, Golea, Grasu, Grecu, Lovin, Menis, Pasca, Pauca, Penes, Puica, Silai, Szabo
6 Agache, Bontas, Bufanu, Cusmir, Cutina, Kovacz, Loghin, Racila, Tiriac, Voinea
7 Apostol, Astafei, Dascalu, Gherman, Ionescu, Manoliu, Megelea, Melinte, Nastase, Potorac, Rozeanu, Silivas, Stanciu
8 Cojacaru, Comaneci, Dobrescu, Dulgheru, Grigoras, Neculita, Stanulet
9 Alexandru
10 Milosovici, Patrascoiu, Unghureanu

11 Craciunescu
12 Viscopoleanu
rumänisches
Tafelland
10 Dobrudscha
Rummel
5 Laerm
6 Trubel, Wirbel
7 Betrieb, Treiben
8 Getriebe
9 Jahrmarkt
11 Hochbetrieb
Rummelbelustigung
9 Karussell
Rummelplatz
6 Kirmes
Rumpf
4 Leib
7 Koerper
einer zerbrochenen Statue
5 Torso
Rumpfende
6 Steiss
Rumpfknochen
6 Becken
Run
7 Ansturm
rund
geschliffener Edelstein
8 Cabochon
Rundbau
7 Rotunde
Rundbeet
7 Rondell
Rundbild
9 Medaillon
Rundblick
7 Umschau
8 Panorama
Rundbrief, -schreiben
8 Zirkular
Runddorf
der Hottentotten
4 Kral
runde
Öffnung
4 Loch
Runde
4 Lage
5 Kreis
6 Corona, Korona, Saison, Umlauf, Zirkel
9 Abschnitt, Spielzeit, Umdrehung
12 Gesellschaft
bei Spielen
6 Partie
der Sternzeichen
9 Tierkreis
Pfanne
6 Tiegel
Schneehütte der Eskimos
4 Iglu
Stütze als Bauglied
6 Saeule
Vorführfläche
6 Manege
runder
Griff
5 Knauf
Hohlkörper
4 Rohr

Kettenanhänger, den man öffnen kann
9 Medaillon
Körper
5 Kugel, Walze
rundes
Blech
5 Ronde
Gebäck
7 Kringel
Gemälde
5 Tondo
Schiffsfenster
8 Bullauge
rundführende
Straße
4 Ring
Rundfunkapparat, -empfänger
5 Radio
10 Transistor
11 Kofferradio, Radiogeraet
13 Radiorecorder
Rundfunkaufnahmeraum
6 Studio
Rundfunkdarbietung
7 Sendung
Rundfunksendestation
2 BR, HR, RB
3 AFN, BBC, BFN, CNN, MDR, NDR, ORB, Rom, SDR, SFB, SWF, UKW, WDR
4 Bari, Bern, Genf, Graz, Kiel, Kiew, Linz, Lodz, Lyon, Oslo, Prag, Rias, Wien
5 Aalen, Athen, Basel, Bozen, Genua, Koeln, Leeds, Lille, Nauen, Nizza, Paris, Posen, Reval, Sofia, Trier, Turin, Turku, Vaasa, Varna, Wilna
6 Aachen, Algier, Ankara, Bergen, Berlin, Boston, Bremen, Coburg, Danzig, Dublin, Dundee, Kassel, Krakau, London, Madrid, Moskau, Odessa, Passau, Tirana, Triest, Zagreb
7 Belfast, Belgrad, Breslau, Cardiff, Dresden, Finmark, Florenz, Glasgow, Hamburg, Koblenz, Leipzig, Mailand, Ostende, Sevilla, Stettin, Tallinn, Tromsoe, Zuerich
8 Aberdeen, Augsburg, Bordeaux, Bruessel, Budapest, Bukarest, Dortmund, Finnmark, Freiburg, Grenoble, Hannover, Helsinki, Lausanne, Lissabon, Muenchen, Muenster, Plymouth, Saloniki, Salzburg, Sarajewo, Toulouse, Warschau
9 Barcelona, Drahtfunk, Edinburgh, Eindhoven, Frankfurt, Goeteborg, Hilversum, Innsbruck, Kattowitz, Liverpool, Luxemburg, Magdeburg, Marseille, Norddeich, Nuernberg, Pressburg, Stockholm, Stuttgart
10 Casablanca, Eurovision, Kalundborg, Klagenfurt, Kopenhagen, Manchester,

Nothingham, Pittsburgh, Strassburg, Troendelag
11 Helsingborg, Helsingfors, Joenkoeping, Montpellier, Odense Radio
12 Beromuenster, Saarbruecken, St. Petersburg, Suedwestfunk
13 Vatikansender
14 Kaiserslautern, Konstantinopel
15 Deutschlandfunk, Maehrisch-Ostrau

Rundfunksendung
9 Hoerspiel
11 Nachrichten

Rundfunksprecher
7 Ansager

Rundfunkstation
6 Sender, Studio

rundfunktechnischer
Begriff
2 FM
3 Ohm, Pol, Ton, UHF, UKW, VHF
4 Band, Netz, Volt, Watt
5 Anode, Dipol, Hertz, Kabel, Litze, Regie, Skala, Spule, Strom, Taste, Welle
6 Ansage, Audion, Buchse, Erdung, Filter, Geraet, Gitter, Hexode, Regler, Relais, Roehre, Sender, Studio
7 Antenne, Empfang, Kathode, Membran, Sendung, Tonband
8 Aufnahme, Detektor, Endstufe, Frequenz, Kilowatt, Kontrast, Kopplung, ◆ Mikrofon, ◆ Play-back, Playback, Programm, Resonanz, Spannung, Sprecher, Stoerung, Vorschau
9 Amplitude, Drahtfunk, Entzerrer, Induktion, Kilohertz, Kurzwelle, Langwelle, Mikrophon, Mischpult, Modulator, Schaltung, Senderaum, Sendezeit, Tonblende
10 Abstimmung, Background, Klangfarbe, Modulation, Oszillator, Reichweite, Sendepause, Sperrkreis, Transistor, Unschaerfe, Widerstand
11 Demodulator, Klangfuelle, Kondensator, Lautstaerke, Verstaerker
12 Aussteuerung, Hochfrequenz, Lautsprecher, Rueckkoppler, Wellenlaenge
13 Gleichrichter, Magisches Auge, Netzanschluss, Pausenzeichen, Richtstrahler, Rueckkopplung, Trennschaerfe, Ueberlagerung, Ueberspielung, Wellenbereich
14 Geraeuschtrick, Niederfrequenz, Ultrakurzwelle, Wellenschalter
15 Drehkondensator, Feineinstellung

Rundfunkteilnehmer
6 Hoerer

Rundgang
5 Ronde

Rundgemälde
5 Tondo
8 Panorama

Rundgesang
5 Kanon, Rondo

rundgeschliffene
Getreidekörper
7 Graupen

Rundholz
6 Stange
an Segelschiffmasten
4 Rahe
zum Anbinden der Pferde in der Dressur
5 Pilar

Rundhornsteinbock
3 Tur

Rundkörper
4 Ball
5 Kugel, Rolle, Walze
6 Ballon, Murmel
8 Zylinder

rundlicher
Berg
5 Kuppe

Rundmaul
5 Inger
6 Bricke, Pricke
8 Neunauge
10 Schleimaal

Rundornament
7 Rosette

Rundreise
7 Tournee

Rundschreiben
6 Umlauf
8 Zirkular
9 Enzyklika

Rundschwanzseekuh
6 Manati

Rundtanz
5 Polka
6 Galopp, Reigen, Walzer
8 Laendler
12 Rheinlaender

Rundteil
der Bastei
7 Rondell

Rundung
5 Bogen

Rune
9 Buchstabe
11 Kultzeichen
13 Geheimzeichen
14 Schriftzeichen

Runenalphabet
7 Futhark

Runenforscher
8 Runologe

Runkelrübe
4 Beta

Runzel
5 Falte

Rüpel
5 Rowdy
6 Flegel
7 Grobian, Luemmel, Rabauke

Rüpelhaftigkeit
8 Flegelei

Rurzufluss
3 Neb
4 Kall, Urft, Worm
5 Wuerm

Rusch
5 Binse

Rüsche
an Bekleidungsstücken
6 Krause

Rüssel
des Schwarzwildes
7 Gebrech

Rüsselkäfer
14 Bluetenstecher

Rüsseltier
5 Tapir
6 Mammut
7 Elefant
8 Mastodon
11 Ameisenbaer, Dinotherium, Waldelefant
14 Arbeitselefant, Rundohrelefant, Steppenelefant
15 Grossohrelefant

rußend
6 blakig

russisch:
Berg
3 Goa
4 Gora
Bucht
5 Sawiw
drei
3 tri
Eisbrecher
6 Jermak
Fluss
4 Reka
Flussmündung
3 ust
Frieden
3 Mir
halt
4 stoj
Haus
3 dom
hundert
3 sto
ja
2 da
Meeresteil
5 Sawiw
Mondsonde
5 Lunik
nein
4 njet
Pastete
7 Pirogge
Peter
5 Pjotr
See
5 Osero
Sichel
4 Serp
Sieg
6 Pobeda
Tanz
6 Trepak
Tisch
4 Stol
vorwärts
8 pascholl
Wahrheit
6 Prawda

russische
Altistin
9 Archipowa
11 Doluchanowa
Bezeichnung für Erlass
4 Ukas
Dorfgemeinschaft
3 Mir
Dynastie
7 Romanow
Geheimpolizei
7 Ochrana
Geige
7 Pischna
Hafenstadt
4 Poti
5 Tiksi
6 Rostow
7 Kamenka, Kertsch, Sotschi
8 Murmansk
9 Astrachan
10 Petersburg
11 Archangelsk, Wladiwostok
12 Alexandrowsk, Noworossijsk
13 Machatschkala
15 Sankt Petersburg
Harfe
5 Gusli
Hauptstadt
6 Moskau, Moskwa
Heilige
4 Olga
Holzpüppchen
11 Matrjoschka
Insel, Inselgruppe, Halbinsel
4 Ajon, Kola, Krim
5 Jamal, Kanin, Kirow
6 Nowaja, Semlja
7 Dickson, Kotelny
8 Kolgujew, Sachalin
9 Karaginsk
10 Karaginski
11 Kamtschatka, Neusibirien
12 Baereninseln, Nowaja Semlja, Tschuktschen, Wrangelinsel
15 Sewernaja Semlja
Kaiserin
9 Katharina
12 Anna Iwanowna
Kampfzeitung
5 Iskra
Kohlsuppe
10 Borschtsch
Kosmonautin
11 Tereschkowa
Kronprinzessin
7 Zarewna
Kupfermünze
5 Altin, Altyn
Landschaft
8 Bukowina, Galizien, Podolien
11 Bessarabien
Laute
5 Domra
Lederpeitsche
7 Nagaika
Münze, Währungseinheit
5 Rubel
6 Kopeke
Nachrichtenagentur
8 Interfax
Pastete
7 Pirogge
8 Rastegai
9 Kulebiaka, Piroschki
10 Visnischki, Watruschki
Republik
4 Komi, Mari, Tuwa
5 Sacha
8 Dagestan, Jakutien, Karelien
9 Abchasien, Burjatien, Tatarstan, Udmurtien
10 Kalmuekien, Mordwinien
11 Baschkirien
12 Nordossetien
13 Tschuwaschien
Sängergruppe
14 Donkosakenchor
Schlittenhunde
5 Laika
Sekte
7 Skopzen
Silbermünze
5 Denga
Sopranistin
11 Milaschkina
13 Wischnewskaja
Stadt
3 Don, Ufa
4 Bisk, Omsk, Perm, Tula, Tura
5 Kasan, Kursk, Miass, Murom, Orjol, Pensa, Pskow, Serow, Tomsk
6 Abakan, Amursk, Bratsk, Grosny, Kaluga, Kowrow, Kurgan, Maikop, Moskau, Rjasan, Rostow, Samara, Tambow
7 Barnaul, Brjansk, Caricyn, Dudinka, Irkutsk, Ishewsk, Iwanowo, Jakutsk, Kamenka, Kolomna, Kopejsk, Kusnezk, Magadan, Noginsk, Norilsk, Podolsk, Rybinsk, Sagorsk, Salawat, Saransk, Sarapul, Saratow, Sotschi, Talnach, Ulan-Ude, Wologda, Workuta
8 Balakowo, Belgorod, Belorezk, Jefremow, Kemerowo, Kostrama, Murmansk, Nowgorod, Orenburg, Petrowsk, Rubzowsk, Slatoust, Wladimir, Woronesh
9 Astrachan, Atschinsk, Beresniki, Jaroslawl, Krasnodar, Naltschik, Salechard, Serpuchow, Syktywkar, Uljanowsk, Ust-Ilimsk
10 Chabarowsk, Schelechow, Selenograd
11 Archangelsk, Joschkar-Ola, Krasnojarsk, Nikolajewsk, Nowokusnezk, Noworossisk, Nowosibirsk, Sterlitamak, Wladiwostok
12 Magnitogorsk, Nischni Tagil, Nowomoskowsk, Petrosawodsk, Sewerodwinsk, St Petersburg, Tscheboksary
13 Jekaterinburg, Machatschkala, Tscheljabinsk
15 Kamenski Uralski, Nischni Nowgorod, Sankt Petersburg
18 Blagoweschtschensk
Tabaksorte
8 Machorka
Teemaschine
7 Samowar
Vorspeise
7 Sakuska
Wüste
7 Karakum
8 Kysylkum, Mujunkum
Zarin
4 Anna
9 Katharina
Zigarette mit langem Pappmundstück
9 Papirossa

russischer
Abenteurer
8 Rasputin
Adliger
5 Bojar
Archäologe
6 Uwarow
Architekt u. Baumeister
5 Rossi
6 Kwasow, Petrow, Starow
7 Kasakow, Nikitin
8 Alexejew, Bashenow, Sacharow
9 Kokorinow, Quarenghi, Rastrelli, Schechtel
10 Sholtowski, Stschussew, Woronichin
13 Tschewakinski
ärztlicher Forscher
6 Pawlow
8 Voronoff
Bariton
7 Masurok
Bass
6 Petrow
10 Nesterenko, Schaljapin
Bauer
7 Muschik
Berg, Gebirge
4 Alai, Moma, Muja, Ural
5 Altai, Gydan, Kamen, Patom, Sajan, Tannu
6 Anadyr, Anjuis, Bureja, Elbrus, Kasbek, Kolyma
7 Aragats, Belucha, Kara Tau, Uilpata
8 Bjelucha, Byrranga, Jablonoi, Jamantau, Pik Lenin, Putorana, Stanowoi
9 Stanowoje
Bildhauer
4 Gabo
6 Sadkin
7 Zadkine
10 Archipenko
Biologe
9 Iwanowski
Botaniker
5 Bunge
10 Mitschurin
Branntwein
5 Wodka
Bretterwagen
6 Telega
Chemiker
6 Esenin, Nencki
8 Butoerow, Fahlberg
9 Beilstein
10 Mendelejew

Choreograf und Tänzer (auch Tänzerin)
4 Bolm
5 Fokin, Lifar
6 Belski
7 Cholfin, Makarow, Pawlowa, Ulanowa
8 Maximowa, Radunski
9 Kondratow, Moissejew, Wassiljew
10 Anissimowa, Burmeister, Kassatkina, Orlikowski, Rubinstein
11 Kondratjewa, Plissezkaja
14 Lepeschinskaja

Dichter, Dramatiker und Schriftsteller
4 Blok, Feth
5 Babel, Bedny, Belyj, Block, Bunin, Fedin, Gogol, Gorki, Kazin, Nilin, Turow
6 Bashan, Browka, Gorkij, Granin, Herzen, Iwanow, Krylow, Kuprin, Kusmin, Leonow, Leskow, Nestor, Stepun
7 Aksakow, Awwakum, Brjusow, Fadejew, Jesenin, Katajew, Lesskow, Nabokov, Nikitin, Ogarjow, Oshalil, Sologub, Tolstoi
8 Aitmatow, Andrejew, Dudinzew, Furmanow, Garschin, Gorbanow, Gumiljow, Kantemir, Karamsin, Kurbskij, Monomach, Nekrasow, Polozkij, Puschkin, Saltykow, Samjatin, Solowjew, Tolstoij, Uspenski
9 Achmatowa, Belinskij, Dershawin, Ehrenburg, Korolenko, Lermontow, Lomonosow, Nekrassow, Odojewski, Pasternak, Plechanow, Sumarokow, Tjutschew, Tschechow, Turgenjew, Uspenskij
10 Derschawin, Gribojedow, Ostrowskij, Paustowsky, Rachmanowa, Scholochow, Schukowski
11 Baratynskij, Batjuschkow, Dostojewski, Gontscharow, Majakowskiy, Paustowskij, Radistschew, Schukowskij
12 Artzybaschew, Dostojewskij, Jewtuschenko, Solschenizyn
13 Mereschkowski, Radischtschew, Soschtschenko, Trediakowskij
16 Tarassow-Radionow
17 Tschernyschewskij

Dirigent
5 Kurtz
8 Simeonow
9 Georgescu, Mrawinski, Swetlanow
11 Kondraschin
14 Roshdestwenski

Feldherr
7 Kutusow

Fluss
2 Aa, Ni, Ob
3 Don, Ili, Ket, Oka, Sit, Tas, Tim, Ufa
4 Amur, Aras, Emba, Jana, Kama, Kuma, Kura, Laba, Lena, Maja, Newa, Rion, Sula, Tara, Tesa, Ugra, Umba, Ural, Ussa
5 Aldan, Cheta, Desna, Duena, Dwina, Kaban, Kotni, Kuban, Mesen, Onega, Psiol, Sosna, Tawda, Terek, Tobol, Wolga
6 Angara, Chobda, Dnjepr, Kolyma, Moskwa, Njemen, Olenek, Pripet
7 Bjelaja, Dnjestr, Irtysch, Pripjet, Sakarya, Tschuna
8 Beresina, Chatanga, Jenissei, Tunguska
9 Indigirka, Petschora

Forscher und Erfinder
5 Popow
10 Mendelejew

Frauenname
2 Ju
3 Agi, Lea, Oda
4 Akim, Alja, Anja, Anne, Arka, Asja, Dija, Gaga, Kata, Kira, Kyra, Lala, Lana, Lara, Lipa, Lora, Mari, Meri, Mura, Niku, Nina, Olga, Pola, Raja, Rema, Tata, Toma, Vera, Wera
5 Alene, Anika, Assja, Darja, Dobra, Donka, Dunja, Dusja, Erina, Ganja, Gelia, Gulja, Gutja, Irina, Ivana, Iwana, Janka, Julja, Katja, Katna, Khira, Klepa, Klera, Lavra, Maika, Marfa, Margo, Marja, Merit, Merta, Monja, Munja, Nadja, Nadya, Nanja, Nimfa, Panja, Radka, Renja, Riana, Salka, Sanja, Sonja, Sveta, Sweta, Taiga, Tanja, Tasia, Tasja, Tatja, Tonja, Tonya, Tosja, Tusja, Ulita, Venja, Wenja, Xenja
6 Agatha, Aniska, Axinja, Chilja, Danila, Ermina, Galina, Granja, Guscha, Idusja, Ivanka, Janina, Jelena, Julita, Katina, Klenja, Mariam, Marija, Mascha, Masche, Mikala, Nadina, Rejane, Sascha, Schura, Sownja, Tamara, Tamila, Tassia, Tassja, Tomila, Uliana, Uljana
7 Agascha, Akulina, Alenika, Feodora, Fjodora, Gavrila, Gawrila, Genrich, Jelenka, Johanna, Julitta, Katinka, Kleotra, Klescha, Kyrilla, Larissa, Leonida, Malenka, Margone, Naschda, Natalie, Natalja, Pelagia, Revmira, Selinka, Sinaida, Tanjura, Tatjana, Viliana, Viliane, Warwara, Zenovia
8 Alkulina, Anjuscha, Chilenka, Dobronka, Dorofeja, Feodosia, Iwanowna, Jemeljan, Katerina, Kathinka, Madelina, Nastasja, Natalija, Natascha, Nikoline, Nikulina, Svetlana, Valerija
9 Anjuschka, Ekaterina, Elizaveta, Jelisawet, Magdelina, Margalita, Margarita, Maschinka, Michalina, Nadeschda, Nastjenka, Stefanida, Veruschka
10 Aleksascha, Dobroslawa, Elisawetta, Jekaterina, Jelisaweta, Nadjeschda
11 Chiletschka, Jelisawetta

Fürst, Großfürst
4 Oleg
6 Dmitri
8 Kantemir, Potemkin, Wladimir
9 Demetrius

Geistlicher
4 Pope

Gelehrter
10 Lomonossow

Geologe
10 Obrutschew

Grafiker
7 Chagall

Großbauer
5 Kulak

Heiliger
5 Boris, Georg
7 Andreas

Herrschertitel
3 Zar

Historiker
5 Tarle
7 Gretsch, Pogodin, Solojew
8 Annenkow, Wengerow
10 Bjelinskij, Rasumowsky

Ikonenmaler
6 Rublew
7 Rubljow

Instrumentalvirtuose
6 Gilels, Kremer
7 Richter
8 Oistrach, Skrjabin
14 Rostropowitsch

Kleinbauer
7 Muschik

Komponist
3 Cui
5 Glier, Serow
6 Glinka
7 Arensky, Borodin, Tanejew
8 Assafiew, Glasunow, Miljutin, Skrjabin
9 Balakirew, Prokofjew
10 Kabalewski, Mussorgsky, Prokofieff, Rubinstein, Strawinsky
11 Bortnjanski, Miaskowskij, Mussorgskij, Rachmaninow, Tscherepnin
12 Dargomyshski, Rachmaninoff, Tschaikowsky
13 Dargomyschski, Gretschaninow, Katschaturian, Tschaikowskij
14 Rimski-Korsakow
15 Schostakowitsch

Kosakenhetman
10 Pugatschew

Kosmonaut
5 Sedow, Titow

6 Leonow, Wolkow
7 Chrunow, Gagarin, Jegorow, Komarow, Kubasow, Puzajew, Schonin, Wolynow
8 Beljajew, Bykowski, Gorbatko, Kubassow, Patsajew, Popovich
9 Beregowoi, Feokistow, Jelisajew, Nikolajew, Schatalow
10 Feoktistow, Jelissejew, Popowitsch
11 Dobrowolski
13 Filiptschenko
14 Rukawischnikow

Krondiamant
5 Orlow

Kronprinz
10 Zarewitsch

Künstler (Bildhauer, Maler und Grafiker)
3 Gay
4 Juon
5 Perow, Repin, Serow
6 Altman, Iwanow, Kuprin, Olenin, Sarjan, Tatlin, Wrubel
7 Brodski, Chagall, Fedotow, Filonow, Korowin, Lebedew, Lewitan, Polenow, Sawizki, Stassow, Surikow, Tomilow
8 Archipow, Bruellow, Kasatkin, Kramskoi, Larionow, Makowski, Maljutin, Nesterow, Tropinin
9 Boklewski, Kiprenski, Kustodiew, Stschukin, Tretjakow, Wassiljew
10 Malewitsch, Schischkin, Sterenberg, Wenezianow
11 Jaroschenko
12 Borowikowski, Petrow-Wodkin
13 Werestschagin

Maler
5 Repin, Serow
6 Iwanow, Sascha
7 Chagall, Fedotow, Kramski, Lewitan, Rubljow, Surikow
8 Kramikoi, Lewitzki, Makowski, Tropinin
9 Falilejew, Jawlensky, Kandinsky

Männername
3 Awa, Gri, Ika, Lew, Nik, Vit
4 Alik, Alja, Arik, Edik, Foma, Gera, Gleb, Gora, Igor, Ilja, Ivan, Iwan, Jari, Juri, Kola, Leon, Mark, Oleg, Petr, Sima, Toma, Veit
5 Boris, Efrem, Fedor, Jakow, Jakub, Jarka, Jurij, Kolja, Marfa, Maxim, Minja, Mitja, Munja, Nolik, Ossip, Pawel, Pjotr, Radek, Renja, Rurik, Sanja, Serge, Sergi, Stiva, Sweta, Taiga, Vasja, Vitja, Wanja, Wasil, Wasja, Wenja
6 Alexej, Andrej, Daniil, Danilo, Evgeni, Feliks, Feodor, Filipp, Fjodor, Gedeon, Georgi, Grigor, Jascha, Kostja, Kyrill, Leonid, Mischa, Nikita, Olezek, Olezka, Pascha, Sachar, Sascha, Schura, Semjon, Sergei, Sergej, Sergij, Stepan
7 Aleksej, Amalrik, Arkadij, Dimitri, Dimitry, Dmitrij, Feodosi, Gavriil, Gawriil, Georgij, Grischa, Kondrat, Michail, Nicolai, Nikolai, Nikolaj, Sergius, Timofej, Vitulja, Wassili, Wassily
8 Alexandr, Aljoscha, Anatolij, Boleslaw, Borislaw, Dimitrij, Grigorij, Jaroslaw, Lavrentj, Lawrenti, Miloslaw, Miroslaw, Valerian, Wassilij, Wladimir
9 Afanassij, Andruscha, Stanislav

Mediziner
6 Pawlow
8 Haffkine, Voronoff
9 Bechterew
12 Metschnikoff

Meteorologe
7 Koeppen

Mönch
8 Rasputin

Musikforscher, -wissenschaftler
6 Gruber
8 Assafjew, Ginsburg
9 Findeisen, Jampolski
11 Jarustowski

Name von Kaunas
5 Kovno

Nobelpreisträger (Chemie)
8 Semjonow

Nobelpreisträger (Frieden)
8 Sacharow
11 Gorbatschow

Nobelpreisträger (Literatur)
5 Bunin
9 Pasternak
10 Scholochow
12 Solschenizyn

Nobelpreisträger (Medizin)
6 Pawlow
12 Metschnikoff

Nobelpreisträger (Physik)
4 Tamm
5 Basow, Frank
6 Landau
7 Kapitza
9 Prochorow
11 Tscherenkow

Pianist
6 Gilels, Metner, Oborin
7 Eschpai, Neuhaus, Richter
8 Feinberg, Ginsburg, Gnessina, Milstein
10 Aschkenasi, Nikolajewa
12 Dawidowitsch, Goldenweiser

Politiker u. Staatsmann
5 Biron, Lebed, Lenin, Malik, Radek, Rykow, Witte
6 Gaidar, Jelzin, Pahlen, Ruzkoj, Stalin, Uwarow
7 Durnowo, Gromyko, Kalinin, Kamenew, Kosyrew, Mikojan, Molotow, Trotzki
8 Andropow, Bulganin, Iswolski, Kerenski, Malenkow, Puschkin, Sassonow, Schdanow, Semjonow, Sinowjew, Stolypin
9 Breschnew, Plechanow, Schepilow
10 Wyschinski
11 Gorbatschow, Rokossowski, Tschernenko, Woroschilow
12 Kaganowitsch, Schirinowski
13 Chruschtschow
14 Tschernowyrdin

Polizeispitzel
4 Asew

Reisewagen
9 Britschka

Reitersoldat
5 Kosak

Revolutionär
5 Gapon, Lenin
6 Stalin
7 Bakunin, Trotzki
9 Kropotkin

Schlitten
7 Kibitka

Schnaps
5 Wodka

Schwarzmeerhafen
6 Odessa

Seefahrer
11 Krusenstern

Tänzer, Tänzerin
5 Lifar
6 Fokine
7 Nurejew, Pawlowa, Ulanowa
9 Nijinskij

Techniker
5 Popow

Tenor
6 Figner
8 Atlantow

Violinist und Violoncellist
5 Flier, Kogan, Stein
7 Heifetz, Soermus
8 Milstein, Oistrach
9 Tretjakow
14 Rostropowitsch

Volkstanz
5 Kosak

Waldgürtel
5 Taiga

Weltgeistlicher
4 Pope

Windhund
6 Barsoi

Zarenname
4 Igor, Iwan, Oleg, Paul
5 Jurij, Pawel, Peter, Pjotr
6 Alexej, Andrej, Feodor
7 Godunow, Michail, Nikolaj
8 Dimitrij, Nikolaus
9 Alexander

Zoologe
11 Kowalewskij, Metschnikow

russisches

Bauernhaus
4 Isba

Bier
5 Kwass

Binnenmeer, See
7 Kamasee, Ubsa Nor, Wodlsee
8 Eltonsee, Ilmensee, Kuitosee, Onegasee, Pjaewsee, Sasiksee, Sewansee, Uchtasee
9 Baikalsee, Belojesee, Kunduksee, Ladogasee, Peipussee, Tengissee
10 Imandrasee, Lakschasee
11 Balkaschsee
13 Asowsches Meer

Dreigespann
6 Troika
Eichhörnchen
3 Feh
Einzelgesetz
5 Ustaw
Fahrzeug
7 Kibitka
Feldmaß
9 Desjatine
Flussschiff
5 Kivik
Frauengewand
7 Sarafan
gegorenes Getränk
5 Kwass
Gewicht
3 Pud
Grenzgebirge
4 Ural
5 Altai
Heiligenbild
5 Ikone
Herrscherhaus
7 Romanow
Holzhaus, Landhaus
7 Datscha
Landhaus
7 Datsche
Längenmaß
5 Werst
Massemaß
3 Pud
Musikinstrument
5 Bayan, Domra, Gusla, Gusli
6 Dombra
7 Pischna
9 Balalaika
Nationalgericht
10 Borschtsch
Parlament
4 Duma
Raumfahrtzentrum
8 Baikonur
Reitervolk
10 Donkosaken
Saiteninstrument
9 Balalaika
Schaffell
7 Krimmer
Staatsorgan der Werktätigen (ehem.)
6 Sowjet
Verwaltungsgebiet
6 Oblast
Volkslied
12 Abendglocken
Waldgebiet
5 Taiga
Wegemaß
5 Werst
Weltraumschiff
5 Salut, Sojus
6 Saljut, Wostok
7 Sputnik, Woschod
zitherähnliches Volksinstrument
5 Gusli
Zupfinstrument
9 Balalaika

Rüster
4 Ulme
rustikal
5 plump
6 robust
9 laendlich
10 baeuerlich
13 unkompliziert
Rüstkammer
7 Arsenal
Rüstung, Rüstungsteil
4 Helm
6 Panzer, Schutz, Visier
7 Bruenne, Geruest, Kuerass
8 Harnisch
9 Armierung
10 Bewaffnung, Panzerhemd
12 Kettenpanzer
Rüstzeug
8 Requisit
Rute
4 Stab
5 Gerte, Stock, Zweig
7 Schwanz
10 Angelstock
Rutenkraut
7 Narthex
Rutsche
7 Schurre
9 Gleitbahn
rutschen
7 gleiten

Saal
7 Redoute
der Schule
4 Aula
Saalbau
4 Oper
5 Gaden, Halle, Odeon
6 Kirche
7 Theater
9 Eispalast, Festhalle, Reithalle, Turnhalle
10 Messehalle, Tattersaal
11 Buergerhaus, Konzerthaus, Sportpalast
12 Philharmonie
13 Kongresshalle
Saanezufluss
in der Schweiz
5 Glane, Sense
saarländische
Stadt
4 Bous
6 Lebach, Merzig, Tholey, Wadern
7 Brebach, Freisen, Homburg, Losheim
8 Mettlach, Saarburg, St Wendel, Sulzbach
9 Dillingen, Dudweiler, Ottweiler, Saarlouis, St Ingbert
11 Blieskastel, Fraulautern, Neunkirchen, Puettlingen, Sankt Wendel, Voelklingen
12 Saarbruecken, Sankt Ingbert
13 Saarwellingen, Tuerkismuehle
14 Friedrichsthal, Wiebelskirchen
Saatgut
4 Same
5 Samen
Saatgutentkeimungsmittel
5 Beize
Saatkrähe
5 Racke
Sabbat
7 Ruhetag, Samstag
8 Feiertag
9 Sonnabend
Sabbatbrot
der Juden
7 Barches
Säbel
7 Sarrass
8 Pallasch
Säbelquaste
8 Portepee
sabotieren
13 hintertreiben
Sachbearbeiter
8 Referent
9 Dezernent
an Museen
6 Kustos
Sachbereich
6 Gebiet
Sachbeschädigung
8 Sabotage
sachbezogen
8 objektiv
11 pragmatisch
Sachbezogenheit
9 Pragmatik
Sachbezüge
als Teil des Einkommens
7 Deputat
Sache
4 Ding, Fall
5 Chose
6 Objekt, ◆ Schose
7 Vorgang
10 Gegenstand
13 Angelegenheit
Sachgebiet
4 Fach
5 Zweig
7 Branche, Referat, Ressort
8 Dezernat
9 Abteilung
Sachherrschaft
9 Gewahrsam
Sachkenntnisse
7 Realien
sachkundig
11 pragmatisch
Sachlage
9 Situation
sachlich
4 real
5 kuehl
7 neutral
8 objektiv
9 nuechtern
11 realistisch
13 unpersoenlich
gegenständlich
7 konkret
genaue Wiedergabe einer Stadtansicht
6 Vedute
geordnetes Verzeichnis
7 Katalog
sachliche
Anschauung
9 Realismus
sächliches Hauptwort, Geschlecht
7 Neutrum
Sachlichkeit
9 Realismus
13 Objektivitaet
Sachsenfürst
6 Gibeke
Sachsenherzog
8 Widukind
9 Wittekind
Sachsenkaiser
6 Ottone
sächsisch:
Butterbrot
5 Bemme
ungelenker Bursche
5 Staps
sächsische
Burg Heinrichs I.
5 Werla
Dynastie
7 Ottonen
8 Wettiner
Evangeliendichtung
7 Heliand
Hauptstadt
7 Dresden
Stadt
3 Aue
5 Borna, Lugau, Pirna, Riesa
6 Grimma, Kamenz, Loebau, Plauen, Taucha, Torgau, Werdau, Wurzen, Zittau
7 Bautzen, Doebeln, Dresden, Freital, Leipzig, Leisnig, Meerane, Meissen, Oschatz, Sebnitz, Sohland, Wilthen, Zwenkau, Zwickau
8 Annaberg, Auerbach, Chemnitz, Freiberg, Glauchau, Goerlitz, Heidenau, Neustadt, Oelsnitz, Radeberg, Radebeul, Schandau, Zschopau
9 Delitzsch, Ebersbach, Eilenburg, Lengefeld, Mittweida, Olbernhau, Stollberg
10 Marienberg
11 Frankenberg, Grossenhain, Hoyerswerda, Reichenbach, Weisswasser
12 Crimmitschau, Lichtenstein
13 Bischofswerda
18 Johanngeorgenstadt
sächsischer
Barockbaumeister
5 Baehr
sächsisches
Adelsgeschlecht
12 Liudolfinger
Heiligtum
11 Irminsaeule
Herzogsgeschlecht
9 Billunger
sacht
5 leise, sanft
8 behutsam
Sachverhalt
7 Umstand
10 Tatbestand
Sachverständigengutachten
9 Expertise
sachverständiger
Personenkreis
5 Forum
Sachverständiger
6 Kenner
7 Experte
8 Fachmann
9 Gutachter
zur Erhaltung v. Kunstwerken
11 Konservator
Sachverzeichnis
7 Katalog
8 Register
11 Repertorium
Sachwalter
8 Defensor
Sachweiser
8 Register
Sack
6 Beutel
sackähnlicher
Behälter
6 Beutel
sackartiger
Mantelumhang der Araber
3 Aba
Säckchen
zum Geldsammeln in der Kirche
13 Klingelbeutel
Sackgasse
6 Impass

Sackleinwand
4 Jute
Sackpfeife
7 Musette
9 Dudelsack
Safe
6 Tresor
11 Geldschrank
12 Schliessfach
13 Panzerschrank
Safran
6 Krokus
Saft
4 Most
5 Juice
aus unreifen Trauben
6 Agrest
aus Zuckerrüben
5 Sirup
der Leber
5 Galle
saftige
Frucht
5 Beere
saftvoll
9 sukkulent
Sage
4 Fama, Maer
5 Kunde, Mythe
7 Legende
10 Erzaehlung
14 Ueberlieferung
Säge
mit mehreren Sägeblättern
6 Gatter
Sägeabfall
4 Span
Sägefisch
6 Rochen
Sägemaschinenteil
6 Gatter
sagen
5 reden
8 bemerken, sprechen
Sagengestalt
altnordische
5 Nanua
am Rhein
7 Lorelei
deutsche
5 Etzel
einer Weserstadt
13 Rattenfaenger
griechische
4 Ajax
5 Danae, Niobe, Orest
7 Ariadne, Nereida
8 Daedalus
9 Agamemnon
sagenhaft
8 fabuloes, mythisch
9 legendaer
sagenhafte
altnordische Frühlingsgöttin
6 Ostara
Amazonenkönigin
11 Penthesilea
assyrische Königin
9 Semiramis
äthiopische Königstochter
9 Andromeda
Erzählform
7 Legende
glückliche Insel
5 Thule
Gralsburg
13 Montsalwatsch
griechische Hafenstadt
5 Aulis
Gründerin von Karthago
4 Dido
Gründerin von Prag
7 Libussa
Insel
5 Thule
8 Atlantis
Königin von Lydien
7 Omphale
Königin von Sparta
4 Leda
Königin von Theben
5 Niobe
Königstochter aus Kolchis
5 Medea
menschliche Tonfigur
5 Golem
Nordlandinsel
5 Thule
Prinzessin in 1001 Nacht
8 Turandot
Prinzessin von Theben
6 Selene, Semele
Seeschlange
5 Hydra
Stadt an der Ostsee
6 Vineta
Tochter Karls des Großen
4 Emma
Urbewohner Griechenlands
8 Pelasger
versunkene Stadt
6 Vineta
Wasserjungfrauen
7 Undinen
wunderwirkende Schale
4 Gral
sagenhafter
Ahnherr der Äolier
6 Aeolus
altgriechischer König
10 Argamemnon
Berggeist des Riesengebirges
9 Ruebezahl
Bewohner Thessaliens
6 Lapith
Dänenkönig, Geatenkönig
5 Beowa
Dänenprinz
6 Hamlet
dänischer König
3 Dan
4 Gorm
englischer König
4 Lear
5 Artus
Erfinder des Bieres
9 Gambrinus
Führer der Angelsachsen
5 Horsa
griechischer König
6 Atreus
10 Amphitryon
griechischer Sänger
7 Orpheus
Gründer Assyriens
5 Ninos, Ninus
Gründer des ersten russischen Staatswesens
5 Rurik
Gründer von Rom
5 Remus
7 Romulus
Jäger
6 Nimrod
Keltenkönig
4 Lear
5 Artus
keltischer Barde
6 Ossian
König der Phäaken
8 Alkynoos
König in Elis
6 Augias
König von Kreta
5 Minos
König von Mykene
9 Agamemnon
König von Phrygien
5 Midas
8 Tantalus
König von Pylos
6 Nestor
König von Sparta
8 Menelaos
König von Taurien
5 Thoas
König von Theben
5 Kreon
7 Oedipus
10 Amphitryon
König von Zypern
9 Pygmalion
Riese
4 Enak
Sänger der griech. Sage
7 Orpheus
Schweizer Nationalheld
10 Winkelried
Seefahrer aus 1001 Nacht
7 Sindbad
Stammvater der Portugiesen
5 Lusus
Vogel
3 Rok
7 Phoenix
wallisischer König
5 Artus
Warägerfürst
5 Rurik
Zauberer im 16. Jahrhundert
5 Faust
Zwergenkönig
6 Laurin
sagenhaftes
arabisches Volk
4 Asra
asiatisches Frauenvolk
8 Amazonen
Goldland
5 Ophir
6 Dorado
8 Eldorado
Schiff der Griechen
4 Argo
Tier
5 Greif
6 Drache
7 Einhorn, Phoenix
8 Basilisk, Lindwurm

Ungeheuer
6 Drache
8 Chimaere, Lindwurm
versunkenes Land
8 Atlantis
Volk in der Odyssee
10 Lotophagen
Sagenheld
der Schweizer
4 Tell
Sagenkönig
Boötiens
6 Ogyges
von Cornwall
5 Marke
von Griechenland
5 Midas
6 Aietes, Atrens
von Thrakien
6 Haemus
Sagenkunde
10 Mythologie
Sagenname
Attilas
5 Etzel
Sagenprinz
von Troja
5 Paris
sagenumwobener
altgriech. Dichter
5 Arion
Rheinfelsen
7 Lorelei
Stadtstaat Griechenlands
5 Troja
Sagenungeheuer
8 Lindwurm
Sagenvolk
am Rhein
10 Nibelungen
Sägespanholz
6 Knebel
Sagobaum
5 Zykas
Saharagebiet
am Tibesti
5 Borku
Saharavolk
6 Tuareg
Sahne
4 Rahm
5 Creme, Flott, Obers
7 Schmant
Sahnebonbon
6 Toffee
9 Karamelle
Saison
9 Hauptzeit, Reisezeit
10 Jahreszeit
Saiteninstrument
3 Kin, Tar
4 Lyra
5 Banjo, Cello, Gambe, Geige, Harfe, Laute, Leier, Piano, Rotta, Viola
6 Cymbal, Fiedel, Zimbel, Zither
7 Bandola, Bandura, Cembalo, Fluegel, Gitarre, Klampfe, Klavier, Pianino, Psalter, Spinett, Theorbe, Violine
8 Bratsche
9 Balalaika, Bassgeige, Drehleier, Hackbrett, Kniegeige, Mandoline, Oktachord, Zupfgeige
10 Clavichord, Kemantsche, Klavichord, Kontrabass
11 Violoncello
Sake
8 Reiswein
sakrales
Bauwerk
3 Dom
Sakrament
3 Ehe
4 Ordo
5 Busse, Taufe
6 Oelung
7 Firmung
9 Abendmahl
11 Eucharistie
13 Priesterweihe
14 Altarsakrament, Krankensalbung
Salamander
6 Triton
Salatpflanze
5 Gurke
6 Ampfer, Kresse
7 Endivie, Lattich, Mangold
8 Chicoree, Rapunzel, Zichorie
9 Feldsalat, Kopfsalat
10 Ackersalat
Salatsoße
8 Dressing, Marinade
9 ◆ Majonaese
10 Mayonnaise
Salbaderei
6 Sermon
7 Litanei
10 Geschwafel
Salbe
4 Krem
5 Creme, Masse, Paste
6 Arznei
8 Liniment
10 Heilmittel
salbenartiges
Kohlenwasserstoffgemisch
8 Vaseline
Salbenbehälter
4 Dose, Tube
Salbengrundstoff
7 Lanolin
8 Vaseline
Salböl
der kath. Kirche
7 Chrisam, Chrisma
Saldo
von einem zum anderen
9 Uebertrag
Saline
8 Salzwerk, Siederei
11 Gradierwerk
12 Salzbergwerk
Salinenarbeiter
in Halle
7 Hallore
Salomes
Mutter
8 Herodias
Salomoneninsel
4 Buka, Mala
5 Bauro, Gower
6 Bugotu, Isabel
7 Malaita, Rennell
11 Guadalcanar
Salomos
Vater
5 David
salopp
5 leger
7 laessig
9 schlampig
11 ungezwungen
saloppes
Reden
6 Jargon
salpetersaures
Salz
6 Nitrat, Nitrit
Salz
der Aluminiumsäure
8 Aluminat
der Apfelsäure
5 Malat
der Blausäure
6 Zyanid
der Borsäure
5 Borat
der Bromsäure
6 Bromat, Bromit
der Chlorsäure
7 Chlorat
der Chromsäure
7 Chromat
der Essigsäure
5 Borat
6 Azetat
9 Borsaeure
der Gallussäure
6 Gallat
der Gerbsäure
6 Tannat
der Goldsäure
5 Aurat
der Harnsäure
4 Urat
5 Ureat
7 Resinat
der Kieselsäure
7 Silikat
der Kleesäure
6 Oxalat
der Kohlensäure
4 Kalk, Soda
8 Karbonat
der Milchsäure
6 Lactat
der Ölsäure
5 Oleat
der Oxalsäure
7 Oxalate
der Phosphorsäure
8 Phosphat
der Pikrinsäure
6 Pikrat
der Salpetersäure
6 Nitrat
der Salzsäure
7 Chlorid
der Schwefelsäure
6 Sulfat
der schwefligen Säure
6 Sulfit
der selenigen Säure
7 Selenit
der Stearinsäure
7 Steavat

der Stickstoff-Wassersäure
4 Azid
der Weinsäure
7 Tartrat
der Zitronensäure
6 Zitrat
des Bromwasserstoffs
6 Bromid
des Hämatins
6 Haemin
Salzachzufluss
(Österreich)
6 Lammer
Salzbergwerk
6 Saline
Salzbildner
7 Halogen
Salzbodentyp
5 Solod
Salzgestein
5 Halid
Salzgewinnungsanlage
6 Saline
11 Gradierwerk
Salzgras, Strandwegerich
5 Andel
salzhaltiges
Gewässer
7 Salzsee
salzige
Tunke
5 Salse
Salzlösung
4 Lake, Sole
6 Solber, Solper
Salzsee
bei Wolgograd
5 Elton
der Indusmündung
3 Ran
in Algerien
6 Schott
in Australien
7 Eyresee
in Bolivien
5 Poopo
11 Titicacasee
in der Kaspiniederung
5 Elton
in Iran
5 Urmia
in Palästina
9 Totes Meer
Salzsorte
9 Steinsalz
Salzstelle
für Tiere
5 Lecke
Salzsumpf
in der Wüste
6 Sebcha
Salzsümpfe
im Iran
5 Kewir
Salztonebene
Mexikos
5 Playe
Salztonfläche
im Tarimbecken
5 Bajir
Salztrog
für das Vieh
5 Lecke

Salzwasser
4 Sole
Salzwerk
6 Saline
Salzwüste
im Iran
3 Lut
in Chile
7 Atacama
in Persien
3 Lut
5 Kawir, Kewir
Sämann
5 Saeer
Sambesizufluss
5 Kafue
sambische
Stadt
5 Choma, Kabwe, Kitwe, Mongu, Ndola
6 Lusaka
8 Chingola, Luanshva, Mufulira
11 Livingstone
14 Chililambombwe
Währung
5 Ngwer
6 Kwache
Same
4 Keim
des Johannisbrotbaums
5 Karat
Samen
4 Saat
Samenbehälter
6 Frucht
Samendarre
6 Klenge
Samenflüssigkeit
(Fisch)
5 Milch
Samenhaare
der Seidenpflanze
4 Akon
Samenhülse
6 Schote
Samenkapsel
4 Kern
Samenkugel
5 Spore
Sämereien
7 Saatgut
Sammelband
8 Konvolut
Sammelbecken
8 Zisterne
9 Reservoir
Sammelbegriff
für Essen
7 Nahrung
für Früchte
4 Obst
für Getreide
4 Korn
für jagdbare Tiere
4 Wild
für Körnerfrüchte
8 Getreide
für Leibesübungen
5 Sport
für Nutztiere
4 Vieh
für Raubtiere
8 Raubwild

für Soldaten
6 Truppe
für unnütze Kleintiere
10 Ungeziefer
Sammelbehälter
für Regenwasser
8 Zisterne
Sammelbezeichnung für:
alle Formen der erzählenden Literatur
12 Belletristik
bestimmte Kulturpflanzen
8 Getreide
die Bewohner eines Landes
4 Volk
Doppelsulfate
5 Alaun
elastische Werkstoffe
6 Elaste
Kupfer, Eisen, Nickel
6 Metall
Würz- und Heilpflanzen
5 Kraut
Zitrusfrüchte
6 Agrumi
Sammelbuch
5 Album
9 Fotoalbum
Sammelfrucht
der Rose
9 Hagebutte
Sammelmappe
6 Hefter
sammeln
12 akkumulieren
Sammelname für
Bäume
10 Laubbaeume
11 Nadelbaeume
Nachschlagewerke
6 Lexika
Zitronen u. Apfelsinen
7 Agrumen
Sammelplatz, -stelle
5 Depot
Sammelraum
für Leck- und Schwitzwasser
5 Bilge
Sammelvorrichtung
6 Pick Up
Sammelwerk
9 Thesaurus
Sammelwort
für Untugenden
6 Laster
für Werkzeuge
7 Geraete
Sammelwort für
Flusspferde, Elefanten
11 Dickhaeuter
für Früchte
4 Obst
Sammler
Elektrotechnik
11 Akkumulator
Sammlung
8 Kollekte
9 Besinnung, Sortiment
10 Kollektion
13 Konzentration
altarabischer Poesie
6 Hamasa

altisländischer Dichtungen
4 Edda
altnordischer Dichtung
4 Edda
aus Kunst und Wissenschaft
6 Museum
bei Kirchenspenden
8 Kollekte
berühmter Zitate
3 Ana
der Psalmen
7 Psalter
geografischer Karten
5 Atlas
getrockneter Pflanzen
6 Herbar
9 Herbarium
japanischer Lyrik
8 Kokinshu
jüdischer Gesetze
6 Talmud
merkwürdiger Kriminalfälle
7 Pitaval
religiöser Lieder
10 Gesangbuch
spanischer Volkslieder
9 Romanzero
überlieferter Erzählungen
11 Sagenschatz
vom Heiligenleben
9 Passional
von Akten
5 Aktei
6 Archiv
von Aufzeichnungen
6 Kartei
von Aussprüchen
3 Ana
von Briefen
13 Korrespondenz
von Dichtungen verschiedener Verfasser
10 Anthologie
von Fahrplänen
8 Kursbuch
von Gedichten
9 Analekten
von Gemälden
6 Museum
7 Galerie
von Gemäldereproduktionen
8 Artothek
von Gesangsstücken
10 Liederbuch
von internationalen Regeln des Sports
9 Reglement
von Land- und Seekarten
5 Atlas
9 Handatlas
von Rechtssprüchen
9 Pandekten
von Schriften des Mittelalters
6 Korpus
von Schriftstücken
5 Aktei
von Studentenliedern
11 Kommersbuch
von Wachsfiguren
10 Panoptikum
von Wörtern und Textstellen
7 Glossar

Samoainsel
5 Manua, Upolu
6 Savaii
7 Tutuila
samojedischer ***Volksstamm***
6 Nenzen
Samowar
9 Teekessel
Samsons ***Geliebte***
6 Dalila, Delila
Samstag
9 Sonnabend
Samtart
6 Velvet
7 Velours
8 Duvetine
10 Manchester
samtartiges ***Gewebe***
4 Flor
7 Pluesch
Glaceleder
5 Mocha
Samtblume
7 Tagetes
sämtliche
4 alle
5 jeder
8 allesamt
Samuels Geburtsort
4 Rama
Sandale
amerik. Indianer
8 Mokassin
sandalenartiger ***Schuh***
6 Opanke
Sandanhäufung
am Meer
5 Duene
Sandbank
4 Riff
5 Barre
in der Nordsee
10 Doggerbank
Sandberg, -hügel
5 Duene
Sandbrei, Schmutzbrei
5 Pampe
Sanddünengebiet
in der nördlichen Sahara
3 Erg
Sanddünenwüste
4 Areg
Sandelholzöl
8 Santalol
sandfarben
5 beige
Sandfloh
6 Chique, Jigger
Sandgarnele
5 Kroat
Sandgebiet
im Hinterland der Nordsee
5 Geest
Sandgras
11 Strandhafer
Sandhose
6 Trombe

Sandhügel
am Meer
5 Duene
in der Wüste
5 Duene
sandige ***Flachküste***
6 Strand
sandiger ***Boden***
5 Geest
Ton
4 Lehm
Sandland
5 Heide
Sandlandschaft
ohne Pflanzenwuchs
6 Wueste
Sandstaub
führender Wüstenwind
5 Samum
Sandstein
6 Arkose
7 Molasse, Quarzit
9 Grauwacke
Sandsteinfelsen
(Lausitzer Geb.)
5 Oybin
Sandsteppe
in Afrika
8 Kalahari
Sandsturm
5 Habub
6 Haboob
8 Scharaff
9 Karaburan
Sandwall
am Meerufer
5 Duene
mit Geröllbänken
4 Oser
Sandwichinseln
6 Hawaii
Sandwurm
4 Pier
Sandwüste
4 Areg, Erog, Gobi
5 Dahna, Igidi, Nefud, Remel, Remla
in Afrika
5 Igidi, Namib
6 Sahara
in der Mongolei
4 Gobi
sanft
4 mild, zahm, zart
5 leise, ruhig, sacht, still, weich
6 sachte
7 gelinde
in der Musik
6 adagio
Sänfte
8 Palankin
11 Portechaise
des Papstes
5 Sedia
Sanftmut
5 Milde
sangbare ***Weise***
4 Lied
7 Melodie

Sänger
4 Bass
5 Buffo, Tenor
7 Bariton, Bassist
8 Vokalist
9 Bassbuffo
10 Tenorbuffo
der alten Germanen
6 Skalde
der alten Griechen
8 Rhapsode
der alten Kelten
5 Barde
der griechischen Sage
7 Orpheus
8 Rhapsode
im Mittelalter
9 Spielmann
komischer Rollen
5 Buffo
mit Altstimme
5 Altus
mit tiefer Frauenstimme
6 Altist
mit tiefer Stimme
7 Bassist
von Chansons
10 ◆ Chansonier
11 Chansonnier
von Erzählpartien
5 Testo
Sängergruppe, -vereinigung
4 Chor
7 Terzett
8 Ensemble, Quartett
9 Laienchor, Singschar
10 Frauenchor, Gesangsduo, Singgruppe
11 Kirchenchor, Liedertafel, Maennerchor
12 Gesangverein
13 Gesangsverein
Sängerin
3 Alt
6 Sopran
8 Altistin
9 Soubrette
11 Chansonette, Mezzosopran, Sopranistin
16 Mezzosopranistin
heiterer Rollen
9 Soubrette
Sängervereinigung
zur Pflege der Kirchenmusik
8 Kantorei
Sangmeister
König Davids
5 Asaph
sanitär
10 hygienisch
14 gesundheitlich
Sanitätswagen
5 Sanka
Sanktion
für Rechtsverletzung
6 Strafe
Sanzufluss
in Polen
5 Tanew
Saonezufluss
(Frankreich)
5 Doubs, Ognon
Saphir
6 Korund
Sarahs
Gatte
7 Abraham
Sohn
5 Isaak
Sardelle
8 Anchovis
9 ◆ Anschovis
Sarggestell
8 Katafalk
Sarkasmus
4 Hohn
5 Spott
Sarntaler
Alpengipfel
6 Hirzer
Sassanidenfürsten
5 Sapor
Satan
5 Urian
6 Belial, Samiel, Teufel
9 Beelzebub, Versucher
10 Boesewicht
11 Widersacher
Satellit
4 Mond
7 Sputnik, Telstar, Trabant
9 Begleiter
10 Raumkapsel, Raumschiff
11 Gefolgsmann
12 Leibwaechter
Satellitenkreisbahn
5 Orbit
Satin
5 Atlas
satirischer
Zeichner
5 Grosz
satirisch-zeitkritisches
Lied
4 Song
Satisfaktion
10 Genugtuung
Satrap
11 Statthalter
satt
4 voll
5 genug
9 zufrieden
Satte
4 Napf
6 Schale
9 Schueseel
Satteldecke
10 Schabracke
sattelfest
4 firm
Sattelschlepper
11 Zugmaschine
Sättigung
10 Saturation
Sattler
6 Riemer
9 Polsterer, Taeschner
10 Tapezierer
Sattlerahle
6 Pfriem
Sattlerwerkzeug
4 Ahle
Saturnmond
4 Rhea
5 Dione, Minas, Titan
6 Phoebe, Themis, Thetys
7 Japetus
8 Hyperion
9 Enceladus
Satyr
4 Faun
6 Daemon
9 Berggeist, Feldgeist, Waldgeist
Satz
3 Set
4 Teil, Text
5 Serie, These
6 Anzahl, Sprung
7 Einheit, Periode
9 Abschnitt, Ausspruch
10 Rueckstand
12 Niederschlag
beim Tennis
3 Set
beim Wein und Bier
4 Trub
der Suite des 18. Jh.
7 Gavotte
einer Sinfonie
5 Rondo
6 Adagio
7 Allegro, Andante, Menuett, Scherzo
einer Suite
5 Gigue
Stimme (Musik)
5 Parte
von Essgeräten
7 Besteck
von zusammenarbeitenden Maschinen
8 Aggregat
zusammengehörender Gegenstände
8 Garnitur
Satzaussage
9 Praedikat
Satzband
6 Kopula
Satzergänzung
6 Objekt
Satzgefüge
7 Periode
Satzgegenstand
7 Subjekt
Satzglied
6 Actant, Aktant
Satzlehre
6 Syntax
Satzspalte
6 Rubrik
Satzteil
4 Wort
in Klammern
10 Parenthese
Satzung
5 Recht
6 Gesetz, Statut
7 Charter, Ordnung
10 Bestimmung, Verfassung, Verordnung, Vorschrift
Satzverkürzung
beim Tennis
8 Tie-Break, ◆ Tiebreak
Satzvorlage
10 Manuskript
Satzzeichen
5 Kolon, Komma, Punkt

7 Klammer
8 Haekchen
9 Apostroph, Beistrich, Semikolon
10 Abfuehrung, Anfuehrung, Parenthese
11 Bindestrich, Doppelpunkt, Strichpunkt
12 Fragezeichen
14 Ausrufezeichen, Gedankenstrich
15 Gaensefuesschen, Trennungsstrich
18 Abfuehrungszeichen, Anfuehrungszeichen

Satzzeichensetzung
13 Interpunktion

sauber
4 rein
5 blank, fesch
6 adrett, frisch, proper
8 gepflegt, makellos
10 ordentlich
gekleidet
6 adrett

Sauberkeit
7 Hygiene
8 Reinheit

säubern
5 fegen
6 putzen
7 waschen, wischen
8 polieren, reinigen, scheuern
9 schrubben
10 abbuersten
11 reinemachen

Säuberung
3 Bad
6 Pflege
7 Waesche
8 Hausputz
9 Reinigung
11 Reinemachen

Sauce
5 Tunke

Sauciere
15 Sossenschuessel

saudiarabische
Hauptstadt
4 Riad
6 Ar Riad
Münze, Währungseinheit
4 Rial
5 Riyal
6 Quirsh
7 Guersch
Provinz
5 Asier

saudi-arabische
Stadt
3 Tai
4 Arar, Djuf, Hail, Riad, Taif
5 Mekka
6 Aneseh, Djidda, Er Riad, Jubail, Medina
7 Al Hufuf, Bureida, Dhahran
8 Dschidda

saudiarabischer
Wallfahrtsort
5 Mekka
6 Medina

sauer
4 herb
6 unreif

Sauerdorn
10 Berberitze

Sauerfutter
6 Silage

Sauerkirsche
7 Marelle, Morelle
8 Amarelle, Weichsel
15 Schattenmorelle

Sauerklee
9 Hasenkohl
11 Gluecksklee, Hasenampfer

sauerländische
Stadt
4 Olpe
5 Hagen, Hemer
6 Altena, Brilon, Menden
7 Werdohl
8 Arnsberg, Iserlohn, Meschede
9 Allendorf, Attendorn, Fredeburg
11 Plettenberg
12 Luedenscheid

säuerlich
4 herb

Sauerstoff
4 Ozon
6 Oxygen

Sauerstoffmodifikation
4 Ozon

Sauerstoffverbindung
4 Oxid, Oxyd
von Metallen
5 Erden

Sauertopf
9 Griesgram

Säuferwahnsinn
9 Oenomanie
15 Delirium tremens

säugen
7 naehren, stillen

Säugetier
2 Ai, Ur
3 Elk, Gnu, Jak, Kuh, Lar, Leu, Reh, Ren, Sau, Wal, Yak
4 Affe, Baer, Bock, Eber, Elen, Esel, Fehe, Gams, Hase, Hund, Igel, Kalb, Kudu, Lama, Lamm, Lori, Maki, Maus, Mink, Mona, Mops, Muli, Nerz, Onze, Pony, Puma, Rind, Vari, Wolf, Zebu
5 Aguti, Biber, Bilch, Bisam, Bison, Bulle, Dachs, Dingo, Dogge, Duker, Fenek, Fuchs, Gemse, Iltis, Irbis, Kamel, Kater, Katze, Koala, Kuder, Kukur, Lemur, Loewe, Luchs, Magot, Makak, Mungo, Ochse, Okapi, Otter, Pferd, Pudel, Ratte, Ricke, Robbe, Ruede, Schaf, Skunk, Spitz, Stier, Stute, Tapir, Tiger, Welpe, Zebra, Ziege, Zobel
6 Alpaka, Argali, Aye Aye, Barsoi, Beluga, Collie, ◆ Delfin, Ducker, Dugong, Faerse, Ferkel, ◆ Gaemse, Gepard, Gibbon, Grison, Hammel, Hengst, Hirsch, Hyaene, Jaguar, Kojote, Korsak, Kuguar, Lemure, Mammut, Marder, Narwal, Onager, Ozelot, ◆ Panter, Pardel, Pavian, Seekuh, Tarpan, Vampir, Wapiti, Widder, Wiesel, Wisent, Ziesel
7 Baribal, Bueffel, Damtier, Damwild, Delphin, Eisbaer, Elefant, Erdwolf, Gazelle, Giraffe, Gorilla, Guanaco, Hamster, Huendin, Huftier, Hutaffe, Kaguang, Karakal, Karakul, Lemming, Leopard, Mufflon, Mustang, Nashorn, Opossum, Panther, Pottwal, Rammler, Rehbock, Rehhund, Schakal, Schwein, Seebaer, Seehund, Wallach, Walross
8 Antilope, Armadill, Auerochs, Baumbaer, Blaubock, Buntbock, Butzkopf, Daechsel, Dromedar, Eichhorn, Eisfuchs, Entenwal, Faultier, Feldmaus, Flughund, Glattwal, Goldhase, Goldwolf, Grautier, Grindwal, Halbaffe, Halbmaki, Hausesel, Haushund, Hausmaus, Hausrind, Hermelin, Heulwolf, Horntier, ◆ Kaenguru, Kalabock, Kaploewe, Lamantin, Landbaer, Mandrill, Manguste, Maulesel, Maultier, Maulwurf, Nilpferd, Riedbock, Rollaffe, Rotluchs, Seeloewe, Seeotter, Tanzmaus, Tuemmler, Waldmaus, Walfisch, Weisswal, Windhund, Wollaffe, Wollmaus, Zwergwal
9 Alpenhase, Alpenhund, Bartenwal, Bergschaf, Bergziege, Bisamhase, Blindmaus, Brandmaus, Braunbaer, Buckelwal, Bulldogge, Damhirsch, Elbebiber, Erdferkel, Falbkatze, Flugfuchs, Frettchen, Fuchshund, Fuchskusu, Fuchsmaki, Gabelbock, Geissbock, Glattnase, Graufuchs, Gruenaffe, Haselmaus, Hasenmaus, Hauskatze, Hausratte, Hausschaf, Hausziege, Hundsaffe, Ichneumon, Kaenguruh, Kaninchen, Karnickel, Klappnase, Meerkatze, Meerotter, Nachtaffe, Nachthund, Nackthund, Nasenaffe, Nasenbaer, Orang Utan, Otterhund, Otterigel, Plumplori, Riesenwal, Rohrratte, Rothirsch, Schafbock, Spitzmaus, Steinbock, Stinktier, Vielfrass, Waschbaer, Wildkatze, Wuehlmaus, Zwergmaki, Zwergmaus
10 Angorabock, Baerenmaki, Baummarder, Beutelbaer, Beutelmaus, Beuteltier, Beutelwolf, Bisamochse, Bisamratte, Bruellaffe, Buschratte, Chinchilla, Durhamrind, Edelhirsch,

Edelmarder, Fingertier, Fischotter, Flederhund, Fledermaus, Flusspferd, Furchenwal, Grislybaer, Hartebeest, Hirscheber, Hirschhund, Honigdachs, Kamelschaf, Kamelziege, Katzenbaer, Katzenmaki, Kegelrobbe, Klippdachs, Koboldmaki, Kragenbaer, Lippenbaer, Marderhund, Mauswiesel, Mohrenaffe, Mohrenmaki, Murmeltier, Nonnenaffe, Ohrenrobbe, Polarfuchs, Polarluchs, Rhinozeros, Rollmarder, Satansaffe, Schafkamel, Schafochse, Schimpanse, Schneehase, Seejungfer, Seidenhase, Seidenhund, Spiessbock, Spiesshund, Springaffe, Springbock, Stinkdachs, Sumpfbiber, Sumpfluchs, Tibetdogge, Tigeriltis, Tigerkatze, Wasserbock, Wasserhund, Wickelbaer, Witwenaffe, Wuehlratte, Zibetkatze, Ziegenbock, Zottelaffe, Zwergkatze, Zwergziege
11 Ameisenbaer, Ameisenigel, Angorakatze, Angoraziege, Berberloewe, Beutelbilch, Beuteldachs, Beutelratte, Gemsbueffel, Guertelmaus, Guerteltier, Hausschwein, Hoehlenbaer, Huehnerhund, Husarenaffe, Hyaenenhund, Klammeraffe, Krallenaffe, Kuhantilope, Loeffelhund, Maehnenwolf, Marmelkatze, Meerschwein, Merinoschaf, Moschustier, Nebelparder, Opossummaus, Pampaskatze, Pardelfuchs, Pardelkatze, Perserloewe, Praeriehund, Riesenzebra, Ruesseltier, Rundkopfwal, Sattelrobbe, Schakalwolf, Schlankaffe, Schnabelwal, Schneeziege, Schweifaffe, Silberfuchs, Steinmarder, Steppenesel, Stinkmarder, Stoeberhund, Streifengnu, Trampeltier, Vorstehhund, Wachtelhund, Wanderratte, Waranashorn, Wasserratte, Wildschwein, Wuestenmaus, Zibethyaene
12 Bernhardiner, Beutelmarder, Bisamschwein, Breitschwanz, Elenantilope, Ginsterkatze, Goldmaulwurf, Groenlandwal, Heidschnucke, Hufeisennase, Koenigstiger, Larvenroller, Maehnenrobbe, Maehnenschaf, Menschenaffe, Moschusochse, Muetzenrobbe, Nabelschwein, Palmenmarder, Palmenroller, Pampashirsch, Riedantilope, Rossantilope, Savannenhund, Schakalfuchs, Schleiermaki, Schnabeligel, Schnabeltier, Schuppentier, Schweinsaffe, Schweisshund, Schwertfisch, Senegalloewe, Streifenmaus, Sundapanther, Tuepfelkatze, Zwergschwein, Zwergspaniel
13 Affenpinscher, Baumkaenguruh, Baumschlaefer, Bergkaenguruh, Bergsteinbock, Bullenbeisser, Dickhornschaf, Doppelnashorn, Eichhoernchen, Feldspitzmaus, Fichtenmarder, Fischermarder, Gabelantilope, Gabelhorntier, Goldstirnaffe, Groenlandswal, Grossohrfuchs, Hasenspringer, Hauskaninchen, Hausspitzmaus, Kapuzineraffe, Kaschmirziege, Maskenschwein, Rindsantilope, Stumpfnashorn, Waldspitzmaus, Warzenschwein, Wasserschwein, Wickelschwanz, Wolfswindhund, Zwergantilope
14 Alpensteinbock, Ameisenfresser, Biberspitzmaus, Fliegender Hund, Kaenguruhratte, Kaffernbueffel, Loewenaeffchen, Neufundlaender, Pinselaeffchen, Rappenantilope, Roetelaeffchen, Saebelantilope, Schwimmbeutler, Seidenaeffchen, Silberaeffchen, Stachelschwein, Virginiahirsch, Waldfledermaus, Zwergspitzmaus
15 Siebenschlaefer
17 Grosshufeisennase

Säugetierarten, -ordnung
4 Wale
5 Affen, Nager
6 Robben
7 Sirenen, Wuehler
8 Huftiere, Primaten, Seekuehe, Zahnarme
9 Elefanten, Halbaffen, Nagetiere, Paarhufer, Paarzeher, Raubtiere
11 Beuteltiere, Hasenartige, Unpaarhufer, Unpaarzeher
12 Flattertiere, Fledermaeuse, Kloakentiere, Ruesseltiere
13 Pelzflatterer, Schnabeltiere, Schuppentiere
14 Flossenfuesser, Klippschliefer, Roehrenzaehner
15 Insektenfresser

Säugetiergeburtsgruppe
4 Wurf

saugfähige
Tonerde
5 Bolus

Sauggebläse
9 Exhaustor

Saugkraft
3 Sog

Säugling
4 Baby
12 Neugeborenes

Säuglingsnahrung
3 Mus
4 Brei, Saft
5 Milch

Säuglingswickeltuch
6 Windel

Saugröhre
7 Pipette

Saugströmung
3 Sog

Saugwarze
(Säugetier)
5 Zitze

Saugwurm
4 Egel
8 Blutegel
9 Leberegel

Säule
5 Rauch
7 Obelisk, Pfeiler, Stuetze, Traeger

aus einem Block, Steinblock
6 Menhir
7 Obelisk
8 Monolith

des Herakles
5 Abila, Kalpe

die zur Zeitbestimmung dient
6 Gnomon

in Mädchengestalt
9 Karyatide

Säulenabschluss
8 Kapitell

Säulenbogen
6 Arkade

Säulendeckplatte
6 Abakus

Säulenfußstück
5 Basis

Säulengang
9 Kolonnade

Säulengänge
altgriech. Schulen
5 Xysti

Säulenhalle
4 Stoa
8 Portikus
9 Gloriette

Säulenheiliger
6 Stylit

Säulenkaktus
6 Cereus

Säulenknauf
8 Kapitell

Säulenplatte
6 Sockel
7 Plinthe

Säulenteil, -verzierung
4 Fuss, Hals, Kopf
5 Basis
6 Schaft, Sockel
8 Kannelur, Kapitell
9 Hohlkehle

Säulenverdickung
6 Entase, Enteso
7 Entasis

Säulenvorbau
8 Portikus

Sauls
Sohn
8 Jonathan
Saum
4 Last, Naht, Rand
5 Biese, Borde
6 Besatz, Grenze, Krause
7 Lisiere
8 Traglast, Umschlag
10 Einfassung
säumen
7 zoegern
säumig
4 faul
6 traege
säumiger
Schuldner
7 Restant
Säumigkeit
11 Schlendrian
Saumpfad, Defilee
6 Engweg
saure
Fruchtbonbons
5 Drops
Speisewürze
5 Essig
Würztunke
8 Marinade
Säure
6 Acidum
säureempfindlicher
Farbstoff
7 Indamin
säurefestes
Aluminiumsilikat
6 Mullit
Säuregefäß
6 Ballon
Säuregrad
einer Flüssigkeit
9 Aciditaet
Saurier
5 Echse
6 Reptil
8 Eidechse
10 Kriechtier
11 Riesenechse
säuseln
5 wehen
sausen
5 eilen
6 hasten
7 brausen
Savannenlandschaft
in Tansania
9 Serengeti
Savannenwald
in Afrika
6 Miombo
Savezufluss
5 Bosna, Drina, Kulpa, Lonja, Vrbas
Schabe
8 Kakerlak
Schabefleisch
4 Hack
Schabeisen
der Kammacher
4 Iler
schaben
6 reiben
7 kratzen
Schabernack
3 Jux, Ulk
5 Posse, Spass, Unfug
6 Scherz, Unsinn
7 Streich
8 Neckerei
Schabewerkzeug
6 Reiber
Schablone
4 Form
6 Muster, Schema
7 Vorlage
Schachausdruck
3 Zug
4 matt, patt
5 Brett, Pferd, remis, Runde
6 Gambit, gardez, Partie
7 Rochade, Roessel
8 Offizier
schachern
7 markten
9 feilschen
15 herunterhandeln
Schachfigur
4 Dame, Turm
5 Bauer, Pferd
6 Koenig
7 Laeufer, Roessel
8 Koenigin, Springer
Schachmeister, -weltmeister
3 Tal
4 Bone, Duhm, Euwe, Reti
5 Ahues, Breda, Keres, Seitz, Torre, Yates
6 Fisher, Geller, Johner, Karpow, Kovacs, Lasker, Mieses, Morphy, Schmid
7 Brummer, Fischer, Kraemer, Paulsen, Richter, Smyslow, Spasski, Steiner, Taranow, Uhlmann
8 Aljechin, Dufresne, Kasparow, Marshall, Saemisch, Spasskij, Steinitz, Tarrasch, Unzicker
9 Anderssen, Botwinnik, Bronstein, Gruenfeld, Petrosjan, Pillsbury, Reshevsky, Spielmann
10 Bardeleben, Blackburne, Bogoljubow, Capablanca, Holzhausen, Przepiorka, Rotenstein, Rubinstein, Tartakower
11 Nimzowitsch
Schachspieleröffnung
6 Gambit
Schachspielsteine
7 Figuren
Schachtbau
7 Stollen
Schachtel
6 Karton
7 Schuber
8 Kassette
für Pralinen
10 ◆ Bonboniere
11 Bonbonniere
Schachtelhalmgewächs
7 Kalamit
Schachtofen
zur Holzverkohlung oder Metallgewinnung
4 Kiln
Schachtsohle
5 Teufe
Schachwissenschaftler
5 Grimm
Schachzug
7 Rochade
schade
6 leider
Schädel
4 Kopf
Schädelbohrer
6 Trepan
Schädeldach
7 Kalotte
Schädelinhalt
4 Hirn
6 Gehirn
Schädelknochen
6 Kiefer
8 Jochbein, Keilbein, Kinnlade
9 Nasenbein, Stirnbein
10 Hirnschale, Oberkiefer
11 Traenenbein, Unterkiefer
12 Scheitelbein
13 Schlaefenbein
14 Pflugscharbein
16 Hinterhauptsbein
Schädellehre
11 Kraniologie
Schädelnaht
5 Sutur
Schädelstätte
(Bibel)
8 Golgatha
13 Kalvarienberg
Schaden
5 Damno, Panne
6 Abtrag, Defekt, Knacks
7 Havarie, Verlust
8 Einbusse, Nachteil
9 Minderung
11 Missbildung
in der Schifffahrt
7 Havarie
Schadenersatz
5 Busse
7 Regress
10 Reparation
Schadenfeuer
5 Brand
10 Grossbrand
12 Feuersbrunst
Schadenfreiheitsrabatt
(Kfz)
5 Bonus
schadenfroh
8 haemisch
9 hoehnisch
12 missguenstig
Schadenversicherung
5 Kasko
9 Teilkasko, Vollkasko
schadhaft
6 defekt, kaputt
7 entzwei
11 beschaedigt, unbrauchbar
schadhafte
Stelle
4 Leck, Loch, Riss
5 Bruch
6 Defekt

Schadinsekt
des Getreides
6 Thrips
schädlicher
Eisenbelag
4 Rost
Stoff
4 Gift
schädliches
Genussgift
7 Alkohol, Nikotin
Insekt
5 Motte
7 Termite
9 Maikaefer
Kerbtier
6 Schabe
Nagetier
4 Maus
5 Ratte
Schädlichkeit
4 Noxe
Schädling
5 Larve, Raupe
6 Grille, Insekt, Kaefer
7 Parasit, Reblaus, Termite
9 Blattlaus, Engerling, Kornmotte, Mehlmotte, Wuehlmaus
11 Schmarotzer
des Weinstocks
7 Reblaus
einer Knollenfrucht
15 Kartoffelkaefer
Schädlingsbekämpfungsmittel
9 Pestizide
Schadstoff
für den Organismus
4 Gift
schafartiges
Horntier
4 Thar
Schäfergedicht
8 Madrigal
Schäferhund
6 Collie
Schäferspiel
9 Pastorale
Schaffell
5 Vlies
schaffen
8 kreieren
10 herstellen
11 produzieren
Schaffen
eines Tonstücks zum Singen
15 Liedkomposition
Schaffenskraft
12 Kreativitaet
Schaffner
10 Kondukteur
Schaffung
gesunder Verhältnisse
9 Sanierung
Schafinseln
8 Faeroeer
Schafkamel
4 Lama
Schafkrankheit
5 Maedi
Schafleder
3 Kid
5 Nappa
7 Chamois
Schafott
10 Guillotine
11 Blutgeruest
12 Richtstaette
Schafrasse
6 Merino, Muffel
7 Karakul, Mufflon
11 Heidschnuke
Schaf, Schafart
4 Bock, Lamm
5 Arkal, Nahur, Rhoen, Staer
6 Argali, Bharal, Guinea, Hammel, Merino, Muffel, Widder
7 Karakul, Mufflon, Schiras, Schoeps
8 Dickhorn, Shetland
9 Blauschaf, Dallschaf, Haarschaf, Halbschaf, Katschgar, Kentschaf, Landschaf, Ostfriese, Wildschaf, Wollschaf
10 Heideschaf, Leineschaf, Milchschaf, Nigerschaf, Pamirschaf, Steinschaf
11 Dorsetschaf, Fettschwanz, Kupferschaf, Kurzschwanz, Marschschaf, Perserschaf, Schneeschaf, Somalischaf, Zackelschaf, Zigajaschaf
12 Bighornschaf, Breitschwanz, Dishleyschaf, Fleischschaf, Heidschnucke, Kamerunschaf, Kurzohrschaf, Lincolnschaf, Maehnenschaf, Senegalschaf
13 Eskorialschaf, Negrettischaf
14 Haengeohrschaf, Hampshireschaf, Leicesterschaf, Southdownschaf, Stummelschwanz
15 Fettsteissschaf, Seelaenderschaf
16 Bergamaskerschaf, Rambouilettschaf
Schafscheren
5 Schur
Schaft
4 Halm
5 Stiel
der Vogelfeder
4 Kiel
Schafwolle
6 Merino
Schafwollfett
7 Lanolin
Schäkerei
9 Taendelei
schäkern
7 flirten
8 schmusen, taendeln
schal
3 fad
Schal
aus Federn
3 Boa
schalartiger
Umhang
5 Stola
Schale
3 Huf
4 Haut
5 Klaue, Pelle, Satte
6 Huelle, Huelse, Kruste, Schote
7 Gefaess
9 Behaelter
der Parsifalsage
4 Gral
des Abendmahlkelches
5 Cuppa
Schalenfrucht
4 Nuss
6 Mandel, Marone
7 Erdnuss, Walnuss
8 Kastanie, Paranuss
9 Haselnuss, Kokosnuss
11 Esskastanie
Schalenfruchtöffner
11 Nussknacker
Schalenspalt
(Kieselalge)
5 Raphe
Schalentier
5 Krebs
6 Auster, Hummer, Krabbe
7 Garnele, Muschel
8 Languste, Schnecke
Schalenwild, Schalwild
3 Reh
4 Elch, Elen, Gams
5 Gemse
6 ◆ Gaemse, Hirsch
11 Wildschwein
Schalk
4 Narr
6 Schelm
12 Eulenspiegel
Schalknarr
der Sage
12 Eulenspiegel
Schalkragen
5 Fichu
Schall
3 Ton
4 Echo, Hall
5 Klang, Knall, Sound
7 Akustik
9 Geraeusch, Widerhall
Schall-
oder Wärmedämmstoff
15 Isoliermaterial
Schallalarmgerät
6 Sirene
schallen
6 gellen, hallen, toenen
7 klingen, krachen
8 droehnen
Schallgerät
mit Klöppel
6 Glocke
Schallintensität
11 Lautstaerke
Schallkasten
(Musik)
6 Korpus
Schalllehre
7 Akustik
Schallmessgerät
7 Echolot
Schallortungsgerät
unter Wasser
5 Sonar
Schallplatte
2 LP
6 Single

Schallplattenautomat
8 Musikbox
Schallplattenetikett
5 Label
Schallplattenhülle
5 Cover
Schallplattensammlung
9 Diskothek
Schallquant
6 Phonon
Schallreflexion
4 Echo
Schallsignalgerät
4 Hupe
für Schiffe
9 Nebelhorn
Schalltechnik
7 Akustik
schalltechnisch
9 akustisch
Schalltrichter
7 ◆ Megafon
8 Megaphon
10 Sprachrohr
Schallumwandler
8 ◆ Mikrofon
9 Mikrophon
Schalmei
5 Aulos
Schaltbrett
7 Armatur
Schalteinrichtung
6 Relais
schalten
7 knipsen
9 reagieren
10 betaetigen, einstellen
Schalter
5 Griff, Hebel, Knopf, Platz, Taste
6 Klinke, Regler, Relais
8 Druecker
Schalterstellung
2 an, on
3 aus, ein, off
Schaltglied
6 Relais
Schaltier
8 Testazee
Schaltstufe
im Auto
4 Gang
Schalttafel
14 Armaturenbrett
Schaltuhr
5 Timer
Schaltung
6 Relais
Scham
4 Reue
5 Scheu
10 Keuschheit
13 Schuldgefuehl
15 Schuechternheit
schämen
8 genieren
schamhaft
6 keusch
11 schuechtern
schamhafte
Verhüllung
11 Feigenblatt
schamlos
5 frech
6 frivol
7 obszoen
schamlose
Gewinnerzielung
6 Wucher
Schamteile
10 Genitalien
Schande
6 Unehre, Verruf
7 Blamage, Schimpf, Schmach, Skandal
Bloßstellung
7 Blamage
Schandfleck
5 Makel
schändlich
5 infam
6 ehrlos, gemein
11 abscheulich
15 niedertraechtig
Schändlichkeit
7 Infamie
Schandpfahl
6 Staupe
7 Pranger
Schandtat
4 Mord, Raub
5 Untat
Schändung
7 Stuprum
Schankgefäß
4 Glas, Krug
5 Kanne
6 Siphon
Schanktisch
3 Bar
5 Theke
6 Buffet, Tresen
8 Anrichte
Schankwirt
6 Zapfer
9 Barkeeper
Schanze
9 Barrikade
Schanzenbelag
beim Sommersprungtraining
5 Matte
Schanzpfahl
8 Palisade
Schanzwerk
7 Redoute
Schar
5 Haufe, Menge, Meute, Rotte, Rudel, Trupp
6 Anzahl, Gruppe, Haufen
7 Einheit, Kolonne
9 Abteilung
Scharade
13 Silbenraetsel
Scharbockskraut
8 Feigwurz
10 Hahnenfuss
12 Loeffelkraut
scharf
4 akut
5 krass
6 bissig
8 beissend, brennend
10 gepfeffert
gebacken
5 kross
gebrannter Ziegel
7 Klinker
gewürzt
4 rass
6 pikant
umrissen
7 markant
10 profiliert
scharfe
Kante
4 Grat
5 Knick
kleine Pfefferschote
8 Peperoni
Kurve
5 Kehre
14 Haarnadelkurve
militärische Ausbildung
5 Drill
politische Betätigung
12 Radikalismus
Salzlösung
4 Lake
Soße
5 Chili
8 Marinade
Wurzel
4 Kren
11 Meerrettich
Scharfeinstellung
der Augen
13 Akkommodation
schärfen
6 wetzen
9 schleifen
scharfer
Beobachter
5 Argus
Nordostwind
4 Bise
spitzer Span
8 Splitter
Teil an Waffen
6 Klinge
Widerspruch
7 Protest
wirtschaftlicher Konkurrenzkampf
10 Wettbewerb
scharfes
Betonungszeichen
4 Akut
Geräusch
5 Knall
Gewürz
7 Pfeffer
indisches Gewürz
5 Curry
Ingwergewürz
8 Kardamom
Werkzeug
4 Beil
5 Saege
6 Messer, Schere
Wurzelgemüse
11 Meerrettich
Zügelanziehen (Reiten)
5 Arret
Scharfrichter
6 Henker
11 Nachrichter
Scharfsinn
4 Witz
5 Geist

6 Esprit
8 Klugheit, Verstand
9 Intellekt, Koepfchen
11 Intelligenz
scharfsinnig
6 subtil
9 geistvoll, ingenioes
10 geistreich
Scharizufluss
6 Logone
Scharlatan
10 Schwaetzer, Schwindler
11 Kurpfuscher, Quacksalber
12 Aufschneider
Scharm
5 Anmut
6 Grazie
8 Liebreiz
scharmant
7 reizend
8 lieblich
11 bestrickend
Scharm, Charme
4 Reiz
5 Anmut
6 Zauber
8 Liebreiz
Scharmützel
7 Gefecht
10 Plaenkelei
Scharnier
6 Gelenk
10 Drehgelenk, Gelenkband
Scharte
5 Kerbe
Schattenreich
8 Tartarus
Schatten, Schattenbild
7 Schemen
10 Silhouette
14 Scherenschnitt
Schattenzeichen
6 Gnomon
schattierendes
Gewebe
5 Ombre
Schattierung
6 Nuance
7 Toenung
Schatulle
5 Kasse
6 Kasten
9 Kaestchen
11 Privatkasse
15 Schatzkaestchen, Schatzkaestlein
Schatz
4 Hort
5 Juwel
7 Kleinod, Liebste
8 Geliebte, Liebster, Reichtum
9 Geliebter, Vermoegen
10 Heiratsgut
11 Kostbarkeit
Schätzchen
7 Darling
8 Liebling
schätzen
6 achten
8 annehmen, taxieren
11 aestimieren
13 ueberschlagen, veranschlagen

Schätzer
7 Taxator
Schatzkästchen
9 Schatulle
Schätzung
4 Taxe
6 Zensus
7 Wertung
9 Arbitrage, Taxierung
Schau
4 Show
5 Messe, Revue, Umzug
7 Ansicht, Festzug, Meinung
10 Darbietung, Exposition, Standpunkt
11 Ausstellung, Mustermesse, Vorfuehrung
lebender Tiere
9 Menagerie
Schaubild
7 Diorama
8 Diagramm
Schaubühne
7 Theater, Variete
für wechselnde Darbietungen
7 Variete
Schauder
4 Ekel
6 Grauen, Horror
7 Abscheu, Grausen, Gruseln, Zittern
9 Schrecken
schauderhaft
8 horribel
schauen
5 lugen
7 blicken
Schauer
4 Guss
Schauerballade, -geschichte, -mär
7 Moritat
schauerlich
5 eklig
7 makaber
8 gruselig, stygisch
Schaufahrt
5 Korso
Schaufel
7 Schippe
beim Wild
6 Geweih
schaufelähnliches
Werkzeug
6 Spatel
Schaufelmaschine
6 Bagger
schaufeln
6 graben
8 ausheben, schippen
Schaufelnase
6 Rochen
Schaufenster
7 Auslage, Vitrine
Schaufensterauslage
7 Etalage
Schaufenstergestalter
10 Dekorateur
Schaufenstergestaltung
10 Dekoration
Schaufensterpuppe
5 Dummy
8 Attrappe

Schaugefäß
für die geweihte Hostie
9 Monstranz
Schaugepräge
4 Pomp
Schaugestell, Ladenaufbau
7 Etalage
Schaukämpfer
7 Catcher
9 Gladiator
14 Freistilringer
Schaukasten
7 Vitrine
Schaukel
5 Wippe
8 Gautsche
Schaukelbett
5 Wiege
schaukeln
6 wippen
schaukelnde
Bewegung
6 Gewoge
Schaukelreck
6 Trapez
Schaum
6 Geifer, Gischt
schaumartige
Speise
5 Creme
6 Mousse
Schaumgebäck
6 Baiser
7 Meringe
schaumige
Süßspeise
5 Creme
Schaumkrone
(Bier)
5 Blume
Schaumünze
8 Medaille
Schaumwein
4 Asti, Sekt
8 Schampus, Spumante
10 Champagner
Schaupackung
5 Dummy
8 Attrappe
Schauplatz
3 Ort
5 Arena, Forum, Szene
6 Buehne, Podium
7 Stadion, Staette, Theater
8 Szenerie
10 Lokalitaet
12 Oertlichkeit
der Tellsage
7 Altdorf
im Zirkus
6 Manege
schaurig
7 gruslig
8 gruselig
Schausammlung
merkwürdiger Dinge
18 Raritaetenkabinett
Schauseite
5 Avers, Front
7 Fassade, Gesicht
11 Vorderfront
Schauspiel
5 Drama

13 Buehnenstueck, Theaterstueck
mit Musikbegleitung
9 Melodrama
von Achternbusch
4 Ella
von Adamov
8 Invasion, Ping Pong
von Aischylos
9 Agamemnon, Die Perser
10 Prometheus
12 Die Eumeniden
von Allen
3 Tod
von Anouilh
6 Becket, Jeanne
8 Leocadia
von Arden
11 Der Packesel
von Aristophanes
9 Der Ritter, Die Voegel
10 Der Frieden, Lysistrate
von Audiberti
10 Quoat-Quoat
von Babel
5 Maria
von Barlach
12 Der blaue Boll
13 Der arme Vetter
von Beaumarchais
11 Der tolle Tag
20 Der Barbier von Sevilla
von Beckett
8 Endspiel
14 Warten auf Godot
15 Glueckliche Tage
von Behan
9 Die Geisel
16 Richards Korkbein
von Bernhard
6 Am Ziel
7 Minetti
13 Der Praesident
16 Der Theatermacher
18 Der Weltverbesserer
19 Die Jagdgesellschaft
von Bond
6 Die See, Sommer
8 Gerettet
10 Das Buendel
von Borchert
18 Draussen vor der Tuer
von Brasch
6 Rotter
8 Mercedes
10 Lovely Rita
11 Lieber Georg
von Braun
5 Tinka
7 Guevara
9 Die Kipper
von Brecht
4 Baal
11 Mann ist Mann
13 Mutter Courage
15 Leben des Galilei
16 Dreigroschenoper
18 Trommeln in der Nacht
20 Im Dickicht der Staedte
22 Der gute Mensch von Sezuan
25 Der kaukasische Kreidekreis
29 Herr Puntila und sein Knecht Matti
von Brenton
6 Genius
10 Zahn um Zahn
14 Christie in Love
von Bronnen
9 Ostpolzug, Vatermord
von Bruckner
9 Die Rassen
18 Krankheit der Jugend
19 Elisabeth von England
von Büchner
7 Woyzeck
10 Dantons Tod
13 Leonce und Lena
von Calderon
16 Das Leben ein Traum
20 Der Richter von Zalamea
von Camus
8 Caligula
12 Die Gerechten
13 Die Besessenen
19 Das Missverstaendnis
21 Der Belagerungszustand
von Canetti
8 Hochzeit
20 Komoedie der Eitelkeit
von Capek
18 Die weisse Krankheit
von Claudel
12 Mittagswende
15 Der seidene Schuh
von Cocteau
7 Bacchus
14 Der Doppeladler
15 Hoellenmaschine
von Dorst
6 Merlin, Toller
7 Eiszeit
8 Die Villa
von Dürrenmatt
9 Achterloo, Der Meteor
11 Die Physiker
15 Frank der Fuenfte
16 Romulus der Grosse
21 Der Besuch der alten Dame
24 Ein Engel kommt nach Babylon
25 Die Ehe des Herrn Mississippi
von Eliot
9 Mord im Dom
14 Der Familientag
16 Die Cocktail-Party
18 Der Privatsekretaer
von Enzensberger
16 Der Menschenfeind
17 Der Menschenfreund
19 Das Verhoer von Habana
von Euripides
8 Alkestis
10 Die Bakchen
13 Die Troerinnen
22 Iphigenie bei den Taurern
von Fassbinder
12 Katzelmacher
14 Bremer Freiheit
von Fo
12 Hohn der Angst
16 Bezahlt wird nicht
21 Mamma hat den besten Shit
30 Zufaelliger Tod eines Anarchisten
von Frisch
7 Andorra, Don Juan
10 Triptychon
13 Graf Oederland
17 Biografie: Ein Spiel
19 Die chinesische Mauer
28 Biedermann und die Brandstifter
von Garcia Lorca
5 Yerma
12 Bluthochzeit
17 Bernarda Albas Haus
21 Dona Rosita bleibt ledig
von Gay
14 Die Bettleroper
von Gelman
14 Allein mit allen
von Genet
8 Die Neger, Die Zofen
9 Der Balkon
von Giraudoux
7 Elektra
12 Amphitryon (38)
18 Die Irre von Chaillot
35 Der Trojanische Krieg findet nicht statt
von Goethe
5 Faust, Goetz
6 Egmont, Stella
7 Clavigo
18 Iphigenie auf Tauris
von Goetz
8 Ingeborg
10 Praetorius
19 Das Haus in Montevideo, Dr. med. Hiob Praetorius
von Gogol
7 Revisor
9 Die Heirat
von Goldoni
11 Mirandolina
13 Das Kaffeehaus
21 Der Diener zweier Herren
von Gombrowicz
6 Yvonne
10 Die Trauung
von Gorki
6 Feinde
9 Nachtasyl
15 Die Kleinbuerger, Jegor Bulytschow
16 Wassa Schelesnowa
von Grass
5 Davor
28 Die Plebejer proben den Aufstand
von Grillparzer
5 Medea
6 Sappho
7 Ahnfrau, Libussa
10 Die Ahnfrau
18 Die Juedin von Toledo
24 Ein Bruderzwist in Habsburg
von Hacks
12 Moritz Tassow
22 Der Mueller von Sanssouci, Die Schlacht bei Lobositz
von Hampton
9 Die Wilden
12 Herrenbesuch
von Handke
6 Kaspar
21 Publikumsbeschimpfung
23 Der Ritt ueber den Bodensee
von Hasenclever
7 Der Sohn

von Hauptmann
4 Elga
5 Weber
8 Die Weber
9 Die Ratten, Rose Bernd
12 Der Biberpelz
13 Michael Kramer
16 Fuhrmann Henschel
18 Vor Sonnenuntergang
von Havel
7 Audienz
9 Die Retter
13 Das Gartenfest
19 Die Benachrichtigung
von Hebbel
13 Agnes Bernauer
14 Maria Magdalena
18 Herodes und Mariamne
von Hochhuth
8 Juristen, Soldaten
17 Der Unbestechliche
von Hoffmannsthal
9 Jedermann
von Horvath
18 Kasimir und Karoline
19 Glaube Liebe Hoffnung
von Ibsen
4 Nora
8 Peer Gynt
10 Gespenster
11 Die Wildente, Hedda Gabler, Rosmersholm
13 Ein Volksfeind
14 Die Frau vom Meer
17 Baumeister Solness
von Ionesco
10 Die Stuehle
13 Die Nashoerner
15 Der Koenig stirbt
17 Die kahle Saengerin
von Jahnn
12 Pastor Magnus
16 Thomas Chatterton
von Jonson
7 Volpone
von Kaiser
10 Die Koralle
19 Die Buerger von Calais
von Kipphardt
14 Bruder Eichmann
18 Der Hund des Generals
21 In der Sache Oppenheimer
von Kleist
10 Amphitryon
18 Der zerbrochene Krug
von Kohout
6 Attest, Morast
11 So eine Liebe
12 Armer Moerder
von Kroetz
10 Heimarbeit, Stallerhof
11 Mensch Meier
12 Maennersache
13 Agnes Bernauer
15 Oberoesterreich
von Lenz, J. M. R.
11 Die Soldaten
13 Der Hofmeister
von Lessing
6 Nathan
13 Emilia Galotti
14 Nathan der Weise
16 Minna von Barnhelm
von Majakowski
13 Das Schwitzbad
14 Mysterium buffo
von Menandros
16 Der Menschenfeind
von Miller
8 Der Preis
9 Hexenjagd
18 Blick von der Bruecke, Nach dem Suendenfall
27 Der Tod des Handlungsreisenden
von Moliere
7 Don Juan
8 Tartuffe
10 Der Geizige
12 George Dandin
16 Der Menschenfeind
18 Die Schule der Frauen
21 Der eingebildete Kranke
von Mrozek
5 Tango
6 Buckel
10 Die Polizei, Emigranten, Striptease
von Müller, Heiner
9 Philoklet
11 Die Schlacht
15 Der Lohndruecker
17 Die Hamletmaschine
20 Germanias Tod in Berlin
von Muschg
11 Rumpelstilz
12 Kellers Abend
von Musil
7 Vinzenz
13 Die Schwaermer
von O'Casey
14 Juno und der Pfau
20 Der Pflug und die Sterne
21 Der Rebell der keiner war
von Odets
9 Golden Boy
von O'Neill
11 Fast ein Poet
14 Gier unter Ulmen
15 Der Eismann kommt
23 Trauer muss Elektra tragen
von Osborne
6 Luther
14 Der Entertainer
18 Ein Patriot fuer mich
von Ostrowski, Aleksandr
7 Der Wald
10 Tolles Geld
11 Das Gewitter
15 Woelfe und Schafe
von Pinter
8 Betrogen
11 Die Heimkehr
12 Niemandsland
13 Die Kollektion
14 Der Hausmeister
19 Die Geburtstagsfeier
von Plautus
10 Amphitryon
von Priestley
17 Ein Inspektor kommt
20 Die Zeit und die Conways
von Racine
7 Athalie, Phaedra
von Rattigan
13 Lockende Tiefe
14 Der Fall Winslow
von Reinshagen
13 Himmel und Erde
14 Sonntagskinder
17 Das Fruehlingsfest
von Rozewicz
9 Die Zeugen
12 Die Kartothek
16 Die Laokoon-Gruppe
von Sartre
10 Die Fliegen
15 Die ehrbare Dirne
18 Tote ohne Begraebnis
19 Die Eingeschlossenen
20 Die schmutzigen Haende
von Saunders
12 Leib und Seele
16 Ein Duft von Blumen
21 Ein Eremit wird entdeckt
23 Ein ungluecklicher Zufall
von Schiller
7 Raeuber
9 Don Carlos
10 Die Raeuber
11 Maria Stuart, Wallenstein, Wilhelm Tell
14 Kabale und Liebe
21 Die Jungfrau von Orleans
von Schnitzler
6 Anatol, Reigen
8 Liebelei
12 Das weite Land
13 Der einsame Weg
18 Professor Bernhardi
von Schwarz
9 Der Drache
11 Der Schatten
von Scribe
13 Das Glas Wasser
von Shakespeare
4 Lear
6 Hamlet
7 Macbeth, Othello
8 Der Sturm
10 Koenig Lear
11 Was Ihr wollt
12 Julius Caesar, Mass fuer Mass
13 Romeo und Julia
17 Viel Laerm um Nichts, Wie es Euch gefaellt
18 Troilus und Cressida
19 Komoedie der Irringen
20 Ein Sommernachtstraum
21 Der Kaufmann von Venedig
von Shaw
6 Helden
7 Candida
9 Pygmalion
17 Die heilige Johanna
18 Caesar und Cleopatra, Frau Warrens Gewerbe
von Simon
13 Barfuss im Park
16 Ein seltsames Paar
von Sophokles
7 Elektra
8 Antigone
13 Koenig Oedipus
von Sternheim
7 Der Snob, Die Hose
11 Die Kassette
15 Buerger Schippel

von Stoppard
9 Akrobaten
10 Travesties
11 Night and Day
25 Rosenkranz und Gueldenstern
von Strauß, Botho
7 Der Park
13 Gross und klein
14 Die Hypochonder, Kalldewey Farce
von Strindberg
6 Ostern
8 Der Vater
9 Totentanz
12 Nach Damaskus
13 Ein Traumspiel
14 Fraeulein Julie
16 Gespenstersonate
von Süskind
13 Der Kontrabass
von Synge
21 Kesseflickers Hochzeit
24 Der Held der westlichen Welt
von Terenz
9 Der Eunuch
10 Die Brueder
20 Das Maedchen von Andros
von Thoma
5 Moral
9 Lokalbahn
12 Erster Klasse
von Toller
11 Die Wandlung
von Tolstoi
15 Krieg und Frieden
18 Der lebende Leichnam
21 Die Macht der Finsternis
von Tschechow
7 Der Baer
8 Die Moewe, Platonow
10 Onkel Wanja
14 Drei Schwestern
15 Der Kirschgarten
16 Der Heiratsantrag
von Turgenjew
19 Ein Monat auf dem Lande
von Turrini
9 Campiello, Kindsmord
13 Sauschlachten
18 Der Dorfschullehrer
von Ustinov
8 Endspurt
9 Abgehoert
16 Hafen der Illusion
von Valentin
11 Der Firmling
12 Tingeltangel
17 Die Orchesterprobe
von Voltaire
5 Irene
von Walser, Martin
12 Der Abstecher
14 Eiche und Angora, Ein Kinderspiel
17 Der schwarze Schwan, Die Zimmerschlacht
von Wedekind
4 Lulu
8 Erdgeist
11 Der Erdgeist
18 Der Marquis von Keith, Fruehlings Erwachen
20 Die Buechse der Pandora
von Weiss, Peter
9 Hoederlin
13 Die Ermittlung, Trotzki im Exil
14 Der neue Prozess
von Werfel
13 Die Troerinnen
22 Jacobowsky und der Oberst
von Wesker
8 Die Alten
9 Die Kueche
10 Tag fuer Tag
22 Huehnersuppe mit Graupen
von Widmer
5 Nepal
von Wilde
8 Bunburry
15 Ein idealer Gatte
22 Lady Wintermeers Faecher
von Wilder
17 Unsere kleine Stadt
von Williams
16 Die Glasmenagerie
17 Die Nacht des Leguan
18 Die taetowierte Rose, Suesser Vogel Jugend
19 Endstation Sehnsucht
30 Die Katze auf dem heissen Blechdach
von Wolf, Friedrich
8 Cyankali
16 Professor Mamlock
von Zuckmayer
13 Katharina Knie
14 Schinderhannes
17 Des Teufels General
21 Der froehliche Weinberg
24 Der Hauptmann von Koepenick
Schauspielbearbeitung
11 Dramaturgie
Schauspieldichter
10 Dramatiker
Schauspieler
4 Mime
6 Akteur
7 Statist
8 Komparse, Tragoede
10 Darsteller, Komoediant
Schauspieleraufgabe
5 Rolle
20 Charakterdarstellung
Schauspielergehalt
4 Gage
Schauspielergruppe
8 Ensemble
Schauspielerin
4 Alte, Diva, Duse, Star
5 Naive
7 Aktrice, Heroine, Starlet
12 Darstellerin
schauspielern
5 mimen
7 agieren
Schauspielerpart
5 Rolle
Schauspielfach, Rollenfach
4 Alte, Held
5 Naive
6 Charge, Heldin
7 Heroine, Komiker, Muntere
9 Bonvivant, Liebhaber, Salondame
11 Heldenvater
12 Heldenmutter
Schauspielgestaltung
11 Dramaturgie
Schauspielhaus
7 Theater
Schauspielkunde
11 Dramaturgie
Schauspielkunst
5 Mimik
Schauspielschüler
5 Eleve
Schaustätte
auf Volksfesten
8 Bierzelt
Schausteller
7 Gaukler
Schaustellung
10 Exposition
von Tieren
9 Menagerie
Schautanz
der Naturvölker
9 Bauchtanz
Schautanzgruppe
7 Ballett
Schauunternehmen
mit wechselndem Standort
12 Wanderzirkus
scheckig
7 meliert
Scheelsüchtiger
6 Neider
Scheibe
4 Glas, Puck, Teil, Ziel
5 Tafel
6 Diskus, Platte, Stueck, Teller
7 Fenster
8 Schnitte
mit spiralförmiger Rille
12 Schallplatte
Scheibenkurbel
8 Exzenter
Scheibenqualle
6 Meduse
Scheichtum
am Persischen Golf
5 Katar
6 Adjman, Kuwait
7 Bahrain
Scheidelinie
6 Grenze
scheiden
6 sieden
7 trennen
Scheidewand
6 Septum
Scheidung
8 Trennung
der Erze von taubem Gestein
12 Aufbereitung
Scheidungsgrund
7 Untreue
Scheidungsparadies
in Amerika
4 Reno
in Schottland
11 Gretna Green
Schein
4 Note, Trug
5 Beleg, Glanz, Licht, Mache
6 Attest, Strahl
7 Abglanz, Bargeld, Urkunde
8 Banknote, Dokument,

Schimmer, Trugbild
12 Beglaubigung, Bestaetigung
Scheinangriff
beim Fechten
5 Finte
scheinbar
7 paradox
9 imaginaer
scheinbare
Sonnenbahn
8 Ekliptik
scheinbares
Gewölbe über der Erde
6 Himmel
8 Horizont
Scheinbewegung beim Fechten
5 Finte
Scheinbild
6 Schema
7 Schemen
Scheinfrucht
der Rose
9 Hagebutte
Scheingelehrter
7 Sophist
Scheinhandlung
5 Farce
scheinheilig
6 bigott, falsch
8 verlogen
12 heuchlerisch
scheinheiliger
Heuchler
8 Tartuffe
Scheinheiliger
8 Heuchler
Scheinheiligkeit
9 Heuchelei, Muckertum
10 Bigotterie, Froemmelei
Scheinhieb
5 Finte
Scheinkunst
6 Kitsch
Scheinmaßnahme
8 Manoever
Scheinmedikament
7 Placebo
Scheinschmarotzerpflanze
7 Epiphyt
Scheinwissen
9 Sophistik
Scheitel
4 Kamm, Kopf
6 Gipfel
Scheitelpunkt
des Himmels
5 Zenit
Scheldezufluss
5 Haine, Rupel
schellen
7 laeuten
8 klingeln
Schellenbaum
7 Bumbass
Schellentrommel
8 Tamburin
Schelle, Schellen
4 Karo
6 Fessel, Glocke
7 Klammer, Klingel, Watschn
8 Eckstein, Ohrfeige, Watschen
9 Backfeige, Kuhglocke
10 Backpfeife, Gloeckchen
11 Kartenfarbe
13 Backenstreich
Schellfischart
3 Sei
4 Lang, Leng
6 Brosme, Dorsch, Merlan, Quappe, Seeaal
8 Aalraupe, Kabeljau, Truesche
Schelm
4 Narr
5 Filou, Wicht
6 Racker, Schalk
7 Strolch
8 Schaeker, Witzbold
9 Schlingel
10 Spassvogel
11 Spassmacher
Schelmenstück
7 Streich
8 Narretei
11 Schabernack
12 Lausbueberei
13 Narrenstreich
14 Eulenspiegelei
schelmisches
kleines Mädchen
5 Fratz
schelten
6 keifen, ruegen, tadeln, zanken
8 rueffeln
9 auszanken, schimpfen
Schema
4 Norm, Plan
6 Muster, Umriss
7 Vorlage
8 Vordruck
9 Schablone
Schemel
4 Bank, Sitz
6 Hocker
8 Fussbank, Taburett
Schemen
8 Schatten
12 Schattenbild
Schenke
4 Krug
5 Beize, Lokal, Pinte
6 Kneipe
7 Taverne
8 Destille, Gasthaus, Spelunke
9 Ausschank, Kaschemme, Kretscham, Wirtshaus
10 Wirtschaft
schenken
5 geben
6 opfern, widmen
7 spenden, stiften
8 dotieren
9 bescheren
10 dezidieren
schenkende
Nächstenliebe
5 Agape
Schenkender
5 Geber
7 Spender, Stifter
Schenker
7 Donatar
Schenkung
4 Gabe
6 Spende
8 Dotation
9 Zuwendung
eines Buches
5 Donum
Scherbengericht
11 Ostrazismus
scheren
7 stutzen, trimmen
11 beschneiden
Scheren
der Schafe
5 Schur
scherenloser
Hummer
8 Languste
Scherenschnitt
10 Silhouette
Scherflein
4 Gabe
6 Obolus, Spende
7 Almosen, Beitrag
Scherge
7 Buettel
8 Haescher
Polizeidiener
6 Sbirre
Scherz
3 Jux, Ulk
4 Witz
5 Gaudi, Jokus, Spass, Unfug
6 Freude
8 Allotria
11 Schabernack
Scherzartikel
10 Knallerbse
scherzen
5 juxen
7 spassen, witzeln
9 schaekern
Scherzfigur
in den USA
8 Uncle Sam
Scherzgedicht
8 Limerick
13 Schuettelreim
scherzhaft
6 witzig
9 frotzelnd
13 spasseshalber
scherzhafte
Nachahmung
7 Parodie
Personenbezeichnung
9 Spitzname
scherzhaftes
Musikstück
7 Scherzo
9 Capriccio
scherzhaft für:
Ahnung, Seele
6 Animus
Beobachter im Flugzeug
5 Franz
Freundin, Geliebte
5 Donja
Friseur
6 Figaro
Gefängnis
5 Knast
Heimzahlung
10 Denkzettel
Lehrer
6 Pauker
Marschverpflegung
10 Fresspaket

Neger
5 Bimbo
Polizeibeamter
5 Polyp
schottisches Seeungeheuer
6 Nessie
widerspenstig
13 kratzbuerstig
Scherzname
des Elefanten
5 Jumbo
Scherzwort für:
Bär
5 Teddy
Bayern
8 Bajuware
Binnenländer
9 Landratte
Bücherfreund
9 Leseratte
Elefant
5 Jumbo
Fürst eines Kleinstaates
12 Serenissimus
Gewehr
6 Knarre
Haft
5 Knast
Ire
3 Pat
Kind
4 Matz
schlechte Handschrift
5 Klaue
Schule
5 Penne
US-Amerikaner
6 Yankee
8 Uncle Sam
scheu
3 zag
11 schuechtern
Scheu
5 Angst, Scham
6 Furcht
14 Aengstlichkeit
15 Schuechternheit
Scheuer
6 Stadel
7 Scheune
8 Speicher
Scheuerlappen
6 Feudel
Scheuermittel
3 Ata
scheuern
6 putzen, reiben
9 schrubben
scheues
Waldtier
3 Reh
Scheune
6 Stadel
7 Scheuer
8 Speicher
Scheunenboden
5 Tenne
Scheunenteil, -diele
5 Banse, Tenne
Scheusal
4 Ekel
7 Monster
8 Monstrum
9 Ungeheuer
scheußlich
4 fies
scheußliche
Bestie
7 Monster
scheußliches
Verbrechen
5 Untat
Schicht
4 Lage
5 Belag, Floez, Kaste
8 Ueberzug
der Erdatmosphäre
10 Exosphaere
11 Ionosphaere, Mesosphaere
12 Troposphaere
13 Stratosphaere
schichten
6 lagern
7 haeufen, stapeln
Schichtenkunde
12 ◆ Stratigrafie
13 Stratigraphie
Schichtgestein
8 Sediment
Schichtung
14 Stratifikation
Schichtwolke
7 Stratus
schick
5 fesch, flott
7 elegant
Schick
7 Eleganz
schicken
6 senden
schicklich
6 dezent
schickliches
Benehmen
7 Anstand
Schicklichkeit
6 Dezenz
7 Anstand, Dekorum
Schicklichkeitsgefühl
4 Takt
7 Anstand
Schicksal
3 Los
5 Fatum
6 Kismet, Zufall
7 Fuegung
8 Geschick
9 Schickung, Vorsehung
10 Bestimmung
13 Vorbestimmung
im Islam
6 Kismet
(ind. Ausprägung)
5 Karma
schicksalhafter
Augenblick
11 Sternstunde
schicksalhaftes
Zusammentreffen unglücklicher Umstände
6 Tragik
Schicksalsdeuter
9 Astrologe
Schicksalsdeutung
6 Mantik
10 Astrologie, Divination
11 Wahrsagerei
nach dem Stand der Sterne
8 Horoskop
Schicksalsglaube
10 Fatalismus
Schicksalsgläubiger
8 Fatalist
Schicksalsgöttin
3 Ate, Urd
5 Keren, Moire, Norne, Parze, Skuld
6 Ananke, Hathor, Klotho
7 Atropos
8 Lachesis, Werdandi
der nordischen Sage
3 Urd
8 Werdandi
Schicksalsschlag
8 Unglueck
Schicksalsvorbestimmung
5 Karma
Schiebekraft
5 Schub
Schiebestange
bei Flussbooten
5 Stake
Schiebeverschluss
6 Riegel
Schiebewände
jap. Räume
6 Fusuma
Schiebung
6 Betrug
7 Mogelei
8 Gaunerei
11 Machination
12 Manipulation
Schiedsgerichtsvereinbarung
im Handelsrecht
9 Arbitrage
Schiedsrichter
6 Merker, Schiri
7 Arbiter, Referee
11 Pfeifenmann
12 Kampfrichter
14 Unparteiischer
bei Boxkämpfen
6 Umpire
Schiedsspruch
6 Urteil
9 Arbitrage
schief
5 krumm
6 scheel
7 schraeg
laufen
5 eiern
Schiefblatt
7 Begonie
schiefe
Ebene
5 Neige
8 Schraege
schiefer
Mund
6 Flappe
Schieferfelsen
3 Lei
Schiefergesteinsart
5 Gneis
Schieferton
6 Letten

schiefwinkliges
Parallelogramm
5 Raute
7 Rhombus
Schiene
4 Kufe
5 Gleis
7 Geleise
Schienenechse
4 Teju
Schienenfahrbahn
5 Gleis
Schienenfahrzeug
3 Lok, Zug
4 E-Lok, Lore, Tram
5 ◆ Wagon
6 Tender, Waggon
8 Dampflok, Draisine, Trambahn
9 Diesellok, Eisenbahn
10 Lokomotive, Triebwagen
11 Schlafwagen, Speisewagen
12 Strassenbahn
Schienengabelung
6 Weiche
Schienenkippwagen
4 Lore
Schienenstrang
5 Gleis
Schienenweg
7 Strecke
schier
4 fast, rein
Schierlings-, Hemlocktanne
5 Tsuga
Schießbedarf
5 Kugel
6 Pulver, Schrot
7 Patrone
8 Munition
13 Schwarzpulver
Schießpulver
6 Kordit
Schießsportdisziplin
4 Trap
Schießsportrequisit
8 Tontaube
Schießwettbewerb
14 Preisschiessen
Schifahrer
5 Skier
Schifahrrad
7 Skivelo
Schiff
4 Naue, Pott
ausladen
8 loeschen
außer Dienst stellen
8 abtakeln
das Seezeichen setzt
11 Tonnenleger
der Argonauten
4 Argo
der griechischen Sage
4 Argo
der Kolumbusflotte
5 Pinta
des Iason
4 Argo
des Kolumbus
10 Santa Maria
erobern
6 entern
für den winterlichen Wasserstraßendienst
10 Eisbrecher
mit einem Mast
9 Einmaster
mit verstärktem Bug
10 Eisbrecher
Noahs
5 Arche
zum Transport von Flüssigkeiten
6 Tanker
zum Übersetzen
6 Faehre
Schiffahrtsbehörde
6 Seeamt
Schiffahrtsgesellschaft
8 Reederei
Schiffahrtsrinne
6 Talweg
schiffbarer
Stadtkanal
5 Fleet
Schiffbaugerüst
6 Stapel
Schiffbaustadt
an der Elbe
4 Aken
Schiffbruch
7 Havarie
9 Strandung, Untergang
Schiffer
4 Maat
7 Matrose, Seemann
Schifferklavier
8 Quetsche
9 Akkordeon, Bandoneon, Bandonion, Harmonika
13 Handharmonika, Ziehharmonika
Schifffahrt
8 Seereise
Schifffahrtshindernis
4 Riff
5 Nebel
6 Felsen
7 Eisberg, Packeis
8 Treibeis
Schifffahrtskunde
6 Nautik
10 Navigation
Schifffahrtsroute
6 Seeweg
Schifffahrtsstraße
zwischen England und Frankreich
11 Aermelkanal
Schifffahrtsunternehmen
6 Reeder
8 Reederei
Schiffs-
oder Holzauslader
9 Debardeur
Schiffsagent
6 Makler
Schiffsanlegeplatz
3 Kai
4 Pier
5 Hafen, Reede
Schiffsanlegepolster
6 Fender
Schiffsaufbau
15 Kommandobruecke
Schiffsausrüstung
5 Segel
Schiffsbalken, -träger
5 Spant
6 Planke, Steven
8 Stringer
Schiffsbaugerüst
6 Stapel
Schiffsbauhandwerker
6 Docker
10 Bootsbauer
Schiffsbaum
4 Mast
Schiffsbauplatz
4 Dock
5 Helge, Werft
7 Helling
Schiffsbauwerk
11 Neptunwerft
Schiffsbelader
6 Stauer
Schiffsbesatzung
4 Crew
10 Mannschaft
Schiffsbeschädigung
4 Leck
7 Havarie
Schiffsbeschlagnahme
7 Embargo
Schiffsbesitzer
6 Eigner, Reeder
Schiffsbestand
6 Flotte
Schiffsbrüstung
6 Reling
Schiffsbugöffnung
6 Kluese
Schiffsbugverzierung
12 Galionsfigur
Schiffsdeck
4 Bord
Schiffsdecköffnung
4 Luke
Schiffsdurchgang
3 Gat
4 Gatt
Schiffseigner
6 Reeder
8 Schiffer
Schiffseinstieg
3 Luk
Schiffsesstisch
4 Back
Schiffsetage
8 Oberdeck
9 Unterdeck
Schiffsfenster
8 Bullauge
Schiffsflaschenzug
4 Gien
5 Block, Takel, Talje
Schiffsfrachtraum
7 Tonnage
Schiffsführer
5 Lotse
8 Kapitaen
9 Kommodore, Rudergast
10 Steuermann
Schiffsführung
10 Navigation
Schiffsgeländer
6 Reling
Schiffsgeschützsalve
10 Breitseite

Schiffsgeschwindigkeit
6 Knoten
Schiffsgeschwindigkeitsmesser
3 Log
5 Logge
6 Loguhr
Schiffsglockenzeichen
4 Glas
Schiffsgrundbalken
4 Kiel
Schiffshalterung
5 Anker
Schiffshaltetau
3 Gei
4 Reep, Stag
6 Trosse
Schiffsheckrundung
5 Bille
Schiffsheimat
5 Hafen
Schiffshindernis
4 Fels, Riff
5 Barre, Nebel
6 Felsen, Klippe
7 Eisberg, Packeis
8 Sandbank, Treibeis
Schiffshinterteil
4 Back, Heck
10 Achterteil
12 Achterschiff
Schiffsjournal
7 Logbuch
Schiffsjunge
5 Moses
Schiffskanone
5 Basse
Schiffskatastrophe
9 Untergang
Schiffskellner
7 Steward
Schiffsknoten
4 Stek
Schiffskobold
13 Klabautermann
Schiffskoch
6 Smutje
Schiffskommando
3 Ree
Schiffskran
5 Davit
8 Ladebaum, Lademast
Schiffsküche
8 Kombuese
Schiffsladen
4 Leck
Schiffsladeplatz
8 Lastadie
Schiffsladung
5 Kargo
6 Fracht
7 Ballast, Ladegut
9 Container
Schiffslandeplatz
5 Hafen
Schiffslaterne
14 Positionslicht
Schiffsleinwand
5 Segel
10 Persenning
Schiffslenkvorrichtung
5 Ruder
6 Steuer

Schiffsliegeplatz
5 Hafen, Reede
Schiffsmann
4 Maat
Schiffsmannschaft
4 Crew
8 Equipage
9 Besatzung
Schiffsmannschaftsraum
4 Koje
5 Logis
Schiffsmast
5 Besan
9 Bugspriet
Schiffsmieter
9 Charterer
Schiffsnotruf
3 SOS
Schiffsoffizier
8 Kapitaen
10 Steuermann
Schiffsöffnung
3 Luk
4 Luke
Schiffsorientierungsmittel
8 Seekarte
Schiffsort
schätzen
6 gissen
Schiffsplanke
5 Weger
Schiffspuffer
6 Fender
Schiffsrand
4 Bord
Schiffsraum, -aufbau
3 Gat
4 Back, Gatt, Koje
5 Logis
6 Huette, Kabine, Pantry
7 Kajuete
8 Kampanje, Kombuese
Schiffsraumgehalt
7 Tonnage
Schiffsraummaß
19 Bruttoregistertonne
Schiffsreisestrecke
5 Etmal
Schiffsreparaturanlage
4 Dock
Schiffsrippe
5 Spant
Schiffsrippen
7 Spanten
Schiffsruheplatz
5 Reede
Schiffsrumpf
5 Kasko
Schiffsschaden
4 Leck
7 Havarie
Schiffsschlitten
4 Slee
Schiffsschnabel
5 Grans
Schiffsschraube
9 Propeller
Schiffssegel
5 Besan
Schiffsseite
3 Lee, Luv
8 Backbord
10 Steuerbord

Schiffssignalgerät
9 Nebelhorn
Schiffsspeisekammer
6 Pantry
Schiffsspitze
3 Bug
Schiffssteuer
5 Ruder
Schiffssteuerhaus
15 Kommandobruecke
Schiffssteuerhebel
5 Pinne
Schiffstacho
3 Log
Schiffstagebuch
7 Journal, Logbuch
Schiffstagereise
5 Etmal
Schiffstau
3 Gei
4 Reep, Stag, Want
5 Kabel
6 Brasse, Trosse
7 Gording, Pardune
Schiffstaufe
10 Stapellauf
Schiffstauwerk
8 Takelage
Schiffsteil
6 Steven
Schiffstreppe
8 Fallreep
Schiffstyp
3 Dau, Gig, Kag, Kat, Nau
4 Bark, Dhau, Ewer, Kaag, Naue, Pink, Prau, Yawl
5 Barke, Brigg, Fluit, Jacht, Kogge, Liner, Pinke, Prahm, Sloop, Tjalk, U-Boot, Yacht, Zille
6 Bireme, Faehre, Kutter, Logger, Schute, Segler, Tanker, Tender, Triere
7 Dampfer, Felucke, Galeere, Galeone, Karacke, Klipper, Kreuzer, Pinasse, Schoner, Steamer, Trajekt, Trawler, Trireme
8 Barkasse, Frachter, Fregatte, Galeasse, Galliote, Korvette, Leichter
9 Caravelle, Karavelle, Oeltanker, Schaluppe, Schlepper
10 Brigantine, Dreimaster, Eisbrecher, Frachtkahn, Geleitboot, Hansekogge, Quadrireme, Raddampfer, Viermaster, Vollschiff, Zerstoerer, Zweimaster
11 Dampfschiff, Faehrschiff, Feuerschiff, Grosstanker, Hecktrawler, Motorschiff, Schnellboot, Segelschiff, Torpedoboot
12 Dreimastbark, Panzerschiff, Seeschlepper, Unterseeboot
13 Frachtdampfer, Minensuchboot, Panzerkreuzer, Schubleichter
14 Hafenschlepper, Handelsdampfer, Landungsschiff,

Luftkissenboot, Raketenkreuzer, Schlachtschiff, Schubschlepper
15 Containerschiff, Flugzeugtraeger, Schlachtkreuzer
16 Passagierdampfer
Schiffsuhr
11 Chronometer
Schiffsverband
6 Armada, Convoi, Flotte, Konvoi
7 Eskader
9 Flottille, Geleitzug
10 Geschwader
Schiffsverbindung
12 Liniendienst
Schiffsverpfändung
8 Bodmerei
Schiffsvorderteil
3 Bug
Schiffswächter
6 Lieger
Schiffswinde
5 Spill
9 Gangspill
10 Ankerspill
Schiffswindseite
3 Luv
Schiffswohnraum
5 Salon
7 Kajuete
Schiffszoll
entrichten
9 klarieren
Schiffszubehör
5 Anker, Ruder, Segel
Schiitenführer
4 Imam
schikanieren
6 plagen
7 triezen
8 schinden
9 piesacken
10 kujonieren, traktieren
13 maltraetieren
Schild
6 Plakat
des Schützen im Mittelalter
6 Pavese
des Zeus
5 Aegis
Schildbürger
8 Spiesser
der Antike
9 Abderiten
Schildchen
7 Etikett
Schilddrüsenerkrankung
5 Kropf
6 Struma
7 Basedow
Schilderung
friedl. Lebens
6 Idylle
Schildknappe
des Don Quichote
11 Sancho Pansa
Schildknorpel
des Kehlkopfes
10 Adamsapfel
Schildkröte
5 Arrau
6 Karett
8 Matamata
Schildkröteninseln
9 Galapagos
Schildlaus
11 Koschenille
Schildlausfett
3 Age
Schildlausprodukt
9 Schellack
Schildotter
3 Ara
4 Haie
5 Aspis
Schildträger
im alten Griechenland
6 Hoplit
Schilf
4 Reet, Ried, Rohr
5 Binse
9 Roehricht, Teichrohr
schillern
8 glitzern
9 irisieren
schillerndes
Gewebe
9 Changeant
Schimmel
4 Spor
Schimmelpilz
5 Mucor
6 Oidium
Schimmer
5 Glanz
6 Schein
schimmern
8 glaenzen
Schimpf
6 Unbill
7 Affront, Schande, Schmach
schimpfen
6 keifen, zetern
7 fluchen, geifern, wettern
11 raesonieren
Schimpfwort
5 Biest
für den Hund
5 Toele
6 Koeter
schinden
7 drillen, quaelen
12 schikanieren
Schinderei
5 Drill
8 Schikane
Schindmähre
7 Klepper
9 Rosinante
schintoistischer
Priester
9 Kannuschi
Schirm
7 Parasol
9 Parapluie
südostasiatischer Fürsten
6 Pajung
Schirmdach
9 Baldachin
Schirmherr
4 Vogt
6 Patron
9 Protektor
11 Beschuetzer
Schirmherrschaft
5 Obhut
6 Aegide
8 Patronat
11 Protektorat
schirmkronige
Kiefer der Mittelmeerländer
5 Pinie
schirmlose
Mütze
6 Barett
Schirmpilz
7 Parasol
Schirrzeug
6 Sielen, Trense, Zuegel
7 Kandare
Schisma
8 Spaltung
15 Kirchenspaltung
Schlacht
5 Kampf
8 Bataille
schlachten
7 metzeln
Schlachten
von Tieren mit Stechwerkzeugen
9 abstechen
Schlachtenlenkerin
der nordischen Sage
8 Walkuere
Schlachtenmaler
6 Grekow
Schlachtenort
in Ostpreußen
10 Tannenberg
Schlachtenort, -orte
3 Ulm
4 Adua, Alma, Caen, Jena, Kiew, Krim, Laon, Lech, Lens, Lodi, Lodz, Loos, Lyck, Maas, Metz, Prag, Riga, Toul, Vaux, Zama
5 Alsen, Arras, Athen, Capua, Cerny, Douai, Eylau, Gomel, Hanau, Issus, Jassy, Kalka, Kolin, Kowno, Kreta, Kursk, Kutno, Ligny, Lille, Lissa, Lomza, Minsk, Mitau, Mlawa, Munda, Namur, Nancy, Narwa, Nisch, Noyon, Paris, Pavia, Pinsk, Radom, Reims, Reval, Riade, Sedan, Somme, Tours, Troja, Tunis, Turin, Udine, Wilna, Ypern, Zenta
6 Abukir, Aktium, Amiens, Angora, Arcoli, Artois, Aspern, Aussig, Bagdad, Calais, Cannae, Dunbar, Foggia, Isonzo, Kemmel, Kielce, Le Mans, Loewen, Longwy, Lowicz, Lublin, Maikop, Minden, Moskau, Mukden, Namsos, Narvik, Naseby, Neapel, Ninive, Novara, Odessa, Patras, Quebec, Rivoli, Rostow, Rschew, Sadowa, Soldau, Tarnow, Tobruk, Torgau, Troyes, Verdun, Verona, Wagram, Wjasma
7 Askalon, Bapaume, Bautzen, Belfort, Belgrad, Bethune, Briansk, Cambrai, Cassino,

Charkow, Colenso, Dresden, Dueppel, Gorlice, Ikonium, Kertsch, Kolomea, Krefeld, Kremenz, Legnano, Leipzig, Lemberg, Lepanto, Leuktra, Leuthen, Luetzen, Magenta, Masuren, Orleans, Ostende, Perthes, Pleskau, Poltawa, Posgora, Preston, Salamis, Salerno, Skoplje, Skutari, Stalino, Suwalki, Syrakus, Taginae, Thapsus
8 Altkirch, Argonnen, Ausculum, Beaumont, Beresina, Beskiden, Bibracte, Borodino, Boulogne, Bruyeres, Brzezany, Bukowina, Custozza, Flandern, Freiberg, Hastings, Heraklea, Ilmensee, Katzbach, Lechfeld, Liegnitz, Lobositz, Luettich, Marathon, Maubeuge, Mollwitz, Monastir, Navarino, Poitiers, Przemysl, Rancourt, Rathenow, Richmond, Rossbach, Saalfeld, Saloniki, Smolensk, Soissons, St. Privat, Taganrog, Tarnopol, Trebinje, Tripolis, Tsingtau, Tsushima, Tuskulum, Warschau, Waterloo, Zorndorf
9 Abbeville, Amselfeld, Andalsnes, Antwerpen, Avranches, Azincourt, Balaklawa, Champagne, Compiegne, Dennewitz, Dixmuiden, Dolomiten, Douaumont, Drontheim, Duenaburg, Duklapass, El Alamein, Fontaines, Friedland, Fromelles, Gallipoli, Gaugamela, Gumbinnen, Helgoland, Hochkirch, Iwangorod, Karpathen, Leningrad, Marchfeld, Marignano, Morgarten, Muehlberg, Peipussee, Pharsalus, Port Sudan, Skagerrak, Solferino, Stavanger, St. Puentin, Tauroggen, Thiaumont, Tirlemont, Toter Mann, Trafalgar, Vercellae, Vionville, Wirballen, Woronesch, Yorcktown
10 Adrianopel, Artemisium, Auerstaedt, Austerlitz, Bornhoeved, Bunzelwitz, Chaironeia, Cortenuova, Doggerbank, Eydtkuhnen, Fehrbellin, Gravelotte, Hastenbeck, Insterburg, Kahlenberg, Kunersdorf, Langemarck, Mars la Tour, Neidenburg, Neufchatel, Ortelsburg, Sewastopol, Stalingrad, Strassburg, Tannenberg, Wartenburg
11 Armentieres, Breitenfeld, Burkersdorf, Czenstochau, Dardanellen, Duenkirchen, Dyrrhachium, Grossbeeren, Kesselsdorf, Langensalza, Marstonmoor, Muehlhausen, Neufchateau, Sandfontain, Sidi Barrani, Tagliacozzo, Tatarenpass, Thermopylen, Weissenburg
12 Aquae Sextiae, Argonner Wald, Brest Litowsk, Hermannstadt, Koeniggraetz, Lorettohoehe, Maginotlinie, Metaxaslinie, Mont Valerien, Pearl Harbour, Priesterwald, Schlettstadt, Stallupoenen
13 Baranowitschi, Frankenhausen, Jablonikapass, Roter-Turm-Pass
14 Chateau Thierry, Chemin des Dames, Falklandinseln, Grossgoerschen, Hohenfriedberg, Masurische Seen
15 Dnjepropetrowsk, Reichsackerkopf, Spicherer Hoehen, Teutoburger Wald

Schlachter, Schlächter
7 Metzger, Selcher, Wurster
9 Fleischer
10 Charcutier
11 Wurstmacher
12 Fleischhauer, Knochenhauer

Schlachtfeld
8 Walstatt
10 Kampfplatz

Schlachtordnung
7 Phalanx

Schlackenberg
5 Halde

Schlaf
9 Schlummer

schlafähnlicher
Bewusstseinszustand
7 Hypnose
Zustand
6 Trance

Schlafanzug
6 Pyjama

Schlafbedürfnis
10 Muedigkeit

schlafbedürftig
5 muede

Schlafdecke
6 Kolter

schlafen
6 pennen

Schläfenlocken
5 Peies

Schlafenszeit
5 Nacht

Schlaferlebnis
5 Traum

schlaff
3 lax
4 lose
5 inert, lasch, muede, weich
6 torpid, traege
7 schlapp
8 atonisch
9 entspannt
10 abgespannt
12 spannungslos
verblüht
4 welk

Schlaffheit
6 Atonie, Torpor
7 Laxheit

Schlafgelegenheit
4 Bett

Schlafkammer
5 Gaden

Schlafkrankheitsüberträger
6 Tsetse
8 Glossina
12 Tsetsefliege

Schlaflosigkeit
7 Asomnie

Schlafmaus, Siebenschläfer
5 Bilch

Schlafmittel
5 Opiat

Schlafnetz
11 Haengematte

Schlafnische
7 Alkoven

schläfrig
5 muede
9 somnolent
10 erschoepft

Schlafsaal
in Klöstern
11 Dormitorium

Schlafschwanz-, Satansaffe
5 Kuxio

Schlafstatt
4 Bett

Schlafstelle
der Seeleute
4 Koje

Schlafwandeln
14 Somnambulismus

schlafwandelnd
9 somnambul

Schlafwandler
10 Somnambule

Schlafzimmermöbel
4 Bett
10 Nachttisch
14 Kleiderschrank

Schlafzustand
durch Fremdeinwirkung
7 Hypnose

Schlag
4 Hieb
5 Klaps, Stoss, Stubs
6 Schock
7 Fuchtel
auf die Wange
8 Ohrfeige
beim Tennis
4 Coup
5 Cross

Schlagader
5 Aorta
7 Arterie

Schlagaderbewegung
4 Puls

Schlaganfall
9 Apoplexie

Schlagart
beim Golf
5 Bogey
beim Tennis
5 Slice, Twist

Schlagballsportart
8 Baseball

Schlagbaum
5 Barre
8 Barriere, Schranke

Schlagbecken
4 Gong
Schläge
4 Haue
5 Hiebe, Keile, Senge
6 Kloppe, Tracht
7 Dresche, Pruegel
9 Abreibung
schlagen
5 hauen
8 pruegeln
Schlagen
der Flachsstengel
6 Botten
schlagendes
Wetter
5 Ferch
Schlager
3 Hit
7 Ohrwurm, Reisser
8 Knueller, Schnulze
9 Evergreen
10 Bestseller
11 Gassenhauer
14 Verkaufserfolg
Schläger
5 Rowdy
7 Grobian, Rohling
8 Raufbold
beim Tennis
6 Racket, Rakett
für Schlaginstrument
8 Schlegel
im Sport
10 Schlagholz
11 Schlagstock
schlagerartiges
Lied
4 Song
Schlageraufführung
9 Hitparade
Schlägerei
8 Rauferei
Schlagerfestival
9 Hitparade
Schlagerrhythmus
der Tanzmusik
4 Beat
schlagfertig
6 witzig
Schlaggerät
4 Rute
5 Keule, Stock
8 Peitsche
Schlaginstrument
4 Ekon, Gong
5 Conga, Pauke, Tumba
6 Becken, Bongos, Cymbal, Cymbel, Glocke, Rassel, Tamtam, Zimbal, Zymbal
7 Celesta, Klapper, Marimba, Trommel, ◆ Xylofon
8 Tamburin, Timbales, Triangel, ◆ Vibrafon, Xylophon
9 Hackbrett, Kuhglocke, Tambourin, Vibraphon
10 Schlagzeug, Waschbrett
11 Kastagnette, Kesselpauke
12 Glockenspiel, Schellenbaum
Schlagrahm
5 Sahne
schlagrhythmische
Art von Popmusik
4 Beat
Schlagwaffe
5 Keule
8 Tomahawk
9 Streitaxt
11 Morgenstern
Schlagwerkzeug
6 Hammer
Schlagwort
5 Motto
6 Losung, Parole, Slogan
der französischen Revolution
7 Egalite, Liberte
8 Freiheit
10 Fraternite, Gleichheit
15 Bruederlichkeit
Schlagzeile
5 Titel
8 Headline
12 Ueberschrift
Schlagzeug
4 Drum
schlaksiger
Bursche
8 Lulatsch
Schlamm
3 Kot, Mud
4 Moor
5 Dreck, Sumpf
6 Matsch, Modder, Morast
7 Schlick
nährstoffreicher Seen
6 Gyttia
Schlammbank
5 Barre
Schlammboden
6 Morast
Schlammfang
5 Gully, Gumpe
10 Sinkkasten
Schlammfisch
4 Amia, Wels
schlammig
5 limos
schlammiger
Boden
6 Morast
Schlammkasten
im Bergbau
5 Gumpe
Schlammpackung
5 Fango
Schlammsprudel, -vulkan
5 Salse
Schlammstrom
bei Vulkanausbrüchen
5 Lahar
im Gebirge
4 Mure
Schlammtümpel
5 Suhle
Schlammvulkane
6 Salsen
Schlamperei
8 Saustall
schlangenähnliche
Eidechse
14 Blindschleiche
Schlangenanbeter
5 Ophit
Schlangenart
3 Ara, Boa
4 Haie, Naja
5 Aspis, Hydra, Kobra, Krait, Mamba, Otter, Tenne, Viper
6 Assala, Natter, Python, Taipan
7 Hausunk, Rajsamp
8 Aeskulap, Anakonda, Surukuku
9 Hornviper, Mussurana, Puffotter, Sandviper
10 Aspisviper, Baumnatter, Kreuzotter, Netzpython, Trugnatter
11 Grubenotter, Haselnatter, Hutschlange, Kettenviper, Schildotter, Seeschlange, Steignatter, Vipernatter
12 Buschmeister, Eierschlange, Kettennatter, Kupfernatter, Mausschlange, Netzschlange, Ringelnatter, Sandschlange, Schwarzotter, Speischlange, Wurmschlange
13 Aspisschlange, Korallenotter, Schlingnatter, Tigerschlange
14 Abgottschlange, Boa Constrictor, Felsenschlange, Gitterschlange, Katzenschlange, Lanzenschlange, Rautenschlange, Uraeusschlange
15 Brillenschlange, Klapperschlange, Koenigsschlange
16 Korallenschlange
schlangenförmiger
Fisch
3 Aal
7 Muraene
Schlangenfresser
5 Mungo
Schlangenhalsschildkröte
8 Matamata
Schlangenkopffisch
6 Channa
Schlangenlinie
10 Serpentine
Schlangenwurz
5 Calla
schlank
4 rank
5 hager
6 grazil, schmal
8 leptosom
10 asthenisch
Schlankaffe
5 Wanar
6 Hulman
7 Guereza
schlanke
Hunderasse
8 Windhund
schlanker
Turm der Moschee
8 Minarett
Schlankheitsmaßnahme
14 Entfettungskur
schlapp
5 muede
7 schlaff, schwach
8 kraftlos

Schlappe
4 Pech
6 Fiasko, Schlag
7 Verlust
8 Einbruch, Einbusse, Ohnmacht
9 Hausschuh
10 Misserfolg, Niederlage
12 Missgeschick
Schlapphut
10 Kalabreser
schlau
4 klug
5 smart
6 clever, findig, listig
7 gewieft, gewitzt, pfiffig
8 gerissen
10 raffiniert
11 verschmitzt
Schlauberger
5 Filou
9 Pfiffikus
schlauchloser
Autoreifen
8 Tubeless
Schlauchpilz
7 Lorchel, Morchel
schlauer, gerissener Mensch
5 Fuchs
schlauer, gerissener Trick
4 List
Schläue, Schlauheit
4 List
7 Finesse
8 Klugheit
10 Cleverness, Findigkeit, Raffinesse, Scharfsinn, Schlauheit
11 Pfiffigkeit, Raffinement
Schlaufe
4 Oese
6 Masche
8 Schleife, Schlinge
Schlauheit
7 Finesse
10 Raffinesse
Schlawiner
9 Schnorrer
10 Tunichtgut
schlecht
3 arg, mau
4 flau, mies
5 boese, elend, uebel
9 miserabel, verdorben
12 minderwertig
arbeiten
6 fuseln
brennende Lampe
6 Funzel
schmeckendes Getränk
7 Gesoeff
schlechte
Angewohnheit
5 Unart
6 Laster
7 Unsitte
Ausarbeitung, Machwerk
8 Elaborat
Charaktereigenschaft
4 Geiz, Gier, Hass, Neid
9 Neugierde
Leistung
8 Machwerk
Lichtquelle
6 Funsel, Funzel
Luft
4 Mief
Vergeltung
6 Undank
Ware
6 Tinnef
schlechter
Branntwein
5 Fusel
Brauch
7 Unsitte
Dienst
12 Baerendienst
Geschäftsgang
6 Flaute
häßlicher Witz
4 Zote
Lottotip
5 Einer
Mensch
4 Lump
5 Filou
6 Gauner
7 Schurke
Ruf
10 Misskredit
Tabak
7 Knaster
Trunk
7 Gebraeu
Wagen
7 Karrete
Weg
8 unwegsam
Wortwitz
8 Kalander
schlechtes
Benehmen
5 Unart
Fahrzeug
7 Vehikel
Pferd
4 Gaul
6 Maehre
7 Klepper
12 Schindmaehre
Wetter
6 Mansch
Schlechtes
5 Uebel
9 Missstand
schlechthin
10 katexochen
Schlechtwetterzone
4 Tief
15 Tiefdruckgebiet
Schlehe
11 Schwarzdorn
schlehenartiger
Strauch
4 Koka
schleichen
8 kriechen
Schleicher
11 Leisetreter
Schleichhandel
9 Schmuggel
Schleichjagd
6 Pirsch
Schleichkatze
4 Eyra
5 Fossa, Melon, Mungo, Rasse
6 Musang, Poiana
7 Genette, Linsang
8 Biturong, Mampolin, Manguste, Surikate
9 Ichneumon, Kakamizli
10 Beloncillo, Rollmarder, Scharrtier, Zibetkatze
11 Katzenfrett, Pharaoratte
12 Ginsterkatze, Palmenroller
Schleier
8 Mantilla
persischer Frauen
8 Tschador
schleierartiges
Gewebe
4 Flor, Gaze
5 Tuell, Voile
6 Batist, Etamin
7 Chiffon, Organza
9 Georgette
schleierhaft
6 unklar
8 nebuloes
10 mysterioes
15 undurchschaubar
Schleiertuch
der Spanierinnen
8 Mantilla
Schleife
7 Schlips
8 Schlaufe, Schlinge
schleifen
8 polieren
Schleifenblume
6 Iberis
Schleiffläche
7 Facette
8 ◆ Fassette
Schleifmittel
6 Korund
9 Bimsstein, Schmirgel
Schleimaal
5 Inger
Schleimfisch
5 Schan
Schleimgeschwulst
5 Myxom
6 Hygrom
Schleimhautentzündung
4 Soor
6 ◆ Katarr
7 Katarrh
schlemmen
7 prassen
Schlemmer
6 Lukull
7 Gourmet, Prasser, Sybarit
8 Gourmand, Lukullus
schlemmerisch
10 lukullisch
Schlemmerlokal
15 Luxusrestaurant
schlendern
7 bummeln
8 troedeln
9 flanieren
Schlendrian
5 Trott
Schleppangel
mit Metallköder
5 Darge

schleppen
6 ziehen
9 bugsieren
schleppend
11 dilatorisch
Schlepper
7 Traktor, Trecker
Schleppkahn
5 Prahm, Zille
6 Schute
8 Leichter
Schleppnetz
5 Trawl, Zeese
schlesische
Hauptstadt
7 Breslau, Wroclaw
Stadt
4 Oels, Tost
5 Brieg, Cosel, Glatz, Jauer, Kanth, Laehn, Ohlau, Pless, Sagan, Sulau, Zuelz
6 Glogau, Guhrau, Halbau, Haynau, Laband, Lauban, Loewen, Lueben, Neisse, Niesky, Oppeln, Rybnik, Wohlau
7 Beuthen, Breslau, Bunzlau, Landeck, Neusalz, Ratibor, Reinerz, Steinau
8 Freiburg, Gleiwitz, Goerlitz, Liegnitz, Neustadt, Sprottau, Strehlen, Striegau, Weidenau
9 Gruenberg, Kattowitz, Kreuzburg, Landeshut, Rosenberg, Tarnowitz
10 Bad Reinerz, Gottesberg, Hindenburg, Hirschberg, Loewenberg, Waldenburg
11 Dittersbach, Loebschuetz, Reichenbach, Schweidnitz, Senftenberg
12 Frankenstein, Langenbielau, Schmiedeberg
13 Koenigshuette
Witzfigur
5 Antek
schlesischer
Berggeist
9 Ruebezahl
Dichter
5 Logau, Opitz, Stehr
7 Fleming
8 Gryphius, Silesius
9 Hauptmann, Scultetus
10 Lohenstein
11 Eichendorff
14 Hofmannswaldau
15 Angelus Silesius
Erzähler
8 Bischoff
Groschen
5 Beehm, Boehm
Imitator
6 Lommel
Naturheilkundiger
10 Priessnitz
schlesisches
Fürstentum
5 Pless
Kloster
6 Leubus

schleswig-holsteinische
Insel
4 Sylt
5 Amrum, Foehr, Hooge
7 Fehmarn
10 Nordstrand
Stadt
4 Kiel, Leck, Noer
5 Eutin, Heide, Husum, Marne, Ploen, Wedel
6 Moelln, Preetz
7 Itzehoe, Kappeln, Lensahn, Luebeck, Malente, Meldorf
8 Elmshorn, Niebuell, Oldesloe, Segeberg, Toenning, Uetersen
9 Flensburg, Lauenburg, Pinneberg, Ratzeburg, Rendsburg, Schleswig
10 Ahrensboek, Ahrensburg, Geesthacht
11 Bad Oldesloe, Bad Segeberg, Glueckstadt, Neumuenster, Norderstedt, Travemuende, Wesselburen
12 Eckernfoerde
schleswig-holsteinischer
Fluss
5 Eider, Stoer, Trave
Kurort
5 Eutin
7 Malente
8 Oldesloe, Segeberg
9 Schwartau
Schleuder
5 Waffe
8 Balliste, Katapult
9 Seperator, Wurfwaffe
10 Zentrifuge
Schleudermaschine
9 Separator
10 Zentrifuge
14 Trennschleuder
Schleuderwaffe
4 Bola
5 Speer
8 Bumerang
Schleuderware
6 Ramsch, Schund
7 Plunder
9 Ausschuss
schleunig
4 bald
7 express, schnell
Schleuse
im Deich
4 Siel
Schleusenanlage
6 Hubtor
schlicht
6 frugal, simpel
7 einfach
11 spartanisch
schlichten
8 beilegen
schlichter
Gesangssatz
8 Kavatine
Schlichtheit
11 Einfachheit, Frugalitaet
Schlichtungsentscheid
13 Schiedsspruch
Schlichtwerkzeug
5 Feile

Schlick
6 Morast
7 Schlamm
Schliefer
8 Aschkoko
13 Baumschliefer, Waldschliefer
14 Buschschliefer, Klippschliefer
16 Steppenschliefer, Wuestenschliefer
Schließe
6 Spange
7 Agraffe
8 Schnalle
Schließen
einer Häuserlücke
5 Zubau
Schließer
7 Portier
9 Pfoertner
Schließfach
4 Safe
6 Tresor
Schließgerät
10 Schluessel
Schließhölzchen
am Wurstzipfel
5 Speil
Schließmuskel
8 Abduktor
Schließung
9 Aufhebung
Schließvorrichtung
6 Riegel
7 Schloss
Schliff
3 Pli
5 Drill, Glanz
7 Politur
schlimm
3 arg
4 boes
5 boese, elend, uebel
10 pernizioes
schlimme
Lebenslage
3 Not
5 Elend
Verlegenheit
10 Kalamitaet, Uebelstand
schlimmer
Zustand
5 Uebel
schlimmes
Ereignis
16 Naturkatastrophe
Geschehen
6 Unheil
Schlimmes
5 Arges
6 Boeses
Schlinge
4 Oese
5 Falle
6 Fliege, Masche
8 Schlaufe, Schleife
zum Vogelfang
5 Dohne
8 Sprenkel
Schlingel
5 Range
6 Bengel, Schelm
7 Lausbub

Schlingenleine
10 Lemniskate
Schlingpflanze
4 Efeu
5 Liane, Winde
6 Hopfen
8 Mangrove
Schlips
6 Binder, Fliege
8 Krawatte, Plastron, Schleife
Schlitten
3 Bob
4 Akia, Akja
5 Pulka, Rodel
8 Skeleton, Toboggan
9 Bobsleigh
Schlittenhund
5 Haski, Laika
Schlittenteil
4 Kufe
7 Schiene
Schlittschuhläufer
15 Eiskunstlaeufer
Schlittschuhsport
7 Eislauf
8 Paarlauf
9 Eishockey
Schlitz
5 Spalt
6 Luecke
7 Scharte
Schloss
6 Palais, Palast
7 Kastell
am Genfer See
7 Chillon
an der Adria
8 Miramare
an der Loire
4 Usse
5 Blois
6 Chinon, Loches, Saumur
7 Amboise
8 Chambord, Cheverny, Langeais
11 Chenonceaux
12 Azay le Rideau
an der Themse
7 Windsor
bei Aberdeen
8 Balmoral
bei Apolda
12 Ossmannstedt
bei Bamberg
6 Seehof
bei Bautzen
7 Gaussig
9 Neschwitz
13 Koenigswartha
bei Bischofswerda
8 Rammenau
bei Bonn
6 Bruehl
bei Brüssel
6 Laeken
bei Coburg
7 Rosenau
bei Darmstadt
12 Kranichstein
bei Dessau
8 Woerlitz
11 Oranienbaum
bei Dresden
8 Pillnitz, Radeberg
10 Moritzburg
bei Eisenach
12 Wilhelmsthal
bei Erfurt
8 Molsdorf
bei Ettal
9 Linderhof
bei Flensburg
11 Gluecksburg
bei Füssen
14 Hohenschwangau, Neuschwanstein
bei Gera
9 Koestritz, Osterburg
bei Gotha
9 Tenneberg
11 Georgenthal
bei Granada
8 Alhambra
bei Greifswald
11 Ludwigsburg
bei Heilbronn
11 Jagsthausen
bei Innsbruck
6 Ambras
bei Jena
8 Dornburg
bei Kassel
13 Wilhelmshoehe
bei Madrid
8 Escorial
bei Merseburg
11 Lauchstaedt
bei Montreux
7 Chillon
bei München
11 Nymphenburg
12 Schleissheim
bei Neuruppin
10 Rheinsberg
bei Oberammergau
9 Linderhof
bei Paris
10 Versailles
13 Fontainebleau
bei Pirna
11 Weesenstein
12 Kuckuckstein
bei Potsdam
6 Paretz
bei Prien
14 Herrenchiemsee
bei Rastatt
8 Favorite
bei Remagen
6 Ernich
bei Rudolstadt
8 Kochberg
bei Salzburg
6 Fuschl
8 Mirabell
9 Hellbrunn
12 Leopoldskron
bei Speyer
8 Bruchsal
bei Stuttgart
8 Solitude
9 Solituede
11 Ludwigsburg
bei Torgau
7 Graditz
bei Triest
7 Miramar
8 Miramare
bei Weimar
7 Tiefurt
9 Belvedere
bei Wittenberg
8 Pretzsch
im Odenwald
6 Erbach
12 Kranichstein
im Salzburger Land
5 Unken
6 Kaprun
9 Fischhorn
10 Mittersill
im Salzkammergut
6 Fuschl
im Taunus
8 Kronberg
in Arnstadt
7 Neideck
in Aschaffenburg
12 Johannisburg
in Baden-Württemberg
7 Zollern
11 Sigmaringen
12 Hohenzollern, Schwetzingen
in Bayern
5 Elmau
8 Schachen
9 Linderhof
11 Nymphenburg
12 Schleissheim
14 Herrenchiemsee, Neuschwanstein
in Berlin
5 Tegel
9 Koepenick
14 Charlottenburg
15 Friedrichsfelde
18 Niederschoenhausen
in Bonn
11 Poppelsdorf
in Brandenburg
6 Caputh
9 Sanssouci
10 Rheinsberg, Wiesenburg
11 Oranienburg
in Brühl bei Köln
12 Augustusburg
in Cottbus
7 Branitz
in Dessau
7 Luisium
8 Georgium, Mosigkau
in Dresden
14 Lingner-Schloss
15 Residenzschloss
17 Japanisches Palais, Taschenbergpalais
in Düsseldorf
7 Benrath
in Eisenberg
15 Christianenburg
in Friedrichroda/Thüringen
14 Reinhardsbrunn
in Gelsenkirchen
5 Berge
in Gera
10 Osterstein
in Gotha
12 Friedenstein
in Granada
8 Alhambra

in Grötzingen
12 Augustenburg
in Hannover
13 Welfenschloss
in Istanbul
7 Topkapi
in Kassel
13 Wilhelmshoehe
in Kranichfeld
11 Oberschloss
in Leisnig/Sachsen
11 Mildenstein
in Liebstadt
12 Kuckuckstein
in Mecklenburg-Vorpommern
4 Binz
5 Mirow
7 Ivenack
8 Guestrow, Schwerin
9 Gadebusch, Meyenburg
11 Ludwigslust
12 Ueckermuende
in Meiningen
15 Elisabethenburg
in Meißen
13 Albrechtsburg
in Mönchengladbach
6 Rheydt
in Moskau
5 Kreml
in München
10 Blutenburg
11 Nymphenburg
12 Schleissheim
in Nordrhein-Westfalen
6 Bruehl
in Oberfranken
4 Banz
in Paderborn
7 Neuhaus
in Paris
6 Louvre
9 Tuilerien
in Potsdam
9 Sanssouci
10 Babelsberg
12 Caecilienhof
13 Charlottenhof
in Rastatt
8 Favorite
in Rom
7 Lateran
8 Quirinal
in Rudolstadt
12 Heidecksburg
in Sachsen
7 Dresden
8 Glauchau, Radebeul, Rammenau
9 Liebstadt
10 Hartenfels, Moritzburg
11 Wechselburg, Weesenstein
13 Albrechtsburg
in Sachsen-Anhalt
5 Burgk, Zeitz
6 Dessau, Zerbst
7 Koethen
8 Bernburg, Leitzkau, Mosigkau, Stolberg, Woerlitz
9 Merseburg
10 Wittenberg
11 Ballenstedt, Oranienbaum, Quedlinburg, Wernigerode
15 Burgscheidungen
in Salzburg
8 Mirabell
9 Klessheim
in Schleswig
7 Gottorf
in Schmalkalden
12 Wilhelmsburg
in Schottland
8 Balmoral
in Schweden
9 Gripsholm
in Spanien
8 Escorial
in Thüringen
6 Weimar
8 Dornburg, Wartburg
9 Altenburg, Eisenberg
10 Leutenberg, Lobenstein
11 Schwarzburg
12 Friedenstein, Heidecksburg
13 Grosskochberg
14 Reinhardsbrunn
15 Elisabethenburg
in Tirol
5 Itter
in Torgau
10 Hartenfels
in Versailles
7 Trianon
in Waltershausen
9 Tenneberg
in Weimar
7 Tiefurt
9 Belvedere
in Wermsdorf/Sachsen
12 Hubertusberg
in Wien
7 Hofburg
9 Belvedere
11 Schoenbrunn
in Württemberg
12 Lichtenstein
in Zeitz
10 Moritzburg
in Zwickau
7 Planitz
Voltaires
6 Ferney
schlossartiges
Gebäude
7 Kastell
Schlossbeamter
9 Kastellan
Schlossberg
von Krakau
5 Wawel
von Prag
9 Hradschin
Schlossbezirk
von Istanbul
6 Serail
Schlosserwerkzeug
5 Zange
Schlosskerker
7 Verlies
Schlossvogt
9 Kastellan
Schlot
4 Esse
5 Kamin
9 Rauchfang
11 Schornstein
Schlucht
3 Tal
5 Klamm, Kluft
6 Klause
7 Abgrund, Couloir, Engpass
10 Einschnitt
in Graubünden
7 Via Mala
in Nordamerika
9 Gran Canon
11 Grand Canyon
schluchtiges
Tal
5 Canon
schluchzen
6 weinen
Schluckloch
im Karstgebirge
5 Ponor
schludern
6 hudeln
8 pfuschen
9 stuempern
Schlummer
6 Schlaf
Schlund
4 Hals
6 Rachen
Schlupfbluse
6 Jumper
Schlüpfer
4 Slip
Schlüpferschuh
7 Slipper
schlüpfrig
5 glatt
6 frivol, lasziv, pikant
8 rutschig
schlüpfrige
Flüssigkeit
7 Schleim
Schamlosigkeit
12 Obszoenitaet
Schlüpfrigkeit
7 Glaette
11 Laszivitaet
Schlupfschuh
7 Slipper
Schlüpfschuh
7 Slipper
Schluss
4 Ende, Fine
5 Fazit
6 Finale
7 Ausgang
8 Ergebnis, Resultat
9 Folgerung
des Hochamtes
5 Segen
einer Wortfolge
8 Satzende
eines Musikstückes
4 Fine
eines Wortes
6 Endung
machen
5 enden
7 beenden
Schlussanstrengung
8 Endspurt
schlussbildend, zweckbestimmt
5 final

Schlusseffekt
6 Pointe
Schlüssel
einer Geheimschrift
4 Code, Kode
Schlüsselblume
6 Primel
Schlüsselteil
4 Bart
Schlussergebnis
9 Endeffekt
Schlussfigur
beim Balett
9 Attituede
schlussfolgern
11 kombinieren
Schlussfolgerung
5 Fazit
10 Konklusion
11 Kombination
Schlussgesang
6 Exodos
Schlussleuchte
10 Ruecklicht
Schlussnummer
6 Finale
in Opern
6 Finale
Schlussphase
bei Wettläufen
6 Finish
Schlussrede
6 Epilog
8 Ausklang
Schlussresultat
11 Endergebnis
Schlussrunde
im Wettkampf
6 Finale
Schlussspule
(Spinnerei)
6 Pincop
Schlussstellung
beim Schach
4 Matt
Schlussstück
eines Musikstückes
4 Koda
Schlusssumme
5 Fazit
Schlussteil
6 Finale
altgriechischer Dramen
6 Exodos
eines Satzes in der Musik
4 Koda
Schlussveräußerung
10 Ausverkauf
Schlussvermerk
in Büchern
5 Finis
Schlussvortrag
des Staatsanwalts
9 Plaedoyer
Schlusswendung
(Musik)
6 Kadenz
Schlusswirkung
9 Endeffekt
Schlusswort
4 Amen
6 Absage, Epilog
nach einer Darbietung
6 Absage
Schlusszeichen
5 Punkt
im Sport
7 Abpfiff
Schlusszeitraum
10 Jahresende
Schmach
6 Unehre
7 Schande, Schimpf
11 Demuetigung
schmachten
6 gieren
8 duersten
schmachtender
Liebhaber
7 Seladon
schmächtig
4 zart
5 duenn, hager, mager
6 schmal
schmackhaft
6 lecker
7 delikat
11 appetitlich
schmählich
11 schaendlich
Schmähschrift
6 Libell
8 Pamphlet, Pasquill
Schmähschrift, Büchlein
6 Libell
Schmähung
4 Tort
6 Anwurf
7 Affront, Injurie
8 Diffamie
9 Invektive
10 Laesterung
11 Beleidigung
12 Diffamierung
14 Verunglimpfung
schmal
3 eng
5 duenn, hager
schmale
Brücke
4 Steg
Durchfahrt
4 Enge
8 Meerenge
Erdvertiefung
6 Graben
Felsschlucht
5 Klamm
gepresste Falte
7 Plissee
Latte
6 Leiste
Meeresbucht
6 Foerde
Öffnung
5 Ritze, Spalt
6 Spalte
Schnur
5 Litze
Stelle
4 Enge
Stelle großer Gewässer
8 Meerenge
Straße
3 Weg
5 Gasse
Treppe
6 Stiege
Vertiefung
5 Rille, Rinne
schmaler
Bergeinschnitt
6 Engtal
Bergrücken
4 Grat
biegsamer Degen
5 Feder
dünner Streifen
4 Band
Durchgang
4 Enge
9 Durchlass
flacher Holzstab
6 Leiste
Fußweg
4 Pfad, Steg
Gebirgspfad
5 Steig
gedeckter Gang
7 Galerie
Gewebestreifen
4 Band
Grubenbau
7 Roesche
Nahtbesatz
6 Paspel
Schrank
5 Spind
Seeweg
8 Meerenge
Spalt
5 Ritze
steiler Felsspalt
5 Kamin
steiler Weg
5 Steig
Stoffstreifen, der den Gürtel hält
8 Schlaufe
Umhang
5 Stola
Vertreter einer chinesischen Wassernuss
9 Engerling
Wasserlauf im Wattenmeer
5 Priel
Weg
4 Pfad
Zwischenraum
5 Spalt
schmales
Brett
5 Latte
6 Leiste
Gewebe mit festem Rand
4 Band
Nilboot
8 Dahabije
Stück Holz
5 Latte
Tor
6 Pforte
venezianisches Ruderboot
6 Gondel
schmalwüchsig
8 leptosom
schmarotzen
9 nassauern

schmarotzender
Fadenwurm
7 Trichin
Schmarotzer
7 Parasit
8 Entozoon, Nassauer
9 Schnorrer
die auf Tieren leben
7 Epizoen
Schmarotzerinsekt
12 Dasselfliege
Schmarotzerpflanze
6 Mistel
schmecken
6 kosten, munden
Schmeichelei
5 Eloge
9 Flatterie
10 Kompliment
schmeicheln
5 kosen
6 locken
8 hofieren
9 schoentun
10 flattieren
Schmeichler
8 Charmeur
Schmeißfliegenart
7 Brummer
Schmelz
5 Email, Glanz
6 Engobe, Glasur
7 Emaille, Schmalt
8 Schmalte
auf Keramiken
6 Glasur
Schmelzarbeiter
9 Emailleur
schmelzen
5 tauen
Schmelzfluss
bei Vulkanausbruch
4 Lava
Schmelzmasse
6 Fritte
Schmelztopf
6 Muffel, Tiegel
Schmelzüberzug
5 Email
Schmerfluss
9 Seborrhoe
Schmerz
3 Weh
4 Gram, Harm, Leid, Pein, Qual
6 Kummer, Wehmut
13 Enttaeuschung
über das eigene Tun
4 Reue
Schmerzausschaltung
7 Narkose
Schmerzäußerung, Jammern
5 Klage
schmerzbetäubendes
Mittel
10 Narkotikum
Schmerzenslaut
2 au
schmerzhafte
Erkrankung
6 Rheuma
7 Ischias
9 Arthritis
Hornhautverdickung
11 Huehnerauge
Muskelzusammenziehung
6 Krampf
schmerzhafter
Muskelkrampf
7 Tetanie
schmerzliche
Empfindung
4 Pein
Schmerzlosigkeit
9 Analgesie
Schmerzunempfindlichkeit
11 Anaesthesie
Schmetterball
5 Smash
Schmetterling
8 Herzwurm
Schmetterlingsart
4 Baer, Eule
5 Fuchs, Motte, Nonne
6 Apollo, Aurora, Bohrer, Falter, Glucke, Moench, Ritter
7 Admiral, Amazone, Erdeule, Kuhauge, Seladon, Spanner, Spinner, Wickler, Zygaene
8 Bandeule, Blaukopf, Blausieb, Dickkopf, Eisvogel, Forleule, Gelbling, Goldeule, Graseule, Harlekin, Kohleule, Maivogel, Papillon, Saateule, Sandauge, Zuensler
9 Ackereule, Ahorneule, Aprileule, Blaeuling, Braunauge, Forsteule, Gammaeule, Goldafter, Grueneule, Gruenling, Kleinbaer, Kornmotte, Mehlmotte, Moderholz, Mondfleck, Pelzmotte, Pfeifeule, Postillon, Reifmotte, Roseneule, Rostbinde, Tagfalter, Totenkopf, Vierpunkt, Weissling
10 Ampfereule, Brettspiel, Chrysalide, Edelfalter, Erbseneule, Feuervogel, Hausmutter, Holzbohrer, Kapseleule, Lichtmotte, Mauerfuchs, Nagelfleck, Ochsenauge, Ordensband, Pfauenauge, Purpurbaer, Rapsfalter, Rotschwanz, Samtfalter, Schilfeule, Schoenbaer, Schwaermer, Senffalter, Sonderling, Streckfuss, Wachsmotte, Widderchen, Wurzeleule, Zackeneule, Zwergmotte
11 Abendfalter, Alpenapollo, Augenfalter, Baerspinner, Bienenmotte, Blattroller, Brauner Baer, Buttervogel, Eckfluegler, Eichenblatt, Eulenfalter, Feuerfalter, Fichteneule, Gemueseeule, Goldene Acht, Hopfenmotte, Kieferneule, Kommafalter, Moenchseule, Nachtfalter, Nierenfleck, Queckeneule, Rostfluegel, Sackspinner, Sacktraeger, Schachbrett, Segelfalter, Tannenpfeil, Zahnspinner
12 Apfelwickler, Apollofalter, Asselspinner, Aurorafalter, Blattraeuber, Blattspanner, Blattwickler, Distelfalter, Erlenspanner, Erpelschwanz, Fichtenmotte, Frostspanner, Gabelschwanz, Glasfluegler, Gruenes Blatt, Kaisermantel, Kamelspinner, Kleidermotte, Kleinspanner, Kupferglucke, Mehlzuensler, Mohrenfalter, Pappelglucke, Quittenvogel, Resedafalter, Rispenfalter, Rosenwickler, Schnabeleule, Schwaerzling, Silberstrich, Stahlspinner, Traegspinner, Trauermantel, Weidenbohrer, Wurzelbohrer, Zackenfalter, Zipfelfalter
13 Alpengelbling, Baerenspinner, Baumweissling, Birkenspanner, Buchenspinner, Dukatenfalter, Eichenspinner, Eichenwickler, Fleckenfalter, Fleckleibbaer, Hopfenspinner, Kohlweissling, Landkaertchen, Moderholzeule, Mohrenspanner, Pappelspinner, Pistolenvogel, Purpurspanner, Pyramideneule, Rapsweissling, Ringelspinner, Seidenspinner, Senfweissling, Tagpfauenauge, Taubenschwanz, Waldblaeuling
14 Bluetenspanner, Fichtenspinner, Foehrenspanner, Glasschwaermer, Kiefernspanner, Kiefernspinner, Perlmuttfalter, Scheckenfalter, Schillerfalter, Schwammspinner, Spanische Fahne, Traubenwickler, Weinschwaermer, Zitronenfalter
15 Abendpfauenauge, Blutstroepfchen, Brombeerspinner, Flechtenspinner, Holunderspanner, Maulbeerspinner, Nachtpfauenauge, Pflaumenwickler, Rittersporneule, Rotes Ordensband, Ruebenweissling, Schlehenspinner, Schlehenwickler
16 Ailanthusspinner, Aprikosenspinner, Bienenschwaermer, Hummelschwaermer, Lindenschwaermer, Nadelholzwickler, Pappelschwaermer, Perlmutterfalter, Schwalbenschwanz, Waldnesselfalter, Weissdornspanner, Windenschwaermer, Zwetschenwickler
17 Eckfluegelspinner,

Fichtenschwaermer, Frostnachtspanner, Harzgallenwickler, Kiefernschwaermer
18 Labkrautschwaermer, Ligusterschwaermer, Oleanderschwaermer, Prozessionsspinner, Schlehenschwaermer

Schmetterlingsblütler
4 Klee, Soja
5 Bohne, Erbse, Linse, Wicke
6 Lupine
7 Erdnuss, Ginster, Luzerne, Robinie, Tragant
8 Glyzinie, Hornklee, Saubohne, Wundklee
9 Geissklee, Goldregen, Hauhechel, Seradella, Sojabohne, Steinklee, Vogelklee, Weissklee
10 Esparsette, Feuerbohne, Geissraute, Serradella
11 Kichererbse
12 Besenginster

Schmetterlingsgespinst
5 Kokon

Schmetterlingslarve
5 Puppe, Raupe

Schmetterschlag
beim Tennis
5 Smash

Schmied
der Nibelungensage
4 Mime
in der Sage
4 Mime
7 Wieland
8 Alberich

schmiedbares
Eisen
5 Stahl

Schmiedeform
6 Gesenk

Schmiedegerät, -herd
4 Esse
6 Amboss, Gesenk
9 Blasebalg

Schmielenhafer
4 Aira

schmieren
5 oelen
6 fetten
9 bestechen

Schmiererei
10 Geschreibe

Schmierheft
6 Kladde

schmierig
5 oelig
6 fettig

Schmiermittel
3 Oel
4 Fett

Schmiervorrichtung
5 Oeler

Schminke
5 Rouge

Schmöker
8 Schwarte
9 Scharteke

schmollen
7 grollen, trotzen, zuernen

Schmollmund
7 Schnute

Schmorgefäß
6 Tiegel
10 Kasserolle

Schmorobst
7 Kompott

Schmuck
7 Dekorum
an Kleidungsstücken
6 Besatz
bei Naturvölkern
9 Nasenring
12 Knoechelring, Lippenpflock, Taetowierung
des Weihnachtsbaumes
7 Lametta

Schmuckelement
an gotischen Kirchen
11 Fensterrose

schmücken
6 zieren
9 garnieren, verzieren
10 dekorieren
11 verschoenen

schmückend
9 dekorativ
10 ornamental

schmückende
Auszeichnung
5 Orden

schmückendes
Beiwerk
7 Zierart

Schmuckform
in Gestalt einer Rose
7 Rosette

Schmuckgewinde
5 Kranz
6 Feston
8 Girlande

Schmuckglied
(Baukunst)
6 Knospe

Schmuckhändler
8 Juwelier

Schmuckkasten
9 Schatulle

Schmuckknopf
für das Ohr
6 Bouton

Schmuckkörbchen
7 Casemea

Schmuckkügelchen
5 Perle

schmucklos
7 einfach
8 schlicht

Schmuckmaterial
5 Email, Gagat, Perle
6 Strass
7 Koralle
8 Buntglas, Perlmutt
9 Bernstein, Edelstein, Elfenbein
10 Edelmetall
der Frühzeit
4 Gold, Horn
6 Bronze
7 Knochen
9 Bernstein, Elfenbein

Schmuckring
4 Reif

Schmuck, Schmuckstück
4 Band, Clip, Etui, Gold, Jade, Jett, Putz, Reif, Ring, Zier
5 Blume, Dekor, Feder, Fibel, Gemme, Juwel, Kamee, Kette, Klipp, Klips, Kreuz, Krone, Nadel, Orden, Perle, Stein
6 Bouton, Diadem, Fibula, Heftel, Platin, Silber, Spange, Strass, Zierat, Zierde
7 Agraffe, Armband, Armreif, Brosche, ◆ Collier, Ehering, Faecher, Flitter, Guertel, Kleinod, Kollier, Koralle, Lametta, Lorbeer, Ohrring, ◆ Zierrat
8 Berlocke, Filigran, Halsband, Kettchen, Medaille, Pelzwerk, Pretiose, Solitaer, Talisman, Trauring, Uhrkette, Zierkamm
9 Anhaenger, Armspange, Bernstein, Edelstein, Elfenbein, Glasperle, Haarpfeil, Halskette, Holzkette, Medaillon, Pretiosen, ◆ Preziosen, Steckkamm, Stirnreif
10 Anhaengsel, Armbanduhr, Armschmuck, Bierzipfel, Bijouterie, Brustnadel, Busennadel, Chatelaine, Dekoration, Fingerreif, Geschmeide, Kuegelchen, Schildpatt, Sektzipfel, Siegelring, Taschenuhr, Weinzipfel
11 Faltfaecher, Haarschmuck, Halsschmuck, Hemdenknopf, Kragennadel, Ohrgehaenge, Perlenkette, Schmuckring
12 Anstecknadel, Brillantring, Ehrenzeichen, Perlenschnur, Schlipsnadel, Schmucknadel, Ziergehaenge
13 Vorstecknadel
14 Krawattennadel, Zigarettenetui
16 Emailleanstecker, Manschettenknopf

Schmuckspange
5 Fibel
6 Fibula, Heftel
7 Agraffe
9 Schliesse

Schmuckstein
2 At
3 Aat
4 Jade, Jett, Onyx, Opal, Pras, Sard
5 Achat, Gagat, Lapis, Lydit, Mocha, Pyrop, Quarz, Rubin, Rutil, Silex, Sphen, Topas
6 Adular, Amaryl, Amause, Apatit, Axinit, Ballas, Beryll, Bixbit, Citrin, Epidot, Euklas, Gahnit, Granat, Hyalit, Iserin, Jadeit, Jaspis, Kalait, Korund, Kunzit, Leukit, Morion, Mosion, Olivin, Plasma, Prasem, Pyknit, Saphir, Sarder, Strass, Thulit, Thumit, Vitrit, Zirkon, Zitrin, Zitrit, Zoisit, Zyanit
7 Achroit, Alundum, Amaryll,

Asterie, Diamant, Diepsid, Diopsid, Dioptas, Eisspat, Fabulit, Fluorit, Girasol, Helenit, Idokras, Kallait, Karneol, Koralle, Lasurit, Melanit, Nephrit, Peridot, Picotit, Prehnit, Schoerl, Siderit, Sinopel, Smaragd, Smirgel, Spinell, Titanit, Triphan, Tuerkis
8 Almandin, Amazonit, Amethyst, Andradit, Benitoit, Brillant, Ceylonit, Cymophan, Danburit, Datolith, Dermatin, Edelopal, Enhydrit, Enstatit, Glasopal, Goshenit, Haematit, Heliodor, Herzynit, Hessonit, Hiddenit, Holzopal, Hyazinth, Kaprubin, Kapstein, Labrador, Lazulith, Malachit, Markesit, Moosopal, Morganit, Obsidian, Phenakit, Pistazit, Pleonast, Prasopal, Rhodonit, Rubellit, Rubucell, Sardonyx, Scheelit, Sinhalit, Sodalith, Spodumen, Strahler, Tansanit, Turmalin, Uwarowit, Weltauge, Zymophan
9 Andalusit, Aquamarin, Atlasspat, Automolit, Avanturin, Aventurin, Bandachat, Baumachat, Beilstein, Berggruen, Bernstein, Blaustein, Brasilian, Carbonade, Chalzedon, Cordierit, Demantoid, Edelquarz, Edelstein, Feueropal, Fischauge, Flussspat, Goldstein, Goldtopas, Grossular, Heliotrop, Hornstein, Hydrophan, Kapgranat, Karfunkel, Melandrit, Milchopal, Mondstein, Moosachat, Oligoklar, Piemontit, Rhodolith, Rosatopas, Skapolith, Sphalerit, Tigerauge, Verdelith, Vermeille, Wolfsauge, Zimtstein
10 Alexandrit, Allochroit, Amblygonit, Apophyllit, Atlasstein, Augenachat, Balasrubin, Bandjaspis, Blutjaspis, Bucklandit, Chrysolith, Chrysopras, Dendrachat, Faserquarz, Feuerrubin, Goldberyll, Indigolith, Kapsmaragd, Kascholong, Katzenauge, Kreisachat, Labradorit, Lasurstein, Meerschaum, Milchquarz, Mohrenkopf, Mokkastein, Prasiolith, Rauchquarz, Rosenquarz, Rosenstein, Speckstein, Spessartin, Sternachat, Wasseropal
11 Ballasrubin, Brasilianit, Edelkoralle, Lapislazuli, Leukosaphir, Luchssaphir, Mandelstein, Nierenstein, Patparachan, Rheinkiesel, Rubinbalais, Saphirquarz, Sonnenstein, Spektrolith, Sternsaphir, Zebrajaspis, Zinkspinell
12 Arizonarubin, Aschenblaser, Azurmalachit, Bergkristall, Chrysoberyll, Edelfeldspat, Faserschoerl, Harlekinopal, Koenigstopas, Muschelachat, Rhodochrosit, Roehrenachat, Rubinspinell, Violettrubin, Wassersaphir
13 Amazonenstein, Amethystquarz, Capchrysolith, Chlorospinell, Festungsachat, Korallenachat, Orienttuerkis, Schwimmkiesel
14 Firmamentstein, Karfunkelstein, Lithiumsmaragd, Perlmutteropal
15 Almandinspinell, Windkanterachat
20 Rauchquarz. Rauchtopas

Schmuckstreifen
5 Fries

Schmuckstück
10 Fingerring

der Verheirateten
7 Ehering

Schmuckverkauf
12 Modeboutique

Schmuckwand

über dem Hauptgesims
6 Attika

Schmuckwerk
8 Ornament

Schmuggelgut, -ware
11 Konterbande

Schmus
6 Gerede, Phrase
7 Gefasel
10 Geschwaetz
12 Schoentuerei

Schmutz
3 Kot
5 Dreck, Staub, Unrat
6 Schund

aus feinsten Teilchen
5 Staub

schmutzig
6 unrein
7 dreckig
8 unsauber

schmutzige

Gasse
4 Slum

Stelle
5 Fleck

schmutziger

Abfall
5 Muell, Unrat

Schmutzstelle
5 Fleck

Schmutzteilchen

in der Luft
5 Staub

Schnabelfisch
6 Nilaal

Schnabelkrokodil
6 Gavial

Schnalle
7 Agraffe

Schnallenschuh
8 Eskarpin

Schnalzlaut
6 Klicks

Schnapsfabrik
9 Brennerei

Schnaps, Tequila
6 Enzian, Mescal, Meskal
10 Branntwein

Schnauze, Zotte
5 Zeute

Schnecke
7 Spirale
8 Molluske

Schneckenart
4 Napi
5 Helix, Kauri
7 Whalaat
8 Molluske, Schnegel
9 Riesenohr
11 Wegschnecke
12 Baumschnecke, Hainschnecke, Waldschnecke
13 Ackerschnecke, Nacktschnecke, Posthoernchen
14 Gartenschnecke, Kaeferschnecke, Kiemenschnecke, Lungenschnecke, Purpurschnecke, Tellerschnecke
15 Fluegelschnecke, Schalenschnecke
16 Weinbergschnecke

Schneckenlinie
7 Spirale
10 Schnoerkel

Schneckenornament
6 Gordon

Schnee
4 Firn
6 Flocke, Harsch, Pulver
12 Pulverschnee

Schneebluse
6 Anorak

Schneefahrzeug
9 Schlitten

Schneeform
6 Flocke

schneefrei
4 aper

Schneegans
4 Chen

Schneehütte

der Eskimos
4 Iglu

Schneekatze, Schneewiesel
11 Raeumgeraet
15 Raupenschlepper

Schneeleopard
5 Irbis

Schneemasse
6 Lawine

Schneemensch
4 Yeti
6 Kangmi

Schneemonat

der französischen Revolution
6 Nivose

Schneerose
8 Nieswurz
10 Christrose

Schneeschmelze
9 Tauwetter
Schneeschuh
3 Ski
4 Schi
5 Skier
Schneestiefel
9 Moonboots
Schneesturm
in Amerika
8 Blizzard
in Russland
5 Metel
in Sibirien
5 Buran, Purga
Schneesturz
im Hochgebirge
6 Lawine
Schneid
3 Mut
4 Elan, Mumm
6 ◆ Bravur
7 Bravour, Courage
9 Kuehnheit
Schneide
4 Grat
6 Grenze, Klinge
14 Schnittflaeche
am Pflug
5 Schar
einer Sense
6 Dengel
Schneidemaschine
5 Saege
9 Bandsaege
10 Kreissaege, Motorsaege, Stichsaege
schneiden
11 tranchieren
12 ◆ transchieren
Schneider
8 Tailleur
9 Couturier
Schneiderkunst
12 Haute Couture
Schneidermaterial
4 Garn
Schneiderpuppe
6 Bueste
Schneidersitz
11 Unterschlag
Schneiderutensil
5 Nadel
Schneiderwerkzeug
4 Elle
6 Schere
schneidig
5 fesch, flott
6 forsch, stramm, zackig
9 schmissig
Schneidwerkzeug
5 Saege
6 Bohrer, Messer, Schere
7 Brenner
14 Schneidbrenner
Schneise
8 Lichtung
schnell
3 fix
5 eilig, flink, flugs, quick, rapid, rasch
6 a tempo, behend, forsch, hastig, hurtig, rapide, rasant, rasend, zuegig
7 eilends, express
9 geschwind
12 beschleunigt
erhärtende Modelliermasse
4 Gips
sprechen
8 quasseln
zu drehendes Spielzeug
7 Kreisel
schnelle
Art der Fortbewegung
4 Lauf
Bewegung
5 Husch
6 Wirbel
Briefsendung
7 Eilpost
8 Eilbrief
Schussfolge
5 Garbe
Tonfolge
7 Passage
schneller
Autofahrer
5 Raser
Nachrichtenüberbringer
7 Eilbote
Rundtanz
6 Galopp
9 Galoppade
Schiebetanz
7 Onestep
spanischer Tanz
8 Fandango
Tanz
5 Cueva, Polka
10 Saltarello, Tarantella
Wechsel benachbarter Töne
7 Triller
Schnellerwerden
14 Beschleunigung
schnelles
heiteres Tonstück
7 Scherzo
Kriegsschiff
5 Aviso
11 Schnellboot, Torpedoboot
Musikstück
7 Allegro
plötzliches Zurückschlagen
7 kontern
Reitkamel
6 Mehari
Steppentier
7 Gazelle
Transportschiff
5 Jager
unvorbereitetes Handeln
13 Improvisation
schnellfahrendes
Schiff
5 Jacht
Schnelligkeit
4 Eile, Hast
5 Tempo
15 Geschwindigkeit
Schnelligkeitswettbewerb
6 Rennen
Schnellimbiss
9 Bratwurst
Schnellkraft
12 Elastizitaet
Schnellsegler
7 Clipper, Klipper
Schnellstraße
8 Autobahn
in den USA
7 Highway
schnelltrocknender
Anstrich
6 Firnis
schnellwirkendes
Rauschgift
5 Speed
Schnellzug
4 D-Zug
7 Express
12 Intercityzug
Schnepfenstrauß
4 Kiwi
Schnepfenvogel
5 Knuth, Triel
7 Jassana, Kiebitz
8 Dickfuss, Morinell, Schnepfe, Watvogel
9 Bekassine, Brachhuhn, Eulenkopf, Goldralle, Keilhaken, Rennvogel
10 Brachvogel, Meerrenner, Sanderling
11 Rotschenkel
12 Himmelsziege, Kampflaeufer, Regenpfeifer, Spornkiebitz, Steinwaelzer, Uferschnepfe, Waldschnepfe, Wassertreter
13 Brachschwalbe, Gruenschenkel, Pfuhlschnepfe, Reiherlaeufer, Strandlaeufer, Sumpfschnepfe, Wasserlaeufer
14 Austernfischer, Blatthuehnchen, Doppelschnepfe, Mittelschnepfe, Odinshuehnchen, Rallenschnepfe, Stelzenlaeufer, Steppenkiebitz, Thorshuehnchen, Wuestenlaeufer
16 Flussuferlaeufer, Krokodilwaechter, Saebelschnaebler, Sandregenpfeifer, Scheidenschnabel
17 Flussregenpfeifer, Meerstrandlaeufer, Waldwasserlaeufer
18 Alpenstrandlaeufer, Teichwasserlaeufer
Schnitt
4 Form
5 Ernte, Facon, Wunde
6 Fasson, Mittel, Muster
7 Vorlage
Schnittblume
4 Iris, Rose
5 Aster, Lilie, Nelke, Tulpe
6 Dahlie, Jasmin, Lupine, Mimose
7 Flieder, Freesie, Gerbera, Teerose
8 Gladiole, Orchidee
9 Amaryllis, Bartnelke, Hortensie, Margerite
11 Osterglocke, Pfingstrose
12 Chrysantheme, Schwertlilie

13 Alpenveilchen, Maigloeckchen
Schnitte
4 Brot
5 Bemme
6 Stueck
7 Scheibe
11 Brotscheibe
Schnittergerät
5 Sense
6 Sichel
Schnittfläche
8 Schneide
Schnittform
für Kleider und Blusen
6 Raglan
Schnittgerade
5 Kante
Schnittholz
5 Bohle, Brett, Diele, Latte
6 Balken, Leiste, Platte
8 Kantholz
Schnittlinie
durch den Kreis
7 Sekante
zweier Flächen
5 Kante
Schnittmeister
beim Film
6 Cutter
Schnittmeisterin
8 Cutterin
Schnittstaude
6 Akelei
8 Bergenie, Skabiose
12 Doldenprimel, Schwertlilie
Schnittwaren
im Handel
5 Reste
Schnittwunde
6 Enkope
Schnitzer
4 Bock
6 Fehler
7 Fauxpas
9 Missgriff
11 Entgleisung
13 Taktlosigkeit
Schnitzmaterial
4 Bein, Holz
9 Bernstein, Elfenbein
Schnörkel
8 Arabeske
Schnorrerei
8 Bettelei
Schnuller
6 Nuckel, Nuddel
Schnupftabak
6 Makuba
Schnupftabakdose
9 Tabatiere
Schnur
4 Band
5 Faden, Leine, Zwirn
6 Bendel, Fessel, Kordel, Spagat
7 ◆ Baendel
9 Bindfaden
am Fesselballon
8 Notleine
schmale Borte
5 Litze
schnurartig
ausgewalztes Metall
5 Draht
Schnürband
6 Nestel, Senkel
Schnurherstellungsbetrieb
8 Seilerei
Schnürjacke
der Husaren
6 Dolman
Schnürleib
6 Mieder
Schnurloch
4 Oese
Schnurre
5 Posse
7 Marotte
8 Drolerie
Schnurren
8 Fazetien
Schnürriemen
4 Gurt
7 Guertel
schnurrig
5 ulkig
6 witzig
7 drollig
8 amuesant
9 originell
Schnürrock
8 Pekesche
Schnürsenkel
6 Nestel
9 Schuhband
12 Schuhbaendel
Schnürung
6 Fessel
Schober
6 Stadel
8 Heumiete
Schock
7 Schreck
14 Erschuetterung
schockieren
11 erschrecken
12 erschuettern
schockierendes
Vorkommnis
7 Skandal
Schokoladengrundstoff
5 Kakao
Schokoladenstreifen
5 Rippe
Schokoladenüberzug
10 Kuvertuere
Scholar
6 Vagant
7 Student
8 Schueler
Scholle
4 Erde, Feld, Land
5 Acker, Grund
Schollenart
4 Butt, Pole
5 Zunge
7 Aalbutt, Flunder
8 Goldbutt, Heilbutt, Rotzunge, Seezunge
9 Steinbutt
10 Hundszunge, Plattfisch
schon
3 nur
6 allein, zeitig
7 bereits, laengst, ohnehin
9 vorzeitig
10 puenktlich
11 rechtzeitig
schön
7 anmutig, reizend
11 entzueckend
schöne
Aussicht
9 bel vedere
Blume
4 Rose
Frau
6 Beaute
Frau der Antike
6 Helena
Literatur
12 Belletristik
Regelmäßigkeit
15 Ebenmaessigkeit
Wasserpflanze
7 Seerose
schonend, nachsichtig
10 glimpflich
schöner
Anblick
10 Augenweide
Jüngling
6 Adonis
7 Narziss
8 Antinoos, Hyazinth
Mann
4 Beau
schönes
Mädchen im Paradies des Islam
4 Huri
Schöngeist
7 Aesthet
9 Belesprit
schöngeistige
Literatur
12 Belletristik
Schönheit
6 Beaute
Schönheitsfreund
7 Aesthet
Schönheitsgöttin
5 Venus
9 Aphrodite
Schönheitslehre, -sinn
9 Aesthetik
Schönheitsmittel
10 Kosmetikum
Schönheitsnorm
5 Kanon
Schönheitspflästerchen
6 Mouche, Musche
Schönheitspflege
8 Kosmetik
Schönheitspflegebetrieb
13 Kosmetiksalon
Schönheitspflegerin
12 Kosmetikerin
Schönheitswettbewerb
8 Misswahl
Schonkost
5 Diaet
Schönschreibekunst
11 ◆ Kalligrafie
12 Kalligraphie
schönste
Frau der Antike
6 Helena
schönster
Berg der Alpen
10 Matterhorn

schöntun
8 hofieren
10 flattieren
11 kokettieren, liebaeugeln, schmeicheln
12 scharwenzeln
13 umschmeicheln
Schöntun
6 Schmus
schonungslos
4 hart
6 brutal, streng
7 radikal, rigoros
12 unbarmherzig, unerbittlich, unnachgiebig
13 unnachsichtig
Schönwetterfront
4 Hoch
15 Hochdruckgebiet
schöpfen
8 kreieren, schaffen
Schöpfer
4 Gott
5 Autor
7 Urheber
8 Erfinder
der Berliner Operette
6 Lincke
der deutschen Kriegsflotte
7 Tirpitz
der Friedenstaube
7 Picasso
der Roten Armee
7 Trotzki
des Berliner Neptunbrunnens
5 Begas
des Sherlock Holmes
5 Doyle
des Wiener Walzers
6 Lanner
eines Kunstwerkes
9 Kuenstler
humoristischer Bildgeschichten
5 Busch
moderner Kraftwagen
7 Daimler
von Werken der Tonkunst
9 Komponist
schöpferisch
6 genial
7 kreativ
9 fruchtbar, produktiv
tätiger Mensch
9 Kuenstler
schöpferische
Gestaltung
5 Kunst
Kraft
6 Genius
Untätigkeit
5 Musse
Veranlagung
11 Genialitaet
Widerspiegelung der Wirklichkeit
5 Kunst
schöpferischer
Augenblick
6 Kairos
Mensch
5 Genie
6 Genius
Werktätiger
7 Neuerer

Schöpfertum
12 Kreativitaet
14 Produktivitaet
Schöpferwesen
4 Gott
8 Herrgott
Schöpfgefäß
auf Schiffen
4 Balg
Schöpflöffel
5 Kelle
Schöpfung
3 All
4 Welt, Werk
5 Natur
7 Weltall
8 Kreation
9 Universum
10 Entstehung, Gestaltung
11 Erschaffung
Schöpfungsgeschichte
7 Genesis
Schöps
4 Lode
5 Schaf
6 Hammel
8 Dummkopf
9 Duennbier, Schafbock
10 Schafskopf
Schorf
5 Borke, Grind
7 Schinne
Schorfheidestadt
11 Joachimstal
Schornstein
4 Esse
5 Kamin
6 Schlot
9 Rauchfang
Schornsteinaufsatz
9 Deflektor
Schornsteinfeger
6 Sittje
11 Essenkehrer
Schornsteinreiniger
10 Kaminfeger
Schose
5 Sache
13 Angelegenheit
Schoßhund
4 Mops
8 Malteser, Pekinese
Schössling
5 Trieb
6 Spross
7 Ableger
Schote
4 Pale
Schotendorn
6 Akazie
Schotenfrucht
einer tropischen Pflanze
5 Manna
Schotenklee
5 Lotus
Schotte
irischer Herkunft
5 Skote
Schottengewebe
5 Plaid
6 Tartan
Schottenrock
4 Kilt

Schottensippe
4 Clan
Schottenstoff
5 Plaid
6 Tartan
Schotter
7 Geroell
schottisch:
Berg
3 Ben
Fjord
5 Firth
Sohn (vor Namen)
3 Mac
schottische
Dynastie
6 Stuart
Grafschaft
3 Ayr
4 Bute, Fife, Ross
5 Angus, Banff, Moray, Nairn, Perth
6 Argyll, Lanark, Orkney
7 Berwick, Kenfrew, Kinross, Lothian, Peebles, Renfrew, Selkirk, Tibling, Wigtown, Zetland
8 Aberdeen, Ayrshire, Cromarty, Dumfries, Roxburgh, Sterling
9 Caithness, Dunbarton, Inverness
10 Banffshire, Kincardine, Midlothian, Perthshire, Sutherland
11 Argyllshire, Clackmannan, East Lothian, Lanarkshire, West Lothian
12 Berwickshire, Elginor Moray, Peeblesshire, Ross Cromarty, Wigtownshire
13 Aberdeenshire, Dumfriesshire, Invernesshire, Kirkcudbright
14 Dumbartonshire
15 Kincardineshire
Hafenstadt
5 Leith, Perth
6 Dunbar, Dundee
7 Glasgow
8 Aberdeen, Greenock
9 Edinburgh
Hauptstadt
9 Edinburgh
Insel, Inselgruppe
3 Rum
4 Coll, Fair, Iona, Jura, Mull, Skye, Uist
5 Arran, Barra, Islay, Lewis, Tiree
6 Harris, Orkney, Staffa
8 Hebriden, Shetland
Sippe
4 Clan, Klan
Stadt
3 Ayr
4 Wick
5 Cupar, Elgin, Keith, Leith, Perth
6 Dunbar, Dundee, Forfar, Forres, Hawick, Huntly, Lanark, Moffat
7 Glasgow
8 Aberdeen, Greenock,

Hamilton, Montrose, Sterling
9 Inverness, Kirkcaldy
10 Edingburgh
schottischer
Afrikareisender
5 Bruce
Architekt
4 Adam
Bildhauer
6 Steell
Botaniker
5 Aiton
Branntwein
6 Whisky
Dichter u. Schriftsteller
4 Gunn
5 Bonar, Burns, Doyle, Scott, Sharp
6 Bridie, Cronin
8 Marshall, Smollett
9 Stevenson
10 Macpherson
Dramatiker
6 Barrie
Erfinder (Dampfmaschine)
4 Watt
Erfinder (Luftreifen)
6 Dunlop
Familiennamensteil
2 Mc
3 Mac
Feldherr
7 Macbeth
Fluss
3 Dee, Don, Tay
4 Spey, Tyne
5 Clyde, Forth, Tweed
Forscher und Erfinder
6 Napier, Wilson
Fußballspieler
3 Hay, Law
4 Aird, Bett, Bone, Boyd, Ford, Gray, Wark
5 Baird, Brown, Burns, Busly, Clark, Cowie, Durie, Evans, Fleck, Gough, Hewie, James, Mudie, Narey, Rioch, Rough, Whyte, Young
6 Aitken, Baxter, Brazil, Buchan, Caldow, Fernie, Graham, Hansen, Harper, Harvey, Holten, Imlach, Jordan, Leggat, Levein, Macari, Mackay, Malpas, Martin, McCall, McLoid, McStay, Mochan, Morgan, Murray, Ormond, Parker, Payton
7 Blackey, Bremner, Collins, Creaney, Forsyth, Gemmill, Jardine, Kennedy, Lorimer, MacLeod, McCoist, McGrain, McLeish, McQueen, Mowbray, Souness, Younger
8 Brownlie, Dalglish, Davidson, Docherty, Donachie, Hartford, Johnston, Leighton, McInally, McKenzie, McKimmie, Strachan, Turnbull
9 Archibald, Colquhoun, Gillespie, Hutchison, McPherson, Robertson
10 Cunningham
Geologe
6 Geikie, Hutton
8 Drummond
9 Murchison
Geschichtsschreiber
6 Alison
8 Ferguson
9 Robertson
Golf
10 Firth of Tay, Moray Firth
12 Firth of Clyde, Firth of Forth, Firth of Lorne
Hafen bei Edinburgh
5 Leith
Historiker
8 Ferguson
Komponist
5 Field
König
5 Jakob
6 Duncan
7 Macbeth, Malcolm
Mathematiker
5 Neper
Mediziner
6 Cronin
Meteorologe
6 Buchan
Missionar
11 Livingstone
Namenszusatz
3 Mac
Nationalheld
5 Bruce
Nationaltanz
9 Ekossaise
Pianist
6 Lamond
Pionier des Fernsehens
5 Baird
Prediger
6 Irving
Rechtshistoriker
6 Millar
Reformator
4 Knox
Rock
4 Kilt
Sagenheld
6 Fingal
Schäferhund
6 Collie
Seefahrer
7 Selkirk
Stammverband
4 Clan, Klan
Tanz
4 Meel, Reel
5 Fling
9 Ecossaise, Ekossaise
Techniker
4 Watt
Volksstamm, Volksteil
6 Pikten, Skoten
Whisky
6 Scotch
schottisches
Adelsgeschlecht
5 Bruce
Eisspiel
7 Curling
Gewässer
4 Ness
Königshaus
6 Stuart
Musikinstrument
9 Dudelsack
Nationalgericht
8 Porridge
schräg
4 quer
6 schief
7 geneigt, travers
8 diagonal
liegende Stütze
6 Strebe
schräge
Auffahrt
5 Rampe
Schleifkante
4 Fase
Schräge
7 Neigung
8 Gefaelle
schräger
Schiffsbauplatz
7 Helling
Schräglage
eines Schiffes
11 Schlagseite
Schräglinie
8 Traverse
9 Diagonale
schrägrippiges
Gewebe
9 Gabardine
schrägrunde
Schüssel
4 Asch
Schrägstütze
6 Strebe
Schramme
4 Riss, Ritz
6 Ritzer
7 Kratzer
Schrank
4 Lade
7 Schrein, Vertiko
8 Anrichte
9 Sekretaer
der Soldaten
5 Spind
Schrankabteil
4 Fach
schrankartiger
Kochherd
5 Grude
Schranke
5 Barre
6 Gitter, Sperre
8 Barriere
9 Hindernis
10 Schlagbaum
11 Sperrgitter
schrankenlos
4 frei
Schrankkasten
4 Lade
Schraubenantilope
4 Kudu
Schraubengang
7 Gewinde
Schraubenlinie
5 Kurve
7 Gewinde, Spirale, Windung
8 Schnecke

Schraubenmutter
5 Mater
Schraubenpalme
7 Pandane, Pandang
8 Pandanus
Schraubenschlüssel
7 Franzos
8 Franzose
10 Englaender
Schraubensicherung
6 Mutter, Splint
Schraubhülse
7 Fassung
Schraubstock
10 Feilkloben
Schrebergarten
11 Kleingarten
Schrebergartenanlage
13 Laubenkolonie
Schrebergartenhäuschen
5 Laube
11 Gartenlaube
Schrebergärtner
12 Laubenpieper
Schrecken
5 Graus, Panik
6 Furcht, Grauen, Horror, Schock
7 Grausen
9 Entsetzen
Schreckensherrschaft
6 Terror
Schreckfigur
13 Vogelscheuche
Schreckgestalt
6 Popanz
7 Monster
8 Monstrum
9 Ungeheuer
Schrecklähmung
10 Kataplexie
schrecklich
7 grausig, horrend
9 furchtbar
10 grauenhaft
Schrei
3 Ruf
Schreibart
4 Stil
7 Diktion
14 Ausdrucksweise
schreiben
8 notieren
15 korrespondieren
Schreiben
5 Brief
7 Schrieb
13 Schriftstueck
angefügtes Schriftstück
7 Beilage
Schreiber
5 Autor
6 Aktuar
9 Kontorist, Sekretaer
geschichtlicher Ereignisse
8 Chronist
Schreiberling
8 Skribent
Schreibflüssigkeit
5 Tinte
Schreibgerät
5 Feder, Stift
7 Griffel
9 Bleistift
11 Federhalter
14 Kugelschreiber
der Antike
6 Stilus
7 Calamus
Schreibheft
6 Kladde
Schreibkalender
6 Agenda
Schreibkunst
6 ◆ Grafik
Schreibkünstler
im Mittelalter
6 Modist
Schreibmaschinenteil, -zubehör
4 Type
5 Feder, Taste, Wagen, Walze
8 Farbband, Tastatur
9 Tabulator
Schreibmaterial
5 Block, Feder, Stift, Tinte
6 Kreide, Papier
7 Fueller, Griffel
9 Bleistift, Buntstift
10 Fuellfeder, Notizblock
11 Briefpapier, Federhalter, Fuellhalter
12 Schreibblock
13 Filzschreiber
14 Kugelschreiber
der Antike
9 Pergament
Schreibmöbel
8 Stehpult
Schreibplatte
5 Tafel
Schreibschrank
9 Sekretaer
Schreibstift
in der Antike
6 Stylos
Schreibstriche
8 Liniatur
Schreibstube
5 Buero
6 Kontor, Office
7 Kanzlei
Schreibtafel
6 Agenda
der Antike
9 Diptychon
Schreibweise
4 Stil
Schreibzeugbehälter
4 Etui
schreien
5 rufen
6 johlen, keifen
8 bruellen
9 kreischen
schreiend
9 bruellend
Schrein
4 Sarg
5 Truhe
7 Schrank
für die zwei israelitischen Gesetzestafeln
10 Bundeslade
Schreiner
8 Tischler
Schreinerwerkzeug
5 Feile, Hobel, Saege
6 Bohrer, Hammer, Raspel, Zwinge
12 Schraubstock
Schreittanz
6 Reigen
9 ◆ Polonaese, Polonaise
Schreitvogel
4 Ibis
6 Adebar, Jabiru, Marabu, Reiher, Simbil, Sowaku, Storch
7 Kranich, Sichler
8 Flamingo, Kahlibis, Loeffler, Schnepfe, Waldibis, Waldrapp
9 Kuhreiher, Schaufler, Sekretaer
10 Graureiher, Hausstorch, Nimmersatt, Rohrdommel
11 Abdimstorch, Fischreiher, Maehnenibis, Nachtreiher
12 Kahnschnabel, Purpurreiher, Rallenreiher, Rosaloeffler, Sattelstorch, Schopfreiher, Sichelreiher
13 Klaffschnabel, Loeffelreiher, Schattenvogel, Schuhschnabel, Schwarzstorch
15 Zwergrohrdommel
18 Verkehrtschnaebler
Schreivogel
4 Rabe
5 Pipra, Pitta
6 Tyrann
7 Bentawi, Kotinga, Manakin
8 Lehmhans
9 Feuerauge, Gloeckner
10 Erdkleiber, Felsenhahn, Stiervogel
11 Flammenkopf, Fruchtvogel, Kappenpitta, Schirmvogel, Stammhacker
12 Ameisenvogel, Glockenvogel, Klippenvogel, Koenigsvogel, Schmuckvogel, Schnurrvogel, Toepfervogel
13 Buendelnister, Prachtdrossel, Steigschnabel
14 Kletterdrossel, Pflanzenmaeder
15 Buschschluepfer, Halsbandkotinga, Neunfarbenpitta
19 Moenchsschmuckvogel
Schrift
4 Buch, Heft, Text
8 Skriptur
10 Broschuere
entziffern
5 lesen
über das Weltende, grauenvoller Untergang
10 Apokalypse
unserer Vorfahren
5 Runen
Schriftart
4 fett, Post
5 Bembo, Blado, Dante, Didot, mager, Ronde, Royal, Super, Times, Unger, Weiss
6 Bodoni, Caslon, Futura, kursiv, Maxima
7 Antiqua, Etienne, Fraktur, Genzsch, Gotisch, Grotesk, Memphis, Tiemann, Univers, Walbaum
8 Arabella, Elzevier, Fournier,

Garamond, halbfett, Marathon, Old Style, Palatino, Splendor
9 Euphorion, Helvetica, Italienne, Mediaeval, Technotyp
10 Egyptienne, Poliphilus
11 Baskerville, Schwabacher
12 Hollaendisch
Schriftenbündel
4 Akte
Schriftennachweis
9 Literatur
Schriftensammlung
5 Aktei
Schriftgrad
4 Perl, Text
5 Petit
6 Borgis, Cicero, Korpus, Mignon, Tertia
7 Diamant, Garmond, Kolonel
8 Brillant, Imperial
11 Nonpareille
Schriftkundiger
9 ◆ Grafologe
10 Graphologe
Schriftleiter
9 Redakteur
Schriftleitung
9 Redaktion
schriftlich
geäußerter Wunsch
9 Bittbrief
niedergelegtes Ergebnis
6 Rezess
niedergelegtes Recht
6 Gesetz
schriftliche
Arbeit
7 Klausur
Aufstellung
5 Liste
Ausarbeitung
8 Elaborat
Bemerkung
7 Eintrag
Bescheinigung
8 Quittung
Bestätigung
5 Beleg
Darlegung
7 Aufsatz
diplomatische Mitteilung
4 Note
Erklärung
11 Deklaration
Festlegung
10 Eintragung
Mitteilung
5 Brief, Karte
Niederlegung
11 Beurkundung
Orderannahme
20 Auftragsbestaetigung
Übersicht
7 Tabelle
Umfrage im Verein
12 Urabstimmung
Unterlage
5 Beleg, Paper
Unterlage beim Film
8 Drehbuch
Vereinbarung
7 Vertrag
Verpflichtung
6 Revers
Wiedergabe von Aussagen
9 Protokoll
wissenschaftliche Arbeit zur Erlangung der Doktorwürde
12 Dissertation
Zahlungsaufforderung
8 Rechnung
Zusicherung
8 Garantie
schriftlicher
Antrag
7 Eingabe
Hinweis
7 Vermerk
Vermerk
5 Notiz
schriftliches
Gesuch
6 Antrag
Machwerk
8 Elaborat
Zeugnis
6 Testat
Schriftmetall
10 Letterngut
Schriftreihe
5 Zeile
Schriftrolle
5 Thora
7 Papyrus
9 Pergament
an jüdischen Häusern
6 Mesusa
Schriftsatz
4 Text
des Klägers zur Einleitung des Rechtsstreits
12 Klageschrift
Schriftsetzer
7 Metteur
Schriftsprache
im Buddhismus
4 Pali
im Hinduismus
8 Sanskrit
Schriftstelle
6 Absatz, Passus
Schriftsteller
4 Poet
5 Autor
6 Texter
7 Dichter, Literat, Lyriker
8 Essayist
9 Novellist, Publizist, Romancier, Schreiber
10 Librettist
11 Ghostwriter, Textdichter
13 Drehbuchautor
des Altertums
9 Klassiker
schriftstellerische
Plauderei
5 Essay
Schriftstellertagung
14 Autorentreffen
Schriftstellerverband
3 PEN
Schriftstellerwerk
5 Roman
Schriftstück
4 Akte
5 Beleg
6 Skript
7 Urkunde
8 Dokument, Skriptum, Skriptur
9 Schreiben, Unterlage
10 Manuskript, Typoskript
Schrifttilgung
5 Rasur
Schrifttum
9 Literatur
Schriftvorlage
4 Text
Schriftwechsel
13 Korrespondenz
Schriftwerk
6 Urtext
Schriftzeichen
4 ◆ graf, Rune
5 Graph
6 Letter
9 Buchstabe
11 Hieroglyphe
für den Ton
4 Note
Schriftzug
6 Duktus
schrill
4 laut
5 grell
6 scharf
tönen
7 klirren
schriller
Ausruf
6 Schrei
Pfeifton
5 Pfiff
Schritt
3 Pas
4 Step
5 ◆ Stepp, Tritt
zum Weltfrieden
14 Ruestungsstopp
Schrittmacher
7 Neuerer, Pionier
11 Bahnbrecher
12 Avantgardist
Schrittsportler
5 Geher
schrittweises
Vorgehen
12 Salamitaktik
Schrittzähler
9 Hodometer, Pedometer, Podometer
schroff
4 grob, jaeh
5 steil
6 bruesk, streng
aufragender Felsen
6 Klippe
schroffer
Bergeinschnitt
5 Klamm, Kluft
Schrot
4 Korn
5 Dunst
6 Futter, Posten
8 Getreide, Hackblei
9 Rehposten
10 Viehfutter, Vogeldunst
Schrotgewehr
6 Flinte

Schrott
6 Abfall
8 Alteisen
9 Altmetall
schrottreifes
Schiff
5 Wrack
Schrulle
4 Tick
5 Laune
6 Grille, Spleen
7 Greisin, Marotte
15 Verschrobenheit
Schrumpfung
10 Retraktion
11 Kontraktion
Schub
5 Stoss
Schubfach
4 Lade
Schublade
11 Tischkasten
Schubs
5 Stoss
an die Nase
7 Stueber
Schubstange
6 Pleuel
schüchtern
5 scheu, timid
7 zaghaft
8 befangen, verlegen
10 aengstlich
schüchterner
Liebhaber
7 Seladon
Schüchternheit
5 Scheu
6 Scheue
13 Zaghaftigkeit
Schuft
4 Lump
5 Kujon
6 Gauner
7 Halunke, Schurke
8 Kanaille
schuften, abplagen
7 rackern
Schuhband
6 Nestel, Senkel
13 Schnuersenkel
Schuhflicken
7 Riester
Schuhform
7 Leisten, Spanner
Schuhmacher
8 Schuster
Schuhmacherwerkzeug
4 Ahle, Dorn
5 Kneif, Zange
6 Hammer, Pfriem, Raspel
7 Leisten
Schuhoberbekleidung
8 Gamasche
Schuhputzmittel
6 Wichse
Schuhsohle
aus Rohkautschuk
5 ◆ Krepp
Schuhspanner
7 Leisten
Schuhteil, -zubehör
4 Oese
5 Kappe, Leder, Sohle, Zunge
6 Absatz, Futter, Hacken, Lasche, Nestel, Riemen, Schaft, Senkel, Spitze
9 Oberleder
10 Brandsohle
13 Schnuersenkel
Schulabteilung
6 Klasse
Schulanfänger
11 Abc-Schuetze
Schularbeit
6 Pensum
7 Aufgabe, Lektion
11 Hausaufgabe
Schulart
2 PH, TH, TU
3 ETH, Uni
6 Kolleg, Lyzeum, Pennal
7 Alumnat, College, Konvikt, Seminar
8 Akademie, Internat
9 Gymnasium, Technikum
10 High School, Hochschule, Realschule
11 Grundschule, Hilfsschule, Volksschule
12 Aufbauschule, Berufsschule, Universitaet
13 Gewerbeschule, Handelsschule, Polytechnikum, Realgymnasium
Schulartikel
6 Tusche
Schulartikel, -mittel
4 Heft
5 Atlas, Bibel, Farbe, Feder, Fibel, Mappe, Stift, Tafel, Tinte
6 Globus, Hefter, Kladde, Kreide, Lineal, Ranzen, Tasche, Zirkel
7 Fueller, Griffel, Lexikon, Schwamm, Spitzer
8 Lehrbuch, Ringbuch
9 Anspitzer, Bleistift, Buntstift, Farbstift, Filzstift, Grammatik, Landkarte, Notenheft, Oktavheft, Reisszeug, Tornister, Wandtafel
10 Farbkasten, Federmappe, Fuellfeder, Okatavheft, Rechenheft, Stahlfeder, Tintenkuli
11 Federhalter, Federkasten, Linienblatt, Loeschblatt, Radiergummi, Schreibheft
12 Schreibfeder, Zeichenblock, Zirkelkasten
13 Filzschreiber, Schnellhefter
14 Federmaeppchen, Kugelschreiber
16 Bleistiftspitzer
18 Bleistiftanspitzer
Schulaufgabe
7 Aufsatz
Schulbesucher
8 Schueler
Schuld
4 Soll
6 Frevel, Suende
7 Pflicht, Unrecht, Ursache, Vorsatz
8 Missetat, Vergehen, Versagen
10 Verfehlung
13 Verpflichtung
15 Fahrlaessigkeit
im Bankwesen
5 Debet
Schuldbekenntnis
11 Gestaendnis
schuldbewusst
5 reuig
Schuldbewusstsein
4 Reue
Schulden
7 Passiva
8 Passiven
Schuldentilgung
7 Zahlung
12 Amortisation
Schuldgefühl
4 Reue
7 Skrupel
8 Einsicht
13 Gewissensbiss
Schuldiener
6 Pedell
Schuldiger
6 Taeter
Schuldigkeit
3 Amt
7 Pflicht
12 Obliegenheit
13 Verpflichtung
Schuldkonto
5 Debet
Schuldlosigkeit
8 Unschuld
Schuldner
7 Debitor, Restant
9 Debitoren
Schuldpapier
12 Eigenwechsel
Schuldschein
5 Scrip
Schuldseite
in der Buchführung
4 Soll
Schuldumwandlung
8 Novation
Schuldurkunde
6 Mantel
Schuldvergebung
10 Verzeihung
Schuldverschreibung
4 Bond
7 Anleihe
8 Promesse
10 Obligation, Pfandbrief, Wertpapier
20 Hypothekenpfandbrief
Schule
5 Penne
8 Internat
11 Lehranstalt
Schüler
5 Adept, Eleve
6 Hoerer
7 Juenger
8 Zoegling
9 Anhaenger, Pennaeler
Brechts
6 Besson
des Sokrates'
6 Kriton, Platon

Dvoraks
3 Suk
einer altgriech. Philosophenschule
6 Eleate
einer Offiziersschule
6 Kadett
eines Alchimisten
5 Adept
Hegels
5 Bauer
im Mittelalter
6 Vagant
7 Scholar
in der Reifeprüfung
10 Abiturient
Lehrling, Zögling
5 Eleve
Luthers
5 Petri
Pestalozzis
7 Froebel
Platons
11 Aristoteles
Repins
5 Serow
Schülergemeinschaft
6 Klasse
Schülerheim
7 Alumnat
8 Internat
Schülerin
6 Elevin
Schülersitz
9 Schulbank
Schülerwohnheim
8 Internat
Schulfach
5 Ethik, Lesen, Musik, Sport
6 Chemie, Latein, Physik, Singen, Turnen, Werken
7 Algebra, Botanik, Deutsch, Rechnen, Spielen
8 Biologie, Englisch, Erdkunde, Religion, Russisch, Zeichnen
9 ◆ Geografie, Geometrie, Grammatik, Gymnastik, Sachkunde, Schreiben
10 Geographie, Geopolitik, Geschichte, Griechisch, Handarbeit, Informatik, Mathematik, Naturkunde
11 Heimatkunde, Kurzschrift, Sozialkunde, Sprachlehre, ◆ Stenografie
12 Franzoesisch, Stenographie
14 Kunsterziehung, Leibesuebungen
17 ◆ Maschine schreiben
18 Gemeinschaftskunde, ◆ Maschinen schreiben
Schulfeier
5 Aktus
Schulfestsaal
4 Aula
schulfreier
Zeitraum
6 Ferien
Schulgefängnis
(früher)
6 Karzer
Schulhausmeister
6 Pedell
Schulheim
7 Alumnat
8 Internat
Schulklassenrequisit
5 Tafel
Schulleiter
6 Rektor
8 Direktor
Schulleitung
8 Rektorat
Schulmann, -meister
6 Lehrer, Pauker
8 Erzieher, Magister
9 Paedagoge
Schulmappe
6 Ranzen
schulmedizinische
Heilkunst
10 Allopathie
Schulnote
6 Zensur
Schulraum
6 Klasse
Schulsaal
4 Aula
Schulsport
6 Turnen
Schulstadt
in England
4 Eton
6 Oxford
9 Cambridge
Schultasche
5 Mappe
6 Ranzen
Schulter
6 Achsel
des Wildes
5 Blatt
Schulterbinde
8 Schaerpe
Schulterknochen
7 Guertel
14 Schluesselbein
Schulterkragen
6 Koller
des Papstes
5 Fanon
Schulterpasse
6 Koller
Schulterschal
5 Stola
Schulterschmuck
des Papstes
7 Pallium
Schulterstück
6 Klappe
9 Epaulette
12 Achselklappe
13 Schwalbennest
Schulterteil
der Kleidung
5 Passe
6 Koller, Kragen
Schultertuch
5 Fichu, Schal, Stola
des Akoluths
5 Mappa
katholischer Priester
5 Amikt
Schulterumhang
8 Mantilla, Mantille
Schulübung
6 Diktat
Schulung
4 Kurs
5 Lehre
6 Kursus
7 Lektion
8 Lehrgang, Training
9 Erziehung
10 Ausbildung, Einweisung, Unterricht
11 Einfuehrung, Information
Schulveranstaltung
11 Elternabend
Schulvorsteher
6 Rektor
Schulzeugnisnote
6 Zensur
Schund
4 Kram
5 Dreck
6 Abfall, Kitsch, Ramsch, Tinnef
7 Plunder, Schmutz
Schuppen
4 Haut
5 Lager, Lokal
6 Hangar, Remise
7 Flechte, Scheune, Schober
8 Hornhaut, Schinnen
9 Tanzlokal
10 Wagenhalle
Schuppenfisch
5 Aitel
6 Doebel
Schuppenkriechtier
5 Echse, Waran
8 Eidechse
Schuppfisch
5 Eitel
6 Doebel
Schürfrecht
5 Claim
Schurke
4 Lump
5 Kujon
6 Schuft
7 Halunke
8 Kanaille
Schurkerei
11 Bubenstueck
Schürzenjäger
7 Don Juan
13 Schwerenoeter
Schüssel
4 Napf
5 Kumme, Satte
6 Platte, Schale
7 Terrine
Schussfolge
5 Salve
10 Breitseite
Schussgeräusch
5 Knall
schusssicher
9 kugelfest
Schusswaffe
4 Colt
5 Bogen, Pfeil
6 Bolzen, Flinte, Gewehr, Kanone
7 Buechse, Moerser, Muskete, Pistole, Stutzen
8 Arkebuse, Armbrust, Balliste,

Blasrohr, Browning, Drilling, Haubitze, Katapult, Revolver, Terzerol, Tesching
9 Geschuetz, Karabiner, Schleuder
10 Flitzbogen, Pfeilbogen
12 Doppelflinte, Granatwerfer, Hakenbuechse
15 Maschinengewehr
16 Maschinenpistole
Schustermesser
5 Kneif
Schusternagel
5 Pinne, Tacks, Taeks
Schusterschemel
8 Dreibein
Schute
4 Kahn
8 Schuerze
9 Frauenhut, Kiepenhut
11 Schleppkahn
Schutt
6 Abfall, Abraum
8 Truemmer
12 Bruchgestein
am Gletscher
7 Moraene
Schuttabhang
5 Halde
schütteln
7 beuteln, wackeln
8 ruetteln
schütter
5 duenn
6 locker
11 lueckenhaft
Schuttfeld
4 Gand
Schüttgut
10 Bulkladung
Schüttstroh
5 Streu
Schuttstrom
im Hochgebirge
4 Mure
Schutz
3 Hut
4 Hort, Wall, Wehr
5 Mauer, Obhut
6 Aegide, Geleit, Schild, Schirm
7 Deckung
9 Bewahrung, Sicherung
10 Protektion, Sicherheit
für Wunden
5 Binde
8 Pflaster
gegen Zauberei
7 Amulett
und Fabrikmarke
12 Warenzeichen
vor Bedrohung
10 Sicherheit
Schutzabdeckung
5 Plane
Schutzanlage
an Ufern
4 Damm, Wall, Wehr
5 Buhne, Deich, Mauer
Schutzanstrich
6 Firnis
7 Mennige
Schutzanzug
7 Overall

Schutzbau
an Meeresküsten
5 Deich
Schutzbegleitung
6 Geleit
7 Eskorte
9 Bewachung
12 Leibwaechter
Schutzbeize
9 Reservage
Schutzbekleidung
für Küchenarbeit
8 Schuerze
Schutzbild
9 Palladium
Schutzbinde
des Fechters
8 Plastron
Schutzblech
am Auto
10 Kotfluegel
Schutzdach
für Statuen
10 Tabernakel
Schutzdamm
4 Wall
5 Deich
Schutzdecke
5 Plane
Schütze
der nord. Sage
4 Egil
Schutzeinfriedung
für Tiere
6 Gehege
Schutzeinrichtung
vor Hochwasser
4 Damm
schützen
6 decken
7 sichern
8 behueten
11 protegieren
schützende
Begleitung
7 Eskorte
Kopfbedeckung
4 Helm
Unterlage
7 Polster
schützender
Anstrich
6 Firnis
7 Mennige
Schutzfärbung, -farbe
7 Mimikry, Tarnung
9 Tarnfarbe
12 Tarnanstrich
Schutzgebiet
8 Reservat
11 Protektorat
in Nordamerika
19 Indianerreservation
Schutzgeist
3 Lar
6 Genius
11 Schutzengel
Schutzgeleit, Ehrengeleit
7 Eskorte
Schutzgitter
an Treppenaufgängen
9 Gelaender

Schutzhaus
im Gebirge
5 Baude
6 Huette
10 Berghuette
Schutzherr
4 Vogt
6 Patron
9 Protektor
von Luther
9 Friedrich
Schutzherrschaft
6 Aegide, Mandat
9 Patronage
11 Protektorat
Schutzholz
für Niederwild
6 Remise
Schutzhülle
4 Etui
5 Bezug, Plane
6 Kuvert
7 Packung, Scheide
8 Futteral, Ueberzug, Umschlag
9 Abdeckung, Fingerhut
10 Bespannung, Persenning
um verletzte Körperteile
7 Verband
Schutzhund
5 Laika
12 Bernhardiner
Schutzimpfung
11 Vakzination
13 Immunisierung
Schutzkissen
an Schiffen
6 Fender
Schutzkleidung
im Mittelalter
6 Panzer
Schützling
6 Klient
7 Muendel, Protege
Schutzmann
6 Schupo
8 Polizist
Schutzmarke
9 Trademark
12 Warenzeichen
Schutzmaßnahme
6 Sperre, Verbot
7 Embargo, Eskorte, Impfung
8 Sperrung
9 Bedeckung, Bewachung, Sicherung
10 Absperrung, Verschluss
11 Abschirmung, Quarantaene, Schliessung
12 Verteidigung
13 Beschlagnahme
14 Sicherstellung
der Küstenländer
6 Seebau
Schutzmittel
gegen Gefahr
7 Amulett
Schutzpatron, -patronin
der Alpinisten
8 Bernhard
der Apotheker, Drogisten
5 Vitus
6 Damian, Kosmas, Rochus
7 Jakobus, Raphael

8 Nikolaus
der Arbeiter
5 Josef
6 Joseph
7 Jakobus
9 Tarsicius
der Architekten, Baumeister
6 Thomas
7 Barbara
8 Johannes
der Armen
3 Ivo
4 Anna
5 Franz
6 Damian, Kosmas
10 Laurentius
der Artilleristen
7 Barbara
der Artisten
5 Georg
der Ärzte
5 Lukas
6 Damian, Kosmas, Rochus
7 Blasius
9 Pantaleon
der Autofahrer
9 Franziska
13 Christophorus
der Bauern
6 Medard
8 Medarnus, Notburga
der Bergsteiger
7 Barbara
8 Bernhard
der Bettler
6 Martin
7 Alexius
8 Aegidius
9 Elisabeth
der Bienen
9 Ambrosius
der Bierbrauer
9 Gambrinus
der Bildhauer
5 Lukas
6 Martha, Thiemo
8 Johannes
der Brautleute
6 Hedwig
8 Wunibald
der Briefmarkensammler
7 Gabriel
der Büßerinnen
4 Afra
der Deutschen
7 Michael
der Dichter
5 David
6 Gregor
7 Prosper
8 Caecilia
der Dienstboten
4 Zita
der Einsamen
4 Fran
8 Aegidius
der Familie
5 Josef
6 Joseph
der Feuerwehr
7 Barbara, Florian
der Fischer
6 Petrus, Verena
der Gärtner
3 Eva
4 Adam
7 Gertrud
13 Christophorus
der Georgier
4 Nina
der Gepäckträger
9 Aquilinus
der Goldschmiede
4 Eloi
7 Eligius
8 Bernward
der Großhändler
6 Martin
der Handwerker
5 Josef
6 Joseph
der Hausfrauen
4 Anna
6 Martha, Sabina
der Haustiere
7 Egidius
8 Antonius
der Ingenieure
5 Josef
6 Joseph
der Jäger
6 Hubert, Konrad
8 Hubertus
10 Eustachius
der Jungfräulichkeit
5 Agnes
der Kinobesitzer
8 Johannes
der Klempner
7 Wilhelm
der Köche
7 Barbara
9 Paschalis
10 Laurentius
der Kranken
7 Lazarus
der Krieger
6 Loyola
8 Ignatius
der Kriegsinvaliden
9 Sebastian
der Kuchenbäcker
10 Laurentius
der Künstler
5 Lukas
der Kupferschmiede
4 Veit
der Landleute
8 Wendelin
der Lehrerinnen
6 Ursula
der Liebenden
5 Anton
der Mädchen
7 Barbara
9 Katharina, Margareta
der Malteser
6 Agathe
der Manager
5 Anton
8 Bernhard
der Musiker
3 Leo, Odo
5 David
6 Arnold, Gregor
8 Germanus, Johannes
der Optiker
6 Hubert
8 Hubertus
der Pferde
5 Georg
6 Martin, Stefan
7 Eligius, Stephan
8 Leonhard
9 Mauritius, Stephanus
10 Hippolytus
der Philosophen
6 Justin
9 Katharina, Theotimus
der Polizisten
7 Severus
der Prüfungskandidaten
5 Josef
6 Joseph
der Reisenden
5 Anton, Josef
6 Joseph, Martin
7 Eulalia, Gertrud
13 Christophorus
der Sänger
3 Leo
6 Gregor
8 Caecilia, Johannes
der Schauspieler
5 Vitus
der Schiffer
7 Erasmus
der Schifffahrt
8 Nikolaus
der Schiiten
3 Ali
der Schneider
8 Martinus
der Schriftsteller
5 Franz
8 Johannes
der Schuhmacher
9 Crispinus
der Schweden
5 Erich
der Schweiz
5 Klaus
der Seeleute
9 Brandanus
der Stenografen
7 Kassian
der Steuerbeamten
9 Matthaeus
der Stewardessen
4 Bona
der Studenten
8 Aloysius
der Tierärzte
7 Eligius
der Tischler
5 Josef
6 Joseph, Petrus, Rochus
7 Guntmar, Joachim
8 Matthias
der Torwarte
5 Lucia
der Uhrmacher
6 Petrus
7 Eligius
der unschuldig Verfolgten
7 Raimund
9 Elisabeth
der USA
7 Cabrini

der Waisen
3 Ivo
5 Josef
6 Joseph
7 Vinzenz
9 Elisabeth
10 Hieronymus
der Weltraumfahrer
5 Josef
6 Joseph
der Wirte, Winzer
4 Goar
5 Urban
der Wissenschaftler
9 Katharina
der Witwen
4 Anna
6 Sophia
7 Gertrud
der Zollbeamten
9 Matthaeus
der Zwangsarbeiter
8 Cyriakus
des Adels
5 Georg
des Fernsehens, Rundfunks
7 Gabriel
des Wetters
6 Petrus
vom Elsass
6 Odilia
von Amerika
4 Rosa
von Bayern
6 Rupert
7 Severin
9 Severinus
von Böhmen
6 Prokop, Wenzel
7 Nepomuk
8 Ludmilla
von Brüssel
6 Gudula
von Burgund
6 Regina
von England
6 Becket
von Irland
7 Patrick
8 Brigitte
9 Patricius
von Mailand
9 Gervasius, Protasius
von München
5 Benno
von Neapel
9 Januarius
von Nürnberg
8 Sebaldus
von Österreich
7 Koloman, Severin
9 Severinus
10 Colomannus
von Paris
8 Genoveva
von Regensburg
8 Wolfgang
von Russland
7 Andreas
von Venedig
6 Markus
von Würzburg
6 Kilian

Schutzraum
6 Bunker
9 Kasematte
10 Atombunker, Unterstand
Schutzrecht
für Erfindungen
6 Patent
Schutzschicht
5 Belag
Schutztracht, Mimikry
6 Mimese
Schutzverband
7 Bandage
Schutzvorrichtung
6 Fender
9 Sicherung
Schutzwaffe
4 Helm
6 Panzer, Schild
7 Kuerass
8 Harnisch
Schutzwald
gegen Lawinen
8 Bannwald
Schutzwall
4 Damm
5 Deich
Schutzwand
10 Brandmauer
Schutzzeichen
gegen Geister
10 Drudenfuss, Pentagramm
Schwabenstamm
6 Sueben, Sweben
9 Alemannen, Irminonen
10 Herminonen
schwäbische
Hauptstadt
8 Augsburg
Mehlspeise
8 Spaetzle
Spezialität
11 Maultaschen
schwäbischer
Baumeister
6 Felder
Bildhauer
6 Fehrle
Dichter und Schriftsteller
5 Hauff, Hebel
6 Finckh, Gabele, Kerner, Uhland
7 Moerike, Wieland
8 Schiller, Schubart
Höhenzug
3 Alb
4 Jura
7 Baaralb, Heuberg
8 Rauhe Alb
Reformator
5 Brenz
schwäbisches
Fürstengeschlecht
7 Staufer
10 Zaehringer
12 Fuerstenberg, Hohenstaufen, Hohenzollern
Hochland
3 Alb
Meer
8 Bodensee
schwach
4 flau, lahm, matt
5 debil, elend, muede, weich
6 muerbe
7 hilflos
8 kraftlos
alkoholisches russ. Getränk
5 Kwass
hörbar
5 leise
schwache
Hitze
6 Waerme
Seite
13 Achillesferse
Schwäche
4 Hang
6 Faible
7 Bloesse, Neigung
8 Ohnmacht, Vorliebe
Schwächeanfall, -zustand
7 Kollaps
8 Ohnmacht
10 Unwohlsein
schwacher
Lichtschein
8 Schimmer
Mitlaut
5 Lenis
Wind
5 Brise
schwächerer
Nachkomme
7 Epigone
Schwachkopf
5 Idiot
6 Kretin
schwächlich
10 asthenisch
Schwachsinn
6 Demenz
7 Idiotie
10 Debilitaet
11 Kretinismus
12 Oligophrenie
13 Imbezillitaet
schwachsinnig
5 debil
6 dement
7 imbezil
9 idiotisch
10 verbloedet
Schwachsinniger
5 Idiot
6 Kretin
Schwaden
5 Dampf, Dunst, Nebel, Qualm, Rauch, Wolke
6 Brodem, Wrasen
Schwadron
7 Einheit
8 Eskadron
13 Reitereinheit
Schwager
des Ödipus
5 Kreon
schwalbenähnlicher
Vogel
6 Segler
11 Mauersegler
Schwall
4 Flut, Guss
5 Welle
6 Fuelle

schwammig
9 spongioes
schwammige
Masse unter dem Schädeldach
6 Diploe
Schwammkürbis
5 Luffa
Schwanenblumengewächs
5 Kanna
schwanengroßer
Ruderfüßer
7 Pelikan
schwanger
6 gravid
schwängern
10 befruchten
13 impraegnieren
Schwangerschaft
11 Graviditaet
Schwank
5 Farce, Posse
7 Streich
8 Burleske, Drolerie, Groteske, Komoedie
9 Lustspiel
Schwänke
8 Fazetien
schwanken
7 pendeln, taumeln, wackeln
9 schwingen
10 flottieren, schlingern
des Mondes
9 Libration
schwankend
5 labil
Schwankung
10 Fluktation
Schwanz
4 Ende, Rute
5 Blume, Fahne, Lunte, Reihe, Spiel, Sterz, Stoss, Wedel, Zagel
6 Steiss
7 Buerzel, Krickel, Schweif
des Federwilds
5 Stoss
des Hirsches
5 Wedel
von Kaninchen und Hasen
5 Blume
Schwanzende
5 Sterz
Schwanzflosse
der Wale
5 Fluke
schwanzloser
Berberaffe
5 Magot
Schwanzlurch
3 Olm
5 Molch
7 Axolotl
8 Amphibie, Kammolch
9 Amphibium, ◆ Kammmolch
10 Salamander, Teichmolch
13 Brueckenechse
15 Feuersalamander
Schwanzwurzel
des Vogels
7 Buerzel
Schwäre
5 Wunde
schwären
6 eitern

Schwarm
von Eintagsfliegen
4 Aust
Schwärmer
3 Fan
7 ◆ Fantast, Utopist
8 Idealist, Phantast, Traeumer
9 Fanatiker
10 Enthusiast, Romantiker
Schwärmerei
6 Utopie
schwärmerisches
Gedicht
7 Romanze
schwärmerisches Tonstück
7 Romanze
schwärmerisch-frommer
Mensch
7 Pietist
Schwarmfisch
6 Erling
7 Makrele
Schwarz
beim Roulette
4 noir
Schwarzamsel
5 Merle
Schwarzarbeit
18 Schattenwirtschaft
Schwarzawa-Zufluss
(Tschech. Rep.)
6 Iglawa
Schwarzbär
auf Sri Lanka
10 Lippenbaer
Schwarzbrotart
12 Pumpernickel
Schwarzdorn
7 Schlehe
Schwarzdrossel
5 Amsel, Merle
schwarze
Metallverzierung
6 Niello
Strauchfrucht
9 Brombeere
schwarzer
Bernstein
5 Gagat
Erdteil
6 Afrika
Gesellschaftsanzug
7 Smoking
Jura
4 Lias
Kieselschiefer
5 Lydit
Klammeraffe
5 Koata
Tod
4 Pest
Turmalin
7 Schoerl
Vogel
4 Rabe
Schwarzer
5 Neger
8 Farbiger
9 Afrikaner
schwarzes
Holz
8 Ebenholz

Mineral
6 Niobit
8 Columbit
Pferd
5 Rappe
Schwarzfersenantilope
6 Impala
Schwarzkäfergattung
5 Blaps
Schwarzkittel
11 Wildschwein
Schwarzkunst
8 Alchimie
Schwarzkünstler
6 Magier
8 Zauberer
Schwarzmeererholungszentrum
7 Pizunda
Schwarzmeerhafen
4 Ordu, Poti
5 Bafra, Batum, Fasan, Gagry, Jalta, Sinop, Varna, Warna
6 Amasru, Batumi, Burgas, Eregli, Odessa, Rostow, Samsun, Suchum, Sulina, Tuapse
7 Cherson, Kertsch, Sotschi, Suchumi, Trabzon
8 Mariupol, Taganrog
9 Constanza, Konstanza, Nikolajew, Trapezunt
10 Sewastopol
11 Noworossisk
Schwarzmeerhalbinsel
4 Krim
Schwarzmeerkap
5 Bafra
Schwarzmeerkurort
5 Anapa
6 Batumi
7 Sotschi, Suchumi
8 Nessebar
in Bulgarien
6 Albena
Schwarzseher
9 Defaetist, Pessimist
10 Miesmacher
Schwarzseherei
11 Pessimismus
Schwarzwal
5 Grind
8 Grindwal
Schwarzwaldberg, -gipfel
6 Blauen, Kandel
7 Belchen, Kniebis, Obereck
8 Feldberg, Hornkopf
9 Bloessing
10 Vogelskopf
12 Herzogenhorn, Hornisgrinde, Schauinsland
Schwarzwalddorf
7 Kniebis
Schwarzwaldhöhe
(Baden)
6 Hohloh
bei Furtwangen
5 Brend
Schwarzwaldsee
7 Feldsee, Titisee
9 Mummelsee
10 Schluchsee
Schwarzwasserfieber
7 Malaria

Schwarzwild
3 Sau
4 Eber
5 Bache
6 Keiler
7 Laeufer, Wildsau
8 Wildeber
10 Frischling
11 Wildschwein
12 Ueberlaeufer
schwatzen
7 kloenen
8 palavern, plappern
9 parlieren
Schwätzer
7 Causeur
8 Fabulant, Salbader
9 Grossmaul
10 Fabulierer
12 Schwadroneur
Schwätzerei
6 Gerede
schweben
10 flottieren
Schwebereck
6 Trapez
Schweden
in der Landessprache
7 Sverige
schwedisch:
Fluss
4 Aelf
Frau
3 Fru
Prost
4 skal
Weihnachten
3 Jul
schwedische
Altistin
6 Onegin
Bergnelke, Jasione
5 Monke
Bezeichnung für Provinz
4 Laen
Dynastie
4 Wasa
Filmschauspielerin
5 Garbo
7 Bergman, Leander
Hafenstadt
4 Umea
5 Lulea, Ystad
6 Gaevle, Kalmar, Malmoe
7 Varberg
8 Halmstad
9 Goeteborg, Nykoeping, Stockholm, Sundsvall
10 Karlskrona, Nynaeshamn, Oskarshamn, Trelleborg
12 Haelsingborg
Halbinsel
7 Schonen
Hauptstadt
9 Stockholm
Insel
5 Alnoe
6 Oeland
7 Gotland
8 Schaeren
Königin
6 Louise, Silvia
9 Christine
Landschaft
5 Skane
7 Dalarna, Halland, Schonen, Smaland, Soederm
8 Blekinge, Lappland, Svealand
9 Goetaland, Jaemtland, Kronoberg, Vaermland
10 Gaevleborg, Norrbotten
13 Vaesterbotten
15 Vaesternorrland
Mezzosopranistin
5 Meyer
8 Branzell
Münze, Währungseinheit
4 Oere
5 Krone
Rote-Kreuz-Schwester
12 Braendstroem
Sängerin
4 Lind
7 Leander
Schauspielerin
7 Nielsen
8 Bergmann
Sopranistin
4 Lind
7 Nilsson
8 Ligendza, Lindholm
Stadt
2 Ed
3 Eda, Los
4 Lund, Mora, Orsa, Sala, Umea
5 Alfta, Alsen, Aseda, Asele, Boden, Boras, Falun, Gnarp, Indal, Joern, Lulea, Nybro, Pitea, Sabra, Skara, Skoen, Tierp, Trosa, Visby, Ystad
6 Avesta, Gaevle, Gagnet, Kalmar, Kiruna, Laholm, Malmoe, Moelle, Motala
7 Boliden, Oerebro, Uppsala, Varberg
8 Halmstad, Karlstad
9 Falsterbo, Goeteborg, Haparanda, Karlskoga, Nykoeping, Stockholm, Sundsvall, Uddevalla, Vaesteras
10 Eskilstuna, Gothenburg, Karlskrona, Kinuravara, Landskrona, Linkoeping, Nynaeshamm, Oskarshamm, Trelleborg
11 Norrkoeping, Traelleborg
12 Haelsingborg, Kristianstad
schwedischer
Archäologe
10 Hildebrand
Architekt u. Baumeister
4 Grut, Rehn
6 Boberg, Tessin
7 Ahlgren, Asplund, Larsson, Nilsson, Reinius
8 Almquist, Harleman, Oestberg
9 Lewerentz, Markelius, Palmstedt, Tempelman, Wallinder
10 Adelcrantz, Stenhammer
Asienforscher
5 Hedin
Astronom
6 Gylden
7 Celsius
8 Backlund, Lundmark, Sindblad
9 Angstroem, Arrhenius
Bass
8 Andresen
Berg, Bergland
7 Sylarna
9 Areskutan
10 Kebnekaise
11 Ammarfjaell, Sarektjakko
Bildhauer
7 Sergell
9 Fogelberg, Kjellberg, Michelsen
10 Hasselberg
11 Quarnstroem
Bischof
6 Tegner
Botaniker
4 Dahl
5 Fries
6 Agardh
8 Acharius, Afzelius
Chemiker
5 Cleve, Nobel
7 Bergman, Scheele
8 Nylander, Svedberg
9 Arrhenius, Atterberg, Berzelius
Choreograf und Tänzer (auch Tänzerin)
5 Rosen
7 Boerlin
8 Cullberg
Dichter und Schriftsteller
3 Kay, Key
4 Berg, Ling
5 Ahlin, Dalin, Petri
6 Geijer, Lidman, Moberg, Munthe, Runius, Tegner
7 Bellman, Bergman, Ekeloef, Holberg, Johnson, Leopold, Rydberg, Siwertz
8 Almquist, Atterbom, Bellmann, Dagerman, Froeding, Kellgren, Lindgren, Malmberg, Runeberg, Sjoeberg, Snoilsky
9 Arnoldson, Karlfeldt, Lagerloef, Lindegren, Lundkvist, Martinson
10 Geijerstam, Hallstroem, Heidenstam, Lagerkvist, Stagnelius, Strindberg, Swedenborg
11 Gyllenstein, Stiernhielm
12 Nordenflycht
Dirigent
6 Alfven
7 Ericson, Lidholm
8 Frykberg, Gardelli
9 Atterberg, Blomstedt
Eigenname
7 Sverige
Erzähler
6 Heller
Filmregisseur
7 Bergman
10 Sjoestroem
Fluss
3 Dal, Ume
4 Faxe, Gide, Klar, Oere, Pite
5 Byske, Goeta, Kalix, Lagan
6 Adalen, Indals, Nissan, Vindel
7 Ljungan, Ljusnan
9 Oesterdal
10 Vaesterdal

Forscher und Erfinder
5 Hedin, Nobel
7 Scheele
8 Ericsson, Svedberg
Fundort der Jungsteinzeit
6 Aloppe
Fußballspieler
4 Bild, Borg, Gren, Grip
5 Axbom, Gaerd, Grahn, Hysen, Kroon, Ljung, Rosen, Thern, Wendt
6 Brolin, Dahlin, Dunker, Hamrin, Keller, Limpar, Nordin, Nyberg, Olsson, Palmer, Pryntz, Rydell, Tapper, Werner
7 Almgren, Larsson, Nilsson, Nordahl, Ohlsson, Palsson, Parling, Persson, Ramberg, Ravelli, Rydberg, Schwarz
8 Axelsson, Bergmark, Carlsson, Edstroem, Ekstroem, Engquist, Eriksson, Holmgren, Ingesson, Jeppsson, Jonasson, Kaelgren, Karlsson, Kindvall, Liedholm, Loefgren, Mattsson, Mellberg, Nordgren, Sandberg, Selander, Shoglund, Sjoeberg, Svensson, Turesson
9 Ahlstroem, Andersson, Arvidsson, Cronqvist, Jacobssen, Johansson, Kaellgren, Linderoth, Ljungberg, Magnusson, Nordkvist, Selmosson, Simonsson, Sundqvist
10 Augustsson, Berndtsson, Boerjesson, Ejderstedt, Erlandsson, Gustafsson, Hellstroem, Linderholm, Nicklasson, Pettersson, Samuelsson, Stroemberg, Svanstroem
11 Abrahamsson, Torstensson
12 Frederiksson, Wetterstroem
Geograf
6 Andree
Geologe
7 Laxmann
13 Nordenskioeld
Geschichtsschreiber
9 Svedelius
Grafiker
7 Larsson
Historiker
6 Cassel
7 Carlson, Kjellen
8 Atterbom
9 Ljunggren, Montelius
Holzbildhauer
4 Berg
Ingenieur
5 Dalen, Laval, Ruths
6 Andree
8 Ericsson
Komponist
4 Berg
8 Bellmann
9 Atterberg, Rosenberg
10 Hallstroem, Rangstroem
Königsname
4 Karl, Olof
5 Adolf, Oskar
6 Gustav, Johann
9 Christian
Kriegshafen
10 Karlskrona
Künstler (Bildhauer, Maler und Grafiker)
4 Hill
5 Breda, Olson, Pasch, Rodhe, Winge
6 Jonson, Milles, Roslin, Sergel, Skoeld, Westin
7 Axelson, Hjerten, Larsson, Sandels
8 Carlsund, Eggeling, Eriksson, Hoeckert, Lundberg, Tillberg
9 Engstroem, Josephson, Jungstedt, Lafrensen, Linnqvist
10 Hallstroem, Malmstroem, Nordenberg
12 Hillestroems
19 Kloekner-Ehrenstrahl
Landkreis
7 Gotland, Halland
8 Blekinge
9 Aelvsborg, Jaemtland, Kronoberg, Malmoehus, Skaraborg, Vaermland
10 Gaevleborg, Kopparberg, Norrbotten
13 Soedermanland, Vaesterbotten
14 Oestergoetland, Vaestermanland
15 Vaesternorrland
Maler
4 Zorn
7 Larsson
Männername
4 Eric
6 Goesta, Gunnar
Mediziner
6 Granit, Munthe
7 Retzius
Musikforscher, -wissenschaftler
6 Moberg
7 Norlind
8 Eppstein
9 Bengtsson, Davidsson, Emsheimer
Name der finnischen Stadt Turku
3 Abo
Name eines finnischen Sees
8 Enaresee
Naturforscher
5 Linne
Nobelpreisträger (Chemie)
6 Alfven
8 Svedberg, Tiselius
9 Arrhenius
12 Euler Chelpin
13 Hevesy de Heves
Nobelpreisträger (Frieden)
8 Branting
9 Arnoldson
10 Soederblom
13 Hammarskjoeld
Nobelpreisträger (Literatur)
5 Sachs
7 Johnson
9 Karlfeldt, Lagerloef, Martinson
10 Heidenstam, Lagerkvist
Nobelpreisträger (Medizin)
5 Euler
6 Granit, Wiesel
8 Theorell
9 Samulsson
10 Bergstroem, Gullstrand
Nobelpreisträger (Physik)
5 Dalen
8 Siegbahn
Nobelpreisträger (Wirtschaft)
5 Ohlin
6 Myrdal
Physiker
5 Dalen
6 Alfven
Polarforscher
6 Andree
13 Nordenskioeld
Politiker u. Staatsmann
5 Bildt, Palme
6 Myrdal, Staaff
7 Persson
8 Branting, Carlsson, Erlander
9 Arnoldson
10 Bernadotte
11 Oxenstierna
13 Gyllenstierna, Hammarskjoeld
Preisstifter
5 Nobel
Radierer
4 Zorn
See
7 Storsee
9 Maelarsee, Siljansee, Vaenarsee
10 Vaettersee, Waettersee
11 Hjaelmarsee
Sportler, Sportlerin
2 Ax
3 Cyr, Eke
4 Berg, Borg, Dahl, Fast, Lind, Wide
5 Aberg, Ahman, Alser, Baron, Bonde, Britz, Bruch, Haegg, Julin, Knape, Lindh, Olson, Rosen, Snell, Swahn, Titus, Uggla, Vaggo
6 Adlerz, Bylehn, Bylund, Dahlin, Holmer, Leyman, Linder, Lundin, Ohlson, Skoeld, Strand, Wallin, Werner, Westen, Zander
7 Almloef, Backman, Bonnier, Colling, Ekelund, Engdahl, Fischer, Gentzel, Hansson, Hellman, Henning, Homertz, Jansson, Jonsson, Larsson, Lemming, Lomberg, Moerner, Nilsson, Persson, Regnell, Scheele, Thorell, Ullmann, Waldner
8 Blomgren, Carlberg, Carlsson, Eriksson, Fernholm, Garderud, Gingsjoe, Hakanson, Hellsten, Isaksson, Karlsson, Lindberg, Lindblom, Lundberg, Lundblad, Malmroth, Nylander, Oestrand, Peterson, Roenmark, Saint-Cyr, Sjoeberg, Skanaker, Skoglund, Svanberg, Svedberg, Svensson, Wallmann, Warngard
9 Andersson, Appelgren, Arvidsson, Bengtsson, Dollmaier, Eldebrink, Elmsaeter, Forsbrand,

Frolander, Gaerderud, Hagstroem, Johannson, Johansson, Kastenman, Ljunggren, Lundeberg, Lundquist, Magnusson, Mellander, Nathhorst, Spangberg, Stenquist, Thoresson
10 Albertsson, Cederquist, Gustafsson, Hellstroem, Johannsson, Lewenhaupt, Lindstroem, Lundstroem, Malmstroem, Mikaelsson, Nordlander, Pettersson, Sandstroem, Sjoestrand, Skoeldberg, Waldegaard, Wallenlind, Wennstroem, Wieslander
11 Abrahamsson, Boltenstern, Rosencrantz
12 Fredericksen, Frederiksson, Soederstroem
13 Blixen-Finecke
Sprachforscher
6 Noreen
Sprengstofftechniker
5 Nobel
Tennisspieler, Tennisspielerin
4 Borg, Fick, Holm, Lind
5 Kempe, Kulti
6 Edberg, Jarryd
7 Bathman, Larsson, Svenson
8 Bostroem, Carlsson, Hogstedt, Lundgren, Nylander, Pernfors, Svensson, Wahlgren, Wilander
10 Bergstroem, Gustavsson, Setterwall
13 Adlerstraehle
Tenor
4 Ralf
5 Gedda
9 Bjoerling
Vorgeschichtsforscher
5 Aberg
Wintersportler, Wintersportlerin
4 Skog, Svan, Swan
5 Frost, Julin
6 Aslund, Eklund, Fogdoe, Kohala, Mogren, Nilson, Nyberg, Oeholm, Stadig, Westin, Wiberg
7 Claeson, Fritzon, Granath, Hedlund, Hoeglin, Jonsson, Lamberg, Larsson, Lofgren, Naegele, Netzell, Nilsson, Ottoson, Salchow, Sandahl, Viklund, Wallner, Wiklund
8 Aastroem, Anderson, Bjorkbom, Ericsson, Eriksson, Forsberg, Jernberg, Karlsson, Majbaeck, Ottosson, Stenmark, Vicklund, Wassberg, Wikisten
9 Andersson, Grenander, Gustafson, Gustavson, Johansson, Lestander, Lindquist, Lundbaeck, Magnusson, Roennlund, Seyffarth
10 Grafstroem, Gustafsson, Lindstroem, Lundstroem
11 Julin-Mauroy, Lamberg-Skog, Utterstroem

Zoologe
5 Loven
schwedisches
Adelsgeschlecht um 1500
5 Sture
Autorenpaar
6 Myrdal
Königsgeschlecht
4 Wasa
10 Bernadotte
Königshaus
4 Vasa, Wasa
10 Bernadotte
Turngerät
12 Sprossenwand
Verwaltungsgebiet
4 Laen
schwedisch-russischer
Tenor
5 Gedda
schwefelähnliches
Nichtmetall
5 Selen
Schwefelbad
bei Wien
5 Baden
Schwefelkies
5 Pyrit
Schwefelsäure
5 Oleum
Schwefelverbindung
6 Sulfat, Sulfid, Sulfit
7 Vitriol
8 Sulfamat, Sulfamid
schwefelverwandtes
Element
5 Selen
Schweifaffe
4 Saki
11 Moenchsaffe
Schweifstern
5 Komet
Schweif von Fuchs, Hund, Wolf
4 Rute
Schweigen
4 Ruhe
6 Stille
Schweigepflicht
der Geldinstitute
13 Bankgeheimnis
(Mafia)
6 Omerta
schweigsam
5 stumm
8 wortkarg
12 verschwiegen
Schwein
3 Sau
4 Eber
5 Bache, Basse, Gelze, Poelk
6 Ferkel, Keiler, Pekari
7 Laeufer, Wildsau
8 Wildeber
9 Babirussa, Faseleber
10 Frischling, Hirscheber, Spanferkel
11 Borstenvieh, Edelschwein, Hartlaeufer, Hausschwein, Landschwein, Wildschwein
12 Bisamschwein, Flussschwein, Nabelschwein, Weideschwein
13 Bindenschwein, Pinselschwein, Sattelschwein, Warzenschwein

14 Halsbandpekari
15 Weissbartpekari
17 Riesenwaldschwein
18 Haengebauchschwein
Schweinefett
4 Flom
5 Speck
6 Flomen, Liesen, Schmer
7 Schmalz
Schweinefettpolster
5 Speck
Schweinefleischgericht
7 Eisbein
Schweinehaare
7 Borsten
Schweinehackfleisch
4 Mett
Schweinekrankheit
7 Rotlauf
Schweineparasit
5 Finne
8 Bandwurm, Trichine
Schweiß
13 Transpiration
Schweiz
8 Helvetia
9 Helvetien
auf französisch
6 Suisse
auf italienisch
8 Svizzera
Schweizer
10 Eidgenosse
Abitur
6 Matura
Anatom
3 His
Anthropologe
6 Hauser, Martin
Arbeiterführer
4 Woog
Archäologe
8 Bachofen
Architekt u. Baumeister
4 Bill
6 Heintz, Tessin
8 Tessenow
9 Werenfels
Arzt
7 Niehans
Astronom
5 Euler
Autor
5 Faesi, Falke, Salat, Welti
6 Iselin, Lauber
Baskenmütze
5 Beret
Begründer des Roten Kreuzes
6 Dunant
Berg, Bergmassiv, -stock
3 Aul, Dom, Err
4 Alis, Rigi
5 Badus, Eiger, Etzel, Mythe, Pizol, Speer, Toedi
6 Harder, Moench, Niesen, Ortler, Titlis
7 Altmann, Bernina, Gaebris, Pilatus, Piz Buin, Saentis
8 Faulhorn, Hochwang, Jungfrau, Piz Palue, Wildhorn
9 Breithorn, Eggishorn, Monte Rosa, Weisshorn
10 Dammastock, Matterhorn, Piz

Bernina, Sustenhorn, Wetterhorn
11 Aletschhorn, Blinnenhorn, Ringelspitz, Schreckhorn, Uri Rotstock, Wildstrubel
12 Buergenstock, Dufourspitze
14 Finsteraarhorn
Bergwiese
6 Ruetli
Bezirksvorsteher
5 Amman
Bildhauer
4 Bill, Vela
5 Gieng, Graff, Rossi
6 Haller, Thuner
10 Giacometti
Binnensee
8 Lac Leman, Urner See, Walensee, Zuger See
9 Aegerisee, Bieler See, Genfer See, Langensee, Murtensee, Sarner See, Thuner See
10 Greifensee, Greitensee, Grimselsee, Luganer See
11 Brienzer See, Luzerner See, Murtener See, Zuercher See
12 Haldegger See, Hallwiler See, Sempacher See, Zuericher See
14 Neuenburger See
19 Vierwaldstaetter See
Biologe
6 Bonnet
Bobfahrer
3 Alt, Leu
4 Benz, Musy
5 Angst, Kapus, Kiser, Meier, Meili, Neveu, Reich, Waser, Weder, Wicki
6 Acklin, Beerli, Diener, Fasser, Gerber, Morell, Rueegg, Theler, Waller, Zoller
7 Ackling, Bouvier, Cattani, Endrich, Forster, Loffler, Maerchy, Pichler, Poletti, Stadler, Stocker
8 Camichel, Faessler, Gartmann, Hoerning, Hubacher, Kuederli, Leuthold, Salzmann, Schaerer, Scherrer, Stettler, Stoeckli
9 Capradutt, Schlaeppi, Warburton
10 Feierabend, Freiermuth, Giobellina, Hiltebrand
11 Leutenegger
12 Schindelholz, Strittmatter
Bodenmaß
3 Are
Botaniker
5 Godet
6 Bauhin, Haller
7 Naegeli
9 Claparede
10 De Candolle
Bratwurstmasse
5 Adrio
Bühnenbildner
5 Appia
Bundeshauptstadt
4 Bern
Bundesstaat
6 Kanton
Chemiker
5 Abegg, Stoli
6 Karrer, Pictet
7 Mueller
10 Reichstein, Schoenbein
Chirurg
6 Kocher
Depeschenagentur
3 ATS
Dichter u. Schriftsteller
4 Anet, Heer, Zahn
5 Amiel, Faesi, Hebel, Hilty, Meyer, Ramuz, Spyri
6 Bodmer, Carnot, Frisch, Haller, Inglin, Keller, Picard, Walser
7 Braeker, Federer, Gessner, Jaenger, Knittel, Lavater
8 Daeniken, Ducommun, Gotthelf, Zschokke
9 Schaffner, Spitteler
10 Breitinger, Diggelmann
11 Duerrenmatt, Hochwaelder
12 Huggenberger
Dirigent
4 Maag
5 Hegar
6 Ammann, Muench, Sacher, Stoutz
7 Andreae, Kletzki, Schoeck, Varviso
8 Ansermet
Dramatiker
11 Duerrenmatt
Dreschplatz
4 Tenn
Entertainer
8 Torriani
Erzähler
5 Tavel
6 Frisch, Hegner, Inglin
Erzgießer
6 Keller
Erzieher
6 Girard
Felswand
4 Fluh
Flächenmaß
3 Are
Flieger
12 Mittelholzer
Fluss
3 Inn
4 Aare, Birs, Emme, Mera, Orbe, Sihl, Thur, Visp
5 Broye, Doubs, Moesa, Reuss, Rhein, Rhone, Saane, Tresa
6 Albula, Borgne, Brenno, Drance, Kander, Limmat, Maggia, Tessin, Ticino
7 Rombach, Tarmina
9 Landquart
Forscher und Erfinder
5 Euler
9 Bernoulli
Freiburg
5 Bulle
6 Murten
8 Freiburg, Fribourg, Gruyeres
Freiheits-, Nationalheld
4 Tell
8 Jenatsch
10 Winkelried
11 Wilhelm Tell
Fußballspieler
3 Hug
4 Aeby, Conz, Egli, Elia, Herb, Hosp, Knup, Kuhn, Morf
5 Amado, Bader, Baeni, Boffi, Bossi, Bregy, Duerr, Engel, Favre, Huber, Huegi, Jaeck, Luedi, Meier, Neury, Weber, Zappa
6 Balmer, Bickel, Bigler, Casali, Fatton, Fuhrer, Grassi, Hasler, Jaeggi, Kaenel, Kernen, Seiler, Stuber, Sulzer, Tamini, Wehrli, Weiler
7 Antenen, Bizzini, Bocquet, Elsener, Grobety, Hermann, Jaccard, Kuenzli, Lehmann, Lusenti, Minelli, Parlier, Pasello, Pottier, Quentin, Quinche, Steffen, Stelzer, Stierli, Stohler, Vernati
8 Abegglen, Allemann, Ballabio, Ballaman, Barberis, Botteron, Brodmann, Burgener, Eggimann, Eichmann, Eschmann, Faessler, Gottardi, Kielholz, Odermatt, Passello, Ramseyer, Schnyder, Springer
9 Chapuisat, Guinchard, Hufschmid, Schneiter, Sechehaye, Tacchella, Trinchero, von Kaenel, Wuethrich
10 Armbruster, Fluechiger, Jeandupeux, Leimgruber, Loertscher, Schmiedlin, Vonlanthen, Wallaschek
12 Friedlaender, Schindelholz
Gelehrter
6 Gesner
Gemeindevorsteher
6 Ammann
General
6 Dufour
Genf
4 Genf
6 Geneve
Geologe
4 Heim
5 Hagen
Geschichtsschreiber
4 Wyss
6 Chouet
7 Tschudi, Vischer
8 Zschokke
Gletscher des Monte Rosa
6 Gorner
Gletscherpilot
6 Geiger
Gliedstaat
6 Kanton
Grafiker
4 Klee
Hartkäse
7 Gruyere
9 Greyerzer
10 Emmentaler
11 Appenzeller
Häuschen
6 Chalet
Heiliger
5 Fluee

Historiker
4 Frey
5 Kaegi, Stutz
6 Fueter, Muralt
7 Heierli, Rambert, Tschudi
8 Bachofen, Segesser, Sismondi
9 Baechtold
10 Burckhardt, Daendliker, Moerikofer
11 Scartazzini
Hochalpental
4 Saas
Hochtal, Inntal
7 Engadin
Holzbildhauer
6 Manuel
Holzrutsche
6 Reiste
Humanist
4 Wyle
7 Lemnius, Neander
8 Vadianus
9 Frischlin
10 Pestalozzi
Ingenieur
5 Favre
6 Bodmer
Instrumentalvirtuose
7 Fischer
11 Aeschbacher
Jugenderzieher
10 Pestalozzi
Kantonshauptstadt
3 Zug
4 Bern, Chur, Genf, Sion
5 Aarau, Basel, Stans
6 Geneve, Glarus, Luzern, Sarnen, Schwyz, Sitten
7 Altdorf, Herisau, Liestal, Zuerich
8 Freiburg, Fribourg, Lausanne, St. Gallen
9 Appenzell, Neuchatel, Neuenburg, Solothurn
10 Bellinzona, Frauenfeld
11 Sankt Gallen
12 Schaffhausen
Kartoffelgericht
6 Roesti
Käsegericht, -speise
6 Fondue
Klimaforscher
5 Dorno
Komponist
4 Graf
5 Bloch, Einem, Frank, Hegar, Huber, Moser, Senel
6 Lauber, Martin
7 Schoeck
8 Burkhard, Honegger
12 Sutermeister
Künstlerfamilie
6 Merian
Kupferstecher
6 Merian
Lachs
6 Albock
Landhaus
6 Chalet
Landschaft
7 Engadin, Saastal
8 Emmental
Landsmann
6 Berner
8 Aargauer
Leichtathlet, Leichtathletin
4 Born, Mayr, Wirz
5 Godel, Meier
6 Arnold, Boehni, Buerki, Gasser, Martin, Protti, Ryffel, Schwab
7 Antenen, Rueffel
8 Hubacher, Pfenning, Schaerer, Thiemard, Vetterli
9 Guenthoer, Lafranchi, Schneider
10 Dalhaeuser, Eichenmann, Ruefenacht
Linoleumart
6 Inlaid
Literat
8 Rousseau
Luftfahrtgesellschaft
8 Swissair
Luftkurort
9 Adelboden
Lyriker
5 Stamm
Maler
4 Bill, Buri, Erni, Graf, Klee
5 Amiet, Anker, Asper, Giger, Graff, Huber, Itten, Klein, Lohse, Pauli, Rossi, Vogel, Welti, Zuend
6 Aberli, Ducroz, Gleyre, Gubler, Hodler, Koller, Manuel
7 Fuessli, Gessner
8 Boecklin
9 Kauffmann
12 Stauffer Bern
Mathematiker
5 Euler
6 Buergi, Guldin
7 Byrgius
9 Bernoulli
Mechaniker
6 Bodmer
Mediziner
3 His
4 Jung
5 Forel, Garre
6 Haller, Yersin
7 Niehans
11 Abderhalden
Meteorologe
10 Billwiller
Mineraloge
6 Niggli
Motorsportler
5 Cornu
6 Biland, Eghoff, Fahrni, Guedel, Taveri
7 Siffert
9 Canathias, Regazzoni
10 Hillebrand, Waltisperg
11 Doerflinger, Graffenried, Hacksteiner, Scheidegger
Münze, Währungseinheit
6 Batzen, Rappen
7 Franken, Kreuzer
Musicalclown
5 Grock
Musiker
5 Suter
Musikforscher, -wissenschaftler
4 Hess
5 Kurth, Lussy, Oesch, Schuh
6 Kayser
7 Ehinger, Fischer, Geering
9 Handschin, Staehelin
10 Cherbuliez
11 Goldschmidt
Naturheilkundiger
5 Rikli
Neuenburg
8 Fleurier
9 Neuchatel, Neuenburg
Nobelpreisträger (Chemie)
5 Ernst
6 Karrer, Prelog, Werner
7 Ruzicka
Nobelpreisträger (Frieden)
5 Gobat, Lange
6 Dunant
8 Ducommun
Nobelpreisträger (Literatur)
5 Hesse
9 Spitteler
Nobelpreisträger (Medizin)
4 Hess
5 Arber
6 Kocher
7 Mueller
10 Reichstein
Ort an der italienischen Grenze
7 Chiasso
Pass
4 Jaun, Ofen
5 Furka
6 Albula, Julier, Maloja, Mosses, Pillon, Susten
7 Bernina, Bruenig, Flueela, Forclaz, Grimsel, Klausen, Morgins, Oberalp, Simplon, Umbrail
8 Gotthard, Spluegen, Wildhaus
9 Lukmanier
13 San Bernardino, Sankt Bernhard, Sankt Gotthard
Philanthrop
6 Dunant
Philologe
6 Howald
Philosoph
5 Barth
6 Gebser, Picard
Physiker
5 Bloch
9 Bernoulli
Physiologe
11 Abderhalden
Pianist
5 Engel
6 Haskil
7 Fischer, Rehberg
8 Magaloff
11 Baumgartner
Politiker u. Staatsmann
3 Ogi
4 Ador, Droz, Frey, Haab, Heer, Zemp
5 Cotti, Etter, Motta, Ruffy, Stich, Welti
6 Escher, Felber, Forrer, Gnaegi, Hammer, Koller, Ruchet, Schenk
8 Villiger

9 Delamuraz
10 Schulthess
11 Petitpierre
Psychiater
5 Forel
Psychologe
5 Meili
6 Piaget
Radierer
6 Merian
12 Stauffer Bern
Radsportler, Radsportlerin
3 Egg
4 Breu, Egli, Ganz, Graf, Joho, Risi, Seiz, Vial, Wiss
5 Arsie, Bobet, Glaus, Isler, Jeker, Ruegg, Stutz, Suter, Wyder, Zberg
6 Buechi, Knecht, Koblet, Maerki, Maurer, Moresi, Poffet, Runkel, Schaer, Schmid, Uliana, Wagner, Zeberg
7 Bellati, Brunner, Buesser, Clerici, Freuler, Kuebler, Kuettel, Kurmann, Litschi, Mueller, Richard, Steiger, Zweifel
8 Honegger, Jaermann, Travella, Trinkler
9 Achermann, Betschart, Erdin-Ganz
10 Buchwalder, Holenweger, Nievergelt, Pfenninger, Weilenmann, Zimmermann
12 Frischknecht
Reformator
4 Beza
5 Farel, Petri, Viret
6 Calvin
7 Zwingli
9 Bullinger
13 Oekolampadius
Rheinzufluss
4 Aare, Thur
Sagenheld
4 Tell
10 Winkelried
11 Wilhelm Tell
Skiläufer, Skiläuferin
4 Haas, Hess, Zogg, Zryd
5 Hangl, Hemmi, Julen, Nadig, Ruegg, Russi, Staub
6 Accola, Fahner, Figini, Fogdoe, Furrer, Gaspoz, Jullen, Kaelin, Locher, Mahrer, Oertli, Prager, Rueegg
7 Berthod, Daenzer, Heinzer, Mueller, Stocker, Streiff
8 Colliard, Gigandet, Rominger, Walliser
9 Collombin, Reinalter, Schneider, Schoepfer
10 Bournissen, Grueningen, Zurbriggen
11 Schlunegger
Sopranistin
5 Borkh
6 Lorand, Mathis
9 Della Casa
Spezialgericht
6 Fondue
Sportler, Sportlerin
4 Kuhn, Miez, Roth
5 Dagon, Fuchs, Gehri, Hofer, Moser, Reich, Ryter, Thoma, Weier, Zardo
6 Boegli, de Bary, Dufaux, Hlasek, Kuchen, Kybarz, Minder, Pluess, Probst, Protti, Reusch, Rosset, Tschan, Volery, Wernli, Zulauf
7 Baumann, Buehler, Buergin, Chervet, Courant, Fischer, Gruenig, Guerdat, Halsall, Kurmann, Larcher, Mueller, Stalder, Studach
8 Bachmann, Bosshard, Candriau, Gemusens, Haggmann, Hartmann, Kottmann, Melliger, Mezzadri, Noverraz, Ramseier, Reinmann, Robbiani, Roederer, Schnyder, Staeheli, Stoeckli, Trachsel, Zappelli
9 Buerchler, Gaehwiler, Guenthard, Richardet, Schneider, Spillmann
10 Chammartin, Gabathuler, Gossweiler, Guebellini, Huerlimann, Schatzmann, Steinemann, Zimmermann
11 Osterwalder, Stadelhofen
12 Huenenberger, Kellenberger
14 Roethlisberger, Stueckelberger
16 Maleewa-Fragniere
Stadt
3 Bex, Elm, Wil, Zug
4 Bern, Biel, Brig, Caux, Chur, Genf, Nyon, Oron, Pfyn, Root, Sion, Thun, Trub, Worb
5 Aarau, Arbon, Arosa, Baden, Basel, Brugg, Davos, Flims, Henau, Ilanz, Lorca, Nidau, Olten, Pully, Ragaz, Rueti, Salux, Spiez, Stans, Stein, Vevey
6 Aargau, Ascona, Brienz, Bueren, Geneve, Glarus, Horgen, Laupen, Listal, Lugano, Luzern, Morges, Morsee, Moudon, Murten, Saanen, Sarnen, Schwyz, Siders, Sitten
7 Altdorf, Buelach, Herisau, Locarno, Muerren, Sargans, Thalwil, Wattwil, Yverdon, Zermatt, Zuerich
8 Bad Ragaz, Burgdorf, Freiburg, Fribourg, Grenchen, Klosters, Lausanne, Martigny, Montreuz, St Gallen, Zofingen
9 Andermatt, Appenzell, Engelberg, Meiringen, Neuchatel, Neuenburg, Reichenau, Rorschach, Solothurn
10 Arth Goldau, Bellinzona, Einsiedeln, Frauenfeld, Interlaken, Pontresina, Rapperswil, Waedenswil, Weinfelden, Winterthur
11 Altstaetten, Grindelwald, Rheinfelden, Sankt Gallen
12 Schaffhausen
Stufental in Graubünden
7 Bergell
Tallandschaft
7 Engadin
8 Emmental
Tenor
9 Haefliger
Theologe
5 Barth, Bovet
7 Lavater
Turner, Turnerin
4 Bach, Beck, Frey, Lucy, Mack
5 Bazzi, Rbetz
6 Fivian, Kipfer, Piatti, Reusch, Rohner, Studer, Walter, Zutter
7 Cavelti, Eugster, Haenggi, Kessler, Lehmann, Stalder, Wilhelm
8 Bachmann, Thalmann
9 Guenthard, Tschabold, Wunderlin, Zellweger
10 Guettinger, Steinemann
11 Gebendinger, Gutweninger
15 Schwarzentraber
Urkanton
3 Uri
6 Schwyz
11 Unterwalden
Verwaltungseinheit
6 Kanton
Violinist und Violoncellist
5 Geyer
8 Wenziger
11 Baumgartner
12 Sturzenegger
Volksheld
4 Tell
Wagenkorb, Schubkarren
5 Benne
Wallfahrtsort
10 Einsiedeln
Westalpenmassiv
5 Adula
Wintersportler, Wintersportlerin
4 Benz, Haas
5 Capol, Gilli, Kempf, Kiser, Meier, Trunz, Weder, Zuend
6 Fasser, Gahler, Gerber, Guidon, Kaelin, Morell, Parpan, Schaad, Schmid, Thomas, Wigger
7 Cattini, Hoerner, Kratzer, Poltera, Steiner
8 Barrachi, Bruegger, Daescher, Faessler, Freiholz, Piazzini
9 Biellmann, Bruggmann, Glanzmann, Hauswirth, Tschannen
10 Feierabend
11 Gerschwiler
13 Gilli-Bruegger, Gruenenfelder
Wintersportort
5 Davos
6 Gstaad
7 Zermatt
9 Andermatt
11 Sankt Moritz
Wort für Bergspitze
3 Piz
Wort für Gehalt oder Lohn
6 Salaer
Zeichner
5 Amman

6 Ammann, Manuel
Zoologe
5 Forel
6 Goeldi
10 Ruetimeyer
Zuchttier
4 Muni
Schweizer Ausdruck für:
Astronaut
6 Lunaut
Bauerngut
6 Heimen, Heimet
Blechkanne
5 Pinte
Butter
5 Anken
Doppelkinn
6 Laempe
Eierweck
6 Murren
Enzianschnaps
6 Jenzer
Fels
5 Flufe
flacher Kuchen mit Belag
5 Waehe
Flurgrenze, Grenzzeichen
5 March
freigebig, großzügig
5 Large
Fuhrknecht
6 Karrer
Gehalt
6 Salaer
Geländekamm
5 Krete
gepökelte Schweineteile
5 Gnagi
Gestalt, Figur
6 Postur
Gittertür, Fallgatter
5 Ester
Grasnachschur
5 Emdet
Grenzbefestigung im MA
5 Letzi
Grundstück
5 Areal
Hausmeister
6 Abwart
Hausschuhe
6 Finken
Heerhaufe, Kampfgruppe
5 Harst
Himmelfahrt
5 Ufert
Holzrutschbahn
5 Leite
Holzstamm, -bock
5 Bloch
Innenstürmer
6 Inside
Jauche
6 Guelle
Kalbsmilch
5 Milke
Kartoffelkiste, Obstständer
5 Hurde
Kies, Geröll
5 Grien
Kirchendiener
6 Mesmer
Kreisel
6 Pfirre
Kuhhirt, Milchmann
6 Kucher
Kurgast
6 Kurant
Laienbruder
5 Nolle
Lawine
6 Laehne
Moräne
5 Gufer
Quark-, Kräuterkäse
5 Ziger
Reifeprüfung
5 Matur
rote Rübe
5 Rahne, Rande
Rückentragegefäß
5 Tanse
Rückentragekorb
6 Kraeze
Sahne, Rahm
5 Nidel
Schachtel, Kasten
6 Krutze
Scheck
5 Check
Schleife, Masche
6 Letsch
Schriftführer
6 Aktuar
Soldatenmantel
5 Kaput
Speiseeis
5 Glace
6 ◆ Glacee
städtischer Beamter
6 Fenner
Steinbock
5 Ibsch
Steinöl, Petroleum
6 Petrol
Strickweste
6 Lismer
Wäsche
5 Linge
Wasserleitung
5 Leite
Weiden-, Tragekorb
5 Hutte
Weste
6 Lender
Wildkirsche
6 Kriest
Wirsing
4 Wirz
Zuchthengst
6 Maiden
Zwischenmahlzeit
6 Marend
Schweizer Bezeichnung für:
Brei
6 Muesli
Kellnerin
11 Saaltochter
schweizerisch:
Säugling
4 Bebe
Stuhl ohne Lehne
8 Taburett
unruhiger Geist
7 Fegnest
Vesperbrot
7 Marenda
Schweizer Stadt im Kanton
Aargau
5 Aarau, Baden, Brugg, Frick
8 Lenzberg, Zofingen
Appenzell-Außerrhoden
7 Herisau
Appenzell-Innerrhoden
9 Appenzell
Basel-Land
7 Liestal, Muttenz
8 Pratteln
11 Rheinfelden
Basel-Stadt
5 Basel
Bern
4 Bern, Biel, Thun
5 Spiez
6 Bienne, Brienz, Gstaad, Laufen, Saanen
7 Aarberg, Huttwil, Langnau, Moutier
8 Tavannes
9 Meiringen
10 Interlaken, Kandersteg, Langenthal
11 Grindelwald
15 Herzogenbuchsee
Glarus
6 Glarus
Graubünden
4 Chur
5 Arosa, Davos, Flims, Ilanz
6 Thusis
7 Samedan
8 Klosters, St. Moritz
10 Pontresina
Jura
8 Boncourt, Delemont
9 Soyhieres
10 Porrentruy
Luzern
6 Kriens, Luzern, Sursee, Weggis
7 Vitznau
8 Willisau
Sankt Gallen
3 Wil
5 Buchs
6 Gossau
7 Sargans
8 Bad Ragaz, St. Gallen
9 Rorschach
10 Rapperswil
11 Altstaetten
Schaffhausen
5 Stein
8 Thayngen
9 Neuhausen
12 Schaffhausen
Schwyz
6 Gersau, Schwyz
7 Brunnen
10 Einsiedeln
Solothurn
5 Olten
8 Grenchen
9 Solothurn
Tessin
6 Ascona, Biasca, Lugano
7 Chiasso, Locarno
9 Mendrisio
10 Bellinzona

Thurgau
5 Arbon, Wilen
8 Amriswil
10 Frauenfeld, Romanshorn, Weinfelden
11 Kreuzlingen
12 Bischofszell
Unterwalden-Nidwalden
5 Stans
9 Engelberg
Unterwalden-Obwalden
6 Sarnen
Uri
7 Altdorf
9 Andermatt
Waadt
4 Nyon
5 Aigle, Rolle, Vevey
6 Morges, Moudon
7 Payerne, Yverdon
8 Lausanne, Vallorbe
9 Montreuxs
Wallis
4 Brig
5 Crans
6 Sierre, Sitten
7 Montana, Saas-Fee, Zermatt
8 Martigny
Zug
3 Zug
4 Baar, Cham
Zürich
5 Uster
6 Hinwil, Horgen, Kloten, Meilen, Staefa
7 Zuerich
8 Dietikon
9 Kilchberg, Schlieren
10 Pfaeffikon, Waedenswil, Winterthur
schwelen
6 blaken, glosen, russen
7 glimmen, gluehen, qualmen
schwelendes
Feuer
4 Glut
schwelgen
7 prassen
9 geniessen, schlemmen
Schwelger
6 Lukull
7 Gourmet, Sybarit
8 Lukullus
9 Schlemmer
Schwelgerei
5 Orgie
6 Gelage
schwelgerisch
6 ueppig
10 lukullisch
Schwelle
beim Schleusenbau
7 Drempel
Schwellenschraube
8 Tirefond
Schwellung
5 Beule, Delle
der Säule
6 Entase
7 Entasis
Schwemmland
6 Marsch
7 Schlick
in Norddeutschland
10 Marschland
schwenkbarer
Schiffskran
5 Davit
Schwenkbecher
zum Mixen
6 Shaker
Schwenkzapfen
an Drehkränen
5 Pivot
schwer
5 ernst, grave
6 klobig, massig, massiv
7 wuchtig
8 diffizil, maechtig
9 schwierig
11 kompliziert
Schwerathlet
5 Boxer, Heber
6 Ringer
7 Catcher
12 Gewichtheber
schwerathletischer
Ausdruck
4 Judo
5 Boxen
6 Ringen
7 Catchen
schwerbewaffnete
Reiter im Mittelalter
7 Reisige
schwere
Bodenart
4 Klei
Bürde
4 Last
eheliche Verfehlung
7 Untreue
Strafe
6 Kerker
9 Zuchthaus
10 Gefaengnis
11 Todesstrafe
12 Zwangsarbeit
Straftat
20 Majestaetsverbrechen
Straßensperre
9 Barrikade
Talje
5 Takel
Verleumdung
7 Rufmord
Zugmaschine, Bagger
9 Bulldozer
Schwere
4 Last
6 Haerte
7 Gewicht
9 Tragweite
11 Gravitation
schwerer
athletischer Sport
9 Ringkampf
Bildhauerhammer
5 Masse
Dauerbeschuss
12 Trommelfeuer
Degen, Säbel
8 Pallasch
Dekorationsstoff
6 Lampas
Hammer (seemännisch)
5 Maker
Schlag
4 Hieb
Sturm
5 Orkan
6 Taifun
7 Tornado
8 Hurrikan
Tisch mit Holzschraubstöcken
9 Hobelbank
Traum
3 ◆ Alb, Alp
Wasserstoff
9 Deuterium
schweres
Fallgewicht
5 Ramme
Gefängnis, Verlies
6 Kerker
Geschütz
7 Moerser
Leid
6 Tragik
Missgeschick
8 Desaster
Nervenleiden
9 Veitstanz
Raupenfahrzeug
9 Bulldozer
Schiffstakel
4 Gien
Seidengewebe
6 Brokat
Sportruderboot
3 Gig
Straßenbaufahrzeug
10 Dampfwalze
schwerfällig
4 faul
5 plump
6 traege
12 phlegmatisch
Schwerfälligkeit
7 Phlegma
9 Plumpheit
schwerhörig
4 taub
Schwerkraft
11 Gravitation
Schwermetall
4 Blei, Gold, Niob, Uran, Zink, Zinn
5 Chrom, Eisen, Titan
6 Kobalt, Kupfer, Mangan, Nickel, Platin, Silber, Tantal, Wismut
7 Cadmium, Kadmium, Rhenium, Wolfram
11 Quecksilber
Schwermut
9 Truebsinn
10 Depression
11 Melancholie
schwermütig
8 elegisch
9 depressiv
10 deprimiert
11 truebsinnig
13 melancholisch
Schwerölmotor-Erfinder
6 Diesel

Schwerpunkt
3 Ton
4 Kern
6 Akzent, Pointe
7 Zentrum
10 Hauptsache
11 Baryzentrum
schwerreicher
Mann
5 Nabob
Schwerspat
5 Baryt
schwerste
Form der Sinnestäuschung
13 Halluzination
schwerstes
Verbrechen
4 Mord
8 Raubmord
Schwert
des Wittich (Sage)
6 Mimung
Schwertaxt
3 Sax
5 Sachs
8 Flamberg
Schwertfechtkunst
5 Kendo
Schwerthülle
7 Scheide
Schwertlilie
4 Iris
6 Krokus
8 Gladiole, Siegwurz
9 Schwertel
Schwertteil, -zubehör
5 Knauf
6 Klinge
7 Scheide
8 Schneide
Schwertwal
4 Orka
7 Raubwal
Schwerverbrecher
6 Bandit
7 Moerder, Raeuber
8 Gangster
9 Kidnapper, Luftpirat, Terrorist
10 Entfuehrer
11 Attentaeter
16 Kindesentfuehrer
schwerverkäufliche
Ware
11 Ladenhueter
schwerverständliches
Gerede
12 Kauderwelsch
schwerwiegend
10 gravierend
14 bedeutungsvoll
Schwester
5 Nonne, Nurse
9 Pflegerin
10 Diakonisse
16 Krankenpflegerin
der Burgunderkönige
9 Kriemhild
der Maria
6 Martha
des Zeus
4 Hera

Schwester von
Antigone
6 Ismene
Apoll
5 Diana
7 Artemis
Aurora
4 Luna
Brentano
7 Bettina
Castor und Pollux
6 Helena
Ceres
4 Juno
Demeter
4 Hera
6 Hestia
Elektra
9 Iphigenie
Eos
6 Selene
Gernot, Giselher, Gunther
9 Kriemhild
Hänsel
6 Gretel
Hektor
9 Kassandra
Helios
3 Eos
6 Selene
Hera
6 Hestia
7 Demeter
Hestia
4 Hera
7 Demeter
Iphigenie
7 Elektra
Ismene
8 Antigone
Juno
5 Ceres, Vesta
Jupiter
5 Ceres, Vesta
Königin Elizabeth II.
8 Margaret
Kronos
5 Rheia
6 Themis
Lazarus
6 Martha
Lea
5 Rahel
6 Rachel
Luna
6 Aurora
Orest
7 Elektra
9 Iphigenie
Paris
9 Kassandra
Poseidon
4 Hera
6 Hestia
7 Demeter
Rahel, Rachel
3 Lea
Selene
3 Eos
Sol
4 Luna
6 Aurora

Zeus
6 Hestia
7 Demeter
Schwiegermutter
der Ruth
5 Naemi
Schwiegersohn
5 Eidam
Labans
5 Jakob
Mohammeds
3 Ali
Schwiegertochter
6 Schnur
der Queen
5 Sarah
Schwiegervater
9 Schwaeher
Jakobs
5 Laban
Mosis
6 Jethro
Schwiele
5 Beule
Schwielensohler
5 Kamel
8 Dromedar
schwierig
6 heikel, subtil
7 prekaer
8 diffizil, kritisch
11 kompliziert
13 problematisch
schwierige
Lage
3 Not
5 Noete
6 Klemme
7 Dilemma, Notlage
8 Drangsal
Zeit
5 Krise
Schwierigkeit
5 Muehe
7 Dilemma, Problem
9 Schererei
10 Kalamitaet
11 Anforderung, Problematik
12 Komplikation
15 Herausforderung
Schwimmanlage
3 Bad
9 Hallenbad, Strandbad
Schwimmbassin
6 Becken
Schwimmbekleidung
8 Badehose
9 Badeanzug
Schwimmblattpflanze
10 Froschbiss
Schwimmbrücke
6 Ponton
schwimmen
10 flottieren
schwimmende
Eismasse
7 Eisberg
Insel aus Treibholz
4 Raft
Pflanzenmasse
5 Flott
Tierwelt
6 Nekton

schwimmendes
Hotel
5 Botel
Seezeichen
4 Boje
5 Bober
Schwimmente
(Gattung)
4 Anas
Schwimmer
am Fischnetz
6 Flosse
an der Angelschnur
4 Pose
schwimmfähiges
Kriechtier
18 Wasserschildkroete
Schwimmhalle
11 Badeanstalt
Schwimmkäfer
8 Gelbrand
10 Drehkaefer
12 Taumelkaefer
14 Gelbrandkaefer
18 Kolbenwasserkaefer
Schwimmlage
eines Schiffes
5 Trimm
10 Lastigkeit
Schwimmpflanze
der Binnengewässer
7 Seerose
Schwimmstil
5 Brust, Crawl, Kraul
6 ◆ Delfin
7 Delphin, Ruecken
9 Butterfly
13 Schmetterling
Schwimmvogel
3 Alk
4 Ente, Gans, Lund
5 Lumme, Moewe
6 Saeger, Schwan
7 Pelikan, Pinguin, Scharbe, Seerabe, Taucher, Toelpel, Tordalk
8 Albatros, Graugans, Kapschaf, Kormoran, Moorente, Saatgans, Samtente, Wildente, Wildgans
9 Brautente, Eiderente, Krickente, Lachmoewe, Raubmoewe, Teichhuhn, Trollumme, Zwerggans
10 Blaesshuhn, Eistaucher, Kolbenente, Nonnengans, Prachtente, Reiherente, Ringelgans, Schneegans, Singschwan, Steissfuss, Sturmvogel
11 Gryllteiste, Hoeckerente, Horntaucher, Silbermoewe, Tropikvogel
12 Fregattvogel, Gaensesaeger, Sturmtaucher, Trottellumme
13 Hoeckerschwan, Kaiserpinguin, Riesenpinguin, Schnatterente, Sturmschwalbe, Wellenlaeufer
14 Brillenpinguin, Fregattenvogel
Schwimmvogelprodukt
7 Entenei
Schwindel
5 Dusel, Luege
6 Betrug, Humbug, Taumel, Unsinn
7 Mumpitz
Schwindelei
8 Gaunerei
Schwindelgefühl
5 Dusel
schwindelig, schwindlig
8 taumelig
10 bluemerant
schwindeln
6 luegen
9 betruegen
Schwindler
6 Ganove, Gauner
9 Betrueger
10 Scharlatan
11 Hochstapler
Schwindsucht
7 Phthise
11 Tuberkulose
17 Lungentuberkulose
Schwingblatt
7 Membran
8 Membrane
Schwinge
5 Feder
7 Fittich, Fluegel
12 Schwungfeder
schwingen
7 pendeln
9 vibrieren
Schwingkörper
6 Pendel
Schwingung
9 Vibration
11 Oszillation
Schwingungsdauer
7 Periode
Schwingungseinheit, -maß
5 Hertz
Schwingungserzeuger
8 Vibrator
Schwingungsschreiber
11 ◆ Oszillograf
12 Oszillograph
Schwingungsvorgang
9 Vibration
Schwingungsweite
9 Amplitude
Schwingungszahl
8 Frequenz
Schwingungszustand
5 Phase
Schwips
6 Rausch
Schwirrholz
der Maori
8 Tjurunga
Schwirrvogel
7 Kolibri
11 Laubsaenger
13 Nachtschwalbe
Schwitzbad
5 Sauna
schwitzen
13 transpirieren
schwüler
Wind in Italien
7 Sirocco
9 Schirokko
Schwulst
7 Bombast
11 Galimathias
schwülstig
11 bombastisch
Schwund
9 Abnutzung
bei Rundfunkwellen
6 Fading
Schwundstufe
des vollen Vokals
5 Schwa
Schwung
3 Pep
4 Elan, Flug
5 Drang, Drive, Druck, Kraft, Menge, Sturm, Verve, Wucht
6 Anzahl, Ladung, Pathos
7 Antrieb, Dynamik, Impetus, Portion, Schmiss
8 Bewegung, Vehemenz
10 Vitalitaet
11 Temperament
12 Lebendigkeit
beim Skifahren
8 Telemark
9 Kristiana
Schwungbrett
9 Trampolin
Schwünge
beim Skifahren
6 wedeln
Schwungfeder
8 Schwinge
Schwungnehmen
6 Anlauf
Schwungstange
der Uhr
6 Pendel
Schwungübung
am Pferd
5 Finte
schwungvoll
5 flott, vital
8 vehement
9 dynamisch, schmissig, schneidig, schnittig
Schwur
3 Eid
8 Geluebde
9 Geloebnis
Schwurbund
17 Eidgenossenschaft
Schwüre
4 Eide
Schwurgericht
in der Schweiz
6 Assise
Schwurtext
11 Eidesformel
Sechseck
7 Hexagon, Sexagon
Sechsergruppe
7 Sextett
Sechsflächner
7 Wuerfel
8 Hexaeder
Sechs-, Sechserpol
6 Hexode
sechsstrahliger Stern, Davidstern der Juden
9 Hexagramm

chsstufiges
tervall
; Sexte
chste
lmisationssilbe
! la
chster
'onat des jüdischen Kalenders
4 Adar
onntag nach Ostern
5 Exaudi
on der C-Dur-Tonleiter
1 A
on der diaton. Tonleiter
5 Sexte
echswertiger
lkohol
5 Hexit
6 Mannit
ediment
0 Ablagerung
edimentgestein
3 Ton
4 Gips, Kies, Lehm, Salz, Sand
5 Kohle, Loess, Pflit
6 Arkose, ◆ Grafit, Kreide, Mergel, Oolith, Sinter
7 Dolomit, Graphit
9 Kalkstein, Sandstein
See
4 Meer
5 Ozean, Teich
6 Weiher
7 Tuempel
am Fuß der Zugspitze
6 Eibsee
auf französisch:
3 lac
auf italienisch:
4 lago
auf Neuseeland
4 Anau
5 Taupo
bei Berlin
7 Wannsee
10 Mueggelsee, Tegeler See
11 Krumme Lanke, Ploetzensee
12 Grunewaldsee
13 Glienicker See, Hundekehlesee, Schlachtensee
16 Rummelsburger See
bei Fürstenwalde
15 Scharmuetzelsee
bei Rom
7 Nemisee
bei Sankt Petersburg
8 Ilmensee
9 Ladogasee
der Südalpen
12 Lago Maggiore
im Schwarzwald
7 Titisee
9 Mummelsee
10 Schluchsee
im Tschad
9 Fittrisee
in Abessinien
7 Abaisee, Tanasee
12 Stephaniesee
in Albanien
8 Ohridsee
9 Prespasee
10 Ochridasee, Shkodrasee
11 Skutariesee
14 Ochchridskosee
in Argentinien
9 Viedmasee
12 Argentinosee
14 Buenos-Aires-See
in Australien u. Ozeanien
7 Eyresee, Sawusee
8 Fromesee, Timorsee
9 Golden Bai, Tasmanbay, Tasmansee, Wanakasee
10 Amadeussee, Everardsee, Torrenssee
11 Gairdnersee, Haifischbai, Wakatipusee
12 Korallenmeer, Macdonaldsee
in der Türkei
6 Tuzsee, Wansee
10 Rezayehsee
in der Ukraine
11 Kiewstausee
19 Krementschugstausee
in Estland
7 Wirzsee
in Finnland
5 Ensre, Inari, Roine
6 Orisee, Saimoa
7 Oulusee
8 Enaresee, Inarisee, Saimasee
in Irland
8 Allensee, Neaghsee
in Italien
7 Idrosee, Iseosee
8 Comersee, Gardasee
9 Lago Cusio, Lago d'Orta
10 Bolsenasee, Luganer See
12 Braccianosee, Lago Maggiore
17 Trasimenischer See
in Jugoslawien
10 Skutarisee
15 Zlatarske jezero
in Kärnten
11 Woerthersee
in Kasachstan
7 Aralsee
9 Tengissee
10 Saissansee
12 Balchaschsee
in Kroatien
14 Plitwitzer Seen
17 Prokljansko jezero
in Lappland
8 Enaresee, Inarisee
in Mazedonien
8 Ohridsee
in Mittelasien
4 Aral
in Nordamerika
7 Eriesee
8 Huronsee
10 Ontariosee
in Norwegen
9 Femundsee, Nisser See
in Österreich
6 Almsee, Irrsee
7 Abersee, Mattsee, Mondsee, Plansee
8 Achensee, Attersee, Brennsee, Gosausee, Kleinsee, Offensee, Thiersee, Traunsee, Walchsee
9 Faaker See, Fuschlsee, Grundlsee, Hintersee, Lunzer See, Trumer See, Turner See, Wallersee, Zeller See
10 Riesachsee, Toplitzsee, Weissensee
11 Afritzer See, Langbathsee, Woerther See, Wolfgangsee
12 Althauser See, Klopeiner See, Ossiacher See
13 Neusiedler See, Pressegger See, Tristacher See
15 Hallstaetter See, Millstaetter See
in Ostpreußen
8 Mauersee
11 Spirdingsee
14 Masurische Seen
in Palästina
10 Genezareth
in Peru
11 Titicacasee
in Russland
5 Onega
6 Ladoga
7 Kamasee
8 Ilmensee, Onegasee
9 Baikalsee, Ladogasee, Peipussee
10 Kulundasee, Latschasee, Tawatuisee, Tschanysee, Weisser See
in Schleswig-Holstein
8 Ukleisee
9 Kellersee
10 Ploener See
in Schottland
4 Ness
8 Loch Ness, Mareesee
in Schweden
7 Naekten
8 Amungsee
9 Maelarsee, Siljansee, Vaenersee
10 Vaettersee
in Sibirien
4 Uwat
in Slowenien
9 BlederSee
in Ungarn
4 Tata
7 Balaton
10 Plattensee
Seealgen
4 Tang
Seeanemone
7 Aktinie
Seebad
am Atlantik
5 Royan
am Golf von Venedig
6 Jesolo
an der Adria
6 Cervia, Pineto, Rimini
7 Abazzia, Opatija
an der Cote d'Azur
5 Nizza
6 Cannes, Menton
an der Riviera
5 Nizza
6 Cannes, Menton, Savona, Sestri
7 Mentone, Rapallo, San Remo
8 St. Tropez
auf der Kurischen Nehrung
6 Nidden

auf Ischia
5 Forio
auf Rügen
4 Binz
5 Baabe
6 Sellin
7 Goehren
8 Sassnitz
auf Sylt
6 Kampen
7 Hoernum
10 Westerland
auf Usedom
6 Bansin
7 Ahlbeck
11 Heringsdorf
bei Genua
7 Rapallo
bei Greifswald
6 Eldena
bei Kiel
5 Laboe
bei Rom
5 Ostia
in Belgien
6 Knokke
7 Ostende
in Bulgarien
5 Varna
6 Albena
8 Nessebar
in Florida
5 Miami
in Holland
12 Scheveningen
in Mexiko
8 Acapulco
in Ostpreußen
5 Cranz
6 Nidden
in Polen
3 Hel
in Pommern
4 Binz, Deep
6 Bansin, Eldena, Sellin
7 Ahlbeck, Goehren, Kolberg, Misdroy
9 Zinnowitz
11 Swinemuende
in Spanien
5 Nerja, Tossa
6 Blanes, Lloret
7 Calella
8 Benidorm, Cambrils, Estepona, Marbella
12 Torremolinos
Seebecken
in Afrika
3 Iro
Seebeute
5 Prise
Seefahrer
der griech. Sage
10 Argonauten
Seefahrtskunde
6 Nautik
Seefahrtsunternehmen
8 Reederei
Seefisch
6 Hering, Rochen, Schlei
7 Flunder, Makrele, Sardine, Scholle
8 Heilbutt, Kabeljau, Seezunge
9 Steinbutt
11 Schellfisch
Seefrachtbrief
12 Konnossement
Seegang
7 Duenung
Seegebiet
bei Pellworm
5 Hever
bei Rügen
6 Libben
der Bretagne
6 Iroise
Seegurke
7 Trepang
Seehandelsklausel
3 cif, fob
Seeheld
der Hanse
6 Beneke
Seehund
5 Robbe
Seehundpelz
4 Seal
Seejungfrau
4 Nixe
6 Sirene
10 Wassernixe
Seekrankheit
6 Nausea
Seekriegsbeute
5 Prise
Seekuh
6 Dugong, Manati, Sirene
8 Lamantin
11 Indikdugong
13 Rotmeerdugong
17 Rundschwanzseekuh
18 Gabelschwanzseekuh
Seekundler
9 Limnologe
Seelachs
3 Sei
Seele
5 Anima, Geist
6 Gemuet, Mensch, Psyche
7 Bohrung
Seelenarzt
10 Psychiater
15 Psychotherapeut
Seelenbild
der Frau
5 Anima
des Mannes
6 Animus
Seelenglaube
9 Animismus
Seelenheilkunde
11 Psychiatrie
Seelenkummer
4 Qual
Seelenkunde
11 Psychologie
Seelenkundiger
10 Psychologe
seelenlos
3 tot
Seelenmesse
7 Requiem
Seelenruhe
8 Ataraxie
Seelenschmerz, Sorge
6 Kummer
Seelenstörung
8 Psychose
Seelenvogel
7 Harpyie
Seelenwanderung
12 Wiedergeburt
13 Metempsychose, Reinkarnation
seelisch
9 psychisch
seelische
Beeinflussung
10 Suggestion
Erschütterung
6 Schock, Trauma
Gedrücktheit
11 Pessimismus
Stärkung
5 Trost
Störung
7 Neurose
Verfassung
5 Laune
8 Stimmung
Verkrampfung
6 Trauma
seelischer
Schmerz
4 Leid, Pein
Schwung
5 Verve
Trost, Erfrischung
6 Labung
seelisches
Leiden
7 Neurose
Schlaferlebnis
5 Traum
Seelsorger
5 Kurat
6 Pastor
7 Pfarrer
8 Priester, Theologe
11 Geistlicher
seelsorgerisch
8 pastoral
Seemacht
6 Flotte, Marine
Seemann
4 Maat
7 Matrose
10 Steuermann
des Jason
8 Argonaut
für schwierige Gewässer
5 Lotse
seemännisch:
an den Wind gehen
5 luven
Anrichte
6 Pantry
Aufwischer
5 Dweil
ausladen
8 lichtern, loeschen
9 leichtern
Bett
4 Koje
Bindung
6 Musing
Bootskran
5 Davit
Chef, Herr
4 Baas

*eckö*ffnung
4 Luke
ckes Seil
6 Trosse
eieckiges Segel
7 Kluever
bbe oder Flut
4 Tide
imer
5 Pultz
nge Durchfahrt
5 Rille
nger Durchgang
3 Gar
ern, windseitig
5 aloof
Flagge grüßend bewegen
6 dippen
Flaschenzug
5 Talje
hinten
7 achtern
hinteres Schiffsende
4 Heck
hochziehen
6 hissen
Horizont
4 Kimm
innere Schiffswand
6 Schott
Kerbe
4 Keep
Kompass
7 Bussole
Küche
8 Kombuese
Lasten aufziehen
6 hieven
Lederpeitsche
5 Katze
linke Schiffsseite
8 Backbord
Lohn
5 Heuer
Lukeneinfassung
5 Suell
Mastspitze
3 Top
neblig
6 mistig
Offiziersspeiseraum
5 Messe
Pfosten zum Festmachen
6 Poller
Polster vor Schiffswand
6 Fender
quer
5 dwars
Raum für Leckwasser
5 Bilge
rechte Schiffsseite
10 Steuerbord
Richtung bestimmen
6 peilen
Ruder
6 Riemen
rudern
6 pollen, pullen
rundes Schiffsfenster
8 Bullauge
Schiffsbrüstung
6 Reling
Schiffsesstisch
4 Back
Schiffsjunge
5 Moses
Schiffssteuer
5 Ruder
Schiffstau
3 Gei
4 Reep
6 Trosse
Seezeichen
4 Bake, Boje
Segel
4 Fock
Segelstange
3 Raa
4 Rahe
6 Gaffel, Spriet
Segelwerk, Segelzeug
8 Takelage, Takelung
Stütztau
6 Pardun
Tau herablassen
6 fieren
Tauwindung
5 Toern
Treppe zum Schiff
8 Fallreep
vom Kurs abweichen
6 gieren
vorderes Schiffsteil
3 Bug
Winde
5 Spill
Windschattenseite
3 Lee
Windseite
3 Luv
Zeit
4 Tide
seemännische
Bezeichnung für eine hölzerne
Spleißnadel
3 Fid
seemännischer
Anruf
4 Ahoi
Ausdruck
3 Bug, Gei, Lee, Luk, Luv, Raa, Ree, Top
4 Back, Bake, Boje, Fock, Heck, Koje, Kuhl, Luke, Rahe, Reep, Reff, Topp
5 Bilge, Dolle, dwars, geien, Logis, Messe, Ruder, Wante
6 Brasse, Gaffel, gieren, hissen, peilen, pollen, reffen, Reling, Riemen, Schott, Spante, Spriet
7 achtern, brassen, Bussole, Kabelar, Kluever
8 Bullauge, Fallreep
seemännisches
Eintopfgericht
8 Labskaus
Tempomaß
6 Knoten
Seemannsbett
4 Koje
11 Haengematte
Seemannshut
6 Wester
10 Suedwester
Seemannskleidung
7 Oelzeug
Seemannslied
6 Shanty
Seemannslohn
5 Heuer
Seemannsmatratze
8 Bultsack
Seemannsruf
4 Ahoi
Seemeile
6 Knoten
Seenot
11 Schiffbruch
Seenotruf
3 SOS
Seeoffizier
in einer Botschaft
13 Marineattache
Seeotter
des Beringmeers
5 Kalan
Seerabe
8 Kormoran
Seeräuber
5 Pirat
6 Korsar
8 Bukanier
10 Filibuster, Flibustier, Freibeuter
aus Wismar
12 Stoertebeker
Seeräuberei
9 Piraterie
Seeräuberschiff
5 Korsa
Seerose
5 Lotos
6 Mummel
7 Aktinie, Koralle
8 Nixblume, Nymphaea
9 Teichrose
10 Lotosblume, Purpurrose
11 Kannenblume, Wasserlilie
13 Victoriaregia
Seerosendahlie
8 Georgine
Seesäugetier
3 Wal
4 Seal
5 Robbe
6 ◆ Delfin, Narwal
7 Delphin, Seehund, Walross
8 Seeloewe
Seeschaden
7 Average, Havarie
11 Schiffbruch
Seeskorpion
5 Ulker
Seesperre
8 Blockade
Seestreitkräfte, -macht
6 Armada, Flotte, Marine
7 Verband
9 Flottille
12 Kampfverband, Kriegsmarine
14 Schiffsverband
Seeungeheuer
6 Scylla, Skylla
9 Charybdis
Seeuntiefe
5 Flach
Seeversicherungsgesellschaft
5 Lloyd

6 Lloyds
Seevogel
3 Alk
5 Lumme, Moewe
7 Toelpel
8 Albatros
Seewalze
7 Trepang
seewärts
ziehender Meeresstrom
3 Sog
Seewesen
6 Marine
Seewind
des Gardasees
3 Ora
Seezeichen
4 Bake, Boje
5 Bober, Tonne
6 Pricke, Stange
8 Heulboje
10 Leuchtbake, Leuchtboje, Leuchtturm
11 Feuerschiff, Leuchtfeuer
Segel
4 Fock
5 Besan, Royal
7 Kluever
8 Beisegel, Rahsegel, Skysegel
9 Bramsegel, Focksegel, Marssegel, Spinnaker, Stagsegel
10 Grosssegel, Royalsegel
11 Gaffelsegel, Luggersegel, Schratsegel, Sprietsegel
13 Lateinersegel
am Hintermast
5 Besan
Segelausrüstung
8 Takelage, Takelung
Segelbefestigungsring
5 Legel
Segelboot, Segelschiff
3 Dau, FAM, Nef
4 Bark, Ewer, Finn, Hulk, Slup, Star, Yawl
5 Brigg, Dingi, Jacht, Jeton, Jolle, Kogge, Pirat, Sloop, Tjalk, Trias, Yacht
6 Corsar, ◆ Delfin, Dinghi, Dinghy, Feluke, Galion, Ketsch, Kutter, Logger, Segler, Soling
7 Clipper, Delphin, Drachen, Galeone, Galeote, Klipper, Kreuzer, Schoner, Scooter, Tempest, Tornado
8 Dschunke, Fireball, Fregatte, Galeasse, Korvette, Starboot, Trabakel, Trimaran
9 Caravelle, Einmaster, Karavelle, Katamaran
10 Brigantine, Hansekogge, Viermaster, Vollschiff, Zweimaster
14 Flying Dutchman
Segelfalter
6 Segler
Segelflosser
5 Kalar
Segelflugstart
11 Windenstart
12 Motorschlepp
Segelflugströmung
7 Aufwind, Thermik
Segeljacht
5 Sloop
Segelkommando
3 Ree
Segelleine
3 Gei
5 Schot
Segelmanöver
5 Halse
Segelquerstange
3 Raa, Rah
Segelschiff, Fischerboot
5 Pinke
Segelschlitten
8 Eisjacht
Segelstange
3 Raa, Rah
4 Dirk, Rahe, Stag
6 Gaffel
9 Besanbaum, Bugspriet
Segeltau
3 Gei
5 Brass, Schot
6 Brasse, Schote
Segeltaueinfassung
4 Liek
Segeltuch
10 Persenning
Segeltuchranzen
9 Tornister
Segelwind
5 Brise
Segelzubehör
5 Legel
Segen
4 Heil
5 Gebet, Weihe
6 Fuelle, Glueck
7 Andacht, Segnung
Seggen
8 Riedgras
Seglervogel, -art
6 Klecho
7 Kolibri
9 Salangane
10 Baumsegler, Hummelelfe, Prachtelfe, Riesengnom
11 Alpensegler, Helmkolibri, Mauersegler, Schmuckelfe, Schweifelfe
12 Adlerkolibri, Costakolibri, Glanzkolibri, Topaskolibri, Wundersylphe, Zwergkolibri
13 Adlerschnabel, Flaggensylphe, Hummelkolibri, Sapphokolibri
15 Schwertschnabel
Segment
9 Abschnitt
segnen
9 benedeien
Segnung
11 Benediktion
Segre-Zufluss
in Spanien
5 Cinca
Sehen, der Gesichtssinn
5 Visus
Sehenswertes
in Arnstadt
12 Puppenmuseum
Sehenswürdigkeit
7 Denkmal
im Treptower Park
20 Archenholdsternwarte
in Aachen
3 Dom
12 Couvenmuseum
15 Suermondtmuseum
in Ansbach
7 Schloss
in Aschaffenburg
12 Johannisburg
in Augsburg
3 Dom
7 Rathaus
8 Fuggerei
in Baden-Baden
7 Kurpark
15 Caracallatherme
in Bamberg
3 Dom
7 Rathaus
8 Residenz
10 Hofhaltung
15 Michaelskloster
in Bayreuth
9 Eremitage, Opernhaus
13 Schlosskirche
in Berlin
3 Zoo
8 Funkturm, Tierpark
9 Reichstag
10 Staatsoper, Tiergarten
11 Fernsehturm, Weltzeituhr
12 Europacenter, Rotes Rathaus, Siegessaeule
14 Alexanderplatz, Pergamonmuseum, Unter den Linden
15 Kurfuerstendamm, Nationalgalerie
16 Brandenburger Tor
18 Reichstagsgebaeude
in Bielefeld
11 Sparrenburg
in Bonn
8 Muenster, Residenz
9 Bundestag, Godesburg
12 Landesmuseum, Museum Koenig
14 Beethovenhalle
17 Regierungsviertel
in Braunschweig
3 Dom
13 Dankwarderode
in Bremen
5 Markt
7 Rathaus
in Coburg
5 Veste
in Darmstadt
12 Landesmuseum
14 Mathildenhoehe
15 Residenzschloss
in Dortmund
12 Marienkirche
13 Westfalenpark
in Dresden
7 Zwinger
9 Hofkirche
10 Semperoper
11 Fuerstenzug
12 Frauenkirche

15 Gemaeldegalerie
18 Bruehlsche Terrasse
in Düsseldorf
3 Koe
9 Hofgarten
11 Ratinger Tor
in Essen
8 Muenster
14 Folkwangmuseum
in Flensburg
13 Nikolaikirche
in Frankfurt am Main
3 Dom, Zoo
4 Zeil
6 Roemer
8 Alte Oper
9 Messeturm
10 Goethehaus, Hauptwache
11 Paulskirche
12 Palmengarten
13 Staedelmuseum
in Freiburg im Breisgau
8 Muenster
in Fulda
3 Dom
9 Orangerie
12 Stadtschloss
in Gera
20 Museum fuer Geschichte
in Giessen
10 Liebighaus
in Goslar
7 Rathaus
9 Brusttuch
11 Kaiserpfalz
in Göttingen
12 Gaenseliesel
in Hamburg
5 Hafen
6 Alster, Michel
7 Rathaus, St. Pauli
8 Tierpark
10 Reeperbahn
11 Petrikirche
12 Binnenalster, Jacobikirche
13 Jungfernstieg
15 Michaeliskirche
in Hameln
17 Rattenfaengerhaus
in Hannover
7 Rathaus
11 Leibnizhaus
12 Herrenhausen
in Heidelberg
7 Schloss
11 Alte Bruecke
in Hildesheim
3 Dom
15 Michaeliskirche
20 Knochenhaueramtshaus
in Ingolstadt
8 Kreuztor
in Kaiserslautern
7 Rathaus
12 Stiftskirche
in Karlsruhe
15 Residenzschloss
in Kassel
13 Wilhelmshoehe
in Kiel
6 Foerde
in Koblenz
12 Deutsches Eck, Kastorkirche
15 Ehrenbreitstein
in Köln
3 Dom
10 Guerzenich
13 Gereonskirche, Gross St. Martin
21 Wallraf-Richartz-Museum
in Konstanz
8 Muenster
in Leipzig
7 Rathaus
10 Gewandhaus
12 Thomaskirche
13 Nikolaikirche, Reichsgericht
15 Auerbachs Keller
22 Voelkerschlachtdenkmal
in Lübeck
10 Holstentor
12 Marienkirche
15 Buddenbrookhaus
20 Schiffergesellschaft
in Lüneburg
7 Rathaus
14 Johanniskirche
in Mainz
3 Dom
14 Johanniskirche
15 Dioezesanmuseum, Gutenbergmuseum
16 Augustinerkirche
in Mannheim
7 Schloss
8 Zeughaus
10 Kunsthalle
in Marburg
15 Elisabethkirche
17 Landgrafenschloss
in Minden
3 Dom
10 Alte Muenze
in Mönchengladbach
9 Abteiberg
13 Schloss Rheydt
in München
7 Stachus
8 Karlstor, Residenz
11 Marienplatz, Nymphenburg, Odeonsplatz, Olympiapark
12 Frauenkirche, Hofbraeuhaus
15 Deutsches Museum, Nationaltheater, Viktualienmarkt
16 Englischer Garten
in Münster
3 Dom
14 Prinzipalmarkt
in Nordhausen
15 Meyenburgmuseum, Roland am Rathaus
in Nürnberg
4 Burg
9 Fembohaus
10 Duererhaus
12 Lorenzkirche
13 Handwerkerhof
14 Nationalmuseum
in Osnabrück
3 Dom
7 Rathaus
8 Ledenhof
in Paderborn
3 Dom
7 Rathaus
in Passau
11 Stephansdom
12 Rathausplatz
13 Residenzplatz, Veste Oberhaus
in Quedlinburg
10 Finkenherd
13 Klopstockhaus
in Regensburg
3 Dom
11 Goliathhaus
12 Altes Rathaus
14 Kloster Emmeram
16 Steinerne Bruecke
in Rostock
7 Rathaus
12 Marienkirche
14 Kroepeliner Tor
in Saarbrücken
13 Ludwigskirche
in Schleswig
8 Petridom
in Schwäbisch Gmünd
17 Heiligkreuzkirche
in Schwäbisch Hall
10 Marktplatz
in Schwerin
7 Schloss
in Speyer
3 Dom
21 Dreifaltigkeitskirche
in Straubing
8 Basilika
12 Ludwigsplatz
14 Theresienplatz
in Stuttgart
12 Landesmuseum, Schlossplatz
13 Schillerplatz, Staatsgalerie
in Trier
3 Dom
10 Porta Nigra
13 Kaiserthermen, Roemerbruecke
in Tübingen
13 Neckarbruecke
14 Hoelderlinhaus
in Ulm
8 Muenster
11 Metzgerturm
in Weimar
7 Schloss
9 Belvedere
10 Goethehaus
11 Cranachhaus
12 Herderkirche, Schillerhaus
13 Wittumspalais
15 Nationaltheater
17 Goethes Gartenhaus
in Wiesbaden
7 Kurhaus
12 Altes Rathaus
18 Griechische Kapelle
in Wittenberg
7 Rathaus
10 Lutherhaus
11 Cranachhaus
13 Schlosskirche
15 Residenzschloss
in Worms
3 Dom
13 Lutherdenkmal
in Wuppertal
11 Schwebebahn

in Würzburg
3 Dom
8 Residenz
10 Marienberg
12 Grafeneckart
13 Marienkapelle
17 Festung Marienberg
in Xanten
3 Dom
Seher
7 Kuender, Prophet
9 Weissager
der griechischen Sage
6 Idunas
Seherin
in Troja
9 Kassandra
seherisch
9 visionaer
11 prophetisch
Seherkunst
6 Mantik
Sehhilfe
6 Brille
12 Kontaktlinse
Sehkörper
8 Augapfel
Sehkraftmesser
9 Optometer
Sehkreis
8 Horizont
Sehloch
des Auges
7 Pupille
Sehne
5 Faser
6 Strang
7 Flechse
des Wadenmuskels
13 Achillessehne
sehnenartige
Knochenverbindung
8 Ligament
Sehnengeschwulst
am Handgelenk
9 Ueberbein
Sehnenverziehung
7 Zerrung
Sehnsucht
7 Fernweh, Heimweh
9 Nostalgie, Verlangen
sehnsuchtsvolle
Erinnerung
9 Nostalgie
Sehöffnung
7 Pupille
Sehorgan
4 Auge
sehr
alter Mann
5 Greis
altes Schriftstück
9 Pergament
alte Stadt Babyloniens
2 Ur
betagt
5 uralt
dick
4 fett
dünne Edelmetallfolie
9 Blattgold
dünne Gebäckunterlage
6 Oblate
erstaunt
4 baff
fein
8 exquisit
fest, unbeirrt
5 ehern
feucht
4 nass
giftiges Alkaloid
6 Brucin
giftiges Nachtschattengewächs
6 Datura
giftiges Reptil
15 Klapperschlange
giftiges weißes Pulver
7 Arsenik
groß
5 enorm
6 riesig
große Dummheit
6 Eselei
große Meeresbucht
4 Golf
große Räume
6 Hallen
hartes Metall
5 Titan
7 Wolfram
hartes Nichtmetall
3 Bor
heftiger Regen
4 Guss
11 Wolkenbruch
hell
5 grell
hohes Gewicht
9 Megatonne
hohe Temperatur
5 Hitze
kalt
5 eisig
kalte Füße
8 Eisbeine
kalter Teil des Meeres
7 Tiefsee
kleiner materieller Körper
8 Partikel
knapper Damenbadeanzug
5 Tanga
kurzer Rock
4 Mini
kurze Zeitspanne
2 Nu
10 Augenblick
langsames Musikstück
5 Largo
leichtes Holz
5 Balsa
reicher Mann
5 Nabob
schlimm
3 arg
schnell
6 rapide
übler Geruch
7 Gestank
vertraut
5 intim
warm
5 heiss
widerstandsfähiger Stahl
8 Austenit
Sehrohr
des U-Bootes
8 Periskop
Sehstoff
7 Retinen
sehunfähig
5 blind
9 erblindet
seicht
4 fade
5 banal, flach
6 untief
seichte
Flussstelle
4 Furt
Stelle der Nordseeküste
4 Watt
Stelle im Meer
7 Untiefe
seichter
Flussübergang
4 Furt
Meeresarm, Strandsee
6 Lagune
seichtes
Bühnenstück
8 Klamotte
Seichtheit
10 Platituede
Seidelbast
6 Daphne
Seidenfrottee
8 Bourette
Seidengarn
als Schussfaden
5 Trame
Seidengewebe
4 Cire, Taft
5 Atlas, Ekrue, Japon, Ponge, Satin, Twill
6 Barege, Batist, Brokat, Damast, Faille, Ramage
7 Chiffon, Epingle, Foulard, Organza
8 Duchesse, Eolienne, Florette
9 Levantine
mit Metallfäden
4 Lame
Seidenplüsch
6 Felbel
Seidenstoff
5 Toile
7 Organza
in Köperbindung
5 Surah
seidenweiche
Pflanzenfaser
5 Kapok
Seidenwollstoff
6 Cotele, Ramage
Seifenbaum
3 Aki
8 Quillaja
Seifenlösung
5 Lauge
Seiher, Seihgerät
4 Sieb
6 Filter
Seil
3 Gei, Tau
4 Reep
5 Leine
6 Schnur, Strang, Strick

zum Anbinden des weidenden Viehs
6 Tueder
Seilbahn
4 Lift
7 Skilift, Zuglift
8 Babylift
10 Sessellift
11 Kabinenbahn, Schlepplift, Schwebebahn
Seilbahnkabine
6 Gondel
Seildreher
6 Seiler
Seilfähre
10 Gierfaehre
Seilmaterial
4 Hanf
5 Sisal
Seilscheibe
6 Haspel
seiltanzen
11 balancieren
Seiltänzer
12 Aequilibrist
Seilzug
5 Winde
Sein
in der chinesischen Religion
3 Tao
Sein, Dasein
5 Leben
8 Existenz
11 Erdenwandel
Seinemetropole
5 Paris
Seinezufluss
4 Aube, Epte, Eure, Oise
5 Aisne, Cally, Loing, Marne, Nauxe, Orvin, Ource, Sarce, Yonne
6 Brevon
7 Aubette, Laignes, Orvanne
Seinslehre
9 Ontologie
Seite
6 Flanke
der Buchführung
4 Soll
5 Debet, Haben
6 Credit, Kredit
des rechtwinkligen Dreiecks
7 Kathede
10 Hypotenuse
einer Münze
5 Avers
Seitenabweichung
eines Geschosses
10 Derivation
Seitenansicht
6 Profil
Seiteneingang
9 Nebentuer
Seitengewehr
8 Bajonett
der Jäger
13 Hirschfaenger
Seitenruder
8 Leitwerk
Seitenspross
bei Kakteen
6 Kindel
Seitensprosse
eines Geweihs
5 Enden
Seitensprung
8 Eskapade
Seitensteuer
beim Flugzeug
5 Ruder
Seitenstreifen
an Straßen
7 Bankett
Seitenstück
7 Pendant
Seitensumme
5 Latus
Seitental
der Donau
6 Inntal
der Saale in Thüringen
6 Ilmtal
Seitenteil
eines Gebäudes
6 Giebel
Seitenverhältnis
im Dreieck
6 Sekans
7 Kosinus
seitenverkehrt
11 Spiegelbild
Seitenwand
im Grubenbau
5 Stoss
Seitenwandbrett
des Fasses
5 Daube
Seitenwand, Einfassung
5 Zarge
Seitenzahl
6 Pagina
seitlich
5 neben
7 lateral
seitliche
Ausdehnung
6 Breite
Begrenzung
4 Rand
Galerie in Kirchen
6 Empore
Körperpartie
5 Lende
Neigung eines Schiffes
11 Schlagseite
Schädelpartie
8 Schlaefe
seitliches
Stammorgan der Pflanzen
5 Blatt
Sekret
absonderndes Organ
6 Druese
der Leber
5 Galle
Sekretär
Ciceros
4 Tiro
Sekt
8 Schampus
10 Champagner, Schaumwein
Sekte, Sektenangehörige
4 Sikh
5 Druse, Sikhs
6 Drusen, Imamit
7 Mormone, Quaeker
8 Adamiten, Chlysten, Geissler, Hussiten, Ismailit, Katharer, Mennonit, Mormonen, Wahhabit
9 Adventist, Baptisten, Bogomilen, Nazarener, Paulisten
10 Albigenser, Wahhabiten
11 Adventisten, Juenger Jesu, Methodisten, Paulikianer
12 Hirt und Herde
13 Bahai-Religion, Bibelforscher, Wiedertaeufer, Zeugen Jehovas
14 Gemeinde Gottes
15 Friedensmission, Gemeinde Christi
16 Christian Science, Neu-Geistbewegung
18 Keller Gemeinschaft, Lorber Gesellschaft, Reichsbruderschaft
19 Apostolischer Glaube, Gemeinde der Christen
20 Neu Salems Vereinigung, Philadelphia Gemeinde
21 Neuapostolische Kirche, Neue Kirche Swedenborgs
22 Kirche des Reiches Gottes
23 Gralsbewegung Bernhardts
25 Die Heiligen der letzten Tage
26 Evangelischer Bruederverein
29 Evangelisch-Johanneische Kirche
32 Apostolische Glaubensgemeinschaft
Sektion
6 Bezirk
7 Bereich, Ressort
9 Abschnitt, Abteilung, Obduktion
11 Untergruppe
15 Leichenoeffnung
Sektor
4 Fach
6 Bezirk, Gebiet, Gruppe, Sparte
7 Ressort
9 Abschnitt, Abteilung
10 Ausschnitt, Fachgebiet, Teilgebiet
11 Untergruppe
14 Unterabteilung
Sektionschef
16 Abteilungsleiter
Sekundant
5 Zeuge
6 Helfer
8 Beistand
Sekundärrohstoff
7 Schrott
Selbermachen
12 do it yourself
selbst
konstruiertes
8 Eigenbau
Selbstachtung
5 Stolz
selbständiges
Lebewesen
10 Organismus
Selbstanerkennung
8 Eigenlob

Selbstbedienungskaufhaus
10 Supermarkt
Selbstbeeinflussung
14 Autosuggestion
Selbstbefruchtung
9 Autogamie
Selbstbeherrschung
5 Zucht
9 Disziplin
Selbstbespiegelung
8 Eigenlob
Selbstbewertung
des eigenen Denkens
8 Gewissen
Selbstbewunderer
7 Narziss
Selbstbewusstsein
5 Stolz
7 Duenkel
Selbstbezeichnung
der Eskimos
5 Inuit
der Zigeuner
4 Roma
selbstbezogen
10 autistisch, egoistisch
11 egotistisch
12 egozentrisch, narzisstisch
13 introvertiert
Selbstbildnis
12 Autoportraet, Autoportrait
Selbstbinder
8 Krawatte
Selbstbiografie
8 Memoiren
Selbsteinschläferung
11 Autohypnose
selbstgefällig
5 eitel
8 arrogant
10 geckenhaft
11 snobistisch
Selbstgefälligkeit
9 Eitelkeit
12 Blasiertheit
selbstgenügsam
6 autark
selbstgerecht
12 pharisaeisch
selbstgerechter
Mensch
10 Pharisaeer
Tadler
15 Splitterrichter
Selbstgespräch
7 Monolog
selbstherrlich
10 totalitaer
12 autokratisch
14 absolutistisch
Selbstherrscher
8 Autokrat
Selbstladepistole
8 Browning
Selbstlaut
5 Vokal
Selbstlernender
10 Autodidakt
selbstlos
12 altruistisch
14 uneigennuetzig
Selbstlosigkeit
10 Altruismus
18 Uneigennuetzigkeit
Selbstmord
6 Suizid
7 Freitod
8 Harakiri
Selbstregler
7 Automat
Selbstsicherheit
10 Eigenwille
selbstständig
4 frei
6 autark
7 autonom
9 souveraen
11 unabhaengig
Selbstständigkeit
8 Autarkie, Freiheit
9 Autonomie
10 Indepedenz
15 Unabhaengigkeit
Selbststeuerung
von Maschinen
9 Automatik
Selbstsucht
8 Egoismus
9 Eigennutz
10 Egozentrik, Eigenliebe
Selbstsüchtiger
6 Egoist
7 Egotist
selbsttätig
7 autogen
11 automatisch
ablaufende Organfunktion
12 Automatismus
arbeitende Maschine
7 Automat
selbsttätiges
Warenverkaufsgerät
7 Automat
Selbsttäuschung
8 Illusion
10 Einbildung
Selbstüberhebung
6 Hybris
Selbstunterricht
10 Autodidakt
Selbstverherrlichung
8 Eigenlob
Selbstverliebtheit
10 Narzissmus
11 ◆ Narzissmuss
13 Autoerotismus
selbstverständlich
7 logisch
Selbstverstümmelung
9 Autotomie
Selbstverteidigung
als Sport
4 Judo
5 Kendo
6 Aikido, Karate
7 Jujutsu
8 Jiujitsu
9 Taekwondo
Selbstverwaltung
9 Autonomie
Selbstvorwurf
4 Reue
selig
4 froh
6 wonnig
10 gluecklich
selige
Ruhe
7 Nirwana
Seligkeit
5 Wonne
selig preisen
9 benedeien
Seligpreisung
11 Benediktion
selig sprechen
13 beatifizieren
Seligsprechung
13 Beatifikation
selten
3 rar
vorkommendes Mineral
9 Edelstein
seltene
Blitzerscheinung
10 Kugelblitz
Erde
3 Cer, Zer
6 Erbium, Neodym
7 Holmium, Iridium, Lanthan, Rhodium, Terbium, Thulium, Yttrium
8 Actinium, Europium, Lutetium, Samarium, Scandium
9 Praseodym, Ytterbium
10 Dysprosium, Gadolinium, Promethium
seltenes
Metall
5 Radon, Titan
6 Erbium, Radium, Tantal
7 Terbium
Naturschauspiel
16 Sonnenfinsternis
radioaktives Metall
8 Polonium
Silikatmineral
6 Axinit
Seltenheit
6 Unikum
8 Ausnahme, Raritaet
11 Kostbarkeit
seltsam
6 bizarr, kauzig, kurios
7 grotesk, skurril
8 frappant
9 sonderbar, wunderbar
10 eigenartig, mysterioes, sonderlich, wunderlich
11 merkwuerdig, raetselhaft, verschroben
seltsame
Spaßhaftigkeit
12 Skurrilitaet
seltsamer
Sonderling
6 Unikum
Semantik
15 Bedeutungslehre
Semifinale
15 Vorschlussrunde
Semiten
5 Juden, Syrer
6 Araber
7 Akkader, Armaeer, Assyrer
8 Aramaeer, Hebraeer
10 Babylonier, Israeliten, Kanaaniten, Phoenizier

semitische
Gottheit
4 Baal
5 Istar
6 Moloch
7 Astarte
Sprache
8 arabisch
semitischer Sturm-, Gewittergott
5 Hadad
semitisches
Volk
5 Juden
6 Araber
8 Aramaeer, Hebraeer
10 Israeliten
Semmelbrei
6 Panade
Sems
Nachkomme
5 Semit
Senator
12 Ratsmitglied
Senatsgremium
12 Aeltestenrat
Senatsmitglied
7 Senator
in Sparta
6 Geront
Senatsraum
im alten Rom
5 Kurie
Sendbote
7 Apostel, Delegat
8 Emissaer
9 Missionar
11 Delegierter
Sendeeinrichtung
7 Antenne
Sendefolge
8 Programm
Sender
in den USA
3 AFN
Senderpeilsystem
6 Adcock
Senderschwund
(Radio)
6 Fading
Sendevorrichtung
5 Geber
Sendschreiben
5 Breve
7 Epistel
11 Hirtenbrief
Sendung
4 Post
7 Aufgabe, Auftrag, Mission
8 Berufung
12 Uebertragung
senegalesische
Stadt
5 Dakar, Thies
7 Kaolack
8 Diourbel, Rufisque
10 Saint Louis, Ziguinchor
senegalische
Währung
5 Franc
8 Centimes
Senegal-Zufluss
6 Faleme
Senf
8 Mostrich
Senfgas
6 Yperit
Senfkohl
5 Rauke
Senge
4 Haue
5 Hiebe
6 Tracht
7 Pruegel
8 Schlaege
9 Abreibung
Senior
9 Aeltester
Senkblei
3 Lot
Senke
3 Tal
5 Grube, Mulde
9 Niederung
10 Einschnitt, Vertiefung
im Karstgebiet
5 Polje
im Verlauf eines Berges
6 Sattel
Senker
6 Bohrer, Spross´
7 Ableger
11 Schoessling
Senkgrube
5 Gully
7 Abfluss, Latrine
Senkkasten
7 Caisson
Senkloch
5 Gully, Gumpe
senkrecht
5 steil
8 lotrecht, vertikal
stehendes Holz
7 Pfosten
senkrechte
Achse
8 Ordinate
Gerade
9 Vertikale
Stütze
6 Saeule
7 Pfeiler
zur Tangente
7 Normale
Senkrechte
5 Hoehe
9 Lotrechte, Vertikale
senkrechter
Eingang
8 Falltuer
Luftwirbel
8 Windhose
Mauerstreifen
6 Lisene
Schleifenflug
7 Looping
Seitenabschluss an Dächern
6 Giebel
Senkung
10 Depression
Senkwaage
10 Araeometer
Senner
6 Alpner
Sennesstrauch
6 Kassie
Sennhütte
6 Chalet
Sensation
8 Aufsehen
sensationelle
Glanzleistung
10 Attraktion
Sensengriff
5 Worbe
Sensenmann
3 Tod
Sensenschneide
6 Dengel
Sensibilität
15 Empfindlichkeit
Sentenz
6 Devise, Maxime, Urteil
7 Ansicht, Meinung
9 Ausspruch
10 Denkspruch, Merkspruch, Sinnspruch
11 Lebensregel
12 Lebensdevise
sentimentale
Hinwendung zur Vergangenheit
9 Nostalgie
Separator
7 Trenner
8 Scheider
9 Schleuder
10 Zentrifuge
separat, separiert
4 solo
7 einzeln
8 getrennt
9 gesondert
11 distanziert
separierte
Glaubensgruppe
5 Sekte
Sepiaschale
6 Schulp
September
9 Scheiding
10 Herbstmond
Serbenkönig
(1854-1901)
5 Milan
serbische
Hauptstadt
7 Belgrad, Beograd
Stadt
3 Nis
5 Pirot
6 Sombor, Vranje
7 Belgrad, Novi Sad, Pancevo, Valjevo, Zajecar
8 Kraljevo, Pristina, Subotica
9 Mitrovica, Pozarevac, Zrenjanin
10 Kragujevac
serbischer
Dichter
6 Andric
8 Markovic
Geheimbund
8 Omladina
Name der Drau
5 Drave
Physiker
5 Tesla

Schuh
6 Opanke
serbisches
Herrschergeschlecht
9 Obrenovic
Sereth-Zufluss
(Rumänien)
5 Buzau
Serie
3 Set
5 Folge, Kette, Reihe
6 Gruppe, Turnus, Zyklus
11 Reihenfolge
serienmäßige
Anfertigung von Kleidungsstücken
10 Konfektion
seriös
9 ernsthaft
10 anstaendig
15 glaubenswuerdig
Seriosität
5 Ernst
Serpentine
5 Kehre
7 Windung
11 Zickzackweg
12 Schlangenweg
13 Schlaengelweg
Serum
9 Impfstoff
Serumbehälter
7 Ampulle
Serumforscher
7 Ehrlich
serumhaltig
6 seroes
Servierbrett
6 Platte
7 Tablett
9 Schlitten
Serviertisch
8 Anrichte
Serviette
8 Mundtuch
für Kleinkinder
4 Latz
Sessel
6 Chaise
8 Fauteuil
9 Lehnstuhl
amtlicher Geistlicher
6 Sedile
sesshaft
Gewordener
9 Ansiedler
Session
6 Tagung
7 Sitzung
15 Sitzungsperiode
Setter
11 Huehnerhund
setzen
5 legen
6 wetten
7 stellen
Setzer
in der Druckerei
7 Metteur
Setzereileiter
6 Faktor
Setzmaschine
8 Linotype, Monotype, ◆ Typograf
9 Intertype, Typograph
14 Teletypesetter
Seuche
4 Pest, Ruhr
6 Pocken, Typhus
7 Cholera, Endemie
8 Epidemie, Pandemie
der Hunde
6 Staupe
Sexappeal
4 Reiz
9 Anziehung
15 Anziehungskraft
Sexfilm
5 Sexer
Sex, Sexus
6 Erotik
10 Geschlecht
18 Geschlechtlichkeit
Sexualhormon
6 Prolan
7 Oestron
8 Androgen, Gestagen
9 Oestrogen
11 Androsteron, Progesteron, Testosteron
Sezession
8 Spaltung, Trennung
9 Lossagung
10 Abspaltung, Losloesung
11 Absonderung, Ausstellung
18 Verselbstaendigung
20 ◆ Verselbststaendigung
Seziermesser
8 Skalpell
Shake
11 Mixgetraenk
13 Mischgetraenk
Shaker
9 Mixbecher
10 Mixgefaess
Shakespeares
Geburtsort
9 Stratford
Theater
5 Globe
sherryartiges
japan. Nationalgetränk
4 Sake
Shetlandinsel
4 Unst, Yell
5 Foula
6 Fetlar, Walsey
7 Bressay
8 Mainland
siamesische
Geldeinheit
5 Fuang
Münze
3 Bat
siamesisches
Ruderschiff
5 Balon
Sibirier
6 Jakute, Tatare, Wogule
7 Ostjake, Tunguse
8 Burjaete, Jukagire, Samojede
11 Tschuktsche
sibirische
Bucht, Golf
3 Tar
7 Obbusen
8 Tasbusen
9 Janabusen
11 Olenekbucht, Olenekbusen, Taimyrbucht
Kältesteppe
6 Tundra
Marderart
5 Zobel
Stadt
3 Ola
4 Bisk, Iman, Ksyl, Merw, Omsk, Seja, Tara, Tura
5 Aldan, Bijsk, Ennis, Kansk, Kysyl, Narym, Taiga, Tomsk, Witim
6 Anadyr, Berdsk, Bratsk, Igarka, Kurgan, Surgut, Tjumen, Tommot, Turgai, Udinsk
7 Alma Ata, Buchara, Dudinka, Irkutsk, Jakutsk, Ochotsk, Tobolsk, Tschita
8 Chatanga, Powlodar
9 Balchasch, Kasalinsk, Samarkand, Taschkent
10 Aschchabad, Aschchabat, Chabarowsk
11 Krasnojarsk, Nowosibirsk, Wladiwostok, Woroschilow
13 Petropawlowsk
Waldsteppe
5 Taiga
sibirischer
Fluss
2 Ni, Ob, Om
3 Oka, Tas
4 Amur, Jana, Lena
5 Aldan, Tobol
6 Angaru, Kolyma
7 Irtysch
8 Jenissei, Tunguska
9 Indigirka
Frostnebel
5 Morok
Marder
5 Zobel
Volksstamm
7 Jakuten, Tataren, Wogulen
8 Ostjaken, Tungusen
9 Burjaeten, Jukagiren, Samojeden
10 Jenissejer
12 Tschuktschen
Waldgürtel
5 Taiga
Weißfisch, Hasel
6 Megdym
sibirisches
Binnengewässer
9 Baikalsee
Eichhörnchen
3 Feh
Pelztier
5 Zobel
sibirisch-mongolisches
Grenzgebirge
5 Altai
sich
abwechseln
11 alternieren
aneignen
6 nehmen
beschweren
11 reklamieren

besprechen
7 beraten
drehender Maschinenteil
5 Rotor
Drogen einspritzen
5 fixen
einen Namen machen
12 Profilierung
fortbewegen
5 gehen
6 laufen
10 schleichen
11 marschieren
Freuender
11 Vergnuegter
gehören
8 geziemen
jeder Lage Anpassender
11 Opportunist
laut Äußernder
5 Rufer
lohnen
9 auszahlen, rentieren
manuell fortbewegendes Gefährt
9 Handwagen
nach oben verjüngender Steinpfeiler
7 Obelisk
stets anpassende Schutzfärbung bei Tieren
7 Mimikry
stoßen
7 prellen
täuschen
5 irren
verbrüdern
14 fraternisieren
verengendes Rohrstück
5 Duese
verstellen
10 simulieren
vorbereiten
12 praeparieren
zurechtfinden
11 orientieren
zurückziehen
10 retirieren
Sichelmesser
5 Hippe
sichere
Verwahrung
4 Hort
sicherer
Zufluchtsort
4 Asyl
sicheres
Auftreten
6 Aplomb
Gefühl
8 Instinkt
sicher, geschützt
6 gefeit
Sicherheit
5 Pfand
6 Schutz
7 Deckung, Kaution
8 Garantie
10 Gewissheit, Sekuritaet
11 Buergschaft
Leistender
6 Buerge
Sicherheitsbehörde
7 Polizei
Sicherheitseinrichtung
4 Bake
8 Schranke
im Theater
15 eiserner Vorhang
Sicherheitsfach, -schrank
4 Safe
6 Tresor
Sicherheitsglas
7 Sekurit
11 Verbundglas
Sicherheitshinterlegung
5 Pfand
7 Kaution
Sicherheitsklausel
6 Kautel
Sicherheitsluftsack
im Kfz
6 Airbag
Sicherheitsorgan
7 Polizei
20 Bereitschaftspolizei
Sicherheitsvorrichtung
6 Riegel
7 Schloss
in Zügen
9 Notbremse
sichern
8 festigen
11 garantieren
13 konsolidieren, stabilisieren
Sicherstellung
(röm. Recht)
6 Cautio
Sicherung
einer Behauptung
6 Beweis
Sicherungsbeschlagnahme
9 Pfaendung
Sicherungsgeleit
7 Eskorte
Sicherungsstift
6 Splint
Sicherungstruppe
6 Vorhut
7 Nachhut
Sicherungsvorrichtung
bei Überdruck
6 Ventil
sichtbare
Ansammlung schwerer Wassertröpfchen
5 Wolke
Auszeichnung
5 Orden
Mauerseite
5 Haupt
sichtbares
Zeichen der Schätzung
4 Ehre
sichten
9 sortieren
10 wahrnehmen
12 gewahr werden
Sichtgrenze
8 Horizont
Sichtung
7 Siebung
Sichtvermerk
im Pass
5 Visum
Sickertuch
6 Filter
Sickerwasserstelle
im Bergbau
5 Sumpf
Sieb
5 Seihe
6 Filter, Seiher
sieben
geistige Werke der Barmherzigkeit
3 Rat
5 Gebet, Trost
6 Suehne
9 Belehrung
10 Verzeihung
14 Zurechtweisung
Hügel Roms
7 Aventin, Caelius, Kapitol, Palatin, Viminal
8 Esquilin, Quirinal
leibliche Werke der Barmherzigkeit
12 Tote begraben
14 Kranke besuchen
15 Hungrige speisen, Nackte bekleiden
16 Durstige traenken
17 Fremde beherbergen, Gefangene troesten
sagenhafte Könige von Rom
7 Romulus
12 Ancus Martius
13 Numa Pompilius
14 Servius Tullius
15 Tullus Hostilius
17 Tarquinius Prisens
18 Tarquinius Superbus
Töchter des Atlas
8 Plejaden
Todsünden
4 Geiz, Neid, Zorn
7 Hochmut, Wollust
10 Trunksucht
19 Traegheit des Herzens
Tugenden
5 Liebe
6 Glaube
7 Staerke
8 Hoffnung, Klugheit
11 Maessigkeit
13 Gerechtigkeit
Weise des Altertums
4 Bias
5 Solon
6 Chilon, Thales
8 Pittakos
9 Kleobulos
10 Periandros
Weltwunder
9 Pyramiden
15 Koloss von Rhodos, Tempel in Ephesos
16 Haengende Gaerten
17 Zeusbild in Olympia
19 Leuchtturm von Pharos
20 Grabmal in Halikarnass
Siebenbürger
Fürstengeschlecht
7 Bathory
siebenbürgische
Stadt
4 Cluj
5 Sibiu
6 Brasov
9 Kronstadt
11 Klausenburg

12 Hermannstadt
Siebeneck
8 Heptagon
Siebenergruppe
7 Septett
Siebengestirn
7 Plejade
8 Plejaden
Siebenschläfer
5 Bilch
9 Bilchmaus
10 Schlafmaus
Siebentälerstadt
9 Olbernhau
siebenter
Tag der jüdischen Woche
6 Sabbat
Ton der diaton. Tonleiter
5 Septe
7 Septime
siech
5 krank
Siechtum
9 Krankheit
11 Morbositaet
Siedler
8 Kolonist
Siedlerkollektiv
in Israel
6 Kibbuz
Siedlung
3 Ort
4 Dorf
5 Stadt
6 Weiler
7 Flecken, Kolonie
8 Gemeinde, Ortsteil
9 Ortschaft
10 Ansiedlung
12 Aussenbezirk
der Turkvölker
3 Aul
Siedlungsplatz
der Altsteinzeit
4 Abri
Sieg
6 Erfolg, Gewinn
7 Triumph
Siegel
9 Petschaft
Siegelabdruck
7 Stempel
Siegelamtssitz
(chin. Kaiserzeit)
5 Yamen
Siegelblättchen
alter Urkunden
6 Oblate
Siegelstein
10 Skarabaeus
siegen
8 gewinnen
12 triumphieren
Sieger
6 Bester, Erster
7 Matador
8 Gewinner
11 Triumphator
der Schlacht im Teutoburger Wald
5 Armin
über Minotaurus
7 Theseus
Siegerin
5 Beste, Erste
10 Gewinnerin
Siegerpreis, Siegesprämie
3 Cup
5 Coupe, Kranz, Pokal
7 Lorbeer
8 Medaille, Plakette, Schleife, Trophaee
10 Eichenlaub
11 Eichenkranz
12 Lorbeerkranz
Siegesanwärter
7 Favorit
Siegesgöttin
4 Nike
6 Eirene
8 Victoria, Viktoria
Siegesort
Napoleons bei Wien
6 Wagram
Siegeszeichen, Jagdbeute
8 Trophaee
der Indianer
5 Skalp
Siegfrieds
Frau
9 Kriemhild
Mörder
5 Hagen
Mutter
9 Sieglinde
Pferd
5 Grane
Schwert
7 Balmung
Vater
8 Siegmund
sieghaft
9 triumphal
siegreicher
britischer Admiral
6 Nelson
Siegwurz
8 Gladiole
Si-Einheit
der Stromstärke
6 Ampere
Signal
7 Zeichen
bei starker Luftverschmutzung
9 Smogalarm
Signaleinrichtung, -gerät
4 Horn, Hupe
5 Ampel, Fahne, Lampe
6 Flagge, Glocke, Sirene, Wimpel, Winker
7 Blinker, Leuchte
8 Semaphor
9 Nebelhorn, Sturmball, Warnlampe, Warnlicht
10 Leuchtboje
11 Leuchtfeuer, Martinshorn, Warnleuchte
Signalfarbe
3 rot
5 gruen
Signalflagge
7 Stander
Signalmesser
6 Sensor
Signatur
6 Siegel, Signum
7 Zeichen
9 Namenszug
11 Abzeichnung, Bezeichnung, Bezifferung, Kennzeichen
12 Unterschrift
13 Kartenzeichen
14 Unterzeichnung
Signum
5 Marke
7 Zeichen
Silbenrätsel
8 Scharade
Silbenschrift
der Japaner
8 Hiragana, Katakane
Silberakazienblüte
6 Mimose
Silberauflage
6 Dublee
Silberbergstadt
10 Schneeberg
Silberdachs
6 Badger
Silberglanz
8 Argentit
silbergraues
Schwermetall
6 Mangan
Silberlegierung
für Münzen
6 Billon
Silberlöwe
4 Puma
6 Jaguar, Kuguar
Silbermünze
5 Denar
Silberpapier
8 Alufolie, Stanniol
9 Zinnfolie
14 Aluminiumfolie
Silberpappel
4 Albe
5 Abele
silberweißes
Alkalimetall
7 Natrium
Leichtmetall
9 Aluminium
luftbeständiges Metall
6 Nickel
Metall
4 Zinn
5 Chrom, Eisen
6 Kalium
Silhouette
6 Umriss
12 Schattenbild, Schattenriss
14 Scherenschnitt
am Horizont
7 Skyline
Silikatmineral
6 Egeran
Siliziumscheibe
(Elektronik)
5 Wafer
Siliziumwasserstoff
5 Silan
Silo
8 Speicher
14 Futterspeicher
16 Getreidespeicher
19 Gaerfutterbehaelter

Silvesterartikel
7 Kracher
11 Knallbonbon
17 Feuerwerkskoerper
Silvesterbrauch
11 Bleigiessen
Silvesterfreude
9 Feuerwerk
Silvestergebäck
7 Krapfen
Silvestergetränk
5 Bowle
9 Gluehwein
Simsons-, Samsons Geliebte
6 Dalila, Delila
Sims-, Schmuckstreifen
5 Fries
simulierte
Krankheit
9 Nihilitis
Sinaigipfel
im Alten Testament
5 Horeb
Sinfonie
von Beethoven
6 Eroica, Neunte
9 Pastorale
von Bruckner
11 Romantische
von Haydn
5 Feuer
6 Merkur, Trauer
7 Pariser, Passion
8 Abschied, Londoner, Militaer
10 Hornsignal
12 Paukenschlag
von Mendelssohn-Bartholdy
11 Reformation, Schottische
12 Italienische
von Mozart
6 Linzer, Prager
7 Haffner, Jupiter, Pariser
von Schubert
9 Tragische
12 Unvollendete
von Schumann
10 Rheinische
von Tschaikowsky
7 Manfred
10 Pathetique
13 Wintertraeume
sinfonischer
Zyklus von Smetana
13 Mein Vaterland
singbare
Tonfolge
7 Melodie
singbares
Gedicht
4 Lied
Singerei
6 Gesang
Singgemeinschaft
3 Duo
4 Chor, Trio
7 Sextett
8 Quartett, Quintett
Singhalese
9 Ceylonese
singhalesische
Sprache
3 Elu
Singhalle
5 Odeon
Singspiel
8 Operette
10 Vaudeville
von Mozart
5 Zaide
Singstimme
3 Alt
4 Bass
5 Tenor
6 Sopran
7 Bariton
11 Mezzosopran
Singtextsammlung
10 Liederbuch
Singular
7 Einzahl
Singvogel
3 Beo, Poe, Sai
4 Fink, Rabe, Star
5 Ammer, Amsel, Atzel, Dohle, Fitis, Maina, Meise, Merle, Nonne, Pirol, Sitta, Spatz, Weber
6 Drongo, Elster, Gimpel, Haeher, Kraehe, Lerche, Menura, Paride, Pieper, Pitpit, Roetel, Roller, Schapu, Stelze, Zeisig
7 Akioloa, Amadine, Amarant, Astrild, Drossel, Girlitz, Kanarie, Kleiber, Ortolan, Schwirl, Tangare, Timalie, Trupial, Wuerger
8 Bergfink, Bobolink, Buchfink, Buelbuel, Calliope, Dompfaff, Edelfink, Farbfink, Goldfink, Kardinal, Kolkrabe, Kronfink, Kuhvogel, Reisfink, Sakabula, Schwalbe, Sperling, Spoetter, Sprosser, Tschagra, Zilpzalp
9 Aaskraehe, Atlasfink, Bajaweber, Bandvogel, Bartmeise, Bergdohle, Blaumeise, Blaumerle, Braunelle, Drossling, Fadenhopf, Glanzstar, Goldammer, Goldamsel, Goldweber, Grauammer, Gruenfink, Gruenling, Guttarama, Haarvogel, Haenfling, Kohlmeise, Kuhstelze, Paperling, Papstfink, Reisvogel, Ringamsel, Rohrammer, Rohrspatz, Rosenstar, Staerling, Stahlfink, Starweber, Stieglitz, Tigerfink, Ufermaina, Viehweber, Wendehals, Zaunammer, Zippammer
10 Alpenamsel, Alpendohle, Bachstelze, Baumpieper, Bergpieper, Blattvogel, Distelfink, Feldlerche, Feuerweber, Gluckvogel, Grasmuecke, Graudrongo, Hausroetel, Hohlroller, Indigofink, Kragenhopf, Nachtigall, Neuntoeter, Nusshaeher, Pirolweber, Prachtfink, Rabenvogel, Rotdrossel, Rotschwanz, Saatkraehe, Schmaetzer, Schnaepper, Schneefink, Spornammer, Sumpfmeise, Webervogel, Widahvogel, Zaunkoenig
11 Alektoweber, Baumlaeufer, Beutelmeise, Blaudrossel, Blauwuerger, Bootschwanz, Brachpieper, Einfarbstar, Erlenzeisig, Feldschwirl, Finkenvogel, Gartenammer, Grauwuerger, Hakengimpel, Haubenmeise, Heidelerche, Honigsauger, Huegelatzel, Kernbeisser, Kragenvogel, Lappenvogel, Laubenvogel, Laubsaenger, Laubwuerger, Madenhacker, Maskenweber, Mennigvogel, Nebelkraehe, Nektarinien, Nektarvogel, Nonnenmeise, Pagodenstar, Raubwuerger, Ringdrossel, Rohrsaenger, Rohrschwirl, Rotkehlchen, Schneeammer, Schwarzkopf, Schwarzstar, Siedelweber, Singdrossel, Sonnenvogel, Spechtmeise, Steinroetel, Tannenmeise, Trauermaina, Trauermeise, Waldsaenger, Wasseramsel, Weidenammer, Weidenmeise, Weindrossel, Zuckervogel
12 Birkenzeisig, Blaukehlchen, Brillenvogel, Buschwuerger, Diamantvogel, Dorfschwalbe, Eichelhaeher, Einfarbwidah, Elfenastrild, Erzglanzstar, Feldsperling, Floetenvogel, Gelbspoetter, Graubeulbeul, Graukopfstar, Haubenlerche, Haussperling, Honigfresser, Karmingimpel, Kleidervogel, Klunkervogel, Kuhstaerling, Leierschwanz, Lerchenammer, Mauerlaeufer, Mehlschwalbe, Pfingstvogel, Schaftstelze, Schwanzmeise, Schwarzamsel, Schwarzvogel, Schwarzwidah, Spottdrossel, Steindrossel, Tannenhaeher, Trauerdrongo, Tuerkisvogel, Uferschwalbe, Vangawuerger, Wasserpieper, Wiesenpieper, Zitronenfink
13 Bergbraunelle, Berghaenfling, Bluetenpicker, Braunkehlchen, Cistensaenger, Felsenkleiber, Flaggendrongo, Gaertnervogel, Gebirgsstelze, Goldhaehnchen, Granatastrild, Heckensaenger, Kanarienvogel, Klingelroller, Kreuzschnabel, Lapplandmeise, Maskenwuerger, Misteldrossel, Mistelfresser, Paradiesvogel, Paradieswitwe, Priestervogel, Rauchschwalbe, Reisstaerling, Schamadrossel, Schlagschwirl, Schoenbuerzel, Schwalbenstar, Seidensaenger, Seidenschwanz, Stadtschwalbe, Steinsperling
14 Alpenbraunelle, Baltimorevogel, Braunstaerling,

Dorngrasmuecke,
Erzhonigsauger,
Felsenschwalbe,
Floetenwuerger,
Grauschnaepper,
Hausrotschwanz,
Orangeblaufink,
Paradieselster,
Roetelschwalbe,
Rotkopfwuerger,
Schneesperling,
Schneidervogel,
Schwarzdrossel,
Schwatzdrossel,
Seidenkuhvogel,
Siedelsperling, Sperlingsweber,
Staffelschwanz,
Zaungrasmuecke,
Zitronenzeisig
15 Bartstrichweber,
Berglaubsaenger,
Haubenstaerling,
Heckenbraunelle,
Italiensperling, Kanariengirlitz,
Langschwanzstar,
Orangebaeckchen,
Orpheusspoetter,
Prachtglanzstar,
Rotschwaenzchen,
Schillertangare,
Schwarzkehlchen,
Stachelbuerzler,
Steinschmaetzer,
Unglueckshaeher,
Veilchenastrild,
Waldbaumlaeufer,
Waldlaubsaenger,
Zwergschnaepper
16 Atlaslaubenvogel,
Gartengrasmuecke,
Gartenrotschwanz,
Hahnschweifwidah,
Rotaugenbuelbuel,
Rotscheitelwidah,
Schnurrbaertchen,
Sumpfrohrsaenger,
Teichrohrsaenger,
Trauerschnaepper,
Wacholderdrossel,
Wasserschmaetzer,
Wiesenschmaetzer
17 Blutschnabelweber,
Dreifarbentangare,
Dreifarbglanzstar,
Fliegenschnaepper,
Gartenbaumlaeufer,
Klappergrasmuecke,
Leierschwanzwidah,
Maskenkernbeisser,
Moenchsgrasmuecke,
Orpheusgrasmuecke,
Schilfrohrsaenger,
Schlammnestkraehe,
Schopflaubenvogel,
Seggenrohrsaenger,
Seidenlaubenvogel,
Sperbergrasmuecke,
Tamariskensaenger,
Weidenlaubsaenger
18 Drosselrohrsaenger,
Gangesbrillenvogel,
Halsbandschnaepper,
Rotkehlnektarvogel
19 Bindenkreuzschnabel,
Goldstirnblattvogel,
Hausrotschwaenzchen,
Koenigskleidervogel,
Kragenparadiesvogel,
Rotkaeppchentimalie,
Schwarzstirnwuerger,
Siebenfarbentangare,
Sommergoldhaehnchen,
Wintergoldhaehnchen
20 Fichtenkreuzschnabel,
Kiefernkreuzschnabel,
Rotbrusthonigfresser,
Rotschulterstaerling,
Schwarzkappentimalie,
Silberohrsonnenvogel
21 Gartenrotschwaenzchen,
Laerchenkreuzschnabel
22 Blaufluegelsonnenvogel

Singweise
4 Lied
7 Melodie
der altgriechischen Musik
5 Nomos

Singzirpe
6 Zikade

Sinken
der Börsenkurse
6 Baisse

Sinnbild
6 Emblem, Symbol, Tropus
8 Metapher
9 Allegorie, Gleichnis
der Franz. Revolution
8 Bastille
der Furcht
9 Espenlaub
der Liebe
4 Amor
der Unsterblichkeit
7 Phoenix
der Weisheit
4 Eule
der Würde und Macht
5 Krone
6 Zepter
des boshaften Zorns
6 Geifer
des Sieges
10 Triumphzug
12 Lorbeerblatt

sinnbildlich
10 symbolisch
11 allegorisch
12 metaphorisch

Sinn-, Denkspruch
5 Gnome, Motto, Xenie, Zitat
6 Devise, Maxime
7 Sentenz
8 Epigramm, Leitwort
10 Aphorismus

sinnen
6 denken
8 gruebeln
10 meditieren, nachdenken, ueberlegen

sinnende
Betrachtung
10 Meditation

Sinnesart
5 Wesen
9 Charakter, Gesinnung
11 Mentalitaet

Sinnesempfindung
4 Aura

Sinnesorgan, -werkzeug
3 Ohr
4 Auge, Haut, Nase, Nerv
5 Zunge
6 Gehoer

Sinnestäuschung
4 Wahn
6 Vision
8 Illusion, Trugbild
9 Phantasma
11 Fata Morgana
13 Halluzination, Vorspiegelung

Sinneswahrnehmung
6 Gehoer, Geruch
7 Gefuehl, Gesicht
9 Geschmack
10 Empfindung, Impression

Sinneswerkzeug
5 Organ

sinnfällig
7 konkret
9 eindeutig
11 offenkundig

Sinngedicht
5 Xenie
6 Xenion
8 Epigramm

Sinngehalt
9 Bedeutung

sinngemäß
6 analog

sinngleich
7 synonym

sinnieren
10 meditieren

sinnliche
Ausschmückung
7 Beiwerk
Liebe
6 Erotik

Sinnlichkeit
6 Erotik

sinnlich-lüsterner
Mensch
5 Satyr

sinnlose
Geschwindigkeit
7 Raserei

sinnloses
Geschwätz
7 Gefasel
11 Galimathias
Schießen
8 Ballerei

sinnlos, sinnwidrig
6 absurd, albern
7 abwegig, paradox
8 toericht, unnoetig
9 unlogisch

Sinnpflanze
6 Mimose
16 Ruehrmichnichtan

Sinn, Vernunft
5 Logos
eines Tuns
5 Zweck
zur Wahrnehmung von Schall
6 Gehoer

sinnverwandtes
Wort
7 Synonym

sinnvolle
Wortzusammenstellung
4 Satz
Siouxindianer
5 Omaha, Osage, Ponka
Sippe
4 Clan
7 Familie, Gattung
14 Verwandtschaft
Sippenbesitz
der Germanen
4 Odal
Sippenkunde
10 Genealogie
13 Familienkunde
Sippenverband
4 Klan
der Mongolen
5 Aimak
Sippschaft
6 Clique
8 Kluengel
Sirene
11 Alarmgeraet
Sirenengeräusch
7 Heulton
sirupartige
Flüssigkeit
8 Glyzerin
Sisalpflanze
5 Agave
Sitte
4 Form, Mode, Usus
5 Ethos, Nomos, Ritus
6 Brauch
7 Anstand, Komment
8 Benehmen, Manieren
9 Herkommen, Tradition, Verhalten
12 Polizeiorgan
14 Ueberlieferung
Sitten
5 Mores
Sittenkunde
10 Ethognosie
Sittenlehre
5 Ethik, Moral
sittenlose
Gemahlin des Claudius
9 Messalina
Sittenprediger
8 Moralist
sittenstreng
11 puritanisch
Sittenstrolch
6 Unhold
Sittenverderbnis
10 Korruption
14 Demoralisation
Sittichpapagei
3 Ara
5 Arara
sittlich
7 ethisch
9 moralisch
verderben
12 korrumpieren
14 demoralisieren
sittliche
Entrüstung
9 Empoerung
Forderung
5 Gebot
8 Postulat
Gesamthaltung
5 Ethos
Vollkommenheit (Antike)
5 Arete
sittlicher
Begriff
3 Ruf
4 Ehre
5 Ethik, Ethos, Gebot, Luege, Moral, Treue
6 Schuld, Suehne, Wuerde
7 Ansehen, Anstand, Geltung, Leumund, Pflicht
8 Gewissen, Wahrheit
9 Charakter, Gesinnung
10 Humanitaet, Sauberkeit
11 Ehrlichkeit, Redlichkeit
14 Anstaendigkeit
sittliches
Entsetzen
11 Entruestung
Verhalten
7 Anstand
Sittlichkeit
5 Moral
sittsam
6 dezent
Sittsamkeit
6 Tugend
Sittsamkeitsprahler
10 Tugendbold
Situation
4 Lage
7 Umstand, Zustand
8 Sachlage, Stellung
11 Verhaeltnis
situiert
8 gestellt
Sitz
5 Facon, Platz
6 Fasson, Mandat, Stimme
7 Domizil
8 Residenz
der Biologischen Bundesanstalt
12 Braunschweig
der Bundesanstalt für Arbeit
9 Nuernberg
der Bundesanstalt für Arbeitsschutz
8 Dortmund
der Bundesanstalt für Straßenwesen
16 Bergisch Gladbach
der Bundesanstalt für Wasserbau
9 Karlsruhe
der Bundesanwaltschaft
9 Karlsruhe
der Bundesregierung
6 Berlin
der Bundesvereinigung der Deutschen Arbeitgeberverbände
5 Koeln
der Deutschen Angestellten-Gewerkschaft (DAG)
7 Hamburg
der Deutschen Bundesbank
9 Frankfurt
der Deutschen Forschungsgemeinschaft
4 Bonn
der EU-Kommission
8 Bruessel
der geistlichen Verwaltung
5 Kurie
der Götter in der Mythologie
5 Olymp
der Max-Planck-Gesellschaft
8 Muenchen
der Musen
7 Parnass
der NATO
8 Bruessel
der Regierung
8 Residenz
der Stadtverwaltung
7 Rathaus
der UNO
4 Genf, Wien
7 New York
des Bundesamtes für Verfassungsschutz
5 Koeln
des Bundesamtes für Wirtschaft
8 Eschborn
des Bundesarbeitsgerichts
6 Erfurt
des Bundesarchivs
7 Koblenz
des Bundesdisziplinargerichts
9 Frankfurt
des Bundesfinanzhofes
8 Muenchen
des Bundesgerichtshofes
9 Karlsruhe
des Bundesgesundheitsamtes
6 Berlin
des Bundeskartellamtes
6 Berlin
des Bundeskriminalamtes
9 Wiesbaden
des Bundesnachrichtendienstes
7 Pullach
des Bundespräsidenten
6 Berlin
des Bundesrates
6 Berlin
des Bundesrechnungshofes
9 Frankfurt
des Bundessozialgerichts
6 Kassel
des Bundestages
6 Berlin
des Bundesverbandes der Deutschen Industrie (BDI)
5 Koeln
des Bundesverfassungsgerichts
9 Karlsruhe
des Bundesverwaltungsgerichts
7 Leipzig
des Denkzentrums
6 Gehirn
des Deutschen Bauernverbandes
4 Bonn
des Deutschen Beamtenbundes
4 Bonn
des Deutschen Gewerkschaftsbundes (DGB)
11 Duesseldorf
des Deutschen Industrie- und Handelstages (DIHT)
4 Bonn
des Deutschen Städtetages
5 Koeln
des Deutschen Städte- und Gemeindebundes
11 Duesseldorf

des Europäischen Gerichtshofes
9 Luxemburg
des Europäischen Parlaments
8 Bruessel
9 Luxemburg
10 Strassburg
des Europarates
10 Strassburg
des Gehörs
3 Ohr
des Herrschers
5 Thron
des ital. Außenministeriums
5 Chigi
des Kraftfahrt-Bundesamtes
9 Flensburg
des Luftfahrt-Bundesamtes
12 Braunschweig
des Statistischen Bundesamtes
9 Wiesbaden
des Umwelt-Bundesamtes
6 Dessau
des Zentralverbandes des Deutschen Handwerks
4 Bonn
einer griechischen Philosophenschule
4 Elea
eines Landesfürsten
8 Residenz
im Parlament
6 Mandat
im Theater
4 Loge, Rang
7 Galerie, Parkett
9 Sperrsitz
in der Kirche
12 Chorgestuehl
Sitzbank
im Ruderboot
5 Ducht
Sitzbecken
5 Bidet
Sitzgelegenheit, -möbel
4 Bank, Sofa
5 Platz, Stuhl, Thron
6 Hocker, Sessel
7 Schemel
8 Fauteuil, Taburett
9 Lehnstuhl
10 Clubsessel, Klubsessel, Korbsessel
13 Schaukelstuhl
Sitzkomfort
im Auto
9 Liegesitz
Sitzmöbelteil
5 Lehne
Sitzplatzreihe
8 Gestuehl
Sitzsofa
7 Kanapee
Sitzstreik
5 Sit-in
Sitzung
6 Tagung
7 Meeting, Session
8 Beratung
9 Konferenz
11 Besprechung
Sitzungsbericht
9 Protokoll
Sitzungsperiode
7 Session
Sitzungsraum
im Kloster
11 Kapitelsaal
Sitzunterlage
6 Kissen
Sitzvorrichtung
für Reiter
6 Sattel
Sitzwaschbecken
5 Bidet
sizilianische
Hauptstadt
7 Palermo
sizilianischer
Geheimbund
5 Mafia
6 Maffia
Sänger
5 Adamo
Vulkan
5 Aetna
Skalaeinteilung
4 Grad
Skaldenlied, Lobgedicht
5 Drapa
Skalenteil
4 Grad
Skalpell
12 Seziermesser
Skandal
5 Eklat, Laerm, Radau
7 Affaere
8 Aufsehen
9 Aergernis
skandalös
10 aergerlich, anstoessig
skandalöses
Ereignis
5 Eklat
Skandinavier
5 Daene, Finne
7 Schwede
8 Norweger
9 Islaender
skandinavisch:
Prost
4 skal
skandinavische
Bezeichnung für ein dämonisches Wesen
5 Troll
Fluggesellschaft
3 SAS
Küstenklippe
8 Schaeren
Meerenge
4 Belt, Sund
8 Oeresund
Meeresbucht
5 Fjord
Münze
4 Oere
5 Krone
Währung
5 Krone
Wühlmaus
7 Lemming
skandinavischer
Frauenname
3 Agi, Asa, Eda, Gun, Ina, Kai, Kaj, Lil, Mie, Siw, Urd
4 Agda, Agna, Aila, Aino, Alla, Ally, Alvi, Alvy, Asta, Bora, Brit, Edda, Edla, Eila, Eina, Elga, Elin, Elna, Elsa, Etta, Grit, Heda, Inga, Kaja, Kari, Lale, Lise, Neta, Nete, Nita, Nona, Risa, Siri, Svea, Tove, Tyra, Ulla, Urda
5 Alina, Aline, Asina, Berit, Birte, Bodil, Calla, Dagny, Dania, Delan, Ditte, Dorte, Eilen, Elena, Elida, Elina, Ellen, Engla, Freda, Frida, Gilla, Goeta, Greta, Hedda, Helga, Helge, Helvi, Helwi, Hemma, Hermy, Inger, Ivera, Jarla, Jonna, Jorid, Jytte, Karen, Karin, Laila, Liska, Lykke, Madel, Madli, Magli, Malen, Malin, Maren, Marit, Mirja, Naima, Naimi, Nonna, Oliva, Olofa, Olova, Oluva, Ragna, Randi, Selma, Sigga, Signe, Sigri, Siiri, Silja, Silka, Silva, Sirid, Sirin, Siska, Sissa, Sissi, Sista, Sonja, Susen, Sveoc, Sylke, Thora, Thyra, Toril, Vanda, Vania, Vanja, Verna, Vilja
6 Agnese, Agnete, Agnita, Alvina, Annika, Asbirg, Asgard, Astrid, Barbro, Bengta, Birgit, Blomma, Britta, Dagmar, Doerte, Estrid, Frigga, Gefion, Gerdis, Gritta, Haldis, Hariet, Hedvig, Helvig, Helwig, Herdis, Ileana, Iliane, Ingrid, Jesper, Kersta, Kirsti, Lowisa, Lowise, Majken, Malene, Malina, Maline, Marene, Margit, Marika, Merete, Merita, Mikala, Pirkko, Rigmor, Sigrid, Sigune, Sirkka, Sissan, Svenja, Sylvia, Syrina, Thurid, Tordis, Torgun, Torild, Ulrika, Vibeke, Viveka, Vivica, Vivika, Wencke
7 Abelone, Gunborg, Gunhild, Haralda, Heilvig, Helgard, Ingerid, Jensine, Jessika, Jovanka, Kaarina, Kerstin, Kirsten, Kirstin, Larsina, Laurine, Mariana, Sinikka, Solveig, Thordis, Torgard, Torgerd, Torgund, Torhild, Ulfhild, Ulvhild, Valborg, Walborg
8 Annbritt, Brigitta, Gunbritt, Gundhild, Hallgard, Ingalisa, Ingeborg, Jolantha, Kerstina, Kerstine, Kristina, Laurense, Margitta, Marketta, Pernella, Pernilla, Pernille, Ranghild, Thorgund, Thorhild, Toerilla, Torgaerd, Torgunnd, Torhilda, Victoria
9 Charlotta, Christina, Kristiane, Magdelone, Ulla Britt
Männername
3 Age, Ake, Dag, Dan, Ivo, Iwo, Kaj, Kim, Ola, Ole, Ove, Per, Ror, Ulf, Ulv, Une, Uno, Uwe
4 Aage, Acke, Aimo, Ante,

Arne, Axel, Bent, Egil, Elof, Eluf, Erik, Evan, Gorm, Holm, Ingo, Ivar, Iven, Iver, Iwar, Jarl, Jens, Klas, Knud, Knut, Kord, Kort, Lars, Leif, Leik, Mark, Mats, Nils, Odon, Olaf, Olof, Oluf, Paer, Peer, Poul, Roar, Sten, Stig, Sven, Tage, Thor, Tord, Ture, Vagn, York
5 Aegir, Aksal, Arild, Armas, Arved, Arvid, Arwed, Asmus, Bengt, Carel, Claas, Ditte, Edvin, Eirik, Elmer, Eugen, Folke, Freer, Goete, Hagen, Hakon, Harry, Hasse, Helge, Ingve, Janik, Johan, Jokum, Jorma, Jukka, Jussa, Jussi, Kalle, Karel, Karol, Kjell, Klaas, Konni, Lasse, Lauri, Loffe, Malte, Matti, Mikal, Niels, Nisse, Paavo, Peder, Pekka, Pelle, Ranko, Risto, Roald, Rolle, Rurik, Soren, Steen, Svend, Taeve, Thore, Thure, Tomas, Turjo, Tycho, Ulrik, Viggo, Yngve
6 Anders, Bertil, Birger, Bjarne, Bjoern, Boerge, Boerje, Broder, Detlof, Edvard, Erland, Erling, Frerik, Goeran, Goesta, Goethe, Gunder, Gunnar, Gunner, Gustav, Haakon, Haegar, Haldor, Halvor, Harald, Heikki, Helmer, Henrik, Herman, Holger, Ingmar, Ingvar, Ingwar, Ingwer, Jannik, Jascha, Jasper, Jerker, Joakim, Joeran, Juhani, Ludvig, Ludwig, Magnar, Marten, Michal, Mickel, Mikael, Mikkel, Morten, Ragnar, Romser, Sewart, Sigurd, Sixten, Soeren, Svante, Tammes, Torben, Tormod, Trygve, Tyaerk, Verner, Volmar
7 Fredrik, Freerik, Fritjof, Goetmar, Gudmund, Halfred, Halidor, Hendrik, Henning, Hilding, Hjalmar, Ingemar, Ingomar, Janning, Joergen, Kasimir, Kirsten, Laurens, Laurids, Lauritz, Lavrans, Lennart, Linnart, Michail, Richard, Severin, Thorben, Thorolf, Torsten, Tryggve, Ulfhild, Ulvhild, Walfrid, Wieland
8 Asbjoern, Christen, Christer, Frederik, Fridtjof, Frithjof, Kristian, Melchior, Thorkell, Thorwald, Woldemar
9 Christian, Gullbrand
10 Kristoffer, Thorbjoern
11 Gustav Adolf

Meeresarm der Nordsee
9 Skagerrak

Staat
6 Island
8 Finnland, Norwegen, Schweden
9 Daenemark

skandinavisches
Königreich
8 Norwegen, Schweden
9 Daenemark

Skarabäus
10 Mistkaefer

Skatausdruck, -begriff
2 Re
4 Null, Solo
5 Grand, Passe
6 Kontra, Ramsch
10 Nullouvert

Skatfarbe
3 Pik, Rot
4 Herz, Karo
5 Creur, Gruen, Kreuz, Treff
6 Eichel
8 Schellen

Skelett
6 Gebein, Rahmen
7 Gebeine, Gerippe, Geruest

des Kopfes
8 Schaedel

Skelettknochen
6 Gebein

Skepsis
7 Zweifel
8 Vorsicht
9 Vorurteil
10 Vorbedacht
12 Unsicherheit

Skeptiker
8 Zweifler

skeptisch
12 misstrauisch

Ski
4 Schi
6 Brettl
7 Bretter
11 Schneeschuh

Skibahn, Rennstrecke
5 Loipe, Piste

Skihindernislauf
6 Slalom

Skilaufbegriff
(technischer Ausdruck)
2 Ei
3 Tor
4 Flug, Lift, Spur
5 Kante, Loipe, Pflug, Piste, Stock
6 Bakken, Brettl, Harsch, Slalom, Sprung, spuren, Talski, Wedeln
7 Abfahrt, Abstoss, Bergski, Bindung, Schanze, Schwung, Skilift, Vorlage
8 Absprung, Babylift, Eispiste, Fallinie, Innenski, Langlauf, Seilbahn, Telemark
9 aufkanten, aufkommen, aufsetzen, Aufsprung, Breitspur, Doppeltor, ◆ Falllinie, Flugphase, Gegenhang, Monoposto, Seelostor, Sommerski, Steigfell, talseitig, Tiefgehen, verkanten, verwinden
10 ausstemmen, Aussteuern, Bremspflug, Doppelspur, einfaedeln, Fangriemen, Gleitpflug, Gleitphase, Innenkante, Jetschwung, Miniwedeln, Pflugbogen, Schmalspur, Sessellift, Skischanze, Skistopper, Skiwandern, Stemmbogen, Tiefschnee
11 Bogentreten, Buckelpiste, Fersenschub, Flachwedeln, Kabinenbahn, Kantengriff, Kurzschwung, Schlepplift, Schneepflug, Schubwedeln, Schussfahrt, Skifuehrung, Uebungshang, Vertikaltor
12 Breitschwung, Direttissima, Grundschwung, Halteschwung, Pulverschnee, Schraegfahrt, Seitrutschen, Sprungwedeln, Stemmschwung, Stockeinsatz, Vorderbacken
13 Kanteneinsatz, Kantenwechsel, Schwungradius, Stockschlaufe
14 Gelaendesprung, Graetenschritt, Hochentlastung, Seitabrutschen, Sektkuebellift, Tiefentlastung, Treppenschritt, Winkelspringen
15 Bremsabrutschen, Fersenautomatik, Fersendrehschub, Gleitabrutschen, Kantensteuerung, Parallelschwung, Schneidetechnik, Umsteigeschwung
16 Schlangentechnik, Tief-Hoch-Bewegung, Tiefschneewedeln
17 Ausgleichstechnik
18 Sicherheitsbindung

Skilift
8 Seilbahn
10 Sesselbahn

Skipetar
7 Albaner
8 Albanier

Skisport, Skiwettbewerb
6 Skibob, Slalom
7 Skiflug
8 Biathlon, Langlauf, Springen
10 Skifliegen, Sprunglauf
11 Kombination, Skispringen
12 Abfahrtslauf, Riesenslalom
13 Spezialslalom
14 Parallelslalom, Skidrachenflug
15 Spezialspringen
17 Spezialsprunglauf

Skispur, -strecke
5 Loipe, Piste
13 Abfahrtspiste

Skiteil, -zubehör
5 Felle, Stock
6 Teller
7 Bindung
10 Fangriemen

Skizze
4 Plan
6 Layout, Sketch, Umriss
7 Aufriss, Entwurf, Konzept, ◆ Sketsch
9 Zeichnung
10 Erzaehlung, Geschichte
12 Rohzeichnung

Sklave
11 Leibeigener
Sklavenführer
im alten Rom
9 Spartakus
Sklavenschiff
7 Galeere
Sklaverei
12 Knechtschaft
15 Leibeigenschaft
Skonto
5 Abzug
6 Rabatt
8 Nachlass
Skorpion-Hauptstern
7 Antares
Skript, Skriptum
8 Drehbuch
9 Schreiben
13 Niederschrift, Schriftstueck
Skrupel
7 Zweifel
8 Bedenken
Skulptur
5 Figur
6 Bueste, Glypte, Mobile, Relief, Statue
7 Plastik, Stabile
9 Statuette
14 Bildhauerkunst
im Naumburger Dom
3 Uta
Skythenstamm, skythisch-sarmatisches Nomadenvolk
6 Alanen
Slalom
7 Torlauf
13 Riesentorlauf
Slang
6 Jargon
7 Dialekt, Mundart
14 Umgangssprache
Slawe
4 Pole
5 Russe, Serbe, Sorbe, Wende
6 Kroate
7 Bulgare, Kassube, Ruthene, Slowake, Slowene
8 Kaschube, Tscheche, Ukrainer
10 Weissrusse
Slawenapostel
6 Kyrill
8 Cyrillus
9 Methodius
10 Konstantin
slawisch:
Deutscher
5 Nemez
Heil, Ruhm
5 Slawa
Meerrettich
4 Kren
slawische
Gottheit
7 Triglaw
Liebesgöttin
4 Lada
sirenenähnliche Dämonen
5 Wilen
slawischer
Frauenname
3 Ila
4 Alne, Anka, Anta, Aura, Dana, Doma, Dota, Gena, Gera, Gina, Irka, Jana, Jeni, Kata, Lada, Lala, Lana, Lida, Lide, Mari, Mela, Mila, Mile, Nada, Nima, Pola, Zala
5 Alena, Alina, Anica, Aniko, Anouk, Antka, Basia, Binka, Binke, Danja, Domka, Domna, Donka, Draga, Dunja, Elena, Elina, Frida, Halka, Hanja, Hanka, Ilana, Irena, Irina, Ivana, Janka, Janna, Jitka, Lenka, Lenza, Ljuba, Manja, Marja, Marka, Marya, Menka, Milka, Minka, Mirka, Nadia, Nadja, Nadya, Oxana, Palja, Pavla, Radka, Raika, Salka, Salwa, Selja, Senni, Silva, Sinja, Sinje, Slava, Sorka, Stana, Vanja, Wanda, Xenia, Zlata, Zofia
6 Alenka, Aniela, Anjuta, Annika, Aranka, Arnika, Arnost, Aurica, Biruta, Bozena, Cinzia, Danuta, Dorato, Emilka, Fanika, Franja, Halina, Helena, Ileana, Ileane, Iljane, Ivanna, Janika, Janina, Janita, Jelena, Jindra, Joanna, Johana, Jovita, Jowita, Jurena, Ladina, Libusa, Lorita, Mariam, Marita, Maryla, Melana, Mihala, Milana, Milena, Milene, Priska, Rumena, Slavka, Zalona, Zarina, Zdenka, Zlatka
7 Anninka, Annouck, Annuska, Anoucka, Anuscha, Bogdana, Bohdana, Bruneke, Dabrawa, Danaila, Danilka, Dobrawa, Florica, Franeka, Franica, Gerarda, Hanusja, Hanusje, Hermina, Jadwiga, Janinka, Jantina, Jarmila, Jovanka, Kaarina, Katalin, Ladinka, Libenka, Libussa, Lubinka, Ludviga, Ludwika, Malenka, Marenka, Marinka, Markyta, Marusja, Mihaela, Mirjana, Nevanka, Novanka, Salvina, Salwija, Smarula, Sultana, Susanka, Terezie, Valeska, Varinka
8 Andreane, Antonina, Anuschka, Bernarda, Bogumila, Bohumila, Dabrawka, Dabrowka, Dobrawka, Dubravka, Elzbieta, Georgeta, Katarina, Katerina, Leocadia, Leokadia, Ljubinka, Ludmilla, Ludowika, Madlenka, Marianka, Radmilla, Radomila
9 Andrejana, Anjuschka, Dragomira, Elisabeta, Franciska, Frantiska, Fryderyka, Gniewomir, Katarzyna, Katrischa, Ladislava, Makalonka, Margarita, Maruschka, Michalina, Radomilla
10 Bronislawa, Stanislawa, Wladislava
Fürstentitel
8 Gospodar
Gewittergott
5 Perun
Kaisertitel
3 Zar
Männername
2 Bo
3 Edu, Edy, Geo, Jan, Kim, Lev, Lew, Ota, Pes, Til
4 Akim, Ante, Anto, Beno, Broz, Dane, Dano, Dote, Doto, Fran, Idzi, Igor, Ilie, Iwan, Jaro, Jiri, Juri, Lado, Lenz, Leon, Mano, Meto, Milo, Sima, Tito, Toma, York, Zalo
5 Andor, Antal, Antek, Arpad, Boris, Carol, Danco, Danko, Dinko, Diwis, Dunko, Dusan, Fedor, Filip, Frane, Gawel, Germo, Goran, Hanko, Hawel, Ilija, Jacek, Jacup, Jakub, Janek, Janko, Janno, Jarka, Jerzy, Jesko, Jirka, Jirko, Josip, Jovan, Jozef, Jurek, Karel, Karol, Kolas, Kosta, Ladek, Mango, Manko, Marek, Marke, Metod, Mihai, Milan, Milko, Mirek, Mirko, Mitja, Ondra, Pavel, Petar, Piotr, Pjotr, Radek, Ranko, Roman, Romek, Rumen, Salka, Slava, Solms, Vanja, Vilem, Wanko, Wasil, Wawra, Yorck, Zarin
6 Aladar, Alajos, Andras, Andrej, Arniko, Arnost, Barnim, Beneke, Blazek, Bogdan, Borwin, Branko, Brisko, Ceslav, Danilo, Dragan, Edmond, Feliks, Feodor, Franek, Franjo, Gawril, George, Grigor, Havlik, Henryk, Joakim, Kostja, Leszek, Lukasz, Marcin, Metodi, Michal, Miklas, Mikola, Piotre, Plazek, Rafael, Slavko, Stefan, Stenka, Stepan, Stepka, Stepko, Svante, Swante, Vaclav, Veljko, Viktor, Viliam, Wazlav, Witold, Zdenko, Zlatko, Zymunt
7 Antonin, Bartosz, Bedrich, Benesch, Bogomir, Bogumil, Bohumil, Christo, Eugenia, Frigyes, Gawelka, Gheorge, Grigore, Huschke, Jaromir, Jendrik, Kasimir, Klement, Kliment, Michail, Mikolas, Mikosch, Mikulas, Nepomuk, Radenko, Radomil, Raffael, Sczepan, Tadeusz, Wassili, Zygmunt
8 Bartosch, Beleslav, Beloslav, Bodislaw, Bogeslav, Boguslaw, Bohuslaw, Branimir, Dragomir, Dubislav, Dubislaw, Fryderyk, Grzegorz, Jaroslav, Jaroslaw, Jendrich, Jindrich, Ladyslaw, Ljubomir, Miroslav, Miroslaw, Tomislaw
9 Branislav, Bronislav, Francisko, Frantisek,

Ladislaus, Mieceslav, Pribislaw, Stanislav, Stanislaw, Wenzeslav, Wladislaw
10 Constantin, Franciszek, Jacubowski, Jakubowski, Stanislaus
slawisches
Volkslied
5 Dumka
slawisch-ungarischer
Nationaltanz
9 Kalamaika
Slogan
10 Schlagwort
slowakische
Hauptstadt
9 Pressburg
10 Bratislava
Sopranistin
4 Popp
Stadt
5 Nitra
6 Komorn, Kosice, Martin, Neutra, Poprad, Tyrnau
7 Altsohl, Humenne, Lewentz, Lucenec, Neudorf, Neusohl, Pistyan, Rosenau, Sillein
8 Bartfeld, Preschau
9 Neuhaeusl, Pressburg, Rosenberg, Schemnitz
10 Bratislava, Michalovce, Trentschin
slowakischer
Dichter
5 Hecko
6 Kollar
7 Safarik
Dirigent
5 Freso
Komponist
5 Bella
6 Cikker, Suchon
Politiker
5 Kovac
6 Dubcek, Knazko, Meciar
8 Schuster
Schafskäse
8 Liptauer
Schriftsteller
4 Kral, Stur, Zary
5 Fabry, Minac, Razus
6 Buncak, Dilong, Karvas, Kralik, Krasko, Mnacko, Reisel
7 Kukucin, Safarik, Stodola, Tatarka, Timrava
8 Blazkova, Chalupka, Jesensky
9 Clementis, Kalinciak, Novomesky, Sladkovic
10 Jilemnicky
Violinist
7 Pandula
slowenische
Hauptstadt
7 Laibach
9 Ljubljana
Landschaft
5 Krain
7 Maribor
Stadt
5 Celje, Cilli, Kranj, Zelje
6 Sezana
7 Gorizia, Maribor, Sostanj
8 Jesenice, Trbovlje
9 Ljubljana
11 Celje Smarje
slowenischer
Dichter
6 Canker
Kurort
4 Bled
Name der Drau
5 Drava
Politiker
5 Kucan
Reformator
8 Dalmatin
Slums
13 Elendsviertel
Snake-River-Zufluss
(USA)
6 Owyhee
Snob
4 Beau, Geck
5 Protz
7 Angeber, Stutzer
10 Gernegross
Sockel, Unterbau
5 Basis
7 Plinthe
8 Staender
9 Fundament, Piedestal, Postament
Sodawasser
4 Soda
7 Sprudel
soeben
4 just
6 gerade
14 augenblicklich
Sofa
5 Diwan
7 Kanapee
8 Ottomane, Sitzbank
12 Chaiselongue
sofern
4 wenn
5 falls
sofort
6 gleich, prompt
7 stracks
8 umgehend
13 unverzueglich
14 augenblicklich
erkennbar
12 augenfaellig
sofortiger
Gegenstoß beim Fechten
7 Riposte
sogenannte
Weiße Ameise
7 Termite
sogleich
5 flugs
7 schnell
9 geschwind
Sohn
6 Filius
11 Sproessling
als Geschäftsteilhaber
6 Junior
in arabischen Eigennamen
3 Ibn
von Goethe
6 August
von Zeus
10 Polydeukes
Söhne
der Gelegenheit
5 Diebe
des Zeus
9 Dioskuren
10 Tantaliden
einer französischen Sage
13 Haimonskinder
Sohn von
Abraham
5 Isaak
6 Ismael
Achill
9 Euphorion
Adam
4 Abel, Kain, Seth
Aeson
5 Iason
Agamemnon
5 Orest
7 Orestes
Agrippina
8 Caligula
Alberich (germ. Sage)
6 Ortnit
Alkmene
8 Herakles, Herkules
Amphitrite
6 Triton
Anchises
6 Aeneas
Äneas
8 Ascanius
Antikleia
8 Odysseus
Aphrodite
4 Eros
Apoll
8 Aeskulap
Ares
4 Eros
Atreus
8 Menelaos
Dädalos, Dädalus
6 Ikaros, Ikarus
Danae
7 Perseus
David
6 Salomo
7 Absalom, Salomon
Deukalion
6 Hellen
Dionysos
7 Priapos
Drusus
10 Germanicus
Europa
5 Minos
Frigga
3 Tyr
4 Thor
Gaea
6 Gigant, Kronos
7 Japetos, Okeanos
8 Hyperion
Gala
5 Titan
Gideon
6 Jotham
Hagar
6 Ismael
Hekabe, Hekuba
5 Paris

6 Hektor
Helena
9 Euphorion
Helios
8 Phaethon
Hera
4 Ares
8 Hephaest
10 Hephaistos
Herakles
6 Hyllos
Hermes
3 Pan
7 Daphnis
in arabischen Eigennamen
3 Ibn
Iocaste, Jokaste
7 Oedipus
Isaak
4 Esau
5 Jakob
Isis
5 Horos, Horus
Ismael
5 Kedar
Jakob
3 Dan, Gad
4 Juda, Levi
5 Asser, Josef, Ruben
6 Joseph, Simeon
8 Isaschar, Naphtali
Japetos
5 Atlas
Joseph
7 Manasse
Judas
4 Onan
Juno
4 Mars
8 Vulcanus
Jupiter
4 Mars
5 Apoll
6 Apollo, Castor, Kastor, Merkur, Pollux
7 Apollon, Bacchus
8 Herakles, Herkules, Vulcanus
9 Mercurius
Karl dem Großen
5 Drogo
Klytemnästra
5 Orest
7 Orestes
König Mezentius
6 Lausus
Kreon von Theben
6 Haimon
Kronos
4 Zeus
5 Hades
6 Pluton
8 Poseidon
Kybele
5 Attis
Leda
6 Castor, Kastor, Pollux
Leto
5 Apoll
6 Apollo
7 Apollon
Loki
6 Fenrir
Maja
6 Hermes, Merkur
Mannus (german. Sage)
5 Ingvo, Istro
Medusa
7 Pegasus
Neptun
6 Triton
Noah
3 Ham, Sem
6 Japhet
Nox
6 Somnus
Odin
3 Tyr
4 Thor
5 Widar
6 Balder, Baldur, Hermod, Hoeder, Hoedur
Odysseus
8 Telemach
10 Telemachos
Osiris
5 Horos, Horus
Parsifal, Parzival
9 Lohengrin
Peleus
6 Achill
8 Achilles
Penelope
8 Telemach
10 Telemachos
Poseidon
6 Triton
Priamos, Priamus
5 Paris
6 Hektor
7 Helenos
Rhea
4 Zeus
5 Hades, Orkus
6 Neptun, Pluton
7 Jupiter
8 Poseidon
Saturnus
5 Orkus
6 Neptun
7 Jupiter
Saul
8 Jonathan
Semele
7 Bacchus
8 Dionysos
Semiramis
6 Ninyas
Siegmund
9 Siegfried
Tantalos
6 Pelops
Telamon
4 Aias, Ajax
Thetis
6 Achill
8 Achilles
Thor
5 Magni
Uranos
4 Gyes
5 Gyges
Ute
6 Gernot
7 Gunther
8 Giselher
Venus
4 Amor
6 Aeneas, Cupido, Kupido
Zeus
4 Ares
5 Apoll, Minos
6 Apollo, Castor, Hermes, Kastor, Pollux
7 Apollon, Bakchos, Perseus
8 Dionysos, Hephaest, Herakles, Herkules, Sarpedon, Tantalus
10 Hephaestos, Hephaistos

solares
Ereignis
16 Sonnenfinsternis

Solbad
in der Steiermark
6 Aussee
in Niedersachsen
5 Melle

Soldat
6 Kaempe
7 Krieger, Landser, Veteran
8 Soeldner
9 Legionaer, Schweizer
auf Abruf
9 Reservist
der Artillerie
8 Kanonier
der technischen Truppe
7 Pionier
der unterirdische Minengänge anlegt
6 Mineur
in erster Ausbildung
6 Rekrut

Soldaten
des Kölner Karnevals
6 Funken

Soldatenkleidung
7 Uniform

Soldatenlöhnung
4 Sold
8 Wehrsold

Soldatenstand
6 Kommis
8 Militaer

Soldatenunterkunft
7 Kaserne

Soldatenwort
für Artillerie
3 Ari

Söldner
7 Heiduck
9 Legionaer
11 Reislaeufer
der japanischen Feudalzeit
5 Ronin

Söldnerführer
11 Condottiere, Kondottiere
des Kyros
5 Menon

Söldnerheer
6 Legion

Söldnertruppe
6 Legion

Sole
10 Salzwasser

solid
4 fest
8 gediegen
10 ordentlich

Solist
und Vorgeiger einer Kapelle
6 Primas
Soll
5 Debet
Söller
5 Altan
Sollseite
der Bilanz
6 Aktiva
in der Buchführung
5 Debet
Sologesangsstück
4 Arie
Solotänzer, -tänzerin
9 Ballerina, Ballerino
14 Primaballerina, Primaballerino
Solvenz
18 Zahlungsfaehigkeit
somalische
Stadt
3 Eil
4 Mait
5 Afgoi, Alula, Marka
7 Bardera, Berbera, Kismayu
8 Hargeisa, Kismanio
10 Mogadischu, Mogadiscio
Währung
5 Cents
8 Shilling
Sommerende
15 Altweibersommer
Sommerfrische
3 Bad
6 Kurort
10 Urlaubsort
Sommerfruchtanbau
11 Stoppelsaat
Sommerhaus
8 Bungalow
Sommerkurort
in Graubünden
4 Chur
sommerliche
Erfrischung
3 Bad, Eis
Kopfbedeckung
8 Strohhut
Nordwestwinde im Mittelmeergebiet
7 Etesien
Temperatur
5 Hitze
6 Waerme
sommerlicher
Nordwind der Ägäis
6 Boreas
sommerliches
Schuhwerk
8 Sandalen
Sommeroberteil
3 Top
Sommersitz
der Regierung der Philippinen
6 Bagnio
Sommerwind
in Mesopotamien
6 Shamal
Sonate
von Beethoven
14 Kreutzersonate
Sonderausgabe
10 Extrablatt
Sonderausstattung
5 Extra
sonderbar
5 eigen
6 bizarr, kurios
7 paradox, seltsam, skurril
13 ungewoehnlich
sonderbare
Angewohnheit
4 Tick
sonderbarer
Mensch
6 Unikum
10 Sonderling
Sonderfachgebiet
12 Spezialitaet
Sonderfall
8 Ausnahme
Sondergattung
5 Abart
Sonderklasse
5 Elite
Sonderling
4 Kauz
6 Unikum
8 Original
13 Eigenbroetler, Einzelgaenger
sondern
6 ordnen
7 sichten, trennen
9 isolieren, sortieren
13 unterscheiden
Sonderraum
7 Separee
Sonderrecht
6 Primat
7 Monopol
8 Privileg, Reservat
9 Vorbehalt
Sondervergütung
5 Bonus
Sondervermögen
5 Fonds
Sondervorführung
6 Zugabe
7 Benefiz, Einlage
Sonderzuwendung
6 Zugabe
7 Beigabe
13 Gratifikation
Sonnabend
7 Samstag
Sonne
betreffend
5 solar
Sonnenbahn
am Himmel
8 Ekliptik
Sonnenblende
8 Jalousie
10 Jalousette
Sonnenblumenart
10 Topinambur
Sonnendach, -schirm
7 Markise, Parasol
Sonnenferne
5 Aphel
8 Aphelium
Sonnenfinsternis
7 Eklipse
Sonnengott
der Ägypter
2 Ra, Re
4 Amon, Amun, Schu
5 Ammon, Horos, Horus, Month
der Griechen
6 Helios
der Inder
5 Indra, Surja
der Römer
3 Sol
Sonnengöttin
5 Neith
Sonnenhof
4 Halo
Sonnenkraft
12 Solarenergie
Sonnenkranz
6 Curona
Sonnenland
der griech. Sage
3 Aea, Aia
sonnennächster
Planet
6 Merkur
Sonnennähe
7 Perihel
10 Perihelium
Sonnenschirm
7 Parasol
Sonnenschutz
5 Rollo
7 Markise
8 Jalousie
Sonnenstich
10 Hitzschlag
Sonnentierchen
9 Heliozoon
Sonnenuhr
6 Gnomon
Sonnenuntergang
7 Ponente
Sonnenwende
10 Mittsommer, Mittwinter, Solstitium
13 Zwoelf Naechte
Sonnenwendfeier
12 Johannisfest
13 Johannisfeuer
Sonntag
nach Ostern
6 Exaudi, Rogate
7 Kantate
8 Jubilate
12 Miserikordia
15 Quasimodogeniti
nach Pfingsten
10 Trinitatis
vor Aschermittwoch
8 Estomihi
vor Ostern
5 Okuli
6 Judika
7 Laetare
8 Estomihi, Palmarum
9 Invokavit
10 Sexagesima
11 Reminiscere, Reminiszere, Sexagesimae
12 Rosensonntag, Septuagesima
Sonntage, Festtage, Feiertage
5 Okuli, Taufe
6 Advent, Bairam, Domini, Exaudi, Judika, Kirmes, Montag, Ostern, Passah, Rogate

7 Busstag, Firmung, Freitag, Julfest, Kantate, Laetare, Maifest, Martini, Neujahr, Samstag, Sonntag
8 Dienstag, Estomihi, Fasching, Feralien, Hochzeit, Jubilate, Karneval, Karwoche, Maifeier, Matthaei, Mittwoch, Palmarum
9 Christmas, Fastnacht, Invokavit, Jubilaeum, Kirchweih, Lichtmess, Michaelis, Namenstag, Pfingsten, Silvester, Sonnabend, Totenfest, Weihefest, Weihnacht
10 Christfest, Donnerstag, Epiphanias, Geburtstag, Karfreitag, Kinderfest, Laurentius, Mittfasten, Palmenfest, Sexagesima, Trinitatis, Wiegenfest, Wochenfest
11 Allerseelen, Brotsonntag, Fornakalien, Heilig Abend, Himmelfahrt, Johannistag, Palmsonntag, Polterabend, Reminiszere, Weihnachten
12 Fronleichnam, Herz-Jesu-Fest, Hochzeitstag, Konfirmation, Ostersonntag, Peter und Paul, Totensonntag
13 Allerheiligen, Buss- und Bettag, Erntedankfest, Heiliger Abend, Miserikordias, Osterfeiertag, Quinquagesima, Septuagesimae
14 Aschermittwoch, Kreuzerfindung, Kreuzerhoehung, Pfingstsonntag, Silberhochzeit, Verfassungstag, Weisser Sonntag
15 Dreikoenigsfest, Eiserne Hochzeit, Goldene Hochzeit, Gruendonnerstag, Laubhuettenfest, Mittsommernacht, Petri Stuhlfeier, Pfingstfeiertag, Sonnenwendfeier, Versoehnungstag

sonst
genannt
5 alias

sorbischer
Dichter
12 Bart-Cisinski
Komponist
5 Winar

Sorge
4 Gram, Leid
5 Angst, Muehe
6 Kummer, Pflege, Unruhe
7 Aufgabe
9 Bemuehung, Betreuung

Sorgfalt
6 Obacht
7 Akribie, Bedacht, Umsicht
8 Vorsicht
9 Exaktheit
11 Akkuratesse, Genauigkeit
12 Behutsamkeit
14 Gruendlichkeit
16 Zuverlaessigkeit
18 Gewissenhaftigkeit, Pflichtbewusstsein

sorgfältig
5 eigen, exakt, genau
7 akkurat, penibel
10 gruendlich
12 gewissenhaft
überlegen
11 ventilieren

Sorgho
11 Mohrenhirse
12 Kaffernhirse

Sorghumhirse
5 Durra

sorglos
9 unbedacht
12 unbekuemmert

sorgsam
5 eigen

Sorte
3 Art, Typ
4 Form, Wert
6 Gruppe
7 Gattung, Spezies

sortieren
6 ordnen
7 sichten, sondern
8 auslesen
9 einordnen
10 auswaehlen

Sortierer
von Jungtieren
5 Sexer

Sortiermaschine
für Getreide
6 Trieur

Sortiment
7 Auswahl
8 Sammlung
10 Kollektion
12 Warenangebot

Sortimenter
12 Buchhaendler
17 Ladenbuchhaendler

Soße
3 Jus
5 Beize, Tunke
6 Bruehe
7 Beiguss
8 Marinade, Schwitze
9 Einbrenne, ◆ Majonaese, Remoulade
10 Mayonnaise
11 Hollandaise

Soßengrundlage
6 Coulis

Soubrette
9 Saengerin
14 Opernsaengerin
18 Operettensaengerin

Soufflee
7 Auflauf

Souper
9 Nachtmahl
10 Abendessen

Souterrain
14 Kellergeschoss

Souvenir
8 Andenken, Geschenk
10 Erinnerung

soviel
alter Wagen
5 Karre
blühende Pflanze
5 Blume
Gebärden
5 Geste
kleine Verrücktheit
6 Fimmel
Schlimmes
3 arg
Spieß
4 Pike
steinreicher Mann
5 Nabob
ungebraucht
3 neu

Sowjetideologe
5 Lenin
6 Stalin
7 Trotzki

sowjetische
Jugendorganisation
8 Komsomol
Kosmonautin
11 Tereschkowa
Luftverkehrsgesellschaft
8 Aeroflot
Nachrichtenagentur
4 TASS
Presseagentur
7 Nowosti
Raumkapsel
5 Lunik
Raumschiffserie
5 Sojus
Raumstation
3 Mir
Zeitung
6 Prawda
9 Iswestija

sowjetischer
Erdsatellit
6 Poljot
Forschungssatellit
6 Kosmos
Fußballspieler (ehem. UdSSR - jetzt GUS)
3 Bal, Raz
4 Sabo
5 Falin, Iljin, Ljuty, Netto, Nodja, Zarew
6 Afonin, Burjak, Iwanow, Konkow, Lenjew, Mudrik, Mutjan, Nodija, Uwarow, Wojnow
7 Belanow, Blochin, Danilow, Fomenko, Istomin, Jaschin, Kiselew, Kolotow, Logofet, Mamykin, Minajew, Muntjan, Rudakow, Sawarow, Schawlo, Woronin
8 Andrejew, Bessonow, Borodjuk, Dassajew, Dolmatow, Gawrilow, Getmanow, Kirjakow, Kornejew, Kuznezow, Markarow, Passalko, Porkujan, Pusatsch, Rodjonow, Salnikow, Simonjan, Strelzow
9 Aleinikow, Asatianij, Bischowez, Borowskij, Dubinskij, Kanewskij, Kessarjew, Kusnetzow, Lowtschew, Malofejew, Maslenkin, Metreweli,

Oganesjan, Protassow, Romantsew, Schalimow, Troschkin
10 Aleijnikow, Anitschkin, Aputschtin, Baltatscha, Chursainow, Churzilawa, Demjanenko, Machowikow, Meschtschi, Onischenko, Ostrowskij, Ponomarjew, Scgustikow, Susloparow, Tschiwadse
11 Chmelnizkij, Darasselija, Dobrowolski, Jaremtschuk, Ponedjelnik, Schengelija, Sitschinawa, Tschislenko
12 Baidatschnij, Chidijatulin, Kaplitschnij, Krischewskij, Schesternjew, Sulakwelidse, Tschotscheli
13 Banischewskij, Chidijatullin, Gorlukowitsch, Kosinkewitsch, Litowtschenko
14 Kawasaschwilij, Serebrjannikow, Sigmantowitsch
16 Michailitschenko, Pschenitschnikow

Geiger
6 Kremer

Kosmonaut
5 Sedow, Titow
6 Leonow, Wolkow
7 Gagarin, Jegerow, Komarow, Kubasow, Pazajew, Schonin
8 Beljajew, Bykowsky, Gorbatko, Kubassow, Patsajew
9 Feokistow, Jelisejew, Nikolajew, Schatalow
10 Jelissejew, Popowitsch
11 Dobrowolski
13 Filiptschenko
14 Rukawischnikow

Leichtathlet, Leichtathletin
3 Aun, Kuz
4 Junk, Klim, Kula, Tamm
5 Bubka, Dudin, Klein, Kosyr, Kozyr, Kreer, Lusis, Lycho, Press, Smaga, Taran, Welew
6 Awilow, Belowa, Borsow, Brumel, Bykowa, Gurina, Itkina, Markin, Melnik, Ordina, Osolin, Perlow, Sedych, Spirin, Sybina, Tarmak, Turowa, Uudmae
7 Bjelowa, Bragina, Jegorow, Jupiewa, Kasanow, Krawets, Litujew, Mikenas, Mironow, Nikulin, Osolina, Rudenko, Sabaite, Sanejew, Sokolow, Spitsyn, Tjuchei, Ubartas
8 Alfejewa, Beljejew, Brysgina, Bystrowa, Chnykina, Dumbadze, Gawrilow, Gorjajew, Ignatjew, Iwanenko, Jaunzene, Jegorowa, Kaledene, Klumberg, Komisova, Krepkina, Kuragina, Kusnezow, Lapschin, Litwinow, Lyssenko, Makejewa, Nazarova, Poljakow, Romanova, Rudenkow, Schomina, Solopowa, Stepanow, Tarassow
9 Andrejewa, Anufrijew, Arschanow, Awdejenko, Birjulina, Dimitrowa, Dumtschew, Gataullin, Grebenjuk, Kalediene, Kasankina, Kasantzew, Kisseljow, Kolpakowa, Konjajewa, Korneliuk, Kowalenko, Lebedjewa, Michailow, Nenaschew, Okorokowa, Otkalenko, Pljetnewa, Priwalowa, Safronowa, Saitschuk, Samolenko, Sawinkowa, Schewzowa, Selenzowa, Stepanova, Trussenew, Tschudina, Ulmassowa, Wlassenko, Woloschin, Zybulenko
10 Ambroziene, Anissimowa, Begljakowa, Bolotnikow, Bondarenko, Dorowskich, Fedossejew, Gawrilenko, Jermolenko, Kaschkarow, Kommissowa, Korssakowa, Koschelewa, Kriweljowa, Ledovskaja, Litwinenko, Maskinskow, Nikolajewa, Nuridinowa, Olisarenko, Pissarjewa, Pomogajewa, Ponomarewa, Powarnyzin, Rogaschewa, Soldatenko, Spiridonow, Swerjukowa, Talyschewa, Trandenkow, Tschichowa, Wassiljewa
11 Abduwalijew, Fjodossejew, Gerassimowa, Guschtschin, Kondratyewa, Koscheljowa, Kriwonossow, Lissowskaja, Malschugina, Nurutdinova, Olizaryenko, Panomarjowa, Rogatschewa, Romaschkowa, Rshistschin, Samozwjetow, Schikolenko, Schmelewski, Smirnizkaja, Tkatschenko, Totschenowa, Tschischowa, Twerdochleb, Winogradowa
12 Astakowitsch, Bardauskiene, Baryschnikow, Bondartschuk, Dorowskitsch, Dwalischwili, Golubnitschi, Gortschakowa, Krawtschenko, Petschenkina, Schawlakadse, Ter-Owanesian, Tschelkanowa, Tschentschik
13 Baiskauskaite, Botschkarjewa, Golubnitschij, Jaschtschenko, Kalaschnikowa, Naroschilenko, Tschistjakowa, Tyschkewitsch
14 Golubnitschaja, Polinitschenko, Raschtschupkin, Schtschennikow, Schtscherbakow
15 Schtschelkanowa

Marschall
6 Konjew
7 Schukow

Politiker
5 Lenin
6 Jelzin, Stalin
7 Gromyko, Mikojan, Molotow
8 Bulganin, Kossygin, Malenkow, Tichonow
9 Breschnew
11 Gorbatschow, Tschernenko
13 Chruschtschow, Schewardnadse

Raumfahrer
9 Kosmonaut

Schachspieler, Schachspielerin
3 Tal
6 Karpow
7 Smyslow
8 Aljechin, Menschik, Spasskij
9 Botwinnik, Petrosjan, Zukertort
10 Boguljubow, Rubinstein, Tschigorin
11 Nimzowitsch

Schwimmer, Schwimmerin
4 Bure
5 Popow, Wasin
6 Iwanow, Krylow, Pankin, Santin, Selkow, Wlasow, Wolkow
7 Elpikow, Khnykin, Krutowa, Kulikow, Lepikow, Petrowa, Predkin, Prigoda, Sadowji, Schulpa, Smirnow, Wolkowa
8 Aleshnik, Babanina, Chnychin, Ermalowa, Fessenko, Kosenkow, Kosinksi, Laschkow, Lobanowa, Raskatow, Salnikow, Wasielew
9 Bachkatow, Bogdanowa, Juosaitis, Kaciusyte, Kononenko, Kopljakow, Krupskaja, Pankratow, Pogoshewa, Poljanski, Russanowa, Schenetow, Schmelewa, Sidorenko, Statsenko, Stepanowa, Urshenija, Warganowa
10 Aleksejewa, Baschkatow, Bondarenko, Junitschew, Koschewaja, Lomanowski, Pogoschewa, Prokopenko, Zischmenko
11 Dendeberowa, Ikatschenko, Jarostschuk, Miroschinaw, Rudkowskaja, Tkatschenko
12 Tajanowitsch
13 Katschuschite, Tajanorwitsch, Troianawitsch
16 Prosumenschikowa

Sportler, Sportlerin
5 Gagin, Kusik, Nowak
6 Belowa, Iwanow, Kalita, Kowche, Medwed, Popowa, Rakita, Rigert, Sidiuk, Sidjak, Umaras, Wolkow
7 Bjelowa, Filatow, Ganejew, Kisimow, Meschki, Nowikow, Rudnowa, Rylskij, Salumae, Wlassow, Zwereva
8 Alexejew, Aljechin, Belousow, Jarawski, Naslymow, Reneiski, Worobiew
9 Fetissowa, Kapitonow, Malischew, Maniokowa, Medwedewa, Petrosjan
10 Medwedjewa, Olschowski, Sawschenko, Tschukalow, Wedernikow
11 Krawopuskow, Milwidskaja, Petuschkowa, Pljukfelder, Sawtschenko, Tscherkasow,

Tschesnokow
12 Kiritschenko, Tscherkassow
14 Sokoroschenkow
15 Tschabotdinskij
Turner, Turnerin
3 Kim
5 Burda, Gutsu, Saadi, Titow
6 Dudnik, Korbut, Ljukin, Manina, Oksana, Petrik
7 Arsajan, Artemow, Baitowa, Belenki, Charkow, Gromowa, Iwanowa, Koschel, Leonkin, Malejew, Misutin, Mogilny, Muratow, Nuwikow, Portnoi, Scherbo, Schukin, Stolbow, Woronin, Zapenko
8 Beljakow, Berdijew, Danilowa, Diamidow, Ditjatin, Jegorowa, Kalinina, Klimenko, Korolkow, Latynina, Leontjew, Lisinski, Lisitski, Ljuchina, Lobatsch, Lyssenko, Misjutin, Muratowa, Perelman, Schaklin, Shaldina, Strajewa, Woronina
9 Andrianow, Astachowa, Gogoladse, Koroljkow, Mikaeljan, Schachlin, Tschaklin
10 Boginskaja, Groschkowa, Karassjowa, Laschenowa, Marinitsch, Nikolajewa, Schaginjan, Straschewa, Tschukarin
11 Boguinskaja, Botscharowa, Kalintschuk, Pervuschina, Timoschenko
12 Lasakowitsch, Minaitschewa, Schuschunowa
13 Bilosertschew, Gorochowskaja, Korobschinski, Kutschinskaja, Lachtschenowa, Schewtschenko, Tschusowitina
14 Korobtschinski, Turischtschewa
Wettersatellit
6 Meteor
Wintersportler, Wintersportlerin
4 Tone
5 Boiko, Bukin, Kotin, Kusin, Orlow, Ossis, Popow, Usowa
6 Antson, Belowa, Bobrow, Bremse, Dusewa, Gusewa, Kipurs, Klimow, Klujew, Koslow, Krikis, Kurtow, Lapuga, Malkow, Melnik, Naumow, Petrow, Platow, Rylowa, Saizew, Stenin, Titowa, Ulanow, Walowa, Wialbe, Wolkow, Zhulin
7 Amosowa, Annenko, Awerina, Bersups, Berzins, Beschke, Bogijew, Danilin, Egorowa, Ekmanis, Fadejew, Fetisov, Grinkow, Grishin, Isakowa, Kiselew, Klimowa, Kowalew, Kruglow, Kulikow, Makarow, Mamatow, Melanin, Mischin, Muratow, Poikans, Ragulin, Redkine, Reszowa, Rodnina, Sachnow, Schulin, Smirnow, Sosulia, Stelnow, Stenina, Tarasow, Tretjak, Urmanow, Wedenin, Wlasowa, Zozulia
8 Alexejew, Aljabiev, Aljabjew, Antipova, Bajanowa, Botwinow, Bryndsej, Danilowa, Dawidowa, Dmitriew, Golowina, Gorochow, Grischin, Guljajew, Gusakowa, Iandsems, Iljunina, Issakowa, Jegorowa, Kabutowa, Kauniste, Kirienko, Kirillew, Kosyrewa, Kulakowa, Kulkinow, Lasutina, Lebedewa, Linichuk, Mekchilo, Merkulow, Moskwina, Napalkow, Petrenko, Privalow, Pylajewa, Reztsowa, Safronow, Saweljew, Schachra, Schilkow, Schukowa, Shiskowa, Sidorowa, Simjatow, Smirnowa, Suraikin, Taranina, Tichonow, Venciene, Wasiljew, Woronina, Zimjatow
9 Baschukow, Belousova, Beloussow, Fokitchew, Gordejewa, Gorschkow, Gritschuk, Gussakova, Ippolitow, Kasatonow, Klebnikow, Kondakowa, Latsutina, Martschuk, Medwedsew, Melinkowa, Michailow, Pachomowa, Petrusewa, Polozkowa, Salveljew, Selichowa, Smetanina, Sretemski, Strunikow, Tichonowa, Wassiliew, Wassiljew
10 Allagulowa, Artamanowa, Beloussowa, Bojarskich, Fokitschew, Jelezowski, Karposonow, Kaschkarow, Koltschina, Lissowskij, Medwedtsew, Nagueikina, Paramigina, Prokurorow, Protopopow, Schegolewa, Seleznewaj, Skoblikowa, Tschepikow, Worobijewa, Zelenskaja
11 Dewjatjarow, Gladischiwa, Kliawintsch, Kojewnikowa, Konowalenko, Kositschkin, Ponomarenko, Prokaschewa, Rastopshina, Sadschikowa, Schischkowa, Shelesowski, Stepanskaja, Zagorodniuk, Zhelezowski
12 Bestemjanova, Chartschenko, Kolololtseva, Kossitschkin, Mishkuteniok, Statkewitsch, Voronchikhin
13 Gontscharenko, Matussewitsch, Mischkutionok, Petscherskaja, Tscherkassowa, Zschdanowitch
14 Owtschinnowika
sowjetisches
Jagdflugzeug
3 MIG
Mondfahrzeug
8 Lunochod
Nachrichtenbüro
4 TASS
Reisebüro
9 Intourist
Staatsgut
8 Sowchose
sozialdemokratischer
Politiker
3 Rau
5 Bebel, Vogel
6 Brandt, Wehner
7 Schmidt
9 Scharping, Schroeder
10 Lafontaine, Liebknecht, Ollenhauer, Schumacher
soziale
Einrichtung
9 Altenheim
12 Kindergarten
Förderung
14 Bildungsurlaub
sozialer
Missstand
5 Elend
sozialistische
Inselrepublik
4 Kuba
Partei Israels
5 Mapai
Sozialmaßnahme
16 Altersversorgung
Sozialpartner
11 Arbeitgeber
12 Arbeitnehmer
Sozialprodukt
14 Volkseinkommen
Sozialrentner
20 Wohlfahrtsempfaenger
Sozialversicherungen
11 Waisenrente, Witwenrente
14 Invalidenrente
16 Altersversorgung
18 Rentenversicherung, Unfallversicherung
19 Krankenversicherung
21 Invalidenversicherung
23 Bundessozialhilfegesetz
24 Angestelltenversicherung, Arbeitslosenversicherung, Knappschaftsversicherung
soziologische
Gruppe im Hinduismus
5 Kaste
Sozius
7 Associe, Genosse
9 Beifahrer, Kompagnon, Mitfahrer, Teilhaber
10 Mitinhaber
sozusagen
5 quasi
14 gewissermassen
Spagat
9 Bindfaden
14 Spreizstellung
Späher
5 Spion
7 Spitzel
10 Beobachter
12 Kundschafter
Spähtrupp
10 Patrouille
Spalierbaum
6 Kordon
Spalte
4 Gang, Riss
5 Kluft, Ritze
6 Fissur, Luecke, Rubrik
7 Kolonne, Scharte, Schlitz
8 Oeffnung, Schrunde

einer Aufstellung
7 Kolumne
Spaltensteller
9 Tabulator
Spaltgerät
3 Axt
4 Beil, Keil
Spaltkeil
6 Fimmel
Spaltpilz
7 Bazille
8 Bakterie, Bazillus
Spaltprodukt
aus Nukleinsäuren
6 Adenin, Guanin
des Eiweißabbaus
6 Peptid
Spaltung
7 Schisma, Teilung
8 Trennung
9 Sezession
Auflösung eines Ganzen
14 Desintegration
Spaltungsirresein
13 Schizophrenie
Spaltwerkzeug
3 Axt
4 Beil, Keil
5 Hacke
6 Beitel, Pickel
10 Brecheisen, Stemmeisen
11 Brechstange
Span
6 Spliss
8 Spleisse, Splitter
9 Schnitzel
Spange
5 Fibel
6 Fibula, Heftel
7 Agraffe, Klammer, Schmuck
9 Schliesse
Spanien
6 Iberia
7 Iberien
in der Landessprache
6 Espana
Spaniens
offizieller Name
13 Estado Espanol
spanische
Anrede
3 don
4 dona
5 senor
6 senora
8 senorita
Anstandsdame, Erzieherin
5 duena
Artischocke
5 cardy
Bergkette
6 Sierra
Bevölkerung
6 Basken
9 Kastilier, Katalanen
Bucht, Golf
7 Biscaya
12 Golf von Cadiz
14 Golf von Biskaya
15 Golf von Valencia
buntglasierte Platten
8 Azulejos
Burg
7 Alcazar, Alkazar
8 Alcazaba
Exkönigin
3 Ena
Farm
8 hazienda
Flotte
6 Armada
Fluggesellschaft
6 Iberia
Gebirgskette
6 sierra
Gedichtsammlung
10 cancionero
Gemäldesammlung
5 Prado
Grenzstadt
4 Irun
7 Badajoz
Hafenstadt
4 Vigo
5 Cadiz, Ceuta, Gijon, Mahon, Palma
6 Bilbao, Malaga, Tarifa
7 Almeria, Melilla
8 Alicante, La Coruna, Valencia
9 Algeciras, Barcelona, Cartagena, Santander
12 San Sebastian
15 Palma de Mallorca
Handklapper
11 Kastagnette
12 Kastagnetten
Hauptstadt
6 Madrid
Insel, Inselgruppe
4 Ilha
5 Ibiza
7 Cabrera, Kanaren, Menorca, Minorca
8 Balearen, Mallorca, Pityusen
9 Teneriffa
10 Formentera
16 Kanarische Inseln
Königin
3 Ena
6 Sophie
8 Isabella
Kriegsflotte des 16. Jh.
6 Armada
kurze Jacke
6 Bolero
Küste
10 Costa Brava, Costa Verde
11 Costa Blanca, Costa del Sol, Costa Dorada
12 Costa de la Luz
13 Costa Luminosa
14 Costa del Azahar
Landschaft
4 Leon
6 Aragon, Mancha, Murcia, Oviedo
7 Navarra
8 Asturien, Galicien, La Mancha
9 Aragonien, Kastilien
10 Andalusien, Baskenland, Kantabrien, Katalonien
11 Estremadura
12 Altkastilien, Neukastilien
Maisspeise
6 Uminta
Mezzosopranistin
8 Berganza
Münze, Währungseinheit
4 Duro, Onza, Real
5 Medio
6 Doblon, Peseta, Pesete
7 Centimo, Dublone, Pistole
8 Maravedi
10 Centesimos
Mystikerin
6 Agreda
Prinzessin
8 Infantin
Provinz
4 Jaen, Leon, Lugo
5 Alava, Avila, Cadiz, Soria
6 Burgos, Cuenca, Gerona, Huelva, Huesca, Lerida, Madrid, Malaga, Murcia, Orense, Oviedo, Ternel, Toledo, Zamora
7 Almeria, Badajoz, Biscaya, Caceres, Cordoba, Granada, Lagrono, Navarra, Segovia, Sevilla, Vizcaya
8 Albacete, Alicante, Baleares, La Coruna, Valencia, Valencis, Zaragoza
9 Barcelona, Castellon, Guipuzcoa, Las Palmas, Plasencia, Salamanca, Santander, Tarragona
10 Ciudad Real, Pontevedra
11 Guadalajara
Reisspeise
6 Paella
Rotweinbowle
7 Sangria
Schellentrommel
7 Pandero
Schenke, Weinschenke
6 Bodega
Sopranistin
5 Patti
7 Caballe
8 Lorengar
Stadt
3 Rao, Sos, Tuy
4 Adra, Irun, Jaen, Leon, Loja, Lugo, Olot, Onda, Osma, Pola, Reus, Tajo, Toro, Vigo
5 Alcoy, Alora, Altea, Arcos, Avila, Baeza, Bejar, Berga, Berja, Cabra, Cadiz, Ceuta, Cieza, Coria, Ecija, Elche, Epila, Fraga, Gijon, Jerez, Lillo, Liria, Lorca, Mahon, Ocana, Oliva, Osuna, Palma, Ronda, Soria, Ubeda, Valls, Zafra
6 Alagon, Alcala, Alcira, Bailen, Bermeo, Bilbao, Blanes, Burgos, Ciudad, Coruna, Cuenca, Galera, Gandia, Gerona, Guadix, Hellin, Huelva, Huesca, Jijona, Laredo, Lerida, Lucena, Madrid, Malaga, Mataro, Merida, Mieaes, Mieres, Moguer, Molina, Monzon, Motril, Murcia, Olvera, Orduna, Orense, Orgiva, Oviedo, Sagunt, Tarifa, Teruel,

Toledo, Tolosa, Zamora
7 Almaden, Almeria, Badajoz, Caceres, Cordoba, Granada, Lalinea, Linares, Logrono, Melilla, Sagunto, Segovia, Sevilla, Tarrasa, Tortosa, Vitoria
8 Albacete, Alicante, Aranjuez, Badalona, Guernica, La Coruna, Paleneia, Pamplona, Sabadell, Santiago, Valencia, Zaragoza
9 Algeciras, Barcelona, Cartagena, Castellon, Salamanca, Santander, Saragossa, Tarragona
10 Hospitalet, Pontevedra, Valladolid
11 Guadalajara, Puertollano, San Fernando
12 San Sebastian
15 Palma de Mallorca

Tänzerin
5 Otero
6 Pepita

Ureinwohner
6 Iberer

Volksbelustigung
10 Stierkampf

Volksvertretung
6 Cortes

Wand
8 Paravent

Weinschenke
6 Bodega

Weinsorte
5 Jerez, Xeres
6 Malaga, Rancio, Sherry
8 Alicante, Tintillo

Würgeschraube
8 Garrotte

Zither
9 Bandurria

spanischer

Adelstitel
6 Grande
7 Hidalgo

Anfeuerungsruf
3 ole

Aragonzufluss
4 Arga

Arbeiterführer
4 Diaz
8 Ibarruri

Architekt u. Baumeister
5 Gaudi
6 Donoso
7 Herrera
8 Ardemans, Montanez
9 Valdevira

Artikel
2 el, la, lo
3 las, los

Arzt
6 Servet

Ausruf
3 ole

Bass
6 Garcia

Berg, Gebirge, Hochland
4 Leon
5 Aneto
7 La Sarga, Navarra, Perdido
8 Galicien, Montsant, Montseny, Mulhacen, Penalara
9 Kastilien, Maladetta, Pyrenaeen
10 Javalambre, Kantabrien, Montserrat, Penagolosa
11 Estremadura, Pico de Aneto
12 Sierra de Gata, Sierra Morena, Sierra Nevada
13 Picos de Europa, Sierra de Tolox
14 Montes de Toledo, Sierra de Cuenca, Sierra de Gredos
17 Baskisches Gebirge

Bevölkerungsteil
6 Basken
8 Asturier, Gallegos
9 Aragonier, Kastilier, Katalanen
10 Andalusier

Bildhauer
4 Miro
5 Macho, Silve
7 Alvarez, Picasso, Vazquez
8 Montanez, Olivieri
9 Moratillo, Valdevira
11 Churriguera

Boxmeister
7 Paolino

Bürgermeister
7 Alcalde, Alkalde

Clown
5 Rivel

Dessertwein
6 Malaga, Sherry
9 Tarragona

Dichter, Dramatiker, Schriftsteller
4 Cela, Leon, Mora, Ruiz, Vega
5 Avila, Barca, Cueva, Gaula, Gomez, Lorca, Rioja, Rivas, Rojas, Rueda, Silva
6 Aleman, Argato, Baroja, Berceo, Carpio, Casona, Encina, Galdos, Gasset, Huerta, Ibanez, Jarnes, Manuel, Matute, Molina, Sender, Valdes, Valera
7 Alarcon, Alberti, Becquer, Cernuda, Espinel, Gongora, Gracian, Guillen, Herrera, Jimenez, Machado, Morstin, Semprun, Unamuno
8 Calderon, Quintana, Saavedra, Villegas
9 Benavente, Cervantes, Echegaray, Hernandez, Santayana
10 Lope de Vega, Monte Mayor, Santillana
11 Garcia Lorca
13 Ortega y Gasset, Zorilla y Moral

Dirigent
5 Delas
7 Pedrell

Edelmann, Ritter
9 Caballero

Entdecker, Eroberer
5 Colon
6 Balboa, Cortes, Cortez, Torres
7 Almagro, Legazpi, Pizarro
8 Columbus, de Torres, Kolumbus, Orellana

Feldherr
4 Alba

Frauenname
3 Ana, Ema, Ena
4 Alma, Ania, Anna, Ines, Lola, Maya, Mona, Nena, Nona, Pepa, Rica, Rosa
5 Anita, Bella, Ciril, Clara, Edita, Elena, Ester, Evita, Juana, Julia, Laura, Luisa, Marta, Maura, Melia, Ninja, Nuria, Paola, Paula, Pilar, Reyes
6 Agnola, Benita, Blanca, Carmen, Cirila, Elmira, Elvira, Emilia, Felipa, Gracia, Isabel, Isobel, Josefa, Lolita, Marica, Marita, Ninija, Paloma, Pancha, Pepeta, Pepita, Ramona, Raquel, Rosina, Rosita, Rosyne, Teresa, Ulrica, Ursola, Valera
7 Beatriz, Brigida, Carlota, Cecilia, Clarita, Dolores, Dorotea, Ernesta, Estella, Estelle, Fabiola, Felicia, Felippa, Floreta, Isabell, Juanita, Leticia, Manuela, Marieta, Micaela, Miguela, Miranda, Ricarda, Rosalba, Rosella, Rosetta, Rosette, Roslita, Solange
8 Angelina, Antonita, Arabella, Catalina, Claretta, Clarette, Consuela, Dionisia, Estrella, Fernanda, Floretta, Florinda, Gabriela, Hedvigia, Herminia, Isabella, Josefina, Josefita, Manuella, Mercedes, Olimpias, Roselita, Trinidad, Veronica, Victoria
9 Benedicta, Celestina, Enriqueta, Esmeralda, Felicidad, Francisca, Guillerma, Margarita, Marihuela, Marinuela
10 Addolorata
11 Constantina, Guiliermina

Freiheitskämpfer
6 Pelayo

Fruchtgarten
6 Huerta

Fußballspieler
3 Paz, Sol
4 Cano, Dani, Fede, Igoa, Leal, Lora, Luis, Olmo, Poli, Rife, Royo, Ruiz, Saez, Uria, Zoco
5 Angel, Bosch, Canos, Capon, Fuste, Gecue, Gento, Laray, Parra, Peiro, Pirri, Quini, Reija, Salva, Saura, Senor, Silva, Zarra
6 Alonso, Ansola, Asensi, Bakero, Basora, Benito, Chacho, Chendo, Collar, del Sol, Elacho, Gainza, Garate, Gorriz, Gracia, Iribar, Kubala, Losada, Maceda, Manolo, Michel, Miguel, Nogues, Pachin, Panizo, Pereda, Puskas, Sedrun, Suarez, Tonono, Ufarte, Uralde, Valdez, Verges, Victor, Villar, Zabalo, Zamora, Zuniga
7 Alcorta, Amancio, Antunez,

Benitez, Calleja, Camacho, Carmelo, Ciriaco, Gallego, Herrera, Jiminez, Joaquin, Juanito, Juncosa, Langara, Lapetra, Marcial, Migueli, Pardeza, Rafa Paz, Rivilla, Roberto, Sadurui, Salinas, Sanchis, San Jose, Sarabia, Segarra, Uriarte, Vasquez, Vazques
8 Adelardo, Alesanco, Andrinua, Arconada, Campanal, Carrasco, Churruca, Cordillo, de la Cruz, Fernando, Gonzalvo, Gordillo, Lufuente, Martinez, Muguerza, Olivella, Orejuela, Puchades, Regueiro, Tendillo, Urquiaga, Vantolra
9 Butrageno, Cardenosa, Cilaurren, Claramunt, del Bosque, di Stefano, Gorostiza, Hernandez, Marcelino, Marculeta, Quincoces, Ramallets, Rodriguez, Velasquez, Villaroya
10 Butragueno, Echeberria, Eizaguirre, Goichochea, Santamaria, Santillana
11 Satrustegui, Zubizaretta
13 Gorriz-Echarte

Geiger
8 Sarasate

Geschichtsschreiber
7 Mariana
8 Llorente
18 Canovas del Castillo

Grafiker
4 Goya
7 Picasso

Hafen in Marokko
5 Ceuta

Heerführer
4 Alba

Herrschername
4 Karl, Luis
6 Alfons, Carlos, Felipe
7 Alfonso, Philipp
8 Fernando
9 Ferdinand

Herzog
4 Alba

Historiker
7 Herrera, Orosius
8 Ferreras
9 Sepulveda

Hochadel
6 Grande

Humanist
5 Vives

Instrumentalvirtuose
6 Casals, Liobet
7 Albeniz, Cassado, Segovia
8 Sarasate
9 Fuenllana

Jesuit
6 Claver, Molina

Jesuitengeneral
6 Laynez

Kampfstier
4 Toro

Komponist
5 Vives
7 Albeniz, Cassado, de Falla
8 Granados, Sarasate

König
10 Juan Carlos

Küstenfluss
3 Ter

Lyriker
5 Otero

Maler
4 Dali, Goya, Gris, Miro
5 Bores, Caxes, Greco, Masip, Saura
6 Cerezo, Pereda, Ribera
7 El Greco, Murillo, Picabia, Picasso, Ribalta, Utrillo
8 Zurbaran
9 Navarrete, Velasquez, Velazquez

Männername
4 Cuno, Diaz, Elmo, Eloy, Jago, Joan, Jose, Juan, Leon, Luis, Luiz, Oton, Pepe, Raul, Vito, Yago
5 Angel, Cesar, Ciril, Colon, Dario, Diego, Erico, Fabio, Felix, Fidel, Gaddo, Galdo, Gallo, Guido, Jaime, Jorge, Julio, Marco, Mingo, Pablo, Pedro, Perez, Ramon, Roche, Roger, Roque, Simon, Tadeo, Tomas, Vasco, Vidal, Vigil, Zorro
6 Adolfo, Alonso, Alvaro, Amadeo, Andres, Benito, Carlos, Donato, Emilio, Fausto, Felipe, Floris, Franko, Gaspar, Glauco, Isidor, Jacobo, Javier, Lazaro, Manolo, Manuel, Martin, Matias, Miguel, Pancho, Pepino, Pepito, Pompeo, Rafael, Romulo, Sancho, Sergio, Silvio, Tobias, Ulrico, Victor, Xavier
7 Agostin, Alfonso, Arnoldo, Basilio, Conrado, Domingo, Eduardo, Enrique, Ernesto, Esteban, Estevan, Eugenio, Florian, Gerardo, Gustavo, Hilario, Ignacio, Isidoro, Joaquin, Lorenzo, Lotario, Martino, Michele, Murillo, Nicolas, Olimpio, Pepablo, Pepillo, Ricardo, Rodolfo, Rodrigo, Rodulfo, Rolando, Rudolfo, Sanchez, Teodoro, Tristan, Vicente
8 Bernardo, Clemente, Consuelo, Cornelio, Faustino, Federico, Federigo, Fernando, Graciano, Gregorio, Guebardo, Hernando, Jeronimo, Manolito, Mauricio, Raimundo, Rodrigue, Salvador, Segimund
9 Benedicto, Cristobal, Fernandez, Francisco, Gualtiero, Guillermo
10 Bartolomeo, Sigismundo

Mediziner
6 Arnald, Servet

Musikforscher, -wissenschaftler
6 Angles, Subira

Mystiker
4 Cruz
8 Johannes, Theresia

Name des Kolumbus
5 Colon

Name von Burgen und Schlössern
7 Alcazar

Nationalheld
3 Cid
12 Cid Campeador

Nationaltanz
6 Rodena
9 Madrelina

Nobelpreisträger (Literatur)
4 Cela
7 Jimenez
9 Benavente, Echegaray
10 Aleixandre

Nobelpreisträger (Medizin)
5 Cajal

Opernkomponist
7 Albeniz

Pfeffer
7 Paprika

Philosoph
5 Oliva, Vives
6 Ortega

Pianist
6 Iturbi

Politiker und Staatsmann
4 Alba, Dato
5 Ayala, Azana, Aznar, Lerma, Maura, Rivas
6 Artajo, Franco, Solana, Suarez
7 Narvaez, Sagasta
8 Gonzales, Olivarez
9 Fernandez
14 Suarez Gonzalez

Priester, Heiliger
5 Oriol

Prinz
6 Infant
9 Don Carlos

Prosaist
6 Jarnes

Radierer
6 Ribera

Radsportler
4 Diaz, Ruiz
5 Mauri, Moral, Ocana, Soler
6 Echave, Fuente, Gabica, Lorono, Moreno, Suarez
7 Delgado, Huelamo, Melchor, Tamames, Timoner
8 Gonzalez, Indurain, Martinez
9 Langarica, Lejaretta, Rodriguez
10 Bahamontes, Berrendero
11 Pessarodona

Reisewagen
6 Galera

Reiter
11 Drahtverhau

Revolutionär
6 Ferrer

Revolutionsoberst
5 Riego

Ritter im Mittelalter
9 Caballero

Seefahrer
6 Balboa, Hojeda

Spitzenschleier
8 Mantilla

Sportler, Sportlerin
4 Haro, Miro, Pons, Roig, Sala, Vera

5 Cacho, Casal, Costa, Lopez, Marin, Nieto, Plaza, Ramon
6 Arrese, Cardus, Clavet, Corgos, Garcia, Gavela, Gimeno, Lavado, Zubero, Zuriga
7 Abascal, Delgado, Garriga, Gisbert, Goyoaga, Llopart, Orantes, Sanchez, Santana, Uzcudum
8 Bruguera, Cadarola, Corretja, Criville, Esposito, Herreros, Indurain, Martinez, Olazabal, Penalver
9 Carbonell
10 Bahamontes, Mancisidor
11 Ballesteros, Lopez-Zubero
12 Ruano-Pascual
14 Fernandez-Ochoa, Sanchez-Vicario

Staatssklave
5 Helot

Statthalter
4 Alba

Stierkämpfer
6 Espada, Torero
7 Matador
8 Toreador
12 Banderillero

Südwein
6 Sherry

Süßwein
9 Tavragona

Tanz
5 Folia, Jaleo
6 Bolero
8 Fandango, Habanera
9 Esmeralda, Espagnole, Sarabande
10 Saltarello, Seguidilla

Tanzschritt
4 Paso
8 Flamenco

Tenor
6 Garcia
7 Domingo
8 Carreras

Theologe
5 Arias, Banez
6 Arrupe

Thronfolger
6 Infant

Ureinwohner
6 Iberer

Violinist
6 Casals

Zigeunertanz
6 Gitana

spanisches

Adelsgeschlecht
6 Borgia

Aussprachezeichen
5 Tilde

Feldmaß
4 Area

Gehöft
8 Estanzia

Getreidemaß
5 Cahiz

Handelsschiff
7 Karacke

Herzoghaus
4 Alba

Hochland
9 Kastilien

Kap
3 Nao
4 Gata
5 Creus, Palos
7 Ortegal
9 Trafalgar
10 Finisterre

Kartenspiel
6 Lomber

Königsschloss, -Kloster
5 Silos, Yuste
8 Escorial

Kopftuch
8 Mantilla

Landgut, Plantage
5 Finca

Längenmaß
5 Grado

Musikinstrument
11 Kastagnette

Nationalgericht
6 Paella
11 Ollapotrida

Parlament
6 Cortes

Reisgericht
6 Paella

Rohr
6 Rotang

Saiteninstrument
7 Bandola
9 Bandurria

Soldatenkäppi
3 Ros

Volksfest
6 Fiesta

Wegemaß
5 Legua

Wirtshaus
6 Posada

Wort für Gebirgskette
6 Sierra

Zahlwort, Zahl
3 dos = 2, mil = 1000, uno = 1
4 cien = 100, diez = 10, ocho = 8, seis = 6, tres = 3
5 cinco = 5, nueve = 9, siete = 7
6 ciento = 100, cuatro = 4, veinte = 20
7 treinta = 30
8 cuarenta = 40
9 cincuenta = 50

spanisch-französische

Grenzstadt
4 Irun

kubanischer Tanz
8 Habanera

spanisch für:

Abend
5 tarde

Artischocken
10 alcachofas

Ärztin
7 doctora

Auskunft
11 informacion

Autofähre
13 transbordador

Bedienung
8 servicio

Blasinstrument
5 gaita

Buchhandlung
8 libreria

drei
4 tres

dreißig
7 treinta

dreizehn
5 trece

Edelmann
7 hidalgo

Flieder
5 lilak

Fluss
3 rio, sil

Flusstal
5 canon

Frau
4 dona
6 senora

Fräulein
8 senorita

Freund
5 amigo

Früchte, Obst
6 frutas

Gebirgszug
6 sierra

Gipfel
4 pico

Haus
4 casa

heilig
3 san

Herr
3 don
5 senor

Hügel
5 cerro

Insel
4 Isla

Kap
4 cabo

kleiner Junge
5 chico

Kompott
7 compota

Liebhaber
5 Galan

Mutter
5 madre

Nacht
5 noche

nein
2 no

Promenade
5 paseo

Quelle, Ursprung
6 fuente

Ruhepause
6 siesta

Salzsee, -sumpf
5 salar

Schelm, Spitzbube
6 picaro

See
4 lago

Seilbrücke mit Korb
6 maroma

Spazierweg
5 paseo

Strand
5 playa
Tintenfisch
9 calamarcs
Zahnarzt
8 dentista
Spannbacken
(Drehbank)
6 Knagge
Spannband
der Schuhmacher
10 Knieriemen
Spanne
5 Marge
7 Abstand
8 Zeitraum
11 Unterschied
bei Preisen
5 Marge
zwischen Nennwert und Metallwert einer Münze
12 Schlagschatz
spannen
8 straffen
spannend
8 fesselnd
10 dramatisch
spannender
Film
7 Reisser
8 Thriller
12 Fernsehkrimi
spannendes
Erlebnis
9 Abenteuer
Spanner
6 Voyeur
Spannkraft
4 Elan
5 Verve
7 Schwung
10 Vitalitaet
12 Elastizitaet
Spannung
5 Druck
7 Tension
8 Dramatik, Erregung
9 Erwartung
11 Nervositaet
Spannungsmesser
9 Voltmeter
Spannungsumwandler
13 Transformator
Spannungszustand
der Organe
5 Tonus
Spannwerkzeug
6 Zwinge
Spareinlage
8 Guthaben
sparen
6 geizen, kargen
8 knausern
10 ◆ Haus halten
Spargang
beim Auto
9 Overdrive
Spargel
9 Asparagus
spargelähnliches
Gemüse
13 Schwarzwurzel
Spargeld
11 Notgroschen
Spargelgewächs
10 Maeusedorn
Spargelkohl
8 Brokkoli
Sparguthaben
7 Einlage
Sparkassenkunde
6 Sparer
spärlich
4 karg
5 duenn, knapp, licht
8 duerftig
9 schuetter
fließen
6 rinnen
spärliches
Flüsschen
7 Rinnsal
Sparpolitik
9 Austerity
sparsam
9 rationell
11 oekonomisch
spartanisch
4 hart
6 streng
7 einfach
8 schlicht
10 enthaltsam
spartanischer
Ältestenrat
7 Gerusia
Aristokrat
8 Spartiat
Beamter
5 Ephor
Bürger
8 Perioeke
Feldherr
8 Leonidas, Lysander
9 Pausanias
Gesetzgeber
6 Lykurg
König
4 Agis
8 Leonidas, Menelaos
9 Agesilaus
Schwerbewaffneter
6 Hoplit
Senat
7 Gerusia
Senator
6 Geront
Staatssklave
5 Helot
Titel für Aufseher
5 Ephor
Vollbürger
9 Spartiate
Sparte
4 Fach
5 Zweig
6 Gebiet
7 Ressort
9 Abteilung
10 Fachgebiet
12 Zeitungsteil
Spaß
2 Uz
3 Fez, Jux, Ulk
4 Witz
5 Gaudi, Jokus, Unfug
6 Freude, Scherz
7 Alberei, Gaudium, Plaesir
8 Kurzweil, Neckerei
10 Vergnuegen
11 Schabernack
Späße
5 Faxen
spaßen
5 juxen
8 scherzen
spaßig
5 ulkig
6 lustig
7 burlesk, drollig
9 schnurrig
11 possierlich
spaßige
Erzählung
4 Witz
9 Humoreske
Spaßmacher
7 Hofnarr
Spaßmacherei
9 Clownerie
Spaßvogel
4 Narr
5 Clown
6 Kasper, Schalk, Schelm
7 Bajazzo, Kasperl, Komiker, Pierrot
8 Harlekin, Humorist, Witzbold
9 Hanswurst
13 Possenreisser
Spateisenstein
5 Flinz
7 Siderit
später
Kommender
11 Nachzuegler
spätgotischer
Bildhauer
7 Oilgram, Pilgram
Künstler in Lübeck
5 Notke
Spätjahr
6 Herbst
Spatz
8 Sperling
spazieren gehen
7 bummeln
9 flanieren
10 schlendern
11 lustwandeln, promenieren
Spaziergang
6 Bummel
9 Promenade
Spaziergänger
7 Flaneur
großer Strecken
8 Wanderer
Speaker
8 Sprecher
9 Vorsitzer
10 Praesident
12 Vorsitzender
Spechtmeise
7 Kleiber
Specht, spechtartiger Vogel
5 Tukan
6 Specht
7 Jakamar
8 Trappist

9 Bartvogel, Bunttukan, Erdspecht, Faulvogel, Wendehals
10 Buntspecht, Glanzvogel, Goldspecht, Grauspecht, Mausspecht
11 Gruenspecht, Kleinspecht, Riesentukan, Zwergspecht
12 Herrenspecht, Mittelspecht, Schopfspecht
13 Goldbartvogel, Honiganzeiger, Kupferschmied, Perlbartvogel, Rotkopfspecht, Schwarzspecht, Stummelspecht, Sultansspecht
14 Pfefferfresser
15 Dreizehenspecht
16 Rotschnabeltukan
18 Gruenschnabeltukan
19 Blauwangenbartvogel

Speckscheibe
als Bratenhülle
5 Barde

Speckstein
4 Talk
6 Talkum
7 Steatit
11 Seifenstein

Speckwürfel
6 Griebe, Griefe
7 Grammel

Spediteur
20 Transportunternehmer

Speer
3 Ger
5 Lanze
6 Spiess
7 Assagai
10 Wurfspiess
beim Stierkampf
10 Banderilla
der Kaffern
7 Assagai
des Odin
7 Gungnir

Speichel
6 Geifer, Saliva, Seiber, Seifer, Spucke

Speichellecker
8 Kriecher
11 Duckmaeuser, Liebediener, Opportunist

Speicher
4 Akku, Silo
5 Boden, Depot, Lager
6 Kammer
7 Magazin
9 Dachboden, Lagerhaus, Reservoir
11 Akkumulator
12 Vorratslager

Speicherelement
bei Pflanzen
6 Hadrom

Speicherfähigkeit
des Gehirns
11 Gedaechtnis

Speichergerät
für TV-Aufnahmen
13 Videorecorder

Speichermedium
für EDV-Daten
8 Diskette
10 Festplatte, Magnetband

Speicherstoff
der Lebewesen
4 Fett

Speise
4 Kost, Mahl
5 Essen
7 Gericht, Moertel, Nahrung
9 Nachtisch
aus Erdäpfeln
14 Kartoffelsalat
aus vielen Obstsorten
11 Tuttifrutti
der Götter
8 Ambrosia
der Juden in der Wüste
5 Manna
in Gelee
5 Aspik
in Teighülle
7 Pastete

Speisebeigabe
5 Zutat
7 Pastete
10 Teighuelle

Speisebrei
im Dünndarm
6 Chymus

Speiseeisspezialität
7 Cassata

Speisefett
4 Talg
6 Butter, Schmer
7 Leinoel, Schmalz
9 Kokosfett, Margarine
13 Gaenseschmalz
15 Schweineschmalz

Speisefisch
3 Aal
4 Butt, Leng, Orfe, Salm
5 Hecht, Lachs, Orade, Stoer, Umber
6 Dorsch, Hering, Schlei, Zander
7 Flunder, Forelle, Karpfen, Makrele, Muraene, Rotauge, Sardine, Schleie, Scholle, Sprotte
8 Anchovis, Heilbutt, Kabeljau, Lamprete, Saibling, Sardelle, Seezunge, ◆ Tunfisch
9 ◆ Anschovis, Rotbarsch, Steinbutt, Thunfisch
10 Goldbrasse
11 Bachforelle, Schellfisch
17 Regenbogenforelle
der Alpenseen
7 Felchen
des Baikalsees
4 Omul
des Meeres
6 Hering

Speisefrüchte
4 Obst

Speisegaststätte
5 Lokal
7 Gasthof
10 Restaurant, Wirtschaft
11 Gaststaette

Speisegewürz
4 Salz, Senf, Zimt
5 Curry, Essig
6 Ingwer, Kaneel, Muskat
7 Paprika, Pfeffer
9 Speiseoel

Speisehaus
der Studenten
5 Mensa

Speisekammer
auf Schiffen
6 Pantry

Speisekrebs
6 Hummer
7 Garnele

Speiseleitung
(Funkwesen)
6 Feeder

Speiselokal
6 Imbiss
8 Gasthaus
9 Grillroom, Wirtshaus
10 Restaurant
11 Gaststaette, Imbissstube, Raststaette
14 Gastwirtschaft

Speisemuschel
6 Auster
11 Herzmuschel, Miesmuschel
12 Pfahlmuschel
13 Jakobsmuschel

speisen
5 essen
8 dinieren
9 soupieren

Speisenbereiter
4 Koch

Speisenbestandteil
5 Zutat

Speisenbrett
7 Tablett

Speisenfolge
4 Menu
5 Menue
6 Gedeck

Speisenverteilung
12 Essenausgabe

Speisepilz
6 Bofist, Bovist, Marone, Reherl
7 Kuhmaul, Kuhpilz, Lorchel, Morchel, Parasol, Rehling, Reizker
8 Egerling, Eselsohr, Gehlchen, Gelbfuss, Gelbling, Hasenohr, Lackpilz, Perlpilz, Reifpilz, Rotkappe, Saftling, Sandpilz, Tintling, Trueffel
9 Braetling, Ellerling, Graukappe, Gruenling, Klumpfuss, Krempling, Mousseron, Steinpilz, Taeubling
10 Birkenpilz, Butterpilz, Champignon, Dotterpilz, Hallimasch, Herrenpilz, Kaiserling, Ritterling, Schirmpilz, Schmerling, Ziegenbart, Ziegenpilz
11 Austernpilz, Eierschwamm, Maronenpilz, Pfifferling, Stoppelpilz
12 Habichtspilz, Rothaeubchen, Spitzmorchel, Strubbelkopf
13 Kapuzinerpilz, Speisemorchel, Totentrompete
14 Herbsttrompete
15 Austernseitling, Grauer Wulstling, Schafchampignon, Speisetaeubling

16 Maronenroehrling, Roetelritterling
17 Semmelstoppelpilz
Speiseplatte
6 Teller
8 Kabarett
Speiseraum
5 Mensa, Messe
6 Kasino
7 Kantine
Speisesaal
in Burgen
6 Remter
7 Rempter
in Klöstern
6 Remter
7 Rempter
11 Refektorium
Speisesack
des Jägers
4 Aser
5 Aeser
Speisewirtschaft
5 Lokal
9 Garkueche
10 Restaurant
Speisewürze
4 Salz, Senf
5 Essig
7 Ketchup, Paprika, Pfeffer
8 ◆ Ketschup, Mostrich
Speisewurzel
6 Moehre
7 Rettich
Speisezusatz
7 Gewuerz
Spektakel
5 Krach, Laerm
6 Unruhe
7 Klamauk
10 Schauspiel
Spektralbereich
elektromagnetischer Wellen
8 Infrarot
Spektralklasse
von Himmelskörpern
7 O-Sterne
Spekulant
6 Jobber
8 Schieber, Wagehals
10 Boersianer
13 Gluecksritter
Spekulantenring
6 Corner, Korner
Spelunke
6 Stampe
8 Destille
9 Kaschemme
Spende
4 Gabe
5 Opfer
6 Obolus
7 Almosen, Beitrag
8 Geschenk, Stiftung
10 Scherflein
11 Schaerflein
spenden
6 opfern
Spendenbehältnis
an Kirchentüren
10 Opferstock
Spender, Geber
7 Stifter
8 Schenker
spenzerartiges
Kleid
6 Mutzen
Sperberfalke
7 Habicht
Sperenzchen
9 Umstaende
12 Fisimatenten
Sperling
5 Spatz
Sperre
4 Wehr, Zaun
6 Gatter, Gitter, Riegel
7 Embargo
8 Barriere, Blockade, Schranke
9 Barrikade, Hindernis
10 Schlagbaum, Verschluss
für Wildabschuss
9 Schonzeit
sperren
10 arretieren, blockieren, verriegeln
Sperrfrist
6 Karenz
9 Wartezeit
11 Quarantaene
Sperrgestell
8 Stellage
Sperrklinke
5 Raste
6 Riegel
an Schiffsdrehwerken
4 Pall
Sperrschranke
10 Schlagbaum
Sperrstoß
beim Fechten
5 Arret
Sperrung
9 Isolation
beim Buchdruck
7 Spatium
Sperrvorrichtung
an Maschinen
11 Arretierung
Sperrzeit
11 Quarantaene
Spesen
6 Kosten
7 Aufwand
8 Auslagen, Unkosten
Spezerl, Spezi
6 Freund
7 Intimus, Kollege
10 Vertrauter
11 Busenfreund
Spezialarzt
7 Urologe
10 Kardiologe
16 Kieferorthopaede
Spezialaufzug
in Wintersportorten
7 Skilift
Spezialflugkörper
13 Traegerrakete
Spezialgaststätte
8 Grillbar, Milchbar
Spezialgebiet
7 Domaene
der Landwirtschaft
7 Weinbau
der Meteorologie
9 Aerologie
Spezialgeschütz
3 Pak
Spezialhochschule
8 Akademie
Spezialist
12 Facharbeiter
für Blutuntersuchungen
8 Serologe
Spezialität
10 Fachgebiet
12 Besonderheit
Spezialnautiker
10 Kanallotse
Spezialrennschlitten
3 Bob
Spezialschiff
6 Tanker
10 Eisbrecher
Spezialschuss
beim Fußball
15 Fallrueckzieher
Spezialsonde
der Bohrlochmessung
9 Laterolog
Spezialverkaufsstelle
8 Drogerie
12 Gemueseladen
13 Zeitungskiosk
19 Tabakwarengeschaeft
Spezialvibrato
6 Lesley, Leslie
speziell
9 besonders
spezielle
Bildaufzeichnung
13 Dokumentation
Ernährung
5 Diaet
Fertigung von Drucken
5 Stich
spezieller
Eisenbahnwagen
11 Schlafwagen
spezifisches
Gewicht
6 Dichte, Wichte
Sphäre
5 Kreis
6 Umwelt
7 Bereich
8 Umgebung
11 Lebenskreis
13 Wirkungskreis
Spiegel
9 Reflektor
Spiegelei
6 Setzei
Spiegelfernrohr
9 Reflektor, Refraktor
Spiegellinsenfernrohr
6 Medial
spiegeln
12 reflektieren
Spiegelsamt
5 Panne
Spiegelung
6 Reflex
7 Abglanz
9 Reflexion
11 Widerschein

auf Flächen
5 Glanz
Spiel
2 Go
4 Dame, Game, Golf, Skat
5 Halma, Match
6 Boccia, Domino, Mikado, Muehle, Partie
8 Kurzweil
9 Begegnung
10 Amuesement
11 Auffuehrung, Kleinigkeit
12 Leichtigkeit, Unterhaltung, Zeitvertreib
beim Billard
11 Cadrepartie
beim Skat
4 Null, Solo
5 Grand
10 Nullouvert
für Kinder
9 Legespiel
11 Bilderlotto
zu Gunsten eines Künstlers
7 Benefiz
zu Pferd
4 Polo
Spielabschnitt
beim Eishockey
7 Drittel
Spielart
6 Nuance
8 Variante
beim Jazz
3 Hot
4 Cool
beim Lotto
5 Terne
beim Tennis
4 Satz
6 Doppel, Einzel
8 Gemischt
des Happenings
6 Fluxus
des Lombers
5 Kasko
Spielbank
6 Kasino
Spielbankangestellter
8 Croupier
Spielbeginn
beim Faustball
6 Angabe
Spielbestimmung
5 Regel
Spielbetrag
7 Einsatz
Spielblatt
5 Karte
Spieleinsatz
beim Glücksspiel
4 Mise
5 Poule
Spieler
6 Akteur
9 Hasardeur
10 Konkurrent, Teilnehmer
eines Einzelinstruments
6 Solist
Spielergebnis, -stand
5 Score

spielerisches
Gehabe
9 Taendelei
Spielfeldmarkierung
8 Eckfahne
Spielfeldrand
3 Aus
Spielfigur
5 Kegel, Kugel
Spielfolge
8 Programm
Spielführung
5 Regie
Spielgerät
4 Ball
Spielkarte
2 As
4 Bube, Dame, Daus, Ober
5 Bauer, Joker, Jolly, Unter
6 Koenig, Wenzel
im Tarock
6 Cavall
ohne Zahlwert
6 Lusche
Spielkartenfarbe
3 Pik, Rot
4 Herz, Karo
5 Coeur, Kreuz, Treff
6 Eckern, Eichel, Herzen
7 Schippe
8 Eckstein, Schellen
Spielkartenrest
beim Geben
5 Talon
Spielklasse
im Sport
4 Liga
8 Oberliga
Spielkugel
5 Boule
6 Marbel, Marmel, Murmel
8 Schusser
Spielleiter
9 Regisseur
beim Glücksspiel
8 Croupier
im Ferienclub, Freizeitzentrum
9 Animateur
Spielleitung
5 Regie
Spielmann
7 Hornist, Pfeifer
8 Musikant, Trommler
Spielmannslied
3 Lai
Spielmarke
4 Chip
5 Fiche, Jeton
6 Plaque
Spielplan
8 Programm
10 Repertoire
Spielplatzgrenze
8 Eckfahne
Spielposition
6 Libero
Spielraum
5 Marge
Spielrunde, Abschnitt
6 Partie
Spielscheibe
beim Eishockey
4 Puck

Spielschule
12 Kindergarten
Spielstein, Gestalt
5 Figur
Spieltisch
der Orgel
7 Manuale
Spielunterbrechung
5 Pause
7 Wechsel
8 Halbzeit
13 Seitenwechsel
Spielverderber
7 Stoerer
Spielvorschrift
5 Regel
Spielwart
10 Inspizient
Spielweise
des Jazz
3 Hot
Spielwiese
11 Tummelplatz
Spielwürfel
6 Knobel
Spielzeug, Spielgerät
4 Ball, Reif, Tand
5 Puppe, Teddy
6 Ballon, Rassel, Roller
7 Drachen, Klapper, Kreisel
8 Bauklotz
9 Baukasten, Eisenbahn, Stofftier, Teddybaer
10 Hampelmann, Luftballon
11 Puppenstube
12 Bleisoldaten, Steckenpferd, Zinnsoldaten
13 Schaukelpferd
Spieß
3 Ger
4 Pike
5 Lanze, Speer
9 Partisane
10 Hellebarde
zum Abfangen des Wildschweins auf der Jagd
8 Saufeder
Spießbratenparty
8 Barbecue
Spießbürger
7 Banause
9 Philister
spießbürgerlich
11 philistroes
Spießer
6 Hirsch, Pedant
7 Banause, Rehbock
9 Philister
10 Kleingeist
Spießgeselle
8 Komplize, Konsorte
9 Mittaeter, Mitwisser
13 Helfershelfer
Spießhirsch
6 Mazama
spinale
Kinderlähmung
13 Poliomyelitis
Spind
4 Lade
7 Schrank
Spindel, Spinnrocken
6 Kunkel

Spinett
7 Cembalo
12 Clavicembalo
Spinnenart
5 Milbe, Zecke
6 Kanker
8 Holzbock, Skorpion, Tarantel
10 Jagdspinne
11 Asselspinne, Kreuzspinne, Lassospinne, Malmignatte, Vogelspinne, Weberknecht, Wolfsspinne, Zebraspinne
12 Springspinne, Walzenspinne, Wasserspinne, Wespenspinne
13 Krabbenspinne, Lampionspinne
15 Labyrinthspinne
Spinnenkrebs
6 Krabbe
Spinnentiere
10 Arachniden
Spinnerei
13 Textilbetrieb
Spinnereiabfall
4 Werg
Spinnereimaschine
5 Karde
Spinnereiprodukt
4 Garn
5 Faden, Wolle
Spinngerät
6 Rocken
Spinnmaschine
9 Selfaktor
Spion
5 Agent, V-Mann
7 Horcher, Spaeher, Spiegel, Spitzel
11 Schnueffler
Spionagegerät
5 Wanze
12 Abhoeranlage
Spionageorganisation
11 Agentenring
Spionin
7 Agentin
Tänzerin
8 Mata Hari
spiralförmiger
Aufgang
12 Wendeltreppe
Spiralnebel
7 Galaxie
spiritistische
Mittelsperson
6 Medium
Sitzung
6 Seance
Spirituose
10 Eierlikoer
Spiritus
5 Geist, Hauch, Seele, Sprit
7 Alkohol
9 Weingeist
10 Branntwein
12 Begeisterung
rector
6 Lenker
7 Urheber
9 Anstifter
Spital
6 Klinik
8 Hospital
10 Altersheim
11 Krankenhaus
Spitzbart
11 Henriquatre
spitzbogig
6 ogival
Spitzbube
4 Dieb
5 Filou
6 Ganove, Gauner
7 Stehler
9 Betrueger
10 Frechdachs, Langfinger
11 Taschendieb
spitze
Auswüchse am Kopf mancher Tiere
7 Hoerner
Spitze
4 Clou, Dorn, Ende, Tete
5 Hoehe, Krone, Nocke, Stift
6 Besatz, Gewebe, Gipfel, Vorhut, Wipfel
7 Leitung
8 Fuehrung, Vorstand
9 Bemerkung
10 Anspielung, Hoehepunkt, Seitenhieb
14 Anzueglichkeit
einer Laufbahn
9 Glanzzeit
eines Truppenkörpers
4 Tete
Spitzel
5 Agent, Spion
Spitzen
der Masten von Schiffen
4 Topp
des Geweihes
5 Enden
spitzenartiges
Gewebe
5 Tuell
Spitzenband
an Frauenhauben
5 Barbe
Spitzenkönner
2 As
5 Crack
9 Koryphaee
Spitzenkragen
um 1850
6 Berthe
Spitzenleistung
6 Rekord
Spitzenmasche, Spitzkeil
5 Picot
Spitzenrüsche
an Damenblusen
5 Jabot
Spitzenschlager
3 Hit
Spitzenschleier
der Spanierin
8 Mantille
Spitzensportler
2 As
5 Crack
8 Champion
12 Rekordhalter
15 Nationalspieler
Spitzenstoff
5 Tuell
Spitzenunternehmensleiter
10 Topmanager
spitzer
Berg
3 Pik
Gegenstand
5 Nadel
Metallstift
5 Nagel
Pflanzenteil
4 Dorn
7 Stachel
spitzes
Stechwerkzeug
4 Ahle, Dorn
5 Dolch, Nadel
6 Messer, Pfriem
7 Stilett
Werkzeug des Graveurs
7 Stichel
spitzfindig
6 subtil
11 kasuistisch, sophistisch
12 rabulistisch
15 haarspalterisch
Spitzfindigkeit
7 Finesse
9 Kasuistik, Sophistik
10 Rabulistik
11 Sophisterei
13 Haarspalterei
Spitzgiebel
7 Wimperg
Spitzhacke
5 Picke
6 Pickel
Spitzkehren
am Berghang
11 Serpentinen
Spitzkeil
5 Picot
Spitzname
des Bauern
5 Jokel
des englischen Soldaten
5 Tommy
des französischen Soldaten
5 Poilu
des Schiffskochs
6 Smutje
für den Irländer
3 Pat
5 Paddy
für den Russen
4 Iwan
für den US-Amerikaner
6 Yankee
für den US-Soldat
2 GI
3 Ami
für Eisenhower
3 Ike
Spitzpfeiler, -säule
7 Obelisk
Spitztürmchen
5 Fiale
Spleen
4 Tick
5 Laune
6 Fimmel, Grille
7 Einfalt, Marotte
8 Schrulle
15 Verschrobenheit
Spleißnadel
3 Fid

Splitter
4 Span
6 Spliss, Stueck
7 Scherbe
8 Spleisse
11 Bruchstueck
12 Sprengstueck
splitterfreies
Glas
5 Kinon
7 Sekurit
spontan
8 impulsiv
Sporadeninsel
3 Kos
5 Leros, Samos
6 Chalke, Ikaria, Patmos, Rhodos, Skiros, Skyros, Thasos
8 Alonesos, Skiathos, Skopelos
Spore
5 Zelle
8 Keimkorn
11 Einzelzelle
Sporen
8 Stacheln
Sporenbehälter
der Blätterpilze
5 Askus
sporenbildende
Pilzmasse
5 Gleba
Sporenpflanze
4 Farn, Moos, Pilz
9 Farnkraut
11 Koenigsfarn
Sporn
4 Dorn, Kufe
6 Spitze
7 Stachel
8 Fortsatz
9 Vorsprung
Sportanlage
3 Bad
4 Bahn, Feld, Kurs, Ring
5 Arena, Forum, Loipe, Matte, Piste, Platz
7 Bobbahn, Boxring, Eisbahn, Freibad, Gelaeuf, Planche, Schanze, Stadion
8 Motodrom, Parcours, Polofeld, Reitbahn, Rennbahn, Rundkurs, Velodrom
9 Fechtbahn, Flugplatz, Hallenbad, Hippodrom, Kampfbahn, Kegelbahn, Reithalle, Rennplatz, Spielfeld, Turnhalle
10 Aschenbahn, Schwimmbad, Sportplatz, Tattersall
11 Bowlingbahn, Radrennbahn, Rennstrecke
12 Schiessstand, Trabrennbahn
13 Sprungschanze
14 Olympiastadion, Schwimmstadion, Skiuebungshang
Sportanzug
5 Dress
6 Trikot
Sportart, -disziplin
4 Flug, Golf, Judo, Lauf, Polo, Ritt, Tanz, Trab, Turf, Wurf
5 Boxen, Crawl, Derby, Gehen, Heben, Kraul, Rugby, Skeet
6 Angeln, Boccia, Hockey, Karate, Kegeln, Laufen, Padeln, Reiten, Rennen, Ringen, Rodeln, Rudern, Segeln, Slalom, Soccer, Tanzen, Tennis, Turnen, Werfen
7 Billard, Bowling, Casting, Crawlen, Curling, Dressur, Eislauf, Eistanz, Fechten, Fliegen, Jujutsu, Kricket, Krocket, Paddeln, Radball, Radpolo, Regatta, Reissen, Skilauf, Stemmen, Stossen, Tauchen, Torlauf, Wandern
8 Abturnen, Athletik, Baseball, Biathlon, Eissport, Football, Freistil, Fussball, Handball, Jiu Jitsu, Klettern, Korbball, Military, Minigolf, Pingpong, Pushball, Radsport, Rolltanz, Skisport, Springen, Waldlauf
9 Badminton, Bobfahren, Eishockey, Eislaufen, Eissegeln, Faustball, Federball, Gymnastik, Kanusport, Kunstlauf, Luftsport, Motorflug, Prellball, Radfahren, Radreigen, Ringkampf, Schiessen, Schwimmen, Segelflug, Skilaufen, Speerwurf, Taekwondo, Tanzsport, Tauziehen, Wasserski, Zehnkampf
10 Angelsport, Bahnlaufen, Basketball, Diskuswurf, Dreisprung, Faustkampf, Freiuebung, Fuenfkampf, Hammerwurf, Hochsprung, Hohe Schule, Kampfspiel, Kanusegeln, Kanuslalom, Kuerlaufen, Motorsport, Paarlaufen, Radwandern, Ringtennis, Rollhockey, Schifahren, Schilaufen, Schlagball, Skifliegen, Skijoering, Slalomlauf, Stierkampf, Trabrennen, Volleyball, Wasserball, Wasserpolo, Wasserschi, Weitsprung, Wettrennen
11 Bergsteigen, Bergwandern, Bodenturnen, Drachenflug, Flachrennen, Hallensport, Huerdenlauf, Hunderennen, Kanuwandern, Korsofahren, Kunstfahren, Schijoering, Skikjoering, Skilanglauf, Skispringen, Speerwerfen, Staffellauf, Tischtennis, Voelkerball, Wassersport, Windsurfing, Wintersport, Zwoelfkampf
12 Abfahrtslauf, Ballonfahren, Bockspringen, Diskuswerfen, Eiskunstlauf, Eisschiessen, Galopprennen, Gelaendelauf, Gelaenderitt, Gewichtheben, Gleitfliegen, Guertelkampf, Hammerwerfen, Kugelstossen, Marathonlauf, Parforcejagd, Pferderennen, Radballspiel, Rasenradball, Riesenslalom, Segelfliegen, Turmspringen
13 Drachensegeln, Geraeteturnen, Hindernislauf, Huerdenlaufen, Kunstspringen, Schattenboxen, Schleuderball, Schwebebalken, Stafettenlauf
14 Bogenschiessen, Brustschwimmen, Freistilringen, Leichtathletik, Motorradrennen, Schwerathletik, Skidrachenflug, Stabhochsprung
15 Hindernisrennen, Trampolinturnen, Wildwassersport
18 Fallschirmspringen
mit turnerischen Elementen
9 Akrobatik
mit vielen Disziplinen
14 Leichtathletik
Sportartikel
4 Seil
Sportausbilder
7 Trainer
Sportbegriff
3 Aus
7 Staffel
9 Steilpass
Sportbekleidung
8 Turnhose
Sportbetreuer
7 Manager
Sportboot
3 Gig
4 Kanu
5 Einer, Kajak, Kanoe, Skiff
6 Achter, Vierer, Zweier
7 Skuller
8 Canadier, Faltboot, Inborder, Kanadier, Runabout
9 Katamaran, Outborder, Ruderboot, Segelboot
10 Paddelboot
12 Schlauchboot
Sportbootfahrer
6 Kanute
7 Skuller
Sportdress
6 Trikot
Sportfahrzeug
7 Rennrad
9 Rennwagen
Sportfeld
7 Stadion
Sportfest
9 Olympiade
Sportfischer
6 Angler
Sportfischerei
6 Angeln
Sportgerät, -waffe
3 Bob, Ger, Rad, Ski, Tau, Tor
4 Ball, Bock, Korb, Netz, Puck, Reck, Reif, Ring, Rute, Schi, Seil, Stab
5 Angel, Bandy, Bogen, Degen, Kegel, Keule, Kugel, Leine, Matte, Pfeil, Pferd, Rodel, Ruder, Skier, Speer
6 Balken, Barren, Caddie,

Diskus, Flinte, Gewehr, Hammer, Hantel, Huerde, Kasten, Leiter, Pickel, Racket, Rakett, Rapier, Saebel, Skibob, Stange, Tandem, Trapez, Visier
7 Billard, Buechse, Florett, Harpune, Pistole, Rennrad, Scheibe, Schwert
8 Armbrust, Bumerang, Expander, Fussball, Golfball, Handball, Motorrad, Rhoenrad, Rundlauf, Sandsack, Skeleton
9 Angelrute, Automobil, Bobsleigh, Faustball, Federball, Golfkeule, Kegelbahn, Prellball, Rennrodel, Rennwagen, Rollschuh, Rugbyball, Schlaeger, Schlitten, Seitpferd, Trampolin
10 Basketball, Jagdgewehr, Rollschuhe, Schlagball, Schlagholz, Tennisball, Wasserball
11 Medizinball, Schneeschuh, Schwebebaum, Sprungbrett, Staffelstab
12 Boxhandschuh, Punchingball, Schlittschuh, Sprossenwand, Tamburinball
13 Golfschlaeger, Schleuderball, Schlittschuhe, Schwebebalken
14 Segelschlitten
15 Hockeyschlaeger, Tennisschlaeger
20 Tischtennisschlaeger

Sportgrößen
4 Asse
5 Stars

Sportgrundsatz
8 Fairness

Sportkampfabschnitt
5 Runde
8 Halbzeit

Sportkleidung
5 Dress
6 Jersey, Trikot

Sportlehrer
5 Coach
7 Trainer

zu Pferd
6 Reiter

Sportlergemeinschaft
10 Turnverein

sportlich

anständig
4 fair

elegante Jacke
6 Blazer

in Form
3 fit
6 topfit

üben
10 trainieren

sportliche

Ärmelweste
10 Lumberjack

Auszeichnung
5 Pokal
8 Medaille, Training
12 Vereinspokal

Betätigung
9 ◆ Rad fahren

Betreuerin
9 Managerin

Freizeitbeschäftigung
7 Wandern

Gewichtsklasse
12 Federgewicht

Höchstleistung
6 Rekord

Kleidung
5 Dress

Kniehose
7 Breches
8 Breeches

Laufschuhe
6 Spikes

Veranstaltung, Wettkampf
5 Match, Spiel
6 Rennen
7 Regatta, Turnier
9 Mehrkampf, Olympiade

Wahlübung
4 Kuer

Wurf- und Fangübung
9 Ballspiel

sportlicher

Bergsteiger
8 Alpinist

Betreuer
7 Trainer

Endkampf
6 Finale

Erfolg
4 Sieg

Kraftmensch
6 Athlet

Misserfolg
10 Niederlage

Sieg
7 Triumph

Vorkampf
12 Ausscheidung

Wettbewerb
5 Derby
6 Rennen

Wettkampf
7 Turnier

sportliches

Endspiel
6 Finale

Jackett
6 Blazer

Klassement
9 Rangliste

Übungsprogramm
8 Training

Sportmannschaft
3 Elf
4 Crew, Team
5 Mixed, Riege
6 Doppel, Equipe
7 Staffel
8 Aufgebot
9 Besatzung, Formation
10 Expedition, Moarschaft, Vertretung
11 Nationalelf
12 Nationalteam

Sportmantel
6 Raglan

Sportpaddelboot
5 Kajak

Sportpferd
6 Renner, Traber
7 Flieger

Sportpreis
3 Cup
5 Coppa, Coupe, Kranz, Nadel, Pokal
7 Lorbeer, Urkunde
8 Medaille, Plakette, Schleife
11 Siegerkranz

Sportruder
6 Riemen

Sportruderboot
3 Gig
4 Kanu
5 Einer, Skull
6 Achter, Vierer, Zweier
7 Skuller

Sportschlitten
3 Bob
5 Rodel
8 Skeleton
9 Bobsleigh

Sportsegelboot
5 Jacht, Yacht
9 Katamaran

Sportsonderklasse
4 Liga

Sportstätte
7 Stadion
9 Kegelbahn
12 Schwimmhalle

Sportstrafe
7 Auszeit
9 Strafzeit

Sporttrophäe
3 Cup
5 Coppa, Coupe, Kranz, Nadel, Pokal, Preis
7 Guertel, Lorbeer, Urkunde
8 Medaille, Plakette, Schaerpe, Schleife
9 Weltpokal
10 Ehrennadel, Ehrenpreis, Eichenlaub
11 Eichenkranz, Europapokal, Siegerkranz
12 Goldmedaille, Lorbeerkranz
14 Bronzemedaille, Silbermedaille

Sportübung
9 Dauerlauf

Sportveranstaltung
4 Game
5 Derby, Match, Spiel
6 Partie, Rallye, Rennen
7 Regatta, Turnier
9 Olympiade, Radrennen, Wettkampf
10 Konkurrenz, Pokalspiel, Sternfahrt, Wettbewerb
12 Laenderkampf, Laenderspiel
13 Meisterschaft
15 Sechstagerennen
16 Olympische Spiele
17 Weltmeisterschaft
19 Europameisterschaft

Sportverein

von Madrid
4 Real

Sportvorhersage
5 Wette

Sportvortrag
4 Kuer

Sportwagen
6 Renner
8 Roadster
Sportwette
4 Toto
11 Totalisator
Sportwurfwaffe
5 Speer
Spott
4 Hohn
6 Ironie, Satire
7 Parodie
9 Sarkasmus
11 Verhoehnung
Spottbild
9 Karikatur
spotten
7 hoehnen
8 laestern
Spötter
7 Zyniker
8 Ironiker, Parodist
9 Laesterer, Satiriker
11 Laestermaul
Spottgedicht
6 Satire
8 Epigramm
Spottgestalt
6 Popanz
spöttisch
6 mokant
7 boshaft, zynisch
8 ironisch
9 hoehnisch, satirisch
11 sarkastisch, schadenfroh
spöttische
Bemerkung
6 Glosse
Bezeichnung für Intellektuelle in den USA
7 Egghead
Nachahmung
7 Parodie
spöttisch für:
Schöngeist
9 Belesprit
Spottname
für den Deutschen
6 Michel
Spottschrift
6 Satire
8 Pasquill
Spottvers
8 Epigramm
Sprachbezeichnung
8 lettisch
Sprache
6 Latein
7 Deutsch, Indisch
8 Arabisch, Englisch, Russisch, Spanisch
10 Griechisch
11 Italienisch
12 Franzoesisch
13 Neugriechisch
auf Java
5 Ngoko
der alten Roemer
6 Latein
der Antike
6 Latein
der Äthiopier
6 Amhara
der Buren
9 Afrikaans
der einzelnen Stämme eines Volkes
9 Mundarten
der Inka
7 Quechua
8 Ketschua
der javanischen Oberschicht
5 Kromo
des Altertums
6 Latein
in Afrika
9 Kisuaheli
in Indien und Ceylon
5 Tamil
in Israel
6 Iwrith
in ungebundener Form
5 Prosa
in untersten Schichten
4 Cant
Spracheigentümlichkeit
5 Idiom
11 Anglizismus
Sprachfamilie
in Afrika
5 Bantu
in Westafrika
3 Kru
Sprachfehler
8 stottern
Sprachform
7 Dialekt, Mundart
Sprachforscher
8 Linguist
9 Philologe
Sprachgelehrter
5 Duden
Sprachgemeinschaft
4 Volk
Sprachgestalter
7 Stilist
Sprachgruppe
nordamerikan. Indianer
5 Sioux
Sprachheilkunde
10 Logopaedie
Sprachkundiger
11 Dolmetscher
Sprachkunstwerk
7 Gedicht
Sprachlehre (Laut-, Wort- und Satzlehre)
3 ABC
4 Fall, Form, Laut, Satz, Verb, Wort, Zahl, Zeit
5 Aktiv, Dativ, Frage, Futur, Genus, Kasus, Kolon, Komma, Modus, Nasal, Nomen, Punkt, Regel, Silbe, Stufe, Trema, Vokal, Worte, Zeile
6 Ablaut, Absatz, Adverb, Akzent, Anfang, Anlaut, Anrede, Aorist, Averbo, Dental, Diktat, Endung, Hiatus, Inlaut, Labial, Objekt, Passiv, Person, Plural, Pronom, Suffix, Tempus, Umlaut, Verbum, Ziffer, Zusatz
7 Ablativ, Aktivum, Antwort, Apokope, Artikel, Aufsatz, Auslaut, Beisatz, Beugung, Cedille, Einzahl, Elision, Ellipse, Flexion, Futurum, Genitiv, Klammer, Ligatur, Mitlaut, Neutrum, Numerus, Optativ, Perfekt, Positiv, Praefix, Schrift, Sprache, Subjekt, Synkope, Tatform, Vokativ, Wemfall, Wenfall, Werfall, Wesfall, Zeichen, Zukunft
8 Adjektiv, Alphabet, Aspirata, Attribut, Betonung, Brechung, Chiasmus, Deponens, Dingform, Dingwort, Endsilbe, Fuerwort, Fussnote, Guttural, Haekchen, Hauptton, Herkunft, Hypotaxe, Klammern, Lehnwort, Mehrzahl, Nebenton, Nennform, Nennwort, Numerale, Parataxe, Partizip, Passivum, Praesens, Pronomen, Reflexiv, Satzbild, Satzteil, Singular, Sperrung, Stimmton, Trennung, Vorsilbe, Wortbild, Wortform, Zahlwort, Zahnlaut, Zeitform, Zeitwort, Zwielaut
9 Ableitung, Akkusativ, Apostroph, Beistrich, Bindewort, Buchstabe, Diphthong, Dualismus, Eigenname, Epitheton, Femininum, Finalsatz, Folgesatz, Fragesatz, Fragewort, Fremdwort, Gegenwart, Gerundium, Grammatik, Grundwort, Grundzahl, Halbvokal, Hauptsatz, Hauptwort, Imperativ, Imperfekt, Indikativ, Infinitiv, Kehlhauch, Konsonant, Lautlehre, Lautstufe, Leideform, Ligaturen, Lokalsatz, Nachsilbe, Nasenlaut, Nebensatz, Nominativ, Perfektum, Praedikat, Reibelaut, Satzlehre, Satzreihe, Semikolon, Wortlehre
10 Abkuerzung, Abwandlung, Appellativ, Apposition, Ausrufwort, Aussprache, Beifuegung, Definition, Doppellaut, Ergaenzung, Etymologie, Gaumenlaut, Gerundivum, Geschlecht, Grundstufe, Kausalsatz, Komparativ, Kompositum, Konjunktiv, Lippenlaut, Maskulinum, Mittelwort, Objektsatz, Pleonasmus, Selbstlaut, Stammsilbe, Steigerung, Substantiv, Superlativ, Tautologie, Trennpunkt, Verbindung, Vorzukunft, Wortschatz, Zungenlaut
11 Aussagesatz, Befehlsform, Bestandteil, Bindestrich, Deklination, Disposition, Doppelpunkt, Imperfektum, Intransitiv, Komparation, Konjugation, Konjunktion,

Lautzeichen, Partizipium, Praeteritum, Relativsatz, Satzaussage, Satzzeichen, Schriftsatz, Sprachlehre, Sprachsilbe, Sprechsilbe, Strichpunkt, Subjektsatz, Transitivum
12 Assimilation, Doppelstrich, Endbuchstabe, Fragezeichen, Interjektion, Ordnungszahl, Praeposition, Temporalsatz, Umstandswort, Vorgegenwart, Zukunftsform, Zukunftswort, Zustandsform
13 Bindungssilbe, Hilfszeitwort, Interpunktion, Intransitivum, Konditionalis, Mitlautgruppe, Schraegstrich, Sterbezeichen, Vergangenheit, Voraussetzung
14 Bedingungsform, Gedankenstrich, Gegenwartsform, Gegenwartswort, Lautverbindung, Satzgegenstand, Verschlusslaut, Zeichensetzung
15 Ableitungssilbe, Bestimmungsform, Bestimmungswort, Empfindungswort, Gaensefuesschen, Geschlechtswort, Plusquamperfekt, Rechtschreibung, Relativpronomen, Steigerungsform, Taetigkeitsform, Taetigkeitswort, Trennungsstrich, Verhaeltniswort
16 Eigenschaftswort, Korrekturzeichen, Silbenverteilung, Verbalsubstantiv, Vorvergangenheit
17 Ausrufungszeichen, Fragendes Fuerwort, Moeglichkeitsform, Plusquamperfektum, Possessivpronomen, Wirklichkeitsform
18 Anfuehrungszeichen, Auslassungszeichen, Vergangenheitsform, Vergangenheitswort

sprachlos
5 platt, stumm
7 perplex
8 erstaunt
10 schweigend

Sprachmittler
im Orient
8 Dragoman

Sprachrohr
7 ◆ Megafon
8 Megaphon

Sprachweise
6 Jargon

Sprachwissenschaft
10 Linguistik, Philologie
11 Germanistik

sprachwissenschaftlich:
Satzglied
6 Actant, Aktant

stimmhaft
5 sonor

Zweizahl
4 Dual

sprachwissenschaftliches
Teilgebiet
6 Syntax
8 Phonetik
9 ◆ Fonologie, Grammatik, Lautlehre, Morphemik
10 Etymologie, Phonologie
11 Morphologie, Syntagmatik

sprechbehindert
6 heiser

Sprechdauer
im Parlament
8 Redezeit

Sprecheinheit
in der Lautlehre
5 Lalem

sprechen
5 reden, sagen
8 plaudern
9 parlieren, vortragen
10 referieren, rezitieren
11 deklamieren, unterhalten

Sprecher
6 Diseur, Redner
7 Ansager, Speaker
9 Moderator, Vorredner
11 Kommentator, Wortfuehrer
12 Conferencier

Sprecherin
7 Diseuse

Sprechgesang
8 Parlando
9 Rezitativ
mit Cembalobegleitung
5 Secco

Sprechmaschine
8 ◆ Fonograf
10 Phonograph

Sprechorgan, -hilfsmittel
4 Zahn
5 Lippe, Zunge
6 Stimme
8 Kehlkopf

Sprechrohr
7 ◆ Megafon
8 Megaphon

Sprechstunde
10 Ordination

sprechunfähig
5 stumm

Sprechunfähigkeit
6 Alalie

Sprechweise
8 Ausdruck

Spree-Athen
6 Berlin

Spreezufluss
4 Uske
5 Dahme, Dosse, Havel, Panke, Stour, Tegel, Wuhle

Spreizschritt, -sprung
6 Spagat
9 Graetsche

Sprengel
6 Pfarre
7 Pfarrei
8 Dioezese, Parochie
10 Amtsbezirk, Kirchspiel

des Pfarrers
7 Pfarrei
10 Kirchspiel

sprengend
7 brisant
8 explosiv

Sprenggeschoss, -körper
4 Mine
5 Bombe
6 Rakete
7 Granate, Torpedo
8 Luftmine
10 Schrapnell
11 Handgranate, Kartaetsche
12 Fliegerbombe
15 Eierhandgranate

Sprengkraft
7 Brisanz

Sprengschlag
9 Explosion
10 Detonation

Sprengstoff
3 TNT
4 Titi
5 Romit
6 Lyddit
7 Donarit, Dynamit, Ekrasit, Kinetit, Melinit, Roburit
8 Fulgurit
13 Nitroglyzerin, Schiesspulver, Schwarzpulver
14 Nitrogelantine, Nitrozellulose, Trinitrotoluol

sprenkeln
8 melieren

Spreu
4 Kaff
5 Spelz
6 Abfall, Spelze

Sprichwort
8 Paroemie

sprichwörtlich
weiser jüdischer Herrscher
6 Salomo

Springbrunnen
8 Fontaene

springende
heiße Quelle
6 Geiser, Geysir

Springer
beim Schach
7 Roessel
einer Zirkustruppe
9 Kaskadeur

Springer-, Sprinterschuhe
6 Spikes

Springkraut
9 Balsamine, Impatiens
13 Nolimetangere
16 Ruehrmichnichtan

Springrundtanz
6 Gallop

Sprinterschuhe
6 Spikes

Spritzbrunnen
8 Fontaene

Spritzdüse
in der Medizin
7 Kanuele

Spritze
5 Spray
9 Injektion

spritzender
Wellenschaum
6 Gischt
spritziges
alkoholisches Getränk
8 Perlwein
Spritztour
9 Abstecher
Sprödblätterpilz
7 Reizker
spröde
6 pruede
spröder
Werkstoff
4 Glas
sprödes
Metall
4 Zink
7 Antimon
Spross
5 Trieb
6 Spitze
9 Nachkomme
11 Schoessling
vor der Entfaltung
6 Knospe
Sprosse
5 Stufe
8 Querholz
9 Hautfleck
des Treppengeländers
7 Treille
Sprossen
des Hirschgeweihs
5 Enden
Sprossengestell
6 Leiter
Sprossenpilz
4 Hefe
Sprössling
einer Pflanze
6 Kindel
7 Ableger
Zweiglein
4 Reis
Spruch
5 Xenie
8 Epigramm
des Richters
6 Urteil
Spruchband
auf Gemälden
9 Banderole
in Umzügen
11 Transparent
Spruchgedicht
7 Priamel
Spruchorgan
beim Obersten Gericht
5 Senat
Spruchsammlung
3 Ana
Sprudel
6 Wirbel
7 Selters
10 Heilquelle
13 Mineralwasser
für alkoholische Getränke
5 Tonic
sprudeln
6 wallen
sprudelnder
Satz im Getränk
12 Kohlensaeure
Sprühmittel
5 Spray
Sprühregen
11 Nieselregen
Sprühvorrichtung
5 Duese
Sprühwasser
6 Gischt
Sprung
4 Riss, Satz
5 Hecht, Rudel, Salto, Spalt
7 Kaskade
8 Kapriole
11 Bruchstelle
beim Eiskunstlauf
4 Axel
Sprunggelenkekzem
(Pferd)
5 Raspe
Sprunggerät
6 Kasten
9 Trampolin
Sprunghügel, -schanze
6 Bakken
Sprunglauf
des Pferdes
6 Galopp
Sprunglaufhindernis
6 Huerde
Sprungunterlage
5 Matte
spucken
6 speien
Spuk
5 Geist
8 Gespenst
11 Erscheinung
Spukgestalt
5 Geist
8 Gespenst
Spule
5 Rolle, Walze
6 Huelse
8 Wicklung
Spulenring
6 Wirtel
Spur
5 Indiz
7 Abdruck, Abstand, Faehrte, Merkmal, Stapfen
11 Kennzeichen
12 Anhaltspunkt
eines Peitschenhiebes
7 Strieme
spüren
7 fuehlen
Spürhundrasse
6 Bracke
Spürjagd
6 Pirsch
Spürsinn
5 Flair
7 Riecher
10 Findigkeit
Spurt
5 Speed
Sputnik
8 Satellit
Staat
4 Gala, Land
5 Prunk, Reich
6 Nation, Pracht, Schale
7 Aufwand
9 Garderobe
11 Gemeinwesen
altorientalischer
4 Elam
5 Sumer
am Persischen Golf
4 Oman
5 Katar
6 Kuweit
an der Nordküste von Kalimantan
6 Brunei
der Apenninhalbinsel
7 Italien, Vatikan
9 San Marino
der Balkanhalbinsel
7 Serbien, Tuerkei
8 Albanien, Kroatien
9 Bulgarien, Rumaenien, Slowenien
10 Mazedonien, Montenegro
11 Jugoslawien
12 Griechenland
der Pyrenäenhalbinsel
7 Andorra, Spanien
8 Portugal
der Union von Burma
6 Arakan
im Atlantik
6 Irland, Island
7 England
15 Grossbritannien
im Baltikum
7 Estland, Litauen
8 Lettland
im Himalaja
5 Nepal
6 Bhutan, Sikkim
im Mittelmeer
5 Malta
6 Cypern, Zypern
im Nahen und Mittleren Osten
4 Irak, Iran, Oman
5 Jemen, Katar, Qatar
6 Cypern, Israel, Kuweit, Syrien, Zypern
7 Bahrein, Libanon, Tuerkei
9 Jordanien
11 Afghanistan
12 Saudi-Arabien
17 Vereinigte Emirate
im Pazifik
10 Neuseeland
in Brasilien
4 Acre, Para
5 Amapa, Bahia, Ceara, Goias, Piaui
6 Parana
7 Alagoas, Guapore, Paraiba, Sergipe
8 Amazonas, Maranhao, Rondonia, Sao Paulo
9 Guanabara, Rio Branco
10 Mato Grosso, Pernambuco
11 Minas Gerais
12 Rio de Janeiro
13 Espirito Santo, Santa Catarina
14 Rio Grande do Sul
16 Rio Grande do Norte
in Hinterindien
4 Laos

5 Birma
7 Myanmar, Vietnam
8 Malaysia, Singapur, Thailand
10 Kambodscha
in Indochina
7 Vietnam
in Lateinamerika
9 Guatemala
in Malaysia
5 Kedah, Perak, Sabah
6 Pahang, Penang, Perlis
7 Malakka, Sarawak
8 Kelantan, Selangor
9 Trengganu
in Mittelamerika
4 Cuba, Kuba
5 Haiti
6 Belize, Mexiko, Panama
7 Jamaica, Jamaika
8 Honduras
9 Costa Rica, Guatemala, Nicaragua
10 El Salvador
22 Dominikanische Republik
in Mitteleuropa
3 BRD
5 Polen
6 Ungarn
7 Schweiz
8 Slowakei
10 Tschechien
11 Deutschland, Oesterreich
13 Liechtenstein
19 Slowakische Republik
20 Tschechische Republik
in Nordafrika
6 Libyen
7 Marokko
8 Aegypten, Algerien, Tunesien
11 Mauretanien
in Nordamerika
3 USA
6 Kanada
17 Vereinigte Staaten
in Nordeuropa
6 Island
8 Finnland, Norwegen, Schweden
9 Daenemark
in Nordostafrika
5 Sudan
in Ostafrika
5 Kenia
6 Malawi, Ruanda, Rwanda, Uganda
7 Djibuti, Eritrea, Somalia
8 Simbabwe, Tansania
9 Mauritius
10 Aethiopien, Madagaskar, Mocambique, Seychellen
in Ostasien
5 China, Japan, Korea
6 Taiwan
8 Mongolei
9 Nordkorea, Suedkorea
11 Philippinen
in Ozeanien
5 Nauru
7 Fidschi
10 Australien, Indonesien, Neuseeland
14 Papua Neuguinea
in Südafrika
6 Sambia
7 Lesotho, Namibia
8 Botswana
10 Suedafrika
in Südamerika
4 Peru
5 Chile
6 Guyana
7 Ecuador, Grenada, Surinam, Uruguay
8 Bolivien, Paraguay
9 Brasilien, Kolumbien, Venezuela
11 Argentinien
17 Trinidad und Tobago
in Südarabien
5 Jemen
in Südasien
5 Nepal
6 Bhutan, Indien
8 Pakistan, Sri Lanka
10 Bangladesh
in Südeuropa
5 Malta
6 Monaco
7 Andorra, Italien, Spanien
8 Portugal
9 San Marino
12 Vatikanstaat
in Südostasien
4 Laos
5 Birma
6 Brunei
7 Myanmar, Vietnam
8 Malaysia, Singapur, Thailand
9 Malediven
10 Indonesien, Kambodscha
in Südosteuropa
6 Zypern
8 Albanien
9 Bulgarien, Rumaenien
11 Jugoslawien
12 Griechenland
in Venezuela
4 Lara, Lars
5 Apure, Sucre, Zulia
6 Aragua, Falcon
7 Bolivar, Cojedes, Guarico, Miranda, Monagas, Tachira, Yaracuy
8 Carabobo
10 Anzoategui, Portuguesa
in Vorderasien
4 Irak, Iran, Oman
5 Jemen
6 Israel, Kuwait, Kuweit, Syrien, Zypern
7 Libanon, Persien, Tuerkei
8 Aegypten
9 Jordanien
12 Saudi-Arabien
17 Vereinigte Emirate
in Westafrika
4 Mali, Togo
5 Benin, Gabun, Ghana, Kongo, Niger
6 Angola, Guinea
7 Kamerun, Liberia, Nigeria, Senegal
11 Mauretanien, Sierra Leone
12 Guinea Bissau
15 Elfenbeinkueste
in Westeuropa
6 Irland
7 Belgien
9 Luxemburg
10 Frankreich
11 Niederlande
15 Grossbritannien
zwischen Kongo und Tansania
6 Ruanda
Staaten
der Erde
3 USA
4 Fiji, Irak, Iran, Kuba, Laos, Mali, Oman, Peru, Togo
5 Belau, Benin, Chile, China, Gabun, Ghana, Haiti, Japan, Jemen, Katar, Kenia, Kongo, Korea, Malta, Nauru, Nepal, Niger, Polen, Samoa, Sudan, Tonga
6 Angola, Belize, Bhutan, Brunei, Gambia, Guinea, Guyana, Indien, Irland, Island, Israel, Kanada, Kuwait, Libyen, Malawi, Mexiko, Moldau, Monaco, Panama, Ruanda, Sahara, Sambia, Syrien, Taiwan, Tobago, Tschad, Tuvalu, Uganda, Ungarn, Zypern
7 Andorra, Antigua, Bahamas, Bahrain, Belgien, Burundi, Ecuador, Estland, Fidschi, Grenada, Italien, Jamaika, Kamerun, Komoren, Lesotho, Libanon, Liberia, Litauen, Marokko, Myanmar, Namibia, Nigeria, Sao Tome, Schweiz, Senegal, Somalia, Spanien, Surinam, Tuerkei, Ukraine, Uruguay, Vanuatu, Vietnam
8 Aegypten, Albanien, Algerien, Armenien, Barbados, Bolivien, Botswana, Djibouti, Dominica, Finnland, Georgien, Honduras, Kap Verde, Kiribati, Kroatien, Lettland, Malaysia, Mongolei, Mosambik, Norwegen, Pakistan, Paraguay, Portugal, Russland, Schweden, Simbabwe, Singapur, Slowakei, Sri Lanka, Tansania, Thailand, Trinidad, Tunesien
9 Brasilien, Bulgarien, Costa Rica, Daenemark, Dschibuti, Guatemala, Jordanien, Kampuchea, Kolumbien, Luxemburg, Malediven, Mauritius, Nicaragua, Rumaenien, Salomonen, San Marino, Slowenien, Swasiland, Venezuela, Westsamoa
10 Aethiopien, Australien, Bangladesh, El Salvador, Frankreich, Indonesien, Kambodscha, Kasachstan, Madagaskar, Mazedonien, Mocambique, Neuseeland, Saint Lucia, Seychellen, Suedafrika, Tschechien, Usbekistan, Westsahara
11 Afghanistan, Argentinien, Bangladesch, Burkina Faso, C(tm)te d'Ivoire, Deutschland, Jugoslawien, Kirgisistan,

Mauretanien, Mikronesien, Niederlande, Oesterreich, Philippinen, Sierra Leone
12 Griechenland, Guinea Bissau, Saint Vincent, Saudi Arabien, Turkmenistan, Vatikanstadt
13 Aserbaidschan, Liechtenstein, Salomoninseln, Tadschikistan, Weissrussland
14 Papua-Neuguinea
15 Grossbritannien, Saint Kitts Nevis
17 Aequatorial-Guinea
18 Bosnien-Herzegowina, Noerdliche Marianen
19 Slowakische Republik
20 Tschechische Republik
22 Dominikanische Republik
26 Vereinigte Arabische Emirate
27 Zentralafrikanische Republik

staatenbildendes
Insekt
5 Biene
6 Ameise, Hummel
7 Termite
10 Waldameise

Staatenbündnis, -bund
2 EU, UN
3 GUS, UNO
4 Liga, NATO, Pakt
5 SEATO, Union
7 Allianz, Entente
11 Foederation, Voelkerbund
12 Commonwealth
14 Konfoederation
16 Nordatlantikpakt, Vereinte Nationen
hellenistischer Zeit
6 Koinon
im Ersten Weltkrieg
7 Entente
im Zweiten Weltkrieg
5 Achse
10 Alliierten

Staatenlose
7 Apolide

Staatenloser
11 Heimatloser

staatlich
konzessioniertes Glücksspielunternehmen
9 Spielbank

staatliche
Aufgabe
14 Bildungsreform
Auszeichnung
5 Orden
10 Ehrentitel
14 Verdienstorden
Berufszulassung der Ärzte und Apotheker
10 Bestallung
Einrichtung
3 Amt
8 Behoerde
Erziehungsaufgabe
15 Bildungsplanung
höhere Schule (Frankreich)
5 Lycee
Institution
5 Organ
Kunstsammlung in Sankt Petersburg
9 Eremitage
Norm
8 Standard
oder private Anstalt für Pferdezucht
7 Gestuet
Ordnungstruppe
7 Polizei
11 Grenzschutz
Rechtspflege
6 Justiz
Stellenvermittlung
10 Arbeitsamt
Übereinkunft
9 Agreement
Vergeltungsmaßnahmen
10 Sanktionen
Vollziehungsgewalt
9 Exekutive
Vorherrschaft
9 Hegemonie
Vorschrift
6 Gesetz
Wirtschaftslenkung
10 Dirigismus

staatliches
Ausfuhrverbot
7 Embargo

Staatsabgabe
7 Gebuehr, Steuern

Staatsangehörigkeit
13 Nationalitaet

Staatsbeamter
8 Minister
15 Staatssekretaer
um 55 bis nach 115
7 Tacitus

Staatsbesitz, -schatz
5 Aerar

Staatsbewohner
7 Buerger

Staatsbürger
in Uniform
6 Soldat

Staatsdiener
7 Beamter

Staatseinnahmen
6 Umlage

Staatsetat
6 Budget
8 Haushalt

Staatsfeind
9 Anarchist

Staatsform, -führung, -verfassung
6 Emirat
8 Despotie, Diktatur, Republik, Sultanat, Tyrannei, Tyrannis
9 Herzogtum, Monarchie, Regierung
10 Demokratie, Faschismus, Machtstaat, Oligarchie, Theokratie, Volksstaat
11 Bundesstaat, Feudalstaat, Fuerstentum, Kaiserreich, Koenigreich, Ochlokratie, Plutokratie, Rechtsstaat
12 Absolutismus, Aristokratie, Beamtenstaat, Polizeistaat, Staendestaat
13 Einheitsstaat, Raeterepublik
14 Grossherzogtum
15 Volksdemokratie
16 Einparteienstaat, Militaerdiktatur, Parlamentarismus
17 Korporationsstaat, Mehrparteienstaat
18 Islamische Republik, Militaerherrschaft, Praesidialrepublik
25 konstitutionelle Monarchie

Staatsführung
9 Regierung
10 Herrschaft

Staatsführungspraxis
7 Politik

Staatsgebiet
11 Territorium
13 Hoheitsgebiet

Staatsgefängnis
in New York
8 Sing Sing

Staatsgemeinschaft
4 Volk
6 Nation

Staatsgerichtshof
im alten Athen
7 Areopag

Staatsgewalt
9 Regierung

Staatsgut
7 Domaene

Staatshaushalt
4 Etat
6 Budget
8 Finanzen

Staatskasse
5 Aerar
6 Fiskus

Staatskunst
10 Diplomatie

Staatskutsche
7 Karosse
8 Equipage

Staatslenkung
9 Regierung

Staatsmann
9 Politiker

Staatsoberhaupt
6 Regent
10 Praesident
im alten Venedig
4 Doge

staatspolitische
Bestrebung
15 Partikularismus

Staatsrat
im antiken Rom
5 Senat

Staatsregierung
8 Kabinett

Staatsreligion
im Iran
5 Schia

Staatsschatz
5 Aerar
6 Fiskus

Staatsschuldschein
6 Konsol

Staatssekretär
bei Philipp II.
5 Perez

Staatssklave
im alten Sparta
5 Helot
Staatssprache
der Indischen Union
5 Hindi
der Südafrikanischen Union
9 Afrikaans
Staatsstreich
6 Putsch
Staatssymbol
5 Fahne
6 Enblem, Farben, Flagge, Wappen
14 Hoheitszeichen
16 Hoheitsabzeichen
Staatsteil
außerhalb der Grenzen
7 Enklave, Exklave, Kolonie
9 Besitzung
Staatsverbrechen
6 Putsch
7 Aufruhr, Revolte, Umsturz
8 Aufstand, Spionage
9 Rebellion
10 Hochverrat, Revolution
12 Konspiration, Landesverrat
13 Verschwoerung
Staatsverfassung
12 Konstitution
der BRD
11 Grundgesetz
Staatsvertrag
4 Pakt
Staatsvertreter
5 Doyen
6 Konsul
7 Attache
8 Diplomat
9 Gesandter
11 Botschafter
17 Geschaeftstraeger
Staatsverwaltung
7 Politik
Staatsvolk
6 Nation
Staatszuschuss
10 Subvention
Stab
5 Stock
6 Beirat, Stange
7 Leitung, Stecken
8 Fuehrung, Kommando
10 Begleitung
15 Fuehrungsspitze
der Auguren
6 Lituus
Stäbchen
zum Feuermachen
11 Streichholz
Stäbchenspiel
6 Mikado
stabförmige
Wurfwaffe
5 Speer
stabförmiger
Griff
5 Stiel
stabförmiges
biegsames Trainingsgerät
8 Expander
Stabholz
5 Latte
stabil
4 fest
9 dauerhaft, standfest
17 widerstandsfaehig
festmachen
8 anketten
stabile
Kopfbedeckung
4 Helm
Schönwetterperiode
10 Azorenhoch
15 Altweibersommer
Stabreim
12 Alliteration
Stabsoffizier
5 Major
6 Oberst
14 Kapitaen zur See, Oberstleutnant
17 Fregattenkapitaen, Korvettenkapitaen
Stabtierchen
8 Bakterie
Stabwerk
6 Gitter
8 Ornament
Stachel
4 Dorn
5 Sporn
6 Borste, Spitze
des Violoncellos
5 Perno
Stachelflosser
4 Lump
5 Koppe
6 Barsch
7 Makrele, Seehase
8 Kaulkopf, Seebarbe
9 Stichling
10 Meeraesche
Stachelhäuter
4 Igel
7 Seeigel, Trepang
8 Seegurke, Seestern, Seewalze
9 Haarstern
10 Holothurie
14 Schlangenstern
stachelhäutiger
Haarstern
8 Seelilie
Stachelhummer
8 Languste
Stachelkeule
11 Morgenstern
Stachelpflanze
6 Distel, Kaktus
Stacheltier
4 Igel
9 Igelfisch
11 Panzerkrebs
14 Stachelschwein
stachliger
Kugelfisch
6 Fahaka
Stadel
7 Scheuer, Scheune, Schober
8 Schuppen
11 Heuschuppen
Stadion
5 Arena
8 Eisplatz, Rennbahn
9 Hippodrom, Kampfbahn, Sportfeld
10 Sportplatz
11 Sportanlage
in Budapest
3 Nep
Stadium
5 Phase, Stufe
6 Etappe
7 Zustand
8 Zeitraum
9 Abschnitt
10 Zeitspanne
Stadt
als Gemeinde
7 Kommune
am Adour
4 Aire
am Amazonas
4 Tefe
6 Manaus, Obidos
9 Tabatinga
am Arno
4 Pisa
6 Empoli
7 Florenz
am Ätna
6 Adrano
am Avon
9 Stratford
am Bayerischen Wald
5 Bruck
am Blauen Nil (Sudan)
6 Sennar
am Bober
5 Sagan
am Bodensee
5 Arbon, Egeln
6 Hagnau, Lindau, Uttwil
7 Bregenz, Kesswil
8 Konstanz
9 Meersburg, Rorschach
10 Allensbach, Ermatingen, Kressbronn, Nonnenhorn, Radolfzell, Romanshorn, Sipplingen, Wasserburg
11 Langenargen, Ueberlingen
15 Friedrichshafen
am Bosporus
8 Istanbul
am Chiemsee
5 Obing, Prien
6 Bernau
am Cynon
8 Aberdare
am Dnjepr
4 Kiew
6 Orscha
7 Cherson, Mogilew, Nikopol
8 Smolensk
10 Saporoshje
11 Saporoschje
15 Dnjepropetrowsk
am Don
4 Asow
6 Rostow
7 Sodonsk
8 Kalatsch, Schachty
9 Woronesch
am Dortmund-Ems-Kanal
6 Meppen
am Erzgebirge (Böhmen)
5 Bruex
am Euphrat
7 Babylon

am Fichtelgebirge
5 Rehau
am Fuß der Sudeten
6 Neisse
am Fuß des Siebengebirges
13 Koenigswinter
am Ganges
5 Patna
6 Howrah, Kanpur
7 Benares
9 Allahabad, Bhagalpur
am Gardasee
4 Riva, Salo
am Genfer See
8 Lausanne
am Golf von Iskenderun
5 Issos, Issus
am Golf von Korinth
5 Agion
am Golf von Suez
3 Asl
am Großen Sklavensee
3 Rae
am Harz
5 Thale
6 Goslar, Seesen
8 Gernrode, Herzberg, Osterode
9 Braunlage, Ilsenburg
10 Nordhausen
11 Bad Harzburg, Ballenstedt, Blankenburg, Elbingerode, Halberstadt, Quedlinburg, Wernigerode
am Hohentwiel
6 Singen
am Inn
4 Hall, Imst, Rott
6 Passau, Schwaz, Woergl
7 Braunau, Landeck, Simbach
8 Kufstein
9 Innsbruck, Muehldorf, Rosenheim
10 Schaerding, Wasserburg
am Irtysch
4 Omsk
am Jadebusen
5 Varel
am Jennissej
6 Igarka
am Kaspischen Meer
4 Baku
5 Babul
6 Astara, Gurjew, Rescht, Rokosa
9 Astrachan
am Kilimandscharo (Tansania)
6 Moschi
am Kocher
5 Aalen
14 Wasserulfingen
am Kongo
4 Boma
5 Irebu
6 Banana, Besoko, Lisala, Matadi
7 Konkolo, Nyangwe
8 Kinshasa
11 Brazzaville
12 Leopoldville
am Kuban
7 Armawir
am Lago Maggiore
5 Arona
6 Stresa
7 Locarno
am Lech
6 Reutte
7 Fuessen
8 Augsburg, Schongau
9 Landsberg
am Mäander (14.-16. Jh.)
5 Balat
am Main
4 Lohr
5 Hanau
8 Hassfurt, Kulmbach, Wertheim
9 Frankfurt, Karlstadt, Kitzingen, Offenbach, Steinheim, Wuerzburg
10 Miltenberg, Ochsenfurt
11 Lichtenfels, Schweinfurt
12 Ruesselsheim, Seligenstadt
13 Aschaffenburg
am Michigansee in USA
7 Chicago
9 Milwaukee
am Mittellandkanal
5 Peine
am Neckar
4 Horb, Sulz
7 Lauffen, Marbach, Wimpfen
8 Eberbach, Mannheim, Rottweil
9 Besigheim, Esslingen, Heilbronn, Oberndorf, Stuttgart, Tuebingen
10 Heidelberg, Nuertingen, Plochingen, Reutlingen, Rottenburg
11 Ludwigsburg
12 Schwenningen
am Niger
3 Abo, Gao
4 Egga, Fafa
5 Asaba, Bamba, Dessa, Jebba, Segou
6 Bamako, Karima, Lokoja
8 Timbuktu
am Nil
4 Gise
5 Giseh, Gizeh, Kairo, Kerma, Kodok, Luxor, Minje
6 Assjut, Assuan, Atbara, Berber, Luksor, Shambe
7 Chartum, Dongola, El Minja, Kareima, Khartum
8 Beni Suef, Mongalla, Omdurman
9 Wadi Halfa
10 Alexandria
am Nürburgring
6 Adenau
am Oglio
5 Edolo
am Oranje (Namibia)
5 Nabas
am Peloponnes
6 Mykene
7 Mykenae
am Persischen Golf
6 Abadan
12 Khorramshahr
13 Chorramschahr
am Po
4 Susa
5 Pavia, Turin
7 Cremona, Ferrara
8 Chivasso, Piacenza
am Regen
4 Cham
am Reschenpass
7 Nauders
am Rhein
4 Bonn, Chur, Kaub, Kehl, Linz, Porz, Rees, Trun, Weil
5 Basel, Beuel, Brohl, Domat, Flims, Ilanz, Kembs, Koeln, Lorch, Mainz, Moers, Neuss, Ragaz, Rhens, Unkel, Vaduz, Wesel, Worms
6 Bingen, Honnef, Kappel, Kempen, Sinzig, Speyer, Walsum, Xanten
7 Arnheim, Boppard, Homberg, Koblenz, Krefeld, Neuwied, Remagen, Sasbach, Zurzach
8 Braubach, Breisach, Disentis, Dormagen, Duisburg, Eltville, Emmerich, Kevelaer, Konstanz, Loerrach, Lustenau, Mannheim, Nimwegen, Rheineck, Siegburg, Waldshut
9 Andernach, Bacharach, Bad Honnef, Gernsheim, Godesberg, Iffesheim, Ingelheim, Karlsruhe, Landquart, Neuenburg, Oberwesel, Oppenheim, Wiesbaden
10 Germesheim, Lautenburg, Leverkusen, Rheinsheim, Ruedesheim, Saeckingen, Strassburg
11 Duesseldorf, Germersheim, Rheinfelden, Rheinhausen
12 Diessenhofen, Ludwigshafen, Schaffhausen
13 Koenigswinter
am Rhonedelta
5 Arles
am Roten Main
8 Bayreuth
am Roten Meer
5 Akaba
am Salinas River
4 Ardo
am Sambesi (Mosambik)
5 Zumbo
am Schwarzen Meer
4 Poti
5 Batum, Jalta, Warna
6 Burgas, Odessa
9 Konstanza
10 Sewastopol
am See Genezareth
8 Tiberias
am Solling
5 Uslar
am Südural
3 Ufa
am Sungari (Mandschurei)
6 Harbin
am Tajo
8 Aranjuez
am Tarn
4 Albi
am Taurus
5 Adana
am Teutoburger Wald
7 Detmold

am Thüringer Wald
8 Eisenach
9 Sonneberg
am Tiber
3 Rom
5 Ostia
7 Perugia
am Tigris
5 Assur
6 Bagdad
am Vesuv
6 Neapel, Pompei
7 Pompeji
an der Aare
5 Aarau, Olten
9 Solothurn
an der Aa (Westfalen)
5 Ahaus
an der Adige
3 Ala
an der Adria
4 Bari, Fano, Pola, Pula, Zara
5 Fiume, Split, Trani, Zadar
6 Ancona, Durres, Loreto, Pesaro, Ragusa, Rijeka, Rimini, Triest
7 Durazzo, Otranto, Pescara, Spalato, Venedig
8 Barletta, Brindisi, Molfetta
9 Dubrovnik
an der Ahr
9 Ahrweiler
an der Alle
10 Allenstein
11 Bartenstein
an der Aller
5 Celle
6 Verden
7 Gifhorn
an der Angara
6 Bratsk
7 Irkutsk
an der Bergstraße
8 Bensheim, Weinheim
10 Heidelberg, Heppenheim
an der Bistritz (Rumänien)
6 Buhusi
an der Bode
5 Egeln, Elend, Thale
an der Brenz
10 Heidenheim
an der Costa Brava
5 Rosas
6 Lloret
an der Danziger Bucht
6 Pillau
an der Donau
3 Ulm
4 Gran, Linz, Melk, Raab, Wien, Ybbs
5 Grein, Krems, Tulln, Widin, Zemum
6 Braila, Galatz, Komorn, Mohacs, Neu Ulm, Passau, Semlin
7 Belgrad, Kalafat, Neuburg, Neusatz, Novi Sad, Waitzen
8 Budapest, Eferding, Hainburg
9 Dillingen, Guenzburg, Karlowitz, Poechlarn, Pressburg, Straubing, Vilshofen
10 Bratislava, Ingolstadt, Regensburg, Riedlingen, Tuttlingen
11 Donauwoerth, Sigmaringen
14 Donaueschingen
an der Donaumündung
4 Asow
6 Sulina
an der Drau
5 Esseg, Lienz
7 Marburg, Maribor, Spittal, Villach
an der Eder
10 Battenberg
an der Elbe
4 Aken, Usti
5 Barby, Kolin, Pirna, Riesa, Stade, Wedel
6 Aussig, Coswig, Dessau, Melnik, Torgau
7 Dresden, Hamburg, Meissen, Rosslau, Strehla
8 Cuxhaven, Radebeul, Schandau, Tetschen
9 Lauenburg, Magdeburg, Neuenburg, Pardubitz
10 Geesthacht, Leitmeritz, Wittenberg
11 Glueckstadt, Koenigstein, Schoenebeck, Wittenberge
12 Koeniggraetz, Tangermuende
an der Elbmündung
8 Cuxhaven
an der Ems
4 Leer
5 Emden, Rheda
6 Greven, Lathen, Lingen, Meppen, Rheine, Weener
9 Emsdetten, Warendorf
12 Wiedenbrueck
an der Erft
5 Neuss
an der Etsch
3 Ala
5 Bozen, Meran
6 Merano, Trente, Trient, Verona
8 Rovereto
an der Freiberger Mulde
6 Nossen
an der Fulda
5 Bebra
6 Kassel
an der Garonne
4 Agen
8 Bordeaux, Toulouse
an der Glonn
7 Aibling
an der Havel
6 Werder
7 Potsdam
8 Rathenow
11 Brandenburg, Oranienburg
an der Helbe
8 Ebeleben
an der Iller
7 Kempten
an der Ilm
6 Weimar
an der Isar
5 Toelz
6 Landau
8 Freising, Landshut, Moosburg, Muenchen
9 Plattling
10 Dingolfing
14 Wolfratshausen
an der Kama
4 Perm
an der Lahn
3 Ems
4 Diez
6 Bad Ems, Nassau
7 Giessen, Laasphe, Limburg, Marburg, Wetzlar
8 Weilburg
10 Biedenkopf
13 Oberlahnstein
an der Lausitzer Neiße
6 Muskau, Penzig, Zittau
8 Goerlitz
9 Bad Muskau
an der Lawe
7 Bethune
an der Leda
4 Leer
an der Leine
4 Elze
6 Alfeld, Freden, Gronau
7 Laatzen
8 Hannover, Neustadt, Northeim
9 Kreiensen
10 Goettingen
an der Lippe
5 Wesel
an der Loire
4 Toun
5 Blois, Tours
6 Angers, Briare, Nantes, Nevers, Roanne, Saumur
7 Amboise, Orleans
an der Luhe
6 Winsen
an der Maas
3 Huy
5 Givet, Grave, Namur, Sedan, Venlo
6 Dinant, Verdun
7 Seraing
8 Beaumont, Luettich, Mezieres, Roermond
10 Maastricht
11 Charleville
an der Marne
7 Epernay
an der Maros
4 Arad
an der Memel
6 Tilsit
an der Moldau
4 Prag
an der Mosel
3 Ars
4 Metz, Toul, Zell
5 Treis, Trier
6 Cochem, Epinal
7 Koblenz
8 Schweich
9 Beilstein, Zeltingen
10 Bernkastel, Thionville
11 Diedenhofen
14 Bernkastel-Kues, Traben-Trarbach
an der Moskwa
6 Moskau
an der Mulde
6 Dessau, Grimma, Wurzen
9 Eilenburg
10 Bitterfeld

an der Murg
7 Rastatt
an der Murr
8 Backnang
an der Nagold
4 Calw
an der Nahe
4 Kirn
6 Bingen
9 Kreuznach
10 Birkenfeld
12 Bingerbrueck
an der Oder
5 Auras, Brieg, Cosel, Gartz, Guben, Lebus, Ohlau
6 Glogau, Koeben, Oppeln, Ostrau
7 Beuthen, Breslau, Crossen, Doebern, Neusalz, Poelitz, Ratibor, Schwedt, Steinau, Stettin
8 Kuestrin, Neumarkt
9 Frankfurt
12 Fuerstenberg
17 Eisenhuettenstadt
an der Odermündung
7 Stettin
an der Oise
4 Anor
an der Oka
4 Orei, Orel
5 Orjol
6 Kaluga, Rjasan
an der Orne
4 Caen
an der Ostsee
4 Kiel
6 Danzig, Wismar
7 Gdingen, Koeslin, Kolberg, Luebeck, Rostock, Stettin
9 Flensburg, Stralsund
10 Greifswald
11 Koenigsberg, Ruegenwalde, Swinemuende, Travemuende, Warnemuende
an der Peene
6 Anklam
7 Wolgast
an der Persante
7 Belgard
an der Pescara
6 Chieti
an der Rhone
4 Genf, Lyon
5 Arles
6 Orange, Sitten, Vienne
7 Avignon, Valence, Viviers
8 Tarascon
10 Montelimar
an der Riviera
5 Nizza
6 Cannes, Monaco, Savona
7 San Remo
an der Ruhr
5 Essen
6 Dueren, Neheim, Werder, Wetter, Witten
7 Herbede, Kettwig
8 Arnsberg, Duisburg, Herdecke, Meschede, Muelheim, Schwerte
9 Hattingen
10 Oberhausen
13 Neheim Huesten
an der Saale
3 Hof
4 Jena
5 Calbe, Halle, Leuna
6 Koesen, Wettin
8 Bernburg, Naumburg, Saalfeld
9 Merseburg
11 Weissenfels
13 Schwarzenbach
an der Saar
6 Merzig
8 Mettlach, Saarburg
9 Dillingen, Saarlouis
11 Voelklingen
12 Saarbruecken
an der Saone
5 Cluny, Mocon
an der Sarthe
6 Le Mans
an der Save
4 Brod
5 Agram, Sisak
6 Zagreb
7 Belgrad
an der Schlei
7 Kappeln
an der Seine
5 Melun, Paris, Rouen
6 Troyes
7 Corbeil, Le Havre
12 Saint Germain
13 Fontainebleau
an der Seinebucht
9 Deauville
an der Selz
5 Alzey
an der Somme
6 Amiens
9 Abbeville
an der Spree
6 Berlin
an der Thaya
3 Laa
an der Theiß
3 Ada
5 Senta
an der Themse
6 London, Oxford
7 Windsor
8 Richmond
10 Twickenham
an der Traun
4 Wels
10 Traunstein
an der Unstrut
5 Nebra
6 Artern, Laucha
an der Volme
5 Hagen
an der Warthe
5 Posen
9 Landsberg
an der Weichsel
4 Kulm
5 Plozk, Thorn
6 Krakau, Leslau, Modlin
8 Bromberg, Dirschau, Graudenz, Sandomir, Warschau
an der Weichselmündung
6 Danzig, Elbing
10 Marienburg
an der Weinstraße
8 Neustadt
9 Duerkheim, Edenkoben
10 Bergzabern, Deidesheim
12 Bad Duerkheim
13 Bad Bergzabern
an der Weißen Elster
4 Gera
5 Adorf, Greiz
6 Plauen
7 Leipzig
8 Oelsnitz
9 Ammendorf
10 Schkeuditz
an der Werra
5 Berka
7 Muenden
8 Eschwege
9 Meiningen
12 Witzenhausen
14 Hildburghausen
an der Werse (Westfalen)
5 Ahlen
an der Weser
4 Hoya
5 Brake
6 Bremen, Hameln, Minden, Vlotho
7 Hoexter, Muenden, Rinteln
8 Liebenau, Nienburg, Vegesack
9 Nordenham, Stolzenau
10 Holzminden, Karlshafen
11 Bodenwerder, Bremerhaven
an der Wisla
5 Torun
an der Wolga
3 Bui
4 Twer
5 Gorki, Kasan, Wolok
6 Engels, Gorkij, Rschew, Samara, Sysram
7 Kalinin, Rybinsk, Saratow
8 Balakowo, Kostroma
9 Astrachan, Jaroslawl, Uljanowsk, Wolgagrad, Wolgograd
10 Kuibyschew, Stalingrad
an der Wolgamündung
9 Astrachan
an der Wupper
7 Opladen
an der Zschopau
9 Mittweida
auf Barbados
10 Bridgetown
auf Borneo
4 Miri, Sibu
6 Brunei
auf Bornholm
6 Neksoe, Roenne
auf Celebes
8 Makassar
auf Ceylon
5 Galle, Kandy
6 Jaffna
7 Colombo, Lavinia, Negombo
10 Morotuerwa, Trinkomali
12 Anuradhapura
auf dem Peloponnes
6 Sparta
auf den Azoren
4 Hora
12 Ponte Delgada

15 Angrado Heroismo
auf den Balearen
5 Ibiza, Mahon, Palma
7 Manacor
8 Pollensa
15 Palma de Mallorca
auf den Hawaii-Inseln
8 Honolulu
auf den Kanalinseln
8 St. Helier
auf den Kanarischen Inseln
9 Las Palmas, Santa Cruz
auf den Philippinen
4 Cebu
5 Davao, Hoilo, Iriga, Laoag, Pasay
6 Iloilo, Manila, Nutuan
7 Bacolod, Basilan, Talikud
8 Calbayog, Caloacan, Lingajen, Natangas
9 San Carlos, Zamboanga
10 Quezon City
auf den Pityusen
5 Ibiza
auf den Samoa-Inseln
4 Apia
8 Pago Pago
auf der Krim
5 Jalta
7 Kertsch
8 Feodosia
9 Eupatoria
10 Sewastopol, Simferopol
auf Euböa
7 Chalkis
auf Fehmarn
4 Burg
auf Föhr
3 Wyk
auf Formosa (Taiwan)
3 Ako
4 Kagi
5 Kirin, Takau
6 Kilung, Schoka, Tainan, Taipeh
7 Keelung
8 Kaosiung
10 Taitschung
auf Fünen
5 Aarup
6 Assens, Odense
9 Svendborg
auf Gotland
5 Visby, Wisby
auf Gran Canaria
9 Las Palmas
auf Grönland
5 Thule
7 Godhavn, Ivigtut
8 Godthaab
auf Haiti
5 Seibo
8 Gonaives
12 Port au Prince, Santo Domingo
auf Hawaii
4 Hilo
auf Hokkaido (Japan)
3 Ots
5 Otaru
7 Sapporo
8 Hakodate
auf Hondo
3 Iga, Ono
5 Atami
auf Honschu (Japan)
3 Ena, Ito
4 Kobe
5 Akita, Ayabe, Bisai, Fukui, Ischi, Itami, Kioto, Kirju, Kiryu, Kyoto, Nanao, Odate
6 Akashi, Nagano, Nagoja, Sendai, Towada
8 Kamakura
auf Irland
4 Cork
6 Dublin, Galway, Mallow
7 Dundalk, Wexford, Wicklow
8 Limerick, Westport
9 Kingstown, Tipperary, Waterford
10 Queenstown
auf Island
3 Vik
5 Arnes
7 Husavik, Selfoss
8 Akureyri, Keflavik
9 Kopavogur, Reykjavik
14 Hafnarjoerdhur
auf Jamaika
8 Kingston
auf Java
4 Pare
5 Bogor, Garut, Kadus
6 Blitar, Kediri, Madiun, Malang
7 Bandung, Kalisat
8 Bandoeng, Djakarta, Semarang, Surabaja
9 Surakarta
10 Dschakarta
12 Djogdjakarta
auf Kiuschiu (Japan)
6 Jawata, Kokura, Kurume, Sasebo
7 Fukuoka, Modschi
8 Kumamoto, Nagasaki
10 Kagoschima
auf Korsika
5 Corte
6 Bastia
7 Ajaccio
9 Bonifacio
auf Kreta
5 Kanea
6 Candia, Chania, Kandia, Perama, Seteia
9 Heraklion, Rethymnon
auf Kuba
5 Banes, Minas, Pinar, Sagua
6 Habana, Havana
7 Baracoa, Havanna, Holguin
8 Camaguey, La Habana, Matanzas, Santiago, Trinidad
9 Camagueey
10 Cienfuegos, Guantanamo, Manzanillo, Santa Clara
auf Luzon
6 Manila
auf Madagaskar
6 Tulear
7 Majunga
8 Tamatave
9 Antsirabe
10 Tananarive
11 Diego Suarez
12 Fianarantsoa
auf Madeira
7 Funchal
auf Malaysia
4 Ipoh
6 Kluang, Penang
7 Kuching, Malacca, Sarawak
11 Johore Bharu, Kuala Lumpur
auf Mallorca
5 Palma
7 Manacor
8 Pollensa
15 Palma de Mallorca
auf Malta
5 Mdina, Msida, Rabat
6 Hamrun, Sliema
8 Valletta
auf Mauritius
9 Port Louis
auf Menorca, Minorca
5 Mahon
auf Neuseeland
4 Hutt
6 Napier, Nelson, Oamaru
7 Dunedin
8 Auckland, Hamilton, Hokitika
9 Lyttelton
10 Palmerston, Wellington
12 Christchurch, Invercargill
auf Puerto Rico
5 Ponce
7 Arecibo, San Juan
auf Rügen
3 Bug
4 Binz, Garz, Wiek
5 Baabe, Lohme
6 Bergen, Putbus, Sellin
7 Goehren
8 Sassnitz
auf Sardinien
4 Bosa
5 Milis, Nuoro, Oblia
6 Ozieri
7 Sassari, Tortoli
8 Cagliari, Iglesias, Oristano
11 La Maddalena
auf Sinai
4 Elat
auf Sizilien
4 Enna, Gela, Naro, Noto
5 Agira, Avola, Riesi
6 Aderno, Adrano, Agosta, Alcamo, Cefalo, Giarre, Ispica, Modica, Ragusa, Salemi
7 Augusta, Catania, Lentini, Marsala, Messina, Milazzo, Palermo, Paterno, Syrakus, Trapani
8 Acireale, Agrigent, Monreale, Siracusa, Taormina
9 Agrigento
12 Caltanisetta
auf Sumatra
5 Medan
6 Djambi, Padang
9 Palembang
auf Sylt
4 List
10 Westerland
auf Tahiti
7 Papeete
auf Tasmanien
6 Hobart
auf Tonga
9 Nukualofa

auf Trinidad
5 Arima
11 Port of Spain, San Fernando
auf Usedom
7 Ahlbeck
11 Heringsdorf, Swinemuende
auf Zypern
4 Mefu
5 Ktema
7 Larnaka, Nikosia
8 Limassol
9 Famagusta
bei Antwerpen
3 Mol
bei Arnheim
3 Ede
bei Berlin
5 Nauen, Tegel
6 Bernau, Teltow, Werder
7 Potsdam
11 Oranienburg
bei Calbe
5 Posen
6 Gnesen
bei Delhi
5 Hapur
bei Dessau
8 Woerlitz
bei Düsseldorf
4 Haan
bei Herford
5 Enger
bei Jerusalem
6 Hebron
bei Lüttich
3 Ans
bei Madrid
5 Iscar
bei Magdeburg
5 Egeln
bei Mailand
4 Lodi
bei Moskau
4 Tula
5 Orjol
6 Kaluga, Susdal
bei München
6 Erding
bei Paris
6 Sevres
bei Plauen
5 Tanna
7 Jocketa
10 Weischlitz
bei Pößneck
5 Ranis
bei Swerdlowsk
6 Aramil
bei Teheran
6 Reibei
bei Warschau
3 Ule
4 Urle
5 Radom
bei Wien
5 Baden
8 Moedling
9 Schwechat
14 Klosterneuburg, Perchtoldsdorf
bei Wuppertal
7 Neviges
der Dominikanischen Republik
8 La Romana
11 Puerto Plata
12 Santo Domingo
der Glaserzeugung
11 Weisswasser
der Sumerer
6 Dilmun
der Uhrenindustrie
10 Glashuette
der Wagner-Festspiele
8 Bayreuth
des Altertums
7 Babylon
des heiligen Franz
6 Assisi
des Lasters im Alten Testament
5 Sodom
des Nimrodreiches
5 Erech
des Taubenmarktes
8 Naumburg
gegenüber Straßburg
4 Kehl
im Allgäu
4 Isny
6 Wangen
7 Buchloe, Fuessen, Kempten
9 Sonthofen
10 Oberstdorf
11 Illertissen
im alten Ägypten
4 Sais
5 Luxor
6 Theben
7 Memphis
10 Heliopolis
im alten Babylon
5 Akkad
im alten Griechenland
5 Argos, Milet
6 Abdera, Mykene, Smyrna, Sparta, Theben
im alten Palästina
5 Akkon
im alten Persien
4 Susa
8 Ekbatana
10 Persepolis
im altgriechischen Böotien
6 Theben
im Baltikum
4 Riga
5 Memel, Reval, Wilna
im Bayerischen Wald
3 Lam
8 Grafenau
im Bereich Paris
6 Clichy
im Bergischen Land
7 Obladen, Schwelm, Velbert
8 Solingen
9 Remscheid, Wuppertal
10 Gevelsberg
im Berner Oberland
4 Thun
im Bodensee
6 Lindau
im Breisgau
8 Breisach, Freiburg
11 Emmendingen
im Elsass
6 Colmar, Zabern
7 Hagenau
8 Markirch
10 Lauterburg, Muelhausen, Strassburg
11 Weissenburg
12 Schlettstadt
im Erzgebirge
3 Aue, Dux
5 Lugau, Sayda
6 Lauter
8 Annaberg, Oelsnitz
9 Loessnitz, Olbernhau, Stollberg
10 Glashuette, Marienberg, Schneeberg
12 Lichtenstein
13 Schwarzenberg
17 Ehrenfriedersdorf
18 Johanngeorgenstadt
im Fichtelgebirge
7 Arzberg
im Frankenwald
5 Naila
im Harz
5 Elend, Grund, Thale
6 Goslar, Seesen
8 Eisleben, Gernrode, Osterode, Schierke, Stolberg
9 Braunlage
10 Lauterberg, Nordhausen
11 Bad Harzburg, Blankenburg, Halberstadt, Quedlinburg, Wernigerode
im Hennegau
3 Ath
im Hunsrück
6 Sohren
7 Morbach, Simmern
9 Kirchberg, Stromberg
10 Kastellaun
13 Buechenbeuren
im Irak
2 Ur
4 Akra, Anah, Uruk
5 Akkad, Arbil, Assur, Basra, Erbil, Hilla, Mosul
6 Bagdad, Hilleh, Kirkuk, Mossul, Nedjef, Ninive, Ramadi
7 Babylon, Kerbela, Samarra
8 Diwaniya
im Iran
3 Bam, Kum, Lar, Ris
4 Anar, Jesd, Sari, Susa
5 Abade, Abbas, Ahvas, Ahwas, Babol, Babul, Minab, Urmia
6 Abadan, Dezful, Disful, Dizful, Enseli, Gorgan, Kaswin, Kirman, Rescht, Semnan
7 Ardebil, Hamadan, Isfahan, Ispahan, Kaschan, Pahlewi, Schiras, Taebris, Teheran, Zendjan
8 Astrabad, Baendaer, Meschhed, Schahpur
10 Maeschhaed, Persepolis
11 Kermanschah
12 Khorramschar
im Jemen
3 Ibb
4 Aden, Sana
5 Mokka, Sabid, Sanaa, Taiss
7 Hodeida
8 ʿAsh-Sha'ab
9 Al Mukalla
11 Shaikh Utman

im Kaukasus
6 Tiflis
im Kongo (Volksrepublik)
5 Jacob
6 Banana
7 Dolisie
11 Brazzaville, Pointe Noire
im Libanon
3 Sur
5 Sahle, Saida, Seida, Sidon
6 Batrum, Beirut
7 Baalbek, Tripoli
8 Tripolis
im Lipper Bergland
5 Lemgo
im Münsterland
4 Ahle
im Niederrheinischen Tiefland
7 Geldern
im Nildelta
4 Sais
5 Menuf
im Odenwald
6 Erbach
8 Eberbach
10 Pfungstadt
11 Michelstadt
im Oman
6 Maskat
im Osthavelland
10 Fehrbellin
im Pandschab
5 Simla
im Po-Delta
5 Adria
im Rheinland
4 Berg, Bonn, Linz, Porz
5 Beuel, Koeln, Lorch, Neuss, Wesel
6 Bruehl, Engers, Hennef, Hilden, Honnef, Huerth, Sinzig, Walsum
7 Bendorf, Boppard, Frechen, Kettwig, Koblenz, Krefeld, Neuwied, Opladen, Remagen, Rondorf, Sechtem, Sieglar, Velbert
8 Bensberg, Bornheim, Dormagen, Duisburg, Duisdorf, Gladbach, Mettmann, Ratingen, Siegburg, Solingen
9 Andernach, Bacharach, Dinslaken, Rheinkamp, Vallendar, Wesseling
10 Leverkusen, Oberhausen, Rheinbrohl
11 Duesseldorf, Leichlingen
12 Bad Godesberg, Weissenthurm
13 Koenigswinter, Oberlahnstein
im Rhonedelta
5 Arles
im Riesengebirge
6 Liebau
10 Hirschberg
im Ruhrgebiet
4 Hamm, Marl, Unna, Werl
5 Essen, Hagen, Herne, Kamen
6 Bochum, Herten, Hoerde, Luenen, Massen, Menden, Neheim, Werden, Wetter, Witten
7 Bocholt, Bottrop, Haltern, Herbede, Kettwig
8 Arnsberg, Dortmund, Duisburg, Gladbeck, Herdecke, Muelheim, Schwerte
9 Hattingen
10 Oberhausen
11 Wanne Eickel
12 Wattenscheid
13 Castrop Rauxel, Gelsenkirchen
14 Recklinghausen
im Saarland
4 Bous
6 Lebach, Merzig, Tholey, Wadern
7 Brebach, Freisen, Homburg, Losheim
8 Mettlach, Saarburg, St. Wendel, Sulzbach
9 Dillingen, Dudweiler, Ottweiler, Saarlouis, St. Ingbert
11 Blieskastel, Fraulautern, Neunkirchen, Puettlingen, Sankt Wendel, Voelklingen
12 Saarbruecken, Sankt Ingbert
13 Saarwellingen, Tuerkismuehle
14 Friedrichsthal, Wiebelskirchen
im Sauerland
4 Olpe
5 Hagen, Hemer
6 Altena, Brilon, Menden
7 Werdohl
8 Arnsberg, Iserlohn, Meschede
9 Allendorf, Attendorn, Fredeburg
11 Plettenberg
12 Luedenscheid
im Schwarzwald
4 Calw, Lahr
5 Buehl
6 Achern, Hirsau, Nagold
7 Todtnau, Triberg, Wildbad, Wolfach
8 Freiburg, Gaggenau, Hornberg, Loerrach, Neustadt, Rottweil, Schoenau
9 Duerrheim, Oberkirch, Offenburg, Pforzheim, St. Blasien, St. Georgen, Villingen, Waldkirch
10 Alpirsbach, Baden Baden, Furtwangen, Schopfheim, Schramberg
11 Badenweiler, Baiersbronn, Emmendingen
12 Freudenstadt, Sankt Georgen, Schwenningen
14 Donaueschingen
21 Villingen-Schwenningen
im Senegal
5 Dakar, Thies
7 Kaolack
8 Diourbel, Rufisque
10 Saint Louis, Ziguinchor
im Spessart
3 Orb
im Spreewald
7 Luebben
9 Luebbenau
im Sudan
3 Ulu, Wad
5 Aweil
6 Atbara, Medani, Sennar
7 Chartum, Dongola, Kassala, Khartum, Obdeidh
8 Omdurman
9 Port Sudan
im Taunus
7 Idstein
8 Bad Soden, Kronberg
9 Friedberg, Oberursel
10 Bad Homburg, Bad Nauheim
11 Koenigstein
im Thüringer Wald
5 Ruhla
7 Lauscha
im Tschad
2 Am
im Ural
4 Abes, Arti
im Vogtland
3 Aue
5 Adorf
6 Plauen
8 Auerbach, Oelsnitz
11 Klingenthal, Reichenbach
14 Markneukirchen
im Vorderen Orient
4 Gaza
im Westerwald
9 Montabaur
im Wolgadelta
9 Astrachan
in Afghanistan
5 Farah, Haleb, Herat, Kabul, Tagab
6 Gardes, Ghasni, Kundus
7 Baghlan, Maimana, Maimene
8 Faisabad, Kandahar
in Ägypten
2 On
3 Kus
4 Edfu, Esne, Gisa, Gise, Kena, Kene, Sais, Sues, Suez
5 Asjut, Aswan, Banha, Giseh, Gizeh, Kairo, Luxor, Tanta, Zifte
6 Abukir, Abydos, Assiut, Assuan, Dakhla, El Duba, Erment, Heluan, Imhaba, Karnak, Kharga, Kosser, Kuseir, Luksor, Sollum, Theben
7 El Fayum, El Minya, Farafra, Hurgada, Mansura, Memphis, Rosetta, Sagasig
8 Beni Suef, Damanhur, Damietta, Damiette, Ismailia, Port Said
9 El Alamein, El Mansura
10 Alexandria, El Mahallet, Heliopolis
11 Marsa Matruh, Sidi Barrani
in Alaska
5 Aniak, Eagle
6 Circle, Kaltag, Palmer, Tanana
9 Anchorage, Fairbanks
in Albanien
5 Berat, Korce, Lezha, Vlore
6 Berati, Durres, Elbsen, Tirana
7 Durazzo, Sarande, Shkoder, Shkodra, Skutari
in Algerien
4 Bone, Oran
5 Batna, Blida, Kolea, Medea, Setif, Tenes
6 Algier, Al-Wald, Annaba, Bechar, Bejaia, Biskra,

Guelma, Skikda
7 Tiemcen
9 Tizi Ouzou, Touggourt
10 Mostagenem
11 Constantine, Tamanrasset
12 Sidi-Bel-Abbes
in Altkastilien
5 Avila
in Amerika
3 Ica, Rio, Uba, Ytu
4 Erie, Gary, Hull, Leon, Lima, Napa, Nome, Para, Paya, Pina, Reno, Tome, York, Yuma
5 Akron, Bahia, Belem, Colon, Dover, Fargo, Flint, La Paz, Macon, Miami, Omaha, Quito, Salem, Sucre, Tampa, Tulsa, Tunja, Utica
6 Albany, Austin, Balboa, Bogota, Boston, Callao, Camden, Campos, Canton, Colima, Dallas, Dayton, Denver, Duluth, Easton, El Paso, Fresno, Habana, Helena, Joplin, Lowell, Manaos, Mexiko, Mobile, Newark, Newton, Panama, Parana, Pierre, Potosi, Puebla, Quebec, Recife, Santos, St. Paul, Sydney, Tacoma, Toledo, Toluca, Topeca, Tucson
7 Atlanta, Augusta, Bristol, Buffalo, Chatham, Chelsea, Chester, Chicago, Chikago, Clinton, Cordoba, Detroit, Halifax, Hoboken, Houston, Jackson, Key West, La Plata, Lincoln, Madison, Memphis, Mendoza, Milford, Newport, New York, Norfolk, Oakland, Olympia, Palmira, Pontiac, Raleigh, Reading, San Jose, Santa Fe, Seattle, Spokane, St. Louis, Tampico, Toronto, Trenton, Tucuman, Ventura, Wichita, Yonkers
8 Amarillo, Appleton, Asuncion, Berkeley, Blumenau, Bradford, Brasilia, Cardenas, Columbia, Columbus, Freeport, Hamilton, Las Vegas, Lawrence, Marlboro, Montreal, New Haven, Pamplona, Pasadena, Portland, Richmond, San Diego, San Pedro, Santa Ana, Santiago, Sao Paulo, Savannah, Scranton, Syracuse, Valdivia, Valencia, Veracruz, Winnipeg
9 Anchorage, Angostura, Annapolis, Baltimore, Cambridge, Cartagena, Charlotte, Cleveland, Davenport, Des Moines, Elizabeth, Fall River, Fort Wayne, Fort Worth, Galveston, Guayaquil, Hollywood, Knoxville, Lakehurst, Lancaster, Lexington, Long Beach, Mansfield, Milwaukee, Nashville, Palm Beach, Pensacola, Pittsford, Princeton, Rochester, South Bend, Vancouver, Waterbury, Worcester
10 Birmingham, Bloomfield, Bridgeport, Charleston, Cincinnati, Evansville, Greenville, Harrisburg, Jersey City, Kansas City, Los Angeles, Louisville, Manzanillo, Montgomery, New Bedford, New Orleans, Paramaribo, Pernambuco, Pittsburgh, Providence, Sacramento, San Antonio, Shreveport, Somerville, Valparaiso, Vina del Mar, Washington, Wilmington, Youngstown
11 Buenos Aires, Chattanooga, Grand Rapids, Minneapolis, San Salvador, Springfield
12 Indianapolis, Jacksonville, Oklahoma City, Philadelphia, Port au Prince, Rio de Janeiro, Salt Lake City, San Francisco
in Anatolien
4 Urfa
in Andalusien
6 Huelva, Malaga
7 Almeria, Granada, Sevilla
in Andorra
14 Andorra la Vella
in Angola
5 Argos
6 Lobito, Luanda
8 Benguela
9 Mocamedes
10 Nova Lisboa
in Argentinien
5 Anelo, Junin, Salta
6 Arenas, Atucha, Parana, Viedma
7 Cordoba, Deseado, La Plata, Medanos, Mendoza, Neuquen, Rosario, San Juan, Santa Fe, Tucuman, Ushuaia
8 Porvenir
9 Santa Cruz
10 Corrientes
11 Bahia Blanca, Buenos Aires, Mar del Plata
12 Puerto Madryn
13 Puerto Deseado
in Argolis
9 Epidauros
in Armenien
5 Artik
6 Ararat, Eriwan, Rasdan
7 Jerewan, Kumajri
8 Alawerdi, Karaklis
9 Artaschat
12 Alexandropol
in Aserbaidschan
4 Baku
5 Achsu, Agdam, Barda
7 Agdasch, Gandsha, Sumgait
9 Kjurdamir, Puschkino, Sabirabad, Schamchor, Schemacha
10 Chatschmas
11 Stepanakert
in Assyrien
5 Assur
6 Kalach, Ninive
9 Dur Sargon
in Äthiopien
3 Ala, Ela, Imi
4 Adna, Adua, Dese, Dolo, Mota
5 Adana, Aksum, Assab, Harar
6 Aselle, Dessie, Gondar, Harrar
7 Dongola, Massaua
8 Diredaua, Diredawa, Dschimma, Lalileba
10 Addis Abeba
in Australien und Ozeanien
4 Eyre, Omeo, Suva, Thio
5 Ajana, Bowen, Derby, Eucla, Numea, Olary, Perth, Taree
6 Albany, Cairns, Darwin, Hobart, Madang, Nelson, Rabaul, Sydney, Timaru
7 Bendigo, Bunbury, Dunedin, Fanning, Honiara, Ipswich, Maytown, Russell, Winston, Wyndham
8 Adelaide, Auckland, Bathurst, Brisbane, Canberra, Cooktown, Hamilton, Hokitika, Somerset, Wangarai, Windorah
9 Burketown, Carnarvon, Ditzingen, Esperance, Fremantle, Geraldton, Granville, Longreach, Marble Bar, Melbourne, New Castle, Normanton, Nukualofa, Port Pirie
10 Birdsville, Broken Hill, Kalgoorlie, Launceston, Oodnadatta, Palmerston, Parramatta, Port Darwin, Townsville, Wellington
11 Barrow Creek, New Plymouth, Port Augusta, Port Moresby, Rockhampton
12 Alice Springs, Christchurch, Invercargill
in Babylonien
5 Babel
7 Babylon
in Baden-Württemberg
3 Ulm
4 Aach, Calw, Enge, Horb, Isny, Kehl, Lahr, Ruit, Weil
5 Aalen, Buehl, Lorch, Urach
6 Achern, Asperg, Buchen, Hirsau, Inzell, Mengen, Nagold, Singen, Wangen
7 Ebingen, Ehingen, Haslach, Heubach, Lauffen, Marbach, Mosbach, Rastatt, Saulgau, Triberg, Wildbad, Wimpfen, Wolfach
8 Backnang, Balingen, Biberach, Breisach, Bruchsal, Fellbach, Freiburg, Gaggenau, Hornberg, Konstanz, Leonberg, Loerrach, Mannheim, Neustadt, Rottweil, Sinsheim, Stockach, Tettnang, Waldshut, Weinheim, Wertheim, Wiesloch
9 Besigheim, Duerrheim, Eislingen, Ellwangen, Esslingen, Ettlingen, Hechingen, Heilbronn,

Karlsruhe, Maulbronn, Meersburg, Metzingen, Muellheim, Oberkirch, Oehringen, Offenburg, Pforzheim, St. Blasien, Stuttgart, Tuebingen, Vaihingen, Villingen, Weinsberg
10 Baden Baden, Bietigheim, Blaubeuren, Boeblingen, Crailsheim, Furtwangen, Geislingen, Gengenbach, Goeppingen, Heidelberg, Heidenheim, Hockenheim, Kuenzelsau, Muehlacker, Muensingen, Neckarsulm, Nuertingen, Pfullingen, Plochingen, Radolfzell, Ravensburg, Reutlingen, Rottenburg, Saeckingen, Schorndorf, Schramberg, Tailfingen, Tuttlingen, Waiblingen, Weingarten
11 Emmendingen, Ludwigsburg, Mergentheim, Rheinfelden, Sigmaringen, Ueberlingen
12 Freudenstadt, Kornwestheim, Ludwigshafen, Schwenningen, Schwetzingen, Sindelfingen
13 Kirchheim Teck
14 Bad Mergentheim, Donaueschingen
15 Friedrichshafen, Schwaebisch Hall
17 Schwaebisch Gmuend
18 Tauberbischofsheim
21 Villingen-Schwenningen

in Bangladesch
5 Dacca
6 Chalna, Khulna
10 Chittagong
11 Narajangani

in Bayern
2 Au
3 Hof, Lam
4 Cham, Lauf, Lohr, Rohr, Rott, Saal, Seeg, Selb
5 Bogen, Bruck, Ebern, Naila, Regen, Rehau, Stein, Toelz
6 Alfeld, Amberg, Coburg, Dachau, Erding, Fuerth, Landau, Laufen, Lindau, Neu Ulm, Ornbau, Passau, Roding, Weiden
7 Aibling, Aichach, Altdorf, Alzenau, Ansbach, Arzberg, Bamberg, Fuessen, Gefrees, Hofheim, Kelheim, Kempten, Kronach, Nabburg, Neuburg, Pegnitz, Simbach, Zwiesel
8 Auerbach, Augsburg, Bad Toelz, Bayreuth, Erlangen, Freising, Garching, Garmisch, Grafenau, Hassfurt, Kehlheim, Kraiburg, Krumbach, Kulmbach, Landshut, Lauingen, Mainburg, Miesbach, Muenchen, Neumarkt, Neunburg, Neustadt, Parsberg, Penzberg, Schongau, Steinach, Sulzbach, Weilheim, Zirndorf
9 Abensberg, Dillingen, Ebersberg, Forchheim, Friedberg, Gemuenden, Griesbach, Guenzburg, Hersbruck, Karlstadt, Kissingen, Kitzingen, Koetzting, Landsberg, Leutkirch, Memmingen, Muehldorf, Nuernberg, Obernburg, Plattling, Rosenberg, Rosenheim, Schwabach, Sonthofen, Starnberg, Straubing, Trostberg, Uffenheim, Vilshofen, Wegscheid, Wertingen, Wolfstein, Wuerzburg, Wunsiedel
10 Altoetting, Bad Aibling, Beilngries, Brueckenau, Deggendorf, Dingolfing, Eichstaett, Eschenbach, Hammelburg, Hoechstadt, Immenstadt, Ingolstadt, Kaufbeuren, Miltenberg, Mindelheim, Muenchberg, Neuoetting, Oberstdorf, Ochsenfurt, Ottobeuren, Regensburg, Riedenburg, Rothenburg, Scheinfeld, Schwandorf, Traunstein, Vilsbiburg, Wasserburg
11 Donauwoerth, Eggenfelden, Illertissen, Lichtenfels, Mallersdorf, Noerdlingen, Reichenhall, Schweinfurt, Taufkirchen, Weissenburg
12 Dinkelsbuehl, Feuchtwangen, Gunzenhausen, Hilpoltstein, Koenigshofen, Marktredwitz, Pfaffenhofen, Pfarrkirchen, Staffelstein, Waldmuenchen
13 Aschaffenburg, Berchtesgaden, Ebermannstadt, Mellrichstadt, Oberviechtach, Tirschenreuth
14 Bad Reichenhall, Burglengenfeld, Schrobenhausen, Schwabmuenchen, Wolfratshausen
15 Marktheidenfeld
21 Garmisch Partenkirchen

in Belarus (Weißrussland)
4 Lida
5 Brest, Gomel, Minsk, Mosyr, Pinsk, Sluzk
6 Grodno, Lukoml, Orscha, Polozk, Slonim
7 Witebsk
8 Dobrusch, Mogiljow
9 Brobruisk, Kritschew, Retschiza, Soligorsk, Wolkowysk
10 Rogatschew
11 Swetlogorsk
12 Molodetschno
13 Baranowitschi, Klimowitschni

in Belgien
3 Alh, Ans, Ath, Hal, Huy, Spa
4 Arel, Asse, Gand, Genk, Gent, Lier, Mons
5 Aalst, Alost, Arlon, Dison, Eeklo, Eupen, Gheel, Halle, Herve, Ieper, Jumet, Leuze, Menen, Namur, Oiege, Ronse, Tielt, Ypern
6 Aarlen, Bergen, Binche, Boussu, Deurne, Dinant, Duffel, Izegem, Landen, Leuven, Lierre, Loewen, Lommel, Meenen, Ninove
7 Bruegge, Hoboken, Limburg, Lokeren, Louvain, Malmedy, Mecheln, Ostende, Tournai
8 Bastogne, Bruessel, Kortrijk, Luettich, Mechelen, Turnhout, Verviers
9 Antwerpen, Charleroi, Dixmulden, Roeselare
10 Anderlecht, Borgerhout, Maastricht
11 Dendermonde
13 Blankenberghe

in Belize
7 Corozal
8 Belmopan
10 Belize City

in Belorußland
4 Lida
5 Brest, Minsk

in Benin (Dahomey)
6 Abomey, Ouidah
7 Cotonou, Parakou
9 Porto Novo

in Bhutan
6 Thimbu
7 Punakha
8 Bumthang

in Bihar
3 Gua

in Birma
6 Rangun
8 Mandalay, Moulmein

in Bolivien
5 Apolo, La Paz, Oruro, Sucre
6 Camiri, Potosi, Turija
7 San Jose, Sta Cruz
8 Cochabam, Corocoro
9 Riberalta, Santa Cruz
10 Cochabamba
11 Villa Montes
12 Puerto Suarez
15 Trinidad de Mojos
19 Santa Cruz de la Sierra

in Bosnien-Herzegowina
4 Stip
5 Bihac, Doboj, Tuzla
6 Mostar, Zenica
7 Travnik
8 Derventa, Sarajevo
9 Banja Luka

in Botswana
5 Kanye
6 Serowe
9 Gaberones

in Brabant
5 Breda

in Brandenburg
5 Forst, Guben, Lebus, Nauen
6 Belzig, Bernau, Ketzin, Kyritz, Luckau, Mahlow, Seelow, Teltow, Velten, Werder, Zossen
7 Beeskow, Cottbus, Luebben, Potsdam, Putlitz, Schwedt, Templin
8 Prenzlau, Rathenow
9 Frankfurt, Jueterbog, Landsberg, Luebbenau,

Perleberg, Spremberg, Sternberg
10 Eberswalde, Fehrbellin, Strausberg
11 Angermuende, Brandenburg, Freienwalde, Grossbeeren, Liebenwerda, Luckenwalde, Oranienburg, Wittenberge
12 Finsterwalde, Wusterhausen
13 Frankfurt/Oder, Fuerstenwalde
14 Bad Freienwalde, Treuenbrietzen

in Brasilien
3 Acu, Ipu, Itu, Rio, Uba
4 Naru, Para
5 Araxa, Bahia, Bauru, Belem, Ceara, Goyaz, Irati, Minas, Natal
6 Campos, Caxias, Cuyaba, Ilheus, Maceio, Manaus, Recife, Santos
7 Alagoas, Arakaju, Camocim, Corumba, Miranda, Niteroi, Pelotas, Sao Luiz, Vitoria
8 Belmonte, Blumenau, Boa Visto, Braganca, Brasilia, Campinas, Curitiba, Parahyba, Piranhas, Rio Petro, Santarem, Sao Paulo, Teresina
9 Alcantara, Cabedello, Caratinga, Caravelas, Fortaleza, Guarabira, Joinville, Petrolina, Rio Grande
10 Diamantina, Juiz de Fora, Novalgnacu, Pernambuco
11 Divinopolis, Porto Alegre, Sao Salvador
12 Cruz das Almas, Rio de Janeiro, Teofilo Otoni
13 Belo Horizonte, Florianopolis

in Bulgarien
3 Lom
4 Ruse
5 Aitos, Elena, Kotel, Madan, Sofia, Stara, Varna, Warna, Wraza
6 Burgas, Jambol, Kurilo, Melnik, Mezdra, Pernik, Pleven, Plevna, Sliven, Trnovo
7 Gabrovo, Haskowo, Plovdiv, Tarnava
9 Dimitrovo, Pazardzik
10 Asenovgrad
11 Kolarovgrad, Stara Sagora
12 Dimitrovgrad

in Burgund
4 Dole, Sens
5 Autun, Bourg, Dijon, Macon, Nancy
6 Beaune, Chalon, Epinal
7 Auxerre, Belfort, Moulins
8 Besancon
9 Le Creusat

in Burkina Faso
9 Koudougou
11 Ouagadougou
13 Bobo Dioulasso

in Burundi
6 Gitega, Kitega, Rutana

in Chile
4 Lebu, Lota
5 Ancud, Angol, Arica, Pucon, Talca
6 Calama, Curico, El Tofo, Huasco, Osorno, Ovalle, Taltal, Temuco
7 Caldera, Chillan, Illapel, Linares, Pisagua
8 La Serena, Rancagua, Santiago, Valdivia
9 Cauquenes, Tocopilla, Vina de Mar
10 Concepcion, Talcahuano, Valparaiso
11 Antofagasta, Puerto Montt, Punta Arenas
15 Santiago de Chile

in China
3 Kia, Lin
4 Amoy, Anda, Ansi, Aral, Hami, Sian, Taku, Wuhu, Wusi
5 Aihun, Dalni, Golmo, Hofei, Hsian, Hukou, Jenan, Jenki, Kalun, Kirin, Lhasa, Lueda, Lueta, Paoki, Pautu, Penki, Tihwa, Tsepo, Wuhan, Wuhsi, Wuwei
6 Anking, Antung, Dairen, Haikou, Hankou, Harbin, Juemen, Kalgan, Kanton, Kuefow, Linhai, Lojang, Minhou, Mukden, Ningpo, Pangpu, Pautou, Peking, Pengpu, Schasi, Sining, Swatou, Tainan, Taipeh, Tsinan, Wosung, Yangku, Yentai
7 Anschan, Charbin, Fuschun, Hanyang, Jarkand, Kaifeng, Kunming, Kutscha, Kweilin, Kweisui, Mengtse, Nanking, Nanning, Nantung, Naujing, Taijuan, Tschifu, Wanhien, Yungkia
8 Fatschan, Futschou, Hangjang, Hsingtai, Pinkiang, Schantou, Shanghai, Sotschou, Taiyuean, Tientsin, Tsingtau, Wutschou
9 Kintschou, Lantschou, Ninghsien, Schanghai, Schenyang, Suetschau, Tangschan, Tschengtu, Uruntschi, Weihaiwei, Wentschou, Wutschang
10 Hangtschou, Kiautschou, Kingtschou, Nantschang, Yangtschou
11 Liangtschou, Tschinkiang, Tschungkink
13 Tschangtschun, Tschengtschou

in Costa Rica
5 Limon
7 Cartago, Heredia, San Jose
8 Alajuela
10 Puntarenas

in Dalmatien
4 Omis, Senj
5 Split, Zadar
6 Ragusa, Trogir
7 Sibenik
8 Makarska
9 Dubrovnik

in Dänemark
3 Bov
4 Aars, Asaa, Hals, Ribe, Tarm
5 Aarup, Arhus, Fakse, Hobro, Koege, Ringe, Skive, Thule, Varde, Vejle
6 Aarhus, Abenra, Alborg, Assens, Brande, Gedser, Lemvig, Maribo, Nusted, Nyborg, Odense, Roedby, Roenne, Scagen, Skagen, Viborg
7 Aalborg, Esbjerg, Horsens, Kolding, Korsoer, Randers, Tondern
8 Apenrade, Godthaab, Hirthals, Holbaeck, Roskilde, Slagelse
9 Nykoebing, Silkeborg, Svendborg
10 Fredericia, Helsingoer, Kalundborg, Koebenhavn, Kopenhagen, Middelfart, Sonderburg
11 Hadersleben, Skanderborg, Soenderborg, Vordingborg
13 Frederikshavn, Stubbekoebing

in der Altmark
7 Stendal

in der Eifel
4 Daun
5 Mayen, Pruem
7 Bitburg
8 Wittlich
10 Gerolstein

in der Kirgisensteppe
3 Uil

in der Lausitz
5 Calau, Forst, Guben, Horka
6 Kamenz, Loebau, Muskau, Zittau
7 Bautzen, Cottbus, Luebben
8 Goerlitz
9 Luebbenau

in der Lüneburger Heide
5 Celle
6 Soltau, Uelzen, Winsen
7 Munster
8 Walsrode
9 Lueneburg, Rotenburg
13 Fallingbostel, Visselhoevede

in der Mandschurei
5 Kirin, Yenki
6 Antung, Fousin, Harbin, Mukden, Taonan
7 Charbin, Fuschun, Szeping
9 Kintschou, Tsitsihar
10 Mutankiang, Ulaan Khoto
14 Schuangtscheng

in der Mongolei
3 Iro
6 Kalgan, Khobdo
8 Ulaan Gom, Ulyastai
9 Ulan Bator
10 Altan Bulag

in der Normandie
4 Caen
5 Rouen
6 Bolbec, Dieppe, Fecamp
7 Le Havre
8 Honfleur
9 Deauville

in der Rep. Elfenbeinküste
5 Aferi, Daloa
6 Bouake
7 Abidjan
11 Grand Bassam

in der Schweiz, auch Kurort
3 Bex, Elm, Wil, Zug

4 Bern, Biel, Brig, Caux, Chur, Genf, Nyon, Oron, Pfyn, Root, Sion, Thun, Trub, Worb
5 Aarau, Arbon, Arosa, Baden, Basel, Brugg, Davos, Flims, Henau, Ilanz, Lorca, Nidau, Olten, Pully, Ragaz, Rueti, Salux, Spiez, Stans, Stein, Vevey
6 Aargau, Ascona, Brienz, Bueren, Geneve, Glarus, Horgen, Laupen, Listal, Lugano, Luzern, Morges, Morsee, Moudon, Murten, Saanen, Sarnen, Schwyz, Siders, Sitten
7 Altdorf, Buelach, Herisau, Locarno, Muerren, Sargans, Thalwil, Wattwil, Yverdon, Zermatt, Zuerich
8 Bad Ragaz, Burgdorf, Freiburg, Fribourg, Grenchen, Klosters, Lausanne, Martigny, Montreuz, St. Gallen, Zofingen
9 Andermatt, Appenzell, Engelberg, Meiringen, Neuchatel, Neuenburg, Reichenau, Rorschach, Solothurn
10 Arth Goldau, Bellinzona, Einsiedeln, Frauenfeld, Interlaken, Pontresina, Rapperswil, Waedenswil, Weinfelden, Winterthur
11 Altstaetten, Grindelwald, Rheinfelden, Sankt Gallen
12 Schaffhausen

in der Slowakischen Republik
6 Komorn, Kosice, Martin, Neutra, Poprad, Tyrnau
7 Altsohl, Humenne, Kaschau, Lewentz, Lucenec, Neudorf, Neusohl, Pistyan, Rosenau, Sillein
8 Bartfeld, Preschau
9 Neuhaeusl, Pressburg, Rosenberg, Schemnitz
10 Bratislava, Michalovce, Trentschin

in der Südafrikan. Republik
6 Durban
8 Kapstadt, Pretoria
9 Germiston
10 East London
12 Johannisburg
13 Port Elizabeth

in der Toskana
4 Pisa
5 Siena
6 Arezzo
7 Florenz, Livorno

in der Tschechischen Republik
4 Asch, Cheb, Eger, Prag, Saaz, Tepl, Zlin
5 Bilin, Bruex, Iglau, Kolin, Pisek, Plzen, Semil, Stein, Tabor, Tarna, Znaim
6 Aussig, Beraun, Bilina, Bruenn, Kladno, Melnik, Nachod, Ostrau, Pilsen, Prerau, Wsetin
7 Budweis, Chrudim, Gablonz, Goeding, Klattau, Komotau, Nimburg, Olmuetz, Pribram, Sokolov, Teplitz, Troppau, Zwittau
8 Chomutov, Falkenau, Graslitz, Karlsbad, Proßnitz, Tetschen
9 Bodenbach, Jitzschin, Marienbad, Pardubitz, Trautenau, Trebitsch, Warnsdorf
10 Austerlitz, Leitmeritz, Lundenburg, Strakonitz
11 Deutschbrod, Jaegerndorf, Jungbunzlau, Karlovy Vary, Reichenbach, Reichenberg
12 Koeniggraetz
14 Boehmisch Leipa, Theresienstadt
15 Maehrisch Ostrau
19 Maehrisch-Schoenberg

in der Türkei
4 Bolu, Enes, Enez, Enos, Kars, Rize, Urfa
5 Adana, Afyon, Aidin, Aydin, Bafra, Bigha, Bursa, Corum, Erdek, Ismid, Ismir, Ismit, Izmir, Konya, Maras, Milas, Sinop, Siwas, Tokat
6 Amasya, Ankara, Artvin, Bafira, Edessa, Edirne, Eregli, Kangal, Manisa, Mardin, Mersin, Mughla, Nighde, Samsun, Seynan, Smyrna, Tarsus
7 Antalya, Bergama, Denizli, Erzurum, Giresun, Isparta, Kayseri, Malatya, Trabzon
8 Adapzari, Istanbul
9 Eskisehir, Gaziantep, Trapezunt, Zonguldak
10 Adrianopel, Iskenderun
11 Eskischehir
14 Konstantinopel
15 Maehrisch Ostrau

in der Uckermark
7 Templin
8 Prenzlau
10 Eberswalde
11 Angermuende

in der Ukraine
3 Bar
4 Kiew, Lwow, Sumy, Uran
5 Arzis, Bugaz, Chust, Isjum, Jalta, Janow, Malin, Rowno
6 Donezk, Fastow, Halicz, Ismail, Odessa
7 Charkow, Cherson, Kertsch, Lemberg, Lugansk, Nikopol, Poltawa, Stalino, Winniza
8 Gorlowka, Mariupol, Przemysl, Schdanow, Taganrog, Tarnopol
9 Berdjansk, Kriwoi Rog, Makejewka, Nikolajew, Saporoshe, Schitomir, Slawjansk, Stachanow, Stanislau, Uschgorod
10 Chmelnizki, Czeruowitz, Kirowograd, Makejewska, Nikitowska, Sewastopol, Simferopol
11 Saporoschje, Tscherkassy, Tschernobyl
12 Belaja Zerkow, Krementschug
13 Konstaninowka
14 Dnepropetrowsk, Iwano-Frankowsk
15 Woroschilowgrad

in der Zentralafrikanischen Republik
5 Bouar
6 Bangui
7 Bambari
9 Bossangoa

in Dominica
6 Roseau
10 Portsmouth

in Dschibuti
6 Dikhil
8 Djibouti
9 Dschibuti

in Ecuador
4 Loja
5 Macas, Quito
6 Ambato, Cuenca, Ibarra
8 Rio Bamba, Santa Ana
9 Guayaquil
10 Portoviejo

in El Salvador
8 Santa Ana
9 San Miguel
10 Santa Tecla
11 San Salvador

in England
4 Bath, Eton, Hull, York
5 Blyth, Crewe, Derby, Dover, Epsom, Ewell, Goole, Grays, Hedon, Hythe, Leeds, Leigh, Leith, Lewes, Louth, Luton, Poole, Risca, Rugby, Ryton, Selby, Stoke, Truro, Wells
6 Alston, Ashton, Bolton, Dudley, Dundee, Durham, Elford, Exeter, Harlow, Heanor, Hetton, Hexham, Huyton, Ilford, Ilkley, Kendal, Loftus, London, Maltby, Marple, Morley, Nelson, Neston, Oldham, Ossett, Oxford, Penryn, Settle
7 Bedford, Bristol, Cardiff, Chatham, Chelsea, Chester, Grimsby, Halifax, Harwich, Ipswich, Margate, Newport, Norfolk, Norwich, Reading, Rhondda, Salford, Swansea, Swindon, Telford, Warwick, Westham, Windsor
8 Aberdare, Barnsley, Beverley, Bradford, Brighton, Coventry, Hastings, Kingston, Plymouth, Ramsgate, Richmond, Rochdale, Stafford, Stockton, Wallasey, Yarmouth
9 Aylesbury, Blackburn, Blackpool, Cambridge, Doncaster, Gateshead, Greenwich, Lancaster, Leicester, Liverpool, Newcastle, Rochester, Rotherham, Salisbury, Sheffield, Southport, Stockport, Stratford, Tottenham, Tynemouth, Wakefield, Worcester
10 Accrington, Birkenhead, Birmingham, Canterbury, Darlington, Eastbourne,

Folkestone, Manchester, Nottingham, Portsmouth, Shrewsbury, Sunderland, Twickenham, Warrington
11 Bournemouth, Northampton, Southampton
12 Chesterfield, Gainsborough, Huddersfield, Southhampton, South Shields
13 Middlesbrough, Wolverhampton
14 Middlesborough
16 Kingston upon Hull
17 Newcastle upon Tyne

in Estland
4 Taps, Voru, Walk
5 Kunda, Narva, Reval, Tartu, Valja, Werro
6 Dorpat, Fellin, Hapsal, Paernu, Pernau
7 Rakwere, Tallinn
8 Haapsalu, Kirioeli, Paldiski, Viljandi
9 Wesenberg
10 Ahrensburg, Oberpahlen
12 Baltischport, Weissenstein

in Finnland
2 Li
3 Abo, Eno
4 Kemi, Nemi, Oulu, Pori, Vasa
5 Espoo, Hanko, Inari, Ivalo, Karis, Kotka, Lahti, Raahe, Rauma, Turku, Vaasa
6 Hamina, Imatra, Kuopio
7 Kokkola, Tampere, Varkaus
8 Helsinki, Uleaborg
10 Lyvaeskyla, Tammerfors
11 Bjoerneborg, Helsingfors
12 Lappeenranta

in Florida
5 Miami
7 Orlando
12 Jacksonville

in Frankreich
2 Ax, Ay, Gy
3 Aix, Apt, Ars, Dax, Gap, Luz, Mer, Pau, Puy
4 Agen, Aire, Albi, Ales, Anet, Auch, Caen, Laon, Lens, Lyon, Metz, Meze, Nice, Reze, Riez, Riom, Sens, Sete, Toul, Vire
5 Anzin, Arles, Arras, Aubin, Autun, Avion, Avora, Bayon, Blois, Bondy, Bourg, Brest, Briey, Bruay, Ceret, Cluny, Creil, Delle, Delme, Digne, Dijon, Dinan, Douai, Dreux, Evron, Guise, Lagny, Laval, Lepuy, Lille, Lomme, Lucon, Lunel, Macon, Marle, Meaux, Melun, Mende, Morez, Nancy, Nimes, Niort, Nizza, Noyon, Nuits, Paris, Reims, Rodez, Rouen, Sedan, Segre, Thann, Tours, Ugine, Vichy, Vitry
6 Amiens, Andlau, Angers, Aniens, Bayeux, Beaune, Bernay, Bertry, Bitsch, Cahors, Calais, Cannes, Caudry, Caylus, Chinon, Cholet, Cognac, Colmar, Corbie, Dieppe, Epinal, Etival, Evreux, Fecamp, Fraize, Frejus, Gabian, Givors, Grasse, Gueret, Hirson, Houdan, Hyeres, Izieux, Lavaur, Le Mans, Lievin, Limoux, Loches, Lodeve, Longwy, Mamers, Milhau, Millau, Nantes, Nantua, Nevers, Oissel, Oloron, Orange, Ornans, Pantin, Pessac, Poissy, Prades, Rennes, Roanne, Senlis, Serres, Sevran, Sevres, Tarbes, Tartas, Toulon, Troyes, Verdun, Vienne, Zabern
7 Ajaccio, Alencon, Antibes, Auxerre, Avignon, Bayonne, Bedfort, Belfort, Bethune, Beziers, Bourges, Epernay, Etienne, Hagenau, Langres, Le Havre, Limoges, Lorient, Lourdes, Mentone, Orleans, Quimper, Roubaix, Valence
8 Aubusson, Aurillac, Beauvais, Bergerac, Besancon, Biarritz, Bordeaux, Boulogne, Chartres, Grenoble, Markirch, Maubeuge, Mulhouse, Narbonne, Poitiers, Soissons, Tarascon, Toulouse
9 Abbeville, Angouleme, Avranches, Cherbourg, Dunkerque, Luneville, Marseille, Martigues, Montlucon, Perigueux, Perpignan, Rochefort, Saint Malo, St. Etienne, St. Nazaire, St. Quentin, Tourcoing
10 Argenteuil, Concarneau, Douarnenez, La Rochelle, Muelhausen, Strasbourg, Strassburg, Versailles
11 Aix les Bains, Armentieres, Carcassonne, Charleville, Chateauroux, Duenkirchen, Montpellier, Muehlhausen
12 Saint Etienne, Saint Nazaire, Saint Quentin, Schiltigheim, Schlettstadt, Valenciennes, Villeurbanne
13 Aix en Provence, Fontainebleau
15 Clermont Ferrand

in Gabun
9 Lambarene
10 Libreville, Port Gentil
11 Franceville

in Gambia
5 Kombo
8 Bathurst
9 Farafenni

in Geldern
3 Ede

in Georgien
4 Gori, Poti
5 Gagra, Kaspi
6 Batumi, Tiflis
7 Kutaisi, Mzcheta, Pizunda, Rustawi, Suchumi
8 Kobuleti, Kutaissi, Marneuli, Tbillisi
9 Bakuriani, Sestafoni

in Ghana
4 Tema
5 Accra
6 Kumasi, Tamale
9 Cape Coast, Koforidua
15 Sekondi Takoradi

in Griechenland
4 Arta, Elea, Volo
5 Argos, Athen, Aulis, Bolos, Chios, Drama, Lagos, Lamia, Milet, Veria, Volos, Weria, Wolos
6 Abdera, Abydos, Aigion, Chania, Croton, Delphi, Edessa, Efessa, Ferrai, Himera, Janina, Kabala, Kandia, Koroni, Kroton, Larisa, Megara, Mykene, Orfani, Patras, Priene, Pyrgos, Serrai, Smyrna, Sparta, Sparti, Theben, Xanthi
7 Armissa, Chalkis, Echinos, Eleusis, Ephesos, Ephesus, Farsala, Kalamae, Kalamai, Kavalla, Kefisia, Korinth, Larissa, Laurion, Miletos, Mykenae, Piraeus, Prebeza, Preveza, Stagira, Sybaris, Tanagra, Trikala
8 Agrinion, Karditsa, Komotini, Mantinea, Nauplion, Saloniki, Trikkala, Tripolis
9 Chaeronea, Epidauros, Epidaurus, Heraklion
10 Rhethymnon
11 Argostolion, Mesolongion
15 Alexandroupolis

in Guatemala
5 Coban
6 Zacapa
7 San Jose
9 Escuintla
10 Chiquimula
11 Mazatenango
13 Puerto Barrios
14 Quetzaltenango
19 Santiago de Guatemala

in Guinea
4 Labe
5 Beyla, Boffa
6 Kankan, Kindia
7 Conakry, Siguiri

in Guyana
6 Linden
10 Georgetown
11 Corriverton
12 New Amsterdam

in Hessen
3 Elm, Orb
5 Bebra, Fulda, Hanau, Lorch, Netra, Nidda, Soden
6 Bad Orb, Erbach, Gedern, Haiger, Helsen, Karben, Kassel, Landau, Langen, Linden, Lorsch, Nassau, Sontra, Vilbel
7 Alsfeld, Arolsen, Dieburg, Giessen, Hadamar, Herborn, Homberg, Homburg, Korbach, Limburg, Marburg, Nauheim, Usingen, Vasbeck, Waldeck, Wetzlar
8 Bensheim, Eltville, Eschwege, Fritzlar, Hersfeld, Huenfeld, Schotten, Weilburg
9 Allendorf, Bad Vilbel,

Buedingen, Darmstadt, Frankfurt, Friedberg, Melsungen, Oberursel, Offenbach, Rotenburg, Viernheim, Wiesbaden, Wildungen, Wolfhagen
10 Bad Homburg, Bad Nauheim, Battenberg, Biedenkopf, Dillenburg, Gelnhausen, Heppenheim, Hofgeismar, Lauterbach, Pfungstadt, Ruedesheim
11 Babenhausen, Bad Hersfeld, Frankenberg, Koenigstein, Lampertheim, Neu Isenburg
12 Ruesselsheim, Schluechtern, Witzenhausen
13 Frankfurt/Main, Offenbach/Main

in Holland
3 Ede, Epe, Oss
4 Edam, Haag
5 Annen, Assen, Breda, Delft, Doorn, Eeden, Emmen, Gouda, Hoorn, Hulst, Marum, Sneek, Venlo, Weert, Zeist
6 Akkrum, Almelo, Arnhem, Bemmel, Bergen, Boxtel, Ermelo, Geleen, Gennep, Helder, Huizen, Kampen, Leiden, Lochem, Meppel, Muiden, Renkum, Rhenen, Velsen, Zwolle
7 Alkmaar, Arnheim, Den Haag, Eerbeek, Haarlem, Heerlen, Helmond, Hengelo, Katwijk, Tilburg, Utrecht, Zaandam, Zutphen
8 Deventer, Enschede, Hillegom, Nijmegen, Nimwegen, Rijswijk, Roermond, Schiedam
9 Amsterdam, Apeldoorn, Den Helder, Dordrecht, Eindhoven, Groningen, Harlingen, Hilversum, Rotterdam, Zandvoort
10 Amersfoort, Doetinchen, Gravenhage, Leeuwarden, Maastricht, Middelburg, Roosendaal, Vlissingen
11 Vlaardingen
13 Herzogenbusch

in Honduras
4 Tela
7 Amapala, La Ceiba
9 Choluteca
10 El Progreso
11 Tegucigalpa
12 Puerto Cortes, San Pedro Sula

in Indien
3 Goa
4 Agra, Aksa, Gaja, Luni, Puna, Puri
5 Alwar, Banda, Barsi, Basti, Bidar, Bihar, Bundi, Damao, Delhi, Haura, Hubli, Indor, Indur, Itawa, Kaira, Kolar, Mirat, Nasik, Parna, Patna, Poona, Rasra, Salem, Sikar, Simla, Surat, Thana
6 Alipur, Ambala, Ancona, Asiage, Assisi, Bareli, Baroda, Bhopal, Bombay, Broach, Djansi, Guntur, Howrah, Imphal, Indore, Jaipur, Jhansi, Kandia, Kanpur, Karnul, Karwar, Kattak, Kohima, Kolait, Madras, Madura, Maisur, Mysore, Nagpur, Nellur, Rampur, Schore, Shimla, Tenali, Uniara
7 Aligarh, Amdabad, Asansol, Bardwan, Benares, Bikaner, Bikanir, Hingoli, Kalikut, Kaunpur, Lakhnau, Lucknow, Madurai, Tenalit, Udaipur
8 Adschmir, Amritsar, Balasore, Bangalur, Bareilly, Jabalpur, Kalkutta, Kolhapur, Mangalur, Neu Dehli, Rourkela, Srinagar
9 Ahmadabad, Allahabad, Bangalore, Bengaluru, Bhagalpur, Bharatpur, Bhaunagar, Darjuling, Dschaipur, Koimbatur, Moradabad, Pandschin, Schillong, Scholapur
10 Aurangabad, Darjeeling, Dchabalpur, Haidarabad, Haiderabad, Scharampur, Trivandrum
11 Dschalalpur, Dschalandar, Dschamnagar, Visagapatam
12 Dardschiling
13 Dardschilling

in Indonesien
5 Ambon, Medan
6 Melang, Padang
7 Bandung, Batavia, Belawan
8 Djakarta, Makassar
9 Palembang, Pontianak
10 Dschakarta
11 Ujung Padang
13 Tanjungkarang

in Irland
4 Cork
5 Ennis, Gorey, Kells
6 Armagh, Dublin, Galway, Mallow, Mohill
7 Belfast, Dundalk, Wexford, Wicklow
8 Limerick, Westport
9 Tipperary, Waterford
10 Queenstown

in Israel
4 Akka
5 Afula, Akkon, Eilat, Elath, Haifa, Holon, Jaffa, Lydda
6 Afuele, Bat Yam, Dimona, Eilath, Hadera
7 Aschdod, Askalon, Tel Aviv
8 Beerseba, Nataniya, Nazareth, Ramat Gan, Rechovat, Tiberias
9 Beer Sheva, Jerusalem
10 Beerscheba, Neu Askalon, Petah Tiqwa
12 Tel Aviv Jaffa

in Italien
3 Ala, Bra, Mis, Nus, Rom, Ton
4 Agra, Asti, Atri, Auer, Avio, Bari, Ceva, Como, Dego, Enna, Erba, Fano, Iseo, Itri, Lodi, Mais, Nola, Pino, Pisa, Plan, Prad, Riva, Roma, Susa, Todi, Vals, Vibo
5 Adria, Anzio, Aosta, Arona, Arsie, Asola, Bozen, Cairo, Capri, Capua, Eboli, Edolo, Fermo, Fondi, Forli, Gaeta, Genua, Goerz, Grado, Gries, Imola, Isola, Ivrea, Lecce, Lecco, Lienz, Locri, Lucca, Luino, Massa, Mauls, Melfi, Meran, Monza, Nardo, Narni, Osimo, Padua, Palmi, Paola, Parma, Pavia, Penne, Porma, Prato, Rieti, Schio, Seren, Servo, Siena, Stesa, Sutri, Terni, Trani, Turin, Udine
6 Acerra, Adrano, Amalfi, Anagni, Ancona, Andria, Aquila, Arezzo, Arpido, Arzano, Ascoli, Ascona, Assisi, Aversa, Aviano, Biella, Brixen, Casale, Cecina, Cesena, Chieti, Chiuli, Chiusi, Corato, Faenza, Foggia, Formia, Ginosa, Gubbio, Latina, Loreto, Lucera, Mantua, Matera, Merano, Mestre, Milano, Modena, Modica, Napoli, Neapel, Norcia, Novara, Omegna, Ostuni, Pesaro, Pescia, Ragusa, Reggio, Resoro, Rimini, Rivoli, Rovigo, Savona, Sexten, Stresa, Tarent, Tivoli, Torino, Trento, Trient, Triest, Urbino, Varese, Verona
7 Belluno, Bergamo, Bitonto, Bologna, Bolzano, Brescia, Carrara, Catania, Cosenza, Cremona, Ferrara, Firenze, Florenz, Lignano, Livorno, Magenta, Mailand, Marsala, Messina, Orvieto, Otranto, Palermo, Paterno, Perugia, Pescara, Pistoia, Portici, Rapallo, Ravenna, Salerno, San Remo, Sassari, Sorrent, Spoleto, Syrakus, Taranto, Tortona, Trapani, Treviso, Venedig, Venezia, Vicenza, Viterbo
8 Acireale, Agrigent, Avellino, Barletta, Brindisi, Cagliari, Frascati, Grosseto, La Spezia, Latisana, Molfetta, Monopoli, Monreale, Piacenza, Pinerole, Pontebba, Pozzuoli, Rovereto, Siracusa, Sorrento, Taormina, Vercelli, Veremona
9 Agrigento, Benevento, Catanzaro, Cerignola, Gallipoli, San Severo, Viareggio
10 Bressanone, Campobasso, Palestrina
11 Alessandria, Domodossola, Ventimiglia, Villafranca
12 Caltanisetta, Castellamare

in Japan
3 Ago, Aki, Ena, Ito, Mai, Ome, Ono, Ube
4 Arai, Fuku, Gifu, Hagu, Kaya, Kobe, Kofu, Kure, Mito, Moje, Naha, Nara, Oita, Otsu, Saga, Seto, Tari
5 Akita, Akito, Atami, Ayabe,

Bibai, Bisai, Chiba, Esumi, Fukui, Handa, Ischi, Itami, Kioto, Kirju, Kiryu, Kyoto, Nanao, Nikko, Notsu, Odate, Ogaki, Omuta, Osaka, Otaru, Sakai, Tokio, Tokyo, Urawa, Usuki
6 Akashi, Aomori, Hikone, Jawata, Kokura, Kurume, Matsue, Nagano, Nagoja, Nagoya, Sasebo, Sendai, Taketa, Tayama, Towada, Yawata
7 Fukuoka, Imabari, Kotschi, Modschi, Niigata, Okajama, Okayama, Sapporo, Tottori, Tschiba
8 Hakodate, Hirosaki, Jamagata, Jokohama, Jokosuka, Kanasawa, Kawasaki, Korijama, Kumamoto, Nagasaki, Schikoku, Schimizu, Wakajama, Wakayama, Yokohama
9 Amagasaki, Hamamatsu, Hiroshima, Kagoshima, Matsujama, Matsumoto, Schizuoka, Tschoschi, Wakamatsu
10 Hiroschima, Kagoschima, Majebaschi, Schidsuoka, Tojohaschi, Tokuschima
11 Kitakiuschu
12 Schimonoseki

in Jordanien
4 Maan
5 Akaba, Amman, Bajer, Irbid, Kerak, Serka
6 Es Salt, Hebron, Madaba, Nablus, Seilun
7 Es Sarqa, Jericho, Nabulus
8 El Khalil

in Kalifornien
6 Madera
7 Oakland
8 Pasadena, Stockton
10 Sacramento

in Kambodscha
7 Kompong
9 Phnom Penh
10 Battambang

in Kamerun
4 Edea, Kona, Nola
5 Duala, Garua, Kumba
6 Garoua, Jaunde, Maroua
7 Bamenda, Yaounde
9 Bafoussam
10 Nkongsamba

in Kampanien
5 Angri
6 Pagani
7 Pompeji, Stabiae
11 Herculaneum

in Kanada
4 Nain
5 Canol, Chimo, Kovik, Levis
6 Arvida, Dawson, Guelph, London, Ottawa, Quebec, Regina
7 Calgary, Halifax, Sudbury, Toronto, Windsor
8 Bathurst, Cochrane, Edmonton, Hamilton, Italifax, Montreal, Victoria, Winnipeg
9 Churchill, Saint John, Saskatoon, Vancouver
10 Coppermine, Saint Johns, Thunder Bay

in Karelien
6 Wiborg

in Kasachstan
5 Saran
6 Almaty, Astana, Gurjew, Uralsk
7 Alma-Ata, Arkalyk
8 Ksyl-Orda, Kustanai, Pawlodar, Temirtan
9 Dschambul, Karaganda
10 Aktjubinsk, Tschimkent, Zelinograd
11 Taldy-Kurgan
12 Dscheskasgan
13 Nowokasalinsk, Petropawlowsk, Semipalatinsk
14 Ust-Kamenogorsk

in Kaschmir
3 Leh

in Kenia
3 Wak
5 Nyeri
6 Kisumu, Kitale, Nakura, Nakuru
7 Mombasa, Nairobi
8 Machakos

in Kirgisistan (Kirgisien)
4 Osch
5 Naryn
6 Tokmak
8 Bischkek, Bordunsk, Pokrowka
9 Kysyl-Kija
10 Rybatschje
11 Prschewalsk
12 Dschalal-Abad

in Kleinasien
5 Milet
6 Tarser
7 Ephesus

in Kolumbien
3 Ure
4 Anza, Bete, Buga, Cali, Tolu, Yamu
5 Arico, Ariza, Bello, Mocoa, Neiva, Pasto, Tunja, Turbo
6 Bogota, Cucuta, Ibague, Pajaro, Tumaco
7 Cienaga, Pereira
8 Medellin, Monteria
9 Cartagena, Manizales
10 Santa Marta
11 Baranquilla, Bucaramanga
12 Barranquilla, Buenaventura

in Korea (Nord)
4 Anju
6 Wonsan
7 Hamhung, Hungnam, Kaesong
8 Haedschu, Nadschin
10 Phyongyang, Sinuidschu
12 Tschinnampho
14 Tschhongdschin

in Korea (Süd)
4 So'ul
5 Pusan, Seoul, Taegu, Taiku, Ulsan
6 Kunsan
9 Intschhon, Taedschon
10 Kwangdschu

in Kroatien
4 Pula
5 Agram, Bihac, Esseg, Fiume, Sisak, Split, Zadar
6 Osijek, Rijeka, Zagreb
7 Opatija, Sibenik, Vukovar
8 Bjelovar, Karlovac, Makarska, Varazdin, Vinkovci
9 Dubrovnik
10 Koprivnica
13 Slavonski Brod

in Kuwait
5 Abrak
6 Kuwait
7 Salmiya
10 Kuwait City
12 Menaal Ahmadi

in Laos
5 Pakse
9 Vientiane
11 Savannakhet

in Latium
5 Rieti

in Lesotho
6 Maseru

in Lettland
3 Ape
4 Ogre, Riga
5 Balvi, Cesis, Libau, Mitau
6 Tukums, Windau
7 Ilukste, Jelgava, Jurmala, Kuldiga, Liepaja, Rezekne
8 Valmiera
9 Duenaburg, Ventspils
10 Daugavpils

in Liberia
7 Gbarnga
8 Monrovia

in Libyen
3 Gat
4 Homs
5 Barka, Derna, Hania, Sebha, Zuara
6 Bardia, Mursuk, Tobruk
7 Bengasi, El Beida, Tolmeta
8 Misurata, Tripolis

in Liechtenstein
5 Vaduz
6 Schaan
7 Balzers

in Litauen
4 Seda
5 Kauen, Kelme, Kowno, Memel, Punia, Wilna
6 Alytus, Birzai, Kaunas, Plunge, Silute
7 Palanga, Pogegen, Taurage, Ukmerge, Vilnius
8 Kapsukas, Klaipeda, Schaulen
9 Heydekrug, Kedainiai, Mazeikiai, Panevezys, Siaulilai, Tauroggen
11 Radviliskis

in Luxemburg
4 Esch
5 Wiltz
6 Mersch
7 Alzette, Vianden
8 Clervaux, Petingen
9 Dudelange, Luxemburg
10 Echternach, Ettelbruck, Luxembourg
11 Duedelingen, Ettelbrueck

12 Differdingen
in Malawi
5 Zomba
6 Salima
8 Blantyre
in Malaysia
4 Ipoh
5 Klang
6 Pinang
7 Malacca
10 Kota Baharu
11 Kuala Lumpur
14 Port Swettenham
in Mali
3 Gao
4 Kita, Samo, Segu
5 Dioro, Kayes, Mopti, Segou
6 Bamako
7 Sikasso
8 Bougouni, Timbuktu
in Marokko
3 Fes
4 Ifni, Safi, Taza, Ujda
5 Ceuta, Nador, Oujda, Rabat
6 Agadir, Arsila, Meknes, Sefrou, Settat, Tanger, Tetuan
7 Djerada, Kenitra, Larache, Magazan, Melilla, Mogador, Qenitra, Tetouan
8 El Jadida, Essauira
10 Casablanca, Dar el Beida, Marrakesch
in Mauretanien
4 Atar
5 Kaedi, Rosso
8 Zouerate
10 Nouadhibou, Nouakchott, Nuakschott
in Mazedonien
5 Ohrid, Veles
6 Bitola, Kicevo, Kocani, Prilep, Skopje, Tetovo
8 Kumanovo, Strumica
in Mecklenburg
4 Plau
5 Barth, Laage, Luebz, Mirow, Waren
6 Anklam, Demmin, Grabow, Roebel, Wismar
7 Doberan, Grimmen, Malchin, Parchim, Rostock, Templin, Teterow, Wolgast
8 Guestrow, Pasewalk, Prenzlau, Schwerin, Torgelow
9 Gadebusch, Perleberg, Stralsund
10 Boizenburg, Greifswald, Schoenberg
11 Neustrelitz, Warnemuende
14 Neubrandenburg
in Mexiko
3 Ake
4 Leon, Tula
5 La Paz, Tepic
6 Abende, Celaya, Colima, Fuerte, Jalapa, Juarez, Mapimi, Merida, Nautla, Oaxaca, Parral, Puebla, Tuxtla
7 Camargo, Durango, Morelia, Orizaba, Rosario, Tampico, Tijuana, Torreon
8 Acapulco, Campeche, Mexicali, Progreso, Santillo, Veracruz
9 Chihuahua, Monterrey, Queretaro
10 Guanajuato, Hermosillo, Manzanillo, Mexico City
11 Guadalajara, Tehuantepec
12 Villahermosa
14 Ciudad de Mexico
in Mocambique
4 Tete
5 Beira, Erego
6 Maputo
7 Angoche, Nampula
8 Quissico
9 Inhambane, Quelimane
10 Mocambique
15 Lourenco Marques
in Moldau (Moldawien)
5 Balzy, Kagul
6 Bender, Ungeny
7 Bendery
8 Tiraspol
9 Faleschty, Kischinau
10 Kischinjow
in Monaco
6 Monaco
10 Monte Carlo
11 La Condamine
in Montenegro
3 Bar
5 Budva, Kotor
8 Ivangrad, Mojkovac, Pljevlja, Titograd
in Myanmar (Birma)
4 Pegu
6 Loikan, Rangun
7 Bassein
8 Mandalay, Moulmein, Taunggyi
in Namibia (Südwestafrika)
6 Tsumeb, Usakos
7 Windhuk
9 Luederitz
10 Swakopmund
11 Otjiwarongo
12 Keetmanshoop
13 Walfischbucht
in Nepal
3 Num
5 Patan
6 Bandar
8 Bhatgang, Bhatgaon, Katmandu
10 Biratnagar
in Neuguinea
9 Hollandia
in Neuseeland
6 Napier, Nelson, Oamaru, Timaru
7 Dunedin
8 Auckland, Hamilton, Hokitika
10 Palmerston, Wellington
12 Christchurch
14 Napier-Hastings
in Nicaragua
4 Leon
5 Boaco, Rivas
6 Masaya
7 Granada, Managua
8 Jinotega
9 Matagalpa
10 Chinandega
13 Masaya Corinto
in Niedersachsen
4 Elze, Leer, Syke
5 Berge, Brake, Celle, Damme, Emden, Esens, Garze, Haren, Heede, Jever, Melle, Peine, Stade, Uslar, Varel, Zeven
6 Alfeld, Aurich, Bergen, Goslar, Gronau, Hameln, Lehrte, Letter, Lingen, Loehne, Meppen, Minden, Norden, Sachsa, Seesen, Soltau, Uelzen, Vechta, Verden, Winsen
7 Einbeck, Gifhorn, Muenden, Muender, Rinteln, Springe
8 Bentheim, Burgdorf, Coesfeld, Cuxhaven, Diepholz, Hannover, Harzburg, Herzberg, Neustadt, Nienburg, Nordhorn, Northeim, Osterode, Walsrode, Wittlage, Wittmund
9 Braunlage, Buxtehude, Helmstedt, Lueneburg, Nordenham, Oldenburg, Osterholz, Papenburg, Rotenburg, Wolfsburg
10 Aschendorf, Bueckeburg, Dannenberg, Duderstadt, Goettingen, Hildesheim, Holzminden, Lauterberg, Osnabrueck, Otterndorf, Salzgitter, Stadthagen
11 Cloppenburg, Delmenhorst, Gandersheim, Langenhagen, Schoeningen, Westerstede
12 Bersenbrueck, Braunschweig, Bremervoerde, Fallersleben, Fuerstenberg, Quakenbrueck
13 Fallingbostel, Wilhelmshaven, Wolfenbuettel
19 Clausthal Zellerfeld
in Niger
6 Maradi, Niamey
in Nigeria
3 Aba, Asa, Ase, Eri, Ibi, Ife, Isa, Iwo, Ojo
4 Amar, Bida, Inen, Jola, Kano, Kuka, Yola
5 Akure, Bende, Benin, Enugu, Jebba, Lagos, Yerwa, Zaria
6 Akassa, Ibadan, Ilesha, Ilorin, Kaduna, Sokoto
7 Katsina, Oshogbo
8 Abeokuta
9 Ogbomosho
12 Port Harcourt
in Nordamerika
4 Erie, Gary, Reno
5 Akron, Baker, Boise, Boone, Bowie, Bryan, Butte, Cairo, Delhi, Fargo, Flint, Huron, Kairo, Logan, Macon, Omaha, Salem, Selma, Tampa, Tulsa, Utica
6 Albany, Aurora, Austin, Berlin, Boston, Dallas, Denver, Dillon, Durant, Durham, Eureka, Fresno, Ithaca, Joliet, Juneau, Kokomo, Laredo, Lowell, Malden, Marion, Mobile, Moline, Munche, Nashua, Newark, Orange,

Oswego, Peoria, Pomona, Sharon, Shelby, Toledo, Topeka
7 Altoona, Atlanta, Buffalo, Chicago, Concord, Detroit, Hoboken, Houston, Jackson, Lincoln, Madison, Memphis, New York, Oakland, Olympia, Phoenix, Raleigh, Reading, San Jose, Santa Fe, Seattle
8 Aberdeen, Amarillo, Berkeley, Bismarck, Cheyenne, Columbia, Columbus, Hartford, Oklahoma, Pasadena, Portland, Richmond, San Diego, Savannah, Syracuse
9 Allentown, Annapolis, Asheville, Baltimore, Cleveland, Des Moines, Frankfort, Jefferson, Knoxville, Long Beach, Milwaukee, Nashville, New Jersey, Pittsburg, Rochester
10 Baton Rouge, Binghamton, Birmingham, Black Hills, Bloomfield, Carson City, Charleston, Harrisburg, Little Rock, Los Angeles, Montgomery, Montpelier, New Orleans, Sacramento, Saint Louis, Washington
11 Bakersfield, Chattanooga, Minneapolis, Springfield, Tallahassee
12 Indianapolis, Jacksonville, Philadelphia, San Francisco

in Norddeutschland
3 Lee
4 Kiel, Syke
5 Brake, Celle, Emden, Eutin, Heide, Husum, Jever, Peine, Stade, Uslar, Varel
6 Aurich, Bremen, Hameln, Lehrte, Lingen, Meppen, Soltau, Uelzen, Vechta, Verden, Wismar
7 Ahlhorn, Hamburg, Harburg, Itzehoe, Kappeln, Luebeck, Malente, Meldorf, Rostock
8 Cuxhaven, Elmshorn, Hannover, Nienburg, Nordhorn, Schwerin
9 Bredstedt, Flensburg, Helmstedt, Lauenburg, Lueneburg, Oldenburg, Rendsburg
10 Hildesheim
11 Bremerhaven, Delmenhorst, Glueckstadt, Neumuenster
12 Braunschweig, Eckernfoerde
13 Wilhelmshaven

in Nordirland
5 Larne
6 Armagh, Bangor
7 Belfast
9 Craigavon
11 Londonderry

in Nordrhein-Westfalen
3 Hau
4 Bonn, Goch, Haan, Hamm, Lage, Marl, Olpe, Porz, Rees, Unna, Werl
5 Ahaus, Ahlen, Balve, Beuel, Bigge, Enger, Essen, Hagen, Halle, Hemer, Herne, Inden, Kamen, Kleve, Koeln, Lemgo, Moers, Neuss, Oelde, Rheda, Soest, Werne, Wesel
6 Aachen, Altena, Beckum, Bochol, Bochum, Borken, Brilon, Bruehl, Buende, Bueren, Dueren, Ennepe, Geseke, Greven, Gronau, Halver, Herten, Hilden, Honnef, Huerth, Kaarst, Kalkar, Kaster, Kempen, Kerpen, Lennep, Liblar, Loehne, Lohmar, Luegde, Luenen, Menden, Minden, Rheine, Rheydt, Siegen, Telgte, Walsum, Wetter, Witten, Xanten
7 Alsdorf, Bocholt, Bottrop, Datteln, Detmold, Dorsten, Duelken, Duelmen, Erwitte, Frechen, Geldern, Haltern, Hamborn, Herford, Hoexter, Homberg, Juelich, Krefeld, Ochtrup, Opladen, Schwelm, Velbert, Viersen, Warburg, Werdohl
8 Arnsberg, Bensberg, Bergheim, Coesfeld, Dortmund, Duisburg, Emmerich, Erkelenz, Gladbeck, Iserlohn, Meschede, Mettmann, Monschau, Muelheim, Muenster, Ratingen, Schwerte, Siegburg, Solingen, Stolberg, Weidenau
9 Attendorn, Bad Honnef, Berleburg, Bielefeld, Borghorst, Burscheid, Dinslaken, Emsdetten, Ennepetal, Godesberg, Hattingen, Lengerich, Lippstadt, Luebbecke, Paderborn, Remscheid, Salzuflen, Schleiden, Troisdorf, Warendorf, Wuelfrath, Wuerselen, Wuppertal
10 Altenberge, Beverungen, Billerbeck, Eschweiler, Euskirchen, Gevelsberg, Guetersloh, Kohlscheid, Langenfeld, Leverkusen, Oberhausen, Oeynhausen, Sennestadt
11 Duesseldorf, Gummersbach, Plettenberg, Tecklenburg, Wanne-Eickel
12 Bad Godesberg, Erkenschwick, Grevenbroich, Hohenlimburg, Luedenscheid, Wattenscheid, Wiedenbrueck, Wipperfuerth
13 Burgsteinfurt, Castrop-Rauxel, Geilenkirchen, Gelsenkirchen, Koenigswinter, Luedinghausen, Neheim-Huesten
14 Recklinghausen, Wermelskirchen
15 Oer-Erkenschwick
16 Bergisch Gladbach, Moenchengladbach

in Norwegen
2 Mo, Os
3 Eid, Gol, Lom, Nes, Tau
4 Alen, Alta, Amot, Elga, Flam, Lyse, Moss, Oslo, Otta, Tana
5 Banak, Bodoe, Grong, Hamar, Opdal, Rores, Sauda, Skien, Solum
6 Bergen, Faberg, Ifjord, Namsos, Narvik, Rjukan
7 Alesund, Arendal, Drammen, Stoeren, Tromsoe, Ulefoss, Vadheim
8 Eidsvoll, Kirkenes, Levanger
9 Drontheim, Haugesund, Kongsberg, Stavanger, Trondheim, Trondhjem
10 Hammerfest
11 Fredrikstad, Lillehammer
12 Kristiansand, Kristiansund

in Oberfranken
5 Naila
7 Bamberg

in Oberschlesien
6 Lipine, Oppeln
7 Beuthen, Ratibor
8 Gleiwitz, Neustadt
9 Kreuzburg, Rosenberg
10 Hindenburg

in Obervolta
9 Koudougou
11 Quagadougou
13 Bobo-Dioulasso

in Ostdeutschland
3 Aue
4 Aken, Auma, Burg, Gera, Jena, Plau, Suhl
5 Barth, Beetz, Berga, Berge, Berka, Borna, Calau, Calbe, Dahme, Egeln, Forst, Gartz, Geisa, Gotha, Greiz, Guben, Halle, Horka, Kahla, Kalbe, Laage, Lagow, Lauta, Lebus, Leuna, Lucka, Luebz, Lugau, Medow, Mihla, Mirow, Mylau, Nauen, Nebra, Pausa, Pegau, Peitz, Penig, Pirna, Plaue, Raben, Ranis, Reetz, Remda, Riesa, Ruhla, Salza, Seyda, Thale, Waren, Weida, Wiehe, Wutha, Zahna, Zeitz, Zinna
6 Anklam, Apolda, Artern, Belzig, Berlin, Bernau, Coswig, Demmin, Dessau, Erfurt, Floeha, Gehren, Grabow, Grimma, Gruena, Hartha, Ilfeld, Jarmen, Jessen, Kamenz, Kelbra, Ketzin, Koesen, Krakow, Kyritz, Lassan, Lenzen, Loburg, Loebau, Luckau, Lychen, Mahlow, Marlow, Muskau, Niesky, Nossen, Penkun, Plauen, Roebel, Seelow, Taucha, Teltow, Torgau, Weimar, Werdau, Werder, Wismar, Worbis, Wurzen, Zerbst, Zittau, Zossen
7 Bautzen, Beeskow, Cottbus, Crossen, Doberan, Doebeln, Dresden, Freital, Genthin, Grimmen, Ilmenau, Koethen, Leipzig, Luebben, Malchin,

Meerane, Meissen, Oberhof, Oschatz, Parchim, Potsdam, Putlitz, Rosslau, Rostock, Schleiz, Schwedt, Stendal, Templin, Teterow, Wolgast, Zwickau
8 Annaberg, Arnstadt, Auerbach, Bernburg, Chemnitz, Eisenach, Eisleben, Freiberg, Gernrode, Glauchau, Guestrow, Mansfeld, Naumburg, Neustadt, Oelsnitz, Pasewalk, Prenzlau, Radeberg, Radebeul, Rathenow, Rossbach, Saalfeld, Schandau, Schwerin, Torgelow, Zschopau
9 Altenburg, Ammendorf, Delitzsch, Eilenburg, Eisenberg, Frankfurt, Gadebusch, Hettstedt, Jueterbog, Landsberg, Luebbenau, Magdeburg, Meiningen, Merseburg, Neuruppin, Perleberg, Poessneck, Salzwedel, Schmoelln, Soemmerda, Sonneberg, Spremberg, Sternberg, Stralsund
10 Bitterfeld, Boizenburg, Eberswalde, Fehrbellin, Gardelegen, Greifswald, Lobenstein, Nordhausen, Rudolstadt, Schoenberg, Strausberg, Wittenberg, Zeulenroda
11 Angermuende, Brandenburg, Duerrenberg, Elbingerode, Freienwalde, Grossbeeren, Halberstadt, Langensalza, Liebenstein, Liebenwerda, Luckenwalde, Muehlhausen, Neustrelitz, Oranienburg, Probstzella, Schulpforta, Warnemuende, Wittenberge, Zella Mehlis
12 Aschersleben, Finsterwalde, Haldensleben, Sangerhausen, Schmalkalden, Tangermuende, Wusterhausen
13 Frankfurt/Oder, Fuerstenwalde, Heiligenstadt, Sondershausen
14 Bad Freienwalde, Neubrandenburg, Treuenbrietzen

in Österreich

3 Ala, Egg, Erl, Ilz, Laa, See
4 Enns, Graz, Haag, Hall, Haus, Horn, Igls, Imst, Lech, Lend, Linz, Lunz, Melk, Oetz, Pack, Perg, Puch, Retz, Ried, Vent, Weer, Weiz, Wels, Wien, Wies, Ybbs, Zell, Zirl
5 Aigen, Amras, Baden, Bruck, Grein, Gries, Gurgl, Ischl, Krems, Lienz, Murau, Raabs, Spitz, Steyr, Telfs, Tulln, Varel, Zuers
6 Admont, Aflenz, Aspang, Aussee, Gmuend, Kaprun, Krimml, Leoben, Liezen, Matrei, Peggau, Pfunds, Rauris, Reutte, Rohrau, Schwaz, Strobl, Urfahr, Velden, Werfen, Woergl
7 Attnang, Bludenz, Braunau, Bregenz, Ebensee, Ehrwald, Gmunden, Goetzis, Hallein, Hohenau, Jenbach, Koessen, Lambach, Landeck, Leogang, Mauthen, Seefeld, Sillian, Soelden, Spittal, Villach
8 Berndorf, Biberach, Bleiburg, Doelsach, Dornbirn, Eisenerz, Feldbach, Hainburg, Koeflach, Kufstein, Leibnitz, Mallnitz, Neumarkt, Pertisau, Poysdorf, Radstadt, Salzburg, Walchsee, Winklern, Wolfsegg
9 Altenmark, Amstetten, Biberbach, Feldkirch, Fohnsdorf, Freistadt, Gloggnitz, Hallstatt, Innsbruck, Judenburg, Mariazell, Mayrhofen, Millstatt, Poechlarn, Sankt Veit, Scharnitz, Spielfeld, Stockerau, Taxenbach, Voitsberg, Waidhofen
10 Allensteig, Bad Gastein, Boeckstein, Burghausen, Eisenstadt, Hofgastein, Hollabrunn, Kapfenberg, Kitzbuehel, Klagenfurt, Koetschach, Korneuburg, Mauthausen, Mistelbach, Mittersill, Nassereith, Saalfelden, Sankt Anton, Schaerding, Schladming, Westendorf
11 Feldkirchen, Knittelfeld, Neunkirchen, Poertschach, Zistersdorf
12 Fuerstenfeld, Gaenserndorf, Gleichenberg, Heiligenblut, Sankt Poelten, Voecklabruck, Voelkermarkt
13 Bischofshofen
14 Wiener Neustadt
15 Attnang Puchheim

in Ostfriesland

4 Leer
5 Emden, Esens, Sande
6 Aurich, Norden, Vechta
8 Wittmund

in Ost- und Westpreußen

4 Arys, Lyck
5 Arnau, Cranz, Orlau, Stuhm
6 Elbing, Goldap, Labiau, Pillau, Ragnit, Tapiau, Tilsit, Wehlau, Zinten
7 Eydtkau, Loetzen
8 Gerdauen, Korschen, Mehlsack, Osterode, Rauschen, Sensberg, Tolkemit, Treuburg, Wormditt
9 Darkehmen, Gumbinnen, Heilsberg, Mohrungen, Rosenberg
10 Allenstein, Angersburg, Braunsberg, Frauenburg, Insterburg, Marienburg, Neidenburg, Ortelsburg, Palmnicken, Pillkallen, Rastenburg
11 Bartenstein, Fischhausen, Koenigsberg
12 Bischofsburg, Heiligenbeil, Johannisburg, Marienwerder, Stallupoenen

in Pakistan

3 Dir, Kar
4 Pesh
5 Bogra, Dakka, Kalat, Kelat, Ketta, Kohat, Kotri, Lahor, Lahur, Lakur
6 Anetta, Jhelum, Lahore, Mardan, Multan, Quetta, Salcot, Sukkur
7 Karachi, Sialkot
8 Lyallpur, Peshawar
9 Hyderabad, Islamabad, Karatschi, Peschawar
10 Bahawalpur, Gujranwala, Haiderabad, Rawalpindi

in Palästina z. Zt. Christi

3 Dor
4 Gaza, Kana, Naim, Nain
5 Pella, Tyrus
6 Emmaus, Hebron
7 Askalon, Jericho, Samaria
8 Beerseba, Caesarea, Nazareth, Tiberias
9 Arimathia, Bethanien, Bethlehem, Bethsaida, Kapernaum

in Panama

5 Colon, David
6 Azucar, Panama
8 Penonome

in Paraguay

3 Ita
5 Pilar
7 Lambare
8 Asuncion
10 Concepcion, San Lorenzo, Villarrica
11 Encarnacion
13 Coronel Oviedo
18 Pedro Juan Caballero

in Peru

3 Ica
4 Lima
5 Chala, Cusco, Cuzco, Oroya, Paita, Pisco, Piura, Tacna, Taena
6 Callao, Camana, Huaras, Huaraz, Sihuas, Talara
7 Iquitos, La Oroya, Marcona, San Juan
8 Arequipa, Chiclayo, Chimbote, Huancayo, Moquegua, Trujillo
9 Mayobamba
12 Cerro de Pasco

in Polen

3 Buk, Elk
4 Koto, Kulm, Lodz, Lyse, Most, Nysa, Olat, Osie, Rawa, Reda, Urle
5 Bardo, Biala, Borek, Brody, Chelm, Dabie, Dynow, Gabin, Ilawa, Jadow, Janow, Jaslo, Konin, Kutno, Lasin, Laski, Lissa, Lomza, Luban, Lubon, Lukow, Makow, Marki, Miala, Mlawa, Morrn, Nakel, Naklo, Nisko, Opole, Osiek, Plock, Posen, Radom, Sanok, Silno, Sopot, Sroda, Thorn, Torun,

Ustka
6 Adamow, Bendin, Berent, Danzig, Elblag, Glowno, Gnesen, Golina, Kalisz, Kielce, Kolmar, Konitz, Krakau, Krakow, Krosno, Lodsch, Lowicz, Lublin, Mielec, Olkusz, Ostrow, Otwock, Poznan, Tarnow, Ternel
7 Bielitz, Breslau, Chelmno, Chelmza, Gdingen, Gliwice, Kalisch, Lomscha, Olsztyn, Rzeszow, Siedlce, Stettin, Suwalki, Wroclaw
8 Augustow, Bromberg, Chojnice, Dirschau, Graudenz, Jaroslaw, Katowice, Petrikau, Przemysl, Sandomir, Warschau, Zakopane
9 Auschwitz, Bentschen, Bialystok, Kattowitz, Sosnowiec, Tarnowitz, Tomaschow
10 Hohensalza, Hrubieszow, Krotoschin, Ostrolenka
13 Tschenstochau
in Pommern
4 Leba
5 Gartz, Labes, Stolp
6 Anklam, Bansin, Buetow, Cammin, Demmin, Eldena, Kammin, Polzin, Pyritz
7 Altdamm, Belgard, Gollnow, Grimmen, Koeslin, Kolbatz, Kolberg, Naugard, Puttbus, Schlawe, Stettin, Treptow, Wolgast
8 Dramburg, Pasewalk, Sassnitz, Stargard
9 Lauenburg, Schlochau, Stralsund
10 Greifswald, Neustettin, Regenwalde
11 Freienwalde, Greifenberg, Ruegenwalde, Schivelbein, Swinemuende
13 Schneidemuehl, Stolpermuende
in Portugal
4 Beja, Faro, Ovar
5 Braga, Elvas, Evora, Lagos, Loule, Mafra, Moura, Murca, Olhao, Porto, Sines, Viseu
6 Almada, Aveiro, Fratel, Guarda, Ichavo, Lamego, Leiria, Lisboa, Oporto, Pombal, Sintra, Tavira
7 Coimbra, Setubal
8 Abrantes, Braganca, Lissabon, Santarem, Vila Real
10 Matozinhos
14 Vila Nova de Gaia
in Puerto Rico
5 Ponce
7 Arecibo, San Juan
in (Rest-)Jugoslawien (Serbien u. Montenegro)
3 Nis
7 Belgrad, Novi Sad
8 Pristina, Subotica
9 Podgorica
10 Kragujevaz
in Rheinland-Pfalz
3 Ems
4 Buer, Daun, Diez, Kaub, Kirn, Konz, Salm, Zell
5 Alzey, Irrel, Kusel, Mainz, Mayen, Pruem, Trier, Worms
6 Adenau, Bad Ems, Bingen, Cochem, Ehrang, Kandel, Landau, Mendig, Nassau, Speyer
7 Bendorf, Bitburg, Koblenz, Neuwied, Remagen, Simmern
8 Neuenahr, Neustadt, Saarburg, Wittlich
9 Ahrweiler, Andernach, Duerkheim, Edenkoben, Ingelheim, Kreuznach, Montabaur, Oberwesel, Oppenheim, Otterberg, Pirmasens, Sankt Goar
10 Baumholder, Bernkastel, Birkenfeld, Deidesheim, Gruenstadt, Westerburg
11 Bad Neuenahr, Frankenthal, Germersheim
12 Altenkirchen, Bad Duerkheim, Bad Kreuznach, Bingerbrueck, Ludwigshafen, Rockenhausen, Zweibruecken
13 Bad Bergzabern, Idar Oberstein, Oberlahnstein, Schifferstadt, St. Goarshausen
14 Bernkastel-Kues, Kaiserslautern, Traben-Trarbach
16 Sankt Goarshausen
in Rhodesien
5 Gwelo
6 Umtali
7 Quelque
9 Salisbury
in Ruanda
6 Kigali
7 Astrida
9 Ruhengeri
in Rumänien
3 Dej, Sug
4 Arad, Baru, Blaj, Brad, Cluj, Deta, Deva, Iasi
5 Alesd, Anina, Bacau, Borsa, Busau, Carei, Hateg, Jassy, Lugoj, Lugos, Mizil, Naina, Roman, Sarat, Sebes, Sibiu, Turda, Zalau
6 Braila, Brasov, Galati, Galatz, Grabat, Lipova, Lupeni, Medias, Moreni, Oradea, Resita, Satmar, Sinaia
7 Craiova, Pitesti, Ploesti
8 Bistritz, Braschow, Bukarest, Pitescht, Temesvar
9 Bucuresti, Constanta, Konstanza, Kronstadt, Petroseni, Plojescht, Timisoara
10 Temeschwar
11 Klausenburg, Temeschburg
12 Grosswardein, Hermannstadt
in Russland
3 Bur, Don, Ika, Ous, Ufa
4 Asow, Bisk, Igra, Ilir, Luga, Neja, Nepa, Omsk, Perm, Tara, Teja, Tula, Tura
5 Gorki, Jelez, Kasan, Kirow, Kursk, Liski, Miass, Murom, Mushi, Orjol, Pensa, Pskow, Serow, Tomsk
6 Abakan, Amursk, Bratsk, Grosny, Kaluga, Kowrow, Kurgan, Maikop, Moskau, Moskwa, Nishni, Rjasan, Rostow, Samara, Tambow
7 Barnaul, Brjansk, Caricyn, Dudinka, Irkutsk, Ishewsk, Iwanowo, Jakutsk, Kamenka, Kolomna, Kopejsk, Kusnezk, Magadan, Noginsk, Norilsk, Podolsk, Rijasan, Rybinsk, Sagorsk, Salawat, Saransk, Sarapul, Saratow, Sotschi, Talnach, Ulan-Ude, Wologda, Workuta
8 Balakowo, Belgorod, Belorezk, Jefremow, Kemerowo, Kostrama, Murmansk, Nowgorod, Orenburg, Petrowsk, Puschkin, Rubzowsk, Slatoust, Smolensk, Wladimir, Woronesh
9 Astrachan, Atschinsk, Beresniki, Jaroslawl, Krasnodar, Naltschik, Salechard, Serpuchow, Stawropol, Syktywkar, Uljanowsk, Ust-Ilimsk, Wolgograd
10 Chabarowsk, Petersburg, Schelechow, Selenograd
11 Archangelsk, Joschkar-Ola, Krasnojarsk, Nikolajewsk, Nowokusnezk, Noworossisk, Nowosibirsk, Sterlitamak, Wladikawkas, Wladiwostok
12 Magnitogorsk, Nischni Tagil, Nowomoskowsk, Petrosawodsk, Sewerodwinsk, St. Petersburg, Tscheboksary
13 Jekaterinburg, Machatschkala, Tscheljabinsk
15 Kamenski Uralski, Nischni Nowgorod, Sankt Petersburg
18 Blagoweschtschensk
in Sachsen
3 Aue
5 Borna, Lugau, Pirna, Riesa
6 Grimma, Kamenz, Loebau, Plauen, Taucha, Torgau, Werdau, Wurzen, Zittau
7 Bautzen, Doebeln, Dresden, Freital, Leipzig, Leisnig, Meerane, Meissen, Oschatz, Sebnitz, Sohland, Wilthen, Zwenkau, Zwickau
8 Annaberg, Auerbach, Chemnitz, Freiberg, Glauchau, Goerlitz, Heidenau, Neustadt, Oelsnitz, Radeberg, Radebeul, Schandau, Zschopau
9 Delitzsch, Ebersbach, Eilenburg, Mittweida, Olbernhau, Salzwedel, Stollberg
10 Lengenfeld, Marienberg
11 Frankenberg, Grossenhain, Hoyerswerda, Reichenbach, Weisswasser
12 Crimmitschau, Lichtenstein
13 Bischofswerda
18 Johanngeorgenstadt

in Sachsen-Anhalt
4 Aken, Burg
5 Calbe, Egeln, Halle, Leuna, Thale, Zeitz
6 Artern, Coswig, Dessau, Ilfeld, Koesen, Zerbst
7 Genthin, Koethen, Rosslau, Stendal
8 Bernburg, Eisleben, Gernrode, Mansfeld, Naumburg, Rossbach
9 Ammendorf, Hettstedt, Magdeburg, Merseburg, Salzwedel, Stassfurt
10 Bitterfeld, Gardelegen, Nordhausen, Wittenberg
11 Duerrenberg, Elbingerode, Halberstadt, Quedlinburg, Weissenfels, Wernigerode, Wittenberge
12 Aschersleben, Haldensleben, Sangerhausen, Tangermuende
in Sambia
5 Choma, Kabwe, Kitwe, Mongu, Ndola
6 Lusaka
8 Chingola, Luanshva, Mufulira
11 Livingstone
14 Chililambombwe
in San Marino
9 San Marino
10 Serravalle
in Saudi-Arabien
3 Tai
4 Arar, Djuf, Hail, Riad, Taif
5 Mekka
6 Aneseh, Djidda, Er Riad, Jubail, Medina
7 Al Hufuf, Bureida, Dhahran
8 Dschidda
in Schlesien
4 Oels, Tost
5 Brieg, Cosel, Glatz, Jauer, Kanth, Laehn, Ohlau, Pless, Sagan, Sulau, Zuelz
6 Glogau, Guhrau, Halbau, Haynau, Laband, Lauban, Loewen, Lueben, Neisse, Niesky, Oppeln, Rybnik, Wohlau
7 Beuthen, Breslau, Bunzlau, Landeck, Neusalz, Ratibor, Reinerz, Steinau
8 Freiburg, Gleiwitz, Goerlitz, Liegnitz, Neustadt, Sprottau, Strehlen, Striegau, Weidenau
9 Gruenberg, Kattowitz, Kreuzburg, Landeshut, Rosenberg, Tarnowitz
10 Bad Reinerz, Gottesberg, Hindenburg, Hirschberg, Loewenberg, Waldenburg
11 Dittersbach, Loebschuetz, Reichenbach, Schweidnitz, Senftenberg
12 Frankenstein, Langenbielau, Schmiedeberg
13 Koenigshuette
in Schleswig-Holstein
4 Kiel, Leck, Noer
5 Eutin, Heide, Husum, Marne, Ploen, Wedel
6 Moelln, Preetz
7 Itzehoe, Kappeln, Lensahn, Luebeck, Malente, Meldorf
8 Elmshorn, Niebuell, Oldesloe, Segeberg, Toenning, Uetersen
9 Flensburg, Lauenburg, Pinneberg, Ratzeburg, Rendsburg, Schleswig
10 Ahrensboek, Ahrensburg, Geesthacht
11 Bad Oldesloe, Bad Segeberg, Glueckstadt, Neumuenster, Norderstedt, Travemuende, Wesselburen
12 Eckernfoerde
in Schottland
3 Ayr
4 Wick
5 Cupar, Elgin, Keith, Leith, Perth
6 Dunbar, Dundee, Forfar, Forres, Hawick, Huntly, Lanark, Moffat
7 Glasgow
8 Aberdeen, Greenock, Hamilton, Montrose, Sterling
9 Inverness, Kirkcaldy
10 Edingburgh
in Schweden
2 Ed
3 Eda, Los
4 Lund, Mora, Orsa, Sala, Umea
5 Alfta, Alsen, Aseda, Asele, Boden, Boras, Falun, Gnarp, Indal, Joern, Lulea, Nybro, Pitea, Sabra, Skara, Skoen, Tierp, Trosa, Visby, Ystad
6 Avesta, Gaevle, Gagnet, Kalmar, Kiruna, Laholm, Malmoe, Moelle, Motala
7 Boliden, Oerebro, Uppsala, Varberg
8 Halmstad, Karlstad
9 Falsterbo, Goeteborg, Haparanda, Karlskoga, Nykoeping, Stockholm, Sundsvall, Uddevalla, Vaesteras
10 Eskilstuna, Gothenburg, Karlskrona, Kinuravara, Landskrona, Linkoeping, Nynaeshamm, Oskarshamm, Trelleborg
11 Norrkoeping, Traelleborg
12 Haelsingborg, Kristianstad
in Serbien
3 Nis
5 Pirot
6 Sombor, Vranje
7 Belgrad, Novi Sad, Pancevo, Valjevo, Zajecar
8 Kraljevo, Pristina, Subotica
9 Mitrovica, Pozarevac, Zrenjanin
10 Kragujevac
in Sibirien
3 Ola
4 Bisk, Iman, Ksyl, Merw, Omsk, Seja, Tara, Tura
5 Aldan, Bijsk, Ennis, Kansk, Kysyl, Narym, Taiga, Tomsk, Witim
6 Anadyr, Berdsk, Bratsk, Igarka, Kurgan, Surgut, Tjumen, Tommot, Turgai, Udinsk
7 Alma Ata, Buchara, Dudinka, Irkutsk, Jakutsk, Ochotsk, Tobolsk, Tschita
8 Chatanga, Powlodar
9 Balchasch, Kasalinsk, Samarkand, Taschkent
10 Aschchabad, Chabarowsk
11 Krasnojarsk, Nowosibirsk, Wladiwostok, Woroschilow
13 Petropawlowsk
in Siebenbürgen
5 Sibiu
in Sierra Leone
2 Bo
5 Pepel
6 Kenema
8 Freetown
in Sikkim
7 Gangtok
in Simbabwe (Rhodesien)
5 Gwelo
6 Queque, Umtali
8 Bulawayo
9 Salisbury
in Slowenien
5 Celje, Cilli, Kranj, Zelje
6 Sezana
7 Gorizia, Laibach, Marburg, Maribor, Sostanj
8 Jesenice, Trbovlje
9 Eilenburg, Ljubljana
11 Celje Smarje
in Somalia
3 Eil
4 Mait
5 Afgoi, Alula, Marka
7 Bardera, Berbera, Kismayu
8 Hargeisa, Kismanio
10 Mogadischu, Mogadiscio
in Spanien
3 Rao, Sos, Tuy
4 Adra, Irun, Jaen, Leon, Loja, Lugo, Olot, Onda, Osma, Pola, Reus, Tajo, Toro, Vigo
5 Alcoy, Alora, Altea, Arcos, Avila, Baeza, Bejar, Berga, Berja, Cabra, Cadiz, Ceuta, Cieza, Coria, Ecija, Elche, Epila, Fraga, Gijon, Jerez, Lillo, Liria, Lorca, Mahon, Ocana, Oliva, Osuna, Palma, Ronda, Soria, Ubeda, Valls, Zafra
6 Alagon, Alcala, Alcira, Bailen, Bermeo, Bilbao, Blanes, Burgos, Ciudad, Coruna, Cuenca, Galera, Gandia, Gerona, Guadix, Hellin, Huelva, Huesca, Jijona, Laredo, Lerida, Lucena, Madrid, Malaga, Mataro, Merida, Mieaes, Mieres, Moguer, Molina, Monzon, Motril, Murcia, Olvera, Orduna, Orense, Orgiva, Oviedo, Sagunt, Tarifa, Teruel, Toledo, Tolosa, Zamora
7 Almaden, Almeria, Badajoz, Caceres, Cordoba, Granada, Lalinea, Linares, Logrono, Melilla, Sagunto, Segovia, Sevilla, Tarrasa, Tortosa, Vitoria

8 Albacete, Alicante, Aranjuez, Badalona, Guernica, La Coruna, Paleneia, Pamplona, Sabadell, Santiago, Valencia, Zaragoza
9 Algeciras, Barcelona, Cartagena, Castellon, Salamanca, Santander, Saragossa, Tarragona
10 Hospitalet, Pontevedra, Valladolid
11 Guadalajara, Puertollano, San Fernando
12 San Sebastian
15 Palma de Mallorca

in Südafrika
5 Ussel
6 Durban
8 Kapstadt, Mafeking, Pretoria, Upington
9 Kimberley
10 East London
11 Pietersburg
12 Bloemfontein, Johannesburg
13 Port Elizabeth
14 Vanderbijlpark
16 Pietermaritzburg

in Südamerika
3 Ipu, Rio
4 Cali, Lima, Loja, Para, Tefe
5 Arica, Bahia, Belem, Ceara, La Paz, Menno, Minas, Natal, Oruro, Preto, Quito, Salta, Sucre, Talca
6 Ambato, Arenas, Bogota, Callao, Campos, Cuyaba, Huaras, Ilheus, Macapa, Maceio, Manaus, Merida, Rawson, Recife, Santos
7 Caracas, Cayenne, Corboba, Deseado, La Plata, Marcona, Mendoza, Niteroi, Pelotas, Rosario, San Juan, Santa Fe, Tucuman
8 Asuncion, Blumenau, Braganca, Brasilia, Campinas, Curitiba, Parahyba, Piranhas, Salvador, Santarem, Santiago, Sao Paulo, Teresina, Valdivia
9 Cartagena, Fortaleza, Guarabira, Guayaquil, Manizales, Maracaibo, Petrolina, Rio Grande, Santa Cruz
10 Cochabamba, Concepcion, Corrientes, Diamantina, Georgetown, Montevideo, Paramaribo, Pernambuco, Petropolis, Valparaiso
11 Antofagasta, Bahia Blanca, Buenos Aires, Porto Alegre, Port of Spain, Sao Salvador
12 Barranquilla, Rio de Janeiro
13 Belo Horizonte, Ciudad Bolivar
15 Santiago de Chile

in Südtirol
3 Ala
5 Bozen, Eppan, Meran
6 Brixen, Merano, Trient
7 Bolzano, Bruneck, Brunico
10 Bressanone

in Südwestafrika (heute: Namibia)
7 Windhuk
8 Windhoek
9 Luederitz
10 Swakopmund
12 Grootfontein

in Surinam
10 Paramaribo
12 Nieuw Nikerie

in Swaziland
6 Siteki
7 Mbabane
12 Havelock Mine

in Syrien
3 Sur
4 Deir, Hama, Homs, Nebk
5 Deraa, Dumer, Esraa, Haleb, Rakka
6 Aleppo, Banias, Tartus, Tedmor
7 Antakya, Latakia, Massiaf, Palmyra
8 Damaskus
9 Antiochia

in Tadschikistan
5 Nurek
6 Chorog, Isfara, Kuljab, Termes
8 Ura-Tjube
9 Chudshand, Duschanbe, Kanibadan
11 Kurgan-Tjube
12 Alexandropol

in Tansania
5 Lindi, Mbeya, Moshi, Tanga, Utete
6 Arusha, Dodoma, Iringa, Mwanza, Tabora
8 Morogoro
10 Daressalam

in Thailand
3 Nan, Tak
4 Ubon
6 Khorat, Konken, Phuket, Raheng
7 Ajuthia, Bangkok
8 Khon Kaen, Songkhla, Thonburi
9 Ayutthaya, Krung Thep
10 Battambang, Pitsamulok
11 Tschiang Mai

in Thüringen
4 Auma, Gera, Jena, Orla, Suhl
5 Berka, Gotha, Greiz, Kahla, Ruhla, Sulza, Weida
6 Apolda, Erfurt, Weimar, Worbis
7 Ilmenau, Oberhof, Ohrdruf, Schleiz
8 Arnstadt, Eisenach, Naumburg, Neustadt, Saalfeld, Steinach
9 Altenburg, Eisenberg, Meiningen, Poessneck, Ronneburg, Schmoelln, Soemmerda, Sonneberg
10 Lobenstein, Nordhausen, Rudolstadt, Zeulenroda
11 Blankenburg, Bleicherode, Langensalza, Liebenstein, Muehlhausen, Probstzella, Schulpforta, Zella Mehlis
12 Schmalkalden
13 Friedrichroda, Heiligenstadt, Sondershausen
14 Hildburghausen

in Togo
4 Lome
5 Mango
6 Anecho, Palime, Sokode, Tsevie
7 Bassari
8 Atakpame

in Transvaal
5 Brits
6 Benoni, Bethal

in Tschad
4 Sarh
6 Abeche
7 Moundou
8 Fort Lamy
15 Fort Archambault

in Tunesien
4 Sfax, Susa
5 Gabes, Gafsa, Tunis
6 Kebeli, Mateur, Sousse
7 Bensert, Biserta, Biserte, Bizerte, Kairuan
8 Kairouan
9 Kasserine
10 La Goulette
15 Menzel Bourguiba

in Turkmenien, Turkmenistan
4 Mary
7 Besmein
8 Nebit-Dag, Taschaus
10 Aschchabad, Tscheleken
11 Kasandschik, Krasnowodsk
12 Tschardschou

in Uganda
5 Jinja, Mbale
6 Masaka
7 Entebbe, Kampala

in Ungarn
3 Erd, Kal, Vac
4 Baja, Bata, Eger, Gran, Mako, Paks, Papa, Pecs, Raab, Tata
5 Barcs, Erlau, Erosi, Gyoer, Tevel, Tokaj
6 Cegled, Karcag, Mohacs, Sopron, Szeged, Ujpest
7 Kispest, Miskolc, Szolnok, Tapolca, Waitzen
8 Budapest, Debrecen, Kaposvar, Szegedin
9 Kecskemet, Oedenburg, Tatabanya
11 Nyiregyhaza
12 Fuenfkirchen, Steinamanger
16 Stuhlweissenburg

in Uruguay
4 Melo
5 Minas, Rocha, Salto
6 Acegua, Paloma, Rivera
7 Durazno, Palmira
8 Mercedes, Paysandu
10 Montevideo

in Usbekistan
5 Nukus
6 Angren, Kokand
7 Almalyk, Buchara, Fergana, Karschi
8 Dschisak, Margilan, Namangan, Taschaus
9 Andischan, Samarkand, Taschkent, Urgentsch
12 Tschirtschik

in Venezuela
4 Aroa, Coro

5 Duaca, Rubio, Seiba, Unare
6 Atures, Cumana, Merida
7 Barinas, Bolivar, Cabimas, Caracas, Maracay, Maturin, Nutrias
8 Carupano, La Guaira, Valencia
9 Maracaibo
11 San Fernando
12 Barquisimeto, San Cristobal
13 Ciudad Bolivar, Puerto Cabello
15 Guarenas-Guatire
in Vietnam
3 Hue
4 Vinh
5 Dalat, Hanoi, My Tho
6 Cantho, Cholon, Da Nang, Ha Tien, Kan Tho, Lao Kai, Saigon
7 Gia Dinh, Hoa Binh, Lang Son, Nam Binh, Vinh Loi
8 Binh Dinh, Haiphong
9 Long Xuyen
14 Ho-Chi-minh-Stadt
in Wales
7 Cardiff, Rhondda, Swansea
in Weißrussland
5 Brest, Gomel, Minsk, Pinsk
6 Grodno, Orscha
7 Borisow, Mogilew, Witebsk
8 Bobrujsk
in Zaire (heute DR Kongo)
5 Aketi, Bunia, Ilebe, Kilwa, Wamba
6 Bukama, Bukavu, Kalima, Kikwit, Likasi, Manono
7 Kananga
8 Kinshasa
9 Kisangani, Luluaborg
10 Jadotville, Lubumbashi
12 Stanleyville
14 Elizabethville
mit Gartenbauausstellung
6 Erfurt
nördlich von Helsinki
10 Hyvinkaeae
nördlich von Nessebar
5 Emona
nördlich von Perm
6 Nerdwa
nördlich von Tours
3 Mer
nordwestlich von Paris
4 Anet
östlich von Oradea
5 Alesd
östlich von Osaka
4 Nara
östlich von Ulan-Bator
6 Erdene
südlich von Belgien
4 Ethe
südlich von Kiew
4 Uman
5 Kasan
9 Uljanowsk
südlich von Prag
5 Tabor
südöstlich von Berlin
6 Erkner
südöstlich von Tunis
7 Soliman
westlich von Amsterdam
7 Haarlem
westlich von Terni
6 Amelia

Stadtabzeichen
6 Wappen

Stadtburg, -schloss von:
Athen
9 Akropolis
Braunschweig
13 Dankwarderode
Granada
8 Alhambra
Krakau
5 Wawel
London
5 Tower
Malaga
8 Alcazaba
Moskau
5 Kreml
München
11 Nymphenburg
Prag
9 Hradschin
Rom
10 Engelsburg
Toledo
7 Alcazar
Wien
9 Belvedere
11 Schoenbrunn
Würzburg
10 Marienberg

Städtebund
im Mittelalter
5 Hansa, Hanse

Stadteingang
3 Tor

Stadteinwohner
7 Buerger

Städter
7 Buerger

Stadtgöttin
von Karthago
5 Tanit

Stadtgrafschaft
in England
6 Oldham

Stadtguerilla
in Uruguay
8 Tupamaro

Stadthaus, -verwaltung
7 Rathaus
9 Magistrat
13 Buergerschaft

städtisch
8 kommunal

städtische
Grünfläche
4 Park
6 Anlage
Parkanlage
11 Gruenanlage
Verwaltungsbehörde
8 Stadtrat

städtischer
Versorgungsbetrieb
10 Gasanstalt, Wasserwerk
18 Elektrizitaetswerk

städtisches
Verkehrsmittel
3 Bus
4 OBus, Tram
5 S-Bahn, U-Bahn
8 Hochbahn
9 Stadtbahn
12 Strassenbahn
22 Elektrische Schnellbahn

Stadtkanal
5 Fleet
6 Gracht

Stadtmitte
4 City
7 Zentrum

Stadtoberhaupt
14 Buergermeister

Stadtrand
8 Vorstadt

Stadtrat
5 Senat
9 Magistrat

Stadtratsvorsitzender
14 Buergermeister

Stadtregierung
5 Senat
8 Stadtrat
9 Magistrat

Stadtstaat
im alten Griechenland
5 Polis
6 Sparta
im alten Sumer
5 Eridu
in Asien
8 Singapur

Stadtstreicher
6 Penner
8 Vagabund
10 Pennbruder

Stadtteil
von Augsburg
4 Ring, West
8 Fuggerei, Hochzoll
10 Oberhausen
von Bad Godesberg
6 Mehlem
von Berlin
5 Mitte, Tegel
6 Dahlem, Moabit, Pankow
7 Marzahn, Spandau, Treptow, Wedding
8 Steglitz
9 Grunewald, Koepenick, Kreuzberg, Neukoelln, Tempelhof
10 Tiergarten, Weissensee, Zehlendorf
11 Lichtenberg, Schoeneberg, Wilmersdorf
13 Reinickendorf, Schmargendorf
14 Charlottenburg, Friedrichshain, Prenzlauer Berg
von Bochum
4 Laer, Nord
5 Hamme, Werne
6 Riemke
7 Weitmar
von Bonn
5 Beuel
11 Poppelsdorf
von Bremen
4 Burg
5 Farge
6 Aumund, Werder
8 Huchting, Mahndorf, Neustadt, Vegesack
10 Blumenthal, Hemelingen

11 Oberneuland
12 Oslebshausen
13 Kirchhuchting
14 Hohentorshafen
von Budapest
4 Buda, Pest
5 Obuda
von Danzig
5 Oliva
von Dortmund
5 Barop, Derne, Eving
6 Asseln, Hoerde, Koerne, Marten
7 Brackel, Mengede
8 Schueren
9 Aplerbeck
10 Fredenbaum, Stockheide
11 Lindenhorst, Westerfilde
13 Bodelschwingh
14 Boevingshausen
15 Loettringhausen, Luetgendortmund
von Düsseldorf
4 Bilk, Rath
5 Eller
6 Heerdt
7 Benrath
8 Reisholz
9 Derendorf
10 Gerresheim, Grafenberg, Lierenfeld, Oberkassel
12 Kaiserswerth
von Essen
6 Karnap, Steele, Werden
9 Heisingen, Vogelheim
10 Altenessen, Katernberg, Kupferdreh
11 Stoppenberg
12 Bergeborbeck
13 Rellinghausen, Ruettenscheid
von Frankfurt
7 Bonames, Hoechst, Mainkur, Nordend, Westend
8 Seckbach
9 Eckenheim, Griesheim, Niederrad
10 Roedelheim
11 Heddernheim
13 Sachsenhausen
15 Unterliederbach
von Hamburg
4 Hamm
6 Altona, Eilbek, Neuhof, Rissen, Veddel
7 Barmbek, Harburg
8 Lokstedt, Ohlsdorf, Ottensen, Wandsbek
9 Bergedorf, Billbrook, Billstedt, Borgfelde, Eppendorf, Moorfleet, Neugraben, Rahlstedt, Schnelsen
10 Bahrenfeld, Blankenese, Eidelstedt, Hohenfelde, Langenhorn, Rother Baum, Sankt Georg, Sankt Pauli, Stellingen, Uhlenhorst, Winterhude
11 Eimsbuettel, Langenfelde, Oevelgoenne, Othmarschen, Steinwerder
12 Harvestehude, Wilhelmsburg
13 Poppenbuettel
14 Rothenburgsort
von Hannover
6 Linden, Seelse
7 Wuelfel
10 Leinhausen
12 Herrenhausen
von Istanbul
4 Pera
6 Galata
7 Skutari, Stambul
von Köln
4 Kalk
5 Deutz, Niehl, Suelz
6 Gereon, Nippes
7 Bonntor
8 Muelheim
9 Duennwald, Ehrenfeld, Stammheim, Worringen
10 Bickendorf, Braunsfeld, Butzweiler, Dellbrueck
von Leverkusen
7 Opladen
von Lissabon
5 Belem
von London
4 City, Soho
5 Acton, Erith, Stoke
6 Ealing, Eltham, Fulham, Harrow, Hendon, Ilford, Leyton
7 Barking, Brixton, Bromley, Chelsea, Croydon, Eastend, Eastham, Hackney, Mitcham, Norwood, Westend, Westham
8 Chiswick, Kingston, Richmond, Surbiton, Sydenham, Woolwich
9 Beckenham, Brentford, Greenwich, Hampstead, Islington, Newington, Southwark, Stratford, Willesden
10 Kensington, Teddington, Twickenham
11 Walthamstow, Westminster, Whitechapel
von Ludwigshafen/Rhein
5 Oppau
10 Mundenheim, Oggersheim
13 Rheingoenheim
von Mainz
5 Drais
6 Kastel
7 Mombach
8 Weisenau
10 Gonsenheim
11 Gustavsburg
12 Bischofsheim
von Mannheim
7 Rheinau, Waldhof
8 Neckarau
9 Kaefertal, Sandhofen, Wallstadt
10 Seckenheim
14 Friedrichsfeld
von Moskau
9 Ostankino
von München
2 Au
4 Gern, Haar, Laim, Riem
5 Solln
6 Allach, Pasing
7 Giesing, Moosach, Perlach
8 Daglfing, Freimann, Sendling
9 Karlsfeld, Neuhausen, Schwabing, Trudering
10 Berg am Laim, Haidhausen, Harlaching, Neuperlach
11 Bogenhausen, Feldmoching, Nymphenburg, Obermenzing, Steinhausen, Thalkirchen
12 Unterhaching, Untermenzing
13 Milbertshofen
14 Mittersendling
von New York
5 Bronx
6 Harlem, Queens
7 Yonkers
8 Brooklyn, Richmond
9 Manhattan
von Paris
4 Ivry, Orly
5 Passy
6 Bercey, Clichy, Meudon, Pantin, Vauves
7 Auteuil, Neuilly, Puteaux, Reuilly
8 Bagnolet, Boulogne, Charonne, Gentilly, Grenelle, Malakoff
9 Charenton, Montrouge, Vaugirard
10 Belleville, Courbevoie, Montmartre
11 Billancourt, Romainville
12 Menilmontant, Montparnasse
13 Quartier Latin
von Prag mit Burg
9 Hradschin
von Stuttgart
8 Muenster
9 Cannstatt, Degerloch, Feuerbach, Stammheim, Vaihingen
10 Moehringen
12 Zuffenhausen
13 Obertuerkheim
14 Untertuerkheim
von Venedig
6 Mestre, Rialto
von Wien
6 Neubau, Wieden
7 Hernals, Liesing, Penzing
8 Doebling, Grinzing, Hietzing, Meidling, Nussdorf, Waehring
9 Favoriten, Fuenfhaus, Mariahilf, Ottakring, Schwechat, Simmering
10 Alsergrund, Donaustadt, Josefstadt, Margareten
11 Brigittenau, Floridsdorf, Innere Stadt, Landstrasse
12 Leopoldstadt
Stadtverwaltung
9 Magistrat
Stadtviertel
8 Quartier
bei den Römern
6 Tribus
Stafette
6 Kurier
7 Eilbote, Staffel
11 Meldereiter
Staffelläufer
8 Stafette
Stahleinlage
im Beton
9 Armierung

stählerne
Fahrspur
5 Gleis
Stahl-Nickel-Legierung
5 Invar
Stahlplatte
im Schiffsbau
8 Stringer
mit Versteifungen
4 Anke
Stahlplattenklavier
7 Celesta
Stahlross
3 Rad
4 Velo
7 Fahrrad
9 Veloziped
Stahlschrank
4 Safe
6 Tresor
Stahlseil
5 Kabel
6 Trosse
Stahlstäbchen
für Treibarbeit
5 Punze
Stahlstabglockenspiel
mit Tasten
7 Celesta
Stahlunterlage
für das Schmieden
6 Amboss
Stahlveredler
8 Vanadium
Stake
6 Stange
Stall
5 Koben
Stallabteil
3 Box
Stalldung
4 Mist
Stallstroh, -unterlage
5 Spreu, Streu
Stamm
auf Borneo
5 Murut
der Araber
5 Hemat
der Bantuneger
6 Basoto
der Galla (Äthiopien)
6 Arussi
der Irokesen
6 Seneca
der Lesghier
5 Laken
der Maya
6 Chorti
der Palmen und Baumfarne
6 Daudex
der Polen
6 Kurpen
der Usbeken
6 Naiman
einer Truppe
5 Kader
Geschlecht
5 Rasse
von Nachwuchskräften
5 Kader
stammeln
8 stottern
Stammesältester
7 Starist
Stammesgott
der Azteken
12 Vitzliputzli
Stammesmutter
in der german. Heldensage
3 Ute
4 Ella
Stammesverband
4 Clan
Stammeszeichen
der Indianer
5 Totem
Stammgast
7 Habitue
Stammhalter
4 Kind, Sohn
Stammholz
8 Oberholz
stämmig
6 robust
10 untersetzt
Stammmiete
10 Abonnement
Stammpflanze
des Opiums
4 Mohn
Stammtafel
der Zuchtpferde
8 Stutbuch
Stammtruppe
5 Kader
Stammutter
3 Eva
4 Ahne
eines Geschlechts
7 Ahnfrau
eines norweg. Geschlechts
6 Aslaug
Stammvater
3 Ahn, Ham, Noe, Sem
4 Adam, Enak
5 Isaak, Jakob
7 Abraham, Ahnherr
9 Patriarch
der Arkader
5 Arkas
der Hamiten
3 Ham
der Musikanten
5 Jubal
der Semiten
3 Sem
eines Geschlechts
7 Ahnherr
eines Riesengeschlechts
4 Enak
Stampfer
5 Keule
7 Pistill
8 Stoessel
Stand
4 Adel, Bude, Rang
5 Kaste
6 Status
7 Zustand
8 Position, Stellung
der Planerfüllung
3 Ist
des Ritters
8 Edelmann
eines Flugzeugs festlegen
5 orten
Standard
4 Mass, Norm
6 Niveau
8 Massstab
9 Richtmass
11 Richtschnur
standardisieren
6 normen
16 vereinheitlichen
Standarte
5 Fahne
6 Banner, Flagge
11 Feldzeichen, Reiterfahne
12 Fuchsschwanz, Reichsbanner
14 Kommandoflagge
Standbild
5 Figur
6 Statue
7 Denkmal, Plastik
8 Monument
9 Statuette
10 Bildsaeule
auf Marktplätzen alter Städte
6 Roland
des Naumburger Doms
3 Uta
Ständchen
8 Serenade
Stander
6 Flagge
14 Kommandoflagge
Ständer
6 Stativ
7 Etagere, Gestell
8 Stellage
Ständerpilz
6 Bofist, Bovist
standesgemäßes
Auftreten
15 Repraesentation
Standeszugeld
7 Apanage
standfest
6 stabil
machen
13 stabilisieren
Standfestigkeit
11 Stabilitaet
standhaft
6 eisern
17 unerschuetterlich
ständig
5 immer, stets
7 dauernd
8 konstant
9 permanent, stereotyp
14 ununterbrochen
mäkelnde Person
8 Noergler
ständige
Erwerbstätigkeit
10 Hauptberuf
Unzufriedenheit
9 Noergelei
Wiederholung
6 Uebung
16 Regelmaessigkeit
ständiger
Besucher
7 Habitue
9 Stammgast

Käufer
5 Kunde
Rosenblütler
12 Frauenmantel
Standleuchte, Laternenträger
10 Kandelaber
Standort
4 Lage, Sitz
5 Platz
6 Stelle
7 Station
8 Garnison, Position
Standortbestimmung
durch Funk
6 Ortung
standörtlich
10 stationaer
Standpauke
12 Strafpredigt
15 Gardinenpredigt
Standplatz
des Jägers
6 Ansitz
Standpunkt
5 Sicht
7 Ansicht, Meinung
10 Anschauung, Auffassung
12 Ueberzeugung
der Verneinung
10 Nihilismus
standrechtlich
erschießen
11 fuesilieren
Standvogel
4 Rabe
Standwirbel
beim Eislauf
9 Pirouette
Stange
4 Stab
5 Latte, Stake, Stock
8 Bierglas
die ein Segel ausspannt
6 Spliet
Stängel
4 Halm
5 Stiel
8 Grashalm
Stangen
und Enden am unfertigen Geweih
6 Kolben
zum Schieben von Flößen und Kähnen
6 Staken
Stangenbiss
am Pferdegeschirr
7 Kandare
Stangengemüse
7 Spargel
Stangenweißbrot
8 Baguette
Stangenzaun
an Abgründen
9 Gelaender
Stangenzimt
6 Kaneel
Stanze
6 Locher, Presse
stanzen
6 lochen
7 praegen, pressen
9 schneiden

Stapel
5 Stoss
6 Haufen
10 Schichtung
16 Aufgeschichtetes
Stapelie
8 Aasblume
stapeln
7 haeufen
9 schichten
Stapelplatz
8 Entrepot
Star
5 Atzel
Starenvogel
3 Beo
stark
6 robust
8 intensiv, kraeftig
9 sthenisch
abfallend
11 abschuessig
ansteigend
5 steil
basischer Grundstoff
6 Alkali
betonte Erotik
3 Sex
duftende Blume
4 Rose
duftende Gartenblume
5 Nelke
duftende Sommerblume
6 Reseda
fallende Kurse
6 Baisse
gärender Most
8 Rauscher
gewürzter Pfefferkuchen
6 Printe
gewürzte Suppe
8 Soljanka
mitgenommen
10 ramponiert
oxydierendes Öl
6 Ozonid
rhythmischer Tanz
4 Step
5 ◆ Stepp
riechende Flüssigkeit
7 Chloral
überhöhter Zins
6 Wucher
vergrößerndes Leseglas
4 Lupe
wirkendes Arzneimittel
5 Opiat
Starkbier
8 Bockbier
starke
Abneigung
4 Hass
Beschädigung
11 Demolierung
Dauerbelastung
6 Stress
Feuchtigkeit
6 Naesse
Flusswindung
8 Maeander
Gefühlsbetonung
8 Lyrismus

Gemütsbewegung
6 Affekt
Gemütserregung
3 Wut
Hitze
4 Glut
Kraft
6 Gewalt
Kriegsflotte
6 Armada
Leine
4 Seil
Lichtfülle
6 Grelle
Salzlösung
4 Sole
Salzlösung zum Einlegen von Fleisch
4 Lake
Schiffsdeckbretter
7 Planken
Schnur
4 Seil
Trosse
5 Kabel
Zuneigung
5 Liebe
Stärke
5 Kraft, Macht
6 Anzahl, Umfang
11 Intensitaet, Kohlehydrat
12 Kohlenhydrat
aus tierischen Stoffen
8 Glykogen
in Dahlienknollen
6 Inulin
Stärkekleister
7 Dextrin
Stärkemehl
4 Sago
7 Tapioka
8 Mandioka
Stärkemessen
10 Kraftprobe
Stärkemittel
6 Steife
stärkend
7 tonisch
starker
Andrang
7 Ansturm
Anprall
5 Stoss
Durst
5 Brand
Flaschenzug auf Schiffen
4 Gien
Gegensatz
8 Kontrast
italienischer Kaffee
8 Espresso
Kaffee
5 Mokka
Kämpfer zur Ritterzeit
5 Recke
Keiler
5 Basse
Nähfaden
5 Zwirn
Strick
3 Tau
4 Seil

Sturm
5 Orkan
Süßwein
6 Malaga
Wellengang
8 Brandung
Wind
5 Orkan, Sturm
6 Taifun
7 Tornado
Windstoß
3 Boe
10 Windsbraut
Zwang
6 Gewalt
Zweig
3 Ast
starker, anhaltender Lärm
7 Getoese
stärkere
Betonung (Vers)
6 Hebung
Erregung
6 Affekt
stärkeres
Eiweißpräparat
6 Amisol
starkes
Band
4 Gurt
Brett
5 Bohle
6 Planke
Drahtseil
5 Kabel
6 Trosse
englisches Bier
6 Porter
Fallen der Börsenkurse
6 Baisse
Fäulnisgift
6 Neurin
Gift
8 Zyankali
10 Blausaeure, Zyankalium
Handmesser
5 Kneif, Kneip
Papier
5 Pappe
6 Karton
Schiffstau
6 Trosse
seelisches Leiden
4 Qual
Seil
3 Tau
6 Strick
Steigen der Börsenkurse
6 Hausse
Tierhaar
6 Borste
Trinkbedürfnis
5 Durst
Verlangen
4 Gier
stärkespaltendes
Enzym
7 Amylase
stärkster
Sturm
5 Orkan
Starkstromkabel
20 Hochspannungsleitung

Starkton
im Vers
5 Iktus
Stärkungsmittel
7 Tonikum
starr
4 stur
5 rigid, steif
9 unbeugsam
10 regungslos
blicken
7 starren, stieren
starre
Anwendung eines Standpunktes in der Moral
10 Rigorismus
Lehrmeinung
5 Dogma
Starre
9 Steifheit
starrer
Parteimann
12 Intransigent
starrflügeliges
Insekt
7 Libelle
Starrheit
9 Steifheit
starrköpfiger
Mensch
9 Trotzkopf
starrköpfiges
Verhalten
12 Verbohrtheit
15 Eigensinnigkeit
Starrköpfigkeit
5 Trotz
Starrkrampf
7 Tetanus
10 Katalepsie
Starrsinn
5 Trotz
10 Bockigkeit
15 Halsstarrigkeit
starrsinnig
4 stur
6 bockig
7 trotzig
8 obstinat, renitent
10 aufsaessig
11 dickkoepfig
13 widerspenstig
Starrsucht
10 Katalepsie
Start
6 Abflug, Ablauf, Anfang, Beginn
7 Abfahrt, Abreise
8 Absprung, Aufbruch, Ursprung
Start-
und Landebahn für Flugzeuge
5 Piste
8 Rollfeld
Startanlage
für Raumflugkörper
9 Kosmodrom
starten
8 abfahren, anfangen
9 abfliegen
10 aufbrechen
Starter
bei Motoren
8 Anlasser

Startform
6 Anlauf
Startschleuder
für Flugzeuge
8 Katapult
Starverehrer
3 Fan
Station
4 Rast
7 Bahnhof
8 Quartier, Standort
9 Abteilung
10 Aufenthalt, Haltepunkt
11 Haltestelle
für Geisteskranke
9 Irrenhaus
10 Sanatorium
11 Heilanstalt
17 Nervenheilanstalt
Statist
8 Figurant, Komparse
Statisten
11 Komparserie
statistische
Darstellung
7 Tabelle
8 Diagramm
9 Schaubild
Stativ
8 Staender
Stätte
3 Ort
5 Platz
6 Stelle
bei Jerusalem
8 Golgatha
für Hilfsbedürftige
6 Bethel
zur Darbringung von Opfern
5 Altar
stattfinden
9 geschehen, passieren
statthaft
7 erlaubt
9 gestattet, zulaessig
Statthalter
6 Eparch, Exarch, Satrap
8 Resident
9 Prokonsul
10 Gouverneur, Vizekoenig
11 Landpfleger
14 Stellvertreter
der Niederlande
4 Alba
des Großmoguls
5 Nabob
einer byzant. Provinz
6 Eparch
von Jerusalem
7 Nehemia
stattlich
8 imposant
10 ansehnlich
14 repraesentabel
Statue
7 Denkmal
9 Standbild
Statuenbruchstück
5 Torso
Statur
5 Figur, Wuchs
7 Gestalt
11 Erscheinung

Status
4 Lage
5 Stand
7 Bestand, Zustand
8 Stellung
9 Situation
Statut
7 Satzung
10 Bestimmung, Verordnung
Stauanlage
4 Damm, Wehr
5 Mauer
6 Sperre
8 Schleuse
9 Talsperre
Staubablagerung
der Quartärzeit
5 Loess
Staubbesen
3 Mop
4 ◆ Mopp
Staubbeutel
7 Anthere
Staubfaden
8 Filament
staubfein
7 pulvrig
8 pulverig
Staublunge
8 Silikose
Staubsturm
in Marokko
5 Sahel
Staubwirbel
in Indien
5 Bhoot
Staubwischer
5 Wedel
Staudenart
5 Canna, Raute
6 Akelei, Hopfen, Kalmus
7 Paeonie, Verbena
8 Einbeere, Goldlack, Monstere, Pestwurz, Skabiose, Wegwarte
9 Grasnelke, Haselwurz, Weiderich
10 Bitterklee, Eisenkraut, Immergruen, Knoeterich, Nelkenwurz
11 Gnadenkraut, Pfingstrose, Silberblatt, Tollkirsche
12 Glockenblume, Lerchensporn, Schoellkraut
13 Froschloeffel, Papyrusstaude, Schwanenblume
Staudenharz
3 Asa
staudige
Wildpflanze
4 Aron
8 Aronstab
Staunen
6 Stupor
12 Verwunderung
Stauung
8 Stockung
10 Stagnation
Stauwerk
von Wassermassen
9 Talsperre
Stearinöl
5 Olein

stechend
riechende Flüssigkeit
7 Chloral
riechendes Gas
8 Ammoniak
riechendes Halogen
5 Chlor
stechende
Farbe beim Kartenspiel
6 Trumpf
stechender
Hautflügler
5 Breme, Wespe
6 Bremse
Pflanzenteil
4 Dorn
stechendes
Insekt
5 Biene, Wespe
6 Bremse
7 Schnake
8 Hornisse
Stecher
7 Graveur
Stechfliege
5 Breme
6 Bremse, Dassel
Stechgerät
4 Ahle, Dorn
5 Nadel
Stechheber
7 Pipette
Stechmücke
5 Aedes, Gelse
6 Bremse, Dassel, Gnitte, Gnitze
7 Moskito, Schnake
9 Anopheles
13 Kriebelmuecke
Stechorgan
mancher Insekten
7 Stachel
Stechpaddel
6 Pagaie
Stechpalmenart
4 Ilex, Mate
5 Hulst
6 Huelse
Stechpalmenbitter
6 Ilizin
Stechstange
des Schiffes
5 Stake
Stechtorfstück
4 Sode
Stechwerkzeug
4 Ahle
7 Stachel
steckbares
Bauteil
5 Modul
Steckbrief
14 Fahndungsblatt
Steckdose
6 Buchse
Stecken
4 Stab
5 Gerte, Stock
des Schäfers
10 Hirtenstab
Steckenpferd
5 Hobby
7 Marotte
11 Liebhaberei

Steckling
8 Setzling
Steckrübe
5 Wruke
10 Hackfrucht
Stegreif
9 ex tempore
13 Improvisation
Stegreifauftritt
6 Sketch
7 ◆ Sketsch
Stegreifdichter, -sprecher
12 Improvisator
Stegreifgedicht
5 Silva
Stegreifvortrag
13 Improvisation
stehende
plastische Figur
9 Standbild
stehendes
Gewässer
3 See
5 Teich
7 Tuempel
im Süden der BRD
8 Chiemsee
10 Schluchsee
Stehler
4 Dieb
10 Langfinger
11 Taschendieb
Stehlerei
8 Mauserei
Stehltrieb
11 Kleptomanie
steierischer
Erzähler
8 Rosegger
steif
5 klamm, starr
8 erigiert, hoelzern
11 zeremoniell
steife
Tragtasche
5 Mappe
würdevolle Haltung
9 Gravitaet
steifer
Hut
4 Bibi
6 Bowler, Melone
8 Zylinder
Kragen
12 Vatermoerder
Rahm
11 Schlagsahne
steifes
Blatt Papier
5 Karte
Papier
5 Pappe
Schweinehaar
6 Borste
Sumpfgras
5 Binse
Steifheit
6 Starre
Steifpapier, Pappschachtel
6 Karton
steigen
7 klimmen
8 klettern

Steigen
der Börsenkurse
6 Hausse
steigern
10 eskalieren
13 intensivieren
Steigerung
7 Zunahme
9 Gradation
10 Eskalation
11 Progression
12 Exaggeration
14 Intensivierung
im Ausdruck
6 Klimax
10 Hoehepunkt
von gut
6 besser
von viel
4 mehr
Steigerungsstufe
10 Komparativ, Superlativ
Steiggerät
6 Leiter
10 Steigeisen
Steig, Stieg
3 Weg
4 Pfad
Steigung
7 Anstieg
steil
4 jaeh
7 schroff
11 abschuessig
ansteigender Weg
8 Steigung
steile
Felswand
4 Fluh
Rinne im Gebirge
7 Couloir
Treppe
6 Stiege
Uferbefestigung
8 Bollwerk
steiler
Abfall einer Felsenküste
5 Kliff
Bergabfall
4 Wand
Weg
5 Steig, Stieg
steiles
Aufsteigen
8 klettern
Steilfeuergeschütz
7 Moerser
8 Haubitze
Steilküste
5 Kliff
Steilschuss
beim Fußball
5 Bombe, Kerze
Steilschwanzsittich
3 Ara
Steilwand
4 Fluh
steilwandige
Schlucht
5 Klamm
steilwandiges
Tal
5 Canon

Stein
der Weisen
7 Elixier
12 Zaubermittel
im Flussbett
6 Kiesel
im Saltaspiel
5 Sonne
mit erhaben geschnittenem Bild
5 Kamee
zum Ätzen
5 Lapis
Steinblock
4 Fels
6 Felsen
8 Findling
Steinbock
3 Tur
Steinbrechgewächs
5 Ribes
8 Bergenie
9 Herzblatt, Hortensie
Steinchen
6 Kiesel
Steinchenspiel, Maskenmantel
6 Domino
Steindamm
am Meer
5 Buhne
Steindruck
11 ◆ Lithografie
12 Lithographie
Steindrucker
9 ◆ Lithograf
10 Lithograph
steinerne
Engelsfigur
5 Putte
Wand
5 Mauer
steinerner
Prunksarg
9 Sarkophag
Ruinenrest
8 Gemaeuer
Steinfrucht, Steinobst
7 Kirsche, Pflaume, Walnuss
8 Aprikose, Pfirsich, Quetsche, Zwetsche
9 Mirabelle, Reneklode, Zwetschge
11 Reineclaude
in den Tropen
5 Mango
Steingarten
7 Alpinum
Steingartenpflanze
5 Sedum
9 Fetthenne
Steingrab
der Vorzeit
6 Dolmen
10 Huenengrab
Steingut
7 Keramik, Tonware
8 Irdengut
Steingutflasche
5 Kruke
Steinhacke, -haue
5 Bille
Steinkohle
5 Fusit
9 Anthrazit
10 Glanzkohle
12 Schwarzkohle
Steinkohlenprodukt
3 Gas
4 Koks, Teer
6 Anilin
Steinkohlenteer
7 Bitumen
Steinkohlenzeit
6 Karbon
Steinmal
der Kelten
6 Menhir
der Mongolen
3 Obo
Steinmetzmeister
in Prag
7 Santini
steinreicher
Mann
5 Nabob
7 Kroesus
10 Millionaer
11 Milliardaer
15 Multimillionaer
Steinsarg
9 Sarkophag
Steinsäule
7 Obelisk
Steinschlag
8 Schotter
Steinschleudermaschine
8 Balliste, Bombarde
Steinschneidekunst
7 Glyptik
Steinschrifttyp
6 Futura
Steinspiel
6 Domino
Steinstaublungenkrankheit
8 Silikose
Steintrümmer
7 Geroell
Steinwand
5 Mauer
Steinwüste
der Sahara
6 Hamada
7 Hammada
Steinzeichner
9 ◆ Lithograf
10 Lithograph
Steinzeitabschnitt
11 Neolithikum
12 Altsteinzeit, Mesolithikum
13 Jungsteinzeit
14 Palaeolithikum
Steinzeitgerät
9 Faustkeil
steinzeitliche
Höhle bei Holheim
5 Ofnet
Wohnstelle
4 Abri
8 Pfahlbau
Steinzeitmensch
12 Neandertaler
Steißhuhn, Steißhuhnart
10 Steisshuhn
11 Strausshuhn
12 Pampastinamu

Steißwurzel
der Vögel
7 Buerzel
Stellage
7 Etagere, Gestell
8 Staender
Stelldichein
4 Date
7 Treffen
10 Rendezvous
11 Verabredung
Stelle
3 Ort
4 Lage
5 Platz, Punkt, Stand
7 Staette
als Arbeitsplatz
3 Job
4 Rang
8 Position, Stellung
in einem Text
6 Passus
seichter Meerestiefe
8 Sandbank
wo etwas beginnt
6 Anfang
Stellen
unter Kuratel
13 Entmuendigung
Stellgriff
5 Hebel
Stellstange
(Jagd)
6 Forkel
Stellung
3 Amt
4 Lage, Rang
5 Stand, Stufe
6 Status
7 Positur
8 Position
der Gestirne
13 Konstellation
der Gestirne zueinander
6 Aspekt
im Schachspiel
4 Patt
Stellungnahme
6 Urteil
7 Meinung
9 Gutachten, Kommentar
11 Beurteilung
Stellungsgesuch
9 Bewerbung
Stellvertreter
4 Vize
8 Adjutant
9 Prokurist, Substitut
10 Ersatzmann
des Abtes
5 Prior
des Rektors
9 Konrektor, Prorektor
eines Herrschers
11 Statthalter
Stelzvogel
4 Ibis
5 Agami
6 Adebar, Marabu, Reiher, Storch
7 Kranich, Sichler
8 Flamingo, Kahlibis, Loeffler, Schnepfe, Waldrapp
10 Nimmersatt, Rohrdommel
11 Fischreiher
13 Klaffschnabel, Schuhschnabel
Stemmeisen
6 Beitel
7 Meissel
Stemmleiste
an Leiterwagen
5 Lisse
Stempel
der Buchbinder
6 Filete
der Pflanze
7 Pistill
für Feingehalt von Edelmetallwaren
7 Repunze
Stempelabdruck
6 Siegel
Stempel, Stempelteil
5 Farbe
6 Siegel
7 Abdruck, Griffel, Patrize
8 Praegung
10 Stampiglie
12 Dienstsiegel, Fruchtknoten
Stengelabschnitt
6 Knoten
Stengelstück
zwischen den Ansatzstellen der Blätter
11 Internodium
Stenografie, Stenographie
5 Steno
11 Kurzschrift
stenografisches
Kürzel
5 Sigel
Steppdecke
6 Kolter
Steppe
5 Pampa
6 Puszta, Tundra
7 Einoede, Praerie
Südafrikas
5 Karru
Steppen
und Wüsten als Lebensraum
7 Eremial
Steppenantilope
5 Saiga
Steppenart
5 Pampa
6 Llanos, Pampas, Pussta, Tundra
7 Baragan, Praerie
Steppenfluss
in Kasachstan
4 Emba
Steppenfuchs
6 Korsak
7 Karagan
Steppengrad
des Mittelmeergebietes
4 Alfa
7 Esparto
Steppenhochland
im Sudan
5 Wadai
in Argentinien und Chile
10 Patagonien
Steppenland
in Argentinien
5 Pampa
Steppenlandschaft
der Mongolei
5 Barga
Steppenpferd
7 Mustang
Steppenschaf
5 Arkal
Steppensturm
5 Buran
Steppentier
3 Gnu
5 Zebra
6 Kojote
7 Gazelle, Giraffe, Mustang
8 Antilope
Steppenwolf
6 Kojote
Sterbeerleichterung
durch Medikamente
10 Euthanasie
Sterben
aller Lebensvorgänge
3 Tod
sterbend
8 moribund
Sterbeort
Bismarcks
13 Friedrichsruh
Bruckners
4 Wien
Casanovas
3 Dux
Hauptmanns
9 Hiddensee
Hofers
6 Mantua
Huttens
6 Ufenau
Shakespeares
9 Stratford
Wallensteins
4 Eger
Sterblichkeit
11 Mortalitaet
Stereoanlagenteil
5 Tuner
Stereophonie
7 Raumton
9 Raumklang
stereoskopische
Darstellung
8 Raumbild
steril
8 keimfrei
11 unfruchtbar
sterilisieren
10 kastrieren
12 konservieren
Sternblume
5 Aster
Sterndeuter
9 Astrologe
Wallensteins
4 Seni
Sterndeutung
10 Astrologie
Sterne
betreffend
6 astral
Sternfahrt
6 Rallye
Sternforscher
8 Astronom

13 Astrophysiker
Sterngotteslehre
14 Astrotheologie
Stern im Sternbild
der Jungfrau
5 Spica, Spika
der Krone
5 Gemma, Spika
der Leier
4 Wega
der Schlange
4 Unuk
5 Gemma
der Zwillinge
4 Unuk
6 Castor, Pollux
des Adlers
5 Atair
6 Pollux
des Fuhrmanns
5 Atair
7 Capella
des Löwen
7 Capella, Regulus
des Orion
5 Rigel
7 Regulus
des Pegasus
4 Enif
5 Rigel
6 Sirrah
des Perseus
5 Algol
6 Sirrah
7 Algenib
des Schwans
5 Deneb
7 Algenib
des Skorpions
5 Akrab, Deneb
7 Antares
des Stiers
7 Antares
9 Aldebaran
des Walfischs
4 Mira
9 Aldebaran
Sternkunde
10 Astronomie
Sternschnuppe
5 Bolid
6 Meteor
8 Meteorit
10 Feuerkugel
11 Mikrometeor
Sternschnuppenfall
aus dem Sternbild Löwe
8 Leoniden
Sternschnuppenschwarm
7 Lyriden
8 Leoniden
9 Perseiden
Stern, Sternbild, Tierkreissternbild
7 Centaur
10 Cassiopeia
Stern, Sternbild, Tierkreissternbild, -zeichen
3 Ara, Leo
4 Apus, Argo, Baer, Enif, Erde, Eros, Gans, Hase, Hund, Juno, Lyra, Maja, Mars, Mira, Mond, Netz, Pfau, Rabe, Unuk, Vela, Wega, Wolf
5 Adler, Akrab, Algol, Alkor, Altar, Argus, Ariel, Arneb, Atair, Baten, Biene, Ceres, Cetus, Deneb, Dubhe, Fisch, Fuchs, Gemma, Hamal, Hamel, Hydra, Indus, Katze, Krebs, Kreuz, Krone, Leier, Lepus, Libra, Loewe, Luchs, Lupus, Mensa, Merak, Mizar, Norma, Orion, Pfeil, Pferd, Pluto, Pyxis, Rigel, Segel, Sonne, Spica, Stier, Taube, Titan, Tukan, Velox, Venus, Vesta, Waage, Wagen, Wolke
6 Alamak, Alioth, Altair, Arktur, Auriga, Becher, Bootes, Carina, Castor, Cephei, Crucis, Daniel, ◆ Delfin, Drache, Elkaid, Fische, Fliege, Fornax, Gemini, Hyaden, Hydrus, Indier, Kaitos, Kastor, Kochab, Lineal, Markab, Megrez, Merkur, Merope, Nenkar, Neptun, Oberon, Octans, Oktant, Paekda, Pallas, Phoebe, Pictor, Pollux, Saturn, Schiff, Schwan, Sirius, Sirrah, Sothis, Taurus, Themis, Tychos, Uranus, Widder, Zirkel
7 Achenar, Agrippa, Albiero, Algenib, Algorab, Alkyone, Alphard, Antares, Canopus, Capella, Centaur, Cepheus, Delphin, Einhorn, Fuellen, Giraffe, Japetus, Jupiter, Kanopus, Kapella, Kepheus, Kranich, Lucifer, Pegasus, Perseus, Phoenix, Polaris, Procyon, Prokyon, Regulus, Rentier, Scepter, Schedir, Sextant, Titania, Umbriel
8 Achernar, Antonius, Arkturus, Berenice, Berenike, Centauri, ◆ Cerberus, Eidechse, Eridanus, Fuhrmann, Herkules, Indianer, Jungfrau, Plejaden, Praesepe, Schlange, Schuetze, Skorpion, Triangel, Walfisch
9 Aldebaran, Alderamin, Andromeda, Bellatrix, Betageuze, Centaurus, Fomalhaut, Jagdhunde, Luftpumpe, Ophiuchus, Seeoctant, Staffelei, Steinbock, Tafelberg, Zwillinge
10 Abendstern, Beteigeuze, Bielascher, Canis Maior, Cassiopeia, Chamaeleon, Jakobsstab, Phosphorus, Polarstern, Schiff Argo, Wassermann
11 Georgsharfe, Grabstichel, Grosser Baer, Grosser Hund, Kleiner Baer, Kleiner Hund, Morgenstern
12 Baerenhueter, Grosser Loewe, Kleiner Loewe, Schwertfisch, Vindemiatrix
13 Eridanusfluss, Paradiesvogel, Siebengestirn
14 Suedliche Krone, Wasserschlange
15 Haar der Berenike, Kreuz des Suedens, Noerdliche Krone, Sobieskis Schild, Suedlicher Fisch, Suedliches Kreuz
16 Schlangentraeger
Sternsystem
7 Galaxie
Sternumlaufzeit
7 Periode
stern-, wetterkundlicher Begriff
3 Aer, All, Boe, Eis, Hof, Ort, Ost, Pol, Tag, Tau, Uhr
4 Aera, Azur, Bora, Coma, Ebbe, Echo, Firn, Flut, Halo, Haus, Hoch, Jahr, Kern, Lava, Luft, Maar, Mass, Nord, Reif, Ring, Stau, Sued, Tide, Tief, West, Wind, Zeit, Zone
5 Abend, Achse, Aphel, Basis, Blitz, Brise, Dunst, Foehn, Frost, Glast, Hagel, Hoehe, Klima, Komet, Kranz, Licht, Magma, Masse, Monat, Nacht, Nadir, Nebel, Orkan, Osten, Phase, Regen, Samum, Sinus, Stern, Sturm, Woche, Wolke, Zenit
6 Aether, Aspekt, Astral, Azimut, Breite, Dekade, Donner, Geiser, Gezeit, Globus, Glorie, Himmel, Kaelte, Kamsin, Korona, Kosmos, Krater, Lawine, Meteor, Minute, Monsun, Morgen, Norden, Parsek, Passat, Planet, Radius, Schnee, Sextil, Strahl, Stunde, Sucher, Sueden, Taifun, Tethys, Therme, Trigon, Trombe, Umfang, Vulkan, Westen, Winter, Zephir, Zephyr, Zyklon
7 Aneorid, Aureole, Celsius, Eiszeit, Eklipse, Galaxis, Gestirn, Isobare, Koluren, Kompass, Kumulus, Mistral, Morgana, Neumond, Nieseln, Nordpol, Parabel, Perihel, Quadrat, Quartal, ◆ Raureif, Reaumur, Schauer, Schweif, Sekunde, Sextant, Sphaere, Spiegel, Suedpol, Tagwind, Tendenz, Tornado, Trabant, Viertel, Volumen
8 Abendrot, Aequator, Aerolith, Aphelium, Apogaeum, Asteroid, Astronom, Bewegung, Blizzard, Ekliptik, Erdbeben, Eruption, Evektion, Fallraum, Fernrohr, Fixstern, Fumarole, Gasnebel, Gewitter, Gezeiten, Glatteis, Graupeln, Halbmond, Hesperus, Horizont, Horoskop, Hurrikan, Irrlicht, Isothere, Kalender, Leitrohr, Leoniden, Lichthof, Luftmeer, Lunarium, Lyriaden, Meridian, Meteorit, Millibar, Mondring, Nutation, Objektiv, Oblongum, Polhoehe, Prognose, Rauhreif, Rotation, Sandhose, Satellit, Schlosse,

Seebeben, Siderite, Solitaer, Spektrum, Sterntag, Tagbogen, Teleskop, Vollmond, Weltraum, Windhose, Windrose, Zeitball, Zeitrose, Zodiakus, Zykloide
9 Antipoden, Astroskop, Barometer, Elmsfeuer, Erziehung, Firmament, Fluthoehe, Flutwelle, Glutwolke, Golfstrom, Haarstern, Halbkugel, Heliostat, Isostasie, Isotherme, Kaltfront, Koordinat, Libration, Lichtjahr, Lichtzeit, Luftdruck, Mondphase, Morgenrot, Nachtwind, Nordlicht, Okklusion, Parallaxe, Pendeluhr, Perigaeum, Planetoid, Polarzone, Quadratur, Reflektor, Ringnebel, Schirokko, Sonnentag, Sonnenuhr, Sternbild, Sternjahr, Sternzeit, Sturmflut, Supernova, Tellurium, Tierkreis, Universum, Waermetod, Warmfront
10 Aberration, Anemograph, Astrograph, Astrologie, Astrometer, Astronomie, Blinkstern, Bodennebel, Brennpunkt, Daemmerung, Drehkuppel, Ephemeride, Fahrenheit, Fallgesetz, Federwolke, Finsternis, Fliehkraft, ◆ Fotometrie, Heliometer, Jahreszeit, Kohlensack, Kugelblitz, Leitstrahl, Lichtbesen, Lufthuelle, Magnetfeld, Meteorring, Mikrometer, Mondsichel, Nativitaet, Nebelfleck, Nebelstern, Nebensonne, Observator, Opposition, Orionnebel, Pallasiten, Periastrum, Perihelium, Peripherie, Polarachse, Polarkreis, Polarlicht, Quadranten, Refraktion, Regenbogen, Regenwolke, Ringsystem, Saturnring, Schaltjahr, Sonnenjahr, Sonnenkern, Sonnenring, Sonnenzeit, Springflut, Staubnebel, Sternkarte, Sternkunde, Sternnebel, Sterntrift, Sternwarte, Sternweite, Taggleiche, Temperatur, Wasserhose, Weltenraum, Wendekreis, Zwergstern
11 Astrallicht, Astrognosie, Astrolabium, Astrolatrie, Astrometrie, Astrophysik, Atmosphaere, Breitengrad, Deklination, Diffraktion, Ephemeriden, Epizykloide, Fetzenwolke, ◆ Fotosphaere, Gradmessung, Granulation, Haufenwolke, Hohlspiegel, Kolorimeter, Konjunktion, Koronograph, Kugelhaufen, Kulmination, Laengengrad, Magnetnadel, Meteorstaub, Meteorstein, Mondgebirge, Nimbuswolke, Photometrie, Planetarium, Planetoiden, Riesenstern, Schwerkraft, Selenogonie, Sonnenfleck, Sonnenlicht, Sonnennaehe, Spektroskop, Spiralnebel, Sterndeuter, Sternhaufen, Sternhimmel, Thermometer, Wandelstern, Windstaerke, Wolkenbruch, Zirruswolke
12 Aequinoktium, Astrographie, Astrokompass, Doppelsterne, Dunkelwolken, Halbschatten, Kegelschnitt, Kernschatten, Kumuluswolke, Meteorologie, Milchstrasse, Mittagshoehe, Mittagslinie, Nachtgleiche, Niederschlag, Nullmeridian, Perturbation, Photosphaere, Radiusvektor, Schichtwolke, Schweifstern, Schwungkraft, Sonnenkorona, Sonnensystem, Stereometrie, Sternkatalog, Sternzeituhr, Stundenachse, Turmteleskop, Zentralsonne, Zirrokumulus, Zirrostratos
13 Blitzableiter, Chromosphaere, Drehungsachse, Eisenmeteorit, Gewitterwolke, Konstellation, Observatorium, Protuberanzen, Scheitelkreis, Scheitellinie, Scheitelpunkt, Schleierwolke, Steinmeteorit, Sternforscher, Sternschnuppe, Sternspektren, Stratosphaere, Triangulation, Trigonometrie, Verfinsterung, Vertikalkreis, Zodiakallicht
14 Andromedanebel, Exzentrizitaet, Luftspiegelung, Mondfinsternis, Spiegelsextant
15 Anziehungskraft, Doppelrefraktor, Fata Federpendel, Normalrefraktor, Radiationspunkt, Schaefchenwolke, Spektralanalyse, Spiegelteleskop, Tangentialkraft
16 Astrophotometrie, Ausgangsmeridian, Luftfeuchtigkeit, Sonnenfinsternis, Zentrifugalkraft
17 Aequinoktialpunkt, Asteroidenguertel, Astrophotographie, Deklinationsachse, Energieentwertung, Luftelektrizitaet, Mitternachtssonne, Sommersonnenwende, Spektroheliograph, Wintersonnenwende
18 Astrospektroskopie

Sternwarte
13 Observatorium

stete
Fröhlichkeit
10 Heiterkeit
Gleichförmigkeit
8 Einerlei
Sucht nach Unbekanntem
7 Neugier

stetes
Gleichbleiben
8 Einerlei
Zueinanderhalten
5 Treue

Stethoskop
8 Hoerrohr

Stetigkeit
8 Konstanz
12 Kontinuitaet
14 Beharrlichkeit

stets, stetig
5 immer
7 dauernd
8 immerdar, konstant, staendig
9 permanent
12 fortwaehrend
14 kontinuierlich
einsatzbereite Polizeistreife
17 Ueberfallkommando
mürrischer Mensch
9 Griesgram

Steuer
5 Pinne, Ruder
6 Abgabe, Lenker, Tribut, Umlage, Volant
7 Beitrag, Lenkrad
10 Lenkstange

Steuerart, Steuerbegriff
9 Finanzamt, Teesteuer
10 Biersteuer, Jagdsteuer, Lohnsteuer, Realsteuer, Salzsteuer, Sektsteuer
11 Grundsteuer, Hundesteuer, Luxussteuer, Progression, Steuerkarte, Steuertarif, Tabaksteuer, Veranlagung
12 Buchpruefung, Kaffeesteuer, Objektsteuer, Steuererlass, Steuerflucht, Steuerzahler, Umsatzsteuer, Zuckersteuer
13 direkte Steuer, Finanzgericht, Steuerberater, Steuerpflicht, Steuertraeger, Wechselsteuer
14 Lotteriesteuer, Mehrwertsteuer, Notopfer Berlin, Personalsteuer, Rennwettsteuer, Steuerbescheid, Steuerhehlerei, Steuerstundung
15 Einkommensteuer, Fischereisteuer, Getraenkesteuer, indirekte Steuer, Lastenausgleich, Lohnsteuerabzug, Lohnsteuerkarte, Steuergeheimnis, Steuerverfahren, Transportsteuer
16 Branntweinsteuer, Erbschaftssteuer, Finanzverwaltung, Mineraloelsteuer, Schaumweinsteuer, Schenkungssteuer, Steuererklaerung,

Suessstoffsteuer,
Verbrauchssteuer,
Vermoegenssteuer,
Wertpapiersteuer,
Zuendwarensteuer
17 Doppelbesteuerung,
Essigsaeuresteuer,
Feuerschutzsteuer,
Lohnsteuertabelle,
Spielkartensteuer,
Steuerveranlagung
18 Grunderwerbssteuer,
Leuchtmittelsteuer,
Vergnuegungssteuer
19 Befoerderungssteuer,
Boersenumsatzsteuer,
Kraftfahrzeugsteuer,
Steuerhinterziehung,
Versicherungssteuer
20 Kapitalertragssteuer,
Koerperschaftssteuer
21 Kapitalverkehrssteuer

Steuerband, -streifen
9 Banderole

steuerbarer
Rennschlitten
3 Bob

Steuerbehörde
9 Finanzamt

Steuerform
des Mittelalters
4 Bede

Steuergerät
6 Regler

steuerlos
treibendes Schiff
5 Wrack

steuern
6 lenken, lotsen
10 dirigieren
12 manipulieren, manoevrieren

Steuerorgan
im Flugzeug
8 Knueppel

Steuerungsscheibe
8 Exzenter

Steuerungswissenschaft
10 Kybernetik

Steuerzeichen
9 Banderole

Stewardess
7 Hostess

Stich
im Kartenspiel
5 Point

Stichblatt
am japan. Schwert
5 Tsuba

Stichelei
5 Spott

stichhaltig
7 triftig
9 stringent
10 schluessig
14 beweiskraeftig

Stichkarte
beim Kartenspiel
5 Atout

Stichprobe
4 Test

Stichtag
6 Termin

Stichwaffe
5 Degen, Dolch, Lanze
6 Rapier
7 Florett, Stilett
8 Bajonett
des Mittelalters
10 Hellebarde

Stichwort
5 Lemma

Stichwortverzeichnis
5 Index
8 Register

Stickerei
6 Feston

Stickereiart
10 Kreuzstich

Stickgarn
mit Querborsten
8 Chenille

Stickoxid
enthaltend
7 Nitroso

Stickrahmen
6 Tambur

Stickstoff
11 Nitrogenium

stickstoffhaltige
Benzolverbindungen
5 Azine

stickstoffhaltiger
Farbstoff
6 Flavin

Stickstoffverbindung
4 Acid, Amid, Amin, Azid
6 Nitrat, Nitrid, Nitrit
7 Lachgas
8 Salpeter
14 Salpetersaeure

Stiefsohn
der Phädra
8 Hippolyt
des Augustus
6 Drusus

Stieftochter
von Herodes
6 Salome
7 Antipas

Stiege
6 Treppe

Stieglitz
10 Distelfink

Stiel
4 Halm
7 Stengel
8 ◆ Staengel
der Mooskapsel
4 Seta

Stielbrille
9 Lorgnette

Stieleinglas
7 Lorgnon

Stier
4 Rind
5 Bulle, Ochse

Stiergott
der alten Ägypter
4 Apis

Stierkämpfer
5 Chulo
6 Espada, Torero
7 Matador, Picador, Pikador
8 Capeador, Toreador
12 Banderillero

Stierkämpferdegen
5 Spada

Stierkämpferpfeil
10 Banderilla

Stierkämpfertuch
4 Capa

Stierkampfplatz
5 Arena

Stiertreiber
in der Arena
5 Chulo

Stift
5 Abtei, Nagel, Pinne
7 Kloster, Konvikt
8 Lehrling
für Rötelzeichnungen
6 Roetel

stiften
8 dotieren, schenken

Stifter
7 Donator
des Int. Motorradrennens
6 Florio
des Islam
8 Mohammed
des Tennispreises (1900)
5 Davis

Stifterfigur
im Naumburger Dom
3 Uta
8 Dietrich, Ekkehard

Stifterin
der Ursulinen
6 Angela
des Klarissinnenordens
5 Klara

Stiftsherr
7 Domherr
9 Kapitular

Stiftskirche
5 Abtei
8 Muenster

Stiftsvorsteherin
6 Domina

Stiftung
8 Dotation
9 Fundation
10 Stipendium
11 Institution
für besondere Leistung
10 Nobelpreis

Stil
3 Art
4 Note
6 Bauart
7 Diktion, Machart
8 Ausdruck, Gepraege, Praegung
9 Lebensart

Stilart
antiker Rhetorik
5 Genus
des Jazz
3 Rag
4 Cool
5 Bebop, Swing
7 Hardbop
8 ◆ Freejazz, Rock Jazz
9 Dixieland

Stilepoche
5 Gotik
6 Antike, Barock, Empire, Pop Art, Rokoko
7 Klassik, Moderne, Romanik

8 Altertum, Kubismus, Romantik
9 Dadaismus, Tachismus
10 Jugendstil
11 Biedermeier, Renaissance
12 Klassizismus, Surrealismus
13 Pointillismus
15 Expressionismus, Impressionismus
16 Konstruktivismus

still
5 leise, ruhig
7 lautlos
9 friedlich
10 schweigsam
12 geraeuschlos

stille
Andacht
5 Gebet
13 Kontemplation

Stille
4 Ruhe
7 Frieden

stiller
Zorn
5 Groll

Stiller
Ozean
7 Pazifik

stillhalten
7 kuschen

Stillschweigen
9 Silentium

Stillstand
4 Halt, Stau, Stop
5 ◆ Stopp
8 Stockung
10 Stagnation

stillstehend
5 starr
8 statisch
11 stagnierend

Stilrichtung
der Popmusik
3 Ska
4 Soul
6 Hip Hop, Reggae

Stimmbildungslehre
8 Phonetik

Stimmblättchen
(Blasinstrument)
5 Zunge

Stimme
5 Organ, Votum
eines Musikstücks
4 Part

stimmen
8 votieren

stimmend
7 korrekt, richtig

Stimmenmehrheit
10 Majoritaet

Stimmenzug
der Orgel
8 Register

Stimmgabel
8 Diapason

stimmgewaltiger
Krieger
7 Stentor

stimmhafter
Verschlusslaut
5 Media

Stimmlage
3 Alt
4 Bass
5 Tenor
6 Sopran
7 Bariton, Diskant
11 Mezzosopran

stimmloser
Verschlusslaut
6 Tenuis

Stimmritze
7 Glottis

Stimmstock
5 Seele

Stimmung
5 Ernst, Laune
8 Euphorie
10 Heiterkeit
11 Atmosphaere

Stimmungsbild
6 Idylle

Stimmungsmacher
8 Humorist

stimmungsvoll
7 lyrisch
8 poetisch
10 romantisch

stimmungsvolle
Dichtung
5 Lyrik

Stimmwechsel
8 Mutation

Stimmzettelbehälter
4 Urne
8 Wahlurne

Stimulation
6 Anreiz

Stimulus
4 Reiz
7 Ansporn, Antrieb

Stinkmarder
4 Ratz
5 Iltis
6 Wiesel

Stinktier
5 Skunk
7 Surilho

Stirnauswuchs
des Geweihs
7 Gehoern

Stirnband
6 Diadem

Stirnbinde
5 Inful, Mitra

Stirnfleck
6 Blesse

Stirnreif
6 Diadem

Stirnschmuck
der Hirsche
6 Geweih

Stirnseite
5 Front
7 Fassade
11 Vorderseite

Stirnwand
5 Front

Stock
4 Rute, Stab
5 Gerte
7 Pruegel
8 Knueppel

zum Stützen
7 Kruecke

Stockschläge
auf Fußsohlen
9 Bastonade

Stockung
4 Stau
10 Stagnation
des Blutes
9 Gerinnung

Stockwerk
5 Etage
8 Geschoss

Stoff
4 Zeug
5 Masse, Sujet
6 Gewebe, Inhalt
7 Materie
8 Material, Substanz
der eine chemische Reaktion bewirkt
7 Reagens
der eine chemische Umsetzung beschleunigt
11 Katalysator
des Wolframs
5 Widia
eines Vortrages
5 Thema
8 Thematik
für Bettwäsche
5 Linon
für Federbetten
6 Inlett
für Gardinen
6 Etamin
für Wetterkleidung
5 Loden
in verholzten Pflanzenteilen
6 Lignin
mit eingewebten Mustern
6 Broche
mit Metallfäden
6 Brokat

Stoffabfall
6 Lumpen
7 Gelumpe

Stoffärbeverfahren
4 Ikat
5 Batik

Stoffbär
5 Teddy

Stoffbehälter
4 Sack
6 Beutel

Stoffbehausung
4 Zelt

Stoffbekleidung
des Beines
8 Gamasche

Stoffbeschädigung
4 Riss

Stoffdach
9 Baldachin

Stoffdekoration
8 Draperie

Stoffdruckform
5 Model

Stoffdruckmuster
6 Dessin

Stoffe
des Blutserums
6 Lysine

Stoffecke
6 Zipfel
Stoffe, Gewebe
3 Boi
4 Cord, Ecru, Filz, Flor, Garn, Gaze, Jute, ◆ Kaki, Kord, Lame, Lein, Mako, Mohr, Moll, Mull, Rips, Samt, Taft, Tuch, Werg, Zitz
5 Atlas, Batik, Beige, Biber, Cloth, Crepe, Drape, Drell, Drill, Ekrue, Faden, Filet, Flaus, Fries, Gimpe, Kapok, Khaki, Koton, Kreas, ◆ Krepp, Linon, Loden, Moire, Mungo, Nylon, Orlon, Pikee, Ramie, Rasch, Ratin, Reyon, Satin, Seide, Serge, Tuell, Tweed, Twist, Voile, Watte, Wolle, Zwirn
6 Alpaka, Batist, Boucle, Brokat, Byssus, Cendal, Chintz, Cloque, Cotton, Crepon, Croise, Damast, Dralon, Drilch, Etamin, Felbel, Flachs, Futter, Gradel, Inlett, Jersey, Kaliko, Kattun, Koeper, Kotzen, Krepon, Leinen, Linnen, Melton, Merino, ◆ Mohaer, Mohair, Mokett, Molino, Molton, Nessel, Panama, Pepita, Perkal, Perlon, Ratine, Rupfen, Sammet, Sandal, Shoddy, Spitze, Taffet, Textur, Velour, Velvet, Vistra, Zephir, Zephyr, Zindel, Zwilch
7 Bobinet, Cheviot, Chiffon, Dueffel, Elastik, Flanell, Flausch, Flitter, Florett, Foulard, Frottee, Gingang, Gipuere, Kambrai, Kambrik, Kanevas, Lasting, Luester, Marengo, Mollino, Nanking, Organdy, Organza, Orleans, Plissee, Pluesch, Prunell, Salband, Schappe, Stramin, Swanboy, Travers, Velours, Vigogne
8 Barchent, Buckskin, Chenille, Cretonne, Drillich, Duchesse, Duvetine, Eolienne, Goldlame, Homespun, Indienne, Jacquard, Kamelott, Kammgarn, Kaschmir, Kretonne, Leinwand, Marocain, Moleskin, Musselin, Ninoflex, Organsin, Pelseide, Perkalin, Popeline, Renforce, Rohseide, Scharpie, Siamoise, Soutache, Tarlatan, Wollstra, Zwillich
9 Baumwolle, Bourrette, Charmeuse, Covercoat, Crepeline, Everglace, Foulardin, Gabardine, Georgette, Grenadine, Halbseide, Kamelhaar, Kassinett, Krepeline, Kreppflor, Madapolam, Schirting, Wachstuch, Wollkrepp, Zellwolle
10 Beiderwand, Crepe Satin, Ekrueseide, Halbleinen, Honanseide, Kreppsatin, Kunstseide, Makodamast, Manchester, Reversible, Seidenflor, Waschseide, Waterproof, Wollpanama, Zindeltaft
11 Charmelaine, Merinowolle, Orlongewebe, Schappseide
12 Bembergseide, Crepe de Chine, Espagnolette, Florettseide, Krimmerwolle, Noppenleinen, Valenciennes, Wollduvetine, Wollmusselin
13 Crepe Marocain, Englisch Leder, Kambrikbatist, Velourchiffon
14 Crepe Georgette, Kloeppelspitze, Kordonettseide
Stoffeinfassung
4 Saum
Stoffeinsatz
7 Zwickel
Stoffetzen
6 Lappen
Stoffknick
5 Falte
Stoffkunde, -lehre
6 Chemie
13 Materialismus
stofflich
9 materiell
12 substantiell, ◆ substanziell
wirklich
4 real
9 materiell
stofflos
11 immateriell
Stoffmenge
eines Körpers
5 Masse
Stoffmengeneinheit
3 Mol
Stoffmuster
4 Karo
6 Dessin
10 Fischgraet
13 Nadelstreifen
Stoffrand
5 Borte
Stoffrollen
6 Ballen
Stoffsammlung
10 Repertoire
Stoffstreifen
4 Bahn, Band
5 Binde
Stoffstück
6 Lappen
Stoffumschlag
4 Saum
Stoffwechsel
12 Metabolismus
Stoffwechselkrankheit
5 Gicht
Stoffwechselvorgänge
bewirkender Stoff
5 Enzym
Stoffzersetzung
9 Verwesung
Stollenzutat
6 Rosine
stolpern
10 straucheln
Stolpe-Zufluss
in Pommern
6 Buetow
Stolz
7 Hochmut
8 Arroganz
13 Selbstachtung
16 Ueberheblichkeit
17 Selbstbewusstsein
stolz, heftig in der Musik
5 fiero
Stopfgarn
5 Twist
stopp
4 halt
Stoppel
7 Stummel
stoppen
6 halten
8 anhalten
Stöpsel
4 Kork, Zapf
5 Spund
6 Korken, Pfropf, Zapfen
8 Pfropfen
Stör
6 Beluga, Hausen
7 Sterlet
Storch
6 Adebar, Jabiru, Simbil, Sowaku, Storch
7 Sichler
8 Loeffler, Waldibis, Waldrapp
9 Kuhreiher, Schaufler
10 Graureiher, Hausstorch, Rohrdommel
11 Abdimstorch, Fischreiher, Maehnenibis, Nachtreiher
12 Kahnschnabel, Purpurreiher, Rallenreiher, Rosaloeffler, Sattelstorch, Schopfreiher
13 Klaffschnabel, Loeffelreiher, Schattenvogel, Schwarzstorch
15 Zwergrohrdommel
18 Verkehrtschnaebler
storchenähnlicher
Vogel
4 Ibis
6 Marabu, Reiher
7 Kranich, Pelikan
8 Flamingo
10 Nimmersatt
Storchschnabel
10 Pantograph
Storchschnabelkraut
7 Geranie
stören
10 irritieren
störend
10 behindernd
12 unerfreulich
Störenfried
10 Plagegeist
störrisch
4 stur
8 obstinat, renitent
11 dickkoepfig, starrsinnig
13 widerspenstig
Störrogen
6 Kaviar

Störung
5 Panne
an einer Fertigungseinrichtung
7 Havarie
der Erinnerung
7 Amnesie
des Erkennens
7 Agnosie
des Singvermögens
6 Amusie
im Ablauf des Lebens
9 Krankheit
im Wirtschaftsleben
5 Krise
Stoß
4 Hieb, Puff
5 Haufe, Knuff, Menge, Schub, Stubs, Stupf, Stups
6 Anzahl, Haufen, Schlag, Schubs
7 Anprall, Pulsion
8 Aufprall
beim Billard
5 Effet
beim Fußball
6 Schuss
mit dem Fuß
5 Tritt
stoßabfangende *Vorrichtung*
6 Puffer
stoßartige *Erschütterung*
5 Iktus
Stoßdegen
6 Rapier
7 Florett
im Mittelalter
6 Framea
Stoßfänger
6 Puffer
Stoßfang-Kissen
6 Fender
Stoßkraft
4 Elan
Stoßschutzkissen
für die Bordwand von Schiffen
6 Fender
Stoßtrupp
4 Raid
8 Kommando
10 Patrouille
11 Kampfgruppe
Stoßwaffe
4 Pike
5 Degen, Lanze
6 Saebel, Spiess
7 Florett, Schwert
9 Partisane
10 Hellebarde
Stoßzahn
des Elefanten
9 Elfenbein
Stoßzeit
6 Saison
7 Andrang
8 Kampagne
11 Hochbetrieb
12 Hauptverkehr
Strafanstalt
9 Zuchthaus
10 Gefaengnis
strafbar
9 kriminell
strafbare *Handlung*
6 Delikt
8 Vergehen
9 Noetigung
10 Bestechung, Verbrechen
12 Taetlichkeit
20 Transportgefaehrdung
im Verkehr
11 Trunkenheit
strafen
6 ahnden
strafende *Gerechtigkeit*
7 Nemesis
10 Vergeltung
Straferlass
5 Gnade
8 Amnestie
9 Indulgenz
11 Begnadigung
16 Bewaehrungsfrist
straff
5 drall
6 stramm
straffrei
5 immun
Straffung
16 Rationalisierung
Strafgeld
bei Vertragsbruch
7 Poenale
Strafgericht
8 Tribunal
im Alten Testament
8 Sintflut
Straflosigkeit
11 Indemnitaet
Strafpredigt
6 Sermon
7 Epistel, Rueffel
10 Standpauke
strafrechtlich *verfolgen*
6 ahnden
Strafrechtskundiger
11 Kriminalist
Strafrede
15 Gardinenpredigt
Strafschuss
beim Eishockey
7 Penalty
Strafstoß
beim Eishockey
7 Penalty
beim Fußball
5 Elfer
8 Elfmeter
Straftat
4 Mord, Raub, Reat
5 Untat
6 Betrug, Delikt
8 Einbruch, Vergehen, Verstoss
10 Erpressung, Verbrechen
Straftäter
10 Verbrecher
Strafverschickung
11 Deportation
Strafvollzug
20 Urteilsvollstreckung
Strafwurf
beim Handball
11 Siebenmeter
Strahl
5 Glanz
6 Schein
8 Gefunkel, Schimmer
Strahlaustrittsöffnung
5 Duese
Strahlenbrecher
6 Prisma
Strahlenbrechung
10 Refraktion
Strahlenfacharzt
13 Roentgenologe
strahlenförmig
6 radial
Strahlenkranz
6 Glorie, Korona, Nimbus
7 Aureole
8 Gloriole
Strahlenkunde
10 Radiologie
Strahlenpilzkrankheit
12 Aktinomykose
Strahlentierchen
11 Radiolarien
Strahler
8 Radiator
Strahltriebwerk
3 Jet
5 Duese
6 Ramjet
8 Pulsojet, Turbojet
9 Turboprop
Strahlung
4 Aura
9 Emanation, Radiation
Strahlungsausbruch *(Fixstern)*
5 Flare
Strahlungsmessgerät
13 Geigerzaehler
Strahlungspunkt
7 Radiant
stramm
5 drall, prall
6 straff
Strandbad
bei Venedig
4 Lido
in Rom
5 Ostia
Strandbereich
7 Litoral
Strandleuchte
10 Kandelaber
Strandschnecke
8 Litorina
Strandsee
4 Haff, Noor
6 Lagune
in Frankreich
5 Etang
Strand, Strandbegriff
4 Boot, Damm, Haff, Lido, Sand, Tang, Ufer, Watt, Woge, Zelt
5 Barre, Bucht, Buhne, Duene, Insel, Krebs, Priel, Welle
6 Eiland, Kabine, Klippe, Kueste, Lagune, Seebad, Wimpel
7 Duenung, Gasthof, Gestade, Kurhaus, Kursaal, Lampion, Laterne, Nehrung
8 Badehose, Brandung, Kurhalle,

Landenge, Sandbank, Schaeren, Terrasse
9 Badeanzug, Badekappe, Badezelle, Boeschung, Duenenweg, Gummiring, Gummitier, Landmarke, Landzunge, Motorboot, Promenade, Ruderboot, Segelboot, Spielball, Strandgut, Strandsee, Strandweg
10 Badekarren, Bademantel, Badeschuhe, Leuchtturm, Musikhalle, Rutschbahn, Seebruecke, Springturm, Strandburg, Strandkorb, Strandzelt
11 Badewaerter, Fischerdorf, Fremdenheim, Schaumkrone, Steilkueste, Strandhafer
12 Luftmatratze, Sonnenschirm, Stranddistel, Wassertreter, Wellenreiter
13 Flussmuendung, Schwimmeister, Signalstation, Strandlaeufer
14 Schwimmguertel, ◆ Schwimmmeister, Strandterrasse
15 Rettungsguertel, Rettungsstation

Strandwall
4 Lido

Strang
des Bogens
5 Sehne

strangförmiges
Organ
4 Nerv

Strapaze
4 Qual
5 Muehe, Plage
9 Plackerei
11 Anstrengung

strapazieren
6 plagen
7 placken
8 schinden

strapazierförmiges
Gewebe
5 Drell
8 Drillich

Straße
3 Weg
4 Ring
5 Allee, Gasse
6 Avenue
7 Fussweg, Kiesweg, Reitweg, Sandweg
8 Autobahn, Chaussee, Fahrbahn
9 Promenade, Uebergang
10 Radfahrweg, Schnellweg, Serpentine
11 Autostrasse, Landstrasse, Verkehrsweg
12 Nebenstrasse, Stoppstrasse, Verkehrsader
13 Bundesstrasse, Seitenstrasse
14 Einbahnstrasse
16 Vorfahrtsstrasse
bei Rom
8 Via Appia
in New York
8 Broadway
10 Wallstreet
in Paris
13 Champs Elysees

Straßenbahn
4 Obus, Tram
7 Tramway
8 Trambahn
10 Pferdebahn
11 Elektrische

Straßenbaumaschine
5 Ramme, Walze

Straßenbaumaterial
6 Basalt, Granit
7 Asphalt, Makadam
8 Pflaster, Schotter
9 Bordstein, Kantstein, Rinnstein
12 Bordschwelle
13 Kleinpflaster
15 Klinkerpflaster

Straßenbelag
7 Asphalt, Makadam
9 Teersplit

Straßenbeleuchtung
5 Lampe
7 Laterne

Straßenbenutzungsgebühr
4 Maut

Straßenbiegung
5 Kurve

Straßendecke
5 Belag, Beton
6 Splitt
7 Asphalt, Makadam
8 Pflaster
17 Kopfsteinpflaster

Straßengeiger
7 Fiedler

Straßenhund
5 Toele
6 Koeter

Straßenkandelaber
13 Laternenpfahl

Straßenneigung
8 Gefaelle

Straßenort, wo gearbeitet wird
9 Baustelle

Straßenpöbel
3 Mob

Straßenräuber
6 Bandit
7 Brigant
11 Strauchdieb, Wegelagerer

Straßenschmutz
3 Kot

Straßensperre
9 Barrikade

Straßenüberquerungsstelle
13 Verkehrsampel, Zebrastreifen

Straßenverkehr
11 Zirkulation

Straßenverkehrsmittel
4 Auto
9 Lastwagen

Straßenwindung
10 Serpentine

Straßenzug
5 Trakt
6 Trasse

Stratege
8 Feldherr

Strategie
6 Taktik
11 Kriegskunst

strategisch
8 operativ, taktisch

Strauchart
4 Efeu, Rose
5 Erika, Gagel, Hasel, Heide, Liane, Myrte, Porst
6 Azalee, Citrus, Holder, Jasmin, Mistel, Quitte
7 Flieder, Ginster, Kamelie, Mahonie, Schlehe, Syringa
8 Clematis, Eisbeere, Hagedorn, Holunder, Lavendel, Liguster, Oleander, Rosmarin, Sanddorn
9 Almrausch, Alpenrose, Blaubeere, Bocksdorn, Buchsbaum, Goldregen, Sauerdorn, Tamariske, Weissdorn
10 Berberitze, Immergruen, Silberwurz, Stechpalme, Wolfsbeere, Zentifolie
11 Heidelbeere, Schneebeere, Tollkirsche
12 Baerentraube, Haselstrauch, Rhododendron
13 Blasenstrauch, Kaffeestrauch, Kapernstrauch, Kirschlorbeer, Kornelkirsche, Passionsblume
14 Traubenkirsche

Strauchdieb
11 Wegelagerer
12 Buschklepper

straucheln
8 stolpern

Strauchfrucht
5 Beere
7 Ribisel
8 Himbeere
9 Brombeere, Haselnuss
11 Heidelbeere
12 Stachelbeere
13 Johannisbeere

Strauch, Strauchwerk
5 Busch, Hecke
8 Gebuesch
9 Unterholz

Strauß
4 Bund
5 Buket
6 Bukett
7 Bouquet
8 Bueschel

Straußenfeder
auf Frauenhüten
9 Pleureuse

Straußenvogel, Straußenvogelart
3 Emu, Moa
4 Kiwi
5 Nandu
6 Kasuar
9 Owens Kiwi
10 Helmkasuar
12 Darwins Nandu, Sudanstrauss
13 Somalistrauss
16 Schnepfenstrauss

straußförmiger
Reiherfederschmuck
8 Aigrette

Strebe
12 Stuetzbalken

streben
9 tendieren

Streben
7 Tendenz
8 Ambition
im Konkurrenzkampf
10 wetteifern
nach Sprachreinigung
8 Purismus
Strebepunkt
4 Ziel
17 Wunschvorstellung
Streber
nach einem Hochziel
8 Idealist
Strebsamkeit
5 Eifer
6 Fleiss
7 Ehrgeiz
streckbar
6 duktil
Strecke
3 Weg
4 Bahn, Kurs
5 Linie, Loipe, Piste, Route
6 Etappe
7 Distanz
9 Abschnitt, Jagdbeute
11 Gleisanlage, Schienenweg
die zwei Punkte einer Kurve verbindet
5 Sehne
im Bergwerk
5 Abhau
vor dem Sprung
6 Anlauf
strecken
6 dehnen, ziehen
10 verduennen
Streckenabschnitt
6 Etappe
Streckendecke
(Bergwerk)
6 Firste
Streckenende
im Bergbau
3 Ort
Streckenfahrt
mit sportlichen Prüfungen
6 Rallye
Streckenführung
für Rohrleitungen
6 Trasse
Streckmuskel
8 Abduktor
Streckung
7 Dehnung
Streich
3 Jux, Ulk
4 Coup, Hieb
5 Posse, Spass, Unfug
6 Possen, Scherz, Schlag
8 Eskapade
11 Schabernack
12 Lausbueberei
streichbare
Masse
5 Paste
streicheln
7 kraulen
streichen
8 loeschen
Streichgarnstoff
8 Buckskin
Streichinstrument
5 Cello, Gambe, Geige, Viola
6 Fiedel
7 Violine
8 Bratsche
9 Bassgeige, Kniegeige
10 Kontrabass, Violoncell
11 Violoncello
12 Viola da Gamba
der Balkanvölker
5 Gusla
der Barden
6 Crewth
im Mittelalter
5 Gigue
6 Rubebe
Streichlaute
Arabiens
5 Rebab
Streife
4 Raid
Streifgang
5 Ronde, Runde
6 Razzia
9 Exkursion
10 Patrouille
Streifen
an der Uniform
5 Biese, Litze
auf der Haut
8 Striemen
des Schriftsatzes
6 Spalte
zu Steuerzwecken
9 Banderole
Streifenjagd
der Polizei
6 Razzia
streifig
8 lamellar
Streifwache
5 Ronde
Streifzug
9 Exkursion
Streik
8 Ausstand
Streikvotation
12 Urabstimmung
Streit
4 Zank
5 Duell, Fehde, Hader, Kampf, Krieg, Stunk, Zwist
7 Gezaenk, Krakeel, Polemik, Prozess, Querele
8 Kabbelei, Konflikt, Rauferei, Reiberei
9 Differenz
10 Raufhandel
11 Kontroverse, Schlaegerei
18 Auseinandersetzung
Streitaxt
der Indianer
8 Tomahawk
streitbar
8 militant
9 aggressiv
11 kriegerisch, martialisch
streiten
6 hadern, zanken
8 kaempfen
Streitfrage
7 Problem
11 Kontroverse
Streitgespräch
6 Disput
7 Debatte, Polemik
18 Auseinandersetzung
Streithammel
9 Querulant
streitig
10 kontrovers
Streitigkeit
5 Zwist
Streitkräfte
6 Truppe
Streitkunst
9 Dialektik
Streitmacht
4 Heer
5 Armee
6 Flotte
9 Luftwaffe
Streitobjekt
9 Zankapfel
Streitschrift
8 Diatribe, Pamphlet
streitsüchtig
9 aggressiv
streitsüchtiger
Mensch
7 Haderer
Streitwagen
der Antike
4 Biga
streng
4 herb
6 strikt
7 rigoros
10 drakonisch
12 unnachgiebig
13 unnachsichtig
abgegrenzte Gesellschaftsgruppe
5 Kaste
entsagende Lebensweise
6 Askese
strenge
Ausbildung
5 Drill
Calvinisten
9 Puritaner
Form des lyrischen Gedichtes
6 Sonett
herzlose Blutsverwandte
11 Rabeneltern
Kälte
5 Frost
Lebensweise
6 Askese
Richtung des Buddhismus
8 Hinajana, Mahajana
Strenge, Festigkeit
5 Ernst
6 Haerte
12 Rigorositaet
17 Unnachsichtigkeit
strenger
Geschmack
5 Herbe
Lehrer
6 Pauker
mohammedanischer Orden
7 Senussi
Verweis
5 Tadel
strenggläubig
8 orthodox

Strenggläubigkeit
10 Orthodoxie
Streufrucht
6 Kapsel
Streumaterial
4 Kies, Sand, Torf
Streupulver
4 Talk
6 Talkum
Strich
5 Linie
6 Gerade
7 Strecke
8 Streifen
auf der Skala
4 Grad
Striche
ziehen
8 linieren
9 liniieren
12 schraffieren
Strichelung
9 Linierung, Schraffur
10 Liniierung
Strichpunkt
9 Semikolon
Strick
4 Seil
5 Leine
6 Schelm, Schnur, Strang
9 Bindfaden
Strickbeutel
9 Pompadour
Strickbluse
6 Jumper
Strickerei
6 Feston
Strickerzeugung
8 Seilerei
Strickgewebe
6 Jersey
Strickjacke
8 Pullover
10 Lumberjack
Strickmaterial
5 Wolle
Striegel
11 Kardaetsche
strikte
Ablehnung
9 Weigerung
Absage
3 nie
Anordnung
6 Befehl
Verneinung
3 nie
7 niemals
strittig
10 diskutabel
Strohblume
10 Immortelle
strohfarben
6 paille
Strohhut
6 Panama
8 Canotier, Sombrero
11 Florentiner
mit breitem Rand
8 Sombrero
Strohlager
5 Streu
Strohpuppe
6 Popanz
Strohunterlage
5 Streu
Strolch
4 Lump, Pump
6 Schelm
7 Strizzi, Stromer
8 Vagabund
12 Herumtreiber
13 Landstreicher
14 Stadtstreicher
Strom
13 Elektrizitaet
aus Licht
12 Solarenergie
im fernen Osten
4 Amur
im Orient
6 Tigris
in Amerika
6 Parana
7 Orinoco, Orinoko
in Birma
7 Irawadi
in Ostasien
4 Amur
zum Atlantik (Spanien)
5 Duero
zur Nordsee
4 Elbe
zur Ostsee
4 Oder
Stromabnehmer
9 Kollektor
Stromanschluss
9 Steckdose
Stromeintrittsstelle
5 Anode
Stromerzeuger, -maschine
4 Akku
6 Dynamo
7 Turbine
8 Batterie
9 Generator
11 Akkumulator, Turbodynamo
Stromleitung
5 Draht, Kabel, Litze
12 Koaxialkabel
14 Glasfaserkabel
Strommaßeinheit
3 Ohm
4 Volt, Watt
5 Farad
6 Ampere
7 Coulomb
Strommessgerät
9 Voltmeter
10 Voltameter
11 Amperemeter
Stromrichter
8 Umformer
Stromschnelle
8 Katarakt
10 Wasserfall
Strom-, Spannungsstoß
6 Impuls
Stromspeicher
4 Akku
8 Batterie
11 Akkumulator
für Portables
14 Anodenbatterie
Stromübergang
vermittelnder Leiter
9 Elektrode
Stromumformer
13 Transformator
Strömung
3 Sog
4 Kurs
5 Drift, Trend, Trift
7 Tendenz
8 Richtung
im Atlantik
9 Golfstrom
Strömungskraftmaschine
7 Turbine
Strömungswärmekraftmaschine
12 Dampfturbine
Stromverbindungsgerät
8 Schalter
Stromzuführer
5 Anode
9 Elektrode
Strophe
4 Vers
9 Versreihe
des Korans
4 Sure
im altfranzösischen Epos
6 Laisse
Strophenform
7 Sestine
Strudel
3 Sog
4 Neer
5 Quirl
6 Trubel, Wirbel
10 Mehlspeise
12 Wasserwirbel
Struktur
3 Bau
4 Form
6 Aufbau
7 Gefuege, Groesse
10 Gliederung, Schichtung, Verbindung
15 Zusammensetzung
Strukturform
der menschlichen Gesellschaft
6 Nation
strukturlos
6 amorph
Struma
5 Kropf
Strumpfart
5 Socke
7 Stutzen
9 Soeckchen
Strumpfhalter
6 Straps
Stubaier
Alpenberg (Tirol)
6 Serles
Stube
4 Raum
6 Kammer, Zimmer
in der Mühle
5 Feise
Stubenvogel
7 Papagei
8 Kardinal
13 Kanarienvogel, Wellensittich
Stück
4 Teil, Werk

5 Piece, Probe
6 Bissen, Fetzen, Happen, Muster
7 Scheibe
8 Exemplar
11 Buehnenwerk, Komposition
Acker
4 Feld
eines Spielbrettes
4 Feld
Garn
5 Faden
Holz
5 Klotz
Kaminholz
6 Scheit
Kautabak
5 Priem
Land zum Anbau
6 Garten
Mitbesitz
6 Anteil
Papier
6 Zettel
vom Ganzen
4 Teil
Stuckarbeit
9 ◆ Stuckatur, Stukkatur
Stuckarbeiter
10 ◆ Stuckateur, Stukkateur
stückeln
6 teilen
Stücklohn
6 Akkord
Stuckornament
7 Rosette
Stückzahlmaß
4 Gros
6 Mandel, Schock
7 Dutzend
Studentenausschuss
4 AStA
Studentenblume
7 Tagetes
Studentenkantine
5 Mensa
Studentenliederbuch
11 Kommersbuch
Studentenmittagstisch
5 Mensa
Studentenregister
8 Matrikel
Studentenverbindung
5 Korps
11 Korporation
Studentenvertretung
4 AStA
Studentenwohnheim
5 Bursa, Burse
8 Internat
studentische
Duzbrüderschaft
9 Schmollis
Hiebwaffe
9 Schlaeger
Kneipe
7 Kommers
Sitte
7 Komment
Verbindung
14 Burschenschaft
Zutrinksitte
16 Salamanderreiben
studentischer
Trinkgruß
7 Fiduzit
9 Schmollis
Verbindungsdiener
3 Fax
Zweikampf
6 Mensur
Studie
6 Skizze, Uebung
7 Entwurf
9 Vorarbeit
Studienabschluss
12 Staatsexamen
16 Magisterpruefung
Studienanstalt
3 Uni
7 Seminar
12 Universitaet
Studienbeihilfe
6 Bafoeg
10 Stipendium
Studieneinschreibung
15 Immatrikulation
Studienetappe
8 Semester
9 Trimester
Studienfahrt
9 Exkursion
Studienform
an Hochschulen
7 Seminar
9 Vorlesung
Studienfreistelle
10 Stipendium
Studienhalbjahr
8 Semester
Studienkamerad
11 Kommilitone
Studienreise
14 Bildungsurlaub
Studienvorlesung
6 Kolleg
Studienzulassungsbeschränkung
14 Numerus clausus
studieren
6 hoeren, lernen
8 forschen
10 erforschen
Studierstube
6 Studio
studierte
Frau
12 Akademikerin
Studierter
10 Akademiker
Studio
7 Atelier
Stufe
5 Level, Phase, Tritt
6 Absatz, Etappe, Niveau
7 Sprosse
8 Terrasse
der jüngeren Altsteinzeit
9 Solutreen
der Tonleiter
7 Septime
des alpinen Trias
3 Nor
des Keupers
4 Raet
des oberen Karbon
5 Namur
des Tertiärs
6 Eozaen
des unteren Devon
7 Gedinne
Jahrgang
6 Klasse
Stufen
der Kreideformation
5 Gault, Senon
6 Neokom
des oberen Perm
5 Kazan
des Olizäns
5 Rupel
stufenartige
Anlage
6 Podest
7 Estrade
8 Terrasse
Stufenaufgang
6 Treppe
10 Freitreppe
12 Wendeltreppe
Stufenfolge
5 Skala
9 Gradation
von Tönen
9 Tonleiter
stufenförmige
Anordnung im Stadion
8 Traverse
Erderhebung
8 Terrasse
stufenförmiger
Wasserfall
7 Kaskade
Stufengestell
6 Leiter
7 Etagere
Stufenturm
8 Zikkurat
9 Zikkurrat
Stufenunterbau
altgriechischer Tempel
6 Krepis
stufenweise
8 graduell
Stuhl
4 Sitz
5 Sella
6 Chaise, Hocker
mit Armlehne
6 Sessel
ohne Lehne
7 Schemel
Stuhlteil
4 Sitz
5 Lehne
Stulle
5 Bemme
7 Scheibe
8 Schnitte
stumm
9 sprachlos
10 schweigsam
stummer
Bühnendarsteller
7 Statist
8 Komparse
stummes
Gebärdenspiel
10 Pantomimik

Stummfilmgag
9 Slapstick
Stümper
8 Pfuscher
9 Dilettant
Stümperarbeit
6 Pfusch
stümpern
8 pfuschen
Stumpf
4 Rest
6 Strunk
7 Stoppel, Stummel
stumpfe
Desinteressiertheit
17 Gleichgueltigkeit
stumpfschwänziger
Halbaffe
4 Lori
Stumpfschwanzpapagei
7 Amazone
stumpfsinnig
6 stupid, torpid
7 stupide
stunden
12 prolongieren
Stundengebet, -gebetszeit
4 Hora, Hore, None
7 Brevier
Stundenglas
7 Sanduhr
Stundung
6 Indult
8 Aufschub
10 Moratorium
12 Prolongation
16 Zahlungsaufschub
Stuntman
6 Double
Stups
5 Stoss
stur
8 obstinat
11 halsstarrig, hartnaeckig
Sturm
4 Wind
5 Orkan
6 Taifun, Wirbel
7 Angriff, Attacke, Pampero, Tornado
8 Blizzard, Hurrikan
auf Bankkassen
3 Run
in Asien
5 Buran
in Südamerika
6 Norder
Sturmbock
5 Aries
6 Widder
12 Mauerbrecher
Sturmdämon
7 Harpyie
Sturmgeister
d. Indra
6 Maruts
Sturmhut
6 Akonit
stürmisch
6 feurig, furios
8 vehement
9 turbulent, ungestuem

in der Musik
7 furioso
9 impetuoso
Sturmlücke
in einer festen Front
7 Bresche
Sturmmonat
bei den Athenern
12 Maimakterion
Sturmvogel
7 Taucher
8 Albatros, Kaptaube
10 Eistaucher, Seetaucher
12 Zwergtaucher
13 Eissturmvogel, Haubentaucher, Kapsturmvogel, Lappentaucher, Prachttaucher, Sturmschwalbe, Wasserscherer
14 Rothalstaucher, Wanderalbatros
16 Riesensturmvogel
17 Tauchersturmvogel
18 Schwarzhalstaucher, Schwimmhauttaucher
Sturmzeichen
am Himmelsrand
5 Galle
Sturz
4 Fall
einer Regierung
6 Putsch
Sturzbett
9 Tosbecken
stürzende
Schneemasse
6 Lawine
Sturzkampfbomber
5 Stuka
Sturzregen
11 Wolkenbruch
Sturzsee
7 Brecher
Stuss
6 Gerede, Unsinn
7 Nonsens, Quatsch
8 Gemunkel, Larifari
10 Geschwaetz
Stuten
6 Semmel
7 Gebaeck
Stutenmilchgetränk
5 Kumys
6 ◆ Kumyss
Stützbalken, -vorrichtung
6 Strebe
7 Traeger
Stütze
4 Halt, Stab
5 Hilfe
6 Balken, Podest, Saeule, Stativ, Strebe
7 Geruest, Gestell, Kruecke, Pfeiler, Traeger
8 Beistand, Mithilfe
9 Assistenz
beim Gehen
5 Stock
für elektrische Leitungen
4 Mast
stutzen
7 trimmen
8 kupieren

stützende
Sohle im Schuh
7 Einlage
Stutzer
4 Beau, Geck, Gent, Snob
5 Dandy
6 Gigerl
7 Angeber, Elegant
8 Modenarr
10 Gernegross
11 Moechtegern
Stützfaden
im Webstuhl
5 Helfe
Stützgestell
7 Geruest
Stützgewebe
11 Bindegewebe
Stützholz
im Bergbau
6 Frosch
7 Stempel
Stützkerbe
5 Raste
Stützmieder
7 Korsett
Stützpfeiler
7 Pfosten
in Form einer Männergestalt
6 Atlant
Stütztau
4 Want
Stutzuhr
8 Penduele
Stützverband
7 Bandage
Stützvorrichtung
im Schuh
7 Einlage
Suada, Suade
9 Redefluss
11 Wortschwall
Suahelisprache
9 Kisuaheli
Subjekt
6 Person
10 Individuum
14 Satzgegenstand
subjektiv
9 einseitig
10 parteiisch, unsachlich
11 persoenlich
Subkontinent
7 Amerika
11 Nordamerika
submarin
12 unterseeisch
Subordination
8 Gehorsam
12 Unterordnung
Substantiv
8 Dingwort
9 Hauptwort
Substanz
5 Stoff
6 Vorrat
8 Material
der Röstbitterstoffe beim Kaffee
7 Assamar
der Stoßzähne
9 Elfenbein
im Gleichgewichtsorgan
6 Cupula

im Kopf
4 Hirn
in gekörnter Form
8 Granulat
subtropische
Doldenblütler
7 Fenchel
Eidechse
5 Gecko
Faserpflanze
5 Agave, Sisal
Krankheit
14 Dreitagefieber
Pflanze
5 Agave
subtropischer
Baum
10 Eukalyptus
Subvention
8 Beihilfe, Zuschuss
14 Unterstuetzung
Suchgerät, -nadel
5 Sonde
Suchjagd
6 Pirsch
Sucht
4 Gier
5 Manie
9 Verlangen
10 Hoerigkeit
nach Rauschmitteln
11 Narkotismus
Suchtdroge
10 Rauschgift
Südafrikaner
4 Bure, Zulu
südafrikanische
Antilope
3 Gnu
6 Passan
Bezeichnung für Rassentrennung
9 Apartheid
Kolonisten
5 Buren
Münze, Währungseinheit
4 Cent, Rand
5 Pfund
9 Schilling
Rassentrennung
9 Apartheid
Sprache, Sprachgruppe
4 Pedi, Zulu
5 Bantu, Sotho, Swasi, Venda, Xhosa
6 Tsonga, Tswana
7 Ndebele
8 Englisch
9 Afrikaans, Schangana
Stadt
5 Ussel
6 Durban, Soweto
8 Kapstadt, Mafeking, Pretoria, Upington
9 Kimberley
10 East London
11 Pietersburg
12 Bloemfontein, Johannesburg
13 Port Elizabeth
14 Vanderbijlpark
16 Pietermaritzburg
Steppe
5 Karru
Steppe, Wüste
8 Kalahari
Wurfkeule
5 Kirri
südafrikanischer
Arzt
7 Barnard
Eingeborener
6 Herero
Erzähler
6 Cloete
Fluss
4 Vaal
6 Oranje
7 Limpopo, Sambesi
8 Okawango
Landesteil, Provinz
5 Natal
7 Kapland, Namibia
9 Transvaal
10 Basutoland
11 Walfischbai
14 Betschuanaland
15 Oranje Freistaat
Lyriker, Dramatiker
5 Krige
Nobelpreisträger (Frieden)
4 Mutu
5 Klerk
7 Mandela
Nobelpreisträger (Literatur)
8 Gordimer
Parlamentssitz
8 Kapstadt, Pretoria
Politiker und Staatsmann
5 Botha, Mbeki, Smuts
6 Flores, Rhodes
7 de Klerk, Hertzog, Mandela
8 Strijdom
Regierungssitz
8 Pretoria
Sportler, Sportlerin
3 Zyl
4 Budd, Hunt, Muir, Nash, Rudd
5 Bland, Brand, Burke, Clark, Lewis, Meyer, Mtolo, Price, Tsebe
6 Kitson, Kruger, Maakal, Mokibe, Norval, Player, Reenen, Spence, Visser, Walker
7 Aldrich, Coetzer, Emburgh, Gitsham, Raymond, Winslow
8 Atkinson, Drysdale, Fairbank, Ferreira, Harrison, Hefferon, McArthur, McMaster, Ondruska, Pieterse
9 Potgieter, Scheckter, Schuurman
11 Kaltenbrunn
12 Budd-Pieterse
14 Weightman-Smith
südafrikanisches
Liliengewächs
4 Aloe
Mischvolk
12 Hottentotten
Südamerikaner
6 Kreole
7 Chilene
8 Guayaner, Peruaner
9 Uruguayer
10 Bolivianer, Paraguayer
11 Argentinier, Brasilianer, Kolumbianer, Venezolaner
12 Ecuadorianer
südamerikanische
Ameisengattung
6 Azteca
Biberratte
6 Nutria
Echsenart
5 Anoli, Iguan
6 Ameiva, Ameive, Leguan
Farm
8 Estanzia, Hazienda
Goldmünze
6 Condor
Grassteppe
5 Pampa
6 Llanos, Pampas
7 Savanne
Großkatze
6 Ozelot
Hafenstadt
4 Lima, Para
5 Bahia, Belem, Ceara
6 Callao, Campos, Maceio, Rawson, Recife, Santos
7 Cayenne, La Plata
8 Salvador
9 Cartagena, Fortaleza, Guayaquil, Maracaibo
10 Concepcion, Georgetown, Montevideo, Paramaribo, Pernambuco, Valparaiso
11 Antofagasta, Buenos Aires, Porto Alegre, San Salvador
12 Barranquilla, Rio de Janeiro
Hauptstadt
4 Lima
5 La Paz, Quito, Sucre
6 Bogota
7 Caracas, Cayenne
8 Asuncion, Brasilia, Santiago
10 Georgetown, Montevideo, Paramaribo
11 Buenos Aires, Port of Spain
15 Santiago de Chile
Holzart
10 Palisander
Insel, Inselgruppe
6 Chiloe, Chonos, Tobago
7 Campana, Caviana, Hanover, Mexiana, Rapanui, Tortuga
8 San Felix, Trinidad
9 Feuerland, Margarita, Santa Ines
10 Blanquilla, Osterinsel, Salay Gomez, Wellington
12 Teufelsinsel
13 Juan Fernandez
14 Desaventuradas, Falkland-Inseln
Kamelart
4 Lama
6 Alpaka
7 Guanako, Vikunja
Krokodilart
6 Kaiman
Lamaart
6 Alpaka
Lanzenratte
5 Sania
Palme
3 Ita

Raubkatze
4 Onze, Puma, Unze
6 Jaguar, Kuguar, Ozelot
11 Silberloewe
Rinderhaut
5 Campo
Schildkröte
5 Arrau
8 Matamata
Schlange
3 Boa
8 Anakonda
14 Abgottschlange, Boa Constrictor
15 Koenigsschlange
Schulterdecke
6 Poncho
Stadt
3 Ipu, Rio
4 Cali, Lima, Loja, Para, Tefe
5 Arica, Bahia, Belem, Ceara, La Paz, Menno, Minas, Natal, Oruro, Preto, Quito, Salta, Sucre, Talca
6 Ambato, Arenas, Bogota, Callao, Campos, Cuyaba, Huaras, Ilheus, Macapa, Maceio, Manaus, Merida, Rawson, Recife, Santos
7 Caracas, Cayenne, Corboba, Deseado, La Plata, Marcona, Mendoza, Niteroi, Pelotas, Rosario, San Juan, Santa Fe, Tucuman
8 Asuncion, Blumenau, Braganca, Brasilia, Campinas, Curitiba, Parahyba, Piranhas, Salvador, Santarem, Santiago, Sao Paulo, Teresina, Valdivia
9 Cartagena, Fortaleza, Guarabira, Guayaquil, Manizales, Maracaibo, Petrolina, Rio Grande, Santa Cruz
10 Cochabamba, Concepcion, Corrientes, Diamantina, Georgetown, Montevideo, Paramaribo, Pernambuco, Petropolis, Valparaiso
11 Antofagasta, Bahia Blanca, Buenos Aires, Porto Alegre, Port of Spain, Sao Salvador
12 Barranquilla, Rio de Janeiro
13 Belo Horizonte, Ciudad Bolivar
15 Santiago de Chile
Stechpalme
5 Yerba
Steppe
5 Pampa
6 Llanos, Pampas
7 Savanne
Tabaksorte
7 Varinas
Teesorte
4 Mate
Textilfaser
5 Caroa
Viehfarm
8 Estanzia
Welsgattung
5 Doras
Wurfkugel
4 Bola

südamerikanischer
ärmelloser Mantel
6 Poncho
Bundesstaat
6 Oaxaca
Bussard
5 Aguja
Dichter
6 Fiallo
Eingeborener
5 Indio
Fluss, Strom
6 Parana
7 La Plata, Orinoco, Uruguay
8 Amazonas, Rio Negro
9 Tacantins
Freiheitskämpfer
7 Bolivar
Geier
5 Urubu
6 Kondor
Goldhase
5 Aguti
Hirsch
6 Huemul
Indianerhäuptling
6 Kazike
Indianerstamm
3 Ona
4 Inka, Pano, Tupi
5 Aruak, Guato
6 Aimara, Kreole, Tukano
7 Chibcha, Guarani, Kariben, Puelche
8 Karaiben, Ketschua
9 Araukaner, Pueltsche
Insektenfresser
11 Ameisenbaer
Kuckucksvogel
3 Ani
Mähnenwolf
5 Guara
Marder
6 Galera, Grison, Hyrare
Mischling
5 Casco
Pampasstrauß
5 Nandu
Papagei
3 Ara
Pfefferfresser
5 Tukan
Rackenvogel
4 Hutu
6 Motmot
Raubfisch
7 Piranha
Riesengeier
6 Kondor
Salmlerfisch
6 Charax
Staat
4 Peru
5 Chile
6 Guyana
7 Ecuador, Ekuador, Guayana, Surinam, Uruguay
8 Bolivien, Paraguay
9 Brasilien, Kolumbien, Venezuela
11 Argentinien
17 Trinidad und Tobago

Stammeshäuptling
6 Kazike
Steppenbewohner
7 Llanero
Storch
6 Jaribu
Straußenvogel
4 Rhea
5 Nandu
Strohhut
8 Sombrero
Sturm
7 Pampero
Tagelöhner
4 Peon
Tanz
5 Limbo, Mambo, Raspa, Rumba, Tango
9 Bossanova
Viehhirt
4 Peon
6 Gaucho
Vogel
3 Ani
5 Kazik, Tukan, Urubu
6 Kassik
Vogeldünger
5 Guano
Vulkan
5 Huila, Misti
6 Tolima
8 Cotopaxi
10 Chimborazo
Zahnwal
5 Bonto, Bufeo
Zwerghirsch
4 Pudu

südamerikanisches
Baumharz
6 Konima
Edelholz
10 Palisander
Eingeborenenboot
6 Piroge
Faultier
2 Ai
4 Unau
10 Zweifinger
Gebiet
6 Guyana
7 Surinam
Gebirge
5 Anden
11 Kordilleren
Gebirgstier
4 Lama
7 Guanako
gebogenes Haumesser
7 Machete
Getränk
4 Mate
6 Chicha
7 Matetee
Gewürz
5 Chili
Gut
8 Estanzia, Hazienda
Halbwildpferd
6 Bronco
Haustier
4 Lama
Huftier
5 Tapir

Indianer-Schultertuch
6 Poncho
Kamelschaf, Kameltier
4 Lama
6 Alpaka, Vicuna, Vikuna
7 Guanako, Vikunja
Lama
6 Alpaka
7 Guanako
Lasttier
4 Lama
Leichtholz
5 Balsa
Nagetier
4 Mara, Paka
5 Aguti
6 Acuchi, Nutria
10 Chinchilla, Pampashase
Pfeilgift
6 Kurare
Raubtier
4 Puma
6 Jaguar, Ozelot
Riesengürteltier
4 Tatu
Rüsseltier
5 Tapir
Säugetier
11 Ameisenbaer
Stinktier
7 Surilho
Teegetränk
4 Mate
Wurf- und Fanggerät
4 Bola
Zigeunerhuhn
6 Hoazin
Zweizehenfaultier
4 Unau
sudanesische
Hafenstadt
9 Port Sudan
Hauptstadt
7 Khartum
Münze, Währungseinheit
5 Dinar
7 Piaster, Piastre
8 Piastres
Stadt
3 Ulu, Wad
5 Aweil
6 Atbara, Medani, Sennar
7 Chartum, Dongola, Kassala, Khartum, Obdeidh
8 Omdurman
9 Port Sudan
sudanesischer
Fluss
3 Jur, Nil
5 Sobat
6 Atbara
9 Blauer Nil
10 Weisser Nil
sudanesisches
Volk
5 Banda, Benue, Gurma, Hausa
Sudanneger
5 Benin, Fanti, Mossi, Zande
6 Grussi
Sudannegersprach-
und stammesgruppe
3 Edo, Ewe, For, Ibo, Kru, Tiv, Vai
4 Efik, Madi, Nuba, Nupe
5 Banda, Bongo, Serer, Tikar, Zande
6 Haussa, Joruba
7 Malinke
Sudannegersprache
5 Tschi
Sudannegerstamm
5 Bamum, Gouro, Mande, Sanga, Sussu, Tombe, Tomom, Wolof
6 Asande, Kanuri
südarabische
Hafenstadt
4 Aden
südarabischer
Küstenwind
5 Karif
südarabisches
Gebiet
4 Oman, Saba
5 Jemen
9 Hadramaut
Land im Altertum
4 Saba
Sultanat
4 Oman
5 Dubai, Qatar
6 Maskat
Volk
4 Asra
Südasiat
5 Inder
südasiatische
Katzenart
11 Nebelparder
südasiatischer
Halbesel
6 Onager
Hühnervogel
4 Pfau
Inselstaat
8 Sri Lanka
9 Malediven
Subkontinent
12 Vorderindien
Wickelrock
5 Mundu
südasiatisches
Weiderichgewächs
12 Hennastrauch
südaustralische
Hauptstadt
8 Adelaide
Insel
9 Tasmanien
südchilenisches
Indianerboot
5 Dalca
süddeutsche
Fleischspezialität
10 Leberkaese
Gesangsart
5 Jodel
6 Jodeln
Stadt
3 Hof, Ulm
4 Calw, Cham, Kehl, Lahr, Lohr, Rohr, Rott, Ruit, Saal, Seeg, Selb
5 Aalen, Bruck, Buehl, Naila, Regen, Stein, Toelz
6 Buchen, Coburg, Dachau, Erding, Fuerth, Lindau, Nagold, Neu-Ulm, Passau, Singen, Tettau, Weiden
7 Aibling, Ansbach, Bamberg, Fuessen, Heubach, Kelheim, Kempten, Lauffen, Marbach, Mosbach, Neuburg, Rastatt, Triberg, Waldsee
8 Albstadt, Augsburg, Bad Toelz, Balingen, Bayreuth, Bruchsal, Erlangen, Freiburg, Freising, Konstanz, Kulmbach, Landshut, Loerrach, Mainburg, Mannheim, Muenchen, Rottweil, Sinsheim, Waldshut, Weilheim, Weinheim, Wertheim, Wiesloch
9 Dillingen, Ellwangen, Esslingen, Ettlingen, Hechingen, Heilbronn, Karlsruhe, Kissingen, Kitzingen, Meersburg, Memmingen, Muehldorf, Nuernberg, Offenburg, Pforzheim, Rosenheim, Schwabach, Starnberg, Straubing, Stuttgart, Tuebingen, Villingen, Wiesbaden, Wuerzburg, Wunsiedel
10 Bad Aibling, Baden Baden, Deggendorf, Eichstaett, Geislingen, Goeppingen, Heidelberg, Ingolstadt, Kaufbeuren, Miltenberg, Ravensburg, Regensburg, Reutlingen, Rothenburg, Schwandorf, Traunstein, Tuttlingen, Waiblingen, Weingarten
11 Badenweiler, Emmendingen, Lichtenfels, Ludwigsburg, Mergentheim, Noerdlingen, Reichenhall, Schweinfurt, Sigmaringen, Ueberlingen, Weissenburg
12 Bad Kissingen, Dinkelsbuehl, Freudenstadt, Kornwestheim, Ludwigshafen, Schwenningen, Schwetzingen, Sindelfingen
13 Aschaffenburg, Bad Saeckingen, Berchtesgaden
14 Bad Mergentheim, Bad Reichenhall, Donaueschingen
15 Friedrichshafen
21 Villingen Schwenningen
Weizenart
5 Emmer
süddeutscher
Bildhauer
6 Seyfer
Höhenzug
3 Alb
Süddeutscher
5 Bayer
6 Franke
7 Schwabe
8 Badenser
14 Wuerttemberger
süddeutsches
Gebiet
5 Baden
7 Ortenau

Wort für Busenfreund
5 Spezi
süddeutsch für:
Berghang
5 Leite
bissiges Pferd
5 Kofer
diesjährig
6 heurig
Dübel
6 Dippel
fein regnen
6 nibeln
Fladenkuchen
5 Hippe
Geliebte
6 Gspusi
Grasland
5 Egart
Grundstücksertrag, Zins
5 Guelt
Hahn
6 Gickel, Gockel
Häkchen und Öse
6 Haftel
Harke
6 Rechen
Hausflur
4 Eren
Holzstoß
6 Polter
Kiepe, Tragekorb
5 Hotte
kleiner, flacher Kuchen
5 Zelte
Knoten
4 Knog
Lendenbraten
6 Lummel
Matthias
6 Hiesel
Moor
4 Filz
Mund
6 Gosche, Gusche
Nachen, Kahn
4 Naue
rote Bete
5 Rahne
Scheune
6 Stadel
Schlachthaus
6 Metzge
schneefrei werden
5 apern
Schnuller
6 Luller
Tragekorb, Kiepe
5 Hotte
Unterbein, Kniebug
6 Hachse, Hackse
Wamme
5 Triel
Waschbecken
5 Lavor
Waschfass
5 Butte
Weide, Ackerland
5 Zelge
Wildbachrinne
5 Runse
Wild-, Vogelscheuche
5 Mandl
Zapfen, Dübel
6 Dippel
Ziege
5 Geiss
sudetendeutscher
Lyriker
6 Merker
Sudetenteil
11 Isergebirge
12 Eulengebirge
13 Riesengebirge
15 Altvatergebirge
Südeuropäer
5 Ungar
6 Kroate, Romane
7 Bulgare, Grieche, Rumaene, Slowene, Spanier
8 Albanier, Malteser
9 Italiener, Jugoslawe, Monegasse
10 Portugiese
südeuropäische
Echse
5 Gecko
Giftschlange
9 Sandotter
Wolfsspinne
8 Tarantel
südeuropäisches
Borretschgewächs
7 Alkanna
Gebirge und Halbinsel
6 Balkan
Nutztier
4 Esel
südfinnischer
Hafen
3 Abo
südfranzösische
Fischsuppe
13 Bouillabaisse
Landschaft
8 Armagnac, Gascogne
südfranzösischer
Badeort
5 Nizza, Vichy
6 Cannes, Hyeres, Menton
8 Biarritz, St. Tropez
Fischereihafen
4 Sete
Küstenfluss
3 Tet
Seewind
5 Marin
Wallfahrtsort
7 Lourdes
südfranzösisches
Adelsgeschlecht
6 Albret
Departement
5 Rhone
Südfrucht
5 Feige, Mango, Olive
6 Ananas, Banane, Dattel, Limone, Mandel, Melone, Orange, Rosine, Zibebe
7 Avocado, Zitrone
8 Korinthe
9 Apfelsine, Mandarine, Pomeranze
10 Bergamotte, Clementine, Grapefruit, Klementine, Pampelmuse
12 Citrusfrucht, Johannisbrot, Zitrusfrucht
südgriechische
Landschaft
8 Lakonien
süditalienischer
Hafenstädter
8 Tarenter
Volkstanz
10 Tarantella
Südkap
Australiens
5 Otway
in Vietnam
5 Camau
von Sachalin
5 Aniwa
südkoreanische
Insel
8 Quelpart
Stadt
4 So'ul
5 Pusan, Seoul, Taegu, Taiku, Ulsan
6 Kunsan
9 Intschhon, Taedschon
10 Kwangdschu
südländische
Hülsenfrucht
4 Erve
Ölfrucht
5 Olive
Pflanze
5 Agave, Palme
südländischer
Nadelbaum
5 Pinie, Zeder
8 Zypresse
südländisches
Kürbisgewächs
6 Melone
südliche
Sporadeninsel
6 Ikaria
südlichste
Spitze von Südamerika
8 Kap Hoorn
südlichster
Teil Afrikas
8 Nadelkap
Teil Amerikas
9 Feuerland
Südostasiat
3 Lao, Moi, Tai
4 Naga, Thai
5 Khmer, Laote, Schan
6 Malaie
7 Annamit, Birmane, Siamese
10 Vietnamese
11 Thailaender
13 Kambodschaner
südostasiatische
Gämsenart
5 Takin
Gewürzpflanze
6 Ingwer
Halbinsel
7 Malakka
Insel
4 Bali, Java
5 Luzon, Timor
6 Borneo, Hainan, Taiwan
7 Celebes, Formosa, Sumatra

8 Mindanao
Inselgruppe
8 Molukken
10 Indonesien
Landenge
3 Kra
Schleichkatze
8 Manguste
südostasiatischer
Forscher
5 Scott
Laote
7 Annamit
Pakt
5 Seato
Tagelöhner
4 Kuli
südostasiatisches
Krokodil
6 Gavial
Südostasien
12 Hinterindien
Südostasienpakt
5 SEATO
Südosteuropäer
5 Serbe
6 Kroate
7 Albaner, Bulgare, Grieche, Rumaene, Slowene
8 Albanier, Zypriote
9 Jugoslawe
10 Makedonier, Mazedonier
südosteuropäische
fruchtbare Landschaft
5 Banat
südosteuropäisches
Gebirge
6 Balkan
südöstlicher
Teil der Balkanhalbinsel
8 Thrazien
Südpolarforscher
5 Bruce, Scott
6 Mawson
8 Amundsen, Filchner
9 Drygalski
10 Shackleton
13 Nordenskjoeld
Südpolargebiet
9 Antarktis
südrussische
Halbinsel
4 Krim
südrussisches
Gebirge
8 Kaukasus
südschwedische
Stadt
3 Kil
Südseeinsel, -gruppe
3 Ata
5 Fidji, Samoa, Timor, Tonga
6 Tahiti
7 Fidschi, Salomon
8 Eniwetok
9 Neuguinea
Südseeinsulaner
5 Maori, Moari, Papua
6 Kanake
10 Melanesier, Polynesier
11 Mikronesier
südsizilianische
Stadt
6 Ragusa
Südslawe
5 Serbe
6 Kroate
7 Bulgare, Slowene
9 Jugoslawe
südslawisches
Instrument
5 Gusla
Südspitze
Amerikas
9 Feuerland
Südtiroler
Kurort
5 Bozen, Meran
6 Brixen, Tramin
7 Bruneck, Toblach
Stadt
3 Ala
5 Bozen, Eppan, Meran
6 Brixen, Merano
7 Bolzano, Bruneck, Brunico
10 Bressanone
Südwein, Süßwein
5 Jerez, Samos, Xeres
6 Malaga, Sherry, Wermut
7 Madeira, Marsala
8 Moscatel, Portwein, Vermouth
9 Malvasier, Tarragona
10 Manzanilla
11 Muskateller
Südwestafrika
7 Namibia
südwestasiatische
Halbinsel
5 Onega
Südwestengländer
7 Waliser
südwestenglische
Halbinsel
5 Wales
Südwesteuropäer
7 Spanier
10 Portugiese
Südwestwind
6 Zephir, Zephyr
Südwind
am Gardasee
3 Ora
Italiens
5 Ostro
Sühne
5 Busse
6 Strafe
10 Vergeltung
sühnen
7 buessen
Sühneverfahren
14 Gueteverfahren
Suite
7 Partita
Sultan
von Ägypten im 12. Jh.
7 Saladin
Sultanat
auf Celebes
4 Boni
in Arabien
4 Oman
in Hadrsmaut
5 Kaati
6 Kaaiti
in Kamerun
5 Tikar
in Südarabien
6 Balhaf
Sultanserlass
5 Irade
Sultansname
5 Ahmed, Harun, Murad, Osman, Selim
6 Achmed, Mehmed
7 Bajasid, Mustafa, Saladin, Soliman
8 Mohammed
10 Abdul Hamid
Sultanspalast
6 Serail
Sultansschloss
in Marokko
5 Kasba
6 Kasbah
Sülze
5 Aspik, Gelee
Sumatra-Nashorn
5 Badak
sumerische
Gottheit
5 Nanna
Göttin
5 Istar
6 Inanna, Ningal, Ninlil, Ninsum, Nisaba
7 Ischtar
Hauptstadt
2 Ur
Unterwelt
6 Arallu
sumerischer
Gott
3 Anu, Sin
6 Dumuzi, Innini, Sabitu, Tammuz
8 Ningersu
9 Schamasch
11 Ereschkigal
Held
10 Gilgamesch
Stadtstaat
5 Eridu
6 Nippur
Summand
(Mathematik)
6 Addend
Summe
5 Fazit
6 Betrag
7 Quantum
8 Ergebnis, Resultat
11 Endergebnis
der Erbfaktoren
5 Genom
der Lebensjahre
5 Alter
zweier Vektoren
10 Resultante
Sumpf
4 Fenn, Luch, Moor, Ried, Vehn, Venn
5 Bruch, Pfuhl
6 Morast
7 Schlamm
im iran.-afghan. Grenzgebiet
5 Hamun

Sumpfbiber
6 Nutria
Sumpferz
3 Gur
Sumpffieber
7 Malaria
Sumpfgas
6 Methan
Sumpfgebiet
4 Moor
der unteren Donau
5 Balta
im NO Argentiniens
5 Ibera
Sumpfgrund
3 Mud
Sumpfhuhn
5 Ralle
sumpfig
5 limos
6 limoes
7 bruchig
Sumpfland
4 Moor
6 Morast
Sumpfmyrte
5 Gagel
Sumpfotter
4 Nerz
Sumpfpflanze
5 Binse, Kalla, Porst, Simse
6 Schilf
7 Papyrus
9 Weiderich
Sumpfquendel
6 Peplis
Sumpfschnepfe
9 Bekassine
Sumpfvogel
4 Ibis
5 Ralle
7 Kiebitz, Kranich
8 Flamingo
9 Bekassine
Sumpfwald
9 Dschungel
Sumpfwiese
3 Loh
Sumpfzypressengewächs
10 Mammutbaum
Sund
8 Meerenge
Sundainsel
4 Bali, Java
5 Banka, Sumba, Timor
6 Borneo, Flores, Lombok
7 Celebes, Sumatra, Sumbawa
10 Kalimantan
Sünde
6 Frevel, Schuld
8 Vergehen, Verstoss
Sündenbock
12 Pruegelknabe
Sündenlossprechung
7 Beichte
Sündennachlass
6 Ablass
Sündenvergebung
10 Absolution
sündigen
7 freveln

Sungari-Zufluss
(Mandschurei)
5 Nonni
Superschau
15 Weltausstellung
Suppe
6 Potage
Suppenbestandteil, -einlage
4 Reis, Sago
5 Nudel
6 Graupe, Griess, Maniok
8 Spaetzle
9 Eierstich, Markkloss
Suppengemüse
8 Julienne
Suppenschüssel
7 Terrine
surrealistischer
Maler
4 Dali, Miro
5 Ernst
6 Masson, Tanguy
7 Chirico
Schriftsteller
6 Aragon, Breton, Eluard
Süß-
und Salzwassergemisch
11 Brackwasser
süßer
Schnaps
6 Likoer
süßes
Backwerk
5 Torte
6 Kuchen
Nichtstun
14 Dolcefarniente
Süßholzsaft
7 Lakritz
8 Lakritze
Süßigkeit, Süßware
5 Drops, Nugat
6 Baiser, Bonbon, Dragee, Gutsel, Nougat, Toffee
7 Fondant, Konfekt, Krokant, Praline
8 Marzipan
9 Eisbonbon, Karamelle, Naschwerk
10 Konfituere, Malzbonbon, Mokkabohne, Naescherei, Plaetzchen, Schokolade
11 Katzenzunge, Sahnebonbon
12 Fruchtbonbon
aus Honig und Mohn
5 Naute
Süßkartoffel
6 Batate
Süßspeise
4 Krem
5 Creme
7 Auflauf, Dessert, Kompott, Pudding
8 Flammeri, Pelemele
9 Nachtisch
13 Goetterspeise
18 Salzburger Nockerln
Süßstoff
8 Sacharin
9 Saccharin
Süßware
13 Lakritzstange

Süßwarengeschäft
10 Konfiserie
Süßwarenpackung
10 ◆ Bonboniere
11 Bonbonniere
Süßwasserfisch
4 Anke, Salm, Wels
5 Aitel, Aland, Barbe, Hecht, Lachs, Stint
6 Doebel, Schlei
7 Elritze, Forelle, Karpfen, Ploetze
8 Arapaima
9 Karausche, Zitteraal
11 Bachforelle
14 Labyrinthfisch
Süßwasserkugelfisch
5 Fahak
Süßwasserpolyp
5 Hydra
Süßwasserraubfisch
4 Wels
5 Hecht
Süßwein
5 Samos
6 Malaga
7 Madeira, Marsala, Tokaier, Tokayer
8 Portwein
9 Malvasier, Tarragona
Symbiose
13 Zusammenleben
Symbol
5 Fahne
6 Emblem, Flagge, Wappen
7 Zeichen
8 Sinnbild
9 Monogramm
11 Wahrzeichen
der früheren Trennung Deutschlands
5 Mauer
13 Berliner Mauer
der Herrscherwürde
5 Krone
6 Zepter
der Medizin
12 Aeskulapstab
der türkischen Krankenpflege
13 Roter Halbmond
des Bolschewismus
11 Sowjetstern
des Christfestes
10 Christbaum
14 Weihnachtsbaum
Symbol für:
10jähriges Ehejubiläum
4 Rose
12,5jähriges Ehejubiläum
6 Nickel
15jähriges Ehejubiläum
4 Glas
20jähriges Ehejubiläum
9 Porzellan
25jähriges Ehejubiläum
6 Silber
2jähriges Ehejubiläum
6 Papier
30jähriges Ehejubiläum
5 Perle
37,5jähriges Ehejubiläum
9 Aluminium

40jähriges Ehejubiläum
5 Rubin
50jähriges Ehejubiläum
4 Gold
5jähriges Ehejubiläum
4 Holz
60jähriges Ehejubiläum
7 Diamant
6,5jähriges Ehejubiläum
4 Zinn
70jähriges Ehejubiläum
5 Stein
7jähriges Ehejubiläum
6 Kupfer
Christentum
5 Kreuz
den Evangelisten Johannes
5 Adler
den Evangelisten Lukas
5 Stier
den Evangelisten Markus
5 Loewe
den Evangelisten Matthäus
5 Engel
Eitelkeit
4 Pfau
7 Spiegel
empfindlichen Besitz
8 Augapfel
falsche Trauer
16 Krokodilstraenen
Feldherrnwürde
13 Marschallstab
Festigkeit
4 Fels
5 Eisen, Stein
Flatterhaftigkeit
6 Falter
13 Schmetterling
Frieden
5 Taube
8 Oelzweig
9 Palmwedel, Palmzweig
Furchtsamkeit
4 Hase
Gift
9 Totenkopf
Glück
9 Kleeblatt
Härte
5 Stahl, Stein
Hoffnung
5 Anker, Gruen
12 Silberstreif
14 Silberstreifen
Islam
8 Halbmond
Judentum
6 Menora
10 Davidstern
11 Davidschild
Konkurs
11 Pleitegeier
Kraft
5 Loewe, Stier
Kühnheit
5 Adler
Launenhaftigkeit
4 Mond
Leben
4 Blut
5 Licht, Sonne
Lebensgefahr
9 Totenkopf
Leiden, Schmerz
5 Kreuz
Liebe
3 Rot
4 Herz
List, Schläue
5 Fuchs
Macht
5 Adler, Krone, Loewe
6 Zepter
Missgunst, Neid
4 Gelb
Mutterliebe
7 Pelikan
Reinheit, Unschuld
4 Lamm
5 Weiss
7 Einhorn
Schwere
4 Blei
städtische Freiheit
6 Roland
Standhaftigkeit
4 Fels
5 Stein
10 Leuchtturm
Streitobjekt
9 Zankapfel
Tod
7 Gerippe, Skelett
10 Sensenmann
11 Knochenmann
Trauer
7 Schwarz
Treue
4 Blau, Gold, Hund, Ring
7 Ehering
Unbeständigkeit
4 Mond, Sand
Unechtes
5 Talmi
Unfreiheit
5 Kette
6 Fessel, Ketten
12 Stacheldraht
Unglück
7 Unstern
Unschuld, Reinheit
4 Lamm
5 Weiss
7 Einhorn
Unsterblichkeit
7 Phoenix
Verspieltheit
5 Katze
Zärtlichkeit
5 Taube
10 Taubenpaar
11 Turteltaube
Symbolgestalt
des russ. Neujahrsfestes
15 Vaeterchen Frost
symbolische
Ausdrucksvertauschung
5 Trope
symbolischer
Name für Jerusalem im AT
5 Ariel
symbolisches
Bauwerk
11 Wahrzeichen
Zeichen auf Landkarten
8 Signatur
Symboltier
9 Osterhase
Symmetrie
8 Ebenmass, Harmonie
10 Gleichmass
Sympathie
8 Gefallen
9 Zuneigung
Symptom
7 Merkmal, Zeichen
9 Anzeichen
11 Erscheinung, Kennzeichen
Synagogenraum
6 Genisa, Geniza
Synagogenvorbeter
6 Chasan
Syndikus
10 Prokurator
Synonym für maßlos, ungeheuerlich
5 enorm
Synthese
10 Verbindung
11 Kombination
12 Verknuepfung
13 Verschmelzung
Synthetikfaser
für Schutzkleidung
5 Dolan
synthetische
Faser
5 Nylon, Orlon, Redon
6 Dralon, Perlon
7 Trevira
synthetischer
Gummi
4 Buna
hellgrüner Saphir
6 Amaryl
Kautschuk
4 Buna
6 Dupren
makromolekularer Werkstoff
5 Plast
Spinnfaden
11 Chemiefaser
synthetisches
Material
10 Kunststoff
Zellulosederivat
6 Tylose
Syphilis
4 Lues
10 Lustseuche
18 Franzosenkrankheit
syrische
Bibelübersetzung
8 Peschita
Christen
9 Jakobiten, Maroniten
11 Nestorianer
14 Thomaschristen
Hauptstadt
8 Damaskus
Münze
5 Pfund
8 Piastres
Stadt
3 Sur
4 Deir, Hama, Homs, Nebk
5 Deraa, Dumer, Esraa, Haleb,

Rakka
6 Aleppo, Banias, Tartus, Tedmor
7 Latakia, Massiaf, Palmyra
8 Damaskus
syrischer
König
6 Hazael
Politiker
5 Assad
Sonnengott
8 Elagabal
Volksteil
6 Kurden
syrisches
Gebirge
6 Hermon
11 Antilibanon
System
3 Bau
4 Form
6 Aufbau
7 Gefuege, Ordnung
8 Struktur
10 Gliederung
12 Zusammenhang
der indischen Philosophie
5 Njaja
des Erdaltertums
5 Devon, Silur
6 Karbon, Kreide
des Mittelalters
4 Jura
des Paläozoikums
5 Silur
lesbarer Zeichen
7 Schrift
von Planspiegeln
9 Heliostat
waffenloser Selbstverteidigung
6 Karate
zum Entschlüsseln von Wörtern
4 Code
11 Decodierung
Systematik
19 planmaessige Ordnung
systematisch
absuchen
8 abgrasen
systematische
Ertüchtigung
8 Training
systematisches
Vorgehen
7 Methode
8 Methodik
Szene
4 Bild
6 Buehne
7 Vorgang
8 Auftritt
9 Geschehen
10 Schauplatz
12 Vorhaltungen
Szenenfolge
6 Szenar
8 Szenario
9 Szenarium
Szenerie
10 Dekoration, Landschaft
11 Buehnenbild

Tab
6 Reiter
12 Karteireiter
Tabak
von minderer Qualität
7 Knaster
Tabakanbaugebiet
(Sumatra)
4 Deli
Tabakdose
9 Tabatiere
Tabakgift
7 Nikotin
Tabakkonsument
7 Raucher
Tabakladen
in Österreich
6 Trafik
Tabakspfeife
5 Piepe
Tabakware, -sorte
4 Shag
5 Priem
6 Brasil, Kruell, Orient, Scraps
7 Papiros, Stumpen, Sumatra, Zigarre
8 Kautabak, Machorka, Virginia
9 Zigarette, Zigarillo
11 Feinschnitt, Grobschnitt
12 Pfeifentabak, Schnupftabak
tabellarische
Auswertung
9 Statistik
Tabelle
5 Liste, Tafel
10 Uebersicht
11 Aufstellung
von Festtagen
11 Kalendarium
Tabernakel
8 Ziborium
Tableau
4 Bild
5 Tafel
8 Gemaelde
9 Zeichnung
11 Buehnenbild, Gruppenbild, Komposition
Tablett
5 Brett
6 Platte, Teller
12 Servierbrett
Tablette
5 Pille
6 Arznei, Mittel
7 Medizin
8 Pastille
9 Komprette
10 Heilmittel, Medikament
tabu
8 verboten
11 unantastbar
12 unverletzbar
13 unverletzlich
Taburett
5 Stuhl
6 Hocker
Tachograf
14 Fahrtschreiber
16 Fahrtenschreiber
Tadel
5 Ruege
6 Kritik
7 Rueffel, Schelte, Verweis
tadellos
2 o.k.
4 okay
6 knorke
tadeln
6 ruegen
8 rueffeln
10 massregeln
11 kritisieren
Tadler
8 Kritiker
tadschikische
Hauptstadt
9 Duschanbe
Tafel
4 Mahl
5 Brett, Diner, Essen, Tisch
6 Platte, Schild, Souper
7 Scheibe
8 Festmahl, Mahlzeit
9 Bildseite, Festessen
14 Schwarzes Brett
für die Sternbewegung
5 Kanon
zur Bedienung einer Anlage
14 Armaturenbrett
tafelbergähnl.
Tiefseekuppe
5 Guyot
Tafelgemälde
4 Ikon
5 Ikone
Tafelgeschirr
7 Service
13 Kaffeeservice, Speiseservice
Tafelland
7 Plateau
tafeln
7 speisen
9 schlemmen
Tafelrunde
6 Kórona
Täfelung
aus Holz
6 Paneel
taftähnliches
Seidengewebe
8 Florence
taftbindiger
Kleiderstoff
5 Chaly
Tag
besonderer Anlässe
7 Festtag
der inneren Einkehr
6 Bettag
der Woche
6 Alltag, Montag
7 Freitag, Samstag, Sonntag
8 Dienstag, Mittwoch
9 Sonnabend
10 Donnerstag
im altrömischen Kalender
4 Iden
im Fasching
11 Rosenmontag
vor Christi Himmelfahrt
6 Bittag
7 ◆ Bitttag
vor Fastnacht
11 Rosenmontag
vor Ostern
10 Karsamstag
Tage
des altröm. Kalenders
4 Iden
Tagebuch
7 Diarium, Journal, Logbuch
Tagedieb
7 Gammler
Tagegelder
7 Diaeten
Tagelied
des Troubadours
6 Aubade
Tagelöhner
8 Haeusler
in Asien
4 Kuli
Tagesabschnitt
5 Abend
6 Mittag, Morgen
9 Vormittag
10 Nachmittag
Tagesanbruch
6 Fruehe, Morgen
10 Daemmerung
13 Sonnenaufgang
16 Morgendaemmerung
Tagesangabe
5 Datum
Tagesbericht
8 Bulletin
Tageseinteilung
6 Stunde
Tagesereignis
11 Aktualitaet
Tagesgöttin
(indische Götter)
5 Aditi
Tagesheim
f. Kleinstkinder
6 Krippe
Tagesordnung
6 Agenda
8 Programm
Tagespresse
7 Zeitung
Tagesschriftsteller
10 Journalist
Tagesstrecke
eines Schiffes
5 Etmal
Tagesverzeichnis
8 Kalender
11 Kalendarium
12 Wandkalender
Tageszeit
5 Abend, Nacht
6 Mittag, Morgen
9 Vormittag
10 Nachmittag
Tageszeitung
in Aachen
15 Aachener Zeitung
19 Aachener Nachrichten
in Aschaffenburg
8 Main-Echo
in Augsburg
20 Augsburger Allgemeine
in Berlin
2 BZ
3 taz
7 Die Welt

9 Junge Welt
14 Berliner Kurier
15 Berliner Zeitung, Der Tagesspiegel, die tageszeitung
16 Neues Deutschland
18 Berliner Morgenpost
in Bielefeld
14 Westfalen-Blatt
17 Neue Westfaelische
in Bonn
15 General-Anzeiger
in Braunschweig
21 Braunschweiger Zeitung
in Bremen
11 Weser-Kurier
17 Bremer Nachrichten
in Chemnitz
11 Freie Presse
in Cottbus
18 Lausitzer Rundschau
in Darmstadt
16 Darmstaedter Echo
in Dortmund
15 Ruhr-Nachrichten
22 Westfaelische Rundschau
in Dresden
18 Saechsische Zeitung
in Düsseldorf
12 Handelsblatt
14 Rheinische Post
19 Westdeutsche Zeitung
in Erfurt
20 Thueringer Allgemeine
in Essen
3 NRZ, WAZ
15 Neue Ruhr-Zeitung
16 Neue Rhein-Zeitung
22 Westdeutsche Allgemeine
in Flensburg
20 Flensburger Tageblatt
in Frankfurt am Main
3 FAZ
20 Frankfurter Rundschau
21 Frankfurter Allgemeine, Frankfurter Neue Presse
in Freiburg
15 Badische Zeitung
in Fulda
14 Fuldaer Zeitung
in Hagen
13 Westfalenpost
in Halle/Saale
21 Mitteldeutsche Zeitung
in Hamburg
4 Bild
10 Morgenpost
19 Hamburger Abendblatt
in Hannover
10 Neue Presse
22 Hannoversche Allgemeine
in Heidelberg
18 Rhein-Neckar-Zeitung
in Hof
11 Frankenpost
in Ingolstadt
11 Donau-Kurier
in Karlsruhe
26 Badische Neueste Nachrichten
in Kassel
19 Hessische Allgemeine
in Kiel
17 Kieler Nachrichten
in Koblenz
12 Rhein-Zeitung
in Köln
7 Express
19 Koelnische Rundschau
20 Koelner Stadtanzeiger
in Konstanz
10 Suedkurier
in Leipzig
21 Leipziger Volkszeitung
in Lübeck
20 Luebecker Nachrichten
in Ludwigshafen
10 Rheinpfalz
in Magdeburg
11 Volksstimme
in Mainz
12 Rhein-Zeitung
17 Allgemeine Zeitung
in Mannheim
16 Mannheimer Morgen
in München
2 AZ, TZ
12 Abendzeitung
15 Muenchner Merkur
19 Sueddeutsche Zeitung
in Münster
24 Westfaelische Nachrichten
in Nürnberg
22 Nuernberger Nachrichten
in Offenbach
13 Offenbach-Post
in Oldenburg
15 Nordwest-Zeitung
in Osnabrück
23 Neue Osnabruecker Zeitung
in Passau
18 Passauer Neue Presse
in Potsdam
20 Maerkische Allgemeine
in Regensburg
23 Mittelbayerische Zeitung
in Rostock
13 Ostsee-Zeitung
in Saarbrücken
19 Saarbruecker Zeitung
in Schwerin
22 Schweriner Volkszeitung
in Stuttgart
18 Stuttgarter Zeitung
22 Stuttgarter Nachrichten
in Trier
22 Trierischer Volksfreund
in Wiesbaden
17 Wiesbadener Kurier
19 Wiesbadener Tagblatt
in Würzburg
8 Main-Post

Tagewerk
6 Pensum

Tagfalter
5 Fuchs
6 Apollo, Aurora
7 Admiral
8 Eisvogel
9 Weissling
10 Mauerfuchs, Ochsenauge
11 Augenfalter, Goldene Acht, Segelfalter
12 Apfelwickler, Apollofalter, Distelfalter, Trauermantel
13 Kohlweissling, Tagpfauenauge
14 Schillerfalter, Zitronenfalter

tägliche
Aufzeichnung persönlicher Erlebnisse
8 Tagebuch
Bibelsprüche
6 Losung
Gebisspflege
12 Zaehneputzen
Kasseneinnahme
6 Losung

täglicher
Erholungsvorgang
6 Schlaf

tägliches
Arbeitsentgelt
8 Tagelohn
Nahrungsmittel
4 Brot

Taglöhner
20 Gelegenheitsarbeiter

Tagraubvogel
3 Aar
4 Weih
5 Adler, Falke, Geier, Milan, Urubu
6 Kondor
7 Bussard, Habicht, Sperber
8 Seeadler
10 Fischadler, Steinadler

Tagschmetterling
7 Admiral
16 Schwalbenschwanz

Tagtraum
8 Illusion
9 Wachtraum
10 Taeuschung, Wunschbild

Tagundnachtgleiche
12 Aequinoktium

Tagung
7 Konvent, Meeting, Session, Sitzung
8 Kongress
9 Konferenz
11 Versammlung
13 Zusammenkunft

Tagungsbericht
9 Protokoll

Taifun
in Ostasien
6 Trombe

Taille
12 Guertellinie

taillenloses
Kleid
7 Haenger

taillierter
Damenmantel mit Reverskragen
9 Redingote

Tajozufluss
in Spanien
5 Salor
6 Alagon, Jarama

Takel
4 Gien

Takelung
kleiner Segelboote
3 Kat

Takt
3 Akt
4 Werk
6 Aktion
7 Anstand, Bildung
8 Handlung, Rhythmus

20 Fingerspitzengefuehl
Taktgefühl
7 Anstand
taktische
Aufstellung der Truppe
5 Linie
Einheit der Streitkräfte
9 Bataillon
taktischer
Truppenteil
8 Regiment
taktlos
9 indiskret
11 beleidigend, instinktlos
Taktlosigkeit
7 Fauxpas
9 Schnitzer
12 Indiskretion
taktmäßig
10 rhythmisch
Taktmesser
8 Metronom
Taktteil
im Vers
5 Arsis
taktvoll
7 diskret
taktvoller
Mensch
8 Kavalier
Tal
9 Niederung
bei Korinth
5 Nemea
8 Montafon
im Kanton Wallis
6 Arolla, Herens
in Graubünden
5 Davos, Misox
in Oberitalien
7 Veltlin
in Südtirol
10 Vintschgau
in Tirol
5 Navis
Talar
4 Robe
5 Ornat
6 Sutane
7 Soutane
10 Amtstracht
Talbrücke
7 Viadukt
Talenge
(Schweiz)
5 Cluse
Talent
4 Gabe
6 Anlage
7 Neigung
8 Begabung
10 Faehigkeit
11 Befaehigung
Talg
für Kerzen
6 Inselt
9 Unschlitt
Unschlitt
6 Inselt
Talglicht
5 Kerze
Talgrund
6 Kessel
Talisman
7 Amulett
8 Maskotte
11 Maskottchen
14 Gluecksbringer
der Skifahrer
4 Ulli
5 Uller
Talkessel
5 Mulde, Senke, Wanne
Tallandschaft
an der Donau
5 Lobau
6 Wachau
an der Weser
5 Porta
bei Berchtesgaden
6 Ramsau
bei Korinth
5 Nemea
im Salzburger Land
7 Gastein
im Salzkammergut
5 Gosau
in den Dolomiten
7 Ampezzo
in der Schweiz
7 Engadin
in der Steiermark
7 Ennstal
in Norwegen
7 Romsdal
in Südtirol
8 Passeier
10 Vintschgau
in Vorarlberg
6 Walgau
8 Montafon
Talmudschüler
6 Bacher
Talmudteil
6 Gemara
7 Mischna
Talon
3 Bon
Talsperre
8 Staudamm
9 Staumauer
bei Eibenstock
4 Sosa
in Hessen
7 Edersee
Talwind
am Comer See
5 Breva
in den Anden
5 Junte
Tamburin
3 Tar
Tamtam
4 Gong
Tand
4 Kram
5 Talmi
6 Ramsch
7 Flitter, Plunder, Troedel
9 Firlefanz
Tändelei
5 Flirt
14 Techtelmechtel
Tändler
8 Schaeker
Tangentenfläche
einer Raumkurve
5 Torse
Tank
6 Kessel, Panzer
9 Behaelter
11 Panzerwagen
Tankschiff
6 Tanker
Tännelgewächs
6 Bergia
Tannenbaumschmuck
5 Kerze, Kugel, Stern
7 Lametta
10 Engelshaar
tansanische
Währung
5 Cents
8 Shilling
Tante
5 Muhme
Tanz
3 Fox
4 Jive, Reel, Step
5 Bebop, Blues, Choro, Conga, Gigue, Limbo, Mambo, Polka, Raspa, Rumba, Samba, ◆ Stepp, Swing, Tango, Twist
6 Baiaio, Bolero, Boston, Cancan, Galopp, Pavane, Reigen, Shimmy, Walzer
7 Bourree, Calypso, Canaris, Carioca, Csardas, Gavotte, Kehraus, La Bamba, Lambada, Letkiss, Madison, ◆ Masurka, Mazurka, Menuett, Musette, Onestep, Ragtime, Slowfox, Twostep
8 Anglaise, Cakewalk, Chaconne, Cotillon, Courante, Fandango, Foxtrott, Habanera, Kotillon, Laendler, Rundtanz, Rutscher, Schieber, ◆ Twostepp
9 Allemande, Bossanova, Cha-Cha-Cha, Ecossaise, Francaise, Jitterbug, Krakowiak, Pasodoble, ◆ Polonaese, Polonaise, Quadrille, Quickstep, Rock'n'Roll, Sarabande, Volkstanz
10 Charleston, Kasatschok, Kontertanz, Kreuzpolka, ◆ Quickstepp, Saltarello, Seguidilla, Tarantella, Tirolienne
11 Blackbottom, Lambeth Walk, Passacaglia, Rock and Roll, Spitzentanz, Square Dance, Varsovienne
12 Boogie Woogie, ◆ Englishwaltz, Rheinlaender, Wiener Walzer
13 Schuhplattler
auf Bali
5 Djauk
auf Hawaii
8 Hula-Hula
Tanz-
und Gesangsform im karibischen Raum
7 Calypso

Tanz
von Märchenwesen
10 Feenreigen
Tanzaufzeichnung
12 ◆ Choreografie
13 Choreographie
Tanzdiele
3 Bar
Tanzdrehung
9 Pirouette
tanzende
Fontänen zu Musik
11 Wasserorgel
Tanzensemble
7 Ballett
9 Formation
Tänzerfamilie
in Italien
8 Taglioni
Tänzerin
4 Girl
8 Bajadere
9 Ballerina
11 Balletteuse
14 Primaballerina
in Indien
8 Bajadere
in Kuba
6 Alonso
in Österreich
6 Essler
in Spanien
9 Argentina
Tanzfest, -vergnügen
4 Ball
6 Schwof
7 Bal pare
Tanzfigur
8 Arabeske
der Quadrille
3 Ete
Tanzform
9 Allemande
Tanzgruppe
7 Ballett
Tanzkapellmeister
der 30er Jahre
4 Ette
Tanzkunst
9 Choreutik
Tanzlehrer
für Kunsttanz
14 Ballettmeister
Tanzlied
im Mittelalter
7 Rondeau
Tanzlokal
5 ◆ Disco, Disko
7 Dancing
9 Discothek, Diskothek
Tanzmädchen
4 Girl
8 Taxigirl
12 Ballettratte
Tanzmeistergeige
8 Pochette
Tanzmusik
4 Beat
Tanzpädagoge
5 Laban
Tanzraum
3 Bar
4 Saal
8 Tanzsaal
Tanzschild
der röm. Salier
6 Ancile
Tanzschrift
12 ◆ Choreografie
13 Choreographie
Tanzschritt
3 Pas
4 Step
5 ◆ Stepp
6 Chasse, Croise
Tanzschuh
8 Eskarpin
Tanzschüler
5 Eleve
Tanzschülerin
6 Elevin
Tanzveranstaltung
4 Ball, Fest
5 Party
7 Bal pare, Redoute
8 Hausball
9 Discothek, Diskothek
10 Maskenball
11 Fuenfuhrtee, Kostuemball, Kostuemfest
Tanzvergnügen
4 Ball
10 Ringelpiez
Tapetenleim
8 Kleister
tapfer
4 brav
5 mutig
7 beherzt
9 ◆ bravuroes, schneidig
10 bravouroes, couragiert
tapferer
Mensch
4 Held
6 Heldin
Tapferkeit
3 Mut
6 ◆ Bravur
7 Bravour, Courage, Schneid
11 Beherztheit
Tapferkeitstest
8 Mutprobe
Tapir
4 Anta
5 Maiba
9 Bergtapir
14 Flachlandtapir
16 Schabrackentapir, Weissbackentapir
Tarantel
11 Wolfsspinne
tarische
Lammfellmütze
6 Kalpok
Tarnfärbung, Tarnung
6 Mimese
7 Mimikry
10 Camouflage
Tarockfigur
6 Kavall, Reiter
Tarockkarte
4 Mond
5 Pagat, Skues
Tarpan
9 Wildpferd
Täschchen
für Kosmetik
10 Necessaire, ◆ Nessessaer
Tasche
5 Mappe
an liturgischen Gewändern
5 Bursa
Taschenbesatz
5 Patte
Taschenbuch
9 Vademekum
Taschenklappe
5 Patte
Taschenklappmesser
6 Feitel
Taschenpistole
8 Terzerol
Taschenspieler
6 Magier
7 Gaukler
8 Zauberer
10 Eskamoteur
11 Illusionist
15 Zauberkuenstler
Taschenspielerei
8 Zauberei
9 Gauklerei
10 Eskamotage
Taschenspielergeheimnis
5 Trick
Tastatur
5 Pedal
6 Manual
9 Klaviatur
tastbar
8 palpabel
Tastbrett
8 Tastatur
Tasten
eines Instruments
6 Klavis
eines Klaviers
8 Tastatur
Tastenbrett
am Klavier
9 Klaviatur
Tasteninstrument
5 Orgel, Piano
7 Cembalo, Fluegel, Klavier, Pianino, Pianola, Spinett
8 Portativ
9 Akkordeon, Bandoneon, Bandonion, Harmonika, Harmonium
10 Clavichord, Klavichord, Konzertina, Pianoforte
11 Klavizimbel
12 Clavicembalo, Hammondorgel
13 Ziehharmonika
15 Schifferklavier
Tastorgan
bei Tieren
5 Palpe
7 Fangarm, Fuehler, Ruessel
8 Tentakel
Tastsinnlehre
6 Haptik
Tat
3 Akt
4 Werk
6 Aktion
8 Handlung
11 Unternehmen

T

Tatarenstamm
im Ural
10 Baschkiren
tatarische
Fellmütze
6 Kalpak, Kolpak
tatarischer
Fürstentitel
5 Mursa
tatarisches Mischvolk, -Volk
6 Awaren
12 Bessermianen
13 Bessermjaenen
Tatbestand
11 Sachverhalt
Tatendrang, Tatkraft
4 Elan
5 Drive, Verve
7 Energie, Hingabe, Passion, Schwung
10 Aktivitaet, Initiative
12 Begeisterung, Enthusiasmus
Tatendurst
18 Unternehmungsgeist
Täter
10 Delinquent
Tatform
5 Aktiv
tätig
4 agil, rege
5 aktiv
sein
3 tun
7 agieren, handeln
8 arbeiten
9 fungieren
tätiger
antarktischer Vulkan
6 Erebus
Vulkan auf Java
5 Bromo
Vulkan auf Sizilien
5 Aetna
Tätigkeit
3 Job, Tun
5 Beruf
6 Aktion, Arbeit, Praxis
7 Aufgabe, Einsatz, Gewerbe
8 Funktion
10 Aktivitaet
11 Verrichtung
12 Manipulation
14 Beschaeftigung
der Lungen
5 atmen
des Geistlichen
9 Seelsorge
einer Maschine ohne Nutzeffekt
8 Leerlauf
Tätigkeitsbereich
6 Praxis
Tätigkeitsdrang
5 Trieb
10 Aktivitaet
Tätigkeitsform
des Verbs
5 Aktiv
Tätigkeitsübernahme
von einem Vorgänger
9 Nachfolge
Tätigkeitswort
4 Verb
6 Verbum

Tatkraft
4 Elan
7 Energie
tatkräftig
5 aktiv
9 dynamisch, energisch, schneidig, zupackend
12 entschlossen
tatkräftige
Hilfe
8 Beistand
tatkräftiges
Streben
6 Fleiss
tätlicher
Angriff
9 Ueberfall
Tätlichkeit
8 Rauferei
9 Pruegelei
10 Raufhandel
11 Schlaegerei
17 Handgreiflichkeit
Tatmerkmal
5 Indiz
Tatsache
4 Fakt
6 Faktum
7 Umstand
8 Ereignis, Wahrheit
9 Konkretes, Realitaet
11 Faktizitaet
12 Wirklichkeit
Tatsachen
6 Fakten
7 Realien
Tatsachenbericht
9 Reportage
Tatsachenmensch
7 Realist
tatsächlich
4 real
7 de facto, konkret
8 effektiv, faktisch, realiter, wirklich
tatsächliche
Form der Erdkugel
5 Geoid
tatsächlicher
Bestand
3 Ist
Wert des Geldes
9 Kaufkraft
Tatze
5 Klaue, Pfote
6 Pranke, Pratze
Tau
3 Gei
4 Reep, Reif, Seil
5 Belag, Kabel, Leine
6 Strick
7 Treidel
8 Beschlag, Ueberzug
12 Niederschlag
aus Metall
9 Drahtseil
zum Segelspannen
5 Schot
zum Stellen der Segel
6 Brasse
zur Kraftübertragung
7 Seilzug

taub
12 hoerunfaehig
taube
Schicht
6 Abraum
Taubefestigungsvorrichtung
6 Poller
Taubenvogel
4 Dodo
6 Dronte
taubes
Gestein eines Flözes
5 Berge
Taube, Taubenart
4 Dodo
5 Goura
6 Dragon, Dronte
7 Columba, Purzler
8 Bagdette, Flughuhn, Moewchen, Strasser, Tuemmler
9 Feldtaube, Hohltaube, Huhntaube, Krontaube, Lachtaube, Pfautaube, Wildtaube
10 Brieftaube, Kropftaube, Luchstaube
11 Farbentaube, Felsentaube, Formentaube, Fruchttaube, Mandeltaube, Riesentaube, Ringeltaube, Schopftaube, Steppenhuhn, Turteltaube, Wandertaube, Warzentaube
12 Faechertaube, Maehnentaube, Sandflughuhn, Trommeltaube, Tuerkentaube
13 Hochflugtaube, Strukturtaube, Tuemmlertaube
14 Perueckentaube
15 Dolchstichtaube
Taubnessel
6 Lamium
Tauchboot
5 U-Boot
12 Unterseeboot
Tauchente
9 Eiderente, Eidergans
Taucher
10 Froschmann
Taucherente
6 Dueker
Tauchvogel
3 Alk
5 Lumme
7 Pinguin, Taucher
10 Seetaucher
Tauende
4 Dogg, Tamp
6 Lotter, Tampen
Taufe
12 Namensgebung
Taufkapelle
12 Baptisterium
Täufling
9 Patenkind
Taufname
7 Vorname
Taufzeuge
4 Pate
8 Gevatter
Taufzeugin
5 Patin
Taugenichts
4 Lump

6 Lotter
7 Lorbass
8 Faulpelz, Tagedieb
9 Bummelant, Faulenzer
10 Leichtfuss, Tunichtgut
tauglich
3 fit
Tauglichkeit
7 Eignung
Tauglichkeitsprüfung
4 Test
Taumel
6 Rausch
9 Schwindel
12 Ueberschwang
taumeln
7 torkeln
Tausch
7 Wechsel
tauschen
8 wechseln
täuschen
7 bluffen
9 betruegen
11 irrefuehren, vorspiegeln
täuschend
ähnliche Nachbildung
8 Attrappe
Täuschung
4 Dreh, List, Trug, Wahn
5 Bluff, Finte, Kniff, Trick
6 Betrug, Humbug, Irrtum, Masche, Schein
7 Arglist, Phantom
8 Bueberei, ◆ Fantasie, Gaunerei, Illusion, Tagtraum, Trugbild
9 Blendwerk, Phantasie, Schwindel
10 Einbildung, Hinterlist
11 Fata Morgana, Verstellung
12 Irrefuehrung, Manipulation
13 Halluzination, Mystifikation, Vorspiegelung
durch Luftspiegelung
11 Fata Morgana
Täuschungsmanöver
5 Finte
Tauschwert
des Geldes
9 Kaufkraft
tausend
Billionen
9 Billiarde
Milliarden
7 Billion
Millionen
9 Milliarde
Tausend
5 Mille
Tausendfüßer
5 Assel
10 Kugelassel
11 Schnurassel, Skolopender, Tausendfuss
13 Steinkriecher
Tausendgüldenkraut
5 Aurin
Tausendsassa
11 Teufelskerl
14 Allerweltskerl
Tausendschön
7 Amarant
9 Margerite
10 Kreuzblume
12 Massliebchen
15 Gaensebluemchen
16 Stiefmuetterchen
Tausendstel
8 Promille
einer Einheit
5 Milli
Tausendundeine-Nacht-Figur
5 Ifrit
6 Aladin
7 Ali Baba, Sindbad
12 Scheherezade
Tauwerk
9 Kabelgarn
als Einfassung eines Segels
4 Liek
eines Schiffes
8 Takelage
Tauwerkhersteller
6 Seiler
Taxator
9 Schaetzer
Taxe, Taxi
8 Mietauto
13 Kraftdroschke
Taxus
4 Eibe
Team
von Senioren
19 Altherrenmannschaft
Teamsport
8 Fussball, Handball
10 Volleyball, Wasserball
Technik
der Metallverzierung
6 Niello
mit punktartig gesetzten Farben
13 Pointillismus
mit Wachsfarben in der Malerei
12 Wachsmalerei
Techniker
9 Ingenieur
technisch
Verantwortlicher im Bergbau
7 Steiger
wichtige Base
11 Natronlauge
technische
Anlage zur Stahlgewinnung
11 Thomasbirne
13 Bessemerbirne
Ausrüstung
6 Anlage
7 Armatur
Betriebsstörung
7 Havarie
Einrichtung
6 Anlage
Grundlage
8 Computer
10 Elektronik
Hilfskraft
8 Laborant
Hochschule
13 Polytechnikum
Krafteinheit
4 Pond
Lehranstalt
9 Technikum
13 Polytechnikum
22 Technische Universitaet
Leistungseinheit
13 Pferdestaerke
Ölsäure
5 Olein
Truppe des Heeres
8 Pioniere
Vorrichtung
7 Apparat
technische Maßeinheit
3 Fax
7 Telefax
technischer
Abbau
9 Demontage
Aufbau
7 Montage
Beruf
5 Pilot
6 Dreher, Former, Funker, Heizer, Nieter
7 Flieger, Fraeser, Giesser, Monteur, Optiker, Taucher
8 Klempner, Laborant, Polierer, Ziseleur
9 Emailleur, Schleifer, Schlosser, Uhrmacher
10 Elektriker, Maschinist, Mechaniker
12 Installateur
Handwerker
10 Elektriker
Lastarm
5 Hebel
9 Kranhebel
Richtungsermittler
6 Peiler
Titel
9 Ingenieur
10 Baufuehrer
11 Werkmeister
12 Wagenmeister
13 Schirrmeister
15 Diplomingenieur
technisches
Arbeitsmittel
7 Apparat
Fachgebiet (Unternehmen, Verfahren)
3 EDV
4 Guss
5 Abbau, Druck, Weben
6 Binden, Bohren, Drehen, Gerben, Hobeln, Loeten, Rollen, Saegen, Senken, Walken, Wirken, Ziehen
7 Abstich, Andruck, Bergbau, Fraesen, Gerbung, Giessen, Haerten, Hausbau, Hochbau, Kokerei, Montage, Praegen, Pressen, Schaben, Spinnen, Stanzen, Stossen, Tiefbau, Viskose
8 Aetzerei, Binderei, Handsatz, Kanalbau, Polieren, Wirkerei
9 Aetzdruck, Buchdruck, Fertigung, Gravieren, Hochdruck, Lichtsatz, Reinigung, Ruehrwerk, Schiffbau, Schleifen, Schmieden, Schneiden, Siebdruck, Spinnerei, Tiefdruck, Vertonung
10 Bautechnik, Blechdruck,

Elektronik, Flachdruck, Foerderung, ◆ Fotografie, Kleiderbad, Lichtdruck, Metallguss, Produktion, Schiffsbau, Schweissen, Steindruck, Stoffdruck, Strangguss, Verrohrung
11 Brueckenbau, Buntweberei, Dachdeckung, Elektrolyse, Enteisenung, Fahrzeugbau, Farbendruck, Fernmessung, Flugzeugbau, Herstellung, Kerntechnik, ◆ Lithografie, Messtechnik, Offsetdruck, Riementrieb, Stereotypie, Strassenbau, Trassierung
12 Automobilbau, Buchbinderei, Buerotechnik, Drucktechnik, Feinmechanik, Kanalisation, Lichttechnik, Lithographie, Maschinenbau, Motortechnik, Photographie, Transmission
13 Dampfhaertung, Fliesspressen, Impraegnieren, Kaeltetechnik, Koksgewinnung, Konservierung, Maschinensatz, Schleuderguss, Talsperrenbau, Textiltechnik, Vakuumtechnik
14 Bergbautechnik, Brennschneiden, Elektrotechnik, Energietechnik, Fernsehtechnik, Galvanotechnik, Huettentechnik, Klimatisierung, Schalldaemmung, Silikattechnik, Stahlerzeugung, Stromerzeugung
15 Computertechnik, Dreifarbendruck, Feuerschweissen, Glasherstellung, Kupfertiefdruck, Rundfunktechnik, Serienfertigung, Verkehrstechnik, Vierfarbendruck
16 Fernmeldetechnik, Holzverarbeitung, Regelungstechnik
17 Datenverarbeitung, Elektroschweissen, Metallbearbeitung, Papierherstellung, Starkstromtechnik
18 Nachrichtentechnik, Sandstrahlgeblaese, Textilverarbeitung

Gerät
7 Apparat

Spielzeug
12 Autorennbahn, Zauberkasten

Werk
12 Konstruktion

Zeichenbrett
10 Reissbrett

Zubehör
7 Armatur

Techtelmechtel
5 Flirt
6 Gspusi
8 Liebelei
10 Liebschaft
11 Verhaeltnis

Tee

aus Paraquay
4 Mate

und Kaffeewirkstoff
5 Teein
7 Coffein, Koffein

Teegewicht
3 Tub

Teemaschine
7 Samowar

Teenager
4 Girl
8 Maedchen
9 Backfisch
11 Jugendliche
12 Jugendlicher
14 Heranwachsende
15 Heranwachsender

Teepflanze
5 Minze
6 Salbei
7 Fenchel

teerartige

Masse
4 Pech
7 Asphalt, Bitumen

teeren
6 pichen
9 kalfatern
12 asphaltieren

Teerfarbstoff
6 Anilin

teerhaltiges

Skiwachs
7 Klister

Teerprodukt
4 Pech
6 Anilin
7 Bitumen
11 Karbolineum

Teesorte
4 Mate
5 Pekoe
6 Broken
8 Earl Grey
10 Darjeeling, First Flush
13 Dardschilling

Teewirkstoff
4 Tein
7 Coffein, Koffein

Teich
6 Weiher
7 Tuempel

in Frankreich
5 Etang

Teichhuhn
5 Ralle

Teich-, Sumpfpflanze
6 Kalmus

Teiggericht
12 Nudelauflauf

teigig

zähe Masse
5 Pasta, Paste

teigige

Hautschwellung
8 Myxoedem

Teigkugel
5 Kloss

Teigplättchen
6 Oblate

Teigroller
9 Nudelholz

Teigtreibmittel
4 Germ, Hefe
9 Sauerteig
10 Backpulver

teigumhülltes

Obststückchen
7 Beignet

Teigware
5 Nudel
7 Lasagne, Ravioli
8 Spaetzle, ◆ Spagetti
9 Bandnudel, Canelloni, Makkaroni, Spaghetti
10 Fadennudel, Maultasche, Tortellini

Teigwarenpastete
7 Ravioli

Teil
5 Glied
6 Bissen, Happen, Partie, Sektor, Stueck
7 Brocken, Portion, Strecke
9 Abschnitt
11 Bruchstueck

alter Festungsbauten
6 Bastei

am Bandende eines Bandförderers
11 Abstreicher

arabischer Namen
3 Ibn

Äthiopiens
7 Eritrea

aus einem Ganzen
9 Abschnitt

der Ägäischen Inseln
8 Sporaden

der Ähre
6 Granne

der Alpen zwischen Schweiz und Vorarlberg
8 Raetikon

der altrömischen Kohorte
7 Manipel

der Anrede
7 Rufname

der Appalachen
11 Alleghanies

der ärztlichen Praxis
11 Wartezimmer

der ärztlichen Spritze
7 Kanuele

der Augenlider
7 Wimpern

der Autobahn in Berlin
4 Avus

der Bahnanlage
5 Gleis
9 Bahnsteig

der Balkanhalbinsel
8 Thrazien

der Batterie
9 Elektrode

der Bayerntracht
9 Lederhose

der Bergsteigerausrüstung
4 Seil

der Bettwäsche
5 Bezug, Laken
6 Inlett
9 Bettbezug
10 Kopfkissen

16 Ueberschlaglaken
der Bibel
2 AT, NT
der Biologie
7 Botanik
8 Zoologie
13 Anthropologie
der Blumenkrone
6 Limbus
der Blütenpflanze
5 Samen
der Brille
4 Steg
der Buchführung
3 Lat
der Campingausrüstung
4 Zelt
der Damengarderobe
10 Unterkleid
der Debatte
13 Gegenargument
der Diele im niedersächsischen Bauernhaus
5 Flett
der Dinarischen Alpen
5 Karst
10 Iwan Sattel
der Dolomiten
11 Rosengarten
der Drehorgel
5 Walze
6 Kurbel
der Druckerei
8 Setzerei
der Eifel
4 Venn
der elektrischen Ausrüstung
7 Stecker
der Elemente
4 Atom
der elterlichen Gewalt über Minderjährige
16 Aufsichtspflicht
der Erdatmosphäre
10 Exosphaere
11 Ionosphaere, Mesosphaere
12 Troposphaere
13 Stratosphaere
der Fahrzeugausrüstung
8 Elektrik
der Fahrzeugelektrik
8 Anlasser
der Fechtwaffe
6 Klinge
der Feder
4 Kiel
der festen Erdgesteinshülle
4 Sima
der Feuerungsanlage
4 Rost
der Finger
9 Nagelbett
der Fischfangausrüstung
4 Pose
5 Angel
6 Koeder
7 Harpune
8 Aalreuse
der freien Gesellschaft
11 Mittelstand
der Funkeinrichtung
6 Sender
7 Antenne

9 Sendemast
10 Empfaenger
der Gefäßbündel (Pflanzen)
6 Leptom
der Geige
4 Hals, Steg
5 Boden, Decke, Saite, Zarge
6 Buegel
9 Schalloch
10 Bassbalken, Griffbrett,
◆ Schallloch
der Getreidepflanze
5 Aehre
der Gleisanlage
6 Weiche
7 Schiene
8 Schwelle
der Gliedmaßen
7 Oberarm
der griech. Nationaltracht
10 Fustanella
der Hafenwirtschaft
8 Stauerei
der Hand
6 Daumen, Finger, Gelenk
11 Fingernagel, Zeigefinger
der Herrenkleidung
3 Hut
4 Hemd, Hose
5 Anzug, Jacke, Weste
6 Anorak, Mantel, Schuhe
7 Schlips
8 Krawatte
9 Unterhemd, Unterhose
10 Handschuhe
12 Aermelhalter, Hosentraeger, Sockenhalter
18 Manschettenknoepfe
der indischen Literatur
4 Veda, Weda
der irdischen Lufthülle
13 Stratosphaere
der jüdischen Liturgie
6 Mussaf
der Kalbskeule
10 Frikandeau
der Kamera
5 Linse
6 Blende, Stativ
8 Objektiv, Rollfilm
10 Blitzlicht
12 Kameratasche
14 Transporthebel
15 Selbstausloeser
17 Belichtungsmesser
18 Weitwinkelobjektiv
der Kanne
6 Tuelle
der Karnischen Alpen
14 Gailtaler Alpen
der Karpaten
5 Tatra
8 Beskiden
12 Niedere Tatra
der Karteikarte
3 Tab
6 Reiter
der kath. Messe
5 Kredo
8 Graduale
der Kerze
5 Docht, Wachs
7 Stearin

der Kette
5 Glied
9 Glasperle
der Kirche
5 Altar
6 Empore, Kanzel
9 Sakristei
12 Glockenstuhl
13 Kirchenschiff
der Kletterpflanze
5 Ranke
der Kordilleren
5 Anden
11 Sierra Madre
der Kücheneinrichtung
4 Herd
7 Gasherd
9 Kohleherd
10 Eisschrank
11 Elektroherd
12 Kuechenstuhl, Kuechentisch
13 Waschmaschine
14 Kuechenschrank
der Landwirtschaft
8 Ackerbau
9 Gartenbau, Viehzucht
der Leiter
4 Holm
5 Tritt
7 Sprosse
der Mathematik
7 Algebra
9 Geometrie
der menschlichen Kultur
5 Kunst
der Mittelmeerküste
7 Riviera
der Mitwirkung
7 Beitrag
der Molkerei
8 Kaeserei
der Mönchstracht
9 Skapulier
der Mundhöhle
6 Gaumen
der Mundumrandung
5 Lippe
9 Oberlippe
10 Unterlippe
der Nadel
4 Oehr
der Naturwissenschaft
6 Chemie
der nordamerikanischen Kordilleren
14 Rocky Mountains
der nördlichen Kalkalpen
15 Bayerische Alpen
der Nordsee
9 Skagerrak
der Nordtiroler Kalkalpen
18 Wettersteingebirge
der Orgel
5 Beber, Pedal
6 Manual, Pfeife
8 Register, Windlade, Windwerk
der Ostalpen
7 Bernina
der Ostsee
4 Belt, Sund
11 Kieler Bucht
14 Baltisches Meer
20 Bottnischer Meerbusen

der Personenbezeichnung
6 Zuname
7 Vorname
der Pferdezäumung
7 Kandare
der Pfote
6 Kralle
der Physik
4 Atom, Kern
5 Optik
6 Waerme
7 Akustik
8 Mechanik
11 Magnetismus
13 Elektrizitaet
der Postanschrift
12 Postleitzahl
der Pyrenäen
9 Maladetta
der Rakete
9 Triebwerk
der Rätischen Alpen
7 Bernina
der Raubtierpfote
5 Tatze
6 Kralle
der Rauchergarnitur
9 Feuerzeug
11 Streichholz
12 Aschenbecher, Tabakspfeife
14 Zigarettendose
16 Zigarettenspitze
19 Zigarrenabschneider
der Rede
4 Satz
der Registratur
11 Karteikarte
der Reitbahn
6 Kalade, Manege
der Ritterrüstung
3 Sax
4 Helm
5 Griff, Knauf, Kranz, Krebs, Lanze, Sporn
6 Glocke, Hentze, Meusel, Panzer, Schild, Visier
7 Fuerbug, Kuhmaul, Scheide, Schwert
8 Beinzeug, Claymore, Gelieger, Harnisch, Kinnreff, Ruestung, Schranze, Sehspalt, Tartsche
9 Armkachel, Bauchreif, Beinberge, Brechrand, Diechling, Halsberge, Handschuh, Rossstirn, Schembart, Scramasax, Stechhelm, Stechzeug
10 Armschiene, Beinroehre, Beintasche, Eisenschuh, Kehlstueck, Kniebuckel, Kniekachel, Langschild, Panzerhelm, Ringpanzer, Ruesthaken, Rundschild
11 Brustpanzer, Bruststueck, Handtartsch, Stosskragen, Vorderpflug
12 Flankenblech, Nackenschirm, Panzerschutz, Panzerstange, Rossharnisch
13 Augenschranze, Gesaessreifen, Prunkharnisch, Stechtartsche
14 Schuppenpanzer
15 Plattenharnisch

der römischen Thermen
11 Frigidarium
der Rundfunkanlage
6 Sender
der Samenschale höherer Pflanzen
5 Narbe
der sanitären Einrichtung
3 Klo
6 Brause, Dusche
8 Toilette
9 Badewanne
10 Spuelstein
11 Waschbecken
der Scheune
5 Tenne
der Schiffe im Mittelalter
8 Mastkorb
der Schiffsbauwerft
5 Helge
der Schiffssteuerung
5 Ruder
der Schlafstätte
4 Bett
5 Laken
8 Deckbett, Matratze
10 Kopfkissen
der Schlingpflanze
5 Ranke
der Schraube
4 Kopf
7 Gewinde
der Schreibmaschine
4 Type
5 Taste, Wagen, Walze
8 Farbband, Tastatur
9 Leertaste, Tabulator
14 Korrekturtaste
der Schulter
6 Achsel
13 Schulterblatt
der Schusswaffe
4 Korn, Lauf
5 Abzug, Kimme
7 Schloss
12 Schlagbolzen
der Schwäbischen Alb
5 Hardt
7 Heuberg
der Schwimmbekleidung
9 Badehaube
der Segelboote
4 Mast
der Sende- und Empfangseinrichtung
7 Antenne
der Setzmaschine
6 Taster
der Sozialversicherung
18 Unfallversicherung
19 Krankenversicherung
21 Invalidenversicherung
24 Angestelltenversicherung, Arbeitslosenversicherung, Knappschaftsversicherung
der Spinnmaschine
5 Spule
7 Spindel
der Sportanlage
9 Spielfeld
der Sprache
4 Wort
der Stereoanlage
5 Tuner

11 Verstaerker
der Streichinstrumente
4 Steg
5 Saite
der Stunde
6 Minute
7 Sekunde
der Sudeten
11 Isergebirge
13 Riesengebirge
der südlichen Kalkalpen
10 Karawanken
der Südwestküste Indiens
7 Malabar
der Tageszeitung
7 Beilage, Einlage
der Takelung
5 Segel
9 Bramsegel
der Temperaturskala
4 Grad
der Tennisanlage
4 Netz
der Tierzehe
5 Klaue
der Trachtenhosen
4 Latz
der Tracht kath. Priester
5 Velum
der Treppe
6 Podest, Stufen
9 Gelaender
der Tür
6 Klinke
der Uhr
5 Unruh
6 Impuls, Pendel, Zeiger
8 Gangwerk
9 Ankerwerk
10 Schlagwerk, Triebfeder
11 Zifferblatt
der ungarischen Tiefebene
8 Batschka
der Unterwelt
6 Limbus
8 Tartarus
der Visiereinrichtung
4 Korn
der Vogelfeder
4 Kiel
5 Fahne
der weiblichen Bekleidung
3 Hut
4 Rock
5 Bluse, Jacke, Kleid, Schal, Weste
6 Mantel, Mieder, Schuhe
8 Pullover
9 Garderobe, Struempfe, Unterrock
10 Handschuhe, Handtasche, Schluepfer, Unterkleid
11 Huefthalter
13 Buestenhalter, Cocktailkleid, Strumpfhalter
der Weltmeere
6 Ostsee
7 Karibik, Nordpol, Nordsee, Pazifik, Suedpol, Suedsee
8 Atlantik
10 Mittelmeer
12 Stiller Ozean
14 Indischer Ozean

der Westalpen
5 Adula
9 Meeralpen
11 Berner Alpen
15 Ligurische Alpen
16 Penninische Alpen
der Westkarpaten
8 Beskiden
der Wetteransage
16 Temperaturangabe
17 Windverhaeltnisse
der Windmühle
7 Fluegel
der Wintersportbekleidung
7 Skihose
der Wirbelsäule
10 Steissbein
der Woche
3 Tag
der Wohnung
3 Bad
4 Flur
5 Diele
6 Balkon, Keller, Kueche
7 Hausbar
8 Mansarde, Speicher, Toilette
10 Badezimmer, Wohnzimmer
12 Schlafzimmer
der Wohnungseinrichtung
6 Lampen, Moebel
8 Gardinen, Teppiche
der Wurzel
6 Knolle
der Zentralheizung
8 Radiator
der Zieleinrichtung an Feuerwaffen
6 Visier
der Zigarette
5 Tabak
6 Filter, Papier
16 Zigarettenpapier
der Zigarre
7 Umblatt
des Anoraks
6 Kapuze
des antiken Lustspiels
8 Parabase
des Apennin
8 Abruzzen
des arktischen Mittelmeeres
10 Barentssee
des Armes
4 Hand
6 Finger
7 Oberarm
8 Unterarm
10 Ellenbogen, Handgelenk
des Atlantiks
7 Nordsee
10 Irische See
11 Sargassosee
12 Sargassomeer
des Atomkerns
7 Neutron
des Aufnahmestudios
9 Regieraum
des Auges
3 Lid
4 Iris
5 Linse
7 Pupille, Sehnerv, Wimpern
8 Hornhaut, Netzhaut
9 Bindehaut
14 Regenbogenhaut
des Automotors
4 Tank
6 Kolben, Ventil
8 Batterie, Vergaser, Zylinder
10 Zuendkerze
11 Treibriemen
des Baggers
5 Sehne
des Bahnhofs
9 Wartesaal
10 Wartehalle
des Bahnkörpers
7 Oberbau
des Baltikums
7 Estland, Litauen, Livland
8 Lettland
des Barrens
4 Holm
des Bauches
5 Nabel
des Baukrans
8 Ausleger
des Baumes
3 Ast
4 Laub
5 Blatt, Gabel, Krone, Rinde, Stamm, Zweig
6 Wipfel, Wurzel
des Beines
4 Fuss, Knie, Wade
12 Oberschenkel
13 Unterschenkel
des Besens
5 Stiel
des Bestecks
5 Gabel
6 Messer
7 Loeffel
13 Kaffeeloeffel
des Bettzeugs
5 Bezug, Laken
6 Kissen
8 Deckbett
10 Kopfkissen
des Bienenstocks
4 Wabe
des Bismarckarchipels
18 Admiralitaetsinsel
des Blattes
4 Nerv
5 Stiel
des Blütenbodens
6 Diskus
des Blutfarbstoffs
8 Haematin
des Bodensees
7 Obersee
8 Untersee
14 Ueberlinger See
des Bogengangs
6 Arkade
des Bogens
5 Sehne
des Bretterzauns
5 Latte
des britischen Parlaments
8 Oberhaus
9 Unterhaus
des Bruches
6 Nenner, Teiler
7 Divisor, Zaehler
8 Dividend
11 Bruchstrich
des Buches
5 Blatt, Seite
6 Deckel
7 Einband, Titelei
8 Register, Umschlag
14 Schutzumschlag
des Bühnenbilds
7 Kulisse
8 Soffitte
des Bühnenstücks
3 Akt
des Coloradogebirges
11 Squaw Valley
des Daches
5 First
6 Giebel
des Dachstuhls
6 Sparre, Traufe
des Darmes
8 Dickdarm, Mastdarm
9 Blinddarm, Duenndarm
des Degens
5 Knauf
6 Klinge
des Deutschunterrichts
9 Literatur
des Dickdarms
5 Colon
des dorischen Säulenkapitells
7 Echinus
des Dramas
3 Akt
5 Szene
6 Aufzug
8 Auftritt
des Drehbuches
9 Szenarium
des Dresdner Zwingers
9 Kronentor
des Dünndarms
16 Zwoelffingerdarm
des Eies
6 Dotter
des Eisenbahnzuges
6 Abteil, Tender
9 Packwagen
10 Lokomotive
11 Gueterwagen, Speisewagen
13 Personenwagen
des Elektromotors
5 Anker
des Essbestecks
5 Gabel
6 Messer
7 Loeffel
10 Obstmesser, Teeloeffel
des Essgeschirrs
6 Platte, Teller
7 Terrine
8 Sauciere
9 Schuessel
11 Suppentasse
13 Dessertteller
14 Salatschuessel
des Euters
5 Zitze
des Fahrgestells
5 Achse
des Fahrrades
5 Gabel, Kette, Lampe
6 Bremse, Lenker, Pedale, Rahmen, Reifen, Sattel

7 Klingel
8 Freilauf, Speichen
9 Hinterrad, Vorderrad
10 Lenkstange, Ruecklicht
12 Schutzbleche
14 Gepaecktraeger
16 Kilometerzaehler

des Fahrrads
6 Pedale

des Fahrzeugs
6 Bremse

des Fernsehers
7 Antenne
10 Bildroehre
12 Kanalwaehler, Lautsprecher

des Fernsprechers
6 Hoerer

des Filmprojektors
10 Bogenlampe

des Fingers
5 Glied
6 Gelenk
9 Nagelbett
11 Fingernagel

des Fischknochengerüstes
6 Graete

des Flughafens, -platzes
5 Tower
8 Rollfeld
9 Landebahn, Startbahn

des Flugzeuges
5 Rumpf
6 Duesen
9 Armaturen, Propeller
11 Fahrgestell, Tragfluegel
12 Hoehensteuer

des Fuchsbaus
6 Roehre

des Fuhrwerks
6 Kasten, Raeder
8 Deichsel

des Funkhauses
9 Senderaum

des Fußballplatzes
3 Tor
9 Strafraum

des Fußballspiels
8 Halbzeit

des Fußballtores
11 Lattenkreuz

des Fußes
3 Zeh
4 Zehe
5 Ferse, Spann, Zehen
6 Gelenk
8 Knoechel

des Ganzen
6 Achtel
7 Drittel, Viertel

des Gartens
4 Beet
5 Beete, Laube
8 Terrasse
12 Gewaechshaus
13 Wasserleitung

des Gebirges
6 Felsen

des Gebisses
6 Kiefer, Zaehne

des Gedichtes
4 Vers
7 Strophe

des Geigenkörpers
13 Resonanzboden

des geltenden Rechts
6 Gesetz

des Gesichts
3 Lid, Ohr
4 Auge, Bart, Kinn, Mund, Nase
5 Backe, Braue, Lippe, Stirn, Wange
6 Kiefer, Wimper
8 Schlaefe
9 Gruebchen, Oberlippe
10 Augenbraue, Unterlippe

des Gewehrs
4 Korn, Lauf
5 Kimme
6 Kolben, Schaft, Visier
7 Schloss
11 Abzugbuegel
12 Schlagbolzen

des Gewerbezweiges
14 Zwischenhandel

des Gottesdienstes
5 Segen
8 Liturgie

des Grammofons
5 Nadel
11 Tonabnehmer
12 Lautsprecher, Schallplatte

des griechischen Tempels
5 Cella

des Gürtels
8 Schnalle

des Güterbahnhofs
9 Laderampe

des Hafens
9 Freihafen

des Halses
5 Kehle, Zunge
6 Genick, Gurgel, Mandel, Nacken
7 Mandeln, Schlund
8 Kehlkopf
10 Adamsapfel, Luftroehre, Zungenbein
12 Schilddruese, Speiseroehre

des Hauses
4 Dach, Raum, Tuer
5 Boden, Erker
6 Giebel, Keller, Treppe, Zimmer
7 Fenster, Wohnung
8 Haustuer, Mansarde, Speicher
11 Schornstein, Treppenhaus

des Heeres
5 Armee

des Hessischen Berglandes
5 Rhoen

des Hochamtes
5 Segen

des Hubschraubers
5 Motor, Rotor
6 Kabine
14 Armaturenbrett, Steuerknueppel

des Huftierfußes
6 Fessel

des Indischen Ozeans
14 Arabisches Meer
15 Golf von Bengalen
21 Bengalischer Meerbusen

des Jagdgewehres
7 Ejektor

des Jahres
3 Tag
5 Monat, Woche
7 Quartal
8 Semester
9 Trimester

des Kaffeeservices
10 Untertasse

des Kaisergebirges
12 Wilder Kaiser, Zahmer Kaiser

des Karwendelgebirges
9 Nordkette

des kastilischen Hochlandes
12 Sierra Morena

des kath. Beichtsakraments
10 Absolution

des kath. Ornats
5 Stola

des kath. Stundengebets
4 None

des Kelches
5 Kuppa

des Kindergebisses
9 Milchzahn

des Kircheninnern
5 Altar

des Klaviers
5 Pedal, Saite, Taste
8 Tastatur
9 Klaviatur

des Kleidungsstücks
5 Knopf
6 Kragen
7 Taschen
11 Manschetten
15 Reissverschluss

des Klosters
5 Zelle
6 Remter
7 Klausur
9 Kreuzgang
11 Dormitorium, Refektorium

des Knies
11 Kniescheibe

des Knochengerüstes
7 Gebeine, Gerippe, Skelett

des Kopfes
3 Ohr
4 Auge, Kinn, Mund, Nase
5 Augen, Backe, Braue, Haare, Lippe, Ohren, Stirn, Wange
6 Gehirn, Kiefer, Wangen
7 Gesicht
8 Kinnlade, Schaedel, Schlaefe
10 Hinterkopf, Oberkiefer, Ohrmuschel
11 Unterkiefer

des Korans
4 Sure
5 Sunna

des Körpers
3 Zeh
4 Arme, Auge, Fuss, Hals, Hand, Haut, Herz, Iris, Knie, Kopf, Leib, Nase, Zehe
5 Beine, Brust, Haare, Organ, Rumpf, Stirn
6 Taille

des Kranes
7 Greifer

des Liedes
4 Vers
7 Strophe

des Malaiischen Archipels
11 Sundainseln
des Menüs
5 Salat, Suppe
7 Dessert, Gericht
9 Nachtisch
11 Hauptspeise
des Messers
5 Griff
6 Klinge
des Mittelmeeres
5 Adria, Syrte
7 Aegaeis
10 Loewengolf
11 Grosse Syrte, Kleine Syrte
13 Ionisches Meer
15 Aegaeisches Meer, Ligurisches Meer
16 Adriatisches Meer
17 Tyrrhenisches Meer
18 Levantinisches Meer
20 Saronischer Meerbusen
des Moleküls
4 Atom
des Monats
3 Tag
5 Woche
des Morseapparates
5 Geber
des Motorrades
3 Rad
4 Akku, Sitz, Tank
5 Feder, Felge, Gabel, Kabel, Kerze, Motor, Welle
6 Bremse, Kolben, Lenker, Rahmen, Reifen, Sattel, Ventil
7 Auspuff, Leitung, Radnabe, Speiche, Spiegel, Starter
8 Batterie, Beiwagen, Federung, Getriebe, Kupplung, Vergaser, Zuendung, Zylinder
9 Hinterrad, Schaltung, Verteiler, Vorderrad
10 Luftfilter, Ruecklicht, Satteltank, Soziussitz, Tachometer, Zuendkabel, Zuendkerze, Zuendspule
11 Auspuffrohr, Kickstarter, Schutzblech
12 Rueckspiegel, Scheinwerfer
13 Fussschaltung, Lichtmaschine, Nummernschild, Stossdaempfer, Teleskopfeder, Teleskopgabel
15 Fussschalthebel
des Motorrads
6 Raeder, Sozius, Winker
des Motors
4 Tank
6 Kolben, Ventil
7 Kuehler
8 Anlasser, Batterie, Getriebe, Vergaser, Zylinder
10 Zuendkerze
11 Lichtanlage
14 Einspritzpumpe
des Mundes
5 Zunge
6 Gaumen, Gebiss, Lippen, Zaehne
9 Oberlippe
10 Oberkiefer, Unterlippe
11 Unterkiefer

des nördlichen Eismeeres
7 Karasee
9 Baffin Bai, Laptewsee
des Nordpolarmeeres
7 Karasee
10 Barentssee
des Oberkörpers
4 Arme, Hals, Kopf
5 Brust
6 Achsel
7 Ruecken
8 Schulter
des Ofens
4 Rost
8 Ofenrohr
des Ohres
6 Amboss
8 Schnecke
10 Ohrmuschel
11 Trommelfell
des olympischen Fünfkampfes
12 Degenfechten, Gelaendelauf, Gelaenderitt
17 Freistilschwimmen, Pistolenschiessen
des Opernhauses
15 Orchestergraben
des optischen Instruments
6 Okular
des Ostchinesischen Meeres
10 Gelbes Meer
des Pazifiks
7 Suedsee
des Pfälzer Waldes
6 Haardt
des Pfeilbogens
5 Sehne
des Pferdefußes
3 Huf
des Pferdekörpers
6 Kruppe
des Pfluges
5 Schar
des Rachens
7 Schlund
des Rades
4 Nabe
5 Felge
6 Reifen
8 Speichen
9 Zierkappe
des Radios
5 Skala
6 Sender
7 Antenne, Roehren
12 Lautsprecher
des Rangierbahnhofs
10 Ablaufberg
des Rechenwerkes
5 Adder
des Reisezugwagens
6 Abteil
des Reitgeschirrs
6 Sattel
11 Steigbuegel
des Reitstiefels
5 Sporn
des Rheinischen Schiefergebirges
4 Haar
5 Eifel
6 Taunus
8 Ardennen
9 Hohes Venn, Hunsrueck, Sauerland
10 Westerwald
13 Siebengebirge
des Rindermagens
6 Pansen
des Ritterordenbaues
6 Remter
des römischen Hauses
8 Tablinum
des Rückens beim Haustier
9 Widerrist
des Rumpfes
5 Bauch, Brust
des Satzes
4 Wort
des Sauerlandes
14 Bergisches Land
des Schiefergebirges
4 Venn
5 Eifel
6 Taunus
14 Rothaargebirge
des Schienenstranges
5 Gleis
7 Geleise
des Schiffes
3 Bug, Log, Raa, Rah, Top
4 Back, Bord, Deck, Fock, Gatt, Heck, Kiel, Koje, Kuhl, Luke, Mars, Mast, Rack, Rahe, Reep, Reff, Topp
5 Anker, Bilge, Dolle, Logis, Messe, Ruder, Segel, Spant, Wante
6 Brasse, Bunker, Gaffel, Kabine, Ketsch, Poller, Reling, Riemen, Schott, Spante, Spriet, Steuer, Steven, Trosse
7 Ballast, Bussole, Kabelar, Kajuete, Kluever, Logbuch, Schanze, Spiegel, Verdeck
8 Backbord, Bullauge, Fockmast, Kombuese, Laderaum, Oberdeck, Periskop, Takelage, Takelung
9 Besanmast, Bugspriet, Gangspill, Hellegatt, Kabelgatt, Steuerrad, Unterdeck
10 Achterdeck, Speisesaal
11 Kraehennest, Radaranlage, Schornstein
12 Hintersteven, Rettungsboot, Zwischendeck
13 Maschinenraum
15 Kommandobruecke, Schiffsschraube
des Schlafzimmers
6 Betten
10 Nachttisch
14 Frisierkommode, Kleiderschrank
15 Nachttischlampe
des Schlittens
4 Kufe
des Schlosses (Feuerwaffen)
5 Abzug
des Schlüssels
4 Bart
des Schrankes
4 Fach
des Schraubstockes
5 Backe

des Schriftsatzes
6 Spalte
des Schuhs
5 Ferse, Kappe, Sohle, Zunge
6 Absatz, Hacken, Schaft, Senkel
8 Schnalle
9 Laufsohle
10 Brandsohle
13 Schnuersenkel
15 Fussbetteinlage
des »Schwäbischen Meers«
8 Untersee
des Schwerts, Degengriffs
5 Knauf
des Services
10 Eierbecher
des Sitzmöbels
5 Lehne
des Skeletts
5 Rippe
7 Knochen
des Ski
7 Bindung
des Sonnenlichts
21 Ultraviolettstrahlung
des Stempels (Botanik)
5 Narbe
7 Griffel
des Sternenhimmels
12 Milchstrasse
des Stiefels
6 Schaft
des Stillen Ozeans
7 Suedsee, Sulusee
8 Bandasee, Rossmeer, Sundasee
10 Beringmeer, Celebessee
12 Korallenmeer
15 Japanisches Meer
17 Ochotskisches Meer
19 Ostchinesisches Meer
23 Australisches Mittelmeer
des Stuhles
4 Bein, Sitz
5 Lehne
des Tafelgeschirrs
5 Kanne
des Tages
5 Abend, Nacht
6 Mittag, Morgen
9 Vormittag
10 Nachmittag
des Telefons
6 Hoerer
12 Waehlscheibe
des Telemeters
3 Lem
des Teutoburger Waldes
6 Osning
des Theaters
6 Buehne
des Theaterstücks
3 Akt
6 Aufzug
des Tierkopfes
4 Maul
5 Augen, Ohren
6 Geweih, Maehne
8 Schnauze
des Tyrrhenischen Meeres
15 Ligurisches Meer
des ungarischen Mittelgebirges
10 Bakonywald

des Unterschenkels
4 Fuss, Wade
6 Gelenk
des USA-Parlaments
5 Senat
des Verdauungssystems
4 Darm
7 Enddarm
9 Duenndarm
des Visiers
4 Korn
5 Kimme
des Vogelkleides
6 Federn
des Vorlagebestecks
12 Buttermesser
des Wagens
3 Rad
5 Achse
6 Bremse, Raeder
8 Deichsel, Wagenrad
des Webstuhls
5 Spule
des Weihnachtsbaumes
11 Tannenzweig
des Weinstocks
4 Rebe
des Weserberglandes
3 Ith
4 Hils
7 Deister, Solling
11 Bueckeberge
13 Wiehengebirge
des westlichen Kontinents
11 Nordamerika, Suedamerika
13 Mittelamerika
des Wiederkäuermagens
6 Pansen
des Wortes
5 Silbe
des Zahnes
5 Krone
des Zaumzeugs
4 Kumt
6 Kummet, Trense, Zuegel
7 Halfter, Kandare
des Zaunes
5 Latte
des Zeitmessgerätes
7 Uhrwerk
des Zentralnervensystems
4 Hirn
11 Rueckenmark
des Zimmers
4 Tuer, Wand
5 Boden, Decke
7 Fenster, Heizung
des Zodiakus
9 Sternbild
des Zugtiergeschirrs
4 Kumt
6 Kummet
des Zuschauerraums
4 Loge
7 Galerie, Parkett
einer Ähre
6 Spelze
einer alten Festung
9 Zitadelle
einer Brille
7 Gestell
einer Burg
4 Turm
5 Zinne
einer elektr. Maschine
6 Stator
einer Frisur
8 Scheitel
einer Frucht
4 Kern
5 Stein
6 Schale
einer Futterpflanze, auch Glücksbringer
9 Kleeblatt
einer Heizstelle
4 Ofen
5 Kamin
einer Kältemaschine
10 Kompressor
einer krummen Linie
5 Bogen
einer Mönchstracht
9 Skapulier
einer Oper
3 Akt
4 Arie
einer Rechnung
6 Posten
einer Rennbahn
6 Gerade
einer Statue
5 Torso
einer Summe (Mathem.)
5 Glied
einer Transporteinrichtung
9 Drahtseil
einer Universität
9 Fakultaet
11 Fachbereich
einer Wiesenpflanze
9 Kleeblatt
einer zahnartigen Mauerkrone
5 Zinne
einer Zeitung
6 Kultur
10 Feuilleton, Wirtschaft
20 Unterhaltungsbeitrag
eines Baulandes
8 Parzelle
eines Bauwerks
5 Trakt
eines Bühnenstückes, -werkes
3 Akt
5 Szene
6 Aufzug
eines Bundeslandes
5 Pfalz
eines Erdteils
12 Iberoamerika
eines Fingers
11 Daumennagel
eines Ganzen
5 Glied, Organ
6 Achtel, Stueck
7 Drittel, Haelfte, Viertel, Zehntel
11 Bruchstueck, Hundertstel, Tausendstel
15 Zehntausendstel
18 Hunderttausendstel
eines gegliederten Ganzen
11 Abteilungen
eines Grundstoffteilchens
8 Atomkern

eines Lastenaufzuges
4 Seil
eines Messgerätes
6 Zeiger
eines Metallbandes
5 Glied
11 Kettenglied
eines Rundfunksenders
8 Funkturm
eines Tierprodukts
8 Eidotter
10 Eierschale
eines Tuns
5 Zweck
eines Wortes
5 Silbe
elektr. Erdungsanlagen
5 Erder
freier Meinungsäußerung
12 Redefreiheit
Großbritanniens
5 Wales
7 England
10 Nordirland, Schottland
hebräischer Namen
3 Ben
holländischer Namen
3 van
irischer Namen
2 Mc
3 Mac
Kroatiens
9 Dalmatien
luftbereifter Räder
5 Felge
6 Reifen, Ventil
8 Schlauch
mancher Blüten
5 Sporn
6 Sporen
mancher Gefäße
6 Henkel
mancher Gewächse
5 Ranke
mancher Kleidungsstücke
6 Tasche
mancher Musikinstrumente
5 Saite, Taste
mancher Schiffe
5 Segel
mechanischer Webstühle
6 Picker
mittelalterlicher Wehranlagen
4 Turm
optischer Geräte
5 Linse
rotierender elektr. Maschinen
5 Anker
schottischer Familiennamen
3 Mac
tierischer Fette
5 Elain
verschiedener Kleidungsstücke
6 Aermel
von Asien
8 Sibirien
von Brandenburg
7 Altmark, Kurmark, Neumark
8 Prignitz
9 Uckermark
von Eisenbahnwagen
4 Gang, Tuer
6 Abteil
7 Fenster
8 Toilette
9 Sitzplatz
von Feuerwaffen
5 Abzug
von Hessen
10 Oberhessen
von Istanbul
7 Skutari
von Kleidungsstücken
6 Kragen
von Kraftfahrzeugmotoren
8 Zylinder
von Kroatien
9 Slawonien
von Musikinstrumenten
5 Bogen, Saite, Taste
von Niedersachsen
7 Emsland
von Nigeria
6 Biafra
von Nordrhein-Westfalen
5 Lippe
von Palästina z. Zt. Jesu
6 Peraea
von Raumflugkörpern
11 Hitzeschild
von Saudi-Arabien
4 Asie, Asir
von Schmuck
9 Edelstein
13 Halbedelstein
von Segelschiffen
4 Mast
von Tansania
10 Tanganjika
von Vietnam
5 Annam
von Zentralasien
9 Turkistan
windgetriebener Schiffe
5 Segel
zur Begrenzung des Bewegungsweges eines Maschinenteils
8 Anschlag
zwei der Marius-Trilogie
5 Fanny

Teilabschnitt
eines Theaterstücks
8 Auftritt

Teilaufhebung
eines Gesetzes
10 Derogation

Teilaufnahme
einer Person
9 Brustbild

Teilbesitz
6 Anteil

Teilbetrag
4 Rate
5 Quote

Teilchen
8 Partikel
im Atom
8 Elektron
in Chemie und Physik
4 Atom
8 Partikel
9 Korpuskel

Teile
am Kopf vieler Tiere
7 Hoerner
der Katzenpfoten
7 Krallen
des Skeletts
7 Gebeine

teilen
7 trennen

Teiler
(Bruchrechnung)
6 Nenner
7 Divisor

Teilgebiet
der Astronomie
11 Astrophysik
15 Radioastronomie
der bildenden Kunst
7 Malerei
der Biologie
7 Botanik
8 Zoologie
13 Biogeographie
der Mathematik
7 Algebra
der Mechanik über das Gleichgewicht der Kräfte
6 Statik
der Physik
5 Optik
7 Akustik
des Deutschunterrichts
9 Grammatik
einer Sportart
9 Disziplin

teilhaben
13 partizipieren

Teilhaber
6 Sozius
7 Associe, Partner
9 Aktionaer, Kompagnon
10 Mitinhaber
12 Kommanditist
14 Gesellschafter

Teilkraft
10 Komponente

Teilnahme
7 Beileid, Mitleid
9 Interesse
10 Mitgefuehl
11 Anwesenheit
13 Partizipation

teilnahmslos
6 passiv, stumpf
8 blasiert
9 apathisch
11 indifferent, lethargisch
13 gleichgueltig
15 desinteressiert

Teilnahmslosigkeit
7 Apathie
9 Lethargie
10 Stumpfsinn
11 Passivitaet
12 Desinteresse
17 Gleichgueltigkeit

teilnehmen
13 partizipieren

Teilnehmer
11 Partizipant
am Gesellschaftstanz
8 Tanzpaar
am Motorsportwettkampf
10 Rennfahrer
an einem Preisausschreiben
9 Einsender

an einer Kundgebung
11 Demonstrant
an Kreuzzügen
11 Kreuzritter
an Rundfunksendungen
6 Hoerer
Teilnehmerabzeichen
8 Plakette
Teilreich
in Bulgarien
6 Arelat
Teilstaat
von Malaysia
5 Sabah
Teilstamm
der Franken
6 Salier
der Wandalen
6 Harier
Teilstrecke
6 Etappe
9 Abschnitt
der Schiffsreise
5 Etmal
Teilstrich
4 Grad
Teilstück
7 Portion
Teilton
7 Oberton
Teilung
8 Division, Spaltung, Trennung
9 Zerlegung
10 Halbierung
Teilungslinie
zwischen nördlicher und südlicher Halbkugel
8 Aequator
Teilungsstrich
5 Divis
teilweise
5 teils
8 partiell
ausgefüllter Vordruck
6 Blanko
Teilwert
8 Quotient
der Deutschen Mark
7 Pfennig
des Rubels
6 Kopeke
des Schillings
8 Groschen
des US-Dollars
4 Cent
Teilzahl
8 Quotient
Teilzahlungsbetrag
4 Rate
Teilzeitbeschäftigung
14 Aushilfsarbeit
Teint
5 Farbe
9 Hautfarbe
13 Gesichtsfarbe
Telefon
12 Fernsprecher
Telefonat, Gespräch
5 Anruf
13 Ferngespraech
telefonisch
bestellbare Prostituierte
8 Callgirl
bestellbares Mietauto
7 Callcar
Telefonnummer
3 Ruf
bei Gefahr
6 Notruf
Telefonschnur
7 Strippe
14 Quasselstrippe
Telefonvermittlung
eines Betriebes
8 Zentrale
Telefonzentrale
12 Fernmeldeamt
telegen
14 fernsehgerecht
Telegraf
13 Fernschreiber
Telegrafenschlüssel
4 Code
telegrafieren
6 kabeln, morsen
7 drahten
12 depeschieren
Telegramm
8 Depesche
10 Funkspruch
13 Fernschreiben
14 Drahtnachricht
Telegrammschlüssel
4 Code
Telelottogewinn
6 Vierer
Telemachs
Mutter
8 Penelope
Vater
8 Odysseus
Telepathie
11 Fernfuehlen
Teleskop
8 Fernrohr
9 Reflektor, Refraktor
Television
9 Fernsehen
Televisionsgebäude
11 Fernsehturm
13 Sendezentrale
Televisionsgerät
14 Fernsehapparat
Televisionsglücksspiel
15 Fernsehlotterie
Tempel
auf der Akropolis
9 Parthenon
der griechischen Göttin Athene
9 Athenaeum
der Ischtar
5 Eanna
für alle Götter
8 Pantheon
im Islam
7 Moschee
im Judentum
8 Synagoge
in Athen
9 Parthenon
11 Erechtheion
in Indien und Ostasien
5 Stupa
6 Pagode
Tempelanlage
auf Java
9 Boro Budur
Tempelberg
von Jerusalem
4 Sion, Zion
Tempelburg
des alten Rom
7 Kapitol
Tempeldiener
im A.T.
5 Levit
Tempelfest
der Juden
8 Chanukka
Tempelform
8 Dipteros
9 Prostylos
10 Monopteros, Peripteros
11 Antentempel
14 Amphiprostylos, Pseudodipteros
17 Doppelantentempel
Tempelgebälk
6 Metope
Tempelsklave
im Altertum
9 Hierodule
Tempelstadt
auf Sri Lanka
5 Kandy
in Kambodscha
6 Angkor
Tempeltänzerin
in Indien
8 Bajadere
Tempeltorpfeiler
5 Pylon
Tempelunterbau
9 Krepidoma
Temperament
7 Schwung
8 Naturell
9 Wesensart
10 Gemuetsart, Munterkeit
Temperamente
10 Choleriker, cholerisch
11 Sanguiniker, sanguinisch
12 Phlegmatiker, phlegmatisch
13 Melancholiker, melancholisch
Temperatur
6 Fieber
Temperaturbezeichnung
3 lau
4 kalt, warm
5 eisig, Frost, heiss, Hitze, kuehl
6 Kuehle, Waerme
7 frostig
11 Hundekaelte
Temperaturmaßeinheit
4 Grad
Temperaturmesser
9 Pyrometer
11 Thermometer
13 Thermoelement
17 Fieberthermometer
Temperaturregler
10 Thermostat
Tempo
4 Hast, Takt
7 Karacho
8 Zeitmass
15 Geschwindigkeit

Tempoanzeiger
in der Musik
8 Metronom
Tempobeschleunigung
5 Spurt
8 Endspurt
12 Akzeleration
Tempobezeichnung
in der Musik
4 vivo
5 animo, forte, grave, largo, lento, mosso
6 adagio, agiato, focoso, legato, presto, sereno, vivace
7 agitato, allegro, amabile, andante, animato, furioso, serioso
8 burlesco, forzando, grazioso, leggiero, maestoso, moderato, ostinato, patetico, ritenuto
9 crescendo, sensibile, sostenuto
10 acciaccato, allegretto, diminuendo, fieramente, fortissimo, largamente, perdendosi, rinforzato, ritardando, scherzando, sospirando, stringendo, tranquilli, tumultuose
11 accelerando, decrescendo, prestissimo, vivacissimo
12 appassionato
Tempomesser
5 Tacho
10 Tachometer
temporal
8 zeitlich
Tendenz
3 Zug
4 Hang, Kurs
5 Trend, Zweck
7 Absicht, Neigung, Streben
8 Richtung, Stimmung, Strebung
9 Stroemung
tennisähnliches
Ballspiel
6 Squash
9 Federball
Tennisausdruck, -begriff
2 As
3 Lob, Set
4 Asse, Satz
5 Match, Mixed, Spiel
6 Doppel, Einzel, Racket, Rakett, Single
7 Vorhand
8 Backhand, Einstand, Flugball
9 Aufschlag, Rueckhand
10 Grundlinie
11 Dameneinzel
12 Aufschlaeger, Herreneinzel
13 Schmetterball, Vorhandschlag
14 Rueckschlaeger
15 Rueckhandschlag
16 gemischtes Doppel
Tennisgröße
5 Crack
Tennissatz
3 Set
Tennisschläger
6 Racket, Rakett
Tennisschuss
3 Let
Tennisspiel
der Basken
9 Chiestera
Tennis-Wanderpokal
8 Daviscup
10 Davispokal
Tenor
3 Erb, Erl
5 Gigli
6 Caruso, Tauber
7 Domingo
8 Andersen, Ritzmann
Tensor
zweiter Stufe
5 Dyade
Teppich
10 Bodenbelag
Teppichart
5 Kelim, Ladik, Sumak
6 Mihrab, Perser
7 Bruecke, Buchara, Doornik, Gobelin, Laeufer, Taebris, Tournai
8 Meschhed, Vorleger
13 Orientteppich
im Schlafzimmer
13 Bettumrandung
zum Belegen von Treppen
7 Laeufer
teppichartige
Stickerei
10 Tapisserie
Teppichoberfläche
4 Flor
Termin
3 Tag
5 Datum, Frist
9 Zeitpunkt
am Tatort
11 Lokaltermin
Terminkalender
6 Agenda
Terminplan
für kinderärztliche Betreuung
12 Impfkalender
Terminverzeichnis
8 Kalender
Termitenfresser
11 Ameisenbaer
Terpenalkohol
5 Nerol
Terpentin
4 Harz
6 Balsam
7 Kienoel
Terrain
5 Areal, Boden, Grund
6 Gebiet
8 Gelaende
Terrasse
6 Absatz, Balkon
7 Plateau
9 Plattform
Terrine
9 Schuessel
für Punsch
5 Bowle
territoriale
Einheit
7 Provinz
9 Landkreis
Territorium
6 Gebiet
in Brasilien
5 Amapa
in Paraguay
5 Chaco
jenseits der Staatsgrenze
7 Ausland
von Spanien u. Portugal
18 Iberische Halbinsel
tertiäre
Ablagerung am Alpenrand
7 Molasse
Terz
4 Hieb
8 Tonstufe
9 Fechthieb, Intervall
12 Gebetsstunde, Stundengebet
Tessiner
Autor
6 Chiesa
Pass (Schweiz)
6 Ceneri
Weinschenke
6 Grotto
Tessin-Wein
6 Merlot
Tessin-Zufluss
(Schweiz)
5 Moesa
Test
5 Probe
7 Umfrage, Versuch
8 Pruefung
10 Experiment, Stichprobe
13 Zerreissprobe
16 Materialpruefung
Testament
errichten
9 testieren
Testamentzusatz
8 Kodizill
Testat
6 Attest
7 Zeugnis
12 Beglaubigung, Bestaetigung
13 Bescheinigung
Testator
9 Erblasser
testen
7 pruefen
8 erproben
Testfragepunkt
4 Item
testieren
12 bescheinigen
Tetanie
12 Muskelkrampf
tetragonale
Titansäure
6 Anatas
teuer
4 lieb
8 wertvoll
11 kostspielig
Teuerung
15 Preissteigerung
Teufel
5 Satan, Urian
6 Belial, Daemon, Samiel
7 Luzifer
8 Diabolus, Mephisto
9 Beelzebub
10 Antichrist, Boesewicht
13 Hoellenfuerst

14 Mephistopheles
der Mohammedaner
5 Iblis
Teufelsauge
8 Blutauge
11 Bilsenkraut
14 Adonisroeschen
Teufelsaustreiber
8 Exorzist
Teufelsaustreibung
10 Exorzismus
Teufelsbart
10 Kuhschelle
Teufelsbeere
10 Belladonna
Teufelsdreck
5 Asant
10 Stinkasant
Teufelsei
12 Stinkmorchel
Teufelsfisch
6 Rochen
10 Meerdrache
11 Meerdrachen
12 Riesenrochen
Teufelskerl
12 Tausendsassa
Teufelskirsche
10 Belladonna
11 Tollkirsche
Teufelsrochen
5 Manta
Teufelssitz
(Verdammnis)
6 Hoelle
Teufelsweib
4 Hexe
Teufelswerk
8 Zauberei
teuflisch
9 satanisch
10 daemonisch, diabolisch
16 mephistophelisch
Text
8 Wortlaut
9 Inschrift
10 Aufschrift, Manuskript, Typoskript
12 Formulierung
in Kurzschrift
10 Stenogramm
Textauslegung
7 Exegese
Textbuch f. Opern, Operetten
8 Libretto
Textdichter
für Opern und Operetten
10 Librettist
von Lili Marleen
4 Leip
Texter
10 Librettist
Textilarbeiter
5 Weber
9 Leinweber
10 Leineweber
Textilarbeiterin
7 Weberin
8 Naeherin
11 Leinweberin
12 Leineweberin
Textilarbeiterzunft
5 Weber
9 Leinweber
10 Leineweber
Textilbetrieb
7 Weberei
8 Wirkerei
9 Faerberei, Spinnerei
textiler
Fußbodenbelag
11 Auslegeware
Schichtstoff mit Schaumgummi
7 Laminat
Textilerzeugnis, -gewebe
4 Samt, Taft, Tuch
5 Drell, Loden, Satin, Seide, Stoff
6 Damast, Gewebe, Leinen, Malimo, Sammet, Spitze
9 Baumwolle
10 Beiderwand
Textilfacharbeiter
5 Weber
Textilgrundstoff
5 Faser, Seide, Wolle
9 Baumwolle
10 Kunstfaser, Naturfaser
11 Chemiefaser
Textilhandwerker
7 Faerber
Textilkunststoff
5 Saran
Textilmaschine
8 Webstuhl
Textilschaedling
5 Motte
Textilstadt
in Polen
4 Lodz
Textilstoff
5 Moire
Textilstück
in der Küche
9 Spueltuch
Textilwaren
10 Manufaktur
Textkritik
des A.T.
6 Masora
Textlücke
6 Lakuna, Lakune
Textreproduktion
7 Abdruck
Textstelle, -abschnitt
6 Passus
Textur
8 Faserung
Texturformen
des Gletschers
6 Ogiven
Thailand
4 Siam
thailändische
Amtssprache
4 Thai
Hauptstadt
7 Bangkok
Königin
7 Sirikit
Münze, Währungseinheit
3 Bat, Tao
4 Baht
5 Stang, Tikal
6 Satang
Stadt
3 Nan, Tak
4 Ubon
6 Khorat, Konken, Phuket, Raheng
7 Ajuthia, Bangkok
8 Khon Kaen, Songkhla, Thonburi
9 Ayutthaya, Krung Thep
10 Battambang, Pitsamulok
11 Tschiang Mai
thailändischer
Berg
3 Kao
Fluss
3 Nan
5 Menam
König
4 Rama
8 Bhumibol
thailändisches
Hohlmaß
5 Laang
Umschlagtuch
6 Panung
Theater
6 Buehne, Studio
9 Opernhaus
11 Schaubuehne
12 Kammerspiele, Sprechbuehne
14 Schauspielhaus
für artistische Darbietungen
7 Variete
spielen
7 agieren
13 schauspielern
Theaterabteil
4 Loge
Theateragent
10 Impresario
Theaterangestellter
9 Dramaturg, Regisseur
Theateranrecht
10 Abonnement
Theateraufführung
8 Premiere
11 Vorstellung
Theaterbesucher
9 Zuschauer
Theatergerät
8 Requisit
Theaterkollektiv
8 Ensemble
Theaterkritiker
4 Kerr, Luft
5 Brahm
Theaterleiter
9 Intendant
Theatermannschaft
8 Ensemble
Theatermitarbeiter
9 Repetitor
10 Souffleuse
Theatermitglied
13 Requisiteurin, Solotaenzerin
Theaterplatz
4 Loge, Rang
7 Galerie, Parkett
8 Parterre
9 Sperrsitz
15 Proszeniumsloge
Theaterpuppe
10 Marionette
Theaterrolle
4 Part

Theatersaison
9 Spielzeit
Theaterspielplan
10 Repertoire
Theaterspielstätte
außerhalb eines Gebäudes
15 Freilichtbuehne
Theaterstraße
in New York
8 Broadway
Theaterstück
mit prunkvoller Ausstattung
5 Revue
Theaterunternehmer
10 Impresario
Theatervorhalle, Wandelgang
5 Foyer
Theatervorstellung
zu Gunsten eines Künstlers
7 Benefiz
Theaterwandelgang
5 Foyer
theaterwissenschaftlicher
Begriff
3 Akt, Gag, ITI
4 Gage
5 Drama, Posse, Rampe, Regie, Revue, Rolle, Szene
6 Aufzug, Buehne, Dialog, Epilog, Gestus, Pathos, Prolog, Sketch, Studio
7 Comedia, Intrige, Monolog, No-Spiel, Parabel, Schwank, ◆ Sketsch, Statist
8 Agitprop, Auftritt, Einakter, Ensemble, Groteske, Handlung, Kabarett, Komoedie, Komparse, Konflikt, Premiere, Stegreif, Vorspiel
9 Charakter, Dramaturg, Gastspiel, Happening, Intendant, Lustspiel, Meininger, Pantomime, Requisite, Singspiel, Spielplan, Spielzeit, Szenarium, Tragoedie, Travestie
10 Antagonist, Drehbuehne, Engagement, Hoftheater, Inspizient, Intermezzo, Lehrstueck, Marionette, Repertoire, Souffleuse
11 Arrangement, Auffuehrung, Ausstattung, Buehnenbild, Dramaturgie, Verfremdung, Volksstueck
12 Amphitheater, Buehnenmusik, Gegenspieler, Inszenierung, Kammerspiele, Laientheater, Schauspieler
13 lustige Person, Maskenbildner, Puppentheater, Schaeferspiel, Tragikomoedie, Zimmertheater
14 antikes Theater, Kostuembildner, Misterienspiel, Simultanbuehne
15 absurdes Theater, Comedia dell'arte, episches Theater, Fastnachtsspiel, Nationaltheater, Strassentheater
16 Boulevard-Theater, Comedie Francaise, Comedie Italienne, schwarzes Theater
17 hoefisches Theater
24 illusionistisches Theater
Theaterzettel
8 Programm
theatralische
Kunstform
10 Pantomimik
thebanische Königin, Tochter des Tantalus
5 Niobe
Königstochter
6 Semele
thebanischer
Dichter
6 Pindar
Feldherr
9 Pelopidas
11 Epaminondas
Königssohn
7 Oedipus
König, Vater des Ödipus
5 Laios
Theiß-Zufluss
4 Bega
5 Maros, Somes
7 Koeroes
Theke
6 Tresen
10 Ladentisch
11 Schanktisch
Thema
5 Motiv
6 Inhalt
7 Aufgabe, Gedanke, Vorwurf
9 Leitmotiv
10 Gegenstand
11 Leitgedanke
12 Grundgedanke, Hauptgedanke
im Kunstschach
5 Valve
Themenstellung
8 Thematik
Themsezufluss
6 Kennet
Theologe
5 Kurat, Vikar
6 Pastor
7 Pfarrer
8 Prediger, Priester
bekannter
5 Barth, Bauer
8 Bultmann, Hramadka
10 Bonhoeffer, Niemoeller
Gegner Luthers
3 Eck
theologische
Studienanstalt
6 Kolleg
Theoretiker
des Sozialismus
4 Marx
6 Engels
Theorie, These
8 Lehrsatz, Leitsatz
9 Grundsatz
10 Anschauung, Behauptung, Erklaerung
11 Betrachtung, Lehrmeinung
Therapie
10 Behandlung
Thermometerskala
6 Kelvin
7 Celsius, Reaumur
10 Fahrenheit
thermoplastischer
Kunststoff
6 Amenit
These
7 Theorie
8 Leitsatz
Thomaskantor
4 Bach
5 Ramin
Thorakrone
5 Keter
Thrakerkönigin
6 Ilione
thrakische
Göttin
5 Kotys
6 Bendis
thrakischer
Volksstamm
5 Daker, Myser
Thriller
5 Krimi
7 Reisser
10 Gruselfilm, Horrorfilm
12 Schauerroman
Thronanwärterin
14 Kronprinzessin
Thronfolge
10 Sukzession
Thronfolger
8 Erbprinz
9 Kronprinz, Thronerbe
im alten Frankreich
7 Dauphin
im alten Russland
10 Zarewitsch
in England
13 Prince of Wales
in Spanien
6 Infant
Thronhimmel
9 Baldachin
Thronräuber
9 Usurpator
Thunfischart
6 Bonite
thüringische
Stadt
4 Auma, Gera, Jena, Orla, Suhl
5 Berka, Gotha, Greiz, Kahla, Ruhla, Sulza, Weida
6 Apolda, Erfurt, Weimar, Worbis
7 Ilmenau, Oberhof, Ohrdruf, Schleiz
8 Arnstadt, Eisenach, Naumburg, Neustadt, Saalfeld, Steinach
9 Altenburg, Eisenberg, Meiningen, Poessneck, Ronneburg, Schmoelln, Soemmerda, Sonneberg
10 Lobenstein, Nordhausen, Rudolstadt, Zeulenroda
11 Blankenburg, Bleicherode, Langensalza, Liebenstein, Muehlhausen, Probstzella, Schulpforta, Zella Mehlis
12 Schmalkalden
13 Friedrichroda, Heiligenstadt, Sondershausen

14 Hildburghausen
thüringischer
Landgraf (13. Jh.)
5 Raspe
Thusneldas
Gatte
5 Armin
7 Hermann
8 Arminius
Vater
6 Segest
8 Segestes
Thymian
7 Quendel
Thymusdrüse
des Kalbs
5 Bries
9 Broeschen
10 Kalbsmilch
Tiber-Zufluss
4 Anio, Nera
5 Allia
6 Aniene
tibetanische
Hauptstadt
5 Lhasa
Religion
9 Lamaismus
tibetanischer
Buddhismus
9 Lamaismus
Buddhist
7 Lamaist
Eingeborener
6 Sherpa
Grunzochse
3 Jak, Yak
Halbesel
5 Kiang
Lastträger (Expedition)
6 Sherpa
Mönch
4 Lama
5 Bonze
Oberpriester
10 Taschi Lama
13 Pantschen Lama
Steinhaufen
3 Obo
tibetanisches
Kultgerät
12 Gebetsmuehle
Oberhaupt
9 Dalai Lama
Wildrind
3 Jak, Yak
Tibethirsch
5 Schou
Tick
3 Hau
5 Macke
6 Fimmel, Spleen
7 Marotte
8 Schrulle
Ticket
7 Billett
9 Fahrkarte, Flugkarte
14 Eintrittskarte
Tide
4 Ebbe, Flut, Stau
8 Gezeiten
tief
7 profund
abfallende Bergkluft
7 Abgrund
beasteter Waldrand
5 Trauf
eingeschnittenes Tal
5 Canon
Tiefdruckgebiet
4 Tief
7 Zyklone
10 Depression
18 Schlechtwetterzone
Tiefdruckverfahren
9 Radierung
13 Heliogravuere
tiefe
Abneigung
4 Hass
Bescheidenheit
5 Demut
Betrübnis
6 Trauer
Bewusstlosigkeit
4 Koma
einprägsame Wirkung
8 Eindruck
Felsenkluft
7 Abgrund
Frauenstimme
3 Alt
Männerstimme
4 Bass
Rinne, Abzugsgraben
6 Rigole
Schlucht des Hinterrheins in Graubünden
7 Via Mala
Zuneigung
5 Liebe
Tiefebene
9 Niederung
Tiefengestein
5 Dunit, Norit
6 Diorit, Foyait, Gabbro, Granit
14 Eruptivgestein
Tiefenmesser
3 Lot
7 Echolot
Tiefenmessung
6 Lotung
tiefer
Abzugsgraben
6 Rigole
Ausschnitt von Damenkleidern
9 Dekollete
Einschnitt
5 Klamm, Kluft
Fall
5 Sturz
gelegen
5 unten
Gram
4 Harm
Kummer
6 Trauer
Schmerz
4 Gram
Taleinschnitt
5 Kluft
Tieferlegung
7 Senkung
tiefes
Bedauern
4 Reue
Engtal
5 Canon
Nachsinnen
10 Meditation
Tiefgangskala
am Schiff
6 Ahming
tief gestimmte
Mandoline
7 Mandola
tief greifend
7 radikal
tief gründig
7 profund
Tiefland
am Ganges
8 Bengalen
in Innerasien
5 Turan
zwischen Euphrat u. Tigris
10 Babylonien
tief liegende
Landschaft
5 Senke
9 Niederung
tief pflügen
7 rigolen
Tiefpunkt, -stand
7 Minimum
8 Talsohle
tief sitzende
Enttäuschung
12 Verbitterung
tiefste
Frauenstimme
3 Alt
Tonlage
4 Bass
Wolkenbildung
5 Nebel
tiefster
Binnensee der Erde
6 Baikal
Punkt der Krise
8 Talsohle
Raum im Schiff
5 Bilge
Teil des Hades
8 Tartaros, Tartarus
tiefstes
Blechblasinstrument
4 Tuba
Tiegel
10 Kasserolle
Tier
als Daunenlieferant
9 Eiderente
aus »Das tapfere Schneiderlein«
7 Einhorn
aus »Die Bremer Stadtmusikanten«
4 Esel, Hahn, Hund
5 Katze
aus »Rotkäppchen«
4 Wolf
das in Grimms Märchen einen Wettlauf startet
4 Igel
das von lebendig ergriffener Beute lebt
8 Raubtier
der Glattechsen
5 Skink

der Primaten
4 Affe
des Frühlingsfestes
9 Osterhase
und Pflanze aus überseeischen Ländern
4 Exot
Tierabrichter
8 Dompteur, Dresseur
Tierabrichtung
7 Dressur
Tieransammlung
5 Herde, Rudel
Tierart, -gattung, -stamm
3 Wal
4 Affe, Hund, Lama, Rind, Wild, Wurm
5 Assel, Echse, Fisch, Kamel, Katze, Krebs, Lurch, Polyp, Vogel
6 Alpaka, Amoebe, Insekt, Kaefer, Mammut, Reptil, Spinne, Urtier, Vienna
7 Huftier, Koralle, Mikrobe, Muschel, Parasit, Saeuger, Schwamm, Seeigel, Urvogel, Wuermer
8 Amphibie, Dromedar, Einhufer, Halbaffe, Haustier, Hohltier, Kerbtier, Lasttier, Molluske, Nagetier, Raubtier, Schlange, Schnecke, Seestern, Seewalze
9 Amphibium, Einzeller, Flugechse, Gefluegel, Haarstern, Krebstier, Paarhufer, Paarzeher, Pfeilwurm, Raubvogel, Regenwurm, Schaltier, Singvogel, Weichtier, Zehentier
10 Beuteltier, Chordatier, Fingertier, Fledermaus, Flugdrache, Infusorium, Kriechtier, Manteltier, Nesseltier, Saeugetier, Ungeziefer, Wassertier, Wirbeltier
11 Borstentier, Dickhaeuter, Dinosaurier, Flugsaurier, Gliederwurm, Hoehlenbaer, Kloakentier, Muscheltier, Ruesseltier, Rundmaeuler, Schalentier, Schmarotzer, Spinnentier, Tausendfuss, Tintenfisch, Trampeltier, Unpaarzeher, Vierhaender, Zweihaender
12 Hautfluegler, Kopffuessler, Kranzfuehler, Lanzettfisch, Pelzfluegler, Rippenqualle, Schlauchtier, Schlundatmer, Strahlentier, Zehengaenger
13 Archaeopterix, Brontosaurier, Pantoffeltier, Plesiosaurier, Schmetterling, Sohlengaenger
14 Flossenfuesser, Gliederfuesser, Ichthyosaurier, Koenigssaurier, Schlangenstern, Stachelhaeuter, Tausendfuesser
15 Insektenfresser, Tausendfuessler
Tierarzt
10 Veterinaer
Tierbändiger
Tierbändiger, -lehrer
8 Dompteur, Dresseur
Tierbändigerin
9 Dompteuse
Tierbehausung, Unterkunft
3 Bau
4 Loch, Nest
5 Bauer, Horst, Kobel, Stall, Zelle
6 Bassin, Becken, Gehege, Hoehle, Huette, Kaefig, Kasten, Roehre
7 Voliere, Zwinger
8 Aquarium
9 Exotarium, Terrarium
10 Bienenkorb, Starkasten, Vogelbauer
11 Bienenstock, Hundehuette, Vogelkaefig
12 Taubenschlag
13 Schneckenhaus
Tierbrut
4 Wurf
6 Gelege
Tiere
aus fernen Ländern
6 Exoten
Tiereingeweide
7 Innerei
Tierfabelname
3 Leu
Tierfalle
11 Tellereisen
Tierfangeinrichtung, -gerät
4 Bola, Netz, Rute
5 Angel, Eisen, Falle, Grube, Lasso, Reuse
8 Leimrute, Schlinge
9 Fallgrube, Fangeisen, Fanggrube, Vogelherd
10 Mausefalle
11 Tellereisen
Tierfanggehege
6 Korral
Tierfell
4 Balg, Pelz
Tierferment
3 Lab
Tierfett
4 Talg, Tran
5 Speck
7 Schmalz
Tierflanke
5 Wamme
Tierforscher
7 Zoologe
Tierfuß
3 Huf
4 Fang
5 Klaue, Pfote, Tatze
6 Pranke
Tierfutter
3 Heu
4 Gras, Klee
5 Frass, Kleie
7 Melasse
Tiergarten, -park
3 Zoo
6 Gehege
8 Reservat, Wildpark
9 Menagerie
10 Freigehege
12 Nationalpark
18 Zoologischer Garten
Tiergehege
6 Korral
Tiergemeinschaft
5 Rudel
Tiergeschichte
5 Fabel
von Salten
5 Bambi
Tiergruppe
3 Zug
4 Flug
5 Herde, Horde, Kette, Meute, Rotte, Rudel, Schar
6 Koppel, Sprung
7 Schwarm
Tierhaare
4 Pelz
6 Borste
Tierhaut
4 Balg, Fell, Pelz
5 Decke
Tierhautprodukt
5 Leder
Tierhöhle
3 Bau
8 Dachsbau
tierisch
6 animal
10 animalisch
11 bestialisch
tierische
Brut
6 Gelege
Fettschicht
5 Speck
Milchdrüse
5 Euter
Nachkommenschaft
4 Brut, Wurf
und pflanzliche Zellverbindung
6 Gewebe
tierischer
Duftstoff
7 Moschus
Farbstoff
7 Pigment
Jagdgehilfe
4 Hund
5 Falke
Kopfschmuck
4 Horn
5 Haube
6 Geweih, Maehne
7 Gehoern
Körperteil
3 Huf, Ohr
4 Bein, Fang, Fell, Fuss, Hals, Haxe, Horn, Kamm, Kopf, Lauf, Leib, Maul, Rute, Zehe
5 Backe, Beine, Blatt, Brust, Euter, Gabel, Hauer, Klaue, Kreuz, Krone, Lunte, Pfote, Rippe, Rumpf, Tatze, Wamme, Wampe, Wanst, Zitze
6 Borste, Bregen, Fessel, Flanke, Flosse, Geweih, Graete, Hachse, Kragen, Kralle, Maehne, Pansen, Pranke, Rachen, Schere, Schild, Schopf, Stange, Stelze
7 Fittich, Fluegel, Fuehler,

Gehoern, Hauzahn, Horcher, Knochen, Lichter, Loeffel, Muschel, Nuester, Ruessel, Schwanz, Schweif, Stachel
8 Gamsbart, Gefieder, Kaldaune, Kehlbart, Labmagen, Lauffuss, Lauscher, Schaufel, Schnabel, Schnauze, Schwinge, Sitzfuss, Staender
9 Elfenbein, Fischbein, Fuehlhorn, Spaltfuss, Spitzbein, Standarte, Widerrist
10 Eiderdaune, Flaumfeder, Hinterlauf, Vorderlauf, Wandelfuss
11 Augenspross, Kletterfuss, Schwimmfuss, Schwimmhaut
12 Augensprosse, Brunftmaehne, Mittelspross
13 Blaettermagen, Klaffschnabel, Mittelsprosse, Schuhschnabel
14 Hinterschaufel, Vorderschaufel
Riechstoff
5 Amber, Ambra
tierisches
Fett
4 Talg, Tran
Nahrungsmittel
7 Fleisch
Organ
5 Euter
Plankton
5 Krill
Produkt
4 Fett
Wachs
6 Walrat
Tierjugendform
5 Larve
Tierkadaver
3 Aas
Tierkrankheit
4 Pips, Rips, Rotz, Spat
5 Darre, Sucht
6 Koppen, Laehme, Nagana, Raeude, Staupe
7 Rotlauf, Tollwut
9 Milzbrand
10 Rinderpest
11 Rauschbrand
12 Schweinepest
19 Maul- und Klauenseuche
Tierkreis
8 Zodiakus
Tierkreiszeichen
5 Krebs, Loewe, Stier, Waage
6 Fische, Widder
8 Jungfrau, Schuetze, Skorpion
9 Steinbock, Zwillinge
10 Wassermann
Tierkult
9 Zoolatrie
Tierkunde
8 Zoologie
Tierlager
5 Streu
Tierlarve
betreffend
6 larval
Tierlaus
5 Milbe
Tierlaut
3 iah, muh
4 miau
Tierlehrer
8 Dompteur, Dresseur
9 Abrichter
Tierleiche
3 Aas
7 Kadaver
Tierlippe
5 Lefze
Tierlockmittel
6 Koeder
Tiermärchen
5 Fabel
Tiermensch
7 Zentaur
Tiermund
4 Fang, Maul
5 Aeser
6 Fresse, Rachen
8 Schnabel, Schnauze
Tiernahrung
6 Futter
Tierparkanlage
6 Gehege
Tierpfote
5 Tatze
Tierprodukt
2 Ei
4 Bein, Fell, Fett, Horn, Pelz, Talg, Tran
5 Feder, Honig, Leder, Milch, Sahne, Speck, Wachs, Wolle
7 Entenei, Fleisch, Schmalz
8 Schinken
9 Elfenbein, Klauenoel
10 Eiderdaune, Flaumfeder
Tierrudel
5 Herde, Meute
Tierschar
5 Rudel
Tierschau
9 Menagerie
Tierschenkel
5 Keule
Tierunterkunft
5 Stall
Tierversteinerung
7 Zoolith
Tierwaffe
4 Gift, Horn, Zahn
5 Hauer, Klaue, Saege, Tatze
6 Gebiss, Geweih, Kralle, Pranke
7 Gehoern, Stachel
8 Schaufel
9 Stosszahn
Tierwelt
eines Gebietes
5 Fauna
Tierwohnung
5 Stall
6 Gehege
7 Zwinger
9 Menagerie
Tierzehe
5 Klaue
6 Kralle
Tigerkatze
6 Ozelot, Serval
Tigerpferd
5 Zebra
Tigerschlange
5 Tenne
6 Assala, Python
tilgen
8 loeschen
9 streichen
11 annullieren
12 amortisieren
Tilgung
9 Bezahlung, Loeschung
10 Erfuellung
11 Abschaffung, Stornierung
12 Amortisation
Tilgungszeichen
8 Deleatur
Tintenfederhalter
7 Fueller
Tintenfisch
5 Krake, Polyp, Sepia, Sepie
6 Kalmar
8 Argonaut, Nautilus, Oktopode, Seepolyp
14 Papiernautilus
Tintenfisch-Fangarm
8 Tentakel
Tintenfleck
6 Klecks
Tintentrockner
8 Loescher
Tipp
3 Rat
4 Wink
7 Hinweis
9 Andeutung
10 Empfehlung, Fingerzeig
Tirade
5 Suada, Suade
6 Erguss
Tiroler
Alpental
9 Stubaital
Bauernmaler
9 Defregger
Bergmassiv
9 Dolomiten
Bildhauerfamilie
5 Pendl
Freiheitsheld, -kämpfer
4 Mayr
5 Hofer
9 Haspinger
11 Speckbacher
Geigenbauer
7 Stainer
Hauptstadt
9 Innsbruck
Kurort, Stadt
3 Erl
4 Igls, Imst, Oetz, Zell, Zirl
6 Schwaz, Woergl
9 Innsbruck
Landschaft
7 Oetztal
Maler
6 Pacher
9 Defregger
10 Egger-Lienz
Passionsspielort
3 Erl
Schriftsteller
4 Gilm
6 Wenter
10 Schoenherr
Solbad
5 Absam

einort
Terlan, Tramin
Kaltern
ldfrau, -frauen
Salge
Salige
vergkönig
Laurin
sch
it schräger Platte
4 Pult
8 Lesepult
schähnliches
pielgerät
7 Billard
ischdeckchen
3 Set
ischdecke
5 Tapet
ischdeckenart
9 Wachstuch
schfertig
3 gar
ischgebet
5 Segen
ischgerät
5 Gabel
6 Messer
7 Loeffel
Tischgesellschaft
10 Tafelrunde
Tischglocke
4 Gong
Tischler
9 Schreiner
Tischlerabfall
4 Span
9 Saegemehl
Tischlerwerkzeug
4 Leim
5 Feile, Hobel, Saege, Zange
6 Beitel, Bohrer, Hammer, Raspel, Winkel
9 Hobelbank
10 Stemmeisen
Tischtennis
8 Pingpong
Tischtuch
5 Decke
Tischzeug
6 Gedeck
7 Besteck, Service
9 Tischtuch
10 Servietten
für eine Person
6 Gedeck
Titan
5 Andes, Koios, Krios, Riese
6 Adanos, Anytos, Kreios, Kronos, Ophion, Perses
7 Aigaion, Japetos, Okeanos, Ostasos
8 Hyperion, Olymbros
10 Prometheus
der griechischen Sage
5 Atlow
Titandioxid
6 Anatas
Titaneisenerz
7 Ilmenit
Titanen
6 Huenen, Riesen

Titanias
Gatte
6 Oberon
Titanin, Tochter d. Uranos
5 Theia
titanisch
6 riesig
8 gewaltig
Titanmineral
5 Rutil
Titel
3 Aga, Bei, Bey, Don, Duc, Ras, Rat, Sir, Zar
4 Abbe, Babu, Chan, Dean, Doge, Duke, Earl, Emir, Graf, Imam, Kadi, Khan, Lady, Lord, Miss, Peer, Raja, Sire, Vali
5 Baron, Begum, Conte, Count, Doyen, Edler, Ghasi, Hakim, Kalif, Mirza, Mogul, Mudir, Mufti, Negus, Papst, Prinz, Prior, Schah, Senor, Tenno, Vikar, Wesir, Zarin
6 Anrede, Baurat, Diskon, Doktor, Dozent, Efendi, Freiin, Fuerst, Grande, Herzog, Hofrat, Hoheit, Infant, Kaiser, Koenig, Komtur, Konsul, Madame, Magnat, Mikado, Mister, Oberin, Pandit, Pascha, Pharao, Probst, Regent, Rektor, Satrap, Scheik, Senora, Sultan
7 Amtmann, Amtsrat, Attache, Baronet, Baronin, Bischof, Effendi, Eminenz, Fidalgo, Graefin, Hidalgo, Kanzler, Kurator, Landrat, Marquis, Meister, Muezzin, Muschir, Nuntius, Podesta, Praelat, Radscha, Senator, Sheriff, Signora, Signore, Starost, Vicomte
8 Assessor, Chefarzt, Contessa, Duchesse, Forstrat, Freifrau, Freiherr, Herzogin, Infantin, Kaiserin, Kapitaen, Kardinal, Koenigin, ◆ Komtesse, Magister, Maharaja, Maharani, Mandarin, Marquise, Minister, Mistress, Monsieur, Oberarzt, Referent, Reverend, Schulrat, Senorita, Stadtrat, Visconte, Viscount
9 Baronesse, Dalai Lama, Erzherzog, Exzellenz, Geheimrat, Gesandter, Inspektor, Intendant, Marschall, Primarius, Prinzipal, Professor, Prokurist, Sekretaer, Signorina, Staatsrat, Substitut, Verwalter, Volontaer, Vorsteher
10 Aufschrift, Erzbischof, Gouverneur, Grossmogul, Monsignore, Praesident, Prinzessin, Referendar, Studienrat, Taschi Lama, Zarewitsch
11 Botschafter, Grossfuerst, Grossherzog, Hochwuerden, Kontrolleur, Kriminalrat, Magnifizenz, Maharadscha, Prinzgemahl, Prinzregent
12 Abgeordneter, Forstmeister, Mademoiselle, Oberfoerster, Oberschulrat, Sanitaetsrat, Ueberschrift, Wachtmeister
13 Administrator, Assistenzarzt, Fuerstbischof, Grossfuerstin, Grossherzogin, Kommerzialrat, Kommerzienrat, Oberinspektor, Pantschen Lama, Regierungsrat
14 Buergermeister, Konzertmeister, Ministerialrat, Oberstudienrat, Superintendent
15 Diplomingenieur, Generaldirektor, Staatsintendant, Studienassessor, Studiendirektor
an Hochschulen
7 Oberrat
asiatischer Fürsten
4 Chan, Khan
bei den Benediktinern
6 Erzabt
bei Turkvölkern
3 Bei, Bey
der ägyptischen Könige
6 Pharao
der altrömischen Kaiser
9 Imperator
der Botschafter
9 Exzellenz
der buddhist. Heiligen
5 Lohan
der Bürgermeister der Hansestädte
11 Magnifizenz
der dritten Sinfonie von Beethoven
6 Eroika
der französischen Könige
27 Allerchristlichste Majestaet
der Gattin Aga Khans
5 Begum
der Geistlichen in England und Amerika
8 Reverend
der Handwerker
7 Geselle, Meister
11 Obermeister
der Hochschulrektoren
11 Magnifizenz
der Kardinäle
7 Eminenz
der Nachfolger Mohammeds
5 Kalif
der Regierungschefs der USA
10 Praesident
der russischen Kaiserin
5 Zarin
der spanischen Könige
27 Allerkatholischste Majestaet
der spanischen Prinzen
6 Infant
der Weltgeistlichen
4 Abbe
des äthiopischen Kaisers
5 Negus
des britischen Thronfolgers
13 Prince of Wales
des Chefs fürstlicher Häuser
11 Durchlaucht

des ehemaligen Kaisers von Äthiopien
5 Negus
des ehemaligen Kronprinzen in Russland
10 Zarewitsch
des französischen Thronfolgers
7 Dauphin
des Herrschers von Edessa
5 Abgar
des iranischen Kaisers
5 Schah
des japanischen Kaisers
5 Tenno
6 Mikado
des Leiters einer evangelischen Landeskirche
13 Landesbischof
des Oberhaupts der Tibetaner
9 Dalai-Lama
des Oberhaupts von Genua und Venedig
4 Doge
des Papstes
8 Pontifex
des russischen Kaisers
3 Zar
des spanischen Hochadels
6 Grande
des Thronfolgers
9 Kronprinz
des Vizekönigs von Ägypten
7 Khedive
ehemaliger Herrscher im Orient
5 Kalif
ehemaliger mittelasiatischer Herrscher
4 Chan, Khan
einer indischen Fürstin
4 Rani
5 Begum
8 Maharani
einer Liedersammlung (Löns)
11 Rosengarten
einer Monarchin
8 Kaiserin, Koenigin
einer span. Prinzessin
8 Infantin
eines amerikanischen Richters
7 Sheriff
eines engl. Geistlichen
4 Dean
eines indischen Fürsten
4 Raja
7 Radscha
8 Maharaja
11 Maharadscha
eines indischen Herrschers
5 Mogul
eines islamischen Ministers
5 Wesir
eines mittelasiatischen Fürsten
4 Chan, Khan
eines Ordensobersten
5 Prior
eines Pädagogen
10 Oberlehrer, Studienrat
14 Oberstudienrat
15 Studiendirektor
eines persischen Statthalters
6 Satrap
eines sowjetischen utopischen Films
7 Solaris
eines spanischen Prinzen
6 Infant
eines ungarischen Heldenordens
5 Vitez
französischer Würdenträger
11 Monseigneur
für Botschafter und Gesandte
9 Exzellenz
für jüdischen Gesetzeslehrer
5 Rabbi
fürstlicher Personen
6 Hoheit
für türkische Offiziere
3 Aga
für verdienstvolle Ärzte
12 Medizinalrat
hoher türkischer Beamter
3 Beg
islamischer Gelehrter
4 Imam
japanischer Kaiser
5 Tenno
6 Mikado
kath. Kirchenfürsten
7 Bischof, Eminenz
8 Kardinal
10 Erzbischof
mohammedanischer Fürsten
4 Emir
5 Nabob
mohammedanischer Herrscher
6 Sultan
Name
6 Anrede
nicht regierender Fürsten
5 Prinz
römischer Feldherren
9 Imperator
römischer Kaiser
5 Divus
spanischer Prinzen
6 Infant
türkischer Feldherren
5 Ghasi
unverheirateter Gräfinnen
8 ◆ Komtesse
zweier griechischer Geschichtswerke
8 Anabasis

Titelbild
5 Cover

Titelbildchen
8 Vignette

Titelblatt
des Buches
10 Frontispiz

Titelfigur, -gestalt bei/von
Anet
6 Ariane
Anouilh
5 Medea
8 Antigone, Eurydike
Baierl
5 Flinz
Balzac
6 Goriot
Beethoven
7 Fidelio
Bellini
5 Norma
Berg
4 Lulu
7 Wozzeck
Berlin
5 Annie
Bizet
6 Carmen
Borodin
4 Igor
Brecht
2 Ui
7 Puntila
8 Arturo Ui
13 Mutter Courage
Britten
8 Lukretia
9 Billy Budd
11 Peter Grimes
13 Albert Herring
Busch
6 Helene
Butting
7 Plautus
Byron
7 Manfred
Carroll
5 Alice
Cocteau
6 Orphee
7 Bacchus
Colette
4 Gigi
5 Cheri
6 Mitsou
8 Claudine
Corneille
3 Cid
Cronin
9 Lucy Moore
Debussy
7 Pelleas
9 Melisande
Deeping
5 Kitty
Defoe
8 Robinson
14 Robinson Crusoe
Dickens
6 Oliver
11 Oliver Twist
16 David Copperfield
Donizetti
5 Lucia
Dostal
6 Clivia, Monika
9 Eisenbart
du Maurier
7 Rebecca
8 Mary Anne
Egk
8 Columbus, Peer Gynt
eines russischen Märchens
10 Wassilissa
Euripides
5 Orest
Fall
8 Augustin
9 Pompadour
15 Madame Pompadour
Flaubert
6 Bovary
12 Madame Bovary

Flotow
6 Martha
Fontané
10 Effi Briest, Grete Minde
12 Jenny Treibel
Freytag
4 Ingo
8 Ingraban
Galsworthy
12 Irene Forsyte
Genee
5 Nanon
Gershwin
4 Bess
5 Porgy
Gilbert
7 Susanne
Giraudoux
6 Judith, Undine
7 Elektra
Glinka
6 Ruslan
8 Sussanin
Gluck
5 Paris
6 Armida, Helena
7 Alceste, Orpheus
8 Eurydike
9 Iphigenie
Goethe
5 Faust, Goetz, Tasso
6 Egmont, Stella
7 Clavigo, Hermann, Werther
8 Dorothea
9 Iphigenie
13 Torquato Tasso
Gotovac
3 Ero
Gounod
5 Faust
9 Margarete
Grabbe
5 Faust
7 Don Juan
8 Hannibal, Napoleon
Grillparzer
5 Medea
6 Sappho
7 Libussa
Grimm
6 Gretel
9 Daeumling
10 Daumesdick
15 Rumpelstilzchen
Grimmelshausen
14 Simplizissimus
Händel
6 Caesar, Xerxes
12 Julius Caesar
Hauptmann
4 Anna, Elga
5 Pippa, Thiel
7 Elektra, Hannele
8 Griselda
9 Rose Bernd
12 Florian Geyer
13 Michael Kramer
Hebbel
5 Gyges, Julia
6 Judith
7 Herodes
8 Genoveva, Mariamne
Hindemith
6 Mathis
Hölderlin
8 Hyperion
Honegger
7 Johanna
Humperdinck
6 Gretel
7 Haensel
Ibsen
4 Nora
5 Brand
8 Peer Gynt
11 Hedda Gabler
Kalman
6 Mariza
13 Graefin Mariza
Kästner
4 Emil
6 Fabian
Kleist
8 Guiskard
9 Kaethchen
10 Amphitryon
11 Penthesilea
15 Michael Kohlhaas
Krenek
5 Jonny, Orest
6 Athene
12 Pallas Athene
Lehar
3 Eva
8 Giuditta, Paganini
9 Frasquita
10 Friederike, Zarewitsch
Lessing
5 Minna
6 Emilia, Nathan
13 Emilia Galotti
16 Minna von Barnhelm
Lincke
4 Luna
8 Frau Luna
London
4 Eden
Mann, Thomas
5 Krull
10 Felix Krull
May, Karl
8 Winnetou
Millöcker
7 Dubarry
8 Jonathan
Moliere
8 Tartuffe
10 Amphitryon
Molnar
6 Liliom
Monteverdi
7 Orpheus, Poppaea
Mörike
3 Lau
Mozart
6 Figaro
7 Bastien, Don Juan
8 Don Pedro
9 Bastienne
11 Don Giovanni
Mussorgski
12 Boris Godunow
Natschinski
6 Gisela
Nestroy
17 Lumpazivagabundus
Nexö
5 Ditte, Pelle
6 Morten
Noll
4 Holt
Offenbach
6 Helena
7 Orpheus
Pagnol
5 Cesar, Fanny
6 Marius
Pfitzner
10 Palestrina
Porter
4 Kate
Puccini
5 Manon, Tosca
8 Angelica, Turandot
9 Butterfly
14 Gianni Schicchi
Puschkin
6 Onegin
11 Eugen Onegin
Renn
4 Nobi
5 Trini
Rossini
4 Tell
7 Barbier
11 Wilhelm Tell
Rousseau
5 Emile
Sakowski
4 Lene
Schiller
4 Tell
6 Fiesco
7 Johanna
9 Don Carlos
11 Maria Stuart, Wallenstein, Wilhelm Tell
Shaffer
7 Amadeus
Shakespeare
4 Lear
5 Julia, Romeo, Timon
6 Caesar, Hamlet, Johann
7 Macbeth, Othello, Richard
8 Antonius, Coriolan, Cressida
9 Cleopatra, Cymbeline, Kleopatra
10 Koenig Lear
12 Julius Caesar, Koenig Johann
13 Timon von Athen
Shaw
4 Karl
6 Caesar
7 Candida, Johanna
9 Androklus, Cleopatra, Kleopatra, Pygmalion
10 Frau Warren, Koenig Karl
Sophokles
4 Aias, Ajas, Ajax
7 Elektra, Oedipus
8 Antigone
13 Koenig Oedipus
Strauss
5 Danae
6 Daphne, Helena, Salome
7 Ariadne, Elektra
8 Arabella

Strawinsky
7 Oedipus
10 Oedipus Rex
Strindberg
5 Julie
14 Fraeulein Julie
Strittmatter
3 Ole
5 Tinko
Supp
8 Galathee
9 Fatinitza
Swift
8 Gulliver
Thiess
8 Isabelle
Thoma
6 Filser
Thomas
6 Mignon
Tolstoi
8 Karenina
12 Anna Karenina
Tschaikowsky
6 Onegin
11 Eugen Onegin, Nussknacker
Tschaykowsky
7 Mazeppa
Tschechow
5 Wanja
Twain
3 Tom
9 Tom Sawyer
15 Huckleberry Finn
Vaszary
6 Monpti
Verdi
4 Aida
7 Macbeth, Othello
8 Falstaff
9 Don Carlos, Rigoletto
11 Luise Miller
16 Simone Boccanegra
Wagner
6 Isolde, Rienzi
7 Tristan
8 Parsifal
9 Lohengrin, Siegfried
11 Tannhaeuser
Weber
5 Moses
6 Oberon
9 Abu Hassan, Euryanthe
Wedekind
4 Lulu
Wilde
6 Salome
10 Dorian Gray
14 Lady Windermere
Wolf, Friedrich
7 Mamlock, Susanne
13 Thomas Muenzer
16 Professor Mamlock
Wolf, Hugo
11 Penthesilea
Youmans
7 Nanette
Zola
4 Nana
Zuckmayer
13 Katharina Knie
14 Schinderhannes
15 Barbara Blomberg

Titelträger
7 Titular
Titelverleihung
9 Ernennung
Titulierung
6 Anrede
bedeutender Musiker
7 Maestro
Toast
9 Roestbrot
11 Trinkspruch
toben
5 rasen
6 wueten
tobend
6 rasend
7 wuetend
10 frenetisch
tobender
Mensch
9 Berserker
Tobol-Zufluss
im Ural
5 Isset, Tawda
Tobsucht
4 Amok
7 Raserei, Tollwut
8 Frenesie
12 Berserkerwut
tobsüchtig
7 manisch
Tochter der/des/von
Agamemnon
7 Elektra
9 Iphigenie
Alkinoos
8 Nausikaa
Amonasro
4 Aida
Äolus
7 Alkyone
Athene
3 Bia
Atlas
9 Hesperide
Ceres
10 Proserpina
David
6 Thamar
Demeter
10 Persephone
des Atlas
6 Hyaden
Dione
9 Aphrodite
Gäa
4 Rhea
5 Dione, Rheia, Theia
6 Phoibe, Tethys, Themis, Thrake
9 Mnemosyne
Hekabe, Hekuba
9 Kassandra
Helena
8 Hermione
Helios
5 Circe, Kirke
Hera
4 Hebe
Herodias
6 Salome
Hyperion
3 Eos
6 Aurora, Selene

Jokaste
8 Antigone
Juno
8 Libertas
Jupiter
3 Ino
5 Diana, Irene, Venus
6 Kadmos, Semele
7 Minerva
8 Juventus, Libertas
10 Proserpina
Kadmos
3 Ino, Ona
5 Agaue
6 Semele
Kaiser Augustus
5 Julia
Kaiser Karl VI.
13 Maria Theresia
Karl dem Großen
6 Bertha
Klytämnestra
7 Elektra
9 Iphigenie
König Lear
5 Regan
7 Goneril
8 Cordelia
König Minos
7 Ariadne
König Theias
6 Myrrha
Kreon
6 Glauke, Kreusa
Kronos
4 Hera, Here
6 Hestia
7 Demeter
Kyros des Großen
6 Atossa
Laban
3 Lea, Lia
5 Rahel
6 Rachel
Latona
5 Diana
Leda
6 Helena
13 Klytaemnestra
Leto
7 Artemis
Liszt
6 Cosima
Marx
7 Eleanor
Menelaos
8 Hermione
Minos
7 Ariadne
Mohammed
5 Fatme
6 Fatima
Nehru
6 Indira
Nereus
6 Thetis
7 Galatea, Nereide
8 Galateia
10 Amphitrite
Ödipus
6 Ismene
8 Antigone

Okeanos
5 Dione
Papst Alexander VI.
8 Lucrezia
Priamos
6 Kreusa
9 Kassandra
Rhea
4 Hera, Here, Juno
5 Ceres, Vesta
6 Hestia
7 Demeter
Rigoletto
5 Gilda
Saturnus
4 Juno
5 Ceres, Vesta
Tantalus
5 Niobe
Theia
3 Eos
6 Aurora, Selene
Themis
4 Dike
6 Eirene
Theoderich
11 Amalasuntha
12 Amalaswintha
Tyndareos
13 Klytaemnestra, Klytemnaestra
Uranos
4 Rhea
5 Dione, Rheia, Theia
6 Phoebe, Phoibe, Tethys, Themis, Thetis, Thrake
9 Mnemosyne
Ute
9 Kriemhild
Zeus
4 Dike, Hebe
6 Athena, Athene, Eirene, Helena
7 Artemis
8 Kalliope
9 Aphrodite
10 Persephone
Töchter des
Nereus (Meergott)
8 Nereiden
Zeus und der Mnemosyne
4 Klio
5 Erato
6 Thalia, Urania
7 Euterpe
8 Kalliope
9 Melpomene
10 Polyhymnia
11 Terpsichore
Tochtergeschwulst
9 Metastase
Tod
6 Exitus
eines Organteiles
5 Brand
erleiden
7 sterben
tod bringender
Stoff
4 Gift
5 Toxin
todesähnlicher
Zustand
6 Starre
12 Leblosigkeit
Todeseintritt
6 Exitus
13 Exitus letalis
Todesgott
4 Mors
5 Hades, Orkus, Pluto
6 Anubis, Erebus, Pluton
8 Thanatos
Todesgöttin
3 Hel
5 Keren
6 Hather, Hathor
Todeskampf
6 Agonie
Todeslauf
4 Amok
Todessprung
in der Artistik
12 Salto mortale
Todesstoß
4 Fang
Todesurteil, Vollstreckung
11 Hinrichtung
todgeweiht
8 moribund
tödlich
5 letal
tödliche
Droge
4 Gift
Schläge (Jiu-Jitsu)
5 Atemi
Seuche
9 Pestilenz
tödliches
Gift
7 Arsenik
Todsünde
4 Geiz, Neid, Zorn
7 Hochmut, Wollust
10 Trunksucht
Toilette
2 WC
3 Klo
5 Abort
7 Klosett
12 Frisiertisch
13 Wasserklosett
21 Gesellschaftskleidung
Toilettenartikel
4 Kamm
5 Seife
7 Buerste, Spiegel
9 Zahnpasta
10 Nagelfeile
11 Nagelschere
Tokios
alter Name
3 Edo
Tokioter
Hauptverkehrsstraße
5 Ginza
tolerant
7 duldsam
10 einsichtig
16 verstaendnisvoll
Toleranz
11 Duldsamkeit
14 Einsichtigkeit
17 Verstaendlichkeit
tolldreist
4 keck
5 frech, kuehn
12 unverschaemt
Tolle
5 Locke
10 Haarschopf
tollen
5 toben
toller
Einfall
8 Kapriole
Tollkirsche
10 Belladonna
12 Teufelsbeere
Tollkirschengift
7 Atropin
Tollkraut
5 Lolch
10 Schierling, Stechapfel
11 Bilsenkraut
13 Nachtschatten
tollkühn
8 verwegen
Tollpatsch
4 Depp, Laps
5 Flaps
6 Dunsel, Lackel
7 Toelpel, Trampel
Tollwut
5 Lyssa
6 Rabies
Tomatensoße
7 Ketchup
8 ◆ Ketschup
Tombola
9 Verlosung
Ton
4 Hall, Laut
5 Farbe, Klang, Sound
6 Schall
7 Akustik
9 Geraeusch
Tonabnehmer
6 Pick-Up
Tonabstand
9 Intervall
tonangebend
9 kompetent
Tonarchiv
8 ◆ Fonothek
9 Phonothek
Tonart
altgriechische
7 ionisch
mit großer Terz
3 Dur
mit Vorzeichen von 3 Kreuzen
4 A-Dur
Tonart, -geschlecht
3 Dur
4 Moll
Tonband
4 Tape
Tonbandgerät
8 Recorder, Tapedeck
11 Magnetophon
12 Taperecorder
17 Kassettenrecorder
Tonbandstörung
7 Dropout
Tonbezeichnung
in der Musik
1 a, b, c, d, e, f, g, h
2 as, do, es, fa, la, mi, re, si

3 ais, ces, cis, des, dis, eis, fes, fis, ges, gis, his, sol
in Frankreich u. Italien
2 do, fa, la, mi, re, si
3 sol
Tonblasinstrument
7 Okarina
Tondichter
9 Komponist
Tondichtung
11 Komposition
Beethovens
6 Eroika
Tonerde
3 Bol
5 Ocker
13 Aluminiumoxid
Tonerdesilikat
5 Bolus
tönern
5 irden
tönerne
Schnabelflöte
7 Okarina
tönernes
Blasinstrument
7 Okarina
Tonerzeuger
bei Musikinstrumenten
5 Saite
Tonfall
6 Akzent
8 Betonung
10 Aussprache
Tonfarbe
6 Timbre
Tonfigur
(jüdische Mystik)
5 Golem
Tonfilmband
4 Take
Tonflasche
5 Kruke
Tonfolge
7 Melodie, Passage
Tongainsel
3 Ata, Eua, Foa, Kao
4 Niue, Toku
5 Tofua, Vavau
6 Haapai, Nomuka
9 Tongatabu
Tongefäß
4 Krug
mit breitem Halsteil
4 Urne
Tongeschirr
5 Hafen
7 Keramik
10 Roemertopf
Tongeschlecht
3 Dur
4 Moll
Tonhalle
5 Odeon, Odeum
7 Orpheum
Tonhebung
5 Iktus
Tonintervall
4 None, Prim, Sext, Terz
5 Prime, Quart, Quint, Sexte
6 Dezime, Oktave, Quarte, Quinte
7 Sekunde, Septime

Ton-Kalk-Gestein
6 Mergel
Tonkennzeichen
4 Note
Tonkonserve
12 Schallplatte
Tonkügelchen
als Kinderspielzeug
6 Murmel
Tonkunst
5 Musik
mit kleiner Besetzung
11 Kammermusik
Tonkünstler
7 Musiker, Saenger
8 Dirigent, Musikant, Virtuose
9 Arrangeur, Komponist
20 Instrumentalvirtuose
Tonlehre
8 Phonetik
Tonleiter
5 Skala
Tonleiterstufe
4 Terz
5 Prime
tonlos
5 stumm
10 schweigend
tonloses
Wort
6 Atonon
Tonmaß
4 Takt
5 Tempo
Tonne
4 Fass
6 Barrel
tonnenartiges
Seezeichen
4 Boje
tonreicher
Marschboden
4 Klei
Tonröhre
als Kondensator
6 Aludel
Tonschicht
6 Letten
in Erzgängen
6 Besteg
Tonschöpfer
4 Bach
Tonschöpfung
5 Musik
11 Komposition
Tonschrift
12 Notenschrift
Tonsetzer
9 Komponist
Tonspeicher
10 Magnetband
11 Compact Disc
12 Schallplatte
14 Digitaltonband
Tonstück
4 Fuge, Lied
5 Kanon, Largo, Rondo
6 Sonate
7 Andante, Menuett
8 ◆ Sinfonie, Sonatine
9 Symphonie
für acht
6 Oktett

für drei
4 Trio
7 Terzett
für fünf
8 Quintett
für sechs
7 Sextett
für sieben
7 Septett
für vier
8 Quartett
für zwei
3 Duo
5 Duett
in freier Form
8 ◆ Fantasie
mit verschiedenen Melodien
9 Potpourri
mit wiederholtem Thema
5 Kanon, Rondo
Tonstufe
6 Oktave
der Dur-Tonleiter
4 None
6 Dezime
Tönung
6 Nuance
7 Kolorit
Tonware
7 Fayence, Keramik
8 Irdengut, Majolika
9 Porzellan, Steinzeug
10 Terrakotta
Tonwiedergabegerät
8 CD-Player, Recorder
9 CD-Spieler
14 Plattenspieler
17 Kassettenrecorder
Tonwiedergabetechnik
4 Mono
6 Quadro, Stereo
10 Monophonie
11 ◆ Quadrofonie, ◆ Stereofonie
12 Quadrophonie, Stereophonie
Tonzeichen
4 Note
5 Neume
Tonzittern
in der Musik
7 Tremolo
Tonzusammenklang
6 Akkord
Topf
4 Pott
Töpfer
6 Hafner
7 Haefner
9 Keramiker
10 Ofensetzer
Töpferkunst
7 Keramik
Töpfermaterial
3 Ton
Töpferprodukt
7 Tonware
Töpferware
6 Fliese, Kachel
7 Fayence, Keramik
8 Majolika
10 Terrakotta
Topfgriff
5 Stiel
6 Henkel

Topfverschluss
6 Deckel
Topinambur
8 Erdbirne
Tor
3 Mal
4 Depp, Goal, Narr, Tuer
5 Tuere
6 Pforte, Portal
7 Treffer
8 Dummkopf, Einfahrt
beim Sport
4 Goal
in Lübeck
10 Holstentor
vor jap. Heiligtümern
5 Torii
Torbau
am Eingang ägyptischer Tempel
5 Pylon
Torero
oder Matador
13 Stierkaempfer
Torfmoorstrauch
5 Porst
Torfstück
4 Sode
Torheit
5 Unfug
6 Eselei, Unsinn
8 Dummheit, Kinderei, Narretei, Narrheit, Wahnwitz
9 Bloedsinn, Firlefanz
10 Albernheit
Torhüter, -wächter
7 Portier
9 Pfoertner
töricht
4 dumm, naiv
6 stupid, unklug
8 geistlos, unsinnig
9 naerrisch
11 beschraenkt
törichter
Einfall
6 Flause
Mensch
4 Narr
törichtes
Gerede
5 Stuss
6 Unsinn
7 Gefasel, Nonsens
Torkel
6 Kelter
torkeln
7 taumeln
Torlauf
im Skisport
6 Slalom
12 Riesenslalom
13 Spezialslalom
14 Parallelslalom
Tornado
11 Wirbelsturm
Tornister
4 Affe
6 Ranzen
8 Rucksack
11 Schulranzen
Torschütze
10 Goalgetter
Torsion
bei Feuerwaffen
5 Drall
Törtchen
9 Tortelett
10 Tortelette
Tortenbeigabe
5 Sahne
Tortenüberzug
4 Guss
8 Gelatine
Tortur
4 Pein, Qual
5 Plage
6 Folter, Marter
Torwart
6 Keeper
10 Goalkeeper
11 Schlussmann
tot
3 oed
4 oede
6 leblos
8 entseelt
10 erschoepft
total
4 ganz
6 gesamt
9 gaenzlich
12 vollstaendig
totaler
Baumschlag
6 Rodung
Totalisator
5 Wette
9 Rennwette
11 Wettannahme
totalitär
10 autoritaer
12 autokratisch, diktatorisch
14 selbstherrlich
tote
Fracht, Last
7 Ballast
Rinde
5 Borke
Sprache
6 Latein
töten
9 umbringen
11 liquidieren
12 massakrieren
Totenacker
8 Friedhof
totenähnlich
7 makaber
Totenamt, -messe
7 Requiem
8 Exequien
Totenaschegefäß
4 Urne
Totenbeschwörer
9 Nekromant
Totenbeschwörung
11 Nekromantie
Totenbett
11 Sterbelager
Totenfährmann
6 Charon
Totenführer
6 Hermes
Totengedenkstein
9 Grabstein
Totengeister
5 Manen
7 Lemuren
Totengeleit
7 Kondukt
Totengott
5 Hades, Orkus, Pluto
6 Anubis, Erebus, Pluton
8 Thanatos
der Ägypter
6 Anubis
der Polen
5 Nijam
Totengöttin
3 Hel
5 Keren
6 Hather, Hathor
Totengruft
4 Grab
6 Krypta
9 Mausoleum
Totenklage
6 Naenie
Totenknochen
7 Gebeine
Totenliste
8 Nekrolog
Totenmesse
7 Requiem
Totennachruf
8 Nekrolog
Totenopfer, -beschwörung
6 Nekyia
Totenreich
3 Hel
5 Hades, Orkus
6 Erebos, Erebus, Hoelle
8 Niflheim
9 Unterwelt
Totenrichter
der griech. Sage
12 Rhadamanthys
Totenschar
der german. Sage
6 Holden
Totenschrein
4 Sarg
9 Sarkophag
Totenseelen
der Römer
5 Manen
Totenstadt
9 Nekropole
10 Nekropolis
Totentrage
5 Bahre
Totenverehrung
8 Manismus
Totenvogel
9 Steinkauz
toter
Bestand
8 Inventar
Körper
6 Leiche
8 Leichnam
Tierkörper
3 Aas
7 Kadaver
Totospieler
6 Wetter
Totschläger
6 Killer

Tötung
9 Ermordung, Exekution
11 Hinrichtung, Liquidation, Schlachtung
aus dem Hinterhalt
11 Meuchelmord
Tötungsmittel
primitiver Stämme
9 Pfeilgift
Tourismus
14 Fremdenverkehr
Tourist
8 Urlauber
9 Reisender
Touristenbetreuer
8 Animator
11 Reiseleiter
14 Fremdenfuehrer, Reisefuehrerin
Touristikunternehmen
10 Reisebuero
touristisches
Spiel
12 Spurensuchen
Tour, Tournee
4 Trip
5 Fahrt, Reise, Runde
6 Umlauf
7 Ausflug, Drehung, Strecke
9 Exkursion, Rundfahrt, Rundreise, Umdrehung, Wanderung
10 Kreuzfahrt
12 Studienreise
13 Bergwanderung
14 Gastspielreise
Trab
auf der Stelle (Hohe Schule)
6 Piaffe
Trabant
4 Mond
8 Satellit
9 Begleiter
11 Erdsatellit, Gefolgsmann
12 Leibwaechter
Trabantenstadt
v. Tokio
5 Omija
Trabrennwagen
5 Sulky
Trachom
9 Granulose
Trachtenjacke, -rock
6 Janker
Trachtenrock
der russ. Bäuerin
7 Sarafan
Trachtenstoff
5 Loden
trächtig
7 tragend
Track, Schifffahrtsstraße
6 Seeweg
Tradition
5 Sitte
6 Brauch
9 Herkommen
10 Gewohnheit
14 Ueberlieferung
Tragbalken
4 Holm
9 Architrav, Dachstuhl
Tragband
4 Gurt
tragbar
8 portabel
13 transportabel
tragbare
Orgel
5 Regal
Schusswaffen
15 Handfeuerwaffen
tragbarer
Behälter
4 Korb
5 Eimer, Kiepe, Mappe
7 Flasche
8 Kanister
tragbares
Fernsehgerät
8 Portable
Tragbett
5 Bahre, Trage
9 Tragbahre
Tragbrett
7 Tablett
tragender
Bauteil
6 Balken, Saeule, Strebe
7 Pfeiler, Stuetze
träger
Mensch
12 Phlegmatiker
Träger
4 Mast
6 Balken, Saeule, Strebe
7 Pfeiler, Stuetze
8 Traverse
12 Stuetzbalken
der Erbanlagen
3 Gen
9 Chromosom
der Golfgeräte
6 Caddie
der staatlichen Gewalt
9 Obrigkeit
der Straßenbeleuchtung
10 Kandelaber
der Unfallversicherung
20 Berufsgenossenschaft
des Erbguts
2 Id
von Schall- und Tonaufzeichnungen
7 Tonband
8 Kassette
12 Schallplatte
zur Führung elektrischer Freileitungen
4 Mast
Trägerelement
in der Architektur
4 Gurt
Trägerfrequenz
10 Schwingung
Traggerüst
bei Fahrzeugen
6 Rahmen
Traggestell
5 Bahre
Trägheit
6 Torpor, Unlust
7 Phlegma
8 Faulheit, Indolenz
9 Lethargie
16 Energielosigkeit
Traghimmel
9 Baldachin
tragisches
Geschehen
5 Drama
9 Tragoedie
11 Trauerspiel
Tragkorb
5 Butte, Kiepe
Traglast
6 Buerde
Traglufthülle
5 Radom
Tragödie
11 Trauerspiel
Tragödiendichter
6 Racine
9 Corneille, Euripides, Sophokles
Tragödie von
Alfieri
5 Mirra
Aretino
6 Orazio
Corneille
5 Cinna
Euripides
5 Medea
Hebbel
6 Judith
Shakespeare
6 Hamlet
7 Othello
Voltaire
5 Irene, Zaire
6 Alzire
Wildgans
5 Liebe
Tragödin
4 Duse
Tragsäule
7 Stuetze
Tragschrauber
8 Autogiro
Tragsessel
5 Sedia
7 Saenfte
8 Palankin
11 Portechaise
Tragstütze
7 Pfeiler
Tragtasche
6 Beutel
Tragtier
4 Esel, Lama, Muli
5 Kamel, Pferd
7 Elefant
8 Dromedar, Maultier
träg, träge
4 faul
5 inert
7 langsam
8 indolent
9 apathisch
11 lethargisch
12 phlegmatisch
Tragweite
7 Ausmass
Tragwerk
5 Frame
7 Gebinde, Stuetze
9 Gespaerre
10 Widerlager

Train
5 Tross
Trainer
5 Coach
9 Ausbilder
11 Sportlehrer
trainieren
5 ueben
Training
5 Probe
6 Uebung
Trainingsanlage
9 Simulator
Trainingsgerät
der Boxer
9 Maisbirne
12 Punching Ball
Trajekt
6 Faehre
10 Autofaehre
11 Faehrschiff
15 Eisenbahnfaehre
Trakt
5 Reihe
6 Laenge
7 Fluegel, Strecke
10 Ausdehnung
11 Strassenzug
12 Gebaeudeteil
Traktat
10 Abhandlung
11 Flugschrift
traktieren
6 plagen
7 quaelen
Traktion
12 Geburtshilfe
Traktor
7 Bulldog, Trecker
9 Schlepper
11 Zugmaschine
15 Schleppfahrzeug
Trällersilbe
2 la
Trambahn
12 Strassenbahn
Tramp
8 Vagabund
12 Globetrotter
13 Landstreicher, Weltenbummler
trampen
8 anhalten
10 hitchhiken
Tramper
8 Anhalter
11 Autostopper
Tran
3 Oel
8 Speckoel
9 Lebertran
Trance
14 Daemmerzustand
19 Entrueckungszustand
Träne
6 Zaehre
Tränen
vergießen
6 weinen
tranig
7 langsam
9 troedelig
Trank
der Götter
6 Nektar
des Vergessens
5 Lethe
Trankopfer
8 Libation
Transaktion
12 Unternehmung
13 Bankgeschaeft, Geldgeschaeft
transatlantische
Fernsehverbindung
6 Narcom
transchieren
8 zerlegen
Transduktor
17 Magnetverstaerker
Trans-Europ-Express
3 TEE
Transfer
7 Wechsel, Zahlung
11 Clubwechsel
12 Uebertragung, Ueberweisung
13 Ueberfuehrung
transferieren
10 umwechseln
11 uebertragen, ueberweisen
12 ueberfuehren
Transformator
5 Trafo
8 Umformer
transformieren
8 umformen
9 umwandeln
11 umgestalten
Transfusion
12 Uebertragung
16 Blutuebertragung
Transhimalajagipfel
6 Kailas
Transistor
11 Verstaerker
Transistorelektrode
7 Emitter
Transit
9 Durchfuhr, Durchgang
transitorisch
14 voruebergehend
17 spaeter wegfallend
Translation
12 Uebersetzung, Uebertragung
20 Parallelverschiebung
Transozeanflug
7 Klipper
Transozeanflugzeug
6 Airbus
7 Clipper
8 Jumbo Jet
transparent
12 durchsichtig
14 durchscheinend
Transparent
10 Leuchtbild, Spruchband
Transparentbild
3 Dia
10 Diapositiv
transparenter
Anstrich
5 Lasur
9 Lasierung
Transparentpapier
10 Pauspapier
Transparenz
16 Durchsichtigkeit
Transpiration
19 Schweissabsonderung
transpirieren
9 schwitzen
Transplantation
12 Verpflanzung
14 Ueberpflanzung
17 Organverpflanzung
18 Gewebsverpflanzung
Transport
7 Versand
9 Spedition
10 Versendung
12 Befoerderung
mit dem Flugzeug
11 Luftverkehr
transportabel
9 beweglich
transportable
Unterkunft
4 Zelt
transportabler
Grossbehälter
9 Container
Transportarbeiter
6 Packer
Transportbegriff
3 cif, fob
6 Eilgut
10 Expressgut
Transportbehälter
4 Fass, Sack
5 Colli, Kanne, Kiste
6 Harras, Karton
7 Collico, Hobbock
8 Kanister
9 Container
14 Einkaufstasche
ohne Inhalt
7 Leergut
Transportberuf
8 Fuhrmann
9 Spediteur
11 Eisenbahner
Transportboot
der Eskimos
5 Umiak
Transportfahrzeug
3 LKW
7 Caravan
8 Lastauto
9 Lastwagen
11 Lieferwagen
14 Lastkraftwagen
Transportgerät
für Kranke
5 Bahre, Trage
9 Rollstuhl, Tragbahre
Transportgut
6 Fracht, Ladung
Transporthilfsmittel
5 Karre
9 Sackkarre
10 Schubkarre
transportieren
10 befoerdern
Transportkosten
13 Frachtgebuehr
Transportmittel
3 Bus, Rad
4 Bahn, Obus, Post, Tram

5 Karre, U-Bahn, Wagen, ◆ Wagon
6 Waggon
7 Omnibus
9 Eisenbahn, Lastwagen
11 Lieferwagen
12 Binnenschiff, Linienschiff
Transportraumschiff
10 Raumfaehre
Transportschiff *für Flüssigkeiten*
6 Tanker
Transportunternehmen
9 Spedition
Transportunternehmer
9 Spediteur
Transportwaren
6 Gueter
Transsilvanische *Alpen*
12 Suedkarpaten
Transuran
6 Curium
7 Fermium
8 Nobelium
9 Americium, Berkelium, Neptunium, Plutonium
10 Lawrencium
11 Californium, Einsteinium, Mendelevium
Trapez
7 Viereck
8 Querholz
11 Schwebereck
12 Schaukelreck
Trapezkünstler
6 Artist
Trapp
13 Plateaubasalt
Trasse
4 Spur
7 Faehrte
11 Fluchtlinie
Tratsch
6 Gerede
7 Klatsch
8 Gemunkel, Geruecht
10 Geschwaetz
11 Hoerensagen
Tratsche
11 Klatschbase
tratschen
9 klatschen
Tratscherei
7 Klatsch
Traubenanbaufeld
8 Weinberg
Traubenernte
4 Lese
8 Weinlese
Traubenhyazinthe
7 Muscari
Traubenpresse
6 Kelter
Traubensaft
4 Most, Wein
6 Sauser
8 Rauscher
Traubensorte, Weinsorte
4 Asti, Sake, Sekt
5 Bados, Berry, Chios, Gamay, Jeres, Medoc, Mosel, Porto, Ruwer, Samos, Soave, Xeres
6 Aramon, Graves, Kerner, Malaga, Merlot, Ortega, Rancio, Ruster, Sherry, Wermut
7 Chablis, Chianti, Cinzano, Elbling, Formint, Gutedel, Lagrein, Madeira, Marsala, Orvieto, Rotling, Tokajer, Tokayer
8 Alicante, Bordeaux, Cabernet, Falerner, Frascati, Portwein, Riesling, Silvaner, Traminer, Vermouth
9 Burgunder, Huxelrebe, Lagreiner, Languedoc, Moselwein, Neuburger, Rheinwein, Rulaender, Sauternes, Tarragona, Veltliner
10 Champagner, Schaumwein, Trollinger
11 Bocksbeutel, Drachenblut, Frankenwein, Muskateller, Plattenseer
12 Asti Spumante, Bernkasteler, Ruedesheimer
13 Grauburgunder
14 Mueller Thurgau, Spaetburgunder, Weissburgunder
15 Assmannshaeuser, Liebfrauenmilch
Traubenzucker
6 Hexose
7 Glukose, Glykose
8 Dextrose
trauen
5 wagen
10 vermaehlen
Trauer
6 Wehmut
7 Schmerz
8 Truebsal
9 Tristesse
10 Betruebnis
11 Melancholie
Trauerband, -binde
4 Flor
Trauerbeflaggung
8 Halbmast
Trauerbesatz
9 Pleureuse
Trauerlied, Klagegesang
6 Naenie
Trauerspiel
5 Drama
9 Tragoedie
Trauerspieldichter
8 Tragiker, Tragoede
Trauerspiel von
Goethe
6 Stella
Lessing
12 Emile Galotti
14 Nathan der Weise
Schiller
10 Die Raeuber
Shakespeare
7 Othello
13 Romeo und Julia
Trauerzug
7 Kondukt
Traufleiste, -rinne
4 Sima
traulich
5 innig
8 heimelig, herzlich
9 idyllisch
Traumbild
11 Erscheinung
Traumdeuter
9 Wahrsager
Träumer
7 ◆ Fantast
8 Phantast
10 Romantiker
Träumerei
7 Reverie
8 ◆ Fantasie
9 Phantasie
träumerisch
7 sinnend
Traumgebilde, -gesicht
6 Utopie, Vision
7 Phantom
8 Chimaere, Illusion, Trugbild
9 Phantasma, Schimaere
10 Einbildung, Wunschbild
11 Luftschloss
12 Hirngespinst
18 Wolkenkuckucksheim
Traumgespenst
3 ◆ Alb, Alp
5 Geist
Traumgott
6 Ikelos
8 Morpheus
9 Phantasos
traumhaft
9 visionaer, wunderbar
10 unwirklich
Traumland
8 Eldorado
Traumlehre
11 Oneirologie
traumverloren
15 geistesabwesend
Traumzustand
6 Trance
Traun-Zufluss *(Österreich)*
5 Krems
traurig
3 oed
4 oede
5 trist
7 desolat
8 betruebt
11 bedauerlich, beschaemend, betrueblich, schmerzlich
12 schwermuetig
13 melancholisch
Traurigkeit
8 Truebsal
9 Schwermut, Tristesse, Truebsinn
11 Melancholie
traut
4 lieb
8 traulich, vertraut
9 behaglich
10 gemuetlich
Traute
3 Mut
4 Mumm
6 ◆ Bravur
7 Bravour, Courage, Schneid

8 Zutrauen
9 Vertrauen
Trauung
6 Heirat
8 Hochzeit
11 Vermaehlung
14 Eheschliessung
Travellerscheck
11 Reisescheck
travers
4 quer
7 schraeg
Traverse
8 Ausleger
10 Querbalken
traversieren
7 hindern
12 durchkreuzen
14 durchschreiten
Trawl
16 Grundschleppnetz
Treber
7 Trester
10 Obstabfall
Treck
3 Zug
6 Auszug, Marsch
7 Kolonne
8 Karawane
12 Auswanderung, Wagenkolonne
trecken
6 ziehen
9 schleppen
10 auswandern
Trecker
7 Traktor
9 Schlepper
Treckschute
11 Schleppkahn
Treff
5 Kreuz
6 Eichel
Treffen
4 Game
5 Match, Spiel
6 Partie, Tagung
7 Gefecht, Meeting
9 Begegnung, Konferenz
10 Rendezvous
11 Versammlung
13 Zusammenkunft
treffend
8 frappant
9 praegnant
treffende
Schilderung
14 Charakteristik
treffendes
Witzwort
6 Bonmot
Treffer
3 Hit, Tor
4 Goal
5 Preis
6 Erfolg, Gewinn
7 Reisser
8 Thriller
10 Gluecksl os
11 Gluecksfall
beim Fußball
3 Tor
zum Remis
13 Ausgleichstor
Trefferzahl
im Lotto
5 Score
trefflich
12 vortrefflich
13 ausgezeichnet
treffsicher
9 praegnant
Treibballspiel
4 Golf
zu Pferde
4 Polo
treiben
5 jagen
7 puschen
8 draengen, druecken
treibende
Kraft
5 Agens
treibender
Rhythmus (Jazz)
5 Drive
Treibgas
5 Butan
6 Propan
Treibgeschoss
6 Rakete
Treibhaus
9 Kaldarium
12 Gewaechshaus
Treibjagd
13 Kesseltreiben
mit Hunden
4 Hatz
8 Hetzjagd
Treibjagdausbeute
7 Strecke
Treibladung
9 Kartusche
Treibmittel
beim Backen
4 Hefe
6 Natron
9 Sauerteig
10 Backpulver
14 Hirschhornsalz
Treibnetz
(Fischfang)
5 Fleet
Treibsandhügel
5 Duene
Treibschlag
beim Golf
5 Drive
Treibstange
12 Pleuelstange
Treibstoff
3 Gas
5 Butan, Sprit
6 Benzin, Benzol, Diesel, Erdoel, Gasoel, Methan, Propan, Rohoel
7 Gasolin
8 Solaroel, Treiboel
9 Dieseloel, Mitteloel, Schweroel
10 Flugbenzin, Kraftstoff
11 Paraffinoel, Schieferoel
12 Generatorgas, Leichtbenzin, Schwerbenzin
Treibstoffbehälter
4 Fass, Tank
5 Tonne
6 Barrel, Bunker, Kessel
8 Kanister
Treidelweg
8 Leinpfad
Trematode
8 Saugwurm
tremolando
6 bebend
8 zitternd
Trenchcoat
11 Regenmantel
Trend
7 Neigung, Tendenz
8 Richtung
19 Entwicklungstendenz
20 Aufwaertsentwicklung, Entwicklungsrichtung
Trendel
7 Kreisel
trendeln
8 troedeln
trennen
6 loesen, teilen
7 spalten
8 scheiden
9 entfernen, isolieren, losloesen
10 separieren
12 dissoziieren, unterbrechen
14 differenzieren
18 auseinanderbringen
trennende
Linie zwischen Staaten
6 Grenze
Trenner
9 Separator
10 Zentrifuge
Trennfläche
4 Wand, Zaun
5 Mauer
6 Planke
Trennkommando
beim Boxen
5 Break
Trennlinie
6 Grenze
11 Perforation
Trennpunkt
über Vokalen
5 Trema
Trennschleuder
9 Separator
10 Zentrifuge
Trennung
5 Bruch
7 Loesung, Schisma, Teilung
8 Abschied, Spaltung
9 Lossagung, Scheidung, Sezession
10 Isolierung, Losloesung, Separation
11 Absonderung, Separierung
13 Unterbrechung
14 Unterscheidung
des klaren Fassweins vom Bodensatz
7 Abstich
Verheirateter
12 Ehescheidung
zwischen Weißen und Farbigen
9 Apartheid
Trennungsbogen
im Kirchenschiff
11 Scheidbogen

Trennungslinie
6 Grenze
Trennungsstrich
5 Divis
Trennungsverfahren
7 Dialyse
12 Destillation
Trennungswand
in der Kirche mit Ikonen
11 Ikonostasis
Trennwerkzeug
5 Saege
Trennwort
in Telegrammen
4 Stop
5 ◆ Stopp
Trense
10 Pferdezaum
Trepanation
16 Schaedeloeffnung
Treppe
5 Stufe
6 Stiege
7 Aufgang
beim Schiff
8 Fallreep
beim Schiff und Flugzeug
7 Gangway
8 Laufsteg
Treppenabsatz
6 Podest
treppenartiger
Abbau im Bergbau
10 Firstenbau
Wasserfall
7 Kaskade
Treppenhalle
9 Vestibuel
Treppenstütze
9 Gelaender
Treppenteil
5 Stufe
6 Podest
Tresen
5 Theke
10 Ladentisch
11 Schanktisch
Tresor
4 Safe
11 Geldschrank, Stahlkammer
12 Stahlschrank
13 Kassenschrank, Panzerschrank
Tresse
4 Band
5 Biese, Borte, Galon, Litze
6 Besatz, Galone
8 Streifen
Trester
6 Treber
12 Obstabfaelle
Tresterwein
5 Lauer, Leier
Trethebel
5 Pedal
11 Kickstarter
treu
4 fest
5 loyal
7 ergeben, redlich
9 verbunden
10 bestaendig
11 anhaenglich
12 gewissenhaft

Treue
5 Liebe
9 Zuneigung
10 Loyalitaet
12 Freundschaft
13 Kameradschaft, Verbundenheit
15 Anhaenglichkeit
18 Gewissenhaftigkeit
Treuebruch
6 Verrat
7 Felonie
8 Ehebruch
12 Ehrlosigkeit
Treueeid
9 Huldigung
bei Gründung der Schweiz
12 Ruetlischwur
des Soldaten
9 Fahneneid
treuer
Gefolgsmann
7 Paladin
Hund der Erigone
5 Maira
Wächter
5 Argus
treues
Gedenken
7 Pietaet
Haustier
4 Hund
Treuhänder
7 Kurator
10 Sachwalter
Treuhandgebiet
6 Mandat
treuherzig
4 naiv
5 offen
6 arglos
treulos
6 perfid
7 perfide
treuloser
Geheimnisbrecher
9 Verraeter
treuloses Verhalten
6 Verrat
7 Untreue
Treulosigkeit
7 Untreue
Triage
9 Ausschuss
Triangel
7 Dreieck
10 Instrument
15 Musikinstrument
16 Schlaginstrument
Triasammonit
7 Keratit
Triasformation
6 Keuper
Triasforscher
7 Alberti
Tribulation
8 Drangsal
9 Quaelerei
Tribunal
7 Gericht
11 Gerichtshof
12 Richterstuhl
Tribünenabschnitt
5 Block

Tribut
4 Zoll
6 Abgabe, Steuer
7 Beitrag
14 Entschaedigung
Trichopteren
14 Koecherfliegen
Trichose
13 Haarkrankheit
trichterförmige
Erosionsform im Flussbett
11 Strudeltopf
Erweiterung einer Flussmündung
7 Aestuar
Luftwirbel
6 Trombe
Öffnung des Vulkans
6 Krater
Vertiefung
5 Binge, Pinge
Vertiefung im Karst
6 Doline
Trichtermündung
7 Aestuar
Trichterwickler
11 Blattroller
Trick
4 Dreh, List
5 Finte, Kniff
7 Finesse, Vorwand
10 Kunstgriff, Taeuschung
Trickfilmfigur
(Disney)
5 Goofy
9 Mickymaus
10 Donald Duck
in Polen
5 Bolek, Lolek
trickreich
6 listig
11 verschlagen
Trident
8 Dreizack
Trieb
5 Drang, Kraft, Manie
6 Impuls, Libido, Spross
7 Ableger, Antrieb, Streben
8 Appetenz, Instinkt
9 Verlangen
11 Schoessling
zum Essen
6 Hunger
zum Stehlen
11 Kleptomanie
zum Trinken
5 Durst
Triebkraft
5 Agens, Motor
7 Dynamik, Energie
Triebkräfte
8 Agenzien
triebmäßig
10 instinktiv
Triebwerk
5 Motor
8 Maschine, Mechanik
triezen
6 necken, plagen
7 aergern
triften
8 floessen
triftig
8 zwingend

9 plausibel
11 stichhaltig
14 wohlbegruendet
Triga
11 Dreigespann
Trigon
7 Dreieck
trigonal
9 dreieckig
Trigonometrie
18 Dreiecksberechnung
trikolor
10 dreifarbig
Trikot
6 Jersey
Trilogie
von Schiller
11 Wallenstein
Trimm-dich-Läufer
6 Jogger
trimorph
13 dreigestaltig
Trimorphismus
17 Dreigestaltigkeit
Trinitarier-Ordensstifter
5 Matha
Trinität
13 Dreieinigkeit
14 Dreifaltigkeit
Trinitatisfest
19 Dreifaltigkeitsfest
Trinkabend
7 Kommers
trinkbare
Flüssigkeit
8 Getraenk
Trinkbedürfnis
5 Durst
Trinkbranntwein
6 Klarer
Trinken
in der Runde
7 Umtrunk
Trinkfest
5 Orgie
6 Gelage
trinkfreudiges
Mädchen bei Busch
6 Helene
Trinkgefäß
4 Glas, Horn, Krug, Mass
5 Kelch, Molle, Pokal, Tasse
6 Becher, Bembel, Humpen, Roemer, Schale, Seidel
7 Stiefel
8 Bierglas, Bierkrug, Masskrug, Schoppen, Sektglas, Stamperl, Teetasse, Weinglas, Weinkrug
9 Obertasse, Spitzglas
10 Likoerglas, Sektschale
13 Schnabeltasse
der Germanen
7 Methorn
Trinkgelage
5 Orgie
8 Sauferei, Zecherei
9 Bacchanal
10 Besaeufnis
Trinkgeld
im Orient
10 Bakschisch
Trinkgesellschaft
5 Runde
Trinkgruß
der Studenten
7 Fiduzit
9 Schmollis
Trinklied
der Studenten
6 Kantus
11 Kommerslied
Trinkröhrchen
9 Strohhalm
Trinkspruch
4 Skal
5 Prost, Toast
6 Prosit
7 Zum Wohl
Trinkstube
3 Bar
5 Lokal
10 Restaurant
Trinkwasser
als Notvorrat
6 Lieger
Trinkwassertalsperre
in Thüringen
4 Ohra
Trio
7 Terzett
Triözie
15 Dreihaeusigkeit
Trip
5 Reise
7 Ausflug
Tripel
9 Kieselgur
triphieren
13 verdreifachen
Tripper
9 Gonorrhoe
10 Gonorrhoee
Trisektion
11 Dreiteilung
trist
3 oed
4 grau, oede
7 traurig
Tristans
Geliebte
6 Isolde
Triste
10 Heuschober, Wetterwand
trisyllabisch
10 dreisilbig
Tritium
16 Radiowasserstoff
Triton
12 Meergottheit
Tritt
7 Estrade
Trittabdruck
des Federwildes
7 Gelaeuf
trittartige
Erhöhung
6 Podium
Triumph
4 Sieg
5 Jubel
6 Erfolg, Freude
10 Genugtuung
11 Siegesfeier, Siegesjubel
12 Siegesfreude, Siegestaumel
triumphal
8 herrlich
10 grossartig
triumphieren
6 jubeln
10 frohlocken
Triumvirat
8 Dreibund
15 Dreimaennerbund
16 Dreierherrschaft
trivial
5 banal, platt
6 seicht
11 alltaeglich, gewoehnlich
12 abgedroschen
Trivialname
für Natriumkarbonat
4 Soda
trocken
4 arid
5 duerr, mager
7 saftlos
10 langweilig
Trockenbett
eines Flusses
4 Wadi
Trockenblume
10 Strohblume
trockene
Beckenlandschaft in Afrika
8 Kalahari
Ebene
6 Steppe
Getreidehalme
5 Stroh
Pflaume
9 Pruenelle
trockener
Flusslauf
5 Creek
Meeresteil bei Ebbe
4 Watt
Wind (Südfrankreich)
7 Mistral
Wüstenwind in Ägypten
6 Kamsin
trockenes
Gebiet in der Sahara
5 Sahel
Grasland
6 Steppe
Kleingebäck
4 Keks
Trockenfutter
3 Heu
Trockengebiet
in Indien
4 That
Trockengestell
5 Darre, Horde, Horte
6 Reiter, Reuter
Trockenheit
6 Duerre
Trockenkonserve
8 Pemmikan
Trockenlegung
13 Entwaesserung
Trockenmalerei
7 Pastell
Trockenmittel
für Ölfarben
8 Sikkativ
trockenschalige
Frucht
4 Nuss

Trockensteppe
in Afrika
5 Karru
8 Kalahari
Trockental
in den Passatwüsten
4 Wadi
Trockenteil
in Turkmenien
5 Usboi
Trockenvorrichtung
5 Darre
trocknen
6 darren
7 doerren
Troddel
6 Quaste
Troddelblume
10 Soldanella
Trödel
4 Kram, Tand
6 Ramsch
7 Altware, Krempel, Plunder
10 Krimskrams
Trödler
16 Altwarenhaendler
trogartiges
Gefäß
5 Mulde, Wanne
Troglodyt
15 Hoehlenbewohner
Trogmuschel
6 Mactra
Troja
5 Ilion, Ilios, Ilium
trojanische
Burg
8 Pergamon, Pergamos
Sagenfigur
5 Paris
6 Achill, Aeneas, Hekabe, Hektor, Hekuba, Helena, Nestor
7 Priamos, Priamus
8 Achilles, Diomedes, Pergamos
9 Kassandra
trojanischer
Held mit besonders lauter Stimme
7 Steutov
Priester
7 Laokoon
Prinz
7 Troilos
Späher
5 Dolon
trokieren
11 austauschen
Troktolith
13 Forellenstein
Troll
6 Unhold
Trolleybus
19 Oberleitungsomnibus
Trombe, Wirbelsturm
6 Taifun
7 Tornado
8 Hurrikan, Sandhose, Windhose
10 Wasserhose
Trommel
4 Drum
5 Bongo, Cassa, Conga, Pauke, Walze
6 Tamtam, Timbal, Tomtom
7 Magazin, Timpani
8 Tamburin
9 Hohlwalze
11 Hohlkoerper
Trommelfeuer
8 Kanonade
trommelförmiges
Fischnetz
5 Bunge
Trommeln
im Jazz
4 Drum
5 Conga, Tumba
6 Bongas, Tomtom
Trommelschläger
7 Tambour
Trommelstock
8 Schlegel
Trommler
7 Drummer, Tambour
12 Schlagzeuger
Trompete
6 Busine
7 Clairon, Fanfare, Posaune
Trompetenbaum
7 Katalpa
Trompetenbaumgewächs
8 Bignonie
Trompetenblume
8 Bignonie
Trompetenschnecken
14 Tritonshoerner
Trompetenstoß
7 Fanfare
Trompetenvibration
5 Shake
Trompetervogel
5 Agami
Tropenbaum
5 Palme
6 Baobab, Sapote
9 Tamarinde
10 Mammeibaum
13 Affenbrotbaum
Tropenerkrankung
12 Tropenkoller
Tropenfieber
7 Malaria
Tropenfrucht
4 Kiwi
5 Feige, Mango
6 Ananas, Banane, Dattel, Limone, Mandel, Orange, Papaya, Rosine
7 Erdnuss, Satsuma, Zitrone
9 Apfelsine, Mandarine, Sultanine, Tamarinde
10 Clementine, Grapefruit, Klementine, Pampelmuse
Tropenharz
5 Elemi
Tropenhut
8 Sombrero
Tropenkleiderfarbe
4 ◆ Kaki
5 Khaki
Tropenkrankheit
4 Pest, Ruhr
5 Lepra, Sprue
7 Aussatz, Malaria, Trachom
8 Beriberi, Kala Azar, Pellagra
10 Gelbfieber
11 Bilharziose
12 Tropenkoller
15 Schlafkrankheit
Tropenvogel
3 Ara, Beo, Kea
4 Lori
5 Arara, Racke, Tukan
6 Kakadu, Kondor
7 Kolibri, Papagei
Tropenwald, Gesträuch
5 Busch
9 Dschungel
Tropenwind
5 Samum
6 Monsun, Passat
Tropf
4 Kerl
7 Bursche
tropfen
7 sickern
11 durchlassen
Tropfstein
am Boden
9 Stalagmit
an der Decke
9 Stalaktit
Tropfsteinhöhle
6 Grotte
Trophäe
5 Kranz, Pokal, Preis
7 Lorbeer
8 Medaille, Plakette, Schleife
9 Jagdbeute
10 Eichenlaub
11 Eichenkranz, Siegesbeute
13 Siegeszeichen
der Indianer
5 Skalp
Tropikvögel
13 Phaethontidae
tropische
Ameise
7 Termite
Anpflanzung
8 Plantage
Baumechse
6 Leguan
Baumfrucht
8 Paranuss
Baumsteppe
7 Savanne
Blindwühle
5 Apoda
Blume
8 Orchidee
Bodenfrucht
7 Erdnuss
Echse
5 Gecko, Skink, Waran
6 Leguan
8 Basilisk
10 Chamaeleon
Edelholzart
4 Teak
5 Limba
8 Ebenholz, Mahagoni
Faserpflanze
5 Agave, Kenaf, Sisal
Gattung der Süßgräser
4 Reis
Gewürzpflanze
6 Ingwer
7 Vanille

Gewürzschote
7 Vanille
Graspflanze
6 Bambus
Grassteppe
7 Savanne
Guttiferengattung
6 Mammea
Hakenlilie
6 Crinum
Harzart
5 Elemi
Heilpflanze
4 Aloe
Helmbohne
6 Lablab
Holzart
8 Mahagoni
Infektionskrankheit
5 Lepra
8 Kala Azar
Knollenpflanze
4 Taro
6 Maniok
Körnerfrucht
4 Reis
Landschaftsform
5 Busch, Pampa
6 Steppe, Urwald, Wueste
7 Savanne
9 Dschungel, Regenwald
Meeresschnecke
5 Oliva
Niederschlagsperiode
9 Regenzeit
Nutz-, Kulturpflanze
3 Tee
4 Coca, Reis, Soja, Taro
5 Agave, Betel, Hirse, Kakao, Palme, Sesam, Sisal, Tabak
6 Ananas, Batate, Kaffee, Limone, Maniok, Orange, Papaya
7 Erdnuss, Oelbaum, Rizinus, Tapioka, Zitrone
9 Apfelsine, Mandarine, Tamarinde
10 Topinambur, Zuckerrohr
Ölpflanze
5 Sesam
Pflanze
8 Stapelie
Pflanze, Blumenrohr
5 Canna
Pflanzengattung
7 Lobelie
Regenwälder am Amazonas
6 Selvas
Riesengraspflanze
6 Bambus
Riesenschlange
3 Boa
Rubiazeengattung
5 Ixora
Schalenfrucht
4 Nuss
7 Erdnuss
Schlingpflanze
5 Liane
Stachelpflanze
6 Kaktee
Stechmücke
7 Moskito
Steppenpflanze
6 Aschur
Strauchpflanze
4 Kako
Sumpf-, Wasserpflanze
6 Bacopa
Süßgräsergattung
4 Reis
Vegetation
6 Urwald
9 Regenwald
Wurzelknolle
3 Yam
Zentrospermenpflanze
6 Glinus
Zierpflanze
8 Tuberose

tropischer
Baum
5 Palme
6 Mastix, Sapote, Sumach
8 Brotbaum, Mangrove, Wollbaum
9 Mangobaum, Sagopalme, Tamarinde
10 Manzinella, Muskatnuss
11 Dattelpalme
Blumenkäfer
13 Goliathkaefer
Jahreszeitenwind
6 Monsun
Klettervogel
5 Arara, Tukan
7 Papagei
Laubbaum
6 Akazie
Lilienblütler
5 Tacca
Lurch
5 Apoda
Meeresbarsch
5 Cobis
Meeresbewohner
9 Igelfisch
Obstbaum
6 Persea
Regenwald (Amazonas)
6 Selvas
Schmetterlingsblütler
6 Derris
Schwammkürbis
5 Luffa
Schwirrvogel
7 Kolibri
Seevogel
8 Albatros
12 Fregattvogel
Urwald am Amazonas
5 Selva
6 Hylaea
Wind
5 Samum
6 Monsun, Passat
Wirbelsturm
6 Taifun, Zyklon
8 Hurrikan

tropisches
Baumharz
5 Elemi, Kopal
6 Benzoe
Edelholz
8 Mahagoni
Getreide
4 Mais, Reis
5 Hirse
7 Kukuruz
Gewächs
5 Agave, Palme
6 Bambus, Kaktus, Sapote
7 Opuntie
8 Orchidee
9 Tamarinde
13 Affenbrotbaum
Gewürz
4 Zimt
5 Curry
6 Ingwer, Kaneel, Muskat
7 Pfeffer, Vanille
Insekt
7 Moskito, Termite
Knollenfruchtgewächs
4 Taro
6 Batate, Maniok
10 Topinambur
Nutzgras
7 Esparto
Nutzholz
4 Teak
5 Limba
8 Ebenholz, Mahagoni
10 Palisander
Rautengewächs
6 Amyris
Riesengras
6 Bambus
Säugetier
3 Gnu
4 Affe, Puma
5 Kamel, Loewe, Tapir, Tiger, Zebra
6 Jaguar, Ozelot
7 Elefant, Gazelle, Giraffe, Leopard, Nashorn
8 Antilope, Nilpferd
13 Gabelantilope
Sumpffieber
7 Malaria
Windengewächs
6 Jalape
Wolfsmilchgewächs
6 Maniok

Tross
5 Train
7 Gefolge
9 Anhaenger
10 Mitlaeufer

Trosse
3 Tau
4 Seil
10 Schiffstau
11 Schiffsseil

Trossschiff
6 Tender

Trost
5 Hilfe
8 Beistand, Zuspruch
10 Zuversicht
12 Aufheiterung, Aufmunterung
13 Erleichterung

trostlos
3 oed
4 oede
5 trist
7 desolat, reizlos, traurig
9 verlassen

11 verzweifelt
Trotte
10 Weinkeller
Trottel
4 Depp
5 Idiot
6 Kretin
8 Dummkopf
9 Bloedling
11 Schwachkopf, Waschlappen
12 Schwaechling
Trottelei
8 Dummheit
11 Schlendrian
14 Einfaeltigkeit
trottelig
9 unachtsam
11 vergesslich
Trottoir
6 Gehweg
7 Fussweg
8 Gehsteig
9 Fusssteig
12 Buergersteig
Trotz
5 Trutz
8 Renitenz
9 Eigensinn
11 Obstination
13 Unfuegsamkeit
15 Dickkoepfigkeit
17 Widersetzlichkeit, Widerspenstigkeit
trotzdem
4 doch
6 obwohl
7 dennoch, obschon
8 obgleich
trotzig
6 zornig
8 obstinat, renitent
11 aufmuempfig, dickkoepfig, eigensinnig, kriegerisch
12 aufbegehrend, kaempferisch
13 widersetzlich, widerspenstig
trotziges
Entgegenhandeln
11 Aufbegehren
trotzköpfig
11 eigensinnig
13 widerspenstig
Troubadour
12 Minnesaenger
aus Toulouse
5 Vidal
Trousseau
9 Aussteuer
16 Brautausstattung
trübe
4 grau, matt
5 trist
6 diesig, neblig, unfroh, unklar
7 dunstig, lustlos, milchig, traurig
8 glanzlos, trostlos
9 bedrueckt
10 bedenklich, schwunglos
14 undurchsichtig
16 niedergeschlagen
Trubel
5 Krach, Laerm
6 Rummel, Tumult, Unruhe
8 Wirrwarr
9 Gedraenge
11 Hochbetrieb
trüben
8 daempfen
10 vermindern
16 beeintraechtigen
trübes
Bier
9 Weissbier
Trübsal, Trübsinn
3 Not
4 Leid
5 Elend
6 Kummer, Trauer
7 Schmerz
9 Schwermut, Tristesse
10 Depression
11 Bedrueckung, Melancholie, Resignation
13 Enttaeuschung
20 Niedergeschlagenheit
trübsinnig
3 oed
4 oede
5 trist
7 traurig
8 armselig, trostlos
9 bedrueckt
10 deprimiert
11 kuemmerlich
12 hoffnungslos, schwermuetig
13 melancholisch
16 niedergeschlagen
Truchsess
10 Hofbeamter, Seneschall
Trug
3 Arg
4 List
6 Betrug, Schein
7 Arglist
10 Taeuschung
16 Sinnestaeuschung
Trugbild
6 Vision
7 Phantom, Schemen
8 Chimaere, Illusion, Wahnbild
9 Schimaere
11 Fata Morgana
12 Hirngespinst
14 Phantasmagorie
Sinnestäuschung
13 Halluzination
Trugbilder, Vorspiegelungen
19 Potemkinsche Doerfer
trügen
9 betruegen, taeuschen
11 irrefuehren
trügerisch
6 falsch
9 scheinbar
10 taeuschend
11 illusorisch
12 irrefuehrend
trügerische
Hoffnung
8 Illusion
Trugschluss
6 Irrtum
8 Sophisma
10 Denkfehler
Trugwahrnehmung
13 Halluzination
Truhe
4 Lade
der italienischen Renaissance
7 Cassone
mit Schiebekasten
7 Kommode
Trulle
5 Dirne
8 Maedchen
Trumeau
14 Fensterpfeiler, Pfeilerspiegel
Trumm
5 Klotz
6 Stueck
Trümmer
5 Reste, Ruine, Teile, Torso, Wrack
6 Schutt
7 Stuecke
8 Scherben
12 Bruchstuecke
Trümmerstätte
5 Ruine
Trumpf
im Kartenspiel
4 Daus
5 Atout, Joker
7 Couleur
Trumpfkarte
im Lomber
7 Manille
im Tarock
5 Pagat
in verschiedenen Kartenspielen
5 Baste
Trumpfspielkarte, Treffas
5 Baste
Trunk
7 Schluck
Trunkelbeere
12 Kraehenbeere
Trunkenbold
7 Saeufer, Trinker
11 Alkoholiker
Trunkenheit
6 Rausch
Trunksucht
12 Alkoholismus
Truppe
Truppe, Truppenteil
3 Zug
4 Chor, Heer
5 Armee, Korps, Rotte
6 Gruppe
7 Brigade, Halbzug
8 Batterie, Division, Eskadron, Kompanie, Regiment
9 Abteilung, Bataillon, Formation, Schwadron
10 Armeekorps, Halbgruppe
11 Kampfgruppe
12 Heeresgruppe
Truppe, Truppenteil auf fremdem Gebiet
8 Besatzer
Truppe, Truppenteil mit Verpflegung und Munition versorgender Wagenpark
5 Tross
Truppe, Truppenteil zu Pferd
8 Reiterei
10 Kavallerie

Truppe, Truppenteil zur Aufrechterhaltung der öffentlichen Ordnung
7 Polizei
Truppen
aufstellen
9 formieren
Truppenaufstellungsform
7 Kolonne
Truppenergänzung
6 Ersatz
7 Reserve
Truppenfahne
9 Standarte
Truppenführung
im Kampf
6 Taktik
Truppengattung
3 Ari
4 Heer
5 Train, Tross
6 Funker, Jaeger, Marine, Panzer
8 Logistik, Pioniere
9 Infantrie, Luftwaffe, Nachschub
10 Artillerie, Feldjaeger, Fernmelder, Grenadiere, Kavallerie, Sanitaeter
12 Panzerjaeger, Panzertruppe
13 Gebirgsjaeger
14 Instandsetzung, Logistiktruppe
15 Fernmeldetruppe, Marineinfantrie, Nachschubtruppe, Sanitaetstruppe, Transporttruppe
16 Fallschirmjaeger, Fallschirmtruppe, Luftlandeeinheit, Panzerartillerie, Panzergrenadiere
17 Raketenartillerie, Versorgungstruppe
26 Kampfunterstuetzungstruppe
Truppenkörper
5 Kader
Truppenlager
im Freien
5 Biwak
Truppenschau
6 Parade
Truppenspitze
4 Tete
6 Vorhut
Truppenstandort
8 Garnison
Truppenteil
der Landsknechte
6 Haufen
9 Faehnlein
Truppenübung
8 Manoever
Truppenunterkunft
7 Kaserne
Truppenverband
5 Armee
10 Armeekorps
der alten Römer
6 Legion
Truppenverpflegung
6 Menage
Truppenversorgung
8 Logistik

Trüsche
6 Quappe
8 Aalraupe
Trust
4 Pool
7 Kartell, Konzern
11 Vereinigung
12 Firmengruppe, Gesellschaft, Grosskonzern
15 Zusammenschluss
Truthahn, Truthenne
4 Pute
5 Puter
Trutz
6 Abwehr
9 Gegenwehr
10 Widerstand
trutzig
6 massiv
8 maechtig
Tschako
6 Kaeppi
Tschandu
5 Opium
tschechisch:
Eis
4 Lody
Elbe
4 Labe
Prag
5 Praha
Sonne
6 Slunce
tschechische
Fürstin
7 Libussa
Hauptstsdt
4 Prag
5 Praha
Münze, Währungseinheit
5 Krone
6 Haleru, Heller
Nationalheilige
7 Libussa
PKW-Marke
5 Skoda
Sopranistin
5 Janku
7 Destinn
9 Dvorakova
Stadt
4 Eger, Prag, Saaz, Zlin
5 Bruex, Iglau, Kolin, Tabor, Znaim
6 Aussig, Beraun, Bruenn, Kladno, Melnik, Ostrau, Pilsen, Prerau, Wsetin
7 Chrudim, Goeding, Klattau, Nimburg, Olmuetz, Pribram, Troppau, Zwittau
8 Karlsbad, Prossnitz, Tetschen
9 Jitzschin, Marienbad, Pardubitz, Trautenau, Trebitsch
10 Austerlitz, Lundenburg, Strakonitz
11 Deutschbrod, Jaegerndorf, Jungbunzlau, Reichenberg
12 Koeniggraetz
19 Maehrisch-Schoenberg
tschechischer
Arbeiterführer
6 Smeral
8 Gottwald

Archäologe
5 Hanka
Architekt
3 Tyl
4 Paul
5 Zitek
6 Cermak, Kotera, Prager
8 Havlicek
Bildhauer
5 Hajek, Sekal
6 Dvorak, Kotrba, Malich, Stursa, Vesely, Zoubek
7 Koblasa, Myslbek
8 Makovsky
9 Gutfreund
Botaniker
10 Celakovsky
Chemiker
9 Heyrovsky
Dichter u. Schriftsteller
4 Cech, Drda, Goll, Hora
5 Biebl, Capek, Erben, Fucik, Halek, Hasek, Havel, Kafka, Kisch, Macha, Mucha, Zeyer
6 Burian, Durych, Hrabel, Langer, Machar, Neruda, Nezval, Wolker
7 Jirasek, Nemcova, Palacky, Vaneura
8 Comenius, Komensky, Majerova, Olbracht
9 Pujmanava
Dirigent
6 Ancerl, Gregor, Kaslik, Talich
7 Krombok, Kubelik, Neumann
Fußballspieler (ehem. CSFR)
3 Puc
4 Jokl, Kriz, Kuna, Lala, Ludl, Mraz, Riha, Rulc
5 Bilek, Bilik, Burgr, Cadek, Fiala, Goegh, Griga, Hasek, Hertl, Horak, Junek, Knapp, Kozak, Kraus, Krcil, Kreuz, Kubik, Licha, Masny, Mesel, Migas, Moder, Novak, Nowak, Seman, Silny, Tichy, Trnka, Vizek, Weiss, Zeman, Zikan
6 Adamec, Barmos, Berger, Bielik, Boucek, Cambal, Daucik, Dobias, Dvorak, Gallis, Hagara, Hemele, Hledik, Hruska, Kacani, Kadlec, Kinier, Kocian, Kroupa, Kubala, Luhovy, Molnar, Nehoda, Ondrus, Petras, Pollak, Rajman, Stacho, Straka, Vencel, Vesely, Victor, Viktor, Zlocha
7 Burkert, Ctyroky, Dolejsi, Farajzl, Horvath, Hovorka, Hrivnak, Janecka, Jelinek, Kadraba, Kopecky, Kukucka, Kvasnak, Nejedly, Nemecek, Panenka, Pazichy, Pluskal, Radimec, Scherer, Schrojf, Simunek, Sobotka, Stastny, Svehlik, Svoboda, Vojacek, Zenisek
8 Bicovsky, Bubernik, Capkovic, Chovanec, Gajdisek, Hlavacek, Hrdlicka, Jurkanin, Jurkemik, Kostalek, Masopust, Moravcik, Petrzela, Planicka, Popluhar,

Safranek, Skuhravy, Stejskal, Stromsik
9 Borovicka, Chaloupka, Knoflicek, Netolicka, Pospichal, Stambachr, Stibranyi
Historiker
4 Goll
5 Pekar
6 Dvorak
7 Jirasek, Nejedly
Instrumentalvirtuose
7 Kubelik, Prihoda
Komponist
4 Eben, Haba
5 Bendl, Benes, Kotik, Novak
6 Dvorak, Fibich, Krenek, Nedbal
7 Janacek, Martinu, Smetana, Vostrak, Woyrsch
8 Foerster, Francaix, Komorous
10 Weinberger
Landesteil
7 Boehmen, Maehren
Leichtathlet, Leichtathletin
4 Cech
5 Danek, David, Douda
6 Blazek, Mrazek, Skobla, Valent, Zmelik
7 Dolezal, Machura, Odlozil, Rezkowa, Silhava, Zatopek, Zelezny
8 Fikotowa, Gleskova, Moravcik, Suranova
9 Jungwirth, Nadenicek, Pribilnec, Zatopkova
10 Jehlickova, Pribilinec, Zatopekova
11 Fibingerova
13 Kratochvilowa
Lyriker
6 Hrubin
Mädchenname
4 Dana
Maler und Grafiker
4 Ales, Sima
5 Capek, Filla, Kupka, Manes, Spala
6 Cermak, Lacina, Machek, Muzika, Sykora
7 Kubista
8 Navratil, Slavicek
Männername
5 Karel
Musikforscher, -wissenschaftler
6 Pecman, Sychra
7 Helfert, Jiranek, Nejedly
9 Hostinsky, Vyslouzil
10 Karbasicky
Name für Oder
4 Odra
Politiker, auch Staatsmann
4 Tiso
5 Hacha, Hajek, Havel, Husak, Klaus, Zeman
6 Cernik, Dubcek
7 Benesch, Masaryk, Novotny, Swoboda
8 Gottwald, Moravcik
9 Smrkovsky, Zapotocky
10 Dienstbier
Puppenfilmer
5 Trnka
Radierer
6 Hollar
Reformator
3 Hus
Schachmeister
4 Reti
Schriftsteller
3 Tyl
4 Cech, Rais, Sova
5 Arbes, Capek, Filip, Fucik, Hasek, Havel, Kolar, Zeyer
6 Bezruc, Durych, Hrabal, Hrubin, Kohout, Lustig, Neruda, Nezval, Sramek, Svetla, Winter, Wolker
7 Brezina, Holecek, Jirasek, Karasek, Kundera, Nemcova, Seifert, Vancura
8 Borovsky, Hlavacek, Kliepera, Novakova
9 Otcenasek, Prochazka, Pujmanova, Vrchlicky
10 Linhartova
12 Goldstuecker
Sportler, Sportlerin
4 Tkac
5 Bartu, Danis, Hruby, Hudec, Jurco, Krbec, Vacha
6 Daller, Foucek, Kontny, Machek, Prazak, Supcik
7 Bartova, Housova, Ruzicka, Srncova, Ventura, Zatopek
8 Bosakova, Duchkova, Kovarova, Loeffler, Misakova
9 Caslavska, Ferebauer, Ruzickova, Silhanova
10 Muellerova, Spichalova
11 Vermirovska
Tennisspieler, Tennisspielerin
3 Suk
4 Damm, Rikl, Smid
5 Kodes, Korda, Lendl, Mecir, Vacek, Vajda, Zemla
6 Drobny, Sukova
7 Dosedel, Novacek, Novotna, Srejber, Streiba, Strnado
8 Gleskowa, Holubova, Langrova, Skrbkova
9 Habsudova, Strnadova, Zrubakova
10 Mandlikova, Rajchrtova, Sviglerova
11 Navratilova
Tenor
4 Gott
6 Burian
Tischtennisspieler, Tischtennisspielerin
4 Miko, Vana
5 Kolar
6 Hadlec, Stanek
7 Vostova
8 Hrachova, Orlowski
10 Kettnerova
11 Depetrisova
Violinist und Violoncellist
3 Suk
5 Ernst
6 Slavik
7 Hudecek
8 Ondricek
Volksstamm
6 Choden
Wintersportler, Wintersportlerin
3 Jez, Nyc
4 Benc, Maka, Ploc, Rygl
5 Barna, Goder, Jurko, Kopal, Malec, Parma, Pavel, Raska, Roman
6 Dluhos, Klimko, Kucera, Nepela, Patras, Sakala, Svanda
7 Korunka, Kovarik, Novotny
8 Balazova, Kebrlova, Vrzanova
9 Neumanova
10 Adamichova, Nedomansky
11 Kovariakova, Zelingerova
12 Havrancikova, Medzihradska
Zufluss der Drau
4 Waag
Tschechoslowakei
(frühere Abkürzung)
4 CSFR, CSSR
Tscherkessenstamm
5 Adyge, Asega
6 Adighe
8 Abchasen
10 Kabardiner
tschilpen
10 zwitschern
Tschuktschenschlitten
5 Narte
Tuba
7 Helikon
9 Bombardon
11 Ohrtrompete
Tubargravidität
23 Eileiterschwangerschaft
Tubeninhalt
5 Paste
Tuber
6 Knoten
7 Hoecker
9 Vorsprung
12 Wurzelknolle
Tuberkel
9 Knoetchen
tuberkular
6 knotig
Tuberkulose
2 Tb
3 Tbc
8 Phthisis
10 Auszehrung
12 Schwindsucht
Tuberkulosearzt
8 Calmette
Tubifex
11 Brunnenwurm
tubulös
14 roehrenfoermig
15 schlauchfoermig
Tubus
12 Zwischenring, Zwischenrohr
Tuch
5 Decke, Laken, Stoff, Wolle
der nordafrikanischen Tracht
5 Ferda
tuchbespanntes
Freiluftmöbel
10 Liegestuhl
Tuchent
9 Federbett
Tuchhalle
10 Gewandhaus
Tuchmacherei
7 Weberei

Tuchmacherstadt
7 Malchow
Tuchstadt
12 Crimmitschau
Tuchstock
beim Stierkampf
6 Muleta
Tuchstreifen
4 Band
der Mönchskleidung
9 Skapulier
tüchtig
3 fix, vif
6 clever, faehig, patent, wacker
8 erfahren, fleissig, tauglich
9 geschickt
Tüchtigkeit
5 Eifer
6 Fleiss
7 Einsatz
8 Leistung
10 Aktivitaet, Faehigkeit, Fertigkeit
13 Nuetzlichkeit
14 Schaffenskraft
Tuchumschlag
4 Saum
Tücke
3 Arg
4 List
7 Arglist, Bosheit
10 Heimtuecke, Hinterlist
13 Boesartigkeit, Treulosigkeit
15 Verschlagenheit, Vertrauensbruch
17 Hinterhaeltigkeit
tuckern
7 rattern
8 knattern
tückisch
6 perfid
7 perfide
9 arglistig
12 hinterlistig
Tuff
9 Travertin
Tuffstein
7 Peperin
tüftelig
9 schwierig
tüfteln
8 gruebeln
Tüftler
8 Gruebler
Tugend
3 Mut
5 Treue
tugendhaft
4 edel
6 ehrbar, keusch
7 achtbar, sittsam
8 zuechtig
Tugendlehre
5 Ethik
Tukan
14 Pfefferfresser
Tülle
7 Ausguss
8 Schnauze
Tulpenbaum
8 Magnolie
Tumeszenz
12 Anschwellung
Tummelplatz
10 Spielwiese
16 Kinderspielplatz
Tümmler
5 Taube
6 ◆ Delfin
7 Delphin, Zahnwal
11 Schweinswal
Tumor
10 Geschwulst
Tümpel
5 Suhle, Teich
Tumult
5 Krach, Laerm
6 Rummel, Trubel, Unruhe
7 Aufruhr, Getoese
8 Wirrwarr
9 Getuemmel, Spektakel
13 Durcheinander
Tumultant
10 Aufruehrer, Aufwiegler
Tumulus
9 Erdhuegel
10 Huegelgrab
tun
6 machen
7 handeln
8 bewirken
10 ausfuehren, verrichten
11 unternehmen
Tüncher
11 Anstreicher
Tundra
12 Kaeltesteppe
tunesische
Hafenstadt
4 Sfax, Susa
6 Sousse
7 Biserta, Bizerta, Bizerte
10 La Goulette
Hauptstadt
5 Tunis
Insel, Inselgruppe
6 Djerba
8 Dscherba, Kerkenna
Münze, Währungseinheit
5 Dinar, Franc
7 Centime, Millime
Nationalbewegung
6 Destur
Stadt
4 Sfax, Susa
5 Gabes, Gafsa, Tunis
6 Kebeli, Mateur, Sousse
7 Bensert, Biserta, Biserte, Kairuan
8 Kairouan
9 Kasserine
10 La Goulette
15 Menzel Bourguiba
tunesischer
Sportler, Sportlerin
8 Gammoudi
tunesischer Sportler, Sportlerin
Titel
3 Dei
Tunfisch
7 Makrele
Tunguse
6 Ewenke
Tungusenstamm
5 Kekar
6 Golden
7 Solonen
8 Mandschu
Tunikate
10 Manteltier
Tunke
3 Jus
5 Sauce, Sosse
8 Schwitze
9 Einbrenne, ◆ Majonaese
10 Mayonnaise
tunken
10 eintauchen
Tunkenschüssel
8 Sauciere
tunlich, tunlichst
6 lieber
10 moeglichst
Tunnel
im Erdreich
7 Stollen
unter der Elbe in Hamburg
9 Elbtunnel
tuntig
10 langweilig, zimperlich
Tüpfel
9 Fleckchen
10 Puenktchen
Tüpfelkatze
6 Serval
tüpfeln
9 sprenkeln
Tupfen
5 Fleck, Punkt
8 Sprenkel
Tür
6 Pforte, Portal
7 Ausgang, Eingang
9 Durchlass
besonderer Art
8 Falltuer
Tura-Zufluss
in Russland
5 Tagil
Turbelarien
14 Strudelwuermer
turbieren
7 stoeren
11 beunruhigen
Turbinentriebwerk
14 Luftstrahlwerk
turbulent
7 unruhig
8 wirbelnd
10 stuermisch
21 durcheinanderwirbelnd
Turbulenz
6 Unruhe
13 Durcheinander, Wirbelbildung
Türdrücker
6 Klinke
Türeinfassung
5 Zarge
Türenteil
5 Angel, Griff, Haken, Haspe, Stock, Sturz
6 Klinke, Rahmen, Riegel, Zapfen
7 Klopfer, Laibung, Leibung, Pfosten, Schloss
8 Druecker, Schwelle
Turf
12 Pferderennen
14 Pferderennbahn

turgeszieren
11 anschwellen
Türglocke
7 Klingel
Türgriff
6 Klinke
Türhaken
5 Haspe
Türhüter, -schließer
7 Portier
9 Pfoertner
Türke
6 Osmane
Türkensäbel
7 Jatagan
türkisch:
Amtsgebäude
5 Konak
Europäer
5 Frenk
Strandsee
5 Liman
türkischbraun
5 Umber, Umbra
türkische
Dame
5 Hanum
Dynastie
11 Seldschuken
Frau
5 Bajan
Geige
5 Keman
Goldmünze
5 Altun
6 Fonduk
11 Medschidije
Hackbrettart
6 Santir, Santur
Halbinsel
9 Gallipoli
Hauptstadt
6 Ankara
Insel
3 Ada
5 Imroz
6 Imbros
7 Tenedos
Kerntruppe
12 Janitscharen
Kopfbedeckung
3 Fes, Fez
Längsflöte
5 Kaval
Meerenge
8 Bosporus
11 Dardanellen
Mehlspeise
6 Boerek
Münze, Währungseinheit
4 Kuru, Para
5 Altin, Altyn, Kurus, Parar, Pfund
6 Fonduk
7 Gurusch, Piaster
9 Zermahlud
11 Medschidije
Nationalspeise
5 Dolma
8 Tschorba
Nomadenvölker
6 Awaren
8 Kirgisen
Provinzhauptstadt
4 Urfa
Rechnungseinheit
3 Kis
Regierungskanzlei
5 Divan, Diwan
Reisspeise
5 Dolma, Pilaf, Pilaw
Riemenpeitsche
10 Karbatsche
Rohrflöte
3 Nel, Ney
Ruinenstadt
3 Ani
Schalmeiart
5 Zamir, Zurna
6 Zurnay
Silbermünze
7 Altelik
Stadt
4 Bolu, Enes, Enez, Enos, Kars, Rize, Urfa
5 Adana, Afyon, Aidin, Aydin, Bafra, Bigha, Bursa, Corum, Erdek, Ismid, Ismir, Ismit, Izmir, Konya, Maras, Milas, Sinop, Siwas, Tokat
6 Amasya, Ankara, Artvin, Bafira, Edessa, Edirne, Eregli, Kangal, Manisa, Mardin, Mersin, Mughla, Nighde, Samsun, Seynan, Smyrna, Tarsus
7 Antalya, Bergama, Denizli, Erzurum, Giresun, Isparta, Kayseri, Malatya, Trabzon
8 Adapzari, Istanbul
9 Eskisehir, Gaziantep, Trapezunt, Zonguldak
10 Adrianopel, Iskenderun
11 Eskischehir
14 Konstantinopel
Tabakspfeife
8 Tschibuk
Verwaltungseinheit
5 Nahie
Wasserpfeife
8 Nargileh
türkischer
Amtssitz
5 Konak
Anisschnaps
4 Rake
Beamter
3 Bei
4 Vali, Wali
5 Mudir
6 Pascha
7 Muschir
Berg
6 Ararat
Bezirk
6 Seyhan
Branntwein
4 Rake, Raki
Dichter
4 Baki, Nabi
6 Hikmet
10 Salahattin
Ehrentitel
5 Enver, Ghasa, Ghasi
Feldherr
8 Atatuerk
Frauenname
4 Ajda, Alev, Ayse, Banu, Guel, Lale, Nafi, Paye, Peri, Sema, Sule, Ugur
5 Altin, Fatma, Ismet, Lamia, Melek, Nevin, Oksan, Olcay, Pelin, Pempe, Petek, Pinar, Rabia, Rueya, Rusen, Sadan, Selma, Suzan, Uemit, Uysal, Vedat, Yekta, Yeter, Zehra
6 Akguel, Behiye, Guenes, Hatice, Latife, Meryem, Nafiye, Namika, Nasika, Pakize, Pertev, Pervin, Piraye, Rabiye, Rahsan, Saffet, Salihe, Sefika, Sehnaz, Tahire, Talibe, Tomris, Ubeyse, Uelfet, Uemran, Vahdet, Vecihe, Vefika, Yildiz, Zambak, Zerrin
7 Behiyye, Goenuel, Kelebek, Letafet, Nenekse, Papatya, Suekran, Tayyibe, Tevfika, Vasfiye, Yasemin
8 Karanfil, Niluefer
9 Huerriyet, Muenevver, Yuemniyye
Gebetsteppich
5 Milas
Grenzfluss in Armenien
4 Aras
Hammelbraten
5 Kebab
Hausschuh
7 Babusch
8 Babudsch, Babusche, Pabudsch
Herr
3 Bei
6 Efendi
7 Effendi
Herrschertitel
6 Sultan
Künstler (Bildhauer, Maler und Grafiker)
4 Berk, Dino, Erer, Pura, Zaim, Ziyo
5 Aokar, Calla, Fahri, Hamdi, Lifij, Tollu
6 Aslier, Dereli, Dikmen, Ismail, Karaci
7 Ibrahim
8 Kylitsch
11 Dogantschai
Leibrock
6 Dolman
Männername
4 Alev, Emin, Erim, Fuat, Kaan, Lami, Oguz, Onur, Pars, Paye, Rami, Ruhi, Safi, Taip, Taki, Ugur, Ulvi, Vala, Zati, Zeki
5 Abdul, Ahmet, Bekir, Cemal, Cetin, Denis, Dogan, Engin, Erhan, Fatih, Hakan, Hamit, Ismet, Kadri, Kagan, Kemal, Kerim, Latif, Melih, Namik, Necat, Nejat, Oemer, Olcay, Osman, Pelin, Pinar, Rasim, Rasin, Rasit, Recep, Refik, Resat, Resmi, Resul, Sabri, Sadan, Salih, Sedat, Sefik, Serif, Sinan, Tahir, Tarik, Tefik, Ubeyd, Uemit, Vakur, Vasfi, Vecih, Vedat, Vefik, Yahsi, Yaver, Yavuz, Yekta,

Yeter, Yunus, Yusuf, Zafer, Zahit, Zakir, Zarif, Zihni
6 Anatol, Cengis, Coskun, Dursun, Guenes, Hassan, Ismail, Kerime, Korkud, Korkut, Levent, Mehmet, Memmun, Pertev, Poyraz, Rahman, Saffet, Safiye, Serdar, Tahsin, Tayyip, Tevfik, Uemran, Vahdet, Yildiz, Yilmaz
7 Buelent, Erdogan, Ibrahim, Korkmaz, Mustafa, Ramazan, Soliman, Yadigar, Yuemnue, Zuehtue
8 Alaaddin, Alpaslan, Ertugrul, Hueseyin, Suleiman, Yildirim
9 Franzisco, Sueleiman
10 Ubeydullah
Minister
5 Wekil
Name für Nicäa
5 Isnik
Name von Smyrna
5 Ismir, Izmir
Ortsvorsteher
7 Muchtar
Politiker, auch Staatsmann
5 Bayar, Oezal
6 Ciller, Talaat, Yilmaz
7 Demirel, Erbakan, Inoenue
8 Atatuerk, Menderes
11 Enver Pascha
Polizist, Schutzmann
6 Kawass
Priester
4 Imam
Regenmantel
5 Gaban
Schriftsteller
3 Ali
4 Batu
5 Kanyk, Makal, Nesin, Seyda, Tahir
6 Adivar, Fihret, Hikmet, Midhat, Tarhan
7 Baykurt, Bilbasa, Emin Bej, Haschim
8 Kemal Bej, Kocaguez, Schinasi, Yurdakal
9 Guentekin, Sejfeddin
Schutzmann
6 Kawass
Schwarzmeerhafen
5 Sinop
See
3 Tuz, Wan
6 Tuzsee, Wansee
Soldatenrock
6 Gaitan
Staatsbeamter
5 Wesir
Sultan, Sultansname
5 Ahmed, Hamid, Murad, Osman, Selim
6 Mahmud, Mehmed
7 Bajazet, Mustafa, Soliman
8 Mohammed, Suleiman
10 Abdul Hamid
Titel
3 Aga, Beg, Bei, Bey, Dei
4 Baba, Gazi
5 Ghasi, Mudir
6 Efendi, Pascha
7 Effendi, Muschir
Trachtenrock
6 Dolman
Turbanstoff
5 Sarik
Verwaltungsbeamter
4 Wali
Verwaltungsbezirk
7 Wilajet
Volksstamm
9 Kaptschak
11 Seldschuken
Weizen
4 Mais
türkisches
Amtsgebäude
5 Konak
Binnenmeer
11 Marmarameer
Dorf
3 Aul
Fruchtsaftgetränk
6 Sorbet
Gebirge
6 Taurus
Gewicht
4 Okka
Hammelfleischragout
8 Tschorba
Hochland
9 Anatolien
Kohlenbecken
6 Mangal
Kokosmilchgetränk
5 Kishu
Längenmaß
5 Berri
Nationalgericht
5 Dolma
Reich
16 Osmanisches Reich
Ruderboot
4 Kaik
Volk
7 Uiguren
8 Chasaren, Kirgisen
Wasserfahrzeug
6 Sandal
türkisch-tatarischer
Herrschertitel
4 Chan, Khan
8 Atatuerk
türkisch-tatarisches
Volk
8 Dunganen
10 Baschkiren
türkisfarbig
13 hellgruenblau
Turkmenenstamm
5 Teeke
11 Tschoudoren
turkmenische
Hauptstadt
10 Aschchabad
Stadt
4 Mary
7 Besmein
8 Nebit-Dag, Taschaus
10 Aschchabad, Tscheleken
11 Kasandschik, Krasnowodsk
12 Tschardschou
Turksiedlung
3 Aul
turksprachig:
Berg
3 Dag
Turktatare
5 Aware, Sarte, Tatar
6 Jakute, Uigure, Usbeke
7 Kasache, Kirgise
8 Turkmene
9 Baschkire, Karagasse, Karalpake
11 Kaschgirier
Turm
der Moschee
8 Minarett
im Rhein bei Bingen
10 Maeuseturm
in Paris
10 Eiffelturm
italienischer Kirchen
9 Campanile, Kampanile
turmartiger
Kuppelaufbau
7 Laterne
turmartiges
Bauwerk in Ostasien
6 Pagode
Schutzdach über Standbildern
10 Tabernakel
Traggerüst in Hinterindien
5 Wadah
Türmchen
auf Gebäuden
10 Dachreiter
Turmdach
4 Helm
Turmdachart
12 Zwiebelhaube
13 Zwiebelkuppel
Türme
des Schweigens (Bestattungsort der Parsen)
6 Dakhma
türmen
7 haeufen
9 schichten
10 ausreissen
11 davonlaufen
Türmer
9 Gloeckner
12 Turmwaechter
Turmkrähe
5 Dohle
Turmmütze
4 Apex
Turmschwalbe
11 Mauersegler
Turmspitze
4 Apex
Turmtor
ägyptischer Tempel
5 Pylon
Turn-
und Spielklub
3 TuS
Turnabteilung, Gruppe
4 Team
5 Riege
turnerische
Darbietung
6 Uebung

Disziplin
6 Sprung
Geschicklichkeit
9 Akrobatik
Übung
5 Beuge, Rolle
Turngerät
3 Tau
4 Ball, Bock, Reck, Ring, Seil
5 Keule, Matte, Pferd, Ringe
6 Barren, Hantel, Kasten, Leiter, Reifen, Stange, Trapez
8 Expander, Rhoenrad, Rundlauf
9 Reitpferd, Rollschuh, Trampolin
10 Springseil
11 Kletterseil, Medizinball, Schwebebaum
12 Schaukelreck, Sprossenwand, Stufenbarren
13 Kletterstange, Pauschenpferd, Schwebebalken
Turnier
5 Match, Tjost
6 Buhurt
9 Wettkampf
10 Kampfspiel, Konkurrenz, Wettbewerb
11 Ritterspiel
14 Sportwettkampf
16 Ritterkampfspiel
Turnierreiterin
7 Amazone
Turniertanz
5 Samba, Tango
Turnierzweikampf
der Ritterzeit
5 Tjost
Turnkünstler
7 Akrobat
Turnübung
3 Rad
4 Hang, Kuer, Nest
5 Beuge, Fahne, Felge, Hecht, Hocke, Kehre, Kerze, Kippe, Rolle, Salto, Waage, Welle, Wende, Wippe
6 Flanke, Schere, Spagat, Sprung, Stuetz
7 Hangeln, Pflicht, Spreize
8 Armbeuge, Armstand, Halbmond, Klettern, Klimmzug, Nesthang, Vollmond
9 Graetsche, Handstand, Hockwende, Kniewelle, Kopfstand, Kreuzhang, Laufkippe, Umschwung
10 Aufschwung, Bauchwelle, Bodenrolle
11 Doppelsalto, Laengshocke, Liegestuetz, Riesenwelle, Ueberschlag
12 Bockspringen, Hueftschwung, Oberarmstand, Schwungkippe, Winkelstuetz
Turnunterlage
5 Matte
Turnus
7 Wechsel
11 Reihenfolge
Turnvater
der Deutschen
4 Jahn
Turnvortrag
4 Kuer
Türscharnier
5 Angel
Türschließer, Türsteher
7 Portier
9 Pfoertner
turteln
6 girren
Türverschluss
6 Riegel
7 Schloss
Türvorhang
8 Portiere
Türvorleger
5 Matte
9 Fussmatte
Türzapfen
5 Angel
6 Kloben
Tusch
6 Signal
7 Fanfare
tuscheln
9 fluestern
Tuschkasten
9 Malkasten
Tute
10 Signalhorn
Tüte
12 Papierbeutel
Tutel
13 Vormundschaft
tutelarisch
17 vormundschaftlich
Tutor
7 Vormund
8 Erzieher
Tüttel
9 Waerzchen
10 Puenktchen
tüttelig
10 uebergenau, zimperlich
TV-Bildwiedergabe
5 Video
TV-Direktübertragung
4 Live
TV-Kabelprogramm
3 RTL, SAT
TV-Kanalwähler
5 Tuner
TV-Senderaum
13 Fernsehstudio
Twiete
4 Gang
15 Seitengaesschen
Typanum
11 Trommelfell
Type
6 Letter, Unikum
8 Original
9 Buchstabe
14 Druckbuchstabe
Typhlitis
20 Blinddarmentzuendung
Typhlon
9 Blinddarm
Typhon
12 Fabriksirene
13 Schiffssirene
16 Leuchtturmsirene
typisch
11 bezeichnend
12 unverkennbar
13 eigentuemlich, kennzeichnend
16 charakteristisch
Typograf
6 Setzer
11 Buchdrucker
12 Setzmaschine
13 Schriftsetzer
16 Setzmaschinentyp
18 Zeilensetzmaschine
Typografie
12 Schriftkunst
16 Buchdruckerkunst
Typ, Typus
3 Art
4 Kerl
5 Genre
6 Bauart, Macker, Modell, Muster, Urbild, Urform
7 Gattung, Vorbild
8 Gepraege
9 Baumuster, Charakter, Grundform, Kategorie
Tyrann
6 Despot
8 Diktator
9 Usurpator, Zwingherr
13 Unterdruecker
15 Alleinherrscher, Gewaltherrscher
von Athen
7 Hippias
8 Hipparch
10 Polykrates
11 Pisistratus
12 Peisistratos
von Gela
5 Gelon
von Sparta
5 Nabis
von Syrakus
5 Gelon
6 Hieron
8 Dionisos, Dionysos
9 Dionysios
Tyrannei
8 Despotie, Diktatur
12 Herrschsucht
16 Gewaltherrschaft
18 Willkuerherrschaft
tyrannisch
9 gewaltsam
10 totalitaer
12 willkuerlich
14 selbstherrlich
15 herrschsuechtig
tyrannisieren
11 beherrschen

übel
3 mau
4 boes, mies
5 boese
6 gemein
8 schlecht
9 miserabel, widerlich
Übelbefinden
7 ◆ Malaese, Malaise
übel gesinnt
7 illoyal
Übelkeit
4 Ekel
6 Nausea
9 Brechreiz, Schwindel
übellaunig
7 grantig
übel nehmen
8 verargen
9 ankreiden
Übelstand
6 Misere
10 Kalamitaet
Übeltäter
7 Frevler, Suender
10 Boesewicht, Delinquent, Verbrecher
11 Missetaeter
üben
6 lernen, pauken, proben
7 drillen, schulen
9 probieren, studieren
10 exerzieren, trainieren
überanstrengen
8 stressen
11 uebernehmen
12 strapazieren
Überbein
8 Ganglion
10 Geschwulst
Überblick
5 Schau
6 Abriss
Überbringer
4 Bote
6 Kurier, Melder
7 Eilbote
9 Zusteller
überdachte
Sportstätte
9 Hallenbad, Turnhalle
überdeckend
8 dominant
überdeckt
8 rezessiv
überdeutlich
5 krass
überdies
5 zudem
6 ferner
9 ausserdem
Überecklinie
9 Diagonale
Übereifer
4 Hast
10 Fanatismus
übereinstimmend
6 analog, gleich
7 homolog, konform
9 identisch, kongruent
10 konkordant, konvergent
11 solidarisch
13 ◆ gleich lautend
überempfindlich
8 sensitiv
10 allergisch, zimperlich
11 mimosenhaft
13 hypersensibel
Überempfindlichkeit
8 Allergie
11 Anaphylaxie
13 Idiosynkrasie
14 Hyperaesthesie
18 Hypersensibilitaet
Überfall
4 Raid, Raub
7 Angriff, Attacke
8 Einbruch, Invasion
10 Aggression
überflüssig
8 unnoetig
überflutete
Flussmündung
5 Liman
überfromm
6 bigott
überführen
13 transferieren
Überfülle
8 Plethora
Überfüllung
7 Stauung
9 Gedraenge
Übergabe einer Festung, Strecken der Waffen
12 Kapitulation
Übergang
bei Flüssen
4 Furt
einer Flüssigkeit in den gasförmigen Zustand
11 Verdunstung
vom flachen Schiffsboden zur senkrechten Wand
4 Kimm
von Flüssigkeiten
6 Osmose
Übergangsperiode, -zeit
7 Interim
Übergetretener
9 Konvertit
Übergewand
5 Kotze
6 Mantel, Umhang
Übergewicht
8 Mehrheit
10 Majoritaet, Praevalenz
13 Praeponderanz, Superioritaet
überglücklich
5 selig
übergroß
8 kolossal
10 gigantisch
übergroße
Menge
7 Unmasse
übergroßer
Mensch
5 Riese
überhängendes
Schneebrett
6 ◆ Wechte
7 Waechte
überhöhter
Preis
4 Nepp
6 Wucher
überholen
9 passieren
überholt
3 out
5 passe
6 vorbei
15 anachronistisch
Überholung
11 Renovierung
12 Ausbesserung
überirdisches
Wesen
3 Fee
4 Elfe
5 Engel
7 Goettin
überkleben
10 kaschieren
überklug
7 vorlaut
8 naseweis
10 oberschlau
11 neunmalklug
überladen
6 ueppig
7 pompoes, protzig
10 schwulstig
11 bombastisch, schwuelstig
überlagernd
8 dominant
Überlagerung
von Schwingungen
11 Interferenz
Überlagerungsempfänger
5 Super
Überlandführung
elektrischer Energie
20 Hochspannungsleitung
Überlandstraße
8 Chaussee
überlaufen
11 desertieren
Überläufer
9 Deserteur
überlebt
5 passe
7 abgetan
10 altmodisch
13 unzeitgemaess
15 anachronistisch
überlegen
6 denken
8 erwaegen
9 souveraen
10 nachdenken
Tuender
4 Snob
Überlegenheit
13 Superioritaet
14 Souveraenitaet
überlegt
8 besonnen
10 methodisch
Überlegung
9 Reflexion
überliefern
9 tradieren
überliefert
8 tradiert
10 historisch
12 traditionell

überlieferte
Weisheit
9 Volksmund
11 Lebensregel
Überlieferung
4 Maer, Sage
5 Sitte
6 Brauch
7 Legende
8 Historie
9 Tradition
10 Gewohnheit
Übermut
6 Hybris
8 Kapriole
übernachten
6 zelten
8 logieren, scfhlafen
9 kampieren
10 biwakieren
Übernachtungsheim
8 Herberge
14 Jugendherberge
Übernahme
9 Rezeption
übernatürlich
12 transzendent
übernatürliches
Geschehen
6 Wunder
Wesen
11 Erscheinung
Überordnung
8 Supremat
überprüfen
10 revidieren
11 inspizieren
13 kontrollieren
Überprüfung
8 Revision
9 Kontrolle
10 Inspektion
Überprüfungsgremium
13 Kontrollorgan
überragender
Mensch
4 Held
5 Genie
überraschen
8 frappant
10 ploetzlich, unerwartet
überraschender
Angriff
9 Ueberfall
überraschendes
Handeln
4 Coup
Überraschungstat
4 Coup
11 Handstreich
überreden
8 bekehren
9 verleiten
überreichen
13 praesentieren
überreichlich
6 ueppig
Überreife
von Weintrauben
10 Edelfaeule
Überrest
6 Relikt
Überreste
von Heiligen
9 Reliquien
überrissener
Ball beim Tennis
7 Topspin
übersandter
Wechsel
7 Rimesse
überschäumend
12 bacchantisch
Überschlag
5 Salto
7 Kalkuel
10 Berechnung, Purzelbaum, Schaetzung
Überschlauer
12 Besserwisser
Überschneidung
zweier Straßen
8 Kreuzung
Überschrift
5 Titel
8 Headline
11 Schlagzeile
Überschuh
8 Galosche
aus Gummi
8 Galosche
Überschuss
4 Mehr, Plus
6 Ertrag, Gewinn
8 Einnahme
10 Reingewinn
auf einer Kontoseite
5 Saldo
überschwänglich
9 exaltiert
Überschwemmung, -flutung
10 Hochwasser
Überseehafen
in Belgien
9 Antwerpen
überseeisch
8 exotisch
überseeische
Handelsniederlassung
8 Faktorei
überseeischer
Besitz
7 Kolonie
Überseetelegramm
5 Kabel
übersehen
10 ignorieren
16 vernachlaessigen
Übersetzboot
6 Faehre
übersetzen
11 dolmetschen
13 durchschiffen
Übersetzer
8 Dragoman
11 Dolmetscher
Übersicht
5 Liste
6 Schema
7 Tabelle
8 Diagramm, Oberhand, Resuemee
9 Schaubild
10 Durchblick, Schautafel
11 Aufstellung, Einfuerhung
übersichtlich
geschichtetes Material
6 Stapel
Übersiedlung
in einen fremden Staat
12 Einwanderung
übersinnlich
10 mysterioes
12 transzendent
übersinnliches
Geheimnis
9 Mysterium
übersorgfältig
7 penibel
10 pedantisch
übersorgfältiger
Mensch
6 Pedant
überspannte
Schwärmerei
10 Fanatismus
Überspanntheit
10 Exaltation
11 Extravaganz
überspannt, übersteigert, übertrieben
6 extrem
7 masslos
8 spleenig
9 exaltiert, fanatisch
10 exorbitant, hysterisch, verstiegen
11 extravagant, exzentrisch, ◆ fantastisch, verschroben
12 aufgebauscht, phantastisch, unnatuerlich
übersteigerter
Drang zum Prahlen
15 Grossmannssucht
Eifer
7 Ehrgeiz
Vaterlandsstolz
12 Chauvinismus
übertragene
Arbeit
7 Aufgabe
übertragen für:
falscher Mensch
11 Natternbrut
Überträger
beim Wechsel
6 Girant
9 Indossant
Überträgerin
der Malaria
9 Anopheles
der Schlafkrankheit
6 Tsetse
Übertragung
4 Giro
7 Sendung, Zession
8 Transfer
9 Transport
11 Livesendung, Transfusion, Translation
13 Transposition
14 Transponierung
15 Transplantation
des Grundeigentums
10 Auflassung

von Krankheitserregern
10 Ansteckung
von Werten im internationalen Zahlungsverkehr
8 Transfer
übertreiben
9 outrieren
Übertreibung
12 Exaggeration
Übertretung
6 Delikt
8 Vergehen, Verstoss
9 Fehltritt
13 Kontravention
14 Nichtbeachtung
übertrieben
6 extrem, pruede
10 exorbitant, ueberzogen
übertriebene
Gefühlsbetonung
8 Lyrismus
Kritik
6 Satire
Schnelligkeit
7 Raserei
Sparsamkeit
4 Geiz
Verehrung der Vorfahren
9 Ahnenkult
übertriebener
Ehrgeiz
10 Strebertum
Eifer
10 Fanatismus
übertriebenes
Schmeicheln
10 Lobhudelei
Streben nach Vervollkommnung
15 Perfektionismus
Übertritt
zum anderen Glauben
10 Konversion
übervorteilen
6 neppen
Übervorteilung
4 Nepp
überwachen
11 inspizieren
13 kontrollieren
14 beaufsichtigen
Überwachung
8 Aufsicht
9 Kontrolle
Überwachungsinstrument
12 Abhoergeraet
überwältigend
7 eminent, stupend
8 grandios
überweisen
13 transferieren
Überweisung
8 Transfer
überwiegen
10 dominieren
12 vorherrschen
überwinden
8 besiegen
Überwinterungsgrube
für Kartoffeln und Rüben
5 Miete
Überwurf
4 Cape
5 Schal, Shawl, Stola
6 Poncho, Umhang
Überwurfkragen
8 Pelerine
überzeugende
Gewissheit
7 Evidenz
Überzeugung
6 Glaube
7 Ansicht, Glauben, Meinung
10 Auffassung, Standpujnkt
Überziehanzug
7 Overall
Überzieher
6 Mantel, Ulster
7 Paletot
überzuckern
9 kandieren
überzuckerte
Arzneipille
6 Dragee
Früchte
8 Kanditen
überzuckertes
Naschwerk
6 Dragee
üble
Angewohnheit
5 Unart
6 Laster
Nachrede
7 Rufmord
8 Hetzerei
10 Rufschaden
11 Beleidigung, Verleumdung
12 Denunziation
13 Anschwaerzung
14 Verunglimpfung
übler
Geruch
7 Gestank
Ruf
9 Diskredit
übles
Tauschgeschäft im Parlament
9 Kuhhandel
üblich
6 normal, usuell
8 regulaer
11 gewoehnlich, landlaeufig
13 gebraeuchlich, konventionell
Üblichkeit
6 Brauch
9 Brauchtum
13 Gepflogenheit
übrige
Dinge
5 Reste
übrigens
7 apropos
8 notabene
Übungen
10 Exerzitien
Übungsgerät
9 Simulator
der Boxer
8 Sandsack
12 Punchingball
der Piloten
13 Flugsimulator
U-Boot
Sehrohr
8 Periskop
U-Boot-Kapitän
bei Verne
4 Nemo
Ufer
6 Kueste, Strand
7 Gestade
Uferbefestigung, -schutz
3 Kai
4 Damm, Kaje, Mole, Pier, Wehr
5 Buhne, Deich, Mauer
8 Bollwerk
Ufergras
5 Binse, Segge
6 Schif
Uferpflanze
10 Rohrkolben
Uferschutz
4 Damm
5 Deich
8 Bollwerk
Uferstraße
3 Kai
an der Riviera
8 Corniche
Uferzone
7 Litoral
8 Litorale
ugandische
Stadt
5 Jinja, Mbale
6 Masaka
7 Entebbe, Kampala
Währung
5 Cents
8 Shilling
Uhr
10 Zeitmesser
11 Chronometer
Uhrenart, Uhrenteil, -typ
3 Rad, Uhr
4 Chip, Gang, Glas, Gong, Rubi, Werk
5 Achse, Anker, Feder, Kette, Krone, Oesen, Seele, Stein, Unruh, Walze
6 Bilanz, Deckel, Glocke, Hammer, Pendel, Rucker, Unruhe, Wecker, Zeiger, Ziffer
7 Atomuhr, Balance, Gangrad, Gewicht, Hemmung, Jahruhr, Pendule, Sackuhr, Sanduhr, Spirale, Trommel, Turmuhr, Uhrwerk, Waaguhr, Wanduhr, Weckuhr, Zahnrad
8 Ankerrad, Federuhr, Gehaeuse, Getriebe, Penduele, Quarzuhr, Reiseuhr, Scfhnecke, Standuhr, Stechuhr, Steigrad, Sternuhr, Stoppuhr, Stutzuhr, Tafeluhr, Tischuhr, Uhrkette, Zugfeder, Zylinder
9 Federhaus, Normaluhr, Pendeluhr, Raederuhr, Regulator, Remontoir, Scharnier, Schlaguhr, Sonnenuhr, Sperrzahn, Telleruhr, Triebwerk, Uhrkapsel, Wasseruhr, Zimmeruhr
10 Armbanduhr, Bimbamgong, Digitaluhr, Federstift, Gewichtuhr, Kirchenuhr, Kuechenuhr, Minutenrad,

Raederwerk, Schiffsuhr, Schlagwerk, Schluessel, Schwingung, Schwungrad, Spindeluhr, Stahlfeder, Stellknopf, Stempeluhr, Stundenrad, Taschenuhr, Uhrgewicht, Unruhfeder, Zeitmesser
11 Bahnhofsuhr, Chronometer, Echappement, Hebescheibe, Kloeppeluhr, Kontrolluhr, Kuckucksuhr, Minutenrohr, Perpendikel, Repetieruhr, Sekundenrad, Sperrklinke, Spiralfeder, Staubdeckel, Stoppzeiger, Vorlegewerk, Zifferblatt
12 Ankerhemmung, Leuchtziffer, Repetierwerk, Schlaegeluhr, Selbstaufzug, Sprungdeckel
13 Freischwinger, Minutenzeiger, Nuernberger Ei, Stundenzeiger, Uhrschluessel
Uhrpendel
11 Perpendikel
Ukas
6 Befehl, Erlass
10 Vorschrift
ukrainische
Hafenstadt
6 Odessa
Halbinsel
4 Krim
Hauptstadt
4 Kiew
Landschaft
8 Bukowina, Galizien, Podolien
9 Wolhynien
Stadt
3 Bar
4 Kiew, Lwow, Sumy, Uran
5 Bugaz, Isjum, Janow, Rowno
6 Donezk, Fastow, Halicz, Ismail, Odessa
7 Charkow, Cherson, Kertsch, Lemberg, Lugansk, Nikopol, Poltawa, Stalino, Winniza
8 Gorlowka, Przemysl, Schdanow, Taganrog, Tarnopol
9 Berdjansk, Kriwoi Rog, Makejewka, Nikolajew, Saporoshe, Schitomir, Slawjansk, Stanislau, Uschgorod
10 Chmelnizki, Czernowitz, Czeruowitz, Kirowograd, Makejeska, Nikitowska, Sewastopol, Simferopol
11 Saporoschje, Tscfherkassy, Tschernobyl
12 Belaja Zerkow, Krementschug
13 Konstaninowka
14 Dnepropetrowsk, Iwano-Frankowsk
15 Dnjepropetrowsk, Woroschilowgrad
ukrainischer
Bildhauer
10 Archipenko
Dichter u. Schriftsteller
6 Franko
9 Ukrajiuka
12 Kotijarewsky
13 Schewtschenko
Fluss
3 Bug
6 Dnjepr
7 Dnjestr
Maler
13 Schewtschenko
Pianist
10 Cherkassky
Politiker
8 Kutschma
10 Krawtschuk
Schriftsteller
4 Oles
5 Drosd, Serow
6 Franko, Huzalo, Rylsky
7 Kalynez, Kulisch, Semenko
8 Stelmach
9 Hontschar, Symonenko, Tytschyna
10 Iwtschenko
12 Kornejtschuk
Tanz
9 Kalamaika
Volksstamm
7 Huzulen
8 Ruthenen
ukrainisches
Adelsgeschlecht
11 Rosumowskij
Musikinstrument
7 Bandola, Bandura
UKW-Antenne
5 Dipol
Ulanenmütze
6 Czapka
8 Tschapka
Ulanenrock
6 Ulanka
ulkig
7 drollig, komisch, spassig
Ulme
7 Ruester
Ulmenart
4 Iper
Ultraviolettstrahler
11 Hoehensonne
Umarbeitung
9 Aenderung
umbilden, -formen, -gestalten
7 aendern, wandeln
8 erneuern
9 abaendern
10 verbessern, verwandeln
11 auswechseln, korrigieren, reformieren, vertauschen
13 transponieren, ueberarbeiten
umbringen
6 killen, morden, toeten
8 ermorden
10 hinrichten
11 liquidieren
Umbruch
10 Revolution
Umbruchgestalter
7 Metteur
Umdeutung
10 Konversion
Umfang
4 Raum
5 Dicke, Weite
6 Laenge
7 Ausmass, Groesse, Staerke
9 Dimension, Spielraum
des Kreises
10 Peripherie
umfangreich
4 dick
10 voluminoes, weitgehend
umfangreiche
Ordnung der Säugetiere
5 Nager
Prosaerzählung
5 Roman
umfassende
Schilderung
14 Charakteristik
Umformer
13 Gleichrichter, Transformator
Umformung
14 Transformation
Umfrage
4 Test
7 Enquete
8 Erhebung
9 Recherche
10 Reihentest
11 Erforschung
umfrieden
10 einzaeunen
umfriedeter
Bezirk
3 Hag
Umfriedung
4 Fenz, Zaun
5 Hecke, Mauer
6 Gatter, Gehege, Gitter
Umgang
7 Verkehr
9 Kolonnade
10 Prozession
umgänglich
6 jovial
8 soziabel
10 konziliant
Umgänglichkeit
10 Konzilianz
Umgangsformen
7 Anstand
8 Allueren, Benehmen, Etikette, Manieren
Umgangssprache
5 Slang
6 Jargon
7 Dialekt, Mundart
umgangssprachlich:
Arzt
7 Medikus
Atem
5 Puste
auf Wiedersehen
6 bye bye
Chef
4 Boss
derb
6 heftig
Gejammer
7 Lamento
Geld
5 Knete
6 Maeuse
7 Flocken
Glück
5 Dusel
gutes Benehmen
7 Schliff

Mut
4 Mumm
nein
3 nee
nicht anzüglich
7 astrein
Pilot
7 Flieger
Prügel
5 Senge
Rausch
5 Dusel
schlechter Dienst
12 Baerendienst
Schneid
4 Mumm
Schulter
6 Achsel
Telefonleitung
7 Strippe
überflüssiges Gerede
10 Brimborium
unabhängige Frau
6 Emanze
Umgebung, -gegend
5 Naehe
6 Milieu, Umwelt
7 Sphaere, Umkreis
13 Nachbarschaft
umgehend
5 eilig, rasch
6 prompt, sofort
7 schnell
9 schleunig
10 stante pede
11 postwendend
13 unverzueglich
umgekehrt
6 invers
8 kontraer
9 diametral, vice versa
11 gegenteilig
15 entgegengesetzt
umgeknickte
Buchseite
8 Eselsohr
umgenähter
Kleiderrand
4 Saum
umgestalten
7 aendern
14 transformieren
Umgestalter
8 Reformer
13 Reorganisator
Umgestaltung
6 Reform
9 Aenderung
10 Umwandlung
11 Reformation
12 Metamorphose
14 Transformation
der Kirche
11 Reformatiuon
umgrenztes
Waldstück
3 Hag
Umhang
3 Boa
4 Cape
5 Kotze, Stola
6 Kotzen, Poncho
8 Pelerine

umherbummeln, -spazieren
9 flanieren
10 schlendern
11 promenieren
umhergeistern, -irren
6 spuken
umherlaufen
6 rennen
Umherschweifender
6 Nomade, Vagant
umherwandernde
Hirten
7 Nomaden
Umherziehende
7 Gaukler, Nomaden
8 Vaganten
9 Hausierer
10 Spielleute
12 Schausteller
15 Strassensaenger
17 ambulantes Gewerbe
umherziehender
Quacksalber
9 Eisenbart
umkehren
11 invertieren
Umkehr, Umkehrung
5 Wende
7 Wendung
9 Gegenteil, Inversion, Neubeginn, Reversionh
10 Konversion, Perversion, Spiegelung
Umkippen
von Schiffen
7 kentern
Umklammerung
beim Boxen
6 Clinch
Umkleideraum
6 Kabine
9 Garderobe
im Bergbau
10 Zechenhaus
Umkreis
5 Naehe
8 Umgebung, Umgegend
10 Peripherie
13 Nachbarschaft
Umlage
6 Abgabe, Steuer
7 Beitrag
Umlauf
4 Kurs, Tour
6 Turnus
7 Periode
8 Rotation
9 Kreisbahn, Kreislauf
11 Zirkulation
von Schecks
4 Giro
Umlaufbahn
eines Satelliten
5 Orbit
umlaufen
8 rotieren
9 kursieren
11 zirkulieren
umlaufender
Aufzug
11 Paternoster
Teil einer Maschine
5 Rotor

Umlaut
9 Diphthong
umlegen
8 hinlegen
9 verteilen
Umleitung
5 Umweg
Umlenkrollen
an Förderketten
5 Turas
umliegende
Landschaft
8 Umgebung
umnachtet
8 verwirrt
12 geisteskrank
umnähter
Stoffrand
4 Saum
Umrahmung
10 Einfassung
Umrandung
5 Bande
6 Rahmen
10 Einfassung
der Manege
5 Piste
umreißen
10 skizzieren
Umriss
6 Kontur, Profil
von Flächen und Körpern
5 Figur
Umrisszeichnung
15 Linearzeichnung
Umsatzanteil
8 Tantieme
9 Provision
Umschlag
6 Huelle, Kuvert, Umsatz, Wickel
7 Couvert, Packung, Wechsel
9 Aenderung, Enveloppe, Kompresse
an Kleidungsstücken
6 Revers
Umschlaggerät
11 Schwimmkran
Umschlaggut
9 Massengut
Umschlaggüter
12 Futtermittel, Suedfruechte
Umschlagort
8 Terminal
Umschlagplatz
des Schiffsgüterverkehrs
5 Hafen
Umschlagtuch
5 Schal
Umschließung
9 Okklusion
umschmeicheln
8 hofieren
Umschreibung
10 Metaphrase, Paraphrase
Umschrift
auf Münzen
7 Legende
Umschweife
10 Brimborium
Umschwung
9 Peripetie
10 Revierement

umsehen
6 suchen
8 erkunden
11 orientieren
Umsetzkraft
10 Affinitaet
Umsicht
6 Obacht
7 Bedacht
8 Sorgfalt, Vorsorge
11 Ueberlegung
umsichtig
8 besonnen
9 ueberlegt
12 diplomatisch
umsonst
4 frei
6 gratis
9 kostenlos, vergebens
10 vergeblich
13 unentgeltlich
Umspanner
13 Transformator
Umstandskrämer
6 Pedant
Umstandswort
2 da, so
3 nie, nun, oft
4 bald, dann, dort, ganz, hier, mehr, noch, sehr, viel
5 einst, frueh, heute, immer, jetzt, lange, nicht, schon stets, wenig
6 abends, Adverb, bisher, damals, danach, ehedem, fortan, jemals, nachts, nimmer, oefter, selten, soeben, vordem, vorher, vorhin
7 bereits, endlich, mittags, morgens, nachher, seitdem
8 manchmal
umstellbar
10 permutabel
Umstellung
auf selbsttätige Fabrikationsanlagen
15 Automatisierung
Umstellvorrichtung
bei Gleisen
6 Weiche
Umsturz
6 Putsch
7 Aufruhr, Revolte
8 Aufstand, Komplott
10 Revolution, Subversion
13 Staatsstreich, Verschwoerung
Umstürzler
6 Rebell
9 Anarchist, Putschist
umstürzlerisch
9 subversiv
Umtrieb, Umtriebe
6 Kabale
7 Intrige
8 Komplott
11 Machination, Raenkespiel
12 Machenschaft
Umwallung
von Festungen
8 Enceinte
umwandeln
7 aendern
10 veraendern
11 korrigieren
12 konvertieren
14 transformieren
Umwandlungsgerät
elektrischer Spannungen
13 Transformator
Umwelt
6 Milieu
10 Lebensraum
11 Atmosphaere, Lebenskreis
umweltbedingt
12 peristatisch
Umweltfachmann
8 Oekologe
Umweltforschung
14 Environtologie
Umweltlehre
9 Oekologie
Umweltproblem
11 Waldsterben
17 Luftverschmutzung
18 Gewaesserbelastung
Umweltschutzbegriff
4 Smog
5 Abgas, Laerm, Muell, Staub
6 Abfall, Altoel, Schall
7 Abbrand, Biozide, Deponie, Dezibel
8 Abwaerme, Abwasser, Emission, Endlager, Faellung
9 Abwaesser, Akarizide, Altreifen, Bauschutt, Fluglaerm, Fungizide, Hausmuell, Herbizide, Immission, Oekologie, Pestizide
10 Autowracks, Biosphaere, Bleigehalt, Entsorgung, Schadstoff, Schutzwald, Sperrmuell
11 Abfallstoff, Bakterizide, Chemiemuell, Endlagerung, Insektizide, Klaeranlage, Laermquelle, Laermschutz, Muellabfuhr, Naturschutz, Schallpegel, Verbrennung
12 Grossdeponie, Kanalisation, Regeneration, Schallschutz
13 Abfalltechnik, Arbeitsschutz, Einwegflasche, Erholungswald, Gleichgewicht, Kompostierung, Meerestechnik, Musterdeponie, Naturhaushalt, Schmutzwasser, Verkehrslaerm, Wasserhygiene
14 Entschwefelung, Gewaesserguete, Laermminderung, Pflanzenschutz, Schalldaemmung, Shredderanlage, Smogwarndienst, Smogwarnsystem, Strahlenschutz, Verunreinigung, Zentraldeponie
15 Abwassertechnik, Lufteinhaltung, Rdioaktivitaet, Selbstreinigung
16 Einwegverpackung, Laermbekaempfung, Muellverbrennung, Oelverschmutzung, Reinigungsanlage, Sauerstoffmangel, Schalldruckpegel, Strassenkehricht, Wasserversorgung
17 Abfallbeseitigung, Laermbelaestigung, Landschaftspflege, Strahlenbelastung, Wasserreinhaltung
18 Gewaesserdatenbank, Wasseraufbereitung, Wiederaufbereitung
Umwerbung
10 Galanterie
umzäunte
Tierunterkunft
6 Kaefig
Viehweide
6 Gehege, Koppel, Pferch
umzäuntes
Nutzland
6 Garten
unabänderlich
4 fest
9 definitiv
unabänderliches
Schicksal
5 Fatum
6 Kismet
unabdingbares
Zusammenhalten
5 Treue
unabhängig
4 frei
6 autark
7 absolut, autonom
9 souveraen
11 emanzipiert
12 selbstaendig
13 eigenstaendig
14 ◆ selbststaendig
unabhängiger
mohammedanischer Fürst
4 Emir
Unabhängiger
11 Independent
Unabhängigkeit
8 Autarkie
9 Autonomie
11 Independenz
12 Emanzipation
14 Souveraenitaet
16 Selbstaendigkeit
18 ◆ Selbststaendigkeit
unabwendbares
Schicksal
6 Kismet
Unachtsamkeit
15 Fahrlaessigkeit
unangebracht
10 deplaciert, deplaziert, inopportun
11 ◆ deplatziert
unangenehm
5 fatal
6 genant, ledig, widrig
8 misslich
9 unliebsam

unangenehme
Gewohnheit
5 Unart
Lage
6 Klemme
7 Dilemma
10 Kalamitaet
Streitsache
7 Affaere
Überraschung
7 Affaere, Vorfall
8 Reinfall
unannehmbar
12 inakzeptabel
unantastbar
4 tabu
5 immun
6 gefeit, sicher
10 geschuetzt
Unantastbarkeit
10 Immunitaet
unanzweifelbar
10 felsenfest
11 axiomatisch
Unart
6 Laster
unartig
4 boes
5 boese
unartiges
Kind
4 Goer
5 Goere, Range
unaufdringlich
6 dezent
14 zurueckhaltend
unaufhörlich
4 ewig
5 immer
6 stetig
9 permanent, unendlich
14 kontinuierlich
unaufmerksam
9 zerstreut
14 unkonzentriert
15 desinteressiert
Unaufrichtigkeit
9 Heuchelei
unausführbar
13 inpraktikabel
unausgebaute
Straße
3 Weg
unausgebildet
11 rudimentaer
unausgefüllt
6 blanko
unausgefüllter
Vollmachtschein
8 Blankett
unbändig
4 toll
unbare
Zahlungsweise
6 Scheck
7 Wechsel
9 Anweisung
12 Ueberweisung
unbearbeitet
3 roh
unbearbeiteter
Energieträger
6 Rohoel
unbebaut
5 brach
unbebauter
Streifen zwischen zwei Äckern
4 Rain
unbebautes
Land
6 Brache, Oednis
7 Oedland
9 Brachland
unbedacht
8 impulsiv
11 gedankenlos
12 leichtsinnig
unbedachte
Handlung
6 Eselei
Unbedachtsamkeit
10 Leichtsinn
15 Nachlaessigkeit
unbedeckt
5 nackt, offen
unbedeutend
5 klein
7 nichtig, wertlos
12 ◆ nichts sagend
unbedeutende
Kleinigkeit
8 Lappalie
9 Bagatelle
unbedingt
6 streng, strikt
7 absolut, partout
8 durchaus
11 kategorisch
12 peremtorisch
13 ausdruecklich
unbefangen
4 naiv
7 neutral
8 kindlich, objektiv
10 naturlich
16 unvoreingenommen
Unbefangenheit
9 Naivitaet
unbefestigter
Straßenrand
7 Bankett
Unbeflecktheit
8 Reinheit
unbefugte
Wegnahme von Gegenständen
9 Diebstahl
11 Pluenderung
unbefugter
Jäger
8 Wilderer
unbegrenzt, -endlich
4 ewig
6 endlos, immens
7 raumlos, zeitlos
8 weltweit
9 immerfort, unendlich
10 grenzenlos
Unbehagen
7 ◆ Malaese, Malaise, Missmut
8 Verdruss
11 Verstimmung
12 Missstimmung
vor epileptischen Anfällen
4 Aura
unbehaglich
13 unkomfortabel
Unbehaglichkeit
8 Ungemach
unbeherrschte
Reaktion
6 Affekt
unbekanntes
Flugobjekt
3 UFO
Gebiet
7 Neuland
Unbekanntheit
9 Fremdheit
11 Anonymitaet, Obskuritaet
unbekleidet
5 nackt
Unbekümmertheit
9 Naivitaet
11 Nonchalance
unbelaubt
4 kahl
unbelebt
3 tot
11 anorganisch
unbelehrbar
4 stur
Unbelehrbarkeit
8 Sturheit
unbeliebt
8 missliebig
unbemittelt
3 arm
10 beduerftig
unbenützt
3 neu
unbequemes
Fahrzeug
7 Vehikel
Unbequemlichkeit
4 Gene
unberechnet
6 gratis
7 umsonst
unberührbar
4 tabu
unberührt
6 intakt, virgil
13 jungfraeulich
unberührte
Landschaft
5 Natur
Naturlandschaft
6 Urwald
7 Wildnis
Unberührtheit
11 Virginitaet
17 Jungfraeulichkeit
unbeschädigt
4 ganz, heil
6 intakt
9 brauchbar
10 verwendbar
13 einsatzbereit, einsatzfaehig
unbescholten
7 integer, sittsam
10 anstaendig
Unbescholtenheit
11 Integritaet
unbeschränkt
7 absolut
11 hemmungslos
12 schrankenlos

unbeschränkte
Herrschaft
12 Absolutismus
unbeschwert
5 fidel
6 heiter, leicht, lustig
7 sorglos
9 vergnuegt
unbeschwerte
Stimmung
10 Heiterkeit
unbesetzt
6 vakant
unbesetzter
Posten
6 Vakanz
unbesetztes
päpstliches oder bischöfliches Amt
11 Sedisvakanz
unbeständig
5 labil
6 unstet, untreu
7 unsolid
8 launisch, unsolide
9 wechselnd
10 inkonstant, launenhaft, schwankend
12 inkonsequent, inkonsistent
unbeständige
Säure
12 Kieselsaeure
Unbeständigkeit
10 Inkonstanz
12 Inkonsequenz
16 Launenhaftigkeit
unbestechliche
Charaktereigenschaft
5 Treue
unbestimmter
Artikel
3 ein
4 eine
5 einer, eines
französischer Artikel
2 un
3 une
Mengenbegriff
4 viel
5 wenig
Zeitabschnitt
5 Dauer
unbestimmtes
Fürwort
3 man
Zahlwort
4 kein, viel
5 alles, beide, etwas, manch, wenig
6 nichts
7 niemand
unbeteiligt
5 inert
7 neutral
15 desinteressiert
Unbeteiligtsein
12 Desinteresse
unbetonter
Taktteil
5 Arsis
unbeugbar
10 inflexibel
Unbeugbarkeit
15 Inflexibilitaet

unbeweglich
4 fest, stur
5 starr, steif
6 leblos, stabil
7 immobil
Unbeweglichkeit
4 Ruhe
6 Starre, Steife
12 Immobilitaet
unbewiesene
Voraussetzung
9 Hypothese
unbewohnte
Gegend
7 Einoede
unbewohnter
Teil der Erde
10 Anoekumene
unbezahlte
Tätigkeit
8 Ehrenamt
unbezahlter
Angestellter
9 Volontaer
Sportler
7 Amateur
Unbill
4 Tort
5 Uebel
7 Schimpf
8 Schikane
9 Kraenkung
11 Missachtung
unbotmäßig
10 aufsaessig
Unbotmäßigkeit
15 Insubordination
unbrauchbare
Drucke
9 Altpapier, Makulatur
unbrauchbares
Gerät
9 Geruempel
Schiff
5 Wrack
und
4 plus
5 nebst
so weiter
3 etc, usw
8 et cetera
undicht
4 leck
undichte
Stelle im Schiff
4 Leck
unduldsam
9 illiberal
10 intolerant
Unduldsamkeit
10 Intoleranz
12 Intransigenz
undurchlässig
5 dicht
11 impermeabel
Undurchlässigkeit
16 Impermeabilitaet
undurchsichtig
4 opak
5 trueb
6 obskur, truebe
7 inexakt, ungenau
13 undefinierbar

undurchsichtbare
Malfarben
10 Deckfarben
undurchsichtiger
Fenstervorhang
7 Vitrage
uneben
3 ◆ rau
4 rauh
unecht
6 falsch
7 geziert, kopiert
8 apokryph, imitiert
9 illegitim
10 affektiert, kuenstlich
11 gekünstelt, nachgemacht, synthetisch
unechter Schmuck, Unechtes
3 Jet
4 Jett
5 Talmi
6 Simili, Strass
7 Flitter, Similor
9 Imitation
unedles
Metall mit Goldüberzug
6 Dublee
unehelich
9 illegitim
uneheliches
Kind
7 Bankert
unehrenhaft
6 unfair
unehrlich
7 illoyal
Unehrlichkeit
5 Luege
6 Betrug, Tuecke
8 Gaunerei
9 Schwindel
10 Falschheit, Hinterlist
11 Entstellung
13 Uebertreibung
uneingedeichtes
Marschland
6 Helder
uneingeschränkt
7 absolut
uneinheitlich
9 heterogen
11 verschieden
Uneinigkeit
9 Zwiespalt
10 Diskordanz, Diskrepanz, Zwietracht
11 Disharmonie
uneinsichtig
4 stur
unempfänglich
5 immun
6 steril
9 aseptisch
10 refraktaer
Unempfänglichkeit
10 Immunitaet
unempfindlich
5 immun
8 indolent
machen
17 desensibilisieren
Unempfindlichkeit
8 Indolenz

10 Immunitaet
unendlich
4 ewig
6 endlos, immens
7 zeitlos
10 grenzenlos
Unendlichkeit
3 All
6 Kosmos
7 Weltall
8 Ewigkeit
9 Universum
unentbehrlich
7 obligat
9 notwendig
unentbehrlicher
Helfer
8 Faktotum
unentgeltlich
4 frei
6 franko, gratis
7 umsonst
9 kostenlos
10 kostenfrei
unentgeltliche
Tätigkeit
8 Ehrenamt
Übertragung von Vermögen
9 Schenkung
unentschieden
5 remis
6 ratlos
11 indifferent, punktgleich
Unentschiedenheit
11 Indifferenz
12 Punktgleiche, Ratlosigkeit
unentschlossen
5 labil
9 irresolut
10 schwankend
unentwickelt
8 infantil
unerbittlich
4 hart
6 streng
7 rigoros
Unerbittlichkeit
6 Haerte
7 Strenge
unerforschtes
Gebiet
7 Neuland
unerfreuliche
Gewohnheit
7 Unsitte
unerfüllbar
8 utopisch
unerheblich
9 belanglos
10 irrelevant
unerhört
5 enorm
11 hanebuechen
unerkannt
9 inkognito
unerklärlich
10 mysterioes
11 raetselhaft
unerlässlich
6 noetig
7 obligat
9 notwendig
13 obligatorisch
unerlaubt
4 tabu
8 verboten
9 untersagt
unerlaubtes
Entfernen von der Truppe
12 Fahnenflucht
unermesslich
4 fast
5 enorm
6 immens
unermüdlich
10 ausdauernd
Unermüdlichkeit
8 Ausdauer
unersättlich
6 gierig
10 gefraessig, nimmersatt
Unersättlichkeit
4 Gier
14 Gefraessigkeit
unerschöpflicher
Nachahmer
7 Epigone
unerschrocken
5 kuehn, mutig
6 tapfer
7 beherzt
Unerschrockenheit
3 Mut
9 Kuehnheit
10 Tapferkeit
11 Beherztheit
unerschütterlich
7 stoisch
11 ataraktisch
Unerschütterlichkeit
8 Ataraxie
10 Stoizismus
unersetzlich
11 irreparabel
unerwartet
10 unverhofft
unerwartete
Begebenheit
6 Zufall
unerwartetes
Ereignis
13 Ueberraschung
Glück
5 Dusel
unerwünschte
diplomatische Person
14 Persona ingrata
15 Persona non grate
Pflanzenart
7 Unkraut
unerwünschter
Belehrer
12 Besserwisser
Eindringling
12 Fremdkoerper
Hohlraum in Gussstücken
6 Lunker
unfachgemäß
9 laienhaft
13 dilettantisch
unfähige
Person
8 Versager
unfaires
Spiel beim Fußball
4 Foul
Unfall
4 Pech
5 Panne
6 Defekt
7 Schaden
8 Unglueck
10 Verletzung
11 Karambolage, Katastrophe
13 Zusammenstoss
Unfallschaden
eines Fahrzeugs
7 Havarie
Unfallschutz
im Auto
6 Airbag
15 Sicherheitsgurt
unfehlbar
10 infallibel
Unfehlbarkeit
15 Infallibilitaet
unfein
6 unfair
8 ordinaer
11 gewoehnlich
unfertiges
Insekt
5 Puppe, Raupe
Werkstück
7 Rohling
Unfleiß
8 Faulheit
9 Traegheit
unfolgsam
7 unfartig
unförmig
5 plump
6 klobig
9 monstroes
unförmiges
Ungeheuer
8 Ungetuem
unfreier
Bürger
8 Untertan
Mensch
6 Sklave
Unfreier
6 Sklave
unfreundlich
4 grob
6 barsch
7 lieblos
8 unwirsch
Unfriede
4 Zank
5 Hader, Krieg
6 Streit
10 Zwietracht
unfruchtbar
3 oed
4 oede
6 steril
8 infertil
Unfruchtbarkeit
11 Sterilitaet
Unfruchtbarmachung
14 Sterilisierung
Unfug
2 Zu
3 Fez, Jux, Ulk
5 Jokus, Posse, Spass
6 Rabatz
8 Allotria

11 Schabernack
Ungar
6 Magyar
ungarisch:
nein
3 nem
ungarische
Altistin
5 Anday
6 Hamari
Geldeinheit
6 Pengoe
Gemüsepflanze
7 Paprika
Grassteppe
6 Pussta
Hauptstadt
8 Budapest
Landschaft
5 Banat
7 Baranya
Münze, Währungseinheit
6 Filler, Forint, Gulden, Pengal
Sopranistin
4 Agai
5 Moffo
6 Geszty
7 Barabas, Eggerth
Stadt
3 Erd, Kal, Vac
4 Baja, Bata, Eger, Gran, Mako, Paks, Papa, Pecs, Raab, Tata
5 Barcs, Erlau, Erosi, Gyoer, Tgevel, Tokaj
6 Cegled, Karcag, Mohacs, Sopran, Szeged, Ujpest
7 Kispest, Miskole, Szolnok, Tapolca, Waitzen
8 Budapest, Debrecen, Kaposvar, Szegedin
9 Kecskemet, Oedenburg, Tatabanya
11 Nyiregyhaza
12 Fuenfkirchen, Steinamanger
16 Stuhlweissenburg
Universitätsstadt
6 Szeged
8 Budapest
Weinstadt
5 Erlau, Tokaj, Tokay
ungarischer
Admiral
4 Haus
6 Horthy
8 Njegovan
Arbeiterführer
3 Kun
8 Muennich
Architekt u. Baumeister
3 Ybl
4 Hild
5 Alpar, Arkay, Clark, Feszi, Lajata, Packh
7 Piacsek, Pollack, Schulek, Steindl
9 Hauszmann
ärztlicher Forscher
10 Semmelweis
Bariton
10 Bastianini
Bauernführer
5 Dosza
Bildhauer
4 Beck, Izso
5 Engel
6 Huszar, Ligeti, Strobl, Vedres
7 Csikasz, Fadrusz, Kerenyi, Somogyi
9 Ferenczy
15 Kisfaludi Strobl
Binnensee
7 Balaton
10 Plattensee
Chemiker
7 Fraknoi
9 Zsigmondy
Choreograf und Tänzer
3 Eck, Kun
4 Rona
Dichter u. Schriftsteller
3 Ady, Dor, Hay, Pal
4 Dery
5 Arany, Illes, Jokai, Szabo, Veres
6 Babits, Balazs, Balint, Illges, Jozsef, Madach, Molnar, Moricz, Nemeth Teleki
7 Balassa, Herczeg, Petoefi, Vaszary
8 Harsanyi
9 Kisfaludy
12 Voeroesmarty
Dirigent
5 Erkel, Komor, Kulka, Lehel, Liszt, Solti, Szell
7 Fricsay, Oetvoes, Ormandy, Richter
9 Sebestyen
Donauzufluss
4 Raab
Feldherr
5 Zriny
7 Hunyadi
Fluss
4 Raab, Sajo
5 Guens, Gyoer, Kapos, Maros, Mures, Tarna
6 Bodrog, Hernad, Theiss, Zagyva
7 Koeroes, Rabnitz
Forscher und Erfinder
9 Zsigmondy
Frauenname
3 Eva, Ilu
4 Etel, Ilka, Inka, Iren, Kata, Mari
5 Alena, Aniko, Edina, Fanni, Hermy, Ilona, Janka, Jelka, Jelke, Jelle, Jelte, Jolan, Julka, Katka, Kinga, Maris, Marka, Rella, Terka, Vilja, Vilma
6 Aranka, Arnika, Berill, Cintia, Dorina, Eliana, Etelka, Ferike, Ildiko, Ilonka, Iluska, Jelken, Jelske, Julika, Malika, Margit, Marika, Priska, Romana, Rosika
7 Annuska, Dollika, Elianka, Hermina, Juliska, Katalin, Katalyn, Margita, Marieka, Mariska, Mihaela, Nadinka, Piroska, Rominke, Terezie
8 Erzsebet, Julianna, Katalina, Magdolna, Margitta
9 Gabriella, Julischka, Laurencia, Marischka, Piroschka
Fürst
5 Arpad
Fußsoldat
6 Honved, Pandur
Gebirgszug
5 Matra
Geiger
5 Hubay
6 Flesch
8 Hegedues
General, -Heerführer
3 Arz
4 Lacy, Roth
5 Dankl, Tuerr
6 Aulich, Gagern, Zrinyi
7 Hunyadi, Metzger
10 Auffenberg
Großgrundbesitzer
6 Magnat
Gynäkologe
10 Semmelweis
Herrschername
4 Geza
5 Arpad
7 Stephan
Herzog
5 Arpad
Historiker
6 Gyulai, Lukacs
7 Horvath
Hochruf
5 Eljen
Komponist
5 Berte, Erkel, Lehar, Liszt
6 Bartok, Kalman, Kodaly
7 Abraham, Mosonyi
8 Dohnanyi
König, Königsname
4 Bela, Geza, Karl
5 Peter
6 Ludwig
7 Andreas, Stephan
9 Ladislaus
16 Matthias Corvinus
Maler und Grafiker
2 Ek
4 Csok, Lotz, Nagy, Paal, Reti, Than
5 Endre, Hincz, Marko, Pesky, Reich
6 Bihari, Borsos, Fenyes, Koszta, Molnar, Pataky, Revesz, Rudnay, Wuertz
7 Barabas, Benczur, Gulascy, Manyoki, Szekely, Tornyai, Vaszary
8 Meszoely, Munkacsy
9 Csontvary
10 Rippl-Ronai
12 Szinyei Merse
Männername
3 Ede, Pal
4 Bela, Elek, Feri, Geza, Imre, Jano, Laci, Mano, Peto
5 Andor, Antal, Arpad, Bodog, Danos, Denes, Doman, Domos, Ernoe, Ferke, Filko, Gabor, Gyula, Janko, Janno, Janos, Jenoe, Lajos, Petoe, Tamas, Tibor
6 Aladar, Alajos, Andras, Arniko, Bernat, Tennis, Edmond, Ferenz, Gaspar, Henrik, Istvan, Joscha, Jozsef, Kalman, Karoly, Laszlo, Lorine, Loring, Marton,

Mihaly, Miklos, Nandor, Sandor, Viktor, Vilmos, Zoltan
7 Domokos, Frigyes, Fueloep, Gellert, Gergely, Gusztav, Gyoergi, Gyoergy, Janosch, Joschka, Joschra, Loerinc, Martoni, Szilard, Zygmond
8 Loerinci
9 Ferdinand
Mathematiker
6 Bolyai
Mediziner
5 Kisch
10 Semmelweis
Musikforscher, -wissenschaftler
6 Eoesze, Fabian, Somfai
7 Gombosi
8 Haraszti
9 Szabolcsi, Ujfalussy
Name des Plattensees
7 Balaton
Nationaltanz
7 Czardas
8 Werbunko
9 Kalamaika
11 Tschardasch
Nobelpreisträger (Medizin)
6 Bekesy
10 Nagyrapolt
Pädagoge für Tanz
5 Laban
Pferdehirt
6 Csikos
10 Tschikosch
Pianist
4 Anda
5 Eroed, Liszt, Varga
6 Foldes, Heller, Kadosa
7 Fischer, Foeldes, Karolyi
Politiker, auch Staatsmann
4 Deak, Horn, Nagy
5 Kadar, Orban, Szell, Tisza
6 Antall, Banffy, Goencz, Horthy, Teleki
7 Apponyi, Behtlen, Czernin, Kossuth, Tgorgyan
8 Andrassy
9 Szechenyi
Reformator
5 Deval
Regisseur
4 Baky
Rotwein
7 Erlauer
Schafpelz
5 Bunda
Schauspieler, -spielerin
5 Roekk
6 Barnay, Bartok
10 Szigligeti
Schwimmer, Schwimmerin
4 Csik, Kiss
5 Asano, Csene, Csepe, Dalby, Hajos, Kadas, Mitro, Novak, Patoh, Rozsa, Szabo, Temes
6 Barany, Bartha, Darnyi, Debnar, Gyenge, Halmay, Kissne, Szoeke, Tumpek, Wladar
7 Guttler, Szekely
8 Guettler, Gyarmati, Hargitay
9 Egerszegi, Verraszto
See
10 Balatonsee, Plattensee
Sportler, Sportlerin
4 Csak, Dani, Kiss, Papp, Roha, Sido, Toth
5 Barna, Bauer, David, Kakas, Mudin, Onodi, Pelle, Rudas, Szabo, Varju
6 Balczo, Borkay, Csanyi, Geczek, Gyulai, Iharos, Kedleti, Kiraly, Koczan, Kovacs, Lovasz, Magyar, Makray, Nemeth, Paragi, Pataki, Rotter, Somfay, Somody, Szalma, Szepes, Tabori
7 Benedek, Bercik, Csermak, Goenczy, Horvath, Kekessy, Kelemen, Kellner, Kleiber, Korondi, Kulczar, Platthy, Szokoly, Szollas, Toeroek, Varasdi, Zarandi
8 Csollany, Egervari, Gyarmati, Janosine, Martinek, Rozsnyoi, Szantics, Varszegi
9 Foeldessy, Mogyorosi, Temesvari, Zsivotzky
10 Goldovanyi, Mednyansky, Toth, Kovacs
12 Kronenberger, Meray-Horvath, Roszavoelgyi
Sprach-, Literaturforscher
6 Teleki
7 Vambery
9 Goldziher, Gyarmathi
Verwaltungsbezirk
5 Bekes
7 Komitat
Violinist und Violoncellist
4 Anda, Auer
5 Hubay, Igloi
6 Martzy
8 Telmanyi
Volksstamm
7 Szekler
Wacholderbranntwein
10 Boroviczka
Wald
6 Bakony
Wein
7 Erlauer, Tokaier, Tokayer
Weinort
4 Eger
5 Erlau, Tokaj, Tokay
Würdenträger
3 Ban
Zigeunerkapellmeister
6 Primas
ungarisches
Adelsgeschlecht
6 Horthy
7 Arpaden, Bathory, Rakoczi
9 Batthyany, Esterhazy
Weideland, Steppe
6 Pussta
ungeachtet
5 trotz
ungebärdig
6 rabiat
ungebetener
Gast
5 Urian
Zuschauer
6 Voyeur
7 Kiebitz
8 Zaungast
ungebildet
4 dumm
8 ignorant
9 boeotisch
12 unkultiviert
ungebildeter
roher Mensch
6 Barbar
Ungebildeter
6 Prolet
8 Ignorant
9 Illiterat
ungebleichtes
Baumwollgewebe
6 Nessel
Ungeborenes
5 Fetus
6 Embryo, Foetus
ungebrannter
Lehmziegel
5 Adobe
ungebraucht
3 neu
6 frisch
Ungebühr
6 Fehler
8 Verstoss
ungebunden
4 Freitag
5 ledig
7 autonom
12 selbstaendig
14 ◆ selbststaendig
ungebundene
Dichtung
5 Prosa
ungebundenes
Künstlertum
6 Boheme
Ungebundenheit
8 Freiheit
9 Autonomie
16 Selbstaendigkeit
18 ◆ Selbststaendigkeit
ungefähr
2 ca
4 etwa, fast, rund
5 ◆ circa, zirka
6 global, nahezu
10 annaehernd
12 approximativ
16 schaetzungsweise
ungefährdet
6 sicher
10 geschuetzt
ungefällig
8 inkulant
ungefärbt
8 naturell
ungeformt
6 amorph
ungegerbte
Tierhaut
9 Pergament
ungeheuer
5 enorm

10 gigantisch
ungeheuerlich
7 horrend
8 kolossal
9 monstroes
10 gigantisch
Ungeheuer
der Antike
6 Medusa
der griechischen Sage
6 Tityos, Typhon
8 Chimaira, Chimaire
9 Alkyoneus
10 Minotauros
ungehindert
4 frei
ungehobelt
3 roh
4 derb, grob
5 plump
10 plebejisch
ungehobelter
Mensch
6 Flegel, Ruepel
7 Grobian, ◆ Raubein
8 Rauhbein
ungehörig
11 impertinent
Ungehörigkeit
11 Impertinenz
Ungehorsam
15 Insubordination
ungeklärt
5 offen
6 dubios
8 fraglich, strittig
11 raetselhaft
12 schleierhaft
ungekocht
3 roh
ungekochte
Nahrung
7 Rohkost
ungekrümmte
Linie
6 Gerade
ungeladenes
Atomteilchen
7 Neutron
8 Neutrino
ungelegen
10 inopportun
ungelernter
Arbeiter
10 Handlanger
13 Hilfsarbeiter
ungelogen
4 wahr
ungelöste
Aufgabe
7 Problem
Ungemach
4 Leid
5 Uebel
8 Verdruss
10 Widrigkeit
ungemein
4 sehr
ungemischt
3 pur
4 rein
6 lauter
ungemustert
3 uni
ungenannt
6 anonym
ungenannter
Darsteller
7 Statist
Ungenannter
8 Anonymus
ungenau
3 vag
4 vage
7 inexakt
9 inakkurat, unpraezis
10 unpraezise
12 verschwommen
ungenießbar
gemachtes Äthanol
8 Spiritus
ungenießbarer
Bauchpilz
8 Erdstern
Pilz
15 Gallenroehrling
16 Seifenritterling
Ungenügen
12 Insuffizienz
17 Unzulaenglichkeit
ungenügend
12 insuffizient
13 unzulaenglich
ungenutztes
Land
7 Oedland
ungeordnet
4 wirr
6 diffus
13 durcheinander
ungesäuertes
Brot der Juden
5 Matze
6 Matzen
ungeschälter
Reis
5 Paddy
ungschickt
5 plump
8 linkisch
11 toelpelhaft
14 undiplomatisch
ungeschickter
Mensch
4 Taps
6 Torkel
7 Toelpel
9 Tolpatsch
10 ◆ Tollpatsch
ungesetzliches
Volksgericht
11 Lynchjustiz
Ungesetzlichkeit
12 Illegalitaet
14 Illegitimitaet
ungsetzlich, -rechtmäßig
7 illegal
8 verboten
9 illegitim, untersagt
10 irregulaer
12 gesetzwidrig, rechtswidrig
13 eigenmaechtig
14 widerrechtlich
ungesittet
5 ruede
Ungestörtheit
4 Ruhe
6 Stille
ungestüm
4 wild
6 heftig
8 vehement
9 turbulent
Ungestüm
5 Furor
7 Impetus, Raserei
8 Vehemenz
ungestüme
Emsigkeit
10 Uebereifer
ungestümes
Wesen
16 Heissbluetigkeit
ungesund
5 krank, siech
ungetrübt
4 klar, rein
6 lauter
12 durchsichtig
Ungetüm
6 Gigant, Koloss
7 Monster
ungewaschen
7 dreckig
9 schmutzig
ungewiss
3 vag
4 vage
5 offen
6 dunkel
8 fraglich, strittig
11 zweifelhaft
ungewöhnlich
5 apart
6 abnorm, anomal, bizarr, selten
7 anormal, seltsam
9 sonderbar
10 eigenartig
11 erstaunlich, merkwuerdig
13 extraordinaer
16 ausserordentlich
begabter Mensch
5 Genie
ungewöhnliche
Tapferkeit
9 Heldentum
ungewöhnliches
Geschehen
9 Abenteuer
ungewollte
Verteidigung
7 Notwehr
ungewollter
Spaß
20 Schildbuergerstreich
ungezähmt
4 wild
Ungeziefer
4 Floh, Laus, Maus
5 Assel, Milbe, Motte, Ratte, Wanze
6 Bohrer, Fliege, Laeuse, Muecke, Schabe
7 Parasit, Reblaus, Schwabe
8 Filzlaus, Kakerlak, Kopflaus
9 Bettwanze, Kakerlake
10 Schaedling, Zuckergast
11 Schmarotzer, Silberfisch

12 Stubenfliege
13 Kuechenschabe
15 Silberfischchen
Ungeziefervertilger
12 Kammerjaeger
ungeziemtes
Benehmen
5 Unfug
ungezogen
5 frech
6 pampig
7 unartig
10 flegelhaft
ungezogener
Junge
5 Fratz, Range
6 Bengel, Flegel
7 Luemmel
ungezogenes
Mädchen
4 Goer
5 Fratz, Goere
Ungezogenheit
5 Unart
8 Flegelei
ungezügelte
Schar
5 Horde
ungezügeltes
Verlangen
4 Gier
5 Manie, Sucht
ungiftig
8 atoxisch
ungiftige
Schlangenart
3 Boa
6 Natter
12 Ringelnatter
14 Aeskulapnatter
Ungläubiger
3 Goi
5 Giaur, Heide
7 Atheist
unglaublich
9 empoerend, unfassbar
10 skandaloes
unglaubwürdig
9 legendaer
ungleich
6 inegal, unegal
9 different, inhomogen
11 verschieden
ungleichartig
8 disparat
9 heterogen
ungleiche
Stelle
10 Unebenheit
Ungleichheit
14 Inhomogenitaet
von Formen
10 Asymmetrie
ungleichmäßig
9 asynchron
12 asymmetrisch
Ungleichmäßigkeit
7 Ametrie
10 Asymmetrie
unglücklich
5 elend
7 traurig, unselig
Unglücklicher
7 Elender
Unglücksbringerin
7 Pandora
Unglücksgabe
14 Danaergeschenk
Unglücksnachricht
14 Hiobsbotschaft
Unglücksrabe
9 Pechvogel
Ungnade, -wille
10 Missfallen
11 Indignation
ungültig
machen
18 Ausserkraftsetzung
ungünstig
8 schlecht
10 nachteilig
ungünstiges
Erlebnis
10 Misserfolg
unhaltbar
12 inkonsistent
unhandlich
7 sperrig
Unheil
ankündigen
6 drohen
Unheil abwehrender
Anhänger
7 Amulett
unheilbar
9 inkurabel
10 pernizioes
Unheil bringende
Gabe
14 Danaergeschenk
Unheilgöttin
3 Ate
unheilig
6 profan
Unheilverkünderin
Trojas
9 Kassandra
unheilvoll
7 ominoes
8 tragisch
unheilvolles
Vorzeichen
4 Omen
5 Omina
unheimlich
10 daemonisch
unhöflich
4 grob
5 ruede
6 barsch, bruesk
7 schroff
9 abweisend
unhöflicher
Mensch
7 Grobian, Stoffel
Unhold
5 Geist, Troll
6 Teufel
7 Kaliban
9 Ungeheuer
der griechischen Sage
10 Prokrustes
Uniform
5 Kluft
6 Montur
11 Dienstanzug
14 Dienstkleidung
der Lakaien
6 Livree
uniformierter
Diener
5 Lakai
junger Hotelangestellter
4 Page
Uniformrock
7 Litewka
Uniformstoff
4 ◆ Kaki
5 Khaki
8 Drillich
Unikat
12 Einzelstueck
Unikum
4 Kauz
8 Original
10 Sonderling
unintelligent
4 dumm
Union
4 Bund, Liga
7 Allianz, Verband
8 Buendnis
10 Verbindung
11 Foederation, Staatenbund, Vereinigung
15 Zusammenschluss
Unionsrepublik
der GUS
6 Moldau
7 Ukraine
8 Armenien, Georgien,Russland
10 Kasachstan, Usbekistan
11 Kirgistan
12 Turkmenistan
13 Aserbaidchan, Tadschikistan, Weissrussland
im Osten Transkaukasiens
13 Aserbaidschan
Universalgelehrter
10 Lomonossow
universell
8 weltweit
9 allgemein
universelles
Nachschlagewerk
13 Enzyklopaedie
Universität
9 Alma Mater
10 Hochschule
von Paris
8 Sorbonne
Universitätsbesucher
7 Student
Universitätsdiener, -hausmeister
6 Pedell
Universitätslehrstuhl
8 Dozentur, Lektorat
9 Professur
Universitätsprofessor
im Ruhestand
6 Emerit
8 Emeritus
Universitätsstadt
am Neckar
10 Heidelberg
in Australien
6 Hobart

in Bayern
8 Erlangen
in Belgien
4 Gent
6 Loewen
8 Bruessel, Luettich
in Dänemark
5 Arhus
10 Kopenhagen
in den Niederlanden
6 Leiden
7 Utrecht
8 Nimwegen
9 Amsterdam, Groningen, Rotterdam
in den USA
4 Yale
7 Cornell, Harvard
in der Schweiz
4 Bern, Genf
5 Basel
7 Zuerich
8 Freiburg, Fribourg, Lausanne
9 Neuchatel, Neuenburg
in der Slowak. Republik
9 Pressburg
10 Bratislava
in der Tschech. Republik
4 Prag
6 Bruenn
in Deutschland
3 Ulm
4 Bonn, Jena, Kiel
5 Halle, Koeln, Mainz, Trier
6 Aachen, Berlin, Bochum, Bremen, Kassel, Passau
7 Bamberg, Giessen Hamburg, Leipzig, Marburg, Rostock
8 Dortmund, Erlangen, Freiburg, Hannover, Konstanz, Mannheim, Muenchen, Muenster
9 Bielefeld, Frankfurt, Hohenheim, Karlsruhe, Stuttgart, Tuebingen, Wuerzburg
10 Goettingen, Greifswald, Heidelberg, Regensburg
11 Duesseldorf
12 Braunschweig, Saarbruecken
14 Kaiserslautern
in Estland
6 Dorpat
in Frankreich
3 Aix
4 Caen, Lyon
5 Dijon, Lille, Nancy, Paris, Rouen
6 Angers, Nantes, Rennes
7 Limoges
8 Besancon, Bordeaux, Clermont, Grenoble, Poitiers, Toulouse
9 Marseille
10 Strasbourg, Strassburg
11 Montpellier
13 Aix en Provence
in Griechenland
5 Athen
in Großbritannien
5 Leeds
6 Dundee, Durham, London, Oxford
7 Belfast, Bristol, Glasgow, Reading
8 Aberdeen
9 Cambridge, Edinburgh, Liverpool, Sheffield
10 Manchester, Nottingham
11 Northampton
in Irland (Eire)
4 Cork
6 Dublin
in Italien
3 Rom
4 Pisa
5 Genua, Padua, Parma, Pavia, Siena, Turin
6 Modena, Neapel, Triest, Urbino
7 Bologna, Catania, Ferrara, Florenz, Mailand, Messina, Palermo, Perugina, Sassari
8 Cagliari
in Kroatien
5 Agram
6 Zagreb
in Lettland
4 Riga
in Littauen
5 Kowno, Wilna
6 Kaunas
7 Vilnius
in Norwegen
4 Oslo
6 Bergen
in Ostdeutschland
4 Jena
5 Halle
7 Leipzig, Rostock
10 Greifswald
in Österreich
4 Graz, Wien
8 Salzburg
9 Innsbruck
in Polen
5 Posen
6 Krakau
7 Wroclaw
8 Warschau
9 Kattowitz
in Portugal
7 Coimbra
8 Lissabon
in (Rest-)Jugoslawien (Serbien u. Montenegro)
7 Belgrad
in Rumänien
8 Bukarest
in Schweden
4 Lund
7 Uppsala
9 Goeteborg, Stockholm
in Slowenien
7 Laibach
10 Ljublijana
in Spanien
5 Cadiz
6 Alcala, Bilbao, Madrid, Merida, Murcia, Oviedo
7 Cordoba, Granata, Sevilla
8 Santiago, Valencia, Zaragoza
9 Barcelona, Salamanca,Saragossa
10 Vallodolid
in Ungarn
6 Szeged
8 Budapest, Debrecen
12 Fuenfkirchen
in Vietnam
3 Hue
Universum
3 All
6 Kosmos
7 Weltall
Unke
6 Kroete
Unkenntnis
8 Ignoranz
12 Unwissenheit
unlar
5 trueb
6 dubios, obskur, truebe
7 inexakt, nebulos, ungenau
8 nebuloes
11 zweifelhaft
12 schleierhaft
Unklarheit
19 Unverstaendlichkeit
unklug
4 dumm
8 toericht
10 einfaeltig
11 gedankenlos, unueberlegt
unkompliziert
6 simpel
7 einfach
8 primitiv
unkörperlich
10 asomatisch
11 immateriell
Unkosten
5 Preis, Regie
6 Spesen
7 Aufwand
8 Ausgaben, Auslagen
9 Gebuehren
12 Aufwendungen
Unkraut
4 Mohn, Rade
5 Lolch, Melde, Miere, Segge, Simse, Winde
6 Distel, Klette, Quecke, Trespe, Twalch
7 Giersch
8 Erdrauch, Erdraute, Hederich, Kornrade, Wegerich
9 Gauchheil
10 Loewenzahn
11 Ochsenzunge
Unkrautvertilgungsmittel
8 Herbizid
unkultiviert
9 boeotisch
unkultivierter *Mensch*
6 Barbar, Flegel, Ruepel
Unkundiger
4 Laie
7 Fremder
8 Ignorant
9 Dilettant
13 Nichtfachmann
unlauter
6 unfair
unlauterer *Trick*
4 Dreh
5 Finte

unlebendig
3 tot
9 unbeseelt
unleserliche
Schrift
8 Gekrakel
unlogisch
6 absurd, falsch
8 abwegig, paradox
11 widersinnig
12 inkonsequent
Unlust
11 Missbehagen
unmäßig
6 gierig
unmäßiges
Hetzen zur Eile
9 Treiberei
Verlangen
4 Gier
5 Manie
Unmäßigkeit
17 Unersaettlichkeit
Unmaß, -menge
6 Unzahl
7 Myriade, Unmasse
Unmensch
6 Barbar, Bestie
7 Rohling
unmenschlich
3 roh
6 brutal
7 inhuman
10 barbarisch, intolerant
11 bestialisch
Unmenschlichkeit
10 Intoleranz
11 Brutalitaet
12 Bestialitaet, Inhumanitaet
unmessbar
12 immensurabel
unmischbare
Flüssigkeit
8 Emulsion
unmittelbar
6 direkt, sofort
7 spontan
8 immediat
10 stante pede
einleuchtender Lehrsatz
5 Axiom
unmittelbare
Zugverbindung
9 Anschluss
Unmittelbarkeit
10 Direktheit
Unmodernes
5 Altes
Unmögliches
4 Wahn
6 Unding, Utopie
7 Nonsens, Phantom
8 Chimaere, Illusion, Irreales, Tagtraum, Trugbild
9 Schimaere
10 Tgaeuschung, Wunschbild
11 Luftschloss
12 Hirngespinst
15 Ueberwirkliches
unmoralisches
Verhalten
18 Charakterlosigkeit

Unmut
6 Aerger
7 Missmut, Unwille
8 Verdruss
11 Indignation, Verstimmung
unnachgiebig
4 fest, hart, stur
6 eisern, streng
7 rigoros
8 obstinat
10 konsequent
12 unerbittlich
Unnachgiebigkeit
6 Haerte
7 Strenge
8 Sturheit
10 Konsequenz
11 Obstination
unnachsichtig
4 hart
6 streng
10 konsequent
12 schonungslos
Unnachsichtigkeit
6 Haerte
7 Strenge
16 Unerbittlichkeit
18 Schonungslosigkeit
unnahbar
8 exklusiv
unnatürlich
10 manieriert
12 theatralisch
Unnatürlichkeit
10 Theatralik
14 Manieriertheit
unnötig
längere Strecke
5 Umweg
unnützes
Zeug
4 Kram, Tand
UNO-Generalsekretär
3 Lie
5 Annan, Ghali, Perez
6 U Thant
7 Cuellar
8 Waldheim
9 de Cuellar
12 Boutros Ghali
13 Hammarskjoeld
UNO-Organisation
3 Fao
6 Unesco, Unicef
unordentlich
7 loddrig, lottrig
8 lodderig, lotterig
9 schlampig
unordentliche
Frau
8 Schlampe
unordentliches
Weib
6 Vettel
Unordentlichkeit
11 Schlamperei
Unordnung
4 Wust
unoriginell
10 elektrisch, epigonisch
11 einfallslos, ◆ fantasielos
12 phantasielos

Unpaarhufer, Unpaarzeher
4 Esel, Muli
5 Kulan, Mulus, Pferd, Tapir, Zebra
6 Onager, Quagga, Tarpan
7 Nashorn
8 Maulesel, Maultier
9 Wildpferd
10 Rhinozeros
unparteiisch
7 gerecht, neutral
8 objektiv
10 unbefangen
13 unbeeinflusst
16 unvoreingenommen
Unparteiischer
7 Arbiter
9 Neutraler
13 Linienrichter
14 Schiedsrichter
Unparteilichkeit
12 Neutralitaet
unpassender
Moment
6 Unzeit
unpässlich
5 malad
6 malade
10 kraenkelnd
12 indisponiert
Unpässlichkeit
13 Indisposition
unpersönlich
7 neutral
8 sachlich
Unrast
4 Eile, Hast
5 Hetze
11 Nervositaet
13 Ruhelosigkeit
Unrat
3 Kot
5 Dreck, Muell
6 Abfall
7 Schmutz
Unrecht
4 Tort
6 Unbill
7 Injurie
unrechter
Moment
6 Unzeit
unrechtmäßig
7 illegal
9 illegitim
unredlich
7 illoyal
9 malhonett
unredlicher
Mensch
4 Dieb
unredliches
Verhalten
7 Untreue
Unredlichkeit
12 Illoyalitaet
der Schiffsbesatzung in der Seeversicherung
10 Baratterie
unregelmäßig
6 abnorm, anomal
7 anormal
10 irregulaer, sporadisch

unregelmäßige
Stoffärbung
5 Batik
Unregelmäßigkeit
8 Anomalie
in der Kreiselbewegung der Erdachse
8 Nutation
unreifer
Mensch
4 Fant
9 Gruenling
unreine
Ölsäure
5 Olein
unreiner
Branntwein
5 Fusel
Zucker
5 Farin
unrichtig
5 irrig
6 falsch
9 inkorrekt
14 katachrestisch
Unrichtigkeit
6 Fehler, Lapsus
Unruhe
5 Angst, Krach, Rumor, Sorge
6 Rabatz, Trubel, Tumult
7 Krawall, Revolte
8 Aufstand, Ungeduld
9 Turbulenz
11 Nervositaet
Unruhestifter
7 Stoerer
12 Stoerenfried
unruhig
6 erregt, fahrig, unstet
7 nervoes, rastlos
10 schusselig
unsachlich
9 subjektiv
10 parteiisch
14 voreingenommen
unsachlicher
Angriff
7 Polemik
Unsachlichkeit
14 Parteilichkeit, Subjektivitaet
18 Voreingenommenheit
unsauber
7 dreckig, fleckig, speckig
9 malproper, schmierig, schmutzig
Unsauberkeit
7 Schmutz
unschicklich
8 indezent
Unschicklichkeit
8 Indezenz
unschlüssiges
Handeln
8 Zauderei
Unschuld
8 Reinheit
10 Keuschheit
unschuldig
für andere
12 Pruegelknabe
Unschuldsnachweis
5 Alibi
◆ unselbstständig
9 abhaengig, subaltern
◆ Unselbstständigkeit
13 Abhaengigkeit
unsicher
3 vag
4 vage
5 labil
6 dubios
7 prekaer
8 fraglich, strittig
9 irritiert
10 aengstlich, schwankend
11 zweifelhaft
14 unentschlossen
machen
10 irritieren
Unsicherheitsbeseitigung
8 Klaerung
unsichtbar
machen
6 tarnen
unsichtbare
Wärmestrahlen
8 Infrarot, Ultrarot
unsinnig
6 absurd
7 abstrus, sinnlos
8 toericht
9 idiotisch
15 unverstaendlich
Unsinnigkeit
7 Idiotie
Unsitte
5 Unart
6 Laster
unsittlich
8 verderbt
10 amoralisch
11 immoralisch
Unsittlichkeit
6 Amoral
12 Immoralitaet
unsportlich
6 unfair
unsterblich
4 ewig
13 immerwaehrend
14 unvergaenglich
gewordene Helden in Walhalla
9 Einherier
unsterblicher
Schlager
9 Evergreen
Unsterbliches
5 Seele
Unsterblichkeit
9 Athanasie
13 Immortalitaet
Unstern
8 Desaster
unstet
5 labil
7 rastlos, unruhig
13 veraenderlich
unstetes
Flämmchen über Sumpfböden
8 Irrlicht
Volk
8 Zigeuner
Unstimmigkeit
5 Zwist
6 Streit
8 Reiberei
9 Differenz, Dissonanz
10 Diskrepanz
11 Disharmonie, Kontroverse
unstofflich
11 immateriell
Unstrutzufluss
4 Gera
5 Helbe, Helme
6 Wipper
Untat
6 Frevel, Greuel
7 ◆ Graeuel
10 Schurkerei, Verbrechen
untätig
4 faul
5 inert, traeg
6 passiv, trage
7 inaktiv, muessig
Untätigkeit
11 Passivitaet
12 Inaktivitaet
untaugliches
Erziehungsmittel
8 Ohrfeige
Unteilbarkeit
7 Einheit
in der Philosophie
6 Monade
unten
offener Erker
7 Dansker
unter
den nilotischen Völkern verbreiteter Hüftgürtel
5 Rahat
keinen Umständen
7 niemals
Naturschutz stehende Gebirgspflanze
6 Enzian
9 Edelweiss
Naturschutz stehendes Primelgewächs
15 Schluesselblume
Umständen
9 eventuell
Vormundschaft stehende Person
7 Muendel
Wasser setzen
6 fluten
Unterabteilung
einer römischen Legion
7 Manipel
Unterarmknochen
4 Elle
7 Speiche
Unterbau, -satz
5 Basis
6 Sockel
9 Fundament, Grundlage, Postament
der Wirtschaft
13 Infrastruktur
des Kraftfahrzeuges
11 Fahrgestell
Unterbewusstseinserlebnis
5 Traum
Unterbrecher
7 Stoerer
Unterbrechung
5 Pause
8 Stoerung

beim Spielen
8 Halbzeit
13 Halbzeitpause, Seitenwechsel
von Theatervorstellungen
5 Pause
unterbringen
7 anlegen
8 logieren
9 verstauen
11 investieren
unterdrücken
6 knuten
7 knebeln
8 knechten
10 kujonieren, versklaven
11 eliminieren, verdraengen
12 schikanieren
13 drangsalieren, terrorisieren, tyrannisieren
unterdrückend
9 repressiv
Unterdrücker
6 Tyrann
8 Diktator
unterdrückter
Ärger
5 Groll
Unterdrückung
6 Terror
6 Knechtung
10 Repression
11 Versklavung
untere
Dachkante
6 Traufe
Gesichtspartie
4 Kinn
Stufe des mittleren Devons
5 Eifel
Stufe des mittleren Jura
5 Aalen
taktische Einheit
8 Kompanie
Unterentwicklung
11 Hypotrophie
unterer
Abschluss der Schwertscheide
8 Ortbrand
Bühnenrahmen
5 Rampe
Längsträger der Schiffe
4 Kiel
Mauervorsprung
6 Sockel
Teil der Erdkruste
4 Sima
Türanschlag
8 Schwelle
Vorgesetzter im Betrieb
11 Vorarbeiter
unteres
Beinteil vom Kalb
4 Haxe
6 Hachse
Ende des Rumpfes
6 Steiss
Körperglied
4 Bein
Unterfamilie
der Marder
5 Otter
Unterfangen
6 Risiko, Wagnis
9 Abenteuer
Unterführung
6 Tunnel
bei Wasserbauten
6 Ducker
Unterfutter
8 Dubluere
Untergang
4 Ende, Fall, Ruin
6 Sinken
7 Verfall
9 Verderben
11 Vernichtung, Zerstoerung
Untergangsgefahr
für Schiffe
6 Seenot
7 Eisberg
Untergattung
5 Abart
Untergebene
7 Gesinde
8 Personal
10 Untertanen
12 Dienerschaft
untergehen
6 sinken
9 versinken
untergeordnet
8 inferior
9 subaltern
untergeordneter
franz. Verwaltungsbezirk
14 Arrondissement
Untergeschoss
6 Keller
10 Souterrain
Untergestell
der Geschütze
7 Lafette
Untergewand
im alten Griechenland
6 Chiton
im alten Rom
6 Tunika
Untergliederung
in Städten
10 Wohnbezirk
Untergrund
5 Boden
9 Fundament
10 Widerstand
Untergrundbahn
in Paris
5 Metro
Untergrundkämpfer
8 Guerilla
13 Freischaerler
Untergruppe
3 Art
5 Abart
unterhaltend
8 amuesant
11 interessant
unterhaltende
Zeitschrift
7 Magazin
12 Illustrierte
unterhaltendes
literarisches Werk
13 Kriminalroman
Unterhalter
11 Entertainer
unterhaltsam
8 amuesant
unterhaltsame
Beschäftigung
5 Spiel
Vorführung
10 Darbietung
Unterhaltsbeitrag, -geld
8 Alimente
12 Alimentation
Abfindung für nicht regierende Mitglieder eines Fürstenhauses
7 Apanage
Unterhaltung
5 Kloen, Spiel, Sport
7 Diskurs, Schnack, Schwatz, Tratsch
8 Kurzweil
9 Gespraech, Plauderei
10 Amuesement, Diskussion, Vergnuegen
11 Belustigung, Zerstreuung
12 Konversation
Unterhaltungsansager
12 Conferencier
Unterhaltungskünstler
8 Humorist
Unterhaltungsliteratur
12 Belletristik
Unterhaltungssendung
8 Talkshow
Unterhaltungsteil
der Zeitung
10 Feuilleton
Unterhaltungszeitschrift
12 Illustrierte
Unterhändler
12 Parlamentaer
Unterhautentzündung
8 Furunkel
Unterhose, -höschen
4 Slip
10 Schluepfer
unterirdisch
lebender Insektenfresser
8 Maulwurf
unterirdische
Begräbnisstätte
9 Katakombe
Streckenführung
6 Tunnel
Wohnstätte von Wild
3 Bau
unterirdischer
Abfluss der Donau
4 Aach
Behälter für Regenwasser
8 Zisterne
Bergbau
9 Grubenbau
Gang
7 Stollen
Hohlraum
7 Kaverne
Kirchenraum
6 Krypta
Weg
4 Gang
5 Kanal
6 Tunnel
7 Schacht
Weg in Hamburg
9 Elbtunnel

unterirdisches
Gefängnis
7 Verlies
Gewölbe
6 Grotte, Hoehle
Grabgewölbe
9 Katakombe
Unterjacke
7 Kamisol
unterjochen
10 kujonieren, versklaven
Unterkiefer
der Wirbeltiere
8 Mandibel
Unterkleid
5 Jupon
9 Petticoat, Unterrock
Unterlage
4 Akte
5 Basis, Beleg, Matte
8 Dokument, Substrat
9 Fundament, Grundlage, Postament
beim Schiffsbau
6 Stapel
einer Säule
5 Basis
für Lebkuchen
6 Oblate
für Vieh
5 Streu
Unterlassung
11 Versaeumnis
Unterleib
5 Bauch
7 Abdomen
Unternehmen
4 Tour, Werk
5 Firma, Reise
6 Fabrik
7 Ausflug, Betrieb
8 Kommando
9 Exkursion, Geschaeft
10 Expedition
12 Gesellschaft
13 Sonderauftrag
14 Spezialauftrag
für Glücksspiele
11 Spielkasino
im Hafen
8 Stauerei
Unternehmensform
2 AG, KG
3 OHG
4 GmbH
Unternehmensforschung
18 Operationsresearch
Unternehmenszusammenschluss
5 Trust
7 Kartell, Konzern
Unternehmung
6 Aktion
Unternehmensgeist
4 Elan
5 Eifer
7 Energie, Schwung, Wagemut
8 ◆ Fantasie
9 Phantasie
10 Aktivitaet, Initiative, Tatendrang
12 Enthusiasmus
Unteroffizier
4 Maat
8 Korporal, Sergeant
9 Feldwebel
12 Wachtmeister
Unteroffiziersgrad
4 Maat
6 Kurier, Spiess
8 Sergeant
9 Bootsmann, Faehnrich, Feldwebel
11 Funkmeister
12 Deckoffizier, Fahnenjunker, Wachtmeister
Unterordnung
8 Gehorsam
9 Disziplin
13 Subordination
Unterredung
6 Disput
7 Debatte
9 Gespraech, Interview
10 Diskussion
12 Ruecksprache
Unterricht
4 Kurs
6 Kolleg, Kursus, Stunde
7 Lektion
8 Lehrgang
9 Vorlesung
10 Lehrstunde
11 Instruktion, Schulstunde
für Verkehrssünder
18 Verkehrsunterricht
unterrichten
6 lehren
8 dozieren
11 instruieren, orientieren
Unterrichtsanstalt
6 Schule
8 Institut, Internat
9 Gymnasium
10 Hochschule
12 Universitaet
Unterrichtslehre
8 Didaktik
Unterrichtsmittel
8 Lehrbuch
11 Uebungsheft
Unterrichtsraum
6 Klasse
Unterrichtsstunde
7 Lektion
Unterrichtsteilnehmer
8 Schueler
Unterrichtsunterbrechung
5 Pause
Unterrichtung
9 Belehrung
10 Mitteilung
11 Information
12 Orientierung
Unterrock
5 Jupon
9 Petticoat
untersagen
9 verbieten
Untersagung
6 Verbot
12 Interdiktion
unterscheiden
7 sondern, trennen
14 differenzieren
Unterscheidungsmerkmal
9 Kriterium
16 Charakteristikum
Unterschenkelknochen
9 Wadenbein
10 Schienbein
Unterschenkelmuskulatur
4 Wade
Unterschied
6 Spanne
7 Abstand
9 Differenz, Divergenz
12 Ungleichheit
13 Unstimigkeit
15 Verschiedenheit
zwischen Soll und Haben
5 Saldo
unterschiedlich
6 anders
9 different
behandeln
14 diskriminieren
Unterschiedsbetrag
5 Saldo
unterschlagen
12 hinterziehen
Unterschlagung
12 Defraudation
Unterschlupf
4 Asyl
6 Obdach
8 Zuflucht
10 Schutzdach
Unterschrift
6 Signum, Testat
7 Paraphe
8 Federzug, Signatur
9 Autogramm, Namenszug
10 Signierung
Unterschuss
7 Defizit
unterseeisch
8 submarin
untersetzt
6 bullig
8 pyknisch, staemmig
9 gedrungen
Unterstamm
der Würmer
5 Amera
Unterstand
6 Bunker
9 Kasematte
unterste
einer dreischichtigen Erdformation
5 Trias
Klasse einer höheren Schule
5 Sexta
Schicht der Atmosphäre
12 Troposphaere
Stufe der höheren Beamtenlaufbahn
8 Assessor
unterstellen
9 fingieren
Unterstellraum
3 Box
5 Stall
6 Garage, Hangar, Huette, Kammer, Keller, Remise
8 Schuppen, Speicher
Unterstellung
7 Fiktion
9 Hypothese
11 Suppositon

unterster
Gebäckteil
11 Tortenboden
Offiziersrang
8 Leutnant
Schiffslängsträger
4 Kiel
10 Kielbalken
Schiffsraum
4 Piek
5 Bilge
unterstes
Geschoss im Haus
6 Keller
unterstreichen
10 pointieren
11 hervorheben
unterstützen
6 helfen
11 assistieren
15 subventionieren
unterstützend
10 subsidiaer
unterstützendes
Gremium
6 Beirat
Unterstützung
5 Hilfe
8 Beihilfe, Beistand
9 Assistenz, Subsidien
10 Foerderung, Subvention
der Straftat
8 Hehlerei
Unterstützungsgeld
für Studierende
10 Stipendium
untersuchen
9 sondieren
11 analysieren, explorieren, inquirieren
13 recherchieren
Untersuchung
7 Analyse, Enquete
9 Expertise, Recherche
11 Exploration, Inquisition
Untersuchungsergebnis
6 Befund
8 Diagnose
Untertagebaustelle
5 Zeche
6 Oerter
Untertan
Attilas
6 Hunne
untertänig
5 devot
6 servil
7 ergeben, folgsam, fuegsam
11 ehrerbietig
Unterteilung
großer Ansiedlungen
11 Stadtbezirk
unterwandern
12 infiltrieren
Unterwanderung
12 Infiltration
Unterwasserarbeiter
7 Taucher
Unterwasserfelsen
4 Riff
Unterwassergeschoss
7 Torpedo
Unterwasserortungsgerät
5 Sonar
unterweisen
6 lehren
11 instruieren
12 unterrichten
Unterweisung
5 Lehre
10 Unterricht
11 Instruktion
Unterwelt
3 Hel
5 Hades, Orkus
6 Erebos, Erebus, Hoelle
7 Inferno
8 Jenseits, Tartaros, Tartarus
10 Totenreich
13 Schattenreich
Unterweltfluss
4 Styx
5 Lethe
7 Acheron
8 Eridanus
Unterweltgott
5 Hades, Pluto
Unterweltgöttin
der alten Griechen
6 Hekate
unterweltlich
12 acherontisch
Unterwerfung
8 Ergebung
9 Uebergabe
12 Auslieferung, Kapitulation
15 Waffenstreckung
unterwürfig
5 devot
6 servil
7 submiss
9 sklavisch
Unterwürfigkeit
5 Demut
8 Devotion
11 Servilitaet
unterzeichnen
9 signieren
Unterzeichner
eines Vertrages
8 Signator
Untiefe
4 Neer
5 Barre
8 Sandbank
untief, flach
6 seicht
Untier
6 Bestie
8 Monstrum
der nordischen Mythologie
6 Fearir
Untrennbares
7 Einheit
untreu
6 perfid
7 illoyal, perfide
10 abtruennig
13 verraeterisch
Untreue
6 Verrat
7 Felonie
8 Perfidie
9 Wortbruch
10 Missbrauch
17 Pflichtverletzung
Untugend
4 Geiz, Neid
5 Unart
6 Laster
7 Unsitte, Untreue
untauglich
10 inopportun
unüberlegt
7 kopflos
Unübertreffbares
12 Nonplusultra
unumschränkter
Besitzer
6 Eigner
Herrscher
6 Despot, Tyrann
7 Monarch
8 Diktator
11 Gewalthaber
ununterbrochen
9 permanent
unveränderlich
6 stabil
8 konstant
9 stereotyp
10 invariabel
unveränderliche
Größe
9 Konstante
unverbesserlicher
Nörgler
9 Querulant
unverbindliche
Höflichkeitsform
5 Geste
unverblümt
5 offen
6 direkt
8 geradezu
10 unumwunden
unverbraucht
6 frisch
unverbrennbares
Gewebe
6 Asbest
unverbürgte
Erzählung
4 Sage
unverdauliche
organische Substanz
7 Ballast
unverdiente
Milde
5 Gnade
unverdienter
Großmut
5 Gnade
unverdienter
Großmut
5 Gnade
unverdientes
Glück
5 Dusel
unverdorben
7 integer
unverdünnt
3 pur
unvereinbar
8 disparat
14 gegensaetzlich
15 inkommensurabel
unverfälscht
3 pur

4 echt, klar, rein, wahr
7 delikat
Unverfrorenheit
9 Frechheit
unvergärbarer
Zucker
9 Arabinose
Unvergleichbarkeit
20 Inkommensurabilitaet
unvergorener
Saft
4 Most
unverhältnismäßig
17 disproportioniert
unverheiratet
5 ledig
6 ehelos
unverheiratete
Gräfin
7 Komtess
8 ◆ Komtesse
unverholzte
Pflanze
5 Kraut
unverkäufliche
Ware
9 Nonvaleur
unverkaufte
Zeitschriften
11 Remittenden
unverkennbar
9 eindeutig
unverletzbar
6 gefeit
unverletzlich
4 tabu
5 immun
10 sakrosankt
Unverletzlichkeit
4 Tabu
10 Immunitaet
unverletzt
4 ganz, heil
6 gesund, intakt
7 integer
unvermählt
4 frei
5 ledig
10 ungebunden
unvermeidlich
7 obligat
unvermischt
8 gediegen
unvermittelt
auftretend
4 akut
unvermutet
4 jaeh
6 abrupt, bruesk, heftig
10 ploetzlich
Unvermögen
8 Impotenz
9 Schwaeche
12 Unfaehigkeit
13 Kraeftemangel
Unvernunft
7 Irrsinn
8 Wahnsinn
unvernünftig
4 dumm
6 absurd
8 geistlos, toericht
unverschämt
5 frech
6 pampig, patzig
8 insolent
10 schnoddrig
11 impertinent, schnodderig
14 herausfordernd
unverschämter
Bursche
6 Patron
Unverschämtheit
7 Infamie
9 Frechheit
11 Impertinenz
unverschlossen
5 offen
unversehrt
4 ganz, heil
6 gesund, intakt
7 integer
13 einsatzfaehig
Unversehrtheit
11 Integritaet
Unversöhnlichkeit
4 Hass
Unverstand
8 Dummheit
unverständig
4 dumm
unverträglich
12 inkompatibel
unverträglicher
Mensch
9 Querulant
Unverträglichkeit
10 Intoleranz
17 Inkompatibilitaet
unverwandt
6 stetig
8 konstant
unverzagt
6 tapfer
9 standhaft
10 beharrlich
unverzüglich
6 direkt, gleich, prompt, sofort
7 stracks
8 fristlos, umgehend
10 stante pede
14 augenblicklich
Unvollendetes
5 Torso
8 Fragment
unvollkommenes
Schaffen
10 Stueckwerk
unvollständig
10 inkomplett
unvollständige
Verwandlung bei Insekten
13 Hemimetabolie
Unvollständigkeit
des Versfußes
8 Katalexe
unvorbereitet
10 ahnungslos
unvorbereitetes
Handeln
13 Improvisation
Unvorsichtigkeit
13 Achtlosigkeit
unwägbar
12 imponderabel
unwahre
Geschichte
8 Maerchen
12 Jaegerlatein, Seemannsgarn
16 Muenchhauseniade
Unwahrheit
4 Trug
5 Luege
6 Betrug
9 Schwindel
10 Erdichtung, Taeuschung
sagen
6 luegen
Sagender
10 Luegenbold
unwahrscheinlich
9 legendaer
unweit
3 nah
4 nahe
Unwetter
8 Gewitter
10 Ungewitter
11 Hagelschlag, Wolkenbruch
unwichtig
9 belanglos
10 irrelevant
unwichtige
Angelegenheit
10 Nebensache
Unwichtigkeit
10 Irrelevanz
unwiderlegbar, unwiderleglich
7 absolut
11 apodiktisch, stichhaltig
unwiderruflich
letzte Aufforderung
9 Ultimatum
unwiderstehlicher
Drang
5 Trieb
Reiz
6 Zauber
Unwille, Verdruss
6 Aerger
unwillig
10 indigniert
unwillkommener
Gast
5 Urian
unwillkürlich
10 instinktiv, mechanisch
11 automatisch
starke Muskelzusammenziehung
6 Krampf
unwillkürliches
Harnlassen im Schlaf
11 Bettnaessen
Unwirklichkeit
4 Wahn
6 Utopie, Vision
7 Phantom
8 Illusion, Trugbild
10 Taeuschung
11 Irrealitaet
12 Hirngespinst
unwirtlich
3 ◆ rau
4 rauh
unwissend
4 dumm
8 ignorant
10 ahnungslos

Unwissender
8 Ignorant
Unwissenheit
8 Dummheit, Ignoranz
9 Naivitaet
unwohl
6 mulmig
10 bluemerant
Unwohlsein
9 Uebelkeit
Unzahl
6 Legion
12 Abertausende
Riesenmenge
7 Myriade
unzeitgemäßes
Verhalten
13 Anachronismus
Unzucht
12 Prostitution
unzüchtig
6 lasziv
7 obszoen
9 sittenlos
11 unmoralisch
13 ◆ pornografisch
14 pornographisch
Ur
9 Auerochse
uralte
Erzählung
4 Epos, Sage
7 Legende
14 Ueberlieferung
uralter
Bericht
4 Maer
Uranusmond
5 Ariel, Uriel
6 Oberon
7 Miranda, Titania, Umbriel
Uraufführung
8 Premiere
urbar
machen
5 roden
11 kultivieren
Urbegriff
4 Idee
Urbevölkerung, Ureinwohner
Afrikas
5 Neger
Amerikas
5 Indio
8 Indianer
Borneos
6 Dayaks
Ceylons, Sri Lankas
6 Veddas, Weddas
der Hawaii-Inseln
6 Kanake
der Kanarischen Inseln
8 Guanchen
der Philippinen
4 Aeta
7 Negrito
der Pyrenäenhalbinsel
6 Basken, Iberer
der Südsee
5 Maori, Papua
6 Kanake
Frankreichs
7 Gallier
Griechenlands
8 Pelasger
Haitis
5 Taino
Irlands
5 Kelte
Italiens
6 Italer
7 Latiner
8 Italiker
Japans
4 Ainu
Lateinamerikas
5 Indio
Mexikos
5 Otomi
6 Azteke
7 Tolteke
Neuguineas
5 Papua
Neuseelands
5 Maori
Nordeuropas
7 Germane
Perus
4 Inka
Polynesiens
5 Maori
Schottlands
6 Pikten, Skoten
Spaniens
6 Basken, Iberer
Westeuropas
5 Kelte
7 Gallier
Urbild
3 Typ
8 Original, Prototyp
9 Grundform
des Mannes
4 Adam
des Weibes
3 Eva
urchristlicher
Missionar
8 Barnabas
urchristliches
Liebesmahl
5 Agape
Urd
5 Norne
Urdeutscher
7 Germane
Ureinwohner
11 Autochthone
Griechenlands
8 Pelasger
Urfassung
8 Original
Urform
8 Archetyp
urgeschichtliches
Beil
4 Kelt
Steingrab
6 Dolmen
Werkzeug
8 Artefakt
Urgestein
6 Basalt
Urgewalt
7 Element
Urgrund
7 Prinzip
Urheber
5 Autor
9 Initiator, Verfasser
Urheberschutz
6 Patent
9 Copyright
Urheberschutzverband
4 GEMA
6 VG Wort
Urheimat
der Semiten
7 Arabien
Urian
5 Satan
6 Daemon, Teufel
8 Erzengel
Urkanton
der Schweiz
3 Uri
6 Schwyz
11 Unterwalden
Urkontinent
8 Gondwana
Urkunde
4 Akte
5 Brief
6 Charta, Diplom, Papier, Patent, Quelle
7 Zeugnis
8 Dokument
13 Schriftstueck
über eine abgelegte Prüfung
6 Diplom
13 Diplomzeugnis
Urkundenlehre
10 Diplomatik
Urkundensammlung
6 Archiv
urkundliches
Beweisstück
5 Beleg
Urkundsbeamter
5 Notar
14 Standesbeamter
Urkundsbehörde
10 Standesamt
Urlaub
5 Musse
6 Ferien
8 Erholung, Freizeit
der ganzen Belegschaft
14 Betriebsferien
Urlauber
4 Gast
7 Kurgast, Tourist
15 Sommerfrischler
Urlauberflugzeug
15 Chartermaschine
Urlaubsfahrt
5 Reise
Urlaubskleidung
8 Apres-Ski
Urmasse
5 Chaos
Urmensch
4 Ymir
12 Neandertaler
Urmuster
8 Prototyp

Urmutter
der Bibel
3 Eva
Urnenhalle
11 Kolumbarium
Urriese
4 Ymir
Ursache
5 Causa, Grund, Motiv, Zweck
6 Anlass, Quelle
10 Beweggrund, Motivation, Triebfeder
11 Motivierung
12 Veranlassung
einer Empfindung
4 Reiz
ursächlich
6 kausal
Ursächlichkeit
11 Kausalitaet
Urschotte
5 Skote
Urschrift
8 Original
Ursprung
4 Keim
6 Anfang, Beginn, Quelle
7 Genesis, Prinzp
8 Herkunft
9 Keimzelle
10 Abstammung, Entstehung, Schoepfung
13 Ausgangspunkt
der Pflanzen
5 Samen
ursprünglich
5 genuin
7 autogen, primaer
8 original
9 angeboren originaer
Ursprünglichkeit
13 Originalitaet
Urstoff
7 Element, Materie
Urteil
5 Votum
6 Kritik, Spruch
7 Ansicht, Aussage, Judikat, Meinung, Verdikt
8 Ermessen
9 Gutachten, Rezension
10 Auffassung, Gutduenken, Standpunkt
11 Einstellung
12 Entscheidung, Ueberzeugung
13 Richterspruch, Schiedsspruch
fällen
7 richten
Urteilsaufhebung
9 Kassation
Urteilsvollstreckung
9 Exekution
Urtext
8 Original
Urtierchen
6 Amoebe
8 Protozoe
9 Einzeller
14 Sporentierchen
urtümlich
8 primitiv
9 originaer
urtümliche
Pflanze
4 Alge
uruguayische
Münze, Währungseinheit
4 Peso
9 Centesimo
Stadt
4 Melo
5 Minas, Rocha, Salto
6 Acegua, Paloma, Rivera
7 Durazno, Palmira
8 Mercedes, Paysandu
10 Montevideo
uruguayischer
Fluss
6 Dayman
8 Rio Negro
Stadtguerilla
8 Tupamaro
Urvater
der Menschen
4 Adam
6 Henoch
Urvogel
13 Archaeopteryx
Urvolk
der Japaner
5 Aimis
Urwaldpflanze
5 Liane
8 Mangrove
Urwaldspital
Schweitzers
9 Lambarene
Urwelt
7 Vorwelt
Urwelttier
6 Mammut
7 Saurier
8 Mastodon
11 Dinosaurier
12 Pterosaurier
13 Archaeopterix
14 Ichthyosaurier
15 Saebelzahntiger
urwüchsig
6 kernig
9 elementar
Urzeit
7 Vorzeit
13 Vorgeschichte
urzeitliches
Meer
6 Tethys
Überzeugung
11 Plasmagonie
urzuständlich
8 primitiv
US-Amerikaner
6 Yankee
US-amerikanischer
Geologe
4 Dana
Usance, Uso, Usus
5 Sitte
6 Brauch
10 Gewohnheit
13 Gepflogenheit, Handelsbrauch
US-Atlantikhafen
6 Boston
US-Außenministerium
15 State Department
US-Banknote
9 Greenback
usbekische
Hauptstadt
9 Taschkent
Stadt
5 Nukus
6 Angren, Kokand
7 Almalyk, Buchara, Fergana, Karschi
8 Dschisak, Margilan, Namangan, Taschaus
9 Andischan, Samarkand, Taschkent, Urgentsch
12 Tschirtschik
usbekischer
Dichter
5 Aibuk, Albek, Nawoi
US-Filmpreis
5 Oscar
US-Flagge
13 Sternenbanner
US-Goldmünze
5 Eagle
US-Mondprogramm
6 Apollo
US-Münze
4 Cent
US-Nachrichtendienst
2 AP
3 UPI
US-Raketenstartplatz
12 Kap Canaveral
US-Raumfahrtbehörde
4 NASA
US-Silbermünze
3 Bit
4 Dime
Utensilien
7 Geraete
11 Hilfsmittel
bei Damenfrisuren
9 Haarnadel
des Malers
7 Palette
9 Staffelei
10 Farbkasten
für Buchbenutzer
11 Lesezeichen
zum Nähen
5 Nadel
9 Stopfpilz
Utopia
9 Traumland
Utopie
6 Vision
8 ◆ Fantasie, Illusion
9 Phantasie
10 Wunschziel
11 Luftschloss, Wunschtraum
12 Hirngespinst, Schwaermerei, Zukunftsbild
14 Zukunftsvision
18 Wolkenkuckucksheim

Vademekum
8 Ratgeber
9 Leitfaden, Wegweiser
10 Denkzettel
11 Taschenbuch
Vagabund
5 Tramp
6 Penner
7 Strolch, Stromer
8 Clochard
12 Tippelbruder
13 Landstreicher
14 Stadtstreicher
vagabundieren
7 tippeln
14 herumstrolchen
vag, vage
6 unklar
10 unbestimmt
vakant
4 frei
5 offen
9 unbesetzt
Vakuum
5 Leere
6 Nichts
8 Hohlraum, Leerraum
9 Luftleere
Vampir
7 Untoter
8 Gespenst
9 Nosferatu
10 Blutsauger, Fledermaus
Vanille-Ersatz
8 Vanillin
variabel
9 wandelbar
13 veraenderlich
Variante
des englischen Klassizismus
12 Kolonialstil
Variante, Varietät, Variation
5 Abart
6 Lesart, Nuance
8 Spielart, Wandlung
9 Spielform
10 Abwandlung, Abweichung, Umwandlung
11 Abwechslung
12 Umgestaltung, Veraenderung
15 Verschiedenheit
Varieteekunst
8 Artistik
Varieteekünstler
5 Clown
6 Artist
7 Akrobat
8 Zauberer
11 Equilibrist
Varieteetanz
6 Cancan
Varus
Gegner
5 Armin
7 Hermann
8 Arminius
Vasall
Gunthers
5 Hagen
Vase
6 Pelike
Vater
eines Riesengeschlechts
4 Enak
und Mutter
6 Eltern
Vater der/des/von
Abel
4 Adam
Absalom
5 David
Achill, Achilles
6 Peleus
Aeneas
8 Anchises
Agamemnon
6 Atreus
Aida
8 Amonasro
Ajax
7 Telamon
Andromeda
7 Cepheus, Kepheus
Antigone
7 Oedipus
Apoll, Apollo
4 Zeus
7 Jupiter
Ares
4 Zeus
Artemis
4 Zeus
Athene
4 Zeus
Atombombe
11 Oppenheimer
Bacchus
4 Zeus
7 Jupiter
Balder, Baldur
4 Odin
5 Wodan, Wotan
Benjamin
5 Jakob
Castor
4 Zeus
Ceres
8 Saturnus
Circe
6 Helios
David
4 Isai
Demeter
6 Kronos
Diana
7 Jupiter
Dike
4 Zeus
Dione
6 Uranos
Dionysos
4 Zeus
Eirene
4 Zeus
Elektra
9 Agamemnon
Eos
8 Hyperion
Esau
5 Isaak
Fatima
8 Mohammed
Fernsehens
6 Nipkow
Galatea
6 Nereus
Geschichtsschreibung
7 Herodot
Hades
6 Kronos
Haimonskinder
6 Haimon
Ham
4 Noah
Hannibal
8 Hamilkar
14 Hamilkar Barkas
Hebe
4 Zeus
Hektor
7 Priamos
Helena
4 Zeus
Helios
8 Hyperion
Hephästus
4 Zeus
Hera
6 Kronos
Herakles
4 Zeus
7 Jupiter
Herkules
4 Zeus
7 Jupiter
Hermes
4 Zeus
Hermione
8 Menelaos, Menelaus
Hestia
6 Kronos
Horus
6 Osiris
Ikaros, Ikarus
8 Daedalos, Daedalus
Iphigenie
9 Agamemnon
Isaak
7 Abraham
Ismael
7 Abraham
Ismene
7 Oedipus
Jakob
5 Isaak
Japhet
4 Noah
Joseph
5 Jakob
Juno
8 Saturnus
Jupiter
8 Saturnus
Kain
4 Adam
Kalliope
4 Zeus
Kassandra
7 Priamos, Priamus
Kastor, Castor
4 Zeus
Kirke, Circe
6 Helios
Kronos
6 Uranos
Landsknechte
10 Frundsberg

Lea
5 Laban
Libertas
7 Jupiter
Lohengrin
8 Parsifal, Parzival
Mars
7 Jupiter
Medea
6 Aietes
Menelaos, Menelaus
6 Atreus
Mercurius
7 Jupiter
Minos
4 Zeus
Mnemosyne
6 Uranos
Neptun
8 Saturnus
Nereiden
6 Nereus
Nestor
6 Neleus
Niobe
8 Tantalos, Tantalus
Ödipus
5 Laios
Odysseus
7 Laertes
Okeanos
6 Kronos
Orest, Orestes
9 Agamemnon
Orkus
6 Saturn
Paris
7 Priamos, Priamus
Perseus
4 Zeus
Phoibe
6 Uranos
Pluton
6 Kronos
Pollux
4 Zeus
Poseidon
6 Kronos
Proserpina
7 Jupiter
Rahel, Rachel
5 Laban
Raketenforschung
6 Oberth
Rhea, Rheia
6 Uranos
russischen Flugwesens
9 Shukowski
Salomo
5 David
Saturnus
6 Uranos
Selene
8 Hyperion
Sem
4 Noah
Semele
6 Kadmos
Seth
4 Adam
Siegfried
8 Siegmund
Telemach
8 Odysseus
Tethys
6 Uranos
Theaters
7 Thespis
Theia
6 Uranos
Themis
6 Uranos
Thor
4 Odin
5 Wodan, Wotan
Thrake
6 Uranos
Titanen
6 Uranos
Turnsports
4 Jahn
Tusnelda
8 Segestes
Tyr
4 Odin
5 Wodan, Wotan
Vesta
8 Saturnus
Volkswagens
7 Porsche
Vulcanus
7 Jupiter
Wasserstoffbombe
6 Teller
Widar
4 Odin
5 Wodan, Wotan
Zeus
6 Kronos
Zyklopen
6 Uranos
Vaterherrschaft
11 Patriarchat
Vaterland
6 Heimat
vaterländisch
8 national
11 patriotisch
15 nationalistisch
vaterländisches
Lied
13 Nationalhymne
Vaterlandsfreund
7 Patriot
Vaterlandsliebe
12 Patriotismus
väterlicher
Blutsverwandter
5 Agnat
Freund und Berater
6 Mentor
väterliches
Erbgut
11 Patrimonium
vaterloses
Kind
9 Halbwaise
Vatermörder
6 Kragen
10 Hemdkragen
Vaterrecht
11 Patriarchat
Vaterunser
11 Paternoster
Vatikanstadt
16 Citta del Vaticano
Vedutenmaler
9 Canaletto
Vegetationsform
4 Moor
5 Heide
6 Steppe, Urwald
7 Savanne
Vegetationsinsel
in der Wüste
4 Oase
Vegetationszone
6 Tundra
vegetative
Nachkommen einer Mutterpflanze
4 Klon
Veilchen
5 Viole
7 Veigerl
9 Veigelein
Veilchenart
16 Stiefmuetterchen
veilchenfarbig
7 violett
Veilchenöl
4 Iron
Veitstanz
6 Chorea
9 Epilepsie, Fallsucht
Venenentzündung
9 Phlebitis
venezianische
Brücke
6 Rialto
Goldmünze
7 Zechine
Inselstadt
6 Murano
Währung
7 Bolivar
10 Centesimos
venezianischer
Arbeiterführer
5 Faria
Forschungsreisender
9 Marco Polo
Gondelführer
10 Gondoliere
Hauptkanal
11 Canal Grande
Kupferstecher
7 Mocetto
Maler
5 Lotto, Palma
6 Piombo, Tizian
7 Bellini, Tiepolo
8 Crivelli, Veronese
9 Carpaccio, Giorgione
10 Tintoretto
Titel
4 Doge
venezianisches
Boot
6 Gondel
Geschlecht
7 Dandolo
Gondellied
9 Barcarole, Barkarole
Oberhaupt
4 Doge
Touristenziel
11 Dogenpalast, Markusplatz

13 Rialtobruecke
Wasserfahrzeug
6 Gondel
venezolanische
Hafenstadt
4 Coro
7 Maracay
8 Carupano, La Guaira
9 Maracaibo
Hauptstadt
7 Caracas
Münze, Währungseinheit
7 Bolivar, Centimo
Stadt
4 Aroa, Coro
5 Duaca, Rubio, Seiba, Unare
6 Atures, Cumana, Merida
7 Barinas, Bolivar, Cabimas, Caracas, Maracay, Maturin, Nutrias
8 Carupano, La Guaira, Valencia
9 Maracaibo
11 San Fernando
12 Barquisimeto, San Cristobal
13 Ciudad Bolivar, Puerto Cabello
14 Acarigua-Araure
15 Guarenas-Guatire
venezolanischer
Fluss
5 Apure, Apusa
7 Orinoco
Künstler (Bildhauer, Maler und Grafiker)
5 Otero, Poleo, Rojas, Salas, Tovar
6 Boggio, Bracho
7 Barrios, Narvaez, Rengifo, Reveron
8 Carvallo, Gonzales
9 Fernandez, Michelina
Ventilation
8 Lueftung
11 Entlueftung
Ventilator
7 Luefter
10 Entluefter
Venuspriesterin
4 Hero
verabredetes
Zeichen
6 Signal
Verabredung
4 Date
6 Termin
7 Treffen
9 Abmachung, Absprache, Begegnung
10 Rendezvous
12 Stelldichein
13 Zusammenkunft
15 Zusammentreffen
verabreichte
Arzneimittelmenge
5 Dosis
verabschieden
9 entlassen
12 suspendieren
Verabschiedung
10 Entlassung, Suspension
Verächter
7 Zyniker
verächtlich
14 despektierlich
für Brief
7 Schrieb
für Frau
4 Weib
für Gesicht
6 Visage
für Hund
5 Toele
6 Koeter
für Mann
4 Kerl
für Neger
6 Nigger
für Pferd
4 Gaul
7 Klepper
für Tier
5 Biest
machen
14 diskriminieren
verächtlicher
Ausruf
4 pfui
verächtliches
Wort für Feigling
5 Memme
Verachtung
7 Abscheu
verallgemeinern
14 generalisieren
Verallgemeinerung
14 Generalisation
veraltet
3 out
7 obsolet
8 unmodern
10 altmodisch, antiquiert
13 altfraenkisch
veraltete Bezeichnung für:
Aalgabel
5 Elger
abbilden
11 konterfeien
Abgabe
5 Onera
abgrenzen
6 rainen
Abhilfe
7 Remedur
Ablehnung
5 Refus
6 Refues
Abteil
5 Coupe, Kupee
Adel
8 Noblesse
Ältestenwürde
8 Seniorat
Ameise
4 Emse
Amtsbote
6 Weibel
Anspruch
3 Fug
Anstand
6 Dezenz
Anstifter
7 Faiseur
Antragsteller
9 Proponent
Antrieb, Reiz
8 Stimulus
Anwalt
7 Advokat
9 Konsulent
auspeitschen
8 staeupen
Bahnsteig
6 Perron
Ball, Tanzabend
7 Reunion
Banner
6 Panier
Barbier
5 Bader
Bau, Gebäude
5 Baute
Beleidigung
7 Affront
Beliebtheit
5 Vogue
Benehmen
14 Schicklichkeit
bequem
6 kommod
Bericht
6 Report
Beruf
6 Metier
bescheiden
6 modest
beschmutzen
11 verunzieren
Besitzer
6 Eigner
Besuch
6 Visite
bewaffnen
8 armieren
Bienenzüchter
7 Zeidler
Bittgesuch
7 Supplik
Bittsteller
10 Supplikant
Bosheit
6 Malice
Bote
8 Sendling
Brief
6 Billet
7 Billett
Bücherbrett
7 Etagere
Bürgersteig
8 Trottoir
Bursche
9 Juengling
Cousine, Kusine
4 Base
Damenzimmer
7 Boudoir
Diele
6 Entree
Doppelpunkt
5 Kolon
Dummheit
6 Betise
ebenso
4 item
ehrbar
7 honorig
ehrenvoll
7 honorig

eilig
8 pressant
Eintritt
6 Entree
Erfolg
7 Sukzess
erfreuen
9 ergoetzen
Erlaubnis
8 Vergunst
ermattet
6 marode
Ermittlung
7 Enquete
Erzieherin
5 Bonne
fähig
7 kapabel
Fähnrich
7 Kornett
Fahrrad
9 Veloziped
Feinbäckerei
10 Patisserie
Feindschaft
5 Fehde
Feldwache
6 Pikett
Feldzug
8 Kampagne
Finanzwissenschaft
12 Kameralistik
fliehen
8 fleuchen
Flugzeug
8 Aeroplan
Folgsamkeit
14 Botmaessigkeit
Fremdenführer
8 Cicerone
Freund
8 Gevatter
Friseur
5 Bader
7 Barbier
Frühstück
8 Dejeuner
Fußgicht
10 Zipperlein
Gelegenheit
8 Okkasion
Gepäck
6 Bagage
geradezu
6 schier
Gerichtsangestellter
6 Aktuar
Gesandter
11 Ambassadeur
Gesandtschaft
9 Ambassade
Geschmack
5 Gusto
Gewürzware
8 Spezerei
Grippe
9 Influenza
Grundbesitzer
5 Sasse
gutheißen
9 goutieren
Gutsbetrieb
7 Meierei
Gutspächter
5 Meier
Handarbeit
10 Manufaktur
Handelsmakler
6 Sensal
Handlungsgehilfe
6 Kommis
14 Commis voyageur
Hausangestellter
10 Dienstbote
Hauspersonal
7 Gesinde
Hirtenlied
6 Ekloge
Höflichkeit
9 Politesse
Infanterist
9 Fuesilier
Intrige
6 Kabale
Irrtum
6 Irrung
Jammern
11 Lamentation
jetzt
4 itzo, itzt
5 anhin, jetzo
Joppe
4 Wams
junger Knecht
3 Enk
Kampfplatz
8 Walstatt
Kehrseite
6 envers
Kirchendiener
6 Mesner
7 ◆ Messner
Kneifer
8 Pincenez
kostbar
8 prezioes
Kragen, Wams
6 Koller
Krieg
5 Orlog
Kunde
4 Maer
Kusine
4 Base
Lärm, Unruhe
5 Rumor
Lebensmittel
10 Viktualien
Lehrherr
9 Prinzipal
Liebe
5 Minne
Lokal
13 Etablissement
Mädchen
4 Maid
Maskenball
7 Redoute
meiden
7 fliehen
Meuterei
6 Emeute
Militär
9 Wehrstand
minderjährig
8 minorenn
Musikant
9 Spielmann
Nebengebäude
10 Dependance
Oberst
6 Obrist
Onkel
5 Oheim
Orient
10 Morgenland
Peitsche
8 Schwippe
Pfeilerspiegel
7 Trumeau
Pferd
4 Ross
Pilger
7 Pilgrim
Pöbel
8 Janhagel
Rachsucht
8 Rankuene
Radon
5 Niton
Räuber, Mörder
9 Schaecher
Rechtsanwalt
7 Advokat
Rechtswesen, Berufung
11 Appellation
Rede
6 Sermon
Regenschirm
9 Parapluie
Rentner
9 Privatier
Rückzug
8 Retirade
Ruhebett
6 Canape
7 Kanapee
Sarg
7 Schrein
schädlich
11 vermaledeit
Schauspieler
4 Mime
Schlacht
8 Bataille
schmachtender Liebhaber
7 Seladon
Schöpfung
8 Kreation
Schuft
5 Kujon
Schwiegersohn
5 Eidam
Sonnenschirm
7 Parasol
spanische Wand
8 Paravent
Speisewirt
8 Traiteur
Staatsrat
7 Konseil
Staatswissenschaft
10 Kameralien
Stammrolle
9 Nationale
Straßenbahn
4 Tram
Tagebuch
8 Memorial

10 Ephemeride
Teilhaber
7 Associe
Tischdecke
5 Tapet
Träne
6 Zaehre
Trauung
10 Kopulation
Trost
6 Labsal
Unglück
7 Malheur
Uniform
6 Montur
untätig
5 inert
Urkunde
9 Handfeste
Verbotenes
5 Nefas
Verbrechen
7 Meintat
Verräter
9 Sykophant
verschieden
10 mannigfach
Versteigerung
4 Gant
12 Subhastation
Vertrauter
9 Konfident
Verwandter
4 Mage
Verwundung
7 Blessur
volljährig
8 majorenn
vormals
7 weiland
10 seinerzeit
Vormundschaft
7 Kuratel
Vorrang
9 Prinzipat
wählen
6 kiesen
wahrhaft, echt
9 veritabel
Wallfahrer
7 Pilgrim
Wegzehrung
8 Viatikum
Wehgeschrei
5 Zeter
Witwe
7 Witfrau
Witwer
7 Witmann
Wundarzt
9 Feldscher
Wunder
7 Mirakel
Zahl
6 Numero
Zeitung
7 Gazette
Zimmerdecke
7 Plafond
Zimmereinrichtung
10 Meublement
Zoll
4 Maut
Zusammenstoß
9 Renkontre
Zwischengericht
9 Entremets

veralteter
Abschiedsgruß
5 Adieu
8 Lebewohl
Reifrock
9 Krinoline
Schriftgrad
8 Imperial
Tanz
5 Gigue, Polka, Rondo
6 Cancan, Galopp, Reigen, Walzer
7 Menuett
8 Chaconne, Laendler
9 Allemande, Galliarde, ◆ Polonaese, Polonaise, Sarabande
12 Rheinlaender

veraltetes
Artilleriegeschoss
11 Kartaetsche
Flüssigkeitsmaß
7 Noessel
Getreidemaß
6 Malter
seemännisches Längenmaß
5 Faden

Veranda
5 Anbau, Erker
6 Vorbau
8 Vorlaube

veränderlich
5 labil
7 mutabel
8 flexibel, variabel
9 wandelbar
10 schwankend, unbestimmt

veränderliche
Größe
9 Parameter

verändern
9 abwandeln, variieren
12 modifizieren

Veränderung
6 Wandel
8 Mutation, Variante
9 Umformung, Variation
10 Umstellung
12 Modifikation

verankertes
Seezeichen
4 Boje
5 Tonne

Veranlagung
6 Anlage, Talent
7 Eignung
8 Bescheid, Naturell
9 Charakter
10 Faehigkeit
11 Befaehigung, Temperament
14 Steuerbescheid

veranlassen
8 anordnen, befehlen
10 initiieren
11 instigieren

Veranlasser
9 Initiator
11 Organisator

Veranlassung
5 Grund
7 Ursache
10 Motivation
11 Instigation

veranschaulichen
12 illustrieren
14 konkretisieren

veranschlagen
8 taxieren
9 berechnen
11 abschaetzen, kalkulieren
12 vorberechnen

veranstalten
7 managen
11 arrangieren
12 organisieren

Veranstalter
7 Manager
8 Promoter
11 Organisator
12 Entrepreneur

Veranstaltung
von Wettkämpfen in verschiedenen Sportarten
16 Olympische Spiele

Veranstaltungsraum
4 Saal
12 Kongresssaal

Verantwortlicher
bei der Errichtung eines Gebäudes
9 Bauleiter
für den Facharbeiternachwuchs
9 Ausbilder
im Bergbau
7 Steiger
Mitarbeiter
6 Leiter
16 Abteilungsleiter

Verantwortlichkeit
15 Kompatibilitaet

verarbeiteter
Blütenstaub
5 Honig

Verarbeitungsprodukt
aus Holz
9 Zellstoff

verargen
11 ◆ uebel nehmen

Verärgerung
11 Verstimmung
13 Verstimmtheit

Veräußerung
einer Ware
7 Verkauf

Verband
4 Bund, Liga
5 Binde, Union
6 Verein, Wickel
7 Bandage
9 Kompresse
11 Foederation
12 Gemeinschaft, Organisation
15 Zusammenschluss
gleichartiger Zellen im Bienenstock
5 Waben
kleiner Kriegsschiffe
9 Flottille
von Nutztieren
5 Herde
11 Rinderherde
von Schiffen oder Flugzeugen
6 Flotte

10 Geschwader
Verbandmaterial
4 Gaze, Mull
5 Binde, Watte
8 Pflaster, Scharpie
12 Heftpflaster
Verbandmull
4 Gaze
verbannen
7 aechten
10 ausstossen
11 deportieren
13 proskribieren
Verbannung
4 Exil
10 Ausweisung
Verbannungsort
Napoleons
4 Elba
8 St. Helena
11 Sankt Helena
Verb, das eine Wiederholung des Geschehens ausdrückt
8 Iterativ
verbergen
6 tarnen
9 maskieren
10 kaschieren
Verbesserer
8 Reformer
verbessern
11 berichtigen, korrigieren, kultivieren, meliorieren
12 retouchieren, retuschieren
Verbesserung
6 Reform
8 Retusche
9 Korrektur
der Effektivität
19 Leistungssteigerung
Verbeugung
5 Kotau
6 Diener
9 Bueckling, Kratzfuss
Verbform
8 Irrealis
9 Indikativ
10 Konjunktiv
Verbildlichung
8 Metapher
verbilligter
Warenvertrieb
10 Ausverkauf
verbinden
7 koppeln, liieren
9 alliieren
11 kombinieren
verbindlich
7 obligat
10 konziliant
11 authentisch
13 obligatorisch
Verbindlichkeit
6 Obligo
10 Konzilianz, Obligation
Verbindlichkeiten
7 Passiva
8 Passiven
Verbindung
3 Ehe
4 Bund, Kurs
5 Korps, Linie, Nexus, Sehne, Union
6 Konnex, Textur
7 Allianz, Junktur, Kontakt, Liaison
8 Kopplung, Kupplung, Synthese
9 Anschluss, Beziehung, Koppelung
11 Assoziation, Kombination, Korporation, Vereinigung, Verhaeltnis
12 Gemeinschaft, Zusammenhang
13 Kommunikation
14 Burschenschaft
des Erdpols
8 Erdachse
eines Stoffes mit Sauerstoff
11 Verbrennung
einzelner Teile
5 Bogen
im Steinkohlenteer
6 Kresol
mehrerer politischer Maßnahmen zur gleichzeitigen Inangriffnahme
7 Junktim
mit Sauerstoff
4 Oxid, Oxyd
organische
6 Sterin
von Knochen
6 Gelenk
zweier Punkte
5 Linie
zwischen Kattegat und Ostsee
4 Sund
zwischen Lunge und Kehlkopf
10 Luftroehre
zwischen starren Teilen
6 Gelenk
Verbindungsbolzen
4 Niet
Verbindungsfluss
zwischen Erie- und Ontariosee
7 Niagara
Verbindungsgelenk
beim Menschen
4 Knie
10 Ellenbogen, Handgelenk
Verbindungslinie
6 Polare
bei Textilien
4 Naht
gleichen Luftdrucks
7 Isobare
gleicher magnetischer Abweichung
7 Isogone
gleicher Wärme
9 Isotherme
zwischen Punkten gleichen Bewölkungsgrades
8 Isonephe
zwischen Punkten gleicher Temperatur
9 Isotherme
Verbindungsmann
7 Mittler
Verbindungsstelle
4 Naht
7 Kontakt
Verbindungsstift, -stück
4 Niet
5 Muffe, Nagel, Niete, Stift
6 Bolzen, Gelenk, Klemme, Krampe, Lasche
7 Flansch, Klammer, Stutzen
8 Schraube
9 Scharnier
Verbindungsstück
für Gasleitungen
7 Fitting
Verbindungsstudent
5 Fuchs
6 Bursch
Verbindungsteil
an Rohrleitungen
10 Formstueck
von Rädern
5 Achse
verbissen
4 hart, stur, zaeh
8 verbohrt
9 energisch, fanatisch
10 konsequent
11 hartnaeckig, zielstrebig
12 starrkoepfig
verbissener
Zorn
7 Ingrimm
Verbissenheit
8 Grobheit
12 Besessenheit
20 Leidenschaftlichkeit
verbittert
6 gallig
verblüffend
7 stupend
8 frappant
verblüfft
6 ratlos
7 perplex
12 konsterniert
verblüht
4 welk
verborgener
Ein- und Ausgang
10 Geheimtuer
verborgenes
Wissen
9 Geheimnis
verborgen, verschleiert
6 geheim, latent, obskur, okkult
10 mysterioes
11 raetselhaft
13 geheimnisvoll
Verbot
4 Bann, Tabu
9 Interdikt
10 Inhibition
11 Prohibition, Untersagung
der Ausfuhr
7 Embargo
verboten
4 tabu
9 untersagt
verbotene
Ein- und Ausfuhr zollpflichtiger Waren
9 Schmuggel
schriftliche Botschaft in Gefängnissen
8 Kassiber
verbotener
Boxhieb
10 Tiefschlag
Warenhandel
14 Schleichhandel
Verbrauch
5 Zeche

6 Konsum
7 Aufwand, Nutzung, Verzehr
9 Abnutzung, Benutzung
10 Abnuetzung
11 Verschleiss
verbrauchen
11 konsumieren
Verbraucher
7 Kaeufer
9 Konsument
Verbrauchergegenstand
4 Ware
Verbrauchergenossenschaft
6 Konsum
Verbrauchssteuer
6 Akzise
Verbrauchszucker
5 Melis
verbraucht
3 alt
4 matt
5 muede, senil
10 erschoepft
Verbrechen
4 Mord, Raub
5 Untat
6 Betrug, Delikt, Verrat
8 Einbruch, Raubmord
9 Diebstahl
10 Erpressung
14 Vergewaltigung
Verbrecher
4 Dieb
5 Filou
6 Bandit, Ganove, Gauner
7 Moerder, Raeuber
8 Gangster, Schieber, Wucherer
9 Betrueger, Erpresser, Faelscher, Kidnapper, Schaender, Spitzbube, Verraeter
10 Defraudant, Delinquent, Entfuehrer, Langfinger, Schwindler
11 Galgenvogel, Krimineller, Missetaeter, Schnapphahn, Strauchdieb, Wegelagerer
12 Brandstifter
aus Ruhmsucht
9 Herostrat
Verbrecherclique, -gruppe
4 Gang
5 Bande
6 Platte
verbrecherisch
9 kriminell
Verbrecherkneipe
8 Spelunke
9 Kaschemme
Verbrechermilieu
9 Unterwelt
verbreiten
11 propagieren
verbreiterte
Geweihstangen beim Damwild
9 Schaufeln
Verbreitung
9 Diffusion
12 Promulgation
unwahrer Tatsachen
11 Verleumdung

Verbreitungsgebiet
einer Pflanzenart
5 Areal
Verbrennungserscheinung
5 Brand, Feuer, Rauch
6 Flamme
Verbrennungskraftmaschine
8 Gasmotor
9 Ottomotor
10 Gasturbine
11 Benzinmotor, Dieselmotor, Wankelmotor
13 Vergasermotor, Viertaktmotor, Zweitaktmotor
14 Schweroelmotor
15 Strahltriebwerk
18 Stroemungsmaschine
20 Rotationskolbenmotor
Verbrennungsrückstand
4 Russ
5 Abgas, Asche
8 Schlacke
Verbrennungsstätte
Verstorbener
11 Krematorium
Verbrennungswärmeeinheit
5 Joule
7 Kalorie
8 Heizwert
11 Kilokalorie
verbrüdern
14 fraternisieren
Verbrüderung
12 Fraternitaet
15 Fraternisierung
Verbundart
4 Niet
5 Muffe, Nagel, Stift
6 Bolzen, Lasche
7 Klammer, Krampen, Loetung
8 Flansche, Schraube
9 Scharnier
12 Schweissnaht
Verbundenes
6 Koppel
verbündete
Mächte
9 Alliierte
Verbundwerkstoff
5 Cupal
verbürgt
4 echt
9 offiziell
10 garantiert
11 authentisch
Verbürgung
8 Garantie
Verdacht
7 Argwohn
9 Vermutung
10 Misstrauen, Mutmassung
verdächtig
6 obskur
7 ominoes, suspekt
11 fragwuerdig
Verdächtigung
12 Insimulation
Verdachtsmoment
5 Indiz
verdampfen
10 verdunsten
11 evaporieren

Verdampfung
11 Evaporation, Sublimation
Verdampfungsgerät
10 Evaporator
Verdauung
9 Digestion
Verdauungsbeschwerden
9 Durchfall
10 Sodbrennen
11 Verstopfung
Verdauungsferment
3 Lab
6 Pepsin
7 Laktase
9 Magensaft
Verdauungsflüssigkeit
8 Speichel
9 Magensaft
Verdauungsorgan
4 Darm
5 Magen
Verdauungsschwäche
9 Dyspepsie
Verdauungsstörung
9 Dyspepsie
11 Indigestion
Verdauungstrakt
7 Gedaerm
Verdeck
aus Stoff
5 Plane
verdecken
6 tarnen
9 maskieren
10 kaschieren
Verderb
4 Ruin
9 Untergang
verderben
9 ruinieren
12 korrumpieren
Verderben
6 Unheil
8 Unglueck
verderblich
7 ruinoes
verderbliches
Treiben
7 Unwesen
Verderbnis
4 Ruin
10 Korruption
der Sitten
14 Demoralisation
verderbt
7 korrupt, pervers
verdeutlichen
12 illustrieren
14 konkretisieren
16 veranschaulichen
verdeutlichende
Umschreibung
10 Paraphrase
Verdeutlichung
8 Klaerung
verdichten
6 ballen, raffen
12 komprimieren, kondensieren
13 konzentrieren
Verdichter
10 Kompressor
11 Kondensator

Verdichtetes
9 Kondensat
10 Konzentrat
Verdichtung
11 Kompression
12 Kondensation
13 Konzentration
von Gasen
12 Kondensation
Verdickung
5 Wulst
6 Knoten
an Pflanzen
6 Knolle
Verdienst
4 Gage, Lohn, Ruhm, Sold
5 Marge
6 Erloes, Erwerb, Gehalt, Gewinn, Salaer
7 Entgelt, Honorar, Meriten
8 Einnahme, Leistung
9 Einkommen
Verdienstauszeichnung
5 Orden
Verdienste
7 Meriten
Verdienstmöglichkeit
14 Einnahmequelle
Verdienstspanne
5 Marge
verdoppeln
11 duplizieren
Verdoppelung
8 Dublette
11 Duplikation
des Einsatzes beim Spiel
6 Paroli
eines Konsonanten
10 Gemination
verdorben
7 korrupt
8 ruiniert
11 korrumpiert
verdorren
6 welken
verdorrt
4 welk
5 duerr
Verdrehung
11 Entstellung
in der Technik
7 Torsion
8 Drillung
Verdrehung, Verrenkung
10 Distorsion
verdrießen
7 aergern
verdrießlich
10 aergerlich
11 baerbeissig
verdrießlicher
Mund
7 Flunsch
Verdrossenheit, Verdruss
5 Unmut
6 Aerger, Buerde, Unlust
7 Ballast, Missmut, Unwille
9 Unbehagen
11 Verstimmung
16 Unannehmlichkeit
verdunsten
11 evaporieren
Verdunstung
10 Gradierung
11 Evaporation
Verdunstungsniederschlag
9 Kondensat
verdutzt
7 perplex
10 verbluefft
veredeln
(Botanik)
9 okulieren
veredelte
Steinkohle
4 Koks
veredeltes
Eisen
5 Stahl
Veredelung
10 Kopulation
11 Raffination
Veredlungsart
9 Okulation
Veredlungstrieb
8 Edelreis
verehren
6 lieben
9 benedeien, bewundern, schaetzen
Verehrer
5 Galan
9 Liebhaber
des Schönen
7 Aesthet
Verehrung
4 Kult
5 Liebe
7 Achtung, Respekt
8 Devotion
9 Sympathie, Zuneigung
11 Bewunderung, Hochachtung
vereinbar
10 kompatibel
Vereinbarkeit
15 Kompatibilitaet
vereinbarter
Gesamtbetrag
9 Pauschale
Ort
10 Treffpunkt
Vereinbarung
6 Abrede
8 Abkommen
9 Abmachung, Abschluss, Absprache
10 Konvention
vereinheitlichen
6 normen
15 standardisieren
Vereinheitlichung
7 Normung
16 Standardisierung
vereinigen
7 liieren
9 summieren
11 kombinieren
Vereinigung
4 Bund, Club, Klub, Liga
5 Junta, Union
6 Fusion, Verein, Zirkel
7 Allianz, Verband
9 Koalition, Zollunion
11 Assoziation, Foederation, Intregation, Kombination
12 Gemeinschaft, Gesellschaft, Kongregation
eines Stoffes mit Sauerstoff
9 Oxidation, Oxydation
mehrerer Firmen
8 Syndikat
von Fernsehorganisationen
11 Intervision
von Großunternehmen
5 Trust
von Handwerkern im Mittelalter
5 Gilde
von Musikern
7 Kapelle
zur Durchführung großer Geschäfte
10 Konsortium
Vereinigungslinie
4 Naht
vereinsamt
7 desolat
8 isoliert
Vereinsamung
9 Isolation
Vereinsblatt
5 Organ
Vereinslokal
8 Clubhaus, Klubhaus
Vereinssatzung
6 Statut
Vereinte
Nationen
2 UN
3 UNO
vereinzelt
3 rar
6 selten
8 isoliert
9 singulaer
10 sporadisch
vereister
Schnee
6 Harsch
verenden
9 krepieren, verrecken
verengtes
Rohrstück
5 Duese
Verengung
der Blutgefäße
8 Stenosis
Vererbungslehre
7 Eugenik, Genetik
verewigen
12 eternisieren
Verfahren
5 Modus
6 Praxis
7 Methode, Prozess, Technik
8 Prozedur, Vorgehen
9 Anwendung
10 Behandlung, Erledigung
12 Rechtsstreit
14 Handlungsweise
der spanlosen Verformung
7 Stanzen
Einwirkung
12 Manipulation
in Ehesachen
10 Eheprozess
zum Mustern von Stoffen
5 Batik

zum Schutz eines Leichnams vor Verwesung
15 Einbalsamierung
zur Bildproduktion
7 Aetzung
zur Ernte von Hackfrüchten
5 Roden
zur Flächenberechnung
9 Quadratur
zur Gewichtsverminderung
9 Hungerkur
zur Herstellung von Druckplatten
11 Stereotypie
zur Lichtempfindlichkeitsmessung
13 Sensitometrie
Verfahrensfrage
11 Technologie
Verfahrensweise
8 Vorgehen
Verfall
4 Ruin
7 Abstieg, Kollaps
8 Dekadenz, Marasmus
9 Dekrement, Untergang
10 Korruption, Niedergang
verfallen
8 dekadent
10 kollabiert
verfallenes
Bauwerk
5 Ruine
verfassen
11 konzipieren
Verfasser
4 Poet
5 Autor
6 Texter
7 ◆ Biograf, Dichter, Literat, Lyriker, Urheber
8 Biograph, Essayist
9 Komponist, Novellist, Romancier, Schreiber
10 Dramatiker, Librettist
13 Drehbuchautor
14 Schriftsteller
der Evangelien
12 Evangelisten
einer Lebensbeschreibung
7 ◆ Biograf
8 Biograph
eines Anstandsbuches
6 Knigge
eines Klageliedes
8 Elegiker
eines literarischen Werkes
7 Lyriker
9 Romancier
10 Belletrist
eines Wörterbuches
10 ◆ Lexikograf
11 Lexikograph
epischer Dichtungen
6 Epiker
von Denksportaufgaben
12 Raetselautor
von Gefühlsdichtungen
7 Lyriker
von Spottschriften
8 Parodist
9 Satiriker
von Werbetexten
6 Texter

Verfasserin
7 Autorin
Verfassung
4 Form
6 Charta
7 Satzung, Zustand
9 Kondition
11 Grundgesetz
12 Konstitution
des Körpers
9 Kondition
12 Konstitution
des Staates
11 Grundgesetz
Verfassungsurkunde
6 Charta
Verfechter
8 Apologet
unausführbarer Ideen
7 ◆ Fantast, Utopist
8 Phantast
Verfehlung, Vergehen
6 Delikt, Fehler, Irrung, Suende
7 Fauxpas, Unrecht
8 Verstoss
9 Fehltritt, Missgriff
11 Entgleisung
12 Uebertretung
13 Versuendigung
16 Gesetzwidrigkeit
verfeinern
8 veredeln
11 kultivieren, sublimieren
verfeinert
6 sublim
8 veredelt
10 kultiviert, raffiniert
verfeinerte
Lebensweise
6 Kultur
Verfeinerung
9 Raffinage
11 Raffination
12 Sublimierung
verfestigte
Vulkanschlacke
4 Tuff
Verfestigung
im Gestein
8 Septarie
Verflechtung
6 Konnex
8 Geflecht
12 Zusammenhang
Verfluchung
8 Anathema
verflüssigen
11 liquidieren
12 kondensieren
Verflüssigung
11 Liquidation
12 Kondensation
Verfolgung
6 Pogrom
8 Fahndung
Verfolgungswahn
8 Paranoia
verformen
11 deformieren
Verformung
11 Deformation
verfrachten
9 spedieren

Verfrachter
9 Spediteur
verfügbar
6 bereit, fertig, liquid
10 disponibel
Verfügbarkeit
15 Disponibilitaet
verfügen
11 dekretieren, disponieren
Verfügung
4 Ukas
5 Edikt
6 Dekret, Erlass
8 Reskript
9 Anordnung, Anweisung, Direktive
10 Bestimmung, Verordnung
11 Disposition
Verfugungswerkzeug
6 Spatel
verführen
8 becircen, betoeren, bezirzen
Verführer
7 Don Juan
8 Casanova
Verführerin
in Homers »Odyssee«
5 Circe, Kirke, Zirze
6 Sirene
verführerisch
9 betoerend
Verführung
zu einer Straftat
10 Anstiftung
vergällter
Spiritus
13 Brennspiritus
Vergangenheit
einer Person
13 Antezedenzien
Vergangenheitsform
7 Perfekt
9 Imperfekt
11 Praeteritum
15 Plusquamperfekt
vergänglich
7 ephemer
Vergaserkraftstoff
6 Benzin
vergaste
Flüssigkeit
5 Dampf
vergeblich
7 umsonst
11 illusorisch
Vergebung
5 Gnade
6 Pardon
10 Verzeihung
Vergehen
5 Untat
6 Delikt, Irrung, Suende
8 Verstoss
9 Fehltritt
vergeistigt
10 aetherisch
Vergeltung
4 Dank, Lohn
5 Busse, Rache
6 Strafe, Suehne, Undank
7 Ahndung
8 Revanche
9 Belohnung, Retorsion

10 Bestrafung, Genugtuung
11 Gegenschlag, Repressalie
12 Konterschlag, Satisfaktion
13 Schadenersatz
16 Wiedergutmachung
Übender
6 Talion
7 Raecher
Vergeltungsmaßnahme
7 Regress
10 Reparation, Rueckgriff
11 Repressalie
12 Satisfaktion
14 Ersatzanspruch
Vergeltungstrieb
12 Ressentiment
Vergessenheitstrank
5 Lethe
Vergewaltigung
7 Stuprum
8 Notzucht
Vergiftung
12 Intoxikation
Vergleich
6 Rezess
10 Kompromiss
11 Komparation
13 Konfrontation
vergleichbar
6 analog
10 komparabel
vergleichende
Gegenüberstellung
9 Parallele
Literatur
13 Komparatistik
Völkerkunde
10 Ethnologie
Vergleichsfall
14 Praezedenzfall
vergleichsweise
7 relativ
Vergleichswort
3 als
Vergleichung
9 Kollation
der Kursunterschiede
9 Arbitrage
vergletscherter
Gipfel des Kilimandscharo
4 Kibo
vergletschertes
asiatisches Gebirge
5 Altai
Gebiet in Ostafrika
9 Ruwenzori
Kettengebirge in Kirgisien
4 Alai
Vergnügen
3 Fez, Ulk
4 Lust
5 Spass
6 Freude
7 Gaudium
8 Gefallen, Plaesier
10 Amuesement
12 Unterhaltung
vergnüglich
5 ulkig
6 lustig
7 spassig
8 amuesant
12 plaesierlich
vergnüglicher
Unsinn
3 Fez, Jux, Ulk
vergnügt
5 fidel
6 heiter
Vergnügtheit
10 Heiterkeit
Vergnügung
10 Amuesement
Vergnügungspark
in Kopenhagen
6 Tivoli
in Wien
6 Prater
Vergnügungsschiff
5 Jacht, Yacht
Vergnügungsstätte
4 Kino
5 Disco, ◆ Disko
6 Zirkus
7 Theater, Variete
11 Rummelplatz
13 Etablissement
Vergnügungsviertel in:
Frankfurt/Main
13 Sachsenhausen
Hamburg
7 St. Pauli
10 Reeperbahn, Sankt Pauli
München
9 Schwabing
Paris
7 Pigalle
10 Montmartre
12 Montparnasse
Wien
8 Grinzing, Nussdorf
Zürich
10 Niederdorf
vergoldete
Kupfer-Zink-Legierung
5 Talmi
Vergoldung
6 Dublee
vergotten
11 deifizieren
vergöttern
7 anbeten
Vergötterung
8 Anbetung
Vergottung
9 Apotheose, Idolatrie
11 Deifikation
vergreist
5 senil
Vergrößerung
der Schilddrüse
5 Kropf
Vergrößerungsgerät
4 Lupe
9 Mikroskop
19 Elektronenmikroskop
Vergünstigung
5 Abzug
6 Indult, Rabatt, Skonto
7 Vorteil
8 Nachlass, Privileg
11 Bevorzugung
12 Ermaessigung
13 Erleichterung
vergüten
10 honorieren
vergütetes
Eisen
5 Stahl
Vergütung
4 Boni, Gage, Lohn, Sold
5 Bonus, Heuer
6 Gehalt, Salaer
7 Apanage, Entgelt, Honorar, Praemie
8 Tantieme
9 Abfindung, Ausgleich, Bezahlung, Ehrensold, Pauschale, Provision
10 Eloxierung, Erstattung
12 Bonifikation, Gewinnanteil
13 Galvanisation, Gegenleistung, Gratifikation
15 Rueckerstattung
für Hilfe in Seenot
9 Bergelohn
nach Höhe des Geschäftsgewinns
8 Tantieme
Preisnachlass
6 Skonto
verhaften
9 sistieren
10 arretieren, festnehmen
11 inhaftieren
Verhaftung
9 Festnahme
10 Abfuehrung, Ergreifung, Sistierung
11 Arretierung
12 Inhaftierung
verhalten
6 dezent
11 distanziert
Verhalten
7 Gebaren
verhaltener
Zorn
3 Wut
5 Grimm, Groll
Verhaltensforscher
6 Frisch, Lorenz
8 Heinroth
9 Tinbergen
Verhaltensforschung
9 Ethologie
Verhaltensmuster
7 Pattern
Verhaltensregel
9 Anweisung, Direktive
Verhaltensrichtlinie
10 Spielregel
Verhaltensvorwurf
12 Moralpredigt
Verhaltensweise
8 Benehmen, Betragen
Verhältnis
4 Lage
6 Gspusi
7 Liaison, Umstand
8 Relation, Sachlage
9 Beziehung, Situation
10 Liebschaft, Proportion
11 Gegebenheit
zwischen Aufwand und Ergebnis
13 Effektivitaet
zwischen zwei Zahlen
5 Bruch
Verhältnisgröße
5 Modul

7 Proporz
8 Massstab, Relation
10 Proportion
12 Entsprechung
verhältnismäßig
7 relativ
12 proportional
Verhältnisteil
5 Quote
Verhältniswahlsystem
7 Proporz
Verhältniswort
2 ab, an, in, um, zu
3 auf, aus, bei, bis, mit, von, vor
4 fuer, nach, ohne, samt, seit
5 durch, neben, nebst, statt, trotz, ueber, unter, wegen
6 ausser, binnen, hinter, laengs, unweit
7 naechst, zufolge
8 jenseits, waehrend, zwischen
9 diesseits, innerhalb
10 ausserhalb
12 Praeposition
Verhältniszahl
technischer Größen
5 Modul
verhandeln
11 konferieren
Verhandlung
6 Disput, Termin
7 Debatte, Diskurs, Prozess
9 Gespraech, Konferenz
10 Aussprache
11 Besprechung, Eroerterung, Lokaltermin, Unterredung
Verhandlungsbericht
9 Protokoll
Verhandlungsgeschick
10 Diplomatie
Verhängnis
6 Unheil
7 Unstern
9 Schicksal
10 Fatalitaet
11 Katastrophe
verhängnisvoll
3 arg
4 boes
5 boese, fatal
7 schlimm
12 katastrophal
13 schicksalhaft
verharmlosen
13 verniedlichen
15 bagatellisieren
verharren
7 bleiben
verheerender
Sturm
5 Orkan
Sturzbach
3 Sil
verheerendes
Unglück
11 Katastrophe
Verheimlichung
von Namen und Stand
4 Hehl
9 Inkognito
Verheiratete
6 Gatten
7 Ehepaar
8 Eheleute
Frau im alten Rom
7 Matrone
Verheiratetsein
8 Ehestand
verherrlichen
13 glorifizieren
Verherrlichung
9 Apotheose
13 Glorifikation
14 Glorifizierung
verhindernd
10 prohibitiv
Verhinderung
9 Abwendung
des Zugangs
6 Sperre
10 Absperrung
Verhöhnung
5 Spott
Verhör
10 Vernehmung
verhornte
Wucherung der Oberhaut
5 Warze
Zehe der Huftiere
5 Klaue
verhütend
10 praeventiv
14 prophylaktisch
verhüttungsfähiges
Mineral
3 Erz
Verhütung
10 Prophylaxe
Verkalkung
8 Sklerose
verkapseltes
Weichtier
9 Schaltier
Verkäufer
sommerlicher Erfrischungen
7 Eismann
12 Obsthaendler
13 Eisverkaeufer
17 Getraenkehaendler
von Arzneimitteln
9 Apotheker
Verkäuferinnen
an offenen Ständen
11 Marktfrauen
Verkaufsapparat
7 Automat
Verkaufsbude
auf Märkten
5 Stand
Verkaufseinnahme
6 Erloes
Verkaufseinrichtung
5 Laden
Verkaufserfolg
3 Hit
6 Renner
8 Schlager
10 Bestseller
Verkaufsförderung
14 Sales promotion
Verkaufsgüter
5 Waren
Verkaufshäuschen
5 Kiosk
Verkaufskartell
8 Syndikat
Verkaufskiosk
für Lebensmittel
6 Imbiss
Verkaufsleiter
9 Substitut
Verkaufsorganisation
8 Vertrieb
9 Marketing
Verkaufsplatz
5 Markt
Verkaufsraum, -stelle
4 Bude
5 Kiosk, Laden, Stand
6 Budike, ◆ Butike
8 Boutique
9 Geschaeft, Warenhaus
10 Supermarkt
für Nachwuchs
14 Kinderkaufhaus
Verkaufsschau
5 Messe
Verkaufsschlager
10 Bestseller
Verkaufsstelle
für Arzneimittel u. Kosmetika
8 Apotheke, Drogerie
von Tabakwaren in Österreich
6 Trafik
Verkaufstisch
5 Stand, Theke
6 Tresen
7 Tonbank
Verkauf, Vertrieb
5 Debit
6 Absatz, Handel, Umsatz
9 Geschaeft
Verkehr
6 Umgang
8 Frequenz
13 Kommunikation
Verkehrsdelikt
7 Raserei
Verkehrseinrichtung, -mittel
3 Bus, Jet, Lkw, Pkw, Rad, Zug
4 Auto, Bahn, Boot, D-Zug, Kahn, Krad, OBus, Post, Tram
5 Ampel, Moped, S-Bahn, U-Bahn
6 Eilzug, Faehre, Schiff
7 Autobus, Dampfer, Fahrrad, Omnibus, Tramway
8 Flugzeug, Hochbahn, Motorrad, Trambahn
9 Alwegbahn, Automobil, Eisenbahn, Kleinbahn, Lastwagen, Stadtbahn
10 Kraftwagen, Luftschiff, Schnellbus, Schnellzug, Triebwagen, Trolleybus
11 Motorroller, Personenzug, Schnellbahn, Zahnradbahn
12 Hubschrauber, Strassenbahn
13 Kraftfahrzeug
14 Untergrundbahn
15 Oberleitungsbus
Verkehrsflugzeugtyp
6 Airbus, Boeing
8 Jumbo Jet
9 Caravelle
Verkehrsgebäude
7 Bahnhof
Verkehrshemmung, -stockung
4 Stau

Verkehrshindernis
3 Boe, Eis
4 Stau, Wind
5 Nebel, Regen, Sturm
6 Schnee
7 Glaette, Kolonne, Stauung
8 Glatteis, Schlange, Stockung
9 Baustelle, Umleitung
10 Bodennebel, Eisglaette
11 Aquaplaning
12 Unfallstelle
Verkehrshinweis
vor Bahnübergängen
4 Bake
5 Ampel
9 Warnkreuz
10 Blinkampel
Verkehrsleuchte
5 Ampel
Verkehrsstockung
4 Stau
verkehrstechnischer Ausdruck, Begriff
2 IC
3 Bus, cif, fob, ICE, TEE
4 D-Zug
5 S-Bahn, U-Bahn
6 Eilgut
8 Fahrplan, Kursbuch
9 Fahrkarte, Fahrpreis, Intercity, Kurswagen
10 Expressgut, Platzkarte, Triebwagen
14 Fernschnellzug
17 Trans-Europ-Express
Verkehrsteilnehmer
6 Radler, Reiter
7 Passant
9 Radfahrer
10 Autofahrer, Fernfahrer, Kradfahrer
11 Fussgaenger, Kraftfahrer, Mopedfahrer
12 Rollerfahrer
14 Motorradfahrer
15 Lastwagenfahrer
Verkehrsweg
4 Bahn
7 Highway, Strasse
8 Autobahn, Chaussee
9 Bahnlinie
11 Landstrasse
13 Bundesstrasse, Staatsstrasse
14 Ausfallstrasse, Bundesautobahn, Einbahnstrasse, Schnellstrasse
in Nord-Süd-Richtung
14 Vogelfluglinie
unter der Elbe
6 Tunnel
Verkehrswegbetreuer
15 Strassenmeister
Verkehrszeichen
4 Bake
mit festgelegter Bedeutung
6 Signal
Verklärung
9 Apotheose
Verklebung, Verklumpung
13 Agglutination
verkleiden
9 maskieren, verkappen

Verkleidung
5 Maske
9 Maskerade
12 Mummenschanz
13 Kostuemierung
des Altartisches
11 Antependium
rohen Mauerwerks
4 Putz
6 Bewurf
7 Klinker, Verputz
9 Taefelung
verkleinern
10 dezimieren, reduzieren, verringern
verkleinertes
Vorbild
6 Modell
Verkleinerung
7 Abnahme
Verkleinerungsformel
9 Deminutiv, Diminutiv
Verkleinerungswort
9 Deminutiv, Diminutiv
12 Diminui tivum
verknüpfen
6 knoten
11 assoziieren, kombinieren
Verknüpfung
6 Knoten
8 Synthese
11 Assoziation, Kombination
Verkörperung
11 Inkarnation
16 Personifizierung
des Bösen
6 Teufel
Verköstigung
7 Pension
verkrusteter
Schnee
6 Harsch
verkümmert
11 rudimentaer
verkünden, verkündigen
8 ausrufen, predigen
9 mitteilen
12 ◆ bekannt geben, proklamieren
13 ◆ bekannt machen
16 veroeffentlichen
Verkünder
6 Herold
7 Prophet
8 Ausrufer
des Christentums
7 Bonifaz
des Wortes Gottes
8 Prediger
Verkündigung
12 Proklamation
14 Bekanntmachung
des letzten Willens
20 Testamentseroeffnung
verkürzen
7 stutzen, trimmen
verkürzte
Unterschrift
6 Signum
Verkürzung
11 Perspektive
Verladebühne
5 Rampe
9 Laderampe

Verladegerät
4 Kran
Verlagerung
des rhythmischen Akzents auf einen unbetonten Taktteil
7 Synkope
Verlagsabteilung
6 Presse
8 Lektorat, Vertrieb
11 Herstellung
Verlagsangestellter
6 Lektor
8 ◆ Grafiker, Layouter, Reporter
9 Graphiker, Redakteur
10 Cheflektor, Hersteller
11 Uebersetzer, Werbeleiter
13 Chefredakteur
Verlagsbüro
7 Agentur
Verlagserzeugnis
4 Buch
7 Magazin, Zeitung
8 Sachbuch
Verlagsrecht
9 Copyright
Verlagsserie
7 Edition
Verlagszeichen
6 Signet
verlangen
7 fordern
8 begehren, heischen
Verlangen
4 Gier, Lust
5 Drang, Trieb
6 Begehr, Wunsch
7 Geluest
8 Begierde
9 Forderung, Sehnsucht
10 Beduerfnis
12 Konkupiszenz
nach Weisheit
12 Wissensdurst
Verlängerung
11 Prorogation
der Kreditfrist
12 Prolongation
der Zahlungsfrist
8 Stundung
10 Moratorium
des Mastes
6 Stenge
Verlängerungszettel
bei Wechseln
7 Allonge
verlangsamen
7 bremsen, stoppen
8 drosseln
11 retardieren
Verlass
5 Fiduz
8 Zutrauen
verlassen
3 oed
4 oede
6 allein, einsam
der bisherigen Wohnung
5 Umzug
der Bühne
6 Abgang
eines Ortes
7 Abreise

verlassene
Gegend
4 Oede
6 Oednis
7 Einoede
9 Wuestenei
verlassenes
Seehundbaby
6 Heuler
Verlassenheit
10 Einsamkeit
verlässlich
4 treu
7 ergeben
12 zuverlaessig
Verlässlichkeit
5 Treue
16 Zuverlaessigkeit
Verlauf
7 Hergang, Prozess
8 Fortgang
9 Geschehen
auf ein Ziel
8 Richtung
der gekrümmten Schiffslinie
5 Strak
Verlautbarung
8 Bulletin
10 Aeusserung
verlegen
auf einen anderen Zeitpunkt
11 verschieben
Verlegenheit
6 Klemme
7 Dilemma
9 Knappheit
10 Bredouille, Kalamitaet, Zwangslage
11 Schlamassel, Schwulitaet, Zwickmuehle
Verleger, Herausgeber
6 Editor
deutscher Klassiker
5 Cotta
Verleihung
der Doktorwürde
9 Promotion
Verleihung, Zulassung
6 Lizenz
9 Kollation
10 Konzession
verleiten
9 anstiften
Verleitung
zu einer Straftat
10 Anstiftung
verletzen
9 laedieren
10 blessieren
verletzt
4 wund
7 pikiert
9 blessiert
Verletzung
4 Biss, Riss
5 Bruch, Stich, Wunde
6 Fissur, Schuss
7 Blessur, Fraktur, Zerrung
8 Haematom, Prellung
10 Bluterguss, Brandblase, Erfrierung, Frostbeule, Laedierung, Veraetzung, Verrenkung
11 Verbrennung, Verbruehung
12 Abschuerfung, Knochenbruch, Verstauchung
bestimmter Gefühle
9 Aergernis
des Urheberrechts
7 Plagiat
mit stumpfem Gegenstand
10 Quetschung
verleugnen
12 desavouieren
verleumden
11 diffamieren
13 verunglimpfen
14 diskreditieren, diskriminieren
Verleumdung
7 Rufmord
8 Nachrede
12 Diffamierung
14 Verunglimpfung
verliebt
8 amouroes
verlieren
10 einbuessen
Verlies
6 Kerker
Verlobte
5 Braut
Verlobter
10 Braeutigam
Verlockung
4 Reiz
6 Anreiz
10 Versuchung
11 Verfuehrung
verloren
8 abhanden
verlorener
Kampf
10 Niederlage
Verlosung
5 Lotto
7 Tombola
8 Lotterie
11 Zahlenlotto
Verlust
5 Damno, Manko, Minus
6 Rapuse
7 Ausfall, Defizit, Schaden, Schwund
8 Einbusse, Nachteil
9 Minderung
der Erinnerung
7 Amnesie
Verlustgefahr
6 Risiko
Vermächtnis
4 Erbe
5 Legat
8 Nachlass
9 Erbschaft, Testament
18 Hinterlassenschaft
Vermächtnisnehmer
7 Legatar
Vermählung
6 Heirat
7 Trauung
8 Hochzeit
Vermännlichung
von Frauen
10 Virilismus
vermehren
11 propagieren
14 multiplizieren
vermehrte
Laufgeschwindigkeit
5 Spurt
Vermehrung
7 Zunahme, Zuwachs
14 Multiplikation
vermeintlich
7 putativ
glückbringender Gegenstand
8 Talisman
Vermenschlichung
16 Personifizierung
Vermerk
5 Notiz
6 Glosse
7 Eintrag
8 Notabene
vermerken
8 notieren
vermessen
6 hybrid
vermessene
Frechheit
9 Anmassung
vermessenes
Bauland
8 Parzelle
Vermessenheit
6 Hybris
Vermessungsingenieur
7 Geodaet
8 Geometer
im Bergbau
12 Markscheider
Vermessungskunde
9 Geodaesie
Vermessungsstab
5 Jalon
Vermieter
8 Hauswirt
12 Hausbesitzer, Quartierwirt
Vermietung
von Gütern
7 Leasing
vermindern
10 dezimieren, reduzieren
11 diminuieren
12 subtrahieren
13 einschraenken
Verminderung
7 Abnahme
9 Reduktion
11 Diminuition, Reduzierung, Subtraktion
14 Einschraenkung
der Streitkräfte
10 Abruestung
der Zahlungsmittel
9 Deflation
Vermischtes
5 Varia
Vermisstes
9 Desiderat
vermitteln
6 makeln
13 intervenieren, interzedieren
Vermittler
4 Baas
5 Agent
6 Makler, Sensal
10 Kommissaer
12 Parlamentaer

13 Kommissionaer, Unterhaendler
von Rennwetten
10 Buchmacher
zwischen Börse und Publikum
8 Remisier
Vermittlerin
7 Agentin
Vermittlung
12 Intervention
Vermittlungsbehörde
für Erwerbstätige u. -lose
10 Arbeitsamt
Vermittlungsbüro
7 Agentur
vermittlungstechnische
Fehlfunktion
10 Falschwahl
Vermittlungsvergütung
9 Provision
vermodern
6 faulen
vermoderte
Pflanzenreste
4 Torf
Vermoderung
12 Humifikation
Vermögen
3 Gut
4 Geld, Habe
6 Besitz, Potenz
7 Kapital, Koennen
8 Eigentum, Finanzen
10 Faehigkeit
vermögend
5 reich
6 potent
10 wohlhabend
15 kapitalkraeftig
vermögender
Kunstfreund
6 Maezen
Vermögensbesitz
8 Reichtum
Vermögensbestand
eines Unternehmens
6 Aktiva
Vermögenseinbuße
7 Verlust
Vermögenslage
6 Status
8 Finanzen
vermögensrechtliche
Urkunde
5 Aktie
10 Pfandbrief, Wertpapier
Vermögensverwalter
7 Kurator
vermuten
5 ahnen
7 erraten, waehnen
9 mutmassen
11 spekulieren
vermuteter
Schneemensch
4 Yeti
Vermutung
6 Ahnung
7 Annahme
8 Anschein
9 Hypothese
10 Mutmassung
11 Spekulation
Vernehmung
7 Hearing, Verhoer
11 Einvernahme
verneinen
7 leugnen
8 negieren
9 neinsagen
verneinendes
Wort
3 nie
4 nein
5 nicht
6 nichts
7 niemals, niemand
8 nirgends
Verneinung
8 Negation
9 Negierung
vernetzte
Siliziumverbindung
7 Silicon, Silikon
vernichten
10 zerstoeren
vernichtend
11 zerstoerend
12 peremtorisch
vernichtende
Überschwemmung
8 Sintflut
vernichtet
6 kaputt
9 zerstoert
Vernichtung
10 Ausrottung, Entfernung
11 Beseitigung, Zerstoerung
einer Urkunde
9 Kassation
Untergang
4 Ruin
von Krankheitserregern
14 Desinfizierung
verniedlichen
15 bagatellisieren
Verniedlichung
des Vornamens
8 Kosename
Vernunft
5 Geist, Ratio
6 Raeson, Raison
8 Einsicht, Klugheit, Verstand
9 Intellekt
11 Intelligenz
12 Besonnenheit
Vernunftglaube
13 Rationalismus
vernünftig
4 klug
8 rational, sinnvoll
10 einsichtig
11 intelligent
vernünftige
Enthaltsamkeit
11 Maessigkeit
Planung
8 Vorsorge
vernünftiger
Satz
7 Apriori
Vernünftigkeit
13 Rationalitaet
Vernunftlehre
9 Dialektik
Vernunftsatz
7 Apriori
vernunftwidrig
7 paradox
8 alogisch, unsinnig
10 irrational
Vernunftwidrigkeit
9 Paralogie
veröffentlichen
7 edieren
11 publizieren
Veröffentlichung
7 Edition
11 Publikation
12 Druckschrift
von geschäftlichen Anzeigen
9 Insertion
verordnetes
Medikament
6 Arznei
Verordnung
4 Ukas
5 Edikt, Irade, Order
6 Dekret, Erlass, Rezept
8 Zitation
9 Entscheid, Regulativ
10 Bestimmung
verpacktes
Warenstück
6 Ballen
Verpackung
9 Emballage
für Drucksachen
9 Kreuzband
Verpackungsart, -mittel
4 Dose, Fass, Korb, Sack, Tube
5 Folie, Kiste, Tuete
6 Ballen, Beutel, Karton, Kasten, Papier
7 Flasche
8 Stanitzl
9 Behaelter, Container, Kartonage, Schachtel, Stanitzel
10 Packpapier
Verpackungsgewicht
4 Tara
verpfänden, beleihen
12 lombardieren
verpflanzen
15 transplantieren
Verpflanzung
15 Transplantation
Verpflegung
4 Kost
5 Diaet, Essen
6 Furage, Ration
7 Nahrung
8 Proviant
10 Ernaehrung
12 Bekoestigung
13 Verkoestigung
Verpflegungssatz
6 Ration
7 Portion
verpflichten
10 engagieren
verpflichtend
13 obligatorisch
Verpflichtung
6 Diktat, Obligo
7 Auflage
10 Engagement
12 Kapitulation, Schuldigkeit

zum Schadenersatz
7 Haftung
11 Haftpflicht
14 Regresspflicht
zum Wehrdienst
11 Wehrpflicht
Verpflichtungsschein
6 Revers
10 Obligation
Verputz
6 Anwurf
Verputzmaterial
4 Gips
5 Stuck
7 Moertel
Verrammelung
9 Barrikade
Verrat
7 Felonie, Untreue
9 Treubruch, Wortbruch
10 Treuebruch
15 Vertrauensbruch
verraten
11 denunzieren
in der Schülersprache
6 petzen
Verräter
10 Denunziant
im alten Griechenland
9 Ephialtes
von Christus
5 Judas
von Roland
7 Ganelon
verräterische
Geliebte des Simson
6 Delila
verräterischer
Helfer des Feindes
13 Kollaborateur
verrechnen
12 kompensieren
Verrechnung
im Zahlungsverkehr
8 Clearing
verrecken
9 krepieren
verrenken
8 luxieren
Verrenkung
8 Luxation
10 Kontorsion
Verrichtung
einer Tätigkeit
9 Ausuebung
verringern
10 dezimieren, reduzieren, schmaelern
11 verkleinern
12 beschraenken
13 einschraenken
Verringerung
7 Abnahme, Senkung
9 Reduktion
verrucht
7 ruchlos
verrückt
3 irr
4 toll
9 meschugge, naerrisch
11 ueberspannt
15 geistesgestoert
verrückte
Angewohnheit
6 Spleen
Verrücktheit
6 Spleen, Unsinn
7 Irrsinn, Marotte
8 Narretei
Verruf
4 Acht, Bann
10 Misskredit
verrufenes
Lokal
8 Spelunke
9 Kaschemme
Vers
Vers, Versfuß, -maß
4 Reim
5 Iambe, Jambe, Paeon, Senar, Zeile
6 Iambus, Jambus, Metrum, Oktave, Stanze
7 Strophe, Terzine
8 Anapaest, Bacchius, Daktylus, Dijambus, Kredicus, Molossus, Septenar, Spondeus, Stabreim, Trimeter
9 Blankvers, Dibrachys, Dichoreus, Distichon, Epitritus, Glykoneus, Hexameter, Kurzzeile, Langzeile, Spondaeus, Trochaeus, Vierheber
10 Choriambus, Heptameter, Pentameter, Tribrachys
11 Knittelvers, Pyrrhichius
12 Alexandriner, Gedichtzeile
14 Nibelungenvers
15 Hendekasyllabus
Versager
4 Null
5 Niete
12 Blindgaenger, Schwaechling
Versammlung
6 Konzil, Tagung
7 Gremium, Konvent, Meeting
8 Kongress
9 Consilium, Konsilium
13 Zusammenkunft
der Bürgerschaft im alten Rom
8 Komitien
der Erziehungsberechtigten einer Schulklasse
11 Elternabend
der Kardinäle zur Papstwahl
8 Konklave
geistlicher Würdenträger
7 Kapitel
kirchlicher Würdenträger
6 Konzil
von Geistlichen und Laien
6 Synode
Zusammentreffen
7 Meeting
Versammlungsplatz
altgriechischer Stadtstaaten
5 Agora
in Rom
5 Forum
Versammlungsraum
4 Aula, Saal
in Klöstern
6 Remter
Versammlungsstätte
in Frankfurt
11 Paulskirche
Versand
9 Spedition, Transport
10 Expedition
12 Verschickung
Versandangestellter
9 Expedient
Versandbühne
9 Laderampe
Versandhandel
9 Mailorder
versäumte
Antwort auf eine Freundlichkeit
6 Undank
Versbau, Verslehre
6 Metrik
Versbetonung
5 Arsis
Verschicken
von Waren
7 Versand
Verschickung
10 Verbannung
11 Deportation
verschiebbarer
Messstabzusatz
6 Nonius
verschieben
9 rangieren
Verschieben
eines Körpers
5 Schub
Verschiebung
des Sehwinkels
9 Parallaxe
verschieden
6 anders, divers
9 different, divergent, heterogen, inhomogen
15 unterschiedlich
sein
9 variieren
11 differieren, divergieren
verschiedene
griechische weibliche Sagengestalten
8 Atalante
Verschiedenes
8 Allerlei, Diverses
10 Kunterbunt
verschiedengestaltig
11 heteromorph
Verschiedenheit
9 Differenz, Divergenz
10 Diskordanz
14 Heterogenitaet
Verschlag
3 Box
4 Kaue
5 Koben, Stall
verschlagen
6 falsch, listig, schlau
9 unehrlich
12 hinterlistig, unaufrichtig
Verschlagenheit
4 List
6 Tuecke
7 Arglist
10 Hinterlist
verschleiern
6 tarnen

10 verdunkeln, verwischen
13 verheimlichen
Verschleierung
7 Tarnung
Verschleiß
9 Abnutzung
Verschleißerscheinung
an KFZ-Reifen
6 Abrieb
verschleppen
10 verzoegern
11 deportieren
Verschleppung
11 Deportation
12 Verzoegerung
weiblicher Personen
14 Maedchenhandel
verschließbarer
Kasten
8 Kassette
verschließen
11 okkludieren
Verschlingung
von Fäden
6 Knoten
verschlossener
Behälter für Lurche u. Kriechtiere
9 Terrarium
verschlossenes
Geldpäckchen
5 Grupp
Verschlossenheit
12 Unnahbarkeit
Verschluss
6 Deckel, Klappe, Plombe, Riegel, Siegel, Sperre, Ventil
7 Drossel, Klausur, Schloss
verschlüsseln
8 kodieren
11 chiffrieren
verschlüsseltes
Schriftzeichen
7 Chiffre
Verschlüsselung
eines Wortes oder Satzes
4 Code
Verschlusslaut
4 Muta
Verschlussstreifen
9 Banderole
Verschlussteil
4 Oese
an Kleidungsstücken
5 Knopf
15 Reissverschluss
Verschmelzung
6 Fusion
8 Synthese
9 Legierung
verschneiden
10 kastrieren
Verschneidung
10 Kastration
verschneites
Gebiet
16 Winterlandschaft
verschnittener
Hahn
6 Kapaun
Hengst
7 Wallach
Schafbock
6 Hammel
Stier
5 Ochse
Verschnittener
6 Eunuch
7 Kastrat
verschnittenes
Schaf
7 Schoeps
verschnörkelt
6 barock
verschnürte
Jacke
6 Dolman
verschobenes
Quadrat
5 Raute
Verschönerung
4 Zier
6 Make-up
verschroben
6 bizarr
7 skurril
11 exzentrisch
Verschrobenheit
6 Spleen
7 Marotte
8 Schrulle
14 Exzentrizitaet
verschwenden
5 aasen
7 prassen
Verschwender
7 Prasser
verschwenderisch
9 luxurioes
verschwenderischer
Esser
9 Schlemmer
Verschwendung
5 Luxus
verschwiegen
5 leise, still
7 diskret
13 geheimnisvoll
14 zurueckhaltend
Verschwiegenheit
10 Diskretion
verschwommen
6 diffus, unklar
Verschwörer
gegen Cäsar
6 Brutus
7 Cassius
Verschwörung
8 Komplott
12 Konspiration
Versdichter
der Antike
4 Ovid
5 Homer, Horaz
6 Catull, Sappho, Vergil
Versdichtung
6 Poesie
aus Goethes »Faust«
16 Osterspaziergang
Versehen
6 Errata, Fehler, Irrtum, Lapsus
7 Erratum
9 Schnitzer
verseilter
elektrischer Leiter
5 Litze
Verselbstständigung
12 Emanzipation
versenden
9 spedieren
10 expedieren
Versender
9 Expedient
Versendung
9 Transport
10 Expedition
Versenkung
9 Reflexion
10 Meditation
13 Kontemplation
Verseschmied
6 Reimer
versessen
7 erpicht
versetzbare
Theaterdekoration
7 Kulisse
Versetzung
in einen niederen Rang
12 Degradierung
von Professoren in den Ruhestand
12 Emeritierung
verseuchte
Bodenausdünstung
6 Miasma
Versgleichklang
4 Reim
Versicherung
10 Assekuranz
Versicherungsbegriff
5 Kasko
6 Police, Unfall
7 Hausrat, Praemie
9 Todesfall
10 Lebenszeit
Versicherungsinstitut
12 Krankenkasse
Versicherungsleistung
7 Praemie
Versicherungsurkunde
6 Police
Versicherungsvertreter
5 Agent
Versickerungsstelle
von Wasserläufen in Kalkgebieten
5 Ponor
versiert
7 gewandt
8 erfahren
Version
6 Lesart
7 Fassung
10 Abwandlung
12 Uebersetzung, Uebertragung
versklavte
Menschen
7 Unfreie
Verskunst, -lehre
6 Metrik
Versmaß
6 Metrum
versmäßiger
Gleichklang
4 Reim
versöhnlich
10 konziliant
versonnener
Mensch
8 Gruebler, Traeumer

Versonnenheit
10 Traeumerei
versorgen
7 pflegen
8 betreuen
9 zufuehren
Versorgung
6 Pflege
9 Betreuung
10 Zufuehrung
des Bergwerks mit Frischluft
11 Bewetterung
von Tieren
10 Fuetterung
Versorgungsbezüge
5 Rente
7 Pension
Versorgungsgebiet
hinter der Front
6 Etappe
Versorgungsschiff
6 Tender
Verspaar
9 Distichon
versperren
7 hindern
10 blockieren
verspotten
7 hoehnen
10 parodieren, verhoehnen
11 ironisieren
12 persiflieren
Verspottung
4 Hohn
7 Parodie
9 Haenselei
10 Persiflage
11 Verhoehnung
Versprechen
8 Geluebde
Versroman
4 Epos
Verstand
5 Geist, Ratio
8 Vernunft
9 Denkkraft, Intellekt
11 Intelligenz
verstandesmäßig
8 rational
13 intellektuell
nicht fassbar
10 irrational
Verstandesmensch
11 Rationalist
verständig
4 klug
9 rationell
11 intelligent
Verständigkeit
8 Klugheit
Verständigung
12 Einvernehmen
13 Kommunikation
Verständigungsmittel
6 Stimme
7 Schrift, Sprache
verständlich
4 klar
9 plausibel
12 einleuchtend, intelligibel
Verständnis
8 Einsicht
verständnisvoll
5 loyal
verstärken
9 forcieren
12 vorantreiben
13 intensivieren
Verstärker
11 Kondensator
für Lichtwellen
5 Laser
Verstärkerröhre
6 Triode
Verstärkung
11 Graduierung
14 Intensivierung
Verstauchung
10 Distorsion
Versteck
13 Schlupfwinkel
versteckt
6 latent
9 verborgen
aufbegehren
6 murren
versteckter
Spott
6 Ironie
Verstecktheit
6 Latenz
verstehen
8 einsehen, erfassen, kapieren
9 begreifen
versteiftes
Kleideroberteil
7 Korsage
Versteifung
6 Strebe
8 Traverse
Versteifungselement
des Flugzeugs
5 Spant
Versteigerer
11 Auktionator
Versteigerung
4 Gant
7 Auktion
10 Lizitation
12 Subhastation
versteinert
6 fossil
versteinerte
Reste von Lebewesen
9 Fossilien
Seelilie
8 Enkrinit
versteinerter
Kopffüßer
7 Ammonit
10 Ammonshorn
Saurier
9 Saurolith
Seeigel
7 Echinit
versteinertes
Harz
9 Bernstein
Versteinerung
6 Fossil
9 Petrefakt
Versteinerungskunde
14 Palaeontologie
verstellbarer
Schraubenschlüssel
10 Englaender
Verstellung
5 Finte, Mache
9 Heuchelei
10 Simulation
verstiegen
7 masslos
9 allzuviel
11 aufgeblaeht, extravagant
12 uebertrieben
Verstiegenheit
11 Extravaganz
verstimmt
7 pikiert
9 beleidigt, gekraenkt
Verstimmung
5 Groll, Unmut
Verstopfung
11 Obstipation, Obstruktion
12 Konstipation
der Blutgefäße
7 Embolie
9 Thrombose
verstorben
3 tot
10 verblichen
11 hingegangen
13 hingeschieden
Verstorbene
4 Tote
Verstorbener
im Erbrecht
9 Erblasser
Verstoß
4 Foul
6 Delikt, Fehler, Suende
7 Fauxpas, Unrecht
8 Vergehen
9 Missgriff
10 Verfehlung
11 Rechtsbruch
gegen gute Sitten
14 Unhoeflichkeit
verstreut
10 sporadisch
Versuch
4 Test
5 Probe
6 Uebung
8 Pruefung
10 Experiment
am lebenden Tier
11 Vivisektion
versuchen
6 kosten, testen
7 pruefen
9 probieren
15 experimentieren
Versuchsbühne
6 Studio
Versuchsmuster
8 Prototyp
Versuchsraum
5 Labor
12 Laboratorium
Versuchung
10 Anfechtung
versunkene
Stadt im Ostseeraum
6 Vineta

versunkenes
englisches Luxusschiff
7 Titanic
Inselreich
8 Atlantis
italienisches Luxusschiff
5 Doria
11 Andrea Doria
Verswissenschaft
6 Metrik
Vertagung
11 Prorogation
vertauschbar
10 kommutabel, kommutativ, permutabel
verteidigen
10 plaedieren
Verteidiger
6 Anwalt
8 Defensor
12 Fuersprecher, Rechtsanwalt
einer Lehrmeinung
8 Apologet
im Fußball
6 Libero
Verteidigung
4 Wehr
6 Abwehr
8 Apologie
9 Defensive
Verteidigungsbündnis
im Westen
4 NATO
in Südostasien
5 SEATO
Verteidigungsministerium
der USA
8 Pentagon
Verteidigungsmittel
5 Waffe
Verteidigungsrede
9 Plaedoyer
verteidigungsunfähig
7 wehrlos
Verteidigungswerk
4 Fort
verteilen
11 rationieren
13 distribuieren
Verteilung
12 Distribution
der Kriegsfolgen
15 Lastenausgleich
eines unlöslichen Stoffes in Wasser
8 Emulsion
vertieft
6 konkav
geschnittener Edelstein
8 Intaglio
vertiefte
Fläche in holzgetäfelter Wand
6 Paneel
Vertiefung
3 Nut
4 Nute
5 Delle, Grube, Kerbe, Mulde, Riefe, Rille, Rinne, Senke
6 Graben
des Bodens
3 Tal
in der Mauer
6 Nische

Vertikale
3 Lot
5 Hoehe
10 Senkrechte
vertilgen
9 ausrotten
vertonen
11 komponieren
vertontes
Gedicht
4 Lied
Vertrag
4 Pakt
6 Rezess
8 Abkommen, Kontrakt
9 Abmachung
10 Konvention
11 Manteltarif
12 Vereinbarung
13 Uebereinkunft
18 Arbeitsbedingungen
in eigener Sache
7 Asiento
zwischen Kirche und Staat
9 Konkordat
verträglich
10 kompatibel
vertragliche
Anstellung eines Künstlers
10 Engagement
Vertragsabänderung
8 Revision
Vertragsbestätigung
12 Ratifikation
vertragsbrüchig
7 illoyal
Vertragseinleitung
9 Praeambel
Vertragskontrahent
12 Tarifpartner
Vertragspartner
10 Kontrahent
Vertragsspieler
14 Berufssportler
Vertragsvorbehalt
7 Klausel
vertrauen
7 glauben
Vertrauen
5 Fiduz
6 Glaube
7 Verlass
8 Hoffnung
10 Zuversicht
12 Ueberzeugung
Vertrauensbruch
6 Verrat
7 Untreue
12 Indiskretion
Vertrauensmann
einer Gruppe
6 Obmann
Spitzel
9 Konfident
Vertrauensseliger
8 Idealist
vertrauensvoll
6 arglos
Vertrauenswürdigkeit
6 Kredit
vertraulich
5 intim
6 geheim, intern

zu behandelnde Information
9 Geheimnis
vertrauliche
Anrede
2 du
vertrauliches
Zusammensein
9 Tete-a-tete
Vertraulichkeit
10 Intimitaet
vertraut
5 intim
vertraute
Gefährtin
8 Freundin
vertrauter
Helfer
8 Faktotum
Vertrauter
5 Spezi
6 Freund
7 Intimus
11 Busenfreund
Friedrichs des Großen
5 Katte
Wallensteins
4 Illo, Seni
7 Isalani
Vertrautheit
7 Routine
10 Gewohnheit
vertreten
9 aushelfen
15 repraesentieren
Vertreter
5 Agent
8 Exponent
13 Repraesentant
der Anklage
12 Staatsanwalt
des Angeklagten
11 Verteidiger
des Humanismus
7 Grotius
des Monarchen
11 Prinzregent
des Neubarocks
5 Begas
des Rektors
9 Konrektor, Prorektor
des Volkes
12 Abgeordneter
14 Parlamentarier
einer Anschauung
8 Exponent
einer Firma
9 Reisender
18 Handlungsreisender
einer Pfarrei
7 Pfarrer
einer Staatsform
8 Demokrat
eines Staates
6 Konsul
8 Diplomat
9 Gesandter
11 Botschafter
für Minderjährige
7 Vormund
vor Gericht
6 Anwalt
12 Rechtsanwalt

Vertretervergütung
9 Provision
Vertretung
6 Ersatz
7 Agentur, Prokura
8 Aushilfe
der Kantone (Schweiz)
10 Staenderat
des Monarchen
6 Regent
im Ausland
7 Mission
8 Konsulat
9 Botschaft
13 Gesandtschaft
15 Generalkonsulat, Honorarkonsulat
Vertretungsorgan
einer Belegschaft
11 Betriebsrat
Vertretungsrecht
9 Vollmacht
Vertrieb
5 Debit
6 Absatz
Vertriebsunternehmen
6 Verlag
vertrocknen
6 welken
vertrocknet
4 welk
5 duerr
verüben
7 begehen
verulken
10 parodieren
verunglimpfen
11 diffamieren
Verunglimpfung
12 Diffamierung
Verunreinigung
5 Fleck, Unrat
7 Schmutz
der Luft
5 Staub
verunstalten
11 deformieren
Verunstaltung
5 Makel
11 Deformation
veruntreuen
12 hinterziehen
13 unterschlagen
Veruntreuung
14 Unterschlagung
verunzieren
10 entstellen
Verursacher
7 Erreger
vervielfachen
14 multiplizieren
Vervielfacher
13 Multiplikator
Vervielfachung
14 Multiplikation
vervielfältigen
6 pausen
8 kopieren
12 fotokopieren
14 ◆ hektografieren
15 hektographieren
Vervielfältiger
6 Faktor
Vervielfältigung
5 Abzug, Kopie, Pause, Repro, Xerox
6 Doppel
8 Duplikat
9 Abschrift, ◆ Fotokopie
10 Ablichtung, Photokopie
11 Durchschlag, ◆ Hektografie
12 Hektographie, Reproduktion, Zweitschrift
14 Multiplikation
Vervielfältigungsreihe
10 Einmaleins
Vervielfältigungszahl
6 Faktor
vervollständigen
9 ergaenzen
13 komplettieren
15 perfektionieren
Vervollständigung
10 Ergaenzung, Komplement, Supplement
11 Integration
Verwahrlosung
10 Korruption
Verwahrung
4 Veto
5 Depot, Obhut
7 Protest
9 Einspruch
11 Deponierung
12 Hinterlegung
Verwalter
4 Vogt
5 Kurat
7 Kurator
8 Aufseher, Direktor, Waechter
9 Inspektor, Kalfaktor, Kastellan, Sequester
11 Hausmeister
13 Administrator
17 Geschaeftsfuehrer
einer Sammlung
6 Kustos
einer Stiftung
7 Kurator
eines Archivs
8 Archivar
eines Gutes
5 Meier
eines Warendepots
8 Lagerist
Verwaltung
3 Amt
5 Kreis, Regie, Senat
6 Bezirk, Region, Vogtei
7 Provinz
8 Behoerde, Distrikt
9 Direktion, Inspektur, Magistrat, Regierung
11 Gemeindeamt, Landratsamt, Ministerium
12 Gouvernement
14 Administration
einer Fakultät
7 Dekanat
Verwaltungsanordnung
6 Erlass
Verwaltungsbeamte
der Kirchengemeinde
7 Kuester
im römischen Reich
8 Praefekt
Verwaltungsbezirk
5 Kreis
der Schweiz
6 Kanton
in Frankreich
11 Departement
13 Arondissement
in Griechenland
5 Demos
in Großbritannien
6 County
10 Grafschaft
in Japan
3 Ken
in Norwegen
5 Fylke
in Ostdeutschland
4 Gera, Suhl
5 Halle
6 Berlin, Erfurt
7 Cottbus, Dresden, Leipzig, Potsdam, Rostock
8 Chemnitz, Schwerin
9 Magdeburg
14 Neubrandenburg
15 Frankfurt a d Oder
in Schweden
4 Laen
in Ungarn
7 Komitat
Verwaltungseinheit
5 Kreis
6 Bezirk
7 Kommune
8 Gemeinde
Verwaltungsform
6 Regime
Verwaltungsgebäude
7 Rathaus
Verwaltungsgebiet
9 Landkreis
Verwaltungskörperschaft
5 Senat
Verwaltungszimmer
5 Buero
Verwandeln
einer Flüssigkeit in Dampf
6 Sieden
Verwandlung
9 Aenderung
12 Metamorphose
auf der Bühne (Theater)
5 Umbau
verwandte
Erbfaktoren
6 Allele
Pflanze der Glockenblume
7 Lobelie
Verwandte
3 Oma
4 Ahne, Base, Mama
5 Tante
6 Gattin, Kusine, Mutter, Nichte, Urahne
7 Ahnfrau, Cousine, Enkelin, Tochter
8 Schwager
9 Schwester, Urenkelin
10 Grosstante
11 Grossmutter, Grossnichte, Schwaegerin, Stiefmutter
13 Urgrossmutter
15 Schwiegermutter

16 Schwiegertochter
Verwandter
3 Ahn, Opa
4 Mage, Papa, Sohn
5 Agnat, Eidam, Enkel, Neffe, Oheim, Onkel, Urahn, Vater
6 Bruder, Cousin, Nepote, Vetter
7 Abkomme, Ahnherr, Urenkel
9 Nachkomme
10 Grossneffe, Grossonkel, Grossvater
12 Urgrossvater
der männlichen Linie
5 Agnat
Verwandtschaft
4 Clan, Klan
5 Ahnen, Sippe
6 Eltern
7 Familie
8 Parentel
9 Vorfahren
10 Affinitaet, Sippschaft
11 Geschwister
verwegen
4 keck
9 tollkuehn
11 uebermuetig
verwegene
Unternehmung
4 Coup
verwegener
Mensch
12 Draufgaenger
Sturzsprung in der Artistik
7 Kaskade
Verweis
5 Ruege, Tadel
7 Lektion, Rueffel
9 Ermahnung
Verweisung
von der Universität
10 Relegation
Verwendbarkeit
7 Eignung
verwerfliche
Handlung
8 Missetat
9 Schandtat
Verwerfung
8 Negation
Verwertbares
beim Schlachtvieh
7 Innerei
9 Innereien
Verwerter
von Tierleichen
8 Abdecker
Verwertung
7 Nutzung
Verwesendes
3 Aas
5 Luder, Moder
7 Kadaver
verwickelt
7 komplex
11 kompliziert
Verwicklung
5 Chaos
6 Gewirr
7 Intrige
12 Komplikation
13 Durcheinander
verwilderter
Haushund Australiens
5 Dingo
verwildertes
Hauspferd der Savannen
7 Mustang
Verwindung
7 Torsion
verwirklichen
10 ausfuehren
11 realisieren
12 durchfuehren
Verwirklichung
10 Erfuellung
11 Ausfuehrung, Realisation
12 Realisierung
eines Wunsches
10 Erfuellung
von etwas Geplantem
13 Durchfuehrung
verwirren
8 ablenken
10 irritieren
11 derangieren
20 durcheinanderbringen
verwirrt
3 irr
6 konfus
7 perplex
9 abgelenkt, irritiert
10 derangiert
13 durcheinander
Verwirrtheit
mit blindwütiger Angriffslust
4 Amok
Verwirrung
5 Chaos, Panik
8 Wirrwarr
9 Konfusion, Unordnung
10 Tohuwabohu
13 Durcheinander
verwitterte
Mauerreste
8 Gemaeuer
verwittertes
Gestein
4 Grus, Sand
Verwitterungsboden
7 Laterit
Verwitterungserscheinung
am Eisen
4 Rost
verwitterungsfeste
Bodenmasse
7 Eluvium
Verwitterungsprodukt
von Gestein
4 Sand
Verwitterungsprozess
7 Erosion
verworren
4 wirr
6 bizarr, konfus, unklar
7 abstrus
verworrene
Verzierung
12 Schnoerkelei
verworrenes
Gerede
11 Galimathias
verwundbare
Stelle
13 Achillesferse
Verwunderung
7 Staunen
8 Aufsehen
9 Befremden, Erstaunen
11 Bestuerzung
13 Ueberraschung
14 Erschuetterung
Verwundung
7 Blessur
10 Verletzung
durch Tiere
4 Biss
5 Stich
Verwünschung
5 Fluch
10 Verdammung
verwüsten
10 demolieren
verzagt
6 mutlos
9 entmutigt
12 decouragiert
verzaubern
8 becircen, bezirzen
verzauberter
Mensch in Wolfsgestalt
7 Werwolf
Verzehr
5 Zeche
6 Konsum
verzehren
11 konsumieren
verzehrende
Begeisterung
10 Fanatismus
verzeichnen, -merken
8 fixieren, notieren
12 registrieren
Verzeichnis
5 Index, Liste
6 Kartei
7 Katalog
8 Matrikel, Register
10 Uebersicht
11 Aufstellung
der Wehrpflichtigen
10 Stammrolle
von Darbietungen
8 Programm
von Vermögen und Schulden
8 Inventar
verzeihende
Güte
5 Gnade
Verzeihung
6 Pardon
9 Vergebung
Verzeihungsersuchen
7 Abbitte
verzerren
10 karikieren
verzerrt
6 bizarr
7 grotesk, skurril
11 fratzenhaft
verzerrtes
Gesicht
6 Fratze
8 Grimasse
Verzicht
5 Opfer
6 Absage
7 Abandon, Aufgabe

9 Entsagung
11 Bescheidung, Resignation
verzichten
6 passen
7 absagen
8 abdanken, aufgeben, entsagen
11 resignieren
verzieren
9 garnieren
10 dekorieren, schmuecken
verzierender
Wandstreifen
5 Fries
verzierte
Anfangsbuchstaben
9 Initialen
Dachfenster
6 Gauben, Gaupen
Gebäudestütze
6 Saeule
Satteldecke
10 Schabracke
Säulenhalle
6 Lesche
Tischbeinverbindung
5 Zarge
verzierter
großer Anfangsbuchstabe
7 Initial
8 Initiale
hölzerner Behälter
7 Schrein
Verzierung
5 Dekor, Fries
6 Zierat
7 Rosette, ◆ Zierrat
8 Arabeske, Filigran, Garnitur, Ornament
9 Kartusche
10 Dekoration
am Ende des Trillers
10 Nachschlag
an Kleidern
6 Besatz, Paspel
10 Pailletten
auf Metallarbeiten
6 Niello
in Büchern
8 Vignette
in der Musik
7 Triller
Verzierungsarbeit
an Kleidern
10 Smokarbeit
Verzinsung
5 Rente
7 Rendite
Verzögerung
8 Aufschub
10 Aufenthalt
11 Retardation
Verzögerungstaktik
11 Obstruktion
Verzückung
7 Ekstase
verzweifelt
6 mutlos
7 verzagt
8 desperat
10 deprimiert
11 enttaeuscht
12 hoffnungslos
16 niedergeschlagen
Verzweifelter
9 Desperado
Verzweiflung
11 Desperation
verzweigt
11 dendritisch
verzweigte
Flussmündung
5 Delta
Siliziumverbindung
7 Silicon, Silikon
Verzweigung
8 Gabelung
Vesperbild
5 Pieta
Vespermahlzeit
(Österreich)
5 Jause
Vestibül
5 Foyer, Halle
6 Atrium, Lounge
7 Vorraum
8 Vorhalle
Veterinär
8 Tierarzt
Veto
9 Einspruch
10 Verwahrung
Vetter
6 Cousin
Vetternwirtschaft
6 Clique
8 Kluengel
9 Patronage
10 Nepotismus, Protektion
Vexierglas
7 Angster
Viadukt
17 Spannbetonbruecke
Vibration
14 Erschuetterung
vibrieren
5 beben
7 zittern
9 schwingen
11 tremolieren, tremulieren
Vieh
auf die Weide bringen
8 Auftrieb
Viehbehausung
5 Stall
Viehfarm
in Amerika
5 Ranch
Viehfutter
3 Heu
4 Gras, Klee
6 Rueben, Silage, Treber
7 Melasse, Trester
8 Schlempe
Viehfutterplatz
5 Weide
Viehgruppe
5 Herde
Viehhirt
in Südamerika
6 Gaucho
7 Llanero
Viehhof
der Hottentotten
4 Kral
Viehhüter
4 Hirt, Peon
5 Hirte
6 Cowboy, Goucho
viehisch
11 bestialisch
Viehknecht
9 Schweizer
Viehlager
5 Streu
Viehrückführung
7 Abtrieb
Viehseuche
6 Nagana
7 Tollwut
10 Rinderpest
11 Tuberkulose
19 Maul- und Klauenseuche
Viehtränkegefäß
4 Trog
Viehtrift
3 Alm
5 Weide
Viehunterkunft
5 Stall
Viehweide
6 Koppel
Viehzaun
6 Gatter, Pferch
Viehzuchtbetrieb
in Amerika
5 Ranch
Viehzüchter
in der Mongol. Volksrepublik
5 Arate
viel
Aufhebens
8 Geschrei
Lärm um nichts
5 Trara
vieläugiger
Riese der griechischen Sage
5 Argus
Vielborster
der Südsee
8 Polowurm
Vieleck
7 Polygon
Lichtbrecher
6 Prisma
Vielehe
7 Bigamie
9 Polygamie
vielerlei, vieles
8 allerlei
10 mancherlei
Vielesser
8 Gourmand
Vielfalt
5 Menge
6 Fuelle
der körperlichen Belastung
6 Stress
vielfältig
7 komplex
8 multipel
vielfarbig
4 bunt
9 polychrom
10 kunterbunt
Vielflächner
8 Polyeder
Vielfraß
4 Jerf
6 Marder

8 Gourmand
9 Bergkater
10 Nimmersatt
Vielfresser
9 Polyphage
vielgestaltig
9 polymorph
Vielgötterei
12 Polytheismus
Vielheit, -zahl
5 Masse, Menge
6 Fuelle
vielleicht
9 eventuell
10 vermutlich
14 wahrscheinlich
15 moeglicherweise, voraussichtlich
Vielmännerei
10 Polyandrie
vielschichtig
7 komplex
13 differenziert
Vielschreiber
8 Skribent
vielseitig
8 allround
bewandert
8 versiert
helfendes Heilkraut
7 Melisse
veranlagt
8 versiert
vielseitiger
Unterhaltungskünstler
11 Entertainer
Vielseitigkeitsprüfung
im Reitsport
8 Military
vielsitziger
Kraftwagen
7 Omnibus
vielsprachig
9 polyglott
vielstimmig
7 ◆ polyfon
8 polyphon
vielstimmige
Sängergruppe
4 Chor
Vielweiberei
9 Polygamie, Polygynie
Vielzahl
5 Masse, Menge
vier
Blätter der Spielkarten
5 Buben, Damen
7 Koenige
Vierbeiner
4 Hund
Viereck
4 Karo
5 Raute
6 Karree, Trapez
7 Quadrat, Rhombus, Vierung
8 Orthogon, Rechteck, Rhomboid, Tetragon
9 Trapezoid
10 Quadrangel
14 Parallelogramm
viereckiger
Körper
5 Kubus
6 Quader
7 Wuerfel
Scierergruppe
8 Quartett
Viererzug
8 Quadriga
Vierflächner
9 Tetraeder
Vierfüßer
in der Biologie
9 Tetrapode
Viergespann
in der Antike
8 Quadriga
Vierkanalübertragung
11 ◆ Quadrofonie
12 Quadrophonie
Vierkantholzstück
6 Balken
vierkantige
Spitzsäule
7 Obelisk
Viermannkapelle
8 Quartett
Vierpolröhre
7 Tetrode
vierrädriger
offener Wagen
5 Break
vierschrötig
6 robust
viersitzige
Kutsche
7 Berline
viersitziger
Wagen
8 Kalesche, Landauer
vierte
Klasse einer höheren Schule
11 Untertertia
Viertel
5 Quart
Vierteljahr
7 Quartal
Viertelkreis
8 Quadrant
vierter
Sonntag vor Ostern
5 Okuli
Takt des Arbeitsspiels einer Verbrennungskraftmaschine
10 Auspuffhub
Ton der C-Dur Tonleiter
1 F
Ton vom Grundton
5 Quart
viertes
Buch Mose
6 Numeri
vietnamesische
Bucht
15 Golf von Tongking
Hauptstadt
5 Hanoi
Münze, Währungseinheit
3 Hao
4 Dong
7 Centime, Piaster
Stadt
3 Hue
4 Vinh
5 Dalat, Hanoi, My Tho
6 Cantho, Cholon, Da Nang, Ha Tien, Kan Tho, Lao Kai, Saigon
7 Gia Dinh, Hoa Binh, Lang Son, Nam Binh, Vinh Loi
8 Binh Dinh, Haiphong
9 Long Xuyen
14 Ho-Chi-minh-Stadt
vietnamesischer
Landesteil
5 Annam
vietnamesisches
Südkap
5 Camau, Kamau
Villa
8 Landhaus
Viola
8 Bratsche
da gamba
9 Kniegeige
d'amore
5 Gambe
violett
4 lila
Violine
5 Geige
6 Fiedel
Violinist
3 Suk
4 Auer
5 Spohr
8 Oistrach
Violinspieler
6 Geiger
Violinvirtuose
7 Menuhin
8 Paganini
Violoncello
9 Kniegeige
Violone
9 Bassgeige
10 Kontrabass
Vipernart
9 Hornviper, Puffotter
10 Aspisviper, Kreuzotter
14 Lanzenschlange
15 Klapperschlange
viril
7 mannbar
8 mannhaft
9 maennlich
virtuose
gesangliche Verzierung
9 Koloratur
Virtuose
7 Koenner, Meister
9 Kuenstler
Visage
7 Gesicht
vis-a-vis
10 gegenueber
Visierteil
4 Korn
5 Kimme
10 Fadenkreuz
12 Zielfernrohr
Vision
7 Gesicht
8 Trugbild
9 Traumbild
11 Erleuchtung, Erscheinung
Visionär
5 Seher
Visitation
12 Besichtigung

Visite
6 Besuch
10 Arztbesuch
Vitalität
11 Lebenskraft
12 Lebendigkeit
13 Beweglichkeit
Vitamin
9 Wirkstoff
B
7 Adermin
vitaminhaltige
Nutzpflanze
7 Gemuese
vitaminhaltiges
Fischfett
9 Lebertran
Vitaminmangelkrankheit
5 Ekzem, Oedem
7 Skorbut
8 Beriberi, Pellagra, Rachitis
9 Blutarmut
11 Avitaminose
vitaminreiche
Frucht
4 Kiwi
9 Apfelsine
Gewürzpflanze
10 Petersilie
Vliesnähgewirk
8 Maliwatt
Vogel
der altägyptischen Glaubenssammlung
7 Phoenix
der Antarktis
7 Pinguin
der gleich nach dem Schlüpfen laufen kann
13 Nestfluechter
falscher Bericht
4 Ente
Symbol des Friedens
5 Taube
Vogelart, -gattung, -rasse
3 Aar, Alk, Ani, Ara, Arr, Auf, Beo, Emu, Kea, Moa, Poe, Uhu
4 Dodo, Ente, Eule, Falk, Fink, Gans, Hahn, Hopf, Huhn, Hutu, Ibis, Jako, Kagu, Kaka, Kauz, Kiwi, Knut, Koel, Kolk, Lora, Lori, Lund, Pfau, Pute, Rabe, Rake, Skua, Star, Todi, Toko, Weih
5 Adler, Agami, Aguja, Ammer, Amsel, Arara, Atzel, Dohle, Erpel, Falke, Fasan, Fitis, Geier, Goura, Henne, Hokko, Kanut, Knutt, Kurol, Liest, Lumme, Maina, Makao, Meise, Merle, Milan, Moewe, Nandu, Nonne, Pipra, Pirol, Pitta, Puter, Racke, Ralle, Sarus, Spint, Taube, Triel, Tukan, Urubu, Weber, Weihe, Zippe
6 Anhima, Brahma, Branta, Buelow, Calita, Cochin, Colius, Condor, Dommel, Dragon, Drongo, Dronte, Elster, Fulmar, Ganter, Gimpel, Glucke, Gockel, Haeher, Harpie, Horbel, Jabiru, Kakadu, Kakapo, Kapaun, Kasuar, Klecho, Kondor, Kraehe, Lanner, Lerche, Lietze, Manaul, Marabu, Mauser, Menura, Merlin, Motmot, Pitpit, Quesal, Reiher, Roetel, Roller, Saeger, Schapu, Schwan, Segler, Simbil, Sowaku, Specht, Stelze, Storch, Tauber, Teiste, Trappe, Trogon, Turoko, Tyrann, Vireos, Zeisig
7 Akialoa, Amadine, Anhinga, Astrild, Bekasse, Belchen, Bentawi, Bussard, Columba, Didrick, Domherr, Drossel, Eisente, Gaukler, Gerfalk, Girlitz, Habicht, Harpyie, Hoatzin, Jakamar, Jassana, Kanarie, Kanario, Kasarka, Kiebitz, Kleiber, Kolibri, Kotinga, Kranich, Kuckuck, Leghorn, Monakin, Nilgans, Ohreule, Ortolan, Papagei, Pelikan, Pinguin, Purzler, Quetzal, Rebhuhn, Rosella, Rotfink, Rothuhn, Scharbe, Schwalm, Schwirl, Seehahn, Seerabe, Seriema, Sichler, Sittich, Sperber, Strauss, Tangare, Taucher, Timalie, Toelpel, Tordalk, Trupial, Tschaja, Wachtel, Wuerger
8 Aasgeier, Albatros, Aracanga, Auerhahn, Auerhuhn, Bagdette, Baumente, Baumfalk, Baumhopf, Baumhuhn, Baumkauz, Bergente, Bergfink, Birkhuhn, Blaurake, Blutfink, Bobolink, Buchfink, Buelbuel, Bunttodi, Chimango, Dickfuss, Dompfaff, Edelfink, Eismoewe, Eisvogel, Farbfink, Feldgans, Feldhuhn, Fischuhu, Flamingo, Flughuhn, Gleitaar, Goldfink, Graugans, Halbgans, Hornlund, Hornrabe, Jagdfalk, Kaempfer, Kammhuhn, Kapschaf, Kaptaube, Karakara, Kardinal, Kaulhuhn, Kolkrabe, Kormoran, Kronfink, Kuhvogel, Loeffler, Moorente, Perlhuhn, Reisfink, Rohrhuhn, Rostgans, Rottgans, Rotvogel, Saatgans, Sakubula, Samtente, Schnepfe, Schwalbe, Seeadler, Sperling, Spoetter, Sprosser, Stoesser, Strasser, Tragopan, Trappist, Truthahn, Truthuhn, Tschagra, Tschunja, Tuemmler, Turmfalk, Waldfalk, Waldhuhn, Waldibis, Waldkauz, Waldrapp, Watvogel, Wildente, Wildgans, Zilpzalp
9 Aaskraehe, Abendfalk, Adlereule, Alpenfink, Andengans, Atlasfink, Bajaweber, Bandvogel, Bartgeier, Bartmeise, Bartvogel, Baumfalke, Bekassine, Bergadler, Bergdohle, Bisamente, Blauadler, Blauamsel, Blaumeise, Blaumerle, Blauracke, Blessgans, Blesshuhn, Blutfasan, Brachhuhn, Brandente, Brandgans, Braunelle, Brautente, Bucephala, Buntfalke, Buntfasan, Bunttukan, Buschhuhn, Coscoroba, Drossling, Edelfalke, Edelfasan, Eiderente, Eidergans, Erdspecht, Eulenkopf, Fadenhopf, Faulvogel, Feldtaube, Fettvogel, Feuerauge, Fischeule, Fischkauz, Gabelhuhn, Gabelweih, Glanzente, Glanzgans, Glanzhuhn, Glanzstar, Gloeckner, Goldadler, Goldammer, Goldamsel, Goldfasan, Goldralle, Goldweber, Grauammer, Graufalke, Graumeise, Gruenfink, Gruenling, Guttarama, Haarvogel, Haenfling, Hamburger, Haselhuhn, Helmhokko, Helmvogel, Hohltaube, Hokkohuhn, Hornfasan, Huhntaube, Italiener, Jagdfalke, Jagdfasan, Jahrvogel, Kaeuzchen, Keilhaken, Kircheule, Kohlmeise, Kongopfau, Kornweihe, Krickente, Kronadler, Krontaube, Kuhreiher, Kuhstelze, Lachmoewe, Lachtaube, Maerzente, Mausvogel, Melanitta, Palmgeier, Paperling, Papstfink, Pee Pieper, Pfaufasan, Pfautaube, Pfeifente, Pfeifgans, Polarente, Raubadler, Raubmoewe, Reisvogel, Rennvogel, Riesenalk, Ringamsel, Ringfasan, Rohrammer, Rohrmeise, Rohrspatz, Rohrweihe, Rosenstar, Rotspecht, Rouenente, Rubinlori, Ruderente, Salangane, Satyrhuhn, Schaufler, Schneeaar, Sekretaer, Spielhuhn, Sporngans, Sporthuhn, Staerling, Stahlfink, Starweber, Steinhuhn, Steinkauz, Stieglitz, Stockente, Sumpfeule, Sumpfhuhn, Tafelente, Tauchente, Teichhuhn, Tigerfink, Trappgans, Trollumme, Truthenne, Turmdohle, Turmfalke, Ufermaina, Viehweber, Waldammer, Wekaralle, Wendehals, Wiedehopf, Wildtaube, Wuergfalk, Wyandotte, Zahntaube, Zaunammer, Zippammer, Zwergfalk, Zwerggans, Zwerghuhn, Zwergkauz
10 Affenadler, Alpenamsel,

Alpendohle, Alpenmeise, Amselmerle, Argusfasan, Bachstelze, Baumlerche, Baumpieper, Baumsegler, Bergpieper, Bergstelze, Blaessgans, Blaesshuhn, Blattvogel, Blauspecht, Brachtogel, Brieftaube, Buntspecht, Diademlori, Distelfink, Dorndreher, Edelreiher, Eistaucher, Erdkleiber, Erdsittich, Falkeneule, Feldlerche, Felsenhahn, Feuerweber, Fischadler, Fluehvogel, Froschmaul, Gabelweihe, Geierfalke, Glanzfasan, Glanzvogel, Gluckvogel, Goldspecht, Grasmuecke, Graudrongo, Graureiher, Grauspecht, Halbschwan, Hammerhuhn, Haubenente, Hausstorch, Hawaiigans, Helmkasuar, Hohlroller, Hummelelfe, Indigofink, Knaeckente, Kolbenente, Kragenente, Kragenhopf, Kropftaube, Laermvogel, Lasurmeise, Leinzeisig, Luchstaube, Marmelente, Mausspecht, Meeresente, Meerrenner, Mittelente, Mohrenente, Mohrenkopf, Nachtigall, Neuntoeter, Nimmersatt, Nonnengans, Nusshaeher, Pekingente, Pirolweber, Polarmoeve, Prachtelfe, Prachtente, Prachtfink, Purpurhuhn, Rabengeier, Rabenvogel, Reiherente, Riesengnom, Ringelgans, Roetelfalk, Rohrdommel, Rosenmoewe, Rotdrossel, Saatkraehe, Saegeracke, Sanderling, Saphirlori, Scheckente, Schellente, Schmaetzer, Schnaepper, ◆ Schneeeule, Schnee-Eule, Schneefink, Schneegans, Schneehuhn, Schopfhuhn, Seetaucher, Seidenhuhn, Singschwan, Sitta Spatz, Spatelente, Spiessente, Sporengans, Spornammer, Steinadler, Steissfuss, Steisshuhn, Stelzvogel, Stiervogel, Sturmmoewe, Sturmvogel, Sumpfmeise, Totenvogel, Trauerente, Viehstelze, Waldstorch, Wanderfalk, Warzenente, Wasserhuhn, Webervogel, Weideammer, Weisshaube, Widahvogel, Witwenente, Zaunkoenig, Zopfsaeger, Zwergadler, Zwergammer, Zwergfalke, Zwergmoewe

11 Abdimstorch, Alektoweber, Alpenkraehe, Alpenlerche, Alpensegler, Austerndieb, Australorps, Bankivahuhn, Basstoelpel, Baumlaeufer, Beutelmeise, Bienenfalke, Blaudrossel, Blauwuerger, Bootschwanz, Brachpieper, Buntsittich, Cochinchina, Edelpapagei, Edelsittich, Eichdrossel, Einfarbstar, Elliotfasan, Erlenzeisig, Eselpinguin, Farbentaube, Feldschwirl, Felsentaube, Fettschwalm, Finkenvogel, Fischreiher, Formentaube, Fruchttaube, Gaensegeier, Gartenammer, Golddrossel, Goldkuckuck, Graslaeufer, Grassittich, Graufischer, Graupapagei, Grauwuerger, Grosstrappe, Gruenspecht, Gryllteiste, Hakengimpel, Haubenadler, Haubenmeise, Heidelerche, Helmkolibri, Helmwachtel, Hoeckerente, Hoehleneule, Honigsauger, Hornschwalm, Horntaucher, Huegelatzel, Jaegerliest, Kaiseradler, Kappenammer, Kappengeier, Kernbeisser, Kirschvogel, Kleinspecht, Kollervogel, Kragenvogel, Kubantrogon, Kupferfasan, Kuttengeier, Laggarfalke, Lappenvogel, Laubenvogel, Laubsaenger, Laubwuerger, Lerchenfalk, Loeffelente, Madenhacker, Maehnengans, Maehnenibis, Mandeltaube, Mantelmoewe, Maskenweber, Mauersegler, Mennigvogel, Mikadofasan, Moschusente, Muellerchen, Nachtreiher, Nasenkakadu, Nebelkraehe, Nektarinien, Nektarvogel, Nonnenmeise, Ohrenlerche, Orinokogans, Pagodenstar, Prachtadler, Prachttaube, Praerieeule, Praeriehuhn, Purzeltaube, Rabenkraehe, Raubwuerger, ◆ Raufusshuhn, Rennkuckuck, Riesenralle, Riesentaube, Riesentukan, Ringdrossel, Ringeltaube, Ringsittich, Roetelfalke, Rohrsaenger, Rohrschwirl, Rosapelikan, Rosenkakadu, Rotfussfalk, Rothalsgans, Rotkehlchen, Rotschenkel, Schafstelze, Schakupemba, Schelladler, Schmuckelfe, Schmucklori, Schneeammer, Schopffasan, Schopftaube, Schreiadler, Schwarzkopf, Schwarzstar, Schweifelfe, Seeschwalbe, Siedelweber, Silberfasan, Silbermoewe, Singdrossel, Singschwanz, Singsittich, Smaragdlori, Sonnenralle, Sonnenvogel, Spechtmeise, Sperbereule, Spiegelgans, Spiegelpfau, Spornpieper, Steinroetel, Steppenhuhn, Strausshuhn, Tannenmeise, Trauermaina, Trauermeise, Tropikvogel, Turteltaube, Uferlaeufer, Vasapapagei, Waldohreule, Waldsaenger, Wanderfalke, Wandertaube, Warzentaube, Wasseramsel, Wasserralle, Weidenammer, Weidenmeise, Weindrossel, Wiesenralle, Wiesenweihe, Witwenvogel, Zahnwachtel, Ziersittich, Zuckervogel, Zwergsaeger, Zwergschwan, Zwergspecht, Zwergtrappe

12 Adlerbussard, Adlerkolibri, Ameisenvogel, Amherstfasan, Auerwaldhuhn, Bachschwalbe, Birkenzeisig, Blaukehlchen, Bourksittich, Brillenvogel, Buschwuerger, Costakolibri, Diamantfasan, Diamantvogel, Distelzeisig, Dorfschwalbe, Eichelhaeher, Einfarbwidah, Elfenastrild, Elsterspecht, Erzglanzstar, Eulenpapagei, Faechertaube, Feldsperling, Felsenpieper, Fichtenammer, Floetenvogel, Fregattvogel, Gaensesaeger, Gelbspoetter, Glanzkolibri, Glanzsittich, Glockenvogel, Goettervogel, Graubuelbuel, Graukopfstar, Habichtskauz, Harlekinente, Harzerroller, Haubenlerche, Hausschwalbe, Haussperling, Helmperlhuhn, Heringsmoewe, Herrenspecht, Honigfresser, Huehnerfalke, Kahnschnabel, Kampflaeufer, Kampfwachtel, Karmingimpel, Kleidervogel, Klippenvogel, Klunkervogel, Koenigsfasan, Koenigsgeier, Koenigsvogel, Koenigsweihe, Kragentrappe, Kronschnepfe, Kuckucksente, Kuhstaerling, Laemmergeier, Leierschwanz, Lerchenammer, Lerchenfalke, Madenfresser, Maehnentaube, Mandelkraehe, Maskenstelze, Mauerlaeufer, Mehlschwalbe, Mittelsaeger, Mittelspecht, Moenchsgeier, Mohrenlerche, Narinatrogon, Nashornvogel, Newhampshire, Ohrentaucher, Pampastinamu, Peposakaenta, Pfingstvogel, Plymouthrock, Purpurreiher, Rallenreiher, Raubschwalbe, Rauhfusshuhn, Rauhfusskauz, Regenpfeifer, Rheinarthuhn, Rhodelaender, Riesentrappe, Riesenturako, Rosaloeffler, Rotfussfalke, Sandflughuhn, Saruskranich, Sattelstorch, Schleiereule, Schmuckvogel, Schmutzgeier, Schnurrvogel, Schopfreiher, Schopfspecht, Schwanengans, Schwanzmeise, Schwarzamsel, Schwarzvogel, Schwarzwidah, Seidenreiher, Sichelreiher, Silberreiher, Sperbergeier, Sperlingkauz, Spornkiebitz, Spottdrossel, Steindrossel, Steinwaelzer, Steppenadler, Steppenweihe, Sterntaucher, Strandpieper, Strandreiter, Sturmtaucher,

Sudanstrauss, Sumpflaeufer, Sumpfohreule, Suschkingans, Tagschlaefer, Tannenhaeher, Toepfervogel, Topaskolibri, Trauerdrongo, Trauerschwan, Trommeltaube, Trottellumme, Tuerkentaube, Tuerkisvogel, Turmschwalbe, Uferschnepfe, Uferschwalbe, Vangawuerger, Waldschnepfe, Wasserpieper, Wassertreter, Wiesenpieper, Wundersylphe, Ziegenmelker, Zigeunerhuhn, Zitronenfink, Zwergkolibri, Zwergohreule, Zwergpapagei, Zwergpinguin, Zwergscharbe, Zwergschwalm, Zwergtaucher

13 Adeliepinguin, Adlerschnabel, Aylesburyente, Baumpfeifgans, Bergbraunelle, Berghaenfling, Bienenfresser, Bluetenpicker, Bluthaenfling, Brackschwalbe, Brandschwalbe, Braunkehlchen, Buendelnister, Cistensaenger, Dickhornvogel, Dschungelhuhn, Eissturmvogel, Falkenbussard, Feldeggsfalke, Felsenkleiber, Felsenpinguin, Flaggendrongo, Flaggensylphe, Flussschwalbe, Gaertnervogel, Gebirgsstelze, Geierperlhuhn, Goldbartvogel, Goldhaehnchen, Granatastrild, Grossfusshuhn, Gruenschenkel, Habichtsadler, Haeherkuckuck, Halsbanddohle, Haubentaucher, Heckensaenger, Hochflugtaube, Hoeckerschwan, Honiganzeiger, Hornwehrvogel, Hummelkolibri, Kaiserpinguin, Kanarienvogel, Kanincheneule, Kapsturmvogel, Klaffschnabel, Klingelroller, Krammetsvogel, Kreuzschnabel, Kronenkranich, Kupferschmied, Kurzzehlerche, Lappentaucher, Lapplandmeise, Laufhuehnchen, Loeffelreiher, Maeusebussard, Maskenwuerger, Meerespelikan, Meertauchente, Misteldrossel, Mistelfresser, Motthuehnchen, Nachtschwalbe, Nestorpapagei, Paradieswitwe, Perlbartvogel, Pfauenkranich, Pfuhlschnepfe, Pisangfresser, Prachtdrossel, Prachttaucher, Priestervogel, Rallenkranich, Rauchschwalbe, Reiherlaeufer, Reisstaerling, Riesenschwalk, Rotkehlpieper, Rotkopfspecht, Ruetteljaeger, Samtkoepfchen, Sapphokolibri, Satyrtragopan, Schamadrossel, Schattenvogel, Schlagschwirl, Schnatterente, Schoenbuerzel, Schopfwachtel, Schreibussard, Schuhschnabel, Schwalbenstar, Schwarzspecht, Seggensaenger, Seidenschwanz, Somalistrauss, Sonneratshuhn, Spaltfussgans, Sperlingskauz, Sporenkuckuck, Stadtschwalbe, Steigschnabel, Steinsperling, Strandlaeufer, Strukturtaube, Stummelspecht, Sturmschwalbe, Sultansspecht, Talegallahuhn, Truthahngeier, Tuemmlertaube, Vogelschnarch, Wachtelkoenig, Wasserlaeufer, Wasserscherer, Wellenlaeufer, Wellensittich, Wespenbussard, Zuegelpinguin, Zwergschnepfe

14 Alpenbraunelle, Austernfischer, Baltimorevogel, Bananenfresser, Bartgrasmuecke, Blatthuehnchen, Braunkopfammer, Braunstaerling, Brillenpinguin, Doppelschnepfe, Dorngrasmuecke, Dreizehenmoewe, Eleonorenfalke, Erdfluegelrake, Erzhonigsauger, Felsenschwalbe, Fliegenfaenger, Floetenwuerger, Gartenspoetter, Glatthornvogel, Grauschnaepper, Haubenperlhuhn, Hausrotschwanz, Hoehlenpapagei, Huehnerhabicht, Kalanderlerche, Kletterdrossel, Koenigspinguin, Koenigssittich, Krabbentaucher, Kraehenscharbe, Mandarinenente, Mittelschnepfe, Moenchssittich, Molukkenkakadu, Moorschneehuhn, Nageschnaebler, Nordseetaucher, Nymphensittich, Odinshuehnchen, Orangeblaufink, Papageitaucher, Paradieselster, Perueckentaube, Pfauentruthuhn, Pfefferfresser, Pflanzenmaeder, Rallenschnepfe, Roetelschwalbe, Rosenkoepfchen, Rothalstaucher, Rotkehldrossel, Rotkopfwuerger, Scharlachspint, Schildschnabel, Schlangenadler, Schmucksittich, Schneesperling, Schneidervogel, Schopfperlhuhn, Schwalbenmoewe, Schwarzdrossel, Schwarzer Milan, Schwatzdrossel, Seidenkuhvogel, Siedelsperling, Spechtspapagei, Sperlingsweber, Spiessflughorn, Staffelschwanz, Steppenkiebitz, Suedpolpinguin, Taubenstoesser, Thorshuehnchen, Trompetervogel, Wanderalbatros, Wechseldrossel, Weissohrturako, Wuestenlaeufer, Wulsthornvogel, Zaungrasmuecke, Zitronenstelze, Zitronenzeisig, Zwergkaeuzchen, Zwergsumpfhuhn

15 Alpenfluehvogel, Alpenschneehuhn, Bartstrichweber, Berglaubsaenger, Buschschluepfer, Cochinchinahuhn, Coscorobaschwan, Dampfschiffente, Dartfordsaenger, Dolchstichtaube, Doppelhornvogel, Dreizehenspecht, Falkenraubmoewe, Gartenlaubvogel, Getreidesaenger, Halsbandkotinga, Halsbandsittich, Haubenstaerling, Hausbaumlaeufer, Heckenbraunelle, Italiensperling, Kaffernhornrabe, Kanariengirlitz, Kurzflucgelrake, Lachseeschwalbe, Langschwanzstar, Mariskensaenger, Neunfarbenpitta, Nonnenpfeifgans, Orangebaeckchen, Orangekoepfchen, Orpheusspoetter, Pirinchekuckuck, Polarseetaucher, Prachteiderente, Prachtglanzstar, Raubseeschwalbe, Rauhfussbussard, Regenbrackvogel, Roter Rotschwanz, Rotschwaenzchen, Scherenschnabel, Schillertangare, Schlangenstorch, Schleierschwalm, Schopfwehrvogel, Schwarzkehlchen, Schwarzkopfente, Schwertschnabel, Seeregenpfeifer, Spatelraubmoewe, Stachelbuerzler, Steinschmaetzer, Strichelschwirl, Trompeterschwan,

Uferrohrsaenger,
Ungluecksshaeher,
Veilchenastrild,
Waldbaumlaeufer,
Waldlaubsaenger,
Weisswangengans,
Zwergrohrdommel,
Zwergschnaepper
16 Atlaslaubenvogel,
Brandseeschwalbe,
Felsenschneehuhn,
Flussuferlaeufer,
Gabelschwanzhuhn,
Gartengrasmuecke,
Gartenrotschwanz,
Hahnschweifwidah,
Krokodilwaechter,
Papageientaucher,
Riesensturmvogel,
Rotaugenbuelbuel,
Rotscheitelwidah,
Rotschnabeltukan,
Saebelschnaebler,
Sandregenpfeifer,
Scheidenschnabel,
Schlangenbussard,
Schnepfenstrauss,
Schnurrbaertchen,
Spitzschwanzhuhn,
Sumpfrohrsaenger,
Taubenwallnister,
Taucherhuehnchen,
Teichrohrsaenger,
Trauerschnaepper,
Tuepfelsumpfhuhn,
Wacholderdrossel,
Wasserschmaetzer,
Wiesenschmaetzer,
Zwergseeschwalbe
17 Adlerfregattvogel,
Blutschnabelweber,
Dreifarbentangare,
Dreifarbglanzstar,
Fliegenschnaepper,
Flussregenpfeifer,
Gartenbaumlaeufer,
Goldschopfpinguin,
Guertellaermvogel,
Klappergrasmuecke,
Leierschwanzwidah,
Maskenkernbeisser,
Meerstrandlaeufer,
Moenchsgrasmuecke,
Mondschwanztrogon,
Orpheusgrasmuecke,
Pfirsichkoepfchen,
Rotfluegelsittich,
Schilfrohrsaenger,
Schlammnestkraehe,
Schopflaubenvogel,
Seggenrohrsaenger,
Seidenlaubenvogel,
Sperbergrasmuecke,
Tamariskensaenger,
Tauchersturmvogel,
Trauerseeschwalbe,
Waldwasserlaeufer,
Weidenlaubsaenger,
Weisswangenturako
18 Alpenstrandlaeufer,
Drosselrohrsaenger,
Gangesbrillenvogel,
Gelbsteissbuelbuel,
Gruenplattschnabel,
Gruenschnabeltukan,
Halsbandschnaepper,
Prachtfregattvogel,
Rotkehlnektarvogel,
Schlangenhalsvogel,
Schwarzhalstaucher,
Schwimmhauttaucher,
Teichwasserlaeufer,
Verkehrtschnaebler,
Weisskopfruderente,
Weisswangentschaja
19 Bindenkreuzschnabel,
Blauwangenbartvogel,
Dickschnabelsittich,
Gelbschnabelkuckuck,
Goldstirnblattvogel,
Hausrotschwaenzchen,
Koenigskleidervogel,
Kragenparadiesvogel,
Langschnabelsittich,
Moenchsschmuckvogel,
Pinselzungenpapagei,
Plattschwanzsittich,
Rotkaeppchentimalie,
Schwarzstirnwuerger,
Siebenfarbentangare,
Sommergoldhaehnchen,
Wintergoldhaehnchen
20 Fichtenkreuzschnabel,
Kiefernkreuzschnabel,
Nachtschattenfresser,
Rotbrusthonigfresser,
Rotschulterstaerling,
Schmarotzerraubmoewe,
Schwarzkappentimalie,
Silberohrsonnenvogel,
Stachelschwanzsegler,
Wuestenlaeuferlerche
21 Gartenrotschwaenzchen,
Laerchenkreuzschnabel
22 Blaufluegelsonnenvogel
23 Weissfluegelseeschwalbe

Vogelbau
4 Hort, Nest

Vogelbauer, -haus
6 Kaefig
7 Voliere

Vogelbeerbaum
9 Eberesche

Vogelbrutplatz
4 Nest

Vogeldünger
5 Guano

Vogeleier
im Nest
6 Gelege

Vogelerbse
5 Wicke

Vogelfänger
in der »Zauberflöte«
8 Papageno

Vogelfanggerät, -platz
5 Dohne
8 Leimrute
10 Finkenherd, Schlagnetz
11 Dohnenstieg

Vogelfutter
4 Hanf
9 Leinsamen

Vogelfutterpflanze
5 Miere

Vogelhaus
7 Voliere

Vogeljagd
mit Raubvögeln
5 Beize
8 Beizjagd

Vogeljunge
4 Brut

Vogelkäfig
5 Bauer
7 Voliere

Vogelkotdünger
5 Guano

Vogelkrankheit
4 Pips

Vogelkraut
5 Miere
8 Wegerich
10 Knoeterich

Vogelkunde
12 Ornithologie

Vogelkundler
11 Ornithologe

Vogelmännchen
4 Hahn

Vogelnachwuchs
4 Brut

Vogelpaarungszeit
4 Balz

Vogelprodukt
2 Ei

Vogelscheuche
6 Popanz

Vogelschwanz
5 Sterz

Vogelwelt
5 Ornis

Vogelwild
9 Federwild

Vogelzehe
6 Kralle

Vogesen
6 Wasgau
10 Wasgenwald

vogtländische
Stadt
3 Aue
5 Adorf
6 Plauen
8 Auerbach, Oelsnitz
11 Klingenthal, Reichenbach
14 Markneukirchen
Stadt im Kreis Auerbach
9 Rodewisch

Vokabular
10 Wortschatz
11 Woerterbuch

Vokal
1 A, E, I, O, U
10 Selbstlaut

Vokalmusik
6 Gesang
8 Chorlied

Vokaltrennung
6 Ektase

Vokaltrennungspunkt
5 Trema

Vokalwechsel
6 Ablaut

Vokalwerk
7 Kantate

Vokativ
10 Anredefall

Volant
6 Besatz, Steuer
7 Lenkrad
9 Steuerrad
Volk
5 Leute, Rasse, Stamm
6 Nation
8 Menschen
12 Bevoelkerung, Gemeinschaft
Völker
der indogermanischen Sprachfamilie
5 Arier
Völkergemeinschaft
6 Nation
Völkergruppe
der Antike
5 Goten
6 Kelten, Roemer
8 Germanen, Griechen
im Nahen Osten
6 Araber
in Afrika
6 Berber
indoeuropäische
6 Kelten
in Nordafrika
7 Hamiten
nordamerikanischer Indianer
5 Sioux
Völkerkampf
5 Krieg
auf dem Meer
8 Seekrieg
Völkerkunde
10 Ethnologie
11 ◆ Ethnografie
12 Ethnographie
Völkerkundler
9 Ethnologe
Völkermord
7 Genozid
völkerrechtliche
Vereinigung
11 Staatenbund
Völkerschaft
auf Hokkaido
4 Ainu
der ehemaligen Sowjetunion
4 Komo, Mari
5 Esten, Juden, Polen
6 Letten, Russen
7 Jakuten, Kosaken, Litauer, Osseten, Tataren, Usbeken
8 Armenier, Deutsche, Georgier, Karelier, Kirgisen, Rumaenen, Tungusen, Udmurten, Ukrainer
9 Mordwinen, Samojeden, Turkmenen
10 Baschkiren, Kalmuecken
11 Weissrussen
12 Karakalpaken, Tschuwaschen
13 Tschetschenen
15 Aserbeidschaner
Völkerzwist
5 Krieg
Volksabstimmung
4 Wahl
9 Plebiszit
10 Referendum
Volksaufwiegler
8 Demagoge
Volksbelustigung
in Mexiko
11 Hahnenkampf
Volksbewegung
6 Emeute
Volksentscheid
4 Wahl
9 Plebiszit
volksfeindlich
7 asozial
8 unsozial
Volksfest
3 Dom
4 Dult, Kerb
5 Kerwe, Kilbe, Kirbe, Messe
6 Kirmes, Kirtag, Rummel
8 Fasching, Karneval
9 Jahrmarkt, Kirchweih
13 Schuetzenfest
in Dresden
10 Vogelwiese
in Hamburg
3 Dom
in München
5 Wiesn
11 Oktoberfest
Volksführer
im alten Rom
6 Tribun
Volksgemeinde
im alten Griechenland
5 Demos
Volksgruppe, Volksstamm
3 Asa, Dor, Edo, Ewe, Fan, Ibo, Kru, Lao, Ona, Tai
4 Afar, Aino, Ainu, Akka, Dama, Inka, Iren, Komi, Maba, Madi, Maja, Maya, Naga, Nama, Ndau, Sumo, Thai, Tibu, Zulu
5 Afifi, Arier, Bantu, Buren, Dorer, Esten, Galla, Goten, Hindu, Inder, Juden, Karen, Kolla, Kuren, Liven, Maori, Papua, Polen, Somal, Swasi, Swazi, Syrer, Ubier, Vedda, Watua
6 Aimara, Angeln, Araber, Awaren, Balten, Basken, Basuto, Berber, Bisaya, Briten, Daenen, Dahome, Dakota, Damara, Dorier, Drusen, Eskimo, Finnen, Flamen, Gurkha, Herero, Hindus, Hunnen, Iberer, Ionier, Iraker, Iraner, Italer, Kelten, Kopten, Korana, Korsen, Kurden, Kwaphi, Laoten, Lappen, Letten, Libyer, Massai, Mauren, Nubier, Ovambo, Owambo, Perser, Roemer, Russen, Salier, Santal, Sarden, Serben, Slawen, Somali, Sorben, Syrier, Tuareg, Ungarn, Vlamen, Waluta, Wenden
7 Albaner, Apachen, Assyrer, Azteken, Belgier, Cimbern, Ewenken, Franken, Friesen, Gallier, Israeli, Jakuten, Japaner, Javaner, Kabylen, Kaffern, Kanaken, Kariben, Kimbern, Kosaken, Kreolen, Kroaten, Kumanen, Ladiner, Latiner, Litauer, Malaien, Masuren, Nervier, Osmanen, Osseten, Romanen, Sachsen, Semiten, Skythen, Sonthal, Spanier, Suaheli, Tamilen, Tataren, Tibeter, Tuerken, Umbrier, Usbeken, Waliser, Wambugo
8 Aegypter, Afghanen, Albanier, Amoriter, Armenier, Arverner, Aschanti, Beduinen, Bengalen, Birmanen, Bretonen, Bulgaren, Burmesen, Cherokee, Chinesen, Deutsche, Etrusker, Falascha, Felascha, Georgier, Germanen, Giljaken, Griechen, Hebraeer, Hellenen, Indianer, Irokesen, Israelis, Kanadier, Kirgisen, Koreaner, Magyaren, Mestizen, Mongolen, Mulatten, Niam Niam, Norweger, Ostjaken, Peruaner, Pygmaeen, Rumaenen, Ruthenen, Sarmaten, Schotten, Schwaben, Schweden, Siamesen, Slawonen, Slowaken, Slowenen, Teutonen, Torgoten, Tukuloer, Tunesier, Tungusen, Ukrainer, Vandalen, Wallonen, Wikinger, Zigeuner
9 Alemannen, Bajuwaren, Botokuden, Burgunder, Burjaeten, Cherusker, Chewsuren, Franzosen, Helvetier, Indonesen, Islaender, Italiener, Itelmenen, Kaukasier, Libanesen, Lombarden, Mexikaner, Mohikaner, Normannen, Pakistani, Sakalaven, Samojeden, Schweizer, Tschechen, Turkmenen, Zapoteken
10 Abessinier, Aethiopier, Amerikaner, Australier, Babylonier, Baschkiren, Belutschen, Hollaender, Indonesier, Kalmuecken, Levantiner, Madegassen, Makedonier, Mazedonier, Monegassen, Phoenizier, Polynesier, Wagwangara
11 Betschuanen, Langobarden, Markomannen, Portugiesen, Seldschuken, Singhalesen, Vietnamesen
12 Angelsachsen, Buschmaenner, Hottentotten, Indogermanen, Skandinavier, Tscherkessen, Tscherokesen, Tschuwaschen
13 Niederlaender, Oesterreicher
Volksheer
5 Miliz
Volksheld
der keltischen Sage
6 Ossian
der Schweizer
4 Tell

in Russland
8 Sussanin
Volksherrschaft
10 Demokratie
Volkskunde
8 Folklore
Volkslied
in Litauen
5 Diana
volksmäßig, -tümlich
8 populaer
Volkspark
in Wien
6 Prater
Volksschulleiter
6 Rektor
Volksstaat
8 Republik
10 Demokratie
Volksstamm
afrikanischer
6 Tuareg
altgriechischer
6 Ionier
auf der Insel Hainau
2 Li
der Aruaken in Peru
4 Anti
im mittleren Brasilien
5 Akroa
in Liberia
3 Kru
in Sambia
3 Ila
in Südliberia
3 Kra
in Vietnam
3 Ede
turktatarischer
6 Awaren
Volkstanz
6 Reigen
altspanischer
7 Chacona
in Bayern
8 Laendler
13 Schuhplattler
in Italien
10 Tarantella
in Kuba
8 Guaracha
in Polen
6 Oberek
7 ◆ Masurka, Mazurka
9 Krakoviak
in Portugal
5 Folia
in Spanien
6 Bolero
Volkstheater
11 Laienbuehne
volkstümlich
7 beliebt
8 populaer
9 demotisch
volkstümliche Bezeichnung für:
Alte
4 Olle
amerikanischer Soldat
2 GI
Angler
12 Petrijuenger
Anstand
6 Benimm
arbeiten
7 rackern
8 schuften
ausgezeichnet
4 doll
5 dufte, prima
6 klasse, knorke
7 bestens, pfundig
Auto
5 Karre, Kiste
9 Untersatz
11 Nuckelpinne
15 Strassenkreuzer
bankrott
6 pleite
Benzin
5 Sprit
bestechen
9 schmieren
bestens
5 prima
6 knorke
den 11. bis 15. Mai
10 Eisheilige
Dorf
4 Kaff, Nest
dumm
8 daemlich
Durcheinander
12 Kuddelmuddel
Ehefrau, Frau
4 Alte, Olle
eitler Mann
6 Fatzke
ekelhaft
4 fies
exerzieren
7 drillen
Fahrrad
9 Drahtesel, Stahlross
Fehlschuss
9 Fahrkarte
Fehlwurf beim Kegeln
5 Pudel
Feldküche
13 Gulaschkanone
Fernsehen
6 Glotze
10 Glotzophon
13 Pantoffelkino
Fußballschuss
5 Bombe
6 Hammer
Gefängnis
3 Bau
4 Loch
5 Knast
8 Kittchen
Geld
4 Kies, Moos
5 Marie
6 Floehe, Kohlen, Maeuse, Piepen, Pulver, Zaster
7 Moneten, Penunse, Penunze, Scheine
10 Pinkepinke
11 Pimperlinge
Geschwätz
6 Blabla
Gewehr
6 Flinte, Knarre
14 Schiesspruegel
Gitarre
7 Klampfe
gleichgültig
7 schnurz
11 schnurzegal
Glück
5 Dusel
7 Schwein
gut
5 dufte
6 knorke
Hunger
9 Kohldampf
Ischias
11 Hexenschuss
Kammer
6 Kabuff
Katze
5 Mieze
8 Dachhase
Kleidung
5 Kluft
kleine Ortschaft
4 Kaff
Konkurs
6 Pleite
künstlerische Veranstaltung
7 Estrade
kurze Arbeitsunterbrechung
15 Zigarettenpause
langsam
6 tranig
langweilige Frau
8 Transuse
Lehrer
6 Pauker
Mädchen
4 Zahn
5 Biene, Mieze, Puppe
mäßig
10 belaemmert
Militär
6 Barras
7 Kommiss
misslich
4 flau, mies
Motorrad
10 Feuerstuhl
necken
8 frozzeln
ohne Geld
5 klamm
6 pleite
Reifenpanne
9 Plattfuss
Rheuma
7 Reissen
schlafen
6 pennen
schlecht
4 flau, mies
Schnaps
10 Zielwasser
11 Feuerwasser
Schrulle
4 Tick
Schule
5 Penne
schwach, marode
6 kaputt
Schwarzseher
10 Miesmacher

stehlen
6 klauen
Telefon
14 Quasselstrippe
Tintenfisch
5 Polyp
Uniform
5 Kluft
verdutzt
4 baff
Versager
5 Niete
7 Flasche
Verstand
5 Grips
Wiener Instrumentaldarbietung
14 Schrammelmusik
Wutausbruch
6 Koller
Ziehharmonika
8 Quetsche
Zigarette
6 Flumme
9 Sargnagel, Staebchen
12 Glimmstengel
13 ◆ Glimmstaengel
Zigarettenstummel
5 Kippe
volkstümlicher
Berliner Zeichner
5 Zille
britischer Seeheld
6 Nelson
Schriftsteller
5 Hebel
volkstümliches
Ballspiel
8 Fussball
Bühnenstück
10 Laienspiel
japanisches Schauspiel
6 Kabuki
Volkstümlichkeit
12 Popularitaet
Volksüberlieferung
8 Folklore
Volksverführer
8 Demagoge
Volksverführung
9 Demagogie
Volksverhetzer
8 Demagoge
Volksverhetzung
9 Demagogie
Volksversammlung
der alten Germanen
4 Ding
5 Thing
der altgriechischen Stadtstaaten
5 Agora
Volksvertreter
12 Abgeordneter
13 Repraesentant
14 Parlamentarier
20 Landtagsabgeordneter
Volksvertretung
5 Senat
6 Kammer
7 Landtag
8 Kreistag
9 Bundestag, Parlament
16 Abgeordnetenhaus
in Spanien
6 Cortes
Volksvertretungsgebäude
der USA
7 Kapitol
Volkswirt
7 Oekonom
13 Sozialoekonom
15 Nationaloekonom
Volkswirtschaftslehre
15 Sozialoekonomie
Volkszählung
6 Zensus
Vollballspiel
mit Kugeln
5 Boule
Vollblütigkeit
8 Plethora
Vollblutpferd
6 Araber
vollbrachte
Handlung
3 Tat
vollbringen
3 tun
8 schaffen
volle
Entwicklung
5 Reife
Spulen der Spinnerei
5 Abzug
vollenden
13 ◆ fertig stellen
vollendet
5 getan
7 perfekt
8 erledigt
13 abgeschlossen
vollendete
Entwicklung von Früchten
5 Reife
Vollendung
6 Finish
10 Perfektion
in der buddhistischen Religion
7 Nirwana
Vollführer
einer strafbaren Handlung
6 Taeter
völlig
4 ganz
gleich
9 identisch
Unbedeutendes
10 Nebensache
völlige
Beinspreize
6 Spagat
Dunkelheit
10 Finsternis
Gleichheit
10 Identitaet
Klarheit
7 Evidenz
Verlassenheit
10 Einsamkeit
Verneinung
8 Negation
völliger
Einklang
7 Unisono
Zusammenbruch
4 Ruin
völliges
Alleinsein
10 Einsamkeit
volljährig
7 muendig
8 majorenn
Volljährigkeit
11 Muendigkeit
Vollkommenheit
10 Perfektion
vollkommen, vollständig
5 ideal, total
7 perfekt
8 komplett, makellos, tadellos
9 klassisch, vollendet
11 einwandfrei, einzigartig, meisterhaft, vorbildlich, vorzueglich
12 vortrefflich
13 kuenstlerisch, mustergueltig
16 unuebertrefflich
Vollmacht
6 Mandat
7 Prokura
8 Befugnis
12 Autorisation, Berechtigung
13 Autorisierung, Ermaechtigung
vollplastische
Figur
6 Statue
Vollschiff
7 Clipper, Klipper
8 Fregatte, Korvette
10 Dreimaster, Viermaster
11 Fuenfmaster
Vollsitzung
6 Plenum
vollständig
4 ganz, heil
5 total
7 perfekt
8 komplett
Vollständigkeit
10 Perfektion, Totalitaet
vollstrecken
10 ausfuehren
11 exekutieren
Vollstrecker
der Todesstrafe
6 Henker
13 Scharfrichter
Vollstreckung
7 Vollzug
9 Exekution
13 Durchfuehrung
Vollstreckungsbeamter
8 Exequent
volltönend
5 sonor
Volltreffer
im Toto
5 Elfer
Volltrunkenheit
13 Rauschzustand
Vollversammlung
6 Plenum
13 Plenarsitzung
voll, vollends, völlig
4 ganz, rund
5 prall, total
6 global, massiv
7 absolut, radikal, rundweg
8 gefuellt, rundlich

9 betrunken, gaenzlich, reichlich, umfassend, ungeteilt
10 gruendlich, unverletzt
ausgebildetes Insekt
5 Imago
entwickelt
4 reif
12 ausgewachsen
vollziehende
Staatsgewalt
9 Exekutive
vollzogene
Ansteckung
6 Infekt
9 Infektion
Vollzugsbeamter
in den USA
7 Sheriff
Volontär
9 Anwaerter
10 Praktikant
Volumen
8 Raummass
vom
Aussterben bedrohter Vogel
9 Blauracke
Baum gewonnenes Material
4 Holz
Bischof zelebrierte Messe
13 Pontifikalamt
Buchhändler an den Verlag zurückgeschicktes Buch
10 Remittende
Geweih abgelöster Bast
6 Gefege
Gletschereis abgelagerte Gesteinsmasse
7 Moraene
Hundert
7 Prozent
Körper gebildeter Stoff
7 Ferment
Kurs abweichen
6 gieren
Meer abgeschnittener Strandsee
6 Lagune
Motorrad aus betriebene Mannschaftssportart
8 Motoball
Papst Heiliggesprochene
7 Heilige
Rundfunk ausgestrahltes Programm
7 Sendung
16 Live-Uebertragung
Wind angehäufter Sandhügel
5 Duene
Wind zusammengetragener Schneehaufen
4 Wehe
von
Almosen lebender
7 Bettler
Amts wegen
9 ex officio
außen kommend
6 exogen
Bäumen eingefasste Straße
5 Allee
Cupido gestifteter Sportpreis
3 Cup
David getöteter Riese
7 Goliath
den Menschen genießbare Dinge
12 Lebensmittel
der Armee auf Fahrzeugen mitgeführter Gefechtsbedarf
5 Tross
der besten Seite darstellen
5 rosig
der Landwirtschaft Lebende
17 Agrarbevoelkerung
der offenen See abgeschnittener Meeresteil
6 Lagune
der Regel abweichend
6 abnorm, anomal
7 anormal
der Zeit an
4 seit
7 seitdem
drei Seiten begrenzte Figur
7 Dreieck
Drüsen gebildeter Wirkstoff
6 Hormon
Duellanten gewählter Beistand
9 Sekundant
einem bestimmten Personenkreis erhobener Beitrag
6 Umlage
einem Menschen ausgehende Wirkung
4 Aura
einer Form umschlossen
6 Inhalt
einer Person ausströmende Wirkung
7 Fluidum
8 Charisma
fremdem Gebiet umschlossener Landesteil
7 Enklave, Exklave
grosser Lebenskraft
5 vital
19 unternehmungslustig
innen kommend
7 endogen
Kulis gezogenes Beförderungsmittel
7 Rikscha
Meeresalgen gebildetes Polysaccharid
8 Agar-Agar
Mohammed begründete Lehre
5 Islam
Musik untermalte gesprochene Dichtung
9 Melodrama
Naturvölkern verehrtes Wesen
5 Totem
Noah erbautes Schiff
5 Arche
oben her
5 herab
8 herunter
Rechts wegen
6 de jure
Säulen getragener Bogen
6 Arkade
selbst
7 spontan
Verkehrsteilnehmern zu beachtende Angelegenheit
8 Vorfahrt
vorn
6 en face
Vorteil sein
6 nutzen
7 nuetzen
Wasser oder Gletschern geschobene Gesteinsmenge
9 Geschiebe
Wasser umgebenes Land
5 Insel
6 Eiland
Zeus gestürzte Götter
7 Titanen
vor
Gericht Aussagender
5 Zeuge
Maßeinheiten das Billionenfache
4 Tera
Maßeinheiten das Milliardenfache
4 Giga
Maßeinheiten das Millionenfache
4 Mega
Verwesung geschützter Leichnam
5 Mumie
Wärmeverlusten schützender Flüssigkeitsbehälter
14 Thermosflasche
Vorahnung
4 Omen
Voralpenfisch
5 Renke
Voralpengewässer
8 Bodensee
Voralpenland
8 Emmental
Voralpenmassiv
in der Schweiz
4 Rigi
vorankommen
12 prosperieren
Voranschlag
4 Etat
6 Ansatz, Budget
11 Kalkulation
13 Haushaltsplan
vorantreiben
9 ankurbeln, forcieren
10 aktivieren
12 mobilisieren
Voranzeige
4 Avis
Vorarbeit
zu einem Werk
6 Skizze, Studie
Vorarbeiter
6 Polier
7 Meister
vorausbestellen
13 subskribieren
Vorausbestellung
12 Subskription
vorausgehende
Sicherungstruppe
6 Vorhut
vorausgesetzt
4 wenn
5 falls
6 sofern
10 angenommen
Voraussage
8 Prognose
12 Prophezeiung
voraussagen
11 prophezeien
15 prognostizieren

Vorausschau
8 Prognose
vorausschauend
11 prophetisch
voraussehend
13 divinatorisch
Voraussetzung
9 Bedingung, Hypothese, Praemisse
11 Praesumtion, Supposition
12 Vorbereitung
für eine Antwort
5 Frage
zur Lösung einer Aufgabe
6 Ansatz
Voraussicht
6 Ahnung
7 Planung
voraussichtlicher
Sieger
7 Favorit
Vorauszahlung
9 Vorschuss
Vorbau
5 Altan, Erker
6 Balkon, Loggia
7 Risalit, Soeller, Veranda
8 Terrasse
am Schiffsbug
6 Galion
Vorbedeutung
4 Omen
9 Anzeichen, Auspizien, Auspizium
12 Prognostikon
Vorbedingung
9 Praemisse
Vorbehalt
6 Kautel
7 Klausel, Skepsis
8 Reservat
9 Bedingung, Kondition
11 Reservation, Restriktion
14 Einschraenkung
vorbei
5 passe
Vorbeimarsch
6 Parade
7 Defilee
vorbeimarschieren
10 defilieren, paradieren
Vorbemerkung
7 Vorwort
10 Einleitung
bei Gesetzen, Verträgen
9 Praeambel
Vorbereiten
der Malfläche
7 ruesten
10 grundieren
vorbereitende
Schulung
11 Einfuehrung
Vorbereitung
beim Drama
10 Exposition
einer Bühnenaufführung
12 Inszenierung
zum Wettkampf
8 Training
Vorberg
der Schwäbischen Alb
12 Hohenstaufen

vorbestellen
11 reservieren
vorbestimmtes
Schicksal
6 Kismet
Vorbestimmung
3 Los
5 Fatum
6 Kismet
9 Schicksal
15 Praedestination
Vorbeter
in der Moschee
4 Imam
vorbeugen
13 praeservieren
vorbeugend
10 prohibitiv
14 prophylaktisch
vorbeugende
Maßnahme
7 Impfung
10 Prophylaxe
11 Praevention
13 Immunisierung, Schutzimpfung
15 Freiheitsentzug
20 Praeventivbehandlung, Sicherungsverwahrung
Vorbeugung
10 Prophylaxe
11 Praevention
Vorbild
5 Ideal
6 Modell, Muster, Urform
8 Beispiel, Hochziel, Leitidee, Prototyp
9 Leitstern
10 Wunschbild
vorbildlich
5 ideal
9 klassisch
12 beispielhaft, exemplarisch
13 mustergueltig
14 programmatisch
vorbildliche
Kunst
7 Klassik
vorbildlicher
Künstler
9 Klassiker
Vorbindetuch
4 Latz
Vorbote
7 Symptom
Vorbühne
5 Rampe
10 Proszenium
Vorderansicht
4 Face
5 Avers, Front
7 Fassade
10 Stirnseite
Vorderasiat
5 Kurde, Parse, Syrer
6 Araber, Iraker, Iraner, Osmane, Perser, Syrier, Tuerke
7 Afghane, Israeli, Jemenit
8 Armenier, Libanese
9 Jordanier
11 Saudiaraber
vorderasiatische
Halbinsel
7 Arabien

Hauptstadt
4 Sana
5 Amman
6 Ankara, Bagdad, Beirut, Er Riad
7 Teheran
8 Damaskus
9 Jerusalem
Meerenge
11 Dardanellen
vorderasiatischer
Staat
4 Irak, Iran, Oman
5 Jemen
6 Israel, Syrien
7 Libanon, Tuerkei
9 Jordanien
11 Afghanistan
12 Saudi-Arabien
Strom
6 Jordan, Tigris
7 Euphrat
vorderasiatisches
antikes Kulturvolk
5 Juden
6 Perser
7 Akkader, Assyrer, Iranier, Semiten, Sumerer
8 Hethiter
9 Chaldaeer, Phoeniker
10 Israeliten, Phoenizier
Vorderasien
6 Nahost, Orient
7 Levante
Vorderaufbau
eines Schiffes
4 Back
vorderer
Teil des Halses
5 Kehle
Vorderer
Orient
6 Nahost
Vordergiebel
10 Frontispiz
vorderindischer
Schlankaffe
6 Hulman
Vorderseite
5 Avers, Front
7 Fassade, Gesicht
10 Stirnseite
des Kopfes
7 Gesicht
eines Blattes in einem Buch, einer Handschrift
5 Rekto
vorderste
Kampflinie
5 Front
Vorderste
5 Erste
vorderster
Bühnenteil
10 Proszenium
Teil des Bettes
8 Fussende
Vorderster
6 Erster
Vorderteil
des Halses
6 Gurgel
8 Kehlkopf

des Schiffes
3 Bug
9 Vorschiff
Vorderwagen
von Geschützen
6 Protze
vordringlich
4 akut
Vordruck
8 Formular
9 Formblatt
10 Fragebogen
voreingenommen
8 befangen
Vorentscheidung
9 Praejudiz
Vorentwurf
7 Konzept
Vorfahre(n)
3 Ahn, Oma, Opa
4 Ahne
5 Urahn, Vater
6 Eltern, Mutter, Urahne
Vorfahren
10 Altvordern
Vorfahre(n)
10 Grossvater
11 Grosseltern, Grossmutter
Vorfahren
der Deutschen
8 Germanen
Vorfahre(n)
eines Iren
5 Kelte
Vorfahrenverzeichnis
9 Stammbaum
10 Ahnentafel
Vorfall
5 Eklat
7 Affaere, Affaire, Episode, Skandal
8 Ereignis
9 Geschehen
11 Streitsache
13 Angelegenheit
Vorfeld
bei einem Rennen
6 Spitze
einer Festung
6 Glacis
Vorfilm
7 Trailer
Vorflur
9 Vestibuel
Vorform
der Kohle
4 Torf
der Krone
6 Diadem
der Notenschrift
5 Neume
Vorfreude
4 Lust
vorfühlen
9 sondieren
Vorführdame
9 Mannequin
vorführen
9 darbieten
13 demonstrieren
Vorführer
im Kino
9 Operateur
Vorführfläche
im Zirkus
5 Arena
6 Manege
Vorführgerät
18 Projektionsapparat
Vorführherr
8 Dressman
Vorführung
4 Show
5 Schau, Spiel
6 Stueck
8 Programm
10 Darbietung
13 Demonstration
von Kleidung
10 Modenschau
Vorgang
3 Akt
6 Ablauf
7 Hergang, Prozess, Verlauf
8 Ereignis, Prozedur
9 Geschehen
11 Begebenheit
der dem gewöhnlichen Lauf der Dinge widerspricht
6 Wunder
der Rekonvaleszenz
8 Genesung
zur Vollentwicklung
7 Reifung
Vorgänger
des Fahrrades
8 Draisine
vorgeben
9 fingieren
10 simulieren
Vorgebirge
3 Kap, Ras
vorgeblich
6 fiktiv
Vorgefühl
6 Ahnung
9 Vermutung
10 Mutmassung
Vorgehen, Vorkehrung
3 Akt
6 Aktion, Taktik
7 Schritt
8 Handlung
9 Massnahme
11 Unternehmen
Vorgeiger
einer Zigeunerkapelle
6 Primas
Vorgelände
einer Festung
6 Glacis
Vorgeschichte
12 Praehistorie
einer Krankheit
8 Anamnese
vorgeschichtliche
Bronzeposaune
4 Lure
Grabform
6 Dolmen
9 Flachgrab, Steingrab, Urnenfeld, Urnengrab
10 Hockergrab, Huegelgrab, Huenengrab
11 Skelettgrab
Stadt in Kleinasien
5 Troja
Steinsäule
6 Menhir
vorgeschichtlicher
Abschnitt
6 Mammut
7 Eiszeit
9 Steinzeit
10 Bronzezeit
12 Altsteinzeit
13 Jungsteinzeit
15 Mittelsteinzeit, Zwischeneiszeit
Begräbnisplatz
9 Flachgrab, Steingrab, Urnenfeld, Urnengrab
10 Hockergrab, Huegelgrab, Huenengrab
11 Skelettgrab
Eimer
6 Situla
Fundort, Fundstätte
6 La Tene
7 Hallein
8 Altamira, Aurignac, Federsee, Moordorf
9 Cromagnon, Hallstatt, Trundholm
10 Neandertal, Willendorf
Mensch, Menschentyp
8 Aurignac
9 Cromagnon
11 Homo sapiens
12 Neandertaler, Pekingmensch
Steinkreis
8 Kromlech
vorgeschichtliches
Blasinstrument
4 Lure
Hügelgrab
5 Cairn
7 Tumulus
Kulturdenkmal
6 Dolmen, Menhir
8 Megalith
9 Fliehburg
10 Schutzwall, Steinkreis
12 Externsteine, Steinsetzung
Werkzeug
8 Artefakt, Steinaxt
9 Faustkeil
vorgeschobene
Adresse
13 Deckanschrift
Gründe
8 Ausreden
Person
9 Strohmann
vorgeschriebene
Arzneimenge
5 Dosis
Touristenstrecke
10 Reiseroute
vorgesetzte
Behörde
9 Obrigkeit
Vorgesetzte
5 Obere
8 Leiterin
vorgesetzter
Mauerteil
6 Blende

Vorgesetzter
4 Boss, Chef
6 Leiter, Patron
7 Meister
8 Direktor, Superior, Vorstand
9 Prinzipal, Prokurist, Vorsteher
10 Dienstherr, Praesident
11 Ressortchef
12 Filialleiter
13 Ressortleiter
16 Abteilungsleiter
17 Geschaeftsfuehrer
für Mönche
3 Abt
5 Prior
8 Guardian
Vorhaben
4 Idee, Plan
7 Absicht, Projekt
8 Programm
9 Intention
11 Unternehmen
innerhalb eines bestimmten Zeitraumes
10 Monatsplan
Vorhafen
von Athen
7 Piraeus
von Bremen
11 Bremerhaven
Vorhalle, -raum, -saal
4 Flur, Gang
5 Diele, Foyer
6 Atrium, Entree
8 Hausflur, Korridor
9 Vestibuel
11 Wandelhalle
12 Saeulenhalle
des altgriech. Tempels
7 Pronaos
vorhanden
2 da
8 anwesend, effektiv, existent, greifbar, wirklich
12 gegenwaertig
Vorhandenes
4 Sein
7 Bestand
Vorhang
5 Store
7 Gardine
8 Jalousie, Portiere, Rolladen
9 ◆ Rollladen
Vorhangstoff
6 Etamin
Vorhemd
9 Chemisett
10 Chemisette
vorher
4 eher, erst
5 zuvor
7 frueher
Vorherbestimmung
3 Los
5 Fatum
6 Kismet
9 Schicksal
15 Praedestination
Vorheriger
10 Vorgaenger
Vorherrschaft
5 Macht
6 Primat
8 Dominanz, Fuehrung
9 Hegemonie
10 Praevalenz
12 Praedominanz, Uebergewicht
14 Ueberlegenheit
vorherrschen
10 dominieren
11 ueberwiegen
Vorherrschen
bestimmter Merkmale
8 Dominanz
vorherrschend
8 dominant
Vorhersage, -hersagung
3 Tip
4 ◆ Tipp
6 Orakel
8 Prognose
9 Prophetie
10 Weissagung
11 Hellseherei, Offenbarung
12 Prophezeiung
14 zweites Gesicht
vorhersagen
9 weissagen
11 prophezeien
Vorhof
altchristlicher Kirchen
4 Aula
einer Basilika
6 Atrium
Vorhölle
5 Limbo
6 Limbus
Vorhut
10 Avantgarde
vorisraelitisches
Palästina
6 Kanaan
vorjähriger
Schnee
4 Firn
Vorkampf
9 Ausscheid
Vorkämpfer
7 Pionier
9 Initiator
11 Bahnbrecher, Protagonist, Wegbereiter
12 Avantgardist
der deutschen Einheit
4 List
der indischen Unabhängigkeit
6 Gandhi
Vorkämpferin
der Frauenbewegung
6 Zetkin
Vorkommnis
5 Kasus
7 Affaere, Episode
10 Geschehnis
vorkragende
Wölbung
6 Trompe
vorladen
8 zitieren
Vorlage, -bild
6 Modell, Muster, Schema
9 Schablone
vorlagengetreue
Nachbildung einer Urschrift
9 Faksimile
Vorland
des Teutoburger Waldes
5 Senne
Vorlaube
am Haus
7 Veranda
Vorläufer
7 Prodrom
der Geige
5 Fidel
6 Fiedel
der Herrenweste
4 Wams
der israelischen Nationalarmee
7 Haganah
der Kogge
3 Nef
der Mundorgel
2 He
der TASS
5 Rosta
des Fahrrades
8 Draisine
des Klaviers
6 Cimbal
7 Cembalo, Spinett
des Maschinengewehrs
12 Mitrailleuse
vorläufig
11 einstweilig
12 provisorisch
14 behelfsmaessig
vorläufige
Ernennung
11 Designation
Ersatzlösung
6 Behelf
Regelung
7 Interim
vorlautes
Mädchen
4 Goer
5 Goere
vorlaut, -witzig
4 kess
5 frech
6 dreist
8 naseweis
9 ungezogen
10 fuerwitzig
vorlegen
13 praesentieren
Vorleger
5 Matte
7 Teppich
9 Fussmatte
Vorleseraum
an der Universität
8 Hoersaal
10 Auditorium
Vorlesung
6 Kolleg
7 Lektion
vorlesungsfreie
Zeit an Hochschulen
14 Semesterferien
vorletzte
Stufe der Unterkreide
3 Apt
Vorliebe
4 Hang
6 Faible, Tendre
7 Neigung, Passion

9 Geschmack, Schwaeche, Sympathie
Vormachtstellung
9 Hegemonie
vormals
4 olim
5 einst
6 ehedem
7 frueher
Vormerkbuch
6 Agende
9 Notizbuch
14 Terminkalender
vormerken
8 notieren
11 reservieren
Vormittagsveranstaltung
7 Matinee
Vormund
5 Tutor
7 Kurator
9 Vertreter
10 Fuersorger
Vormundschaft
5 Tutel
7 Kuratel
9 Fuersorge
Vornahme
9 Besorgung
10 Erledigung
Vorname
7 Rufname
8 Taufname
Vorname der/des/von:
Amundsen
5 Roald
Andersen
4 Lale
Atatürk
5 Kemal
Berg
5 Alban
Berger
5 Senta
Bernauer
5 Agnes
Bor
5 Niels
Brando
6 Marlon
Brecht
7 Bertolt
Bruckner
5 Anton
Buchholz
5 Horst
Buck
5 Pearl
Caruso
6 Enrico
Chatschaturjan
4 Aram
Connery
4 Sean
Dagover
3 Lil
Delon
5 Alain
Deltgen
4 Rene
Dietrich
7 Marlene
Dostal
4 Nico
Durieux
5 Tilla
Ekberg
5 Anita
Eulenspiegel
4 Till
Ferrer
3 Mel
Feuchtwanger
4 Lion
Feuerbach
6 Anselm
Garbo
5 Greta
Gardner
3 Ava
Gott
5 Karel
Gründgens
6 Gustaf
Hammerskjöld
3 Dag
Hamsun
4 Knut
Hemingway
6 Ernest
Henie
5 Sonja
Joyce
5 James
Knef
9 Hildegard
Lagerlöf
5 Selma
Lanza
5 Mario
Lollobrigida
4 Gina
Loyola
8 Ignatius
Majakowski
8 Wladimir
Maupassant
3 Guy
Montez
4 Lola
Mozart
7 Amadeus
Nielsen
4 Asta
Ofarim
6 Esther
Palucca
4 Gret
Picasso
5 Pablo
Puccini
7 Giacomo
Rebroff
4 Ivan
Rossi
4 Tino
Roswaenge
5 Helge
Sandrock
5 Adele
Schell
5 Maria
Seidel
3 Ina
Simmel
13 Johannes Mario
Simonow
10 Konstantin
Sintenis
5 Renee
Strawinski
4 Igor
Taylor
3 Liz
Tolstoi
3 Leo
Toscanini
6 Arturo
Trenker
4 Luis
Valentin
4 Karl
Vespucci
7 Amerigo
Wedding
4 Alex
Welles
5 Orson
Wöhr
3 Lia
Zola
5 Emile
vornehm
4 edel
5 nobel
6 dezent, feudal, galant
7 elegant
8 exklusiv, illuster, ladylike
10 patrizisch
11 chevaleresk, fashionable
12 distinguiert
13 gentlemanlike
14 aristokratisch, herrschaftlich
auftretender Liebhaber
5 Galan
gekleidet
7 elegant
vornehme
Altrömer
9 Patrizier
Buhlerin
9 Kurtisane
Buhlerin in der Antike
7 Hetaere
Bürger
9 Patrizier
Gesellschaft
4 Adel
8 Highlife, Trendset, Upperten
9 Patriziat
10 Hautevolee , Upperclass
11 High Society
Gesinnung
4 Adel
7 Edelmut
8 Noblesse
Welt
8 Noblesse
vornehmer
Gesellschaftskreis
6 Cercle
Weltmann
8 Seigneur
Vornehmheit
7 Eleganz
8 Noblesse

Vornehmtuer
4 Snob
Vorort
12 Aussenbezirk
Vorort von:
Addis Abeba
5 Akaki
Danzig
5 Oliva
Den Haag
12 Scheveningen
Dresden
9 Blasewitz
Hamburg
10 Blankenese
Istanbul
7 Skutati
Kalkutta
5 Haura
Leipzig
6 Taucha
Lissabon
5 Belem
Los Angeles
8 Pasadena
9 Hollywood
11 Santa Monica
Lüttich
3 Ans
Mannheim
7 Rheinau
New York
7 Yonkers
Philadelphia
7 Chester
Potsdam
10 Babelsberg
Rom
5 Ostia
Venedig
8 Marghera
Warschau
5 Praga
Weimar
7 Tiefurt
Wien
6 Aspern
Zürich
8 Zollikon
Vorplatz
4 Flur
5 Diele, Halle
6 Entree
8 Korridor
Vorpresswalze
9 Egoutteur
Vorprüfung
für Medizinstudenten
8 Physikum
vorrangig
7 primaer
Vorrang, -zug
6 Primat
10 Praevalenz, Prioritaet
Vorrat
5 Stock
7 Bestand, Reserve
8 Proviant
9 Ruecklage
10 Repertoire
einstudierter Stücke
10 Repertoire
vorbereiteter Stücke
9 Repertior
10 Repertoire
Vorratsgebäude, -raum
4 Silo
5 Boden, Depot, Gaden, Lager
6 Kammer, Keller, Stadel
7 Magazin, Scheuer, Scheune
8 Speicher
9 Lagerhaus
12 Speisekammer
Vorratsraum
auf Schiffen
4 Gatt
7 Hellgat
8 Hellegat, Hellgatt
9 Hellegatt
Vorratswagen
6 Tender
Vorrecht
7 Domaene, Monopol
8 Privileg
10 Immunitaet, Prioritaet
11 Privilegium, Sonderrecht
12 Praerogative
18 Exterritorialitaet
des Ältesten am Erbgut
7 Majorat
des Jüngsten am Erbgut
7 Minorat
Vorrede
6 Prolog
9 Praeambel
10 Einleitung
Vorreiter
bei der Parforcejagd
7 Pikoeur
Vorrichtung
6 Geraet
7 Apparat
10 Instrument
11 Mechanismus
an Ottomotoren
8 Vergaser
bei Kraftwagen
7 Lenkrad
12 Zuendschloss
16 Vierganggetriebe
in Form eines frei beweglichen Handschraubstockes
6 Kloben
in optischen Geräten
6 Blende
zum Ansaugen von Gasen
9 Aspirator
zum Anstellen
5 Raste
zum Anwerfen des Verbrennungsmotors
8 Anlasser
zum Aufhängen der Räder am Fahrzeug
5 Achse
zum Bestimmen der Wassertiefe
3 Lot
zum Festhalten von Schiffen
5 Anker
zum Halten der Riemen eines Ruderbootes
6 Dollen
zum Heben, Senken und Verschieben von Lasten
4 Kran
zum Mischen von Brennstoffen mit Luft
7 Brenner
zum Öffnen und Absperren in Rohrleitungen
10 Wasserhahn
zum Schmieren von Maschinenteilen
5 Oeler
zum Schutz gegen Gefahren
9 Sicherung
zum Trocknen von Obst und Gemüse
5 Darre
zum Verkohlen von Holz
6 Meiler
zum Verkürzen eines Segels
4 Reff
zum Vogelfang
4 Netz
8 Leimrute
zur Bestimmung der Senkrechten
3 Lot
zur Gefahrenanzeige
11 Alarmanlage
zur Kraftübertragung
8 Getriebe
zur Lastenbewegung
5 Hebel
zur Trennung von Stoffen
6 Filter
10 Zentrifuge
vorrücken
10 avancieren
Vorsager
9 Souffleur
Vorsagerin
10 Souffleuse
Vorsatz
4 Plan
7 Absicht
8 Vorhaben
bei Maßeinheiten
4 Deka, Giga, Mega, Nano, Tera
vorsätzlich
töten
6 morden
vorsätzliche
Tötung
4 Mord
9 Totschlag
Vorsatzlinse
6 Distar
Vorschiff
3 Bug
Vorschlag
3 Rat, Tip
4 ◆ Tipp
7 Angebot, Offerte
10 Empfehlung
für einen Beschluss
6 Antrag
vorschlagen
5 raten
9 empfehlen
11 proponieren
Vorschlussrunde
10 Halbfinale, Semifinale
Vorschnellen
des Körpers beim Fechten
7 Ausfall
Vorschrift
4 Norm

5 Edikt, Gebot, Kanon, Regel
6 Befehl, Dekret, Erlass, Formel, Gesetz, Rezept, Statut
7 Satzung
9 Anordnung, Anweisung, Reglement
10 Bestimmung, Richtlinie, Verfuegung, Verordnung
11 Instruktion, Richtschnur
für Gebete und Bräuche
6 Ritual
über Gerichtsverfahren
14 Prozessordnung
vorschriftsmäßig
8 regulaer
15 ordnungsgemaess
vorschriftsmäßige
Festkleidung
4 Gala
Vorschub
5 Hilfe
8 Beihilfe
9 Nachhilfe
13 Beguenstigung
14 Unterstuetzung
Vorschuleinrichtung
12 Kindergarten
Vorschuss
6 Avance
8 Handgeld
Vorsegel
4 Fock
7 Kluever
Vorsehung
3 Los
5 Fatum
6 Kismet
7 Fuegung
8 Geschick
9 Schicksal
10 Bestimmung
Vorsicht
6 Obacht
7 Skepsis
vorsichtig
8 behutsam
vorsichtiges
Verhalten in heikler Situation
8 Eiertanz
Vorsichtsmaßregel
6 Kautel
Vorsilbe
2 ab, an, be, er, in, um, un, zu
3 auf, aus, bei, dar, ein, ent, her, hin, mit, ver, vor, zer
4 nach, ohne
5 Affix, Ortho, Trans, ueber, unter
7 Praefix
vor griechisch: Stern
5 Astro
vor lateinischen Wörtern
4 prae
vor stellvertretend
4 Vize
Vorsitz
10 Praesidium
Vorsitzender
6 Obmann
7 Praeses
9 Praesides
10 Praesident

Vorsorge
6 Planen, sparen
9 Absichern, Ersparnis
10 Versichern
12 Versicherung
18 Lebensversicherung
gegen Fahrzeugschäden
17 Kaskoversicherung
Vorspeise
5 Suppe
6 Entree
9 Pilzsuppe
10 Fischsuppe
11 Hors d'oeuvre
Vorspiegelung
5 Bluff
10 Taeuschung
13 Mystifikation
14 Phantasmagorie
Vorspiel
6 Prolog
7 Intrade, Prelude
9 Ouverture
10 Einleitung, Ouvertuere, Praeludium
12 Introduktion
vorspringende
Seitenwand altgriechischer Tempel
4 Ante
vorspringender
Gebäudeteil
4 Sims
5 Altan, Erker
6 Balkon, Gesims
7 Risalit
Teil einer Welle
6 Nocken
Teil eines Festungswalls
7 Bastion
Tragstein
9 Kragstein
vorspringendes
Bollwerk
6 Bastei
7 Bastion
Vorspruch
6 Prolog
9 Präambel
Vorsprung
6 Avance
Vorstand
9 Direktion
10 Praesidium
11 Direktorium
einer Innung
11 Obermeister
Vorstartphase
9 ◆ Count-down
Vorstecknadel
7 Brosche
Vorsteckstift
6 Splint
Vorsteher
5 Prior
6 Regens
8 Direktor
des katholischen Priesterseminars
6 Regens
einer Abtei
3 Abt
einer Dorfgemeinde
7 Schulze

einer Fakultät
5 Dekan
einer Versammlung
7 Vormann
8 Sprecher
9 Aldermann
10 Praesident
eines Kirchenchors
6 Kantor
eines Klosters
3 Abt
5 Prior
eines Orchesters
8 Dirigent
13 Kapellmeister
eines Stammes
10 Haeuptling
eines Theaters
9 Intendant
im Islam
4 Imam
7 Scheich
Vorsteherin
8 Leiterin
einer Schwesternschaft
6 Oberin
vorstellbar
10 imaginabel
Vorstellung
4 Idee
7 Begriff
am Vormittag
7 Matinee
künftiger Ereignisse
9 Erwartung
zu Gunsten eines Künstlers
7 Benefiz
Vorstellungsbild
5 Image
Vorstellungskraft
8 ◆ Fantasie
9 Phantasie
11 Imagination
Vorstellungsrede
19 Einfuehrungsvortrag
Vorstoß
an Uniformen
5 Biese
6 Paspel
vorstrecken
6 borgen, leihen, pumpen
8 auslegen
Vorstufe
der Heiligsprechung
14 Seligsprechung
des Drehbuchs
9 Treatment
zur Hölle
9 Fegefeuer
11 Purgatorium
Vortänzerin
in Diskotheken
8 Gogogirl
vortäuschen
8 heucheln
9 fingieren, markieren
10 simulieren, weismachen
Vortäuschung
7 Fiktion
8 Gaukelei, Illusion
10 Simulation
Vorteil
4 Plus

6 Ertrag, Gewinn, Nutzen, Profit
8 Guthaben
bei Wahlen
9 Amtsbonus
vorteilhaft
7 positiv
8 opportun
9 nuetzlich
10 profitabel
14 aussichtsreich
Vorteilwahrer
11 Nutzniesser
Vortrag
4 Rede
5 Saldo
6 Lesung
7 Bericht, Referat
9 Vorlesung
10 Darbietung, Rezitation
11 Deklamation
eines Liedes
6 Gesang
von Buchautoren
20 Schriftstellerlesung
vor Gericht durch den Staatsanwalt
9 Plaedoyer
vortragen
8 aufsagen, dozieren
9 berichten
10 plaedieren, referieren, rezitieren
11 deklamieren
vortragende
Frau
8 Rednerin
Vortragender
6 Dozent, Lehrer, Lektor, Redner, Solist
7 Maestro, Meister, Musiker
8 Referent, Sprecher, Vorleser
9 Kuenstler, Professor, Rezitator
Vortragsfolge
8 Lehrgang
Vortragskünstler, -in
6 Diseur
7 Diseuse, Saenger
9 Rezitator, Saengerin
Vortragsreihe
6 Zyklus
vortrefflich
6 superb
7 sueperb
9 exzellent
12 hervorragend
13 ausgezeichnet
Vortriebskraft
5 Schub
Vortriebsmittel
für Boote
5 Segel
15 Aussenbordmotor
vorübergehen
9 passieren
vorübergehend
7 ephemer
8 momentan
9 temporaer
10 episodisch, zeitweilig
11 einstweilig
13 kommissarisch
14 interimistisch

vorübergehende
Beschäftigung
3 Job
Ruhe
5 Pause
Schmerzen nach körperlicher Überanstrengung
11 Muskelkater
Vereinigung von Unternehmen
10 Konsortium
Vorübergehender
7 Passant
vorübergehendes
Auftreten
9 Gastspiel
Vorüberziehen
7 Defilee
vorurteilslos
7 liberal
8 objektiv
10 unbefangen
Vorurteilslosigkeit
13 Objektivitaet
14 Unbefangenheit
20 Unvoreingenommenheit
Vorurteil, Voreingenommenheit
9 Praejudiz
10 Fanatismus, Intoleranz
12 Befangenheit, Ressentiment
13 Einseitigkeit
14 Parteilichkeit
Vor-, Vorherbestimmung
5 Fatum
Vorwand
5 Finte
7 Ausrede
8 Notluege
9 Ausflucht
Vorwärmer
in der Technik
10 Ekonomiser
vorwärts
6 weiter
vorwärts treibende
Kraft
5 Motor
15 Duesentriebwerk
vorweg
4 erst
9 zunaechst
Vorwegnahme
12 Antizipation
vorwegnehmen
12 antizipieren
vorweihnachtlicher
Feiertag
14 Adventssonntag
Vorweihnachtszeit
6 Advent
vorweltlich
6 fossil
vorwitzig
5 frech
6 dreist
12 unverschaemt
Vorwitzigkeit
8 Keckheit
Vorwort
5 Intro
6 Prolog
10 Einleitung
11 Einfuehrung
12 Praeposition

Vorwurf
5 Ruege, Stoff, Sujet, Tadel, Thema
7 Anklage, Schelte
13 Anschuldigung, Beschuldigung
Vorzeichen
4 Omen
7 Prodrom
12 Prognostikon, Prognostikum
beim Rechnen
3 mal, und
4 plus
5 durch, minus
7 weniger
vorzeigen
13 praesentieren
Vorzeigen
eines Wechsels
5 Vista
vorzeitiges
Abbrechen eines Wettkampfes
7 Aufgabe
Vorzimmer
5 Diele
6 Entree
Vorzimmerdame
11 Sekretaerin
vorzüglich
5 prima
6 superb
7 erlesen, sueperb
8 exquisit, herrlich
9 exzellent, koestlich, praechtig, wunderbar
10 grossartig, wundervoll
11 erstklassig
12 hervorragend
13 ausgezeichnet
Vorzug, Nutzen
7 Vorteil
vorzugsweise
8 speziell
10 katexochen
Voten
bei der Wahl
7 Stimmen
votieren
7 stimmen
Votivbild
6 Exvoto
Votum
6 Stimme, Urteil
8 Geluebde
9 Gutachten
10 Erststimme
Voyeur
7 Spanner
vulgär
6 gemein
8 ordinaer
Vulkan
am Südpol, auf den Rossinseln
6 Erebus, Terror
auf den Philippinen, auf Mindanao
3 Apo
8 Pinatubo
auf der Antilleninsel Martinique
8 Mont Pete
auf Hawaii
3 Kea, Loa
7 Kilauea
8 Mauna Kea, Mauna Loa

auf Hondo (Japan)
7 Fujisan
9 Asamajama
10 Fudschisan
11 Fudschijama
auf Island
5 Askja, Hekla
auf Java
6 Semeru
auf Luzon
5 Mayon
auf Sizilien
4 Etna
5 Aetna
auf Teneriffa
5 Teide, Teyde
11 Pico de Teide, Pico de Teyde
bei Neapel
5 Vesuv
im Kongo
7 Virunga
in Afrika
4 Fako, Meru
11 Kamerunberg
14 Kilimandscharo
in Amerika
5 Huila, Misti
6 Colima, Osorno, Sangay, Tolima
7 Atitlan
8 Antisane, Cotopaxi
9 Tajamulco
10 Chimborazo, Lassen Peak
12 Popocatepetl
in Chile
6 Osorno
in Costa Rica
5 Irazu
in den Anden
8 Cotopaxi
in den USA
10 Lassen Peak
in der Antarktis
6 Erebus
in der Sundastraße
8 Krakatau
in der Türkei
6 Ararat
in Ecuador, Ekuador
6 Sangay
8 Antisane, Cotopaxi
10 Chimborazo
in Guatemala
9 Tajamulco
in Indien
7 Banghli
in Indonesien
4 Gede
5 Komba, Raung
6 Merapi, Semeru
8 Krakatau
in Italien
4 Etna
5 Aetna, Vesuv
7 Vulcano
9 Stromboli
in Japan
3 Aso
5 Asama
6 Asosan
7 Fujisan
9 Asamajama, Asamayama
10 Fudschisan
11 Fudschijama
in Kamtschadka
12 Klutschetski
in Kolumbien
6 Tolima
in Mexiko
6 Colima
7 Jorulla
9 El Chichon
12 Citlaltepetl, Popocatepetl
in Peru
5 Misti
in Tansania
4 Meru
5 Potio
in Westafrika
11 Kamerunberg
Vulkanausbruch
8 Eruption
Vulkanauswurf
4 Lava
Vulkaninsel
in der Sundastraße
8 Krakatau
in Süditalien
9 Stromboli
Vulkaninseln
in Indonesien
11 Banda Inseln
in Melanesien
11 Banks Inseln
vulkanische
Ausstoßung
8 Fumarole
Hebrideninsel
3 Epi
Inselgruppe im Stillen Ozean
15 Galapagosinseln
Insel im Atlantik
11 Sankt Helena
Insel in der Sundastraße
8 Krakatau
Inselkette zwischen Alaska und Kamtschatka
7 Aleuten
Insel nördlich von Sizilien
6 Lipari
vulkanischer
Berg bei Freiburg
11 Kaiserstuhl
Gebirgsstock in Ostafrika
5 Elgon
vulkanisches
Gebirgsland in der Sahara
7 Tibesti
Gestein
4 Bims, Lava, Tuff
5 Trass
6 Basalt, Diabas, Diorit, Gabbro, Granit, Pikrit, Syenit
7 Andesit, Dolerit, Liparit, Porphyr, Trachyt
8 Obsidian
9 Bimsstein, Pechstein, Phonolith, Porphyrit
vulkanisierter
Gummi
9 Kautschuk
Vulkanit
7 Andesit
Vulkanöffnung, -trichter
6 Krater
Vulkansee
4 Maar

Waadt-Wein
5 Dorin
waagerecht
4 eben, plan
10 horizontal
vorgetriebener Tunnel
7 Stollen
waagerechte
Achse
6 X-Achse
14 Abszissenachse
Fensterabdeckung
5 Sturz
Mauerkante
4 Sims
Rückenlinie des Daches
5 First
Schiffswand
4 Deck
Segelquerstange
4 Rahe
Stange
5 Barre
tragende Dachstuhlbalken
7 Pfetten
Zimmerwand
5 Decke
Waagerechte
8 Abszisse
11 Horizontale
waagerechter
Böschungsabsatz
5 Berme
Grubenbau
7 Stollen
waagerechtes
Bauglied
4 Sims
6 Gesims
7 Traeger
Waagerechthobelmaschine
6 Shaper
7 Shaping
15 Shapingmaschine
Waage, Waagenart
10 Federwaage, Zaehlwaage
11 Balkenwaage
12 Dezimalwaage
13 Brueckenwaage, Neigungswaage
17 Laufgewichtswaage
19 Schaltgewichtswaage
Waag-Zufluss
5 Orava
6 Neutra
wabbelig
5 weich
12 gallertartig
Wabenkröte
4 Pipa
11 Froschlurch
Wabenteil
5 Zelle
wabern
6 zucken
8 flackern
wach
4 rege
6 munter
10 aufgeweckt
Wache
5 Ronde, Runde
6 Posten, Revier
9 Leibgarde
10 Patrouille
des Papstes
10 Nobelgarde
in der Gaunersprache
8 Schmiere
Wachhund
7 Mastino
8 Hovawart
10 Leonberger
12 Bernhardiner, Schaeferhund
16 Berner Sennenhund
Wachmann
8 Polizist, Waechter
Wacholderdrossel
13 Krammetsvogel
Wacholder, Wacholdergetränk
3 Gin
5 Knirk
6 Kaddik
7 Genever, Juniper, Krammet
8 Kranewet, Kranewit, Sadebaum
9 Jochandel, Kranewitt, Machandel
10 Reckholder
11 Kranewitter, Queckholder, Steinhaeger
Wachrundgang
5 Ronde
10 Patrouille
wachsähnlicher
ungesättigter Kohlenwasserstoff
7 Lupolen
wachsam
5 alert
7 sorgsam
8 vigilant
10 aufmerksam, hellhoerig, vorsichtig
wachsame
Augen
10 Argusaugen
Wachsamkeit
8 Vigilanz
14 Aufmerksamkeit
wachsartige
Substanz
8 Paraffin
Wachsbildnerei
11 Zeroplastik
wachsbleich
4 fahl
5 blass
wachsen
7 steigen
8 zunehmen
9 ausdehnen
11 expandieren
Wachsfigurenkabinett, -schau
10 Panoptikum
Wachsgravierer
8 ◆ Zerograf
9 Zerograph
Wachsgravierung
10 ◆ Zerografie
11 Zerographie
Wachslicht
5 Kerze
Wachsmalerei
9 Enkaustik
Wachsoldat
6 Posten
Wachspalme
9 Ceroxylon
Wachspflaume
9 Mirabelle
Wachssalbe
5 Zerat
Wachsscheibe
im Bienenstock
5 Favus
Wachstum
5 Wuchs
7 Zunahme
9 Expansion
10 Fortkommen, Steigerung
11 Entwicklung
14 Groesserwerden
Wachstumsbeschleunigung
12 Akzeleration
Wachstumsbewegung
von Pflanzen
8 Nutation
wachsweich
7 fuegsam
8 gefuegig
10 aengstlich, nachgiebig
wachsweiches
Metall
7 Zaesium
Wachszelle
der Biene
4 Wabe
Wächte
9 Ueberhang
Wachtelkönig
13 Wiesenknarrer, Wiesenlaeufer
16 Wiesenschnarcher
Wächter
4 Hirt
5 Hirte, Wache
6 Hueter, Posten
7 Waerter
8 Aufseher, Wachmann
9 Aufpasser
11 Beschuetzer
auf hohen Bauwerken
7 Tuermer
der griechischen Sage
5 Argus
8 ◆ Cerberus, Zerberus
der nordischen Sage
7 Heimdal
8 Heimdall
des Minos
5 Talos
des Muspelheims
5 Sukir
des Nibelungenhortes
8 Alberich
des Paradieses
5 Kerub
6 Cherub
Wachtmeister
9 Feldwebel
Wachtraum
4 Wahn
8 Illusion, Trugbild
Wachtturm
3 Lug
5 Warte
7 Ausguck
wackelig
7 zittrig
8 unsicher, zitterig

10 gefaehrdet, schwankend
wackeln
5 eiern
7 pendeln, torkeln, zittern
9 schwanken, vibrieren
10 schlingern, schlottern
Wackelpeter
11 Suessspeise
15 Gelatinepudding
wacker
6 bieder, tapfer
7 ehrlich
8 tuechtig
13 rechtschaffen
wacklige
Schreibweise
9 Gekritzel
Waddike
5 Molke
11 Kaesewasser
Wadenbein
6 Fibula
Wadenbekleidung
7 Strumpf, Stutzen
9 Struempfe
wadenlange
Kleidermode
4 Midi
Wadenmuskelende
13 Achillessehne
Wadenstrumpf
7 Stutzen
Wadi
auf der Halbinsel Sinai
3 Sik
Waffe
der Germanen
3 Ger
der Katzen
7 Krallen
der Naturvölker
8 Blasrohr
der Piraten
9 Enterbeil
10 Enterhaken
der Ulanen
5 Lanze
des Hirsches
6 Geweih
des Rehbocks
7 Gehoern
im Wortkampf
6 Beweis
8 Argument
südafrikanischer Völker
5 Kirri
von Insekten
7 Stachel
von Tieren
4 Horn
5 Hauer
6 Geweih, Kralle
zum Stoßfechten
7 Florett
Waffe, Munition, Sprengmittel
3 Axt, Gas, Ger, Sax
4 Beil, Bola, Caja, Colt, Kris, Lost, Mine, Pike, Tank
5 Aries, Barte, Bogen, Bombe, Degen, Dolch, Gleve, Keule, Kugel, Lanze, Lunte, Pelta, Pfeil, Pieke, Pilum, Sachs, Sacks, Speer
6 Dumdum, Espada, Flinte, Gewehr, Kanone, Kolben, Lyddit, Mandan, Mandau, Messer, Panzer, Pulver, Rakete, Rapier, Saebel, Schild, Schrot, Spiess, Widder
7 Assagai, Boeller, Bruenne, Buechse, Bundaxt, Dynamit, Ekrasit, Florett, Granate, Harpune, Jatagan, Kaliber, Lafette, Machete, Melinit, Moerser, Muskete, Nagaika, Patrone, Pistole, Queraxt, Sarrass, Schwert, Stilett, Stutzen, Torpedo, Yatagan, Zuender
8 Arkebuse, Armbrust, Bajonett, Balliste, Blasrohr, Bombarde, Browning, Bumerang, Drilling, Eselshuf, Flamberg, Gasbombe, Geschoss, Harnisch, Haubitze, Kampfgas, Karkasse, Kartaune, Katapult, Luftmine, Pallasch, Pistolet, Rammbock, Revolver, Ruestung, Saufeder, Steinaxt, Stossaxt, Tartsche, Terzerol, Tesching, Tomahawk, Wurfbeil, Wurfholz, Wurfmine
9 Atombombe, Chassepot, Feuerrohr, Geschuetz, Halsberge, Handbombe, Handschar, Hiebwaffe, Hohlkugel, Karabiner, Kartusche, Mehrlader, Partisane, Projektil, Schlaeger, Schleuder, Steinbeil, Stossmine, Streitaxt, Sturmbock, Vollkugel, Wurfeisen, Wurfkeule, Wurflanze, Zuendloch, Zwerchaxt
10 Armschiene, Brandbombe, Brandkugel, Dicke Berta, Faule Grete, Feldkanone, Feuerpfeil, Feuerwaffe, Gasgranate, Hellebarde, Jagdgewehr, Jagdmesser, Karbatsche, Kontermine, Korbrapier, Korbsaebel, Luftgewehr, Parabellum, Ringkanone, Schlagring, Schrapnell, Sprengmine, Steindolch, Stichwaffe, Stockdegen, Stosswaffe, Tellermine, Tolle Grete, Wandelturm, Wurfsichel, Wurfspiess
11 Beinschiene, Bowiemesser, Brustpanzer, Flattermine, Handbuechse, Handgranate, Hinterlader, Kartaetsche, Kettenbombe, Kettenkugel, Maurenkappe, Minenwerfer, Morgenstern, Nickfaenger, Ochsenzunge, Panzerfaust, Pickelhaube, Ringgranate, Schusswaffe, Selbstlader, Sichelwagen, Sprengstoff, Stalinorgel, Vorderlader
12 Buechsflinte, Doppelflinte, Feldhaubitze, Feldschlange, Fliegerbombe, Granatwerfer, Hakenbuechse, Hohlgeschoss, Krummschwert, Ladestreifen, Langgeschoss, Mauerbrecher, Mausergewehr, Mitrailleuse, Pikrinsaeure, Platzpatrone, Pulverkuchen, Seitengewehr, Sprengkapsel, Stangenkugel, Stockgranate, Streithammer, Streitkolben, Totschlaeger, Wurfmaschine
13 Brandgeschoss, Donnerbuechse, Ferngeschuetz, Flakgeschuetz, Flammenwerfer, Gewehrgranate, Grabenmoerser, Gummiknueppel, Hirschfaenger, Leuchtpistole, Mauserpistole, Nitroglycerin, Nitroglyzerin, Panzergranate, Schiesspulver, Schlagzuender, Schrotpistole, Schwarzpulver, Schweinsfeder, Spitzgeschoss, Sprenggranate, Zuendhuetchen
14 Abwurfgeschoss, Brisanzgranate, Dumdumgeschoss, Fluegelgranate, Handfeuerwaffe, Mantelgeschoss, Nitrozellulose, Repetierflinte, Repetiergewehr, Revolverkanone, Sprenggelatine, Sprenggeschoss, Steinschleuder
15 Belagerungsturm, Chassepotgewehr, Eierhandgranate, Kuestenhaubitze, Luftdruckgewehr, Maschinengewehr, Maschinenkanone, Trommelrevolver
16 Aufschlagzuender, Glockenschlaeger, Knallquecksilber, Maschinenpistole, Schiessbaumwolle, Stielhandgranate, Zuendnadelgewehr
17 Perkussionsgewehr, Selbstladepistole
18 Artilleriegeschoss, Infanteriegeschoss, Leuchtspurgeschoss, Schnellfeuerkanone, Steinschlossgewehr, Vollmantelgeschoss
Waffen
strecken
7 ergeben
8 aufgeben
9 nachgeben
12 kapitulieren
Waffenbruder
14 Kampfgefaehrte
Waffengang
5 Kampf
14 Kampfabschnitt
Waffengattung, Truppengattung, -angehörige
4 Flak, Heer
6 Funker, Marine

7 Flieger
8 Pioniere, Reiterei, Soldaten
9 Luftwaffe
10 Artillerie, Fahrtruppe, Flugabwehr, Infanterie, Kavallerie
12 Panzerabwehr, Panzerjaeger, Panzertruppe
13 Gebirgsjaeger, Gebirgstruppe
Waffengattung, Truppen-gattung, -angehörige
14 Flakartillerie
Waffengattung, Truppengattung, -angehörige
15 Feldgendarmerie, Luftlandetruppe
16 Fallschirmjaeger, Panzergrenadiere
17 Nachrichtentruppe, Panzeraufklaerung
Waffengefährte
des Herakles
6 Iolaos
Waffengürtel
6 Gehenk
Waffenlager
5 Depot
7 Arsenal, Magazin
8 Zeughaus
waffenlos
11 unbewaffnet
waffenlose
Selbstverteidigung
4 Budo, Judo
Waffenmeister
14 Buechsenmacher
Waffenrock
6 Dolman, Ulanka
7 Litewka, Uniform
Wagemut
9 Kuehnheit
11 Beherztheit
18 Unternehmungsgeist
wagemutig
5 kuehn
7 beherzt
wagen
8 getrauen
9 riskieren
Wagen
4 Auto
6 Chaise, Karren
7 Karosse, Kibitka
8 Droschke, Fahrzeug
9 Cabriolet, Limousine
10 Kabriolett, Kraftwagen
mit Armeebedarf
5 Tross
mit Auslader
6 Kipper
türkischer Nomadenvölker
4 Arba
zum Aufwinden von Lasten
5 Katze
wägen
8 bedenken, urteilen
9 schaetzen
12 einschaetzen
Wagenabteil
5 Coupe, Kupee
Wagenaufbau
10 Karosserie
Wagenbauer
6 Wagner
11 Stellmacher
Wagenbespannung
5 Plane
Wagendach
7 Verdeck
Wagendecke
5 Plaid, Plane
Wagendefekt
5 Panne
Wageneinstellraum
6 Garage, Remise
Wagenfahrgestell
7 Chassis
Wagenführer
6 Fahrer, Lenker
8 Kutscher
9 Chauffeur
Wagengestell
7 Chassis
Wagenkolonne
3 Zug
4 Pulk
5 Treck
8 Schlange
Wagenladung
5 Fuder, Fuhre
Wagenlenker
6 Fahrer, Fiaker, Lenker
8 Kutscher
9 Chauffeur
Wagenoberbau
10 Karosserie
Wagenpark
5 Train, Tross
Wagenrücksitz
4 Fond
Wagenschaufahrt
5 Korso
Wagenschlag
8 Autotuer
Wagenschuppen
6 Garage, Remise
Wagenstange
5 Runge
8 Deichsel
Wagenteil
3 Rad
4 Bock
5 Achse, Runge
6 Aufbau, Kasten
7 Chassis, Heubaum
8 Deichsel, Radachse, Wiesbaum
10 Karosserie, Kutschbock, Leiterbaum
11 Fahrgestell
Wagenzug
5 Korso, Treck
waghalsig
6 heikel
9 tollkuehn, wagemutig
11 gefaehrlich
16 draufgaengerisch
waghalsiger
Unternehmer
9 Spekulant
Waghalsigkeit
7 Wagemut
13 Tollkuehnheit
15 Draufgaengertum, Gefaehrlichkeit
Wagnis
6 Hasard, Risiko
8 Mutprobe
9 Abenteuer, Heldentat
11 Unterfangen
12 Gluecksspiel
Wahl
4 Kuer
5 Votum
6 Option
8 Berufung
10 Abstimmung
11 Alternative, Stimmabgabe
12 Entscheidung
durch Zuruf
11 Akklamation
im sportl. Wettkampf
4 Kuer
wählen
6 kiesen, kueren
7 stimmen
8 optieren, votieren
9 abstimmen, aussuchen
10 auswaehlen
11 entscheiden
Wahlentscheidung
11 Alternative
Wähler
6 Optant
Wählerauftrag
6 Mandat
wählerisch
5 eigen
9 etepetete
13 anspruchsvoll
Wählervotum
6 Stimme
Wahlfeldzug
8 Kampagne
wahlfrei
8 beliebig
10 fakultativ
Wahlgang, -handlung
10 Abstimmung
wahllos
12 willkuerlich
Wählnetz
der Bundespost
5 Datex
Wahlredner
8 Agitator
Wahlschein
11 Stimmzettel
Wahlscheingefäß
4 Urne
Wahlspruch
5 Motto
6 Devise, Losung, Maxime, Panier, Parole
8 Leitsatz
10 Richtlinie
Wahlstimme
5 Votum
Wahlübung
im Sport
4 Kuer
wahlverwandt
5 affin
16 uebereinstimmend
Wahlverwandtschaft
10 Affinitaet
wahlweise
10 alternativ, fakultativ

Wahlwerberedner
8 Agitator
Wahlzeitraum
für ein Parlament
17 Legislaturperiode
Wahlzelle
6 Kabine
Wahlzettelbehälter
4 Urne
Wahn
4 Trug
6 Schein
8 Illusion, Tagtraum
9 Irrglaube, Wachtraum
10 Einbildung
11 Imagination, Luftschloss, Verblendung, Wunschtraum
12 Hirngespinst
13 Halluzination
16 Selbsttaeuschung
Wahnbild, Wahnvorstellung
8 Gaukelei, Trugbild
9 Phantasma
11 Fata Morgana
Wahngebilde
6 Zauber
8 Gespenst
14 Phantasmagorie
21 Gespenstererscheinung
Wahnsinn
5 Manie
6 Unsinn
7 Irrsinn, Torheit
8 Paranoia
9 Bloedheit, Phrenesie
15 Geistesstoerung
16 Geisteskrankheit
wahnsinnig
3 irr
7 abwegig
8 toericht
9 verrueckt
12 geisteskrank
15 geistesgestoert
16 ausserordentlich
Wahnsinnslauf
4 Amok
10 Amoklaufen
Wahnvorstellung
7 Phantom
8 fixe Idee, Wahnidee
12 Phantasterei
Wahnwitz
7 Idiotie
8 Aberwitz
13 Tollkuehnheit
wahnwitzig
9 tollkuehn
wahr
4 echt
7 richtig
8 wirklich
9 ungelogen
10 aufrichtig, zutreffend
11 irrtumsfrei
12 tatsaechlich
wahren
8 erhalten
9 schuetzen
11 verteidigen
16 aufrechterhalten
währen
6 dauern
8 andauern, bestehen
wahrhaft
8 wirklich
12 tatsaechlich
wahrhaftig
8 fuerwahr, wahrlich
10 aufrichtig
16 wahrheitsliebend
Wahrhaftigkeit
14 Aufrichtigkeit, Wahrheitsliebe
in der Aussage
11 Ehrlichkeit
Wahrheit
8 Echtheit, Tatsache
9 Realitaet
11 Richtigkeit
Wahrheitsbekräftigung
6 Beweis
Wahrheitserweis
12 Verifikation
Wahrheitsliebe
11 Ehrlichkeit
14 Aufrichtigkeit
wahrlich
8 fuerwahr, wirklich
12 tatsaechlich
wahrnehmbar
7 hoerbar
8 fuehlbar, sichtbar
11 perzeptibel
wahrnehmen
5 sehen
6 hoeren
7 fuehlen
8 bemerken
11 perzipieren
12 registrieren
Wahrnehmung
4 Reiz
10 Empfindung
von Schallempfindungen
6 Gehoer
Wahrnehmungsfähigkeit
4 Sinn
Wahrnehmungsorgan
3 Ohr
4 Auge, Hirn, Nase, Nerv, Sinn
6 Gehirn
Wahrsagekunst
6 Mantik
9 Prophetie
10 Divination
Wahrsager
5 Augur, Seher
7 Prophet
8 Haruspex, Mantiker, Telepath
9 Astrologe, Chirologe, Chiromant, Handleser, Hellseher
11 Kartenleger, Sterndeuter
Wahrsagerei
6 Mantik
durch Totenbeschwörung
11 Nekromantie
Wahrsagerin
6 Pythia
7 Sibylle
9 Kassandra
wahrsagerisch
12 sibyllinisch
wahrscheinlich
8 probabel
10 praesumtiv, vermutlich
Wahrscheinlichkeitsannahme
9 Vermutung
Wahrspruch
6 Urteil
7 Verdikt
11 Strafurteil
Wahrung
9 Erhaltung
17 Aufrechterhaltung
Währung
6 Valuta
Währung (Münze) der/des/von
Afghanistan
3 Pul
7 Afghani
Ägypten
5 Pfund
7 Piaster, Piastre
Albanien
3 Lek
7 Quindar
Algerien
5 Dinar
7 Centime
Angola
4 Lwei
6 Kwanza
Arabischen Emirate
3 Fil
4 Fils
6 Dirham
Argentinien
4 Peso
7 Centavo
Äthiopien
4 Birr, Cent
Australien
4 Cent
6 Dollar
Bahamas
4 Cent
6 Dollar
Bangladesh
4 Pais, Taka
5 Paise
Barbados
4 Cent
6 Dollar
Belgien
5 Franc
7 Centime
Benin
5 Franc
7 Centime
Bermudas
4 Cent
6 Dollar
Birma, Burma
3 Pya
4 Kyat, Pyas
Bolivien
4 Peso
7 Centavo
13 Peso Boliviano
Botswana
4 Pula, Theb
Brasilien
4 Real
7 Centavo
8 Cruzeiro
Bulgarien
3 Lew
8 Stotinki

Bundesrepublik Deutschland
4 Mark
7 Pfennig
12 Deutsche Mark
Burkina Faso (Obervolta)
5 Franc
7 Centime
Burundi
5 Franc
7 Centime
Ceylon, Sri Lanka
4 Cent
5 Rupie
Chile
4 Peso
6 Escudo
China, Volksrepublik
4 Jiao, Yuan
Costa Rica
5 Colon
7 Centimo
Cote d'Ivoire (Elfenbeinküste)
5 Franc
7 Centime
Cypern, Zypern
3 Mil
4 Mils
5 Pfund
11 Zypern-Pfund
Dänemark
4 Oere
5 Krone
Dominikanischen Republik
4 Peso
7 Centavo
Ecuador
5 Sucre
7 Centavo
Elfenbeinküste
5 Franc
7 Centime
El Salvador
5 Colon
7 Centavo
Europa
3 Ecu
4 Cent, Euro
Finnland
5 Penni
8 Finnmark
Formosa (Taiwan)
4 Cent
6 Dollar
12 Taiwan Dollar
Frankreich
5 Franc
7 Centime
Gabun
5 Franc
7 Centime
Gambia
5 Butut
6 Dalasi
Ghana
4 Cedi
6 Pesewa
Gibraltar
5 Pence, Pfund
8 New Pence
Griechenland
5 Lepta
7 Drachme
Großbritannien
5 Pence, Pfund
8 New Pence
13 Pfund Sterling
Guatemala
7 Centavo, Quetzal
Guinea
4 Syli
5 Franc
Haiti
6 Gourde
7 Centime
Holland, Niederlande
4 Cent
6 Florin, Gulden
Honduras
7 Centavo, Lempira
Hongkong
4 Cent
6 Dollar
14 Hongkong-Dollar
Indien
4 Pais
5 Paise, Rupie
Indonesien
3 Sen
6 Rupiah
Irak
3 Fil
4 Fils
5 Dinar
9 Irak-Dinar
Iran, Persien
4 Rial
5 Dinar
Irland, Eire
5 Pence, Pfund
8 New Pence
Island
5 Aurar, Krone
Israel
6 Agorot
7 Schekel
Italien
4 Lira, Lire
9 Centesimo
Jamaika
4 Cent
6 Dollar
Japan
3 Sen, Yen
Jordanien
3 Fil
4 Fils
5 Dinar
11 Jordan-Dinar
Jugoslawien
4 Para
5 Dinar
Kambodscha
3 Sen
4 Riel
Kamerun
5 Franc
7 Centime
Kanada
4 Cent
6 Dollar
Katar, Qatar
5 Riyal
6 Dirham
Kenia
4 Cent
8 Shilling
Kolumbien
4 Peso
7 Centavo
Kongo, Dem. Rep.
5 Sengi, Zaire
6 Makuta
Kongo, Volksrepublik
5 Franc
7 Centime
Korea (Süd)
3 Won
4 Chon
Kuba, Cuba
4 Peso
7 Centavo
Kuwait
3 Fil
4 Fils
5 Dinar
11 Kuwait-Dinar
Lesotho
4 Loti
6 Lisent
Libanon
5 Pfund
7 Piaster, Piastre
Liberia
4 Cent
6 Dollar
Libyen
5 Dinar
6 Dirham
Luxemburg
5 Franc
7 Centime
Macau
6 Pataca
Madagaskar
5 Franc
7 Centime
Malawi
6 Kwacha
7 Tambala
12 Malawi Kwacha
Malaysia
3 Sen
8 Ringgitt
Mali
5 Franc
7 Centime
9 Mali-Franc
Malta
3 Mil
4 Lira, Mils
Marokko
6 Dirham
7 Centime
Mauretanien
5 Khoum
7 Ouguiya
Mauritius
4 Cent
5 Rupie
Mexiko
4 Peso
7 Centavo
Mocambique
7 Centavo, Metical
Myanmar (Birma)
3 Pya
4 Kyat, Pyas

Neuseeland
4 Cent
6 Dollar
Nicaragua
7 Centavo, Cordoba
Niederlande, Holland
4 Cent
6 Florin, Gulden
Niger
5 Franc
7 Centime
Nigeria
4 Kobo
5 Naira
Norwegen
4 Oere
5 Krone
Obervolta
5 Franc
7 Centime
Oman
5 Baiza
6 Baizas
9 Rial Omani
Österreich
8 Groschen
9 Schilling
Pakistan
4 Pais
5 Paisa, Rupie
Panama
6 Balboa
9 Centesimo
Paraguay
7 Centimo, Guarani
Persien, Iran
4 Rial
5 Dinar
Peru
3 Sol
7 Centavo
Philippinen
4 Peso
7 Centavo
Polen
5 Zloty
6 Groszy
Portugal
6 Escudo
7 Centavo
Qatar, Katar
5 Riyal
6 Dirham
Ruanda, Rwanda
5 Franc
7 Centime
11 Ruanda Franc, Rwanda Franc
Rumänien
3 Leu
4 Bani
Russland
5 Rubel
6 Kopeke
Sambia
5 Ngwee
6 Kwacha
Sao Tome u. Principe
5 Dobra
Saudi-Arabien
5 Qirsh, Riyal
7 Hallala, Qirshes
10 Saudi Riyal
Schweden
4 Oere
5 Krone
Schweiz
5 Franc
6 Rappen
7 Centime, Franken
Senegal
5 Franc
7 Centime
Sierra Leone
4 Cent
5 Leone
Simbabwe
4 Cent
6 Dollar
Singapur
4 Cent
6 Dollar
14 Singapur Dollar
Slowakei
5 Krone
6 Halern, Heller, Koruna
Spanien
6 Peseta
7 Centimo
Sri Lanka (Ceylon)
4 Cent
5 Rupie
Südafrika
4 Cent, Rand
Sudan
5 Pfund
7 Piaster, Piastre
8 Millieme
Südkorea
3 Won
4 Chon
Swasiland
4 Cent
9 Lilangeni
10 Emalangeni
Syrien
5 Pfund
7 Piaster, Piastre
Tansania
4 Cent
8 Shilling
Thailand
4 Baht
5 Stang
6 Stangs
Togo
5 Franc
7 Centime
Tonga
5 Jenti
6 Pa'anga
Tschad
5 Franc
7 Centime
Tschechien
5 Krone
6 Haleru, Heller, Koruna
Tunesien
5 Dinar
7 Millime
Türkei
4 Kuru, Lira
5 Kurus, Pfund
7 Piaster
Uganda
4 Cent
8 Shilling
Ungarn
6 Filler, Forint
Uruguay
9 Centesimo, Nuevo Peso
USA
4 Cent
6 Dollar
Venezuela
7 Bolivar, Centimo
Vereinigten Arabischen Emirate
3 Fil
4 Fils
6 Dirham
Vereinigten Staaten von Amerika
4 Cent
6 Dollar
Vietnam
4 Chao, Dong
Volksrepublik China
3 Fen
4 Jiao, Yuan
Zentralafrikanischen Republik
5 Franc
7 Centime
Zypern, Cypern
3 Mil
4 Cent
5 Pfund
11 Zypern-Pfund

Währungsgeld, Gegenwert
6 Valuta

Währungsreform
13 Geldumwertung
14 Geldneuordnung

Wahrzeichen
6 Emblem, Panier, Symbol, Wappen
7 Merkmal
8 Sinnbild
der Iren
8 Shamrock
von Aachen
13 Elisenbrunnen
von Athen
9 Parthenon
von Augsburg
11 Perlachturm
von Berlin
8 Funkturm
12 Siegessaeule
16 Brandenburger Tor
von Braunschweig
13 Loewendenkmal
von Bremen
6 Roland
von Brüssel
7 Atomium
von Danzig
7 Krantor
8 Artushof
12 Marienkirche
von Dresden
7 Zwinger
von Frankfurt/Main
6 Roemer
von Freiburg/Brsg.
8 Muenster
von Hamburg
6 Michel
von Hannover
11 Marktkirche

von Kiel
7 Rathaus
von Köln
3 Dom
von London
5 Tower
6 Big Ben
von Lübeck
10 Holstentor
von Luzern
11 Maennliturm
13 Kapellbruecke
von Mannheim
10 Wasserturm
von Moskau
5 Kreml
von München
10 Alter Peter
12 Frauenkirche
von New York
15 Freiheitsstatue
von Paris
10 Eiffelturm
von Rio de Janeiro
9 Zuckerhut
von Rom
9 Kolosseum
10 Engelsburg
von Rügen
12 Kreidefelsen
von Trier
10 Porta Nigra
von Ulm
8 Muenster
von Venedig
11 Dogenpalast
12 Markuskirche
von Washington
7 Kapitol
von Wien
7 Steffel
9 Riesenrad
11 Stephansdom
Waidmann
6 Jaeger
Waisenpfleger, -vater
7 Kurator, Vormund
walähnliches
Säugetier
6 Seekuh, Sirene
Walart
3 Nar
4 Inia, Orca
6 Beluga, ◆ Delfin, Killer, Narwal, Seiwal
7 Blauwal, Delphin, Edelwal, Finnwal, Grauwal, Mordwal, Nordwal, Pottwal, Raubwal, Zahnwal
8 Brydewal, Butzkopf, Cachelot, Doegling, Entenwal, Glattwal, Grindwal, Pilotwal, Tuemmler, Weisswal, Zwergwal
9 Bartenwal, Buckelwal, Layardwal, Nordkaper, Suedkaper
10 Biscayawal, Braunfisch, Einhornwal, Furchenwal, Schwarzwal, Schwertwal, Seedelphin
11 Neutuemmler, Schnabelwal
12 Flaschennase, Flussdelphin, Groenlandwal, Zwergpottwal
13 Gangesdelphin, Rissosdelphin, Zwergglattwal
14 Langflossenwal, Laplatadelphin, Orinokodelphin, Riesenglattwal, Yangtsedelphin
15 Rundkopfdelphin
18 Brackwasserdelphin, Furchenzahndelphin
Wald
3 Hag
4 Hain, Tann
5 Forst
7 Gehoelz
Waldanpflanzung
8 Schonung
Waldarbeiter
11 Holzfaeller
Waldaufseher
5 Heger
Waldbachschlucht
5 Tobel
Waldbaum
4 Erle, Ulme
5 Ahorn, Birke, Buche, Eiche, Esche, Hasel, Tanne, Weide
6 Fichte, Foehre, Kiefer, Pappel
7 Laerche
8 Rotbuche
9 Eberesche
10 Weissbuche
Waldbeere
8 Erdbeere, Himbeere
9 Brombeere
11 Heidelbeere
12 Preiselbeere
Waldbezirk
3 Hag
5 Jagen
6 Revier
Waldblöße
8 Lichtung
Waldblume
6 Akelei, Enzian, Primel
7 Anemone
8 Einbeere, Eisenhut, Waldrebe
9 Waldziest
10 Immergruen
13 Maigloeckchen
14 Leberbluemchen
15 Hasengloeckchen
Wäldchen
3 Hag
4 Hain
6 Schlag
7 Gehoelz
Walddurchhau
8 Schneise
Waldfrucht
4 Pilz
5 Beere
8 Erdbeere, Himbeere
9 Bickbeere, Brombeere, Steinpilz
11 Heidelbeere, Pfifferling
Waldgebiet
bei Jülich
6 Buerge
der Uckermark
11 Schorfheide
in Sibirien
5 Taiga
Waldgebirge
im Sudetenland
13 Riesengebirge
in Thessalien
6 Pelion
in Thüringen
11 Kyffhaeuser
in Ungarn
6 Bakony
Waldgeist
4 Gnom
6 Schrat
7 Schratt
9 Schraetel
mit Bocksfüßen
4 Faun
Waldgerste
6 Elymus
Waldgiraffe
5 Okapi
Waldgott
3 Pan
4 Faun
5 Satyr, Silen
6 Faunus
Waldgöttin
6 Nymphe
Waldgrundstück
3 Hag
Waldgürtel
in Sibirien
5 Taiga
Waldhegegebiet
8 Schonung
Waldhuhn
8 Auerhuhn
Waldhüter
5 Heger
8 Foerster
Waldindianer
Ecuadors
6 Jivaro
Waldkleintier
4 Hase
13 Eichhoernchen
Waldlichtung
8 Schneise
waldlose, wildgrünende Ebene
5 Heide
Waldmeister
6 Meusch
7 Moehsch
8 Asperula, Maiblume, Maikraut
Waldnessel
5 Ziest
7 Melisse
10 Taubnessel
Waldnymphe
6 Dryade
Waldpfad
5 Steig
Waldpflanze
4 Aron, Farn, Moos, Pilz
8 Aronstab, Eisenhut
9 Sauerklee
10 Immergruen
Waldprodukt
4 Holz
Waldrebe
5 Liele, Niele, Winde
8 Clematis, Klematis
10 Hexenzwirn, Petersbart

waldreicher
Gebirgszug der Karpaten
8 Beskiden
waldreiches
Mittelgebirge in der BRD
8 Spessart
Mittelgebirge von der Eifel bis Nordfrankreich
8 Ardennen
Waldrevier
5 Forst
Waldschädling
5 Nonne, Raupe
9 Gallwespe, Holzwespe, Maikaefer
10 Gallmuecke, Schildlaus
11 Kieferneule
12 Borkenkaefer, Rindenkaefer, Weidenbohrer
13 Birkenspanner, Ruesselkaefer
14 Fichtenwickler, Kiefernspanner, Kiefernspinner, Kiefernwickler
17 Kiefernblattwespe, Kiefernschwaermer
18 Prozessionsspinner
Waldschlucht
5 Tobel
Waldschnepfe
9 Bekassine
Waldstaude
4 Aron
8 Aronstab
Waldstrick
12 Teufelszwirn
Waldstück
aus wenigen Bäumen
5 Trupp
Waldstufe
der Anden
6 Jungas
Waldteil
5 Jagen
Waldtier
3 Dam, Reh
4 Hase, Igel
5 Dachs, Fuchs
6 Hirsch, Marder, Wiesel
9 Kaninchen
11 Wildschwein
13 Eichhoernchen
Waldvogel
6 Haeher, Specht
7 Kuckuck
12 Eichelhaeher
Waldvögelein
11 Zimbelkraut
Waldwiese
am Vierwaldstätter See
6 Ruetli
Waldwurz
14 Fichtenspargel
Walfänger
9 Harpunier
Walfanggerät
7 Harpune
Walfangprodukt
4 Tran
5 Ambra, Barte
6 Walrat
9 Fischbein
Walfangschiff
15 Walfischfaenger
Wälgerholz
9 Teigrolle
wälgern
9 ausrollen
walisische
Grafschaft
8 Anglesey
9 Glamorgan, Merioneth
10 Flintshire
11 Radnorshire
12 Denbighshire
13 Cardiganshire, Monmouthshire, Pembrokeshire
14 Brecknockshire, Glamorganshire, Merionethshire
15 Caernarvonshire, Carmarthenshire, Montgomeryshire
Stadt
7 Cardiff, Rhondda, Swansea
walisischer
Fußballspieler
4 Page, Rush
5 Baker, Bowen, Evans, Flynn, James, Jones
6 Curtis, Davies, Hewitt, Kelsey, Medwin, Thomas, Vernon, Yorath
7 Charles, Hopkins, Mahoney, Roberts, Toshack, Webster
8 Meredith, Philipps, Saunders, Sullivan, Williams
9 Allchurch, Blackmore, Griffiths
12 Mazurkiewicz
König
5 Artus
Walke
15 Verfilzmaschine
walken
6 kneten
7 stossen
8 schlagen
Walkieferhornplatte
5 Barte
Walküre
8 Gerlinde, Helmwige, Ortlinde, Siegrune
9 Grimgerde, Waltraute
10 Rossweisse
12 Schwertleite
Walkürenross
bei Wagner
5 Grane
Wall
4 Damm
5 Deich
8 Bollwerk
15 Uferbefestigung
des römischen Lagers
5 Agger
vor einem Festungsgraben
6 Glacis
Wallach
3 Run
Wallberg
2 Os
wallen
5 wogen
6 kochen, sieden
7 brodeln, pilgern
8 gischten, sprudeln
10 wallfahren
wallender
Dampf
6 Brodem
Wallensteins
Astrologe
4 Seni
Sterbeort
4 Eger
wallfahren
7 pilgern
Wallfahrer
6 Pilger
7 Pilgrim
im Islam
7 Hadschi
Wallfahrt
12 Pilgerschaft
im Islam
6 Hadsch
Wallfahrtsort
10 Pilgerziel
am Ammersee
7 Andechs
an der Donau
6 Beuron
der Mohammedaner
5 Mekka
6 Medina
der Schiiten
7 Kerbela
in Argentinien
5 Lujan
in der Republik Irland
5 Knock
in der Schweiz
10 Einsiedeln
in der Steiermark
9 Mariazell
in Deutschland
4 Werl
8 Kevelaer
10 Altoetting
in Frankreich
7 Lourdes
in Indien
4 Puri
5 Ajmer
7 Benares
in Italien
3 Rom
5 Padua
6 Assisi, Loreto
in Palästina
8 Nazareth
in Polen
6 Gnesen
13 Tschenstochau
in Portugal
6 Fatima
in Tirol
5 Absam
in Westfalen
4 Werl
Walliser
Alpengipfel
5 Leone
Alpental und Pass
6 Ferret
Käsegericht
8 Raclette
Wallnister
13 Grossfusshuhn

Wallung
10 Kongestion
Walnuss
7 Juglans
Walnussbaumgewächs
7 Hickory
Walöl
4 Tran
Walratfett
5 Zetin
Walross
9 Odobenide
Walstatt
10 Kampfplatz
12 Schlachtfeld
walten
6 wirken
8 gebieten
9 herrschen
Walze, Hohlkörper
8 Zylinder
walzen
7 pressen
8 glaetten
Walzenechse, Glattechse
5 Skink
walzenförmige
Frucht eines Kürbisgewächses
5 Gurke
walzenförmiger
Körper
5 Rolle
Walzenpaare
zur Herstellung von Blechen
16 Breitbandstrasse
Walzenspinnen
9 Solifugen
Wälzstelle
der Wildschweine
5 Suhle
des Schwarzwilds
5 Suhle
Walzzinn
8 Stanniol
Wams
5 Joppe
7 Kamisol
Wand
5 Mauer
8 Paravent
einer Bühnendekoration
7 Kulisse
Wandalenherrscher, -könig
7 Gelimer, Wisumer
8 Hunerich
9 Geiserich, Genserich, Gunderich, Hilderich
Wandbehang
5 Kelim
6 Arazzo
7 Gobelin, Verdure
10 Tapisserie
Wandbekleidung
6 Kachel, Tapete
7 Vorhang
10 Wandbehang
Wandbild
von Heisig
6 Ikarus
Wandbrett
4 Bord, Bort
5 Regal, Stutz
7 Konsole
wandelbar
6 unstet
8 variabel
12 unbestaendig
13 veraenderlich
Wandelform
5 Abart
8 Variante
Wandelgang, -halle
5 Foyer
7 Pergola
Wandelhalle
im Parlament
5 Lobby
im Theater
5 Foyer
Wandelröschen
7 Lantana, Lantane
Wandelstern
6 Planet
Wandel, Wandlung
5 Wende
7 Wechsel
9 Umbildung
12 Veraenderung
Wanderblock
8 Findling
Wanderbühne
8 Schmiere
Wanderfahrt
9 Exkursion
Wanderfische
3 Aal
5 Lachs, Stoer
6 Hering
Wanderhändler
9 Hausierer
Wanderhirt
6 Nomade
Wanderhirtentum
10 Nomadismus
Wanderlaus
5 Wanze
Wandermusikant
im Kaukasus
6 Aschug
wandernd
8 ambulant
wandernde
Musikanten
10 Spielleute
wandernder
Chirurg (17./18. Jh.)
10 Eisenbarth
Sänger in der Antike
8 Rhapsode
Wanderpause
4 Rast
7 Einkehr
Wanderstrecke
4 Tour
Wandertiere
3 Aal
5 Bison, Lachs, Robbe, Stoer
6 Hering
7 Lemming, Libelle, Makrele, Rentier
10 Springbock
11 Wandertaube
12 Distelfalter
17 Wanderheuschrecke
18 Trauermueckenlarve
Wandertrieb
5 Fugue
Wanderung
4 Tour
5 Fahrt
6 Marsch
7 Ausflug
9 Exkursion
der Zugvögel
9 Migration
mit belehrenden Hinweisen
13 Naturlehrpfad
Wanderunternehmen
7 Ausflug
Wandervolk
6 Tuareg
7 Nomaden
8 Beduinen, Zigeuner
Wanderwesen
9 Touristik
Wanderziel
in der Sächsischen Schweiz
9 Amselfall
Wandgemälde
6 Freske, Fresko
Wandgestell
5 Regal
7 Etagere, Konsole
12 Buecherregal
Wandlaus
5 Wanze
Wandler
5 Trafo
13 Transformator
Wandlung
9 Bekehrung
10 Laeuterung
Wandlungsprozess
der Organismen
8 Alterung
Wandmalerei
6 Freske, Fresko
9 Sgraffito
10 Sgraffiato
Wandöffnung
4 Tuer
7 Fenster
Wandpapier
6 Tapete
Wandpfeiler
6 Lisene
8 Pilaster
Wandplatte
6 Fliese, Kachel
Wandschirm
8 Paravent
Wandschmuck
4 Bild
6 Tapete
7 Gobelin, Oelbild
11 Oelgemaelde, Wandteppich
Wandtäfelung
6 Paneel
Wandteppich
5 Kelim
6 Arazzo
7 Gobelin, Verdure
8 Verduere
10 Tapisserie
Wandverkleidung
6 Tapete
7 Lambrie, Lambris
8 Lamperie

Wandvertiefung
6 Nische
Wandverzierung
5 Fries
Wandvorsprung
4 Sims
5 Erker
als Träger
7 Konsole
Wanenfürstin
6 Freyja
Wange
5 Backe
Wangenbein
8 Jochbein
13 Backenknochen
Wangenschminke
5 Rouge
Wankelmotor
15 Drehkolbenmotor
Wankelmut
12 Inkonsequenz
18 Unentschlossenheit
wankelmütig
5 labil
6 unstet
10 schwankend
11 flatterhaft
12 inkonsequent, unbestaendig
14 unentschlossen, unzuverlaessig, wetterwendisch
Wanne
5 Zuber
6 Becken, Buette
7 Bottich
Wannenvorlage
9 Bademattе
Wanst
der Wiederkäuer
6 Pansen
Wanzenblume
12 Maedchenauge
Wapitihirsch
3 Elk
Wappen
6 Blason, Emblem
9 Abzeichen
Wappenblume
5 Lilie
Wappenfahne
6 Banner
Wappenkunde
8 Heraldik
Wappenspruch
6 Devise
Wappentier
3 Aar, Leu
4 Baer
5 Adler, Greif, Loewe
6 Drache, Widder
7 Einhorn
11 Doppeladler
Berlins
4 Baer
Indonesiens
6 Garuda
Wappenträger
6 Herold
Wappenvogel
3 Aar
Wappenzeichen
3 Aar, Feh, Leu
4 Baer, Baum, Helm, Herz, Rose
5 Adler, Blatt, Blume, Faden, Greif, Kreuz, Krone, Kugel, Lilie, Linde, Loewe, Nabel, Pfahl, Raute, Sonne, Stufe, Wulst, Zacke, Zinne
6 Balken, ◆ Delfin, Flanke, Herold, Knospe, ◆ Panter, Spitze, Wappen, Wecken
7 Bruenne, Delphin, Einhorn, Kuersch, Leopard, Panther, Sparren
8 Deichsel, Dreiberg, Einbruch, Gegenfeh, Hermelin, Pelzwerk, Pfahlfeh, Schnecke, Seeblatt, Seeloewe, Sturzfeh, Topfhelm, Wogenfeh
9 Fussangel, Innenbord, Stechhelm, Steckhelm, Wolkenfeh
10 Beizeichen, Buegelhelm, Hakenkreuz, Hauptpfahl, Herzschild, Hirschhorn, Kreuzblume, Kuebelhelm, Mauerkrone, Schildfuss, Schildrand, Steighaken
11 Bueffelhorn, Doppeladler, Eisenhutfeh, Henkelkrone, Krueckenfeh, Lindenblatt, Ordenskette, Schachbrett, Schildhaupt, Schirmbrett, Spangenhelm
12 Andreaskreuz, Bastardfaden, Bischofsstab, Meerjungfrau, Mittelschild, Schraegfaden
13 Gegenhermelin, Krueckenkreuz, Schraegbalken, Turnierkragen, Zinnenschnitt
14 Kleeblattkreuz, Zickzackbalken
15 Johanniterkreuz
Warägerfürst
4 Oleg
5 Rurik
Waräger, -stamm
3 Rus
8 Wikinger
9 Normannen
Wardar-Zufluss
5 Cerna
Wardein
12 Muenzpruefer
Ware
7 Produkt
8 Fabrikat
10 Handelsgut
ausführen
11 exportieren
einführen
11 importieren
höchster Qualität
7 Auslese
mit Verpackung
6 brutto
ohne Verpackung
5 netto
Waren
aus einem Schiff ausladen
8 loeschen
Warenabgabe
7 Verkauf
Warenabrechnung
7 Faktura
Warenanforderung
5 Abruf
Warenangebot
9 Sortiment
Warenart
7 Artikel
Warenaufschrift
7 Etikett
Warenausfuhr
6 Export
Warenauslage
7 Etalage
Warenausstellung
5 Messe
Warenaustausch
6 Handel
mit anderen Ländern
12 Aussenhandel
ohne Devisen
12 Kompensation
Warenauswahl
9 Sortiment
10 Kollektion
Warenballen
5 Kollo
Warenbegleitpapier
12 Lieferschein
Warenbeschaffung
7 Einkauf
Warenbewegung
6 Umsatz
9 Transport
Waren-, Büchergestell
5 Regal
Warendepot
5 Lager
Warendurchfuhr
7 Transit
Wareneinfuhr
6 Import
Warenerwerb
4 Kauf
7 Einkauf
Warengeber
7 Automat
Warengestell
5 Regal
Warengewicht
5 Netto
Warenhabender
9 Lieferant
Warenhaus
8 Kaufhaus
10 Supermarkt
Warenhausabteilung
5 Rayon
Warenimport
7 Einfuhr
Warenkäufer
8 Abnehmer
Warenkreditschuldner
7 Debitor
Warenladung
6 Fracht
Warenlager
4 Silo
5 Depot, Stock
6 Vorrat
7 Magazin
8 Speicher
Warenliste
7 Katalog

Warenlotterie
7 Tombola
Warenmarkt
5 Messe
Warenmenge
6 Posten
Warenpack
6 Ballen
Warenposten
6 Partie
Warenprobe
6 Muster
Warenprüfer
6 Tester
Warenraum
5 Laden, Lager
Warenrechnung
4 Nota
6 Faktur
7 Faktura
Warenschau
5 Messe
11 Ausstellung, Mustermesse
Warenschild
7 Etikett
Warenschmuggel
11 Konterbande
Warensendung
9 Lieferung
Warensorte
7 Artikel
Warenstück
6 Ballen
Warentransport
12 Befoerderung
Warenverkehr, -verkauf
6 Handel, Umsatz
an den Endverbraucher
12 Einzelhandel
Warenverteuerer
12 Preistreiber
Warenverzeichnis
7 Katalog
Warenvorrat
5 Lager
7 Bestand
8 Inventar
Warenwechsel
9 Austausch
Warenwert
5 Preis
Warenzeichen
5 Marke
9 Trademark
11 Schutzmarke
12 Handelsmarke
Warenzubringer
9 Lieferant
Warenzusammenstellung
9 Sortiment
warm
8 herzlich
10 freundlich, temperiert
14 gefuehlsbetont
Warmblutpferd
9 Trakehner
10 Lipizzaner
warme
englische Pastete
3 Pie
feuchte Zone beiderseits des Äquators
6 Tropen
Heilquelle
6 Therme
Kopfbedeckung
10 Pelzmuetze
Meeresströmung
9 Golfstrom
Speise
5 Suppe
Wärme
abgebend
8 exotherm
aufnehmend
9 endotherm
Wärmeaustauscher
11 Rekuperator
Wärmebehandlung
10 Diathermie
Wärmeeinhalt
9 Enthalpie
Wärmeeinheit
7 Kalorie
Wärmegerät
8 Heizofen, Radiator
Wärmegradanzeiger
11 Thermometer
Wärmegrad, -zustand
10 Temperatur
Wärmekraftmaschinen
8 Gasmotor
12 Dampfturbine
13 Dampfmaschine
17 Verbrennungsmotor
Wärmelehre
7 Kalorik, Thermik
9 Thermotik
13 Thermodynamik
wärmeloser
Zustand
6 Kaelte
Wärmemesser
10 ◆ Thermograf
11 Kalorimeter, Thermograph, Thermometer
wärmendes
Gerät im Bett
10 Heizkissen
Kleidungsstück
6 Mantel
Wärmequelle
4 Ofen
5 Kamin
11 Heizkoerper
warmer
Anorak mit Kapuze
5 Parka
Aufwind
7 Thermik
Fallwind im Gebirge
5 Foehn
Fallwind im Mittelmeerraum
8 Scirocco
9 Schirokko
Saharawind
5 Leste
Umschlag
6 Foment
Wind Bulgariens
6 Ostria
Wärmeregler
10 Thermostat
warmes
alkoholisches Getränk
4 Grog
6 Punsch
9 Gluehwein
Kleidungsstück
9 Windjacke
10 Pelzmantel
Wärmeschutzbehälter
14 Thermosflasche
Wärmeschutzmaterial
6 Asbest
Wärmespeicher
(Bautechnik)
11 Regenerator
Wärme speichernder
Behälter
10 Thermophor
Heizkörper
10 Kachelofen
Wärmespender
4 Ofen
5 Feuer, Kamin, Sonne
8 Radiator
9 Heizdecke, Heizsonne
10 Heizkissen
11 Heizkoerper
Wärmestandslehre
12 Thermostatik
Warmhaltegefäß
14 Thermosflasche
Warmhauspflanze
8 Gardenie
warmherzig
8 herzlich
11 hilfsbereit, mitfuehlend
Warmherzigkeit
5 Guete
Warmwasserbehälter
6 Boiler
8 Badeofen
Warmwasserbereiter
6 Boiler
17 Durchlauferhitzer
Warmzeit
16 Interglazialzeit
Warnechse
5 Waran
Warneinrichtung
auf Schiffen
9 Nebelhorn
warnend
12 exemplarisch
warnendes
Beispiel
7 Exempel
Warner
6 Mahner
Warngerät
4 Horn, Hupe
5 Ampel
6 Glocke, Sirene
7 Blinker, Klingel
8 Heulboje
9 Nebelhorn
10 Blinkfeuer, Blinklicht
11 Alarmsirene, Leuchtfeuer
Warnlampe
12 Blinkleuchte
Warnlicht
7 Blinker
10 Blinkfeuer, Blinklicht
11 Leuchtfeuer
14 Positionslicht
Warnruf, -zeichen
5 Alarm

6 Signal
7 Achtung
9 Menetekel, Totenkopf
10 Blinklicht
Warnung
bei Gefahr
17 Katastrophenalarm
Warp
5 Kette
6 Trosse
9 Kettfaden
10 Kettengarn, Weberkette
Warpleine
9 Kettfaden
Warrant
11 Lagerschein
Wart
6 Hueter
7 Pfleger
8 Aufseher
Wartburgstadt
8 Eisenach
Warte
9 Wachtturm
14 Aussichtspunkt
16 Beobachtungsturm
des Jägers
7 Anstand
8 Hochsitz
warten
7 zoegern
9 verharren, verweilen
Wärter
6 Hueter
7 Pfleger
8 Betreuer
Wartesaal
15 Aufenthaltsraum
Wartezeit
5 Frist
6 Karenz
Warthezufluss
3 Ner
4 Obra
5 Netze
6 Prosna
Wartturm
6 Lugaus
der Burg
9 Bergfried
Wartung
6 Pflege
9 Betreuung
warum
7 weshalb
Warze
7 Papille
8 Karunkel
warzenartig
8 papillar
Warzengeschwulst
8 Papillom
Warzenkaktus
10 Mamillaria
Waschbecken
6 Lavabo
Wäsche
9 Textilien, Unterzeug, Weisszeug
Wäschebehältnis
4 Korb
5 Truhe
Wäschebezug
für Steppdecken
6 Kuvert
Wäschehalter
7 Klammer
Wäschekordel, -schnur
5 Leine
Wäscherolle
6 Mangel
Wäscheschnur
5 Leine
Wäschestoff
4 Mako
5 Drell, Linon, Nylon, Zefir
6 Batist, Byssus, Damast, Dralon, Kattun, Kreton, Leinen, Linnen, Molton, Perkal, Perlon, Zephir, Zephyr
7 Finette, Flanell, Zanella
8 Barchent, Cretonne, Irisette, Kretonne, Popeline
9 Charmeuse
10 Hemdentuch
Wäschestück
4 Hemd, Latz, Slip
5 Jupon, Laken
6 Kittel, Mieder, Pyjama, Shorts
7 Bettuch, Dessous, Korsett, Tuchent
8 Badetuch, ◆ Betttuch, Bettzeug, Garnitur, Handtuch, Hemdhose, Leibchen, Leintuch, Mundtuch, Netzhemd, Oberhemd, Sacktuch, Schuerze
9 Badelaken, Bettbezug, Bettlaken, Chemisett, Korselett, Nachthemd, Petticoat, Serviette, Spueltuch, Tafeltuch, Tischtuch, Unterhemd, Unterhose, Unterrock, Unterzeug
10 Chemisette, Nachtjacke, Schluepfer, Unterjacke, Unterkleid
11 Kissenbezug, Kombination, Nachtgewand, Schlafanzug, Schnupftuch, Strumpfhose, Taschentuch, Waschlappen
12 Frottiertuch, Geschirrtuch
15 Kuechenhandtuch
Wäschetrockner
7 Tumbler
Waschfass, -gefäß
5 Balge, Balje, Bidet, Wanne, Zuber
6 Buette
Waschlösung
5 Lauge
Waschmittel
4 Soda
5 Borax, Seife
12 Seifenpulver
Waschmittelbestandteil
11 Detergentia
12 Detergenzien
Waschraum
3 Bad
8 Toilette
10 Badezimmer
der Kumpel
4 Kaue
Waschseide
7 Lavabel
Waschstück
8 Handtuch
Waschung
vor dem Gebet (Koran)
6 Abdest
Wasen
5 Dampf, Dunst, Rasen
11 Schindanger
13 Reisigbuendel
Wasenmeister
8 Abdecker
Wasenmeisterkrankheit
10 Botulismus
Wasgenwald
7 Vogesen
Wasser
auspumpen (Schiff)
6 lenzen
in gasförmigem Zustand
5 Dampf
mit Kohlensäure
10 Sodawasser
Wasserablauf
3 Gat
4 Gatt
5 Gully
Wasserablaufkehle
5 Rinne
Wasser abstoßendes
Skiwachs
7 Klister
Wasserader
6 Quelle
Wasseralgen
4 Tang
Wasseranlage
7 Stausee
wasserarm
5 duerr
7 trocken
Wasserarm
5 Kanal
10 Nebenfluss
Wasserarmut
6 Duerre
11 Trockenheit
Wasserbaukunde
12 Hydrotechnik
Wasserbauwerk
8 Schleuse
im Harz
13 Okertalsperre
Wasserbehälter, -becken
4 Tank
5 Eimer, Wanne, Zuber
6 Bassin, Boiler
7 Brunnen
8 Kanister, Zisterne
9 Badewanne, Reservoir
Wasserbehandlung
9 Kneippkur
13 Hydrotherapie
Wasserbekleidung
8 Badehose
9 Badeanzug
Wasserberg
4 Woge
5 Welle
Wasserbewegung
9 Stroemung

Wasserbewohner
5 Fisch
Wasserblume
5 Lotos
7 Seerose
Wasserbockgattung
5 Kobus
Wasserbrotwurzel
4 Taro
Wasserbruch
9 Hydrozele
16 Hodenwassersucht
Wasserbüffel
in Asien
4 Arni
7 Kerabau
Wasserdampf
5 Dunst, Nebel
wasserdicht
10 hermetisch, waterproof
wasserdichte
Kleidung des Seemanns
7 Oelzeug
Zwischenwände im Schiff
8 Schotten
wasserdichter
Anstrich
7 Goudron
Stoff
5 Loden
9 Segeltuch
Umhang
9 Regenhaut
Wasserdost
8 Zweizahn
15 Kunigundenkraut
Wasserdunst
5 Nebel
Wasserentnahmestelle
7 Hydrant
Wassererhitzer
6 Kessel
Wasserfahrt
10 Segeltoern
14 Hafenrundfahrt
Wasserfahrzeug
3 Gig
4 Boot, Kahn, Kanu, Prau, Slup
5 Floss, Kajak, Prahm, Skiff
6 Faehre, Gondel, Kutter, Piroge, Schiff, Schute, Tanker
7 Dampfer, Einbaum
8 Faltboot, Frachter, Kanadier, Leichter, Tretboot
9 Motorboot, Ruderboot, Schaluppe, Schlepper, Segelboot
10 Paddelboot, Raddampfer
11 Fischerkahn, Motorschiff, Schleppkahn, Segelschiff
12 Schlauchboot
13 Frachtdampfer
15 Containerschiff
16 Schraubendampfer
in Venedig
6 Gondel
Wasserfall
7 Kaskade
8 Katarakt
13 Stromschnelle
im Kongo
11 Lofoifaelle
13 Stanleyfaelle
im Schwarzwald
7 Triberg
in Argentinien
6 Iguacu
7 Iguassu
in Australien
10 Wollomombi
in Chile
10 Pilmaiquen
in den USA
7 Niagara
8 Yosemite
11 Yellowstone
in Finnland
6 Imatra
in Frankreich
8 Gavarnie
in Island
9 Dittifoss
in Italien
4 Toce, Tosa
5 Serio
in Neuseeland
10 Sutherland
in Nordamerika
7 Niagara
in Norwegen
4 Kile
in Österreich
6 Krimml
7 Golling
10 Badgastein
in Südafrika
8 Victoria
Wasserfarbanstrich
7 Tuenche
Wasserfarbenmalerei
8 Aquarell
Wasserfarn
6 Azolla
Wasserfeder
8 Hottonia
Wasserfee, -frau, -geist
3 Nix
4 Neck, Nixe
5 Mimir, Noeck
6 Egeria, Lurlei, Najade, Nymphe, Undine
7 Lorelei, Loreley, Meerfee
8 Melusine
11 Meerjungfer
12 Meerjungfrau
Wasserfläche
des Festlandes
15 Binnengewaesser
Wasserflasche
7 Karaffe
Wasserfloh
7 Daphnie
9 Kladozere
Wasserflugzeug
9 Hydroplan
Wasserfontäne
13 Springbrunnen
Wassergefäß
4 Fass, Tank
5 Eimer, Kanne, Tonne
6 Kessel
8 Kanister
wassergefüllte
Vulkanhöhlung
4 Maar
Wassergeist, -mann
4 Neck
5 Mimir, Noeck
6 Nickel
10 Nickelmann
13 Klabautermann
Wasserglas
7 Silicat, Silikat
Wasserglätte
11 Aquaplaning
Wassergraben
6 Gracht
Wasserhahn
4 Kran
13 Auslaufventil
Wasserharnruhr
8 Diabetes
Wasserheilkunde, -verfahren
9 Kneippkur
11 Hydropathie
13 Hydrotherapie
Wasserheilkundiger
9 Hydropath
wasserheller
Trinkbranntwein
6 Klarer
Wasserhose
6 Trombe
Wasserhuhn
5 Ralle, Zoppe
Wasserhülle
der Erde
12 Hydrosphaere
Wasserhyazinthe
10 Eichhornie
wässerig
3 fad
4 fade, nass
wässerige
Anschwellung
5 Oedem
Lösung (Pflanzenauszug)
5 Infus
Lösung von Alkalien
5 Lauge
Südfrucht
6 Melone
wässeriger
Pflanzenauszug
7 Aufguss
Wasserjungfer
4 Nixe
7 Libelle
Wasserkäfer
8 Gelbrand
10 Drehkaefer
12 Taumelkaefer
14 Gelbrandkaefer
wasserklarer
Quarz
12 Bergkristall
Wasserklosett
2 WC
Wasserkraftwerk
in Tadschikistan
5 Nurek
Wasserkultur
10 Hydroponik
Wasserkurschöpfer
6 Kneipp
Wasserlache
7 Pfuetze

Wasserläufer
6 Tringa
Wasserlauf, -straße
4 Bach
5 Balge, Fleet, Fluss, Kanal, Priel, Rinne, Strom
6 Graben, Gracht
7 Rinnsal
8 Wildbach
im Wattenmeer
5 Priel
Wasserleitung
4 Rohr
der Römer
9 Aquaedukt
unter einem Deich o. Kanal
6 Dueker
Wasser liebender
Singvogel
10 Bachstelze
Wasserliesch
13 Schwanenblume
Wasserlinse
5 Lemna
Wasserloch
4 Kolk
7 Tuempel
wasserloses
Flussbett
4 Wadi
Wassermarder
5 Otter
Wassermelone
6 Arbuse
Wasser mitführender
Wirbelsturm
10 Wasserhose
Wassermolch
7 Axolotl
Wassernadel
9 Stabwanze
Wassernagetier
5 Biber
Wassernuss
5 Trapa
Wassernymphe
6 Najade
7 Nereide
Wasserpest
6 Elodea
7 Helodea
8 Anarchis
10 Krebskraut
11 Wassermyrte
18 Froschbissgewaechs
Wasserpfeife
4 Huka
5 Hocka, Hukah
6 Kalian
8 Nargileh
Wasserpflanze
4 Alge, Tang
5 Lotos, Salde
7 Seerose, Taennel
8 Seenelke
9 Hornblatt
10 Blasentang, Froschbiss, Wassernuss, Wasserpest, Wasserrose
11 Hydrophilen, Hydrophyten, Tannenwedel
14 Wasserschlauch
Wasserpfütze
5 Lache
Wasserratte
8 Mollmaus, Reutmaus
9 Schermaus
11 Hamstermaus
wasserreiche
Niederung
2 Au
wasserreichster
Strom in Frankreich
5 Rhone
Strom in Sibirien
8 Jenissej
Wasserreservoir
4 Tank
5 Teich
6 Bassin
7 Stausee
8 Zisterne
9 Talsperre
10 Staubecken, Wasserturm
Wasserrinne
im Wattenmeer
5 Priel
Wasserrose
5 Lotos
10 Lotosblume
Wassersalamander
5 Molch
Wasserschlange
der Sage
5 Hydra
Wassersnot
9 Sturmflut
15 Ueberschwemmung
Wasserspeicher
7 Stausee
Wasserspeicherbecken
an der oberen Saale
19 Hohenwartetalsperre
Wasserspender
4 Born
6 Quelle
7 Brunnen
Wasserspiel
8 Fontaene
13 Springbrunnen
Wassersport
6 Angeln, Rudern, Segeln, Surfen
7 Paddeln, Surfing, Tauchen
8 Kanupolo
9 Kanusport, Schwimmen, Wasserski
10 Kanuslalom, Surfriding, Wasserball, Windsurfen
11 Kanuwandern, Windsurfing
12 Turmspringen, Wellenreiten
13 Kunstspringen
14 Wasserspringen
15 Wasserskilaufen
Wassersportfahrzeug
9 Ruderboot
Wassersportler
6 Kanute, Segler, Surfer
7 Paddler, Ruderer, Skuller, Taucher
9 Schwimmer
10 Windsurfer
12 Turmspringer, Wasserballer, Wellenreiter
13 Kunstspringer, Tauchsportler
15 Motorbootfahrer
16 Wasserskilaeufer
wassersportliche
Veranstaltung
7 Regatta
Wassersportrequisit
5 Segel
9 Surfbrett
12 Taucheranzug
Wasserstand
(zwischen Ebbe u. Flut)
4 Stau
Wasserstandslehre
11 Hydrostatik
Wasserstandsmesser
5 Pegel
Wasserstandsunterschied
bei den Gezeiten
8 Tidenhub
Wasserstauanlage
im Harz
17 Rappbodetalsperre
Wasserstauwerk
4 Wehr
9 Talsperre
Wasserstelle
7 Brunnen
für Tiere
7 Traenke
in der Wüste
4 Oase
Wasserstoff
7 Tritium
9 Deuterium
11 Hydrogenium
enthaltende Verbindung
6 Saeure
Wasserstoffkern
6 Proton, Triton
Wasserstoffverbindung
6 Hydrat, Hydrid
Wasserstrahl
8 Fontaene
Wasserstraße
5 Fluss, Kanal, Strom
in Holland
6 Gracht
Wasserstrauch
9 Hortensie
Wasserstrudel
3 Sog
4 Neer
Wassersucht
5 Oedem
7 Hydrops
9 Hydropsie
wassersüchtig
10 hydropisch
Wassertiefenmessgerät
7 Echolot
Wassertier
5 Fisch
6 Qualle
11 Seeschlange
Wassertier-Eier
5 Laich
Wassertreter
10 Phalaropus
wasserumgebenes
Land
5 Insel
Wasser undurchlässige
Erdschicht
4 Lehm

Wasserverdrängung
11 Deplacement
Wasserviole
13 Schwanenblume
Wasservogel
3 Alk
4 Ente, Gans
5 Lumme, Moewe, Ralle
6 Reiher, Saeger, Schwan
7 Pelikan, Pinguin, Tadorna, Taucher
8 Albatros, Flamingo, Graugans, Kormoran
9 Eiderente, Krickente, Stockente
10 Knaeckente
11 Loeffelente
12 Gaensesaeger
13 Haubentaucher
Wasservorwärmer
bei Dampfkesselanlagen
10 Ekonomiser
Wasserwaage
7 Libelle
Wasserwegerich
13 Froschloeffel
Wasserwehr
4 Damm, Stau
5 Deich
8 Staudamm
Wasserwirbel
3 Sog
4 Neer
7 Strudel
Wasserzapfstelle
in Straßen
7 Hydrant
Wasserzeichenwalze
9 Egoutteur
Watsche
8 Ohrfeige
watschen
9 ohrfeigen
Wattebausch
6 Tampon, Tupfer
Watteninsel
6 Hallig
Wattenmeerboden
6 Helder
Wattgebiet
am Dollart
5 Geise
Wattmeter
15 Leistungsmesser
Wattsekunde
5 Joule
Watvogel
4 Ibis
5 Knutt, Triel
6 Limose
7 Kiebitz
8 Schnepfe
9 Bekassine, Kampfhahn
10 Brachvogel, Sanderling
WC-Räumlichkeit
8 Toilette
Webart
6 Koeper
Weberdistel
5 Karde
Webereierzeugnis
4 Tuch, Zeug
5 Loden, Stoff
6 Gewebe, Leinen
8 Textilie
Weberfink
7 Amarant
Weberglas
12 Fadenzaehler
Weberkamm
4 Iler, Riet
Weberkante
4 Egge
7 Salband
9 Salleiste, Selfkante
Weberknecht
6 Kanker, Spinne
8 Schuster
9 Schneider
11 Afterspinne
Webervogel
5 Spatz
8 Sperling
Webstreifen
4 Band
Webstuhlteil
8 Kettbaum
10 Kettenbaum
Wechsel
3 Weg
4 Pfad
5 Wende
6 Akzept, Change, Tausch, Tratte, Turnus, Wandel
7 Rimesse
8 Halbzeit, Transfer, Umtausch, Wandlung, Wildpfad
9 Abloesung, Aenderung, Austausch, Umschwung
10 Umstellung
12 Umgestaltung, Veraenderung
der Gezeiten
4 Stau, Tide
der Wohnung
5 Umzug
des Federkleides
6 Mauser
einer Wache
9 Abloesung
von Ebbe und Flut
8 Gezeiten
zwischen zweien
11 Alternation
Wechselanhang
7 Allonge
Wechselannahmeerklärung
6 Akzept
Wechselannehmer
9 Akzeptant
Wechselaussteller
8 Trassant
Wechselbegeber
6 Girant
Wechselbegriff
8 Korrelat
12 Zusammenhang
Wechselbeziehung
11 Korrelation
12 Zusammenhang
14 Interdependenz
Wechselbezogener
7 Trassat
wechselblütige
Land- und Wassertiere
9 Amphibien
Wechselbürgschaft
4 Aval
Wechselfälle
10 Wandlungen
Wechselfieber
7 Malaria
Wechselgarantie
4 Aval
Wechselgebet
7 Litanei
Wechselgesang
5 Kanon
8 Antiphon
bei Begräbnissen
6 Libera
zwischen Priester u. Chor
8 Antiphon
Wechselgespräch
6 Dialog
wechselhaft
5 labil
8 variabel
10 schwankend
13 veraenderlich
Wechseljahre
der Frau
12 Klimakterium
Wechselkonto
6 Obligo
Wechselkursvergleich
9 Arbitrage
wechseln
7 aendern
8 tauschen
10 umtauschen, veraendern
11 alternieren, vertauschen
der Segelstellung
6 halsen
wechselnd
12 alternierend
bei Farben
9 changeant
10 schillernd
wechselnde
Gemütsstimmung
5 Laune
Gestalt der Himmelskörper
5 Phase
Wechselrahmen
12 Passepartout
Wechselrede
6 Dialog
11 Zwiesprache
12 Unterhaltung
13 Zwiegespraech
wechselseitig
6 mutual
7 mutuell
8 reziprok
wechselseitige
Schuldtilgung
11 Aufrechnung
Wechselseitigkeit
11 Mutualitaet
Wechseltierchen
6 Amoebe
11 Nacktamoebe
Wechselüberschreiber
9 Indossant
Wechselübertragung
11 Indossament
Wechselumlauf
6 Turnus

Wechselverlängerung
12 Prolongation
wechselwarm
12 poikilotherm
wechselwarme
Tiere
6 Fische, Lurche
7 Wuermer
9 Amphibien, Reptilien
10 Weichtiere, Wirbellose
11 Kaltblueter, Kriechtiere
wechselweise
10 alternativ
Wechselwind
im Indischen Ozean
6 Monsum, Monsun
Wechte
9 Ueberhang
wecken
9 wachrufen
11 hervorrufen
Weckruf
5 Alarm
6 Appell, Signal
7 Laeuten
8 Klingeln
13 Haehnekraehen
Weck, Wecken
6 Semmel
9 Weissbrot
14 Weissbroetchen
Wedel
5 Wisch
7 Buendel, Schwanz
8 Bueschel
weg
4 fort
7 abseits
8 entfernt
Weg
4 Bahn, Gang, Pfad, Rain
5 Gasse, Route, Steig, Stieg
7 Strasse, Strecke
bergab
7 Abstieg
der Götter (jap. Religion)
6 Shinto
des Kolbens
3 Hub
eines Flusses
4 Bett, Lauf
für elektrische Energie
7 Leitung
zum Weideauftrieb
5 Trift
Wegbereiter
7 Neuerer, Pionier
9 Initiator
11 Protagonist, Vorkaempfer
12 Avantgardist
13 Schrittmacher
Wegbiegung
5 Kehre, Kurve
Wegekarte
4 Plan
Wegelagerer
6 Bandit
7 Raeuber
10 Raubritter
11 Strauchdieb
12 Buschklepper
15 Strassenraeuber

Wegemaß
5 Meile
im zaristischen Russland
5 Werst
in Japan
2 Ri
Wegemesser
9 Hodometer
Wegeplan
5 Karte
9 Landkarte
Wegfahrende
10 Abreisende
Wegfahrt
5 Reise
wegfallen
12 unterbleiben
Wegführung
6 Trasse
11 Trassierung
Weggabe
von Gütern gegen Bezahlung
7 Verkauf
Weggang
7 Abtritt
8 Abschied
11 Ausscheiden
Weggehen
6 Abgang
7 Verlust
Weggehobeltes
5 Abhub
6 Abfall
Weggenosse
7 Kamerad
9 Gefaehrte
weghaben
9 begreifen, verstehen
11 beherrschen
wegjagen
8 schassen
Wegkrümmung
5 Kehre, Kurve
10 Serpentine
weglassen
9 streichen
weglaufen
10 ausreissen
wegmachen
9 entfernen
10 beseitigen
Wegmal
7 Marterl
9 Wegweiser
Wegmesser
9 Pedograph, Pedometer
Wegnahme
6 Entzug
fremden Eigentums
9 Diebstahl
Wegrand
4 Rain
wegräumen
10 beseitigen
Wegschnecke
5 Arion
wegschneiden
9 abtrennen
Wegstrecke
4 Kurs
5 Route
6 Etappe

Wegstreckenmarkierung
11 Meilenstein
Wegtreten
6 Abgang
Wegwarte
8 Zichorie
Wegweiser
für alles
9 Vademecum, Vademekum
Wegzehrung
8 Proviant
10 Mundvorrat
Wegzeichen
9 Wegweiser
11 Meilenstein
Wegzeichnung
4 Spur
7 Faehrte
Wegzoll
4 Maut
weh
4 wund
8 verletzt
10 schmerzend
11 schmerzhaft
Weh
4 Gram, Leid, Pein, Qual
6 Kummer
7 Schmerz
Wehfrau
7 Hebamme
Wehgeschrei, Wehklage
5 Klage, Zeter
7 Gezeter, Lamento
11 Zetermordio
wehklagen
7 jammern
11 lamentieren
Wehklagen
11 Lamentation
Wehlaut
2 au
3 ach
Wehle
10 Wasserloch
12 Kuestenbucht
wehleidig
8 jammernd
11 empfindlich
Wehmut
6 Trauer
7 Schmerz
9 Nostalgie, Sehnsucht
11 Melancholie
wehmütig
8 elegisch
11 nostalgisch
wehmütiges
Gedicht
6 Elegie
Wehmutter
7 Hebamme
Wehr
4 Stau
5 Waffe
8 Bollwerk, Ruestung, Stauwerk
10 Widerstand
11 Befestigung
12 Schutztruppe, Verteidigung
17 Schutzvorrichtung, Waffenausruestung
19 Verteidigungsanlage

Wehrgemeinschaft
zwischen griechischen Staaten
9 Symmachie
wehrhaft
13 kampftuechtig
gebautes Schloss
4 Burg
Wehrmacht
8 Militaer
13 Streitkraefte
Wehrmachtsteil
4 Heer
6 Marine
9 Luftwaffe
Wehrturm
9 Bergfried
Weib
4 Frau
7 Ehefrau
Adams
3 Eva
Jakobs im A.T.
3 Lea
Weibchen
verschiedener Tiere
5 Zibbe
Weiberfeind
7 Misogyn
weibisch
7 feminin
weiblich
7 feminin
8 fraulich
weibliche
Angehörige eines osteuropäischen Volksstammes
6 Slawin
Angehörige eines semitischen Volksstammes
6 Juedin
Bühnenrolle
4 Alte
5 Naive
6 Heldin
7 Heroine
8 Komische
Dämonen (griech. Sage)
6 Lamien
deutsche Sagengestalt
3 Ute
6 Gudrun
9 Brunhilde, Krimhilde
Dramenfigur in Othello
9 Desdemona
Erwachsene
4 Frau
Figur aus Don Carlos
5 Eboli
Figur aus Lohengrin
4 Elsa
Figur aus Zauberflöte
8 Papagena
Figur der Tristansage
6 Isolde
Figur des italien. Stegreifspiels
9 Kolombine
Gespenster der griech. Sage
6 Lamien
griechische Sagengestalt
2 Io, Jo
4 Leda
5 Circe, Danae, Kirke, Medea, Niobe
6 Hekuba, Helena, Ismene, Sphinx
7 Alkeste, Alkmene, Ariadne, Elektra
8 Antigone
9 Iphigenie
13 Klytaemnestra
Halbgottheiten der röm. Sage
7 Nymphen
Hanfpflanze
6 Mastel
Keimzelle
2 Ei
Kopfbedeckung
3 Hut
5 Haube, Kappe, Schal
6 Turban
Kriegerin
7 Amazone
Nachkommen
8 Maedchen, Toechter
Naturgeister
5 Elfen
Naturgottheit
6 Nymphe
Person
4 Frau
8 Maedchen
Schwarze
7 Negerin
Singstimme
3 Alt
6 Sopran
11 Mezzosopran
15 Koloratursopran
spanische Anrede
6 Senora
Symbolfigur Bayerns
7 Bavaria
Symbolfigur Berlins
8 Berolina
Symbolfigur Deutschlands
8 Germania
Symbolfigur Frankreichs
8 Marianne
Verwandte
3 Oma
4 Base
5 Muhme, Tante
6 Kusine, Mutter, Nichte
7 Cousine, Enkelin, Tochter
9 Schwester, Urenkelin
11 Grossmutter, Schwaegerin
Ziege
5 Geiss, Zicke
8 Rehgeiss
weiblicher
Artikel
3 die
Beruf
4 Amme, Zofe
5 Bonne, Nurse
7 Bardame, Barfrau, Hebamme, Hostess, Koechin
8 Friseuse, Hausfrau, Lehrerin, Masseuse, Modistin, Naeherin, Putzfrau
9 Bueglerin, Kettlerin, Mannequin, Pflegerin, Schwester, Stickerin, Waschfrau, Zugehfrau
10 Arbeiterin, ◆ Fotomodell, ◆ Grafikerin, Kinderfrau, Plaetterin, Stewardess, Waescherin
11 Angestellte, Gouvernante, Graphikerin, Hutmacherin, Photomodell, Sekretaerin, Servierin
12 Aufwartefrau, Empfangsdame, Hausgehilfin, Putzmacherin
13 Haushaelterin, Raumpflegerin, Reiseleiterin, Telephonistin, Toilettenfrau
14 Dienstmaedchen, Garderobenfrau, Kindermaedchen, Musternaeherin, Wirtschafterin, Zimmermaedchen
15 Hausangestellte, Kinderfraeulein, Kinderpflegerin, Maskenbildnerin
16 Kindergaertnerin, Krankenschwester
18 Sprechstundenhilfe
Blütenteil
7 Stempel
Blutsauger, Dämon
5 Lamie
Conferencier
9 Ansagerin
Esel
6 Eselin
Fahrgast
8 Reisende
Fisch
7 Rogener
Fuchs und Wolf
5 Faehe
Geist
3 Fee
Harlekin
9 Kolombine
Hund
5 Petze
7 Huendin
Königsname
5 Luise, Maria
6 Silvia, Sophie
7 Augusta, Beatrix, Fabiola, Juliana
8 Viktoria
9 Elisabeth, Margarete
10 Friederike, Wilhelmina
Nachlassnehmer
5 Erbin
Naturgeist
4 Elfe
österreichischer Adelstitel
4 Edle
Pflegeberuf
11 Samariterin
16 Krankenschwester
Spion
7 Agentin
Überbringer
5 Botin
Vorfahr
4 Ahne
Wassergeist
4 Nixe
6 Undine

weibliches
Ballettmitglied
9 Taenzerin
14 Primaballerina
Bühnenfach
5 Naive
Damwild
8 Kahlwild
Geflügel
4 Huhn, Pute
5 Henne
Grautier
6 Eselin
Hauptwort
9 Femininum
Haustier
3 Kuh, Sau
4 Huhn, Pute
5 Geiss, Henne, Katze, Stute, Zibbe, Ziege
6 Eselin, Faerse
7 Huendin
heidnisches Himmelswesen
7 Goettin
Hirschtier
7 Elchkuh
Hochzeitsgewand
10 Brautkleid
Kaninchen
5 Zibbe
Märchenwesen
3 Fee
Mitglied einer Tanzgruppe
4 Girl
Nachtgespenst
5 Drude
Pferd, Esel, Kamel u.a.
5 Stute
Reh
5 Ricke
Rind
3 Kuh
Rotwild, nachdem es das erste Kalb gesetzt hat
7 Alttier
Schaf
5 Zibbe
Schwarzwild, Wildsau
5 Bache
Schwein
3 Sau
Ungeheuer
6 Medusa, Meduse
Ungeheuer der griech. Sage
5 Gorgo
8 Gorgonen
Wesen
4 Dame, Frau, Maid
8 Maedchen
Wild
3 Reh, Sau
5 Bache, Faehe, Geiss, Ricke
6 Haesin
Wildschwein
5 Bache
weich
4 mild, zart
5 glatt, sanft
6 breiig, morbid, seidig, wollig
7 formbar, knetbar
8 geruehrt, gutartig
9 gutmuetig, krankhaft, mitleidig
10 empfindsam, gargekocht, nachgebend, nachgiebig
11 empfindlich, gargebraten, gefuehlvoll, geschmeidig, weichherzig
12 dickfluessig
Weichbild
10 Stadtrecht
11 Stadtgebiet
19 Stadtgerichtsbezirk
weiche
Auspolsterung
10 Wattierung
Bauchfeder
5 Flaum
Bettfedern
4 Dune
5 Daune, Flaum
Erdmasse
7 Schlamm
Gesteinsart
4 Kalk
6 Kreide
Tonart
4 Moll
Unterlage
6 Kissen
7 Polster
Weiche
5 Seite
6 Flanke
weichen
9 nachgeben
13 zurueckziehen
weicher
gerauhter Wollstoff
5 Foule
haariger Wollstoff
7 Flausch
Mantelstoff
5 Perle
weiches
Barthaar
5 Flaum
Gewebe
4 Samt
6 Sammet
7 Flanell
Gewebe in Hohlräumen
4 Mark
Lager
6 Pfuehl
Leder
7 Chamois
Metall
4 Blei, Gold, Zinn
Pergament
5 Velin
Ziegenleder
3 Kid
5 Nappa
Weichheit
5 Milde
14 Nachgiebigkeit
weichherzig
4 mild
9 gutmuetig
10 mildtaetig
Weichholz
4 Aspe, Erle
5 Linde, Tanne
6 Fichte, Kiefer, Pappel
7 Laerche
Weichkaramelle
6 Toffee
Weichkäse
4 Brie
5 Quark
8 Romadour
9 Camembert, Limburger, Roquefort
10 Gorgonzola
11 Butterkaese
12 Huettenkaese, Schmelzkaese
weichlich
8 weibisch
10 zimperlich
11 unmaennlich
13 verhaetschelt
Weichling
5 Memme
8 Feigling
9 Hasenfuss
11 Duckmaeuser
12 Schwaechling
14 Schlappschwanz, Schwachmatikus
15 Muttersoehnchen
Weichsel
12 Sauerkirsche
15 Schattenmorelle
Weichselfloß
5 Traft
Weichselmündungsarm
5 Nogat
Weichspeise
3 Mus
4 Brei
6 Pueree
7 Pudding
Weichteile
10 Eingeweide
Weichtier
5 Krake
7 Muschel
8 Molluske, Schnecke
9 Schaltier
11 Grabfuesser, Kopffuesser, Tintenfisch
12 Wurmmolluske, Zahnschnecke
14 Kaeferschnecke
16 Flussperlmuschel
Weichtierlehre
11 Malakologie
14 Malakozoologie
Weideland
5 Wiese
Weidelgras
5 Lolch
Weidemonat
3 Mai
Weidenband
zum Binden
5 Wiede
Weidenbaum
6 Felber
Weidengerte
4 Zain
Weidenstock
5 Gerte
Weidesteppe
(Südamerika)
5 Pampa
Weide, Weidefläche
3 ◆ Alb, Alm, Alp
4 Alpe

5 Anger, Egart, Salix, Trift, Wiese
6 Hutung, Knuell, Koppel
8 Grasland
9 Gruenland
10 Wiesenland

Weidewiese
5 Trift

Weidezaun
4 Fenz
6 Gatter

Weidgenossen
9 Mitjaeger
11 Jagdgenosse

weidgerechtes ***Erlegen***
4 Jagd

weidlich
8 kraeftig, tuechtig
10 ordentlich

Weidmann
5 Heger
6 Jaeger

weidmännisch: ***frisch gefallener Schnee***
4 Neue

weidmännischer ***Begriff***
3 Aas, Bau, Dam, Huf, Ohr, Reh, Ren, Sau
4 Aser, Auge, Baer, Balg, Balz, Bart, Bast, Beiz, Bett, Bock, Brut, Eber, Elch, Elen, Ende, Ente, Fang, Fehe, Fett, Flug, Flur, Gams, Gang, Gans, Hahn, Hase, Hatz, Hege, Holz, Horn, Hund, Jagd, Kalb, Kitz, Kopf, Korn, Lauf, Maul, Nest, Paar, Pass, Ratz, Ried, Rose, Rute, Satz, Sitz, Spur, Wild, Wolf, Wurf
5 aesen, Aeser, Bache, Beize, Belze, Blatt, Blume, Bruch, Dachs, Decke, Enden, Faehe, Fahne, Falke, Falle, Fasan, Fegen, feist, Fiepe, Forst, Frass, Frett, Fuchs, Gabel, Geaes, Geiss, Gemse, Haken, Hauer, Haupt, Hecke, Henne, Hetze, Iltis, Jagen, Kehle, Kette, Keule, Kitze, Klaue, Kranz, Krone, Kugel, Lager, Lasso, Lauer, Lecke, Lefze, Leier, Licht, Loser, Luder, Lunte, Lunze, Luser, Meute, Nagel, Perle, Reuse, Ricke, Riese, Rinde, Rudel, Ruder, Ruede, Sasse, Schaf, Seher, Sicke, Sieke, Spiel, Sporn, Stamm, Stand, Stoss, Suhle, Tatze, Tritt, Wedel, Welpe, Zehen, Zippe
6 Abbiss, Aesung, Altreh, Anbiss, Ansitz, Atzung, Behang, Blende, Blesse, Brunft, Eichel, Faenge, Flamme, Flanke, Flucht, Gabler, ◆ Gaemse, Geaese, Gebell, Gehege, Gehoer, Gelege, Genist, Gewaff, Gewehr, Geweih, Graene, Grandl, Graser, Haesin, Halali, Hirsch, Jaeger, Kanzel, Keiler, Kessel, Koeder, Koppel, Kraehe, Krumme, Laeufe, Lappen, Lecker, Losung, ludern, Maehne, Marder, Moench, Nicker, Nimrod, Perlen, Pirsch, Reiher, Reiser, Reisig, Revier, Rodung, Roehre, Safari, Schale, Schild, Schirm, Schlag, Schrot, Sichel, Spiess, Sprung, Stange, Steiss, Storch, Stumpf, Teller, Waffen, Wiesel, ziehen
7 Abtritt, Alttier, anlegen, Anstand, Auswurf, Bestand, blatten, Buechse, Buerzel, Damtier, Damwild, Dickung, Dressur, Erdjagd, Faecher, Faehrte, Falkner, Fittich, fluegge, forkeln, Gangart, Gebrech, Gehoere, Gehoern, Gekroen, Gelaeuf, Gelaeut, Geroehr, Gesperr, Gestell, Gewerft, Gewicht, Grandel, Haderer, Halsung, Hauzahn, Kadaver, Kapital, Kranich, Lichter, Loeffel, Puerzel, Rammler, Rebhuhn, Rehbock, Rehkalb, Rehkitz, Reizung, roehren, Rottier, Rotwild, Ruessel, Sauhatz, Schalen, Schwanz, Sechser, Spiegel, Stangen, Stecher, Strecke, Streife, Stutzen, Traeger, Treiber, Wachtel, Wechsel, wildern, Wildsau
8 Abschuss, Absprung, Anschlag, Auerhahn, Auerwild, Aufbruch, Balzjagd, Beitritt, Beizjagd, Birkhahn, Birkhuhn, Birkwild, Bockkitz, Dickicht, Dublette, Elchtier, Fuchsbau, Fuechsin, Gamsbart, Gamsbock, Geaefter, Gebraech, Gefieder, Gesaeuge, Grandeln, Hetzjagd, Hochjagd, Hochsitz, horridoh, Hubertus, Jagdhorn, Jagdhund, Jungholz, Kahlwild, Kehlbart, Kraeckel, krickeln, kroepfen, Lauscher, Lockjagd, Paarspur, Parforce, Passgang, pirschen, Rehgeiss, Rollzeit, Rotfuchs, Schaufel, Scheuche, Schlinge, Schnabel, Schnepfe, Schwarte, Schweiss, Schwinge, Spiesser, Sprosser, Staender, Waidmann, Waidsack, Waidwerk, waidwund, Weidmann, Weidsack, Weidwerk, weidwund, Wildbahn, Wilderer
9 aufsetzen, Augspross, Ausschuss, Damhirsch, Doublette, Einschlag, Falknerei, Fangeisen, Faustmann, Federbart, Federwild, Feistzeit, Frettchen, Fuchshatz, Gebraeche, Geraeusch, Gescheide, Gruenrock, Haselhuhn, Haselwild, Hirschkuh, Hochstand, Jagdbeute, Jagdfasan, Jagdpacht, Jagdstuhl, Kaninchen, Lockvogel, Nachsuche, Rothirsch, Schaufeln, Schaufler, Schmalreh, Schneider, Schonzeit, Standarte, Standlaut, Treibjagd, Unterholz, verbellen, verhoeren, Witterung
10 aufbrechen, Falkenjagd, Fangschuss, Frettieren, Frischling, Fuchshaube, Geschleife, Geschlinge, Hinterlauf, Hirschkalb, Hirschlauf, Jagdschein, Kahlhirsch, Kahlschlag, Klappfalle, Luderplatz, Mutterwild, Niederjagd, Schmaltier, Schuesseln, Standvogel, Tritteisen, vergraemen, Vorderlauf, Waidmesser, Wasserjagd, Weidmesser, Wildgatter, Wildkanzel
11 apportieren, Augenspross, Baumrutsche, Falkenbeize, Federlappen, Glockengarn, Haupthirsch, Huettenjagd, Nickfaenger, Oberruecken, Passgaenger, Schnitthaar, Schwarzwild, Tellereisen, Vergraemung, Waidgenosse, Weidgenosse, Wildschwein, Wildwechsel
12 Brunftmaehne, Damschaufler, Futterstelle, Hirschgeweih, Jaegerlatein, Jagdpaechter, Kreuzfaehrte, Mischbestand, Schweisshund, Ueberlaeufer, Waldschnepfe
13 Einzelgaenger, Grosswildjagd, Hirschfaenger, Hirschzeichen, Jagderlaubnis, Kesseltreiben, Schnitzeljagd
14 Hinterschaufel, Repetiergewehr, Revierfoerster, Vorderschaufel
15 Forstverwaltung, Grosswildjaeger, Jagdgenehmigung, Jagdvereinigung, Schnepfenstrich

Weidmesser
5 Hauer

Weidsack
6 Pansen

Weidwerk
4 Jagd

Weigerung
5 Refus
6 Absage
9 Ablehnung

Weihbischof ***von New York***
5 Sheen

Weihe
5 Segen, Taufe
7 Segnung
9 Heiligung, Raubvogel
10 Einsegnung, Einweihung, Ordination
11 Benediktion
12 Konsekration

Weihegeschenk
6 Exvoto

9 Votivgabe
Weihelied
3 Ode
5 Hymne
6 Hymnus
weihen
12 konsekrieren
Weiheöl
im katholischen Kirchenbrauch
7 Chrisam, Chrisma
Weiher
5 Teich
7 Tuempel
Weihespruch
5 Segen
weihevoll
7 erhaben
9 feierlich
Weihmantel
des kath. Priesters
8 Pluviale
Weihnachten
10 Christfest
weihnachtliche
Schnitzfigur
11 Nussknacker
17 Raeuchermaennchen
Weihnachtsbaum
10 Christbaum, Tannenbaum
Weihnachtsbaumschmuck
7 Lametta
10 Engelshaar, Glaskugeln
Weihnachtsbraten
4 Ente, Gans
Weihnachtsgebäck
6 Printe
7 Stollen
8 Marzipan
9 Lebkuchen
10 Plaetzchen, Springerle
11 Honigkuchen, Pfeffernuss, Spekulatius
12 Ausstecherle
13 Christstollen, Pfefferkuchen
16 Spritzgebackenes
Weihnachtsgottesdienst
17 Mitternachtsmesse
Weihnachtsmann
8 Nikolaus
Weihnachtsrose
8 Nieswurz
Weihnachtsspiel
12 Krippenspiel
Weihnachtssymbol
6 Krippe
Weihnachtsvorzeit
6 Advent
Weihnachtswunsch
der Kinder
9 Spielzeug
Weihwasserkessel
3 Ama
Weihwasserwedel
9 Aspergill
weiland
7 ehemals, vormals
9 einstmals
Weile
5 Dauer
Weiler
in Oberbayern
5 Elmau

Weimarer
Architekt
7 Coudray
Bauwerk
7 Schloss
10 Goethehaus
11 Weimarhalle
12 Herderkirche, Schillerhaus
13 Wittumspalais
15 Nationaltheater
16 Kirms-Krackow-Haus
Dichter
6 Goethe, Herder
7 Musaeus, Wieland
8 Schiller
Herzog (auch Herzogin)
10 Anna Amalia, Carl August
12 Wilhelm Ernst
13 Carl Alexander
Hofkapellmeister
5 Liszt
Kaufmann
7 Bertuch
Maler
7 Lenbach, Preller
Ortsteil mit Schloss
7 Tiefurt
Stadtteil
7 Tiefurt
10 Oberweimar
11 Ehringsdorf
Weinbauer
6 Winzer
Weinbaukunde
9 Oenologie
Weinbaulandschaft, franz.
5 Medoc
6 Elsass
7 Burgund
Weinbauort
in Ungarn
5 Tokaj
Weinbaustadt
an der Unstrut
8 Freyburg
in Italien
4 Asti
in Nordungarn
4 Eger
Weinbeere
6 Rosine, Traube, Zibebe
8 Korinthe
9 Sultanine
Weinbehältnis
6 Ballon
Weinbereitungsvorgang
5 Lesen
6 Gaeren, Lagern
7 Abstich, Keltern
8 Abbeeren, Abziehen, Maischen, Schoenen
9 Abstechen, Schwefeln
12 Verschneiden
Weinberg, -garten
7 Wingert
Weinbergschädling
6 Meltau
7 Mehltau, Reblaus
10 Rebstecher
12 Rebenstecher, Rebenwickler
13 Ruesselkaefer
14 Traubenwickler

Weinbezeichnungen
4 Rose
7 Clairet, Eiswein, Rotwein
8 Heuriger, Kraetzer, Rosewein, Suedwein
9 Suesswein, Tafelwein, Weisswein
10 Likoerwein
11 Dessertwein, Weissherbst
12 Schillerwein
14 Praedikatswein, Qualitaetswein
Weinboot
3 Aak
4 Aake
Weinbrand
6 Cognac, Kognak
Weindestillat
9 Weinbrand
Weindrossel
5 Winze
Weinduft
5 Buket
6 Bukett
weinen
6 heulen
7 flennen
10 schluchzen
weinerlich
9 larmoyant
15 traenenerstickt
weinerlicher
Nörgler
7 Raunzer
Weinernte
4 Lese
Weingarten
7 Wingert
Weingärtner
9 Wingerter
Weingefäß
4 Fass
7 Flasche
11 Bocksbeutel
Weingeist
5 Sprit
7 Alkohol
8 Spiritus
13 Aethylalkohol
Weingewächs, Klimme
6 Cissus
Weinglas
5 Pokal
6 Becher, Roemer
Weingott
7 Bacchus
8 Dionysos
Weinhähnchen
6 Grille
Weinhefe
6 Drusen
Weinkenner
7 Gourmet
Weinkunde
9 Oenologie
Weinlager
8 Kellerei
Weinlaube
(südd.)
6 Pergel
Weinmaß
5 Fuder
Weinmonat, Weinmond
7 Oktober

Weinort, -stadt
am Rhein
6 Bingen, Erbach, St. Goar
7 Boppard
8 Eltville, Kiedrich
9 Bacharach, Ingelheim, Nierstein, Oppenheim, Sankt Goar
10 Nackenheim, Ruedesheim
12 Johannisberg
14 Assmannshausen, Oestrich-Winkel
15 Gaubischofsheim
16 Sankt Goarshausen
an der Ahr
8 Altenahr
an der Mosel
3 Alf
4 Neef, Zell
5 Alken, Bremm, Croev, Erden, Trier
6 Cochem, Graach, Traben, Uerzig, Wehlen
7 Enkirch
8 Mesenich, Neumagen, Piesport, Wintrich
9 Zeltingen
10 Bernkastel
11 Trittenheim
14 Bernkastel Kues, Traben Trarbach
an der Ruwer
5 Casel
8 Sommerau, Waldrach
9 Gruenhaus
10 Eitelsbach
an der Saar
6 Serrig, Wawern
9 Wiltingen
auf Sizilien
7 Marsala
bei Remagen
5 Erpel
bei Rom
8 Frascati
bei Wien
8 Grinzing
im Kreis Neuwied
5 Unkel
in Baden
5 Umweg
7 Durbach
9 Oberkirch
13 Sasbachwalden
in Frankreich
6 Beaune
8 Bordeaux
in Italien
4 Asti
in Portugal
5 Porto
in Rheinland-Pfalz
5 Forst
6 Landau
8 Neustadt, Nussbach, Ungstein
9 Duerkheim, Edenkoben, Kallstadt, Maikammer
10 Deidesheim, Wachenheim
11 Koenigsbach
12 Bad Duerkheim
in Spanien
5 Jerez
6 Malaga
in Südtirol
5 Bozen, Gries, Meran
6 Brixen, Salurn, Tertan, Tramin
7 Kaltern
in Ungarn
5 Erlau, Tokaj
Weinpflanze
4 Rebe
9 Weinstock
Weinpflanzung
7 Wingert
8 Weinberg
10 Weingarten
Weinprädikat
7 Auslese, Eiswein
8 Kabinett
9 Spaetlese
13 Beerenauslese
20 Trockenbeerenauslese
Weinpresse
6 Kelter
Weinprüfer
6 Koster
Weinranke, Weintraube
4 Rebe
7 Herling
Weinrebe
5 Vitis
Weinreife
5 Firne
Weinschädling
7 Reblaus
Weinschenk
4 Saki
Weinschenke
6 Bistro, Bodega
7 Taverne
Weinsorte, Traubensorte
4 Asti, Sake, Sekt
5 Bados, Berry, Chios, Gamay, Jeres, Medoc, Mosel, Porto, Ruwer, Samos, Soave, Tokaj, Xeres
6 Graves, Malaga, Merlot, Rancio, Ruster, Sherry, Wermut
7 Chablis, Chianti, Cinzano, Formint, Lagrein, Madeira, Marsala, Orvieto, Tokaier, Tokayer
8 Alicante, Bordeaux, Cabernet, Falerner, Frascati, Portwein, Riesling, Silvaner, Traminer, Vermouth
9 Burgunder, Huxelrebe, Lagreiner, Languedoc, Moselwein, Neuburger, Rheinwein, Rulaender, Sauternes, Tarragona, Veltliner
10 Champagner, Schaumwein, Trollinger
11 Drachenblut, Edelzwicker, Frankenwein, Muskateller, Plattenseer
12 Asti Spumante, Bernkasteler, Ruedesheimer
14 Mueller Thurgau, Spaetburgunder
15 Assmannshaeuser, Liebfrauenmilch
Weinstock
4 Rebe
Weintesten
9 Weinprobe
Weintraubenernte
4 Lese
weise
4 klar, klug
7 gereift
8 erfahren
10 abgeklaert, einsichtig
13 philosophisch
14 lebenserfahren
Frau
7 Hebamme
11 Wahrsagerin
Weise
3 Art
4 Lied
5 Genre, Modus, Sitte
6 Brauch
7 Melodie, Methode
8 Tonfolge, Vorgehen
9 Verfahren, Verhalten
10 Modalitaet
12 Gesangstueck
Weisel
14 Bienenkoenigin
weisen
6 lenken, zeigen
7 fuehren
8 schicken
Weiser
6 Denker
9 Philosoph
Ratgeber der Trojasage
6 Nestor
Weisheit
5 Reife
6 Wissen
8 Klugheit
13 Gelehrsamkeit
15 Lebenserfahrung
Weisheitsgöttin
6 Athena, Athene
7 Minerva
Weisheitsliebe
11 Philosophie
weismachen
8 einreden
weiß
5 blass
6 bleich
weissagen
11 prophezeien
Weissager
5 Seher
7 Prophet
Weissagerin
6 Pythia
11 Wahrsagerin
Weissagung
6 Orakel
9 Prophetie
12 Prophezeiung
Weißbinder
9 Boettcher
weiß blühender
Baum
7 Robinie
Weißblütigkeit
9 Leukaemie
weißborkiger
Baum
5 Birke

weißbrotähnliches
Gebäck
4 Kipf, Weck
5 Wecke
6 Kipfel, Semmel, Stuten
7 Kipferl
8 Schrippe
Weißbrotbrei
6 Panade
Weißbrotschnitte
(geröstet)
5 Toast
Weißbuche
9 Hainbuche
Weißdorn
8 Hagedorn
9 Crataegus
weiße
Ameise
7 Termite
Blutkörperchen
10 Leukozyten
11 Lymphozyten
Haremssklavin
8 Odaliske
Narbe der Hornhaut des Auges
6 Leukom
Tunke
13 Bechamelsauce, Bechamelsosse
weißen
6 kalken
8 tuenchen
weißer
Bluseneinsatz
9 Chemisett
10 Chemisette
Bordeauxwein
5 Yquem
Burgunderwein
7 Chablis
Fastenkringel
7 Baranka
Hornhautfleck
6 Albugo, Leukom
Käse
5 Quark
Seerabe
4 Sula
Sport
6 Tennis
Stirnfleck
6 Blesse, Flocke
Strahlenkranz um die Sonne
6 Korona
Südafrikaner holländischer Abstammung
4 Bure
Tunfisch
6 Germon
weißes
Chorhemd der kath. Priester
4 Albe
Gold
9 Porzellan
Hemd der griech. und albanischen Nationaltracht
10 Fustanella
Pferd
8 Schimmel
Weißfisch
4 Albe, Alet, Alse, Orfe
5 Aitel, Aland, Hasel, Jesen
6 Doebel, Ukelei
7 Elritze, Ploetze, Rotauge
8 Rotfeder, Schupper, Schuster
9 Schneider
11 Schusslaube
Weißfuchs
10 Polarfuchs
Weißgebäck
6 Semmel
weiß glasierte
Töpferware
7 Fayence
weißhändiger
Langarmaffe
3 Lar
Weißkäse
5 Quark
Weißkohl
6 Kappes, Kappus
Weißkopfaffe
4 Saki
weißlich, gelblich
5 ekrue
Weißling
6 Albino, Merlan
8 Wittling
12 Karpfenfisch
weißnasiger
Husarenaffe
6 Nisnas
Weißpappel
5 Abele
Weißpfennig
5 Albus
weißrussische
Stadt
5 Brest, Gomel, Minsk, Pinsk
6 Grodno, Orscha
7 Borisow, Mogilew, Witebsk
8 Bobrujsk
Weißsucht
10 Albinismus
Weißwal
6 Beluga
weißwollener
Überwurf
7 Pallium
Weisung
3 Rat
5 Gebot, Order
6 Befehl
7 Auftrag, Geheiss
9 Anordnung, Anweisung, Belehrung, Direktive
10 Richtlinie
11 Instruktion
weit
4 lang
5 gross
9 geraeumig
10 ausgedehnt
hergeholt
7 gesucht
verbreitete Epidemie
8 Pandemie
weg gelegene Gegend
5 Ferne
weitärmeliges
Gewand
6 Kimono
weitbauchiges
Metallgefäß
6 Kessel
weit blickend
12 voraussehend
weite
Kniehose
13 Knickerbocker
Landschaft
7 Gefilde
Planetenbahnentfernung
5 Apsis
Weite
5 Ferne
6 Breite, Umfang
7 Abstand
8 Oeffnung
9 Dimension
10 Ausdehnung, Entfernung
11 Durchmesser
suchen
7 fliehen
10 ausreissen
11 davonlaufen
weiten
6 dehnen
weiter
ärmelloser Wettermantel
8 Pelerine
Herrenmantel
6 Raglan, Ulster
Maskenmantel
6 Domino
Umhang
4 Cape
Zeilenabstand
11 Durchschuss
Weiterentwicklung, -gang
8 Progress
11 Fortschritt
weiter führender
Kurs
20 Fortbildungslehrgang
Weiterführung
11 Fortsetzung
auf neue Weise
9 Aenderung
weitergeben
12 uebermitteln
weiterhin
8 kuenftig
9 ausserdem
weitermachen
10 fortsetzen
11 fortfuehren
Weiterung
5 Folge
10 Konsequenz
12 Komplikation
13 Schwierigkeit
16 Unannehmlichkeit
weit gehend
11 grosszuegig, umfangreich
weit gehende
Haltbarmachung flüssiger Lebensmittel
14 Pasteurisieren
weitherzig
8 tolerant
11 grosszuegig
12 versoehnlich
weithin
hörbarer Laut eines Lebewesens
6 Schrei
sichtbares Seezeichen
10 Leuchtturm

weitläufig
6 diffus
8 entfernt
11 schwuelstig
12 grossraeumig
weit reichend
11 umfangreich
weitschweifig
9 langatmig, wortreich
12 ausfuehrlich, umstaendlich
Weitsicht, -blick
7 Umsicht
8 Vorsorge
Weizenart
5 Emmer, Spelt
6 Dinkel
7 Einkorn
Weizeneiweißmehl
6 Glidin
Weizenkeimgebäck
9 Broetchen
Weizenkleie
5 Grand
Weizenmücke
6 Wiebel
8 Kronwurm
Welf
4 Welp
5 Welpe
Welfenpartei
7 Guelfen
welk
5 duerr
9 verblueht
11 vertrocknet
welken
9 verdorren
10 verbluehen
11 erschlaffen
Welle
4 Mode, Woge
6 Stange
7 Ansturm
8 Bewegung
9 Kurzwelle, Langwelle, Stroemung
10 Aufschwung, Lichtwelle, Radiowelle, Schwingung
11 Mittelwelle, Schallwelle
14 Ultrakurzwelle
Wellenbewegung
10 Undulation
Wellenbrecher
4 Damm, Mole
5 Buhne
Wellendrehhebel
6 Kurbel
Wellenfurcher
12 Rippelmarken
Wellenkamm
11 Schaumkrone
Wellenlinie
5 Kurve
8 Maeander, Zickzack
Wellenreiter
6 Surfer
Wellenschaum
6 Gischt
Wellenschlag
7 Seegang
8 Brandung
welliges
Kreppgewebe
6 Kreton
Welschkohl
7 Wirsing
Wels, Welsart
6 Bagadu, Waller, Weller
8 Katfisch
9 Zwergwels
10 Katzenwels, Panzerwels, Zitterwels
11 Katzenfisch
Welt
3 All
4 Erde
5 Natur
6 Globus, Kosmos
7 Weltall
8 Erdkugel
9 Universum
11 Makrokosmos, Mikrokosmos
der Menschen
7 Midgard
der Toten
3 Hel
des Feuers
10 Muspelheim
weltabgewandt
13 introvertiert
14 einsiedlerisch
Weltallforscher
u. Astronom
6 Kepler
Weltalter
4 Aeon
8 Ewigkeit
Weltanschauung
6 Glaube
9 Ideologie, Realismus
10 Fatalismus, Idealismus, Nihilismus, Optimismus
11 Einstellung, Kommunismus, Mentalitaet
13 Materialismus
die einen Gott verneint
9 Atheismus
Weltarbeitsorganisation
3 ILO
Weltbaumeister
7 Demiurg
weltbekannte
Straße in Berlin
10 Tauentzien
14 Unter den Linden
15 Kurfuerstendamm
Straße in Hamburg
10 Reeperbahn
weltberühmter
Komponist
6 Mozart
9 Beethoven
15 Schostakowitsch
Weltbürger
10 Kosmopolit
weltbürgerliche
Bewegung der Logen
12 Freimaurerei
Welteislehre
17 Glazialkosmogonie
Weltenbummler
12 Globetrotter
Weltende
9 Ragnaroek
10 Apokalypse
13 Weltuntergang
17 Goetterdaemmerung
Weltenlenker
4 Gott
weltentlegenes
Dorf
4 Kaff
Weltentstehungslehre
10 Kosmogonie, Kosmologie
Weltesche
9 Yggdrasil
weltfremder
Landbewohner
14 Hinterwaeldler
Weltfriedensbewegung
10 Pazifismus
Weltgeist
3 Nus
4 Nous
Weltgeistlicher
4 Abbe
5 Abate
12 Leutpriester
der orthodoxen Kirche
5 Papas
Weltgeschichte
8 Historie
Weltgesundheitsorganisation
3 WHO
weltgewandt
7 mondaen
13 weltmaennisch
weltgewandter
Mann
13 Grandseigneur
Welthandelsorganisation
3 WTO
Welthilfssprache
3 Ido
6 Novial
7 Mondial
8 Volapuek
9 Esperanto
10 Occidental
11 Interglossa, Interlingua
Weltkinderhilfswerk
6 UNICEF
Weltkirchenbewegung
8 Oekumene
Weltkugel
6 Globus
weltlich
6 mundan, profan
7 irdisch
8 saekular
weltlicher
Herrscher des Islam
5 Kalif
weltliches
Oberhaupt des Lamaismus
9 Dalai-Lama
Weltmacht
3 USA
Weltmachtstreben
13 Imperialismus
Weltmann
8 Kavalier
9 Gentleman
11 Gentilhomme
weltmännisch
5 urban
8 erfahren

9 geschickt
10 ueberlegen
Weltmeer
5 Ozean
8 Atlantik
weltoffen
13 extravertiert, weltzugewandt
Weltordnung
6 Kosmos
Weltordnungslehre
10 Kosmologie
Weltorganisation
2 UN
3 UNO
Weltpostverein
3 UPU
Weltraumbehörde
der USA
4 NASA
Weltraumfahrer
9 Astronaut, Kosmonaut
Weltraumfahrt
11 Astronautik
Weltraumflugkörper, -schiff
6 Rakete
7 Sputnik
8 Satellit, Telestar
Weltraumgeschoss
der USA
8 Explorer
Weltraumhündin
5 Belka, Laika
7 Strelka
Weltraumoper
v. Blomdahl
6 Aniara
Weltraumstation
5 Salut
Weltreich
6 Empire
8 Imperium
Weltreisender
4 Cook
Weltrekordler
8 Champion
Weltreligion
5 Islam
8 Judentum, Taoismus
9 Parsismus, Sikhismus
10 Buddhismus, Hinduismus
11 Christentum, Shintoismus
12 Dschainismus, Schintoismus
14 Konfuzianismus
Weltschlange
(ind. Sage)
6 Ananta
Weltschmerz
11 Melancholie
Weltschöpfer
7 Demiurg
in der pers. Mythologie
6 Ormuzd
Weltseele
5 Atman
6 Pneuma
7 Brahman, Demiurg
Weltsport
8 Fussball
Weltsportveranstaltung
9 Olympiade
16 Olympische Spiele
Weltsprache
4 Urdu
7 Deutsch
8 Arabisch, Englisch, Russisch, Spanisch
10 Chinesisch, Hindustani
12 Franzoesisch
13 Portugiesisch
Weltstadt
9 Metropole
Weltstrom
der griech. Mythologie
7 Okeanos
weltumfassend
11 oekumenisch
Weltumsegler
4 Cook
8 Magellan
9 Magalhaes
weltumspannend
6 global
9 universal
10 universell
11 oekumenisch
13 international
Weltuntergang
der nord. Sage
9 Ragnaroek
Welturgrund
bei Laotse
3 Tao
weltweit
verbreitete Vogelfamilie
5 Raben
weltweite
Jugendbewegung
10 Pfadfinder
weltweiter
Konzern
5 Multi
Weltwetterorganisation
3 WMO
Weltwunder
9 Pyramiden
15 Koloss von Rhodos, Tempel in Ephesos
16 Haengende Gaerten
17 Zeusbild in Olympia
19 Leuchtturm von Pharos
20 Grabmal in Halikarnass
Wemfall, 3. Fall
5 Dativ
Wende
(Volksgruppe)
5 Sorbe
Wendekommando
beim Segeln
3 Ree
Wendel
7 Spirale
8 Schnecke
Wendemanöver
beim Segeln
5 Halse
wenden
6 drehen, kehren
8 umdrehen, umkehren
Wenden
6 Sorben
Wendepunkt
5 Krise
6 Krisis
9 Peripetie
Wende, Wendung
4 Turn
5 Kehre, Kurve
6 Anfang, Beginn, Krisis, Umkehr
7 Drehung, Wechsel
8 Wandlung
9 Umschwung
12 Veraenderung
wendig
5 alert
6 clever
9 beweglich, geschickt
wendisch
8 sorbisch
Wendung
18 Richtungsaenderung
beim Fechten
5 Volte
zum Guten oder Schlechten
6 Krisis
Wenfall
9 Akkusativ
wenig
befestigt
6 locker
7 wacklig
8 wackelig
nicht viel
6 gering
sinnvolles Sprechen
6 Gerede
Wenigborster
12 Oligochaeten
weniger
5 minus
10 abzueglich
Wenigkeit
11 Kleinigkeit
wenn
5 falls, sooft
6 sobald, sofern
Wenzel
(Kartenspiel)
4 Bube
5 Unter
Werbeanschlag
6 Plakat
Werbebüro
7 Agentur
12 Werbeagentur
Werbeeinlage
im Fernsehen
9 Werbespot
Werbekatalog
8 Prospekt
Werbekurzfilm
4 Spot
werben
11 propagieren
Werben
des Auer- und Birkhahns in der Paarungszeit
4 Balz
Werbender
6 Freier
Werberedner
8 Agitator
Werbeschlagwort
6 Slogan
Werbeschrift
8 Prospekt
Werbeträger
4 Film, Funk
5 Media

6 Medium, Presse
7 Magazin, Zeitung
9 Fernsehen
11 Wochenblatt, Zeitschrift
12 Illustrierte, Massenmedien
Werbung
7 Annonce, Anzeige, Inserat, Offerte, Reklame
9 Agitation, Publicity
10 Propaganda
11 Advertising
15 ◆ Publicrelations
Werden
6 Genese
7 Genesis
10 Ausbildung, Entstehung
11 Entwicklung
Werfall
9 Nominativ
werfen
10 schmeissen
Werftanlage, -ablauf
5 Helge
6 Helgen
7 Helling
Werftarbeiter
6 Nieter
Werg
4 Hede
Wergeld
9 Mannbusse
10 Suehnegeld
Werk
3 Tat
4 Buch, Opus
5 Opera, Stoff
6 Arbeit
7 Aufgabe, Produkt, Schrift
8 Handlung, Rohstoff
9 Erzeugnis
10 Schoepfung, Taetigkeit
12 Geschaffenes
16 Hervorgebrachtes
der Architektur
7 Arkaden
eines Künstlers
8 Gemaelde
Industrieanlage
6 Fabrik
7 Betrieb
11 Unternehmen
zur Koksherstellung
7 Kokerei
Werkeinschnitt
4 Nute
werkeln
17 herumwirtschaften
Werkküche
7 Kantine
Werkmeister
auf dem Bau
6 Polier
Werkraum
5 Labor
Werkstatt
des Künstlers
6 Studio
7 Atelier
zum Schärfen von Schneidwerkzeugen
11 Schleiferei
Werkstoff
4 Gips, Glas, Harz, Holz
5 Beton, Blech, Eisen, Leder, Pappe, Stahl, Stein
6 Metall, Papier
7 Messing, Plastik
8 Material
9 Kunstharz
zur Herstellung einer Zeitung
6 Papier
Werkstückspanner
5 Klaue
Werktag
6 Alltag, Montag
7 Freitag, Samstag
8 Dienstag, Mittwoch
9 Sonnabend, Wochentag
10 Donnerstag
Werktisch
zur Holzbearbeitung
9 Hobelbank
Werkzeug
3 Axt, Lot
4 Ahle, Anke, Beil, Dorn, Form, Haue, Iler, Kamm, Keil, Netz, Riet, Sech
5 Feile, Forke, Hacke, Hebel, Hobel, Karst, Kelle, Lehre, Nadel, Saege, Sense, Spule, Walze, Zange
6 Amboss, Beitel, Bohrer, Fraese, Geraet, Hammer, Haspel, Klemme, Kluppe, Kratze, Messer, Pfriem, Pinsel, Raspel, Schere, Spatel, Spaten, Stanze, Zirkel, Zwinge
7 Buerste, Leisten, Meissel, Schaber, Schippe, Senklot, Spindel, Stichel
8 Faeustel, Schaufel, Schlegel, Spachtel, Stampfer, Stoessel
9 Bandsaege, Baumsaege, Bohrwinde, Geissfuss, Handsaege, Haumesser, Hobelbank, Hohleisen, Holzfeile, Kanthaken, Laubsaege, Lochzange, Naehnadel, Rohrzange, Schlaegel, Weberkamm, Wetzstein
10 Baumschere, Beisszange, Drahtzange, Englaender, Flachzange, Holzhammer, Instrument, Kittmesser, Kneifzange, Kombizange, Kreissaege, Loetkolben, Sperrhaken, Spitzhacke, Stecheisen, Stemmeisen, Stichsaege, Zwickzange
11 Blechschere, Buegelsaege, Drahtschere, Drehmeissel, Drillbohrer, Erdschaufel, Hohlmeissel, Metallsaege, Nagelbohrer, Rasenschere, Ringspindel, Spitzbohrer, Spitzhammer, Wasserwaage, Wegschaufel, Zufasszange
12 Bohrmaschine, Brennerzange, Dengelamboss, Dengelhammer, Drahtbuerste, Dreschflegel, Flachmeissel, Fuchsschwanz, Gartenschere, Heckenschere, Maurerhammer, Sattlernadel, Schleifstein, Schneidzange, Schraubstock, Stahlbuerste, Ziegelhammer
13 Dreikantfeile, Gewindebohrer, Glasschneider, Schnitzmesser, Schraubzwinge, Taschenmesser
14 Beschlaghammer, Gehrungszwinge, Schaufelbohrer, Schieferhammer, Schmiedehammer, Zimmermannsaxt
15 Instrumentarium, Schlackenhammer, Schlangenbohrer, Schneiderschere, Schraubenzieher, Vorschlaghammer
16 Gewindeschneider, Kuefersetzhammer, Schweisserhammer
der Kammmacher
4 Iler
der Kupferstecher
5 Burin
des Holzfällers
3 Axt
11 Schrotsaege
des Malers
6 Pinsel
zum Aufnehmen von Schüttgut
8 Schaufel
zum Getreidereinigen
4 Fege
zum Glätten
5 Feile, Hobel
zum Stechen von Löchern
4 Ahle
zum Ziehen von Notenlinien
7 Rastral
zum Zusammenpressen von Holz
13 Schraubzwinge
Werkzeuge
10 Utensilien
Werkzeuggriff
8 Handhabe
Werkzeugmaschine
5 Saege
6 Fraese, Hammer, Presse, Stanze
8 Drehbank
10 Kreissaege, Motorsaege, Stichsaege
12 Bohrmaschine, Drechselbank, Nietmaschine
13 Fraesmaschine, Hobelmaschine
15 Schleifmaschine
16 Drechselmaschine
Wermut
7 Absynth, Beifuss
wert
4 lieb
5 teuer
6 geehrt
7 wichtig, wuerdig
9 bedeutsam
14 bedeutungsvoll
Wert
5 Guete, Preis, Valor
6 Belang, Nutzen
7 Geltung, Vorteil
9 Bedeutung, Qualitaet
11 Wichtigkeit
14 Beschaffenheit

des Geldes
6 Valuta
8 Paritaet
9 Kaufkraft
oder Preis abschätzen
8 taxieren
Wertabzug
7 Diskont
Wertarbeit
17 Qualitaetsprodukt
Wertbestimmung
4 Taxe
9 Valvation
werten
8 taxieren
9 zensieren
wertender
Beurteiler
8 Kritiker
Wertermittler
7 Taxator
Wertgruppe, Abteilung
6 Klasse
werthalten
10 hochhalten
13 hochschaetzen
Wertigkeit
6 Valenz
wertlose
schlechte Arbeit
8 Machwerk
wertloser
Abfall
6 Abraum
Brief
7 Schrieb
Gegenstand
8 Klamotte
Schmuck
4 Tand
7 Flitter
Trödel
4 Kram
wertloses
Buch
9 Scharteke
Pferd
4 Gaul
Wertloses
4 Kaff, Kram, Tand
5 Talmi
6 Gammel, Kitsch, Nichts, Ramsch, Schund, Tinnef
7 Flitter, Plunder, Troedel
9 Firlefanz, Geruempel
10 Krimskrams
Wertmarke
5 Talon
9 Gutschein
Wertmesser
8 Massstab
Wertmesszahl, -ziffer
5 Index
Wertminderung
7 Schaden
13 Deterioration
16 Deteriorisierung
Wertpapier
3 Kux
5 Aktie, Kupon, Talon
6 Akzept, Scheck, Tratte
7 Urkunde, Valoren, Wechsel
8 Effekten
9 Barscheck
10 Bankakzept, Bankscheck, Obligation, Pfandbrief, Postscheck
11 Datowechsel, Lagerschein, Namensaktie, Orderscheck, Pfandschein, Reitwechsel, Rentenbrief, Solawechsel
12 Blankoscheck, Eigenwechsel, Inhaberaktie, Konnossement, Marktwechsel, Schuldschein, Sichtwechsel, Warenwechsel
13 Blankowechsel, Inhaberscheck, Kellerwechsel, Staatsanleihe
14 Bausparvertrag, Praemienschein, Sparkassenbuch
15 Hypothekenbrief, Schatzanweisung
16 Dividendenschein
18 Postsparkassenbuch, Verrechnungsscheck
19 Schuldverschreibung
21 Gefaelligkeitswechsel
Wertpapieraufbewahrungsort
5 Depot
Wertpapierausgabe
8 Emission
Wertpapierbesitzer
9 Aktionaer
Wertpapiererneuerungsschein
5 Talon
Wertpapierersatzschein
5 Scrip
Wertpapiermarkt
6 Boerse
Wertpapierzins
7 Rendite
Wertsachen
7 Valoren
Wertsachendepot
4 Safe
6 Tresor
11 Geldschrank, Stahlkammer
13 Panzerschrank
Wertsachverständiger
7 Taxator
Wertschätzung
4 Taxe
7 Achtung, Ansehen
9 Taxierung
Wertscheine
der Inflation
7 Notgeld
Wertstufe
4 Rang
Wertung
beim Judo
4 Koka
Werturteil
6 Kritik
9 Bewertung, Gutachten
11 Beurteilung
12 Begutachtung
wertvoll
5 teuer
7 kostbar
8 prezioes
11 kostspielig
wertvoller
Edelstein
7 Diamant
Möbelbaustoff
14 Palisanderholz
Pelz
4 Nerz
5 Bisam, Zobel
9 Persianer
10 Chinchilla
Riechstoff
5 Ambra
Werkstoff
10 Edelmetall
wertvolles
Futtermittel für Pferde
5 Hafer
gemaltes Kunstwerk
11 Oelgemaelde
geschliffenes Glas
12 Bleikristall
Kernholz
8 Ebenholz, Mahagoni
Mineral
3 Erz
9 Edelstein
Wertzeichen
5 Marke
10 Briefmarke
Wesen
3 Art
4 Kern
5 Natur
6 Essenz, Gemuet, Person
7 Inneres, Urgrund
8 Eigenart, Essentia, Gepraege, Naturell
9 Charakter, Geschoepf
10 Gemuetsart, Innenleben
11 Temperament, Veranlagung
der griech. Mythologie, halb Mensch, halb Pferd
7 Zentaur
des Aberglaubens
3 ◆ Alb, Alp
wesenhaft
10 essentiell, ◆ essenziell
12 substantiell, ◆ substanziell
Wesenheit
6 Essenz
wesenloses
Scheinbild
6 Schema
Wesensart
5 Natur
8 Naturell
9 Charakter
11 Temperament
14 Beschaffenheit
Wesensbegriff
4 Idee
wesenseigen
12 naturgegeben
Wesenseinheit
10 Identitaet
16 Uebereinstimmung
Wesensfülle
9 Inbegriff
Wesensgehalt, -kern
4 Herz
5 Seele
6 Essenz, Pointe
7 Extrakt, Zentrum
8 Substanz
9 Inbegriff
10 Hauptsache

11 Knalleffekt, Mittelpunkt, Quintessenz, Schwerpunkt
wesensgleich
9 identisch
Wesensmerkmal
8 Eigenart
9 Charakter
11 Eigenschaft
wesensverwandt
11 sympathisch
Wesensverwandtschaft
von Begriffen u. Vorstellungen
10 Affinitaet
Wesenszug
12 Charakterzug
20 Charaktereigenschaft
wesentlich
7 wichtig
8 merklich, relevant, spuerbar
9 bedeutend, bedeutsam
10 essentiell, ◆ essenziell
11 grundlegend
12 substantiell, ◆ substanziell
wesentlicher
Bestandteil der Kultur
5 Kunst
Rechtsgrundsatz der Atlantikcharta
22 Selbstbestimmungsrecht
Teil der freien Gesellschaft
11 Mittelstand
wesentliches
Merkmal
8 Attribut
Wesentliches
4 Kern
8 Substanz
Weserbergland
7 Deister
Weserdurchbruch
bei Minden
15 Porta Westfalica
Wesfall, 2. Fall
7 Genetiv, Genitiv
weshalb
5 warum, wieso
8 weswegen
Wespenart
8 Hornisse
Westafrikaner
6 Malier
7 Ghanaer
8 Malinese
9 Senegaler
10 Senegalese
westafrikanische
Holzart
5 Limba
Sprache
3 Ewe
westafrikanisches
Gebiet
4 Asir
westasiatische
Halbinsel
7 Arabien
westaustralische
Hauptstadt
5 Perth
westdeutsche
Landschaft
4 Baar, Harz, Ries
5 Baden, Hegau, Pfalz, Senne
6 Angeln, Bayern, Hessen
7 Allgaeu, Emsland, Franken
8 Breisgau, Grabfeld, Holledau, Holstein, Lechfeld, Odenwald, Rheingau, Saarland, Schwaben, Spessart, Wetterau
16 Lueneburger Heide
westdeutscher
Fluss
3 Ahr, Alz, Elz, Ems, Ill, Ilz, Oos, Rur
4 Eder, Elbe, Erft, Glan, Ilme, Ilse, Isar, Jade, Lahn, Lech, Main, Murg, Naab, Nahe, Oker, Oste, Rems, Rott, Ruhr, Saar, Sieg, Urft, Wied
5 Aller, Ammer, Amper, Argen, Donau, Eider, Fulda, Hamme, Hunte, Iller, Jagst, Leine, Lenne, Lippe, Mosel, Nidda, Niers, Regen, Rhein, Ruwer, Werra, Weser, Wuerm
6 Alster, Diemel, Ennepe, Kinzig, Kocher, Nagold, Neckar, Tauber, Vechte, Wipper, Wuemme, Wupper, Wutach
7 Dreisam, Emscher, Ilmenau, Pegnitz, Rednitz, Schwalm
8 Altmuehl, Innerste, Schussen, Wakenitz, Woernitz
Höhenzug, Mittelgebirge
3 Alb, Elm, Ith
4 Asse, Haar, Harz, Jura, Teck, Venn
5 Eifel, Hardt, Rhoen
6 Osning, Taunus
7 Deister, Solling, Suentel
8 Odenwald, Soonwald, Spessart
9 Hunsrueck
10 Haarstrang, Niederwald, Vogelsberg, Westerwald
11 Ebbegebirge, Eggegebirge, Frankenwald, Schwarzwald, Steigerwald
12 Habichtswald, Lennegebirge
13 Kaufunger Wald, Saeulingswald, Siebengebirge, Weserbergland, Wiehengebirge
14 Rothaargebirge
15 Teutoburger Wald
westdeutsches
Dreiländereck
6 Aachen
Westen
8 Okzident
Westeuropäer
3 Ire
5 Brite, Flame
7 Belgier, Schotte, Spanier
8 Franzose
9 Irlaender
10 Englaender, Hollaender, Portugiese
11 Luxemburger
westeuropäische
Juden
9 Sephardim
Staaten
6 Irland
7 Belgien, Spanien
8 Portugal
9 Luxemburg
10 Frankreich
11 Niederlande
15 Grossbritannien
Union
3 WEU
westeuropäisches
Gebirge
4 Jura
5 Eifel
7 Vogesen
8 Ardennen, Argonnen, Cevennen
9 Hohes Venn, Pyrenaeen
10 Wasgenwald
Inselvolk
9 Irlaender
Weste, Westenjacke
4 Wams
5 Gilet, Pulli
7 Sweater
8 Pullover
Westfalenpferd
6 Senner
westfälische
Landschaft
5 Senne
9 Sauerland
12 Heideflaeche
westfälisches
Roggenbrot
12 Pumpernickel
westfinnischer
Volksstamm
5 Inger, Liven, Woten
6 Ingern
westfriesische
Insel
5 Texel
7 Ameland
8 Vlieland
12 Terschelling
Westgermane
5 Suebe, Swebe
6 Chatte, Chauke, Franke, Friese
Westgotenkönig
5 Agila, Leowa, Quade, Tulga
6 Ataulf, Eurich
7 Alarich, Athaulf, Sisibut
8 Roderich
9 Amalarich, Gunthimar, Witterich
westgotischer
Bischof
7 Ulfilas, Wulfila
westgotisches
Königsgeschlecht
6 Balten
westindische
Insel, Inselgruppe
4 Cuba, Kuba
5 Haiti
6 Tobago
7 Antigua, Bahamas, Curacao, Grenada, Jamaica, Jamaika
8 Antillen, Barbados, Bermudas, Dominica, Trinidad
9 Guadelupe, Portorico
10 Guadeloupe, Martinique, Montserrat, Puerto Rico, Santa Lucia, Santa Luzia
11 Sainte Lucie, Saint Martin
12 Santo Domingo, Virgininseln
14 Grosse Antillen, Kleine

Antillen
Zitrone
7 Limetta
westindischer
Indianerstamm
5 Aruak
8 Karaiben
Nierenbaum
10 Acajoubaum
Seeräuber
8 Bukanier
10 Flibustier
Wirbelsturm
7 Tornado
8 Hurrikan
westisch
10 mediterran
westliche
Großmacht
3 USA
Großstadt am Dreiländereck
6 Aachen
Halbinsel Großbritanniens
5 Wales
Insel der Maskarenen
7 Reunion
Landschaft
9 Rheinland
Staats- und Lebensform
10 Demokratie
Verteidigungsgemeinschaft
4 NATO
westlicher
Peloponnes
4 Elis
Teilkontinent
11 Nordamerika
Teil Libyens
13 Tripolitanien
westliches
Bündnis
4 NATO
16 Nordatlantikpakt
westpakistanisches
Hochland
13 Belutschistan
westschottischer
Küstenort am Firth of Lorn
4 Oban
westsemitischer
Getreidegott
5 Dagan, Dagon
Volksstamm
6 Amurru
Westsibirier
5 Mansi
6 Wogule
Westslawe
4 Pole
5 Sorbe
7 Slowene
westslawisches
Volk
6 Serben, Wenden
Westslowenien
5 Krain
Westspitze
Afrikas
8 Kap Verde
Westteil
der nördlichen Gebirgsumrandung Tibets
9 Altyn-Tagh
des Rheinischen Schiefergebirges
8 Ardennen
Westwind
6 Zephir, Zephyr
wett
5 quitt
12 ausgeglichen
Wettannahme
beim Pferdesport
11 Totalisator
Wettart
(Zahlenlotterie)
5 Lotto, Terne
Wettbewerbserfolg
4 Sieg
Wettbewerbsgegner
10 Konkurrent
Wettbewerbskapazität
20 Konkurrenzfaehigkeit
Wettbewerb, Wettkampf
4 Agon
5 Derby, Fight, Kampf, Match, Spiel
6 Omnium, Partie, Rennen
7 Gefecht, Regatta, Turnier
9 Ausscheid, Kriterium, Olympiade
10 Kampfspiel, Konkurrenz, Rivalitaet
12 Laenderspiel
13 Meisterschaft
im Bahnradsport
6 Omnium
11 Dauerrennen
im Kanusport
16 Wildwasserrennen
Wette
beim Fußballsport
4 Toto
mit Vorgabe
4 Odds
wetteifern
12 konkurrieren, rivalisieren
Wetteinrichtung
4 Toto
5 Lotto
wetten
5 wagen
6 setzen, tippen
9 riskieren
Wetter
5 Klima
9 Witterung
Wetterdistel
8 Eberwurz
Wettererscheinung
3 Eis, Fog, Tau
4 Guss, Wind
5 Blitz, Dunst, Frost, Hagel, Hitze, Nebel, Regen, Sturm
6 Donner, Husche, Kaelte, Schnee
7 Graupel, ◆ Raureif, Schauer, Schmutt
8 Abendrot, Eisregen, Gewitter, Graupeln, Rauhreif
9 Gestoeber, Hochnebel, Landregen
10 Dauerregen, Platzregen, Polarlicht, Regenbogen
11 Nieselregen, Spruehregen, Wolkenbruch
12 Frostgraupel, Hagelschauer, Regenschauer
13 Schneetreiben
14 Graupelschauer
15 Schneegestoeber
wetterfeste
Kleidung
7 Oelzeug
11 Regenmantel
16 Uebergangsmantel
wetterfester
Stoff
5 Loden
Wetterglas
9 Barometer
Wetterglasanzeiger
14 Barometerstand
Wetterkartenlinie
7 Isobare, Isogone, Isopage, Miobare
8 Isohelie, Isohyete, Isokryme, Isonephe, Isoombre, Isophane, Isothere, Pliobare
9 Isanemone, Isobronte, Isochasme, Isochione, Isochrone, Isoplethe, Isoseiste, Isotherme
10 Isochimene, Isokeraune
12 Isogeotherme, Isotalantose
13 Isokatanabare, Nullisotherme
Wetterkleidung
der Alpler
6 Kotzen
Wetterkunde
12 Meteorologie
Wetterkundler
11 Meteorologe
wetterkundlich
14 meteorologisch
wetterkundlicher
Begriff
3 Boe, Tau
4 Guss, Hoch, Reif, Tief, Wind
5 Blitz, Brise, Frost, Hagel, Nebel, Orkan, Regen, Sturm
6 heiter, Lawine, Schnee, wolkig, Zirrus
7 bedeckt, dunstig, nieseln, ◆ Raureif, Schauer
8 Gewitter, Rauhreif
Wettermantel
10 Trenchcoat
11 Lodenmantel
wettern
8 schelten
9 schimpfen
Wetterprophet
10 Laubfrosch
Wettersatellit
4 Essa
6 Meteor, Nimbus
Wetterschutz
6 Schirm
9 Regenhaut
11 Regenmantel, Regenschirm
Wetterschutzdecke
5 Plane
Wetterseite
(allgemein)
8 Nordwest
Wetterstoff
5 Loden
Wetterumhang
5 Kotze

6 Kotzen
8 Pelerine
10 Lodenkotze
11 Lodenkotzen
Wetterwarte
13 Observatorium
wetterwendisch
15 opportunistisch
Wettfahrt
6 Rennen
auf dem Wasser
7 Regatta
12 Ruderregatta, Segelregatta
Wettgebühr
7 Einsatz
wettgemacht, ausgeglichen
5 quitt
Wetthinweis, -vorschlag
3 Tip
4 ◆ Tipp
Wettkampf
4 Agon
5 Match
7 Turnier
10 Konkurrenz
Wettkampfanlage
7 Stadion
Wettkampfart
im Radsport
6 Omnium
7 Radball
9 Kriterium
10 Verfolgung
11 Giro d'Italia, Kunstfahren
12 Steherrennen, Tandemrennen, Tour de France
13 Fliegerrennen, Gruppenfahren
14 Strassenrennen
15 Sechstagerennen
Wettkämpfer
6 Athlet, Senior
7 Spieler
8 Sportler
10 Konkurrent
Wettkampfgewinn
4 Sieg
Wettkampfgewinner
6 Sieger
Wettkampfklasse
im Sport
4 Liga
Wettkampfkleidung
(Judo)
6 Judogi
wettkampfmäßig
6 agonal
Wettkampfsieger
8 Gewinner
Wettkampfstätte
5 Arena
7 Stadion
9 Kampfbahn
10 Sportplatz
Wettkampfteilnehmer
mit geringen Siegesaussichten
12 Aussenseiter
mit großen Siegesaussichten
7 Favorit
Wettlauf
6 Rennen
Wettquote
4 Odds
Wettspiel
5 Kampf
Wettstreit
10 Rivalitaet
Wettvorhersage
3 Tip
4 ◆ Tipp
Wettvorschlag
3 Tip
4 ◆ Tipp
wetzen
9 schaerfen, schleifen
Whisky-Insel
5 Islay
Wichs
10 Festtracht
Wicht
4 Gnom
5 Zwerg
6 Knirps, Kobold, Schuft
7 Schurke
10 Boesewicht
11 Heinzelmann
13 Dreikaesehoch
16 Heinzelmaennchen
wichtig
8 relevant, wertvoll
9 bedeutend, bedeutsam
10 wesentlich
11 signifikant
12 substantiell, ◆ substanziell
13 einflussreich, schwerwiegend
14 bedeutungsvoll
wichtige
Borverbindung
5 Borax
Dinge
7 Realien
Einheit zur Hilfeleistung
9 Feuerwehr
finnische Autostraße
14 Eismeerstrasse
künstliche Wasserstraße
9 Suezkanal
11 Panamakanal
Sicherungseinrichtung an Bahnübergängen
8 Schranke
10 Blinklicht
wichtiger
Atmungsmuskel
10 Zwerchfell
Baustoffzuschlag
4 Sand
Beitrag einer Zeitung
11 Leitartikel
Bote
6 Kurier
Helfer im Theater
13 Maskenbildner
Tag im Karneval
11 Rosenmontag
Teil der Kirche
5 Altar
Teil der Schule
9 Turnhalle
Teil einer mehrteiligen Komposition
9 Hauptsatz
wichtiges
Ereignis
8 Erlebnis
Fahrradteil
6 Lenker
formales Hilfsmittel der Algebra
12 Determinante
Kalisalz
6 Kainit
Körperorgan
4 Darm, Herz, Milz
5 Galle, Leber, Lunge, Magen
6 Gehirn
Metall
5 Eisen
Mineral
8 Eisenerz
Quecksilbererz
8 Zinnober
Wichtigkeit
6 Belang
9 Bedeutung
wichtigste
Ordnungseinheit der Tiere und Pflanzen
3 Art
wichtigster
Teil des Weckers
9 Laeutwerk
Wichtigstes
in der Weihnachtsbotschaft
7 Frieden
Wichtigtuer
4 Geck
5 Protz
6 Poseur
7 Angeber, Blender, Prahler
9 Grossmaul, Prahlhans
10 Schwaetzer
12 Aufschneider
Wichtigtuerei
6 Angabe
wichtigtuerisches
Vortäuschen
5 Mache
Wicke
5 Vicia
Wickelbär
7 Kinkaju
Wickelgewand
der Inderin
4 Sari
der Malaien
6 Sarong
Wickelkind
9 Saeugling
Wickelvorrichtung
6 Haspel
Wickel, Wicklung
5 Rolle, Spule
6 Huelle, Windel
7 Buendel, Knaeuel, Packung
8 Umschlag
Widder
5 Staer, Stier
9 Schafbock
wider
3 gen
5 gegen
6 contra, kontra
8 entgegen
widerborstig
13 kratzbuerstig, widerspenstig
Widerchrist
10 Antichrist

widerfahren
9 geschehen, zustossen
Widerhakenfrucht
6 Klette
Widerhall
4 Echo
7 Anklang
8 Aufnahme, Resonanz
widerlich
4 fies
6 gemein
8 ekelhaft
9 haesslich
10 abominabel, abstossend
widerlicher
Mensch
4 Ekel
widernatürlich
6 abnorm
7 anormal, pervers
widernatürliche
Unzucht
7 Sodomie
Widernatürlichkeit
7 Unnatur
12 Perversitaet
Widerpart, -sacher
5 Feind
6 Gegner, Rivale
8 Antipode, Opponent
10 Antagonist
widerrechtlich
7 illegal
8 verboten
9 illegitim
10 irregulaer
12 gesetzwidrig, rechtswidrig, ungesetzlich
widerrechtliche
Aneignung
14 Unterschlagung
Besitzergreifung
4 Raub
10 Usurpation
Einsperrung
18 Freiheitsberaubung
Widerrede
4 Veto
7 Antwort, Protest
9 Einspruch
10 Entgegnung
11 Widerspruch
Widerruf
7 Dementi
12 Annullierung, Berichtigung, Zuruecknahme
15 Richtigstellung
widerrufen
10 revozieren
11 annullieren, dementieren
13 zuruecknehmen
Widerschall
4 Echo
Widerschein
6 Reflex
7 Abglanz
9 Reflexion
10 Spiegelung
14 Rueckstrahlung
des Eises am Himmel
5 Blink
widersetzlich
8 renitent
10 rebellisch, ungehorsam
13 oppositionell, widerspenstig
widersinnig
6 absurd
7 paradox
8 obstinat
9 unlogisch
11 eigensinnig, hartnaeckig, unmotiviert
12 starrkoepfig, unbegruendet
Widersinniges
6 Unding
Widersinnigkeit
9 Paradoxie
widerspenstig
4 stur
6 rabiat
7 trotzig, wuetend
8 obstinat, renitent
9 unfuegsam
10 refraktaer, stoerrisch, ungehorsam
11 halsstarrig, starrsinnig
12 widerborstig
Widerspenstigkeit
5 Trotz
8 Renitenz
9 Eigensinn
10 Ungehorsam
15 Halsstarrigkeit, Hartnaeckigkeit
widerspiegeln
12 reflektieren
13 zurueckwerfen
Widerspiegelung
6 Abbild
9 Reflexion
widersprechen
7 leugnen
9 anfechten, entgegnen
10 bestreiten, opponieren
12 protestieren
widersprechend
8 disparat, kontraer
Widerspruch
4 Aber, Veto
7 Einwand, Protest
9 Antinomie, Einspruch, Gegenrede, Gegensatz
10 Diskrepanz, Entgegnung, Opposition
13 Kontradiktion
15 Unvereinbarkeit
von Gesetzen
9 Antinomie
widersprüchlich
16 kontradiktorisch
widersprüchliche
Abmachung
5 Wette
Widerspruchsklage
18 Interventionsklage
Widerstand
5 Trotz
6 Abwehr, Contra, Kontra, Putsch, Streik
7 Auflauf, Aufruhr, Hemmung, Reibung, Revolte
8 Aufstand, Ausstand, Meuterei, Reaktion, Rheostat, Sabotage
9 Empoerung, Gegenwehr, Rebellion, Resistenz
10 Auflehnung, Opposition, Untergrund
11 Obstruktion, Sperenzchen
12 Verteidigung
Widerstandsbewegung
5 Mafia
6 Maffia, Maquis
8 Guerilla
10 Cosa Nostra, Untergrund
widerstandsfähig
4 hart
6 gefeit, robust, stabil
9 resistent
Widerstandsfähigkeit
6 Haerte
9 Resistenz
Widerstandskämpfer
6 Scholl
7 Harnack
8 Guerilla, Partisan
12 Stauffenberg
13 Freischaerler
14 Heckenschuetze
Widerstandsmesser
(elektr.)
8 Ohmmeter
Widerstoß
11 Strandnelke
widerstrahlen
12 reflektieren
13 zurueckwerfen
Widerstreit
8 Konflikt, Kontrast
9 Gegensatz, Kollision, Zwiespalt
12 Antagonismus
widerwärtig
3 roh
4 fies
6 odioes
8 ekelhaft, unschoen
9 haesslich
10 abstossend
13 unsympathisch
Widerwärtigkeit
5 Uebel
8 Ungemach
Widerwille
4 Ekel
6 Degout
7 Abscheu, Grausen
8 Aversion, Schauder, Verdruss
9 Abneigung
10 Antipathie
12 Widerstreben
widmen
8 schenken, zueignen
10 darbringen, dedizieren
Widmung
9 Inschrift, Zueignung
10 Dedikation
widrig
7 hemmend
8 kontraer
10 behindernd, unangenehm
15 entgegenstehend
Wiebel
8 Kornwurm
10 Kornkaefer
wiebeln
7 stopfen
10 ausbessern
wieder
6 erneut
8 abermals, nochmals

Wiederaufbau, -herstellung
9 Reparatur
10 Renovation
11 Renovierung, Restitution
12 Regeneration, Restauration
13 Restaurierung
14 Instandsetzung, Rekonstruktion
Wiederauffrischung
12 Regeneration
Wiederaufführung
eines Bühnenstückes
7 Reprise
Wiederauflage
des Buches
8 Neudruck
Wiederauftreten
8 ◆ Come-back
Wiederaushändigung
9 Rueckgabe
Wiederbelebung
8 Anabiose
10 Erneuerung
11 Renaissance
Wiederbewaffnung
17 Remilitarisierung
wieder einbringen
9 gutmachen
10 wettmachen
11 ausgleichen
Wiedereinfuhr
bereits ausgeführter Waren
8 Reimport
Wiedereingliederung
in die Gesellschaft
14 Rehabilitation
16 Resozialisierung
wieder erkennen
14 identifizieren
Wiedergabe
7 Version
9 Rueckgabe
10 Darbietung, Erstattung
11 Darstellung
12 Reproduktion
14 Nacherzaehlung
des nackten Körpers
3 Akt
eines Sachverhaltes
7 Bericht
wiedergeben
13 reproduzieren
Wiedergeburt
13 Reinkarnation
der Antike
11 Renaissance
Wiedergenesung
14 Rekonvaleszenz
Wiedergutmachung
4 Dank
5 Busse
6 Suehne
7 Regress
8 Revanche, Suehnung
9 Abfindung, Ersetzung
10 Reparation, Vergeltung, Verguetung
11 Restitution
13 Kompensierung
14 Entschaedigung, Schadensersatz
wieder herstellbar
9 reparabel

wieder herstellen
10 reparieren
12 restaurieren
14 rekonstruieren
eines Kunstwerkes
12 restaurieren
Wiederherstellung
der Gesundheit
7 Heilung
8 Genesung
14 Rekonvaleszenz
des guten Rufes
12 Ehrenrettung
14 Rehabilitation
15 Rehabilitierung
von Kunstwerken
12 Restauration
wiederholen
10 repetieren
14 rekapitulieren
wiederholt
6 erneut
Wiederholung, -kehr
6 Cyclus, Dakapo, Zyklus
7 Periode, Reprise
8 Rhythmus
9 Rueckfall
14 Rekapitulation
eines Tennisschusses
3 Let
eines Wortes
10 Gemination
in der Musik
6 Dakapo
7 Reprise
Wiederholungskurs
12 Repetitorium
Wiederholungszeichen
in Lexika
5 Tilde
Wiederkäuer
3 Kuh, Reh, Ren
4 Elch, Elen, Lama, Rind, Zebu
5 Bison, Gemse, Kamel, Okapi, Schaf, Ziege
6 ◆ Gaemse, Hirsch, Seekuh, Wisent
7 Bueffel, Gazelle, Giraffe, Moschus, Mufflon, Rentier
8 Antilope, Dromedar, Nilpferd
9 Steinbock
10 Flusspferd
11 Buckelochse, Trampeltier
Wiederkäuerhuf
5 Klaue
Wiederkehr
6 Cyclus, Turnus, Zyklus
8 Heimkehr
10 Rueckkunft
13 Periodizitaet
wiederkehrend
9 remontant
10 periodisch
wiederkehrender
Zeitraum
7 Periode
Wiederkunft
9 Rueckkehr
Wiedertäufer
10 Anabaptist
wiederum
8 nochmals
12 andererseits

Wiederverfilmung
eines Stoffes
6 Remake
wieder verflüssigter
Dampf
9 Destillat
Wiedervergeltung
6 Talion
Wiederverkörperung
13 Reinkarnation
wieder verwendbares
Material
8 Alteisen
Wiederverwendung
von Rohstoffen
9 Recycling
wiegen
9 schaukeln
Wiegendruck
9 Inkunabel
Wiegenfest
10 Geburtstag
Wiegenkraut
5 Alsem
Wiegenlied
8 Berceuse
Wiek
5 Bucht
Wieling
6 Fender
Wiemen
5 Latte
Wiener
Arzt
5 Freud
11 Auenbrugger
Barockbaumeister
16 Fischer von Erlach
19 Lukas von Hildebrandt
Bauwerk
7 Hofburg
8 Ballhaus, Ringturm
9 Belvedere
11 Burgtheater, Schoenbrunn, Stephansdom
Belustigungspark
6 Prater
Bezirk, Stadtteil
5 Lainz
6 Aspern, Neubau, Wieden
7 Hernals, Liesing, Penzing, Rennweg
8 Doebling, Grinzing, Hietzing, Meidling, Nussdorf, Waehring
9 Favoriten, Fuenfhaus, Mariahilf, Ottakring, Schwechat, Simmering
10 Alsergrund, Donaustadt, Josefstadt
11 Brigittenau, Floridsdorf, Innere Stadt, Margarethen
12 Leopoldstadt
Bühne
11 Burgtheater
Dichter
5 Seidl
6 Hafner
10 Schnitzler
12 Hofmannsthal
Droschke
6 Fiaker
Filmatelier
9 Sievering

11 Rosenhuegel
Flughafen
6 Aspern
9 Schwechat
Hausberg
10 Kahlenberg
12 Leopoldsberg
Heurigentreffpunkt
8 Grinzing, Nussdorf
Hotel
6 Sacher
Hügelland
10 Wienerwald
Kneipe
5 Beisl
6 Beisel
Komiker
4 Sima
5 Moser
9 Hoerbiger
Komponist, Musiker
3 Fux
4 Nick
5 Demus, Gulda, Haydn, Lehar, Suppe
6 Dostal, Eysler, Kalman, Lanner, Mahler, Mozart, Straus
7 Brendel, Raymond, Strauss, Ziehrer
8 Schubert
9 Heuberger
10 Milloecker
Kupferstecher
7 Bartsch
Lohnkutscher
6 Fiaker
Maler
5 Klimt
6 Makart
9 Kokoschka
Mimin
3 Ott
Schauspieler, -spielerin
3 Ott
4 Carl, Sima, Weis
5 Kainz, Moser, Niese
6 Thimig
7 Meinrad, Wessely
9 Gallmeyer, Hoerbiger
10 Adamberger, Geistinger, Sonnenthal
11 Schikaneder
12 Mitterwurzer
Schloss
9 Belvedere
11 Schoenbrunn
Sehenswürdigkeit
4 Burg
6 Prater
7 Hofburg, Steffel
9 Belvedere, Riesenrad
10 Staatsoper
11 Burgtheater, Schoenbrunn, Stephansdom
14 Kapuzinergruft
Tänzerin
7 Elssler
12 Fanny Elssler
Tanzgeiger
6 Lanner
Tenor
6 Slezak
Vergnügungspark
6 Prater
Wahrzeichen
7 Steffel
9 Riesenrad
11 Stephansdom
Walzerkomponist
6 Lanner, Straus
7 Strauss
Weindörfer
8 Grinzing, Nussdorf
9 Sievering
13 Heiligenstadt
Witzfigur
5 Poldi
Zitherspieler
5 Karas

Wiepe
10 Strohwisch

Wiese
3 Alb, Alm, Alp
4 Alpe, Rain
5 Anger, Matte, Trift, Weide
6 Koppel
der Tellsage
6 Ruetli

Wiesel
6 Marder
8 Hermelin

Wiesenblume
6 Akelei, Ampfer, Germer
7 Petunie, Ragwurz, Rotklee
8 Baerwurz, Eisenhut, Hornklee, Pastinak, Veilchen, Wundklee
9 Bocksbart, Goldstern, Weissklee
10 Baerenklau, Ehrenpreis, Esparsette, Hahnenfuss, Hopfenklee, Kuhschelle, Loewenzahn, Trollblume, Vogelwicke
11 Knabenkraut, Rittersporn, Sauerampfer, Wiesenraute
12 Flockenblume, Frauenmantel, Fuchsschwanz, Gelber Enzian, Glockenblume, Hufeisenklee, Wiesenkerbel, Wiesenpippau, Wiesensalbei
13 Habichtskraut, Kuckucksblume, Spitzwegerich, Teufelskralle
14 Bunte Kronwicke, Echtes Labkraut, Herbstzeitlose
15 Gaensebluemchen, Schluesselblume, Wiesenleinblatt
16 Fruehlingsenzian, Gemeine Pechnelke, Grosse Bibernelle, Kleine Bibernelle, Wiesenaugentrost, Wiesenknoeterich, Wiesenkreuzblume, Wiesenplatterbse
17 Gemeine Schafgarbe, Gemeines Hornkraut, Stinkende Nieswurz, Wiesenschaumkraut
18 Gemeine Wucherblume, Grosser Klappertopf, Grosser Wiesenknopf, Kleiner Klappertopf, Kleiner Wiesenknopf, Kuckuckslichtnelke
19 Doldenhabichtskraut, Tausendgueldenkraut
20 Wiesenstorchschnabel

Wiesenfläche
5 Rasen

Wiesengras
10 Glatthafer

Wiesengrund
2 Au
3 Aue
5 Weide

Wiesenknarrer
13 Wachtelkoenig

Wiesenknopf
11 Sanguisorba

Wiesenland
2 Au

Wiesenläufer
13 Wachtelkoenig

Wiesenpflanze
4 Gras, Klee
6 Ampfer
8 Wegerich

Wiesenschmetterling
10 Ochsenauge, Pfauenauge

Wiesenschnarcher
13 Wachtelkoenig

Wiesenunkraut
13 Spitzwegerich

wieso
5 warum

Wigwam
8 Hauszelt

Wikingerschiff
6 Drache
13 Drachenschiff

Wikingerstadt
bei Schleswig
8 Haithabu
in Dänemark
13 Frederikssund

Wikinger, Wikingerstamm
3 Rus
8 Waraeger
9 Normannen

wild
4 toll
6 furios, heftig, zornig
7 wuetend
9 furchtlos, ungestuem
10 ungezaehmt
11 orgiastisch, ungezuegelt
12 unbearbeitet, unbeherrscht, ungesetzlich
13 unzivilisiert
bewachsenes Gebiet
6 Urwald
in der Musik
7 furioso
spielen
6 tollen

Wildbach
8 Torrente

Wildbachrinne
5 Runse

Wildbahn
10 Jagdgebiet, Jagdrevier

Wildbienenzüchter
7 Beutner

Wildbretgeschmack
8 Hautgout

Wildbretspeise
10 Rehruecken

Wilddieb
8 Wilderer
wilde
Angst
5 Panik
Bande
5 Horde
Bestie
6 Untier
Herde
5 Meute
Holzflößung
5 Drift
jammernde Kreischtöne
6 Geheul
Schar
5 Horde, Meute
Wildeber
6 Keiler
Wildente
9 Krickente
wilder
Apfel
9 Holzapfel
Knabe
5 Range
Krieger
9 Berserker
Majoran
4 Dost
5 Orant
Thymian
7 Quendel
wildes
Durcheinander
5 Chaos
Gelage
5 Orgie
9 Bacchanal
Tier
5 Biest
6 Bestie
Wildesel
6 Onager
Wildfährte
4 Spur
Wildfang
4 Kind
5 Range
6 Racker, Unband
Wildfleisch
8 Wildbret
Wildfrucht
8 Himbeere
12 Walderdbeere
Wildgänseschar
4 Flug
Wildgeflügel
5 Fasan
7 Rebhuhn
8 Auerhahn, Flugwild, Schnepfe, Wildente, Wildgans
9 Bekassine, Federwild
12 Waldschnepfe
13 Sumpfschnepfe
Wildgeflügelragout
5 Salmi
Wildgemüse
6 Ampfer
10 Brennessel
11 ◆ Brennnessel
Wildgeschmack
8 Hautgout
Wildgruppe
5 Rudel
Wildhafer
9 Flughafer
Wildheit
5 Furor
Wildhühner, -entenfamilie
5 Kette
Wildhund
5 Dingo
Wildhüter
5 Heger
Wildkanzel
7 Anstand
8 Hochsitz
Wildkatze
4 Puma
5 Felis, Kuder
Wildkot
6 Losung
wildlebendes
Lama
7 Guanako, Huanako, Vikunja
Wildleder
7 Chamois
8 Saemisch
Wildlederimitation
5 Nubuk
Wildledersandalen
9 Mokassins
Wildnis
7 Einoede
9 Wuestenei
Wildpark
6 Gehege
8 Tierpark
10 Tiergarten, Tiergehege
12 Nationalpark
in Afrika
9 Serengeti
11 Krueger-Park
in Amerika
15 Yellowstone-Park
Wildpfad
7 Wechsel
Wildpferd
5 Zebra
6 Quagga, Tarpan
7 Mustang
Wildpflanze
7 Unkraut
Wildpflaume
6 Krekel
Wildpflege
4 Hege
Wildragout
5 Civet
12 Hasenpfeffer
Wildrind
2 Ur
3 Jak, Yak
4 Anoa, Arni, Gaur, Zebu
5 Bison, Sanga
6 Wisent
7 Banteng, Bueffel
9 Auerochse
10 Grunzochse
11 Buckelochse
12 Zwergbueffel
Wildschaf
5 Arkal, Nahur
6 Argali, Muffel
7 Mufflon
10 Muffelwild
11 Schneeschaf
13 Dickhornschaf
Wildschur
9 Wolfspelz
Wildschwein
5 Bache
6 Keiler, Pekari
10 Frischling
11 Schwarzwild
13 Schwarzkittel
im 2. Lebensjahr
12 Ueberlaeufer
Wildspur
7 Faehrte
Wildwestfilm
7 Western
Wild, Wildart
3 Reh
4 Elch, Elen, Gams, Hase
5 Dachs, Fuchs, Gemse, Iltis, Luchs, Taube
6 ◆ Gaemse, Hirsch, Marder, Muffel, Wiesel
7 Damwild, Mufflon, Rebhuhn, Rotwild, Wildsau
8 Auerwild, Elchwild, Flugwild, Hochwild
9 Damhirsch, Federwild, Kaninchen, Rothirsch
10 Niederwild
11 Schwarzwild, Wildschwein
12 Haarraubwild
Wildziege
3 Tur
5 Gemse
6 Bezoar, ◆ Gaemse
7 Markhor, Markhur
9 Steinbock
14 Schraubenziege
16 Hochgebirgsziege
im Himalaja
4 Thar
Wille
6 Wollen
7 Absicht, Vorsatz
12 Einwilligung
16 Entschlossenheit
willenlos
7 schwach
9 sklavisch
10 energielos
machen
13 hypnotisieren
willenloser
Mensch
6 Popanz
willenloses
Geschöpf
10 Marionette
Willenskraft, -stärke
7 Energie
8 Tatkraft
willentlich
7 bewusst
11 absichtlich
willfährig
8 gefuegig, gehorsam
10 nachgebend
Willfährigkeit
11 Fuegsamkeit
12 Gefuegigkeit

willig
7 fuegsam
12 bereitwillig, dienstfertig
Willigkeit
11 Fuegsamkeit
Willkür
5 Laune
18 Selbstherrlichkeit
Willkürherrschaft
8 Despotie, Diktatur, Tyrannei
11 Despotismus
16 Gewaltherrschaft, Zwangsherrschaft
Willkürherrscher
6 Despot, Tyrann
8 Diktator
willkürlich
7 wahllos
9 arbitraer
14 ruecksichtslos, selbstherrlich
wimmeln
8 kribbeln
wimmerig
8 wimmernd, winselnd
Wimmerkasten
7 Klavier
Wimmerl
6 Pickel
14 Eiterblaeschen, Hitzeblaeschen
Wimmet
8 Weinlese
Wimpel
5 Fahne
6 Flagge
9 Faehnchen
12 Signalflagge
Wimperntalgdrüsenentzündung
11 Gerstenkorn
Wimperntusche
7 Mascara
Wimpertierchen
8 Ziliaten
10 Infusorien
Wind
am Gardasee
3 Ora
an der Adria
4 Bora
der äußeren Tropenzone
6 Monsun
der bulgarischen Küste
5 Lodos
des Adlergebirges
6 Polake
im Rhonetal
7 Mistral
in Afrika
9 Hatmattan
in Arabien
5 Samun
in Asien
6 Monsun
in den Alpentälern
5 Foehn
in den Tropen
6 Passat
in SO-Frankreich
7 Mistral
windabgewandte
Schiffsseite
3 Lee
Windbluse
6 Anorak
Windbüchse
10 Luftgewehr
Winde
5 Spill
6 Haspel
7 Spindel
winden
6 drehen
7 wickeln
8 flechten
9 schlingen
Windgeist
7 Harpyie
Windgott
6 Aeolus, Boreas, Zephyr
8 Zephyros
Windharfe
10 Aeolsharfe
Windhauch
7 Luftzug
Windhose
6 Trombe
Windhund
6 Barsoi, Saluki
7 Afghane, Schakal, Whippet
9 Greyhound
windig
5 zugig
8 unsicher
11 unglaubhaft
Windjacke
6 Anorak
Windkunde
10 Anemologie
Windleitung
der Orgel
5 Kanal
Windmaschine
8 Geblaese
Windmesser
9 Areometer
10 Anemometer
Windmonat
7 Oktober
8 November
Windpocken
10 Varizellen
11 Spitzpocken
13 Spitzblattern
Windrichtung
3 Ost
4 Nord, Sued, West
5 Osten
6 Norden, Sueden, Westen
7 Nordost, Suedost
8 Nordwest, Suedwest
9 Nordosten, Suedosten
10 Nordwesten, Suedwesten
Windröschen
7 Anemone
Windsbraut
10 Wirbelwind
Windschattenseite
3 Lee
Windschirm
8 Paravent
Windschnittigkeit
11 Aerodynamik
Windschutz
10 Windschirm
12 Windfangtuer
Windseite
3 Luv
Windspiel
6 Mobile
windstille
Äquatorzone
11 Rossbreiten
Windstille
5 Kalme
6 Flaute
Windstoß
3 Boe
Windsystem
mit halbjährigem Wechsel
6 Monsun
Windung
5 Kehre, Kurve
6 Wendel, Wirbel
7 Biegung, Drehung, Spirale
8 Schlange, Schnecke
9 Kruemmung
10 Schnoerkel, Serpentine
der Züge in Feuerwaffen
5 Drall
Wind, Windart
3 Boe, Ebe, Ora
4 Bise, Bora, Jauk, Kaus, Taku
5 Brise, Buran, Foehn, Gibli, Orkan, Samum, Sturm
6 Boreas, Flaute, Kamsin, Monsun, Passat, Taifun, Zephir, Zephyr, Zyklon
7 Chamsin, Chinook, Etesien, Mistral, Pampero, Seewind, Tagwind, Talwind, Tornado
8 Bergwind, Blizzard, Boraccio, Fallwind, Firnwind, Hagelboe, Haramata, Hurrikan, Landwind, Oberwind, Regenboe, Sandhose, Scirocco, Windhose
9 Bodenwind, Harmattan, Nachtwind, Schirokko, Schneeboe
10 Antipassat, Graupelboe, Hoehenwind, Tramontana, Wasserhose
11 Gewitterboe, Krieselwind, Kuestenwind, Schneesturm, Wirbelsturm
12 Gradientwind
13 Kalmenguertel
windzugewandte
Schiffsseite
3 Luv
Wingert
8 Weinberg
10 Weingarten
Wink
3 Rat, Tip
4 ◆ Tipp
6 Signal
7 Hinweis, Zeichen
9 Andeutung
10 Empfehlung, Fingerzeig
Winkel
4 Ecke
der Sehstrahlen
9 Parallaxe
Winkelband
11 Winkeleisen
Winkelfunktion
3 kos, sin, tan
5 Sinus
6 Sekans

7 Cosinus, Kosinus, Tangens
8 Kosekans
9 Cotangens, Kotangens
Winkelmaß
3 Gon
4 Grad
Winkelmesser
10 Goniometer
12 Transporteur
Ortsbestimmungsgerät
8 Quadrant
Winkelmessgerät
6 Oktant
7 Bussole, Sextant
9 Theodolit
Winkelspitze
8 Scheitel
Winkelteil
4 Grad
Winkelträger
7 Konsole
Winkelzug
4 Dreh, List
5 Finte, Kniff, Trick
7 Finesse
11 Fisimatente, Machination
Winker
22 Fahrtrichtungsanzeiger
winseln
6 bitten, flehen, weinen
7 jammern, wimmern
Winteraster
12 Chrysantheme
Wintergemüse
9 Rosenkohl
Wintergrün
4 Efeu
6 Mistel, Pirola
8 Singruen
10 Immergruen, Judenmyrte
Winterhaus
der Eskimos
4 Iglu
Winterknospe
10 Hibernakel
Winterkurort
in der Schweiz
5 Arosa
winterlich
8 hibernal
winterliche
Figur
10 Schneemann
Freizeitbeschäftigung
6 Rodeln
Naturdrohung
6 Lawine
Niederschlagsform
5 Hagel
6 Schnee
7 ◆ Raureif
8 Rauhreif
Vereisungserscheinung
8 Glatteis
winterlicher
Niederschlag an Glasscheiben
9 Eisblumen
winterliches
Vergnügen
18 Schneeballschlacht
Wintermonat
5 Maerz
6 Januar
7 Februar
8 Dezember
Wintersonnenwende
3 Jul
8 Julklapp
Wintersportanlage
4 Lift, Rink
5 Loipe, Piste
6 Bakken
7 Abfahrt, Bobbahn, Eisbahn, Skilift
8 Babylift, Skipiste
9 Rodelbahn
10 Eisstadion, Sessellift, Skischanze
11 Flugschanze, Schlepplift
12 Kunsteisbahn
13 Sprungschanze
Wintersportart
6 Rodeln, Slalom
7 Bosseln, Curling, Eislauf, Eistanz, Skilauf, Torlauf
8 Biathlon
9 Bobfahren, Eishockey, Eissegeln
10 Skijoering
11 Skilanglauf, Skispringen
12 Abfahrtslauf, Eiskunstlauf, Eisschiessen
13 Eisschnellauf
14 ◆ Eisschnelllauf
Wintersportgerät
3 Bob, Ski
4 Puck, Schi
5 Rodel, Stein, Stone
6 Skibob
7 Gleiter
8 Eisstock, Skeleton, Toboggan
9 Bobsleigh, Schlitten, Sprungski
11 Langlaufski
12 Curlingstein
13 Rennschlitten
14 Segelschlitten
Wintersportler
10 Skilaeufer
15 Eiskunstlaeufer
19 Schlittschuhlaeufer
Wintersportort
am Arlberg
4 Lech
im Bezirk Suhl
7 Oberhof
Wintersportplatz
7 Eisbahn
Wintersportstadt
im Osterzgebirge
7 Geising
Winzer
9 Weinbauer, Weinleser
Winzerbetrieb
7 Weingut
Winzerfest
8 Weinfest
Winzergerät
6 Kelter
winzig
5 klein
7 minimal
11 zwergenhaft
winzige
Druckschriftgröße
4 Perl
Insel
6 Eiland
winziger
Vogel
7 Kolibri
10 Zaunkoenig
13 Goldhaehnchen
Wasserlauf
7 Rinnsal
winziges
Fließwasser
7 Rinnsal
Winzigkeit
4 Spur
6 Nuance
8 Schimmer
9 Kleinheit
11 Kleinigkeit
Wipfel
6 Gipfel
8 Oberteil
Wippe
8 Schaukel
wippen
6 federn
9 schaukeln, schnellen
Wipperzufluss
6 Grabow
Wippmastkran
7 Derrick
Wippsterz
10 Bachstelze
Wirbel
4 Neer
5 Sturm
6 Trubel, Tumult
7 Aufruhr, Betrieb, Knochen, Spirale, Strudel
8 Aufsehen
9 Aufregung, Turbulenz
11 Hochbetrieb
13 Durcheinander
Wirbelentzündung
11 Spondylitis
wirbelig
4 wild
7 drehend, lebhaft
10 schwindlig
11 schwindelig
wirbelloses
Tier
4 Wurm
10 Evertebrat
11 Invertebrat
wirbelnd
9 turbulent
Wirbelsäule
9 Rueckgrat
Wirbelsäulenknochen
9 Kreuzbein
Wirbelsäulenleiden
10 Spondylose
Wirbelsäulenverbiegung
7 Kyphose
Wirbelsäulenverkrümmung
6 Buckel
7 Lordose
Wirbelsäulenvorstufe
6 Chorda
Wirbelströmung
9 Turbulenz
Wirbelsturm, -wind
5 Orkan

6 Taifun, Trombe, Zyklon
7 Tornado
8 Blizzard, Hurrikan, Sandhose, Windhose
10 Wasserhose

Wirbeltier
5 Fisch, Lurch, Vogel
6 Reptil
7 Saeuger
8 Amphibie, Eisvogel, Rundmaul
10 Kriechtier, Saeugetier

wirken
7 agieren
8 arbeiten, schaffen
9 fungieren
10 taetig sein
13 funktionieren

Wirkleitwort
10 Konduktanz

wirklich
4 echt, real, wahr
5 reell
7 aktuell, ehrlich, konkret
8 effektiv, existent, faktisch
9 vorhanden
10 wahrhaftig
12 tatsaechlich

wirkliche
Dinge
7 Realien
9 Tatsachen
11 Realitaeten
14 Sachkenntnisse

Wirklichkeit
4 Sein
6 Dasein, Praxis
8 Tatsache
9 Realitaet
11 Faktizitaet

Wirklichkeitsform
9 Indikativ

wirklichkeitsfremd
6 irreal
8 utopisch
10 unwirklich
11 lebensfremd

Wirklichkeitsmensch
7 Realist

Wirklichkeitssinn
9 Realismus

wirklichkeitstreu
11 realistisch
14 naturalistisch

Wirklichkeitstreue
9 Realistik
12 Naturalismus

Wirkmaschine
15 Raschelmaschine

wirksam
6 taetig
7 wirkend
8 effektiv
9 effizient
11 erfolgreich, funktionell
sein
9 fungieren

Wirksamkeit
8 Funktion
10 Taetigkeit, Taetigsein

Wirkstoff
5 Agens
gegen Bakterien
12 Antibiotikum
im Kaffee
7 Coffein, Koffein
im Organismus
6 Hormon, Inkret, Sekret
7 Ferment
13 Spurenelement
im Tabak
7 Nikotin
im Tee
4 Tein
7 Coffein, Koffein
in Nahrungsmitteln
7 Vitamin

Wirkteppich
5 Kelim
7 Gobelin
8 Aubusson
10 Basselisse

Wirkung
5 Fazit, Folge
6 Effekt, Erfolg
8 Eindruck, Einfluss, Ergebnis, Leistung, Reaktion, Resonanz
11 Knalleffekt
eines Strudels
3 Sog
von Unerwartetem
20 Ueberraschungseffekt

Wirkungsbereich
13 Aktionsradius

Wirkungsfähigkeit
6 Potenz
9 Potential, ◆ potenzial

Wirkungsgebiet
Rübezahls
13 Riesengebirge

Wirkungsgrad
8 Ausbeute
10 Nutzeffekt

Wirkungskraft
4 Aura
7 Dynamik, Energie
9 Potential, ◆ potenzial, Vermoegen
10 Faehigkeit
13 Effektivitaet

Wirkungskreis
7 Domaene, Sphaere
13 Aktionsradius

Wirkungslosigkeit
11 Indifferenz
15 Erfolglosigkeit

Wirkungsstätte
Keplers
4 Graz
Schweitzers
9 Lambarene

Wirkungsumfeld
5 Orbis

wirkungsvoll
8 imposant
9 attraktiv
10 effektvoll
11 imponierend

Wirkware
6 Trikot
9 Charmeuse, Trikotage

wirr
3 irr
4 irre
6 konfus, unklar
8 verwirrt
9 chaotisch
10 ungeordnet
13 durcheinander
reden
6 faseln

Wirren
6 Wirbel
7 Kaempfe, Unruhen
13 Verwicklungen

Wirrsal
9 Labyrinth
10 Verwirrung
13 Durcheinander

Wirrung
6 Irrweg

Wirrwarr
4 Wust
5 Chaos
6 Gewirr, Trubel, Tumult, Unruhe
8 Menkenke
9 Charivari, Unordnung
10 Aufloesung, Kunterbunt, Mischmasch, Tohuwabohu
13 Durcheinander

wirsch
4 wild
6 zornig
7 schroff
9 aufgeregt

Wirt
6 Schenk
7 Leitgeb, Padrone
8 Gastwirt, Hausherr, Hotelier, Traiteur
9 Gastgeber, Gastronom
12 Restaurateur
15 Zimmervermieter

Wirtschaft
5 Lokal
6 Kasino, Kneipe
7 Kantine, Osteria, Schenke
8 Destille, Gasthaus, Haushalt, Schwemme, Weinhaus
9 Bierstube, Oekonomie, Weinstube, Wirtshaus
10 Ratskeller, Restaurant, Speisehaus, Trinkstube, Weinkeller
11 Braeustuebl, Gaststaette, Imbisshalle, Winzerstube
14 Gastwirtschaft, Hauswirtschaft
22 Landwirtschaftsbetrieb

wirtschaften
10 ◆ Haus halten

Wirtschafter
9 Verwalter

Wirtschafterin
7 Mamsell
13 Haushaelterin
auf der Alm
8 Sennerin

wirtschaftlich
7 sparsam
8 geldlich, lukrativ, rentabel
11 oekonomisch
12 eintraeglich
14 ◆ Gewinn bringend
nutzbare Gesteinsschicht
4 Kies
unabhängig
6 autark

wirtschaftliche
Aufbauvereinigung
3 WAV
Gesamtlage
10 Konjunktur
Machtstellung
7 Monopol
Unabhängigkeit
8 Autarkie
Zwangsmaßnahme
14 Handelsembargo
wirtschaftlicher
Ertrag
5 Ernte
6 Gewinn
7 Rendite
gestalten
15 rationalisieren
Rückgang
9 Rezession
Wettbewerb
10 Konkurrenz
Zusammenschluss
5 Trust
7 Kartell
wirtschaftliches
Element
14 Zahlungsmittel
Wirtschaftlichkeit
9 Effizienz, Oekonomie
11 Sparsamkeit
13 Rentabilitaet
Wirtschaftsabkommen
14 Handelsvertrag
Wirtschaftsaufschwung
4 Boom
6 Hausse
Wirtschaftseinheit
8 Kombinat
Wirtschaftsform
6 Handel
7 Gewerbe
8 Handwerk
9 Industrie
14 Landwirtschaft
15 Forstwirtschaft
Wirtschaftsführung
eines Landes
14 Staatshaushalt
Wirtschaftsgegenstand
4 Topf
Wirtschaftskrieg
7 Boykott
8 Blockade
13 Beschlagnahme
14 Handelsboykott
Wirtschaftskundler
12 Betriebswirt
Wirtschaftslage
10 Konjunktur
Wirtschaftslehre
9 Oekonomie, Oekonomik
Wirtschaftslenkung
10 Dirigismus
14 Planwirtschaft
Wirtschaftsmathematiker
6 Aktuar
Wirtschaftsprüfer
7 Revisor
Wirtschaftsrückgang
9 Rezession
Wirtschaftssystem
14 Planwirtschaft
15 Marktwirtschaft
16 Tauschwirtschaft
17 Naturalwirtschaft
22 soziale Marktwirtschaft
Wirtschaftstheoretiker
3 Law
4 List, Marx, Owen
5 Smith, Spann, Weber
6 Erhard, Eucken, Keynes, Menger, Roepke
7 Mueller, Ricardo, Sombart
8 Schiller
9 Galbraith, Schmoller
10 Schumpeter
Wirtschaftsunternehmen
4 Werk
5 Firma
Wirtschaftsverbund
5 Trust
7 Kartell, Konzern
8 Syndikat
10 Konsortium
14 Genossenschaft
Wirtschaftsvertreter
eines Staates
6 Konsul
Wirtschaftswald
5 Forst
Wirtschaftswerbung
7 Reklame
Wirtschaftswissenschaft
9 Oekonomie
Wirtschaftswissenschaften
21 Volkswirtschaftslehre
22 Finanzwirtschaftslehre
24 Betriebswirtschaftslehre
Wirtschaftszweig
7 Branche
Wirtshaus
6 Klause
7 Schenke
8 Gasthaus
10 Restaurant
11 Gaststaette
im englischen Stil
3 Pub
in Italien
7 Osteria, Taverne
in Spanien
6 Posada
Wirtshausrechnung
5 Zeche
Wirtsleute
4 Wirt
6 Wirtin
Wisch
7 Buendel
8 Heuwisch
10 Putzlappen, Staubwedel, Strohwisch
11 Staublappen, Wischlappen
Wischer
5 Wedel
Wischiwaschi
6 Gerede
Wischlappen
8 Putztuch
Wisent
5 Bison
8 Wildrind
9 Auerochse
wispern
6 raunen
9 fluestern
Wissbegierde
7 Neugier
9 Interesse
wissbegierig
9 neugierig
12 interessiert
wissen
6 kennen
Wissen
8 Kenntnis
9 Erfahrung
10 Kenntnisse
11 Bewusstsein
13 Gelehrsamkeit
aneignen
6 lernen
um die praktische Verwirklichung einer Sache
7 Know-how
Wissender
10 Esoteriker
Wissenschaft
5 Lehre
6 Chemie, Physik
7 Botanik, Medizin
8 Anatomie, Biologie, Geologie, Zoologie
9 Ergonomie, ◆ Geografie, Geophysik, Theologie
10 Astronomie, Ethnologie, Geographie, Mathematik, Paedagogik, Philologie, Soziologie
11 Mineralogie, Philosophie, Physiologie, Psychologie
12 Archaeologie, Voelkerkunde
13 Anthropologie
15 Kunstgeschichte
17 Musikwissenschaft
vom Altertum
12 Archaeologie
vom Aufbau der Gewebe
10 Histologie
vom Bau der Erde
8 Geologie
vom Denken
5 Logik
9 Denklehre
11 Philosophie
vom Drama
11 Dramaturgie
vom seelischen Leben
11 Psychologie
vom Verhalten der Tiere
8 Zoologie
9 Ethologie
vom Volkstum
10 Ethnologie
vom Wein
9 Oenologie
von den Bakterien
13 Bakteriologie
von den Entwicklungsgesetzen
9 Dialektik
von den Erdbeben
11 Seismologie
von den Gottheiten
10 Mythologie
von den Grundstoffen
6 Chemie
von den Insekten
11 Entomologie

von den Krankheiten der Harnorgane
8 Urologie
von den Lebewesen
8 Biologie
von den Maßen und Gewichten
10 Metrologie
von den Pflanzen
7 Botanik
von den Steinen
11 Mineralogie
von den Sternen
10 Astronomie
von den Tieren
8 Zoologie
von der Baukunst
11 Architektur
13 Architektonik
von der Erde
8 Geologie
von der Erforschung der höheren Luftschichten
9 Aerologie
von der germanischen Sprache
11 Germanistik
von der Sprache
10 Philologie
von der Zeiteinteilung
11 Chronologie
von Gleichgewicht und Bewegung der Körper
8 Mechanik
von Gott
9 Theologie
Wissenschaftler
7 Biologe, ◆ Geograf, Geologe, Zoologe
8 Astronom, Chemiker, Erfinder, Forscher, Geograph, Physiker
9 Botaniker, Entdecker, Ethnologe, Gelehrter, Mediziner, Paedagoge, Professor, Soziologe
10 Historiker, Mineraloge
11 Archaeologe, Ornithologe
12 Anthropologe, Mathematiker
13 Naturforscher
14 Voelkerkundler
wissenschaftlich
ausgebildeter Landwirt
7 Agronom
ausgebildeter Techniker
9 Ingenieur
wissenschaftliche
Abhandlung
5 Essay
12 Dissertation
Anstalt
8 Institut
Arbeit
6 Studie
Baumkunde
11 Dendrologie
Behauptung
5 These
Einrichtung
8 Institut
Erfahrung
7 Empirie
Erörterung (Islam)
5 Kalam
Fachrichtung
9 Disziplin
Forschung
7 Studium
Helferin
10 Hilfskraft, Laborantin
11 Assistentin
Unterhaltung
10 Kolloquium
Untersuchung
7 Analyse
Vorhersage
8 Prognose
Wetterkunde
12 Meteorologie
wissenschaftlicher
Arbeitsraum
5 Labor
12 Laboratorium
13 Observatorium
Aufseher
6 Kustos
Ausflug, Lehrfahrt
9 Exkursion
Begriff, Ausdruck
5 Axiom, Lehre
7 Analyse, Methode, Theorie
8 Methodik, Synthese
9 Forschung, Hypothese
10 Systematik
Denker
9 Philosoph
Entdecker
8 Forscher
Hochschulvortrag
9 Vorlesung
Mitarbeiter
8 Laborant
Verlagsmitarbeiter
6 Lektor
Versuch
4 Test
5 Probe
7 Analyse
8 Katalyse, Pruefung
10 Experiment
Vortrag
6 Kolleg
wissenschaftliches
Sammelwerk
13 Enzyklopaedie
Wissenschaftsgruppe
9 Fakultaet
Wissensdrang
9 Lerneifer
Wissensdurst
7 Neugier
10 Wissbegier
Wissensgebiet
7 Domaene
Wissensschatz
9 Thesaurus
wissenswert
11 interessant
Wissenszweig
6 Sparte
Witfrau
5 Witwe
Witmann
6 Witwer
wittern
5 ahnen
6 merken
7 riechen
8 vermuten
Witterung
5 Klima
6 Wetter
9 Spuersinn
Witterungserscheinung
3 Eis, Tau
4 Reif, Wind
5 Blitz, Frost, Hagel, Hitze, Nebel, Regen, Sturm
6 Donner, Kaelte, Schnee
8 Gewitter
12 Niederschlag, Sonnenschein
Witterungslage
5 Klima
Witterungsverhältnisse
10 Wetterlage
Witwe
5 Witib
6 Wittib
bei W. Busch
5 Bolte
in Indien
4 Sati
Witwenblume
6 Knatia
7 Knautie
8 Skabiose
Witz
2 Uz
3 Gag, Jux, Ulk
5 Gaudi, Humor, Spass
6 Bonmot, Esprit, Scherz
7 Kalauer
8 Allotria
11 Schabernack
Witzelei
10 Anspielung
witzig
5 ulkig
6 launig, lustig
7 humorig, spassig, vorlaut
10 geistreich
witzige
Randbemerkung
6 Glosse
witziger
Einfall
3 Gag
5 Humor
8 Frohsinn
Spott
6 Satire
witziges
Geschichtchen
8 Anekdote
Witzkern
6 Pointe
8 Witzende
Witzreden
8 Fazetien
Witzwort
6 Bonmot
wo
Luther die Bibel übersetzte
8 Wartburg
Wochenabschnitt
3 Tag
Wochenbett
8 Kindbett
Wochenende
7 Weekend

Wochenendhaus
7 Datscha, Datsche
8 Bungalow
Wochentag
6 Alltag, Montag
7 Freitag, Samstag, Sonntag, Werktag
8 Dienstag, Mittwoch
9 Sonnabend
10 Donnerstag
in der kath. Liturgie
5 Feria
Woge
5 Welle
7 Brecher
wohingegen
12 andererseits
wohl
3 gut
6 gesund
8 angenehm
oder übel
12 nolens volens
Wohl
4 Heil, Nutz
5 Segen
6 Glueck, Nutzen
7 Frommen, Vorteil
8 Gedeihen
10 Foerderung, Gesundheit
Wohlbefinden
7 Behagen
10 Gesundheit
Wohlbeleibtheit
10 Embonpoint
Wohlergehen
4 Heil
wohl erzogen
10 manierlich
Wohlfahrt
9 Fuersorge
Wohlgefallen
5 Gusto
7 Behagen
9 Sympathie
Wohlgefühl
7 Behagen
8 Euphorie
wohl gelitten
7 beliebt
wohlgemerkt
8 notabene
wohlgemut
9 froehlich
14 zuversichtlich
wohl genährt
5 feist
Wohlgenährtheit
9 Eutrophie
Wohlgeruch
4 Duft
5 Aroma, Blume, Odeur
6 Bukett
wohl geschichteter
Haufen
6 Stapel
Wohlgeschmack
4 Arom
5 Aroma
wohl gesinnt
4 hold
7 geneigt
Wohlgesinnter
6 Freund
wohlhabend
5 reich
10 steinreich, vermoegend
Wohlhabenheit
8 Reichtum
wohlig
8 angenehm
9 behaglich
Wohlklang
8 Euphonie, Harmonie
wohl klingend
9 melodisch
wohlklingend
10 euphonisch
wohl lautend
9 melodioes
Wohllebekunst
8 Eubiotik
woh llöblich
7 achtbar
wohl riechend
10 aromatisch
wohl riechende
Haarsalbe
6 Pomade
Pflanze
4 Rose
5 Narde
6 Reseda
wohl riechender
Stoff
5 Odeur
Strauch
8 Lavendel
wohl riechendes
Haarfett
6 Pomade
wohl schmeckend
6 lecker, pikant
7 delikat, erlesen
11 appetitlich
wohl schmeckende
Gartenfrucht
8 Erdbeere
Wohlstand
4 Flor
6 Bluete
8 Gedeihen, Reichtum
12 Prosperitaet
Wohlstandsgesellschaft
13 Establishment
Wohltat
4 Labe
5 Gnade, Hilfe
6 Balsam
7 Benefiz
9 Troestung
10 Benefizium
11 Seelentrost
12 Liebesdienst
13 Erleichterung
14 Annehmlichkeit, Unterstuetzung
Wohltäter
5 Geber
6 Helfer, Maezen
7 Goenner, Stifter
9 Foerderer, Samariter
wohltätig
9 caritativ, karitativ
10 humanitaer, mildtaetig
Wohltätigkeit
7 Karitas
13 Philanthropie
Wohltätigkeitsorganisation
7 Caritas, Karitas
Wohltätigkeitsveranstaltung
7 Benefiz
wohl tuend
4 lind, mild
5 milde
8 angenehm, lindernd
12 erleichternd
wohl überlegt
10 durchdacht
wohl unterrichtet
10 informiert
wohl verborgen
7 getarnt
9 versteckt
Wohlverleih
6 Arnika
Wohlwollen
4 Huld
5 Gnade, Guete, Gunst, Milde
6 jovial
9 Sympathie, Zuneigung
11 Geneigtheit, Gewogenheit, Jovialitaet
wohlwollend
7 geneigt, zugetan
Wohn-
oder Geschäftshaus
8 Gebaeude
Wohnbau
4 Haus
5 Villa
6 Chalet
8 Bungalow, Hochhaus
9 Mietshaus, Wohnblock
10 Doppelhaus, Reihenhaus
13 Apartmenthaus
15 Appartementhaus
wohnen
6 hausen
8 logieren
Wohngebiet
in Sofia
8 Westpark
Wohngeld
5 Miete
ohne Nebenkosten
9 Kaltmiete
Wohngemeinschaft
7 Kommune
Wohnhalle
6 Loggia
Wohnheim
9 Pensionat
Wohnhügel
auf den Halligen
4 Warf, Warp, Wurt
5 Warft
in der Marsch
5 Wurte
Thessaliens
6 Magula
Wohnkammer
auf Schiffen
5 Logis
6 Kabine
7 Kajuete
wohnlich
9 behaglich

Wohnlichkeit
13 Behaglichkeit
Wohnort
Abrahams im A.T.
5 Mamre
6 Mambre
von G. Hauptmann
11 Agnetendorf
Wohnpartei
im Mietshaus
5 Parte
Wohnraum
5 Diele, Halle, Salon, Stube
6 Gelass, Gemach, Kammer, Zimmer
7 Boudoir
8 Kabinett
9 Esszimmer, Wohndiele
10 Bibliothek
11 Damenzimmer
12 Herrenzimmer, Kinderzimmer, Schlafzimmer, Speisezimmer, Wintergarten
auf Schiffen
6 Kabine
7 Kajuete
der Asen
6 Asgard
des niederländ. Bauernhauses
5 Pesel
und Herdraum im niedersächsischen Bauernhaus
5 Flett
Wohnsitz, Wohnung
4 Flat, Heim
5 Logis
6 Bleibe, Daheim, Obdach
7 Domizil, Gefilde, Zuhause
8 Kevelaer, Residenz
9 Apartment, Behausung
10 Maisonette, Unterkunft
11 Appartement
der griechischen Götter
5 Olymp
des Göttergeschlechts
6 Asgard
des Grundherrn (Mittelalter)
4 Burg
des Staatsoberhauptes
8 Residenz
eines Waldbeamten
9 Forsthaus
von Fürsten
8 Residenz
Wohnstatt
der germanischen Göttin Freya
8 Folkwang
Wohnstättengruppe
8 Siedlung
Wohnstube
im sächsischen Bauernhaus
5 Pesel
Wohnteil
einer Burg
5 Palas
Wohnturm
der Jungsteinzeit
6 Nurage
Wohnung
auf Schiffen
5 Logis
des Fuchses in der Tierfabel
10 Malepartus
eines Einsiedlers
9 Eremitage
für betagte Menschen
10 Altersheim
und Kost
7 Pension
11 Halbpension, Vollpension
Wohnungsanschrift
7 Adresse
Wohnungsbenutzer
6 Mieter
Wohnungsflur
8 Korridor
Wohnungsgeld
5 Miete
8 Mietzins
Wohnungsinventar
7 Hausrat
Wohnungswechsel
5 Umzug
Wohnverhältnis
10 Untermiete
Wohnwagen
7 Caravan, Trailer
9 Anhaenger
Wohnzimmer
5 Stube
Wohnzins
5 Miete
Wohnzinssteigerung
13 Mieterhoehung
Woiwodschaft
in Polen
4 Pila
5 Bhelm
9 Bydgoszez
Wölbung
5 Bogen
7 Rundung
auf der Haut
5 Beule
in Mauerecken
6 Trompe
Wolf
5 Lupus, Ruede, Welpe
6 Kojote
9 Rammklotz
11 Entzuendung
15 Fleischmaschine
des Wodan
4 Geri
5 Freki
in der Tierfabel
7 Isegrim
Wölfin
5 Faehe
Wolfsbohne
6 Lupine
Wolfsjunges
5 Welpe
Wolfsmensch
7 Werwolf
Wolfsmilchgattung
6 Croton
Wolfsmilchgewächs
6 Maniok
7 Manihot
9 Euphorbie
11 Bingelkraut
Wolfsspinne
8 Tarantel
Wolga-Mündungsarm
5 Busan
Wolkenart
6 Cirrus, Nimbus, Zirrus
7 Cumulus, Kumulus, Stratus
8 Eiswolke, Mammatus
9 Hochnebel
10 Faserwolke, Federwolke, Quellwolke, Regenwolke, Schaefchen, Wogenwolke
11 Altocumulus, Altokumulus, Altostratus, Beutelwolke, Castellatus, Haufenwolke, Linsenwolke, Nimbuswolke, Wasserwolke
12 Cirrocumulus, Cirrostratus, Kumulonimbus, Laemmerwolke, Lenticularis, Nimbostratus, Quellcumulus, Schichtwolke, Zirrokumulus, Zirrostratus
13 Eisnadelwolke, Fraktostratus, Gewitterwolke, Schleierwolke, Stratocumulus, Stratokumulus
14 Tuermchenwolke, Turbulenzwolke
15 Schaefchenwolke
17 Schoenwetterwolke
18 Haufenschichtwolke
Wolkenkratzer
8 Hochhaus
Wolkenkuckucksheim
9 Traumland
wolkenlose
Himmelsweite
6 Aether
Wollabnahme
5 Schur
Wollach
9 Filzdecke
11 Pferdedecke
Wollart
6 Angora, Merino, ◆ Mohaer, Mohair
Wolldecke
5 Plaid, Vlies
Wolle
der Angoraziege
6 ◆ Mohaer, Mohair
lieferndes Tier
4 Lama, Pako
5 Kamel, Schaf, Ziege
6 Alpaka, Merino, Vikuna
7 Guanako, Huanako, Vikunja
9 Kaninchen
11 Angoraziege
15 Angorakaninchen
Wollen
5 Wille
wollener
Kapuzenmantel der Beduinen
6 Burnus
wollenes
Obergewand der Römer
4 Toga
Wollfett
7 Lanolin
Wollgarn, -gewebe, -stoff
4 Lama, Tuch
5 Flaus, Foule, Loden, Rasch, Tibet, Tweed
6 Alpaka, Angora, Etamin, Kastor, Merino, ◆ Mohaer, Mohair, Serail
7 Cheviot, Chevron, Flausch,

Krimmer, Lasting, Marengo
8 Homespun, Kammgarn, Kaschmir, Shetland, Zibeline
9 Covercoat, Gabardine, Glencheck, Kamelhaar, Lambswool
11 Streichgarn
12 Wollmusselin
Wollgewicht
4 Pack
Wollhaar
6 Lanugo
Wollkratze
8 Wollkamm
Wollkraut
12 Koenigskerze
Wollrose
des Schwarzwaldhutes
5 Bolle
Wollschafrasse
6 Merino
Wollschweber
13 Hummelfliegen
Wollust
11 Lustgefuehl
12 Befriedigung
Wollzeug
der bulgarischen Volkstracht
3 Aba
Wonne
4 Lust
6 Freude, Genuss
9 Seligkeit
10 Vergnuegen
11 Beglueckung
13 Schadenfreude
Wonnemonat
3 Mai
wonnevoll
8 elysisch
10 elysaeisch
wonnig
7 reizend
8 lustvoll
11 beglueckend, entzweckend, liebreizend
12 paradiesisch
Wort
7 Vokabel
beim Kartenspiel
2 Re
6 Kontra
beim Zutrunk
6 Prosit
der Ablehnung
4 nein
der Einschränkung
3 nur
der französischen Revolution
7 Egalite
der Wortgruppe, die vor- und rückwärts gelesen das gleiche bedeutet
9 Palindrom
der Zustimmung
2 ja
für Äquator
8 Gleicher
für Totschläger
6 Killer
höflicher Anerkennung
5 danke
in der Kindersprache
3 Oma, Opa
4 Mama, Papa
Wortabkürzung
(Stenogramm)
5 Sigel
7 Kuerzel
Wortabwandlung
11 Deklination
Wortanhängsel
5 Affix
Wortart
4 Verb
Wortbedeutungsgehalte
8 Begriffe
Wortbedeutungslehre
8 Semantik
Wortbetonung
5 Iktus
Wortblindheit
6 Alexie
Wortbruch
6 Verrat
7 Felonie, Meineid, Untreue
9 Falscheid, Treubruch
13 Treulosigkeit, Unredlichkeit
wortbrüchig
6 untreu
Wortbrüchiger
9 Verraeter
Wörterbuch, -verzeichnis
5 Duden
7 Glossar, Lexikon
9 Vokabular
10 Diktionaer
11 Nomenklatur
12 Vokabularium
13 Enzyklopaedie
15 Nachschlagewerk
Worterguss
6 Tirade
Wortfolge
4 Satz
7 Periode
11 Satzgefuege
Wortforschung
8 Semantik
10 Etymologie
11 Lexikologie
Wortführer
5 Doyen
6 Obmann
8 Sprecher
9 Aeltester, Vorsteher
12 Fuersprecher
Wortfülle
6 Sermon, Tirade
9 Redefluss, Redundanz
11 Verbositaet, Wortschwall
Wortgefecht
6 Disput, Streit
7 Debatte
8 Kabbelei
10 Diskussion, Streiterei
Wortgefüge
4 Satz
wortgetreu
9 woertlich
Wortgleichklang
4 Reim
wortkarg
9 einsilbig, lakonisch
10 schweigsam
Wortklauber
6 Pedant
8 Rabulist
11 Haarspalter
Wortklauberei
9 Kasuistik
10 Rabulistik
11 Sophisterei
13 Haarspalterei
Wortkürzungszeichen
5 Sigel, Sigle
Wortlaut
4 Text
5 Klang, Tenor
auf Münzen
9 Inschrift
wörtlich
6 verbal
anführen
8 zitieren
wörtliche
Wiedergabe
5 Zitat
wortlos
10 schweigend
wortreich
13 weitschweifig
wortreicher
Brief
7 Epistel
Wortreihe
5 Zeile
Wortreihen
eines Gedichtes
4 Vers
5 Verse
Wortsammlung
3 Ana
Wortschatz
9 Thesaurus, Vokabular
einer Sprache
5 Lexik
Wortschlusslaute
8 Endungen
Wortschwall
4 Wust
5 Suada, Suade
6 Erguss, Tirade
9 Redefluss
Wortspiel
6 Bonmot
7 Kalauer
9 Calembour
10 Calembourg
Wortspielerei
8 Limerick
Wortteil
5 Silbe, Stamm
6 Suffix
7 Praefix
8 Vorsilbe
9 Buchstabe, Nachsilbe, Stammform
Wortumbildung
durch Buchstaben- oder Silbenversetzung
8 Anagramm
Wortverdopplung
9 Iteration
Wortverdreher
6 Pedant
7 Kasuist, Sophist
8 Rabulist

11 Dialektiker, Haarspalter
Wortverdreherei
10 Rabulistik
13 Haarspalterei
Wortwechsel
4 Zank
5 Krach, Szene
6 Dialog, Disput, Streit
9 Gespraech, Rededuell
11 Disputation, Kontroverse, Wortgefecht
12 Unterhaltung
18 Auseinandersetzung
Wortweiser
8 Register
Wortwiederholung
7 Anapher
Wortwitz
7 Kalauer
Wortzusammenhang
7 Kontext
Wortzusammensetzung
11 Komposition
Wotans
Raben
5 Hugin, Munin
Schlachtross
8 Sleipnir
Wolf
4 Geri
5 Freki
Wotjake
7 Udmurte
wotjakisch
10 udmurtisch
Wrasen
5 Dampf
6 Brodem
Wucher
14 Preistreiberei
Wucherblume
10 Knopfkraut
12 Chrysantheme
Wucherer
12 Preistreiber
wuchernde
Pflanze
7 Unkraut
Wucherung
6 Kallus
10 Geschwulst
16 Gewebeneubildung
Wuchs
4 Form
5 Figur
6 Statue, Statur
7 Gestalt
8 Gedeihen, Wachstum
10 Vegetation
Wuchsstoff
5 Auxin
Wucht
5 Druck, Kraft
6 Gewalt
7 Energie, Gewicht, Schwere, Schwung, Staerke
8 Vehemenz
10 Heftigkeit
wuchtig
6 heftig, massig, massiv, schwer
7 lapidar
8 gewaltig, kolossal, vehement
9 kraftvoll
10 monumental
in der Musik
5 grave
wuchtige
Schlagwaffe des Mittelalters
11 Morgenstern
12 Streitkolben
Wühlechse, -eidechse
5 Sking, Skink
9 Scinciden
Wühler
6 Hetzer
10 Aufwiegler
Wühlerei
8 Hetzerei
11 Wuehlarbeit
Wühlmaus, -ratte
5 Bisam, Nager
7 Erdmaus, Lemming
8 Feldmaus, Waldmaus
9 Schermaus
10 Bisamratte, Roetelmaus
11 Berglemming, Wasserratte
Wulfenit
11 Gelbbleierz
Wulst
am Sattel
7 Pausche
am Säulenfuß
6 Pfuehl
der dorischen Säule
7 Echinus
der ionischen Säulenbasis
5 Torus
Vorwölbung der Haut
5 Beule
wund
8 verletzt
9 verwundet
Wundabdeckung
7 Verband
8 Pflaster
Wundabsonderung
5 Eiter
Wundarzneikunde
9 Chirurgie
Wundarzt
7 Chirurg
9 Feldscher
Wunde
6 Trauma
7 Blessur
Wunder
7 Mirakel
9 Mysterium
11 Begebenheit
wunderbar
6 schoen
8 herrlich
9 fabelhaft, praechtig
10 grossartig, mirakuloes, prachtvoll
11 erstaunlich, ◆ fantastisch, unglaublich
12 maerchenhaft, phantastisch
15 uebernatuerlich
Wunderbaum
15 Ricinus communis
Wunderblume
9 Mirabilis
Wunderdoktor
8 Pfuscher
9 Eisenbart
10 Scharlatan
11 Kurpfuscher, Quacksalber
Wunderglaube
11 Mystizismus
Wunderhorn
7 Olifant
Wunderknollen
13 Eidechsenwurz
wunderlich
6 bizarr
7 grotesk, seltsam
8 launisch
9 schrullig, sonderbar
11 grillenhaft, merkwuerdig, verschroben
wunderliche
Eigenschaft
4 Tick
7 Marotte
Wunderlichkeit
3 Tic
4 Tick
8 Schrulle
Wundermittel
7 Arkanum, Panazee
wundernehmen
9 erstaunen
13 interessieren
wundersam
7 seltsam
11 merkwuerdig
12 ueberirdisch
15 uebernatuerlich
Wunderstute
des H. G. Winkler
5 Hella
wundertätige
Schale
4 Gral
wundervoll
8 herrlich
Wunderwerk
7 Mirakel
Wundflüssigkeit
5 Eiter
Wundheilmittel
5 Salbe
Wundinfektion
7 Tetanus
Wundklee
9 Anthyllis
10 Sommerklee, Tannenklee
Wundkraut
8 Goldrute, Hasenohr, Wegerich, Wundklee
9 Engelwurz, Fingerhut
10 Ehrenpreis, Kreuzkraut
15 Christophskraut, Kunigundenkraut
19 Tausendgueldenkraut
Wundkruste
6 Schorf
Wundmal
5 Narbe
6 Stigma
7 Schmiss
Wundnähmittel
6 Katgut
Wundrose
8 Erysipel
10 Erysipelas

Wundsein
der Haut
4 Wolf
8 Hautwolf
Wundsekret
5 Eiter
Wundstarrkrampf
7 Tetanus
Wundverband
7 Bandage
8 Pflaster
10 Wundschutz
13 Schutzverband
Wunsch
5 Bitte
6 Begehr
7 Geluest
8 Anliegen, Begehren, Begierde, Belieben, Hoffnung
9 Sehnsucht, Verlangen
der Menschen
7 Frieden
für das neue Jahr
6 Erfolg
7 Frieden
Wunschbild, -traum
4 Idol, Wahn
5 Ideal
6 Utopie
8 ◆ Fantasie, Illusion, Tagtraum
9 Inbegriff, Phantasie, Wachtraum
10 Musterbild
11 Luftschloss
18 Wolkenkuckucksheim
Wünschelrute
8 Detektor
wünschen
7 fordern
9 verlangen
wünschenswert
11 desiderabel
Wunschform
7 Optativ
Wunschland
6 Dorado, Utopia
8 Eldorado
wunschlos
glücklich
5 selig
Wunschtrauminsel
b. Mörike
6 Orplid
Wunschvorstellungen
11 Erwartungen
Wunschwahn
6 Utopie
Würde
3 Ruf
4 Adel, Ehre, Rang, Wert
5 Ernst, Stolz
6 Nimbus
7 Achtung, Ansehen, Geltung, Haltung
8 Noblesse, Renommee
9 Grandezza, Gravitaet, Majestaet
würdelos
7 niedrig
9 unachtbar
Würdenträger
der kath. Kirche
8 Dignitar
9 Dignitaer
des türkischen Sultans
5 Wesir
würdevoll
8 gemessen
13 gravitaetisch, majestaetisch
würdig
10 ehrwuerdig
16 achtunggebietend
18 ehrfurchtgebietend
würdigen
5 ehren
6 achten
10 anerkennen, honorieren
11 aestimieren
Würdigung
11 Anerkennung
eines Verstorbenen
7 Nachruf
8 Grabrede, Nekrolog
von Verdiensten
6 Ehrung
Wurf
des Raubwilds
6 Geheck
im Würfelspiel
5 Pasch
junger Hasen
4 Satz
mit gleicher Augenzahl
5 Pasch
Wurfbeil
der Indianer
8 Tomahawk
Wurfbild
3 Dia
10 Diapositiv
Würfel
5 Kubus
6 Knobel
8 Hexaeder
14 Sechsflaechner
würfelförmig
7 kubisch
würfelförmiges
Gebäck
11 Dominostein
würfeln
7 knobeln
Würfelspiel
4 Puff
Wurffangleine
5 Lasso
Wurfgerät
3 Ger
4 Ball
5 Keule, Speer
6 Diskus, Hammer
7 Harpune
8 Bumerang
10 Schlagball
Wurfgeschoss
der Antike
8 Balliste
im Winter
10 Schneeball
Wurfgeschütz
im MA
5 Blide
Wurfholz
8 Bumerang
14 Speerschleuder
Wurfkörper
der Leichtathletik
5 Kugel
Wurfkugel
4 Bola
Wurflehre
9 Ballistik
Wurfleine
5 Lasso
Wurfmaschine
8 Balliste, Katapult
9 Schleuder
Wurfpfeil
10 Banderilla
Wurfscheibe
6 Diskus
Wurfschlinge
5 Lasso
Wurfspeer
5 Lanze
der Kaffern
7 Assagai
Wurfspieß
der Germanen
3 Ger
Wurfwaffe
3 Ger
4 Caja, Kris, Mine
5 Barte, Bombe, Dolch, Lanze, Speer
6 Messer, Spiess
7 Assagai, Granate, Harpune, Wurfaxt
8 Bumerang, Katapult, Luftmine, Tomahawk
9 Brandstab
11 Handgranate, Sprengbombe
12 Fliegerbombe, Granatwerfer
13 Sprengkoerper
Würgefessel
6 Knebel
Würger
(Singvogelfamilie)
8 Laniiden
Würgschraube
7 Garotte
9 Halseisen
Wurm
(beim Pferd)
4 Rotz
Wurmart
4 Egel
6 Vermes
7 Filaria
8 Bandwurm, Blutegel, Molluske, Rundwurm, Sandpier, Sandwurm, Saugwurm, Spulwurm, Trichine
9 Bilharzia, Fadenwurm, Hakenwurm, Leberegel, Madenwurm, Pfeilwurm, Plattwurm, Prielwurm, Regenwurm, Sternwurm
10 Grubenkopf, Helminthen, Medinawurm, Raedertier, Ringelwurm, Rochenwurm, Schnurwurm
11 Borstenwurm, Huelsenwurm, Strudelwurm
12 Essigaelchen
16 Roter Roehrenwurm
Wurmfisch
5 Inger

Wurmfortsatz
des Blinddarms
8 Appendix
Wurmfortsatzentzündung
12 Appendicitis
Wurmkrankheit
13 Helminthiasen, Helminthiasis
Wurmmittel
14 Anthelminthica
Wurmmollusken
11 Amphineuren
wurmstichig
5 madig
10 zerfressen
Wurmzüngler
10 Chamaeleon
Wurst
in Scheiben
10 Aufschnitt
Wurstart, -sorte
6 Lyoner, Salami
7 Knacker
8 Krakauer, Saumagen, Teewurst
9 Bierwurst, Blutwurst, Bockwurst, Bratwurst, Gelbwurst, Hirnwurst, Jagdwurst, Jauersche, Kochwurst, Leberkaes, Mettwurst, Presssack, Rote Wurst, Sulzwurst, Wollwurst
10 Bruehwurst, Debreziner, Diaetwurst, Gaulswurst, Knackwurst, Landjaeger, Leberkaese, Leberwurst, Mortadella, Plockwurst, Presswurst, Weisswurst
11 Debrecziner, Pferdewurst
12 Bierschinken, Fleischkaese, Fleischwurst, Griebenwurst, Regensburger, Schlackwurst, Schwarzwurst, Zwiebelwurst
13 Cervelatwurst, Schinkenwurst, ◆ Servelatwurst, Zervelatwurst
14 Halberstaedter, Knoblauchwurst, Schwartenmagen
16 Wiener Wuerstchen
17 Fruehstueckswurst
21 Frankfurter Wuerstchen
Wurstbrühe
mit Buchweizen
6 Panhas
Wurstfleisch
4 Mett
Wursthaut
5 Pelle
wurstig
13 gleichgueltig
Wurstkraut
7 Majoran
württembergische
Landschaft
3 Alb
4 Baar
6 Albuch
7 Allgaeu
9 Strohgaeu
10 Schoenbuch
württembergischer
Höhenzug
3 Alb
4 Teck
7 Adelegg, Heuberg
9 Schurwald
11 Schwarzwald
Würz-
und Konservierungsmittel
5 Essig
Würze
4 Salz
5 Essig
7 Pfeffer
im Branntwein
8 Rosenoel
Wurzel
5 Radix
der Mandragora
6 Alraun
7 Alraune
eines peruanischen Strauches
8 Ratanhia
Wurzelbohrer
10 Hepialiden
Wurzelfüßer
6 Amoebe
10 Kammerling
14 Sonnentierchen
15 Wechseltierchen
16 Strahlentierchen
Wurzelgemüse
4 Bete
5 Ruebe
6 Knolle, Moehre
7 Karotte
8 Kohlrabi, Sellerie
9 Mohrruebe
10 Gelbe Ruebe, Petersilie
Wurzelholz
7 Bruyere
Wurzelknolle
mancher Orchideen
5 Salep
Wurzelmännchen
7 Alraune
Wurzelschwamm
10 Hallimasch
Wurzelsellerie
4 Merk
Wurzelstock
6 Rhizom
7 Rhizoma
von Kohlköpfen
6 Strunk
Wurzelteil
6 Knolle
würzen
6 salzen
8 pfeffern
11 abschmecken
Würzfleisch
6 Ragout
Würzflüssigkeit
5 Essig
Würzgebäck
6 Printe
würzig
6 pikant
würzige
Fleisch- oder Fischspeise in Blätterteig
7 Pastete
Tomatensoße
7 Ketchup
8 ◆ Ketschup
würziger
Geruch
4 Arom
5 Aroma
Geschmack
4 Arom
5 Aroma
Speisenbeiguss
5 Salse
würziges
Flachgebäck
9 Zimtstern
11 Spekulatius
Würzkraut
4 Anis, Dill, Dost, Senf, Ysop
5 Minze, Raute
6 Dragon, Kerbel, Kresse, Porree, Salbei, Wermut
7 Beifuss, Fenchel, Kamille, Kuemmel, Majoran, Melisse, Paprika, Quendel, Thymian, Zwiebel
8 Boretsch, Eiskraut, Estragon, Kapsikum, Kardamom, Lavendel, Rosmarin, Sellerie
9 Basilikum, Borretsch, Knoblauch, Koriander, Tripmadam, Wacholder, Weinraute
10 Bibernelle, Petersilie, Pimpinelle
11 Bohnenkraut, Gurkenkraut, Krauseminze, Meerrettich, Sauerampfer, Waldmeister
12 Liebstoeckel, Loeffelkraut, Pfefferkraut, Pfefferminze, Schnittlauch
13 Brunnenkresse
15 Bergbohnenkraut, Zitronenmelisse
Würzpflanze
des Mittelmeerraumes
7 Thapsia
Würzsoße
für Salat
8 Dressing
Würztunke
7 Ketchup
8 ◆ Ketschup, Marinade
9 Remoulade
Würzwein
6 Wermut
7 Klarett
wuselig
5 eilig, rasch
7 lebhaft
8 zappelig
11 geschaeftig
Wust
5 Chaos
6 Gewirr, Haufen
8 Wirrwarr
9 Unordnung
11 Wortschwall
12 Kuddelmuddel
13 Durcheinander
wüst
3 oed
4 oede, wild, wirr
8 unbebaut
12 unordentlich
Wüste
4 Gila, Gobi, Thar

5 Danah, Kawir, Namib, Nefud, Tharr
6 Hanhai, Sahara, Schamo
7 Atacama, Karakum
8 Kalahari, Kysylkum, Mujunkum
10 Sandwueste
11 Grosse Nefud, Kleine Nefud
13 Salzseewueste
14 Indische Wueste, Libysche Wueste, Nubische Wueste, Syrische Wueste, Victoriawueste
15 Arabische Wueste
16 Grosse Sandwueste
an der Westküste Südamerikas
8 Atacaman
aus Sanddünen
3 Man
4 Areg
im Iran
3 Lut
im Osten Zentralasiens
4 Gobi
im Sudan
14 Nubische Wueste
in Afrika
5 Namib
6 Sahara
8 Kalahari
14 Libysche Wueste
in Arabien
5 Nefud
in Australien
12 Gibsonwueste
14 Victoriawueste
in Chile
7 Atacama
in den USA
4 Gila
in der Mongolei
4 Gobi
6 Schamo
in Indien
4 Thar
5 Tharr
in Innerasien
4 Gobi
6 Schamo
in Israel
5 Negeb, Negev
in Palästina
5 Negeb, Negev
in Turkmenistan
7 Karakum

Wüstenagame
6 Melode
Wüstenart
9 Eiswueste
10 Kieswueste, Lehmwueste, Salzwueste, Sandwueste
11 Steinwueste
12 Kaeltewueste
13 Trockenwueste
17 Hochgebirgswueste
Wüstenbewohner
7 Beduine
Wüstenboden
4 Sand
Wüstenbrot
der Bibel
5 Manna
Wüstenbrunnen
3 Bir
Wüstenei
4 Oede
7 Einoede
Wüsteneidechse
5 Waran
Wüstenflusstal
4 Wadi
Wüstenform
4 Areg
5 Samum
Nordafrikas
3 Erg
Wüstenfuchs
5 Fenek
6 Fennek
Wüstenführer
6 Khabir
Wüsteninsel
4 Oase
Wüstenkönig
5 Loewe
Wüstenlasttier
5 Kamel
8 Dromedar
Wüstenluchs
7 Karakal
Wüstensandsturm
5 Samum
Wüstenschiff
5 Kamel
Wüstenspeise
5 Manna
Wüstenspringmaus
6 Jerbeo
Wüstenstaubboden
5 Yerma

Wüstentier
5 Kamel
Wüstenwind
5 Gibli, Leste, Samum
6 Kamsin
7 Chamsin
8 Scirocco
9 Harmattan, Schirokko
wüstes
Durcheinander
4 Wust
10 Tohuwabohu
Gelage
5 Orgie
9 Bacchanal
Wüstling
4 Roue
5 Rowdy
6 Sadist
7 Rohling, Saeufer
8 Libertin, Raufbold
9 Schlaeger
Wut
4 Rage, Zorn
5 Furor, Grimm
6 Aerger
7 Ingrimm, Raserei
8 Erregung, Wildheit
9 Empoerung
Wutanfall
6 Koller, Rappel, Raptus
7 Raserei
8 Amoklauf, Jaehzorn
wüten
5 rasen, toben
6 hausen
9 pluendern
10 grassieren, zerstoeren
wütend
4 boes, wild
5 boese
6 erregt, furios, rabiat, rasend, zornig
7 empoert
9 enragiert
11 aufgebracht
wütendes
Weib
5 Furie
7 Megaere
Wüterich
10 Schierling

X-Achse
8 Abszisse
Xanthippes
Gatte, Mann
8 Sokrates
xanthochrom
10 gelbfarbig, hellfarbig
xanthoderm
11 gelbhaeutig
Xanthophyll
13 Gelbfarbstoff
Xaveriusverein
14 Missionsverein
X-Beine
10 Abknickung
x-beliebig
9 irgendein
X-Chromosom
20 Geschlechtschromosom
X-Einheit
14 Laengeneinheit
Xenie
6 Spruch
8 Epigramm, Gastgabe
10 Sinnspruch
11 Sinngedicht
12 Gastgeschenk, Spottgedicht
Xenokratie
15 Fremdherrschaft
Xenologie
11 Okkultismus
14 Geheimnislehre
Xenon
3 Gas
7 Edelgas
Xenonlampe
18 Gasentladungslampe
27 Hochdruckgasentladungslampe
xenophil
17 fremdenfreundlich
xenophob
16 fremdenfeindlich
Xenophobie
18 Fremdenfeindschaft
Xenophondichtung, -werk
6 Hieron
8 Anabasis
9 Agesilaos, Hellenika, Symposium
11 Kyrolpaedie, Oikonomikos
12 Erinnerungen
13 Reiterfuehrer
Xerografie
21 Trockendruckverfahren
Xerokopie
12 Trockenabzug
xerotisch
(in der Medizin)
7 trocken
13 eingetrocknet
X-Haken
14 Aufhaengehaken
x-mal
3 oft
7 haeufig
8 vielmals
10 wiederholt
X-Strahlen
16 Roentgenstrahlen
Xylan
9 Holzgummi
Xylofon
7 Marimba
11 Marimbaphon, Strohfiedel
13 Holzharmonika
im Jazz
7 Marimba
8 ◆ Vibrafon
9 Vibraphon
Xylograf
13 Holzschneider
Xylografie
11 Holzschnitt
17 Holzschneidekunst
Xylol
14 Loesungsmittel
Xylolith
9 Steinholz
Xylose
10 Holzzucker
Xystos
11 Saeulengang
12 Saeulenhalle
Xystus
9 Promenade

Y-Achse
14 Ordinatenachse
Yak
10 Grunzochse
Yamsgewächsgattung
5 Tamus
Yankee
10 Amerikaner
12 US-Amerikaner
14 Nordamerikaner
Yawl
8 Takelung
Yedo, Edo
14 Tokio (alter Name)
Yeoman
5 Bauer
8 Paechter
11 Gemeinfreie
13 Grundbesitzer
Yerba
4 Mate
Yeti
12 Schneemensch
Yggdrasil
9 Weltesche
Ymir
5 Riese
7 Urriese
Yoga
5 Asket
Yogi
7 Asketen
Yoldia
11 Nussmuschel
Yoldiameer
12 Ostsee (Urzeit)
Yonne-Zufluss
6 Serein
Youngster
6 Junior
7 Neuling
8 Newcomer
9 Anfaenger
Yperit
7 Senfgas
9 Gelbkreuz
Ypsiloneule
13 Pistolenvogel
Yquem
12 Bordeauxwein
Yucca, Yukka
8 Baergras
9 Palmlilie
10 Adamsnadel
11 Palmenlilie
12 Dolchpflanze

Zacke
5 Zanke, Zinke
6 Spitze
zackenartiger
Mauerabschluss
5 Zinne
Zackenfalter
11 Eckfluegler
Zackenfirn
13 Buesserschnee
zackig
6 forsch, straff
9 schneidig
zackige
Naht in Kalksteinen
5 Sutur
zaghaft
6 mutlos
8 zoegernd
9 furchtsam
11 schuechtern
14 unentschlossen
Zaghaftigkeit
11 Verzagtheit
12 Mutlosigkeit
13 Furchtsamkeit
15 Schuechternheit
18 Unentschlossenheit
zäh
4 fest, hart
5 dicht
6 breiig, eisern
10 ausdauernd, konsequent, konsistent, unbeirrbar
11 hartnaeckig
12 dickfluessig
17 widerstandsfaehig
zähe
dickflüssige Absonderung
7 Schleim
zäher
Boden
4 Klei
zähes
Schwermetall
6 Kupfer
zähflüssig
6 viskos
zähflüssige
Ausscheidung der Bäume
4 Harz
Masse
4 Seim, Teig
5 Honig, Paste
Vulkanmasse
4 Lava
Zahl
auf dem Lottoschein
9 Losnummer
aus der eine Wurzel gezogen wird
8 Radikand
der Gäste
16 Besucherfrequenz
der Kreisberechnung
2 Pi
die angibt, wie viele Tage vom letzten Neumond bis zu einem bestimmten Tag vergangen sind
6 Epakte
die nur durch sich selbst teilbar ist
8 Primzahl
ohne Wert
4 Null
über dem Bruchstrich
7 Zaehler
unter dem Bruchstrich
6 Nenner
von einer Million Billionen
8 Trillion
Zählautomat
8 Stoppuhr
9 Zaehlwerk
10 Tachometer
zahlen
8 berappen
10 begleichen, entrichten
11 finanzieren
Zahlen
19-36 beim Roulett
5 Passe
zählen
10 numerieren
11 ◆ nummerieren
zahlende
Kundin
9 Kaeuferin
Zahlenfolge
5 Reihe
Zahlenglücksspiel
5 Lotto
Zahlenlehre
10 Arithmetik
Zahlenlotterie
5 Terne
7 Wettart
zahlenmäßig
9 numerisch
10 ◆ nummerisch
zweitgrößtes Volk der Erde
5 Inder
zahlenmäßige
Erfassung
9 Statistik
Zahlenrätsel
12 Arithmogriph
Zahlenreihe
7 Kolonne
Zahlentafel
7 Tabelle
Zahlenübersicht
5 Reihe, Tafel
7 Kolonne, Tabelle
Zahlenverhältnis
8 Diagramm
Zahlenwert
4 Term
Zähler
8 Dividend
9 Gasmesser
11 Strommesser
Zahlkasten
in Straßenbahnen
3 Box
zahllos
5 viele
10 ungezaehlt
Zählmaß
4 Gros, Ries, Wall
6 Ballen, Mandel, Schock, Stiege, Stueck
7 Dutzend
für Papier
6 Ballen
für zusammengehörige Ware
4 Paar
Zahlmeister
15 Kassenverwalter
16 Rechnungsfuehrer
Zahlpfennig
5 Jeton
Zählrohr
13 Geigerzaehler
Zahlstelle
5 Kasse
12 Schalterraum
Zahltag
6 Ultimo
Zähluhr
8 Stoppuhr
9 Taxameter
Zahlung
7 Tilgung
9 Ausgleich, Loeschung
12 Ueberweisung
eines Entgelts in Teilbeträgen
9 Abzahlung
eines Lösegeldes
7 Loskauf
für Wareneinfuhr
4 Zoll
ins Ausland
7 Devisen
8 Transfer
per Scheck
5 unbar
Zahlungsabzug
6 Dekort, Skonto
Zahlungsanweisung
6 Scheck
Zahlungsaufforderung
7 Mahnung
Zahlungsaufschub
8 Stundung
10 Moratorium
Zahlungsausgleich
8 Clearing
Zahlungsbedingungen
6 Rabatt, Skonto
11 Zahlungsart
15 Zahlungsfristen
21 Lieferungsbedingungen
Zahlungsbefehl
11 Geldzahlung
Zahlungsbescheinigung
5 Beleg
8 Quittung
Zahlungseinstellung
6 Pleite
7 Konkurs
8 Bankrott
9 Falliment
12 Fallissement
zahlungsfähig
6 liquid
7 liquide, solvent
8 fluessig
Zahlungsfähiger
6 Fallit
Zahlungsfähigkeit
7 Solvenz
8 Bonitaet
11 Liquiditaet
Zahlungsfrist
4 Ziel
Zahlungsmittel
4 Geld, Note
5 Sorte
6 Devise, Muenze, Scheck

7 Bargeld, Devisen, Wechsel
8 Banknote, Hartgeld
9 Barscheck, Muenzgeld
10 Geldschein, Papiergeld
13 Scheidemuenze
18 Verrechnungsscheck
Zahlungsmöglichkeit
3 bar
4 Giro
6 Scheck
7 Bargeld, Wechsel
9 Anweisung
12 Ueberweisung
Zahlungsnachlass
6 Dekort, Skonto
Zahlungsort
7 Domizil
Zahlungsrate
11 Teilzahlung
Zahlungstermin
5 Frist
zahlungsunfähig
6 pleite
8 bankrott, illiquid
9 insolvent
werden
9 fallieren
Zahlungsunfähigkeit
4 Ruin
6 Pleite
7 Konkurs
8 Bankrott
9 Insolvenz, Nonvalenz
13 Illiquiditaet
Zählwerk
9 Apparatur, Gasmesser, Taxameter
12 Wassermesser
Zahlwort
3 ein, elf
4 acht, drei, eins, neun, null, vier, zehn, zwei
5 fuenf, sechs
6 sieben, zwoelf
7 achtzig, hundert, Million, neunzig, sechzig, tausend, vierzig, zwanzig
8 dreissig, dreizehn, fuenfzig, neunzehn, Numerale, vierzehn
Zahl, Zahlenergebnis
5 Fazit, Menge, Summe
6 Faktor, Nenner, Numero, Nummer, Potenz, Wurzel, Ziffer
7 Divisor, Einheit, Loesung, Produkt, Quadrat, Summand, Teilung, Zaehler
8 Addition, Dividend, Division, Quotient, Resultat
10 Subtrahend
11 Subtraktion
12 Multiplikand, Verminderung
13 Multiplikator
17 Vervielfaeltigung
Zahlzeichen
4 Null
6 Ziffer
zahm
5 kirre
9 friedlich
10 zutraulich
12 domestiziert
zähmen
9 baendigen
13 domestizieren
Zahn
5 Zacke
6 Spitze
zahnarmes
Säugetier
2 Ai
4 Tatu, Unau
5 Manis
7 Caguare
8 Faultier, Guertler, Tamandua
9 Edentaten, Erdferkel
11 Ameisenbaer, Guerteligel, Guertelmaus, Guertelmull, Guerteltier
12 Schuppentier
14 Ameisenfresser, Kragenfaultier, Riesenfaultier
15 Hartguerteltier, Insektenfresser, Kapuzenfaultier, Neunguerteltier
16 Kugelguerteltier, Tannenzapfentier, Weichguerteltier, Zwergameisenbaer, Zwergguerteltier
17 Braunkopffaultier, Dreizehenfaultier, Riesenguerteltier
18 Borstenguerteltier, Dreifingerfaultier, Riesenschuppentier, Zweifingerfaultier
19 Steppenschuppentier
21 Neunbindenguerteltier
22 Kurzschwanzguerteltier, Langschwanzguerteltier, Sechsbindenguerteltier, Weissbauchschuppentier
23 Langschwanzschuppentier, Nacktschwanzguerteltier, Weissborstenguerteltier
Zahnarten
6 Eizahn
7 Eckzahn
8 Fangzahn, Giftzahn, Hautzahn, Mahlzahn, Nagezahn
9 Augenzahn, Hakenzahn, Milchzahn, Stosszahn
10 Backenzahn, Hechelzahn
12 Schneidezahn
13 Weisheitszahn
14 bleibender Zahn
zahnartiger
Mauerrand
5 Zinne
Zahnarzt
7 Dentist
Zahnbein
6 Dentin
Zahnbestandteil
5 Krone
6 Nerven
7 Knochen, Schmelz
8 Gefaesse, Zahnmark
10 Wurzelhaut, Zahnhoehle
11 Bindegewebe, Blutgefaess, Zahnfleisch
13 Kieferknochen
Zahnbettschwund
11 Paradentose, Parodontose
Zahncremebehälter
4 Tube
Zähne
zeigen
9 fletschen
Zahnersatz
5 Krone
6 Gebiss
7 Bruecke
8 Prothese
9 Stiftzahn, Zahnkrone
11 Jacketkrone
14 Porzellankrone
Zähne tragendes
Knochengebilde
6 Kiefer
Zahnfäule
6 Caries, Karies
11 Paradentose, Parodontose
Zahnfüllung
6 Plombe
Zahnheilkunde
10 Dentologie
11 Odontologie
Zahnheilkundiger
7 Dentist
8 Zahnarzt
Zahnkarpfen
5 Guppy, Killi
Zahnkrankheit
6 Caries, Fistel, Karies
11 Paradentose, Parodontose
12 Paradentitis, Parodontitis
17 Kieferentzuendung
21 Wurzelhautentzuendung
Zahnlaut
6 Dental
8 Dentalis
Zahnlilie
11 Erythronium
zahnloses Säugetier
12 Schuppentier
Zahnmark
5 Pulpa
Zahnpflege
und -behandlungsbegriff
4 Kuse, Nerv
5 Krone, Molar, Pasta, Paste, Pulpa, Sonde, Stift, Zyste
6 Bohrer, Caries, Dentin, Fistel, Gebiss, Wurzel, Zement
7 Amalgam, Bruecke, Dentist, Eckzahn, Einlage, Parulis, Schmelz
8 Fuellung, Goldzahn, Mahlzahn, Pinzette, Prothese, Zahnarzt, Zahnbein, Zahnhals, Zahnmark, Zahnnerv
9 Anhaenger, Augenzahn, Exkavator, Porzellan, Praemolar, Radbohrer, Stiftzahn, Zahnkrone, Zahnpasta, Zahnseife, Zahnstein, Zahnzange
10 Backenzahn, Mundwasser, Oberkiefer, Wurzelhaut, Zahnfaeule, Zahnhoehle, Zahnluecke, Zahnpulver
11 Kegelbohrer, Kugelbohrer, Luftblaeser, Milchgebiss, Mundspiegel, Paradentose,

Unterkiefer
12 Bohrmaschine, Gaumenplatte, Schneidezahn, Wangenhalter, Zahnfuellung
13 Weisheitszahn, Zahngeschwuer
14 Zahnextraktion, Zylinderbohrer
17 Kieferentzuendung
21 Wurzelhautentzuendung

Zahnrad
6 Ritzel

Zahnradbahn
bei Garmisch
12 Zugspitzbahn

Zahnschmelz
5 Email
7 Emaille
9 Adamantin

Zahntechniker
7 Dentist

Zahntrost
9 Odontites

Zahnung
9 Dentition

Zahnwal
4 Inia, Orca
6 Beluga, ◆ Delfin, Killer, Narwal
7 Delphin, Mordwal, Pottwal, Raubwal
8 Butzkopf, Cachelot, Doegling, Entenwal, Grindwal, Pilotwal, Tuemmler, Weisswal
9 Layardwal
10 Braunfisch, Einhornwal, Schwarzwal, Schwertwal, Seedelphin
11 Gruendelwal, Neutuemmler, Schnabelwal, Schweinswal
12 Flaschennase, Flussdelphin, Zwergpottwal
13 Gangesdelphin, Rissosdelphin
14 Laplatadelphin, Orinokodelphin, Yangtsedelphin
15 Rundkopfdelphin
18 Brackwasserdelphin, Furchenzahndelphin

Zahnwurzel
9 Engelwurz

Zähre
6 Traene

Zain
11 Weidengerte

Zaine
4 Korb
10 Flechtwerk

Zander
5 Hecht
6 Barsch, Sander, Schiel, Schill
7 Fogasch, Fogosch
11 Hechtbarsch

Zange, Zangenart
9 Rohrzange
10 Beisszange, Blockzange
13 Schmiedezange

Zank
5 Hader, Krach, Zwist
6 Streit
7 Gekeife, Krakeel
8 Kabbelei, Reiberei
9 Unfrieden
11 Kontroverse, Wortwechsel
18 Auseinandersetzung

zanken
6 tadeln
8 schelten, streiten

Zankerei
8 Kabbelei

Zänkerei, Hader, Unfrieden
5 Stunk

zänkisch
6 kiebig
14 streitsuechtig

zänkischer
Mensch
7 Haderer
12 Streithammel

zänkisches
Schelten
7 Gekeife
Weib
7 Drachen
9 Xanthippe
10 Ehedrachen
11 Hausdrachen

zanksüchtiges
Weib
9 Xanthippe

Zapfen
4 Keil
5 Konus, Spund, Stift
6 Bolzen, Duebel
8 Pfropfen, Stoepsel
12 Bluetenstand
am Cembalo
5 Docke
am Hufeisen
7 Stollen
am Türrahmen
5 Angel
der Koniferen
5 Conus
in der Technik
5 Konus

Zapfenstreich
bei der Kavallerie
8 Retraite

Zapfenträger
12 Nadelhoelzer

Zapfer
4 Wirt
6 Kuefer

Zapfstelle
für Wasser
7 Hydrant

Zapoteken
8 Indianer

zapotekischer
Regengott
6 Cocijo

zappenduster
6 dunkel
12 hoffnungslos

Zarenerlass
4 Ukas

Zarenname
4 Iwan, Paul
5 Boris, Peter
6 Alexej, Feodor, Simeon, Teodor
7 Godunow, Michael, Nikolaj, Stephan
8 Nikolaus, Wassilij
9 Alexander, Ferdinand

Zarenpalast
in Moskau
5 Kreml

Zarensohn
10 Zarewitsch

Zarentochter
7 Zarewna

Zarge
6 Rahmen
9 Tuerzarge
10 Einfassung
12 Fensterzarge

Zarin
4 Anna
6 Zariza
9 Elisabeth, Katharina

zart
3 gut
4 fein, jung, mild
5 duenn, glatt, sanft, weich
6 fragil, grazil, subtil
7 delikat, schwach
8 grazioes, sensibel, zierlich
9 liebevoll
10 aetherisch, empfindsam
11 einfuehlend, empfindlich, mimosenhaft
12 zerbrechlich
15 ruecksichtsvoll
17 empfindungsfaehig
besaitet
8 sensibel
10 empfindsam
blauweißes Mineral
9 Mondstein
gebaut
10 asthenisch
lieblich (in der Musik)
5 dolce

zarte
Federn, Haare
5 Flaum

zarter
Bartwuchs
5 Flaum
Farbton
12 Pastellfarbe
Geruch
4 Duft

zart fühlend
8 taktvoll
15 ruecksichtsvoll

Zartgefühl
4 Takt
11 Delikatesse
15 Ruecksichtnahme

Zartheit
5 Feine, Milde
6 Grazie
8 Feinheit
12 Zierlichkeit

zärtlich
4 lieb
5 innig, sanft
8 herzlich
9 liebevoll
10 liebkosend
11 gefuehlvoll
12 anschmiegsam

zärtliche
Anrede
2 du

Zuneigung
5 Liebe
zärtliches
Beisammensein
9 Tete-a-Tete
Zärtlichkeit
4 Kuss
10 Liebkosung
Zaster
4 Geld
Zäsur
9 Ruhepunkt
10 Einschnitt
Zauber
5 Magie
6 Charme, ◆ Scharm
7 Hexerei
14 Phantasmagorie
Zauberarzt
bei primitiven Völkern
11 Medizinmann
Zauberei
5 Magie
7 Hexerei
8 Gaukelei
9 Blendwerk
Zauberer
5 Hexer
6 Magier
7 Gaukler
8 Schamane
9 Nigromant
14 Taschenspieler
16 Schwarzkuenstler
der Artusrunde
5 Dolin
6 Merlin
8 Klingsor
Zauberformel
5 Sesam
7 Abraxas
10 Hokuspokus, Simsalabim
11 Abrakadabra
15 Sesam oeffne dich
zauberhaft
7 magisch
10 bezaubernd
11 entzueckend
12 wunderschoen
Zauberin
3 Fee
4 Drud, Hexe
5 Circe, Drude, Kirke, Medea
6 Armida, Medeia
Zauberkraft, -macht
5 Magie
bei Naturvölkern
4 Mana
6 Manitu, Orenda
7 Mulungu, Wakanda
Zauberkraut
7 Elixier
zauberkundige
Königstochter der griech. Mythologie
5 Medea
Zauberkunst
5 Magie
Zauberkünstler
6 Magier
7 Gaukler
10 Eskamoteur
11 Illusionist
14 Taschenspieler
Zauberkunststück
10 Eskamotage
19 Taschenspielertrick
Zaubermittel
6 Alraun
7 Alraune, Elixier, Fetisch
Zaubernuss
9 Hamamelis
Zauberpriester
8 Schamane
Zauberschutzmittel
7 Amulett
8 Talisman
Zaubertrank
7 Elixier
Zauberwurzel
6 Alraun
7 Alraune
10 Mandragora
12 Alraunwurzel
Zauderer
9 Cunctator, Kunktator
zaudern
5 zagen
7 zoegern
8 abwarten
9 schwanken
Zaum
6 Trense, Zuegel
7 Halfter, Kandare
Zaumzeug
für heftige Pferde
6 Pelham
Zaun
3 Hag
4 Fenz
5 Etter, Hecke
6 Gatter, Gitter, Staket
11 Einfriedung
Schnittholz
5 Latte
Zaungast
7 Kiebitz
13 Schaulustiger
Zaunlatte
6 Staket
7 Stakete
Zaunrübe
7 Bryonia
14 Kletterpflanze
15 Kuerbisgewaechs
Zaunteil
5 Latte, Pfahl
Zebra
5 Equus
6 Quagga
8 Foazebra
9 Bergzebra
10 Boehmzebra, Grantzebra, Grevyzebra, Tigerpferd
11 Damarazebra
12 Chapmanzebra, Steppenzebra
13 Burchellzebra, Wahlbergzebra
14 Transvaalzebra
Zebraholz
7 Zebrano
Zebrahund
10 Beutelwolf
Zebrastreifen
19 Fussgaengerueberweg
Zebu
5 Sanga
10 Buckelrind
Zeche
4 Mine
5 Grube
7 Verzehr
8 Bergwerk
14 Speiserechnung
17 Getraenkerechnung
zechen
7 picheln, prassen, trinken
Zechenanteil
5 Anbot
Zecher
7 Trinker
Zecherei
5 Orgie
6 Gelage
9 Trinkerei
Zechgenosse
9 Mitzecher
Zechine
7 Dukaten
11 Golddukaten
Zechprellerei
6 Betrug
13 Vortaeuschung
Zech-, Rundgesang
5 Runda
Zechstein
9 Kalkstein
zecken
6 necken, reizen
7 aergern
Zecken
8 Holzbock
10 Blutsauger, Lausfliege
Zedent
10 Glaeubiger
zedieren
8 abtreten
Zedrat
8 Zitronat
Zeese
11 Schleppnetz
Zehenteil
bei Tieren
5 Klaue
6 Kralle
zehn
Tage
6 Dekade
Zehn
Gebote
7 Dekalog
zehnarmiger
Tintenfisch
6 Kalmar
Zehncentstück
4 Dime
Zehndollarstück
5 Eagle
Zehneck
7 Dekagon
Zehner
8 Groschen
Zehnereinteilung
6 Dekade
Zehnersystem
13 Dezimalsystem
Zehnerzahl
6 Dekade
Zehnflächner
8 Dekaeder

Zehnfußkrebs
6 Krabbe
7 Garnele
8 Dekapode
12 Kokosraeuber
15 Einsiedlerkrebs
Zehnpfennigstück
8 Groschen
zehntägiger
Zeitraum
6 Dekade
zehnteilig
7 dezimal
9 dekadisch
Zehntelwert
5 dezil
Zehntonschritt
in der diatonischen Tonleiter
6 Dezime
Zehntschaft
7 Dekurie
zehren
5 nagen
10 vernichten, zerstoeren
Zehrung
4 Kost
7 Nahrung
Zehrwespen
17 Schmarotzerwespen
Zeichen
3 Mal
4 Nota, Spur, Wink
5 Fanal, Motto, Pfeil
6 Beweis, Emblem, Signal, Signum, Symbol, Wunder
7 Hinweis, Merkmal
8 Signatur, Sinnbild
9 Sternbild
10 Markierung
11 Satzzeichen
12 Anhaltspunkt, Fragezeichen
14 Schriftzeichen
16 Tierkreiszeichen
der altägyptischen Bilderschrift
11 Hieroglyphe
der Herrscherwürde
5 Krone
6 Zepter
des Christentums
5 Kreuz
des Schmerzes
6 Traene
des Tierkreises
5 Krebs, Loewe, Stier, Waage
6 Fische, Widder
8 Jungfrau, Schuetze, Skorpion
9 Steinbock, Zwillinge
10 Wassermann
des Wohlstandes
12 Statussymbol
für Aktion
2 AN
für Christus
3 IHS
für Denier
3 den
für Dezigramm
2 dg
für Deziliter
2 dl
für Doppelzentner
2 dz
für eine Himmelsrichtung
2 NO, NW, SO, SW
3 NNO, NNW, ONO, OSO, SSO, SSW, WNW, WSW
für eine Winkelfunktion
2 tg
3 cos, cot, ctg, sin
4 cotg, tang
für ein Flächenmaß
2 ha, qm
3 qcm, qdm, qkm, qmm
für ein Gewicht
2 cg, dg, dz, kg, mg
3 Pfd, Ztr
für ein Hohlmaß
2 cl, dl, fm, hl, ml, RT
3 BRT, cbm, ccm, cdm, dkl, NRT
4 cbkm
für ein Längenmaß
2 cm, km, mm, My, sm
für ein Raummaß
2 cl, dl, fm, hl, ml, RT
3 BRT, cbm, ccm, cdm, dkl, NRT
4 cbkm
für Energie als Kraft
3 dyn
für gestorben
5 Kreuz
für Gift
9 Totenkopf
für Hektar
2 ha
für Hektoliter
2 hl
für Kalorie
3 cal
für Kiloampere
2 ka
für Kilogramm
2 kg
für Kilohertz
3 kHz
für Kilometer
2 km
für Kilowatt
2 kW
für Kilowattstunde
3 kWh
für Kubikmeter
3 cbm
für Logarithmus
3 log
für Minute
3 min
für mitteleuropäische Zeit
3 MEZ
für Motorenstärke
2 PS
für Normalnull
2 NN
für osteuropäische Zeit
3 OEZ
für Quadratdezimeter
3 qdm
für Quadratkilometer
3 qkm
für Quadratmeter
2 qm
für Registertonne
2 RT
für Rhesusfaktor
2 Rh
für Sekunde
3 sec, sek
für Thoron
2 TN
für Zentimeter
2 cm
gegen Zauberei
10 Drudenfuss
in der Mathematik
4 plus
5 minus
in der Schrift
9 Buchstabe
in der Sprache
4 Laut
5 Vokal
9 Konsonant
in Psalmen
4 Sela
mit fester Bedeutung
6 Signal
staatlicher Macht
9 Insignien
über dem dritten Vokal
6 I-Punkt
vor Bahnübergängen
4 Bake
zur Sicherung des Verkehrs
6 Signal
13 Verkehrsampel, Zebrastreifen
zur Wiedergabe der Sprache
7 Schrift
Zeichenerklärung
7 Legende
Zeichenflüssigkeit
6 Tusche
Zeichengeld
10 Papiergeld
14 Scheidemuenzen
Zeichengerät
5 Feder, Kohle, Stift
6 Lineal, Zirkel
7 ◆ Diagraf
8 Diagraph
9 Bleistift, Buntstift, Farbstift, Schablone
10 Pantograph, Reissbrett
12 Winkelmesser
14 Perspektograph, Storchschnabel
für Tusche
10 Reissfeder
Zeichenkunst
6 ◆ Grafik
7 Graphik
Zeichenlehrer
Goethes
5 Oeser
Zeichenlinie
6 Strich
Zeichenmaschine
14 Storchschnabel
Zeichenmaterial
6 Kreide
Zeichensetzung
13 Interpunktion
Zeichensprache
13 Gestikulation
Zeichenstift
6 Roetel
Zeichenstil
9 Radierung

Zeichentafel
6 Abakus
Zeichentinte
6 Tusche
Zeichentrickfilmfigur
5 Lolek
zeichnen
5 malen
8 tuenchen
10 darstellen
12 kennzeichnen
14 unterschreiben
Zeichner
8 ◆ Grafiker
9 Graphiker
des alten Berliner Milieus
5 Zille
von Bilder in Büchern
11 Illustrator
von Pressebildern
12 Karikaturist
zeichnerische
Darstellung
6 Design, Dessin, ◆ Grafik, Skizze
7 Aufriss, Entwurf, Graphik
8 Diagramm
9 Abbildung, Grundriss
Zeichnung
5 Figur
6 Design, Dessin, Muster
7 Gestalt
9 Musterung
11 Darstellung, Schilderung
des Architekten
7 Bauplan
farbig ausmalen
10 kolorieren
im Holz
5 Maser
8 Maserung
kolorieren
8 lavieren
kurze Darstellung
6 Abriss
Zeichnungsbevollmächtigter
9 Prokurist
Zeidler
5 Imker
14 Bienenzuechter
Zeidlerei
7 Imkerei
11 Bienenzucht
13 Bienennutzung
Zeige
10 Flurstueck
zeigen
6 weisen
7 angeben
8 beweisen, bezeugen
10 ausstellen, vorfuehren
Zeiger
5 Zunge
zeihen
11 bezichtigen
12 beschuldigen
Zeile
Strich
5 Linie, Reihe
Strich mit Einzug (Druck)
6 Alinea
Zeilendurchschuss
(Druckwesen)
8 Reglette
Zeileneinrückung
(Druck)
6 Absatz
Zeilengießmaschine
8 Linotype
Zeilensprung
11 Enjambement
Zeise
12 Zollgebaeude
Zeiselbär
8 Tanzbaer
Zeiselwagen
11 Leiterwagen
Zeisig
4 Fink
Zeit
5 Frist, Weile
6 Epoche, Spanne, Tempus
9 Zeitalter
10 Jahreszeit
der Ausbildung
5 Lehre
7 Studium
der Ausgelassenheit
8 Fasching, Karneval
der Kulturgeschichte
11 Renaissance
des Bleibens
10 Aufenthalt
des Sonnenuntergangs
5 Abend
des Übergangs zur Geschlechtsreife
9 Pubertaet
einer Werkstoffbehandlung
9 Fertigung
in der das Licht eines Gestirns zur Erde gelangt
9 Lichtzeit
nach Arbeitsschluss
10 Feierabend
nach dem Ableben
3 Tod
nach der Hochzeit
9 Honeymoon
13 Flitterwochen
ohne Krieg
6 Friede
7 Frieden
vor Weihnachten
6 Advent
zwischen Ansteckung und Krankheitsausbruch
10 Inkubation
zwischen den Unterrichtsstunden
5 Pause
zwischen Ebbe und Flut
4 Stau
Zeitabschnitt
4 Aeon
auf Schiffen
5 Toern
bei der Belegung eines Ferienheimes
9 Durchgang
Zeitalter
4 Aeon, Aera
6 Epoche
7 Periode
Zeitangabe
5 Datum
7 Uhrzeit
Zeitanzeiger
3 Uhr
6 Wecker
8 Standuhr
9 Sonnenuhr
10 Kuechenuhr
11 Chronometer
Zeitbegriff
2 Nu
3 ehe, Nor, Tag, vor
4 Aeon, Aera, bald, Ebbe, eher, erst, Flut, Jahr, kurz, lang, nach, Tide
5 Abend, bevor, Datum, Dauer, Frist, frueh, heute, lange, Monat, Nacht, Phase, schon, spaet, Weile, Woche, zuvor
6 abends, Antike, Dekade, Epoche, gerade, Gezeit, gleich, Herbst, Januar, Minute, modern, Montag, Morgen, sofort, Sommer, Spanne, Stunde, Termin, Tertie, Urzeit, vorher, Winter, zeitig
7 aktuell, bereits, endlich, frueher, Lustrum, morgens, Periode, Sekunde, spaeter, Zukunft
8 Biennium, Gezeiten, momentan, Saekulum, Semester
beim Hungern
9 Fastentag
Semester, Zeitraum
9 Abschnitt, Dezennium, Fruehling, Gegenwart, Intervall, Jahrzehnt, Lichtjahr, Trimester, Vormittag
10 Augenblick, Jahreszeit, Millennium, Nachmittag, puenktlich, stuendlich, vormittags, Zeitspanne
11 Jahrhundert, Jahrtausend, Mitternacht
13 Jahreswechsel, Vergangenheit
14 augenblicklich, jahreszeitlich
Zeitbericht
7 Chronik
zeitbezogen
6 modern
7 aktuell
Zeitbezogenheit
11 Aktualitaet
Zeitbombe
15 Hoellenmaschine
Zeiteinheit
3 Tag
4 Jahr
5 Monat, Woche
6 Minute, Stunde
7 Sekunde
11 Jahrhundert, Jahrtausend
Zeitepoche
4 Aera
Zeitfolge
11 Chronologie
Zeitform
6 Tempus
7 Zukunft
9 Gegenwart
13 Vergangenheit

der griech. Sprachlehre
6 Aorist
der Vergangenheit
9 Imperfekt
11 Imperfektum
der Zukunft
5 Futur
Zeitgeist
7 Moderne
zeitgemäß
4 akut
6 heutig, modern
7 aktuell, zeitnah
8 up to date
Zeitgenosse
9 Mitmensch
Zeitgeschmack
4 Mode
Zeitgewinn
8 Aufschub
9 Vorsprung
zeitgleich
8 simultan, synchron
zeitig
5 frueh
7 morgens
9 beizeiten
11 fruehzeitig
zeitigen
13 hervorbringen
zeitlich
8 temporal
ablaufend
13 chronologisch
ausgedehnt
5 lange
begrenzte politische Aktion
8 Kampagne
bestimmt
9 befristet
10 puenktlich, terminiert
13 termingemaess, termingerecht
geordnetes Urkundenverzeichnis
8 Regesten
unbegrenzt
4 ewig
zeitliche
Abstimmung
6 Timing
Begrenzung des Grubenbaus
5 Stoss
Reihenfolge
11 Chronologie
Steuerung
6 Timing
Zeitlichkeit
16 Vergaenglichkeit
Zeitlohn
10 Akkordlohn
11 Stundenlohn
Zeitmangel
4 Eile, Hast
Zeitmaß
4 Takt
5 Monat, Tempo
7 Sekunde
8 Rhythmus
15 Geschwindigkeit
bei musikalischen Sätzen
4 Takt
5 largo, Tempo
6 adagio, presto
7 andante
im Hindukalender
5 Kalpa
Zeitmesser
3 Uhr
7 Atomuhr
8 Quarzuhr
9 Sonnenuhr
11 Chronometer
zeitnah
6 modern
7 aktuell
8 up to date
zeitnahe
Wirklichkeit
11 Aktualitaet
Zeitnähe
11 Modernitaet
Zeitnehmer
12 Kampfrichter
Zeitpunkt
der Tageswende
11 Mitternacht
von 1000 Jahren
10 Millennium
von 10 Jahren
9 Dezennium
von 10 Tagen
6 Dekade
von 24 Stunden
3 Tag
von 2 Jahren
8 Biennium
von 3 Jahren
9 Triennium
von 3 Monaten
9 Trimester
von 5 Jahren
7 Lustrum
von 7 Jahren
9 Septennat
von 7 Tagen
5 Woche
Zeitraum
6 Spanne, Termin
Zeitpunkt, Zeitraum
4 Aera, Jahr
5 Datum, Dauer, Frist
6 Epoche
7 Periode
9 Abschnitt
Zeit raubend
10 langwierig
Zeitraum
6 Spanne
eines Ereignisses
5 Dauer
Zeitrechnung
4 Aera
11 Chronologie
Zeitsäule
6 Gnomon
Zeitschrift, Zeitung
4 Bote
5 Blatt, Organ, Revue
7 Gazette, Journal, Magazin
8 Anzeiger
10 Periodikum
12 Druckschrift, Illustrierte
Zeitsignal
(Schiff)
6 Glasen
Zeitspanne
5 Dauer, Weile
die eingehalten werden muss
5 Frist
Zeittabelle
8 Kalender
Zeitung
des Vatikans
17 Osservatore Romano
Zeitungsabonnent
5 Leser
Zeitungsannonce, -anzeige
7 Annonce, Inserat, Offerte
Zeitungsaufsatz
5 Essay
7 Artikel, Bericht
9 Reportage
10 Feuilleton
11 Leitartikel
Zeitungsbegriff
11 Leitartikel
Zeitungsbericht
7 Artikel
Zeitungsbezieher
5 Leser
Zeitungsbüro
9 Redaktion
Zeitungsdruckkolonne
6 Spalte
Zeitungsente
13 Falschmeldung
Zeitungsfrau
12 Austraegerin
Zeitungsinserat
7 Anzeige
Zeitungskäufer
5 Kunde, Leser
Zeitungskorrespondent
16 Berichterstatter
Zeitungskunde
12 Journalistik
Zeitungslüge
4 Ente
11 non testatum
Zeitungsmann, -mitarbeiter
5 Autor
6 Faktor, Lektor, Setzer
7 Metteur
8 ◆ Fotograf, Reporter
9 Korrektor, Redakteur, ◆ Stenograf
10 Journalist, Photograph, Stenograph
12 Bildreporter, ◆ Fotoreporter
13 Chefredakteur, Korrespondent, Photoreporter, Schriftleiter, Verlagsleiter
14 Anzeigenleiter
16 Berichterstatter
Zeitungsnachricht
5 Notiz
7 Meldung
Zeitungsschreiber
8 Reporter
9 Kolumnist, Redakteur
10 Journalist
12 Leitartikler
16 Berichterstatter
Zeitungsschriftstellerei
12 Journalismus
Zeitungsspalte
6 Rubrik
7 Kolonne, Kolumne
12 Stellenmarkt

Zeitungswesen
6 Presse
11 Publizistik
12 Journalistik
Zeitungswissenschaft
11 Publizistik
12 Journalistik
Zeitungszuschrift
10 Leserbrief
Zeitvertreib
5 Hobby, Spiel, Sport
8 Kurzweil
10 Vergnuegen
11 Kartenspiel, Liebhaberei, Zerstreuung
12 Raetselraten, Steckenpferd, Unterhaltung
zeitweilig
8 momentan
9 temporaer
14 interimistisch, voruebergehend
aussetzend
15 intermittierend
zeitweilige
Aufhebung
10 Suspension
Straßenverlegung
9 Umleitung
Überlassung einer Sache
5 Leihe
zeitweise
trockener Flusslauf in Australien und Nordamerika
5 Creek
überlassenes Stück
8 Leihgabe
überschwemmtes Karsttal
5 Polje
Zeitweiser
8 Kalender
Zeitwert
der Noten
6 Mensur
zeitwidrig
15 anachronistisch
Zeitwort
4 Verb
5 Futur
6 Verben, Verbum
7 Zukunft
8 Iterativ
Zeitwortform
der Unwirklichkeit
6 Irreal
zeitwörtlich
6 verbal
Zelebrant
8 Priester
zelebrieren
6 feiern
Zelebrität
13 Feierlichkeit
Zelle
6 Kabine, Klause
12 Moenchszelle
15 Gefaengniszelle
im Bienenstock
4 Wabe
Zellenbestandteil
4 Kern
zellenförmig
8 zellular
9 zellulaer

Zellengewebe
7 Epithel
Zellenlehre
9 Zytologie
Zellenschmelz
9 Cloisonne
Zellenverband
6 Gewand
Zellfaden
der Pilze
5 Hyphe
Zellgas
9 Zellstoff
12 Viskosefolie
Zellgewebe
4 Mark
der Oberhaut
7 Epithel
Zellgewebsentzündung
9 Phlegmone
Zellgewebsfaser
8 Fibrille
Zellglas
9 Cellophan, Zellophan
Zellhaut
8 Zellglas
Zellhorn
9 Celluloid, Cellulose, Zelluloid, Zellulose
Zellkern
7 Nukleus
Zellkernbestandteil
9 Chromatin
Zellkernschleife
9 Chromosom
Zellkernteilung
6 Mitose
7 Amitose
Zellkörper
6 Plasma
11 Protoplasma
Zellleib
11 Protoplasma
Zellstoff
9 Zellulose
Zellstoffverbindung
7 Viskose
Zellsubstanz
6 Plasma
11 Protoplasma
Zellteilungsvorgang
6 Meiose
zellular
13 zellenfoermig
Zelluloid
8 Zellhorn
Zelluloseverbindung
7 Viskose
Zellwand
der Sporen
5 Exine
Zellwirkstoffe
6 Ergone
8 Ergozyme
Zellwolle
10 Spinnfaser
11 Stapelfaser
Zelot
9 Fanatiker
15 Glaubenseiferer
zelotisch
9 fanatisch
14 glaubenseifrig

Zelt
4 Kote, Tipi
5 Jurte
6 Wigwam
7 Kibitka
10 Unterkunft
der Indianer
4 Tipi
6 Wigwam
der Kirgisen
5 Jurte
der Lappen
4 Kote
der Nomaden
7 Kibitka
Zeltart
8 Bierzelt, Hauszelt
11 Campingzelt, Himmelszelt, Sternenzelt
16 Verpflegungszelt
Zeltbahn
5 Plane
Zeltdorf
der Nomaden
3 Aul
zelten
6 campen
9 campieren, kampieren
10 biwakieren
Zeltender
6 Camper
Zelter
9 Reitpferd
10 Damenpferd
14 Damenreitpferd
Zeltgelände
12 Campingplatz
Zeltlager
4 Camp
5 Biwak
11 Ferienlager, Kriegslager
12 Campinglager
der Turkvölker
3 Aul
Zeltleben
7 Camping
Zeltpflock
6 Hering
Zelttuch
4 Bahn
5 Plane
Zenit
10 Hoehepunkt
13 Scheitelpunkt
zensieren
10 beurteilen
Zensor
7 Pruefer
Zensur, Zensuren
4 Note
5 Noten
7 Zeugnis
8 Benotung, Pruefung
9 Bewertung, Kontrolle, Praedikat
11 Beurteilung
13 Ueberpruefung
14 Bewertungsnote
16 Beurteilungsnote
Zensus
13 Volkszaehlung
20 Vermoegensschaetzung

Zent
13 Hundertschaft
Zentaur
der griech. Sage
6 Nessus
Zentenar
16 Hundertjaehriger
Zentenarium
16 Hundertjahrfeier
Zentesimalteilung
eines Winkels
3 Gon
zenti
11 hundertstel
Zentimetermaß
9 Zollstock
Zentral
11 Mittelpunkt
zentralasiatisches
Hochland
5 Tibet
zentrale
Forschungseinrichtung
8 Akademie
Zentrale
8 Hauptort
10 Hauptplatz
11 Hauptstelle, Mittelpunkt
12 Kraftstation, Sammelstelle
13 Ausgangspunkt
14 Hauptgeschaeft
21 Fernsprechvermittlung
im Fernsprechverkehr
11 Vermittlung
zentraler
Distrikt im Hochland von Angola
3 Bie
Handelsmarkt
5 Messe
Platz in Berlin
4 Alex
14 Alexanderplatz
Punkt der Arktis
7 Nordpol
Stadtplatz früherer Zeiten
8 Altmarkt
Zentralgestirn
5 Sonne
Zentralheizung
12 Waermequelle
13 Heissluftofen, Sammelheizung
Zentralisation
11 Vereinigung
15 Zusammenziehung
zentralisieren
10 vereinigen
14 zusammenfassen, zusammenziehen
Zentrifugalkraft
10 Fliehkraft
Zentrifuge
9 Separator
16 Trommelschleuder
Zentrum
4 City, Herz, Kern
5 Mitte
6 Partei
9 Innerstes, Kernpunkt
10 Hauptsache, Innenstadt, Stadtmitte, Treffpunkt, Wesenskern
11 Mittelpunkt
13 Ausgangspunkt
des jap. Buddhismus
5 Kyoto
Zenturie
13 Hundertschaft
15 Heeresabteilung
Zenturium
7 Fermium
Zeolith
9 Natrolith
zephirisch
5 sanft
8 lieblich
9 saeuselnd
Zeppelin
10 Luftschiff
Zepter
8 Sinnbild
13 Herrscherstab
Zepterdiamant
des russ. Zaren
5 Orlow
zerbersten
11 explodieren
Zerberus
11 Hoellenhund
zerbrechen
10 zerreissen
zerbrechlich
4 zart
6 fragil, morsch
7 delikat
12 schwaechlich
zerbrechlicher
Flüssigkeitsbehälter
11 Glasflasche
zerbrechliches
Material
4 Glas
Zerbrechlichkeit
8 Zartheit
Zerbrochenes
5 Bruch
8 Truemmer
zerbröckeln
9 zerfallen
11 zerkleinern
17 ◆ auseinander fallen
Zerealien
12 Feldfruechte
Zerebellum
9 Kleinhirn
Zerebrallaut
13 Kakuminallaut
Zerebrum
9 Grosshirn
Zeremonie
8 Handlung
12 Kulthandlung
15 Religionsbrauch
beim Ritterschlag
8 Akkolade
zeremoniell
9 feierlich, foermlich
Zeremoniell
5 Ritus
6 Ritual
15 Foermlichkeiten
zeremoniös
5 steif
8 gemessen
9 foermlich
Zeresin
8 Erdwachs
zerfahren
9 zerstreut
11 gedankenlos
Zerfahrenheit
13 Zerstreutheit
18 Unkonzentriertheit
Zerfall
4 Ruin
10 Aufloesung, Niedergang, Zersetzung
11 Destruktion
12 Dissoziation
13 Zusammenbruch
von chem. Verbindungen
5 Abbau
zerfallenes
Bauwerk
5 Ruine
Zerfallserscheinung
4 Rost, Ruin
5 Moder
Zerfallsprodukt
des Urans
6 Ionium
Zerfaserungsmaschine
9 Reisswolf
zerfetzen
18 auseinanderreissen
zerfleddern
8 abnutzen
zerfleischen
9 zerfetzen
18 auseinanderreissen
zerfließen
5 tauen
9 schmelzen
zergehen
9 aufloesen, schmelzen, zerfallen
Zergliederer
6 Anatom
zergliedern
11 analysieren
13 spezifizieren
Zergliederung
7 Analyse, Teilung
9 Demontage, Zerlegung
13 Spezifikation
Zergliederungslehre
8 Anatomie
Zerium
3 Zer
zerkleinerte
Steine
8 Schotter
Zerkleinerungsmaschine
6 Muehle
im Haushalt
4 Wolf
zerklüftet
9 gespalten
zerklüftete
Felsengruppe
(Elbsandsteingebirge)
6 Bastei
Zerknall
9 Explosion
10 Detonation
zerknallen
7 bersten, platzen
10 zerplatzen
11 explodieren, zerspringen
zerknirscht
5 reuig

13 schuldbewusst
Zerknirschtheit
4 Reue
17 Schuldbewusstsein
Zerknirschung
10 Kontrition
zerknittern
8 knuellen
10 knautschen
zerlaufen
9 schmelzen
zerlegbar
10 dissolubel
zerlegen
6 teilen
8 sezieren
11 analysieren, demontieren, tranchieren
12 dispergieren, ◆ transchieren
13 dekomponieren
17 ◆ auseinander nehmen
Zerlegung
7 Analyse, Teilung
9 Demontage, Sezession
10 Dispersion
13 Dekomposition
einer Verbindung
5 Abbau
einer Verbindung durch Strom
11 Elektrolyse
von Halbtonvorlagen in Bildelemente
7 rastern
zermahlen
13 pulverisieren
zermahlenes
Gestein
4 Kies, Sand
8 Schotter
zermalmen
10 vernichten
12 zerquetschen
zermalmend
7 brisant
Zermalmung
11 Trituration
zernagend
8 korrosiv
zernieren
9 absondern
13 einschliessen
Zero
4 Null
6 Nichts
Zerograf
14 Wachsgravierer
Zerografie
15 Wachsgravierung
Zeroplastik
10 Wachsfigur
14 Wachsbildnerei
zerpflücken
17 auseinanderrupfen
zerplatzen
7 bersten, knallen
10 zerknallen
zerquetschtes
Getreidekorn
6 Flocke
zerraufen
12 verstrubbeln
Zerrbild
6 Fratze
8 Grimasse
9 Karikatur
11 Entstellung
zerreiben
10 verrichten
11 ausloeschen
13 pulverisieren
zerreißen
7 trennen
10 lazerieren
17 auseinanderrupfen
Zerreißung
10 Lazeration
zerren
6 ziehen
zerrinnen
8 zergehen
9 schmelzen
11 zerfliessen
17 auseinanderlaufen
zerrissen
8 schizoid
Zerrissenheit
9 Zwiespalt
11 Uneinigkeit
zerschlagen
5 muede
6 teilen
9 aufteilen
10 erschoepft, zerstoeren
11 abgekaempft
12 abgearbeitet
zerschlagene
Teile
8 Truemmer
Zerschlagenheit
10 Muedigkeit
12 Erschoepfung
zerschlissen
9 abgenutzt
13 durchloechert, fadenscheinig
zerschlissenes
Stück
6 Fetzen
zersetzen
6 loesen
7 spalten
9 aufloesen
11 untergraben
12 unterhoehlen
zersetzend
10 destruktiv
Zersetzung
5 Moder
7 Zerfall
8 Faeulnis
von Stoffen durch elektrischen Strom
11 Elektrolyse
Zersetzungsprodukt
an Eisen
4 Rost
Zerspanungsfacharbeiter
6 Dreher
zersplittern
9 aufteilen
zerstäubtes
Gestein
4 Malm
Zerstäubungsflüssigkeit
5 Spray
Zerstäubungsvorrichtung
5 Duese
zerstören
9 ruinieren, schleifen
10 demolieren, vernichten
11 atomisieren, ausradieren
12 bombardieren
zerstörend
8 korrosiv
zerstörende
Tätigkeit von Wind, Wasser, Eis
7 Erosion
zerstört
6 kaputt
8 ruiniert
9 demoliert
10 vernichtet
zerstörtes
Schiff
5 Wrack
Zerstörung
11 Demolierung, Destruktion, Vernichtung
Zerstörungswut
11 Vandalismus, Wandalismus
zerstörungswütig
10 vandalisch, wandalisch
Zerstörungswütiger
7 Vandale, Wandale
zerstoßen
8 pilieren
zerstreut
6 diffus, fahrig
7 dosiert
9 abgelenkt, erratisch
10 sporadisch
Zerstreuung
9 Ablenkung, Diffusion
10 Dispersion
11 Belustigung
12 Unterhaltung
zerstritten
8 entzweit
Zertifikat
6 Attest
7 Zeugnis
13 Bescheinigung
Zerwürfnis
4 Zank
5 Hader, Zwist
6 Streit
10 Zwietracht
zerzaust
10 derangiert
Zettel
6 Schein
Zettelkasten
6 Kartei
9 Kartothek
Zeug
5 Stoff
9 Textilien
Zeuge
und Bürge bei Taufe und Firmung
4 Pate
Zeughaus
7 Arsenal
Zeugnis
6 Attest, Beweis, Testat, Urteil
7 Aussage, Urkunde
8 Dokument
9 Bewertung
10 Zertifikat
11 Beurkundung
12 Beglaubigung, Bestaetigung

13 Bescheinigung
15 Arbeitsnachweis
über rechtliche Vorgänge
7 Urkunde
Zeugnisgrad
der Doktorprüfung
4 rite
Zeugnisnote
3 gut
4 eins, rite
7 sehr gut
10 mangelhaft
11 ausreichend, ungenuegend
12 befriedigend
Zeugstreifen
4 Band
Zeugungsakt
6 Coitus, Koitus
9 Beischlaf
zeugungsfähig
6 potent
Zeugungskraft
6 Potenz
zeugungsunfähig
6 steril
8 impotent
Zeus
geweihte Stätte
7 Olympia
säugende Ziege
8 Amalthea
9 Amaltheia
Zeusgeliebte
6 Europa
Zeusgemahlin
bei Homer
5 Dione
Zeustöchter, Kunstgöttinnen
5 Musen
Zibebe
6 Rosine
9 Weinbeere
Zibetbaum, Stinkfrucht
5 Durio
Zibetkatzenart
5 Rasse
Ziborium
5 Kelch
7 Gefaess
9 Altardach
10 Tabernakel
12 Hostienkelch
14 Hostiengefaess
Zichorienart
8 Chicoree
zickzack
segeln gegen die Windrichtung
7 kreuzen
Zickzackweg
10 Serpentine
Zider
8 Obstwein
9 Apfelwein
Ziechling
10 Ziehklinge
Ziefer
9 Federvieh
Ziegel
6 Quader
7 Klinker
9 Backstein, Formstein
10 Dachplatte

ziegenartiges
Gebirgstier
4 Gams
5 Gemse
6 ◆ Gaemse
9 Steinbock
Ziegenbart
4 Pilz
6 Glucke
8 Clavaria
10 Hahnenkamm, Keulenpilz, Speisepilz
11 Baerentatze
12 Korallenpilz, Krause Glucke
Ziegenleder
3 Kid
5 Glace, Nappa
6 ◆ Glacee
7 Chagrin, Chamois, Korduan, Saffian
8 Chevreau, Maroquin
Ziegenlippe
11 Roehrenpilz
Ziegenmelker, ziegenmelkerartiger Vogel
7 Schwalm
8 Guacharo
10 Froschmaul
11 Fettschwalm, Hornschwalm
12 Tagschlaefer, Ziegenmelker, Zwergschwalm
13 Nachtschwalbe
16 Schleiferschwalm
Ziegenpeter
5 Mumps
Ziegen-, Reh-, Gemsenjunges
4 Kitz
5 Kitze
Ziege, Ziegenart
4 Thar
5 Capra, Geiss, Gemse, Hippe, Serau, Takim, Zibbe, Zicke
6 ◆ Gaemse, Zickel
7 Markhor
8 Gnuziege, Zicklein
9 Geisslein, Torfziege, Wildziege
10 Zwergziege
11 Angoraziege, Bezoarziege, Mamberziege, Rindergemse
13 Kaschmirziege, Nasenantilope, Walliserziege
14 Schraubenziege
in Asien
4 Thar
Ziehgelder
8 Alimente
Ziehharmonika
9 Akkordeon, Bandoneon, Bandonion, Handorgel
10 Konzertina
15 Schifferklavier
Ziehkind
10 Pflegekind
Ziehmutter
4 Amme
12 Pflegemutter
Ziehschleifen
5 Honen
Ziehung
9 Auslosung, Verlosung
11 Ausspielung
Ziehvater
11 Pflegevater

Ziel
4 Ende
5 Frist
7 Absicht
8 Endpunkt
13 Zahlungsfrist
14 Bestimmungsort
beim Ballspiel
3 Tor
beim Schießsport
7 Scheibe
8 Tontaube
9 Wurftaube
der Völkerverständigung
7 Frieden
des Buddhismus
7 Nirwana
Zielbahnhof
8 Terminal
zielbewusst
10 konsequent, unbeirrbar
12 entschlossen
zielen
8 visieren
10 anvisieren
Zielgerät
7 Diopter
zielgerichtet
11 intentional
Zielkugel
beim Boccia
7 Pallino
ziellos
7 planlos
Zielpunkt
der Bewegung eines Gestirns
4 Apex
Zielscheibe
13 Angriffspunkt
zielsicher
8 unbeirrt
Zielsicherheit
14 Unbeirrbarkeit
zielstrebig
8 fleissig
9 ehrgeizig
10 konsequent
Zielstrebigkeit
6 Fleiss
7 Ehrgeiz
10 Konsequenz
Zielvorrichtung
4 Korn
5 Kimme
6 Visier
10 Fadenkreuz
Zielwurf
3 Tor
Ziemer
7 Ruecken
12 Ochsenziemer
ziemlich
4 weit
5 gross, recht
9 geziemend
ziepen
6 piepen, zupfen
Zier
6 Pracht, Zierat, Zierde
7 ◆ Zierrat
Zierarbeit
8 Filigran
11 Applikation

Zierband
8 Maeander
Zierbaum
7 Katalpe
8 Magnolie
10 Lebensbaum
Zierbeutel
der Damen
9 Pompadour
Zierbildchen
8 Vignette
Zierblume, -pflanze, Zimmerpflanze
4 Efeu, Iris, Rose
5 Agave, Canna, Kalla, Lilie, Malve, Myrte, Nelke, Palme, Phlox, Winde, Yucca, Yukka
6 Akazie, Akelei, Aralie, Azalea, Azalee, Azalie, Cissus, Clivia, Coleus, Dahlie, Funkie, Kaktus, Klivie, Lupine, Mimose, Primel, Reseda, Salvie, Zinnie
7 Amarani, Amarant, Astilbe, Aurikel, Begonie, Freesie, Fuchsie, Geranie, Kamelie, Lobelie, Lorbeer, Maranta, Pandane, Petunie, Rizinus, Robinie, Teerose
8 Akanthus, Aronstab, Bromelie, Gardenie, Georgine, Geranium, Gladiole, Gloxinie, Monstera, Narzisse, Oleander, Ranunkel, Rosmarin, Tuberose, Zyklamen
9 Amaryllis, Araukarie, Gummibaum, Hamamelis, Heliotrop, Hyazinthe, Zineraria, Zinerarie
10 Belladonna, Berberitze, Feuerlilie, Frauenhaar, Geweihfarn, Immergruen, Loewenmaul, Nachtkerze, Nachtviole, Pampasgras, Pelargonie, Sansiverie, Wachsblume, Yuccapalme
11 Fingerblatt, Kalzeolarie, Rittersporn, Sansevieria, Sansevierie, Sonnenblume, Zimmerlinde, Zimmertanne
12 Elefantenohr, Philodendron, Rhododendron
13 Alpenveilchen, Bubikoepfchen, Maigloeckchen, Tausendschoen, Wunderpflanze
16 Vergissmeinnicht
Zierde
7 Schmuck, Zierart
14 Ausschmueckung, Verschoenerung
des Kopfes
5 Haare
des Mannes
4 Bart
Ziereinfassung
5 Borte
zieren
10 schmuecken
12 verschoenern
13 ausschmuecken
zierend
10 ornamental
Ziererei
5 Getue, Mache
6 Gehabe, Gewese
8 Allueren
9 Pruederie
11 Affektation, Anstellerei
14 Geschraubtheit, Manieriertheit
Zierfiguren
6 Nippes
Zierfisch
5 Barbe, Danio, Guppy, Gupyi, Molly, Platy
6 Guppyi, Gurami
7 Puntius, Rasbora, Scalare, Skalare
8 Goldorfe
9 Baerbling, Goldfisch
10 Panzerwels
11 Maulbrueter, Pfauenfisch
13 Korallenfisch, Teleskopfisch
15 Schleierschwanz
21 Pfauenaugenbuntbarsch
Zierfischbehälter
8 Aquarium
Zierfläche
beim Haus
5 Rasen
6 Garten
Zierform
chinesischen Stils
11 Chinoiserie
Ziergefäß
4 Vase
Ziergeflecht
8 Filigran
Ziergehölz
8 Bartnuss
Ziergesang
9 Koloratur
Ziergewächshaus
9 Orangerie
Ziergrasfläche
5 Rasen
Zierholz
6 Leiste
Zierkante
5 Borte
Zierkästchen
8 Kassette
Zierknopf
7 Netsuke
Zierkoloratur
6 Tirade
Zierlatte
6 Leiste
Zierleiste
an Tempeln
4 Kyma
8 Kymation
aus plastischen eierförmigen Formen
8 Eierstab
zierlich
4 fein, zart
5 klein
6 grazil
7 anmutig
zierliche
Antilope
7 Gazelle
zierliches
Bildchen
8 Miniatur
Zierlichkeit
5 Anmut
8 Zartheit
Zierlinie
10 Schnoerkel
Ziernaht, -saum
5 Biese
Zierrat
4 Putz
5 Dekor
6 Zierde
7 Rosette, Schmuck
8 Ornament
14 Ausschmueckung
Ziersäumchen
5 Biese
Zierschrank
7 Vertiko
Zierspargel
9 Asparagus
Zierstrauch
5 Buchs, Myrte
6 Aukuba, Azalee, Azalie, Cissus, Jasmin
7 Ardisie, Eibisch, Flieder, Ginster, Kamelie, Lorbeer
8 Clematis, Gardenie, Hibiskus, Klematis, Liguster, Oelweide, Oleander, Sanddorn
9 Alpenrose, Feuerdorn, Forsythie, Goldregen, Hamamelis, Heliotrop, Hortensie, Sauerdorn, Weissdorn
12 Philodendron, Rhododendron
Ziervogel
4 Pfau
13 Paradiesvogel
Zierwerk
aus Metallfäden
8 Filigran
Ziesel
8 Nagetier
Ziffer
4 Zahl
6 Nummer
Geheimzeichen
7 Chiffre
Ziffern
3 elf
4 acht, drei, eins, neun, null, vier, zehn, zwei
5 fuenf, sechs
6 sieben, zwoelf
7 achtzig, Billion, hundert, Million, neunzig, sechzig, siebzig, tausend, vierzig, zwanzig
8 achtzehn, dreissig, dreizehn, fuenfzig, neunzehn, sechzehn, siebzehn, Trillion, vierzehn
9 fuenfzehn, Milliarde
11 Quadrillion, Quintillion
Ziffernfolge
hinter dem Komma eines Logarithmus
8 Mantisse
ziffernmäßig
7 digital
Zigarettenanzünder
9 Feuerzeug
Zigarettendose
4 Etui

Zigarettenrest
5 Kippe
7 Stummel
Zigarre
5 Ruege
7 Anpfiff, Verweis
Zigarrenform
7 Stumpen
8 Virginia
9 Zigarillo
Zigarrensorte
6 Brasil
7 Havanna, Importe, Sumatra
8 Virginia
9 Fehlfarbe
Zigarrenteil
9 Deckblatt
10 Bauchbinde
Zigeuner
4 Roma
5 Sinti
6 Gitano
Zigeunerin
6 Gitana
Zigeunerinstrument
5 Geige
6 Cymbal, Zymbal
Zigeunerkapellmeister
6 Primas
Zigeunerlager
5 Tabor
Zigeunersprache
6 Romani
Zigeunertanz
8 Flamenco
Zikade, Zikaden
5 Zirpe
6 Grille, Zirpen
8 Insekten
12 Halbfluegler
Ziliaten
14 Wimpertierchen
Zilie
4 Haar
11 Augenwimper
Zille
17 Schleppfrachtkahn
Zillerzufluss
(Tirol)
6 Gerlos
Zimelie
7 Kleinod
Zimier
11 Helmschmuck
Zimmer
4 Bude, Raum
5 Stube
6 Gelass, Gemach, Kammer
8 Kabinett, Wohnraum
9 Spielraum
10 Schlafraum
11 Arbeitsraum
der Dame
7 Boudoir
im Dachgeschoss
8 Mansarde
Zimmerausblick
7 Fenster
Zimmerblütenpflanze
16 Usambaraveilchen
Zimmerdecke
7 Plafond
Zimmerei
13 Bautischlerei
Zimmereingang
4 Tuer
Zimmereinrichtung
6 Moebel
8 Mobiliar
10 Meublement
11 Moeblierung
Zimmerflucht
5 Suite
Zimmergehfläche
5 Boden
Zimmerhandwerk
19 Bautischlerhandwerk
Zimmerherr
11 Untermieter
Zimmermann
11 Bautischler
zimmern
5 bauen
8 aufbauen
Zimmerschmuck
4 Bild
6 Mobile, Poster
Zimmertanne
9 Araukarie
Zimmervogel
7 Papagei
13 Wellensittich
Zimmerwinkel
4 Ecke
zimperlich
6 pruede
7 sittsam
9 etepetete, weichlich
11 empfindlich, verzaertelt
16 ueberempfindlich
Zimperlichkeit
9 Pruederie
15 Empfindlichkeit
Zimt
6 Kaneel
Zimtapfel
5 Anona
Zimtbär
7 Baribal
Zimtbaum
6 Kassia, Kassie
8 Zinnamom, Zinnamon
zimtfarben
17 roetlich-hellbraun
Zingel
9 Ringmauer
Zinkdruckstock
5 Zinko
Zinke
4 Zahn
5 Zacke
6 Spitze
Zinken
7 Zeichen
14 Schriftzeichen
Zinker
7 Spitzel
9 Verraeter
Zinkerz
6 Galmei
Zinklegierung
6 Tombak
Zinkspat
6 Galmei
7 Mineral
12 Zinkkarbonat
Zinkweiß
8 Zinkoxid, Zinkoxyd
Zinnerz
10 Kassiterit
Zinnfolie
8 Stanniol
Zinnhafen
von Thailand
6 Phuket
Zinnkies
7 Stannin
Zinnkraut
6 Graupe
13 Schachtelhalm
Zinnober
4 Kram, Zeug
5 Getue
9 Umstaende
11 Redensarten
17 Quecksilbersulfid
Zins
5 Miete, Pacht
6 Abgabe, Ertrag, Gewinn, Steuer, Tribut
7 Rendite
10 Verguetung
13 Kapitalertrag
Zinsabschnitt
5 Kupon, Talon
6 Coupon
Zinsabzug
7 Diskont
Zinsgutschein
5 Skrip
Zinsleiste
an Aktien
5 Talon
Zinssatz
8 Zinsfuss
Zinsschein
5 Kupon, Talon
6 Coupon
Zinsvergütung
7 Diskont
Zion
9 Jerusalem
Zipf
4 Pips
Zipfel
4 Ecke, Ende
9 Endstueck
der Husarenmütze
6 Kalpak, Kolpak
zipfelförmiges
Ende einer Reuse
5 Stert
Zipperlein
5 Gicht
7 Podagra
9 Fussgicht
Zippus
9 Wegweiser
10 Grenzstein
11 Grabdenkmal
Zirbeldrüse
8 Epiphyse
Zirbelkiefer
4 Arbe, Arve
zirka
4 etwa
9 ungefaehr

Zirkel
4 Club, Klub
5 Kreis
6 Gruppe
10 Kraenzchen, Kraenzlein, Kreislinie
12 Gesellschaft
13 Personenkreis
Zirkelkasten
9 Reisszeug
Zirkon
8 Hyazinth
zirkular
12 kreisfoermig
Zirkular
13 Rundschreiben
Zirkulargeschwindigkeit
14 Kreisbahntempo
Zirkulation
6 Umlauf
7 Verkehr
9 Kreislauf
13 Blutkreislauf
15 Strassenverkehr
zirkulieren
8 umlaufen
zirkumskript
11 umschrieben
Zirkumskription
10 Umgrenzung
12 Umschreibung
13 Beschraenkung
zirkumvenieren
8 umringen
Zirkus
8 Rennbahn
9 Aufhebens, Aufregung
13 Durcheinander
Zirkusarena, -bühne
6 Manege
Zirkusbahn, -schauplatz
5 Arena
6 Manege
Zirkuskunst
5 Komik
Zirkuskünstler
5 Clown
6 Artist
7 Akrobat
8 Dompteur, Dresseur
11 Kunstreiter
Zirkusrund
5 Arena
6 Manege
Zirpe
6 Zikade
zirpende
Grille
8 Heimchen
zirpendes
Insekt
6 Grille, Zikade
Zirrokumulus
15 Schaefchenwolke
Zirrostratus
13 Schleierwolke
Zirruswolke
10 Faserwolke, Federwolke
zischende
und sprühende Lichter am Christbaum
12 Wunderkerzen

Ziseleur
13 Metallstecher
Zisterne
16 Auffangbehaelter
Zisterzienserabtei
5 Oliva, Orval, Stams
6 Chorin, Ebrach, Eldena
7 Citeaux
8 Doberlug, Eberbach, Kichhain, Pontigny
9 Maulbronn, Port Royal
10 Marienthal, Walkenried
11 Bebenhausen, Marienstatt, Marienstern
Zitadelle
12 Stadtfestung
Zitatensammlung
3 Ana
9 Analekten
zitherähnliches
Instrument
3 Kin
7 Bandura, Kantele
zitieren
5 laden
8 vorladen
9 anfuehren
11 herbeirufen
Zitrone
5 Lumie
6 Limone
Zitronenart
Westindiens
7 Limetta, Limette
Zitronenkraut
7 Melisse
9 Artemisia, Artemisie, Eberraute
13 Punschpflanze
zitronensaures
Salz
6 Zitrat
Zitronenstrauch
6 Lippia, Lippie
Zitrusfrucht
5 Lumie, Navel
6 Limone, Orange
7 Limetta, Limette, Satsuma, Zitrone
9 Apfelsine, Mandarine, Pomeranze
10 Bergamotte, Clementine, Grapefruit, Klementine, Pampelmuse
11 Navelorange
Zitrusfrüchte
7 Agrumen
Zitscherling
9 Haenfling
Zittergras
5 Briza
9 Hasenbrot
10 Frauenhaar
zitterig
7 tattrig
8 tatterig
zittern
9 schwingen, vibrieren
11 tremulieren
Zittern
5 Beben, Trema
6 Tremor
9 Tatterich, Vibration

Zitterpappel
4 Aspe, Espe
Zitterpilz
11 Gallertpilz
Zitterton
in der Musik
7 Tremolo
Zitwer
13 Kurkumawurzel
Zitz
6 Kattun
Zitze
9 Saugwarze
zivil
6 privat
7 maessig
8 gesittet
10 angemessen
11 buergerlich, umgaenglich
13 ununiformiert
16 ausserdienstlich
17 nichtmilitaerisch
zivilisieren
12 humanisieren
Zivilist
7 Buerger
11 Nichtsoldat
13 Buergerlicher
Zivilprozessart
15 Urkundenprozess
Zobel
6 Marder
Zodiakus
9 Tierkreis
Zofe
8 Dienerin
zögern
5 zagen
7 saeumen, zaudern
8 abwarten
9 schwanken
Zögling
5 Eleve
6 Alumne, Kadett
8 Schueler
9 Pflegling
16 Pflegebefohlener
Zohe
7 Huendin
Zölenterat
8 Hohltier
zölestisch
9 himmlisch
Zölibat
12 Ehelosigkeit
Zoll
4 Maut
6 Abgabe, Akzise, Douane, Tribut
8 Wegegeld
11 Grenzsteuer, Laengenmass
12 Brueckengeld
zollamtlicher Begriff
4 Maut, Pass
5 Visum
6 Inland
7 Ausland, Zollamt
8 Wertzoll, Zollsatz
9 Agrarzoll, Freihafen, Grenzzone, Passwesen, Passzwang, Reisepass, Schmuggel, Zolltarif, Zollunion

10 Dienstpass, Finanzzoll, Freigrenze, Grenzkarte, Kontingent, Nansenpass, Schutzzoll, Zollgebiet, Zollgrenze, Zollverein
11 Ausfuhrzoll, Doppeltarif, Einfuhrzoll, Grenzschutz, Hoechstsatz, Mindestsatz, Sperrgebiet, Zollpolitik, Zollverkehr
12 Grenzverkehr, Hauptzollamt, Passfreiheit, Sichtvermerk, Zollabkommen
13 Durchfuhrzoll, Passierschein
14 Diplomatenpass, Grenzuebergang, Wertzollsystem, Zollausschluss, Zollniederlage, Zollverwaltung
15 Bandenschmuggel, Vergeltungszoll, Zollgrenzbezirk
19 Zollfahndungsstelle, Zollrueckverguetung

Zollausschlussgebiet
am Wasser
9 Freihafen

Zollbeamter
8 Zoellner

Zollerklärung
11 Deklaration

zollfreier
Stapelplatz
8 Entrepot

zollgroßer
Buchstabe
6 Unzial

Zollhinterzieher
10 Schmuggler

Zöllner
11 Zollbeamter

Zollniederlage
8 Entrepot

Zollpassierschein
6 Carnet
7 Triptik

Zollstock
8 Massstab, Messstab
9 Meterstab

Zollvergehen
9 Schmuggel

Zömeterium
8 Friedhof, Kirchhof
9 Katakombe
11 Gottesacker, Ruhestaette

Zönakel
11 Refektorium

Zone
4 Raum
6 Gebiet, Tropen
7 Bereich
10 Erdguertel, Landstrich, Teilgebiet
11 Territorium
15 Gebietsstreifen
16 Besatzungsgebiet
am Rand der Sahara
5 Sahel
der Erdkruste
4 Sima

Zonengrenze
17 Demarkationslinie

Zönobit
13 Klostermoench

Zönobium
7 Kloster

Zoolith
17 Tierversteinerung

Zoologe
5 Brehm, Rulie
6 Boveri, Frisch
7 Hertwig, Spemann
8 Weismann
9 Koelliker, Schneider
11 Metschnikow

Zoologie
9 Tierkunde

zoologisch:
Amselart
6 Merula
Atemröhre, Schlauch
5 Sipho
Floh
5 Pulex
Grabwespe
6 Bembex
Greifvogelgattung
5 Buteo
Hase
5 Lepus
Hirsch
6 Cervus
Katze
5 Felis
Kegelschneckengattung
5 Conus
Kohlweißling
6 Pieris
Körperteil der Seelilien
5 Calyx
Krebsgattung
5 Mysis
Mauerbiene
5 Osmia
Meerassel
5 Ligia
Meisengattung
5 Parus
Mohrenfalter
6 Erebia
Muschelgattung
5 Perna
Nachtaffen
5 Aotes
Nasenbären
5 Nasua
Pansen der Wiederkäuer
5 Rumen
Saumzecke
5 Argas
Seidenäffchen
6 Hapale
Stachelschnecke
5 Murex
Stechmücke
5 Culex
Steckmuschel
5 Pinna
Tauchervogel
5 Gavia
voll entwickeltes Insekt
5 Imago
Wassernatter
6 Natrix
Wespenbiene
6 Nomada

zoologische
Unterart
5 Rasse

Zoom
an der Kamera
10 Gummilinse

Zoomitarbeiter
11 Tierpfleger

zoomorph
13 tiergestaltig
15 tiergestaltlich

zoophag
15 fleischfressend

Zoo, Zooanlage
6 Gehege, Kaefig
7 Voliere, Zwinger
8 Tierpark
10 Ententeich, Freigehege, Tiergarten
13 Kletterfelsen

Zopf
7 Flechte
10 Baumwipfel
12 Haargeflecht, Teiggeflecht
aus Garnsträhnen
5 Docke

zopfig
9 ueberholt
11 reaktionaer
13 rueckstaendig

Zopfstil
10 Louis-seize

Zores
6 Aerger
8 Wirrwarr
13 Durcheinander

Zorn
3 Wut
4 Rage
5 Zores
6 Aerger
7 Unwille
8 Harnisch
9 Empoerung
11 Entruestung

Zornausbruch
6 Koller, Rappel, Raptus

zornig
6 rabiat
7 empoert, wuetend
8 unwillig
10 aergerlich, entruestet
11 aufgebracht
12 wutentbrannt

zornmütig
10 jaehzornig

Zoroaster
11 Zarathustra

zotig
4 grob
9 schmutzig
12 unanstaendig

Zotte
8 Schnauze
9 Darmzotte
10 Ausgiesser
12 Haarbueschel, Haarstraehne
17 Gewebeausbuchtung

Zottelblume
10 Bitterklee

zotteln
7 bummeln, trotten
Zottengeschwulst
8 Papillom
Zottenhaut
7 Chorion
Zottenschwänze
8 Tysanura
zottig
8 struppig
9 straehnig
zottiger
Waldgeist
6 Schrat
Zötus
14 Schuelerschaft
16 Schuelerjahrgang
zu
befördernde Gut
6 Fracht
behandelnder Gegenstand
5 Thema
beweisender Lehrsatz
5 These
dem
3 zum
den Halogenen gehörendes chemisches Element
4 Brom
den Hörnchenverwandten zählendes Nagetier
5 Biber
den Rundmäulern gehörender Fisch
5 Inger
den Stören gehörender Fisch
6 Hausen
einem bestimmten Teil
4 halb
einem Ziel führende Sache
6 Mittel
einer Ortschaft gehörende nutzbare Landfläche
8 Feldmark
etwas neigen
9 tendieren
fordernder Betrag
8 Guthaben
Fuß reisen
7 wandern
gleichen Teilen
8 Halbpart
Gott flehen
5 beten
große Belastung eines Fahrzeuges
11 Ueberladung
Hause
6 daheim
hohe Körperschwere
12 Uebergewicht
keiner Zeit
3 nie
Kriegsdienst und Treue verpflichtendes Leihgut im Mittelalter
5 Lehen
nachhaltiger Verteidigung ausgebauter Ort
7 Festung
Papier gebrachte Abfassung eines Anspruchs vor Gericht
12 Klageschrift
Tal gleiten (im Skisport)
7 Abfahrt
Tal stürzende Schneemasse
6 Lawine
teilende Zahl
8 Dividend
Zuave
6 Kabyle
zubauen
8 bedecken
10 schliessen
16 verbarrikadieren
Zubehör
5 Annex
6 Extras, Geraet
7 Armatur, Beiwerk
8 Requisit
9 Ruestzeug
10 Accessoire, Anhaengsel, Utensilien
11 Hilfsmittel
der Raumausstattung
6 Tapete
7 Teppich
für Kleinstkinder
15 Babyausstattung
mancher Schiffe
5 Segel
von Maschinen
7 Armatur
zu alten Waffen
9 Ladestock
zum Topf
6 Deckel
Zuber
4 Trog
5 Buett, Wanne
6 Buette
7 Bottich
zubereiten
6 kochen
8 fertigen
9 anrichten
10 herstellen
12 fertig machen
zubereiteter
Weißkohl
10 Sauerkraut
zubereitetes
Fleisch
6 Braten
Hühnerprodukt
6 Setzei
zubilligen
9 gestatten
10 einraeumen, zugestehen
zubinden
13 verschliessen
Zubringer
4 Bote
8 Conveyer
9 Lieferant
11 Foerderband
15 Zwischentraeger
24 Autobahnanschlussstrasse
Zubringeranlage
4 Netz
7 Leitung
11 Foerderband, Netzleitung, Roehrenwerk
Zubringerdienst
14 Transportwesen
Zubringerschiff
6 Tender
zubuttern
11 draufzahlen
Zucht
5 Anbau, Moral, Mores, Sitte
6 Kultur
7 Anstand, Ordnung
8 Benehmen, Gehorsam
9 Disziplin
10 Erbauslese, Straffheit
11 Sittsamkeit
12 Sittlichkeit
18 Erbgutverbesserung
Zuchtanlage, -anstalt
4 Farm, Kamp
7 Gestuet, Imkerei, Zwinger
8 Estanzia, Plantage
9 Pflanzung
10 Baumschule, Gaertnerei
Zuchteber
6 Heckel
züchten
11 kultivieren
Züchter
5 Imker
6 Farmer
8 Gaertner, Landwirt, Pflanzer
Zuchtfische
9 Setzlinge
Zuchtgarten
für Hühnervögel
9 Fasanerie
Zuchthaus
im alten Frankreich
5 Bagno
in New York
8 Singsing
züchtig
4 rein
6 keusch
7 integer, sittsam
10 tugendhaft, verschaemt
11 unverdorben
züchtigen
7 strafen
8 schlagen
9 bestrafen
11 kastigieren
Züchtigung
4 Haue, Hieb
5 Hiebe
6 Schlag, Strafe
7 Pruegel
8 Ohrfeige, Schlaege
10 Backpfeife
11 Maulschelle
Züchtigungsmittel
4 Rute
5 Knute, Stock
6 Riemen
7 Geissel, Nagaika
8 Peitsche
9 Rohrstock
Züchtigungsspur
7 Strieme
8 Striemen
zuchtlos
13 demoralisiert
15 undiszipliniert
Zuchtlosigkeit
6 Amoral
14 Demoralisation

Zuchtmeister
8 Erzieher
Zuchtpferd
5 Stute
6 Hengst
zuchtreifer
Stier
5 Farre
Zuchtrennen
5 Derby
Zuchtrind
5 Bulle, Stier
Zuchtschwein
3 Sau
4 Eber
Zuchtstammbuch
8 Herdbuch
Zuchttier
3 Sau
4 Eber
5 Stier, Stute
Zuchtwahl
9 Selektion
Zucken
3 Tic
4 Tick
zücken
6 nehmen
9 ergreifen
12 hervorziehen
Zucker, -art, -sorte
5 Melis
6 Aldose, Kandis
7 Glucose, Glukose, Karamel, Laktose, Melasse
8 Dextrose, Fruktose, ◆ Karamell
9 Galaktose, Laevulose, Raffinade
10 Zuckermehl
11 Farinzucker, Milchzucker
12 Fruchtzucker, Invertzucker
13 Traubenzucker
Zuckerbäcker
8 Konditor
Zuckerbäckerei
10 Konditorei
Zuckerbonbon
5 Drops
Zuckerbrot
8 Marzipan
Zuckergast
15 Silberfischchen
Zuckergebäck
6 Baiser
Zuckerguss
5 Glace
6 ◆ Glacee, Glasur
zuckerhaltige
Ausscheidung einiger Pflanzen
5 Manna
Blütenabsonderung
6 Nektar
Zuckerharnruhr
8 Diabetes
Zuckerherstellungsrest
7 Melasse
zuckerig
5 suess
Zuckerinsel
4 Cuba, Kuba
Zuckerkand
6 Kandis
Zuckerkranker
10 Diabetiker
Zuckerkrankheit
8 Diabetes
Zuckerkristalle
6 Kandis
Zuckerl
6 Bonbon
Zuckerlösung
5 Sirup
Zuckermasse
7 Fondant
Zuckermehl
5 Farin
zuckern
7 suessen
9 kandieren
Zuckerpalme
11 Arengapalme
Zuckerplätzchen
6 Bonbon
7 Konfekt
Zuckerrand
(Mixgetränk)
6 Crusta
zuckerreicher
Pflanzensaft
5 Manna
Zuckerrohr
9 Saccharum
Zuckerrohrschnaps
3 Rum
Zuckerrübenauszug
5 Sirup
Zuckersaft
5 Sirup
Zuckerverbindung
6 Aldose
Zuckerwerk
5 Nugat
6 Bonbon, Nougat
7 Fondant, Konfekt
10 Konfituere
Zuckerzeug
6 Toffee
Zuckung
4 Tick
zueignen
6 widmen
10 dedizieren, dezidieren
Zueignung
10 Dedikation
Zuerkennung
eines Preises
11 Praemiierung
12 Praemiierung
zuerst
6 vorher
11 anfaenglich
entstanden
7 primaer
Zufahrtsweg
7 Anfahrt
Zufall
5 Tyche
zufällig
10 unerwartet
11 aleatorisch
12 akzidentiell
15 unvorhergesehen
zufassen
7 greifen
8 anfassen
mit den Zähnen
7 beissen
Zuflöte
10 Souffleuse
Zufluchtsstätte
der Christen in Rom
10 Katakomben
Zuflucht, Zufluchtsort
4 Asyl, Exil, Hort
5 Baude, Hilfe
6 Ausweg, Huette, Obdach, Schutz
7 Rettung
8 Herberge, Refugium
10 Sicherheit, Unterkunft
12 Unterschlupf
Zuflüsterung
7 Einsage
zufrieden
4 satt
zufrieden gestellt
9 saturiert
Zufriedenheit
7 Behagen
zufügen
8 addieren
9 ergaenzen, vermehren
12 vergroessern
Zufügung
eines Schadens beim Heben
8 Verheben
Zufuhr
9 Nachschub
10 Versorgung
Zug
4 Bahn, Wind
5 Linie, Reihe, Rille, Schar, Treck
6 Gruppe, Schnur
7 Einheit, Gespann, Kolonne, Luftzug, Schluck
8 Bewegung, Durchzug, Eigenart
9 Abteilung, Eisenbahn
10 Klingelzug, Prozession
11 Bestandteil, Entwicklung
12 Luftbewegung
Zugabe
5 Bonus
6 Dakapo
7 Beilage, Beiwerk, Einlage, Praemie
13 Gratifikation
Zugabespritzer
bei der Bereitung eines Cocktails
4 Dash
Zugabteil
5 Coupe, Kupee
Zugang
3 Tor, Weg
4 Tuer
6 Pforte, Portal
7 Einlass, Zutritt
8 Einfahrt, Eintritt
9 Akzession, Erwerbung, Neuerwerb
10 Ergaenzung
12 Neuerwerbung, Verstaendnis
zugänglich
10 erreichbar, verfuegbar
11 umgaenglich
13 verstaendlich
14 aufgeschlossen

Zugänglichmachung
10 Exhibition
11 Ausstellung
Zugbegleiter
9 Schaffner
10 Kondukteur, Zugfuehrer
zugegen
8 anwesend
zugehauener
Naturstein
8 Haustein
Zugehörigkeit
14 Mitgliedschaft
zugeknöpft
8 wortkarg
9 abweisend
10 reserviert
12 verschlossen
13 unzugaenglich
Zugeknöpftheit
16 Verschlossenheit
Zugeld
für standesgemäßes Leben
7 Apanage
Zügelgeschirr des Pferdes
4 Zaum
zügellos
4 wild
8 dissolut
11 orgiastisch
12 unbeherrscht, ungebaendigt
13 ausschweifend
zügellose
Ausgelassenheit
9 Orgiasmus
Horde im Alten Testament
5 Korah
zügelloses
Gelage
5 Orgie
Kriegsvolk
10 Soldateska
Treiben
5 Orgie
13 Ausschweifung
Zügellosigkeit
11 Libertinage
zügeln
11 beherrschen
zugemessene
Arzneimenge
5 Dosis
zugeordnetes
Gremium
6 Beirat
zugeschmolzenes
Glasröhrchen für Arzneimittel
7 Ampulle
zugespitzt
6 betont
9 pointiert
12 aphoristisch
zugespitzte
Hammerseite
5 Finne
Lage
5 Krise
zugesprochene
Hinterlassenschaft
5 Legat
7 Erbteil
Zugeständnis
10 Kompromiss, Konzession
11 Einraeumung
14 Entgegenkommen
zugestehen
10 genehmigen
11 konzedieren
zugetan
7 gewogen
zugeteilte
Arbeit
7 Auftrag
Essensmenge
7 Portion
Menge
6 Ration
zugfeste
Bänder zwischen Muskeln und Knochen
6 Sehnen
Zugförderungsart
im Eisenbahnwesen
8 Traktion
Zugführer
8 Leutnant
9 Feldwebel
12 Wachtmeister
Zuggattung
6 Eilzug
Zuggeschirr
5 Siele
für Ochsen
4 Joch
Zughaltestelle
7 Bahnhof
Zughaltevorrichtung
bei Gefahr
9 Notbremse
zugießen
11 nachfuellen
zügig
5 flott
11 schwungvoll, zugkraeftig
Zugkraft
4 Reiz
zugkräftig
9 anreizend, anziehend, attraktiv
zugkräftiges
Angebot
3 Hit
4 Clou
7 Reisser
8 Schlager
9 Sensation
10 Attraktion, Bestseller
11 Glanznummer, Glanzstueck
12 Paradenummer, Paradestueck
16 Verkaufsschlager
zugleich
8 simultan, zusammen
11 miteinander
12 gleichzeitig
Zugmaschine
3 Lok
4 E-Lok
5 Truck
7 Traktor, Trecker
9 Diesellok, Schlepper
10 Lokomotive, Motorwagen, Triebwagen
14 Motorschlepper, Raupenfahrzeug
15 Sattelschlepper
Zugnummer
3 Hit
4 Clou
7 Treffer
10 Attraktion
zugreifen
5 essen
6 fassen, helfen, packen
Zugriff
4 Raub
9 Diebstahl
10 Okkupation
zu Grunde
richten
9 ruinieren
Zugseil
6 Strang
Zugsicherungseinrichtung
6 Indusi
Zugtier
3 Jak, Kuh, Ren, Yak
4 Esel, Hund, Muli, Rind, Zebu
5 Mulus, Ochse, Pferd
7 Bueffel, Rentier
8 Maulesel, Maultier
Zugtiergeschirr
6 Kummet
zugunfähig
(Schach)
4 patt
Zugvogel
4 Ente, Fink, Star
5 Ammer, Fitis, Pirol
6 Lerche, Reiher, Storch
7 Drossel, Kiebitz, Kranich, Kuckuck, Wuerger
8 Schnepfe, Schwalbe, Spoetter, Sprosser, Wildente, Wildgans
9 Wiedehopf
10 Bachstelze, Baumpieper, Feldlerche, Fischadler, Grasmuecke, Nachtigall, Neuntoeter, Rotschwanz
11 Mauersegler
16 Gartengrasmuecke, Gartenrotschwanz
zuhalten
8 bedecken
13 verschliessen
Zuhälter
4 Lude
5 Louis
6 Loddel
7 Strizzi
Zuhause
4 Heim
Zuhörer
8 Publikum
10 Auditorium
Zuhörerbühne
8 Tribuene
zukommen
9 gebuehren
Zukunft
5 Ferne, Futur
7 Futurum
zukünftig
7 spaeter
10 demnaechst
zukünftiges
Wohngebiet
7 Bauland
Zukunftsaussicht
11 Perspektive

Zukunftsform
(Sprachlehre)
5 Futur
Zukunftshoffnung
8 Aussicht
Zukunftstraum, -vorstellung
6 Utopie
Zukunftswarner
5 Rufer
Zukunftswissenschaft
11 Futurologie
Zuladegewicht
8 Nutzlast
Zulage
6 Spesen
7 Diaeten
8 Tagegeld
zulänglich
9 genuegend
11 ausreichend
zulassen
6 dulden
8 erlauben
9 gestatten
zulässig
7 erlaubt
9 gestattet, statthaft
zulässige
Abweichung
8 Toleranz
9 Spielraum
zulässiger
Gewichtsverlust der Münzen durch Abnutzung
14 Passiergewicht
zulässiges
Mindergewicht bei Münzen
8 Remedium
Zulassung
6 Lizenz
9 Admission, Erlaubnis
10 Konzession
11 Genehmigung
zur Ausübung eines akadem. Berufes
11 Approbation
Zulassungsbeschränkung
14 Numerus clausus
Zulauf
3 Run
8 Frequenz
zuleiten
12 uebermitteln
zuletzt
7 endlich
12 schliesslich
zullen
6 saugen
zulpen
6 saugen
8 lutschen
Zulu
5 Bantu
6 Kaffer
Zuluspeer
7 Assagai
zum
Eid Verpflichteter
5 Delat
ersten Mal Auftretender
9 Debuetant
Geschlechtsleben gehörend
6 sexual
Haus gehörender Platz
3 Hof
Haushalt gehörende Dinge
7 Hausrat
Juteersatz dienende Bastfaser
5 Kenaf
Küstengebiet gehörend
7 litoral
magischen Gott erklärter Gegenstand
7 Fetisch
Museum gehörend
6 museal
Nennwert
4 pari
päpstlichen Hof gehörend
6 kurial
Schein
8 pro forma
Schiff gehörende Taue
7 Tauwerk
Stehen bringen
7 stoppen
8 anhalten
stehenden Heer gehörend
5 aktiv
Verkohlen bereiteter Holzstoß
6 Meiler
zweiten Halswirbel gehörend
5 axial
zumachen
10 schliessen
zumindest
10 wenigstens
Zumutung
8 Ansinnen
zunächst
4 erst
7 vorerst
Zunahme
5 Wuchs
an Jahren
8 Alterung
Zuwachs
6 Gewinn
8 Wachstum, Zugewinn
9 Anwachsen, Inkrement
10 Ausweitung, Steigerung, Vermehrung
11 Entwicklung, Fortschritt, Progression
Zuname
8 Nachname
12 Familienname
zündend
9 fulminant
zündender
Gedanke
12 Geistesblitz
Zunder
7 Pruegel, Schwamm
Zündfaden, -schnur
5 Lunte
Zündholz
11 Streichholz
Zündholzschachtelsammler
12 Phillumenist
Zündkörper
9 Detonator
Zündmittel
5 Lunte
7 Zuender
Zündwaren
9 Feuerzeug
14 Streichhoelzer
zunehmen
7 wachsen
9 vermehren
12 vergroessern
an Jahren
6 altern
zunehmend
10 progressiv
zunehmende
Bewölkung des Himmels
11 Eintruebung
Zuneigung
4 Huld
5 Gunst, Liebe
9 Affektion, Sympathie
10 Wohlwollen
11 Attachement
12 Freundschaft
15 Anhaenglichkeit
Zunft
5 Gilde
6 Gewerk, Innung, Metier
7 Verband
11 Fachverband, Vereinigung
13 Berufsverband
14 Genossenschaft
17 Berufsvereinigung
zünftig
8 tuechtig
10 ordentlich
11 fachgemaess, fachgerecht, sachgemaess, sachgerecht
13 fachmaennisch
Zunftkleidung
6 Tracht
Zunge
am Schuh
6 Lasche
an Messgeräten
5 Nadel
von Rot-, Damwild
6 Graser
zungenartiges
Verbindungsstück
6 Lasche
zungenfertig
11 redegewandt
Zungenfertigkeit
15 Redegewandtheit
Zungenlaut
7 Lingual
9 Konsonant
Zungenregister
der Orgel
5 Regal
Zungenschlag
14 Sprachstoerung
zunichte
machen
9 vereiteln
10 zerstoeren
Zünsler
8 Pyralida
Zuordnung
12 Koordination
zupacken
7 greifen
8 anfassen, arbeiten
zupfen
6 ziehen

7 lockern
9 anreissen, ausrupfen
17 auseinanderziehen
Zupfgeige
7 Gitarre
Zupfinstrument
3 Sas, Tar
4 Lyra
5 Banjo, Harfe, Laute, Leier, Rotta, Rotte
6 Zither
7 Bandola, Bandura, Gitarre, Kithara, Klampfe, Mandola, Ukulele
9 Balalaika, Bandurria, Mandoline, Zupfgeige
zur
Anode verwandeltes negatives Teilchen
5 Anion
Arbeit verpflichten
9 anstellen
bloßen Förmlichkeit erstarrte Umgangsform
8 Etikette
Bodenauflockerung dienendes Gerät
4 Egge
5 Pflug
Brandverhütung ausgebildete Einheit
9 Feuerwehr
Eheschließung gehörender Teil der Kirche
9 Traualtar
Erledigung Übertragenes
7 Aufgabe
Farbstoffbildung unfähiges Lebewesen
6 Albino
gärtnerischen Nutzung hergerichteter Boden
4 Beet
Gewohnheit gewordene Eigentümlichkeit
6 Manier
Gewohnheit gewordene Untugend
6 Laster
Hälfte
4 halb
5 a meta
8 haelftig
10 fifty-fifty
Regierung im Gegensatz stehende politische Gruppe
10 Opposition
Schau gestellter Reichtum
5 Prunk
Seite
5 neben
Strecke bringen
7 erlegen
Vermehrung verwendeter Pflanzenspross
6 Senker
Zeit nicht zahlungsfähig
8 illiquid
zuraunen
9 fluestern
zurecht finden
11 orientieren
zurecht machen
8 anziehen
9 schminken
11 vorbereiten
zurecht weisen
6 ruegen, tadeln
9 abkanzeln
10 massregeln
Zurechtweisung
5 Ruege, Tadel
7 Lektion, Verweis
12 Massregelung
zureichen
8 genuegen
zurichten
6 gerben
8 veredeln
9 abnuetzen, verletzen
11 adjustieren, appretieren, verarbeiten
12 beschaedigen
Zurichtung
der Ware für den Verkauf
10 Aufmachung
von Textilien
8 Appretur
zuriegeln
13 verschliessen
zurren
10 festbinden
Zurschaustellung
10 Exhibition
zurück
6 retour
11 rueckwaerts
Zurückberufung
7 Rappell
zurückbilden
10 schrumpfen
zurückbleiben
9 verweilen
zurückblicken
7 umsehen
8 erinnern
zurückblickend
12 retrospektiv
zurückbringen
11 apportieren
12 retournieren
zurückdämmen
9 aufhalten
11 beherrschen
zurückdenken
8 erinnern
zurückdrängen
13 einschraenken, unterdruecken
zurückführen
10 reduzieren
Zurückführung
9 Reduktion
zurückgeben
9 erstatten
zurückgeblieben
11 rudimentaer
zurück gegebener
Wechsel
7 Rimesse
zurück gelegte
Gelder
11 Ersparnisse
Zurückgezogenheit
9 Eremitage
10 Einsamkeit
11 Einsiedelei
16 Abgeschiedenheit
zurückhalten
9 aufhalten, verbergen
10 festhalten
11 beherrschen
13 unterdruecken
zurückhaltend
5 kuehl, scheu
6 dezent
7 diskret
8 gemessen, taktvoll
10 reserviert
11 distanziert, zugeknoepft
14 unaufdringlich
Zurückhaltung
5 Scheu
6 Dezenz
7 Distanz, Reserve
12 Beherrschung
14 Reserviertheit
15 Schuechternheit
eines Menschen gegenüber der Gemeinschaft
15 Individualismus
von auszuscheidenden Stoffen im Körper
9 Retention
zurückjagen
10 abschlagen, vertreiben
12 verscheuchen
zurückkehren
10 heimkommen
zurückkommen
10 heimkehren
12 wiederkehren, wiederkommen
zurücklegen, -stellen
6 fahren, horten, lagern, reisen, sparen
8 aufheben, hamstern
9 einlagern
11 aufbewahren, reservieren
Zurückleiten
des Viehs aus den Bergen
10 Almabtrieb
zurück liegende
Zeit
13 Vergangenheit
Zurücknahme
8 Widerruf
zurücknehmen
10 widerrufen
Zurückschall
4 Echo
zurückschallen
11 widerhallen
zurückschaudern
11 erschrecken
zurückschauen
7 umsehen
zurückschlagen
7 kontern
8 abwehren, erwidern, parieren
9 antworten, entgegnen, vergelten
10 heimzahlen
11 beantworten
zurückschrauben
13 einschraenken
zurückschrecken
14 einschuechtern
zurücksenden
11 remittieren
12 retournieren

zurücksetzen
14 benachteiligen
Zurücksetzung
11 Missachtung
12 Nichtachtung
14 Nichtbeachtung
17 Vernachlaessigung
zurücksinken
10 nachlassen
zurückstrahlen
12 reflektieren
zurücktreten
8 aufgeben
zurücktretend
8 rezessiv
zurückweichen
7 fliehen
10 ausreissen
zurückweisen
8 ablehnen
Zurückweisung
9 Ablehnung
zurückwerfen
8 spiegeln
12 reflektieren
zurückzahlen
9 erstatten, vergelten
15 wiedererstatten
zurückziehen
9 absondern
10 widerrufen
Zuruf, Beifall
11 Akklamation
beim Trinken
2 ex
5 Prost
zusagen
8 annehmen, gefallen
11 versprechen
Zusage, -sicherung
6 Schwur
7 Annahme
8 Geluebde
9 Geloebnis
11 Verheissung, Versprechen
12 Bestaetigung
zusammen
5 alles
6 gesamt
7 addiert, mitsamt
9 gemeinsam, inclusive, inklusive, insgesamt
11 miteinander
12 gleichzeitig
Zusammenarbeit
8 Teamwork
11 Kooperation
mehrerer Gemeinschaften
4 Team
mit dem Feind
13 Kollaboration
zusammen arbeitender
Satz von Maschinen
8 Aggregat
Zusammenballung
6 Dichte
10 Agglomerat, Anhaeufung
11 Konglomerat
13 Agglomeration, Konzentration
von Krankheitserregern
13 Agglutination
Zusammenbau
7 Montage
12 Installation
zusammenbauen
9 montieren
zusammenbrauen
5 mixen
7 mischen
zusammenbrechen
9 erkranken
11 einstuerzen
zusammenbringen
7 kuppeln
8 vereinen
9 anhaeufen
10 versammeln
Zusammenbruch
4 Ende, Ruin
6 Fiasko, Pleite
7 Debakel, Kollaps, Konkurs, Zerfall
8 Bankrott, Desaster, Einsturz, Ohnmacht
9 Untergang
10 Niedergang, Niederlage
11 Katastrophe, Vernichtung
Zusammendrehen
von Seidenfäden
6 Filage
zusammendrücken
7 pressen
12 komprimieren
Zusammendrückung
11 Kompression
zusammenfahren
11 erschrecken
Zusammenfall
7 Deckung, Kollaps
10 Koinzidenz
16 Gleichzeitigkeit, Uebereinstimmung
zusammenfallen
8 abmagern
10 schrumpfen
11 einstuerzen, kollabieren
12 koinzidieren
zusammenfallend
10 koinzident
zusammenfassen
6 raffen
8 straffen
13 konzentrieren
zusammenfassende
Wiederholung
14 Rekapitulation
zusammenfassender
Schlussvortrag des Staatsanwaltes
9 Plaedoyer
Zusammenfassung
5 Fazit, Summe
6 Abriss, Digest, Expose
7 Resumee, Synopse
8 Resuemee
9 Grundriss
10 Kompendium, Uebersicht
14 Rekapitulation
aller Studierenden
15 Studentenschaft
eines musikalischen Werkes
8 Partitur
mehrerer Himmelskörper
9 Sternbild
zusammenfegen
6 kehren, putzen
9 aufkehren
zusammenflicken
10 reparieren
zusammenfügen
9 verbinden
10 vereinigen
Zusammenfügung
8 Synthese
10 Kompositum, Verbindung
Zusammenfügungslinie
4 Naht
zusammengedrängt
3 eng
5 dicht
zusammen gedrehter
Garnstrang
5 Docke
zusammengefasst
10 summarisch
Zusammengefegtes
8 Kehricht
zusammen gefügte
Papierblätter
5 Block
Zusammengefügtes
10 Verbindung
zusammen geheftete
Schriftstücke
5 Akten
zusammengehen
8 vereinen
9 einlaufen
zusammengehörige
Erbanlage
5 Allel
Notengruppe
5 Figur
Nummernfolge
5 Serie
Tiergruppe
5 Herde, Rudel
7 Schwarm
zusammengehöriges
Essgerät
7 Besteck
Zusammengehörigkeit
12 Solidaritaet
Zusammengehörigkeitsgefühl
9 Sympathie, Zuneigung
10 Gemeinsinn
12 Familiensinn, Freundschaft, Solidaritaet
13 Verbundenheit
16 Mannschaftsgeist
Zusammengekochtes
7 Eintopf
zusammen gekoppelte
Eisenbahnwaggons
3 Zug
zusammen gesetztes
Wort
10 Kompositum
zusammen getragene
plastische Bildwerke
18 Skulpturensammlung
Zusammengewürfeltes
11 Konglomerat
Zusammenhalt
6 Dichte, Konnex
7 Einhalt, Einheit, Kontakt
8 Harmonie
9 Einigkeit
10 Festigkeit, Verbindung
12 Solidaritaet

13 Einmuetigkeit, Verbundenheit
14 Verstaendigung
der Moleküle
9 Kohaesion
Zusammenhang
5 Nexus
6 Konnex, System
7 Kontext
8 Relation, Synthese
9 Kohaerenz
10 Verbindung, Verkettung
12 Verknuepfung
zusammenhängend
9 kohaerent
zusammenhängende
Masse geschorener Schafwolle
5 Vlies
Metallglieder
5 Kette
Pollensäcke
5 Theka
zusammenhanglos
6 abrupt
11 unverbunden
zusammenhauen
11 zerschlagen
12 zertruemmern
zusammenketten
9 verbinden
Zusammenklang
6 Akkord
8 Einklang, Harmonie, Wohllaut
9 Einigkeit, Konsonanz
14 Einstimmigkeit
16 Uebereinstimmung
zusammenklappbare
Schreib- u. Gedenktafel
9 Diptychon
zusammenklappbarer
Zylinderhut
13 Chapeau claque
zusammenklappen
6 falten
zusammenkleben
6 kitten, leimen
zusammenklingen
15 uebereinstimmen
Zusammenklingen
mehrerer Töne
6 Akkord
zusammenklingend
9 konsonant
zusammenkneifen
18 aufeinanderpressen
zusammenkommen
5 tagen
10 versammeln
zusammenkoppeln
17 aneinanderkuppeln
Zusammenkunft
5 Treff
6 Konzil, Synode, Tagung
7 Konvent, Meeting, Palaver, Session, Sitzung, Treffen
8 Beratung, Entrevue, Jamboree, Kongress
9 Begegnung, Konferenz, Symposion, Symposium
10 Rendezvous
11 Besprechung, Versammlung
12 Stelldichein
der Staatschefs
15 Gipfelkonferenz
im Jugendbund
9 Heimabend
von Erziehungsberechtigten einer Schulklasse
11 Elternabend
von Journalisten
15 Pressekonferenz
zum Abschließen von Geschäften
6 Boerse
zusammenlaufen
8 eingehen, gerinnen
10 vereinigen, vermischen
12 konvergieren
14 herbeistroemen
Zusammenleben
3 Ehe
7 Kommune
8 Symbiose
12 Gemeinschaft
18 Lebensgemeinschaft
zusammenlegbare
Tragetasche
6 Beutel
Unterkunft
4 Zelt
zusammenlegbarer
Maßstab
9 Zollstock
zusammenlegbares
Boot
8 Faltboot
12 Schlauchboot
zusammenlegen
6 falten
7 stapeln
10 aufhaeufen, vereinigen
14 zentralisieren
Zusammenlegung
11 Vereinigung
12 Arrondierung
15 Zentralisierung
von Unternehmen
6 Fusion
zusammenleimen
6 kitten, kleben, pappen
9 kleistern, verbinden
zusammenlesen
8 aufheben
10 aufklauben, aufsammeln
zusammennehmen
9 ◆ Acht geben, aufpassen
10 aufsammeln
Zusammenordnung
12 Konstruktion
zusammen passend
10 kompatibel
zusammenpressbar
12 kompressibel
zusammenpressen
8 druecken
12 ausquetschen
zusammenrechnen
8 addieren
zusammenrollbares
japanisches Hängebild
8 Kakemono
Zusammenrottung
6 Tumult
7 Auflauf, Aufruhr
9 Rebellion
13 Demonstration
Zusammenschau
10 Ueberblick, Uebersicht
15 Zusammenfassung
zusammenschießen
6 toeten
10 zerstoeren
zusammenschlagen
6 falten
11 zerschlagen
12 zertruemmern
15 niederknueppeln
18 uebereinanderlegen
Zusammenschluss
4 Bund, Club, Klub, Liga, Pool
5 Gilde, Trust, Union, Zunft
6 Fusion, Verein
7 Allianz, Kartell, Konzern, Verband
9 Koalition
11 Foederation, Integration, Vereinigung
12 Gemeinschaft, Organisation
14 Genossenschaft
Zusammenschmelzung
von Metallen
9 Legierung
zusammenschnüren
7 beengen
10 bedruecken
zusammenschrumpfen
8 abnehmen
zusammenschütten
5 mixen
7 mischen
9 vermengen
zusammenschweißen
9 verbinden
Zusammensein
7 Treffen
zusammensetzen
9 montieren
Zusammensetzspiel
6 Puzzle
Zusammensetzung
6 Aufbau
7 Montage
8 Struktur, Synthese
10 Kompositum
11 Komposition
12 Konstruktion
eines Stoffes oder Gebildes
8 Struktur
zusammenstauchen
6 ruegen
8 schelten
9 schimpfen
13 zurechtweisen
zusammenstecken
10 vereinigen
zusammenstellen
10 gruppieren
11 kombinieren
Zusammenstellung
5 Liste
6 System
7 Katalog, Tabelle
8 Diagramm, Register
9 Sortiment
10 Kollektion, Uebersicht
11 Gruppierung, Kombination
beliebter Musikstücke
9 Potpourri
der Gebete und Gesänge für den Gottesdienst
6 Agende

verschiedener Waren
9 Sortiment
von drei Nummern im Lottospiel
5 Terne
von Fachausdrücken
11 Nomenklatur
von vorgefertigten Teilen
7 Beisatz
von Werkzeugen u. Geräten
15 Instrumentarium
zusammenstimmen
11 harmonieren
Zusammenstoß
zweier Flächen
5 Kante
zweier Kanten
4 Ecke
zusammenstoßen
6 rammen
9 auffahren
10 aufprallen
11 kollidieren
13 karambolieren
18 aufeinanderprallen
20 gegeneinanderprallen
Zusammenstoß, -prall
4 Zank
5 Krach
6 Streit, Unfall
7 Havarie
8 Konflikt
9 Kollision, Rencontre
11 Karambolage, Kontroverse
18 Auseinandersetzung
20 Gegeneinanderprallen
zusammenstückeln
7 flicken
zusammenstürzen
9 einfallen, hinfallen
zusammensuchen
7 sammeln
zusammentragen
7 sammeln
9 anhaeufen
11 kompilieren
Zusammentreffen
9 Begegnung
10 Koinzidenz
11 Unterredung
13 Konstellation
16 Gleichzeitigkeit, Uebereinstimmung
zweier Gänge im Bergbau
8 Scharung
zweier Vokale
6 Hiatus
zusammentreten
10 versammeln
Zusammentritt
11 Versammlung
zusammentrommeln
11 herbeirufen
zusammentun
10 vereinigen
zusammenwirken
11 kooperieren
Zusammenwirken
8 Synergie
11 Kooperation
zusammenwirkend
10 konzertant, kooperativ
zusammenzählen
8 addieren
9 summieren
Zusammenzählung
8 Addition
10 Summierung
zusammenziehbar
10 kontraktil
zusammenziehen
8 verengen
9 verbinden, verengern
10 vereinigen, verkuerzen
12 kontrahieren
von Truppen
7 sammeln
9 massieren
13 konzentrieren
von Wunden
10 schliessen
von Zahlen
8 addieren
zusammenziehendes *Mittel*
11 Adstringens
Zusammenziehung
10 Retraktion
11 Kontraktion
13 Konzentration
des Herzmuskels
7 Systole
zweier Noten gleicher Tonhöhe
7 Ligatur
zweier Wörter
5 Krase
6 Krasis
zusammenzucken
11 erschrecken
Zusatz
6 Anhang
7 Additiv
8 Addendum, Appendix, Einschub, Nachtrag
9 Anmerkung
10 Beifuegung, Beimengung, Ergaenzung
11 Erweiterung, Nachschrift
im Programm
7 Einlage
Zusatzantrag
10 Amendement
Zusatzbelohnung
7 Praemie
Zusatzbestimmung
7 Klausel
Zusatzetat
17 Nachtragshaushalt
Zusatzgang
beim KFZ
9 Overdrive
Zusatzgerät
7 Adapter
Zusatzgewinn
7 Praemie
Zusatzleistung
5 Bonus
6 Zugabe
13 Gratifikation
16 Sonderverguetung
für Postsendungen
12 Einschreiben
zusätzlich
4 plus
5 extra
10 ergaenzend
zusätzliche
Arbeitszeit
13 Sonderschicht
Benennung
7 Beiname
Bezeichnung für den Planeten Venus
10 Abendstern
Messvorrichtung
6 Nonius
Tätigkeit
8 Nebenamt
Versicherungsleistung
5 Bonus
Zusätzliches
7 Beiwerk
Zusatzsegel
auf Yachten
9 Spinnaker
zu Schanden
9 zerstoert
zuscharren
8 bedecken
zuschauen
6 gaffen
9 kiebitzen
10 beobachten, betrachten
Zuschauer
6 Gaffer, Voyeur
7 Kiebitz
8 Publikum, Zaungast
10 Augenzeuge, Beobachter
13 Schaulustiger
Zuschauerbühne
8 Tribuene
Zuschauerlaube
im Theater
4 Loge
Zuschauermenge
8 Publikum
Zuschauerplatz
6 Balkon
8 Tribuene
Zuschauerraum
im römischen Theater
5 Cavea
Zuschauerschaft
8 Publikum
zuschießen
10 beisteuern
Zuschlag
6 Zusatz
9 Erhoehung
10 Vermehrung
11 Nachzahlung
zuschlagen
8 erhoehen
zuschneien
8 verwehen
Zuschnitt
5 Facon
6 Aufbau, Fasson, Format
7 Machart, Teilung
8 Passform
10 Aufteilung, Teilstueck
14 Gestaltungsart
zuschnüren
9 verpacken
14 zusammenziehen
16 zusammendruecken
Zuschrift
an die Redaktion
10 Leserbrief

Zuschuss
7 Beitrag, Diaeten, Praemie, Wechsel
8 Beihilfe, Tagegeld
10 Stipendium, Subvention
13 Gratifikation, Monatswechsel
14 Unterstuetzung
15 Unterhaltshilfe
17 Unterhaltsbeitrag
zuschütten
10 auffuellen
zusehen
9 anschauen
10 betrachten, hinblicken
zusehends
5 rasch
8 merklich
11 offenkundig
zusetzen
7 dazutun
11 draufzahlen, hinzufuegen
zusichern
10 verbuergen
11 garantieren, versprechen
Zusicherung
8 Garantie
11 Versprechen
Zuspeise
5 Salat
7 Beilage
9 Nachtisch
10 Beigericht
zusperren
10 schliessen, verriegeln
Zuspiel
beim Ballsport
6 Abgabe
zuspitzen
12 verschaerfen
Zuspitzung
5 Krise
10 Wendepunkt
zusprechen
5 geben
8 erteilen
9 ermutigen
10 abdizieren
Zuspruch
3 Rat
4 Wink
5 Trost
6 Besuch, Zulauf
7 Andrang, Anklang, Beifall
8 Gefallen
11 Beliebtheit
im Leid
5 Trost
Zustand
4 Lage
6 Status
7 Stadium
8 Befinden, Sachlage
9 Kondition, Situation
10 Tatbestand, Verfassung
12 Konstitution
14 Beschaffenheit
bei unbewältigten Problemen
7 Neurose
der Atmosphäre
6 Wetter
der Bedrängnis
3 Not
der Berückung
11 Traurigkeit
der Erntefähigkeit von Gemüse
5 Reife
der Gesichtshaut
5 Teint
der Lufthülle
6 Wetter
der Not
5 Elend
6 Misere
der Untätigkeit
6 Starre
der Verzückung
7 Ekstase
des Nicht-mehr-Weiterwissens
12 Ratlosigkeit
erhöhter Reizbarkeit
11 Nervositaet
fruchtbaren Bodens
4 Gare
großer Not
5 Elend
innerer Erregung
6 Unruhe
nach Schmutzentfernung
10 Sauberkeit
ohne Bewegung
18 Bewegungslosigkeit
tiefster Bewusstlosigkeit
4 Koma
9 Scheintod
zu Stande
bringen
7 leisten
8 schaffen
zuständig
9 kompetent
10 massgebend
zuständige
Stelle
7 Instanz
Zuständigkeit
7 Instanz, Ressort
8 Befugnis
9 Kompetenz
Zustandsform
5 Phase, Stufe
7 Stadium
der Materie
3 Gas
des Verbums
6 Medium
Zustandskurve
8 Diagramm
zustehender
Nachlass
7 Erbteil
zustellen
7 liefern
Zusteller
4 Bote
8 Postbote
9 Lieferant
12 Brieftraeger
Zustellung
von Ware
9 Lieferung
zustimmen
8 billigen, erlauben
11 einwilligen
zustimmende
Antwort
2 ja
6 jawohl
Zustimmung
2 Ja
4 Amen
6 Jawort, Placet, Plazet
7 Annahme, Beifall, Konsens
8 Bejahung
9 Billigung, Erlaubnis
12 Bestaetigung, Einwilligung
15 Einverstaendnis
durch Zuruf
11 Akklamation
zur Ernennung eines diplomatischen Vertreters
9 Agreement
zu Staatsverträgen
12 Ratifikation
zustopfen
9 abdichten
13 verschliessen
Zustrom
7 Andrang
zu Tage
8 sichtbar
11 offenkundig
bringen
10 aufspueren
Zutat
7 Beigabe, Beilage, Beiwerk
10 Ingrediens, Ingredienz
bei der Weihnachtsbäckerei
8 Zitronat
zuteilen
8 anweisen
10 bewilligen
11 rationieren
12 portionieren
15 kontingentieren
Zuteilung
5 Dosis, Prise
6 Anteil, Ration
7 Portion
9 Dosierung, Uebergabe
10 Kontingent
11 Bewilligung
zutiefst
4 sehr
7 voellig
Zuträger
6 Petzer
10 Denunziant, Kolporteur
zuträglich
6 ratsam
7 heilsam
8 guenstig
9 nuetzlich
11 bekoemmlich, foerderlich, vorteilhaft
Zuträglichkeit
10 Konvenienz
Zutrauen
6 Glaube
7 Glauben, Verlass
9 Vertrauen
10 Zuversicht
zutraulich
4 zahm
5 kirre
9 friedlich
12 anschmiegsam

zutreffend
4 wahr
5 exakt, genau
7 richtig
Zutritt
6 Entree
7 Eingang, Einlass, Ingress
zu hochgestellten Persönlichkeiten
7 Audienz
Zutrunk
5 Prost
6 Prosit
Zutun
5 Hilfe
14 Unterstuetzung
zuverlässig
4 treu
5 genau, reell, solid
6 solide
7 ehrlich, ergeben
10 aufrichtig
17 vertrauenswuerdig
Zuverlässigkeit
5 Treue
Zuverlässigkeitsfahrt
für Autos
6 Rallye
Zuversicht
8 Hoffnung
9 Lebensmut, Vertrauen
10 Optimismus
12 Ueberzeugung
zuversichtlich
12 optimistisch
zuversichtliche
Lebenseinstellung
10 Optimismus
zuversichtlicher
Mensch
8 Optimist
zuvor
4 eher, erst
6 zuerst
7 frueher
zuvörderst
6 zuerst
zuvorkommend
8 hoeflich
10 freundlich
11 hilfsbereit
14 liebenswuerdig
Zuvorkommenheit
12 Hoeflichkeit
gegenüber den Frauen
14 Ritterlichkeit
Zuwachs
8 Mehrwert, Wachstum
10 Akkreszenz, Vermehrung
14 Vergroesserung
Zuwanderer
10 Neubuerger
Zuwasserlassen
eines Schiffes
10 Stapellauf
zuweilen
12 gelegentlich
Zuwendung
6 Spende
7 Almosen
8 Dotation, Stiftung
9 Schenkung
10 Nestwaerme
12 Uebereignung, Uebertragung
an die Tochter bei deren Eheschließung
9 Aussteuer
zuwider
8 entgegen
10 unangenehm
14 widersprechend, widerstreitend
Zuwiderhandlung
8 Vergehen, Verstoss
10 Verfehlung
12 Uebertretung
zuzählen
8 addieren
Zuzug
10 Ansiedlung
11 Immigration
12 Einwanderung, Verstaerkung
13 Niederlassung
zuzüglich
4 plus
Zwang
4 Gene, Muss
5 Druck
6 Befehl, Gewalt, Terror
7 Drohung, Hemmung
8 Pression
9 Androhung, Forderung, Noetigung, Verlangen
10 Erpressung, Kompulsion
11 Druckmittel
13 Notwendigkeit
zwängen
7 klemmen, pressen
8 druecken
9 quetschen
10 bedraengen, einpressen
zwanglos
4 frei
9 ungeniert
11 ungezwungen
13 unverbindlich
zwanglose
Konferenz
12 Arbeitsessen
zwangloses
Hausfest
5 Party
Zwanglosigkeit
10 Degagement
Zwangsabgabe
4 Zoll
6 Steuer, Tribut
12 Kontribution
Zwangsankündigung
7 Drohung
Zwangsarbeit
4 Fron
Zwangsherrschaft
6 Terror
8 Diktatur, Tyrannei, Tyrannis
Zwangsisolierung
bei Seuchengefahr
11 Quarantaene
Zwangslage
3 Not
4 Enge
5 Krise
6 Gefahr, Klemme
7 Dilemma
8 Notstand
9 Zwiespalt
11 Bedraengnis, Zwickmuehle
zwangsläufig
9 notwendig
13 obligatorisch
Zwangsmaßnahme
6 Sperre, Strafe, Verbot
7 Boykott, Embargo
8 Blockade, Raeumung, Sanktion, Sperrung
9 Fesselung, Ultimatum
11 Druckmittel, Repressalie
Zwangsräumung
9 Exmission
Zwangsschlaf
7 Hypnose, Narkose
10 Betaeubung
zwangsverschicken
11 deportieren
Zwangsverschickung
11 Deportation
Zwangsverwalter
9 Sequester
Zwangsverwaltung
13 Sequestration
Zwangsvollstreckung
9 Exekution, Pfaendung
11 Eintreibung
13 Beschlagnahme, Versteigerung
Zwangsvorstellung
5 Manie
8 fixe Idee
9 Obsession
Zwanzigflächner
9 Ikosaeder
Zweck
4 Sinn, Ziel
5 Motiv
6 Nutzen
7 Absicht
8 Endpunkt
9 Bedeutung, Intention
zweckbestimmt
5 final
11 intentional
zweckbestimmter
Zusammenschluss
12 Organisation
zweckdienlich
9 nuetzlich, praktisch
Zweckdienlichkeit
13 Nuetzlichkeit
Zwecke
5 Nagel, Pinne
10 Reissnagel, Reissstift
zweckgebundenes
Geschenk
8 Stiftung
zweckgerecht
11 funktionell
zweckmäßig
7 passend
8 opportun, sinnvoll, tauglich
10 angemessen
11 praktikabel
zweckmäßige
Gestaltung
12 Organisation
16 Rationalisierung
Zweckmäßigkeitshandeln
13 Opportunismus
zwei
Augen im Kartenspiel
4 Daus

deutsche Maler
6 Kobell
Heilige von Westfalen
5 Ewald
Körperteile
4 Arme
5 Beine
Musizierende
3 Duo
Oderzuflüsse
6 Neisse
Pfeiler verbindender Bogen
6 Arkade
Pfund
4 Kilo
Punkte über einem Vokal
5 Trema
sich innig zugetane Menschen
10 Liebespaar
Staaten der USA
6 Dakota
8 Carolina
Sternsysteme im All
6 Maffei
Tage vor Ostern
10 Karfreitag
Teile
4 Paar
Tiroler Gemeinden
6 Matrei
Verheiratete
7 Ehepaar
Versailler Lustschlösser
7 Trianon
Würfel mit gleicher Zahl
5 Pasch
zusammengehörende Dinge
4 Paar
Zweibeiner
6 Mensch
Zweiblatt
8 Orchidee
zweideutig
6 unklar
8 aequivok
11 schluepfrig
zweideutiger
Witz
4 Zote
Zweideutigkeit
10 Amphibolie, Pikanterie
11 Ambiguitaet
zweifach
7 doppelt
zweifarbig
13 dichromatisch
Zweifarbigkeit
9 Bichromie
Zweifel
4 Aber, Wenn
7 Skepsis, Skrupel
8 Bedenken
10 Misstrauen
12 Unsicherheit
zweifelhaft
6 dubios, obskur
7 dubioes
8 fraglich, unsicher
11 verdaechtig
13 problematisch
zweifellos
6 gewiss, sicher
7 fraglos
10 unstreitig
11 axiomatisch
12 unbestritten
zweifelsfrei, erfahren
6 sicher
Zweifler
9 Skeptiker
Zweiflügler
6 Bremse, Fliege, Muecke
7 Schnake, Schwabe
8 Dipteren
Zweifüßer
6 Bipede, Mensch
12 Menschenaffe
Zweig
3 Ast
4 Rute, Zain
5 Gerte
6 Sparte
7 Branche
11 Seitenlinie, Untergruppe
der bildenden Kunst
7 Malerei
der Eisenindustrie
8 Hochofen, Walzwerk
9 Giesserei
der Indogermanen
5 Arier
der Kraftfahrzeugversicherung
5 Kasko
der Landwirtschaft
7 Imkerei, Obstbau
8 Ackerbau
9 Viehzucht
11 Getreidebau
der materiellen Produktion
9 Industrie
der Mathematik
9 Geometrie
der Mongolen
10 Kalmuecken
der Naturwissenschaft
6 Physik
7 Botanik
der Schwerathletik
6 Ringen
12 Gewichtheben
der Schwerindustrie
7 Bergbau
der Textilindustrie
7 Weberei
9 Spinnerei
der Touristik
7 Camping
der türkischen Mongolen
7 Jakuten
der Volkswirtschaft
6 Handel
des Bauwesens
6 Erdbau
7 Hochbau, Tiefbau
des Buchhandels
6 Verlag
des Hauses Bourbon
5 Conde
des Weinstocks
4 Rebe
zur Neuzucht
7 Ableger
Zweige
6 Geaest
zweigeschlechtlich
8 zwittrig
9 bisexuell
zweigesichtig
12 januskoepfig
Zweigespann
4 Biga
zweigestaltig
7 dimorph
zweigeteilter
Backtrog
5 Beute
Zweiggeschäft, -stelle
7 Agentur, Filiale
10 Vertretung
11 Aussenbuero
13 Niederlassung
Zweigkanal
5 Fleet
Zweiglein
4 Reis
zweigliedrige
Summe in der Mathematik
5 Binom
Zweigniederlassung
7 Filiale
Zweigstelle
7 Agentur
Zweigverein
7 Sektion
Zweihänder
8 Flamberg
12 Bidenhaender
zweihäusiger
Baum
5 Weide
Zweiheit
4 Dual
9 Dualitaet
Zweiheitslehre
9 Dualismus
zweihenkliger
Tonkrug
7 Amphora, Amphore
zweihöckriges
Kamel
11 Trampeltier
zwei innere Organe
5 Lunge, Niere
zweijährig
5 bienn
7 biennal
zweijähriger
Eber
6 Bacher
zweijährliche
Veranstaltung
8 Biennale
Zweikampf
5 Duell
6 Mensur
Zweikämpfer
8 Duellant
Zweikampfhelfer
9 Sekundant
Zweikampfsportart
6 Karate
Zweikampfsportler
6 Judoka, Ringer
zweikanalig
8 binaural
Zweikern
5 Emmer

zweiköpfiger
Bolzen
4 Niet
Zweilinsenlupe
6 Duplet
zweimal
beschriebenes Pergament
10 Palimosest
Zwei-Mann-Einheitsjolle
5 Pirat
Mann-Rennjolle
6 Korsar
Zweimaster
3 Dau
10 Brigantine
zweimastiges
Segelboot
6 Ketsch
Segelfahrzeug
4 Yawl
Segelschiff
5 Brigg
10 Brigantine
zweipolig
7 bipolar
Zweipolröhre
5 Diode
Zweirad
4 Krad, Mofa, Velo
5 Moped
6 Mokick, Protze, Roller, Tandem
7 Fahrrad, Hochrad, Rennrad
8 Motorrad
9 Veloziped
11 Motorroller
12 Mountainbike
zweirädrige
engl. Kutsche
6 Hansom
zweirädriger
Einspänner
5 Sulky
7 Dogcart
10 Kabriolett
japanischer Wagen
7 Rikscha
Wagen
3 Gig
5 Sulky
7 Rikscha
Wagen in Kleinasien
5 Araba
Zweiruderer
6 Bireme
zweischneidiger
Dolch
7 Stilett
zweiseitig
9 bilateral
zweisitziger
Kraftwagen
5 Coupe
zweisitziges
Fahrrad
6 Tandem
zweispaltig
5 bifid
zweistimmige
Musikdarbietung
3 Duo
5 Duett

Zweistromland
12 Mesopotamien
Zweitausfertigung
5 Kopie
6 Doppel
8 Duplikat
9 ◆ Fotokopie
11 Durchschlag
zweite
Frau Jakobs
5 Rahel
Gemahlin des Schah
6 Soraya
Hauptstadt des antiken Saba
5 Marib
Klasse einer Oberschule
6 Quinta
Möglichkeit
11 Alternative
Stufe der Engelshierarchie
8 Erzengel
Stufe des Yoga
6 Niyama
Traubenernte
8 Nachlese
zweiteiliger
Badeanzug
6 Bikini
zweiteiliges
Gemälde
9 Diptychon
Kleid
7 Komplet
Zweiteilung
10 Dichotomie
zweiter
Bericht
10 Korreferat
Fall der Deklination
7 Genetiv, Genitiv
Flugzeugführer
7 Kopilot
Schnitt der Wiesen
5 Oehmd
Sohn Adams
4 Abel
Sohn Noahs
3 Ham
Sonntag vor Ostern
6 Judika
zweites
Buch Moses
6 Exodus
Heu
5 Grumt
7 Grummet
Zweitfassung
eines Bildes
6 Replik
zweitgrößte
Insel der Erde
9 Neuguinea
zweitgrößter
Planet
6 Saturn
zweitlängster
europäischer Strom
5 Donau
zweitoberste
Verlängerung des Schiffsmastes
4 Bram
zweitrangig
9 sekundaer

14 nebensaechlich
Zweitschrift
5 Kopie
6 Doppel
8 Duplikat
11 Durchschlag
Zweitwohnung
10 Ferienhaus
zweiwertige
Atomgruppe
6 Methan
zweiwertiger
Alkohol
6 Glykol
Zweizahl
4 Dual
6 Dualis
Zweizehenfaultier
4 Unau
Zweizeiler
9 Distichon
zweizinkige
Erdharke
5 Karst
Zwerchfell
10 Diaphragma
Zwerg
4 Gnom, Mime
5 Mimir, Troll, Wicht
6 Knirps, Kobold
7 Pygmaee, Wichtel
8 Alberich, Erdgeist
9 Daeumling
10 Hutzelmann
11 Heinzelmann, Liliputaner, Wichtelmann
16 Heinzelmaennchen
Bruder Wielands
5 Eigel
der deutschen Heldensage
8 Alberich
Hofnarr
6 Perkeo
und Schmied (germ. Sage)
5 Mimir
zwergähnliche
Wesen
5 Alben
Zwergantilope
5 Baira
Zwergapfelsine
9 Mandarine
Zwergbüffel
4 Anoa
Zwergengeschlecht
der deutschen Sage
10 Nibelungen
zwergenhafter
Geist
6 Kobold
Zwergenkönig
6 Laurin
8 Alberich
Zwergenland
Gullivers
7 Liliput
Zwergfalke
6 Merlin
Zwerghirsch
in Südamerika
4 Pudu
Zwerghuhn
5 Chabu

6 Bantam
Zwerghund
8 Malteser, Pekinese
9 Chihuahua
11 Rehpinscher
Zwergkiefer
7 Latsche
8 Knieholz
9 Legfoehre
Zwergnegervolk
4 Akka
8 Pygmaeen
Zwergpalme
7 Palmito
Zwergpferd
4 Pony
Zwergstaat
in Europa
6 Monaco
7 Andorra
9 San Marino
12 Vatikanstadt
13 Liechtenstein
Zwergstrauch
des Mittelmeergebietes
8 Lavendel
Zwergvolk
3 Efe
4 Akka, Doko
5 Afifi, Basua, Batua, Batwa, Moriu, Wedda
6 Abongo, Mbongo, Obongo
7 Bambuti
8 Negritos, Pygmaeen, Tiki Tiki
10 Melaneside
auf Malakka
6 Semang
in Afrika
3 Efe
4 Akka, Doko
5 Afifi, Batua, Moriu
6 Abongo, Mbongo, Obongo
8 Pygmaeen
Zwergwuchs
8 Nanismus
Zwickel
5 Gehre
zwickelförmige
Querwand
6 Gehren
zwicken
7 klemmen, kneifen
Zwicker
6 Brille
7 Klemmer, Kneifer
Zwickmühle
6 Klemme
Zwiebelart
5 Bolle, Lauch
7 Zipolle
9 Schalotte
11 Perlzwiebel
zwiebelförmiges
Trinkgefäß
7 Angster
Zwiebelgericht
9 Cipollata
Zwiebelgewächs
4 Iris
5 Lauch, Lilie, Tulpe
6 Krokus, Porree
7 Begonie
8 Gladiole, Narzisse
9 Eschlauch, Hyazinthe, Schalotte
10 Montbretia
11 Maerzbecher
12 Schwertlilie
14 Herbstzeitlose
16 Schneegloeckchen
Zwiebelpflanze
5 Lauch
Zwiegesang
3 Duo
5 Duett
Zwiegespräch
6 Dialog
Zwielaut
9 Diphthong
10 Doppellaut
Zwielicht
8 Schummer
10 Daemmerung, Halbdunkel
zwielichtige
Angelegenheit
7 Affaere
Frau
11 Femme fatale
Gesellschaft
9 Demimonde
zwielichtiger
Mensch
10 Dunkelmann
zwiespältig
10 diskrepant
Zwiespältigkeit
9 Dualismus
10 Diskrepanz
Zwiespalt, Zwietracht
4 Hass, Zank
5 Fehde, Hader, Krach, Krieg, Stunk, Zwist
6 Klemme, Streit
7 Krakeel
8 Konflikt, Unfriede
9 Gegensatz, Unfrieden
10 Diskrepanz, Entzweiung, Staenkerei
11 Animositaet, Disharmonie, Feindschaft, Kontroverse, Uneinigkeit
13 Unstimmigkeit
15 Missverhaeltnis
Zwillich
5 Drell
6 Leinen
11 Leinenstoff
Zwillinge
der griechischen Sage
9 Dioskuren
Zwillingsbruder von:
Castor, Kastor
6 Pollux
Esau
5 Jakob
Jakob
4 Esau
Pollux
6 Castor, Kastor
Remus
7 Romulus
Romulus
5 Remus
zwingend
9 imperativ, kompulsiv, stringent
Zwinger
6 Gehege, Kaefig, Kennel
7 Burghof
8 Rundgang
10 Gefaengnis
Zwingherr
6 Despot, Tyrann
8 Diktator
15 Gewaltherrscher
Zwirn
4 Garn
5 Faden
zwischen
den Gezeiten
4 Stau
den Vorderbeinen des Pferdes durchlaufender Sprungriemen
9 Martingal
Zwischenaktmusik
8 Entreakt
10 Intermezzo
Zwischenbemerkung
7 Einwurf
Zwischeneiszeit
12 Interglazial
zwischeneiszeitlich
12 interglazial
Zwischenfall
7 Episode
8 Ereignis, Inzidenz, Stoerung
10 Intermezzo
13 Unterbrechung
Zwischenfeld
in der Baukunst
6 Metope
Zwischengericht
9 Entremets
Zwischengeschoss
8 Entresol, Mezzanin
9 Halbstock
Zwischenglied
der Uranzerfallsreihe
6 Ionium
Zwischenhalt
15 Verschnaufpause
Zwischenhandlung
7 Episode
Zwischenherrschaft
11 Interregnum
Zwischenhirn
12 Diencephalon, Dienzephalon
Zwischenkieferknochen
13 Praemaxillare
Zwischenknorpel
im Kniegelenk
8 Meniskus
Zwischenlösung
7 Interim
10 Kompromiss
Zwischenmahlzeit
5 Jause
6 Imbiss, Vesper
8 Brotzeit
18 zweites Fruehstueck
Zwischenprodukt
bei der Kautschukherstellung
5 Aldol
bei der technischen Synthese von Indigo
7 Indoxyl
der chemischen Industrie
6 Phenol

Zwischenraum
5 Spalt
6 Luecke, Spalte, Spanne
7 Abstand, Spatium
9 Intervall
zwischen zwei Teilen
4 Fuge
Zwischenregierung
11 Interregnum
Zwischenrippe
eines Kreuzgewölbes
6 Lierne
Zwischenspiel
5 Piece
7 Episode
8 Entreakt
10 Intermezzo
11 Interludium
(musikalisch)
12 Divertimento
zwischenstaatlich
13 international
Zwischenstück
7 Einlage
10 Bindeglied
an Verschlussstücken
8 Dichtung
Zwischensumme
9 Uebertrag
Zwischenträger
5 Agent
7 Mittler
11 Mittelsmann
13 Unterhaendler
zwischenzeitlich
10 vorlaeufig, zeitweilig
12 provisorisch
14 interimistisch, voruebergehend
Zwischenzeit, -zustand
5 Pause
7 Interim
9 Intervall, Uebergang
11 Provisorium
Zwist
4 Zank
5 Fehde, Hader
6 Streit
8 Konflikt, Reiberei
10 Zwietracht
11 Feindschaft, Uneinigkeit
18 Auseinandersetzung
Zwistigkeit
7 Gehader
Zwitter
8 Agdistis
12 Hermaphrodit
Zwitterbildung
15 Hermaphrodismus
17 Hermaphroditismus
zwitterhaft
6 hybrid
zwittrig
8 androgyn
9 bisexuell
16 hermaphroditisch
18 zweigeschlechtlich
Zwittrigkeit
15 Hermaphrodismus
17 Hermaphroditismus
zwölf
7 Dutzend
Dutzend
4 Gros
Monate
4 Jahr
Zwölffingerdarm
8 Duodenum
Zwölfflächner
10 Dodekaeder
zwölfteilig
10 duodezimal
zwölfter
Monat des franz. Revolutionskalenders
9 Fructidor
Monat des jüdischen Kalenders
4 Elul
Zyane
9 Kornblume
Zyanose
9 Blausucht
Zyanotypie
9 Blaupause
Zyanwasserstoff
10 Blausaeure
Zygoma
9 Jochbogen
13 Backenknochen
Zykladeninsel
3 Kea
4 Keos, Milo
5 Delos, Milos, Naxos, Paros, Siros, Syros, Thera, Thira, Tinos
6 Andros, Sifnos
7 Amorgos, Kimolos, Kithmos, Kithnos, Kythnos, Mikonos, Mykonos, Serifos
8 Santorin
Zyklame, Zyklamen
13 Alpenveilchen
zykloid
13 kreisaehnlich
Zykloide
8 Radkurve
Zyklon
10 Wirbelwind
11 Wirbelsturm
Zyklone
15 Tiefdruckgebiet
Zyklop
5 Riese
8 Polyphem
zyklopisch
10 riesenhaft
Zyklus
4 Kurs
5 Folge, Kreis, Reihe, Serie
6 Kursus, Umlauf
9 Kreislauf
10 Wiederkehr
13 Vortragsreihe
Zylinder
3 Hut
5 Rolle, Walze
6 Roehre
10 Lampenglas
11 Hohlkoerper
Zylinderhut
13 Chapeau claque
zylindrisch
bewegtes Maschinenteil
5 Walze
zylindrisches
Fayencegefäß
9 Albarello
Rhythmusinstrument
8 Chocallo
Zymbal
12 Glockenspiel
Zynegetik
12 Hundedressur
Zyniker
8 Spoetter
zynisch
10 spoettisch
Zypressenfichte
10 Lebensbaum
Zypressengewächs
5 Thuja
9 Wacholder
zypriotische
Hauptstadt
7 Nikosia
Stadt
7 Larnaka, Nikosia
8 Limassol
9 Famagusta
zyprische
Währung
4 Cent
5 Pfund
Zyste
5 Blase
9 Geschwuer
10 Geschwulst
Zytologie
11 Zellenlehre
Zytosome
5 Zelle